EMPRESAS COMUNS
JOINT VENTURES

NO DIREITO COMUNITÁRIO DA CONCORRÊNCIA

LUÍS DOMINGOS SILVA MORAIS

EMPRESAS COMUNS
JOINT VENTURES
NO DIREITO COMUNITÁRIO DA CONCORRÊNCIA

EMPRESAS COMUNS
JOINT VENTURES
NO DIREITO COMUNITÁRIO DA CONCORRÊNCIA

AUTOR
LUÍS DOMINGOS SILVA MORAIS

EDITOR
EDIÇÕES ALMEDINA, SA
Rua da Estrela, n.º 6
3000-161 Coimbra
Tel.: 239 851 904
Fax: 239 851 901
www.almedina.net
editora@almedina.net

EXECUÇÃO GRÁFICA
G.C. – GRÁFICA DE COIMBRA, LDA.
Palheira – Assafarge
3001-453 Coimbra
producao@graficadecoimbra.pt

Janeiro, 2006

DEPÓSITO LEGAL
237387/06

Toda a reprodução desta obra, por fotocópia ou outro qualquer processo,
sem prévia autorização escrita do Editor,
é ilícita e passível de procedimento judicial contra o infractor.

*Dissertação de Doutoramento em Ciências Jurídico-Económicas
apresentada na Faculdade de Direito da Universidade de Lisboa
em 29 de Julho de 2004 e discutida em 5 de Julho de 2005
perante um Júri composto pelos Professores Doutores
António José Avelãs Nunes,
Canuto Joaquim Fausto de Quadros,
Eduardo Manuel Hintze da Paz Ferreira (arguente),
Fernando José Borges Correia de Araújo,
José Barata-Moura (Presidente),
José Luís Saldanha Sanches,
Luís Pedro Rocha Lima Pinheiro (arguente),
Manuel Carlos Lopes Porto
e Paulo Manuel de Pitta e Cunha,*

À memória do Professor Doutor SOUSA FRANCO
cujo Exemplo único tento seguir todos os dias...

Para a Cristina e para os nossos filhos,
Luís e Margarida

Para os meus Pais

AGRADECIMENTOS ACADÉMICOS

– Ao Professor Doutor Paulo de Pitta e Cunha, pela orientação científica da presente dissertação;

– Ao Professor Doutor Eduardo Paz Ferreira, pelo apoio e incentivo à conclusão da mesma;

– À Faculdade de Direito da Universidade de Lisboa, pela dispensa de serviço docente para a sua elaboração;

– Às bibliotecas e institutos utilizados, em Portugal e no estrangeiro, e a todos quantos neles contribuíram para a sua preparação;

– A todos os meus Colegas e Amigos – impondo-se aqui nomear o Dr. Sérgio Gonçalves do Cabo – pelo apoio paciente e crítico.

Verbaque praevisum rem non invita sequentur

HORÁCIO

*Curavi humanas actiones, non ridere, non lugere
neque detestari, sed intelligere*

SPINOZA

NOTA PRÉVIA

Como resulta do título da presente dissertação, o seu objecto central consiste no estudo da figura da *empresa comum* (*"joint venture"*) e dos principais problemas jurídicos que a mesma suscita no domínio do direito da concorrência e, especialmente, do direito comunitário da concorrência. A primeira delimitação do objecto da investigação resulta, assim, da eleição do direito comunitário como área nuclear de problematização jurídica, embora sem ignorar as *complexas interacções* entre esse ordenamento e alguns domínios dos ordenamentos nacionais dos Estados-Membros, designadamente em matéria de direito económico (as quais, por assumirem formas cada vez mais diversificadas, requerem uma elaboração dogmática, simultaneamente criativa e rigorosa, nos seus pressupostos conceptuais básicos). Nesse plano comunitário, o direito da concorrência apresenta-se como um dos corpos normativos que, de forma mais intensa, reclama um tratamento dogmático sistematizado. Essa necessidade resulta, em especial, do contraste existente entre, por um lado, a indesmentível influência do direito da concorrência na construção do processo comunitário de integração e o seu peso decisivo num novo ordenamento constitucional da actividade económica e, por outro lado, o seu carácter intrinsecamente refractário à fixação de molduras conceptuais gerais e de modelos estabilizados de conexões que caracterizam a ciência jurídica.

A essas dificuldades no tratamento sistematizado do direito da concorrência acresce, ainda, a sua especial natureza dinâmica e evolutiva – característica que partilha com o direito comunitário, em geral – mas que alcança, nesta área, uma das suas expressões mais intensas. Também aqui importa conciliar, num difícil equilíbrio, esse *dinamismo* ou *progressividade* com as exigências da ciência do direito de consolidação de princípios e categorias jurídicas essenciais em cada área normativa.

Em sede de direito comunitário da concorrência, a categoria da *empresa comum* é, de algum modo, paradigmática da natureza cientificamente híbrida desta área do direito – com a sua *confluência de análise normativa e de análise económica* – e dos problemas metodológicos com a que a mesma é confrontada. Além disso, essa categoria ilustra, também, numa perspectiva integrada de compreensão da *disciplina jurídica de funcionamento dos mercados e da actividade empresarial*, o esbatimento de algumas fronteiras científicas entre os normativos de concorrência e outras áreas normativas que participam nessa disciplina, incluindo, *inter alia*, algumas áreas tradicionalmente incluídas no direito comercial. O percurso de investigação seguido procura, assim, como é natural, evidenciar alguns desses aspectos.

As opções e os escolhos metodológicos aqui sumariamente esboçados determinaram o trajecto utilizado na investigação e a forma da sua apresentação. Assim, a relativa fluidez da categoria essencial da empresa comum, bem como o carácter híbrido e com *aparentes* descontinuidades sistemáticas do programa normativo do direito comunitário da concorrência e de algumas áreas conexas analisadas, justificam um tratamento introdutório mais desenvolvido das principais matérias tratadas, de modo a oferecer, *ab initio*, uma visão de conjunto, ordenada, das mesmas. Essa visão integrada, resultante de uma **Introdução** mais extensa, visa, ainda, oferecer referências centrais para o aprofundamento selectivo dessas matérias em diferentes partes desta dissertação. Do mesmo modo, e de forma a ultrapassar alguns dos problemas metodológicos acima enunciados, procuramos acolher, ao longo deste estudo, um *sistema de remissões e de encadeamentos lógicos entre as várias partes da dissertação*.

A estas dificuldades da área temática objecto da nossa investigação acresceu uma questão *"conjuntural"*, resultante da excepcional *aceleração* da tradicional *mobilidade* ou *progressividade* do direito comunitário da concorrência e do direito comunitário em geral. Tal resulta do profundíssimo processo de reforma desse ordenamento da concorrência iniciado em 1999, com a revisão do regime aplicável às denominadas restrições da concorrência de carácter vertical, prosseguido em 2000, com a alteração do regime das restrições da concorrência com carácter horizontal, e ampliado em 2003 e já na primeira metade de 2004, com a adopção de um novo sistema geral de aplicação das normas comunitárias de concorrência, a revisão do regime de controlo directo de concentrações e a adopção, pela Comissão Europeia, de múltiplas orientações interpretativas, que visam consolidar e complementar estas duas últimas alterações fundamentais do direito positivo. Para além deste conjunto de reformas, prefigurou-se na última fase de redacção da presente dissertação uma *possível* adopção do *Tratado que estabelece um Constituição para a Europa* na sequência dos trabalhos da *"Convenção sobre o Futuro da Europa"*, de 2002/2003 (sendo certo que, independentemente das vicissitudes institucionais que venha a conhecer e que não cabe aqui tratar, o Projecto de Tratado aprovado em Conselho Europeu, de Junho de 2004, não introduz, aparentemente, rupturas nos aspectos fundamentais da *ordem económica comunitária*, nem contempla qualquer alteração do conteúdo das normas de concorrência do Tratado CE especialmente versadas nesta dissertação).

Neste contexto de *instabilidade* do direito positivo e dos próprios critérios que o informam mais premente é, ainda – segundo cremos – o esforço dogmático de *construção interpretativa* das realidades analisadas. Aparece, também, como plenamente justificada uma perspectiva analítica *de iure condendo*.

Em contrapartida, as exigências desse trabalho sistematizador e de problematização crítica impõem naturais limitações no acompanhamento dos desenvolvimentos mais recentes. Deste modo, o acompanhamento de novos desenvolvimentos nos planos *legiferante* e *jurisprudencial* e na vertente essencial de adopção de *orientações interpretativas*, de carácter geral, por parte da Comissão Europeia – bem como a recolha de *bibliografia* – reportam-se, no essencial, a Março de 2004, apenas muito excepcionalmente se estendendo ao final de Abril de 2004, em função da especial importância de alguns elementos. Tal sucedeu, designadamente, com o importante conjunto de *orientações interpretativas* adoptadas pela Comissão em Abril de 2004, e visando clarificar as condições de desenvolvimento do denominado programa de *"modernização"* do direito comunitário da concorrência. As largas repercussões dessa construção hermenêutica da Comissão levaram-nos a tomar em consideração, ainda assim, de modo necessariamente sucinto, as referidas *orientações*.

Em relação ao período posterior à conclusão e entrega desta dissertação (em Julho de 2004) limitamo-nos a *identificar* – sem proceder ao respectivo tratamento substantivo – os *principais desenvolvimentos legislativos e referentes a orientações interpretativas no ordenamento comunitário* (até Maio de 2005). Apenas se toma ainda sumariamente em consideração, devido à sua extrema importância, um novo precedente jurisprudencial, correspondente ao Acórdão *"Commission v. Tetra Laval BV"*, do TJCE, de Fevereiro de 2005.

As dificuldades e os problemas metodológicos aqui enunciados são largamente compensados, na perspectiva de investigação que procurámos desenvolver, pelo interesse científico de que se reveste a profunda mutação estrutural em curso no ordenamento comunitário da concorrência e pelas fecundas repercussões que o tratamento de algumas das suas principais categorias normativas – como a *empresa comum ("joint venture")* – apresenta para outras áreas do direito. Para além das propostas de reflexão apresentadas nesta dissertação, largamente orientadas para a construção de modelos analíticos gerais que incorporem a análise económica em juízos normativos de concorrência minimamente previsíveis, será importante poder partilhar esse interesse com a comunidade académica e demais cultores do direito.

Lisboa, Setembro de 2005

MODO DE CITAR E OUTRAS CONVENÇÕES

I – A jurisprudência do Tribunal de Justiça das Comunidades Europeias (TJCE) anterior a 1986 é sempre citada com base no *"Recueil de Jurisprudence de la Cour de Justice des Communautés Européennes"* – sob a forma abreviada de "Rec." – e a partir de 1986 a jurisprudência é citada com base na *"Colectânea de Jurisprudência do Tribunal de Justiça das Comunidades Europeias"* – sob a forma abreviada de "Col.". A fim de não sobrecarregar o texto, os precedentes enunciados no final da obra em **Índice de Jurisprudência e Decisões da Comissão** correspondem unicamente a decisões judiciais e decisões da Comissão citadas ao longo da dissertação.

II – Ao longo da presente dissertação, é forçoso tomar em consideração disposições do Tratado da União Europeia e, sobretudo, do Tratado que institui a Comunidade Europeia – *maxime* na matéria do direito da concorrência. Atendendo à renumeração dessas disposições dos Tratados, resultante do Tratado de Amsterdão, bem como às alterações resultantes do Tratado de Nice, o modo de citar as mesmas disposições acolhido neste trabalho baseia-se, fundamentalmente, com ligeiríssimas adaptações – por adopção de formas abreviadas – na *"Nota informativa sobre a citação dos artigos dos Tratados nos textos do Tribunal de Justiça e do Tribunal de Primeira Instância"* (1999/C 246/01 – JOCE C 246/1, de 28.8.1999). Assim, e considerando, em particular as disposições do Tratado que institui a Comunidade Europeia, sempre que é feita referência a um artigo tal como se encontra em vigor depois de 1 de Maio de 1999, o número do artigo é imediatamente seguido das letras CE. Em contrapartida, quando é feita referência a um artigo do Tratado tal como em vigor antes de 1 de Maio de 1999, o número do artigo é seguido das letras TCE.

Além disso, procurar-se-á, preferencialmente, e em regra, nos casos em que apenas se verifica renumeração dos artigos, sem alteração do seu conteúdo – como sucede com as normas de concorrência aplicáveis às empresas – referir os artigos relevantes na sua numeração posterior a 1 de Maio de 1999 (*vg.*, artigo 81.º CE). Apenas se observará critério diverso, citando os artigos relevantes na sua numeração anterior a 1 de Maio de 1999, (*vg.*, artigo 85.º TCE) a propósito de análises, numa perspectiva histórica, de diferentes estádios de evolução do direito comunitário da concorrência, ou em relação a análises de decisões da Comissão ou jurisprudência que tenham versado, especificamente, tais disposições relevantes na sua anterior numeração. Excepcionalmente, em casos que pudessem suscitar dúvidas, ou por razões de clareza de texto no contexto dessa análise de precedentes, referir-se-á, de modo cumulativo, a actual e a anterior numeração dessas disposições relevantes).

III – O Regulamento (CEE) n.º 4064/89, do Conselho, de 21 de Dezembro de 1989, relativo ao controlo das operações de concentração de empresas (JOCE n.º L 395/1, de 30 de Dezembro de 1989) será referido ao longo desta dissertação, sob forma abreviada, como "RCC". Como adiante se observará – *infra*, capítulo primeiro e, sobretudo, capítulo segundo da **Parte I** – a regulação relativa ao controlo directo de operações de concentração de empresas só muito tardiamente, em virtude de razões que aí se exporão, foi introduzida, através deste Regulamento, no ordenamento comunitário da concorrência, em contraste com o que sucedeu no quadro do direito norte-americano da concorrência. Este regime comunitário de controlo de concentrações foi já objecto de duas reformas, em 1997 e – muito recentemente – em 2004. A primeira reforma resultou da aprovação do Regulamento (CE) n.º 1310/97, do Conselho, de 30 de Junho de 1997 (JOCE n.º L 180/1, de 9 de Julho de 1997) e a segunda do Regulamento (CE) n.º 139/2004, do Conselho, de 20 de Janeiro de 2004 (JOCE n.º L 24/1, de 29 de Janeiro de 2004), nos termos do qual, por razões de clareza, se procede à integral republicação do referido regime, incorporando as alterações introduzidas *ex novo*. Apesar da utilização, tanto quanto possível uniforme, da designação abreviada de "RCC" para identificar este Regulamento de controlo de concentrações ao longo do presente trabalho, excepcionalmente poderão utilizar-se, também, as designações abreviadas alternativas de "RCC/89" e de "RCC/97", quando se mostrar absolutamente essencial uma específica clarificação das diferentes formulações que certas disposições relevantes conheceram no texto originário do Regulamento e no texto resultante da sua primeira reforma, de 1997. Excepcionalmente, poderá ser também utilizada a expressão abreviada – "Rcc." – para identificar, sob forma genérica, o regime comunitário de controlo de concentrações.

IV – A generalidade das citações de textos estrangeiros é feita na língua original, salvo raras situações em que os textos sejam de curta dimensão ou enunciem conceitos essenciais que sejam especificamente trazidos à colação e desenvolvidos na nossa própria análise. Nesses casos, e na ausência de qualquer indicação em contrário, a tradução é da nossa responsabilidade.

V – Os títulos de monografias ou de estudos integrados em colectâneas são sempre citados em itálico. Os títulos de estudos que integrem publicações periódicas são sempre citados entre aspas. Em regra, as publicações periódicas, quer nas citações feitas ao longo do texto, quer na **Bibliografia** são referenciadas através da utilização de abreviaturas, em conformidade com a **LISTA DAS PRINCIPAIS ABREVIATURAS UTILIZADAS** apresentada no inicio desta dissertação. Apenas é utilizado critério formal diverso – mediante a identificação dos títulos integrais das publicações periódicas – nos casos em que estas sejam citadas uma única vez ao longo da dissertação, ou em cada uma das quatro Partes que integram a dissertação.

VI – As obras citadas pela primeira vez são referidas pelo nome do autor e respectivo título, seguidos dos elementos de identificação (editora/ano publicação) da monografia ou do periódico (ano/páginas de publicação do estudo que se encontre em causa). Nas citações seguintes estes últimos elementos são omitidos, sendo o título da obra unicamente acompanhado da menção "cit.".

LISTA DAS PRINCIPAIS
ABREVIATURAS UTILIZADAS

AB. – Antitrust Bulletin.
ALJ. – Antitrust Law Journal.
Am Econ Rev. – American Economic Review.
Am J Comp L. – American Journal of Comparative Law.
AUE. – Acto Único Europeu.
BMJ. – Boletim do Ministério da Justiça.
Cal L R. – California Law Review.
CDE. – Cahiers de Droit Européen.
CEPR. – Centre for Economic Policy Research.
CI. – Contratto e Impresa.
CMLR. – Common Market Law Review.
Col. – Colectânea de Jurisprudência do Tribunal de Justiça das Comunidades Europeias (a partir de 1986).
Col Bus L Rev. – Columbia Business Law Review.
Col J Trans L. – Columbia Journal for Transnational Law.
Col. L Rev. – Columbia Law Review.
Corn L R. – Cornell Law Review.
D Comm Int. – Diritto del Commercio Internazionale.
Doc Dir Comp. – Documentação e Direito Comparado.
ECLR. – European Competition Law Review.
ECR. – European Court Reports (antes de 1986).
EE Rev. – European Economic Review.
ELJ. – European Law Journal.
EL Rev. – European Law Review.
Esp. – especialmente.
EUI. – European University Institute.

EuR.	–	EuropaRecht.
Ford Int L J.	–	Fordham International Law Journal.
Ford. L Rev.	–	Fordham Law Review.
Geo L J.	–	Georgetown Law Journal.
Harv B R.	–	Harvard Business Review.
Harv L. Rev.	–	Harvard Law Review.
Harv. Int'l L. J.	–	Harvard International Law Journal.
IBA.	–	International Bar Association.
IUE.	–	Istituto Universitario Europeo.
J Bus L.	–	Journal of Business Law.
JCMS.	–	Journal of Common Market Studies.
J Fin.	–	Journal of Finance.
J Fin Ec.	–	Journal of Financial Economics.
JEP.	–	Journal of Economic Perspectives.
J. Ind. Ec.	–	Journal of Industrial Economics.
J. Ind Org.	–	Journal of Industrial Organization.
JITE.	–	Journal of Institutional and Theoretical Economics.
JL & Comm.	–	Journal of Law & Commerce.
JL & Econ.	–	Journal of Law and Economics.
JLE Org.	–	Journal of Law and Economic Organization.
JOCE.	–	Jornal Oficial das Comunidades Europeias.
JPE.	–	Journal of Political Economy.
Mich L R.	–	Michigan Law Review.
Minn L R.	–	Minnesota Law Review.
Mod L R.	–	Modern Law Review.
NGCC.	–	Nuova Giurisprudenza Civile Commentata.
NYULR.	–	New York University Law Review.
NYUR.	–	New York University Review.
OCDE.	–	Organização Europeia para a Cooperação e Desenvolvimento Económico.
OREP.	–	Oxford Review of Economic Policy.
RCC.	–	Regulamento Comunitário de Controlo de Concentrações.
RCC/89	–	Regulamento Comunitário de Controlo de Concentrações – versão originária do Regulamento (CEE) n.º 4064/89.
Rcc.	–	Regime Comunitário de Controlo de Concentrações.
R D Comm.	–	Rivista de Dirittto Commerciale.
Rec.	–	Recueil de la Jurisprudence de la Cour de Justice des Communautés Européennes. (antes de 1986)

Res. P.	– Research Policy.
Rev E Ind.	– Révue d'Economie Industrielle.
Rev Ind O.	– Review of Industrial Organization.
Rev int dr comp.	– Revue Internationale de Droit Compare.
Rev Int'l Dr Econ.	– Revue Internationale de Droit Economique.
RFDUL.	– Revista da Faculdade de Direito da Universidade de Lisboa.
RID Comp.	– Révue Internationale de Droit Compare.
R Int Org.	– Review of International Organization.
Riv Dir Civ.	– Rivista Diritto Civile.
Riv D Comm.	– Rivista di Diritto Commerciale.
Riv Soc.	– Rivista delle Società.
RMC.	– Revue du Marché Commun.
RMCUE.	– Revue du Marché Commun et de l'Union Européenne.
RMUE.	– Revue du Marché Unique Européen.
ROA.	– Revista da Ordem dos Advogados.
RTDCDE.	– Révue Trimestrielle de Droit Commerciel et de Droit Economique.
RTDE.	– Revue Trimestrielle de Droit Européen.
Stanf L R.	– Stanford Law Review.
Tex L R.	– Texas Law Review.
TJCE.	– Tribunal de Justiça das Comunidades Europeias.
TPI.	– Tribunal de Primeira Instância das Comunidades Europeias.
TUE.	– Tratado da União Europeia.
U Pa L Rev.	– University of Pennsylvania Law Review.
US.	– United States of America.
Virg L R.	– Virginia Law Review.
W Comp.	– World Competition.
YEL.	– Yearbook of European Law.
YLJ.	– Yale Law Journal.

PLANO GERAL

INTRODUÇÃO

1 – **Delimitação do objecto da investigação**.
2 – **Metodologia**.
3 – **Sistematização**.

PARTE I
O ENQUADRAMENTO JURÍDICO DAS EMPRESAS COMUNS
(*"JOINT VENTURES"*)

CAPÍTULO 1
A Regulação jurídica da cooperação de empresas e a autonomia do conceito de empresa comum (*"joint venture"*)

CAPÍTULO 2
As empresas comuns no direito da concorrência

PARTE II
AS EMPRESAS COMUNS NO DIREITO COMUNITÁRIO
DA CONCORRÊNCIA – PERSPECTIVA HISTÓRICA GERAL

CAPÍTULO 1
As empresas comuns e o processo de construção e consolidação do direito comunitário da concorrência

26   *Empresas comuns* – Joint Ventures

Capítulo 2

O enquadramento das empresas comuns e de figuras próximas em vários estádios do direito comunitário da concorrência

Parte III

A APRECIAÇÃO MATERIAL DAS EMPRESAS COMUNS
NO DIREITO COMUNITÁRIO DA CONCORRÊNCIA

Capítulo 1

Contributo para um modelo geral de análise das empresas comuns no direito da concorrência

Capítulo 2

Apreciação na especialidade dos efeitos das empresas comuns – as empresas comuns com carácter de concentração

Capítulo 3

Apreciação na especialidade dos efeitos das empresas comuns – as empresas comuns submetidas ao regime do artigo 81.º CE

Parte IV

A APRECIAÇÃO DE EMPRESAS COMUNS E AS MUTAÇÕES
DO ORDENAMENTO DE CONCORRÊNCIA

1. – **Razão de ordem.**
2. – **A reorientação das prioridades teleológicas do ordenamento comunitário de concorrência.**
3. – **A renovação da metodologia de análise do direito comunitário da concorrência.**
4. – **A transformação do modelo institucional de organização do sistema comunitário de concorrência.**

SÚMULA FINAL

INTRODUÇÃO

SUMÁRIO: **1 – Delimitação do objecto da investigação**. I – Questões prévias sobre a figura da empresa comum (*joint venture*) no contexto da cooperação entre empresas. II – A delimitação da categoria da empresa comum no direito da concorrência e noutras áreas do direito. III – O tratamento das empresas comuns em sede de direito comunitário da concorrência. IV – O tratamento das empresas comuns e as mutações do ordenamento comunitário da concorrência. V – Elementos de mutação do ordenamento comunitário da concorrência. VI – Apreciação das empresas comuns e definição de novas metodologias de análise no direito comunitário da concorrência. VII – O tratamento das empresas comuns em vários estádios de evolução do direito comunitário da concorrência. VIII – A dualidade do tratamento das empresas comuns no direito comunitário da concorrência. IX – Parâmetros de análise das empresas comuns submetidas ao regime do artigo 81.º CE. X – O tratamento de diferentes categorias de empresas comuns. XI – Definição de prioridades no estudo das diversas categorias de empresas comuns. XII – Definição de um modelo geral de apreciação das empresas comuns. XIII – Aspectos específicos das empresas comuns no sector financeiro. XIV – Análise de empresas comuns e transição do ordenamento comunitário da concorrência para um novo estádio de construção jurídica. **2 – Metodologia**. I – Aspectos gerais de ordem metodológica. II – Lógica normativa e análise económica. III – Definição de programas normativos através de processos de concretização jurídica das normas. IV – Definição de princípios orientadores com função normogenética. V – Questões de terminologia. **3 – Sistematização**. I – Razão de ordem. II – A primeira parte do estudo. III – A segunda parte do estudo. IV – A terceira parte do estudo. V – A quarta parte do estudo.

1 – DELIMITAÇÃO DO OBJECTO DE INVESTIGAÇÃO

I – Questões prévias sobre a figura da empresa comum (*"joint venture"*) no contexto da cooperação entre empresas

As realidades da cooperação e da concentração entre empresas vêm assumindo um peso cada vez mais significativo na actividade económica, em geral, e na tessitura de relações jurídico-económicas[1] que corporizam uma dimensão fundamental dessa actividade. Na realidade, os movimen-

---

[1] Referimo-nos aqui a relações jurídico-económicas no sentido mais fecundo que esta expressão pode encerrar, quando aplicada em certos domínios jurídicos, *maxime* no domínio do direito da concorrência de que o presente trabalho se ocupa, em particular. Na realidade, a perspectiva jurídica intencionalmente adoptada nesta investigação coexiste, de modo igualmente deliberado, com um tratamento interdisciplinar dos temas abordados, o qual, segundo pensamos, é postulada pelo próprio objecto do direito da concorrência. Se, como preconiza de forma lapidar um autor como TIM FRAZER, num passado recente a *"política da concorrência tem ocupado uma terra de ninguém situada entre os domínios da economia e do direito"* (cfr. *Monopoly, Competition and the Law*, Harvester, Wheatsheaf, New York, London, 1992, pp. Xi ss.), com inegável prejuízo para o seu desenvolvimento coerente, pensamos que a evolução a que se assiste no presente, quer no ordenamento americano, quer, mais recentemente, no ordenamento comunitário, é de molde a conduzir a estudos interdisciplinares e a uma colaboração mais profunda entre juristas e economistas. Essa evolução, globalmente positiva, não prejudica a realização de investigações informadas por uma metodologia cujos pressupostos técnicos sejam ora predominantemente jurídicos, ora económicos, desde que nas mesmas se tenha presente a *interacção complexa entre as categorias jurídicas e os valores e objectivos socio-económicos* – ou económicos, no sentido mais estrito preconizado por algumas correntes doutrinárias que adiante se analisarão, como a denominada Escola de Chicago no âmbito do ordenamento norte-americano – *cuja tutela equilibrada se procura com as normas de concorrência*. Assinala-se, pois, como prevenção inicial, que essa lógica interdisciplinar é acolhida no presente trabalho, o que não obsta a que o mesmo se assuma como um estudo

30 *Empresas comuns* – Joint Ventures

tos de aceleração e de intensa globalização que têm actuado como profundos agentes transformadores da actividade económica,[2] postulam, de algum modo, o desenvolvimento em moldes progressivamente mais complexos de relações de cooperação e de coordenação entre empresas.

Neste contexto, a própria lógica de crescimento empresarial surge inelutavelmente transformada. Essa transformação verifica-se, entre outros aspectos, através de uma gradual substituição de modelos de desenvolvimento assentes na expansão de sociedades comerciais individualizadas, ou na criação de novas sociedades sujeitas a domínio total do ente originário – de que, no plano específico das relações económicas internacionais, as denominadas *"empresas multinacionais"*[3] foram o expoente e paradigma – por modelos orientados para uma decisiva articulação entre

---

predominantemente jurídico – com a inelutável componente dogmática inerente a qualquer construção normativa – informado por um conjunto fundamental de aspectos de análise económica. A propósito dessa lógica interdisciplinar, mas cuja base é indiscutivelmente normativa, justifica-se trazer à colação as considerações de SOUSA FRANCO referentes às características do direito da economia. Assim, considera justamente este A. que nesse domínio se verifica *"uma restrição do formalismo jurídico e uma constante interacção funcional entre economia e direito na interpretação e aplicação das normas, como consequência da crescente regulamentação pelo direito de uma actividade económica complexa, institucionalizada e (...) juridicizada"* (cfr. *Noções de Direito da Economia*, 1.º volume, AAFDL; Lisboa, 1982-83, p. 55). A mesma lógica interdisciplinar é também destacada a propósito do direito da economia por EDUARDO PAZ FERREIRA (cfr. *Lições de Direito da Economia*, AAFDL, Lisboa, 2001, pp. 54-55). Em contrapartida, esta incorporação de elementos de análise económica que caracteriza a construção jurídica no direito da concorrência não deve levar a qualquer subalternização da especificidade de que se reveste qualquer juízo normativo, com a sua dimensão valorativa própria. Essa especificidade – irredutível a meros aspectos de análise económica – é sugestivamente destacada autores como DIETER SCHMIDTCHEN (cfr. "The Goals of Antitrust Revisited – Comment", in JITE., 1991, pp. 31 ss.

[2] Cfr. sobre esses movimentos de aceleração e globalização da actividade económica com reflexos profundos sobre as relações entre empresas, *Contemporary Capitalism – the Embeddedness of Institutions*, edited by J. ROGERS HOLLINGSWORTH, ROBERT BOYER, Cambridge University Press, 1997. Cfr., igualmente, para uma perspectiva europeia sobre essas transformações das condições da actividade económica, *European Industrial Restructuring in the 1990s*, edited by KAREL COOL, DAMIEN J. NEVEN, INGO WALTER, The Macmillan Press Ltd., 1992.

[3] Cfr., em geral, sobre a realidade das empresas multinacionais e o seu peso na actividade económica, bem como sobre a sua influência nos padrões de concorrência, RICHARD E. CAVES, *Multinational Entreprise and Economic Analysis*, Cambridge University Press, 1996, esp. pp. 24 ss e 83 ss.

diferentes grupos empresariais.[4] Os processos de articulação entre grupos empresariais estruturam-se tipicamente em torno de fenómenos de cooperação, caracterizados pela manutenção da individualidade própria de cada empresa ou de cada grupo,[5] ou de fenómenos de concentração empresarial, que têm subjacente a perda dessa individualidade, a qual se dilui

---

[4] Para uma primeira aproximação ao conceito de grupo empresarial – na perspectiva técnico-jurídica do grupo de sociedades – cfr., por todos, J. ENGRÁCIA ANTUNES, *Os Grupos de Sociedades – Estrutura e Organização Jurídica da Empresa Plurissocietária*, Almedina, Coimbra, 2002. Para uma compreensão geral dos aspectos jurídico-económicos que induziram a formação de grupos empresariais – *maxime* sob a forma de grupos de sociedades – cfr. os trabalhos clássicos de C CHAMPAUD, *Le Pouvoir de Concentration de la Société par Actions*, Sirey, Paris, 1962, e de H. O. LENEL, *Ursachen der Konzentration unter Besonderer Berücksichtigung der Deutschen Verhältnisse*, Tübingen, 1968. Para uma perspectiva referente à construção de grupos societários com base na realidade económica, tomando em consideração o exemplo precursor do direito alemão quanto a um tratamento de tipo sistemático desta matéria, cfr. M. LUTTER, *Konzernrecht. Schutzrecht oder Organisationsrecht*, in *Recht, Geist, und Kunst. Liber Amicorum für Rüdiger Volhard*, dir. K. REICHERT, A. STOCKBÜRGER, D. WEBER, Baden-Baden, Nomos 1996. Importa, de resto, salientar que o legislador português, no Código das Sociedades Comerciais de 1986, veio, na esteira do modelo alemão acima referido, regular de modo relativamente pioneiro, no quadro do direito comparado, este tipo de fenómenos relativos a grupos e coligações de sociedades. Como assinala, justamente, entre nós, J. ENGRÁCIA ANTUNES, *"Portugal tornou-se no terceiro país em todo o mundo a prever uma regulamentação global e específica na matéria, depois de o terem feito a Alemanha em 1965 (§§ 15-22, 291-328 'Aktiengesetz') e o Brasil em 1976 (...)"*. Cfr. A. cit., *Direito das Sociedades Comerciais – Perspectivas do seu Ensino*, Almedina, Coimbra, 2000, p. 127. Sobre a relevância actual do grupo de sociedades, cfr, também, ANTÓNIO MENEZES CORDEIRO, *Manual de Direito Comercial*, II Volume, Almedina, Coimbra, 2001, pp. 335 ss.

[5] A distinção entre processos de cooperação empresarial, caracterizados pela manutenção da individualidade própria de cada empresa ou de cada grupo, e processos de concentração empresarial será, como é natural, objecto de tratamento desenvolvido no presente trabalho, desde logo a propósito da densificação jurídica da categoria da empresa comum em sede de direito comunitário da concorrência e numa perspectiva comparada com outros ordenamentos da concorrência (cfr., a esse respeito, o exposto, *infra*, **Parte I**, Capítulo 2). De qualquer modo, para uma primeira apreciação dessa matéria, e já numa perspectiva de direito da concorrência, cfr. LOUIS VOGEL, *Droit de la Concurrence et de la Concentration Économique – Étude Comparative*, Económica, Paris, 1988, esp. 60 ss. e A. EDWARD SAFARIAN, *Trends in the Forms of International Business Organizations*, in *Competition Policy in the Global Economy – Modalities for Cooperation*, Routledge, London and New York, 1997, pp. 40 ss. Como anota este último A., *"(...) During the 1980s there was increasing emphasis on international corporate alliances between independent firms"* (*op. cit.*, p. 40).

numa entidade empresarial diferente criada *ex novo* a partir das empresas participantes na referida concentração.

A articulação entre as empresas ou grupos empresariais pode assumir formas ainda mais complexas, no que respeita ao tipo ou variedade de elementos sobre os quais se estrutura, embora não necessariamente ao nível do recorte dos seus efeitos, no plano do comércio jurídico, em geral, ou em domínios jurídicos específicos como o correspondente ao ordenamento jurídico da concorrência. O processo alternativo recorrentemente desenvolvido para esse efeito conjuga, numa ponderação variável, elementos característicos quer da coordenação empresarial, quer da concentração empresarial e traduz-se na criação de *empresas comuns* ou *"joint ventures"* (terminologia de direito nacional que utilizamos provisoriamente, nestas considerações introdutórias, visto que no que respeita ao instituto jurídico--económico em questão a própria identificação do *nomen juris* adequado constitui, desde logo, um aspecto sujeito a problematização jurídica nos diversos ordenamentos[6]).

O objecto central da presente dissertação consiste, pois, no estudo da figura da empresa comum (*"joint venture"*) e dos principais problemas jurídicos que a mesma suscita no domínio do direito da concorrência.

De qualquer modo, o carácter polissémico e a própria indefinição de que essa categoria se reveste conduziram-nos, numa primeira etapa de investigação, a uma caracterização jurídica, geral, da mesma – como modalidade ou sistema específico de contratação – tomando como referência essencial os domínios do direito comercial, ou, em termos mais latos, do que se possa denominar por *direito da empresa*.[7]

---

[6] Sobre a indefinição conceptual da categoria da empresa comum (*"joint venture"*) no quadro do direito da concorrência e em relação a outras áreas do direito em que essa categoria – conquanto com conteúdo não coincidente – pode ser utilizada, cfr. CHARLES WELLER, "A new rule of reason from Justice Brandeis's 'concentric circles' and other changes in law", in AB., 1999, pp. 881 ss. Como destaca, sugestivamente, este A.: *"For over 100 years, antitrust joint venture law has been a morass of confusion and ambiguity (…)"*. Para uma perspectiva mais geral da indefinição e polissemia do conceito de *"joint venture"*, originariamente desenvolvido no direito norte-americano, cfr., por todos, BONVICINI, *Le 'joint venture': Tecnica giuridica e prassi societária*, Milano, 1977. Cfr., também para uma problematização geral do conceito e do *nomen juris* de *"joint venture"*, LUIZ O. BAPTISTA, PASCAL DURAND-BARTHEZ, *Les Associations d'Entreprises (Joint Ventures) dans le Commerce International*, Librairie Générale de Droit et Jurisprudence, Paris, 1991.

[7] Cfr., em geral, sobre a ideia de direito da empresa, embora admitindo que o mesmo não constituirá ramo autónomo do sistema jurídico, devido à *"heterogeneidade dos*

Introdução 33

O objectivo, conquanto acessório no plano de investigação seguido, de ensaiar uma compreensão jurídica geral – informada pelas realidades jurídicas da empresa e dos denominados contratos de empresa[8] – da figura

---

sectores coenvolvidos", FERRER CORREIA, "Sobre a projectada reforma da legislação comercial portuguesa", in ROA., 1984, pp. 5 ss., esp. pp. 11 ss. No direito alemão o conceito de *"unternehmensrecht"* é discutido na doutrina desde o início do século XX e a problematização jurídica mais recente desta matéria no quadro desse ordenamento suscita a questão da eventual integração do direito das sociedades comerciais num novo, e mais lato, "*direito da empresa*". Cfr., sobre essa problematização, THOMAS RAISER, *Die Zukunft des Unternehmensrechts*, FS Robert Fischer, de Gruyter, Berlin, New York, 1979, p. 561 e, do mesmo A., "The Theory of Entreprise Law in the Federal Republic of Germany", in Am J Comp L., 1988, pp. 111 ss. Na doutrina nacional importa tomar especialmente em consideração sobre essa problematização de um conceito de *"direito da empresa"* e sobre a própria categoria da empresa em várias áreas do ordenamento – *maxime* no direito comercial – as obras de OLIVEIRA ASCENSÃO, *Direito Comercial*, vol I, *Institutos Gerais*, Lisboa, 1998/99, esp. pp. 137 ss., de ORLANDO DE CARVALHO, *Critério e estrutura do estabelecimento comercial I, – O problema da empresa como objecto de negócios*, Atlântida, Coimbra, 1967, esp. pp. 90 ss., e de JORGE COUTINHO DE ABREU, *Da Empresarialidade – As Empresas no Direito*, Almedina, Coimbra, 1996, esp. pp. 306 ss. Para uma perspectiva crítica do conceito de *"direito da empresa"*, considerando-o uma categoria especialmente influenciada pela doutrina italiana e alemã *"da primeira metade do século XX"*, mas entretanto ultrapassada por novos desenvolvimentos, cfr. ANTÓNIO MENEZES CORDEIRO, *Manual de Direito Comercial*, I Volume, Almedina, Coimbra, 2001, esp. pp. 232 ss. Pela nossa parte, e sem pretender entrar na controvérsia sobre novas funções de construção jurídica do *"direito da empresa"* – *maxime* numa perspectiva de sobreposição em relação a institutos e categorias tradicionais do direito comercial – admitimos que um hipotético papel ordenador desse conceito pode ter sido sobreavaliado nalgumas posições doutrinais (sobretudo, como adiante veremos, na doutrina alemã). De qualquer modo, pensamos que esse conceito apresenta um inegável valor de sistematização de vários domínios da ciência jurídica que, de forma mais ou menos directa, são tributários da categoria jurídica da empresa. Para uma confirmação da importância deste conceito de *"direito da empresa"* – pelo menos numa perspectiva de sistematização jurídica e sem prejuízo de outras funções que ora não equacionamos – cfr., na doutrina alemã, HERIBERT HIRTE, UDO PFEIFER, "L'Evoluzione del diritto delle imprese e delle società in Germania negli anni 1996 e 1997", in Riv Soc., 2002, pp. 667 ss., e dos mesmos As., "L'Evoluzione del diritto delle imprese e delle società in Germania negli anni 1998 e 1999", in Riv Soc., 2003, pp. 587 ss; na doutrina italiana, cfr. FRANCESCO GALGANO, *Diritto Comerciale – L'imprenditore*, Zanichelli, Bologna, 2000/2001, esp. pp. 9 ss.

[8] Sobre a figura dos contratos de empresa, associando-a já à problematização jurídica do contrato de *"joint venture"*, como modalidade de uma subespécie de contratos de cooperação empresarial, cfr. GIOVANNI DI ROSA, *L'Associazione Temporanea di Imprese – Il contratto di joint venture*, Giuffrè Editore, Milano, 1998. A categoria jurídica dos contratos de empresa foi, na realidade, desenvolvida em especial pela doutrina

da empresa comum (*"joint venture"*)[9] justifica-se não só porque esta se repercute decisivamente sobre a conformação jurídica da figura em causa no plano específico do direito da concorrência – matéria nuclear deste estudo –, mas, igualmente, porque a mesma figura se vem convertendo no processo jurídico-económico prevalecente de expansão da actividade económica, substituindo os grupos de sociedades constituídos por domínio total, ou os fenómenos puros de concentração empresarial (os quais, em última análise, se orientam para a formação de estruturas empresariais dominadas por uma única entidade, seja no perímetro de uma única sociedade, emergente de concentração, seja no perímetro de grupos de sociedades com domínio total de um ente ou caracterizadas por formas menos intensas de domínio).

Na realidade, se é sabido que a estruturação jurídica fundamental da empresa vem deixando de assentar no denominado empresário individual, ou na sociedade comercial individualizada, para assumir como referência fundamental a categoria do grupo de sociedades[10] – independentemente da

---

italiana, encontrando-se associada a uma perspectiva dinâmica de realização, sob várias formas, de actividades de empresas, de alguma forma oposta a uma perspectiva essencialmente estática subjacente a contratos que visem, no essencial, o gozo de bens.

[9] Propomo-nos, em regra, utilizar cumulativamente os conceitos de *"joint venture"* e de *"empresa comum"*, pelo menos até caracterizar e densificar esta categoria jurídica – *maxime* em sede de direito comunitário da concorrência (o qual, como se verá, conforma, de modo decisivo, o direito nacional da concorrência) – numa parte subsequente deste trabalho (cfr. *infra* os capítulos primeiro e segundo da **Parte I**). Uma vez caracterizada essa categoria jurídica, passaremos a utilizar isoladamente o conceito de *"empresa comum"*, tomando em consideração, entre outros aspectos, as traduções oficiais em língua portuguesa de Regulamentos comunitários que, em sede de direito da concorrência, contêm previsões relativas a esta figura. Essa perspectiva formal não nos impede, contudo, de procurar dilucidar criticamente, no plano doutrinal, a fixação de um conceito geral de *"empresa comum"*, baseado no *nomen juris* da *"joint venture"*. Sobre essa problematização doutrinal, cfr., em especial, o capítulo primeiro da **Parte I**.

[10] Para uma perspectiva geral das estruturações jurídicas da realidade empresarial, cfr., por todos, KARSTEN SCHMIDT, *Handelsrecht*, 5. Aufl, Heymann, Köln, Berlin, Bonn, München, 1999, esp. pp. 63-87. Este A. formula diversas reservas à possibilidade de construir um conceito jurídico geral de empresa com base nos diferentes conceitos de empresa do direito comercial e de outros ramos do direito, mas admite que existem múltiplas áreas do direito – *vg.* direito da concorrência, direito dos grupos de empresas – que suscitam o desenvolvimento de conceitos gerais de empresa. Pela nossa parte, aproximamo-nos, de algum modo, dessa posição, mas admitimos – como adiante se observará no nosso ensaio de caracterização jurídica geral da categoria da empresa comum (*"joint venture"*) em diversos ordenamentos anglo-saxónicos e continentais interligados pelo processo de

maior ou menor relevância jurídica *a se* que os vários ordenamentos positivos lhe concedam[11] – as profundas mutações qualitativas das condições de exercício da actividade económica, a que vimos assistindo, têm determinado novas opções na conformação dos processos jurídicos de organização da empresa. Essas opções têm-se orientado preferencialmente para a criação de realidades compósitas que conjugam, em diversas modalidades e com uma complexidade sempre crescente, situações de verdadeira integração empresarial – típicas dos fenómenos de concentração empresarial – com a manutenção da individualidade própria dos grupos empresariais envolvidos nesses processos (ao menos em certos domínios de actividade).

No plano económico, a progressiva internacionalização da actividade empresarial – que alcançou novas dimensões a partir do momento em que se avançou decisivamente para a liberalização dos movimentos de capitais na década transacta[12] – o peso crescente do factor informação e das deno-

---

construção jurídica comunitária – a relevância de algumas áreas de confluência desses múltiplos conceitos gerais, tomando especialmente como referência o direito comercial e o direito da concorrência. Além disso, continuamos a considerar, no essencial, esses conceitos de empresa como categorias-quadro que desencadeiam a aplicação de múltiplas estatuições legais, de acordo com funções ordenadoras que lhes estão subjacentes, mas que se materializam, num plano de imputação geral de direitos, em diversas estruturas jurídicas alternativas. Para uma discussão em torno dessa necessidade de projecção da empresa em diferentes estruturas jurídicas – das quais o grupo de sociedades representa, iniludivelmente, uma manifestação paradigmática no actual contexto económico – e salientando, igualmente, orientações que na doutrina germânica põem em causa tal necessidade, cfr. GUNTHER TEUBNER, "Entreprise Corporatism: New Industrial Policy and the 'Essence' of the Legal Person", in Am J Comp L., 1988, pp. 130 ss, esp. pp. 146 ss..

[11] Já tivemos ensejo de referir o carácter pioneiro do direito alemão – com influência sobre o direito português das sociedades comerciais – na autonomização, em termos de direito positivo, da categoria do grupo de sociedades. Todavia, o tratamento dessa categoria e a sua regulação conhece ainda desenvolvimentos muito desiguais em vários ordenamentos (mesmo considerando, unicamente, ordenamentos de Estados que participam no complexo processo da construção jurídica comunitária). Para uma perspectiva geral sobre diversas conformações possíveis do direito dos grupos de sociedades e para uma análise crítica sistemática das principais questões que devem informar essa área de regulação, cfr., por todos, K. J. HOPT, *Legal issues and questions of policy in the comparative regulation of groups*, in *I gruppi di società – Atti del Convegno internazionali di studi*, Venezia, novembre 1995, Giuffrè, Milano, 1996, vol 1, pp. 45 ss..

[12] Sobre o peso absolutamente decisivo da liberalização dos serviços financeiros, como elemento catalizador do intenso processo de internacionalização da actividade económica, cfr., em geral, *Gats 2000 – new directions in services trade liberalization*, Editors,

minadas tecnologias de informação, determinando frequentemente a necessidade de conjugar em moldes absolutamente novos diversas técnicas de *saber-fazer* e diversos processos empresariais, o encurtamento dos ciclos de vida de categorias de produtos e serviços e a consequente importância acrescida dos processos de inovação empresarial permanente (com os correspondentes custos) têm constituindo factores primaciais para a utilização cada vez mais recorrente da figura da empresa comum ("*joint venture*").[13] Esta apresenta – como se constata ao longo deste estudo –

PIERRE SAUVÉ, ROBERT M. STERN, Brookings Institution Press, 2000; cfr., ainda, PAUL HIRST, GRAHAME THOMPSON, *Globalization in Question: International Economic Relations and Forms of Public Governance*, in *Contemporary Capitalism – the Embeddedness of Institutions*, edited by J. ROGERS HOLLINGSWORTH, ROBERT BOYER, cit., pp. 337 ss.

[13] Sobre a conjugação deste tipo de factores económicos e a sua influência quanto à utilização recorrente da figura da empresa comum ("*joint venture*") na *praxis* das relações entre empresas, cfr. MICHAEL HERGERT, DEIGAN MORRIS, *Trends in International Collaborative Agreements*, in *Cooperative Strategies in International Business*, FAROK CONTRACTOR, PETER LORANGE, Editors, Lexington Books, 1988, pp. 99 ss. Cfr., igualmente, para uma sugestiva análise desses factores, sugerindo que a emergência dessas novas condições qualitativas para o desenvolvimento da actividade empresarial origina a transição para novos modelos globais de organização, essencialmente orientados para matrizes de cooperação, PETER DRUCKER, "Peter Drucker on the New Business Realities", in AB, 1999, pp. 795 ss. Neste estudo, DRUCKER considera, de modo lapidar, as "*joint ventures*" como "*the dominant form of economic integration in the world economy*" (embora utilize o conceito de "*joint venture*" num sentido relativamente amplo). Noutro estudo, este mesmo A. sustenta, de forma porventura ainda mais impressiva, que "*the greatest change in corporate structure and in the way business is being conducted may be the largely unreported growth of relationships that are not based on ownership but on partnership: joint ventures; minority investments cementing a joint-marketing agreement or an agreement to joint research; and semi-formal alliances of all sorts*". (cfr. PETER DRUCKER, *Managing in a Time of Great Change*, 1995, p. 69). Uma boa síntese dos factores económicos que têm influenciado a evolução dos modelos ou padrões de organização empresarial pode ser encontrada, também, no estudo de K. BYTTEBIER e A. VERROKEN, *Structuring International Cooperation between Entreprises*, Graham Trotamn/Martinus Nijhoff, 1995. Estes As. contrapõem as condições económicas que caracterizaram as décadas de sessenta e setenta do século XX – período de emergência de empresas multinacionais de grande dimensão – às condições prevalecentes no período posterior, que se estende até ao presente, marcado por maior incerteza, e por uma maior complexidade técnica dos processos de produção, que conhecem ciclos mais acelerados, sendo também tributários de elementos de informação mais diversificados. Estas condições levaram, progressivamente, ao advento de modalidades mais flexíveis de organização e integração empresariais, das quais as empresas comuns ("*joint ventures*") constituem uma manifestação essencial.

Introdução 37

características de flexibilidade e de adaptação a múltiplos objectivos empresariais que a vem tornando um modo preponderante de estruturação das relações jurídico-económicas entre empresas.

II – A delimitação da categoria da empresa comum no direito da concorrência e noutras áreas do direito

Sendo claramente sujeita a controvérsia a possível autonomização conceptual da figura jurídica da empresa comum (*"joint venture"*) no plano mais lato da regulação jurídica geral da empresa – podendo mesmo sustentar-se, neste domínio, alguma irredutibilidade dessa figura a esforços de tipificação (não normativa)[14] – esta categoria encontra-se indiscutivelmente autonomizada no domínio do direito da concorrência (tomando como referência os ordenamentos de concorrência mais desenvolvidos, designadamente o norte-americano e o comunitário).[15] De qualquer modo,

---

[14] Sobre a ideia de tipos não normativos, aplicada a diversas realidades jurídicas e, mais latamente, sobre a própria ideia de tipicidade jurídica – quer esta seja ou não objecto de processos de '*normativização*' – cfr., por todos, OLIVEIRA ASCENSÃO, *A Tipicidade dos Direitos Reais*, Lisboa, 1968, esp. pp. 37 ss. Ainda sobre a ideia de tipicidade, aplicada fundamentalmente às situações contratuais, como serão, em regra, os casos de constituição de empresas comuns (*"joint ventures"*) na sua conformação relevante para o direito da concorrência (questão que adiante se equacionará *ex professo*), cfr., na doutrina nacional, PEDRO PAIS DE VASCONCELOS, *Contratos Atípicos*, Almedina, Coimbra, 1995, e RUI PINTO DUARTE, *Tipicidade e Atipicidade dos Contratos*, Almedina, Coimbra, 2000. A problematização em torno da compreensão jurídica do que ora denominamos, de forma genérica, como tipos não normativos será também desenvolvida adiante no quadro do ensaio a que procedemos de uma possível identificação de um ou mais conceitos de referência da realidade da empresa comum (*infra*, capítulo primeiro, Parte I). De qualquer modo, cfr., ainda, sobre esta matéria, na doutrina italiana, a análise de PIETRO RESCIGNO, "Arbitrato e autonomia contrattuale", in Rivista dell'Arbitrato, 1991, pp. 13 ss.

[15] É consensual o reconhecimento dos ordenamentos da concorrência norte-americano e comunitário como ordenamentos mais desenvolvidos nesta área de regulação que constituem, enquanto tal, uma referência essencial para a construção de outros blocos normativos neste domínio. Essa perspectiva, de resto, informa toda a análise crítica desenvolvida ao longo do presente estudo, que versa o tratamento das empresas comuns (*"joint ventures"*) no direito comunitário da concorrência com recurso sistemático a uma análise comparada com o direito norte-americano da concorrência (já no plano comunitário, como adiante se observará, diversas razões contribuem para que os direitos nacionais da concorrência – como sucede com o direito português – sejam essencialmente conformados pelo direito comunitário, apesar da ausência de um processo formal de harmonização. Esse

38   *Empresas comuns* – Joint Ventures

a existência de um importantíssimo corpo de especulação dogmática e de uma extensa *praxis* jurídica versando a empresa comum (*"joint venture"*) como instituto autónomo no direito da concorrência não significa que a delimitação do conceito jurídico em causa se encontre consolidada ou, sequer, estabelecida com precisão.

Essa delimitação do conceito constitui mesmo o primeiro problema jurídico a dilucidar no domínio do direito da concorrência, constituindo uma questão prévia – complexa – relativamente à regulação substantiva das empresas comuns (*"joint ventures"*), na perspectiva dos efeitos emergentes das mesmas sobre a concorrência efectiva.[16] Em contrapartida, admitimos que o elevado grau de densificação jurídica desta figura no direito da concorrência – não obstante corresponder a uma específica dimensão de análise jurídica com a sua teleologia e metodologia próprias[17] – incorpora um contributo importante para a compreensão geral da mesma figura no âmbito do estudo – informado pelo direito comercial ou pelo direito da empresa – dos processos de estruturação jurídica da empresa. Sem pôr em causa o núcleo de estudo seleccionado, versando o direito da concorrência, procurar-se-á, relativamente a determinados aspectos relevantes, aflorar alguns desses contributos do enquadramento

---

pressuposto encontra-se, também, subjacente a todo o nosso estudo). Sobre esta visão dos ordenamentos da concorrência norte-americano e comunitário como verdadeiros modelos de referência, cfr., por todos, *Comparative Competition Policy – National Institutions in a Global Market*, Editors, BRUCE DOERN, STEPHEN WILKS, Clarendon Press, Oxford, 1996. O mesmo entendimento encontra-se, também, subjacente a diversos estudos de organismos internacionais. Cfr., em especial, OECD, *Twenty-five Years of Competition Policy: Achievements and Challenges*, Paris, 1987.

[16] O conceito de concorrência efectiva – *maxime* entendido na perspectiva da denominada *"concorrência praticável"* (*"workable competition"*) no quadro do direito comunitário da concorrência será adiante desenvolvido. Cfr., de qualquer modo, para uma primeira aproximação a esse conceito, o estudo que se encontra, fundamentalmente, na origem do mesmo, de J. CLARK, *Competition as a Dynamic Process*, Washington DC, Brookings Institution, 1961. Como observaremos, este e outros parâmetros da concorrência efectiva – objecto de tutela através das normas de concorrência – têm sido sujeitas a múltiplas críticas doutrinais que, a seu tempo, comentaremos.

[17] O específico alcance da densificação do conceito de *empresa* em sede de direito da concorrência será devidamente caracterizado *infra*, capítulo segundo (esp. ponto **3.**) da **Parte I** desta dissertação. Todavia, adiantamos, desde já, que essa especificidade, com os contornos que adiante explicitaremos, não impede que a intensidade da problematização jurídica da categoria da empresa no direito da concorrência permita extrair corolários importantes para outras áreas do direito.

Introdução 39

da figura em sede de ordenamento da concorrência para a sua compreensão mais geral no plano das relações jurídicas de empresa.

III – O tratamento das empresas comuns em sede de direito comunitário da concorrência

A análise da figura da empresa comum (*"joint venture"*) no plano do direito da concorrência empreendida no presente estudo toma fundamentalmente por objecto o ordenamento comunitário, sem prejuízo de alguns afloramentos do direito nacional da concorrência (o qual, de resto, do ponto de vista substantivo se apresenta largamente tributário do ordenamento comunitário). Por outro lado, a natureza do tema impõe claramente uma análise de direito comparado, concedendo-se especial atenção ao ordenamento de concorrência norte-americano, não só pela prioridade histórica e pelo carácter paradigmático que o mesmo apresenta, mas ainda, em especial, devido ao facto de o próprio conceito de *"joint venture"* ter a sua origem nesse ordenamento.[18]

No domínio do ordenamento comunitário da concorrência procede-se à análise da evolução do tratamento das empresas comuns (*"joint ventures"*), procurando identificar, no contexto desse estudo, os principais estádios de construção e desenvolvimento desse ordenamento da concorrência como vertente primacial do direito económico comunitário e, nessa qualidade, como um dos pilares do sistema de direito em que vem assentando a edificação das Comunidades Europeias[19] (e da actual União Europeia – UE).

---

[18] Sobre a origem do conceito jurídico de *"joint venture"* no ordenamento da concorrência norte-americano, que já atrás aflorámos, cfr., por todos, EDGAR HERZEFELD, ADAM WILSON, *Joint Ventures*, Jordans, 1996. Estes autores salientam, justamente, o facto de a densificação deste conceito, no período posterior à segunda guerra mundial, se ter revestido, nesse ordenamento, de considerável imprecisão. Importa sublinhar que também a específica autonomização da categoria de *"joint venture"* em sede de direito da concorrência se verifica, inicialmente, no ordenamento norte-americano. Ainda sobre a origem desta categoria da *"joint venture"*, cfr. BONVICINI, Le , *Le 'joint venture': Tecnica giuridica e prassi societária*, cit..

[19] Sobre a ideia da União Europeia e das Comunidades Europeias (*maxime* a Comunidade Europeia) como uma comunidade de direito, de natureza complexa, cfr. J. H. H. WEILER, "The Transformation of Europe", in YLJ., 1991, pp. 2403 ss. Salientando, igualmente, o carácter *sui generis* da comunidade de direito em que assenta a construção

Por outro lado, a parte nuclear do estudo que empreendemos, referente à análise do presente enquadramento jurídico das empresas comuns ("*joint ventures*"), considerado em sentido lato – incorporando as dimensões correspondentes ao plano normativo, *de iure condito*, e ao plano da concretização jurídica compreendida quer na *praxis* decisória da Comissão, quer na jurisprudência do Tribunal de Justiça das Comunidades (TJCE) e do Tribunal de Primeira Instância (TPI) – permite-nos constatar que as características jurídicas especiais de que se revestem as "*joint ventures*" e as inflexões que se vêm verificando no seu tratamento têm influenciado decisivamente algumas reformulações essenciais de determinados parâmetros jurídicos de referência do direito comunitário da concorrência e a própria metodologia jurídica deste ordenamento.

Na realidade, tem-se entendido de forma relativamente consensual que as regras de direito da concorrência abarcam tipicamente – na sua *facti species* – elementos respeitantes ao comportamento das empresas ou elementos referentes à estrutura dos mercados, na pressuposição de que esta acarreta efeitos previsíveis, dentro de certos limites, sobre o funcionamento da concorrência. Poderá ainda, de algum modo, considerar-se como uma espécie de *tertium genus* a conjugação nas normas referentes ao abuso de posição dominante – ou nas normas respeitantes a situações denominadas de "*monopolização*" ("*monopolization*") no ordenamento norte-americano – de condições estruturais, relativas à existência de uma posição dominante no mercado, e de condições de comportamento, corres-

---

do processo de integração comunitária, bem como a sua natureza especialmente complexa, em virtude de uma interacção dinâmica com os ordenamentos nacionais dos Estados-Membros – *maxime* no plano do direito económico – cfr. NORBERT REICH, "Competition between Legal Orders: A New Paradigm of EC Law", in CMLR., 1992, pp. 861 ss.. Outros autores salientam o aprofundamento da comunidade de direito que suporta a integração comunitária como suporte material de um processo de "*constitucionalização*" (em termos que, de resto, analisaremos na parte conclusiva deste trabalho, a propósito do hipotético carácter constitucional dos princípios essenciais que informam o ordenamento comunitário da concorrência – *infra* **Parte IV**, esp. 2.3.). Cfr., para essa perspectiva, ERNST-ULRICH PETERSMANN, "Proposals for a New Constitution for the European Union: Building-Blocks for a Constitutional Theory and Constitutional Law of the EU", in CMLR, 1995, pp. 1123 ss. Para uma perspectiva mais ampla do desenvolvimento do processo de integração comunitária com base numa comunidade de direito, cfr. *Integration Through Law – Europe and the American Federal Experience*, Editors, MAURO CAPPELLETTI, MONICA SECCOMBE, JOSEPH WEILER, Walter de Gruyter – Berlin – New York, 1986-1988, 4 Volumes, esp. Vol 1.

Introdução 41

pondentes a actuações abusivas de empresas (embora nesses casos prevaleçam ainda, em nosso entender, os elementos respeitantes ao comportamento das empresas, visto que são estes que despoletam autonomamente a aplicação das normas relevantes de concorrência).[20]

Ora, a principal especificidade da figura das empresas comuns (*"joint ventures"*), que constitui simultaneamente o aspecto que mais dificulta o seu enquadramento preciso e estável no direito da concorrência, traduz-se no facto de esta congregar elementos respeitantes ao comportamento das empresas e elementos de tipo estrutural, numa modelação pouco permeável a qualquer decomposição analítica desses tipos distintos de elementos.

Independentemente da delimitação precisa do conceito de empresa comum (*"joint venture"*), para efeitos de direito da concorrência, e desde que se afastem – como preconizamos na análise que empreendemos – definições latíssimas[21] desta figura que diluem a sua autonomia conceptual e a relevância da sua função de enquadramento de situações jurídico-económicas com repercussões determinadas sobre o funcionamento da concorrência, esta categoria incorpora no seu núcleo processos

---

[20] Esta visão sistemática das normas de concorrência encontra-se consolidada, quer no quadro do ordenamento comunitário, quer no quadro do ordenamento norte-americano. Para uma caracterização de tal sistema tripartido de normas, compreendendo as denominadas normas de comportamento, as normas relativas a controlo directo de operações de concentração – essencialmente dependentes de elementos estruturais – e as normas referentes a abuso de posição dominante, como *"normas mistas"*, que pressupõem a existência, em paralelo, de condições estruturais e de comportamento, cfr. LOUIS VOGEL, *Droit de la Concurrence et Concentration Économique*, cit., esp. pp. 59 ss.

[21] No plano do direito da concorrência, têm proliferado definições muito diversas da categoria da empresa comum, sobretudo – como observaremos na análise desenvolvida no capítulo segundo da Parte I deste trabalho – na doutrina norte-americana. Assim, entre algumas definições razoavelmente latas da categoria da empresa comum (*"joint venture"*), em sede de direito da concorrência, podemos identificar o que adiante caracterizaremos como definições *"latíssimas"* desta categoria, as quais, devido à sua generalidade, perdem, em nosso entender, qualquer eficácia analítica distintiva. Sucede, contudo, que, mesmo algumas das vozes mais autorizadas na doutrina norte-americana da concorrência subscrevem esse tipo de definições *"latíssimas"* da categoria da empresa comum, que, pela nossa parte, rejeitamos. É o que sucede, *vg.*, com HERBERT HOVENKAMP. Este A., na sua obra *Federal Antitrust Policy – the Law of Competition and its Practice*, West Publishing Co., 1994, define a categoria da *"joint venture"* como *"any association of two or more firms for carrying on some activity that each firm might otherwise perform alone"*. (*op. cit.*, pp. 185 ss.)

42   *Empresas comuns* – Joint Ventures

– formalmente muito diversificados – de integração empresarial, os quais, em virtude de não acarretarem a total extinção da individualidade das empresas participantes, envolvem ainda, paralelamente, relações de coordenação entre as mesmas, em termos efectivos, ou, pelo menos, em termos potenciais.

Neste sentido, *a análise das empresas comuns ("joint ventures")*, apesar de ter conhecido flutuações no que respeita à subsunção das mesmas nos institutos jurídicos expressamente regulados nas normas comunitárias de concorrência (acordos de cooperação e práticas concertadas entre empresas, reguladas no actual artigo 81.º CE – anterior artigo 85.º TCE[22] –, por um lado, e operações de concentração entre empresas, sujeitas a controlo directo, com a aprovação do Regulamento (CEE) n.º 4064/89, de 21 de Dezembro de 1989 (RCC), por outro lado)[23] *promove uma combinação dos critérios jurídicos de apreciação de formas de coordenação de comportamentos empresariais, indutores de efeitos restritivos da concorrência, com os critérios de apreciação de alterações da estrutura de concorrência em determinados mercados.*

Pode mesmo acrescentar-se que, dada a inexistência originária de um procedimento comunitário de controlo directo de operações de concentração entre empresas, e o consequente enquadramento da generalidade das empresas comuns (*"joint ventures"*) na regulação dos fenómenos de coordenação de comportamentos empresariais – ao longo de um primeiro estádio de desenvolvimento do ordenamento comunitário de concorrência prévio à adopção do RCC – se criaram condições para a formação inicial de parâmetros de análise desta figura assentes na compreensão de relações de cooperação empresarial – à luz do artigo 85.º TCE (actual artigo 81.º. CE) – os quais vieram a ser progressivamente sujeitos a um crivo de análise estrutural, a partir do momento em que alguns tipos de empresas comuns (*"joint ventures"*) foram sujeitos à aplicação do RCC que versa, fundamentalmente, a avaliação de repercussões sobre a concorrência efectiva de alterações estruturais dos mercados.

---

    22 A propósito desta primeira citação de disposições do Tratado relativo à Comunidade Europeia, cfr. os aspectos e critérios formais expostos *supra*, **Modo de citar e outras convenções**.

    23 A propósito desta primeira referência ao regime do Regulamento comunitário de controlo de concentrações, cfr. os aspectos e critérios formais expostos *supra*, **Modo de citar e outras convenções**.

Introdução   43

Esse processo de formação de parâmetros de apreciação das empresas comuns (*"joint ventures"*) orientados para a regulação das situações de coordenação empresarial e a sua ulterior e gradual concatenação com uma matriz de análise estrutural provocaram, em nosso entender, significativas repercussões na metodologia jurídica a utilizar, em geral, para a concretização de normas de concorrência aplicáveis às empresas.

O tratamento das empresas comuns (*"joint ventures"*) e a necessidade de dilucidar as questões específicas emergentes da natureza híbrida desta figura – envolvendo uma conjugação complexa de condições estruturais e de comportamento empresarial – terá, assim, contribuído, como se analisará no decurso do presente estudo, para uma mutação decisiva da metodologia de proibição *per se* da generalidade dos acordos e práticas de coordenação empresarial (à luz da norma geral de proibição contida no n.º 1 do artigo 81.º.CE),[24] a qual se encontra essencialmente imbuída de uma lógica jurídica formal que subalterniza, de forma indevida, a percepção e compreensão material das situações económicas pressupostas no programa jurídico das normas de direito económico a que, em última análise, correspondem as disposições previstas nos n.os 1 a 3 do artigo 81.º CE[25].

---

[24] Sobre o significado preciso da ideia de proibição *per se* de determinadas modalidades de cooperação empresarial, à luz do n.º 1 do artigo 81.º CE (e, bem entendido, do anterior n.º 1 do artigo 85.º TCE), justifica-se remeter para o tratamento desenvolvido dessa matéria – *infra* capítulo primeiro da **Parte II**. Aí teremos oportunidade de expor os termos da controvérsia doutrinal em torno de tal conceito de proibição *per se* de certos comportamentos empresariais e de analisar outras perspectivas hermenêuticas sobre o referido regime. A matéria será retomada no contexto da análise substantiva das empresas comuns em sede de direito comunitário da concorrência na parte nuclear deste trabalho – **Parte III** – da qual se retiram alguns corolários fundamentais e uma posição própria quanto à qualificação jurídica da norma de proibição essencial estabelecida no n.º 1 do artigo 81.º CE. De qualquer modo, sem antecipar, desde já, essa problematização jurídica, e para uma primeira aproximação genérica a esse conceito de proibição *per se* de determinados comportamentos, cfr., por todos, MARGOT HORSPOOL, VALENTINE KORAH, "Competition", in AB., 1992, pp. 337 ss..

[25] É justo destacar, em termos que teremos ensejo de explicitar ao longo desta dissertação, que tal lógica jurídica formal subjacente à interpretação sistemática dos n.os 1 e 3 do artigo 85.º TCE (e, ulteriormente, do artigo 81.º CE) foi, desde muito cedo, criticada por diversos sectores da doutrina comunitária, embora essas perspectivas críticas – por vezes desencontradas nos seus pressupostos básicos – tenham inicialmente encontrado pouco eco nos processos de concretização jurídica dessas normas.

Essa mutação compreende, entre outros aspectos, a progressiva introdução de elementos de análise material dos mercados para a concretização jurídica – em determinadas situações de relacionamento empresarial – das normas de concorrência que regulam os acordos e práticas de cooperação entre empresas e a limitação, em moldes economicamente mais razoáveis, do alcance da proibição geral desse tipo de acordos e práticas, influenciada pela dimensão estrutural de análise dos mercados (tradicionalmente presente no ordenamento da concorrência norte-americano, embora com expressões e implicações variáveis em diversos períodos, mas largamente ignorada, ou relativizada, até ao presente no direito da concorrência comunitário).

Essa contenção dos comandos de proibição referentes a situações de cooperação empresarial reveste-se de primordial importância para corrigir o que se pode considerar como uma distorção normativa originária do direito da concorrência comunitário e que se traduziu num grau excessivo de intervenção, de carácter público, na conformação dos processos de cooperação empresarial. O excesso em questão resultava do facto de a generalidade desses processos serem considerados como formas de infracção da proibição geral estatuída no n.º 1 do artigo 81.º CE e apenas poderem ser legitimados através de intervenções regulamentares com vista à aplicação de critérios de isenção previstos no n.º 3 do referido artigo 81.º.CE que acabavam por condicionar e conformar sistematicamente o sentido e as modalidades da cooperação empresarial (traduzindo-se, em última análise e de modo paradoxal, em intervenções administrativas que se substituíam ao funcionamento livre do mercado que alegadamente se pretenderia salvaguardar).

IV – O tratamento das empresas comuns e as mutações do ordenamento comunitário da concorrência

Esta importante transformação da metodologia jurídica do ordenamento comunitário da concorrência, em parte induzida pelas exigências específicas de análise das empresas comuns (*"joint ventures"*) tem ocorrido em paralelo com um processo de transição desse ordenamento para um novo estádio. Essa transição – cujas consequências em várias dimensões jurídicas relevantes do mesmo ordenamento se encontram ainda largamente por apurar – é, em boa parte, determinada pelo próprio

Introdução 45

aprofundamento do processo comunitário de integração económica[26] na sequência da realização do denominado mercado único[27] e no contexto da concretização da união económica e monetária.

Assim, a ênfase especial colocada numa categoria de objectivos do ordenamento comunitário da concorrência associada à realização de metas de integração económica tem, progressivamente, vindo a ser atenuada, verificando-se, em contrapartida, um reforço dos objectivos essencialmente informados por critérios de eficiência económica orientada para a maximização dos benefícios dos consumidores. A aceitação geral de um escopo de fundo, prevalecente, ligado à promoção da eficiência económica não elimina, contudo, um conjunto de profundíssimas divergências

---

[26] Sobre o aprofundamento do processo comunitário de integração económica – *maxime* no período posterior à realização do denominado mercado interno – cfr., numa perspectiva muito genérica, D. LASOK, J. W. BRIDGE, *Law and Institutions of the European Union*, Butterworths, London, Dublin, Edinburgh, 1994, esp. pp., 373 ss. No que respeita, especificamente, à mais recente *vertente monetária* desse processo de integração económica, cfr. DANIEL GROS, NIELS THYGESEN, *European Monetary Integration – From the European Monetary System to European Monetary Union*, Longman, London, St. Martin's Press, New York, 1992. Para uma perspectiva económica das realizações do processo de integração comunitária na sequência do impulso gerado pelo Acto Único Europeu, cfr. MICHAEL EMERSON, MICHEL AUJEAN, MICHEL CATINAT, PHILIPPE GOYBET, ALEXIS JACQUEMIN, *1992 – La nouvelle économie européenne – une évaluation par la Commission de la CE des effets économiques de l'achèvement du marché intérieur*, Ouvertures Économiques, De Boeck Université, 1989. Para uma visão geral do aprofundamento do processo de integração económica comunitária, cfr., ainda, PAULO DE PITTA E CUNHA, *Da moeda única em diante: As visões a longo prazo da integração*, in *A Integração Europeia no Dobrar do Século*, Almedina, Coimbra, 2003, pp. 97 ss.; MANUEL CARLOS LOPES PORTO, *Teoria de Integração e Políticas Comunitárias*, Almedina, Coimbra, 2001, esp. Parte IV, pp. 267 ss.; EDUARDO PAZ FERREIRA, *União Económica e Monetária – Um Guia de Estudo*, Quid Juris, Lisboa, 1999. Para uma primeira abordagem da ligação entre um importante conjunto de mutações do ordenamento comunitário da concorrência e o aprofundamento do processo de integração económica comunitária, cfr., por todos, R. B. BOUTERSE, *Competition and Integration – What Goals Count?*, Kluwer, Deventer, Boston, 1994.

[27] Não se justificando, aqui, uma abordagem da controvérsia doutrinal em torno da autonomia conceptual dos denominados "*mercado único*" e "*mercado interno*" face ao conceito de "*mercado comum*", cfr., sobre essa matéria, A. L. SOUSA FRANCO, "Mercado Interno – Opinião", in Legislação e Jurispudência – Revista do INA, 1992, pp. 213 ss e JOSÉ MARIA CALHEIROS, "Sobre o conceito de mercado interno na perspectiva do Acto Único Europeu", in Documentação e Direito Comparado, 1989, pp. 371 ss.

jurídico-económicas[28] no que respeita à concepção dos próprios parâmetros relevantes de eficiência económica, separando, designadamente, orientações emergentes da denominada *nova economia institucional* (*"new institutional economics"*), da doutrina de análise baseada na teoria dos preços (*"price theory analysis"*), influenciada pela Escola de Chicago, ou ainda orientações de pendor mais estruturalista, ou com uma componente de salvaguarda de aspectos de equidade e liberdade de iniciativa face a grandes concentrações de poder económico.[29]

De qualquer modo, se no plano teleológico esta mutação do ordenamento comunitário da concorrência o aproxima – como se analisará criticamente – de algum monismo que, desde há muito, vem caracterizando o ordenamento da concorrência norte-americano (traduzido na clara prevalência dos objectivos estritos de eficiência económica) continuará, em nosso entender, a ser sustentável uma significativa especificidade do

---

[28] Teremos ensejo de analisar, de modo desenvolvido, as profundas divergências que ainda separam diversas visões de tipo predominantemente monista – orientadas para a ideia de salvaguarda da eficiência económica – dos fundamentos teleológicos do direito da concorrência (procuraremos, em especial, ao extrair certos corolários do estudo em extensão do tratamento jusconcorrencial das empresas comuns, estabelecer uma visão crítica de conjunto da renovação dos fundamentos teleológicos do direito comunitário da concorrência em torno de pressupostos monistas; cfr., sobre esse balanço crítico, o exposto na parte conclusiva deste trabalho – **Parte IV**, *maxime* 2.2.). Interessa, contudo, destacar, desde já, o significado que atribuímos à ideia acima exposta relativa a divergências *"jurídico-económicas"* na concepção dos parâmetros relevantes de eficiência económica que informam o programa teleológico do direito da concorrência (*maxime* do direito comunitário da concorrência). Na realidade, independentemente da decisiva importância que assume a discussão entre diversas Escolas económicas sobre conceitos de eficiência e conceitos e fundamentos de concorrência – em particular, como veremos, entre as Escolas de Harvard e de Chicago – a problematização dos fundamentos teleológicos do direito da concorrência envolve, em primeiro lugar a produção de valorações informadas por uma específica lógica de *"normatividade"*. Esta perspectiva, é exposta, de forma lapidar, por EIRIK FURUBOTN e RUDOLF RICHTER, em "The New Institutional Economics – New Views on Antitrust" – Editorial Preface – Symposium June 1990 – Walerfangen/Saar, in JITE, 1991, pp. 1 ss..

[29] Para uma exposição sintética dos diferentes modos de conceber os parâmetros de eficiência económica que informam o programa teleológico do direito da concorrência – matéria abordada de modo desenvolvido na **Parte IV**, sobretudo na perspectiva da possível definição de novas sínteses críticas superadoras dessas divergências (*infra*, **Parte IV**, esp. **2.2.5.3.**) – cfr. WENHARD MÖSCHEL, "The Goals of Antitrust Revisited", in JITE, 1991, pp. 7 ss..

Introdução 47

modelo telelológico do ordenamento comunitário, em função de um conjunto diversificado de razões que se procurará equacionar.

Considerando que tradicionalmente se tem associado às *"joint ventures"* a produção de efeitos, de tipo variável, de *eficiência económica* – constituindo estes um factor típico de justificação das mesmas à luz dos princípios basilares do ordenamento da concorrência que, a esse título, deve ser sopesado, em função de cada situação concreta, com eventuais efeitos de restrição da concorrência[30] – o aprofundamento do tratamento dogmático do instituto da empresa comum (*"joint venture"*) terá inevitáveis repercussões na gradual consolidação – ainda em aberto e envolvendo indefinições que importa superar – de um *novo modelo teleológico do direito comunitário da concorrência primacialmente orientado para a realização de escopos de eficiência económica* (a densificação jurídica de parâmetros relevantes de eficiência económica em sede de tratamento de empresas comuns contribuirá também, certamente, para a clarificação dos modelos de eficiência a privilegiar em termos extrapoláveis para a compreensão e concretização da generalidade dos normativos de concorrência).

A mutação para um novo estádio do ordenamento comunitário da concorrência caracterizado, entre outros aspectos, por um peso significativamente menor dos objectivos de integração económica e por um sistema de injunções menos comandado por critérios algo silogísticos e

---

[30] Essa ideia relativa a uma possível justificação paradigmática – em sede de aplicação de normas de concorrência – da criação de empresas comuns (*"joint ventures"*) com base na produção de específicos efeitos de eficiência económica tem sido desenvolvida sobretudo na doutrina norte-americana, mas, como expomos na nossa análise *ex professo* do tratamento das empresas comuns no direito comunitário da concorrência (*infra*, **Parte III**, esp. capítulo terceiro), esse tipo de pré-compreensão jurídico-económica favorável a diversas modalidades de empresas comuns tem vindo, progressivamente, a ser acolhida, também, no plano comunitário. Para uma exposição desta primacial componente de eficiência económica na compreensão das empresas comuns (*"joint ventures"*), numa perspectiva que chega a admitir tal produção de eficiências como um verdadeiro elemento analítico distintivo da categoria da *"joint venture"* face a outras modalidades de cooperação empresarial, cfr., por todos, na doutrina norte-americana, Gregory Werden, "Antitrust Analysis of Joint Ventures. An Overview", in ALJ., 1998, pp. 701 ss. Como aí expõe este A., *"joint ventures are an important and distinct category for antitrust analysis because of their potential to bring about an efficiency-enhancing integration of economic activity. Many different forms of economic integration may be effected by joint ventures, and each may enhance efficiency in more than one way"* (A. cit., *op. cit.*, p. 702).

48   *Empresas comuns* – Joint Ventures

rígidos de considerável formalismo jurídico, encontra-se também ilustrada noutros domínios essenciais do mesmo ordenamento – que não constituem objecto de tratamento *ex professo* no presente estudo – com especial relevo para o enquadramento dos denominados acordos de tipo vertical entre empresas (envolvendo empresas que se situam em diferentes estádios do processo produtivo).

Na verdade, uma certa ideia de funcionalização das normas comunitárias de concorrência no sentido de evitar quaisquer desvios relativamente aos ditames da integração económica conduziu ao desenvolvimento de um sistema de proibição quase automática – por subsunção na norma geral do n.º 1 do artigo 81.º.CE, interditando formas de concertação inter-empresarial que tenham como objecto ou efeito a restrição da concorrência – de quaisquer acordos ou entendimentos, de carácter vertical, visando protecção territorial em determinado mercado e versando as possibilidades de distribuição ou comercialização de bens oriundos de empresas concorrentes, ou estabelecendo processos de manutenção a certos níveis mínimos dos preços de revenda de certos bens.

Essa prevalência de um certo determinismo jurídico marcado pela aplicação, algo unívoca, de critérios jurídicos eminentemente formais e por um considerável défice de análise económica – material – dos mercados relevantes concretamente envolvidos em cada situação terá mesmo conduzido – de modo paradoxal – à inibição de alguns processos de expansão empresarial que permitiriam a certos grupos a entrada efectiva em determinados mercados geográficos que ultrapassassem a sua esfera nacional, originária, de implantação (em última análise, uma compreensão demasiado formal de aspectos de relacionamento empresarial dos quais supostamente dependeria de forma imediata a prossecução de objectivos primaciais do ordenamento comunitário de concorrência, visando o aprofundamento da integração económica, terá desembocado, a médio prazo, na limitação das possibilidades de entrada de certos grupos empresariais em determinados mercados geográficos).[31]

---

[31] Entre diversas análises críticas que sublinham a contradição acima exposta, resultante de uma perspectiva excessivamente formal, e não acompanhada por processos de análise económica dos mercados, justifica-se destacar a posição de VALENTINE KORAH, exposta em *An Introductory Guide to EC Competition Law and Practice*, Hart, Oxford, Portland Oregon, 2000, (esp. pp. 9 ss. e 347 ss.), ou também desenvolvida no estudo "EEC Competition Policy – Legal Form or Economic Efficiency", in Current Legal Problems, pp. 85 ss. Para uma perspectiva crítica comparável, importa, também, destacar o estudo

Assim, neste domínio de restrições da concorrência de tipo vertical,[32] caracterizado por uma metodologia de análise jurídico-formal que, contraditoriamente, terá contribuído, em certas situações, para limitar ou condicionar os próprios objectivos de integração económica que se pretendia, em tese, privilegiar, tem-se assistido à definição de novas orientações interpretativas e de política legislativa que confirmam, de modo paradigmático, a mutação para um novo estádio do ordenamento comunitário da concorrência a que vimos fazendo referência. Um passo essencial nesse processo de mutação verificou-se através da adopção do novo Regulamento de isenção por categoria relativo aos acordos de tipo vertical[33] (Regulamento CE n.º 2790/1999, de 22 de Dezembro de 1999),[34] e

fundamental de BARRY HAWK, "System Failure: Vertical Restraints and EC Competition Law", in CMLR., 1995, pp. 973 ss.

[32] Trata-se dos efeitos restritivos da concorrência, usualmente designados na doutrina anglo-saxónica, como "*vertical restraints*". O estudo deste tipo de efeitos restritivos da concorrência não integra o núcleo da nossa investigação, preferencialmente orientada para problemas referentes a restrições à concorrência de tipo horizontal associadas à constituição e funcionamento de empresas comuns. De qualquer modo, não deixamos de abordar essa matéria, tomando, em consideração, sobretudo, o facto de a renovação global da metodologia de análise no direito comunitário da concorrência ter sido encetada, em larga medida, no plano das restrições à concorrência de tipo vertical. Para uma primeira aproximação genérica à análise deste tipo de efeitos restritivos da concorrência, e encerrando compreensões relativamente distintas dessas questões cfr. VALENTINE KORAH, *Invalidity of Exclusive Provisions in Distribution Contacts under EC Competition Law*, in *Current and Future Perspectives on EC Competition Law*, Editor LAWRENCE GORMLEY, Kluwer, London, The Hague, Boston, 1997, pp. 1 ss. e HELMUT SCHRÖTER, Vertical Restrictions under Article 85 EC: Towards a Moderate Reform of Current Competition Policy, in *Current and Future Perspectives on EC Competition Law*, Editor LAWRENCE GORMLEY, cit., pp. 15 ss..

[33] Não tem cabimento, neste excurso introdutório, uma caracterização imediata desta figura dos Regulamentos de isenção por categoria, adoptados *ex vi* do n.º 3 do artigo 81.º CE, nem da sua fundamental mportância no desenvolvimento do direito comunitário da concorrência. Essa matéria será abordada no quadro do nosso estudo do processo de construção, em vários estádios distintos, do ordenamento da concorrência – *infra*, capítulo primeiro da **Parte II**, esp. **4.3.**. De qualquer modo, para uma perspectiva geral, descritiva, desta técnica jurídica e da extensão de que a sua utilização se revestiu em sede de direito comunitário da concorrência, cfr. ROSA GREAVES, *EC Block Exemption Regulations*, Chancery Law Publishing, 1994.

[34] Regulamento CE n.º 2790/1999, da Comissão, de 22 de Dezembro de 1999, relativo à aplicação do n.º 3 do artigo 81.º do Tratado CE a determinadas categorias de acordos verticais e práticas concertadas (JOCE n.º L 336/1, de 29 de Dezembro de 1999), que foi adoptado na sequência do denominado "*Livro Verde sobre as Restrições Verticais no*

da *"Comunicação da Comissão – Orientações relativas às restrições verticais"*, de 2000,[35] os quais são claramente tributários de uma lógica jurídico-económica menos formal e mais orientada para a análise dos mercados, designadamente, de certas condições estruturais que se mostrem determinantes para o funcionamento dos mesmos.

Apesar de, como já se referiu, a matéria da coordenação inter-empresarial, de tipo vertical, não ser objecto de tratamento *ex professo* no presente estudo, não deixará de se atentar na sua importância para o advento de uma nova metodologia jurídica do direito comunitário da concorrência – aspecto esse que já se encontra no centro das indagações do nosso estudo – e esta matéria será também, conquanto de forma muito acessória, objecto de análise no contexto da apreciação de certas categorias de empresas comuns (*"joint ventures"*), em especial no que respeita à ponderação da influência que certos feixes de relações verticais entre empresas podem ter no quadro da avaliação do poder de mercado de empresas participantes em empresas comuns.[36]

âmbito da Política Comunitário da Concorrência", adoptado pela Comissão em 22 de Janeiro de 1997 [COM (96) 721 final] e através do qual se pretendeu lançar as bases de uma reflexão geral com vista à reforma da regulação desse tipo de restrições da concorrência. Para uma análise geral do Regulamento de isenção por categoria em causa e da sua influência sobre a metodologia de estabelecimento de isenções por categoria *ex vi* do n.º 3 do artigo 81.º CE, cfr., por todos, RICHARD WISH, "Regulation 2790/99: The Commission's 'New Style' Block Exemption for Vertical Agreements", in CMLR, 2000, pp. 887 ss.

[35] *"Comunicação da Comissão – Orientações relativas às restrições verticais"*, (2000/C 291/01), JOCE n.º C 291/1, de 13 de Outubro de 2000.

[36] Como já destacámos, o nosso estudo em extensão do tratamento das empresas comuns em sede de direito comunitário da concorrência encontra-se, fundamentalmente, dirigido – por razões que adiante teremos ensejo de expor (*maxime*, através da análise delineada *infra*, capítulo primeiro, **Parte III**, esp. ponto **2.**) – à compreensão de problemas de concorrência num plano de relações horizontais. Tal não invalida que algumas empresas comuns (*"joint ventures"*) possam suscitar questões de avaliação do poder de mercado de empresas participantes associadas à percepção de certos feixes de relações verticais entre empresas. Alguns desses aspectos serão, vg., aflorados, embora de modo extremamente sumário a propósito da nossa análise das empresas comuns de aquisição de bens e serviços (*infra*, capítulo terceiro, ponto **5.**, **Parte III**). De qualquer modo, para uma ilustração geral da possível relevância desse tipo de problemas de concorrência desencadeados por empresas comuns num plano de relações verticais entre empresas, cfr., por todos, JUAN BRIONES ALONSO, *Vertical Aspects of Mergers, Joint Ventures and Strategic Alliances*, in *Annual Proceedings of the Fordham Corporate Law Institute – International Antitrust Law & Policy – 1997*, Editor BARRY HAWK, Fordham Corporate

Introdução 51

De resto, os novos parâmetros materiais de análise ensaiados a propósito da reforma do enquadramento dos acordos de tipo vertical entre as empresas têm sido retomados no contexto das alterações de fundo da política comunitária de concorrência relativa aos acordos de cooperação, de tipo horizontal, entre empresas concorrentes, as quais, no plano legiferante, se traduziram na aprovação de dois novos Regulamentos comunitários de isenção por categoria – Regulamento CE n.º 2658/2000, de 29 de Novembro de 2000, referente aos acordos de especialização,[37] e Regulamento CE n.º 2659/2000, com a mesma data, referente aos acordos de investigação e desenvolvimento[38] – e, ainda, na definição sistemática de novas orientações através de uma nova Comunicação da Comissão relativa à aplicação do artigo 81.º CE. a esses acordos de tipo horizontal (*"Comunicação da Comissão – Orientações sobre a aplicação do artigo 81.º do Tratado CE aos acordos de cooperação horizontal"*, de 2001, que adiante se identificará, de forma abreviada, como 'Comunicação de 2001'). [39]

Law Institute, 1998, Juris Publishing, Inc., pp. 129 ss., e MICHAEL J. REYNOLDS, Mergers and Joint Ventures: The Vertical Dimension, in *Annual Proceedings of the Fordham Corporate Law Institute – International Antitrust Law & Policy – 1997*, cit., pp. 153 ss.

[37] Regulamento (CE) n.º 2658/2000, da Comissão, de 29 de Novembro de 2000, relativo à aplicação do n.º 3 do artigo 81.º do Tratado a certas categorias de acordos de especialização (JOCE n.º L 304/3, de 5 de Dezembro de 2000, que revogou o anterior Regulamento de isenção por categoria sobre a matéria – Regulamento (CEE) n.º 417/85, de 19 de Dezembro de 1984 (JOCE n.º L 53/1, de 22 de Fevereiro de 1985) – o qual, por seu turno, havia sido alterado pelo Regulamento (CE) n.º 2236/97 (JOCE n.º L 306/12, de 11 de Novembro de 1997).

[38] Regulamento (CE) n.º 2659/2000, da Comissão, de 29 de Novembro de 2000, relativo à aplicação do n.º 3 do artigo 81.º do Tratado a certas categorias de acordos de investigação e desenvolvimento (JOCE n.º L 304/7, de 5 de Dezembro de 2000), que revogou o anterior Regulamento de isenção por categoria sobre a matéria – Regulamento (CEE) n.º 418/85, de 19 de Dezembro de 1984 (JOCE n.º L 53/1, de 22 de Fevereiro de 1985) – o qual, por seu turno, havia sido alterado pelo Regulamento (CE) n.º 2236/97 (JOCE n.º L 306/12, de 11 de Novembro de 1997). Para uma perspectiva descritiva, sintética, sobre o teor dos novos Regulamentos de isenção por categoria, de 2000, relativos aos acordos de investigação e desenvolvimento e aos acordos de especialização, cfr. JOACHIM LÜCKING, DONNCADH WOODS, "Horizontal Cooperation Agreements: New Rules in Force", in Competition Policy Newsletter, 2001, number 1, February, pp. 8 ss.

[39] *"Comunicação da Comissão – Orientações sobre a aplicação do artigo 81.º do Tratado CE aos acordos de cooperação horizontal"* [(2001/C 3/02) – JOCE n.º C 3/2, de 6 de Janeiro de 2001]. A adopção desta Comunicação interpretativa acompanhou a aprovação dos dois Regulamentos de isenção por categoria acima referidos – relativos às

52 *Empresas comuns* – Joint Ventures

A progressiva reformulação da metodologia jurídica de análise das empresas comuns (*"joint ventures"*) – abarcando as repercussões desse processo de construção dogmática e de hermenêutica jurídica no plano mais lato da concretização do conjunto de normas comunitárias de concorrência aplicáveis às empresas – encontra uma significativa expressão neste domínio da reforma da política referente aos acordos entre empresas, de tipo horizontal, pelo menos a dois títulos.

Por um lado, diversos tipos de empresas comuns que não desempenhem todas as funções de uma entidade económica autónoma[40] terão, forçosamente, o seu tratamento determinado – pelo menos, numa larguíssima parte – com base no enquadramento delineado para o corpo mais vasto do conjunto de acordos de cooperação empresarial, de tipo horizontal. Na realidade, as novas orientações assumidas na Comunicação de 2001, da Comissão, acima referida, substituem, em termos globais, um conjunto fundamental de critérios de análise, de referência, para essas categorias de empresas comuns (*"joint ventures"*) em que se assumisse – como aspecto de concepção jurídico-económica que por ora não se submeterá a qualquer avaliação crítica[41] – uma prevalência de elementos

---

matéria de investigação e desenvolvimento e de especialização – e assume a maior importância para uma renovação qualitativa global da problematização jurídico-económica das relações de cooperação empresarial que se estabeleçam num plano horizontal. Além disso, apesar de o seu objecto versar, de forma lata, o conjunto dos acordos de cooperação de natureza horizontal, pensamos que os critérios de análise delineados nessas orientações assumem especial relevância para a avaliação das repercussões das empresas comuns (*"joint ventures"*) sobre o processo de concorrência. Deste modo, o nosso estudo *ex professo* das empresas comuns – orientado, de modo preferencial, para a avaliação das empresas comuns sujeitas ao regime do artigo 81.º CE – tomará sistematicamente em consideração o teor dessas Orientações, contidas na Comunicação em causa, a qual será sempre referida, de modo abreviado, como 'Comunicação de 2001'.

[40] Como adiante observaremos, esta subcategoria de empresas comuns que não desempenhem todas as funções de uma entidade económica autónoma dever ser subsumida na categoria normativa dos acordos de cooperação empresarial, prevista no artigo 81.º CE, embora – em nosso entender, e nos termos da análise crítica desenvolvida ao longo deste trabalho – revestindo-se de múltiplas particularidades em relação ao tratamento da generalidade das relações de mera cooperação empresarial que não apresentem componentes de integração.

[41] A ausência de um tratamento normativo unitário das empresas comuns (*"joint ventures"*) no direito comunitário da concorrência é um aspecto longamente equacionado ao longo deste trabalho (*maxime* no nosso estudo de diversos estádios de tratamento sistemático das empresas comuns, no quadro do processo de evolução desse ordenamento – *infra*, capítulo segundo, **Parte II**). No âmbito desse estudo, teremos ensejo de discutir,

de cooperação empresarial sobre os elementos de integração. Assim, orientações anteriores que constituíam um referencial decisivo para o tratamento desse tipo de empresas comuns – constantes, em especial, da *"Comunicação da Comissão relativa aos acordos, decisões de associação e práticas concertadas respeitantes à cooperação entre empresas"*, de 1968,[42] e da *"Comunicação da Comissão relativa ao tratamento das empresas comuns com carácter de cooperação à luz do artigo 85.º do Tratado CEE"*, de 1993[43] foram objecto de profunda revisão, explicitada – mesmo que de forma limitada – na referida Comunicação de 2001 e que se traduziu, quanto a alguns aspectos, em verdadeiras rupturas hermenêuticas.

Por outro lado, os progressos hermenêuticos e de dogmática especificamente induzidos pelas particularidades do método de análise jurídico-económica das empresas comuns (*"joint ventures"*) – conjugando, de modo inelutável, e como já se acentuou, elementos referentes ao comportamento das empresas e elementos de tipo estrutural – representam um contributo essencial para essa reformulação, globalmente considerada, do enquadramento dos acordos de cooperação empresarial de tipo horizontal.

---

criticamente, a pertinência de processos de qualificação jurídica de diferentes categorias de empresas comuns em função de uma suposta prevalência dos elementos de cooperação empresarial, sobretudo a partir da adopção do regime comunitário de controlo de concentrações (o qual pressupõe *ab origine* uma distinção entre empresas comuns com carácter de cooperação e empresas comuns com carácter de concentração). Sem antecipar o tratamento dessa matéria, cfr., de qualquer modo, para uma visão sintética dos termos em que se colocaram tais problemas de qualificação jurídica, ALEC BURNSIDE, JUDY MACKENZIE, "Joint Venture Analysis: The Latest Chapter", in ECLR., 1995, pp. 138 ss.

[42] *"Comunicação da Comissão relativa aos acordos, decisões e práticas concertadas respeitantes à cooperação entre empresas"*, JOCE n.º C 75/3, de 29 de Julho de 1968, corrigido pelo JOCE n.º C 84/14, de 28 de Agosto de 1968.

[43] *"Comunicação da Comissão relativa ao tratamento das empresas comuns com carácter de cooperação à luz do artigo 85.º do Tratado CEE"*, JOCE n.º C 43/2, de 16 de Fevereiro de 1993. Como adiante se exporá, esta Comunicação interpretativa de 1993 representou uma primeira sistematização de critérios de avaliação material das empresas comuns submetidas ao regime do então artigo 85.º TCE e assumiu, a esse título, considerável importância. De resto, apesar de essas orientações terem sido integralmente substituídas pelas orientações estabelecidas na Comunicação de 2001 – nos termos expressamente contemplados nos pontos 5 e 8 desta última Comunicação – pensamos que alguns parâmetros hermenêuticos delineados nas mesmas conservam alguma actualidade.

V – Elementos de mutação do ordenamento comunitário da concorrência

O nosso objecto central de estudo – o enquadramento jusconcorrencial das empresas comuns (*"joint ventures"*) – constitui, assim, simultaneamente, uma manifestação expressiva de um vasto conjunto de transformações do ordenamento comunitário de concorrência, ilustrando, enquanto tal, um método renovado de análise jurídico-económica, e, por outro lado, um importante elemento indutor desse mesmo processo de alteração qualitativa, o qual, globalmente considerado, poderá corresponder a uma transição para um sistema jurídico de concorrência consolidado ao nível dos seus pressupostos fundamentais.

Essa consolidação – ou *"amadurecimento"* na expressiva imagem de alguns autores[44] – traduz igualmente, embora noutro plano de análise, um processo jurídico complexo de dois sentidos, correspondendo, quer a uma consequência do advento de um novo estádio de integração económica na UE,[45] quer a uma resposta a esse novo contexto jurídico-económico, devendo, em conformidade, como se analisará ao longo do presente estudo, o ordenamento comunitário de concorrência ser equacionado criticamente na perspectiva do seu contexto sistémico, em cuja construção participa e que apresenta uma interacção constante com o seu conteúdo.

Na verdade, a lógica de compreensão normativa do direito em função do seu contexto sistémico (correspondente à ideia de *"law in context"*, tal como é sustentada, entre outros, por Francis Snyder)[46] será, em nosso

---

[44] Sobre essa ideia sugestiva de início de uma nova fase de consolidação, ou *"amadurecimento"* do ordenamento comunitário da concorrência, cfr. Jonathan Faull, *The Enforcement of Competition Policy in the European Community: A Mature System*, in *Annual Proceedings of the Fordham Corporate Law Institute – EC and US Competition Law and Policy – 1991*, Editor Barry Hawk, Fordham Corporate Law Institute, 1992, Transnational Juris Publications, Inc., Kluwer Law & Taxation Publishers, pp. 139 ss.

[45] Como sublinha Jonathan Faull, no estudo acima citado – *The Enforcement of Competition Policy in the European Community: A Mature System* – com uma ênfase que, em nosso entender, será, até, excessiva quanto à vertente da integração económica, *"the role of competition policy in the pre-1992 period has been to open national markets within the EC and ensure that competition be the principal driving force in the EC's. Thus competition policy has underpinned the drive towards the EC's single market (...)"* (A. cit., *op. cit.*, p. 140).

[46] Cfr., sobre essa lógica de compreensão normativa do direito em função do seu contexto sistémico – materializada na ideia de *"law in context"* – Francis Snyder, *New Directions in European Community Law*, London, Weidenfeld Nicholson, 1990.

Introdução   55

entender, particularmente adequada para a construção dogmática e para o desenvolvimento da análise jurídica em sede de direito comunitário da concorrência, desde que contida, em moldes que procuraremos delinear *pari passu*, dentro de determinados limites de *problematização jurídica*. A atribuição de significativa relevância a aspectos políticos, institucionais, históricos e económicos os quais, num processo interactivo, contribuem para a formação e adequada compreensão de valorações jurídicas – sobretudo relativamente àquelas que apresentam uma forte componente económica, como sucede a propósito das normas de concorrência – não pode, em caso algum, no sentido justamente destacado por DIETER SCHMIDTCHEN,[47] subalternizar o papel central e insubstituível da formulação de verdadeiros juízos normativos. Algumas análises influenciadas por uma óptica de análise económica do direito, ou de compreensão do direito no seu contexto sistémico (*"law in context"*) podem incorrer em desvios metodológicos na medida em que desloquem dessa posição central esses juízos de valor que integram o plano, em sentido estrito, da *normatividade*.

Como sistema jurídico consolidado, o ordenamento comunitário da concorrência poderá, sem riscos maiores de instabilidade ou desagregação, ter os seus pressupostos teleológicos fundamentais submetidos a um reexame crítico que reavalie a uma nova luz algumas opções normativas fundamentais e acompanhe as mutações do seu próprio objecto.

Na verdade, e de acordo com a certeira observação de WERNHARD MÖSCHEL,[48] o carácter normalmente indeterminado dos conceitos-quadro

---

[47] Cfr., nesse sentido, a posição já aflorada (*supra*, nota 1) de DIETER SCHMIDTCHEN, no sentido da afirmação de um papel insubstituível da dimensão de *"normatividade"* na concretização de qualquer regulação jurídica, mesmo daquelas que sejam largamente tributárias de elementos de análise económica como sucede com as normas de concorrência. Na realidade, como afirma, de modo lapidar este A., a possibilidade de critérios ou proposições económicas formularem juízos normativos ou definirem a noção de concorrência, relevante para efeitos de aplicação de normas de concorrência, deve ser excluída. Em concreto, tal possibilidade deve ser excluída "(...) *by the (meta-)rules of the economic rethorics game that are almost generally accepted and according to which economics cannot make any value judgments. The determination of the protective purposes of antitrust is a normative question. It can only be answered by a judgment that reflects the fundamental values of a society*" (cfr. A. cit., "The Goals of Antitrust Revisited – Comment", cit., p. 32).

[48] Como sustenta WERNHARD MÖSCHEL, "(...) *antitrust law is based on vague legal concepts such as restraint of competition, unfair competition, monopolization, abuse of a*

56 *Empresas comuns* – Joint Ventures

em que assenta a construção jurídica do direito da concorrência encontra-se, no essencial, associado ao carácter dinâmico do seu objecto correspondente ao processo económico em constante mutação.

Assim, compreende-se que o ordenamento de concorrência com uma superior experiência de consolidação – a experiência de mais de cem anos do ordenamento (*'antitrust'*) norte-americano – tendo como esteios fundamentais uma densa e complexa jurisprudência e a *praxis* de aplicação das normas relevantes por parte dos organismos federais e estaduais competentes,[49] não tenha, sequer, originado consensos quanto aos objectivos essenciais do seu programa normativo, ou, mesmo, quanto a alguns dos seus parâmetros jurídicos de referência (como assinalam, entre outros, EIRIK FURUBOTN e RUDOLF RICHTER[50]). Pelo contrário, as três décadas transactas foram, em especial, marcadas por profundas controvérsias – não resolvidas até ao presente – em relação aos escopos essenciais desse ordenamento, tendo alguns pressupostos teleológicos do mesmo, que aparen-

---

dominant market position, unreasonable restraints and so on. This is no coincidence. This fact is closely tied to the dynamics of the object being regulated here – an economy that is in a constant state of change (…). The decisive element for clarifying these vague legal concepts for application in the real world is the protective purpose which underlies each piece of legislation in this area" (A. cit., "The Goals of Antitrust Revisited", cit., p. 7).

[49] Na realidade, o direito norte-americano da concorrência, além de assentar, em larga medida, num processo de construção jurisprudencial, sem qualquer paralelo com o que se verifica no quadro do ordenamento comunitário da concorrência, apresenta, ainda, a particularidade de combinar, de modo complexo, níveis estaduais e federais de concretização dos normativos relevantes. Para uma perspectiva geral sobre a complexidade desse sistema jurídico de concorrência, cfr. TERRY CALVANI, MICHAEL SIBARIUM, "Antitrust today: maturity or decline", in AB., 1990, pp. 123 ss. Como aí se refere, a propósito dos processos de aplicação dos normativos de concorrência, mediante intervenção de autoridades administrativas, "*public enforcement is dispersed. Since both the federal and state governments have antitrust laws, public enforcement takes place at both levels. Federal enforcement is, for the most part, vested in two agencies: The Federal Trade Commission and the Antitrust Division of the Department of Justice*".

[50] Cfr. EIRIK FURUBOTN e RUDOLF RICHTER, "The New Institutional Economics – New Views on Antitrust", cit.. Na verdade, estes As. assinalam, a propósito da passagem do centenário da vigência do Sherman Act no direito norte-americano, que "*despite relatively lengthy experience with antitrust legislation, experts continue to disagree over such bedrock issues as the goals of the program. Serious questions also exist about the 'rules' that should be followed in antitrust cases and about the overall effectiveness of antitrust enforcement*".(As.cit., *op. cit.*, p. 3). Este problema da indefinição dos objectivos essenciais do programa normativo do direito da concorrência será retomado na parte conclusiva deste trabalho (*infra*, **Parte IV**, esp. 2.2. e 2.3.).

Introdução

temente se poderiam tomar como adquiridos, sido objecto de críticas sistemáticas (desde o movimento desencadeado pela denominada Escola de Chicago, até à reacção de contraposição da Escola de Harvard, passando por múltiplas outras orientações intermédias,[51] sendo de assinalar que, sintomaticamente, o enquadramento das empresas comuns tem constituído um domínio de eleição para a reavaliação crítica de alguns parâmetros normativos fundamentais desse ordenamento).

A experiência de consolidação adquirida pelo ordenamento comunitário da concorrência permitirá *mutatis mutandis* um processo compará-

---

[51] Como adiante verificaremos, as novas orientações em matéria de pensamento económico impulsionadas pela denominada Escola de Chicago – que exerceram uma significativa influência sobre a doutrina da concorrência norte-americana e sobre os próprios processos de concretização jurídica de normas de concorrência, no ordenamento norte-americano, sobretudo nos decénios de setenta e oitenta do século passado – conduziram a uma profunda revisão dos pressupostos teleológicos do direito da concorrência. Essas orientações tiveram o mérito de introduzir uma decisiva componente de análise económica na concretização dos juízos normativos de direito da concorrência, mas algumas das suas premissas analíticas, fundadas na teoria neo-clássica dos preços, têm sido objecto de significativas críticas, mesmo em sede de pura teoria económica. De resto, contrariamente ao que se poderia pensar, alguns dos autores mais representativos da Escola de Chicago, ainda há dois decénios atrás, recusavam uma ponderação de elementos de eficiência na análise dos efeitos sobre a concorrência associados a certos acordos entre empresas, alegando ser difícil uma verificação em concreto desses elementos. E, alguns autores, como, *vg.*, RICHARD POSNER mantêm essa visão até ao presente, denegando a relevância desses elementos de eficiência que constituem, como veremos, uma componente fundamental da análise das empresas comuns (cfr. RICHARD POSNER, *Antitrust Law – An Economic Perspective*, The University of Chicago Press, Chicago and London, 2001, esp. pp. 112 ss.). No actual estádio de evolução do que podemos qualificar como teoria económica da concorrência, pensamos que se encontra já em causa a produção de sínteses críticas, através das quais se procuram ultrapassar alguns aspectos da controvérsia entre representantes da Escola de Chicago e teóricos *"post-Chicago"*. Admitimos, também, que o ordenamento comunitário da concorrência, não tendo sido imediatamente influenciado pelos termos dessa controvérsia – ao contrário do que sucedeu com o direito norte-americano – pode, em contrapartida, face a uma sua maior abertura recente aos contributos da teoria económica da concorrência, vir a ser consideravelmente influenciado pelas sínteses críticas *"post-Chicago"*. Essas influências serão equacionadas numa perspectiva geral no capítulo primeiro da **Parte II** (esp. pontos 2.1. a 2.3.) e, de forma mais conclusiva, tomando em consideração certos corolários resultantes do estudo das empresas comuns, na última parte deste trabalho (*infra*, **Parte IV**, esp. pontos 2.1. e 2.2.). Para uma exposição geral do contributo crítico da Escola de Chicago na definição dos modelos teleológicos do direito da concorrência, cfr., por todos, RICHARD POSNER, "The Chicago School of Antitrust Analysis", in U Pa L Rev., 1979, pp. 925 ss.

vel de reponderação do seu programa teleológico e, sobretudo, a criação de condições para a revisão do respectivo processo de concretização jurídica, assente, até ao presente, em elevados graus de centralização e de intervenção pública – de tipo administrativo –, que conflituam com a autonomia dos agentes do mercado que se pretende, em tese, salvaguardar e que se transformou em factor de bloqueamento ou de inércia do próprio sistema jurídico de concorrência, globalmente considerado.

VI – Apreciação das empresas comuns e definição de novas metodologias de análise no direito comunitário da concorrência

A correcção do intenso grau de intervenção pública e de centralização do sistema jurídico comunitário de concorrência traduzir-se-á forçosamente num novo enquadramento das decisões de isenção adoptáveis com base nas previsões constantes do n.º 3 do artigo 81.º CE – envolvendo correlativamente, ou não, uma nova pré-compreensão normativa do alcance das proibições constantes do n.º 1 do artigo 81.º CE (para a qual a metodologia de análise das empresas comuns pode contribuir de modo significativo) – e, designadamente, numa projectada *descentralização* do processo de aplicação do direito comunitário da concorrência, segundo as linhas prefiguradas no denominado *"Livro Branco sobre a Modernização dos Artigos 85.º e 86.º do Tratado CE"*, de 1999 (adiante designado como 'Livro Branco').[52]

Independentemente da configuração concreta deste processo de *descentralização* da aplicação do direito comunitário da concorrência, que começou a ser construído através do Regulamento (CE) n.º 1/2003, de 16 de Dezembro de 2002,[53] o desenvolvimento efectivo do mesmo fará avul-

---

[52] *"Livro Branco sobre a Modernização dos Artigos 85.º e 86.º do Tratado CE"* (Programa da Comissão n.º 99/027 – Bruxelas, 28.04.1999).

[53] Regulamento (CE) n.º 1/2003, do Conselho, relativo à execução das regras de concorrência estabelecidas nos artigos 81.º e 82.º do Tratado, JOCE n.º L 1/1, de 4 de Janeiro de 2003. Este Regulamento representa, indiscutivelmente, o elemento central do denominado processo de *"modernização"* do sistema de aplicação das normas comunitárias da concorrência, mas esse processo apresenta outras componentes também importantes que teremos ensejo de abordar, conquanto sucintamente (*infra*, capítulo primeiro, esp. ponto **5.**, **Parte I**) e cuja concretização jurídica é ainda incerta atendendo ao curto período

Introdução

tar um novo elemento na progressiva construção jurídica deste ordenamento, o qual, de alguma forma – e dentro de certos limites – o aproximará do sistema jurídico de concorrência norte-americano. Esse elemento – revestindo uma importância em nada comparável com a que se verificava em anteriores estádios do direito comunitário de concorrência – corresponderá ao pilar jurisprudencial, compreendendo aqui os tribunais nacionais dos Estados Membros, numa arquitectura jurídica cada vez mais complexa e exigindo difíceis equilíbrios necessários à compatibilização de uma flexibilidade acrescida do sistema com a unidade e coerência do mesmo.

Sendo certo que os sistemas jurisdicionais dos Estados Membros apresentam ainda consideráveis disparidades entre si e que, consequentemente, não é possível garantir um determinado grau mínimo de harmonização dos enquadramentos processuais nacionais[54] com base nos quais se verificará a aplicação das normas de concorrência pelos tribunais dos Estados Membros, o modelo de descentralização na concretização do ordenamento comunitário de concorrência que, em definitivo, seja implantado na UE. comporta importantes riscos de segmentação. Esse risco de segmentação, em função de diferentes sistemas jurisdicionais nacionais, surge ainda – noutro plano – agravado pela inexistência, no essencial, de um verdadeiro poder sancionatório das autoridades nacionais dos Estados

---

de vigência deste novo regime. Sobre a complexa negociação que determinou a aprovação do Regulamento (CE) n.º 1/2003 – revogando o histórico Regulamento n.º 17 do Conselho, de 6 de Fevereiro de 1962 [primeiro Regulamento de execução dos artigos 81.º e 82.º do Tratado CE, (JOCE n.º 13 de 21 de Fevereiro de 1962, p. 204/62); Regulamento com a denominação e última redacção que lhe foi dada pelo Regulamento (CE) n.º 1216/1999 [JOCE n.º L 148/5, de 15 de Junho de 1999)] – cfr. JACQUES BOURGEOIS, CHRISTOPHE HUMPE, "The Commission's Draft 'New Regulation 17'", in ECLR., 2002, pp. 43 ss.

[54] A Comissão parece subalternizar os problemas resultantes dessa falta de harmonização dos enquadramentos processuais nacionais. Pela nossa parte, contudo, consideramos que a ausência de medidas de harmonização pode criar importantes escolhos a este projecto de aplicação descentralizada do direito comunitário da concorrência, com uma intervenção activa dos tribunais nacionais. Admitimos, também, que esses problemas não serão adequadamente resolvidos através do enquadramento comunitário em vigor sobre delimitação de jurisdições e reconhecimento e execução de decisões judiciais em matérias cíveis ou de direito comercial, resultante do Regulamento (CE) n.º 44/2001 (JOCE L 12/1, 2001). Cfr., para uma perspectiva geral sobre esses eventuais problemas, HANS GILLIAMS, "Modernisation: From policy to practice", in EL Rev., 2003, pp. 451 ss.

Membros para reprimir violações dos artigos 81.º e 82.º CE (o qual dependerá, em última análise, de soluções normativas nacionais).[55]

Noutra perspectiva, também comporta riscos importantes o desenvolvimento de uma nova metodologia de análise jurídico-económica, menos tributária de critérios jurídico-formais e de sistemas de proibição *per se*, que se revestem de considerável abstracção e que, como tal, se mostram muito refractários à realização de análises económicas substantivas (as quais são, desejavelmente, pressupostas pelo programa normativo da generalidade das normas de concorrência).

Constituindo, a par do movimento de *descentralização* da aplicação do direito comunitário da concorrência, um dos pilares de um *novo estádio de consolidação deste ordenamento*, o desenvolvimento dessa *nova metodologia jurídica*, para cuja afirmação a análise jurídico-económica das empresas comuns (*"joint ventures"*) tem contribuído significativamente, acarreta riscos de insegurança jurídica e de excessiva permeabilidade a uma recepção pura de diferentes teorias económicas. No ordenamento norte-americano o maior peso desde há muito concedido à análise económica e os riscos de casuísmo jurídico que se lhe encontram associados têm sido eficazmente contrabalançados com o recurso a tipos desenvolvidos de conceitos-quadro, que assentam num corpo já considerável de densificação jurídica – como os conceitos contrapostos de proibição *per se* e de *"regra de razão"* (*"rule of reason"*) – que comportam, ainda, múltiplas sub-variantes constantemente reavaliadas)[56] – bem como através da

---

[55] Apesar da solução prevista no artigo 5.º do Regulamento n.º 1/2003 – *maxime* 4.º travessão, prevendo, em geral, a competência das autoridades dos Estados-Membros para *"aplicar coimas, sanções precuniárias compulsórias ou qualquer outra sanção prevista pelo respectivo direito nacional"* por infracções a normas comunitárias de concorrência – a definição e regulação dessa competência, em última análise, depende integralmente de soluções normativas nacionais, as quais podem divergir consideravelmente entre si, ou podem, até, apresentar lacunas importantes. Assim, o novo regime nacional de defesa da concorrência resultante da Lei n.º 18/2003, de 11 de Junho, conquanto tenha previsto, em termos genéricos, no seu artigo 42.º, que as infracções às normas de direito comunitário da concorrência *"constituem contra-ordenação punível"*, mediante procedimento conduzido pela Autoridade da Concorrência, apenas tipifica nos artigos 43.º e seguintes contra-ordenações e correspectivas sanções relativas a infracções às normas nacionais de concorrência.

[56] Teremos ensejo de analisar de modo desenvolvido esses conceitos-quadro de proibição *per se* e de *"regra de razão"* (*"rule of reason"*), *maxime* na perspectiva da sua hipotética utilização, ou não, no direito comunitário da concorrência. Cf., de qualquer

utilização de processos de análise econométrica encaixando em molduras jurídicas pré-estabelecidas.

O menor grau de densificação jurídica de conceitos-quadro fundamentais, concretizáveis caso a caso, através de juízos de análise económica, no ordenamento comunitário da concorrência, e a ausência de qualquer tradição de recurso a processos de análise econométrica no mesmo ordenamento, tornam absolutamente necessário procurar novos e delicados equilibrios no contexto da transição para uma nova metodologia jurídica (de modo a não soçobrar num extremo oposto ao anterior sistema de formalismo jurídico, e que se traduziria num casuísmo de inspiração económica desprovido de graus minimamente aceitáveis de segurança jurídica). As características específicas de que se reveste a análise jurídico--económica das empresas comuns (*"joint ventures"*) – nos moldes que serão estudados na presente dissertação – permitem, segundo cremos, a realização de avanços consideráveis na definição desses equilíbrios, em ordem a coadunar formas de concretização das normas de concorrência, progressivamente libertadas de espartilhos jurídico-formais, ou de sistemas rígidos de presunções de proibição, com um grau desejável de segurança e previsibilidade da análise. Por outro lado, o contributo dessa nova metodologia jurídica para a diminuição dos excessos de intervenção pública que tem caracterizado – em certos domínios – o direito comunitário da concorrência permitirá, também, atenuar os inconvenientes de centralismo excessivo associados à originária competência exclusiva de aplicação do n.º 3 do artigo 81.º CE atribuída à Comissão, e reduzir, consequentemente, a pressão no sentido de um processo mais intenso de descentralização da aplicação do referido direito (essa menor pressão para a descentralização reduzirá, potencialmente, os riscos associados a esse processo).

---

modo, para uma perspectiva geral sobre a matéria e, sobretudo, para uma enunciação de múltiplas subvariantes entre esses critérios de aplicação de normas de concorrência que vêm sendo contempladas no quadro do ordenamento norte-americano da concorrência, GEERT WILS, "'Rule of Reason': Une Règle Raisonnable en Droit Communautaire?", in CDE., 1990, pp. 19 ss.

VII – O tratamento das empresas comuns em vários estádios de evolução do direito comunitário da concorrência

De algum modo, a própria evolução do tratamento das empresas comuns ("*joint ventures*") é paradigmática de algumas oscilações dogmáticas do direito comunitário da concorrência, globalmente considerado – no que respeita a determinada *pré-compreensão*, de pendor restritivo e intervencionista, dos fenómenos de cooperação entre empresas – e de certas distorções regulatórias subjacentes ao mesmo.

Assim, não obstante termos claramente privilegiado a análise crítica, jusconcorrencial, das empresas comuns à luz do direito vigente e numa óptica prospectiva, não deixaremos de situar esse estudo no contexto de uma análise geral – conquanto mais limitada – do desenvolvimento da política comunitária de concorrência, abarcando os seus objectivos fundamentais e uma conceptualização de possíveis estádios diversos de afirmação dessa política (em interacção dinâmica com o processo jurídico-económico de integração e a progressiva emergência de uma verdadeira constituição económica comunitária).[57]

Sem pretender, de forma alguma, incluir no presente estudo uma componente relativamente extensa de análise histórica, essencialmente descritiva, do processo de desenvolvimento do ordenamento comunitário de concorrência, essa componente interessa-nos – a título meramente instrumental – como elemento de compreensão do enquadramento das empresas comuns e das implicações que do mesmo resultam para o sistema jurídico de concorrência da U.E. Adoptar-se-á, pois, salvaguardando as devidas diferenças relativamente ao ângulo, método e objectivos de análise prosseguidos, uma perspectiva comparável, em certo sentido, à utilizada na obra de referência para a reavaliação crítica global do ordena-

---

[57] A identificação de possíveis estádios diversos de construção e afirmação dessa política é ensaiada, essencialmente, no capítulo primeiro da **Parte II** (esp. pontos 3.4.2.), de índole essencialmente descritiva. A emergência de princípios jurídicos de concorrência como possíveis elementos componentes de uma constituição económica comunitária – em sentido material – é analisada, tomando já em consideração o contributo essencial resultante do estudo das empresas comuns, na **Parte IV**, esp. pontos 2.2. e 2.3. Para mais uma perspectiva geral dos nexos de interacção entre os estádios de desenvolvimento da política comunitária de concorrência e o processo jurídico-económico de integração comunitária, cfr., J. DAVIDOW, "Competition Policy, Merger Control and the European Community's 1992 Program" in Col J Trans L., 1991, pp. 11.

Introdução 63

mento de concorrência norte-americano de ROBERT BORK[58] (na sua obra que enfatiza – em moldes controversos – possíveis distorções regulatórias desse ordenamento *"antitrust"*, BORK baseia – numa larga extensão – a sua análise numa determinada perspectiva *histórica* sobre o processo formativo do mesmo ordenamento, desde o respectivo processo legislativo e abarcando as sucessivas mutações da elaboração jurisprudencial).

Analisa-se, deste modo, um primeiro estádio na compreensão normativa das empresas comuns (*"joint ventures"*) correspondente ao período de formação do direito comunitário da concorrência anterior à adopção do RCC. Nesse período, caracterizado por uma lacuna originária do referido ordenamento no que respeita à regulação de formas de controlo directo de operações de concentração empresarial,[59] o enquadramento jusconcorrencial relevante das empresas comuns assentou na regulamentação dos fenómenos de cooperação empresarial prevista no artigo 85.º TCE (actual artigo 81.º CE). Essa ausência inicial de um verdadeiro programa normativo especificamente dirigido ao tratamento das questões de concorrência de tipo estrutural originou profundas distorções na concepção e regulação das empresas comuns, as quais, embora atenuadas, têm perdurado – sem integral correcção – até ao presente.

Na verdade, em face dessa lacuna fundamental, a Comissão, na sua qualidade de instituição comunitária com responsabilidades centrais na condução da política comunitária de concorrência,[60] adoptou, sistematica-

---

[58] O paralelo que ora consideramos é apenas de ordem metodológica e reporta-se à utilização de uma perspectiva *histórica* sobre o processo formativo de normas da concorrência – normas do ordenamento comunitário da concorrência, para efeitos do nosso estudo – em ordem à compreensão crítica de certos institutos e, até, com vista à reavaliação global de algumas coordenadas normativas essenciais desse ordenamento, em moldes comparáveis aos do estudo de R. BORK (o que não traduz qualquer acolhimento de pressupostos gerais de análise ou de premissas teleológicas idênticas às deste A.). Sobre essa metodologia de análise, que incorpora uma perspectiva histórica relativa à formação de normativos de concorrência, cfr. ROBERT BORK, *The Antitrust Paradox – A Policy at War with Itself*, The Free Press, New York, Oxford, Singapore, Sidney, 1993, esp. pp. 15 e pp. 50 ss.

[59] Para uma caracterização geral dessa lacuna do direito comunitário da concorrência, no seu período inicial de formação, em matéria de controlo directo de operações de concentração de empresas, cfr., por todos, AURELIO PAPPALARDO, "Le Règlement CEE sur le Controle des Concentrations", in Rev Int'l Dr Econ., 1990, pp. 3 ss.

[60] Sobre o papel fundamental da Comissão Europeia para o desenvolvimento da política comunitária da concorrência e para a condução da mesma, cfr., numa perspectiva histórica, D. G. GOYDER, *EC Competition Law*, Oxford University Press, 1998, esp.

mente, uma pré-compreensão normativa da figura da empresa comum conducente à sobrevalorização conceptual dos elementos de coordenação empresarial presentes em cada situação jurídico-económica, que lhe coubesse apreciar, de modo a criar com frequência condições propícias à aplicação das regras constantes do artigo 85.º TCE (a perspectiva alternativa de maior valorização dos elementos de tipo estrutural de certas empresas comuns, aproximando-as de uma caracterização como fenómenos de concentração empresarial traduzir-se-ia, em princípio, na ausência de disciplina jusconcorrencial dessas entidades).

A análise crítica empreendida da *praxis* decisória da Comissão no período em causa, conquanto sumária, permite-nos identificar um claro fio condutor nessa orientação interpretativa da Comissão – o qual, de resto, é no presente reconhecido como tal por uma parte significativa da doutrina[61] – no sentido da afirmação de uma competência tão extensa quanto possível de regulação da generalidade das empresas comuns e procurando compensar a inexistência, à data, de uma competência *de iure condito* para o controlo directo dos processos qualificáveis como concentrações de empresas.

Neste contexto, não há exagero na constatação de uma dupla distorção regulatória originada pela lacuna do ordenamento comunitário da concorrência quanto ao controlo directo de operações de concentração – assumindo graves e duradouras repercussões – a qual se manifestou em dois planos de construção jurídica.

---

pp. 9 ss. e 34 ss. Como veremos – infra capítulo primeiro, esp. pontos 5.3.4. e 5.4., **Parte II** – o denominado processo de *"modernização"* do ordenamento comunitário da concorrência, marcado por uma orientação tendente à descentralização do sistema de aplicação das normas desse ordenamento não afasta, propriamente, o papel central da Comissão no desenvolvimento da política de concorrência, mas contribui para uma requalificação desse papel.

[61] Essa orientação interpretativa e as razões que a determinaram são objecto de análise *ex professo* no capítulo segundo da **Parte II** (esp ponto 2.3.), no qual procuramos identificar diversos estádios sucessivos no tratamento sistemático das empresas comuns (*"joint ventures"*) em sede de direito comunitário da concorrência. Sem antecipar essa análise, cfr., de qualquer modo, sobre o reconhecimento na doutrina da referida orientação interpretativa, no sentido da afirmação de uma competência tão extensa quanto possível de regulação da generalidade das empresas comuns, compensando a inexistência de uma competência originária para o controlo directo dos processos qualificáveis como concentrações de empresas, JAMES VENIT, "Oedipus Rex. Recent Developments in the Structural Approach to Joint Ventures under EEC Competition Law, in W Comp., 1991, pp. 14 ss.

Introdução   65

Por um lado, esse quadro normativo impediu o desenvolvimento de uma análise jusconcorrencial unitária da figura da empresa comum (*"joint venture"*) – comparável à que se impôs no ordenamento da concorrência norte-americano, apesar de este conhecer, como se verá, uma dupla sede de regulação normativa da mesma figura[62] – e que mostrasse uma verdadeira aptidão para captar, no grau adequado, a complexidade dos elementos constitutivos e a natureza compósita dessa categoria jurídica. Essa análise cindiu-se com base numa diferenciação de tipos de empresas comuns caracterizáveis pela prevalência de elementos de coordenação inter-empresarial – e consequentemente sujeitas à aplicação do artigo 85.º TCE – e de outras modalidades de *"joint ventures"* que não se mostravam passíveis de inclusão no perímetro de regulação daquela norma (diferenciação que se mostra claramente assumida pela Comissão, pelo menos desde o *Sexto Relatório sobre a Política de Concorrência*).[63]

Por outro lado, o processo de qualificação jurídica suplementar das empresas comuns – decorrente daquela diferenciação – terá sido sistematicamente orientado para a sobrevalorização dos aspectos de coordenação de modo a legitimar a aplicação do regime constante do artigo 85.º TCE.

No essencial, a Comissão delineou uma orientação no sentido da aplicação do artigo 85.º TCE à generalidade das empresas comuns (*"joint ventures"*) que fossem integradas por empresas que se encontrassem em relação de concorrência – actual ou potencial –, ressalvando dois tipos de situações jurídico-económicas que justificariam um enquadramento diverso. Uma dessas situações corresponderia aos casos em que as empre-

---

[62] Sobre o tratamento essencialmente unitário da figura da empresa comum, que se impôs no ordenamento norte-americano da concorrência – conquanto o mesmo apresente também, como veremos, algumas áreas distintas – cfr., por todos, BARRY HAWK, *Joint Ventures under EC Law*, in *Annual Proceedings of the Fordham Corporate Law Institute – EC and US Competition Law and Policy – 1991*, Editor BARRY HAWK, Fordham Corporate Law Institute, 1992, Transnational Juris Publications, Inc., Kluwer Law & Taxation Publishers, pp.557 ss.

[63] Terá sido, efectivamente no *Sexto Relatório sobre a Política de Concorrência* (1976) – cfr., em particular, ponto 55 – que a Comissão procedeu pela primeira vez a uma clara distinção entre empresas comuns sujeitas ao regime do artigo 85.º TCE – empresas comuns de natureza cooperativa – e empresas comuns não cobertas por esse regime (assumindo um carácter de concentração empresarial).

sas-mãe[64] transferissem a totalidade dos seus activos para determinadas empresas comuns, conservando a sua individualidade própria num plano restrito de acompanhamento da actividade empresarial dessas entidades, em posição equiparável, de direito ou de facto, à das sociedades gestoras de participações sociais. Este tipo de situações equivaleria, na realidade, a verdadeiras operações de concentração empresarial, não sujeitas a qualquer processo de controlo directo à luz das normas de concorrência então vigentes.

A outra situação corresponderia a uma figura caracterizada pela Comissão como *"concentração parcial"* (porventura a primeira de um conjunto de sub-categorias – emergindo como manifestações de um conceptualismo jurídico cada vez mais afastado da realidade económica que deveriam enquadrar – a preencher uma zona de fronteira entre as empresas comuns e as operações de concentração entre empresas, em sentido estrito).[65] Nessa situação incluir-se-iam os casos em que as empresas-mãe procedessem à transferência para a empresa comum de uma parcela dos seus activos e se retirassem completamente, e de modo irreversível, do

---

[64] Por razões de uniformização terminológica, designaremos, em regra, as empresas que constituem empresas comuns (*"joint ventures"*) e asseguram o respectivo controlo como *"empresas-mãe"*, tomando em consideração, de resto, os pontos de contacto entre esta matéria e as questões de controlo referentes a grupos de sociedades – plano em que a terminologia de *"sociedade-mãe"* se encontra largamente difundida (cfr., nesse sentido, por todos, J. ENGRÁCIA ANTUNES, *Os Direitos dos Sócios da Sociedade-Mãe na Formação e Direcção dos Grupos Societários*, Universidade Católica Portuguesa, Porto, 1994). A espaços, utilizamos, ainda, com a mesma finalidade, o conceito de *"empresa fundadora"*, em conformidade com a terminologia utilizada, *vg.*, no artigo 3.º do RCC, mas que consideramos menos sugestiva. Além disso, como observaremos, a noção de *"empresa-mãe"* é, também, predominantemente utilizada em Comunicações interpretativas da Comissão que versam, de modo mais ou menos directo a matéria das empresas comuns (cfr., entre outras, a *"Comunicação relativa ao conceito de empresas comuns que desempenham todas as funções de uma entidade económica autónoma, nos termos do Regulamento (CEE) n.º 4064/89 do Conselho, relativo ao controlo das operações de concentração entre empresas"* – JOCE n.º C 66/01).

[65] Teremos ensejo de enunciar e analisar diversas sub-categorias conceptuais que foram, sucessivamente, preenchendo uma zona de fronteira entre as empresas comuns e as operações de concentração entre empresas, em sentido estrito. Sobre o acima referido conceito de *"concentração parcial"*, cfr., desde já, KAREN BANKS, *Mergers and Partial Mergers*, in *Annual Proceedings of the Fordham Corporate Law Institute – North American and Common Market Antitrust and Trade Laws – 1987*, Editor BARRY HAWK, Fordham Corporate Law Institute, 1988, Matthew Bender, pp. 404 ss..

Introdução

mercado em que aquele ente operasse, desde que, em termos globais, não resultassem da transacção efeitos colaterais de coordenação dos comportamentos empresariais das referidas empresas-mãe nos mercados em que estas permanecessem activas (os denominados efeitos de alastramento da cooperação – "*spillover effects*").[66] Essas denominadas "*concentrações parciais*" não estariam sujeitas à aplicação do artigo 85.° TCE.

O desenvolvimento desta teoria das "*concentrações parciais*" e a formulação de requisitos particularmente exigentes para enquadrar quaisquer empresas comuns nesta categoria – o que só sucederia numa parcela diminuta do conjunto de empresas comuns apreciadas pela Comissão – acabou por converter, de facto, o regime previsto no artigo 85.° TCE na principal sede jurídica de regulação desta figura, essencialmente assimilada, de forma redutora, a um fenómeno de coordenação de comportamentos empresariais.

VIII – A dualidade do tratamento das empresas comuns no direito comunitário da concorrência

De forma algo paradoxal, no momento em que, finalmente, se pôs termo à lacuna originária do ordenamento comunitário de concorrência em matéria de controlo directo de operações de concentração entre empresas com a adopção do RCC, não foi corrigida esta verdadeira distorção normativa[67] no que respeita ao tratamento das empresas comuns. Pelo contrário,

---

[66] Cfr., por todos, quanto à ponderação desse tipo de efeitos no contexto da caracterização das denominadas "*concentrações parciais*", BARRY HAWK, *Joint Ventures under EC Law*, in *Annual Proceedings of the Fordham Corporate Law Institute – EC and US Competition Law and Policy – 1991*, cit., p. 562.

[67] Para uma visão crítica desta ideia relativa a uma distorção normativa associada aos problemas de qualificação jurídica de empresas comuns ("*joint ventures*"), a qual terá conduzido a uma artificiosa sobreavaliação de alguns elementos do processo de formação de empresas comuns, em detrimento de outros, cfr., por todos, JAMES VENIT, "Oedipus Rex. Recent Developments in the Structural Approach to Joint Ventures under EEC Competition Law", cit., 14 ss. Essa distorção normativa, como veremos, influencia, indevidamente, a modelação de relações empresariais – *maxime* em matéria de cooperação – as quais acabam por ser construídas menos em virtude dos seus méritos e eficácia intrínsecas e mais em função de preocupações relacionadas com mecanismos de subsunção em categorias ou conceitos de direito da concorrência (o que se revela contraditório quanto à prossecução dos objectivos essenciais do direito da concorrência, reforçando o que – num

a mesma perdurou sob novas roupagens conceptuais que mantiveram – e até acentuaram – a ausência de qualquer esboço de análise jusconcorrencial unificada desta categoria jurídica.

Assim, a divisão das empresas comuns (*"joint ventures"*) em duas sub-categorias foi verdadeiramente reforçada através da inclusão no âmbito de regulação do RCC de apenas certos tipos de empresas comuns, de acordo com o texto originário do n.º 2 do artigo 3.º deste Regulamento (aquelas que *"desempenhassem de forma duradoura todas as funções de uma entidade económica autónoma e que não implicassem uma coordenação do comportamento concorrencial quer entre as empresas fundadoras quer entre estas e a empresa comum"*).[68]

Foi, desde modo, introduzida uma questão prévia em sede de apreciação de empresas comuns – revestindo-se de considerável conceptualismo jurídico e pressupondo uma complexa análise, de resultado incerto – correspondente à necessidade de estabelecer, quanto a cada situação em concreto, uma distinção entre empresas comuns com carácter de concentração e com carácter de cooperação (qualificação que acarretaria, em conformidade, a aplicação exclusiva do RCC, ou do regime previsto no artigo 85.º TCE). Como salientou lapidarmente BARRY HAWK,[69] estabeleceu-se, de modo contraditório, uma distinção conceptual com funções de

---

sentido muito lato – podemos ainda qualificar como *"custos de transacção"* das empresas num sentido aproximado, embora não totalmente coincidente, com a noção delineada por RONALD COASE; cfr. A. cit., "The problem of social cost", in JL & Econ., 1960, 3.

[68] Pela nossa parte, e divergindo de múltiplas posições doutrinais nesta matéria – *vg.*, as de autores como J. KIRKBRIDE e AT. XIONG, no seu estudo "The European Control of Joint Ventures: A Historic Opportunity or a Mere Continuation of Existing Practice?", in E L Rev., 1998, pp. 42 ss. – entendemos que a regulação das empresas comuns contida no RCC não traduz apenas uma continuação da anterior divisão entre diferentes tipos destas entidades, conforme estivessem sujeitas, ou não, ao regime do então artigo 85.º TCE, (*maxime* à luz dos critérios de identificação de *"concentrações parciais"*) mas corresponde a um reforço das subdivisões entre categorias distintas de empresas comuns.

[69] Cfr. BARRY HAWK, *Joint Ventures under EC Law*, in *Annual Proceedings of the Fordham Corporate Law Institute – EC and US Competition Law and Policy – 1991*, cit. Como refere este A. no estudo em causa, *"The concentrative-cooperative distinction serves a mainly jurisdictional function. It assigns a particular joint venture to different substantive and procedural systems. As a jurisdictional rule, the distinction is woefully inadequate. Jurisdictional rules must provide quick and predictable outcomes. In this respect the cooperative-concentrative distinction remains deeply flawed"*. (A. cit., *op. cit.*, p. 575)

Introdução

delimitação de jurisdições e regimes jurídicos aplicáveis – as quais pressupõem, em regra, critérios de utilização expedita e de resultado facilmente previsível – que obrigou à definição de testes jurídico-económicos complexos e com resultados consideravelmente incertos. Na realidade, apesar dos esforços de clarificação jurídica formalmente empreendidos pela Comissão através da adopção de uma *"Comunicação relativa às operações com carácter de concentração e de cooperação"*, de 1990,[70] agravaram-se, de modo desproporcionado – através deste modelo conceptual de análise – os factores de incerteza jurídica em que incorriam as empresas que procediam à constituição de empresas comuns.

Além disso, a vantagem decorrente de um procedimento expedito de apreciação, associado ao RCC, conduziu, progressivamente, senão a uma inversão de pressupostos metodológicos de análise, pelo menos a uma evolução significativa dos mesmos, no sentido de facilitar a criação de condições propícias à caracterização de empresas comuns como operações de concentração, sujeitas, como tal, à aplicação do regime previsto naquele RCC (como já se acentuou, a *praxis* anterior da Comissão orientava-se no sentido de formulação de critérios exigentes de qualificação das operações como concentrações, em sentido estrito, ou como *"concentrações parciais"*, assegurando, assim, em maior número de casos, o enquadramento efectivo dessas situações no regime previsto no artigo 85.º TCE).

Deste modo, não só é adoptada uma distinção conceptual com funções essenciais de delimitação de jurisdições e de regras materiais aplicáveis que, contraditoriamente, se caracteriza – na respectiva concretização jurídica que constitui em simultâneo a sua própria razão de ser – por gerar indefinição e imprevisibilidade jurídicas, como, em paralelo, se origina uma nova distorção normativa. Esta decorre da adopção de parâmetros formais de qualificação jurídica que podem com frequência induzir as empresas a moldar, intencionalmente, o conteúdo dos seus acordos com vista a obter a subsunção dos mesmos em determinadas categorias conceptuais pré-definidas (no caso, a categoria de empresa comum com carácter de concentração empresarial, sujeita a aplicação do regime previsto no RCC).

---

[70] *"Comunicação relativa às operações com carácter de concentração e de cooperação"*, JOCE n.º C 203/10, de 14 de Agosto de 1990.

70   *Empresas comuns* – Joint Ventures

Na verdade, como foi destacado por vários autores,[71] os critérios indicativos de qualificação jurídica das empresas comuns delineados pela Comissão na sua"*Comunicação relativa às operações com carácter de concentração e de cooperação*", cit., foram, progressivamente, objecto de uma verdadeira interpretação evolutiva[72] que relativizou o alcance de factores impeditivos da caracterização das operações a apreciar como concentrações empresariais. Sem antecipar aqui os termos dessa problematização jurídica,[73] mas tendo presente a definição de empresa comum com carácter de concentração constante do texto originário – já acima recordado – do n.º 2 do artigo 3.º do RCC, bem como o desenvolvimento dado à mesma definição normativa pela Comunicação da Comissão em causa, foram sistematicamente identificadas duas condições – uma de carácter positivo, outra de carácter negativo – para essa caracterização,[74]

---

[71] Cfr., por todos, sobre esta matéria, sustentando uma evolução dos critérios de qualificação jurídica de empresas comuns delineados na referida Comunicação, com vista a reconduzir um número progressivamente maior destas entidades ao regime do RCC, JAMES VENIT, *The Treatment of Joint Ventures under the EC Merger Regulation – Almost through the Ticket*, in *Annual Proceedings of the Fordham Corporate Law Institute – International Antitrust Law & Policy – 1999*, Editor BARRY HAWK, Fordham Corporate Law Institute, 2000, Juris Publishing, Inc., pp.465 ss.

[72] Embora nos reportemos aqui a evoluções do processo de aplicação de critérios de qualificação delineados numa Comunicação interpretativa da Comissão e não, directamente, aos próprios parâmetros estabelecidos no RCC, consideramos que se justifica trazer à colação a ideia de desenvolvimento de uma forma de *interpretação evolutiva*, atendendo ao alcance deste tipo de comunicações interpretativas para a densificação de conceitos e categorias essenciais delineados no direito comunitário da concorrência. Sobre o próprio conceito de *interpretação evolutiva*, considerando os vários sentidos controvertidos que o mesmo pode assumir, cfr., por todos, OLIVEIRA ASCENSÃO, *O Direito – Introdução e Teoria Geral*, Almedina, Coimbra, 2003, esp. pp. 389 ss.. Sobre problemas metodológicos conexos com as questões subjacentes à interpretação evolutiva, cfr. CASTANHEIRA NEVES, *Metodologia Jurídica – Problemas Fundamentais*, Coimbra Editora, 1993, esp. pp. 182 ss..

[73] Os termos dessa problematização em concreto dos factores de qualificação de empresas comuns como operações de concentração, ou operações de natureza cooperativa, no quadro da aplicação do RCC, serão analisados de forma desenvolvida, *infra*, capítulo segundo, **Parte II** (esp. 3.1.2. e 3.2.1.).

[74] Essa ideia relativa à conjugação de uma condição positiva e de uma condição negativa para a qualificação de empresas comuns como concentrações viria a ser densificada pela Comissão na sua "*Comunicação relativa à distinção entre empresas comuns com carácter de concentração e empresas comuns com carácter de cooperação*", JOCE n.º C 385/1, de 31 de Dezembro de 1994 (esp. pontos 16 a 19 e 20 a 36).

Introdução 71

tendo, em particular, a segunda dessas condições conhecido flutuações interpretativas significativas.

Essa condição negativa – correspondente à ausência de coordenação do comportamento concorrencial, quer entre as empresas fundadoras, quer entre estas e a empresa comum – originou critérios de análise constantemente adaptados, desde a sua originária formulação, no sentido do reforço das possibilidades de efectivo preenchimento da mesma condição, desde que a condição positiva, referente à criação de uma empresa comum que desempenhasse todas as funções de uma entidade económica autónoma, estivesse à partida assegurada.

Essa permanente *"recriação"* dos critérios de análise delineados na referida Comunicação de 1990 incidiu, entre outros aspectos relevantes, sobre a forma como foi sendo enquadrado um dos principais factores de apreciação da condição negativa correspondente à ausência de coordenação empresarial. Assim, o factor referente à manutenção da presença de uma ou mais empresas fundadoras da empresa comum no mercado em que esta actua, apresentado na Comunicação de 1990, cit., como um indício relativamente seguro de verificação de coordenação de comportamentos concorrenciais[75] foi sendo desvalorizado na *praxis* ulterior da Comissão, em termos que dificilmente se coadunam com a apreciação delineada na mesma Comunicação (embora a Comissão não assumisse formalmente, até 1994,[76] qualquer reformulação dos critérios de análise expostos naquela Comunicação, colocando, de algum modo, em crise, a função deste tipo de instrumentos jurídicos, os quais, embora não vinculativos, constituem uma inegável fonte de expectativas jurídicas relevantes).[77]

---

[75] Na realidade, na *"Comunicação relativa às operações com carácter de concentração e de cooperação"*, de 14 de Agosto de 1990, cit., a manutenção da presença de uma ou mais empresas fundadoras da empresa comum no mercado em que esta actua constituia um aspecto fundamental que obstaria, em princípio, à verificação da condição negativa necessária à qualificação de empresas comuns como operações de concentração.(cfr. Comunicação cit., esp. pontos 20 e ss.).

[76] Através da *"Comunicação relativa à distinção entre empresas comuns com carácter de concentração e empresas comuns com carácter de cooperação"*, de 31 de Dezembro de 1994, cit., também correntemente identificada como *"Comunicação intercalar"*.

[77] As Comunicações interpretativas de carácter geral emitidas por autoridades de concorrência vêm assumindo uma importância cada vez mais significativa, quer no ordenamento norte-americano da concorrência – no qual assumiram originariamente maior relevo, sobretudo devido à grande importância das orientações em matéria de concentra-

Entre outras inflexões, o referido factor de apreciação referente à manutenção de uma presença de empresas fundadoras no mercado de empresas comuns foi sendo submetido a um parâmetro suplementar de apreciação *de minimis*, no sentido de afastar a relevância de qualquer situação de presença continuada no mercado que não fosse significativa. Por outro lado, foi desenvolvido um outro teste jurídico complementar, correspondente à verificação da denominada *"liderança industrial"* (*"industrial leadership"*) da empresa comum).[78] Em termos simplificados, este teste implicaria que a presença continuada no mercado da empresa comum por parte de uma das empresas fundadoras não acarretaria, em princípio, riscos relevantes de coordenação empresarial, desde que a mesma assumisse um papel liderante na gestão da empresa comum.

Em certo sentido, pois, a empresa comum integraria o grupo da empresa fundadora liderante, afastando-se, supostamente, por essa via, perspectivas de coordenação de comportamentos empresariais, mas originando-se, em nosso entender, outro tipo de questões nunca satisfatoriamente resolvidas, *maxime*, no que respeita à caracterização do posicionamento no seio da empresa comum da empresa fundadora não liderante (problema conexo seria, também, o de esclarecer em profundidade as

ções, de 1968 (*"merger guidelines"* do Departamento de Justiça norte-americano) – quer no ordenamento comunitário da concorrência. Apesar de não corresponderem a instrumentos jurídicos vinculativos, e não obstante uma evolução na sua formulação – no sentido de as autoridades emitentes ressalvarem a especificidade de soluções jurídicas exigidas por determinadas soluções concretas, independentemente de parâmetros gerais estabelecidos em orientações – é possível sustentar que algumas expectativas jurídicas resultam das mesmas para as empresas destinatárias da aplicação de normas de concorrência. A relevância efectiva dessas hipotéticas expectativas jurídicas das empresas – sobretudo nos casos em as Comunicações interpretativas estabeleçam verdadeiras presunções ou parâmetros de análise que correspondam a quase-presunções – constitui, contudo, matéria sujeita a controvérsia, sobretudo no que respeita à sindicabilidade judicial de desvios não justificados, por parte de autoridades de concorrência, em relação a presunções previamente estabelecidas em Comunicações interpretativas. Para uma reflexão geral sobre a função e importância destas Comunicações interpretativas na construção de parâmetros normativos em direito da concorrência, cfr. MALCOLM COATE, "Economics: The Guidelines and the Evolution of Merger Policy", in AB., 1992, pp. 997 ss.

[78] A emergência deste teste jurídico relativo à denominada *"liderança industrial"* e as razões subjacentes à mesma serão analisadas *infra* no capítulo segundo da **Parte II** (esp 3.1.7.4.), referindo-se, então, a decisão *"Pilkington/Thomson"* (JOCE n.º C 279/19, 1991), da Comissão, que marcou início dessa discutível construção hermenêutica no quadro da aplicação do RCC.

Introdução 73

bases em que poderia assentar uma situação de *"controlo conjunto"* da empresa comum por empresas fundadoras, assumindo apenas uma das mesmas a *"liderança"* do novo ente).[79] De certo modo, esta tese algo episodicamente desenvolvida da *"liderança industrial"* das empresas comuns correspondeu a uma resposta conceptualista da Comissão aos problemas gerados por determinados parâmetros de análise excessivamente formais e pouco suportados numa análise económica adequada (em particular, aqueles que faziam relevar autonomamente – como condição negativa de qualificação como operação de concentração empresarial – um risco de coordenação de comportamentos empresariais entre uma ou mais empresas fundadoras e a própria empresa comum).

Como se analisará, a Comissão procurou eliminar – sem a assumir expressamente – a contradição que se havia gerado entre diversos parâmetros de análise delineados na Comunicação de 1990, cit., e a sua própria *praxis* decisória, através da adopção, em 1994, de uma nova Comunicação sobre esta matéria da qualificação das empresas comuns (*"Comunicação relativa à distinção entre empresas comuns com carácter de concentração e empresas comuns com carácter de cooperação"*, adiante designada como Comunicação de 1994).[80]

Nesse sentido, o conjunto de novas orientações interpretativas então assumidas veio a afastar qualquer relevância jusconcorrencial de processos de coordenação de comportamentos empresariais entre uma ou mais empresas fundadoras e a *"joint venture"*, excepto relativamente aos casos em que tais processos desencadeassem fenómenos de cooperação entre as próprias empresas fundadoras.

Noutro plano, a Comunicação de 1994 reformulou, também, alguns aspectos essenciais da verificação da condição positiva de caracterização de empresas comuns como operações de concentração entre empresas, designadamente os respeitantes à anterior exigência de autonomia do

---

[79] A existência de controlo conjunto constitui, como adiante se observará – *maxime* no capítulo segundo da **Parte I** (esp. 6.3.) – um requisito absolutamente essencial de qualquer empresa comum (*"joint venture"*), em sede de direito comunitário da concorrência e, enquanto tal, consideramo-lo dificilmente compatibilizável com a ideia de *"liderança industrial"* assumida por uma das empresas-mãe, preconizada pela Comissão antes da primeira reforma do RCC.

[80] Trata-se da *"Comunicação relativa à distinção entre empresas comuns com carácter de concentração e empresas comuns com carácter de cooperação"*, de 31 de Dezembro de 1994, já cit.

processo decisório dessas entidades em relação às empresas fundadoras (admitindo-se, de algum modo, que esse parâmetro formal de análise respeitante a uma suposta autonomia do processo de formação das decisões na empresa comum não se coadunava, na realidade, com o conteúdo de situações jurídico-económicas de controlo conjunto da nova entidade por parte das respectivas empresas fundadoras).

Uma vez mais, essas inflexões conceptuais na análise jurídico-económica conducente à distinção entre empresas comuns (*"joint ventures"*) com carácter de coordenação e empresas comuns com carácter de cooperação vieram a traduzir-se, em termos globais, no reforço das probabilidades de qualificação de um maior conjunto de operações como operações de concentração entre empresas, sujeitas ao regime previsto no RCC,[81] mas não resolveram os principais problemas e distorções decorrentes da ausência de uma análise jusconcorrencial unitária do fenómeno das empresas comuns. Em relação a alguns aspectos terão, mesmo, sido criadas novas distorções de análise, visto que determinados critérios, desenvolvidos de modo a afastar a relevância de fenómenos de coordenação entre empresas no contexto emergente do funcionamento de uma empresa comum, apresentaram, não raramente, um carácter contraditório face aos critérios delineados de modo a delimitar a relevância jusconcorrencial de práticas de coordenação de comportamentos empresariais em sede de aplicação do artigo 85.º TCE.

IX – Parâmetros de análise das empresas comuns submetidas ao regime do artigo 81.º CE

Por outro lado, continuando as *empresas comuns caracterizáveis como fenómenos de cooperação empresarial* – e sujeitas, como tal, ao regime previsto no artigo 85.º TCE (actual artigo 81.º CE) – a constituir a

---

[81] Na realidade, desde 1994, um número crescente de empresas comuns passou a ser objecto de qualificação como concentração empresarial, com a consequente sujeição ao regime do RCC. Cfr., para uma percepção, em termos quantitativos, dessa realidade, ROBERT SNELDERS, "Developments in EC Merger Control in 1995", in E L Rev., 1996, 21 – "Competition Law Survey – 1996", CC 66 ss. e, do mesmo A., "Developments in EC Merger Control in 1996", in E L Rev., 1997, 22 – "Competition Law Survey – 1997", CC 75 ss.

Introdução 75

parcela mais significativa no conjunto de todos os entes deste tipo submetidos ao ordenamento comunitário de concorrência – pelo menos até às
primeiras alterações introduzidas no RCC, em 1997, – verificaram-se,
também, neste domínio, consideráveis oscilações de análise, que dificultaram uma compreensão global, coerente, dessa categoria da *"joint venture
com carácter de cooperação"*.

Tomando em consideração não apenas esta relevância da categoria
em causa, mas, igualmente, a importância da *dimensão de cooperação
empresarial* no fenómeno das empresas comuns e a forma como a sua
análise, em sede de tratamento jurídico deste tipo de entes, tem contribuído para a progressiva reformulação dos critérios gerais de regulação
dos fenómenos de coordenação empresarial à luz do artigo 85.º TCE
(actual artigo 81.º CE), concede-se especial atenção ao enquadramento da
referida categoria.

O estudo empreendido permitir-nos-á apreender que a relativa con-
sensualidade associada a uma certa percepção, em tese, dos tipos de riscos
de afectação indevida da concorrência gerados por essa categoria de
empresas comuns (*"joint ventures"*) não tem correspondência na densificação jurídica dos mesmos, a qual assentou em parâmetros de análise
algo instáveis e revestindo, com frequência, um excessivo grau de formalismo jurídico. Assim, podemos acompanhar BARRY HAWK na identificação, em tese geral, de três tipos essenciais de riscos de afectação da
concorrência associados a empresas comuns com carácter de cooperação,[82] incluindo, a saber:

– A afectação da concorrência actual ou potencial entre as empresas
  fundadoras no mercado onde opera a empresa comum;

---

[82] Cfr., sobre este ponto, BARRY HAWK, *Joint Ventures under EC Law*, in *Annual
Proceedings of the Fordham Corporate Law Institute – EC and US Competition Law and
Policy – 1991*, cit.p. 560. A problematização dos riscos de afectação da concorrência que,
em tese geral, podem estar associados a empresas comuns submetidas ao regime do artigo
81.º CE será desenvolvida, com outras clarificações conceptuais, *infra*, capítulo primeiro,
(esp. ponto 2.4.3.2.) da parte nuclear deste trabalho, relativa à avaliação substantiva das
empresas comuns (**Parte III**). Além disso, esses riscos de afectação da concorrência serão
concretizados, em particular, em relação a cada um dos tipos funcionais de empresas
comuns não qualificáveis como concentrações (infra, capítulo terceiro, esp. pontos 2.3.2.,
3.3.2., e 4.3.2., da **Parte III**).

76   *Empresas comuns* – Joint Ventures

– a coordenação de comportamentos entre as mesmas empresas em mercados distintos daquele onde opera a empresa comum, mas nos quais essas empresas concorrem entre si;
– um possível efeito de encerramento de certos mercados a terceiras empresas concorrentes.

Todavia, a concretização dessas situações típicas de risco tem-se mostrado muito problemática.

A *praxis* decisória da Comissão neste domínio conheceu constantes flutuações, embora se possa identificar uma primeira orientação de fundo caracterizada por análises predominantemente jurídico-formais das situações relevantes e tendente a assimilar, de modo muito imediato, os inevitáveis processos de coordenação de comportamentos, em que assenta a criação e o funcionamento de empresas comuns, a modalidades inerentes de restrições à concorrência subsumíveis na proibição geral prevista no n.º 1 do artigo 81.º CE. Essa orientação foi, todavia, entrecortada – quer no período anterior à adopção do RCC, quer, sobretudo, no período correspondente à vigência deste Regulamento – por algumas análises mais influenciadas por uma percepção jurídico-económica dos efeitos sobre a concorrência desencadeados por determinadas empresas comuns e assentes numa efectiva compreensão material dos mercados relevantes em questão.[83]

Na realidade, em algumas decisões referentes a empresas comuns caracterizadas como revestindo carácter de cooperação, a Comissão esboçou análises económicas especificamente dirigidas à compreensão do *factor primacial* para a avaliação dos três tipos de riscos de afectação da concorrência associados a essa figura – *a detecção e graduação das relações de concorrência actual ou potencial existente entre as empresas fundadoras de empresas comuns.* Como se constatará, essas decisões – com destaque para a decisão adoptada no caso *"Mitchell Cotts"*, de 1987[84]

---

[83] Sobre as significativas flutuações da *praxis* decisória da Comissão neste domínio, cfr., por todos, JAMES VENIT, *The Treatment of Joint Ventures under the EC Merger Regulation – Almost through the Ticket*, in *Annual Proceedings of the Fordham Corporate Law Institute – International Antitrust Law & Policy – 1999*, cit., pp.465 ss..

[84] Decisão *"Mitchell Cotts/Sofiltra"* (JOCE n.º L 41/31, 1987). Esta decisão assume, também, significativa importância por outras razões que teremos ensejo de expor no quadro da nossa análise *ex professo* dos tipos funcionais mais importantes de empresas comuns não qualificáveis como operações de concentração.

Introdução

– permitiram desenvolver parâmetros de análise limitativos de raciocínios de maior pendor jurídico-formal, tributários da concepção de uma proibição de formas de coordenação empresarial com alcance muito lato, emergente do teor do n.º 1 do artigo 85.º TCE. Desde logo, a verificação da inexistência de relações relevantes de concorrência – com carácter efectivo ou potencial – entre as empresas fundadoras de determinada empresa comum afastaria, em princípio, a mesma do campo de aplicação do referido n.º 1 do artigo 85.º TCE.

Em paralelo, esse parâmetro foi sendo conjugado com novos parâmetros estruturais de análise[85] – normalmente pouco utilizados em sede de aplicação do referido regime jurídico –, os quais permitiam, de modo suplementar, testar a verificação, ou não, de efeitos restritivos da concorrência, com carácter apreciável, relativamente a situações em que se tivesse, à partida, constatado existir uma relação de concorrência actual ou potencial entre as empresas fundadoras. De modo muito sintomático, em algumas das decisões da Comissão neste domínio onde mais se avançou na definição desse tipo de parâmetros estruturais de análise não se estabelecia, para efeitos de análise, qualquer linha de demarcação entre a aplicação dos regimes dos n.ºs 1 e 3 do artigo 85.º TCE, o que poderia indiciar – como adiante se equacionará – o início de uma revisão da tradicional contraposição do ordenamento comunitário de concorrência entre uma proibição muito lata de certas práticas empresariais no referido n.º 1 e a potencial isenção de práticas em princípio proibidas *ex vi* do n.º 3 daquela disposição.

Independentemente desse tipo de aprofundamentos qualitativos da análise de empresas comuns com carácter de cooperação sujeitas ao regime previsto no artigo 85.º TCE, a prática decisória da Comissão neste campo conhecerá – pelo menos até à primeira revisão do RCC, ocorrida em 1997[86] constantes oscilações, visto que, com alguma frequência, a

---

[85] Referimo-nos a parâmetros de índole predominantemente estrutural, como, *vg.*, as quotas de mercado das partes envolvidas ou o grau de concentração nos mercados em relação aos quais possam estar em causa aspectos de coordenação empresarial.

[86] Referimo-nos aqui à primeira reforma do RCC, aprovada através do Regulamento (CE) n.º 1310/97, do Conselho, de 30 de Junho de 1997, cit. Para uma descrição global das oscilações da prática decisória da Comissão neste domínio, cfr. ALEC BURNSIDE, JUDY MACKENZIE, "Joint Venture Analysis: The Latest Chapter", in ECLR., 1995, cit., esp. pp. 144 ss. Estes As. destacam, também, justamente, a falta de clarificação de orientações de análise coerentes e estáveis em relação às empresas comuns que, no estádio de vigência

Comissão retornava, em múltiplas decisões, a análises de maior pendor jurídico-formal particularmente influenciadas pelos critérios tradicionais de concretização jurídica do referido artigo 85.º TCE.

Procurar-se-á equacionar até que ponto esta construção jurídica incerta da Comissão em matéria de empresas comuns com carácter de cooperação, além de criar um efeito geral de insegurança jurídica, que, só por si, onera, de modo desproporcionado, o comércio jurídico e económico das empresas,[87] poderá ter representado um condicionamento negativo em relação a processos de criação deste tipo de entidades que, comprovadamente, fossem indutoras de eficiência económica.

É certo que o desenvolvimento de parâmetros de análise eminentemente formais, alargando à sua máxima expressão o alcance da proibição geral prevista no n.º 1 do artigo 85.º TCE, não prejudicou, quanto a diversos processos de apreciação de empresas comuns, a aplicação de critérios de isenção decorrentes do n.º 3 do referido artigo. Todavia, os mesmos configurariam sempre intervenções públicas, de tipo administrativo, limitando ou condicionando relações entre as empresas no âmbito do funcionamento do mercado e agravando, de forma desnecessária, os factores de incerteza jurídica com que as empresas são confrontadas na sua actuação, uma vez que a concretização jurídica desse conjunto de isenções se revelou eminentemente casuística e, como tal, algo irredutível à formação, por

do RCC em causa, permaneciam sujeitas ao regime do artigo 85.º TCE, devido, em parte, ao escasso número de decisões formais – e cuja fundamentação fosse objecto de divulgação pública – adoptadas em relação a essas entidades. Como esses As. então referiam, *"there is some evidence that in recent decisions the Commission's analysis of co-operative joint ventures is, at least in some cases, closer to that used under the Merger Regulation, producing clearer and more economically sound results. However, the problem remains that the majority of Article 85 cases do not proceed beyond the confort letter stage"* (As. cit., *op. cit.*, p. 146).

[87] Já tivemos ensejo de referir – *supra* ponto VIII – que um menor grau de previsibilidade na concretização jurídica das normas de concorrência agrava, *a se*, o que podemos denominar, em sentido muito amplo, como *custos de transacção* das empresas, interferindo, de modo contraditório com os objectivos essenciais do direito da concorrência, no funcionamento normal das relações de mercado. Um dos problemas metodológicos fundamentais com que o ordenamento comunitário da concorrência se encontra confrontado resulta, precisamente, da necessidade imperiosa de conciliar, de forma equilibrada, o acréscimo de imprevisibilidade resultante da introdução crescente de elementos de análise económica nos juízos normativos com graus mínimos de previsibilidade na aplicação das suas normas. Este problema metodológico primacial será equaciondo, de forma recorrente, ao longo desta dissertação.

Introdução 79

métodos indutivos, de critérios gerais de análise de certas categorias de situações.

Apesar de a Comissão ter procurado atenuar os factores de incerteza na análise de empresas comuns com carácter de cooperação, através da técnica jurídica, recorrentemente utilizada, de assunção de orientações gerais (comparáveis às orientações interpretativas – *"Guidelines"* – nos ordenamentos anglo-saxónicos), apresentando, em 1993 uma *"Comunicação relativa ao tratamento das empresas comuns com carácter de cooperação à luz do artigo 85.º do Tratado CEE"*,[88] a clarificação jurídica assim ensaiada não se terá mostrado satisfatória.

Noutro plano, a Comissão procurou, também, mitigar as desvantagens emergentes de um duplo regime regulatório aplicável às empresas comuns – a partir da aprovação do RCC – caracterizado por um impressivo contraste entre o procedimento de apreciação expedito decorrente daquele Regulamento e o processo de apreciação moroso e potencialmente incerto associado ao regime do artigo 85.º TCE (e ao Regulamento n.º 17 do Conselho, de 1962),[89] ao esboçar um tratamento procedimental específico para uma nova sub-categoria de empresas comuns (*"joint ventures"*) situadas na fronteira da linha divisória entre as empresas comuns qualificáveis como entidades carácter de cooperação, ou de concentração.

---

[88] Referimo-nos aqui à *"Comunicação da Comissão relativa ao tratamento das empresas comuns com carácter de cooperação à luz do artigo 85.º do Tratado CEE"*, de 16 de Fevereiro de 1993, cit.. Sobre o processo de preparação dessa Comunicação e o contexto em que a mesma se inseriu, cfr., por todos, FRANK FINE, "The Commission's Draft Guidelines for Joint Ventures: On the Road to Transparency", in ECLR., 1992, pp. 51 ss. Do ponto de vista terminológico, importa destacar, que embora nos proponhamos apenas caracterizar e densificar o conceito de empresa comum (*"joint venture"*) em sede de direito da concorrência no capítulo segundo da **Parte I**, vimos utilizando, desde já, o mesmo conceito, tomando em consideração as traduções oficiais para língua portuguesa, quer desta Comunicação de 1993, quer do RCC.

[89] Regulamento n.º 17 do Conselho, de 6 de Fevereiro de 1962 (primeiro Regulamento de execução dos artigos 81.º e 82.º do Tratado CE), cit., – Regulamento com a denominação e última redacção que lhe foi dada pelo Regulamento (CE) n.º 1216/1999, de 15 de Junho de 1999, cit.. Importa reconhecer, de qualquer modo, que, na vigência do Regulamento n.º 17, a Comissão procurou flexibilizar e tornar mais eficaz o processo de apreciação de acordos entre empresas – incluindo empresas comuns – *vg.* através da adopção de formulários de notificação (*ex vi*, e para efeitos do então n.º 3 do artigo 85.º TCE) mais próximos do formulário utilizado em sede de controlo de concentrações (cfr., a esse propósito, o denominado *"Formulário A/B"* – JOCE n.º L 377/31, de 31 de Dezembro de 1994).

80   *Empresas comuns* – Joint Ventures

A sub-categoria em causa abarcaria as empresas comuns que reunissem as condições positivas para merecer a qualificação como operações de concentração entre empresas, mas não a condição negativa referente à ausência de coordenação de comportamentos empresariais. Essas denominadas empresas comuns de tipo estrutural,[90] com carácter de cooperação, (*"structural cooperative joint ventures"*) ficariam sujeitas, de acordo com uma orientação geral assumida pela Comissão – sem carácter vinculativo –, a um procedimento mais célere de apreciação, que aproximasse o seu tratamento, em sede de artigo 85.º TCE, do regime expedito de apreciação constante do RCC.[91]

Uma vez mais terá estado em causa, como adiante se analisará, uma solução de recurso, que não permitiu verdadeiramente eliminar – ou, sequer, atenuar de modo significativo – os problemas essenciais decorrentes da ausência de um tratamento jusconcorrencial unitário das empresas comuns no ordenamento comunitário da concorrência e, em certo sentido, ter-se-á, mesmo, agravado a matriz conceptualista deste ordenamento, orientada para a delimitação – complexa – de múltiplas categorias de empresas comuns.

---

[90] As então denominadas empresas comuns de tipo estrutural, com carácter de cooperação, (*"structural cooperative joint ventures"*) corresponderiam a entidades cuja constituição originasse transformações significativas na estrutura das empresas fundadoras. Em concreto, essas entidades deveriam corresponder a empresas comuns que desempenhassem todas as funções de uma entidade económica autónoma, ou, pelo menos, a empresas comuns de produção. Sobre esta figura das empresas comuns de tipo estrutural, com carácter de cooperação, cuja autonomização resulta já, em nosso entender, de um discutível conceptualismo jurídico, cfr. FRANK FINE, *Mergers and Joint Ventures in Europe – The Law and Policy of the EEC*, Graham & Trotman/Martinus Nijhoff, London, Dordrecht, Boston, 1994,

[91] Sobre esse procedimento mais célere de apreciação de empresas comuns de tipo estrutural, com carácter de cooperação, nos termos do qual a Comissão assumia o compromisso de informar as partes sobre eventuais problemas de concorrência, resultantes da criação destas entidades, no prazo de dois meses contado a partir da data de qualquer notificação que lhe fosse apresentada, cfr. *"Press Notice – IP (92) 1111"*, 4 Common Market Law Reports (C.M.L.R.) 238 (1993).

Introdução

X – O tratamento de diferentes categorias de empresas comuns

As alterações introduzidas no RCC em 1997[92] tiveram especiais repercussões no domínio das empresas comuns (*joint ventures*) e encontram-se na origem do enquadramento normativo que é objecto de análise na parte nuclear deste estudo, quer numa perspectiva *de iure condito*, quer numa perspectiva de *iure condendo*. Como se verá, essas alterações constituem um passo relevante no movimento tendente a um tratamento unitário das empresas comuns e, reflexamente, poderão contribuir para a atenuação – e, se possível, para a futura eliminação – de distorções normativas associadas ao enquadramento desta categoria jurídica.

No essencial, essa primeira revisão do RCC eliminou a condição negativa – ausência de coordenação de comportamentos concorrenciais – de que anteriormente se fazia depender a caracterização de certas empresas comuns como operações de concentração, alargando o campo de aplicação desse RCC a um conjunto significativamente mais vasto e diversificado de empresas comuns. Por outro lado, além desta extensão do âmbito material de aplicação do RCC, verificou-se, noutra perspectiva, uma essencial mutação dos tipos de testes jurídicos incorporados neste Regulamento. A sujeição ao RCC de uma importante categoria de empresas comuns, correspondente àquelas que desempenhassem todas as funções de uma entidade económica autónoma, mesmo que desencadeando efeitos de cooperação empresarial, levou à inclusão no perímetro de apreciação jurídica do Regulamento, não apenas do teste típico do processo de controlo directo de operações de concentração entre empresas (orientado, até à segunda reforma do RCC, para a avaliação de situações de criação de posição dominante que acarretem um entrave à concorrência efectiva), mas, igualmente, do teste referente aos efeitos da coordenação de comportamentos empresariais, segundo os critérios previstos nos n.os 1 e 3 do artigo 81.º CE.[93]

---

[92] Primeira reforma do RCC aprovada através do Regulamento (CE) n.º 1310/97, do Conselho, de 30 de Junho de 1997, cit, que foi precedida pelo conjunto de análises delineadas no *"Livro Verde relativo à revisão do Regulamento das concentrações"*, Bruxelas, 31 de Janeiro de 1996 (COM(96) 19 final)

[93] O teste substantivo típico do processo de controlo directo de operações de concentração entre empresas correspondeu, até à segunda reforma do RCC – resultante da aprovação do Regulamento (CE) n.º 139/2004, do Conselho, de 20 de Janeiro de 2004, cit. – à verificação de situações de criação ou reforço de posição dominante que implicassem

Neste contexto, procede-se a uma análise crítica, selectiva, da *praxis* decisória da Comissão no enquadramento normativo emergente dessas alterações do RCC, de 1997, concedendo, nesse plano, uma maior atenção – por razões já atrás esboçadas – às empresas comuns que desempenhem todas as funções de uma entidade económica autónoma e que incorporem efeitos de coordenação dos comportamentos concorrenciais das empresas fundadoras. Importa, à luz dessa prática decisória – quer dos parâmetros de análise desenvolvidos *ex novo* no quadro da mesma, quer das possíveis insuficiências de que esta ainda se venha revestindo – apreender possíveis consequências de um processo de apreciação jurídica que, em moldes verdadeiramente originais no ordenamento comunitário da concorrência, conjuga critérios de análise de elementos estruturais de concorrência e de elementos referentes ao comportamento das empresas.

O principal aspecto a equacionar, a partir de uma compreensão crítica geral dos juízos de concretização jurídica desenvolvidos neste domínio, consistirá, mesmo, numa possível interacção dos dois tipos de testes jurídico-económicos em causa (relativos ao domínio dos mercados e aos efeitos da coordenação de comportamentos concorrenciais). Admite-se, por outro lado, como hipótese de trabalho, a submeter simultaneamente ao crivo da concretização jurídica dos critérios em apreço e da construção dogmática, que uma interacção com essas características – a existir efectivamente – poderá influenciar progressivamente toda a compreensão das

---

um entrave à concorrência efectiva. No âmbito desta segunda reforma do RCC, como veremos – conquanto de forma relativamente sumária, *infra*, capítulo segundo, **Parte III** – os elementos essenciais desse teste substantivo foram reordenados de forma a fazer depender a compatibilidade de operações de concentração com o mercado comum da não criação de entraves significativos à concorrência efectiva, em particular em resultado da criação ou do reforço de uma posição dominante. No que respeita aos aspectos de coordenação, e de acordo com o novo n.º 4 do artigo 2.º, aditado através do Regulamento (CE) n.º 1310/97, do Conselho, de 30 de Junho de 1997, cit., *"na medida em que a criação de uma empresa comum que constitua uma operação de concentração na acepção do artigo 3.º tenha por objecto ou efeito a coordenação do comportamento concorrencial de empresas que se mantêm independentes, essa coordenação será avaliada segundo os critérios previstos nos n.ºs 1 e 3 do artigo 85.º do Tratado, a fim de determinar se a operação é ou não compatível com o mercado comum"*. O teor deste preceito, referente à avaliação de elementos de coordenação inerentes a determinadas empresas comuns, que passaram a ser qualificadas como concentrações a partir da reforma de 1997, foi mantido, no essencial, na segunda reforma do RCC, de 2004 (com a mera actualização formal da referência aos n.ºs 1 e 3 do artigo 81.º CE, em virtude da renumeração de artigos resultante do Tratado de Amsterdão).

Introdução 83

normas comunitárias de concorrência aplicáveis às empresas, num plano que ultrapassa claramente o domínio específico do enquadramento das empresas comuns. A aferição dessa quase *revolução coperniciana* – hipotética – na densificação jurídica das normas de concorrência, com consequências sobre a função do próprio ordenamento comunitário de concorrência, em geral, obriga-nos, de qualquer modo, sem afectar o núcleo de estudo seleccionado – respeitante às empresas comuns – a proceder a algumas incursões na análise dos processos de concretização jurídica das normas aplicáveis às empresas, *maxime* em sede de aplicação do artigo 81.º CE.

Independentemente da particular atenção concedida à temática das empresas comuns que desempenhem todas as funções de uma entidade económica autónoma e que envolvam aspectos de coordenação dos comportamentos concorrenciais das empresas fundadoras, bem como da análise das empresas comuns que assegurem a totalidade de tais funções e não desencadeiem efeitos relevantes – *a se* – de cooperação empresarial, o nosso estudo incide, de forma privilegiada, sobre as diversas *subcategorias de empresas comuns que só parcialmente desempenhem esse tipo de funções e que se encontram apenas sujeitas ao regime previsto no artigo 81.º CE.*[94]

---

[94] Teremos ensejo de caracterizar e densificar este conceito de *empresas comuns que só parcialmente desempenham as funções de uma entidade económica autónoma* (*"partial function joint ventures"*) – *infra*, capítulo segundo da **Parte I** e capítulo primeiro da **Parte III**. No que respeita a uma perspectiva geral sobre a *subcategoria de empresas comuns globalmente passível de qualificação como concentração empresarial* desde a segunda reforma do RCC, de 1997, cfr. a *"Comunicação relativa ao conceito de empresas comuns que desempenham todas as funções de uma entidade económica autónoma, nos termos do Regulamento (CEE) n.º 4064/89 do Conselho, relativo ao controlo das operações de concentração entre empresas"*, de 1998, cit. Apesar do aumento contínuo do número de empresas comuns sujeitas ao regime do RCC, após essa primeira reforma do Regulamento, pensamos que a parte mais significativa do conjunto de empresas comuns potencialmente sujeitas ao direito comunitário da concorrência – mesmo que não efectivamente escrutinadas pelas autoridades de concorrência – continua coberta pelo regime do artigo 81.º CE. Essa desproporção era obviamente superior antes dessa primeira reforma, de 1997, do RCC. Como afirma JOHN ANTHONY CHAVEZ, no seu estudo "Joint Ventures in the European Union and the U.S.", in AB., 1999, pp. 959 ss., *"as of March 1, 1998, the Merger Task Force's authority was expanded to include those full-function joint ventures that have the requisite 'community dimension', regardless of coordination risks. Before the expansion of the merger regulation, only a small percentage of joint ventures were reviewed under the merger regulation. In 1997, one commentator estimated that 95% of*

No que respeita a este último caso, relevam, em particular,[95] as empresas comuns que tenham por objecto a investigação e desenvolvimento, bem como aquelas que visem a produção ou a comercialização de determinados bens.[96] Estas, continuando a situar-se fora do âmbito de aplicação do procedimento de controlo de concentrações previsto no RCC – mesmo no quadro do novo regime, mais complexo, que incorpora nesse procedimento a aplicação de critérios de apreciação de elementos de cooperação empresarial previstos no artigo 81.º CE – têm como elemento primacial do seu enquadramento os recentes Regulamentos de isenção por categoria referentes, precisamente, aos acordos de investigação e desenvolvimento e aos acordos de especialização,[97] bem como as orientações adoptadas pela Comissão sobre a aplicabilidade do artigo 81.º do Tratado CE à cooperação horizontal, através da Comunicação de 2001.

the joint ventures subject to the European Community's competition law were governed by article 85" (cfr. A. cit., *op. cit.*, p. 966). Não obstante o inegável aumento da percentagem de empresas comuns sujeitas a avaliação com base no regime do RCC, após a reforma de 1997, pensamos que a proporção global favorável ao conjunto de empresas sujeitas ao regime do artigo 81.º CE terá sido largamente mantida. Será, contudo, difícil proceder a uma estimativa exacta, ou sequer aproximada, de tal proporção, porque só um número reduzídissimo de empresas comuns não qualificáveis como concentrações têm sido objecto de decisões formais da Comissão, ou têm sido levadas ao conhecimento desta Instituição. Neste aspecto, à semelhança do que sucederá quanto a outras matérias, o processo de *"descentralização"* na aplicação do direito comunitário da concorrência, encetado com o Regulamento (CE) n.º 1/2003, cit., deveria criar condições para que a Comissão proceda a exames *ex officio* de um maior conjunto de empresas comuns com repercussões potencialmente problemáticas para a concorrência em sede de aplicação do artigo 81.º CE.

[95] Essa particular relevância de tais subcategorias de empresas comuns não afasta a importância de outras subcategorias que também nos propomos analisar, conquanto de forma menos desenvolvida.

[96] O tratamento *ex professo* dessas subcategorias de *empresas comuns de investigação e desenvolvimento*, de *empresas comuns de produção* e de *empresas comuns de comercialização*, versando, também, os critérios jurídico-económicos que permitem esse tipo de qualificações funcionais será feito *infra*, capítulo terceiro da **Parte III** (*maxime*, pontos **2.**, **3.** e **4.**).

[97] Referimo-nos aqui ao Regulamento (CE) n.º 2659/2000, da Comissão, de 29 de Novembro de 2000, relativo à aplicação do n.º 3 do artigo 81.º do Tratado a certas categorias de acordos de investigação e desenvolvimento, cit., que revogou o anterior Regulamento de isenção por categoria sobre a matéria – Regulamento (CEE) n.º 418/85, de 19 de Dezembro de 1984 e ao Regulamento (CE) n.º 2658/2000, da Comissão, de 29 de Novembro de 2000, relativo à aplicação do n.º 3 do artigo 81.º do Tratado a certas categorias de acordos de especialização, cit., que revogou o anterior Regulamento de isenção por categoria sobre a matéria – Regulamento (CEE) n.º 417/85, de 19 de Dezembro de 1984.

Para além da análise do tratamento jusconcorrencial destes tipos de empresas comuns ("*joint ventures*") – especialmente informado pelos referidos Regulamentos de isenção por categoria – equacionar-se-á, ainda, numa óptica prospectiva, a possibilidade de serem dados novos passos no sentido de uma verdadeira análise unitária[98] das empresas comuns no ordenamento comunitário de concorrência, abarcando no procedimento previsto no RCC – segundo parâmetros materiais a definir – algumas dessas categorias mais importantes de empresas comuns, presentemente sujeitas, em exclusivo, ao regime previsto no artigo 81.º CE, e não deixando de tomar em consideração, nesse exercício, alguns aspectos já trazidos à colação pela própria Comissão em alguns documentos fundamentais de política de concorrência, como o "*Livro Verde relativo à revisão do Regulamento das concentrações*", de 1996,[99] e o Livro Branco, de 1999.[100] Essa desejável análise unitária das empresas comuns pode também desenvolver-se, como veremos, com base numa progressiva convergência dos testes jurídico-económicos utilizados com vista a avaliar as repercussões sobre a concorrência emergentes da criação deste tipo de entidades, quer em sede de aplicação do RCC, quer em sede de aplicação do artigo 81.º CE. Tal convergência poderá resultar, fundamentalmente, da influência crescente dos elementos estruturais do teste material previsto no RCC na avaliação, à luz desse artigo 81.º CE, dos efeitos de coordenação de comportamentos (de resto, a reformulação do teste previsto no RCC, no âmbito de uma segunda reforma deste Regulamento, no sentido de não o manter estritamente dependente da verificação de situações de criação ou reforço de posições dominantes, pode, também, contribuir, em nosso entender, para essa convergência de critérios substantivos de apreciação).[101]

---

[98] Pensamos aqui numa análise substantiva unitária das empresas comuns ("*joint ventures*"), ou num tratamento substantivo das mesmas que se aproxime desse resultado.

[99] Referimo-nos ao "*Livro Verde relativo à revisão do Regulamento das concentrações*", Bruxelas, 31 de Janeiro de 1996, cit., que concedeu significativa atenção aos problemas suscitados pela qualificação jurídica de empresas comuns.

[100] Referimo-nos ao "*Livro Branco sobre a Modernização dos Artigos 85.º e 86.º do Tratado CE*", cit., no qual, entre outros aspectos – e, como veremos *infra* capítulo primeiro da **Parte II** – se ponderou a possibilidade de submeter as empresas comuns de produção ao regime do RCC.

[101] Cfr. sobre o teor literal da reformulação do teste substantivo relativo à compatibilidade com o mercado comum, resultante da reforma de 2004 do RCC, o exposto *supra*, ponto X, anterior.

XI – Definição de prioridades no estudo das diversas categorias de empresas comuns

Assim, tomando em consideração o enquadramento normativo, emergente das alterações introduzidas no RCC, em 1997, procede-se, na parte nuclear deste estudo, (**Parte III**) a uma análise crítica, sistemática, do tratamento – num plano de direito material da concorrência – das diversas categorias de empresas comuns, quer em sede de aplicação do artigo 81.º CE, quer em sede de aplicação do teste substantivo previsto naquele RCC (e assente, até à segunda reforma do RCC, na criação, ou reforço de posições de domínio em certos mercados).

No sentido de identificar verdadeiros critérios jurídico-económicos minimamente estáveis e passíveis de dar corpo a alguns raciocínios de indução jurídica – obrigatoriamente conjugados, em cada situação, com alguns elementos casuísticos resultantes de análises, em concreto, dos mercados relevantes – procura-se construir um sistema de análise desta figura da empresa comum estruturado com base nas múltiplas finalidades económicas (ou jurídico-económicas)[102] que se podem encontrar subjacentes à mesma. Esse ensaio de qualificação e avaliação jurídicas das empresas comuns, segundo as finalidades económicas que estas asseguram, tem como pressuposto metodológico – que será devidamente explicitado e justificado – uma associação previsível de determinados tipos recorrentes de efeitos induzidos por estas entidades sobre a concorrên-

---

[102] Como adiante observaremos – esp. no capítulo primeiro da **Parte III** – justifica-se delinear uma tipologia de finalidades económicas subjacentes à criação de múltiplas empresas comuns, como matriz da análise jusconcorrencial destas entidades. Na realidade, afigura-se relativamente consensual a ideia de que essas finalidades assumem significativa importância para apreender os efeitos destas entidades sobre o processo de concorrência. Autores como, *vg.*, JOHN TEMPLE LANG enunciam, de forma autorizada essa ideia. De acordo com TEMPLE LANG, *"the nature of the effects which a joint venture may have on the behaviour of the parents depends on what the joint venture will do."* (A. cit., *International Joint Ventures under Community Law*, in *Annual Proceedings of the Fordham Corporate Law Institute – International Antitrust Law & Policy – 1999*, Editor BARRY HAWK, Fordham Corporate Law Institute, 2000, pp. 381 ss, esp. p. 395). Em contrapartida, avolumam-se as divergências em relação ao grau de importância a conceder a esse factor de análise. Pela nossa parte, sustentamos a definição de modelos de análise baseados, precisamente, nas diferentes funções económicas das empresas comuns.

cia[103] a certas finalidades – ou funções – económicas regularmente assumidas pelas mesmas.

Importa acentuar, desde já, que, embora seja difícil configurar, numa perspectiva jurídica, a existência de empresas comuns (*"joint ventures"*) dissociadas de uma base contratual – constituindo, em todo o caso, a possível caracterização jurídica desta figura como um *sistema de contratos*[104] um problema de que também nos ocuparemos – a forma jurídica destes entes não corresponde, em princípio, a um elemento relevante para uma compreensão específica dos efeitos produzidos pelos mesmos sobre a concorrência. Será, pois, forçoso desenvolver um exercício autónomo de identificação de finalidades ou funções económicas, asseguradas através de determinados tipos de empresas comuns, independentemente da forma jurídica de que estas se revistam.

Tratando-se indiscutivelmente de um exercício jurídico-económico influenciado por critérios do ordenamento da concorrência – e não de uma pura classificação económica de empresas comuns – essa identificação de funções económicas típicas de certas modalidades de empresas comuns poderá, mesmo, de algum modo, configurar uma causalidade específica

---

[103] Essa associação previsível de determinados tipos de efeitos a certas finalidades económicas prosseguidas através de empresas comuns (*"joint ventures"*) será exposta, em termos gerais, como se referiu, no capítulo primeiro da **Parte III** e será analisada, numa perspectiva de especialidade em relação a diferentes tipos funcionais de empresas comuns que não desempenham todas as funções de uma entidade económica autónoma, no capítulo terceiro da mesma **Parte III**.

[104] No quadro do nosso ensaio de delimitação de uma categoria jurídica geral correspondente à empresa comum (*"joint venture"*) em ordenamentos jurídicos relacionados com os sistemas jurídicos de concorrência que constituem o objecto central da nossa atenção – os sistemas comunitário e norte-americano – equacionamos, precisamente, a possibilidade de conceber, ou não, tal categoria nas relações jurídicos de cooperação entre empresas de forma dissociada de instrumentos contratuais (*infra*, capítulo primeiro da **Parte I**, esp. ponto 4.2.7.). No âmbito desse estudo, procuramos dilucidar a figura da empresa comum como um sistema de contratos, de caráter mais ou menos complexo conforme a estrutura de cooperação que se encontre em causa. Curiosamente, nessa perspectiva jurídica de análise, a figura da *causa do contrato* – entendida, no sentido que era concebido por Betti (conquanto sujeito a múltiplas críticas doutrinais ulteriores), como *função económica da relação contratual* – adquire um sentido próximo ao das funções jurídico-económicas que, em sede de direito da concorrência, podem ser tomadas em consideração para avaliar os efeitos de diferentes subcategorias de empresas comuns sobre a concorrência (cfr., a propósito da ideia de *causa* acima referida, Betti, *Teoria Geral do Negócio Jurídico*, Tomo I, Coimbra, 1969, pp. 352 ss.).

88   *Empresas comuns* – Joint Ventures

dessas entidades no plano da densificação jurídica das mesmas em sede de direito da concorrência (aspecto de compreensão jurídica desta figura que a seu tempo se dilucidará criticamente).

No essencial, reconhecer-se-á uma divisão fundamental entre as *empresas comuns que desempenhem todas as funções de uma entidade económica autónoma* e *aquelas que apenas assumam uma parte limitada dessas funções* (não correspondendo, pois, a sua actuação à intervenção no mercado, típica de uma empresa autónoma).[105]

No que respeita ao segundo grupo, exclusivamente sujeito ao regime previsto no artigo 81.º CE, sendo concedida, como já se referiu, particular atenção às denominadas empresas comuns de investigação e desenvolvimento e de produção – passíveis, como já se anotou, de enquadramento em Regulamentos de isenção por categoria –, analisar-se-ão, ainda, as empresas comuns de comercialização[106] (dirigidas à comercialização ou distribuição de bens ou serviços, que podem colocar alguns problemas complexos de distinção em relação aos puros carteis de produtores), bem como, noutro plano, as empresas comuns de aquisição de bens e serviços, dirigidas à aquisição conjunta de bens ou direitos[107] (embora concedendo a esta última subcategoria um tratamento extremamente sumário).

---

[105] O reconhecimento de tal divisão fundamental entre essas duas subcategorias fundamentais de empresas comuns em sede de direito comunitário da concorrência reflecte a realidade *de iure condito* do sistema normativo comunitário – de resto confirmada, na sequência de perspectivas de reforma que chegaram a orientar-se em sentido diverso, pela segunda alteração, de 2004, ao RCC – e não corresponde, propriamente, a uma opção que mereça a nossa total adesão. Pelo contrário, como já temos referido, defendemos a conveniência de uma evolução que permita caminhar para um progressivo tratamento unitário das empresas comuns em sede de direito comunitário da concorrência. Caso tal evolução não se verifique no plano do enquadramento sistemático das empresas comuns, pensamos que seria desejável que tal se verificasse no plano da análise substantiva dos tipos de efeitos destas entidades sobre o processo de concorrência.

[106] Referimo-nos aqui ao tipo funcional de empresas comuns identificado na *"Comunicação da Comissão relativa ao tratamento das empresas comuns com carácter de cooperação à luz do artigo 85.º do Tratado CEE"*, de 16 de Fevereiro de 1993, cit., (na sua versão oficial em língua portuguesa) como *"empresas comuns de venda"* – terminologia que se nos afigura menos rigorosa do que aquela que optámos por utilizar ao longo desta dissertação (cfr. Comunicação cit., ponto 38).

[107] Referimo-nos aqui ao tipo funcional de empresas comuns identificado na *"Comunicação da Comissão relativa ao tratamento das empresas comuns com carácter de cooperação à luz do artigo 85.º do Tratado CEE"*, de 16 de Fevereiro de 1993, cit., (na sua versão oficial em língua portuguesa) como *"empresas comuns de compra"*

Introdução 89

Estas duas últimas modalidades suscitam um importante conjunto de questões envolvendo a intersecção de aspectos típicos de processos de cooperação empresarial entre empresas concorrentes e múltiplos tipos de restrições à concorrência com carácter vertical. Considerando a profunda renovação das metodologias de análise dos problemas jusconcorrenciais no plano das relações verticais entre as empresas – a que já se aludiu – interessa retirar algumas possíveis consequências dessa renovação metodológica no domínio da apreciação de empresas comuns com intervenção nessa esfera de relações empresariais (superando algumas indefinições que têm permanecido neste específico plano de análise, resultantes, em certos casos de uma menor intensidade e expressão da *praxis* decisória da Comissão no domínio em causa).[108]

O nosso estudo sistemático – numa perspectiva de direito substantivo – das empresas comuns ("*joint ventures*") toma como ponto de partida a identificação geral das funções económicas deste tipo de entes e exige, complementarmente, a construção de tipologias de efeitos económicos emergentes da constituição e funcionamento dos mesmos. Além disso, essa construção de tipologias de efeitos económicos – ou, mais precisamente, efeitos jurídico-económicos[109] das empresas comuns deverá assentar na intersecção de um conjunto limitado de parâmetros de referência. A

(cfr. Comunicação cit., ponto 39). Tal como observámos em relação à subcategoria das empresas comuns de comercialização de bens e serviços, consideramos também esta terminologia menos rigorosa, pelo que utilizamos preferencialmente, ao longo deste trabalho, a qualificação ora enunciada de empresas comuns de aquisição de bens e serviços.

[108] Na realidade, como já referia a Comissão na sua "*Comunicação da Comissão relativa ao tratamento das empresas comuns com carácter de cooperação à luz do artigo 85.º do Tratado CEE*", de 16 de Fevereiro de 1993, cit., até esse momento não fora adoptada "*qualquer decisão relativamente a empresas comuns de compra de grande importância económica*" (cfr. Comunicação cit., ponto 61, *in fine*). Desde então, continuam pouco numerosos os precedentes significativos em matéria de tratamento de empresas comuns de aquisição de bens e serviços. O mesmo se poderá afirmar, embora em menor grau, em relação às empresas comuns de comercialização de bens e serviços.

[109] Pensamos aqui numa compreensão analítica sistematizada de tipos de efeitos de empresas comuns sobre o processo de concorrência numa perspectiva essencial que partilhamos com alguma doutrina, como sucede, *vg.*, com a orientação já referida de JOHN TEMPLE LANG, no seu estudo *International Joint Ventures under Community Law*, in *Annual Proceedings of the Fordham Corporate Law Institute – International Antitrust Law & Policy – 1999*, cit. Como é natural, partindo desse pressuposto comum, diferentes modelos gerais de análise desses efeitos emergentes da criação de empresas comuns podem ser concebidos.

90   *Empresas comuns* – Joint Ventures

selecção desses parâmetros de análise – que se tem mostrado muito variável na doutrina e excessivamente incerta na *praxis* decisória da Comissão – será decisiva para obter a mais adequada compreensão jurídica dessas entidades no plano do ordenamento da concorrência.

XII – Definição de um modelo geral de apreciação das empresas comuns

A análise que empreendemos – pelas razões que adiante se equacionarão – encontra-se primacialmente fundada no cruzamento de três tipos de parâmetros de referência, os quais podem ainda comportar certas variantes mais complexas. Esses parâmetros corresponderão[110] ao tipo de relações económicas entre as empresas envolvidas no processo de constituição e funcionamento da empresa comum, ao tipo de relações entre os mercados em que actuam as empresas fundadoras e o mercado da empresa comum[111] e, finalmente, ao tipo de efeitos desencadeados relativamente a empresas

---

[110] Como é natural, nesta sinopse introdutória limitamo-nos a enunciar de modo simplificado os parâmetros de análise em questão, os quais serão devidamente densificados no capítulo primeiro da **Parte III**.

[111] Como verificaremos – *infra* capítulo primeiro da **Parte III** (*maxime*, ponto 2.4.4.) bem como, em especial no capítulo terceiro da mesma **Parte III** (*maxime*, ponto 3.3.5.3.1.), no contexto da análise das empresas comuns de produção – esses parâmetros de análise baseados nos tipos de relações económicas entre as empresas envolvidas no processo de constituição e funcionamento da empresa comum, ou nos tipos de relações entre os mercados em que actuam as empresas fundadoras e o mercado da empresa comum, apresentam vários pontos de contacto com os critérios fundamentais de avaliação jusconcorrencial propostos na doutrina norte-americana por JOSEPH BRODLEY num estudo que tem, justificadamente, exercido uma profunda influência no estudo das empresas comuns (cfr. JOSEPH BRODLEY, "Joint Ventures and Antitrust Policy", in Harv L. Rev., 1982, pp. 1523 ss.). Como verificaremos, em função dos tipos de relações económicas entre as empresas envolvidas na constituição de empresas comuns, BRODLEY estabelece cinco categorias analíticas de empresas comuns com diferentes níveis potenciais de riscos de afectação da concorrência, compreendendo as denominadas "*horizontal joint ventures*", "*output joint ventures*", "*input joint ventures*", "*joint ventures into related markets*" e "*interlocking joint ventures*" (cfr. A. cit., *op. cit.*, esp. pp. 1552 ss.). O ambicioso modelo doutrinal de análise assim delineado reveste-se, em nosso entender, de especificidades relacionadas com o enquadramento das empresas comuns no ordenamento norte-americano, mas apresenta inegável interesse para a reflexão em torno da exequibilidade de construção de modelos analíticos globais de avaliação dos efeitos induzidos pelas empresas comuns no processo de concorrência.

Introdução

terceiras (*maxime* aqueles que possam desencadear o virtual encerramento de certos mercados a empresas terceiras).

Ensaiar uma autonomização de diferentes categorias de empresas comuns (*"joint ventures"*), com base nos efeitos económicos gerados por estas e associando tendencialmente a cada uma dessas categorias diferentes manifestações típicas de riscos de afectação da concorrência, de modo a obter em relação às mesmas um feixe de presunções ou, no mínimo, de índices de verificação provável de situações de inaceitável limitação da concorrência, mostra-se, em todo o caso, um exercício extremamente complexo. Essa complexidade é particularmente exacerbada, devido à interdependência entre os três parâmetros essenciais de análise já enunciados, bem como devido ao facto de cada um dos mesmos comportar diversas variáveis que multiplicam, numa tessitura difícil de reconstituir, os planos de análise relevantes. Além disso, em cada situação concreta sujeita a análise, as múltiplas variáveis nas quais, em abstracto, os referidos parâmetros se podem decompor encontram-se combinadas, ou justapostas, em feixes multipolares de relações empresariais de diversa natureza.

Assim, os parâmetros referentes, por um lado, ao tipo de relações entre as empresas fundadoras de empresas comuns e, por outro lado, ao tipo de relações entre os mercados em que actuam essas empresas fundadoras e o mercado da empresa comum, encontram-se profundamente interligados. Em tese geral, o primeiro desses parâmetros permite, essencialmente, dissociar empresas comuns entre entidades concorrentes, ou envolvendo empresas não concorrentes, podendo, ainda, essa diferenciação ser graduada em função do tipo de relação de concorrência que se encontre em causa (*maxime* relações de concorrência efectiva, ou potencial, entre as empresas fundadoras). A aplicação do segundo dos referidos parâmetros é especialmente relevante para as categorias de empresas comuns que envolvam empresas fundadoras que se encontrem entre si numa relação de concorrência de qualquer tipo.

Tipicamente, a aplicação desse parâmetro levar-nos-á a distinguir categorias de empresas comuns caracterizadas pela actuação da entidade comum no mesmo mercado em que intervêm as empresas fundadoras, em mercados localizados a montante ou a jusante do mercado das empresas fundadoras[112] ou, ainda, – numa terceira hipótese – em mercados que

---

[112] Como veremos, estes feixes de relações entre mercados relevantes podem assumir configurações e sentidos muito variados, conforme estejam em causa empresas comuns que desempenham todas as funções de uma entidade económica autónoma ou

apresentem qualquer relação de proximidade, de natureza diversa, com o mercado daquelas empresas. Essa articulação entre diversos mercados relevantes pode comportar diversas sub-variantes, conforme estejam em causa relações entre mercados relevantes de produtos ou mercados relevantes geográficos.[113]

Acresce que essas relações entre mercados das empresas fundadoras e da empresa comum – contribuindo para moldar certos efeitos económicos conducentes à autonomização de algumas categorias de empresas comuns, caracterizadas pela especificidade de determinados riscos de afectação da concorrência que lhes estejam tipicamente associados – podem, ainda, assumir outras formulações relativamente atípicas e revestindo-se de um grau superior de complexidade. Essas situações mais complexas verificar-se-ão, designadamente, no contexto de desenvolvimento de novos mercados nos quais avultem, em especial, factores diversos de

---

empresas comuns que apenas parcialmente desempenhem essas funções, de acordo com a distinção conceptual básica acolhida *de iure condito* no sistema jurídico da concorrência comunitário. De resto, tal distinção conceptual específica do direito comunitário da concorrência é uma das razões que impede uma transposição *qua tale* de modelos de análise de empresas comuns como o modelo proposto por JOSEPH BRODLEY no quadro do ordenamento norte-americano (referido *supra*, nota anterior) para um plano de avaliação jusconcorrencial de empresas comuns em sede de aplicação de normas comunitárias de concorrência.

[113] Na realidade, esses tipos de relações de proximidade entre mercados – como observaremos *infra* capítulo terceiro da **Parte III** (esp. ponto 3.3.5.3.1.) podem envolver diferentes mercados do produto ou mercados geográficos. É evidente que a utilização deste tipo de critérios analíticos é posta em causa pelas orientações doutrinais que contestam as metodologias de análise de efeitos sobre o processo de concorrência baseadas na delimitação de mercados relevantes. Sobre novas formulações da denominada *"regra de razão" ("rule of reason")*, no quadro do direito norte-americano da concorrência que dispensam os processos de análise referentes à delimitação de mercados relevantes, cfr., por todos, CHARLES WELLER, "A new rule of reason from Justice Brandeis's 'concentric circles' and other changes in law", cit., esp. pp. 929 ss. Pela nossa parte, consideramos com alguma reserva essas orientações – salvo casos muito excepcionais – e entendemos que a definição de mercados relevantes continua a ser um elemento fundamental na análise jusconcorrencial de situações de mercado (*maxime*, relativas à constituição e funcionamento de empresas comuns). Cfr. para uma análise *ex professo* deste problema o exposto *infra*, capítulo segundo, ponto 4.2., da **Parte II**. Retomaremos, ainda, a discussão destas conclusões na parte conclusiva deste trabalho (**Parte IV**).

Introdução 93

inovação e que postulem a combinação de experiências empresariais diversas que, tradicionalmente, se não entrecruzavam.[114]

Poderão, assim, autonomizar-se problemas específicos relativos a categorias de empresas comuns (*"joint ventures"*) que abarquem empresas actuando em diversos mercados distintos, mas relacionados entre si, numa óptica prospectiva, no quadro de processos empresariais inovadores, gerando efeitos económicos cumulativos, resultantes dessa intersecção de novos processos empresariais. Podem também identificar-se questões especificamente relacionadas com o desenvolvimento de verdadeiras redes de empresas comuns que postulem, não uma análise individualizada de cada ente comum *a se*, mas a compreensão, em novos moldes, de sistemas de relações criados entre múltiplas empresas comuns, actuando em diversos mercados.

Essas redes de empresas comuns – suscitando riscos específicos de afectação da concorrência que importa dilucidar – podem englobar as mesmas empresas fundadoras, bem como diferentes empresas fundadoras (embora neste último caso os riscos para a manutenção da concorrência efectiva sejam potenciados pelo facto, de pelo menos algumas empresas fundadoras, participarem em diversas empresas comuns).

Em súmula, a análise substantiva destas entidades que, numa perspectiva sistemática, empreendemos ao longo da presente dissertação conduzir-nos-á à autonomização, nesse domínio, de diversas categorias de empresas comuns, em função de efeitos económicos que se lhes encontrem tipicamente associados e delineados a partir de um conjunto essencial de três parâmetros jurídico-económicos de referência acima enunciados (que podem ainda desdobrar-se em sub-critérios mais complexos, ou específicos, através da ponderação de certos elementos variáveis).

---

[114] Problemas específicos de concorrência e particularidades na estrutura dos mercados, que impõem processos de análise mais complexos, podem, na realidade verificar-se no quadro de sectores económicos dominados por elementos de inovação e caracterizados pela contínua emergência de novos mercados relacionados entre si, ou pelo desenvolvimento de novos processos económicos. De forma sintomática, no contexto desses mercados, – que podemos denominar de modo muito lato como mercados de inovação – a figura da empresa comum, devido à sua flexibilidade, tem assumido um peso fundamental como suporte de organização de relações de cooperação. Cfr., para uma perspectiva geral sobre a especificadade dos problemas de concorrência que podem ser suscitados nesse tipo de situações, *Competition, Innovation and the Microsoft Monopoly: Antitrust in the Digital Marketplace*, Editors JEFFREY A. EISENACH, THOMAS M. LENARD, Kluwer Academic Publishers, Boston/Dordrecht/London, 1999.

94 *Empresas comuns* – Joint Ventures

Procurar-se-á, com base nessa matriz, equacionar a possibilidade de desenvolvimento de uma metodologia de análise que reforce determinados graus mínimos de previsibilidade e segurança jurídica no tratamento destas empresas comuns,[115] através de sistemas de índices (ou de presunções, se estas se mostrarem sustentáveis) que permitam – num primeiro estádio de apreciação destas entidades comuns – *delimitar situações de previsível restrição da concorrência associadas a certas categorias de empresas comuns*, e – num segundo e eventual estádio de apreciação – *apurar a possível introdução de elementos de ajustamento do conteúdo e modo de funcionamento das empresas comuns em causa que, sem prejudicar os factores de eficiência ligados à criação das mesmas, neutralizem as distorções da concorrência induzidas por estas* (ponderação complementar com vista a identificar factores de ajustamento passíveis de mitigar os efeitos restritivos da concorrência que não tem sido desenvolvida, de modo sistemático, na metodologia de análise de empresas comuns no ordenamento comunitário da concorrência, contrariamente ao que sucede no ordenamento norte-americano).[116]

---

[115] Importa destacar, desde já, que este tipo de metodologias de análise orientadas para o reforço de determinados graus mínimos de previsibilidade e segurança jurídica, com base em sistemas de índices analíticos gerais não deve subalternizar a necessidade de análises concretas de mercado em relação a cada situação de cooperação empresarial que se encontre em causa. Pensamos, mesmo, que um dos maiores riscos que se verifica no presente estádio de profundas mutações de metodologia jurídico-económica de análise no quadro do ordenamento comunitário da concorrência – marcado pelo acolhimento de processos de análise económica – corresponde a uma excessiva utilização de modelos económicos, recebidos de forma abstracta e sem o necessário crivo de verificação empírica através de estudos de mercado.

[116] Na realidade, a ponderação de compromissos ou de ajustamentos a projectos de cooperação empresarial, que permitam neutralizar *ab origine* certas distorções da concorrência, sem incorrer na formulação de juízos de proibição, conheceu algum desenvolvimento no ordenamento da concorrência norte-americano, que não encontra ainda paralelo no direito comunitário da concorrência (caracterizado por formas mais "*intervencionistas*" de resolução de potenciais problemas de concorrência, através de juízos de isenção *ex vi* do n.º 3 do artigo 81.º CE, suportados em juízos iniciais de proibição de certas relações de cooperação empresarial *ex vi* do n.º 1 do artigo 81.º CE). Pensamos, pois, como se explicitará no quadro do nosso estudo *ex professo* da avaliação substantiva de empresas comuns (*maxime* das que se encontram sujeitas ao regime do artigo 81.º CE – *infra*, capítulo terceiro da **Parte III**), que existe um amplo espaço para o desenvolvimento criativo de múltiplas modalidades de ajustamento de projectos de criação de empresas comuns por forma a evitar a sujeição das mesmas à proibição do n.º 1 do artigo 81.º CE. Trata-se de refinar a análise do que JOSEPH BRODLEY, de forma sugestiva, identifica como

XIII – Aspectos específicos das empresas comuns no sector financeiro

No âmbito da análise sistemática, de direito substantivo, das categorias primaciais de empresas comuns (*"joint ventures"*), delimitadas de acordo com as suas funções económicas e com os efeitos desencadeados pelas mesmas,[117] empreendida na parte nuclear deste estudo (**Parte III**), considerámos pertinente aflorar – conquanto de forma meramente incidental e sem prejudicar a coerência essencial dessa parte central do estudo – alguns aspectos do enquadramento jusconcorrencial de empresas comuns, ou de entidades comparáveis, no sector financeiro.[118] Esses elementos de análise sectorial são abordados, em particular, no contexto da apreciação de uma das subcategorias de empresas comuns submetidas ao regime do artigo 81.º CE, que autonomizámos com vista à realização de um estudo *ex professo* e mais desenvolvido – as empresas comuns de comercialização de bens e serviços (embora se conceda, também, alguma

---

"incentive-modifying remedies", correspondendo estes a diversas formas paradigmáticas de ajustamento das estruturas de empresas comuns por forma a prevenir a emergência de alguns dos problemas de concorrência mais recorrentes (cfr. A. cit., "Joint Ventures and Antitrust Policy", cit., esp. pp. 1544 ss.).

[117] Trata-se de análise, em que, como já se referiu, se concede, claramente, uma atenção central à subcategoria de empresas comuns que não desempenham todas as funções de uma entidade económica autónoma e que se encontram submetidas ao regime do artigo 81.º CE.

[118] Referimo-nos aqui ao sector financeiro em sentido muito amplo. Diversos problemas de potencial afectação da concorrência, incluindo, naturalmente, os que se reportam à constituição e funcionamento de empresas comuns, apresentam especificidades no quadro deste sector. Cfr., para uma perspectiva geral sobre algumas dessas particularidades a tomar em consideração na formulação de uma política de concorrência coerente para o sector financeiro, LUC GYSELEN, *EU Antitrust Law in the Area of Financial Services – Capita Selecta for the Cautious Shaping of a Policy*, in *Annual Proceedings of the Fordham Corporate Law Institute – International Antitrust Law & Policy – 1996*, Editor BARRY HAWK, Fordham Corporate Law Institute, 1997, Juris Publishing, Inc., pp. 329 ss. Acresce que, nas actuais condições de funcionamento dos sectores financeiros mais desenvolvidos, a criação de empresas comuns, conjugando de forma inovadora as competências especializadas fundamentais de instituições financeiras e de entidades que operam noutros domínios, tem vindo a converter-se num elemento importante da estratégia de crescimento e diversificação dos grupos financeiros. Cfr., nesse sentido, a análise de PETER DRUCKER, destacando a importância de *"banking joint ventures that gain access to new investment markets by going into partnership with small independent asset managers (…)"* (A. cit., *Managing in a Time of Great Change*, cit., pp. 70ss.).

atenção a empresas comuns qualificáveis como operações de concentração e actuando no sector financeiro).[119] Nesse plano, a nossa análise incide, especialmente, nas questões referentes a programas funcionais de cooperação no domínio da comercialização e envolvendo actividades que funcionam em sistemas de rede e que pressupõem, por essa razão, uma determinada medida de cooperação empresarial, como sucede em certos domínios do sector financeiro (concentrando-se, sobretudo, a nossa atenção, neste plano, na actuação de empresas comuns, ou entidades comparáveis, que gerem sistemas de cartões de pagamento).

Várias razões militaram no sentido dessa sumária incursão sectorial, enxertada na análise das empresas comuns de comercialização de bens ou serviços, podendo, entre outras, referir-se o carácter paradigmático que, com elevado grau de probabilidade, virá a assumir a análise de empresas comuns no sector financeiro em sede de ordenamento comunitário de concorrência, permitindo antecipar algumas das tendências de fundo da construção jurídica neste domínio.

Na realidade, o enquadramento das empresas comuns, combinando intrinsecamente – porventura de forma única no direito da concorrência – elementos de análise estrutural de realidades jurídico-económicas, caracterizados por uma *metodologia de análise prospectiva*,[120] e elementos associados ao comportamento das empresas (referentes à coordenação de comportamentos concorrenciais), conhece potencialmente alguns dos seus desenvolvimentos mais fecundos no domínio dos mercados mais dinâmicos e especialmente marcados por factores de inovação. Neste quadro,

---

[119] De qualquer modo, no plano das empresas comuns qualificáveis como concentrações e submetidas ao regime do RCC esse enfoque no sector financeiro será comparativamente menor e limitar-se-á, tão só, à análise isolada de alguns precedentes relevantes nesse domínio – na *praxis* decisória da Comissão – e à ponderação de algumas particularidades em matéria de definição de mercados relevantes. Além disso, concedemos, ainda, alguma atenção aos problemas de afectação da concorrência associados a participações minoritárias ou participações conjuntas no sector financeiro, tendo presente que os mesmos apresentam significativos paralelos com a avaliação jusconcorrencial de determinadas modalidades de empresas comuns.

[120] A avaliação dos efeitos da criação de empresas comuns, tomando em consideração os elementos de transformação estrutural, mais ou menos intensos conforme os casos, que estas comportam envolve, enquanto tal, *juízos prospectivos* relativos à evolução previsível de certos mercados. Sobre a necessidade desse tipo de avaliações cfr. ROBERT PITOFSKY, "A Framework for Antitrust Analysis of Joint Ventures", in ALJ., 1985, pp. 893 ss..

Introdução

o sector financeiro nos vários Estados da UE. integra alguns dos mercados mais dinâmicos no espaço comunitário – dominados por um processo de transformação célere a vários níveis – e, como tal, constitui uma área onde, previsivelmente, se virão a esboçar algumas das principais modelações – desenvolvidas *ex novo* – dos critérios jurídico-económicos primaciais para a análise jusconcorrencial das empresas comuns (e envolvendo, nos termos que acima se referem, alguns problemas específicos, como os relativos à dimensão de cooperação associada a actividades que funcionem em sistemas de rede).

Por outro lado, face às características de que se vem revestindo o processo de transformação estrutural do sector financeiro na U.E., em particular após a introdução do Euro,[121] o recurso à figura da empresa comum por parte das empresas do sector tem vindo a tornar-se recorrente, bem como a assumir formulações cada vez mais originais que postulam o desenvolvimento de novas metodologias de análise em sede de direito da concorrência.

Na realidade, esse intenso processo de transformação do sector financeiro tem envolvido, em termos de compreensão geográfica dos mercados, uma célere diluição da tradicional segmentação nacional da actividade financeira e, numa perspectiva de definição do mercado do produto,[122] tem conduzido a uma progressiva intersecção dos vários subsectores anteriormente autonomizados, bem como a uma complexa articulação com outros domínios de actividade empresarial, resultante, em

---

[121] Sobre o processo de transformação do sector financeiro na UE, acelerado pela introdução do Euro e os reajustamentos que o mesmo tende a provocar nos vários mercados nacionais, cfr. JEAN DERMINE, *Banking in Europe: Past, Present and Future*, in *The transformation of the European Financial System*, Editors, VITOR GASPAR, PHILIPP HARTMANN, OLAF SLEIJPEN, European Central Bank,2003, pp. 31 ss. Cfr. ainda, sobre a mesma matéria, *Possible Effects of EMU on the EU Banking System in the Medium to Long Term*, European Central Bank, 1999.

[122] Os diferentes subsectores do sistema financeiro suscitam, na realidade, questões novas em termos de definição de mercados relevantes, quer no que respeita a mercados do produto, quer no que respeita a mercados geográficos, o que introduz diversas especificidades e, em muitos casos, um grau superior de complexidade na avaliação das empresas comuns que têm vindo a proliferar neste domínio. De resto, tais questões não se colocam apenas em sede de direito comunitário da concorrência e em virtude dos movimentos de integração desses subsectores do sistema financeiro, mas impõe-se também, com grande acuidade, no plano do direito norte-americano da concorrência. Cfr., nesse sentido, MYRON KWAST, MARTHA STARR-MCCLUER, JOHN D. WOLKEN, "Market definition and the analysis of antitrust in banking", in AB., 1997, pp. 973 ss..

boa parte, dos condicionamentos introduzidos pelas novas tecnologias de informação e comunicação. Esta situação de renovação qualitativa, e algo abrupta, das condições estruturais e materiais de exercício da actividade financeira tem exigido um movimento de adaptação permanente das instituições financeiras, o qual, apesar de se configurar como inelutável, é perturbado pelos significativos elementos de incerteza que se encontram subjacentes a todo o processo.

Neste contexto, assume especial relevância a utilização de instrumentos jurídico-económicos de *transformação estrutural das relações empresariais no sector financeiro*, que melhor se coadunem com a *manutenção de um elevado grau de flexibilidade* e com uma *eficiente limitação dos custos dessa transformação*, através da sua partilha organizada entre várias entidades. A figura da empresa comum, permitindo – como já se tem enfatizado – conjugar os processos de transformação estrutural de relações empresariais com uma flexibilidade e reversibilidade das situações de organização empresarial criadas, não consentidas pelas operações de concentração em sentido restrito – conducentes à dissolução da individualidade e autonomia das empresas que nestas participem – será, pois, um instrumento particularmente adequado para a adaptação das instituições financeiras às novas realidades de funcionamento do sistema financeiro.

Assim, encontram-se criadas as condições para uma utilização mais intensiva da figura da empresa comum por parte das instituições financeiras e para a organização – através da mesma – de certos processos de relacionamento empresarial com novas exigências e, consequentemente, revestindo, em múltiplos casos, características algo inovadoras (como sucede, de forma paradigmática, com o domínio das empresas comuns, ou entidades comparáveis, encarregadas da gestão de sistemas de cartões de pagamento, que, por essa razão, seleccionamos para uma análise mais desenvolvida no contexto do estudo das empresas comuns de comercialização).

Acresce que, além dos aspectos específicos de análise jusconcorrencial de empresas comuns operando em mercados especialmente dinâmicos e dominados por factores ponderosos de inovação tecnológica – como sucede, inegavelmente, com as empresas comuns constituídas no âmbito do sector financeiro (*maxime* com a categoria de entidades acima referida, actuando na área dos cartões de pagamento) – as características especiais da actividade desenvolvida nesse sector impõem, à partida, uma com-

Introdução

preensão jurídica algo particular dos fenómenos de cooperação empresarial neste domínio, que justifica, enquanto tal, uma referência especial, apesar de muito sumária.

Na verdade, se se mostra já consensual, no presente, o princípio da sujeição geral das instituições financeiras às regras de concorrência, permanecem dúvidas fundamentais sobre o alcance da aplicação das normas de concorrência nesse domínio (de resto, esse princípio nunca foi assumido *ab origine* no quadro da fundação dos principais ordenamentos de concorrência, sendo assumido no ordenamento comunitário da concorrência, tal como sucedeu em relação a outras matérias, mais tardiamente do que no ordenamento norte-americano).[123]

Como destaca alguma doutrina,[124] as condições especiais de actuação no quadro do sistema financeiro conduzem, inelutavelmente, a uma *dimensão implícita de cooperação empresarial* – com extensão variável, em função da situação concreta de cada sistema financeiro – a qual se encontrará em tensão permanente com os critérios de concorrência neste domínio. Na realidade, aspectos basilares do funcionamento do sistema financeiro, como os sistemas de pagamentos na área bancária e, em especial, o estabelecimento de novos canais electrónicos para a prestação de certos serviços essenciais (*maxime* no domínio, que individualizámos,

---

[123] Sobre a confirmação relativamente tardia desse princípio da plena sujeição geral das instituições financeiras às regras de concorrência no quadro do ordenamento comunitário, cfr., por todos, ROSA GREAVES, *EC Competition Law: Banking and Insurance Services*, Chancery Law Publishing, 1992. Mesmo no ordenamento norte-americano da concorrência, o sector financeiro foi considerado como não sujeito ao Sherman Act e ao Clayton Act até à decisão do Supremo Tribunal de Justiça no caso "*South-Eastern Underwriters Association*", de 1944 ["*South-Eastern Underwriters Association*", 322 U.S. 533 (1944)]. Cfr., sobre essa evolução do âmbito do ordenamento norte-americano, LAWRENCE J. WHITE, "Banking, mergers, and antitrust: historical perspectives and the research tasks ahead", in AB., 1996, pp. 323 ss..

[124] O reconhecimento de condições especiais de actuação das empresas no quadro do sistema financeiro, comportando uma dimensão implícita de cooperação empresarial, não deve ser confundido com qualquer ideia de isenção alargada de aplicação das normas gerais de concorrência em relação aos vários subsectores do sistema financeiro. Cfr. sobre esse reconhecimento de especificidades em relação ao funcionamento do sector financeiro, no quadro do ordenamento da concorrência norte-americano, mas com pressupostos que são passíveis de transposição para o direito comunitário da concorrência – onde a problematização destas questões foi, como acima já se referiu, mais tardia – BERNARD SHULL, "The origins of antitrust in banking: an historical perspective", in AB., 1996, pp. 255 ss..

dos cartões de pagamento), pressupõem, naturalmente, uma interacção organizada entre os entes empresariais intervenientes no sector.

Por outro lado, e de modo algo inesperado, o crescente reforço dos mecanismos de mercado e o correlativo aligeiramento das formas de regulação e intervenção pública no sector financeiro originam um aumento contínuo da importância dos fenómenos de auto-regulação, os quais, por seu turno, acarretam uma inevitável dimensão de cooperação empresarial que carece de ser disciplinada – em moldes qualitativamente novos – no plano do direito da concorrência.[125] Em súmula, a recente proliferação de empresas comuns no sector financeiro obriga a equacionar as fronteiras complexas daquela dimensão implícita de cooperação empresarial que será quase omnipresente nesse sector, avaliando a partir de que limites essa cooperação – mesmo nas condições específicas de funcionamento prevalecentes neste domínio de actividade – se torna inaceitável, à luz de critérios jurídicos de concorrência. Além disso, essa curta incursão sectorial no quadro da análise das empresas comuns de comercialização permite salientar que não subsistem áreas essenciais da actividade económica fora do âmbito de aplicação do direito comunitário da concorrência.

XIV – Análise de empresas comuns e transição do ordenamento comunitário da concorrência para um novo estádio de construção jurídica

A análise crítica da problematização jurídica das empresas comuns no ordenamento comunitário da concorrência e os múltiplos corolários que desta retiramos num plano geral de transformação qualitativa da metodologia jurídica desenvolvida nesse ordenamento – a qual se repercute, também, num novo modo de interagir entre a construção permanente da estrutura teleológica do direito da concorrência na UE. e a densificação jurídica das suas normas e princípios jurídicos fundamentais[126] *condu-*

---

[125] Na realidade, os próprios fenómenos de auto-regulação comportam, enquanto tais, uma dimensão de cooperação empresarial, a qual, em certas condições, pode desembocar em exercícios de coordenação de comportamentos concorrenciais.

[126] Atendendo à conformação que, em regra, assumem os enunciados normativos do direito da concorrência, caracterizados por uma elevada generalidade, uma parte significativa dos princípios jurídicos essenciais deste ordenamento, que informam o seu programa teleológico, assumem – nos termos que adiante teremos ensejo de caracterizar – o

ziram-nos, ainda, numa última parte conclusiva deste estudo, a equacionar a possível transição do referido ordenamento para um novo estádio de construção jurídica. Esse estádio poderá, igualmente, corresponder a uma contribuição estruturalmente alterada – em termos ainda a definir e que procuraremos antecipar – do ordenamento comunitário da concorrência para a constituição económica comunitária[127] em diversos planos relevantes.

Na realidade, se a aprovação do RCC representou a criação *ex novo* de uma competência comunitária expressa para controlar as estruturas de concorrência, indo além do controlo dos comportamentos concorrenciais – coincidindo, sintomaticamente, a introdução do procedimento comunitário de controlo directo de operações de concentração de empresas com o lançamento do programa do mercado interno[128] – o *domínio específico de apreciação das empresas comuns* que se entrecruza, mas não se confunde integralmente, com aquele domínio do controlo de concentrações empresariais suscita, em moldes porventura únicos no direito da concorrência, uma combinação complexa da análise dos elementos de comportamento concorrencial (cooperação empresarial) e dos elementos estruturais dos mercados.

Em nosso entender, a realização sistemática de análises – incidindo sobre empresas comuns – que obrigam, inelutavelmente, a conjugar esses tipos de elementos distintos tem, de modo progressivo, vindo a gerar uma *interacção entre os testes jurídico-económicos referentes à coordenação*

---

que podemos denominar como uma verdadeira *função normogenética*, no sentido considerado por autores como CANARIS (Cfr. A. cit., *Pensamento Sistemático e Conceito de Sistema na Ciência do Direito*, Fundação Calouste Gulbenkian, Lisboa, 1989) ou por ESSER (cfr. A. cit., *Grunsatz und Norm in der richterlichen Fortbildung des Privatrechts*, 2 Aufl., Tübingen, 1964.).

[127] As ligações existentes entre a mutação estrutural do ordenamento comunitário da concorrência e o travejamento essencial do que podemos considerar já como a base de uma constituição económica comunitária – em sentido material – serão analisadas na parte conclusiva deste trabalho (**Parte IV**, esp. ponto 2.3.).

[128] O lançamento do denominado programa do mercado interno, na sequência do Acto Único Europeu – no final do decénio de oitenta do século passado – coincide, de facto, com a adopção de um sistema comunitário de controlo directo de operações de concentração, através da aprovação do RCC, em 1989. Deve salientar-se que o desenvolvimento desse programa criou, desde logo, expectativas de um recrudescimento de concentrações empresariais que seria importante acompanhar em sede de direito da concorrência. Cfr. sobre esta matéria, CLAUS-DIETER EHLERMANN, "The Contribution of the EC Competition Policy to the Single Market", in CMLR., 1992, pp. 257 ss..

de comportamentos e à alteração da estrutura dos mercados, através da criação de entraves significativos à concorrência efectiva (maxime, em virtude da criação ou reforço de posições dominantes).[129] Essa interacção pode conduzir, a prazo, a uma decisiva alteração de metodologia jurídica em sede de direito da concorrência, sobretudo à medida que se consolidem e aprofundem os progressos no sentido de uma *verdadeira análise unitária da generalidade das empresas comuns*, idealmente no quadro do RCC – o que não sucedeu ainda na revisão de 2004 deste Regulamento – mesmo que tal implique a inclusão neste de normas especiais que assimilem parâmetros típicos do regime previsto no artigo 81.º CE. Acresce que esta previsível transformação gradual da metodologia jurídica desenvolvida no âmbito do direito comunitário da concorrência tem coincidido com uma evolução significativa dos pressupostos teleológicos deste ordenamento, caracterizada por uma diminuição acentuada do peso dos objectivos ligados à realização da integração económica – e pelo correlativo reforço, como objectivo primacial ou tendencialmente único do direito comunitário da concorrência, do escopo de estímulo da eficiência económica, em benefício dos consumidores.[130]

---

[129] Interacção entre estes testes jurídico-económicos que assumimos como desejável, e que entendemos ter vindo a ser desenvolvida, sobretudo desde a primeira reforma do RCC, em 1997, com a introdução de uma nova subcategoria de empresas comuns, qualificáveis como concentrações, em virtude de desempenharem todas as funções de uma entidade económica autónoma, não obstante poderem gerar efeitos de coordenação de comportamentos entre as empresas-mãe (a análise *ex professo* dessa subcategoria de empresas comuns – *infra*, capítulo da **Parte III** – dá-nos, em particular, o ensejo de aprofundar essa convergência de testes jurídicos). Além disso, como já temos vindo a referir, pensamos que os progressos no sentido de um progressivo tratamento unitário das empresas comuns em sede de direito comunitário da concorrência dependerão, no essencial, de tal hipotética convergência material dos testes substantivos em causa.

[130] Objectivo tendencialmente único do direito comunitário da concorrência, de estímulo da eficiência económica, em benefício dos consumidores, que, contudo, não é, de modo algum, consensual. Como verificaremos na parte conclusiva desta dissertação (**Parte IV**), e beneficiando já de um conjunto de corolários essenciais emergentes do estudo das empresas comuns, tal reordenação de prioridades teleológicas do direito comunitário da concorrência, num sentido predominantemente monista, deverá ser aprofundada, mas é ainda contestada por muitos. Alguns autores sustentam, efectivamente, que o menor peso dos objectivos puros de integração económica no programa teleológico do direito comunitário da concorrência, deve abrir espaço para uma multiplicidade de objectivos de interesse comunitário no domínio do que podemos denominar, em sentido lato, como política industrial. Cfr., por todos, sobre essas orientações, que merecem a nossa completa discordância, Dominique Pantz, "Les Politiques Communautaires d'Ajustement Structurel

Introdução 103

Esse processo tem, igualmente, coincidido com um profundo *programa de revisão do modelo de organização institucional do direito comunitário da concorrência.* Como é sabido, o modelo originariamente implantado contemplou a atribuição de competências particularmente reforçadas à Comissão, no quadro de um sistema de centralização que contrastou[131] com o enquadramento institucional adoptado em relação à execução da parcela mais significativa de políticas comunitárias desenvolvidas em vários domínios do direito económico comunitário.

Esta revisão do modelo de organização institucional do direito da concorrência é susceptível de influir no desenvolvimento do programa normativo deste ordenamento e no modo como o mesmo conforma certos domínios da constituição económica comunitária. Na realidade, o actual modelo institucional tem estado associado aos problemas de concretização jurídica dos normativos comunitários aplicáveis aos processos de cooperação empresarial, no quadro de uma interpretação excessivamente estrita[132]

---

des Marchés: Concurrence, Compétitivité et Contestabilité", in RMUE., 1999, pp. 103 ss. Este A. sustenta, na realidade, que *"le pouvoir discrétionnaire dont dispose la Comission dans le cadre des procédures de concurrence pourrait progressivement être tourné vers la réalisation d'autres objectifs politiques résultant de l'Union économique et monétaire: amélioration de la compétitivité de l'industrie, renforcement des réseaux transeuropéens et de la la solidarité communautaire (…) dans l'application des règles de concurrence"* (A. cit., *op. cit.*, p. 120).

[131] Na verdade, este modelo institucional de centralização no âmbito do sistema jurídico de aplicação de normas comunitárias de concorrência – conferindo um papel decisivo à Comissão – contrasta com o modelo seguido para a prossecução da generalidade das políticas comunitárias. Tal opção poderá explicar-se com a necessidade histórica de lançar as bases dessa política comunitária de concorrência num contexto em que o tratamento desta matéria era lacunar ou virtualmente inexistente na maior parte dos Estados-Membros. Cfr., para essa perspectiva histórica, D. G. GOYDER, *EC Competition Law*, cit., esp. pp. 34 ss.

[132] O tema da interpretação demasiado estrita da proibição geral de formas de coordenação de comportamentos empresariais que afectem a concorrência efectiva, em sede de aplicação do n.º 1 do artigo 81.º CE, será longamente tratado no presente trabalho, visto que a avaliação jusconcorrencial de empresas comuns nesse plano tem enfermado, em nosso entender, desta *"distorção"* hermenêutica. Esse problema tem, também, desde há muito, sido objecto de tratamento recorrente na doutrina comunitária. Sobre a discussão doutrinal desenvolvida com alguma intensidade, pelo menos desde há dois decénios atrás, e para uma perspectiva crítica dos critérios de interpretação estrita da regra de proibição do n.º 1 do então artigo 85.º TCE, associados ao modelo de centralização na Comissão do processo de aplicação das normas comunitárias de concorrência, cfr., *vg.*, IAN FORRESTER, C. NORALL, *The Laicization of Community Law – Self Help and the Rule of reason : How*

104   *Empresas comuns* – Joint Ventures

desenvolvida pela Comissão quanto à proibição geral de formas de coordenação de comportamentos que afectem a concorrência efectiva.

A potencial contradição encerrada na *praxis* regulatória da Comissão em matéria de cooperação empresarial – traduzida na coexistência dessa interpretação estrita da norma geral de proibição prevista no n.º 1 do artigo 81.º CE com o desenvolvimento, em paralelo, de uma interpretação extensiva das condições de isenção de comportamentos proibidos, *ex vi* do n.º 3 do artigo 81.º CE – poderá ser corrigida através da *tríplice influência cruzada* dos seguintes aspectos:

– A *alteração das prioridades teleológicas do direito comunitário da concorrência*[133] – envolvendo alguma relativização dos objectivos de realização da integração económica;

Competition Law is and Could be Applied, in *Annual Proceedings of the Fordham Corporate Law Institute – 1983*, Editor BARRY HAWK, Fordham Corporate Law Institute, 1984, Matthew Bender, pp. 305 ss. e CHRISTOPHER BRIGHT, *Deregulation of EC Competition Policy. Rethinking Article 85(1)*, in *Annual Proceedings of the Fordham Corporate Law Institute – International Antitrust Law & Policy 1994*, Editor BARRY HAWK, Fordham Corporate Law Institute, 1995, Transnational Juris Publications Inc., Kluwer Law International, pp. 505 ss. Todavia, como teremos ensejo de expor, essa problematização dos critérios de aplicação da proibição estabelecida no n.º 1 do artigo 81.º CE acabou por ser indevidamente confundida, segundo cremos, com duas outras questões referentes, por um lado, à hipotética transposição da denominada *"regra de razão"* do ordenamento norte-americano para o ordenamento comunitário da concorrência e, por outro lado, à competência exclusiva da Comissão para aplicar o n.º 3 do artigo 81.º CE, nos termos que resultavam do Regulamento n.º 17, de 1962, cit.

[133] Como temos vindo a referir, a ideia de uma alteração das prioridades teleológicas do ordenamento comunitário da concorrência tende, no presente, a ser reconhecida de forma generalizada, o que não traduz qualquer consenso sobre o sentido global dessa reordenação do programa teleológico do mesmo ordenamento. Pela nossa parte, tomando em consideração a experiência de análise das empresas comuns em sede de direito comunitário da concorrência, tomamos posição sobre o alcance da mutação do programa teleológico deste ordenamento na **Parte IV** deste trabalho (*maxime*, pontos 2.2. e 2.3.). Cfr., desde já, para uma perspectiva geral dos termos em que se vem desenvolvendo a discussão doutrinal em torno da alteração das prioridades teleológicas do ordenamento comunitário da concorrência, sobretudo a partir do momento em que os ditames da integração económica se tornaram menos prementes, DIETER WOLF, *Legitimate Objectives and Goals of Competition Policy*, in *Robert Schuman Centre Annual on European Competition Law 1997*, C.-D. EHLERMANN, L. LAUDATI, Editors, Oxford, Hart, 1998, e IAN FORRESTER, *The Current Goals of EC Competition Policy*, in *Robert Schuman Centre Annual on European Competition Law 1997*, C.-D. EHLERMANN, L. LAUDATI, Editors, Oxford, Hart, 1998.

Introdução 105

– A *transformação do modelo institucional de organização deste ordenamento*,[134] num sentido de descentralização, para o qual a diminuição do peso do referido objectivo de integração económica abre caminho;
– A *renovação da compreensão dogmática das categorias jurídicas de cooperação empresarial*,[135] para a qual a análise das empresas comuns tem contribuído decisivamente.

Partindo da análise sistemática deste último aspecto – que corresponde à área central do nosso estudo – procurar-se-á apreender o modo como a confluência desse conjunto de factores pode alterar o modelo

---

[134] A construção do ordenamento comunitário da concorrência com as características de que se reveste no presente encontra-se tão indissociavelmente ligada ao modelo institucional originário de aplicação das suas normas, com base numa significativa centralização na Comissão, que a alteração desse modelo, num sentido de descentralização, não deixará de produzir repercussões substantivas profundas, ultrapassando um mero plano procedimental. Muito embora esta dimensão de transformação institucional não integre, de todo, o núcleo da nossa investigação não deixaremos de aflorar, de modo sintético, algumas dessas possíveis repercussões (*vg.*, *infra*, capítulo primeiro da **Parte II**, esp. pontos 5.3.4. e 5.4.). Para uma perspectiva geral, sobre as consequências da alteração do modelo institucional em causa, cfr., por todos, KOEN LENAERTS, *Modernisation of the Application and Enforcement of European Competition Law – An Introductory Overview*, in *Modernisation of European Competition Law*, Editors, JULES STUYCK, HANS GILLIAMS, Intersentia, Antwerp, Oxford, New York, 2002, pp. 11 ss.

[135] Esta renovação da compreensão dogmática das categorias jurídicas de cooperação empresarial corresponderá, em nosso entender, a uma das mutações mais profundas da metodologia jurídica do direito comunitário da concorrência. Encontra-se, pois, subjacente a todo o nosso estudo em extensão do tratamento das empresas comuns neste ordenamento um propósito de apreender, criticamente, tal renovação metodológica, a qual, como observaremos, poderá traduzir um novo equilíbrio entre parâmetros estruturalistas de análise – tradicionalmente ligados à avaliação de operações de concentração – e novos instrumentos de análise orientados para uma compreensão económica sistemática de certos elementos do comportamento das empresas. Na sequência do nosso estudo *ex professo* das empresas comuns, empreendido na **Parte III**, procedemos na síntese conclusiva final da **Parte IV** a um balanço crítico global sobre essas mutações num plano de metodologia jurídica de análise dos fenómenos de cooperação empresarial, procedendo, também, a um confronto com as discussões de ordem metodológica verificadas no contexto do ordenamento da concorrência norte-americano. De qualquer modo, para uma perspectiva geral e preliminar sobre o alcance dessa discussão metodológica, cfr., por todos, JAMES VENIT, *Economic Analysis, 'Quick Looks' and Article 85: A Way Forward ?*, in in *Robert Schuman Centre Annual on European Competition Law 1997*, C.-D. EHLERMANN, L. LAUDATI, Editors, cit.

normativo global do direito comunitário da concorrência, bem como as repercussões que, indirectamente, daí irão emergir para o redesenhar de algumas parcelas significativas da constituição económica comunitária, entendida em sentido material e numa estreita articulação com as normas de concorrência do Tratado CE cujo teor se deverá manter, independentemente dos desenvolvimentos formais em perspectiva relativos à adopção de uma Constituição Europeia.

Admitimos que alguns dos problemas e bloqueamentos centrais do sistema jurídico de concorrência comunitário, em parte relacionados com a *contradição* acima identificada, relativa à interpretação dos n.ºs 1 e 3 do artigo 81.º CE – caracterizados, de forma impressiva, por BARRY HAWK[136] e por outros autores como aspectos de verdadeira falência geral do sistema – podem vir a ser significativamente corrigidos, através da interacção dos referidos factores (na qual avultam os corolários progressivamente extraídos da análise das empresas comuns), embora o resultado desse processo seja ainda incerto e do mesmo possam emergir de modo reflexo outro tipo de problemas qualitativamente novos.[137]

Apesar da inegável importância que assume a revisão em curso do modelo de organização institucional do direito comunitário da concorrência – desencadeada pelo Livro Branco, de 1999 – essa dimensão eminentemente processual da concretização das normas comunitárias de concorrência, só de forma limitada e residual é abordada na presente dissertação, *concentrando-se a nossa atenção, como já se referiu, no factor correspondente à renovação da compreensão dogmática das categorias jurí-*

---

[136] Cfr., sobre este ponto, BARRY HAWK, "System Failure: Vertical Restraints and EC Competition Law", cit., pp. 973 ss.

[137] No que respeita à emergência de problemas qualitativamente novos, pensamos, sobretudo, nas consequências do processo de descentralização em matéria de aplicação de normas comunitárias de concorrência desencadeado com o Regulamento (CE) n.º 1/2003, cit. Assim, consideramos com alguma preocupação a possibilidade de manter níveis adequados de coerência global do sistema, bem como de previsibilidade na formulação de juízos de concretização dos normativos relevantes. Esses potenciais problemas podem colocar-se em múltiplas dimensões, mas, desde logo, num mero plano adjectivo, a ausência de medidas de harmonização de procedimentos nacionais em matéria de aplicação de normas de concorrência pode gerar distorções no funcionamento do sistema de aplicação dessas normas. Cfr., para uma visão geral dessas questões, no mero plano processual ora referido, TIM JONES, "Regulation 17: The Impact of the Current Application of Articles 81 and 82 by National Competition Authorities on the European Commission's Proposal for Reform", in ECLR., 2001, pp. 405 ss..

dicas de cooperação empresarial, em especial na parte em que essa renovação tem sido decisivamente influenciada pela análise das empresas comuns. Esta última dimensão, claramente privilegiada no nosso estudo, será, de qualquer modo, analisada – sobretudo na parte conclusiva deste trabalho, onde se retiram corolários gerais da apreciação da categoria das empresas comuns (**Parte IV**) – numa perspectiva de compreensão crítica, geral, da alteração das prioridades teleológicas do direito comunitário da concorrência.

Além disso, no plano que mais especificamente se relaciona com o último dos três aspectos acima identificados como elementos indutores de uma mutação de fundo no sistema jurídico de concorrência comunitário – *o contributo dos processos de análise das empresas comuns para a formação de um novo paradigma de metodologia jurídica em direito da concorrência* (eleito como objecto central do nosso estudo, nos termos ora referidos) – assumem particular importância alguns factores que procuraremos identificar e enquadrar criticamente. Fá-lo-emos com base na reconstituição e exame dos critérios hermenêuticos delineados, quer na *praxis* decisória da Comissão, quer na jurisprudência do TJCE e do TPI (apesar de algumas descontinuidades verificadas nessas práticas decisórias e de algumas – variáveis – faltas de sintonia entre certos processos de análise da Comissão e dos referidos tribunais).

Como se exporá, os factores primaciais emergentes da análise das empresas comuns (*"joint ventures"*) compreendem, designadamente:

– A *introdução de elementos de tipo estrutural nos processos de apreciação dos fenómenos de cooperação empresarial, fortemente limitadores de quaisquer critérios de proibição per se de certas práticas identificadas em abstracto como lesivas da concorrência;*
– o *reforço da dimensão de análise económica incorporada na concretização da hipótese jurídica*[138] *de normas de enquadramento de práticas de cooperação empresarial;*

---

[138] Na realidade, a hipótese jurídica subjacente à generalidade das normas de direito da concorrência – e não apenas às normas que enquadram mais directamente as práticas de cooperação empresarial – incorpora, por natureza, conceitos e elementos económicos, que são submetidos a um processo de *"juridicização"*. O recurso à análise económica – longamente subalternizada no quadro do sistema jurídico comunitário de concorrência – corresponde, pois, de modo inelutável, a uma dimensão primacial da concretização dos juízos normativos de direito da concorrência. Como referem,

– o *desenvolvimento de índices* – *em alguns casos situando-se na fronteira de verdadeiras presunções* – *que permitam identificar determinadas categorias de situações de integração ou cooperação empresarial (as empresas comuns envolvem, em regra, verdadeiras situações mistas), com efeitos previsíveis sobre a concorrência passíveis de alguma tipificação e conduzindo à autonomização de um conjunto mais limitado de situações relativamente às quais seja, em princípio, necessário realizar uma análise mais desenvolvida.*[139]

Ao dilucidar cada um desses factores, procurar-se-á identificar os principais eixos da mutação dogmática de fundo a que o direito comunitário da concorrência se encontra sujeito e enunciar, em tese, possíveis soluções em relação a algumas das principais áreas de indefinição que se encontram persistentemente associadas a essa mutação.

sugestivamente, SIMON BISHOP e MIKE WALKER, *"many of the key concepts of competition law – for example, the concepts of 'competition', 'monopoly', 'oligopoly' and 'barriers to entry' – are concepts derived not from law, nor from sociology or political science, but from economics. This implies that the application of competition law can not properly take place without regard to economic considerations"*. (As. cit., *The Economics of EC Competition Law: Concepts, Application and Measurement*, cit., p. 2). A especial complexidade de que se reveste, contudo, esta necessária incorporação de uma dimensão de análise económica na formulação de juízos normativos resulta, por um lado, do peso que um conjunto de objectivos fixados em princípios jurídicos basilares dos normativos de concorrência assume para a concretização de normas cujas hipóteses jurídicas e estatuições são necessariamente muito genéricas e, por outro lado, do facto de a análise económica em causa dever encontrar-se *"funcionalizada"* em relação às estruturas de valor que conformam as proposições jurídicas e que, em si mesmas, são estranhas ao puro discurso económico. No que respeita à avaliação jusconcorrencial das empresas comuns, a necessária conjugação – que a natureza híbrida desta figura implica – entre elementos de natureza estrutural e modelos de comportamento empresarial mais sofisticados que enquadrem aspectos estratégicos de comportamento empresarial, bem como a necessidade de ponderar, de forma integrada, aspectos restritivos da liberdade de actuação económica das empresas e elementos de eficiência económica normalmente associados a estas entidades, contribuem para impor uma indispensável componente de análise económica, em detrimento de juízos mais formais de aplicação dos preceitos de concorrência.

[139] Neste conjunto de factores primaciais emergentes da análise das empresas comuns assume também alguma relevância, embora não comparável, em nosso entender, aos outros factores acima discriminados, o desenvolvimento de uma nova compreensão das denominadas restrições acessórias da concorrência. Assim, este aspecto será apenas versado no nosso estudo de forma muito residual.

Assim, tomando em consideração os três factores primaciais acima configurados equacionar-se-ão, as condições de desenvolvimento, as consequências – e, correlativamente, os desejáveis limites – de um possível movimento de *estruturalização*[140] da metodologia jurídica e das coorde-

---

[140] Os modelos estruturais de análise jusconcorrencial foram, essencialmente, desenvolvidos no quadro do ordenamento norte-americano da concorrência e, sobretudo, a propósito do controlo directo de operações de concentração entre empresas, embora a sua influência se tenha depois estendido à compreensão dos fenómenos de cooperação entre empresas. Em contrapartida, o ordenamento comunitário da concorrência que não integrava, originariamente, um sistema de controlo directo de operações de concentração entre empresas, enfermou durante um longo período de um défice de análise estrutural – *maxime* no que respeita à ponderação do poder de mercado das empresas indiciado por certas estruturas de mercado – o que originou uma visão excessivamente formal das restrições da concorrência associadas a processos de cooperação empresarial. Assim, quando consideramos aqui um possível movimento de "*estruturalização*" da metodologia do direito comunitário da concorrência – em particular em matéria de análise de fenómenos de cooperação empresarial estamos, naturalmente, a ter presente o acima referido défice de análise estrutural neste ordenamento. Além disso, existindo vários paradigmas estruturais de análise jusconcorrencial, tomamos aqui em consideração uma visão moderada dos critérios estruturais de análise que pressupõe a sua conjugação com modelos ou critérios de análise intrinsecamente ligados a aspectos diversos do comportamento das empresas. Historicamente, o que podemos denominar como Escola estruturalista – no quadro da teoria económica da concorrência – desenvolveu visões muito extremadas da relevância dos factores estruturais na avaliação dos processos de concorrência. Assim, numa das orientações mais extremas, os modelos estruturalistas chegaram a ser utilizados como suporte de propostas tendentes ao desenvolvimento de sistemas de controlo directo do grau de concentração dos mercados. Esse tipo de propostas apenas foi ponderado no quadro do ordenamento da concorrência norte-americano, designadamente, através de projectos apresentados, a partir de 1959, por M. M. KAYSEN e D. F. TURNER no sentido da adopção de um enquadramento legal visando a "*desconcentração*" económica, mediante a dissolução de empresas que alcançassem um poder de mercado não razoável presumido através de quotas de mercado elevadas ou outros factores estruturais (cfr. M. M. KAYSEN e D. F. TURNER, *Antitrust Policy. An Economic and legal Analysis*, Cambridge, Harvard University press, 1959). Tais propostas geraram uma acesa controvérsia doutrinal no contexto do ordenamento norte-americano, mas nunca receberam acolhimento do legislador (cfr. sobre os termos dessa controvérsia, LOUIS VOGEL, *Droit de la Concurrence et Concentration Économique*, cit., pp. 372 ss.). Sem atingir estes extremos, as orientações estruturalistas desenvolveram e aprofundaram, no decénio de sessenta do século passado, o denominado "*structure-conduct-performance-paradigm*" – sobretudo a partir dos estudos fundadores de JOE S. BAIN (cfr., vg., A. cit., *Industrial Organization*, New York, John Wiley & Sons, 1968) – nos termos do qual se admitia que os principais elementos estruturais dos mercados determinavam o comportamento concorrencial e os resultados obtidos pelas empresas no quadro do processo de concorrência. A metodologia de análise estrutu-

nadas dogmáticas essenciais do ordenamento comunitário da concorrência. Não se ignora nessa análise que, se este ordenamento, partindo de uma lacuna metodológica inicial, vem desenvolver, algo tardiamente, essa dimensão estrutural, em comparação com a experiência de outros ordenamentos de concorrência – *maxime* o norte-americano que, desde há muito, incorporara e desenvolvera os elementos de tipo estrutural na sua construção jurídica – essa mutação apresenta, ainda, a particularidade de se produzir num momento em que os próprios modelos estruturais de concretização de critérios jurídicos de concorrência são abertamente questionados.[141] Encontra-se em causa, pois, como veremos, – e nos termos que se explicitarão na síntese conclusiva ensaiada na **Parte IV** desta dissertação – a definição de modelos de análise que incorporem elementos estruturais, mas em interacção com outros aspectos referentes ao comportamento das empresas e a múltiplos factores associados ao funcionamento dos mercados.

Na realidade, ao nível do sistema jurídico de concorrência norte--americano a análise de tipo estrutural desenvolvida pelas autoridades de concorrência e pelos tribunais tem sido objecto de algumas críticas relevantes, as quais denunciam o contributo negativo da mesma para a emer-

---

ral que ora tomamos em consideração em relação ao ordenamento comunitário da concorrência não se aproxima, naturalmente, da perspectiva determinista e rígida desse paradigma desenvolvido no ordenamento norte-americano e que terá alcançado a sua maior expressão e influência com a adopção das "*Merger Guidelines*" de 1968, cit.

[141] Na realidade, esses modelos estruturais de concretização de critérios jurídicos de concorrência, especialmente desenvolvidos no contexto do ordenamento da concorrência norte-americano e que terão alcançado o seu apogeu no decénio de sessenta do século passado, tem sido, desde então, objecto de profunda contestação. Assim, o acima referido "*structure-conduct-performance-paradigm*", na formulação relativamente determinista que conheceu nesse período pode considerar-se ultrapassado no quadro da teoria económica da concorrência. Para uma perspectiva geral dessas evoluções e das orientações críticas que conduziram a um virtual abandono desse paradigma de análise, cfr. JAMES W. MEEHAN, ROBERT J. LARNER, *The Structural School, its Critics and its Progeny: An Assessment*, in Economics & Antitrust Policy, Quorum Books, 1989, pp. 179 ss. A superação dos pressupostos mais lineares dos modelos de análise estruturalistas não deve, de qualquer modo, ser confundida com qualquer ideia de irrelevância dos elementos estruturais de análise. Subscrevemos, pois, nesse ponto a conclusão destes As., no sentido de que "*despite the criticisms of the structural school, (...) the school has made an important contribution to economic's understanding of competition and antitrust issues. While structure alone is insufficient for understanding and explaining conduct and performance in markets, it is a necessary element of the analysis*" (As. cit., *op. cit.*, p. 201).

Introdução

gência de uma certa *pré-compreensão jurídica das realidades enqua-dradas pelas normas de concorrência*, que se mostra, com frequência, excessivamente esquemática e redutora da complexidade dessas realidades. *Importa, certamente, que o desenvolvimento algo tardio de modelos de análise estrutural no direito comunitário da concorrência possa ab initio ser enquadrado do modo mais equilibrado e não incorrendo em algumas das eventuais distorções de análise censuradas no quadro de ordenamento norte-americano de concorrência* (sobretudo devido à visão determinista e excessivamente linear de modelos de análise desenvolvidos nesse ordenamento, na década de sessenta do século passado, em sede de controlo de concentrações e, também, utilizados no plano da avaliação de empresas comuns, segundo os quais os aspectos estruturais determinavam, em geral, os comportamentos das empresas). A reflexão que desenvolvemos neste domínio incorpora essa específica preocupação.

Equacionar-se-á, ainda, no que respeita ao segundo factor acima identificado, o conjunto de consequências que podem resultar do reforço sistemático da componente de análise económica na concretização jurídica de normas que enquadram os fenómenos de cooperação empresarial. Esse desenvolvimento representa, inelutavelmente, um factor positivo, visto que corrige um dos problemas metodológicos fundamentais subjacentes ao ordenamento comunitário de concorrência – aquele que se traduzia na sobrevalorização do significado anticoncorrencial de certas formas jurídicas de cooperação empresarial e na excessiva prevalência de critérios abstractos de proibição *per se* de certas categorias, mais ou menos padronizadas, de actuação das empresas.

Em contrapartida, essa reorientação dos processos de análise – a qual se encontra profundamente ligada a uma nova compreensão, mais flexível, das situações de cooperação empresarial (e também da categoria das restrições acessórias à concorrência)[142] – pode reforçar os elementos de

---

[142] Como já referimos os aspectos relativos à avaliação das denominadas *restrições acessórias à concorrência* só muito acessoriamente serão objecto do nosso estudo, que não incide sobre essa categoria (o tratamento incidental da mesma apenas se verifica no quadro da análise de alguns precedentes relativos a empresas comuns apreciadas em sede do RCC e do regime do artigo 81.º CE. De acordo com a doutrina das restrições acessórias à concorrência, tal como delineada e reconhecida pela Comissão e pelo TJCE – *vg.* no Acórdão *"Pronuptia"* [Acórdão *"Pronuptia de Paris GmbH v. Pronuptia de Paris Irmgard Schillgallis"*, proc. 161/84, Col. 353 (1986)] – compromissos que, em si mesmos, poderiam ser tidos como restritivos da concorrência, mas que se mostrem condições essenciais

incerteza e a insegurança jurídica associada à aplicação das normas de concorrência.

Assim, o aumento do peso dessa dimensão de análise económica na concretização jurídica das normas de concorrência deve ser sistematicamente enquadrado por um esforço intencional de adaptação dos quadros metodológicos fundamentais subjacentes ao ordenamento de concorrência. Essa adaptação envolve, necessariamente, os aspectos inerentes ao terceiro factor – indutor de mutações nas coordenadas dogmáticas essenciais desse ordenamento – acima identificado, e correspondente ao desenvolvimento de índices que permitam identificar categorias diversas de situações de integração ou cooperação, empresarial, aos quais se associem certos efeitos típicos previsíveis sobre a concorrência.

Importará, pois, em matéria de análise de empresas comuns ("*joint ventures*") e de enquadramento jusconcorrencial, geral, dos fenómenos de cooperação empresarial desenvolver índices jurídico-económicos de apreciação que, a partir de um conjunto de coordenadas típicas, permitam autonomizar – num processo relativamente célere de ponderação – categorias de *(i)* situações que, em princípio, não desencadeiem efeitos significativos, de pendor restritivo, sobre a concorrência, bem como de *(ii)* situações que, por definição, acarretem limitações inaceitáveis da concorrência (subsumíveis em verdadeiras proibições *per se*), circunscrevendo, em contrapartida, um conjunto – porventura residual[143] – de

---

ou necessárias para determinada transacção não restritiva da concorrência, devem ser admitidos e não incluídos no âmbito da proibição do n.º 1 do artigo 81.º CE. Importa destacar que esta doutrina das restrições acessórias à concorrência (*"ancillary restraints"*) foi reconhecida, quer na *"Comunicação da Comissão relativa às restrições acessórias às operações de concentração"* (JOCE n.º C 203/5, de 14 de Agosto de 1990) – entretanto revista em 2001 e, finalmente, substituída pela Comunicação *"relativa às restrições directamente relacionadas e necessárias às concentrações"* (JOCE n.º C 56/24, de 5.3.2005) – quer na *"Comunicação da Comissão relativa ao tratamento das empresas comuns com carácter de cooperação à luz do artigo 85.º do Tratado CEE"*, de 16 de Fevereiro de 1993, cit. Para uma perspectiva geral sobre a relevância das questões referentes a restrições acessórias à concorrência no contexto da análise de empresas comuns, cfr. JAMES R. MODRALL, "Ancillary Restrictions in the Commission's Decisions under the Merger Regulation: Non Competition Clauses", in ECLR., 1995, pp. 40 ss.

[143] A delimitação de situações, no quadro da avaliação de empresas comuns, cujo impacto sobre a concorrência dependa de análises jurídico-económicas mais desenvolvidas, que se detenham sobre as circunstâncias concretas de cada caso, poderá, contudo, conhecer variações muito significativas conforme os tipos funcionais de empresas comuns

Introdução 113

(iii) situações, cujas repercussões sobre o nível de concorrência efectiva só possam ser avaliadas mediante uma análise económica mais desenvolvida, que se detenha sobre as circunstâncias concretas de cada caso.

Se o conceito de proibições *per se* de certas actuações empresariais tem, de algum modo, estado na base da consolidação do ordenamento comunitário da concorrência, já a ideia de situações lícitas *per se*, à luz deste ordenamento, constitui uma inovação recente, especialmente induzida pela progressiva introdução de elementos estruturais na formulação dos juízos que concretizam as normas e princípios do mesmo ordenamento e marcando uma ruptura com anteriores orientações que estabeleciam verdadeiras presunções de ilegalidade em relação a múltiplas categorias de acordos de cooperação empresarial, desde que estes não fossem submetidos ao crivo da notificação prévia *ex vi* do n.º 1 do artigo 81.º CE.

O desenvolvimento dos referidos índices jurídico-económicos de apreciação de situações de cooperação empresarial – criando condições para o advento, em diversas formulações possíveis[144] de testes de execução célere, confirmativos da licitude de uma parte apreciável das situações mais relevantes – constitui, em nosso entender, uma consequência desejável do reforço, em si mesmo positivo, da dimensão de análise económica no processo de aplicação das normas de concorrência. Na realidade, caso esta se encontre dissociada de tal construção jurídica de índices gerais de apreciação, a concretização das normas de concorrência pode soçobrar num *casuísmo* excessivo, sem balizas dogmáticas definidas, e gerador de um inaceitável grau de insegurança jurídica para as empresas.

Curiosamente, a intensificação dos elementos de análise económica nos processos de concretização jurídica de normas comunitárias de concorrência e a correlativa busca de índices gerais de apreciação que mitiguem, de alguma forma, o relativismo e incerteza inerentes a esse tipo de

_____

que se encontrem em causa, como observaremos no estudo empreendido na **Parte III** (esp. no capítulo terceiro).

[144] A definição desse tipo de índices jurídico-económicos, de aplicação célere, constitui, em nosso entender, um importante elemento indutor de alguma segurança e previsibilidade jurídicas em processos de concretização de normas de concorrência que tendem a tornar-se mais incertos devido ao maior peso assumido pela análise económica. Esses testes facilmente aplicáveis, com base em aspectos empíricos (*"quick look tests"*, como são frequentemente designados na doutrina norte-americana) poderão, assim, contribuir para diminuir os custos de transacção (entendidos em sentido lato) com os quais as empresas são confrontadas em cenários de alguma imprevisbilidade na concretização das normas de concorrência.

114 *Empresas comuns* – Joint Ventures

análise ocorrem num momento em que este tipo de construção jurídica – tradicionalmente mais desenvolvida em sede de ordenamento da concorrência norte-americano[145] – tem vindo a ser sujeita a um reexame crítico por parte de alguns sectores da doutrina norte-americana.

Esses sectores criticam uma suposta parametricidade excessiva de certos juízos típicos no quadro da análise de concentrações entre empresas, ou de empresas comuns, desenvolvida no ordenamento norte-americano e assente em técnicas recorrentes de definição dos mercados relevantes e na utilização de determinados modelos econométricos.[146]

---

[145] Esse tipo de processos de análise económica em sede de concretização de normas de concorrência assenta, largamente, na utilização de modelos econométricos. Os modelos econométricos de análise têm, desde há muito, vindo a ser intensamente utilizados no quadro do ordenamento norte-americano da concorrência, com destaque, *vg.*, para o denominado Índice Herfindhal-Hirshman (*"Herfindhal-Hirshman Índex"*), através do qual se procede a uma avaliação quantitativa do grau de concentração dos mercados. Esse recurso frequente a instrumentos econométricos constituía, mesmo, até há pouco tempo, um dos elementos diferenciadores dos processos de concretização de normas de concorrência nos ordenamentos norte-americano e comunitário (sobre o teor e funcionamento desses modelos econométricos, que não cabe aqui, desde já, caracterizar, cfr. o respectivo tratamento no ponto 7.3. do capítulo primeiro da **Parte II** e no capítulo segundo da **Parte III** desta dissertação). Contudo, tal como sucede noutros planos, essa diferença tende a esbater-se gradualmente. Assim, quer a Comunicação de 2001, quer a nova Comunicação da Comissão relativa a *"Orientações para a apreciação das concentrações horizontais nos termos do regulamento do Conselho relativo ao controlo de concentrações de empresas"*, de 28 de Janeiro de 2004 (JOCE n.º C 31/5, de 5 de Fevereiro de 2004), contemplam, explicitamente a utilização do Índice Herfindhal-Hirshman. Admitimos, contudo, que se mantenham diferenças muito importantes entre os enquadramentos analíticos de utilização desses instrumentos econométricos nos dois ordenamentos em causa. No quadro do ordenamento comunitário, esta *"tardia"* recepção dos instrumentos e modelos econométricos de análise poderia, desejavelmente, envolver equilíbrios entre critérios quantitativos e qualitativos de análise que nem sempre se verificaram no ordenamento norte-americano. Sobre a utilização de processos econométricos de análise no ordenamento norte-americano da concorrência cfr. D. T. SCHEFFMAN, P. T. SPILLER, *Econometric Market Delineation*, in *Economic Inputs, Legal Outputs – The Role of Economists in Modern Antitrust*, Edited by FRED S. MCCHESNEY, John Wiley & Sons, 1998, pp. 93 ss. e D. J. CAMERON, M. A. CLICK, *Market Share and Market Power in Merger and Monopolization Cases*, in *Economic Inputs, Legal Outputs – The Role of Economists in Modern Antitrust*, Edited by FRED S. MCCHESNEY, cit., pp. 121 ss. Para uma perspectiva geral sobre as características e finalidades típicas de utilização de métodos econométricos, cfr. PETER KENNEDY, *A Guide to Econometrics*, Blackwell Publishers, 1998.

[146] Essas orientações, que sustentam a possibilidade de identificar directamente os principais efeitos de determinadas transacções sobre o processo de concorrência, dispen-

Introdução 115

Preconizam, em contrapartida, a possibilidade de identificar directamente – com base numa análise em que predominem os puros elementos económicos e dispensando determinados parâmetros de apreciação normalmente utilizados para identificar situações não problemáticas, ou, inversamente situações potencialmente lesivas da concorrência – os principais efeitos desse tipo de situações sobre a concorrência.[147]

Como se exporá, quer no plano da análise de direito comparado do ordenamento norte-americano de concorrência (*maxime*, no domínio da análise das empresas comuns), quer ao nível da análise conclusiva que encerra este estudo, consideramos que essa *tentação de ruptura dogmática e metodológica* em relação a certos processos de construção jurídica no direito da concorrência comporta riscos excessivos e não oferece soluções

---

sando parâmetros de apreciação normalmente utilizados para identificar situações não problemáticas ou, inversamente, situações potencialmente lesivas da concorrência (*maxime* os critérios de análise conducentes à delimitação de mercados relevantes) têm, de facto vindo a conhecer um significativo desenvolvimento no contexto do ordenamento da concorrência norte-americano. Assim, autores como, *vg*., CHARLES WELLER, referem a possível emergência de uma nova formulação da *"regra de razão"* assente numa análise multidimensional de elementos económicos relevantes para a concorrência – passíveis de novos enquadramentos econométricos através de novos processos informáticos de cruzamento e sistematização de séries de informação económica relevante sobre o funcionamento dos mercados – e que dispensariam, largamente, os processos analíticos sequenciais que tomam como ponto de partida a definição de mercados relevantes. Como afirma WELLER, *"analytically, the multimensional analysis of the Brandeis-Daubert-Porter rule of reason proceeds concurrently, rather than sequentially, examining the architecture of competition from various vantage points at the same time. It is fundamentally different from current antitrust analysis, which typically proceedes sequentially along one dimension, usually starting with the relevant market and microanalysing sequentially a variety of surrogate subissues like HHIs, legal form, efficiencies, the type of restraint in the abstract, market power, and a competitor's justifications. Multidimensional analysis analyses the competitive process concurrently from as many perspectives as necessary to obtain a rich and vigorous, view of the effects of a combination on a competition overall"* (cfr. A. cit., "A new rule of reason from Justice Brandeis's 'concentric circles' and other changes in law", cit., p. 939).

[147] Sobre esses novos desenvolvimentos analíticos no contexto do ordenamento norte-americano da concorrência, sobretudo aplicados a mercados de produtos diferenciados, os quais podem não só vir a pôr em causa a relevância dos processos analíticos relativos à definição de mercados, como os próprios processos analítcos que enfatizam a ponderação do poder de mercado das empresas, cfr. CARL SHAPIRO, "Mergers with Differentiated Products", in Antitrust, 1996, pp. 23 ss. e GREGORY J. WERDEN, LUKE M. FROEB, "The Effects of Mergers in Differentiated Products Industries: Logit Demand and merger Policy", in JLE Org. , 1994, pp. 407 ss..

116 *Empresas comuns* – Joint Ventures

alternativas suficientemente estáveis ou seguras, o que não invalida que as orientações teóricas subjacentes à mesma tenham detectado certeiramente alguns factores negativos de rigidez e de potencial distorção de análise inerentes a esses processos (pense-se, *v.g.*, nas distorções que, em tese, pode suscitar uma análise dos mercados relevantes menos atenta a elementos qualitativos novos, que influam sobre a estrutura e modo de funcionamento de certos mercados, em particular quando os resultados dessa delimitação de mercados relevantes forem conjugados com índices gerais de apreciação assentes em modelos econométricos relativamente padronizados).

Neste contexto, o desenvolvimento *ex novo*, em sede de ordenamento comunitário de concorrência, de *uma nova dimensão de análise económica estreitamente associada à emergência de parâmetros gerais de apreciação, que forneçam critérios previsíveis de decisão* – porventura menos tributários de pressupostos econométricos do que os critérios delineados no ordenamento norte-americano – deverá visar um equilíbrio metodológico que ainda não se revelou possível neste último ordenamento. Equacionar-se-ão, pois, algumas das condições ideais desse difícil equilíbrio metodológico neste domínio fundamental.

No que respeita à tríade de aspectos primaciais – atrás enunciados[148] – conducentes a uma *decisiva transição do ordenamento comunitário da concorrência para um novo estádio de construção jurídica, o qual poderá, por seu turno, influenciar uma mutação significativa de alguns domínios relevantes da constituição económica comunitária*, procuraremos autonomizar elementos de análise intrinsecamente ligados ao processo de integração comunitária e elementos de algum modo externos a esse processo.[149]

No primeiro plano, atentar-se-á no facto de a alteração dos condicionamentos e ditames desse processo de integração, que abre caminho a uma

---

[148] Referimo-nos aqui, bem entendido, às três vertentes primaciais que atrás enunciámos, correspondentes à alteração das prioridades teleológicas do direito comunitário da concorrência, à transformação do modelo institucional de organização deste ordenamento, num sentido de descentralização e à renovação da compreensão dogmática das categorias jurídicas de cooperação empresarial, para a qual a análise das empresas comuns tem contribuído decisivamente.

[149] De qualquer modo, mesmo tratando-se de elementos que possamos considerar extrínsecos ao processo de integração, não estarão em causa, propriamente, elementos independentes ou dissociados desse processo.

renovação do modelo de organização institucional do sistema jurídico de concorrência comunitário – de sentido descentralizador – vir, com toda a probabilidade, a determinar outro tipo de consequências, ainda difíceis de antecipar, em toda a sua extensão.

Assim, sendo possível configurar, no contexto da construção comunitária e em tese geral, modelos constitucionais de atribuição e repartição de poderes de regulação orientados para a centralização, descentralização ou concorrência entre ordens jurídicas nacionais (tendo como pano de fundo diversos níveis de harmonização das normas nacionais),[150] a mutação do sistema jurídico comunitário de concorrência no sentido de atenuar, de modo significativo, o originário elemento de centralização que o caracterizou não poderá, simplesmente, traduzir-se numa transferência de competências de regulação, ou de meras competências de aplicação de normas comunitárias, para o plano dos Estados Membros, sob pena de introdução de riscos de desagregação do sistema ou de redução, em termos inaceitáveis, da eficiência do mesmo. Essa atenuação do elemento de centralização deverá, pois, conduzir – em termos que, de forma muito sumária, se procurará equacionar – a um modelo intermédio no qual, porventura, pela primeira vez, se venha a conjugar a dimensão de descentralização com um elemento – de peso variável – de harmonização dos ordenamentos nacionais de concorrência.

Relativamente a elementos de análise de algum modo externos ao processo de integração comunitária – e indutores de transformações no ordenamento comunitário de concorrência – conceder-se-á, ainda, atenção a certas repercussões da internacionalização da actividade económica – com particular expressão no domínio da actuação das empresas comuns[151] – sobre as condições de aplicação das normas de concorrência.

---

[150] Sobre os vários modelos constitucionais de atribuição e repartição de poderes de regulação no contexto da construção comunitária, compreendendo, tipicamente, um modelo constitucional de centralização, um modelo constitucional de concorrência entre ordenamentos e um modelo constitucional de descentralização, bem como combinações diversificadas destes modelos, cfr. D. J. GERBER, "Constitutionalizing the Economy: German Neo-Liberalism, Competition Law and the 'New' Europe", in Am J Comp L., 1988, pp. 42 ss., FRANCIS SNYDER, New Directions in European Community Law, cit., esp. pp. 35 ss. e C. D. EHLERMANN, "Harmonization versus Competition Between Rules", in European Review, 1995, pp. 333 ss.

[151] Como já temos vindo a referir, a criação de empresas comuns (*"joint ventures"*) tem alcançado considerável expressão no quadro de processos de internacionalização de actividades empresariais, *maxime* como alternativa à constituição de grandes organizações

Empresas comuns – Joint Ventures

A intersecção frequente de juízos formulados no quadro de diversos ordenamentos nacionais sobre as mesmas situações de cooperação ou integração, empresarial – com presença internacional – não só obriga a uma conjugação, em concreto, dos efeitos destas decisões, como pode, gradualmente, conduzir a uma interpenetração de critérios e parâmetros de apreciação, desde que os ordenamentos jurídicos em presença apresentem programas teleológicos que tenham afinidades entre si.[152] Segundo qualquer uma dessas duas perspectivas, procuraremos, em particular, apreender consequências da interacção – cada vez mais significativa – entre os ordenamentos da concorrência norte-americano e comunitário.

2 – METODOLOGIA

I – Aspectos gerais de ordem metodológica

O presente estudo é claramente tributário de uma perspectiva interdisciplinar de investigação, a qual é característica da análise de normas de concorrência e de direito da economia, em geral.[153] A *análise económica*

---

multinacionais, que caracterizaram os decénios cinquenta e sessenta do século passado. Esta intervenção privilegiada na actividade empresarial de empresas comuns que congreguem entidades procedentes de diversos ordenamentos, e com vocação para penetrar em múltiplos mercados geográficos, obriga, progressivamente, a um enquadramento concorrencial de tais empresas comuns numa lógica de articulação entre diversos ordenamentos da concorrência (*vg.*,, em diversas situações, os ordenamentos norte-americano e comunitário). Sobre a utilização das empresas comuns como instrumentos da internacionalização de determinados sectores de actividade, cfr. FRANCIS DE LONE, "The Joint Venture Versus Other Alternatives", in ALJ., 1985, pp. 915 ss e JOEL DAVIDOW, "Special Antitrust Issues Raised by International Joint Ventures", in ALJ., 1985, pp. 1031 ss..

[152] Como temos vindo a referir, e em termos que teremos ensejo de desenvolver no quadro do nosso estudo *ex professo* das empresas comuns – muito tributário de uma sistemática análise comparada dos ordenamentos da concorrência comunitário e norte-americano – verifica-se, claramente, uma progressiva interpenetração de critérios e parâmetros de apreciação desses dois ordenamentos, apesar de algumas indefinições dos respectivos programas teleológicos.

[153] A necessidade desta perspectiva interdisciplinar para o desenvolvimento de estudos de direito da concorrência encontra-se cada vez mais reforçada, devido ao peso crescente dos elementos de análise económica na formulação dos juízos de concretização

Introdução 119

constitui, designadamente, um elemento inelutável no processo de compreensão de normas e princípios de direito da concorrência. Por outro lado, numa visão estrutural do direito da concorrência – que faça avultar a *apreciação das estruturas dos mercados*[154] nas quais se insiram certas situações de integração, ou cooperação empresarial – assume ainda especial relevância uma dimensão de estudo compreendida na denominada *economia industrial*.[155]

De qualquer modo, o estudo empreendido é, em todas as suas dimensões, um estudo jurídico, informado por critérios de metodologia jurídica[156] e versando a interpretação e aplicação de princípios e normas

de normas de concorrência (matéria em relação à qual, como temos vindo a referir, se verificaram profundos avanços qualitativos no direito comunitário da concorrência, e por arrastamento, em vários ordenamentos nacionais de concorrência dos Estados-Membros de UE ao longo dos últimos dois decénios). Cfr. sobre a necessidade dessa perspectiva interdisciplinar, e apontando algumas razões históricas para a prevalência da doutrina norte-americana na conjugação de elementos de análise jurídica e económica em sede de aplicação de normas de concorrência, JOHN BURTON, *Competition over Competition Analysis. A Guide to some Contemporary Economics Disputes*, in *The Frontiers of Competition Law*, Edited by JULIAN LONBAY, Wiley Chancery, 1993, pp. 1 ss. Cfr., ainda, sobre a articulação entre a análise económica e a metodologia jurídica no quadro do direito da concorrência, KOVACIC, "The Influence of the Economics on Antitrust Law", in Economic Enquiry, 1992, pp. 294 ss.

[154] Dimensão de análise estrutural que, nos termos atrás referidos, se mostrou, durante largo tempo, extremamente lacunar no quadro do direito comunitário da concorrência, maxime em sede de apreciação de fenómenos de cooperação empresarial. O reforço de tal dimensão estrutural, mesmo fora do domínio estrito do controlo directo de operações de concentração de empresas, introduzido neste ordenamento a partir de 1989, que tomamos em consideração ao longo do nosso estudo, não deve ser confundido, como já ressalvámos, com o acolhimento de modelos tradicionais e razoavelmente deterministas da Escola estruturalista norte-americana (cujos pressupostos analíticos essenciais se encontram, no presente, ultrapassados).

[155] Para uma perspectiva geral sobre o conteúdo e alcance da denominada "*economia industrial*" em matéria de construção jurídica de normas de concorrência, DENNIS CARLTON, JEFFREY PERLOFF, *Modern Industrial Organization*, HarperCollinsCollege Publishers, New York 1994.

[156] Não obstante os elementos de especificidade que lhe advêm da necessidade de desenvolver raciocínios económicos para concretizar os juízos normativos que formam o seu travejamento essencial, o direito da concorrência – incluindo, como é natural, o direito comunitário da concorrência – é construído com base em processos de metodologia jurídica, informados por um discurso e uma lógica próprios, indissociavelmente ligados aos padrões de "*normatividade*". Nessa perspectiva, e como refere, justamente, CASTANHEIRA NEVES, o método jurídico "*parte da intencionalidade prática da realização do direito,*

120   *Empresas comuns* – Joint Ventures

de concorrência – em especial de direito comunitário de concorrência – no domínio correspondente à constituição e funcionamento de empresas comuns ("*joint ventures*"), bem como em domínios conexos. A especificidade do objecto do direito da concorrência implica, não uma qualquer subalternização dos processos de construção jurídica ou, sequer, uma desvalorização dos códigos especificamente associados a verdadeiras proposições normativas, mas uma especial sobreposição de elementos pluridisciplinares – *maxime* elementos de tipo económico – a esses processos de base jurídica. É essa complexa sobreposição que permite o desenvolvimento de uma *compreensão jurídico-económica* – no sentido mais exigente que esta expressão pode encerrar[157] – dos aspectos disciplinados por esta área do direito.

Na realidade, a aplicação de normas de concorrência obriga à concretização jurídica de *facti species* mediante o desenvolvimento de juízos económicos, uma vez que nesta área jurídica se verifica – como assinala, entre nós, SOUSA FRANCO, a propósito das normas de direito da economia,

---

compreendida na sua problemática específica e dirige-se reflexivo-criticamente a essa prática. É pensamento de uma prática para uma prática, nestes termos: consciente, através do momento analítico, da fenomenologia problemática da realização do direito, assume a própria normatividade do direito que dá sentido a essa realização para a projectar critico-metodicamente na prática decisório-judicatica em que ela se cumpre. E, deste modo, a intencionalidade da metodologia jurídica identifica-se com a normativa intencionalidade do próprio direito. O que visa é a realização reflexivo-criticamente fundada do próprio dever-ser do direito" (cfr. A. cit., *Metodologia Jurídica – Problemas Fundamentais*, cit., p. 16). Noutros termos, podemos considerar, a propósito da construção jurídica do direito da concorrência, como a respeito de qualquer processo de formação de juízos normativos, uma especificidade lógica e discursiva ligada ao que HABERMAS denomina de "*Rechtsinstitutionem*", envolvendo dimensões referentes a uma *intenção* normativa – com uma determinada justificação – e a uma *forma* jurídica – envolvendo construções sancionatórias (cfr. HABERMAS, *Theorie des Kommunikativen Handelns*, Frankfurt 1981).

[157] Sobre os sentidos que esta qualificação "*jurídico-económica*" pode encerrar, cfr. A. SOUSA FRANCO, *Noções de Direito da Economia*, 1.º volume, cit., esp. pp. 7 ss. e pp. 52 ss.. De qualquer modo, e como acima já se destacou, o estudo que empreendemos é naturalmente informada por uma *metodologia jurídica*, num sentido e numa perspectiva semelhantes aos delineados por EDUARDO PAZ FERREIRA a propósito do direito da economia em geral. Como refere, de forma lapidar este autor, "(…) *sem negar a utilidade do recurso à análise económica do direito como ciência auxiliar, continuamos a sustentar a autonomia das normas jurídicas e a função conformadora que o direito exerce em relação à actividade económica*" (*Lições de Direito da Economia*, cit., p. 33).

em geral[158] – um peso acrescido *"de conceitos de facto na previsão (e até mesmo na estatuição) das normas"* e, em muitos casos, esses conceitos de facto são *"conceitos económicos puros materialmente recebidos pela norma jurídica"*.[159] Em nosso entender, a formação das categorias normativas fundamentais do direito da concorrência abarca um processo complexo de juridicização de conceitos económicos, os quais, consequentemente, adquirem uma nova natureza e deverão forçosamente ser enquadrados por critérios e parâmetros jurídicos em interacção permanente com as realidades económicas que se lhes encontram subjacentes.

De resto, consideramos que esse processo de juridicização de conceitos económicos ou sociais e a exigência paralela de concretização jurídica das normas com base num trabalho de compreensão de elementos da realidade extra-jurídica, ou dados de facto (*"Realdaten"*), conquanto surjam especialmente enfatizados no domínio do direito da concorrência, correspondem, na verdade, a elementos basilares de toda a construção jurídica, em geral, tendo presente os ensinamentos da denominada *teoria estruturante do direito* (*"Strukturierende Rechtslehre"*) desenvolvida por FRIEDRICH MÜLLER,[160] cujos pressupostos – numa parte significativa – acolhemos.

Como é sabido, de acordo com esta concepção, a formulação da norma jurídica é um processo dinâmico, imanente, de concretização de comandos jurídicos, em função de situações concretas, a partir de um trabalho – *orientado segundo métodos jurídicos* – assente nas coordenadas linguísticas dos textos normativos (*"Sprachdaten"*) e nas coordenadas de determinadas dimensões da realidade económica, ou social (*"Realdaten"*, nos termos já referidos). Neste quadro, o espaço de normatividade que procuramos, em permanência, dilucidar corresponderá a uma qualidade dinâmica da norma, apreendida na sua interacção com a realidade. Por força dessa qualidade, e num complexo processo circular, a norma ordena uma certa realidade e, paralelamente, é – pelo menos em parte – deter-

---

[158] Cfr., sobre esta caracterização das normas de direito da economia, SOUSA FRANCO *Noções de Direito da Economia*, 1.º volume, cit., esp. pp. 55.

[159] Não obstante essas considerações de SOUSA FRANCO (cit., conforme nota anterior) sejam dirigidas, em geral, às normas de direito da economia, as mesmas podem aplicar-se, *mutatis mutandis*, aos normativos de direito da concorrência.

[160] Cfr. sobre a *teoria estruturante do direito* (*Strukturierende Rechtslehre*), FRIEDRICH MÜLLER, *Discours de la Méthode Juridique*, Presses Universitaire de France, Paris, 1996.

Empresas comuns – Joint Ventures

minada por essa realidade.[161] A norma jurídica apresenta-se, assim, como um *modelo de ordem factualmente condicionado* (*"sachbestimmtes Ordnungsmodell"*), determinado e preenchido pela realidade concreta que o mesmo ordena.

Não está, contudo, em causa nesta concepção – que neste aspecto particular acolhemos, no essencial, – qualquer contraposição linear *"Sollen-Sein"* (contraposição entre o imperativo normativo e a realidade factual), mas uma estruturação coerente de um todo normativo compósito, cujos elementos não subsistem autonomamente. Essa estrutura compósita da norma integra um elemento correspondente ao que se pode denominar de *programa normativo* (resultante do trabalho de interpretação) e outro elemento correspondente ao que se pode designar por *campo normativo* (resultante do trabalho de análise do segmento da realidade envolvido na formulação de certa norma).[162]

No direito da concorrência a especialidade que poderá estar em causa traduzir-se-á numa particular graduação desses elementos complexos ao nível da estruturação das normas, visto que os dados ou elementos de realidade económica se manifestam, porventura, com maior intensidade do que sucede noutras áreas do direito e, consequentemente, a percepção adequada do *campo normativo* – desenvolvida para dilucidar o sentido encerrado na estrutura global da norma – *exige uma análise especializada, informada pela ciência económica*, ou, no mínimo, por uma apreciação empírica de certos dados económicos.

De qualquer modo – e aqui reside a extrema complexidade deste processo, que se mostra difícil de apreender ou, sequer, de enunciar – essa *análise especializada, envolvendo, em termos mais amplos, a ciência económica* e dirigida à percepção do *campo normativo*, corresponde,

---

[161] Podemos, assim, considerar, acompanhando neste ponto FRIEDRICH MÜLLER, um nível de normatividade concreta, traduzindo a aptidão dinâmica da norma para ordenar a realidade, e um nível de normatividade factualmente condicionada, traduzindo o facto de a norma ser, em si mesma, condicionada e estruturada por essa realidade. Cfr. A. cit., *Strukturierende Rechtslehre*, Duncker&Humblot, Berlin, 1994, pp. 17 ss. O que poderá, em nosso entender, assumir alguma especificidade do processo de construção normativa do direito da concorrência é uma especial intensidade deste segundo nível de normatividade.

[162] Cfr., sobre estes aspectos, FRIEDRICH MÜLLER, *Strukturierende Rechtslehre*, cit., pp. 16 ss; cfr., também, RALPH CHRISTENSEN, "Das Problem des Richterrechts aus der Sicht der Strukturierenden Rechtslehre", in Archif für Rechts – und Sozialphilosophie, 1987, pp. 75 ss.

enquanto tal, a uma verdadeira *operação jurídica*, porque a sua concretização não é determinada por puros critérios económicos, ou de outra natureza, mas resulta, pelo contrário, de uma selecção de questões realizada com base no *programa normativo* que se encontre em causa.

É, de certo modo, nesse mesmo sentido que DIETER SCHMIDTCHEN – em análise que já acima trouxemos à colação[163] – sublinha que as exigências insubstituíveis de formulação de juízos normativos apresentam um núcleo irredutível à análise económica. Na verdade, não serão, em qualquer caso, os puros critérios económicos a formar as estruturas de valor que dão corpo e conferem sentido a esses juízos normativos que se encontram na base de qualquer ordenamento de concorrência. As proposições jurídicas em torno das quais se pode construir um sistema jurídico de concorrência não são formadas com base em *elementos da realidade económica ou em processos económicos considerados a se*, mas a partir desse tipo de elementos na forma em que os mesmos sejam transmutados por efeito da sua apreensão através de determinados comandos jurídicos.

II – Lógica normativa e análise económica

Consideramos, pois, plenamente justificada a perspectiva de análise adoptada a qual, não pondo em causa o peso progressivamente acrescido dos elementos de análise económica[164] na construção jurídica do direito da concorrência, se concentra nas *operações jurídicas* em que esta área do direito assenta (operações entendidas no sentido preciso, acima assinalado, segundo o qual estas abarcam, inelutavelmente, todas as análises econó-

---

[163] Cfr. DIETER SCHMIDTCHEN, "The Goals of Antitrust Revisited – Comment", cit., pp. 31 ss.

[164] Sobre esse peso cada vez mais significativo dos elementos de análise económica na construção jurídica do direito da concorrência, cfr. DAVID T. SCHEFFMAN, *Antitrust, Economics and 'Reality'*, in *The Economics of the Antitrust Process*, Edited by MALCOLM COATE, ANDREW KLEIT, Kluwer, 1996, pp. 239 ss. Este A., ao salientar essa importância decisiva da análise económica não deixa de referir excessivas "*leituras*" económicas do direito da concorrência que o reconduzam a um conjunto de modelos económicos de compreensão do processo de concorrência, referindo, sugestivamente, que "*although it is an overstatement to conclude that antitrust as practiced is economics, undoubtedly, economics has had a major influence on antitrust over the past 20 years*" (A. cit., *op. cit.*, p. 239).

micas formuladas para concretizar o *campo normativo* integrante da estrutura das normas de concorrência).

Os elementos económicos na estrutura complexa das normas de concorrência devem ser enfatizados e assumem, inegavelmente, uma intensidade não comparável com a que se observa noutras áreas do direito. Em contrapartida, como reconhecem mesmo alguns dos principais defensores da especial relevância dos processos de análise económica em sede de aplicação de normas de concorrência, importa nunca deixar de ter presente que as operações jurídicas e os aspectos de metodologia jurídica constituem a *"componente dominante"* dos sistemas jurídicos de concorrência.[165] Se, como refere de modo sugestivo TIM FRAZER, num passado recente, a *"política de concorrência tem ocupado uma terra de ninguém situada entre os domínios da economia e do direito"*,[166] assumimos, claramente, que o *direito* da concorrência, não obstante as especificidades de que se reveste ao nível dos seus critérios de interpretação e de aplicação, constitui um domínio cuja compreensão e enquadramento se obtêm com base na utilização mais adequada de processos devidamente seleccionados de metodologia jurídica.

Este preciso enfoque metodológico afigura-se especialmente importante no sentido de prevenir potenciais distorções de análise associadas a algumas escolas de pensamento jurídico que – dentro de certos limites – apresentam um contributo muito relevante para a compreensão dos elementos de especificidade – *maxime* de tipo económico – do direito de concorrência. Já tivemos, de resto, oportunidade de referir que uma

---

165 Cfr., nesse sentido, MAUREEN BRUNT, *Antitrust in the Courts: The Role of Economics and of Economists*, in *Annual Proceedings of the Fordham Corporate Law Institute – International Antitrust Law & Policy – 1998*, Editor BARRY HAWK, Fordham Corporate Law Institute, 1999, Juris Publishing Inc., pp. 356 ss. Como afirma esta A., *"it is tempting for an economist to refer to competition law as a blen of law and economics. But while suggestive, such a characterization is, to a degree, misleading. It is more apt to say that economic concepts are absorbed or assimilated by the law. For it is plain that the law must be the dominant partner"* (A. cit., *op. cit.*, p. 359).

166 Cfr. A. cit., cuja formulação sugestiva sobre esta complexa articulação de conceitos jurídicos e económicos trouxemos à colação logo na abertura deste trabalho, *Monopoly, Competition and the Law*, cit., pp. Xi. Retomando a formulação, no original, deste A., que acima (e na nota 1, *supra*) apresentamos em versão traduzida, *"competition policy inhabits something of a no-man's land between the territories of economics and law. Lawyers trained in traditional legal scholarship are perhaps disquieted by the need to take account economic principles, and economists are deterred by legal methodology."*

Introdução   125

lógica de compreensão normativa do direito em função do seu contexto sistémico (*"law in context"*, nos termos preconizados por FRANCIS SNYDER)[167] – se mostra particularmente apta a suportar determinados juízos de apreciação em sede de direito comunitário da concorrência, conduzindo os mesmos a assimilar realidades de base associadas ao funcionamento de certos sectores económicos e ao próprio processo de integração económica comunitário. Todavia, essa lógica não deve afectar ou, sequer, levar a confundir, sob qualquer forma, a posição necessariamente central das valorações que integrem um plano, em sentido técnico e restrito, de *normatividade*.

Esta clara prevalência de uma lógica jurídica na formação de juízos de direito da concorrência contribui, também, para apreender, selectivamente, alguns *topoi* relevantes suscitados, de modo certeiro, a propósito de várias áreas do direito, em geral – incluindo naturalmente, com especial acuidade, as áreas correspondentes ao direito da concorrência ou, em termos mais latos, ao direito da economia – por outras correntes de pensamento jurídico, como aquelas que são globalmente designadas como *direito e economia* (*"Law and Economics"*),[168] evitando, em contrapartida,

---

[167] Cfr. FRANCIS SNYDER, New Directions in European Community Law, cit. Cfr., ainda, do mesmo A., "The Effectiveness of European Community Law: Institutions, Processes, Tools and Techniques" in Mod L R., 1993, pp. 19 ss.

[168] No presente, essas correntes doutrinárias de *direito e economia* (*"law and economics"*), mais do que representarem uma específica escola de pensamento jurídico correspondem a múltiplas orientações desenvolvidas por diversas Escolas de pensamento, compreendendo, designadamente, a Escola de Chicago, a teoria da Escolha Pública (*"public choice theory"*), as Escolas Institucionalistas de direito e economia (Institucionalismo e Neoinstitucionalismo), e a Escola de New Haven. Podemos considerar como um denominador até certo ponto comum a estas diversas orientações a ideia essencial de aplicação da teoria económica (*maxime*, teoria micro-económica e alguns conceitos básicos de economia do bem estar – *"welfare economics"*) com vista ao ao exame e compreensão da formação, estrutura, processos de concretização e impacto económico de normas e institutos jurídicos. A partir deste pressuposto fundamental as diversas Escolas de pensamento tributárias destas orientações de direito e economia desenvolvem estruturas de compreensão das realidades jurídicas algo diversificadas, desembocando, em alguns casos – segundo cremos – em visões algo excessivas sobre o peso da dimensão económica nessas realidades. Cfr., para uma perspectiva geral sobre as diversas orientações de *direito e economia* (*"law and economics"*), NICHOLAS MERCURO, STEVEN G. MEDEMA, *Economics and the law – From Posner to Post-Modernism*, Princeton University Press, Princeton, New Jersey, 1997. Impõe-se, de qualquer modo, destacar, nesse conjunto de orientações, que não formam um conjunto teórico unívoco, o papel primacial da denominada Escola de Chicago na emergência das visões modernas de *direito e economia*. No âmbito desta

126 *Empresas comuns* – Joint Ventures

alguns excessos inerentes às mesmas, designadamente no que respeita à pretensão metodológica de aplicar princípios e critérios económicos para a compreensão de qualquer problema ou questão jurídica.

Assim, algumas abordagens metodológicas tributárias das correntes doutrinárias de *direito e economia* ("*Law and Economics*") podem desembocar numa ideia de predomínio dos conceitos económicos no enquadramento da generalidade dos institutos jurídicos, o que encerra uma distorção analítica inaceitável – em nosso entender –, visto que, como já acentuámos, as *operações jurídicas* de formulação e concretização das normas são o elemento central de qualquer área do direito e não podem, enquanto tal, ser subalternizados. Por outro lado, a mesma escola de pensamento pode, igualmente, conduzir a uma indevida sobrevalorização das considerações de *eficiência* ao nível dos processos de interpretação e aplicação de normas jurídicas.

Esse tipo de considerações é inegavelmente relevante, em especial, como se verá, no que respeita a regimes jurídicos que, de forma mais directa, enquadram conceitos e realidades económicas e, entre os quais, os regimes de concorrência constituem, de certo modo, um paradigma de interacção de elementos económicos e jurídicos. Todavia, será absolutamente redutora qualquer pretensão no sentido de reconduzir a generalidade dos parâmetros jurídicos de concorrência a puras considerações de *eficiência* ou de suposto *realismo económico* que, em última análise, devam determinar o seu conteúdo (qualquer perspectiva de realismo económico, que representa um contributo importante para a análise jurídica resultante dos ensinamentos das orientações de *direito e economia* – "*Law and Economics*" –, será sempre acessória em relação aos juízos técnico-

---

escola de Chicago justifica-se, claramente, destacar quatro autores particularmente representativos – a saber, COASE, CALABRESI, MANNE, e, em especial, POSNER – os quais, de resto, foram distinguidos pela "*American Law and economics Association*", em sessão de 24 de Maio de 1991, como os "*quatro fundadores*" da "*law and economics*". Além disso, os próprios autores da Escola de Chicago tendem a distinguir o que denominam de "*old*" e "*new*" "*Chicago law and economics*", tomando em consideração, em relação a essa primeira vertente, as raízes deste pensamento na teoria económica neo-clássica (assim, RICHARD POSNER estabelece essa distinção e utiliza a correspondente terminologia em estudos como "The Economic Approach to Law", in Tex L R., 1975, pp. 757 ss.). Tal distinção afigura-se-nos excessiva. A nossa referência à orientação de *direito e economia* da Escola de Chicago reporta-se, pois, fundamentalmente, às teses desenvolvidas a partir dos decénios de cinquenta e sessenta do século passado, correspondentes ao que RICHARD POSNER designa como "*new Chicago law and economics*".

Introdução 127

-jurídicos e não subsiste autonomamente, como realidade *a se*, para além dos quadros de análise jurídica que a mesma pode influenciar).[169]

III – **Definição de programas normativos através de processos de concretização jurídica das normas**

Noutro plano, importa acentuar que a metodologia jurídica de análise desenvolvida ao longo do presente estudo se projecta não apenas sobre os textos legais, mas, primacialmente, sobre *a sua concretização jurídica*, tal como esta emerge, quer das *decisões adoptadas pela Comissão*,[170] quer da

---

[169] Assim consideramos excessivamente redutores alguns pressupostos teóricos assumidos pela Escola de Chicago de *"law and economics"*, o que não invalida que reconheçamos o seu contributo especialmente importante para a renovação da metodologia jurídica, em geral, e, em especial, da metodologia jurídica a desenvolver no quadro do direito da concorrência, à luz de um escopo geral de promoção de eficiência. A este respeito, não nos parece especialmente excessiva a afirmação lapidar de HERBERT HOVENKAMP, no sentido de que *"the Chicago school has done more for antitrust policy than any other coherent economic theory since the new deal. No one (...) can escape [its] influence on antitrust analysis"* (cfr. A. cit., "Chicago and Its Alternatives", in Duke Law Journal, 1986, pp. 1014 ss.). Em contrapartida, pensamos que a sistemática recondução de postulados normativos a considerações ou condicionantes de eficiência económica – apreendidas de acordo com uma lógica puramente económica – assume, em determinadas formulações da Escola de Chicago, um carácter excessivo. Uma visão crítica de certos pressupostos essenciais da Escola de Chicago – *maxime* no domínio específico do direito da concorrência – será delineada na parte conclusiva deste trabalho (**Parte IV**, esp. pontos 2.2.5.3. a 2.2.5.6.).

[170] Como é natural, o especial peso da *praxis* decisória da Comissão para a análise jurídica que pretendemos resulta do papel central desta Instituição no sistema de aplicação de normas comunitárias de concorrência associado ao regime delineado no Regulamento n.º 17, de 1962, cit. De resto, pensamos que esse papel, apesar de qualitativamente alterado pela reforma em curso, que tem como marco essencial a aprovação do Regulamento (CE) n.º 1/2003, cit.,continuará a ser fundamental, mesmo num contexto de relativa *"descentralização"* na aplicação dessas normas de concorrência. Além disso, a jurisprudência do TJCE e do TPI assumem, também, uma importância essencial na construção jurídica do ordenamento da concorrência. Na realidade, este ordenamento, como qualquer corpo normativo de concorrência, apresenta, em nosso entender, a particularidade de a sua construção assentar, com uma especial intensidade, nos *"momentos normativo-constitutivos"* do processo de aplicação de normas, que o convolam *"de mera aplicação de normas para verdadeira criação (constituição) de direito"* (cfr., para uma perspectiva geral destes *"momentos normativo-constitutivos"*, que transpomos – com um papel reforçado – para o direito da concorrência, CASTANHEIRA NEVES, *Metodologia Jurídica – Problemas*

jurisprudência do TJCE e TPI. De resto, a jurisprudência deste último Tribunal assume uma especial relevância em matéria de concorrência, tendo-se mostrado inovadora em alguns campos – *maxime* o da apreciação das empresas comuns (*"joint ventures"*) – e especialmente sensível à necessidade, experimentada neste domínio, de incorporar análises económicas nos juízos desenvolvidos sobre vários institutos jurídicos.[171]

Na realidade, o direito comunitário de concorrência conjuga, de modo complexo, elementos característicos quer da concepção de sistemas jurídicos unitários dos ordenamentos continentais – marcados por concepções de tipo dedutivo na aplicação dos textos normativos a situações concretas – , quer elementos tributários da lógica jurídica fundamental dos sistemas de *"Common Law"*, marcada por uma perspectiva casuística, ou por uma concepção de tipo analógico de aplicação do direito, tomando como referenciais múltiplos pressupostos assumidos em decisões precedentes.[172] Assim, o sistema jurídico comunitário de concorrência integra um modelo de organização institucional centralizado, funcionando segundo procedimentos administrativos próximos dos modelos utilizados

---

Fundamentais, cit., p. 17. Deste modo, num sentido muito lato, quer a *praxis* decisória da Comissão, quer a jurisprudência dos tribunais acima referidos corporizam uma dimensão de *"Richterecht"*, absolutamente fundamental para a definição do programa normativo do direito comunitário da concorrência.

[171] Sobre o papel especialmente importante do TPI, que assumiu, em alguns domínios, uma verdadeira dimensão inovadora no que respeita à sindicabilidade de ponderações jurídico-económicas da Comissão em sede de aplicação de normas de concorrência – como observaremos, *vg*, no que respeita à importante jurisprudência desenvolvida em 2002 e 2003, que pôs em causa diversas decisões em matéria de controlo de concentrações – cfr, por todos, D. G. GOYDER, *EC Competition Law*, cit., pp. 580 ss. Em particular, quanto ao alcance da jurisprudência do TPI muito crítica para a *praxis* decisória da Comissão, em vários Acórdãos proferidos ao longo de 2002, cfr. ALI NIKPAY, FRED HOUWEN, "Tour de Force or a Little Turbulence? A Heretical View on the Airtours Judgement", in ECLR., 2003, pp. 193 ss e FILIP RAGOLLE, "Schneider Electric v. Commission: The CFI's Response to the Green Paper on Merger Review", in ECLR., 2003, pp. 176 ss.

[172] Para uma sugestiva contraposição entre as concepções de tipo analógico de aplicação do direito, tomando como referenciais múltiplos pressupostos assumidos em decisões precedentes, perfilhadas nos sistemas de *"common law"*, e as concepções orientadas para uma aplicação predominantemente dedutiva do direito, com base nas normas gerais, cfr. KARL-HEINZ LADEUR, *The Theory of Autopoiesis as an Approach to a Better Understanding of Postmodern Law – From the Hierarchy of Norms to the Heterarchy of Changing Patterns of legal Inter-relationships*, EUI Working Paper Law N.º 99/3 – 1999 – Badia Fiesolana, San Domenico.

Introdução

nos sistemas continentais[173] (corporizado na actuação da Comissão) e presentemente em acelerada transformação num sentido descentralizador. Em contrapartida, apesar de compreender já um corpo normativo de grande extensão, as suas regras e parâmetros fundamentais correspondem, essencialmente, ao resultado dos processos de concretização jurídica materializados quer na *praxis* decisória da Comissão, quer na jurisprudência do TJCE e do TPI. Esta última dimensão casuística assume, pois, um peso determinante na construção jurídica do ordenamento comunitário da concorrência, embora careça em absoluto de um enquadramento sistémico que lhe possa conferir sentido.

Como se verá, apesar de o *corpus* jurídico mais extenso de critérios de apreciação e de valorações jurídicas que conformam o conteúdo das normas resultar do extenso conjunto de decisões da Comissão, a jurisprudência do TJCE e do TPI, conquanto ainda muito refractária a desenvolver raciocínios jurídicos que dependam de pressupostos de análise económica, tem assumido – em algumas decisões marcantes – um papel fundamental na adopção de novos modelos de análise, designadamente na matéria das empresas comuns.

IV – Definição de princípios orientadores com função normogenética

A aplicação sistemática, ao longo do presente estudo, de processos de análise jurídica a critérios de formulação de normas, emergentes da *praxis* decisória da Comissão e da jurisprudência, leva-nos a equacionar outro problema que, segundo admitimos, assumirá contornos decisivos no quadro da transição para um novo estádio de construção do sistema jurídico de concorrência comunitário (a que já se aludiu). Esse problema corresponde ao que poderemos denominar de *défice de conceptualização jurídica e de consolidação de princípios orientadores chave*, que assumam uma verdadeira função normogenética[174] e que – no quadro da inelutável

---

[173] Sobre o tipo de procedimentos administrativos, próximos dos modelos utilizados nos sistemas continentais, utilizado no quadro do modelo de organização centralizado do sistema jurídico comunitário de concorrência, cfr., por todos, HANNS PETER NEHL, *Principles of Administrative Procedure in EC Law*, Hart Publishing, Oxford, 1999.

[174] Sobre a importância da função normogenética de princípios jurídicos orientadores fundamentais cfr. o exposto *supra*, ponto XIV.

dimensão casuística do ordenamento de concorrência – permitam identificar critérios de decisão de conteúdo generalizável e passíveis de introduzir alguns elementos de previsibilidade nos juízos de concorrência.

Na realidade, se o défice de análise económica nos processos de apreciação jurídica de normas comunitárias de concorrência tem sido objecto de justificadas críticas,[175] a atenção concedida às lacunas de conceptualização jurídica tem sido consideravelmente menor. Algo paradoxalmente, como já acima se admitiu – embora noutro contexto de análise –, os progressos que se vêm registando no primeiro domínio podem tornar ainda mais graves as repercussões daquelas lacunas, pois o reforço da análise económica – desacompanhado da formulação de critérios ou princípios jurídicos orientadores, de alcance geral, – faz avultar a dimensão casuística do ordenamento de concorrência e introduz novos elementos de indefinição jurídica que afectam, negativamente, o relacionamento juridíco-económico entre as empresas.

Importa, pois, que, na formulação das múltiplas decisões de aplicação de normas de concorrência sejam delineados verdadeiros *princípios orientadores* ("*Leitsätze*", na formulação preconizada por FRIEDRICH MÜLLER[176] e que se nos afigura de acolher no domínio ora em apreço), os

---

[175] No que respeita a críticas doutrinais ao défice de análise económica nos processos de apreciação jurídica de normas comunitárias de concorrência, impõe-se destacar a posição de VALENTINE KORAH, a qual comenta, de modo desenvolvido, o que denomina de "*paucity of economic analysis in the Commission's and Courts public decisions (...)*" (cfr. A. cit., *An Introductory Guide to EC Competition Law and Practice*, cit., pp. 347 ss. No mesmo sentido crítico se pronunciou, também, de modo recorrente, BARRY HAWK (cfr., *vg.*, A. cit., "System Failure: Vertical Restraints and EC Competition Law", cit., pp. 973 ss.

[176] O défice de conceptualização jurídica e de consolidação de princípios orientadores, curiosamente pouco abordado nas análises doutrinais de direito comunitário da concorrência, resulta, numa larguíssima parte, da sistemática falta de enunciação de critérios ou princípios directores (*Leitsätze*), quer na *praxis* decisória da Comissão, quer – o que assume maior gravidade – na jurisprudência do TJCE e do TPI. Cfr., para uma referência incisiva a esses aspectos, contrapondo a jurisprudência destes tribunais à jurisprudência do Supremo Tribunal norte-americano e do Tribunal Constitucional alemão, VALENTINE KORAH, *Future Competition Law– Community Courts and Commission Not Consistently Analytical in Competition and Intellectual Property Matters*, in *European Competition Law Annual 1997, the Objectives of Competition Policy*, Editors, CLAUS-DIETER EHLERMANN e LARAINE L. LAUDATI, Hart Publishing, 1998. Cfr., sobre a função dos princípios directores acima referidos, FRIEDRICH MÜLLER, *Discours de la Méthode Juridique*, cit.

Introdução   131

quais incorporam os principais motivos determinantes da decisão e uma compreensão, em concreto, das opções normativas que se encontrem em causa (aquilo que, numa terminologia jurídica anglo-saxónica, poderemos considerar como uma explicitação de *"reasons of policy"* subjacentes a uma decisão). São esses princípios orientadores que permitem antecipar – dentro de certos limites – os juízos decisórios a adoptar em situações comparáveis e que, consequentemente, podem fornecer alguma coerência sistémica ao ordenamento da concorrência.

Numa perspectiva de direito comparado, e abarcando as áreas normativas que – independentemente da diversidade dos sistemas jurídicos –pressuponham de forma mais directa o desenvolvimento de processos de concretização jurídica dependentes de análises económicas casuísticas, podemos verificar que a jurisprudência dos tribunais superiores norte-americanos (designadamente do Supremo Tribunal), e germânicos[177] tem, de modo sistemático, permitido enunciar em vários domínios – incluindo o da concorrência – conjuntos de *princípios orientadores* fundamentais, dos quais vem a depender, em última análise, a explicitação, como resultado emergente desse nível de concretização jurídica,[178] do texto das normas jurídicas fundamentais (*"Text der Rechtsnorm"*), o qual não corresponde ao texto da norma (*"Normtext"*, no sentido de texto das disposições legais relevantes).

Em contraste com esse tipo de orientações, a jurisprudência dos Tribunais comunitários – *maxime* no domínio do direito da concorrência – tem-se mostrado lacunar no que respeita à enunciação de princípios direc-

---

[177] Cfr., para essa comparação com os tribunais superiores norte-americanos e germânicos, VALENTINE KORAH, *Future Competition Law – Community Courts and Commission Not Consistently Analytical in Competition and Intellectual Property Matters*, cit., e, numa perspectiva mais geral, cfr. JOXERRAMNON BENGOETXEA, *The Legal Reasoning of the European Court of Justice*, Clarendon Press, Oxford, 1993. Sobre esta matéria, cfr., ainda, K. LENAERTS, *Le Juge et la Constitution aux États Unis de l'Amérique et dans l'Ordre Juridique Européen*, Brussels, 1988.

[178] Importa, neste ponto, salientar, uma vez mais, que a perspectiva de compreensão da norma jurídica como resultado necessário de um processo de concretização jurídica, no sentido preconizado por FRIEDRICH MÜLLER, sendo válida para a generalidade dos enunciados normativos, apresenta, em nosso entender, um papel relativamente acrescido em sede de direito da concorrência, devido à especificidade das hipóteses jurídicas das normas que o integram (as quais assimilam conceitos económicos, tornando a apreensão dos juízos normativos subajcentes a essas normas mais tributários de um nível de concretização das mesmas normas, envolvendo uma dimensão de análise económica).

tores essenciais. De algum modo, após a consolidação de um estádio de desenvolvimento de uma verdadeira comunidade de direito e de uma explicitação de princípios que contribuíram para uma constitucionalização dos tratados fundadores da CE,[179] através de uma interpretação teleológica das normas comunitárias sistematicamente assumida pelo TJCE, poderá, no presente, suscitar-se uma dúvida essencial sobre uma eventual menor apetência jurisprudencial pela formulação de princípios gerais, verdadeiramente estruturadores da construção jurídica em alguns domínios essenciais de direito económico comunitário (em especial no domínio da concorrência e considerando, ainda, a progressiva dissociação, por razões que já sumariamente explicitámos, entre o programa teleológico do ordenamento da concorrência e os ditames da integração comunitária).

Concedemos, pois, neste contexto, particular atenção às condições de que pode depender o desenvolvimento progressivo de *princípios orientadores* (assumindo funções normogenéticas) de enquadramento de alguns dos principais institutos jurídicos do ordenamento da concorrência – em particular no domínio das empresas comuns ("*joint ventures*") – de modo a explicitar, no sentido preciso acima assinalado, normas jurídicas fundamentais de concorrência ("*Text der Rechtsnorm*") com base nas quais se possam antecipar, com razoável segurança e previsibilidade, os conteúdos de decisões individuais sobre certas categorias de situações (correspondentes ao que, acompanhando FRIEDRICH MÜLLER, poderemos designar de normas-decisão – "*Entscheidungsnorm*").[180]

Como já se enfatizou, a *praxis* decisória da Comissão encontra-se ainda longe desse processo de construção jurídica e uma parte significativa da jurisprudência do TJCE e do TPI enferma do mesmo tipo de insuficiências, sendo frequentes os casos de apresentação de fundamentações algo sincréticas das decisões, que não especificam os factos identificados em cada situação como decisivos para os juízos produzidos e, em especial, a relação entre esses factos primaciais de cada decisão e os princípios está-

---

[179] Sobre essa jurisprudência, muito tributária de critérios de interpretação teleológica, e fundadora de um estádio de desenvolvimento de uma verdadeira comunidade de direito, cfr., por todos, o estudo clássico de PIERRE PESCATORE, *Les Objectifs de la Communauté Européenne comme Príncipes d'Intérpretation dans la Jurisprudence de la Cour de Justice*, in *Miscelllanea W. J. Ganshof van der Meersch*, Brussels, Bruylant, 1972.

[180] Cfr. FRIEDRICH MÜLLER, *Discours de la Méthode Juridique*, cit. e *Strukturierende Rechtslehre*, cit.

Introdução 133

veis – adequadamente enunciados – que devem enquadrar o tratamento de certos tipos de situações. Algumas decisões judiciais – incluindo, sintomaticamente, casos que versavam a actuação de empresas comuns – denotam, contudo, um esforço de construção jurídica no sentido que acima preconizamos e serão, consequentemente, objecto de análise mais desenvolvida através da qual se procura extrair das mesmas corolários de alcance geral.

Deve ainda sublinhar-se – apesar de já o termos, de forma algo implícita, assumido – que a metodologia de análise jurídica adoptada é predominantemente indutiva. A lógica subjacente à concretização de normas e parâmetros jurídicos a partir da identificação sistemática, em múltiplos processos de apreciação aparentemente casuísticos, de princípios orientadores associados a opções normativas essenciais do sistema comunitário de concorrência – que acima se defende – corresponde, na sua essência, a um processo indutivo.

Ultrapassando, de certa forma, a contraposição tradicional – à qual já fizemos referência – entre métodos de construção jurídica de tipo essencialmente *dedutivo*, nos sistemas jurídicos continentais (pelo menos numa certa visão dos mesmos) e processos de construção jurídica assentes na identificação de precedentes e na formulação de raciocínios *analógicos* (numa base fundamentalmente casuística)[181] uma visão progressiva das exigências – de tipo misto – da análise jurídica no domínio do direito da concorrência leva-nos a admitir a possibilidade de os processos *indutivos* de análise traduzirem uma síntese equilibrada daquelas duas perspectivas.

Trazendo, uma vez mais, à colação certos pressupostos da *teoria estruturante do direito* – cuja justificação não equacionamos *ex professo*, e numa óptica geral,[182] mas na perspectiva, mais limitada, da sua adequação aos processos de análise desenvolvidos em sede de direito da con-

---

[181] Cfr., sobre essa contraposição à qual já fizemos referência, a análise, também já referida de Karl-Heinz Ladeur, *The Theory of Autopoiesis as an Approach to a Better Understanding of Postmodern Law – From the Hierarchy of Norms to the Heterarchy of Changing Patterns of legal Inter-relationships*, cit.

[182] Não cabe, naturalmente, nos objectivos deste trabalho uma análise *ex professo* dos pressupostos da *teoria estruturante do direito*. Importa, por ora, salientar, apenas, que perfilhamos uma parte significativa desses pressupostos – mesmo que não acolhamos na sua totalidade, ou de forma exaustiva, o conjunto de orientações teóricas que lhes estão subjacentes – os quais, com algumas adaptações, se mostram especialmente adequados para apreender e sistematizar os termos da construções de juízos normativos em direito da concorrência.

corrência – a *metodologia indutiva*, como refere Ralph Christensen,[183] permite tomar como ponto de partida da construção jurídica *topoi* emergentes da *praxis* jurídica, progressivamente enquadrados em princípios orientadores de carácter geral (simultaneamente delineados a partir dessa *praxis* e assegurando, *pari passu*, o enquadramento e compreensão da mesma).

V – Questões de terminologia

Uma última prevenção deve ser feita no que respeita aos pressupostos metodológicos observados ao longo do presente estudo. Assim, não obstante equacionarmos múltiplas questões e categorias jurídicas cujo desenvolvimento conceptual entre nós é ainda limitado e relativamente às quais nem sempre se encontra definida, de modo estável, uma terminologia nacional rigorosa – problema muito justamente destacado em relação à generalidade das questões de direito comunitário por Fausto Quadros[184] – procurámos enquadrá-las através da utilização de conceitos e qualificações jurídicas que – no essencial – não sejam estranhos ao vocabulário jurídico nacional. Em relação a conceitos e categorias jurídicas explicitamente acolhidas em regulamentações comunitárias em vigor, tomámos em consideração as respectivas traduções oficiais, publicadas em lingua portuguesa, ressalvando, pontualmente, sendo caso disso, certas discordâncias terminológicas.

3 – SISTEMATIZAÇÃO

I – Razão de ordem

A delimitação do objecto de investigação que estabelecemos, integrando uma primeira justificação sumária da selecção de matérias sujeitas

---

[183] Cfr., nesse sentido, Ralph Christensen, "Das Problem des Richterrechts aus der Sicht der Strukturierenden Rechtslehre", cit., pp. 75 ss.

[184] Cfr. Fausto Quadros, *Direito das Comunidades Europeias e Direito Internacional Público – Contributo para o Estudo da Natureza Jurídica do Direito Comunitário Europeu*, Almedina, 1991, pp. 11 ss.

Introdução 135

a análise, da sua relevância, em vários planos, e dos seus possíveis encadeamentos, permite apreender a sua sistematização que ora apenas se recorta de forma descritiva.

A área central de problematização jurídica corresponde, indiscutivelmente, à **Parte III** da presente dissertação, que versa o enquadramento normativo em vigor – no plano do ordenamento comunitário da concorrência – das empresas comuns (*"joint ventures"*), e cujas conclusões se articulam, estreitamente, com a análise crítica delineada na **Parte IV**, a qual toma como objecto a transição para um novo estádio de construção jurídica no referido ordenamento com repercussões sobre alguns domínios essenciais da constituição económica comunitária.

II – A primeira parte do estudo

A **Parte I** deste estudo tem por objecto primacial uma caracterização jurídica geral da figura da empresa comum (*"joint venture"*), procurando fixar um conteúdo típico da mesma – não no plano normativo, mas numa lógica de compreensão geral de tipos do tráfego negocial – bem como dilucidar a sua base jurídica (base contratual ou decorrente de meros entendimentos empresariais que possam assumir outra natureza jurídica).

Numa dupla perspectiva – uma perspectiva de direito comercial, ou direito da empresa,[185] e, num segundo círculo de análise, uma perspectiva de direito da concorrência (sem prejuízo de uma interacção conceptual entre esses dois domínios) – equacionam-se os elementos essenciais dos quais pode depender a qualificação jurídica, nesses diferentes planos, de determinadas situações jurídico-económicas de cooperação e integração empresarial como empresas comuns. No quadro dessa difícil delimitação do conceito jurídico de empresa comum procede-se a uma inevitável contraposição com figuras situadas na fronteira da qual depende uma tal caracterização, designadamente certos tipos de operações de concentração entre empresas e diversas modalidades de acordos de cooperação empresarial.

No capítulo primeiro desta **Parte I**, desenvolve-se esse tipo de análise num plano geral de direito comercial, ou direito da empresa, e no capítulo segundo projecta-se essa análise para o domínio do direito da

---

[185] Sobre o conceito de *direito da empresa* cfr. o exposto *supra*, **1.**, I.

concorrência, em especial no plano do ordenamento comunitário da concorrência.

III – A segunda parte do estudo

Na **Parte II** da presente dissertação analisa-se o enquadramento das empresas comuns ("*joint ventures*") em diversos estádios de evolução do ordenamento comunitário da concorrência, procurando extrair alguns corolários das oscilações verificadas na compreensão desta figura.

No capítulo primeiro é delineada uma perspectiva geral sobre o processo de construção jurídica do ordenamento comunitário de concorrência, globalmente considerado, associando-o ao desenvolvimento do processo jurídico-económico de integração comunitária e procurando estabelecer um primeiro nível de compreensão do espaço normativo em que se situa a regulação das empresas comuns.

No capítulo segundo procede-se a uma caracterização crítica dos enquadramentos sistémicos e modos de regulação das empresas comuns, e de figuras afins ou comparáveis, em vários estádios de evolução do direito comunitário da concorrência, em particular no período anterior à aprovação do RCC e no período subsequente de vigência do texto originário desse Regulamento (até à sua primeira reforma, aprovada em 1997). No quadro dessa análise, equacionam-se, desde logo, na parte final desse capítulo segundo, alguns aspectos basilares subjacentes aos processos de análise das empresas comuns – apesar de os mesmos não integrarem o núcleo do nosso estudo – *maxime* os que respeitam à delimitação de mercados relevantes afectados pela criação de empresas comuns.

IV – A terceira parte do estudo

Na parte nuclear desta dissertação – a **Parte III**, já acima identificada – ensaia-se, no capítulo primeiro, a definição de um *modelo geral de análise substantiva das empresas comuns*, em sede de direito comunitário da concorrência, tomando em consideração, para esse efeito, as principais categorias sistémicas de empresas comuns a partir de uma divisão fundamental estabelecida entre as empresas comuns que desempenham

Introdução 137

todas as funções de uma entidade económica autónoma – sujeitas ao regime previsto no RCC, independentemente de comportarem ou não efeitos de cooperação empresarial – e aquelas que não asseguram, em plenitude, o exercício desse tipo de funções e que permanecem sujeitas ao regime previsto no artigo 81.º CE (divisão resultante da primeira reforma do RCC, de 1997, e que tem perdurado desde então).

Nos capítulos subsequentes desta **Parte III** procuramos estabelecer as bases essenciais da concretização do modelo geral de análise jusconcorrencial das empresas comuns previamente delineado, numa óptica de especialidade, em relação a várias categorias de empresas comuns. No que respeita a essas múltiplas categorias de empresas comuns – individualizadas, em primeiro lugar, com base na distinção normativa estabelecida no RCC e, acessoriamente, com base numa percepção crítica de finalidades e efeitos mais recorrentes associados a certas entidades – procura-se caracterizar os riscos típicos de afectação significativa da concorrência potencialmente emergentes das mesmas, bem como equacionar soluções alternativas para atenuar esses elementos de risco. Utilizando, como já se referiu, uma metodologia jurídica predominantemente indutiva, a análise empreendida aspira a conjugar os processos de compreensão económica das situações de integração e cooperação empresarial – de base casuística – com a formação progressiva de verdadeiros parâmetros jurídico-económicos de apreciação de carácter geral.

Nesta análise, equacionam-se, quer o teste jurídico-económico referente à criação de entraves significativos à concorrência efectiva – *maxime* em função da criação ou reforço de posições dominantes em determinados mercados –, quer os critérios de ponderação de efeitos restritivos da concorrência, emergentes de situações de índole predominantemente cooperativa, concedendo-se especial atenção aos *aspectos de cooperação empresarial ínsitos na figura da empresa comum* ("*joint venture*"), dilucidados no quadro do regime previsto no RCC ou – exclusivamente – no quadro do artigo 81.º CE, em relação às categorias de empresas comuns que se encontrem apenas submetidas a essa disposição.

Assim, nessa **Parte III** procede-se, sucessivamente, à aplicação do modelo global de apreciação de empresas comuns no quadro da análise de *empresas comuns qualificáveis como operações de concentração e submetidas ao RCC* (capítulo segundo), e no quadro da análise de diversas *subcategorias de empresas comuns exclusivamente submetidas ao regime previsto no artigo 81.º CE* (capítulo terceiro). Atendendo à perspectiva

138   *Empresas comuns* – Joint Ventures

privilegiada nesta investigação, de *análise de efeitos de índole cooperativa intrinsecamente associados a empresas comuns*, concede-se algum relevo autónomo, nesse capítulo segundo, ao estudo da subcategoria de empresas comuns qualificáveis como concentrações e submetidas, como tal, ao regime do RCC, mas que envolvam a produção de efeitos de cooperação empresarial sindicáveis à luz do artigo 81.º CE.

No âmbito do estudo das *empresas comuns submetidas ao regime do artigo 81.º CE* – que constitui, como já se referiu, a vertente prevalecente da nossa investigação – procede-se, em primeiro lugar, no capítulo terceiro, à análise da subcategoria das *empresas comuns de investigação e desenvolvimento*. Nesse contexto, procuramos, desde logo, dilucidar alguns dos principais aspectos inerentes à concretização do modelo global de apreciação das empresas comuns no plano, acima enunciado, de aplicação do artigo 81.º CE. De algum modo, nesse capítulo terceiro, tomando como ponto de partida a avaliação jusconcorrencial do referido tipo funcional das *empresas comuns de investigação e desenvolvimento*, desenvolve-se uma *análise dos modos de concretização dos diversos parâmetros de análise compreendidos no modelo global que propomos, e que se mostrem passíveis de tratamento geral, numa perspectiva de compreensão do conjunto das empresas comuns não qualificáveis como concentrações e submetidas ao regime do artigo 81.º CE* ou, até, de compreensão de empresas comuns de tipo misto, que congreguem diversas funções empresariais (remetendo, tão só, questões mais específicas da avaliação jusconcorrencial das outras subcategorias funcionais de empresas comuns, seleccionadas como mais importantes, para os pontos subsequentes deste capítulo).

Assim, e de acordo com a lógica acima exposta, procede-se, ainda, neste capítulo terceiro, à análise *ex professo* da subcategoria das *empresas comuns de produção* e da subcategoria das *empresas comuns de comercialização de bens e serviços* (contexto no qual, como já se referiu, se equacionarão alguns problemas específicos, relacionados com a actuação de empresas comuns no sector financeiro). Este capítulo compreende, também, uma secção final, na qual se analisam – de forma sumária – alguns aspectos referentes ao tratamento jusconcorrencial de *empresas comuns de aquisição de bens e serviços* e de *situações correspondentes à detenção de participações significativas em terceiras empresas que, não chegando a traduzir modalidades de controlo conjunto, suscitam, em alguns casos, problemas de direito da concorrência semelhantes aos que se encontram associados à criação de empresas comuns*[186] (situações de algum modo similares à que foi considerada no Acórdão *"Philip Morris"*, do TJCE, nos termos que adiante se referirão[187]).

V – A quarta parte do estudo

Como também já se referiu, a **Parte IV**, concebida em estreita ligação com as conclusões emergentes da análise crítica empreendida na **Parte III**, corresponde, de algum modo, a uma síntese conclusiva da investigação efectuada, que projecta alguns dos corolários primaciais da apreciação das empresas comuns (*"joint ventures"*) para o plano mais vasto da construção jurídica do ordenamento comunitário da concorrência, globalmente considerado, e das repercussões do mesmo sobre a modelação da constituição económica comunitária.

Assim, analisa-se, em especial, um conjunto de elementos indutores de mutações qualitativas, fundamentais, no direito comunitário da concorrência, directamente resultantes do processo de formação de novos

---

[186] O menor desenvolvimento do tratamento analítico da subcategoria funcional das *empresas comuns de aquisição de bens e serviços* resulta da nossa percepção da importância comparativamente inferior da mesma em relação às *três subcategorias de empresas comuns que, por várias razões adiante explicitadas, elegemos como objecto de estudo principal (empresas comuns de investigação e desenvolvimento, empresas comuns de produção e empresas comuns de comercialização de bens e serviços*, versadas nos pontos **2.**, **3.** e **4.** do capítulo terceiro). Deste modo, tal subcategoria de *empresas comuns de aquisição de bens e serviços* apenas será objecto de algumas referências, de carácter muito sumário, no ponto **5.** do referido capítulo terceiro, e que tomam, bem entendido, como pressuposto o conjunto de parâmetros gerais de análise, concretizados nos pontos antecedentes desse capítulo, em relação à generalidade das empresas comuns que não desempenham todas as funções de uma entidade económica autónoma. Do mesmo modo, não correspondendo as situações relativas a participações significativas noutras empresas – sem existência de controlo empresarial conjunto – a verdadeiras empresas comuns, optamos, também, por incluir, apenas, algumas referências muito sucintas a tais situações no ponto **6.** (final) do mesmo capítulo terceiro.

[187] Acórdão do TJCE normalmente identificado como *"Philip Morris"* [correspondente ao Acórdão *"BAT and Reynolds v. Commission"*, proc. 142/84, 156/84, Col 4487 (1987)], o qual será especificamente referido na nossa análise dos *diferentes estádios de tratamento das empresas comuns, e de situações comparáveis, no quadro da evolução do direito comunitário da concorrência* (*infra*, **Parte II**, capítulo segundo) e, bem entendido, no final do acima referido capítulo terceiro da **Parte III** deste trabalho.

parâmetros jurídico-económicos de análise, o qual tem sido influenciado, de modo apreciável, pela experiência de apreciação de empresas comuns.

Equaciona-se, pois, num balanço conclusivo final, a interacção complexa entre esses factores – emergentes do enquadramento das empresas comuns (*"joint ventures"*) – e outros elementos indutores de mutações de fundo no ordenamento comunitário de concorrência, quer directamente relacionados com o processo de integração comunitária, quer envolvendo aspectos de algum modo externos a esse processo. Procura-se, desse modo, identificar os caracteres essenciais e os princípios orientadores que podem identificar o novo estádio de consolidação do ordenamento comunitário da concorrência e o seu contributo para certas mutações importantes na forma de compreender alguns domínios essenciais da constituição económica comunitária.

PARTE I

O ENQUADRAMENTO JURÍDICO
DAS EMPRESAS COMUNS
("JOINT VENTURES")

CAPÍTULO 1

A REGULAÇÃO JURÍDICA DA COOPERAÇÃO DE EMPRESAS E A AUTONOMIA DO CONCEITO DE EMPRESA COMUM (*JOINT VENTURE*)

SUMÁRIO: **1. – A cooperação entre empresas e a identificação de um conceito jurídico de empresa. 2. – As finalidades dos processos de cooperação entre empresas e a modelação jurídica das relações de cooperação.** 2.1. – Aspectos gerais. 2.2. – Caracterização preliminar da figura da empresa comum ("*joint venture*") como modalidade de cooperação. 2.3. – Finalidades mais recorrentes dos processos de cooperação empresarial. **3. – Modelos jurídicos de estruturação de relações de cooperação entre empresas e de criação de empresas comuns.** 3.1. – Aspectos gerais. 3.2. – A fixação do *nomen juris* de empresa comum ("*joint venture*") em vários ordenamentos. **4. – A empresa comum (*joint venture*) como possível tipo do comércio jurídico.** 4.1. – Classificações jurídicas de relações contratuais qualificáveis como empresas comuns ("*joint ventures*"). 4.1.1. – Aspectos gerais. 4.1.2. – Empresas comuns ("*joint ventures*") de base societária ou de tipo meramente contratual. 4.1.3. – Empresas comuns ("*joint ventures*") e âmbitos variáveis de cooperação entre empresas. 4.1.4. – Empresa comum ("*joint venture*") e consórcio. 4.2. – A empresa comum ("*joint venture*") e os tipos do comércio jurídico. 4.2.1. – Aspectos gerais. 4.2.2. – Relações contratuais de cooperação entre empresas e causa do contrato. 4.2.3. – Relações contratuais de cooperação entre empresas e finalidade do contrato. 4.2.4. – Práticas negociais de utilização do nomen juris de empresa comum ("*joint venture*"). 4.2.5. – Possível autonomização do tipo contratual de empresa comum ("*joint venture*") em função do plano *estrutural do contrato.* 4.2.5.1. – *Aspectos gerais.* 4.2.5.2. – Plano estrutural do contrato de empresa comum (*"joint venture"*). 4.2.5.3. – O núcleo de regulação do contrato de empresa comum (*"joint venture"*). 4.2.5.4. – Núcleo de regulação da empresa comum e compromissos contratuais complementares. 4.2.5.5. – Empresa comum e compromissos contratuais complementares. *4.2.6. – A autonomização do contrato de empresa comum (*"joint venture"*) como um tipo geral do comércio jurídico.* 4.2.6.1. – Aspectos gerais. 4.2.6.2. – A contraposição entre os contratos de fim comum e os contratos comutativos no domínio dos contratos dirigidos à colaboração entre empresas. 4.2.6.3. – A empresa comum (*"joint venture"*) no plano dos contratos de fim comum e qualificações complementares no âmbito dos contratos de colaboração entre empresas. *4.2.7. – A empresa comum (*"joint venture"*) como manifestação de consenso contratual e outras formas de entendimento entre empresas.* 4.2.7.1. – Relações de cooperação empresarial sem suporte contratual. 4.2.7.2. – Elementos distintinvos da construção jurídico-económica da empresa comum (*"joint venture"*). 4.2.7.3. – A conceptualização da categoria geral de empresa comum (*"joint venture"*) e do tipo contratual societário. 4.3. – Colocação sistemática da categoria da empresa comum (*"joint venture"*) no quadro das relações de cooperação empresarial – súmula final. *4.3.1. – Perspectiva sistemática geral. 4.3.2. – A categoria dos processos de cooperação meramente obrigacional. 4.3.3. – A cooperação através da criação de empresas comuns (*"joint ventures"*) – elementos definidores e graus variáveis de complexidade na construção desta categoria.*

1. A cooperação entre empresas e a identificação de um conceito jurídico de empresa

A realidade económica da cooperação entre empresas constitui um fenómeno conhecido que se reveste de considerável complexidade,[188] tendo presente, por um lado, as múltiplas finalidades que a mesma, em tese, permite prosseguir e, por outro lado, a multiplicidade de formas que esta pode assumir.

Assim, um primeiro esboço de compreensão jurídica, de alcance geral, desse *fenómeno da cooperação empresarial*, tomando como ponto de referência os quadros jurídicos essenciais de regulação da empresa,[189] obriga-nos a equacionar as *finalidades* que se encontram, de forma mais recorrente, subjacentes ao mesmo – na perspectiva da relevância jurídica de tais *finalidades* – e as *modelações jurídicas* possíveis dessas relações de cooperação entre empresas.

---

[188] Para uma perspectiva geral e sistemática dos fenómenos de cooperação empresarial, integrando tipologias de relações de cooperação estabelecidas em função dos diferentes graus de complexidade que essas relações podem alcançar, cfr. ROBERT BOYER, ROGERS HOLLINGSWORTH, *The Variety of Institutional Arrangements and their Complementarity in Modern Economies*, in *Contemporary Capitalism – the Embeddedness of Institutions*, Edited by ROGERS HOLLINGSWORT, ROBERT BOYER, cit., pp. 49 ss e, esp. JERALD HAGE, CATHERINE ALTER, *A Typology of Interorganizational Relationships and Networks*, in *Contemporary Capitalism – the Embeddedness of Institutions*, pp. 94 ss. Estes As. referem, justamente, uma *"evolutionary tendency towards even more complex forms [of cooperation]"* (As. cit., *op. cit.*, p. 108).

[189] Reportamo-nos aqui às múltiplas manifestações do conceito e categoria jurídicos de empresa em várias sedes de disciplina jurídica, para além da que resulta dos normativos de concorrência. Nessa perspectiva geral, avulta, claramente, como já observámos, a categoria de empresa desenvolvida em sede de direito comercial. Para uma explanação das estruturações jurídicas alternativas da realidade empresarial, cfr. KARSTEN SCHMIDT, *Handelsrecht*, cit., e GUNTHER TEUBNER, "Enterprise Corporatism: New Industrial Policy and the 'Essence' of the Legal Person", cit., esp. pp. 146 ss.

146   *Empresas comuns* – Joint Ventures

Constituindo inelutavelmente a regulação jurídica da *empresa*, no seu sentido e alcance mais amplos,[190] o ponto de partida da nossa análise – que versará situações jurídicas integradas por feixes de *relações entre empresas*, estruturadas segundo modos diversos e merecendo, consequentemente, qualificações jurídicas de natureza múltipla – importa, a título preliminar, e precedendo os dois planos de indagação acima enunciados, delimitar – segundo várias acepções relevantes – o próprio *conceito jurídico de empresa* ou, pelo menos, os sentidos que o mesmo pode razoavelmente assumir.

[190] Qualquer ensaio de problematização da disciplina jurídica da *empresa*, no seu sentido e alcance mais amplos corresponde, bem entendido, a um processo de generalização e sistematização jurídicas que pode ser contestado. A este propósito, importa recordar, uma vez mais, a posição de KARSTEN SCHMIDT – já trazida à colação (*supra*, **Introdução, 1.**, I) –, no sentido da formulação de reservas à possibilidade de construção de um conceito jurídico geral de *empresa* com base nos diversos conceitos de *empresa* do direito comercial e de outros ramos do direito, embora reconhecendo que várias áreas do direito suscitam, nos seus âmbitos normativos próprios, o desenvolvimento de verdadeiros conceitos gerais de *empresa*. Pela nossa parte, admitimos que, tomando como ponto de partida esses conceitos gerais de *empresa* nas áreas de regulação jurídica em que tal categoria assume maior importância – *maxime*, o direito comercial e o direito da concorrência – será justificável um exercício de construção jurídica orientado para a identificação de uma *matriz jurídica geral* da categoria da *empresa*, sobretudo na perspectiva da estruturação de *relações de cooperação entre empresas* e da compreensão das respectivas consequências jurídicas em vários planos distintos. Nesse exercício, deverá tomar-se como referência primacial a modelação da categoria da *empresa* no direito comercial e, considerando a nossa preocupação com a identificação de matrizes conceptuais gerais com relevância para o estudo especializado das relações de cooperação entre empresas em sede de direito comunitário da concorrência, importará, em especial, equacionar o conceito de *empresa*, quer no quadro de normativos do direito comunitário com relevância para o direito comercial, quer no quadro das regulações de direito comercial de alguns dos principais ordenamentos anglo-saxónicos e continentais interligados pelo processo de construção jurídica comunitária (incluindo o ordenamento norte-americano, não apenas devido à própria origem no âmbito do mesmo do *nomen juris* de "*joint venture*" e das primeiras densificações jurídicas dessa categoria, como devido ao cotejo sistemático a que procedemos – na perspectiva especalizada de compreensão de normas de concorrência – entre esse ordenamento e o ordenamento comunitário; além disso, importa também, tomar em consideração, neste plano, a profunda influência geral do direito norte-americano sobre vários institutos no direito comercial e em áreas conexas, a qual, se bem que objecto de uma atenção doutrinária crescente, corresponde a um fenómeno ainda mal compreendido. Para uma perspectiva geral sobre essa influência do direito norte-americano – matéria à qual retornaremos ao longo deste trabaho – cfr., MATHIAS REIMANN, *Droit positif et culture juridique – l'américanisation du droit européen par réception*, in *l'Américanisation du droit, Archives de philosophie du droit*, Tome 45, Dalloz, 2001, pp. 61 ss.

Parte I – Capítulo 1

Ao pretender dilucidar, de modo sumário e fundamentalmente descritivo,[191] essa questão prévia, assumimos o pressuposto metodológico de que, sem prejuízo da formulação de vários conceitos específicos de empresa, no quadro de diferentes ramos ou áreas do direito, é possível identificar um conceito jurídico de referência de empresa, que constituirá o paradigma de outras acepções jurídicas da empresa. Esse conceito deverá, no essencial ser construído com base na categoria jurídica originariamente consolidada no direito comercial,[192] a qual traduz a primeira

[191] O carácter sumário e essencialmente descritivo desta indagação justifica-se, em nosso entender, visto que o problema jurídico em causa não se encontra no centro da nossa investigação, referente ao tratamento das empresas comuns ("*joint ventures*") em sede de direito da concorrência (*maxime*, do direito comunitário da concorrência). A densificação dos diferentes conceitos gerais de empresa em diversas áreas do direito e o aprofundamento da problematização em torno de uma matriz conceptual de referência da categoria de empresa exigiria uma extensa análise *ex professo*, que não cabe, manifestamente, no objecto do nosso estudo.

[192] Como acima referimos, a ideia de um conceito jurídico geral de empresa é rejeitada por diversos sectores da doutrina. A este propósito, importa, de qualquer modo, clarificar que o pressuposto analítico de que partimos – acima enunciado – não corresponde a qualquer ideia de identificação de uma categoria jurídica geral de *empresa* passível, enquanto tal, de utilização em várias áreas de regulação jurídica nos sistemas normativos dos Estados Membros da UE, no direito comunitário ou, mesmo, no direito norte-americano. O nosso propósito é mais limitado e corresponde, apenas, à identificação de um conceito de referência, construído com base nos conceitos gerais de empresa que assumem maior relevância em diversas áreas de regulação jurídica, o qual, por seu turno, permita delinear e situar um conceito de referência de empresa comum ("*joint venture*"). Para esse efeito, a densificação do conceito de empresa em sede de direito comercial afigura-se-nos, na realidade, como aquela que pode oferecer o contributo mais significativo para esse exercício de análise. Referimo-nos aqui ao conjunto de matérias referentes às relações jurídico-mercantis, como corpo normativo que ganhou autonomia científica no decurso de um longo processo histórico evolutivo, que não cabe aqui analisar (cfr., para uma visão geral, histórica, desse processo de formação do direito comercial, Francesco Galgano, *Storia del Diritto Commerciale*, Il Mulino, Bologna, 1976). Esse corpo normativo, apresenta, também, autonomia nos sistemas anglo-saxónicos de "*Common Law*", embora no quadro de um travejamento conceptual diverso (cfr., sobre essa relevância autónoma de um corpo normativo de direito mercantil nos sistemas de "*Common Law*", David Sarre, *Mercantile Law*, Stevens & Sons, London, 1991). Do mesmo modo, é possível considerar, no presente, a emergência de um verdadeiro *direito privado comum europeu* – embora com contornos ainda não estabilizados – englobando, entre outras matérias, um corpo de direito comercial, com origem no direito comunitário derivado e em várias Convenções Internacionais relacionadas com a CE e também densificado através da própria jurisprudência do TJCE e do TPI. A problematização de um possível conceito de

conceptualização jurídica dos processos, de base económica, de organização de actividades de tipo empresarial, representando, desse modo, uma construção jurídica de referência em qualquer sistema jurídico globalmente considerado.[193]

Sem entrar aqui na controvérsia sobre a pertinência de um conceito pré-jurídico, ou metajurídico de empresa emergente da observação directa da realidade económica ou mesmo da análise económica[194] e, concentrando a nossa atenção na formação da categoria jurídica de empresa, segundo os processos específicos da elaboração normativa e dogmática, afigura-se-nos incontroverso que a definição e consolidação primaciais dessa categoria no universo do direito ocorrem no plano do direito comercial.

---

referência de *empresa* e de uma categoria conexa, com algum alcance geral, de *empresa comum* – tomando especialmente em consideração as relações jurídicas mercantis – deve, pois, fazer apelo a esse corpo em formação de *direito privado comum europeu*. Sobre a formação deste *direito privado comum europeu*, cfr. GIANNANTONIO BENACCHIO, *Diritto Privato della Comunità Europea – Fonti, modelli, Regole*, Cedam, Padova, 2001. Num sentido aproximado, admitindo uma evolução célere em curso para a formação e consolidação de um *"derecho mercantil comunitário"*, cfr. RODRIGO URIA, *Derecho Mercantil*, Marcial Pons, Madrid, 1996 [como refere este A., *"se abre (…) un constante proceso de adaptación de los ordenamientos internos a la normativa comunitária que, previsiblemente, conducirá a la creciente uniformidad entre unos y otros ordenamientos estatales en determinados campos del Derecho, y muy especialmente en el sector del Derecho mercantil, que, al ordenar el tráfico comercial, es más sensible que otras disciplinas jurídicas a las exigências des Mercado Común (…)"*. A. cit, op. cit., pps. 9-10]. Numa perspectiva mais genérica, e ainda sobre a progressiva emergência de um corpo jurídico comum aplicável à esfera das relações mercantis no quadro da UE, cfr. os vários estudos incluídos em *The Europeanisation of Law – The Legal Effects of European Integration*, Edited by FRANCIS SNYDER, Hart Publishing, Oxford – Protland Oregon, 2000).

[193] Sobre o conceito de *sistema jurídico*, maxime na perspectiva da sua compreensão sistemática mediante a respectiva inserção em famílias jurídicas globais, K. ZWEIGERT, H. KÖTZ, *An Introduction to Comparative Law*, Clarendon press, Oxford, 1994. Para uma problematização mais geral do conceito de sistema jurídico e da função e virtualidade analíticas de tal conceito, cfr., por todos, C-W CANARIS, *Pensamento Sistemático e Conceito de Sistema na Ciência do Direito*, Fundação Calouste Gulbenkian, 1989.

[194] Sobre a discussão relativa à pertinência de um conceito pré-jurídico, ou metajurídico de empresa emergente da observação directa da realidade económica, ou mesmo da análise económica, cfr., *vg.*, ADRIANO VANZETTI, "Trent'Anni di Studi sull'Azienda", in Rivista del Diritto Commerciale, 1958, pp. 109 ss.; THOMAS RAISER, *The Theory of Enterprise Law*, EUI Working Papers 85/197, Florence, 1985; JORGE MANUEL COUTINHO DE ABREU, *Da Empresarialidade – As Empresas no Direito*, Almedina, cit., esp. pp. 13 ss.

Consequentemente, fará sentido admitir a existência de um conceito jurídico base de empresa – aquele em que se materializou a primeira juridicização da ideia de empresa, como realidade *a se,* que não se confunde com a realidade económica – correspondente ao *conceito-quadro* delineado no direito comercial.[195] Será a partir desse conceito – ou, pelo menos, tomando-o como referência necessária – que se formam progressivamente subcategorias jurídicas de empresa – de conteúdo especial – em vários ramos do direito (incluindo, entre outros, no plano do direito da concorrência).

Como é sabido, alguns sectores da doutrina juscomercialista chegaram a preconizar que o direito mercantil, globalmente considerado, corresponderia, no essencial, a uma forma de direito da empresa e se encontraria estruturado em torno desta categoria.[196] Independentemente de essa orien-

---

[195] Sobre o conceito-quadro de *empresa* delineado no direito comercial cfr. Orlando de Carvalho, *Critério e Estrutura do Estabelecimento Comercial*, cit., esp. pp. 177 ss., Oliveira Ascensão, *Direito Comercial*, vol. I, *Institutos Gerais*, cit., esp. pp. 137 ss; Jorge Manuel Coutinho de Abreu, *Da Empresarialidade – As Empresas no Direito*, Almedina, cit., esp. pp. 25 ss.; G. F. Campobasso, *Diritto Commerciale, I*, Utet, Torino, 1996, esp. pp. 15 ss.; Claude Champaud, Jean Paillusseau, *L'Entreprise et le Droit Commercial*, Armand Colin, Paris, 1970; Karsten Schmidt, *Handelsrecht*, cit., pp. 48 ss.

[196] Já tivemos ensejo de referir (*supra*, nota 7) estas correntes doutrinais que sustentam a possibilidade de uma construção jurídica do direito mercantil em torno da categoria da empresa, representadas, entre nós, embora com pressupostos de análise algo diferenciados, por Orlando de Carvalho (*Critério e Estrutura do Estabelecimento Comercial*, cit., esp. pp. 177 ss.), Ferrer Correia (*Lições de Direito Comercial*, vol. I, Lex, Lisboa, 1994, esp. pp. 245 ss.) ou Oliveira Ascensão (*Direito Comercial*, vol. I, *Institutos Gerais*, cit., esp. pp. 137 ss.), e que mereceram a crítica peremptória de Menezes Cordeiro (*Manual de Direito Comercial*, I Volume, cit., pp. 232 ss.). Sem prejuízo de reconhecermos que as orientações favoráveis a este papel central do conceito de empresa na construção científica do objecto do direito comercial, que conheceram significativa expressão nos decénios de vinte e trinta do século passado, incorreram – nalgumas das suas formulações – em excessos que foram certeiramente visados por críticas doutrinárias ulteriores, pensamos que, numa perspectiva conceptual mais equilibrada que faça coexistir a categoria de empresa, com determinadas funções, e múltiplas estruturas jurídicas diferenciadas, através da qual a mesma se concretize em sede de direito comercial, a ideia de erigir este conceito de empresa numa categoria de referência para a compreensão de certas realidades, em sede de direito comercial, apresenta virtualidades (sobre algumas das mais importantes orientações *"empresarialistas"* no período acima referido, cfr., vg., Lorenzo Mossa, "I Problemi Fondamentali del Dirittto Commerciale", in R D Comm., 1926, pp. 233 ss. e Karl Wieland, *Handlesrecht*, I, Duncker & Humblot, München, 1921).

150   *Empresas comuns* – Joint Ventures

tação, pelo menos em certas formulações, se mostrar, no essencial, ultra-passada, por demasiado redutora ao subalternizar certos institutos, e sem qualquer veleidade, pela nossa parte, de introduzir no presente estudo o problema da caracterização do objecto do direito comercial e da respectiva delimitação – que exige uma análise especializada *ex professo* – devemos, de qualquer modo, reconhecer, acompanhando a análise autorizada de vários autores, que a categoria da empresa surge, no moderno direito mer-cantil, como uma categoria quadro da maior importância, aglutinando progressivamente um determinado nível de compreensão jurídica de novas relações de natureza comercial[197]

Essa função importante da *categoria jurídica de empresa* como pólo significativo – mas não exclusivo, sob qualquer forma actual ou poten-cial[198] – de organização do programa normativo do direito comercial é, de resto, favorecida pela generalidade e elasticidade de que se reveste esse conceito. Estas características permitem a sua adaptação constante para enquadrar novas realidades, progressivamente mais complexas, que se manifestam no comércio jurídico. Trata-se, por outro lado, de um conceito construído na base de uma prevalência dos elementos materiais sobre os elementos de tipo formal, o que potencia a especial aptidão do mesmo para, com algumas variantes, abarcar múltiplas situações relevantes da actividade económica (podemos identificar *vg.* outras figuras no direito comercial marcadas por uma prevalência inversa de elementos jurídicos formais sobre os elementos materiais, como sucede relativamente à figura da sociedade comercial; como adiante se acentuará, estes tipos de figuras, com características qualitativas diversas, são essencialmente complemen-tares e não se excluem reciprocamente).

Podemos, pois, ensaiar, numa *perspectiva doutrinária*, a fixação de um *conteúdo paradigmático e de carácter genérico da categoria jurídica de empresa* ("*Unternehmen*", "*impresa*", "*enterprise*") assumido como *matriz de referência* para o estudo que vamos empreender; matriz a consi-

---

[197] Cfr., nesse sentido, a posição autorizada de autores já referidos, como G. F. CAMPOBASSO, *Diritto Commerciale, I*, Utet, Torino, 1996, esp. pp. 15 ss.; CLAUDE CHAMPAUD, JEAN PAILLUSSEAU, *L'Entreprise et le Droit Commercial*, Armand Colin, Paris, 1970; KARSTEN SCHMIDT, *Handelsrecht*, cit., pp. 48 ss.

[198] importa, a este propósito, salientar, uma vez mais, a nossa ideia, segundo a qual a pretensão de configurar a empresa como pólo quase exclusivo de organização do direito comercial é que poderá, enquanto tal, corresponder a um excesso téorico redutor, de que enfermam algumas das orientações "*empresarialistas*" já referidas.

Parte I – Capítulo 1

derar, designadamente, para efeitos de uma primeira aproximação à figura da empresa comum (*"joint venture"*), entendida no seu sentido jurídico mais geral, que pretendemos delinear como análise preliminar ao nosso objecto de estudo fundamental – a caracterização deste tipo de entidades jurídicas nos quadros específicos de direito da concorrência.[199]

Nessa tentativa de identificação dogmática da categoria em questão temos presente, num primeiro plano, as construções jurídicas delineadas em torno de um conceito de referência de empresa, no direito comercial da generalidade dos Estados Membros da UE. (compreendendo, em especial, os sistemas de *"common law"* e os sistemas jurídicos alemão, italiano e francês, que se podem, de algum modo, considerar paradigmáticos)[200] e, acessoriamente, os afloramentos dessa densificação jurídica já perceptíveis no ordenamento comunitário, em resultado da política de harmonização do direito societário,[201] da realização progressiva do mercado

---

[199] Como temos vindo a referir, essa caracterização e avaliação das empresas comuns (*"joint ventures"*) nos quadros específicos de direito da concorrência, reporta-se, primacialmente, ao direito comunitário da concorrência, sem prejuízo de o estudo deste ordenamento fornecer no presente a chave para a compreensão dos ordenamentos da concorrência dos Estados-Membros, incluindo, bem entendido, do ordenamento português da concorrência.

[200] De resto, como temos vindo a salientar, as concepções *"empresarialistas"* têm sido especialmente desenvolvidas, em diferentes momentos, nas doutrinas que enquadram esses sistemas jurídicos de Estados-Membros da UE, paradigmáticos do que podemos denominar, acompanhando K. ZWEIGERT, H. KÖTZ (*An Introduction to Comparative Law*, cit., pp. 63) como as *famílias jurídicas romanística, germânica e anglo-americana* (de *"Common Law"*). Importa sublinhar que, embora nos ordenamentos de *"Common Law"* a discussão conceptual em torno da categoria da empresa não se revista da mesma intensidade que assume no que podemos designar, globalmente, como ordenamentos continentais, tal categoria é também autonomamente problematizada nesses primeiros ordenamentos, *maxime* no contexto da análise de aspectos de governo e de estruturas de controlo de gestão, ou de relações de cooperação. Cfr., *vg.*, nesse sentido, RICHARD CAVES, *Multinational Enterprise and Economic Analysis*, cit., o qual afirma, sintomaticamente, que *"we use the term 'entreprise' rather than 'company' to direct attention to the top level of coordination in the hierarchy of business decisions"* (A. cit., *op. cit.*, p.1).

[201] Sobre tais afloramentos de uma densificação jurídica da empresa já perceptíveis no ordenamento comunitário, em resultado da política de harmonização do direito societário, cfr. DE KLUIVER, *Disparities and Similarities in European and American Company Law. What about Living Apart Together*, in *Current Issues of Cross Border Establishment of Companies in the European Union*, WOUTERS, SCHNEIDER, Editors, Antwerp, Maklu, 1995, pp. 287 ss. e JAN WOUTERS, "European Company Law: *Quo Vadis?*", in CMLR., 2000, pp. 257 ss.

152 *Empresas comuns* – Joint Ventures

único de serviços financeiros (que traz à colação, nos vários diplomas comunitários estruturantes do mesmo, conceitos fundamentais de entidades empresariais nos domínios sectoriais em causa)[202] e até do desenvolvimento de projectos de regulamentação comunitária uniforme de novos tipos de entes jurídicos com carácter empresarial.[203]

---

[202] Para uma perspectiva sobre diversos afloramentos de conceitos de empresa, resultantes da regulamentação comunitária do mercado único de serviços financeiros, relativa aos vários subsectores do sistema financeiro, marcada pela progressiva emergência de uma categoria de *empresa financeira plurissocietária*, cfr. FRANCESCO VELLA, *Intermediazione Finanziaria e Gruppi di Imprese: i Conglomerati Finanziari*, in *I Gruppi di Società*, III, AA.VV., Giuffrè, Milano, 1996, pp. 2305 ss.

[203] Pensamos, neste ponto, em especial, na instituição da denominada "*sociedade anónima europeia*", e, também, embora, noutro plano, na regulação do denominado "*agrupamento europeu de interesse económico*". Cfr., sobre estas figuras no quadro do direito comunitário, JOHN MURRAY, *New Concepts in Corporate Law*, in *Corporate Law – The European Dimension*, Butterworths, London, Dublin, Edimburgh, Munich, 1991, pp. 17 ss. E RONALD MACKAY, *The European Economic Interest Grouping, in Corporate Law – The European Dimension*, cit., pp. 55 ss.. A figura da "*sociedade anónima europeia*", que resultou de uma longa negociação após apresentação de uma primeira Proposta, em 1970, foi instituída através do Regulamento (CE) n.º 2157/2001, do Conselho, de 8 de Outubro de 2001, relativo ao estatuto da sociedade europeia (SE) e que entrou em vigor em Outubro de 2004 (JOCE n.º L 294/1, de 10 de Novembro de 2001). O enquadramento desta sociedade europeia é ainda complementado pela Directiva 2001/86/CE, do Conselho, de 8 de Outubro de 2001, relativa ao "envolvimento dos trabalhadores" (JOCE n.º L 294/22, de 10 de Novembro de 2001). De forma sintomática, prevê-se no Considerando 6 desse Regulamento como aspecto essencial subjacente a esse regime "*fazer corresponder, tanto quanto possível, a unidade económica e a unidade jurídica da empresa na Comunidade Europeia*", convindo para o efeito "*prever a constituição, em paralelo com as sociedades sujeitas a um determinado direito nacional, de sociedades cuja constituição e funcionamento estejam sujeitas à legislação resultante de um regulamento comunitário directamente aplicável em todos os Estados-Membros*". As expectativas criadas em torno desta figura da sociedade europeia não parecem, contudo, ter sido inteiramente realizadas, sobretudo na perspectiva das pequenas e médias empresas. Cfr. sobre o alcance, mas também sobre as prováveis limitações deste regime da sociedade europeia, GIUSEPPE ALBERTO RESCIO, "La Società Europea tra diritto comunitario e diritto nazionale", in Riv Soc., 2003, pp. 965 ss. Assim, estuda-se no presente – com vista à emergência de uma forma de unidade jurídica da *empresa* no quadro da UE – a criação de uma nova figura denominada de "*european private company*", que criaria, em particular, condições "*to facilitate SMEs [small medium enterprises] business in Europe, in particular through joint ventures*". Cfr., nesse sentido, "*Report of High Level Group of Company Law Experts on Modern Regulatory Framework for Company Law in Europe*", Brussels, 4 November, 2002, Chapter VII, e, na sequência deste Relatório, a "*Communication from the Commission to the Council and the European Parliament – Modernising Company*

Assim, pensamos que se justifica a delimitação de um conceito lato de empresa comercial que pode constituir um suporte adequado – no plano doutrinal a que nos atemos para efeitos da presente análise, retendo os pressupostos acima referidos[204] – de um verdadeiro conceito jurídico de referência de empresa, em sentido geral (assumido essencialmente, como um verdadeiro conceito-quadro). Não ignoramos algumas posições que enfatizam a relevância de determinadas acepções específicas de empresa – designadamente as acepções de empresa em sentido subjectivo (empresa como sujeito jurídico realizando certa actividade económica) e em sentido objectivo (empresa como estrutura produtiva de certos bens e serviços)[205] – cuja contraposição obstaria, supostamente, à identificação de um conceito geral, de referência, de empresa que ora buscamos.[206] Em nosso entender, essas acepções representam, apenas, processos analíticos formal-

---

Law and Enhancing Corporate Governance – a Plan to Move Forward", Brussels, 21.5.2003, COM (2003) 284 final (esp. ponto 3.5.).

[204] Importa salientar, uma vez mais, que este nosso ensaio de delimitação de um conceito lato de empresa comercial, como ponto de partida para a fixação de um conceito jurídico de referência de empresa, em sentido geral corresponde a um exercício doutrinal, que toma em consideração uma confluência de elementos resultantes de vários ordenamentos, e não a uma análise de qualquer específico enquadramento de direito positivo.

[205] Sobre estas acepções de empresa em sentido subjectivo (empresa como sujeito jurídico realizando certa actividade económica) e em sentido objectivo (empresa como estrutura produtiva de certos bens e serviços, cfr., por todos, na doutrina nacional, JORGE MANUEL COUTINHO DE ABREU, *Curso de Direito Comercial*, Vol I, Almedina, Coimbra, 1998, esp. pp. 187 ss. Essa distinção é retomada, *vg.*, na doutrina italiana por autores como GIORGIO OPPO, que procedem, ainda, a uma densificação complementar das acepções de empresa. Assim, OPPO refere uma *"realtà globale"* da empresa, resultante da *"unione degli aspetti soggettivi – l'imprenditore come soggetto –, funzionali – l'impresa come attività económica – oggettivi – l'azienda come complesso di beni per l'attuazione della funzione"* (cfr. A. cit, "Realtà giuridica globale dell'impresa nell'ordinamento italiano, in Riv Dir Civ., 1976, pp. 591 ss.

[206] Note-se que este conceito geral, de referência, de empresa que procuramos identificar não deve confundir-se – nos termos que já ressalvámos – com um conceito unitário de empresa, isto é, um conceito que, na formulação de JORGE MANUEL COUTINHO DE ABREU, *"valha para todas as espécies empresariais e em todos os ramos do direito"* (cfr. A. cit., Curso de Direito Comercial, Vol I, cit., p. 188). Esse conceito unitário – que não perfilhamos – é, contudo, sustentado por vários autores, designadamente, na doutrina germânica, por THOMAS RAISER que extrai, como adiante observaremos extensos corolários teóricos de tal concepção (cfr. A. cit., *The Theory of Enterprise Law*, cit., "The Theory of Enterprise Law in the Federal Republic of Germany", cit., pp. 111 ss., e *Recht der Kapitalgesellschaften*, F Vahlen, München, 1992.

mente divergentes de enquadramento da categoria da empresa, fazendo prevalecer, para efeitos de qualificação jurídica, certos elementos, em especial, que pertencem a um conjunto comum.[207] A admissão de um conceito razoavelmente lato de empresa comercial – abarcando a generalidade das empresas industriais (que, numa perspectiva jurídico-formal mais estrita e informada por uma visão atomística de acto de comércio, não praticariam em série este tipo de actos)[208] – cria as condições adequadas para a fixação da categoria jurídica de referência que vimos equacionando.

Assim, procurando recortar no referido conjunto multímodo de elementos que participam na construção do conceito jurídico de empresa – especialmente elementos de tipo subjectivo e objectivo – aqueles que possam estruturalmente conferir uma identidade própria a esse conceito, consideramos que sobressaem, em especial, dois elementos que devem ser articulados entre si. Esses elementos correspondem ao entendimento da empresa como instituição e como actividade.

De acordo com uma *concepção institucionalista*, o aspecto primacial que integra o núcleo de qualquer ente empresarial traduzir-se-á numa ideia determinada de obra ou empreendimento, a qual se manifesta e subsiste juridicamente no meio económico e social, independentemente das pessoas que, em concreto e a cada momento, à mesma aderirem para a sua realização. Avulta, pois, fundamentalmente, nesta concepção, uma ideia de empreendimento de contornos económicos que pressupõe, para a sua concretização, uma determinada programação que congregue contributos funcionais de diversos tipos, organizados de modo estável e autónomo.[209]

A *concepção da empresa como actividade* faz avultar não uma visão atomística de qualquer conjunto de actos de comércio, mas uma perspectiva de encadeamento ordenado e sistemático de actos orientados para a prossecução de determinadas finalidades de tipo económico. Em função

---

[207] Na realidade, pensamos, seguindo aqui de perto a visão de GIORGIO OPPO – nos termos referidos *supra*, nota 205 – que a acepção subjectiva e a acepção objectiva de empresa se reconduzem a um todo comum que importa tomar em consideração.

[208] Sobre a articulação entre os conceitos de empresa industrial e de empresa comercial, cfr., por todos, OLIVEIRA ASCENSÃO, *Direito Comercial*, vol. I, *Institutos Gerais*, cit., esp. pp. 135 ss.

[209] Sobre a concepção institucionalista de HAURIOU, cfr., em especial, OLIVEIRA ASCENSÃO, *Direito Comercial*, vol. I, *Institutos Gerais*, cit., esp. pp. 137 ss., o qual pondera a aplicação da mesma com vista à compreensão do artigo 230.º do Código Comercial.

Parte I – Capítulo 1   155

das várias fases de vida de uma empresa que, em tese, se podem conceber, a mera existência de um projecto preciso de actividade, mesmo que ainda não concretizado em determinadas actuações concretas, pode encerrar já uma realidade empresarial. Esta concepção é claramente prevalecente no ordenamento italiano – que tende a estruturar o direito comercial em torno da categoria de empresa[210] – em sede do qual se mantém relevante a definição de empresa ("*impresa*") constante do Código Civil de 1942 como a actividade económica organizada com vista à produção ou circulação de bens e à prestação de serviços[211], o que não impede uma interpretação objectivista e actualista desta concepção legal à luz das mais recentes evoluções (tais interpretações têm já limitado, de algum modo, a ideia de que se encontraria subjacente à redacção do Código Civil italiano de uma estruturação de todo o direito comercial com base no conceito de empresa).

Em nosso entender, as concepções de empresa como instituição e como actividade podem, com vantagem, ser conjugadas – e não apresen-

---

[210] A concepção de empresa subjacente ao Código Civil italiano e o papel fundamental aí atribuído a essa categoria foram certamente influenciados pelo peso significativo das correntes doutrinárias "*empresarialistas*" dos decénios de vinte e de trinta do século passado, a que já aludimos, representadas, *vg.*, por autores como LORENZO MOSSA (cfr., em especial o estudo já citado deste A., "I Problemi Fondamentali del Dirittto Commerciale", pp. 233 ss.). De resto, a regulação unitária no Código Civil do direito privado, substituindo a figura do "*comerciante*" pela do "*empresário*", e tendo esta subjacente o conceito geral de empresa a que ora nos reportamos, levou a que alguma doutrina, no âmbito do ordenamento italiano, pusesse em causa a própria manutenção do direito comercial como ramo de direito autónomo (posição que não consideramos sustentável). No conjunto de autores que sustenta esta manutenção da autonomia do direito comercial, sublinhando a importância da categoria da empresa na tessitura de relações de disponibilização de bens e serviços ao mercado – que se encontra no núcleo de regulação do direito comercial – e com a particularidade de sublinhar, nesse contexto, a importância do elemento relativo à existência de uma *organização estável* de factores produtivos para que se encontre concretizada essa categoria de empresa, avulta a posição de GIOVANNI FERRI e CARLO ANGELICI (As. cit., *Manuale di Diritto Commerciale*, 1993, esp. pp. 5 ss).

[211] Referimo-nos aqui à definição de "*imprenditore*", constante do artigo 2082 do *codice civile*, de 1942, nos termos da qual se aplica tal qualificação a todo aquele "*chi esercita professionalmente un'attività económica organizzata al fine della produzione e dello scambio di beni o di servizi*". Embora, em termos literais, esta disposição corresponda a uma definição de "*imprenditore*", a generalidade da doutrina entende, justamente, que a mesma tem subjacente uma verdadeira definição geral de empresa. Cfr., nesse sentido, *Istituzioni di Diritto Commerciale*, a cura di VINCENZO BUONOCORE, G. Giapichelli Editore – Torino, 2000, esp. p. 25.

tadas como interpretações isoladas e divergentes em sede do que se possa denominar de teoria jurídica da empresa[212] – no sentido de delimitar, de modo mais completo, o conteúdo essencial da categoria jurídica de empresa.

A conjugação destas duas orientações levar-nos-á a conceber a empresa como uma ideia determinada de empreendimento de natureza económica – visando, enquanto tal, gerar resultados económicos novos,[213] de qualquer tipo, (num quadro de objectivos de economicidade de gestão que não se confundem necessariamente com a prossecução de um escopo lucrativo no sentido mais estrito do termo)[214] – que se manifesta obrigato-

---

[212] Devemos ter presente, de qualquer modo, que a teoria jurídica da empresa compreende outras concepções de empresa além das duas acima referidas. Assim, entre nós, OLIVEIRA ASCENSÃO refere, justamente, cinco concepções de empresa, incluindo, a saber, a empresa *entendida como sujeito, objecto, actividade, corporação, instituição* (cfr. A. cit., *Direito Comercial*, vol. I, *Institutos Gerais*, cit., pp. 135 ss.). Estas diferentes acepções foram já genericamente referidas nas considerações precedentes com excepção da acepção de empresa como *"corporação"*, ou como *"corpo social"* emergente da formação de uma nova entidade.

[213] A ideia de criação de resultados económicos novos, conquanto muito genérica, parece-nos essencial para delimitar o conceito jurídico de empresa. Como se observará, ao densificar adiante (*infra*, capítulo segundo desta **Parte I**, esp. pontos 2.2., 2.3. e 6.3) um conceito relevante de empresa em sede de direito da concorrência, e, sobretudo, ao caracterizar o conceito de empresa comum (*"joint venture"*), também no quadro desse ordenamento – enfatizando as suas conexões e até o seu contributo para a caracterização de um conceito jurídico mais geral de empresa – os resultados económicos produzidos pelas empresas podem ser muito diversificados. O denominador comum que se pode identificar é a criação de um qualquer *maius* para o processo produtivo, entendido em sentido muito lato, envolvendo seja consumidores finais, seja outras empresas em múltiplos estádios intermédios de tal processo. Em contrapartida, será analiticamente redutor associar a empresa a qualquer finalidade económica específica nos domínios da produção ou comercialização de bens e serviços. Noutra formulação, embora com um significado material equivalente, podemos considerar que a finalidade económica em causa, distintiva da realidade empresarial, corresponde, como preconiza RODRIGO URIA, à produção de qualquer elemento novo apto ou dirigido à satisfação de necessidades do mercado (cfr. A. cit., *Derecho Mercantil*, cit., esp. p. 38) – entendendo-se aqui o mercado no sentido delineado por GUIDO ROSSI, como um conjunto de interconexões múltiplas entre elementos económicos e jurídicos (cfr. A. cit., "Diritto e mercato", in Riv Soc., 1998, pp. 1443 ss.).

[214] O escopo lucrativo, entendido no seu sentido mais estrito, não deverá, em nosso entender, ser considerado como um elemento fundamental do conceito jurídico de empresa que ora equacionamos. Em contrapartida, a dimensão que consideramos essencial na categoria de empresa corresponde ao que denominamos de economicidade de gestão. A manutenção, com carácter estável, de uma estrutura organizada que vise produzir resultados

Parte I – Capítulo 1

riamente na e através da realização de uma actividade, com certas características definidoras (de natureza comercial, no sentido mais lato da expressão), em condições de relativa estabilidade e autonomia, enquadrada por uma unidade jurídico-económica assente numa organização que combina funcionalmente, e de acordo com determinado programa produtivo, meios de natureza e qualidade diversas.

No que respeita à definição da estrutura jurídico-económica em que assenta a empresa avulta, em particular, o aspecto da organização, justamente destacado pela doutrina alemã.[215] Na realidade, a ideia de empreendimento a concretizar através de uma actividade com certas características deverá ter como suporte uma organização estável de factores produtivos, normalmente desenvolvida – no plano jurídico – através de uma ou mais universalidades de bens ou direitos.[216] Naturalmente, em termos subjecti-

---

económicos novos de qualquer tipo pressupõe a realização num determinado grau de fluxos financeiros que suportem essa actividade e que se encontrem associados aos referidos resultados económicos. Esta ideia de economicidade da gestão, entendida num sentido razoavelmente lato, não deve ser confundida com qualquer hipotética tentativa de distinção entre o que se possa considerar, por um lado, como o *"lucro"* e, por outro lado, como o *"rédito ou ganho"*, no sentido que foi preconizado na nossa doutrina por ORLANDO DE CARVALHO (cfr. A. cit., *Empresa e Lógica Empresarial*, in Separata do Boletim da Faculdade de Direito de Coimbra, *Estudos em Homenagem ao Prof. Doutor Ferrer Correia*, vol III, p. 23). Salvo o devido respeito, essa distinção afigura-se-nos artificiosa ao suscitar uma qualificação discutível dos resultados económicos gerados pelas empresas.

[215] A importância do elemento de organização para a estrutura jurídico-económica em que assenta a empresa tem, na realidade, sido especialmente destacada por diversos sectores da doutrina alemã. É a dimensão de organização que permite congregar diversos elementos para a realização de determinadas finalidades económicas. Sem tal dimensão de organização, que implica, por natureza alguma durabilidade dos projectos, não é possível estabelecer e desenvolver um sistema de afectação de recursos, caracterizável por uma *"especialização de funções e divisões do trabalho"*, no sentido desenvolvido por SOUSA FRANCO (A. cit., *Noções de Direito da Economia*, cit, pp. 110 ss.). Sobre a dimensão de organização cfr., em especial, na doutrina alemã, THOMAS RAISER, "The Theory of Enterprise Law in the Federal Republic of Germany", cit., pp. 111 ss., e *Recht der Kapitalgesellschaften*, cit. Como também já referimos, a especial importância do elemento de organização é, igualmente, acentuada na doutrina italiana por autores como GIOVANNI FERRI e CARLO ANGELICI (nos termos referidos *supra* em nota anterior). Importa, de qualquer modo, referir que há conceitos jurídicos mais amplos de empresa que não consideram fundamental a ideia de organização de que nos dá notícia ORLANDO DE CARVALHO (*Critério e Estrutura do Estabelecimento Comercial*, cit., esp. pp. 96 ss. e pp. 109 ss.). Pela nossa parte, contudo, rejeitamos, totalmente, essas concepções.

[216] A ideia de universalidade de bens ou direitos tem estado, sobretudo, associada à categoria jurídica do estabelecimento. Este, em nosso entender, corresponde, essencial-

158   *Empresas comuns* – Joint Ventures

vos, a constituição e manutenção desse pólo organizacional, integrando acervos mais ou menos complexos de bens ou direitos, pode assumir diversas formas jurídicas no quadro de uma titularidade da empresa por pessoas singulares ou colectivas e em função das particularidades de cada ordenamento jurídico (em especial quanto aos veículos jurídicos admissíveis para a prossecução de actividades comerciais *lato sensu* nos diversos ordenamentos comerciais).

O conceito jurídico de empresa deve, na verdade, ser utilizado com o devido equilíbrio, evitando algumas tentações que se manifestaram na primeira metade do século XX, quer na doutrina italiana, quer na doutrina alemã (embora em moldes diferentes) no sentido de erigir essa categoria em base estruturante de toda a construção dogmática do direito comercial, em detrimento da relevância das pessoas jurídicas (e como que *hipostasiando* juridicamente este conceito, atribuindo-lhe um potencial de expansão e de sistematização de toda a regulamentação de direito comercial, que ultrapassava, claramente, o alcance e as consequências dogmáticas que em concreto se poderiam retirar do mesmo).[217]

---

mente, a uma das estruturas jurídicas de concretização da empresa, de acordo com a distinção que temos vindo a considerar (e à qual retornaremos) entre o *conceito-quadro e ordenador de empresa* e *múltiplas estruturas jurídicas alternativas de concretização da empresa*. Não se justifica aqui, atendendo à específica perspectiva de análise que vimos desenvolvendo, tomar partido, de forma desenvolvida, na querela doutrinal relativa a uma possível equivalência dos conceitos de estabelecimento e de empresa. Importa, tão só, referir que, tendo essa discussão sido especialmente aprofundada no plano do direito comercial, um sector apreciável da doutrina admitiu tal equivalência (cfr., entre outros, ORLANDO DE CARVALHO, *Critério e Estrutura do Estabelecimento Comercial*, cit., pp. 7 ss, ou FERRER CORREIA, *Reivindicação do Estabelecimento Comercial como Unidade Jurídica*, in *Estudos Jurídicos, II*, Atlântida, Coimbra, 1969, esp. pp. 255 ss. (embora a posição deste último A. pareça ter ulteriormente evoluído em sentido diverso). Decorre, implicitamente, do que acima expomos a nossa posição de rejeição de tal equivalência de conceitos, num sentido essencialmente concordante com a orientação doutrinária sustentada por autores como OLIVEIRA ASCENSÃO (cfr., A. cit., "Estabelecimento Comercial e Estabelecimento Individual de Responsabilidade Limitada", in ROA, 1987, pp. 13 ss.

[217] Pela nossa parte, admitimos que estando em larga medida ultrapassadas as vincadas orientações *"empresarialistas"* da primeira metade do século XX – de que já temos dado notícia e que deixaram uma indiscutível marca nas doutrinas alemã e italiana – se justificaria, no presente estádio de evolução do direito comercial e de outras áreas jurídicas em sede das quais o conceito de empresa seja trazido à colação, uma reavaliação mais equilibrada do conteúdo de um conceito de referência de empresa e da sua função analítica. Essa reavaliação terá como pressuposto uma aceitação da significativa relevância do conceito de empresa para ordenar e sistematizar múltiplos nexos jurídico-económicos

Considéramos que a visão dogmática mais consequente do conceito em causa – e especialmente apta a proporcionar uma moldura jurídica, com efeitos relevantes, adequada ao enquadramento e sistematização, em certo plano de compreensão, de múltiplas realidades jurídico-económicas – será aquela que o recorta como verdadeiro *conceito-quadro*[218] (o que não significa, de modo algum, uma subalternização das repercussões desta categoria jurídica na construção dogmática do direito comercial, a qual, a nosso ver, corresponderia a uma distorção conceptual e a um excesso de natureza inversa relativamente à orientação que atribuía ao referido conceito de empresa um papel primacial – e *de iure condendo* tendencialmente exclusivo – como pólo de estruturação do direito comercial).

A construção dogmática inerente à categoria jurídica de empresa não deverá acarretar, em súmula, qualquer esvaziamento de múltiplos institutos jurídicos normalmente associados à mesma, como *vg.* os de sociedade ou estabelecimento comercial, entre muitos outros (para considerar institutos juridicamente relevantes quer em sistemas de *"Common Law"*,

---

relevantes, quer em determinados planos normativos – *maxime* de direito comercial – quer em planos jurídicos extra-normativos, como sucede, de modo paradigmático, no quadro das relações contratuais de cooperação que disciplinam múltiplos aspectos fundamentais da actividade económica. Noutra perspectiva, a mesma reavaliação crítica, que preconizamos, terá como pressuposta a ideia de que o conceito de referência de empresa não deve *"substituir os institutos dogmáticos de base (…), sociedades, organizações individuais, estabelecimentos (…)"* (para utilizar a expressão delineada a este propósito por MENEZES CORDEIRO, *Manual de Direito Comercial*, I Volume, cit., p. 233). Em contrapartida, pensamos que a função e a relevância do conceito-quadro de empresa não devem ser subalternizadas, existindo por vezes o risco de que afirmações doutrinárias muito vigorosas quanto à impossibilidade de confusão da empresa com as diversas estruturas jurídicas em que se pode concretizar venham, em última análise, a esvaziar substancialmente o alcance dogmático da categoria geral da empresa. A reforma do Código Comercial alemão, encetada pela Lei de 22 de Junho de 1998 (*"Handelsrechtsreformgesetz"*) permite, de resto, apreender alguns aspectos de uma possível e desejável reavaliação crítica do conceito de empresa, no sentido equilibrado que vimos preconizando (cfr., sobre esses aspectos e sobre essa reforma, HERIBERT HIRTE, UDO PFEIFER, *"L'Evoluzione del diritto delle imprese e delle società in Germania negli anni 1998 e 1999"*, cit., pp. 587 ss. e GERHARD RING, *Das neue Handelsrecht*, 1999).

[218] Sobre a caracterização do conceito de empresa como *conceito-quadro*, cfr. MENEZES CORDEIRO, *Manual de Direito Comercial*, I Volume, cit., p. 233. Ressalvámos, contudo, que, a partir dessa caracterização geral se podem desenvolver orientações mais ou menos favoráveis à relevância substantiva do conceito de empresa. Pela nossa parte, subscrevemos,claramente, o primeiro tipo de orientações.

160   *Empresas comuns* – Joint Ventures

quer em sistemas jurídicos continentais, latinos ou germânicos).[219] Esse tipo de institutos jurídicos correspondem, mesmo, numa perspectiva subjectiva, aos centros típicos de imputação jurídico-formal de direitos no que respeita à organização de formas de prossecução de certos interesses económicos, detendo uma parte significativa dos mesmos o requisito de

---

[219] Ao tomarmos em consideração diferentes sistemas jurídicos envolvidos no processo comunitário de integração, e no quadro dos quais se verifica uma densificação do conceito de empresa que pode interagir quer com um conceito geral de empresa que se imponha, progressivamente, no plano do que denominámos de direito privado comum europeu, quer com conceitos específicos de empresa que se estabeleçam em determinadas áreas normativas do direito comunitário (como sucede, designadamente, com o direito da concorrência que será especialmente objecto da nossa atenção) referimos já que, para além da contraposição primacial entre sistemas continentais e de "*Common Law*", se justifica distinguir entre os primeiros, por um lado, os sistemas romanísticos e, por outro lado, os sistemas germânicos (cfr., nesse sentido, K. ZWEIGERT, H. KÖTZ, *An Introduction to Comparative Law*, cit., pp. 63 ss. Em especial, a figura da sociedade, como instituto jurídico mais recorrentemente associada à categoria da empresa e à sua concretização, é, com diversas formulações conceptuais, utilizada, quer nos sistemas continentais, quer nos sistemas de "*Common Law*", no âmbito dos quais, de resto, existe um longa tradição de estudo jurídico-económico da figura da "*corporation*". Sobre esse estudo, cfr., por todos, a obra clássica de ADOLF BERLE, GARDINER MEANS, *The Modern Corporation & Private Property*, Transaction Publishers, New Brunswick (USA), and London (UK), 1997. Nesta obra fundamental, originariamente publicada em 1932, estes As. analisam com profundidade as interacções entre esta estrutura jurídica de organização da actividade económica e o próprio pensamento económico referente à iniciativa empresarial, referindo, sugestivamente, uma "*corporate revolution in economic theory*". Além disso, a complexa evolução no sentido da emergência de verdadeiras estruturas empresariais de segundo grau, com contornos societários, através dos denominados grupos de sociedades, embora tenha sido objecto de uma mais intensa conceptualização jurídica – como já tivemos ensejo de referir – nos sistemas germânicos ou nos sistemas influenciados por estes, tem sido também objecto de extenso e aprofundado tratamento nos sitemas de "*Common Law*" (cfr., por todos, sobre esse enquadramento, *Groups of Companies*, Editors C. M. SCHMITTHOFF, F. WOOLDBRIDGE, Sweet & Maxwell, London, 1991). Importa, ainda, tomar em consideração, quanto à figura da sociedade como instrumento particularmente importante de concretização da categoria da *empresa*, a existência de um poderoso movimento para a convergência do direito societário, *maxime* envolvendo as sociedades que recorrem aos mercados financeiros, o qual, em nosso entender, não deixará, também, de contribuir para a progressiva emergência de um conceito geral de referência de *empresa* (cfr., sobre esse movimento, J. C. COFFEE Jr., "The Future as History: The Prospects for Global Convergence in Corporate Governance and its Implications", in Northwestern University Law Review, 1999, pp. 641 ss., e H. HANSMANN, R. KRAAKMAN, "The End of History to Corporate Law", in Yale Law School, Law and Economics Working Paper N.º 013, January 2000).

Parte I – Capítulo 1

161

capacidade jurídica no qual assenta, fundamentalmente, tal mecanismo jurídico de imputação. Neste quadro, afiguram-se-nos excessivas e dificilmente sustentáveis orientações ainda relativamente recentes, como as de THOMAS RAISER,[220] que defendem um movimento no sentido de progressivamente concentrar na categoria de empresa a imputação de direitos em relações jurídicas comerciais e de, numa perspectiva *de iure condendo*, vir a atribuir capacidade jurídica – em sentido estrito – à empresa.

Em contrapartida, a manutenção da aptidão essencial para funcionar como centros de imputação de direitos ao nível de determinados institutos jurídicos diversos da empresa (*"Unternehmen"*, *"impresa"*, *"entreprise"*), mas normalmente associados à mesma, não condena este último conceito

---

[220] Na realidade, THOMAS RAISER tem sustentado que a figura da empresa (*"Unternehmen"*) deveria progressivamente ser assumida como um centro jurídico fundamental de imputação de direitos e interesses, o que justificaria que *de lege ferenda* viesse a ser directamente atribuída capacidade jurídica em sentido estrito à empresa, a qual rivalizaria, assim, com o instituto da sociedade comercial, ou poderia mesmo substitui-lo, gradualmente no comércio jurídico (cfr. A. cit., *Die Zukunft des Unternehmensrechts*, cit, pp. 561 ss e "The Theory of Entreprise Law in the Federal Republic of Germany", cit., pp. 111 ss.). Esta posição de THOMAS RAISER merece-nos consideráveis reservas, designadamente por confundir os dois planos que temos vindo sistematicamente a distinguir, correspondentes, por um lado, à empresa como conceito ordenador de determinados nexos jurídicos e de certas imputações legais e, por outro lado, a diversas estruturas jurídicas de concretização e prossecução da empresa no plano do comércio jurídico (entre as quais avulta, claramente, o instituto da sociedade comercial e, quanto a realidades empresariais de maior dimensão, a figura da sociedade anónima). De resto, na própria doutrina germânica, estas teses de RAISER têm sido objecto de severas críticas, justificando-se destacar aquelas que foram formuladas por autores como RITTNER e FLUME e das quais GUNTHER TEUBNER nos dá notícia, não deixando de salientar – em termos que consideramos certeiros – algumas incongruências em que essas próprias observações críticas incorrem (cfr. GUNTHER TEUBNER, "Enterprise Corporatism: New Industrial Policy and the 'Essence' of the Legal Person", cit., pp. 146 ss. Como aí se refere: *"Rittner, too, builds a self-referential construction whose compatibility with the presupposed logic would require some checking. When he mantains that the 'enterprise in the broader sense' is the representative of the 'enterprise in the narrower sense'. Furthermore, in the area of overlap between the 'narrower' and 'broader' enterprise he does just what he previously said was out of the question, namely, he declares 'the enterprise to be the representative of the enterprise'"*. Noutros termos, algumas das orientações que na doutrina germânica contestam a ideia sustentada por THOMAS RAISER, de converter directamente a empresa num centro de imputação de direitos, prescindindo da *"intermediação"* de estruturas jurídicas que concretizem essa empresa, acabam, em certos casos, por soçobrar noutras indefinições conceptuais, ao não delimitar dois níveis dogmáticos correspondentes ao conceito ordenador de empresa e às estruturas jurídicas alternativas que o podem concretizar no comércio jurídico.

162   *Empresas comuns* – Joint Ventures

a actuar como mera espécie de forma jurídica-quadro despida de conteúdo jurídico efectivo, supostamente utilizada em múltiplos textos normativos devido à sua relativa indefinição.[221]

Estão em causa conceitos e institutos jurídicos com funções sistemáticas e de construção jurídica diferenciadas (*vg.* os conceitos contrapostos de empresa e sociedade), mas que não se excluem reciprocamente, antes se complementam, proporcionando diferentes níveis de densificação jurídica. Como adiante se equacionará, se o conceito-quadro de empresa se projecta tipicamente em múltiplas formas jurídicas – que representam uma matriz fundamental de análise no plano do direito comercial –, também a categoria da empresa comum (*"joint venture"*) assume formas jurídicas diferenciadas, compreendendo, designadamente, a contraposição básica entre empresas comuns de tipo societário ou não societário.[222]

---

[221] Assim, o facto de divergirmos, frontalmente, da orientação hodierna preconizada por THOMAS RAISER, que representa, de algum modo, uma *"recuperação"*, com novos contornos dogmáticos, de certos pressupostos das correntes *"empresarialistas"* da primeira metade do século XX, não significa que nos aproximemos de concepções que tendem a considerar a empresa como uma forma jurídica-quadro despida de conteúdo jurídico efectivo, supostamente utilizada em múltiplos textos normativos devido à sua relativa indefinição. Importa, segundo cremos, desenvolver um tratamento dogmático da categoria da empresa que não incorra nem no excesso de *hipostasiar* esta figura, pretendendo erigi-la em núcleo das relações mercantis, com potencialidade de substituição – como centro de imputação de direitos – de múltiplos institutos (*vg.,* a sociedade comercial e outros), nem no excesso oposto de *desconsiderar* juridicamente esta figura, rejeitando a existência de consequências dogmáticas substantivas que decorressem da sua utilização.

[222] Embora a empresa comum (*"joint venture"*) se possa materializar em diversas formas jurídicas, a contraposição fundamental que é considerada de forma mais recorrente na análise das relações jurídicas de cooperação empresarial é, na realidade, a que se estabelece entre empresas comuns de tipo societário ou não societário. Assim, quando se procura uma compreensão sistematizada dessas relações de cooperação empresarial é usual a distinção – recebida dos sistemas de *"Common Law"* – entre as *"joint venture corporations"* e as *"unincorporated joint ventures"* (cfr. sobre essa distinção BONVICINI, *Le 'Joint Venture': Técnica giuridica e prassi societaria,* cit., pp. 74 ss. e W. FRIEDMANN, G. KALMANNOF, *Joint International Business Ventures,* New York – London, 1961, pp. 17 ss. e pp. 33 ss.). Ainda no que respeita aos sistemas de *"Common Law"*, importa ter em conta a possível ponderação de um sentido muito amplo para os tipos societários, compreendendo a figura da *"partnership"*, ou um sentido mais restrito, abrangendo apenas a figura da *"corporation"* (sobre essa especificidade, cfr., *infra,* ponto 2.2. deste capítulo, designadamente diversas notas aí incluídas nas quais se destaca a relevância da criação de *"joint ventures"* com recurso à figura da *"partnership"* no quadro do direito norte-americano).

2. As finalidades dos processos de cooperação entre empresas e a modelação jurídica das relações de cooperação

2.1. ASPECTOS GERAIS

Tendo-se procedido, a título meramente preliminar e numa análise intencionalmente limitada,[223] à identificação possível de um conceito jurídico de referência de empresa (*máxime*, como conceito-quadro), tomando como pressuposto as coordenadas jurídicas essenciais de regulação do fenómeno empresarial nos ordenamentos dos vários Estados membros da UE. e no próprio ordenamento comunitário, importa apreender, em termos necessariamente gerais, as finalidades económicas (com relevância jurídica) mais recorrentes dos processos de cooperação entre empresas e, no contexto dos mesmos, dos processos de constituição de empresas comuns ("*joint ventures*"), em especial.

Como destacam justamente CONTRACTOR e LORANGE,[224] será possível identificar, em tese geral, duas tendências divergentes no plano do relacionamento entre as empresas e do desenvolvimento das estruturas empresariais que tem conhecido particular expressão no contexto da presente intensificação e aceleração das relações económicas internacionais. Essas tendências correspondem, por um lado, à emergência de grupos societários caracterizados pela existência de uma organização centralizada, dos quais, no domínio das relações económicas internacionais, as

---

[223] Como temos repetidamente exposto, o nosso objecto primacial de investigação corresponde ao tratamento substantivo das empresas comuns ("*joint ventures*") em sede de direito da concorrência (*máxime.* de direito comunitário da concorrência), retirando daí alguns corolários fundamentais quanto a mutações qualitativas globais desse ordenamento. Nesse contexto, assume também considerável importância, embora acessoriamente, a densificação do conceito de empresa no quadro do direito comunitário da concorrência. Assim, o nosso propósito de enquadrar esses conceitos e categorias numa compreensão mais vasta, que inclua uma possível identificação de um conceito jurídico geral, de referência, de empresa, tomando especialmente em consideração, devido à sua importância, a densificação deste conceito em direito comercial, só poderá, naturalmente, merecer um tratamento sucinto.

[224] Cfr., nesse sentido, FAROK CONTRACTOR, PETER LORANGE, *Why Should Firms Cooperate? The Strategy and Economics Basis for Cooperative Joint Ventures*, in *Cooperative Strategies in International Business*, cit., pp. 3 ss.

denominadas empresas multinacionais representam a expressão mais evidente e, por outro lado, ao desenvolvimento de processos de cooperação entre empresas, de complexidade variável, visto que os mesmos podem abarcar, até um certo grau, algumas dimensões de verdadeira integração empresarial desde que as empresas participantes não percam as bases mínimas da sua individualidade própria. Esta segunda tendência tem vindo a conhecer um peso crescente ao longo do último quartel do século findo e o desenvolvimento de estruturas qualificáveis juridicamente como empresas comuns (*"joint ventures"*)[225] encontra-se intrinsecamente associado ao mesmo.

Uma visão presentemente muito difundida pretende que se vem verificando um reforço continuado do grau de concentração empresarial em mercados nacionais, em mercados definidos à escala de certos blocos comerciais ou, mesmo, em mercados mundiais, no quadro de um processo cujos limites seriam dificilmente antecipáveis em toda a sua extensão. Esse movimento inexorável de concentração empresarial encontrar-se-ia associado à intensificação das relações económicas internacionais e aos fenómenos correntemente conhecidos como *globalização* económica,[226] bem como à importância crescente das economias de escala para acompanhar as exigências de inovação tecnológica e os imperativos de investimento resultantes de ciclos de produtos cada vez mais curtos.

Todavia, múltiplos estudos recentes têm demonstrado que essa apreciação é, no mínimo, redutora e tende mesmo a distorcer a realidade concreta dos processos através dos quais se vêm redesenhando as estruturas de relações jurídicas e económicas entre as empresas. Assim, esses estudos, versando diversos mercados nacionais e de produto – com especial incidência nos mercados caracterizados por um elevado peso dos factores

---

[225] Referimo-nos aqui a estruturas qualificáveis como empresas comuns (*"joint ventures"*), em termos que analisaremos *infra*, procurando – como etapa analítica prévia à densificação jurídica da categoria da empresa comum no direito comunitário da concorrência – equacionar a possibilidade de identificar um conceito jurídico com alcance geral de empresa comum. Essa problematização, para além de se mostrar complexa por natureza, apresenta como escolho suplementar o défice de reflexão doutrinaria, numa óptica de direito privado, sobre os processos de cooperação de empresas, à qual alude, com justeza, Luís de Lima Pinheiro (cfr. A. cit., *Contrato de Empreendimento Comum (Joint Venture) em Direito Internacional Privado*, Almedina, Coimbra, 2003).

[226] Sobre os fenómenos assim comumente designados, apesar de não considerarmos feliz essa terminologia de globalização, cfr. John H. Dunning, *Multinational Enterprises and the Global Economy*, Addison-Wesley Publishing Company, 1993, esp. pp. 599 ss.

de inovação tecnológica – indiciam uma generalizada descida das quotas de mercado, globalmente consideradas, das empresas tradicionalmente dominantes e revelam, em súmula, – e de modo algo surpreendente, face a uma certa pré-compreensão dos fenómenos de globalização, não apoiada em análises sistemáticas das realidades económicas – uma significativa diminuição do grau de concentração em alguns dos sectores empresariais mais importantes.[227] Essa evolução profunda deve-se a uma miríade de factores que importaria equacionar *ex professo* num plano de análise económica (incluindo análise micro-económica[228] com características especiais em certos sectores empresariais particularmente considerados) que extravasa claramente o objecto do nosso estudo. De qualquer modo, podem, com relativa segurança, apontar-se como factores que militam no sentido desse tipo de transformações, entre outros, a descida generalizada do custo do capital – mercê designadamente da liberdade de circulação de capitais e da proliferação de novos instrumentos financeiros utilizáveis nos mercados de valores mobiliários[229] – bem como a transformação qualita-

---

[227] Cfr., nesse sentido, JOHN HARBISON, PETER PEKAR, *Cross-Border Alliances in the Age of Collaboration*, Booz-Allen & Hamilton, 1994. Na realidade, em sectores empresariais fundamentais, como, *vg.*, as indústrias informáticas de '*hardware*' e de '*software*', a indústria automóvel, ou a prestação de serviços fixos de telefonia vocal a longa distância, estima-se que a quota dos valores globais de vendas, a nível mundial, dos cinco maiores grupos empresariais nesses mesmos sectores terá declinado entre 15% a 30% no último decénio do século XX (cfr., sobre essas estimativas, PANKAJ GHEMAWAT, "The dubious logic of global megamergers", in Harv. B R., 2000, pp. 64 ss. e, do mesmo A., *Strategy and the Business Landscape*, Prentice Hall, 2000).

[228] Sobre a importância da análise micro-económica para a compreensão global do funcionamento dos mercados em determinados sectores empresariais, cfr. DAVID GOWLAND, ANNE PATERSON, *Microeconomic Analysis*, Harvester, Wheatsheaf, New York, London, 1993

[229] Sobre o dinamismo de novas operações e instrumentos financeiros que têm contribuído para uma redução global do custo do capital e, por arrastamente, para a criação de processos de desenvolvimento empresarial que conduzem à diminuição dos graus de concentração em sectores empresariais fundamentais e para a consequente emergência de estruturas de mercado mais complexas no quadro das quais se impõe o recurso preferencial a relações de cooperação empresarial, cfr. ROBERT FERRANDIER, VINCENT KOEN, *Marchés de Capitaux et Techniques Financières*, Económica, Paris, 1988. Sobre as perspectivas de novas dinâmicas no sector financeiro, numa escala mundial, em virtude da liberalização desse sector e em termos que permitem intensificar ainda mais os processos de desenvolvimento empresarial acima referidos, cfr. MICHAEL TREBILCOCK, ROBERT HOWSE, *The Regulation of International Trade*, Routledge, London, New York, 1999.

tiva de certos processos de intervenção pública no funcionamento de determinados mercados, os quais tradicionalmente condicionavam com frequência as condições de entrada de novos concorrentes de menor dimensão nesses mercados.[230]

A evolução registada numa parte significativa dos mercados mais importantes em economias desenvolvidas tem, pois, implicado uma redução generalizada das barreiras à entrada nesses mercados e um reflexo aumento da pressão concorrencial de novos grupos empresariais de menor dimensão e especialmente aptos, pela sua flexibilidade estrutural, a adaptar em permanência o seu comportamento comercial às condições de célere e continuada transformação dos processos económicos, o que, de algum modo, relativiza – até certos limites, bem entendido – o alcance de grandes operações de concentração entre empresas.

Neste contexto vêm, assim, assumindo uma importância crescente os processos de cooperação empresarial, frequentemente combinados em modelações cada vez mais complexas com algumas dimensões de integração empresarial (constituindo, de certo modo, as empresas comuns, como atrás já se aflorou, o paradigma da combinação a um determinado nível, dos elementos de cooperação e de integração empresarial). Esses processos permitem tipicamente aos grupos empresariais conjugar recursos produtivos qualitativamente diferenciados e manter uma flexibilidade que facilita reajustamentos estruturais relativamente frequentes num quadro de grande mutabilidade no funcionamento dos mercados.

Deste modo, quer tendo presente as condições económicas actuais, quer numa óptica prospectiva, podemos considerar a existência de uma mutação em curso – e que ainda não produziu todas as suas consequências – para uma situação estrutural de relacionamento inter-empresarial caracterizada por uma prevalência da segunda tendência de fundo acima iden-

---

[230] Essa alteração qualitativa das condições de intervenção pública no funcionamento de determinados mercados resultou, fundamentalmente da intensificação do processo de liberalização na sequência da conclusão do denominado *"Uruguay Round"* no quadro do *"GATT"* (*"General Agreement on Tariffs and Trade"*) e da institucionalização da Organização Mundial do Comércio. Cfr., em geral sobre esse processo e os seus contornos fundamentais, MICHAEL TREBILCOCK, ROBERT HOWSE, *The Regulation of International Trade*, cit., esp. pp. 25 ss. e pp. 464 ss.. Sobre esses desenvolvimentos institucionais – conquanto numa perspectiva de análise mais lata – cfr., ainda, EDUARDO PAZ FERREIRA, *Valores e Interesses – Desenvolvimento Económico e Política Comunitária de Cooperação*, Almedina, Coimbra, 2004, esp. pp. 203 ss. e pp. 307 ss..

Parte I – Capítulo 1   167

tificada sobre a primeira tendência, referente à formação de grupos societários de grande dimensão e de direcção acentuadamente centralizada.

Sob este pano de fundo, autores como CHARLES WELLER[231] vêm
certeiramente referindo a existência de uma alteração estrutural no modelo
de relacionamento inter-empresarial (e até nos modelos típicos de funcionamento dos grupos societários, considerando já, para além da perspectiva
jurídica da *empresa*, a realidade da sociedade comercial que lhe está recorrentemente associada – noutro plano de enquadramento jurídico –, porventura como contrato paradigmático de associação empresarial).[232] Essa

---

[231] Cfr., nesse sentido a análise de CHARLES WELLER que, de resto, já trouxemos à
colação a este propósito, "A new rule of reason from Justice Brandeis's 'concentric
circles' and other changes in law", cit., esp. pp. 889 ss..

[232] A especial importância do instituto da sociedade comercial no conjunto do que
podemos denominar de contratos de associação empresarial será adiante aflorada (esp.,
infra, pontos 4.1.2. e 4.2.7.3. e ss. neste capítulo primeiro). Essa particular importância
permite, mesmo, que se equacione o contrato de sociedade, nos termos acima considerados, como o possível contrato paradigmático de associação empresarial. Para uma perspectiva geral sobre a importância do que podemos designar como empresa societária, bem
como sobre a relevância dos instrumentos societários nas relações de cooperação entre
empresas, cfr., desde já, TOM HADDEN, *Company Law and Capitalism*, 3, Weindenfeld,
London, 1977. Importa, de qualquer modo, ter presente algumas especificidades dos sistemas de "*Common Law*", visto que estes contemplam além da figura da "*corporation*", que
podemos, de algum modo, equiparar à sociedade comercial dos ordenamentos continentais
(especialmente à sociedade anónima), a figura da "*partnership*", a qual, até certo ponto,
pode ser aproximada às sociedades de pessoas nos sistemas continentais – românicos ou
germânicos (desenvolvendo um pouco mais esta analogia, conquanto assumindo que a
mesma não pode ser estabelecida de forma rigorosa, será admissível considerar-se um
paralelo entre a figura da "*partnership*" e a das sociedades civis, ou de sociedades em
nome colectivo nos ordenamentos continentais, com a diferença importante, na prática,
que resulta de uma muito maior difusão e utilização da "*partnership*" para o desenvolvimento de actividades empresariais). De qualquer forma, apesar de esta última figura
corresponder a um tipo societário em sentido lato, não deixa de apresentar múltiplas especificidades em relação ao núcleo do direito das sociedades comerciais, com os contornos
que este apresenta fora do âmbito dos sistemas de "*Common Law*". Assim, a própria
personalidade jurídica da "*partnership*" foi longamente questionada no ordenamento
norte-americano, apesar de essa matéria ter sido aparentemente clarificada, em sentido
afirmativo, através da alteração de 1994 ao "*Uniform Partnership Act*" (UPA). De igual
modo, no direito inglês, a personalidade jurídica da "*partnership*" veio também a ser consagrada através do recente "*Limited Liability Partnerships Act 2000*". Cfr., a esse propósito, JOHN LOWRY, LORAINE WATSON, *Company Law*, Butterworths, 2001, esp. p. 3.
Como referem estes autores, sobre essa nova solução *de iure condito*, "*unlike 'normal'
partnerships, limited liability partnerships will be corporate bodies with separate perso-*

168 *Empresas comuns* – Joint Ventures

alteração estrutural traduz-se num peso cada vez menor da titularidade jurídica de activos empresariais e de unidades jurídico-económicas de variados tipos (sociedades, sujeitas a direcção centralizada, estabelecimentos concebidos segundo diferentes modelações em diversos ordenamentos) e num correlativo reforço dos elementos jurídicos de cooperação ou associação empresariais (estes últimos conjugando aspectos de cooperação e de integração), como matriz da estruturação das relações entre empresas.

Levando ainda mais longe esta apreciação, PETER DRUCKER[233] sustenta encontrar-se em curso uma das maiores transformações da organiza-

---

nality, registered and have to disclose similar information to that which companies must disclose. While this form of business organization will be available to two or more persons carrying on a trade or profession, it was originally proposed as a means of protecting large professional partnerships from their vulnerability to major negligence claims (…)". Sobre a figura da *"partnership"*, em geral, que não podemos, naturalmente, analisar aqui *ex professo* cfr., por todos, REUSCHLEIN, GREGORY, *The Law of Agency and Partnership*, St. Paul, Minnesota, 1990. A relevância da *"partnertship"* no ordenamento norte-americano contribuiu, mesmo, para que alguma doutrina equacionasse, em geral, a figura da *"joint venture"* como uma variante da *"partnership"*. Cfr., nesse sentido, JENNINGS, BUXBAUM, *Corporations, Cases and Materials*, St. Paul, Minnesota, 1979 e G. W. MILLER, "Joint Venture: Problem Child of Partnership", in Cal L R., 1950, pp. 860 ss. Essa associação, contudo, vem sendo já questionada em orientações doutrinais mais recentes que distinguem essas figuras, estabelecendo, em contrapartida, uma contraposição entre as *"joint venture corporations"* e as *"unincorporated joint ventures"*, nos termos que já referimos *supra*, nota 222 (encontrando-se, naturalmente, a primeira categoria associada à figura da *"corporation"*). Outro tipo de distinções ou sistematizações conceptuais têm sido, ainda, contempladas no quadro do ordenamento norte-americano, a este propósito, chegando alguma jurisprudência [cfr., *vg.*, *"Pike v. Wachovia Bank and Trust Company"* (161 SE 2d, 453), de Junho de 1968] a considerar a *"joint venture"* como um *tertium genus* entre a *"corporation"* e a *"partnership"*. Sem pretender entrar nessa discussão, que se reveste de grande especificidade no contexto do ordenamento norte-americano, pensamos que essas posições enfermam de menor rigor, ao confundirem um plano conceptual *empresarial* – no qual se deve situar a figura da *"joint venture"* – com o plano das *estruturas jurídicas* através das quais se *concretizem as empresas* (incluindo as *"joint ventures"* – empresas comuns), no qual se compreendem a *"corporation"*, a *"partnership"*, ou outros institutos, que sejam passíveis de utilização no comércio jurídico como centros de imputação de direitos ou interesses. Como acima se refere, este tipo de análise conceptual não é desenvolvido no quadro deste trabalho, devendo, tão só, salientar-se que, em regra, quando referirmos a utilização de *instrumentos societários* para a concretização de empresas comuns (*"joint ventures"*), o faremos em sentido lato, compreendendo – no que respeita aos sistemas de *"Common Law"* – as figuras da *"corporation"* e da *"partnership"* (salvo, situações particulares que justifiquem uma especial densificação jurídica).

[233] Cfr. PETER DRUCKER, *Managing in a Time of Great Change*, cit., pp. 69 ss..

ção jurídico-económica da actividade empresarial, desde o advento da era industrial, baseada efectivamente nesse padrão, acima referido, de substituição progressiva dos elementos de titularidade exclusiva de unidades jurídicas empresariais, por elementos de associação ou cooperação (ao qual DRUCKER se refere, numa fórmula que porventura privilegia o poder sugestivo relativamente ao conteúdo jurídico-económico, como a substituição da *"ownership"* pela *"partnership"*).[234]

A análise de DRUCKER incorre, contudo, em alguns excessos ao enfatizar o peso crescente dos acordos de colaboração entre empresas, de diversos tipos, a ponto de considerar que os mesmos acabarão por converter as unidades jurídicas paradigmáticas que tradicionalmente davam corpo às empresas – designadamente as sociedades comerciais da *"era industrial"*, sujeitas a uma estrutura unitária de controlo – em realidades que perduram em certas perspectivas jurídico-formais, como a dos sócios, titulares do capital, dos credores, dos trabalhadores e até da administração fiscal, mas que *"economicamente corresponderão a uma ficção"*.[235]

Esta perspectiva de análise afigura-se-nos inaceitável e excessiva a vários títulos, quer porque no plano metodológico não acolhemos – como já repetidamente se tem exposto – essa aparente subordinação do plano da construção jurídica e dogmática a uma dimensão económica supostamente apreendida *a se*, quer porque nesse plano dogmático não se mostra fundada uma ideia de progressivo apagamento de institutos jurídicos basilares ou de nexos jurídicos fundamentais de titularidade de certos activos, que tradicionalmente enquadrem – na dimensão de construção jurídica que lhes é inerente – a actividade *empresarial* (com especial importância, entre outros, da figura da sociedade comercial). Já tivemos ensejo de acentuar que não se encontra em causa, em nosso entender, qualquer substituição da função de enquadramento jurídico desse tipo de institutos, mas, tão só, uma nova perspectiva metodológica de complemento dos mesmos com

---

[234] Referimo-nos ao poder sugestivo desta qualificação utilizada por DRUCKER em detrimento do conteúdo técnico-jurídico, visto que a figura da *"Partnership"* apresenta contornos técnico-jurídicos específicos nos sistemas de *"Common Law"*, nos termos sumariamente referidos *supra*, nota 232.

[235] Como se refere no texto original de PETER DRUCKER (A. cit., *Managing in a Time of Great Change*, cit., pp. 126 ss.), esse tipo de sociedade comercial *"may be a reality for shareholders, for creditors, for employees, and for tax collectors, (…) but economically it is fiction"*.

outro nível de análise que englobe a tessitura das relações entre as empresas, *maxime* as relações de cooperação *empresarial.*

Assim, independentemente do carácter excessivo de alguns aspectos de análises como a de DRUCKER, interessa reter, como elemento qualitativamente novo de compreensão dos processos de organização jurídico--económica da actividade empresarial, a importância cada vez maior que é assumida pelos sistemas de relações jurídicas de cooperação empresarial. Estas relações tendem, na verdade, a ser o modo dominante de estruturação das relações entre as empresas (e consequentemente entre os veículos jurídicos variados em que estas são corporizadas) em face das condições prevalecentes da actividade económica e do comércio jurídico.

Ora, como já tem sido reconhecido por diversos autores, essa importância contrasta com a ausência de uma análise sistemática, na perspectiva do direito privado, desses fenómenos de cooperação entre empresas.[236] Impõe-se, pois, um estudo desenvolvido das estruturas de relações jurídicas, ou dos sistemas de contratos[237] através dos quais esses nexos de cooperação entre empresas – designadamente nas suas modalidades mais estáveis e complexas, como sucede tipicamente com as empresas comuns ("*joint ventures*") – podem ser estabelecidos.

Não obstante o nosso estudo incidir essencialmente sobre o enquadramento dos processos de cooperação entre empresas e de criação de empresas comuns no plano específico do ordenamento da concorrência,[238]

---

[236] Como já referimos, essa lacuna foi justamente salientada, na doutrina nacional por LUÍS DE LIMA PINHEIRO (cfr. A. cit., *Contrato de Empreendimento Comum (Joint Venture) em Direito Internacional Privado*, cit., esp. pp. 37 ss). Outros autores têm, também, referido tal défice de análise sistemática no domínio em questão, como sucede, *vg.*, com BONVICINI (cfr. A. cit., *Le 'joint venture': Tecnica giuridica e prassi societária*, cit.).

[237] Nesta segunda hipótese, tomamos em consideração como possível pressuposto de análise – adiante equacionado – a ideia de que as relações de cooperação empresarial de carácter mais estável e com maior suporte de organização assentarão, essencialmente, em nexos contratuais, podendo configurar, em função da complexidade de cada estrutura de cooperação empresarial especificamente em causa, verdadeiros sistemas ou grupos de contratos. Cfr., sobre esta última perspectiva de compreensão da natureza jurídica das relações inerentes à constituição de empresas comuns ("*joint ventures*"), C. REYMOND, "Réflexions sur la nature juridique du contrat de joint venture", in Journal des Tribunaux, 1975, pp. 479 ss e LANGEFELD-WIRTH (Dir.), *Les Joint Ventures Internationales. Pratiques et Techniques Contractuelles des Coentreprises Internationales*, Paris, 1992.

[238] Importa, neste ponto, trazer, uma vez mais à colação, a delimitação do nosso objecto de estudo exposta na parte introdutória. Assim, embora tal objecto cubra, fundamentalmente, a compreensão crítica do tratamento das empresas comuns em direito da

considéramos importante para o desenvolvimento dessa análise na especialidade equacionar criticamente algumas das coordenadas fundamentais que se encontram subjacentes a esses processos numa perspectiva geral de direito privado (*maxime*, de direito comercial), a qual deverá constituir uma referência para as áreas específicas de qualquer sistema jurídico. Para tanto, haverá que apreciar as principais modalidades que as relações de cooperação empresarial podem assumir, de modo a situar juridicamente, nesse complexo relacional, a figura da empresa comum ("*joint venture*") com base numa indagação das principais finalidades prosseguidas através dessas relações. Será igualmente importante equacionar, à partida, uma noção preliminar de empresa comum naturalmente sujeita a ulterior desenvolvimento, justificação e clarificação, quer no que respeita ao seu conteúdo, quer no plano meramente terminológico, em função da análise crítica a produzir.

2.2. CARACTERIZAÇÃO PRELIMINAR DA FIGURA DA EMPRESA COMUM ("*JOINT VENTURE*") COMO MODALIDADE DE COOPERAÇÃO

Ao procurar dilucidar as principais finalidades subjacentes ao desenvolvimento de processos de cooperação entre empresas, conferindo a devida ênfase às mutações estruturais a que se vem assistindo nesse domínio, devido à recente emergência de escopos qualitativamente novos, ensaiamos desde já a fixação de um conceito preliminar de empresa comum ("*joint venture*") segundo uma perspectiva informada primacialmente pelo direito privado e pelos feixes de relações jurídicas que se estabelecem neste âmbito. Essa caracterização preliminar visa, entre outros aspectos, delimitar o nosso campo de análise, tendo presente que, em qualquer tipologia de acordos de cooperação entre empresas, a figura da "*joint venture*" ocupará uma posição cimeira se nos ativermos ao grau de intensidade da cooperação e ao grau de integração dos factores produtivos em presença.

Em nosso entender, a figura da empresa comum ("*joint venture*") corresponde a *uma relação, de conteúdo complexo, estabelecida entre*

---

concorrência, propomo-nos, preliminarmente, reflectir sobre a densificação jurídica desta figura no direito privado, equacionando a possível emergência de um conceito geral e de referência de empresa comum ("*joint venture*") e tomando, de forma particular em consideração os normativos relevantes de direito comercial.

entidades que explorem empresas com a finalidade de realizar em comum e num quadro de concertação, um determinado projecto empresarial, mantendo, em contrapartida, numa determinada esfera minimamente apreciável, a sua autonomia jurídica e uma capacidade própria de determinação do seu comportamento comercial nesse mesmo âmbito. Este requisito de manutenção da sua individualidade jurídico-económica própria num segmento de actividade apreciável constitui, a nosso ver, um elemento importante para delimitar a figura da empresa comum relativamente a outras *situações jurídicas*[239] que se traduzam numa pura integração de empresas. Na verdade, se um acordo entre duas empresas inicialmente distintas, qualificado formalmente por essas empresas fundadoras como *"joint venture"*, determinar que as mesmas coloquem em comum, no quadro de uma organização unitária, a generalidade das suas actividades, deixando apenas fora desse domínio conjunto nichos de actividades meramente residuais e sem grande expressão, mesmo que corporizados em entes que conservem a sua individualidade jurídico-formal, encontrar-se-á previsivelmente em causa uma pura *concentração de empresas*,[240] só na aparência delineada como uma empresa comum (*"joint venture"*).

---

[239] Utilizamos aqui, intencionalmente, o conceito de *situação jurídica* – como situação jurídica complexa – no sentido contemplado por OLIVEIRA ASCENSÃO, embora com conteúdo lato, menos tributário da vertente correspondente à actuação de *pessoas* jurídicas, visto que não pretendemos, por ora, particularizar modalidades específicas de relações jurídicas envolvendo elementos de cooperação ou de integração empresarial que possam estar em causa (cfr. A. cit., *Direito Civil – Teoria Geral*, Volume III, Coimbra Editora, 2002, pp. 11 ss.).

[240] Não obstante situarmos a nossa análise, por ora, num plano jurídico geral, referente à identificação de um conceito de referência de empresa comum, tomando especialmente em consideração um conjunto de interconexões entre normativos de direito privado – *maxime* de direito comercial, nos termos *supra* indicados – e normativos de direito da concorrência, justifica-se utilizar, deste já, este conceito de *concentração de empresas*, que releva, primacialmente, em sede de direito económico (e, sobretudo de direito da concorrência), para distinguir as situações jurídicas que envolvem relações entre empresas caracterizadas por uma prevalência de elementos de integração, em relação àquelas que se caracterizem por uma combinação de elementos de cooperação e de integração. Numa perspectiva de direito privado, poderá referir-se a ideia de controlo ou de domínio para traduzir tal prevalência dos elementos de integração (embora essas qualificações jurídicas estejam especialmente dirigidas para as relações de tipo societário). Cfr. sobre a problematização jurídica das questões de domínio empresarial fundamentalmente enquadradas em molduras societárias, J. ENGRÁCIA ANTUNES, *Os Grupos de Sociedades – Estrutura e Organização Jurídica da Empresa Plurissocietária*, cit., esp. pp. 33 ss..

Nesta identificação preliminar do conteúdo essencial da empresa comum avulta um outro aspecto significativo relacionado com a natureza contratual da estrutura de relações jurídicas em que a mesma figura assenta. Na verdade, é sabido que os processos de cooperação entre empresas – *maxime* numa vertente que apenas envolva a concertação de comportamentos comerciais,[241] para além de outras modalidades de relacionamento entre empresas – não implicam necessariamente, a formação de acordos com natureza vinculativa. As alternativas à configuração da cooperação na base de compromissos contratuais são muito variadas, abarcando desde práticas concertadas que não preenchem os requisitos normais de negócios jurídicos válidos até acordos desprovidos, no todo ou em parte, de vinculatividade jurídica (admitidos *qua tale* em certos ordenamentos que consintam a decisão expressa das partes sobre a questão da vinculatividade dos seus acordos, ou fixando conteúdos de natureza genérica dos quais decorram meros princípios de actuação, de tipo indicativo, e sem verdadeiro carácter cogente).[242]

---

[241] A densificação de conceitos de *concertação* de comportamentos comerciais ou concorrenciais das empresas e a possível distinção dessas situações em relação àquelas que envolvam verdadeiros elementos de *acordo* entre as empresas participantes em relações de cooperação (*maxime*, acordos de natureza contratual) é, sobretudo, estabelecida – como adiante observaremos – em sede de direito da concorrência (sem prejuízo da análise ulterior dessas questões, cfr., desde já, para uma conceptualização da categoria dos *acordos* de cooperação entre empresas, por contraposição com a mera *concertação* de comportamentos, OLIVER BLACK, "What is an Agreement'", in ECLR., 2003, pp. 504 ss. Este A. salienta, justamente, que a latitude do conceito de acordo em direito da concorrência, muito tributária de análises casuísticas, suscita crescentes problemas, visto que a definição unitária desse conceito é posta em causa pela extrema diversidade de situações de cooperação que emergem da *praxis* das relações entre empresas. Como afirma este A., "*as the diversity of cases increases, the term's meaning [agreeement] can come to lack conceptual unity*"; *op. cit.*, p. 504). De qualquer modo, pensamos que a distinção em causa pode ser trazida à colação para uma compreensão jurídica geral – incluindo numa óptica de direito comercial – das manifestação relevantes de cooperação entre empresas.

[242] Existe um vasto campo de problematização jurídica dos entendimentos ou acordos desprovidos de vinculatividade jurídica. De resto, em alguns ordenamentos jurídicos, como o alemão, é reconhecida às partes envolvidas em determinados entendimentos a faculdade de decidir sobre a vinculatividade dos seus compromissos. E, do mesmo modo, também no direito inglês, embora com diversas formulações conceptuais, se admite esse tipo de escolha sobre a vinculatividade dos acordos (abrindo espaços aos denominados "*gentleman's agreements*"). Na nossa doutrina LUÍS DE LIMA PINHEIRO analisa com algum desenvolvimento a admissibilidade de modalidades de acordos que se situem no limiar da vinculatividade jurídica (cfr. A. cit., *Contrato de Empreendimento Comum (Joint*

174   *Empresas comuns* – Joint Ventures

Pela nossa parte, assumimos o pressuposto – que adiante se justificará – de que os graus mínimos de complexidade, intensidade e estabilidade que devem caracterizar obrigatoriamente a estrutura de relações em que assenta a figura da "*joint venture*" impõem a construção da mesma

Venture) em Direito Internacional Privado, cit., pp. 124 ss). Não cabe nos escopos deste trabalho uma extensa problematização, numa perspectiva de direito privado, de modalidades de entendimentos e acordos com diferentes graus de vinculatividade jurídica que podem, alternativamente, dar corpo a diferentes tipos de relações de cooperação entre empresas. De qualquer modo, tendo presente que a admissibilidade de simples acordos que não vinculem juridicamente as partes tem sido objecto de larga discussão na doutrina nacional, podemos anotar, de forma sumária, que a denominada teoria dos "*efeitos práctico-jurídicos*", trazida à colação por MANUEL DE ANDRADE (*Teoria Geral da Relação Jurídica*, Vol. II, Coimbra, 1987, pp. 31 ss.), e também referida por ANTUNES VARELA (*Das Obrigações em Geral*, Vol. I, Almedina, Coimbra, 2003, pp. 220 ss.), permite, em nosso entender, chegar a soluções dogmáticas algo aproximadas das obtidas nos ordenamentos alemão e inglês (no mesmo sentido, aparentemente, cfr. LUÍS DE LIMA PINHEIRO, *Contrato de Empreendimento Comum (Joint Venture) em Direito Internacional Privado*, cit., pp. 125-126). Assim, poderá fazer-se depender a vinculatividade jurídica de uma dupla vontade, que se reporte, por um lado, à produção de certos efeitos práticos em virtude de determinados acordos e, por outro lado, à submissão desses efeitos à ordem jurídica. Admitimos, ainda, acompanhando até certo ponto, neste domínio, LUÍS DE LIMA PINHEIRO, que a vinculatividade jurídica se possa presumir em relação aos acordos versando matérias sobre as quais, em regra, se concluam negócios jurídicos – sobretudo negócios típicos – e que se considere uma presunção inversa para os negócios de *trato social* (no sentido em que esta qualificação é utilizada por OLIVEIRA ASCENSÃO – *Direito Civil – Teoria Geral.*, Vol. II, Coimbra Editora, 2003, esp. pp. 88 ss.). Como também acrescenta LIMA PINHEIRO, em relação ao primeiro tipo de acordos – negócios típicos – desenvolve--se, preferencialmente, a discussão sobre o objecto da "*vontade funcional*" das partes, no sentido de aquilatar a extensão e o modo como se devam concretizar os específicos efeitos jurídicos que melhor traduzam o fim prático prosseguido por essas partes (cfr. sobre tal análise da "*vontade funcional*" das partes, INOCÊNCIO GALVÃO TELLES, *Manual dos Contratos em Geral*, Coimbra Editora, 2002, pp. 17 ss.). Pela nossa parte, entendemos que o domínio das *relações de cooperação entre empresas*, mesmo quando considerado numa perspectiva predominantemente informada pelo direito privado, pode apresentar interconexões interessantes com o direito da concorrência, devido à extensão e profundidade de que se reveste a densificação jurídica desse tipo de relações – conquanto numa óptica própria – no quadro desta área do direito. Assim, pensamos que, em sede de aplicação de normas de concorrência, se verifica uma especificidade na apreensão jurídica de acordos relacionados com a cooperação empresarial, visto que, em múltiplas situações, será suficiente que exista uma vontade das partes dirigida aos aspectos económicos concretos que integrem o núcleo essencial do objecto do acordo, para que se produzam consequências jurídicas de submissão desses acordos a normativos de direito da concorrência. Transpondo, de alguma forma, este tipo de configuração jurídica de acordos em matéria

Parte I – Capítulo 1 175

como um verdadeiro sistema de relações contratuais. Em conformidade, podemos precisar que a nossa análise incide sobre o *contrato de empresa comum* (ou *contrato de "joint venture"*).[243]

Um terceiro aspecto aflorado nesta caracterização preliminar de um conceito de referência de empresa comum (*"joint venture"*) delineado a partir de relações de direito privado deve ainda ser destacado, constituindo, em nosso entender, uma baliza fundamental de delimitação desta figura face a uma miríade de categorias possíveis de acordos de mera cooperação empresarial).[244] Esse aspecto relaciona-se com o elemento que atrás enunciamos referente à realização em comum, por parte das empresas fundadoras, de um determinado *projecto empresarial*.

Na realidade, pensamos que o *maius* jurídico que separa a figura qualificável como empresa comum (*"joint venture"*) das múltiplas modalidades de acordos de cooperação consiste primacialmente na individualização de uma organização jurídica, criada *ex novo*, com verdadeiras características empresariais, mesmo que o seu grau de autonomia relativamente às empresas fundadoras (ou empresas-mãe) possa ser relativamente

---

de cooperação entre empresas para o domínio do direito privado, poderemos admitir que, nessa matéria, uma certa intensidade elevada da vontade dirigida a efeitos práticos tenderá mais facilmente a *"atrair"* consequências jurídicas. De qualquer modo, pensamos que em relação às empresas comuns (*"joint ventures"*), como formas mais elaboradas e estáveis de cooperação empresarial, será, em regra, necessária a existência de acordos revestidos de vinculatividade jurídica.

[243] Como já referimos, a eventual necessidade de enquadramento contratual para a constituição e modelação de um conjunto de relações que configurem a categoria da empresa comum (*"joint venture"*) será especificamente objecto de análise *infra*, ponto 4.2.2. e esp. – conquanto numa perspectiva dirigida à generalidade das relações de cooperação empresarial – ponto 4.2.7.1., do presente capítulo.

[244] Como temos vindo a referir, esse problema da delimitação da empresa comum (*"joint venture"*) face aos meros acordos de cooperação entre empresas (*"cooperation agreements"*) tem sido especialmente analisado em sede de direito da concorrência, onde suscita complexas questões de qualificação jurídica (que são objecto do nosso estudo *ex professo, infra*, no capítulo segundo desta Parte I; cfr., de qualquer modo, para uma perspectiva geral sobre a dificuldade desse exercício analítico, FRANK FINE, *Mergers and Joint Ventures in Europe*, cit., esp. pp. 286 ss.. Numa perspectiva jurídica geral de distinção entre os acordos de *"joint venture"* e outras formas de colaboração empresarial, cfr., ainda, URBAN, VENDEMINI, *Alliances Stratégiques Coopératives Européennes*, Bruxelas, 1994, esp. pp. 120 ss.). Pensamos que um ensaio de identificação de uma categoria jurídica de referência de empresa comum (*"joint venture"*), numa perspectiva geral de direito privado pode beneficiar dessa problematização desenvolvida no quadro do direito da concorrência.

176 *Empresas comuns* – Joint Ventures

variável (será, de resto, essa variedade que permite configurar várias categorias diferenciadas de empresas comuns; como se verá, no plano específico do direito comunitário da concorrência, esse tipo de diferenças, apreendidas em função do maior ou menor grau de autonomia das empresas comuns em relação às empresas-mãe, conduz, mesmo, *de iure condito* à sujeição das mesmas a regimes adjectivos e materiais diversos, independentemente das críticas que esse tipo de enquadramento jurídico nos possa merecer).[245] Será, em súmula, a criação de uma específica estrutura organizativa de um feixe de relações de cooperação, dispondo de alguns meios próprios para o efeito – orientada para a realização de um projecto empresarial, mesmo que essencialmente instrumental das actividades das empresas-mãe, que confere à figura da empresa comum (*"joint venture"*) aquele grau mínimo de intensidade e estabilidade do núcleo relacional de cooperação, que a separa tipicamente dos meros acordos de colaboração entre empresas. A necessária identificação de uma estrutura organizativa de cooperação, dotada de alguns meios próprios e delineada para a realização de um projecto comum de natureza e conteúdo empresarial leva-nos a considerar que, num plano de fixação de terminologia jurídica, a figura frequentemente denominada de *"joint venture"* (conceito literal que reflecte historicamente a origem dessa figura)[246] se pode carac-

---

[245] Esses problemas de configuração de categorias diferenciadas de empresas comuns no plano específico do direito comunitário da concorrência, que determinam a aplicação às mesmas de regimes jurídicos diferenciados são analisados *ex professo* no capítulo segundo da **Parte II** e, como aí se observará, tal enquadramento não unitário merece-nos, efectivamente, uma apreciação muito crítica.

[246] Já tivemos ensejo de referir que o *nomen juris* – e a correspondente figura jurídica – da *"joint venture"* têm origem nos sistemas de *"Common Law"*, e, mais particularmente, no ordenamento norte-americano. Na realidade, e como salientam, justamente, Luiz O. Baptista e Pascal Durand-Barthez o conceito de *"joint venture"* não existia no direito inglês tradicional, nem tem, propriamente, antecedentes no direito inglês das sociedades que se desenvolveu a partir de dois institutos fundamentais – a *"partnership"* e a *"corporation"*, ou, mais concretamente, a *"joint stock company"* (cfr. As. cit., *Les Associations d'Entreprises (Joint Ventures) dans le Commerce International*, cit., pp. 4 ss.). Este conceito nominal de *"joint venture"* surge no quadro do ordenamento norte-americano e a sua origem encontra-se, fundamentalmente, associada ao desenvolvimento de modalidades jurídicas de cooperação e concentração empresariais, que, por seu turno, se encontram relacionadas com movimentos de investimento internacional na segunda metade do século XIX e, ulteriormente, sobretudo, com investimentos realizados no período posterior à segunda guerra mundial (pode, de resto, considerar-se, acompanhando neste ponto Herzfeld e Wilson, que a consolidação da categoria da *"joint venture"* com

o sentido que se encontra relativamente consolidado no presente, data, no essencial, deste último período, o que originou algumas indefinições conceptuais devido à utilização da mesmo *nomen juris* no contexto do ordenamento norte-americano com sentidos algo variáveis em períodos anteriores; cfr. As. cit., *Joint Ventures*, cit., pp. 3 ss). Assim, de modo curioso, o conceito de *"joint venture"* que é, claramente, originado no ordenamento norte-americano – no qual os tribunais tendiam a identificar, preferencialmente, a noção económica de *empresa* com a expressão *"venture"*, em detrimento da expressão *"enterprise"* – acaba por receber nesse ordenamento, pelo menos em certos momentos, uma concretização mais imprecisa, ora porque excessivamente lata, abarcando quaisquer processos de cooperação entre empresas, ora devido a sobreposições com a figura da *"partnership"*, nos termos já referidos em nota antecedente – no ponto 2.1., *supra*. Esta origem da categoria da *"joint venture"* num sistema de *"Common Law"* deu azo a compreensíveis dificuldades na recepção da mesma em ordenamentos continentais e levou, por exemplo, a que em alguns ordenamentos, como o francês e o italiano, se utilize com frequência esta denominação anglo-saxónica (embora, em termos descritivos se utilizem por vezes cumulativamente as denominações de *"impresa congiunta"*, *"società congiunta"*, *"entreprise conjointe"*, *"société conjointe"*, *"filiale commune"*). Noutros ordenamentos, apesar de se terem preferido terminologias próprias para identificar esta figura – como sucede no direito alemão com o conceito de *"Gemeinshaftsunternehmen"* – foram experimentadas dificuldades comparáveis em ordem a uma densificação com alcance geral da mesma figura, sugerindo, de resto, alguma doutrina germânica a impossibilidade de uma caracterização genérica de tal figura, pois a mesma, supostamente, teria contornos específicos – não passíveis de generalização – em diversas áreas do direito (destacando autores como HUBER e BÖRNER uma intrínseca ligação preferencial da mesma ao direito da concorrência; cfr. As. cit., *Gemeinshaftsunternehmen im deutschen und europäishen Wettbewersrecht*, Koln, 1978). Para além dessas questões formais e de adaptação terminológica em relação à recepção do conceito de *"joint venture"* nos ordenamentos continentais de vários Estados-Membros da UE, cremos que os problemas essenciais que se fizeram sentir nesse plano foram de ordem substantiva e reportaram-se à densificação e consolidação jurídicas desse conceito em articulação com a categoria da *empresa* – *maxime* em sede de direito comercial – e com as estruturas jurídicas alternativas que, em regra, concretizam a empresa no comércio jurídico no quadro dos vários ordenamentos continentais. Este tipo de problemas, de resto, ocorre no presente em relação a outras figuras jurídicas de alcance geral, gradualmente difundidas na *praxis* das relações jurídicas mercantis e no direito comercial, por influência do direito norte-americano que tende, cada vez mais, a afirmar-se como centro de *criação* e inovação no moderno direito comercial (o que não impede, em nosso entender, que os processos de *recepção* nos ordenamentos continentais de figuras ou categorias jurídicas originadas no direito norte-americano venham a incorporar, com formas e extensões variáveis, um *maius* conceptual; cfr. sobre

178 *Empresas comuns* – Joint Ventures

terizar, com relativa precisão e de modo justificado, como *empresa comum*. [247]

Divergimos, assim, de algumas orientações doutrinais que admitem, em tese, a existência de empresas comuns dissociadas desse tipo de estruturas organizativas de cooperação e assentes apenas na coordenação de actividades das empresas participantes. Na doutrina nacional, e equacionando, numa perspectiva geral, informada pelo direito privado,[248] as prin-

---

esse actual papel *criador* do direito norte-americano no campo do direito comercial, bem como noutras áreas do direito, MATHIAS REIMANN, *Droit Positif et Culture Juridique. L'Américanisation du Droit Européen par Réception*, in *L'Américanisation du Droit*, cit., pp. 61 ss. e WALLACE BAKER, *L'Américanisation du Droit Français par la Vie Économique*, in *L'Américanisation du Droit*, cit., pp. 207 ss.

[247] Como expusemos na parte introdutória, e nos termos que temos enfatizado ao longo do presente trabalho, consideramos da maior importância a fixação de uma terminologia jurídica nacional rigorosa para os principais conceitos e categorias dilucidados na nossa análise e, em particular, – por razões evidentes – no que respeita à figura central da empresa comum ("*joint venture*"). Intencionalmente, na análise antecedente temos, em regra, utilizado de forma cumulativa os conceitos literais de *empresa comum* e "*joint venture*". Confirmada, a partir da presente análise, uma fixação da terminologia de *empresa comum* – que consideramos adequada e justificada, nos termos acima expostos, para enquadrar os feixes de relações jurídicas normalmente designados através do *nomen juris* de "*joint venture*", passamos a utilizar a mesma terminologia *a se* e sem uma sistemática e algo pleonástica referência paralela ao conceito de "*joint venture*" (sem prejuízo de ulteriores clarificações conceptuais, envolvendo a rejeição de terminologias ou qualificações jurídicas alternativas, ou de específicas caracterizações da mesma figura, a produzir no plano especializado do direito da concorrência – *infra* capítulo segundo desta **Parte I**).

[248] As *relações de cooperação empresarial*, nas suas várias modalidades, compreendendo a figura da empresa comum como modalidade particularmente estruturada de cooperação, podem ser analisadas numa lógica jurídica de conjunto essencialmente informada pelo direito privado – e, nesse plano, em especial, pelo direito comercial – ou pelo direito da concorrência. Alguns estudos doutrinais têm já procurado uma compreensão e uma densificação globais dessa categoria, tomando como referência os modelos do direito das sociedades comerciais (é, de algum modo, o caso de BONVICINI, na sua obra já cit., *Le 'Joint Venture': Tecnica Giuridica e Prassi Societária*), ou considerando em termos gerais a sua regulação de direito privado, para efeitos de concretização de um específico corpo normativo no direito privado (como sucede com a análise de LUÍS DE LIMA PINHEIRO, no seu estudo *Contrato de Empreendimento Comum (Joint Venture) em Direito Internacional Privado*, cit.). Pela nossa parte, pretendemos contribuir para uma compreensão sistemática crítica da categoria da empresa comum em sede de direito da concorrência, mas procurando, também, a título preliminar, identificar um conceito de referência de empresa comum numa perspectiva jurídica geral. Existe, contudo, alguma vantagem dogmática na

cipais modalidades de cooperação de empresas, LIMA PINHEIRO assume uma orientação desse tipo,[249] caracterizando a figura originariamente designada por *"joint venture"*[250] como um *contrato de empreendimento comum*, que, enquanto tal, pode compreender, ou não, a criação de uma ou mais empresas comuns (envolvendo estruturas organizacionais próprias relativamente estáveis no sentido que acima indicámos).

A noção de *empreendimento* corresponderia, de acordo com essa orientação, a uma denominação jurídica precisa de *actividades* económicas prosseguidas em comum e que não pressuporiam, para o seu desenvolvimento, a constituição de uma organização comum, podendo, pelo contrário, assentar em meras relações obrigacionais de cooperação. Para LIMA PINHEIRO, a utilização do conceito de empresa comum seria terminologicamente imprecisa e tecnicamente menos rigorosa, visto que, na sua concepção, a mesma representaria, tão só, um elemento eventual na estruturação complexa dos contratos de empreendimento comum (*"joint venture"*).

Pela nossa parte, consideramos que esta análise dilui potencialmente a identidade dessa categoria de contratos de empreendimento comum no conjunto vasto e multímodo dos acordos de cooperação ou de colaboração entre empresas.[251] Não curamos por ora, é certo, do problema, que adiante

---

realização desse exercício de análise com base na densificação do conceito em direito da concorrência, pois, apesar da especificidade que se verifica no tratamento da figura nesta área do direito de que principalmente nos ocupamos, o especial desenvolvimento de tal figura que se verifica neste plano oferece alguns contributos importantes para a compreensão geral, incluindo numa perspectiva de direito privado algo orientada para as questões de direito comercial.

[249] Cfr., nesse sentido, LUÍS DE LIMA PINHEIRO, *Contrato de Empreendimento Comum (Joint Venture) em Direito Internacional Privado*, cit., pp. 53 ss..

[250] Reportamo-nos aqui à figura utilizada na *praxis* das relações de cooperação empresarial, nos termos que vimos caracterizando, e com o *nomen juris* em causa, recebido *qua tale*, como já observámos, em diversos ordenamentos.

[251] E, neste ponto, entendemos, precisamente, que o contributo de uma perspectiva dogmática geral da figura da *"joint venture"* – utilizando aqui o *nomen juris* original da mesma – que tome especialmente em consideração a sua construção jurídica muito desenvolvida em sede de direito da concorrência será importante para apreender o significado analítico dos elementos de organização e, sobretudo, para autonomizar essa figura em relação ao conjunto vasto e diversificado de acordos de cooperação empresarial (esse contributo poderá ser confirmado através da análise *ex professo* da categoria da empresa comum em sede de direito da concorrência a que se procede *infra* – capítulo segundo desta **Parte I**). Essa autonomização não se nos afigura suficientemente vincada através de uma

se equacionará, relativo à base jurídica desta pretendida autonomização de uma categoria de contratos de *"joint venture"* – correspondente a *contratos de empreendimento comum* na análise de LIMA PINHEIRO, ou a *contratos de empresa comum*, de acordo com a orientação que subscrevemos. Independentemente do acolhimento algo incerto e fragmentário dessa qualificação jurídica – de *"joint venture"* – nas normas de direito positivo de vários ordenamentos importará, face à *praxis* jurídica recorrente, apreciar se esta figura pode ser autonomizada como um tipo social de contratação, ou um tipo do tráfego negocial, sem encontrar normalmente correspondência nos tipos normativos pré-existentes[252] ao nível de vários ordenamentos nacionais e do próprio ordenamento comunitário.

2.3. FINALIDADES MAIS RECORRENTES DOS PROCESSOS DE COOPERAÇÃO EMPRESARIAL

Como já se acentuou, a compreensão das finalidades económicas que tipicamente se encontram subjacentes aos fenómenos de cooperação entre empresas – em especial no que respeita às formas mais desenvolvidas de cooperação, como sucede com o contrato de empresa comum,[253] – constitui um elemento fundamental na análise dos processos de estruturação jurídica desse tipo de relações. Assim, embora a nossa análise na especialidade de certas categorias de empresas comuns no plano jusconcorrencial[254] nos leve a equacionar de modo mais aprofundado os principais

---

categoria qualificada como contrato de empreendimento comum e que seria configurável independentemente da existência de elementos de organização comum.

[252] Sobre esta metodologia de análise tipológica, cfr, por todos, PEDRO PAIS DE VASCONCELOS, *Contratos Atípicos*, cit., esp. pp. 59 ss.e RUI PINTO DUARTE, *Tipicidade e Atipicidade dos Contratos*, cit., esp. pp. 30 ss. Cfr., ainda, sobre a mesma matéria, GIOVANNI DATILLO, "Tipicità e realtà nel diritto dei contrati", in Riv Dir Civ., 1991, pp. 772 ss.

[253] Utilizamos doravante a expressão empresa comum, bem como contrato de empresa comum para identificar a categoria comumente designada como *"joint venture"*, sem prejuízo da análise ulterior sobre a necessidade de suporte contratual para esta figura no quadro das relações de cooperação entre empresas.

[254] Reportamo-nos aqui, fundamentalmente, à análise jusconcorrencial desenvolvida em relação aos vários tipos funcionais de empresas comuns submetidas ao regime do artigo 81.º CE (*infra*, capítulo terceiro, **Parte III**, esp, pontos 2.2., 3.2. e 4.2., onde se analisam os objectivos que, em regra, se encontram subjacentes aos três principais tipos funcionais de empresas comuns que são objecto da nossa análise *ex professo*).

Parte I – Capítulo 1 181

escopos empresariais que determinam a configuração variada dessas relações e que se encontram na base da causa ou função jurídica de múltiplos tipos de situações contratuais de colaboração empresarial, importa, desde já, examinar, em tese, as motivações mais recorrentes de tais relações.

Essa tarefa de sistematização de objectivos típicos de processos de cooperação empresarial afigura-se particularmente complexa, tendo presente a natureza múltipla dos mesmos e – como já acima se referiu – a emergência relativamente recente de escopos qualitativamente novos que têm contribuído para um decisivo alargamento dos domínios potencialmente cobertos por essa cooperação.

De qualquer modo, ressalvando o carácter genérico deste esforço de sistematização podemos – numa primeira apreciação – identificar as seguintes finalidades:

a) As necessidades de inovação técnica ao nível de produção de certos bens e serviços em particular determinam com frequência a conjugação de meios e recursos complementares de diferentes grupos empresariais. Numa economia caracterizada por ciclos de vida dos produtos progressivamente mais curtos e pela prevalência de factores produtivos extremamente dinâmicos e voláteis ligados a formas diversas de conhecimento especializado,[255] a cooperação empresarial directamente dirigida ao

---

[255] Sobre a necessidade reforçada de cooperação empresarial no contexto de uma economia caracterizada por ciclos de vida dos produtos progressivamente mais curtos e pela prevalência dos factores produtivos extremamente dinâmicos e voláteis ligados a formas diversas de conhecimento especializado, cfr. JOHN HAGEDOORN, "Strategic Technology Partnering during the 1980s. Trends, Networks and Corporate Partners in Non-Core Technologies", in Res. P., 1995, pp. 207 ss. E MICHAEL HERGBERT, DEIGAN MORRIS, *Trends in International Collaborative Agreements*, in *Cooperative Strategies in International Business*, FAROK CONTRACTOR, PETER LORANGE, Editors, cit., pp. 99 ss. Cfr., ainda, para uma visão concreta sobre a proliferação, em especial, de "*joint ventures*" e de outras modalidades de cooperação entre empresas, JAMES BANFORD, DAVID ERNST, DAVID FUBINI, "Launching a World-Class Joint Venture", in Harv B R., 2004, pp. 91 ss. Como referem estes autores, "(...) *more than 5 000 Joint Ventures, and many more contractual alliances, have been launched worldwide in the past five years [2004]. The largest 100 JVs currently represent more than $ 350 billion in combined annual revenues. So it's become clear to many companies that alliances – both equity JVs (where the partners contribute resources to create a new company) and contractual alliances (where the partners collaborate without creating a new company) – can be ideal for managing risk in uncertain markets, sharing the cost of large-scale capital investments, and injecting newfound enterpreneurial spirit into maturing businesses*".

182   *Empresas comuns* – Joint Ventures

fomento a certos processos de inovação apenas possíveis através da combinação de recursos complementares e de direitos de propriedade intelectual e activos produtivos com características diversas tem vindo a tornar-se num processo essencial, seja de manutenção de posição do mercado em múltiplos sectores empresariais cada vez mais abertos, seja de entrada em novos mercados.

Além das normais necessidades de contínua inovação ao nível de processos produtivos, certos sectores económicos mais dinâmicos requerem, em particular, formas de associação empresarial que criem as condições adequadas para esse impulso inovador em determinadas áreas de negócio sem perda da individualidade própria de cada grupo empresarial que esteja em causa, e da respectiva área fundamental de actividade (pensamos em sectores que vêm assentando o seu desenvolvimento na sobreposição, em moldes qualitativamente novos, de actividades e técnicas empresariais tradicionalmente afastadas entre si).

No presente, como se verá, sectores como os das telecomunicações e multimedia, ou – nos termos que melhor se explicitarão na análise sectorial adiante desenvolvida[256] – o sector financeiro, nos seus cruzamentos com o domínio das comunicações electrónicas, representam áreas paradigmáticas desse tipo de necessidades de inovação que, pela sua natureza, suscitam processos de cooperação empresarial – em especial a criação de empresas comuns com domínios especializados de actuação – em detrimento de opções correspondentes à criação de conglomerados empresariais.[257]

---

[256] Como já referimos, a análise do tipo funcional das empresas comuns de comercialização de bens e serviços conduzir-nos-à a uma sintética incursão na matéria da cooperação empresarial no sector financeiro, *maxime* no que respeita a empresas comuns, ou entidades comparáveis, associadas ao funcionamento de sistemas de cartões de pagamento (*infra*, capítulo terceiro da **Parte III**, esp. ponto 4.4.3.6.). Interessa-nos, neste domínio, sobretudo a especificidade dos elementos de cooperação empresarial intrinsecamente associados ao funcionamento de certos sistemas em rede, como sucede, de modo paradigmático, com múltiplas operações no sector financeiro.

[257] Na realidade, nos sectores económicos mais dinâmicos e onde os elementos de inovação e a combinação de recursos tecnológicos e de formas de '*saber fazer*' tradicionalmente diferenciadas assumem maior peso – exigindo a obtenção de informação e de recursos a partir de várias fontes – afirmou-se com maior rapidez e intensidade um novo modelo de organização de actividades, essencialmente orientado para a cooperação – *maxime* através de empresas comuns – em detrimento do modelo organizacional do conglomerado empresarial. Essa mutação qualitativa dos modelos de organização da activi-

b) Outra finalidade típica dos processos de cooperação empresarial – *maxime* nas suas formas mais organizadas – corresponde inelutavelmente à redução do risco financeiro referente a certas operações empresariais ou a determinados investimentos.[258] Na verdade, múltiplos projectos empresariais pressupõem simultaneamente elevados custos de investimento inicial e uma considerável incerteza relativamente aos resultados que possam gerar (ou mesmo quanto à mera projecção no tempo do retorno dos investimentos o que, só por si, constitui um factor sensível, condicionador das opções empresariais). Esse tipo de riscos económicos pode mostrar-se, em absoluto, incomportável para certas empresas, ou, em termos menos extremos, pode constituir um factor de indefinição cuja assunção não se mostre razoável, mesmo relativamente a empresas de maior dimensão. A partilha do risco económico através de diversas modalidades de associação empresarial apresenta uma especial importância em sectores de actividade tradicionalmente caracterizados por um peso significativo de factores aleatórios, como sucede com as actividades de pesquisa de petróleo, ou os projectos de construção de grandes obras públicas,[259] sendo de

---

dade empresarial vem, contudo, conhecendo um progressivo alargamento a outros sectores económicos. Sobre este tipo de transformações, cfr. WALTER POWELL, "Inter-Organizational Collaboration in the Biotechnology Industry", in JITE, 1996, pp. 197 ss. Como afirma, de modo lapidar, este A, *"over the past two decades a new logic of organizing has emerged to challenge mass production. The canonical large corporation, based on the principles of vertical integration, dedicated machinery, a hierarchical structure of management, and a detailed division of work, is giving way to more flexible forms. Scholars are struggling to understand the etiology and consequences of these ostensible new modes of government"* (*op. cit.*, p. 197).

[258] Sobre estes escopos de redução do risco subjacentes a determinados processos de cooperação empresarial, cfr. FAROK CONTRACTOR, PETER LORANGE, *Why should Firms Cooperate? The Strategy and Economics Basis for Cooperative Ventures*, in *Cooperative Strategies in International Business*, FAROK CONTRACTOR, PETER LORANGE, Editors, cit., pp. 4 ss. Como referem estes As., *"cooperative ventures can reduce a partner's risk by (1) spreading the risk of a large project over more than one firm (2) enabling diversification in a product portfolio sense, (3) enabling faster entry and payback, and (4) cost subbadditivity (the cost to the partnership is less than the cost of investment undertaken by each firm alone)"* (As. cit., *op. cit.*, p. 11). As três últimas modalidades de redução de risco afiguram-se-nos particularmente importantes num contexto empresarial caracterizado pelo dinamismo e encurtamento dos ciclos de vida dos produtos e pela diversificação das preferências dos consumidores.

[259] Sobre a especial importância da partilha de riscos económicos no sector petrolífero, que explica, de resto, que o mesmo se tenha convertido em termos de economia industrial e de direito da concorrência numa área de estudo paradigmática dos processos

admitir, de qualquer modo, face às mutações que vêm ocorrendo nas estruturas produtivas, a proliferação de áreas de negócio que combinam um potencial de retorno económico elevado com factores de risco também particularmente elevados.[260]

A diminuição dos factores de risco económico através da sua distribuição, segundo modalidades muito diversas, entre várias empresas, em processos organizados de cooperação, constitui, pois, um elemento essencial para assegurar maiores graus de dinamismo empresarial, o que se mostra essencial no contexto de mercados cujo funcionamento se encontre sujeito a forças contínuas e céleres de transformação. Importará, também, assinalar que essas formas organizadas de cooperação empresarial permitem ainda a compatibilização de elementos de dinamismo empresarial com níveis razoáveis de flexibilidade em contraponto *vg.* com o que sucede

---

de criação de empresas comuns, cfr., por todos, *The Impact of Joint Ventures on Competition – The Case of Petrochemical Industry in the EEC*, Final Report, Commission of the European Communities, edited by GIUSEPPINA GUALTIERI, Brussels, Luxembourg, 1991. Como aí se refere, *"the importance of economies of scale is a characteristyic common to a large part of petrochemical production, which normally requires high capital investments and a minimum plant size to be able to operate competitively. There are however some productions in which economies of scale are of fundamental importance and where there is only room for a few competitors operating on a world-wide level. These are generally linked to the high incidence of research and development costs and the need to adopt very sophisticated and expensive machinery. In these cases the economies of scale create strong barriers which discourage entry even though these are frequently highly profitable industries. Here the jv is a means of reinforcement or, in many cases, essential for survival and a second best choice if the sector shows good profits. Generally jv are concerned with the research activity as well as that of production and marketing"* (*op. cit.*, p. 115). Ainda sobre a relevância das empresas comuns neste mesmo sector, confirmada numa óptica de análise jusconcorrencial e suscitando alguns problemas paradigmáticos, cfr. M. ADELMAN, *The World Petroleum Market*, 1972.

[260] Pensamos aqui em mercados especialmente dinâmicos caracterizados pelo lançamento frequente de novos produtos ou serviços e combinando recursos procedentes de diferentes sectores económicos. Nesses mercados, tipicamente, o potencial de taxas de retorno elevadas coexiste com elevados graus de risco, o que torna os mecanismos de cooperação empresarial – *maxime* através das empresas comuns – elementos fundamentais para a prossecução de estratégias empresariais. Para ilustrações desses tipos de casos, cfr. cfr. WALTER POWELL, "Inter-Organizational Collaboration in the Biotechnology Industry", cit., pp. 197 ss. e CHRISTIAN AHLBORN, DAVID S. EVANS, ATILANO JORGE PADILLA, "Competition policy in the new Economy: Is European Competition Law up to the Challenge?", in ECLR, 2001, pp. 156 ss..

relativamente a uma parte significativa das operações de concentração empresarial (em sentido estrito)[261] que acarretem a extinção das empresas fundadoras, enquanto tais.

c) A cooperação empresarial tem-se revelado um instrumento importantíssimo para o desenvolvimento de projectos de internacionalização de empresas numa dupla perspectiva cuja configuração tradicional deverá, em nosso entender, ser repensada. Assim, em tese, determinadas formas organizadas de cooperação entre empresas podem constituir quer um meio de facilitar a penetração em certos mercados nacionais ou regionais através da ligação a parceiros locais, quer uma via para a obtenção de economias de escala ou de um suporte financeiro, organizacional (ou de outro tipo), quando estes factores se mostram necessários para o lançamento de projectos empresariais de dimensão internacional (os quais não se reconduzem apenas a operações normalmente caracterizáveis como investimentos estrangeiros em vários mercados e podem, no limite, corresponder, tão só, ao lançamento de produtos cujo mercado tenha dimensão mundial ou abarque extensas áreas regionais).

Tradicionalmente, a primeira perspectiva foi apontada como uma motivação dominante dos acordos de cooperação entre empresas – *maxime* da constituição de empresas comuns – os quais chegaram a ser concebidos, no essencial, como um veículo de entrada em certos mercados nacionais, ultrapassando obstáculos de natureza regulamentar, bem como outro tipo de constrangimentos. Na realidade, se, como adiante se exporá, a autonomização de um conceito jurídico de "*joint venture*" procede fundamentalmente, em termos históricos, do direito norte-americano – embora rapidamente incorporada, sob várias formulações, na generalidade dos sistemas jurídicos que enquadram as economias mais desenvolvidas[262] – numa primeira fase de desenvolvimento e afirmação desta figura no período posterior à segunda guerra mundial, a mesma aparece estreitamente associada

---

[261] O conceito de *operação de concentração* em sentido estrito é, já, fundamentalmente, tributário do direito da concorrência (cfr, sobre esta matéria, o exposto, *infra*, capítulo segundo desta **Parte I** e capítulo segundo da **Parte III**), mas utilizamo-lo aqui, *ab initio*, pelo seu poder sugestivo e em contraposição às situações jurídico-económicas de mera cooperação empresarial.

[262] Tivemos já ensejo de aflorar brevemente a origem histórica do *nomen juris* de "*joint venture*" e o seu processo de recepção em vários ordenamentos fora dos sistemas de "*Common Law*", em notas antecedentes – *supra*, ponto 2.2. deste capítulo.

186   *Empresas comuns* – Joint Ventures

à realização de projectos de investimento estrangeiro por parte de empresas norte-americanas e à entrada em novos mercados geográficos.[263]

Essa associação estreita entre a figura da empresa comum (*"joint venture"*) e a penetração em novos mercados, superando barreiras de diversa natureza – desde normas nacionais de direito económico limitativas do investimento estrangeiro, exigências regulatórias de difícil cumprimento em concreto por parte de empresas não nacionais ou meros aspectos de cultura empresarial e adaptação de práticas e estruturas comerciais a certos mercados locais[264] – encontra-se no presente largamente ultrapassada. Como temos vindo a destacar, a cooperação empresarial através da criação de empresas comuns tornou-se, um processo de enquadramento de relações entre empresas aplicável na generalidade das situações de crescimento empresarial ou de desenvolvimento de novos circuitos de produção e distribuição de múltiplos bens ou serviços, independentemente de se encontrar ou não em causa, a penetração em novos mercados geográficos relativamente fechados ao exterior. Várias razões militaram no sentido desta evolução, desde a emergência de novas situações econó-

---

[263] No que respeita a esta associação da figura da *"joint venture"* à realização de projectos de investimento estrangeiro por parte de empresas norte-americanas e à entrada em novos mercados geográficos, articulando já esses aspectos com uma problematização jusconcorrencial, cfr. JOEL DAVIDOW, "Special Antitrust Issues Raised by International Joint ventures", in ALJ, 1985, pp. 1031 ss. e OTFRIED LIEBERKNECHT, "United States Companies in Foreign Joint Ventures", in ALJ, 1985, pp. 1051 ss..

[264] A utilização da figura da *"joint venture"* como elemento de superação desse tipo de barreiras desempenhou, historicamente, uma importância considerável, *vg.*, em relação a mercados do antigo bloco leste europeu, ou, mesmo em relação a determinados sectores económicos no mercado japonês. Sobre esses desenvolvimentos e sobre a própria mutação dos próprios padrões de cooperação empresarial em função da diminuição de tais barreiras, cfr. PETER BUCKLEY, MARK CASSON, *A Theory of Cooperation in International Business*, in *Cooperative Strategies in International Business*, FAROK CONTRACTOR, PETER LORANGE, Editors, cit., pp. 31 ss. Apesar de essa motivação para a criação de *"joint ventures"* se encontrar, de algum modo, em declínio, tendo-se autonomizado uma lógica específica, complexa, dos processos de cooperação empresarial, num quadro de internacionalização da actividade económica, que transcende tais motivações tradicionais do modelo de crescimento económico e de relações económicas internacionais dos decénios posteriores à segunda guerra mundial, esses escopos podem, ainda, relevar no presente, *vg*, – como caso porventura mais paradigmático – para processos de investimento num mercado nacional em expansão, como o mercado chinês. Cfr., nesse sentido, IAN HEWITT, *Joint Ventures*, FT Law & Tax, Sweet & Maxwell, London, 1997, esp. pp. 40 ss. e pp. 377 ss.

micas que incentivam as relações de cooperação estruturadas em moldes progressivamente mais diversificados e complexos até às profundas repercussões dos processos de liberalização das relações económicas internacionais na última década do século XX.[265]

Deste modo, a utilização de múltiplas formas organizadas de cooperação como instrumento de processos de internacionalização empresarial tem vindo a encontrar-se primacialmente associada à primeira perspectiva acima enunciada, correspondente ao desenvolvimento de economias de escala ou de um suporte financeiro organizacional adequados às exigências de certas operações transnacionais. Em muitos casos, apenas a criação de empresas comuns permite a certos grupos empresariais uma presença significativa em vários mercados geográficos de referência, conservando, em paralelo, uma posição de relevo no seu próprio mercado doméstico (cuja importância a moderna teoria económica tem enfatizado)[266] e mantendo ainda a flexibilidade para reponderar a intensidade da sua intervenção nesses mercados em função das tendências de evolução global no sector de actividade que se encontre em causa e das perspectivas económicas de crescimento, estagnação ou retracção desses mercados locais.[267]

d) A cooperação entre empresas através da criação de empresas comuns pode também ser utilizada com vista à reestruturação de determinados domínios de actividade de grupos empresariais. Como destacam

---

[265] Sobre essas evoluções que contribuiram, entre outros aspectos, para uma profunda mutação da lógica jurídico-económica subjacente a processos de cooperação empresarial e à criação de "*joint ventures*", cfr. L. Alan Winters, *International Economics*, London, George Allen & Unwin, 1985, e Michael Trebilcock, Robert Howse, *The Regulation of International Trade*, cit.

[266] Sobre a especial importância da base económica para o desenvolvimento de projectos empresariais associada a posição significativa das empresas nos seus respectivos mercados domésticos, cfr. Michael Porter, *On Competition*, 1998.

[267] Na realidade, as recentes tendências de evolução da economia internacional demonstram a importância de uma presença relevante e diversificada em vários mercados, mas ilustram, igualmente, e em contrapartida, a necessidade, ou conveniência, de uma actuação flexível nesses mercados, devido às constantes transformações que os afectam. Assim, ao longo do último decénio, têm-se verificado crises significativas em mercados emergentes com elevada dimensão, praticamente de dois em dois anos. Neste contexto, a manutenção de estruturas empresariais com características de flexibilidade, limitando a exposição aos riscos de cada mercado – como sucede, de modo paradigmático, com a figura da "*joint venture*" – tende a assumir primordial importância nas estratégias de crescimento empresarial.

HERZFELD e ADAM WILSON,[268] as empresas podem optar por manter a sua ligação a certas áreas de actividade, procedendo em simultâneo a determinados redimensionamentos ou racionalizações da sua própria estrutura, que impliquem *vg.* o encerramento ou redução da capacidade de unidades funcionais que aí actuassem (revestindo estas múltiplas formas jurídicas, personalizadas ou não, conforme os ordenamentos jurídicos em questão). Em substituição dessa presença directa, as mesmas empresas podem estabelecer relações estáveis de cooperação com outras especialmente vocacionadas para uma intervenção continuada nesses sectores de actividade.

Paralelamente, a alteração a vários níveis das estruturas de organização de um grupo empresarial pode ainda traduzir-se na transformação qualitativa ou funcional do tipo de relações que o mesmo grupo já mantivesse em certos sectores com outras empresas. Assim, uma anterior relação de agência comercial referente a determinado mercado pode ser substituída pela criação de uma empresa comum, com a participação da entidade que inicialmente assegurava as funções de agente do grupo empresarial em questão. Noutro plano, uma empresa multinacional, prosseguindo uma orientação de flexibilização e descentralização das suas estruturas, pode transformar certas filiais locais, originariamente sujeitas ao seu controlo exclusivo, em novas empresas sujeitas a controlo conjunto que partilhe quer com empresas locais, quer com outras empresas de grande dimensão que também mantenham intervenções em diversos mercados.[269]

e) A cooperação empresarial através da criação de empresas comuns pode ainda constituir *ab initio* uma estratégia empresarial alternativa relativamente à constituição de extensas redes de distribuição mediante o recurso a relações de franquia (*"franchising"*) ou a outros tipos de contratos visando a distribuição de produtos ou serviços.[270] Na verdade, a

---

[268] Cfr., nesse sentido, As. cit., *Joint Ventures*, cit. pp. 12 ss.

[269] Sobre este tipo de estratégias empresariais, cfr., ainda, E. HERZFELD, A. WILSON, *Joint Ventures*, cit., pp. 12-13. Como afirmam estes As., *"a multinational company may wish to provide incentives to its local representative by giving him a stake in its local company. Alternatively, the parties may seek to find a basis on which the product can be manufactured locally rather than imported. In these cases, the joint venture may well offer a vehicle for a variety of business developments"*.

[270] Sobre a *contratação* orientada para a *distribuição de produtos ou serviços*, cfr. ANTÓNIO PINTO MONTEIRO, *Contratos de Distribuição Comercial*, Almedina, Coimbra, 2002; ROBERTO BALDI, *I Contrati di Agencia. La Concessione di Vendita. Il Franchising*,

Parte I – Capítulo 1

constituição de diversas empresas comuns em mercados geográficos distintos, envolvendo quer empresas locais, quer outras empresas concorrentes que tenham necessidades comparáveis de escoamento dos seus produtos, em moldes que se possam compatibilizar com a política comercial do grupo que enverede por uma estratégia deste tipo,[271] pode apresentar, conforme as circunstâncias concretas que se encontrem em causa, vantagens em termos de custos ou de flexibilidade de actuação relativamente à opção de formação de uma rede própria de distribuidores.[272]

f) Estreitamente ligado à finalidade acima enunciada, embora traduzindo uma perspectiva mais ampla de organização da actividade das empresas, pode ainda identificar-se um escopo de obtenção e combinação, em termos estáveis, de recursos referentes a diferentes estádios do processo produtivo. Como referem justamente CONTRACTOR e LORANGE,[273] a constituição de empresas comuns entre empresas fundadoras que tipicamente forneçam contributos complementares situados em níveis diferenciados do referido processo produtivo (*vg.*, combinando o acesso a determinadas matérias primas com a utilização de certos direitos industriais referentes a processos de fabrico) pode originar feixes de relações de cooperação de carácter quase vertical.[274]

Milano, 1997; VINCENZO ROPPO, "I Contratti della Distribuzione Integrata. Appunti", in Economia e Diritto del Terziario, n.º 1/1994; ROBERTO PARDOLESI, *I Contratti di Distribuzione*, Napoli, 1979; MARTIN EBNETER, *Der Franchise-Vertrag*, Zürich, 1997; PAUL CRAHAY, *Les Contrats Internationaux d'Agence et de Concession de Vente*, Paris, 1991. No que respeita ainda a relações de contratação em matéria de distribuição e estabelecendo já uma ligação desta matéria com problemas jusconcorrenciais de cooperação empresarial, cfr. VALENTINE KORAH, WARWICK A. ROTHNIE, *Exclusive Distribution in the EEC Competition Rules*, London, Sweet & Maxwell, 1992.

[271] Cfr. sobre essse tipo de estratégias de cooperação empresarial em matéria de distribuição comercial, que podem originar múltiplas estruturas alternativas, com carácter mais ou menos integrado, JOANNA GOYDER, *EC Distribution Law*, John Wiley & Sons, 1996.

[272] Cfr., em geral, sobre os custos e elementos de rigidez associados à constituição de redes de distribuidores, VALENTINE KORAH, WARWICK A. ROTHNIE, *Exclusive Distribution in the EEC Competition Rules*, London, cit.esp. pp. 277 ss.

[273] Cfr. CONTRACTOR, LORANGE, *Why should Firms Cooperate? The Strategy and Economics Basis for Cooperative Ventures*, in *Cooperative Strategies in International Business*, FAROK CONTRACTOR, PETER LORANGE, Editors, cit., pp. 4 ss., esp. p. 15.

[274] Utilizamos a este propósito uma qualificação utilizada por CONTRACTOR e LORANGE, cuja análise neste ponto subscrevemos. Como referem estes As., "*several coo-*

190 *Empresas comuns* – Joint Ventures

g) A realização de um projecto empresarial individualizado, de grande dimensão pode também constituir um escopo típico de certos processos de cooperação empresarial. De modo recorrente, estes processos são desenvolvidos no quadro de concursos para a adjudicação de contratos de direito público de grande dimensão (em particular, contratos referentes, entre outros casos, a empreitadas de obras públicas),[275] permitindo a combinação de diferentes recursos especializados, ou a associação entre entidades locais e grupos empresariais de maior dimensão. Admitimos, em qualquer caso, que, relativamente aos processos de cooperação que revistam um grau superior de organização e intensidade, como sucede com a constituição de empresas comuns, estas situações apenas justifiquem a respectiva criação se os específicos projectos que se encontrem em causa apresentarem um carácter minimamente duradouro ou estável.

h) A cooperação empresarial pode, também, ser configurada como uma forma de aumentar o âmbito material da actividade desenvolvida por certos grupos empresariais – permitindo a sua expansão em domínios nos quais originariamente não detivessem experiência – sem que esse processo de desenvolvimento acarrete a aquisição de novos activos empresariais ou a aquisição do controlo de outras empresas (com a consequente formação de conglomerados empresariais mais facilmente afectados por variações cíclicas das actividades económicas em causa e gerando custos jurídico--económicos de estruturação e gestão tipicamente mais elevados do que os

---

perative joint ventures involve each partner making essentially similar contributions (…). However, joint ventures, coproduction, research partnerships, and management or marketing service agreements can also be a form of vertical quasi integration, with each partner contributing one or more different elements in the producction or distribution chains. The inputs of the partners are, in this case, complementary, not similar" (cfr. As. Cit., *Why should Firms Cooperate? The Strategy and Economics Basis for Cooperative Ventures*, in *Cooperative Strategies in International Business*, FAROK CONTRACTOR, PETER LORANGE, Editors, cit., p. 15).

[275] Cfr.. sobre esse tipo de situações, que podem justificar diferentes modalidades alternativas de cooperação, envolvendo, ou não, a criação de empresas comuns, MICHEL DUBISSON, *Les Accords de Coopération dans le Commerce International*, Lamy, Paris, 1989, esp. pp. 146 ss. Como refere este A., *"de nombreuses raisons peuvent conduire plusieurs entreprises à participer à l'exécution d'un même marché. Cês raisons tiennent soit isolément, soit cumulativement, à l'objet du projet qu'il s'agit d'exécuter, à l'intérêt des entreprises concernées ainsi qu'à celui du client"* (A. cit., *op. cit.*, p. 146).

emergentes de meras relações de cooperação).[276] Constituindo uma das tendências de fundo da economia internacional, como já se referiu, a constante redefinição de fronteiras de múltiplos sectores de actividade, a possibilidade de desenvolver, de forma célere, novas áreas de actuação, não aumentando significativamente, em paralelo, certos custos de estrutura e mantendo uma margem de flexibilidade que permita ulteriores redefinições de áreas prioritárias de actuação confere, naturalmente, uma especial importância à opção pelo desenvolvimento de relações de cooperação empresarial.[277]

i) Na base da formação de relações de cooperação podem igualmente encontrar-se razões de índole predominantemente financeira,[278]

---

[276] Sobre estratégias de diversificação controlada de actividades sem desembocar na opção de expansão através da criação de conglomerados, que implicam, independentemente da sua dimensão relativa, um acréscimo e, sobretudo, uma maior rigidez dos custos, e recorrendo, para esse efeito, a múltiplas estruturas alternativas de cooperação empresarial, cfr. FAROK CONTRACTOR, PETER LORANGE *Why should Firms Cooperate? The Strategy and Economics Basis for Cooperative Ventures*, in *Cooperative Strategies in International Business*, FAROK CONTRACTOR, PETER LORANGE, Editors, cit., esp. pp. 12 ss.). Cfr., ainda, sobre essa matéria, EDWARD SAFARIAN, *Trends in the Forms of International Business Organization*, in *Competition Policy in the Global Economy – Modalities for Cooperation*, Edited by LEONARD WAVERMAN, WILLIAM S. COMANOR, AKIRA GOTO, Routledge, London and New York, 1997, e J. HAGEDOORN, "Understanding the Rationale for Strategic Technology Partnering: Interorganizational Modes of Cooperation and Sectoral Differences", in Strategic Management Journal, 1993, pp. 371 ss.

[277] Tipicamente, as relações de cooperação entre empresas, *maxime* através de empresas comuns ("*joint ventures*"), com estruturas que podem apresentar diferentes graus de complexidade – incluindo a formação de verdadeiras redes de empresas comuns – vêm, em regra, assumindo, no actual contexto da economia internacional, caracterizado pela contínua redefinição de fronteiras de múltiplos sectores de actividade, menores custos globais de transacção do que outros modelos de organização da actividade empresarial. Cfr., sobre esta matéria, MICHAEL HERGERT, DEIGAN MORRIS, *Trends in International Collaborative Agreements*, in *Cooperative Strategies in International Business*, FAROK CONTRACTOR, PETER LORANGE, Editors, cit., pp. 99 ss.

[278] Segundo autores como, *vg.*, LAWRENCE TULLER, esse tipo de razões de índole financeira ter-se-ia convertido, mesmo, na motivação prevalecente das relações de cooperação empresarial. Pela nossa parte, embora admitindo a relevância desses factores financeiros, pensamos que a motivação destas relações – e, sobretudo, do recrudescimento da utilização da figura da empresa comum – tem na sua base factores globalmente mais complexos, associados, nos termos que temos vindo a expôr, à profunda mutação das condições de exercício da actividade empresarial nos dois últimos decénios (a qual vem

192   *Empresas comuns* – Joint Ventures

relacionadas quer com a estruturação de certas operações empresariais de grande dimensão, envolvendo, ou não, apoios do sistema financeiro e tendo no centro um ou mais entes comuns assumidos como veículos especiais de realização das mesmas,[279] quer com a obtenção em condições especiais de auxílios públicos de diversa natureza concedidos por organizações internacionais ou por entidades estaduais. Na verdade, em certas situações particulares – sobretudo as que envolvam países em vias de desenvolvimento[280] – a obtenção de apoios financeiros para a realização de investimentos que apresentem determinadas características pode encontrar-se dependente ou largamente condicionada da associação a parceiros empresariais locais, ou do envolvimento de pequenas e médias empresas.[281]

De qualquer modo, em nosso entender, este tipo de finalidades de natureza essencialmente financeira apenas dará sustentação às formas mais desenvolvidas de cooperação empresarial – como a constituição de empresas comuns – caso as razões relacionadas com a estruturação financeira de certas operações se conjuguem efectivamente com projectos empresariais que apresentem consistência própria e não redundem em meros instrumentos pontuais para a obtenção de recursos financeiros.

---

determinando, por seu turno, verdadeiras alterações estruturais nos modelos jurídico-económicos de organização da actividade empresarial). Cfr., de qualquer modo, A. cit., *The McGraw-Hill Handbook of Global Trade and Investment Financing*, New York, 1992., esp. pp. 88 ss.

[279] Incluímos, designadamente, nestas situações, as denominadas operações de *"project finance"*. Sobre essas operações, cfr., por todos, GRAHAM D. WINTER, *Project Finance*, London, Sweet & Maxwell, 1998 (esp. na parte respeitante a enquadramentos contratuais possíveis para tais operações, pp. 23 ss.).

[280] Sobre essas situações particulares relativas à obtenção de apoios financeiros que se encontrem dependentes ou largamente condicionados a formas de associação com parceiros empresariais locais, sobretudo em países em vias de desenvolvimento, cfr. P. W. BEAMISH, *Multinational Joint Ventures in Developing Countries*, Routledge, Rondon and New York 1988.

[281] Essas associações entre parceiros empresariais de diferentes dimensões, recursos e poder económico estão, na realidade, frequentemente associadas a aspectos circunstanciais de benefício de programas de auxílio ou incentivo públicos, mas podem, em contrapartida, suscitar problemas particulares na sua estruturação e no seu funcionamento. Cfr., sobre essas questões, KATHRYN RUDIE HARRIGAN, *Strategic Alliances and Partner Assymetries*, in *Cooperative Strategies in International Business*, FAROK CONTRACTOR, PETER LORANGE, Editors, cit., pp. 205 ss.

Parte I – Capítulo 1   193

j) Frequentemente, para além da cooperação dirigida ao desenvolvimento dos processos produtivos, introduzindo nos mesmos constantes factores de inovação, as empresas podem cooperar tendo especificamente em vista a realização de formas de investigação e pesquisa no plano tecnológico e sem uma ligação imediata aos respectivos sectores produtivos. As empresas comuns criadas com este tipo de finalidades encontram-se, assim, normalmente dissociadas do núcleo das actividades comerciais das empresas-mãe, assumindo um carácter instrumental como fornecedoras de tecnologia ou cedentes de outros tipos de direitos industriais emergentes da investigação e pesquisa que empreendam.[282]

l) Noutras situações a cooperação entre empresas pode surgir como uma resposta a dificuldades experimentadas ou previstas por determinadas empresas relativamente ao funcionamento de certas áreas operacionais de actividade e, nesse plano, como alternativa à aquisição de recursos complementares por parte dessas empresas (quer tratando-se da obtenção de recursos humanos especializados, quer da aquisição de novos equipamentos, ou mesmo de novas unidades de produção).[283]

A criação das denominadas empresas comuns de produção[284] entre empresas situadas no mesmo estádio do processo produtivo obedece a esta

---

[282] No quadro do nosso estudo *ex professo* dos problemas jusconcorrenciais que, em sede de aplicação do artigo 81.º CE, se encontram associados ao que identificamos como um dos tipos funcionais mais importantes de empresas comuns – empresas comuns de investigação e desenvolvimento – teremos ensejo de analisar com alguma profundidade este tipo de finalidades de investigação e pesquisa subjacentes a um conjunto significativo de programas de cooperação empresarial (*infra*, capítulo terceiro, esp. ponto 2.2., **Parte III**). De qualquer modo, cfr. WERNER MEISSNER, RAINER MARKL, *International R&D Cooperations*, in *Competition Policy in the Global Economy – Modalities for Cooperation*, Edited by LEONARD WAVERMAN, WILLIAM S. COMANOR, AKIRA GOTO, pp. 224 ss.

[283] Cfr., sobre esse tipo de escopos de cooperação empresarial, FAROK CONTRACTOR, PETER LORANGE *Why should Firms Cooperate? The Strategy and Economics Basis for Cooperative Ventures*, in *Cooperative Strategies in International Business*, FAROK CONTRACTOR, PETER LORANGE, Editors, cit., pp. 3 ss. Estes As. referem, a esse propósito, objectivos tendentes a "*economies of scale and/or rationalization*" e a "*technology exchanges*" (cfr. As. cit., *op. cit.*, esp. pp. 9 ss.).

[284] À semelhança do que se verifica em relação às empresas comuns de investigação e desenvolvimento, também o tipo funcional que identificámos como empresas comuns de produção será objecto de análise *ex professo*, na perspectiva jusconcorrencial explanada na parte nuclear deste trabalho. Nesse ponto, teremos ensejo de analisar, de

lógica de especialização na obtenção de determinados factores produtivos colocados em comum no âmbito de alguns segmentos de actividade. Noutra perspectiva, pode considerar-se que este tipo de colaborações entre empresas corresponde a uma forma de racionalização das estruturas de produção, com limitação dos custos de cada grupo empresarial envolvido e reforço da eficácia no que respeita às áreas especialmente acompanhadas por cada um dos grupos em presença.

3. Modelos jurídicos de estruturação de relações de cooperação entre empresas e de criação de empresas comuns

3.1. ASPECTOS GERAIS

Sendo possível, como acima se ensaiou, uma compreensão sistemática – embora não exaustiva – das finalidades económicas mais recorrentes da cooperação empresarial e, em particular, da modalidade mais intensa que a mesma, em tese, poderá revestir, mediante a criação de empresas comuns, a análise sistemática dos quadros jurídicos de modelação de relações de cooperação entre empresas e de constituição das referidas empresas comuns, de modo a fazer emergir uma categoria jurídica de empresa comum de alcance geral, teorizável e susceptível de enquadramento dogmático, enquanto tal, afigura-se tarefa incomparavelmente mais complexa.

Na base dessa complexidade encontram-se, em nosso entender, dois tipos de factores. Por um lado, a proliferação do *nomen juris* de "*joint*

---

modo mais desenvolvido, os escopos tipicamente subjacentes a empresas comuns de produção ou a processos de cooperação no domínio da produção, envolvendo os acordos de especialização (*infra*, capítulo terceiro, esp. ponto 3.2., **Parte III**). Cfr., para uma perspectiva geral, sobre esses escopos, CARL SHAPIRO, "On the Antitrust Treatment of Production Joint Ventures", in JEP., 1990, pp. 113 ss. Este A. sublinha, justamente, no contexto do mercado norte-americano o recrudescimento na criação de "*joint ventures*" entre algumas das empresas de maior dimensão em certos sectores económicos e que são concorrentes directos nesses sectores. Essa constatação é válida, em nosso entender, para a generalidade das economias industrializadas.

venture", de origem anglo-saxónica, incorporado em múltiplos ordenamentos jurídicos com denominações variantes, embora em princípio equivalentes. Por outro lado, mesmo que se parta do pressuposto – adiante equacionado criticamente – da necessidade de uma base contratual para a formação de verdadeiras empresas comuns, a *praxis* jurídica demonstra-nos que o estabelecimento de relações qualificáveis, de acordo com alguns critérios jurídicos estáveis, como relações conducentes à formação de empresas comuns, pode resultar da utilização de uma multiplicidade de tipos negociais ou pode mesmo assentar em formulações negociais atípicas.[285]

Face a este quadro de indefinição, qualquer ensaio de compreensão dogmática de alcance geral da figura da empresa comum e de justificação da mesma como categoria *a se*, implica passar em revista, com meros intuitos descritivos, as múltiplas expressões possíveis do *nomen juris* de *joint venture* em diversos ordenamentos e, sobretudo, num plano de análise substantiva, equacionar criticamente as possíveis categorias de relações jurídicas conducentes à emergência de realidades qualificáveis como empresas comuns. O segundo exercício obriga a uma difícil identificação [286] de funções negociais e de tipos de nexos jurídicos com característi-

---

[285] Esses problemas de *tipicidade negocial* a propósito da identificação de uma *categoria de referência de empresa comum* ("*joint venture*") no quadro da *praxis* das relações de cooperação entre empresas são adiante equacionados, conquanto de modo sumário. Importa, no entanto, ressalvar, *ab initio*, que a *perspectiva metodológica e analítica* que seguimos no nosso estudo – já exposta na parte introdutória e nos pontos anteriores do presente capítulo – leva a que, manifestamente, *não tenha cabimento na problematização adiante desenvolvida qualquer análise exaustiva das relações formais entre um possível tipo do comércio jurídico (extra-legal) da empresa comum, nos moldes por nós equacionados infra, ponto 4. deste capítulo, e os diversos tipos legais que, em diversos ordenamentos de referência e numa óptica jusprivatística, são convocados*, mesmo que com adaptações ou múltiplos complementos absolutamente atípicos, *para a construção de uma possível categoria geral de empresa comum*. Assim, não obstante reconhecermos, *vg.* – nos termos adiante expostos – uma especial ligação entre um possível *tipo do comércio jurídico* da *empresa comum* e os *tipos legais societários* – conjugados, ainda, em vários ordenamentos, com tipos legais de *acordos parassociais* – a análise efectuada não incide especialmente sobre essas relações, nem sobre esses tipos legais, o que exigiria um longo estudo *ex professo*.

[286] Há quem sustente não ser viável essa identificação de funções negociais e de tipos de nexos jurídicos com características relativamente comuns no domínio vasto da *cooperação entre empresas* em vários ordenamentos jurídicos, superando a extrema diversidade de formas jurídicas e de tipos normativos utilizados para estabelecer tais relações

cas relativamente comuns, para além da diversidade de formas jurídicas e de tipos normativos utilizados no vasto domínio da cooperação empresarial nos vários ordenamentos jurídicos.

Assim, a partir da fixação de categorias de relações entre empresas que possamos qualificar como empresas comuns, tomando em consideração os dados que resultam da experiência acumulada de modelação dos laços de cooperação organizada entre empresas, procuraremos analisar as bases de possível recondução dessas formas de relacionamento inter--empresarial a uma qualquer matriz de tipicidade jurídica. Como é natural, à luz da nossa análise anterior, não estará em causa qualquer pretensão de identificar um tipo normativo geral de empresa comum – o qual, claramente, não se encontra estabilizado, como tal, na generalidade dos ordenamentos jurídicos [287] – mas unicamente o propósito dogmático de indagar

---

de cooperação (autores como K. BYTTEBIER e A. VErROKEN salientam, *vg.*, a dificuldade desse exercício analítico; cfr. *Structuring International Co-operation Between Enterprises*, cit.). Não é essa, contudo, a nossa posição.

[287] Essa inexistência de um tipo normativo geral de empresa comum (*"joint venture"*), ou passível de recondução imediata a essa figura, em diversos ordenamentos no âmbito dos quais a mesma tem sido, de forma recorrente, utilizada para o desenvolvimento de relações de cooperação entre empresas, é reconhecida, de forma praticamente unânime na doutrina. Podemos, assim, considerar uma natureza geralmente atípica dos acordos de empresa comum. Todavia, a acima referida utilização recorrente desta figura leva autores como OPPO e FERRI a admitir que a *"joint venture"* se converteu numa forma *"típica"* dentro da *"atipicidade"*. Tais análises têm sido formuladas, essencialmente, no quadro do estudo de acordos parassociais (cfr. G. FERRI, *Manuale di Diritto Commerciale*, Torino, 1994, e G. OPPO, "Le Convenzioni Parassociali tra Diritto delle Obligazioni e Diritto delle Societá", in Riv Dir Civ., 1987, pp. 176 ss.). Não devem ser confundidas com qualquer tipificação legal, com alcance geral, da figura da *"joint venture"*, algumas referências esporádicas à mesma que se encontram em normas de direito económico – *maxime* de direito da concorrência – em diversos ordenamentos (teremos, de resto, ensejo de analisar – *infra*, capítulo segundo desta **Parte I** – os diversos elementos normativos dispersos que podem contribuir para uma definição da categoria da empresa comum em sede de direito da concorrência, sobretudo no que respeita ao direito comunitário da concorrência). O reconhecimento consensual na doutrina da inexistência de tipos normativos gerais de empresa comum (*"joint venture"*) não impede que diversos autores, em particular nos sistemas de *"Common Law"*, tenham sustentado *de iure condendo* a vantagem da adopção de regulações gerais da mesma figura (cfr., sobre essas orientações, no ordenamento norte--americano, A.WEISSBURG, "Reviewing the Law on Joint Ventures with an Eye Towards the Future", in Southern California Law Review, 1990, pp. 487 ss., e, no ordenamento inglês, M. LOWER, "Towards an Emerging Law of Joint Ventures", in J Bus L., 1994, pp. 507 ss.). Importa, ainda, referir que o *nomen juris* de *"joint venture"* tem sido,

Parte I – Capítulo 1   197

sobre a possível configuração dessa categoria da empresa comum como – na expressão utilizada por alguma doutrina – um verdadeiro *tipo social de contratação* (que pode vir a determinar a formação de tipos normativos ou, tão só, interagir com alguns destes tipos, no que respeita à sua concretização jurídica, mesmo nunca chegando a receber consagração normativa).[288]

A teorização de tipos contratuais extra-legais encontra-se largamente desenvolvida no direito civil,[289] habilitando-nos com uma extensa base conceptual para a nossa reflexão sobre o enquadramento jurídico sistemático da empresa comum. Não cabendo aqui, logicamente, uma análise *ex professo* do referido tema importa convocar alguns dos dados fundamentais desse corpo de problematização jurídica e precisar alguns pressupostos de análise e determinadas coordenadas conceptuais acolhidas na análise específica que ora desenvolvemos.

Assim, diversos autores referem-se a tipos contratuais extralegais como tipos emergentes de práticas contratuais socialmente recorrentes, denominando-os, em conformidade, de *tipos sociais*. Na doutrina nacional autores como, HELENA BRITO,[290] MOTA PINTO, ou PEDRO PAIS DE VASCONCELOS[291] utilizam esta denominação, a qual recolhe também largo apoio nas doutrinas de alguns dos principais ordenamentos europeus continentais (encontrando-se presente na teorização da tipicidade contratual de

---

historicamente, utilizado em algumas legislações nacionais de Estados carecidos de investimento estrangeiro para enquadrar associações empresariais envolvendo investidores estrangeiros, mas essas regulações, frequentemente, reportam-se a verdadeiras sociedades de economia mista, com participação pública, e não traduzem verdadeiras modalidades de cooperação entre empresas, num quadro de igualdade entre as mesmas, na perspectiva dogmática que temos vindo a considerar (esse tipo de regulação existiu, *vg.*, nos ordenamentos das antigas Jugoslávia e Checoslováquia, bem como no ordenamento Chinês; cfr., sobre esse tipo de regulações, BEGUIN, *Les Entreprises Conjointes Internationales dans les Pays en Voie de Développement*, Genève, 1972).

[288] Sobre esta ideia de *tipo social de contratação*, cfr. PEDRO PAIS DE VASCONCELOS, *Contratos Atípicos*, cit, pp. 59 ss. e MARIA COSTANZA, *Il Contratto Atípico*, Giuffré, Milano, 1981.

[289] Cfr., por todos, sobre essa teorização no direito civil, PEDRO PAIS DE VASCONCELOS, *Contratos Atípicos*, cit, pp. 60 ss., RUI PINTO DUARTE, Tipicidade e Atipicidade dos Contratos, cit., pp. 66 ss.

[290] Cfr. HELENA BRITO, *O Contrato de Concessão Comercial*, Almedina, Coimbra, 1990, pp. 160 ss.

[291] Cfr. CARLOS ALBERTO DA MOTA PINTO, *Cessão da Posição Contratual*, Almedina, Coimbra,1982, pp. 94 ss. e PEDRO PAIS DE VASCONCELOS, *Contratos Atípicos*, cit, pp. 59 ss.

198   *Empresas comuns* – Joint Ventures

autores como BETTI[292] ou KAUFMANN,[293] para além de múltiplas orientações mais recentes).[294]

Ainda entre nós, outros autores, como LIMA PINHEIRO, preferem – com alguma influência da doutrina germânica[295] – denominar esses tipos extralegais de *tipos do tráfico negocial*. A razão fundamental para a busca de um conceito alternativo ao de tipo social não decorre, em nosso entender, de qualquer nominalismo jurídico, mas de uma clarificação necessária no que respeita à natureza desses tipos. Na verdade, importa deixar claro que estes se situam num terreno de juridicidade e não de mera facticidade social. Pela nossa parte, aderindo a essa formulação alternativa, pensamos que o conteúdo da realidade jurídica em questão pode ser traduzido de forma mais imediata e elucidativa através de uma noção de *tipos do comércio jurídico* (trata-se de apreender a verificação regular no comércio jurídico[296] de certos conteúdos negociais relativamente paradigmáticos pelas finalidades jurídicas que servem e pela estrutura de relações jurídicas que comportam, mesmo que estas revistam modelações jurídico-formais variantes).

Num domínio em que a precisão terminológica é importante, devemos ainda realçar que associamos estritamente esta noção de tipos do comércio jurídico (utilizada em sentido essencialmente coincidente com o da noção acima referida de tipo social) à identificação de tipos de contra-

---

[292] Cfr. EMILIO BETTI, *Teoria Geral do Negócio Jurídico*, cit., III, pp. 371 ss.

[293] Cfr. ARTHUR KAUFMANN, *Analogie und 'Natur der Sache'*, 2 Aufl., Decker und Umbolt, Heidelberg, 1982, pp. 33 ss.

[294] A propósito de orientações doutrinais mais recentes que continuam a utilizar o conceito de *tipo social*, cfr., *vg.*, RODOLFO SACCO, GIORGIO DE NOVA, *Il Contrato*, tomo segundo, Turim, UTET, 1996, esp. pp. 432 ss., e PIETRO RESCIGNO, "Arbitrato e Autonomia contrattuale", in Rivista dell'arbitrato, 1991, pp. 13 ss..

[295] Cfr., nesse sentido, LUÍS DE LIMA PINHEIRO, *Contrato de Empreendimento Comum (Joint Venture) em Direito Internacional Privado*, cit., pp. 89 ss. e a doutrina germânica trazida à colação por este A., incluindo As como SCHLUEP, ou MARTINEK.

[296] A utilização dessa expressão, com larga consolidação na doutrina, afigura-se-nos preferível e mais rigorosa do que a mera referência ao *tráfico negocial*. Tal expressão é também, *a fortiori*, mais rigorosa do que a noção de *tipo social* frequentemente utilizada em relação aos tipos extra-legais. O conceito que privilegiamos (tipo do comércio jurídico) permite clarificar – ao nível terminológico – que não está em causa identificar modelos a partir de *realidades supostamente sociais*, no sentido contemplado por autores como RODOLFO SACCO e GIORGIO DE NOVA (cfr. As. cit., *Il Contratto*, tomo segundo, Turim, UTET, 1996). Está em causa a identificação de nexos jurídicos passíveis de apreensão dogmática, apesar de não correspondentes a modelos legais pré-existentes.

Parte I – Capítulo 1 199

tos que não recebem consagração legal, delineados a partir da verificação regular de certos elementos caracterizadores fundamentais. Não acolhemos, pois, uma espécie de segundo grau de atipicidade, no sentido aparentemente admitido por autores como GERNHUBER,[297] como contratos absolutamente novos e cujos elementos constitutivos não sejam passíveis de verificação regular no comércio jurídico. A noção de tipicidade deve ter como eixo uma estrutura dada de categorias legais e a identificação fora do âmbito dessa estrutura, mas sempre num plano de juridicidade que se distingue dos meros planos económico e social,[298] de categorias de conteúdos contratuais legalmente atípicos, mas com elementos comuns identificadores suficientemente importantes para justificar a sua autonomização no campo dogmático. Deslocar o eixo da noção de tipicidade para distinguir formulações negociais recorrentes de outras formulações relativamente únicas ou até excepcionais só pode contribuir para confundir o sentido útil de qualquer construção jurídica em torno de tipos extralegais.

Num plano diverso, e já merecedor de ponderação, encontra-se o conceito desenvolvido por CANARIS de *Typenfremde Verträge* como contratos cuja formulação se revela refractária a qualquer tipificação legal[299] (na doutrina portuguesa e em sentido correspondente PEDRO PAIS DE VASCONCELOS[300] identifica uma categoria de contratos atípicos puros cuja

---

[297] Cfr., nesse sentido, GERNHUBER, *Das Schuldverhältnis*, Tübingen, JCB Mohr (Paul Siebeck), 1989, esp. pp. 156 ss

[298] Na realidade, pensamos que, no quadro da construção jurídica que ora equacionamos, esses planos económico e social não configuram uma realidade *a se* que deva ser considerada. Mesmo quando tomemos em consideração determinadas modelações de relações jurídicas fortemente influenciadas por certos objectivos e realidades económicas, estes são, necessariamente, '*juridicizados*' e, em conformidade, é sempre num plano de *juridicidade* que cabe dilucidar e problematizar certos *tipos* de relação contratual.

[299] Este conceito de "*Typenfremde Verträge*" foi desenvolvido por CLAUS-WILHELM CANARIS em re-elaboração feita a parte do Manual de Direito das Obrigações de LARENZ. Cfr. para uma referência à génese dessa formulação conceptual de CANARIS, articulando-a com outras posições comparáveis na doutrina alemã, RUI PINTO DUARTE, *Tipicidade e Atipicidade dos Contratos*, cit., pp. 39-40.

[300] Cfr., nesse sentido, PEDRO PAIS DE VASCONCELOS, *Contratos Atípicos*, cit., pp. 212 ss. Como refere este A., "*dentro dos contratos atípicos devem distinguir-se desde logo os que são completamente diferentes dos tipos contratuais legais e os que o não são. Os contratos atípicos podem ser completamente diferentes dos tipos contratuais legais. São os chamados contratos atípicos puros (…). Não é fácil imaginar e criar um contrato que não tenha nada dos tipos já reconhecidos na lei e na prática. No entanto, nada impede, em princípio, que assim aconteça*" (A. cit., *op. cit.*, p. 212).

construção não tem por referência qualquer tipo legal). Sem qualquer pretensão de equacionar mais desenvolvidamente este conceito no quadro da presente análise, poderá colocar-se, em tese, o problema de uma eventual aproximação ao referido conceito dos contratos de empresa comum, normalmente não correspondentes a tipos legais de alcance geral na generalidade dos ordenamentos positivos, e que dificilmente se coadunam, pela extrema variabilidade do seu conteúdo, com categorias jurídico-formais minimamente estabilizadas nesses ordenamentos.

Em todo o caso, como adiante melhor se verá, admitimos que os contratos de empresa comum, embora difíceis de enquadrar numa sistematização geral, recebem e combinam num todo complexo, e segundo uma função jurídico-económica específica,[301] elementos reconduzíveis a diversos tipos normativos e consequentemente não deverão, em princípio, ser tomados como contratos atípicos puros (no sentido supra considerado). A sua especificidade residirá não propriamente na ausência de referências a aspectos de tipos normativos estabilizados em vários sistemas jurídicos, mas na justaposição, complexa e em moldes originais, desses múltiplos aspectos (numa construção situada no plano jurídico da empresa que, como já se enfatizou, não envolve qualquer substituição ou subalternização das formas jurídicas tradicionais através das quais a realidade da empresa normalmente se manifesta).

Para além da análise referente à possível autonomização do contrato de empresa comum como um tipo do comércio jurídico, este breve ensaio de caracterização jurídica geral da figura concluir-se-á com o exame de uma última questão que já tivemos ensejo de identificar. Trata-se de determinar se a figura da empresa comum (ou "*joint venture*" se nos quisermos ater à noção originária) tem necessariamente uma base contratual ou pode assentar noutro tipo de construção jurídica. Não deixamos logicamente de ter presente que a parte essencial da nossa caracterização da figura assenta na sua compreensão enquanto realidade contratual. Tal não implica, em nosso entender, qualquer contradição com esse último domínio de análise, visto que, claramente, a parcela mais significativa das situações jurídicas relacionadas com a referida figura da empresa comum assenta em construções contratuais. Importará apenas apreender se podem existir fenóme-

---

[301] Referimos aqui a *função jurídico-económica* dos contratos de empresa comum num sentido que se pode aproximar do conceito de *causa* desses contratos, reavaliando esse conceito nos termos adiante considerados.

Parte I – Capítulo 1 201

nos residuais de criação de relações ainda passíveis de qualificação como formas de empresa comum que não apresentem suporte contratual.

3.2. A FIXAÇÃO DO *NOMEN JURIS* DE EMPRESA COMUM *("JOINT VENTURE")* EM VÁRIOS ORDENAMENTOS

Uma das primeiras dificuldades na análise jurídica das empresas comuns (*"joint ventures"*) resulta, desde logo, da imprecisão terminológica associada a esta figura. Como é sabido, o conceito e a denominação de *"joint venture"* nascem nos ordenamentos anglo-saxónicos ou, mais concretamente, no ordenamento norte-americano, no período posterior à segunda guerra mundial.[302] Curiosamente, no conjunto desses ordenamentos integrantes do sistema da *"Common Law"*,[303] o ordenamento inglês na parte que mais directamente enquadrava a actividade comercial não desenvolveu historicamente qualquer figura assimilável, em termos literais ou de conteúdo, à categoria da *"joint venture"*, encontrando-se essencialmente polarizado em torno das figuras da *"partnership"* e da *"corporation"* (ou *"joint stock corporation"*).[304] Em contrapartida, as primeiras referências a um instituto designado como *"joint venture"* (ou *"joint adventure"*) no século XIX surgem no direito escocês (sendo mencionadas por autores como JOSEPH BELL),[305] não podendo, contudo, o

---

[302] Sobre essa origem histórica específica do conceito e da categoria da *"joint venture"*, cfr., o exposto *supra* ponto 2.2. deste capítulo.

[303] Referimo-nos aqui, globalmente, ao sistema da *"Common Law"*, de acordo com a contraposição fundamental que temos vindo a tomar em consideração – nos termos indicados *supra* ponto 1. deste capítulo – entre esta família jurídica e as famílias integradas pelos ordenamentos romanísticos e germânicos.

[304] Sobre o desenvolvimento, no âmbito do que podemos considerar como uma área de direito mercantil no ordenamento jurídico inglês, das figuras da *partnership* e da *corporation*, cfr., por todos, L.C.B. GOWER, *Principles of Modern Company Law*, London, Sweet & Maxwell, 1992, esp. pp. 19 ss e pp. 55 ss., onde se identificam e analisam três períodos históricos distintos no tratamento jurídico dessas figuras, em especial da corporation (identificando-se como último período, o correspondente ao influxo da regulação comunitária em matéria de direito societário).

[305] Cfr., nesse sentido, GEORGE JOSEPH BELL, *Principles of the Law of Scotland*, Edinburgh, The Clark Law Bookseller, 1839, pp. 146 ss. Este A. identificava, então, fundamentalmente, a figura da *"joint venture"* com a figura da *"partnership"* (sobre a articulação entre essas figuras, em especial no direito norte-americano, cfr. o já exposto *supra*, ponto 2.1. deste capítulo).

mesmo ser tido como um verdadeiro antecedente directo da *"joint venture"* (encontrando-se essencialmente próximo da figura do *"partnership"* com algumas especificidades relacionadas com a limitação da respectiva duração e objecto).

É, pois, inquestionável a prioridade no desenvolvimento da figura da *"joint venture"* por parte do direito norte-americano, no quadro do qual se verificou, mais cedo do que no ordenamento inglês, uma expansão da figura da *"limited corporation"* que se conjugou com a assimilação de alguns aspectos da associação em participação do direito francês. SHAW LIVERMORE[306] regista a criação das primeiras figuras denominadas de *"joint venture"* e emergentes dessa convergência algo *sui generis* de influências (embora tendo como figura de referência a *"limited corporation"*) ainda no século XIX como forma de organização de certos empreendimentos imobiliários na região de Filadélfia. Em todo o caso, a noção vem a conhecer o seu pleno desenvolvimento no século XX, emergindo progressivamente, sem definições jurídicas precisas, da *praxis* das empresas e recebendo *pari passu* consagração jurisprudencial no sistema jurídico norte-americano (conquanto desacompanhada de qualquer recepção do conceito no plano normativo, o que se compreende, atendendo às características desse sistema jurídico).

A recepção e consagração jurisprudenciais da figura da *"joint venture"* não correspondeu, todavia, a uma clarificação e estabilização deste conceito, avultando, numa primeira fase o tratamento da figura pelos tribunais no plano específico do direito da concorrência (*"antitrust"*) segundo uma óptica marcadamente casuística (este particular contributo histórico da jurisprudência em matéria *"antitrust"* para a sedimentação geral da figura da *"joint venture"*[307] poderá, em nosso entender, explicar

---

[306] Cfr. SHAW LIVERMORE, *Early American Land Companies: Their Influence on Corporate Development*, New York, the Commonweath Fund, 1939, esp. pp. 71 ss. Além disso, como já referimos – cfr. *supra* nota 232 – desde muito cedo no ordenamento norte--americano tende também a verificar-se alguma sobreposição entre a figura da *"joint venture"* e a figura da *"partnership"*.

[307] Sobre esse contributo da jurisprudência na matéria *"antitrust"* para a densificação do conceito de *"joint venture"* no ordenamento norte-americano, desde os finais do século XIX e o primeiro quartel do século XX, cfr., BERGMAN, "The Corporate Joint Adventure under Antitrust Laws", in NYULR., 1962, pp. 712 ss. e J. BACKMAN, "Joint Ventures and the Antitrust Laws", in NYULR, 1965, pp. 651 ss. De qualquer modo, mesmo nesse plano, e durante um período considerável as próprias decisões judiciais reconheciam um elevado grau de indefinição nessa delimitação da figura da *"joint venture"*.

alguma influência especial, que perdurou até hoje, desta área do direito na conformação da referida figura). De forma bem mais intensa do que sucede a propósito de outros institutos jurídicos que recebem modelações particularizadas em várias áreas do direito, influindo as mesmas, por vezes, na definição geral daqueles, os ordenamentos da concorrência desempenham normalmente um papel significativo – embora não isento de especificidades não transponíveis para outros domínios jurídicos – na construção jurídica geral do conceito de empresa comum.[308]

A ausência de definições jurídicas precisas da categoria da empresa comum, designadamente fora do campo específico do direito *"antitrust"* tem permanecido até ao presente, apesar de se poder identificar uma tendência jurisprudencial para construir essa figura tendo por referência a categoria do *"partnership"*.[309] De qualquer modo, essa interpenetração será forçosamente limitada, levando muitos tribunais norte-americanos a procurar delimitar a *"joint venture"* pela negativa com base na identificação de diferenças essenciais relativamente à *"partnership"*.[310]

Cfr., *vg.*, entre outros precedentes judiciais, o caso *"Era v. Cameron, 112 Mont 159, 168, 114 P. 2d 1060-1064 (1941)"*, no qual o tribunal refere que *"a reading of the case on the subject confirms the observation to the effect that the Courts have not laid down an exact definition of the term Joint adventure which can be used as a general rule by means of which the ultimate question can be determined"*.

[308] Esta interacção entre as regulações de direito da concorrência que incidem sobre a figura da empresa comum e outras áreas do direito – *maxime* no domínio do direito comercial – no quadro das quais tal categoria vem sendo densificada com um alcance progressivamente mais amplo, pode ser melhor compreendida através do nosso estudo *ex professo* da mesma categoria em sede de direito da concorrência (especialmente em sede de direito comunitário da concorrência).

[309] Como já observámos, essa tendência jurisprudencial verificou-se, sobretudo, no quadro do ordenamento norte-americano, mas se a mesma apresentava, aparentemente, algumas virtualidades de clarificação, ao trazer à colação uma categoria jurídica já consolidada nesse ordenamento, em contrapartida, levou a algumas sobreposições conceptuais que, a partir de determinada fase – *maxime* a partir do momento em que se verifica uma maior generalização na utilização da figura da *"joint venture"* em relações de cooperação empresarial de variados tipos, envolvendo, em muitos casos, como participantes diversas *"corporations"* – dificultaram a autonomização deste conceito de *"joint venture"*. Uma consequência que, de algum modo, resultou de tal sobreposição foi o peso que, durante algum tempo, as denominadas *"contractual joint ventures"*, constituídas sem recurso à figura da *"corporation"*, apresentaram no ordenamento norte-americano. Essa fase encontra-se, contudo, no essencial, ultrapassada, mesmo neste ordenamento.

[310] Sobre essa reacção de alguma jurisprudência norte-americana, no sentido de delimitar a *"joint venture"* pela negativa com base na identificação de diferenças

204 *Empresas comuns* – Joint Ventures

De forma necessariamente não exaustiva podem elencar-se como diferenças fundamentais um menor peso do elemento *intuitu personae*, que se revela absolutamente decisivo na *"partnership"*, o carácter mais restrito dos poderes das empresas participantes no que respeita à vinculação perante terceiros da entidade comum (essa atribuição de poderes às empresas participantes carece de uma regulação expressa e é normalmente contida dentro de certos limites no domínio das *"joint ventures"*), ou o regime de partilha das perdas emergentes da actividade do ente comum (a partilha das perdas presume-se no quadro da *"partnership"*, o que não sucede, nesses termos, com a *"joint venture"*).[311]

Para além dos aspectos já referidos uma das diferenças primaciais que vem avultando entre as duas figuras – embora por vezes subalternizada por alguns autores (erradamente em nosso entender)[312] – corresponde à tendência, progressivamente reforçada no decurso dos último decénios, para a concretização jurídica da figura da *"joint venture"* através do veículo da *"corporation"* (referindo-se, então, o ente resultante desse pro-

---

essenciais relativamente à *"partnership"*, cfr., por todos, W. H. E. JAEGER, "Joint Ventures: Origin, Nature and Development", in American University Law Review, 1960, pp. 1 ss e, do mesmo A., "Partnership or Joint Venture", in Notre Dame Lawyer, 1962, pp. 138 ss.

[311] Limitamo-nos, bem entendido, a enunciar de modo muito sumário algumas diferenças importantes que foram sendo estabelecidas por alguma doutrina e jurisprudência norte-americanas entre as figuras da *"partnership"* e da *"joint venture"*. Não cabe, naturalmente, no objecto deste trabalho uma caracterização desenvolvida da primeira figura. Sobre a mesma, cfr. o já exposto *supra* ponto 2.1. deste capítulo.

[312] Na realidade, alguma doutrina considerou que a distinção entre *"partnership"* e *"joint venture"* no direito norte-americano teria perdido importância a partir do momento em que foram ultrapassados anteriores entendimentos que punham em causa a atribuição de personalidade jurídica à primeira dessas figuras, bem como a possibilidade de a mesma ser constituída por pessoas colectivas. Em contrapartida, sempre fora admitido nesse ordenamento que as pessoas colectivas, designadamente *"corporations"* pudessem participar na constituição de *"joint ventures"* (cfr., nesse sentido, SAMUEL WILLISTON, *A Treatise on the Law of Contracts*, Vol. II (ed. JAEGER), New York, 1959). Pela nossa parte, não perfilhamos tal entendimento sobre uma hipotética menor importância da distinção entre as duas figuras, em função da evolução da categoria da *"partnership"* no direito norte--americano. Pelo contrário, pensamos, mesmo, que essa evolução reforça a pertinência de tal distinção ao acentuar a existência de dois planos diversos de conceptualização jurídica. Assim, a figura da *"joint venture"* pode ser, alternativamente, concretizada através da utilização da figura da *"partnership"* ou da *"corporation"*, e, como acima se aponta, esta última figura tem vindo a assumir um peso cada vez mais considerável na constituição de *"joint ventures"*.

cesso como "*incorporated joint venture*"), o que não sucede naturalmente, em função das suas características jurídicas específicas, com a figura da "*partnership*".[313]

Na realidade, a significativa expansão da figura da "*joint venture*" que, como já se referiu, ocorre no sistema jurídico norte-americano após a segunda guerra mundial,[314] embora tenha assentado numa *praxis* da actividade comercial caracterizada por uma utilização singularmente imprecisa desse *nomen juris* relativamente a modalidades muito diversificadas de cooperação entre empresas, pautou-se de facto por uma associação progressivamente mais estreita desta figura com a categoria da *corporation* (ou seja, com os veículos societários, para considerarmos uma categoria formal não circunscrita aos sistemas de "*Common Law*"). Essa associação fez-se sentir na prática com tal intensidade que levou autores como HALE[315] a circunscrever, no essencial, o conceito jurídico de "*joint venture*" a situações correspondentes à existência de sociedades comerciais sujeitas a domínio conjunto por duas ou mais empresas fundadoras ("*jointly owned corporation*") numa formulação que, como se verá, reputamos, apesar de tudo, redutora. Por outro lado, e como igualmente veremos, no plano específico da análise "*antitrust*", vários autores preconizam também uma tendencial identificação da "*joint venture*" com entes societários.[316]

---

[313] A possibilidade alternativa de opção pelas estruturas jurídicas de concretização da "*joint venture*" através das figuras da "*partnership*" e da "*corporation*" é, justamente, reconhecida, após a evolução verificada no ordenamento norte-americano, por autores como HERZFELD e WILSON, os quais acentuam, também, uma progressiva prevalência no recurso à última figura. Como estes As. afirmam, "*the majority of States in the US now permit partnerships between corporations so, as under english law, there is no reason why a joint venture cannot be constituted as a partnership, although in practice another legal form is likely to be chosen, most probably a limited liability company*" (As. cit., *Joint Ventures*, cit., p. XV).

[314] Já temos enfatizado este carácter relativamente recente da generalização da utilização da figura da "*joint venture*", que determinou a recepção da mesma em vários ordenamentos jurídicos, ultrapassando, largamente, as fronteiras dos sistemas de "*Common Law*". Cfr. sobre essa expansão da figura em causa, W. H. E. JAEGER, "Joint Ventures: Origin, Nature and Development", cit., pp. 1 ss.

[315] Cfr. G. E. HALE, "Joint Ventures: collaborative subsidiaries and the antitrust laws", in Virg L R., 1956, pp. 927 ss.

[316] É o que sucede, designadamente, com a definição de "*joint venture*" proposta por JOSEPH BRODLEY em estudo que exerceu uma importância fundamental na análise jusconcorrencial desta figura, não apenas no ordenamento norte-americano da concorrência,

Mesmo em certas definições doutrinais da categoria geral de "*joint venture*" reportadas ao direito norte-americano que delimitam intencionalmente o conceito do modo mais lato, como *v.g.* a definição proposta por YOUNG e BRADFORD,[317] o modelo implícito do veículo societário não deixa de algum modo de estar presente. Assim, estes autores definem "*joint venture*" como qualquer "*enterprise*", "*corporation*", ou "*partnership*"[318] formada por duas ou mais companhias, indivíduos, ou organizações, de entre os quais, pelo menos, um pretende alargar o seu domínio de actividade de modo a desenvolver um novo empreendimento, com carácter de estabilidade, e tendo como escopo a obtenção de lucros. Segundo esta concepção, a titularidade ("*ownership*") do ente comum será partilhada pelos participantes em parcelas relativamente equilibradas e sem verificação de domínio exclusivo por qualquer uma dessas partes. Decorre claramente desta concepção a necessidade de existência de um centro jurídico de imputação de interesses e base de uma organização autónoma e de carácter permanente, desencadeando correlativamente a existência de contribuições para a mesma por parte das empresas participantes, funcionando de acordo com um regime jurídico que as próprias partes estipulem entre si (sem um regime de vinculação jurídica de certo modo pré-determinado como sucede na "*partnership*"), o qual apresenta significativos paralelos com o travejamento jurídico basilar da "*corporation*".

No direito inglês, uma das primeiras abordagens doutrinais que equacionou, de forma sistemática, a figura jurídica de entes empresariais comuns, combinando elementos de cooperação e de integração, em sentido correspondente à categoria desenvolvida no direito norte-americano e aí identificada como "*joint venture*" – a análise empreendida por A.

---

como também no plano do ordenamento comunitário (cfr. A. cit., "Joint Ventures and Antitrust Policy", cit., esp. pp. 1524 ss.). Neste plano do direito da concorrência, como observaremos – *infra*, capítulo segundo desta **Parte I** – a definição proposta por BRODLEY associando, fundamentalmente, a categoria da "*joint venture*" aos entes societários (entendidos em sentido relativamente restrito) é partilhada por um sector apreciável da doutrina.

[317] Reportamo-nos aqui a uma das definições mais exaustivas propostas no contexto do ordenamento norte-americano por G. R. YOUNG e S. BRADFORD, em *Joint Ventures: Planning and Action*, Financial Executives Research Foundation, New York, 1977, esp. pp. 11 ss.

[318] Nesta paráfrase e adaptação da definição proposta por YOUNG e BRADFORD utilizamos, intencionalmente, na sua formulação original, os conceitos de "*enterprise*", "*corporation*" e "*partnership*", atendendo a alguma especificidade de que os mesmos se revestem no contexto do ordenamento norte-americano.

BOULTON[319] – não utilizou ainda, sintomaticamente, o *nomen juris* de "*joint venture*", referindo, tão só, a figura do "*consortium*".

No presente, embora à semelhança do ordenamento norte-americano, o direito inglês não incorpore definições normativas de carácter geral do conceito de "*joint venture*", esta figura e a correspondente denominação jurídica constituem uma categoria adquirida nesse sistema jurídico. Contornando, de certo modo, as dificuldades inerentes à indefinição conceptual dessa categoria jurídica, a doutrina inglesa tem concentrado uma atenção particular na análise dos veículos paradigmáticos de concretização jurídica da mesma, identificando, nessa perspectiva, sub-categorias como a "*contractual joint venture*", a "*partnership joint venture*", ou a "*joint venture company*"[320] (não estabelecendo consequentemente uma identifi-

---

[319] Cfr., A. H. BOULTON, *Business Consortia*, Sweet & Maxwell, 1961. Além disso, no direito inglês, ao longo do primeiro quartel do século XX, foi relativamente frequente na jurisprudência a referência a figuras como a "*quasi-partnership*" para identificar entidades correspondentes ao que, segundo os critérios de análise actualmente prevalecentes, denominaríamos como "*joint ventures*" (cfr., nesse sentido, SCHMITTHOFF, *How the English Discovered the Private Company*, in *Quo Vadis Ius Societarum, Liber Amicorum Piet Sanders*, Deventer, 1972, esp. pp. 183 ss. e FOX, BOWEN, *The Law of Private Companies, London*, 1991, esp. pp. 178 ss

[320] No que respeita a subcategorias de empresas comuns, equacionadas fundamentalmente, à luz dos veículos jurídicos utilizados para a concretização das mesmas, cfr., por todos, JULIAN ELLISON, EDWARD KLING (Editors), *Joint Ventures in Europe*, Butterworths, 1997, e aí, esp., o estudo de JULLIAN ELLISON, JOHN WATSON, PHILIP VERNON, *Joint Ventures in the United Kingdom* (in *Joint Ventures in Europe*, cit., pp. 315 ss.). Estes As, identificam, precisamente, várias subcategorias de empresas comuns com base no veículo jurídico utilizado. Tal tipo de análise, no quadro do ordenamento inglês, não obsta a que mantenhamos a nossa observação anterior em relação a um peso cada vez mais significativo da utilização da "*corporation*" para a criação de "*joint ventures*". De resto, embora os As. acima referidos contemplem um conjunto de subcategorias de "*joint ventures*" superior ao que identificamos no texto *supra*, não deixam de reconhecer que "*the jvc [joint venture company], notwithstanding the grater formality and potential cost attaching to its formation and operation, will in the vast majority of cases be the preferred structure for a joint venture between UK individuals or corporations whose commercial objectives contemplate the formation and operation of a jointly owned business*" (As. cit., op. cit., p. 363). Ainda no que respeita ao direito inglês, mas numa perspectiva de direito da concorrência, que também contempla alguma diferenciação analítica destas entidades de acordo com o veículo jurídico utilizado, cfr. NICHOLAS GREEN, AIDAN ROBERTSON, *Commercial Agreeements and Competition Law – Principles and Procedure in the UK and EC*, Kluwer Law International, London, The Hague, Boston, 1997, pp. 753 ss..

cação obrigatória entre a *"joint venture"* e a sua materialização através de sociedades comerciais).

Tendo presente, por contraposição com o sistema jurídico de *"Common Law"* no qual a categoria da empresa comum foi originada, alguns dos ordenamentos jurídicos continentais de Estados Membros da UE. que mais têm influenciado a formação de um travejamento base de direito comercial no plano do direito comunitário (e que sintomaticamente maior influência têm também exercido sobre a doutrina e o direito positivo portugueses), como os ordenamentos alemão, francês e italiano, podemos constatar, com alguma segurança, a recepção material da figura jurídica que vimos equacionando, embora no quadro de alguma infixidez terminológica.

Assim, no direito francês tem-se generalizado a utilização do conceito de *"entreprise commune"* que podemos, no essencial, assumir como categoria assimilável pelo seu conteúdo típico à *"joint venture"* anglo--saxónica (noutra perspectiva, a utilização também recorrente do conceito de *"filiale commune"* pode fundamentalmente assumir-se como a categoria correspondente no direito francês à denominada *"corporate joint venture"* ou *"joint venture company"*, a saber, a empresa comum de base societária).[321]

Além da utilização directa da denominação de *"joint venture"* (incluindo pela própria doutrina francesa, como sucede com CLAUDE REYMOND,[322] entre outros autores que analisaram *ex professo* esta realidade jurídica) a aplicação no quadro do ordenamento francês do conceito de *"entreprise commune"* não tem suporte em qualquer definição normativa de carácter geral. Apesar dessa indefinição – traço comum relativamente à situação verificada noutros ordenamentos – a *praxis* jurídica no domínio das actividades comerciais, a doutrina e a própria jurisprudên-

---

[321] Sobre a assimilação e densificação jurídica da figura da empresa comum no direito francês, cfr. CLAUDE REYMOND, *Le Contrat de 'Joint Venture'* in *'Innominatverträge' Festgabe für W. R. Schluep*, Schulhess, 1988, pp. 383 ss. e THIERRY JACOMET, BERNARD BUISSON, *Joint Ventures in France*, in JULIAN ELLISON, EDWARD KLING (Editors), *Joint Ventures in Europe*, cit., pp. 59 ss.

[322] Cfr., nesse sentido, A. cit., *Le Contrat de 'Joint Venture'* cit.,, pp. 383 ss. Cfr., ainda do mesmo A., *Filiale Commune et Joint Venture. Quelques Problèmes Spécifiques*, in *Modes de Rapprochement Structurel des Entreprises*, AA.VV., Commission Droit et Vie des Affaires de l'Université de Liège, 1988, pp. 67 ss.

cia[323] têm, progressivamente, delineado esta categoria de *"entreprise commune"* na base de elementos constitutivos fundamentais, paralelos aos que temos equacionado (e que adiante se apreciarão de forma integrada), concedendo igualmente atenção, para além desses elementos identificadores comuns, aos veículos jurídico-formais, de tipo variável, em que o ente comum se consubstancia. Nesse plano, a generalidade dos autores aceita como veículos possíveis de concretização da *"entreprise commune"* a mera criação de uma estrutura de relações contratuais, ou a criação de entes societários nas formas alternativas, de natureza perfeitamente diferenciada, consentidas pelo direito francês (a saber, *"sociétés de personnes"* ou *"sociétés de capitaux"*).[324]

No direito alemão não é completamente desconhecida a utilização directa da denominação formal de *"joint venture"* para identificar as situações de cooperação entre empresas sob forma organizada, num patamar de estruturação das relações empresariais que implica um certo grau, variável, de integração, de acordo com as características essenciais que vimos esboçando.[325] De qualquer modo, na ausência de um enquadramento normativo sistemático de uma categoria jurídica geral correspondente a uma forma superior e mais exigente de cooperação entre empresas,

---

[323] THIERRY JACOMET e BERNARD BUISSON, apesar de destacarem a ausência de uma definição legal de carácter geral da empresa comum em direito francês, ou sequer, de elementos normativos consistentes que suportem tal definição com alcance geral, referem, também, uma progressiva convergência na fixação de elementos constitutivos fundamentais dessa figura da *"entreprise commune"* ou *"filiale commune"* (cfr. As cit., *Joint Ventures in France*, in JULIAN ELLISON, EDWARD KLING (Editors), *Joint Ventures in Europe*, cit., pp. 59 ss.).

[324] Cfr., uma vez mais, nesse sentido, THIERRY JACOMET e BERNARD BUISSON, *Joint Ventures in France*, in JULIAN ELLISON, EDWARD KLING (Editors), *Joint Ventures in Europe*, cit., pp. 59 ss., esp. pp. 71 ss, discriminando os vários tipos de entidades que podem reconduzir-se ao conceito lato, geral de *"sociétés de personnes"*, e incluindo a *"société civile"*, a *"société en nom collectif"*, o *"groupement d'interêt économique"*, ou o *"groupement momentané d'entreprises"* e pp. 84 ss., discriminando tipos de entidades passíveis de recondução ao conceito de *"sociétés de capitaux"*, destacando, em particular, a figura da *"société par actions simplifiée"* (SAS), criada por Lei de 3 de Janeiro de 1994, com base no modelo da *"société anonyme"* (SA), mas com importantes vantagens para certos tipos de operações normalmente associadas às empresas comuns.

[325] Para uma perspectiva geral sobre a densificação jurídica desta categoria no direito alemão, cfr., por todos, BURKHARD BASTUCK, ULRICH VON SCHÖNFELD, MICHAEL SCHÜTTE, *Joint Ventures in Germany*, in JULIAN ELLISON, EDWARD KLING (Editors), *Joint Ventures in Europe*, cit., pp 109 ss.

210 *Empresas comuns* – Joint Ventures

reconduzível ao conceito de empresa comum, a doutrina alemã tem originado análises relativamente divergentes sobre a delimitação de um possível núcleo identificador desse modo de cooperação empresarial.

Alguns autores, como WIEDEMANN[326] caracterizam, do modo mais restrito, esse patamar superior de cooperação empresarial e associam-no estritamente à criação de um ente societário (sendo, de qualquer modo, de relevar as múltiplas categorias encerradas no conceito geral de *"Gesellschaft"* no direito alemão).[327] Outros autores aceitam um conceito mais lato que abarque uma mera estrutura contratual – não societária – de relações organizadas e estáveis de cooperação entre empresas. A denominação formal germânica que, com propriedade, mais se poderá aproximar da categoria da *"joint venture"* será a *"Gemeinschaftsunternehmen"*,[328] a qual parece identificar-se, fundamentalmente, com a ideia de ente comum de tipo societário (no quadro da complexidade e variedade de formulações que a própria figura societária apresenta no direito alemão).

A recepção directa da denominação formal de *"joint venture"* tem conhecido larga aceitação no direito italiano[329] (constituindo mesmo pro-

---

[326] Cfr. G. WIEDEMANN, *Gemeinschaftsunternehmen im Deutschen Konzernrecht*, Heidelberg, 1981.

[327] Não cabe aqui, naturalmente, proceder a qualquer densificação analítica do conjunto complexo de várias categorias encerradas no conceito geral de *"Gesellschaft"* no direito alemão. Para uma perspectiva, conquanto genérica, sobre a matéria, cfr. *German Limited Liability Company*, Edited by RÜDIGER VOLHARD, ARNDT STENGEL, John Wiley & Sons, 1997.

[328] Cfr., sobre essa possível correspondência de conceitos, HERZEFELD, WILSON, *Joint Ventures*, cit., p. 8. BURKHARD BASTUCK, ULRICH VON SCHÖNFELD, MICHAEL SCHÜTTE parecem, também admitir a aproximação entre esses conceitos, embora ressalvem a existência de algumas posições, na doutrina, que admitem conceitos mais latos, passíveis de recondução ao *nomen juris* de *"joint venture"*, e incluindo quaisquer nexos de cooperação com algum grau de formalização entre empresas independentes, os quais não seriam, globalmente, cobertos pela acima referida categoria da *"Gemeinschaftsunternehmen"* (como sucede, *vg.*, com a posição de LANGEFELD-WIRTH, exposta em *Recht der Internationalem Wirtschaft*, 1990, cit. por BURKHARD BASTUCK, ULRICH VON SCHÖNFELD, MICHAEL SCHÜTTE, *Joint Ventures in Germany*, in JULIAN ELLISON, EDWARD KLING (Editors), *Joint Ventures in Europe*, cit., pp 109 ss.).

[329] Sobre esse processo de recepção da categoria da *"joint venture"* no direito italiano, cfr. LUISA VIGONE, *Contratti Atipici – Nuovi Strumenti Commerciali e Finanziari*, Cosa & Come, 1993. Como, implicitamente, reconhece esta A., a recepção *qua tale* do *nomen juris* de *"joint venture"*, que em alguns casos tem sido admitida no ordenamento italiano, pode resultar da necessidade de agregar, através de um único conceito de referência no domínio da cooperação empresarial, diversas formas e estruturas de relações

Parte I – Capítulo 1

vavelmente a mais ampla recepção do conceito no conjunto dos ordenamentos nacionais ora considerados). A doutrina tem já desenvolvido uma teorização apreciável do contrato de *"joint venture"*, considerando-o como um contrato de colaboração entre empresas (*"contrato di collaborazione tra imprese"*) não assimilável a qualquer tipo legal previsto no direito civil ou comercial.[330] Tratar-se-á, em súmula, de um *"contrato associativo atípico"* fundado no princípio da autonomia privada.

Essa atipicidade no plano normativo não tem obstado a uma autonomização crescente da figura da *"joint venture"* como verdadeiro tipo do comércio jurídico (no sentido acima exposto) normalmente assente em construções jurídicas complexas cujo conteúdo envolve situações de união ou coligação de vários contratos (ou de elementos de vários contratos típicos), nem à utilização esporádica, em diversas disposições legais, de noções que se podem identificar com a categoria jurídica em questão.

Assim, noções como as de *"associazione temporanee di imprese"*, ou de *"imprese reunite"* – que importa reter no quadro da ponderação terminológica de denominações formais alternativas de figuras passíveis de serem reconduzidas à categoria da empresa comum[331] – são utilizadas em diversos domínios do ordenamento italiano, e podem, de certo modo, tomar-se como afloramentos normativos, conquanto não sistematizados entre si, do tipo extra-legal do comércio jurídico ora em questão.

A conformação jurídica da empresa comum no direito italiano assenta na utilização alternativa de vários veículos, compreendendo, entre

---

contratuais entre empresas. Assim, como refere LUISA VIGONE, *"la costituzione di una JV, può assumere svariate forme: le parti spesse utilizzano strumenti contrattuali glià esistenti collegandoli tra loro, tali, ad esemplio, lo schema del consorzio, dell'associazione in partecipazione e sopratutto quello societário"* (A. cit., *op. cit.*, p. 201). Ainda sobre o mesmo tema da recepção do conceito de *"joint venture"* no direito italiano, cfr. PROPERSI, *Le Joint Ventures*, Buffetti, 1989.

[330] Cfr., nesse sentido, LUISA VIGONE, *Contratti Atipici – Nuovi Strumenti Commerciali e Finanziari*, cit., esp. pp. 200 ss. e PROPERSI, *Le Joint Ventures*, cit., esp. pp. 74 ss.

[331] Sobre essas noções e a sua utilização no direito italiano em articulação com a *"joint venture"*, tomada como contrato atípico de colaboração entre empresas (*"contrato di colaborazione tra imprese"*), cuja assimilação a determinados tipos previstos no Código Civil italiano poderá, em tese, ser equacionada, cfr. BOCCHINI, *Associazioni Temporanee di Impresa*, Intervento al convegno *Nuove Topologie Contrattuali*, Roma, marzo 1990.

os principais, os correspondentes ao contrato de consórcio,[332] ao contrato de associação em participação ou ao contrato de sociedade (assumindo este último uma especial importância). Na realidade, a *praxis* jurídica tem essencialmente determinado, como já se referiu, a formação de uniões ou coligações de contratos, abarcando, de modo recorrente, elementos desses vários tipos de referência. Sem prejuízo da inegável importância do tipo societário na configuração de uma categoria geral de referência de empresa comum no direito italiano, autores como PROPERSI[333] acentuam, justamente, que essa ligação entre as duas figuras não justifica uma assimilação da categoria da empresa comum a um qualquer tipo de sociedade comercial, porquanto subsistem alguns elementos distintivos fundamen-

---

[332] Importa salientar a este respeito que, no direito italiano (cfr. artigos 2602.º e seguintes do Código Civil italiano, embora seja necessário tomar também em consideração aspectos complementares resultantes de legislação aprovada entre 1974 e 1976) é colocado, num plano fundamental para a delimitação da figura do *"consorzio"*, um elemento de organização comum, tornando-o uma figura especialmente talhada para o desenvolvimento de várias formas de colaboração entre empresas (o próprio facto de, diversamente do que sucede no direito português, esta figura não se encontrar limitada a um empreendimento determinado ou a uma actividade temporária reforça as possibilidades de utilização da mesma para o desenvolvimento de processos de colaboração que podem desembocar em verdadeiras empresas comuns). Essa colaboração está, contudo, orientada, primacialmente, para a prossecução de actividades complementares em relação às das entidades participantes, como, *vg.*, a aquisição de matérias primas ou diversos activos para o processo produtivo, o desenvolvimento de processos de investigação e desenvolvimento ou criação de estruturas comuns de comercialização. Daí, autores como FERRI referirem o *"consorzio"* como uma estrutura organizativa comum de segundo grau (cfr. FERRI, "Consorzi e Società Consortili: Ancora una Modificazione Occulta del Codice Civile", in Riv D Comm., 1976, pp. 102 ss.). Contudo, esse aspecto não retira, em nosso entender, qualquer aptidão a tal figura para suportar a criação de projectos de empresas comuns, pelo menos de certas subcategorias de empresas comuns (pensamos, designadamente, na importante subcategoria de empresas comuns que não desempenham todas as funções de uma entidade económica autónoma, autonomizada em sede de direito comunitário da concorrência, para efeitos de sujeição ao regime do artigo 81.º CE e que corresponde, de resto, à parte nuclear do nosso estudo). Além disso, os limites da própria aptidão do consórcio para suportar actividades empresariais novas podem ser equacionados criticamente, em contraposição com a aptidão para o mesmo efeito da figura sa sociedade, até pela admissibilidade no direito italiano da figura das *sociedades consorciais* (*"società consortili"*), as quais podem constituir-se com base em qualquer tipo societário, sendo, em contrapartida, frequentemente, posto em causa o seu escopo lucrativo (cfr. sobre esta última figura, LUIGI PAOLUCCI, *Problemi Attuali della Disciplina dei Consorzi*, in *Trattato di Dirtitto Privato*, Org. RESCIGNO, Vol. XXII, Turim, 1991).

[333] Cfr. PROPERSI, *Le Joint Ventures*, cit., esp. pp. 74 ss.

tais entre essas categorias jurídicas (PROPERSI destaca, em particular, o facto de, no contrato de sociedade, os sócios, ao prosseguirem uma actividade comum, diluirem completamente a sua individualidade, o que não sucederia com a empresa comum, caracterizada, precisamente, pela manutenção da individualidade própria das empresas participantes).[334]

4. A empresa comum *("joint venture")* como possível tipo do comércio jurídico

4.1. CLASSIFICAÇÕES JURÍDICAS DE RELAÇÕES CONTRATUAIS QUALIFICÁVEIS COMO EMPRESAS COMUNS *("JOINT VENTURES")*

4.1.1. Aspectos gerais

Como já salientámos, além da proliferação, muitas vezes menos rigorosa, do *nomen juris* de empresa comum (*"joint venture"*) e da dificuldade em fixar conceitos jurídicos formais que lhe sejam equivalentes nos vários ordenamentos, o segundo elemento indutor de complexidade relativamente ao propósito dogmático de construção e autonomização de uma categoria de alcance geral de empresa comum resulta da variabilidade das formas e tipos negociais utilizados para organizar relações entre empresas que possam merecer essa qualificação.

Importa, pois, proceder a uma análise que, nesse quadro de dispersão, permita surpreender critérios de relacionamento de diversos tipos negociais e, mesmo, de certas formulações negociais atípicas – mas encerrando tipos extra-legais do comércio jurídico – delineados na perspectiva jurídica específica da *empresa* (a qual corresponde ao plano de construção jurídica no qual se pode autonomizar uma figura correspondente à *"joint*

---

[334] Cfr. PROPERSI, *Le Joint Ventures*, cit., p. 74. Como refere este A., *"mentre nel contratto di società i soci svolgono in comune un'attività económica perdendo cosi lelloro situazioni individuali, nel contratto di JV, le parti mantengono invece la loro individualità e la loro autonomia pur essendo indirizatti al perseguimento di un scopo comune".*

214 *Empresas comuns* – Joint Ventures

venture" ou contrato de empresa comum).[335] Esse exercício leva-nos a esboçar verdadeiras classificações jurídicas de relações contratuais qualificáveis como empresas comuns, num nível de análise preliminar em relação à questão que se apreciará a final, já no plano da tipicidade negocial, quanto à possibilidade de configurar a empresa comum como um tipo do comércio jurídico (no sentido já acima exposto).

Trata-se, em súmula, de um exercício de *classificação jurídica* nos termos em que, na nossa doutrina, CARLOS FERREIRA DE ALMEIDA[336] a contrapõe aos processos de tipificação. Como salienta este autor, a classificação jurídica de negócios apresenta virtualidades que podem contribuir para identificar certos núcleos de elementos constitutivos essenciais de algumas formulações negociais orientadas para determinadas funções económico-sociais.[337] Esse enquadramento por categorias de negócios funciona segundo "*critérios simples de classificação, de cuja aplicação*

---

[335] A este propósito remetemos, uma vez mais, devido à decisiva importância deste ponto, para as considerações que atrás desenvolvemos – *supra* 1., neste capítulo – sobre a categoria jurídica da *empresa* e a perspectiva jurídica relevante da empresa, num plano geral de direito privado (*maxime*, de direito comercial). Importa reforçar a ideia aí expressa no sentido da rejeição de qualquer ideia de centralização das relações relevantes no plano do direito comercial na categoria da empresa, em termos que fizessem sobrelevar a mesma sobre institutos e categorias tradicionais que constituem centros de imputação de direitos no comércio jurídico, como a sociedade comercial, o estabelecimento, o consórcio ou outras figuras. Pelo contrário, pretendemos dilucidar o conceito de empresa em articulação com esses vários institutos jurídicos que podem corporizar, juridicamente, diferentes projectos empresariais.

[336] Referimo-nos aqui a um exercício de *classificação jurídica* no sentido delineado por CARLOS FERREIRA DE ALMEIDA. Como refere este A. ao distinguir "*tipificação*" e "*categorização*" negociais, "*enquanto combinação ou articulação combinatória, os tipos negociais distinguem-se das categorias negociais, sendo estas estabelecidas segundo critérios simples de classificação, de cuja aplicação derivam frequentemente divisões dicotómicas. Esses critérios são das mais diferentes naturezas; nem sempre respeitam à estrutura de composição do negócio jurídico, tendo antes em conta aspectos da sua estrutura formativa (contratos e negócios jurídicos unilaterais; negócios jurídicos formais e não formais) ou mesmo relações entre negócios jurídicos diferentes (...). Há, todavia, classificações que assentam em critérios da estrutura interna do texto negocial, subdividindo os negócios jurídicos em categorias segundo se verifica ou não a presença no mesmo de uma determinada unidade sintagmática ou uma determinada classe paradigmática*" (cfr. A. cit., *Texto e Enunciado na Teoria do Negócio Jurídico*, Vol. I, Almedina, Coimbra, 1992, pp. 409-410).

[337] Cfr. A. cit., *Texto e Enunciado na Teoria do Negócio Jurídico*, Vol. I, cit., pp. 542 ss.

derivam frequentemente divisões dicotómicas", os quais apresentam *"as mais diferentes naturezas"*.[338] A este propósito, e ainda entre nós, Lima Pinheiro, procurando equacionar classificações jurídicas relevantes, passíveis de enquadrar a realidade da *"joint venture"* (empresa comum, ou *"contrato de empreendimento comum"*, na expressão preconizada por este autor),[339] aponta como dificuldade essencial o facto de os critérios variáveis utilizáveis neste contexto serem predominantemente económicos, o que implicaria alguma descontinuidade para apreender devidamente a realidade jurídica da cooperação empresarial. Salvo o devido respeito, entendemos que a componente económica não pode ser sobrevalorizada nesses termos, devendo constituir apenas um elemento que é incorporado – e transmutado nesse processo – na formação de verdadeiros critérios jurídicos de classificação (ou, se se preferir, jurídico-económicos, no sentido em que temos vindo a utilizar esta expressão).

Tomando em consideração a análise de Ferreira de Almeida e assumindo o pressuposto metodológico de utilização de verdadeiros critérios jurídicos de classificação, pensamos que, para efeitos da análise da conformação jurídica das relações de cooperação entre empresas e de *"joint venture"*, os critérios decisivos a ponderar deverão reportar-se a *"aspectos da estrutura formativa"* dos negócios jurídicos em questão, ou a *"aspectos da estrutura interna do texto negocial"*.[340]

Com base nesses critérios e nas análises doutrinais mais representativas,[341] entendemos que as classificações de relações contratuais de

---

[338] Reportamo-nos aqui aos termos da análise de Carlos Ferreira de Almeida, cit. *supra* nota 336.

[339] Cfr. Luís de Lima Pinheiro, *Contrato de Empreendimento Comum (Joint Venture) em Direito Internacional Privado*, cit., esp. pp. 76 ss..

[340] Mais uma vez nos socorremos de formulações propostas por Carlos Ferreira de Almeida, *Texto e Enunciado na Teoria do Negócio Jurídico*, Vol. I, cit., pps. 409-410.

[341] São muito diversificadas as análises doutrinais que propõem *classificações* de relações contratuais de cooperação entre empresas, que possamos considerar no limiar da relação de empresa comum, embora algumas das mesmas apareçam – de modo inexacto – configuradas como análises *tipológicas* (referentes a tipos negociais). Além disso, como refere, justamente, Luís de Lima Pinheiro, muitas dessas análises apoiam-se apenas, ou, primacialmente, em aspectos económicos e tal perspectiva *"mostra-se pouco proveitosa para uma apreensão da realidade jurídica da cooperação interempresarial"* (cfr. A. cit., *Contrato de Empreendimento Comum (Joint Venture) em Direito Internacional Privado*, cit., p. 63 ss.). De algum modo paradigmático dessas limitações analíticas é o ensaio de construção de uma *"tipologia de joint ventures"*, com base na *"natureza das actividades"* desenvolvidas pelas mesmas, proposto por Luiz Baptista e Durand-Barthez. Estes As.

cooperação entre empresas, na fronteira da relação de empresa comum, que melhor contributo oferecem para uma caracterização jurídica geral e sistemática deste fenómeno jurídico-económico são aquelas que articulam entre si as empresas comuns de base meramente contratual (*"contractual joint ventures"*) e as empresas comuns de base societária (*"equity joint ventures"* ou *"incorporated joint ventures"*) e, noutro plano, as que distinguem entre cooperação de empresas limitada a um determinado projecto em concreto e cooperação de carácter global (a doutrina tem delineado muitas outras classificações, redundando em outras tantas *"divisões dico-*

propõem uma distinção entre *"joint ventures"* criadas para a execução de projectos pontuais (enunciando, nesse plano, vários exemplos sectoriais mais representativos), *"joint ventures de tipo cooperativo"*, englobando fundamentalmente actividades de apoio às empresas fundadoras com vista à racionalização de custos, *"joint ventures de investimento"*, congregando parceiros complementares com actividades originárias diferenciadas (*vg.*, para a realização de projectos de investimento estrangeiro, reunindo determinados investidores e parceiros locais) e *"joint ventures de concentração"*, como procedimento alternativo a fusões e aquisições de tipo clássico (cfr. As. cit., *Les Associations d'Entreprises (Joint Ventures) dans le Commerce International, Librairie Générale de Droit et Jurisprudence*, cit., pp. 22 ss.). Essa tipologia convoca diversos aspectos económicos parcialmente relevantes em sede de determinadas áreas de regulação das empresas comuns – *maxime* em sede de direito da concorrência, como adiante observaremos (mas, mesmo nesse domínio, esses aspectos são apreendidos segundo outro tipo de lógica jurídica-económica unitária que não se encontra presente na análise destes As.). Todavia, não permite uma compreensão jurídica sistematizada das estruturas jurídicas de cooperação entre empresas, nem dos patamares diferenciados a considerar nesse domínio. Idênticas objecções nos merecem outros ensaios de classificação de acordos de cooperação de empresas, como o delineado em alguns aspectos da análise proposta por Franklin Root. Este A., conquanto tenha configurado outros processos analíticos de compreensão sistemática dos fenómenos de cooperação empresarial, admite a possibilidade de classificar esses acordos tomando em consideração o que denomina como *"dominant mission"* e *"geographic scope"* de tais acordos (cfr. A. cit., *Some Taxinomies of International Cooperative Arrangements*, in *Cooperative Strategies in International Business*, Farok Contractor, Peter Lorange, Editors, cit., pp. 69 ss., esp. pp. 72 ss. Mais uma vez, consideramos que esses aspectos de índole predominantemente económica não cumprem as funções analíticas de uma verdadeira classificação jurídica dessas relações de cooperação com vista a uma compreensão dogmática integrada e sistematizada das mesmas. Em contrapartida, entendemos que as análises doutrinais mais representativas neste domínio são, num primeiro nível de compreensão das relações de cooperação, aquelas que conduzem às dicotomias expostas no texto. Essas análises são expostas ou referidas por As. como, *vg.*, Herzfeld e Wilson (*Joint Ventures*, cit., esp. pp. 4 ss), Bonvicini (*Le 'Joint Ventures': Tecnica Giuridica e Prassi Societaria*, cit., esp. pp. 74 ss.), ou Friedmann e Kalmanoff (*Joint International Business Ventures*, New York-London, 1961, esp. pp. 17 ss.).

Parte I – Capítulo 1 217

tómicas", mas que não ilustram da mesma forma as dimensões jurídicas nucleares da figura da empresa comum).[342]

4.1.2. Empresas comuns *("joint ventures")* de base societária ou de tipo meramente contratual

Como já referimos, na breve sinopse anterior sobre a origem e consolidação do *nomen juris* de empresa comum *("joint venture")* no ordenamento norte-americano, a densificação jurídica desta figura, sobretudo a partir da fase em que a mesma verdadeiramente se afirmou na *praxis* da actividade comercial, encontra-se inegavelmente associada ao instituto da sociedade comercial ou, pelo menos, a entidades diversas dotadas de personalidade jurídica. Tendo, por força dessa associação regular ao veículo societário, chegado a questionar-se a pertinência de uma qualificação como empresa comum de relações organizadas e estáveis de cooperação entre empresas que não se concretizem na criação de uma sociedade comercial sujeita a domínio conjunto das empresas participantes, justifica-se plenamente que se estabeleça esta contraposição central entre empresas comuns de tipo meramente contratual, ou de tipo societário, como base decisiva de indagação dos reais limites materiais desta figura jurídica.

---

[342] Referimo-nos aqui, em particular, a algumas das classificações baseadas em aspectos de índole predominantemente económica referidas na nota anterior, sem prejuízo de reconhecermos, acompanhando até certo ponto a análise de Bonvicini, que a realidade económica desempenha um papel primacial para uma conceptualização unitária da figura da empresa comum, numa perspectiva jurídica geral, (cfr. A. cit., *Le 'Joint Ventures': Tecnica Giuridica e Prassi Societaria*, cit., p. 14). Todavia, se aceitamos esse ponto de partida para os processos de conceptualização jurídica neste domínio, entendemos que os mesmos têm de ser densificados num plano que ultrapasse esse limiar de compreensão económica dos nexos de cooperação empresarial. Ainda na doutrina italiana, Astolfi sublinha – numa perspectiva que apresenta pontos de contacto com a análise de Bonvicini – a diversidade de contextos económicos em que a figura da empresa comum, ou figuras próximas no domínio da cooperação empresarial, podem ser utilizadas (cfr. Astolfi, *Il Contratto de Joint Venture. La Disciplina Giuridica dei Ragruppamenti Temporanei di Imprese*, Milano, 1981, esp. pp. 5 ss.). Todavia, esse aspecto vem reforçar ainda mais, segundo cremos, a necessidade de eleger critérios de base jurídica que permitam uma compreensão dogmática sistematizada desses tipos de relações, apesar de se encontrarem em causa critérios flexíveis e que devem assimilar uma determinada lógica económica subjacente a essas relações.

218   *Empresas comuns* – Joint Ventures

As especiais dificuldades interpretativas que se encontram subjacentes a esta classificação, no que respeita à delimitação dos contornos e base de sustentação de modalidades de empresas comuns dissociadas de qualquer ente comum com personalidade jurídica própria, representam, em contrapartida, caso sejam satisfatoriamente dilucidadas, as maiores virtualidades para uma compreensão jurídica rigorosa da referida figura.

Para alguns autores, como LIMA PINHEIRO[343] esta classificação seria largamente tributária das concepções dos sistemas da *"Common Law"*, visto que a dicotomia enunciada através da mesma – *"contractual joint venture"* e *"equity joint venture"* – tenderia a reproduzir a contraposição existente nesses sistemas entre a *"partnership"* e a *"corporation"*.[344] Embora o mesmo autor reconheça que esta classificação acabou por influenciar a compreensão da figura da empresa comum por parte de correntes doutrinais situadas no contexto de sistemas jurídicos da família romano-germânica, não deixa de implicitamente relativizar o alcance geral da distinção em causa. Pela nossa parte, discordamos dessa relativização e atribuimos um significativo alcance à referida classificação.

A tentação de circunscrever a mesma às coordenadas dos ordenamentos da *"Common Law"* pode, de algum modo, resultar de uma ideia – já ultrapassada – de construção da figura da *"joint venture"* essencialmente em torno dos institutos da *"corporation"* e da *"partnership"*, com um maior poder de atracção desta última figura para a conformação dos traços essenciais definidores da empresa comum (concepção de que ainda se fazia eco entre nós RAUL VENTURA[345] ao cotejar o contrato de empresa comum com o contrato de consórcio e apoiando-se fundamentalmente nas

---

[343] Cfr. LUÍS DE LIMA PINHEIRO, *Contrato de Empreendimento Comum (Joint Venture) em Direito Internacional Privado*, cit., esp. pp. 77 ss.. Este A. destaca, sobretudo, um alegado carácter impreciso da subcategoria da *"contractual joint venture"* no contexto dos sistemas romano-germânicos em que o direito das sociedades tanto respeita à vertente *contratual* como à vertente *institucional* das relações de colaboração económica.

[344] Já tivemos ensejo de enunciar *supra* – esp. ponto 3.2. deste capítulo – alguns dos termos essenciais da contraposição da *"partnership"* e da *"corporation"* nos sistemas de *"Common Law"*, não se justificando aqui aprofundar mais essa matéria.

[345] Cfr., nesse sentido, RAUL VENTURA, "Primeiras Notas sobre o Contrato de Consórcio", in ROA, 1981, pp. 609 ss., esp. pp. 632 ss. Importa destacar que, em nosso entender, a ideia de construção da figura da *"joint venture"* essencialmente em torno dos institutos da *"corporation"* e da *"partnership"* se encontra no presente ultrapassada, mesmo no contexto dos sistemas de *"Common Law"*, como já tivemos ensejo de expor atrás.

análises de autores como HENN, ASTOLFI, ou BONVICINI).[346] Ora, como já se referiu, no ordenamento norte-americano, o veículo societário emergiu progressivamente como o eixo decisivo na conformação jurídica das empresas comuns (sendo essa prevalência ainda mais marcada nas subcategorias de empresas comuns especialmente desenvolvidas em determinadas áreas do direito, como sucede com o ordenamento "*antitrust*").

A dificuldade em delimitar as fronteiras da empresa comum de mera base contratual obrigam a uma identificação de raiz dos elementos que a podem separar, como patamar superior da cooperação entre empresas, de outras relações contratuais de colaboração interempresarial (nível superior que, como temos vindo a sustentar, incorpora já, por força de uma verdadeira natureza mista da figura em apreço, uma componente limitada, de intensidade variável, de integração empresarial). Nesse processo analítico de elementos distintivos fundamentais avulta, em especial, o elemento da organização dotada de certo grau de estabilidade.

Na verdade, consideramos que a existência de uma organização relativamente autónoma, e revestida de alguma estabilidade, ao serviço de determinado projecto empresarial – mesmo que este seja subsidiário relativamente aos projectos empresariais principais das empresas fundadoras da empresa comum –, constitui a base primacial da autonomização da *categoria* da *empresa comum* (equacionando por ora *classificações jurídicas* de *contratos de cooperação entre empresas* referimos, para já, neste contexto *categorias jurídicas* e não ainda *tipos jurídicos de contratação*).

Para o efeito, não será, pois, decisivo que essa estrutura organizacional seja objecto de concretização jurídica através da criação de um ente societário personalizado, ou de uma pessoa colectiva que apresente carac-

---

[346] Cfr. H. HENN, *Cases and Materials on Corporations*, St. Paul Minnesota, 1986, esp. pp. 35 ss.; ASTOLFI, "Il Contratto Internazionale di 'Joint Venture'", in Riv Soc., 1977, pp. 847 ss.. Note-se que, posteriormente a este estudo trazido à colação por RAUL VENTURA, ASTOLFI retomou o estudo da matéria, de forma mais desenvolvida, na monografia *Il Contratto de Joint Venture. La Disciplina Giuridica dei Ragruppamenti Temporanei di Imprese*, já cit.); BONVICINI, *Le 'Joint Ventures': Tecnica Giuridica e Prassi Societaria*, cit., esp. pp. 503 ss.. Devemos acentuar, contudo, que RAUL VENTURA não se propôs realizar uma análise *ex professo* da figura da empresa comum, tendente à identificação de um possível conceito unitário, admissível numa perspectiva geral de direito privado e limitou-se, no essencial, a uma síntese de alguma doutrina anglo-saxónica e, no quadro dos ordenamentos romano-germânicos, de alguma doutrina italiana, dos decénios de sessenta e setenta, sobre a matéria.

terísticas similares,[347] tornando-se suficiente a existência de um sistema articulado de relações contratuais que dê corpo a essa estrutura. Por outro lado, a comparação de sistemas jurídicos distintos permite-nos constatar que a contraposição entre a presença ou inexistência do elemento societário, revestindo personalidade colectiva própria, acaba por se entrecruzar com a definição, esta sim verdadeiramente crucial, de um suporte contratual de *organização* adequado. Esse suporte de *organização* pode, até, em certos sistemas – *maxime* naqueles que se encontram filiados nas famílias jurídicas romanísticas e germânicas – ser fornecido, no plano jurídico--formal, por sociedades de pessoas, desprovidas de personalidade colectiva própria.[348]

---

[347] Para a compreensão, numa perspectiva jurídica tão ampla quanto possível, da personalidade colectiva corporizada em figuras societárias, que podem assumir conformações muito diversas – incluindo as específicas configurações jurídicas que estas podem assumir nos sistemas de "*Common Law*", cfr., por todos, *Corporate Personality in the 20 th Century*, Edited by Ross Grantham, Charles Rickett, Hart Publishing, Oxford, 1998

[348] Sobre a possibilidade de utilização das denominadas sociedades de pessoas, sem personalidade jurídica, como estrutura jurídica de suporte da *organização* que deve encontrar-se na base de uma empresa comum, cfr. Luís de Lima Pinheiro, *Contrato de Empreendimento Comum (Joint Venture) em Direito Internacional Privado*, cit., p. 79. Este A., ao trazer à colação tal aspecto, relativiza, de algum modo, a contraposição entre as denominadas "*contractual joint ventures*" e "*equity joint ventures*", acima referidas, pelo menos nos sistemas romano-germânicos, visto que a utilização de sociedades de pessoas pode "*atrair*" parcelas apreciáveis dos regimes de direito das sociedades aplicáveis às sociedades personalizadas. Embora reconheçamos a validade dessa observação em relação aos referidos sistemas romano-germânicos, pensamos que tal não invalida a relevância daquela contraposição – pelo menos no grau aparentemente sugerido por Luís de Lima Pinheiro – visto que existem, inegavelmente, alguns aspectos específicos de regulação inerentes às situações em que se criem entes jurídicos personalizados. Além disso, pensamos que existe uma área importante de criação de estruturas contratuais de cooperação, que configurem suportes de organização autónomos para o funcionamento de empresas comuns, sem qualquer recurso aos vários tipos de sociedades de pessoas. De resto, a experiência de acompanhamento sistemático da criação de empresas comuns no quadro do direito da concorrência – objecto do nosso estudo nuclear nas **Partes II** e **III** deste trabalho – apesar de informada por uma perspectiva específica desta área de regulação jurídica – permite extrair alguns ensinamentos sobre a realidade da empresa comum numa perspectiva jurídica geral (*maxime* de direito comercial). Ora, precisamente, essa experiência resultante da aplicação de normas de concorrência demonstra que, na *praxis* das relações de cooperação empresarial, sempre que as partes optam por não recorrer à utilização de sociedades de responsabilidade limitada, personalizadas, para a constituição de empresas comuns ("*equity joint ventures*"), não tenderá a ser muito frequente o recurso

Importa retomar, neste ponto da análise o pressuposto conceptual que vimos sustentando e que se reporta às particulares implicações da construção jurídica em torno do conceito de *empresa*, o qual, projectando uma dimensão própria de enquadramento de certas relações jurídicas não substitui ou esvazia, na nossa concepção, a função de institutos jurídicos que correspondem tradicionalmente a centros directos de imputação de direitos e interesses no âmbito da actividade comercial (designadamente os veículos jurídicos – personalizados, ou não, – sociedades comerciais, estabelecimentos, entre várias outras figuras, em que se materializa a *empresa*).[349] A conformação jurídica da empresa comum convoca essa dimensão específica de construção jurídica, inerente ao conceito de empresa e surge, nesse plano, na expressão feliz de CLAUDE REYMOND,[350] como um *sistema de contrato*. Estará, assim, em causa, relativamente a cada empresa comum, um sistema organizado de relações contratuais, de conteúdo invariavelmente complexo (embora em grau variável), que congrega – em diversas combinações possíveis – tipos negociais consolidados, como diversas categorias de sociedades comerciais ou outras formas jurídicas de associação, personalizadas ou não, consentidas nos vários ordenamentos jurídicos.

Nesta configuração jurídica da empresa comum como um sistema organizado de relações contratuais pode mesmo verificar-se, pelo menos

---

alternativo a sociedades de pessoas para esse efeito. Pelo contrário, as empresas tendem a recorrer com frequência cada vez maior a estruturas atípicas de relações contratuais, dissociadas de sociedade de pessoas, as quais alcançam, em certos casos, um grau de complexidade e de integração empresarial tais, que permitem a sua qualificação jurídica em sede de direito comunitário da concorrência como empresas comuns com carácter de concentração [como teremos ensejo de analisar *infra*, capítulo segundo desta **Parte I** e capítulo segundo da **Parte III**; assim, em casos como o respeitante à decisão da Comissão "*Alitalia/KLM*" (decisão de 11 de Agosto de 1999 – JV.19 – proferida no quadro da aplicação do RCC), foi reconhecido a empresas comuns assentes numa mera estrutura contratual atípica e completamente dissociadas da utilização de figuras qualificáveis como sociedades de pessoas um carácter de concentração empresarial]. A esta luz, não consideramos, pois, que uma subcategoria de "*contractual joint ventures*" deva ser subalternizada em qualquer ensaio de classificação jurídica sistemática de relações qualificáveis como empresas comuns ou como modalidades de cooperação empresarial aproximadas.

[349] Sobre a perspectiva jurídica de utilização da categoria da empresa – *maxime* em sede de direito comercial, mas também numa perspectiva jurídica mais geral – devemos remeter aqui para os aspectos expostos supra, **1.**.

[350] Cfr. CLAUDE REYMOND, *Le Contrat de 'Joint Venture'*, cit., pp. 384 ss., onde desenvolve esta sugestiva caracterização jurídica que já tivemos ensejo de trazer à colação.

nas modelações mais complexas, uma coexistência entre veículos societários personalizados com estruturas contratuais de organização desprovidas de personalidade colectiva própria. Há, de resto, quem sustente que nesse tipo de casos, em muitas situações, o veículo societário poderá assumir uma relevância muito secundária e instrumental no feixe global de relações contratuais.[351] A partir da observação crítica da *praxis* negocial neste domínio não é essa, contudo, a nossa posição. Consideramos que naqueles casos em que a empresa comum se estrutura como um sistema de contrato de tipo compósito, abarcando uma ou mais sociedades comerciais sujeitas a domínio conjunto das empresas fundadoras e, em paralelo, outros compromissos contratuais de tipo diverso, os entes societários tendem a tornar-se o centro efectivo do funcionamento da empresa comum.[352]

---

[351] Assim, Luis de Lima Pinheiro, admite que, no quadro da constituição e funcionamento de um conjunto significativo de empresas comuns, o veículo societário, ou outras entidades com personalidade jurídica própria, poderão assumir uma relevância muito secundária e instrumental no feixe global de relações contratuais que se encontram na base dessas empresas comuns. Este A. traz, designadamente, à colação diversas decisões arbitrais que, supostamente, confirmariam essa ideia (cfr., A. cit., *Contrato de Empreendimento Comum (Joint Venture) em Direito Internacional Privado*, cit., pp. 79-80, e os exemplos referentes a decisões arbitrais aí referidos). Pela nossa parte, contudo, temos algumas dúvidas de que tais decisões arbitrais constituam uma amostragem suficientemente ilustrativa da realidade das relações de cooperação empresarial. Parece-nos, em contrapartida, mais significativa a experiência de acompanhamento da criação de empresas comuns, quer no âmbito do sistema norte-americano, quer do sistema comunitário de concorrência, a qual, pelo contrário, indicia uma importância crescente dos veículos societários (utilizando aqui a denominação deste instituto jurídico em sentido muito lato, de modo a cobrir realidades quer dos sistemas de "*Common Law*", quer dos sistemas romano--germânicos). De qualquer modo, é certo que também outras posições na doutrina sustentam um eventual peso ou importância limitadas dos veículos societários nos processos de constituição e funcionamento de empresas comnuns [cfr., *vg.*, nesse sentido, Luiz Baptista e Durand-Barthez, *Les Associations d'Entreprises (Joint Ventures) dans le Commerce International, Librairie Générale de Droit et Jurisprudence*, cit., pp. 49 ss. Como aí referem estes As., em termos que se nos afiguram algo excessivos, "*très fréquemment, la joit venture existe sans société commune, ou celle-ci n'y joue qu'un role secondaire, ou encore n'est elle créée qu'à une phase donnée du déroulement des accords. La choix entre 'corporate joint venture' dotée d'une entité commune et 'non-corporate joint venture' reposant sur d'autres procédés, par example des participations croisées ou des accords purement contractuels, dépend souvent de considérations extra-juridiques, nottament fiscales ou psychologiques* (...)"].

[352] As situações relativas à criação de empresas comuns em que as estruturas de cooperação se tornam mais complexas, e implicando elementos mais intensos de integração empresarial tendem, num conjunto significativo de casos, a envolver veículos socie-

De qualquer modo, o aspecto fundamental a reter desta contraposição entre uma dimensão societária, de tipo institucional, e uma dimensão puramente contratual na formação de empresas comuns corresponde à significativa variabilidade na conformação destas entidades, desde que, com base numa ou noutra das referidas dimensões jurídicas ou, em casos cada vez mais frequentes, com suporte simultâneo nessas duas vertentes,[353] exista uma qualquer forma de organização estável que dê corpo a um projecto empresarial comum, mesmo que instrumental, relativamente às actividades das empresas-mãe.

De modo recorrente, os contratos relativos à criação e funcionamento de empresas comuns tendem a caracterizar-se pelo fim comum prosseguido pelas empresas participantes, por um grau mínimo de estabilidade do projecto empresarial realizado em comum e pelo suporte desse programa empresarial numa base organizativa com alguma consistência – a qual introduzirá tipicamente alguns elementos de integração empresarial num quadro de fundo de relações de cooperação empresarial – sendo todos

---

tários, os quais se tornam com frequência no centro dos sistemas contratuais erigidos pelas partes. Também aqui a experiência de acompanhamento sistemático dos processos de criação de empresas comuns em sede de aplicação de normas de concorrência (*maxime* normas comunitárias) permite retirar ilações fundamentais, sobretudo se considerarmos a realidade das empresas comuns qualificáveis como operações de concentração após a primeira reforma do RCC (sobre o impacto dessa primeira reforma do RCC na delimitação das principais subcategorias de empresas comuns, cfr. o exposto *infra* capítulo segundo desta **Parte I** e capítulo segundo da **Parte II**). Assim, uma análise da informação constante dos Relatórios sobre Política da Concorrência, da Comissão, desde o início de vigência do RCC, permite aferir a importância das empresas comuns submetidas a controlo *ex vi* desse Regulamento e estruturadas com base em veículos societários ou instrumentos comparáveis.

[353] Como temos vindo a referir, a utilização crescente de uma dimensão societária, de tipo institucional, na criação de empresas comuns encontra-se, normalmente, associada a complexos sistemas integrados de compromissos contratuais. Mais uma vez, podemos invocar a esse respeito a experiência de controlo de empresas comuns em sede de aplicação de normas comunitárias de concorrência. Nesse contexto, podemos referir como casos paradigmáticos, ilustrativos da complexa utilização cumulativa da dimensão societária-institucional e de uma dimensão contratual, em sentido lato, situações que vieram a ser objecto de apreciação jurisdicional – *vg.* nos casos "*Ford/Volkswagen*" [objecto do Acórdão do TPI "*Matra Hachette*" – proc T-17/93, Col. II – 0595 (1994), adiante analisado] ou "*European Night Services*" [objecto de Acórdão do TPI – proc. T-314/94, T-375/94, T-384/97 e T-388/94, Col. II – 3141 (1998), também adiante analisado] – bem como múltiplas empresas conuns no sector financeiro, combinando veículos societários e complexas redes de compromissos contratuais entre as empresas participantes.

esses elementos constitutivos materializados através de dispositivos contratuais claramente tributários de tipos de contratos já estabilizados no plano normativo e conjugados em modelações negociais diversas que, normalmente, em termos formais, corresponderão a uniões ou coligações de contratos[354] (entre os tipos negociais utilizados nessas modelações negociais complexas, os tipos societários assumem um particular relevo em articulação com vários tipos delineados no contexto de múltiplos contratos de cooperação entre empresas[355] – suportados em tipos legais, em diversos ordenamentos, ou em meros tipos do comércio jurídico).

---

[354] Essas uniões e coligações de contratos tendem a assumir modelações razoavelmente complexas, congregando quer tipos societários diversos, quer outros instrumentos contratuais integrando elementos conexos com vários tipos contratuais (apresentando ou não dimensão institucional), quer elementos inteiramente atípicos, como assinalam, *vg.*, Luisa Vigone, ou Propersi (cfr. As., cit., respectivamente, *Contratti Atipici – Nuovi Strumenti Commerciali e Finanziari*, pp. 201 ss., e *Le Joint Ventures*, Buffetti, 1989, pp. 74 ss.). Em particular, Vigone qualifica sugestivamente a *"joint venture"* como um *"contratto associativo atípico"*, embora, em nosso entender, o que tende a avultar nesta figura seja a construção de estruturas contratuais complexas, que congregam quer certos tipos negociais estabilizados, quer instrumentos contratuais tributários de alguns tipos, quer elementos contratuais inteiramente atípicos. A atipicidade e especificidade da figura da empresa comum resulta dos sistemas contratuais assim configurados *in toto*. Sobre as figuras de *uniões* e *coligações de contratos*, cfr., por todos, Inocêncio Galvão Telles, *Manual dos Contratos em Geral*, cit., pp. 471 ss. e Antunes Varela, *Das Obrigações em Geral*, cit., Vol. I, pp. 279 ss..

[355] No âmbito do que temos denominado, em geral, como *contratos de cooperação entre empresas*, diversos *tipos negociais – tipos normativos* ou *extranormativos* – podem ser configurados. Na doutrina nacional uma sistematização e enumeração razoavelmente amplas – embora não exaustivas – podem ser encontradas em Helena Brito (*O Contrato de Concessão Comercial*, cit., esp. pp. 206 ss.). Esta A. propõe uma classificação geral dos contratos de cooperação que inclui duas categorias fundamentais, compreendendo, a saber, os *contratos de cooperação associativa* e os *contratos de cooperação auxiliar*, caracterizando, precisamente, a primeira como *"uma generalização do tipo da sociedade"* e que *"inclui, além desta, outras figuras (empresa cooperativa, agrupamento complementar de empresas, consórcio, associação em participação)"* (A. cit., *op. cit.*, pp. 208-209). Na verdade, esses tipos da *empresa cooperativa*, do *agrupamento complementar de empresas* (ao qual deveremos juntar o *agrupamento europeu de interesse económico*), do *consórcio* ou da *associação em participação*, bem como *elementos contratuais diversos*, modelados sobre aspectos parciais desses tipos (*vg.*, órgãos de acompanhamento de certas actividades comuns que tomem como modelos, adaptando-os, órgãos previstos em relação a sociedades ou a consórcios externos), ou elementos puramente atípicos podem ser combinados, com formulações muito diversas, para *organizar de forma estável projectos de cooperação empresarial*. A classificação acima referida é, certamente, pertinente, numa perspec-

4.1.3. Empresas comuns *("joint ventures")* e âmbitos variáveis de cooperação entre empresas

Referimos acima como segunda classificação jurídica de relações de cooperação empresarial tendentes à formação de empresa comum aquela que leva a distinguir entre cooperação de empresas limitada a um determinado projecto em concreto e cooperação de carácter global. Esta contraposição tem sido frequentemente encarada como base para o estabelecimento de uma linha divisória entre a categoria das empresas comuns e outras formas de associação empresarial que mais se aproximarão da categoria da concentração entre empresas (ou, numa perspectiva jurídica diversa daquela que se reporta à empresa e centrada *vg.* na figura da sociedade, situações que tendam para a formação de grupos societários unificados).[356]

---

tiva jurídica geral. Contudo, como adiante observaremos, numa perspectiva informada pelo direito da concorrência, podem configurar-se classificações e sistematizações mais complexas. Sobre outras classificações e sistematizações de *contratos de cooperação entre empresas*, cfr. Rossi, *Nuovissimi Contratti*, cit. e Michel Dubisson, *Les Accords de Coopération dans le Commerce International*, cit. (este A. propõe um distinção tripartida entre *"coopération de type purement contractuel"*, *"coopération de type mixte"* e *"coopération de type statutaire"*; cfr. *op. cit.*, esp. pp. 47-115). A propósito dos vários *tipos negociais* acima enunciados como suportes possíveis de *contratos de cooperação associativa*, importa ter presente a ressalva que fizemos em nota incluída *supra* – no início do ponto 3.1. deste capítulo – no sentido de *não existir espaço no âmbito deste estudo para análises exaustivas ou, sequer, globais, da utilização desses tipos*. De qualquer modo, e para *referências complementares* sobre os mesmos – sobretudo *daqueles que são menos aflorados na nossa análise*, cfr., *inter alia*, sobre o *agrupamento complementar de empresas e tipos comparáveis noutros ordenamentos*, José António Pinto Ribeiro, Rui Pinto Duarte, *Dos Agrupamentos Complementares de Empresas*, Ciência e Técnica Fiscal, Lisboa, 1980; Oliveira Ascensão, *Lições de Direito Comercial*, Vol. I, cit., esp. pp. 322 ss.; M. Barthélemy Mercadal, Philippe Janin, *Droit des Affaires*, Levallois: Éditions Francis Lefebvre, 1999, esp. pp. 1338 ss.; G. Ripert, R. Roblot, M. Germain, L. Vogel, *Traité de Droit Commercial*, LGDJ., Paris, 1998, esp. pp. 1498 ss.; sobre a *associação em participação* e *figuras comparáveis* cfr. Raúl Ventura, "Associação em Participação (Anteprojecto)", in BMJ., n.º 189, 1969, pp. 123 ss.; A. Menezes Cordeiro, *Manual de Direito Comercial*, Vol. 1, 2001, esp. pp. 439 ss.; Karsten Schmidt, *Gesellschaftsrecht*, 2002, esp. pp. 1836 ss.; F. Galgano, *Diritto Commerciale*, 2, Bologna, 1996/97, esp. pp. 20 ss..

[356] Como já referimos, não é consensual na doutrina, a utilização de uma perspectiva analítica baseada essencialmente no conceito de empresa. Pela nossa parte, temos, pelo contrário, acolhido essa perspectiva, considerando, de resto, profícua alguma interacção de conceitos e categorias jurídicas entre o direito comercial e o direito da concorrência.

Assim, na nossa doutrina autores como RAUL VENTURA ou LIMA PINHEIRO,[357] embora em contextos de análise diferenciados, propendem para uma associação essencial da parte mais significativa das relações passíveis de serem qualificadas como empresas comuns com as situações em que a cooperação empresarial seja delineada para a realização de um só projecto ou empreendimento, de contornos bem limitados e que, noutra perspectiva, se caracterizem por abarcar apenas uma parte da actividade das empresas fundadoras. As situações correspondentes a feixes de relações contratuais de cooperação cujo objecto fosse ilimitado, não respeitando apenas a determinado empreendimento em concreto, especificamente considerado, e que tivessem aptidão para abarcar o conjunto das actividades desenvolvidas pelas empresas participantes, em princípio, ultrapassariam já a fronteira da categoria da empresa comum e desembocariam em verdadeiros processos de integração empresarial, que poderiam revestir, enquanto tal, modalidades jurídico-formais diversas.

Pela nossa parte, pensamos que este modo de contrapor formas de cooperação empresarial limitadas a um determinado projecto ou empreendimento e formas de cooperação de objecto mais genérico enferma de alguma linearidade. Por um lado, cremos que, na primeira das vertentes em causa, o estabelecimento de relações de cooperação para um empreendimento de contornos muito limitados e de curta duração não chega a induzir a instituição de uma estrutura organizacional comum minimamente estável e, consequentemente, não chega a preencher alguns dos requisitos primaciais da figura da empresa comum, tal como a vimos caracterizando[358] e corresponderá a uma modalidade mais incipiente de colaboração empresarial.

No que respeita a esta última área de regulação jurídica, como veremos, a categoria da empresa comum, devido à sua intrínseca complexidade, intersecta quer as realidades da cooperação empresarial, quer as realidades da concentração empresarial.

[357] Cfr., nesse sentido, LUIS DE LIMA PINHEIRO, *Contrato de Empreendimento Comum (Joint Venture) em Direito Internacional Privado*, cit., pp. 86-88 e RAUL VENTURA, "Primeiras Notas sobre o Contrato de Consórcio", cit., esp. pp. 617 ss. Ainda na doutrina nacional, outros autores parecem também associar primacialmente o contrato de *"joint venture"* com uma forma de associação tendente à realização de um empreendimento específico (cfr., nesse sentido, ANTÓNIO FERRER CORREIA, RUI MOURA RAMOS, *Um Caso de Competência Internacional dos Tribunais Portugueses*, Lisboa, 1991, esp. pp. 20 ss.).

[358] Na realidade, vimos caracterizando a figura da empresa comum numa perspectiva jurídica geral – *maxime* de direito comercial – em torno de aspectos primaciais

Por outro lado, consideramos falaciosa a ideia de associação tendencial de processos de cooperação de objecto ilimitado (e não circunscrito a um único empreendimento com contornos estritamente delineados) a formas de associação que resvalam já para a integração empresarial e ultrapassam o patamar de relacionamento em que se situa a figura da empresa comum. Na realidade, a criação de entidades comuns conducentes ao desenvolvimento de processos de cooperação de objecto ilimitado (ou revestindo uma generalidade e potencial de expansão que o tornam em princípio ilimitado) não conduz necessariamente à perda da autonomia ou individualidade própria das empresas participantes[359]

O que importa, em súmula, enfatizar é que a complexidade crescente da organização da cooperação entre empresas através de empresas comuns cada vez mais dificilmente se deixa captar numa dicotomia que oponha projectos comuns limitados a um específico empreendimento a programas empresariais comuns de objecto lato e genérico – não encerrado em limiares fechados – e podendo intersectar a globalidade das áreas de actividade das empresas fundadoras. A real linha divisória entre as situações contratuais qualificáveis como empresas comuns e outras categorias de regulações contratuais que materialmente produzam efeitos puros de integração entre empresas reside, a nosso ver, no facto de independentemente da latitude, ou do potencial de cobertura da generalidade das actividades das empresas-mãe associados ao objecto da empresa comum,[360] esta não

---

relativos à criação de formas de *organização estável* associadas a uma *ideia de empresa* (ou projecto empresarial) relativamente duradoura – *supra*, 4.1. e ss. Como já temos sublinhado, a especial densificação da categoria da empresa comum em sede de direito da concorrência pode contribuir com alguns elementos analíticos relevantes para um ensaio de caracterização jurídica geral de um conceito de referência de empresa comum e, nesse contributo, ressaltam, entre outros, os aspectos acima referidos (o que melhor se compreenderá no quadro da nossa caracterização do conceito de empresa comum no quadro do direito comunitário da concorrência – *infra*, capítulo segundo desta **Parte I**).

[359] Socorrendo-nos, uma vez mais, da experiência de acompanhamento dos processos de criação de empresas comuns em sede de aplicação de normas comunitárias de concorrência – a qual oferece, no mínimo, uma amostragem significativa, das realidades de estruturação contratual destas entidades – é possível verificar que múltiplas empresas comuns não passíveis de qualificação como operações de concentração apresentam objectos que não se circunscrevem, de forma linear, a um único empreendimento com contornos estritamente delineados, sem que tal, em contrapartida, se traduza em qualquer perda da autonomia ou individualidade própria das empresas participantes.

[360] A observação privilegiada da *praxis* das relações de cooperação empresarial no quadro da aplicação de normas de concorrência revela-nos, até, em nosso entender, uma

228   *Empresas comuns* – Joint Ventures

acarretar a completa dissolução ou esbatimento de áreas de actuação própria das referidas empresas-mãe.

Como se verificará, cremos que a interacção conceptual que, a espaços, se pode conceber entre uma compreensão jurídica geral das empresas comuns e a compreensão especializada das mesmas em áreas especiais do direito em que a densificação jurídica destas tem sido mais desenvolvida – como sucede, de modo paradigmático, no domínio do direito da concorrência[361] – nos permite evidenciar a existência de certas sub-categorias de empresas comuns que criam verdadeiras situações de integração empresarial, mas que, não obstante, visto coexistirem com a manutenção de esferas de individualidade própria das empresas fundadoras continuam a preencher os parâmetros fundamentais da referida categoria geral de empresa comum (tenha-se presente, neste quadro de confluência com as normas de concorrência, a figura das empresas comuns que desempenham todas as funções de uma entidade económica autónoma e que apresentam uma vasta e genérica área de actuação, as quais são, consequentemente, reconduzidas a verdadeiras operações de concentração entre empresas, sem deixarem, por força dessa qualificação, de corresponder, na sua base, a uma modalidade específica da categoria das empresas comuns).[362]

---

tendência para a criação de empresas comuns que cobrem cada vez mais áreas de actuação das empresas-mãe (em combinações progressivamente mais complexas), existindo, pois, um amplo espaço de construção jurídico-económica nesse plano, sem se ultrapassarem os limiares que implicam o esbatimento, ou mesmo a extinção, de áreas de actuação própria dessas empresas-mãe. Desde que esses limiares não sejam ultrapassados, a figura da empresa comum, atendendo à sua flexibilidade e ao seu carácter híbrido que congrega elementos de cooperação e de integração empresariais, tem uma clara aptidão para enquadrar tais relações de colaboração empresarial. Apenas para além dos referidos limiares nos encontramos no domínio das concentrações empresariais em sentido estrito.

[361] Estas possibilidades de interacção conceptual entre uma compreensão jurídica geral das empresas comuns (*maxime*, em sede de direito comercial) e a compreensão especializada das mesmas no plano paradigmático do direito da concorrência (no qual esta categoria é especialmente densificada) têm sido largamente ignoradas ou subvalorizadas na doutrina. De qualquer modo, na doutrina americana, alguns autores, partindo da problematização jusconcorrencial desta figura, chegaram a admitir, embora de forma nem sempre inteiramente clara, algum contributo da densificação jurídica desenvolvida no direito da concorrência para conceptualizações jurídicas gerais da mesma figura. Cfr. J. PFEFFER, NOWAK, "Patterns of Joint Venture Activity: Implications for Antitrust Policy", in AB., 1976, pp. 315 ss. e ROBERT PITOFSKY, "A Framework for Antitrust Analysis of Joint Ventures", cit., pp. 893 ss..

[362] Não se justifica antecipar, desde já, os contornos, num plano jusconcorrencial, desta categoria de empresas comuns. Sobre essa categoria de empresas comuns que

Parte I – Capítulo 1

4.1.4. Empresa comum *("joint venture")* e consórcio

Outras classificações jurídicas – no sentido acima considerado – têm sido ensaiadas em torno dos processos de cooperação entre empresas conducentes à formação de empresas comuns, desembocando em diferentes dicotomias cujo poder explicativo da regulação contratual em causa não se nos afigura tão significativo como o das categorias ora equacionadas.[363] Uma das mais recorrentes na doutrina é aquela que contrapõe o contrato de empresa comum (*"joint venture"*) ao contrato de consórcio e procura, a partir desse nexo, identificar elementos constitutivos comuns e algumas diferenças. Pode, até certo ponto, compreender-se esta tentação de erigir a regulação do contrato de consórcio como um instituto de referência para a compreensão jurídica geral da figura da empresa comum, visto que, diversamente do que sucede com esta última na generalidade dos ordenamentos, o consórcio constitui, em vários sistemas, um tipo contratual legal.[364]

Estaria, assim, aberta uma via para aproximar a figura potencialmente indefinida da *"joint venture"* das malhas da tipicidade legal dos

---

desempenham todas as funções de uma entidade económica autónoma (*"full function joint ventures"*), a qual, desde a primeira reforma do RCC, em 1997, é passível de qualificação como operação de concentração entre empresas, em sede de direito comunitário da concorrência, cfr. o exposto *infra* capítulo segundo desta **Parte I** e capítulo segundo da **Parte III**. De qualquer modo, para uma perspectiva geral, eminentemente descritiva, sobre os contornos dessa figura em direito comunitário da concorrência cfr. GEERT ZONNEKEYN, "The Treatment of Joint Ventures Under the Amended EC. Merger Regulation", in ECLR., 1998, pp. 414 ss.

[363] Justifica-se, pois, que nos limitemos, neste ponto, a referir, de modo extremamente sumário, alguns aspectos dessas classificações jurídicas alternativas.

[364] Sobre o consórcio como tipo normativo, em vários ordenamentos, cfr., por todos, RAUL VENTURA, "Primeiras Notas sobre o Contrato de Consórcio", cit. Cfr., ainda, para essa perspectiva geral do consórcio como tipo normativo, PAULO ALVES DE SOUSA DE VASCONCELOS, *O Contrato de Consórcio no Âmbito dos Contratos de Cooperação entre Empresas*, Coimbra Editora, 1999. Importa salientar, em termos gerais, que o tipo formal do consórcio pode receber modelações substantivas muito diversas nos vários ordenamentos. De resto, mesmo no ordenamento nacional, esta categoria jurídica tem conhecido alguma infixidez nos seus contornos essenciais, visto que, antes da aprovação do Decreto-Lei n.º 231/81, de 28 de Julho, que veio regular os contratos de consórcio e de associação em participação, o conceito de consórcio foi utilizado quer quanto a agrupamentos de empresas sem personalidade jurídica, quer em relação a filiais comuns com personalidade jurídica.

contratos e criadas algumas condições, supostamente, para conferir um grau razoável de estabilidade e precisão às coordenadas contratuais essenciais dessa primeira figura.

Contudo, pensamos que esse pressuposto é completamente falacioso, porquanto a tipificação legal do contrato de consórcio em diversos ordenamentos – contrastante com o carácter refractário a qualquer tipificação da figura da empresa comum – não traduz uma verdadeira estabilidade ou consolidação de parâmetros uniformes da regulação contratual do consórcio. A utilização deste *nomen juris* em vários ordenamentos acaba por corresponder a conteúdos muito díspares do mesmo conceito e desemboca, mesmo, para além dessa diversidade da regulação jurídica material, em enquadramentos jurídico-formais muito diferenciados (à figura do consórcio pode, designadamente, encontrar-se associado ou não o atributo de personalidade jurídica própria).[365]

É certo que em alguns ordenamentos é o próprio legislador que, ao tipificar e regular o contrato de consórcio, estabelece directamente alguns nexos entre esta figura e a categoria da empresa comum, admitindo por

---

[365] Como já referimos na nota anterior, no ordenamento jurídico nacional anterior à aprovação do Decreto-Lei n.º 231/81, o conceito de consórcio era aplicado quer a agrupamentos sem personalidade jurídica, quer a situações envolvendo entes com personalidade jurídica. É certo, contudo, que num plano de direito comparado, se pode considerar que em relação a uma parte significativa das figuras de algum modo correspondentes ou comparáveis à figura do consórcio regulada no direito português também não é reconhecida personalidade jurídica, como sucede, *vg.*, com as figuras dos *"groupements d'entreprises"* franceses ou com a *"BGB Gesellschaft"* alemã (cfr., designadamente, sobre esta última figura, CHRISTIAN MULLER-GUGENBERGER, *Principes d'Organisation de la Coopération d'Entreprises en Droit Allemand*, in *Droit et Pratique du Commerce International*, Tome 3, pp. 475 ss. Já no direito italiano, onde a figura do *"consorzi"*, como já tivemos ensejo de destacar, tem sido objecto de considerável atenção doutrinal, admite-se que a generalidade das sociedades, excluindo as sociedades cooperativas e, segundo a maioria da doutrina, as denominadas sociedades simples, possam ser constituídas para prosseguir os fins típicos do *"consorzi"*, através das chamadas *"società consortili"* (cfr., sobre esta matéria, ASSONIME, "La Nuova Disciplina dei Consorzi – Lege 10 magio 1976", in Riv Soc., 1976, pp. 729 ss.). Acresce que, curiosamente, essa figura do *"consorzi"* no direito italiano surgiu, originariamente como uma figura integrada no direito da concorrência, de algum modo próxima do cartel, apenas tendo sido esta consagrada, ou confirmada, como instrumento jurídico de cooperação entre empresas com uma configuração mais ampla do que aquela que se reporta à disciplina da concorrência com a Lei n.º 377, de 10 de Maio de 1976 (embora diversas correntes na doutrina italiana admitissem já antes de 1976 tal configuração mais ampla do *"consorzi"*).

Parte I – Capítulo 1   231

vezes que esta última pode ser concretizada no plano jurídico-formal através da moldura contratual do consórcio. Assim sucedeu, designadamente, no ordenamento português. O Decreto-Lei n.º 231/81, que veio tipificar e regular o contrato de consórcio no nosso ordenamento, integra no respectivo preâmbulo algumas considerações sobre a possível aptidão desta figura para enquadrar diversas empresas comuns de natureza meramente contratual (*"unincorporated joint ventures"*).[366]

Todavia, considerando que as figuras da empresa comum e do consórcio intersectam vários ordenamenos jurídicos e que a segunda, apesar de ocasionalmente ser objecto de tipificação legal, não recebe, normalmente, um conteúdo jurídico-material (ou sequer jurídico-formal) uniforme ou relativamente coerente, a utilização sistemática da mesma como paradigma para delinear, de algum modo, caracteres fundamentais da primeira categoria, que, em regra, não é objecto de tipificação legal, poderia gerar toda a espécie de equívocos no que respeita à busca de uma compreensão geral da empresa comum.

4.2. A EMPRESA COMUM (*"JOINT VENTURE"*) E OS TIPOS DO COMÉRCIO JURÍDICO

4.2.1. Aspectos gerais

Procurando uma transição dos processos de classificação jurídica de categorias de contratos delineados em torno da figura do contrato de empresa comum e de outras categorias de contratos de colaboração entre empresas para o domínio do pensamento jurídico tipológico, importa equacionar criticamente a possibilidade de reconhecer no referido contrato de empresa comum um tipo do comércio jurídico (ou tipo social, noutras

---

[366] Na verdade, o preâmbulo deste Decreto-Lei n.º 231/81, integra uma das raras referências normativas à figura da *"joint venture"* fora do domínio do direito da concorrência, contemplando a possibilidade de enquadrar *"grande parte das chamadas unincorporated joint ventures"* e referindo-se a estas figuras como *"associações momentâneas ou duradouras que não preenchem os requisitos das sociedades comerciais (e, até às vezes, quando os preenchem)"*.

formulações utilizadas na doutrina).[367] Apesar do conjunto de indefinições jurídicas que pesa sobre esta figura – as quais advêm, em boa parte, de um desequilíbrio manifesto entre a utilização particularmente intensa deste *nomen juris* na *praxis* do comércio jurídico (em especial no comércio jurídico internacional) e a relativa escassez do investimento num tratamento dogmático geral e sistematizado da mesma figura – entendemos que existem condições para a erigir – em termos gerais – num tipo do comércio jurídico. Divergindo, neste aspecto, de algumas posições doutrinais autorizadas,[368] importa, conquanto muito sumariamente, visto não pretendermos desenvolver uma análise *ex professo* desta matéria,[369] expor alguns dos factores determinantes para esta ponderação.

Em nosso entender, os critérios utilizáveis para a identificação de tipos do comércio jurídico (extra-legais) são inelutavelmente fluidos, o que se deve, em primeiro lugar, à própria intensidade variável desses tipos

---

[367] Já tivemos ensejo de referir (esp. *supra*, ponto 3.1. deste capítulo), alguns aspectos da discussão doutrinal em torno da qualificação de possíveis tipos negociais extra-normativos, bem como de explicitar as razões pelas quais uma parte apreciável da doutrina rejeita o conceito de *tipo social*.

[368] Assim, na doutrina nacional, LUÍS DE LIMA PINHEIRO, apesar de reconhecer um certo grau de tipicidade social das "*joint ventures*", pronuncia-se, claramente, em sentido adverso ao reconhecimento de um tipo do tráfego negocial (extra-normativo) que correspondesse a essa figura. Para LIMA PINHEIRO, a formação de um tipo do tráfego negocial pressupõe, quer uma prática negocial reiterada de celebração de contratos que desempenhem determinada função económica, quer a existência de contratos apresentando uma combinação de elementos estruturais – em especial relativos ao conteúdo do negócio – que permitam a sua individualização; ora, a grande diversidade das organizações estruturais que se encontram na base das regulações contratuais de empresas comuns obstaria, segundo o mesmo A. à individualização de um verdadeiro tipo do tráfego negocial (cfr. A. cit., *Contrato de Empreendimento Comum (Joint Venture) em Direito Internacional Privado*, cit., esp. pp. 92-99). Já, em sentido diverso, embora utilizando uma terminologia jurídica diferente, se pronuncia na doutrina nacional PEDRO PAIS DE VASCONCELOS, considerando a "*joint venture*" como um "*contrato legalmente atípico e socialmente típico*" (cfr. A. cit., *Contratos Atípicos*, cit., pp. 221 ss.). Pela nossa parte, e independentemente das questões de terminologia jurídica, aproximamo-nos mais, em termos substantivos, desta segunda posição.

[369] Na verdade qualquer análise *ex professo* relativa à possibilidade de configurar as empresas comuns como um tipo social ou um tipo do tráfego negocial desviar-nos-ia, inelutavelmente, do plano central do nosso estudo que, nos termos expostos na parte introdutória, incide na problematização das empresas comuns em sede de direito da concorrência (*maxime*, no quadro do direito comunitário da concorrência).

contratuais.[370] De qualquer modo, tendo presente as características essenciais das relações contratuais conducentes à formação de empresas comuns, consideramos que os critérios mais importantes para ponderar a possível autonomização desta figura como um *tipo geral do comércio jurídico* serão a *causa* destes contratos – entendida como função dos referidos contratos e não como fundamento da respectiva juridicidade –,[371] o

---

[370] Admitimos que, em função das suas próprias características intrínsecas, os tipos extra-normativos, que temos preferido qualificar como *tipos do comércio jurídico*, podem revestir-se de intensidades muito diversas. Assim, considerando, em tese geral, uma ponderação necessariamente plural de diversos *índices do tipo do comércio jurídico* – no sentido preconizado, *vg.*, por PEDRO PAIS DE VASCONCELOS e por GIORGIO DE NOVA (cfr. As. cit., respectivamente, *Contratos Atípicos*, cit., pp. 115 ss, e *Il Tipo Contrattuale*, Cedam, Padova, 1974, pp. 58 ss.) – a individualização dos tipos do comércio jurídico pode conhecer intensidades variadas, conforme todos esses índices se encontrem em convergência, ou seja necessário conciliar elementos não completamente convergentes resultantes de tais índices. Por exemplo, no que respeita à figura da empresa comum, o índice relativo à configuração – como determinada combinação de elementos estruturais – pode fornecer indicações menos sólidas a favor da autonomização da mesma como tipo do comércio jurídico, mas esse aspecto pode ser compensado por outros índices que favoreçam de modo claro a individualização da mesma como tipo *a se*.

[371] Não tem aqui cabimento, como é natural, uma análise *ex professo* do complexo conceito de *causa* de contratos. Sobre essa matéria cfr., por todos, G. B. FERRI, *Causa e Tipo nella Teoria del Negozio Giuridico*, Milan, Giuffré, 1966 (a análise de FERRI tem o mérito de proceder a uma comparação entre os ordenamentos francês, alemão e italiano), e JUDITH ROCHFELD, *Cause et Type de Contrat*, Librairie Générale de Droit et Jurisprudence, Paris, 1999. Na doutrina nacional, cfr. INOCÊNCIO GALVÃO TELLES, *Manual dos Contratos em Geral*, cit., pp. 297 ss.; MENEZES CORDEIRO, *Tratado de Direito Civil*, I, tomo 1, Almedina, Coimbra, 2000, p. 317; OLIVEIRA ASCENSÃO, *Direito Civil – Teoria Geral*, vol. II, cit., esp. pp. 115 ss., pp. 132 ss. e pp. 299 ss.; CARLOS FERREIRA DE ALMEIDA, *Texto e Enunciado na Teoria do Negócio Jurídico*, cit., Vol. I, p. 500 ss.. Importa, de qualquer modo, referir que na nossa ponderação da causa dos contratos, e sobretudo no que respeita à sua ponderação como um índice de tipos do comércio jurídico, propendemos para configurar tal conceito fundamentalmente no sentido que é, de modo predominante, tomado em consideração no ordenamento italiano, correspondente à *função económica e social típica dos contratos* em detrimento da configuração da causa como fundamento de juridicidade (no sentido privilegiado por alguma doutrina alemã). Sem prejuízo dessa perspectiva por nós privilegiada, impõe-se reconhecer, acompanhando neste ponto a análise de CARLOS FERREIRA DE ALMEIDA, que, apesar da sua inegável relevância para a construção dogmática, "*a teoria da causa não tem unidade sistemática*", recebendo múltiplas formulações nos vários ordenamentos jurídicos (cfr. A. cit., *Texto e Enunciado na Teoria do Negócio Jurídico*, cit., Vol. I, p. 500). De qualquer modo, o mesmo autor, após ressalvar esse aspecto, acaba, no essencial, por sustentar a construção da *causa como função económico-social do negócio jurídico* (cfr. *op cit.*, esp. pp. 505 ss.).

234 *Empresas comuns* – Joint Ventures

seu *fim*, a existência de *uma prática negocial estritamente associada à utilização intencional pelas partes de um determinado nomen juris* e o *plano estrutural do contrato* (correspondente, no essencial, ao que alguma doutrina alemã denomina de "*Bauplan*").[372]

4.2.2. Relações contratuais de cooperação entre empresas e causa do contrato

No que respeita ao primeiro dos referidos critérios – a causa do contrato, entendida como função do contrato – a sua ponderação em relação à figura da empresa comum permite-nos identificar um núcleo de aspectos regularmente presentes nestes contratos, embora não forçosamente em todos os contratos qualificados pelas partes como empresas comuns (ou, de acordo com o *nomen juris* originário, como "*joint ventures*"). De resto, a relativa imprecisão da utilização muito lata desta denominação na *praxis* contratual deve levar-nos a relativizar a importância dos elementos de diversidade que, a todo o passo, se detectam nas múltiplas situações que os contraentes qualificam como empresas comuns.

Como teremos oportunidade de verificar na análise especializada mais desenvolvida das empresas comuns no domínio do direito da concorrência,[373] é até frequente a utilização intencional da denominação de empresa comum no quadro de verdadeiros carteis, orientados para a fixação de preços ou de volumes de produção, no sentido de beneficiar de uma

---

Tendo presente essa diversidade teórica interessa, também, tomar em consideração o conceito que, nos sistemas de "*Common Law*", podemos admitir como comparável, até certo ponto, e com naturais limites, ao conceito de causa nos ordenamentos romano-germânicos – o conceito de "*consideration*" (cfr., sobre esta matéria, BASIL S. MARKESINIS, "La notion de consideration dans la common law: vieux problèmes; nouvelles théories", in RID Comp., 1983, pp. pp. 735 ss.).

[372] O modo como certas características e elementos do contrato podem estruturar-se corrresponde, na realidade, ao que a doutrina tipológica alemã identifica como "*Bauplan*" e que, na nossa doutrina, autores como PEDRO PAIS DE VASCONCELOS designam como "*configuração*" do contrato (cfr. A. cit., *Contratos Atípicos*, cit., p. 144). Pela nossa parte, preferimos a designação, que acima acima utilizamos, de *plano estrutural do contrato*.

[373] Reportamo-nos aqui, fundamentalmente, à análise desenvolvida das empresas comuns em sede de direito comunitário da concorrência delineada na **Parte III** desta dissertação.

Parte I – Capítulo 1

235

valoração jurídica positiva que essa figura frequentemente recebe neste plano jurídico (e concomitantemente, visando afastar o desvalor jurídico que, de uma forma *per se* se encontra intrinsecamente ligado a acordos materialmente estruturados como carteis).

Em súmula, partir da constatação da existência de um conjunto de disparidades estruturais entre várias regulações contratais no *mare magnum* de acordos que as partes, com finalidades diversas, tendem a qualificar em termos extensivos e menos criteriosos como empresas comuns, para negar a possibilidade de identificar um núcleo de elementos regularmente imbricados na construção de certos contratos de cooperação organizada entre empresas e passíveis de conduzir à autonomização de um tipo de contrato de empresa comum, mesmo que concretizável através de várias construções jurídicas alternativas, não se nos afigura a perspectiva metodológica mais correcta.[374]

O esforço dogmático de construção jurídica que deve ser realizado implica, pelo contrário, que, pressupondo *ab initio* a existência de características divergentes numa parcela significativa de contratos qualificados pelas partes como "*joint ventures*" – correspondentes na realidade a outras modalidades de cooperação entre empresas –, se venha a proceder a uma selecção crítica de um núcleo mais restrito de situações em que a regulação das relações de cooperação empresarial possa atingir, sendo caso disso, um patamar superior que caracterizaria precisamente a figura da "*joint venture*".

Retomando a ideia de configuração de uma função económico-social (causa) que regularmente assuma um conteúdo idêntico na formulação de certos contratos de cooperação entre empresas qualificáveis como contratos de empresa comum, podemos apontar, como seu conteúdo essencial, o desenvolvimento de relações de cooperação empresarial relativamente intensas, orientadas para a realização de um projecto empresarial novo globalmente considerado ou, pelo menos, de um segmento importante de um projecto empresarial a partir de um organização comum, que pode revestir ou não personalidade jurídica própria.

---

[374] É esta constatação que nos leva – salvo o devido respeito – a discordar da posição de Luís Lima Pinheiro, contrária à autonomização da empresa comum como um tipo do comércio jurídico, embora este A. empregue, como acima se observou, uma terminologia jurídica algo diversa a este respeito (cfr. A. cit., cfr. A. cit., *Contrato de Empreendimento Comum (Joint Venture) em Direito Internacional Privado*, cit., esp. pp. 92-99.

236 *Empresas comuns* – Joint Ventures

Tipicamente estará em causa a realização de funções empresariais idênticas ou muito próximas das que se encontram subjacentes à integração de unidades empresariais, embora sem passar o limiar que acarretaria a dissolução da individualidade própria das empresas fundadoras da empresa comum (em contrapartida, desde que o relacionamento inter-empresarial fique claramente aquém desse limite, a empresa comum – assumindo por definição uma significativa complexidade funcional – acarretará normalmente, embora em graus muito variáveis, uma componente mínima de integração empresarial).[375]

4.2.3. Relações contratuais de cooperação entre empresas e finalidade do contrato

A utilização do critério correspondente ao fim do contrato permite-nos, ainda, a obtenção de resultados minimamente satisfatórios no sentido da justificação da autonomização de um tipo contratual geral de empresa comum. Assim, considerando o fim do contrato primacialmente como uma projecção, no plano subjectivo, da função desempenhada pelo mesmo contrato,[376] e tendo presente, em conformidade, os aspectos acima expostos sobre as funções típicas da figura da empresa comum, podemos detectar regularmente, em vários acordos de cooperação entre empresas, a finalidade de realização de um projecto empresarial comum, quer assumindo determinado grau de autonomia relativamente às actividades empresariais principais prosseguidas directamente pelas empresas fundadoras, quer assumindo um papel instrumental relativamente a essas actividades. Essa finalidade, que consubstancia uma determinada *ideia de*

---

[375] No plano específico da construção da categoria da empresa comum em direito da concorrência é esse aspecto que justifica que certas subcategorias de empresas comuns sejam qualificadas como verdadeiras operações de concentração (constituindo, enquanto tais, um subtipo da concentração empresarial a par do que podemos denominar como operações de concentração em sentido estrito).

[376] Sobre o conceito de fim do contrato e suas possíveis funções analíticas, cfr. OLIVEIRA ASCENSÃO, *Direito Civil – Teoria Geral*, Vol. II, cit., esp. pp. 302 ss.. Independentemente da projecção essencialmente subjectiva da ideia de fim de contrato este conceito encontra-se, bem entendido, indissociavelmente ligado à própria função do contrato. Sobre o fim do contrato como possível índice do tipo, cuja relevância pode variar, cfr. PEDRO PAIS DE VASCONCELOS, *Contratos Atípicos*, cit., pp. 126 ss..

empresa [377] – mais ou menos estruturada, consoante os casos – é assumida pelas partes através do estabelecimento de uma *organização comum* – cuja estruturação institucional pode assumir tessituras jurídicas e intensidades muito variáveis – para a qual as referidas empresas fundadoras efectuam contribuições de diversos tipos. Essa modelação de contribuições das empresas fundadoras pode envolver transferências de activos ou pode, mesmo, corresponder à realização directa de certas actividades em benefício do projecto comum por parte de uma ou várias das referidas empresas fundadoras.

Por outro lado, o desenvolvimento em permanência da interacção entre esferas de actividades próprias que caracteriza materialmente a relação de cooperação empresarial – no âmago do funcionamento da empresa comum – implica, em regra, uma *regulação contratual dos nexos entre as partes que supõe, de algum modo, uma predisposição permanente das mesmas para a realização de novas contribuições ou para a reformulação de anteriores prestações.*

Na verdade, se, num plano de finalidade dos contratos,[378] podemos contrapor os denominados *contratos de fim comum* aos *contratos ditos comutativos*[379] e assumir o contrato de sociedade como uma espécie de

---

[377] Como é evidente, esta conceptualização do fim do contrato como possível índice de um tipo do comércio jurídico relativo à empresa comum pressupõe a aceitação da relevância geral da categoria da empresa, o que, como tivemos ensejo de observar, não é aceite por alguma doutrina. Pela nossa parte, consideramos que a ideia de empresa em causa que se encontra na base do contrato de empresa comum pode configurar quer um projecto empresarial novo desenvolvido de raiz, quer aspectos auxiliares – desde que claramente definidos – do projecto empresarial de cada uma das empresas-mãe.

[378] Continuamos aqui a reportar-nos a um plano analítico da *finalidade dos contratos* como possível *índice de tipos negociais* no sentido anteriormente referido. Importa, de qualquer modo, destacar, que esse conceito de *fim dos contratos* não deve ser confundido com o *motivo dos contratos*, visto que, apesar de o mesmo conceito apresentar, inegavelmente, uma base subjectiva – que o separa do conceito de *função* do contrato – a mesma é apreendida através da sua projecção numa determinada acção (como de algum modo sustenta entre nós, OLIVEIRA ASCENSÃO – *Direito Civil – Teoria Geral*, Vol. II, cit., esp. pp. 130 ss. e pp. 302 ss.).

[379] A contraposição acima referida entre os denominados *contratos de fim comum* e os contratos ditos *comutativos* é também expressa na doutrina (*vg.* nas doutrinas italiana e alemã) como uma contraposição entre, por um lado, *contratos associativos, plurilaterais*, ou *de cooperação* e, por outro lado, *contratos de troca* ou *bilaterais*. Acresce que, para além desta fluidez de terminologia jurídica na identificação destas categorias sistematicamente contrapostas, alguns autores não organizam tal contraposição em torno da ideia de

238   *Empresas comuns* – Joint Ventures

paradigma da primeira modalidade,[380] verificamos que o núcleo essencial dos contratos que poderemos caracterizar como contratos de empresa comum integra essa modalidade, mas apresentando algumas diferenças significativas no seu programa finalístico relativamente àquele paradigma societário.

Na sociedade comercial – pelo menos na sociedade de capitais de responsabilidade limitada que tende a predominar nas actuais relações jurídico-económicas – o programa de contribuições dos sócios tende a concretizar-se num único momento, associado ao próprio acto constitutivo da sociedade, devendo essas contribuições assegurar à sociedade, ao longo de toda a sua existência, um funcionamento autónomo relativamente aos sócios e uma esfera jurídica de actuação claramente separada dos mes-

---

fim do contrato, como sucede, designadamente, com a posição de Inocêncio Galvão Telles, o qual separa os *contratos bilaterais* dos *contratos plurilaterais*, referindo como ilustrações desta segunda categoria o contrato de sociedade e a convenção internacional multilateral (cfr. A. cit., *Manual dos Contratos em Geral*, cit., pp. 31 ss.). A terminologia que separa os contratos associativos dos contratos de troca parece estar especialmente difundida na doutrina italiana (de resto, já tivemos ensejo de referir a utilização, nessa doutrina, do conceito de contrato associativo a propósito do contrato de *"joint venture"*; cfr., nesse sentido, a qualificação – previamente trazida à colação – utilizada por Luisa Vigone, no sentido de considerar esse contrato como um *"contratto associativo atípico"*; A. cit., *Contratti Atipici – Nuovi Strumenti Commerciali e Finanziari*, cit., p. 201). Devemos, ainda, referir que no domínio global do que latamente podemos denominar como contratos de fim comum, alguma doutrina alemã tem, ainda,identificado uma categoria de *contrato de organização*, essencialmente identificada com negócios de cooperação; cfr., nesse sentido, Carlos Ferreira de Almeida, que refere as posições de autores germânicos como Raiser, ou Lüderitz (cfr. A. cit., *Texto e Enunciado na Teoria do Negócio Jurídico*, cit., Vol. I, p. 534). Curiosamente, na doutrina nacional, autores como Ferrer Correia utilizam também esse conceito de *contrato de organização* – embora associando-o estreitamente ao contrato de fim comum a propósito do contrato de sociedade (cfr. A. cit., *Lições de Direito Comercial*, II, *Sociedades Comerciais – Doutrina Geral*, Coimbra, 1965-68, pp. 51 ss.).

[380] Esta ideia de ponderação do contrato de sociedade como uma espécie de paradigma dos *contratos de fim comum* justifica-se, entre outras razões, porque, apesar de esta figura apresentar, como já temos observado, conteúdos muito distintos em vários ordenamentos, a mesma conhece, em contrapartida, uma profunda densificação jurídica acompanhada, em regra, de tipificação legal nesses diversos ordenamentos. Assim, a tipificação normativa recorrente da figura da sociedade torna-a apta a fornecer um paradigma nesta área de problematização jurídica que dificilmente se retiraria de outros institutos jurídicos cuja utilização no comércio jurídico seja também frequente, mas que apenas excepcionalmente sejam objecto de tipificação legal.

mos[381] (os principais *desvios* a este programa típico de prestações dos sócios verificar-se-ão *ex vi* de compromissos contratuais especiais referentes a prestações suplementares dos sócios para além das que decorrem das suas iniciais obrigações de entrada de subscrição e realização de determinada parcela de capital estatutário).

Ora, no contrato de empresa comum embora a estrutura organizacional – com densidade institucional variável – em que assenta o programa de realização de uma actividade económica comum resulte também, no acto constitutivo deste tipo de entidades, de contribuições das empresas participantes, a materialização continuada da cooperação empresarial originará normalmente outros contributos em permanência das referidas empresas (foi nesse sentido preciso que acima referimos fundar-se o nexo material de cooperação empresarial numa predisposição permanente das empresas

---

[381] Esta ideia fundamental subjacente, em múltiplos ordenamentos, ao contrato de sociedade, no sentido de o programa de contribuições dos sócios se concretizar tendencialmente num único momento, associado ao próprio acto constitutivo da sociedade assume, em nosso entender, grande importância porque diferencia este contrato da regulação contratual da empresa comum, num universo lato de contratos de fim comum, porquanto esta última regulação se caracteriza, na maior parte dos casos e não obstante a sua atipicidade, pela manutenção de relações activas de contribuição das empresas fundadoras para o projecto empresarial comum no sentido acima exposto no texto. Importa, aqui, de qualquer modo, assinalar, de modo sumário, que, em relação à figura da sociedade e aos programas de contribuições que lhe estão intrinsecamente associados, o próprio carácter *contratual* da mesma tem já sido questionado por correntes doutrinais germânicas e italianas, em virtude de uma suposta ausência – na relação societária – da divergência de interesses que estaria pressuposta pelo conceito de contrato. Contudo, o entendimento actualmente prevalecente nesses ordenamentos, e também no ordenamento nacional, admite o carácter contratual do acto de constituição de sociedades (salvo tratando-se de sociedades unipessoais). Na verdade, a inegável existência de um fim comum no contrato de sociedade não elimina a possibilidade de divergência de interesses últimos dos sócios. No ordenamento alemão pode, até, considerar-se como orientação dominante aquela que reconhece ao acto constitutivo da *corporação* societária um carácter contratual, embora considerando que o seu conteúdo não corresponde a um *contrato obrigacional*, mas a um *contrato de organização*. Contudo, o direito português, à semelhança de outros ordenamentos, não acolhe uma contraposição estrita entre contratos obrigacionais e contratos produtores de outros efeitos, reais ou institucionais, nos moldes em que tal se verifica no ordenamento alemão; de resto, na nossa doutrina foi desde há muito feita uma crítica certeira a qualquer pressuposto de incompatibilidade entre as dimensões contratual e institucional por INOCÊNCIO GALVÃO TELLES, em termos que se mantêm completamente válidos no quadro das normas em vigor em relação às sociedades comerciais (cfr. A. cit., "Aspectos Comuns aos Vários Contratos", in RFDUL., 1950, pp. 250 ss).

240   *Empresas comuns* – Joint Ventures

participantes para a realização de novas prestações a favor do projecto comum).

É certo que, atendendo ao grau variável do elemento de integração empresarial ínsito na figura da empresa comum – o qual lhe confere simultaneamente uma particular complexidade e uma especial aptidão para realizar finalidades económicas muito variáveis – podemos configurar algumas categorias de empresas comuns cuja estruturação se traduza num grau superior de autonomia relativamente às empresas-mãe a partir de um conjunto de contribuições fundamentais inicialmente realizadas por estas.

Tendo, uma vez mais, presente o contributo para um esboço de caracterização jurídica geral da figura da empresa comum, que resultará da densificação jurídica mais desenvolvida que algumas concretizações especiais desta figura têm recebido em determinados ramos do direito – *maxime* no direito da concorrência –, importa salientar o modo como o ordenamento comunitário da concorrência [382] assimila certas formas de empresa comum que desempenhem todas as funções de uma entidade económica autónoma a verdadeiras operações de concentração entre empresas. Nesse tipo de casos a aproximação à figura da sociedade reveste a sua máxima intensidade (de resto, sintomaticamente, essa sub-categoria de empresa comum – recortada na óptica específica do direito comunitário da concorrência que adiante se analisará de modo desenvolvido – é, com grande frequência, concretizada através de veículos societários).[383]

---

[382] Socorremo-nos aqui, uma vez mais, de uma certa interacção analítica entre regulações de direito da concorrência e regulações de direito privado – *maxime* de direito comercial – assentes ou especialmente relacionadas com a categoria da empresa. Na realidade, a possibilidade de identificar e caracterizar um conceito de referência de empresa comum numa perspectiva geral de direito privado – configurando-a como um tipo do comércio jurídico – é consideravelmente reforçada, em nosso entender, com base nessa interacção analítica com o direito da concorrência.

[383] O facto de, como já observámos, no plano das empresas comuns que desempenhem todas as funções de uma entidade económica autónoma e que são qualificadas, em sede de direito comunitário da concorrência, como operações de concentração já se ter recentemente admitido a possibilidade de constituição desse tipo de entidades com base em estruturas contratuais muito ligeiras, tendentes ao funcionamento de um nível mínimo de organização comum e sem envolver a criação de qualquer sociedade controlada em conjunto pelas empresas fundadoras (como se verifcou na decisão da Comissão, já citada, "*Alitalia/KLM*") não obsta a que a parte mais significativa dessas entidades envolva a criação de sociedades comerciais submetidas a controlo conjunto das empresas fundadoras da empresa comum.

Coerentemente, nesse tipo de situações, o programa de prestações das empresas fundadoras tende a materializar-se no acto constitutivo inicial da empresa comum, mas, mesmo nestas específicas modelações de empresas comuns, é normal existir abertura contratual para a realização continuada, ou em diferentes momentos, de outras contribuições daquelas empresas-mãe, em termos qualitativamente diversos daqueles que tipicamente se verificam no quadro da relação societária.

4.2.4. Práticas negociais de utilização do *nomen juris* de empresa comum (*"joint venture"*)

Como já se referiu, a existência de um prática negocial reiterada de celebração de contratos sistematicamente qualificados pelas partes no plano formal como empresas comuns e entendidos por estas como apresentando alguma identidade entre si, quer ao nível dos escopos que permitem prosseguir, quer ao nível do tipo de relações que enquadram, pode, dentro de certos limites, constituir um critério de determinação de tipos do comércio jurídico. De qualquer modo, embora sendo frequente nas relações contratuais entre empresas a estipulação da qualificação jurídica de empresa comum (*maxime* através da *nomen juris* originário de *"joint venture"*), pensamos que a imprecisão que se encontra normalmente associada à mesma prejudica a sua relevância como critério autónomo de detecção de um tipo contratual individualizado.

No essencial, essa qualificação jurídica querida pelas partes e a percepção negocial muito difundida relativamente à utilização de uma moldura contratual compósita para enquadrar um sistema organizado e relativamente intenso de cooperação entre empresas correspondente ao *nomen juris* de *"joint venture"* traduzem um critério acessório que pode corroborar a autonomização deste tipo contratual, embora só por si não constituísse base suficiente para a mesma.[384]

---

[384] Apesar de, como assinalam, justamente, na nossa doutrina, OLIVEIRA ASCENSÃO e MENEZES CORDEIRO (As. cit., "Cessão de Exploração de Estabelecimento Comercial, Arrendamento e Nulidade Formal", in ROA, 1987, pp. 858 ss.), ou, numa outra perspectiva de análise, PEDRO PAIS DE VASCONCELOS (*Contratos Atípicos*, cit., pp. 129 ss.), a qualificação jurídica do contrato querida pelas partes não ser irrelevante, trata-se, no entanto, de um índice de tipo que não pode ser considerado *a se* e que terá um valor muito precário se for contrariado por outros índices. No que respeita, em particular, às empresas

242 *Empresas comuns* – Joint Ventures

4.2.5. Possível autonomização do tipo contratual de empresa comum *(joint venture)* em função do plano estrutural do contrato

4.2.5.1. *Aspectos gerais*

Finalmente, o quarto critério justificativo da autonomização do tipo contratual da empresa comum que acima enunciámos – a definição típica de um certo plano estrutural do contrato – assume, a nosso ver, significa-

---

comuns, a experiência de acompanhamento destas entidades em sede de aplicação de normas de concorrência vem demonstrando a existência de utilizações muito díspares do *nomen juris* de *"joint ventures"* pelas partes envolvidas em relações de cooperação. Assim, situações de cooperação empresarial que se limitam à comercialização conjunta de bens, sem a criação de quaisquer estruturas ou formas de organização comuns, bem como acordos de cooperação, no sentido da especialização ou da partilha de mercados sem envolverem, igualmente, esse limiar crítico de criação de quaisquer níveis mínimos de organização comum, mas traduzindo, tão só, meras coordenações de comportamento entre as partes, são com alguma frequência qualificados pelas empresas participantes como acordos de *"joint venture"*. De resto, tal generalização da qualificação como empresa comum pode ser, precisamente, influenciada por considerações de direito da concorrência, no sentido de pretender trazer à colação um possível tratamento mais benevolente em princípio aplicável às empresas comuns como entidades tipicamente indutoras de alguma eficiência empresarial. Assim, na doutrina norte-americana, autores como THOMAS A. PIRAINNO referem, de forma sugestiva, uma propensão das empresas para a utilização excessivamente lata da qualificação de *"joint venture"* em relação a um conjunto diversificado de acordos de cooperação empresarial, alguns dos quais envolvendo coordenações de comportamentos em relação a preços ou quantidades oferecidas no mercado, intrinsecamente restritivas da concorrência – e apenas comportando dimensões de integração parcial construídas de forma relativamente artificiosa – de modo a beneficiar de uma aplicação menos estrita das normas de concorrência aplicáveis às situações de cooperação empresarial (cfr. A. cit., "Beyond Per Se, Rule of Reason or Merger Analysis: A New Antitrust Standard for Joint Ventures", in Minn L R., 1991, pp. 1 ss). Além disso, é também corrente em relação a nexos de cooperação empresarial regulados através de sistemas mais ou menos complexos de contratos coligados, a qualificação de qualquer acordo de base, no quadro desses sistemas, como contrato de empresa comum, o que tem sucedido, *vg.*, com alguma frequência, quanto a relações de cooperação em matéria de desenvolvimento de estratégias de promoção ou de políticas de comercialização através da figura muito imprecisa da *"aliança estratégica"* (a qual surge, assim, com frequência, qualificada, de forma nada rigorosa, como acordo de *"joint venture"*). Sobre a utilização crescente e muito imprecisa, em termos jurídicos, dessa figura da *"aliança estratégica"* na *praxis* da relações de cooperação entre empresas, cfr., por todos, SABINE URBAN (Editor), *From Alliance*

Parte I – Capítulo 1

tiva importância. Na verdade, é sabido que, mesmo contratos que apresentam uma função económico-social essencialmente idêntica[385] ou que representam a projecção de fins semelhantes dos contraentes, podem ter os seus elementos constitutivos estruturados de modo diferenciado. A identidade de função e de finalidade subjacentes aos contratos não asseguram, pois, necessariamente, a autonomização de um tipo contratual unitário visto que a modelação e interacção dos compromissos contratuais podem assumir contornos muito diversos (numa vertente que reputamos fundamentalmente correspondente com a que a doutrina germânica tem denominado de "*Bauplan*").[386]

Numa primeira visão do problema verifica-se um risco importante de sobrevalorizar a diversidade das estruturas de relações contratuais que, em alternativa, podem ser utilizadas em acordos que reclamam a qualificação jurídica de empresa comum e, consequentemente, de rejeitar, com esse fundamento, a possibilidade de justificar um tipo contratual autónomo, de carácter geral, de empresa comum.[387] Entendemos, contudo, que essa

---

Practices to Alliance Capitalism – New Strategies for Management and Partnership, Wiesbaden, Gabler, Verlag, 1998.

[385] Referimos aqui o conceito de *função económica e social* do contrato num sentido muito tributário do que foi desenvolvido na doutrina italiana, em termos que já tivemos ensejo de caracterizar.

[386] Essa vertente corresponde ao que atrás denominámos como plano estrutural do contrato e ao que, na nossa doutrina PEDRO PAIS DE VASCONCELOS qualifica como "*configuração*" do contrato. A dimensão essencial que aqui se encontra em causa é, no sentido já apreendido por KARL LARENZ, uma dimensão *estrutural*. Trata-se, em súmula, de captar determinadas regularidades no modo como são estruturados determinados elementos essenciais de certos contratos. Como refere LARENZ, "*formadora de tipos é aqui a estrutura, quer dizer a conexão provida de sentido de uma regulação na 'harmonia' dos seus elementos*" (A. cit., *Metodologia da Ciência do Direito*, Fundação Calouste Gulbenkian, Lisboa, 1989, pp. 568 ss.).

[387] Em nosso entender, algumas posições na nossa doutrina, que negam a possibilidade de considerar a empresa comum como um tipo do comércio jurídico (extra-normativo) – como, *vg.*, a posição sustentada por LUIS DE LIMA PINHEIRO que já trouxemos à colação – incorrem no risco acima considerado de sobrevalorização da diversidade das estruturas de relações contratuais, embora devamos reconhecer total coerência lógica na posição deste A., atendendo ao peso que o mesmo parece conceder, em geral, ao plano estrutural do contrato como índice do tipo (cfr. A. cit., *Contrato de Empreendimento Comum (Joint Venture) em Direito Internacional Privado*, cit., esp. pp. 92-99). O que pela nossa parte admitimos é que este índice do tipo deve conhecer diferentes ponderações conforme as particularidades de determinados hipotéticos tipos do comércio jurídico e não uma ponderação uniforme. Ora, o que precisamente configura uma especificidade da

perspectiva não será correcta e ignora a especificidade da figura da empresa comum que reside precisamente na sua estruturação complexa suportada numa *intermediação compósita de elementos de vários tipos contratuais e combinando potencialmente os planos da união de contratos e dos contratos mistos.*[388]

Além da diversidade de estruturas contratuais utilizadas nesta ordenação das relações de cooperação entre empresas verifica-se – noutra perspectiva – um grau muito variável de institucionalização dessa cooperação, podendo a escala de uniões de contrato ou de contratos mistos convocáveis para este relacionamento contratual desembocar em extremos correspondentes a situações em que os elementos de integração empresarial são prevalecentes (as quais se traduzem no plano específico do direito comunitário da concorrência em empresas comuns subsumíveis numa sub-categoria das operações de concentração entre empresas), ou, noutro pólo, em situações caracterizadas por elementos de organização institucional da cooperação relativamente incipientes (as quais apenas se elevam a um patamar superior relativamente a um vasto conjunto de meros acordos de coopera-

---

figura da empresa comum é a relativa diversidade das estruturas de regulação contratual que a podem conformar, sem prejuízo da prevalência de um sistema de conexões tendentes a idênticos função e fim no plano das relações de cooperação.

[388] Sobre as realidades jurídicas das uniões de contratos e dos contratos mistos, cfr., por todos, na nossa doutrina, INOCÊNCIO GALVÃO TELLES, *Manual dos Contratos em Geral*, cit., esp. pp. 470 ss. e pp. 475 ss. É a complexidade de que se podem revestir as estruturas de regulação contratual na figura da empresa comum que nos leva a admitir que a mesma encerra uma combinação potencial dos planos da *união de contratos* e dos *contratos mistos*. A *praxis* conhecida das relações de cooperação empresarial demonstra-nos que são concebíveis quer *situações em que a matéria contratada se subsume em mais do que um tipo contratual estabilizado*, os quais, apesar do nexo que os ligue, poderiam subsistir como contratos separados (pense-se, *vg.* numa empresa comum constituída através de um veículo societário e orientada para a distribuição comercial, em determinados moldes, dos produtos das empresas-mãe, a qual compreende um contrato de sociedade e um contrato de distribuição), quer *situações em que a matéria contratada é regulada com base em elementos retirados de vários tipos e que não poderiam enquanto tais subsistir a se* (pense-se, *vg.*, num acordo central relativo à prossecução de determinada actividade conjunta, sem que se proceda à constituição de qualquer novo ente dotado de personalidade jurídica, com base numa organização cujos órgãos integrem caracteres combinados dos órgãos normalmente estabelecidos em sociedades comerciais e em consórcios externos; esse acordo central poderia estar ligado a um conjunto de acordos-satélite relativos a contribuições periódicas das empresas-mãe para a organização conjunta não personalizada).

Parte I – Capítulo 1 245

ção entre empresas, devido a esse *maius* jurídico-económico que, apesar de tudo, a existência de uma organização permanente, conquanto ténue, de feixes de relação de cooperação acarreta).[389]

O que importa, contudo, neste domínio específico caracterizado, precisamente, pela sobreposição de elementos densificados no quadro de outros tipos contratuais é – pressupondo essa estruturação compósita da figura da empresa comum e não a erigindo, à partida, em elemento refractário a qualquer análise tipológica – equacionar a possibilidade de identificar, ou não, algumas regularidades na conjugação desses elementos contratuais. Colocada a questão fundamental nestes termos, entendemos que a mesma pode merecer uma resposta positiva.

Na verdade, uma análise sistemática das molduras contratuais utilizadas no quadro de relações de cooperação económica entre empresas que alcançam um patamar superior de consolidação e estabilização,[390] situado

---

[389] Na realidade, o direito da concorrência, tomando em consideração o carácter híbrido que se encontra subjacente à figura da empresa comum capta, de algum modo, as situações extremas passíveis de recondução à figura da empresa comum em que ora os elementos de integração empresarial sejam prevalecentes, ora a organização institucional da cooperação se mostre relativamente incipiente. Como já temos observado, e nos termos que serão objecto de análise desenvolvida *(infra*, capítulo segundo desta **Parte I** e capítulo segundo da **Parte II**), o direito comunitário da concorrência tira consequências, num plano de regulação substantiva, desse peso relativo dos elementos de integração em diversas empresas comuns ao distinguir *de iure condito* duas subcategorias essenciais de empresas comuns (empresas que desempenham, ou não, todas as funções de uma entidade económica autónoma, sendo as primeiras qualificadas como concentrações e sujeitas ao RCC). Apesar de reconhecermos algumas diferenças entre essas subcategorias de empresas comuns, pensamos, como adiante se observará, que esse tratamento substantivo dual das empresas comuns no direito comunitário da concorrência se mostrou desiquilibrado.

[390] É certo que essa análise sistemática se apresenta particularmente dificultada pelo facto de, numa perspectiva geral de conceptualização de um conceito de referência de empresa comum – envolvendo as relações de cooperação empresarial internacional e as situações de cooperação relacionadas com a generalidade dos Estados Membros da UE –, se encontrarem em causa diversos ordenamentos nacionais, congregando diferentes famílias jurídicas (utilizando aqui esse conceito no sentido previsto por Zweigert e Kotz, em *An Introduction to Comparative Law*, cit.). Em particular, considerando os sistemas jurídicos de algum modo envolvidos no processo da construção jurídica comunitária, importa conciliar categorias e coordenadas jurídicas de sistemas de *"Common Law"* (*maxime* dos ordenamentos inglês e norte-americano) e de sistemas romano-germânicos (*maxime*, de ordenamentos mais representativos, como o alemão, o francês e o italiano, bem como o ordenamento jurídico nacional). Sobre a importância destes ordenamentos no processo complexo de formação de um verdadeiro direito privado da UE, cfr., por todos,

246 *Empresas comuns* – Joint Ventures

numa área potencialmente abrangida pela qualificação jurídica de empresa comum, permite-nos, em regra, identificar alguns elementos constantes num quadro de diversidade, os quais podem configurar um travejamento jurídico geral de um *plano estrutural do contrato de empresa comum* (sujeito naturalmente, a partir de uma matriz limitada, a múltiplas variações alternativas). Considerando a teorização geral já consolidada, embora com posições divergentes na doutrina, referente às figuras das *uniões de contratos* e dos *contratos mistos*,[391] podemos admitir que o contrato de empresa comum se situa numa zona complexa de confluência das duas figuras.[392] Assim, em alguns casos a ideia de empresa comum poderá

GIANNANTONIO BENACCHIO, *Diritto Privato della Comunità Europea*, cit.. Cfr., ainda, numa perspectiva idêntica, HEIN KÖTZ, AXEL FLESSNER, *European Contract Law*, Volume One, Clarendon Press, Oxford, 1997.

[391] Já tivemos ensejo de remeter para concepções doutrinais essenciais sobre as realidades da *união de contratos* e do *contrato misto* no plano da doutrina nacional. Ainda nesse plano importa considerar a posição de MENEZES CORDEIRO, que propõe uma distinção entre *contratos mistos em sentido estrito* e *contratos mistos em sentido amplo*. Os primeiros corresponderiam a contratos resultantes da conjugação de cláusulas retiradas de contratos típicos e os segundos corresponderiam a um *"conjunto de cláusulas próprias de tipos contratuais legais e de cláusulas engendradas pelas partes"* (cfr. A. cit., "Empréstimos 'Cristal': Natureza e Regime", in O Direito, 1995, III-IV, pp. 492 ss.). Com grande frequência, os contratos de empresa comum, sobretudo aqueles que apresentam estruturas mais complexas, envolvendo, *vg.*, um acordo-quadro central e diversos acordos-satélite, correspondem à segunda modalidade acima considerada, ao congregarem elementos resultantes de tipos contratuais estabilizados e elementos totalmente criados pelas partes. De resto, no que respeita às empresas comuns o grau de complexidade que pode estar em causa, segundo cremos, tende ainda a ser superior, visto que, nesse conjunto complexo de elementos de regulação contratual, as partes recorrem com frequência não apenas a cláusulas retiradas de certo tipo, ou engendradas por si de raiz, como, ainda, a cláusulas criadas mediante adaptação de partes do conteúdo de certos tipos. Noutras doutrinas, cfr., também, sobre esses conceitos de *uniões de contratos* e de *contratos mistos*, DI NANNI, "Collegamento Negoziale e Funzione Complessa", in R D Comm., 1977, pp. 297 ss. e JOACHIM GERNHUBER, *Bürgerliches Recht*, München, 1983, esp. § 7 V, pp. 157 ss..

[392] Importa, de resto, realçar, a este propósito, que, no quadro de uma conceptualização geral dessas figuras, tem sido reconhecido por diversos autores na doutrina germânica um carácter fluido da transição entre a *união de contratos* e os *contratos mistos* (cfr., vg., nesse sentido, JOSEPH ESSER, EIKE SCHMIDT, *Schuldrecht*, I, Allgemeiner Teil 6 Aufl., Müller, Heidelberg, 1984, pp. 184 ss.). Sobre a extrema dificuldade de qualquer teorização geral da união de contratos e também dos contratos mistos, cfr., ainda, DI NANNI, "Collegamento Negoziale e Funzione Complessa", cit., esp. pp. 318 ss.; G. SCHIZZEROTTO, *Il Collegamento Negoziale*, Napoli, 1983, esp. pp. 3 ss.; GILDA FERRANDO, "Recenti Orientamenti in Tema di Collegamento Negoziale", in NGCC., 1997, II., pp. 233 ss., esp. p. 234.,

Parte I – Capítulo 1

materializar-se fundamentalmente com recurso a um tipo contratual nominado, cumulado com alguns compromissos contratuais acessórios que se mantenham, na junção de elementos efectuada, de certo modo diferenciados ou reconhecíveis *a se* na sua individualidade (os casos mais recorrentes corresponderão, segundo cremos, à utilização como elemento base de um projecto de empresa comum do tipo societário, envolvendo a constituição de sociedades comerciais sujeitas a domínio conjunto de duas empresas fundadoras). Levando mais longe a nossa análise, há que dilucidar se nesse espaço de confluência da união de contratos e do contrato misto se pode tomar uma destas dimensões como prevalecente para a construção jurídica do contrato de empresa comum.

Ora, *tendo presente o núcleo de modelações contratuais mais recorrentes e que melhor caracterizam o projecto contratual de empresa comum, pensamos que a dimensão que avulta nessa construção jurídica será a correspondente à figura do contrato misto.* Mais do que uma conjugação de tipos contratuais que mantêm a sua individualidade[393] – embora, como já se acentuou, em alguns casos a construção contratual da empresa comum possa assentar primacialmente num determinado tipo contratual nominado de referência – esta figura da empresa comum incorpora normalmente num todo complexo partes de contratos distintos.

Sendo essa conjugação de partes de contratos distintos caracterizada pela extrema variedade que pode assumir, tal não impede que, a espaços, se destaque, de algum modo, uma configuração típica de referência, embora em termos relativamente *sui generis* que dificilmente se deixam retratar nas modalidades analíticas propostas com maior frequência pela doutrina.[394] Assim, sendo normalmente preconizada uma distinção entre

---

e, da mesma A., "I Contratti Collegati: Principi della Tradizione e Tendenze Innovative", in CI, 2000, I, pp. 127 ss.

[393] Utilizando aqui a formulação simultaneamente rigorosa e sugestiva de INOCÊNCIO GALVÃO TELLES (cfr. A. cit., *Manual dos Contratos em Geral*, cit., pp. 475 ss.).

[394] Essas modalidades analíticas reflectem, essencialmente, diversas *classificações* alternativas de *uniões de contratos* e de *contratos mistos*, que não cabe aqui enunciar ou caracterizar de modo desenvolvido. Pense-se, *vg.*, nas modalidades de contratos mistos propostas na análise de INOCÊNCIO GALVÃO TELLES, distinguindo entre *contratos múltiplos, geminados, indirectos* (ou *cumulativos*) ou *complementares* (cfr. *Manual dos Contratos em Geral*, Lisboa, 1965, pp. 385-392). Essa classificação é, contudo, simplificada pelo mesmo autor na edição de 2002, já cit., da mesma obra, deixando-se aí de discriminar, entre as "*modalidades principais*" de contratos mistos, a modalidade dos *contratos complementares*. Na primeira modalidade, "*uma das partes obriga-se a várias prestações*

248   *Empresas comuns* – Joint Ventures

contratos mistos delineados a partir de um tipo base, sujeito a alterações, e contratos construídos a partir de uma pluralidade de tipos contratuais,[395] as molduras contratuais passíveis, num quadro geral, de qualificação jurídica como empresas comuns tenderão a situar-se, uma vez mais, num espaço intermédio.

Na conjugação de elementos contratuais procedentes de vários tipos – nominados e inominados – que vai desembocar no contrato de empresa comum, construído em torno de uma ideia de projecto empresarial comum (fim comum, para o qual confluem as prestações das partes, contraposto, como já se viu, à *troca* de prestações que caracteriza os contratos comutativos), verifica-se, de modo recorrente, uma tendência de fundo para alguma preponderância de certo tipo contratual, em particular. Em contrapartida, a configuração desse *elemento típico central* é normalmente

principais, próprias de outras tantas categorias de contratos, e a outra parte promete uma prestação global"; na segunda modalidade, verifica-se uma *"justaposição de obrigações características de contratos diversos"* (*Manual dos Contratos em Geral*, Coimbra Editora, 2002, pp. 471 ss.); na terceira modalidade ocorre uma cumulação *"das funções características de dois contratos através da estrutura própria exclusivamente de um deles"* (por essa razão, esta modalidade era qualificada como *contrato cumulativo* na edição de 1965 do *Manual dos Contratos em Geral* – pp. 387-388 –, tendo o autor vindo a preferir a designação de *contrato indirecto* na edição de 2002 da mesma obra – pp. 471-472). Por último, na quarta modalidade originariamente contemplada na classificação de INOCÊNCIO GALVÃO TELLES, embora já não contemplada nas *"modalidades principais"* de contratos mistos autonomizadas na classificação delineada na edição de 2002 do *Manual dos Contratos em Geral*, verificar-se-ia que, *"a par de uma obrigação principal, correspondente a determinado tipo de contrato, se contraem obrigações acessórias, correspondentes a outro ou outros tipos de contrato"* (cfr. A. cit., *Manual dos Contratos em Geral*, Lisboa, 1965 pp. 390-391). Pense-se, também, na distinção proposta por MENEZES CORDEIRO entre *contratos mistos em sentido estrito* e *contratos mistos em sentido amplo*, no sentido considerado *supra*, em notas antecedentes (cfr. A. cit., "Empréstimos 'Cristal': Natureza e Regime", cit., pp. 492 ss.). Já no que respeita às *uniões de contratos*, parece-nos de sublinhar a afirmação de RUI PINTO DUARTE, no sentido de que, nesse domínio, *"a doutrina pouco mais faz, habitualmente, do que descrever as possibilidades do comércio jurídico através de classificações"* (cfr. A. cit., *Tipicidade e Atipicidade dos Contratos*, cit., pp. 50 ss.), continuando a assumir algum relevo a classificação tripartida proposta por ENNECERUS entre uniões meramente externas, uniões com dependência e uniões alternativas [cfr. LUDWIG ENNECERUS, *Derecho de Obligaciones*, vol 2, (tradução da 35ª edição do original alemão), Barcelona, Bosch, 1935, pp.6 ss.].

[395] Essa distinção pode conciliar-se, em termos substantivos, quer com as classificações propostas por INOCÊNCIO GALVÃO TELLES, quer com a classificação delineada por MENEZES CORDEIRO, com os contornos expostos *supra*, nas notas antecedentes.

Parte I – Capítulo 1

diluída num contexto de sobreposição de tipos plurais, o que, em várias situações, relativizará, ou afastará mesmo a sua possível caracterização como tipo contratual de referência.

É, em súmula, por essa razão que propendemos para uma localização *sui generis* do contrato de empresa comum – dentro da dimensão de contrato misto que se assume como prevalecente, embora não exclusiva, na construção do mesmo – num espaço de confluência entre as modalidades de contratos típicos formados a partir de um tipo de referência, transformado, e as modalidades formadas a partir da conjugação de mais do que um tipo contratual. Neste contexto, a observação da prática contratual de cooperação económica interempresarial e das evoluções que a mesma vem conhecendo nos últimos decénios,[396] demonstra-nos que o elemento típico central que se vem destacando, neste vasto espaço de construção jurídica contratual coberto pelo qualificação jurídica de empresa comum, tem sido aquele que corresponde ao tipo societário.[397]

---

[396] Mantemos a este propósito a nossa observação anterior, no sentido de que a melhor e mais fidedigna amostragem das realidades prevalecentes na *praxis* das relações de cooperação empresaral é a que resulta do acompanhamento sistemático dessas relações em sede de aplicação de normas de concorrência (*maxime*, no contexto dos ordenamentos norte-americano e comunitário da concorrência).

[397] Tomando em consideração a amostragem acima referida, resultante da experiência de aplicação das regras de concorrência, e fixando-nos, em especial, nos dados resultantes da aplicação das normas comunitárias de concorrência é clara uma progressiva prevalência de um elemento típico central na construção de empresas comuns, correspondente ao tipo societário (em sentido lato), sem prejuízo da complexidade dos modos de conjugação de múltiplos elementos suplementares adaptados de outros tipos contratuais ou delineados de raiz pelas partes. Essa importância de elementos associados ao tipo societário é mais nítida, no enquadramento normativo a que se encontram sujeitas as empresas comuns em sede de direito comunitário da concorrência, a propósito da subcategoria correspondente às empresas comuns que desempenham todas as funções de uma entidade económica autónoma (e qualificáveis como operações de concentração), embora se verifique, também, num grau apreciável em relação às empresas comuns submetidas – nos termos analisados *infra* – ao regime do artigo 81.º CE. Na realidade, tendo sido pela primeira vez claramente admitida a qualificação de uma empresa comum sem qualquer componente societária (*"contractual joint venture"*) como concentração em 1999, tal correspondeu a um único caso isolado no elevado conjunto de empresas comuns com carácter de concentração apreciadas pela Comissão nesse ano de 1999 (cfr. *"Vigésimo Nono Relatório sobre a Política de Concorrência"*, nos pontos respeitantes ao controlo de concentrações).

Socorrendo-nos de uma classificação de contratos mistos que, no passado, foi proposta na nossa doutrina por Inocêncio Galvão Telles,[398] pensamos que, dentro desta configuração complexa que vimos delineando, o contrato de empresa comum se pode aproximar da categoria que este autor denominou de *contratos complementares* (numa modalidade que, noutra perspectiva analítica, se aproxima da figura do *contrato misto em sentido amplo* delineada por Menezes Cordeiro).[399] De qualquer modo, em função da especificidade desta figura da empresa comum e da diluição que a mesma acarreta relativamente ao papel de qualquer elemento típico central, admitimos que a classificação aproximada que melhor poderá reproduzir esse seu carácter *sui generis* será a de *contratos tendencialmente complementares.*

---

[398] Reportamo-nos aqui à classificação proposta por Inocêncio Galvão Telles, enunciando quatro categorias de contratos mistos – na edição de 1965 do seu *Manual dos Contratos em Geral* (pp. 385 ss.), embora simplificada na edição de 2002 do mesmo *Manual* (pp. 470 ss.) – que conciliamos, em larga medida, com a classificação proposta por Menezes Cordeiro (classificações referidas *supra*, ponto 4.2.5.1.). Reportamo-nos, igualmente, à classificação quadripartida proposta por Luís Menezes Leitão, integrando, também, uma subcategoria de *contratos complementares*, com contornos semelhantes aos já preconizados por Inocêncio Galvão Telles (cfr. Luís Menezes Leitão, *Direito das Obrigações*, Vol. I, Almedina, Coimbra, 2003, p. 211-212).

[399] Importa de qualquer modo ressalvar que, atendendo à nossa posição no sentido de considerar o contrato de empresa comum como uma complexa realidade intermédia, que intersecta quer a realidade dos *contratos mistos*, quer a realidade das *uniões de contratos*, nos limitamos a considerar aqui uma relativa *aproximação* às *modalidades de contratos mistos* que são os *contratos complementares* ou os *contratos mistos em sentido amplo*, sem propor uma completa identificação com essas figuras. O pressuposto comum a essa caracterização, contudo, é o de que se justifica uma distinção conceptual básica entre, por um lado, as *ligações entre contratos* ("*Vertragsverbindungen*") e, por outro lado, os *contratos mistos* ("*gemischte Verträgen*"), no sentido desde há muito proposto na doutrina germânica e recentemente confirmado por autores como, *vg.*, Wolfgang Fikentscher (cfr., *Schuldrecht*, 9. Aufl., Berlin, New York, 1997, esp. pp. 404 ss.). Além disso, no que respeita à realidade dos *contratos mistos*, não curamos aqui, especificamente, da discussão teórica em torno do regime que lhes deve ser aplicado (o que exigiria um longo desenvolvimento *ex professo*). Propendemos, de qualquer modo, neste domínio, para as posições sustentadas por Antunes Varela (*Das Obrigações em Geral*, I, cit., esp. pp. 286 ss.) e por Menezes Cordeiro (*Direito das Obrigações*, 1.º, Lisboa, AAFDL, 1980, esp. p. 428), no sentido da necessidade de ponderar em concreto, face a cada contrato misto, se o seu regime deve ser estabelecido através da *absorção* ou da *combinação* de regimes.

4.2.5.2. *Plano estrutural do contrato de empresa comum* ("joint venture")

Avançando na concretização dos modelos gerais de análise que vimos ensaiando, o contrato de empresa comum é construído, de modo paradigmático, segundo um plano estrutural que, conquanto variável e gerador de graus de relacionamento interempresarial diversos – mais ou menos próximos da realidade jurídico-económica da integração empresarial (ou, numa visão tributária da perspectiva jusconcorrencial, da realidade da concentração empresarial) – *apresenta no seu núcleo uma regulação de uma forma de organização relativamente estável, personalizada ou não, que centralizará e coordenará funcionalmente uma actividade empresarial que se rege por objectivos de economicidade* (embora não necessariamente correspondentes à obtenção de lucro em sentido estrito),[400] *prosseguida em comum por duas ou mais empresas fundadoras.* Essa actividade empresarial comum pode, em alternativa, ser concebida como meramente instrumental das actividades principais das empresas fundadoras, ou como actividade que ganha uma autonomia própria e uma importância significativa relativamente às actividades que se mantêm na esfera própria daquelas empresas fundadoras, desde que, como já atrás se ressalvou, estas conservem a sua individualidade, e não se diluam no novo ente comum.

---

[400] Tivemos já ensejo de destacar, a propósito da conceptualização da categoria jurídica da *empresa* – *maxime* numa perspectiva de direito comercial – que os objectivos de *economicidade*, intrínsecos à organização e definidores da mesma, não devem ser confundidos com escopos de obtenção de *lucros*, em sentido estrito (embora não partilhemos algumas propostas existentes na doutrina – *vg.* as formuladas por ORLANDO DE CARVALHO – no sentido de formular conceitos intermédios, supostamente diversos, como o conceito de "*rédito*"). Na realidade, é patente, a propósito de múltiplas categorias de empresas comuns, que a prossecução de objectivos de interesse económico, assentes numa lógica de rendibilidade, não traduz, necessariamente, um escopo lucrativo, como poderemos comprovar, de modo mais desenvolvido, no quadro do nosso estudo ex professo de algumas das principais categorias de empresas comuns, autonomizadas numa perspectiva de direito comunitário da concorrência (esp. *infra*, capítulos segundo e terceiro da **Parte III**). Pense--se, por exemplo, na constituição de empresas comuns que não desempenham todas as funções de uma entidade económica autónoma e às quais as empresas-mãe cometam funções no domínio da investigação e desenvolvimento, auxiliares das suas próprias actividades principais.

A esta luz e tendo, assim, presente a extrema variedade das missões funcionais atribuíveis às empresas comuns, discordamos, salvo o devido respeito, da posição expendida na nossa doutrina por Lima Pinheiro,[401] segundo a qual a empresa comum se encontrará, em geral, numa posição de dependência organizativa e económica face aos seus titulares e manterá igualmente uma outra relação de dependência face a uma suposta relação associativa de âmbito mais vasto que perdurará entre esses titulares.

No que respeita a este último aspecto, e como adiante se explicitará, de modo mais desenvolvido, assumimos uma concepção diferente, segundo a qual a figura denominada como empresa comum (na terminologia nacional que procuramos fixar com base no *nomen juris* originário e largamente difundido de "*joint venture*") abarca, como tal, não apenas um núcleo organizativo do processo de cooperação – frequentemente assumindo forma societária, através de uma sociedade comercial sujeita a domínio conjunto das empresas-mãe – mas todo o complexo de relações contratuais de colaboração entre empresas, limitadas essencialmente a esse núcleo, ou construídas em torno do mesmo e em processo de interacção permanente com este.

Quanto ao primeiro aspecto equacionado por Lima Pinheiro consideramo-lo redutor da complexidade que potencialmente *o plano estrutural do contrato de empresa comum* ("*Bauplan*") pode revestir. Como se referiu, este contrato pode configurar uma actividade empresarial comum perfeitamente instrumental relativamente às actividades principais das empresas-mãe, mas pode, igualmente, assumir outro grau superior de autonomia que acarretará, em termos reflexos, uma drástica diminuição dos elementos de dependência organizativa, financeira e económica, em geral, da empresa comum relativamente às referidas empresas-mãe.

Recordamos, uma vez mais, as nossas considerações iniciais sobre a caracterização geral do fenómeno jurídico-económico da empresa comum, estruturado com base numa conjugação complexa de elementos de coope-

---

[401] Cfr. Luis de Lima Pinheiro, *Contrato de Empreendimento Comum (Joint Venture) em Direito Internacional Privado*, cit., p. 101. Como aí refere este A., "*a configuração dominante, no que toca à empresa comum juridicamente independente, é caracterizada por uma dependência organizativa desta empresa relativamente aos seus titulares e à relação associativa, de âmbito mais vasto, que entre eles perdura. Esta dependência traduz-se na coexistência de duas organizações – a organização de coordenação instituída directamente pelo contrato-base e a organização que explora a empresa comum – com subordinação da segunda à primeira*".

ração empresarial e de integração (ou concentração) empresarial.[402] Nessa estruturação complexa, os elementos de integração ou concentração empresarial podem assumir um peso preponderante e, nessas situações, ainda qualificáveis como empresas comuns – de tipo muito integrado – visto que das mesmas não decorre a eliminação da individualidade jurídico-económica das empresas-mãe, o ente comum instituído pode apresentar um grau de dependência muito reduzido – quase despiciendo para os efeitos da análise ora em questão – relativamente às referidas empresas--mãe.

Neste ensaio de compreensão de uma matriz basilar do plano estrutural do contrato de empresa comum, delineada em torno de uma ideia de projecto empresarial comum, a prosseguir por duas ou mais empresas, importa enfatizar um aspecto qualitativo relativamente ao elemento subjectivo que aqui se encontra envolvido. Assim, embora o contrato de empresa comum possa tipicamente relacionar entre si um número variável de empresas participantes, em princípio as exigências de construção de um suporte de organização comum e de definição de mecanismos institucionais que enquadrem o funcionamento do mesmo não se coadunam facilmente com um número muito elevado de participantes.

Será, pois, natural que, no plano subjectivo, a estruturação da empresa comum tenda a agregar um número relativamente limitado de empresas participantes (os nexos de cooperação que abarquem múltiplas empresas tendem a situar-se já num espaço jurídico de colaboração entre empresas centrífugo em relação ao núcleo de contratação caracterizável como empresa comum).[403]

---

[402] Reportamo-nos aqui às nossas considerações iniciais *supra* – **Introdução**, esp. pontos II, III, X – que serão especialmente desenvolvidas a propósito da caracterização da figura da empresa comum em sede de direito da concorrência (*infra*, capítulo segundo desta **Parte I**).

[403] Referimo-nos aqui, bem entendido, ao que podemos considerar como uma regularidade estrutural que tende a verificar-se na construção de sistemas de contrato conducentes à criação de empresas comuns, o que não impede que, em alguns casos, determinadas empresas comuns possam apresentar um número mais elevado de empresas participantes. Além disso, como adiante se observará, no plano da aplicação de normas de concorrência determinadas entidades comuns, que, em virtude do elevado número de participantes, não sejam passíveis de qualificação como empresas comuns podem suscitar, ainda assim, potenciais questões de afectação da concorrência muito semelhantes às que se encontram associadas à específica categoria jusconcorrencial da empresa comum (cfr. em especial, sobre esta matéria, *infra*, ponto 4.4.3.6. do capítulo terceiro da **Parte III**,

254   *Empresas comuns* – Joint Ventures

De modo sintomático, e como verificaremos na nossa análise ulterior, no plano específico jusconcorrencial algumas autoridades nacionais de regulação da concorrência, quando pretendem atenuar certos efeitos restritivos da concorrência inelutavelmente associados a determinadas empresas comuns operando em particulares condições de mercado, obtêm compromissos das empresas participantes no sentido de alargar significativamente o número de empresas que integrarão o projecto empresarial comum em questão[404] (esse alargamento do número de participantes, para além de determinado limiar qualitativo, tende a descaracterizar a estrutura de relações de cooperação como empresa comum com as exigências de organização institucional própria que a mesma comporta).

4.2.5.3. *O núcleo de regulação do contrato de empresa comum ("joint venture")*

Como já se referiu, o contrato de empresa comum apresenta, de modo recorrente, um núcleo no qual se regula uma determinada forma de organização estável – frequentemente correspondente a um veículo societário – que centraliza funcionalmente uma actividade empresarial a desenvolver em comum por duas ou mais empresas fundadoras. Esse núcleo de regulação pode, numa perspectiva externa ou formal – a mesma que leva a doutrina a distinguir correntemente a união externa da união interna de contratos – consubstanciar um único acordo, ou concretizar-se num conjunto de acordos estreitamente articulados entre si e muitas vezes integrados, em termos globais, num verdadeiro acordo quadro.[405]

---

onde referimos diversas situações respeitantes a entidades colectivas – muito semelhantes a empresas comuns – que gerem sistemas de cartões de pagamento).

[404] Como veremos, numa abordagem jusconcorrencial, alguns autores como JOSEPH BRODLEY, admitem que potenciais efeitos restritivos da concorrrência inerentes a empresas comuns com certa composição podem ser satisfatoriamente atenuados ou evitados, através do alargamento do número de empresas participantes (cfr. JOSEPH BRODLEY, "Joint Ventures and Antitrust Policy", cit., esp. pp. 1544). Pela nossa parte, admitimos, tão só, que, para além de um determinado limiar crítico, o qual varia conforme as circunstâncias de cada situação concreta, um número especialmente elevado de empresas participantes tende a *"descaracterizar"* as relações entre as mesmas como relações integradas numa empresa comum, diluindo o controlo conjunto que deve estar subjacente a essas relações.

[405] Em particular nas situações em que a constituição de empresas comuns se faça com recurso ao tipo societário, mediante a criação de uma sociedade sujeita a controlo

Parte I – Capítulo 1   255

Reportando-nos, em tese geral, ao que possam ser os requisitos mínimos de criação de uma verdadeira empresa comum (base a partir da qual
a tessitura jurídica de compromissos contratuais pode multiplicar-se quase
infinitamente), este núcleo ou matriz da relação que suporta a empresa
comum integrará, normalmente, os seguintes aspectos:

a) *Delimitação material do objecto da cooperação realizada
através da empresa comum e estabelecimento concomitante das principais
finalidades da mesma*. Nessa delimitação do objecto, compreendendo uma
definição das actividades empresariais a prosseguir, referentes a determinados produtos ou serviços ou a aspectos parciais do respectivo processo
de produção e comercialização, bem como ao âmbito geográfico das
mesmas actividades, deverá ficar claro se a empresa comum se situa num
de dois domínios fundamentais caracterizados por um maior ou menor
grau de integração empresarial. Um dos planos fundamentais a considerar
corresponderá a uma posição de relativa autonomia da empresa comum
relativamente às empresas-mãe, devido à concentração na mesma de todas
as funções envolvidas num ciclo completo de produção e comercialização
de certos bens ou serviços (sendo certo que, mesmo nesta categoria de
situações, a intensidade da autonomia da empresa comum em relação às
referidas empresas-mãe pode ainda ser muito variável).

Num segundo plano, qualitativamente distinto a empresa comum
será concebida apenas com vista à prossecução de uma parte das funções
que integram aquele ciclo completo da actividade empresarial – assumindo tipicamente um papel instrumental em relação ao ciclo directamente realizado pelas empresas-mãe. Poderão estar em causa quer funções
instrumentais no domínio da produção – ou mesmo cobrindo apenas algumas dimensões limitadas envolvidas no processo produtivo, ou na respectiva preparação (pense-se *vg.* em actividades de investigação pura que

---

conjunto das empresas-mãe, é frequente que o acordo relativo a tal sociedade configure
um acordo-quadro, central, articulado com conjuntos, mais ou menos complexos, de *"contratos satélites"*. Alternativamente, em muitos casos de constituição de empresas comuns
baseadas num *tipo societário*, o acordo-quadro pode corresponder a um acordo parassocial
referente ao funcionamento da sociedade que se encontre numa posição central no processo de cooperação, podendo existir vários *"contratos satélites"* referentes a feixes diversos de relações entre tal sociedade e as empresas fundadoras da empresa comum, globalmente considerada (a importância dos *acordos parassociais* na regulação e funcionamento
de *empresas comuns de tipo societário* é, de resto, enfatizada em notas subsequentes [esp.
a propósito do aspecto adiante enunciado como c)].

suportem a evolução futura desse processo produtivo) – ,quer funções no domínio da comercialização de bens ou serviços.[406]

As coordenadas de análise densificadas em sede de direito da concorrência[407] podem, uma vez mais, ser transpostas e adaptadas para a caracterização geral do *plano estrutural* do contrato de *empresa comum*, no sentido de contrapor tipicamente as empresas comuns que asseguram todas as funções de uma entidade económica autónoma e, logo, de uma unidade empresarial globalmente considerada (entidades correntemente designadas por "*full function joint ventures*") às empresas comuns que apenas asseguram uma parte dessas funções e que, consequentemente, assumem um papel instrumental em relação à actividade das empresas fundadoras (entidades frequentemente designadas em sede de direito da concorrência por "*partial function joint ventures*").

Importa notar que a delimitação precisa do objecto da actividade empresarial comum – a qual assume particular importância visto encontrar-se em questão uma organização dos planos respectivos de actividade entre as empresas fundadoras e a empresa comum – não é incompatível com uma ponderação adequada e flexível dos factores dinâmicos que influenciam qualquer actividade económica (e alguns sectores empresariais em particular). Assim, a regulação contratual do objecto pode incluir disposições prospectivas contemplando directamente a respectiva adaptação em face da verificação de determinadas circunstâncias tipificadas genericamente, ou compromissos no sentido da abertura obrigatória de processos de renegociação entre as partes, em função da verificação futura desse tipo de circunstâncias[408]

---

[406] Como já referimos, no nosso estudo *ex professo* do tratamento das empresas comuns em sede de direito comunitário da concorrência, teremos ensejo de discriminar as situações mais recorrentes de criação de empresas comuns que apenas desempenham uma parte das funções de entidades económicas autónomas, compreendendo, designadamente, como tipos funcionais mais importantes, nesse plano, as empresas comuns de investigação e desenvolvimento, as empresas comuns de produção e as empresas comuns de comercialização de bens e serviços (cfr., em especial, *infra*, capítulo terceiro da **Parte III**).

[407] Pensamos aqui, fundamentalmente, como já acima se refere, no específico enquadramento das empresas comuns em sede de direito comunitário da concorrência, embora – como se observa *infra*, capítulo segundo desta **Parte I** –, este tipo de diferenciações assuma, também, alguma relevância em sede de direito norte-americano da concorrência.

[408] Sobre esse tipo de disposições *prospectivas*, contemplando a adaptação de certos elementos das estruturas contratuais em face da verificação de determinadas cir-

Parte I – Capítulo 1

b) *Regulação do complexo de direitos e obrigações das empresas fundadoras em ordem à prossecução do objecto empresarial assumido em comum.* Entre outros aspectos que não cabe aqui enumerar exaustivamente,[409] importará regular as contribuições das empresas fundadoras para a instituição e funcionamento da empresa comum.

Como já se referiu, o estabelecimento de um suporte organizacional para a cooperação empresarial continuada e localizada em determinados projectos no âmbito de contratos de empresa comum caracteriza-se normalmente por uma ligação permanente das empresas fundadoras à empresa comum, materializada numa disponibilidade para a realização de contribuições em momentos ulteriores à constituição do ente comum (disponibilidade qualitativamente diversa da que se verifica no contrato de sociedade no quadro do qual, em regra,[410] os sócios após a realização das suas prestações iniciais separam completamente a sua esfera de actuação da esfera correspondente à actividade da sociedade).

---

cunstâncias tipificadas genericamente, ou a fixação de compromissos no sentido da abertura obrigatória de processos de renegociação entre as partes, tenha-se presente, como exemplo paradigmático, entre múltiplos casos de empresas comuns consideradas em função da sua avaliação jusconcoorrencial na **Parte III** desta dissertação, o caso versado na decisão da Comissão *"Asahi/Saint Gobain"* (JOCE n.º L 354/87, 1994). Nesse caso, o programa contratual estabelecido entre as partes contemplava claramente dois estádios de cooperação que se sucederiam no tempo – o primeiro referente à realização de um projecto de investigação e desenvolvimento e à criação de uma unidade industrial piloto com finalidades não comerciais e o segundo, correspondente à instalação de uma segunda unidade piloto já orientada para a produção dos bens contratuais e com vista à respectiva comercialização. De qualquer modo, os acordos concluídos entre as partes contemplavam a possibilidade de renegociação dos compromissos iniciais, no sentido de permitir a cada uma dessas partes avançar isoladamente para a construção da segunda unidade fabril fora do âmbito do projecto comum, sem prejuízo da eventual manutenção do mesmo.

[409] Diversos aspectos recorrentemente regulados pelas partes, além das disposições referentes a contribuições das empresas fundadoras para a instituição e funcionamento da empresa comum serão referidos no contexto da nossa análise jusconcorrencial das empresas comuns.

[410] Sem prejuízo da diversidade das conformações do tipo societário em vários ordenamentos, a situação acima considerada tende a verificar-se, pelo menos, em relação à figura da sociedade de responsabilidade limitada, ou, noutra perspectiva, em relação às denominadas sociedades de capitais, quando contrapostas às sociedades de pessoas (sendo certo que, mesmo numa contraposição conceptual com a latitude que esta última assume, as fronteiras dessas categorias não são *"nítidas, quando transpostas para os modelos positivados"*, como ressalva, justamente, entre nós, ENGRÁCIA ANTUNES (cfr. A. cit., *Direito das Sociedades Comerciais*, cit., pp. 90-91).

Naturalmente, a regulação dessas contribuições será diversa em função da conformação jurídico-formal da estrutura organizacional permanente que centralizará a actividade da empresa comum. No que respeita a uma parcela significativa de situações referentes a empresas comuns de base societária, as contribuições das empresas fundadoras, delineadas na regulação base do contrato de empresa comum, reportar-se-ão às respectivas entradas no capital da sociedade a constituir num quadro de domínio conjunto. De qualquer modo, mesmo nesse tipo de situações, a regulação das contribuições das partes – de tipo financeiro – pode revestir alguma extensão e complexidade, traduzindo-se em compromissos diversos de apoio financeiro directo a determinados aspectos da actividade da empresa comum (ou apoio indirecto, designadamente através da prestação de garantias referentes a futuros financiamentos que a empresa comum, desde logo, preveja negociar).[411]

Por outro lado, além de contribuições de natureza financeira – que surgem como prestações típicas das empresas-mãe relativamente a empresas comuns de base societária – podem ser acordadas outras contribuições regulares, essenciais para o funcionamento corrente da empresa comum, abarcando *vg.* a cedência de mão de obra especializada, a cedência de múltiplos serviços operacionais especializados ou, ainda, direitos de utili-

---

[411] Autores como HERZEFELD e WILSON salientam, justamente, que a regulação de contribuições das empresas-mãe, mesmo quando as empresas comuns envolvam como núcleo da organização estável que lhes dê corpo a constituição de sociedades, cujo capital é assegurado por essas empresas-mãe, não se esgota, normalmente, na fixação de regras referentes às respectivas entradas no capital de tais sociedades, e envolve, com frequência, outros compromissos, de teor mais lato, reportados às estruturas globais de financiamento dessas entradas das empresas-mãe. Como referem estes As., "*the parties will normally agree to provide funds to the joint venture in accordance with their respective interests, either in the form of share capital or debt finance, or a mixture of the two. Any debt finance may come either from the parties themselves or from external sources (eg., banks), in which case shareholder guarantees may well be required. The choice of funding method will depend on a number of factors (…)*". Além disso, os mesmos As. referem, também, a possibilidade de acordos complementares entre as partes, no sentido de "*lay down, at least for a number of years, by what method future finance should be raised, i.e. equity and/or borrrowing, and to agree with each other limits up to which they are willing to provide future finance and the conditions (eg. a call by management) with which they are bound in advance to comply*" (cfr. As. cit., *Joint Ventures*, cit., respectivamente, pp. 47 ss. e 61 ss.).

Parte I – Capítulo 1 259

zação de determinados activos que permanecem na titularidade das empresas-mãe.[412]

Este bloco de regulação essencial deverá, ainda, cobrir os processos de partilha dos resultados emergentes da actividade da empresa comum. Os aspectos a regular neste plano podem também ser diversificados, estendendo-se, para além da partilha de lucros gerados por aquela actividade, ao modo de incorporação na esfera jurídica de cada empresa-mãe de outro tipo de resultados económicos resultantes de tal actividade (pense-se *vg*. na transmissão para as empresas-mãe de determinados resultados de actividades de investigação conduzidas pela empresa comum).[413]

---

[412] É, na realidade, frequente, mesmo em relação a empresas comuns que assumam maior grau de integração e uma maior autonomia em relação às empresas-mãe – desempenhando todas as funções de uma entidade económica autónoma –,que as partes estabeleçam entre si compromissos que extravasam as contribuições de natureza financeira dessas empresas-mãe. HERZEFELD e WILSON admitem, mesmo, que, provavelmente, a grande maioria das empresas comuns depende, numa base continuada, de contribuições regulares das empresas-mãe, de carácter não financeiro, essenciais para o funcionamento corrente dessas entidades comuns (cfr. As. cit., *Joint Ventures*, cit., pp. 63 ss.). Pela nossa parte, duvidamos, à luz da experiência adquirida no plano do controlo de empresas comuns em sede de aplicação de normas de concorrência, que se possa, com alguma segurança, produzir semelhante afirmação em relação à generalidade das empresas comuns. Em contrapartida, o carácter recorrente desse tipo de regulações na estruturação contratual de empresas comuns parece-nos inquestionável.

[413] São múltiplos os casos de empresas comuns cuja regulação contratual integra disposições – mais ou menos complexas, conforme os casos – sobre a partilha de resultados de actividades de investigação conduzidas por essas entidades. Socorrendo-nos, uma vez mais, da amostragem significativa que resulta dos processos de acompanhamento no plano jusconcorrencial das empresas comuns – *maxime* em sede de aplicação de normas comunitárias da concorrência – e tomando, designadamente, em consideração casos que serão objecto da nossa atenção na **Parte III** deste trabalho – podemos referir como situações paradigmáticas a esse respeito as versadas, *vg.*, nas decisões *"BBC/Brown Boveri"* (JOCE n.º L 301/86, 1988) ou *"Beecham/Parke, Davis"* (JOCE n.º L70/11, 1979), nas quais se encontravam em causa, respectivamente, disciplinas contratuais no sentido da concessão recíproca, entre as partes, de licenças exclusivas com vista à ulterior exploração dos resultados do projecto de investigação e desenvolvimento e obrigações de uma das partes no sentido de conceder a outra licença para introduzir melhoramentos em produtos resultantes da investigação e desenvolvimento comum, bem como no sentido da troca de informações com vista à introdução ulterior de melhoramentos nesses produtos. Neste contexto, podemos referir, também, como ilustração paradigmática dos modos de regulação de partilha de resultados não estritamente financeiros, a regulação da afectação da produção no quadro da empresa comum analisada na decisão *"Ford/Volkswagen"*, [(JOCE n.º L 20/14, 1993) analisada *ex professo* no capítulo terceiro da **Parte III**,

260   *Empresas comuns* – Joint Ventures

c) *Regulação directa dos procedimentos de coordenação de actividades entre as empresas-mãe, envolvendo o estabelecimento de regras – pelo menos de conteúdo geral – sobre o enquadramento jurídico-formal da organização permanente a criar.* Nos casos frequentes em que o projecto de empresa comum se concretize primacialmente na constituição de uma sociedade comercial sujeita a domínio conjunto das empresas fundadoras, importa estabelecer regras gerais sobre o respectivo projecto de formação, sobre o tipo de sociedade comercial a instituir, sobre a dimensão das participações de cada fundador e o modo de realização das mesmas. Essa regulação deverá previsivelmente integrar um acordo preliminar tendente à constituição da empresa comum de tipo societário concretizado em momento ulterior na própria instituição, em concreto, da sociedade comercial que centralizará o funcionamento da empresa comum e no respectivo contrato de sociedade. De modo recorrente, os compromissos contratuais em questão não se consomem totalmente com a formação efectiva da *sociedade comercial sujeita a domínio conjunto* e, com frequência, poderá não se mostrar exequível a sua integral concretização no *contrato de sociedade* do novo ente, o que obrigará à subsistência de uma espécie de *acordo-quadro*, de carácter geral – a par do referido *contrato de sociedade* e enquadrando-o numa perspectiva de relacionamento mais ampla – ou à celebração complementar, dentro dos limites que sejam consentidos em cada ordenamento jurídico, de *acordos parassociais* entre as empresas fundadoras).[414]

---

no quadro da nossa análise na especialidade do tipo funcional das empresas comuns de produção].

[414] Na realidade, os modos de estruturação das regras contratuais aplicáveis às relações entre as partes no quadro de empresas comuns que apresentem no seu núcleo uma qualquer organização societária – para além da regulação constante do respectivo contrato de sociedade – podem variar, consideravelmente, em função dos limites de eficácia jurídica de *acordos parassociais* a concluir entre as partes. Sobre esses limites, em vários ordenamentos, cfr., por todos, RAÚL VENTURA, *Estudos Vários sobre Sociedades Anónimas – Comentário ao Código das Sociedades Comerciais*, Almedina, Coimbra, 1992, esp. pp. 10 ss.; MÁRIO SANTOS, *Contratos Parassociais e Acordos de Voto nas Sociedades Anónimas*, Cosmos, Lisboa, 1996; MARIA DA GRAÇA TRIGO, *Os Acordos Parassociais sobre o Exercício do Direito de Voto*, Universidade Católica Editora, 1998. Na doutrina italiana, que se tem ocupado, largamente, deste tipo de acordos, cfr. GIUSEPPE SANTONI, *Patti Parasociali*, Napoli, 1985; GIORGIO OPPO, "Le Convenzioni Parasociali tra Diritto delle Obbligazioni e Diritto delle Società", in Riv Dir Civ., 1987, pp. 517 ss.; LUIGI FARENGA, *I Contratti Parasociali*, Milano, 1987. SANTONI – cuja análise é, de resto, trazida

Nos casos em que a organização permanente a criar tenha base meramente contratual e não seja concretizada através da constituição de uma nova sociedade comercial a regulação base do contrato de empresa

à colação por RAÚL VENTURA – distingue, de modo sugestivo, pactos parassociais "*colaterais*" e "*complementares*", reportando-se os primeiros a concretizar actos de disposição dos direitos que para os sócios resultam do acto constitutivo e versando os segundos a concretização da assunção de obrigações perante os outros sócios, e a favor da sociedade, embora não recondutíveis ao contrato de sociedade. Qualquer uma dessas modalidades de pactos parassociais pode ser utilizada na estruturação contratual global de uma empresa comum construída em torno de um veículo societário, para além de outras modalidades não cobertas por essa classificação de SANTONI. Precisamente, cremos que é neste domínio de estruturação contratual de empresas comuns, assentes em organizações societárias submetidas a domínio conjunto, que se tem desenvolvido uma área paradigmática de concretização do *tipo contratual do acordo parassocial* – imbricado na construção contratual global das empresas comuns, a qual, como observamos, intersecta simultaneamente as realidades da união de contratos e do contrato misto – envolvendo um conjunto mais complexo de variantes. Num plano de direito comparado, a doutrina – *maxime* a doutrina germânica – tem identificado, em especial, uma modalidade de *acordos parassociais de coordenação* ("*Konsortialverträge*" ou "*Stimmenpoolverträge*") mediante os quais dois ou mais sócios coordenem, de forma duradoura ou estável, o exercício dos seus poderes de voto no quadro de determinada empresa societária. Esses acordos estão particularmente relacionados com a construção contratual e o funcionamento de empresas comuns (sobre esse tipo de ligação, cfr., *vg.*, MESTMÄCKER, BLAISE, DONALDSON, *Gemeinschaftsunternehmen (Joint Venture/Filiale Commune) im Konzern und Kartellrecht*, Metzner, Frankfurt a M, 1979). Também nos sistemas de "*Common-Law*" a ligação entre os acordos parassociais ("*shareholders' agreements*") e a construção de "*joint ventures*" de tipo societário tem sido especialmente enfatizada (cfr., a esse propósito, GRAHAM STEDMAN, JANET JONES, *Shareholders' Agreements*, Sweet & Maxwell, London, 1998, esp. pp. 210 ss. e THOMAS JOYCE, *Shareholders Agreements: A US Perspective*, in *Sindicati di Voto e Sindicati di Bloco*, Org., FRANCO BONELLI/ PIER GIUSTO JAEGER, Milano, 1993, pp. 353 ss.). A figura do acordo parassocial, dentro dos limites consentidos em cada ordenamento – e ressalvadas certas particularidades de tipificação nos vários ordenamentos, pois no direito alemão o próprio contrato parassocial pode ser tomado como contrato constitutivo de uma sociedade de direito civil – pode revelar grande flexibilidade, de modo a comportar diversas dimensões de regulação contratual de uma empresa comum de tipo societário, para além daquelas que resultam do contrato de sociedade (incluindo, designadamente, aspectos relativos a contribuições de natureza não financeira das empresas-mãe, a previsões de múltiplas relações comerciais entre a empresa comum e as empresas-mãe, que pode levar, como já tem sucedido, a situações em que os acordos parassociais prevêm e enunciam conjuntos de contratos complementares entre as partes, versando as matérias que, nesse plano, se encontrem em causa – *vg.*, fornecimento de bens pela empresa comum às empresas-mãe, transmissões de direitos de propriedade industrial ou propriedade intelectual, em geral, da empresa comum para as empresas-mãe, ou outras).

comum deverá, forçosamente, incidir sobre os procedimentos formais, de natureza institucional, que constituam o esteio do funcionamento dessa organização. Neste sentido, esse núcleo organizativo pode assentar noutros contratos, diversos do contrato de sociedade, que – pelo menos em certos ordenamentos – correspondam a tipos legais (pense-se *vg.* no contrato de consórcio), ou em procedimentos institucionais absolutamente atípicos, como, entre outras hipóteses, a criação de comités conjuntos – integrados por quadros responsáveis, a vários níveis, das empresas fundadoras – deliberando obrigatoriamente sobre certas matérias, ou assumindo responsabilidades de coordenação operacional em determinados domínios de actividade.[415]

d) *Estabelecimento de regras respeitantes a procedimentos comuns de resolução de eventuais litígios entre as empresas participantes*, as quais se apresentarão estreitamente articuladas com a regulação contratual – acima referida – dos mecanismos institucionais em que deverá assentar o funcionamento da organização permanente que seja criada. Em especial no que respeita às situações frequentes de criação de empresas comuns com carácter transnacional, será ainda fundamental a determinação do direito aplicável ao funcionamento da empresa comum ou de determinados aspectos da sua actividade.

A existência de situações de controlo conjunto de determinada organização juridicamente relevante – ou, concretamente, de sociedades comerciais, no caso de constituição de empresas comuns de base societária – que são paradigmáticas da figura da empresa comum, em geral, confere particular importância a estas regras, as quais, de resto, poderão conhecer desenvolvimentos especificamente dirigidos ao enquadramento

---

[415] Um bom exemplo da regulação do núcleo organizativo de uma empresa comum de base não societária assente em procedimentos institucionais absolutamente atípicos pode ser encontrado na situação versada – em sede de aplicação de normas de concorrência – na decisão já cit. *"Alitalia/KLM"* da Comissão. LUIZ O. BAPTISTA e PASCAL DURAND--BARTHEZ referem, a este propósito, a criação de *"organes ad hoc"* que podem ser objecto de múltiplas qualificações, como comités de direcção, comités de coordenação, *"steering committees"*, comités executivos, e cujas regras de organização e funcionamento podem ser muito limitadas ou conhecer algum desenvolvimento (cfr. As. cit., *Les Associations d'Entreprises (Joint Ventures) dans le Commerce International, Librairie Générale de Droit et Jurisprudence*, cit., esp. pp. 74 ss.).

Parte I – Capítulo 1   263

de potenciais situações de impasse que se verifiquem relativamente a matérias essenciais para o funcionamento da empresa comum.[416]

4.2.5.4. *Núcleo de regulação da empresa comum e compromissos contratuais complementares*

Além de um núcleo de regulação de aspectos centrais para a instituição e funcionamento da empresa comum, incorporado num acordo de constituição dessa entidade comum ou numa espécie de acordo-quadro que contenha as várias dimensões que dão corpo a um *verdadeiro estatuto jurídico geral da associação das empresas fundadoras em questão*,[417] o maior grau de aprofundamento da estrutura organizada de cooperação entre essas empresas, que se verifica em várias situações, pode conduzir a um *sistema de contrato*[418] ainda mais complexo, no qual se agreguem a esse núcleo paradigmático de regulação outros compromissos contratuais complementares.

Esses compromissos, cujo teor e extensão dependerá, em cada caso, da conformação do objecto da empresa comum, podem corresponder quer

---

[416] Sobre o enquadramento de potenciais situações de impasse que se verifiquem em relação a matérias essenciais para o funcionamento da empresa comun de base societária, tendo presente que o mesmo pode envolver regulações relativamente desenvolvidas de diversos instrumentos ou disposições *ad hoc*, como mecanismos processuais atípicos de resolução de situações de impasse, mecanismos de arbitragem, cláusulas penais sancionatórias, cláusulas referentes a *opções* de compra ou de venda, cfr., por todos, GIUSEPPE DAINO, "Tecniche di Soluzione del 'Deadlock': La Disciplina Contrattuale del Disacordo tra Soci nelle Joint Ventures Paritarie", in D Comm Int., 1988, pp. 151 ss..

[417] Acordo quadro contendo as várias dimensões que dão corpo a um verdadeiro estatuto jurídico geral da associação das empresas que se encontrem em causa – traduzido globalmente na criação de uma empresa comum – e integrando as diversas vertentes formais e funcionais que já referimos *supra* e cujo conteúdo se analisará através da perspectiva casuística de apreciação substantiva de empresas comuns no quadro do direito comunitário da concorrência (no âmbito do estudo desenvolvido na **Parte III** desta dissertação).

[418] Referimo-nos aqui a formas mais complexas de estruturação de feixes de relações contratuais que, globalmente, corporizam certas empresas comuns, utilizando a qualificação justamente proposta por CLAUDE REYMOND – e que, pela nossa parte, acolhemos – da empresa comum como um *sistema de contrato* (cfr. A. cit., "Reflexions sur la Nature Juridique du Contrat de 'Joint Venture'", cit., pp. 480 ss. e *Le Contrat de 'Joint Venture'*, cit., pp. 383 ss.

a desenvolvimentos de aspectos basilares da regulação essencial da cooperação interempresarial estabelecida entre as partes, quer à concretização de verdadeiras dimensões suplementares de regulação, que não decorrem directamente de elementos já contidos no que acima denominámos de *estatuto jurídico geral da associação das empresas-mãe*.

Por outro lado, essa densificação do sistema de relações contratuais que materializa globalmente a empresa comum pode, no plano jurídico--formal, envolver não apenas compromissos directamente estabelecidos entre as empresas participantes, mas ainda acordos estabelecidos entre as referidas empresas, ou algumas delas, e os veículos de organização comum que tenham sido criados, desde que estes assumam personalidade jurídica própria (pensamos, designadamente, tomando de novo em consideração as empresas comuns de base societária como uma das categorias mais importantes desenvolvidas na *praxis* negocial, na celebração de acordos entre as empresas fundadoras e a sociedade ou sociedades comerciais sujeitas a domínio conjunto, que tenham sido criadas para concretização do projecto de empresa comum).

4.2.5.5. *Empresa comum e compromissos contratuais complementares*

No que respeita a compromissos contratuais complementares através dos quais se proceda ao desenvolvimento de aspectos essenciais já contidos no núcleo de regulação do contrato de empresa comum importa ressaltar, pela sua importância e carácter recorrente, aqueles que traduzam o aprofundamento da base organizativa comum (*maxime* nos casos em que esta é objecto de personalização e, *a fortiori*, nas situações em que esse centro organizativo seja concretizado através de uma ou mais sociedades comerciais). Nesse plano e sem quaisquer pretensões de tratamento exaustivo, podemos referir compromissos contratuais sobre a composição dos órgãos de administração e fiscalização – nos casos de constituição de sociedade sujeita a controlo conjunto – acordos respeitantes à definição de processos de decisão conjunta relativamente a algumas matérias fundamentais para a actividade da empresa comum (os quais, de resto, no quadro de sociedades comerciais, permitem que posições não paritárias no capital, por parte das empresas fundadoras, venham a originar situações de

Parte I – Capítulo 1   265

controlo conjunto das sociedades),[419] ou ainda – tomando igualmente por referência as empresas comuns de tipo societário – regras sobre a transmissão a terceiros de participações no capital da sociedade sujeita a controlo conjunto por parte de qualquer uma das empresas fundadoras.[420]

Neste mesmo plano, podem também contemplar-se regras, com algum desenvolvimento, sobre a duração da empresa comum e seus respectivos veículos jurídico-formais ou, nos casos em que se contemple a duração indeterminada da empresa comum, regras versando as situações que podem justificar o termo da mesma ou a saída voluntária do projecto comum por parte de uma das empresas fundadoras.[421]

---

[419] Como já referimos, esse tipo de regulação pode integrar acordos parassociais concluídos entre empresas-mãe de uma empresa comum de base societária ou pode ser remetido para acordos que – no *sistema de contrato* global da empresa comum – recebam outra qualificação. A densificação de estruturas de regulação contratual que permitem converter posições não paritárias no capital de uma sociedade em situações de domínio conjunto (*domínio múltiplo conjunto* ou *horizontal*) dessa sociedade por parte das empresas titulares dessas posições é um fenómeno já largamente tratado na doutrina (cfr., por todos, sobre essa matéria, J. Engrácia Antunes, *Participações Qualificadas e Domínio Conjunto*, Publicações Universidade Católica, Porto, 2000, esp. pp. 73 ss..

[420] Para uma ilustração deste último tipo de situações, cfr., por todos, Herzefeld, Wilson, os quais, de resto, salientam, de forma impressiva, a importância desse tipo de regulações contratuais para o equilíbrio do funcionamento geral das empresas comuns. Como estes As. referem, *"when embarking on a joint venture, it is generally advisable for a participant to establish an exit route, whether to enable the* participant to *realize its investment at the end of the joint venture to extricate itself if things go wrong"* (As. cit., *Joint Ventures*, cit., p. 63).

[421] A sede e a formulação desse tipo de regulações contratuais podem variar, consideravelmente, conforme a *estruturação do sistema de contrato global* que corporize cada empresa comum (a qual, como já observámos, pode assumir graus de complexidade muito diferentes). Como salientam Luiz O. Baptista e Pascal Durand-Barthez, a duração da empresa comum, de certas fases pré-determinadas de desenvolvimento da mesma ou a fixação de condições de saída do projecto comum por parte de empresas-mãe podem ser estabelecidas quer num acordo base, do qual sejam tributários diversos acordos-satélite ou, em alternativa, o acordo base pode reenviar a definição desses asspectos para a regulação constante de alguns acordos-satélite. Subscrevemos, ainda, a observação destes As. no sentido de, em princípio, corresponder a uma solução mais lógica a regulação de tais aspectos num acordo-quadro – quando este exista – que determinará, assim, globalmente, a duração e formas de cessação ou alteração de todos ou de alguns acordos-satélite. Já não acompanhamos os mesmos As. quando estes referem que, em relação a empresas comuns de base societária, será frequente a não inclusão no acordo-quadro de disposições relativas à duração ou aos aspectos acima considerados com a consequente remissão desse tipo de aspectos para os acordos-satélite. Pensamos que a amostragem que temos vindo sistema-

No que respeita ao desenvolvimento de verdadeiras dimensões suplementares de regulação, podem assumir significativa relevância determinados conjuntos de contratos a celebrar entre empresas comuns de tipo societário e as respectivas empresas-mãe, ou pelo menos, algumas destas nos casos em que a autonomia da empresa comum seja limitada e esta dependa para o desenvolvimento normal da sua actividade de contribuições permanentes dos fundadores.

Assim, nesse contexto são frequentemente estabelecidos acordos de licença de utilização de direitos industriais ou de propriedade intelectual a favor da empresa comum (em alternativa à transmissão da titularidade desses direitos para a nova entidade comum a constituir), acordos de fornecimento de determinados bens ou serviços essenciais que podem em paralelo constituir um instrumento indirecto de financiamento da empresa comum, caso observem condições financeiras especialmente favoráveis para esta última entidade,[422] ou ainda acordos visando a comercialização

---

ticamente a tomar em consideração – relativa à experiência de acompanhamento de empresas comuns em sede de aplicação de normas comunitárias de concorrência – não é de molde a comprovar essa ideia. Além disso, a complexidade e flexibilidade inerentes à figura da empresa comum permitem, ainda, soluções compósitas, de acordo com as quais a duração e modos de cessação da própria empresa comum, globalmente considerada, resultem, em alternativa, de condições ou parâmetros estabelecidos no acordo-quadro e nos acordos-satélite, o que pode originar reenvios cruzados de condições para aferir a manutenção e o modo de funcionamento, em cada momento, da empresa comum (assim, para considerar apenas exemplos mais simples resultantes da *praxis* contratual, a duração da empresa comum pode resultar, em alternativa, da fixação inicial de um período de tempo no acordo-quadro, ou da conclusão de um específico projecto de investigação regulado num acordo-satélite que especifique os resultados pretendidos pelas empresas-mãe e a forma de repartição de tais resultados entre as mesmas). Cfr. As. cit., *Les Associations d'Entreprises (Joint Ventures) dans le Commerce International, Librairie Générale de Droit et Jurisprudence*, cit., pp. 83 ss.

[422] Como observaremos no quadro do nosso estudo *ex professo* das empresas comuns em sede de direito comunitário da concorrência, são relativamente frequentes as situações relativas a fornecimento de determinados bens ou serviços essenciais às empresas comuns por parte das empresas-mãe, em condições financeiras especialmente favoráveis, quando se encontrem em causa empresas comuns com funções auxiliares em relação às actividades principais prosseguidas pelas empresas-mãe. Já no que respeita a uma segunda subcategoria fundamental de empresas comuns individualizada em sede de direito comunitário da concorrência – as empresas comuns que desempenham todas as funções de uma entidade económica autónoma (*"full function joint ventures"*) – será mais duvidoso que o estabelecimento desse tipo de prestações, que podem configurar alguma dependência permanente da empresa comum em relação às empresas-mãe, seja compatível com

em determinados mercados geográficos, por parte das empresas fundadoras, de bens ou serviços produzidos pela empresa comum [423]

Estas séries organizadas de acordos entre as empresas-mãe e – nas situações frequentes em que a empresa comum se concretiza através de um veículo com personalidade jurídica própria – entre essas empresas e a própria empresa comum, configurarão , em regra, – no plano externo e formal – contratos autónomos (desde logo, porque as pessoas jurídicas formalmente intervenientes, como acima se acentuou, podem ser diferentes). Numa primeira aproximação pareceria, pois, estar em causa, primacialmente, uma situação de união externa de contratos. Todavia, esta, embora

---

um determinado grau de autonomia pressuposto nesse modo de organizar a construção da empresa comum. Todavia, a regulação desse tipo de prestações por parte das empresas-mãe não é, enquanto tal, incompatível com um grau elevado de autonomia da empresa comum que permita a sua configuração como entidade que desempenha todas as funções de uma entidade económica autónoma, como se pode comprovar através de várias decisões da Comissão no quadro da aplicação do RCC [*vg.*, na decisão *"Elf Attochem/ Shell Chimie"* (de 1994, proc n.º IV/M475), nos termos da qual a Comissão admitiu que o facto de uma empresa comum basear a sua actividade em compromissos das empresas-mãe no sentido de assegurarem a parte mais substantiva das necessidades de matérias-primas dessa empresa comum, não excluía um grau de autonomia desta última entidade conciliável com a sua qualificação como entidade que desempenhava todas as funções de uma entidade económica autónoma).

[423] Tenderá a pensar-se *prima facie* que o tipo normal de relações complementares entre empresas comuns e as respectivas empresas-mãe seria de sentido inverso, utilizando, estas últimas, empresas comuns por si controladas para proceder à comercialização dos seus produtos (o que sucede, de forma recorrente, através de empresas comuns com funções auxiliares em relação às empresas-mãe, que podemos reconduzir, num plano de avaliação jusconcorrencial, que já temos invocado, a um tipo funcional de empresas comuns de comercialização. Todavia, não é inédito nem sequer excepcional que empresas comuns que desempenham todas as funções de uma entidade económica autónoma – incluindo a comercialização de bens através de uma relacionamento directo com determinado mercado de bens finais – possam, com vista ao incremento periódico da sua própria actividade, e em função de certas evoluções dos mercados, ter contratualmente garantido o recurso a certos feixes de relações com as empresas-mãe para que estas escoem uma parte das produções das suas empresas comuns nos mercados geográficos em que detêm uma presença mais significativa. Além disso, num plano diverso, conquanto correspondente ainda a dimensões suplementares de regulação contratual, o *sistema de contrato* em que assenta uma empresa comum pode incluir, também acordos de confidencialidade ou respeitantes à circulação de informação entre as empresas-mãe e entre estas e as respectivas empresas comuns resultantes de compromissos estabelecidos com autoridades de concorrência, de modo a atenuar ou evitar potenciais efeitos restritivos da concorrência hipoteticamente associados a certas empresas comuns.

reflicta aparentemente uma dimensão da construção contratual em questão não permite, por si, captar a totalidade do real conteúdo material dessa construção.[424]

Não obstante essa configuração formal, os referidos contratos integram-se normalmente no sistema complexo de contratos em que se consubstancia a criação e funcionamento da empresa comum e cujo processo global de construção jurídica, como já referimos, será, numa parte significativa, correspondente ao da formação de contratos mistos, embora com um grau de complexidade excepcionalmente intenso.[425] De resto, em muitos casos, essa decisiva integração material de tal série de contratos no sistema contratual complexo em que assenta a empresa comum é formalmente indiciada pelo facto de o *acordo-quadro* referente à constituição da empresa comum, ou acordos que desempenhem funções comparáveis relativamente a empresas comuns de tipo societário – *maxime* acordos parassociais, de alcance geral, –, enunciarem desde logo a celebração de tais contratos (além de enunciar a celebração dessa série de contratos, o mesmo *acordo-quadro* pode ir ainda mais longe e estabelecer dispositivos visando a alteração obrigatória dos referidos contratos, caso se verifiquem determinadas circunstâncias, ou incluir compromissos no sentido de os

---

[424] Foi esta verificação da especial complexidade da figura da empresa comum que nos levou a considerar, em termos gerais, que esta intersecta, simultaneamente, as categorias de uniões de contratos e de contratos mistos.

[425] Como é evidente, e à luz do que já temos exposto, o que caracteriza, precisamente, a empresa comum como possível *tipo do tráfego negocial* (tipo extra-normativo no sentido que tivemos ensejo de caracterizar) é, por um lado, a sua flexibilidade, e, por outro lado, o grau de diversidade da sua estruturação (ou dos planos estruturais – "*Bauplan*" – que esta figura pode revestir). Assim, a par de estruturas muito complexas, podemos encontrar modelações de empresas comuns mais simplificadas (pense-se, *vg.*, em empresas comuns de tipo societário, assentes, fundamentalmente, no próprio contrato de sociedade, precedido, apenas, de um acordo preliminar – "*heads of agreement*" – relativamente precário). Em contrapartida, uma parte significativa das empresas comuns criadas em diversos sectores de actividade assenta em sistemas de contrato com estruturações razoavelmente complexas, que se situam numa *área de transição* entre a *união de contratos* e o *contrato misto* e, no que respeita a esta última realidade, num ponto de confluência entre a utilização de um tipo contratual dominante, alterado para efeitos da sua integração na construção contratual global, e conjuntos interligados de múltiplos elementos contratuais completamente atípicos ou indirectamente relacionados com certos tipos (neste sentido, é possível considerar que a figura da empresa comum, como possível tipo do tráfego negocial, se reveste de *características especiais de atipicidade*).

Parte I – Capítulo 1

mesmos não poderem ser alterados sem o consentimento de certas empresas participantes).[426]

4.2.6. A autonomização do contrato de empresa comum *("joint venture")* como um tipo geral do comércio jurídico

4.2.6.1. *Aspectos gerais*

A análise sumária efectuada, incidindo sobre os quatro critérios jurídicos que elegemos como determinantes para ponderar a possível autono-

---

[426] A estruturação dos contratos-satélite e dos compromissos que os integram pode assumir formas extremas de complexidade – designadamente nos casos em que a empresa comum integra no seu núcleo fundamental a criação de um ente personalizado – as quais envolvem, em certos casos, vários complexos de contratos diversos celebrados entre a empresa comum e apenas uma ou algumas das respectivas empresas-mãe. Nesse contexto, as conexões entre um acordo-quadro central e esses múltiplos acordos satélites, com diversos intervenientes, podem assumir vários sentidos. Assim, para o ilustrar, considerando em abstracto uma situação paradigmática – embora construída com base em experiências conhecidas na *praxis* negocial – é possível configurar uma situação respeitante a determinada empresa comum constituída pelas empresas-mãe A e B, no quadro da qual alguns acordos de fornecimento e de distribuição sejam concluídos ora apenas entre a empresa comum e a empresa-mãe A, ora apenas entre a empresa comum e a empresa-mãe B. Ora, o sistema de regulação contratual dessa empresa comum poderá contemplar que esses acordos satélites, desde que enunciados no acordo-quadro entre as partes, não serão passíveis de alteração sem o consentimento das duas empresas-mãe, mesmo quando estas não sejam directamente parte em alguns acordos especificamente considerados. A complexidade destes *sistemas de contratos* que configuram determinadas empresas comuns obriga a um nível especialmente intenso de conceptualização jurídica com vista a fixar ou individualizar com rigor cada empresa comum como *tipo concreto do tráfego negocial*. Na verdade, como se pode apreender em sede de direito da concorrência, verifica-se, em certos casos, a criação de verdadeiras *redes de empresas comuns*, sendo, então, importante, nesse contexto de estruturações contratuais complexas interligadas, determinar os limiares de cada empresa comum que possa estar em causa, independentemente das ligações, mais ou menos intensas, existentes entre as mesmas. Sobre a apreensão jurídico-económica dessa realidade das *redes de empresas comuns*, em sede de direito da concorrência, cfr., por todos, JOHN TEMPLE LANG, *International Joint Ventures under Community Law*, cit., esp. pp. 409 ss. Este A. refere aí a realidade que denomina como *"multiple joint ventures"*, considerando, essencialmente, dois tipos de situações, que compreendem, por um lado, *"a series of joint ventures between the same two (or more) parent companies"* e, por outro lado, *"networks of joint ventures connecting different parent companies"*.

mização do contrato de empresa comum[427] como um *tipo geral do comércio jurídico* (ou *tipo social extra-legal*, noutras formulações propostas na doutrina) permite-nos, em súmula, identificar um conjunto significativo de aspectos constantes – embora nem sempre facilmente perceptíveis devido à multiplicidade de modelações jurídico-formais que normalmente os recobrem – em relação a determinado núcleo de contratação dirigida à cooperação interempresarial que revista maior intensidade e aprofundamento. Noutros termos, tal significa reconhecer a existência de condições para, à luz de uma compreensão adequada daqueles quatro critérios jurídicos primaciais, e da sua aplicação aos dados que é possível retirar e sistematizar da densa *praxis* negocial de cooperação entre empresas,[428] justificar uma conceptualização jurídica do contrato de empresa comum como um verdadeiro tipo geral do comércio jurídico (ou tipo social), não obstante o peso de diversas apreciações doutrinais em sentido contrário.[429]

---

[427] Reportamo-nos aqui, bem entendido, aos quatro critérios ou índices jurídicos por nós eleitos como determinantes em ordem à autonomização do *contrato de empresa comum* como *tipo do tráfego negocial*, compreendendo, a saber, (i) a causa do contrato, entendida como função do contrato, (ii) a finalidade do contrato, (iii) a utilização do *nomen juris* de empresa comum (*"joint venture"*) e (iv) o plano estrutural do contrato (*"Bauplan"*), nos termos analisados, *supra*, respectivamente, nos pontos 4.2.2., 4.2.3., 4.2.4. e 4.2.5. deste capítulo.

[428] No que respeita a dados empíricos sobre a *praxis* jurídica de desenvolvimento de relações contratuais de cooperação entre empresas, tendente, em certas situações, à criação de empresas comuns, pensamos que o conjunto de decisões adoptadas pela Comissão Europeia, desde o início da vigência do RCC, em 1990, até ao presente – *maxime* após a primeira reforma do RCC de 1997 que incidiu sobre os critérios de qualificação de empresas comuns como operações de concentração – nas quais têm avultado os problemas de distinção entre esta última categoria de empresas comuns e as empresas comuns sujeitas ao regime do artigo 81.º CE, fornece um acervo de informação essencial sobre configurações jurídicas alternativas destas entidades e de outros processos de cooperação entre empresas (cfr. sobre esses dados, *Merger Control Reporter*, cobrindo os anos 1990 a 2003 (*EC Merger Control Reporter*, Coordinators, GERWIN VAN GERVEN, STEPHEN KINSELLA, Kluwer Law International, The Hague, London, Boston, *1990 – and Supplements* (*loose Leaf*) – *December 2003*).

[429] Referimos já como posição doutrinal adversa à conceptualização da figura da empresa comum como um tipo geral do comércio jurídico (ou tipo social), aquela que é sustentada por LUÍS DE LIMA PINHEIRO, *Contrato de Empreendimento Comum (Joint Venture) em Direito Internacional Privado*, cit., esp. pp. 74 ss.. Também na doutrina dos sistemas de *"Common Law"*, claramente menos marcada, à partida, por preocupações de conceptualização de tipos contratuais gerais do comércio jurídico, alguns autores parecem rejeitar esse possibilidade de identificação de um tipo geral correspondente à figura da

Parte I – Capítulo 1 271

Não se subestimam, é certo, as inegáveis dificuldades que se interpõem a qualquer processo de construção jurídica que sustente essa autonomização do contrato de empresa comum como um tipo geral do comércio jurídico, atendendo à *excepcional complexidade da conformação jurídico-económica do mesmo, a qual – numa parte significativa – resulta do seu muito particular carácter compósito.*

Nesta modalidade de contratação confluem, efectivamente, no que respeita a uma dimensão jurídica directamente informada pelo conceito-quadro de empresa, elementos básicos de cooperação interempresarial em interacção com verdadeiros elementos de integração empresarial (de intensidade muito variável). No que respeita a uma dimensão de índole predominantemente jurídico-formal, estruturada em torno dos entes passíveis de encabeçar a titularidade de direitos ou deveres emergentes de múltiplas situações jurídicas,[430] o tipo de contratação em causa é igualmente modelado a partir de uma confluência de elementos de vários tipos contratuais, resultando o conjunto num denso *sistema de contrato* cujas fronteiras são muitas vezes relativamente indefinidas e exigem um particular esforço de análise jurídica por parte do intérprete.[431]

"joint venture", salientando em contrapartida, a heterogeneidade dos elementos normalmente subjacentes à utilização desse nomen juris. Sobre essa perspectiva, cfr., por todos, IAN HEWITT, *Joint Ventures*, cit., esp. pp. xi ss e pp. 2 ss..

[430] Como já temos referido, a par de uma dimensão jurídica geral orientada para a categoria da empresa, podemos identificar, noutro plano de construção dogmática, uma *dimensão de índole predominantemente jurídico-formal*, compreendendo diversos institutos jurídicos, personalizados ou não, que asseguram diferentes *formas de concretização da empresa*, constituindo centros de imputação de direitos, obrigações e múltiplas expectativas jurídicas como *vg.*, a sociedade comercial, a *"partnership"* (com as características específicas que lhe apontámos, no quadro dos ordenamentos de *"Common Law"*, intersectando, mesmo, um conceito lato do tipo societário), o consórcio, o estabelecimento comercial e outras.

[431] São as características especialmente complexas e a própria especificidade dos elementos de atipicidade presentes neste *sistema de contrato* associado às empresas comuns, que nos levaram a caracterizar o mesmo como uma construção situada numa zona intermédia ou de transição, muito fluida, entre as realidades da *união de contratos* e do *contrato misto*. Além disso, como já acentuámos, a propósito da individualização de cada empresa comum, especificamente considerada, num contexto de criação de *redes de empresas comuns*, certas situações suscitam, ainda, dificuldades particulares para autonomizar e distinguir entre si *constelações de contratos* que configurem diferentes empresas comuns, articuladas em rede ou como empresas comuns múltiplas (no sentido acima considerado).

272 *Empresas comuns* – Joint Ventures

Por outro lado, além das dificuldades intrinsecamente associadas à identificação de elementos de estipulação contratual com presença suficientemente regular num determinado espaço superior de cooperação entre empresas que assuma maior estabilidade e intensidade – correspondente ao domínio de formação de empresas comuns – em ordem a fundamentar a autonomização deste tipo contratual extra-legal, subsistem outros problemas de análise no que respeita ao cotejo deste possível tipo contratual com outras modalidades de contratos dirigidos, em geral, à colaboração entre empresas e à delimitação das respectivas fronteiras.

De algum modo, os problemas de qualificação jurídica e as indefinições conceptuais não se circunscrevem à figura da empresa comum, mas perpassam por todo o vasto campo da contratação que directamente envolva formas diversificadas de colaboração entre empresas. Trata-se inegavelmente de um espaço dinâmico, sujeito a permanente inovação e a profundas forças de transformação que decorrem das próprias mutações em curso na conformação económica de diversos processos empresariais.[432] Apesar de se encontrar em questão um domínio fluido e marcado por uma considerável infixidez conceptual, e, não cabendo aqui, manifestamente, para efeitos do presente estudo, uma análise desenvolvida e sistemática sobre as várias modalidades de contratação dirigidas à colaboração entre empresas, pensamos que se poderão delinear algumas bases de *classificação jurídica* (no sentido que acima caracterizámos) dessas categorias diferenciadas de contratação.

---

[432] Na realidade, consideramos que o domínio correspondente à definição de processos de colaboração entre empresas corresponde a um espaço jurídico-económico extremamente dinâmico, no âmbito do qual o ritmo de mutações dos processos económicos de organização da actividade da empresa determina uma apreciável infixidez das molduras contratuais utilizadas para enquadrar essas múltiplas relações de colaboração entre as empresas. Trata-se, em súmula, de um espaço cujo dinamismo leva, continuamente, à emergência de novas figuras contratuais e a um inelutável e crónico défice de densificação jurídica-contratual dessas figuras. Assim, como refere, sugestivamente, ROSSELLA CAVALLO BORGIA, a propósito de uma dessas novas figuras contratuais (o contrato de *"engineering"*), mas em termos passíveis de ponderação geral, *"l'evoluzione tecnologica degli ultimi decenni e le radicali transformazioni indotte nei diversi settori produttivi hanno favorito l'emergere di modelli contrattuali diffusamente utilizzati nel 'mondo degli affari' anche in assenza di un positivo riscontro a livello normativo"* (cfr. A. cit., *Il Contrato di Engineering*, Cedam – Padova, 1992, pp. 1 ss.. No mesmo sentido, cfr., também, GALGANO, "La Giurisprudenza nella Società Post-Industriale", in Conttrato e Impresa, 1989, pp. 357 ss.

4.2.6.2. *A contraposição entre os contratos de fim comum e os contratos comutativos no domínio dos contratos dirigidos à colaboração entre empresas*

Assim, consideramos que, dentro da constelação de contratos dirigidos à colaboração entre empresas, se poderá estabelecer uma primeira contraposição básica – à qual, de resto, já aludimos – entre os denominados contratos de fim comum e os contratos ditos comutativos. Nessa contraposição, os contratos de empresa comum situar-se-ão inelutavelmente no primeiro domínio. Como é sabido, nos contratos de fim comum as partes assumem obrigações com vista à realização de prestações, que podem revestir conteúdo idêntico ou diferenciado e que convergem na realização de um objectivo comum. Diversamente, nos contratos comutativos cada parte realiza prestações dirigidas no essencial à outra parte que as aceita como contrapartida daquelas que são por si realizadas. [433]

Não entrando aqui na discussão doutrinal que incide sobre as condições em que manifestações diversas de vontade que concorram para um mesmo projecto de interesse comum podem consubstanciar juridicamente um verdadeiro contrato,[434] nem, por maioria de razão, na discussão sobre o carácter contratual (em sentido próprio) do contrato de socie-

---

[433] Sobre esta contraposição fundamental entre os contratos de fim comum e os contratos ditos comutativos, bem como a propósito da utilização de terminologias jurídicas alternativas para caracterizar esses tipos de realidades contratuais, cfr. o exposto *supra*, em notas antecedentes (esp. pontos 4.2.5.5. e anteriores do presente capítulo.

[434] Na verdade, tem sido já objecto de problematização, na doutrina, a questão relativa à ligação entre as declarações de vontade das várias partes nos contratos de fim comum, no sentido de apurar se a mesma é compatível com a construção de relações *contratuais*. Sobre os termos gerais dessa problematização, cfr. J. Sousa Ribeiro, *O Problema do Contrato. As Cláusulas Contratuais Gerais e o Princípio da Liberdade Contratual*, Coimbra, 1999, esp. pp. 12 ss.. Não tendo, naturalmente, cabimento aqui o desenvolvimento desta questão, podemos, de qualquer modo, adiantar que, pela nossa parte, um elemento dialéctico de *contraposição de interesses* não constitui uma dimensão imprescindível na construção contratual. Pelo contrário, e acompanhando neste ponto Carlos Ferreira de Almeida, entendemos que o contrato, enquanto negócio jurídico plurilateral, envolvendo declarações de vontade orientadas para a produção de diferentes categorias de efeitos jurídicos, deve, por força da *"multifuncionalidade"* que se lhe encontra associada, compreender também as realidades em que as partes assumem obrigações de contribuição de conteúdo similar e orientadas para um projecto de interesse comum (cfr. A. cit., *Contratos – Conceito, Fontes, Formação*, I, Almedina, Coimbra, 2000, esp. pp. 28 ss.).

274   *Empresas comuns* – Joint Ventures

dade[435] – justificadamente erigido em paradigma dos contratos de fim comum – interessa-nos, sobretudo, situar mais precisamente o contrato de empresa comum neste universo dos referidos contratos de fim comum, pressupondo o carácter contratual dos mesmos,[436] analisando em paralelo o modo como a especial complexidade dos conteúdos dispositivos desse contrato de empresa comum pode tornar menos nítida a delimitação básica face ao conjunto dos contratos comutativos.

Importa referir, de forma meramente incidental, que o pressuposto analítico assumido sobre o carácter contratual da generalidade dos contratos de fim comum é por nós tomado como especialmente consolidado no que respeita ao contrato de empresa comum. Na verdade, o núcleo de regulação em que assenta o projecto empresarial comum desencadeado pela empresa comum depende geneticamente do encadeamento de manifestações de vontade das empresas fundadoras da mesma. Tomando uma vez mais em consideração aspectos que resultam da densificação jurídica especializada desta figura no direito da concorrência, podemos verificar que é nesse momento genético de mútuo consenso entre as empresas fundadoras que reside uma das linhas divisórias da categoria da empresa comum relativamente a situações de coordenação interempre-

---

[435] Em larga medida, a discussão sobre o carácter *contratual* (em sentido próprio) do contrato de sociedade resulta da problematização geral – acima referida – em torno do carácter essencial, ou não, de um elemento dialéctico de *contraposição de interesses* na construção dos contratos. Como já referimos, a posição maioritária, na doutrina, no quadro do ordenamento português e dos ordenamentos italiano e francês evoluiu no sentido da rejeição de quaisquer teses que questionem o carácter contratual do contrato de sociedade. Esse problema tem mantido, ainda, maior acuidade no quadro do ordenamento alemão, em face da distinção contemplada no mesmo entre os denominados contratos obrigacionais e os contratos de organização. Todavia, apesar da especificidade de algumas construções conceptuais relativas ao tipo societário no âmbito dos contratos de organização, a recondução da figura da sociedade ao enquadramento contratual parece também ter vindo a prevalecer na doutrina germânica.

[436] De acordo com o entendimento que acima expusemos, conquanto de modo muito sumário, é para nós inquestionável a natureza *contratual* – em sentido próprio – da generalidade dos *contratos de fim comum*. O que se impõe em relação a cada tipo que se possa configurar nesse domínio é, em nosso entender, uma apreensão da específica funcionalidade que lhe esteja subjacente. É essa compreensão crítica da *funcionalidade* dos contratos (utilizando aqui esta expressão no sentido considerado por CARLOS FERREIRA DE ALMEIDA, em *Contratos – Conceito, Fontes, Formação*, I, cit., esp. pp. 28 ss.) que permitirá individualizar o contrato de empresa comum como tipo do tráfego negocial nesse universo dos *contratos de fim comum*.

sarial juridicamente relevantes na perspectiva do direito da concorrência.[437] Nestas últimas situações, podem constituir-se posições jurídicas colectivas que desencadeiam determinado tipo de efeitos na ordem jurídica, as quais podem, em qualquer momento, vir a ser participadas por outras empresas que adiram a essa concertação de comportamentos comerciais.

Na situação correspondente à formação de uma empresa comum não está apenas em causa uma manifestação paralela de vontades que, em globo, vá desencadear um efeito jurídico conjunto, mas deverá verificar-se necessariamente uma justaposição de vontades das empresas fundadoras numa relação de encadeamento causal. Cada empresa fundadora produz uma declaração negocial, que é determinada e modelada pelo conteúdo da declaração negocial correspectiva da outra parte.

É dessa interacção programada entre as partes que nasce o projecto de actividade empresarial comum, construído sobre contribuições precisas das partes, estipuladas entre as mesmas numa teia complexa de relações jurídicas, com a frequente mediação de novos entes jurídicos participados pelas empresas fundadoras. Num sentido muito lato, as contribuições de cada uma das partes representam, ainda, entre si, prestações com uma natureza de contrapartida. Cada empresa fundadora assume a realização de uma dada contribuição porque espera a realização de outra contribuição da contraparte que *"encaixará"*, segundo o planeamento conjuntamente delineado, na sua própria prestação, em ordem a criar o suporte de uma actividade económica comum, cujos contornos e orientação foram também queridos e programados em conjunto.

Todavia, essa *contrapartida funcional* – em sentido lato – não se traduz em elementos que transitem directa e imediatamente da esfera jurídica de uma das partes para a outra, numa relação de *troca*, mas na comparticipação num projecto conjunto, de realização continuada, (o qual, no futuro, poderá eventualmente conduzir a *resultados* específicos que transi-

---

[437] É esse momento genético de mútuo consenso que permite encontrar um limiar crítico de diferenciação – cuja acuidade se faz sentir, em particular, para efeitos de aplicação de normas de direito da concorrência – entre, por um lado, situações de mera coordenação interempresarial juridicamente relevantes na perspectiva dessas normas e, por outro lado, verdadeiras empresas comuns, de base contratual, como realidades jurídicas intermédias nos domínios da cooperação e concentração empresariais.

276 Empresas comuns – Joint Ventures

tam, então, para a esfera jurídica de cada parte, mas *transformados* pela mediação da área de actividade conjunta).[438]

Devemos, de qualquer modo, ter presente o carácter fluido de todas estas distinções conceptuais, o qual será, por natureza, especialmente acentuado quando as relações contratuais a enquadrar assumam uma conformação mais complexa, como sucede com a figura da empresa comum. À luz do que já expusemos sobre a possível presença de um elemento de *contrapartida funcional*,[439] em sentido muito amplo, nas relações jurídicas incorporadas no contrato de empresa comum, não se afigura descabido considerar a existência – embora assumindo intensidade reduzida – de um aspecto tributário dos contratos comutativos nesta figura da empresa comum. Por outro lado, esta interpenetração de elementos característicos das duas modalidades de contratos em questão torna-se ainda mais difícil

---

[438] Esta ideia de *contrapartida funcional* – em sentido muito lato – subjacente à generalidade dos contratos de empresa comum que acima delineámos compreender-se-á melhor, porventura, à luz da configuração concreta de alguns contratos de empresa comum. Assim, para considerar apenas algumas ilustrações mais sugestivas dessa realidade, tenha-se presente várias situações correspondentes a diferentes tipos funcionais de empresas comuns – designadamente empresas comuns de investigação e desenvolvimento, de produção e de comercialização – analisadas nos pontos **2.**, **3.** e **4.** do capítulo terceiro da **Parte III**. Esta noção de *contrapartida funcional*, que requer, enquanto tal, a mediação temporária de um projecto desenvolvido em comum no âmbito do qual a ideia de cruzamento de prestações das partes aparentemente se dilui, coaduna-se, em nosso entender, com a necessária renovação doutrinária dos limites e funções da autonomia privada e dos respectivos instrumentos (*maxime*, o instrumento contratual) admitida em formulações muito diversas por autores como Inocêncio Galvão Telles ou Ludwig Raiser (cfr. As. cit., respectivamente, *Manual dos dos Contratos em Geral*, cit., pp. 35 ss. e *Vertragsfunktion und Vertragsfreiheit*, in *Festschrift zum hundertjähringen Bestehen des deutschen Juristentages*, I Karlsruhe, 1960, pp. 109 ss; como refere, de forma lapidar, o primeiro destes As., "(...) *os acordos translativos tiraram valor e significado à concepção antiga dos contratos como fontes de obrigações e permitiram que a ideia contratual, espraiando-se, alargasse a sua periferia a todos os acordos plurilaterais produtores de efeitos jurídicos*"; A. cit., *Manual dos dos Contratos em Geral*, cit., p. 41).

[439] Esse elemento de *contrapartida funcional*, no sentido muito amplo que acima configurámos, não deve ser confundido com a ideia de *sinalagma*, quer *genético*, quer *funcional*, na conformação de relações contratuais, atendendo ao peso específico de que este último conceito se tem revestido na dogmática jurídica (é certo que na doutrina alemã foi enquacionado o problema da eventual presença de elementos *sinalagmáticos* na possível construção contratual dos tipos societários, mas, pela nossa parte, consideramos mais correcto exluir em absoluto essa terminologia de qualquer problematização dos contratos de empresa comum, no sentido em que temos vindo a considerar esta categoria).

de dilucidar se se pretender cotejar certas subcategorias dentro dos contratos de fim comum e dos contratos comutativos.

Assim, certos *contratos comutativos de execução duradoura*,[440] em virtude da sua conformação que pressupõe a organização de um programa continuado e diferido no tempo de prestações, incorporam necessariamente elementos reforçados de cooperação, *maxime* se os intervenientes directos forem empresas que se relacionam no âmbito da prossecução das suas actividades.

De qualquer modo, apesar da existência de espaços de contratação deste tipo, nos quais a delimitação entre os contratos de fim comum e contratos comutativos pode tornar-se relativamente fluida, essa interpenetração entre elementos de cooperação em relação a aspectos de determinado projecto comum e elementos comutativos não obstará, em regra, a um juízo de ponderação sobre a prevalência de uma ou outra das referidas categorias de elementos. Essa ponderação, quando aplicada a um feixe de relações contratuais que, mercê das suas características essenciais, se deva qualificar como contrato de empresa comum, permitirá sempre, com segurança, situar as mesmas no hemisfério jurídico dos contratos de fim comum.

O que importa enfatizar é que essa indiscutível compreensão sistemática dos contratos de empresa comum não deve levar-nos a desconsiderar por completo os elementos de *contrapartida funcional* – em sentido lato – que podem estar presentes no conteúdo desses contratos (de natureza especialmente complexa, como vimos acentuando), do mesmo modo que, reflexamente, se podem encontrar elementos de cooperação nos contratos comutativos de execução duradoura.

Na verdade, o carácter compósito dos contratos de empresa comum limita, em nosso entender, uma leitura mais linear de alguns dos pressu-

---

[440] Para uma individualização dos *contratos comutativos de execução duradoura*, incluindo a contraposição dos mesmos aos *contratos de execução instantânea*, cfr., por todos, Inocêncio Galvão Telles, *Manual dos Contratos em Geral*, cit., pp. 492-493. No que respeita à perspectiva subjacente a essa classificação – relativa ao modo e características de execução dos contratos – este A. identifica, ainda, um *tertium genus* correspondente aos *contratos de eficácia sucessiva*, caracterizado pela emergência "*periódica de relações jurídicas, conexas entre si*", com "*origem comum*", mas "*umas das outras distintas, autónomas*" (dando como exemplo o contrato de fornecimento ou o contrato de abertura de crédito). Também neste último plano podemos encontrar contratos *comutativos* de eficácia sucessiva no âmbito dos quais podem avultar alguns elementos de cooperação.

postos paradigmáticos dos contratos de fim comum, os quais surgem de algum modo *transformados* naquele tipo de contratos. Assim, na nossa doutrina, LIMA PINHEIRO[441] ao caracterizar alguns aspectos essenciais do contrato de sociedade – tomado como tipo de referência no conjunto dos contratos de fim comum – refere alguns desses pressupostos – estendendo--os aparentemente à generalidade desta espécie de contratos, incluindo a categoria dos contratos de empresa comum – destacando, em particular, a existência de uma "*solidariedade de interesses*" em que "*as vantagens de um são as vantagens do outro*" (ideia primacial que sublinha ainda, referindo que "*quem utilize a relação para prosseguir as suas vantagens em vez das vantagens comuns actua contra a ideia do instituto no seu conjunto*"). Ora, como é especialmente evidenciado pela análise no plano do direito da concorrência,[442] do conjunto de interacções entre a actuação da empresa comum e a das respectivas empresas fundadoras – *maxime* quando estas se encontrarem presentes no mesmo mercado da empresa comum ou em mercados que apresentem qualquer tipo de relação com

---

[441] Cfr. A. cit., *Joint Venture – Contrato de Empreendimento Comum em Direito Internacional Privado*, cit., esp. pp. 101 ss..

[442] Como temos repetidamente exposto, e invertendo, de algum modo, os pressupostos de conceptualização jurídica segundo os quais a modelação de certas figuras contratuais numa perspectiva jurídica geral e – sobretudo – numa perspectiva de direito comercial, representa um substracto fundamental das mesmas que pode conhecer especiais adaptações no quadro de algumas áreas de regulação jurídica, como sucede com o direito da concorrência, admitimos que a especial densificação jurídica de algumas figuras contratuais em sede de direito da concorrência pode influenciar a análise e compreensão da sua configuração num plano jurídico geral. Essa perspectiva dogmática aplica-se, de modo especial, em relação à figura da empresa comum, o que justifica a forma como acima a trazemos á colação para apreender a dinâmica contratual inerente às empresas comuns, bem como os *fins imediatos* e *mediatos* e os *interesses* que as diferentes partes projectam nessa relação contratual. Importa notar que, nesta interacção ora contemplada entre a configuração da categoria da empresa comum em sede de direito da concorrência (*maxime*, de direito comunitário da concorrência) e a definição de um tipo contratual extra-normativo de empresa comum passível de representar um conceito de referência numa perspectiva geral de direito privado, não nos ocupamos do problema doutrinal de caracterização desse contrato como um *contrato civil* ou *comercial*, o que suscitaria uma extensa análise *ex professo* de critérios de definição da comercialidade com base nos parâmetros de delimitação entre o direito civil e o direito comercial (não sendo, de resto, a acima referida caracterização essencial para a compreensão, a que nos propusemos, de um conceito geral de referência de empresa comum). Sobre esses problemas de delimitação, cfr., por todos, OLIVEIRA ASCENSÃO, *Direito Comercial*, cit., I, esp. pp. 116 ss. e VASCO DA GAMA LOBO XAVIER, *Direito Comercial (Sumários)*, Coimbra, 1977-78 esp. pp. 34 ss..

esse mercado – as empresas fundadoras podem retirar, em virtude da sua participação na empresa comum, vantagens distintas, quer no decurso da actividade da mesma, quer no plano das expectativas referentes aos resultados a obter após a extinção da empresa comum.

O elemento definidor da própria figura da empresa comum que reside na combinação de aspectos essenciais de integração empresarial com a manutenção da individualidade e da actividade própria das empresas fundadoras leva a que estas tenham uma pré-compreensão das vantagens ou interesses comuns condicionada pela particular conformação dos seus interesses próprios que subsistem, enquanto tais, após a criação da empresa comum.

Tal não anula, bem entendido, o elemento crucial de fim comum, mas introduz um elemento de tensão na sua concretização *pari passu* através da empresa comum, bem como uma ideia *sui generis* de *contrapartida funcional*, nos termos do qual cada empresa realiza determinada contribuição para a empresa comum, porque espera que esta lhe forneça um certo resultado preciso que se mostra relevante ou necessário à prossecução da sua própria actividade (mantida, como tal, para além da participação na empresa comum). Esta modelação *sui generis* do fim comum – em que a inegável convergência de interesses das partes[443] coexiste com uma variável dialética de interesses – explica, de resto, alguns dos principais problemas de relacionamento que podem ocorrer entre as empresas fundadoras e a dificuldade em assegurar um sistema de relações contratuais gerador de equilibrios e que permita acomodar as tensões verificadas na vida interna da empresa comum.[444]

---

[443] A perspectiva dogmática que acima sustentamos não impede o reconhecimento de que um determinado grau mínimo – e necessariamente apreciável – de convergência de interesses entre as partes se encontra, à partida, na base do impulso negocial para a constituição de qualquer empresa comum.

[444] O estudo dessas tensões na vida interna das empresas comuns e a forma como a configuração do sistema de relações contratuais em que estas assentam permite o seu enquadramento – mais ou menos satisfatório, conforme os casos, – é essencial para a compreensão da empresa comum como possível tipo contratual extra-normativo (tipo do comércio jurídico, no sentido em que o vimos caracterizando). Esse tipo de estudo permite, ainda, apreender a dinâmica contratual subjacente às empresas comuns, identificando, como refere Bruce Kogut os momentos essenciais dessa dinâmica, correspondentes, sucessivamente, à *criação, institucionalização* e, com grande probabilidade – após um período variável – *extinção* da empresa comum. Este A. salienta, justamente, um relativo paradoxo inerente à criação das empresas comuns e que resulta do facto de, sendo o

Poderia, é certo, pretender-se que tal modelação *sui generis* do fim comum, no contrato de empresa comum, represente apenas a tradução da normal coexistência de um *fim imediato* – sempre comum nesta modalidade de contratação – com múltiplos *fins mediatos*, correspondentes a interesses diversos das partes contratantes.[445] Pensamos, todavia, que a especial complexidade do programa finalístico conjunto da empresa comum – resultante de o projecto empresarial ser *percebido* por cada uma das entidades envolvidas a partir da perspectiva da sua actividade própria que é mantida em articulação com a da empresa comum – não se deixa captar completamente nesse tradicional encadeamento entre o fim imediato e os fins mediatos dos processos de contratação.[446]

---

impulso negocial para a sua criação resultante da percepção de um localizada convergência de interesses entre as partes – a qual pode ser reforçada pela complementaridade dos contributos das mesmas para a empresa comum – os resultados visados por essas partes traduzirem, normalmente, interesses próprios das mesmas que se encontram em tensão concorrencial. Assim, como refere KOGUT, *"joint ventures are often, though not exclusively, created due to competitive motives, either between the parties or relative to other firms. Herein lies the irony, namely that the competitive conditions that motivate the creation of a joint venture may also be responsible for its termination"* (cfr. A. cit., *A Study of the Life Cycle of Joint Ventures*, in *Cooperative Strategies in International Business*, FAROK CONTRACTOR, PETER LORANGE, Editors, cit., pp. 169 ss.).

[445] Sobre a conceptualização, nem sempre convergente na doutrina, do *fim imediato* e dos *fins mediatos* de contratos, cfr., por todos, INOCÊNCIO GALVÃO TELLES, *Manual dos Contratos em Geral*, cit., esp. pp. 293 ss. e CARLOS FERREIRA DE ALMEIDA, *Texto e Enunciado na Teoria do Negócio Jurídico*, cit., vol I, pp. 519 ss. (este A. refere aí terminologias jurídicas alternativas, mas com um alcance material essencialmente idêntico, propostas na doutrina alemã por autores como FIKENTSCHER e que propõem uma distinção entre a *finalidade do negócio* – "*Geschäftzweck*" – e a *finalidade material* – "*Sachzweck*" – sendo esta última diferente para as várias partes envolvidas num contrato).

[446] Esse encadeamento tradicional de *fins imediatos* e *fins mediatos* ajusta-se a tipos contratuais estabilizados e objecto de tipificação em múltiplos ordenamentos, como o tipo contratual societário, caracterizado intrinsecamente pela projecção no projecto societário de um conjunto fundamental de vantagens comuns obtidas pelos sócios (mesmo que os interesses que determinam a participação destes no projecto societário não sejam coincidentes; de qualquer modo, essa falta de coincidência não interfere na prossecução de vantagens comuns ínsita no projecto societário). Em sentido diverso, num conjunto significativo de empresas comuns, os modos de prossecução de vantagens comuns são determinados em função de interesses frequentemente divergentes associados às actividades próprias mantidas pelas empresas-mãe. Esta perspectiva não colide com o facto de as próprias empresas comuns poderem assentar, para a sua concretização, em veículos societários, pois a mesma reporta-se à configuração do sistema de contrato complexo em que as mes-

Parte I – Capítulo 1   281

Por outro lado, apesar de, como já se referiu, não caber nos propósitos da presente análise discutir a justificação da atribuição de carácter contratual a certas categorias de acordos de fim comum, em especial aqueles que – como sucede de modo paradigmático com o contrato de sociedade – definem os estatutos de dada organização,[447] importa, a finalizar o presente enquadramento do contrato de empresa comum como contrato de fim comum, reafirmar a plena natureza contratual dos actos constitutivos do mesmo. A favor deste juízo concludente milita ainda a análise – que mantém toda a sua actualidade – de INOCÊNCIO GALVÃO TELLES[448] afastando uma suposta irredutibilidade das categorias *contrato* e *instituição* (ou, acrescentamos nós, *organização*) e sustentando, em conformidade, uma noção lata dos efeitos dos contratos.

Na verdade, uma contraposição entre *contratos obrigacionais* e *contratos de organização*, como foi proposta na doutrina alemã[449] e a ideia referente a uma especial necessidade de justificação da natureza contratual das várias dimensões incorporadas nos referidos acordos de organização são ainda, de certo modo, tributárias de uma concepção tradicional que associava estreitamente os efeitos dos contratos a efeitos obrigacionais (e que se encontra largamente ultrapassada devido à extensão crescente da noção de contrato na generalidade dos ordenamentos)[450]

A natureza complexa do contrato de empresa comum postula a necessidade de o mesmo produzir *efeitos obrigacionais-organizativos* e a configuração compósita do verdadeiro *sistema de contrato* em que se consubstancia a "*joint venture*" – construído com base numa rede de compromissos contratuais diversos que integram elementos de vários tipos

---

mas se traduzem, independentemente de a construção de tal sistema incorporar a utilização do tipo societário em articulação com outros elementos.

[447] Como já referimos, essa problematização em torno da atribuição de carácter contratual a certos acordos de fim comum – *maxime* aos acordos referentes à constituição de sociedade identificados como contratos de organização – tem sido especialmente desenvolvida na doutrina germânica.

[448] Cfr. A. cit., "Aspectos Comuns aos Vários Contratos", cit., esp. pp. 250 ss.

[449] Sobre essa contraposição na doutrina germânica entre *contratos obrigacionais* e *contratos de organização* – a que já fizemos alusão – cfr., por todos, HERBERT WIEDEMANN, *Gesellschaftsrecht*, I, Grundlagen, Munique, 1980, esp. pp. 160 ss.

[450] Sobre essa extensão crescente do conceito de contrato na generalidade dos ordenamentos, cfr. CARLOS FERREIRA DE ALMEIDA, *Texto e Enunciado na Teoria do Negócio Jurídico*, cit., vol. I, esp. pp. 11 ss e HEIN KÖTZ, AXEL FLESSNER, *European Contract Law*, cit., Volume One, esp. pp. 7 ss.

282 *Empresas comuns* – Joint Ventures

contratuais, directamente recebidos ou transformados – não se deixa de todo captar ou reduzir no quadro de qualquer contraposição linear entre supostos contratos obrigacionais e de organização.

4.2.6.3. *A empresa comum* ("joint venture") *no plano dos contratos de fim comum e qualificações complementares no âmbito dos contratos de colaboração entre empresas*

Retomando as nossas preocupações de enquadramento sistemático global do contrato de *"joint venture"* nos vários modos básicos de contratar, é mister reconhecer que a sua associação ao hemisfério dos denominados contratos de fim comum encerra, ainda, uma caracterização de ordem muito genérica que carece de ser precisada através de outras qualificações suplementares.

Assim, considerando o universo dos contratos de fim comum, o contrato de empresa comum integrará forçosamente, neste domínio, uma categoria de *contratos de cooperação*,[451] a qual apresenta ainda, contudo, um conteúdo demasiado lato, em ordem a permitir uma caracterização mais precisa da figura da empresa comum. Justifica-se, pois, trazer à colação uma outra categoria analítica de contratação frequentemente autonomizada pela doutrina no quadro de vários ordenamentos nacionais (independentemente da utilização, nesses ordenamentos, de tipos contratuais diversos ou, pelo menos, sujeitos a diferentes qualificações jurídicas, para prosseguir funções económico-sociais idênticas).

Essa categoria corresponde à dos denominados *contratos de cooperação económica*, a qual se poderá, ainda, subdividir em contratos de *cooperação interempresarial* e *contratos de cooperação económica, de carácter geral*, que não envolvam essa estrita vertente interempresarial. Nesta matriz analítica o contrato de empresa comum identificar-se-á, natu-

---

[451] A identificação de uma categoria de *contratos de cooperação* no universo geral dos contratos de fim comum tem sido admitida – de modo justificado, em nosso entender, – em múltiplas classificações doutrinárias da realidade contratual. Para uma visão geral sobre esta matéria, cfr. MICHEL DUBISSON, "les Caractères Juridiques du Contrat de Coopération en Matière Industriale et Commerciale", in Droit et Pratique du Commerce International, 1984, pp. 297 ss. e M. B. MERCADAL, M. P. JANIN, *Les Contrats de Coopération Inter-Entreprises*, Éditions Juridiques Lefevre, 1974.

ralmente, com a primeira subespécie dos contratos de cooperação económica – os *contratos de cooperação interempresarial*.[452]

Será especialmente importante assentar numa delimitação suficientemente precisa da referida categoria geral de *contratos de cooperação económica* face a outras situações contratuais que, embora envolvendo no seu respectivo plano estrutural (no sentido acima caracterizado) os elementos jurídicos da empresa e da cooperação, não preenchem os requisitos materiais básicos daquela categoria, designadamente no que respeita à sua conformação como contrato de fim comum.

---

[452] Sobre a identificação, em geral, de uma categoria de contratos de cooperação económica e de subcategorias associadas à mesma, em função de diversos critérios jurídicos, cfr., por todos, MICHEL DUBISSON, *Les Accords de Coopération dans le Commerce International*, cit., esp. pp. 5 ss. e 47 ss.. Este A. destaca, de modo pertinente, a relativa escassez de obras doutrinárias consagradas à análise e compreensão jurídica desta importante categoria dos contratos de cooperação económica, o que atribui, quer à componente essencialmente económica que se encontra na origem da mesma, quer à natureza desses contratos. Na verdade, estes incidem tipicamente sobre aspectos sensíveis da estratégia das empresas participantes, envolvendo conteúdos que, frequentemente, apresentam, carácter confidencial, não sendo objecto de divulgação mais alargada e, por essas razões, apenas raramente dando origem a processos judiciais em tribunais estaduais. A este propósito, na nossa doutrina, LUÍS DE LIMA PINHEIRO salienta – em termos a que já aludimos – o que considera ser uma especial importância dos precedentes em matéria de arbitragem internacional, para o conhecimento sistemático – e para a consequente análise – dos contratos de cooperação económica. Pela nossa parte, reiterando aspectos que também já tivemos ensejo de expôr – e numa perspectiva não coincidente – consideramos que a experiência de acompanhamento desta categoria de acordos em sede de aplicação de normas de concorrência (quer no ordenamento norte-americano, quer no ordenamento comunitário, de que mais directamente nos ocupamos) constitui, no presente, a fonte mais significativa para um conhecimento e estudo sistematizados dos mesmos acordos. As lacunas de análise e classificação sistemática dos acordos de cooperação económica são também enfatizadas pela Comissão Económica para a Europa criada pelo Conselho Económico e Social das Nações Unidas, a qual tem elaborado diversos Guias para a redacção de contratos internacionais. Assim, no que respeita aos contratos internacionais de cooperação industrial, essa Comissão destaca que "*la nouveuaté relative du phénomène de coopération industrielle, ses grandes possibilités d'évolution ainsi que la variété des formes que cette coopération peut revêtir rendent difficile la mise au point d'une définition juridique de la coopération industrielle qui pourrait servir d'une manière générale à tous les besoins auxquels ce phénomène peut être appelé à répondre*" (cfr. *Guide pour la Rédaction de Contrats Internationaux de Coopération Industrielle*, ECE/TRADE/124). No plano do direito comunitário da concorrência, uma categoria geral de *acordos de cooperação entre empresas* é aflorada nas regulamentações de isenções por categoria *ex vi* do n.º 3 do artigo 81.º CE (com os contornos que analisaremos sumariamente – *infra*, capítulo primeiro da **Parte II**,

284   *Empresas comuns* – Joint Ventures

De acordo com o conceito relativamente restrito de *contrato de cooperação económica* que perfilhamos,[453] este deverá incorporar, além dos aspectos correspondentes à participação efectiva dos contraentes num projecto económico comum – de carácter mais ou menos amplo face às actividades próprias desses contraentes que se mantenham fora do âmbito desse projecto – elementos relacionados com a implantação de uma organização funcional. A inexistência de uma base mínima de organização – independentemente da roupagem jurídico-formal que esta assuma – tenderá a descaracterizar qualquer situação contratual como contrato de cooperação económica. Assim, classificações utilizadas em algumas doutrinas nacionais em sentido que se pretende aparentemente coincidente com a ideia de cooperação económica ora equacionada, mas aplicadas a contratos que sistematicamente prescindem dessa base organizacional, não poderão ser tomadas como verdadeiras variantes da referida categoria do *contrato de cooperação económica*. É o que sucede, *vg.*, com a categoria autonomizada por vários autores italianos de *contratos associativos*,[454] a

---

esp. ponto 4.3.). Assim, para considerarmos apenas os Regulamentos de isenção por categoria mais recentes relativos a certas categorias de acordos de investigação e desenvolvimento e a certas categorias de acordos de especialização (Regulamento (CE) n.º 2659//2000, cit. e Regulamento (CE) n.º 2658/2000, cit), verificamos que nos diversos considerandos destes normativos comunitários são referidos diversos tipos de acordos de cooperação entre empresas nos domínios funcionais em questão (embora a terminologia jurídica utilizada nesses Regulamentos de isenção por categoria – *maxime* nos referidos considerandos – deva ser ponderada com algum cuidado, visto que o artigo 2.º de qualquer um dos mesmos Regulamentos preveja uma noção muito lata de "*acordo*". O conceito de "*acordos de cooperação*" entre empresas é também repetidamente utilizado na importantíssima Comunicação de 2001 da Comissão (já várias vezes referida), em termos que permitem considerar implicitamente a empresa comum como uma subespécie dos mesmos.

[453] Como já se acentuou, a intensa dimensão económica que se encontra na origem das molduras contratuais de relações de cooperação tem também propiciado delimitações jurídicas mais imprecisas – e, em alguns casos, verdadeiramente impróprias – da categoria do *contrato de cooperação económica*. Essa relativa propensão para caracterizações excessivamente latas e com escassa relevância analítica dessa categoria de contratos deve ser evitada, em nosso entender, através da definição de conceitos mais estritos para enquadrar essa realidade contratual.

[454] Sobre a utilização recorrente na doutrina italiana do conceito de *contrato associativo*, cfr, por todos, FRANCESCO MESSINEO, *Contratto Plurilaterale e Contratto Associativo*, Enciclopedia del Diritto, X, 1962, esp. pp. 165 ss. e GIOVANNI B. FERRI, *Causa e Tipo nella Teoria del Negozio Giuridico*, Milano, 1968, esp. pp. 386 ss. Em nosso entender, esta modalidade de contratos associativos com a latitude admitida na doutrina italiana afasta-

Parte I – Capítulo 1

qual, à luz do que fica exposto, não pode ser utilizada como qualificação alternativa relativamente a esses contratos de cooperação económica.

A delimitação dos *contratos de cooperação económica* – no sentido que vimos estabelecendo – face a outras realidades contratuais, assume particular relevância relativamente a duas categorias de contratos designados com alguma frequência – embora nem sempre de modo uniforme – por *contratos de cooperação auxiliar* e por *contratos de integração empresarial*.[455]

Os *contratos de cooperação auxiliar* assumem, de algum modo, como figura geral de referência o contrato de mandato. Estes contratos serão caracterizados pelo peso de um elemento essencial de concertação de actividades, determinado por um fim comum que não resulta de uma verdadeira convergência de interesses associados a actividades empresariais distintas – colocadas em plano de igualdade ou de importância comparável – mas que se encontra associado ao interesse de uma das partes envolvidas. Por outro lado, aquela concertação não é funcionalmente dirigida à obtenção de resultados que sejam incorporados *qua tale* nas actividades empresariais das partes.

Mais do que esse *elemento de concertação* o que prevalece neste tipo de relações contratuais será um *elemento comutativo* que se traduzirá na *troca de uma prestação* – que suporta ou coadjuva um único interesse empresarial relevante – *por uma remuneração* atribuída à entidade que assim colabora no desenvolvimento da actividade do titular do interesse acima referido.[456] É o que se verifica, designadamente, na

---

se do núcleo dos contratos de cooperação económica, visto que nem todas as associações de finalidade económica implicam uma colaboração das partes traduzida na realização de actividades orientadas para a prossecução de um fim comum.

[455] Sobre o conceito de *contratos de cooperação auxiliar* cfr., por todos, na nossa doutrina, Helena Brito, *O Contrato de Concessão Comercial*, cit., esp. pp. 209 ss.. Esta A. refere-se, nesse ponto, a *"contratos como o mandato, a comissão, ou o contrato de agência, em que uma das partes desenvolve a sua actividade em concurso com a actividade de outrem, embora de forma independente"*. Para uma referência impressiva à categoria dos *contratos de integração empresarial*, indicando diversas concretizações da mesma, cfr. Oliveira Ascensão, "Integração Empresarial e Centros Comerciais", in BMJ., n.º 407, 1991.

[456] O elemento que aqui avulta e que distingue os *contratos de cooperação auxiliar* de um núcleo de *contratos de cooperação económica* orientados para projectos comuns corresponde à *funcionalidade* destes contratos – dirigida para prossecução do interesse de uma das partes envolvidas.

construção das relações contratuais de agência ou de comissão, entre outras.[457]

Os *contratos* ditos de *integração empresarial*[458] suscitam maiores dificuldades na sua contraposição com o núcleo que já identificámos de *contratos de cooperação económica*. Apesar do modo impreciso como são frequentemente caracterizados, consideramos que os mesmos devem fundamentalmente ser associados à formação do que se pode denominar de redes empresariais.[459] Trata-se de um processo que releva em especial no plano da distribuição comercial. Determinadas empresas pretendem assegurar formas directas de distribuição dos seus produtos ou serviços, ou, em termos mais complexos, assegurar a reprodução do seu próprio processo produtivo por terceiros, sem perder o controlo material do mesmo.

Para esse efeito dispõem-se a contratar com terceiros a utilização de sinais distintivos do comércio de que sejam titulares, ou a cedência de determinados recursos produtivos, no quadro de relações duradouras normalmente caracterizadas pela transferência do risco da actividade para essas terceiras entidades.

Modalidades características destes contratos de integração empresarial serão, designadamente, o contrato de *"franchising"* ou o contrato de

---

[457] São estes, precisamente, os tipos de contratos enumerados por HELENA BRITO ao identificar, na nossa doutrina, esta categoria de contratos de cooperação auxiliar para além da figura do mandato (nos termos já referidos nas duas notas precedentes).

[458] OLIVEIRA ASCENSÃO, identificando com clareza na nossa doutrina esta categoria dos *contratos de integração empresarial*, alude, justamente, a alguma imprecisão na delimitação desta categoria, ao reconhecer que a mesma deverá, em termos substantivos, corresponder aos denominados contratos de organização, considerando, de qualquer forma, *"inadequada"* essa terminologia (cfr. A. cit., "Integração Empresarial e Centros Comerciais", cit., p. 31). Como já observámos, essa terminologia alternativa de *contratos de organização* é, sobretudo, utilizada na doutrina alemã. Além disso, importa destacar que, na doutrina italiana, alguns autores associam, primacialmente, essa ideia de integração empresarial à problemática da distribuição, identificando uma perspectiva fundamental de *"identificação vertical convencional"*, concretizada através de uma categoria de *contratos de distribuição* (nesse sentido, cfr., por todos, ROBERTO PARDOLESI, *I Contrati di Distribuzione*, Napoli, 1979, esp. pp. 11 ss.. Pela nossa parte, contudo, consideramos redutora esta qualificação em relação ao conceito de *contrato de integração empresarial*.

[459] Sobre a associação dessa categoria de contratos à constituição de redes empresariais e, especificamente, sobre esta última realidade, cfr. LAURENCE AMIEL-COSME, *Les Réseaux de Distribution*, Paris, 1995, pp. 1 ss. Na nossa doutrina, e sobre a mesma matéria, cfr. HELENA BRITO, *O Contrato de Concessão Comercial*, cit., esp. pp. 4 ss..

concessão comercial,[460] nos quais se encontra presente a ideia de constituição de redes empresariais, com a capacidade de assegurar o escoamento de produtos ou serviços da empresa que lança esse sistema organizado de ligações empresariais permanentes, ou de replicar o processo produtivo da mesma empresa com base numa organização-tipo e até em meios fornecidos por essa empresa.

Esta compreensão dos referidos contratos de integração empresarial, como realidades contratuais que integram, de modo limitado, elementos de cooperação empresarial e que sejam contrapostas ao conjunto de contratos de cooperação económica, globalmente considerados, não é, contudo, pacífica. Assim, entre nós, HELENA BRITO[461] defende um conceito amplo de *contrato de cooperação económica* e inclui nesse domínio os contratos de concessão comercial. Noutro plano, autores há, na doutrina italiana, que ensaiam uma aproximação do contrato de *"franchising"* ao contrato de empresa comum.[462]

Consideramos, porém, que essas apreciações não retratam de modo adequado as realidades contratuais em causa, porquanto as referidas modalidades de contratação se caracterizam por uma prevalência dos elementos comutativos – traduzidos em diferentes formas de retribuição do franquiado ou do concessionado. Não se encontra em causa a realização por parte das empresas contraentes de contribuições idênticas ou com uma função económica de importância comparável, numa actividade empresarial cujo comando seja partilhado e cujos resultados finais sejam partilhados em termos relativamente equivalentes por essas empresas.[463]

---

[460] Não cabe aqui, naturalmente, uma análise mais desenvolvida destes tipos contratuais do *"franchising"* e da concessão comercial no contexto de uma categoria de *contratos de integração empresarial*. Para uma perspectiva geral sobre esses dois tipos contratuais no contexto em causa cfr. HELENA BRITO, *O Contrato de Concessão Comercial*, cit., esp. pp. 15 ss. (devendo, contudo, salientar-se que esta A. não utiliza, em termos genéricos, a referida terminologia de *contratos de integração empresarial*).

[461] Cfr. A. cit., *O Contrato de Concessão Comercial*, cit., esp. pp. 204 ss.. Esta A. distingue, ainda, a partir de uma matriz comum de cooperação económica, possíveis subcategorias de *contratos de cooperação associativa* e de *cooperação auxiliar*.

[462] Cfr., nesse sentido, LUISA VIGONE, *Contratti Atipici – Nuovi Strumenti Commerciali e Finanziari*, cit., p. 205. Como refere esta A, *"indubbiamente il contratto di Franchising rappresenta un tipo particolare di collaborazione tra distinti soggetti che bem può rientrare 'lato sensu' nello schema della joint-venture"*.

[463] Assim, nas referidas modalidades contratuais a dimensão que claramente avulta, em nosso entender, é a dimensão de integração empresarial, traduzindo situações

O que se verifica é, fundamentalmente, a colaboração de determinadas entidades no lançamento de um rede empresarial por parte de uma empresa que assume a iniciativa do processo e a respectiva liderança e que atribuirá às referidas entidades retribuições ou contrapartidas, em modalidades variadas pela sua participação no projecto de expansão da sua empresa.

Na verdade, independentemente de um nível suplementar de qualificação jurídica, que decorre da conceptualização de várias modalidades de contratos de cooperação – tendo como eixo fundamental os *contratos de cooperação económica* – pensamos que a contraposição fundamental a reter será entre os *contratos de fim comum* – abarcando naturalmente a generalidade dos contratos de cooperação em sentido próprio – e os *contratos comutativos* (ressalvando, uma vez mais, que, na *praxis* das relações contratuais esta bifurcação não se apresentará, em regra, do modo tão linear. Estará em causa normalmente apurar categorias de contratação nas quais ora o elemento comutativo, ora o aspecto referente a uma finalidade comum sejam prevalecentes).

Para além das qualificações formais observadas pelas partes e de conceitos formais utilizados em diversos ordenamentos será em torno dessa bifurcação essencial que se deverão situar, para efeitos de análise, as várias modalidades de contratação entre empresas, localizando-se claramente as várias subcategorias possíveis de empresas comuns no domínio dos *contratos de fim comum*.[464]

---

em que certas entidades – concessionário ou *"franchisado"* são integrados numa empresa mais vasta. Além disso, no quadro dessa integração destacam-se, frequentemente, os elementos de troca ou comutativos corporizados em retribuições ou contrapartidas a favor dessas entidasdes que não são verdadeiros co-autores no lançamento e liderança de determinado projecto empresarial integrado.

[464] Como é natural, ao ponderarmos essa localização sistemática das várias subcategorias possíveis de contratos de empresa comum no domínio dos *contratos de fim comum*, excluímos os conceitos muito latos de empresa comum admitidos por alguma doutrina (como sucede, *vg.*, com a posição de LUISA VIGONE referida nas notas precedentes). Também aqui se verifica – como observaremos *infra*, capítulo segundo desta **Parte I** (esp. pontos 2.2. e 2.3.) – uma coincidência com a densificação jurídica proposta para a categoria da empresa comum em sede de direito da concorrência, visto que, nesse plano, rejeitamos qualquer relevância analítica de um conceito muito lato de empresa comum.

4.2.7. A empresa comum *("joint venture")* como manifestação de consenso contratual e outras formas de entendimento entre empresas

4.2.7.1. *Relações de cooperação empresarial sem suporte contratual*

Um problema jurídico diverso que já aflorámos, assumindo um pressuposto que ora convirá dilucidar, consiste na verificação da admissibilidade de relações de cooperação interempresarial que não revistam carácter contratual. O pressuposto que temos assumido na nossa análise tem sido negativo, o que nos leva a reconduzir toda a realidade jurídico-económica da empresa comum a uma dimensão contratual. De qualquer modo, importa submeter este entendimento a uma confirmação, conquanto sumária, mediante a sua confrontação com hipotéticas construções jurídicas alternativas.

Nesse domínio, a hipótese alternativa básica a ponderar é a da possibilidade de configurar relações de cooperação entre empresas – e, no limite, relações conducentes à formação de verdadeiras empresas comuns – com base numa mera convergência de *entendimentos* que não correspondem a qualquer consenso contratual. É sabido que no plano do ordenamento privado já se tem discutido a relevância de simples *acordos* entre as partes que não as vinculem juridicamente.[465] Noutro plano, e trazendo uma vez mais à colação o confronto entre as normas de concorrência e categorias jurídicas de direito privado, é conhecida, no domínio desse ordenamento, uma zona de possível relevância de entendimentos entre empresas, no sentido da coordenação de comportamentos concorrenciais, que não chegam a transpor o limiar de um acordo em sentido próprio, caracterizado pelo mútuo consenso entre as partes.

Pela nossa parte entendemos que a necessária base organizacional que suporta a constituição de qualquer empresa comum pressupõe uma convergência de declarações negociais numa base de mútuo consenso característica das relações contratuais. No limite, determinados entendi-

---

[465] Os termos gerais dessa problematização dos entendimentos ou acordos desprovidos de vinculatividade jurídica foram expostos *supra*, ponto 2.2. deste capítulo, não cabendo nos objectivos desta dissertação, como já aí se ressalvou, um desenvolvimento mais extenso dessa matéria num plano de direito privado.

290   *Empresas comuns* – Joint Ventures

mentos entre as empresas – assumindo diferentes níveis de relevância jurídica, mas não atingindo o limiar desse cruzamento de vontades negociais
que conforma o nexo contratual – podem sustentar formas de coordenação
dos comportamentos comerciais das empresas e mesmo certas relações
difusas de cooperação entre empresas, mas não constituirão base suficiente nem adequada para a criação e funcionamento de uma empresa
comum. [466]

Mesmo no plano específico da construção da categoria da empresa
comum no domínio do ordenamento da concorrência – como adiante se
exporá – tendemos igualmente a pressupor a existência de um acordo de
natureza contratual a suportar de raiz a entidade em questão.[467] Relativa-

---

[466] A prática decisória das autoridades de concorrência – *maxime* da Comissão,
atendendo ao plano do direito comunitário privilegiado neste estudo – oferece-nos vários
exemplos significativos de formas de coordenação dos comportamentos comerciais das
empresas e mesmo de certas relações difusas de cooperação entre empresas que não chegam a transpor o limiar de criação de uma base organizacional mínima – suportada num
mútuo consenso característico das relações contratuais – inerente à categoria da empresa
comum, bem como exemplos dos factores decisivos para ultrapssar o referido limiar
crítico. Assim, entre outros casos, podemos tomar em consideração a análise da Comissão
na decisão "*Gec Weir Sodium Circulators*" (JOCE n.º L 327/26, 1977), nos termos da qual,
apesar de se reconhecer que o acordo em causa não conduzia à criação de qualquer nova
organização personalizada sujeita a controlo conjunto das partes, se afirmava em abono da
caracterização do acordo como constitutivo de uma empresa comum que "*the contractual
dispositions made by the parties have all the most essential characteristics of a joint
venture, commonly so called; in that they provide for the unified, joint and equal control
by the parties of all their activities relating to sodium circulators, including planning,
financing, research, development, construction and sale*". O mesmo tipo de compromissos
– com clara natureza contratual, atendendo ao seu teor e extensão – foram tomados em
consideração para identificar modos de organização estável em comum de parcelas fundamentais das actividades de empresas envolvidas em processos de cooperação, e para configurar os mesmos como empresas comuns, na decisão da Comissão "*De Laval-Stork*"
(JOCE n.º L 215/11, 1977), apesar de, também nesse caso, não se verificar qualquer
criação de uma nova organização personalizada participada pelas partes. A nossa análise
ex professo da categoria de empresa comum em sede de direito comunitário da concorrência – *infra*, capítulo segundo desta **Parte I** – permtirá apreender, de modo mais
desenvolvido, os factores normalmente considerados para autonomizar as empresas
comuns em relação aos meros acordos de cooperação entre empresas.

[467] Essa nossa avaliação encontra-se, precisamente, subjacente aos exemplos
seleccionados na nota anterior entre múltiplos precedentes relevantes neste domínio em
sede de aplicação de normas comunitárias de concorrência. Divergimos, pois, neste ponto,
da análise de Luís de Lima Pinheiro na parte em que a mesma parece admitir formas
superiores de colaboração de empresas relevantes para o direito da concorrência, incluindo

Parte I – Capítulo 1

mente a esse domínio especial caracterizado por um conceito mais amplo (e, até certo ponto, mais indefinido) de empresa, na base da conformação da figura da empresa comum, consideramos que a existência de um feixe de relações jurídicas que possam traduzir uma adesão intencional a certos paralelismos de comportamentos comerciais das empresas não preenche os requisitos mínimos de que depende uma decisão conjunta de criação de um projecto empresarial partilhado por duas ou mais empresas fundadoras e concretizado através de uma organização permanente, independentemente da maior ou menor intensidade que o desenvolvimento institucional da mesma assuma.[468]

4.2.7.2. *Elementos distintinvos da construção jurídico-económica da empresa comum* ("joint venture")

É evidente que essa associação necessária da figura da empresa comum à assunção de compromissos de carácter contratual resulta da configuração jurídica geral que temos vindo a dar a essa figura. Na realidade, temos procurado identificar um conjunto de elementos distintivos da

---

empresas comuns, sem suporte em relações de natureza contratual (cfr. A. cit., *Contrato de Empreendimento Comum (Joint Venture) em Direito Internacional Privado*, cit., pp. 126-128).

[468] Como já observámos, em sede de direito da concorrência os desenvolvimentos institucionais associados à criação de uma empresa comum podem revestir-se de uma intensidade mínima, sem que tal prejudique essa qualificação jurídica, mas a ausência de elementos de organização estável criados em conjunto pelas empresas envolvidas nos processos de cooperação é, normalmente, decisiva para afastar essa caracterização. No domínio dos acordos de cooperação em matéria de produção, frequentemente associado à figura da empresa comum, atendendo à necessidade de modificar as estruturas produtivas das empresas e de organizar uma dimensão – mais ou menos ampla, conforme os casos – de produção conjunta, a área correspondente a determinados acordos de especialização fornece uma ilustração dos limites de alguns processos de cooperação que impedem a caracterização dos mesmos como empresas comuns. Na realidade, em muitos casos, tais acordos traduzem-se apenas na concertação entre as partes, de modo a articularem entre si o desenvolvimento específico de certas áreas próprias de produção (que permanecem, enquanto tais, na esfera das empresas participantes não sendo *"organizadas"* e desenvolvidas em comum) em detrimento de outras. Cfr., para uma ilustração desse tipo de limitações de processos de *"mera"* cooperação, sem criação de empresa comum, a análise desenvolvida pela Comissão na decisão *"VW-MAN"* (JOCE n.º L 376/11, 1983).

categoria da empresa comum que permitam a sua autonomização – como categoria jurídica geral, num plano limitado de classificação jurídica, ou como tipo do comércio jurídico numa perspectiva de pensamento tipológico – num patamar superior dos fenómenos de cooperação empresarial. Nessa construção analítica divergimos de posições doutrinais que recusam a ligação entre a figura originariamente densificada em ordenamentos anglo-saxónicos como "*joint venture*" e um conceito geral de *empresa comum*, e que preconizam, em contrapartida, a formulação de um conceito mais amplo de *empreendimento comum* (o qual abarcaria as *empresas comuns*, mas não se esgotaria nas mesmas).

Na nossa doutrina essa orientação é defendida por LIMA PINHEIRO,[469] o qual, apesar de tudo, estabelece uma distinção fundamental entre as realidades da mera cooperação entre empresas e as relações entre empresas conducentes a um empreendimento comum – "*joint venture*" (na linha da orientação que também vimos perfilhando, que situa a figura da empresa comum num patamar superior e particularmente intensivo de cooperação interempresarial, a autonomizar relativamente a uma miríade de situações mais fluidas de cooperação entre empresas).

Em termos gerais, este autor concebe o *empreendimento comum* como toda a operação económica concreta ou actividade económica exercida com certa permanência e susceptível de gerar um resultado económico que, em princípio, beneficie todas as empresas participantes. Todavia, considera a denominada empresa comum, caracterizada pela criação de um pólo organizacional – frequentemente de base societária – apenas como uma das variáveis possíveis de concretização do empreendimento comum. Sustenta, inclusivamente, que a empresa comum pode constituir, tão só, um elemento acessório ou relativamente secundário, numa tessitura complexa de relações obrigacionais que globalmente configurem um empreendimento comum.

Esta visão sobre o modo de estruturar o *empreendimento comum* ("*joint venture*") leva ainda o mesmo autor a excluir do respectivo âmbito as situações em que uma pluralidade de empresários constituam uma sociedade comercial cujo domínio partilhem e que desenvolva a sua actividade sem uma relação de coordenação ou interdependência significativa com as empresas dos entes fundadores. Tratar-se-ia, então, de um caso de

---

[469] Cfr. A. cit., *Joint Venture – Contrato de Empreendimento Comum em Direito Internacional Privado*, cit., esp. pp. 194 ss.

colaboração societária, mas não de cooperação interempresarial na modalidade de empreendimento comum.[470]

Salvo o devido respeito, divergimos deste entendimento, o qual de algum modo subalterniza a configuração compósita da figura da empresa comum, assente, como temos acentuado, numa conjugação complexa – em grau variável – de elementos de cooperação empresarial e de elementos de integração empresarial (ou de concentração empresarial, se quisermos trazer à colação noções jurídico-económicas tributárias do direito da concorrência). Na verdade, certas categorias de empresas comuns caracterizar-se-ão por um peso especialmente importante do elemento de integração empresarial, embora essa vertente não revista, ainda, a intensidade suficiente para pôr termo à individualidade jurídica e económica das empresas participantes. Desde que este último limiar não seja transposto, situações como a acima configurada corresponderão, normalmente, a empresas comuns que assumem um grau de autonomia considerável em relação às empresas fundadoras. Para que exista uma empresa comum não é necessário, em nosso entender, a manutenção em permanência de uma teia de relações obrigacionais em torno de um ente societário sujeito a domínio conjunto das empresas fundadoras, nem a correlativa condução de relações ininterruptas de coordenação entre estas e esse ente comum.

Esse processo de coordenação pode materializar-se numa plataforma de relacionamento relativamente autónoma face às empresas fundadoras e que se traduza *vg.* no funcionamento de uma sociedade que seja objecto de controlo conjunto pelos respectivos sócios. No limite, essa coordenação não traduzirá um nexo obrigacional directo entre as empresas fundadoras – como parece pressupor LIMA PINHEIRO – mas será *transportada*, com um conteúdo diferente, para o plano do governo[471] de uma sociedade submetida a controlo conjunto das referidas empresas fundadoras.

---

[470] Cfr. LIMA PINHEIRO, *Contrato de Empreendimento Comum (Joint Venture) em Direito Internacional Privado*, cit., esp. pp. 269 ss.. Entre outros aspectos, este A. sublinha a importância, para que se configure a existência de um empreendimento comum, de *"uma teia de vinculações jurídicas que coordenem a sua actividade [da filial comum] com a das sociedades fundadoras e as actividades entre si"* (A. cit., *op. cit.*, pp. 332-333).

[471] Para uma perspectiva geral, contemplando uma exaustiva análise de direito comparado, sobre as questões de governo das sociedades, incluindo as sociedades sujeitas a domínio conjunto, e salientando a autonomia desse tipo de questões jurídicas no quadro das organizações societárias que se encontrem em causa e para além de um plano relativo a relações obrigacionais entre sociedades e as respectivas sociedades-mãe, cfr., por todos,

294   *Empresas comuns* – Joint Ventures

Ressalvemos, em todo o caso, que esta nossa concepção não exclui, de modo algum, a possibilidade de – mesmo neste tipo de situações de constituição de empresas comuns com um elevado grau de autonomia e autosuficiência de meios[472] a cooperação, materializada no governo de uma sociedade objecto de controlo conjunto, ser complementada com várias relações obrigacionais entre as empresas fundadoras, enquadrando as suas relações no seio dessa sociedade, bem como relações a estabelecer entre si e a própria sociedade participada. O que pretendemos significar é, tão só, que esse complemento de relações obrigacionais directas – mais ou menos complexas – entre as empresas fundadoras não integra um núcleo mínimo indispensável para que se possa verificar a existência de uma empresa comum em sentido próprio.

Se procurarmos sintetizar a diferença de entendimentos em causa, projectando os mesmos em *duas perspectivas de análise diversas* – não obstante os riscos de simplificação que tal comporta – poderemos anotar que, de acordo com a perspectiva que perfilhamos, a base em que assenta a criação de uma empresa comum consiste num *pólo organizacional*

Comparative Corporate Governance – The State of the Art and Emerging Research, Edited by K. J. HOPT, H. KANDA, M.J. ROE, E. WYMEERSCH, S. PRIGGE, Oxford University Press, 1998

[472] Essas empresas comuns com um elevado grau de autonomia e autosuficiência de meios, nos termos acima configurados, correspondem, em larga medida, no plano do direito da concorrência, à subcategoria das empresas comuns que desempenham todas as funções de uma entidade económica autónoma e qualificáveis como concentrações. Ora, precisamente, a intensa experiência de controlo desse tipo de empresas comuns em sede de aplicação do RCC demonstra que, em relação a um conjunto significativo destas entidades, a existência de feixes de relações obrigacionais directas entre as empresas fundadoras – projectadas para além da organização interna de uma sociedade que seja objecto de controlo conjunto por parte das empresas participantes – não se revela um elemento fundamental para a caracterização das mesmas como empresas comuns. Assim, como é possível comprovar através da prática decisória da Comissão no quadro do RCC, em relação a muitas empresas comuns passíveis de qualificação como concentração, a imediata transferência para as mesmas – *maxime* tratando-se de entes societários – de todos os recursos físicos e humanos necessários para a prossecução autónoma da sua actividade, relativiza a importância, para o futuro, da manutenção de feixes de regulação contratual de relações directas entre as empresas-mãe ou de relações entre estas e a empresa comum (cfr., nesse sentido, a decisão da Comissão *"Elf Atochem/Rohm & Haas"*, proferida em 1992 no âmbito da aplicação do RCC proc n.º IV/ M160 – e versando uma situação desse tipo, na qual, para além de outros aspectos, a empresa comum analisada recebeu imediatamente das empresas-mãe licenças irrevogáveis de exploração de direitos de propriedade intelectual necessários ao desenvolvimento da sua actividade produtiva).

estável (frequentemente de base societária) orientado para a realização de uma actividade empresarial conjunta, o qual *pode* ser *complementado* com uma tessitura de relações obrigacionais entre as empresas fundadoras e com múltiplos acordos que se situam para além do acordo que sustenta e enquadra directamente o referido pólo organizacional (originando, assim, o *sistema de contrato* complexo em que se consubstancia a empresa comum, nos termos que vimos referindo).

Diversamente, na perspectiva de autores como LIMA PINHEIRO,[473] o núcleo do *contrato de empreendimento comum* (*"joint venture"*) – de conteúdo complexo – corresponde a um conjunto encadeado de relações obrigacionais entre as empresas participantes, conformando um processo permanente de cooperação, dirigido à realização de uma actividade empresarial conjunta, *o qual, pode ser complementado* com a criação de uma plataforma organizacional devidamente institucionalizada, esta qualificada, então, em especial, como empresa comum – *vg.* através de uma sociedade sujeita a controlo conjunto dos fundadores. Trata-se claramente de perspectivas distintas que originam concepções também diferenciadas da realidade complexa da *"joint venture"* (ou *empresa comum*, na concepção que perfilhamos e de acordo com a terminologia que fixámos).

A perspectiva que adoptamos leva-nos a uma concepção de empresa comum de algum modo próxima da que é delineada noutro contexto doutrinal por JOSEPH BRODLEY,[474] tomando em consideração os parâmetros jurídicos especiais do direito da concorrência. Embora a análise de BRODLEY incida sobre a configuração da empresa comum nesse domínio específico do direito da concorrência – o que nos levará a um comentário crítico mais desenvolvido da sua apreciação doutrinal noutra parte da presente dissertação[475] – os traços essenciais de caracterização jurídica expostos por este autor podem ser transpostos para o plano de uma compreensão jurídica geral desta categoria da empresa comum.

---

[473] Cfr. A. cit., *Joint Venture – Contrato de Empreendimento Comum em Direito Internacional Privado*, cit., esp. pp. 197 ss

[474] Cfr. JOSEPH BRODLEY, "Joint Ventures and Antitrust Policy", cit., esp. pp. 1524 ss.

[475] Comentário crítico desenvolvido quer no que respeita à *densificação de um conceito de empresa comum em sede de direito da concorrência* – *infra*, capítulo segundo desta **Parte I** – quer em relação à *definição de um modelo de avaliação material dos efeitos das empresas comuns sobre o processo de concorrência* (*infra*, **Parte III**, esp. capítulo terceiro).

Assim, BRODLEY além de identificar uma função económica da empresa comum orientada para a conjugação de recursos produtivos – mediante contribuições realizadas pelas empresas fundadoras – em ordem à produção de determinado resultado económico, salienta como verdadeiro elemento distintivo desta figura o facto de a mesma gerar tipicamente uma qualquer capacidade produtiva adicional. Todavia, num plano eminentemente jurídico-formal, BRODLEY restringe de modo excessivo o conceito por si sufragado de empresa comum, ao associar necessariamente esta figura a uma sociedade comercial controlada conjuntamente pelas empresas fundadoras (sociedade submetida a domínio conjunto, também referida frequentemente como filial comum), o que, como temos salientado, não esgota de forma alguma a multiplicidade de processos jurídicos formais de concretização da empresa comum (sem prejuízo de o veículo societário constituir uma forma progressivamente mais importante de concretização jurídica de empresas comuns).

Pensamos que a ideia certeira de associar a empresa comum a um processo de criação de capacidade produtiva adicional (em sentido lato) encerra implicitamente outra ideia – que se materializa no plano jurídico institucional – de formação de uma organização comum estável a partir de recursos diversos fornecidos pelas empresas fundadoras. Por seu turno, como já temos enfatizado, essa organização comum poderá, no plano jurídico-formal, assumir diversas formas (e não obrigatoriamente a forma de uma sociedade submetida a domínio conjunto, como pretendia BRODLEY).

Esta valorização do elemento de organização – materializado sob uma grande pluralidade de formas jurídicas – em que temos insistido na nossa busca de uma caracterização jurídica geral da figura da empresa comum relaciona-se estreitamente com a dimensão de integração empresarial ínsita nessa figura. Na nossa concepção, a empresa comum deverá forçosamente conjugar – segundo várias modelações possíveis – as dimensões de cooperação e integração empresariais. Subalternizar em excesso esta segunda dimensão implicará, em nosso entender, uma visão distorcida da empresa comum. Pensamos, de resto, que se encontra aí a raiz da nossa divergência – já exposta – com as teses doutrinais representadas entre nós por LIMA PINHEIRO.[476]

---

[476] Referimo-nos, bem entendido, às teses expostas por LIMA PINHEIRO, na parte já trazida à colação do seu estudo, *Contrato de Empreendimento Comum (Joint Venture) em Direito Internacional Privado* (esp. pp. 269 ss.).

Essas teses, que propõem um conceito amplo de contrato de empreendimento comum, em detrimento da figura de empresa comum tida como elemento acidental ou acessório desse contrato de conteúdo complexo, vão desse modo relativizar – de forma não aceitável, segundo cremos – aquela dimensão de integração empresarial que deverá sempre manifestar-se na construção da empresa comum.

Consideramos que o universo quase infinito de relações jurídico-económicas de cooperação entre empresas apresentará como pólos extremos, que potencialmente o delimitam, a realidade fluida das situações de mera coordenação de comportamentos comerciais das empresas[477] e a realidade correspondente às empresas comuns. Entre esses pólos encontrar-se-á uma multiplicidade inesgotável de modalidades de relações de cooperação interempresarial no quadro da qual o elemento qualitativo primacial para autonomizar o patamar superior de cooperação – correspondente à empresa comum – será a introdução de aspectos de integração empresarial no relacionamento entre as empresas, os quais se irão entrecruzar, em várias combinações possíveis, com a matriz geral de cooperação empresarial.

Se aplicarmos este raciocínio a alguns exemplos delineados por LIMA PINHEIRO obteremos, porventura, uma melhor compreensão dos aspectos que nos separam das concepções fundamentais expendidas por este autor. Assim, considerando, de acordo com este mesmo autor, que a actividade empresarial comum – designadamente o *empreendimento comum* – pode consistir na aquisição de determinado activo (ou até de certos bens ou serviços) – *vg.* na aquisição, por parte de um agrupamento de empresas, de

---

[477] Essa definição de pólos extremos no universo das relações jurídico-económicas de cooperação entre empresas é especialmente nítida no plano do direito da concorrência, em virtude das gradações de tratamento substantivo que se verificam nesta sede jurídica em relação às diferentes modalidades de cooperação. Tal não impede, contudo, que, mesmo nesta sede, se verifiquem áreas de sobreposição de elementos de cooperação e de integração empresariais, dificultando as distinções analíticas rigorosas entre as categorias de acordos de cooperação e de acordos de empresa comum. Essas dificuldades são, ainda acrescidas, em muitos casos, em virtude de alguma falta de rigor na qualificação das situações jurídicas relevantes por parte das autoridades de concorrência. Assim, em diversas decisões, a Comissão analisa processos de cooperação entre diferentes empresas qualificando-os ora como acordos de cooperação, ora como empresas comuns (cfr. entre vários outros precedentes, a decisão *"BBC Brown Boveri"*, de 1988, já cit., na qual a Comissão se refere a uma filial conjunta criada para o desenvolvimento de certo tipo de baterias, qualificando os acordos que enquadram a mesma, quer como *"cooperation agreement"*, quer como *"joint venture"*).

298   *Empresas comuns* – Joint Ventures

uma parcela de capital de uma empresa pública em processo de privatização[478] – uma situação deste tipo ilustra, de modo paradigmático, categorias de situações que importa destrinçar (e que, na realidade, não são objecto de qualquer distinção na análise em causa).

Na verdade, um agrupamento de empresas assim constituído poderá visar a apresentação de uma oferta numa operação de privatização, contemplando uma imediata divisão dos activos correspondentes entre as empresas participantes, em caso de sucesso, ou, em alternativa, um agrupamento actuando nesse contexto pode visar a aquisição e gestão da empresa ou dos activos privatizados, no âmbito de um projecto conjunto estruturado de acordo com um modelo jurídico-formal determinado. Pela nossa parte, consideramos que apenas no segundo caso existiria um elemento de organização estável – no sentido que lhe vimos atribuindo – orientado para a prossecução conjunta de uma actividade empresarial. Consequentemente, apenas nessa situação se estaria verdadeiramente na presença de uma empresa comum, em sentido próprio.

Retomando a sistematização que vimos ensaiando de níveis conceptuais de cooperação de empresas – no plano jurídico – e de uma terminologia que assegure, do modo mais adequado, a densificação jurídica do conceito de empresa comum, podemos claramente contrapor uma concepção que identifique o mesmo com uma realidade de conteúdo amplo, designada nos termos propostos na nossa doutrina por ALMEIDA E COSTA[479] e por LIMA PINHEIRO,[480] como *contrato de empreendimento comum*, a outra concepção

---

[478] Este específico exemplo é configurado por LIMA PINHEIRO, no seu estudo *Contrato de Empreendimento Comum (Joint Venture) em Direito Internacional Privado*, cit., p. 195. Este A. traz à colação diversos diplomas legais reguladores de privatizações de empresas públicas, *ex vi* da Lei n.º 11/90, de 5 de Abril (Lei Quadro das Privatizações), nos quais se determina expressamente que os concorrentes à aquisição de certos blocos de acções se podem apresentar individualmente ou em "*grupo*" ou "*agrupamento*". Todavia, a realidade dos processos de privatização de empresas públicas, quer no quadro do ordenamento nacional, quer noutros ordenamentos demonstra que, em muitos casos, esse tipo de agrupamentos são apenas constituídos como veículo de aquisição, projectando as partes repartir entre si – imediatamente ou a curto prazo – as participações adquiridas. Essa possibilidade obriga ao estabelecimento de distinções que acima procuramos esboçar, não sendo evidente para nós a recondução global das referidas situações a uma ideia de *empreendimento comum* (ainda que com os contornos mais latos admitidos por LIMA PINHEIRO).

[479] Cfr. A. cit., *Direito das Obrigações*, Coimbra Editora, 1991, esp. pp. 297 ss..

[480] Cfr. A. cit., *Contrato de Empreendimento Comum (Joint Venture) em Direito Internacional Privado*, cit., esp. pp. 187 ss..

Parte I – Capítulo 1   299

– que perfilhamos – , segundo a qual as relações contratuais abarcadas pela denominação corrente de "*joint venture*" se devem identificar unicamente com o desenvolvimento de um projecto empresarial conjunto, baseado numa forma de organização relativamente estável, e que corresponderá à realidade normalmente designada por *empresa comum*.

Não se nos afigura justificada a crítica de LIMA PINHEIRO que considera a noção de empresa comum uma "*tradução inadvertida*" da expressão "*joint venture*", potencialmente geradora de ambiguidade jurídica, atendendo à polissemia do conceito geral de empresa nos vários ordenamentos. Este autor sustenta ainda que a figura da empresa comum corresponderá, fundamentalmente, a um eventual elemento complementar do núcleo de relações obrigacionais que configura o *contrato de empreendimento comum*. Pelo contrário, pensamos que a categoria de relações contratuais de cooperação ora em análise se concentra na figura da empresa comum, a qual pode apresentar mais do que um pólo organizacional (*vg*. nos casos em que a organização permanente se materializa através de sociedades comerciais e se salda na criação de mais do que uma filial comum). Essa estrutura organizacional comum será ainda passível de complemento através de um sistema mais ou menos complexo de relações obrigacionais entre as empresas fundadoras e entre estas e a própria empresa comum.

4.2.7.3. *A conceptualização da categoria geral de empresa comum ("joint venture") e do tipo contratual societário*

Em nosso entender, podemos encontrar alguns paralelos interessantes entre a conceptualização do tipo contratual societário – como tipo legal – (assumindo para o efeito o pressuposto do carácter contratual da relação societária)[481] em vários sistemas jurídicos, e a ponderação de noções mais amplas ou restritas da categoria da empresa comum (por nós assumida como tipo extra-legal do comércio jurídico, embora de configuração especialmente complexa e *sui generis*).[482]

---

[481] Pressuposto que já tivemos ensejo de justificar em contraposição a orientações doutrinais – *maxime* na doutrina germânica – que contestam o carácter contratual de diversas dimensões da relação societária.

[482] Utilizámos aqui a terminologia jurídica que procurámos fixar – de *tipo contratual (extra-legal) do comércio jurídico* – reconhecendo que existem outras classificações alternativas dessa realidade (*vg*., a de *tipo social* ou outras).

Sem realizar uma longa incursão na matéria, que aqui se não justifica, importa ter presente uma certa contraposição entre uma perspectiva tradicional germânica que se orienta para um conceito muito amplo de sociedade – o qual dispensaria mesmo o elemento organizativo[483] – e uma perspectiva mais restrita que não prescinde dessa dimensão organizativa na construção jurídica da sociedade (embora dentro desta orientação se verifiquem ainda noções divergentes, *vg*. aquelas que se caracterizam pela exigência ou não de escopo lucrativo ao ente societário).[484]

Neste contexto, é consensual o reconhecimento de que o direito societário português integra o conjunto de ordenamentos que acolhem uma noção restrita de sociedade, de acordo com a qual, esta figura incorpora obrigatoriamente um elemento organizativo formal. Ressalvando o facto de nos situarmos em planos de construção jurídica diversos, podemos registar um paralelo significativo entre esta contraposição de noções mais amplas ou restritas de sociedade e a distinção, que acima se delineou, entre uma compreensão geral da *"joint venture"* como *empresa comum*, baseada num fundamental elemento de organização formal (conceito que acolhemos), ou como *empreendimento comum* assente numa teia de relações obrigacionais, de conformação variada, que pode ser ou não complementada pela existência de uma ou mais empresas comuns.

A opção por um conceito de empresa comum (como fixação terminológica ou conceptual, geral, da noção correntemente utilizada de *"joint venture"*) fundado numa qualquer forma de organização estável pode causar algumas perplexidades, sobretudo se se tiver em consideração que, com relativa frequência, esse suporte organizacional será juridicamente concretizado através de sociedades comerciais. Poderia, então, parecer que no quadro dos sistemas jurídicos que adoptam conceitos mais restritos de sociedade – como sucede com o ordenamento português – se estaria por essa via a limitar potencialmente o objecto do contrato de empresa comum face às funções económicas que, em regra, se esperaria associar ao mesmo (à luz da caracterização que vimos fazendo dessas funções económico-

---

[483] Sobre esse conceito muito amplo de sociedade na doutrina germânica cfr. KARSTEN SCHMIDT, *Gesellschaftsrecht*, 1991, Köln et alii, 2002, esp. pp. 14 ss.

[484] Deve salientar-se, a este propósito, que em alguns ordenamentos se verifica uma relativa flutuação dos critérios de delimitação dos entes societários por referência, sobretudo, à exigibilidade, ou não desse tipo de escopos lucrativos (em sentido estrito), o que sucede, designadamente, no quadro do ordenamento italiano (cfr., a esse respeito, FRANCO DI SABATO, *Manuale delle Società*, Turim, 1990.

Parte I – Capítulo 1   301

-sociais e das finalidades primaciais tipicamente subjacentes à figura da empresa comum).

Essas aparentes limitações verificar-se-iam, designadamente, no que respeita às tipificações legais de sociedade que incorporassem um escopo lucrativo.[485] Nas situações frequentes em que a fundamental dimensão organizacional das empresas comuns fosse concretizada através da criação de uma sociedade comercial, sujeita a domínio conjunto das empresas fundadoras, pareceria estar em causa uma exclusão de múltiplas finalidades que temos associado à figura geral da empresa comum (*vg.* finalidades que se concretizem através da produção de resultados económicos emergentes da actividade da empresa comum, mas que se repercutam directamente na esfera de actividade das empresas fundadoras,[486] não envolvendo um objectivo de produção de lucros ao nível da própria empresa comum societária).

Consideramos que essa aparente limitação do programa finalístico das empresas comuns – ou, em alternativa, uma hipotética incompatibilidade da figura da sociedade comercial com a construção jurídica de múltiplas empresas comuns – é, na verdade, falaciosa. Quando se admite

---

[485] Aspecto que, como acima afloramos, se verifica no quadro do ordenamento português, podendo assinalar-se uma notável convergência na doutrina quanto ao reconhecimento geral desse necessário escopo lucrativo, quer em face do disposto no artigo 980.º do Código Civil, quer tendo presente múltiplas disposições relevantes do Código das Sociedades Comerciais (*vg.*, artigos 2.º, 6.º, ns.º 1 a 3, 10.º, n.º 5, al. a), 21.º, n.º 1, al. a), 22.º, 31.º, 33.º, ns.º 1 e 2, 34.º, n.º 1, 176.º, n.º 1, al. b), 217.º, 294.º). Cfr., a esse propósito, VASCO DA GAMA LOBO XAVIER, *Sociedades Comerciais (Lições)*, Coimbra, 1987, OLIVEIRA ASCENSÃO, *Direito Comercial*, cit., Volume IV, *Sociedades Comerciais*, JORGE MANUEL COUTINHO DE ABREU, *Curso de Direito Comercial*, cit., Vol. II, *Das Sociedades*. Este último A. assinala, tão só, que o próprio conceito de lucro é *"polissémico no direito"*, podendo considerar-se no direito societário *"diversas modalidades ou espécies de lucro"*. Sem prejuízo desse aspecto, entendemos, em contrapartida que o conceito de lucro, neste contexto jurídico, não pode ser diluído em noções ou classificações de carácter excessivamente lato (cfr. A. cit., *op. cit.*, pp. 14 ss.).

[486] Será suficiente, entre outros exemplos possíveis, tomar em consideração empresas comuns de base societária constituídas para a prossecução de funções de produção ou de investigação e desenvolvimento, que carreiem integralmente os seus resultados para os próprios processos produtivo e de comercialização das empresas-mãe, sem que essas suas relações com estas empresas envolvam a produção de lucros na esfera das referidas empresas comuns societárias. Esse tipo de exemplos é recorrente, *vg.*, na *praxis* decisória da Comissão em sede de aplicação de normas de concorrência a empresas comuns, não se justficando aqui qualquer particularização.

a criação frequente – confirmada pela prática – de empresas comuns cujo primacial elemento de organização seja concretizado através de sociedades comerciais, não se está, de modo algum, a afirmar que a configuração jurídica dessas modalidades de empresas comuns se esgota na moldura jurídica societária que seja utilizada. A sociedade comercial a criar, nessas situações, integra-se num complexo jurídico de relações que toma como referência a combinação de projectos empresariais de duas ou mais empresas fundadoras – as quais continuam a existir autonomamente – e constituirá, consequentemente, uma parte de um sistema de relações contratuais mais vasto que consubstancia o contrato de empresa comum. É evidente que nas construções menos complexas esse sistema pode ter como parte nuclear o contrato de sociedade, mas nunca se reduzirá em absoluto ao mesmo.

É desse *maius jurídico*, a acrescentar ao *contrato de sociedade* para formar o *contrato de empresa comum* – o qual, importa conceder, pode ter uma expressão reduzida em certas situações – que resultarão as finalidades mais amplas ora equacionadas e que se projectam potencialmente para além de objectivos dirigidos, em sentido estrito, à obtenção de lucros.

Em contrapartida, noutra perspectiva de análise, mesmo neste quadro de construção jurídica compósita em que o veículo societário representa uma parte de um todo – ao nível do funcionamento global do *sistema contratual* da empresa comum – a utilização desse tipo societário não pode assentar em pressupostos que conduzissem inelutavelmente a "*defraudar*" o conteúdo do mesmo. Significa isto que, mesmo num projecto de empresa comum dirigido a finalidades que, globalmente, em muito ultrapassam a obtenção de lucros no plano circunscrito da empresa comum societária, a utilização do tipo societário apenas se coadunará – nos sistemas jurídicos como o nacional, caracterizados por uma visão muito restrita da sociedade, que não prescinde do escopo lucrativo – com um programa de actividade em que as partes não excluam uma obtenção de lucros ao nível dessa empresa comum societária (tal não impede em nosso entender, que as finalidades prevalecentes, no plano do seu relacionamento jurídico global, ultrapassem largamente essa aceitação de uma finalidade típica lucrativa ao nível da sociedade e condicionem, de facto, a realização da mesma, desde que não se chegue ao extremo de descaracterizar por completo tal escopo típico).

Em súmula, admitimos que as situações em que o tipo contratual societário seja completamente refractário a uma incorporação na cons-

Parte I – Capítulo 1 303

trução de um sistema contratual de empresa comum – em função das circunstâncias extremas acima entrevistas – não serão em termos gerais muito frequentes.[487]

4.3. COLOCAÇÃO SISTEMÁTICA DA CATEGORIA DA EMPRESA COMUM *("JOINT VENTURE")* NO QUADRO DAS RELAÇÕES DE COOPERAÇÃO EMPRESARIAL – SÚMULA FINAL

4.3.1. Perspectiva sistemática geral

Tendo presente a análise desenvolvida justifica-se ensaiar uma *caracterização jurídica geral das relações de cooperação empresarial no quadro da qual possamos situar a figura da empresa comum* (que temos identificado com a noção recorrentemente utilizada de *"joint venture"*), por nós assumida como correspondendo a um *tipo contratual do comércio jurídico* (extra-legal). Essa caracterização jurídica geral dos processos de cooperação interempresarial toma essencialmente por referência parâmetros emergentes do direito comercial, embora procurando superar diferentes critérios e orientações desenvolvidos em vários sistemas jurídicos e detectando, em contrapartida, através de um processo de análise indutiva, elementos comuns aos mesmos.

Por outro lado, a compreensão sistemática dos fenómenos de cooperação entre empresas, que fomos esboçando apresenta-se sob importantíssimos aspectos tributária de uma área jurídica especial – a do ordenamento jurídico da concorrência [488] – no quadro da qual a densificação

---

[487] Assim, discordamos da posição sustentada neste domínio por LIMA PINHEIRO. De acordo com este A., *"nos sistemas que adoptam um conceito restritivo [de sociedade], as exigências formuladas com respeito ao carácter comum da actividade e ao fim lucrativo levarão a excluir a qualificação societária com respeito à grande maioria dos contratos de empreendimento comum. O Direito português é, a este respeito, paradigmático"* (cfr. A. cit., *Contrato de Empreendimento (Joint Venture) Comum em Direito Internacional Privado*, cit., p. 277).

[488] Conforme exposto na parte introdutória deste trabalho, o ordenamento jurídico da concorrência – *maxime* no plano comunitário – corresponde ao núcleo da nossa investigação, mas não é, especificamente, por essa razão, que aí procuramos retirar elementos ou paralelos relevantes para a construção de um conceito geral de referência de empresa

jurídica dos referidos fenómenos foi porventura levada à sua máxima expressão. A essa influência sistemática – e que reputamos justificada – de coordenadas do direito da concorrência se devem alguns traços fundamentais da conformação jurídica geral das empresas comuns na construção que defendemos contra outras posições doutrinais.

Assim, numa perspectiva sistemática, pensamos que se podem identificar duas categorias primaciais de relações de cooperação interempresarial, compreendendo, por uma lado, os *processos de cooperação meramente obrigacional* e, noutro pólo, a *cooperação mediante a criação de uma empresa comum.*

Neste último domínio consideramos pertinente autonomizar três subcategorias fundamentais[489] correspondentes ao que podemos deno-

---

comum (e do *sistema de contrato* que a mesma figura consubstancia) no direito privado. Assim, independentemente de tal coincidir com a perspectiva que informa o nosso estudo, consideramos, em tese geral, que o grau de densificação jurídica da figura da empresa comum no direito da concorrência – resultante de finalidades analíticas próprias desse ordenamento – fornece indicações fundamentais para a conceptualização dessa categoria jurídica no direito privado.

[489] Na ausência de tipos contratuais normativos – a qual, no domínio em apreço, representa um traço comum a vários ordenamentos, quer nos sistemas romano-germânicos, quer nos sistemas de *"Common-Law"* – e em face de uma matéria inegavelmente difusa, informada por preocupações económicas nem sempre devidamente consolidadas numa perspectiva de dogmática jurídica, a sistematização que ora se propõe corresponde a uma construção analítica abstracta através da qual se procura uma compreensão da *praxis* negocial complexa e diversificada que se verifica nesta matéria. Neste contexto, é natural que dessa *praxis* negocial resultem múltiplas construções contratuais que se situem na fronteira de alguns dos tipos analíticos que ora procuramos fixar ou mesmo que se mostrem de difícil recondução aos mesmos. Essa especial complexidade não deve afastar os esforços de comprensão dogmática e de sistematização – numa óptica de classificação jurídica – de tais construções contratuais. Na verdade, como assinala CARLOS FERREIRA DE ALMEIDA a propósito dos tipos contratuais extra-normativos, *"os tipos não são combinações estanques e incomunicáveis, porque entre alguns deles existem graduações, geralmente recondutíveis a relações de inclusão, através de uma mais precisa delimitação (redução extensiva) de alguma das classes seleccionadas ou da adição de alguma outra classe como característica"* (cfr. A. cit., *Texto e Enunciado na Teoria do Negócio Jurídico*, cit., Vol. I p. 410). O que importa reconhecer é que, na *praxis* da construção contratual de empresas comuns, as graduações e conjugações de elementos contratuais se revestem de especial complexidade, mas essa é uma razão suplementar para uma sistematização dogmática das mesmas.

Parte I – Capítulo 1 305

minar de *empresa comum simples, empresa comum de tipo complexo*, e *empresa comum plural.*[490]

4.3.2. A categoria dos processos de cooperação meramente obrigacional

A primeira categoria, respeitante ao que denominamos de *processos de cooperação meramente obrigacional*, abarca as situações jurídico--económicas em que determinados nexos de colaboração económica entre empresas distintas se estabelecem através de um conjunto de relações obrigacionais,[491] encadeadas de modo mais ou menos complexo, mas que não se chegam a materializar num suporte organizacional próprio. Assim a conjugação de actividades empresariais das partes efectuar-se-á, em princípio, através de prestações individualizadas realizadas pelas mesmas partes e sem a mediação de qualquer estrutura institucional criada de raiz

---

[490] Importa referir a proposta, na nossa doutrina, de uma sistematização diversa de modalidades contratuais fundamentais para o desenvolvimento de processos de cooperação de empresas. Assim, LIMA PINHEIRO propõe uma distinção entre quatro modalidades essenciais, correspondentes à *cooperação meramente obrigacional*, à *empresa comum central*, à *associação consorcial simples* e à *associação consorcial com empresa comum*. Essa construção assenta, contudo, em pressupostos diferentes daqueles que sustentamos, designadamente na parte em que admite que a categoria que se possa qualificar como *empresa comum* corresponde, normalmente, a uma mera submodalidade de sistemas contratuais de cooperação mais amplos no âmbito dos quais a mesma, de alguma forma, se dilui (cfr. A. cit., *Contrato de Empreendimento Comum (Joint Venture) em Direito Internacional Privado*, cit., pp. 388 ss.).

[491] Alguma doutrina, compreendendo autores como GUNTHER TEUBNER, refere estas situações como modalidades de cooperação de base meramente contratual, que, ao prescindirem da instituição de um suporte organizacional, apresentariam uma decisiva vantagem de flexibilidade especialmente recomendada para certos contextos de actuação empresarial. O mesmo A. não deixa, contudo, de reconhecer algumas desvantagens dessa modalidade de cooperação meramente baseada em *"contractual arrangements"* em relação a formas institucionalizadas que se aproximem da figura da empresa comum. Como refere TEUBNER, *"the drawback (…) is that contractual solutions cannot exhaust the organizational surplus value"* (cfr. A. cit., "Enterprise Corporatism: New Industrial Policy and the 'Essence' of the Legal Person", cit., esp. pp. 154 ss.). Numa perspectiva meramente terminológica importa não confundir estas modalidades de cooperação meramente obrigacional com as empresas comuns de base contratual (que não assentam em qualquer organização personalizada).

para o efeito por essas empresas.[492] Esta regulação da cooperação interempresarial através de um feixe de obrigações assumidas pelas empresas participantes, e executadas directamente pelas mesmas, oferece inegáveis vantagens de flexibilidade, visto dispensar os encargos e factores inelutáveis de alguma rigidez associados à implantação de qualquer forma de organização comum – mesmo que esta assuma estruturas ligeiras –, mas, em contrapartida apresenta um alcance limitado no que respeita ao tipo de funções económicas que permite prosseguir.

Na realidade, a precariedade e o carácter, até certo ponto, atomista de um processo de cooperação unicamente assente num feixe de obrigações entrecruzadas das partes, sem outros elementos de estruturação jurídica de tipo institucional, não torna o mesmo processo particularmente apto para desenvolver uma verdadeira actividade empresarial conjunta numa base de estabilidade. Trata-se, pois, de uma modelação jurídica da cooperação entre empresas especialmente aconselhável para operações pontuais – *vg.* um acordo para compra de determinados activos imediatamente repartidos entre as partes após a aquisição,[493] ou um acordo para a negociação em conjunto de determinado fornecimento de matérias-primas em condições mais favoráveis – ou para actos a realizar regularmente, mas que não pressupõem qualquer projecto empresarial conjunto (envolvendo, tão só, esporádicas situações de convergência dos interesses empresariais próprios de cada um dos participantes).

---

[492] Referimos já, como exemplo paradigmático de uma distinção deste tipo entre, por um lado, prestações individualizadas realizadas pelas empresas participantes sem a mediação de qualquer estrutura institucional e, por outro lado, prestações destas partes associadas à mediação de qualquer estrutura organizacional, a contraposição entre os acordos de especialização no domínio da produção e as empresas comuns de produção. Assim, no primeiro caso, as empresas limitam-se a coordenar entre si determinadas actuações próprias no domínio da produção, de que resulta um conjunto de expectativas jurídicas recíprocas, sem projectarem qualquer actuação suportada numa organização comum.

[493] Recordamos, a este propósito, o exemplo acima considerado – e referido *supra*, ponto 4.2.7.2. deste capítulo – de um agrupamento constituído para assegurar a aquisição de uma terceira empresa num processo de privatização (ou no âmbito de outros processos de alienação) trazido à colação, na nossa doutrina, por Luís de Lima Pinheiro. Ora, precisamente, este A. aproximava estas situações do conceito de *empreendimento comum* por si preconizado, numa formulação da qual divergimos. Pela nossa parte, reconduzimos, tipicamente, tais situações à modalidade dos *processos de cooperação meramente obrigacional* acima identificada.

Parte I – Capítulo 1 307

De qualquer modo, podemos ainda ensaiar uma distinção de situações qualitativamente diversas neste domínio dos processos de cooperação meramente obrigacional (embora não se trate propriamente de uma autonomização de subcategorias como aquela que propomos no plano das empresas comuns). Trata-se de diferenciar as *relações de cooperação obrigacional mais difusas e assentes em relações obrigacionais menos intensas* [494] de *relações mais estáveis, de tipo associativo* (conquanto sem uma verdadeira componente organizacional).

No primeiro caso, estarão em causa relações de cooperação entre empresas que se encontram no limiar dos meros nexos de coordenação de comportamentos comerciais entre as empresas. Em definitivo, a separação entre essas duas realidades resultará de a mera coordenação de comportamentos não requerer a conclusão de compromissos contratuais entre as partes, o que não significa forçosamente a inexistência de uma convergência de vontades ou de intenções, mas, tão só, que as partes não lhe atribuem carácter jurídico vinculativo, não se encontrando preenchido o requisito do mútuo consenso do que conforma as relações contratuais.

No segundo caso são estabelecidas relações de cooperação que, embora totalmente assentes na confluência de actividades individuais das empresas participantes, directamente realizadas por estas, assumem, pelo seu conteúdo ou pela própria multiplicidade de relações obrigacionais que se entrecruzam, um carácter mais estável e uma maior latitude no que

---

[494] Na realidade, se trouxermos à colação, uma vez mais, a experiência de acompanhamento das molduras contratuais de relações de cooperação resultantes do acompanhamento das mesmas em sede de aplicação de normas de concorrência, podemos verificar que algumas relações de cooperação obrigacional, sem envolverem a institucionalização de um verdadeiro substracto organizacional comum, alcançam níveis de programação conjunta de actividades articuladas entre si por parte das empresas participantes, baseadas numa desenvolvida tessitura de obrigações encadeadas, assumidas por essas empresas. Esse tipo de situações com uma intensa componente associativa aproxima-se, assim, da figura da empresa comum, embora não transponha o limiar correspondente à obtenção de um *"organizational surplus value"*, inerente a esta última figura, nos sugestivos termos expostos por TEUBNER. Do mesmo modo, certas estruturas de cooperação assumem também formas associativas desenvolvidas que não organizam, em rigor, uma actividade realizada em conjunto, mas *"organizam"* actividades próprias das empresas participantes estreitamente articuladas entre si, como sucede, *vg.*, com alguns modelos associativos utilizados para a gestão de determinados sistemas de cartões de pagamentos (algumas dessas situações configuram *"quase-empresas comuns"*, como teremos ensejo de analisar, sobretudo a propósito do tipo funcional das empresas comuns de comercialização e figuras afins – *infra*, capítulo terceiro, ponto 4.4.3.6., **Parte III**).

308　　　*Empresas comuns* – Joint Ventures

respeita aos seus objectivos e âmbito material de actuação. A negociação de uma verdadeira rede de compromissos contratuais entre as empresas participantes – mesmo não envolvendo a criação de uma estrutura organizacional que coordene ou corporize as actividades comuns – configura já o que podemos qualificar como uma espécie de estatuto jurídico de associação entre as mesmas empresas.[495]

4.3.3. A cooperação através da criação de empresas comuns *("joint ventures")* – elementos definidores e graus variáveis de complexidade na construção desta categoria

A segunda categoria que acima autonomizamos, correspondente à cooperação mediante a criação de uma empresa comum, apresenta como elemento definidor essencial a criação de uma estrutura organizacional, que deverá coordenar ou realizar directamente a actividade conjunta (assumindo, para o efeito, como já repetidamente se acentuou, diversas molduras jurídico-formais que podem assumir ou não natureza típica).[496]

---

[495] Esse tipo de construção contratual de relações de cooperação pode ser desenvolvido, *vg.*, para a realização de actividades de investigação – e subsequente aplicação das mesmas num produto específico – que sejam concatenadas entre si por diversas empresas participantes, mas que não envolvam uma verdadeira institucionalização de uma organização comum, limitando-se à coordenação de actividades das partes, tendentes a produzir – na sua globalidade – um resultado de interesse comum (situações desse tipo verificam-se amiúde no sector farmacêutico). Num paralelo com elementos de tipos contratuais previstos no nosso ordenamento, estas molduras contratuais de relações de cooperação empresarial podem envolver instrumentos formais comparáveis aos do consórcio, embora sem a componente do denominado consórcio externo. Nesses casos, a existência de determinados órgãos de um consórcio ou de forma associativa similar, caso as respectivas funções sejam muito reduzidas e ligeiras e não respeitem, propriamente, a uma esfera de actividade prosseguida em comum, mas apenas à concatenação de actividades próprias das empresas participantes, pode não ser suficiente para se considerar a existência de um verdadeiro substracto organizacional com alguma autonomia. Este tipo de situações poderá aproximar-se do terceiro tipo de modalidade contratual de cooperação identificado por Luís de Lima Pinheiro e correspondente ao que este A. denomina de *associação consorcial simples* ou *associação consorcial* sem empresa comum (cfr. A. cit., *Contrato de Empreendimento Comum (Joint Venture) em Direito Internacional Privado*, cit., pp. 388 ss.).

[496] Noutros termos, tal significa que a estrutura organizacional encarregada de coordenar ou realizar directamente a actividade conjunta poderá ser concretizada através

A subcategoria que identificámos como *empresa comum simples* corresponderá àquelas situações que envolvem a criação de um único núcleo organizativo cujo suporte e regulação contratuais concentram em si o essencial do complexo jurídico obrigacional existente entre as empresas participantes (dispensando, em consequência, uma estrutura minimamente significativa de relações obrigacionais que complementem tal núcleo organizativo).

Pensamos que este tipo de situações tenderá a verificar-se relativamente a empresas comuns que funcionem com um grau superior de autonomia relativamente às empresas-mãe e que incorporem uma dimensão mais intensa de integração empresarial (articulada, de forma híbrida, com a matriz de cooperação empresarial que caracteriza este tipo de entidades).[497] Estas empresas comuns, revestindo maior autonomia em relação às empresas-mãe, estarão especialmente vocacionadas para desenvolver projectos empresariais de contornos muito específicos e claramente localizados em certos nichos de actividade. Curiosamente, se nos socorrermos, uma vez mais, da densificação jurídica especial das empresas comuns em sede de direito da concorrência, verificamos que, em múltiplos casos, a formação deste tipo de *empresas comuns simples* pode resultar de uma conjugação da autonomia privada das partes com intervenções dos reguladores de concorrência.

Assim, as preocupações referentes a um alastramento dos efeitos da actividade conjunta ao plano das relações de concorrência entre as empresas-mãe, que poderão ser seriamente afectadas, tem conduzido frequentemente a interferências – sob diversas formas – dos reguladores, no sentido de, em certas condições, isolar o quadro próprio de realização de uma actividade empresarial conjunta, diminuindo os canais de articulação entre a empresa comum criada – normalmente uma única empresa comum

---

de diferentes institutos jurídicos (personalizados, ou não, objecto de tipificação legal, ou não). A sociedade será um dos veículos jurídicos mais frequentes para a concretização dessas estruturas organizacionais, mas uma multiplicidade de outros figuras poderá ser utilizada para esse efeito.

[497] No nosso cotejo sistemático com a densificação jurídica da categoria da empresa comum em sede de direito da concorrência este tipo de situações corresponderá, com alguma frequência à subcategoria de empresas comuns que desempenham todas as funções de uma entidade económica autónoma e que são qualificadas, nesse ordenamento, como operações de concentração de empresas, submetidas ao regime do RCC (nos termos que analisamos, *infra*, capítulo segundo desta **Parte I** e capítulo segundo da **Parte III**).

societária – e as respectivas empresas-mãe (de modo a reduzir o potencial de influência da esfera de actividade conjunta sobre uma coordenação de actividades empresariais próprias das empresas-mãe, com os inerentes efeitos de restrição da concorrência efectiva).[498]

A subcategoria referida como *empresa comum de tipo complexo* compreenderá, em regra, uma estrutura organizativa estável, nos moldes acima caracterizados, que será conjugada com um feixe de compromissos contratuais complementares de diversa natureza (incorporando elementos contratuais típicos, adaptados ou não, ou elementos contratuais verdadeiramente atípicos).[499] De algum modo, pode considerar-se, a este propósito, a existência de uma dupla regulação contratual – a regulação correspondente à criação e modo de funcionamento do núcleo organizativo instituído (sociedade comercial submetida a domínio conjunto, consórcio com um nível de estruturação especialmente intenso, ou outra figura) e a regulação corporizada num conjunto de contratos relacionados entre si, envolvendo formalmente como partes, quer as empresas-mãe entre si, quer qualquer uma dessas empresas em relação com a própria empresa comum. A estruturação deste tipo de relações contratuais interligadas – e consubstanciando um *sistema de contrato* complexo em que se concretiza globalmente a empresa comum – pode assumir conteúdos muito variáveis, desde feixes de relações obrigacionais relativamente simples e lineares até cadeias de relações particularmente densas e complexas.[500]

---

[498] Entre vários outros exemplos de situações desse tipo resultantes de intervenções da Comissão, na sua qualidade de autoridade de concorrência comunitária, podemos considerar, *vg.*, o precedente relativo à decisão *"NC/Canal +/CDPQ/Bank America"* (proc IV/M. 1327, no quadro do controlo de concentrações), na qual a Comissão aceitou compromissos das partes tendentes a isolar a esfera da actividade da empresa comum em causa das actividades das empresas-mãe, e dirigidos a assegurar que, num mercado geográfico contíguo ao da empresa comum, uma dessas empresas não adoptasse procedimentos discriminatórios a favor de uma entidade controlada por outra empresa-mãe.

[499] Importa aqui trazer à colação a caracterização que acima delineámos da empresa comum como um sistema de contrato complexo que intersecta quer as realidades da *união de contratos*, quer do *contrato misto*.

[500] Nesta subcategoria da *empresa comum de tipo complexo* e nas modalidades da mesma que envolvam cadeias de relações particularmente densas e complexas será frequente a formação de um *sistema de contrato "hierarquizado"*, no sentido considerado por Luiz O. Baptista e Pascal Durand-Barthez, o qual implica a existência de um *acordo-quadro*, ou acordo base e de diversos acordos-satélites (cfr. As. cit., *Les Associations d'Entreprises (Joint Ventures) dans le Commerce International*, cit., pp. 114 ss.). Nessa configuração será, também, frequente, em nosso entender, que a regulação contra-

Parte I – Capítulo 1

Finalmente, a última subcategoria de empresa comum que autonomizamos – a *empresa comum plural* – corresponderá, no essencial, àquelas situações em que o projecto de actividade empresarial conjunta a desenvolver assente em *vários núcleos de organização, integrados pelas mesmas empresas-mãe e interligados entre si* (em tese, se considerarmos os casos muito frequentes de utilização de veículos societários para a concretização do núcleo organizacional que corporiza as empresas comuns, nestas situações a criação da empresa comum pode desencadear a criação de um verdadeiro grupo societário novo, cujas unidades constitutivas são submetidas a domínio conjunto das empresas-mãe).[501] A estruturação destas *empresas comuns plurais* pode também assumir formas muito diversificadas. Se tomarmos como referência as empresas comuns de base societária, podemos, *vg.*, pensar em entidades comuns que integrem uma verdadeira filial comum central, que coordene a actividade de um restante grupo de sociedades, ou, em alternativa, na criação de um grupo de múltiplas sociedades participadas pelas empresas-mãe, ligadas entre si, mas não se destacando nenhuma dessas sociedades para o papel de filial comum central.

_____

tual essencial sobre criação e modo de funcionamento do núcleo organizativo instituído no quadro de uma *empresa comum de tipo complexo* integre o acordo-quadro, embora outras estruturações das relações contratuais sejam possíveis. Na realidade, referimos já a hipótese de, quanto a *empresas comuns de tipo complexo* que assentem num núcleo organizativo corporizado numa sociedade comercial, um hipotético acordo-quadro fixar uma disciplina muito genérica sobre tal sociedade comercial e o essencial da regulação referente à articulação entre as partes para constituir essa sociedade e assegurar o seu funcionamento constar, *vg.*, de um acordo parassocial.

[501] A constituição de um grupo societário novo no quadro de uma *empresa comum plural* pode assumir configurações ainda mais complexas. Pense-se, por exemplo, numa tessitura de relações contratuais entre empresas-mãe conduzindo à formação de uma *empresa comum plural* no quadro da qual se constitua um novo grupo societário globalmente controlado pelas empresas-mãe, mas através de uma estrutura mista, em que algumas sociedades desse grupo sejam directamente controladas por uma das empresas-mãe e outras sociedades de tal grupo sejam controladas por outra empresa-mãe (em termos de participação societária), resultando a configuração unitária desse grupo de diversos vínculos contratuais complementares entre as empresas-mãe. Sobre a complexidade de alguma destas configurações alternativas de grupos de sociedades e os graus variáveis de transparência que tais redes de participações cruzadas, combinadas com compromissos contratuais globais das empresas-mãe, podem assumir, cfr., MICHAEL ADAMS, "Cross Holdings in Germany", in JITE., 1999, pp. 80 ss.

Importa, ainda, distinguir, de modo claro, estas *empresas comuns plurais* das situações correspondentes à existência de várias empresas comuns relacionadas entre si e caracterizadas pelo facto de serem participadas por algumas empresas-mãe idênticas (em sede de direito da concorrência, refere-se, a propósito deste último tipo de situações, a existência de *redes de empresas comuns* diversas, que podem ocasionar problemas de afectação da concorrência).[502]

---

[502] Sobre essas situações de formação de *redes de empresas comuns* diversas cfr., por todos, JOHN TEMPLE LANG, *International Joint Ventures Under Community Law*, cit., pp. 409 ss.

CAPÍTULO 2

AS EMPRESAS COMUNS
NO DIREITO DA CONCORRÊNCIA

SUMÁRIO: 1. – 1. – Razão de ordem. 2. – A indefinição do conceito de empresa comum (*"joint venture"*) nos ordenamentos da concorrência comunitário e norte-americano. 2.1. – Razões para a indefinição do conceito de empresa comum (joint venture no direito da concorrência). 2.2. – Definições possíveis da categoria da empresa comum (*"joint venture"*) em direito da concorrência. 2.3. – Elementos distintivos da categoria da empresa comum (*"joint venture"*) no direito da concorrência – uma visão preliminar. 3. – A categoria da empresa comum (*"joint venture"*) e o conceito de empresa no direito comunitário da concorrência. 4. – O tratamento dualista das empresas comuns (*"joint ventures"*) no direito comunitário da concorrência. 4.1. – Perspectiva sistemática de caracterização das empresas comuns (*"joint ventures"*) nos ordenamentos da concorrência norte-americano e comunitário. 4.2. – As duas categorias fundamentais de empresas comuns (*"joint ventures"*) no direito comunitário da concorrência. 5. – Elementos para uma definição normativa da categoria da empresa comum (*"joint venture"*) no direito comunitário da concorrência. 5.1. – Razão de ordem. 5.2. – Referências iniciais ao conceito de empresa comum (*"joint venture"*) em orientações interpretativas e em Relatórios sobre a política da concorrência. 5.3. – O conceito de empresa comum (*"joint venture"*) aflorado em Regulamentos comunitários de isenção por categoria. 5.4. – Outros afloramentos do conceito de empresa comum (*"joint venture"*) em Regulamentos comunitários. 5.5. – A definição de empresa comum (*"joint venture"*) no Regulamento comunitário de controlo de concentrações. *5.5.1. – A adopção do Regulamento comunitário de controlo de concentrações e a primeira definição normativa da categoria da empresa comum no direito comunitário da concorrência. 5.5.2. – A primeira reforma do Regulamento comunitário de controlo de concentrações e as suas repercussões na definição da categoria da empresa comum. 5.6. – A* definição normativa do conceito de empresa comum ("*joint venture*") noutros ordenamentos da concorrência. *5.6.1. – Aspectos gerais. 5.6.2. – A definição normativa do conceito de empresa comum ("joint venture") no direito da concorrência norte-americano. 5.6.3. – A definição do conceito de empresa comum ("joint venture") em orientações interpretativas de carácter geral adoptadas no direito norte-americano da concorrência. 5.7. – A* definição do conceito de empresa comum ("*joint venture*") em orientações interpretativas de carácter geral adoptadas no direito comunitário da concorrência. *5.7.1. – Perspectiva geral – a Comunicação relativa ao conceito de empresas comuns que desempenham todas as funções de uma entidade económica autónoma. 5.7.2. – A Comunicação da Comissão relativa ao conceito de concentração de empresas. 5.7.3. – Outras Comunicações interpretativas relevantes no domínio do controlo de concentrações. 5.7.4. – O conceito de empresa comum em Comunicações interpretativas que ensaiam uma nova metodologiade apreciação nos domíniosda concentração e da cooperação empresariais.* 5.7.4.1. – A Comunicação sobre compromissos relativos a operações de concentração. 5.7.4.2. – A Comunicação relativa à aplicação do artigo 81.º CE aos acordos de cooperação horizontal. **6. – Definição de empresa comum ("*joint venture*") no direito comunitário da concorrência – súmula final.** 6.1. – Razão de ordem. 6.2. – A *ratio* de autonomização da categoria da empresa comum ("*joint venture*") em direito da concorrência como realidade intermédia entre a cooperação e a concentração empresariais. 6.3. – Definição de empresa comum proposta. *6.3.1.– Os elementos fundamentais do conceito de empresa comum proposto. 6.3.2.– A concretização dos elementos da definição da empresa comum. 6.3.3. – O elemento temporal na definição de empresa comum em direito da concorrência.* 6.4. – Súmula final.

1. Razão de ordem

Ensaiámos, na nossa anterior análise uma caracterização jurídica geral da categoria da empresa comum (*"joint venture"*) numa perspectiva essencialmente informada por aspectos de direito civil e direito comercial e procurando, nesse exercício, detectar referências comuns aptas a suportar uma conceptualização dessa categoria com o mais lato alcance, a partir de múltiplos elementos contratuais de cooperação interempresarial, delineados em ordenamentos distintos e inseridos em famílias jurídicas diversas. Não obstante, a diferente conformação, nos vários ordenamentos, de múltiplos tipos ou categorias contratuais que são incorporados na formação de sistemas de contratos complexos qualificáveis como empresas comuns, equacionámos a possível autonomização do contrato de empresa comum como um verdadeiro tipo do comércio jurídico (tipo extra-legal).

Referimos *pari passu*, nessa análise, que a busca assim empreendida de uma conceptualização de alcance geral da figura da empresa comum era, sob múltiplos aspectos, desejavelmente tributária do conceito específico de empresa comum desenvolvido no direito da concorrência (área onde reconhecidamente esta figura tem conhecido uma mais intensa e profunda densificação jurídica).

Importa, pois, entrando no verdadeiro núcleo da nossa investigação, encetar a análise da categoria jurídica da empresa comum em sede de direito da concorrência, assumindo como base fundamental desta nossa indagação o direito comunitário da concorrência, e ainda – embora noutro plano – a construção jurídica desenvolvida relativamente a esta matéria noutros ordenamentos jusconcorrenciais de referência, designadamente o norte-americano.[503]

---

[503] Já tivemos ensejo de justificar a nossa opção por uma uma análise do tratamento da categoria da empresa comum em sede de direito comunitário da concorrência,

Este primeiro ensaio de caracterização da figura da empresa comum no plano do direito da concorrência (*maxime* do direito comunitário da concorrência), numa perspectiva *de iure condito*, incorpora, neste trecho da nossa análise, uma necessária componente descritiva e apresenta um carácter intencionalmente sumário, de modo a não incorrer em repetições em relação à análise que também efectuaremos da evolução do processo de densificação da categoria de empresa comum em vários estádios de desenvolvimento do direito comunitário da concorrência. Apesar dessa componente descritiva, não deixamos de equacionar criticamente os vários conceitos de empresa comum propostos na doutrina e aflorados em alguns enquadramentos normativos da concorrência, na *praxis* decisória da Comissão e na jurisprudência do TJCE e do TPI (a qual se mostrava particularmente escassa até períodos mais recentes, por razões que teremos oportunidade de analisar).[504]

---

tributária de uma abordagem de direito comparado e assente num paralelo sistemático com o ordenamento da concorrência norte-americano. Como é natural, essa abordagem é, desde logo, pertinente para a densificação jurídica do conceito de empresa comum no plano do direito da concorrência. Para uma perspectiva geral sobre o alcance de uma análise comparada sistemática dos ordenamentos da concorrência norte-americano e comunitário como ordenamentos de referência, cfr., por todos, BARRY HAWK, *United States, Common Market and International Antitrust: A Comparative Guide*, Englewood Cliffs, N. J., 1993.

[504] Essa relativa escassez de jurisprudência comunitária no que respeita ao tratamento de empresas comuns – bem como, até data recente, em matéria de concentrações empresariais, em geral – deve-se a várias razões que adiante procuraremos apreender em toda a sua extensão. Assim, uma parte significativa das empresas comuns submetidas ao regime do artigo 81.º CE tem sido apreciada com recurso frequente ao n.º 3 dessa disposição do Tratado – nos moldes que adiante analisaremos (esp. *infra*, **Parte III**) – envolvendo ponderações que tradicionalmente se mostravam de difícil sindicabilidade em sede judicial, o que não propiciou, em regra, a submissão desses casos à apreciação do TJCE ou do TPI. Além disso, em relação às empresas comuns passíveis de qualificação como operações de concentração, a expectativa de uma apreciação célere das mesmas no quadro do RCC, se necessário assegurada através de compromissos assumidos pelas empresas participantes ou de modificações dos projectos delineados por estas em função de objecções da Comissão – nos termos adiante analisados – também não favoreceu a sua submissão à apreciação jurisdicional.

Parte I – Capítulo 2 317

2. A indefinição do conceito de empresa comum *("joint venture")* nos ordenamentos da concorrência comunitário e norte-americano

2.1. RAZÕES PARA A INDEFINIÇÃO DO CONCEITO DE EMPRESA COMUM *("JOINT VENTURE")* NO DIREITO DA CONCORRÊNCIA

A primeira e significativa dificuldade que a análise da figura da empresa comum no plano do direito da concorrência oferece reside *ab initio* na delimitação do conceito. Não obstante as ponderações mais longamente desenvolvidas neste domínio, no quadro do direito da concorrência norte-amerciano, as indefinições estruturais em torno desta categoria jusconcorrencial persistem e mostram-se resistentes aos esforços de construção jurídica da doutrina, e à densa análise jurisprudencial neste domínio.

Em boa parte, a construção jurídica comunitária no plano de direito da concorrência confronta-se com dificuldades comparáveis para dilucidar um conceito razoavelmente consolidado de empresa comum, apesar do esforço de definição de orientações interpretativas por parte da Comissão,[505] e, sob alguns aspectos, essas dificuldades agravam-se mesmo neste domínio do direito comunitário da concorrência, devido à ausência de um tratamento jurídico unitário das empresas comuns (nos termos que iremos analisar).

Assim, vários autores norte-americanos enfatizam, de modo sugestivo, o peso deste potencial elemento de indefinição que afecta a conceptualização da categoria jurídica da empresa comum no direito da concorrência. Entre os mesmos, CHARLES WELLER considera lapidarmente que *"durante mais de cem anos o direito antitrust em matéria de 'joint*

---

[505] Como se analisará no quadro do presente capítulo – esp. ponto 5.7. – a categoria da empresa comum é directa ou indirectamente aflorada em múltiplas comunicações interpretativas de carácter geral da Comissão, versando diversos aspectos ou institutos do direito comunitário da concorrência. Contudo, dessas várias referências à figura da empresa comum não resulta uma caracterização global da mesma em sede de direito comunitário da concorrência, sem prejuízo da relevância geral que reconhecemos a este tipo de instrumentos jurídicos para a densificação de conceitos essenciais ou para a clarificação de modelos hermenêuticos no quadro desse ordenamento.

ventures' tem constituído um domínio de confusão e ambiguidade".[506] Outros autores, como GELLHORN e MILLER[507] referem, em termos críticos, a *"incoerência e inconsistência"* em que a jurisprudência e as políticas regulatórias em matéria de concorrência têm mergulhado.

Como refere, ainda, JOHN ANTHONY CHAVEZ,[508] proliferam as noções propostas de empresa comum, já se tendo verificado a utilização desse conceito para enquadrar praticamente todas as modalidades de acordos de cooperação entre empresas que não correspondam a uma concentração, em sentido estrito (*"merger"*). Alguns autores assumem, de resto, expressamente, a inevitabilidade de um conceito latíssimo de empresa comum. Acolhendo esta orientação que, algo contraditoriamente, procura contornar a fluidez dos elementos distintivos da empresa comum através de uma definição tão ampla que perde a sua própria eficácia distintiva, MCFALLS[509] qualifica como empresas comuns todas e quaisquer formas de cooperação entre empresas que, não chegando a preencher os requisitos de uma operação de concentração (*"merger"*) em sentido estrito,[510] envolvem

---

[506] Cfr. CHARLES WELLER, "A new rule of reason from Justice Brandeis's 'concentric circles' and other changes in law", cit., pp. 880 ss., cuja posição sobre a indefinição do conceito de empresa comum e as lacunas dogmáticas no seu tratamento em sede de direito da concorrência já trouxemos à colação na parte introdutória deste trabalho.

[507] Cfr., nesse sentido, GELLHORN, MILLER, "Competitor Collaboration Guidelines – A Recommendation", in AB., 1997, pp 851 ss. A tradução da passagem citada, para efeitos da sua inclusão no texto acima, é nossa.

[508] Cfr. JOHN ANTHONY CHAVEZ, "Joint Ventures in the European Union and the U.S.", cit., pp. 959 ss.. Este A. sublinha, justamente, a extrema latitude de algumas definições de empresa comum estabelecida na jurisprudência norte-americana. Refere, assim, *vg.*, que, *"as the First Circuit noted in Addamx Corporation v. Open Software Foundation, Inc., the phrase joint venture is 'often used to describe a venture, other than one engaged in naked per se violations (like a price-fixing cartel), that represents a collaborative effort between companies – who may or may not be competitors – to achieve a particular end (e.g., joint research and development, production of an individual product, or efficient joint purchasing)'"* – A. cit., *op. cit.*, pp. 961-962.

[509] Cfr. MICHAEL S. MCFALLS, "The Role and Assessment of Classical Market Power in Joint Venture Analysis", in ALJ., 1998, pp. 651 ss.. Este A. não deixa, em contrapartida, de reconhecer os problemas analíticos resultantes de uma definição tão ampla da categoria da empresa comum. Assim, refere que *"given the variety of horizontal arrangements that fall between the extremes of cartels and mergers, analysing market power in joint venture cases can be an extraordinary complex undertaking"* (A. cit., *op. cit.*, p. 653).

[510] Sobre o conceito de operação de concentração (*"merger"*) em sentido estrito no direito da concorrência norte-americano, e considerando a abundante caracterização do

entidades que, na ausência desses entendimentos, seriam concorrentes actuais ou potenciais em determinado mercado relevante. Na realidade, uma definição deste tipo abarcaria, de modo indistinto, todo um conjunto de realidades intermédias de colaboração interempresarial situadas entre os carteis[511] e as operações de concentração, e não capta, em nosso entender, a especificidade da figura da empresa comum, a qual reside na conjugação – em graus de complexidade variável – de elementos de cooperação e de integração empresarial.

Nesse sentido, subscrevemos, no essencial, a visão autorizada de BARRY HAWK, segundo a qual a figura da empresa comum corresponde, no direito da concorrência, a uma espécie de instituto intermédio entre as realidades extremas do cartel e da operação de concentração (*"merger"*) – combinando elementos relacionados com o comportamento das empresas e elementos de tipo estrutural –, o que lhe confere uma significativa flexibilidade e aptidão para suportar a prossecução de uma grande variedade de funções económicas, mas, em contrapartida, o torna especialmente fugidio ou refractário a qualquer caracterização dogmática precisa. HAWK chega, mesmo, a considerar – justificadamente, em nosso entender – o enquadramento das empresas comuns como uma das matérias mais complexas e controvertidas no direito da concorrência, atendendo ao facto de a categoria jurídica em questão abarcar um conjunto multímodo e diversificado de acordos entre empresas.[512]

Por outro lado, a esta indefinição doutrinal acresce uma significativa atipicidade normativa desta categoria jurídica (a qual já tivemos também

---

mesmo na doutrina, cfr., por todos, LAWRENCE SULLIVAN, *Handbook of the Law of Antitrust*, St. Paul, Minn., West Publishing Co., 1977 (reprinted 1996), esp. pp. 576 ss.

[511] O conceito de cartel é, porventura, um dos mais aprofundados pela jurisprudência e doutrina norte-americanas em sede de direito da concorrência. Para uma perspectiva geral desse conceito e da disciplina referente ao mesmo no contexto do ordenamento norte-americano, cfr., por todos, HERBERT HOVENKAMP, *Federal Antitrust Policy – The Law and Competition and Its Practice*, cit., esp. pp. 140 ss.

[512] Cfr. BARRY HAWK, *Joint Ventures under EC Law* in *Annual Proceedings of the Fordham Corporate Law Institute – EC and US Competition Law and Policy – 1991*, cit., pp. 557 ss. Como refere de forma lapidar este A., *"the antitrust analysis of joint ventures is one of the most difficult issues in antitrust law. The term itself is loosely used and covers a wide variety of business arrangements"* (A. cit., *op. cit.*, p. 557). Referimos acima uma nossa proximidade – no essencial – à visão de BARRY HAWK sobre a categoria da empresa comum em sede de direito da concorrência, mas consideramos, ainda, a noção proposta por este A., noutro ponto do estudo ora cit., demasiado lata.

oportunidade de sublinhar na nossa anterior análise dirigida à possível caracterização de uma categoria geral de referência de empresa comum). Essa "*atipicidade*" é, de qualquer modo, relativa e assume contornos especialmente delicados no plano específico do direito da concorrência, visto que, como adiante se sublinhará a propósito do ordenamento comunitário de concorrência (e de outros ordenamentos), a ausência de definições materiais precisas de empresa comum nas normas legais que vigoram nesta sede é frequentemente conjugada com a utilização incidental da noção formal de empresa comum em diversos preceitos.

BARRY HAWK apreende o carácter híbrido da empresa comum a partir de análises que confrontam o respectivo enquadramento jusconcorrencial quer no ordenamento norte-americano, quer no ordenamento comunitário,[513] devendo vincar-se que, no que respeita a este último – como adiante se analisará *ex professo* – as dificuldades se avolumam, visto que a realidade da empresa comum não se situa apenas num plano intermédio entre os puros carteis e as operações de concentração em sentido estrito, como vai, também, intersectar esta última categoria (determinadas empresas comuns são subsumíveis na categoria normativa das operações de concentração entre empresas, regulada *de iure condito* desde 1989,[514] embora com formulações que foram objecto de ajustamentos a partir de então).

Ainda na doutrina norte-americana PITOFSKY[515] sublinha as especiais dificuldades subjacentes à caracterização jurídica das empresas comuns no

---

[513] Cfr. BARRY HAWK, *Joint Ventures under EC Law* in *Annual Proceedings of the Fordham Corporate Law Institute – EC and US Competition Law and Policy – 1991*, cit.pp. 557 ss. Este estudo versa, de resto, fundamentalmente, a disciplina da empresa comum no ordenamento comunitário da concorrência, mas estabelecendo um paralelo importante com o ordenamento norte-americano e vincando que a composição híbrida desta figura da empresa comum acaba por ter consequências diversas no que respeita à respectiva densificação e compreensão jurídicas nos dois ordenamentos.

[514] Referimo-nos aqui, bem entendido, à subcategoria da empresa comum qualificável como concentração estabelecida com a aprovação do RCC em 1989 (nos termos que adiante se referem – *infra*, pontos 5.5. e 26.2. a 2.6.4. e **3.** do capítulo segundo da **Parte II** onde se refere o contexto subjacente à aprovação desse regime comunitário de controlo directo de concentrações)

[515] Cfr.ROBERT PITOFSKY, "Joint Ventures under the Antitrust Laws: Some Reflections on the Signification of Penn-Olin", in Harv. L. R., 1969, pp. 1007 ss.. Como refere este A., "*Probably the most serious difficult associated with the law in this area stems from the sheer numbers of different types of joint ventures which may occur and the proliferation and complexity of relevant factors necessary to describe their competitive impact*".

Parte I – Capítulo 2   321

plano do direito *"antitrust"*, devido à multiplicidade de categorias ou tipos de entidades que podem merecer essa qualificação, salientando, em paralelo, que dessa variada configuração das empresas comuns resulta também, directamente, uma extrema diversidade de critérios jurídico-económicos relevantes para avaliar os efeitos dessas realidades sobre a concorrência (cobrindo desde a ponderação do número de empresas participantes na empresa comum, a verificação das relações de concorrência entre essas empresas e entre as mesmas e a empresa comum, a apreciação do poder de mercado das referidas empresas e da empresa comum, entre muitos outros critérios que frequentemente suscitam análises versando diferentes realidades de mercado mais ou menos relacionadas entre si).

2.2. DEFINIÇÕES POSSÍVEIS DA CATEGORIA DA EMPRESA COMUM (*"JOINT VENTURE"*) EM DIREITO DA CONCORRÊNCIA

EDWARD CORREIA ao analisar o enquadramento das empresas comuns no direito norte-americano[516] efectua uma sugestiva síntese das noções divergentes mais recorrentes desta figura no vasto domínio de cooperação interempresarial já acima identificado, compreendido entre os puros carteis de empresas[517] e as concentrações em sentido estrito (essa sistematização das propostas de conceptualização da realidade da empresa comum será também largamente válida, com algumas adaptações em sede de direito comunitário da concorrência).

Assim, segundo este autor, é possível identificar, num verdadeiro *mare magnum* de ensaios conceptuais de delimitação da categoria da empresa comum, para efeitos de aplicação de normas de concorrência, três níveis fundamentais de definição dessa figura. Tratar-se-á do que se pode denominar de *definição restrita, lata e latíssima da figura da empresa comum (" joint venture").*

---

[516] Cfr. EDWARD CORREIA, "Joint Ventures: Issues in Enforcement Policy", in ALJ, 1998, pp. 737 ss.

[517] Nessa síntese, EDWARD CORREIA sublinha, em geral, sobre o conjunto de definições de empresa comum que caracteriza: *"These definitions sweep in a vast range of joint activity, from a highly integrated production joint venture, to a loosely integrated marketing network, to a set of ethical rules regarding advertising"* (A. cit., "Joint Ventures: Issues in Enforcement Policy", cit., p. 738).

De acordo com as definições do primeiro tipo, a figura da empresa comum deverá circunscrever-se às situações correspondentes à criação de uma sociedade distinta das empresas-mãe e detida conjuntamente por estas (devendo igualmente verificar-se o pressuposto de que as referidas empresas-mãe se encontrem entre si numa relação de independência). A definição proposta por JOSEPH BRODLEY, [518] que tem conhecido larga difusão nas doutrinas norte-americana e comunitária, situa-se fundamentalmente nesta óptica restritiva.

Este autor identifica, como requisitos primaciais da categoria de empresa comum em direito da concorrência, a existência de uma empresa sujeita a controlo conjunto de determinadas empresas-mãe, as quais, por seu turno não mantêm qualquer relação de dependência entre si, a realização de contribuições substanciais dessas empresas-mãe a favor da empresa comum, a configuração desta última como uma entidade económica distinta das empresas-mãe ("*separate business entity*") e o facto de a nova entidade comum se caracterizar por introduzir uma nova capacidade produtiva (*lato sensu*), de qualquer tipo, no universo de funções empresariais prosseguidas pelas empresas-mãe ("*new enterprise capability*").

Em todo o caso, BRODLEY parece dar um último passo no sentido de tornar mais restrito o conceito por si proposto ao associar, aparentemente, a emergência de uma entidade económica distinta das empresas-mãe à existência de uma *sociedade* submetida a controlo conjunto das mesmas. Afigura-se-nos, como adiante se exporá de modo mais desenvolvido, que esse remate de índole essencialmente jurídico-formal não seria um corolário necessário relativamente à ideia crucial de formação da referida entidade económica distinta, a qual, em nosso entender, corresponde, *mutatis mutandis*, à ideia de uma organização empresarial criada de raiz pelas empresas-mãe e que não se pode confundir com a mera sobreposição de actividades individuais das mesmas, a partir de um feixe de compromissos obrigacionais que estas tenham assumido.

Segundo a chamada definição ampla – sustentada na doutrina norte--americana por autores como HOVENKAMP[519] as empresas comuns

---

[518] Referimo-nos à caracterização geral restritiva da categoria de empresa comum proposta por JOSEPH BRODLEY, no seu influente estudo "Joint Ventures and Antitrust Policy", cit., esp. pp. 1524 ss. – a que já aludimos.

[519] Cfr. HERBERT HOVENKAMP, *Federal Antitrust Policy – The Law and Competition and Its Practice*, cit., pp. 185-186. De acordo com HOVENKAMP, "*agreements among competitors that include some coordination of research, production, promotion or distri-*

correspondem a situações em que se verifique uma colaboração entre determinadas empresas com vista ao desenvolvimento em comum de uma actividade económica que qualquer uma das referidas empresas poderia desenvolver por si.

Com base no que acima denominamos de definição latíssima, o conceito de empresa comum abarcará qualquer colaboração económica entre empresas que não seja suficientemente intensa e alargada para justificar a qualificação como concentração empresarial ("*merger*").

Anote-se, desde já, que, como acima salientámos, uma definição deste tipo não permite, de todo, apreender os elementos específicos que caracterizam, no plano jusconcorrencial, a figura da empresa comum. *Essa diluição, no plano geral da cooperação entre empresas, dos aspectos que determinam a autonomização da categoria da empresa comum esvaziaria, na realidade, todo o conteúdo da mesma e prejudicaria uma compreensão dos efeitos específicos que esta, em princípio, gera sobre a concorrência efectiva.*

Importa ter presente a este respeito que, em sentido diverso do que sucede com as meras práticas de coordenação empresarial, se tem justamente considerado que a categoria das empresas comuns envolve uma especial tensão entre efeitos de eficiência económica – traduzidos, em última análise, em estímulos do processo de concorrência – e efeitos restritivos da concorrência. O elemento de integração económica imbricado nos mecanismos compósitos de cooperação empresarial que caracterizam a empresa comum e a específica dinâmica económica associada à conjugação de recursos produtivos, ou de outros activos empresariais, numa actividade empresarial conjunta permite, em princípio, obter repercussões positivas ao nível da concorrência efectiva, seja materializadas na entrada de novos concorrentes em certos mercados (entrada concretizada através de uma empresa comum e que não seria economicamente razoável ou expectável por parte de cada uma das empresas-mãe individualmente consideradas), seja concretizadas no desenvolvimento ou aperfeiçoamente de certos produtos ou serviços.

Em súmula, esse tipo de conjugação de recursos empresariais pode, em princípio, favorecer os consumidores através da oferta de produtos ou serviços mais variados ou de superior qualidade, ou pode ainda criar

---

bution are commonly rferred to as 'joint ventures'. A 'joint venture' is any association of two or more firms for carrying on some activity that each firm might otherwise perform alone".

condições para a sua comercialização a mais baixo preço.[520] Como salienta sugestivamente VALENTINE KORAH,[521] essa ponderação de uma dimensão favorável à concorrência efectiva intrinsecamente ligada às empresas comuns (pelo menos, a uma parte significativa das mesmas) obriga a uma difícil análise prospectiva que tome, de modo especial, em consideração os elementos dinâmicos e, sobretudo, o factor incerteza ligados ao desenvolvimento do processo de concorrência.[522]

Nesse sentido, como acentua a mesma autora, a apreciação jusconcorrencial das empresas comuns conduz inelutavelmente a sopesar uma dimensão *ex ante* e uma dimensão *ex post* inerentes à criação das mesmas. Assim, numa dimensão *ex post* que considere os resultados da instituição de determinada empresa comum, uma vez consolidada a experiência do seu funcionamento, poderá, em tese, admitir-se que a rendibilidade de certo projecto empresarial teria, com toda a probabilidade, justificado o

---

[520] Sobre este tipo de efeitos positivos potencialmente associados à conjugação de recursos no quadro de certas empresas comuns e no contexto de determinadas condições de mercado, cfr., ROBERT PITOFSKY, "A Framework for Antitrust Analysis of Joint Ventures", in ALJ., 1985, pp. 893 ss. Para uma perspectiva geral sobre esse tipo de efeitos positivos, ou proconcorrenciais, emergentes da criação de empresas comuns, cfr. OECD, *Competition Issues in Joint Ventures*, February, 2001 (Roundtable on JointVentures – Comittee on Competition Law and Policy). Como aí se refere no "*Executive Sumary*", que integra conclusões resultantes de análises expostas por vários peritos nacionais em direito da concorrência, "*some joint ventures have few if any anti-competitive effects, while at the same time offering some real efficiency benefits. Included in this category are joint ventures conducting activities parents could not perform individually, and involving no restrictions on the competitive activities of the joint venturers. Good examples of such joint ventures are those set up to reapp important economies of scale through common production of inputs accounting for a minor portion of the parents' total costs*" (Doc. cit., p. 9).

[521] Cfr., nesse sentido, VALENTINE KORAH, *An Introductory Guide to EC Competition Law and Practice*, cit., esp. pp. 323 ss. Da mesma A., e no mesmo sentido, cfr. "Collaborative Joint Ventures for Research and Development Where Markets are Concentrated: The Competition Rules of the Common Market and the Invalidity of Contracts", in Ford Int L J., 1992, pp. 248 ss..

[522] A existência, em graus variáveis, de um factor de *incerteza* sobre a actividade das outras empresas presentes no mercado ou potencialmente capazes de entrar em dado mercado constitui, em relação a cada empresa, um dos elementos primaciais para o desenvolvimento do processo de concorrência, globalmente considerado, nos termos que teremos ensejo de caracterizar – *infra*, capítulo primeiro, pontos 2.1. a 2.3. e **3.**, da **Parte II** – no contexto da nossa análise dos fundamentos de política de concorrência que informaram a formação e consolidação do ordenamento comunitário da concorrência (para a qual remetemos).

seu desenvolvimento autónomo por parte de cada uma das empresas-mãe, individualmente consideradas, com a consequência decisiva de as mesmas se apresentarem nesse processo em relação de concorrência e não *coligadas* numa actividade empresarial conjunta.

Em contrapartida, de acordo com uma perspectiva *ex ante*, importa avaliar se, com os dados disponíveis aquando do lançamento de determinado projecto empresarial, seria razoável esperar uma decisão económica por parte de qualquer empresa com vista ao desenvolvimento autónomo, por si, de certa actividade empresarial ou de certo segmento da mesma actividade.

É inegável que, numa vertente reflexa à dimensão de eficiência económica potencialmente associada à criação de empresas comuns, estas entidades comportam, pelo mero facto de conduzirem a uma conjugação das organizações empresariais de duas ou mais empresas num determinado espaço de actividade económica – mais ou menos amplo conforme as situações e os tipos de empresas comuns em causa – efeitos restritivos da concorrência em determinados mercados (essa componente restritiva da concorrência associada à criação de empresas comuns variará em função do grau de intensidade das relações de concorrência pré-existentes, actuais ou potenciais, entre as empresas que vêm a associar-se nas referidas empresas comuns).

Deste modo, a especificidade da apreciação substantiva da categoria da empresa comum em sede de direito da concorrência[523] – entendida como avaliação dos efeitos deste tipo de entidades sobre a concorrência

---

[523] A *especificidade* da *apreciação substantiva* da categoria da *empresa comum* em sede de direito da concorrência, resultante da necessidade de ponderação conjunta de, por um lado, elementos proconcorrenciais – os quais tendem a gerar, até certo grau, uma pré--compreensão interpretativa favorável às empresas comuns – e, por outro lado, de elementos restritivos da concorrência, parece recolher o assentimento de uma parte considerável da doutrina, quer no quadro do ordenamento norte-americano, quer no quadro do ordenamento comunitário. Ora, nesse contexto de reconhecimento generalizado da especificidade da avaliação jusconcorrencial das empresas comuns, torna-se menos compreensível e aceitável a extrema disparidade de conceitos de empresa comum discutidos na doutrina e na jurisprudência nos dois lados do Atlântico. Essa indefinição, associada ao potencial carácter mais favorável da avaliação das empresas comuns em confronto com outras modalidades de cooperação, produz múltiplas distorções, pois, entre outros aspectos, estimula uma propensão das empresas para configurar e qualificar entendimentos entre si como acordos de empresa comum – por vezes, chegando ao limiar da simulação negocial –, o que, por seu turno, vem agravar as dificuldades de estabilizar os elementos fundamentais de um conceito de empresa comum em sede de direito da concorrência.

326 *Empresas comuns* – Joint Ventures

efectiva – é indissociável de uma componente potencialmente favorável à concorrência associada à mesma, a qual, por seu turno, parece depender da composição complexa de elementos de cooperação e de integração empresarial em que assenta a criação das referidas entidades (composição de elementos que se apresentará de algum modo ligada ao desenvolvimento de uma capacidade empresarial nova – em sentido correspondente ao preconizado por BRODLEY[524] – no universo de actividades económicas em que as empresas-mãe se movimentam, ou no qual estas podem razoavelmente esperar vir a ter uma intervenção).

Afigura-se-nos, pois, inquestionável que a adopção de uma definição latíssima de empresa comum – nos termos acima enunciados – não permite captar essa especial esfera de efeitos da cooperação interempresarial sobre a concorrência no quadro da qual importa dilucidar *uma tensão típica entre elementos de estímulo e de restrição da concorrência.*

Seria, como acima se referiu, uma definição de categoria jurídica que não asseguraria um conteúdo útil para a mesma, em sede de direito da concorrência, importando não perder de vista que, nesta específica área do direito, o recorte das principais categorias jurídicas depende primacialmente de uma adequada compreensão de certos efeitos-tipo das mesmas sobre a concorrência efectiva (pelo que só relevarão, para essa caracterização, de modo secundário, os aspectos de pura forma jurídica).[525]

---

[524] Sobre esse atributo primacial da composição complexa de elementos de cooperação e de integração empresarial em que deverá assentar a empresa comum, sustenta JOSEPH BRODLEY que *"the joint venture creates significant new enterprise capability in terms of new productive capacity, new technology, a new product, or entry into a new market"* (A. cit., "Joint Ventures and Antitrust Policy", cit., p. 1526.

[525] Essa perspectiva dogmática sobre a densificação de institutos ou categorias jurídicas essenciais em sede de direito da concorrência, não se verifica apenas em relação à categoria da empresa comum, mas quanto à generalidade das figuras relevantes nesta área do direito. Acresce que é essa mesma perspectiva que deve conduzir a uma relativização dos aspectos predominantemente formais na caracterização de empresas comuns a favor da ponderação substantiva dos efeitos de certas modalidades de cooperação. De acordo com essa perspectiva, e como sustenta, justamente, EDWARD CORREIA, mesmo acordos de cooperação formalmente estruturados pelas partes de modo a *"atrair"* a qualificação como empresa comum, em sede de direito da concorrência, podem ser sumariamente objecto de avaliações negativas, em função de efeitos intrinsecamente restritivos da concorrência que tenham, na realidade, conformado substantivamente esses acordos. Como refere este A., *"a bare arrangement to fix prices that is structured in form as joint venture can also be held unlawful without an examination of market power"* (A. cit., "Joint Ventures: Issues in Enforcement Policy", p. 742).

Parte I – Capítulo 2

2.3. ELEMENTOS DISTINTIVOS DA CATEGORIA DA EMPRESA COMUM *("JOINT VENTURE")* NO DIREITO DA CONCORRÊNCIA – UMA VISÃO PRELIMINAR

Na verdade, *impor-se-á, em tese geral, no plano jusconcorrencial, uma definição de empresa comum, situada numa perspectiva intermédia relativamente ao que já caracterizámos como definições restrita e lata de empresa comum.*

Pela nossa parte, em coerência com a prevalência que entendemos atribuir aos aspectos jurídicos substantivos em detrimento dos elementos jurídico-formais, consideramos como aspecto a rejeitar, nas definições de empresa comum que assumem carácter mais restrito, a ideia de uma associação necessária desta figura a uma sociedade comercial (cujo capital seja detido conjuntamente pelas empresas participantes).[526]

Em todo o caso, sendo relativizado esse critério jurídico-formal, subsiste o problema jurídico fundamental que consiste em *apreender o parâmetro substantivo director do qual dependa a autonomização de um conceito jurídico específico de empresa comum ("joint venture") em direito da concorrência, por contraposição à generalidade das formas de cooperação entre empresas* – conceito específico que claramente venha recobrir, enquanto instituto jurídico com determinados contornos, um espaço próprio de relacionamento entre as empresas dominado por uma tensão entre elementos favoráveis à concorrência e elementos restritivos da mesma.

Na verdade, nesse vasto espaço intermédio entre os puros acordos ou entendimentos de cooperação empresarial e as operações de concentração, no seu sentido mais restrito – as quais se traduzem no afastamento de qualquer permanência das empresas-mãe como entes autónomos –, as realidades jurídico-económicas de cooperação entre as empresas tendem, com maior probabilidade, a produzir, de forma relativamente automática, efeitos restritivos da concorrência, desencadeando regras *per se* de proibição,[527] quanto mais próximas se encontrarem dos puros acordos de

---

[526] Este aspecto contribui para nos afastar, até certo ponto, de alguns aspectos da definição de empresa comum, em sede de direito da concorrência, que é proposta por autores como Joseph Brodley (cfr. A. cit., "Joint Ventures and Antitrust Policy", cit.).

[527] A ideia de regra *per se* de proibição de modalidades de cooperação que se mostrem intrinsecamente restritivas da concorrência, sem necessidade de proceder a análises mais desenvolvidas da respectiva conformação e dos seus efeitos sobre o processo de con-

328 *Empresas comuns* – Joint Ventures

cooperação, sem elementos de integração empresarial. Em contrapartida, não se pode aceitar, de modo linear, um critério reflexo, segundo o qual o maior peso proporcional dos elementos de integração, tendentes à concentração empresarial, resultaria numa menor probabilidade de emergência de consequências negativas no plano da concorrência. O que está em causa, como se verá, em especial, na nossa análise ulterior de categorias de efeitos sobre a concorrência resultantes da criação de empresas comuns,[528] é, tão só, identificar uma área na qual, a partir de certo limiar qualitativo, ocorra uma interpenetração dos elementos de cooperação e de integração empresarial que gera previsivelmente uma paradigmática tensão entre elementos favoráveis e elementos restritivos da concorrência.

Pela nossa parte, cremos que esse *parâmetro substantivo* do qual depende a autonomização no plano jusconcorrencial da categoria da empresa comum – situado num espaço intermédio entre os elementos que conjuntamente integram o que denominamos de definição lata e definição restrita de empresa comum – se encontra fundamentalmente relacionado com a necessidade de conjugar recursos empresariais para desenvolver uma actividade empresarial conjunta, que comporte qualquer acréscimo relativamente às várias dimensões de actividade já prosseguidas pelas empresas-mãe – bem como um *maius* relativamente à realidade económica que poderia resultar da mera justaposição de actividades que continuassem a ser individualmente asseguradas pelas referidas empresas-mãe. Essa actividade conjunta deverá pressupor, em paralelo, um suporte decorrente da interposição de qualquer *estrutura de organização própria*, a qual poderá revestir diversas formas jurídicas, mas corresponderá normalmente, *a se*, a uma *nova unidade empresarial* (à luz, bem entendido, da

---

corrência foi já aflorada na **Introdução** e é caracterizada *infra* capítulo primeiro, esp. pontos 4.2. a 4.5., **Parte II** (tendo-se presente nessa análise, para a qual se remete, um paralelo entre o ordenamento comunitário e o ordenamento norte-americano da concorrência).

[528] Análise que corresponde, como temos vindo a destacar, à parte nuclear do nosso estudo e que é desenvolvida – *infra* – na **Parte III** do mesmo. Sendo a categoria da empresa comum conformada em sede de direito comunitário da concorrência, fundamentalmente, com base numa percepção substantiva do tipo de efeitos sobre o processo da concorrência que tende a gerar, procuraremos aí apreender, de forma sistemática, esses efeitos e, a partir dessa análise, procuraremos construir modelos globais de avaliação jusconcorrencial das empresas comuns.

Parte I – Capítulo 2

definição jurídica particularmente lata de empresa acolhida, como de seguida se verá, no âmbito do direito da concorrência).[529]

No plano específico do ordenamento comunitário da concorrência, sobre o qual incide, no essencial, a nossa análise, a indefinição do conceito de empresa comum – que temos vindo a enfatizar como aspecto omnipresente em qualquer ensaio de conformação jurídica desta figura – vem também constituindo, iniludivelmente, a nota dominante na problematização jurídica da cooperação entre empresas. Essa insuficiência da construção jurídica em torno desta categoria foi frequentemente contornada através da utilização de definições muito genéricas, as quais, como já se sublinhou, não tem verdadeira utilidade como fundamento da autonomização de categorias jurídicas no domínio do direito da concorrência (essas definições genéricas não permitem apreender os efeitos jurídicos substantivos que constituem a razão de ser da autonomização das principais categorias jurídicas em sede de direito da concorrência).

Assim, de modo sintomático, num dos primeiros ensaios de uma definição de carácter geral de empresa comum, a Comissão limitava-se no seu *"Quarto Relatório sobre a Política de Concorrência"*,[530] a caracterizar esta figura como uma empresa sujeita a controlo conjunto por parte de duas ou mais empresas que se mantenham economicamente independentes entre si.

Por outro lado, se é certo que no processo de desenvolvimento da política comunitária de concorrência se verifica alguma evolução no sentido de uma caracterização mais precisa do conceito de empresa comum, a mesma é, no essencial, determinada – como adiante se assinalará[531] – pela emergência do conceito normativo de operação de concentração entre empresas.

---

[529] Este conceito muito lato de *empresa* em sede de direito comunitário da concorrência é equacionado no ponto **3.** – seguinte – em termos que permitem corroborar a sua ponderação na primeira caracterização geral da categoria da empresa comum, neste ordenamento, que acima esboçamos. A relevância desse conceito de *empresa* será também enfatizada na caracterização conclusiva da categoria da empresa comum que apresentamos no final deste capítulo após a análise dos vários elementos constitutivos da mesma (esp, *infra*, 6.3. e 6.4. neste capítulo).

[530] Cfr. o *"Quarto Relatório sobre a Política de Concorrência"*, no seu ponto 37.

[531] Remetemos aqui para a nossa análise de vários estádios de tratamento sistemático da categoria da empresa comum no decurso do processo de consolidação do ordenamento comunitário da concorrência – *infra*, capítulo segundo da **Parte II**.

Na realidade, consagrando a partir de 1989[532] um princípio de tratamento não unitário das empresas comuns, o direito comunitário da concorrência vai exigir o estabelecimento de uma distinção minimamente precisa entre o conceito de empresas comuns com carácter de cooperação e empresas comuns com carácter de concentração – correspondentes a verdadeiras operações de concentração entre empresas e subsumíveis, como tal, no RCC, aprovado em 1989.[533] Todavia, como justamente destaca FRANK FINE,[534] esse inevitável reforço da densificação jurídica do conceito de empresa comum não contribuiu imediatamente para o preenchimento de uma lacuna fundamental no que concerne à enunciação de critérios jurídico-económicos minimamente estáveis e seguros em ordem a diferenciar as empresas comuns da generalidade dos acordos de cooperação entre empresas (encontrando-se aqui verdadeiramente, a nosso ver, o limiar crítico para a autonomização do conceito jurídico de empresa comum).

De qualquer forma, apesar de persistir no ordenamento comunitário de concorrência essa crucial incerteza na delimitação das empresas comuns, relativamente a um conjunto mais ou menos sincrético de acordos de cooperação, – à qual se veio ainda somar um complexo problema normativo, emergente da necessidade de distinguir subcategorias de empresas comuns com carácter de cooperação e de concentração –, tornou-se claro que um dos elementos jurídicos essenciais em que assenta a categoria da empresa comum consiste na formação de uma nova unidade empresarial, ao menos no sentido muito lato que o conceito jurídico de empresa comporta em sede de direito comunitário da concorrência.

---

[532] Sem prejuízo dos desenvolvimentos sobre este ponto analisados infra na capítulo segundo da **Parte II**, cfr., sobre a consagração *de iure condito de* um tratamento não unitário com a aprovação do RCC, em 1989, GIORGIO BERNINI, *Jurisdictional Issues: EEC Merger Regulation, Member State Laws and Articles 85-86*, in *International Mergers and Joint Ventures*, Annual proceeedings of the Fordham Corporate Law Institute, 1990, Transnational Juris Publishing, Inc., 1991, pp. 611 ss.

[533] Sem prejuízo de desenvolvimentos ulteriores sobre a definição do conceito de concentração no RCC, aprovado em 1989 e a recondução ao mesmo de uma importante categoria de empresas comuns, cfr. JACQUES BOURGEOIS, BERND LANGEHEINE, *Jurisdictional Issues: EEC Merger regulation Member State Laws and Articles 85-86*, in in *International Mergers and Joint Ventures*, Annual proceeedings of the Fordham Corporate Law Institute, 1990, Transnational Juris Publishing, Inc., 1991, pp. 583 ss.

[534] Cfr. FRANK FINE, *Mergers and Joint Ventures in Europe – The Law and Policy of the EEC*, cit., pp. 286-287, cuja posição sobre esta matéria já trouxemos à colação noutro contexto de análise.

Parte I – Capítulo 2   331

Deste modo, a concretização jurídica do conceito de empresa comum no âmbito deste ordenamento obriga a dilucidar – como questão prévia – o conceito de empresa no quadro do mesmo ordenamento.

3. A **categoria da empresa comum** *("joint venture")* e o conceito de empresa no direito comunitário da concorrência

Constitui matéria de alguma maneira consensual na doutrina – não justificando, em consequência, mais do que uma breve anotação para efeitos da análise que ora desenvolvemos – a adopção de um conceito muito lato de empresa em sede de direito comunitário da concorrência.[535]

Assim, subscrevemos a ideia segundo a qual um conceito essencialmente idêntico de empresa – cujo conteúdo se reveste de considerável latitude – se encontra subjacente às previsões constantes dos artigos 81.º, 82.º e 86.º CE (às quais podemos ainda acrescentar as disposições relevantes do RCC).[536]

Esse conceito de empresa, tal como vem sendo recorrentemente enunciado na *praxis* decisória da Comissão e na jurisprudência do TJCE e do TPI, abarca qualquer combinação de recursos orientada para a prossecução de uma actividade económica. Os elementos centrais do conceito respeitam, em nosso entender, a *dois aspectos substantivos primaciais*, correspondentes, por um lado, à *criação de uma estrutura organizada dirigida à prossecução de determinada actividade* (independentemente do facto de essa estrutura poder revestir um grau relativamente incipiente de

---

[535] Sobre esse pressuposto teórico, que não justifica aqui uma mais longa incursão, cfr., por todos, VALENTINE KORAH, *An Introductory Guide to EC Competition Law and Practice*, cit., esp. pp. 36 ss. Para uma confirmação recente desta convergência doutrinal sobre esse ponto, incluindo uma recensão quanto a desenvolvimentos importantes para a densificação do conceito de *empresa* em sede de direito comunitário da concorrência, cfr., ainda, da mesma autora, *Analysis of Article 81(1) (Ex Article 85(1))*, in *Competition Law of the European Community*, VALENTINE KORAH, General Editor, Vol. I, Part II., Second Edition, 2001, LexisNexis, § 2.02 [1].

[536] Sobre o conceito de *empresa* no RCC, densificado em torno da distinção entre entidades que desempenham, ou não, todas as funções de uma *entidade económica autónoma*, de modo a poderem ser consideradas como empresas comuns qualificáveis como concentrações, cfr. CHRISTIAN BERGQVIST, "The Concept of an Autonomous Economic Entity", in ECLR., 2003, pp. 498 ss.

desenvolvimento) e, noutro plano, à *economicidade da gestão observada na prossecução de determinada actividade.*

Em contrapartida, os aspectos de índole predominantemente jurídico-formal apresentam, de modo inquestionável, uma importância secundária para a delimitação do referido conceito de empresa. Esta, pode revestir as formas mais diversificadas, compreendendo, *vg.*, a forma de sociedade comercial, de associação, de consórcio, de *"partnership"*, ou até – *maxime* nos ordenamentos jurídicos continentais – de comerciantes em nome individual.

Qualquer um desses *dois aspectos substantivos* em que assenta a delimitação do conceito relevante de empresa em direito comunitário de concorrência surge, em regra, configurado em sentido muito lato. Na realidade, face a uma perspectiva frequentemente acolhida noutros ramos do direito – designadamente em sede de direito comercial[537] – no sentido de associar, de algum modo, o conceito de *empresa* a um *escopo lucrativo* (ainda que a compreensão geral do mesmo possa revestir múltiplas formas), a ideia de economicidade de gestão tomada em consideração para delimitar o conceito de empresa em direito da concorrência tende a cobrir realidades económicas mais diversificadas. Essa economicidade de gestão corresponderá à observância de parâmetros de eficiência e razoabilidade económica normais, visando a obtenção de qualquer resultado economica-mente relevante, mesmo que dissociado – num plano directo – da obtenção de lucros.

A jurisprudência do TJCE confirma, de modo claro, este entendi-mento, o qual surge, *vg.*, sufragado em termos que separam, de modo indubitável, a perspectiva da economicidade da gestão de qualquer escopo lucrativo no Acórdão *"Höfner, Elser v. Macroton"*.[538] Na verdade, nesta decisão o TJCE considerou que um organismo público alemão que asse-gurava, estatutariamente, a colocação profissional de trabalhadores que se encontrassem em situação de desemprego, apesar de não cobrar encargos pelos seus serviços e de não visar a obtenção de qualquer lucro, corres-

---

[537] Tivemos já ensejo na nossa problematização geral do conceito de *empresa* – essencialmente informada por uma perspectiva de direito comercial – e com vista a dilu-cidar um possível conceito jurídico geral, de referência, de empresa comum, de analisar a relevância do escopo lucrativo para a caracterização jurídica da actividade empresarial (*supra*, capítulo primeiro desta **Parte I**, esp. pontos **1.** a **3.**).

[538] Cfr. Acórdão *"Höfner and Elser v. Macroton GmbH"*, de 23 de Abril de 1991, proc. C-41/90, Col. I -1979 (1991).

Parte I – Capítulo 2

pondia, para efeitos de aplicação de normas comunitárias de concorrência, a uma verdadeira empresa.

Essa qualificação ponderou, em particular, o facto de o referido organismo prosseguir uma verdadeira actividade económica – apurar e seleccionar colocações profissionais para trabalhadores – no quadro da qual dispunha de uma considerável margem de apreciação para projectar e obter determinados resultados económicos. Em contrapartida, em certas situações o TJCE denegou a qualificação de empresa, no sentido que ora consideramos, em relação a entes que prosseguiam actividade cuja natureza era aparentemente económica, mas que, na realidade, não dispusessem de verdadeiras possibilidades de ponderar e realizar escolhas entre opções de actuação com repercussões económicas diferenciadas.[539]

De resto, em Acórdão relativamente recente – Acórdão "*Albany*", de 1999,[540] – o TJCE pôde clarificar a sua posição neste domínio, vincando esse tipo de aspectos relacionados com uma determinada margem de apreciação para realizar opções que caracterizam um verdadeiro padrão de economicidade de gestão. Neste Acórdão "*Albany*", o TJCE qualificou como empresa, para efeitos de aplicação de normas comunitárias de concorrência, um fundo de pensões sectorial, visto que a entidade em causa determinava, segundo critérios por si fixados, o montante de quotizações de prestações. No cômputo geral da sua actividade, o montante das prestações a realizar por esse fundo dependeria dos resultados financeiros de aplicações a que houvesse procedido, tornando-se claro que o mesmo exercia, em termos gerais, uma actividade económica em concorrência com companhias de seguros.

No que respeita ao outro aspecto primacial que permite delimitar os contornos do conceito de empresa em sede de direito comunitário da concorrência, – a criação de uma *estrutura* que combina *recursos produtivos* (*lato sensu*) – o mesmo é também entendido nos termos mais amplos. Assim, no limite, já se tem admitido que pessoas individuais, desenvolvendo uma actividade no âmbito do exercício da sua profissão, ou explorando economicamente qualquer criação intelectual de sua autoria

---

[539] Cfr., *vg.*, nesse sentido o Acórdão "*Poucet*", de 17 de Fevereiro de 1993, proc. C-159 e C-1660/91, Col. I-637 (1993).

[540] Cfr. Acórdão "*Albany International BV v. Stichting, Bedrijfs-pensioenfonds Textielindustrie and others*", de 21 de Setembro de 1999, proc. C-67/96, Col. I-5751 (1999).

constituem, para efeitos de direito da concorrência, *empresas*.[541] A constituição de uma qualquer organização – mesmo que assumindo forma ou estruturação elementares – combinando elementos pessoais e activos de tipo diverso, corpóreos ou incorpóreos e associada a determinado ente jurídico autónomo, como centro de imputação de interesses ou direitos, corresponderá, em princípio, à emergência de uma nova empresa, desde que essa organização suporte a prossecução de objectivos económicos.[542]

O grau de exigência jurídico-formal no que respeita aos elementos que suportam a criação de uma *estrutura* orientada para a realização continuada de certa actividade económica é, pois, mínimo, e a identificação de realidades de fronteira que se situem aquém da base que permita a qualificação de certo ente como uma empresa resulta fundamentalmente da distinção entre verdadeiras actividades económicas – ou determinadas por escopos económicos, mesmo que não lucrativos, – e actividades tendentes à realização de funções de outra natureza (*vg.* funções de interesse público, de regulação, ou de qualquer outro tipo).[543]

---

[541] Esse reconhecimento verificou-se, *vg.*, numa situação em que um inventor desenvolvia actividade para explorar o seu invento, tal como analisada na decisão "*Reuter/BASF*", de 26 de Julho de 1976 (JOCE n.º L 254/40, 1976)

[542] Essa visão muito lata sobre a conformação do elemento *organizacional* necessário à existência de uma empresa foi subscrita pelo TJCE desde o seu Acórdão "*Mannesman v. High Authority*" [proc. 19/61 – Rec. 357 (1962)], o qual, apesar de versar, então, a aplicação de uma disposição do Tratado da Comunidade Europeia do Carvão e do Aço, contém uma apreciação plenamente válida para a aplicação de disposições correspondentes do Tratado CE referentes ao conceito de empresa (*maxime*, artigo 81.º CE – ex-artigo 85.º TCE).

[543] Neste plano, o aspecto fundamental para ponderar a existência de uma actividade *empresarial*, no quadro e para efeitos de aplicação do direito comunitário da concorrência, diz respeito à *natureza* da actividade proseguida, o que impõe distinções delicadas entre, por um lado, verdadeiras actividades económicas, em sentido próprio, e, por outro lado, a realização de funções de outra natureza (*vg.* funções de interesse público, de regulação, ou de qualquer outro tipo). Diversos Acórdãos do TJCE têm incidido sobre casos de fronteira, como sucedeu no Acórdão "*Eurocontrol*", de 1994 [proc. C 364/92, Col., I 43 (1994)], ou no Acórdão "*Diego Cali v. SEPG*", de 1997 [proc. C 343/95, Col. I – 1547(1997)]. No primeiro destes Acórdãos, o TJCE enfatizou as funções de controlo e supervisão do espaço aéreo da organização internacional que se encontrava em causa, considerando que as mesmas eram decisivas para afastar a qualificação da mesma como empresa, apesar de elementos de natureza económica na actividade dessa organização (concretizados, *vg.*, na cobrança de determinados encargos aos operadores de transporte aéreo). No segundo Acórdão, o TJCE relativizou, também, a componente económica da actividade das entidades em questão – igualmente traduzida na imposição de certos encar-

Parte I – Capítulo 2 335

Noutro plano, o conceito jurídico de empresa em direito comunitário da concorrência, subalternizando os tradicionais centros jurídico-formais de imputação de interesses, é fundamentalmente balizado a partir de critérios materiais relacionados com a autonomização de um centro organizativo dotado da capacidade de determinar o comportamento comercial de certa entidade no quadro de uma dada actividade económica. Essa perspectiva material do conceito de empresa conduz, normalmente, à qualificação de qualquer grupo de sociedades comerciais – caracterizado por um *centro unitário de controlo da respectiva gestão* e não incluindo realidades como as resultantes em certos ordenamentos de contratos de grupo paritários – como uma única empresa.[544]

É, de resto, a mesma lógica jurídica do ordenamento de concorrência que justifica a orientação já consolidada na jurisprudência do TJCE e do TPI,[545] no sentido de que acordos ou entendimentos entre entidades pertencentes ao mesmo grupo societário, sujeito a uma forma de controlo

---

gos aos operadores, devido à prossecução de actividades de interesse público. Assim, a essa aparente componente de economicidade da actividade dessas entidades sobrepunha-se a natureza de interesse público das actividades de prevenção e remoção da poluição no Porto de Génova, as quais constituíam atribuições do Estado, cometidas, em condições particulares, a determinadas entidades. Sem prejuízo destas orientações jurisprudenciais, cabe aqui equacionar se a recente evolução, no sentido de um número crescente de actividades de interesse público – incluídas, em termos progressivamente inovadores, na categoria de *serviços de interesse económico geral* (*ex vi* do n.º 2 do artigo 86.º CE) – serem desempenhadas por organismos de direito privado, que as combinam com outras actividades, não pode conduzir a uma revisão destes entendimentos sobre a natureza da actividade a tomar em consideração para a conformação de uma verdadeira *empresa* (sobre a evolução do conceito, papel e relevância de *serviços de interesse económico geral* no quadro do direito económico comunitário, cfr. *"Livro Verde sobre Serviços de Interesse Económico Geral"* – COM/2003/0270 final).

[544] Sobre a realidade jurídica dos *grupos de sociedades* cfr. as extensas referências feitas *supra*, na primeira parte do capítulo antecedente. Sobre a perspectiva material – acima exposta – de um conceito de *empresa* em direito comunitário da concorrência, aplicado a grupos de sociedades comerciais, cfr. a análise que, nesse sentido, é desenvolvida pelo TJCE no seu Acórdão *"Hydrotherm v. Andreoli"* [proc. 170/83, Rec. 2999 (1984)], esp. ponto 11..

[545] Cfr., vg., nesse sentido, o Acórdão *"Viho v. Commission"* [proc. C-73/95P, Col. I-5457 (1996)], ou – embora numa apreciação de carácter mais indirecto, versando a actuação de uma sociedade subsidiária que se afastou do cumprimento de orientações da sociedade-mãe e que, consequentemente, foi considerada no contexto dessa actuação como uma empresa, passível de sanção autónoma – o Acórdão *"BMW Belgium v. Commission"* [proc. 32 e 36-82/78, Rec. 2435 (1979)], esp. ponto 24.

unitário da gestão – e, logo, integrando uma mesma realidade jurídica empresarial na perspectiva específica do direito da concorrência – não são subsumíveis na previsão do n.º 1 do artigo 81.º CE que proíbe acordos e práticas concertadas entre empresas, conducentes à restrição da concorrência.

Importa, em todo o caso, reconhecer que a assunção dessa orientação geral não assegura, forçosamente, a identificação de critérios jurídicos consensuais, em ordem a balizar, de modo concludente, as situações de coordenação de comportamentos comerciais entre entes jurídicos diversos, que devam ser *desconsideradas* para efeitos de aplicação das regras relativas à proibição de acordos e práticas restritivas da concorrência, em virtude de os entes em questão integrarem o perímetro de uma mesma *empresa*[546] (definida segundo os parâmetros especiais do ordenamento da concorrência).

---

[546] Essa *desconsideração* de entendimentos entre certas entidades, para efeitos de aplicação das regras relativas à proibição de acordos e práticas restritivas da concorrência, em virtude de os entes em questão integrarem o perímetro de uma mesma *empresa*, tem sido objecto de uma longa discussão na jurisprudência e doutrina, quer no contexto do ordenamento norte-americano, quer no quadro do direito comunitário da concorrência, embora com pontos de partida aparentemente opostos nesses dois ordenamentos. Assim, no plano do ordenamento norte-americano desenvolveu-se, originariamente, a denominada doutrina de *"intra-enterprise conspiracy"*, nos termos da qual se admitia uma pluralidade de participantes em acordos restritivos da concorrência, desde que tais participantes tivessem personalidades jurídicas distintas, independentemente dos laços de dependência existentes entre os mesmos. Sobre essa formulação originária da doutrina de *"intra-enterprise conspiracy"*, cfr., L. C. McQuade, "Conspiracy, Multicorporate Enterprises and Section I of the Sherman Act", in Virg L R., 1955, pp. 183 ss. e E. I. Willis, R. Pitofsky, "Antitrust Consequences of Using Corporate Subsidiaries", in NYUR., 1968, pp. 20 ss. Todavia, esta doutrina foi consideravelmente limitada pela evolução da jurisprudência norte-americana – designadamente nos Acórdãos *"Sunkist Growers"* [*"370 US. 19, 29 (1962)"*] ou *"Copperweld"* [*"104 S. Ct. 2731(1984)"*] do Supremo Tribunal – aproximando-se, de modo progressivo, dos resultados desde há muito admitidos no ordenamento comunitário da concorrência, no sentido de *desconsiderar* os entendimentos entre entidades integrantes de um mesmo grupo de sociedades. Sobre essa evolução, que traduz uma convergência com as análises desenvolvidas no plano comunitário, cfr., por todos, Philip Areeda, "Intraentreprise Conspiracy in Decline", in Harv. L R., 1983, pp. 451 ss. Em contrapartida, no ordenamento comunitário parece ter prevalecido, desde há muito – pelo menos desde a importante decisão *"Kodack"* (decisão de 30 de Junho de 1970, JOCE n.º L 147 de 7 de Julho de 1970) – uma orientação no sentido de *desconsiderar* os acordos intra-grupo, embora a mesma venha conhecendo uma evolução significativa no sentido de ponderar as condições económicas concretas em que entidades de um mesmo grupo ope-

Parte I – Capítulo 2

O critério fundamental no sentido de conduzir à *desaplicação* do regime do artigo 81.º CE em relação a entendimentos entre entes que potencialmente se possam considerar integrados no mesmo grupo empresarial consiste na verificação de uma situação de completa e efectiva dependência de certa entidade jurídica face a outra (tomando em consideração as situações mais recorrentes, respeitantes a relacionamentos entre diferentes sociedades comerciais, referiremos, em geral, os nexos estabelecidos entre sociedades-mãe e sociedades filiais).

Como refere sugestivamente LOUIS VOGEL,[547] essa fundamental relação de dependência, justificativa da desaplicação do regime referente aos acordos e práticas concertadas entre empresas, deverá assentar em dois elementos constitutivos fundamentais. Por um lado, terá que se verificar uma condição estrutural, correspondente à existência de uma estrutura de relações jurídico-económicas que suportem uma situação de dependência exclusiva e completa[548] de determinado ente relativamente a certa sociedade-mãe. Por outro lado, importará também que se registe em concreto uma condição de comportamento, traduzida no exercício efectivo do poder de controlo da sociedade-mãe relativamente à sua filial.

Pela nossa parte, consideramos que a primeira condição será, em regra, decisiva, devendo merecer um grau de ponderação mais intenso na análise conducente a identificar *partes constitutivas de uma mesma realidade jurídica empresarial* (segundo os parâmetros específicos do direito comunitário da concorrência). Entendemos, igualmente, que essa condição estrutural deve ser delineada de modo relativamente flexível – como, de resto, o TJCE tem vindo a sustentar[549] – colocando-se o acento tónico na ausência de autonomia jurídico-económica de certas filiais relativamente a determinada sociedade-mãe no seio de um grupo empresarial. Mais do que

---

rem (o que milita no sentido da convergência com as orientações do direito norte-americano, como acima referimos).

[547] Cfr. LOUIS VOGEL, *Droit de la Concurrence et Concentration Économique*, cit., esp. pp. 74-75.

[548] Essa condição estrutural associada à ideia de uma situação de dependência exclusiva e completa de determinado ente relativamente a certa sociedade-mãe é claramente tributária da formulação utilizada pela Comissão na análise desenvolvida na sua decisão "*Kodack*", cit..

[549] Essa flexibilidade do TJCE na ponderação da referida condição estrutural seria demonstrada nos seus Acórdãos "*Béguelin*" [Acórdão de 25 de Novembro de 1971, proc. 22/71, Rec., 949 (1971)], "*Centrafarm*" [Acórdão de 31 de Outubro de 1974, proc. 15 e 16/74, Rec. 1147 (1974)], bem como no Acórdão "*BMW Belgium v. Commission*", já cit.

a ideia de uma dependência exclusiva em face de sociedades-mãe, a qual se poderá revelar pouco rigorosa no contexto de relações empresariais complexas em que intervem múltiplos elementos condicionantes do comportamento comercial de certas entidades – internos e externos aos grupos de empresas – o factor estrutural a ponderar deverá ser essa ausência de autonomia das referidas entidades e o reflexo desenvolvimento de um sistema de comando empresarial – mais ou menos intenso, conforme as características de organização de cada grupo de empresas – em torno das sociedades-mãe.

A condição de comportamento é normalmente entendida da forma mais flexível, não pressupondo a demonstração *pari passu* de intervenções da sociedade-mãe que conformem, em concreto, vários aspectos, especificamente considerados, da actuação comercial das entidades dependentes (designadamente certos acordos apreciados na perspectiva do direito da concorrência que não será forçoso enquadrar como constituindo o produto de determinações directas da sociedade-mãe). Será suficiente para o juízo de identificação do grupo empresarial que quaisquer acordos ou práticas comerciais – relevantes, na perspectiva do direito da concorrência – desenvolvidas por certa entidade se enquadrem numa política comercial geral definida pela sociedade-mãe.[550]

De qualquer modo, a jurisprudência comunitária exigiria ainda, aparentemente, outro requisito suplementar para que se verificasse o efeito jurídico de *desaplicação* do regime do artigo 81.º CE aos acordos entre entidades integrantes de um mesmo grupo empresarial. Na realidade, de acordo com a jurisprudência *"Centrafarm"*,[551] considerava-se que esse tipo de entendimentos apenas se encontraria isento da aplicação das normas proibitivas dos processos de cooperação interempresarial, potencialmente restritivos da concorrência, caso os mesmos visassem estabelecer uma repartição interna de tarefas entre as empresas do grupo.

---

[550] É evidente que esta flexibilidade na apreensão de uma condição de comportamento, em função do possível enquadramento de acordos ou práticas de determinada entidade numa política comercial geral definida pelas respectivas sociedades-mãe não deve dispensar uma avaliação *in concreto* dos feixes de relações existentes entre esta última e as suas filiais. Cfr., nesse sentido, P. VAN DE WALLE DE GHELCKE, "Les Articles 85 et 86 du Traité de Rome à Travers les Arrêts de la Cour de Justice et les Décisions de la Commission", in CDE., 1984, pp. 54 ss.

[551] Referimo-nos aqui, bem entendido, ao Acórdão *"Centrafarm"*, de 1974, cit., *supra*, nota 549.

Esta condição suplementar suscitou múltiplas dúvidas de interpretação na doutrina comunitária,[552] tendo chegado a admitir-se que tal objectivo de repartição de tarefas ou funções entre empresas do grupo no âmbito de determinados acordos entre as mesmas deveria pressupor a ausência de efeitos restritivos da concorrência relativamente a terceiros. Essa apreciação revelou-se, contudo, dificilmente compatibilizável com a realidade das relações jurídico-economicas entre as empresas. Esta demonstra que uma pretensa separação entre um domínio de actuação exclusivamente destinado à repartição de tarefas internas dentro de um grupo de empresas e uma outra área no âmbito da qual se possam gerar efeitos relevantes para terceiros é essencialmente artificial e não permite caracterizar de modo preciso as situações jurídicas em causa. Na verdade, não tem fundamento uma pretensa distinção, de alcance geral, entre uma esfera de comportamentos empresariais indutora de efeitos meramente internos – no seio de um grupo de empresas – e uma outra esfera dirigida para as realidades externas ao grupo. Se é possível, num plano conceptual, distinguir esses dois planos de actuação, na realidade os mesmos vão normalmente interpenetrar-se. O sistema de organização interna de um grupo empresarial estabelece-se normalmente em função da estratégia geral de relacionamento desse grupo com os outros intervenientes nos mercados em que se encontra presente.

Acresce que outras interpretações alternativas propostas pela doutrina, como a de Louis Vogel,[553] conquanto não enfermando do mesmo grau de conceptualismo, não se mostraram, também, em nosso entender, satisfatórias. Segundo este autor, a condição suplementar enunciada no Acórdão *"Centrafarm"* deveria ser entendida como respeitando a entendimentos entre entidades do mesmo grupo, tendo por objecto ou efeito, a produção de restrições da concorrência relativamente a terceiros, que ultrapassassem os aspectos necessários ao bom funcionamento do grupo. Embora esta apreciação não incorra na pretensão falaciosa de distinguir em absoluto esferas de relacionamento interno e externo dos

---

[552] Sobre a discussão dessas dúvidas de interpretação suscitadas pela condição suplementar prevista na jurisprudência "Centrafarm", cfr., por todos, Laurence Idot, *Le Controle des Pratiques Restrictives dans les Échanges Internationales*, Paris, 1981 e A. Lyon-Caen, *Le Controle de la Croissance des Entreprises par les Autorités Publiques*, Paris, 1975.

[553] Cfr. Louis Vogel, *Droit de la Concurrence et Concentration Économique*, cit., pp. 80 ss.

340   *Empresas comuns* – Joint Ventures

grupos de empresas, admitimos que a qualificação suplementar dos entendimentos internos que é sugerida por VOGEL, consoante os mesmos se possam justificar ou não pelos interesses legítimos do grupo, será ainda de difícil concretização.

Consideramos que as dificuldades de compreensão da condição suplementar enunciada na jurisprudência *"Centrafarm"* seriam sempre dificilmente superáveis e, a essa luz, tomamos como inteiramente justificada o que parece constituir já uma mutação da jurisprudência comunitária fundamental neste domínio.

Assim, afastando-se dos pressupostos que anteriormente assumira, o TJCE, no seu Acórdão *"Viho v. Commission"*,[554] confirmou anteriores apreciações da Comissão e do TPI no sentido de que os acordos assumidos no quadro das relações integrantes de um grupo societário não seriam, em qualquer caso cobertos pela proibição prevista no n.º 1 do artigo 85.º TCE (actual artigo 81.º CE) independentemente de os mesmos determinarem ou não a afectação de tarefas entre diferentes filiais do grupo.[555]

Em rigor, esta evolução jurisprudencial determina que os requisitos de não sujeição dos acordos intra-grupo às regras comunitárias de concorrência que enquadram os processos de cooperação entre empresas se reconduzem, em última análise, à condição estrutural e à condição de comportamento acima identificadas. No limite, e à luz da experiência mais recente deste domínio, a distinção complementar que se poderá estabelecer diz respeito à verificação da condição de comportamento, numa formulação negativa e inovadora da mesma, orientada para a actuação da entidade dependente e não, como normalmente sucedia de modo exclusivo, para o comportamento da sociedade-mãe.

---

[554] Referimo-nos aqui ao *"Viho v. Commission"*, de 1996, cit., *supra* nota 545.

[555] Essa fundamental conclusão, que, em nosso entender, veio remover uma condição artificiosa aparentemente formulada em jurisprudência anterior, mas cuja interpretação nunca gerara consenso na doutrina decorre, claramente, dos pontos 52 e 54 deste Acórdão *"Viho v. Commission"*. Como se refere neste último ponto, *"it does not (…) avail the applicant to argue that the agreements at issue infringe Article 85(1) on the ground that they exceed an internal allocation of tasks within the group. It is apparent from its very terms that Article 85(1) does not apply to conduct which is in reality performed by an economic unit. It is not for the Court, on the pretext that certain conduct, such as that to which the applicant objects, may fall outside the competition rules, to apply Article 85 to circumstances for which it is not intended in order to fill a gap which may exist in the system of review laid down by the Treaty"*.

Parte I – Capítulo 2　　341

Assim, apesar da existência, em determinadas situações, de condições de dependência estrutural de certa entidade em relação à sua sociedade-mãe, podem ocorrer comportamentos da primeira, lesivos da concorrência, e que configurem, comprovadamente, formas de inobservância de orientações definidas por essa sociedade-mãe. O TJCE já teve ocasião de confirmar a verificação de situações desse tipo – *vg.* no seu Acórdão *"BMW Belgium v. Commission"*[556] – determinando, nesse contexto, que a actuação comercial da filial não deveria ser imputável, em sede de aplicação de normas de concorrência, à sociedade-mãe. Pensamos, de qualquer modo, que esse tipo de situações será verdadeiramente excepcional na *praxis* jurídico-económica das empresas.

A consolidação dessa orientação jurisprudencial no sentido da *unidade do grupo económico*[557] reforça claramente a perspectiva jurídica material que caracteriza, de raiz, a conceptualização das relações de empresa no quadro do direito comunitário da concorrência (plano específico ao nível do qual se coloca o problema da identificação da categoria jusconcorrencial da empresa comum). As ligações entre os diversos entes empresariais são fundamentalmente apreendidas a partir de critérios jurídico-económicos, em detrimento dos indices jurídico-formais que assumem um papel prevalecente noutras áreas do direito, designadamente em sede de direito comercial no que respeita à delimitação dos grupos societários.

Importa, de qualquer modo, ter presente que *essa ideia de unidade do grupo económico* – e a consequente associação de um primeiro nível essencial da categoria jusconcorrencial de empresa à realidade global do grupo – não obsta a que, no plano do direito comunitário da concorrência,

---

[556] Referimo-nos aqui ao Acórdão *"BMW Belgium v. Commission"*, de 1979, já cit., *supra*, nota 545.

[557] Diversos autores reconhecem esta consolidação jurisprudencial de uma teoria da *unidade do grupo económico* como base da conformação jurídica da empresa no direito comunitário da concorrência. Assim, D. G. GOYDER, referindo esse aspecto atribui-lhe, justamente, uma dupla vantagem para a Comissão. Segundo este A., *"the adoption by the Court of the 'group economic unit' theory has a dual advantage for the Commission. It enables it to apply a test to the relationship between undertakings within a corporate group which gives a realistic degree of emphasis to the actual economic relationship between them, rather than relying on formal tests relating to legal indicia which might more easily be manipulated by the parties. It also enables the Commission (and the Court) to justify the extension of its jurisdiction to parent companies apparently operating from outside the Community (...)"* (cfr. A. cit., *EC Competition Law*, cit., p. 92).

se reconheça o que podemos qualificar como um *segundo nível de concretização da categoria de empresa*. Este corresponderá às unidades organizadas dentro do grupo, desde que as mesmas assumam, nessa qualidade, relações comerciais regulares com outras entidades situadas fora do perímetro do grupo (nos casos mais frequentes estarão em causa sociedades comerciais diversas integrando um mesmo grupo, as quais, à luz desta concepção, corresponderão a um segundo nível de concretização do conceito jusconcorrencial de empresa, embora, em última análise o seu comportamento concorrencial possa ser imputado às entidades que assumem um papel de controlo dentro do grupo).[558]

4. O tratamento dualista das empresas comuns *("joint ventures")* no direito comunitário da concorrência

4.1. PERSPECTIVA SISTEMÁTICA DE CARACTERIZAÇÃO DAS EMPRESAS COMUNS *("JOINT VENTURES")* NOS ORDENAMENTOS DA CONCORRÊNCIA NORTE-AMERICANO E COMUNITÁRIO

Tendo-se tornado relativamente consensual no direito comunitário da concorrência que um dos elementos jurídicos primaciais em que assenta a categoria da empresa comum (*"joint venture"*) reside na *formação de uma nova unidade empresarial* – no sentido muito lato (acima sumariamente equacionado) assumido pelo conceito jurídico de *empresa* neste ordenamento – esse elemento geral não impediu, como também já se referiu, a

---

[558] Esta importância dada à imputação de comportamentos concorrenciais a entidades que assumem um papel de controlo dentro do grupo leva, *vg.*, a que, no contexto de criação de uma empresa comum por duas empresas-mãe, a identificação ou delimitação destas últimas possa estender-se para além das sociedades que tenham directamente participado na constituição dessa empresa comum. Retomando uma ideia, já referida, exposta por D. G. GOYDER – embora num plano diverso – uma sociedade participante na criação de uma empresa comum no mercado comunitário e estabelecida num Estado-Membro pode, na realidade, conduzir à identificação como empresa-mãe de uma sociedade situada fora da UE, na medida em que esta controle tal sociedade participante e lhe seja, assim, imputável a decisão de participação na empresa comum (cfr. D. G. GOYDER, *EC Competition Law*, cit., p. 92).

Parte I – Capítulo 2

343

emergência de um tratamento dual de categorias diversas de empresas comuns.

Essa perspectiva dualista no tratamento das empresas comuns encontra-se fundamentalmente associada à adopção do RCC, em 1989, nos termos do qual se impôs uma distinção normativa entre as empresas comuns com carácter de concentração,[559] sujeitas ao procedimento e aos critérios específicos de apreciação de operações de concentração entre empresas (regulados nesse RCC), e as empresas comuns com carácter de cooperação, sujeitas em geral ao regime decorrente do artigo 85.º TCE.

Como adiante se exporá, no quadro da nossa análise da evolução do enquadramento jurídico das empresas comuns em vários estádios de consolidação do direito comunitário da concorrência,[560] essa distinção encontra, de algum modo, as suas raízes numa diferenciação anteriormente esboçada entre empresas comuns, de tipo geral, sujeitas ao regime do artigo 85.º TCE e as empresas comuns qualificáveis como concentrações parciais.[561] Devido à inexistência, no período anterior a 1989, de um instrumento jurídico comunitário de controlo directo de operações de con-

---

[559] Sobre este conceito de empresa comum com carácter de concentração ("*concentrative joint venture*") emergente da aprovação do RCC, cfr., por todos, Jacques Bourgeois, "Le Réglement CEE Rélatif au Controle des Concentrations – Un Premier Commentaire", in Revue des Affaires Européennes, 1990, pp. 15 ss.. O contexto em que se verificou a adopção do RCC, em 1989, e o impacto deste regime comunitário de controlo de concentrações serão – como já se referiu – adiante abordados *ex professo* (cfr., *infra*, capítulo segundo, 2.6.1. a 2.6.4. e **3**. da **Parte II** deste trabalho.

[560] Remetemos aqui, uma vez mais, para a análise desenvolvida no capítulo segundo da **Parte II** (esp. ponto 3.). Assim, enquanto procuramos no presente capítulo dilucidar e fixar, em termos gerais, um *conceito de empresa comum* a acolher *no quadro das normas em vigor no direito comunitário da concorrência* – como base de trabalho para ulteriores desenvolvimentos analíticos na nossa investigação – a compreensão dos diferentes estádios de tratamento sistemático das empresas comuns em várias fases de consolidação deste ordenamento comunitário da concorrência é essencialmente remetida para o referido capítulo segundo da **Parte II**, de modo a não incorrer em desnecessárias repetições (sem prejuízo de algumas referências imediatas, extremamente sumárias, a alguns desses estádios diversos de tratamento das empresas comuns, quando as mesmas se mostrem essenciais para a caracterização geral desta figura, como sucede aqui com os aspectos relacionados com a aprovação do RCC).

[561] A orientação relativa à possível qualificação de determinadas empresas comuns como concentrações parciais desenvolvida no período anterior à aprovação do RCC será versada no capítulo segundo da Parte II (esp. 2.3.3.). De qualquer modo, cfr., desde já, sobre essa matéria, Enzo Moavero Milanesi, "Concorrenza e Concentrazioni tra Imprese", in Riv Soc., 1988, pp. 499 ss.

centração entre empresas, essas empresas comuns subsumíveis no conceito de concentração parcial desenvolvido pela Comissão e acolhido por alguma doutrina, não se encontrariam, no essencial, sujeitas a qualquer espécie de fiscalização fundada em normas comunitárias de concorrência. Essa lacuna teria mesmo conduzido, como justamente destacou JAMES VENIT,[562] à adopção de testes jurídicos muito restritivos para o reconhecimento de concentrações parciais em ordem a assegurar a sujeição da maior parcela de empresas comuns a uma disciplina comunitária efectiva de concorrência (decorrente do regime previsto no artigo 85.ºTCE).

Curiosamente, há quem sustente que, no quadro do ordenamento comunitário da concorrência anterior ao RCC, se verificaria uma maior consistência e coerência sistemáticas na problematização jurídica das empresas comuns.[563] A disciplina jurídica material das mesmas encontrar-se-ia primacialmente no regime previsto no artigo 85.º TCE e, nessa sede jurídica central, a Comissão teria desenvolvido parâmetros flexíveis de apreciação, designadamente revelando considerável abertura à ponderação de elementos de eficiência económica (ou outros elementos conexos) através de decisões de isenção *ex vi* do n.º 3 do artigo 85.º TCE. Pela nossa parte, contudo, não secundamos esta perspectiva, quer num plano de análise substantiva, visto que os critérios de apreciação dos efeitos das empresas comuns sobre a concorrência efectiva conheceram, nesse período, significativas oscilações, quer num plano procedimental, pois a distinção então esboçada entre uma categoria geral de empresas comuns e a categoria potencialmente residual das denominadas *concentrações parciais* não se mostrou suficientemente sólida.

---

[562] Cfr., nesse sentido, JAMES VENIT, "Oedipus Rex. Recent Developments in the Structural Approach to Joint Ventures under EEC Competition Law, in W Comp., 1991, pp. 14 ss.

[563] Particularmente curioso é o facto de posições desse tipo serem sustentadas por representantes da Comissão Europeia. Assim, cfr., nesse sentido, OECD, *Competition Issues in Joint Ventures*, cit., onde se refere que "*a delegate from the European Commission stated that a lot of its 'problems in this area stem purely from the historical situation, particularly as regards merger control. Joint Ventures were dealt with in the EU before merger control in a very systematic and straightforward way. They were all treated as falling under what was then Article 85(1), and usually exempted under Article 85(3) which later became Article 81(3). Basically a rule of reason was applied focusing on whether a joint venture eliminated competition to a substantial degree and also on whether it offered efficiencies in production or distribution that could not be realised by less restrictive means*" (*op. cit.*, pp. 146 ss.).

Parte I – Capítulo 2 345

Pelo contrário, essa distinção mostrou-se permeável a distorções normativas comparáveis – *mutatis mutandis* – àquelas que viriam a ser induzidas pela distinção entre categorias de empresas comuns formalmente introduzida pelo RCC (distorções no sentido de a perspectiva normativa adoptada induzir as empresas a moldar intencionalmente os seus acordos com vista a assegurar a sujeição dos mesmos a um determinado regime legal).[564]

A perspectiva dualista no tratamento jusconcorrencial das empresas comuns consagrada no ordenamento comunitário a partir do RCC contrasta, de algum modo, com a disciplina jurídica desta figura no direito da concorrência norte-americano. Na realidade, neste ordenamento os corpos normativos que enquadram as situações de cooperação ou concertação empresariais e de concentração empresarial são cumulativamente aplicáveis às empresas comuns.[565] A regulação substantiva das mesmas não se encontra, pois, dependente de nenhuma qualificação jurídica prévia destas, que introduza qualquer factor suplementar de complexidade na análise da categoria geral das empresas comuns, diversamente do que tem sucedido no ordenamento comunitário. Quer o corpo de normas constante da *"Section 1"* do *"Sherman Act"* – área de regulação de algum modo correspondente no ordenamento comunitário, *mutatis mutandis*, ao regime constante do artigo 85.º TCE (actual artigo 81.º CE) – , quer o conjunto de normas constantes da *"Section 7"* do *"Clayton Act"* – área que, dentro do paralelismo acima ensaiado, corresponderá ao regime de controlo directo de concentrações constante do RCC[566] – são aplicáveis às empresas

---

[564] Na realidade, para além de certos limites, a intervenção normativa em sede de direito da concorrência pode induzir as empresas a fixar a configuração dos seus acordos não em função dos objectivos de cooperação e de eficiência empresarial prosseguidos, mas com base nas consequências esperadas em termos de tratamento sistemático dos mesmos no plano do direito da concorrência, o que, em certas condições, traduz uma verdadeira distorção normativa, no sentido considerado por ROBERT BORK (na sua obra *The Antitrust Paradox*, cit., esp. pp. 69 ss.).

[565] Cfr., nesse sentido, BARRY HAWK, *Joint Ventures under EC Law*, cit., p. 559.

[566] Sobre este tipo de correspondências entre os enquadramentos normativos dos ordenamentos da concorrência norte-americano e comunitário, cfr. o exposto infra sobre os pilares normativos essenciais desses dois ordenamentos – capítulo primeiro, esp. pontos **2. a 4.**, da **Parte II**. Para além da posição de BARRY HAWK, outros As. sustentam – ressalvados certos limites e especificidades de cada ordenamento – essas correspondências entre disposições do direito norte-americano e comunitário da concorrência, nos termos acima configurados. Cfr., *vg.*, sobre essa matéria, aludindo a esses paralelismos, mas também a

346 *Empresas comuns* – Joint Ventures

comuns, mediante a intervenção das mesmas entidades públicas no plano administrativo e juridicial.[567] Apesar de a aplicação efectiva do segundo corpo normativo – *"Section 7"* do *"Clayton Act"* – às empresas comuns ser relativamente menos intensa e frequente, as autoridades federais da concorrência norte-americanas[568] têm desenvolvido parâmetros substantivos de análise jurídica unitária das empresas comuns, que combinam os critérios jurídicos delineados nas duas referidas áreas de regulação.

Assim, se é verdade que a construção de parâmetros consistentes de análise das empresas comuns se tem revelado pouco satisfatória, até ao presente, no ordenamento norte-americano,[569] tal não resulta de qualquer problema jurídico suplementar de qualificação prévia das empresas comuns como operações de concentração de empresas, ou como formas de concertação sem carácter de concentração (problema jurídico que, em

---

diferentes concretizações dos institutos jurídicos em causa, DAVID GERBER, *Law and Competition in Twentieth Century Europe – Protecting Prometheus*, Clarendon Press Oxford, 1998, esp. pp. 334 ss.

[567] Cfr., uma vez mais, nesse sentido, BARRY HAWK, *Joint Ventures under EC Law*, cit., p. 558 ss.

[568] Referimo-nos aqui, bem entendido, à Divisão *"Antitrust"* do Departamento de Justiça e à Comissão Federal do Comércio (*"Antitrust Division of the Department of Justice"* e *"Federal Trade Commission"*), que actuam como autoridades federais no sistema norte-americano de concorrência. Cfr. sobre esse enquadramento institucional razoavelmente complexo do sistema norte-americano, B. GUY PETERS, *United States Competition Policy Institutions: Structural Constraints and Opportunities*, in *Comparative Competition Policy*, cit, pp. 40 ss.. Este A. salienta, justamente, os problemas institucionais desse sistema administrativo de aplicação de normas de concorrência assente, no essencial, nas duas instituições acima referidas, referindo que *"we have argued that the institutions of government in the United States are highly fragmented and also are characterized by apparent overlap and dupplication of policies"* (A. cit., op. cit., pp. 56 ss).

[569] Sobre esses problemas relativos à construção de parâmetros consistentes de análise das empresas comuns no ordenamento norte-americano, cfr., por todos, THOMAS PIRAINNO, "Beyond Per Se, Rule of Reason or Merger Analysis: A New Antitrust Standard for Joint Ventures, cit., esp. pp. 12 ss. Como aí se refere, *"the federal courts have largely failed to recognize that joint ventures have distinctive competitive characteristics that require a unified antitrst analysis. The courts have subjected joint ventures to the inconsistent standards of merger, cartel, and rule of reason analyses. Indeed, federal policy toward joint ventures has been termed 'one of the darkest corners of antitrust law'"*. É certo que, como observaremos na **Parte III**, o recente estabelecimento de orientações interpretativas de carácter geral (*"Guidelines"*) por parte da *"Antitrust Division of the Department of Justice"* e da *"Federal Trade Commission"*), sobre a matéria da apreciação de empresas comuns terá contribuído para uma importante clarificação neste domínio.

Parte I – Capítulo 2 347

nosso entender, se mostrará, por natureza, largamente refractário a soluções gerais consistentes, visto que a essência jurídica da figura da empresa comum, como temos enfatizado, assenta na concatenação, em graus diversos, de elementos de cooperação e de concentração, o que prejudica qualquer lógica de qualificação jurídica conducente a autonomizar subcategorias em função da prevalência clara de um desses elementos).

De qualquer modo, importa reconhecer que esta orientação de fundo do direito da concorrência norte-americano no sentido de uma análise essencialmente unitária das empresas comuns conhece, segundo alguns autores, certas atenuações significativas (embora as mesmas não cheguem ao ponto de acarretar, como no ordenamento comunitário, uma completa separação entre dois blocos de regulação jusconcorrencial das empresas comuns). Assim, para autores como GREGORY WERDEN,[570] justifica-se a adopção de critérios de apreciação material não inteiramente convergentes relativamente a duas categorias algo distintas de empresas comuns. Num primeiro plano WERDEN enquadra uma categoria de empresas comuns integrando empresas que se encontrem entre si em relação de concorrência actual ou potencial, desde que, por um lado, a formação da empresa comum – incluindo eventuais restrições acessórias da concorrência[571] – elimine, em determinado domínio, todas as relações de concorrência entre os participantes, e que, por outro lado, os participantes não concorram com a empresa comum depois de constituída e esta não tenha uma duração limitada. Essa categoria de empresas comuns deveria, em princípio, ser submetida a parâmetros de apreciação coincidentes com os que têm sido adoptados em matéria de análise de operações de concentração de tipo horizontal (*"horizontal mergers"*).[572]

---

[570] Cfr. GREGORY WERDEN, "Antitrust Analysis of Joint Ventures. An Overview", cit., esp. pp. 712 ss.

[571] WERDEN caracteriza a restrição acessória da concorrência (*"ancillary restraint"*) no contexto da análise das empresas comuns como *"one that is reasonably necessary to the accomplishment of a venture's efficiency enhancing purposes. The agreement forming the joint venture and all ancillary restraints should be analysed together under the rubruc og the legality of the joint venture itself"* (cfr. A. cit., op. cit., p. 706).

[572] Como refere WERDEN, *"if two corporations form a third in which they each transfer all of their assets, the transaction creates a joint venture within the meaning of that term here, but it is analytically equivalent to one in which either corporation acquired all of the stock or assets of the other, and it would be analysed as a merger. Many transactions reasonably termed joint ventures by their participants have beeen treated as*

Num segundo plano WERDEN inclui todas as empresas comuns que não reunam as três condições acima enunciadas, as quais suscitariam riscos específicos para a concorrência efectiva não recondutíveis nem aos riscos tipicamente emergentes de meros acordos de cooperação ou de cartelização, nem aos riscos tipicamente associados às concentrações em sentido estrito.

Como verificaremos adiante, no quadro da análise desenvolvida dos efeitos das empresas comuns sobre a concorrência a que se procederá,[573] este tipo de problematização jurídica das empresas comuns, que parte de uma análise fundamentalmente unitária das mesmas, mas reconhecendo especificidades de certos critérios substantivos de apreciação em relação a determinadas categorias de empresas comuns poderá vir a encontrar-se progressivamente em convergência com a metodologia jurídica de tratamento de empresas comuns no direito comunitário da concorrência. Tal poderá verificar-se caso sejam dados novos passos no sentido de atenuar a divisão entre duas categorias dispares de empresas comuns, conforme estas revistam ou não carácter de concentração (divisão que já foi mitigada desde a adopção do RCC em 1989 e que poderá, ainda, conhecer novas evoluções nesse sentido), e, sobretudo, caso se reforce uma tendência – já encetada – [574] para a interpenetração dos testes jurídicos referentes aos efeitos restritivos da concorrência, associados aos processos de concerta-

---

mergers under the antitrust laws" (A. cit., *op. cit.*, pp. 715-716). De algum modo, esta subcategoria de empresas comuns que, no contexto do ordenamento norte-americano, WERDEN aproxima das operações de concentração de tipo horizontal, em termos de avaliação jusconcorrencial, pode apresentar algumas correspondências com a subcategoria de empresas comuns qualificáveis como concentrações, para efeitos de aplicação do RCC, em sede de direito comunitário da concorrência.

[573] Reportamo-nos aqui à parte essencial do nosso estudo – *infra* **Parte III**.

[574] Essa possível e desejável tendência para uma *interpenetração dos testes jurídicos substantivos* referentes aos efeitos restritivos da concorrência, previstos no artigo 81.º CE e no RCC – a que já aludimos, em termos genéricos, na parte introdutória – é mais visível, em nosso entender, desde a primeira reforma do RCC, em 1997. Esta, veio determinar a aplicação cumulativa a empresas comuns que desempenhem todas as funções de uma entidade económica autónoma – doravante qualificadas como concentrações – e que desencadeiem, em paralelo, efeitos de coordenação de comportamentos entre as empresas-mãe, do teste do domínio do mercado (ou teste relativo à criação de entraves significativos à concorrência, na sequência da segunda reforma do RCC, de 2004) e do teste relativo à restrição da concorrência emergente de situações de cooperação. Tal aplicação cumulativa dos dois testes deverá, em nosso entender, contribuir para a uma progressiva aproximação substantiva dos mesmos.

Parte I – Capítulo 2 349

ção empresarial e à criação de entraves significativos à concorrência efectiva, constantes, respectivamente, dos regimes previstos no artigo 81.º CE e no RCC.

Por outro lado, no quadro do ordenamento norte-americano, é ainda contemplado um tratamento específico em relação a certas categorias de empresas comuns que não exerçam todas as funções de uma entidade económica autónoma,[575] designadamente no que respeita às empresas comuns com funções circunscritas à investigação e desenvolvimento ou à produção. Essa categoria de empresas comuns é sujeita à aplicação de normas legais especiais ao abrigo do denominado *"National Cooperative Research and Production Act"* (*"NCRPA"*) de 1993 (que alterou legislação originariamente introduzida através do denominado *"National Cooperative Research Act"*, de 1984, nessa altura abarcando apenas as empresas comuns que tivessem por objecto a investigação e desenvolvimento).[576]

Embora através desta legislação especial se pretenda clarificar o enquadramento jusconcorrencial relativamente a certas categorias de empresas comuns com funções nos domínios suprareferidos (investigação e desenvolvimento e produção) – tidos como particularmente importantes para assegurar a competitividade, em termos globais, de vários sectores da economia norte-americana – não pode, em última análise, considerar-se que a mesma tenha introduzido uma verdadeira fractura entre categorias de empresas comuns sujeitas a diferente enquadramento jurídico em moldes comparáveis aos que se verificam no ordenamento comunitário da concorrência.

De resto, sendo a mesma legislação inegavelmente importante, desde logo por introduzir uma definição normativa de empresas comum (*"joint ventures"*) – como adiante se comentará em sede de análise dos escassos contributos das definições legais para caracterizar esta categoria jurídica em sede de direito da concorrência[577] – e por procurar delinear critérios

---

[575] Daí resulta que a distinção entre *"full function joint ventures"* e *"single function joint ventures"* estabelecida no direito comunitário da concorrência é, pelo menos, indirectamente aflorada num domínio específico da disciplina das empresas comuns no ordenamento norte-americano da concorrência.

[576] Sobre o alcance do *"NCRPA"*, de 1993, para o desenvolvimento do direito da concorrência norte-americano e, em especial, para o tratamento das empresas comuns neste ordenamento, cfr., por todos, VERONICA M. DOUGHERTY, "Antitrust Advantages to Joint Ventures under the National Cooperative Research and Production Act", in AB., 1999, pp. 1007 ss.

[577] No que respeita à identificação de elementos que suportem possíveis *definições normativas* da categoria de empresa em direito da concorrência, cfr. os aspectos expostos

previsíveis de apreciação que diminuam o risco de sujeitar a proibição certas empresas comuns susceptíveis de produzir considerável eficiência económica, a sua aplicação tem sido pouco expressiva no quadro global do ordenamento da concorrência norte-americano. Assim, nem pelo seu conteúdo jurídico, nem pela *praxis* jurídica que se lhe encontra associada se mostra provável que esse *"NCRPA"* venha a pôr em causa a análise essencialmente unitária das empresas comuns no direito norte-americano.

4.2. AS DUAS CATEGORIAS FUNDAMENTAIS DE EMPRESAS COMUNS *("JOINT VENTURES")* NO DIREITO COMUNITÁRIO DA CONCORRÊNCIA

A divisão essencial entre duas categorias primaciais de empresas comuns sujeitas a diferentes regras de procedimento e a critérios de apreciação material não coincidentes, consagrada através do RCC em 1989, – questão a que retornaremos, de modo mais desenvolvido, ao equacionar os diferentes estádios no enquadramento jusconcorrencial das empresas comuns no quadro das mutações gerais do ordenamento comunitário globalmente considerado[578] – assentou em duas condições básicas.

Assim, como salientam justamente J. COOK e C. KERSE,[579] a delimitação da categoria de empresas comuns sujeitas à aplicação do RCC e assumindo, em conformidade, carácter de concentração por contraposição com a categoria de empresas comuns com carácter de cooperação, assentava numa *condição positiva* – empresa comum que desempenhasse todas as funções de uma entidade económica autónoma – e numa *condição*

---

infra, ponto **5.** deste capítulo. Nesse ponto, esboça-se, ainda, um paralelo entre as limitadas bases de uma definição normativa de empresa comum no direito comunitário e no ordenamento norte-americano da concorrência, trazendo-se novamente à colação nesse contexto o contributodo *"NCRPA"* para tal definição.

[578] Atendendo a esta sistemática remissão da análise das repercussões da adopção do RCC sobre o tratamento das empresas comuns para o nosso estudo dos diferentes estádios no enquadramento jusconcorrencial das empresas comuns no quadro das mutações gerais do ordenamento comunitário – empreendido *infra*, capítulo segundo da **Parte II** – limitamo-nos, por ora, a enunciar, descritivamente, os critérios de distinção entre empresas comuns com carácter de concentração e empresas comuns submetidas ao regime do artigo 81.º CE. A análise crítica do alcance material dessa distinção será desenvolvida no quadro do estudo acima referido.

[579] Cfr. J. COOK e C. KERSE, *EC Merger Control*, cit., esp. pp. 48 ss.

negativa, correspondente à ausência de elementos de coordenação subjacentes à empresa comum. Através da primeira condição exigia-se, designadamente, que a empresa comum não tivesse o seu objecto circunscrito a determinadas funções, em particular (*vg.*, entre múltiplas outras funções individualizadas, funções relacionadas com a investigação e desenvolvimento ou com a produção, já atrás referidas), e que, pelo contrário, dispusesse dos meios e aptidão para desempenhar o conjunto de todas as funções que caracterizam, normalmente, a actuação de uma empresa autónoma no mercado em questão.

Por outro lado, exigia-se igualmente que a empresa comum a subsumir no conceito de operação de concentração previsto no RCC revestisse forma minimamente duradoura, não podendo, para esse efeito, consistir numa estrutura precária ou apenas vocacionada para a realização de objectivos de curto prazo (*vg* conjugação de prestações por parte de duas ou mais empresas com vista ao cumprimento de um contrato que não pressuponha prestações regulares).[580] A ideia fundamental subjacente a essa condição positiva correspondia, em súmula, à exigência no sentido de que a empresa comum com carácter de concentração induzisse uma verdadeira transformação da estrutura dos mercados relevantes em questão, o que, por definição, acarretava uma estabilidade mínima das formas de organização comum criadas.

De acordo com a segunda condição acima enunciada – condição negativa – estabelecia-se como requisito da sujeição da empresa comum ao RCC – na formulação originária deste Regulamento – o facto de esta não implicar uma coordenação de comportamento concorrencial, quer entre as empresas fundadoras, quer entre estas e a própria empresa comum. A Comissão procurou dilucidar parâmetros relativamente previsíveis de detecção e apreciação de efeitos de coordenação resultantes da criação de empresas comuns – designadamente, como adiante se verá de forma mais desenvolvida, através de sucessivas Comunicações adoptadas sobre a matéria[581] – tomando como referência primacial as relações entre

---

[580] Numa perspectiva jurídica geral de análise das empresas comuns, autores como HERZEFELD e WILSON oferecem-nos diversos exemplos de empresas comuns assentes em estruturas precárias fundamentalmente vocacionadas para a realização de objectivos de mais curto prazo (cfr. As. cit., *JointVentures*, cit., esp. pp. 10 ss.).

[581] Como adiante observaremos, a Comissão foi, progressivamente, alterando os critérios que propunha para a detecção e apreciação de efeitos de coordenação resultantes da criação de empresas comuns, desde as Comunicações interpretativas originárias –

os mercados em que as empresas fundadoras permanecem activas e o mercado em que actua a empresa comum.

Nesse sentido distinguiu situações paradigmáticas correspondentes, entre outras, aos casos em que ambas as empresas fundadoras permanecessem no mercado da empresa comum (desencadeando efeitos de coordenação), aos casos em que as referidas empresas mantivessem actividade no mercado comunitário e em que se verificasse uma probabilidade realista da sua reentrada no mercado da empresa comum (eventual efeito de coordenação resultaria do grau de probabilidade de reentrada no mercado), ou ainda a situações caracterizadas pela presença continuada das empresas fundadoras em mercados relacionados com o mercado da empresa comum, ou mercados situados fora da CE, relativamente às quais se poderia afastar, em princípio, – especialmente no que respeita à última situação – a verificação de efeitos relevantes de coordenação de comportamentos.

Esse objectivo de clarificação por parte da Comissão das condições típicas de verificação de efeitos de coordenação de comportamentos concorrenciais não foi, contudo, em nosso entender, realizado de modo satisfatório. Na realidade, os critérios de apreciação utilizados neste domínio na *praxis* decisória correspondente aos primeiros anos de vigência do RCC conheceram significativas oscilações, tendo a Comissão vindo a atenuar progressivamente algum rigor inicial – de teor essencialmente formal – na detecção de riscos de coordenação de comportamentos. Essa flexibilização levou, em termos gerais, a uma tendência para reconduzir uma maior parcela de empresas comuns à categoria jurídica da concentração de empresas.

O progressivo desenvolvimento de uma verdadeira pré-compreensão normativa conducente a subsumir um conjunto cada vez mais significativo de categorias de empresas comuns no conceito legal de operação de concentração de empresas – enquadrado por um sistema claro e eficaz de repartição de jurisdições entre a CE e os ordenamentos de concorrência nacionais e por um procedimento comunitário de apreciação relativamente eficaz – propiciou, mesmo, uma visão algo conceptualista – e não isenta de contradições – das condições negativa e positiva de qualificação das referidas empresas como concentrações.

---

adoptadas aquando da aprovação do RCC – até, *vg.*, à adopção de novas Comunicações interpretativas em 1994, em especial a *"Comunicação relativa à distinção entre empresas comuns com carácter de concentração e empresas comuns com carácter de cooperação"* (94/C 385/01 – JOCE n.º C 385/1, de 31 de Dezembro de 1994).

Esse conceptualismo jurídico-formal levou, designadamente, a ultrapassar em várias situações a condição negativa referente à ausência de coordenação de comportamentos concorrenciais através da formulação do denominado critério da liderança industrial ("*industrial leadership*", que adiante, no seu contexto próprio, teremos ensejo de analisar).[582] De acordo com esse critério, desenvolvido no âmbito da *praxis* decisória da Comissão, admitia-se que o risco de coordenação de comportamentos potencialmente associado a certas empresas comuns poderia ser, de algum modo, desconsiderado nos casos em que uma das empresas participantes na empresa comum assumisse uma posição de preponderância na condução do projecto empresarial em questão, o que, em última análise, permitiria assumir – para determinados efeitos no plano jusconcorrencial – uma integração do ente comum no grupo da empresa-mãe liderante (afastando reflexamente o risco de verificação de efeitos de coordenação de comportamentos).

Em nosso entender – como se explanará – esse critério da liderança industrial correspondeu a uma verdadeira distorção de regulação induzida pela rigidez de análise subjacente aos parâmetros jurídico-formais de distinção entre empresas comuns com carácter de concentração, ou de mera cooperação. Tal critério tinha na sua base pressupostos que dificilmente se coadunavam com a compreensão típica das relações entre as empresas-mãe de uma empresa comum e com a ideia de controlo conjunto que se deverá encontrar na base do próprio funcionamento da empresa comum.

De resto, a própria evolução da *praxis* decisória da Comissão conduziu esta instituição a uma revisão algo aprofundada das suas orientações gerais referentes à definição das condições negativa e positiva de qualificação das empresas comuns[583] e, como se verá, a persistência das

---

[582] Este critério da liderança industrial ("*industrial leadership*"), desenvolvido como forma de flexibilizar o requisito de qualificação de empresas relativo à ausência de qualquer perspectiva de coordenação de comportamentos concorrenciais entre as empresas-mãe – já brevemente aflorado na parte introdutória – será objecto de análise crítica, com referência concreta a decisões da Comissão que o utilizaram, *infra*, capítulo segundo da **Parte II** (esp. ponto 3.1.7.4.). De qualquer modo, cfr., desde já, sobre essa matéria, JAMES VENIT, *The Treatment of Joint Ventures under the EC Merger Regulation – Almost through the Ticket*, in *Annual Proceedings of the Fordham Corporate Law Institute – International Antitrust Law & Policy*, cit., esp. pp. 473 ss..

[583] Como já tivemos ensejo de referir, um conjunto de Comunicações interpretativas – ditas intercalares – adoptadas em 1994 veio introduzir importantes alterações nas

354   *Empresas comuns* – Joint Ventures

dificuldades de qualificação e alguma percepção da falta de coerência do tratamento diferenciado de múltiplas empresas comuns, com características idênticas no que respeita às suas consequências sobre as estruturas de concorrência, veio a determinar, finalmente, em 1997, uma primeira alteração do RCC no sentido de eliminar a condição negativa como requisito de sujeição das empresas comuns ao regime previsto naquele Regulamento.[584]

De qualquer modo, como se constatará, essa significativa alteração do RCC não eliminou todos os problemas de análise subjacentes à manutenção da distinção entre, por um lado, empresas comuns subsumíveis na categoria normativa de concentração empresarial e, por outro, empresas comuns correspondentes a meros fenómenos de cooperação entre empresas.

De um modo geral, essa distinção fundamental do ordenamento comunitário da concorrência que – como já se acentuou – contrasta com uma análise essencialmente unitária da categoria jusconcorrencial da empresa comum no ordenamento norte-americano da concorrência[585] – nunca proporcionou uma margem verdadeiramente satisfatória de segurança jurídica, o que se afigura particularmente negativo, atendendo a que a mesma distinção foi erigida em critério de delimitação de jurisdições relevantes (e tal pressuporia, decerto, que a sua concretização jurídica não fosse especialmente controvertida ou incerta).

Em contrapartida, se a referida distinção entre duas categorias primaciais de empresas comuns obrigou a uma complexa densificação jurídica – frequentemente caracterizada pela prevalência de critérios jurídico-formais que deveriam assumir um papel relativamente secundário no direito

---

orientações gerais referentes à definição das condições negativa e positiva de qualificação das empresas comuns que haviam sido fixadas pelas Comunicações intepretativas originárias, de 1990.

[584] Sobre essa primeira reforma do RCC, em 1997, e o seu impacto em matéria de qualificação de empresas comuns ao eliminar a condição negativa como requisito de sujeição das empresas comuns ao regime previsto neste Regulamento, cfr., GEERT A. ZONNEKEYN, "The Treatment of Joint Ventures under the Amended EC Merger Regulation", cit., pp. 414 ss.

[585] Embora tal análise essencialmente unitária da categoria jusconcorrencial da empresa comum no ordenamento norte-americano da concorrência não seja incompatível com a identificação de categorias de empresas comuns que devam merecer um tratamento substantivo algo diferenciado, como ressalta da análise de G. WERDEN acima referida (A. cit., "Antitrust Analysis of Joint Ventures. An Overview", cit., esp. pp. 712).

da concorrência[586] – verificou-se, por outro lado, um menor desenvolvimento da análise jurídica que assume decisiva importância para a efectiva autonomização da categoria jusconcorrencial da empresas comum, globalmente considerada. Referimo-nos à análise que permite destrinçar os meros acordos ou entendimentos de cooperação empresarial e a realidade de fronteira da empresa comum cujos efeitos sejam predominantemente de tipo cooperativo (e que não se encontre sujeita à aplicação do RCC).[587] É no plano específico dessa distinção que deverá ser identificado, a propósito dos processos de cooperação passíveis de serem reconduzidos à figura geral da empresa comum, aquele *maius* jurídico que permite a verificação de alguns efeitos de tipo estrutural em ordem a suplantar a mera esfera da coordenação de comportamentos concorrenciais. Ora, nesse plano, a densa construção jurídica que veio suportando a definição de critérios de subsunção, ou não, das empresas comuns no procedimento de apreciação previsto no RCC não trouxe, no essencial, contributos decisivos de modo a autonomizar a figura das empresas comuns relativamente ao conjunto vasto e diversificado de acordos de cooperação entre empresas.

Apesar de tudo, importa reconhecer que as consequências negativas da cisão da análise jusconcorrencial comunitária das empresas comuns em torno de duas categorias fundamentais – conforme as referidas empresas correspondam, ou não, a operações de concentração – foram significativamente atenuadas através das alterações, supramencionadas, introduzidas no RCC em 1997. Como se verá,[588] tal não exclui, em nosso entender, a

---

[586] Sobre a desejável prevalência no direito da concorrência de *critérios jurídicos materiais*, cuja concretização pressupõe alguma análise económica – suportada por técnicas analíticas ou processos empíricos – em detrimento de critérios ou parâmetros predominantemente formais, cfr. SIMON BISHOP, MIKE WALKER, *The Economics of EC Competition Law: Concepts, Application and Measurement*, London, Sweet & Maxwell, 2002, esp. pp. 317 ss..

[587] Já tivemos ensejo de destacar, acompanhando autores como FRANK FINE, a existência de um défice de análise e de problematização jurídica em relação à distinção que, em nosso entender, assume importância fundamental para a autonomização da categoria jusconcorrencial da empresas comum – a distinção que permite delimitar, por um lado, os meros acordos ou entendimentos de cooperação empresarial e, por outro lado, a realidade de fronteira da empresa comum não passível de qualificação como concentração (cfr. A. cit., *Mergers and Joint Ventures in Europe*, cit., esp. pp. 286 ss.).

[588] Reportamo-nos aqui, fundamentalmente a um balanço crítico das alterações introduzidas em 1997 e 2004 no RCC (sobretudo das primeiras, que versaram mais direc-

possibilidade de se encetarem passos suplementares com vista ao progressivo desenvolvimento de um espaço de análise unitária das empresas comuns no direito comunitário de concorrência.

As referidas alterações de 1997 representam já, de algum modo, o possível início de um movimento nesse sentido, devendo destacar-se, no contexto da sua aplicação do RCC após a sua primeira reforma, dois domínios primaciais de convergência de critérios de apreciação em matéria de empresas comuns.

Assim, verifica-se, por um lado – e nos termos que já temos vindo a referir – uma progressiva interpenetração do teste jurídico estrutural referente à criação ou reforço de posições dominantes, e do teste relativo à coordenação de comportamentos concorrenciais. Noutro plano, o conceito de controlo conjunto consolidou-se, progressivamente, como elemento fundamental da definição jurídica de qualquer categoria de empresa comum.[589] Na realidade, dever-se-á ter presente a persistência de uma relevante *praxis* decisória anterior, em matéria de empresas comuns sujeitas ao regime dos acordos e práticas concertadas (artigo 85 TCE – artigo 81.º CE.), segundo a qual, a verificação de uma situação jurídica caracterizável, com base em critérios jurídicos de concorrência, como situação de controlo conjunto, não constituía um elemento necessário para reconhecer a existência de uma empresa comum. O acordo entre as empresas-mãe constituiria, desde que revestisse determinadas características, um elemento suficiente para caracterizar certas empresas comuns, com carácter de cooperação).[590]

---

tamente a matéria das empresas comuns) resultante da análise desenvolvida *infra* – capítulo segundo da **Parte III**, esp. ponto 3.3..

[589] Embora se deva reconhecer que esta consolidação da noção de *controlo conjunto* como elemento necessariamente presente na caracterização de todas as empresas comuns – incluindo aquelas que não sejam passíveis de qualificação como concentrações – não resultou, propriamente, da primeira reforma do RCC, em 1997, pois tal orientação já vinha sendo progressivamente desenvolvida em decisões adoptadas pela Comissão antes dessa primeira reforma do RCC e no quadro da aplicação do então artigo 85.º TCE (como sucedeu, *vg.*, nas decisões *"Exxon/Shell"* – JOCE n.º L 144/20, 1994, esp. pontos 44 a 49 – ou *"BT/MCI"* – JOCE n.º L 223/36, 1994, esp. ponto 22 – nas quais a Comissão inclui no seu *iter* analítico conducente à verificação da existência de empresas comuns a verificação da existência de situações de controlo conjunto). De qualquer modo, podemos afirmar que esta orientação se consolidou já no quadro da vigência do RCC alterado em 1997.

[590] A este propósito, cfr., no mesmo sentido, BELLAMY, CHILD, *Common Market Law of Competition, First Supplement to the Fourth Edition*, Sweet&Maxwell, 1997, p. 63. Como aí se afirma, *"analysis of joint control in Article 85(1) JV cases has traditionally*

Em nosso entender, essa atribuição de uma função secundária ao conceito de controlo conjunto, como elemento de caracterização jurídica essencial das empresas comuns – pelo menos no que respeita às empresas comuns de tipo cooperativo – contribuiu, significativamente, para as especiais dificuldades experimentadas, em sede de direito comunitário da concorrência, no estabelecimento de uma linha de fronteira coerente e segura entre as realidades conceptuais correspondentes aos *meros acordos de cooperação entre empresas* e às *empresas comuns, em sentido próprio.*

Acresce, ainda, que esse reconhecimento progressivo do peso do elemento correspondente ao *controlo conjunto* – a exercer pelas empresas fundadoras – na delimitação da categoria conceptual da empresa comum tem implicado, no essencial, uma incorporação da noção de controlo conjunto que foi especialmente desenvolvida no quadro da disciplina estabelecida no RCC. Verifica-se, pois, mesmo a este nível de concretização jurídica dos elementos basilares da definição de uma categoria geral de empresa comum, um significativo processo de convergência entre as duas áreas tradicionais de regulação desta categoria da empresa comum no domínio do direito comunitário da concorrência. Trata-se, importa reconhecê-lo, de um processo ainda relativamente aberto, caracterizado por especial dinamismo no plano específico da disciplina do RCC, a qual poderá assumir, por essa razão, características de uma verdadeira disciplina paradigmática das empresas comuns no ordenamento comunitário da concorrência).[591]

---

been absent or limited, since for Article 85(1) to apply, only an agreement between undertakings is necessary".

[591] Referimo-nos aqui a um processo aberto, tendente a uma utilização alargada da noção de *controlo conjunto* densificada em sede de aplicação do RCC como elemento matriz para a caracterização, em geral, das empresas comuns, porquanto essa noção se encontra, ela própria, sujeita a uma contínua evolução no quadro do RCC (como é possível aferir pela análise da prática decisória da Comissão no quadro do RCC no período posterior à *"Comunicação relativa ao conceito de concentração de empresas"* – 94/C 385/02, JOCE n.º C385/5, de 31 de Dezembro de 1994 – a qual contemplava, no seu ponto 18 e ss. uma enunciação geral dos critérios então acolhidos para determinar esse controlo conjunto).

358   *Empresas comuns* – Joint Ventures

5. Elementos para uma definição normativa da categoria da empresa comum *("joint venture")* no direito comunitário da concorrência

5.1. RAZÃO DE ORDEM

A análise que se vem desenvolvendo com vista a estabelecer uma definição jurídica – e uma correlativa densificação mínima – da categoria da empresa comum, em sede de direito da concorrência, demonstra que esta figura é largamente refractária a quaisquer esforços de caracterização jurídica sistemática. Verificamos, igualmente, que, no plano específico do direito comunitário da concorrência,[592] a delimitação dos principais elementos constitutivos da mesma figura é ainda agravada, devido a uma opção normativa no sentido de enquadrar os efeitos relevantes das empresas comuns em duas sedes jurídicas distintas (correspondentes, como se viu, ao controlo dos acordos e práticas concertadas entre empresas e ao controlo directo de operações de concentração entre empresas). Podemos, do mesmo modo, considerar que, como categoria normativa e formal,[593] a empresa comum enferma de um grau comparável de indefinição. Assim, na generalidade dos ordenamentos legais de concorrência não é possível encontrar definições normativas gerais da figura da empresa comum, e os elementos formais directamente convocáveis para uma caracterização jurídica genérica da mesma são quase sempre escassos.[594]

---

[592] Referimo-nos aqui a estas dificuldades especiais na delimitação dos principais elementos constitutivos da categoria da empresa comum em sede de direito comunitário da concorrência, visto que este ordenamento constitui o objecto central da nossa análise.

[593] Sobre o conceito de *categoria normativa* e os seus requisitos essenciais, incluindo no plano linguístico, CASTANHEIRA NEVES, *Metodologia Jurídica – Problemas Fundamentais*, cit., esp. pp. 92 ss..

[594] Essa ausência de definições normativas da categoria da empresa comum verifica-se na generalidade dos ordenamentos da concorrência e não apenas no ordenamento comunitário. Cfr., nesse sentido, para uma referência sistemática ao enquadramento das empresas comuns num conjunto muito diversificado de ordenamentos nacionais de concorrência, além do ordenamento comunitário, *OECD, Competition Issues in Joint Ventures*, cit.. Como verificaremos – *infra*, ponto 5.6. deste capítulo – são razoavelmente excepcionais soluções normativas como as do direito da concorrência australiano que integram definições gerais de empresa comum.

Parte I – Capítulo 2   359

De qualquer forma, ao procurar reconstituir os possíveis elementos constitutivos da categoria jusconcorrencial da empresa comum, no direito comunitário da concorrência, impõe-se proceder a uma revisão sistemática de todas as referências formais a essa categoria, constantes deste ordenamento, bem como de todos os afloramentos de qualquer caracterização formal da mesma figura em orientações de carácter geral delineadas pela Comissão.[595] *A especial fluidez da categoria jurídica em causa justifica, certamente, este acento mais exaustivo no plano jurídico-formal da nossa pesquisa.* Tenha-se presente, de resto, como justificação suplementar, que na área de delimitação que consideramos mais complexa – aquela que corresponde ao estabelecimento de uma linha de fronteira entre os meros acordos de cooperação entre empresas, e as empresas comuns com carácter de cooperação, sujeitas ao regime previsto no artigo 81.º CE. – os contributos jurisprudenciais para a densificação desta figura da empresa comum são também notoriamente escassos. Na realidade, até 1998, nem o TJCE, nem o TPI haviam sido chamados a pronunciar-se, em termos gerais, sobre questões de mérito referentes a decisões de aplicação do artigo 81.º CE. a empresas comuns.[596]

---

[595] Reportamo-nos aqui, bem entendido, a intervenções da Comissão, definindo orientações interpretativas de carácter geral, na sua qualidade de verdadeira autoridade da concorrência no plano comunitário. Na realidade, e não obstante o processo de "*descentralização*" formalmente encetado com a aprovação do Regulamento (CE) n.º 1/2003, pensamos que a Comissão conserva inegavelmente essa qualidade, bem como um papel fundamental na conformação do sistema comunitário da concorrência (estes aspectos relativos à pretendida "*descentralização*" dos processos de aplicação do direito comunitário da concorrência serão sumariamente versados *infra*, capítulo primeiro da **Parte II**, esp. ponto **5.**).

[596] Essa intervenção jurisdicional dirigida a questões de mérito referentes a decisões de aplicação do artigo 81.º CE. a empresas comuns só veio a ocorrer, na verdade, com o fundamental Acórdão "*European Night Services*", do TPI, em 1998 [proc. T-374, 375, 384 2 388/94, Col. II – 3141, (1998)] – o qual será objecto da nossa especial atenção no quadro do estudo da avaliação jusconcorrencial substantiva de empresas comuns empreendida na **Parte III**. É certo que, já posteriormente a este importantíssimo Acórdão "*European Night Services*", outros Acórdãos vieram, de modo directo ou indirecto, versar a matéria das empresas comuns no direito comunitário da concorrência – em termos que teremos também ensejo de analisar na **Parte III** – mas o tratamento jurisprudencial do tema, sobretudo na perspectiva da caracterização geral da categoria da empresa comum, continua muito escasso.

5.2. REFERÊNCIAS INICIAIS AO CONCEITO DE EMPRESA COMUM (*"JOINT VENTURE"*) EM ORIENTAÇÕES INTERPRETATIVAS E EM RELATÓRIOS SOBRE A POLÍTICA DA CONCORRÊNCIA

Pode afirmar-se que a primeira tentativa de compreensão sistemática dos efeitos emergentes dos múltiplos processos de cooperação entre as empresas, no plano comunitário, foi empreendida através da Comunicação relativa a *"Acordos, decisões de associação e práticas concertadas no domínio da cooperação entre empresas"*, adoptada pela Comissão em 1968.[597] Nesta Comunicação, a Comissão procurou enunciar categorias paradigmáticas de acordos de cooperação ou de empresas comuns que, em função do seu conteúdo, não produzissem, em princípio, efeitos restritivos da concorrência, nos termos do artigo 85.º, n.º 1, TCE. De qualquer modo, a Comissão limitou-se a considerar um conjunto de formas relativamente menores de cooperação entre empresas,[598] sem proceder a qualquer distinção entre as situações jurídicas qualificáveis como verdadeiras empresas comuns, e aquelas que se devessem reconduzir a meros acordos de cooperação. Acresce que esse carácter menos desenvolvido das modalidades de cooperação cobertas na Comunicação de 1968, e o grau menos intenso de estruturação dessas relações de cooperação que, consequentemente, lhe estaria, em princípio, associado,[599] determinaria, desde logo, em nosso

---

[597] Esta Comunicação interpretativa de 1968, relativa a *"Acordos, decisões de associação e práticas concertadas no domínio da cooperação entre empresas"*, cit., manteve-se aplicável no decurso de um longuíssimo período, o que não tem sido usual no quadro do sistema comunitário de aplicação de normas de concorrência. Apenas com a adopção da 'Comunicação de 2001' veio a Comissão assumir a *"substituição"* dessa Comunicação pelo conjunto das novas orientações então estabelecidas.

[598] No mesmo sentido, salientando também o facto de essa Comunicação de 1968 ter coberto um conjunto de formas relativamente menores de cooperação entre empresas, cfr. D. G. GOYDER, *EC Competition Law*, cit., esp. pp. 428 ss.. Pela nossa parte, retiramos outras consequências dessa cobertura limitada dos acordos de cooperação entre empresas na mesma Comunicação, no sentido de esta não fornecer indicações relevantes para o estabelecimento de linhas de fronteira entre as empresas comuns e os meros acordos de cooperação entre empresas.

[599] Assim, essa Comunicação de 1968 cobre, *inter alia*, acordos de cooperação em matéria de preparação de estudos comparativos de empresas ou indústrias, de preparação conjunta de estatísticas, de promoção conjunta, de execução conjunta de projectos de investigação e desenvolvimento, ou de utilização conjunta de infra-estruturas produtivas ou de equipamentos de transporte e armazenamento. Nesse grupo de matérias cobertas pela Comunicação, praticamente só as respeitantes à investigação e desenvolvimento ou à

entender, uma menor aptidão da referida Comunicação para abarcar verdadeiras empresas comuns (as quais pressupõem normalmente um grau superior de estruturação das relações de cooperação). A própria *praxis* decisória da Comissão no período posterior à adopção destas orientações de carácter geral em matéria de cooperação entre empresas parece, de algum modo, confirmar esta ideia de que o domínio das empresas comuns só muito superficialmente terá sido coberto pelas mesmas.

Essa *praxis* decisória revela essencialmente uma tendência para submeter um conjunto significativo de casos referentes a empresas comuns ao regime previsto no artigo 85.º, n.ºs 1 e 3 TCE. Na maior parte das situações, como adiante se observará,[600] a apreciação desses processos relativos a empresas comuns desembocava em decisões de isenção *ex vi* do n.º 3 do artigo 85.º TCE, contemplando, com alguma frequência, a imposição de condições. Parece, pois, relativamente seguro que as modalidades mais paradigmáticas de empresas comuns não beneficiariam da espécie de presunção de conformidade com o regime previsto no n.º 1 do artigo 85.º TCE delineada pela Comunicação de 1968 relativamente a certos processos de cooperação entre empresas. Em súmula, e contrariamente ao que se poderia esperar, essa Comunicação reveste-se de escassa relevância e interesse para o enquadramento e compreensão gerais das empresas comuns no direito comunitário da concorrência.

Em rigor, foi, apenas, no *"Sexto Relatório sobre a Política de Concorrência"*[601] que a Comissão veio a formular as suas primeiras orientações gerais, versando directamente a análise das empresas comuns, *maxime* em sede de aplicação dos critérios de concessão de isenções *ex vi* do regime previsto no n.º 3 do artigo 85.º TCE. Adiante, haverá oportu-

---

utilização conjunta de infra-estruturas produtivas (que não se confunde necessariamente com verdadeiros processos de produção conjunta envolvendo duas ou mais empresas) se encontram, em regra, associadas a modalidades mais estruturadas e integradas de cooperação (tipicamente configuráveis através da criação de empresas comuns).

[600] Remetemos aqui para o tratamento das empresas comuns em sede de direito comunitário da concorrência no período compreendido entre a adopção da Comunicação de 1968, acima cit., e a aprovação do RCC, que é analisado numa perspectiva evolutiva – e versando, em particular, questões de enquadramento sistemático e qualificação das empresas comuns – *infra*, capítulo segundo (esp. pontos 2.3. a 2.4.) da **Parte II**. De qualquer modo, para uma análise da praxis decisória da Comissão em matéria de empresas comuns no período em causa, cfr., por todos, BARRY HAWK, *Joint Ventures under EC Law*, cit., esp. pp. 577 ss..

[601] Cfr. *"Sexto Relatório sobre a Política de Concorrência"*, relativa a 1976,

nidade de equacionar os factores relevantes de apreciação das empresas comuns[602] tomados em consideração nesse contexto pela Comissão. No plano que ora nos ocupa, respeitante à definição das bases essenciais da categoria jurídica da empresa comum, as orientações constantes desse *"Sexto Relatório sobre a Política de Concorrência"* não incorporam um contributo especialmente importante.

Apesar da ausência de um enunciado geral do conceito de empresa comum, as referidas considerações contêm alguns elementos relevantes para a caracterização jurídica do mesmo. Assim, a Comissão deteve a sua atenção nas funções cometidas às empresas comuns, no quadro das várias modalides que estas podem revestir. Essa análise numa perspectiva funcional das empresas comuns permitiu, em qualquer caso, apreender um traço fundamental desta categoria, que corresponde à sua extrema maleabilidade. Como então enfatizou a Comissão, as empresas comuns podem assegurar quer a prossecução de uma específica função, de alcance muito limitado (*vg.* o estabelecimento de um laboratório com custos suportados em comum por duas ou mais empresas-mãe, visando a realização, em moldes completamente autónomos, de actividades próprias de investigação), quer a prossecução da generalidade das funções empresariais que essas empresas desenvolviam em determinado mercado.

Por outro lado, entre essas duas situações extremas, será possível contemplar múltiplas estruturas intermédias de cooperação – abarcando um número e intensidade variáveis de funções empresariais[603] – de acordo com as finalidades que determinem, em concreto, a actuação das empresas-mãe. Esta aptidão para constituir um *centro flexível* – e de amplitude muito variável – *de prossecução de específicas funções empresariais transferidas da estrutura das empresas-mãe*,[604] e pressupondo, conse-

---

[602] Remetemos aqui para o tratamento das empresas comuns analisado no capítulo segundo da **Parte II** e ao longo de toda a **Parte III**.

[603] Teremos ensejo na **Parte III**, através da análise, quer das empresas comuns que desempenham todas as funções de uma entidade económica autónoma, quer das empresas comuns que apenas desempenham parte dessas funções, de identificar de forma mais desenvolvida o tipo de funções empresariais que as empresas-mãe podem transferir para empresas comuns.

[604] Importa referir neste ponto que, no processo de atribuição de certas funções às empresas comuns, pode estar em causa não apenas a transferência de certas funções das empresas-mãe com vista à sua prossecução através da entidade comum, mas, também, em certas situações, a criação de raiz de certos complexos de funções empresariais específicas cometidas *ab initio* a empresas comuns. É o que se passa, *vg.*, com empresas comuns que

quentemente, uma organização mínima que reproduza – mesmo que de modo apenas parcial e limitado – determinadas dimensões dessa estrutura empresarial dos entes fundadores, constituirá, ao menos de modo implícito, um elemento primacial na caracterização material da categoria da empresa comum.

Neste sentido, esse afloramento das aptidões funcionais das empresas comuns, constante do *"Sexto Relatório sobre a Política de Concorrência"*, integra, em última análise, elementos relevantes para a delimitação material da *categoria jusconcorrencial da empresa comum*. Em nosso entender, esses elementos são já suficientemente importantes para nos permitir afastar algumas caracterizações doutrinais da figura da empresa comum. Assim, divergimos da posição expendida por BELLAMY e CHILD,[605] segundo a qual a empresa comum, como ente autónomo sujeito a controlo conjunto dos fundadores, seria um conceito que se reportaria primacialmente à *forma da colaboração entre as empresas envolvidas*, assumindo as concretas finalidades prosseguidas através da mesma um papel secundário na respectiva caracterização.

Consideramos, pelo contrário, que a *forma jurídica* da cooperação prosseguida através da criação de uma empresa comum – que pode receber modelações contratuais extremamente variáveis – não constitui, de modo algum, um elemento essencial na caracterização desta categoria da

---

desempenhem todas as funções de uma entidade económica autónoma e que sejam criadas pelas respectivas empresas fundadoras com o objectivo de entrar em novos mercados, ou até com empresas comuns que assumam funções mais limitadas, mas que sejam essenciais para assegurar a penetração das empresas-mãe em certos mercados, através da concepção e prossecução de novas funções originariamente cometidas a essas empresas comuns (situações deste último tipo podem verificar-se, em especial, como observaremos na análise desenvolvida na **Parte III**, esp. no capítulo terceiro, em relação a empresas comuns de comercialização de bens e serviços ou, até, em certos casos, quanto a empresas comuns de produção).

[605] Cfr., nesse sentido, CHRISTOPHER BELLAMY, GRAHAM CHILD, *Common Market Law of Competition*, London, Sweet & Maxwell, 1987 (terceira edição), esp. p. 194. Como aí se refere, "(…) *the phrase 'joint venture', involving as it does a separate business entity under common control, normally refers to to the form the collaboration takes rather than its subject matter. For example, a research and development agreement could be carried out by setting up a JV limited to doing the work in question, Similarly joint selling or joint purchasing could be carried out through a JV confined to those activities* (…)". Deve salientar-se, contudo, que, na quinta edição da mesma obra, intitulada agora *European Community Law of Competition* (London, Sweet & Maxwell, 2001), já não é colocado o mesmo ênfase na *forma* da empresa comum.

empresa comum. O elemento essencial será, precisamente, apreendido com base nas finalidades ou funções empresariais atribuídas à empresa comum – revistas, em tese geral, pela Comissão no referido *"Sexto Relatório sobre a Política de Concorrência"* – as quais, a partir de certo nível, indiciam a reprodução em ente autónomo, e numa medida variável, dos aspectos típicos da *estrutura de empresa*, nos moldes específicos em que esta é entendida no plano do direito da concorrência.

5.3. O CONCEITO DE EMPRESA COMUM *("JOINT VENTURE")* AFLORADO EM REGULAMENTOS COMUNITÁRIOS DE ISENÇÃO POR CATEGORIA

No estrito plano normativo, as primeiras referências explícitas ou claramente associadas à categoria da empresa comum no quadro do ordenamento comunitário de concorrência surgiram com os denominados Regulamentos de isenção por categoria.[606] Assumem especial relevância nesse plano o Regulamento (CEE) n.º 417/85, relativo à aplicação do n.º 3 do artigo 85.º TCE a certas categorias de acordos de especialização,[607] bem como o Regulamento (CEE) n.º 418/85, relativo à aplicação da mesma disposição do Tratado a certas categorias de acordos de investigação e desenvolvimento.[608]

---

[606] Não se justifica antecipar aqui uma caracterização mais desenvolvida da figura do Regulamento de isenção por categoria no ordenamento comunitário da concorrência, o que nos levaria, de resto, a incorrer em repetições em relação ao tratamento dessa figura que é feito no quadro do nosso estudo das várias etapas de consolidação desse ordenamento (cfr. *infra*, capítulo primeiro, **Parte II**, esp. ponto 4.3.).

[607] Regulamento (CEE) n.º 417/85, relativo à aplicação do n.º 3 do artigo 85.º TCE a certas categorias de acordos de especialização (JOCE n.º L 53/1, de 22 de Fevereiro de 1985), que foi recentemente revogado, como já se referiu, pelo Regulamento (CE) n.º 2658/2000, da Comissão, de 29 de Novembro de 2000, cit., também relativo à aplicação do n.º 3 do artigo 81.º do Tratado a certas categorias de acordos de especialização. Como adiante se refere, (*infra*, nota 612) esse Regulamento de 1985 foi precedido por anteriores Regulamentos de isenção por categoria, mas que não apresentavam a mesma latitude de cobertura que nos leva a destacá-lo neste plano de identificação de afloramentos normativos da categoria de empresa comum.

[608] Regulamento (CEE) n.º 418/85, relativo à aplicação da mesma disposição do Tratado a certas categorias de acordos de investigação e desenvolvimento (JOCE n.º L 53/5, de 22 de Fevereiro de 1985), também revogado em data recente, como já igualmente se referiu, pelo Regulamento (CE) n.º 2659/2000, da Comissão, de 29 de Novembro

Apesar de estes Regulamentos de isenção por categoria não enunciarem explicitamente quaisquer definições normativas da categoria da empresa comum, o ensaio de tipificação de situações jurídicas relevantes de cooperação empresarial a que se procede nos mesmos compreende – pelo menos quanto a uma parte significativa da disciplina contida nos mesmos – algumas das modalidades mais recorrentes de empresas comuns.[609]

De algum modo, uma parte significativa dos processos de cooperação dirigidos à investigação e desenvolvimento encontra-se associada à constituição de empresas comuns, em função da estabilidade mínima que deverá encontrar-se subjacente aos mesmos – e que não é propiciada por formas mais precárias de cooperação empresarial – e das necessidades de criação de uma organização conjunta dotada de meios que permitam o lançamento e prossecução de certas actividades de investigação.[610] Por outro lado, as características e finalidades típicas dessas actividades de investigação e desenvolvimento conduzem com frequência a uma ligação

---

de 2000, versando a mesma matéria da aplicação do n.º 3 do artigo 81.º do Tratado a certas categorias de acordos de investigação e desenvolvimento (JOCE n.º L 304/7, de 5 de Dezembro de 2000). Diversamente do que sucedeu em relação à disciplina dos acordos de especialização, este Regulamento (CEE) n.º 418/85 não foi precedido por anteriores Regulamentos de isenção por categoria. Sobre as razões que nos conduziram a destacar a importância dos Regulamentos de isenção por categoria de 1985 no plano da identificação de afloramentos normativos da categoria de empresa comum que ora nos ocupa, cfr., igualmente, as razões expostas *infra*, nota 612.

[609] A admissão de que as situações jurídicas relevantes de cooperação empresarial cobertas por essas Regulamentos de isenção por categoria compreendem, potencialmente, algumas das modalidades mais recorrentes de empresas comuns é feita pela Comissão na sua *"Comunicação da Comissão relativa ao tratamento das empresas comuns com carácter de cooperação à luz do artigo 85.º do Tratado CEE"*, cit.

[610] Sobre os elementos necessários ao desenvolvimento de projectos de cooperação em matéria de investigação e desenvolvimento, que tendem a exigir processos com algum grau de organização e estabilidade, cfr. VALENTINE KORAH, *R&D and the EEC Competition Rules – Regulation 418/85*, London, Sweet & Maxwell, 1986. Em sentido aproximado, D. G. GOYDER salienta a especificidade desses projectos conjuntos de investigação e desenvolvimento e dos requisitos normalmente associados aos mesmos. Como refere este A., *"(…) research and development agreements form a distinct group which can be recognized without difficulty"* (A. cit., *EC Competition Law*, cit., p. 466). Pela nossa parte, entendemos que o tipo de recursos que é necessário mobilizar para esses processos, e o carácter duradouro dos mesmos incentivam, especialmente, a utilização de empresas comuns para o seu lançamento e desenvolvimento.

dessas específicas funções com outras funções empresariais conexas, relacionadas com a exploração dos resultados da investigação.

Assim, o Regulamento (CEE) n.º 418/85, contemplava, desde logo, certas modalidades de cooperação dirigidas a esse tipo de exploração conjunta dos resultados da investigação, embora, por um lado, fizesse depender o benefício jurídico da isenção de parâmetros muito rigorosos no que respeita a essas situações[611] e, por outro lado, estabelecesse uma fronteira estrita entre actividades de produção conjunta dos bens resultantes da investigação desenvolvida em comum e actividades de distribuição ou comercialização desses bens. Assim, a empresa comum com objecto de promoção conjunta de actividades de investigação e desenvolvimento – típica beneficiária do enquadramento da isenção – poderia utilizar o mesmo, para efeitos de produção conjunta dos bens concebidos ou desenvolvidos com base nas referidas actividades de investigação, mas já poderia passar ao estádio seguinte da comercialização a terceiros desse tipo de bens (em função da condição geral prevista no artigo 2.º, al e) do Regulamento que impunha uma obrigação de venda da totalidade da produção da empresa comum às respectivas empresas-mãe).

Em súmula, admitimos a possibilidade de estabelecer uma identificação tendencial entre as modalidades de cooperação empresarial dirigidas à investigação e desenvolvimento e a figura da empresa comum – devido ao conteúdo típico desses processos de cooperação – e, consequentemente, deverá considerar-se, a essa luz, o Regulamento de isenção por categoria originariamente aprovado em relação a esse tipo de acordos, como *uma das primeiras iniciativas de enquadramento normativo específico das empresas comuns*, apesar de, curiosamente, este conceito jurídico não ser formalmente utilizado no referido Regulamento (como veio a suceder, também, no quadro do novo Regulamento(CE) n.º 2659/2000 que substituiu esse regime originário). Em contrapartida, pensamos que não será admissível o mesmo tipo de identificação com a categoria geral da empresa comum no que respeita aos denominados acordos de especialização.

---

[611] Parâmetros e condições exigidos para além da condição geral de aplicação da isenção por categoria relativa à quota de mercado agregada das partes envolvidas nos mercados que se encontrem em causa que era de 20% no Regulamento (CEE) n.º 417/85, tendo sido flexibilizada para um limiar mais permissivo, correspondente a 25% do mercado que se encontre em causa no novo Regulamento (CE) n.º 2659/2000.

Na realidade, deverá considerar-se que o Regulamento (CEE) n.º 417/85, relativo a esses acordos de especialização abarcava dois tipos fundamentais de situações distintas. Por um lado, encontravam-se em causa entendimentos no sentido da especialização recíproca da produção e, por outro, o desenvolvimento do que se poderá denominar de produção conjunta especializada.[612] O primeiro tipo de situações caracterizava-se pela existência de um acordo entre as partes tendente a que estas se abstivessem de desenvolver por si a produção de certos bens, ou até a mera subcontratação da sua produção. Essa abstenção recíproca permitiria que cada uma das partes se especializasse em determinado domínio da produção (fosse por uma via directa, fosse mediante recurso a subcontratação de terceiras entidades).

No segundo tipo de casos, as partes acordavam entre si a produção conjunta de certos bens, em especial, ou a sua respectiva subcontratação, envolvendo um seu relacionamento conjunto com terceiras entidades.

As previsões constantes das alíneas a) e b) do artigo 1.º do Regulamento (CEE) n.º 417/85 deixavam completamente clara essa distinção fundamental. Ora, na ausência, uma vez mais, de recurso, no plano literal, ao conceito formal de empresa comum no texto do Regulamento de isenção por categoria, consideramos que apenas as situações subsumíveis na referida alinea b) do artigo 1.º do mesmo Regulamento corresponderiam, tipicamente, a verdadeiras modalidades de empresas comuns (cobertas, em geral, pela isenção regulada neste diploma).

---

[612] Em sentido concordante com esta distinção, cfr. LENNART RITTER, DAVID BRAUN, FRANCIS RAWLINSON, *EEC Competition Law – A Practitioner's Guide*, Kluwer, 1993, esp. pp. 133-134. Esta cobertura de diferentes modalidades de acordos de especialização foi consagrada, de forma estável, com este Regulamento (CEE) n.º 417/85, ao qual atribuímos significativa importância pelo facto de ter sido o Regulamento de isenção por categoria que, neste domínio funcional, mais longe levou essa cobertura, utilizando uma metodologia de enumeração de cláusulas permitidas (abandonada com o novo Regulamento aprovado em 2000), que melhor permite apreender a configuração típica de acordos – incluindo de empresas comuns – nesta área. É certo que o mesmo diploma foi precedido por anteriores Regulamentos de isenção por categoria no domínio da especialização [Regulamento (CEE) n.º 2779/72 (JOCE n.º L 292/25, 1972) e Regulamento (CEE) n.º 3604/82 (JOCE n.º L 376/33, 1983)], mas que não apresentavam a latitude de que se veio a revestir o Regulamento (CEE) n.º 417/85. É nesse sentido que o equacionamos como um dos primeiros afloramentos normativos do conceito ou categoria de empresa comum antes da aprovação do RCC.

Essa disposição[613] enunciaria, em última análise, embora com uma formulação extremamente genérica, os elementos definidores de uma modalidade particular de empresa comum de produção (concretizada juri-

---

[613] Tal disposição do Regulamento (CEE) n.º 417/85 apresenta, de alguma forma, uma correspondência com a disposição da al. c) do n.º 1 do artigo 1.º do Regulamento (CE) n.º 2658/2000, que, como já referimos, veio revogar integralmente o primeiro Regulamento. Esta última disposição versa os *"acordos de produção conjunta, no âmbito dos quais duas ou mais partes concordam em fabricar determinados produtos em conjunto"*. O novo Regulamento contrapõe este tipo de situações não apenas aos *"acordos de especialização recíproca"*, mas, ainda, a uma terceira categoria, correspondente aos *"acordos de especialização unilateral"* (cfr. al. a) do n.º 1 do artigo 1.º desse Regulamento). Reportamo-nos, na análise acima desenvolvida, aos *originários Regulamentos de isenção por categoria* relativos às matérias de *investigação e desenvolvimento* e de *especialização*, revogados em 2000, porquanto os mesmos correspondem a alguns dos primeiros afloramentos normativos – directos ou indirectos – da categoria da empresa comum no direito comunitário da concorrência antes da aprovação do RCC, que veio constituir, então, uma referência primacial para qualquer base de enquadramento normativo dessa categoria. Já no que respeita a aspectos que influam na disciplina substantiva das empresas comuns nesses dois domínios funcionais, e não conexos propriamente com a definição de empresa comum ou com a irrupção do conceito no plano normativo, o seu tratamento, à luz dos novos Regulamentos de isenção por categoria, aprovados em 2000, é, essencialmente, remetido para o capítulo terceiro da **Parte III** (esp. pontos **2.** e **3.**), limitando-nos, por ora, a assinalar alguns elementos de correspondência ou de divergência entre os Regulamentos originários, de 1985, e esses novos Regulamentos de 2000 (de modo a não incorrer em desnecessárias repetições). Além disso, no plano relativo ao apuramento de configurações típicas de acordos de empresas comuns nos domínios funcionais em causa, com vista a apreender uma possível caracterização desta categoria, a técnica jurídica utilizada nos Regulamentos de isenção por categoria originários fornecia, a esse propósito, mais indicações. Tal resultava do facto de essa técnica se basear em extensas enumerações de cláusulas admitidas, que permitiam, assim, apreender conteúdos dispositivos mais recorrentes dos acordos em causa. Os novos Regulamentos de isenção por categoria, abandonaram essa técnica jurídica formal e, seguindo uma metodologia mais ligada a critérios económicos de análise dos mercados relevantes, delimitam negativamente o âmbito de concessão das isenções com base nas quotas de mercado das partes envolvidas e na enumeração de restrições intrinsecamente restritivas da concorrência (conforme resulta do considerando n.º 5 do Regulamento (CE) n.º 2658/2000, nos termos do qual se considerou *"conveniente abandonar a abordagem que consiste numa lista de cláusulas de isenção e dar maior ênfase à determinação das categorias de acordos que são isentos até um certo nível de poder de mercado e à especificação das restrições ou cláusulas que não podem figurar nesses acordos, o que é coerente com uma abordagem que avalia o impacto dos acordos no mercado relevante"*; idêntica formulação é, de resto, utilizada no considerando n.º 7 do Regulamento (CE) n.º 2659/2000).

Parte I – Capítulo 2 369

dicamente através da subvariante que correspondia aos acordos de especialização). Esta forma particular de empresa comum de produção abarcaria, no fundamental, quer os casos em que determinadas empresas, que mantinham entre si uma relação efectiva de concorrência, acordavam numa interrupção da produção de certos bens a favor de uma empresa comum controlada pelas mesmas, quer os casos em que as empresas-mãe, partindo de uma posição inicial como concorrentes potenciais, se abstinham de iniciar no futuro a produção de certos bens, a favor de uma nova empresa comum que viessem a instituir.

Tal como se verificava a propósito da autonomização da figura da empresa comum que tivesse como objecto funções de investigação e desenvolvimento, no respectivo Regulamento de isenção por categoria, a autonomização de funções empresariais a que se procedia no Regulamento refererente aos acordos de especialização era consideravelmente limitada. O limiar claro da categoria de empresa comum que era objecto de isenção – e como tal implicitamente individualizada[614] – verificava-se ao nível da transição para funções relacionadas com a comercialização da produção conjunta.

Assim, caso fossem atribuidas a empresas comuns funções de distribuição dos bens produzidos conjuntamente no quadro das mesmas, estas já não beneficiariam da isenção conferida através do Regulamento. Como destacam justamente vários autores,[615] este limite material subjacente ao Regulamento de isenção por categoria levou a que numerosos casos correspondentes a empresas comuns de produção, na modalidade de acordos de especialização, viessem a ser objecto de apreciação casuística por parte da Comissão, originando múltiplas decisões indiduais de isenção *ex*

---

[614] Podendo neste plano, e – como já se observou – em relação a certas modalidades de acordos de especialização, admitir-se a existência de uma categoria implicitamente individualizada como modalidade de empresa comum que apenas desempenha parte das funções de um entidade económica autónoma ("*partial function joint venture*"), a fronteira que limita essa modalidade de empresa comum resulta da não transposição do limiar correspondente ao exercício de funções de comercialização.

[615] Cfr. Lennart Ritter, David Braun, Francis Rawlinson, *EEC Competition Law – A Practitioner's Guide*, esp. pp. 136 ss.. Importa referir, a este propósito, que no novo Regulamento (CE) n.º 2658/2000, se veio contemplar, em termos mais amplos, a possibilidade de as partes não venderem os produtos objecto de acordo de especialização de forma independente, mas prevendo a distribuição em conjunto, sem perderem, por essa razão, o benefício da isenção (cfr. al. b) do artigo 3.º do Regulamento).

vi do artigo 85.º TCE.[616] Em última análise, as situações paradigmáticas cobertas pelo referido Regulamento de isenção por categoria corresponderiam, no essencial, a casos em que determinadas empresas concorrentes acordassem entre si a transferência de um estádio intermédio de produção de certos bens para uma empresa comum instituída pelas mesmas, bem como a aquisição da respectiva produção conjunta para comercialização por parte dessas empresas fundadoras, ou para incorporação em estádios ulteriores de produção autonomamente desenvolvidos por essas empresas.

Além de o Regulamento (CEE) n.º 417/85 não incorporar nenhuma definição jurídica, em sentido próprio, da figura da empresa comum, importa também acentuar, assumindo aqui uma divergência importante relativamente ao teor de múltiplas análises que incidiram sobre o referido Regulamento,[617] que este diploma não pode ter o conteúdo global da sua regulação associado ao enquadramento de uma determinada categoria de empresa comum, que assim se encontraria claramente autonomizada e, de algum modo, implicitamente definida, ou balizada, com base nos compromissos contratuais típicos enunciados no mesmo Regulamento.

Essa apreciação do Regulamento não seria rigorosa, visto que, como já se referiu, o mesmo abarca acordos de especialização recíproca de produção que deveriam ser entendidos como meros acordos de cooperação entre empresas, designadamente porque não pressupunham qualquer actividade conjunta das empresas envolvidas.

Na verdade, entendimentos que, dentro de certas condições, seriam claramente subsumíveis no Regulamento, como a assunção de feixes de obrigações recíprocas de cada empresa interveniente, com vista a assegurar o fornecimento à respectiva contraparte de bens em cuja produção cada uma dessas empresas, na sua esfera própria de actuação, se tivesse espe-

---

[616] Neste plano, importa referir que muitos dos casos em questão foram favoravelmente encerrados pela Comissão através de cartas de conforto e não por decisões formais de isenção baseadas no n.º 3 do artigo 85.º TCE.

[617] Divergimos, assim, neste plano, da análise de autores como D. G. GOYDER, que parecem, implicitamente, associar o Regulamento à disciplina de determinadas categorias de empresas comuns no domínio funcional coberto pelo mesmo normativo (cfr. A. cit., *EC Competition Law*, cit., pp. 459 ss.). Pela nossa parte, entendemos que este diploma, conquanto importante para a compreensão das empresas comuns, não pode ter o conteúdo global da sua disciplina associado ao enquadramento de uma determinada categoria de empresa comum nem incorpora nenhuma definição jurídica, em sentido próprio, da figura da empresa comum.

cializado,[618] não integram, seguramente, aquele *maius* jurídico de regulação – situado na fronteira entre os domínios da estrutura e do mero comportamento das empresas – que deve individualizar a categoria geral da empresa comum (mesmo nos casos em que esta não possa ser qualificada como operação de concentração entre empresas).

Pela nossa parte, consideramos que esse *maius* jurídico, que pode individualizar como categoria jurídica *a se*, no ordenamento da concorrência, a figura da empresa comum, pressupõe, não apenas entendimentos entre as empresas relativamente ao modo de exercício pelas mesmas de certas funções empresariais, mas, a título complementar, acordos sobre o exercício – no quadro de uma verdadeira actividade conjunta – dessas específicas funções empresariais. Essa actividade conjunta deverá concretizar-se juridicamente numa qualquer forma de organização, com um mínimo de estrutura própria, que absorve as funções empresariais sobre as quais incide a cooperação acordada entre as empresas-mãe.

Assim, mais do que assegurar a individualização de uma subcategoria específica de empresa comum de produção, uma das questões centrais que perpassa todo o Regulamento de isenção por categoria em causa é, precisamente, a do estabelecimento de uma linha divisória coerente, e mínimamente previsível, entre as situações jurídicas[619] correspondentes a meros acordos de cooperação entre empresas e as situações passíveis de qualificação como empresas comuns, mesmo que caracterizadas por uma prevalência dos elementos de cooperação sobre outros elementos de tipo estrutural. Entendemos, mesmo, que o domínio dos acordos de especialização – longe de constituir uma área identificável, por si só, com a figura da empresa comum – constitui uma área paradigmática para o exercício específico de *qualificação jurídica* que é necessário – na perspectiva do direito da concorrência – com vista a proceder à delimitação, por um lado, de uma esfera de meros acordos de cooperação entre empresas, e, por outro, de verdadeiros acordos de constituição e funcionamento de empresas comuns.

---

[618] Podem estar em causa, também, obrigações conexas de exclusividade, no sentido de cada empresa interveniente apenas adquirir os produtos em que a outra empresa envolvida se tenha especializado a esta última empresa.

[619] Utilizamos aqui, uma vez mais, o conceito de *situação jurídica* num sentido essencialmente coincidente com o proposto por OLIVEIRA ASCENSÃO (*Direito Civil – Teoria Geral do Direito Civil*, Vol. III, cit., pp. 11 ss.), aplicando-o num plano específico de situações individualizadas em função da sua relevância para a aplicação de certos normativos de concorrência.

372 Empresas comuns – Joint Ventures

5.4. OUTROS AFLORAMENTOS DO CONCEITO DE EMPRESA COMUM (*"JOINT VENTURE*) EM REGULAMENTOS COMUNITÁRIOS

Neste contexto, as primeiras iniciativas tendentes a conferir um enquadramento normativo, formal, à categoria das empresas comuns – ou, pelo menos, a algumas das suas subcategorias – não vieram a traduzir-se propriamente na formulação de quaisquer definições legais directas, e de carácter geral, desta figura. Como já se destacou, nos Regulamentos de isenção por categoria referentes a acordos de investigação e desenvolvimento, e a acordos de especialização, o legislador comunitário evitou, até, a utilização expressa do conceito formal de empresa comum, o que não impediu que determinados aspectos de disciplina jurídica contidos nos mesmos incorporassem, implicitamente, elementos relevantes para a delimitação de categorias correspondentes a empresas comuns com certas funções empresariais limitadas.

De qualquer modo, os efeitos jurídicos associados, no plano da concorrência, a empresas comuns foram também objecto de tratamento noutros domínios específicos, ainda em sede de concessão de isenções por categoria, mesmo quando não se encontravam em causa actividades empresariais tão estreitamente associadas à actuação paradigmática deste tipo de entes comuns.

Importa, nesse domínio, acentuar que essas iniciativas – que podemos, de algum modo, considerar como uma segunda aproximação a uma *recepção normativa, formal, da figura da empresa comum no ordenamento comunitário da concorrência* – incluiam já referências expressas ao conceito formal de empresa comum, conquanto as mesmas revestissem carácter meramente incidental.

Assim, o Regulamento (CEE) n.º 2349/84 – Regulamento de isenção relativo a certas categorias de licenças de patente[620] – assumiu clara rele-

---

[620] Regulamento de isenção relativo a certas categorias de licenças de patente [JOCE n.º L 219/15 (1984)], entretanto alterado pelo Regulamento (CE) n.º 151/93 [JOCE n.º L 21/8 (1993)] e ulteriormente substituído pelo Regulamento (CE) n.º 240/96, relativo a transferências de tecnologia [JOCE n.º L31/2 (1996)], o qual veio congregar a matéria das licenças de patente e ainda a matéria relativa a licenças de *saber-fazer* ("know-how"), anteriormente disciplinada no Regulamento (CEE) n.º 556/89 [JOCE n.º L 257/15 (1990)], alterado pelo Regulamento (CE) n.º 151/93. Esse Regulamento (CE) n.º 240/96 foi, entretanto, substituído por um regime mais recente em matéria de acordos de transferência de tecnologia, constante do Regulamento (CE) n.º 772/2004 [JOCE n.º L123/11 (2004)].

Parte I – Capítulo 2   373

vância em matéria de empresas comuns, compreendendo, na sua disciplina normativa, os acordos de licença entre esse tipo de empresas e as respectivas empresas fundadoras, ou entre um empresa fundadora e a empresa comum por si participada, desde que tais acordos contemplassem aspectos respeitantes às actividades das próprias empresas comuns.[621]

Em contrapartida, se se assumia implicitamente esse âmbito de cobertura, o Regulamento determinava a não aplicabilidade da sua disciplina de isenção a determinadas situações jurídicas referentes a empresas comuns [622]. Observando uma técnica jurídica de algum modo peculiar, foi a propósito dessa delimitação negativa de incidência que o texto do Regulamento veio a referir expressamente o conceito formal de empresa comum.[623] Entre outros aspectos,[624] determinava explicitamente a não

---

[621] Cfr., nesse sentido, a *"Comunicação da Comissão relativa ao tratamento das empresas comuns com carácter de cooperação à luz do artigo 85.º do Tratado CEE"*, cit., esp. ponto 49. No que respeita ao Regulamento CE n.º 240/96, relativo a transferências de tecnologia, é curioso verificar que este deixou de integrar disposições com referências expressas à categoria da empresa comum, comparáveis às que constavam do Regulamento de 1984. Não obstante, o n.º 2 do artigo 5.º do Regulamento de 1996 parece conter uma referência implícita à realidade das empresas comuns ao estabelecer que a delimitação negativa de incidência da isenção por categoria prevista, no número anterior, não cobre a fixação de metas de produção pelas partes, nas situações em que as explorações de resultados que se encontrarem em causa incluirem a *"produção conjunta"* dos produtos contratuais em questão, nem a fixação de metas de vendas e a fixação de preços nas situações em que tais explorações de resultados incluírem a *"distribuição conjunta"* dos produtos contratuais.

[622] Referimo-nos aqui ao que resultava do disposto no segundo travessão do n.º 1 do artigo 5.º do Regulamento, que se reporta, especificamente, às empresas comuns.

[623] Aspecto justamente destacado por BARRY HAWK, o qual se pronunciava sobre esta matéria ainda a propósito do Projecto que viria a dar origem ao Regulamento de 1984 acima referido (cfr. A. cit., *United States, Common Market and International Antitrust: A Comparative Guide*, cit.).

[624] Não curamos aqui, especificamente, de analisar outros aspectos relevantes da delimitação negativa de incidência do Regulamento de isenção por categoria em matéria de patentes, de 1984, nem dos Regulamentos, de âmbito mais lato, de 1996 e de 2004, que lhe sucederam. Os elementos ora aflorados sobre esta matéria reportam-se exclusivamente a aspectos relevantes para o apuramento de *definições normativas*, ou de meras *referências normativas* – numa perspectiva histórica do processo de construção do ordenamento comunitário de concorrência – da figura da empresa comum. Para uma visão mais geral sobre o âmbito e justificação dessas isenções por categoria, cfr. VALENTINE KORAH, *Technology Transfer Agreements and the EC Competition Rules*, Clarendon Press, Oxford, 1996, KINSELLA, *EU Technology Licensing*, Palladian Law Publishing, 1998, e

374   *Empresas comuns* – Joint Ventures

aplicabilidade deste diploma a acordos de licença de patente entre empresas concorrentes que detivessem participações na mesma empresa comum, ou entre uma dessas empresas-mãe e a empresa comum, desde que os referidos acordos respeitassem às actividades desta última (nos termos do no 2 do artigo 5.º do texto originário do referido Regulamento).

De igual modo, o Regulamento (CEE) n.º 556/89,[625] relativo a certas categorias de acordos de licenças de saber-fazer, continha regimes de isenção comparáveis aos constantes do Regulamento referente a licenças de patente e assumia o mesmo tipo de relevância no que respeita ao enquadramento de relações entre empresas comuns e as respectivas empresas-mãe. Por outro lado, utilizando uma técnica jurídica correspondente à desse Regulamento de 1984, este diploma relativo a licenças de saber-fazer referia também expressamente o conceito formal de empresa comum – sem estabelecer qualquer definição relevante do mesmo – no quadro da delimitação negativa da respectiva incidência. Assim, tal como no referido Regulamento de 1984, excluía-se a aplicação do diploma de 1989 a acordos de licença de saber-fazer entre empresas concorrentes que detivessem participações na mesma empresa comum, ou entre uma dessas empresas--mãe e a empresa comum, desde que os referidos acordos respeitassem às actividades desta última.[626]

ANDERMAN, *EC Competition Law and Intellectual Property Rights: The Regulation of Innovation*, Clarendon Press, Oxford, 1998.

[625] Regulamento relativo a certas categorias de acordos de licenças de saber-fazer, de 1989, já referido e que foi, também, sucessivamente substituído pelos Regulamento CE n.º 240/96, cit., e Regulamento (CE) n.º 772/2004, cit., relativos a transferências de tecnologia.

[626] Reportamo-nos aqui, em especial, ao disposto no n.º 2 do artigo 5.º do referido Regulamento de 1989.

Parte I – Capítulo 2 375

5.5. A DEFINIÇÃO DE EMPRESA COMUM *("JOINT VENTURE")* NO REGULAMENTO COMUNITÁRIO DE CONTROLO DE CONCENTRAÇÕES

5.5.1. A adopção do Regulamento comunitário de controlo de concentrações e a primeira definição normativa da categoria da empresa comum no direito comunitário da concorrência

Indiscutivelmente, a adopção do RCC em 1989 correspondeu, a vários títulos, a um novo estádio do ordenamento comunitário de concorrência no que respeita ao enquadramento das empresas comuns. Para além de aspectos já aflorados, e de questões relacionadas com a apreciação substantiva dos efeitos de diferentes subcategorias de empresas comuns,[627] o RCC integra – embora com determinadas limitações – a primeira definição normativa de *empresa comum* formalmente consagrada nesta área do direito comunitário – introduzida após anteriores aproximações normativas a este conceito jurídico (que acima se passaram em revista).

Todavia, divergindo, uma vez mais, de entendimentos largamente difundidos neste domínio,[628] consideramos que a definição jurídica de empresa comum enunciada no n.º 2 do artigo 3.º do RCC/89 (correspondente ao n.º 4 do actual RCC)[629] não apresenta alcance geral, corres-

---

[627] Reportamo-nos aqui a aspectos já aflorados na parte introdutória e no presente capítulo – quando referimos o facto de a aprovação do RCC ter consagrado um tratamento dual das empresas comuns em sede de direito comunitário da concorrência. No que respeita às questões relacionadas com a apreciação substantiva dos efeitos de diferentes subcategorias de empresas comuns remetemos o seu tratamento para a parte nuclear deste trabalho – *infra*, **Parte III**, esp. capítulos segundo e terceiro.

[628] Referimo-nos, *vg.*, ao entendimento assumido pela Comissão na *"Comunicação da Comissão relativa ao tratamento das empresas comuns com carácter de cooperação à luz do artigo 85.º do Tratado CEE"*, cit, esp. ponto 9, onde se sustenta, aparentemente, que a definição constante do artigo 3.º do RCC permitiria apurar um conceito geral de empresa comum em sede de direito comunitário da concorrência.

[629] A importância desta disposição justifica que se convoque aqui o respectivo elemento literal. Assim, de acordo com o segundo parágrafo do n.º 2 do artigo 3.º do RCC/89, *"(...)a criação de uma empresa comum que desempenhe de forma duradoura todas as funções de uma entidade económica autónoma e que não implique uma coorde-*

pondendo, tão só, a uma caracterização parcial de certos elementos constitutivos da categoria da empresa comum. Em última análise, consideramos que através da disposição do RCC em causa se estabelece, primacialmente, uma *caracterização funcional* de aspectos inerentes à categoria da empresa comum, a qual se encontra, em absoluto, subalternizada às necessidades centrais de delimitação do conceito de *operação de concentração entre empresas* e ao pressuposto que subjaz a essa delimitação. Como já se referiu,[630] tal pressuposto traduziu-se na rejeição formal de qualquer possibilidade de tratamento unitário da categoria da empresa comum no plano do direito da concorrência.

Assim, a caracterização parcial e funcional da figura da empresa comum, constante do RCC, visa conferir um suporte normativo à delimitação do âmbito de incidência do controlo directo de operações de concentração entre empresas e, no quadro da mesma, estabelecer uma linha divisória entre duas subcategorias essenciais de empresas comuns (trata-se da bifurcação – já analisada sumariamente *supra* – que separa, por um lado, a esfera das empresas comuns com carácter de cooperação, e, por outro, a das empresas comuns com carácter de concentração). Não consideramos que da enunciação de critérios de distinção das duas subcategorias de empresas comuns formalmente consagradas no ordenamento comunitário resulte – através de uma suposta ponderação geral de múltiplos elementos constitutivos da figura – uma verdadeira caracterização geral dessa categoria, que a possa autonomizar, claramente, relativamente à esfera correspondente aos

---

nação do comportamento concorrencial, quer entre as empresas fundadoras, quer entre estas e a empresa comum, constitui uma operação de concentração na acepção da alínea b) do n.º 1 [desse artigo 3.º]". De acordo com esta última disposição, realiza-se uma operação de concentração, quando "(…) *uma ou mais pessoas que já detêm o controlo de pelo menos uma empresa, ou uma ou mais empresas adquirem directa ou indirectamente, por compra de partes do activo, por via contratual ou por qualquer outro meio, o controlo do conjunto ou de partes de uma ou de várias empresas*". Com a primeira reforma, de 1997, do RCC (*ex vi* do Regulamento (CE) n.º 1319/97), este segundo parágrafo do n.º 2 do artigo 3.º foi alterado, passando a prever-se que "*a criação de uma empresa comum que desempenhe de forma duradoura todas as funções de uma entidade económica autónoma constitui uma operação de concentração na acepção da alínea b) do n.º 1*" e eliminando-se, em conformidade o requisito referente à *ausência de coordenação de comportamentos*. Finalmente, com a segunda reforma do RCC, de 2004, a disposição com este teor, estabelecido em 1997, passou a integrar o n.º 4 do artigo 3.º no novo Regulamento (CE) n.º 139/2004.

[630] Aludimos à consagração *de iure condito* de um tratamento não unitário das empresas comuns, designadamente, no ponto 4.2. do presente capítulo,

Parte I – Capítulo 2　　　　　　　　　　　　　　377

meros acordos de cooperação entre empresas. Ora, como já se acentuou,[631] os principais problemas conceptuais de autonomização da categoria jurídica da empresa comum situam-se, precisamente, neste último plano, o que ilustra, da forma mais perrceptível, as insuficiências que temos apontado à definição de empresa comum constante do RCC.

É certo que a referida definição incorpora diversos elementos cuja densificação jurídica contribui para a caracterização geral da categoria da empresa comum. Tal obriga, contudo, a uma interpretação sistemática dos n.os 1 e 2 do artigo 3.º do RCC/89, cujos corolários gerais não são, em nosso entender, completamente seguros. Assim, considerando que o referido n.º 2 pressupõe a existência de uma subcategoria de empresas comuns – cujos critérios de delimitação visa directamente enunciar – a qual é subsumível no conceito de operação de concentração, caracterizado no n.º 1 do mesmo artigo 3.º, é defensável uma interpretação que procure extrair dessa última disposição alguns dos elementos constitutivos fundamentais da própria categoria da empresa comum (na medida em que aquela representa uma concretização jurídica particular desse conceito geral de operação de concentração).

Estaria, pois, em causa um *processo híbrido de construção jurídica da figura da empresa comum* que assentaria, por um lado, num primeiro nível de identificação de *elementos nucleares, constitutivos da mesma* – os quais seriam apreendidos através de uma metodologia de definição indirecta, visto que seriam extraídos do conceito geral de operação de concentração para o qual remete implicitamente o n.º 2 do artigo 3.º do RCC/89 – e que, por outro lado, dependeria de uma conjugação desses aspectos com os *parâmetros específicos de caracterização de cada uma das subcategorias de empresas comuns* (empresas comuns com carácter de concentração e com carácter de cooperação) previstos no n.º 2 do referido artigo 3.º.[632]

---

[631] Este aspecto foi já aflorado no capítulo anterior, no contexto da articulação, aí sustentada, dos processos de densificação jurídica da categoria da empresa comum no direito da concorrência com a elaboração dogmática em torno de um possível conceito de referência de empresa comum, numa perspectiva geral de direito privado (*maxime*, de direito comercial). Aí, tivemos ensejo de destacar as especiais dificuldades de distinção ou autonomização dos contratos de empresa comum, como possível tipo do comércio jurídico (extra-normativo) face ao conjunto complexo de contratos de cooperação entre empresas que não transpõem o limiar necessário à qualificação como empresa comum.

[632] No ponto 9 da "*Comunicação da Comissão relativa ao tratamento das empresas comuns com carácter de cooperação à luz do artigo 85.º do Tratado CEE*", cit. – já

378 *Empresas comuns* – Joint Ventures

Na verdade, os aspectos que avultam no primeiro nível de caracterização da empresa comum, através do processo indirecto de definição acima referido, correspondem, no essencial, à *existência de uma entidade empresarial* e à verificação de uma *situação de controlo conjunto* por duas ou mais empresas fundadoras. A principal contribuição do conteúdo dispositivo do artigo 3.º do RCC, globalmente considerado, para a densificação jurídica desses elementos constitutivos da categoria da empresa comum reside na enunciação de *critérios materiais* utilizáveis de modo a apreender as *situações jurídicas relevantes* – na perspectiva do direito comunitário de concorrência – de *controlo* de uma empresa por parte de outra ou outras empresas. Será a partir desses parâmetros e através de um processo suplementar de construção jurídica que os tome como pressuposto, que se deverão identificar critérios de verificação de situações de controlo conjunto de uma empresa por parte de um conjunto de duas ou mais empresas-mãe.

Como adiante se exporá, a Comissão procurou empreender esse processo de construção jurídica – com sucesso desigual conforme os aspectos específicamente equacionados – através da formulação de múltiplas orientações de carácter geral que foi sucessivamente emitindo após a adopção do RCC, as quais vêm constituindo elementos formais de inegável relevância para a caracterização de um conceito geral de empresa comum em sede de direito comunitário de concorrência.[633] Importa, a este propósito, acentuar que o desenvolvimento de um processo de construção jurídica desse conceito geral de empresa comum, apoiado em elementos normativos relevantes decorrentes das previsões do artigo 3.º do RCC, não corrobora, propriamente, qualquer pré-compreensão jurídica mais linear deste diploma, segundo a qual, se pretendesse sustentar que esta disposição do Regulamento integraria, desde logo, uma definição normativa da categoria de empresa comum.

---

referido – a Comissão acaba por assumir implicitamente a necessidade de proceder a esse tipo de construção jurídica, com base nos números 1 e 2 do artigo 3.º do RCC/89, mas não reconhece, nem caracteriza como tal esse processo interpretativo. Retornaremos a esta questão – *infra*, ponto 5.7. – ao analisarmos o contributo das várias Comunicações interpretativas da Comissão para a densificação jurídica do conceito de empresa comum em direito comunitário da concorrência.

[633] Para além da "*Comunicação da Comissão relativa ao tratamento das empresas comuns com carácter de cooperação à luz do artigo 85.º do Tratado CEE*", já referida, salientaremos no ponto 5.7., *infra*, a especial importância de várias Comunicações interpretativas referentes ao RCC, adoptadas desde 1990 até ao presente.

Parte I – Capítulo 2   379

Para além deste primeiro nível de caracterização da categoria da empresa comum, acima referido – no âmbito do qual os conceitos de *empresa* e de *controlo conjunto* constituem os elementos centrais[634] – o processo de definição da mesma categoria apenas se completará mediante a conjugação desses elementos com as específicas condições de qualificação jurídica de cada uma das duas subcategorias fundamentais de empresas comuns. Essas condições são directamente enunciadas no n.º 2 do artigo 3.º do RCC/89 de modo a delimitar a subcategoria das empresas comuns com carácter de concentração, sujeitas ao regime previsto no mesmo RCC. De qualquer modo, resulta, reflexamente, das mesmas uma definição de condições de qualificação jurídica respeitantes às empresas comuns com carácter de cooperação, sujeitas ao regime previsto no artigo 85.º TCE (actual artigo 81.º CE). Todavia, já não resulta desses parâmetros de qualificação jurídica uma base clara ou conclusiva para a autonomização da subcategoria de empresa comum com carácter de cooperação em relação ao conjunto difuso e multímodo de acordos de cooperação entre empresas potencialmente sujeitos ao regime previsto na supra referida disposição fundamental do Tratado.

Sem incorrer em qualquer repetição relativamente às considerações já tecidas sobre o alcance desta opção normativa comunitária por um tratamento não unitário da figura da empresa comum,[635] bem como sobre as duas *condições positivas* e a *condição negativa* em que assentou a distinção entre *empresas comuns com carácter de concentração*, por um lado, e com *carácter de cooperação*, por outro,[636] importa, desde já,

---

[634] Sem prejuízo do reconhecimento desses elementos centrais num primeiro nível de caracterização da categoria da empresa comum, pensamos que o conteúdo desta categoria jurídica do direito da concorrência não é adequadamente captado através da mera justaposição dessas figuras da *empresa* e do *controlo conjunto*, consideradas *a se*. Existe um *maius* jurídico que resulta, em nosso entender, da específica concatenação desses elementos no quadro das empresas comuns e que deve ser apreendido – nos termos que adiante equacionamos – para que o conteúdo desta categoria possa ser dilucidado.

[635] Tenhamos presente, em particular, as considerações tecidas *supra*, ponto **4.** no presente capítulo.

[636] Recorde-se aqui que as *condições positivas* e a *condição negativa*, na formulação originária do RCC, de 1989, respeitavam ao desempenho de todas as funções de uma entidade económica autónoma, ao carácter duradouro, ou pelo menos estável, do projecto empresarial e, finalmente, à ausência de coordenação entre as empresas-mãe que pudesse ser imputada à criação da empresa comum (condição negativa eliminada com a primeira reforma, de 1997, do RCC).

acentuar uma constatação que temos como inelutável, em função dos dados de análise jurídica que vimos enunciando.

Assim, não consideramos certo que a *conjugação* – num processo de interpretação sistemática – de *um primeiro nível de elementos de caracterização do conceito de empresa comum* (extraídos como corolário jurídico da identificação de uma subcategoria de empresas comuns, correspondente a uma modalidade de operação de concentração de empresas), *com parâmetros jurídicos funcionalmente dirigidos à distinção entre as subcategorias de empresas comuns com carácter de concentração ou de cooperação*, possa produzir uma definição normativa – com verdadeiro alcance geral – da categoria jurídica da empresa comum, em sede de direito comunitário de concorrência.

5.5.2. A primeira reforma do Regulamento comunitário de controlo de concentrações e as suas repercussões na definição da categoria da empresa comum

Mantemos a reserva fundamental acima referida mesmo após as alterações introduzidas em 1997 no RCC, no quadro da primeira reforma deste regime.[637] Na verdade, tendo, através dessas alterações, sido eliminada a contraposição linear entre as duas subcategorias de empresas comuns cujos contornos haviam sido delineados com a formulação originária do RCC, tal não se traduziu na adopção de um enquadramento unitário para a figura da empresa comum. Mediante a eliminação da anterior condição negativa de qualificação das empresas comuns como operações de concentração – a ausência de coordenação do comportamento concorrencial das empresas-mãe – foi significativamente alargado o campo de incidência do RCC em matéria de empresas comuns. Paralelamente, essa

---

[637] Essa primeira reforma do RCC, resultante do Regulamento (CE) n.º 1310/97 teve, em qualquer caso, um impacto considerável – que consideramos globalmente positivo – sobre o tratamento das empresas comuns. Já a segunda reforma, de 2004, que culminou na aprovação do novo regime do Regulamento (CE) 139/2004, cit., não alterou substantivamente o regime das empresas comuns, limitando-se a uma renumeração dos n.os 1 a 4 do artigo 3.º, nos termos da qual a previsão originária do n.º 2, referente a essas entidades, passou a constar do n.º 4 na nova redacção (conforme referido em nota incluída no ponto 5.5.1. deste capítulo). Em conformidade, passamos a referir doravante as disposições relevantes de acordo com essa nova numeração (excepto quanto nos referirmos especificamente às disposições relevantes do Rcc. que vigoraram entre 1997 e 2004).

Parte I – Capítulo 2 381

extensão do âmbito de aplicação do RCC no domínio das empresas comuns foi acompanhada da recepção – no quadro do próprio Regulamento – de um procedimento específico de apreciação de aspectos de coordenação dos comportamentos das empresas-mãe, o qual envolve as aplicação dos critérios de apreciação previstos no artigo 81.º CE.

De qualquer modo, esse movimento de extensão do âmbito de aplicação do RCC no domínio das empresas comuns, conquanto traduza, quer um eventual passo de aproximação a um regime nuclear, de referência – mas ainda não unitário – das empresas comuns no ordenamento comunitário de concorrência,[638] quer uma forma de mitigar a distinção entre duas subcategorias de empresas comuns e as respectivas implicações materiais, não elimina tal distinção. Subsiste, pois, uma esfera específica de empresas comuns não subsumíveis no conceito de operação de concentração, e supostamente caracterizadas pela prevalência dos elementos de cooperação empresarial, as quais continuam sujeitas ao regime previsto no artigo 81.º CE.

Neste contexto, tendo em consideração as características específicas desta segunda subcategoria de empresas comuns – não coberta pela disciplina do RCC – continua a ser possível questionar a aptidão do enunciado normativo do artigo 3.º desse Regulamento para estabelecer, directamente e por si só, uma verdadeira definição jurídica geral da empresa comum, como categoria normativa *a se*, no quadro do ordenamento comunitário de concorrência. Como se procurará demonstrar, na nossa apreciação de síntese final, relativa às bases de uma definição normativa da categoria da empresa comum neste ordenamento, a individualização jurídica dessa categoria exigirá, ainda, um complexo e criativo processo de hermenêutica jurídica, que incorporará, inelutavelmente, outros elementos, para além dos aspectos enunciados no artigo 3.º do RCC (os quais, de resto, pressupõem, como se tem assinalado, uma interacção entre elementos previstos, com diferentes funções, nos n.os 1 a 4 desse artigo 3.º)

Representando, indiscutivelmente, a adopção do RCC o passo crucial para a construção das bases – mesmo que precárias, como temos

---

[638] Aproximação possível a um regime unitário das empresas comuns no direito comunitário da concorrência que consideramos, no essencial, desejável – à semelhança do que se verifica no ordenamento norte-americano da concorrência e ressalvadas determinadas especificidades desse corpo normativo – cuja viabilidade e perspectivas de realização enquacionaremos em vários pontos deste trabalho, em especial *infra*, capítulo segundo da **Parte II** (pontos 3.3.1. e 3.3.2.).

sustentado – de uma definição normativa da categoria da empresa comum, o legislador comunitário voltou a acolher e a caracterizar – ainda que de modo parcial e indirecto – esse conceito formal de empresa comum no Regulamento (CE) n.º 3385/94,[639] referente à forma e conteúdo das notificações efectuadas para efeitos do Regulamento n.º 17/62, em sede de aplicação do artigo 85.º TCE (actual artigo 81.º CE).

Em rigor, esse conceito não era previsto na parte dispositiva do Regulamento, mas no texto do denominado *Formulário A/B*" que integrava o Anexo ao referido diploma (e que visa enquadrar o procedimento formal de notificação). Assim, no ponto D do Formulário pretendeu-se regular aspectos específicos do que se denominou de procedimento acelerado de apreciação de *empresas comuns com carácter de cooperação, mas de natureza estrutural*.[640] Esse procedimento fora assumido através de um atípico compromisso informal da Comissão – e não envolvendo qualquer vinculação jurídica desta Instituição – em 1992,[641] mediante o qual a Comissão se propunha assegurar uma forma célere de apreciação do referido tipo de empresas comuns, de modo a mitigar o contraste entre o procedimento expedito de apreciação decorrente do regime previsto no RCC e a delonga normalmente associada ao processo de aplicação do artigo 85.º TCE (este procedimento específico traduzia-se num compromisso de princípio da Comissão no sentido de assegurar uma primeira apreciação de qualquer projecto de empresa comum, dita de natureza estrutural, no prazo de dois meses contados desde a data da notificação do mesmo).

---

[639] Destacando, igualmente, a relevância desse Regulamento (CE) n.º 3385/94 (JOCE n.º L 377/28, 1994), aquando da sua adopção, como afloramento normativo do conceito de empresa comum, cfr. D.G.GOYDER, *EC Competition Law*, cit., pp. 425 ss. Considerando, contudo, que o Regulamento (CE) n.º 1/2003 *suprimiu o sistema de notificação e de autorização anteriormente disciplinado no Regulamento n.º 17, de 1962* – nos termos que analisaremos *infra*, capítulo primeiro, esp. ponto **5.** da **Parte II** – esse Regulamento (CE) n.º 3385/94 foi, entretanto, revogado pelo novo Regulamento "*relativo à instrução de processos pela Comissão para efeitos dos artigos 81.º e 82.º do Tratado CE*" – Regulamento (CE) n.º 773/2004 (JOCE n.º L 123/18, de 24 de Abril de 2004).

[640] Nos termos do ponto D do "*Formulário A/B*" do Regulamento (CE) n.º 3385/94 (JOCE n.º L 377/28, 1994).

[641] Referimo-nos aqui ao procedimento mais célere de apreciação empresas comuns de tipo estrutural, com carácter de cooperação, segundo o compromisso da Comissão constante do. "*Press Notice – IP (92) 1111*", 4 Common Market Law Reports (C.M.L.R.) 238 (1993).

Em nosso entender, esta nova formulação de uma verdadeira variante da subcategoria das empresas comuns com carácter de cooperação – que, pelo menos indirectamente, recebeu consagração normativa no Regulamento de 1994 ora referido – enfermou, então, de um notório excesso de conceptualismo jurídico e representou, enquanto tal, uma consequência negativa da margem de indefinição e de insegurança jurídicas criadas com a distinção fundamental entre duas categorias de empresas comuns prevista no RCC.

De acordo com o previsto no Anexo ao Regulamento (CE) n.º 3385/ /94, a denominada *empresa comum com carácter de cooperação e natureza estrutural* envolve uma importante alteração na estrutura e organização dos activos empresariais das empresas intervenientes no acordo. Ainda segundo a Comissão, essa alteração poderá ocorrer, quer devido ao facto de a empresa comum assumir o exercício de actividades já existentes das empresas-mãe, ou incorporar desenvolvimentos complementares das mesmas, quer pelo facto de ao ente comum serem cometidas novas funções empresariais no interesse das referidas empresas fundadoras. Por outro lado, o pressuposto desse tipo de transferência de funções empresariais consiste na atribuição à empresa comum de diversos activos financeiros, materiais ou incorpóreos, numa perspectiva de funcionamento da mesma a médio ou longo prazo.

A Comissão especificou também que esse conceito de *empresas comuns com carácter de cooperação, de natureza estrutural*, abarcaria não apenas os entes comuns que desempenhassem todas as funções de uma entidade económica autónoma e que desencadeassem efeitos de coordenação dos comportamentos concorrenciais das empresas-mãe, mas ainda determinadas empresas comuns desempenhando funções empresariais parciais. Esta segunda sub-hipótese verificar-se-ia naquelas situações em que as específicas funções cometidas às empresas comuns – de tipo parcial e não envolvendo o acesso directo ao mercado – fossem integralmente assumidas pelas mesmas. Por outro lado, a ocorrência dessas situações mais intensas de transferência de funções empresariais foi considerada mais provável, em especial, no que respeitava às empresas comuns de produção e de investigação e desenvolvimento.

Deve acentuar-se que esta inclusão na subcategoria especial – e algo *sui generis* – da *empresa comum com carácter de cooperação e natureza estrutural*, de algumas *empresas comuns que só parcialmente desempenham as funções características de uma entidade económica autónoma*,

384   *Empresas comuns* – Joint Ventures

significaria, em princípio, que, mesmo após a revisão da distinção entre empresas comuns com carácter de concentração ou de cooperação, operada através do conjunto de alterações introduzidas no RCC em 1997, tal subcategoria especial não se encontraria completamente privada do seu objecto.

Na verdade, mantendo-se fora do campo de incidência do RCC, após a introdução das referidas alterações, as empresas comuns que não desempenham todas as funções de uma entidade económica autónoma, pareceria ter fundamento, à luz da orientação assumida pela Comissão, continuar a reconduzir algumas dessas empresas comuns, caracterizadas pela prevalência de efeitos de cooperação e sujeitas ao procedimento de apreciação decorrente do regime previsto no artigo 81.º CE, ao procedimento especial acelerado, delineado para as empresas ditas de natureza estrutural. Em princípio, e continuando a seguir os pressupostos assumidos no Anexo ao Regulamento de 1994, uma parcela significativa das empresas comuns de produção, ou com funções de investigação e desenvolvimento, seriam potenciais destinatárias dessa qualificação especial como entes comuns de natureza estrutural.

Independentemente dos corolários formais que se pudessem, ou devessem extrair da referida orientação da Comissão – formalmente consagrada no Regulamento de 1994 – entendemos que essa subespécie de empresas comuns globalmente sujeitas ao regime previsto no artigo 81.º CE e revestindo natureza estrutural, supostamente contrapostas a um conjunto residual de empresas comuns sujeitas ao mesmo regime e desprovidas de tal natureza, assenta em pressupostos conceptuais menos correctos. Essa distinção levaria a *hipostasiar* supostas subcategorias sucessivas de empresas comuns, confundindo, em última análise, os elementos fundamentais que podem permitir uma compreensão global desta figura no ordenamento comunitário de concorrência e a sua autonomização como categoria jurídica geral face ao conjunto dos meros acordos de cooperação.

Pela nossa parte, considerando desejável, numa perspectiva *de iure condendo,* uma aproximação progressiva a um verdadeiro regime unitário das empresas comuns no direito comunitário da concorrência[642] – não

---

[642] Como já se referiu, analisaremos *infra*, capítulo segundo da **Parte II** (esp. pontos 3.3.1. e 3.3.2.) os passos dados no sentido de tal aproximação progressiva a um regime unitário das empresas comuns no direito comunitário da concorrência, mas também os limites de um tal processo – mesmo numa perspectiva *de iure condendo* – após duas reformas do RCC.

acolhemos positivamente a distinção em causa. Pensamos, mesmo, que tal proliferação de subespécies conceptuais de empresas comuns, funcionalmente determinada por conveniências procedimentais,[643] contraria, no essencial, esse objectivo de unificação do regime das empresas comuns e deve, por essa razão, ser rejeitada. Em sentido diverso, o aprofundamento analítico dos elementos estruturais presentes na figura da empresa comum – que se encontra subjacente à tentativa de autonomização daquela subespécie conceptual – deve ser aplicado à generalidade das empresas comuns que permanecem fora do campo de incidência do RCC. Essa abordagem constituirá, mesmo, a via metodológica mais adequada para a realização do propósito dogmático que se tem revelado mais problemático neste domínio e que repetidamente temos aflorado – o estabelecimento de uma linha divisória coerente, e revestindo um grau mínimo de segurança jurídica, entre as empresas comuns caracterizadas por alguma prevalência de efeitos de cooperação e a generalidade dos acordos de cooperação entre empresas.

5.6. A DEFINIÇÃO NORMATIVA DO CONCEITO DE EMPRESA COMUM (*"JOINT VENTURE"*) NOUTROS ORDENAMENTOS DA CONCORRÊNCIA

5.6.1. Aspectos gerais

Tendo-se procurado identificar as bases normativas de uma definição jurídica, de alcance geral, da categoria da empresa comum, em sede de direito comunitário de concorrência, interessa – antes de analisar outras orientações formais relevantes assumidas no âmbito deste ordenamento

---

[643] Importa salientar que as razões subjacentes à autonomização de subcategorias como a da *empresa comum com carácter de cooperação e natureza estrutural* são de ordem procedimental. Estava em causa assegurar um procedimento célere de apreciação de empresas comuns submetidas ao regime do artigo 85.º TCE (actual artigo 81.º CE), com eficácia comparável ao do regime do RCC. Ora, temos repetidamente sublinhado, que a adopção de complexas qualificações jurídicas de diversas categorias de empresas comuns ditadas por factores predominantemente processuais tende a gerar distorções no enquadramento normativo desta categoria jurídica.

num plano infralegislativo – cotejar esses afloramentos de caracterização da figura, em diversos Regulamentos comunitários, com a situação que se verifica neste domínio noutras ordens jurídicas.

Como já se anotou, inicialmente,[644] não é possível encontrar, na generalidade dos ordenamentos de concorrência, definições jurídicas gerais da categoria das empresas comuns, num claro contraste com o que ocorre relativamente a múltiplos outros institutos de direito da concorrência que – mesmo quando não assumem a relevância material da figura da empresa comum nos sistemas jurídicos em questão – acabam por ser objecto de amplo enquadramento e desenvolvimento.[645]

De qualquer modo, apesar desse sistemático carácter lacunar dos sistemas jurídicos de concorrência, em matéria de caracterização de empresas comuns, justifica-se uma referência sucinta a algumas iniciativas legiferantes – até pela excepcionalidade de que as mesmas se revestem – que empreenderam a formulação de definições, de alcance geral, desta realidade jurídica aparentemente tão refractária a propósitos dogmáticos de qualificação jurídica minimamente precisa e segura.

No conjunto escasso dessas iniciativas, destacam-se as soluções adoptadas no direito da concorrência australiano e no direito norte-americano, com particular importância, como é natural, deste último sistema jurídico.

Relativamente ao direito australiano, o regime jurídico nacional da concorrência (contido no denominado *"Trade Practices Act"*, de 1974[646] integra uma definição expressa de empresa comum (*"joint venture"*), a qual, todavia, se concretiza numa formulação muito genérica. Assim, de acordo com a Secção 41 do referido diploma, a empresa comum corres-

---

[644] Cfr. *supra*, o ponto **2.** deste capítulo, onde se traz à colação a recensão algo exaustiva da situação existente em diversos ordenamentos da concorrência constante de *OECD, Competition Issues in Joint Ventures*, cit. Em termos gerais, salienta-se, de resto, nessa publicação o contraste que se verifica entre o enquadramento normativo das empresas comuns e das concentrações em sentido estrito. Como aí se refere, *"while few OECD Members' competition statutes provide definitions and special regimes for joint ventures, most do contain clear definitions of mergers and extensive merger review processes"* (op. cit., p. 11).

[645] É o que sucede, *vg.*, em diversos ordenamentos da concorrência com múltiplos institutos jurídicos ou categorias específicas no domínio da distribuição ou das denominadas relações verticais entre empresas.

[646] Cfr. sobre essa definição de *"joint venture"* no *Trade Practices Act*, de 1974 do direito australiano, *OECD, Competition Issues in Joint Ventures*, cit. esp. pp. 39 ss.

Parte I – Capítulo 2 387

ponde a qualquer actividade comercial realizada em conjunto por dois ou mais entes, seja através de uma *"partnership"*,[647] seja através de sociedades comerciais que controlem conjuntamente.[648] Em última análise, o principal elemento constitutivo a partir do qual é construido o conceito corresponde à ideia de uma *actividade comercial* realizada *em conjunto* por duas ou mais entidades.

Essa noção de empresa comum assente num conceito de referência – consideravelmente vago – de *actividade comercial conjunta* aproxima-se, de algum modo, do que denominámos de definição latíssima, ao nível das diferentes abordagens doutrinais em matéria de caracterização jurídica desta figura.[649] Como veremos, de seguida, esta definição legal do direito australiano apresenta uma notável – e, porventura, sintomática – coincidência no que se refere à utilização, como conceito de referência, da ideia de actividade empresarial conjunta, com a definição ensaiada – conquanto num enquadramento algo específico – pelo legislador norte-americano.

5.6.2. A definição normativa do conceito de empresa comum (*"joint venture"*) no direito da concorrência norte-americano

Assim, não obstante o ordenamento da concorrência norte-americano se caracterizar, igualmente, pela ausência, em geral, de definições legais da figura da empresa comum[650] verifica-se um desenvolvimento legisla-

---

[647] Tenha-se presente, a este propósito, o exposto no capítulo primeiro desta **Parte I** sobre a figura da *"partnership"* nos sistemas de *"common-law"* e a possibilidade de a mesma representar um veículo para a concretização do núcleo organizacional de empresas comuns.

[648] Nos termos literais dessa Secção 41 do *"Trade Practices Act"*, as empresas comuns são definidas como "(…) *an activity in trade or commerce* (…) *carried on jointly by two or more persons, whether or not in partnership, or* (…) *carried on by a body corporate formed by two or more persons for the purposes of enabling those persons to carry on that activity jointly by means of their joint control, or by means of their ownership of shares in the capital, of that body corporate"*.

[649] Cfr. o exposto *supra*, pontos **1.** a **2.** (esp. 2.2.), sobre as várias propostas doutrinas de definição ou caracterização da categoria da empresa comum em direito da concorrência.

[650] Lacuna que não é compensada pela construção jurisprudencial, que se debate também com grandes dificuldades na definição da categoria da empresa comum em sede de direito da concorrência.

388   *Empresas comuns* – Joint Ventures

tivo recente que introduz elementos novos neste domínio. Referimo-nos à aprovação do denominado *"National Cooperative Research and Production Act"* (*"NCRPA"*), de 1993[651] – diploma que alterou, de modo significativo, anterior enquadramento constante do *"National Cooperative Research Act"* (*"NCRA"*), de 1984.[652]

Através deste regime legal pretendeu-se clarificar os constrangimentos de direito da concorrência que incidem sobre determinadas categorias de empresas comuns com funções empresariais de tipo parcial no domínio da investigação e desenvolvimento e da produção. Considerou-se, na base desta iniciativa, que algumas vantagens significativas normalmente associadas a esse tipo de finalidades empresariais – prosseguidas por empresas comuns – seriam, com alguma frequência, afectadas pelas incertezas jurídicas subjacentes à apreciação de possíveis efeitos restritivos da concorrência decorrentes da criação e funcionamento dessas empresas comuns. Ter-se-á, mesmo, admitido que a aplicação rigorosa e exigente de parâmetros de garantia da concorrência relativamente à cooperação empresarial desenvolvida naqueles domínios sensíveis – especialmente importantes para a existência de processos permanentes de inovação – poderia prejudicar a competitividade internacional das empresas norte-americanas, em face de outras empresas que não fossem confrontadas com ditames jurídicos comparáveis no plano dos seus respectivos ordenamentos de concorrência.

Não se justificando aqui um tratamento *ex professo* deste regime[653] importa, de qualquer modo, referir que o mesmo estabelece um parâmetro específico de aplicação da denominada *"rule of reason"*[654] relativamente

---

[651] Sobre o *"National Cooperative Research and Production Act"* (*"NCRPA"*), de 1993 (Pub. L. N.º 103-42, 107 Stat. 117) cfr., por todos, VERONICA DOUGHERTY, "Antitrust Advantages to Joint Ventures under the National Cooperative Research and Production Act", cit., pp. 1007 ss.

[652] *"National Cooperative Research Act"* (*"NCRA"*), de 1984, (Pub. L. N.º 98-462, 98 Stat. 1815). Sobre esta primeira iniciativa, cfr. FOSTER, "The National Cooperative Research Act of 1984 as a Shield from the Antitrust Laws", in JL & Comm., 1985, pp. 347 ss.

[653] Alguns aspectos relativos ao tratamento de empresas comuns de investigação e desenvolvimento são retomados *infra*, capítulo terceiro da **Parte III** (esp. **2.**), no contexto do nosso estudo da apreciação material dos efeitos de empresas comuns sobre o processo de concorrência.

[654] Sobre a denominada *"rule of reason"* no direito norte-americano da concorrência, cfr. os aspectos gerais expostos *infra*, capítulo primeiro – esp. ponto 4.4. – da **Parte II** e as questões analisadas no capítulo terceiro da **Parte III** relativamente às condições de aplicação do n.º 1 do artigo 81.º CE a vários tipos funcionais de empresas comuns

às categorias de empresas comuns que se possam incluir no seu âmbito de incidência. Entre outros aspectos, esse parâmetro acarreta, em princípio, a ponderação das situações relevantes, existentes ao nível dos mercados mundiais.[655]

Em súmula, pretende-se atenuar os riscos jurídicos a que ficam sujeitas as empresas que encetam processos de cooperação, através da criação de empresas comuns, tomando em consideração, por um lado, a importância destes fenómenos de colaboração empresarial nos planos da investigação e desenvolvimento e da produção (os quais, frequentemente, se encontram associados) e, por outro, a particular margem de indefinição e as especiais dificuldades de análise subjacentes à apreciação dos acordos referentes a empresas comuns.[656]

Independentemente destes objectivos específicos que determinaram a adopção do *"NCRPA"*, importa acentuar que o mesmo incorpora uma definição legal, geral, da figura da empresa comum, pondo, de algum modo, termo à lacuna que se verificava neste domínio no ordenamento norte-americano. Apesar da escassa atenção concedida a essa definição normativa de empresa comum, no decisivo plano da construção juris-prudencial, e, até, no plano doutrinal, poderá equacionar-se a eventual ponderação da mesma como modelo para a caracterização jurídica geral da figura da empresa comum no sistema jurídico de concorrência norte--americano.

Essa definição normativa de empresa comum é formulada a partir do conceito central de *actividade* – orientada para a prossecução de determi-nadas finalidades, em especial – e não com base em qualquer densificação jurídica de um suporte jurídico-económico associado a uma ideia de *estrutura de empresa*. Por outro lado, o enunciado normativo utilizado no

---

[655] Cfr., para uma caracterização desse parâmetro, VERONICA DOUGHERTY, "Antitrust Advantages to Joint Ventures under the National Cooperative Research and Production Act", cit., esp. pp. 1012 ss.

[656] Estando em causa, no regime do *"NCRPA"*, a atenuação de riscos ou incertezas em relação à compatibilidade de acordos com o direito da concorrência, com vista a salva-guardar a posição das entidades que pretendam constituir empresas comuns, a notificação de projectos de constituição de empresas comuns no âmbito do mesmo regime deverá ser facultativa. De qualquer modo, a notificação desses projectos não é necessária para que os mesmos possam beneficiar do regime mais favorável do *"NCRPA"* (tal notificação apenas constitui requisito necessário para assegurar a não sujeição potencial a rsponsabilidade por prejuízos resultantes de acordos com elementos restritivos da concorrência).

"*NCRPA*" assenta na sobreposição de vários elementos, cuja conjugação não se mostra clara.

Na realidade, a secção do "*NCRPA*" que integra essa definição obriga o intérprete a conjugar quatro níveis distintos de regulação, utilizando uma técnica jurídica que se nos afigura criticável. O primeiro dos referidos níveis de regulação – que importa conjugar com os restantes para apreender, em toda a sua extensão, o conceito jurídico em causa – corresponde à enumeração de um conjunto de sete finalidades a prosseguir através das actividades empresariais em que a empresa comum se deverá consubstanciar.[657]

Essas finalidades abarcam, primacialmente, os domínios da investigação e desenvolvimento, de realização de pesquisa aplicada (testes) relativamente ao resultado dessa investigação, e de produção. Embora apenas o sétimo tipo de finalidade enunciado na disposição legal em questão seja assumido como uma combinação de outras finalidades previstas na mesma norma, consideramos o texto do preceito algo pleonástico, visto, em última análise, enumerar as outras finalidades através da mesma

---

[657] Pela sua importância, transcreve-se, integralmente, o primeiro nível do enunciado normativo de uma definição de empresa comum assente na enumeração de um conjunto de sete finalidades a prosseguir através das actividades empresariais em que a empresa comum se deverá consubstanciar, de acordo com o "*NCRPA*": "*§ 2(a) (6). The term 'joint venture' means any group of activities, including attempting to make, making, or performing a contract, by two or more persons for the purpose of – (A) theoretical analysis, experimentation, or systematic study of phenomena or observable facts, (B) the development of testing of basic engineering techniques, (C) the extension of investigative findings or theory of a scientific or technological nature into practical application for experimental and demonstration purposes, including the experimental production and testing of models, prototypes, equipment, materials and processes, (D) the production of a product, process or service, (E) the testing in connection with the production of a product, process or service by such venture, (F) the collection, exchange, and analysis of research or production information, or (G) any combination of the purposes specified in subparagraphs (A), (B), (C), (D), (E) and (F), and may include the establishment and operation of facilities for the conduction of such venture, the conducting of such venture on a protected and proprietary basis, and the prossecuting of applications for patents and the granting of licenses for the results of such venture, but does not include any activity specified in subsection (b)*". Importa referir que o "*NCRPA*" foi objecto de uma alteração em 2003 que tem, contudo, um alcance menor. Essa alteração, resultante da aprovação do "*Standards Development Organization Advancement Act*", de 2003 visa, tão só, assegurar que os comportamentos de "*standards developmemt organizations*" envolvidas em "*standards developments activity*" sejam sujeitos à "*rule of reason*", não interferindo com a definição normativa do "*NCRPA*" que ora se caracteriza.

técnica de combinação recorrente dos mesmos elementos fundamentais. Em rigor, consideramos que as finalidades empresariais relevantes cobrem – no essencial – as áreas, já acima referidas, da investigação e desenvolvimento e da produção.

Num segundo nível de regulação são previstos três tipos de actividades especíticamente cobertas pela definição de empresa comum – reportados às categorias de finalidades empresariais previamente enunciadas e configurando, apenas, o que podemos considerar como uma tipologia enunciativa.[658] Essas actividades incluem a criação ou utilização de determinadas instalações na prossecução de determinado objecto, a detenção de certos activos, com o mesmo propósito, ou a obtenção de patentes ou concessão de licenças de utilização de determinados direitos resultantes do projecto empresarial desenvolvido.[659]

O terceiro nível de regulação a que acima aludimos decorre de uma subsecção autónoma da disposição legal em apreço, na qual se prevêm oito tipos de situações a excluir obrigatoriamente do perímetro da definição de empresa comum formulada na primeira parte do preceito. Por último, são ainda previstas excepções em relação a algumas dessas exclusões contempladas no preceito. Para além da desnecessária complexidade técnica da formulação utilizada para definir a categoria da empresa comum, a norma do *"NCRPA"* em causa suscita, ainda, outros problemas jurídicos decorrentes da latitude de vários conceitos recorrentemente usados, quer na tipologia de situações excluídas, quer nas excepções referentes a essas exclusões. Em face da interacção dessas disposições, qualquer variação do sentido dos conceitos de referência utilizados pode alterar significativamente o conteúdo da definição normativa de empresa comum e, consequentemente, o próprio âmbito de aplicação do *"NCRPA"*.[660]

De toda esta construção normativa, que tem como base primacial o primeiro nível de disciplina jurídica contido no preceito relevante do

---

[658] Sobre o conceito de tipologia enunciativa, cfr. OLIVEIRA ASCENSÃO, *A Tipicidade dos Direitos Reais*, cit.

[659] Reportamo-nos aqui à parte final do preceito já citado do NCRPA – § 2(a) (6). – traduzindo e adaptando o seu conteúdo dispositivo.

[660] Essa latitude dos conceitos usados, de forma cruzada, no corpo principal da definição, nas exclusões previstas no preceito em causa e nas excepções reportadas às referidas exclusões é justamente salientada, como elemento que não contribui para a clareza e rigor da definição global de empresa comum por parte de VERONICA DOUGHERTY, "Antitrust Advantages to Joint Ventures under the National Cooperative Research and Production Act", cit., esp. pp. 1034 ss.

"*NCRPA*" – referente ao desenvolvimento de qualquer *conjunto de activi-dades por parte de duas ou mais pessoas, com vista à prossecução de uma ou várias das finalidades previstas nessa norma*[661] – ressaltam dois aspectos importantes. Por um lado, não é exigida qualquer forma jurídica, em particular, para a constituição e funcionamento de empresas comuns, como categoria reconhecida em sede de direito da concorrência. Por outro lado, e em termos ainda mais significativos, não se requer, especifica-mente, qualquer processo de integração de recursos económicos para a concretização jurídico-económica da empresa comum.

Pela nossa parte, entendemos que este tipo de definição normativa – fundamentalmente dissociada de elementos de tipo estrutural – apresenta escassa relevância para efeitos de análise jurídica no plano do direito da concorrência.

Considerando a especificidade da análise dos efeitos sobre a con-corrência efectiva emergentes de empresas comuns – a qual pressupõe, normalmente, uma ponderação complexa de vantagens económicas e de correlativos efeitos adversos – a definição de empresa comum assente na ideia de actividade não se mostra verdadeiramente apta a suportar a crucial distinção entre esta categoria jurídica e o conjunto diversificado de meros acordos de cooperação entre empresas. Na verdade, pensamos que essa definição normativa não assegura a identificação de situações juridico--económicas caracterizadas por esse tipo de especificidade no que respeita às consequências produzidas sobre o nível de concorrência efectiva.

Esta excessiva flexibilidade da noção de empresa comum contida no "*NCRPA*" afecta decisivamente, em nosso entender, a possibilidade de utilização da mesma como modelo para a caracterização jurídica geral e delimitação da categoria da empresa comum. A latitude e flexibilidade contempladas nessa definição, pelo grau de intensidade que atingem, dei-xam de contribuir, positivamente, para uma compreensão extensiva do conceito de empresa comum, e – parafraseando uma ideia exposta por BRODLEY[662] – acabam por tornar "*analíticamente inútil*" o conteúdo da mesma definição. Esta perde os elementos distintivos que permitem iden-tificar a especificidade dos efeitos associados a empresas comuns, no

---

[661] A formulação que ora utilizamos corresponde a uma adaptação do enunciado normativo constante do do corpo principal do preceito em causa do "*NCRPA*".

[662] Sobre esta preocupação de JOSEPH BRODLEY a respeito da relevância analítica de certas concepções de empresa comum, cfr. A. cit., "Joint Ventures and Antitrust Policy", cit., esp. pp. 1124 ss.

Parte I – Capítulo 2

plano da análise jurídica de concorrência, e diferenciá-los das consequências resultantes da generalidade dos acordos de cooperação entre empresas.

Ora, a análise jurídica respeitante às empresas comuns deve, em nosso entender, concentrar-se na detecção e avaliação desses efeitos específicos – que combinam elementos de tipo estrutural e elementos respeitantes ao comportamento empresarial[663] – e, consequentemente, o problema prévio da definição desta categoria normativa, considerada em termos globais, deve ser equacionado à luz dos especiais elementos distintivos que permitam delimitar o domínio coberto por estas empresas comuns em relação a outras modalidades de acordos de cooperação empresarial. A definição de empresa comum constante do "*NCRPA*" não cumpre essa função útil, encontrando-se, a nosso ver, primacialmente associada à enunciação de específicas finalidades de cooperação empresarial – *maxime*, finalidades referentes à investigação e desenvolvimento e à aplicação dos respectivos resultados na produção – para as quais se pretendeu assegurar um tratamento menos exigente, no plano da aplicação das normas de concorrência.

De certa forma, podemos mesmo contrapor o conceito restrito de empresa comum, delineado na doutrina norte-americana, de modo paradigmático, por JOSEPH BRODLEY[664] ao conceito legal previsto no "*NCRPA*". O primeiro destes conceitos tem como elemento de referência a ideia de estrutura (estrutura definida e autonomizada de suporte da actividade empresarial conjunta que pode, segundo cremos, ser construída com base em múltiplos instrumentos jurídicos, embora BRODLEY preconize uma orientação mais restritiva, que tende a reconduzir essa base jurídica, unicamente, ao instrumento societário).

O segundo conceito, acima referido, assenta fundamentalmente na ideia de actividade empresarial e na enunciação de tipos relevantes de actividade e de comportamentos empresariais. Esse conceito legal será, no

---

[663] Reportamo-nos aqui a aspectos que temos já, de modo reiterado, identificado como um elemento de especificidade da figura das empresas comuns e da respectiva compreensão jurídica. Esses aspectos respeitam à combinação num certo grau de elementos estruturais e de comportamento na configuração das empresas comuns.

[664] Esse conceito restrito de empresa comum em direito da concorrência sustentado por BRODLEY foi já exposto *supra*, pontos 2.1. a 2.3. deste capítulo, tendo-se, desde logo, admitido pela nossa parte uma razoável proximidade a tal conceito, salvo quanto a alguns elementos de excessiva rigidez que o mesmo comporta.

394   *Empresas comuns* – Joint Ventures

essencial, coincidente com a noção muito lata de empresa comum proposta na doutrina norte-americana por HOVENKAMP.[665] Segundo este autor, verifica-se a criação de uma empresa comum, numa perspectiva de direito da concorrência, desde que se concretizem duas condições fundamentais. Por um lado, duas ou mais empresas deverão conjugar as suas actividades com vista a assegurar uma determinada contribuição para o seu processo de produção ou de distribuição de bens ou serviços. Em segundo lugar, essa conjugação de actividades empresariais não deverá implicar a formação de uma empresa única (a *"união"* de esforços entre as empresas não deverá acarretar a perda de individualidade própria dessas empresas, participantes no processo de cooperação).

Assim, à semelhança do que se estabelece na definição prevista no *"NCRPA"*, o que caracterizaria, fundamentalmente, a categoria da empresa comum seria a realização conjunta de certos tipos de actividades empresariais, bem como a adopção, nesse contexto, de certas modalidades de comportamento empresarial.

O contraste entre as duas abordagens em causa mostra-se ainda mais acentuado se aprofundarmos a análise dos elementos essenciais que as sustentam. Na verdade, do conjunto de quatro elementos fundamentais com base nos quais JOSEPH BRODLEY constroi a categoria jurídica da empresa comum apenas um se encontra relacionado com os parâmetros delineados na noção prevista no *"NCRPA"*. Esses elementos, como já se aflorou, incluem a titularidade conjunta de uma nova estrutura, a realização de contribuições específicas para o projecto empresarial comum, por parte das empresas participantes, a autonomização de uma entidade jurídica distinta das referidas empresas participantes e, finalmente, um escopo orientado para a introdução de qualquer aspecto novo no domínio das actividades desenvolvidas por essas empresas (esse *maius* empresarial acrescentado às actividades anteriores destas empresas pode consistir quer na introdução de uma nova capacidade produtiva, quer na introdução de novas tecnologias ou, mesmo, na entrada num novo mercado).[666]

---

[665] Para além da definição muito lata de empresa comum proposta por este A. no seu Manual, *Federal Antitrust Policy*, cit., cfr., igualmente, o conceito essencialmente idêntico exposto pelo mesmo A. em "Exclusive Joint Ventures and Antitrust Policy", in Col Bus L Rev., 1995, pp. 1 ss.. A análise de HOVENKAMP não está dirigida a qualquer dimensão estrutural, mas aos comportamentos das empresas participantes em empresas comuns.

[666] Apesar da importância que atribuímos aos elementos estruturais na definição da categoria de empresa comum em direito da concorrência, tivemos já ensejo de destacar o

Nesta construção jurídica prevalece, claramente, uma *dimensão estrutural* corporizada nos primeiros três tipos de elementos. Apenas o último elemento se encontra associado às *finalidades empresariais prosseguidas através da empresa comum* e à *caracterização da mesma em função de categorias de actividades passíveis de serem realizadas por esta*, o que corresponde, precisamente, à única dimensão de análise que informa a definição normativa de empresa comum constante do *"NCRPA"*.

Em contrapartida, esta última definição, que tem o seu acento tónico colocado na enunciação de *actividades e finalidades empresariais tipicamente prosseguidas através de empresas comuns*, é absolutamente omissa relativamente a alguns dos principais elementos que sustentam a *dimensão estrutural* do conceito alternativo de empresa comum, ao qual vimos fazendo referência. Na realidade, os aspectos referentes ao *controlo conjunto* da nova entidade, bem como à *realização de contributos específicos para o projecto empresarial comum por parte de cada uma das empresas participantes* no mesmo, são completamente omitidos na definição prevista no *"NCRPA"*, o que, em nosso entender, prejudica, decisivamente, a sua aptidão para autonomizar e delimitar a categoria jurídica da empresa comum em sede de direito da concorrência. Os únicos aspectos enunciados, no que respeita ao que podemos denominar de *modos de concretização jurídica* da actividade empresarial conjunta, não permitem identificar qualquer forma de organização de situações ou posições jurídicas, que corporizem a empresa comum, como realidade jurídica *a se*. Nesse plano, a formulação utilizada no *"NCRPA"* limita-se a referir que essa actividade pode incluir a *execução, conclusão ou tentativa de celebração de um contrato*.[667]

Tendo presente a natureza híbrida da categoria da empresa comum, a dimensão estrutural acima referida representa uma componente fundamental na definição jurídica da mesma. Ensaiar a construção de uma definição de empresa comum esquecendo ou, mesmo, subalternizando essa dimensão – como efectivamente sucede com a noção delineada no *"NCRPA"* – constitui, inelutavelmente, um processo jurídico votado ao insucesso.

---

relevo do quarto elemento proposto por Brodley, relativo à produção de um qualquer *maius* – resultante do cruzamento dos contributos das partes no projecto empresarial comum – para o processo produtivo, entendido em sentido lato ou para o desenvolvimento dos mercados que se encontrem em causa.

[667] Tenha-se presente, a esse propósito, a primeira parte da disposição contida no § 2(a) (6). da *"NCRPA"*, já atrás transcrita.

396 *Empresas comuns* – Joint Ventures

Como adiante acentuaremos, ao procurar uma síntese final dos elementos relevantes da definição jurídica da empresa comum, no quadro do direito da concorrência,[668] a especificidade da figura da empresa comum – que lhe confere uma identidade própria – reside na *verificação de um determinado substracto estrutural* (segundo a orientação preconizada por JOSEPH BRODLEY que acompanhamos neste ponto), materializado numa organização autonomizada relativamente às empresas-mãe – constituída com base em contribuições destas empresas e submetida a controlo conjunto das mesmas – *e na combinação original dessa decisiva dimensão estrutural com outros elementos ligados a comportamentos das empresas e a obrigações assumidas em relação aos mesmos.*

Na construção dessa dimensão estrutural pode perfilhar-se uma perspectiva mais ou menos restritiva no que respeita à sua configuração jurídico-formal. De acordo com a perspectiva mais restritiva, sufragada por JOSEPH BRODLEY,[669] tal dimensão será obrigatoriamente suportada num instrumento societário. De acordo com um entendimento mais flexível, que perfilhamos, divergindo de BRODLEY neste ponto, o decisivo plano estrutural relacionado com a criação de uma organização autónoma pode ser corporizado através de outros instrumentos jurídicos, de base contratual, diversos da sociedade comercial.

Apesar da excessiva latitude e da falta de eficácia como elemento de qualificação jurídica, que imputamos à definição normativa de empresa comum constante do *"NCRPA"*, importa reconhecer, em todo o caso, que esse carácter excessivamente genérico da mesma definição é, até certo ponto, mitigado através do processo utilizado – conquanto, em si mesmo discutível no puro plano da técnica jurídica – da previsão de exclusões relativamente ao enunciado geral do conceito de *"joint venture"* – assente,

---

[668] A síntese crítica dos elementos relevantes da definição jurídica da empresa comum, no quadro do direito comunitário da concorrência que procuramos estabelecer no final deste capítulo (*infra*, 6.3.1. a 6.4.) é, naturalmente, tributária de um confronto entre conceitos muito latos de empresa comum – como aquele que se encontra subjacente ao *"NCRPA"* – e definições desta categoria em sentido restritivo como a que é preconizada na doutrina por JOSEPH BRODLEY.

[669] Reportamo-nos, ainda, à análise deste A. constante do seu estudo "Joint Ventures and Antitrust Policy", cit., pp. 1524 ss. Importa notar que essa definição restritiva de empresa comum proposta por BRODLEY tem sido acolhida por alguns tribunais norte-americanos. Tenha-se presente, entre outros, os seguintes casos, *"SCFC ILC, Inc v. Visa USA, Inc"*, 36 F.3d 958 (10 th Circuit 1994); *"Compact v. Metropolitan Government of Nashville & Davidson County"*, TN, 594 F. Supp. 1567, 1574 (M.D: Temm. 1984).

Parte I – Capítulo 2

como se sabe, na ideia de actividade empresarial orientada para determinadas finalidades específicas.

A enumeração dessas *situações excluídas* permite, indirectamente – de modo limitado e imperfeito – circunscrever um *núcleo de actividades empresariais, distintivo da categoria da empresa comum* e, enquanto tal, justificativo de uma forma específica de ponderação dos efeitos materiais dessa realidade sobre a concorrência efectiva, à luz dos parâmetros que disciplinam as práticas restritivas da concorrência. No conjunto dessas exclusões, destacam-se várias situações que podem originar um efeito global de coordenação de comportamentos entre as empresas-mãe, ou um efeito de alastramento da coordenação reportada a um projecto empresarial comum, devidamente delimitado, às restantes áreas de actuação das empresas-mãe.[670]

De um modo não exaustivo, podemos referir, entre essas situações excluídas, aquelas que envolvem a troca de informações entre empresas concorrentes – respeitantes a custos, níveis de preços ou produtividade, desde que tais informações não sejam necessárias para o desenvolvimento do projecto conjunto –, bem como aquelas que acarretam quaisquer tipos de compromissos gerais no plano da comercialização ou distribuição de bens ou serviços. Exceptuam-se, contudo, quanto as estas últimas situações, as relações de distribuição de bens ou serviços produzidos pela empresa comum às empresas participantes na empresa comum, e as relações respeitantes ao licenciamento e transmissão de direitos de propriedade intelectual ou industrial, que tenham sido desenvolvidos através da

---

[670] Trata-se de um *efeito de alastramento* emergente da coordenação materializada num projecto empresarial comum (devidamente delimitado) às restantes áreas de actuação das empresas-mãe que, embora com um diverso enquadramento analítico, também tem sido identificado e estudado no plano do direito comunitário da concorrência. Pode, na realidade, encontrar-se algum paralelo entre esse efeito ora considerado e o que adiante denominamos como *efeitos de alastramento em sentido restrito* (sobre a concorrência), originados por certas empresas comuns, e traduzidos em efeitos generalizados de coordenação da globalidade dos comportamentos das empresas-mãe (efeitos considerados em relação a certas empresas comuns qualificáveis como concentrações, nos termos do n.º 4 artigo 2.º do RCC, resultante da reforma de 1997 deste Regulamento; esses efeitos não devem ser confundidos com o que, neste plano comunitário identificaremos como *efeitos de alastramento em sentido lato*, verificados no quadro de empresas comuns limitadas a certas funções empresariais e que incidem na concorrência efectiva ou potencial entre as empresas-mãe (cfr., para uma caracterização e distinção entre esses tipos de efeitos emergentes de empresas comuns, *infra*, capítulo terceiro, (esp. ponto 2.3.5.2.5.) da **Parte III**.

actividade da empresa comum (às quais é reconhecido também o tratamento mais favorável atribuído às actividades situadas na esfera das empresas comuns).

Outras situações relevantes excluídas, para efeitos de delimitação da empresa comum – e do respectivo tratamento material mais favorável – são as que envolvem compromissos respeitantes a quaisquer formas de repartição de mercados entre empresas concorrentes, ou à afectação progressiva de outros activos, instalações e, mesmo de outros domínios de produção das empresas-mãe à empresa comum. A *ratio* subjacente a este último tipo de exclusões não é imediatamente perceptível, mas, em última análise, deve ser considerada como uma forma indirecta de compensar a lacuna originária desta definição normativa de empresa comum, no que respeita à enunciação de uma *base estrutural de organização jurídica da empresa comum*, como realidade *a se* (à qual temos, de modo reiterado, vindo a fazer referência).

Assim, o legislador do "*NCRPA*" acabou por ser confrontado com a insuficiência de um processo de definição da empresa comum que se limita a prever determinados tipos de actividades empresariais conjuntas, associadas a certas finalidades paradimáticas e assentes num vago suporte contratual de relacionamento juríco inter-partes. Embora de modo indirecto – e não satisfatório, em nosso entender – foi reconhecida a necessidade de delimitar – num plano estrutural – uma esfera de activos empresariais afectos à organização da empresa comum, e que a identificam, como realidade específica, em face da esfera de actividades próprias das empresas-mãe. Na ausência dessa delimitação de elementos de organização empresarial integrados *ab initio* no espaço de actuação da empresa comum – e configurando as suas fronteiras relativamente aos domínios conservados pelas empresas-mãe – a realidade da empresa comum seria diluída num espaço fluido e indistinto de cooperação entre estas empresas-mãe, que não conheceria limites.

Nesse contexto, já não estaria em causa identificar qualquer potencial *efeito de alastramento da coordenação de comportamentos concorrenciais entre as empresas-mãe* – como elemento restritivo da concorrência a merecer sanção e controlo jurídicos adequados – mas, por definição, encontrar-se-ia, em aberto, no conjunto geral das actividades dessas empresas, esse possível efeito global de coordenação de comportamentos concorrenciais. Noutros termos, estaria aberto o caminho para uma realização progressiva, de acordo com os eventuais impulsos das partes

Parte I – Capítulo 2   399

nesse sentido, de um verdadeiro *efeito material de grupo* nas áreas de actividade das empresas-mãe, embora sem a assunção de uma operação de concentração de empresas que corporizasse esse efeito e que fosse, enquanto tal, devidamente controlada ao nível das regras de concorrência.

5.6.3. A definição do conceito de empresa comum *("joint venture")* em orientações interpretativas de carácter geral adoptadas no direito norte-americano da concorrência

Importa reconhecer que as definições alternativas de empresa comum ensaiadas em orientações de carácter geral por autoridades federais norte-americanas competentes para a aplicação do direito da concorrência não têm proporcionado um grau muito superior de clarificação do conceito. Na maior parte dos casos, esse tipo de caracterização jurídica da figura da empresa comum tem-se limitado a formulações que se revestem de um grau de generalidade e de indefinição comparável ao da definição normativa constante do *"NCRPA"*. Assim, as *"Orientações do Departamento de Justiça norte-americano referentes às operações internacionais"*, de 1988[671] caracterizam a empresa comum nos termos mais vagos, identificando-a com qualquer iniciativa de colaboração entre empresas, que não chegue a configurar uma operação de concentração e respeitando a actividades de investigação e desenvolvimento, de produção e distribuição ou comercialização de produtos ou serviços.[672] Esta defi-

---

[671] *"Department of Justice International Guidelines"*, de 1988. Curiosamente, as ulteriores orientações interpretativas neste domínio – *"Department of Justice and Federal trade Commission Antitrust Enforcement Guidelines for International Operations"*, de 1995 – já não incluíram qualquer definição de empresa comum. Algumas situações semelhantes, de resto, se verificam com certos instrumentos jurídicos no plano comunitário. Assim, como já tivemos ensejo de observar, determinados Regulamentos de isenção por categoria que historicamente integraram alguns dos primeiros afloramentos normativos do conceito de empresa comum – e aos quais, por essa razão, concedemos especial atenção, mesmo que alguns desses normativos não se encontrem já em vigor – foram revogados por Regulamentos que deixaram de integrar referências expressas ao conceito de empresa comum. O mesmo sucede também – como adiante se verificará – com certas Comunicações interpretativas da Comissão entretanto substituídas por Comunicações mais recentes, que não contêm referências tão explícitas ou conclusivas como as orientações originárias.

[672] Mais uma vez, e à semelhança do que se verifica com o regime da *"NCRPA"*, encontra-se em causa uma definição de empresa comum orientada em função da prossecução de certos tipos de *actividades*.

400   *Empresas comuns* – Joint Ventures

nição da figura da empresa comum por mera contraposição à realidade da operação de concentração entre empresas (*"merger"*) afigura-se-nos, em rigor, ainda mais limitada e incerta do que a definição proposta pelo legislador da *"NCRPA"*).[673]

Um passo suplementar neste plano de construção jurídica associado às orientações de carácter geral – que envolvem um processo atípico de alguma vinculação das autoridades emitentes das mesmas[674] – terá sido dado com as Orientações do Departamento de Justiça e da Comissão Federal do Comércio no domínio da saúde, de 1996).[675]

Na verdade, apesar de, em rigor, estas orientações não integrarem uma definição geral de empresa comum, procuram, em contrapartida, delimitar algumas áreas de tratamento menos restritivo destas empresas comuns (mediante a aplicação da denominada *"rule of reason"*). Ao fazê-lo delimitam as empresas comuns – potenciais beneficiárias desse tratamento mais favorável – com base num requisito essencial de *integração empresarial*, através da partilha de certos recursos ou activos empresariais

---

[673] Na realidade, como pudemos verificar, apesar da sua complexa e deficiente técnica jurídica, a definição de empresa comum resultante do *"NCRPA"* integra ainda outros elementos para além do mero enunciado de actividades passíveis de prossecução conjunta e não é delineada com base numa condição negativa de contraposição à realidade da concentração de empresas. Em contrapartida, as novas orientações de 1995 (*"Department of Justice and Federal trade Commission Antitrust Enforcement Guidelines for International Operations"*), que deixaram de integrar qualquer definição de empresa comum, incluem diversas referências aos elementos de integração económica como dimensão fundamental para obter um tratamento jusconcorrencial mais favorável.

[674] Sobre o processo de formação de *expectativas jurídicas* resultantes de *orientações interpretativas* (*"Guidelines"*) de autoridades públicas e merecedoras de alguma tutela, mesmo quando tais *orientações* não transponham os limiares de vinculação jurídica em sentido próprio, cfr. o já exposto na parte introdutória e no capítulo primeiro desta **Parte I** (cujo aprofundamento exigiria um tratamento *ex professo* sem cabimento no contexto da presente análise). Cfr., igualmente, numa perspectiva jurídica geral sobre a relevância de formas de *autolimitação da liberdade de decisão ou apreciação* por parte de autoridades administrativas, PIERA MARIA VIPIANA, *L'Autolimite della Pubblica Amministrazione*, Milano, 1990, esp. pp. 55 ss.. Sobre essa matéria, cfr., ainda, DAVID DUARTE, *Procedimentalização, Participação e Fundamentação: Para uma Concretização do Princípio da Imparcialidade Administrativa como Parâmetro Decisório*, Almedina, Coimbra, 1996, esp. pp. 380-440.

[675] *"Statements of Antitrust Enforcement Policy in Health Care – Department of justice, Federal Trade Commission"* de 1996; cfr., em particular, *"Statement Two"*, relativo a *"hospital joint ventures involving high-technology"* e *"Statement Eight"*, referente a *"physician network joint ventures"*.

Parte I – Capítulo 2   401

e de uma inerente partilha de riscos financeiros. Noutros termos, pode afirmar-se que esse tipo de requisitos envolve uma dimensão estrutural de caracterização das empresas comuns – que reputamos essencial – absolutamente ausente na definição normativa constante do *"NCRPA"*.

Admitimos, finalmente, que um passo decisivo para uma fundamental densificação jurídica do conceito de empresa comum poderia ter sido dado através da adopção, em 2000 – na sequência de um processo de preparação relativamente longo – das *"Orientações em matéria de colaboração entre empresas concorrentes"*, por parte da Divisão *"Antitrust"* do Departamento de Justiça e da Comissão Federal do Comércio).[676]

Todavia, apesar de múltiplas análises preparatórias destas fundamentais orientações terem incidido directamente sobre a figura da empresa comum,[677] o texto final emitido em Abril de 2000 acaba por apresentar duas limitações importantes. Por um lado, restringe-se aos processos de cooperação entre empresas concorrentes, deixando fora do seu âmbito de incidência outras modalidades importantes de colaboração entre empresas e, em especial, outros tipos de empresas comuns. Noutro plano, apesar de o tipo de cooperação empresarial equacionado nas Orientações corresponder, claramente, àquele que potencialmente envolve aspectos favoráveis à concorrência e outras eficiências – de modo a desencadear uma ponderação jurídica global desss elementos positivos com possíveis elementos restritivos da concorrência – a utilização expressa do conceito de empresa comum (*"joint venture"*) é sistematicamente evitada. Deste modo, a área de cooperação empresarial delimitada, em geral, nas Orientações corresponde àquela que tem sido, normalmente, identificada com os efeitos com-

---

[676] *"Antitrust Guidelines for Collaboration among Competitors – Issued by the Federal Trade Commission, and the US. Department of Justice"*, April 2000.

[677] No conjunto de análises preparatórias conducentes ao estabelecimento das *"Guidelines"* de 2000 impõe-se destacar o conjunto de audições promovido pela *"Federal Trade Commission"* no âmbito do denominado *"Joint Venture Project"*, de 1997. Desse processo (*"Hearings on the Joint Venture Project-1997"*) resultaram contributos analíticos de grande importância para a compreensão das questões jusconcorrenciais suscitadas pelas empresas comuns, mas, porventura, não resultou um aprofundamento da própria definição desta categoria jurídica no direito da concorrência. Assim, algumas das definições propostas no quadro dessa discussão por elementos da própria *"Federal Trade Commission"* assentam em concepções muito latas desta figura que surge, *vg.*, definida como *"all collaborations, short of a merger, between or among entities that would have been actual or likely potential competitior in a relevant market absent that collaboration"* (cfr. *"FTC staff discussion draft, October, 1997"*).

402   *Empresas comuns* – Joint Ventures

plexos sobre a concorrência gerados, em especial, pelas empresas comuns, mas em parte alguma dessas Orientações se assume, em termos formais, que os seus critérios de análise incidem, especificamente, sobre a globalidade das empresas comuns.

Apesar dessa importante e negativa limitação,[678] será razoável assumir que a caracterização geral a que se procede dos processos de *colaboração entre concorrentes* (*"competitor collaboration"*) envolverá forçosamente uma larga área de correspondência – mesmo que não exaustiva – com o domínio coberto pela actuação das empresas comuns (*"joint ventures"*). Ora, se assumirmos esse pressuposto, que tomamos como razoável,[679] verificamos que a referida caracterização geral das empresas comuns (conquanto diluídas na referência geral aos fenómenos de *"competitor collaboration"*) apresenta limitações comparáveis à definição normativa de empresa comum ensaiada pelo legislador do *"NCRPA"* em 1993. A limitação mais importante é a que se traduz na ausência de uma verdadeira dimensão estrutural – nos moldes em que a vimos enunciando – nessa caracterização.

Na verdade, retomando-se uma formulação similar à utilizada nas Orientações de 1988 em matéria de operações internacionais – acima referidas – o novo texto, adoptado em 2000, procede a uma caracterização dos processos de cooperação empresarial em causa fundamentalmente através de uma contraposição – que se revela algo sincrética – com o domínio das operações de concentração entre empresas. De acordo com as Orientações, esses processos de cooperação empresarial compreendem os conjuntos de acordos [*"(...) set of one or more agreements (...)"*] entre empresas concorrentes, que não correspondam a operações de concentração [*"(...) other than merger agreements(...)"*] com vista ao desenvolvimento em comum de determinadas actividades empresariais.

---

[678] A conveniência ou viabilidade de adopção de Orientações (*"Guidelines"*) sobre a apreciação de empresas comuns que se situassem para além do âmbito das empresas comuns entre empresas concorrentes foi, apesar de tudo, equacionada no quadro do denominado *"Joint Venture Project"*, de 1997, que influenciou, significativamente, as Orientações finalmente adoptadas em 2000.

[679] Com base nesse mesmo pressuposto, tomaremos largamente em consideração o contributo das Orientações de 2000 para a análise das empresas comuns no quadro do nosso estudo *ex professo* da avsaliação substantiva dos efeitos destas entidades sobre o processo de concorrência, empreendido *infra*, **Parte III**.

Parte I – Capítulo 2   403

Paralelamente, refere-se que essas actividades empresariais realizadas em conjunto podem abarcar uma ou mais áreas de negócios como as correspondentes à investigação e desenvolvimento, à produção, à comercialização, distribuição, ou à compra de activos (note-se que esta enumeração de actividades potencialmente cobertas pelas operações conjuntas é mais vasta do que a que consta da definição prevista no "*NCRPA*"). O único elemento que pode indiciar a presença de uma dimensão estrutural – mas de modo muito indirecto – consiste na referência feita à existência de conjuntos de acordos entre as empresas concorrentes, o que parece associar estes processos de cooperação a realidades mais complexas, que conjuguem diferentes instrumentos jurídicos (tal sucede tipicamente quando se constroi uma determinada organização jurídica, como realidade empresarial *a se*).

De qualquer modo, esta caracterização geral, baseada numa contraposição com o fenómeno das operações de concentração entre empresas, vem a revelar-se algo contraditória com o reconhecimento feito, ainda na primeira Secção das Orientações – respeitante a "*definições*" – de uma potencial área de sobreposição dos processos de cooperação entre empresas, objecto de análise nestas Orientações, com o domínio das operações de concentração de carácter horizontal ("*horizontal mergers*"). Tal sucederá, em especial, nos casos em que os referidos processos impliquem algum grau de integração empresarial no mercado relevante que esteja em causa e uma duração relativamente mais prolongada.

Pela nossa parte, admitimos que a conceptualização nas Orientações dos processos de cooperação empresarial – idealmente concretizada numa categoria assumida, em termos explícitos, como correspondente à figura da empresa comum – deveria ter partido da identificação desse tipo de *situações de integração empresarial*, conjugando-as depois com outro tipo de elementos unicamente relacionados com o comportamento das empresas.[680]

---

[680] Sobre a confluência de alguns processos de análise jusconcorrencial de "*mergers*" e de "*joint ventures*", sublinhando, igualmente, as especificidades de repercussões dessas realidades sobre o processo da concorrência e implicitamente a vantagem de uma distinção conceptual de partida razoavelmente clara entre as situações de pura cooperação empresarial, as "*joint ventures*" e as "*mergers*", cfr. *inter alia*, na doutrina norte-americana WILLIAM NYE, "Can a Joint Venture Lessen Competition More than a Merger", in Economic Letters, 1992, pp. 487 ss. Esta distinção conceptual clara e eficaz entre tais realidades não terá sido conseguida de forma completamente satisfatória nas Orientações de 2000.

404 *Empresas comuns* – Joint Ventures

5.7. A DEFINIÇÃO DO CONCEITO DE EMPRESA COMUM (*"JOINT VENTURE"*) EM ORIENTAÇÕES INTERPRETATIVAS DE CARÁCTER GERAL ADOPTADAS NO DIREITO COMUNITÁRIO DA CONCORRÊNCIA

5.7.1. Perspectiva geral – a Comunicação relativa ao conceito de empresas comuns que desempenham todas as funções de uma entidade económica autónoma

Procurámos já, numa base sistemática, identificar e analisar todos os elementos relacionados com a definição ou caracterização jurídica geral da figura da empresa comum no direito comunitário da concorrência, a partir da disciplina normativa contida em múltiplos Regulamentos comunitários relevantes. Esses afloramentos legislativos – com interesse muito desigual – de uma definição geral da empresa comum foram cotejados com o enquadramento legal de outros ordenamentos, em especial com o sistema jurídico de concorrência norte-americano. Importa ainda, em nosso entender, complementar essa análise através de uma exaustiva revisão do conjunto de referências à figura da empresa comum nas várias orientações interpretativas gerais (Comunicações)[681] emitidas pela Comissão a propósito de matérias directa ou indirectamente relacionados com aquele instituto jurídico.

Consideramos que se justifica iniciar esta análise do conjunto de orientações gerais relevantes pela Comunicação da Comissão, *"relativa ao conceito de empresas comuns que desempenham todas as funções de uma*

---

[681] Tomámos aqui como adquiridos os aspectos já expostos quanto à relevância jurídica deste tipo de Comunicações interpretativas na construção jurídica de parâmetros normativos no direito comunitário da concorrência (e também noutros ordenamentos, como o norte-americano). No que respeita ao conjunto de Comunicações interpretativas sucessivamente adoptadas no quadro deste ordenamento comunitário da concorrência, seguimos o mesmo critério que observámos quanto aos diversos Regulamentos que aflorámos, em função da sua relevância para um mero enunciado normativo ou para a densificação jurídica da categoria da empresa comum. Assim, referiremos as principais Comunicações interpretativas que, *em vários estádios de evolução do direito comunitário da concorrência, utilizaram expressamente* ou *caracterizaram o conceito de empresa comum* (independentemente de as mesmas já terem sido, entretanto, substituídas por outras Comunicações interpretativas mais recentes nas quais o recurso ao conceito de empresa comum não seja tão evidente).

entidade económica autónoma", de 1998.[682] Na realidade, em face do ordenamento vigente afigura-se-nos que o conteúdo desta Comunicação integra os elementos de referência mais significativos, em ordem a uma caracterização geral da figura da empresa comum em sede do direito comunitário da concorrência. Não deixamos, contudo, de equacionar os elementos directa ou indirectamente relevantes para essa caracterização constantes de outras Comunicações da Comissão, incluindo, designadamente anteriores Comunicações.

Essa Comunicação de 1998 constitui, fundamentalmente, uma consequência das alterações introduzidas em 1997 no RCC, cujas repercussões para o enquadramento das empresas comuns já comentámos (destacando o importante alargamento do campo de incidência deste Regulamento no domínio das empresas comuns). Como é sabido, resultou da nova redacção dada ao artigo 3.º do RCC que apenas as empresas comuns que desempenham de modo parcial as funções de uma entidade económica autónoma permanecerão integralmente sujeitas ao regime previsto no artigo 81.º CE. e, deste modo, foi eliminada a originária distinção, consagrada na versão inicial do RCC, entre as denominadas *empresas comuns com carácter de concentração* e as *empresas comuns com carácter de cooperação*. Em conformidade, com esta significativa alteração legislativa, a Comunicação de 1998, acima referida, veio substituir a anterior Comunicação respeitante a essa distinção.[683]

Nesta Comunicação procede-se a uma definição de empresa comum que, indiscutivelmente, se reveste de um carácter geral, não se circunscrevendo apenas à subcategoria das empresas comuns que desempenham todas as funções de uma entidade económica autónoma. De qualquer

---

[682] Comunicação da Comissão, *"relativa ao conceito de empresas comuns que desempenham todas as funções de uma entidade económica autónoma"*, de 1998, JOCE n.º C 66/01, 1998.

[683] Referimo-nos aqui à *"Comunicação relativa à distinção entre empresas comuns com carácter de concentração e empresas comuns com carácter de cooperação"*, de 1994, já cit.. Importa notar que a própria Comissão ressalva, na Comunicação de 1998 sobre empresas comuns que desempenham todas as funções de uma entidade económica autónoma, que, face à sua intenção de adoptar orientações interpretativas referentes a empresas comuns na matéria correspondente à aplicação do artigo 2.º, n.º 4 do RCC (empresas comuns que envolvem efeitos de coordenação entre empresas-mãe a apreciar no quadro do RCC, mas com base no artigo 81.º CE), e até à futura adopção de uma Comunicação nesse domínio, se deverão continuar a tomar em consideração os parâmetros delineados nos pontos 17 a 20 da acima referida Comunicação de 1994.

modo, se esta opção por uma definição geral de empresa comum representa um aspecto positivo da Comunicação, a formulação adoptada para o efeito é, porventura, demasiado lapidar, embora aflore, em nosso entender, os elementos jurídicos mais relevantes. Assim, nos termos desta Comunicação, a empresa comum corresponde a qualquer empresa controlada conjuntamente por duas ou mais empresas. Destaca-se ainda, em complemento a esta caracterização extremamente sucinta, que esta categoria jurídica pode abarcar um vasto conjunto de operações, *"desde operações do tipo fusão, à cooperação com objectivos específicos, tais como a investigação e desenvolvimento (...), a produção ou distribuição"*.[684]

Os elementos essenciais considerados nessa definição constituem, efectivamente, segundo cremos, os aspectos decisivos para a caracterização geral da categoria da empresa comum, mas a compreensão adequada da sua interacção imporia um tratamento mais desenvolvido dos mesmos, que é completamente omitido na Comunicação da Comissão. Os dois elementos fundamentais em questão reportam-se, por um lado, ao *conceito de empresa*, e, por outro, ao *conceito de controlo conjunto*. Como adiante acentuaremos, a realidade complexa da empresa comum, em direito da concorrência, assenta, indiscutivelmente, nesses dois conceitos de referência. Contudo, essa realidade não pode ser enunciada, de modo algo simplista, como uma mera sobreposição dos mesmos, cujo conteúdo global seria devidamente apreendido através da caracterização autónoma, e em planos distintos, de cada um desses conceitos.

Assim, pensamos que não é suficiente para uma caracterização da categoria da empresa comum proceder, num primeiro plano, a uma definição do conceito relevante de empresa, em sede de direito comunitário da concorrência, e, num plano subsequente, à definição do conceito de controlo conjunto, pressupondo que a mera conjugação dessas duas definições – empreendidas autonomamente – fornecerá, por si só, a base para apreender o conteúdo da categoria jurídica da empresa comum.

No que respeita à análise desses dois elementos primaciais para a compreensão do conceito de empresa comum, a Comunicação em apreço limita-se a efectuar uma remissão. Em matéria de concretização jurídica do conceito de *controlo conjunto*, remete-se para os termos da análise efectuada nesse domínio noutra Comunicação, igualmente adoptada em

---

[684] Cfr., nesse sentido, o ponto 3 da Comunicação de 1998, cit..

Parte I – Capítulo 2 407

1998 – a *"Comunicação da Comissão relativa ao conceito de concentração de empresas"* (à qual adiante nos referiremos).[685]

Não obstante esta Comunicação referente ao conceito de empresa comum que desempenha todas as funções de uma entidade económica autónoma apresentar um carácter lacunar, no que respeita à definição geral de empresa comum aí empreendida, a mesma integra ainda outros parâmetros que – no mínimo – são indirectamente relevantes para essa definição. Na verdade, admitimos que os dois parâmetros delineados com vista à caracterização da subcategoria de empresas comuns sujeitas ao regime previsto no RCC – a existência de uma situação de *controlo conjunto* e de uma *alteração estrutural das empresas* – [686] são também relevantes para a compreensão da categoria da empresa comum, globalmente considerada.

O primeiro desses parâmetros é referido no ponto 9 da Comunicação – de forma não isenta de ambiguidade – como um dos critérios específicos de qualificação jurídica da subcategoria de empresas comuns sujeitas ao regime do RCC, apesar de ter sido enunciado, numa passagem anterior da mesma Comunicação, como um dos elementos essenciais constitutivos da categoria geral da empresa comum[687] Pensamos que esta identificação do conceito de *controlo conjunto* como um dos critérios especiais de qualificação de uma subcategoria específica de empresas comuns enferma de um menor rigor de análise jurídica, mas não invalida a sua ponderação como elemento fundamental de definição da categoria da empresa comum, globalmente considerada.

Paralelamente, seria tentador formular um juízo comparável em relação ao segundo parâmetro formalmente associado à qualificação da referida subcategoria especial de empresas comuns – o parâmetro respeitante à verificação de uma *alteração estrutural das empresas*. Tal implicaria vir

---

[685] *"Comunicação da Comissão relativa ao conceito de concentração de empresas"*, JOCE n.º C 66/02, 1998. Alguns aspectos relevantes desta Comunicação serão analisados de seguida – 5.7.2. – no quadro da nossa caracterização da noção de *controlo conjunto*, como elemento fundamental da categoria da empresa comum.

[686] Essas matérias são abordadas no pontos 8 a 10 e ss. da Comunicação de 1998 ora em causa e, como já referimos, são especificamente versadas, de forma autónoma – sobretudo a primeira dessas matérias – noutras Comunicações interpretativas da Comissão.

[687] Na realidade, são feitas, nos pontos 3 e 9 da Comunicação, referências de teor não inteiramente coincidente ao elemento do controlo conjunto a propósito da categoria das empresas comuns. Pela nossa parte, pensamos que, para efeitos de densificação jurídica de um conceito geral de empresa comum, deve ser conferida prevalência à primeira dessas referências.

408   *Empresas comuns* – Joint Ventures

a considerá-lo – tal como sucede com o conceito de controlo conjunto – directamente relevante para a caracterização geral do instituto da empresa comum. Contudo, consideramos que uma associação de ideias tão linear não é procedente. Essa constatação não impede, em todo o caso, uma análise intermédia que conceda alguma relevância ao referido parâmetro para efeitos daquela caracterização geral.

Na verdade, esse critério traz à colação o que temos vindo a identificar como *dimensão estrutural na definição geral da categoria da empresa comum* e que se concretiza na realização de um *determinado grau – mesmo que relativamente limitado – de integração empresarial*. Esse grau limitado de integração empresarial pressupõe a constituição de uma *organização* minimamente autonomizada em relação às estruturas das empresas-mãe – a qual pode assentar num sistema de contratos[688] relativamente diversificado – ainda que circunscrita ao exercício parcial de certas funções empresariais, e implica, correlativamente, a realização de determinadas contribuições específicas das empresas-mãe, mediante a transferência de alguns activos empresariais a favor da estrutura comum.

Nesse tipo de processos sobrevém, inelutavelmente, um elemento de alteração estrutural das empresas-mãe, embora o mesmo nem sempre envolva a generalidade da sua estrutura de funcionamento. Aprofundando o nível de análise da questão poderemos, de algum modo, distinguir, por um lado, *alterações estruturais, em sentido próprio – de tipo externo – que* se revestem de alcance geral, e que acarretam um modificação da forma como as empresas-mãe, globalmente consideradas, se apresentam perante o mercado, e, por outro lado, *alterações estruturais de tipo interno*. A primeira modalidade corresponde, em princípio, ao critério enunciado na Comunicação em apreço como elemento de identificação da subcategoria específica de empresas comuns que desempenham todas as funções de uma entidade económica autónoma, compreendendo tipicamente, quer a produção de determinados bens ou serviços, quer o acesso directo ao mercado traduzido numa directa comercialização dos mesmos. Noutro plano, as *alterações estruturais de tipo interno das empresas-mãe* correspondem

---

[688] Sobre o *sistema de contrato*, mais ou menos complexo conforme os casos, em que assenta a criação e funcionamento de uma *organização* minimamente autonomizada em relação às estruturas das empresas-mãe e outros feixes de relações ligando tal organização a estas empresas, podendo o mesmo envolver a conjugação de um *acordo-quadro geral* e de vários *acordos-satélites*, cfr. o exposto *supra* no capítulo primeiro desta **Parte I**.

Parte I – Capítulo 2 409

a uma variante do critério enunciado na Comunicação, o que impõe algumas adaptações ao conteúdo do mesmo, aí enunciado.

Essas alterações envolvem uma reformulação do modo como são estruturadas determinadas funções específicas das empresas-mãe, sem chegar a produzir uma repercussão suficientemente intensa para induzir uma alteração de qualquer área de actividade dessas empresas, globalmente considerada, e que afecte domínios inerentes ao acesso directo dessas empresas ao mercado.

Tal processo reporta-se, normalmente, a *funções empresariais auxiliares – vg.* funções de investigação e desenvolvimento, ou de produção, dissociada da comercialização – as quais contribuem para a *actividade global das empresas-mãe*, consubstanciada numa determinada intervenção das mesmas no mercado. Por essa razão, consideramos pertinente identificar essas reorganizações de activos – associadas a empresas comuns não submetidas ao regime do RCC – como *alterações estruturais de tipo interno*. A forma geral como as empresas-mãe se apresentam perante os seus mercados não é visivelmente alterada, nesse tipo de casos, mas, na esfera interna dessas empresas verificam-se alterações relevantes do modo como se encontram organizados e estruturados certos activos e funções empresariais fundamentais.

De acordo com esta perspectiva, consideramos que alguns dos elementos enunciados na Comunicação como manifestações de alterações estruturais das empresas-mãe são, *mutatis mutandis*, relevantes para ponderar a existência do que denominámos de *alterações estruturais de tipo interno* – como requisito minimo de existência de qualquer empresa comum, incluindo a subcategoria de empresas comuns que não se encontra submetida ao regime do RCC. Tal deverá suceder, designadamente, com os elementos referentes à disponibilização de gestão própria e de recursos próprios à empresa comum, *"incluindo financiamento, pessoal e activos (corpóreos e incorpóreos)"*.[689] Paralelamente, constituirão também, em nosso entender, elementos relevantes – embora com uma intesidade menor, no que respeita às empresas comuns que só parcialmente desempenham as funções de uma entidade económica autónoma – a administração da actividade da empresa comum através da sua própria gestão e a corre-

---

[689] Cfr., nesse sentido, o ponto 12 da Comunicação da Comissão, *"relativa ao conceito de empresas comuns que desempenham todas as funções de uma entidade económica autónoma"*, cit..

lativa "*autonomia operacional*" desta empresa. Em particular, este último requisito deve ser tomado num sentido específico no caso das empresas comuns não sujeitas ao RCC.

Nessas situações – quando for considerado como mínimo denominador comum de todas as subcategorias de empresas comuns – esse elemento deverá ser entendido como uma mera *autonomia funcional*, no quadro do exercício de certas funções auxiliares pela empresa comum, relativamente à actividade global das empresas-mãe (a qual não comportará aspectos de verdadeira *autonomia de política comercial*). De resto, mesmo no que respeita às empresas comuns submetidas ao regime do RCC, esta autonomia de política comercial será sempre limitada, mas pode, enquanto tal – diversamente do que sucede tipicamente com a outra subcategoria de empresas comuns – manifestar-se em certo grau.

Além dos dois requisitos acima equacionados, apontados na Comunicação como critérios primaciais de qualificação das empresas comuns submetidas ao RCC – e que consideramos parcialmente aplicáveis, com algumas adaptações, à generalidade das empresas comuns – estas orientações da Comissão prevêm, ainda, como elemento relevante para essa qualificação, o carácter duradouro da actuação da empresa comum.[690] Esse aspecto é justamente considerado como uma consequência das alterações estruturais introduzidas nas empresas-mãe pela criação da empresa comum. Naturalmente, quando é desencadeado um processo de reorganização de activos dessas empresas, mediante a sua afectação, em certos moldes, a uma nova organização à qual é cometido um determinado projecto empresarial conjunto, será de esperar alguma durabilidade dessa nova estrutura.

Por outro lado, subscrevemos também a avaliação formulada na Comunicação segundo a qual esse carácter duradouro da empresa comum não será decisivamente afectado pela inclusão, *ab initio*, nos acordos constitutivos da empresa comum, de disposições regulando o termo dessa entidade, quer por força da verificação de múltiplas circunstâncias da actividade empresarial das empresas envolvidas no projecto, quer em virtude de qualquer "*desacordo fundamental*" que sobrevenha no relacionamento entre as empresas-mãe.

Admitimos, mesmo, que este útimo tipo de disposições serão, de algum modo, paradigmáticas em certos tipos de empresas comuns secto-

---

[690] Cfr., nesse sentido, o ponto 15 da Comunicação cit..

Parte I – Capítulo 2

riais, que se encontrem tipicamente submetidas a condicionantes especiais da respectiva actividade. Como verificaremos, tal sucederá, em especial, no que respeita às empresas comuns com actuação no sector financeiro, as quais se encontram, por razões de interesse público, submetidas a exigências específicas de regulação que pressupõem a manutenção em permanência de estruturas eficazes de controlo.

Como é sabido, as situações jurídicas de controlo empresarial conjunto – características, por definição, do funcionamento das empresas comuns – têm inelutavelmente subjacente um determinado grau, variável, de instabilidade. Em relação às empresas comuns operando no sector financeiro deverá, tipicamente, prevenir-se a ultrapassagem de um limiar mínimo de instabilidade no modo de exercício desse controlo conjunto. Assim, nesse contexto, será natural a inclusão imediata, nos acordos constitutivos dessas empresas comuns, de disposições contratuais pormenorizadas, regulando situações de dissolução das mesmas, independentemente do maior ou menor período de tempo de duração previsto para as mesmas.[691] O facto de, por força dessas condicionantes especiais, se admitirem, à partida, eventuais situações de muito curta duração das empresas comuns, não deverá afectar, sob qualquer forma, a qualificação jurídica destas empresas em sede de direito da concorrência.

Em contrapartida, sustenta-se na Comunicação que esse requisito respeitante ao funcionamento da empresa comum numa "*base duradoura*" não se encontrará adequadamente preenchido nas situações em que o ente comum seja "*criado por um período limitado de curta duração*".[692] Especifica-se, mesmo, que este tipo de situações ocorrerá, previsivelmente,

---

[691] Sobre determinadas particularidades do funcionamento de empresas comuns ou de entidades afins no sector financeiro, e embora numa perspectiva muito parcelar, cfr. o exposto, *infra*, capítulo terceiro (esp. ponto 4.4.3.6.), **Parte III**. No que respeita aos condicionalismos que impendem sobre o exercício de formas de controlo conjunto sobre empresas que actuam no sector financeiro por razões de interesse público subjacentes à supervisão do sistema financeiro – sem que tal afecte necessariamente tal natureza de controlo conjunto em determinadas situações – cfr., em geral, JOSÉ ENGRÁCIA ANTUNES, *A Supervisão Consolidada dos Grupos Financeiros*, Publicações Universidade Católica, Porto 2000, e GUIDO FERRARINI, I *Gruppi nella Regolazione Finanziaria*, in AAVV, *I Gruppi di Società*, II, Giuffrè, Milano, 1996, pp. 1233 ss.. Sobre aspectos de regulação do sector financeiro que podem interferir na densificação jurídica dos normativos de concorrência a empresas deste sector, cfr. MARTIN TOMASI, *La Concurrence sur les Marches Financiers – Aspects Juridiques*, Librairie Générale de Droit et Jurisprudence, 2002, esp. pp. 95 ss.

[692] Cfr., nesse sentido, o ponto 15, *in fine*, da Comunicação cit..

412   *Empresas comuns* – Joint Ventures

sempre que a nova entidade seja criada para a realização de um projecto concreto, perfeitamente individualizado, *vg.* a realização de determinadas empreitadas.

Importa, pois, apreciar a forma como este requisito referente a uma durabilidade mínima pode ser considerado no que respeita à subcategoria das empresas comuns que apenas desempenham parcialmente as funções de uma entidade económica autónoma. Trata-se, em súmula, de determinar se – à semelhança do que sustentámos em matéria de aplicabilidade dos dois requisitos fundamentais de qualificação da subcategoria de empresas comuns submetida à disciplina do RCC quanto à generalidade das empresas comuns – também este requisito acessório,[693] de ordem temporal, pode ser erigido em critério geral de qualificação da categoria jurídica da empresa comum, globalmente considerada. Pela nossa parte, admitimos uma resposta positiva a essa questão. Esse juízo decorre, fundamentalmente, da ligação existente entre este último requisito temporal e o critério respeitante à verificação de alterações estruturais nas empresas-mãe. Considerando a nossa posição anterior, no sentido de que este critério se observa também – conquanto numa *modalidade especial, menos intensa, que denominámos de alteração estrutural de tipo interno* – no domínio das empresas comuns sujeitas ao regime do artigo 81.º CE, impõe-se, logicamente, a consequência da admissão correspondente do requisito temporal, acima referido, nesse mesmo domínio.

Todavia, tendo-se considerado que a alteração estrutural das empresas-mãe se produziria numa modalidade menos intensa no que respeita a esta última subcategoria de empresas comuns, também o requisito da durabilidade da empresa comum deve ser avaliado em termos menos exigentes no domínio coberto por essa subcategoria.

Como adiante se explicitará, de modo mais desenvolvido,[694] qualquer reorganização de activos empresariais – mesmo quando limitada a uma esfera interna da empresa, relacionada com a redistribuição de funções auxiliares – pressupõe, por natureza, um mínimo de durabilidade. Essa exigência de um mínimo de durabilidade é compatível, em nosso

---

[693] Qualificamos aqui este requisito relativo a uma *durabilidade mínima* como requisito *acessório*, visto que este representa, no fundo, um corolário do requisito referente à alteração estrutural das empresas-mãe.

[694] Remetemos aqui, uma vez mais, para a nossa síntese final relativa à densificação de um conceito jurídico geral de empresa comum no direito comunitário da concorrência – *infra*, pontos 6.3. e 6.4. do presente capítulo.

Parte I – Capítulo 2

entender, com a previsão inicial de períodos relativamente limitados de duração da estrutura conjunta, em especial nos casos em que esta se encontre associada à realização de projectos empresariais específicos, cuja duração é imediatamente previsível. Um tal grau limitado de durabilidade deverá ser distinguido de outras situações de cooperação empresarial, caracterizadas pela mera articulação de comportamentos comerciais, que tanto se podem esgotar numa única actuação concertada, como projectar-se num feixe casuístico de actuações concertadas, as quais, mesmo quando vêm a prolongar-se no tempo, não assentam, propriamente, numa programação temporal definida, directamente relacionada com modos de afectação conjunta de activos empresariais dos entes envolvidos.

5.7.2. A Comunicação da Comissão relativa ao conceito de concentração de empresas

Como já se referiu, a Comunicação da Comissão acima analisada remete a caracterização de um dos elementos constitutivos fundamentais da definição geral de empresa comum que propõe – o elemento correspondente ao *controlo empresarial conjunto* – para outro conjunto de orientações gerais da mesma instituição[695]. Essas orientações contidas na Comunicação da Comissão *"relativa ao conceito de concentração de empresas"*,[696] igualmente emitida em 1998 assumem, pois, algum relevo

---

[695] Para além dessa remissão feita na Comunicação da Comissão, *"relativa ao conceito de empresas comuns que desempenham todas as funções de uma entidade económica autónoma"*, de 1998, outras Comunicações interpretativas assumiram, de forma mais ou menos directa, relevância para concretizar este elemento essencial do conceito de empresa comum referente ao *controlo conjunto*. Pensamos, designadamente, na *"Comunicação da Comissão relativa às operações com carácter de concentração e de cooperação"*, de 1990, cit., na *"Comunicação relativa à distinção entre empresas comuns com carácter de concentração e empresas comuns com carácter de cooperação"*, de 1994, cit., ou na *"Comunicação relativa ao conceito de concentração de empresas"*, também de 1994, JOCE C 385/5, 1994. Não se justifica, no entanto, no quadro da presente análise um tratamento *ex professo* de todos esse conjunto de Comunicações interpretativas, sem prejuízo de diversas referências feitas às mesmas – mesmo quando se encontrem integralmente substituídas por Comunicações mais recentes – no âmbito do nosso estudo dos sucessivos estádios de tratamento sistemático das empresas comuns, ao longo de várias fases de evolução do direito comunitário da concorrência (*infra*, capítulo segundo da **Parte II**).

[696] Sobre esta Comunicação da Comissão *"relativa ao conceito de concentração de empresas"*, de 1998, já cit., e o seu contributo para a densificação jurídica do conceito

414   *Empresas comuns* – Joint Ventures

para a caracterização geral do conceito de empresa comum no direito comunitário da concorrência, apesar de o respectivo texto não integrar qualquer referência directa a esse conceito.

Tendo a Comissão procurado, nesta Comunicação, densificar o conceito relevante de *controlo empresarial*, em sede de direito da concorrência – o qual constitui, naturalmente, uma questão prévia à apreciação da ideia de *controlo conjunto*, como elemento relevante para a construção jurídica do conceito de empresa comum – a análise efectuada nesse domínio acaba por enfatizar, em excesso, alguns aspectos específicos subjacentes àquele conceito, distorcendo, consequentemente, algumas das ideias essenciais para a compreensão do mesmo.

Assim, a Comissão salienta que *"as relações estritamente económicas podem (...) constituir um factor determinante"* para o controlo empresarial, em direito da concorrência,[697] incorrendo, segundo pensamos, em alguma confusão dos dados relevantes de análise jurídica neste domínio. Na verdade, consideramos que a especificidade do conceito de controlo em sede de direito comunitário da concorrência se encontra largamente associada ao peso de uma *especial dimensão económica* na avaliação da forma como são modeladas as relações jurídicas entre empresas, enquadradas por esse ordenamento. No domínio sobre o qual incide a nossa análise, essa dimensão económica é especialmente convocada pela ideia de *influência determinante sobre a actividade das empresas* – para a qual podem concorrer *circunstâncias de facto* – que constituiu a base da conceptualização jurídica do controlo de empresas no n.º 3 do artigo 3.º do RCC.

No entanto, o que se encontra em causa é sempre uma *avaliação jurídica*, incidindo sobre *relações entre empresas* que revestem igualmente *natureza jurídica*, mas que recebem – no quadro do direito da concorrência – uma conformação material especial, distinta da que se

---

de controlo empresarial, bem como sobre o alcance das outras Comunicações interpretativas de 1998 que mais repercussões produziram sobre o tratamento das empresas comuns, cfr. GEERT A. ZONNEKEYN, "The Treatment of Joint Ventures under the Amended EC Merger Regulation", cit., pp. 414 ss. Cfr., ainda, sobre a mesma matéria, JAMES VENIT, *The Treatment of Joint Ventures under the EC Merger Regulation – Almost through the Ticket*, in *Annual Proceedings of the Fordham Corporate Law Institute – International Antitrust Law & Policy – 1999*, Editor BARRY HAWK, cit., pp. 465 ss.

[697] Cfr. Comunicação da Comissão *"relativa ao conceito de concentração de empresas"*, cit., ponto 9.

Parte I – Capítulo 2

estabelece noutros ramos do direito, *vg.* em sede de direito comercial, ou de direito dos valores mobiliários (o que não impede, bem entendido, a existência de pontos de contacto e de uma interacção de categorias jurídicas nesses vários planos, que pode ser importante do ponto de vista da hermenêutica jurídica).[698] Tal significa que, em última análise, qualquer manifestação de controlo, incluindo a modalidade particular do mesmo correspondente ao *controlo conjunto* no quadro de uma empresa comum, deverá assentar, primaciamente, em *direitos* e em *instrumentos jurídicos* diversificados, cujos efeitos, todavia, podem ser especialmente valorados – com a interferência, nesse processo, de critérios económicos incorporados nos juízos jurídicos de concorrência.[699] De resto, a própria Comissão acaba por aflorar esta ideia de uma valoração específica de certos instrumentos jurídicos, no quadro dos juízos de direito da concorrência, quando ressalva expressamente que *"o conceito de controlo nos termos do regulamento das concentrações pode divergir do aplicado em áreas específicas de legislação(...)".*[700]

Tal sucederá, embora a Comissão não o explicite de uma forma clara, porque instrumentos jurídicos idênticos – *vg.* certos tipos de contratos de sociedade e outros contratos regulando determinadas relações entre sócios – são, globalmente, valorados de modo diverso, em sede de direito da concorrência, e em sede de outros ramos do direito. Esses instrumentos jurídicos constituem, de algum modo, elementos coincidentes, quando se parte para a construção de determinadas situações jurídicas, mas acabam por ser

---

[698] A propósito dessa interacção de categorias jurídicas nas referidas áreas do direito, cfr., por todos, Natalino Irti, *Teoria Generale del Diritto e Problema del Mercato*, in AA.VV., *Diritto ed Economia – Problemi e Orientamenti Teorici*, Cedam, 1999, pp. 261 ss., esp. pp. 288 ss..

[699] Sobre esta valoração, no sistema jurídico de concorrência, de certos *direitos* e *instrumentos jurídicos* através de ligações funcionais a *critérios económicos*, os quais se encontram, contudo, conformados pela semântica própria desse sistema, cfr. Karl-Heinz Ladeur, *The Theory of Autopoiesis as an Approach to a Better Understanding of Postmodern Law – From the Hierarchy of Norms to the Heterarchy of Changing Patterns of legal Inter-relationships*, cit., esp. pp.13 ss. Como aí se refere, a propósito do sistema jurídico e da metodologia jurídica, e em termos que consideramos especialmente ajustados à disciplina de direito da concorrência que ora equacionamos, *"the legal system has to observe the economic system but only on the basis of its own distinctions, eg. The legal system has to adapt properly to a pre-structured 'reality' created by the economic system and vice-versa".*

[700] Cfr. Comunicação da Comissão *"relativa ao conceito de concentração de empresas"*, cit., ponto 17.

concatenados, de modo diferenciado, nesse processo de construção de situações jurídicas relevantes, em áreas distintas do direito. No limite, para cotejar duas áreas especiais do direito, o mesmo sistema de contratos, influenciado por diferentes factores económicos, pode ser articulado entre si, de modo a originar uma situação de controlo conjunto em sede de direito da concorrência, a qual, *vg.*, não venha a ser reconhecida para efeitos de direito dos valores mobiliários – área do direito que incorpora, igualmente múltiplos aspectos recebidos da esfera económica, mas que pode valorá-los de modo diverso.[701]

No que respeita, especificamente, à caracterização do conceito de controlo conjunto, a Comissão salienta três ideias fundamentais que se nos afiguram correctas. Em primeiro lugar, as situações relevantes de controlo conjunto não requerem posições jurídicas de igualdade por parte das empresas envolvidas num projecto empresarial comum. Por outro lado, num quadro de relativo desiquilíbrio dos direitos detidos por cada uma das partes nas estruturas que corporizam esse projecto comum, o aspecto decisivo para a partilha do controlo empresarial, nesse projecto, reside na titularidade pela empresa que potencialmente se encontre em posição subalterna, de direitos suplementares – independentemente da exacta configuração técnico-jurídica dos mesmos – que lhe permitam uma oposição eficaz a decisões essenciais para o comportamento estratégico da empresa. Analisada segundo uma formulação positiva, tal situação corresponde, afinal, à exigência de consenso para a adopção de um conjunto nuclear de opções, que decidem, no plano estratégico, a política comercial da empresa comum.

Finalmente, a terceira ideia primacial para esta caracterização jurídica das situações de controlo conjunto corresponde a uma qualificação suplementar dos direitos detidos pela parte que ocupe a posição mais débil

---

[701] Embora seja desejável, em tese geral, que no quadro de determinadas áreas de disciplina do direito dos valores mobiliários, especialmente influenciados por realidades económicas se verifique pelo menos uma parcial coincidência de valorações jurídicas relativamente a situações como as de controlo conjunto de empresas que ora equacionamos, no plano do direito da concorrência, esse efeito está longe de se encontrar assegurado em relação à generalidade das situações jurídicas relevantes no contexto dessas duas áreas jurídicas. Sobre possíveis conflitos de qualificação jurídica e diversos problemas de articulação de normas de concorrência e de normas reguladoras dos mercados de valores mobiliários – situando os mesmos, quer no plano comunitário, quer no plano do ordenamento norte-americano –, cfr., por todos, MARTIN TOMASI, *La Concurrence sur les Marchés Financiers – Aspects Juridiques*, cit., esp. pp. 189 ss.

na estrutura empresarial comum. Esses direitos devem ser suficientemente importantes para impor o funcionamento de uma verdadeira regra de consenso nas matérias fundamentais para a definição do comportamento concorrencial da empresa comum (na ausência desse consenso ocorrerá tipicamente uma situação de impasse relativamente à gestão da empresa comum).[702] Esse tipo de direitos associados ao funcionamento de uma regra de consenso na gestão empresarial devem ser, claramente, diferenciados de quaisquer direitos de veto que sejam conferidos ao parceiro minoritário, apenas com a finalidade de proteger os seus interesses financeiros como investidor num determinado projecto empresarial.

Considerando as situações de facto mais recorrentes, relacionadas com a criação e funcionamento de empresas comuns de tipo societário, constituirão manifestações paradigmáticas desse último tipo de direitos especiais – que não acarretam a emergência de uma verdadeira regra de consenso – os direitos de veto atribuídos a um sócio minoritário para impedir a venda de posições significativas, a liquidação ou a cisão de uma determinada empresa).[703]

Em contrapartida, os direitos tipicamente associados ao funcionamento de uma regra de consenso nesse tipo de casos, implicarão, normalmente, um processo de decisão conjunta que abarque, entre outras matérias, "*o orçamento, o plano de actividades, os investimentos avultados*", a alienação ou aquisição de activos mais significativos, ou a "*nomeação de quadros superiores*". Neste domínio, impor-se-á, forçosamente, uma margem de apreciação, de índole casuística, em função do tipo de projecto empresarial que esteja em causa, visto que, em regra, não será exigível a detenção de todos esses tipos de direitos pelo parceiro minoritário, para que ocorra uma situação de controlo conjunto.

A titularidade de apenas alguns desses direitos pode mostrar-se suficiente para impor um padrão relevante de consenso,[704] mas tal juízo só poderá efectuar-se com base nas circunstâncias de cada caso concreto. A

---

[702] Cfr. Comunicação da Comissão "*relativa ao conceito de concentração de empresas*", cit., ponto 19.

[703] Cfr. Comunicação da Comissão "*relativa ao conceito de concentração de empresas*", cit., ponto 22. Os dois primeiros exemplos acima considerados são referidos pela Comissão nesta Comunicação.

[704] Cfr. Comunicação da Comissão "*relativa ao conceito de concentração de empresas*", cit., ponto 23. Todos os exemplos acima considerados são referidos na Comunicação da Comissão, excepto o que se refere a aquisições ou alienações de activos.

caracterização, a que a Comissão procede, de algumas situações paradigmáticas referentes ao sistema de representação nos orgãos de decisão da estrutura comum, aos direitos de veto respeitantes à nomeação de quadros e elaboração do orçamento, ao plano de actividades, à realização de investimentos, bem como a direitos específicos relativamente a um mercado – *vg.* direito a tomar decisões sobre a tecnologia a utilizar pela empresa comum – ilustra bem a multiplicidade de factores que pode influir naquela margem de apreciação casuística que determinará a verificação ou não de uma posição jurídica de controlo conjunto da empresa comum.[705]

A Comissão ressalva ainda, de modo pertinente, que a verificação de uma situação de controlo conjunto depende unicamente da titularidade desse tipo de direitos especiais, que conferem à parte minoritária a capacidade de influir nas decisões estratégicas para a política comercial da empresa comum, não sendo necessário apurar, de forma sistemática, se essa entidade *"exerçe efectivamente essa influência"*.

Pela nossa parte, acrescentamos ainda que, em função das características especiais de certas empresas comuns sectoriais, a comprovação da existência de situações de controlo conjunto pode coadunar-se com a existência de mecanismos específicos de afastamento da *regra de consenso* na gestão da empresa comum – com vista à resolução de certos tipos de problemas – desde que o funcionamento de tais mecanismos seja despoletado com base em potenciais situações de impasse, e no sentido de evitar o prolongamento das mesmas. Tal sucederá, tipicamente, como veremos, nos casos de empresas comuns operando no sector financeiro, que se encontram sujeitas a exigências especiais de supervisão pública, as quais colidem, em regra, com o arrastamento de situações de impasse na gestão dessas empresas.[706]

---

[705] Cfr.,em geral, Comunicação da Comissão *"relativa ao conceito de concentração de empresas"*, cit., pontos 21 a 35. A Comissão enfatiza, justamente, a necessidade de situar todos os factores analíticos relevantes num determinado contexto concreto. Assim, como refere no ponto 29 da Comunicação, *"na avaliação da importância relativa dos direitos de veto, em caso de multiplicidade dos mesmos, estes não devem ser avaliados de forma isolada. Pelo contrário, a determinação da existência ou não do controlo conjunto baseia-se numa análise desses direitos no seu conjunto. No entanto, um direito de veto que não se relacione quer com a política empresarial e estratégica, quer com o orçamento ou o plano de actividades, não pode ser considerado como conferindo o controlo conjunto ao seu titular"*.

[706] Tivemos já ensejo de referir esse tipo de situações paradigmáticas no sector financeiro, *supra*, ponto 5.7.1. deste capítulo.

Importa, finalmente, referir uma particular extensão, que a Comissão ensaia da noção de controlo conjunto, de modo a abarcar certas situações relativamente atípicas, que comportam um maior grau de desiquilibrio entre os parceiros envolvidos no projecto empresarial comum. Assim segundo a Comissão o controlo conjunto *"não é incompatível com o facto de uma das empresas-mãe beneficiar de experiência e conhecimentos específicos no ramo de actividade da empresa comum"*, gerando uma situação em que a *"outra empresa-mãe pode desempenhar um papel modesto ou mesmo inexistente na gestão quotidiana da empresa comum, sendo a sua presença motivada por considerações que se prendem com uma estratégia financeira a longo prazo, uma imagem de marca ou a sua política geral"*.[707]

A abertura manifestada pela Comissão a este tipo de situações relaciona-se, claramente, com o denominado critério da *liderança industrial* que esta Instituição desenvolveu, progressivamente, nos primeiros anos de vigência do RCC, e ao qual já fizemos algumas referência críticas. Na verdade, consideramos que na origem desse critério se encontra um elemento histórico de interpretação dos critérios de qualificação de subcategorias de empresas comuns previstos no RCC (em termos que teremos ensejo de caracterizar, de modo mais desenvolvido, na nossa análise crítica de diversos estádios de tratamento das empresas comuns, quer no período anterior à adopção do RCC, quer em distintas fases de aplicação do RCC).[708] Assim, quando num primeiro estádio de interpretação dos referidos critérios – baseada no texto originário do RCC – a Comissão admitia que os elementos de coordenação de comportamentos concorrenciais entre as empresas-mãe e a empresa comum poderiam precludir a qualificação dessa empresa comum como operação de concentração entre empresas, desenvolveu, em contrapartida o referido critério da liderança industrial que favorecia esse tipo de qualificação num maior número de situações.

Ao admitir situações em que uma das empresas-mãe poderia – mercê de vários factores – assumir o comando estratégico do projecto empresarial comum, a Comissão evitava que certas relações de coordenação de comportamentos entre essa empresa-mãe e a empresa comum fossem

---

[707] Cfr. Comunicação da Comissão *"relativa ao conceito de concentração de empresas"*, cit., ponto 36.

[708] Já tivemos ensejo de referir, com brevidade, os problemas jurídicos associados a este critério da *liderança industrial*. O problema será retomado *ex professo*, *infra*, capítulo segundo – esp. 3.1.7.4. – da **Parte II**.

420 *Empresas comuns* – Joint Ventures

tomadas em consideração para afastar a qualificação desta última como operação de concentração. Recorde-se, contudo, que, no quadro do direito constituído presentemente em vigor neste domínio,[709] esse tipo de relações de coordenação de comportamentos entre as empresas-mãe e a empresa comum já não interfere na possível qualificação desta como operação de concentração, o que tornou verdadeiramente irrelevante aquele critério da *liderança industrial*. Acresce, ainda, que, independentemente da sua anterior relevância funcional, no sentido de permitir a subsunção de uma maior variedade de situações na subcategoria das empresas comuns com carácter de concentração, o referido critério terá sempre encerrado uma contradição intrínseca com o núcleo do conceito de controlo conjunto, pelo que consideramos criticável a sua aparente recuperação pela Comissão na Comunicação de 1998, que vimos analisando.

Embora nesta Comunicação se tenha ressalvado que a subsistência do controlo conjunto exige que a empresa-mãe relegada para papel secundário na gestão geral da empresa comum e no comando estratégico do projecto subjacente à mesma, conserve *"a possibilidade efectiva de se opor às decisões tomadas pela outra empresa-mãe(...)"*, consideramos pouco clara a linha de demarcação entre essas duas situações. No limite, pode conceder-se alguma relevância analítica – conquanto muito limitada – a hipotéticas situações, induzidas por meras circunstâncias de facto, em que uma das empresas-mãe assuma, regularmente, uma posição mais interventora nas decisões estratégicas para o projecto empresarial comum (*vg.* por força de o referido projecto incidir primacialmente sobre uma das suas áreas de especialização).

Contudo, se esse posicionamento mais interventor de uma das empresas-mãe nas decisões estratégicas da empresa comum tiver qualquer espécie de suporte jurídico efectivo – com reflexos no sistema contratual que enquadra as relações entre as partes – consideramos inelutavelmente posta em causa a base jurídica em que, por definição, assenta a situação de controlo conjunto da empresa comum. Tendo presente, unicamente, o con-

---

[709] Na realidade, ocorre, neste plano, um movimento de construção jurídica com dois passos essenciais. Num primeiro, decorrente da adopção das Comunicações interpretativas da Comissão de 1994, foi afastada a relevância da coordenação entre a empresa comum e respectivas empresas-mãe como elemento que podia desqualificar essa empresa comum enquanto operação de concentração empresarial. Num segundo passo, a reforma de 1997 do RCC afastou a relevância da própria coordenação de comportamentos entre as empresas-mãe como factor de desqualificação da empresa comum enquanto concentração.

Parte I – Capítulo 2

junto de direitos que assistem a cada uma das partes, não vemos como se possa, nesse plano, compatibilizar, por um lado, posições de *cedência* do comando estratégico do projecto empresarial comum e, por outro, posições supostamente simultâneas de manutenção de uma regra de consenso no que respeita às principais opções de política comercial da empresa comum.

5.7.3. Outras Comunicações interpretativas relevantes no domínio do controlo de concentrações

No quadro das iniciativas de sistematização e construção jurídicas em matéria de controlo de concentrações, e domínios conexos, que a Comissão veio desenvolvendo através de múltiplas Comunicações sucessivamente emitidas entre 1998 e 2001,[710] justifica-se ainda uma menção à

---

[710] Referimo-nos aqui, em particular, para além das duas Comunicações de 1998 consideradas na análise que acima desenvolvemos, a outras Comunicações adoptadas desde 1998 pela Comissão no domínio do controlo de concentrações ou em domínios conexos, como, *vg.*, a *"Comunicação sobre o cálculo do volume de negócios para efeitos do Regulamento (CEE) n.º 4064/89 do Conselho"* (JOCE n.º C 66/04, 1998), ou a *"Comunicação sobre as soluções possíveis de serem aceites nos termos do Regulamento (CEE) n.º 4064/89 do Conselho e do Regulamento (CE) n.º 447/98 da Comissão"(JOCE n.º C 68/3, 2001)*. Note-se que a primeira destas Comunicações integra referências expressas à categoria das empresas comuns (pontos 39 ss), no sentido de determinar a atribuição do respectivo volume de negócios em partes equitativas às respectivas empresas-mãe (nas situações em que seja necessário contabilizar o volume de negócios global destas empresas e excluindo os volumes de negócios referentes a transacções entre a empresa comum e essas empresas-mãe). Todavia, no quadro dessa referência, a mesma Comunicação não contém elementos fundamentais para a própria definição de empresa comum, limitando-se a enfatizar a importância do elemento de controlo conjunto para individualizar essa categoria, mas sem caracterizar tal elemento. Além das Comunicações adoptadas desde 1998 mais ou menos directamente relacionadas com o domínio do controlo de concentrações, outras Comunicações interpretativas adoptadas neste período e que assumem relevância para a apreciação substantiva de certas categorias de empresas comuns sobre a concorrência – como observaremos, de forma desenvolvida na **Parte III** – não contêm, contudo, elementos relevantes para a delimitação do conceito de empresa comum em sede de direito da concorrência, e só excepcionalmente integram referências expressas à categoria da empresa comum. Assim, a *"Comunicação da Comissão – Orientações sobre a aplicação do artigo 81.º do Tratado CE aos acordos de cooperação horizontal"*, cit., apesar de substituir, *inter alia*, uma anterior Comunicação interpretativa da Comissão de 1993, relativa às empresas comuns com carácter de cooperação (conforme se determina

422   *Empresas comuns* – Joint Ventures

Comunicação *"relativa ao conceito de empresas em causa para efeitos de Regulamento de controlo de concentrações"*[711] e à Comunicação *"relativa ao tratamento das denominadas restrições acessórias associadas a operações de concentração"*.[712]

Qualquer uma destas Comunicações contêm referências explícitas à figura da empresa comum que podem apresentar alguma relevância indirecta para a compreensão geral desta categoria jurídica em direito comunitário da concorrência. Na primeira das referidas Comunicações procede-se à análise da intervenção de empresas comuns em processos de aquisição conducentes à tomada de posições de controlo conjunto em terceiras empresas,[713] equacionando-se os termos em que as referidas empresas

---

nos seus pontos 5 e 8) praticamente não integra referências específicas à realidade da empresa comum – como de seguida observaremos ao aflorar o conteúdo dessa Comunicação de 2001 no ponto 5.7.4.2. – diluindo essa categoria numa referência sistemática mais geral aos acordos de cooperação entre empresas em diversos domínios funcionais. Já na recente Comunicação referente a *"Orientações para a apreciação das concentrações horizontais nos termos do regulamento do Conselho relativo ao controlo de concentrações de empresas"*, de 28 de Janeiro de 2004, cit., apesar de, implicitamente, a subcategoria das empresas comuns qualificáveis como concentrações se encontrar em causa na aplicação dos critérios de interpretação e apreciação aí delineados, também se optou por não utilizar referências expressas à realidade da empresa comum. No que respeita ao conjunto de Comunicações interpretativas que a Comissão vem adoptando, no decurso de 2004, em complemento ao início de vigência do Regulamento (CE) n.º 1/2003 no âmbito do denominado processo de *"modernização"* (cfr., *supra*, **Nota Prévia** e, *infra*, capítulo primeiro da **Parte II**, esp. ponto 5), parece seguro que as mesmas não integram elementos relevantes para a densificação do conceito de empresa comum, nem sequer referências expressas a essa categoria jurídica, salvo algumas com carácter marcadamente excepcional, em especial na Comunicação que respeite a *"Orientações relativas à aplicação do n.º 3 do artigo 81.º do Tratado"* (apesar de, em nosso entender, o tratamento, nessa sede, de eficiências geradas por acordos de cooperação justificar referências mais específicas à realidade das empresas comuns, *maxime* quando se referem as eficiências associadas a situações de integração de activos).

[711] Comunicação *"relativa ao conceito de empresas em causa" para efeitos de Regulamento de controlo de concentrações"*, JOCE n.º C 66/03, 1998.

[712] Comunicação que, na sua mais recente formulação, foi denominada como Comunicação *"relativa às restrições directamente relacionadas e necessárias às concentrações"* (JOCE n.º C 56/24, de 5.3.2005). Esta, corresponde a uma revisão da Comunicação *"relativa ao tratamento das denominadas restrições acessórias associadas a operações de concentração"* (JOCE n.º C 188/5, 2001), a qual, por seu turno, substituíra anterior Comunicação de 1990, cit., sobre a matéria.

[713] Cfr. Comunicação *"relativa ao conceito de empresas em causa para efeitos de Regulamento de controlo de concentrações"*, cit., pontos 26 e ss.

Parte I – Capítulo 2

comuns possam constituir meros instrumentos das empresas-mãe nessas operações (nessa hipótese, as empresas que constituem as partes relevantes numa operação de concentração serão as empresas-mãe e a empresa alvo de aquisição, excluindo-se a empresa comum desse círculo).

Para além de aspectos procedimentais referentes ao controlo de operações de concentração, que não são relevantes para a nossa análise, interessa destacar um dos índices enunciados para verificar a possível instrumentalização da empresa comum na realização desse tipo de operações. Assim a Comissão considera que, quando uma aquisição "*conduz a uma diversificação substancial da natureza das actividades da empresa comum*", tal pode indicar que as empresas-mãe são os verdadeiros intervenientes na operação. Tal verificar-se-á, normalmente, ainda segundo a Comissão, "*quando a empresa comum adquire uma empresa alvo que opera num mercado do produto diferente*".[714] Este aspecto acaba por indiciar, também, uma característica fundamental, definidora da figura da empresa comum, que consiste na autonomização de um projecto empresarial próprio – mesmo que consubstanciado em meras funções empresariais auxiliares do objecto global das empresas-mãe – o qual deverá encontrar-se demarcado, através de uma estrutura mínima própria, das outras actividades convergentes de empresas-mãe que mantenham entre si processos de concertação, mais ou menos complexos, e com objectivos diversos (incluindo o objectivo de realizar em conjunto aquisições de terceiras empresas que se traduzem em duas ou mais operações de concentração, devido à partilha dos activos empresariais adquiridos).

A Comunicação "*relativa ao tratamento de restrições acessórias*"[715] no quadro do procedimento de controlo de concentrações (adoptada em 2001 e globalmente revista em 2005) integra também diversas referências

---

[714] Cfr., nesse sentido, Comunicação "*relativa ao conceito de empresas em causa*", cit., pontos 28 e ss.

[715] O conceito de *restrições acessórias* foi já sumariamente referido na parte introdutória (cfr., *supra*, as referências constantes do ponto XIV da **Introdução**), como respeitante a compromissos que, em si mesmos, poderiam ser tidos como restritivos da concorrência, mas que correspondam a condições essenciais ou necessárias para determinada transacção não restritiva da concorrência. Retornaremos a esse conceito em alguns pontos do nosso estudo da avaliação substantiva das empresas comuns empreendido na **Parte III**, visto que esse tipo de restrições se encontram com frequência associadas à realidade das empresas comuns (contudo, reiteramos a ressalva já feita no sentido de que uma compreensão global dos problemas associados a restrições acessórias à concorrência exige um estudo *ex professo* que não cabe no objecto deste trabalho).

424 *Empresas comuns* – Joint Ventures

expressas à categoria da empresa comum, designadamente a propósito de restrições associadas à previsão de obrigações de não concorrência e de licenciamento da utilização de direitos de propriedade industrial ou intelectual.[716]

Os aspectos a salvaguardar, através da admissibilidade de restrições desse tipo, que tutelam determinadas domínios específicos de actuação das empresas comuns, relacionam-se com os processos de transferência de activos empresariais das empresas-mãe para as referidas empresas comuns. Na verdade, importa assegurar um determinado grau de eficácia a esses processos de transferência de tecnologia, de outros direitos fundamentais, ou mesmo de certos interesses, de tipo incorpóreo, associados a determinadas universalidades jurídicas incorporadas na empresa comum.

A tutela desse tipo de posições, a deter por parte dessas empresas comuns, nos termos em que é explicitamente contemplada na Comunicação, indicia, em nosso entender, o peso de um dos requisitos da constituição de empresas comuns, que temos vindo a apontar como elemento distintivo desta figura. Referimo-nos ao desenvolvimento de um processo de integração de meios jurídicos diversos, combinados numa estrutura que se encontre apta a suportar por si determinadas actividades, o qual deverá verificar-se em qualquer subcategoria de empresa comum (mesmo naquelas que não desempenham todas as funções de uma entidade económica autónoma e permanecem fora do âmbito de incidência do RCC). Noutros termos, o que se encontra em causa é o que temos denominado de dimensão estrutural necessariamente subjacente a qualquer empresa comum e que se consubstancia na realização de verdadeiros processos parciais de integração empresarial, que podem revestir maior ou menor latitude, conforme a importância que seja atribuída pelas partes ao projecto empresarial comum.

---

[716] Cfr., em especial, os pontos 8 a 13 da Comunicação *"relativa ao tratamento de restrições acessórias"*, de 2001, cit.. Cfr. também o ponto IV da Comunicação *"relativa às restrições directamente relacionadas e necessárias às concentrações"*, de 2005, cit., que substituiu a primeira Comunicação, de 2001.

Parte I – Capítulo 2 425

5.7.4. O conceito de empresa comum em Comunicações interpretativas que ensaiam uma nova metodologia de apreciação nos domínios da concentração e da cooperação empresariais

5.7.4.1. *A Comunicação sobre compromissos relativos a operações de concentração*

Importa, finalmente, tomar em consideração alguns aspectos relevantes emergentes da *"Comunicação sobre as soluções possíveis de serem aceites nos termos do Regulamento (CEE) n.º 4064/89 do Conselho e do Regulamento (CE) n.º 447/98 da Comissão"*, de 2001,[717] bem como da *"Comunicação da Comissão – Orientações sobre a aplicação do artigo 81.º do Tratado CE aos acordos de cooperação horizontal"* (igualmente adoptada em 2001).[718]

No que respeita à primeira Comunicação, a categoria da empresa comum é, explicitamente, trazida à colação a respeito da matéria relacionada com a ponderação de compromissos de alienação. Trata-se de compromissos apresentados por empresas participantes em operações de concentração, no sentido da alienação de certas actividades, em ordem a satisfazer, simultâneamente, vários objectivos, compreendendo, em especial, a atenuação do poder de mercado dessas empresas em causa, a criação de condições para o aparecimento de um novo concorrente, ou o reforço dos concorrentes existentes.[719]

---

[717] Esta Comunicação reporta-se, fundamentalmente, a *compromissos* de alteração de operações de concentração, no sentido de assegurar a compatibilidade das mesmas com o mercado comum e através da mesma a Comissão procurou sistematizar e estabilizar a intensa utilização deste tipo de figura no quadro da sua *praxis* decisória no quadro do RCC. Para uma perspectiva geral sumária sobre o alcance dos parâmetros delineados nesta Comunicação cfr. ALEXANDER KOPKE, "Study of Past Merger Remedies", in Competition Policy Newsletter, 2003, Number 2, Summer, pp. 69 ss..

[718] Como já tivemos ensejo de destacar, esta *"Comunicação da Comissão – Orientações sobre a aplicação do artigo 81.º do Tratado CE aos acordos de cooperação horizontal"* substituiu – entre outras orientações interpretativas anteriores – a *"Comunicação da Comissão relativa ao tratamento das empresas comuns com carácter de cooperação à luz do artigo 85.º do Tratado CEE"*, de 1993.

[719] Cfr. *"Comunicação sobre as soluções possíveis de serem aceites nos termos do Regulamento (CEE) n.º 4064/89 do Conselho e do Regulamento (CE) n.º 447/98 da Comissão"*, cit., pontos 13-14.

Nesse contexto, a figura da empresa comum é expressamente referida a propósito dos compromissos de alienação que se mostrem especialmente associados à eliminação de vínculos ou relações estruturais.

Na realidade, uma das principais iniciativas contempladas nesse plano consiste na alienação de participações em empresas comuns *"com vista a pôr termo a uma relação estrutural com um concorrente importante"*.[720] Afigura-se-nos, de resto, sintomático que a Comissão não tenha neste ponto introduzido qualquer distinção entre subcategorias de empresas comuns passíveis de alienação. Mais concretamente, e utilizando uma metodologia de análise que consideramos correcta, a Comissão não restringiu a produção do efeito de *eliminação de vínculos estruturais* – relevante para atenuar certas consequências de diminuição da concorrência efectiva potencialmente ligadas a determinada operação de concentração – à subcategoria das empresas comuns que desempenham todas as funções de uma entidade económica autónoma. Em nosso entender, o aspecto fundamental subjacente a essa análise consiste na ponderação da especial dimensão estrutural que deverá caracterizar, transversalmente, toda a categoria geral das empresas comuns, independentemente de as mesmas se encontrarem, ou não, submetidas ao regime do RCC.

As relações jurídicas desencadeadas pela criação e funcionamento de qualquer empresa comum implicam o desenvolvimento de vínculos estruturais entre as empresas-mãe – materializados, em princípio, na reafectação de múltiplos activos dessas empresas, transferidos para uma organização comum, com conformações jurídicas e complexidade variáveis, conforme os casos, e a intensidade desse processo de integração parcial.

Esse tipo de vínculos estruturais apresenta, inelutavelmente, uma natureza diferente da que se encontra associada a qualquer feixe de acordos de cooperação que apenas envolvam a convergência de comportamentos empresariais.

Por outro lado, a ideia de autonomização de uma organização mínima, dotada de meios que lhe permitam alguma actuação *a se* – como elemento caracterizador da empresa comum, em geral – é também indiciada pelo teor de referências feitas na Comunicação aos requisitos das actividades passíveis de alienação, no quadro de compromissos apresen-

---

[720] Sobre este aspecto, cfr. *"Comunicação sobre as soluções possíveis de serem aceites nos termos do Regulamento (CEE) n.º 4064/89 do Conselho e do Regulamento (CE) n.º 447/98 da Comissão"*, cit., pontos 24 ss.

Parte I – Capítulo 2 427

tados para efeitos de avaliação de uma operação de concentração. A este propósito, especifica, justamente, a Comissão[721] que essa actividade deve ser viável e *"susceptível de ser explorada numa base autónoma, de forma independente das partes na concentração, no que diz respeito ao fornecimento de materiais de produção e a outras formas de cooperação, findo um período transitório"*. Ora, podendo, tipicamente, o compromisso de alienação, orientado para a eliminação de vínculos estruturais, consistir na alienação de uma empresa comum, tal denota que esta, em princípio, terá – como tal – algum suporte mínimo de autonomia própria.

5.7.4.2. *A Comunicação relativa à aplicação do artigo 81.º CE aos acordos de cooperação horizontal*

A segunda das Comunicações referidas – *"orientações sobre a aplicação do artigo 81.º do Tratado CE aos acordos de cooperação horizontal"* – assume importância fundamental para a apreciação da subcategoria de empresas comuns que continuam sujeitas ao regime do artigo 81.º CE, tendo substituído a *"Comunicação referente a certos acordos de cooperação não abrangidos pela proibição de acordos e práticas concertadas"*, de 1968 – já anteriormente referida[722] – e a *"Comunicação referente à apreciação de empresas comuns com carácter de cooperação"*, de 1993.[723] Este texto apresenta, também um relevo considerável no que respeita a uma possível – e, a nosso ver, desejável – redefinição da meto-

---

[721] Cfr. sobre este aspecto, . *"Comunicação sobre as soluções possíveis de serem aceites nos termos do Regulamento (CEE) n.º 4064/89 do Conselho e do Regulamento (CE) n.º 447/98 da Comissão"*, cit., ponto 14.

[722] Tivemos já ensejo de referir no presente capítulo esta Comunicação de 1968, embora destacando, desde logo, o alcance muito limitado de que a mesma se revestia para a compreensão do enquadramento jusconcorrencial das empresas comuns.

[723] Diversamente do que sucedia com a Comunicação de 1968, acima citada, esta Comunicação de 1993 assumiu considerável importância para a análise jusconcorrencial das empresas comuns, a ponto de, pela nossa parte, admitirmos que a mesma, não obstante a adopção da nova Comunicação de 2001 continua a ser relevante para a compreensão de determinados aspectos do enquadramento das empresas comuns em sede de direito comunitário da concorrência. Para uma visão geral sobre a importância dessa Comunicação de 1993, cfr., ainda, em geral, MICHEL CHARLES, "Les Entreprises Communes à Caractère Coopératif face à l'Article 85 du Traité CEE – Communication de la Commission CEE du 16 février 1993, sur les Entreprises Communes Coopératives", in CDE., 1994, pp. 327 ss.

dologia jurídica de análise das empresas comuns e dos acordos de cooperação, em geral. Deste modo, o mesmo será, forçosamente, objecto de comentário crítico desenvolvido, no âmbito do tratamento que adiante se fará das matérias respeitantes à necessária emergência de parâmetros jurídico-económicos estáveis de avaliação – num plano substantivo – dos efeitos de várias modalidades de cooperação empresarial sobre a concorrência efectiva (parâmetros que devem ser minimamente previsíveis, e progressivamente sujeitos a menor influência de critérios de mera lógica jurídico-formal).[724]

No quadro da presente caracterização dos elementos essenciais de definição da categoria geral da empresa comum em direito comunitário da concorrência importa, em especial, destacar as referências expressas a esse conceito de empresa comum, nesta Comunicação, que podem, de algum modo, contribuir para aquela definição.

Ora, neste ponto a Comunicação terá forçosamente de ser considerada lacunar, visto que, não apenas é omissa quanto a qualquer caracterização geral da figura da empresa comum, como também não acentua a especificidade de determinados aspectos jusconcorrenciais relacionados com os processos de cooperação desenvolvidos com recurso a empresas comuns, relativamente aos critérios de apreciação da generalidade das outras manifestações de cooperação entre empresas que não incorporam uma dimensão relevante – embora com carácter parcial – de integração empresarial.

Estas omissões são ainda mais significativas se tivermos presente que tais aspectos eram, especificamente, versados na *supra* referida Comunicação referente à apreciação de empresas comuns com carácter de cooperação, de 1993 (a qual também será objecto de uma referência desenvolvida *infra*, a propósito do estudo dos vários estádios de análise de

---

[724] Assim, no que respeita a uma análise crítica em profundidade das implicações desta Comunicação de 2001 para a avaliação substantiva das empresas comuns – *maxime* na perspectiva de uma renovação da metodologia analítica no sentido de a orientar para a construção de modelos gerais, pré-ordenados de apreciação de certas categorias em direito da concorrência – remetemos para o estudo que desenvolvemos na **Parte III** (esp, no respectivo capítulo primeiro, onde expomos as bases gerais de um modelo analítico global de apreciação das empresas comuns, tomando em consideração diversos aspectos resultantes dessa Comunicação de 2001, embora divergindo em vários pontos de diversas soluções propostas na mesma).

Parte I – Capítulo 2 429

diferentes subcategorias de empresas comuns no quadro do direito comunitário da concorrência, anterior e posterior à adopção do RCC).[725]

Na realidade, considerando, unicamente, as questões referentes à definição formal da categoria da empresa comum, esta última Comunicação destacava a especificidade da mesma, caracterizando-a – na vertente de empresa comum com carácter de cooperação – como uma *"forma especial, institucionalizada, de cooperação entre empresas"*. Referia ainda a mesma Comunicação que a noção de empresa comum com carácter de cooperação *"poderia ser retirada do RCC"*, designadamente da previsão do n.º 1 do artigo 3.º desse Regulamento. Nesse pressuposto, a Comunicação assinalava – de modo excessivamente lapidar ou simplificado – como elementos constitutivos do conceito de empresa comum as noções de empresa e de controlo empresarial conjunto (para efeitos de direito comunitário da concorrência).

Já se destacaram as limitações da definição normativa de empresa comum constante do RCC, bem como o carácter por demais redutor de uma qualificação jurídica que se limita a sobrepor os conceitos de *empresa* e de *controlo conjunto* tal como são normalmente apreendidos no direito da concorrência. De qualquer modo, a Comunicação de 1993 ensaiava, pelo menos, uma caracterização geral da figura, o que não se verifica com a Comunicação de 2001, referente aos acordos de cooperação horizontal.[726]

---

[725] Para essa referência específica mais desenvolvida à referida Comunicação de 1993 sobre empresas comuns com carácter de cooperação, cfr., infra, o exposto no capítulo segundo da **Parte II** (esp. ponto 3.1.3.). Além disso, como já referimos, no quadro do nosso estudo *ex professo* da avaliação substantiva das empresas comuns, não deixamos de trazer esporadicamente à colação a mesma Comunicação (sobretudo no âmbito da nossa análise de alguns dos tipos funcionais mais importantes de empresas comuns submetidas ao regime do artigo 81.º CE – *infra*, capítulo terceiro da **Parte III**).

[726] Para explicar esta ausência de uma secção na Comunicação de 2001 que equacionasse, em termos gerais, a delimitação da categoria da empresa comum e os elementos fundamentais constitutivos da mesma – diversamente do que sucedia na Comunicação de 1993 – não terá cabimento, em nosso entender, qualquer invocação de um hipotético movimento no sentido de reconduzir parcelas cada vez mais significativas das empresas comuns ao regime do RCC. Na realidade, como já tivemos ensejo de observar a evolução do enquadramento jusconcorrencial das empresas comuns no quadro do direito comunitário da concorrência está ainda muito longe de qualquer forma de tratamento unitário das mesmas orientado para o RCC. Além disso, mantendo-se ainda uma dupla sede de disciplina jurídica das empresas comuns neste ordenamento, e apesar de a primeira reforma do RCC ter reconduzido novas subcategorias de empresas comuns a esse regime, admitimos que na *praxis* de cooperação entre empresas, a parte mais significativa das empresas

430 *Empresas comuns* – Joint Ventures

De qualquer modo, esta Comunicação contém algumas referências formais expressas à categoria da empresa comum. Na verdade, ao analisar certos tipos de acordos, identificados de acordo com as funções empresariais associadas aos mesmos, a Comissão procede, em alguns desses casos, à contraposição entre empresas comuns e meros acordos de cooperação.[727] Em especial, a propósito do tipo correspondente aos denominados acordos de produção (incluindo os acordos de especialização), a Comissão, ao estabelecer aquela contraposição vem a referir, incidentalmente, a empresa comum como *"empresa controlada conjuntamente que explora uma ou várias instalações de produção, através de acordos de especialização ou de subcontratação, através dos quais uma parte acorda em realizar a produção de um determinado produto"*.[728]

Essa referência incidental corresponde, unicamente, a uma repetição dos termos da caracterização ensaiada na acima referida Comunicação de 1993, relativa ao tratamento de empresas comuns com carácter de cooperação, e em termos ainda mais sincréticos e ambíguos do que os utilizados neste último texto.

Pode, ainda, em última análise, admitir-se que a Comunicação sobre os acordos de cooperação horizontal contém referências implícitas à subcategoria das empresas comuns que não são subsumíveis no conceito de operação de concentração. Assim, ao procurar delinear uma grelha de análise dos efeitos materiais sobre a concorrência das empresas comuns com base numa tipologia das mesmas, assente nas funções empresariais que estas prosseguem, a Comunicação especifica que a identificação de tais tipos funcionais depende de uma verificação da *"vertente principal de cooperação"* prosseguida através dos acordos que se encontrem em causa. Paralelamente, *"para definir essa vertente principal devem ser especialmente tomados em consideração dois factores"*, compreendendo, quer o *"ponto de partida da cooperação"*, quer o *"grau de integração das diferentes funções que são combinadas"*.[729]

---

comuns criadas corresponda a empresas comuns que não são passíveis de qualificação como empresas comuns.

[727] Cfr., *vg.*, nesse sentido o ponto 39 da Comunicação em causa referente à matéria dos acordos de investigação e desenvolvimento.

[728] Cfr. Comunicação relativa a *"orientações sobre a aplicação do artigo 81.º do Tratado CE aos acordos de cooperação horizontal"*, cit., ponto 78.

[729] Cfr. Comunicação relativa a *"orientações sobre a aplicação do artigo 81.º do Tratado CE aos acordos de cooperação horizontal"*, cit., ponto 12.

Parte I – Capítulo 2   431

Esta referência à integração de funções empresariais convoca, em nosso entender, um específico traço distintivo da categoria das empresas comuns. Se a conjugarmos com a ressalva também constante da Comunicação, no sentido de que a mesma *"não abrange todos os acordos horizontais possíveis"*, mas apenas os *"tipos de cooperação que dão potencialmente origem a ganhos de eficiência"* [730] é possível reforçar o entendimento de que o objecto primacial da análise e sistematização jurídicas empreendidas na mesma Comunicação corresponde ao específico domínio dos acordos de cooperação representado pela categoria das empresas comuns (apesar da ausência de uma identificação expressa desse tipo no texto da Comunicação).

Na verdade, são fundamentalmente os acordos de cooperação materializados através de empresas comuns que, em princípio, podem originar ganhos de eficiência, tipicamente associados ao elemento de integração empresarial subjacente a essas empresas comuns.

Em contrapartida, não se nos afigura claro o sentido da exclusão de tratamento na Comunicação *"de acordos de cooperação mais complexos como as alianças estratégicas, que combinam de diversas formas, um certo número de domínios e de instrumentos de cooperação diferentes"*.[731] O conceito jurídico relevante para enquadrar, em sede de direito da concorrência, os vários níveis sucessivos de estruturação da cooperação empresarial – comportando, a partir de certo grau, elementos com natureza de integração empresarial – é o conceito de empresa comum, e não consideramos ajustado, em termos de análise jurídica, sobrepor a essa noção qualquer conceito novo, indefinido, como o de *aliança estratégica*.[732]

---

[730] Cfr. Comunicação relativa a *"orientações sobre a aplicação do artigo 81.º do Tratado CE aos acordos de cooperação horizontal"*, cit., ponto 10. Importa, de resto, salientar que os tipos de funções empresariais individualizadas na Comunicação correspondem, numa larga medida, a matérias que determinam, normalmente, a sua prossecução em conjunto com algum grau de integração empresarial, através dos correspondentes tipos funcionais de empresas comuns.

[731] Cfr. Comunicação relativa a *"orientações sobre a aplicação do artigo 81.º do Tratado CE aos acordos de cooperação horizontal"*, cit., ponto 12.

[732] A ideia de estruturas de cooperação mais complexas, envolvendo níveis mais intensos de integração convocada no texto da Comunicação em causa poderia, numa larga medida, ser ainda enquadrada com base na própria categoria de empresa comum, tendo presente que esta pode envolver sistemas de contrato com razoável complexidade. Esse tipo de qualificação, fazendo apelo à maleabilidade e diversidade estrutural da categoria da empresa comum teria sido largamente preferível em relação à utilização do conceito

432 *Empresas comuns* – Joint Ventures

O que pode suceder é a criação de *empresas comuns múltiplas*, ou de verdadeiras *redes de empresas comuns*,[733] pressupondo um maior grau de complexidade da estruturação jurídica das relações entre as partes e a diversificação do número e tipo de empresas-mãe intervenientes.

Assim, tendo presente, em termos globais, a delimitação do tratamento analítico dos acordos de cooperação estabelecida na Comunicação, não consideramos propícia à necessária clarificação conceptual neste domínio – já caracterizado na sua essência por múltiplas indefinições – a ausência, por um lado, de qualquer identificação formal de determinadas áreas de análise com o segmento de cooperação correspondente às empresas comuns, e, por outro lado, a pretensa exclusão deste tratamento analítico dos acordos de cooperação mais complexos, supostamente identificados com uma noção – não densificada juridicamente no ordenamento de concorrência – de *alianças estratégicas*.

6. Definição de empresa comum (*"joint venture"*) no direito comunitário da concorrência – súmula final

6.1. RAZÃO DE ORDEM

Com base na análise – que se pretendeu exaustiva – dos elementos de definição geral da categoria de empresa comum, em sede de direito comunitário da concorrência, tomando como referência aspectos versados pela doutrina, em diversos Regulamentos comunitários e, também, em orientações gerais delineadas pela Comissão – através de múltiplas Comunicações relacionadas com as matérias da cooperação e da concentração empresariais – sem esquecer aspectos relevantes de direito comparado,

---

pouco preciso e com escassa densificação jurídica de *aliança estratégica*. Cfr., de qualquer modo, sobre este último conceito, PETER KILLING, *Understanding Alliances: The Role and Task of Organizational Complexity*, in *Cooperative Strategies in International Business*, FAROK CONTRACTOR, PETER LORANGE, Editors, cit., pp. 55.

[733] Sobre estas realidades, que já referimos, e às quais retornaremos, *infra*, **Parte III**, cfr. JOHN TEMPLE LANG, *International Joint Ventures under Community Law*, cit., pp. 381 ss., esp. pp. 409 ss..

Parte I – Capítulo 2 433

procedeu-se *pari passu* à identificação dos elementos nucleares de caracterização jurídica da figura da empresa comum.

Sem repetir as múltiplas considerações que se foram tecendo e as análises produzidas a propósito dos principais aspectos relevantes, justifica-se, de qualquer modo, ensaiar uma sistematização final, e com carácter muito sucinto, do entendimento que sustentamos relativamente aos elementos jurídicos constitutivos do instituto da empresa comum em direito comunitário da concorrência. Por outro lado, nesta densificação jurídica geral do conceito de empresa comum, o que importa, essencialmente, é identificar um mínimo denominador comum, com vista à caracterização desta figura, e que permita autonomizá-la – como um todo – em relação às múltiplas manifestações que os fenómenos de cooperação empresarial podem apresentar. Para efeitos desta análise, não nos norteou a preocupação de aprofundar a compreensão de determinados requisitos de qualificação de certas subcategorias de empresas comuns e da sua sujeição, ou não, ao regime previsto no RCC (aspectos que se versarão noutra parte do presente estudo).[734]

6.2. A RATIO DE AUTONOMIZAÇÃO DA CATEGORIA DA EMPRESA COMUM *("JOINT VENTURE")* EM DIREITO DA CONCORRÊNCIA COMO REALIDADE INTERMÉDIA ENTRE A COOPERAÇÃO E A CONCENTRAÇÃO EMPRESARIAIS

Assim, tendo presente a caracterização a que inicialmente se procedeu[735] de diferentes processos analíticos de definição da categoria da empresa comum, consideramos que os aspectos específicos que justificam a autonomização desta figura face à generalidade dos meros acordos de

---

[734] A análise desses requisitos específicos de sujeição, ou não, de empresas comuns ao regime do RCC, mediante a respectiva qualificação como operações de concentração de empresas será feita *infra*, capítulo segundo da **Parte II**. No que respeita ao carácter, tanto quanto possível, exaustivo da análise de elementos da definição de empresa comum emergentes de Regulamentos comunitários e de orientações interpretativas – a que acima aludimos – importa ter presente a ressalva feita *supra*, na **Nota Prévia**, sobre os elementos de direito constituído que foi possível tomar em consideração.

[735] No início deste capítulo, fazendo apelo a várias definições doutrinais de empresa comum, identificámos definições *muito latas*, *latas* ou *restritas* de empresa comum, quer em sede de direito da concorrência norte-americano, quer no quadro do direito da concorrência comunitário.

cooperação entre empresas apenas se mostram devidamente enquadrados através de uma definição situada numa perspectiva intermédia relativamente ao que já denominámos de *definições restrita* e *lata* de empresa comum.

Como temos exposto, a figura da empresa comum constitui em sede de direito comunitário da concorrência um instituto complexo, situado entre o cartel ou mero acordo de cooperação e a operação de concentração – verificando-se mesmo alguma interpenetração com esta última categoria – assumindo, consequentemente, uma natureza híbrida, que lhe confere uma especial flexibilidade como instrumento de relacionamento empresarial, mas que, em contrapartida, dificulta os propósitos dogmáticos de qualificação e sistematização jurídicas da mesma figura nesta área do direito.

Como igualmente pudemos verificar, essas indefinições são ainda agravadas no ordenamento comunitário devido à dualidade de tratamento das empresas comuns, consagrada formalmente com a adopção do RCC, e que exige um esforço analítico suplementar para identificar elementos distintivos comuns a todas as subcategorias de empresas comuns, que verdadeiramente possam diferenciar esta figura – considerada globalmente como categoria jurídica *a se* nesse ordenamento – do conjunto múltiplo e diversificado dos acordos de cooperação entre empresas.

Constituindo uma realidade jurídica intermédia entre os pólos extremos representados pelos acordos de cooperação e pelas operações de concentração, em sentido estrito, a categoria da empresa comum incorpora, na sua essência, uma combinação – em graus e modelações variáveis – de elementos relacionados com o comportamento das empresas e de elementos de tipo estrutural. No plano da apreciação dos efeitos materiais da criação e funcionamento de empresas comuns sobre a concorrência efectiva, essa combinação gera, previsivelmente, uma tensão entre aspectos de eficiência económica, favoráveis à concorrência – normalmente associados à vertente de integração empresarial – e aspectos restrictivos da concorrência.

A avaliação global dos efeitos de qualquer empresa comum sobre a concorrência impõe, assim, em princípio – salvo determinadas situações paradigmáticas que adiante se procurará evidenciar[736] –

---

[736] Referimo-nos aqui a situações relativas à constituição de empresas comuns normalmente permitidas, passíveis de beneficiar de presunções ou quase-presunções favo-

Parte I – Capítulo 2 435

uma delicada ponderação desse tipo de efeitos contraditórios entre si.[737]

Em todo o caso, qualquer tentativa de apreender esta realidade intermédia do direito da concorrência corporizada na figura da empresa comum obriga à fixação de um determinado limiar qualitativo, a partir do qual se produza essa interpenetração de elementos de cooperação e de integração empresariais, que tipicamente se associa aquela especial tensão entre elementos propícios à concorrência e elementos restrictivos da concorrência.

Ora, sustentámos no quadro da análise já delineada que esse decisivo limiar qualitativo deverá corresponder à *formação de uma nova unidade empresarial*, de acordo com os critérios que permitem delimitar o conceito jurídico de *empresa* em direito da concorrência, mas, de qualquer modo, devendo estes critérios ser ponderados numa perspectiva algo específica, visto estar em causa um enquadramento de fundo de actividade conjunta de duas ou mais empresas-mãe, que pode limitar-se à esfera interna de organização dessas empresas, e não ter tradução visível na esfera das suas relações directas com o mercado.

Deste modo, a categoria da empresa comum é tributária do conceito jurídico de empresa – em direito da concorrência – nos termos latos em que este é delineado e que acima se deixaram sumariamente caracterizados. Trata-se, como se acentuou, de um conceito material que se coaduna com diversos suportes jurídico-formais, abarcando para além da utilização

---

ráveis, bem como, inversamente, a aspectos referentes à constituição de empresas comuns e normalmente proibidos, como intrinsecamente restritivos da concorrência. O modelo global de apreciação de empresas comuns que propomos – *infra*, capítulo primeiro da **Parte III** – assenta precisamente na identificação desses tipos de situações favoráveis ou desfavoráveis, de modo a circunscrever, em contrapartida, outros situações que suscitam análises mais desenvolvidas (de acordo com parâmetros pré-ordenados).

[737] Essa típica necessidade de ponderação de efeitos restritivos da concorrência e de efeitos favoráveis à concorrência constitui, mesmo, um traço distintivo da figura da empresa comum. Todavia, uma consequência frequente da necessidade de estabelecer esse tipo de ponderações complexas de diferentes efeitos desencadeados pelas empresas comuns traduz-se na indefinição ou imprevisibilidade da avaliação das mesmas, a menos que sejam desenvolvidos modelos analíticos estáveis como os que propomos. Esse risco é, justamente, salientado na doutrina norte-americana – e em termos que são absolutamente válidos em relação ao ordenamento comunitário – por THOMAS PIRAINNO, no seu estudo, "Beyond Per Se, Rule of Reason, or Merger Analysis: A New Antitrust Standard for Joint Ventures", cit., pp. 1 ss., esp. pp. 13. Como aí se refere, *"analysis of all joint ventures on such a structural basis would make the legality of cooperative arrangements among competitors highly uncertain"*.

muito recorrente na *praxis* empresarial da figura da sociedade comercial, vários outros institutos jurídicos, cuja conformação ou qualificação formal pode variar no quadro dos vários ordenamentos jurídicos que interagem com o direito comunitário da concorrência. Por outro lado, esse conceito geral de empresa assenta, primacialmente, numa condição estrutural.

A tudo isto acresce que, uma vez ultrapassadas algumas indefinições verificadas neste domínio, no direito comunitário da concorrência, a ideia de *controlo empresarial conjunto* foi também incorporada no conceito de empresa comum, como um dos seus elementos constitutivos essenciais, o que não obsta a que, em nosso entender, se deva recusar uma construção linear da categoria da empresa comum como uma pura sobreposição, por um lado, do conceito de *empresa*, e , por outro, do conceito de *controlo conjunto* – recebidos, *qua tale*, em função do seu conteúdo já consolidado no direito comunitário da concorrência. Retomaremos, de resto, adiante, esta ideia de um *maius* de construção jurídica que importa identificar para delinear a categoria da empresa comum e que interage com esse cruzamento dos conceitos de referência de empresa e de controlo conjunto.

Procuramos, também, acentuar que a emergência de uma nova unidade empresarial se corporiza juridicamente na constituição de uma organização mínima que reproduz, ainda que de uma forma limitada, certas dimensões da estrutura empresarial dos entes fundadores, comportando ainda essa nova unidade empresarial a especificidade que resulta de, em certos casos, poder envolver apenas o exercício de funções correspondentes a domínios parciais da actividade empresarial, sem incluir um acesso directo ao mercado, para comercialização junto de determinado público alvo de bens ou serviços finais.

Essa organização corresponderá, como também já se referiu, a um centro flexível de prossecução de específicas funções empresariais, transferidas das estruturas das empresas-mãe. O aspecto decisivo para a caracterização da empresa comum reportar-se-á ao *tipo de funções empresariais* que esta vai absorver – na sequência de transferência efectuada pelas empresas-mãe – o qual pressuporá, consoante os casos, determinada organização de activos empresarais em ordem à respectiva prossecução. Neste contexto, a forma jurídica escolhida para essa actividade conjunta de realização de certas funções empresariais que estejam em causa será relativamente secundária, visto que a estrutura organizacional a instituir pode receber modelações contratuais extremamente variáveis.

Parte I – Capítulo 2   437

6.3. DEFINIÇÃO DE EMPRESA COMUM PROPOSTA

6.3.1. Os elementos fundamentais do conceito de empresa comum proposto

De algum modo, o conceito de empresa comum que preconizamos, situado numa perspectiva intermédia entre o que se denominou de definições restrita e lata desta figura apresenta vários pontos de contacto com a noção proposta na doutrina norte-americana por JOSEPH BRODLEY.[738] Todavia, se essa noção comporta elementos analíticos de grande importância, divergimos da mesma relativamente a alguns aspectos fundamentais.

Na verdade, foi possível constatar, ao longo da nossa análise, uma contraposição recorrente entre, por um lado, noções de empresa comum assentes na identificação de uma *dimensão estrutural* da actividade empresarial conjunta ou, por outro lado, construídas com base na identificação de determinados *tipos de actividade empresarial, passíveis de realização conjunta.*[739]

A noção proposta por BRODLEY, de um modo que se nos afigura metodologicamente correcto, faz prevalecer a dimensão estrutural para caracterizar os elementos distintivos da figura da empresa comum. Acompanhando, em certo grau, os elementos constitutivos dessa definição – embora com certas alterações significativas relativamente ao seu conteúdo – consideramos, em dois níveis distintos, por um lado, um conjunto de três elementos que permitem concretizar o verdadeiro substracto estrutural que confere uma identidade jurídica própria à figura da empresa comum em sede de direito da concorrência,[740] e por outro lado, um quarto elemento,

---

[738] Referimo-nos aqui à noção de empresa comum proposta por JOSEPH BRODLEY no seu fundamental estudo "Joint Ventures and Antitrust Policy", cit., pp. 1524 ss.

[739] A concepção de JOSEPH BRODLEY é paradigmática da primeira orientação, muito tributária de uma essencial dimensão estrutural e o segundo tipo de orientações influencia claramente a definição de empresa comum estabelecida no *"NCRPA"*, no quadro do ordenamento norte-americano. As concepções subjacentes à disciplina do RCC e a diversas Comunicações interpretativas da Comissão (*maxime*, directa ou indirectamente relacionadas com a aplicação do RCC) aproximam-se da perspectiva estrutural, mas não o fizeram, em nosso entender, com suficiente clareza.

[740] Reportamo-nos aqui a elementos do conceito de empresa em sede de direito comunitário da concorrência, embora pensemos que a noção por nós proposta possa, tam-

de natureza distinta, relacionado com o tipo de finalidades empresariais prosseguidas através da empresa comum.

Esse decisivo substracto estrutural deverá, em termos globais, materializar-se numa qualquer *forma de organização minimamente autonomizada relativamente às empresas-mãe*, a qual, apesar da utilização recorrente na *praxis* empresarial da figura da sociedade comercial, pode assentar em sistemas contratuais de elevada atipicidade, envolvendo ou não a emergência de entes personalizados. Admitimos, mesmo, que a crescente proliferação e renovação do recurso à figura da empresa comum no novo enquadramento de funcionamento da actividade económica que já temos vindo a caracterizar – marcado pela celeridade na sucessão dos ciclos de vida dos produtos e serviços e pela inovação e combinação de processos produtivos e informação de diferentes áreas empresariais[741] – poderá encontrar-se associado a uma utilização cada vez mais intensa de diversas formas contratuais atípicas de construção dos suportes organizacionais de funcionamento dessas empresas comuns.

Se aprofundarmos a nossa perspectiva analítica sobre esse decisivo *nível estrutural de definição da figura da empresa comum*, podemos distinguir três elementos essenciais, compreendendo, a titularidade conjunta de uma nova estrutura por duas ou mais empresas-mãe, que se mantêm independentes entre si,[742] a realização de contribuições significa-

---

bém, no essencial, ser considerada no quadro do ordenamento da concorrência norte-americano. O nosso objecto de estudo envolve, contudo, prioritariamente a densificação jurídica da categoria da empresa comum no plano do ordenamento comunitário.

[741] Tivemos já ensejo de destacar – numa perspectiva geral – os termos em que as condições de desenvolvimento da actividade económica que vêm prevalecendo ao longo do último decénio contribuíram para o recrudescimento da utilização de modelos de cooperação empresarial orientados para a criação de empresas comuns com estruturas progressivamente mais complexas e mais diversificadas (cfr., *supra*, capítulo primeiro, desta **Parte I**, esp. pontos 2.1. a 2.3.). Essas considerações são, naturalmente, relevantes em sede de análise da categoria da empresa comum no plano específico do direito comunitário da concorrência para os efeitos que acima referimos. Tais condições de actividade económica não só têm conduzido a uma preferência por modelos de enquadramento das relações entre empresas largamente orientados para a figura da empresa comum, com os requisitos que essa figura apresente neste âmbito do direito da concorrência, como têm impulsionado a utilização de processos jurídicos cada vez mais diversificados para dar corpo ao necessário suporte organizacional mínimo que caracteriza a mesma figura nesta área do direito.

[742] No que respeita a este primeiro elemento que assim identificamos, o que se encontra primacialmente em causa é a existência de situações de *controlo conjunto* de determinadas estruturas jurídicas. Tal noção de *controlo conjunto*, como acima pro-

Parte I – Capítulo 2

tivas para essa estrutura por parte das referidas empresas-mãe – mediante a transferência a favor da mesma, e em moldes muito variáveis, de activos empresariais diversos – e, finalmente, a instituição de uma entidade jurídica distinta das referidas empresas-mãe, personalizada ou não,[743] que deve ser, fundamentalmente entendida como um centro de imputação de interesses e de certos direitos.

O segundo nível desta definição de empresa comum que propomos, compreendendo um quarto elemento constitutivo da mesma definição, com uma natureza jurídica distinta, não é, como já acentuámos, decisivo para a identificação da *dimensão estrutural* que se encontra na base da delimitação dessa figura jurídica, face ao conjunto dos outros acordos de cooperação entre empresas. Pensamos, pois, que a sua importância não deve ser sobrevalorizada, contrariamente ao que parece, de algum modo, suceder na caracterização geral sustentada por JOSEPH BRODLEY.[744]

curámos evidenciar, tem sido objecto de especial densificação jurídica no quadro do controlo directo de concentrações *ex vi* do RCC. Os factores determinantes da existência de *controlo conjunto* que têm sido apurados nessa sede podem, normalmente, ser utilizados, em geral, para a concretização desse conceito como elemento constitutivo da categoria da empresa comum.

[743] Consideramos especialmente importante a ressalva que ora introduzimos em relação ao suporte jurídico de uma entidade ou de uma organização com alguma individualidade, e que não se confunda apenas com os distintos elementos das organizações próprias de cada empresas-mãe, no sentido de a mesma poder assentar em nexos jurídicos diversificados e não pressupor necessariamente a criação de um ente personalizado. Essa ressalva é especialmente importante para apreender as dificuldades de delimitação da categoria jusconcorrencial da empresa comum não passível de qualificação como concentração face ao conjunto dos meros acordos de cooperação entre empresas. Assim, se é certo que tal categoria envolve uma *componente institucional* não existente nos referidos acordos, a identificação dessa componente não deverá ser preferencialmente feita com base em critérios jurídicos formais associados à emergência, ou não, de fenómenos de personalização. A mesma ressalva é ainda importante para apreender em toda a sua extensão a flexibilidade de que se reveste a categoria jusconcorrencial da empresa comum.

[744] Reportamo-nos aqui, naturalmente, à delimitação do conceito de empresa comum em sede de direito da concorrência proposta por JOSEPH BRODLEY no seu fundamental estudo, já várias vezes cit., "Joint Ventures and Antitrust Policy" e cujos pressupostos essenciais parecem ter sido mantidos em estudos mais recentes deste A. (cfr., *vg.*, A. cit., "Proof of Efficiencies in Mergers and Joint Ventures", in ALJ., 1996, pp. 575 ss.). Admitimos, na realidade, que a importância de um quarto elemento na definição jusconcorrencial de empresa comum relacionado com o tipo de finalidades empresariais prosseguidas através destas entidades possa ter sido excessivamente enfatizada por BRODLEY. De qualquer modo, compreendemos que a perspectiva analítica desenvolvida por este A. seja

Esse quarto elemento constitutivo da definição de empresa comum será, em contrapartida, especialmente importante para efeitos de qualificação jurídica de subcategorias de empresas comuns. Tal qualificação jurídica suplementar encontra-se, por natureza, relacionada com a ponderação da específica *componente de eficiência empresarial* normalmente associada à categoria global da empresa comum e que deve ser contraposta a um corpo mais ou menos típico[745] de riscos de afectação da concorrência decorrentes da criação e funcionamento de empresas comuns.

Podemos caracterizá-lo, em termos gerais, como um processo de criação de uma nova capacidade empresarial significativa que acresce à que era gerada pelas empresas fundadoras da empresa comum. Noutros termos, pode afirmar-se que o projecto empresarial conjunto corporizado na empresa comum deve ser desencadeado, e assumir como força propulsora, um determinado escopo, orientado para a introdução de qualquer aspecto novo no domínio das actividades desenvolvidas pelas referidas empresas fundadoras, o qual pode manifestar-se de diversas formas, compreendendo, entre outras, a introdução de um novo processo produtivo, ou de uma nova tecnologia, a entrada num novo mercado ou, mesmo, um mero ajustamento, em moldes novos, de processos produtivos anteriormente existente no seio das estruturas das empresas fundadoras, desde que origine qualquer *maius* de eficiência.[746]

---

especialmente influenciada pela preocupação de adoptar critérios analíticos de delimitação da categoria da empresa comum com uma razoável eficácia distintiva em relação ao conjunto dos acordos de cooperação, atendendo à proliferação de definições alternativas de empresa comum excessivamente latas propostas na doutrina norte-americana (e que BRODLEY considera, justamente, "*analytically useless*"). Consideramos, todavia, que essa compreensível preocupação de BRODLEY o conduziu, em certos aspectos, a caracterizações demasiado rígidas dos elementos distintivos da categoria da empresa comum.

[745] Utilizamos aqui, naturalmente, a expressão tipicidade num sentido não técnico ou pelo menos não coincidente com o conceito de tipicidade normalmente considerado. Como refere JOSEPH BRODLEY – além de outros autores, embora se possa considerar algum défice de problematização jurídica neste domínio no quadro da doutrina comunitária – justifica-se a individualização de riscos de afectação da concorrência normalmente associados à criação e funcionamento de empresas comuns. De acordo com a formulação deste A., que, neste ponto acompanhamos, "*joint ventures also merit distinctive antitrust treatment because of the special nature of the competitive risks they create*" (cfr. A. cit., "Joint Ventures and Antitrust Policy", cit., p. 1525.

[746] No quadro do nosso estudo relativo à avaliação substantiva dos efeitos das empresas comuns sobre o processo de concorrência (*infra*, **Parte III**) teremos ensejo de analisar de modo mais desenvolvido essa ideia de um *maius* de eficiência intrinsecamente

Parte I – Capítulo 2 441

6.3.2. A concretização dos elementos da definição da empresa comum

Atendendo à flexibilidade associada por definição à categoria da empresa comum e aos tipos variados de causalidade jurídica[747] manifestados na actividade empresarial a que a mesma categoria se encontra apta a responder, os elementos acima caracterizados como a *instituição de uma entidade jurídica distinta das empresas fundadoras* (que enunciámos como terceiro elemento constitutivo desta categoria, num primeiro nível de definição estrutural da mesma) e a *criação de uma nova capacidade empresarial significativa* (enunciado como quarto elemento constitutivo da empresa comum) não devem ser entendidos num sentido excessivamente restrito. Pensamos, de resto, que a caracterização ensaiada por JOSEPH BRODLEY enferma de excessiva rigidez ao incidir sobre aspectos comparáveis aos que aqui enunciamos, o que nos leva a divergir, de modo apreciável, da mesma nestes pontos.

Assim, consideramos essa análise de BRODLEY excessivamente limitativa ao fazer coincidir obrigatoriamente a instituição de uma entidade

---

associado a estas entidades e que representa um elemento distintivo das mesmas. Cfr., de qualquer modo sobre a matéria, EDMUND W. KITCH, "The Antitrust Economics of Joint Ventures", in ALJ., 1985, pp. 957 ss.. Esse *maius* de eficiência económica pode concretizar-se das formas mais diversificadas, incluindo qualquer processo de economia de escala, eliminação de duplicações no processo produtivo, acesso a novos tipos de recursos e novas formas de afectação dos mesmos. Porventura por influência de JOSEPH BRODLEY, alguma jurisprudência norte-americana nos dois últimos decénios tem enfatizado como caracter jusconcorrencial distintivo desta figura a sua "*capability in terms of new productive capacity, new technology, a new product, or entry into a new market*" [cfr., nesse sentido, em especial "*Compact v. Metropolitan Gov't., 594 F. Supp. 1567, 1574 (M.D. Tenn. 1984)*", na qual, de resto, se cita expressamente o estudo de BRODLEY de 1982, que temos vindo a trazer à colação. Também o Surpremo Tribunal tem destacado esse elemento distintivo das empresas comuns, referindo que as mesmas podem tornar possível "*a new product by reaping otherwise unattainable efficiencies*"; cfr. "*NCCA v. Board of regents of the Univ. of Okla., 468, US, 85, 113 (1984)*". Este *maius* de eficiência económica não tem sido até ao presente aprofundado no mesmo grau no quadro do ordenamento comunitário da concorrência.

[747] Sobre a ideia de *causalidade jurídica* subjacente à construção de sistemas contratuais de cooperação conducentes à formação de empresas comuns, cfr. o exposto *supra*, capítulo primeiro desta **Parte I** (esp. ponto 4.2.2.).

442   *Empresas comuns* – Joint Ventures

juridicamente distinta das empresas fundadoras com a criação de uma sociedade comercial sujeita a controlo conjunto destas últimas.[748]

Como já temos acentuado, esse requisito de criação de um suporte de organização, dotado, no mínimo, de algum grau de autonomia, no quadro do qual se proceda a determinada estruturação dos activos transferidos pelas referidas empresas fundadoras, em ordem à prossecução de uma específica actividade empresarial conjunta, pode receber múltiplas concretizações jurídicas que não se esgotam na figura da sociedade comercial (não obstante, a relevância prática que este instituto inegavelmente assume para a concretização jurídica de uma parte significativa das empresas comuns, essa importância verificada num plano de facto não deve ser tomada como qualquer espécie de inevitabilidade jurídica).

No quadro da análise mais desenvolvida dos efeitos sobre a concorrência de vários tipos de empresas comuns a que se procederá – mediante apreciação crítica da jurisprudência do TJCE e do TPI e da *praxis* decisória da Comissão[749] – poderemos verificar em concreto a existência de diversas construções contratuais alternativas[750] – diversas da sociedade comercial – que permitem ultrapassar o limiar qualitativo de referência que, em nosso entender, determina a emergência de uma *forma de organização minimamente autonomizada relativamente às estruturas próprias das empresas fundadoras e que suporta, enquanto tal, a actividade conjunta do projecto empresarial* subjacente à empresa comum. É curioso, de resto, que JOSEPH BRODLEY, apesar de sustentar uma posição restritiva relativamente ao suporte jurídico autónomo da actividade empresarial conjunta – da qual divergimos pelas razões ora expostas – admita,

---

[748] Essa definição restritiva implícita em referências de caracterização da figura da empresa comum à ideia de "*corporate ownership*" ou "*corporate control*" pode, no entanto, ser mitigada se se tomar em consideração um conjunto de conceitos amplos de sociedade nos ordenamentos de "*Common-Law*", nos termos que aflorámos *supra*, capítulo primeiro desta **Parte I**.

[749] O enfoque dessa análise, como verificaremos, será colocado, fundamentalmente, na *praxis* decisória da Comissão, devido ao carácter muito limitado da jurisprudência referente à categoria da empresa comum.

[750] De qualquer modo, fomos já aflorando sumariamente algumas dessas construções contratuais alternativas – diversas da sociedade comercial – que permitem assegurar um necessário suporte organizacional à actividade das empresas comuns, incluindo *vg.*, conforme os ordenamentos envolvidos, figuras como o consórcio, o agrupamento complementar de empresas, ou até meros comités contratuais completamernte atípicos integrados por representantes das empresas-mãe e que coordenem áreas de actuação comum.

Parte I – Capítulo 2 443

em paralelo, que a empresa conjunta não tem necessariamente de funcionar como um centro autónomo de produção de resultados de exercício da respectiva actividade empresarial (*"separate profit center"*), o que parece difícil de coadunar com o seu entendimento sobre a inevitabilidade da concretização da empresa comum através de uma ou mais sociedades.[751]

No que respeita ao requisito referente à criação de uma nova capacidade empresarial significativa através da empresa comum, sustentámos também um entendimento flexível, segundo o qual a mera reordenação de activos empresariais das empresas fundadoras, limitada a uma esfera interna da sua estrutura de actividade – e sem envolver uma relação directa entre a estrutura comum criada e os mercados relevantes de certos bens ou produtos finais – pode satisfazer o mesmo critério.

Assim, tomando como ponto de partida a realidade típica que consideramos inelutavelmente associada à empresa comum, de *realização de determinado grau de integração empresarial* – mais amplo ou mais limitado consoante as situações e as subcategorias de empresas comuns em questão – e a consequente verificação de *elementos de alteração estrutural das empresas-mãe*, procurámos delinear uma distinção entre, por um lado, situações que qualificámos como *alterações estruturais, em sentido próprio – de tipo externo –* e, por outro lado, *alterações estruturais de tipo interno*.

As alterações estruturais de tipo externo encontram-se tipicamente associadas à criação e funcionamento de empresas comuns que desempenham todas as funções de uma entidade económica autónoma, compreendendo na sua esfera de actividade o acesso directo a determinado mercado, traduzido numa directa comercialização dos bens ou serviços em cuja produção esse ente comum intervenha. Em sentido diverso, as alterações estruturais de tipo interno encontram-se normalmente relacionadas com a criação de empresas comuns às quais sejam cometidas funções empresariais auxiliares (como contributo para a actividade global das empresas fundadoras).

---

[751] Cfr. o exposto por Brodley ao admitir esse elemento de flexibilidade na caracterização de empresas comuns: *"A joint venture, however, need not be operated as a separate profit center. Whether the economic benefits available from joint operations are shared directly through profit sharing or indirectly by membership (...) is immaterial, because both cases present a risk of competitive distortions among participants"* (cfr. A. cit., "Joint Ventures and Antitrust Policy", cit., p. 1525).

Como tivemos ocasião de expor, nesse tipo de situações verificam-se reorganizações de activos dessas empresas fundadoras que se limitam à esfera de organização interna dessas empresas, e que, em princípio, não alteram de forma visível a forma geral como essas empresas se apresentam perante os seus mercados. Apesar dessa limitação, a reordenação de activos empresariais e do modo como se encontram organizadas e estruturadas certas funções empresariais consubstanciadas, *vg.*, numa actividade conjunta desenvolvida através de uma empresa comum com um objecto de investigação e desenvolvimento,[752] traduzem verdadeiras alterações estruturais das empresas fundadoras. Ora, também a este propósito divergimos do entendimento que BRODLEY parece sustentar ao exigir, como requisito de existência de qualquer empresa comum, a introdução, por intermédio desta, de qualquer nova capacidade empresarial, *maxime* de uma qualquer estrutura produtiva criada *ex novo*. Pela nossa parte, consideramos que, em certas condições, uma mera reordenação de estruturas empresariais das empresas fundadoras, desde que a mesma introduza um elemento qualitativo novo, de eficiência, na prossecução do objecto empresarial global dessas empresas satisfaz o requisito em questão (requisito de qualificação jurídica de certas realidades de cooperação empresarial como verdadeiras empresas comuns).

6.3.3. O elemento temporal na definição de empresa comum em direito da concorrência

A análise efectuada dos aspectos relevantes para a caracterização geral da figura da empresa comum, no plano legiferante e no domínio significativo de definição de orientações gerais por parte da autoridade comunitária da concorrência, levou-nos, ainda, a ponderar outro elemento com um peso específico na construção desse conceito de empresa comum e que se relaciona com a *dimensão temporal* dos processos de cooperação empresarial.

---

[752] As empresas comuns com funções auxiliares de investigação e desenvolvimento constituem uma ilustração paradigmática de *alterações estruturais de tipo interno* nas empresas-mãe – no sentido em que vimos configurando tal realidade – mas não esgotam a mesma. De modo geral, podemos considerar que uma parte significativa das empresas que apenas desempenham uma parte das funções de uma entidade económica autónoma – estudadas no capítulo terceiro da **Parte III** – envolvem alterações estruturais desse tipo.

Esse elemento corresponde ao que podemos denominar de carácter relativamente duradouro da actuação da empresa comum. Pela nossa parte, admitimos uma verdadeira relação de causalidade entre este elemento temporal e o aspecto material que reputamos decisivo e que se traduz na verificação de *alterações estruturais das empresas fundadoras da empresa comum*, nos termos que já caracterizámos sumariamente.

Um certo grau minimamente exigível de durabilidade da empresa comum pode, como já expusemos, ser considerado uma consequência das alterações introduzidas nas empresas-mãe pela criação da empresa comum. Sustentámos, mesmo, algum automatismo nessa relação de causalidade. Admitimos, nesse sentido, que qualquer situação em que seja despoletado um processo de reorganização de activos dessas empresas, envolvendo a sua transferência ou afectação para uma nova organização que absorve determinadas funções empresariais, cuja prossecução interessa a essas empresas-mãe, corresponderá, por natureza, a uma situação com alguma estabilidade (sem prejuízo de esse grau mínimo de estabilidade se poder coadunar, em múltiplas circunstâncias, com projectos empresariais comuns de termo certo e duração relativamente limitada).

Paralelamente, atendendo a esta estreita relação entre o efeito de alteração estrutural das empresas-mãe e a característica da durabilidade das empresas comuns – que temos como pressuposto absoluto deste requisito de ordem temporal – sustentamos, igualmente, que o tipo específico de alteração estrutural que caracterizámos na nossa análise como *alteração estrutural de tipo interno,* e que se encontra normalmente associado a empresas comuns que só parcialmente desempenham as funções de uma entidade económica autónoma, produzirá, normalmente, uma modelação algo *sui generis* daquele elemento de durabilidade da empresa comum. Caracterizando-se esse tipo de situações, em princípio associadas à subcategoria das empresas comuns que permanecem fora do âmbito de regulação do RCC, por um efeito de alterações estruturais das empresas-mãe relativamente menos intenso do que aquele que ocorre tipicamente em múltiplas empresas comuns sujeitas ao regime do RCC, também nesse domínio o requisito da durabilidade da empresa comum deve ser avaliado em termos menos exigentes.

Esta associação de ideias levou-nos a concluir que, em múltiplas situações de criação de empresas comuns, que não desempenham todas as funções de uma entidade económica autónoma, se pode configurar a previsão imediata de períodos relativamente limitados de duração das estruturas conjuntas, incluindo, designadamente, casos respeitantes à realização de projectos específicos, que, pelo seu objecto, não excederão uma duração limitada e de fácil previsão.[753] Mesmo neste tipo de casos, encontrar-se-á presente um elemento relevante de durabilidade – de grau menos intenso, concede-se – que deverá fundamentadamente ser contraposto ao perfil temporal de outras situações de cooperação empresarial – diversas das empresas comuns – caracterizadas pela ausência de uma dimensão estrutural e por uma consequente falta de exigência de qualquer programação temporal definida.

A existência de um feixe casuístico de actuações concertadas, envolvendo duas ou mais empresas, mesmo que, de facto, se prolongue consideravelmente no tempo, não resulta de uma verdadeira necessidade de um horizonte temporal mínimo para a materialização da cooperação. Em sentido diverso, qualquer reafectação de activos entre empresas fundadoras de um projecto comum carece, para ser exequível e para chegar a produzir um determinado resultado a favor das empresas fundadoras, desse horizonte temporal mínimo (o qual, importa reiterá-lo, não deve ser confundido com a exigência de um período razoavelmente longo de duração da empresa comum).

---

[753] Além disso, salientámos, também, que mecanismos jurídicos dirigidos a evitar situações de impasse e contemplando, em certos casos, processos de dissolução de estruturas comuns – que podem ocorrer em períodos muito curtos após a criação de certas empresas comuns, determinados, *vg.*, quanto a empresas comuns no sector financeiro, por preocupações específicas de supervisão prudencial, não põem, necessariamente, em causa o requisito temporal de durabilidade. De resto, algumas decisões da Comissão – conquanto adoptadas no plano relativo a empresas comuns qualificáveis como concentrações em relação às quais as exigências de durabilidade são comparativamente superiores – parecem deixar transparecer que tais requisitos de durabilidade podem ser apreciados no contexto concreto de cada sector de actividade (admitindo-se que, em relação a sectores caracterizados por maior instabilidade ou dinamismo, períodos previsíveis relativamente curtos de funcionamento de estruturas comuns podem ser considerados elemento suficiente para aferir e comprovar o carácter minimamente durável de que se deve revestir uma empresa comum; cfr., *vg.*, nesse sentido, a decisão da Comissão *"British Airways/TAT"* (IV.M 259), proferida em sede de aplicação do RCC). Com base nesse pressuposto, que consideramos válido, é razoável admitir, *a fortiori*, que uma empresa comum que não desempenhe todas as funções de uma entidade económica autónoma – e logo envolvendo um grau menos intenso de integração empresarial – pode apresentar uma duração consideravelmente limitada (*vg.*, referente ao período estimado para a conclusão de um específico projecto empresarial).

6.4. SÚMULA FINAL

Importa, finalmente, acentuar um aspecto essencial para a compreensão do conteúdo da categoria jurídica geral da empresa comum em sede de direito comunitário da concorrência, ao qual já fizemos diversas referências. Assim, entendemos que a realidade complexa da empresa comum assenta indubitavelmente nos conceitos de referência de *empresa* e de *controlo conjunto* – nos termos em que os mesmos são delineados no direito da concorrência – mas, em contrapartida, sustentamos que essa realidade jurídica não pode ser enunciada como uma mera sobreposição destes conceitos. Não pode, de modo algum, pretender-se através de uma mera caracterização autónoma de cada um desses conceitos apreender os elementos constitutivos da categoria da empresa comum, supondo que qualquer justaposição linear dos elementos resultantes daquela caracterização assegura uma delimitação desta figura da empresa comum.

Na verdade, será sempre demasiado lapidar qualquer definição de empresa comum, no quadro do direito comunitário da concorrência, que tome como ponto de partida o conceito material lato de *empresa* – delineado nesse ordenamento[754] – para o conjugar, tão só, com a noção de *controlo conjunto*, igualmente desenvolvida nesta área do direito, máxime no domínio do controlo de operações de concentração.

A insuficiência de um tal processo de construção jurídica resulta, em nosso entender, do facto de o suporte empresarial da figura jurídica em questão se revestir de alguma especificidade, a qual decorre, primacialmente, da existência de uma actividade empresarial conjunta, envolvendo duas ou mais empresas, que mantêm a sua individualidade própria, e compreendendo, em muitos casos, o exercício de *funções empresariais auxiliares,* de algum modo *dependentes*, ou condicionadas pelas actividades principais das empresas fundadoras (funções auxiliares que constituem um apoio a determinadas dimensões dos projectos empresariais globais das empresas fundadoras).

Na realidade, a *organização conjunta de determinadas actividades* – que podem limitar-se a assegurar funções empresariais acessórias, não envolvendo acesso directo ao mercado, e com interesse para a prossecução global do objecto de cada uma das empresas fundadoras – apresenta uma natureza empresarial algo *sui generis*.

---

[754] Conceito material lato de empresa em sede de direito comunitário da concorrência que tivemos ensejo de caracterizar *supra*, ponto **3.**. deste capítulo.

448   *Empresas comuns* – Joint Ventures

Como temos destacado, múltiplas subcategorias de empresas comuns absorvem funções empresariais de tipo parcial, que só têm justificação como elementos de suporte do projecto empresarial geral das empresas fundadoras. Essas empresas comuns surgem, pois, incorporadas na esfera de organização interna dessas empresas fundadoras, embora de um modo atípico, visto que vão intersectar dois grupos empresariais distintos, e que permanecem independentes entre si (caso essa independência não se mantenha, a operação converte-se numa concentração de empresas em sentido estrito, sem características de empresa comum).

Estes modos atípicos de integração em esferas de organização interna de empresas fundadoras suscitam o problema da identificação de um verdadeiro *elemento empresarial* – para efeitos de qualificação jurídica de determinadas realidades de cooperação como empresas comuns, em sede de direito da concorrência – visto que, como é sabido, a caracterização jurídica do conceito de *empresa* neste ordenamento, envolve, entre outros aspectos, certas *condições estruturais* relacionadas com o apuramento de relações de dependência entre diversas entidades.

Assim, já se apontou que a verificação de uma condição estrutural associada à existência de relações de dependência entre duas entidades, impede que estas possam ser apreendidas, para efeitos de aplicação de normas de concorrência, como empresas distintas que, como tal, possam cooperar entre si. Ora, esse pressuposto estrutural para a delimitação de empresas autónomas ou distintas – relativo à não existência de relações de dependência entre certas entidades – não se verifica claramente no que respeita a uma parte significativa das empresas comuns (pelo menos, não se verifica relativamente à subcategoria das empresas comuns que não desempenham todas as funções de uma entidade económica autónoma).

As empresas comuns que se integrem nas próprias estruturas de organização interna das empresas-mãe, porque, nos termos já acima referidos, não têm acesso directo ao mercado e prosseguem apenas funções empresariais de tipo auxiliar, não asseguram, por definição, esse pressuposto estrutural de inexistência de qualquer tessitura de relações de dependência, o que suscita a questão de identificação de um limiar qualitativo a partir do qual se justifique considerar que se encontra concretizada uma verdadeira *componente empresarial* (que suporte a figura da empresa comum).

Trata-se, nesses casos, de uma componente empresarial que, como se vem constatando, deve ser objecto de um processo de densificação jurídica específico, comparativamente ao que seja desenvolvido no que respeita ao conceito geral de *empresa* em direito da concorrência. Essa especificidade da verificação da componente empresarial na realidade compósita da empresa comum traduz-se, essencialmente, numa subalternização da *condição estrutural* de delimitação geral da categoria empresa em direito da concorrência – referente à inexistência de relações de dependência face a outras entidades – e numa consequente ponderação, em grau mais intenso, dos outros elementos em que assenta a caracterização jurídica do conceito de empresa (os quais constituem igualmente elementos de tipo estrutural, mas de natureza diferente). Referimo-nos, em especial, a elementos materiais já analisados[755] como a *criação de uma estrutura organizada dirigida à prossecução de determinada actividade* e a *economicidade da gestão observada na prossecução dessa actividade*. Já acentuámos também que o primeiro desses elementos pode revestir graus de desenvolvimento muito variáveis e assentar numa conjugação de relações contratuais relativamente diversificadas.[756]

Como é natural, a necessidade de fazer depender, em especial, destes elementos a qualificação jurídica das empresas comuns, relegando para uma função secundária outros elementos tomados em consideração para a densificação do conceito geral de *empresa* em direito da concorrência, aumenta significativamente o grau de dificuldade inerente ao processo analítico específico de identificação de uma componente empresarial que funcione como matriz de caracterização da figura da empresa comum.

---

[755] Esse tipo de elementos materiais do *conceito jusconcorrencial de empresa*, como a criação de uma estrutura organizada dirigida à prossecução de determinada actividade e a economicidade da gestão observada na prossecução dessa actividade foram também analisados no quadro da nossa prévia caracterização geral de tal conceito (*supra*, ponto **3**. deste capítulo).

[756] Na realidade, essa *dimensão organizacional* frequentemente associada à utilização de instrumentos societários pode ser concretizada através de múltiplos instrumentos jurídicos. A restrição que temos considerado a este propósito – considerámo-la para efeitos de caracterização de uma categoria de empresa comum numa perspectiva jurídica geral, mas admitimos também a sua validade para a densificação de uma categoria jusconcorrencial de empresa comum – diz respeito à necessária natureza *contratual* dos processos jurídicos de concretização daquele suporte organizacional. Adquirida tal natureza contratual das relações que consubstanciam um suporte organizacional de empresas comuns, estas podem conjugar instrumentos contratuais típicos e atípicos ou basear-se apenas em elementos atípicos.

PARTE II

AS EMPRESAS COMUNS NO DIREITO COMUNITÁRIO DA CONCORRÊNCIA

PERSPECTIVA HISTÓRICA GERAL

CAPÍTULO 1

AS EMPRESAS COMUNS E O PROCESSO DE CONSTRUÇÃO E CONSOLIDAÇÃO DO DIREITO COMUNITÁRIO DA CONCORRÊNCIA

SUMÁRIO: 1. – Razão de ordem. 2. – Aspectos preliminares – noção de concorrência e políticas de concorrência. 2.1. – Noções de concorrência relevantes para a formação do direito comunitário da concorrência. 2.2. – O modelo da concorrência praticável (*workable competition*). 2.3. – Fundamentos e objectivos das políticas de concorrência. **3. – As regras de concorrência originárias na Comunidade Económica Europeia e os seus objectivos fundamentais.** 3.1. – A política de concorrência da Comunidade Económica Europeia e a ordem económica do Tratado de Roma. 3.2. – O direito comunitário da concorrência e os objectivos de integração económica do Tratado de Roma. *3.2.1. – A ligação do princípio da concorrência com os objectivos de integração económica. 3.2.2.– Outros objectivos do direito comunitário da concorrência.* 3.3. – O mercado comum e o aprofundamento da integração económica. *3.3.1. – Aspectos gerais. 3.3.2. – Estádios de integração económica comunitária e ordenamento da concorrência. 3.3.3. – O papel do direito da concorrência no aprofundamento da integração comunitária e dos seus benefícios económicos.* 3.3.3.1. – Nexos entre o direito da concorrência e a integração económica comunitária. 3.3.3.2. – A contribuição do direito da concorrência para a maximização dos benefícios económicos da integração. 3.4. – O programa teleológico do direito comunitário da concorrência face ao direito da concorrência norte-americano. *3.4.1. – Perspectiva histórica geral sobre a matriz teleológica essencial do direito comunitário da concorrência.*

3.4.2. – Evolução das prioridades teleológicas do direito comunitário da concorrência e estádios de consolidação deste ordenamento. 3.4.2.1. – Aspectos gerais. 3.4.2.2. – O primeiro estádio de desenvolvimento do direito comunitário da concorrência. 3.4.2.3. – O segundo estádio de consolidação do direito comunitário da concorrência. 3.4.2.4. – O terceiro estádio de consolidação do direito comunitário da concorrência. 3.4.2.5. – A mutação estrutural recente do ordenamento comunitário da concorrência. **4. – O controlo dos acordos e práticas concertadas entre empresas.** 4.1. – Aspectos introdutórios. 4.2. – O artigo 85.º TCE e a sua aplicação. 4.3. – Os Regulamentos de isenção por categoria e as principais orientações da Comissão na aplicação do artigo 85.º TCE. 4.4. – A medida de intervenção da Comissão – *regra de razão* e restrições acessórias da concorrência. 4.5. – O artigo 85.º TCE e a regra *de minimis* – a relevância do grau de concentração empresarial na apreciação dos efeitos sobre a concorrência. **5. – O Livro Branco e o processo de *"modernização"* conducente à adopção do Regulamento (CE) n.º 1/2003.** 5.1. – A modernização das regras de aplicação dos artigos 85.º e 86.º TCE – aspectos introdutórios. 5.2. – Os objectivos fundamentais do Livro Branco relativo à modernização do sistema de aplicação das normas de concorrência. 5.3. – As propostas de reforma do Livro Branco. *5.3.1. – Possíveis alternativas ao projecto de reforma do Livro Branco. 5.3.2. – A compatibilidade da reforma projectada no Livro Branco com as normas do Tratado CE. 5.3.3. – O livro Branco e o tratamento das empresas comuns. 5.3.4. – O Livro Branco e a lógica normativa de descentralização da aplicação das normas de concorrência.* 5.4. – O Regulamento (CE) n.º 1/2003. *5.4.1. – O Regulamento (CE) n.º 1/2003 e a transição para um regime de excepção legal directamente aplicável. 5.4.2. – A aplicação de normas comunitárias de concorrência pelas autoridades nacionais. 5.4.3. – Os problemas relativos à garantia da aplicação uniforme do direito comunitário da concorrência. 5.4.3.1. – Aspectos gerais. 5.4.3.2. – A salva-*

guarda da aplicação coerente do direito comunitário da concorrência num contexto de intervenção acrescida dos tribunais nacionais. 5.4.3.3. – Outros processos de tutela da segurança jurídica no novo sistema de aplicação de normas comunitárias de concorrência. **6. – O controlo dos abusos de posição dominante.** 6.1. – Aspectos gerais. 6.2. – A utilização abusiva do poder de mercado. 6.3. – Posição dominante e definição do mercado relevante no âmbito da aplicação do artigo 86.º TCE. 6.4. – O artigo 86.º TCE e as formas de abuso de posição dominante. 6.5. – O artigo 86.º TCE (artigo 82.º CE) como norma mista – norma de comportamento integrando condições estruturais. **7. – A lacuna originária do direito comunitário da concorrência – o controlo directo das operações de concentração entre empresas.** 7.1. – Aspectos gerais. 7.2. – O problema teórico da autonomização de um controlo directo das operações de concentração no direito da concorrência. 7.3. – O desenvolvimento de sistemas de controlo directo de concentrações no ordenamento norte-americano. 7.4. – A perspectiva jurídico-económica relativa às operações de concentração na CEE e na CECA. **8. – Súmula final.**

1. Razão de ordem

Como já se referiu na **Introdução**, importa situar o enquadramento normativo e o tratamento dogmático das empresas comuns em sede de direito comunitário da concorrência no contexto do processo complexo de construção deste ordenamento. Propomo-nos, pois, desenvolver uma breve análise desse processo, quer numa perspectiva histórica, quer no sentido de apreender os fundamentos teleológicos que se encontram na origem do referido ordenamento.[757] Uma vez reconstituído esse processo de construção do ordenamento comunitário da concorrência – e apreendidos os essenciais elementos constitutivos do mesmo – procede-se, então, à análise sucessiva dos vários estádios de que se foi revestindo o enquadra-

---

[757] Atendendo às razões já expostas na **Introdução**, a apreensão dos fundamentos teleológicos dos ordenamentos da concorrência reveste-se de especial importância para a concretização dos juízos normativos fundamentais que conformam essas áreas do direito. Tal deve-se, como já se referiu, ao carácter normalmente indeterminado dos conceitos-quadro em que assenta a construção jurídica do direito da concorrência (aspecto justamente destacado por As. como W. MÖSCHEL, cuja análise já tivemos ensejo de trazer à colação – *supra*, **Introdução**, esp. ponto V). A sua concretização deverá, pois, ser decisivamente informada por um determinado programa teleológico que assume um papel normogenético de intensidade superior ao que se verifica noutras áreas do direito. Além disso, esta percepção de fundamentos teleológicos que se encontrem na origem do direito comunitário da concorrência é fundamental para poder apreender, em toda a sua extensão, o alcance de mutações do programa teleológico deste ordenamento que, em parte, podem ter sido influenciadas – nalguns aspectos – pela experiência de análise das empresas comuns. Acresce, ainda, que, como também se referiu na **Introdução**, (esp. ponto VII) consideramos importante utilizar uma *perspectiva histórica* sobre o processo formativo das normas comunitárias da concorrência em ordem a uma compreensão crítica de alguns dos seus institutos em termos comparáveis, *mutatis mutandis*, à metodologia ensaiada por ROBERT BORK para proceder a uma reavaliação crítica das coordenadas normativas do ordenamento da concorrência norte-americano (cfr. ROBERT BORK, *The Antitrust Paradox – A Policy at War with Itself*, cit.).

458 *Empresas comuns* – Joint Ventures

mento da figura das empresas comuns neste sistema jurídico até desembocar na disciplina subjacente ao actual direito constituído.[758]

Esta disciplina – uma vez situada no seu contexto sistémico e histórico – constituirá, naturalmente, o cerne da nossa análise, na **Parte III**, a qual abarcará, também, a problematização, numa perspectiva *de iure condendo,* das principais questões suscitadas pelo enquadramento jusconcorrencial das empresas comuns.

Além disso, como também já enfatizámos, esta análise *ex professo* da categoria das empresas comuns no direito comunitário da concorrência, ao incidir sobre um processo complexo de renovação da compreensão dogmática das categorias de cooperação empresarial, leva-nos, a final, a procurar caracterizar alguns elementos fundamentais da mutação global a que esse ordenamento se encontra sujeito, no quadro de uma transição, com alcance ainda mais geral, de diversas áreas do sistema jurídico comunitário.[759]

Na verdade, as exigências de tratamento dogmático da categoria das empresas comuns, com a sua combinação única de elementos jurídico--económicos de tipo estrutural, relacionados com aspectos de integração empresarial, e de tipo cooperativo – referentes a aspectos de mera coordenação de comportamentos empresariais – têm constituído um factor primacial de transformação da metodologia jurídica geral do ordenamento comunitário da concorrência.[760] Ora, esse progressivo desenvolvimento de

---

[758] Esta preocupação com estádios de que se foi revestindo o enquadramento da figura das empresas comuns no sistema jurídico comunitário da concorrência reporta-se, fundamentalmente, ao tratamento sistemático dessa categoria e de subcategorias da mesma que foram sendo identificadas e materializa-se no estudo desenvolvido no capítulo segundo desta **Parte II**.

[759] Para uma compreensão do que se possa no presente entender, em termos globais, como *sistema jurídico comunitário*, cfr., por todos RENAUD DEHOUSSE, *Some Thoughts on the Juridification of the European Political Process*, in *The Europeanisation of Law – The Legal Effects of European Integration*, cit., pp. 15 ss. DEHOUSSE sublinha, justamente, o peso específico do sistema de normas comunitárias como elemento conformador dinâmico dos processos de decisão política na esfera comunitária. Como refere este A., *"the juridification of political decision we are seeing is highlighting the existence of an autonomous dynamic in the legal sphere"* (A. cit., *op. cit.*, p. 26).

[760] Essa transformação da metodologia jurídica geral do ordenamento comunitário da concorrência, parcialmente induzida, em termos que procuraremos apreender, pela experiência de análise das empresas comuns, é um processo que consideramos interligado com mutações comparáveis dos ordenamentos nacionais da concorrência – incluindo o ordenamento nacional – decisivamente influenciadas pelas transformações do direito

Parte II – Capítulo 1

novos processos de análise jurídico-económica e a revisão de pressupostos metodológicos fundamentais deste ordenamento, que se lhe encontra associada, correspondem, segundo pensamos, a um dos três vértices da transição para um novo estádio do referido ordenamento,[761] cujas coordenadas e sentido geral procuramos identificar nas nossas considerações finais.

Será, então, possível desenhar uma perspectiva conjunta do processo de construção jurídica do ordenamento comunitário de concorrência e equacionar os pressupostos teleológicos e de metodologia do mesmo, bem como os contornos dos institutos que constituem o seu travejamento essencial, à luz dos elementos sucessivamente adquiridos nos vários estádios de consolidação desse ordenamento. Nesse contexto, procuraremos, ainda, delimitar com maior rigor esses estádios de tal processo de construção jurídica, os quais, na análise instrumental que ora empreendemos, apenas se afloram de modo descritivo e não sistemático. De qualquer modo, o desenvolvimento deste conjunto encadeado de análises carece de um ponto de partida que deverá procurar-se numa referência aos fundamentos e bases da formação do direito comunitário da concorrência.[762]

---

comunitário (no quadro de um processo de progressiva convergência entre os ordenamentos nacionais; se essa inegável convergência constitui, ou não, um factor suficiente para assegurar coerência a um sistema de descentralização na aplicação do direito comunitário da concorrência, envolvendo nesse processo autoridades nacionais tradicionalmente vocacionadas para a aplicação das normas nacionais, constitui já um problema diverso, que equacionaremos sumariamente *infra*, ponto **5.**). O que importa, desde já, acentuar é que, no âmbito dessa profunda interligação entre o ordenamento comunitário e os ordenamentos nacionais da concorrência, a nossa análise dirigida fundamentalmente ao primeiro ordenamento permite extrair corolários aplicáveis no plano dos direitos nacionais da concorrência.

[761] Sobre esses três vértices da transição para um novo estádio do ordenamento comunitário da concorrência – compreendendo a alteração das prioridades teleológicas do direito comunitário da concorrência, a transformação do modelo institucional de organização desse ordenamento e a renovação da compreensão dogmática das categorias jurídicas de cooperação empresarial – cfr. o exposto no ponto XIV da **Introdução**.

[762] Não se trata aqui de uma incursão desenvolvida pela *teoria da concorrência* em geral, que não cabe manifestamente nos objectivos deste trabalho, mas, visa-se, tão só, apreender o modo como alguns pressupostos e postulados dessa teoria influenciaram, na sua origem, a concepção dos normativos comunitários de concorrência. Para uma perspectiva geral sobre as matrizes teóricas que mais directamente influíram na conformação de um sistema jurídico comunitário de concorrência, cfr., por todos, DAVID GERBER, *Law and Competition in the Twentieth Century Europe – Protecting Prometheus*, cit. esp. pp. 334 ss. Este A. destaca, justamente, a importância de um período inicial – *formativo* – desse sistema comunitário de concorrência, referindo, lapidarmente, que *"the basic 'foun-*

460   *Empresas comuns* – Joint Ventures

2. Aspectos preliminares – noção de concorrência e políticas de concorrência.

2.1. NOÇÕES DE CONCORRÊNCIA RELEVANTES PARA A FORMAÇÃO DO DIREITO COMUNITÁRIO DA CONCORRÊNCIA

Não cabe, manifestamente, nos objectivos da presente dissertação efectuar uma análise *ex professo* do conceito complexo de *concorrência*.[763] Em todo o caso, apesar de o nosso estudo incidir fundamentalmente sobre o direito comunitário de concorrência, importa equacionar de modo sumário os conceitos possíveis (com sentido mais ou menos restrito) de *"concorrência"*, procurando, em paralelo, apreender os fundamentos teóricos que assumem maior peso na formação e desenvolvimento desta área do direito comunitário.

Como preconiza VAN DAMME[764] o elemento fundamental em torno do qual se estruturam as noções possíveis de *"concorrência"* é o de liberdade de actuação dos agentes económicos, nas múltiplas vertentes que o mesmo comporta, designadamente a liberdade de acesso aos mercados por parte de um conjunto indeterminado de empresas (pressupondo uma igualdade potencial de oportunidades), a liberdade para desenvolver comportamentos comerciais próprios no lado da oferta (a qual é, por definição,

---

dational' elements of the Community's competition law system were developed during roughly the first decade and a half of its existence" (A. cit., *op. cit.*, p. 346).

[763] Sobre o conceito de *concorrência* e de *mercado concorrencial*, cfr. SOUSA FRANCO, "Concorrência", in Enciclopédia Luso brasileira de Cultura, vol V, Verbo, Lisboa, 1967; EDUARDO PAZ FERREIRA, *Lições de Direito da Economia*, cit., esp. pp. 466 ss. FERNANDO ARAÚJO, *Introdução à Economia*, Vol. I, Almedina, Coimbra, 2004, esp. pp. 541 ss.; T. BURKE, GEN-BASH, HAINES, *Competition in Theory and Practice*, London, 1988; JOHN BURTON, *Competition over Competition Analysis: A Guide to some Contemporary Economic Disputes*, in *Frontiers of Competition Law*, edited by JULIAN LONBAY, London, Wiley, 1994, pp. 1 ss.; Para uma conceptualização da ideia de *concorrência* que justifica a disciplina jurídica do direito da concorrência, com a vantagem de articular essa ideia com os modernos desenvolvimentos da denominada *teoria da organização industrial*, cfr. W. KIP VISCUSI, JOHN M. VERNON, JOSEPH E. HARRINGTON, *Economics of Regulation and Antitrust*, the MIT Press, Cambridge, Massachussetts, 1998, esp. pp. 2 ss e pp. 57 ss.

[764] Cfr. VAN DAMME, *La Politique de la Concurrence dans la CEE*, Éditions UGA, Kortrijk – Bruxelles – Namur, 1980, esp. pp. 37 ss..

Parte II – Capítulo 1 461

relativizada pela tensão resultante da interferência da liberdade de actuação das outras empresas que integram a estrutura da oferta),[765] e a liberdade de escolha no domínio da procura, dependente quer de factores inerentes aos agentes que integram a procura em determinados mercados, quer da existência de alternativas autonomamente desenvolvidas no âmbito da segunda liberdade considerada (liberdade de actuação no domínio da oferta).[766]

Deste modo, a verificação de uma situação concorrencial pressupõe a existência de um conjunto variável de empresas (poderá tratar-se, bem entendido, de uma existência *actual ou potencial*, desde que garantida a liberdade de acesso ao mercado suprareferida), cuja actuação económica e comercial é determinada pela situação do mercado e não se apresenta limitada por outros factores além dos resultantes da combinação objectiva das actuações autónomas de todas as outras empresas que prosseguem fins económicos similares nos mesmos mercados.

Importa, desde já, precisar que a liberdade de actuação dos agentes económicos, na perspectiva da oferta ou da procura, que conforma no essencial a noção de concorrência, não tem por objecto unicamente a fixação dos preços, mas um conjunto complexo de factores economicamente relevantes, susceptíveis de influenciar as opções dos outros agentes económicos, incluindo, designadamente a qualidade dos produtos, a adaptação dos mesmos a fins diferenciados, a quantidade de bens produzidos, a conjugação do fornecimento de certos bens com a prestação imediata ou potencial de determinados serviços mais ou menos amplos, entre muitos outros aspectos. Considerando a noção (em sentido latíssimo) de concorrência enunciada entre nós por SOUSA FRANCO, [767] como a competição entre sujeitos económicos com o objectivo de *"produzir ou comprar nas melhores condições"*, estas incluirão todos os factores económicos *supra* enunciados e outros que, em cada situação, sejam relevantes para a prossecução das finalidades prosseguidas pelos agentes que intervêm no mercado.

---

[765] Sobre o conceito de concorrência como liberdade de actuação, em vários planos, dos agentes económicos, cfr. DE GAAY FORTMAN, *Theory of Competition Policy*, 1967, esp. pp. 17 ss.

[766] Cfr. VAN DAMME, *La Politique de la Concurrence dans la CEE*, cit., esp. pp. 33 ss., cuja formulação seguimos neste ponto, embora adaptando algumas das suas coordenadas de análise.

[767] Cfr. A. cit., "Concorrência", cit., p. 1240.

462 *Empresas comuns* – Joint Ventures

O modelo de "*concorrência perfeita*" preconizado por economistas clássicos e neo-clássicos – embora já contestado nas décadas de vinte e de trinta por autores como SRAFFA e JOAN ROBINSON[768] – não constitui, contudo, a nossa referência no estudo da formação dos modernos ordenamentos jurídicos de concorrência[769] (e, em particular, na formação do direito comunitário da concorrência). Esse modelo assentava nas condições fundamentais de "*atomicidade*" – existência no mercado de produtores e consumidores cujo número e dimensão não permite a cada um, isoladamente, mediante as suas intervenções pelo lado da oferta e da procura, alterar, de forma significativa, a situação do mercado – e de "*fluidez*" – liberdade de entrada e saída do mercado de novos produtores ou consumidores. Os outros caracteres da concorrência perfeita, porventura menos relevantes, consistiam na "*homogeneidade*", ou possibilidade de substituição perfeita entre as mercadorias e serviços oferecidos, e na "*transparência*", ou informação perfeita de produtores e consumidores sobre o mercado.

De qualquer modo, o referido modelo não deixou de exercer alguma influência sobre o próprio direito comunitário da concorrência. Tal permeabilidade a certos pressupostos dos paradigmas de concorrência perfeita traduziu-se, essencialmente, no acolhimento de factores ou critérios de análise que podemos denominar de concorrência estática, em detrimento de factores ou critérios de concorrência dinâmica. Esta influência do modelo de concorrência perfeita tem, contudo, conhecido oscilações, revelando-se um elemento particularmente sensível para a conformação global do ordenamento comunitário da concorrência, visto que o grau em

---

[768] Sobre esse modelo e sobre o funcionamento do mesmo no que respeita à formação dos preços, cfr. SOARES MARTINEZ, *Economia Política*, Almedina, Coimbra, 1989, pp. 634 ss.. Para uma perspectiva geral sobre o modelo de *concorrência perfeita* e de condições essenciais do mesmo cfr., ainda, MANUEL CARLOS LOPES PORTO, *Economia – Um Texto Introdutório*, Almedina, Coimbra, 2002, pp. 149 ss. Cfr. ainda, sobre as primeiras contestações ao *modelo da concorrência perfeita*, P. SRAFFA,"The Laws of Return under Competitive Conditions" in The Economic Journal, Dec. 1926, e JOAN ROBINSON, *Economics of Imperfect Competition*, London, 1933.

[769] Cfr., ainda, para uma referência e análise económica ao modelo de concorrência perfeita, SAMUELSON, PAUL e NORDHAUS, William D., *Economics*, New York, McGraw--Hill, 2001, esp. pp. 50 ss.; FERNANDO ARAÚJO, *Introdução à Economia*, Vol. I, cit., esp. pp. 250 ss.. e pp. 541 ss..

Parte II – Capítulo 1 463

que a mesma se produz tende a repercutir-se em graus variáveis de intervencionismo económico da política de concorrência.[770]

Na verdade, e como salienta R. LINDA[771] – evidenciando a falibilidade de alguns verdadeiros postulados do modelo de concorrência perfeita – o funcionamento dos mercados demonstra que as empresas procuram, tendencialmente, limitar as margens de incerteza a que a sua actuação se encontra sujeita, como resultado da conjugação de comportamentos autónomos, embora, em princípio, não procurem eliminá-las. Verifica-se, assim, uma combinação complexa de elementos de cooperação, determinados por uma tendência de estabilização dos mercados – em torno de um conjunto de empresas efectivamente implantadas em certos sectores do mercado – e de elementos de concorrência, mediante a exploração de factores competitivos diversos no domínio progressivamente limitado, em que se mantenham margens de incerteza relativamente à actuação das empresas.[772]

---

[770] O peso de critérios de análise que podemos denominar de *concorrência estática* e a sua repercussão em graus variáveis de intervencionismo económico da política de concorrência serão, em geral, aflorados no nosso estudo da avaliação substantiva das empresas comuns no quadro do direito da concorrência empreendido na **Parte III**. Sobre as limitações inerentes a critérios de análise predominantemente informados por uma perspectiva de *concorrência estática*, cfr. CHRISTIAN AHLBORN, DAVID S. EVANS, ATILANO JORGE PADILLA, "Competition policy in the new Economy: Is European Competition Law up to the Challenge?", cit., pp. 156 ss. Embora estes As. assinalem que *"competition policy authorities have known for a long time that the textbook model of static competition is not relevant for many industries. In fact this is one reason why European competition law, for example, does nor prohibit monopolies as such* (…)*"*, não deixam de observar criticamente que, *"*(…) *there is still* a *reflexive tendency to compare all industries and all marketing practices to the textbook model of perfect competition"* (As, cit., *op. cit.*, p. 161).

[771] Cfr. R. LINDA, "L'Antitrust Européen et les Concurrences de la Dernière Génération", Chroniques de l'Actualité de la SEDEIS, Novembre 1989, pp. 390 ss.

[772] Para um exemplo paradigmático da conjugação de elementos de cooperação com elementos de concorrência, cuja presença se verifique em domínios limitados nos quais se continuem a manter margens de incerteza em relação à actuação das empresas, cfr. R. SCHMALENSEE, "Entry Deterrence in the ready-to-Eat Breakfast Cereal Industry", in the Bell Journal of Economics, 1978, pp. 305 ss. Este A. analisa a evolução dos mercados de cereais para refeições ligeiras entre a década de cinquenta e a década de setenta do Século XX, comentando a forma como as grandes empresas presentes nesse mercado conseguiram, sinultaneamente, manter uma concorrência relativamente intensa entre si e limitar os domínios em que essa concorrência se exercia, dificultando a entrada de novos competidores.

464 *Empresas comuns* – Joint Ventures

A realidade do funcionamento dos mercados não confirma, pois, algumas definições de concorrência sustentadas, como referia Van Damme, por certos sectores da doutrina e por órgãos judiciais e legislativos alemães. [773] Essas concepções não traduzem, é certo, as correntes mais actualizadas, apesar de as referidas orientações serem já claramente posteriores à refutação do modelo de concorrência perfeita preconizado pelos economistas clássicos e à enunciação das *"imperfeições da concorrência"* feita na década de trinta – como já referimos – por autores como P. Sraffa, ou J. Robinson.[774]

De acordo com essas concepções, a *"concorrência"* corresponderia ao conjunto de actuações de mercado desenvolvidas pelas empresas no sentido de obter vantagens económicas em detrimento de outros agentes. Ora, em sentido diverso, a realidade do funcionamento dos mercados introduz factores suplementares de complexidade com a conjugação de elementos de cooperação – que diminuem as margens de incerteza a que as empresas se encontram sujeitas – e de elementos puramente concorrenciais.

Contrariamente ao que era suposto pelos economistas liberais clássicos, o funcionamento puro da dinâmica de concorrência não é garantido pela mera ausência de intervenção do Estado – designadamente, evitando interferências de tipo dirigista sobre o funcionamento dos mercados – e o próprio desenvolvimento espontâneo dos mercados origina graus diversos de combinação de elementos cooperativos e concorrenciais, cuja progressão, caso não seja enquadrada por determinadas normas ou princípios, poderá ditar a eliminação sistemática dos elementos de concorrência.

A formação do direito da concorrência decorre, como é assinalado por um importante sector da doutrina, de um paradoxo fundamental.[775]

---

[773] Cfr. sobre a posição de alguma doutrina alemã e da Comissão do *"Bundestag"* para os problemas de política económica, Van Damme, *Politique de la Concurrence*, cit., pp. 31 ss.: "(...) *pour cette derniére (Commission du Bundestag), la concurrence est tout effort tendant à obtenir un avantage économique au détriment d'autrui"*.

[774] Cfr. dos As. cit., respectivamente, "The Laws of Return under Competitive Conditions", cit. e *Economics of Imperfect Competition*, cit..

[775] Sobre o paradoxo subjacente à formação do direito da concorrência, cfr. Tim Frazer, *Monopoly, Competition and the Law*, cit., esp. pp. 5 ss. e Robert Bork, *The Antitrust Paradox – A Policy at War with Itself*, cit.. No que respeita à posição mais linear dos economistas clássicos – acima referida – em relação ao funcionamento perfeito dos mercados, desde que não se verificassem interferências no desenvolvimento dos mecanismos de concorrência, cfr. P. Durand, *L'Évolution de la Notion de Concurrence dans l'Economie Moderne*, Paris, 1959.

Parte II – Capítulo 1 465

A garantia das liberdades fundamentais de actuação no mercado, orientada para a produção de eficiência económica, e que integra, nesses termos, o conteúdo material da noção de *"concorrência"* só pode ser obtida, de forma durável, através de intervenções reguladoras do Estado. Tais intervenções, que se traduzem na elaboração e aplicação de normas juridicas de concorrência não visam sobrepôr-se de forma sistemática às regras espontâneas de funcionamento do mercado, nem substituir a liberdade de actuação das empresas pelo *"dirigismo"* estatal, mas procuram assegurar, tão só, a tutela equilibrada e proporcional dessas liberdades nas suas dimensões mais importantes.

De resto, esta constatação é válida, quer no que concerne à formação do direito da concorrência em geral, quer relativamente ao desenvolvimento de cada uma das categorias jurídicas desta área do direito. Assim, como teremos ocasião de verificar,[776] justifica-se, não apenas a criação de normas de concorrência directamente aplicáveis a comportamentos, e de normas mistas – tendo por objecto comportamentos, embora a sua aplicação dependa da existência de certas condições estruturais prévias –,[777] mas, ainda, a elaboração de normas tendo por objecto aspectos estruturais – relativos à alteração da estrutura das empresas e dos mercados –, mediante o controlo directo das operações de concentração de empresas que determinam as mesmas alterações.

Este último grau suplementar de intervenção, bem como os elementos estruturais que, progressivamente, têm vindo a interagir com aspectos ligados ao comportamento das empresas em sede de aplicação de normas de concorrência cuja previsão o tome por objecto, contribui, algo paradoxalmente, para limitar, em termos gerais, de forma mais equilibrada, a extensão e intensidade das actuações de entes públicos encarregados da aplicação das normas de concorrência.

Na realidade, a utilização eficiente das normas de controlo directo de concentrações e, acessoriamente, uma correcta percepção da dimensão estrutural subjacente a certas áreas de coordenação de comportamentos das empresas, permitirão, com elevado grau de probabilidade, dispensar

---

[776] Sobre os diferentes tipos de normas de concorrência em causa, cfr. *infra*, os pontos **4.**, **6.** e **7.** no presente capítulo.

[777] Sobre esta classificação de normas de concorrência – normas de comportamento, normas mistas e normas relativas ao controlo directo de operações de concentração – cfr. Louis Vogel, *Droit de la Concurrence et Concentration Économique*, cit., pp. 59 ss..

466   *Empresas comuns* – Joint Ventures

intervenções de carácter mais sistemático das referidas autoridades para sancionar, caso a caso, comportamentos abusivos, propiciados pelas estruturas de mercado resultantes de concentrações empresariais que não fossem objecto de controlo, ou para reprimir actuações formalmente restritivas da concorrência, mas dissociados do exercício de qualquer poder de mercado significativo.

2.2. O MODELO DA CONCORRÊNCIA PRATICÁVEL *(WORKABLE COMPETITION)*

A inexistência de experiências de concorrência perfeita no funcionamento dos mercados e a combinação complexa, nos mesmos, de elementos cooperativos e factores de verdadeira competição que deixamos assinalada, levando a que a elaboração de normas de concorrência seja justificada a partir da constatação relativamente paradoxal de que o jogo concorrencial se auto-limita progressivamente, determina a formulação dos objectivos gerais das políticas de concorrência. Estas políticas deverão permitir a manutenção de situações de mercado que, num ponto de equilíbrio a definir em cada caso, ocupem uma posição intermédia entre a concorrência perfeita e o oligopólio relativamente fechado e estreito.[778]

O modelo de referência assim considerado pela generalidade dos ordenamentos de concorrência é, pois, o da denominada *"concorrência praticável"* (ou *"workable competition"*).[779] A preservação desta con-

---

[778] Sobre a figura do *oligopólio* e o seu tratamento no direito da concorrência, cfr., em geral, RICHARD POSNER, "Oligopoly and Antitrust Laws", in Stanf L R., 1969, pp. 1562 ss. Importa destacar que a figura do oligopólio não pode ser uniformemente avaliada na perspectiva da realização dos objectivos do direito da concorrência. Na realidade, como assinala de forma pertinente, C. D. EHLERMANN, algumas formas de oligopólio caracterizam-se, precisamente, por uma concorrência muito intensa entre as empresas presentes no mercado. Cfr. A. cit., "Deux Ans d'Application du Controle de Concentrations – Bilan et Perspectives", in RMC., 1993, pp. 242 ss.. Cfr., ainda, FERNANDO ARAÚJO, *Introdução à Economia*, Vol. I, cit., pp. 634 ss..

[779] Sobre o conceito de *"workable competition"*, cfr., em geral, VAN DAMME, *La Politique de la Concurrence*, cit., pp. 54 ss.. Cfr., ainda, na doutrina nacional, EDUARDO PAZ FERREIRA, *Lições de Direito da Economia*, cit., esp. pp. 470 ss.. Não é linear a tradução deste conceito fundamental. Todavia, procurando evitar a mera reprodução, na sua formulação originária, de conceitos e categorias que não são particularmente desenvolvidos no ordenamento e na doutrina nacionais, utilizaremos com frequência no nosso texto

corrência praticável verificar-se-á nas situações em que a existência de algumas restrições à concorrência, de carácter limitado, – praticamente inevitável, à luz do funcionamento real dos mercados, nos termos que já analisámos sucintamente – não coloca em causa os objectivos primaciais subjacentes a uma determinada política de concorrência. A modelação destes objectivos varia conforme os ordenamentos de concorrência em causa, mas pode procurar-se, certamente, um denominador comum dos mesmos ligado à garantia geral de um núcleo do conceito material de *concorrência*, tendo como componentes determinantes certas liberdades de actuação e de escolha nos mercados funcionalmente dirigidas à promoção da eficiência económica. A fixação minimamente precisa do conteúdo dessas componentes não se tem, contudo, revelado consensual.

2.3. FUNDAMENTOS E OBJECTIVOS DAS POLÍTICAS DE CONCORRÊNCIA

Importa referir que os objectivos das políticas de concorrência se projectam numa dimensão mais ampla do que aquela que resulta da própria enunciação geral do conceito de concorrência e que suporta a própria adopção desse mesmo conceito como modelo de referência[780] (não constituindo a *"concorrência"*, tão só, um fim prosseguido em si mesmo, embora esteja associada a valores absolutos cuja tutela se justifica enquanto tal, designadamente, a garantia de certas liberdades económicas individuais e a repartição potencial do poder económico). A definição dos

o conceito de *"concorrência praticável"*. De qualquer modo, as ideias essenciais que se encontram na base do referido conceito de *"workable competition"* remontam a um estudo de 1940 relativo à política de concorrência do autor norte-americano JOHN M. CLARK ("Toward a Concept of Workable Competition", in Am Econ Rev., 1940, pp. 241 ss.). Do mesmo A. cfr., ainda, *Competition as a Dynamic Process*, Washington DC, Brookings Institution, 1961. Esse conceito foi explicitamente acolhido em sede de aplicação de normas comunitárias de concorrência pelo TJCE no seu fundamental Acórdão *"Metro I"* [proc. 26/76, Rec. 1875 (1977)]. É certo, contudo, que este conceito de *"workable competition"* tem sido objecto de diversas críticas doutrinais que destacam a sua excessiva indefinição, tendente a induzir uma larga margem de apreciação por parte das autoridades de concorrência.

[780] Sobre os objectivos primaciais que sustentam o acolhimento da própria noção de concorrência como modelo de referência para a construção de normas de direito da concorrência, cfr. DE GAAY FORTMAN, *Theory of Competition Policy*, cit., esp. pp. 13 ss.

468 *Empresas comuns* – Joint Ventures

objectivos das políticas de concorrência depende da ordem económica em que as mesmas se inserem,[781] embora tal não obste a que, em tese geral, se proceda à distinção de diversas categorias de objectivos fundamentais, independentemente das diferenças que se registem entre os vários ordenamentos e que ditam escalonamentos distintos dos referidos objectivos.

Assim, numa perspectiva analítica, podem distinguir-se objectivos de tipo económico, que contemplam a maximização da eficácia na afectação e utilização de recursos escassos[782] – sendo a defesa da concorrência considerada numa perspectiva instrumental em função desses desideratos económicos fundamentais – e objectivos políticos, ou socio-económicos ligados à tutela de liberdades económicas individuais e à garantia de igualdade de oportunidades resultante de uma disseminação do poder económico e da preservação de um espaço de actuação e desenvolvimento de pequenas e médias empresas (os quais, por sua vez, podem agrupar-se em categorias diversificadas ligadas a aspectos específicos, mais ou menos tributários de certas dimensões sociais de uma redistribuição permanente do poder económico).

De qualquer modo, em alguns sistemas jurídicos de concorrência – como o norte-americano – tende a prevalecer uma visão monista dos fundamentos e objectivos do direito da concorrência. De acordo com esta perspectiva, o escopo primacial desta área do direito – que incorpora a própria justificação do seu programa normativo – corresponde à promoção da eficiência económica (esta perspectiva vem, pois, erigir, o primeiro tipo de objectivos que acima referimos como a base única do programa normativo do direito da concorrência).[783] Importa reconhecer que o direito comunitário da concorrência, tendo historicamente partido de uma base pluralista, vem, de modo progressivo, e devido a múltiplos factores – que teremos ocasião de analisar – a aproximar-se de uma perspectiva de tipo

---

[781] Sobre o conceito de ordem económica e a sua importância, cfr. SOUSA FRANCO, *Noções de Direito da Economia*, cit., pp. 94 ss.

[782] Sobre esta definição de objectivos económicos da política de concorrência, cfr. A. JACQUEMIN, "Stratégies d'Entreprise et Politique de la Concurrence dans le Marché Unique Européen", in Rev E Ind., 1991, pp. 7 ss. e P. GEROSKI, *Competition and Innovation*, Report of the EC Commission, Brussels, 1987.

[783] para uma primeira aproximação às visões monistas dos fundamentos e objectivos do direito da concorrência que tendem a prevalecer no ordenamento norte-americano, cfr., por todos, WENHARD MÖSCHEL, "The Goals of Antitrust Revisited", cit., pp. 7 ss.. De qualquer modo, como este A. salienta, mesmo nesse ordenamento as visões monistas não são consensuais.

monista.[784] É certo que a busca de fundamentos teleológicos do ordenamento da concorrência pode, se levada a certos extremos, vir a revestir-se de algum conceptualismo desajustado e redutor. Na realidade, a adopção de posições favoráveis a uma visão monista pode, ainda, abarcar uma grande diversidade de orientações, visto que não existe uma visão unívoca do próprio objectivo de promoção da eficiência económica. Pensamos, de resto, que o possível advento de uma visão monista em sede de direito comunitário da concorrência se deverá sempre coadunar com o acolhimento de objectivos de base predominantemente económica, mas relativamente plurais, não se reconduzindo os mesmos a visões mais restritivas do escopo da eficiência económica, como as que decorrem da análise da teoria de preços da denominada Escola de Chicago na doutrina norte--americana.[785]

3. As regras de concorrência originárias na Comunidade Económica Europeia e os seus objectivos fundamentais.

3.1. A POLÍTICA DE CONCORRÊNCIA DA COMUNIDADE ECONÓMICA EUROPEIA E A ORDEM ECONÓMICA DO TRATADO DE ROMA

Nos termos do artigo 3.º, al. f) do TCEE, deveria ser *"estabelecido um regime que garanta que a concorrência não seja falseada no mercado comum"*. Este princípio fundamental integrava um conjunto mais vasto de princípios, a articular com os objectivos da CEE, fixados nos termos do artigo 2.º do Tratado. Importa, desde já, salientar que neste breve excurso pelo processo de formação e pelas primeiras etapas de consolidação do direito comunitário da concorrência, nos referiremos, em regra, à formula-

---

[784] Essa possível evolução da matriz teleológica do direito comunitário da concorrência será analisada na parte conclusiva deste trabalho – **Parte IV** (esp. pontos 2.2. e 2.3.), tendo presente o estudo desenvolvido ao longo do mesmo – *maxime* os aspectos resultantes da avaliação jusconcorrencial das empresas comuns.

[785] Sobre as visões monistas mais estritas preconizadas por algumas correntes na Escola de Chicago, cfr. W. F. BAXTER, "Panel Discussion: The Direction of Antitrust in the Decade Ahead: Some Predictions", in ALJ., 1988, pp. 89 ss.

ção originária das normas relevantes do Tratado CE, sem prejuízo de especificar, a propósito de algumas matérias mais importantes, a formulação correspondente das normas presentemente em vigor. Em contrapartida, sempre que, nesta análise, essencialmente descritiva e histórica, esteja em causa a apreciação de estádios mais recentes de evolução desse ordenamento far-se-á, então, referência discriminada às inovações introduzidas em matéria de objectivos da integração ou da ordem económica comunitária pelo Tratado de União Europeia, pelo Tratado de Amsterdão, ou pelo Tratado de Nice [786]

Como assinalaram, entre outros, P. J. G. KAPTEYN, VERLOREN VAN THEMAAT[787] e, embora com uma formulação algo diversa, VAN DAMME,[788] esses objectivos previstos no artigo 2.º TCEE apresentavam um carácter diverso, sendo possível distinguir *objectivos mediatos* e *imediatos* (ou *objectivos fundamentais* e *meios essenciais* para a sua realização, na perspectiva preconizada por KAPTEYN e VERLOREN VAN THEMAAT).[789] Os objectivos mediatos, a prosseguir em prazos mais longos – ou desideratos de carácter mais geral da CEE – têm uma natureza predominantemente económica,[790] ligada ao desenvolvimento e expansão económicos e à preservação da estabilidade. Paralelamente, foram definidos como *"meios"* para a realização destes objectivos – ou *objectivos imediatos da integração*, na formulação de VAN DAMME[791] – o *"estabelecimento de um mercado comum e a aproximação progressiva das políticas económicas dos Estados Membros"* (a partir do Tratado de Maastricht foi acrescido a

---

[786] Estas considerações reportam-se, especificamente, a este ponto **3.** Para maior clareza, utilizaremos, excepcionalmente, ao longo deste ponto, a abreviatura TCEE a acompanhar as normas originárias do Tratado de Roma que trouxermos à colação, mantendo as designações TCE e CE para artigos citados, respectivamente, de acordo com as numerações resultantes dos Tratados de Maastricht e de Amsterdão.

[787] Cfr. As. cit., *Introduction to the Law of the European Communities*, Deventer, Kluwer, 1999, pp. 74 ss..

[788] Cfr. A. cit., *La Politique de la Concurrence dans la CEE*, cit., pp. 60 ss. Para uma perspectiva geral da política de concorrência no contexto dos objectivos do processo de integração comunitário, cfr., ainda, MANUEL CARLOS LOPES PORTO, *Economia – Um Texto Introdutório*, cit., pp. 181 ss..

[789] Cfr. As. cit., *Introduction to the Law of the European Communities*, cit., pp. 74 ss..

[790] Sobre esses objectivos mediatos com uma natureza predominantemente económica, cfr. KAPTEYN e VERLOREN VAN THEMAAT, *Introduction to the Law of the European Communities*, cit., pp. 72 ss..

[791] Sobre os denominados objectivos imediatos da integração, cfr. VAN DAMME, *La Politique de la Concurrence dans la CEE*, cit., pp. 60 ss..

esse conjunto de meios, previstos no artigo 2.º CE, a criação da *"União Económica e Monetária"*).

O estabelecimento de um regime que garanta que a concorrência não seja falseada, nos termos do artigo 3.º, al. f) TCEE (ou artigo 3.º, al. g) CE, tal como alterado pelo Tratado de Maastricht e mantido pelo Tratado de Nice) deve, pois, ser teleologicamente articulado, não apenas com os objectivos mediatos da CEE – que se revestem de maior indeterminação, embora o seu carácter predominantemente dinâmico permita uma progressiva e mais completa definiçao jurídica dos mesmos –, mas igualmente, e porventura de forma mais directa, com os objectivos imediatos suprareferidos. Como assinalam justamente KAPTEYN e VERLOREN VAN THEMAAT,[792] os princípios instrumentais previstos no artigo 3.º do TCEE podiam também ser divididos em duas categorias, em função da sua ligação prevalecente com o objectivo imediato de realização do Mercado Comum, ou de aproximação das políticas económicas dos Estados Membros.

Estavam, assim, em causa meios obrigatórios de realização dos objectivos do Tratado CE que configuravam uma verdadeira ordem pública económica comunitária. Nesse conjunto de meios avultavam, iniludivelmente, os que se relacionam com o estabelecimento do Mercado Comum, designadamente, a eliminação entre Estados Membros de direitos aduaneiros, das restrições quantitativas à importação e à exportação de mercadorias, ou de medidas de efeito equivalente, e de todos os obstáculos à livre circulação de pessoas, serviços e capitais, a harmonização das legislações nacionais na medida em que tal seja necessário ao funcionamento do mercado comum e o aspecto já referido de instituição de um regime garantindo que a concorrênca não seja falseada no Mercado Comum.

Esta definição de objectivos imediatos e de meios essenciais para a sua concretização – caracterizada pelo peso decisivo do objectivo de realização do mercado comum e dos instrumentos em que a mesma deve assentar suscitou *ab origine* a questão da eventual imposição pelo Tratado CE de um sistema económico determinado (sistema económico de mercado, segundo vários autores). Deve notar-se, contudo, que essa prevalência do objectivo referente ao mercado comum – no presente acrescido, como já observámos, do objectivo relativo ao estabelecimento de uma

---

[792] Cfr. As. cit., *Introduction to the Law of the European Communities*, cit., pp. 73 ss..

união económica e monetária, de acordo com o artigo 2.º CE [793] – não resultava propriamente da formulação do artigo 3.º TCEE, como preconizam KAPTEYN e VERLOREN VAN THEMMAAT,[794] mas da interpretação sistemática desta norma,[795] tomando em consideração os *"calendários"* fixados *ex vi* de outras previsões[796] e os mecanismos jurídicos associados aos princípios instrumentais enunciados nesse artigo 3 TCEE (artigo 3.º CE).

Não se justificando, no âmbito da presente dissertação, uma análise aprofundada sobre a questão em causa, a qual tem sido objecto de renovada controvérsia doutrinal a propósito da interpretação e aplicação do

---

[793] A introdução deste objectivo relativo à criação da *União Económica e Monetária*, emergente das alterações introduzidas pelo Tratado de Maastricht e, logicamente, mantido no corpo do referido artigo 2.º em causa no quadro das ulteriores revisões do Tratado CE deve ser conjugada com as disposições introduzidas pelo Título I do referido Tratado de Maastricht – *"Disposições Comuns"* (artigos A a F, correspondentes aos artigos 1.º a 7.º na numeração introduzida pelo Tratado de Amsterdão) referentes à Instituição da *União Europeia* – maxime com a disposição constante do artigo B (actual artigo 2.º). Em termos gerais, pode considerar-se que anteriores objectivos mediatos da CEE, constantes do artigo 2.º TCEE de natureza essencialmente política – fundamentalmente o último objectivo constante da enumeração dessa disposição originária – foram desenvolvidos no quadro das novas normas comuns relativas à União Europeia. Deste modo, a estrutura jurídica complexa da União Europeia conduziu a uma verdadeira distribuição do que temos denominado – seguindo a qualificação proposta por KAPTEYN e VERLOREN VAN THEMMAAT – como *objectivos mediatos* da integração entre as referidas disposições comuns introdutórias do Tratado de União e as disposições introdutórias do Tratado CE, numa concatenação cuja coerência jurídica não se encontra isenta de críticas. Cfr. sobre esse novo modelo de definição jurídica de objectivos posterior à instituição da UE, ARMIN VON BOGDANDY, "The Legal Case for Unity: The European Union as a Single Organization with a Single Legal System", in CMLR, 1999, pp. 887 ss. e INGOLF PERNICE, "Multilevel Constitutionalism and the Treaty of Amsterdam: European Constitution-Making Revisited", in CMLR, 1999, pp. 703 ss.. De qualquer forma, a matriz teleológica em que assenta a construção do direito comunitário da concorrência continua a assentar, fundamentalmente, nos artigos 2.º a 4.º CE.

[794] Cfr. As. cit.,, *Introduction to the Law of the European Communities*, cit., pp. 72 ss.

[795] Reportamo-nos aqui a uma interpretação sistemática envolvendo o referido artigo 3.º com o artigo 2.º TCEE e – na sequência do Acto Único Europeu e dos Tratados subsequentes – com as normas que fixam ou remetem para calendários relativos à concretização de estádios de integração (*maxime*, o actual artigo 4.º CE).

[796] Incluímos aqui os calendários fixados *ex vi* das disposições do Acto Único Europeu e do Tratado de Maastricht, designadamente quanto à realização do mercado interno e da união económica e monetária.

artigo 90.º TCEE (e mais recentemente do artigo 86.º CE),[797] com vista à limitação ou eliminação de direitos especiais ou exclusivos em determinados sectores empresariais, bem como a propósito da compatibilidade dessas medidas com o princípio da neutralidade, relativamente aos sectores empresariais público e privado, previsto no artigo 222.º TCEE (artigo 295 CE), importa, tão só, referir que, no decurso do período que marcou a consolidação do ordenamento comunitário da concorrência, não existiam no Tratado de Roma elementos que fundamentassem uma opção definida por determinado sistema económico. Mesmo no Tratado CE presentemente em vigor apenas existem afloramentos de uma opção por uma *"economia de mercado aberto e de livre concorrência"*, de acordo com o princípio previsto no artigo 4.º CE (artigo 3.º-A TCE), cuja função normogenética e alcance material efectivo em sede de constituição económica comunitária, não são isentos de ambiguidade.[798]

O que indubitavelmente se verificou *ab origine* foi a imposição de um princípio fundamental de concorrência – que necessariamente configura a existência de *economias mistas de mercado* e exclui os sistemas caracterizados pelo predomínio de modalidades diversas de dirigismo público – [799] funcionalmente ligado à realização e consolidação do mercado comum e aplicável, quer no que respeita ao sector empresarial público, quer relativamente ao sector privado, independentemente da dimensão dos mesmos.

---

[797] Sobre essa discussão em torno da ordem económica subjacente ao Tratado CE, cfr. LEON BRITTAN, *European Competition Policy – Keeping the level Playing Field*, CEPS, 1992, esp. pp. 78 ss.. Retomaremos, contudo, noutros termos – não já uma perspectiva histórica da formação do direito comunitário da concorrência, mas no quadro de um balanço crítico de certos processos de aplicação de normas de concorrência (*maxime*, quanto a empresas comuns) – a problematização em torno das consequências a retirar do acolhimento no artigo 4.º CE (resultante de revisões de regras originárias) de um *"princípio de economia de mercado aberto e de livre concorrência"* (*infra*, **Parte IV**, esp. ponto 2.3.1.).

[798] Remetemos aqui essa problematização jurídica para a o balanço crítico que procuramos estabelecer na parte conclusiva deste trabalho – **Parte IV** – de acordo com o referido na nota anterior.

[799] Sobre o conceito de economia mista, cfr. F. BOUQUEREL, *Cinquante Ans d'Économie Contemporaine – Histoire et Derives*, Paris, 1991 e JEAN PAUL THOMAS, *Les Politiques Economiques au Vingtième Siècle*, Armand Colin, Paris, 1990, esp. pp. 22 ss e pp. 41 ss.

474   *Empresas comuns* – Joint Ventures

3.2. O DIREITO COMUNITÁRIO DA CONCORRÊNCIA E OS OBJECTIVOS DE INTEGRAÇÃO ECONÓMICA DO TRATADO DE ROMA

3.2.1. A ligação do princípio da concorrência com os objectivos de integtração económica

A imposição genérica de um princípio fundamental da concorrência, como elemento que informa a ordem económica comunitária – reforçado, ulteriormente, pelo artigo 3-A TCE (artigo 4.º CE) acima referido – permite pressupor o reconhecimento do próprio valor *a se* da *concorrência* e um grau significativo de adesão aos valores materiais de carácter mais geral ínsitos nesse conceito. De qualquer modo, esse valor da concorrência deve igualmente contribuir, de modo instrumental, para a realização de aspectos do interesse geral comunitário, imprecisamente recortado pelos objectivos mediatos previstos no artigo 2.º TCEE (ampliados no artigo 2.º CE e parcialmente concretizados noutras disposições do Tratado). Em primeiro lugar, contudo, a imposição do princípio da concorrência apresentou uma ligação essencial, como já assinalámos, ao objectivo imediato de criação do mercado comum.

Este aspecto levou autores como JULES FERRY[800] a preconizar que, na ordem jurídico-económica comunitária, enquadrada pelas normas do Tratado CE, as disposições relativas à defesa da concorrência não traduzem necessariamente a promoção do liberalismo económico e dos aspectos de eficiência ligados a esse modelo liberal, mas a realização de objectivos de unificação do mercado comunitário. Segundo este autor,[801] o aspecto primacial em causa na elaboração de normas comunitárias de concorrência dirigidas às empresas, seria o de impedir que estes agentes eco-

---

[800] Cfr. A. cit., *How do We Get There From Here? Future Competition Policy of the EEC*, in *Annual Proceedings of the Fordham Corporate Law Institute – 1983*, Editor BARRY HAWK, Fordham Corporate Law Institute, 1984, Matthew Bender, pp. 643 ss..

[801] Cfr. A. cit., *How do We Get There From Here? Future Competition Policy of the EEC*, cit., esp. pp. 645 ss. Entendemos, de qualquer modo, que esta visão de JULES FERRY – que ora trazemos à colação numa perspectiva histórica de formação do direito comunitário da concorrência – deve ser submetida a uma reavaliação crítica, na sequência dos mais recentes desenvolvimentos dos processos de aplicação das normas comunitárias desse ordenamento (no quadro do balanço crítico conclusivo a que procedemos *infra* – **Parte IV**).

Parte II – Capítulo 1

nómicos – considerando a expressão no seu sentido mais lato, que abrange as empresas públicas genericamente sujeitas, *ex vi* do artigo 90.º TCE, à disciplina da concorrência – [802] recriassem, através de procedimentos restritivos da concorrência, obstáculos ao comércio entre os Estados Membros, compensando, parcialmente, a eliminação de obstáculos de origem pública decorrente do processo de integração negativa.

Este objectivo fundamental da política de concorrência de garantir a realização da integração económica foi, de resto, expressamente afirmado pela Comissão desde a produção do seu Primeiro Relatório Anual sobre esta matéria (1972)[803] e foi constantemente reiterado nos Relatórios posteriores,[804] tendo sido também reconhecido, em termos inequívocos, pelo TJCE, desde o seu Acórdão *"Consten and Grundig v. Commission"*.[805] Como veremos, sendo inegável a importância histórica desse escopo normativo na formação do direito comunitário da concorrência, o seu peso tem vindo a diminuir, progressivamente, com o avanço do próprio processo comunitário de integração económica.[806]

3.2.2. Outros objectivos do direito comunitário da concorrência

Assim, apesar da importância do objectivo de integração económica na formulação da política de concorrência importa igualmente reconhecer a relevância de outros objectivos neste domínio, cujo peso tende a aumentar em termos proporcionais à recente diminuição da importância relativa

---

[802] Cfr., para uma análise geral da aplicação das normas comunitárias de concorrência às empresas públicas, MARENCO, "Public Sector and Community Law", in CMLR, 1983, pp 335 ss..

[803] Cfr. *"Premier Rapport Sur La Politique de la Concurrence"*, Bruxelles, 1972.

[804] Cfr, *vg.*, os *"Sétimo"* e *"Oitavo Relatório Sobre a Política de Concorrência"* (relativos, respectivamente, aos anos de 1978 e 1979), nos quais é destacado o objectivo primordial de integração económica da política comunitária de concorrência (cfr. ponto 9 nos dois Relatórios supramencionados).

[805] Cfr. Acórdão do TJCE *"Consten Grundig"* [proc. 58 e 58/64; Rec 299 (1966)].

[806] Essa diminuição progressiva do peso do objectivo de integração económica, em função dos próprios avanços globais do processo de integração comunitária será aflorada, *infra*, **4.** e **6.** – no quadro da nossa referência aos processos de aplicação dos artigos 81.º e 82 CE e, sobretudo, resultará, implicitamente, do nosso estudo da avaliação substantiva das empresas comuns – *infra*, **Parte III** – procurando-se uma compreensão sistemática de tal evolução na parte conclusiva deste trabalho (*infra*, **Parte IV**, esp. 2.1.3.3. e 2.2.).

476 — Empresas comuns – Joint Ventures

destes factores de integração económica. Esses objectivos abarcam uma multiplicidade de questões, desde aspectos ligados à maximização da eficiência económica – emergente do funcionamento não distorcido dos mecanismos de mercado –, até aspectos relacionados com a correcção dos comportamentos inerente à garantia de uma tendencial igualdade de oportunidades entre empresas de diferente dimensão (aspecto que não deve ser confundido com as questões de *"concorrência desleal"*, objecto de tratamento distinto daquele que resulta das normas aplicáveis a coligações, práticas concertadas entre empresas, abusos de posição dominante ou operações de concentração entre empresas).[807]

Acresce que a Comissão, na sua qualidade de autoridade responsável pela condução da política comunitária de concorrência,[808] tem ainda considerado que, num conjunto significativo de situações económicas, esta política pode, de acordo com ponderações equilibradas, a estabelecer caso a caso, permitir a manutenção de condições de concorrência activa nos mercados e, simultaneamente, pode contribuir para a prossecução de outras políticas comunitárias[809] (designadamente, entre outras, as que dizem respeito à prossecução da coesão económica e social, expressamente prevista nos termos do artigo 130.º-A a 130.º-E TCE, introduzidos pelo Acto Único Europeu). Numa perspectiva ainda mais ambiciosa, a Comissão também já tem admitido que a política de concorrência pode contribuir, decisivamente, para a reestruturação industrial e, consequentemente, para o reforço da competitividade da indústria europeia.[810]

Embora consideremos excessiva – à luz das orientações mais recentes da política comunitária de concorrência – a afirmação de MESTMÄCKER, segundo a qual a aplicação das normas comunitárias de concorrência se

---

[807] Cfr. para uma caracterização das diferenças e das conexões entre aspectos de lealdade das transacções contemplados no direito comunitário da concorrência e a figura da concorrência desleal, VAN DAMME, *La Politique de la Concurrence dans la CEE*, cit., pp 31 ss..

[808] Cfr., sobre os aspectos institucionais da política de concorrência da CE, salientado as diferenças significativas que se verificam neste domínio relativamente ao sistema norte-americano, MÁRIO MARQUES MENDES, *Antitrust in a World of Interrelated Economies – The Interplay Between Antitrust and Trade Policies in the US and the EEC*, Editions de l'Université de Bruxelles, 1991, pp. 78 ss..

[809] Cfr., para várias afirmações nesse sentido, *"Sexto Relatório sobre a Política de Concorrência"* e *"Nono Relatório sobre a Política de Concorrência"*.

[810] Cfr. *"Décimo Terceiro Relatório sobre a Política de Concorrência"*, esp. ponto 11.

faria ao longo de uma fronteira imprecisa entre a política de concorrência e a política industrial,[811] é inegável que este ordenamento tem sido influenciado por um conjunto diversificado de valores, de algum modo relacionados com essa matéria da competitividade da indústria europeia. Esse conjunto tem incluído aspectos como as possibilidades de reestruturação industrial – e a regeneração das estruturas empresariais –[812] sendo, em princípio, mais diversificado do que os fundamentos que sustentam o direito de concorrência norte-americano, embora se tenham vindo, progressivamente, a desenvolver, no plano comunitário, as bases de uma interpretação menos permeável a esse tipo de valores.[813]

Confirmada esta multiplicidade de fundamentos teleológicos do direito comunitário de concorrência interessa analisar, de forma mais aprofundada, aquele que tem sido um dos seus esteios fundamentais, a realização do mercado comum e dos objectivos de integração económica.

A compreensão dessa função especial que o direito comunitário da concorrência originariamente assumiu é essencial para apreender, em toda a sua latitude, a mutação estrutural a que este ordenamento se encontra sujeito, devido à recente relativização desse tipo de objectivos relacionados com a integração económica, no quadro de um processo progressivo de aproximação a um programa teleológico de base monista. De qualquer modo, como veremos, encontrar-se-á, em princípio, em causa um sistema monista que deverá conservar um considerável grau de complexidade no que respeita aos objectivos fundamentais que lhe subjazam e que, como

---

[811] Cfr. ERNST-JOACHIM MESTMÄCKER, *Merger Control in the Common Market: Between Competition Policy and Industrial Policy*, in *Annual Proceedings of the Fordham Corporate Law Institute – European/American Antitrust and Trade Law – 1988*, Mathew Bendes, 1989, 20-1 ss..

[812] Embora, no que que respeita a este último aspecto, o direito da concorrência norte-americano também tenha sido periodicamente permeável à recuperação das situações de crise empresarial. Cfr., para uma análise comparativa sob esta perspectiva, JOSYANE COURATIER, "Fusions et Acquisitions dans les Industries en Crise – Une Etude Comparée de la Legislation sur la Libre Concurrence aux Etats Unis et dans la CEE", in RMC, 1988, pp 396 ss..

[813] Essa menor permissividade, do direito comunitário da concorrência, a preocupações de reestruturação industrial resulta da progressiva evolução deste ordenamento para uma perspectiva monista progressivamente orientada para critérios de eficiência económica (que teremos ensejo de caracterizar no nosso balanço conclusivo final – *infra*, **Parte IV**, esp. pontos 2.2. e 2.3.).

tal, apresentará, certamente, particularidades em relação ao ordenamento norte-americano de concorrência.[814]

3.3. O MERCADO COMUM E O APROFUNDAMENTO DA INTEGRAÇÃO ECONÓMICA

3.3.1. Aspectos gerais

Como salientaram, justamente, J. SCHAPIRA, G. TALLEC e J-B BLAISE,[815] a integração económica comunitária constitui, em primeiro lugar, uma situação ou um processo jurídicos – em nosso entender a sua qualificação como processo *jurídico-económico*, no sentido complexo que já assinalámos seria ainda mais adequada –, cujas dimensões fundamentais não resultam da dinâmica de forças económicas, mas assentam numa construção jurídica complexa, compreendendo o direito derivado e a fundamental jurisprudência dos tribunais que integram o sistema contencioso comunitário, mediante a qual se pretende desencadear um conjunto de fenómenos económicos encadeados. [816]

---

[814] A ideia de uma aproximação global do ordenamento comunitário da concorrência a modelos monistas, marcados por um peso essencial de objectivos de eficiência económica deve ser considerada com alguns cuidados. Na realidade, para além das diferentes componentes justapostas no conceito global de eficiência (referidas, *infra*, **Parte IV**, esp. 2.2.2.), as quais implicarão sempre delicadas ponderações entre vários escopos sócio-económicos, a dimensão teleológica correspondente à promoção da integração económica não desapareceu em absoluto do referido ordenamento. O especial peso que tal dimensão assumiu num período formativo e de consolidação inicial dos normativos comunitários da concorrência justifica que – na perspectiva histórica que ora desenvolvemos – se analise, de seguida, o alcance de que se revestiu a influência dos objectivos de integração económica.

[815] Cfr. JEAN SCHAPIRA, GEORGEO LE TALLEC, JEAN-BERNARD BLAISE, *Droit Européen des Affaires,* Presses Universitaires de France, Paris, 1996, esp. pp 38 ss..

[816] Temos presente aqui como dimensões fundamentais desse processo *jurídico--económico* de integração a criação do *mercado comum* – não expressamente definido no TR, diversamente do novo conceito de mercado interno, introduzido com o AUE – e o consequente reforço do comércio e transacções entre os Estados-Membros.

Parte II – Capítulo 1 479

Não se justificando uma análise *ex professo* dos processos de integração económica – e do processo comunitário em particular –,[817] importa precisar alguns dos seus aspectos fundamentais e equacionar, ainda que de modo muito sucinto, os principais efeitos económicos desses processos e potenciais repercussões positivas dos mesmos sobre as estruturas empresariais, de modo a poder apreender o contributo do direito comunitário da concorrência para o desenvolvimento equilibrado do referido processo de integração económica e para garantir ou reforçar a produção dos efeitos mais virtuosos do mesmo.

A integração económica prevista no TR visou a eliminação de todos os obstáculos à circulação de mercadorias – mediante a instituição imediata de uma *união aduaneira* entre os Estados Membros, ressalvando, bem entendido, um conjunto de períodos de transição – e à circulação de serviços e factores de produção em geral (incluindo, designadamente a circulação de capitais). Consequentemente, projectou-se a criação de uma situação na qual as economias dos Estados Membros apresentassem ligações progressivamente mais profundas mediante a aglutinação dos vários mercados nacionais num *"mercado único"* da Comunidade. Importa, de resto, assinalar que a ideia de unidade de mercado como desiderato primacial da integração económica comunitária, não surge apenas nessa formulação literal com o AUE.

Na realidade, já em 1982 o TJCE, no seu Acórdão *"Schul"*,[818] sustentava que no estabelecimento do mercado comum se pressuponha a *"eliminação de todos os obstáculos ao comércio intra-comunitário por forma a fundir os mercados nacionais num mercado único, criando condições tão próximas quanto possível das de um verdadeiro mercado interno"*.[819] Por seu turno, VERLOREN VAN THEMAAT preconizou, mais recentemente,[820] que a noção de *"mercado interno"* se encontrava já implícita no conceito originário de mercado comum previsto no artigo 2.º TCE.

---

[817] Cfr., no entanto, sobre os processos de integração económica, BELLA BALLASSA, *The Theory of Economic Integration*, George Allen & Unwin, 1962; P ROBSON, *The Economics of International Integration*, Allen & Unwin, London, 1987; J. PELKAMNS, *Market Integration in the European Community*, Nijhof, 1984. Sobre esta matéria cfr., na doutrina nacional, a obra fundamental de MANUEL CARLOS LOPES PORTO, *Teoria de Integração e Políticas Comunitárias*, Almedina, Coimbra, 2001, esp. pp. 209 ss..

[818] Cfr. Acórdão *"Schul"* do TJCE, proc 15/81, Rec. 1409 (1982).

[819] Tradução nossa de passagem do Acórdão *"Schul"*, cit.

[820] Cfr., nesse sentido, VERLOREN VAN THEMAAT, "Some Preliminary Observations on the Intergovernmental Conferences. The relations between the Concepts of a Common

480   *Empresas comuns* – Joint Ventures

Como referiu, justamente, DENNIS SWANN,[821] o estádio de integração económica pretendido, contemplando a interligação das economias dos Estados e a *"fusão"* dos mercados nacionais, poderia, em tese geral, ser alcançado – pelo menos no que concerne à circulação de mercadorias – através de mecanismos de planificação que ditassem a especialização de determinado Estado na produção de certos bens e a comercialização recíproca dos excedentes a preços estabelecidos. A consideração, em abstracto, deste alternativo modelo económico extremo é importante, pois permite-nos apreender o significado particular do processo delineado para a integração das economias nacionais.

Tal integração assentou, como resultado de uma opção ligada aos modelos de constituição económica (em sentido lato)[822] predominantes nos Estados Membros da Comunidade, num processo de abertura dos mercados nacionais – inicialmente dominado pela eliminação de obstáculos directos, [823] de natureza pública ao comércio intracomunitário, no quadro do que TINBERGEN denominou de *"integração negativa"* [824] – o qual se revestiu de um carácter concorrencial. Na verdade, nesse processo avultou a ligação funcional, a que já aludimos, entre o objectivo de criação do mercado comum e a garantia de que a concorrência não seja falseada, nos termos do artigo 3.º, al. f) do texto originário do Tratado de Roma (disposição que corresponde ao artigo 3.º, al. g) CE).[825]

Market, a Monetary Union, an Economic Union a Political Union and Sovereignty", in CMLR, 1991, pp 294 ss..

[821] Cfr. DENNIS SWANN, *The Economics of the Common Market*, Penguin 1992, pp. 95 ss..

[822] Cfr. sobre o sentido mais lato de *"constituição económica"* (incluindo os casos em que não exista constituição em sentido formal), SOUSA FRANCO, GUILHERME D'OLIVEIRA MARTINS, *A Constituição Económica Portuguesa Ensaio Interpretativo*, Almedina, Coimbra, 1993.

[823] Cfr., sobre a possibilidade de distinção de obstáculos directos e indirectos à circulação de factores de produção, DAVID ALLEN, *European Union, the Single European Act and the 1992 Programme*, in *The Single European Market and Beyond*, Edited by DENNIS SWANN, Routledge, 1992, pp. 26 ss..

[824] Cfr. a obra clássica de TINBERGEN, *International Economic Integration*, Amsterdam, 1965, pp. 76 ss..

[825] Como se referiu na abertura do presente capítulo, dedicado à análise das bases fundacionais do direito comunitário da concorrência, tomamos fundamentalmente em consideração, dada a perspectiva histórica subjacente ao mesmo, as disposições originárias do TR, especificando – a propósito de algumas situações ou aspectos mais importantes – alterações de tais disposições *ex vi* dos Tratados subsequentes.

3.3.2. Estádios de integração económica comunitária e ordenamento da concorrência

A primeira fase do processo jurídico-económico de integração comunitária foi constituída pela instituição da união aduaneira da CEE,[826] mediante a eliminação de direitos aduaneiros, programada ao longo de um período de transição (artigos 12.º e seguintes TCE), o estabelecimento de uma pauta aduaneira comum (*ex vi* dos artigos 18.º a 29.º TCE) e a eliminação de restrições quantitativas a importações ou exportações entre Estados Membros (*ex vi* dos artigos 30.º e seguintes TCE). Este processo de liberalização de circulação de mercadorias entre Estados Membros assentou ainda na previsão e desenvolvimento das figuras jurídicas fundamentais dos *"encargos de efeito equivalente a direitos aduaneiros'* e das *"medidas de efeito equivalente a restrições quantitativas"* (previstas, respectivamente, nos artigos 12.º e 30.º TCE), os quais, não sendo objecto de qualquer definição material no próprio Tratado suscitaram um processo de construção jurídica fundamental do TJCE (o *"acquis"* jurisprudencial existente e continuamente acrescido relativamente a estas figuras, e que neste estudo não iremos logicamente analisar, excepto de forma incidental, constitui o principal fundamento material da liberalização total da circulação intracomunitária de mercadorias e a sua garantia permanente).[827]

A análise económica tradicional das uniões aduaneiras – na sequência dos estudos fundamentais de J. Viner e James Meade[828] põe em relevo os *"efeitos estáticos"* das mesmas, relativos à *"criação de comércio"* entre os Estados, com as vantagens inerentes no que concerne à utilização de recursos, e os *"desvios de comércio"*, que afectam potencialmente a eficiência na utilização de recursos (originando perturbações de fluxos comerciais procedentes de Estados produtores de certos bens a mais baixo custo). Tal análise conduz, aliás, à aplicação dos princípios decorrentes da

---

[826] Cfr., sobre o processo de instituição da união aduaneira, o qual, bem entendido, não pode ser objecto de análise ex professo no presente trabalho, Dennis Swann, *The Economics of the Common Market*, cit., pp. 95 ss..

[827] Cfr., para uma análise dos principais marcos jurisprudenciais relativos aos encargos de efeito equivalente e às medidas de efeito equivalente, Van Raepenbusch, "Les Taxes d'Effet Equivalent à des Droits de Douane", in RMC, 1983, pp. 492 ss.; L Gormely, *Prohibiting Restrictions on Trade Within the EEC*, Amsterdam, New York, Oxford, 1985.

[828] Cfr. J. Viner, *The Customs Union Issue*, London, 1950; James Meade, *The Theory of Customs Union*, Amsterdam, 1955.

teoria do *"segundo óptimo"* (*"second best"*), visto que a união aduaneira se caracteriza pela manutenção da imposição de direitos aduaneiros, relativamente a mercadorias procedentes de Estados terceiros, não se verificando, consequentemente, as condições necessárias à realização do bem-estar máximo (as condições de optimização de PARETO não são realizáveis devido à subsistência de uma pauta aduaneira da união).[829] Face à impossibilidade de realização de todas as condições óptimas, a alteração limitada à verificação de algumas condições de PARETO pode produzir consequências positivas ou negativas sobre o nível de bem-estar, num balanço que se estabelecerá em função dos factores económicos presentes em cada processo de integração económica.[830]

Por outro lado, é também acentuado, nessa análise económica, que a criação de uniões aduaneiras proporcionará maiores vantagens, caso se verifiquem complementaridades potenciais entre os Estados Membros (produções similares de vários Estados, mas com níveis e eficiência significativamente diversos).[831]

No que respeita à criação da união aduaneira da CEE, os estudos empíricos realizados relativamente aos efeitos estáticos inerentes à mesma – recenseados por MICHAEL DAVENPORT – [832] demonstram que os efeitos de criação do comércio foram sensivelmente superiores aos desvios de comércio verificados, embora os ganhos reais de eficiência económica – apreciados num quadro global em que não se leve em conta unicamente as alterações de fluxos de comércio – tenham sido relativamente limitados.

As maiores vantagens desta união aduaneira comunitária terão, certamente, resultado da criação de efeitos dinâmicos com a produção de elementos de alastramento do processo de integração económica,[833] os quais,

---

[829] Cfr, em geral, sobre as condições de *"optimização"* de PARETO, COSTA SANTOS, *Bem-Estar Social e Decisão Financeira*, Almedina, Coimbra, 1993, esp. pp. 41 ss..

[830] Cfr., sobre esta matéria, DENNIS SWANN, *The Economics of the Common Market*, cit, pp. 98 ss..

[831] Tomando posição expressa nesse sentido, cfr. DENNIS SWANN, *The Economics of the Common Market*, cit., esp. pp. 118 ss..

[832] Cfr. MICHAEL DAVENPORT, *The Economic Impact of the EEC*, in A. BOLTHO (Editor), *The European Economy, Growth and Crisis*, Oxford University Press, 1982. Ainda sobre as possibilidades de medição dos efeitos da integração comunitária, cfr. MANUEL CARLOS LOPES PORTO, *Teoria de Integração e Políticas Comunitárias*, cit., esp. pp. 244 ss..

[833] Cfr., sobre os efeitos denominados de *"spill over effect"* da integração económica a partir do estádio da união aduaneira e sobre a importância desta análise dinâmica,

de resto, haviam sido juridicamente antecipados com a previsão da realização encadeada e sucessiva da união aduaneira e do mercado comum. Esses efeitos decorrem também das possibilidades de utilização mais intensiva de economias de escala, resultantes do acesso potencial dos bens a mercados que ultrapassam as fronteiras nacionais. Note-se que referimos aqui, tão só, um acesso potencial dos bens a um mercado mais alargado, pois, como verificaremos em especial na nossa análise dos problemas de definição de mercados relevantes dos produtos suscitados pela aplicação de normas jurídicas de concorrência em matéria de empresas comuns, a eliminação de obstáculos directos ou indirectos ao comércio intracomunitário não conduz, imediatamente, ao funcionamento de certos mercados numa dimensão comunitária alargada.

Além disso, uma percepção dos efeitos dinâmicos da união aduaneira não ficará completa sem a referência ao conjunto de efeitos fundamentais resultantes do aumento geral da concorrência. As condições de acesso potencial, nos termos que já caracterizámos, da generalidade das empresas da união aduaneira ao mercado de cada Estado Membro geram, inelutavelmente, uma concorrência acrescida entre as mesmas, criando uma pressão tendencial no sentido da obtenção de ganhos de eficiência. Esse reforço da concorrência contribui, pois, decisivamente, para a redução do que LEIBENSTEIN designou por *"Ineficiência X"*[834] (*"X-Inefficiency"* – a margem potencial de ineficiência técnica, fundamentalmente resultante de erros de gestão, que obsta à maximização da produção, a partir de um determinado volume de recursos. Assim, a pressão suplementar da concorrência acrescida resultante da liberalização da circulação de mercadorias irá actuar, positivamente, sobre os factores de inércia que determinam a manutenção daquela ineficiência, o que permite compreender a uma nova luz a *dupla importância do princípio da concorrência na CE*, como *elemento que impede a recriação de obstáculos ao comércio entre os Estados* – através de restrições que permitam, de algum modo, fechar os mercados nacionais – e como *factor que permite o pleno desenvolvimento daquelas pressões económicas positivas desencadeadas pela abertura dos mercados.*

P ROBSON, *The Economics of International Integration*, cit.. Cfr., ainda, sobre a mesma matéria, MANUEL CARLOS LOPES PORTO, *Teoria de Integração e Políticas Comunitárias*, cit., esp. pp. 216 ss.. e PAULO DE PITTA E CUNHA, "A Integração Económica na Europa Ocidental", in Ciência e Técnica Fiscal, 1963-65, n.os 56-7.

[834] Cfr. H. LEIBENSTEIN, "Allocative Efficiency versus X-Efficiency", in Am Econ Rev., 1966, pp. 392 ss..

A realização do mercado comum prevista no artigo 2.º do TCE obrigava, bem entendido, a aspectos suplementares de integração económica que ultrapassavam, largamente, o quadro de criação da união aduaneira e o conjunto de efeitos económicos inerentes à mesma, levando à previsão de integral liberalização de factores de produção nos termos dos artigos 48.º a 51.º TCE (liberdade de circulação de trabalhadores subordinados), 52.º a 58.º TCE (liberdade de estabelecimento), 59.º a 66.º (liberdade de prestação de serviços) e 67.º a 73.º TCE (liberdade de circulação de capitais). A dinâmica do processo terá conduzido, de resto, a estádios mais avançados de integração.[835]

Não cabendo, logicamente, na economia do presente estudo a análise desenvolvida do processo comunitário de realização do mercado comum e dos problemas que levaram a consideráveis diferimentos do mesmo,[836] importa, em contrapartida, equacionar as evoluções fundamentais nesta matéria – destacando as mais recentes – e os aspectos económicos ligados à criação de um mercado unificado, que se revestem de maior importância para uma compreensão crítica, geral, do papel da política de concorrência e das orientações dominantes da mesma.

Diversamente do que se verificou em relação à instituição da união aduaneira – domínio em que se mostrou mesmo possível uma ligeira antecipação do termo da última fase do período de transição – o programa de liberalização da circulação de factores de produção conheceu atrasos significativos, apenas decisivamente ultrapassados com a aprovação do AUE. Este veio originar alguma dualidade conceptual na construção jurídico-económica da integração comunitária, mediante a previsão do novo conceito de *"mercado interno"*. Sem abordar os termos da controvérsia doutrinal que esta dualidade formal de conceitos – mercado comum-mercado interno – suscitou,[837] o que nos afastaria, excessivamente, do núcleo

---

[835] Sobre o efeito de encadeamento de vários estádios de integração a partir da realização do mercado comum, cfr., por todos, DANIEL GROS, NIELS THYGESEN, *European Monetary Integration – From the European Monetary System to the European Monetary Union*, cit.

[836] Cfr., para uma análise geral dos problemas relativos à criação do mercado comum, ALFONSO MATTERA, *Le Marché Unique Européen*, cit., pp. 12 ss.; DENNIS SWANN, *The Single Market and Beyond – An Overview*, in *The Single market and Beyond*, cit., pp. 3 ss..

[837] Cfr., entre nós, sobre os termos dessa controvérsia doutrinal e as diferentes posições preconizadas nessa matéria, JOSÉ MARIA CALHEIROS, "Sobre o Conceito de Mercado Interno na Perspectiva do Acto Único Europeu", in Doc Dir Comp, 1989, pp. 371 ss.;

Parte II – Capítulo 1 485

de questões que pretendemos analisar, importa referir a nossa adesão à posição preconizada por Shapira, Le Tallec, J-B Blaise,[838] segundo a qual a reformulação do objectivo inicial de integração comunitária de realização do mercado comum, através do conceito de *"mercado interno"*, se deveu, fundamentalmente, ao importante atraso registado no cumprimento do programa de liberalização da circulação dos factores de produção.

De acordo com estes autores, os Estado Membros terão decidido introduzir *"um novo período de transição na aplicação do TR"*, resultando as novas obrigações, autonomizadas no AUE, do reconhecimento implícito das *"insuficiências da acção comunitárias nos trinta anos anteriores."*[839]

Verificou-se, pois, com o AUE uma lógica de continuidade orientada para a realização plena dos objectivos imediatos do TR (no sentido que já assinalámos), designadamente o da unidade do mercado comunitário, não comparável com os escopos subjacentes ao Tratado de União Europeia, [840] os quais correspondem à fixação de novos objectivos imediatos de integração – *maxime* o do *"estabelecimento de uma União Económica e Monetária"* – *ex vi* do artigo B, incluído no Título I (*"Disposições Comuns"*) do referido Tratado (artigo 2.º na numeração resultante dos Tratados de Amsterdão e de Nice), disposição que é objecto de concretização através das alterações introduzidas no artigo 2.º do Tratado CE. Esses novos escopos correspondem, ainda, como já observámos, à redefinição,

---

Sousa Franco, "Mercado Interno – Opinião", in Legislação e Jurisprudência – Revista do INA, Set, 1992, pp. 213 ss.. Cfr., ainda, sobre a mesma matéria, F. Dehousse, P. Demaret, "Marché Unique – Significations Multiples", in J Trib., 1992, pp. 137 ss.; F. Shockweiler, Les Conséquences de l'Expiration du Délai imparti pour l'Établissement du Marché Intérieur », in RMC., 1991, pp. 882 ss..

[838] Cfr. As. cit., *Droit Européen des Affaires*, cit., esp. pp. 48 ss..

[839] Cfr. Shapira, Le Tallec, Blaise, *Droit Européen des Affaires*, cit., esp. pp. 48 ss.. Sobre a dinâmica de integração associada ao AUE, cfr., ainda, Rui Moura Ramos, *Das Comunidades à União Europeia – Estudos de Direito Comunitário*, Coimbra Editora, 1999, esp. o estudo *O Acto Único Europeu*, pp. 143 ss..

[840] Cfr., para um enquadramento geral do TUE no plano sistemático e relativamente aos seus objectivos fundamentais, Paulo de Pitta e Cunha, *Reflexões sobre a União Europeia*, in *Integração Euroopeia – Estudos de Economia, Política e Direito Comunitários*, INCM, 1993, pp. 397 ss.; Verloren van Themaat, "Les Defis de Maastricht – Une Nouvelle Étape Importante, Mais Vers Quels Horizons?", in RMC, 1992, pp. 203 ss.; Neil Nugent, "The Deepening and Widening of the Euroepan Community: Recent Evolution, Maastricht and Beyond", in JCMS., 1992, pp. 311 ss.; Ulrich Everling, "Reflections on the Structure of the European Union", in CMLR., 1992, pp. 1053 ss..

em termos mais ambiciosos, dos objectivos mediatos da integração,[841] que se situam já na confluência da integração económica e da integração política, abrindo caminho a novas interpretações teleológicas de certos domínios do ordenamento comunitário e a um novo processo constitucional que se encontra ainda em aberto.[842]

A entrada em vigor do Tratado de União Europeia encetou, na verdade, outras etapas de integração económica configuradas como novos objectivos imediatos da União Europeia ora instituída e cuja definição jurídica assenta, por um lado, na *"Comunidade Europeia"* – a nova qualificação atribuída à CEE, e por outro lado – de forma menos coerente para a compreensão global dessa União Europeia – [843] na *"Política Externa e de Segurança Comum"*, regulada no Título V do Tratado de União, e na *"Cooperação no Domínio da Justiça e dos Assuntos Internos"*, regulada no Título VI do Tratado de União (correspondente à *"Cooperação policial e Judiciária em Matéria Penal"*, de acordo com as alterações introduzidas pelo Tratado de Amsterdão).

O nosso estudo do direito da concorrência – *maxime,* na perspectiva histórica que ora desenvolvemos – relaciona-se fundamentalmente com o objectivo imediato da unidade de mercado e os nexos funcionais existentes entre esse objectivo e a política de concorrência, pelo que só acessoriamente se fará, ao longo da presente dissertação, referência ao objectivo de realização da União Económica e Monetária, embora tomando em consideração as novas disposições do Tratado relativo à Comunidade Europeia que possam ter repercussão na interpretação teleológica de normas de concorrência.[844]

---

[841] Sobre essa redefinição dos objectivos mediatos de integração, cfr. VERLOREN VAN THEMAAT, "Some Preliminary Observations on the Intergovernmental Conferences. The relations between the Concepts of a Common Market, a Monetary Union, an Economic Union a Political Union and Sovereignty", cit., pp. 291 ss.

[842] Cfr., sobre este ponto, ROBERT LANE, "New Community Competences Under the Maastricht Treaty", in CMLR, 1993, pp. 939 ss..

[843] Sobre esta matéria, cfr. ULRICH EVERLING, "Reflections on the Structure of the European Union", cit., pp. 1053 ss..

[844] Os mais recentes Relatórios sobre a política da concorrência da Comissão vêm, é certo, destacando as relações entre a realização da união económica e monetária e os efeitos económicos decorrentes da mesma e a política de concorrência. Sem prejuízo de alguns nexos relevantes, não existe, neste plano, uma ligação funcional comparável à que se estabeleceu entre os objectivos de unificação do mercado comunitário – no quadro do mercado comum – e a política de concorrência.

Parte II – Capítulo 1 487

3.3.3. O papel do direito da concorrência no aprofundamento da integração comunitária e dos seus benefícios económicos

3.3.3.1. *Nexos entre o direito da concorrência e a integração económica comunitária*

Além dos aspectos já aflorados relativamente à ligação fundamental existente entre o *"objectivo imediato"* da integração económica comunitária referente à concretização da unidade de mercado – na formulação originária correspondente à realização do mercado comum, ou na formulação introduzida pelo AUE relativa ao *"mercado interno"* –, os outros *"objectivos mediatos"* da integração e a defesa da concorrência na CEE (ou *"Comunidade Europeia"*, de acordo com o Tratado de União Europeia),[845] interessa caracterizar, sumariamente, alguns desenvolvimentos do direito comunitário da concorrência especialmente induzidos pelo desiderato de garantir a unificação do mercado, sem prejuízo da análise global mais desenvolvida, que de seguida efectuamos, sobre os objectivos do direito comunitário da concorrência e a especificidade dos mesmos relativamente ao direito norte-americano.

Procuramos, ainda, pôr em relevo o contributo da política de concorrência para a realização plena dos benefícios económicos potencialmente emergentes da unificação do mercado comunitário, tendo como referência principal o processo desencadeado pelo AUE o qual não se encontra ainda plenamente concretizado no plano jurídico-económico, no momento em que a instituição da União Europeia – com todas as ambiguidades políticas e jurídico-formais de que se reveste – vem inaugurar novas metas de integração, configuráveis como *"objectivos imediatos"*, no preciso sentido técnico-jurídico que temos vindo a dar a essa expressão (apesar das deficiências técnicas manifestas de que, em nosso entender, enfermam as alterações introduzidas pelo Tratado de União nos artigos 2.º e 3.º do Tratado de Roma – actuais artigos 2.º e 3.º CE).[846]

---

[845] Essa relação fundamental entre os objectivos imediatos do Artigo 2.º (*maxime*, o mercado comum) e o artigo 3.º, al f) (na formulação originária do TR) não deverá considerar-se afectada pelo TUE, que vem definir novos objectivos imediatos de integração económica.

[846] Deficiências técnico-jurídicas das alterações introduzidas pelo TUE nos Arts. 2.º e 3.º do TR, com grave prejuízo para o equilíbrio dos textos originários. Assim,

488 *Empresas comuns* – Joint Ventures

O direito comunitário da concorrência deve assegurar que as possibilidades de livre acesso aos mercados resultantes da liberalização total de circulação de mercadorias e da liberalização integral da circulação total de factores de produção – assentes no extenso programa de harmonização configurado desde o Relatório COCKFIELD[847] que influenciou, de modo decisivo, o AUE – sejam plenamente utilizáveis, permitindo que o exercício efectivo de actividades empresariais intracomunitárias, conduza, gradualmente, à harmonização das condições de concorrência. Essa harmonização deve incidir, designadamente, nos preços praticados nos mercados comunitários, que tenderão, como já assinalou o TJCE – Acórdão *"Musique Diffusion Française v. Commission"*[848] a fixar-se ao mais baixo nível, com benefício evidente dos consumidores comunitários, e criando uma pressão suplementar sobre as empresas no sentido de obtenção de novos ganhos de eficiência económica.

Tomamos em consideração, bem entendido, os casos em que essa harmonização de condições de concorrência seja teoricamente concebível, pois certos mercados são, por natureza, de âmbito local, como adiante se analisará de forma mais desenvolvida, a propósito dos problemas de definição do mercado relevante que são suscitados em sede de aplicação de normas de concorrência no domínio das empresas comuns.

Em última análise, é dessa utilização efectiva da liberdade de acesso aos mercados e da intensidade da mesma que resultará qualquer grau de aproximação das condições de concorrência nas várias áreas geográficas da Comunidade Europeia, bem como a real interpenetração dos referidos

---

face à nova redacção introduzida pelo TUE, a realização do mercado comum mantem-se como objectivo imediato da integração comunitária, previsto no artigo 2.º, a par com os novos *objectivos imediatos* (na expressão, adaptável para o efeito, de VAN DAMME) de criação de *"uma união económica e monetária"* e de *"aplicação das políticas ou acções comuns previstas nos artigos 3.º e 3.º-A"* (este último, correspondente ao artigo 4.º do Tratado CE, após as alterações introduzidas pelo Tratado de Amsterdão), sendo, num plano supostamente diverso, previsto como instrumento de realização desses objectivos a criação de um *"mercado interno"* (artigo 3.º, al c)). Sobre alguns problemas de coerência jurídica subjacentes às importantes alterações introduzidas nos artigos 2.º e 3.º do TR e com o novo artigo 3.º-A (actual artigo 4.º CE), cfr., *vg.*, ROBERT LANE, "New Community Competences Under the Maastricht Treaty", in CMLR, 1993, pp.939 ss., esp. pp. 944 ss.

[847] Para uma referência e comentário ao programa de harmonização do Relatório Cockfield, cfr. DENNIS SWANN, *The Single Market and Beyond*, cit., esp. pp. 17 ss..

[848] Cfr. Acórdão *"Musique Diffusion Française v. Commission"*, proc. 100/80, Rec. 1825 (1983).

Parte II – Capítulo 1 489

mercados (essa progressiva homogeneidade das condições de concorrência não será, designadamente, assegurada através da mera existência formal da liberdade de acesso, resultante da eliminação de obstáculos directos às transacções intracomunitárias e da criação de condições regulamentares que permitam a realização das referidas operações). As normas comunitárias de concorrência devem garantir que o acesso aos mercados não seja vedado ou limitado através de certas categorias de operações empresariais privadas.

Estes princípios conduziram a Instituição com as principais responsabilidades na condução da política comunitária de concorrência (a Comissão[849]) a uma tutela especialmente reforçada de certas operações como as *"importações paralelas"*[850] (comercialização de bens entre vários Estados mediante a actuação de intermediários que não integram normalmente os canais 'autorizados' de distribuição). Na realidade, estas operações constituem situações paradigmáticas de utilização da liberdade de acesso aos mercados para a obtenção de vantagens económicas, em virtude do aproveitamento do grau de diversidade subsistente nas condições de concorrência – *maxime* no que concerne aos preços praticados nos mercados –, que contribuem para a aproximação das referidas condições de concorrência.

Nos casos mais recorrentes, os importadores paralelos adquirem bens nos mercados nacionais onde os mesmos são comercializados a preços relativamente baixos, para proceder à sua venda noutros mercados nacionais onde o preço dos referidos bens seja relativamente superior. Em numerosas situações, a Comissão procedeu a uma aplicação especialmente rigorosa de normas comunitárias de concorrência para sancionar operações ou práticas alegadamente restritivas da concorrência, que afectassem, de modo particular, a realização desse tipo de *"importações paralelas"*.

Em termos gerais, esta preocupação fundamental com as práticas e acordos empresariais que produzem, tendencialmente, restrições territoriais no acesso a certos mercados – excluindo ou limitando esse acesso em relação a algumas operações intracomunitárias – conduziu, de modo gradual, ao desenvolvimento de uma política comunitária de concorrência especialmente orientada para o controlo de certas categorias de acordos ou

---

[849] Sobre os aspectos institucionais da política de concorrência da CE cfr. D. G. GOYDER, *EC Competition Law*, cit., esp. pp. 33 ss..

[850] Sobre o conceito de *"importação paralela"*, cfr. IVO VAN BAEL, JEAN-FRANÇOIS BELLIS, *Competition Law of the European Community*, CCH Europe, 1996, esp. pp. 114 ss..

490 *Empresas comuns* – Joint Ventures

modalidades de restrição da concorrência de carácter vertical –[851] restrições impostas por produtores ou distribuidores grossistas de certos bens sobre a actividade dos entes que intervêm na cadeia de comercialização desses bens –, os quais propiciam, em regra, efeitos, com incidência territorial, de limitação do acesso a determinados mercados (efeitos a que o direito comunitário da concorrência será especialmente avesso).

Na realidade, os objectivos típicos dos acordos e práticas restritivas da concorrência de carácter vertical (*"vertical restraints"*), a saber, a criação de entraves à entrada de concorrentes em determinados mercados,[852] a limitação da concorrência no domínio da comercialização a retalho de certos bens e a segmentação dos mercados – correspondendo na sua forma mais típica à segmentação de mercados nacionais[853] colidem, de forma particular, com o desiderato fundamental da política comunitária de concorrência de contribuir, no plano material, para a unificação do mercado comunitário.[854] Tal justifica a relevância que esta modalidade de restrições à concorrência assumiu na interpretação e aplicação das normas comunitárias de concorrência por parte da Comissão Europeia.

A importância que este vector assumiu, historicamente, na política comunitária de concorrência – ligado, de modo especial, à sua função específica de garantia da realização e aprofundamento da integração económica – contrasta, de forma sintomática, com a evolução mais recente do direito da concorrência norte-americano – o qual, como adiante assinalaremos, não é teleologicamente orientado em função de objectivos especiais de integração económica.[855]

---

[851] Cfr., para uma definição genérica dos acordos e práticas restritivas da concorrência de carácter vertical, já referidos na **Introdução**, J. A. KAY, "Vertical Restraints in European Competition Policy", in EE Rev., 1990, pp. 551 ss.: *"A vertical restraint is a restraint imposed by manufacturers or wholesalers on those to whom they sell their products"*.

[852] Mercados que é necessário delimitar. Esse problema relativo à delimitação de mercados geográficos relevantes será sumariamente analisado, *infra*, capítulo segundo – esp. ponto 4.3. – desta **Parte II**.

[853] Subscrevemos nesta referência geral aos objectivos dos acordos e práticas restritivas da concorrência as conclusões essenciais da análise desenvolvida por J. A. KAY, "Vertical Restraints in European Competition Policy", cit., pp. 552 ss..

[854] Cfr., para uma caracterização do conceito de *"unidade do mercado"*, A. MATTERA, *Le Marché Unique Européen*, cit., pp. 12 ss..

[855] De qualquer modo, como adiante também se referirá, essa ênfase na limitação de quaisquer restrições verticais que, formalmente, criassem barreiras aparentes ao comér-

Parte II – Capítulo 1   491

Assim, nos EUA os órgãos da administração federal encarregados da aplicação das normas de concorrência e os tribunais tendem a considerar que as restrições de carácter vertical não produzem, em princípio, efeitos restritivos da concorrência, justificativos de uma proibição, salvo quando se encontrem associadas a circunstâncias especiais, *maxime* a detenção de um considerável poder de mercado, por parte dos entes que imponham as referidas restrições, ou a potencialidade de eliminação da concorrência no sector da comercialização a retalho de certos bens.[856]

Embora essa orientação do direito norte-americano possa ser contestável no que respeita a alguns dos seus fundamentos económicos – sobretudo em relação a algumas das posições mais extremadas que chega a assumir –,[857] este contraste entre as orientações prevalecentes, em certos períodos, no direito comunitário da concorrência e no direito norte-americano acentua o papel específico do primeiro no processo de aprofundamento da integração económica. Sintomaticamente, como veremos, a recente diminuição do peso dos objectivos de integração económica na conformação deste ordenamento comunitário tem conduzido a uma maior aproximação do mesmo com o direito norte-americano neste domínio referente ao enquadramento das restrições à concorrência de carácter vertical.[858]

Deve referir-se que o tratamento particularmente rigoroso das restrições à concorrência de carácter vertical no domínio do direito de con-

---

cio entre os Estados, subvalorizando possíveis elementos de eficiência subjacentes às mesmas e conducentes a curto prazo ao reforço da concorrência – da qual foi paradigmática, *vg.*, a decisão da Comissão *"Consten and Grundig"* [JOCE 161/2545 (1964)] – tem vindo a ser globalmente corrigida no quadro das importantes reformas introduzidas nos processos de aplicação de normas comunitárias de concorrência neste domínio (o que atenuou a divergência neste ponto com o ordenamento norte-americano).

[856] Cfr., nesse sentido, J. A. KAY, "Vertical Restraints in European Competition Policy", cit., pp. 555 ss..

[857] Não vamos analisar de forma desenvolvida este problema, o que nos levaria demasiado longe. Importa ilustrar, contudo, o carácter extremo de algumas posições assumidas por autores norte-americanos. Assim, WILLIAM BAXTER (pronunciando-se na qualidade de membro da *"Antitrust Division"*) sustentava que "(...) *there is no such thing as vertical 'problem'...The only possible adverse competitive consequences of vertical arrangements are in their horizontal effects"*, cit. por M. HOWARD, *Antitrust and Trade Regulation: Selected Issues and Case Studies*, Prentice Hall – Engle Wood, Cliffs NJ, 1983.

[858] Essa relativa convergência que já referimos na **Introdução**, será no termo do nosso estudo – orientado para a matéria das empresas comuns – criticamente equacionada e situada num contexto mais lato (*infra*, **Parte IV**, esp. 2.2. e 2.3.).

492   *Empresas comuns* – Joint Ventures

corrência da CE foi, desde muito cedo, objecto de algumas críticas na doutrina comunitária, como as formuladas por VALENTINE KORAH,[859] segundo as quais as operações de *"importação paralela"* especialmente salvaguardadas na interpretação das normas comunitárias que prevaleceu até à adopção do Regulamento CE n.º 2790/1999,[860] caracterizada por uma valoração especialmente negativa das restrições de carácter vertical limitativas desse tipo de importações – nem sempre favoreceriam, enquanto tais, a integração dos mercados nacionais num mercado único da CE.

Em nosso entender, o pendor limitativo da política comunitária de concorrência relativamente às restrições de carácter vertical – *maxime* as que se encontravam mais directamente associadas à prevenção de *"importações paralelas"* – justificou-se, em certos estádios de realização do processo de integração, devido ao objectivo específico do direito comunitário da concorrência de promover a unificação do mercado comunitário, mas – mesmo nesse contexto jurídico-económico, entretanto alterado – tal não poderia legitimar uma abordagem excessivamente formal dessa categoria de restrições à concorrência, conducente à sua condenação sistemática, independentemente da análise jurídico-económica de cada situação de mercado.

Assim, é possível configurar situações em que as restrições verticais orientadas para a limitação de importações paralelas produzem efeitos económicos positivos – mesmo quando ainda se acolha uma lógica prevalecente de integração económica, como condicionante da concretização jurídica das normas de concorrência – contribuindo, *v.g.*, para o estabelecimento de circuitos estáveis e qualificados de comercialização de produtos que podem revelar-se decisivos para a penetração dos mesmos em certos mercados nacionais.[861]

Deste modo, embora não subscrevamos, integralmente, as críticas supramencionadas de VALENTINE KORAH – sobretudo nos aspectos em que

---

[859] Cfr. KORAH, HORSPOOL, "Competition", cit., esp. pp. 337 ss. Estas As. criticam a posição muito restritiva assumida num passado ainda recente pela Comissão em relação às restrições verticais.

[860] Sobre a mutação que representa esse novo Regulamento, cfr., por todos, RICHARD WISH, "Regulation 2790/99: The Commission's 'New Style' Block Exemption for Vertical Agreements", cit., pp. 887 ss..

[861] Esse tipo de possíveis factores positivos inerentes a certas restrições verticais passou, naturalmente, a ter maior acolhimento no enquadramento comunitário desta matéria posterior às reformas de 1999.

Parte II – Capítulo 1

as mesmas, *aparentemente*, se possam aproximar de algumas posições mais extremadas da Escola de Chicago –,[862] estas revestem-se de algum fundamento no que diz respeito à análise dos efeitos variáveis de certas categorias de restrições à concorrência, de carácter vertical, na perspectiva do aprofundamento da integração económica (diversidade de efeitos que frequentemente não foi apreendida, por parte da Comissão Europeia, nas suas consequências múltiplas, e no alcance contraditório de que se podem revestir, mesmo no plano específico acima referido).

Como é natural, essa orientação muito limitativa da generalidade das restrições à concorrência de tipo vertical – que já se afigurava excessiva e criticável num contexto jurídico-económico caracterizado pela prevalência de exigências funcionais de realização da integração económica –, passou a ser dificilmente justificável num quadro em que essas exigências se atenuaram de modo significativo. Tal explica, pois, a verdadeira inflexão estrutural que o ordenamento comunitário da concorrência conheceu neste domínio[863] e que, ressalvadas algumas naturais limitações deste tipo de paralelismos, traduziu uma importante aproximação entre o enquadramento jusconcorrencial das restrições de tipo vertical neste ordenamento e no direito norte-americano da concorrência.[864]

---

[862] Não é claro que as posições de V. KORAH neste ponto se aproximem fundamentalmente de alguns pressupostos da Escola de Chicago. Não podemos excluir, contudo, uma possível aproximação ao pressuposto assumido pela Escola de Chicago segundo o qual as restrições de carácter vertical servem normalmente propósitos comerciais legítimos (na perspectiva dos valores tutelados pelo Direito da concorrência) das empresas, subestimando, como acentua J. A. JAY, certos objectivos estratégicos possíveis dessas restrições, no sentido de alterar a estrutura de certas indústrias ou impor determinadas transformações da estrutura das indústrias (cfr. J. A. KAY, "Vertical Restraints in European Competition Policy", cit, pp. 561 ss.).

[863] Essa inflexão, que começou a transparecer da *praxis* decisória da Comissão ulterior ao termo dos calendários previstos para a realização do denominado *mercado interno*, ter-se-á consolidado com a adopção do "*Livro Verde sobre as Restrições Verticais no âmbito da Política Comunitária da Concorrência*", em 22 de Janeiro de 1997 [COM (96) 721 final], que prenunciava já o alcance substantivo da reforma de 1999, orientada para a ponderação do poder de mercado das empresas, em detrimento dos elementos formais de condicionamento de actuação das empresas nos feixes de relações verticais que se estabeleçam entre as mesmas.

[864] Tal mutação qualitativa no tratamento de restrições verticais será, ainda, aflorada nas referências que adiante fazemos aos processos de aplicação dos regimes dos artigos 81.º e 82.º CE (*infra*, pontos **4.** e **6.** deste capítulo), bem como indirectamente abordada em alguns pontos do nosso estudo da avaliação substantiva das empresas comuns

494 — Empresas comuns – Joint Ventures

3.3.3.2. *A contribuição do direito da concorrência para a maximização dos benefícios económicos da integração*

A ligação fundamental entre o direito comunitário de concorrência e o objectivo imediato da CE de realização da integração económica, que temos vindo a caracterizar, referindo algumas das suas manifestações mais significativas, foi especialmente desenvolvida no quadro do processo de unificação do mercado comunitário desencadeado pelo projecto do Livro Branco da Comissão relativo à realização do mercado interno de 1985 –[865] e enquadrado pelo programa de realização do mercado único previsto no AUE – como acentuou, justamente, C.-D. EHLERMANN.[866]

Esse aspecto levou a Comissão não apenas a prosseguir e acentuar as orientações progressivamente definidas em relação à interpretação e aplicação das normas de concorrência aplicáveis às empresas (artigos 85.º e 86.º TCE, correspondentes aos artigos 81.º e 82.º CE), adiante analisadas de forma sumária, mas a incluir nas suas prioridades[867] a apreciação rigorosa dos auxílios de Estado, nos termos dos artigos 92.º e 93.º TCE,[868] e as primeiras incursões importantes no domínio da *"desregulamentação"* – eliminação de direitos especiais ou exclusivos atribuídos em determinados sectores económicos – mediante uma aplicação mais intensiva do artigo 90.º TCE [869] (note-se que autores como EMIL PAULIS admitem, na sequência da jurisprudência do TJCE nos Acórdãos *"Edouard Leclerc"* e *"Henri Cullet"*,[870] a possibilidade de uma responsabilização dos Estados por cer-

---

(*infra*, **Parte III**), embora esta seja prioritariamente dirigida às empresas comuns envolvendo empresas-mãe concorrentes.

[865] *"L'Achèvement du Marché Intérieur – Livre Blanc de la Commission* (COM (85) 310).

[866] Cfr. C.-D. EHLERMANN, "The Contribution of EC Competition Policy to the Single Market", in CMLR, 1992, pp. 257 ss..

[867] Definição de prioridades justamente destacada por C.-D. EHLERMANN no estudo *"The Contribution of EC Competition Policy to the Single Market"*, cit., pp. 257 ss.

[868] Cfr. sobre a importância acrescida do controlo dos auxílios públicos no quadro da realização do mercado interno, o nosso trabalho *O Mercado Comum e os Auxílios Públicos – Novas Perspectivas*, Almedina, Coimbra, 1993, pp. 53 ss..

[869] Cfr., nesse sentido, C.-D. EHLERMANN, *"Contribution of EC Competition Policy to the Single Market"*, cit., esp. pp. 269 ss.

[870] Cfr. EMIL PAULIS, "Les Etats Peuvent Ils Enfreindre les Articles 85 et 86 du Traité CEE?" in Journal des Tribunaux, 1989, pp. 97 ss.; Acórdão *"Association des Centres Distributeurs Edouard Lecrerc"*, proc. C 229/83, Rec. 1 (1985) e Acórdão *"Henri Cullet"*, proc. 231/83, Rec. 305 (1985);

tas formas de violação dos artigos 85.º e 86.º TCE). A realização do mercado único terá, assim, de algum modo, determinado um reforço, até à sua máxima expressão, das exigências funcionais de integração e liberalização no quadro da concretização jurídica das normas de concorrência.[871]

A publicação do Livro Branco da Comissão relativo à conclusão do mercado interno em 1985 e a aprovação ulterior do AUE, deram origem à elaboração de um importante conjunto de estudos sobre os benefícios económicos potencialmente emergentes de avanços suplementares no processo de integração económica, que importa ainda tomar em consideração no presente estádio, mais avançado, desse processo. Entre todos avultou o projecto de avaliação do impacto económico potencial da concretização do mercado interno desenvolvido pela Comissão e que deu origem ao conhecido Relatório CECCHINI.[872]

Outros estudos menos divulgados, como os realizados por A. SMITH e A. VENABLES,[873] V. NORMAN,[874] ou R. BALDWIN[875] analisaram, igualmente as consequências económicas de realização do mercado interno, pondo em relevo os efeitos estáticos e dinâmicos positivos emergentes desse processo[876] e, paralelamente, acentuando a importância acrescida da

---

[871] Em contrapartida, sendo comparativamente menos intensos os ditames da concretização jurídica da integração após a realização do mercado interno esse condicionamento funcional passa a exercer-se de forma menos intensa sobre a densificação jurídica das normas de concorrência (numa perspectiva de *"law in context"*, no sentido preconizado por FRANCIS SNYDER, poderá afirmar-se que um *novo contexto jurídico de integração* influenciou novos processos teleológicos de aplicação das normas comunitárias da concorrência; cfr. A. cit., *New Directions in European Community Law*, Weidenfeld Nicholson, 1990).

[872] Cfr. MICHAEL EMERSON, MICHEL AUJEAN, MICHEL CATINAT, PHILIPPE GOYBET, ALEXIS JACQUEMIN, *1992 – La nouvelle économie européenne – une évaluation par la Commission de la CE des effets économiques de l'achèvement du marché intérieur*, Ouvertures Économiques, cit.

[873] Cfr. A. SMITH, A. VENABLES, "Completing the Internal Market in the European Community: Some Industry Simulations", in EE Rev., 1988.

[874] Cfr. V. NORMAN, "EFTA and the Internal European Market" in Economic policy, 1989.

[875] Cfr. R. BALDWIN, "The Growth Effects of 1992", in Economic Policy, 1989. Uma referência desenvolvida a vários estudos sobre os benefícios económicos da conclusão do mercado interno pode encontrar-se em DAMIEN NEVEN, "EEC Integration Towards 1992: Some Distributional Aspects", in Economic Policy, 1990, esp. pp. 14 ss..

[876] Tivemos já ensejo de referir um conjunto de aspectos estáticos e dinâmicos do processo de integração (*supra*, pontos 3.3.1. e 3.3.2. deste capítulo).

política de concorrência para a efectiva unificação do mercado comunitário e para a produção desses efeitos positivos.

A eliminação de obstáculos directos à unidade de mercado através da proibição das restrições à liberdade de circulação de mercadorias[877] e de factores de produção e do preenchimento das lacunas de harmonização de regulamentações nacionais em matérias cruciais para a liberalização no domínio dos factores de produção, *ex vi* das regras especiais de harmonização então introduzidas pelo AUE[878] e da técnica complementar do reconhecimento mútuo – nos termos do Artigo 100.°-B TCE igualmente introduzido pelo AUE – conduziu a uma proporcional relevância acrescida das práticas anticoncorrenciais – desenvolvidas por entes públicos ou privados – como elementos impeditivos dessa unidade de mercado.[879]

Na realidade, os factores de inércia que influenciam a manutenção de segmentações dos mercados nacionais tendem a manifestar-se, de forma preponderante, através das referidas práticas anticoncorrenciais, quer dificultando, de forma não superável, o acesso aos mercados nacionais – teoricamente garantido com a realização do projecto do mercado interno –, quer gerando distorções no funcionamento dos mecanismos de mercado que limitam os potenciais efeitos virtuosos da unificação do mercado.

Deve salientar-se que as conclusões fundamentais resultantes do Relatório CECCHINI, elaboradas com base nas perspectivas microeconómica e macroeconómica de análise – que apontaram, segundo várias projecções, para um crescimento potencial do Produto Bruto comunitário que poderia variar entre 4,3% e 6,4% [880] não foram partilhadas noutras

---

[877] Cfr., sobre este aspecto, o exposto no nosso trabalho, *Os Auxílios Públicos e o Mercado Comum – Novas Perspectivas*, cit., esp. pp. 36 ss..

[878] Procedimento de harmonização previsto no artigo 100.°-A que constitui a alteração jurídica de fundo que, então, foi introduzida pelo AUE (disposição correspondente ao artigo 95.° na numeração do Tratado CE introduzida pelo Tratado de Amsterdão e mantida, quanto a esta disposição, pelo Tratado de Nice).

[879] Cfr., sobre esta perspectiva relativa à importância acrescida da política de concorrência e outros aspectos (*vg.* contratos de direito público, harmonização fiscal) para a eliminação de obstáculos indirectos à unidade de mercado, DENNIS SWANN, *The Single Market and Beyond – An Overview*, cit., esp. pp. 119 ss..

[880] Cfr. MICHAEL EMERSON, MICHEL AUJEAN, MICHEL CATINAT, PHILIPPE GOYBET, ALEXIS JACQUEMIN, *1992 – La nouvelle économie européenne – une évaluation par la Commission de la CE des effets économiques de l'achèvement du marché intérieur*, Ouvertures Économiques, cit.

análises efectuadas sobre esta matéria. Assim, MERTON PECK,[881] entre outros, preconizou que os efeitos económicos positivos da realização do mercado interno – cuja verificação, em geral, admitiu – teriam sido sobre-avaliados no Relatório CECCHINI, o qual, aparentemente teria pressuposto uma dinâmica de unificação do mercado só admissível em termos ideais, sem perturbações no processo de harmonização de regulamentações nacionais, e sem interferências resultantes da concessão de auxílios de Estado, ou de práticas empresariais anti-concorrenciais.

Não se justificando, no âmbito da presente dissertação, um estudo mais desenvolvido dos pressupostos de análise económica observados no Relatório CECCHINI e nos trabalhos de MERTON PECK, consideramos que se revelou, de qualquer modo, mais realista a análise deste último autor.[882] As consequências positivas da concretização do mercado único, assentes na produção de efeitos virtuosos no que respeita à redução dos custos das empresas, ao aumento dos ganhos de eficiência dentro das empresas, à verificação de novos padrões de concorrência entre as mesmas e ao desenvolvimento de um processo mais acelerado de inovação empresarial, produzem-se com a amplitude variável que resulta do grau de eficácia na conclusão do programa de harmonização de regulamentações nacionais[883] e, sobretudo, da eficácia na fiscalização dos elementos anticoncorrenciais que forçosamente subsistem.[884]

Acresce que, como salientou, justamente, DAMIEN NEVEN,[885] além da questão relativa à produção de efeitos económicos positivos resultante do processo de unificação do mercado comunitário – matéria em que as dife-

---

[881] Cfr. MERTON PECK, "Industrial Organization and the Gains From Europe 1992", Brookings Papers on Economic Activity,1989, vol. 2, pp. 277 ss..

[882] Como é evidente, esta observação beneficia já de um balanço *ex post* sobre o processo de realização do mercado interno.

[883] Sobre estas quatro categorias de efeitos virtuosos, cfr. MICHAEL EMERSON, MICHEL AUJEAN, MICHEL CATINAT, PHILIPPE GOYBET, ALEXIS JACQUEMIN, *1992 – La nouvelle économie européenne – une évaluation par la Commission de la CE des effets économiques de l'achèvement du marché intérieur*, Ouvertures Économiques, cit., esp. pp. 51 ss..

[884] Importa referir que o denominado Relatório Cockfield, cit., tendo recenseado em extensão os elementos que impedem a abertura dos mercados nacionais e a sua integração num grande mercado interno da CE, não mencionava, então, a necessidade de inclusão no direito comunitário da concorrência de normas relativas ao controlo directo de operações de concentração entre empresas.

[885] Cfr. DAMIEN NEVEN, "EEC Integration Towards 1992: Some Distributional Aspects", cit., esp. pp. 14 ss..

498   *Empresas comuns* – Joint Ventures

renças que opõem os vários estudos dizem respeito, tão só, à dimensão e intensidade dos mesmos – subsiste o problema, menos estudado, da distribuição desses efeitos entre os Estados Membros, bem como outros problemas de distribuição de benefícios a outros níveis, *vg.*, a distribuição de benefícios económicos entre produtores e consumidores.

DAMIEN NEVEN destacou que a distribuição efectiva de efeitos económicos positivos da realização do mercado interno a esses dois níveis não seria determinável *ab initio* – o que contraria, de algum modo, as teses sustentadas no Relatório CECCHINI – e dependeria, na realidade, da evolução da concorrência efectiva que viesse a produzir-se.[886] Em apoio dessa tese de relativa indeterminação dos efeitos do mercado interno, DAMIEN NEVEN invocou, de modo convincente, os resultados impressivos de múltiplos estudos e projecções elaborados numa óptica sectorial que apontam para a verificação potencial – em determinadas áreas empresariais – de consequências económicas positivas ou, no limite, consequências negativas, em função da evolução da concorrência efectiva entre as empresas.[887]

Em súmula, o direito comunitário da concorrência sempre teve como componente teleológica fundamental a realização da integração económica, com base na articulação jurídica fundamental entre o objectivo de realização do mercado comum, previsto no artigo 2.º TCEE (e nas alterações subsequentes dessa disposição) e o princípio de garantia da concorrência previsto no artigo 3.º, al. f) TCEE (artigo 3.º, al. g) na versão resultante das alterações introduzidas pelo Tratado de União Europeia, que se manteve com os Tratados ulteriores). O relançamento do objectivo de unificação do mercado comunitário, já subjacente ao objectivo imediato originário de criação do mercado comum embora conhecendo constantes diferimentos na sua concretização, através do projecto de criação do mercado interno, acentuou – no contexto então em causa – o duplo papel da política de concorrência, quer para a criação de condições com vista à

---

[886] Cfr. DAMIEN NEVEN, op. cit., pp. 17: *"The outcome in terms of welfare is in general indeterminate. It will depend very much on the view that one takes of competition between firms. In particular, the extent to which additional surplus will accrue from foreign markets and the extent to which domestic production will be reduced will be heavily influenced by the way in which competition takes place (...). The distribution of surplus between consumers and the producers will also depend on what happens to competition (...)"*.

[887] Cfr. o exemplo estudado por SMITH e VENABLES (*op. cit.*) referente à indústria do cimento, comentado por DAMIEN NEVEN, *op. cit.*, pp. 17.

Parte II – Capítulo 1 499

realização efectiva desse estádio de integração, quer para a determinação de potenciais efeitos económicos positivos emergentes do mesmo.

3.4. O PROGRAMA TELEOLÓGICO DO DIREITO COMUNITÁRIO DA CONCORRÊNCIA FACE AO DIREITO DA CONCORRÊNCIA NORTE-AMERICANO

3.4.1. Perspectiva histórica geral sobre a matriz teleológica essencial do direito comunitário da concorrência

Tendo analisado a especificidade do objectivo de integração económica subjacente ao direito comunitário da concorrência – aspecto consensualmente reconhecido na doutrina comunitária e pelos autores norte-americanos – e o contributo especial da política de concorrência para o desenvolvimento da integração e dos efeitos positivos inerentes à mesma, importa equacionar, de modo geral, os objectivos desta área do direito comunitário, pondo em relevo aspectos ainda não aflorados, e salientando o peso crescente de outros objectivos (cuja importância se reforça na proporção da menor relevância progressivamente assumida pelos factores de integração económica).

A propósito dessa caracterização, afigura-se-nos útil para a compreensão destas questões traçar um paralelo com o direito norte-americano, no quadro do qual a reflexão teórica geral terá, porventura, conhecido maiores desenvolvimentos e, sobretudo, maiores inflexões, que nos permitem apreender no mais alto grau a complexidade dos fundamentos teleológicos do direito da concorrência. Esse paralelo, de resto, será retomado, em termos mais desenvolvidos, no quadro da nossa análise *ex professo* do enquadramento jusconcorrencial das empresas comuns, embora sem a pretensão de realizar estudos, mesmo parcelares, de direito comparado.

Como refere TIM FRAZER,[888] a controvérsia doutrinal que se verifica nos EUA relativamente aos objectivos do Direito da concorrência não tem tido correspondência na doutrina comunitária. Algo paradoxalmente, se o direito norte-americano da concorrência, no período mais recente da sua

---

[888] Cfr. TIM FRAZER, *Monopoly, Competition and the Law*, cit., esp. pp. 2 ss..

500   *Empresas comuns* – Joint Ventures

evolução, foi em especial influenciado por orientações teóricas, tributárias da Escola de Chicago, de certo modo unívocas – as quais têm vindo a merecer contestação, *maxime* no quadro de orientações renovadoras da denominada Escola de Harvard[889] – o direito comunitário da concorrência, mau grado o peso particular do objectivo de integração económica, que lhe conferiu, no seu período de formação e de consolidação, alguma especificidade, apresenta, *prima facie*, um conjunto de objectivos mais diversificados.

Deste modo, tendo a Comissão no seu *"Primeiro Relatório sobre a Política de Concorrência"*(1972) conferido particular ênfase aos objectivos de integração económica – como já assinalámos – esta Instituição, em ulteriores Relatórios, não deixou de referir outros objectivos desta política. No seu *"Nono Relatório sobre a Política de Concorrência"* (1979),[890] a Comissão assinalou já, além do objectivo, largamente reconhecido, de garantir a unificação do mercado, o objectivo de manutenção de estruturas de concorrência nos mercados da Comunidade, convertendo a concorrência no verdadeiro elemento matricial e disciplinador da actividade económica e impedindo as excessivas concentrações de poder de mercado (embora este último aspecto só tenha encontrado uma tradução jurídica adequada com a aprovação do RCC).

Assinalou, ainda, a Comissão um terceiro objectivo relativo à manutenção de determinado grau de lealdade no funcionamento do mercado – aspecto que, de resto, é objecto de referência expressa no Preâmbulo ao Tratado de Roma. O conceito de *"lealdade"*, fundamentalmente associado à garantia de igualdade tendencial de oportunidades no mercado, levou a Comissão a proibir os auxílios de Estado que favoreçam indevidamente determinadas empresas em detrimento dos seus concorrentes [891] (*ex vi dos*

---

[889] Já tivemos ensejo de referir, na **Introdução**, uma importante reacção por parte de orientações renovadoras da Escola de Harvard a alguns dos pressupostos teóricos mais extremos da denominada Escola de Chicago. No balanço conclusivo final a que procedemos – *infra*, **Parte IV** (esp. pontos 2.2.5.) – retirando determinados corolários globais do estudo desenvolvido sobre a matéria das empresas comuns procuramos apreender em que termos uma síntese teórica crítica *"post-Chicago"* pode, no presente, influenciar a reflexão teórica no quadro do direito da concorrência.

[890] Cfr. MÁRIO MARQUES MENDES, *Antitrust in a World of Interrelated Economies*, cit., esp. pp. 75 ss. (este A. salienta, em comentário ao Relatório acima referido, a diversidade de objectivos da política comunitária de concorrência).

[891] Cfr., sobre este aspecto fundamental da política de auxílios públicos, *"Vigésimo Primeiro Relatório Sobre a Política de Concorrência"*(1991), ponto 10 e ss..

Parte II – Capítulo 1

artigos 92.º e 93.º TCE) e a proteger a posição das pequenas e médias empresas, potencialmente sujeitas a operações de empresas concorrentes com poder de mercado signicativo que condicionem a sua liberdade de acção ou que, no limite, possam vir a excluí-las do mercado. Além disso, algumas orientações, especialmente influenciadas pela doutrina alemã, destacaram a salvaguarda da possibilidade de entrar em determinados mercados como um verdadeiro direito com relevância política.[892]

Esta tutela especial da posição das pequenas e médias empresas, cujo papel tende a ser positivamente valorado, em função de considerações socio-económicas diversas, afasta-se dos critérios de apreciação jurídica de concorrência estritamente formulados a partir de juízos de eficiência económica, o que separou – pelo menos até um período recente – esta potencial dimensão da política comunitária de concorrência das orientações predominantes no direito norte-americano (embora a mesma apresente algumas similaridades com a política excepcional prosseguida através do *"Robinson-Patman Act"*, de 1936).[893]

A protecção especial de pequenas e médias empresas poderá, ocasionalmente, apresentar fundamentos mais duvidosos face aos objectivos de eficiência económica que o direito comunitário de concorrência também acolhe, e cujo peso se tem reforçado de modo sistemático. Na realidade, caso estas empresas sejam, comprovadamente, menos eficientes do que as

---

[892] Cfr., nesse sentido, VALENTINE KORAH, *An Introductory Guide to EC Competition Law*, cit., esp. pp. 11 ss. Neste contexto, importa acentuar, em particular, a influência, das *concepções ordoliberais* germânicas sobre a formação do direito comunitário da concorrência, a qual vem sendo progressivamente atenuada, abrindo, assim, caminho, como veremos, a uma gradual convergência com o ordenamento norte-americano. Sobre a influência duradoura dessas concepções, cfr., por todos, DAVID GERBER, Law and Competition in Twentieth Century Europe – Protecting Prometheus, cit. Como refere este A., *"this conception of competition law [ordoliberal] focused attention on one core problem – private economic power. From the ordoliberal perspective, such power necessarily threatened the competitive process, and the primary function of competition law was to eliminate it or at least prevent its harmful effects. The use of a broad conception of economic power as the primary structuring device is one of the features of german and European competition law thinking that most clearly distinguishes it from its analogues in US antitrust law"* (A. cit., *op. cit.*, p. 251).

[893] Cfr., sobre esta protecção especial a empresas de pequena e média dimensão, TIM FRAZER, *Monopoly, Competition and the Law*, cit., esp. pp. 3 ss.. Sobre o relevo do *"Robinson Patman Act"* no quadro do ordenamento norte-americano e no que respeita ao tratamento de empresas de menor dimensão, cfr. MÁRIO MARQUES MENDES, *Antitrust in a World of Interrelated Economies*, cit., esp. pp. 59 ss.

empresas de maior dimensão, deverá questionar-se a justificação da sua eventual protecção, em relação a concorrentes que detenham maior poder de mercado.

O conceito lato de "*lealdade*" em causa – destacado pela Comissão no seu "*Nono Relatório sobre a Política de Concorrência*" e referido em Relatórios ulteriores,[894] ou em decisões adoptados por este órgão comunitário no quadro da aplicação do Regulamento n.º 17/62,[895] fundamenta ainda a ponderação, na interpretação e aplicação das normas de concorrência, dos interesses dos consumidores ou de outros intervenientes no processo económico (*vg.* trabalhadores das empresas envolvidas em determinadas situações de aplicação de normas de concorrência).

A existência de benefícios para os consumidores é, em particular, ponderada, quer na perspectiva da garantia directa de um nível de concorrência efectiva que permita a oferta de produtos de maior qualidade (ou em maior quantidade) e a preços mais reduzidos, quer na perspectiva da legitimação de certas categorias de restrições à concorrência, desde que as vantagens emergentes das mesmas revertam de forma proporcional para os consumidores.

Considerando esta diversidade e complexidade dos objectivos da política comunitária de concorrência, autores como, *vg.*, MÁRIO MARQUES MENDES salientam com justeza as diferenças existentes em relação ao direito de concorrência da CECA,[896] no qual o objectivo primacial a prosseguir é o da integração económica, não sendo autonomamente considerados, de forma relevante, os valores de concorrência efectiva (como processo controlado, ou balizado de auto-regulação dos mercados). A autonomização no direito comunitário da concorrência dos valores ligados às estruturas de concorrência efectiva e à auto-regulação dinâmica dos mercados, que propicia eficiência económica, tem sido relativa – não constituindo a "*concorrência*" um fim em si mesmo, como já referimos –

---

[894] Cfr., *vg.*, o "*Décimo Terceiro Relatório sobre a Política de Concorrência*".

[895] Trazemos aqui naturalmente à colação este primeiro Regulamento relativo à aplicação dos artigos 85.º e 86.º TCE – recentemente revogado pelo Regulamento (CE) n.º 1/2003 – no quadro da perspectiva histórica que ora desenvolvemos sobre a formação e consolidação do direito comunitário da concorrência.

[896] Cfr., nesse sentido, MÁRIO MARQUES MENDES, *Antitrust in a World of Interrelated Economies*, cit., esp. pp 75 ss.. Pela nossa parte, entendemos que essas diferenças foram ainda significativamente acentuadas com a evolução mais recente no sentido da perda relativa de peso do objectivo referente à integração económica na concretização jurídica das normas de concorrência da CE.

Parte II – Capítulo 1

pois a política de concorrência foi articulada – nem sempre nos termos mais equilibrados – com a prossecução dos objectivos mediatos da integração comunitária, o que levou a Comissão a preconizar no "*Nono Relatório sobre Política de Concorrência*", já cit., a necessidade de uma inter-relação funcional com as outras políticas comunitárias.

A questão decisiva que se colocou neste contexto, em nosso entender, foi a da definição dos limites da referida inter-relação funcional, *maxime* no que respeita à definição rigorosa de uma fronteira relativamente à política industrial – aspecto em relação ao qual um autor como MESTMÄCKER, se mostra particularmente céptico, como já referimos.[897] O problema da delimitação entre os ditames de política de concorrência e de política industrial (ou de outros interesses públicos comunitários) reveste--se, aliás, de uma especial acuidade no domínio da avaliação dos efeitos materiais das empresas comuns, sobre o qual incidirá, em especial, a nossa atenção. Tal permitir-nos-á verificar que, apesar de algumas negativas oscilações de interpretação, os parâmetros jurídico-económicos relacionados com a preservação de elementos de concorrência efectiva, geradores de eficiência económica, têm ganho progressivo ascendente na construção jurídica desenvolvida em sede de direito comunitário da concorrência.[898]

---

[897] Cfr. o exposto *supra* – pontos 3.1. e 3.2. deste capítulo – sobre as posições de MESTMÄCKER (este A considera que não se encontra claramente traçada a fronteira entre a política comunitária de concorrência e a política industrial).

[898] Na realidade, o estudo *ex professo* dos processos de avaliação jusconcorrencial substantiva das empresas comuns que empreendemos na **Parte III** permite identificar uma tendência para a utilização desse tipo de parâmetros em detrimento da prossecução de outros interesses públicos que não se reportem ao núcleo da preservação da concorrência efectiva por razões de eficiência económica – a qual, contudo, carece de ser consolidada através de modelos analíticos mais estáveis e previsíveis (da progressiva construção e estabilização desses parâmetros, para a qual a avaliação das empresas comuns tem oferecido um contributo fundamental, procuramos, em termos sistemáticos, retirar corolários globais para um plano geral de concretização das normas comunitárias de concorrência – *infra*, **Parte IV**). De qualquer modo, a experiência de análise de empresas comuns – qualificáveis ou não como concentrações – ou de outras situações envolvendo certos graus de integração empresarial, na *praxis* decisória da Comissão demonstra a permanência de algumas oscilações interpretativas e de uma negativa permeabilidade a considerações de política industrial ou referentes a outros interesses sócio-económicos dificilmente recondutíveis a critérios de concorrência [esse tipo de considerações terá interferido, *vg.*, na decisão "*Mannesman/Valourec/Ilva*" – IV/M.315, 1994 – e alguma jurisprudência inicial do TPI sobre aplicação do RCC terá demonstrado também alguma permeabilidade, porventura corrigida em decisões mais recentes, à ponderação de interesses públicos subsumí-

504 *Empresas comuns* – Joint Ventures

O direito da concorrência norte-americano, remontando ao *"Sherman Act"* de 1890, tem conhecido maiores oscilações nos seus fundamentos teleológicos, bem como nos seus fundamentos teóricos gerais, do que o direito comunitário e o período mais longo de evolução que conheceu, desde o século passado, apenas justifica parcialmente essa diferença. Assim, não podendo, no âmbito do presente trabalho, reconstituir historicamente a sucessão de Leis aprovadas pelo Congresso norte-americano,[899] devemos, contudo, salientar que os principais diplomas posteriores ao pioneiro *"Sherman Act"*, designadamente o *"Clayton Act"* e o *"Federal Trade Commission Act"*, de 1914, o *"Robinson Patman Act"*, de 1936, e o *"Celler-Kefauver Act"*, de 1950, não correspondem a uma orientação teleológica constante, apresentando o seu conteúdo manifesta generalidade, no que respeita a determinados aspectos.

Neste contexto, o desenvolvimento do direito da concorrência norte-americano foi largamente tributário da interacção entre a jurisprudência e as actuações dos órgãos da Administração aos quais foram cometidas funções de interpretação e aplicação das normas de concorrência, como preconiza justamente T. KAUPER.[900] Na CE a centralização da condução da política de concorrência na Comissão, devido à necessidade de consolidar critérios e padrões gerais de apreciação que não faziam parte de um património jurídico comum a todos os Estados Membros, não propiciou originariamente uma tensão jurídica criativa inter-institucional semelhante à que tem caracterizado a evolução da política de concorrência norte-americana (em contrapartida, e como adiante se analisará, as perspectivas de descentralização no desenvolvimento dessa política comunitária, que ora se prefiguram, podem gerar *ex novo* esse tipo de factores de transformação).[901]

---

veis em determinados objectivos previstos no artigo 2.º TCE – como sucedeu no Acórdão *"Comité Central d'Entreprise de la SA Vittel v. Commission"*, proc. T-12/93, Col. II – 1247, (1995)].

[899] Cfr., para uma análise da evolução legislativa do direito da concorrência norte-americano, T. KAUPER, *The Goals of United States Antitrust Policy – the Current Debate*, in *Competition Policy: German and American Experience – a Symposium*, MESTMÄCKER, RICHTER, Editors, 1980.

[900] Cfr. T. KAUPER, "Competition Policy and the Institutions of Antitrust", in South Dakota Law Review, 1978, pp. 23 ss.

[901] Sobre as perspectivas abertas pelo processo de *"descentralização"* na aplicação do direito comunitário da concorrência consagrado com a adopção do Regulamento (CE) n.º 1/2003, cfr. os aspectos expostos *infra* – 5. – onde se dá conta de diversos problemas

Como refere Mário Marques Mendes, retomando a formulação de Sullivan,[902] a evolução do direito da concorrência norte-americano encontra-se intimamente ligada à evolução da teoria micro-económica. Assim, o predomínio das teses de economistas neo-clássicos, preconizando um grau mínimo de intervencionismo público, e o crescimento intensivo da economia norte-americana nos finais do século passado, conduzindo a uma concorrência auto-destrutiva e a um movimento importante de concentração empresarial – do qual Scherer nos oferece uma brevíssima mas elucidativa descrição[903] originou uma orientação prevalecente na jurisprudência, no sentido de impedir as combinações de poder económico que interferissem com a liberdade de comércio (e afectassem, consequentemente, os níveis de eficiência económica que os economistas neo-clássicos associavam ao funcionamento minimamente regulamentado e limitado dos mecanismos de mercado).

As mudanças profundas provocadas pela *"Grande Depressão"*– *maxime* no que respeita à intervenção do Estado na actividade económica – conduziram, progressivamente, a jurisprudência, bem como os órgãos da Administração a uma nova perspectiva teleológica do direito da concorrência, admitindo a relevância de objectivos políticos e socio-económicos mais diversificados. Essa nova orientação[904] caracterizou-se, pois, pela conjugação de objectivos de eficiência económica com escopos de

---

inerentes a tal processo. Para uma perspectiva comparativa desse ensaio de *"descentralização"* no plano comunitário com os modelos utilizados no ordenamento norte-americano, onde se verifica, efectivamente, uma interacção entre a jurisprudência e as actuações dos órgãos da Administração (nos planos estadual e federal), cfr. James Bergeron, "Antitrust Federalism in the European Union After the Modernization Initiative", in AB., 2001, pp. 513 ss. Como adiante se observará, essa complexa e profícua interacção envolve uma intervenção activa dos tribunais na aplicação das normas de concorrência, o que não sucederá, previsivelmente, no quadro comunitário.

[902] Cfr. Mário Marques Mendes, *Antitrust in a World of Interrelated Economies*, cit., esp. pp. 60 ss..

[903] Cfr. Scherer, *European Community Merger Policy: Why, Why Not?*, in *Annual Proceedings of the Fordham Corporate Law Institute – European/American Antitrust and trade Law – 1988*, Editor Barry Hawk, Fordham Corporate Law Institute, Mathew Bender, 1989, pp. 24-1 ss..

[904] Nova orientação que podemos considerar dominante na década sessenta do século XX. Cfr. sobre a mesma Eleanor Fox, "The Modernization of Antitrust: A New Equilibrium" in Corn L R., 1981, pp. 1140 ss..

506   *Empresas comuns* – Joint Ventures

garantia de acesso aos mercados por parte de empresas de menor dimensão.[905]

A evolução negativa da economia norte-americana na transição da década de sessenta para a década de setenta, assinalou uma nova inflexão importante da política de concorrência. Deste modo, sob o impulso teórico da denominada Escola de Chicago,[906] os objectivos estritos de eficiência económica, e os benefícios que da mesma decorrem para os consumidores são, progressivamente, apontados como os únicos fundamentos do direito da concorrência.

Na jurisprudência, esta assimilação progressiva dos pressupostos teóricos da Escola de Chicago terá mesmo sido consolidada no início da década de oitenta ao nível do Supremo Tribunal de Justiça.[907] Este advento de um novo modelo de análise foi igualmente marcado pelo desenvolvimento – na jurisprudência do Supremo Tribunal de Justiça – da denominada *"regra de razão"* (*"rule of reason"*), essencialmente informada por critérios de eficiência económica).[908] Verificou-se, pois, uma tendência para a substituição das denominadas regras *per se* pela análise jurídica conduzida de acordo com esta *"regra de razão"*. Note-se que estas regras *per se* devem ser entendidas como injunções que enquadram determinado tipo de comportamentos, ou operações, que, de modo intrínseco, produzem efeitos negativos para a concorrência, independentemente dos factores concretos que se verifiquem em cada situação. Tais normas ou proibições *per se*, de que a fixação concertada de preços constitui, de acordo com P. AREEDA e D. TURNER um exemplo paradigmático,[909] resultam, de alguma forma, da assimilação jurídica de presunções respeitantes ao efeito potencial de certas práticas sobre a concorrência.

---

[905] Esse tipo de escopos encontrou-se normalmente associado à prevalência que então conheceram as denominadas correntes estruturalistas no ordenamento norte-americano da concorrência.

[906] Sobre a Escola de Chicago e a influência dos seus pressupostos económicos na evolução do direito da concorrência norte-americano, cfr. ROBERT LANDE, "Chicago's False Foundation: Wealth Transfers (Not Just Efficiency) Should Guide Antitrust", in ALJ., 1989, pp. 631 ss. e PETER RODINO, "The Future of Antitrust: Ideology vs. Legislative Intent" in AB., 1990, pp. 575 ss.

[907] Cfr., nesse sentido, TIM FRAZER, *Monopoly, Competition, and the Law*, cit., pp. 2 ss..

[908] Cfr., nesse sentido, MÁRIO MARQUES MENDES, *Antitrust in a World of Interrelated Economies*, cit., esp. pp. 64 ss.

[909] Cfr. AREEDA, D. TURNER, *Antitrust Law*, vol 2, 1978, pp. 47 ss..

A análise jurídica conduzida com base na *"regra de razão"*[910] leva à ponderação casuística dos factores concretos em presença e de eventuais justificações, de ordem diversa, para aspectos aparentemente restritivos da concorrência, à luz de considerações de eficiência económica. Devemos assinalar, contudo, que as evoluções mais recentes não confirmam uma oposição linear entre as regras *per se* e a *"regra de razão"*, mas, ao invés, uma gradação conceptual mais complexa e subtil destes processos de análise jurídica de concorrência com o desenvolvimento de noções intermédias, como a da regra *per se* de *"análise intensificada"*, ou da *"regra de razão"* de *"análise reduzida"*.[911] De resto, como adiante poderemos verificar, essa metodologia de análise, visando construir critérios jurídico-económicos de apreciação, de tipo complexo, como categorias intermédias entre os parâmetros extremos associados às regras de proibição *per se*, por um lado, e à *"regra de razão"*, por outro, tem sido especialmente desenvolvida no domínio da análise jusconcorrencial das empresas comuns (*"joint ventures"*).[912] Na verdade, tal como tem sucedido no ordenamento comunitário da concorrência, a multiplicidade de efeitos jusconcorrenciais associados à categoria das empresas comuns – porventura sem paralelo noutras figuras ou institutos do direito da concorrência – levou a que a análise desenvolvida nesse domínio, no quadro do ordenamento norte-americano, tenha, sistematicamente, propiciado algumas das principais inovações metodológicas nesta área do direito.

Este predomínio actual dos objectivos de eficiência económica – baseados em novas formulações da teoria neo-clássica dos preços e nos modelos estáticos propostos por estas – na política de concorrência norte-americana, ditado pela influência dos ensinamentos da Escola de Chicago, tendo como referências fundamentais os trabalhos de ROBERT

---

[910] Cfr., por todos, para uma análise geral da *"rule of reason"*, GEERT WILS, "Rule of Reason – Une Règle Raisonnable en Droit Communautaire?", cit., pp. 19 ss..

[911] Cfr. sobre estas sub-distinções intermédias da regra *per se* e da *"rule of reason"*, GEERT WILS, "Rule of Reason – Une Règle Raisonnable en Droit Communautaire?", cit., pp. 19 ss.

[912] Cfr., nesse sentido, JOSEPH BRODLEY, "Joint Ventures and Antitrust policy", cit., esp. pp. 1535 ss. E. THOMAS PIRAINNO, "Beyond Per Se, Rule of Reason or Merger Analysis: A New Antitrust Standard for Joint Ventures", cit., esp. pp. 18 ss. Qualquer um destes As., contudo, destaca múltiplas deficiências e incertezas na aplicação da *"regra de razão"* às empresas comuns.

508   *Empresas comuns* – Joint Ventures

BORK e RICHARD POSNER – [913] aspecto que retomaremos adiante a propósito da apreciação das empresas comuns, ensaiando algumas análises comparativas parcelares entre o enquadramento desta figura nos ordenamentos norte-americano e da CE – não significa, contudo, que essa perspectiva seja consensual na doutrina norte-americana ou mesmo ao nível da jurisprudência.

Na realidade, a perspectiva preconizada pelos defensores da Escola de Chicago, elegendo a eficiência económica e os benefícios para o consumidor inerentes à mesma como único objectivo tendencial da política de concorrência, em detrimento das considerações de "*lealdade*", de defesa de oportunidades equitativas para os agentes económicos, ou de redistribuição de poder económico, tem vindo a ser objecto de crescente contestação. Embora não seja possível antecipar inflexões radicais – comparáveis à verdadeira ruptura metodológica que se produziu nas décadas de setenta e oitenta – é razoável configurar uma progressiva moderação do modelo unívoco de eficiência económica sustentado pela Escola de Chicago, mediante a abertura a factores não estritamente económicos, os quais, como assinala H. HOVENKAMP[914] correspondem a valores, com relevância socio-económica, perfilhados por uma parte significativa dos agentes que intervêm no funcionamento do mercado. Acresce que, mesmo sem uma rejeição do pressuposto da prevalência dos objectivos de eficiência económica no direito da concorrência, têm também surgido divergências sobre a própria conceptualização jurídico-económica dos modelos de eficiência a tomar em consideração.

Assim, importa destacar, nesse plano, a crítica desenvolvida por novas correntes da denominada Escola de Harvard relativamente a alguns ensinamentos da Escola de Chicago, em particular no que respeita ao modelo de preços concorrenciais preconizado por esta última orientação e que pode, no limite, conduzir a algumas simplificações excessivas dos juízos de avaliação sobre o impacto anticoncorrencial de certas situações (simplificações que, por seu turno, podem inverter uma anterior orientação de excessivo intervencionismo das autoridades de concorrência, conduzindo a uma igualmente indesejável permissividade destas em relação a

---

[913] Cfr., em especial, os seguintes trabalhos de R. POSNER, *Antitrust Law – An Economic Perspective*, cit.; *Economic Analysis of Law*, Aspen Law & Business, 1998, esp. pp. 309 ss.

[914] Cfr. HOVENKAMP, "Antitrust Policy After Chicago", in Mich L R., 1985, pp. 213 ss..

Parte II – Capítulo 1   509

certo tipo de restrições da concorrência, cujo alcance tende a ser desvalorizado pelo modelo de preços concorrenciais da Escola de Chicago). Essas críticas procuram, designadamente, devolver algum peso – embora no quadro de novos equilíbrios que ultrapassam alguma linearidade de anteriores modelos de análise estruturalistas – [915] a factores de análise, como certo tipo de barreiras à entrada em alguns mercados e certos graus de concentração empresarial em determinados mercados.[916]

Deste modo, as críticas ao modelo teleológico de concorrência da Escola de Chicago têm partido, quer de autores que admitem um peso assinalável de objectivos extra-económicos no direito da concorrência, como F. ROWE ou M. BLECHER, [917] quer de autores como HOVENKAMP,[918] que admitem a validade e importância do contributo teórico da referida escola de Chicago, mas apontam algumas insuficiências à matriz de análise excessivamente rígida e influenciada por uma lógica formal da

---

[915] Sobre o peso dos modelos estruturalistas de análise nas décadas de cinquenta e sessenta do século XX no ordenamento da concorrência norte-americano, cfr., por todos, JAMES W. MEEHAN, ROBERT J. LARNER, *The Structural School, Its Critics and Its Progeny: An Assessment*, cit., esp. pp. 180 ss.. Estes modelos de análise, baseados no denominado "*structure-conduct-performance-paradigm*" revestiam-se de excessiva linearidade ao associar estruturas concentradas dos mercados a problemas de emergência de comportamentos restritivos da concorrência. Independentemente desses excessos, o enfoque nos factores estruturais, relacionados com formas de detenção de poder de mercado, revelou-se um contributo essencial dessas orientações estruturalistas (em contrapartida, no plano do ordenamento comunitário da concorrência perdurou por largo tempo um défice de análise estrutural).

[916] Já no final da década de setenta do século XX esse tipo de críticas e de "*reacção*" a uma simplificação excessiva de modelos analíticos da Escola de Chicago, à qual se contrapõe uma recuperação – em moldes mais equilibrados – de certos factores estruturais, ponderados com outros factores e enquadrados por instrumentos econométricos, resulta de análises de autores como T. KAUPER (cfr. A. cit., "The Goals of United States Antitrust Policy: the Current Debate", in Zeitschrift für die gesamte Staatswissenschaft, 1980, pp. 408 ss.).

[917] Cfr. F. ROWE, "Antitrust in Transition: A Policy in Search of Itself", in ALJ, 1985, pp.54 ss.; M. BLECHER, "The New Antitrust as Seen by a Plaintiff's Lawyer", in ALJ., 1985, pp. 43 ss.

[918] Cfr. HOVENKAMP, "Antitrust Policy After Chicago", cit., pp. 213 ss.. Na sequência da verificação do modo como certos pressupostos teleológicos têm influído na avaliação jusconcorrencial de empresas comuns – *infra*, **Parte III** – procederemos na **Parte IV** a um cotejo sistemático dos mesmos com uma síntese crítica "*post-Chicago*" da qual quer o ordenamento norte-americano, quer o ordenamento comunitário venham a ser tributários.

510   *Empresas comuns* – Joint Ventures

mesma. No conjunto de autores mais críticos, Blecher assinala, de forma impressiva, que o modelo da Escola de Chicago não tenderá apenas a substituir regras *per se* de proibição de operações anti-concorrenciais pela *"regra de razão"*, assente em noções de eficiência económica, mas a impor, progressivamente, formas de apreciação de legalidade *per se* de certas práticas anteriormente consideradas como potenciais restrições indevidas da concorrência.

Verifica-se, pois, uma discussão teórica nos EUA sobre os modelos teleológicos da política de concorrência e os métodos de análise jurídico-económica utilizáveis neste domínio, que poderá conhecer evoluções significativas nos próximos anos. Além disso, como verificaremos, a matéria correspondente ao enquadramento jusconcorrencial das empresas comuns (*"joint ventures"*) foi particularmente influenciada por essa discussão

3.4.2. Evolução das prioridades teleológicas do direito comunitário da concorrência e estádios de consolidação deste ordenamento

3.4.2.1. *Aspectos gerais*

Em súmula, o direito da concorrência norte-americano não tem subjacente um objectivo de integração económica, pois a unificação do mercado interno dos EUA é uma realidade económica completamente consolidada,[919] diversamente do direito comunitário da concorrência, cuja indiscutível especificidade resultou, precisamente, – pelo menos em certos estádios da sua evolução – do peso dos objectivos de realização da integração económica e seu progressivo aprofundamento. Como já referimos, a eliminação dos obstáculos jurídicos à unidade de mercado, através da conjugação de processos de integração negativa e de integração positiva, não conduz, automaticamente, à unificação económica dos vários mercados nacionais – entendida em sentido material – a qual corresponderá a

---

[919] Cfr., nesse sentido, Scherer, *European Community Merger Policy: Why, Why Not?*, in *Annual Proceedings of the Fordham Corporate Law Institute – European/American Antitrust and trade Law – 1988*, Editor Barry Hawk, cit., pp. 24-1 ss..

Parte II – Capítulo 1

um processo contínuo e mais dilatado no tempo, para o qual a política de concorrência contribui decisivamente.

Continuam, pois, a subsistir elementos de profunda diferenciação entre estes dois grandes ordenamentos de concorrência, que levaram diversos autores a concluir, de forma categórica, que os métodos de análise económica utilizados no sistema norte-americano – designadamente os métodos tributários das teses da Escola de Chicago – não podem, em princípio, ser transpostos para o domínio do direito comunitário da concorrência, devido à especificidade deste último.[920]

De qualquer modo, pensamos que a dupla função do direito comunitário da concorrência, no quadro da concretização do projecto do mercado interno – que caracterizámos sumariamente – no sentido de assegurar a progressiva unificação dos mercados nacionais e de permitir, no âmbito desse processo de unificação, a produção, no grau mais elevado, de efeitos económicos positivos acabou por conferir uma relevância acrescida aos métodos de análise jurídico-económica e poderá, ressalvando as especificidades existentes, levar a uma aproximação em relação a determinados critérios utilizados no direito norte-americano.

Além disso, a adopção de um novo enquadramento comunitário em matéria de restrições à concorrência, de carácter vertical, o advento do sistema comunitário de controlo directo de operações de concentração, bem como os desenvolvimentos em matéria de análise de empresas comuns que com o mesmo se entrecruzam, introduziram novas preocupações de análise económica.[921] Em contrapartida, a progressiva moderação de alguns dos critérios estritos de eficiência económica que vinham prevalecendo na política norte-americana de concorrência – a qual tenderá a verificar-se através da flexibilização de certos processos de análise económica – pode também aproximar a mesma da política comunitária. Assim, apesar de reconhecermos que os dois ordenamentos em causa mantêm, inelutavelmente, as suas especificidades, procuramos na **Parte IV** desta dissertação – concluído o estudo central da categoria das empresas comuns ("*joint ventures*") – empreendido na **Parte III** – analisar de modo

---

[920] Cfr., nesse sentido, LEON BRITTAN, *European Competition Policy*, cit., pp. 3 ss.. Não obstante esses factores de separação entre os dois ordenamentos, é forçoso reconhecer que ao longo do mais recente estádio de evolução do direito comunitário da concorrência tende a esboçar-se uma aproximação entre esses ordenamentos.

[921] Cfr. LEON BRITTAN, *European Competition Policy*, cit., esp. pp. 4 ss., sublinhando, *vg.*, os aspectos de análise económica subjacentes ao novo RCC.

sumário as perspectivas de evolução do direito comunitário de concorrência e detectar possíveis aspectos limitados de confluência entre os referidos ordenamentos.

Como então se poderá verificar – após a análise *ex professo* da categoria das empresas comuns e do contributo da sua densificação jurídica para a renovação da metodologia de análise do ordenamento comunitário da concorrência – é possível, à luz das prioridades teleológicas que têm avultado nesse ordenamento e do modelo de organização institucional associado às mesmas, identificar alguns estádios distintos de consolidação do referido ordenamento e analisar o direito constituído numa perspectiva de interpretação actualista das regras vigentes, relacionada com uma profunda mutação em curso neste domínio (sem prejuízo de uma perspectiva de análise *de iure condendo*, no que respeita a certos institutos ou categorias jurídicas).

3.4.2.2. *O primeiro estádio de desenvolvimento do direito comunitário da concorrência*

Nesta óptica, será possível identificar *um primeiro período correspondente à formação dos grandes princípios gerais e das bases do sistema institucional – altamente centralizado – de aplicação do direito comunitário da concorrência, o qual se encontra compreendido entre o arranque do processo de integração comunitária e o início da década de setenta.*

Esse período foi caracterizado, quer pela adopção de regras essenciais de direito derivado, que conferiram à Comissão Europeia um papel central na definição e condução da política de concorrência, quer pelo desenvolvimento progressivo de uma orientação que associou, estreitamente, a concretização jurídica do ordenamento da concorrência à promoção da integração económica, subordinando, de algum modo, outros objectivos das normas de concorrência a este escopo primacial.

No que respeita ao primeiro plano, acima referido, o passo decisivo na construção de um verdadeiro sistema jurídico e institucional de aplicação do direito comunitário da concorrência foi, então, dado com a aprovação, em 1962, do Regulamento n.º 17.[922] Deve assinalar-se que a regula-

---

[922] Para uma perspectiva geral do sistema de aplicação de normas comunitárias de concorrência, originariamente desenvolvido com base neste Regulamento n.º 17/62, cfr., por todos, D. G. GOYDER, *EC Competition Law*, cit., esp. pp. 34 ss..

Parte II – Capítulo 1

mentação contida no mesmo se revestiu de considerável estabilidade, pois não conheceu alterações muito significativas até ao presente e, apenas em 1999 – como veremos –, a Comissão veio apresentar um projecto global de reforma desse enquadramento. Este Regulamento consagrou uma obrigação de notificação prévia à Comissão de quaisquer acordos ou concertações empresariais que produzissem – à luz do estatuído no n.º 1 do artigo 85.º TCE – efeitos restritivos da concorrência.[923]

Essa apreciação prévia poderia permitir a adopção de decisões de isenção relativamente à referida regra geral de proibição de acordos restritivos da concorrência, no quadro de uma competência cometida em exclusivo à Comissão Europeia *ex vi* do n.º 3 do artigo 85.º TCE. Embora esta última disposição tenha estabelecido um conjunto de condições vinculativas das quais depende a possibilidade de concessão de isenções foi, em última análise, concedida à Comissão uma margem de apreciação de grande latitude neste domínio, tendo, de resto, a jurisprudência do TJCE corroborado, de modo sistemático, uma interpretação extensiva dos referidos parâmetros.

Assim, este primeiro estádio de desenvolvimento do ordenamento comunitário da concorrência foi profundamente marcado pelas características do sistema delineado no Regulamento n.º 17/62 e pela *praxis* decisória associada ao mesmo. Este sistema traduziu-se – em termos excepcionais no quadro do ordenamento comunitário então vigente, dominado pelos aspectos de integração negativa – na concessão de um extenso poder de tipo supranacional à Comissão Europeia, em ordem à aplicação dos normativos de concorrência, bem como na adopção de um procedimento altamente centralizado e com elevado grau de intervencionismo por parte dessa autoridade competente.

Esta orientação no sentido de uma supervisão activa do funcionamento dos mercados e a preocupação de uniformização dos processos de

---

[923] No quadro do sistema de aplicação de normas comunitárias de concorrência instituído com base no Regulamento n.º 17/62, cit., a Comissão poderia, fundamentalmente, adoptar *três tipos de decisões*, compreendendo, (i) decisões de autorização ou de confirmação da legalidade de acordos ou práticas concertadas, confirmando a ausência de questões relevantes de afectação da concorrência que fossem suscitadas pelos mesmos, (ii) decisões de verificação de infracções ao disposto nos artigos 85.º e 86.º TCE e (iii) decisões de concessão de isenções – *ex vi* do n.º 3 do artigo 85.º TCE – em relação a acordos ou práticas concertadas que violassem a norma geral de proibição estabelecida no n.º 1 desse artigo.

514   *Empresas comuns* – Joint Ventures

concretização jurídica da regulação de concorrência, no quadro de uma interpretação estrita das normas de proibição, permitiu a afirmação – no plano jurídico-económico – de um corpo de normas de concorrência que representava uma inovação estrutural na regulação da actividade económica, em face dos ordenamentos de então, da generalidade dos Estados Membros.

Em contrapartida, esse sistema de aplicação do ordenamento de concorrência conduziu, de forma relativamente célere, a uma concentração da actividade supervisora da autoridade administrativa competente em processos de controlo prévio de acordos entre empresas, notificados em número sempre crescente, em detrimento de outras actuações de investigação e de outras formas de concretização jurídica dos normativos de concorrência e, a breve trecho, com prejuízo da eficácia do próprio processo de apreciação prévia.

Duas outras repercussões de fundo desta orientação inicial da política comunitária de concorrência foram a prevalência de uma lógica formal, de cariz intervencionista, na densificação jurídica das normas de concorrência – a qual se revelou duradoura e condicionou toda a metodologia jurídica deste ordenamento da concorrência – bem como uma visão estrita da prioridade concedida aos objectivos de integração económica.

Na realidade, qualquer restrição emergente de acordos entre empresas, que incidisse, no imediato, sobre a liberdade de efectuar transacções transnacionais – ou sobre transacções económicas que potencialmente fossem susceptíveis de ultrapassar as fronteiras de mercados nacionais – tenderia a ser qualificada como uma afectação da concorrência, subsumível na proibição geral prevista no n.º 1 do artigo 81.º TCE. A mera verificação de elementos formais emergentes de quaisquer acordos ou entendimentos que condicionassem o comportamento das empresas envolvidas veio, normalmente, a ser considerada elemento suficiente para a aplicação da referida regra de proibição, legitimando a intervenção reguladora, no plano administrativo, da autoridade de concorrência.

Esse pendor intervencionista foi, aparentemente, mitigado através de uma aplicação recorrente da faculdade de conceder isenções em relação a modalidades de restrições da concorrência que seriam, em princípio, proibidas. A larga margem de apreciação concedida à Comissão nesse domínio propiciou, de resto, consideráveis oscilações interpretativas, que não favoreceram a emergência de parâmetros jurídico-económicos de apreciação estáveis e consistentes. Além disso, a centralização da actividade de con-

Parte II – Capítulo 1 515

cretização jurídica das normas de concorrência na Comissão contribuiu, de modo significativo, para reduzir o alcance substantivo do efeito directo que, desde muito cedo, o TJCE reconheceu aos artigos 85.º e 86.º TCE.[924]

Assim, apesar da relevância que a jurisprudência deste Tribunal logo assumiu, neste período, o papel dos tribunais nacionais revelou-se diminuto nesta matéria, o que privou o sistema jurídico de concorrência comunitário de um fundamental elemento de tensão entre a actuação das autoridades administrativas e das autoridades judiciais, que se tem revelado decisiva – como vimos – para moldar o direito norte-americano da concorrência.

3.4.2.3. *O segundo estádio de consolidação do direito comunitário da concorrência*

Um segundo estádio de consolidação do ordenamento comunitário da concorrência corresponde ao período que decorreu entre o início da década de setenta e meados da década de oitenta.

Esta fase pode ser caracterizada com base em dois aspectos fundamentais, compreendendo,[925] a saber, **(i)** a utilização cada vez mais intensa de instrumentos jurídicos tendentes a introduzir parâmetros gerais de apreciação da situações de cooperação empresarial – os Regulamentos de isenção por categoria e as Orientações interpretativas de carácter geral sobre determinadas categorias de acordos entre empresas – e, noutro

---

[924] O reconhecimento do efeito directo dos artigos 85.º e 86.º TCE resultou, de forma inequívoca dos Acórdãos do TJCE *"BRT v. SABAM"*[proc. 127/73, Rec. 51-62 (1974)] e *"Sacchi"* [proc. 155/73, Rec. 409 (1974)]. Apenas duas restrições foram colocadas em relação a esse efeito directo. Em primeiro lugar, tal efeito directo não compreendia o regime do n.º 3 do artigo 85.º TCE, atendendo à competência exclusiva para a aplicação dessa disposição atribuída pelo Regulamento n.º 17/62 à Comissão. Em segundo lugar, tal efeito directo também não se verificava em relação aos sectores económicos excluídos do âmbito de aplicação do referido Regulamento e até á adopção de específico Regulamento que os viesse a disciplinar. Sobre os sectores económicos excluídos do âmbito material de aplicação do Regulamento n.º 17/62, ou mesmo do regime dos artigos 85.º e 86.º TCE, cfr., por todos, JONATHAN FAULL, ALI NIKPAY, (Editors), *The EC Law of Competition*, Oxford university Press, 1999, esp. pp. 62 ss..

[925] Procedemos aqui naturalmente a uma simplificação analítica, de modo a individualizar este estádio evolutivo do direito comunitário da concorrência. Assim, existem, naturalmente, outros aspectos relevantes para a caracterização desse estádio que não identificamos de modo exaustivo.

516 *Empresas comuns* – Joint Ventures

plano, **(ii)** a aplicação mais intensa do artigo 86.º TCE, referente às situações de abuso de posição dominante, o qual não conhecera utilização muito relevante no período anterior.[926]

Em primeiro lugar, a interpretação estrita da proibição constante do n.º 1 do artigo 85.º TCE e a consequente sujeição de uma extensa área de cooperação empresarial à apreciação da Comissão Europeia, conjugada com uma orientação favorável à concessão de isenções relativamente a múltiplas formas de restrições da concorrência, conduziram, progressivamente, esta Instituição a privilegiar a utilização dos dois instrumentos jurídicos fundamentais, *supra* referidos – Regulamentos de isenção por categoria e Orientações – em ordem a assegurar uma maior segurança jurídica às empresas e a sistematizar os seus próprios parâmetros de apreciação.

Na verdade, os poderes de carácter supranacional que foram originariamente conferidos à Comissão em matéria de concorrência foram ainda reforçados através de novas regras de direito comunitário derivado, que atribuiram a esta Instituição a competência para, mediante a aprovação de Regulamentos, conceder isenções em relação a específicas modalidades de acordos entre empresas e não apenas através de decisões individuais (o Regulamento n.º 19/65, do Conselho, que conferiu essa competência à Comissão veio, pois, complementar, nesse domínio, o Regulamento n.º 17/62).[927] Com base na experiência gradualmente adquirida no tratamento de várias categorias de acordos, a Comissão, desde o início da década de setenta, adoptou múltiplos Regulamentos de isenção por categoria, caracterizados por uma lógica intervencionista que condicionava, de forma muito directa, o conteúdo das múltiplas áreas de cooperação entre as empresas, em particular no domínio das restrições de carácter vertical.

---

[926] O artigo 86.º TCE quase não conhecera aplicação relevante no período anterior, podendo considerar-se várias razões que terão militado nesse sentido. Entre estas, as mais relevantes terão sido, porventura, a própria novidade do conceito de abuso de posição dominante – apenas tratado à data da criação da CEE em disciplina jurídica comparável no ordenamento alemão, o qual, nesse ponto, era também de criação recente – bem como o facto de os destinarários da aplicação do regime em causa serem empresas de maior dimensão cuja posição nos respectivos sectores de actividade os Estados-Membros tendiam a considerar como fundamental. Essas questões relativas à aplicação do regime do artigo 86.º TCE serão sumariamente abordadas *infra*, ponto **6.**, neste capítulo.

[927] Regulamento n.º 19/65 do Conselho, de 2 de Março de 1965, relativo à aplicação do n.º 3 do artigo 85.º do Tratado CEE a certas categorias de acordos e práticas concertadas (JOCE 36/533, 1965-6). Este Regulamento disciplinou a competência da Comissão para a cioncessão de isenções *ex vi* do n.º 3 do artigo 85.º TCE.

Noutro plano, de menor incidência jurídico-formal, a Comissão procurou mitigar as consequências da sua orientação de aplicação estrita da proibição prevista no n.º 1 do artigo 85.º TCE, através da adopção das denominadas Orientações de carácter geral, nas quais procurava clarificar as condições em que certas categorias de acordos empresariais não gerariam restrições relevantes da concorrência. A adopção deste tipo de Orientações visou, assim, diminuir potencialmente o número e tipo de notificações prévias de acordos ou entendimentos entre empresas.[928]

Como adiante se verificará, a análise jusconcorrencial das empresas comuns foi especialmente influenciada pela aplicação estrita da proibição de formas de cooperação restritivas da concorrência, constante do referido n.º 1 do artigo 85.º TCE, sendo recorrentes os casos de empresas comuns que foram objecto de qualificação como formas indevidas de cooperação entre concorrentes potenciais e que acabaram por beneficiar da adopção de decisões de isenção, *ex vi* do n.º 3 do artigo 85.º TCE, cuja fundamentação tomava em consideração o contributo das mesmas para a integração dos mercados comunitários.[929] Deste modo, a tentativa de enquadramento sistemático, através de Regulamentos de isenção por categoria e de Orientações, de categorias de cooperação empresarial cujas repercussões positivas – económicas e outras, desde que beneficiassem os consumidores – superassem as restrições da concorrência imputadas às mesmas veio a abarcar múltiplas empresas comuns.

---

[928] O propósito desse tipo de Comunicações interpretativas – ou Orientações de carácter geral – com alcance semelhante àquelas que haviam sido desenvolvidas no quadro da administração federal norte-americana era dirigido a uma redução das necessidades de análise prévia de acordos potencialmente restritivos da concorrência. Na prática, esse resultado não foi alcançado, tendo-se verificado um aumento continuado das notificações prévias à Comissão.

[929] Teremos ensejo de analisar as consequências negativas de uma *praxis* decisória da Comissão em relação às empresas comuns que conjugava, de forma pouco coerente, uma aplicação muito estrita da norma de proibição geral do n.º 1 do artigo 85.º TCE, com orientações frequentemente permissivas em matéria de concessão de isenções *ex vi* do n.º 3 dessa disposição (dando azo a consideráveis flutuações de critérios hermenêuticos na ponderação dos parâmetros de concessão de isenções, com as inerentes consequências de excessivo intervencionismo público e de indefinição jurídica para as empresas). Sobre estes problemas remetemos para o nosso estudo *ex professo* da avaliação substantiva das empresas comuns, *infra*, **Parte III**. De qualquer modo, na perspectiva histórica que ora consideramos e quanto a estes problemas referentes à análise de empresas comuns, cfr. REIN WESSLING, *The Modernisation of EC Antitrust Law*, Hart Publishing, 2000, esp. pp. 25-26 ss..

518   *Empresas comuns* – Joint Ventures

Noutra vertente, a década de setenta coincidiu também com a adopção das primeiras decisões de relevo em matéria de aplicação do artigo 86.º TCE, com destaque para o caso de referência que constituiu a decisão *"Continental Can"* (e o posterior Acórdão do TJCE que versou sobre a decisão da Comissão).[930] O maior peso que a jurisprudência do TJCE assumiu para a concretização jurídica do artigo 86.º TCE – e para a aplicação, em geral, do direito comunitário da concorrência – constituiu, igualmente, um elemento novo que caracterizou este estádio de evolução do ordenamento da concorrência.

3.4.2.4. *O terceiro estádio de consolidação do direito comunitário da concorrência*

Um terceiro período que podemos identificar corresponde à fase compreendida entre a adopção do Acto Único Europeu e meados da década de noventa.

De modo algo paradoxal, a ênfase máxima que então foi posta na perspectiva funcional de concretização das normas de concorrência, em ordem a promover a integração – no contexto da realização do mercado único – acabou por conduzir a um virtual *"esgotamento"*, a prazo, dessa dimensão teleológica do ordenamento comunitário da concorrência.

Na realidade, a concentração, neste período, da realização de um conjunto de metas fundamentais de unificação do mercado comunitário[931] – apesar de esse processo de unificação ser contínuo e não se esgotar no

---

[930] Cfr. a referida decisão *"Continental Can"*, que representa indiscutivelmente um marco essencial na aplicação do artigo 86.º TCE – JOCE n.º L 7/25 (1972); cfr., igualmente, o acórdão do TJCE resultante desse caso – *"Europemballage and Continental Can v. Commission"* [proc. 6/72, Rec. 215 (1973)].

[931] Referimo-nos aqui, fundamentalmente, ao conjunto de iniciativas que integram o que podemos denominar como o programa jurídico de realização do mercado interno, em cumprimento dos calendários fixados pelo Acto Único Europeu. Cfr. sobre esse complexo programa jurídico, dirigido à unificação do mercado comunitário, H. MICKLITZ, S. WEATHERILL (Editors), *European Economic Law*, Datmouth Publishing Company, 1997; G. MAJONE, *Market Integration and Regulation: Europe After 1992*, (1991), EUI Working Paper SPS 91/10. Para uma análise que associa o cumprimento das metas de integração tendentes à unificação do mercado comunitário com os processos de densificação jurídica das normas comunitárias de concorrência, cfr., R. B. BOUTERSE, *Competition and Integration – What Goals Count?*, Kluwer, Deventer-Boston, 1994.

cumprimento de certas metas jurídico-formais de integração positiva e negativa – e o consequente cumprimento dessas metas conduziu, a breve prazo, à deslocação das prioridades subjacentes às valorações jurídicas de concorrência para domínios diversos da integração económica. Em última análise, ao longo deste período intermédio, no qual se assistiu ao culminar da construção jurídico-económica do mercado único, se por um lado se reforçou, momentaneamente, a interacção entre as regras de concorrência e as exigências funcionais da integração económica, por outro lado, foi aberto o caminho para uma ulterior mutação estrutural do ordenamento da concorrência que, no presente, se encontra em curso (trata-se de uma mutação para um estádio mais complexo de evolução desse ordenamento, mas, curiosamente, através de uma progressiva transição para um sistema teleológico de tipo monista).[932]

O início desta transição transparece, de algum modo, quer da *praxis* decisória da Comissão, quer da jurisprudência comunitária, no período em causa, as quais se mostram consideravelmente mais permeáveis a fundamentações assentes em verdadeiras análises económicas de mercado.[933]

Além disso, este período foi também caracterizado por dois desenvolvimentos fundamentais que, segundo alguns autores, fizeram ingressar o ordenamento comunitário da concorrência num estádio de consolidação minimamente comparável ao do ordenamento norte-americano.[934]

Um desses desenvolvimentos – ao qual concederemos especial atenção, devido à sua relevância para o enquadramento jusconcorrencial

---

[932] Importa, desde já ressalvar – e sem prejuízo do balanço crítico conclusivo que estabelecemos na **Parte IV** – que, como também já aflorámos de passagem ao referir, atrás, a matriz teleológica do direito comunitário da concorrência, essa aproximação relativa a um modelo monista se revestirá sempre de considerável especificidade no plano comunitário (encontrando-se sempre em causa uma visão especialmente complexa dos modelos monistas).

[933] Essa transição pode, sem preocupações excessivas de rigor, situar-se, de modo aproximado, na jurisprudência *"Metro I"* do TJCE, já referida, e em jurisprudência constante ulterior, marcada pela abertura à concretização de diversos escopos de aplicação de normas comunitárias da concorrência para além dos que resultam da garantia da liberdade de trocas entre os Estados-Membros.

[934] A este propósito JONATHAN FAULL refere, de modo sugestivo, a entrada do sistema comunitário de concorrência num período de maturidade. Cfr. A. cit., *The Enforcement of Competition Policy in the European Community: A Mature System*, in *Annual Proceedings of the Fordham Corporate Law Institute – EC and US Competition Law and Policy – 1991*, Editor BARRY HAWK, Fordham Corporate Law Institute, 1992, Transnational Juris Kluwer, pp. 139 ss..

das empresas comuns – correspondeu à adopção em 1989, após um longo e complicado processo de negociação entre os Estados Membros, de um sistema comunitário de controlo directo de operações de concentração entre empresas, pondo termo a uma fundamental lacuna originária do ordenamento comunitário da concorrência nessa matéria, e contribuindo para reforçar, em moldes qualitativamente novos, o peso dos parâmetros estruturais na análise jusconcorrencial (note-se que esta verdadeira introdução *ex novo* de uma essencial dimensão estrutural na análise jusconcorrencial comunitária ocorre, tardiamente, num momento em que a denominada escola estruturalista norte-americana se encontrava já sujeita a uma significativa contestação).[935]

A outra evolução fundamental traduziu-se numa importante extensão do âmbito material de aplicação das normas de concorrência que se deveu a vários factores. O principal factor, estreitamente associado ao próprio recrudescimento do processo de integração no período em causa, reportou-se à liberalização de sectores empresariais que se encontravam ainda dominados por monopólios nacionais, *maxime*, entre outros casos, nos sectores de telecomunicações e de energia. A abertura desses sectores e a inerente cessação de direitos exclusivos atribuídos a certas entidades, não só conduziu à aplicação *ex novo* de normas de concorrência nesses domínios, como assentou, em boa parte, numa interacção deste tipo de normas com outras normas de direito económico comunitário, dirigidas à liberalização, através de medidas diversas de harmonização.[936]

---

[935] Já tivemos ensejo de notar esse contraste entre os processos evolutivos do direito norte-americano e do direito comunitário da concorrência. Sobre o peso dos modelos estruturalistas de análise jusconcorrencial no ordenamento norte-americano e os elementos de rigidez de que os mesmos enfermaram, cfr. JAMES W. MEEHAN, ROBERT J. LARNER, *The Structural School, Its Critics and Its Progeny: An Assessment*, cit., esp. pp. 180 ss..

[936] Essas normas de direito económico comunitário dirigidas num primeiro momento à liberalização dos sectores em causa, conduziram, paralelamente, ao desenvolvimento de enquadramentos jurídicos razoavelmente complexos de modelos de regulação sectorial – estabelecidos numa base duradoura – que devem ser articulados com os normativos comunitários de concorrência. Para uma perspectiva geral sobre esses problemas novos de articulação entre, por um lado, normativos sectoriais dirigidos à regulação de várias actividades económicas (*vg.*, nos sectores de telecomunicações, da energia, ou em geral das denominadas "*utilities*", que se contam entre os mais paradigmáticos em relação à utilização desse modelo) e, por outro lado, normativos de concorrência, cfr., por todos, DIETER HELM, TIM JENKINSON (Editors), *Competition in Regulated Indutries*,

Além disso, foi também no decurso deste período que se iniciou uma aplicação consistente das normas de concorrência a sectores económicos que, embora não se encontrassem formalmente excluídos do âmbito de incidência das mesmas, de facto não eram tomados em consideração nessa concretização jurídica do direito da concorrência. Tal sucedia, designadamente, com o sector financeiro – compreendendo os subsectores bancário, segurador e de mercados de valores mobiliários – o qual não havia sido objecto de decisões de aplicação de normas de concorrência em períodos anteriores.[937]

Acresce, ainda, que uma orientação anterior, sistematicamente favorável à concessão de isenções influenciadas por considerações de política industrial a empresas que operassem em sectores afectados por crises estruturais, foi atenuada no período ora em causa.[938] Essa nova orientação

---

Oxford University Press, 1998. Os modelos de regulação foram especialmente desenvolvidos no plano comunitário no sector das telecomunicações, inicialmente com as Directivas tendentes à abertura e liberalização do sector adoptadas no decénio de noventa do século passado e, ulteriormente, com as Directivas de 2002, relativas a um enquadramento comum para as comunicações electrónicas, que consolidam um determinado modelo de regulação sectorial. A articulação entre normas de regulação sectorial e normas de concorrência neste domínio corresponde, porventura, a um exemplo significativo de um novo "contexto" jurídico-económico do direito comunitário da concorrência, no qual as questões de promoção da integração económica e da unificação dos vários mercados nacionais já não se apresentam como determinantes na concretização jurídica das respectivas normas. Sobre essa complexa articulação da regulação comunitária sectorial e dos normativos comunitários da concorrência no sector das telecomunicações – tomado como sector paradigmático no processo comunitário de liberalização de certos sectores económicos – cfr., inter alia, P. LAROUCHE, *Competition law and Regulation in European Telecommunications*, Hart, 2000; ALEXANDRE DE STREEL, "The New Concept of 'Significant Market Power' in Electronics Communications: The Hybridisation of the Sectoral Regulation by Competition Law, in ECLR, 2003, pp. 535 ss..

[937] Como já referimos, a propósito de alguns problemas particulares de enquadramento jusconcorrencial de certas empresas comuns no sector financeiro, formulamos adiante algumas breves considerações específicas sobre as condições de aplicação do direito comunitário da concorrência nessse sector – *infra*, capítulo terceiro, esp. ponto 4.4.3.6., **Parte III**.

[938] Essa orientação traduziu-se na adopção de múltiplas decisões de isenção – *ex vi* do n.º 3 do artgo 85.º TCE – por parte da Comissão, tendo por objecto acordos entre empresas (incluindo múltiplas situações envolvendo empresas comuns) que operavam em sectores considerados em crise e com necessidades de reestruturação. Nessas decisões de isenção, um dos requisitos estabelecidos no referido n.º 3 do artigo 85.º TCE – aquele que se reporta à obtenção de benefícios por parte dos consumidores como resultado de certas

contribuiu, pois, para reintroduzir verdadeiras exigências de salvaguarda da concorrência efectiva em alguns sectores empresariais que, na prática, se encontravam menos condicionadas pelas mesmas, devido a uma interpretação extensiva dos requisitos de concessão de isenções previstos no n.º 3 do artigo 85.º TCE.[939]

3.4.2.5. *A mutação estrutural recente do ordenamento comunitário da concorrência*

Finalmente, como já se referiu na **Introdução**, e como se analisará, de modo desenvolvido, na parte conclusiva deste estudo, encontra-se em curso, desde a segunda metade da década de noventa, uma verdadeira mutação estrutural do ordenamento da concorrência – que deve ser avaliada no contexto de outras alterações estruturais do sistema jurídico comunitário, embora apresente uma dinâmica própria – a qual dará, previsivelmente, origem a um quarto estádio de consolidação deste ordenamento.[940]

---

restrições da concorrência – foi frequentemente subalternizado. Entre diversos outros casos, representativos dessa orientação podemos referir – conquanto o mesmo se situe já num momento de transição para um novo estádio de evolução – a situação considerada na decisão *"Enichem/ICI"* [IV/31.486, JOCE n.º L 50/18 (1988)], envolvendo acordos visando a redução concertada da capacidade produtiva de certas empresas e a constituição de uma empresa comum.

[939] Interpretação extensiva e razoavelmente permissiva das condições de aplicação de isenções *ex vi* do n.º 3 do artigo 85.º TCE que conduziu a limiares muito discutíveis de concretização do conceito-quadro, já referido, de *"workable competition"*. Para uma perspectiva geral dessa contestável *"sobreposição"* de considerações de concorrência – hipoteticamente passíveis de recondução à ideia de "workable competition" – e de considerações de política industrial, incluindo o estádio de evolução do ordenamento comunitário da concorrência que ora consideramos, cfr., por todos, WOLF SAUTER, *Competition Law and Industrial Policy in the EU*, Clarendon Press, Oxford, 1997.

[940] Trata-se, bem entendido, de matéria que será especificamente desenvolvida na parte conclusiva deste trabalho – **Parte IV** – tomando em consideração o contributo específico da análise das empresas comuns para essas evoluções, pelo que nos limitamos por ora, numa perspectiva sistemática – e em ordem a produzir uma visão global do processo de construção e consolidação do ordenamento comunitário da concorrência – a identificar balizas gerais que podem delimitar esta nova fase de mutação estrutural desse ordenamento.

Parte II – Capítulo 1 523

Essa mutação, profundamente marcada pela diminuição do peso do objectivo de integração económica na densificação jurídica das normas de concorrência – como resultado do cumprimento de um conjunto de metas essenciais de unificação do mercado comunitário – tem-se manifestado num conjunto de desenvolvimentos essenciais cujo alcance global e sistemático importa apreender criticamente. Entre os principais desenvolvimentos relevantes, justifica-se destacar a revisão geral do enquadramento jurídico das restrições à concorrência de carácter vertical, a revisão do Regulamento de controlo de concentrações, que estende o âmbito de incidência do mesmo no domínio das empresas comuns,[941] a reformulação das Orientações gerais da Comissão em matéria de restrições à concorrência de tipo horizontal, e os trabalhos de reforma do sistema institucional de aplicação do direito comunitário da concorrência, desencadeados pelo *"Livro Branco sobre a Modernização dos Artigos 85.º e 86.º do Tratado CE"*, de 1999.[942]

Em nosso entender, encontra-se subjacente a esse conjunto de alterações uma verdadeira renovação qualitativa da metodologia jurídica do ordenamento comunitário da concorrência, para a qual – como se procurará demonstrar – a análise das várias categorias de empresas comuns[943] e a especificidade das questões que esta suscita têm contribuído decisivamente.

---

[941] Referimo-nos aqui, em especial, à primeira reforma, de 1997, do RCC, que alargou de modo importante o âmbito de aplicação desse Regulamento no domínio das empresas comuns, visto que a segunda reforma, de 2004, não produziu consequências significativas nesse plano (como observaremos, *infra*, capítulo segundo – *in fine* – desta **Parte II**).

[942] *"Livro Branco"*, de 1999, já referido, e cujo alcance será sumariamente analisado, *infra*, ponto **5.**.

[943] Na realidade, o domínio correspondente ao tratamento jusconcorrencial das empresas comuns – que constitui o objecto central do nosso estudo – compreendendo a análise de subcategorias diversas destas entidades encontra-se no centro de vários dos desenvolvimentos fundamentais acima considerados, como sucede com as reformas do RCC, a importantíssima reformulação de orientações gerais e de metodologia de análise das restrições da concorrência de carácter horizontal (ou até, numa certa perspectiva, diversos aspectos da reforma do enquadramento das restrições da concorrência de carácter vertical, bem como alguns aspectos da reforma desencadeada pelo *"Livro Branco"* de 1999).

524   *Empresas comuns* – Joint Ventures

4. O controlo dos acordos e práticas concertadas entre empresas

4.1. ASPECTOS INTRODUTÓRIOS

Tendo analisado os objectivos fundamentais da política comunitária de concorrência e identificado, à partida, os principais estádios de evolução e consolidação da mesma, importa equacionar, sumariamente, as normas e regimes que permitem a prossecução desses objectivos, traçando um quadro global dos instrumentos normativos de actuação da Comissão, na qualidade de órgão ao qual foram cometidas as principais funções de condução dessa política.

Considerando que, na expressão sugestiva de autores como D. G. GOYDER,[944] os *"pilares"* fundamentais do Direito comunitário da concorrência são constituídos pelas previsões dos artigos 85.º e 86.º TCE (artigos 81.º e 82.º CE), a nossa apreciação geral dos instrumentos fundamentais desta área do direito comunitário – que nos permite enquadrar globalmente a relevância das questões referentes à apreciação das empresas comuns – incide, bem entendido, sobre os regimes jurídicos previstos nas referidas disposições do Tratado.

O direito comunitário da concorrência integra outros instrumentos a que apenas fazemos referências incidentais, mas cuja importância foi progressivamente destacada pela Comissão, a saber, o regime do artigo 90.º TCE (na parte relativa ao tratamento dos direitos especiais ou exclusivos concedidos pelos Estados Membros em determinados sectores empresariais) e o regime de auxílios de Estado previsto nos artigos 92.º e 93.º TCE.

É certo que autores como SCHRAME[945] preconizaram uma aproximação privilegiada, em termos de interpretação teleológica, sistemática, do regime do artigo 92.º TCE a institutos como o regulado no artigo 30.º TCE – medidas de efeito equivalente a restrições quantitativas – apesar da inserção sistemática das previsões relativas a auxílios públicos no capítulo das regras de concorrência. Em nosso entender, se a referida aproximação

---

[944] Cfr. D. G. GOYDER, *EC Competition Policy*, cit., esp. pp. 26 ss..

[945] Cfr. A. SCHRAMME, "Rapport entre les mesures d'Effet Equivalent à des Restrictions Quantitatives (Art 30) et les Aides Nationales (Art 92)", in RTDE., 1985, pp. 487 ss..

com as previsões do artigo 30.º se justifica devido à similitude das ameaças para a unidade de mercado em causa, as quais, no caso do artigo 30.º TCE e do artigo 92.º TCE têm como fonte actuações do Estado, ou de entes públicos, tal não significa que o regime de auxílios públicos deva ser excluido do âmbito material do direito comunitário da concorrência.[946]

4.2. O ARTIGO 85.º TCE E A SUA APLICAÇÃO

Como referem VALENTINE KORAH e MARGOT HORSPOOL,[947] verifica-se, *prima facie*, um certo paralelismo entre os artigos 85.º, n.º 1 e 86.º TCE e as Secções 1 e 2 do *"Sherman Act"* norte-americano, embora essas disposições tenham sido objecto de interpretações muito diferentes.

O artigo 85, n.º 1 TCE proibiu os acordos e decisões de associação entre as empresas, bem como as práticas concertadas entre as mesmas que produzam efeitos restritivos sobre a concorrência no mercado comum e que possam afectar o comércio entre os Estados Membros. Deste modo, situações típicas de coligação empresarial,[948] tendo por objecto a fixação de preços mínimos relativamente a determinado sector, frequentemente conjugadas com a repartição de quotas de mercado (*maxime*, quotas distribuídas por mercados nacionais) são claramente abrangidas pela proibição do artigo 85.º, n.º 1 TCE, desde que preenchida a condição relativa à susceptiblidade de afectação do comércio entre Estados Membros.

Nos termos do artigo 85.º, n.º 2, foi prevista como consequência jurídica da violação da proibição estatuída no n.º 1, a nulidade dos acordos concluídos entre empresas. Em contrapartida, no artigo 85.º, n.º 3 TCE – diversamente do que se verifica relativamente ao *"Sherman Act"* norte--americano – foi prevista, como já se referiu, a possibilidade de concessão de isenções (relativamente à proibição geral) a acordos ou práticas

---

[946] Importa, neste ponto, destacar que o terceiro estádio de consolidação do direito comunitário da concorrência, que acima identificámos, foi também caracterizado por uma maior atenção concedida às actuações dos Estados que apresentem repercussões para a o processo de concorrência – *maxime*, em sede de aplicação dos artigos 90.º a 92.º TCE. Contudo, o nosso estudo, fundamentalmente dirigido ao enquadramento jusconcorrencial das empresas comuns, leva-nos a privilegiar o estudo das normas comunitárias de concorrência aplicáveis às empresas.

[947] Cfr. M. HORSPOOL, V. KORAH, "Competition", cit., esp. pp. 338 ss..

[948] Sobre o conceito de coligação (*"collusion"*), cfr. IVO VAN BAEL, JEAN FRANÇOIS BELLIS, *Competition Law of the European Community*, cit., esp. pp. 32 ss..

concertadas que contribuam para melhorar a produção ou a distribuição de bens ou para promover o progresso técnico e económico, desde que se reserve para os utilizadores uma parte equitativa do benefício realizado. Além disso, a isenção só pode ser concedida caso as restrições à concorrência sejam necessárias para a obtenção dos benefícios em causa e não confiram às empresas a possibilidade de *"eliminar"* a concorrência relativamente a uma parte substancial dos produtos. Estes critérios de concessão de isenções, nos termos do artigo 85.º, n.º 3 TCE (artigo 81.º, n.º 3 CE) serão adiante referidos, de forma mais desenvolvida, devido à coincidência entre alguns dos mesmos e determinados factores de apreciação da compatibilidade com o ordenamento da concorrência de certas categorias de empresas comuns.

Nos termos do artigo 87.º, n.º 1 TCE, a execução dos princípios previstos nos artigos 85.º e 86.º TCE deve ser assegurada através de normas de direito derivado (Regulamentos ou Directivas que se revelem adequados). Impunha-se, em particular, a adopção de um Regulamento integrando normas processuais de enquadramento do exercício das competências atribuídas à Comissão (*ex vi* do artigo 155.º TCE, em termos gerais, e no que concerne, em especial, aos artigos 85.º e 86.º TCE *ex vi* dos artigos 87.º e 89.º TCE) no domínio da execução dos princípios previstos em matéria de concorrência.

Na realidade, a actividade da Comissão nesta matéria da concorrência, durante os primeiros anos de vigência do Tratado de Roma, correspondeu, fundamentalmente, à preparação do Regulamento de execução dos artigos 85.º e 86.º TCE – Regulamento (CEE) n.º 17/62[949] – embora estivesse, *ab initio*, cometida a este órgão comunitário a fiscalização da aplicação dos princípios gerais enunciados nas referidas disposições[950] (a qual obrigava, neste período anterior à aprovação de normas de Direito derivado, a um procedimento de cooperação com as autoridades dos Estados Membros).

---

[949] Cfr. sobre o contexto de adopção do Regulamento n.º 17/62, REIN WESSLING, *The Modernisation of EC Antitrust Law*, cit., esp. pp. 19 ss.; H. SCHRÖTER, *Antitrust Analysis Under Article 85(1) and (3)*, in *European/American Antitrust and Trade Law – Annual Proceedings of the Fordham Corporate Law Institute – 1987*, BARRY HAWK, Editor, Transnational Juris Publications, 1988, pp. 645 ss..

[950] Cfr., para uma análise exaustiva sobre estes primeiros anos de formação do direito comunitário da concorrência da, D. G. GOYDER, *EC Competition Law*, (esp. Part I, 4, *"The Early Ears of DG IV"*, pp. 34 ss.).

Deste modo, a aprovação do Regulamento n.º 17/62 desempenhou um papel fundamental no desenvolvimento de uma prática decisória da Comissão relativa aos artigos 85.º e 86.º TCE, permitindo o desenvolvimento dos conceitos enunciados nos mesmos.

O papel central da Comissão na formulação da política comunitária de concorrência, consideravelmente reforçado com a aprovação deste Regulamento, que contrastou vivamente com a complexa interacção institucional em que sempre assentou, como já referimos, – o desenvolvimento da política de concorrência nos EUA, justificou-se, então, devido ao peso do objectivo de integração económica e ao carácter supranacional do ordenamento a criar *ex novo*.

Na verdade, o estado incipiente de desenvolvimento das normas de concorrência nacionais no período de criação da CEE tornava imperiosa a existência de um grau relativamente elevado de centralização na condução da política comunitária de concorrência. Como refere D. G. GOYDER,[951] no conjunto dos seis Estados Membros originários da CEE apenas a Holanda, a França e a RFA tinham normas nacionais em matéria de concorrência. Em todo o caso, a legislação holandesa revestia-se de grande generalidade e os ordenamentos francês e alemão não eram coincidentes no que concerne aos princípios gerais que se encontravam subjacentes aos mesmos. O ordenamento francês visava, fundamentalmente, a regulação dos acordos de carácter vertical e certas práticas, como a recusa de venda, assegurando a lei alemã uma cobertura mais ampla dos problemas fundamentais de concorrência.[952]

Estas diferenças profundas entre os dois principais ordenamentos nacionais originaram, de resto, algumas tensões entre a posições alemã e francesa no processo de negociação do Regulamento n.º 17/62, que, de algum modo, se vieram a repetir, embora com outra intensidade, a propósito da negociação do RCC. Deve assinalar-se, de resto, que, na aprovação do Regulamento n.º 17/62 as formulações compromissórias adoptadas não escondem a influência das formulações propostas por juristas alemães.[953]

---

[951] Cfr. D. G. GOYDER, *EC Competition Law*, cit., esp. pp. 32 ss..

[952] Cfr., ainda no mesmo sentido, D. G. GOYDER, *EC Competition Law*, cit., p. 32.

[953] Destacando essa especial influência, na sequência, de resto, do que já sucedera em relação à negociação dos artigos 85.º e 86.º do Tratado de Roma, cfr., por todos, DAVID GERBER, *Law and Competition in Twentieth Century Europe – Protecting Prometheus*, cit., p. 349. Como refere este A., "*the head of the committee of the European Parliament that drafted Regulation 17 was a German attorney named Arvid Deringer, and the*

Apesar da relativa centralização da condução da política comunitária de concorrência, o Tratado de Roma, diversamente do Tratado de Paris, previu um grau apreciável de cooperação com as autoridades nacionais dos Estados Membros[954] (no quadro da CECA, como se sabe, foi conferida à Alta Autoridade competência exclusiva relativamente às matérias de concorrência reguladas nos artigos 65.º e 66.º do Tratado de Paris; no Tratado de Roma, em contrapartida, previu-se uma repartição de competências para a aplicação dos princípios gerais enunciados nos artigos 85.º e 86.º TCE entre as autoridades dos Estados Membros e a Comissão).

O Regulamento (CEE) n.º 17/62 veio, nos termos do seu artigo 9.º, n.º 1, conferir à Comissão competência exclusiva em matéria de concessão de isenções, *ex vi* do artigo 85.º, n.º 3, TCE. Este aspecto influenciou, de forma considerável, a interpretação e aplicação da norma de proibição de acordos entre empresas e práticas concertadas restritivas da concorrência, prevista no artigo 85.º, n.º 1 TCE, contribuindo, assim, para conformar, de modo duradouro, o enquadramento pelo direito comunitário da concorrência dos fenómenos de cooperação entre empresas, em termos que só virão a ser, previsivelmente, reavaliados com o desenvolvimento do processo desencadeado pelo "*Livro Branco*", de 1999, e pela recente adopção do Regulamento (CE) n.º 1/2003 (com os contornos que, de modo sumário, adiante se referem).

Assim, a faculdade de concessão de isenções e a latitude de que as mesmas se poderiam revestir levaram, progressivamente, a Comissão a uma interpretação estrita da proibição prevista no n.º 1 do artigo 85.º TCE. Ter-se-á, pois, desenvolvido, em nosso entender, uma interpretação extensiva ou, pelo menos, uma interpretação declarativa lata[955] dessa norma geral de proibição.[956] Consequentemente, as restrições importantes sobre o comportamento comercial – emergentes de processos de concertação entre empresas – foram, em regra, nas matérias directamente cobertas pelo

---

Regulation his committee drafted represented German views of the importance of making competition law both juridical and important".

[954] Cfr., nesse sentido, destacando esse aspecto e essa diferença essencial, BELLAMY, CHILD, *European Community Law of Competition*, cit., esp. pp. 16 ss..

[955] Sobre o conceito de *interpretação declarativa lata*, cfr., por todos, OLIVEIRA ASCENSÃO, *O Direito – Introdução e Teoria Geral*, cit., esp. pp. 408 ss..

[956] Cf., sobre este ponto, M. HORSPOOL, V. KORAH, "Competition", cit., p. 339. Estas As. referem que "*a very wide interpretation has been given to the prohibition of Article 85.1 (...)*".

Parte II – Capítulo 1 529

artigo 85.º, n.º 1 TCE, qualificadas como coligações ou práticas restritivas da concorrência, sujeitas à consequência jurídica de nulidade ou, no mínimo a intervenções de controlo da Comissão, no sentido de conceder possíveis isenções nos termos do n.º 3 dessa disposição).[957]

Não cabe nesta secção introdutória uma análise *ex professo* das condições jurídicas de verificação de infracções ao artigo 85.º, n.º 1 TCE e da concretização ou densificação jurídicas dos conceitos utilizados nesta norma. De qualquer modo, alguns destes aspectos são retomados no quadro das análises conceptuais suscitadas pelo enquadramento das empresas comuns. Na realidade, algumas categorias jurídicas utilizadas nesse domínio são tributárias dos desenvolvimentos conceptuais verificados em sede de aplicação do artigo 85.º e do artigo 86.º TCE, pelo que, incorreríamos em repetições desnecessárias, caso nos alongássemos excessivamente no estudo destas disposições.[958]

Justifica-se, assim, uma breve referência a determinados conceitos fundamentais desenvolvidos, de forma gradual, através da prática decisória da Comissão – no quadro da aplicação do Regulamento n.º 17/62 – e da jurisprudência do TJCE, considerando, designadamente, para esta caracterização sumária o conceito de *"empresa"*. Reportamo-nos aqui à construção jurídica e consolidação de princípios e categorias jurídicas essenciais – numa perspectiva que se pode considerar histórica ou descritiva – remetendo os desenvolvimentos mais recentes e novos processos de interpretação para a análise *ex professo* das empresas comuns que adiante se efectua.

Para os efeitos da previsão do artigo 85.º TCE, a noção de *"empresa"* – que já aflorámos na nossa análise do conceito de empresa comum em sede de direito da concorrência – tem sido definida em sentido muito lato (tudo indica, de resto, que o conceito em causa deve ter o mesmo sentido no quadro do Artigo 86.º do TCE). DERINGER salientou, justamente,[959] nos

---

[957] Já referimos atrás a existência de domínios excluídos do âmbito de aplicação do artigo 85.º TCE. Pensamos, sobretudo, nas situações de exclusão, como a respeitante ao sector da defesa nacional, *ex vi* do artigo 223.º, n.º 1 TCE, ou objecto de tratamento especial, como se verifica em relação ao sector agrícola *ex vi* do artigo 42.º TCE.

[958] Cfr., por todos, para uma análise sumária das categorias jurídicas previstas nos artigos 85.º e 86.º TCE (artigos 81.º e 82.º CE), VALENTINE KORAH, *An Introductory Guide to EC Competition Law and Practice*, cit., esp. pp. 41 ss. e pp. 76 ss..

[959] Cfr. A. DERINGER, *The Competition Law of the European Economic Community – A Commentary on the EEC Rules of Competition*, CCH Editions, 1968.

530 Empresas comuns – Joint Ventures

primeiros anos de aplicação do Regulamento n.°17/62, a ausência de uma definição material desse conceito no artigo 85.° TCE, admitindo a adopção de formulações semelhantes às delineadas pela Autoridade da RFA em matéria de concorrência em 1961. Este organismo havia, para efeitos de aplicação de normas de concorrência relativas a coligações e práticas concertadas, definido *"empresa"* (*"unternehmen"*) como qualquer *"actividade dirigida à transacção de valores económicos (bens e serviços) não limitada à realização individual de necessidades pessoais(...), independentemente da sua forma jurídica"*.[960]

A Comissão, acompanhada de perto pelo TJCE, acolheu progressivamente uma noção de empresa que, pela sua latitude, se aproxima da formulação proposta por DERINGER, tendo reconduzido ao conceito em causa qualquer forma de organização de recursos orientada para a realização de actividades económicas, independentemente da sua forma jurídica[961] (incluindo, assim, sociedades comerciais de qualquer tipo,[962] associações, comerciantes em nome individual,[963] empresas públicas[964] e, no limite, embora segundo uma orientação mais recente e expressa em termos mais dubitativos, os profissionais liberais no exercício das suas actividades económicas).

Deve salientar-se, acompanhando neste ponto VALENTINE KORAH,[965] que a maior parte das situações apreciadas pelo TJCE tiveram por objecto a imputação da actividade empresarial relevante, para o efeito de verificação de coligações ou de práticas concertadas, no que respeita à actuação de empresas filiais (como se verificou no importante processo *"Commercial Solvens"*, no qual a actuação de uma filial foi imputada à empresa que

---

[960] Cfr. A. DERINGER, *The Competition Law of the European Economic Community – A Commentary on the EEC Rules of Competition*, cit., p. 5.

[961] Cfr., nesse sentido, a decisão da Comissão no caso *"Polypropylene"* [JOCE n.° L 230/1 (1986)], na qual esta preconiza que, independentemente da forma jurídica, o conceito de *"empresa"* abrange qualquer entidade realizando actividades comerciais.

[962] Cfr., nesse sentido, o Acórdão do TJCE *"Nungesser v. Commission"* [proc 258/78, Rec. 2015 (1982)].

[963] Cfr., nesse sentido, o Acórdão do TJCE *"Demo Studio Schmidt v. Commission"* [proc 210/81, Rec. 3045 (1983)].

[964] Cfr. a decisão da Comissão *"British Telecommunications"*, JOCE L 360/36, 1982.

[965] Cfr. VALENTINE KORAH, *An Introductory Guide to EC Competition Law and Practice*, cit., esp. pp. 36 ss..

Parte II – Capítulo 1 531

detinha o controlo de 51% do seu capital e que havia determinado o comportamento comercial da referida filial).[966]

Por outro lado, os conceitos de acordo e de prática concertada entre empresas, incluem, respectivamente, todas as formas de convenção orientadas no sentido de limitar ou condicionar a liberdade de actuação das partes, independentemente da vinculação jurídica emergente das mesmas,[967] e, como assinalaram C. BELLAMY e G. CHILD, [968] todos os processos de cooperação informal entre as empresas que não são objecto de acordo ou decisão formais.

Como já referimos, a proibição de acordos e práticas concertadas restritivas da concorrência foi objecto de uma aplicação rigorosa por parte da Comissão, admitindo a verificação de restrições da concorrência em todas as situações em que se verificassem condicionamentos do comportamento das empresas, com relevância no funcionamento do mercado. Tal implicou a apreciação de uma parte significativa destas operações na perspectiva específica da concessão de isenções, nos termos do artigo 85, n.º 3 TCE e obrigou as empresas a efectuarem, correntemente, notificações de certas operações à Comissão, no sentido de salvaguardarem a validade das mesmas, através da obtenção de decisões de isenção.[969]

Autores como BADEN FULLER, VALENTINE KORAH, ou M. HORSPOOL,[970] admitiram que o rigor que a Comissão imprimiu na aplicação da proibição

---

[966] Referimo-nos aqui, em concreto, ao Acórdão *"Commercial Solvens"* [proc. 6 e 7/73, Rec. 223 (1974)]. Reportamo-nos aqui, de forma extremamente genérica, à caracterização do conceito de empresa para efeitos de aplicação dos artigos 85.º e 86.º TCE, visto que a delimitação da categoria jusconcorrencial de empresa – na perspectiva específica da sua densificação jurídica como elemento do conceito de empresa comum – foi já analisada *supra*, capítulo segundo (esp. ponto **3.**) da **Parte I**.

[967] Cfr., nesse sentido, o Acórdão *"ACF Chemiefarma v. Commission"* [proc 41/69, Rec. 661 (1970)]. Para uma visão actualizada dos desenvolvimentos jurisprudenciais relativos ao conceito de acordo no quadro e para os efeitos do artigo 85.º TCE (artigo 81.º CE), e para uma compreensão da diversidade de situações subsumíveis nesse conceito, cfr. OLIVER BLACK, "What is an Agreement", cit., pp. 504 ss..

[968] Cfr. BELLAMY, CHILD, *European Community Law of Competition*, cit., esp. pp. 51 ss..

[969] A partir de certa fase ter-se-á verificado uma sobrecarga administrativa da Comissão devido a esta ncessidade de notificar determinadas categorias de acordos. Cfr., nesse sentido, IVO VAN BAEL, J-F BELLIS, *Competition Law of the European Community*, cit, esp. pp. 26 ss. e pp. 56 ss..

[970] Cfr. BADEN FULLER, "Economic Issues Relating to Property Rights in Trade Marks, Export Bans, Differencial pricing, Restrictions on Resale and Repackaging", in EL Rev., 1981, pp. 162 ss.; cfr., igualmente, HORSPOOL, KORAH, "Competition", cit., pp. 348 ss..

prevista no artigo 85.º, n.º 1 TCE, poderá, paradoxalmente, em alguns casos, ter sido contraproducente para o aprofundamento da integração económica comunitária.

Em nosso entender, a crítica dos referidos autores revela-se, quanto a determinados aspectos, excessiva. Assim, admitimos, em sentido diverso de KORAH e HORSPOOL, que a interpretação estrita da proibição do artigo 85.º, n.º 1 TCE, convertendo-a numa norma de proibição *per se*, foi importante no período de formação do direito comunitário da concorrência – que acima procurámos identificar de modo sumário –, no qual assumia primordial importância a definição e consolidação de critérios comuns de apreciação jurídica.[971] Essa crítica, contudo, já se revela ajustada, no que respeita a certos excessos de formalismo jurídico e certo automatismo na aplicação da proibição do artigo 85.º, n.º 1 TCE, sem a realização das análises de mercado que seriam necessárias (para determinar, de forma rigorosa, a evolução das situações de mercado na perspectiva hipotética da ocorrência, ou da não ocorrência, dos acordos e práticas concertadas em causa).

Deste modo, em múltiplas decisões, a Comissão terá interpretado em sentido excessivamente literal o objectivo de impedir a adopção de práticas das quais possa resultar a segmentação os mercados nacionais, não procurando averiguar se, na ausência desses elementos aparentemente restritivos da concorrência, teria sido possível, em termos económicos, a penetração em determinados mercados nacionais. Deve notar-se que esses elementos condicionadores da concorrência visavam, com frequência, a protecção em relação a certas formas de concorrência desenvolvidas dentro da mesma linha de produtos e, designadamente, a concorrência entre distribuidores da mesma marca de produtos e que pudessem pôr em causa os investimentos de base efectuados para a primeira etapa de penetração

---

[971] Cfr., sobre a contraposição de normas de proibição *per se* e da "*rule of reason*", GEERT WILS, "'Rule of Reason': Une Règle Raisonnable en Droit Communautaire?", cit., pp. 20 ss.. No plano ora em causa, a evolução do direito comunitário da concorrência realizou-se sempe em moldes diversos em relação ao que se verificou no ordenamento norte-americano (neste não era necessário afirmar categorias comuns num quadro de diversidade de ordenamentos nacionais). Cfr. sobre esta matéria, ELEANOR FOX, *Federalism, Standards and Common Market Merger Control*, in *Annual Proceedings of the Fordham Corporate Law Institute – European/American Antitrust and Trade Law – 1988*, Editor BARRY HAWK, Fordham Corporate Law Institute, 1989, cit., pp 23-1 ss.

Parte II – Capítulo 1

num determinado mercado nacional (em súmula, operações destinadas a limitar a denominada concorrência intramarca). [972]

Além disso, essa análise económica mais desenvolvida – que se ajustaria de forma mais complexa ao objectivo de integração económica, na sua vertente material e não meramente jurídíco-formal – justificar-se-ia, sobremaneira, nos casos em que os investimentos necessários a uma primeira penetração em determinados mercados nacionais não tivessem aplicação alternativa, na hipótese de insucesso relativamente à operação comercial delineada (custos de investimento sem retorno e sem aplicações alternativas, sugestivamente conhecidos na doutrina anglo-saxónica como "*sunk costs*").[973]

Nessas situações, detectáveis através de processos adequados de análise económica, determinadas restrições da concorrência, sob a forma de interdições de reexportação, ou proteccção territorial absoluta de certos distribuidores nacionais de um produto, podem representar uma condição absolutamente determinante para a penetração de certos produtos em alguns mercados nacionais, o que se coaduna com o objectivo primacial da política de concorrência de progressiva unificação do mercado comunitário.

A necessidade de proceder à notificação de múltiplos acordos entre empresas à Comissão, no sentido de obter isenções, – concedidas *ex vi* do artigo 85.º, n.º 3, TCE [974] – conduziu a um elevado grau de intervenção da Comissão, a qual, não raramente, condicionou a isenção de determinadas operações ao cumprimento de determinadas obrigações e à introdução de alterações nessas operações.[975] Além disso, a multiplicação de processos

---

[972] Sobre o conceito de "*intrabrand competition*",cfr. IVO VAN BAEL, J-F BELLIS, *Competition Law of the European Community*, cit., esp. pp 114 ss..

[973] Cfr., sobre a importância dos denominados "*sunk costs*" na análise deste tipo de situações, HORSPOOL, KORAH, "Competition", cit., pp. 349 ss.. Cfr., ainda, IVO VAN BAEL, "Heretical Reflections on the Basic Dogma of EEC Antitrust: Single Market Integration", in Swiss Review of International Competition Law, 1980, pp.39 ss..

[974] Isenções concedidas ex vi do artigo 85.º, n.º 3 TCE. Cfr. sobre o processo de concessão de isenções, THIESING, SCHROTER, HOCHBAUM, *Les Ententes et les Positions Dominantes dans le Droit de la CEE*, cit..

[975] Cfr. sobre a política de negociação de condições e obrigações face ao artigo 85.º n.º 3 TCE, IVO VAN BAEL, J-F BELLIS, *Competition Law of the European Community*, cit., esp. pp. 56 ss. Sobre este tipo de intervencionismo da Comissão que se diferencia, nesse ponto, da actuação das autoridades federais norte-americanas da concorrência, cfr., ainda, BASTIAN VAN DER ESCH, *EC Rules on Undistorted Competition and US Antitrust Rules:*

de notificação originou sérios problemas administrativos à Comissão, não se tendo mostrado exequível o tratamento célere dos referidos processos, o que se revestiu de graves consequências para a segurança jurídica das empresas e do tráfico jurídico-económico, atendendo às consequências previstas no artigo 85.°, n.° 2 TCE, relativamente às operações restritivas da concorrência não subsumíveis nos critérios de isenção (nulidade).

Apesar de o TJCE, nos seus Acórdãos "*La Technique Minière*"[976] e "*Stergios Delimitis*",[977] ter limitado as consequências decorrentes da previsão do artigo 85.°, n.° 2 TCE, ao admitir que apenas devem ser consideradas nulas as específicas estipulações de um acordo que produzam efeitos restritivos sobre a concorrência – podendo as disposições restantes dos acordos em causa ser executadas, desde que destacáveis para o efeito do acordo global, isto é, desde que a lei nacional aplicável não obste à "*redução*" dos acordos – a insegurança jurídica provocada pelo arrastamento dos processos relativos à concessão de isenções continuou a ser considerável.

A Comissão procurou contornar este aparente bloqueamento do processo decisório em matéria de concessão de isenções, quer através da emissão de "*cartas de conforto*", nas quais se declara que o acordo reune, em princípio, as condições para a verificação de uma isenção nos termos do artigo 85.°, n.° 3 TCE, ou que o acordo notificado não provoca restrições relevantes de concorrência, na perspectiva e aplicação da proibição prevista no artigo 85.°, n.° 1,[978] quer através da emissão das denominadas isenções por categoria, nos termos das quais a Comissão define globalmente, em relação a determinadas categorias gerais de acordos ou práticas, as estipulações susceptíveis de reunirem condições de aprovação, de

---

The limits of Comparability, in *Annual Proceedings of the Fordham Corporate Law Institute – European/American Antitrust and Trade Law – 1988*, Editor BARRY HAWK, Fordham Corporate Law Institute, 1989, cit., pp. 18-1 ss..

[976] Cfr. "*Acórdão La Technique Minière*", nos termos em que é cit. por HORSPOOL, KORAH, "Competition", cit., pp. 349 ss..

[977] Cfr. Acórdão "*Stergios Delimitis v Henninger Brau*", de 28 de Fevereiro de 1991 [proc C-234/89, Col. I – 935 (1991)]. Sobre este Acórdão, cfr. PAUL LASOK, "Assessing the Economic Consequences of Restrictive Agreements: A Comment on the Delimitis Case", in EL Rev.., 1991, pp. 194 ss..

[978] Cfr. sobre as "*cartas de conforto*" ("*confort letters*") emitidas no sentido de evitar a adopção de decisões formais da Comissão, I. FORRESTER, C. NORALL, "Competition Law", in YEL., 10 – 1990, Oxford, 1991, pp. 407 ss..

Parte II – Capítulo 1

acordo com os critérios do artigo 85.º, n.º 3 TCE, e as disposições que serão liminarmente rejeitadas, de acordo com os mesmos critérios.[979]

No que respeita à prática de emissão de *"cartas de conforto"*, deve salientar-se que as mesmas apenas proporcionam um grau limitado de segurança jurídica, visto que, de acordo com a jurisprudência do TJCE firmada no Acórdão *"The Perfum Cases"*,[980] os referidos documentos não vinculam juridicamente os tribunais nacionais, embora possam ser considerados por estes na sua apreciação das situações.

Em geral, a técnica jurídica de adopção de Regulamentos de isenção por categoria revelou-se mais frutuosa para enquadrar os problemas de insegurança jurídica despoletados por uma interpretação muito estrita da proibição estabelecida no n.º 1 do artigo 85.º TCE, sobretudo, porque esses instrumentos se mostraram, enquanto tais, passíveis de reforma quanto à metodologia jurídica subjacente aos mesmos. Na realidade, a segunda geração de Regulamentos de isenção por categoria, desenvolvida a partir da adopção do Regulamento referente a restrições à concorrência de carácter vertical, incluindo, designadamente, vários Regulamentos recentes com relevância directa para a apreciação de diversas subcategorias de empresas comuns – e que, por essa razão, serão objecto da nossa atenção (*infra*, **Parte III**, especialmente nos capítulos terceiro e quarto) – caracteriza-se pela utilização de uma metodologia mais flexível e mais permeável a critérios de análise económica.

De qualquer modo, o problema essencial acima configurado, de potencial bloqueamento do processo decisório reletivo à concessão de isenções *ex vi* do n.º 3 do artigo 85.º TCE (actual artigo 81.º CE) apenas poderia ser definitivamente resolvido, ou através de uma drástica alteração dos critérios de interpretação da proibição estabelecida no n.º 1 do referido artigo 85.º TCE (artigo 81.º CE) – que conduzisse a uma redução da intensidade dessa proibição –, ou através da eliminação do carácter exclusivo da competência atribuída à Comissão para efeitos de aplicação do n.º 3 do artigo 85.º TCE (artigo 81.º CE). Como de seguida se observará (*infra*, **5.**), a Comissão, tendo ensaiado com a adopção do Livro Branco, de 1999, várias opções possíveis para a resolução desse problema, acabou por se fixar na segunda alternativa acima delineada, através do denominado processo de *"modernização"* encetado com a aprovação do Regulamento (CE) n.º 1/2003.

---

[979] Cfr. sobre a técnica jurídica utilizada nos Regulamentos de isenção por categoria, D. G. GOYDER, *EC Competition Law*, cit., pp. 130 ss..

[980] Acórdão *"The Parfum Cases"* [proc 253/78, 3/79, Rec. 2327 (1980)].

4.3. OS REGULAMENTOS DE ISENÇÃO POR CATEGORIA E AS PRINCIPAIS ORIENTAÇÕES DA COMISSÃO NA APLICAÇÃO DO ARTIGO 85.º TCE

Nos termos do Regulamento n.º 19/65 (CEE) do Conselho – já referido[981] – foi atribuída competência à Comissão para aprovar os seus próprios Regulamentos, nos termos dos quais conceda isenções por categoria relativamente a determinadas modalidades gerais de acordos nas matérias de distribuição e de restrições relacionadas com a aquisição e utilização de direitos de propriedade industrial (no Regulamento n.º 19/65, cit., o Conselho retomou a formulação do n.º 3 do artigo 85.º TCE, que inclui menções explícitas a *"categorias de acordos"*, ou *"categorias de decisões"*).[982]

Ulteriormente, o Conselho veio a conferir uma competência idêntica à Comissão, nos termos do Regulamento (CEE) n.º 2821/71 (alterado pelo Regulamento (CEE) n.º 2743/72),[983] em matéria de acordos de especialização. Mais recentemente ainda, o mesmo órgão comunitário aprovou novos Regulamentos, conferindo o mesmo tipo de poderes à Comissão, em matéria de transporte aéreo (Regulamento (CEE) n.º 3976/87),[984] e relativamente ao sector dos seguros (Regulamento (CEE) n.º 1534/91).[985] Em contrapartida, no domínio do transporte marítimo, o Conselho definiu, directamente, isenções por categoria, nos termos do Regulamento (CEE) n.º 4056/86.[986]

---

[981] Sobre o contexto de adopção deste Regulamento, especificando a experiência resultante de alguma *praxis* decisória que foi tomada em consideração na preparação do mesmo e referindo a acção de anulação apresentada pela Itália relativamente ao mesmo [que originou o Acórdão do TJCE *"Italy v. Council and Commission"*, proc. 32/65, Rec. 389 (1966)], por alegado desvio de poder inerente a um suposto aumento do alcance do regime do artigo 85.º TCE que resultaria do mesmo, cfr. DG. GOYDER, *EC Competition Law*, cit., pp. 61 ss..

[982] A propósito da formulação, técnica jurídica e conteúdo preceptivo do Regulamento em causa, importa notar que o TJCE no Acórdão *"Italy v. Council and Commission"*, acima referido, deixou claro que o mesmo não implicava um alargamento do âmbito de aplicação do artigo 85.º TCE.

[983] Sobre a disciplina jurídica essencial que se encontrou na base do estabelecimento de uma isenção por categoria em relação aos acordos de especialização, cfr. o exposto *supra*, capítulo segundo – esp. ponto 5.3. – da **Parte I**.

[984] Regulamento (CEE) n.º 3976/87, JOCE n.º L 374/9, 1987.

[985] Regulamento (CEE) n.º 1534/91, JOCE n.º L 143/1, 1991.

[986] Regulamento (CEE) n.º 4056/86, JOCE n.º L378/4, 1986. Ulteriormente, foi ainda adoptado o Regulamento (CE) n.º 479/92 (JOCE n.º L55/3, 1992) ao abrigo do qual a Comissão aprovou o Regulamento (CE) n.º 823/2000 (JOCE n.º L 100/24, 2000).

Com base nestes diplomas do Conselho, a Comissão aprovou, progressivamente, um conjunto fundamental de isenções por categoria, abarcando matérias da maior importância, como os acordos de distribuição exclusiva, acordos de especialização, acordos de investigação e desenvolvimento, acordos de compra exclusiva, acordos de *"franchising"*, acordos relativos a licenças de *"saber fazer"*, ou certas categorias de acordos no domínio dos seguros, entre outras.[987] Note-se que, como adiante se verá – já no contexto da análise *ex professo* das empresas comuns – as revisões gerais dos critérios e procedimentos de apreciação de restrições à concorrência, de tipo vertical e de tipo horizontal, – ocorridas em 1999 e em 2000 – conduziram à substituição de vários Regulamentos de isenção por categoria anteriores e a profundas alterações da metodologia utilizada nesses instrumentos jurídicos.[988]

Até à aprovação do RCC, em 1989, os Regulamentos de isenção por categoria aprovados pela Comissão, constituíram, conjuntamente com os diplomas aprovados pelo Conselho e, bem entendido, com os artigos 85.º e 86.º TCE a base do ordenamento comunitário da concorrência cuja aplicação se cometeu à Comissão e traduziram um dos aspectos mais significativos da evolução do mesmo ordenamento.

A elaboração destes Regulamentos de isenção por categoria pela Comissão, no quadro de uma delegação de poderes conferida pelo Con-

---

[987] Em relação aos acordos de especialização, acordos de investigação e desenvolvimento, e aos acordos relativos a licenças de *"saber fazer"*, cfr. os elementos já expostos sobre os respectivos regimes de isenção por categoria *supra*, capítulo segundo – esp. 5.3. – da **Parte I**. No que respeita aos acordos de *"franchising"*, cfr. Regulamento n.º 4087/88, JOCE n.º L 359/46, 1988, sendo, finalmente a matéria incluída no Regulamento (CE) n.º 2790/99, relativo a restrições à concorrência de carácter vertical, já várias vezes referido. Quanto ao regime de isenção por categoria referente a certas categorias de acordos no domínio dos seguros, cfr. Regulamento n.º 3932/92, JOCE n.º L 398/7, 1992, substituído pelo Regulamento (CE) n.º 358/2003, JOCE n.º L 53/8, 2003, que aprovou um novo regime de isenção por categoria em relação a certos acordos no domínio dos seguros. Sobre os acordos de compra exclusiva, cfr. Regulamento n.º 1984/83 (acordos de compra exclusiva), JOCE n.º L 173/5, 1983, substituído, no que respeita à incidência vertical dos mesmos acordos pelo acima referido Regulamento (CE) n.º 2790/99.

[988] A nova *"geração"* de Regulamentos de isenção por categoria, de 1999-2000 será especialmente aflorada no contexto da nossa análise ex professo de diversos tipos funcionais de empresas comuns submetidas ao regime do artigo 81.º CE – *maxime*, empresas comuns de investigação e desenvolvimento e empresas comuns de produção – *infra*, capítulo terceiro da **Parte III**.

538   *Empresas comuns* – Joint Ventures

selho, tem sido objecto de dois tipos de críticas, que não se nos afiguram completamente procedentes.

Assim, a Comissão foi criticada por não ter promovido junto do Conselho a concessão de poderes para aprovação de Regulamentos de isenção por categoria, abarcando matérias mais vastas e de grande importância para a manutenção de um nível adequado de *"concorrência praticável"* (*"workable competition"*), designadamente, no domínio dos acordos de tipo horizontal. Alguns autores censuraram o facto de, pelo menos ao longo de uma primeira fase de utilização da técnica normativa dos Regulamentos de isenção por categoria, esta disciplina jurídica desenvolvida pela Comissão ter incidido, fundamentalmente, nos acordos que produziam restrições da concorrência de tipo vertical.[989]

Em nosso entender, esta crítica não é completamente fundamentada, pois a elaboração de Regulamentos de isenção por categoria correspondeu a um processo jurídico complexo que deveria assentar numa experiência material alargada da Comissão nas matérias em causa. Apenas será admissível a definição de critérios fundamentados de apreciação e a formulação de categorias precisas de análise com base na experiência adquirida na condução de processos de notificação de certos tipos de acordos, com vista à concessão de isenções individuais, nos termos do Regulamento n.º 17/62 (CEE).

Ora, numa primeira fase de aplicação do processo de notificação de acordos e práticas concertadas, a Comissão terá sido essencialmente confrontada com situações de restrição da concorrência de tipo vertical, o que, só por si, justifica que tenha iniciado o processo de elaboração de Regulamentos de isenção por categoria por esse domínio. Vários comentadores que verberam o excessivo pendor de intervenção da Comissão – traduzido na interpretação rigorosa da proibição do n.º 1 do artigo 85.º TCE – incorrem nessa crítica falaciosa e contraditória, do ponto de vista da lógica normativa que preconizam.

---

[989] Cfr., para uma referência a essas criticas, D. G. GOYDER, *EC Competition Law*, cit, p. 70 ss., embora este A. relativize, desde logo, essas críticas em função das condições de funcionamento do sistema de notificações prévias. Como o mesmo A. refere, *"DG IV had, however, developed its policies towards vertical agreements far more quickly than towards horizontal agreements and cartels. It is a possible criticism of the policy of the Commission during its first ten years that the terms of Regulation 17 inevitably forced this initial concentration on vertical rather than horizontal agreements because of the extent to which the mass notification of the vertical agreements in accordance with the Regulation's requirements limited DG IV's freedom of action"* (A. cit., *op. cit.*, p. 71).

Na realidade, sendo a Comissão criticada pela sua excessiva intervenção relativamente a acordos e coligações entre empresas e pelo facto de raras vezes admitir, nos casos em que as empresas envolvidas têm quotas de mercado de alguma importância, que os referidos acordos não se encontram, *ab initio*, cobertos pela proibição do n.º 1 do artigo 85.º TCE, resulta contraditória a defesa de uma posição segundo a qual a Comissão deveria realizar intervenções de tipo legiferante, através da elaboração de Regulamentos de isenção por categoria, quanto a matérias em que não possuia conhecimentos materiais profundos resultantes da experiência na apreciação concreta de certos acordos. Nesse caso, estar-se-ia a preconizar a realização de intervenções legiferantes de acordo com uma perspectiva conceptualista e teórica dos problemas e desacompanhada de uma experiência concreta válida de apreciação e ponderação dos efeitos de determinadas operações sobre e a concorrência.[990]

O segundo tipo de críticas de fundo à utilização da técnica normativa dos Regulamentos de isenção por categoria reveste-se, porventura, de maior alcance. Assim, autores como VALENTINE KORAH e IVO VAN BAEL,[991] consideraram que a perspectiva jurídica subjacente aos referidos Regulamentos tem sido demasiado formal, sendo as previsões dos mesmos Regulamentos demasiado pormenorizadas e não abarcando, necessariamente, a complexidade dos efeitos de mercado originados por certos tipos de acordos.

A elaboração daqueles Regulamentos, contendo listas pormenorizadas de cláusulas autorizadas e de cláusulas proibidas em certas categorias de acordos (*"black list"* e *"white list clauses"*[992]) poderia, pois, levar as empresas a empreender complexas construções jurídicas – desenvolvendo tipos de operações induzidos pela intervenção da Comissão e não directamente resultantes da dinâmica de mercado – o que não corres-

---

[990] Existem de facto algumas críticas contraditórias em relação a alguns défices de actuação da Comissão em matéria de aprovação de Regulamentos de isenção por categoria. Pela nossa parte, entendemos, pelo contrário, que, neste domínio, o problema foi geralmente de ordem inversa e traduziu-se num excessivo "intervencionismo" administrativo da Comissão.

[991] Cf sobre essas criticas, IVO VAN BAEL, "Heretical Reflections on the Basic Dogma of EEC Antitrust. Single Market Integration", cit., pp. 39 ss. – estudo no qual este A. refere também as posições críticas de KORAH.

[992] Cfr., sobre esta técnica normativa assente nas denominadas *"white list"* e *"black list clauses"*, J. B. BLAISE, "Droit de la Concurrence: Exemption par Catégorie des Accords d'Exclusivité", in RTDE, 1985, pp. 654 ss..

540 *Empresas comuns* – Joint Ventures

ponderia, necessariamente, a situações de reforço de eficiência económica, ou a produção de outros efeitos socio-económicos virtuosos.

Consideramos esta crítica globalmente fundamentada, embora a mesma possa ter conhecido algumas formulações algo excessivas em certos estádios da evolução do ordenamento comunitário da concorrência. Na verdade, a definição de categorias de estipulações permitidas e proibidas não resultava de um mero processo de construção jurídico-formal, desligado dos processos económicos concretos, mas da experiência colhida pela Comissão na análise dos compromissos mais recorrentes em certos acordos ou formas de cooperação empresarial.

Acresce que, nos casos em que se verificasse uma manipulação indevida das categorias típicas de permissões e proibições incluídas nestes Regulamentos, no sentido de validar acordos com efeitos restritivos, inaceitáveis de acordo com os critérios materiais do n.º 3 do artigo 85.º TCE, a Comissão poderia retirar o benefício de aplicação da isenção por categoria em causa. Essa faculdade foi prevista no artigo 7.º do primeiro Regulamento do Conselho que conferiu competência à Comissão para a aprovação de Regulamentos de isenção por categoria em certos domínios. Deviam, pois, em cada Regulamento de isenção por categoria, ser previstos critérios flexíveis, de acordo com os quais a Comissão poderia retirar, relativamente a determinados acordos em concreto, o benefício de aplicação da isenção por categoria.

Finalmente, algumas das críticas supramencionadas subestimaram as possibilidades de revisão dos regulamentos de isenção por categoria, à luz da experiência da sua aplicação, que a Comissão sempre admitiu, explicitamente. Ora, as revisões feitas em 1994 e 1995 e, sobretudo, a profunda reforma de vários Regulamentos de isenção por categoria empreendida em 1999 e 2000 visaram, precisamente, entre outros aspectos, aumentar a flexibilidade destes instrumentos normativos, *maxime* através do abandono da técnica das cláusulas autorizadas e proibidas em certas categorias de acordos.[993]

---

[993] Sobre a profunda reforma da generalidade dos Regulamentos de isenção por categoria que nos levou a referir atrás a existência – em termos substantivos – de uma *"segunda geração"* destes Regulamentos, cfr. JOACHIM LUCKING, DONNCADH WOODS, "Horizontal Cooperation Agreements. New Rules in Force", cit., pp. 8 ss.; RICHARD WISH, "Regulation 2790/99: The Commission's 'New Style' Block Exemption for Vertical Agreements", in CMLR., 2000, pp. 887 ss.; SUBIOTTO, AMATO, "Preliminary Analysis of the Commission's Reform Concerning Vertical Restraints", in W Comp., 2000, pp. 5 ss..

De qualquer modo, revelou-se importante o acompanhamento contínuo pela Comissão de certos acordos formalmente subsumíveis nas normas permissivas dos regulamentos de isenção por categoria, por forma a assegurar um grau necessário de flexibilidade na apreciação de certas categorias de acordos, sem incorrer nos *"vícios"* de formalismo e conceptualismo jurídico estigmatizados por KORAH e IVO VAN BAEL.[994] Determinados excessos de pormenorização das categorias de estipulações permitidas e proibidas deveriam também, em nosso entender, ser corrigidos, o que sucedeu – embora com imperfeições e limitações – nas recentes revisões desses enquadramentos e não invalida, em termos globais, como já se referiu, a bondade da opção técnica de elaboração dos Regulamentos de isenção por categoria.

4.4. A MEDIDA DE INTERVENÇÃO DA COMISSÃO – *REGRA DE RAZÃO* E RESTRIÇÕES ACESSÓRIAS DA CONCORRÊNCIA

Vários dos autores referidos – V. KORAH e IVO VAN BAEL, entre os mais representativos – criticam, pois, de forma geral, o excesso de intervenção da Comissão e a falta de flexibilidade demonstrada por esta na aplicação das normas de concorrência. ELEANOR FOX, num contexto geral de apreciação de evolução da política comunitária de concorrência até à fase crucial da criação de um sistema de controlo directo das operações de concentração de empresas, considerou, mesmo, que a Comissão desenvolveu uma das políticas de intervenção mais rigorosas de que há conhecimento face a outros organismos com funções de aplicação de normas de concorrência.[995] Em contrapartida, outros autores analisam algumas decisões mais recentes da Comissão – *maxime* no domínio dos direitos de

---

[994] Cfr., em especial, o estudo já cit. de IVO VAN BAEL, "Heretical Reflections on the Basic Dogma of EEC Antitrust. Single Market Integration", cit., pp. 39 ss..

[995] Cfr nesse sentido, destacando que a Comissão da CE desenvolveu uma das políticas de concorrência mais rigorosas de que há conhecimento, ELEANOR FOX, *Merger Control in the EEC – Towards a European Merger Jurisprudence*, in *Annual Proceedings of the Fordham Corporate Law Institute – EC and US Competition Law and Policy – 1991* – Editor BARRY HAWK, Fordham Corporate Law Institute, Transnational Juris Kluwer, 1992, pp. 709 ss.. Como refere, sugestivamente, esta A., *"The Competition Directorate of the EC Commission has become one of the most aggressive antitrust enforcers in the world, outstripping the US Justice Department and the Federal Trade Commission in the 1980s".*

propriedade industrial e dos acordos de distribuição[996] – no sentido de detectar uma progressiva abertura das mesmas a juízos de apreciação conduzidos de acordo com a *"regra de razão"* (*"rule of reason"*, similar à adoptada no direito norte-americano, nos termos que já referimos).

No quadro das evoluções já registadas no processo de integração económica comunitária, autores como I. FORRESTER, C. NORALL, SCHECHETER (e também VALENTINE KORAH, embora com uma formulação algo diversa)[997] têm sustentado que o objectivo de unificação dos mercados não será tão exigente (terá perdido algum peso nas ponderações globais a estabelecer), emergindo, progressivamente, uma margem para apreciações conduzidas de acordo com a *"regra de razão"*. Nesse sentido, invocam as teses originariamente preconizadas por RENÉ JOLIET,[998] em relação ao direito comunitário da concorrência. Este autor defendia, já, em 1967, no seu estudo comparado dos ordenamentos de concorrência dos EUA, da RFA e da CEE, a adopção de processos de apreciação baseados na *"regra de razão"* e utilizáveis no domínio do n.º 1 do artigo 85.º TCE (completamente destacado, para esse efeito, do n.º 3 da mesma disposição, o qual, segundo JOLIET, integraria apenas excepções de interesse público, de algum modo derrogatórias dos verdadeiros critérios de concorrência).

Todavia, e salvo o devido respeito, esta tese de JOLIET foi defendida no contexto da primeira fase de formação do direito comunitário da concorrência, quando não se encontrava ainda definida uma orientação clara na interpretação sistemática dos n.ºs 1 e 3 do artigo 85.º TCE. Ora, a orientação ulteriormente desenvolvida – e reconhecida, como tal, pelos autores mais críticos relativamente à mesma – infirmou alguns dos postulados em que assentava a posição de RENÉ JOLIET. Tal sucedeu, em particular, porque o artigo 85.º, n.º 3 TCE, não foi interpretado como uma previsão de excepções de interesse público, de carácter residual, dissociadas de verdadeiros critérios jurídico-económicos de concorrência, mas como parâmetro decisivo para a apreciação de restrições importantes da con-

---

[996] Cfr. nesse sentido, GEERT WILS, "Rule of Reason: Une Règle de Raison en Droit Communautaire?", cit, pp 19 ss, esp, 54 ss..

[997] Cfr. I. FORRESTER, C. NORALL, "the Laicization of Community Law: Self-Help and the Rule od Reason – How Competition Law is and Could be Applied", in CMLR, 1984, pp. 11 ss.; SCHECHTER, "The Rule of Reason in European Competition Law", in Legal Issues in European Integration, 1982, pp. 1 ss..

[998] Cfr. RENÉ JOLIET, *The Rule of Reason in Antitrust Law, American, German, and Common Market Law in Comparative Perspective*, 1967.

corrência, abrangidas pela proibição do Artigo 85.º, n.º 1 TCE, de acordo com a interpretação declarativa lata feita da mesma.

Nestes termos, uma recuperação das teses de JOLIET só poderá ser entendida como uma crítica à apreciação formal da regra *per se* do artigo 85.º, n.º 1, e à falta de abertura para o desenvolvimento de juízos de acordo com a *"regra de razão"*. Nesse plano, alguns autores consideram, precisamente, que algumas decisões da Comissão – e Acórdãos do TJCE proferidos relativamente aos casos versados nas mesmas – nos domínios supramencionados teriam começado a manifestar um certo grau de abertura para a utilização da *"regra de razão"* no domínio do artigo 85.º, n.º 1 TCE, destacando, em particular, os Acórdãos *"Nungesser v. Commission"* e *"Pronuptia"* (*maxime* o primeiro dos referidos Acórdãos).[999]

Na realidade, no primeiro dos mencionados processos, estando em causa direitos de carácter exclusivo concedidos no âmbito de propriedade industrial, o TJCE teria aparentemente inflectido a sua posição de apoio à perspectiva rígida tradicional da Comissão de subsumir na proibição do artigo 85.º, n.º1 TCE, todas as licenças exclusivas (obrigando, em todos os casos, a uma apreciação das mesmas de acordo com os critérios do artigo 85.º, n.º 3),[1000] ao admitir que as licenças exclusivas em causa não seriam, em si mesmas, incompatíveis com o artigo 85.º, n.º 1. Todavia, uma análise mais atenta da fundamentação utilizada pelo TJCE no referido Acórdão, revela que este órgão jurisdicional caracterizou os direitos exclusivos em causa, autonomizando a figura especial dos exclusivos de duração limitada no tempo e de carácter aberto (não absoluto), acolhendo distinções que a Comissão viria a utilizar no Regulamento de isenção por categoria aprovado posteriormente na matéria em causa. Subscrevemos, pois,

---

[999] Acórdãos *"Nungesser v. Commission"* e *"Pronuptia"*, respectivamente, de 8 de Junho de 1982 [proc 258/78 Rec. 2015 (1982)], e de 29 de Janeiro de 1986 [Proc 161/84, Rec. 353 (1986)]. Cfr., sobre este último Acórdão, WAELBROECK, *The Pronuptia Judgment – a Critical Appraisal*, in *Annual Proceedings of the Fordham Corporate Law Institute – 1986* – Editor BARRY HAWK, Fordham Corporate Law Institute, Matthew Bender, 1987, pp. 9-1 ss..

[1000] Autores como, *vg.*, MARIO SIRAGUSA preconizam claramente que, com o Acórdão "Semence de Mais", o TJCE terá mostrado, finalmente, alguma abertura à "rule of reason" no domínio da propriedade industrial. Cfr. A. cit., *Technology Transfers Under EEC Law – A Private View*, in *Annual Proceedings of the Fordham Corporate Law Institute – 1982* – Editor BARRY HAWK, Fordham Corporate Law Institute, Matthew Bender, 1983, pp. 95 ss..

544   *Empresas comuns* – Joint Ventures

o entendimento proposto por GEERT WILLS,[1001] segundo o qual o juízo de admissibilidade dos direitos exclusivos no caso em apreço se deve reconduzir, primacialmente, à orientação de reconhecimento de certas categorias de restrições acessórias de concorrência, necessárias para a conclusão de certas operações que, por si mesmas, não constituem uma infracção à proibição prevista no artigo 85.º, n.º 1 TCE e que podem, de resto, contribuir para a criação de fluxos comerciais entre mercados nacionais anteriormente segmentados do ponto de vista material.[1002]

Os defensores da introdução no direito de concorrência da CE de critérios de apreciação fundados na *"regra de razão"* mostram-se, em regra, pouco atentos à especificidade do sistema de *"common law"*, [1003] que a originou, e ao debate teórico que se tem verificado em torno desta figura.

Importa também ter presente a análise teórica das ligações, progressivamente mais complexas, que têm vindo a ser estabelecidas entre a *"regra de razão"* e as denominadas regras de proibição *per se* – regras cujo enunciado assenta na assimilação de presunções de verificação de efeitos anticoncorrenciais e que integram proibições de certas operações menos permeáveis à ponderação de efeitos de sentido diverso em cada caso concreto.

Como já referimos *supra*, a jurisprudência norte-americana tem evoluído no sentido de uma diluição progressiva da distinção entre as referidas regras e técnicas jurídicas, embora não eliminando de todo essa distinção, preconizando figuras intermédias como a *"regra per se de análise intensificada"*, ou a *"regra de razão de análise reduzida"*. O domínio da apreciação das empresas comuns constitui, de resto, uma área em que essa conjugação de técnicas jurídicas mais se tem desenvolvido.

Assim, a maior abertura que os órgãos comunitários tenham vindo a manifestar relativamente a uma análise de tipo mais complexo, e de sen-

---

[1001] Cfr. GEERT WILS, "Rule of Reason: Une Règle de Raison en Droit Communautaire?", cit., p. 60.

[1002] Cfr., para uma interpretação diferente do Acórdão *"Nungesser v. Commission"*, VALENTINE KORAH (cuja posição não subscrevemos), "Pronuptia, Franchising: the Marriage of Reason and the EEC Competition Rules", in European Intellectual Property Review, 1986, pp. 99 ss..

[1003] Cfr., destacando igualmente a especificidade destes sistemas de *"Common Law"*, GEERT WILS, "Rule of Reason: Une Règle de Raison en Droit Communautaire?", cit., pp. 38 ss..

tido menos unívoco, dos efeitos sobre a concorrência de certas operações empresariais pode traduzir, quer uma interpretação do artigo 85.º, n.º 1 TCE, à luz dos critérios da *"regra per se de análise intensificada"* – traduzindo a mesma oposição de princípio a certas categorias de operações, mas aprofundando, de algum modo, a análise dos seus efeitos sobre a concorrência –, quer uma utilização acrescida da doutrina das restrições acessórias da concorrência aplicada não apenas com base nos critérios do artigo 85.º, n.º 3, mas progressivamente acolhida em relação à própria previsão do artigo 85.º, n.º 1 TCE, sobretudo no domínio das *"empresas comuns"*. [1004]

Como adiante verificaremos, a apreciação jusconcorrencial das empresas comuns – quer no quadro do procedimento de controlo de concentrações do RCC, quer, sobretudo, no contexto das regras aplicáveis à mera cooperação entre empresas – tem vindo a suscitar, com uma nova acuidade, as questões de utilização da *"regra de razão"*, ou de técnicas jurídicas que comportem uma análise económica mais intensa e apresentem alguns paralelismos com aquele critério.[1005] A recente revisão do enquadramento das restrições à concorrência, de carácter horizontal, e a perspectiva de profunda alteração do sistema do Regulamento n.º 17/62 – que apreciaremos no contexto da nossa análise na especialidade dos efeitos das empresas comuns – obrigam, de resto, a uma reavaliação dos parâmetros essenciais de aplicação da regra de proibição do n.º 1 do artigo 81.º CE (artigo 85.º TCE). Essa reavaliação, segundo pensamos, pode desem-

---

[1004] Cfr., nesse sentido, destacando a evolução da doutrina das restrições acessórias, *maxime* no domínio das empresas comuns, I. FORRESTER, C. NORALL, "Competition Law", cit., pp. 410 ss..

[1005] No contexto da nossa análise substantiva das empresas comuns, empreendido na parte nuclear deste trabalho – **Parte III** – teremos ensejo de caracterizar uma desejável evolução no sentido de uma interpretação menos estrita do n.º 1 do artigo 85.º TCE (artigo 81.º CE), no sentido de admitir, no quadro da aplicação dessa disposição, a ponderação conjunta de efeitos restritivos da concorrência e de elementos proconcorrenciais, incluindo eficiências económicas geradas por certas modalidades de cooperação. Referiremos, a esse propósito, a identificação e avaliação do que denominamos de efeito global, ponderado, de certos processos de cooperação empresarial (essa análise, apesar de, como veremos, apresentar diversos pontos de contacto com a *"regra de razão"* do ordenamento norte-americano, não pode ser assimilada à mesma; cfr. **Parte III**, especialmente capítulos primeiro e terceiro). Uma reflexão crítica global sobre as consequências da experiência adquirida em sede de análise de empresas comuns e sobre a pertinência da adopção ou não, nesse contexto, da *"regra de razão"* ou de outras orientações interpretativas é desenvolvida na síntese conclusiva delineada na **Parte IV** deste trabalho.

546   *Empresas comuns* – Joint Ventures

bocar em alguma aproximação a certas modalidades da referida "*regra de razão*" do ordenamento norte-americano, nos termos que se exporão, de forma desenvolvida, a propósito dessa análise na especialidade de diversas subcategorias de empresas comuns (embora não propriamente na adopção dessa "*regra de razão*", diversamente do que foi proposto por alguma doutrina comunitária).[1006]

4.5. O ARTIGO 85.º TCE E A REGRA DE *MINIMIS* – A RELEVÂNCIA DO GRAU DE CONCENTRAÇÃO EMPRESARIAL NA APRECIAÇÃO DOS EFEITOS SOBRE A CONCORRÊNCIA

De acordo com uma orientação consolidada desde o Acórdão do TJCE "*Volk v. Vervaecke*" de 1969,[1007] o problema da aplicação de normas comunitárias a coligações, acordos e práticas concertadas entre empresas, apenas se coloca, caso os efeitos dos mesmos sobre a concorrência no mercado comum e sobre o comércio entre os Estados Membros sejam apreciáveis, devido à posição detida pelas empresas envolvidas nos mercados em causa.

Na sequência desta jurisprudência do TJCE, a Comissão publicou em 1970 uma primeira Comunicação relativa aos denominados "*acordos de importância menor*",[1008] na qual definia a perspectiva adoptada nas suas análises em relação aos efeitos sensíveis ou significativos sobre os mercados em causa. Esse texto foi sucessivamente alterado em 1977, 1986, 1997 e 2001[1009] e, nos termos do mesmo, os acordos ou práticas concertadas que não preencham determinados requisitos quantitativos não se encontram abrangidos pela proibição do artigo 85.º, n.º 1 TCE (artigo 81.º, n.º 1 CE). Como primeiro requisito para a relevância dos acordos segundo

---

[1006] No contexto da nossa análise de empresas comuns submetidas ao regime do artigo 81.º CE – *infra*, capítulo terceiro da **Parte III** – teremos ensejo de justificar esses limites de qualquer ideia de "*transposição*" da "*rule of reason*" para a concretização jurídica de normas comunitárias de concorrência.

[1007] Acórdão "*Volk v Vervaecke*", proc. 5/69, Rec. 295 (1969).

[1008] "*Comunicação relativa aos acordos de importância menor não visados pelas disposições do artigo 85.º, n.º 1*", JOCE n.º C 64/1, de 2 de Junho de 1970 (também usualmente designada como Comunicação *de minimis*).

[1009] Importa ter presente, em especial, as duas mais recentes formulações desta Comunicação *de minimis*, comprendendo a Comunicação interpretativa presentemente em vigor – JOCE n.º C 368/13, 2001 – e a que a antecedeu – JOCE n.º C 372/13, 1997.

este critério *de minimis*, considerava-se o volume total de negócios mínimo ao longo de um exercício, relativamente às empresas envolvidas nas operações em causa e, como segundo elemento, o facto de os produtos ou serviços abrangidos pelas referidas operações não representarem mais do que 5% do mercado global dos mesmos no território da CE. Tratava-se, pois, neste segundo requisito, de um elemento quantitativo que trazia, inelutavelmente, à colação a quota de mercado das empresas no território comunitário. Esta metodologia viria, em período mais recente, a ser alterada, de uma forma que confirma, de algum modo, o crescente acolhimento dos critérios estruturais no direito comunitário da concorrência. Assim, como veremos no contexto da análise dos efeitos das empresas comuns, e face ao actual direito constituído, a mais recente orientação da Comissão neste domínio – formulada na Comunicação de 2001[1010] – apenas retém, como índice de ausência de restrições sensíveis sobre a concorrência, os valores respeitantes às quotas de mercados das empresas em causa.

Embora a adopção destas Comunicações tenha introduzido alguns elementos de segurança jurídica – com carácter relativo, pois o TJCE não se encontra vinculado pelas mesmas – não foram eliminadas, de modo algum, as indefinições jurídicas que pesavam sobre o âmbito material de aplicação do artigo 85.º n.º 1 TCE.

Na realidade, à luz dos critérios enunciados nestas Comunicações, é necessário proceder à definição dos mercados relevantes dos produtos ou serviços em causa – juízo que se reveste de grande complexidade, como poderemos verificar –[1011] e, além disso, subsistem problemas de definição do perímetro das empresas envolvidas nas operações, cuja actividade deverá ser contabilizada de acordo com os parâmetros quantitativos adop-

---

[1010] Em rigor, as duas Comunicações mais recentes (1997 e 2001) deixaram de contemplar critérios quantitativos relativos aos volumes de negócios das empresas, passando a concentrar a apreciação de potenciais efeitos sensíveis sobre a concorrência na ponderação de determinados limiares de quota de mercado das empresas (como teremos ensejo de verificar *infra* – capítulo terceiro da **Parte III** – quando trouxermos à colação os parâmetros analíticos dessa Comunicação no quadro do nosso estudo de empresas comuns submetidas ao regime do artigo 81.º CE, concretizando então e avaliando criticamente tais parâmetros referentes a quotas de mercado). De qualquer modo, a Comunicação de 1997 ainda utilizava residualmente o critério do volume de negócios para estabelecer um patamar *de minimis* específico para as pequenas e médias empresas.

[1011] Cfr. a nossa análise sucinta das principais questões suscitadas pela delimitação de mercados relevantes – *infra*, nesta **Parte II**, capítulo segundo (ponto **4.**, final).

tados. Nos termos dessas Comunicações, as *"empresas participantes"* nas operações em causa incluem, não apenas aquelas que tomam parte directamente nos acordos considerados, mas também as empresas que lhes estejam ligadas por laços diversos de controlo.

Secundando neste ponto a posição de LOUIS VOGEL,[1012] consideramos que esta determinação de níveis ou índices de poder económico ou de mercado das empresas envolvidas em coligações, acordos e práticas concertadas – volumes de negócios e quotas de mercado (ou apenas o último destes índices, nas mais recentes Comunicações) – como condição de aplicação da proibição do artigo 85.º, n.º 1 TCE (artigo 81.º, n.º 1 CE), em função de uma exigência de efeitos sensíveis sobre a concorrência, constitui um primeiro nível de relevância do grau de concentração empresarial na avaliação dos efeitos sobre a concorrência decorrentes das referidas operações.

LOUIS VOGEL vai, no entanto, mais longe na sua análise e chega a admitir que a importância desta exigência de um carácter sensível, ou apreciável, do efeito restritivo da concorrência na aplicação do artigo 85.º, n.º 1 TCE – sem paralelo, pela sua intensidade, com a relevância que é atribuída a este elemento no direito da concorrência de Estados Membros como a França e a RFA[1013] constitui um afloramento de uma forma de controlo indirecto da concentração empresarial. Apesar de o regime relativo aos acordos, coligações e práticas concertadas entre empresas[1014] integrar apenas normas de comportamento – cuja aplicação depende da verificação de certas categorias de comportamentos empresariais, consideradas em função das suas características – VOGEL preconiza que a relevância do elemento concentração empresarial, como *"factor de qualificação dos efeitos restritivos sobre a concorrência"* traduz uma forma indirecta de controlo de concentração empresarial, pois a exigência de volumes mínimos de negócios e de quotas de mercado traz forçosamente

---

[1012] Cfr. LOUIS VOGEL, *Droit de la Concurrence et Concentration Economique*, cit., esp. pp. 34 ss..

[1013] Cfr. LOUIS VOGEL, *Droit de la Concurrence et Concentration Economique*, cit., p. 35.

[1014] Trata-se do regime que tem por objecto o que, na doutrina anglo-saxónica, se designa pela fórmula sintética de *"collusion"*. As normas que integram são essencialmente – embora não exclusivamente – *normas de comportamento*; sobre esta qualificação de normas da concorrência, cfr. TIM FRAZER, *Monopoly, Competittion and the Law*, cit., pp. 7 ss..

à colação a dimensão das empresas envolvidas e o seu modo de inserção no mercado.

Salvo o devido respeito, consideramos excessivo este último entendimento de Louis Vogel, em relação ao regime do artigo 85.°, n.° 1 TCE, na perspectiva do seu enquadramento pelo critério *de minimis*, de apreciação dos efeitos sobre a concorrência. O problema que se coloca é, claramente, de ordem conceptual. Assim, admitimos de acordo com este autor, que o peso dos critérios quantitativos subjacentes à regra *de minimis* configura uma forma indirecta de relevância do elemento concentração empresarial, mas o mesmo não justifica a recondução de normas de comportamento -como são as previstas no artigo 85.° TCE (artigo 81.° CE) – a um verdadeiro processo de controlo indirecto de concentrações de empresas.

Além disso, o próprio Louis Vogel reconhece que essa condição de qualificação suplementar dos comportamentos das empresas, indirectamente relacionada com o grau de concentração empresarial, tem um carácter relativo, o que, em nosso entender, invalida qualquer asserção no sentido de existência de um controlo indirecto de concentrações, cuja autonomização conceptual julgamos, pois, não ser fundamentada. Esse carácter relativo resulta do facto de, nem o TJCE – como já referimos –, nem a própria Comissão, se considerarem vinculados pelos critérios quantitativos definidos relativamente aos denominados acordos de importância menor. Na realidade, a Comissão tem admitido que certos tipos de comportamentos, pela especificidade das suas características, se revestem de efeitos anticoncorrenciais intensos, independentemente da expressão quantitativa dessas consequências restritivas sobre a concorrência e sobre o comércio intracomunitário, como se verificou, entre outros casos, na decisão "*Polistil/Arbois*", de 1984.[1015]

Em contrapartida, Louis Vogel salienta que a Comissão também destaca o carácter apreciável das restrições sobre a concorrência emergentes de coligações ou acordos entre empresas, apreendido em função do grau de concentração empresarial verificado em determinados mercados, como elemento decisivo para uma valoração negativa desses comportamentos das empresas. O carácter sensível da afectação da concorrência seria, pois, apreendido, numa parte apreciável, à luz da estrutura dos mer-

---

[1015] Decisão "*Polistil/Arbois*", JOCE n.° C 136/9, de 23 de Maio de 1984.

cados em causa (VOGEL refere a esse propósito as decisões *"Rank--Sopelem"*, de 1974, e *"Kabelmetal-Luchaire"*, de 1975).[1016]

Reiteramos, contudo, a posição que já expendemos a propósito da questão conexa anterior, referente ao grau de concentração e estrutura dos mercados como elemento de qualificação suplementar de certos comportamentos subtraídos ao âmbito material da proibição do artigo 85.º, n.º 1 TCE, de acordo com os critérios *'de minimis'*. Na situação ora considerada, o elemento de concentração reforça o juízo negativo sobre o efeito restritivo da concorrência inerente a certos comportamentos das empresas. Esta inegável relevância indirecta do elemento concentração empresarial, apreendido numa dupla perspectiva relativa à estrutura e dimensão das empresas e à estrutura global do próprio mercado de referência, não configura, em rigor, um processo de controlo indirecto das concentrações de empresas.

A autonomização conceptual e metodológica do controlo da concentração empresarial só se justifica, devido à especificidade de que se reveste esse fenómeno de concentração, nos casos em que o mesmo controlo incida, directamente, sobre alterações estruturais dos mercados (ou efeitos estruturais verificados no âmbito dos mercados de referência), consideradas *a se*, independentemente das características dos comportamentos que, em última análise, possam estar associados aos mesmos.

Em súmula, só fará sentido autonomizar, conceptualmente, processos de controlo directo de concentrações empresariais. Noutros contextos, o elemento concentração empresarial apenas influi, indirectamente, nos juízos sobre os comportamentos de empresas em sede de aplicação de outras categorias de normas de concorrência, potenciando determinados juízos positivos ou negativos, sobre esses comportamentos. A *"estruturalização"* da análise dos efeitos sobre a concorrência, inerentes a certas situações jurídicas empresariais, – mesmo no que respeita à aplicação de normas de comportamento – que tem progredido, consideravelmente, no quadro da apreciação jusconcorrencial das empresas comuns – constitui uma mutação metodológica profunda e de grande alcance, mas não justifica a sua assimilação a uma forma de controlo indirecto da concentração empresarial.

[1016] Cfr., sobre esses exemplos na *praxis* decisória da Comissão, LOUIS VOGEL, *Droit de la Concurrence et Concentration Economique*, cit., pp. 42-43.

Parte II – Capítulo 1 551

5. O Livro Branco e o processo de *"modernização"* conducente à adopção do Regulamento (CE) n.º 1/2003

5.1. A MODERNIZAÇÃO DAS REGRAS DE APLICAÇÃO DOS ARTIGOS 85.º E 86.º TCE – ASPECTOS INTRODUTÓRIOS

No contexto desta nossa breve análise do regime jurídico aplicável, em sede de direito comunitário da concorrência, a coligações, acordos empresariais e a práticas concertadas entre empresas, tendo presente o processo de formação deste ordenamento e os diversos estádios de evolução do mesmo, justifica-se uma referência especial, conquanto muito sucinta, ao denominado processo de *"modernização"*, encetado com o Livro Branco, de 1999, e que conhece uma etapa fundamental com a aprovação do Regulamento (CE) n.º 1/2003. Apesar de esse processo – tal como foi delineado no referido Livro Branco – respeitar à aplicação, quer do artigo 85.º TCE, quer do artigo 86.º TCE (artigos 81.º e 82.º CE), entendemos que as principais repercussões do mesmo – por razões de seguida explicitadas – se fazem sentir no domínio da primeira disposição e, como tal, no plano da apreciação de acordos e práticas concertadas entre empresas versado nesta secção (daí a inclusão desta matéria como último ponto da mesma secção).

Como já se referiu,[1017] essa reforma apresenta contornos predominantemente processuais e não integra, assim, o objecto da nossa investi-

---

[1017] Essa ressalva foi, desde logo, feita na **Introdução**, pontos VI e, sobretudo XIV. Além disso, como se destaca na parte nuclear deste trabalho – **Parte III** – o nosso estudo incide, essencialmente, sobre o tratamento jusconcorrencial substantivo das empresas comuns no direito comunitário da concorrência, em especial, no plano da aplicação do artigo 81.º CE (cfr., *infra*, **Parte III**, capítulo primeiro). Ora, em termos substantivos, essa disposição não conhece alterações com o referido processo de *"modernização"*, sem prejuízo de admitirmos que o mesmo produzirá consequências importantes que ultrapassam o mero plano processual e que influirão nos modos de concretização dessa norma e dos parâmetros que se lhe encontram subjacentes. Assim, na nossa análise substantiva de aspectos do regime do artigo 81.º CE – aplicável a empresas comuns – tomamos como pressuposto o enquadramento processual resultante do novo Regulamento (CE) n.º 1/2003, e a espaços convocamos critérios hermenêuticos que podem vir a ser influenciados – num ou noutro sentido – pela *praxis* de concretização jurídica que, previsivelmente, se virá a desenvolver no quadro do mesmo, mas não procedemos a qualquer análise *ex professo* do regime aprovado por esse Regulamento (para além das considerações de ordem eminentemente descritiva e de caracterização geral que se delineiam na presente secção).

gação. De qualquer modo, a sua extrema importância e a sua previsível influência nos critérios substantivos de apreciação das *supra* referidas situações de cooperação empresarial levam-nos – independentemente de múltiplas referências dispersas a essa matéria em vários pontos da nossa análise das empresas comuns – a enunciar e caracterizar, de forma sumária, esses recentes desenvolvimentos (por forma a completar uma visão global e continuada do processo de formação e consolidação do direito comunitário da concorrência, a qual constitui o objectivo primacial do presente capítulo).

5.2. OS OBJECTIVOS FUNDAMENTAIS DO LIVRO BRANCO RELATIVO À MODERNIZAÇÃO DO SISTEMA DE APLICAÇÃO DAS NORMAS DE CONCORRÊNCIA

A consolidação do sistema jurídico de concorrência delineado com base no Regulamento n.º 17/62 – acima caracterizado – e o próprio sucesso do mesmo sistema, geraram, em contrapartida, bloqueamentos e formas diversas de ineficiência na concretização das normas comunitárias de concorrência (que já temos vindo, também a aflorar[1018]). Um dos principais problemas em causa respeitava ao elevado número de notificações recebidas pela Comissão, ao abrigo do procedimento de notificação prévia estabelecido naquele Regulamento, e à incapacidade desta Instituição para apreciar esse extenso conjunto de situações que lhe era submetido. Já referimos, precisamente, que a Comissão procurou responder a esse problema – com sucesso muito desigual – através das técnicas de adopção de "*cartas de conforto*" e da aprovação de Regulamentos de isenção por categoria (*ex vi* do n.º 3 do artigo 85.º TCE – artigo 81.º CE).

De qualquer modo, esses processos não resolveram, satisfatoriamente, as questões com que a Comissão se encontrava confrontada, o que levou esta Instituição a suscitar um processo de reforma do sistema de aplicação dos artigos 85.º e 85.º TCE (artigos 81.º e 82.º CE) através da adopção do Livro Branco, em 1999, no qual se delineavam várias soluções alternativas para essa reforma.[1019] O processo assim desencadeado veio a

---

[1018] Essas diversas ineficiências encontram-se, designadamente, na base das críticas de que demos conta, *supra*, 4.1 a 4.3.

[1019] Sobre o contexto em que foi adoptado o Livro Branco, em 1999, cfr., entre múltiplas análises, as seguintes: REIN WESSLING, "The Commission White Paper on

Parte II – Capítulo 1

concretizar-se com a recente aprovação do Regulamento (CE) n.º 1/2003 e prosseguiu com a adopção de múltiplas orientações interpretativas, de carácter geral, por parte da Comissão, e com o efectivo estabelecimento de uma *"rede"* de autoridades nacionais de concorrência, funcionando em estreita articulação com a Comissão.[1020]

Através do Livro Branco, a Comissão assume a prossecução de quatro objectivos essenciais, compreendendo, **(i)** uma *"aplicação rigorosa do direito da concorrência"*, e objectivos **(ii)** de *"efectiva descentralização"*, **(iii)** de *"simplificação dos procedimentos"* e **(iv)** de *"uma aplicação uniforme da lei e das políticas"* de concorrência em toda a UE.[1021] Apesar de a Comissão ter equacionado, então, diversas opções de reforma, que se traduziriam em ajustamentos do sistema processual assente no Regula-

---

Modernisation of EC Antitrust Law: Unspoken Consequences and Incomplete Treatment of Alternative Options", in ECLR, 1999, pp. 420 ss. (numa perspectiva predominantemente crítica das opções de reforma já subjacente ao Livro Branco) e CLAUS DIETER EHLERMANN, "The Modernization of EC Antitrust Policy: A Legal and Cultural Revolution", in CMLR, 2000, pp. 537 ss. (subscrevendo uma perspectiva largamente favorável às opções que vieram a materializar-se na reforma ulterior ao Livro Branco).

[1020] As Comunicações em causa, cujo processo de preparação foi desencadeado no segundo semestre de 2003 são as seguintes: *"Comunicação relativa ao tratamento de denúncias pela Comissão"* (JOCE n.º C 101/65, de 27 de Abril de 2004), *"Comunicação sobre a cooperação no âmbito da rede de autoridades de concorrência"* (JOCE n.º C 101/43, ibidem), *"Comunicação da Comissão sobre a cooperação entre a Comissão e os Tribunais dos Estados Membros da UE"* (JOCE n.º C 101/54, ibidem), *"Comunicação da Comissão sobre a orientação informal relacionada com questões novas relativas aos artigos 81.º e 82.º do Tratado CE que surjam em casos individuais (cartas de orientação)"* (JOCE n.º C 101/78, ibidem), *"Comunicação da Comissão sobre o conceito de afectação do comércio entre os Estados-Membros previsto nos artigos 81.º e 82.º CE"* (JOCE n.º C 101/81, ibidem), *"Comunicação com Orientações relativas à aplicação do n.º 3 do artigo 81.º do Tratado"* (JOCE n.º C 101/97, ibidem). Sobre a adopção dessas Comunicações, e do Regulamento complementar da Comissão relativo aos processos de aplicação dos artigos 81.º e 82.º CE [Regulamento (CE) n.º 773/2004, JOCE n.º L 123/18, de 24 de Abril de 2004 – *"Regulamento relativo à instrução de processos pela Comissão para efeitos dos artigos 81.º e 82.º do Tratado CE"*], cfr., supra, a ressalva feita na **Nota Prévia**. A criação da *"rede"* de autoridades nacionais, como veremos, é um elemento essencial do sistema delineado pela Comissão, mas, em nosso entender, apresenta um suporte normativo bastante limitado [cfr., como elemento relativo à institucionalização dessa rede, *"Joint Statement of the Council and the Commission on the Functioning of the Network of Competition Authorities"* – Council Document n.º 1543/02 (Brussels, 10 December 2002)].

[1021] Cfr., nesse sentido, Livro Branco, cit., par. 11.

mento n.º 17/62)[1022] a importância e o grau de exigência subjacente aos objectivos acima enunciados levaram a uma clara preferência por uma reforma mais vasta, como aquela que veio a ser concretizada com o novo Regulamento de execução das regras de concorrência estabelecidas nos artigos 81.º e 82.º CE. Neste quadro, tal reforma incluiu duas vertentes primaciais, que importa caracterizar sumariamente. A primeira, corresponde à substituição do sistema de notificação e de isenção – delineado no Regulamento n.º 17/62 – por um sistema de excepção (via isenção) directamente aplicável, sem necessidade de decisão prévia da Comissão e pondo termo à competência exclusiva originariamente atribuída a esta Instituição para a aplicação do n.º 3 do artigo 81.º CE[1023] (como consequência fundamental dessa alteração, vem admitir-se, para o futuro, a aplicação deste artigo 81.º CE, *"como um todo"*, por parte da Comissão, das autoridades nacionais de concorrência, e dos tribunais nacionais, inaugurando o que, no próprio Livro Branco, se denomina de novo *"sistema de competências paralelas"*[1024]).

A segunda vertente traduz-se numa *"descentralização"* do processo corrente de aplicação das normas comunitárias de concorrência, mediante a assumpção de maiores responsabilidades, nesse domínio, por parte das autoridades nacionais de concorrência e dos Tribunais dos Estados Membros. Importa, de resto, notar que, apesar da opção assumida no Regulamento n.º 17/62 de atribuição de competência exclusiva à Comissão para

---

[1022] Cfr. sobre essas opções, de carácter e alcance mais limitados, Livro Branco, cit., pars. 34, 36, 40, e esp. 55 e ss..

[1023] Como se refere no Livro Branco, *"os regimes de autorização baseiam-se no princípio de que a proibição dos acordos estabelecida pelo legislador (no direito comunitário o n.º 1 do artigo 85.º) apenas pode ser suprimida através de um acto da autoridade pública habilitada para o efeito, que pronuncia uma decisão de autorização constitutiva de direitos. Quando a proibição dos acordos restritivos é sancionada pela nulidade, logicamente os acordos são nulos enquanto a autoridade não os tiver autorizado"*. Em sentido diverso, *"nos regimes de excepção legal, (...) a proibição dos acordos restritivos não se aplica aos acordos que preenchem determinadas condições estabelecidas na lei. O conjunto destas condições é interpretado como uma excepção ao princípio da proibição"*. Cfr. Livro Branco, cit., par. 53.

[1024] Cfr., nesse sentido, Livro Branco, cit., par. 15. Sobre essa ideia de um sistema de competências paralelas, de acordo com a perspectiva sustentada pela Comissão cfr. GIANFRANCO ROCCA, CÉLINE GAUER, DOROTHE DALHEIMER, LARS KJOLBYE, EDDY DE SMUTER, "Regulation 1/2003: A Modernised Application of EC Competition Rules", in Competition Policy Newsletter Number 1 – Spring 2003, pp. 3 ss..

aplicação do n.º 3 do artigo 85.º TCE, não se configurava, então, que a mesma redundasse num grau de centralização em matéria de condução de política de concorrência tão intenso como aquele que veio a ser alcançado. Esse contínuo acréscimo da esfera centralizada de intervenção da Comissão resultou, de modo paralelo, da orientação interpretativa muito lata que veio a ser, progressivamente, desenvolvida – e subscrita pelo TJCE – quanto ao requisito de aplicação do artigo 81.º CE, relativo à afectação do comércio entre Estados Membros)[1025].

Noutro plano, a própria Comissão, confrontada com o aumento continuado das suas responsabilidades, em virtude dessa adopção de critérios interpretativos conducentes à aplicação do artigo 81.º CE a um conjunto cada vez maior de situações de cooperação empresarial, procurara já promover a aplicação das normas comunitárias de concorrência por entidades dos Estados Membros, sem obter resultantes relevantes. Na realidade, iniciativas para estimular esse processo de aplicação do direito comunitário da concorrência numa esfera nacional – como a realizada através da adopção, em 1993, da *"Comunicação sobre a cooperação entre a Comissão e os tribunais nacionais no que diz respeito à aplicação dos artigos 85.º e 86.º do Tratado CE"*[1026] – não conduziram aos resultados esperados e, com frequência, colidiam com os problemas inerentes a uma separação das competências para a aplicação dos ns.º 1 e 3 do artigo 81.º CE.

[1025] Cfr. sobre essa interpretação extensiva do requisito referente à afectação do comércio entre Estados Membros, previsto no artigo 85.º TCE (artigo 81.º CE), o exposto *supra* 4.1., 4.2..

[1026] Cfr. *"Comunicação sobre a cooperação entre a Comissão e os tribunais nacionais no que diz respeito à aplicação dos artigos 85.º e 86.º do Tratado CE"*, JOCE n.º C 313, de 15.10.1997, p. 3. Cfr., para uma análise desta Comunicação e das repercussões da mesma, IAN FORRESTER, *Modernisation of EC Competition Law*, in *Annual Proceedings of the Fordham Corporate Law Institute – International Antitrust Law & Policy – 1999*, Editor BARRY HAWK, Fordham Corporate Law Institute, 2000, Juris Publishing, Inc., pp. 181 ss., esp. pp. 202 ss..

556 *Empresas comuns* – Joint Ventures

5.3. AS PROPOSTAS DE REFORMA DO LIVRO BRANCO

5.3.1. Possíveis alternativas ao projecto de reforma do Livro Branco

É curioso, contudo, que um conjunto de reformas com um alcance tão amplo como aquelas que são equacionadas no Livro Branco tenha sido delineado pela Comissão, precisamente a par de outros desenvolvimentos que, de algum modo, ilustravam a possibilidade de tornar mais eficiente o sistema de aplicação de normas de concorrência assente no Regulamento n.º 17/62, através de ajustamentos de carácter mais limitado. Pensamos, entre outros aspectos, na alteração do n.º 2 do artigo 4.º desse Regulamento n.º 17/62, introduzida através do Regulamento (CE) n.º 1216/99,[1027] e que precedeu a aprovação de um novo Regulamento de isenção por categoria em matéria de restrições à concorrência de carácter vertical (a qual contribuiu, também, por seu turno, para flexibilizar a aplicação do artigo 81.º CE nesse domínio[1028]). De acordo com essa alteração, eliminou-se a necessidade de proceder a notificação prévia de acordos de carácter vertical para que os mesmos beneficiem de isenções *ex vi* do n.º 3 do artigo 81.º CE. Em conformidade, a Comissão passou a poder, no quadro de qualquer análise *ex post* de acordos já em execução, declarar retroactivamente a validade dos mesmos, em virtude de esses acordos preencherem todas as condições necessárias à concessão de uma isenção.

Essa nova faculdade e o seu possível alargamento a outros tipos de acordos, só por si, contribuiria para reduzir o número de notificações prévias apresentadas à Comissão. Além disso, a experiência mais recente da Comissão vinha também demonstrando – em termos que são reconhecidos no próprio Livro Branco –[1029] que o número de notificações apresentadas no quadro do Regulamento n.º 17/62 conhecera um decréscimo significativo, chegando, em alguns dos últimos anos, a ser inferior ao conjunto de notificações recebidas pela Comissão no âmbito do controlo de operações de concentração de empresas.

[1027] Regulamento (CE) n.º 1216/99, JOCE n.º L 148/5, 1999.

[1028] Referimo-nos aqui ao Regulamento (CE) n.º 2790/99, já trazido à colação *supra*, **Introdução** e em pontos prévios do presente capítulo (esp ponto 4.3.).

[1029] Cfr., nesse sentido, Livro Branco, cit., par. 40.

Admitimos, pois, acompanhando neste ponto a reflexão crítica de alguns autores,[1030] que a Comissão poderia ter ponderado diversas reformas do sistema vigente com alcance processual mais limitado e sem o mesmo tipo de riscos de insegurança jurídica que se encontram inevitavelmente associados ao novo regime decorrente do Regulamento (CE) n.º 1/2003 (nos termos que de seguida se caracterizarão). Pela nossa parte, consideramos, ainda, que múltiplos elementos de bloqueamento do sistema – ou *"falhas"* do mesmo, no sentido apontado na análise crítica de BARRY HAWK[1031] – poderiam ser corrigidos através da progressiva adopção e consolidação de parâmetros substantivos menos estritos de interpretação da regra de proibição prevista no n.º 1 do artigo 81.º CE, mesmo que essa flexibilização não se traduza no acolhimento dos critérios hermenêuticos da *"regra de razão"* (como observaremos no contexto da nossa análise substantiva das empresas comuns, para a qual desde já remetemos[1032].

5.3.2. A compatibilidade da reforma projectada no Livro Branco com as normas do Tratado CE

Noutro plano, a proposta fundamental subjacente ao Livro Branco, no sentido da substituição do sistema de notificação e de isenção por um sistema de excepção directamente aplicável foi objecto de outro tipo de

---

[1030] Autores como RICHARD WISH e KOEN LENAERTS salientam, justamente, que a Comissão poderia ter explorado vias alternativas de reforma, as quais comportariam menores riscos de insegurança jurídica. Cfr., nesse sentido, o depoimento de RICHARH WISH incluído no documento de reflexão do Parlamento britânico sobre o Livro Branco – House of Lords – Select Committee on the European Union – *"Reforming EC Competition Procedures (with evidence)"*, London, February 2000 (cfr. esp. *"minutes of evidence"*, p. 9). Cfr., também, a análise de KOEN LENAERTS, no seu estudo *Modernisation of the application and enforcement of European Competition Law – an introductory overview*, in *Modernisation of European Competition Law*, JULES STUYCK, HANS GILIAMS (editors), Intersentia, Antwerp-Oxford-New York, 2002, esp. pp. 14 ss..

[1031] Cfr. o estudo de BARRY HAWK, "System Failure: Vertical Restraints and EC Competition Law", cit., pp. 973 ss..

[1032] Cfr. a nossa análise crítica dos critérios de interpretação da norma de proibição do n.º 1 do artigo 81.º CE, no contexto do nosso estudo *ex professo* das empresas comuns que não desempenham todas as funções de uma entidade económica autónoma, *infra*, **Parte III**, capítulo primeiro e, especialmente, capítulo terceiro.

críticas que versavam, em particular, a compatibilidade dessa reforma com as normas do Tratado CE. De acordo com a posição sustentada pela Comissão no Livro Branco,[1033] a transição para um sistema de excepção legal, *"que permita um controlo a posteriori dos acordos"*, pode fazer-se – como efectivamente veio a suceder com a aprovação do Regulamento (CE) n.º 1/2003 – *"através de um Regulamento do Conselho, baseado no artigo 87.º do Tratado* [actual artigo 83.º CE] *que determinaria que qualquer autoridade administrativa ou judicial chamada a aplicar o disposto no n.º 1 do artigo 85.º do Tratado, aplicará simultaneamente o n.º 3 do artigo 85.º"*. Esse pressuposto normativo foi questionado por alguma doutrina – *maxime* por autores alemães –[1034] segundo a qual a adopção *ex novo* de um sistema de excepção legal no quadro do ordenamento comunitário da concorrência teria de assentar numa revisão do Tratado CE. Esta objecção resultava, fundamentalmente, de uma suposta alteração da natureza do preceito constante do n.º 3 do artigo 81.º CE. Na realidade, alguns autores retiravam do elemento literal desse preceito – na parte respeitante à possibilidade de *"declaração"* da inaplicabilidade da regra de proibição do n.º 1 do artigo 81.º CE – a ideia de que, mesmo os acordos que preenchessem as condições do n.º 3 dessa norma do Tratado, teriam que ser autorizados através de um acto administrativo (o qual procederia, precisamente, a essa *"declaração"* de inaplicabilidade da regra de proibição).

Todavia, em nosso entender, esse elemento literal de interpretação não assume os contornos decisivos e inequívocos que lhe foram atribuídos pelos autores em causa, devendo, em contrapartida, salientar-se a orientação – já relativamente consolidada – no sentido de que o n.º 3 do artigo 81.º CE cria, *a se*, direitos em relação às entidades que reúnam as condições estabelecidas nessa disposição. Além disso, mesmo considerando os elemento literal e histórico de interpretação, é possível verificar que, na

---

[1033] Cfr. Livro Branco, cit., pars. 69 e ss.

[1034] Cfr., nesse sentido, a posição de autores como DERINGER, no seu depoimento incluído no documento, House of Lords – Select Committee on the European Union – *"Reforming EC Competition Procedures (with evidence)"*, cit., ponto 31. Cfr., ainda, sobre a posição crítica de alguma doutrina alemã em relação ao pressuposto normativo em causa, ERNST-JOACHIM MESTMÄCKER, *The Modernization of EC Antitrust Policy: Constitutional Challenge or Administrative Convenience?*, in *European Competition Law Annual 2000: The Modernisation of EC Antitrust Policy*, CLAUS DIETER EHLERMANN, L. ATANASIU, Editors, Hart Publishing, Oxford and Portland, Oregon, 2001, 23.

Parte II – Capítulo 1 559

sua génese, o texto do referido n.º 3 do artigo 81.º CE se revestiu de um marcado carácter compromissório, não sendo correcto pretender extrair do mesmo qualquer exigência inultrapassável de adopção de um sistema de controlo *a priori*.

Acresce que uma comparação entre essa disposição e a norma correspondente do Tratado de Paris (artigo 65.º do Tratado referente à CECA) permite, precisamente, contrapor uma clara previsão de um específico procedimento de autorização de acordos – nesta última norma – com a previsão do n.º 3 do artigo 81.º CE, cuja leitura hermenêutica se poderá compatibilizar com sistemas de autorização, sistemas de excepção legal ou, até, com a coexistência dos dois sistemas.[1035]Afigura-se-nos, pois, que, não obstante a inegável relevância desta discussão em torno do suporte normativo das principais reformas delineadas no Livro Branco, esse tipo de problemas nunca constituiu, na sua globalidade, um obstáculo determinante à adopção dessas reformas (como, efectivamente, veio a suceder), nem deveria corresponder, enquanto tal, à preocupação cimeira no processo de reflexão desencadeado pelas iniciativas de *"modernização"*.

5.3.3. O Livro Branco e o tratamento das empresas comuns

Importa assinalar que, apesar de se preconizar no Livro Branco a adopção de um sistema de excepção legal em substituição do originário sistema de autorização, se ressalvava aí a possibilidade de submeter determinadas situações de cooperação empresarial, em particular, a um regime de autorização prévia. Essa ressalva era, precisamente, formulada em relação a uma subcategoria de empresas comuns – as empresas comuns de produção (que não desempenhem todas as funções de uma entidade económica autónoma). Assim, considerando que a criação dessas entidades implica, geralmente, *"investimentos muito significativos e uma integração*

[1035] Sobre esta matéria,e sustentando uma posição no sentido da possível compatibilização de sistemas de autorização e de sistemas de excepção legal com o disposto no n.º 3 do artigo 81.º CE, cfr. EMIL PAULIS, Checks and Balances in the EU Antitrust Enforcement System, in *Annual Proceedings of the Fordham Corporate Law Institute – International Antitrust Law & Policy – 2002*, Editor BARRY HAWK, Fordham Corporate Law Institute, 2003, Juris Publishing, Inc.. Para uma posição adversa a essa leitura do n.º 3 do artigo 81.º CE, cfr. ERNST-JOACHIM MESTMÄCKER, *The Modernization of EC Antitrust Policy: Constitutional Challenge or Administrative Convenience?*, cit..

aprofundada das funções (...), *que torna delicada a sua dissolução por uma autoridade de concorrência*", contemplava-se no Livro Branco a manutenção, em relação às mesmas, de um sistema de autorização prévia, mediante a sua submissão ao procedimento de controlo célere e eficaz do RCC.[1036]

De alguma forma, o que assim se ponderava no Livro Branco era um novo alargamento do conceito de concentração de empresas, no domínio das empresas comuns, na sequência das alterações introduzidas em 1997 no RCC e que se traduziram, como é sabido, na submissão a este regime das empresas comuns que desempenhem todas as funções de uma entidade económica autónoma e que desencadeiem efeitos de coordenação de comportamentos entre as empresas-mãe.

Tratar-se-ia, pois, de mais um passo no sentido de um progressivo tratamento unitário das empresas comuns – que vimos, no essencial, sustentando[1037] – e que seria especialmente considerado em função de um maior impacto estrutural que, em princípio, as empresas comuns de produção gerariam em comparação com outros tipos funcionais de empresas comuns também submetidos ao regime do artigo 81.º CE. Tal como sucedeu com a subcategoria de empresas comuns incluída *ex novo* no perímetro de regulação do RCC na primeira reforma (de 1997) deste Regulamento, também as empresas comuns de produção ficariam sujeitas a um duplo teste, referente à coordenação de comportamentos (no quadro do artigo 81.º CE) e à criação de entraves significativos à concorrência efectiva (especialmente orientado para a criação ou reforço de posições dominantes).

Contudo, essa hipótese, delineada no Livro Branco, de extensão das categorias de empresas comuns a submeter ao sistema de controlo do RCC não foi concretizada com a aprovação do Regulamento (CE) n.º 1/2003 e

---

[1036] Cfr. Livro Branco, cit., pars. 79 e ss. Essa questão relativa a uma possível extensão do regime do RCC em relação a outras subcategorias de empresas comuns, para além daquelas que foram submetidas *ex novo* a tal regime no quadro do primeira reforma do RCC, em 1997, foi já aflorada *supra*, capítulo segundo da **Parte I**, e será novamente abordada a propósito do enquadramento sistemático das empresas comuns em vários estádios de evolução do direito comunitário da concorrência – *infra*, capítulo segundo desta **Parte II** (esp. 3.3.1 e 3.3.2.).

[1037] Cfr. as nossas posições quanto ao desenvolvimento de um *tratamento progressivamente unitário das empresas comuns* em sede de direito comunitário da concorrência, o exposto *supra*, **Parte I**, capítulo segundo (esp. ponto 4.).

Parte II – Capítulo 1　　　561

com a segunda reforma do RCC. Para esta opção final terão contribuído objecções relativas à dificuldade de autonomizar, de modo rigoroso, a específica subcategoria das empresas comuns de produção face a outros tipos funcionais de empresas comuns que também não desempenhem todas as funções de uma entidade económica autónoma.

Como adiante se observará, no quadro do nosso estudo dessas empresas comuns, admitimos que existem inevitáveis dificuldades de qualificação dos diversos tipos funcionais de empresas comuns que desempenham um conjunto limitado de funções, mas consideramos que as mesmas são, em última análise, superáveis através da utilização de correctos parâmetros para a sua avaliação (embora não totalmente coincidentes, como veremos, com os critérios propostos pela Comissão na sua Comunicação de 2001).[1038] De qualquer forma, pensamos que outros tipos de empresas comuns com funções empresariais limitadas poderiam, também, apresentar repercussões estruturais suficientemente importantes para que se ponderasse a sua sujeição ao regime do RCC. A esta luz, a hipótese originariamente contemplada no Livro Branco – e limitada às empresas comuns de produção – não terá constituído, em nosso entender, o ponto de partida ideal de uma reflexão rigorosa que permitisse novas evoluções no sentido de um tratamento progressivamente unitário das empresas comuns (mediante a inclusão de novas categorias de empresas comuns no regime do RCC). Nesse contexto, e na sequência da aprovação do Regulamento (CE) n.º 1/2003 e da segunda reforma do RCC, os progressos no sentido de um tratamento material unitário – ou menos díspar – das empresas comuns deverão resultar, fundamentalmente, de uma maior convergência que se venha a desenvolver na concretização dos testes jurídicos estabelecidos no artigo 81.º CE e no RCC.[1039]

[1038] Essa matéria será extensamente tratada na parte nuclear deste trabalho (**Parte III**), em especial no capítulo primeiro, na qual proporemos determinados critérios para a identificação e qualificação dos vários tipos funcionais de empresas comuns presentemente sujeitas ao regime do artigo 81.º CE, que não são totalmente coincidentes com os critérios delineados pela Comissão na sua Comunicação de 2001.

[1039] Trata-se de matéria em que se têm registado progressos consideráveis, sobretudo desde a primeira reforma (de 1997) do RCC, os quais – como adiante sustentamos (*infra*, **Parte III**, especialmente capítulo segundo) – podem ainda ser muito aprofundados. Em contrapartida, a evolução para um tratamento convergente no estrito plano processual das diversas categorias de empresas comuns não deverá conhecer novas evoluções tão apreciáveis depois das opções *de iure condito* consagradas no Regulamento (CE) n.º 1/2003 e na segunda reforma do RCC. A este propósito deve, de resto, salientar-se que

5.3.4. O Livro Branco e a lógica normativa de descentralização da aplicação das normas de concorrência

Como corolário inevitável da eliminação da competência exclusiva originária da Comissão para a aplicação do n.º 3 do artigo 81.º CE e da *"descentralização"*, preconizadas no Livro Branco, resultou um papel acrescido para as autoridades nacionais de concorrência e para os tribunais nacionais, no novo sistema de aplicação das normas comunitárias de concorrência, justamente reconhecido nesse Livro Branco.[1040] Em particular, a Comissão admite que a aplicação corrente dessas normas deve ser predominantemente transferida para esse plano nacional, propondo-se contribuir para a consolidação de orientações interpretativas globais das mesmas normas, através de Comunicações de carácter geral, as quais serão, em princípio, *"reforçadas"* através da *"adopção de decisões individuais que confirmem a abordagem utilizada nesses textos"*. Essa transferência de responsabilidades deveria assentar na melhor utilização da *"complementaridade existente entre as autoridades nacionais e a Comissão"* e no fomento de uma *"rede de autoridades cuja acção se inspiraria em princípios comuns e numa estreita colaboração"*.

Tal intervenção acrescida das autoridades nacionais de concorrência visa, na lógica geral de *"descentralização"* delineada no Livro Branco, permitir uma concentração da Comissão na aplicação do direito comunitário da concorrência às situações de infracção mais graves – *maxime* no domínio dos cartéis. Pela nossa parte, admitimos que a eliminação dos procedimentos de análise e tratamento de notificações prévias deverá, também, criar condições para que a Comissão dedique redobrada atenção à investigação de outros tipos de situações que assumam especial complexidade, ou que suscitem problemas inovadores, menos tratados em sede de direito comunitário da concorrência ou, ainda, que tenham sido objecto

---

a análise desenvolvida no *"Livro Verde relativo à revisão do Regulamento do Conselho (CEE) n.º 4064/89"*, de 11 de Dezembro de 2001 [COM (2001) 745 final] já se mostrava mais reservada do que a do Livro Branco em relação à possibilidade de, no quadro da segunda reforma do RCC, submeter outras subcategorias de empresas comuns, como as empresas comuns de produção, ao regime do Regulamento, (cfr. pontos 120 e ss. do *"Livro Verde"*, cit.), designadamente por dificuldades de qualificação das mesmas. Diversos comentários produzidos sobre o *"Livro Verde"* – *vg.*, *inter alia*, o do *Bundeskartellamt* alemão (de 21 de Março de 2002) – suscitaram também dúvidas sobre a bondade da solução de inclusão das empresas comuns de produção no regime do RCC.

[1040] Cfr., nesse sentido, Livro Branco, cit., pars. 91 e ss e 99 ss..

de menores actuações de investigação no passado. Entre esses tipos de situações encontram-se, em nosso entender, aquelas que respeitam à detenção, por parte de certas empresas, de participações significativas em terceiras empresas, mas que não atingem o limiar da assumpção do controlo individual ou conjunto destas últimas empresas. Essas situações – afloradas na jurisprudência "*Philip Morris*", adiante referida e analisada[1041] – suscitam, com frequência, questões de afectação da concorrência comparáveis àquelas que decorrem da criação de empresas comuns, mas não têm estado sujeitas a um controlo ou escrutínio sistemáticos por parte da Comissão. Um maior enfoque na análise dessas situações, em certos contextos concretos de mercado, será, pois, desejável no quadro resultante do processo de "*descentralização*" e revelará, previsivelmente, segundo cremos, múltiplos problemas de afectação da concorrência que têm sido, até ao presente, subalternizados, senão mesmo ignorados.[1042]

A atribuição de um papel reforçado às autoridades nacionais da concorrência e aos tribunais nacionais no processo de aplicação do direito comunitário da concorrência – incluindo, em particular, a responsabilidade de aplicação *in totum* do artigo 81.º CE (compreendendo o seu n.º 3 e as complexas avaliações inerentes ao mesmo) – suscita, todavia, delicadas questões que, em nosso entender, a Comissão terá, porventura, subestimado no Livro Branco e que nos propomos referir, de seguida, na nossa caracterização extremamente sumária de alguns aspectos do Regulamento (CE) n.º 1/2003.[1043]

[1041] Cfr. sobre essa jurisprudência "*Philip Morris*" a análise que adiante desenvolvemos – *infra*, nesta **Parte II**, capítulo segundo (ponto 2.4.). Os problemas de afectação da concorrência inerentes a esse tipo de situações, e comparáveis – em certos casos – aos problemas decorrentes da criação de empresas comuns serão especificamente objecto de análise – conquanto muito sumária – no capítulo terceiro (esp. ponto **6.**) da **Parte III** deste trabalho.

[1042] Idêntica possibilidade é configurada na doutrina comunitária, embora num contexto de análise diverso, por JOHN TEMPLE LANG no seu estudo, *International Joint Ventures Under Community Law*, cit., pp 381 ss., esp. pp. 423 ss..

[1043] Essas questões de difícil resolução suscitadas pela intervenção acrescida das autoridades nacionais e dos tribunais nacionais, bem como pela sua nova competência para a aplicação do n.º 3 do artigo 81.º CE foram objecto de intensa discussão doutrinal, da qual não terão, todavia, sido retirados todos os possíveis e desejáveis corolários. Cfr. sobre essa discussão, REIN WESSLING, "The Commission White Paper on Modernisation of EC Antitrust Law: Unspoken Consequences and Incomplete Treatment of Alternative Options", cit., pp. 420 ss; IAN FORRESTER, *The Modernization of EC Antitrust policy. Compatibility, Efficiency, Legal Security*, in *European Competition Law Annual 2000: The*

564 *Empresas comuns* – Joint Ventures

Importa, de qualquer modo, salientar, desde já, que consideramos muito desigual o cumprimento dos quatro objectivos primaciais fixados no Livro Branco (*supra* enunciados), em face do desenvolvimento subsequente do processo de "*modernização*". Em especial, no que respeita a essa esfera de intervenção acrescida das entidades nacionais, consideramos que o objectivo referente a "*uma aplicação uniforme da lei e das políticas de concorrência em toda a UE*" pode encontrar-se comprometido, tendo-se iniciado um período de algumas indefinições no sistema comunitário de concorrência. A maior ou menor facilidade com que possa ser ultrapassado esse período inevitável de aumento da indefinição e insegurança jurídicas – grandemente subestimado pela Comissão[1044] – dependerá de múltiplos factores cuja materialização não se pode, desde já, prefigurar. Entre esses factores, contar-se-ão, necessariamente, o efectivo desenvolvimento de uma *praxis* vigorosa de aplicação do direito comunitário da concorrência por parte da Comissão, em relação às infracções mais graves e quanto aos casos que possam permitir clarificações de determinados parâmetros de avaliação (o que pressupõe, também, uma enunciação de critérios de avaliação jusconcorrencial de várias situações, mais desenvolvida e rigorosa do que aquela que, em regra, tem caracterizado, até ao presente, as decisões da Comissão).[1045] Factores importantes

---

Modernisation of EC Antitrust Policy, CLAUS DIETER EHLERMANN, L. ATANASIU, Editors, cit., 7 (estudo no qual este A. sustenta que, independentemente das necessidades de reforma do sistema de aplicação de normas comunitárias da concorrência, o Livro Branco terá subestimado os problemas relacionados com a preservação de determinadas margens de segurança jurídica no funcionamento global do sistema); ULRICH IMMENGA, *Coherence: A Sacrifice of Decentralization, ibidem*, 11.

[1044] Apesar de o Livro Branco e os desenvolvimentos subsequentes terem, no geral, merecido apreciações muito favoráveis numa parte significativa da doutrina comunitária, esta nossa posição de reserva quanto aos riscos acrescidos de insegurança jurídica originados por essas reformas não deixa de ser, em parte, acolhida, mesmo por alguns autores que subscrevem o sentido geral das mesmas reformas. Cfr., em particular, nesse sentido, a análise desenvolvida por autores como HANS GILLIAMS no seu estudo "Modernization: from Policy to Practice", in EL Rev., 2003, pp. 451 ss, esp. 472 ss.. Em termos concretos, é ainda prematuro qualquer balanço crítico sobre a possível concretização desses riscos, atendendo ao curto período de vigência do Regulamento (CE) n.º 1/2003.

[1045] Como se destacará ao longo do nosso estudo dos processos de apreciação das empresas comuns, e em termos que se sintetizarão na nossa análise conclusiva final – constante da **Parte IV** desta dissertação – esse défice de enunciação de critérios ou parâmetros determinantes de certas avaliações não se verifica só na *praxis* decisória da Comis-

serão, igualmente, o desenvolvimento de capacidades analíticas especializadas e de uma harmonização de critérios hermenêuticos essenciais por parte das autoridades nacionais de concorrência e dos tribunais nacionais (para a qual contribuirá, decisivamente, a própria actuação da Comissão, através da fixação de orientações interpretativas em comunicações de carácter geral e de outro tipo de intervenções em processos de aplicação de normas comunitárias de concorrência, nos termos, em geral, contemplados, como de seguida veremos, no Regulamento (CE) n.º 1/2003).

Além disso, pensamos que esses riscos de indefinição jurídica poderiam ter sido atenuados caso fosse menor o intervencionismo associado às avaliações mais complexas exigidas pela aplicação do n.º 3 do artigo 81.º CE, em consequência de uma interpretação menos estrita da proibição do n.º 1 desta norma do Tratado (nos termos que adiante preconizamos, como corolário da nossa análise das empresas comuns). Não parece ser esse, contudo, o caminho escolhido pela Comissão).[1046]

5.4. O REGULAMENTO (CE) N.º 1/2003

5.4.1. O Regulamento (CE) n.º 1/2003 e a transição para um regime de excepção legal directamente aplicável

Na sequência do Livro Branco, o Regulamento (CE) n.º 1/2003 veio consagrar a efectiva transição de um sistema de autorização prévia para

---

são, mas também, quanto a certos aspectos, e contrariamente ao que se poderia esperar, na jurisprudência do TJCE e do TPI.

[1046] Em especial nas Comunicações interpretativas subsequentes à aprovação do Regulamento (CE) n.º 1/2003, a Comissão parece manter uma visão razoavelmente estrita da proibição do n.º 1 do artigo 81.º CE e da sua articulação com o n.º 3 da mesma disposição do Tratado (*maxime* na Comunicação *"Orientações relativas à aplicação do n.º 3 do artigo 81.º CE"*, nos termos que teremos ensejo de caracterizar sumariamente na **Parte IV** deste trabalho, esp. ponto 3.4.; sobre essa Comunicação cfr., ainda, *supra*, a ressalva feita na **Nota Prévia**). De resto, pensamos que a nossa análise substantiva das empresas comuns, empreendida na **Parte III** deste trabalho, demonstra que, diversamente do que a Comissão sustentou no Livro Branco (esp. pars. 57 e ss.), é possível ir mais longe na ponderação global de efeitos anticoncorrenciais e proconcorrenciais em sede de aplicação do n.º 1 do artigo 81.º CE.

um regime de excepção legal, directamente aplicável (nos termos previstos no seu artigo 1.º, em especial no seu n.º 2, de acordo com o qual os acordos, decisões e práticas concertadas que, incorrendo na proibição do n.º 1 do artigo 81.º CE, *"satisfaçam as condições previstas no n.º 3 do mesmo artigo não são proibidos, não sendo necessária, para o efeito, uma decisão prévia"*).O fim do sistema de notificação prévia, assim estabelecido, é assumido, nos termos acima referidos, como a via para que a Comissão possa concentrar a sua actuação na análise das situações potencialmente mais graves de infracção às normas comunitárias de concorrência.

Em paralelo, e com vista à prossecução desse mesmo objectivo, o novo Regulamento veio, também, reforçar os poderes de investigação da Comissão (o que se verifica, efectivamente, nos termos dos artigos 20.º e 21.º do Regulamento, em matéria de inquirições directamente conduzidas junto de representantes ou elementos do pessoal da empresa ou associação de empresas visadas pela actuação da Comissão, ou em matéria de inspecção dos domicílios de dirigentes, administradores ou outros colaboradores da empresa[1047]). No mesmo sentido, procede-se, ainda, a uma clarificação das medidas a que a Comissão pode recorrer em ordem a pôr termo a certas infracções, bem como aos efeitos das mesmas, prevendo-se, expressamente, no artigo 7.º do Regulamento, além de soluções relacionadas com a conduta das empresas, soluções de carácter estrutural. É certo que na vigência do anterior Regulamento n.º 17 se admitia, já, a possibilidade de adopção de medidas estruturais,[1048] mas a sua consagração no texto do

---

[1047] Não se justifica, no quadro do objecto do nosso trabalho, uma análise mais desenvolvida sobre este tipo de aspectos processuais relativos aos poderes de investigação da Comissão. Cfr., de qualquer modo, sobre os desenvolvimentos verificados neste domínio, incluindo as persppectivas abertas nesse específico plano pelo novo Regulamento, WOUTER WILS, *The Modernisation of the Enforcement of Articles 81 and 82: A Legal and Economic Analysis of the Commission's Proposal for a New Council Regulation Replacing Regulation n.º 17*, in *Annual Proceedings of the Fordham Corporate Law Institute – International Antitrust Law & Policy – 2000*, Editor BARRY HAWK, Fordham Corporate Law Institute, 2001, Juris Publishing, Inc.,pp. 313 ss.. Sobre a mesma matéria, cfr., ainda, IVO VAN BAEL, *Procedural Rights and Issues*, *ibidem*, pp. 377 ss..

[1048] Sobre essa possibilidade de adopção de medidas estruturais no quadro da vigência do Regulamento n.º 17, apesar da ausência de uma menção expressa às mesmas no artigo 3.º desse Regulamento, cfr. JACQUES BOURGEOIS, CHRISTOPHE HUMPE, "The Commission's Draft 'New Regulation 17'", cit., pp. 43 ss.. Na realidade, da jurisprudência do TJCE e do TPI não parecia decorrer qualquer interdição de tipos específicos de medidas

Regulamento (CE) n.º 1/2003 vem reforçar o fundamento para o recurso às mesmas (o qual se encontra, fundamentalmente, condicionado pela observância de um princípio de proporcionalidade).

No quadro da mesma orientação geral, de reforço e flexibilização dos instrumentos de actuação da Comissão, deve assinalar-se, também, a previsão, no artigo 9.º do Regulamento, de um novo tipo de decisões desta Instituição, relativo à aceitação de "*compromissos*", que permitam dar resposta a potenciais questões de afectação da concorrência suscitadas numa "*apreciação preliminar*" de certas situações.[1049] Esta possibilidade de encerrar determinados casos sem uma declaração da compatibilidade, ou não, de tais situações com o regime do artigo 81.º CE, ou do artigo 82.º CE, configura um procedimento flexível, o qual, de resto, se mostra especialmente adequado, em nosso entender, para enquadrar determinadas questões associadas à constituição e funcionamento de empresas comuns Na verdade, como observaremos na análise substantiva das empresas comuns desenvolvida na **Parte III**, diversos problemas potenciais gerados pela criação de empresas comuns podem ser satisfatoriamente resolvidos, em sede de aplicação do n.º 1 do artigo 81.º CE, e evitando o excessivo recurso ao disposto no n.º 3 dessa disposição, através de compromissos delineados de forma criativa, em função das características de cada situação de mercado, versando, *v.g.*, a abertura de uma empresa comum a terceiras entidades, a redução do número de participantes em empresas comuns, a duração de empresas comuns, ou outros aspectos (a experiência adquirida no ordenamento norte-americano da concorrência em matéria de tratamento flexível de empresas comuns, mediante a adopção de compromissos de diversos tipos, é especialmente elucidativa, como adiante se verá, quanto às virtudes desse instrumento jurídico).

---

conducentes ao restabelecimento de situações concorrenciais, impondo estes tribunais a observância por parte da Comissão de um princípio de proporcionalidade no exercício dos seus poderes neste domínio [cfr., *vg.*, sobre esta matéria, o Acórdão do TPI "*Automec v. European Commission*", proc T 24/90, Col. II – 2223 (1992)].

[1049] Cfr., por todos, sobre este novo tipo de decisão da Comissão, relativo à aceitação de compromissos, JOHN TEMPLE LANG, "Comitment decisions under Regulation 1/2003: legal aspects of a new kind of competition decision", in ECLR, 2003, pp. 347 ss.. Sobre a mesma matéria, e destacando a vantagem em tomar em consideração a experiência mais desenvolvida do ordenamento norte-americano na utilização desta figura do compromisso (através do denominado "*consent decree*"), cfr. MARK FURSE, "The Decision to Comit: Some Pointers from the US", in ECLR., 2004, pp. 5 ss..

5.4.2. A aplicação de normas comunitárias de concorrência pelas autoridades nacionais

De acordo com o novo sistema delineado no Regulamento (CE) n.º 1/2003, os procedimentos nacionais em matéria de concorrência nos quais esteja em causa a aplicação de normas comunitárias, quer no plano administrativo, quer no plano judicial, deixam de estar condicionados pela realização de notificações à Comissão. No entanto, o objectivo de "*descentralização*" subjacente a esse sistema exigiu um passo suplementar com vista a assegurar a intensificação dos processos de aplicação de normas comunitárias de concorrência por parte das autoridades nacionais. Esse passo foi dado através da consagração, no n.º 1 do artigo 3.º do Regulamento, da obrigatoriedade da aplicação dessas normas comunitárias pelas autoridades nacionais a par da aplicação de normas estaduais (no que respeita ao artigo 81.º CE essa imposição de aplicação do normativo comunitário verifica-se, bem entendido, desde que os acordos ou práticas concertadas que se encontrem em causa sejam, nos termos dessa disposição, susceptíveis de afectar o comércio entre Estados Membros).

Esta solução veio a ser acolhida no texto final do Regulamento em detrimento da que fora apresentada no Projecto inicial de Regulamento da Comissão, segundo a qual a aplicação obrigatória das normas comunitárias de concorrência em relação a situações de cooperação empresarial passíveis de afectar o comércio interestadual excluiria a aplicação às mesmas situações de quaisquer normas nacionais de concorrência (solução que se nos afigurava excessivamente limitativa das competências estaduais e que, compreensivelmente, mereceu objecções decisivas por parte de diversos Estados Membros[1050]).

[1050] Sobre a discussão em torno da articulação entre as esferas de aplicação de normas nacionais e comunitárias de concorrência quanto a situações de cooperação empresarial passíveis de afectar o comércio interestadual, cfr. HANS GILLIAMS, "Modernization: from Policy to Practice", cit., pp. 451 ss.. Sobre a mesma matéria, cfr. ALAN RILEY, "EC Antitrust Modernization: The Commission Does Very Nicely – Thank You – Part One: Regulation 1 and the Notification Burden", in ECLR., 2003, pp. 604 ss., esp. pp. 606 ss. Numa visão divergente da maioria da doutrina – e que se nos afigura, em certos pontos, algo excessiva, RILEY relativiza neste estudo o alcance das reformas introduzidas através do Regulamento (CE) n.º 1/2003 (cfr. ainda a segunda parte do mesmo estudo, "EC Antitrust Modernization: The Commission Does Very Nicely – Thank You – Part Two. Between the Idea and Reality – Decentralisation Under Regulation 1", in ECLR., 2003, pp. 657 ss..

De qualquer modo, apesar da adopção desse texto compromissório no artigo 3.º do Regulamento, as preocupações relativas à coerência do sistema de aplicação das normas comunitárias de concorrência determinaram a exclusão da aplicação de normas nacionais de concorrência mais estritas que pudessem conduzir à proibição de situações de cooperação empresarial permitidas em sede de direito comunitário, quer com base no n.º 1, quer com base no n.º 3 do artigo 81.º CE (desde que se encontrem em causa situações passíveis de afectar o comércio entre os Estados Membros).

A concretização desse parâmetro, fixado no n.º 2 do artigo 3.º do Regulamento, pode, contudo, vir a suscitar consideráveis dificuldades, não obstante a sua aparente linearidade. Na realidade, atendendo a alguma diversidade dos ordenamentos nacionais de concorrência e dos seus modos de interacção com corpos normativos referentes à tutela de variados interesses públicos – os quais, em alguns casos, se confundem com os objectivos subjacentes às normas de concorrência, mesmo que não sejam coincidentes com estes – a delimitação dos normativos que correspondam a normas nacionais de concorrência mais rigorosas do que o direito comunitário e de outros normativos nacionais de direito económico, pode não ser consensual.

Assim, em relação a algumas situações de cooperação empresarial, que sejam passíveis de proibição, *ex vi* da aplicação de certas normas nacionais, apesar de serem, em princípio, permitidas à luz do artigo 81.º CE, a admissibilidade ou não desse tratamento distinto depende da recondução das referidas normas à *"legislação nacional em matéria de concorrência"* e pode, enquanto tal, originar dúvidas, caso tal qualificação não seja inequívoca[1051] (o Regulamento ressalva apenas a possibilidade de aplicação de legislação nacional mais restritiva do que a comunitária, que proíba *"actos unilaterais de empresas"*).

O programa de *"descentralização"* acima referido assenta, também, na confirmação – de acordo com os artigos 5.º e 6.º do Regulamento – da plena competência das autoridades nacionais de concorrência e dos tribunais nacionais para aplicarem os artigos 81.º e 82.º CE (incluindo, assim,

---

[1051] Sobre estas dificuldades pontuais de identificação dos normativos que constituam, para efeitos de aplicação do n.º 2 do artigo 3.º do Regulamento (CE) n.º 1/2003, normas nacionais de concorrência, e sobre os problemas de indefinição jurídica que daí podem resultar, cfr., por todos, Jacques Bourgeois, Christophe Humpe, "The Commission's Draft 'New Regulation 17'", cit., pp. 43 ss.; cfr., ainda, Hans Gilliams, "Modernization: from Policy to Practice", cit., pp. 451 ss..

570   *Empresas comuns* – Joint Ventures

ex novo, a aplicação do n.º 3 do artigo 81.º CE). Com vista a permitir o desenvolvimento de um novo sistema, assente numa *"rede"* de autoridades nacionais, estabelece-se, ainda, no n.º 2 do artigo 5.º do Regulamento, a competência das autoridades nacionais para *"aplicar coimas, sanções pecuniárias compulsórias, ou qualquer outra sanção prevista pelo respectivo direito nacional"*. Encontrando-se a moldura sancionatória referente a situações de violação de normas comunitárias de concorrência dependente dos ordenamentos nacionais, tal não apenas pressupõe iniciativas legiferantes dos Estados Membros, em articulação com o sistema delineado no novo Regulamento – apesar de não existir nenhum comando directo nesse sentido, nem qualquer processo de harmonização de legislações nacionais – como pode desembocar em soluções muito divergentes, com claro prejuízo para a coerência do sistema comunitário de concorrência.[1052] Admitimos, assim, que se teria justificado a adopção de algumas medidas mínimas de harmonização de regulamentações nacionais no que respeita ao enquadramento sancionatório de infracções às normas comunitárias de concorrência.

Acresce que a *"rede"* de autoridades nacionais de concorrência, envolvidas no processo de aplicação dos normativos comunitários de concorrência não tem qualquer suporte normativo (só no Considerando 15 do Regulamento, se prevê que *"a Comissão e as autoridades dos Estados--Membros responsáveis em matéria de concorrência deverão instituir juntamente uma rede de autoridades publicas responsáveis por aplicar as normas comunitárias de concorrência em estreita cooperação"*). A parte dispositiva do Regulamento apenas integra previsões avulsas respeitantes a mecanismos de cooperação – essencialmente relacionados com troca de informações e processos de consulta[1053] – pelo que uma base mínima de

---

[1052] A título de exemplo, podemos verificar que o novo regime nacional de concorrência – Lei n.º 18/2003, de 11 de Junho, veio, efectivamente, prever, de modo expresso, no seu artigo 42.º a competência da Autoridade da Concorrência, criada *ex vi* do Decreto-Lei n.º 10/2003, de 18 de Janeiro, para exercer poder sancionatório em relação a infracções *"às normas de direito comunitário"*, mas ao não tipificar essas infracções e o respectivo quadro sancionatório deverá ter tornado inoperante a actuação da Autoridade nesse domínio.

[1053] Mecanismos essencialmente previstos nos artigos 11.º e 12.º do Regulamento (CE) n.º 1/2003. Não cabe aqui, naturalmente, um tratamento desenvolvido desta matéria. Importa, de qualquer modo, anotar que, para além dos aspectos ora referidos, o único suporte formal da criação e funcionamento da rede de autoridades nacionais da concorrência resulta da *"Declaração conjunta do Conselho e da Comissão sobre o funciona-*

"regulação" dessa rede de autoridades nacionais, com vista a assegurar alguma coerência da mesma, acaba por resultar do conjunto de orientações que a Comissão pretende estabelecer através da *"Comunicação sobre a cooperação no âmbito da rede de autoridades de concorrência"*.[1054]

5.4.3. Os problemas relativos à garantia da aplicação uniforme do direito comunitário da concorrência

5.4.3.1. *Aspectos gerais*

Como já acima se referiu, consideramos que, no conjunto de objectivos definidos para a reforma do sistema comunitário de concorrência, aquele que corresponde à salvaguarda de uma aplicação uniforme das normas de concorrência na UE ou, em termos mais sucintos à coerência global desse sistema pode encontrar-se especialmente posto em causa após a adopção do Regulamento (CE) n.º 1/2003 (pelo menos temporariamente). Importa, de qualquer modo, reconhecer que, neste Regulamento, foram delineados diversos mecanismos ou instrumentos, com vista a evitar esse resultado negativo. Admitimos, contudo, que a conjugação dos mesmos pode, ainda assim, revelar-se insuficiente para afastar alguma margem de indefinição jurídica. Além disso, a sua maior ou menor eficácia

---

mento da rede de autoridades nacionais" (Council Document n.º 1543/02, de 10 de Dezembro de 2002, cit.). Se, como salientam alguns autores – *vg.*, *inter alia*, TERRY CALVANI – o processo de *"modernização"* do sistema de aplicação de normas comunitárias da concorrência deve, de modo a salvaguardar uma determinada medida de coerência global do mesmo, combinar alguma *"devolução"* de poderes a favor dos Estados-Membros com uma certa convergência nos processos de actuação das autoridades nacionais, pensamos que o suporte normativo para assegurar tal resultado é demasiado frágil e lacunar (cfr. A. cit., "Devolution and Convergence in Competition Enforcement", in ECLR, 2003, pp. 415 ss.).

[1054] *"Comunicação sobre a cooperação no âmbito da rede de autoridades de concorrência"* (cfr., sobre essa Comunicação, a ressalva feita *supra* na **Nota Prévia**; de qualquer modo, parece-nos possível antecipar que em relação ao escopo subjacente a uma parte importante de tal Comunicação – relativo à *"aplicação coerente das regras comunitárias da concorrência"* os elementos de cooperação entre as autoridades nacionais e a própria Comissão são relativamente frágeis).

dependerá do modo como os mesmos venham a ser utilizados pela Comissão, o que – não obstante a definição de múltiplas orientações em Comunicações interpretativas a adoptar pela Comissão – apenas se clarificará, minimamente, após um primeiro período de vigência do novo Regulamento (de duração para já incerta).

Entre outros aspectos que podem contribuir para assegurar a coerência global do sistema, assume especial importância a previsão estabelecida no n.º 6 do artigo 11.º do Regulamento, de acordo com a qual o início, por parte da Comissão, de qualquer tramitação sobre determinada situação preclude a competência das autoridades de concorrência dos Estados Membros para aplicar os artigos 81.º e 82.º CE em relação à mesma situação. Deste modo, a possibilidade que a Comissão conserva de chamar a si a resolução de qualquer caso, mesmo que certas autoridades nacionais já tenham iniciado procedimentos formais na matéria, pode atenuar o risco de orientações divergentes por parte dessas autoridades, ou de adopção de critérios de decisão menos conformes com orientações gerais delineadas no plano comunitário. Tal faculdade pode, até, em última análise, permitir à Comissão, independentemente da sua efectiva concretização, exercer uma significativa influência no acompanhamento que faça de actuações simultâneas, ou paralelas de várias autoridades nacionais de concorrência, de modo a que estas adoptem soluções convergentes nas suas respectivas esferas de intervenção.

Em contrapartida, e numa perspectiva realista, será difícil conceber um acompanhamento global, por parte da Comissão, dessas múltiplas actuações das autoridades nacionais. De resto, a própria ideia de um acompanhamento relativamente intenso de tais actuações, pela Comissão, seria contraditória com o objectivo de *"descentralização"* subjacente a toda a reforma e com o propósito de criar condições para uma efectiva concentração da Comissão nas situações mais importantes de potencial afectação da concorrência no plano comunitário.[1055]

Outra disposição claramente tributária dos objectivos relativos à coerência global do sistema é a que se reporta, nos termos do artigo 13.º

[1055] Para uma reflexão sobre este tipo de problemas que afectam a coerência do sistema e sobre as limitações de qualquer mecanismo relacionado com esta faculdade de intervenção da Comissão, cfr. HANS GILLIAMS, "Modernization: from Policy to Practice", cit., pp. 451 ss. e TIM JONES, "Regulation 17: The Impact of the Current Application of Articles 81 and 82 by National Competition Authorities on the European Commission's Proposal for Reform", cit., pp. 405 ss..

do Regulamento, à faculdade, concedida a quaisquer autoridades de concorrência dos Estados-Membros, ou à própria Comissão, de suspenderem quaisquer procedimentos de investigação de possíveis infracções a normas comunitárias de concorrência ou de rejeitarem denúncias de infracções que lhes sejam apresentadas, em função da existência de procedimentos já encetados por uma terceira autoridade nacional sobre uma mesma situação relativa a acordos ou práticas empresariais (devendo essa faculdade ser também analisada à luz do disposto na parte final do artigo 5.° do Regulamento).

O propósito subjacente a essa disposição é, em tese, razoavelmente claro. Trata-se de criar condições para que a Autoridade de concorrência melhor colocada para avaliar determinada situação de potencial infracção às normas comunitárias de concorrência possa assumir a condução de um processo de instrução relativo à mesma, evitando actuações sobrepostas, e nem sempre coincidentes, de diversas autoridades. Todavia, a mera previsão de uma faculdade de suspensão dos procedimentos, ou de rejeição de denúncias, cujo exercício depende em absoluto de uma livre apreciação das situações relevantes por parte das autoridades nacionais potencialmente envolvidas não assegura, de forma necessária, a coerência do sistema (são, pelo contrário, prováveis os cenários em que diversas autoridades nacionais considerem existir razões válidas para o desenvolvimento cumulativo de procedimentos de infracção, em virtude das repercussões que, de acordo com a sua avaliação, certos comportamentos empresariais produzam nas suas áreas de jurisdição).[1056]

[1056] Além disso, a frequente aplicação paralela de normas nacionais de concorrência e de outras normas de direito económico às mesmas situações (a que *supra* aludimos) agrava, ainda, esse risco de que múltiplas autoridades nacionais pretendam – em simultâneo – analisar determinados acordos ou comportamentos empresariais com repercussões em várias jurisdições. De resto, nos termos do n.° 2 do artigo 35.° do Regulamento, ao confiar a competência para a aplicação do direito comunitário da concorrência a certas autoridades administrativas, os Estados podem, também, confiar às mesmas autoridades "*outras competências e funções*, o que aumenta os riscos potenciais de sobreposição de actuações por parte das autoridades nacionais em causa. Sobre essse tipo de riscos, já prefiguráveis nas soluções delineadas no Livro Branco e não satisfatoriamente eliminados com a adopção do Regulamento (CE) n.° 1/2003 e orientações complementares, cfr. JACQUES BOURGEOIS, *Decentralized Enformcement of EC Competition Rules by national Competition Authorities. Some Remarks on Consistency, Coherence and Forum Shopping*, in *European Competition Law Annual 2000: The Modernisation of EC Antitrust Policy*, CLAUS DIETER EHLERMANN, L. ATANASIU, Editors, cit., 13. Como refere este A., salientando a existência de estimativas no sentido de que dois terços dos casos apreciados pela

574 *Empresas comuns* – Joint Ventures

Na realidade, esses mecanismos voluntários de suspensão de procedimentos por parte de autoridades nacionais são insuficientes para desenvolver qualquer sistema equilibrado de distribuição de competências entre as autoridades dos vários Estados Membros. Em tese, estes poderiam, é certo, ao adoptar regulamentações nacionais que reconheçam às respectivas autoridades competência para aplicar os artigos 81.º e 82.º CE,[1057] estabelecer critérios que limitassem a sua esfera de intervenção, de modo a prevenir actuações cumulativas de diversas autoridades nacionais, mas, como acima referimos – na ausência de um comando comunitário directo nesse sentido, ou de quaisquer obrigações de harmonização – essa hipótese será, extremamente improvável. Ora, esta significativa lacuna do Regulamento (CE) n.º1/2003 não é adequadamente compensada, em nosso entender, através da definição de critérios muito gerais de reatribuição de processos entre autoridades nacionais na *"Declaração conjunta do Conselho e da Comissão sobre o funcionamento da rede de autoridades nacionais"*, e em orientações interpretativas de carácter geral adoptadas pela Comissão em relação à cooperação no âmbito dessa rede.[1058]

Comissão num período de referência anterior ao início do processo de *"modernização"* teriam impacto económico em mais do que um Estado Membro, *"the White Paper suggestion to leave the transaction to be handled by the best placed NCA [national competition authority] is a half-measure where the transaction has a competition and economic impact in more than one Member State"*.

[1057] O ordenamento nacional de vários Estados já contemplava, em alguns casos, a competência das respectivas autoridades para aplicar os artigos 81.º e 82.º CE, mas, em alguns casos o reconhecimento dessa competência não era claro e o sistema delineado no Regulamento (CE) n.º 1/2003 exige, assim, – *maxime* nos termos do disposto no artigo 35.º do Regulamento – a adopção de novas regras nacionais que estabeleçam *de iure* tais competências.

[1058] A referida Declaração, já cit., estabelece princípios gerais de cooperação no seio da *"rede"* de autoridades da concorrência, critérios de divisão do trabalho entre autoridades nacionais e parâmetros genéricos no sentido de concretizar a orientação essencial subjacente ao sistema no sentido do tratamento dos casos relevantes pela autoridade melhor colocada para agir (no ponto 16. estabelece-se que, *"tão frequentemente quanto possível"* os casos relevantes devem ser apreciados por uma única autoridade dentro da *"rede"*; não existem, contudo, mecanismos vinculativos específicos que assegurem tal resultado). Refiro-nos aqui, ainda, à *"Comunicação da Comissão sobre a Cooperação no âmbito da rede de autoridades de concorrência"*, (também já cit.) esp. pontos 5 a 15. A lacuna que acima apontamos ao Regulamento (CE) n.º 1/2003 é especialmente passível de crítica, porquanto, em nosso entender, o artigo 83.º CE corresponderia a uma base suficiente para o estabelecimento de regras sobre a repartição de competências entre Autoridades nacionais nesse Regulamento.

Parte II – Capítulo 1 575

Neste aspecto, e tal como se verifica quanto a outros elementos do novo sistema de aplicação de normas comunitárias de concorrência, entendemos que o funcionamento desse sistema se encontra excessivamente dependente de orientações interpretativas, de carácter algo precário, da Comissão e de princípios de consenso entre as autoridades nacionais, que se podem mostrar falíveis. Assim, a ausência no Regulamento (CE) n.º 1/2003 de alguns pilares normativos fundamentais para o funcionamento do sistema introduz inevitáveis elementos de incerteza no mesmo e a recorrente definição, num plano infra-normativo, de determinados parâmetros gerais de actuação das entidades intervenientes no sistema não reúne as condições necessárias para afastar essa incerteza[1059].

Apesar de se estabelecer na *"Declaração conjunta"*, cit. – associada à aprovação do Regulamento (CE) n.º 1/2003 – o princípio segundo o qual, sempre que possível, cada caso relevante deveria ser acompanhado por uma única autoridade nacional, melhor posicionada para o efeito,[1060] e não obstante se procure formular critérios de repartição de competências entre autoridades nacionais numa Comunicação da Comissão, o efectivo funcionamento desse sistema depende dos consensos que se verifiquem *pari passu* na rede de autoridades de concorrência (bem, como inegavelmente, do exercício de uma especial influência que a Comissão possa exercer nesta matéria, embora, como já se referiu, a adopção de um sistemático posicionamento interveniente desta Instituição neste domínio não seja compatível com os objectivos de *"descentralização"* assumidos).[1061]

Além disso, os riscos de incoerência e insegurança jurídicas no funcionamento do sistema são, ainda, agravados pelas consequências que se podem retirar do disposto no n.º 2 do artigo 13.º do Regulamento. Na verdade, pode sustentar-se, em face do que se encontra estatuído nessa disposição, que as decisões de autoridades nacionais – mesmo em procedimentos que se encontrem definitivamente encerrados na esfera dos Estados Membros em causa – não são vinculativas para a Comissão. Do

---

[1059] Trata-se, pois, de um sistema excessivamente assente em orientações interpretativas desprovidas de carácter vinculativo, sem prejuízo da relevância que esse tipo de instrumento jurídico – designado sugestivamente pela doutrina anglo-saxónica como *"soft law"* – tem assumido na densificação jurídica das regras comunitárias da concorrência.

[1060] Cfr., nesse sentido, ponto 16 da *"Declaração conjunta"*, cit.

[1061] Quanto aos parâmetros estabelecidos em Comunicação da Comissão, importa considerar esp. os pontos 5 e ss, 10 e ss. da Comunicação acima cit..

576   *Empresas comuns* – Joint Ventures

mesmo modo, tais decisões também não são vinculativas para as outras autoridades nacionais de concorrência.

Nestes termos, o encerramento de um procedimento num determinado Estado Membro não afasta, em princípio, a possibilidade de a situação considerada em tal procedimento vir a ser objecto de novos inquéritos por parte de outras autoridades nacionais, ou até por parte da Comissão (embora se pretenda através de múltiplas obrigações de informação no seio da rede de autoridades, bem como de parâmetros gerais de cooperação no âmbito da mesma, evitar soluções divergentes sobre uma mesma situação em diversas jurisdições nacionais).[1062]Apenas em situações de tipo inverso, correspondentes aos casos que tenham sido objecto de decisão prévia por parte da Comissão, se verifica uma vinculação das autoridades nacionais por esses precedentes.

Nesses casos, de acordo com o previsto no n.º 2 do artigo 16.º do Regulamento, as autoridades nacionais de concorrência não podem adoptar sobre as matérias que se encontrem em causa *"decisões (...) contrárias à decisão aprovada pela Comissão"*. Não pensamos, contudo, que este tipo de vinculação se mostre decisivo para assegurar, em geral, a aplicação uniforme do direito comunitário da concorrência, visto que, no novo sistema inaugurado com o Regulamento (CE) n.º1/2003, a maior parte das decisões de carácter concorrente deverá ser adoptada pelas autoridades nacionais

5.4.3.2. *A salvaguarda da aplicação coerente do direito comunitário da concorrência num contexto de intervenção acrescida dos tribunais nacionais*

Noutro plano, o propósito de assegurar uma aplicação coerente do direito comunitário da concorrência no âmbito do novo sistema pode

---

[1062] Independentemente de tais obrigações de informação e dos parâmetros gerais de cooperação – designadamente os fixados em Comunicação da Comissão – na ausência de regras gerais vinculativas, a *praxis* do funcionamento do sistema pode originar problemas e não se encontra, necessariamente, assegurada a aplicação uniforme do direito comunitário da concorrência, nem uma coerência global que assegure às empresas, pelo menos numa fase inicial do sistema, níveis razoáveis se segurança jurídica. Cfr., no entanto, para uma perspectiva mais favorável ao funcionamento do sistema, EMIL PAULIS, Checks and Balances in the EU Antitrust Enforcement System, in *Annual Proceedings of the Fordham Corporate Law Institute – International Antitrust Law & Policy – 2002*, Editor BARRY HAWK, cit..

também ser prosseguido através da faculdade, prevista no n.º 3 do artigo 15.º do Regulamento, de intervenção *ex officio* da Comissão em processos judiciais nos quais se encontre em causa a aplicação dos artigos 81.º e 82.º CE, mediante a apresentação de observações escritas nos mesmos (essa faculdade é, igualmente, conferida às autoridades nacionais de concorrência em relação aos tribunais dos respectivos Estados-Membros). De alguma forma, esta possibilidade de intervenção da Comissão em processos pendentes em tribunais, numa posição de *amicus curiae*, vem conferir um suporte normativo ao sistema de cooperação que a Comissão procurou no passado desenvolver – com pouco sucesso como acima já se assinalou – através da *"Comunicação sobre a cooperação entre a Comissão e os tribunais nacionais no que diz respeito à aplicação dos artigos 85.º e 86.º do Tratado CE"*.[1063]

Não obstante os tribunais tenham recebido a competência para aplicar o artigo 81.º CE na sua totalidade, diversamente do que sucedia aquando da adopção da referida Comunicação da Comissão, pensamos que esse aspecto, só por si, não será decisivo para assegurar o sucesso deste tipo de intervenções da Comissão. Pelo contrário, em certas jurisdições não se pode excluir alguma reserva dos tribunais a tais intervenções.[1064] Além disso, e tomando de novo em consideração os pressupostos básicos subjacentes ao processo de *"descentralização"* que informam o novo sistema, não é sustentável admitir uma intervenção sistemática da Comissão em processos judiciais nacionais. É certo, contudo, que não se encontra, necessariamente, em causa uma intervenção *ex officio* da Comissão em processos judiciais nacionais, visto que o artigo 15.º do Regulamento também prevê, no seu n.º 1, a possibilidade de serem os próprios

---

[1063] Cfr. sobre os problemas potencialmente associados ao desenvolvimento efectivo deste tipo de processos de cooperação, Marc van der Woude, *National Courts and the Draft regulation on the Application of Articles 81 and 82 EC*, in *Modernisation of European Competition Law*, Editors, Jules Stuyck, Hans Gilliams, cit., pp. 41 ss.; cfr., também, sobre a mesma matéria, David Edward, The Modernization of EC Antitrust Policy. Issues for Courts and Judges, in *European Competition Law Annual 2000: The Modernisation of EC Antitrust Policy*, Claus Dieter Ehlermann, L. Atanasiu, Editors, cit., 25.

[1064] Alguns autores partilham também esta dúvida quanto à receptividade às intervenções da Comissão, por parte dos tribunais nacionais, nos processos em que se encontre em causa a aplicação de normas comunitárias de concorrência. Cfr., nesse sentido, Hans Gilliams, "Modernisation: from policy to Practice", in EL Rev., 2003, pp. 451 ss., esp. pp. 462 ss.

tribunais nacionais a solicitar à Comissão informações ou a emissão de pareceres *"sobre questões relativas à aplicação das regras comunitárias da concorrência".*

Em contrapartida, o Regulamento não contempla quaisquer normativos específicos que permitam evitar que os mesmos acordos ou comportamentos empresariais sejam objecto de litígio, envolvendo a aplicação dos artigos 81.º e 82.º CE, em diferentes tribunais nacionais com potenciais desfechos divergentes.[1065] Apenas se tutela a aplicação coerente do direito comunitário da concorrência num outro plano que se reporta à própria *praxis* decisória da Comissão.

Assim, nos termos previstos no n.º 1 do artigo 16.º do Regulamento, os tribunais nacionais, sempre que se pronunciarem sobre acordos ou comportamentos *"que já tenham sido objecto de decisão da Comissão (…) não podem tomar decisões que sejam contrárias (…)"* a tais decisões da Comissão. A mesma disposição, consagrando num plano normativo a orientação jurisprudencial que já resultava do Acórdão *"Masterfoods"* do TJCE,[1066] veio também estabelecer o princípio de que os tribunais nacionais devem evitar tomar decisões que entrem em conflito com uma decisão que a Comissão possa vir a adoptar em processos que já tenha iniciado, se necessário suspendendo o processo para prevenir tal resultado (a Comissão, por seu turno, parece dispor-se, em nova *"Comunicação sobre a cooperação com os tribunais dos Estados-Membros da UE"*, a dar prioridade ao tratamento de casos que estejam a ser objecto de processos judi-

---

[1065] Cfr., sobre esta questão e outros problemas conexos relativos à não aplicação uniforme de normativos de concorrência nos vários tribunais, MARIO SIRAGUSA, *The Modernization of EC Competition Law. Risks of Inconsistency and Forum Shopping*, in *European Competition Law Annual 2000: The Modernisation of EC Antitrust Policy*, CLAUS DIETER EHLERMANN, L. ATANASIU, Editors, cit., 22 (em relação a outro tipo de problemas processuais, este A. reconhece que as regras da Convenção de Bruxelas – JOCE n.º C 189/1, 1990 – em matéria de litispendência e actuações judiciais relacionadas entre si deverão contribuir para evitar conflitos de jurisdição entre tribunais nacionais neste domínio). Destacando também os problemas de coerência na aplicação dos normativos comunitários no quadro de uma intervenção acrescida dos tribunais nacionais, cfr. JOSÉ LUIS DA CRUZ VILAÇA, "A Modernização da Aplicação das Regras Comunitárias de Concorrência Segundo a Comissão Europeia – Uma Reforma Fundamental", in Boletim da Faculdade de Direito de Coimbra, Volume Comemorativo, Coimbra, 2003, pp. 718 ss. esp. pp. 747 ss..

[1066] Acórdão *"Masterfoods"* proferido pelo TJCE no proc. C-344/98 [Col. I-11369 (2000)].

ciais nacionais, caso os mesmos tenham sido suspensos em virtude do início de um procedimento de investigação pela própria Comissão[1067]).

Apesar de a Comissão e alguma doutrina sustentarem que a atribuição *ex novo* de competência aos tribunais nacionais para aplicarem o n.º 3 do artigo 81.º CE se traduzirá numa gradual aproximação ao sistema norte-americano de concorrência, com uma intervenção cada vez mais significativa dos tribunais nacionais na concretização jurídica de normas comunitárias da concorrência,[1068] pensamos – em sentido algo diverso – que esse processo será extremamente lento e deverá revestir-se, mesmo, de alguma incerteza. Desde logo, esse paralelo não se nos afigura, em si mesmo, procedente, visto que, no âmbito do ordenamento norte--americano da concorrência, caracterizado por um enquadramento normativo federal extremamente genérico, a jurisprudência dos tribunais superiores assumiu um verdadeiro papel fundador – em termos substantivos – das principais proposições jurídicas que definem esse ordenamento.[1069] Ora, independentemente de alguma margem acrescida de intervenção dos tribunais nacionais que venha a resultar, no quadro da UE, da adopção do Regulamento (CE) n.º 1/2003, pensamos que não se encon-

---

[1067] Referimo-nos aqui à *"Comunicação sobre a cooperação com os tribunais dos Estados-Membros da UE"* (com a ressalva formulada *supra*, nos termos da **Nota Prévia**; cfr., em especial, o ponto 12 da Comunicação). Outros aspectos são contemplados nessa Comunicação, mas a eficácia desses processos de cooperação com os tribunais nacionais afigura-se-nos sempre limitada ou, pelo menos, potencialmente afectada devido à ausência de uma dimensão de harmonização processual – apesar dos princípios gerais de eficácia que, neste plano, as legislações nacionais deverão assegurar.

[1068] Cfr., nesse sentido as posições de autores representativos das orientações da Comissão neste domínio – v.g., GIANFRANCO ROCCA, CÉLINE GAUER, DOROTHE DALHEIMER, LARS KJOLBYE, EDDY DE SMUTER, "Regulation 1/2003: A Modernised Application of EC Competition Rules", cit., pp. 3 ss, esp. p. 7. Na doutrina, embora com uma posição mais reservada sobre as condições efectivas para uma intervenção acrescida dos tribunais, cfr., WALTER VAN GERVEN, *Substantive Remedies for the Private Enforcement of EC Antitrust Rules Before National Courts*, in *Modernisation of European Competition Law*, Editors, JULES STUYCK, HANS GILLIAMS, cit., pp. 93 ss..

[1069] Esse papel decisivo da jurisprudência na construção substantiva das proposições jurídicas centrais do ordenamento norte-americano da concorrência – sem paralelo possível no âmbito do sistema comunitário – é salientada por vários autores na doutrina norte-americana e comunitária. Cfr., por todos, THOMAS ARTHUR, *The unsatisfactory application of the antitrust statutes of the United States by the Federal Courts*, in *Modernisation of European Competition Policy*, Editors, JULES STUYCK, HANS GILLIAMS, cit., pp. 61 ss..

580   *Empresas comuns* – Joint Ventures

tra em causa um papel comparável dos tribunais dos Estados Membros na construção do direito comunitário da concorrência.[1070]

Pela nossa parte, consideramos que a intervenção acrescida dos tribunais nacionais na aplicação dos artigos 81.º e 82.º CE – cuja extensão não se pode ainda antecipar – resultará, predominantemente, do acréscimo de casos em que as decisões de autoridades nacionais da concorrência sobre essas matérias sejam objecto de recurso. Assim, esse previsível reforço do pilar jurisprudencial será, em nosso entender, muito tributário do reforço do papel das autoridades nacionais de concorrência no processo de aplicação do direito comunitário da concorrência. Em contrapartida, não cremos que, num futuro próximo, se verifique um significativo aumento dos casos em que problemas diversos de potencial violação desse ordenamento sejam directamente submetidos aos tribunais nacionais em litígios envolvendo entidades privadas.

Na realidade, independentemente da falta de harmonização de regras processuais nacionais relevantes, é possível verificar que, em regra, os tribunais dos Estados-Membros detêm poderes limitados para a averiguação de factos relacionados com potenciais violações de normas de concorrência. A este aspecto acresce, ainda, a ausência, na generalidade dos Estados-Membros, de mecanismos de atribuição de indemnizações entre entidades privadas comparáveis aos que existem no âmbito do ordenamento norte-americano (e que incentivam, numa larga medida, a iniciativa processual de entes privados em matérias respeitantes à observância do direito da concorrência).[1071] Assim, a aplicação de normas comunitárias de con-

---

[1070] A contribuição previsível do pilar jurisprudencial para a formação do direito comunitário da concorrência corresponde, por razões compreensíveis, a uma matéria especialmente discutida no contexto da reforma deste ordenamento, no sentido da *"modernização"*. Sobre essa matéria, cfr., por todos, MARC VAN DER WOUDE, *National Courts and the Draft regulation on the Application of Articles 81 and 82 EC*, in *Modernisation of European Competition Law*, Editors, JULES STUYCK, HANS GILLIAMS, cit., pp. 41 ss..

[1071] Cfr., para uma análise geral da limitada capacidade de averiguação de factos relevantes para a verificação de infracções às normas de concorrência, incluindo as normas comunitárias, H. J. BOURGEOIS, *EC Competition Law and Member State Courts*, in *Antitrust in a Global Economy*, Annual Proceedings of the Fordham Corporate Law Institute, Editor BARRY HAWK, Fordham Corporate Law Institute, 1994, pp. 475 ss.. Para uma análise geral do desenvolvimento muito limitado dos processos de aplicação de normas comunitárias de concorrência em litígios judiciais circunscritos a entidades privadas, cfr., por todos, CLIFFORD JONES, *Private Enforcement of Antitrust Law in the EU, UK, and USA*, Oxford University Press, 1999, esp. pp. 45 ss. e pp. 93 ss..

Parte II – Capítulo 1 581

corrência em litígios judiciais que envolvam entidades privadas tem estado, com frequência, associada à invocação de hipotéticas violações das mesmas, como meio de defesa em relação a outro tipo de pretensões jurídicas e, neste plano, não parece que a nova atribuição de competência aos tribunais nacionais para a aplicação do n.º 3 do artigo 81.º CE corresponda a um incentivo significativo para o recrudescimento desse tipo de actuações judiciais.[1072]

De qualquer modo, o mero reforço previsível da intervenção dos tribunais dos Estados-Membros, em sede de apreciação de recursos de decisões de autoridades nacionais de concorrência, não deixará de suscitar consideráveis problemas de coerência do sistema, sobretudo no que respeita à aplicação do n.º 3 do artigo 81.º CE. Neste contexto, será de esperar um recurso acrescido dos tribunais nacionais ao mecanismo do reenvio prejudicial para o TJCE, *ex vi* do artigo 234.º CE,[1073] o qual pode, mesmo, suscitar dificuldades de resposta por parte deste Tribunal.

Além disso, este mecanismo apresenta também óbvias limitações no que respeita à salvaguarda de uma aplicação coerente do n.º 3 do artigo 81.º CE pelos tribunais nacionais, visto que o mesmo se encontra, fundamentalmente, concebido para permitir a resposta a questões de interpretação de normativos comunitários com um considerável grau de abstracção e não permite definir soluções de concretização desses normativos em casos específicos. Ora, em nosso entender, com relativa frequência, os problemas suscitados pela aplicação do n.º 3 do artigo 81.º CE, implicam, devido à natureza das questões envolvidas, uma ponderação dos termos em que se concretizem as quatro condições estabelecidas nessa disposição, a qual é, em si mesma, indissociável das circunstâncias de cada situação concreta que se encontre em apreço. Esse tipo de problemas não será, pois, clarificado de forma satisfatória através de questões de índole geral e

---

[1072] Sobre este ponto, destacando as condições em que tende a ocorrer a aplicação de normas comunitárias da concorrência pelos tribunais nacionais e enfatizando as diferenças em relação ao pilar jurisprudencial na concretização de normas de concorrência no quadro do sistema norte-americano, cfr. CLIFFORD JONES, *Private Enforcement of Antitrust Law in the EU, UK, and USA*, cit..

[1073] Esta probabilidade é também sustentada por vários autores na doutrina comunitária. Cfr., por todos, CLAUS-DIETER EHLERMANN, ISABELA ATANASIU, "The modernisation of EC antitrust law: consequences for the future role and functions of the EC courts", in ECLR, 2002, pp. 72 e ss., esp. pp.76 ss..

582   *Empresas comuns* – Joint Ventures

abstracta tipicamente enquadradas pelo mecanismo do reenvio prejudicial.[1074]

É certo que autores como CLAUS DIETER EHLERMANN admitem que o estabelecimento de parâmetros orientadores da actuação dos tribunais nacionais pode ser assegurado, de forma minimamente eficaz e de modo a evitar situações de incerteza jurídica, através do conjunto de Comunicações interpretativas da Comissão que complementam, no âmbito do denominado processo de *"modernização"*, o Regulamento (CE) n.º1/2003 (*maxime*, através da Comunicação *"Orientações relativas à aplicação do n.º 3 do artigo 81.º do Tratado"*[1075]). Pela nossa parte, contudo, embora consideremos indiscutivelmente importante a adopção de tal Comunicação interpretativa da Comissão, pensamos que a mesma apenas pode dar

---

[1074] Sobre o carácter concreto dos raciocínios jurídicos que importa desenvolver para analisar as quatro condições de aplicação do n.º 3 do artigo 81.º CE, cfr. IAN FORRESTER, *The Modernization of EC Antitrust Policy. Compatibility, Efficiency, Legal Security*, in *European Competition Law Annual 2000: The Modernisation of EC Antitrust Policy*, CLAUS DIETER EHLERMANN, L. ATANASIU, Editors, cit.. De qualquer modo, importa reconhecer que já no quadro da vigência do Regulamento n.º 17 se admitia – embora de uma forma não isenta de ambiguidade – a possibilidade de alguma ponderação indirecta por parte dos tribunais nacionais quanto à aplicabilidade da disposição do n.º 3 do artigo 81.º CE. Nesse sentido, e de acordo com a jurisprudência do TJCE no caso *"Delimitis"* (Acórdão de 1991, cit.), nos casos em que os tribunais nacionais fossem chamados a pronunciar-se sobre a proibição de acordos ou comportamentos empresariais em sede de aplicação do n.º 1 do artigo 81.º CE, poderia justificar-se, na decisão sobre tal proibição, tomar em consideração a inexistência de condições de concessão de isenções em sede de aplicação do n.º 3 do artigo 81.º CE. Tal sucederia, designadamente, em relação a casos concretos que não tivessem sido objecto de decisões anteriores da Comissão, nem de processos de investigação abertos pela mesma Instituição, desde que a incompatibilidade com o n.º 1 do artigo 81.º CE se pudesse estabelecer de forma indubitável e pressupondo que, com base nos Regulamentos de isenção por categoria em vigor e nas orientações resultantes da *praxis* decisória anterior da Comissão, não fosse de todo concebível a sujeição das situações em causa a decisões individuais de isenção.

[1075] Cfr. CLAUS-DIETER EHLERMANN, ISABELA ATANASIU, "The modernisation of EC antitrust law: consequences for the future role and functions of the EC courts", cit, p. 76: *"At least in the beginning national courts will face an additional difficulty deriving from the application of Article 81(3), because its interpretation is largely unknown territory for everybody (...). There is an urgent need to fill this interpretative gap: it is one of the most urgent tasks for the Commission to contribute to overcoming this difficulty by publishing Guidelines on the implementation and the application of Article 81 (3)"*. Sobre a Comunicação interpretativa em causa, cfr. a ressalva formulada *supra*, **Nota Prévia**.

um contributo limitado para assegurar o objectivo visado de aplicação coerente do n.º 3 do artigo 81.º CE nas várias jurisdições nacionais.

Essa limitação resulta, em primeiro lugar, do facto de a interpretação dessa disposição e a sua articulação com o n.º 1 do mesmo artigo 81.º CE constituírem problemas jurídicos muito controvertidos e cujo tratamento não se encontra, ainda, em nosso entender, estabilizado na própria jurisprudência do TJCE e do TPI (pelo que as orientações delineadas pela Comissão numa Comunicação interpretativa podem ser contrariadas em jurisprudência ulterior desses tribunais). Em segundo lugar, consideramos que neste plano jurisprudencial se vem desenhando, precisamente, uma visão mais crítica das avaliações produzidas pela Comissão em sede de aplicação do n.º 3 do artigo 81.º CE.

Esta maior predisposição para sujeitar a um escrutínio efectivo essas avaliações da Comissão – apesar da margem de apreciação necessariamente associada ao tipo complexo de ponderações jurídico-económicas exigidas para tais avaliações – foi, de algum modo, inaugurada pelo TPI, mas vem, sendo, também, assumida pelo TJCE. Pode mesmo considerar-se, a este propósito, uma possível inversão da anterior tendência jurisprudencial para reconhecer uma extensa margem de apreciação da Comissão nestas matérias, largamente tributárias da ponderação de factores económicos concretos (essa inversão traduz-se, em contrapartida, no reconhecimento de uma aptidão jurisprudencial para "*censurar*" os juízos produzidos pela Comissão sobre a verificação do conjunto de condições previsto no n.º 3 do artigo 81.º CE).[1076]

Além disso, a definição de orientações de carácter geral que a Comissão pretende delinear na sua Comunicação interpretativa de carácter geral, tomando para o efeito como referência a sua *praxis* decisória ante-

---

[1076] Cfr., entre outros Acórdãos do TPI que indiciam esta possível revisão da anterior orientação, de acordo com a qual os juízos jurídico-económicos de carácter concreto produzidos em sede de aplicação do n.º 3 do artigo 81.º CE não eram, em regra, sujeitos a escrutínio substantivo, o Acórdão "*Cimenteries CBR and others v. Commission*" [processos ap. T-25/95, Col., II – 49 (2000)]. Na mesma linha, e versando, de forma ainda mais específica, a aplicação do referido n.º 3 do artigo 81.º CE, cfr. também o Acórdão do TPI "*Métropole Television (M6) a.o. v. Commission*", [proc T-112/99, Col. II – 2459 (2001)]. Alguma desta jurisprudência, incluindo ainda decisões do TJCE, será novamente trazida à colação no quadro da síntese conclusiva final a que procedemos – *infra*, **Parte IV** (esp. ponto 3.4.) – e tomando aí em consideração o contributo da análise das empresas comuns para a reformulação dos critérios de interacção entre o n.º 1 e o n.º 3 do artigo 81.º CE.

rior,[1077] enferma de outro problema essencial que dificulta o tratamento jurídico coerente desta matéria num quadro de aplicação do n.º 3 do artigo 81.º CE nas várias jurisdições nacionais. Esse problema resulta do facto de – como adiante se observará na nossa análise substantiva do tratamento das empresas comuns[1078] – a Comissão ter pretendido afirmar, nessa sua *praxis* decisória anterior, uma larga margem de apreciação e de o novo enquadramento resultante do Regulamento (CE) n.º 1/2003 parecer pressupor, nos termos do seu artigo 1.º, uma definição de parâmetros gerais de verificação das condições de aplicação do n.º 3 do artigo 81.º pouco compatível com a extensão dos poderes discricionários de apreciação tradicionalmente reclamados pela Comissão (com vista a permitir a aplicação dessa disposição pelas autoridades de concorrência e tribunais nacionais). Nesse contexto, a relevância dos precedentes decisórios da Comissão para clarificar parâmetros hermenêuticos nesta matéria será, necessariamente, limitada.

Em sentido diverso, já os problemas resultantes de uma previsível utilização acrescida do mecanismo de reenvio prejudicial, motivados por dificuldades de resposta efectiva por parte do TJCE, poderão ser resolvidos de forma mais satisfatória, mediante a utilização da faculdade contemplada no n.º 3 do artigo 225.º CE (na nova formulação resultante do Tratado de Nice). Como é sabido, de acordo com esta disposição, o TPI poderá receber a competência para conhecer questões prejudiciais *"em matérias específicas determinadas pelo Estatuto"* do TJCE. Assim, no contexto resultante da adopção do Regulamento (CE) n.º 1/2003, justificar-se-ia, através de uma mera alteração a esse Estatuto do TJCE, atribuir ao TPI a competência fundamental para apreciar questões prejudicais relativas à interpretação dos artigos 81.º e 82.º CE.[1079]

[1077] A ideia de tomar em consideração a *praxis* decisória anterior para a formulação de orientações gerais em matéria de aplicação do n.º 3 do artigo 81.º CE é claramente assumida na Comunicação da Comissão *"Orientações relativas à aplicação do n.º 3 do artigo 81.º do Tratado"*, cit.. Contudo, entendemos ser difícil fixar parâmetros claros e coerentes com essa base, atendendo às flutuações hermenêuticas que se foram verificando nessa *praxis* decisória.

[1078] Cfr., em especial o estudo *ex professo* do tratamento jusconcorrencial das empresas comuns submetidas ao regime do artigo 81.º CE que desenvolvemos – *infra* **Parte III**, capítulo terceiro.

[1079] A atribuição de competência ao TPI para apreciar questões prejudiciais relativas à interpretação dos artigos 81.º e 82.º CE tem sido defendida na doutrina comunitária por autores como JOHN TEMPLE LANG (no seu estudo "Decentralised application of EC

5.4.3.3. *Outros processos de tutela da segurança jurídica no novo sistema de aplicação de normas comunitárias de concorrência*

Para além dos aspectos acima referidos e das questões específicas referentes a um possível papel acrescido do pilar judicial no sistema de aplicação do direito comunitário da concorrência, o problema fundamental da coerência global desse sistema e da salvaguarda de determinados níveis de segurança jurídica para as empresas poderá, ainda, ser atenuado através de uma intervenção continuada e sistemática da Comissão em diversos planos gerais. Estes deverão compreender a emissão de orientações interpretativas de carácter geral (através de Comunicações), a utilização da figura dos Regulamentos de isenção por categoria e a manutenção de uma prática decisória própria razoavelmente intensa por parte da Comissão.

A esse respeito, importa reconhecer – como verificaremos, de forma mais desenvolvida, no quadro do nosso estudo *ex professo* do tratamento jusconcorrencial das empresas comuns – que a adopção do Regulamento (CE) n.º 1/2003 acompanhou um extenso movimento de renovação de fundamentais Regulamentos de isenção por categoria e de Comunicações interpretativas de carácter geral, quer no domínio das restrições à concorrência de carácter vertical, quer no domínio das restrições horizontais.[1080] Todavia, e apesar da sua considerável importância – que se terá mesmo reforçado no novo enquadramento emergente do Regulamento (CE) n.º 1/2003 – esses instrumentos, por si só, não permitem assegurar uma aplicação coerente das normas comunitárias de concorrência no contexto da "*descentralização*" ora encetada. Impõe-se, pois, que a Comissão mantenha um conjunto apreciável de procedimentos por si directamente conduzidos, sobretudo em matérias relativamente às quais se tenham verificado flutuações significativas de entendimento e de critérios hermenêuticos. Como adiante observaremos, a análise das empresas comuns subme-

---

competition law", in World Competition, 2001, pp. 18 e ss), ou por A. DERINGER (no estudo "Reform der durchfürungsverordnung zu den Art. 81 und 82 des EG-Vertrages", in EuR., 2001, pp. 306 ss.).

[1080] Cfr., em geral sobre esses desenvolvimentos, a análise desenvolvida *infra* na **Parte III** deste trabalho. Para uma perspectiva geral das condições de aplicação dos normativos comunitários de concorrência resultantes do conjunto desses desenvolvimentos, cfr. WOUTER WILS, *The optimal enforcement of EC antitrust law, essays in law and economics*, Kluwer, 2003.

586   *Empresas comuns* – Joint Ventures

tidas ao regime do artigo 81.º CE corresponderá, de forma paradigmática, a uma dessas áreas em que importará assegurar a consolidação e estabilização de parâmetros de apreciação, através de uma prática decisória continuada por parte da Comissão (dando sequência a queixas apresentadas neste domínio, ou através de actuações *ex officio* da Comissão, dirigidas à averiguação de potenciais questões de afectação da concorrência associadas à criação de empresas comuns).

A título complementar, essa manutenção de uma prática decisória intensa da Comissão deverá, também, envolver uma utilização importante da nova categoria de decisões expressamente contemplada no artigo 10.º do Regulamento (CE) n.º 1/2003 (decisões *"de não aplicabilidade"* das proibições estabelecidas nos artigos 81.º e 82.º CE a determinados acordos ou comportamentos empresariais). Essas decisões, cuja adopção deve ser norteada *"pelo interesse comunitário relacionado com a aplicação"* das referidas disposições, permitem fixar precedentes que, de acordo com o previsto no artigo 16.º do Regulamento, vinculam os tribunais e as autoridades de concorrência dos Estados-Membros.[1081]

Por último, a salvaguarda da coerência do sistema deve ainda resultar da prestação pela Comissão de *"orientações informais"* sobre questões novas relacionadas com a interpretação dos artigos 81.º e 82.º CE. Esta figura é apenas referida no Considerando 38 do Regulamento (CE) n.º 1/2003,[1082] não sendo regulada na parte dispositiva do mesmo. De qualquer modo, as condições de emissão desse tipo de *"cartas de orientação"* por parte da Comissão não são completamente claras, apesar da

---

[1081] A prossecução do interesse comunitário aconselha, pois, que este tipo de decisões seja adoptado a propósito de casos de referência, em relação aos quais não existissem parâmetros analíticos pré-definidos, ou casos referentes a matérias em que, no passado, tivessem sido adoptadas orientações não coincidentes. Além disso, este tipo de decisões só pode realmente assumir um papel relevante no novo contexto de *"modernização"* se – como já temos destacado, e como observaremos a propósito do nosso estudo *ex professo* das empresas comuns – a Comissão passar a enunciar de forma mais desenvolvida a *ratio decidendi* seguida em cada caso.

[1082] Esta figura das *"cartas de orientação"* corresponde *mutatis mutandis* à figura das *"business review letters"* no ordenamento da concorrência norte-americano. Sobre esta última categoria e sobre a sua utilização no ordenamento norte-americano, cfr. PHILLIP AREEDA, LOUIS KAPLOW, *Antitrust Analysis – Problems, Text, Cases*, Aspen Law & Business, 1997, esp. pp. 54 ss.

Parte II – Capítulo 1

587

adopção de uma Comunicação interpretativa sobre esta matéria.[1083] Parece inquestionável que a definição de entendimentos através deste mecanismo estará reservada para a clarificação de questões novas, que não se encontrassem devidamente esclarecidas em anteriores Comunicações interpretativas de carácter geral, nem em precedentes jurisprudenciais ou relativos à *praxis* decisória da Comissão. Contudo, já não é completamente claro se estas *"cartas de orientação"* apenas incidirão sobre questões jurídicas abstractas de interpretação dos normativos de concorrência ou se poderão, também, versar – e com que extensão – problemas concretos de aplicação desses normativos a determinadas situações de mercado. Pela nossa parte, admitimos que a eficácia desta figura – como verdadeiro elemento de compensação, em matéria de segurança jurídica, da eliminação do sistema de notificação prévia – será reforçada, caso aquela englobe questões de concretização jurídica dos normativos em situações específicas apresentadas à Comissão (embora passíveis de alguma generalização quanto a situações comparáveis). Tal como sucede com outros aspectos, também a efectiva relevância desta figura na salvaguarda da segurança jurídica e da aplicação coerente do direito comunitário da concorrência, num quadro de *"descentralização"*, apenas poderá ser devidamente avaliada com a gradual definição de uma prática de actuação da Comissão neste domínio.

6. O controlo dos abusos de posição dominante

6.1. ASPECTOS GERAIS

A segunda categoria fundamental de normas originárias de concorrência, aplicáveis às empresas, reporta-se ao controlo dos abusos de posição dominante, nos termos do artigo 86.º TCE (artigo 81.º CE).[1084]

[1083] Referimo-nos aqui à *"Comunicação sobre a orientação informal relacionada com questões novas relativas aos artigos 81.º e 82.º do Tratado CE que surjam em casos individuais (cartas de orientação)"*, (cfr., sobre a mesma a ressalva formulada *supra*, **Nota Prévia**).

[1084] Retomamos neste ponto a análise dos *principais pilares jurídicos* do direito comunitário da concorrência numa *perspectiva histórica geral*, depois de termos incluído na análise do regime do artigo 85.º TCE (artigo 81.º CE) uma referência ao processo de

Considerando que vários dos conceitos e categorias jurídicas enunciados no regime dos abusos de posição dominante são retomados, pelo menos do ponto de vista literal, nas previsões respeitantes ao controlo directo das operações de concentração de empresas instituído pelo RCC, embora com um sentido material que não é, necessariamente, coincidente, limitamo-nos na presente secção a enquadrar da forma mais sumária esta figura, pois a necessidade de efectuar numerosas comparações com o sistema previsto naquele RCC – que analisaremos como uma das vertentes do enquadramento das empresas comuns – leva-nos a equacionar nessa sede alguns dos principais desenvolvimentos ocorridos na interpretação e aplicação do artigo 86.º TCE, evitando repetições desnecessárias.

Além disso, o regime do artigo 86.º TCE é também especialmente analisado adiante, na perspectiva da sua eventual aplicabilidade, no sentido de assegurar formas de controlo directo de operações de concentração, incluindo certas categorias de empresas comuns, quer no período anterior à aprovação do RCC, quer no período de vigência deste Regulamento.

O artigo 86.º TCE proíbe a exploração abusiva de posições dominantes no mercado comum ou em partes substanciais deste, como actuações incompatíveis com o mercado comum. Apesar de esta previsão ter subjacente a prossecução de objectivos comparáveis, dentro de certos limites, com aqueles que informaram a *"Secção 2"* do *"Sherman Act"*,[1085] as diferenças entre o regime comunitário do abuso de posição dominante e o regime norte-americano da denominada *"monopolização"* (*"monopolization"*) são muito significativas.

As duas previsões revestem-se, contudo, de um grau comparável de generalidade no seu enunciado normativo – justamente assinalado por autores como TIM FRAZER,[1086] – o que permitiu algumas flutuações signi-

---

modernização desencadeado com o Livro Branco – *supra*, ponto **5.**, precedente – o que, em termos sistemáticos, se justifica, visto que as principais repercussões do novo sistema se fazem sentir no quadro dos processos de aplicação do referido artigo 81.º CE.

[1085] Cfr. Secção 2 do *"Sherman Act"*: *"Every person who shall monopolize, or attempt to monopolize, or combine or conspire with any other person or persons to monopolize any part of the trade or commerce among the several States, or with foreign nations, shall be deemed guilty of a felony (...)"*.

[1086] Cfr. TIM FRAZER, *Monopoly, Competition and the Law*, cit., p. 30. Não nos alongamos, contudo, nesta secção sobre o regime do abuso de posição dominante no direito comunitário da concorrência, limitando-nos a uma referência sumária ao mesmo, de modo a traçar uma perspectiva global dos principais pilares normativos deste ordena-

ficativas dos entendimentos relativos ao âmbito e alcance da aplicação dos referidos regimes.

6.2. A UTILIZAÇÃO ABUSIVA DO PODER DE MERCADO

O aspecto fundamental em causa na previsão do artigo 86.º TCE é o que respeita ao controlo da utilização do poder de mercado pelas empresas.[1087] Na realidade, quer os economistas clássicos, quer as escolas económicas mais recentes, salientam o facto de a detenção de um elevado poder de mercado por parte de certas empresas permitir às mesmas uma actuação comercial liberta das pressões do mercado e dos factores de incerteza que essas pressões geram. Essa margem de actuação confere às empresas a faculdade de prosseguir múltiplos objectivos que as podem afastar de certos níveis equilibrados de eficiência económica, impondo, designadamente, preços elevados que não seriam sustentáveis em condições normais de sujeição à pressão permanente da concorrência.

Todavia, o objectivo de protecção dos agentes económicos que mantêm relações comerciais, em sentido lato, com empresas que detêm um elevado poder de mercado, no sentido de evitar que os mesmos sejam objecto de processos diversos de exploração indevida, tem sido entendido de forma diferente no quadro da aplicação do artigo 86.º TCE e da Secção 2 do "*Sherman Act*", cit.

A influência das teses da Escola de Chicago – mesmo considerando as formulações mais mitigadas que se têm desenvolvido na doutrina norte--americana nos últimos anos – leva a que o controlo de eventuais abusos na utilização do poder de mercado apenas seja justificado em relação às empresas dominantes que, comprovadamente, se encontram ao abrigo de concorrência promovida por outras empresas com um grau comparável de

---

mento, bem como uma visão histórica de conjunto da sua consolidação, situando nesse contexto o enquadramento jusconcorrencial das empresas comuns. Além disso, diversamente do que sucede com o regime do artigo 85.º TCE (artigo 81.º CE), o regime do artigo 86.º TCE (artigo 82.º CE) não se reveste de importância fundamental para o tratamento das empresas comuns, o que justifica o carácter muito sucinto desta referência histórica a tal regime.

[1087] Cfr., nesse sentido, VALENTINE KORAH, *An Introductory Guide to EC Competition Law and Practice*, cit., pp. 79 ss..

590   *Empresas comuns* – Joint Ventures

eficiência económica,[1088] o que pressupõe, bem entendido, a existência de barreiras à entrada no mercado destas empresas relativamente eficientes.

No quadro do artigo 86.° TCE, a tutela das empresas condicionadas na sua actuação pela exploração que as empresas detentoras de posições dominantes efectuam desse seu poder económico em certos mercados, foi consideravelmente reforçada e não foi, em regra, afastada em função da menor eficiência económica que as primeiras apresentem. A diversidade de objectivos da política comunitária de concorrência, que já acentuámos, justifica esta tutela reforçada da posição das empresas com menor poder de mercado, relevando, neste domínio, entre outros aspectos, considerações de "*lealdade*" ou potencial igualdade de oportunidades.

Esta orientação teleológica influenciou, consideravelmente, a concretização jurídica dos conceitos fundamentais previstos no artigo 86.° TCE, *maxime* do conceito central de posição dominante.

Assim, a menor ênfase concedida ao poder real sobre os preços das empresas com uma forte posição em determinado mercado levou progressivamente os órgãos comunitários – Comissão e TJCE – a delinear índices jurídico-económicos da existência de "*posições dominantes*" menos ligados a uma análise dinâmica dos mercados e à percepção de uma influência duradoura sobre o processo de fixação de preços. Em contrapartida, no direito norte-americano, é concedida particular atenção a esse aspecto – poder efectivo sobre os preços – no pressuposto de que não se justifica uma intervenção, a título de aplicação da Secção 2 do "*Sherman Act*", nos casos em que a empresa que alegadamente "*domina*" o mercado não detenha – em termos efectivos – o poder de controlar abusivamente os preços praticados. Essa ausência de poder efectivo de controlo dos preços pode resultar, em especial, da capacidade de resposta dos mercados em causa,[1089] traduzida na potencial entrada de empresas com níveis comparáveis de eficiência nos referidos mercados, que seria, *vg.*, desencadeada caso se verificasse um processo de aumento dos preços conduzido pela empresa que inicialmente detinha a liderança desses mercados.

[1088] Sobre a importância desta análise das barreiras à entrada no mercado, cfr. BADEN FULLER, "Article 86 EEC: Economic Analysis of the Existence of a Dominant Position", in EL Rev, 1979, pp. 423 ss..

[1089] Sobre esta compreensão dinâmica do funcionamento dos mercados, cfr. W. BAUMOL, R. WILLIG, *Contestability: Developments Since the Book*, in *Strategic Behaviour and International Competition*, Editors, D. J. MORRIS (*et al.*), Clarendon Press Oxford, 1986.

Parte II – Capítulo 1 591

Na realidade, a definição de posição de domínio do mercado utilizada de forma recorrente no direito comunitário da concorrência, desde o Acórdão *"United Brands"*,[1090] não coincide, como salientam justamente V. KORAH e M. HORSPOOL, com a noção de controlo efectivo sobre os preços especialmente desenvolvida no direito da concorrência norte-americano.[1091]

De acordo com a formulação utilizada no Acórdão *"United Brands"*, a *"posição dominante"*, nos termos do artigo 86.º TCE, assenta no poder económico de uma empresa que lhe permita impedir a manutenção da concorrência efectiva no mercado relevante, conferindo-lhe o poder de, em medida apreciável, desenvolver comportamentos comerciais de forma independente relativamente aos seus competidores, aos seus clientes – destinatários prioritários dos seus bens e serviços – e, em última análise, aos consumidores. Subscrevemos, no essencial, o ponto de vista destas autoras, segundo o qual o primeiro elemento da definição de posição dominante adoptada na jurisprudência *"United Brands"* – e ulteriormente utilizada com pequenas variantes – se reveste de um carácter eminentemente tautológico.

Na realidade, a referência genérica ao elevado poder económico das empresas traduz uma apreciação global e não discrimina os elementos em que assenta essa posição – e através dos quais a mesma se revela –, nem os aspectos que a qualificam, materialmente, na perspectiva do desenvolvimento de processos de concorrência efectiva.

Em contrapartida, os outros dois elementos da definição de posição dominante revelam-se mais esclarecedores. A possibilidade de prevenir a manutenção de concorrência efectiva – aspecto que, no nosso entender,

---

[1090] Acórdão *"United Brands"*, proc. 27/76, Rec. 207 (1978).

[1091] Cfr. M. HORSPOOL, V. KORAH, "Competition", cit., pp. 364 ss.. Além disso, admitimos que – diversamente do que tem sucedido em relação à densificação jurídica do regime do artigo 85.º TCE (artigo 81.º CE), e como observaremos em relação a tal regime no contexto da nossa análise substantiva das empresas comuns – se tenha verificado alguma *"estagnação"* dos *pressupostos teleológicos* do regime do artigo 86.º TCE (artigo 82.º CE). Assim, a análise de situações em sede de aplicação dessa disposição tem-se revelado excessivamente tributária de critérios formais, desenvolvidos em precedentes já algo distantes no tempo – alguns dos quais são referidos *infra*, 6.4., embora de forma sumária e sem espaço para um estudo desenvolvido dos mesmos – e menos orientada para a avaliação jurídico-económica do poder de mercado das empresas e das suas utilizações excessivas através de preços supraconcorrenciais ou de reduções da oferta disponibilizada ao mercado.

não terá sido necessariamente delineado por influência particular da jurisprudência norte-americana do caso "*Cellophane*",[1092] diversamente do que parecem sugerir V. KORAH e M. HORSPOOL – encontra-se, na verdade, profundamente interligada com a faculdade de desenvolver comportamentos autónomos no mercado, sem a sujeição aos domínios limitados de incerteza que caracterizam o funcionamento da concorrência efectiva e, inversamente, adquirindo, como preconiza SHARPE,[1093] a faculdade de influenciar de modo decisivo o comportamento comercial de outras empresas.

A Comissão e o TJCE procuraram, fundamentalmente, delinear índices gerais de existência de posição dominante que permitissem, com alguma flexibilidade, apurar de forma consistente os três elementos fundamentais em que assenta o conceito em causa. Essa metodologia, se por um lado oferece a vantagem não despicienda de aumentar a previsibilidade dos juízos a estabelecer nesta matéria – e correlativamente a segurança jurídica das empresas – pode, por outro lado, conduzir a análises em que o elemento dinâmico de concorrência seja subestimado e nas quais o estudo dos factores económicos complexos que interferem no desenvolvimento de cada situação concreta não seja suficientemente aprofundado.

Assim, índices como a dimensão da quota de mercado das empresas – *maxime*, em comparação com a quota de mercado detida conjuntamente pelos competidores mais representativos da empresa em causa –, ou a disponibilidade de recursos financeiros, e outros, por parte das empresas alegadamente em posição dominante constituíram, em regra, referências decisivas no apuramento dos elementos que configuram a posição dominante.

O menor peso atribuído no direito comunitário a certos factores dinâmicos de concorrência, devido a considerações que ultrapassam o domínio da eficiência económica, tem levado ao reconhecimento de barreiras à entrada no mercado que, com toda a probabilidade – como sugerem de forma pertinente BADEN FULLER, ou V. KORAH e

---

[1092] Para uma referência à jurisprudência "*Cellophane*" no ordenamento norte-americano, cfr. M. HORSPOOL, V. KORAH, "Competition", cit., pp. 364 ss.; cfr., ainda, sobre essa jurisprudência TIM FRAZER, *Monopoly, Competition and the Law*, cit., pp. 31 ss. (nesse caso "*Cellophane*" é feita uma nítida referência ao controlo dos preços que não se verifica nos mesmos moldes no direito comunitário da concorrência.

[1093] Cfr. SHARPE, "Predation", in ECLR, 1987, pp. 50 ss..

M. Horspool[1094] – seriam afastadas no direito norte-americano, pelo menos na sua fase de evolução mais recente. Assim, aspectos como a indisponibilidade de recursos financeiros ou tecnológicos de grande dimensão, ou a exigência de investimentos avultados para assegurar a penetração em certos mercados, tendem a ser qualificados como barreiras à entrada no mercado, independentemente de uma análise mais aprofundada dos mesmos, *vg.* no que respeita à avaliação das possibilidades de recuperação desse tipo de investimentos, em caso de insucesso da estratégia de penetração em certos mercados, evitando os denominados custos sem retorno (*"sunk costs"*). Na verdade, a orientação comunitária que tem prevalecido levou, em regra, a apreender, de forma algo rígida, a inexistência de barreiras à entrada nos mercados, limitando, com frequência, essa qualificação às situações em que a penetração de outras empresas seja imediatamente configurável, através da mera adaptação, no curto prazo, de capacidades produtivas já instaladas, em detrimento de uma visão dinâmica da evolução dos mercados.

Essa perspectiva mais estática que tem sido adoptada em relação ao problema das barreiras à entrada no mercado ficou patente em vários processos apreciados pelo TJCE, como sucedeu, *vg.*, nos casos *"Michelin"*, *"Continental Can"*, ou mesmo no caso *"United Brands"*,[1095] nos quais, com formulações diversas, foi reafirmada a posição de princípio, segundo a qual apenas são reconhecidos como potenciais competidores – em função da inexistência de barreiras decisivas à entrada no mercado – as empresas que se encontrem em condições de, num prazo relativamente curto, penetrar em certos mercados através de adaptações da sua capacidade produtiva instalada.

6.3. POSIÇÃO DOMINANTE E DEFINIÇÃO DO MERCADO RELEVANTE NO ÂMBITO DA APLICAÇÃO DO ARTIGO 86.º TCE

A determinação da eventual posição dominante de qualquer empresa pressupõe a prévia definição do mercado relevante, quer no que concerne

---

[1094] Cfr. Cfr. Baden Fuller, "Article 86 EEC: Economic Analysis of the Existence of a Dominant Position", cit., pp. 423 ss.. M. Horspool, V. Korah, "Competition", cit., pp. 364 ss..

[1095] Reportamo-nos aos Acórdãos *"Continental Can"* e *"United Brands"*, já cit..No que respeita ao Acórdão *"Michelin"*, cfr. proc. 322/81, Rec. 3461, (1983).

594 *Empresas comuns* – Joint Ventures

ao plano geográfico – mercado geográfico de referência no qual importa aferir a posição da empresa em causa –, quer no que respeita aos produtos envolvidos.

Como acentuaram, de modo lapidar, C. BELLAMY e G. CHILD,[1096] a posição dominante não pode existir em abstracto, sendo, inelutavelmente, aferida em relação a produtos e serviços específicos que integram um determinado mercado. Deve reconhecer-se, contudo, que algumas das situações consideradas em sede de aplicação do artigo 86.º TCE se revestem de maior complexidade pelo facto de a utilização da posição dominante em determinados mercados poder afectar mercados conexos, como se apurou, *vg.*, nos processos *"Commercial Solvens"*, ou *"Tele-Marketing"*[1097]. Os efeitos de certos comportamentos relacionados com a posição dominante devem, pois, em muitos casos, ser equacionados não apenas no que concerne ao mercado principal – mercado no qual se verifica a existência de uma posição dominante – mas também em mercados conexos ou acessórios, a montante ou a jusante do circuito produtivo em causa.

A definição do mercado relevante – problema do qual nos ocuparemos mais longamente no quadro da análise na especialidade das empresas comuns, com diversas referências aos juízos desenvolvidos no âmbito da aplicação do artigo 86.º TCE (e do artigo 82.º CE) – [1098] assenta, no direito comunitário da concorrência, em dois testes jurídico-económicos fundamentais. Esses testes incidem sobre as possibilidades de substituição de certos bens ou serviços, por outros, na perspectiva da procura e na

---

[1096] Cfr. C. BELLAMY, G. CHILD, *European Community Law of Competition*, cit., pp. 680 ss..

[1097] Acórdão *"Commercial Solvens"*, já cit. Cfr. Acórdão *"Telemarketing"*, proc. 311/84, Rec. 3261 (1985).

[1098] Como já referimos, abordamos *ex professo* o problema da *delimitação de mercados relevantes* – conquanto de forma sumária – no capítulo segundo desta **Parte II** (esp. ponto **4.**) – a propósito da análise de vários estádios de evolução do enquadramento sistemático das empresas comuns no direito comunitário da concorrência e tendo presente, nesse contexto, a experiência especialmente intensa que sobre essa matéria foi adquirida em sede de apreciação de empresas comuns, *maxime* de empresas comuns qualificáveis como concentrações e apreciadas no âmbito do RCC (bem como no plano de apreciação de operações de concentração em sentido estrito, não qualificáveis como concentrações). Remetemos, pois, no essencial, para esse ponto do nosso estudo os problemas analíticos relativos à delimitação de mercados relevantes, limitando-nos aqui a uma referência descritiva às coordenadas gerais desses problemas, de modo a traçar uma perspectiva de conjunto da densificação jurídica do instituto do abuso de posição dominante.

Parte II – Capítulo 1

perspectiva da oferta, ou dos fornecedores dos mesmos (testes usualmente denominados de "*substituibilidade na perspectiva da procura*" e "*substituibilidade na perspectiva da oferta*"[1099]). Tais critérios são ainda objecto de uma ponderação suplementar em função da análise das condições de concorrência em cada mercado.[1100]

Deve acentuar-se que a análise dos problemas de definição do mercado relevante em sede de aplicação de normas de controlo directo de operações de concentração de empresas, incluindo, como matéria essencial, certas categorias de empresas comuns, veio a influenciar, progressivamente, – como adiante veremos, de modo mais desenvolvido – a metodologia jurídico-económica utilizada neste domínio, no quadro da aplicação do artigo 86.º TCE e, ulteriormente, do artigo 82.º CE.

Nas suas mais recentes orientações interpretativas de carácter geral sobre esta matéria, a comissão veio a identificar um terceiro critério utilizável em ordem à definição do mercado relevante do produto, que corresponde à perspectiva da *concorrência potencial* (identificação de mercados mais amplos em função de nexos de concorrência potencial).[1101] Além disso, no que respeita à utilização do teste que se vem assumindo como prevalecente – substituibilidade na perspectiva da procura – tem sido, gradualmente, concedida maior relevância ao factor correspondente a certos tipos de variações de preços e respectivos efeitos sobre a procura (reflectindo aqui uma influência não apenas das condicionantes de análise emergentes da experiência adquirida no âmbito do controlo directo de operações de concentração, a partir de 1990, mas também do conteúdo das orientações gerais delineadas neste domínio pelas auto-

---

[1099] Sobre esses testes de "*demand substitutability*" e de "*supply substitutability*", cfr. TIM FRAZER, *Monopoly, Competition and the Law*, cit., pp. 12 ss.. Como observaremos – na parte do nosso estudo para a qual se remete na nota anterior – esses testes foram acolhidos e os respectivos parâmetros foram delineados em termos gerais na "*Comunicação da Comissão relativa à definição do mercado relevante*", de 1997, cit..

[1100] Cfr., nesse sentido, BELLAMY, CHILD, *European Community Law of Competition*, cit., pp. 686 ss.

[1101] Referimo-nos aqui, bem entendido, à "*Comunicação da Comissão relativa à definição do mercado relevante*", de 1997, referida na nota anterior. Sem prejuízo de remetermos, em termos globais, a análise da mesma para o tratamento ulterior desta questão no capítulo seguinte, cfr., sobre essa Comunicação, SIMON BAKER, LAWRENCE WU, "Applying the Market Definition Guidelines of the European Commission", in ECLR, 1998, pp. 273 ss..

ridades federais de concorrência norte-americanas – *"merger guidelines"*).[1102]

A Comissão tem manifestado uma propensão geral para a aplicação muito estrita dos referidos testes, tornando muito exigente o grau de intersubstituição relevante para os efeitos desta análise (acolhendo uma perspectiva de análise pouco flexível que, durante um largo período, foi corroborada pelo TJCE). Essa rigidez na aplicação dos critérios jurídico--económicos relevantes conduziu, sistematicamente, a definições muito estreitas dos mercados do produto, como se verificou, *vg.*, nos casos paradigmáticos apreciados no Acórdão *"United Brands"*[1103] – no qual o TJCE subscreveu a definição da Comissão segundo a qual o *"mercado relevante do produto"* era constituído pelo mercado das bananas, com exclusão dos outros frutos frescos – ou no Acórdão *"Michelin"* (neste último caso, o *"mercado relevante"* considerado foi o dos pneus para veículos pesados numa determinada área geográfica, com exclusão do mercado de pneus para veículos ligeiros ou outras categorias de veículos).[1104]

A tendência para delimitar os mercados do produto de forma muito estreita, mediante uma aplicação dos critérios de *"substituição"* dos produtos que em múltiplos casos se revelou excessivamente formal e algo especiosa, terá levado, em algumas situações, à verificação de existência de posição dominante de empresas cuja capacidade para agir de forma independente em relação aos seus competidores – e sem a pressão directa da factores de concorrência presentes em condições normais de mercado – seria discutível, caso a análise jurídico-económica empreendida tivesse em

---

[1102] Essas orientações interpretativas em matéria de concentrações adoptadas no quadro do ordenamento norte-americano da concorrência desde o decénio de sessenta do século XX serão objecto de especial atenção no quadro da nossa avaliação substantiva das empresas comuns – *infra*, **Parte III**.

[1103] Cf para um comentário a este Acórdão do TJCE, IVO VAN BAEL, J-F BELLIS, *Competition Law of the European Community*, cit., pp. 70 ss.

[1104] Reportamo-nos aqui ao Acórdão *"Michelin"*, de 1983, já cit.. Este Acórdão exerceu uma influência duradoura na análise do regime de abuso de posição dominante, emergindo do mesmo a ideia de um *"dever especial"* por parte das empresas dominantes, no sentido de assegurar que os concorrentes não sejam indevidamente afectados nas suas posições de mercado e que os consumidores não sejam objecto de tratamento menos favorável ou razoável. Verificou-se, no entanto, algum *"imobilismo"* em torno dessa ideia, o que terá contribuído para extrapolações abusivas a partir da mesma sem que se tivesse circunscrito tal *"dever"* em função de análises efectivas das condições concretas dos mercados que se encontrem em causa.

conta as condições existentes em mercados delimitados de forma mais ampla.

Sendo possível detectar alguma evolução no sentido de flexibilizar a definição dos mercados relevantes do produto, evidenciada, sobretudo, em alguns Acórdãos do TJCE e do TPI, *vg.* os proferidos pelo TJCE nos processos *"Ahmed Saeed"* e *"Alsatel v. Novasam"*, pensamos que algum progresso suplementar deverá ocorrer neste domínio crucial. Em todo o caso, interessa analisar até que ponto a Comissão e, em momento ulterior, o TJCE e o TPI se têm vindo a mostrar receptivos à utilização de processos mais flexíveis de definição dos mercados relevantes do produto em matéria de apreciação de determinadas categorias de empresas comuns no âmbito de aplicação do RCC. Em nosso entender, a *praxis* decisória da Comissão nesse domínio permite já – como veremos – extrair algumas conclusões e tecer algumas comparações com os processos de aplicação do artigo 86.º TCE (e do artigo 82.º CE).[1105]

A definição de mercado relevante geográfico obriga à delimitação de uma área na qual as condições de concorrência sejam *"suficientemente homogéneas"*, de acordo com a formulação utilizada no Acórdão *"United Brands"* do TJCE, já citado. O mercado relevante, para efeitos de aplicação do artigo 86.º TCE, deverá ser constituído pelo mercado comum, ou por uma *"parte substancial deste"*.

Assim, a delimitação de um mercado geográfico relevante mais estreito deverá assentar em elementos que, comprovadamente, confiram alguma especificidade às condições de transacção de certos produtos no espaço em causa – e às condições de concorrência, em geral, – *v.g.*, custos de transporte, ou ainda requisitos especialmente exigidos na comercialização de certos bens não subsumíveis na categoria de medidas de efeito equivalente a restrições quantitativas ou outros aspectos. De resto, como se verificou no Acórdão *"Suiker Unie"*,[1106] a definição do mercado rele-

---

[1105] Cfr. Acórdão *"Ahmed Saed"*, proc. 66/86, Col. 803 (1989), e Acórdão *"Alsatel Novasam"*, proc. 247/86, Col. p 5987 (1988). Na realidade, no quadro dos processos de delimitação de mercados relevantes desenvolvidos em sede de aplicação do RCC – em relação a empresas comuns ou a outros tipos de operações de concentração – é possível, como adiante observaremos, verificar uma flexibilização dos critérios analíticos utilizados, a qual envolve também uma utilização crescente de processos econométricos, denotando uma influência da experiência adquirida nesta matéria no ordenamento norte-americano.

[1106] Cfr. Acórdão *"Suiker Unie"*, proc. 40/73, Rec. 1663 (1975).

598 *Empresas comuns* – Joint Ventures

vante geográfico pode também ser recortada, tomando como referência a área na qual os alegados abusos produzem efeitos, ou na qual actuam os entes eventualmente afectados por práticas abusivas.

6.4. O ARTIGO 86.º TCE E AS FORMAS DE ABUSO DE POSIÇÃO DOMINANTE

O objecto de proibição nos termos do artigo 86.º TCE não é constituído pela própria posição dominante, mas por determinados comportamentos abusivos das empresas que detenham essa posição. Deve, no entanto, reconhecer-se que o desenvolvimento do conceito jurídico de abuso na prática decisória da Comissão e na jurisprudência comunitária, sobretudo a partir do importante Acórdão proferido pelo TJCE no processo *"Hoffman-La-Roche"*,[1107] tornou particularmente complexa a determinação dos comportamentos permitidos – face à previsão do artigo 86.º TCE – de empresas detentoras de posições dominantes, em determinados mercados, e a sua distinção em relação aos comportamentos das mesmas empresas que devem ser subsumidos no conceito de abuso.

Em certo sentido, pode considerar-se que a linha divisória entre os comportamentos comerciais normais e os comportamentos abusivos se tornou particularmente ténue e incerta no que concerne às empresas que detêm posições dominantes, influindo na sua definição um conjunto complexo de considerações e a ponderação conjunta da intensidade de diversos factores económicos relevantes, *vg.*, extensão do poder de mercado originariamente detido pela empresa, carácter usual das condutas em causa no sector empresarial relevante – que permita reconduzi-las a processos de crescimento económico normal –, efeitos directos, ou indirectos, da conduta nas empresas concorrentes, entre outros aspectos.

O artigo 86.º TCE previu um conjunto de categorias típicas de comportamentos abusivos, incluindo, designadamente, a imposição, de forma directa ou indirecta, de preços de compra ou de venda, a aplicação de condições desiguais relativamente a prestações equivalentes no quadro das relações mantidas com certos parceiros comerciais, ou a subordinação da celebração de contratos à aceitação pelos outros contraentes de determinadas prestações suplementares. Trata-se, contrariamente a certas interpre-

---

[1107] Cfr. Acórdão *"Hoffmann La Roche"*, proc. 85/76, Rec. 461 (1979).

Parte II – Capítulo 1	599

tações formuladas no primeiro estádio de aplicação das normas comunitárias de concorrência – acima identificado – de uma tipologia meramente enunciativa[1108] de categorias de comportamentos abusivos possibilitados pela detenção de posições dominantes. Como já referimos, outros tipos de comportamento das empresas detentoras de posições dominantes são potencialmente subsumíveis nesse conceito de abuso, atendendo ao que o TJCE qualificou, de modo sugestivo, como a *"especial responsabilidade"* que impende sobre estas empresas (Acórdão *"Michelin"*, já citado).

No Acórdão *"Hoffmann-La-Roche"* do TJCE estabeleceu-se um *"conceito objectivo"* de abuso, segundo o qual deverá ser abrangido pela proibição estatuída no artigo 86.º TCE o comportamento de uma empresa detentora de posição dominante em certo mercado, susceptível de influenciar a estrutura desse mercado – no qual a mera presença da empresa em causa conduz ao enfraquecimento da concorrência – através da utilização de processos distintos daqueles que, em condições normais, condicionam a concorrência e tendo, em última análise, o efeito de prejudicar a manutenção do grau de concorrência que ainda subsistia no mercado em causa.[1109]

Com base num conceito amplo de abuso, semelhante ao estabelecido pelo TJCE nesta jurisprudência *"Hoffmann-La-Roche"* – e retomado por este órgão na sua jurisprudência constante ulterior, mesmo nos casos em que, com toda a probabilidade, a exploração da posição dominante não permita configurar qualquer afectação relevante da estrutura dos merca-

---

[1108] Cfr. sobre o conceito de tipologia enunciativa, face às noções de tipologia taxativa e tipologia delimitativa, OLIVEIRA ASCENSÃO, *A Tipicidade nos Direitos Reais*, cit.

[1109] Cfr. sobre a definição de abuso a partir da formulação proposta no Acórdão *"Hoffmann la Roche"*, cit., JOHN TEMPLE LANG, "Monopolization and the Definition of Abuse of a Dominant Position", in CMLR, 1979, pp. 345 ss.. Deve salientar-se que o peso destes precedentes fundamentais, resultantes dos Acórdãos *"Michelin"* e *"Hoffmann-La--Roche"*, e da ideia de um *"dever especial"* por parte de empresas dominantes no sentido de assegurar que os competidores não sejam afectados e os consumidores não sejam objecto de tratamento desleal – muito tributária de uma *concepção ordoliberal da concorrência* – contribuiu para um progressivo défice de análise económica em sede de aplicação do artigo 86.º TCE (artigo 82.º CE), que contrasta com a renovação da metodologia de análise verificada noutros institutos jurídicos do direito comunitário da concorrência. Assim, continuou a privilegiar-se uma preocupação com a salvaguarda de perspectivas teóricas de concorrência futura em certos mercados em detrimento de análises economicamente realistas das condições de concorrência concretas nesses mercados e da eficiência das empresas presentes nos mesmos, bem como de concretos efeitos de exclusão em tais mercados.

600   *Empresas comuns* – Joint Ventures

dos –, C. Bellamy e G. Child preconizaram uma distinção fundamental entre dois tipos de abusos, correspondentes aos denominados "*abusos de exploração*" ("*exploitative abuses*") e aos "*abusos anticoncorrenciais*" ("*anticompetitive abuses*").[1110]

Nos "*abusos de exploração*" verifica-se a utilização da posição dominante com vista à obtenção de benefícios, em termos desleais ou não razoáveis, e em ordem à imposição de obrigações suplementares, de diversos tipos, sobre outros agentes económicos. A obtenção de tais vantagens não seria concebível em condições normais de concorrência, no quadro das quais eventuais iniciativas de empresas tendentes à obtenção de ganhos desproporcionados ditariam uma progressiva perda de quota de mercado das mesmas.[1111]

Uma das modalidades mais características dos "*abusos de exploração*" corresponde às práticas de preços exploratórios – preços excessivamente elevados – para cuja fixação se tira proveito da dependência económica de clientes e da incapacidade de competidores para assegurar a oferta das quantidades de bens solicitadas pelos consumidores intermédios ou finais em causa.[1112]

Importa referir que neste ponto se verifica uma diferença significativa relativamente às orientações prevalecentes no direito da concorrência norte-americano, pois, em regra, os tribunais americanos mostram uma elevada relutância na aplicação das normas de concorrência a este tipo de práticas de preços ("*monopoly pricing*", de acordo com as categorias formais utilizadas neste ordenamento).[1113] No contexto da política de concorrência norte-americana, a qualificação como uma forma de "*monopolização*" de certas práticas de preços elevados – atendendo a um eventual

---

[1110] Em rigor, a distinção entre "*exploitative abuse*" e "*anti-competitive abuse*" preconizada por Bellamy e Child é anterior ao Acórdão "*Hoffmann La Roche*", cit. (cfr. a obra destes As., *Common Market Law of Competition*, na sua edição de 1978, pp. 186 ss..).

[1111] Cfr., para uma referência a alguns exemplos de "*exploitative abuses*", Bellamy, Child, *Common Market Law of Competition*, edição de 1978 acima cit., pp. 424 ss.. Estes As. salientam também, justamente, o facto de no ordenamento dos EUA existir uma menor receptividade ao controlo de preços exploratórios.

[1112] Cfr. alguns exemplos de preços exploratórios em Bellamy, Child, *Common Market Law of Competition*, edição de 1978 cit., pp. 425 ss.. Para outros exemplos, cfr. *The EC Law of Competition*, Edited by Jonathan Faull, Ali Nikpay, cit., esp. pp. 190 ss..

[1113] Nesse sentido, cfr., *inter alia*, Tim Frazer, *Monopoly, Competition and the Law*, cit., pp. 53 ss..

carácter exploratório dos mesmos – configuraria, provavelmente, um excesso de intervenção em relação a processos de mercado de decisão empresarial (o que contrasta com o intervencionismo revelado pela actuação dos órgãos comunitários nestas matérias).

Os denominados *"abusos anticoncorrenciais"* consistem em actuações de empresas detentoras de posições dominantes, cujos efeitos, comprovadamente, incluam a redução da concorrência efectiva no mercado comum ou em parte substancial deste, ou, mesmo, a eliminação da concorrência efectiva que ainda subsistia em determinado mercado. Trata-se de práticas sustentáveis com base no poder de mercado das empresas e orientadas para a exclusão ou para a redução da posição de mercado dos competidores.

6.5. O ARTIGO 86.º TCE (ARTIGO 82.º CE) COMO NORMA MISTA – NORMA DE COMPORTAMENTO INTEGRANDO CONDIÇÕES ESTRUTURAIS

Como preconizaram, justamente, LOUIS VOGEL e DOMINIQUE BERLIN, embora com formulações não totalmente coincidentes,[1114] a norma relativa ao abuso de posição dominante prevista no artigo 86.º TCE (artigo 82.º CE) pode ser qualificada como *"norma mista"*, visto que a sua aplicação pressupõe a realização cumulativa de duas condições, a saber, uma condição estrutural – posição de domínio em determinado mercado – e uma condição de comportamento – o comportamento abusivo, revestindo uma das formas previstas na tipologia enunciativa da referida disposição, ou qualquer outra conduta que configure, pelas suas características, um abuso de tipo *"exploratório"*, ou *"anticoncorrencial"*.

Apesar de o TJCE ter defendido, de forma consistente, um *"conceito objectivo"* de abuso, na sequência da jurisprudência *"Hoffmann-La--Roche"*, o elemento fundamental a considerar na aplicação desta norma é ainda o comportamento das empresas, especialmente qualificado em função da condição estrutural (a posição de domínio). Deste modo, sendo inegáveis alguns pontos de contacto entre a aplicação da referida norma e

---

[1114] Cfr. LOUIS VOGEL, *Droit de la Concurrence et Concentration Economique*, cit., p. 59. Cfr., também, DOMINIQUE BERLIN, *Controle Communautaire des Concentrations*, Pedone, Paris, 1992.

602 *Empresas comuns* – Joint Ventures

certos processos de controlo directo de operações de concentração – sobretudo no que respeita à aplicação do artigo 86.º TCE à categoria dos "*abusos anticoncorrenciais*", identificada por C. BELLAMY e G. CHILD,[1115] – o regime em causa, sem prejuízo das potencialidades da sua interpretação evolutiva e teleológica, não foi funcionalmente concebido a partir de uma matriz de tipo estrutural.

Como é sabido, as políticas de concorrência relativas às posições dominantes ("*monopoly policy*" em diversos ordenamentos anglo-saxónicos[1116]) podem, em tese geral, ser concebidas com base *(i)* numa matriz estrutural, assente numa perspectiva teleológica segundo a qual a posição de domínio constituiria *a se* um aspecto negativo para a concorrência, cujos efeitos tenderiam a perdurar no tempo ou a agravar-se, ou *(ii)* numa matriz de comportamento associada a uma perspectiva teleológica, segundo a qual a existência de posições dominantes em certos mercados não terá necessariamente efeitos negativos para os consumidores intermediários ou finais ou para a actividade económica globalmente considerada.

Embora autores como NOBLE tenham chegado a preconizar que a manutenção de uma posição dominante ao longo de um período considerável poderia justificar uma presunção de existência de comportamentos desleais ou abusivos,[1117] a posição que tem prevalecido nos ordenamentos mais importantes – informada por uma concepção dinâmica da concorrência – é a de que a actuação das empresas detentoras de posições dominantes só carecerá de uma fiscalização especial nos casos em que o mercado não apresente, comprovadamente, capacidade de resposta, mediante a existência de uma pressão contínua de competidores actuais ou

---

[1115] Para outras caracterizações desta norma mista e da ligação que a mesma estabelece entre elementos de comportamento e condições estruturais, considerando ainda a categoria da "*monopolization*" do direito norte-americano, cfr. TIM FRAZER, *Monopoly, Competition and the Law*, cit., pp. 44 ss.. De qualquer modo, a distinção preconizada por BELLAMY e CHILD, neste domínio (suprareferida) não é aceite sem reservas por todos os autores e reveste-se de certo carácter controvertido, não propriamente no que respeita à justificação ou aceitação geral da figura do "*anticompetitive abuse*", mas no que respeita à sua extensão. (cfr. nesse sentido, TEMPLE LANG, "Monopolization and the Definition of Abuse of a Dominant Position",cit., pp. 349 ss.).

[1116] Cf sobre o conceito de "*monopoly policy*" nos ordenamentos anglo-saxónicos, TIM FRAZER, *Monopoly, Competition and the Law*, cit., pp. 13 ss..

[1117] Cfr. R. NOBLE, "No Fault Monopolization: Requiem or Rebirth for Alcoa", in New England Law Review, 1982, pp. 777 ss..

Parte II – Capítulo 1

potenciais sobre as empresas dominantes. Como preconizam BAUMOL e WILLIG, apenas nesses casos se justifica a intervenção pública, limitando potenciais comportamentos abusivos das empresas dominantes.[1118]

Ora, o ordenamento comunitário da concorrência – tal como o ordenamento norte-americano, apesar das evoluções diferentes que tem registado – adoptou, claramente, o segundo modelo teórico acima referido *(ii)*, o que explica que a regulação relativa à posição dominante não tenha sido concebida de raiz a partir de uma matriz estrutural, mas em função de certas categorias de comportamentos acessoriamente qualificados por condições estruturais determinadas.

É certo que o elemento estrutural, inegavelmente presente no conteúdo normativo do artigo 86.º TCE, pode ser objecto de uma interpretação extensiva, em certas situações, tendo constituído, no limite, um fundamento admissível – como adiante equacionamos de forma mais desenvolvida no quadro da nossa análise dos diferentes estádios de enquadramento das empresas comuns, qualificáveis ou não como concentrações de empresas – para o desenvolvimento de certas modalidades (restritas) de controlo directo de operações de concentração de empresas.

Em situações desse tipo verificaram-se, contudo, potenciais adaptações do regime do artigo 86.º TCE, que não invalidam a nossa constatação fundamental: este regime apresenta alguns pontos de contacto com alguns processos (limitados) de controlo directo de operações de concentração, mas a sua natureza mista – na qual avulta o elemento referente ao comportamento das empresas – confere-lhe um papel específico, que, considerado no seu núcleo material fundamental, não se pode reconduzir, diversamente do que sugere L. VOGEL, a qualquer modalidade de controlo indirecto da concentração empresarial. Reiteramos, pois, nesta matéria a posição que já expendemos a propósito do regime do artigo 85.º TCE.

Não é justificável, em nosso entender, a autonomização conceptual de um controlo indirecto da concentração empresarial, que, supostamente, estaria subjacente ao controlo das coligações e práticas concertadas e dos abusos de posição dominante. Contestamos, pois, salvo o devido respeito, a afirmação de LOUIS VOGEL, segundo a qual *"o controlo directo das operações de concentração económica não representa senão (...) a forma mais recente e menos importante de controlo das concentrações em direito positivo (...). A instituição de um controlo directo das operações de con-*

[1118] Cfr. BAUMOL, WILLIG, *Contestability: Developments Since the Book*, cit..

604 *Empresas comuns* – Joint Ventures

centração não representa, na realidade, mais do que o último estádio do direito das concentrações".[1119]

Louis Vogel salientou um aspecto que consideramos correcto, e que consiste na interferência de elementos relacionados com o grau de concentração empresarial nos juízos jurídico-económicos formulados no domínio de aplicação dos artigos 85.º e 86.º TCE – como elementos indirectos de qualificação dos efeitos anticoncorrenciais, no caso do artigo 85.º, ou como elementos de qualificação dos comportamentos das empresas, no que respeita ao artigo 86.º.[1120] De resto, a importância concedida a esses elementos tem sido crescente no quadro da progressiva "*estruturalização*" que tem caracterizado a evolução do direito comunitário da concorrência e para a qual, como se verá, a análise das empresas comuns muito tem contribuído. No entanto, o passo lógico seguinte deste autor, no sentido da afirmação de existência de verdadeiros sistemas de controlo indirecto das concentrações empresariais afigura-se-nos excessivo. A especificidade de que se reveste, a nosso ver, o controlo de aspectos estruturais da concorrência leva-nos a admitir, unicamente, a autonomização conceptual de sistemas de controlo directo da concentração empresarial, quer os mesmos sejam teoricamente concebidos como sistemas de controlo directo do grau de concentração, quer como sistemas de controlo directo de operações de concentração.

Um último aspecto deve ser considerado na caracterização da natureza jurídica e do alcance material do regime do artigo 86.º TCE (artigo 82.º CE), devido às indefinições que tem suscitado. Trata-se de apurar se o conceito de posição dominante relevante para os efeitos de aplicação desta disposição deve ser entendido, em sentido restrito, como a posição individualmente detida por uma empresa, ou pode, também, abarcar a posição de domínio colectivamente detida por um conjunto restrito de empresas, *maxime* em situações típicas de oligopólio.

Nesta matéria complexa registaram-se desenvolvimentos jurisprudenciais fundamentais, com a decisão do TPI no processo "*Italian Flat Glass*",[1121] os quais – como se apreciará no contexto da análise dos efeitos

---

[1119] Cfr. Louis Vogel, *Droit de la Concurrence et Concentration Economique*, cit., pp. 30 ss.. (tradução nossa).

[1120] Cfr. Louis Vogel, *Droit de la Concurrence et Concentration Economique*, cit., pp. 31 ss..

[1121] Processo "*Società Italiana Vetro Spa*", designado em vários comentários como "*Italian Flat Glass*" – proc T-86, 77 & 78/89, Col. II – 1403 (1992).

Parte II – Capítulo 1

das empresas comuns – terão já, de algum modo, sido induzidos pela questão do controlo de oligopólios, em sede do controlo directo de operações de concentração instituído pelo RCC.[1122]

7. A lacuna originária do direito comunitário da concorrência – o controlo directo das operações de concentração entre empresas

7.1. ASPECTOS GERAIS

Como resulta já da caracterização sumária feita das principais normas de concorrência aplicáveis às empresas, o direito da concorrência da CEE não integrava originariamente regras tendo por objecto o controlo directo dos fenómenos de concentração empresarial – ou, em termos mais específicos, as operações de concentração entre empresas – diversamente do que se verificou no ordenamento norte-americano e no próprio processo de integração comunitária no caso da CECA.

Segundo autores como GOYDER,[1123] não parece oferecer dúvidas o facto de, na redacção originária das normas de concorrência do Tratado de Roma, a matéria do controlo directo da concentração empresarial – em qualquer das modalidades técnicas que a mesma pode revestir, seja o controlo directo do grau de concentração, seja o controlo das operações de

---

[1122] O problema do domínio colectivo tem sido fundamentalmente equacionado em sede de controlo de concentrações que ocorram no quadro de mercados com estruturas oligopolísticas, com destaque para várias situações nesse plano, envolvendo empresas comuns qualificáveis como concentrações. Remetemos, pois, a análise desse conceito para o tratamento dessas empresas no âmbito do RCC – *infra*, capítulo segundo (esp. Ponto 2.3.2.), da **Parte III** (com extensas referências bibliográficas aí contidas e uma análise crítica dos desenvolvimentos jurisprudenciais mais relevantes).

[1123] Cfr. D. G. GOYDER, *EC Competition Law*, cit., p. 379. Pela nossa parte, limitamo-nos neste ponto **7.**, a evidenciar de modo sumário *a lacuna originária do ordenamento da concorrência da CE em matéria de controlo directo de concentrações* – em função da relevância de tal matéria para o tratamento das empresas comuns –, salientando o contraste que se verificou neste ponto com o ordenamento da concorrência norte-americano e, mesmo, com as regras de concorrência da CECA (cuja disciplina jurídica sobre a matéria é por essa razão aqui brevemente evocada).

concentração – ter sido intencionalmente omitida (como já acentuámos, a matéria não foi especificamente coberta pelos artigos 85.º e 86.º TCE, nem por qualquer outra disposição do TR.).

Na realidade, à data da criação da CEE a concentração empresarial não constituía, de modo algum, um problema prioritário para os Estados Membros que integravam a nova Comunidade. Não se verificavam, designadamente, processos significativos de reforço do poder económico e de mercado das empresas europeias com base num crescimento externo associado a operações de concentração (fusões entre empresas ou aquisições, por vias jurídicas diversas, do controlo de outras empresas).

Colocar-se-ia, mesmo, o problema inverso, sendo as empresas europeias consideradas de menor dimensão e com um poder económico insuficiente para enfrentar com sucesso a concorrência de empresas norte--americanas, ou de outras economias em processo acelerado de crescimento, como a japonesa. De acordo com a visão então dominante, as empresas europeias seriam, mesmo, afectadas pela inexistência de um mercado unificado de maior dimensão que lhes permitisse desenvolver estruturas com uma dimensão adequada para concorrer em determinados sectores económicos com outras empresas.

Autores como SPETTMANN, ou ANDRÉ MARCHAL[1124] preconizavam, assim, nos primeiros anos do processo de integração da CEE, que a potencial criação de um mercado comunitário com um número alargado de consumidores suscitava um problema de dimensão relativamente à generalidade das empresas europeias e tornaria, em conformidade, inevitável – e desejável – um processo de profunda reestruturação destas empresas. Esse processo deveria contemplar a realização de processos de crescimento externo, através da concentração empresarial, sob pena de as possibilidades de crescimento económico associadas ao movimento de integração serem fundamentalmente aproveitadas por empresas de Estados terceiros.

Relatórios produzidos no mesmo período, tendo por objecto os problemas económicos e de concorrência emergentes da integração econó-

---

[1124] Cfr. SPETTMANN, *Promotion de L'Integration Grâce à la Coopération et la Concentration Internationales dans la Politique de Concurrence, Droit des Ententes en Europe, Lois Antitrust Américaines*, Berlin, 1971; Cfr. ANDRÉ MARCHAL, "Nécessité Economique des Concentrations et Fusions" in RMC, 1968, pp. 105 ss..

mica comunitária, como o Relatório ZIJLSTRA, de 1966,[1125] adoptavam uma perspectiva semelhante, destacando que as empresas de Estados terceiros seriam certamente atraídas pelas oportunidades geradas com a realização do mercado comum, sendo, pois, de primordial importância assegurar a formação de empresas europeias com uma dimensão comparável.

Neste contexto, a inexistência no Tratado de Roma de regras relativas ao controlo directo de operações de concentração de empresas configura-se como um lacuna intencional e, até certo ponto, justificável, atendendo às percepções dominantes sobre a situação da economia europeia e à estrutura industrial dos Estados Membros nos primeiros anos de integração. Esses anos correspondem, de resto, a um período em que proliferaram os estudos jurídico-económicos sobre as eventuais vantagens dos processos de concentração empresarial na CEE ou, no mínimo, analisando os mesmos como processos cujas consequências não são apreciadas negativamente face a uma estrutura industrial europeia cujo grau de concentração divergia radicalmente do que se verificava nos EUA.[1126]

7.2. O PROBLEMA TEÓRICO DA AUTONOMIZAÇÃO DE UM CONTROLO DIRECTO DAS OPERAÇÕES DE CONCENTRAÇÃO NO DIREITO DA CONCORRÊNCIA

Para compreender o verdadeiro alcance desta lacuna originária do direito comunitário da concorrência – a qual, como acentuámos, não resulta de uma falta de percepção dos problemas de concentração empresarial, revestindo-se, ao invés, de um carácter voluntário – importa analisar, do ponto de vista teórico, as justificações para uma autonomização técnico-jurídica dos processos de controlo directo desse fenómeno de concentração empresarial e as modalidades conceptuais que os mesmos processos podem revestir.

[1125] Relatório ZIJLSTRA, *Politique Economique et Problèmes de la Concurrence dans la CEE et dans les Pays Membres de la CEE*, Serie Concurrence, n.º 2, Bruxelles, 1966.

[1126] Cfr, para uma extensa referência bibliográfica a estudos sobre concentrações e sobre as vantagens económicas destas operações, VAN DAMME, La Politique de la Concurrence, cit., p. 346 (nota (8)). Cfr., ainda. R. JOLIET, "Monopolisation et Abus de Position Dominante – Essai Comparative sur l'Article 2 du Sherman Act et l'Article 86 du Traité CEE", in RTDE, 1969, pp. 681 ss..

Apesar de algumas vantagens económicas que lhe possam estar associadas – e cuja verdadeira extensão é incerta –, o fenómeno de concentração de empresas pode, a partir de certos níveis, potenciar, de forma inaceitável os riscos de verificação de coligações, práticas concertadas entre empresas e condutas abusivas de vários tipos por parte de empresas dominantes.

Como acentuam alguns autores norte-americanos,[1127] mesmo que a política de concorrência seja predominantemente formulada a partir de meras considerações de eficiência económica – e consequentemente seja orientada segundo princípios de mínima intervenção pública, apenas justificável nos casos em que as virtudes auto-correctoras do mercado não pudessem actuar – a autonomização do controlo directo de concentrações empresariais face às regras de controlo de acordos e práticas concertadas entre empresas e de abusos de posição dominante encontra-se justificada.[1128] Na realidade, mesmo nessa visão teleológica mais limitada dos problemas de concorrência, os riscos de verificação de comportamentos anticoncorrenciais, geradores de ineficiências económicas de maior ou menor relevância, aumentam – em vários mercados – com o reforço da concentração empresarial, tornando-se esses riscos particularmente intensos, e como tais, inaceitáveis, a partir de certos níveis de concentração.

Deste modo, a regulação directa dos aspectos de ordem estrutural da evolução dos mercados – contemplando as variações nas estruturas das empresas e na estrutura dos mercados globalmente considerados –, torna-se necessária, sendo, de resto completamente compatibilizável com uma lógica normativa de intervenção mínima nos processos económicos de mercado. Neste quadro, o desenvolvimento de processos de controlo directo da concentração empresarial permite evitar a realização de intervenções sistemáticas – cuja eficácia global deixará sempre a desejar – ao nível do controlo de comportamentos empresariais anticoncorrenciais, que seriam particularmente facilitados ou, mesmo, induzidos, em situações de elevada concentração empresarial.

Tendo sido progressivamente desenvolvida nos principais ordenamentos de concorrência esta justificação fundamental para a autonomi-

---

[1127] Cfr., em especial, F. M. SCHERER, *European Community Merger Policy: Why? Why Not?*, cit., pp. 24-5 ss..

[1128] Está em causa uma autonomização face às regras referentes a situações de "*collusion*" ou de "*monopolization*" se utilizarmos a terminologia jurídica do ordenamento da concorrência norte-americano.

Parte II – Capítulo 1 609

zação das regras de controlo directo da concentração empresarial (cujo objecto se dirige primacialmente a aspectos estruturais) em relação às *"normas de comportamento"* e às *"normas mistas"* tradicionais – as quais têm como objecto as coligações empresariais e os comportamentos abusivos de empresas em posição dominante –, foi necessário definir métodos jurídicos de controlo. Para o efeito, tomou-se como referência – conquanto tardiamente no direito comunitário da concorrência – o conjunto de técnicas que, de um ponto de vista teórico, poderiam assegurar essa função.

Analisado numa perspectiva económica, o fenómeno da *concentração empresarial* – que intersecta numa parte significativa, como já observámos, a categoria jusconcorrencial da *empresa comum* – pode ser concebido de duas formas diversas. Estas, como sucede em qualquer processo de conhecimento e de conceptualização, condicionam a sua compreensão.[1129] Assim, este fenómeno pode ser entendido como um processo de crescimento externo das empresas, ou como uma mera situação de mercado.[1130] Essa percepção material diversa do fenómeno da concentração empresarial influencia, decisivamente, os processos de *juridicização* dos principais aspectos relativos ao mesmo, podendo, em tese geral, delinear- -se dois métodos jurídicos fundamentais de controlo das concentrações, a saber, o *controlo das operações de concentração entre empresas* e o *controlo do grau de concentração dos mercados*.

Na generalidade dos ordenamentos de concorrência a autonomização de sistemas de controlo directo da concentração empresarial assentou na formulação de métodos de controlo das operações de concentração, em detrimento dos processos de controlo do grau de concentração. Apesar de os métodos de controlo do grau de concentração dos mercados permitirem, *prima facie*, uma maior eficiência económica, pois através dos mesmos seria possível determinar, em termos globais, os níveis óptimos de concentração empresarial em cada mercado, estes apresentam, igualmente, uma desvantagem fundamental, que terá contribuído, decisivamente, para a adopção generalizada do método de controlo das operações de concentração.

[1129] Cfr. sobre este peso dos processos prévios de apreensão de certas realidades na sua compreensão material, KARL POPPER, *The Logic of Scientific Discovery*, London, 1977.

[1130] Cfr., nesse sentido, LOUIS VOGEL, *Droit de la Concurrence et Concentration Economique*, cit., p. 349; Cfr., ainda, PIERRE BOS, JULES STUYCK, PETER WYTINCK, *Concentration Control in the European Economic Community*, Graham & Trotman, 1992, pp. 13 ss..

610 *Empresas comuns* – Joint Ventures

Assim, o controlo do grau de concentração dos mercados – como aferição da estrutura do mercado, em cada momento, considerando o número, dimensão e características das empresas presentes no mesmo – pressuporia, como assinalam LOUIS VOGEL, P. BOS, J. STUYCK e P. WYTINK,[1131] uma regulação directa dos mercados, a qual dificilmente se coadunaria com as concepções liberais que, de forma predominante, informam os ordenamentos de concorrência. Na verdade, esse tipo de regulação assemelhar-se-ia quase a um *"planeamento"* dos mercados.

O método do controlo das operações de concentração entre empresas, em contrapartida, tem como pressuposto de aplicação, a actuação concreta das empresas e permite, pois, salvaguardar uma margem de autonomia das mesmas e oferecer uma maior segurança jurídica aos agentes económicos. As empresas não ficam sujeitas à aplicação de regras de concorrência em matéria de concentrações, em função de evoluções da situação de mercado em que não influam de modo directo, sendo, ao invés, a aplicação das mesmas normas, necessariamente, desencadeada por actuações voluntárias das empresas, que tomem a iniciativa de conceber e executar operações de concentração.

Se a opção de direito positivo seguida na generalidade dos ordenamentos de concorrência – designadamente no ordenamento norte-americano, nos ordenamentos nacionais de Estados Membros da CEE que introduziram, de forma pioneira, regras sobre concentração empresarial, e, algo tardiamente, no próprio ordenamento comunitário – foi a do controlo directo das operações de concentração entre empresas, uma segunda questão conceptual teve de ser resolvida nos mesmos ordenamentos. Esse problema conceptual consiste na definição jurídica de *"operação de concentração"* (importa referir, apesar de tudo, que o sistema mais antigo de controlo directo de concentrações empresariais – o norte-americano – foi, também, o único no qual a possibilidade de introdução de métodos de controlo do grau de concentração foi seriamente debatida[1132]).

As operações de concentração entre empresas, objecto dos sistemas de controlo a instituir, podem ser definidas através de dois processos jurídicos fundamentais:

[1131] Cfr. LOUIS VOGEL, *Droit de la Concurrence et Concentration Economique*, cit., p. 350, e PIERRE BOS, JULES STUYCK, PETER WYTINCK, *Concentration Control in the European Economic Community*, cit., p. 13.

[1132] Cfr. sobre a discussão em torno da introdução de métodos de controlo do grau de concentração nos EUA, TIM FRAZER, *Monopoly, Competition and the Law*, cit., pp. 97 ss..

Parte II – Capítulo 1

– A sua definição pode assentar na *delimitação das formas jurídicas específicas em que essas operações se consubstanciam*, ou, em termos mais precisos, na enunciação dos meios jurídicos – *vg.* fusões, aquisições de participações sociais – que asseguram a realização das mesmas. Como assinalou Louis Vogel, os sistemas de controlo directo de concentrações mais antigos – o norte-americano e o alemão – definem, preferencialmente, as operações de concentração através deste processo.[1133]

– Essa definição pode, em alternativa, ser elaborada *com base nos resultados económicos das operações em causa.* A operação de concentração terá lugar nos casos em que se verifique a criação de um poder de controlo de uma empresa sobre outra. A segurança jurídica que esta definição oferece é, certamente, menor do que a que está associada ao primeiro processo de definição, pois suscita outras questões de determinação jurídico-económica das situações de controlo empresarial. Em contrapartida, esta definição permite uma maior amplitude da fiscalização da concentração empresarial, a qual, se não alcança, certamente, a eficiência económica que, teoricamente, poderia ser prosseguida através da utilização de métodos de controlo do grau de concentração, acompanhará de forma mais estreita os efeitos económicos da concentração empresarial.

Noutros termos, podemos acrescentar que a relativa segurança jurídica associada aos processos de definição de operação de concentração através dos meios jurídico-formais utilizados tem como reverso uma excessiva rigidez na apreensão jurídico-económica das situações, não fornecendo, em muitos casos, verdadeiros critérios materiais de apreciação.

Como referem, justamente, Bos, Stuyck e Wytink, [1134] a definição de operação de concentração com base no critério material de aquisição de controlo empresarial permite dispensar delimitações rígidas *a priori* das situações de coligação empresarial e das situações de concentração – a qual seria um pressuposto necessário à definição assente nos meios jurídico-formais utilizados para realizar as operações de concentração –,

---

[1133] Cfr. Louis Vogel, *Droit de la Concurrence et Concentration Economique*, cit., p. 350.

[1134] Pierre Bos, Jules Stuyck, Peter Wytinck, *Concentration Control in the European Economic Community*, cit., pp. 14 ss..

tornando viável uma subsunção mais flexível nessas categorias normativas fundamentais, em cada caso concreto, e tornando possível um maior ajustamento às realidades económicas materiais.

É essa flexibilidade, de resto, que tem permitido no plano do direito comunitário da concorrência um enquadramento da categoria da empresa comum, quer em sede de normas referentes a mera cooperação empresarial, quer em sede de normas referentes ao controlo directo de operações de concentração, em função dos graus diversos de combinação de elementos de cooperação e de integração empresariais.

Como já observámos, num plano de análise jusconcorrencial *ex professo* das empresas comuns, esta dualidade de tratamento dessas entidades – que resultou da introdução, nesse ordenamento, do sistema de controlo directo de operações de concentração, a partir de 1990, – é, em si mesma, criticável e não tem obstado, de qualquer modo, a um peso progressivamente mais amplo do bloco normativo referente ao controlo de concentrações no enquadramento geral das empresas comuns. Tal tende a verificar-se, seja por força da subsunção directa de um conjunto cada vez mais extenso de subcategorias de empresas comuns nas normas de controlo de concentrações, seja em virtude de uma influência crescente dos testes jurídico-económicos de índole estrutural – subjacentes a estas normas – no domínio da aplicação das regras referentes a acordos e práticas concertadas a determinadas empresas comuns.

Discordamos, contudo, da tese sustentada por BOS, STUYCK e WYTINK no sentido de que o processo de definição de operação de concentração, com base no seu resultado económico, – aquisição de controlo – apresentaria algumas limitações difíceis de superar,[1135] *maxime* no que respeita à distinção entre concentrações empresariais, realizadas através de investimentos internos, e concentrações efectuadas através de formas diversas de crescimento externo.

Acompanhando a posição expendida por autores como MESTMÄCKER,[1136] pensamos que o controlo directo de operações de concentração empresarial não deve, em princípio, abranger os processos de

---

[1135] Cfr. PIERRE BOS, JULES STUYCK, PETER WYTINCK, *Concentration Control in the European Economic Community*, cit., p. 14: "*From a legal point of view, the natural predominance of definitions based on results over definitions based on means is, however, considerably limited*".

[1136] E. MESTMÄCKER, "Fusionskomtrolle im Gemeinsamen Markt zwischen Wettbewerbspoltik und Industriepolitik", in EuR., 1988, pp. 349 ss..

Parte II – Capítulo 1 613

crescimento interno das empresas – ressalvando, unicamente, certos efeitos indirectos desses processos que, pela sua especificidade, se aproximem, no seu alcance material, das consequências do crescimento externo das empresas –, sob pena de se introduzir um condicionamento negativo de toda a iniciativa empresarial e um tratamento tendencialmente desfavorável da eficiência económica que determina os próprios processos de expansão do investimento interno das empresas.

Todavia, não aceitamos que a adopção de processos de definição das operações de concentração empresarial baseados no resultado económico dessas operações vá, necessariamente, tornar inexequível uma distinção entre a concentração resultante de processos de crescimento interno, ou de processos de crescimento externo. A enunciação dos resultados económicos da operação de concentração – aquisição de controlo sobre outras empresas, podendo compreender formas de controlo conjunto associadas a empresas comuns – pode ser feita de modo a apreender, unicamente, os processos de investimento externo das empresas, sendo, para esse efeito, a noção crucial de *"controlo"* empresarial construída com base na criação de nexos entre grupos empresariais independentes.

Em síntese, o que está em causa, pois, é a fixação rigorosa de conceitos jurídico-económicos relevantes para a definição de operação de concentração – com base nos resultados económicos dessa operação –, e não qualquer incompatibilidade deste processo de definição de operação de concentração com o efectivo desenvolvimento de sistemas de controlo que, de forma tendencial, excluam do seu objecto as concentrações resultantes de meros processos de crescimento interno das empresas.

Acresce que esses sistemas alternativos de definição de operação de concentração – cuja oposição se justifica, em termos de análise teórica geral – raramente se encontram numa forma pura. Assim, como podemos verificar a propósito da referência sumária que faremos, de seguida, ao sistema de controlo de concentrações dos EUA, a definição das operações de concentração a partir dos meios jurídico-formais que asseguram a sua realização concede alguma relevância – variável – a certos aspectos de qualificação dos referidos meios jurídicos, em função dos seus efeitos económicos. Paralelamente, e em contrapartida, os processos de definição de operações de concentração com base nos seus resultados económicos incluem, de modo geral – em maior ou menor grau – a enunciação de meios jurídico-formais que, tipicamente, permitem a verificação do resultado material de controlo de uma empresa por outra, concedendo a essas enumerações, mais ou menos extensas, de meios jurídicos típicos de realização de operações de concentração um carácter meramente exemplificativo.

De algum modo, trata-se de uma conjugação dos dois processos de definição de operação de concentração, embora com predomínio acentuado dos elementos de definição relacionados com o critério material do controlo empresarial. Pensamos, de resto, que Louis Vogel apreendeu uma evolução jurídica real, ao constatar a progressiva perda de importância, nos principais ordenamentos de concorrência, das definições de operação de concentração assentes nos meios jurídico-formais de realização das mesmas,[1137] mas não caracteriza, porventura da forma mais correcta, essa evolução.

O que, em nosso entender, está em causa é uma progressiva combinação, em moldes mais complexos, dos dois processos de definição de operação de concentração, embora com algum predomínio das definições materiais, permitindo expandir o âmbito material do controlo e recortar, com um maior ajustamento à realidade económica, os casos de fronteira, cujo reconhecimento seria dificultado pela imposição de uma delimitação rígida, *a priori*, das categorias de coligação empresarial e concentração empresariais.

7.3. O DESENVOLVIMENTO DE SISTEMAS DE CONTROLO DIRECTO DE CONCENTRAÇÕES NO ORDENAMENTO NORTE-AMERICANO

A lacuna histórica, intencional, do ordenamento comunitário da concorrência em matéria de controlo directo de concentrações contrasta, como já referimos, com a situação verificada noutros ordenamentos de importância comparável – ou superior, em algumas fases históricas – a este sistema jurídico.

Pode, em todo o caso, observar-se que, na generalidade dos ordenamentos, a autonomização de regras de controlo directo de concentrações empresariais teve lugar na sequência de experiências iniciais – mais ou menos prolongadas – de aplicação de regras relativas a coligações e práti-

---

[1137] Cfr. Louis Vogel, *Droit de la Concurrence et Concentration Economique*, cit., p 350.

Parte II – Capítulo 1 | 615

cas concertadas entre empresas e a práticas abusivas de empresas em posição dominante a certas manifestações de concentração empresarial, incluindo a determinadas empresas comuns caracterizadas por um elevado peso dos elementos de integração empresarial (domínios jurídicos regulados, como se viu, nos artigos 85.º e 86.º TCE – artigos 81.º e 82.º CE – no quadro dos quais o grau de concentração empresarial assumia alguma relevância indirecta na formulação dos juízos jurídico-económicos, mas em termos que não permitiam configurar um verdadeiro controlo indirecto do fenómeno da concentração).

Essa evolução, até certo ponto coincidente, dos principais ordenamentos da concorrência permite, também, verificar que a experiência progressivamente recolhida na aplicação de normas de comportamento e de normas mistas de concorrência levou, em regra, ao reconhecimento da necessidade de criação de regras de controlo directo da concentração empresarial, como condição fundamental para uma tutela equilibrada dos valores subjacentes ao direito da concorrência, e como elemento essencial para conter as intervenções reguladores, directamente dirigidas a comportamentos empresariais, em limites aceitáveis.[1138] Se, em alguns casos, se procurou, nas primeiras fases de evolução de determinados ordenamentos, adaptar as normas de concorrência aplicáveis a comportamentos empresariais para acorrer àquelas necessidades especiais de regulação, foi possível constatar que esses processos de interpretação extensiva e adaptação das referidas normas geravam, tendencialmente, disfunções dos ordenamentos de concorrência.

Nesse contexto, as autoridades públicas com funções de aplicação de normas de concorrência tenderiam a desenvolver critérios de qualificação jurídica das situações de uma forma predeterminada pelas necessidade de subsunção dos mesmos em categorias normativas que não haviam sido originariamente concebidas com vista ao controlo directo de concentrações empresariais. A evolução do ordenamento comunitário da concorrência ilustra de forma exemplar – como adiante verificaremos – essa realidade e a potencial emergência de disfunções nos processos de interpretação e aplicação das normas de concorrência.

[1138] Cfr. sobre esta evolução coincidente dos ordenamentos de concorrência no sentido do desenvolvimento de processos de controlo directo de concentrações ao longo de um segundo estádio de consolidação dos mesmos, LOUIS VOGEL, *Droit de la Concurrence et Concentration Economique*, cit., p. 380.

A evolução fundamental dirigida à autonomização de regras de controlo directo de concentrações verificou-se, em primeiro lugar, no ordenamento norte-americano, cujo desenvolvimento, de resto, precede largamente a criação de todos os outros ordenamentos,[1139] e ocorreu nos sistemas de regulação de concorrência que podemos designar, de acordo com esta perspectiva histórica, por sistemas de *"segunda geração"* – cujo desenvolvimento tem lugar num período em que o Direito norte-americano, devido à sua precedência histórica, já alcançou um certo grau de maturidade na sua evolução e na densificação jurídica das suas principais categorias normativas – em momentos diversos, com destaque para o direito da RFA (instituição de um sistema de controlo directo de concentrações em 1973), o direito do Reino Unido (no qual o *"Fair Trading Act"* de 1973 criou as primeiras regras nesta matéria) e o direito francês (introdução de normas de controlo directo de concentrações com a Lei de 19 de Julho de 1977). Deve também destacar-se a instituição de um sistema de controlo directo de concentrações na CECA, ao qual fazemos, de seguida, uma breve caracterização, considerando a importância que o mesmo pode revestir para a concretização jurídica das principais categorias que viriam a ser previstas no RCC.

Nesta referência sumária ao processo de autonomização de regras de controlo directo de concentrações empresariais, que nos permite situar, num contexto mais alargado, as evoluções registadas no âmbito do direito comunitário da concorrência, tendentes à criação de um sistema de controlo directo de operações de concentração entre empresas – situando aí, e por referência ao mesmo, o tratamento jusconcorrencial das empresas comuns – interessa por ora apreender, tão só, as soluções técnico-jurídicas fundamentais adoptadas nos principais sistemas, tendo em conta as opções teoricamente admissíveis e que equacionámos *supra*, de modo sucinto, (opções de instituição de sistemas de controlo directo de concentrações tendo por objecto o grau de concentração dos mercados, ou as operações de concentração entre empresas e processos de definição jurídica destas operações de concentração entre empresas).

Nos EUA o sistema de controlo directo de concentrações empresariais foi instituído em 1914 através do *"Clayton Act"* – mais precisa-

---

[1139] Cf sobre o desenvolvimento do controlo de concentrações (ou *"merger control"*, visto que a categoria "concentração" não existe com esta formulação no direito norte-americano) no ordenamento norte-americano, ROBERT MCGUCKIN, "Merger Enforcement: Out of the Courtroom after 75 Years" in AB. 1990, pp. 677 ss..

mente, nos termos da Secção 7 deste diploma – tendo conhecido, no entanto, uma reforma decisiva com o *"Celler-Kefauver Act"* de 1950.[1140] O processo de controlo de concentrações reveste-se, contudo, de larga complexidade, pois largos sectores da doutrina admitem a possibilidade de aplicação cumulativa às concentrações empresariais da Secção 1 do *"Sherman Act"*, cit. (a qual versa, como já referimos, as coligações e práticas concertadas entre empresas). Diversamente do entendimento que prevaleceu no ordenamento comunitário no que respeita ao artigo 85.º TCE, tem sido admitida nos EUA, quer pela doutrina, quer pelos organismos federais que aplicam as normas de concorrência, a aplicação dessa disposição do *"Sherman Act"* às concentrações empresariais a par da sujeição das mesmas à Secção 7 do *"Clayton Act"*, o que, como adiante se verá, apresenta algumas repercussões significativas para o enquadramento das empresas comuns.[1141]

O facto de a regulação directa da concentração empresarial nos EUA remontar a 1914 pode compreender-se mais facilmente se tivermos presente que, como refere, entre outros autores, SCHERER,[1142] terá ocorrido nesse país entre a aprovação do *"Sherman Act"*, em 1890, e o julgamento do processo *"Northern Securities"* em 1904[1143] – no qual, aparentemente, os problemas de concentração foram pela primeira vez trazidos à colação – um dos maiores movimentos de concentração de empresas de que há conhecimento em economias industrializadas. Seguramente ter-se-á, então, verificado o maior movimento de concentração empresarial que se registou ao longo da história económica dos EUA, o qual estava associado

---

[1140] Cfr. sobre as circunstâncias de aprovação do *"Clayton Act"* (tentando apreender as motivações do legislador à luz do elemento subjectivo de interpretação), ROBERT LANDE, "Chicago's False Foundation: Wealth Transfers (Not Just Efficiency) Should Guide Antitrust", in ALJ., 1989, pp. 632 ss.; cfr. ainda SCHERER, *European Community Merger Policy: Why? Why Not?*, cit., pp. 24-5 ss.. Sobre a aprovação do *"Celler Kefauver Act"* de 1950, cfr. ROBERT MCGUCKIN, "Merger Enforcement:Out of the Courtroom After 75 Years", cit., pp. 680 ss..

[1141] Cf sobre as possibilidades de aplicação cumulativa da Secção 7 do *"Clayton Act"* e da Secção 1 do *"Sherman Act"*, TIM FRAZER, Monopoly, Competition and the Law, cit., p. 97; Cfr., ainda, WALTER ADAMS, JAMES BROCK, "The Sherman Act and the Economic Power Problem", in AB., 1990, pp. 25 ss..

[1142] Cfr. SCHERER, *European Community Merger Policy: Why? Why Not?*, cit., pp. 24-3 ss.

[1143] Cfr., para uma referência expressa a este caso *"Northern Securities"*, de 1904, SCHERER, *European Community Merger Policy: Why? Why Not?*, cit., 24-3.

618   *Empresas comuns* – Joint Ventures

ao reforço da unidade do mercado norte-americano e ao crescimento dos fluxos de comércio no mesmo, decorrentes da criação de uma rede nacional de transportes e comunicações no final do século passado.[1144]

Na sua versão actual, a Secção 7 do *"Clayton Act"*[1145] interdita as operações de concentração realizadas mediante aquisição de participações sociais (*"stock acquisitions"*), ou mediante aquisições de activos de empresas (*"asset acquisitions"*), de cujos efeitos decorra a possibilidade séria de uma afectação sensível da concorrência, ou uma evolução tendente à criação de monopólios – ou situações assimiláveis – em certos sectores do comércio e em qualquer parte do país. Nestes termos, o sistema de controlo directo de concentrações tem claramente como objecto as operações de concentração, embora, periodicamente, se tenha assistido nos EUA à consideração das possibilidades de instituição de formas de controlo directo do grau de concentração empresarial de certos mercados.[1146]

Além disso, as operações de concentração entre empresas são definidas com base nos meios jurídico-formais que asseguram a sua realização, o que, como já assinalámos, permite evitar as indefinições associadas às definições formuladas a partir dos resultados económicos das operações de concentração, mas, em contrapartida, introduz um elemento considerável de rigidez na análise das concentrações. Em todo o caso, pensamos que esta definição de operação de concentração do direito norte-americano

---

[1144] Cf expressamente nesse sentido SCHERER, *European Community Merger Policy: Why? Why Not?*, cit., pp 24-14 ss..

[1145] O texto actual da Secção 7 do *"Clayton Act"* resultou de duas alterações introduzidas em 1950 (*"Celler Kefauver Act"* que estende o regime de controlo às aquisições de activos; a versão inicial que limitava o controlo às aquisições de acções conferia pouca eficiência à fiscalização dos movimentos de concentrações pois as empresas poderiam com facilidade evitar a sujeição ao regime de controlo) e em 1980. Cfr. sobre o alcance destas alterações, STEPHEN RHOADES, JIM BURKE, "Economic and Political Foundations of Section 7 Enforcement in the 1980 s", in AB, 1990, pp. 373 ss..; cfr., ainda, ROBERT MCGUCKIN, "Merger Enforcement: Out of the Courtroom After 75 Years", cit., pp. 677 ss..

[1146] Nos EUA foi seriamente considerada a introdução de formas de controlo do grau de concentração (além do controlo das operações de concentração). Cfr. a proposta apresentada por KAYSEN e TURNER no sentido da adopção de uma lei que permitisse a dissolução das empresas que detivessem um poder de mercado excessivo (sendo este presumido desde que ao longo de um período de cinco anos uma empresa controlasse 50% do mercado). Cfr. KAYSEN, TURNER, *Antitrust Policy. An Economic and Legal Analysis*, Harvard University Press, 1959, esp. pp. 266 ss.. Na década de setenta propostas deste tipo voltaram a ser consideradas no Congresso norte-americano.

e, sobretudo, a interpretação teleológica da mesma que tem sido sustentada na jurisprudência, confirma o que preconizámos supra, a propósito dos processos de definição técnico-jurídica de operações de concentração para efeitos de instituição de sistemas de controlo directo de concentrações empresariais.

Na verdade, raramente se poderá configurar a adopção de processos de definição de operações de concentração exclusivamente baseados nos meios jurídico-formais de realização das mesmas e não permeáveis a outro tipo de considerações. No caso do sistema norte-americano, que ora equacionamos, a referência aos processos formais de aquisição de participações sociais e de activos de empresas, como instrumentos de realização das operações de concentração é, em última análise, complementada com uma ponderação de determinados efeitos económicos que possam resultar das mesmas.

Não pode, pois, excluir-se, em absoluto, uma consideração dos resultados económicos da operação de concentração, embora os mesmos não sejam apreendidos em primeira linha como critério material de delimitação da operação, mas como elemento de qualificação suplementar de actuações empresariais primeiramente recortadas com base em certos processos jurídico-formais que lhes dão corpo.

Em todo o caso, pensamos que esta análise sumária do método de definição de operação de concentração no direito norte-americano confirma as observações que tecemos *supra* sobre a tendência de fundo que se regista no sentido da conjugação dos dois processos fundamentais de definição jurídica destas operações (embora no caso norte-americano essa combinação de processos seja, ainda, caracterizada por um predomínio dos métodos de definição dirigidos aos meios jurídico-formais de realização da concentração).

A interpretação teleológica da noção de operação de concentração desenvolvida na jurisprudência norte-americana apenas reforça essa constatação. Com efeito, os tribunais americanos não circunscrevem o reconhecimento da existência de operações de concentração, em função de delimitações formais rigorosas dos instrumentos jurídicos utilizados nas mesmas; admitem a relevância, para esse efeito, de quaisquer aquisições de participações sociais, ou de activos de empresas, independentemente do seu peso quantitativo, desde que, comprovadamente, tenham lugar determinados efeitos económicos que alterem, de um ponto de vista material, a posição do adquirente. Esta interpretação teleológica da definição de operação de concentração que se pode verificar em casos fundamentais que ditaram certas orientações de jurisprudência constante, como os dos processos *"American Crystal Sugar Co. v. Cuban-American Sugar Co."* (1957)[1147], ou *"Denver and Rio Grande Western RR v. United States"* (1967),[1148] traduz, iniludivelmente, uma ponderação dos elementos de definição de concentração assentes na delimitação de processos jurídico--formais precisos com os critérios do resultado económico dessas operações.

Não constituindo a presente secção a sede apropriada para uma caracterização mais extensa do sistema norte-americano de controlo directo de operações de concentração entre empresas e para uma análise da sua evolução, importa, em todo o caso, salientar que este controlo, tendo um historial sem paralelo em qualquer outro ordenamento de concorrência, conheceu diversas fases marcadas pela prevalência de orientações materiais distintas.

Esse sistema de controlo não conheceu grande expressão até às reformas introduzidas pelo *"Celler-Kefauver-Act"* em 1950,[1149] tendo-se verificado, na sequência das mesmas, larga difusão de algumas orientações de pendor estrutural, nos termos das quais, as quotas de mercado resultantes das operações de concentração constituíam um elemento determinante para a apreciação dos efeitos das mesmas sobre a concorrência. Ocorreu, assim, uma verdadeira *"estruturalização"* do direito da concorrência norte-americano, com largas repercussões noutros domínios – e em especial no quadro da análise das empresas comuns – a qual, numa fase mais recente, tem sido já objecto de críticas (em contrapartida, como se verá, a metodologia de análise estrutural só mais recentemente tem conhecido uma utilização alargada no ordenamento comunitário de concorrência).

De acordo com a jurisprudência do Supremo Tribunal de Justiça nos casos *"Brown Shoe"* (1962) e *"Philadelphia National Bank"* (1963) a quota de mercado emergente da operação de concentração foi erigida em

---

[1147] Processo *"American Cristal Sugar"*, 152 F Supp, 387, 395 (1957).

[1148] Processo *"Denver and Rio Grande Western RR v. United States"*, 387 US, 485, 501, (1967).

[1149] Para uma análise numa perspectiva histórica da evolução do sistema de controlo de concentrações norte-americano, cfr. ROBERT MCGUCKIN,, "Merger Enforcement: Out of the Courtroom After 75 Years", cit., pp. 677 ss.. Cfr., ainda, sobre a mesma matéria, LOUIS VOGEL, *Droit de la Concurrence et Concentration Economique*, cit., esp. pp. 347 ss..

Parte II – Capítulo 1 621

critério fundamental para a verificação de situações que conduzissem, na formulação jurídica adoptada no ordenamento norte-americano, a uma diminuição substancial da concorrência (*"substantially lessen the competition"*).[1150]

O apuramento de quotas de mercado de certa dimensão das empresas que participavam em determinada operação de concentração conduzia, de modo quase inelutável, de acordo com a perspectiva então maioritariamente perfilhada, a uma presunção de incompatibilidade da mesma operação com as normas de concorrência, a menos que alguns factores referentes à situação de mercado em que a operação de concentração se inseria permitissem infirmar a produção de efeitos negativos sobre a concorrência.[1151]

Uma nova fase foi, indiscutivelmente, iniciada com a jurisprudência do Supremo Tribunal de Justiça no processo *"General Dynamics"* (1974),[1152] a qual assinalou uma maior abertura em relação à ponderação de elementos de mercado que permitam contrabalançar os juízos negativos, em princípio associados à criação de elevadas quotas de mercado. De acordo com a orientação jurisprudencial iniciada com o processo supramencionado, a aquisição de elevadas quotas de mercado, como resultado de operações de concentração entre empresas, não traduz, necessariamente, a existência de qualquer capacidade para a manutenção continuada de um elevado poder de mercado no futuro (e, sobretudo, não assegura a capacidade para uma utilização específica desse poder de mercado; esta apenas poderá ser confirmada mediante a análise de outros factores do mercado relevante em causa[1153]).

[1150] Caso *"Brown Shoe v. US, 370 US 294 (1962)"* e caso *"Filadelphia national Bank, US v. 374 US 321 (1963)"*. O Parâmetro essencial de avaliação de concentrações no ordenamento norte-americano, baseado na diminuição substancial da concorrência (*"substantially lessen the competition"*), como adiante observaremos foi comparado com o teste que veio a ser adoptado no quadro do RCC, em 1989, tendo-se discutido largamente a possibilidade – num plano *de iure condendo* – da sua adopção no âmbito de segunda reforma do referido RCC, em 2004 (cfr. *infra*, capítulo segundo da **Parte III**).

[1151] Tim Frazer, *Monopoly, Competition and the Law*, cit., esp. pp. 99 ss..

[1152] Cfr. caso *"General Dynamics Corp. US v., 415 US 486 (1974)"*.

[1153] Cfr. sobre essa matéria, S. Lipner, "Horizontal Mergers. General Dynamics and its Progeny: Requiem for a Presumption", in South Texas Law Review, 1986, pp. 381 ss.. Cfr., ainda, sobre estas flutuações interpretativas, bem como sobre algumas incertezas na apreciação jurisprudencial dos casos de concentrações, Hay, "Antitrust and Economic Theory: Some Observations from the US Experience", in Fiscal Studies, 1985, pp. 59 ss..

622   *Empresas comuns* – Joint Ventures

A importância da quota de mercado não é completamente negada, podendo a mesma, a partir de certos limites quantitativos, fundamentar ainda presunções de verificação de efeitos negativos, sensíveis, sobre a concorrência, mas, segundo esta perspectiva dinâmica da concorrência, tais presunções serão mais facilmente ilidíveis, mediante a análise de outros factores, designadamente dos que estão ligados às possibilidade de entrada no mercado relevante de outras empresas. De qualquer modo, o relevo que esta orientação, inegavelmente, assume no período mais recente de evolução da política de concorrência norte-americana não impede que, de modo esporádico, alguns tribunais continuem a sustentar teses mais próximas das análises estáticas do mercado, considerando como elemento determinante dos juízos sobre as operações de concentração, a dimensão das quotas de mercado emergentes dessas operações. Teremos ocasião de retomar alguns destes aspectos a propósito da análise mais específica do tratamento jusconcorrencial das empresas comuns (*maxime* daquelas que sejam qualificáveis como concentrações em sede de direito comunitário da concorrência), no quadro da qual fazemos alguns paralelos com os critérios de apreciação de concentrações desenvolvidos no ordenamento norte-americano da concorrência.[1154]

Outro aspecto fundamental da evolução da política norte-americana de concorrência no domínio especial do controlo de operações de concentração é o que respeita à actuação dos órgãos da Administração Federal

---

[1154] Não se justifica aqui desenvolver uma análise sobre os *critérios de avaliação substantiva de concentrações* ("*mergers*") no ordenamento da concorrência norte-americano, visto que esse tipo de aspectos serão especificamente ponderados, numa óptica de direito comparado, no quadro do nosso estudo da avaliação jusconcorrencial de empresas comuns em sede de direito comunitário da concorrência. Diversamente, a presente referência ao regime norte-americano de "*merger control*" visa, tão só, *na perspectiva histórica geral do processo de consolidação do ordenamento comunitário da concorrência*, em que ora nos situamos, *evidenciar o contraste entre o desenvolvimento do mesmo regime e a existência de uma lacuna originário no plano comunitário nesta matéria de controlo directo de concentrações* que só tardiamente foi colmatada. De qualquer forma, como adiante observaremos, também a densificação jurídica do regime comunitário de controlo de concentrações, uma vez instituído em 1989, veio a conhecer algumas oscilações significativas entre perspectivas mais estáticas e perspectivas de análise mais dinâmicas e menos tributárias de uma ponderação quase exclusiva das quotas de mercado das empresas. No plano do direito norte-americano a adopção de comunicações interpretativas mais recentes ("*merger guidelines*") – figura à qual fazemos de seguida referência – contribuiu para relativizar o peso de factores estáticos de análise predominantemente orientados para as quotas de mercado.

com responsabilidades na aplicação das normas relevantes (a *"Federal Trade Commission"* e a *"Antitrust Division"* do Departamento de Justiça). Além da análise *ex officio* de determinadas operações de concentração de que tomem conhecimento, por qualquer meio, estes dois órgãos recebem notificações obrigatórias da realização de certas operações mais importantes e que preencham um conjunto de requisitos quantitativos pré-determinados (sistema de notificação prévia adoptado nos termos das alterações introduzidas em 1976 no *"Clayton Act"* e comparável, em certos aspectos, com o processo de notificação instituído na CEE através do RCC).

A actuação destes órgãos assumiu particular relevo com a elaboração – a partir de 1968 – de orientações gerais relativas a certas categorias de operações de concentração entre empresas que foram objecto de publicação e de revisão periódica (as denominadas *"Merger Guidelines"*[1155]; a elaboração dessas orientações interpretativas gerais propiciou o desenvolvimento de índices económicos de análise de certas operações de concentração, construídos com base na prossecução, tendencialmente exclusiva, de objectivos de eficiência económica, à luz de alguns dos ensinamentos fundamentais da Escola de Chicago). Esses índices aumentaram o grau de previsibilidade das decisões, em vários casos, mas criaram, em contrapartida, algum *"automatismo"* na ponderação de factores relevantes de análise.

Constituindo os modelos de análise desenvolvidos pelas referidas orientações gerais objecto de controvérsia teórica na doutrina norte-americana,[1156] os mesmos constituem, de qualquer modo, um dos aspectos característicos da política de concorrência norte-americana no domínio sensível das operações de concentração empresarial – apenas possível pelo

---

[1155] Cfr., em geral, sobre a elaboração das *"Merger Guidelines"* nos EUA, KEVIN ARQUIT, "Perspectives on the 1992 US Government Horizontal Merger Guidelines" in ALJ, 1992, pp. 121 ss..; MALCOLM COATE, "Economics, the Guidelines and the Evolution of Merger Policy", in AB, 1992, pp. 997 ss.. Um longo percurso de construção jurídica se verificou desde a adopção originária das *"Merger Guidelines"*, em 1968, até às actuais orientações interpretativas – *"Horizontal Merger Guidelines"*, adoptadas em 1992 (2 de Abril de 1992) e revistas em 1997 (8 de Abril de 1997). Sobre esse complexo processo, cfr. o conjunto de estudos integrados em *"20 th Anniversary of the 1982 Merger Guidelines. The Contribution of the Merger Guidelines to the Evolution of Antitrust Doctrine"* – Antitrust Division, June 10, 2002.

[1156] Cf sobre a controvérsia suscitada pelos modelos de análise delineados nas *"Merger Guidelines"*, MALCOLM COATE, "Economics, the Guidelines, and the Evolution of Merger Policy", in AB, 1992, pp. 997 ss..

624 *Empresas comuns* – Joint Ventures

grau de sedimentação de processos de análise já alcançado nesta matéria no sistema norte-americano. Tais modelos podem fornecer algumas indicações para a formulação – e concretização jurídica – de critérios materiais de apreciação de compatibilidade de operações de concentração com o mercado comum no sistema comunitário de controlo que veio a ser instituído pelo RCC, constituindo, igualmente, como veremos, referências fundamentais para a construção de parâmetros de análise das empresas comuns.

7.4. A PERSPECTIVA JURÍDICO-ECONÓMICA RELATIVA ÀS OPERAÇÕES DE CONCENTRAÇÃO NA CEE E NA CECA

Como já referimos, o Tratado CECA, diversamente do Tratado de Roma, contém normas originárias instituindo, de forma expressa, um sistema de controlo directo de concentrações empresariais. Esta diferença fundamental terá resultado da específica perspectiva jurídico-económica adoptada no quadro da CECA relativamente ao fenómeno das concentrações empresariais e aos problemas de concorrência, em geral, em função da estrutura dos mercados europeus do carvão e do aço.

Assim, nos termos do Artigo 5.º do Tratado de Paris, os objectivos da política de concorrência da CECA, conduzida pela Alta Autoridade consistem no estabelecimento e manutenção de condições de concorrência normais, tendo esta instituição, como destacou J.-P. KEPPENNE,[1157] precisado, em múltiplos casos, a forma como tal objectivo deveria ser entendido, à luz da situação dos mercados do carvão e do aço na Comunidade em causa.

De acordo com a Alta Autoridade, o objectivo de manutenção de condições de concorrência normais não deveria ser entendido no sentido de garantir formas de concorrência perfeita, nem sequer de uma *"concorrência praticável"* (*"workable competition"*) que implicasse a manutenção de uma elevada diversidade empresarial e a tutela de igualdade de oportunidades que garantisse potenciais posições no mercado das pequenas empresas – aspectos que, como já acentuámos supra, foram

---

[1157] Cfr. J.-P. KEPPENNE, "Le Contrôle des Concentrations entre Entreprises – Quelle Filiation entre l'Article 66 du Traité de la Communauté Européenne du Charbon et du Acier et le Nouveau Règlement de la Communauté Economique Européenne", in CDE, 1991, pp 42 ss..

Parte II – Capítulo 1

particularmente tomados em consideração na política de concorrência da CEE.[1158]

Embora a Comissão tenha, igualmente, reconhecido *ab initio* que os objectivos da política de concorrência da CEE não contemplavam o estabelecimento de condições de concorrência perfeita, o entendimento material que perfilhou da *"concorrência praticável"* (*"workable competition"*) mostrou-se diverso no quadro das duas Comunidades. Relativamente à CECA, a Alta Autoridade reconheceu que a *"concorrência praticável"* a configurar seria a que resultava da estrutura oligopolística da oferta nos mercados europeus do carvão e do aço. De resto, a mesma instituição não considerou possível nem desejável a existência de um maior número de empresas e uma distribuição mais alargada do poder de mercado nos sectores empresariais em causa, devido a razões tecnológicas e a factores económicos diversos que ditaram, a nível mundial, certas evoluções dos mercados do carvão e do aço.[1159]

Nestes termos, a Alta Autoridade não se opôs, em regra, às condições oligopolísticas prevalecentes nos mercados em causa, procurando, tão só, evitar a afectação de certos equilíbrios nos mesmos mercados (como é sabido, algumas estruturas oligopolísticas são compatíveis com um nível relativamente intenso de concorrência entre as empresas[1160]). Nessa perspectiva, e considerando o elevado grau de concentração dos mercados do carvão e do aço, o problema do controlo directo das concentrações empresariais constituiu, desde a criação da CECA, um aspecto primacial para a manutenção dos equilíbrios mínimos daquelas estruturas de mercado, revestindo-se de uma acuidade não comparável à que o problema viria a ter numa primeira fase da evolução da CEE.[1161]

Assim, não pretendendo a Alta Autoridade transformar as estruturas oligopolísticas dos mercados em causa – no sentido da sua diversificação

---

[1158] Cfr. no sentido desta interpretação dos objectivos da política de concorrência da CECA, Commission CECA – *"Twenty Five Years of the Common Market in Coal – 1953 – 78"*, Brussels, Luxembourg, 1978.

[1159] Cfr. Commission CECA – *"Twenty Five Years of the Common Market in Coal – 1953 – 78"*, cit..

[1160] Cfr., nesse sentido, C.-D. EHLERMANN, "Deux Ans d'Application du Contrôle de Concentrations. Bilan et Perspectives", in RMC, 1993,, pp. 242 ss..

[1161] Cfr., expressamente nesse sentido, J.-P. KEPPENNE, "Le Contrôle des Concentrations entre Entreprises – Quelle Filiation entre l'Article 66 du Traité de la Communauté Européenne du Charbon et du Acier et le Nouveau Règlement de la Communauté Economique Européenne", cit., esp. pp. 45 ss..

ou atomização –, impunha-se, em contrapartida, garantir que as mesmas não fossem transformadas em monopólios ou em posições largamente dominantes de uma única empresa que comprometessem a manutenção de um grau aceitável de concorrência efectiva. Neste contexto e, uma vez que a estrutura dos mercados do carvão e do aço potenciava evoluções negativas nesse sentido – formação de monopólios ou de posições largamente dominantes que pulverizassem a concorrência remanescente – o controlo das concentrações empresariais foi, naturalmente, objecto de regulação directa no quadro da CECA.

A estrutura dos mercados nos sectores empresariais mais relevantes apresentava um carácter inteiramente diverso na CEE. Nos primeiros anos de vigência do Tratado de Roma a defesa, por parte de muitos autores, das operações de concentração empresarial – a que já aludimos – resultava, precisamente, de uma percepção da reduzida dimensão das empresas europeias e de um grau pouco significativo de concentração em muitos mercados, sobretudo, tendo em conta os graus de concentração empresarial calculados relativamente ao conjunto do espaço económico a integrar, através da criação do mercado comum e não, apenas, o grau de concentração verificado nos diferentes mercados nacionais.[1162]

Nessa óptica, o grau de concentração apurado relativamente a múltiplos sectores empresariais no conjunto dos Estados Membros originários da CEE não tinha comparação, quer com os rácios de concentração dos mercados do carvão e do aço abrangidos pelo processo de integração da CECA, quer com os rácios de concentração existentes, no mesmo período, em sectores congéneres nos EUA, o que explica que os problemas de controlo directo de operações de concentração não tenham constituído uma prioridade do Direito de concorrência da CEE e a regulação dos mesmos tenha sido intencionalmente omitida no período de formação daquele ordenamento.

Além disso, no quadro originário da CEE os Estados Membros apresentavam, como salientaram, justamente, A. WINCKLER e S. GERONDEAU,[1163] estádios de desenvolvimento industrial relativamente

---

[1162] Cfr. para um cálculo especial de *"rácios"* de concentração na perspectiva acima referida, YAMAWAKI, WEISS, SLEUWAERGEN, *Industry Competition and the Formation of the European Community Market*, Working Paper – Science Center, Berlin, August, 1986.

[1163] Cfr. A. WINCKLER, SOPHIE GERONDEAU, "Etude Critique du Règlement CEE sur le Contrôle des Concentrations d'Entreprises", in RMC, 1990, pp. 541 ss..

desiguais, não constituindo a concentração empresarial um problema com a mesma relevância nos respectivos mercados. Estes autores destacaram, em particular, a diversidade de graus de concentração dos mercados nacionais no período que precede imediatamente a adopção do RCC, mas essa observação é igualmente válida, em nosso entender, em relação aos primeiros anos de integração da CEE.

Nesse período, Estados como a RFA apresentavam já um grau de concentração empresarial superior ao observado noutros Estados Membros. A especificidade das estruturas dos mercados europeus do carvão e do aço – os quais apresentavam, também, à data de criação da CECA, um grau de concentração relativamente elevado – que justificou a previsão de normas expressas de controlo directo de concentrações nesta Comunidade veio, de resto, a acentuar-se com a evolução ulterior desses mercados, confirmando a *ratio* de uma perspectiva jurídico-económica especial sobre o fenómeno da concentração empresarial no domínio da CECA.

Assim, a Alta Autoridade – ou Comissão, na sequência do denominado Tratado de Fusão dos Executivos de 1965 –[1164] passou, a partir de determinada fase, a reconhecer, não apenas a especificidade das estruturas predominantemente oligopolísticas dos mercados do carvão e do aço, mas também certos factores de ordem estrutural, ligados ao grau de maturidade dos referidos mercados, que influiram, negativamente, na evolução dos mesmos (factores como a sobrecapacidade de produção, as dificuldades de renovação dos equipamentos, ou outros, que indiciavam claramente uma crise destes sectores com contornos estruturais[1165]).

Esta situação particular dos mercados em causa, levou a Comissão a assumir como objectivo expresso a realização de um melhor ajustamento entre a oferta e a procura nos mesmos mercados, o que veio reforçar a especificidade da apreciação das condições de concorrência no quadro da CECA.

No contexto da crise estrutural dos mercados do carvão e do aço, que se manifestou claramente desde meados da década de setenta, a Comissão reforçou os seus critérios especiais de apreciação sobre o funcionamento destes mercados oligopolistas, considerando compatível com a manuten-

---

[1164] Tratado de Bruxelas de 1965, usualmente designado como *"Tratado de fusão dos executivos"*.

[1165] Cfr., nesse sentido, JOSYANNE COURATIER, "Fusions et Acquisitions dans les Industries en Crise: Une Étude Comparée de la Legislation sur la Libre Concurrence aux Etats-Unis et dans la CEE", in RMC, 1988, pp. 403 ss..

ção de condições mínimas de concorrência efectiva nos mesmos o aumento do grau de concentração empresarial em certos domínios. A abertura demonstrada, em sede de controlo directo de concentrações no quadro da CECA, relativamente a grandes operações de concentração, como as realizadas entre a *"Sacilor"* e a *"Usinor"* em 1984, ou entre a *"British Steel"* e a *"Alpha Steel"*, em 1985, confirmaram, precisamente, a adopção de uma perspectiva jurídico-económica especial sobre o fenómeno das concentrações na CECA.[1166]

Independentemente deste carácter específico de que se têm revestido as apreciações sobre concentrações entre empresas na CECA, a experiência do funcionamento de um sistema de controlo directo dessas operações, desde a criação da referida Comunidade terá, certamente, influenciado, em certos aspectos, a elaboração de normas de controlo de concentrações no domínio da CEE.

J.-P. KEPPENNE sustenta, mesmo, que as regras de controlo de concentrações da CECA terão servido de *"modelo"* ao sistema de controlo directo de operações de concentração instituído pelo RCC. No que respeita a alguns aspectos formais e ao conteúdo literal de certos conceitos no regime que viria a ser instituído pelo RCC, aceitamos essa ideia. Consideramos, contudo, mais duvidosa essa aproximação entre os regimes das duas Comunidades no plano de certos critérios materiais de apreciação das operações de concentração e da própria definição de operação de concentração, os quais constituem, na verdade, o cerne de qualquer sistema de controlo.[1167]

[1166] Sobre esses desenvolvimentos, cfr. JOSYANNE COURATIER, "Fusions et Acquisitions dans les Industries en Crise: Une Étude Comparée de la Legislation sur la Libre Concurrence aux Etats-Unis et dans la CEE", cit., pp. 403 ss..

[1167] Cfr. J.-P. KEPPENNE, "Le Contrôle des Concentrations entre Entreprises – Quelle Filiation entre l'Article 66 du Traité de la Communauté Européenne du Charbon et du Acier et le Nouveau Règlement de la Communauté Economique Européenne", cit., pp. 42 ss.. Pensamos, na realidade, que diversos aspectos obstam à ideia explanada por este A. no sentido de o enquadramento de controlo de concentrações da CECA ter fornecido o modelo para a conformação do regime de controlo de concentrações na CEE. Neste ponto, procurámos, tão só, enfatizar as razões que, numa perspectiva histórica, explicam a diversidade do enquadramento jurídico em matéria de controlo directo de concentrações – e concomitante em matéria de tratamento de empresas comuns – nas duas Comunidades.

Parte II – Capítulo 1 629

8. Súmula final

Completada a caracterização genérica, introdutória, do que podemos considerar como *os três pilares jurídicos essenciais* da *disciplina comunitária de concorrência, aplicável às empresas*, – abarcando os regimes referentes **(i)** ao *controlo dos acordos e práticas concertadas entre empresas*, aos **(ii)** *abusos de posição dominante*, e ao **(iii)** *controlo directo das operações de concentração* –[1168] procura-se, no capítulo seguinte, identificar e analisar, de modo sumário, os diferentes estádios que foi conhecendo o enquadramento específico da *categoria das empresas comuns*, em sede deste ordenamento de concorrência e no quadro desses três regimes, *maxime*, no que respeita ao primeiro e terceiro dos domínios acima enunciados. Este último pilar (controlo de concentrações) – cujo processo de formação se analisa no capítulo seguinte – revela-se, na verdade, essencial para o estudo crítico das empresas comuns e justifica que se conceda particular atenção à fase mais recente da sua consolidação, em que o enquadramento global das empresas comuns se define por referência ao processo de controlo de operações de concentração (quer em termos de sujeição a esse processo, quer no que respeita às categorias de empresas comuns que não se encontrem cobertas pelo RCC).

Essa análise assume, na verdade, a maior importância para o desenvolvimento do núcleo do nosso estudo (**Parte III**), correspondente à apreciação jusconcorrencial substantiva das empresas comuns no enquadramento sistemático decorrente do direito constituído, em vigor, e à luz das perspectivas próximas de reforma do mesmo.

Tal apreciação crítica não seria, contudo, possível sem uma visão global – conquanto de índole essencialmente descritiva – do processo de formação e consolidação das três áreas essenciais de regulação jusconcorrencial aplicável às empresas, que se pretendeu delinear nesta sinopse histórica do travejamento jurídico básico do ordenamento comunitário da concorrência.

[1168] Em rigor, no que respeita a este terceiro pilar referente ao controlo directo de operações de concentração, limitamo-nos no presente capítulo a evidenciar a lacuna originária do ordenamento comunitário da concorrência, remetendo o seu tratamento para a análise, no capítulo seguinte, dos vários esatádios de tratamento das empresas comuns neste ordenamento (visto que esse enquadramento das empresas comuns foi decisivamente conformado pela adopção, em 1989, de um regime de controlo de concentrações que veio suprir tão importante lacuna originária do sistema comunitário).

630 *Empresas comuns* – Joint Ventures

Esta compreensão do contexto geral de formação e evolução do ordenamento comunitário da concorrência constitui, também, o inevitável ponto de partida para se poder apreender – na análise que se empreenderá na parte final deste estudo[1169] – o contributo específico dos processos de construção jurídica no domínio da apreciação das empresas comuns para a mutação estrutural da metodologia jurídica, e até do modelo teleológico, desse ordenamento – globalmente considerado –, que admitimos encontrar-se em curso.

[1169] Trata-se do balanço conclusivo final do conjunto de mutações estruturais do direito comunitário da concorrência – especialmente daquelas que se podem considerar induzidas pela experiência de tratamento jusconcorrencial das empresas comuns – a que procedemos, infra, **Parte IV**.

CAPÍTULO 2

O ENQUADRAMENTO DAS EMPRESAS COMUNS E DE FIGURAS PRÓXIMAS EM VÁRIOS ESTÁDIOS DO DIREITO COMUNITÁRIO DA CONCORRÊNCIA

SUMÁRIO: 1. – Razão de ordem. 2. – Interligação entre cooperação e concentração empresariais e o tratamento das empresas comuns no período anterior à aprovação do Regulamento comunitário de controlo de concentrações. 2.1. – Articulações fundamentais entre os problemas de concentração empresarial e a realidade das empresas comuns. 2.2. – Abordagens iniciais da temática da concentração empresarial no direito comunitário da concorrência e repercussões no tratamento das empresas comuns. *2.2.1.– O Memorando de 1965 sobre a concentração no mercado comum. 2.2.2. – Interpretação do Memorando de 1965 sobre concentração empresarial. 2.2.3. – A discussão relativa à possível adopção da doutrina do duplo parâmetro no direito comunitário da concorrência. 2.2.4. –A relação entre o Memorando de 1965 e a doutrina do duplo parâmetro – posição adoptada. 2.2.5. – Consequências da posição adoptada pela Comissão no Memorando de 1965. 2.2.6. – A compreensão das empresas comuns como entidades na fronteira entre a cooperação e a concentração empresariais.* 2.3. – As empresas comuns e os critérios de distinção entre a cooperação e a concentração de empresas até à aprovação do Regulamento comunitário de controlo de concentrações. *2.3.1. – A subvalorização dos elementos de concentração em sede de apreciação de empresas comuns com base no artigo 85.º TCE. 2.3.2. – A praxis decisória da Comissão até à aprovação do Regulamento de controlo de concentrações – aspectos gerais. 2.3.3. – O tratamento das empresas comuns e*

as denominadas concentrações parciais. 2.3.4. – Praxis decisó-
ria da Comissão em matéria de qualificação de empresas
comuns. 2.3.5. – A decisão da Comissão "SHV/Chevron".
2.3.6. – A importância da decisão da Comissão "De Laval/
/Stork". 2.3.7. – Concretização dos critérios de qualificação de
empresas comuns formulados na decisão "De Laval Stork".
2.3.8. – Algumas evoluções da praxis decisória da Comissão.
2.4. – O Acórdão *"Philip Morris"* e o processo de aprovação do
regime comunitário de controlo de concentrações. *2.4.1. – A*
importância da discussão desencadeada pela jurisprudência
"Philip Morris". 2.4.2. – A análise desenvolvida pelo TJCE no
Acórdão "Philip Morris". 2.4.3. – Interpretações divergentes
da jurisprudência "Philip Morris". 2.4.3.1. – As teses relativas
ao reconhecimento da aplicação do artigo 85.º TCE para o controlo directo de operações de concentração. 2.4.3.2. – As teses
que sustentam um entendimento mais restritivo da jurisprudência *"Philip Morris"*. 2.4.3.3. –O alcance da jurisprudência
"Philip Morris" – posição adoptada. 2.4.3.4. – O alcance da
jurisprudência *"Philip Morris"* – síntese conclusiva. 2.5. – O
tratamento de situações de integração empresarial na sequência
da jurisprudência *"Philip Morris"*. 2.6. – O processo conducente
à aprovação de um regime comunitário de Controlo de Concentrações. *2.6.1. – As propostas iniciais de adopção de um*
regime de controlo de concentrações e a sua interligação com
o enquadramento das empresas comuns. 2.6.2. – O processo
negocial tendente à adopção de um regime de controlo de con-
centrações. 2.6.3. – O novo impulso para a adopção do regime
comunitário de controlo de concentrações na sequência da
jurisprudência "Philip Morris". 2.6.4. – A conclusão do pro-
cesso de aprovação do regime comunitário de controlo directo
de operações de concentração. **3. – O enquadramento siste-**
mático das empresas comuns na vigência do Regulamento
comunitário de controlo de concentrações. 3.1. – A primeira
fase de vigência do regime comunitário de controlo de concentrações. *3.1.1. – Os problemas de distinção entre empresas*

comuns com carácter de concentração e de cooperação originados pelo regime de controlo de concentrações. 3.1.2. – Os termos essenciais do problema de qualificação das empresas comuns. 3.1.3. – A Comunicação interpretativa da Comissão relativa ao tratamento das empresas comuns com carácter de cooperação. 3.1.4. –A concretização jurídica dos critérios de qualificação das empresas comuns – aspectos gerais. 3.1.5. – A Comunicação interpretativa da Comissão relativa às operações com carácter de concentração e de cooperação. 3.1.6. – As condições positivas para a qualificação de empresas comuns como concentrações na praxis decisória da Comissão. 3.1.7. – A condição negativa para a qualificação de empresas comuns como operações de concentração. 3.1.7.1. – Aspectos gerais. 3.1.7.2. – Índices de coordenação de comportamentos concorrenciais de empresas-mãe de empresas comuns. 3.1.7.3. – Interacções entre mercados das empresas-mãe e das empresas comuns. 3.1.7.4. – A flexibilização da condição negativa de qualificação das empresas comuns através de critérios *de minimis* e do princípio da *"liderança industrial"*. 3.1.7.5. – Os riscos de coordenação de comportamentos nas situações em que as empresas-mãe permaneçam em mercados conexos com os da empresa comum. 3.2. –O tratamento sistemático das empresas comuns em ulteriores fases de vigência do regime comunitário de controlo de concentrações. *3.2.1. – Flutuações de critérios de qualificação das empresas comuns – perspectiva geral. 3.2.2. – A Comunicação interpretativa de 1994 relativa à distinção entre empresas comuns com carácter de concentração e de cooperação.* 3.2.2.1. – A alteração dos critérios hermenêuticos relativos à concretização da condição negativa de qualificação de empresas comuns como operações de concentração. 3.2.2.2. –A alteração dos critérios hermenêuticos relativos à concretização da condição positiva de qualificação de empresas comuns como operações de concentração. 3.3. – A primeira reforma do Regulamento comunitário de controlo de concentrações. *3.3.1. – As repercussões da primeira reforma do Regulamento de controlo de concentrações no tratamento sistemático das empresas comuns. 3.3.2. – O novo regime aplicável às empresas comuns que desempenham todas as funções de uma entidade económica autónoma.* **4. – A apreciação das empresas comuns e a definição do mercado relevante.** 4.1. – Razão de ordem. 4.2. – A Definição do Mercado Relevante do Produto. *4.2.1. – Aspectos gerais.* 4.2.1.1. – Critérios básicos de delimitação do mercado – visão preliminar. 4.2.1.2. – Diversificação dos critérios analíticos de delimitação do mercado. 4.2.1.3. – A Comunicação interpretativa de 1997 relativa à definição de mercado relevante. 4.2.1.4. – Insuficiências do processo analítico de delimitação do mercado relevante na aplicação das normas comunitárias de concorrência. 4.2.1.5. – A necessidade de consolidação de uma metodologia de análise mais rigorosa em sede de delimitação do mercado do produto. 4.3. – A Definição do mercado geográfico relevante. *4.3.1. – Aspectos gerais. 4.3.2. – A "homogeneidade" das condições de concorrência em determinadas áreas geográficas. 4.3.3. – As análises de preços no âmbito dos processos de delimitação de mercados relevantes. 4.3.4. – Factores complementares de análise. 4.3.5. – Flutuações nos critérios de delimitação de mercados geográficos.* 4.4. – Considerações finais.

1. Razão de ordem

Após ter analisado, em geral, o conceito de empresa comum em sede de direito da concorrência, *maxime* no plano do direito comunitário – domínio no qual procurámos identificar os elementos essenciais que justificam a autonomização de uma categoria jurídica na qual o referido conceito se materialize – importa proceder a uma revisão crítica do enquadramento sistemático[1170] que essa mesma categoria foi conhecendo ao longo dos vários estádios do que podemos considerar como um já longo processo evolutivo e de consolidação do direito comunitário da concorrência.

Essa reflexão crítica é feita, naturalmente, à luz da perspectiva já delineada – no capítulo anterior – sobre as etapas primaciais da consolidação desse ordenamento jurídico (a qual nos permite uma compreensão global do espaço normativo em que se situa a categoria jurídica correspondente à empresa comum). Este estudo permitir-nos-á, ainda, apreender, em linhas gerais, as principais coordenadas da problematização jusconcorrencial da categoria das empresas comuns no plano do actual direito constituído,[1171] a que se procederá, de modo desenvolvido, na parte nuclear desta dissertação. Na realidade, tendo como pressuposto a estabili-

---

[1170] No que respeita à avaliação substantiva dos efeitos decorrentes de empresas comuns para o processo de concorrência, tal estudo – que corresponde, como temos observado, à parte nuclear deste trabalho – é desenvolvido *infra*, na **Parte III**. De qualquer modo, nesse estudo substantivo quando tomarmos em consideração diversos precedentes relevantes na *praxis* decisória da Comissão ou na jurisprudência, procuraremos, em regra, situá-los com referência ao enquadramento normativo de direito constituído, resultante da adopção do RCC e das duas reformas já aprovadas a esse Regulamento (mesmo tratando--se de precedentes anteriores a tais desenvolvimentos normativos).

[1171] Sem prejuízo de algumas reflexões críticas num plano *de iure condendo*, designadamente no sentido de ponderar passos normativos complementares em ordem a um progressivo tratamento unitário das empresas comuns no quadro do direito comunitário da concorrência.

636 *Empresas comuns* – Joint Ventures

zação, nesse plano de direito constituído, do enquadramento sistemático das empresas comuns, propomo-nos – na terceira parte deste trabalho – identificar e densificar um modelo geral de apreciação das repercussões destas entidades no processo de concorrência, no quadro do qual procedemos ao estudo *ex professo* das principais questões substantivas suscitadas por esta figura em sede de direito comunitário de concorrência.

Acresce que, nesse estudo geral do tratamento substantivo das empresas comuns, tomaremos em consideração todos os elementos resultantes da *praxis* decisória da Comissão e da jurisprudência do TJCE e do TPI,[1172] incluindo, naturalmente, precedentes relevantes anteriores às alterações introduzidas em 1997 no RCC, e que determinaram, no essencial, a actual conformação do enquadramento sistemático das empresas comuns no direito comunitário vigente. Procuraremos, no entanto, dilucidar as questões substantivas fundamentais subjacentes a esses múltiplos procedentes, tomando sempre como referência o enquadramento sistemático das várias subcategorias de empresas comuns à luz das normas ora vigentes de direito comunitário da concorrência.[1173]

[1172] Em rigor, seria pertinente tomar em consideração a jurisprudência dos *tribunais comunitários, em geral*, situando, em termos muito latos, nessa categoria, os tribunais nacionais no quadro em que os mesmos procedessem à aplicação de normas comunitárias de concorrência. Sucede, contudo, que tal papel dos tribunais nacionais – e consequentemente o corpo jurídico formado pela sua jurisprudência – é ainda muito limitado nesse plano da aplicação do direito comunitário da concorrência. Essa intervenção tem sido ainda mais limitada, como já referimos, no que respeita, em especial, ao tratamento de empresas comuns em sede de aplicação dessas normas comunitárias (visto que, por várias razões, que adiante desenvolveremos, a própria jurisprudência do TJCE e do TPI tem pouca expressão nesse domínio). Deste modo, e em súmula, ressalvando alguns elementos ou situações excepcionais, a nossa reflexão crítica sobre contributos da jurisprudência para a análise do enquadramento das empresas comuns no direito comunitário da concorrência limitar-se-á, fundamentalmente, a decisões do TJCE e do TPI.

[1173] Tal corresponde à ideia já atrás expressa, no sentido de procurar, em regra, enquadrar precedentes anteriores ao regime do RCC, ou, sobretudo precedentes relevantes anteriores a qualquer uma das duas reformas do RCC, tomando como referência as subcategorias sistemáticas de empresas comuns resultantes da disciplina jurídica presentemente em vigor. De acordo com essa lógica, analisaremos, *vg.*, decisões relativas a empresas comuns envolvendo elementos de coordenação entre as empresas-mãe que foram no passado adoptadas no quadro do artigo 85.º TCE (artigo 81.º CE), especificando, sendo caso disso, que as mesmas entidades seriam passíveis de qualificação como concentrações, com a inerente sujeição ao regime do RCC, após a primeira reforma, de 1997, deste regime.

Parte II – Capítulo 2 637

Deste modo, considerando o estudo que, nos moldes referidos, adiante se empreenderá, dos principais problemas substantivos de direito comunitário da concorrência suscitados pela constituição e funcionamento de empresas comuns, o objecto do presente capítulo limita-se à apresentação de uma perspectiva geral sobre a sucessiva definição de enquadramentos sistemáticos da categoria da empresa comum neste ordenamento. Pretende-se, pois, apreender o alcance do actual enquadramento sistemático das empresas comuns, no plano do direito constituído como ponto de chegada de uma evolução verificada em vários estádios do direito comunitário da concorrência.

Essa incursão obriga-nos ainda a abordar, em termos conexos, alguns aspectos do tratamento das operações de concentração entre empresas, visto que os mesmos têm estado estreitamente ligados ao enquadramento das empresas comuns. Noutros termos, podemos, mesmo, afirmar que a lacuna originária do direito comunitário da concorrência em matéria de controlo directo de operações de concentração entre empresas – a que atrás aludimos[1174] – influenciou, em última análise, o enquadramento das empresas comuns, atendendo à natureza híbrida ou compósita desta categoria e ao facto de a mesma, de algum modo, interpenetrar a própria categoria da concentração de empresas. Esse particular condicionamento no tratamento jurídico das empresas comuns em sede de direito comunitário da concorrência já foi de resto aflorado em anteriores pontos desta dissertação.[1175] Trata-se, agora, de descrever e concretizar, numa perspectiva continuada, esse processo de interacção entre as figuras da empresa comum e da concentração de empresas e as várias formulações do enquadramento sistemático da primeira categoria que foram resultando desse processo até à relativa estabilização verificada com as alterações introduzidas em 1997 no RCC.

De permeio, a descrição desse processo, leva-nos, ainda, a incluir aqui uma breve referência ao próprio processo de aprovação do RCC. Na realidade, ao analisarmos no capítulo anterior as principais etapas de consolidação do ordenamento comunitário de concorrência, nos seus *três pilares essenciais* de disciplina aplicável às empresas – *controlo dos*

[1174] Cfr. sobre as questões associadas à lacuna originária do direito comunitário da concorrência em matéria de controlo directo de operações de concentração de empresas, o exposto, supra, capítulo primeiro – esp. ponto **7.** – desta **Parte II**.

[1175] Na realidade, esse aspecto foi aflorado, desde logo, na **Introdução** e foi referido também no capítulo segundo da **Parte I** (esp. ponto **4.**).

acordos e práticas de cooperação entre empresas, de *abusos de posição dominante*, e *controlo directo de operações de concentração* – limitámo--nos, intencionalmente, quanto a este último pilar, a salientar a lacuna originária do ordenamento da concorrência da CEE, em contraposição com o que sucedia com o ordenamento norte-americano e, no próprio âmbito comunitário, com as regras da CECA.[1176] Além disso, apesar, de noutros pontos, termos já feito diversas referências ao regime resultante da aprovação do RCC, remetemos a descrição do processo de formação desse regime para o presente capítulo, atendendo à estreitíssima ligação entre o mesmo e a compreensão – numa perspectiva continuada e global – dos sucessivos estádios do enquadramento sistemático das empresas comuns no quadro do direito comunitário da concorrência.

No quadro desta revisão global, de carácter eminentemente descritivo, dos enquadramentos sistemáticos da categoria da empresa comum procuraremos, ainda, identificar algumas orientações gerais delineadas em relação à apreciação das empresas comuns com base no regime do artigo 85.º TCE (artigo 81.º CE), no período anterior à adopção do RCC. Fá-lo--emos, contudo, em termos meramente esquemáticos, visto que o estudo crítico da análise jusconcorrencial, substantiva, das empresas comuns, quer em sede de aplicação desse regime, quer em sede de aplicação do RCC – uma vez adoptado este regime –, é remetido, fundamentalmente, para a **Parte III** da presente dissertação.[1177] Pretende-se, em especial, surpreender alguns aspectos basilares da avaliação de empresas comuns com base no regime do artigo 85.º TCE (artigo 81.º CE) em certos estádios de evolução do direito comunitário de concorrência que tenham sido, numa parte significativa, induzidos por condicionantes do enquadramento sistemático das empresas comuns.

[1176] Como já referimos, essa matéria foi tratada na parte final do capítulo anterior (ponto **7.**, cit.). Em articulação com essa matéria abordámos também, no presente capítulo, o problema relativo às *distorções normativas* no tratamento de fenómenos de integração empresarial, ou de fenómenos mistos de integração e cooperação – como são, tipicamente, as empresas comuns – resultantes da referida lacuna originária do ordenamento comunitário.

[1177] Noutros termos, pretendemos significar que o estudo da avaliação substantiva das empresas comuns, baseada no direito presentemente em vigor e nas orientações interpretativas mais recentes – sem prejuízo de algumas análises críticas numa perspectiva *de iure condendo* – se encontra concentrado na **Parte III**, o que justifica o carácter muito sumário das referências, no presente capítulo, a anteriores orientações interpretativas, como, *vg.*, as resultantes da já citada Comunicação de 1993 relativa a empresas comuns com carácter de cooperação.

Noutro plano, impõe-se também destacar que, no presente capítulo, não se pretende enunciar e aprofundar uma qualquer definição material do conceito director de empresa comum que, no plano da construção jurídica do direito comunitário da concorrência, se encontra subjacente à utilização dessa categoria em várias sedes normativas. Esse ensaio de uma definição substantiva, de alcance geral, da categoria da empresa comum no ordenamento comunitário da concorrência foi já efectuado, como se refere de início, na primeira parte desta dissertação.[1178]

É certo que essa compreensão doutrinal da categoria jurídica da empresa comum no direito comunitário da concorrência – que importava realizar no começo do nosso estudo – obrigou-nos a antecipar diversas referências a aspectos do enquadramento sistemático desta categoria jurídica nos vários planos normativos desse ordenamento, *maxime* no que respeita à perspectiva dualista de tratamento das empresas comuns, no quadro de fenómenos de cooperação e de concentração empresariais.

Tratou-se, no entanto de antecipar aspectos resultantes da ausência de um tratamento normativo unitário da figura da empresa comum no direito comunitário da concorrência, resultantes, por seu turno, de uma deficiente interacção com o conceito e categoria da concentração de empresas. Desde logo, a referência a esses aspectos era necessária para procurar apreender as bases de uma *definição material, geral, da categoria da empresa comum*. De qualquer modo, as flutuações desse tratamento dualista da empresa comum, especificamente reflectidas em determinados enquadramentos sistemáticos nos principais blocos normativos do direito comunitário da concorrência – blocos correspondentes às situações de cooperação e de concentração empresariais – serão descritas e caracterizadas em termos mais globais e desenvolvidos neste capítulo.[1179]

[1178] Reportamo-nos à matéria exposta *supra*, capítulo segundo da **Parte I** – esp. pontos **4.**, **5.** e **6.**. A caracterização geral que aí procuramos ensaiar dos elementos constitutivos da categoria jusconcorrencial da empresa comum foi, como é natural, orientada para o ordenamento comunitário da concorrência, que constitui o objecto central do nosso estudo, embora tomando como referência fundamental aspectos de direito comparado, *maxime* respeitantes ao ordenamento da concorrência norte-americano.

[1179] De resto, uma remissão para o presente capítulo foi expressamente feita em vários pontos do capítulo segundo da **Parte I** no que respeita a uma compreensão global das flutuações do tratamento dualista da empresa comum, reflectidas em determinados enquadramentos sistemáticos dessa categoria nos principais blocos normativos do direito comunitário da concorrência (*maxime*, nos blocos normativos correspondentes ao regime do artigo 85.º TCE – artigo 81.º CE – e ao regime do RCC).

640 *Empresas comuns* – Joint Ventures

Nesta exposição consideramos, assim, pressuposta a reflexão dogmática já produzida com vista à definição substantiva do conceito de empresa comum no ordenamento jurídico em questão, para a qual se tomou como base os dados resultantes da análise teórica geral sobre a matéria, algumas coordenadas fundamentais de direito comparado e os múltiplos afloramentos de definições da referida categoria da empresa comum em instrumentos normativos comunitários, em orientações de carácter geral adoptadas pela Comissão e na própria *praxis* decisória desta instituição.[1180]

No que respeita ao tratamento dos sucessivos enquadramentos sistemáticos da figura da empresa comum, e após referir sucintamente o próprio processo de aprovação do RCC, detemo-nos, ainda, na análise crítica da *praxis* decisória da Comissão referente à aplicação desse regime do RCC e, especificamente, na apreciação dos critérios de qualificação das empresas comuns como operações de concentração ou como operações em que predomina o elemento cooperativo e que são submetidas ao regime do artigo 85.º TCE (artigo 81.º CE). Comentaremos, sucintamente, as flutuações desses critérios, que têm como marco fundamental a adopção de novas Comunicações interpretativas por parte da Comissão, em 1994,[1181] e, de modo paralelo, referiremos outros desenvolvimentos mais significativos para o enquadramento sistemático das empresas comuns submetidas ao regime do artigo 85.º TCE (especialmente aqueles que tenham sido directamente influenciados pela interacção com o tratamento das operações de concentração em sede de aplicação do RCC).

Finalmente, referiremos a consolidação que se verificou nesse processo evolutivo de enquadramento sistemático de várias categorias de empresas comuns através da adopção de um importante conjunto de

---

[1180] Perspectivas relevantes para a definição material da categoria de empresa comum sucessivamente tratadas nos pontos **2.**, **4.**, e **5.** (esp. 5.3. a 5.7.) do capítulo segundo da **Parte I**.

[1181] Reportamo-nos aqui, em particular, à *"Comunicação relativa à distinção entre empresas comuns com carácter de concentração e empresas comuns com carácter de cooperação"*, de 1994, bem como à *"Comunicação relativa ao conceito de concentração de empresas"*, também de 1994 (Comunicações cit., *supra*, capítulo segundo da **Parte I**, ponto 5.7.. Essas Comunicações foram adoptadas pela Comissão após significativas flutuações dos critérios de qualificação de empresas comuns na praxis decisória da Comissão, as quais, numa óptica sistematizada e continuada serão caracterizadas e comentadas no presente capítulo, *infra*, pontos 3.1. a 3.3..

alterações ao RCC.[1182] sendo essa referência sucinta porque este enquadramento de direito constituído se encontra, já, mais amplamente versado na caracterização anterior de um conceito director de empresa comum no direito comunitário da concorrência[1183].

Num último plano, e tomando em consideração a particular relevância da experiência de aplicação do RCC nesse domínio, propomo-nos, ainda, caracterizar, em termos críticos, os processos analíticos de delimitação de mercados relevantes que constituem um pressuposto fundamental da avaliação substantiva dos efeitos de empresas comuns sobre a concorrência (a cujo estudo procederemos na terceira parte desta dissertação).[1184] Na verdade, a utilização de metodologias, mais ou menos complexas, de avaliação dessas repercussões das empresas comuns assenta na prévia identificação de mercados relevantes afectados pela constituição dessas entidades. E, neste plano, a necessidade de análise recorrente e sistemática das questões de definição de mercado no quadro do elevadíssimo número de notificações de concentração apreciadas *ex vi* do RCC – e sem qualquer paralelo noutros domínios de aplicação do direito comunitário da concorrência – contribuiu para a formação de um fundamental acervo decisório sobre esta matéria. Este, quer na parte em que se reporta a empresas comuns qualificáveis como operações de concentração, quer, mesmo, na parte respeitante a outro tipo de operações de concentração, mostra-se directamente relevante para a apreciação substantiva das diferentes subcategorias de empresas comuns (sujeitas ou não ao regime do RCC).

[1182] Nesse contexto, avultam as alterações decorrentes da primeira reforma do RCC, em 1997, da qual resultou a inclusão de uma nova subcategoria de empresas comuns no regime desse Regulamento – empresas comuns que desempenham todas as funções de uma entidade económica autónoma, mas que suscitam coordenação de comportamentos entre as empresas-mãe – a qual será, em termos substantivos, analisada *infra*, capítulo segundo, ponto 3., da **Parte III**.

[1183] Caracterização desenvolvida, *supra*, capítulo segundo da **Parte I**. De qualquer modo, retomamos no presente capítulo – *infra*, ponto 3.3.2. – o tratamento de alguns aspectos relativos a perspectivas de reforma tendentes a uma maior aproximação a um tratamento normativo unitário das empresas comuns no direito comunitário da concorrência, as quais, contudo, não vieram a confirmar-se no quadro da segunda revisão do regime do RCC, ocorrida já em 2004.

[1184] Assim, o estudo da análise jusconcorrencial substantiva das empresas comuns em sede de direito comunitário da concorrência a que procedemos ao longo da **Parte III** tem como pressuposto uma compreensão geral dos *processos de delimitação de mercados*

Justifica-se, pois, no quadro da incursão feita no presente capítulo a alguns aspectos da *praxis* decisória da Comissão baseada no RCC, concentrar neste ponto o nosso estudo sucinto dos processos analíticos de definição de mercados relevantes (tanto mais que no contexto da apreciação de empresas comuns submetidas ao regime do artigo 81.º CE, ou até de outras situações comparáveis de cooperação, que exijam uma identificação rigorosa dos mercados afectados, é frequente a invocação de parâmetros de análise resultantes da experiência paradigmática de aplicação do RCC).[1185]

2. Interligação entre cooperação e concentração empresariais e o tratamento das empresas comuns no período anterior à aprovação do Regulamento comunitário de controlo de concentrações

2.1. ARTICULAÇÕES FUNDAMENTAIS ENTRE OS PROBLEMAS DE CONCENTRAÇÃO EMPRESARIAL E A REALIDADE DAS EMPRESAS COMUNS

Como já se referiu, o Tratado referente à CEE, diversamente do Tratado de Paris, não integrava normas versando expressamente o controlo directo de concentrações empresariais, existindo boas razões para consi-

---

relevantes, nos termos que resultam do estudo sumário realizado no final do presente capítulo (*infra*, ponto **4.**).

[1185] De resto, a consolidação de metodologias de análise que a Comissão pretendeu assegurar através da adopção, em 1997, da sua *"Comunicação relativa à definição do mercado relevante"* é claramente tributária da experiência de análise nesse domínio adquirida em sede de aplicação do regime comunitário de controlo de concentrações (compreendendo, nesse plano, quer empresas comuns qualificáveis como concentrações, quer operações de concentração em sentido estrito). Cfr., nesse sentido, SIMON BAKER, LAWRENCE WU, "Applying the Market Definition Guidelines of the European Commission", cit., pp. 273 ss.. No mesmo sentido, destacando a importância fundamental de tal experiência analítica do quadro da aplicação do RCC, mesmo antes da adopção da *supra* referida Comunicação interpretativa de 1997, cfr. JUAN BRIONES ALONSO, "Market Definition in the Community's Merger Control Policy", in ECLR., 1994, pp. 195 ss..

Parte II – Capítulo 2

derar que essa lacuna do ordenamento da concorrência da CEE teve um carácter intencional.

Em todo o caso, tal lacuna e o facto de a Comissão, como órgão responsável pela condução da política de concorrência da CEE,[1186] ter manifestamente definido outras prioridades na sua actuação (em particular, no domínio das restrições à concorrência de carácter vertical) durante os primeiros anos do processo de integração comunitária, não obstaram a que os problemas de controlo directo de concentrações empresariais viessem a ser equacionados ainda no primeiro decénio desse processo de integração. A *relevância indirecta do grau de concentração dos mercados* para a aplicação dos artigos 85.º TCE – como elemento de qualificação dos efeitos anticoncorrenciais de certos comportamentos – e 86.º TCE[1187] – como elemento de qualificação dos comportamentos anticoncorrenciais – foi também progressivamente apreendida ao longo do mesmo período, mas constitui um problema diverso. Como expusemos *supra*, não consideramos defensável – contrariamente às posições preconizadas por alguns autores – a autonomização conceptual de um processo de *controlo indirecto* da concentração empresarial.

Assim, apesar da inegável influência de algumas perspectivas jurídico-económicas favoráveis ao movimento de concentrações empresariais[1188] ao longo da primeira fase da integração económica comunitária, a Comissão cedo admitiu – embora através de análises nem sempre isentas de certas ambiguidades – que as operações de concentração entre empresas poderiam produzir consequências negativas para a manutenção da concorrência nos mercados comunitários. Na verdade, a experiência de outros ordenamentos demonstrava que as empresas poderiam realizar certos objectivos típicos das coligações e práticas concertadas restritivas da concorrência, mediante operações de concentração não abrangidas

---

[1186] Instituição cujo papel central neste domínio já caracterizámos supra. Cfr., para uma justificação do papel da Comissão na condução da política de concorrência, GEERT WILS, "Rule of Reason: Une Règle Raisonnable en Droit Communautaire?", cit., pp. 44 ss..

[1187] Neste capítulo é, em regra, utilizada a numeração referente aos artigos 85.º e 86.º TCE, atendendo à perspectiva histórica de compreensão dos vários estádios de tratamento sistemático da categoria das empresas comuns que se encontra em causa.

[1188] Perspectivas jurídico-económicas favoráveis ao movimento de concentrações nos primeiros anos da integração comunitária que analisámos *supra*, capítulo primeiro desta **Parte II**, esp. ponto 7..

pelas normas de comportamento dos mesmos ordenamentos.[1189] Deste modo, o controlo das referidas práticas concertadas através da aplicação de normas de comportamento não acompanhado pela criação de sistemas de controlo directo de concentração empresarial (sobretudo na modalidade, em regra adoptada, de controlo de *operações de concentração* entre empresas)[1190] poderia, tendencialmente, levar as empresas à prossecução dos mesmos objectivos anticoncorrenciais através do recurso preferencial a operações de concentração.

Além disso, também desde cedo se verificou que situações de cooperação congregando elementos de coordenação de comportamentos e elementos de integração – como sucedia com empresas comuns criadas por empresas fundadoras que mantinham esferas de actividade próprias – suscitavam complexos problemas de qualificação jurídica face às realidades de concentração empresarial, de modo a apurar a possibilidade de sujeição de tais situações a qualquer forma de controlo jusconcorrencial. Assim, apesar da caracterização jurídica incipiente da figura da empresa comum nos estádios iniciais de evolução do direito comunitário da concorrência,[1191] a compreensão da mesma surge indissociavelmente ligada, a vários títulos, ao enquadramento dos fenómenos de concentração empresarial.

Terá sido indiscutivelmente a percepção dessas realidades do funcionamento dos mercados – e da dinâmica de aplicação das normas de concorrência – que conduziu a Comissão, no âmbito da política comunitária de concorrência, a efectuar as suas primeiras análises sobre o problema do controlo directo da concentração empresarial. Importa, pois, equacionar esses primeiros afloramentos do controlo de concentrações empresariais nesse ordenamento e a sua articulação com a realidade das

---

[1189] Cfr, tomando posição expressa nesse sentido D. G. GOYDER, *EC Competition Law*, cit, esp. pp. 379 ss..

[1190] Para a distinção entre sistemas de controlo directo de concentrações tendo por objecto as *operações de concentração* ou o *grau de concentração dos mercados* e para uma compreensão das razões que conduziram à adopção generalizada do primeiro tipo de sistemas de controlo, cfr. o exposto, *supra*, capítulo primeiro desta **Parte II**, esp. ponto 7.2.).

[1191] Sobre essa caracterização incipiente nos primeiros estádios de evolução do direito comunitário da concorrência, cfr. o exposto *supra*, capítulo segundo da **Parte I**, esp. pontos 5.1. e 5.2., destacando-se aí algumas das primeiras referências expressas à categoria das empresas comuns e às questões suscitadas pela mesma, contidas, *vg.*, no "*Quarto Relatório sobre a Política da Concorrência da Comissão*".

Parte II – Capítulo 2

empresas comuns e as principais evoluções que se registaram nesta matéria até à aprovação do RCC.

A análise do desenvolvimento progressivo de algumas modalidades (limitadas) de controlo directo de concentrações neste ordenamento, através de processos controvertidos de interpretação extensiva e teleológica das normas de concorrência originárias do TR, permite compreender alguns dos aspectos materiais do regime aprovado pelo RCC, bem como certos processos hermenêuticos de qualificação das empresas comuns e, de resto, não se reveste de mero interesse histórico – contrariamente ao que se poderia pensar *prima facie* e ao que é indiciado pelo teor literal de alguns considerandos mais categóricos do RCC/89, como o considerando 7 – pois tudo indica que o próprio regime do Regulamento não afastou, de modo integral, todas as possibilidades de aplicação de normas originárias do TR às operações de concentração.

2.2. ABORDAGENS INICIAIS DA TEMÁTICA DA CONCENTRAÇÃO EMPRESARIAL NO DIREITO COMUNITÁRIO DA CONCORRÊNCIA E REPERCUSSÕES NO TRATAMENTO DAS EMPRESAS COMUNS

2.2.1. O Memorando de 1965 sobre a concentração no mercado comum

A primeira análise *ex professo* dos problemas de controlo directo de concentrações empresariais é empreendida pela Comissão através do seu Memorando de 1 de Dezembro de 1965, sintomaticamente intitulado *"O Problema da Concentração no Mercado Comum"*,[1192] o qual foi produzido na sequência do estudo efectuado por este órgão comunitário em colaboração com um conjunto de peritos independentes, tendo por objecto certas consequências de operações de concentrações entre empresas sobre as condições de concorrência no mercado comum (além de outros aspectos económicos associados às referidas operações).

[1192] Memorando da Comissão de 1 de Dezembro de 1965 (*"Le Problème de la Concentration dans le Marché Commun"*, Collection Etudes Serie Concurrence n.º 3, Bruxelles, 1966.

Como a Comissão reconheceu no prefácio do referido Memorando, as concentrações entre empresas (*"evolução das estruturas económicas das empresas"* que conheceu uma importância acrescida desde o início do processo de integração comunitária), embora contribua para a *"adaptação das empresas europeias a um mercado mais vasto"*, pode *"impedir o funcionamento da concorrência"*, ou limitar em medida inaceitável *"a liberdade de escolha e de actividade dos consumidores, dos fornecedores e Adquirentes"* de bens em geral[1193] (podendo, ainda, em certas situações, afectar, de modo especial, a posição das pequenas e médias empresas).

Deste modo, estabelecida a relevância do fenómeno da concentração empresarial na definição das condições de concorrência no mercado comum, a Comissão, além de equacionar, em geral, os efeitos económicos das operações de concentração, as razões que podem determinar a sua realização e certos aspectos jurídicos (*maxime*, ao nível do direito societário e do direito fiscal) das mesmas, analisa na última parte do Memorando (Parte III)[1194] a questão fulcral da aplicabilidade das normas de concorrência originárias do direito comunitário que têm como destinatários as empresas – os artigos 85.º e 86.º TCE – às referidas operações de concentração.

Apesar de o Memorando não ter qualquer carácter vinculativo, as posições assumidas pela Comissão no mesmo revestem-se da maior importância, pois traduzem as primeiras orientações expressamente assumidas por este órgão comunitário na matéria das concentrações empresariais e com profundas repercussões para o tratamento das empresas comuns (orientações baseadas no reconhecimento de uma potencial autonomização técnico-jurídica do controlo directo das operações de concentração entre empresas relativamente aos processos de controlo associados a outras categorias jurídicas). Por outro lado, e sem prejuízo de algumas flutuações de interpretação,[1195] essas orientações vieram, de algum modo, a determinar a prática decisória da Comissão, que permitiu configurar, antes da aprovação do RCC, um sistema limitado e incompleto de controlo directo de operações de concentração (de aplicação precária,

---

[1193] Cfr. o Memorando cit. da Comissão, Préface, p. 5.

[1194] Cfr. Partie III do Memorando, cit., (*"Avis sur l'Applicabilité des articles 85 et 86 aux concentrations d'entreprises"*, p. 21.

[1195] Sobre a continuidade da política da Comissão relativamente às orientações definidas no Memorando, cit, cfr. Bos, Stuyck, Wytinck, *Concentration Control in the European Economic Community*, cit., p. 5.

Parte II – Capítulo 2   647

como se verá, devido à imprecisa delimitação material do seu alcance e âmbito de aplicação e condicionando o próprio processo de qualificação e o enquadramento sistemático das empresas comuns).

2.2.2. Interpretação do Memorando de 1965 sobre concentração empresarial

Em termos gerais, a Comissão pronunciou-se no Memorando contra a aplicação do artigo 85.º TCE às operações de concentração entre empresas e admitiu, em certas condições, a possibilidade de aplicação do artigo 86.º TCE a algumas operações de concentração (conquanto, ressalvando que as suas orientações fundamentais resultam, em regra, do desenvolvimento progressivo da sua *praxis* decisória e não de definições abstractas e de carácter geral do conteúdo de certas normas de concorrência).[1196] Relativamente à primeira questão, a posição assumida pela Comissão divergia da tese sustentada pela maioria dos peritos independentes, consultados no quadro da elaboração do Memorando (apenas avultando na doutrina, no período em causa, a posição de René Joliet que preconizou uma tese semelhante à que a Comissão sustentou no Memorando, no sentido da não aplicação do artigo 85.º TCE às operações de concentração entre empresas).[1197]

[1196] Cfr. sobre essa ressalva da Comissão, o Memorando, cit, p 21, (Parte III, A, 2):
   "Il est conforme à la pratique suivie par la Commission de ne pas déterminer dans l'abstrait le contenu des interdictions énoncées aux Articles 85 et 86, mais à partir des cas d'espèce, par le dévelopement progressif d'une jurisprudence. La Commission poursuivra également cette politque, quant à la question de savoir dans quelle mesure les concentrations d'entreprises sont interdites par l'Article 85 ou 86. Etant donné l'insécurité existant dans l'economie sur la question de savoir si les concentrations d'entreprises, et le cas écheant lesquelles, sont interdites en vertu du Droit de la Communauté économique Européenne, il est cependant indiqué que la Commission prenne une position à tendance de directive sur la question de l'applicabilité des Articles 85 et 86".

[1197] A maioria dos peritos consultados sustentou, efectivamente, a aplicação do artigo 85.º TCE a algumas operações de concentração entre empresas. Cfr. Memorando cit, p. 21. Quanto à posição de René Joliet, cfr. a obra fundamental deste A., *Monopolisation et Abus de Position Dominante. Une Etude Comparé des Attitudes Americaines et Européenne a l'Egard du Pouvoir Economique*, cit., esp. pp. 681 ss..

648   *Empresas comuns* – Joint Ventures

Além disso, como destaca, justamente – entre outros autores – AURELIO PAPPALARDO[1198] essa posição, no sentido da não aplicação do artigo 85.º TCE às operações de concentração afastou-se igualmente da perspectiva sustentada pelas autoridades norte-americanas que admitem a disciplina de tais operações, não apenas através da aplicação da disposição específica nessa matéria – a Secção 7 do *"Clayton Act"*[1199] – mas também mediante a aplicação da Secção 1 do *"Sherman Act"* [a qual, como já referimos, constitui, dentro de certos limites, uma disposição comparável ao artigo 85.º TCE (artigo 81.º CE)].[1200]

A tese da inaplicabilidade do Artigo 85.º TCE às operações de concentração sustentada pela Comissão contra o parecer da maioria dos peritos consultados é fundamentada com razões de ordem técnico-jurídica diversas. Como destaca LOUIS VOGEL,[1201] a inadequação da norma em causa para a regulação directa de operações de concentração verificar-se-á, quer relativamente à proibição geral nela contida (n.º 1 do artigo 85.º TCE), quer no que concerne à previsão de isenção (n.º 3 da mesma disposição).

A inadequação da norma de proibição do n.º 1 do artigo 85.º TCE, para a regulação das concentrações empresariais resultaria, na verdade, da interpretação que, à data da publicação do Memorando, a Comissão já tinha começado a construir relativamente à mesma. Como referimos *supra*, na nossa análise sumária do processo de aplicação desta norma, a Comissão interpretou da forma mais rigorosa a proibição prevista nesta

---

[1198] Cfr. A. PAPPALARDO, "Le Règlement CEE sur le Contrôle des Concentrations",cit., pp. 8 ss..

[1199] Cfr. *supra*, capítulo primeiro desta **Parte II** – esp. ponto 7.3. – o conjunto de considerações sumárias que aí tecemos sobre o sistema norte-americano de controlo de concentrações.

[1200] Para além dos aspectos relativos à configuração do sistema norte-americano de controlo de concentrações e ao seu suporte normativo, considerados na remissão feita na nota anterior, importa ter presente – atendendo aos profundos cruzamentos entre o tratamento de realidades qualificáveis como *"mergers"* e *"joint ventures"* nesse ordenamento – que, como se aflorou *supra*, capítulo segundo da **Parte I**, esp. ponto 4.1. – também a matéria das empresas comuns foi submetida a disciplina jurídica resultante de mais do que uma sede normativa nesse ordenamento, embora no quadro de um tratamento substantivo essencialmente unitário (nos termos sumariamente descritos no estudo já cit. de BARRY HAWK – *Joint Ventures Under EC Law*, pp. 557 ss.).

[1201] Cfr. LOUIS VOGEL, *Droit de la Concurrence et la Concentration Economique*, cit., esp. pp. 234 ss..

Parte II – Capítulo 2   649

disposição, conferindo-lhe progressivamente o carácter de regra norma *per se*,[1202] nos termos da qual, em princípio, qualquer acordo ou prática concertada entre empresas com efeitos restritivos sobre a concorrência seria proibida (embora esta regra *per se* de proibição fosse temperada com a aplicação da denominada regra *de minimis*). Nesta perspectiva, não se justificaria a aplicação do referido artigo 85.º TCE às operações de concentração entre empresas, pois as mesmas não deveriam ser objecto de uma proibição geral. Pelo contrário, a proibição dessas operações deveria ter carácter excepcional, sendo limitada aos casos em que estas contribuíssem para a criação de um poder de mercado excessivo das empresas envolvidas.

Deste modo, a proibição do n.º 1 do artigo 85.º TCE revelar-se-ia inadequada sob vários aspectos para o controlo das operações de concentração. Em primeiro lugar, sendo a apreciação – positiva ou negativa – dessas operações feita em função do poder económico (poder de mercado) comprovadamente obtido pelas empresas envolvidas nas mesmas, aquela disposição – pelo menos nos termos em que era então compreendida – não integraria elementos que permitissem essa aferição. A relevância indirecta de factores ligados ao poder económico das empresas, de acordo com a regra *de minimis*, não compensaria essa insuficiência, pois o que estaria em causa em relação às operações de concentração não seria uma apreciação meramente acessória do poder de mercado das empresas, mas a formulação de juízos dirigidos directamente à verificação desse poder de mercado e do seu impacto sobre as condições de concorrência.[1203]

Por outro lado, a exigência de verificação de um acordo entre empresas como requisito de aplicação do n.º 1 do artigo 85.º TCE, excluiria igualmente do âmbito de controlo um conjunto importante de operações de concentração realizadas através de outros meios jurídicos, *maxime* nos casos de aquisição de controlo por compra de acções no mercado de capitais (em todo o caso, pensamos que este argumento, por si só, não seria impeditivo da aplicação da referida disposição às operações de concentração, prejudicando, tão só, a sua aplicação a algumas categorias de concentrações empresariais).

[1202] Regra *per se* no sentido que referimos *supra*, capítulo primeiro desta **Parte II**, esp. pontos 4.2. a 4.5..

[1203] Cfr. Memorando, cit., pp. 22 ss..

650 *Empresas comuns* – Joint Ventures

Outro aspecto de ordem técnico-jurídica considerado pela Comissão que se nos afigura mais pertinente para a defesa da tese da inaplicabilidade do artigo 85.º TCE às operações de concentração – e que veio assim a condicionar indirectamente o tratamento dado às empresas comuns – é o que respeita às consequências jurídicas da verificação de operações proibidas (embora esse aspecto, tal como os anteriores, não tenha *a se* um valor absoluto). Com efeito, a cominação de nulidade como sanção, nos termos do n.º 2 do artigo 85.º TCE, teria um carácter excessivo no quadro do controlo de operações de concentração (recorde-se, de resto, que no sistema previsto no Tratado de Paris, a declaração de incompatibilidade de uma operação de concentração com as normas de concorrência da CECA não acarretava a declaração automática de nulidade face ao ordenamento dessa Comunidade, mas, tão só, a imposição de determinadas medidas de *"desconcentração"*).[1204]

Além destas objecções relativas à aplicação do n.º 1 do artigo 85.º TCE, a concessão de isenções, nos termos do n.º 3 desta disposição, revelar-se-ia também problemática. Assim, a realização de apreciações de carácter prospectivo sobre os efeitos de operações de concentração revestir-se-ia de uma complexidade muito superior à de idênticas apreciações em matéria de coligações e práticas concertadas (tendo em conta que a análise dos efeitos futuros de alterações estruturais de empresas apresenta maiores dificuldades do que a análise dos efeitos de certos comportamentos das empresas).

Os requisitos de concessão de isenções previstos no n.º 3 do artigo 85.º TCE, criariam ainda obstáculos à aplicação eficaz desta disposição no domínio das operações de concentração. Na verdade, sendo a atribuição de isenções condicionada pela verificação da exequibilidade de outros meios de realização dos objectivos pretendidos pelas empresas menos restritivos da concorrência e considerando que as operações de concentração acarretam uma eliminação total da concorrência entre as empresas envolvidas, seria extremamente difícil comprovar, nesses casos, a impossibilidade de utilização de outro meio menos restritivo da concorrência. A esta dificul-

---

[1204] A Comissão preconizou no Memorando (cit., p. 23), que a sanção de nulidade nos termos do artigo 85.º, n.º 2, TCE "(...) *risquerait par suite de la disparition des entreprises participantes d'aller au-delà du rétablissement de la situation antérieur"*. Embora o argumento se nos afigure em certa medida procedente, pensamos que a Comissão terá sobrevalorizado os aspectos negativos, neste passo em que considera a elevada probabilidade de se ultrapassar o restabelecimento da situação anterior.

Parte II – Capítulo 2 651

dade acrescia, ainda, de acordo com a perspectiva sustentada no Memorando, o carácter temporário das isenções, o qual não se coadunaria da melhor forma com as alterações estruturais definitivas provocadas pelas operações de concentração (deve sublinhar-se que, relativamente a esta última objecção, acompanhamos as observações críticas de Louis VOGEL, o qual destaca, justamente, que a natureza temporária da declaração de isenção não decorre do n.º 3 do artigo 85.º TCE, resultando apenas dos termos do Regulamento (CEE) n.º 17/62, então vigente).[1205]

Se a posição assumida pela Comissão no Memorando relativamente à aplicação do artigo 85.º TCE às operações de concentração entre empresas divergia das teses maioritariamente sustentadas pelos peritos então consultados, verificou-se, em contrapartida, uma coincidência fundamental de posições (entre a Comissão e esses peritos independentes) no que concerne à aplicação do artigo 86.º TCE às mesmas operações.

Assim, os *"critérios e técnicas jurídicas previstos no artigo 86.º"*[1206] TCE não constituiriam obstáculo à aplicação desta disposição a operações de concentração entre empresas. Na sua argumentação a Comissão considerou que, contrariamente ao artigo 66.º do Tratado CECA, o artigo 86.º TCE permite, em princípio, a existência e a criação de posições dominantes, apenas sendo objecto de proibição determinadas utilizações abusivas dessas posições. O problema residia, pois, em determinar se a realização de certas operações de concentração se poderia subsumir no conceito de abuso, nos termos do artigo 86.º TCE

Ora, a Comissão preconizou no Memorando que as operações de concentração de empresas envolvendo empresas já detentoras de posições dominantes em certos mercados poderiam constituir abusos no sentido do artigo 86.º TCE nos casos em que conduzam à virtual eliminação da concorrência que ainda era mantida nos referidos mercados. A subsunção desse tipo de operações de concentração (operações em que pelo menos uma das empresas participantes detivesse uma posição dominante no mercado) na proibição prevista no artigo 86.º TCE dependeria sempre - segundo a Comissão – da verificação concreta da situação de mercado gerada pelas concentrações.[1207] O aspecto abusivo residiria na criação de uma situação que se aproximasse, de algum modo, do monopólio, o que se

---

[1205] Cfr. LOUIS VOGEL, *Droit de la Concurrence et Concentration Economique*, cit., p. 235.

[1206] Cfr. nesse ponto o Memorando, cit, da Comissão, p. 24 (ponto 18).

[1207] Cfr. Memorando, cit., p. 26.

652 *Empresas comuns* – Joint Ventures

poderia configurar nos casos em que a concorrência fosse total ou tendencialmente eliminada em determinado mercado.

Esta posição de princípio da Comissão (afirmada no Memorando de 1 de Dezembro de 1965) viria, de resto, a ser concretizada em decisões ulteriores, em particular na decisão marcante do caso *"Continental Can"*, na sequência da qual o TJCE veio igualmente admitir, em tese geral, a aplicação do artigo 86.º TCE a certas operações de concentração entre empresas.[1208]

2.2.3. A discussão relativa à possível adopção da doutrina do duplo parâmetro no direito comunitário da concorrência

Vários autores consideraram a posição assumida pela Comissão no Memorando de 1965 em relação à aplicação do artigo 85.º TCE a operações de concentração entre empresas como uma adopção no âmbito do Direito comunitário da doutrina do *"duplo parâmetro"* (*"double standard"*) desenvolvida no sistema norte-americano.[1209] Nos termos desta doutrina, as coligações ou práticas concertadas entre empresas devem, por princípio, ter um tratamento diferente do adoptado relativamente às operações de concentração entre empresas em sede de aplicação de normas de concorrência.

De acordo com essa perspectiva, apenas as coligações ou práticas concertadas entre empresas devem ser sujeitas a proibições automáticas (ou gerais), tendo, em contrapartida, a proibição das concentrações empresariais carácter excepcional em função das vantagens económicas que podem estar associadas às mesmas. Importa, contudo, referir que esta doutrina do *"parâmetro duplo"*, originariamente desenvolvida no ordenamento de concorrência norte-americano, conheceu, com frequência, transposições teóricas pouco rigorosas para outros sistemas de concorrência, que não tiveram em conta a especificidade daquele ordenamento.

Além disso, estas ideias relativas a uma hipotética transposição da doutrina do *"parâmetro duplo"* para o ordenamento comunitário, numa

---

[1208] Cfr. decisão da Comissão *"Continental Can"*, de 1972, cit. e o ulterior Acórdão do TJCE *"Europemballage and Continental Can v. Commission"*, de 1973, também já cit..

[1209] Com posição expressa nesse sentido, cfr. LOUIS VOGEL, *Droit de la Concurrence et Concentration Economique*, cit., esp. pp. 231 ss..

Parte II – Capítulo 2 653

suposta lógica de contraposição de situações envolvendo elementos de coordenação empresarial (subsumíveis no artigo 85.° TCE) e de situações respeitantes a concentrações em sentido estrito (não subsumíveis nessa disposição) nunca tomaram em devida consideração um aspecto fundamental. Trata-se do facto de, pelo contrário, no ordenamento norte-americano da concorrência se contemplar a aplicação de parâmetros materiais de apreciação, típicos de operações de concentração em relação a empresas comuns entre empresas concorrentes, que apresentem um significativo grau de integração, gerador de eficiência económica e que eliminem, por completo, a concorrência entre as empresas participantes no mercado afectado que se encontre em causa (essa perspectiva assumida no âmbito do ordenamento norte-americano foi, de resto, reconhecida expressamente nas Orientações interpretativas referentes ao tratamento de empresas comuns adoptadas em 2000).[1210]

Acresce, ainda, que nesse ordenamento se tem, mesmo, admitido que algumas empresas comuns envolvendo um elevado grau de integração empresarial apresentem, em certas condições, um potencial restritivo da concorrência menor do que concentrações em sentido estrito que fossem realizadas entre as mesmas empresas participantes.[1211] Como veremos, este tipo de interconexões entre as empresas comuns e as operações de concentração não foi inicialmente apreendido no ordenamento comunitário de concorrência, devido à afirmação originária – na sequência da posição defendida no Memorando de 1965, ora em apreço – de uma lacuna quanto ao tratamento de concentrações empresariais e à consequência reflexa do progressivo desenvolvimento de uma verdadeira distorção normativa, no sentido de reconduzir a maior parte de acordos de empresas, mesmo quando apresentassem uma forte componente de integração ou de concentração empresarial, ao regime do artigo 85.° TCE, como empresas

---

[1210] Cfr., nesse sentido, *"Antitrust Guidelines for Collaboration among Competitors – Issued by the Federal Trade Commission, and the US. Department of Justice"* de 2000, cit., § 1.3.: "(…) *in some cases competitor collaborations have competitive effects identical to those that would arise if the participants merged in whole or in part"*.

[1211] Cfr. Thomas Piraino, "Beyond per se, rule of reason or merger analysis: a new antitrust standard for joint ventures, cit., p. 54: "(…) *because the partners may still compete in the production and development phase of the production cycle, integrated marketing joint ventures have less of an anti-competitive effect than a complete merger of the partners' operations"*.

654   *Empresas comuns* – Joint Ventures

comuns, frequentemente objecto, nessa qualidade, de juízos de proibição ao abrigo do n.º 1 dessa disposição.[1212]

De resto, mesmo para além do ordenamento comunitário, a orientação material que prevaleceu em vários sistemas nacionais de Estados Membros da CEE, no sentido da inaplicabilidade a operações de concentração empresarial das normas de concorrência relativas a acordos e práticas concertadas não correspondeu, em regra, no plano técnico-jurídico, à originária modelação da teoria do *"parâmetro duplo"* no direito norte-americano. Pensamos, sobretudo, nos sistemas nacionais que originariamente levaram mais longe a conceptualização jurídico-formal dos problemas de concorrência, como o sistema francês ou o sistema alemão, no quadro do qual vários autores enunciaram o denominado *"privilégio da concentração"* (*"konzentrationsprivileg"*)[1213] para traduzir essa delimitação do âmbito de aplicação de categorias de normas de concorrência (sendo certo que a referida orientação material poderia ter em comum com a teoria do *"parâmetro duplo"* alguns postulados sobre o tratamento relativamente mais favorável da concentração empresarial, ou do tipo de eficiências normalmente associadas a concentrações). Deste modo, a recondução pura e simples de certas opções de ordenamentos da concorrência europeus à teoria norte-americana do *"parâmetro duplo"* enferma de um simplismo excessivo.

No direito norte-americano a doutrina do *"parâmetro duplo"* não corresponde a qualquer exclusão absoluta dos processos de concentração empresarial do domínio de aplicação das normas relativas a acordos e práticas concertadas. Já referimos, precisamente, que neste ordenamento se tem admitido, quer no período anterior à adopção de normas específicas de controlo directo de concentrações (até à adopção do *"Clayton Act"* de 1914), quer no período ulterior, a aplicação da Secção 1 do *"Sherman Act"* (relativa a acordos e práticas concertadas) às operações de concentração entre empresas. A teoria do *"parâmetro duplo"* assume, pois, no direito norte-americano, outros contornos que importa apreender para efectuar comparações rigorosas com a abordagem normativa das concentrações no direito da concorrência da CEE.

[1212] Cfr. sobre essa matéria *infra*, neste capítulo, pontos 2.3.1. e 2.3.2..

[1213] Cfr., em geral, sobre esta tese do privilégio das concentrações, U. IMMENGA, MESTMÄCKER, *GWB Kommentar*, 1981.

Parte II – Capítulo 2   655

O que está em causa nessa doutrina é assegurar um tratamento flexível e relativamente mais favorável das operações de concentração de modo a permitir a realização de certas vantagens económicas em regra associadas às mesmas. Como atrás observámos, admite-se, ainda, que esse tipo de vantagens justificativas de tratamento favorável se possa verificar em relação a empresas comuns que apresentem graus significativos de integração entre os seus participantes. Não curamos, aqui, é certo, da fundamentação das teses que atribuem certos benefícios económicos às concentrações empresariais, os quais consistem normalmente na redução de custos de produção e transacção. Devemos, no entanto, assinalar, desde já, que essa análise económica das concentrações é controvertida. Se autores como DEMSETZ[1214] associam tendencialmente uma elevada concentração empresarial a níveis acrescidos de eficiência económica, múltiplos estudos empíricos têm, em contrapartida, e como refere, *vg.*, A. JACQUEMIN,[1215] produzido resultados de sentido diverso.

Esse tratamento flexível mais favorável não resulta da aplicação exclusiva de normas específicas de controlo directo de operações de concentração, pois, como já referimos, o direito da concorrência norte-americano não comporta, sequer, o conceito jurídico geral de "*concentração*"[1216] (as operações de "*concentração*" incluem, nesse contexto, fusões, em sentido estrito, aquisições de participações, aquisições de activos, não se verificando, contudo, a sua conceptualização geral). A noção de *concentração* pode, contudo, ser utilizada no sentido que lhe é dado pelos direitos europeus continentais – *maxime* no quadro de um estudo jurídico comparado para enquadrar todas essas operações sujeitas a controlo em função das alterações estruturais que provocam.[1217] A consideração dos problemas ligados ao controlo de "*concentrações*" sob uma perspectiva mais favorável – atendendo a possíveis efeitos económicos positivos das mesmas, no sentido que temos vindo a considerar – resulta, fundamental-

---

[1214] Cfr. DEMSETZ, *Two Systems of Belief about Monopoly*, in *Industrial Concentration – the New Learning*, Little Brown Boston, 1974.

[1215] Cfr. A. JACQUEMIN, "Horizontal Concentration and European Merger Policy", in European Economic Review, 1990, pp. 539 ss..

[1216] Cfr. o sobre o sistema norte-americano de controlo de concentrações exposto *supra*, capítulo primeiro desta **Parte II**. Cfr. ainda LOUIS VOGEL, *Droit de la Concurrence et Concentration Economique*, cit., p. 244.

[1217] Tem sido, de resto, esse o critério seguido ao longo do presente trabalho para analisar os problemas designados pela doutrina norte-americana de "*merger control*".

656 *Empresas comuns* – Joint Ventures

mente, da sua análise jurídico-económica de acordo com a *"regra de razão"* nos casos em que as operações de concentração sejam apreciadas face à Secção 1 do *"Sherman Act"*.

Assim, além de estarem sujeitas a controlo ao abrigo de normas específicas que podem considerar-se mais favoráveis (Secção 7 do *"Clayton Act"*, mesmo depois da alteração que conheceu em 1950) do que as normas relativas a acordos e práticas concertadas, as operações de concentração, nos casos em que são apreciadas de acordo com os critérios da Secção 1 do *"Sherman Act"*, podem beneficiar de um tratamento jurídico mais favorável em virtude da utilização da *"regra de razão"*.

Esta conexão entre a *"regra de razão"* e a teoria do *"parâmetro duplo"* não significa, de modo algum, como temos observado, que o primeiro critério de análise jurídico-económica seja exclusivamente aplicado no domínio do controlo de concentrações (e apenas nos casos em que estas são apreciadas face à Secção 1 do *"Sherman Act"*), nem justifica qualquer confusão entre as duas teorias. Todavia, pode constatar-se, como assinala ROBERT BORK,[1218] que um dos parâmetros de aplicação da *"regra de razão"* consiste no apuramento de finalidades orientadas para um certo grau de integração económica (determinada por razões de eficiência) das actividades das empresas, que possam estar subjacentes a certas restrições da concorrência. Constituindo as operações de concentração (definidas no direito norte-americano com base nos meios jurídicos que asseguram a sua realização) a forma mais evidente, ou intensa de integração empresarial, estas são naturalmente objecto de uma aplicação prioritária da *"regra de razão"*, o que não impede, como verificámos, a aplicação da mesma regra em relação às empresas comuns que apresentem um elevado grau de integração empresarial (o que pode, inclusivamente, traduzir-se na sujeição destas entidades ao tratamento conferido às concentrações em sentido estrito).

2.2.4. A relação entre o Memorando de 1965 e a doutrina do duplo parâmetro – posição adoptada

Face ao exposto, a aproximação entre a perspectiva técnico-jurídica sustentada pela Comissão no Memorando de 1 de Dezembro de 1965 e a

---

[1218] Cfr. ROBERT BORK "The Rule of Reason and the Per Se Concept: Price Fixing and Market Division", in YLJ., 74, pp. 775 ss..

Parte II – Capítulo 2 657

denominada teoria do *"parâmetro duplo"* deve ser considerada com as devidas reservas. A transposição desta teoria para o ordenamento comunitário da concorrência e para os direitos nacionais de concorrência da Europa continental conhecerá forçosamente limites importantes, uma vez que os quadros conceptuais desses ordenamentos são também diversos. Pode, tão só, admitir-se uma certa comunhão geral de objectivos (cujo alcance não é muito preciso) relativamente ao tratamento jurídico das concentrações no sentido da sua efectiva apreciação sob uma perspectiva mais favorável, mas esse objectivo geral será concretizado mediante processos jurídicos diferentes que se reflectem no conteúdo material do mesmo.

Deste modo, em nosso entender, apenas se justifica considerar no quadro dos direitos de concorrência nacionais de Estados Membros da CEE e do direito comunitário da concorrência alguma aproximação relativamente aos pressupostos teóricos fundamentais da teoria do *"parâmetro duplo"* e não propriamente uma adopção dessa doutrina. Esta, tal como foi delineada no ordenamento da concorrência norte-americano está indissociavelmente ligada ao desenvolvimento jurisprudencial da *"regra de razão"*, (*"rule of reason"*), cuja transposição para o ordenamento comunitário da concorrência conhece, como já referimos, diversos obstáculos.[1219]

Embora admitamos que algumas das objecções técnico-jurídicas da Comissão relativamente à aplicação do artigo 85.° TCE às operações de concentração se revelam algo especiosas e, em certos aspectos, demasiado tributárias de uma lógica jurídica formal pouco flexível – sobretudo no que concerne aos argumentos ligados ao carácter temporário das isenções ou à inexistência do elemento de acordo em múltiplas operações de concentração – as mesmas não se nos afiguram globalmente improcedentes. Deste modo, não subscrevendo na íntegra a afirmação categórica de autores como CHRISTOPHER JONES e GONZALEZ DIAZ,[1220] no sentido de que as objecções à aplicação do artigo 85.° TCE às concentrações traçadas pela Comissão no Memorando se mantêm, no presente, integralmente válidas, pensamos que há argumentos técnico-jurídicos importantes a opôr a essa sujeição das operações de concentração (*stricto sensu*) à referida dispo-

---

[1219] Cfr. sobre este aspecto BASTIAAN VAN DER ESCH, *EC Rules on Undistorted Competition and US Antitrust Laws: The Limits of Comparability*, cit., pp. 18-1 ss..

[1220] Cfr. C. JONES, GONZALEZ-DÍAZ, *The EEC Merger Regulation*, Edited by COLIN OVERBURY, Sweet & Maxwell, London, 1992.

sição (os quais não foram completamente apreendidos no Memorando de 1 de Dezembro de 1965). O comentário crítico que fazemos às principais evoluções jurisprudenciais nesta matéria, com destaque para o Acórdão "*Philip Morris*",[1221] permite-nos, de resto, equacionar de forma mais desenvolvida o problema, reafirmando a nossa posição de princípio contrária à sujeição de operações de concentração ao artigo 85.º TCE, com base numa fundamentação jurídica mais desenvolvida do que a expendida pela Comissão no Memorando de 1965 (e que incorpora já a análise de critérios de aplicação de normas de concorrência progressivamente delineados no quadro da prática decisória da Comissão e emergentes de alguma jurisprudência do TJCE).

Em súmula, consideramos que alguns dos pressupostos teóricos gerais da teoria do "*parâmetro duplo*" se encontram subjacentes às posições assumidas pela Comissão no Memorando, mas estas não correspondem, de modo algum, a uma clara adopção oficial da mesma teoria pela Comissão. Por outro lado, o reconhecimento de alguns dos pressupostos da teoria do "*parâmetro duplo*" no Memorando tem por base não apenas a opção técnico-jurídica de recusa de aplicação do artigo 85.º TCE às concentrações, mas igualmente algumas análises económicas desenvolvidas pela Comissão sobre as vantagens dessas operações para a criação de empresas de "*dimensão europeia*" no quadro da integração do mercado comunitário.

De resto, os próprios autores que sustentam, de forma mais peremptória, que o Memorando de 1 de Dezembro de 1965 traduziu uma verdadeira posição de princípio favorável à introdução da doutrina do "*parâmetro duplo*" no direito comunitário da concorrência admitem, em contrapartida, que a Comissão veio a pôr em causa alguns dos pressupostos dessa doutrina nas suas orientações ulteriores em matéria de restrições da concorrência ligadas a empresas comuns, explorando, de algum modo, certas ambiguidades jurídicas do Memorando (referimo-nos a autores como L. Vogel, P. Bos, J. Stuyck e P. Wytinck,[1222] os quais consideram

---

[1221] Acórdão "*Philip Morris*", de 1987, cit.. Procedemos a um comentário crítico dos desenvolvimentos jurisprudenciais relativos à admissibilidade de sujeição de operações de concentração ao regime do artigo 85.º TCE no período anterior à adopção do RCC, com destaque para esse importante Acórdão do TJCE, *infra*, ponto 2.4. neste capítulo.

[1222] Cfr. Bos, Stuyck, Wytinck, *Concentration Control in the European Economic Community*, cit., p 5. e Louis Vogel, *Droit de la Concurrence et Concentration Economique*, cit., p. 236. Como afirma este A., "*le véritable fondement de la théorie du*

Parte II – Capítulo 2 659

que a Comissão terá sobrevalorizado os obstáculos técnico-jurídicos à aplicação do artigo 85.º TCE, em função de uma posição de princípio favorável às concentrações).

2.2.5. Consequências da posição adoptada pela Comissão no Memorando de 1965

As principais opções técnico-jurídicas delineadas no Memorando de 1965 condicionaram, decisivamente a evolução ulterior da política comunitária de concorrência em matéria de controlo directo de concentrações empresariais e na matéria indissociavelmente ligada à mesma referente ao tratamento de empresas comuns até à aprovação do RCC. Assim, a posição de princípio adoptada no mesmo relativamente à aplicação do artigo 86.º TCE a operações de concentração de empresas veio a ser concretizada pela Comissão e foi objecto de reconhecimento pelo TJCE, o que permitiu o estabelecimento de uma base normativa mínima para a autonomização de processos de controlo directo de certas categorias de operações de concentração (embora indiscutivelmente muito precária, devido às indefinições que persistiram relativamente ao seu alcance; o facto de apenas uma verdadeira decisão formal ter sido adoptada até à aprovação do RCC, *"Continental Can"*,[1223] que levou à intervenção do TJCE, ilustra bem as limitações desse fundamento jurídico do controlo directo de operações de concentração).

Em contrapartida, a posição adoptada pela Comissão relativamente ao artigo 85.º TCE – recusando a sujeição de operações de concentração

---

'double standard' doit donc être recherché dans la politique économique. Il trouve sa source dans la volonté affirmée des autorités communautaires de favoriser les concentrations d'entreprises afin d'obtenir des structures industrielles plus efficaces".

[1223] Reportamo-nos à decisão *"Continental Can"* e ao processo jurisdicional subsequente, já cit. É certo que a questão da sujeição de operações de concentração ao regime do artigo 86.º TCE foi suscitada noutros casos até à aprovação do RCC, mas que não conduziram à adopção de decisões formais. Cfr., entre outros casos mencionados em sucessivos Relatórios sobre a política de concorrência, os casos *"Pilkington/BSN-Gervais--Danone"* (*"Décimo Relatório sobre a Política da Concorrência"*, ponto 114), *"Wright Scientific/Fortia"* (*"Décimo Primeiro Relatório sobre a Política da Concorrência"*, ponto 87), *"British Sugar/Berisford"* (*"Décimo Segundo Relatório sobre a Política da Concorrência"*, ponto 89), *"British Airways/British Caledonian"* (*"Décimo Oitavo Relatório sobre a Política da Concorrência"*, ponto 86).

entre empresas ao regime previsto no mesmo – foi, pelo menos numa perspectiva técnico-jurídica e formal, mantida por este órgão comunitário, apenas tendo sido objecto de uma possível contestação no Acórdão do TJCE proferido no processo "*Philip Morris*".[1224] Por outro lado, apesar de a tese sustentada pela Comissão no Memorando ter, à data da publicação deste, merecido a oposição de uma parte significativa da doutrina[1225] (além de divergir da posição maioritária dos peritos consultados pela própria Comissão), não pode considerar-se que a questão tenha verdadeiramente originado um amplo debate doutrinal até à prolacção do referido Acórdão "*Philip Morris*", o qual veio reintroduzir esse problema e conduziu, então, a múltiplas interpretações divergentes (contribuindo decisivamente para reacender a discussão doutrinal sobre esta matéria).

De qualquer modo, a questão da sujeição de operações de concentração ao regime previsto no artigo 85.° TCE foi, em permanência, equacionada pela Comissão até à aprovação de um regime específico de controlo directo de concentrações, em 1989, a propósito das empresas comuns.

Na realidade, a posição fundamental assumida no Memorando, nesta matéria, obrigou a Comissão a proceder, de forma sistemática, a uma qualificação jurídica das empresas comuns, atribuindo às mesmas, ora um carácter de concentração, ora um carácter de cooperação. Dessa qualificação dependeria, em regra, a sujeição das empresas comuns em causa a qualquer forma de controlo mediante aplicação das normas comunitárias de concorrência (*maxime*, do artigo 85.° do TCE). Assim, embora a Comissão tenha admitido, em tese geral, a possibilidade de aplicação do artigo 85.° TCE e do artigo 86.° TCE relativamente às empresas comuns que, em função das circunstâncias em que são criadas, tenham implicações mais diversificadas sobre a concorrência (como sucedeu no caso "*Tetra Park*" sobre o qual este órgão comunitário proferiu uma decisão em 26 de Julho de 1988),[1226] na maior parte das situações apenas se pode configurar a aplicação da primeira disposição, devido às condições estruturais prévias

---

[1224] Cfr. a referência ao Acórdão "*Philip Morris*" contida no "*Décimo Sexto Relatório sobre a Política de Concorrência*", ponto 98.

[1225] Cfr., nesse sentido, Louis Vogel, *Droit de la Concurrence et Concentration Economique*, cit., esp. pp. 272 ss..

[1226] Cfr. decisão "*Tetra Pak*" de 26 de Julho de 1988 (JO 1988 L 272/27), a qual deu origem ao Acórdão "*Tetra Pak v. Commission*", de 10 de Julho de 1990, proc. T-51/89, Rec. II – 309 (1990).

Parte II – Capítulo 2 661

associadas ao artigo 86.° TCE (trata-se, fundamentalmente, do requisito de que, pelo menos, uma das empresas envolvidas na criação da empresa comum detenha, à data da realização da operação, uma posição dominante em determinado mercado).[1227]

Deste modo, e em súmula, na generalidade dos casos, a atribuição de um carácter de concentração a empresas comuns determinava a inexistência de qualquer controlo da Comissão sobre este tipo de operações.

Ora, segundo vários autores – numa apreciação que acompanhamos – essa situação levou, progressivamente, a Comissão a aumentar o grau de exigência para a qualificação de empresas comuns como operações de concentração[1228] (o reconhecimento de algumas empresas comuns como "concentrações parciais"[1229] – figura a que adiante aludiremos[1230] – foi, pois, substancialmente dificultado). Este órgão comunitário teria, assim, mantido, formalmente, a posição assumida no Memorando sobre a não sujeição de operações de concentração ao artigo 85.° TCE, mas alargando, de modo indirecto, o âmbito de aplicação desta disposição a fenómenos de concentração empresarial, mediante a atribuição generalizada de um carácter de cooperação a empresas comuns que, materialmente, se poderiam considerar como verdadeiras operações de concentração entre empresas. O escasso número de decisões de reconhecimento de um carácter de concentração a empresas comuns, adoptadas pela Comissão até à aprovação do RCC, corresponderia ao desenvolvimento de critérios muito estritos de qualificação de empresas comuns como operações de concentração o qual, por seu turno, se ficaria a dever ao propósito da Comissão de garantir o seu controlo sobre a maior parte destas empresas comuns. Foi. assim, iniciada uma distorção hermenêutica e de regulação que – sob formas diversas – acabou por perdurar em vários estádios de evolução do

---

[1227] MICHAEL WAELBROECK coloca algumas dúvidas relativamente a esse requisito. Cfr. A. cit, *Annual Review of EEC Competition Cases*, cit., pp. 196 ss..

[1228] Cfr. sobre esta posição, P. BOS, JULES STUYCK, PETER WYTINCK, *Concentration Control in the European Economic Community*, cit., p. 7.

[1229] Sobre o conceito de concentrações parciais no quadro da distinção entre situações de cooperação e concentração empresariais no período anterior à aprovação de um regime comunitário de controlo directo de operações de concentração, cfr. KAREN BANKS, *Mergers and Partial Mergers Under EEC Law*, in *Annual Proceedings of the Fordham Corporate Law Institute – 1987*, Editor BARRY HAWK, cit.. pp. 404 ss..

[1230] Trata-se também de figura que já foi aflorada, conquanto de modo muito sucinto, noutro contexto de análise – *supra*, capítulo segundo da **Parte I**.

direito comunitário de concorrência, condicionando, decisivamente, o enquadramento sistemático e, até, a compreensão das empresas comuns.

Importa, pois, equacionar o tratamento jurídico das empresas comuns como domínio sensível para a definição de uma fronteira entre as situações de mera cooperação empresarial e as operações de concentração – em sede de aplicação do artigo 85.º TCE – no período que decorre entre o Memorando de 1965, a prolacção do Acórdão *"Philip Morris"* e a adopção, em 1989, de um regime específico de controlo directo de operações de concentração (o qual deveria ter permitido corrigir a distorção de regulação a que aludimos *supra*, mas que, na realidade, não produziu originariamente esse efeito)

2.2.6. A compreensão das empresas comuns como entidades na fronteira entre a cooperação e a concentração empresariais

Como já referimos, o problema geral da aplicação do artigo 85.º TCE às operações de concentração no período posterior à publicação do Memorando de 1 de Dezembro de 1965 (e à divulgação das posições preconizadas no mesmo pela Comissão) apenas conheceu um debate doutrinal mais intenso na sequência do Acórdão *"Philip Morris"*, cit., cujas repercussões se encontram já, de algum modo, ligadas ao próprio processo político de negociação de uma proposta de Regulamento de controlo directo das operações de concentração.

Em todo o caso, na apreciação das empresas comuns, efectuada pela Comissão, estiveram subjacentes as questões de sujeição de operações de concentração ao regime do artigo 85.º TCE. A ambivalência jurídico--económica da figura das empresas comuns – que já tivemos ensejo de caracterizar – obrigou a Comissão, face à perspectiva técnico-jurídica adoptada no Memorando, a dilucidar problemas complexos de qualificação jurídica das mesmas. O tratamento jurídico das empresas comuns constituiu, pois, uma área crucial para a delimitação das situações de cooperação empresarial, por um lado, e das verdadeiras concentrações empresariais, por outro.

A análise desta prática decisória da Comissão em matéria de empresas comuns reveste-se, pois, de primordial importância para a compreensão material, quer da distinção, quer das conexões entre essas dimensões jurídicas fundamentais no direito da concorrência (cooperação e concentração empresariais). Além disso, essa análise é relevante para apreender o enquadramento sistemático das empresas comuns em diferentes estádios do direito comunitário da concorrência, pois os critérios de qualificação de empresas comuns – mediante a atribuição às mesmas de carácter cooperativo ou de concentração – progressivamente delineados pela Comissão nas decisões adoptadas nesta matéria até à aprovação do RCC foram, de algum modo, incorporadas, com algumas adaptações cujo alcance importa avaliar devidamente, nas previsões do RCC (*maxime*, nas previsões do artigo 3.°, n.° 2, do RCC e em ulteriores Comunicações interpretativas da Comissão).

Deste modo, sem prejuízo da análise a que adiante se procede do enquadramento sistemático das empresas comuns no RCC, propomo-nos equacionar sumariamente a prática decisória da Comissão nesta matéria ao longo do extenso período anterior à aprovação desse regime de controlo directo de operações de concentração de empresas.

2.3. AS EMPRESAS COMUNS E OS CRITÉRIOS DE DISTINÇÃO ENTRE A COOPERAÇÃO E A CONCENTRAÇÃO DE EMPRESAS ATÉ À APROVAÇÃO DO REGULAMENTO COMUNITÁRIO DE CONTROLO DE CONCENTRAÇÕES

2.3.1. A subvalorização dos elementos de concentração em sede de apreciação de empresas comuns com base no artigo 85.° TCE

Um aspecto consensualmente aceite na caracterização jurídica da figura da empresa comum – que já tivemos ensejo de caracterizar – é o que diz respeito à sua ambivalência.[1231] O funcionamento de qualquer empresa comum implica uma cooperação permanente entre as empresas-mãe para a prossecução eficiente dos objectivos concorrenciais ou comerciais subjacentes à sua criação. Por outro lado, a formação das empresas comuns obriga à realização de uma concentração de activos já existentes – activos que pertenciam às sociedades-mãe e que estas transferem para a empresa

---

[1231] Cfr. sobre a ambivalência jurídica da figura da empresas comum, LOUIS VOGEL, *Droit de la Concurrence et Concentration Economique*, cit., p. 271.

comum – ou criados *ex novo*. Essa combinação de activos afectos a empresas comuns, cuja intensidade pode variar, acarreta necessariamente alterações da estrutura do mercado e traduz um inegável elemento de concentração ínsito na operação de constituição de empresas comuns. Nestes termos, será a prevalência dos elementos de cooperação ou de concentração ínsitos na empresa comum a determinar a qualificação jurídica desta (como empresa comum com carácter de cooperação ou com carácter de concentração); trata-se, de algum modo, de um problema de graduação com base em diversos critérios da importância relativa daqueles elementos na criação e funcionamento da empresa comum, sem prejuízo da nossa posição de fundo relativamente à conveniência de um tratamento tanto quanto possível unitário da figura da empresa comum.[1232]

A necessidade de estabelecer distinções entre a coordenação de comportamentos e as modificações duradouras da estrutura das empresas e de graduar de forma adequada a influência desses elementos no processo de criação de uma nova sociedade (ou de outro tipo de entidades) sujeita ao controlo comum das empresas fundadoras, levou a Comissão a delinear um conjunto significativo de critérios jurídico-económicos que importa dilucidar. Podemos, contudo, adiantar, desde já, que vários autores fazem um balanço negativo da formação e utilização desses critérios, que, no essencial, subscrevemos.

Assim, VENIT,[1233] KORAH, LASOK, entre outros autores, criticaram a excessiva aplicação do artigo 85.º TCE em matéria de empresas comuns (a qual resultaria do carácter excepcional da atribuição do carácter de concentração às mesmas, no período que decorre até à adopção do RCC). Por outro lado, L. VOGEL, BOS, STUYCK e WYTINK, que subscrevem a tese da adopção da doutrina do *"parâmetro duplo"* no Memorando de 1 de Dezembro de 1965, consideram que a Comissão teria, na sua prática decisória em matéria de empresas comuns – depois de uma curta fase, imedia-

---

[1232] Sobre a nossa posição favorável a um tratamento relativamente unitário da figura da empresa comum em sede de direito comunitário da concorrência, à semelhança do que tende a verificar-se no quadro do ordenamento da concorrência norte-americano, embora admitindo que o mesmo pode não resultar em absoluto da sujeição de todas as empresas comuns ao mesmo regime normativo, mas ainda de uma progressiva convergência dos testes substantivos de avaliação dos efeitos de empresas comuns sobre o processo de concorrência, cfr. o exposto *supra*, capítulo segundo (esp. pontos **4.** e 6.3.) da **Parte I**.

[1233] Cfr. JAMES VENIT, "Recent Developments in the Structural Approach to Joint Ventures Under EEC Competition Law", in W Comp, 199, pp. 5 ss..

Parte II – Capítulo 2 665

tamente posterior ao referido Memorando, em que se conformara de forma mais rigorosa com os parâmetros explicitados neste – incorrido em desvios materiais assinaláveis relativamente às posições assumidas nesse Memorando.[1234]

Através da imposição de requisitos extremamente exigentes para a qualificação das empresas comuns como operações com carácter de concentração, a Comissão teria sistematicamente reconduzido empresas comuns, em que os elementos de integração ou concentração assumiam um peso considerável, ao regime do artigo 85.º TCE. Deste modo, apenas de um ponto de vista formal, se verificava uma continuidade relativamente à posição preconizada no Memorando, no sentido da não aplicabilidade do artigo 85.º TCE a operações de concentração, pois a Comissão teria, de algum modo, explorado a ambivalência da figura das empresas comuns para sobrevalorizar intencionalmente os elementos de cooperação ínsitos nas mesmas e assegurar – através da negação do carácter de concentração destas – a sua sujeição, em regra, ao regime do artigo 85.º TCE. Louis Vogel admite, de resto, que a Comissão a partir de determinada fase – sobretudo desde a decisão *"De Laval-Stork"*[1235] que adiante referiremos de modo mais desenvolvido – terá secundarizado ou mesmo abandonado as operações de qualificação das empresas comuns, optando por submeter directamente certos efeitos anticoncorrenciais, decorrentes da criação de empresas comuns, ao artigo 85.º TCE.[1236]

Embora consideremos excessiva essa afirmação relativa a um abandono por parte da Comissão dos procedimentos prévios de qualificação das empresas comuns, admitimos – aproximando-nos neste aspecto da posição sustentada por Jean-Pierre Brill[1237] – que, em algumas situações, a Comissão procurou estender o âmbito de aplicação do artigo 85.º TCE mediante a verificação, quer dos efeitos restritivos sobre a concorrência decorrentes da própria criação da empresa comum, quer da

---

[1234] Cfr. V. Korah, P. Lasok, "Philip Morris and its Aftermath-Merger Control?", in CMLR, 1988, pp. 333 ss. Cfr., igualmente, Bos, Stuyck e Wytink, *Concentration Control in the European Economic Community*, cit., pp. 6 ss. e Louis Vogel, *Droit de la Concurrence et Concentration Economique*, cit., pp. 270 ss..

[1235] Decisão *"De Laval Stork"*, de 1977, já cit.

[1236] Cfr., nesse sentido, Louis Vogel, *Droit de la Concurrence et Concentration Economique*, cit., pp. 283 ss..

[1237] Cfr J. P. Brill, "Filiales Communes et Article 85: Étude des Décisions Récentes de la Commission des Communautés Européennes", in RTDCDE., 1992, cit, pp. 87 ss., esp. pp. 95-96.

verificação de restrições sobre a concorrência consecutivas à criação da empresa comum (nesta última categoria de restrições, fundamentalmente destacada pela Comissão em relação a empresas comuns criadas entre sociedades-mãe em situação de concorrência actual ou potencial, avultariam os elementos de cooperação pelo que se justificaria a sujeição directa dessas categorias de restrições ao regime do artigo 85.º TCE).

A interpretação que fizemos do Memorando, não aceitando a recepção ou consagração plena, neste, da teoria do *"parâmetro duplo"*, mas tão só uma relativa proximidade com alguns dos objectivos fundamentais subjacentes à mesma teoria, leva-nos a concluir que a prática decisória da Comissão no sentido da recondução sistemática de empresas comuns ao regime do artigo 85.º TCE não corresponde a qualquer recuo face a uma pretensa adopção plena daquela teoria. No entanto, tal não significa a atribuição de uma menor relevância à prática da Comissão de reconduzir preferencialmente as empresas comuns a situações de cooperação subsumíveis no artigo 85.º TCE. Pensamos que o grau de exigência posto na qualificação das empresas comuns como operações com carácter de concentração encerra uma determinada intencionalidade jurídica. O propósito assumido será o de impedir que operações orientadas para a integração empresarial com efeitos sobre a concorrência possam escapar a qualquer processo de controlo, no âmbito do ordenamento comunitário da concorrência, devido à existência de uma lacuna expressa do mesmo ordenamento em matéria de controlo directo de operações de concentração entre empresas.

A intencionalidade jurídica subjacente à definição de critérios muito estritos de qualificação de empresas comuns como operações com carácter de concentração,[1238] no sentido de assegurar o controlo efectivo pela Comissão, *ex vi* do artigo 85.º TCE – mediante a qualificação formal como operações com carácter de cooperação de situações que materialmente integravam aspectos significativos de concentração empresarial – conduz, de algum modo, e como temos enfatizado, a uma relativa distorção de regulação no ordenamento comunitário de concorrência.

Na realidade, a progressiva autonomização dos problemas de concorrência inerentes às operações de concentração empresarial e a atenua-

---

[1238] Essa ideia sobre uma intencionalidade jurídica subjacente à definição de critérios muito estreitos de atribuição de carácter de concentração a empresas comuns é corroborada por vários autores. Cfr., por todos, WILLIAM SIBREE, "EEC Merger Control and Joint Ventures", in EL Rev., 1992, pp. 91 ss..

Parte II – Capítulo 2

ção de certas perspectivas económicas mais favoráveis sobre o fenómeno da concentração empresarial, traçadas no Memorando de 1 de Dezembro de 1965, que se aproximavam de alguns dos pressupostos da teoria norte--americana do *"parâmetro duplo"*, tornou necessários os processos jurídicos de controlo directo de operações de concentração entre empresas. Todavia, a inexistência de previsões específicas nesta matéria – decorrente da lacuna originária do ordenamento comunitário de concorrência no domínio da regulação directa da concentração empresarial – induziu a Comissão a utilizar instrumentos jurídicos de controlo que haviam sido funcionalmente concebidos para a regulação de outros aspectos directamente ligados ao comportamento das empresas (e não às alterações estruturais do mercado, consideradas *a se*).[1239]

A subvalorização, algo artificiosa, dos elementos de concentração empresarial inerentes à criação de certas empresas comuns, traduziu o propósito de estender o âmbito material de aplicação do artigo 85.º TCE a situações de integração empresarial e de evitar o vazio de regulação jurídica que resultaria da qualificação das mesmas situações como operações de concentração, em sentido estrito (admitindo que na maioria dos casos configuráveis não haveria condições para a aplicação do Artigo 86.º, cujas potencialidades para o controlo directo de operações de concentração eram, na realidade, muito limitadas).

2.3.2. A praxis decisória da Comissão até à aprovação do Regulamento de controlo de concentrações – aspectos gerais

Se, como referimos, alguns autores criticaram uma aplicação excessiva do artigo 85.º TCE relativamente a empresas comuns que originam situações materiais de intensa integração empresarial, outros sectores da doutrina, em contrapartida, consideraram que mesmo os critérios estritos de qualificação de empresas comuns como operações de concentração – que se traduziram no desenvolvimento da teoria das concentrações parciais – teriam reflexos negativos no ordenamento comunitário de concorrência, pois permitiam que algumas operações de criação de empresas comuns não fossem sujeitas ao regime desse artigo 85.º TCE nem esti-

---

[1239] Cfr., expressamente nesse sentido, LOUIS VOGEL, *Droit de la Concurrence et Concentration Economique*, cit., p. 60.

668   *Empresas comuns* – Joint Ventures

vessem, consequentemente, submetidas a qualquer controlo no âmbito do direito comunitário da concorrência.[1240]

Pensamos que a análise geral das decisões adoptadas pela Comissão em matéria de empresas comuns, até ao início de vigência do RCC, demonstra iniludivelmente o carácter infundado dessas críticas. Muito pelo contrário, na maior parte das situações em que examinou a criação de empresas comuns, a Comissão sustentou, nas respectivas decisões, a aplicabilidade do n.º 1 do artigo 85.º TCE. É certo que nas mesmas situações a Comissão admitiu, frequentemente, a verificação das condições de isenção *ex vi* do n.º 3 do artigo 85.º TCE.[1241] Não parece, pois, ter existido qualquer tratamento benigno de empresas comuns com fortes componentes de integração empresarial, mas – em sentido diverso, e nos termos que adiante referiremos – uma orientação extremamente rígida de aplicação da proibição estabelecida no n.º 1 do artigo 85.º TCE quanto a empresas comuns.

No conjunto de casos de empresas comuns sujeitos ao exame da Comissão e a que esta tenha atribuído carácter de cooperação – apesar de um forte pendor de integração empresarial –, aplicando às mesmas, em conformidade, o n.º 1 do artigo 85.º TCE, as decisões de recusa de concessão de isenção, nos termos do n.º 3 do artigo 85.º TCE, têm um carácter verdadeiramente excepcional.[1242] Numa perspectiva material, esta orientação geral da Comissão relativamente às empresas comuns no período anterior à adopção do RCC tem como consequência primacial o aumento do grau de intervenção deste órgão comunitário na regulação de operações empresariais. Na verdade, relativamente a empresas comuns com um forte pendor de integração empresarial que, a serem qualificadas como operações com carácter de concentração, ficariam isentas de qualquer processo de controlo – não existindo, por maioria de razão quaisquer obstáculos jurídicos à sua realização – a Comissão, procedendo ao seu controlo *ex vi* do artigo 85.º TCE, mediante a sua prévia qualificação como operações

---

[1240] Entre diversas posições nesse sentido conta-se, *vg.*, a de JOHN TEMPLE LANG, que, neste ponto, não subscrevemos (cfr. A. cit., *European Community Antitrust and Joint ventures Involving Transfers of Technology*, in *Annual Proceedings of the Fordham Corporate Law Institute – 1982*, Editor BARRY HAWK, Matthew Bender, 1983, pp. 203 ss..

[1241] Aspecto justamente salientado na doutrina. Cfr., por todos, A PAPPALARDO, "Le Règlement CEE sur le Contrôle des Concentrations", cit., pp. 13 ss..

[1242] Cfr., de qualquer modo, a este propósito, a decisão *"Wano-Schwarzpulver"*, de 20 de Outubro de 1978 (JOCE L 322 de 16 de Novembro de 1978).

Parte II – Capítulo 2   669

com carácter de concentração, vem, em regra, a conceder a sua aprovação com a concessão de isenções, nos termos do n.º 3 do artigo 85.º TCE. Importa, pois, equacionar sumariamente os critérios jurídico– económicos de qualificação de empresas comuns no período anterior à aprovação do RCC, de modo a apreender a evolução da política da Comissão nesta matéria e que temos vindo a caracterizar em termos genéricos. Essa análise será igualmente importante para uma compreensão adequada da transição que se terá verificado, em matéria de apreciação de empresas comuns, com a aprovação, nos termos que adiante referiremos, do RCC.

2.3.3. O tratamento das empresas comuns e as denominadas concentrações parciais

A qualificação das empresas comuns no período anterior à aprovação do RCC como operações com carácter de concentração ou *"concentrações parciais"* nos casos, relativamente mais frequentes, em que a transferência de activos para a empresa comum era limitada a uma parte do negócio global anteriormente conduzido de forma independente pelas empresas--mãe obrigou à análise das situações de mercado verificadas em cada caso concreto (não sendo possível estabelecer essa qualificação jurídica mediante um exame limitado aos meios utilizados na criação da empresa comum).

Os critérios jurídico-económicos de qualificação jurídica das empresas comuns progressivamente desenvolvidos na prática decisória da Comissão foram enunciados, de forma geral, por este órgão comunitário, no seu *"Sexto Relatório sobre a Política de Concorrência"*.[1243] Neste Relatório, a Comissão delimitou *ab initio* as categorias de empresas comuns cuja recondução a operações de concentração entre as empresas fundadoras se afiguraria consensual. Trata-se dos casos nos quais as empresas-mãe transferem a totalidade dos seus activos para a empresa comum, convertendo-se em meras sociedades de gestão de participações (*"holding"*). Todavia, as situações mais recorrentes seriam indiscutivelmente aquelas nas quais as empresas fundadoras transferem, apenas, uma parte dos seus activos para a empresa comum, clarificando, desde logo, a Comissão que, só em casos excepcionais, as mesmas poderiam ser qualifi-

---

[1243] Cfr. *"Sixième Rapport sur la Politique de Concurrence"*, ponto 55.

670   *Empresas comuns* – Joint Ventures

cadas como operações de concentração (na modalidade de "*concentrações parciais*", nos termos que referimos *supra*).

No que respeita a estas últimas situações, foram delineados critérios exigentes para o reconhecimento da verificação de concentrações parciais. Assim, como requisitos fundamentais destas concentrações parciais figuravam, na perspectiva da Comissão, a criação de uma "*entidade económica autónoma*",[1244] a inexistência de qualquer modalidade de coordenação do comportamento comercial entre as empresas-mãe, ou entre cada uma destas e a empresa comum, o abandono completo e irreversível pelas empresas-mãe do mercado da empresa comum, de modo a assegurar que as empresas-mãe não fossem concorrentes actuais ou potenciais da empresa comum (requisito extremo que veio a ser objecto de uma flexibilização essencial já no domínio do RCC) e a transferência para a empresa comum, numa base duradoura, dos activos necessários para a condução de uma actividade comercial autónoma.

2.3.4. Praxis decisória da Comissão em matéria de qualificação de empresas comuns

Estes critérios enunciados de modo geral no "*Sexto Relatório sobre Política de Concorrência*" foram, incontestavelmente, objecto de concretização na prática decisória da Comissão,[1245] que permitiu o seu desenvolvimento e o afloramento de aspectos complementares, deduzidos com base nas circunstâncias especiais de cada caso (aspectos complementares com influência na qualificação jurídica das empresas comuns). Propomo-nos, pois, equacionar sumariamente cada um desses critérios e associar a esse estudo uma sucinta referência crítica a algumas das decisões fundamentais adoptadas pela Comissão nesta matéria (com destaque para as decisões "*SHV/Shevron*" e "*De Laval Stork*").[1246]

[1244] "*Entidade económica autónoma*" – conceito que, de acordo com FRANK FINE, dificilmente se poderá concretizar de forma clara e linear. Cfr. A. cit, *Mergers and Joint Ventures in Europe*, cit..

[1245] Cfr., nesse sentido, W. SIBREE, "EEC Merger Control and Joint Ventures", cit., p. 93.

[1246] Cfr. decisão "*SHV/Shevron*", proferida em 1975, JO N.º L 38/14, 1975 e decisão "*De Laval Stork*", já cit., proferida em 1977.

Parte II – Capítulo 2 671

O estabelecimento de uma entidade económica autónoma corresponde, como já destacámos, a um dos critérios de qualificação de empresas comuns de mais difícil aplicação. O aspecto determinante a considerar no que concerne a este requisito, é o de garantir que as empresas comuns, enquanto tais, sejam uma entidade verdadeiramente distinta relativamente às empresas-mãe. Nestes termos, e de acordo com esse critério, uma empresa comum não poderá ter carácter de concentração nos casos em que as empresas fundadoras transferem apenas uma parte das suas actividades para aquela, desde que as funções assumidas pela empresa comum sejam meramente auxiliares relativamente à actividade comercial principal das sociedades fundadoras.

Tais situações de desempenho de funções auxiliares, relativamente à actividade principal das empresas fundadoras, são claramente indiciadas pela política de aquisições e de vendas das empresas comuns. Assim, o facto de uma empresa comum fornecer os seus produtos exclusivamente às empresas-mãe ou adquirir elementos essenciais para o seu funcionamento nas mesmas condições (exclusividade, ou recurso predominante às empresas-mãe), bem como a verificação de um grau elevado de dependência relativamente a essas empresas fundadoras no que concerne, em geral, à sua actividade comercial denuncia normalmente o carácter meramente acessório das funções da empresa comum relativamente às empresas-mãe.

Importa salientar que a concretização jurídica deste critério – estabelecimento de entidade económica autónoma – pela Comissão encerrou várias ambiguidades. Assim, a prática decisória da Comissão parece ter conhecido uma orientação no sentido de excluir tendencialmente algumas categorias de empresas comuns do domínio da concentração empresarial. É o que se verifica, designadamente, quanto às empresas comuns cujo objecto consista na compra ou venda de certos tipos de produtos (em condições pré-determinadas) ou na investigação e desenvolvimento. Relativamente a essas empresas comuns não é possível apreender claramente, do nosso ponto de vista, se a Comissão recusou, por princípio, a sua caracterização como entidades económicas autónomas (ou verdadeiros entes concorrenciais) ou se entendeu que, apesar da verificação deste requisito, outras razões obstavam a que estas categorias de empresas comuns fossem qualificadas como operações de concentração (no fundo, a Comissão estaria a admitir, neste último caso, que algumas categorias de empresas comuns, pelo seu conteúdo típico, seriam irredutíveis a qualquer qualificação como operação de concentração).

672 *Empresas comuns* – Joint Ventures

Pensamos que esta indefinição na aplicação dos critérios de qualificação de empresas comuns – *maxime* do critério da criação de entidade económica autónoma foi muito negativa e prejudicou o rigor da construção jurídica da Comissão neste domínio. Como tal, acresceu, de algum modo, ao conjunto de distorções provocadas pela intencionalidade jurídica que perpassa toda a prática decisória da Comissão no período anterior à aprovação do RCC, no sentido de submeter o maior número possível de empresas comuns ao regime do artigo 85.º TCE, evitando o vazio de regulação que resultaria, em princípio, de uma qualificação como operação de concentração.

Essa orientação menos clara no que concerne à concretização jurídica do critério complexo de qualificação de empresas comuns em causa – criação de um ente económico autónomo – correspondeu, porventura, a alguma influência da doutrina alemã, a qual estabeleceu uma distinção fundamental entre as empresas comuns que apenas exercem funções acessórias, de algum modo subordinadas a certas actividades comerciais principais (*"teilfunktionem"*),[1247] e outras categorias de empresas comuns que exercem funções ligadas à prossecução de uma actividade comercial fundamental, que não se encontra, em princípio sujeita a qualquer hetero--determinação (*"volkfunktionen"*). Importa salientar, contudo, que nem toda a doutrina alemã subscreve esta distinção conceptual. Assim, autores como, *vg.*, R. KNOPFLE[1248] manifestam expressamente a sua discordância relativamente à mesma. A primeira categoria de empresas comuns não poderia, em princípio, ser qualificada como operação com carácter de concentração devido à natureza das suas funções.

Embora esta distinção conceptual comporte alguns aspectos discutíveis não excluímos, em absoluto, a sua utilização para a qualificação das empresas comuns. Pensamos, contudo, que uma orientação mais adequada será a que estabeleça essa qualificação com base na autonomia do comportamento comercial da empresa comum, apreendida *a se*. Na realidade, se é possível admitir uma relativa coincidência entre os casos de desenvolvimento de funções acessórias por empresas comuns – que constituam uma actividade de suporte condicionada pelos objectivos e resultados preten-

---

[1247] *"Teilfunktionem"*, na designação adotada na doutrina alemã (cfr., nesse sentido, e sobre esse conceito, BOS, STUYCK, WYTINCK, *Concentration Control in the European Economic Community*, cit., p. 48).

[1248] Cfr KNOPFLE e o seu estudo cit. por BOS, STUYCK, WYTINCK (*Concentration Control in the European Economic Community*, cit., p. 48, note, 97).

didos relativamente às actividades principais das empresas – e a falta de autonomia dessas empresas comuns, admitimos, em casos específicos, a possibilidade de exercício exclusivo, por empresas comuns, de funções normalmente consideradas como acessórias num quadro institucional e comercial que permita configurar a autonomia das mesmas.

Face a este entendimento, o aspecto que reputamos mais negativo na prática decisória da Comissão é a indefinição na formulação de certos juízos jurídicos. Na realidade, nas principais decisões deste período não se clarifica uma perspectiva conceptual coerente, segundo a qual a autonomia das empresas comuns – elemento primacial da qualificação jurídica das mesmas – esteja ligada à natureza das funções prosseguidas por estas.[1249]

Ao requisito da autonomia do ente económico criado através da empresa comum encontra-se indissociavelmente ligado outro critério fundamental de qualificação destas empresas comuns como operações de concentração (cuja relevância material se destaca no conjunto de critérios jurídico-económicos que a Comissão enunciou, em geral, no "*Sexto Relatório sobre a Política de Concorrência*"). Trata-se da inexistência de coordenação dos comportamentos comerciais entre as empresas-mãe, ou entre estas e a empresa comum. Outros critérios relevantes enunciados pela Comissão encontram-se, de resto, subordinados a este parâmetro material fundamental, como se verifica, em nosso entender, com o exigente critério do abandono completo e irreversível, pelas empresas-mãe, do mercado no qual actua a empresa comum.

Este critério intrinsecamente complexo – que podemos considerar um critério jurídico operacional de suporte ao juízo fundamental sobre a inexistência de processo de coordenação de comportamentos entre os entes envolvidos na criação de empresas comuns – apresentava um grau suplementar de dificuldade na sua concretização devido ao facto de a Comissão ter reconhecido, pelo menos desde a Decisão "*SHV/Chevron*",[1250]

[1249] Em todo o caso, importa sublinhar que, no conjunto dessas funções acessórias que afastam aparentemente uma possível qualificação das empresas comuns como concentrações, a Comissão não inclui as actividades de distribuição, como se pode comprovar pela Decisão "*SHV/Shevron*", cit. Sobre outras indefinições jurídicas na utilização deste critério da autonomia do ente económico (como factor de qualificação das empresas comuns), *vg.* as verificadas na decisão "*Montedison/Hercules/Himont*" (referida no "*Décimo Sétimo Relatório sobre a Política de Concorrência*", ponto 69), cfr. KAREN BANKS, *Mergers and Partial Mergers Under EEC Law*, cit.., pp. 414-415.

[1250] "*Decisão SHV/Shevron*", de 1975, já cit..

674 *Empresas comuns* – Joint Ventures

que o mesmo não exigia a cessação de actividades comerciais próprias das empresas fundadoras (as quais poderiam permanecer activas noutros mercados, diversos daquele em que se encontra presente a empresa comum). Na realidade, como já referimos a propósito do *"Sexto Relatório sobre a Política de Concorrência"*, as situações em que as empresas fundadoras de uma empresa comum transferem para esta a totalidade dos seus activos, cessando qualquer actividade comercial própria e convertendo-se em sociedades de controlo (*"holding"*), são pacificamente reconduzidas ao conceito de operação de concentração (tenha-se presente, *v.g.*, ainda antes do reconhecimento, em tese geral, deste aspecto no Sexto Relatório, cit., os casos *"Agfa/Gevaert"* e *"Dunlop/Pirelli"*, referidos pela Comissão no *"Quarto Relatório sobre a Política de Concorrência"*).[1251]

Mais complexos são os casos – correspondentes a potenciais situações de *"concentração parcial"* – em que as empresas fundadoras continuam a desenvolver uma actividade económica própria noutros mercados, sendo necessário qualificar, de acordo com parâmetros minimamente antecipáveis pelos agentes económicos, as modalidades e condições de abandono do mercado da empresa comum, por parte dessas empresas fundadoras, que relevam para a qualificação daquela entidade como operação de concentração.[1252] Importa, pois, a este respeito, analisar algumas das decisões mais importantes da Comissão para a definição desse teste jurídico-económico da concentração parcial.

2.3.5. A decisão da Comissão *"SHV/Chevron"*

No caso *"SHV/Chevron"*[1253] verificou-se a constituição de uma empresa comum (sociedade *'holding'* -*"Capalm, NV"*) que controlava um conjunto de filiais, para as quais as sociedades fundadoras, SHV e Chevron, transmitiram, por um período mínimo de cinquenta anos, a totalidade das suas redes de distribuição (relativas aos produtos cobertos pelo acordo, designadamente, certos produtos petrolíferos) e todos os

---

[1251] Cfr. os casos *"Agfa/Gevaert"*, *"Dunlop/Pirelli"* referidos no *"Quatrième Rapport sur la Politique de Concurrence"*, 1974, ponto 40.

[1252] Cfr., em geral, sobre o teste da *"concentração parcial"*, JONHATAN FAULL, "Joint Ventures Under the EEC Competition Rules", in ECLR, 1984, pp. 358 ss..

[1253] Decisão de 20 de Dezembro de 1974, cit., *supra* (cfr. para um comentário a esta decisão G. J. LINSEN, *"The SHV-Chevron Case"*, in CMLR, 1976, pp. 105 ss.).

activos correspondentes (até à constituição da sociedade "*holding*" comum e das filiais sujeitas a controlo comum através da mesma, as empresas SHV e Chevron detinham as suas próprias redes de distribuição independentes).

Estas sociedades fundadoras cessaram, com a criação das empresas comuns, todas as suas actividades de distribuição no mercado comunitário e assumiram, nesse sentido, obrigações de não concorrência nesse domínio. A Comissão considerou que a criação destas empresas comuns conduzira a uma alteração duradoura na estrutura das empresas fundadoras, pois toda a actividade de distribuição destas empresas "*foi integrada na nova estrutura comercial*" do conjunto de filiais. Na sua análise este órgão comunitário destacou particularmente a longa duração das filiais comuns, bem como do período pelo qual as empresas fundadoras transmitiam as suas redes de distribuição às mesmas, o que constituía um indício importante do carácter irreversível da operação e reforçava as alterações de ordem estrutural que se configuravam no caso.

Todavia, como salientaram justamente GOLDMAN e LYON-CAEN,[1254] a aferição da modificação permanente das estruturas não resultava predominantemente da duração dos acordos entre a SHV e a Chevron, considerada em si mesma, pois as partes poderiam, por vias diversas, alterar os acordos iniciais. Era necessário, ainda, avaliar materialmente de que modo a alteração da estrutura das empresas fundadoras envolvidas na empresa comum – alteração cujo carácter estrutural é acentuado pela longa duração dos acordos – se repercutia, em termos reais, em alterações permanentes da estrutura dos mercados.

A condição fundamental de irreversibilidade do abandono do mercado da nova empresa comum pelas empresas fundadoras não pode resultar, tão só, de alterações formais na estrutura das empresas envolvidas, mas igualmente do impacto efectivo das mesmas na estrutura dos mercados em causa, traduzindo-se este, designadamente, na impossibilidade – ou improbabilidade, em termos de actuação empresarial normal – de retorno a esses mercados de qualquer uma das empresas fundadoras por razões de custo. Esse conceito jurídico-económico complexo de "*irreversibilidade*" pressupunha, de algum modo, em nosso entender, uma interacção entre as alterações de estrutura das empresas directamente moldadas pela vontade das partes e as características dos mercados em que

---

[1254] Cfr. GOLDMAN, LYON-CAEN, *Droit Commercial Européen*, Paris, Dalloz, 1983.

676   *Empresas comuns* – Joint Ventures

essas empresas se situassem. Assim, as alterações da estrutura das empresas são consolidadas, nos casos em que a situação dos mercados nos quais as referidas alterações vão produzir efeitos, não seja de molde a permitir, sem desvantagens inaceitáveis para as empresas envolvidas, a reversão das operações que incidiram sobre esses aspectos de ordem estrutural. Essa consolidação de modificações duradouras da estrutura das empresas produzida em função das características dos mercados em que tais empresas actuam corresponde, na verdade, a uma verdadeira alteração da estrutura do mercado.

2.3.6. A importância da decisão da Comissão *"De Laval/Stork"*

Na decisão *"De Laval/Stork"*, de 1977,[1255] a Comissão analisou uma empresa comum criada na Holanda entre a De Laval, uma empresa norte- -americana produtora de turbinas, e outra empresa. A empresa comum tinha como objecto a produção e distribuição de turbinas, cujo mercado, como destacou a Comissão, não foi completamente abandonado de forma irreversível pela De Laval (o que obstou à caracterização desta operação de criação da empresa comum como uma concentração parcial, segundo a terminologia jurídica então utilizada).

Neste caso, a Comissão procurou delinear, de forma mais explícita, um conjunto de parâmetros de qualificação das modalidades e condições de *"abandono irreversível"* do mercado pelas empresas fundadoras (para efeitos de verificação do carácter de concentração da operação de criação da empresa comum). Assim, especificou, nesta decisão, como condições de atribuição do carácter de concentração à operação, o abandono pelas empresas fundadoras do mercado da nova empresa comum – diversamente do caso *"SHV/Chevron"*, no qual apenas se exigira que uma das empresas- -mãe se retirasse do mercado da empresa comum –, o carácter irreversível e completo desse abandono do mercado por parte das empresas fundadoras e, finalmente, uma condição negativa, no sentido de assegurar que a integração de certas áreas de actividade não tenha um efeito restritivo sobre a concorrência entre empresas fundadoras em áreas do mercado conexas com a da empresa comum e nas quais aquelas empresas continuam a actuar (trata-se, pois, da não verificação de qualquer *"efeito de grupo"*).

[1255] Decisão *"De Laval Stork"*, de 1977, já cit.

Neste conjunto de condições destacavam-se, pela sua complexidade, a verificação do carácter irreversível do abandono do mercado e a ponderação de existência de qualquer efeito de grupo (embora autores como, *vg.*, KAREN BANKS[1256] tenham considerado que se encontrava subjacente a essa exigência estrita de *"irreversibilidade"* do abandono do mercado a ideia de impedir que as empresas fundadoras da empresa comum continuassem a actuar entre si como *"concorrentes actuais ou potenciais"*). A Comissão veio, em decisões posteriores ao caso *"De Laval/ /Stork"*, introduzir alguns elementos mínimos de flexibilidade nesse domínio, ao admitir, como no caso *"Elopak/Metal Box-Odin"*[1257] – adiante retomado, noutro contexto, para efeitos de análise substantiva dos efeitos de empresas comuns sobre o processo de concorrência[1258] –, que a empresa comum pudesse colocar-se numa posição de concorrência com uma das empresas fundadoras.

Na realidade, a verificação do carácter irreversível do abandono total do mercado da empresa comum pelas empresas fundadoras (claramente exigido relativamente ao conjunto destas empresas na decisão *"De Laval/Stork"*) suscita consideráveis dificuldades. Esse abandono do mercado apenas seria tido como irreversível, desde que as empresas em causa tivessem efectivamente deixado de desenvolver uma actividade na área de mercado relevante e, além disso, não tivessem comprovadamente capacidade para, em condições normais, regressarem a esse mercado (a perspectiva de as empresas fundadoras poderem constituir concorrentes potenciais

---

[1256] Cfr. KAREN BANKS, *Mergers and Partial Mergers Under EEC Law*, cit., esp. pp. 413 ss..

[1257] Decisão *"Elopak/Metal Box-Odin"*, JOCE n.º L 209/15, 1991. Como acima se refere, o conteúdo desta decisão será retomado noutro contexto da nossa análise – designadamente na **Parte III** do trabalho – capítulo terceiro, ponto 2.3.5.4.2. – a propósito da avaliação dos efeitos de empresas comuns de investigação e desenvolvimento para o processo de concorrência.

[1258] Como se refere na nota anterior, na análise que efectuaremos desta decisão *"Elopak/Metal Box-Odin"* (*infra*, **Parte III**), não se encontra de todo em causa qualquer aspecto relativo à caracterização da operação empresarial em causa como empresa comum submetida ao regime do artigo 85.º TCE ou como entidade passível de qualificação como concentração. Assume-se a primeira dessas caracterizações – porquanto, mesmo à luz dos critérios de qualificação jurídica de empresas comuns, revistos na primeira reforma, de 1997, do RCC, a operação em causa constituiria, ainda, uma empresa comum submetida ao regime do artigo 85.º TCE (artigo 81.º CE) e analisam-se diversos problemas substantivos relevantes em sede de aplicação dessa disposição do Tratado CE.

no mercado da empresa comum deveria, pois, estar igualmente afastada, apesar, de como já referimos, em decisões ulteriores a Comissão ter – de forma não isenta de ambiguidade – flexibilizado, pelo menos de modo aparente, essa exigência).

Pensamos que a verificação do carácter irreversível do abandono do mercado pelas empresas fundadoras com base no teste da concorrência potencial seria excessivamente exigente, mesmo num contexto em que a ausência de coordenação de comportamentos entre as empresas envolvidas no processo constituía um requisito para a qualificação como operação de concentração (aspecto que, de resto, era agravado pelo facto de a Comissão na sua prática decisória posterior ao caso *"De Laval/Stork"* não ter mantido uma orientação inteiramente coerente com os critérios expressamente delineados ou implícitos no mesmo). Na realidade, a ideia segundo a qual a concorrência potencial entre as empresas fundadoras só estaria afastada desde que os activos industriais mantidos por essas empresas e a sua situação e perspectivas financeiras não permitissem admitir, sob qualquer forma, o seu retorno ao mercado da empresa comum como concorrentes tornaria, em nosso entender, quase impossível configurar situações de criação de empresas comuns, no quadro das quais as empresas fundadoras mantivessem actividades económicas próprias noutros domínios, e que, mediante a verificação de um abandono completo e irreversível do mercado da empresa comum por parte dessas empresas fundadoras, pudessem ser qualificadas como concentrações parciais.

Além disso, na sua prática decisória deste período, a Comissão nem sempre analisou de forma completa a matéria de facto – ou, pelo menos, em muitos casos, não explicitou devidamente as análises eventualmente realizadas –, tendo, frequentemente, subvalorizado os aspectos económicos que poderiam ter um papel primacial na fundamentação dos juízos sobre o carácter irreversível do abandono do mercado pelas empresas comuns.

Assim, aspectos como a improbabilidade de retorno ao mercado da empresa comum devido aos elevados custos que tal implicaria – custos ligados à adaptação dos activos industriais, ou outros, das empresas-mãe – e que, na perspectiva do investidor normal, não seriam comportáveis (face às expectativas razoáveis que poderiam estar associadas a esse retorno ao mercado), apesar de incidentalmente aflorados em algumas decisões da Comissão, raramente eram objecto de uma análise jurídico-económica desenvolvida que explicitasse os factores de apreciação mais relevantes.

Não constitui, de resto, argumento válido para sustentar a bondade da fundamentação técnica das decisões da Comissão, em que esta equacionou a eventual existência das então denominadas concentrações parciais, a ideia de que esses factores ou critérios de apreciação complementares se encontram implícitos nas mesmas decisões. O rigor da construção jurídica neste domínio e a segurança jurídica dos agentes económicos, postulam indiscutivelmente uma definição clara e explícita do enquadramento jurídico-económico da matéria de facto em tais decisões. A este respeito, importa reconhecer que a aprovação ulterior do RCC permitiu, como se verificará, uma significativa flexibilização dos critérios de qualificação jurídica de empresas comuns como operações de concentração, em especial no que respeita à exigência de abandono do mercado da nova empresa comum por parte das empresas fundadoras, mas tornou essa análise, em certos aspectos, ainda mais complexa devido à maior abertura que se verificou para ponderar circunstâncias económicas diversas dos mercados relevantes.[1259]

No conjunto das condições de atribuição do carácter de concentração às operações de criação de empresas comuns delineadas pela Comissão na decisão *"De Laval/Stork"* justifica-se, ainda, salientar, pela sua complexidade e influência no juízo final sobre a caracterização da empresa comum, a apreciação do denominado *"efeito de grupo"*[1260] (a possibilidade de a conjugação de activos numa determinada área empresarial da qual as empresas fundadoras da empresa comum se retiram de forma *"irreversível"* afectar negativamente a concorrência entre essas empresas noutros

---

[1259] Sobre a insuficiência da análise económica da Comissão e as dificuldades experimentadas por esta Instituição para integrar nas suas metodologias de apreciação critérios de ponderação económica sem afectar graus mínimos de previsibilidade dos seus juízos jurídicos, cfr., por todos, V. KORAH, *An Introductory Guide to EC Competition Law and Practice*, cit., esp. pp. 347 ss.. Esta A. destaca justamente a existência de insuficiências analíticas na concatenação de factos apurados em relação ao funcionamento de certos mercados com os fundamentos jurídico-económicos expostos para suportar determinados juízos de avaliação formulados pela Comissão. Retomamos esse problema na **Parte III** no contexto do nosso estudo da avaliação substantiva das empresas comuns (cfr., de qualquer modo, em relação a outra posição doutrinal que salienta também o tipo de insuficiências analíticas ora consideradas, MICHEL WAELBROECK, *Antitrust Analysis Under Article 81(1) and (3)*, in *Annual Proceedings of the Fordham Corporate Law Institute – 1987*, Editor BARRY HAWK, Matthew Bender, 1988, cit., pp. 28-1).

[1260] Cfr., em geral, sobre este denominado *"efeito de grupo"*, BOS, STUYCK, WYTINCK, *Concentration Control in the European Economic Community*, cit., esp. pp. 194 ss..

domínios, *maxime* domínios conexos com o mercado da empresa comum, em que essas empresas fundadoras continuem a actuar).

Assim, neste caso "*De Laval/Stork*" a Comissão destacou o facto de as empresas fundadoras da empresa comum manterem actividade própria em mercados do produto conexos com o desta última empresa, bem como em mercados geográficos próximos do atribuído à referida empresa. Este aspecto foi considerado não apenas na perspectiva de um potencial efeito de grupo – afectação da concorrência nesses mercados em que as empresas fundadoras continuam activas –, mas igualmente como indício importante da inexistência de obstáculos ponderosos ao retorno dessas empresas ao mercado da empresa comum (pela nossa parte, entendemos que, nessa perspectiva, esse indício seria mais significativo no que respeita à manutenção de actividade própria das empresas fundadoras na área de negócios da empresa comum, em mercados geográficos próximos daquele que fosse atribuído a esta entidade).

A decisão "*De Laval/Stork*" veio, igualmente, clarificar outro aspecto da análise das empresas comuns no período anterior à aprovação do RCC. Esta, em tese geral, poderia ser encetada com a caracterização da operação de criação da empresa comum. Nesses termos, a eventual verificação de inexistência de uma operação de concentração determinaria, em princípio, a aplicação do artigo 85.º TCE. A Comissão realizou, contudo, uma análise com um encadeamento lógico diverso, começando por apreciar, nessa decisão, se a situação aí em apreço poderia afectar o comércio entre Estados Membros. A qualificação da operação de criação de empresa comum apenas foi ensaiada depois de comprovada a afectação do comércio entre Estados Membros. Este processo de análise deveu-se certamente ao problema da determinação da aplicabilidade do Direito comunitário de concorrência e da repartição de competência de regulação, nesta área jurídica, entre a Comissão e as autoridades nacionais dos Estados Membros (na realidade, caso a Comissão verificasse não existir qualquer afectação do comércio interestadual, o artigo 85.º TCE não seria aplicável e o problema da qualificação jurídica da empresa comum, à luz do ordenamento comunitário, não chegaria sequer a colocar-se).

Parte II – Capítulo 2   681

2.3.7. **Concretização dos critérios de qualificação de empresas comuns formulados na decisão "De Laval Stork"**

Os critérios fundamentais de qualificação das empresas comuns delineados na decisão "*De Laval Stork*" foram, com algumas variações, aplicados noutras Decisões ulteriores da Comissão até à aprovação do regime comunitário de controlo directo das operações de concentração.

Assim, na decisão "*Iveco/Ford*"[1261] a Comissão analisou a criação de uma empresa comum entre a Ford UK (filial do grupo Ford no Reino Unido) e a Iveco, para a qual a primeira destas empresas fundadoras transmitiu a sua estrutura produtiva de veículos pesados de carga no Reino Unido. A empresa comum assumiu também a distribuição desses veículos no Reino Unido. Apesar de a Ford UK se ter retirado como concorrente directo do mercado em causa, a Comissão destacou que o grupo Ford continuaria a produzir aquela categoria de veículos nos EUA (e noutros territórios) e, consequentemente, continuaria a comercializar os mesmos, no mercado do Reino Unido, pelo que o requisito de abandono completo e irreversível do mercado da empresa comum, pelas empresas fundadoras, não estaria verdadeiramente preenchido. Esta apreciação da Comissão demonstra bem o grau de exigência utilizado na aplicação deste critério de abandono do mercado.

No decisão "*Mitchell Cotts/Sofiltra*"[1262] – à qual retornaremos na terceira parte desta dissertação, no quadro da nossa análise substantiva dos efeitos decorrentes de empresas comuns – a Comissão analisou a criação de uma empresa comum entre a Sofiltra (estabelecida em França) e a M.C. Engineering (estabelecida no Reino Unido) para a produção e distribuição de filtros de ar de alta precisão (destinados aos mercados químico e de computadores, entre outros), tendo considerado, como aspecto fundamental para a atribuição de um carácter de cooperação à referida empresa comum, o facto de a Sofiltra continuar a fabricar o mesmo produto, sendo, de resto, impedida, nos termos do acordo em causa, de o comercializar no mercado do Reino Unido.

[1261] Decisão "*Iveco/Ford*", JOCE n.º L 230/39, 1988.

[1262] Decisão "*Mitchell Cotts/Sofiltra*", de 1987, já cit., cujo conteúdo retomaremos noutro contexto de análise relativo ao estudo de diversas categorias de empresas comuns submetidas ao regime do artigo 85.º TCE (artigo 81.º CE), e das respectivas repercussões sobre o processo de concorrência – *infra*, capítulo terceiro da **Parte III**.

682   *Empresas comuns* – Joint Ventures

Esta decisão *"Mitchell Cotts/Sofiltra"* é importante por outras razões relacionadas com a avaliação jusconcorrencial das empresas comuns. Na realidade, essa decisão assinala uma das primeiras inflexões da Comissão no sentido de alguma flexibilização dos critérios de aplicação da proibição estabelecida no n.º 1 do artigo 85.º TCE a empresas comuns, qualificadas como entidades de natureza cooperativa.

No âmbito do enquadramento sistemático das empresas comuns não passíveis de qualificação como concentrações parciais – resultante das orientações assumidas no Memorando de 1965 – a Comissão desenvolveu um entendimento consideravelmente formal e rígido em matéria de aplicação da referida regra de proibição. De acordo com esse entendimento, a criação de empresas comuns, com carácter cooperativo, geraria diversos tipos de riscos de afectação da concorrência que, com facilidade, determinariam a sujeição dessas entidades à regra de proibição estabelecida no n.º 1 do artigo 85.º TCE. Entre esses riscos, a Comissão destacava a verificação de riscos de coordenação de comportamentos anticoncorrenciais – afectando elementos essenciais do processo de concorrência (*v.g.* preços, quantidades oferecidas) – riscos de eliminação de concorrência potencial e de produção de efeitos de encerramento dos mercados a terceiras entidades (os quais apenas enunciamos aqui de modo esquemático, visto que esta matéria, referente à avaliação dos efeitos decorrentes da criação de empresas comuns, numa óptica *de iure condito* será tratada *ex professo*, e de forma desenvolvida, na terceira parte desta dissertação).

Além disso, a Comissão tendia a distinguir restrições da concorrência *inerentes à criação de determinadas empresas comuns* e *restrições decorrentes de aspectos explicitamente estipulados em acordos relacionados com a constituição e funcionamento de certas empresas comuns*. Entre essas restrições, foram correntemente identificadas como restrições passíveis de sujeição à proibição do n.º 1 do artigo 85.º TCE na *praxis* decisória da Comissão, a eliminação de concorrência efectiva ou potencial entre as empresas-mãe, a coordenação tendente à fixação de preços ou à partilha de mercados nos mercados em que actuassem as empresas comuns ou em mercados conexos, a criação de barreiras entre mercados nacionais, a emergência de novas barreiras à entrada no mercado ou o reforço de barreiras existentes e, até, a eliminação de concorrência entre as empresas-mãe e a empresa comum.[1263]

[1263] Sobre este tipo de restrições da concorrência identificadas na prática decisória até à aprovação do RCC, cfr., inter alia, JONATHAN FAULL, "Joint Ventures Under the EEC

Parte II – Capítulo 2

Em súmula, a Comissão adoptou, neste período anterior à adopção de um regime comunitário de controlo de concentrações, uma orientação favorecendo o que se chegou a denominar de proibição *"implícita"* de todas as empresas comuns – *ex vi* do n.º 1 do artigo 85.º TCE – desde que as mesmas fossem constituídas por empresas fundadoras tidas como concorrentes efectivos ou potenciais e que ultrapassassem os limiares *de minimis* contemplados em relação à generalidade das situações de cooperação empresarial.[1264] Paradigmática desse tipo de abordagem analítica foi, *v.g.*, a apreciação desenvolvida na decisão *"GEC-Weir Sodium Circulators"*, nos termos da qual se admitia, quanto às situações de criação de empresas comuns entre empresas fundadoras que fossem concorrentes actuais ou potenciais, a probabilidade significativa de verificação de coordenação de comportamentos entre tais empresas fundadoras necessariamente sujeita, enquanto tal, à proibição estabelecida no n.º 1 do artigo 85.º TCE.[1265]

Competition Rules", in ECLR, 1984, pp. 360 ss. No mesmo sentido, cfr., também BARRY HAWK, *Joint Ventures Under EC Law*, cit., pp. 557 ss.. Sobre o tipo de distinções entre restrições da concorrência ora em causa, cfr., ainda, a análise desenvolvida pela Comissão nas decisões *"BP/Kellogg"* (JOCE n.º L 369/6, 1986) e *"Optical Fibers"* (JOCE n.º L 236/30, 1986).

[1264] Cfr sobre esse tipo de proibição *"implícita"*, cfr., por todos, BARRY HAWK, *Joint Ventures Under EC Law*, cit., pp. 557 ss., esp. pp. 578 ss. Este A. mostra-se justamente crítico das orientações então desenvolvidas pela Comissão assente no que denomina de *"inherent restrictions rationale"*. Além disso, sublinha – em termos que subscrevemos integralmente – que o excessivo formalismo associado à suposta verificação quase automática de efeitos restritivos da concorrência em virtude da criação de empresas comuns entre empresas concorrentes era agravado por deficiências de análise económica na identificação de tais relações de concorrência entre empresas-mãe. Como refere HAWK, *"many Commission decisions are flawed by an anemic economic analysis. Particularly in earlier decisions, there was only a bare finding that the parents were actual or potential competitors. Little appeared in the decisions to demonstrate the extent and importance of that competition"* (A. cit., *op. cit.*, p. 579). Sobre critérios *de minimis* para avaliar a relevância jusconcorrencial de situações de cooperação empresarial, cfr. o exposto *supra*, capítulo primeiro desta **Parte II** (esp. 4.5.).

[1265] Decisão *"GEC-Weir Sodium Circulators"*, de 1977, já cit. A consequência última dessa orientação, retirando todos os corolários da mesma seria, forçosamente, assumir que todas empresas comuns que ultrapassassem os critérios gerais *de minimis* (fixados em sede de aplicação do artigo 85.º TCE) e que envolvessem empresas-mãe em relação de concorrência efectiva ou potencial ficariam sujeitas à proibição do n.º 1 do referido artigo 85.º TCE. Cfr., nesse sentido, e numa perspectiva crítica, BARRY HAWK, *US, Common Market and International Antitrust: A Comparative Guide*, cit., 1990, Suppl., pp. 312 ss..

684   *Empresas comuns* – Joint Ventures

Em contrapartida, divergindo, de algum modo, dessa orientação rígida tendente à proibição automática (*"implícita"*) de uma parte significativa das empresas comuns não passíveis de qualificação como concentrações parciais, a Comissão, na acima referida decisão *"Mitchell Cotts/ /Sofiltra"*, procurou delimitar situações referentes à criação de empresas comuns que tipicamente não se encontrassem cobertas pela referida proibição do n.º 1 do artigo 85.º TCE. Assim, considerou que, em princípio, as empresas comuns constituídas entre empresas fundadoras que não fossem concorrentes efectivos ou potenciais não se encontrariam sujeitos a essa regra de proibição.[1266] Deste modo, a decisão *"Mitchell Cotts/Sofiltra"* é claramente precursora da orientação que veio a desenvolver-se em período ulterior – já no quadro da vigência do RCC e que adiante analisaremos *ex professo*[1267] – no sentido de identificar critérios gerais de apreciação favorável de empresas comuns tendentes à delimitação de situações normalmente permitidas para efeitos de aplicação do n.º 1 do artigo 85.º TCE.

Todavia, essa orientação mais flexível que aparentemente resultava desta decisão, bem como de outras decisões que adoptaram metodologias de análise menos formais e incorporando diversos elementos estruturais de análise económica – *v.g.*, no caso *"GEC-Siemens/Plessey"*[1268] – não

---

[1266] Essa formulação foi, no entanto, desenvolvida com duas ressalvas, referentes, por um lado, a situações em que as empresas-mãe disponham de poder de mercado considerável em mercados adjacentes e nas quais se verifiquem riscos de exclusão de terceiras empresas, e, por outro lado, a casos em que exista uma rede de empresas comuns que ponha em causa a integração dos mercados ou que, de outra forma, produza efeitos restritivos da concorrência (cfr. ponto 19 da decisão *"Mitchell Cotts/Sofiltra"*).

[1267] Essa orientação tendente a identificar situações paradigmáticas que tipicamente não suscitam riscos apreciáveis de afectação da concorrência (*"safe harbours"*), acolhida na Comunicação de 2001, cit., – com clara influência desta verdadeira decisão precursora, *"Mitchell Cotts/Sofiltra"* – constitui um dos esteios lógicos do modelo analítico geral de apreciação de empresas comuns que delineámos, e será globalmente analisada na parte nuclear deste trabalho – *infra*, **Parte III**.

[1268] Cfr. decisão *"GEC-Siemens/Plessey"* (JOCE n.º C 239/2, 1990). Esta decisão configura, porventura, o caso em que, até à adopção do RCC, a Comissão terá levado mais longe uma análise orientada para aspectos estruturais do funcionamento do mercado, sem soçobrar em critérios formais de afectação da concorrência, em relação a uma empresa comum avaliada no quadro do artigo 85.º TCE. De qualquer modo, não só essa maior abertura à ponderação económica de elementos estruturais não foi confirmada, como orientação estável na praxis decisória ulterior – no sentido que se assinala no texto acima – como, também, na própria decisão em causa, a Comissão incorreu no problema analítico

correspondeu, então, a uma prática decisória consistente por parte da Comissão. Em múltiplas decisões, a Comissão continuou a identificar sistematicamente e como consequência implícita da criação de empresas comuns restrições da concorrência subsumíveis na proibição prevista no n.º 1 do artigo 85.º TCE e, embora num conjunto significativo de casos, tenha admitido a concessão de isenções individuais *ex vi* do n.º 3 do mesmo artigo, tal implicou – num quadro de grande intervencionismo da Comissão – submeter as empresas participantes nesse tipo de processos a uma considerável margem de incerteza e aos inerentes custos de transacção.[1269]

2.3.8. Algumas evoluções da praxis decisória da Comissão

Retomando a matéria especificamente relacionada com a qualificação jurídica das empresas comuns e de situações conexas – como concentrações parciais ou como operações de tipo cooperativo – também nesse domínio é possível, apesar de tudo, verificar, em alguns casos, uma relativa flexibilização do critério do abandono do mercado pelas empresas fundadoras da empresa comum e do teste da concorrência potencial entre as mesmas inerente àquele critério. Tal flexibilização ocorre sobretudo desde a publicação do *"Décimo Terceiro Relatório sobre a Política de Concorrência"* no qual a Comissão preconiza – justamente, em nosso entender – que o grau de concorrência potencial depende fundamental-

---

essencial de que enfermou, normalmente, a sua análise de empresas comuns, ao não estabelecer critérios claros de demarcação dos âmbitos de aplicação do disposto no n.º 1 e no n.º 3 do artigo 85.º TCE (problema analítico que já referimos e que foi, *vg*, criticamente equacionado por autores como WAELBROECK; cfr. A. cit., *Antitrust Analysis Under Article 81(1) and (3)*, cit., pp. 28-1 ss.). Trata-se de uma questão analítica fundamental que aqui não é objecto de maiores desenvolvimentos, porquanto a mesma se encontra no cerne do estudo crítico realizado na **Parte III**.

[1269] Essa *pré-compreensão hermenêutica* favorável à sujeição de uma parte significativa das empresas comuns à proibição estabelecida no n.º 1 do artigo 85.º TCE e à ulterior concessão de isenções em relação às mesmas *ex vi* do n.º 3 dessa disposição do Tratado contribuiu para gerar significativas indefinições jurídicas e inerentes custos de transacção para as empresas. O que se mostrou especialmente problemático, em nosso entender, foi o facto de, por um lado, a sujeição à proibição geral ser estabelecida no quadro de notórios défices de análise económica e de, por outro lado, na aplicação da regra de isenção não serem claros os parâmetros utilizados e a articulação entre estritos critérios de concorrência e outros tipos de interesses públicos.

686   *Empresas comuns* – Joint Ventures

mente da *"natureza dos produtos ou serviços oferecidos pela empresa comum"* e deve ser aferido através de uma análise económica realista.[1270]

Com base nessa constatação, a Comissão delineou um conjunto de índices de avaliação da capacidade de retorno das empresas fundadoras ao mercado da empresa comum, ligados a vários elementos que caracterizam os produtos ou serviços em causa ou o seu mercado (*vg.* no sentido de analisar a capacidade produtiva requerida para uma penetração nos mercados em causa, a disponibilidade de meios ou produtos cuja utilização seja relevante no mercado da empresa comum, o nível de procura no mesmo mercado e o acesso a redes de distribuição pelas empresas fundadoras ou ainda, entre outros aspectos, a capacidade destas empresas financeiras para suportar os riscos financeiros e técnicos associados ao desenvolvimento isolado das produções da empresa comum).

A ponderação destes aspectos económicos e a consequente atenuação do formalismo jurídico de algumas análises anteriores permitiu, pois, em alguns casos, utilizar de modo mais flexível o teste da concorrência potencial, como se terá verificado, porventura, nas decisões *"Optical Fibres"*,[1271] *"Elopak/Metal Box-Odin"*,[1272] ou *"Konsortium ECR 900"*.[1273] A adopção de uma perspectiva menos formalista quanto à identificação de relações de concorrência potencial não apresentava apenas repercussões no plano da qualificação jurídica e enquadramento sistemático das empresas comuns, mas também num plano de avaliação substantiva dos efeitos decorrentes das mesmas. Na realidade, não sendo tão facilmente identificáveis esses tipos de relações – como sucedia na generalidade das decisões da Comissão anteriores ao *"Décimo Terceiro Relatório sobre a Política de Concorrência"* – também seria possível mitigar a orientação tendente a uma proibição implícita de empresas comuns.

Contudo, em nosso entender, essa flexibilização não traduziu uma orientação material claramente definida da Comissão, na qual as excessivas exigências do teste da concorrência potencial – tal como este foi delineado desde a decisão *"De Laval Stork"* – tenham sido decisivamente afastadas.

[1270] Cfr. *"Treizième Rapport sur la Politique de la Concurrence"*, ponto 55.

[1271] Decisão *"Optical Fibres"*, JOCE n.º L 236/30, 1986.

[1272] Decisão *"Elopak/Metal Box – Odin"*, de 1990, já cit..

[1273] Decisão *"Konsortium ECR 900"*, JOCE n.º L 228/3, 1990.

Parte II – Capítulo 2 687

2.4. O ACÓRDÃO *"PHILIP MORRIS"* E O PROCESSO DE APROVAÇÃO DO REGIME COMUNITÁRIO DE CONTROLO DE CONCENTRAÇÕES

2.4.1. A importância da discussão desencadeada pela jurisprudência *"Philip Morris"*

A análise das empresas comuns constituiu, praticamente, durante um largo período posterior à publicação do Memorando da Comissão de 1 de Dezembro de 1965, o único domínio no qual foi seriamente debatida a aplicabilidade do artigo 85.º TCE a operações orientadas para a integração empresarial. Como referimos, a prática decisória da Comissão nesta matéria complexa das empresas comuns evoluiu no sentido de sujeitar situações diversas de concentração de importantes activos empresariais ao regime do artigo 85.º TCE, através do desenvolvimento de critérios jurídico-económicos de qualificação das operações de criação de empresas comuns que obstavam, na maior parte dos casos, à caracterização das mesmas operações como processos de concentração empresarial.

Esta distorção, de algum modo propiciada pela natureza ambivalente das empresas comuns, coexistia com a observância formal das orientações delineadas no Memorando supramencionado. Assim, embora a Comissão tenha desenvolvido um teste excessivamente exigente para a caracterização das denominadas concentrações parciais (nos moldes que analisámos *supra*), tornando extraordinariamente difícil – e mesmo improvável – a atribuição dessa qualificação jurídica a empresas comuns, continuava a sustentar que o regime do artigo 85.º TCE não era aplicável às verdadeiras operações de concentração.

Este entendimento formal apenas veio a ser frontalmente posto em causa e a constituir objecto de discussão mais alargada na sequência do Acórdão proferido pelo TJCE no processo *"Philip Morris"*,[1274] cujo conteúdo importa, pois, analisar. Na realidade, apesar de considerarmos que o conteúdo da jurisprudência *"Philip Morris"* foi largamente sobrevalorizado, é inegável que a discussão doutrinal gerada pela mesma contribuiu,

---

[1274] Referimo-nos ao Acórdão do TJCE, usualmente referenciado como *"Philip Morris"* (designação que também utilizamos) e, na realidade, correspondente ao processo *"BAT and Reynolds v. Commission"*, de 1987, já cit..

688   *Empresas comuns* – Joint Ventures

de forma decisiva, para o processo de negociação de um intrumento comunitário de controlo directo de operações de concentração entre empresas, que nos interessa abordar como desenvolvimento essencial para a conformação do tratamento sistemático das empresas comuns em vários estádios do direito comunitário da concorrência (de resto, como adiante se salienta, os aspectos políticos ligados a esse processo de negociação poderão ter pesado na análise do Acórdão *"Philip Morris"*). Em contrapartida, a apreciação crítica de alguns critérios jurídicos e de categorias conceptuais utilizados no referido Acórdão permite, ainda, apreender de forma mais rigorosa certos limites de aplicação do regime do Artigo 86.º a operações que se situam na fronteira entre a cooperação e a coligação, e dilucidar algumas noções jurídicas fundamentais que são utilizadas em sede do controlo de concentrações instituído pelo RCC.

2.4.2. A análise desenvolvida pelo TJCE no Acórdão *"Philip Morris"*

No caso em apreço, a Comissão apreciou uma operação de aquisição pela Philip Morris de uma participação de 50% no capital da Rothmans Tobacco Holdings (RTH) à Rembrandt (uma empresa sul-africana, que rejeitara ofertas anteriores de compra de empresas como a British American Tobacco e da Reynolds). Esta empresa sul-africana detinha uma participação de controlo na Rothmans International – uma das grandes concorrentes da Philip Morris – precisamente através da sua filial RTH. Por outro lado, além da transmissão da participação de 50% do capital social da RTH, a Rembrandt e a Philip Morris celebraram, ainda, acordos regulando a designação de membros dos órgãos sociais daquela sociedade por ambas as partes, bem como a atribuição recíproca de um direito de veto relativamente às deliberações da mesma.

Na sequência da apresentação de queixas pelas empresas preteridas naquela operação de aquisição de participações na RTH, a Comissão considerou que a aquisição pela Philip Morris de uma importante participação numa empresa que detinha o controlo sobre um dos seus maiores concorrentes (a Rothmans International) conduziria inelutavelmente a uma restrição da concorrência, pois a Philip Morris seria induzida a coordenar a sua actividade comercial no mercado comunitário de tabaco com a Rothmans International.

Parte II – Capítulo 2 689

Destacou, ainda, este órgão comunitário o facto de os direitos de nomeação de membros de órgãos sociais da RTH conferidos à Philip Morris contribuirem para reforçar as perspectivas de coordenação de comportamentos comerciais com a Rothmans International. A previsibilidade das situações de coordenação das actividades comerciais de duas das maiores empresas de tabaco presentes no mercado comunitário e a verificação das restrições sobre a concorrência no mesmo mercado que daí resultariam levaram a Comissão a expressar a sua oposição ao acordo entre a Philip Morris e a Rembrandt, considerando que o mesmo colidiria com a proibição de acordos restritivos da concorrência previstos no Artigo 85.º TCE (a Comissão sustentou ainda que o acordo em causa poderia também infringir o Artigo 86.º TCE, visto contribuir de forma indevida para reforçar a posição dominante detida pela Rembrandt).[1275]

Após a formulação destas objecções pela Comissão, o acordo inicialmente configurado foi alterado. A versão reformulada desse acordo incluía a aquisição directa pela Philip Morris de uma participação de 30,8% no capital da Rothmans International (correspondente a cerca de 29% do capital com direito de voto), bem como uma estipulação no sentido de a alienação da participação de cada uma das partes na Rothmans International a um único comprador depender da disponibilidade do mesmo para adquirir a participação da outra parte nas mesmas condições. A este compromisso acrescia ainda um direito de opção que as partes se atribuíam reciprocamente. Em alternativa, a alienação de participações apenas poderia fazer-se relativamente a um número mínimo de dez adquirentes independentes, os quais nunca poderiam controlar mais do que 10% do capital com direito de voto da Rothmans. Como justamente salientaram V. Korah e P. Lasok, esta estipulação *"tornava virtualmente impossível que qualquer outra empresa de tabaco obtivesse, através da aquisição de acções a qualquer das partes, o poder de influenciar as decisões da Rothmans"*.[1276]

Além disso, a Philip Morris assumiu ainda verdadeiras obrigações de *non facere*, comprometendo-se a não designar quaisquer representantes para os órgãos sociais da Rothmans e a não procurar nem aceitar informações sobre a mesma sociedade que pudessem influenciar o seu

---

[1275] Cfr., nesse sentido, e assinalando esse aspecto, Valentine Korah, Paul Lasok, "Philip Morris and Its Aftermath – Merger Control?", cit., p. 334.

[1276] Cfr. V. Korah, P. Lasok, "Philip Morris and Its Aftermath – Merger Control?", cit., pp. 334 ss.

690   *Empresas comuns* – Joint Ventures

comportamento. Uma vez definida esta reformulação do acordo entre a Rembrandt e a Philip Morris, a Comissão considerou ultrapassadas as suas anteriores objecções e decidiu rejeitar as queixas apresentadas contra a operação.

Inconformadas com esta decisão da Comissão, as empresas que haviam anteriormente apresentado queixas em relação à operação em causa recorreram dessa decisão de aceitação da mesma operação.[1277] O TJCE, no seu Acórdão de 17 de Novembro de 1987, embora tenha mantido a decisão da Comissão, equacionou, em termos latos, os problemas emergentes da aquisição de participações significativas em empresas concorrentes. Assim, da fundamentação jurídica expendida pelo TJCE, pode concluir-se, como salientou C. BELLAMY,[1278] que este órgão jurisdicional admitiu, em tese geral, a aplicabilidade do n.º 1 do artigo 85.º TCE – desde que verificadas certas circunstâncias económicas – a operações de aquisição de participações sociais em determinadas empresas, ficando, todavia, em aberto a questão de determinar, em toda a sua extensão, o âmbito desse domínio de aplicação da referida disposição (faltou, designadamente, determinar, em termos mais precisos, se a aplicabilidade do artigo 85.º TCE também se deveria admitir nos casos em que os acordos de aquisição de participações sociais se reconduzissem a verdadeiras operações de concentração entre as empresas envolvidas).

Em termos gerais, o TJCE admitiu que a aquisição de participações sociais significativas numa empresa concorrente não constituía, por si só, uma conduta restritiva da concorrência, relativamente à qual se admitisse directamente a produção das consequências previstas no n.º 2 do artigo 85.º TCE, podendo, todavia, constituir um instrumento para influenciar o comportamento comercial de outras empresas e, desse modo, restringir a concorrência nos mercados em causa. A probabilidade de verificação de efeitos restritivos da concorrência seria reforçada, segundo o TJCE, caso

---

[1277] Esse recurso suscitou algumas questões de ordem processual cuja análise não tem manifestamente cabimento no presente trabalho. De qualquer modo cfr. sobre essas questões, V. KORAH, P. LASOK, "Philip Morris and Its Aftermath – Merger Control?", cit., esp. pp. 336 ss..

[1278] Cfr., nesse sentido, C. BELLAMY, *Mergers Outside the Scope of the New Merger Regulation – Implications of the Philip Morris Judgment*, in *Annual Proceedings of the Fordham Corporate Law Institute – European/American Antitrust and Trade Law – 1988*, Editor BARRY HAWK, Fordham Corporate Law Institute, Matthew Bender, 1989, pp. 22-1 ss..

o acordo relativo a aquisição de participações sociais integrasse outras estipulações que permitissem, de algum modo, à empresa adquirente obter controlo, de direito ou de facto, sobre o comportamento comercial da outra empresa, ou que criassem uma estrutura particularmente apta ao desenvolvimento de cooperação comercial entre as duas empresas.

Por outro lado, o TJCE destaca como elemento relevante da análise de acordos de aquisição de participações sociais – na perspectiva da sua regulação através da aplicação do artigo 85.º TCE – a possibilidade de os mesmos acordos integrarem estipulações nos termos das quais seja concedida à empresa adquirente a faculdade de, em momento ulterior, reforçar a sua posição accionista na outra empresa, adquirindo por essa via o "*controlo efectivo*" da mesma (o TJCE precisava ainda que qualquer acordo deveria ser analisado à luz do contexto económico em que estivesse inserido e da situação no mercado relevante).

2.4.3. **Interpretações divergentes da jurisprudência** *"Philip Morris"*

2.4.3.1. *As teses relativas ao reconhecimento da aplicação do artigo 85.º TCE para o controlo directo de operações de concentração*

A ambiguidade das considerações jurídicas desenvolvidas pelo TJCE sobre a aplicabilidade do artigo 85.º TCE às operações de aquisição de participações sociais noutras empresas, bem como o menor rigor de algumas das passagens decisivas do Acórdão "*Philip Morris*" conduziram, de forma quase inevitável, a interpretações divergentes sobre a posição deste órgão jurisdicional no que concerne ao problema do desenvolvimento de um controlo directo de operações de concentração entre empresas fundado no regime do artigo 85.º TCE – em sentido diverso da posição preconizada pela Comissão no Memorando de 1 de Dezembro de 1965. Para além disso, a análise feita neste Acórdão em relação a acordos relacionados com a aquisição de participações significativos não mantém apenas interesse histórico ligado às vicissitudes do desenvolvimento de um processo comunitário de controlo de concentrações – e reflexamente do enquadramento sistemático das empresas comuns – mas assume, ainda, relevância no actual estado do direito constituído, devido ao tratamento de outro tipo de questões de afectação da concorrência (o que justifica que concedamos alguma atenção à discussão doutrinal que incidiu sobre a mesma). Referimo-nos às questões associadas à existência de situações de titularidade conjunta do capital de empresas que não chegam a revestir os requisitos necessários ao controlo conjunto.

Esse tipo de situações, não passíveis de qualificação como empresas comuns devido à ausência de controlo conjunto, podem, contudo, suscitar problemas comparáveis aos que se encontram associados a essas entidades (*v.g.*, mercê de coordenações de comportamentos induzidas pelo exercício de influência noutra empresa, ou devido à obtenção de informação sensível que possa afectar os comportamentos empresariais). Como anotaremos na terceira parte desta dissertação, o facto de, nos primeiros anos de vigência do regime comunitário de controlo de concentrações – uma vez adoptado, nos termos que referiremos de seguida – a atenção da Comissão não ter incidido sobre esse tipo de situações, tendo-se dirigido, preferencialmente, ao tratamento de concentrações em sentido estrito, não corresponde, de modo necessário, a uma menor relevância das questões de concorrência subjacentes às mesmas. De resto, no novo enquadramento de actuação da Comissão, decorrente da revogação do Regulamento n.º 17/62 justifica-se que esta Instituição venha a conceder uma atenção crescente a esse tipo de situações, tratando-as, de algum modo, a par dos processos de apreciação de empresas comuns.[1279]

[1279] Sobre esta matéria e caracterizando os termos em que se poderão verificar uma atenção e controlo acrescidos de situações comparáveis à versada no Acórdão *"Philip Morris" – participações empresariais que conferem influência relevante, mas não correspondem a controlo conjunto de empresas* – no âmbito do novo enquadramento resultante do Regulamento (CE) n.º 1/2003, o qual deverá permitir à Comissão afectar mais recursos para o acompanhamento de casos que suscitem questões jusconcorrenciais mais complexas ou não satisfatoriamente resolvidas até ao presente, cfr. o exposto, *infra*, capítulo terceiro, ponto **6.**, **Parte III** (de resto, a hipótese de desenvolvimento de processos de controlo mais intensos desse tipo de situações é claramente configurada, mesmo num quadro anterior à aprovação do Regulamento (CE) n.º 1/2003, por autores como, *vg.*, JOHN TEMPLE LANG; cfr. A. cit., *International Joint Ventures Under Community Law*, cit., esp. pp. 423-427). Essa perspectiva justifica que concedamos no presente capítulo uma especial importância e um tratamento algo desenvolvido à interpretação da jurisprudência *"Philip Morris"*, visto que a mesma não se reveste, afinal, de importância meramente histórica, continuando a representar o único precedente jurisprudencial no qual o tipo de situações

Parte II – Capítulo 2

Assim, no quadro da discussão teórica subsequente ao Acórdão, um importante sector da doutrina preconizou que a jurisprudência *"Philip Morris"* traduzia uma aceitação da aplicação do regime do artigo 85.º TCE para o controlo directo de certas operações de concentração entre empresas (autores como MARTIN SCHODERMEIER, E.-J. MESTMÄCKER, WILLEM J. CALKOEN e J.J. FEENSTRA[1280] sustentaram, com algumas variantes, este entendimento). Em contrapartida, outros autores como V. KORAH, P. LASOK[1281] e C. BELLAMY – este último de forma algo dubitativa[1282] – defenderam o entendimento inverso.

Os autores que sustentaram a tese do reconhecimento jurisdicional da aplicabilidade do artigo 85.º TCE às operações de concentração entre empresas destacaram o facto de o TJCE ter trazido expressamente à colação as questões relativas ao controlo de direito ou de facto de empresas, mediante a aquisição de participações significativas no capital das mesmas, conjugada ou não com outras obrigações contratuais.

Por outro lado, de acordo com esta perspectiva, o facto de o TJCE ter admitido, com grande latitude, a aplicação do artigo 85.º TCE a todas as aquisições de participações sociais das quais resulte directamente (ou

---

em causa foi especificamente analisado (sem prejuízo de desenvolvimentos mais recentes em que tais questões são de modo indirecto afloradas no contexto da discussão de problemas jusconcorrenciais mais vastos). Tal análise, constante deste ponto 2.4.3., deve ser considerada em estreita articulação com o estudo, já referido, desenvolvido no capítulo terceiro – ponto **6**. – da **Parte III**. A jurisprudência *"Philip Morris"* continua, em súmula, a revestir-se de fundamental interesse para a compreensão de *situações de titularidade conjunta de empresas, sem controlo conjunto*, as quais, sem reunirem os elementos constitutivos da categoria jusconcorrencial da empresa comum, suscitam potenciais questões de afectação da concorrência muito semelhantes às que se encontram associadas àquelas entidades. Sobre o enquadramento resultante da adopção do Regulamento (CE) n.º 1/2003, que acima trazemos à colação, cfr. o exposto *supra*, capítulo primeiro desta **Parte II** (esp. ponto **5.**).

[1280] Entre os vários autores que interpretaram o Acórdão *"Philip Morris"* como o reconhecimento da aplicabilidade do artigo 85 TCE a operações de concentração, cfr., por todos, WILLEM CALKOEN, J. FEENSTRA, "Acquisition of Shares in other Companies and EEC Competition Policy – The Philip Morris Decision", in The International Business Lawyer, 1988, pp. 167 ss.. Para outras posições na doutrina, cfr., ainda, E.-J. MESTMÄCKER, "Fusionskontrolle im Gemeinsamen Markt zwischen Wettbewerspolitik und Industriepolitik", in EuR., 1988, pp. 349 ss..

[1281] Cfr. V. KORAH, P. LASOK, "Philip Morris and Its Aftermath – Merger Control?", cit., pp. 333 ss..

[1282] Cfr. BELLAMY, *Mergers Outside the Scope of the New Merger Regulation – Implications of the Philip Morris Judgment*, cit., esp. pp. 22-21.

possa resultar) o controlo do comportamento comercial de uma empresa concorrente, implicaria forçosamente a sujeição ao regime previsto nessa disposição de aquisições da totalidade do capital social de outras empresas ou de participações minoritárias, desde que conjugadas com estipulações complementares no sentido da aquisição do capital remanescente em momento ulterior (CALKOEN e FEENSTRA salientam, pois, a possibilidade de aquisições de participações superiores a 50% do capital de uma empresa ou de participações minoritárias, desde que conjugadas com obrigações de que resultassem outras alterações da estrutura do capital da mesma empresa, se encontrarem abrangidas pelo objecto da proibição do n.º 1 do artigo 85.º TCE).[1283]

Os defensores desta interpretação da jurisprudência *"Philip Morris"* preconizam, ainda, que a formulação da exigência, por parte do TJCE de manutenção de duas empresas independentes após a conclusão dos acordos – como condição de aplicabilidade do artigo 85.º TCE – não encerra qualquer contradição com a ideia de sujeição ao regime previsto nessa disposição das situações de aquisição de controlo sobre outras empresas.

Assim, autores como MESTMÄCKER admitem que, neste Acórdão, o TJCE apenas teria erigido em requisito de aplicação do artigo 85.º TCE a independência jurídico-formal das empresas (a manutenção de duas pessoas colectivas distintas), compatibilizando-a com uma noção económica ou material de controlo (o controlo sobre o comportamento comercial de uma empresa, que pode ser obtido, em certas condições, pela sociedade adquirente de uma participação social significativa na mesma empresa). Entendemos, contudo, que esta caracterização jurídica não aprofunda alguns dos problemas conceptuais suscitados pelas formulações utilizadas pelo TJCE.

2.4.3.2. *As teses que sustentam um entendimento mais restritivo da jurisprudência* "Philip Morris"

Os autores que interpretam a jurisprudência *"Philip Morris"* no sentido mais limitado – reconhecimento expresso pela primeira vez da possibilidade de aplicar o artigo 85.º TCE a operações de aquisição de

---

[1283] Cfr. CALKOEN, FEENSTRA, "Acquisition of Shares in other Companies and EEC Competition Policy – The Philip Morris Decision", cit., p. 168.

participações sociais em empresas concorrentes, mas não a operações que constituíssem verdadeiras concentrações – utilizam vários argumentos.

Como primeiro argumento destacam, desde logo, o facto de o TJCE referir no Acórdão que as decisões da Comissão, objecto de recurso, se reportam a um tipo de acordos que não haviam sido analisados na prática decisória anterior daquele órgão comunitário, embora as mesmas não tenham vindo estabelecer *"novos princípios"* nesta matéria. Com base neste elemento literal, retirado de algumas considerações gerais do TJCE, extraem vários autores a conclusão de que este órgão jurisdicional não poderia, de modo algum, ter sustentado, no Acórdão em causa, a aplicabilidade do artigo 85.º TCE às operações de concentração entre empresas, pois essa posição corresponderia à definição de uma nova orientação fundamental assinalando uma ruptura relativamente aos princípios definidos no Memorando de 1 de Dezembro de 1965.

Deste modo, a análise no processo *"Philip Morris"* de uma nova categoria de acordos – não considerada nas situações anteriores de aplicação do artigo 85.º TCE – que, apesar disso, não deu azo à formulação de novos princípios fundamentais, seria explicável à luz da distinção preconizada por KAREN BANKS[1284] entre meras transacções de aquisição de acções e os verdadeiros acordos de concentração entre empresas. A nova categoria de acordos considerada no referido processo correspondia claramente a uma operação de aquisição de acções, mas o TJCE não ponderou, de todo, a sua qualificação como operação de concentração, pois nesse caso, a admissibilidade de aplicação do artigo 85.º TCE teria assinalado uma ruptura decisiva relativamente ao entendimento sustentado pela Comissão no Memorando, cit. (aspecto que teria merecido outra ênfase por parte do TJCE; C. BELLAMY considera, ainda, improvável que este órgão jurisdicional tivesse levado tão longe a sua apreciação jurídica do problema num caso em que as questões relativas ao controlo de concentrações não eram directamente suscitadas nas decisões objecto de recurso).[1285]

Além disso, os defensores desta interpretação restritiva das conclusões do TJCE no Acórdão *"Philip Morris"* salientaram que este órgão jurisdicional não tinha, então, estabelecido uma distinção satisfatória entre os conceitos de independência jurídica e económica, pelo que teria utili-

---

[1284] Cfr. KAREN BANKS, *Mergers and Partial Mergers Under EEC Law*, cit., pp. 426 ss..

[1285] Cfr. BELLAMY, *Mergers Outside the Scope of the New Merger Regulation – Implications of the Philip Morris Judgment*, cit., pp. 22-21ss..

696 *Empresas comuns* – Joint Ventures

zado no Acórdão em causa estas categorias de forma menos rigorosa, incorrendo em algumas contradições. A exigência de manutenção da independência das empresas envolvidas na operação e a verificação de aquisição de controlo jurídico ou de facto sobre o comportamento comercial da empresa cujas acções foram objecto de transacção apenas seria explicável devido à especificidade da matéria de facto no processo (a aquisição de uma participação minoritária conjugada com estipulações relativamente complexas sobre opções de compra e limites à transmissão de participações).

O menor rigor demonstrado pelo TJCE na utilização destas categorias conceptuais em relação a uma matéria de facto que se revestia indiscutivelmente de grande especificidade não poderia, contudo, conduzir à admissão de um processo de regulação directa das operações de concentração (fundado no artigo 85.º TCE). Na realidade, apesar da insuficiente caracterização jurídica da situação pelo TJCE, verificavam-se, no caso, elementos diversos que permitiam confirmar um aspecto fundamental. A aquisição de uma participação minoritária no capital de outra empresa, analisada no processo em causa, conduzia a uma situação de influência material sobre o comportamento da mesma empresa, mas não traduzia uma verdadeira situação de *"controlo"* (a única situação que poderia trazer à colação os problemas de concentração empresarial).

2.4.3.3. *O alcance da jurisprudência* "Philip Morris" – *posição adoptada*

A análise do Acórdão *"Philip Morris"* e das interpretações divergentes sobre o seu alcance leva-nos, pela nossa parte, a concluir que, mesmo no contexto jurídico em que foi proferida essa decisão, o TJCE não sustentou a aplicação do artigo 85.º TCE às operações de concentração entre empresas e permite-nos, ainda, em tese geral, rejeitar essa extensão do âmbito de aplicação da referida disposição.

Pensamos que o artigo 85.º TCE (artigo 81.º CE), quer pelo seu conteúdo técnico-jurídico, quer pelas consequências jurídicas estatuídas no mesmo relativamente às categorias de acordos proibidos (a sanção de nulidade, *ex vi* do n.º 2 dessa disposição), não constitui uma base normativa adequada para o controlo directo de operações de concentração entre empresas. Esta disposição é claramente construída como '*norma de com-*

portamento', não visando directamente as alterações estruturais do mercado consideradas *a se*.

Um dos aspectos fundamentais para a compreensão do alcance da jurisprudência *"Philip Morris"* consiste na definição do conceito de empresa e da noção de *"independência"* aplicada à mesma. Como já referimos, os defensores de interpretações opostas – extensivas ou restritivas deste Acórdão – tiveram um dos seus principais pontos de divergência a propósito do entendimento que preconizaram sobre a exigência do TJCE de manutenção da *"independência"* das empresas envolvidas na operação (como requisito de aplicabilidade do artigo 85.º TCE). Os defensores de uma interpretação restritiva dessa jurisprudência detectaram nessa exigência uma contradição com a verificação, no caso *sub judice*, de uma possível aquisição de controlo de direito ou de facto sobre a empresa Rothmans. Em sentido diverso, autores como MESTMÄCKER procuraram compatibilizar esses elementos.

Tal divergência fundamental sobre essa matéria é, a nosso ver, sintomática. Na verdade, para compreender os processos jurídicos de apreciação dos comportamentos empresariais orientados para a coligação e cooperação (anticoncorrenciais) e a sua possível adaptação a uma função de *'norma estrutural'*[1286] ou, em sentido inverso, a sua irredutibilidade à mesma função, importa dilucidar o conceito de *'empresa independente'* (conceito a considerar para efeitos de aplicação do artigo 85.º TCE), superando as imprecisões do TJCE neste domínio, no Acórdão em causa.

Na análise geral do artigo 85.º TCE que efectuámos,[1287] equacionámos sumariamente o conceito de *"empresa"* e pudémos verificar que não

---

[1286] Reportamo-nos aqui à função de normas de concorrência estruturais ou predominantemente orientadas para o controlo de alterações estruturais de mercado, no sentido que já tivemos ensejo de identificar, contrapondo-as a estritas normas de comportamento. Sobre a posição de MESTMÄCKER, acima referida, em relação às referências feitas no Acórdão a distintas empresas envolvidas e a requisitos de independência referentes às mesmas, cfr. "Fusionskontrolle im Gemeinsamen Markt zwischen Wettbewerspolitik und Industriepolitik", cit., pp. 349 ss.

[1287] Cfr. o exposto sobre essa matéria, *supra*, ponto **4.**, neste capítulo. Também noutro contexto tivemos já ensejo de analisar o conceito de *empresa* em direito comunitário da concorrência no capítulo segundo da **Parte I**, relativo à definição de empresas comum no quadro deste ordenamento. A caracterização do conceito de empresa a que procedemos neste último ponto é mais desenvolvida, embora especificamente orientada para a densificação do conceito de empresa como elemento constitutivo da categoria jusconcorrencial da empresa comum.

698   *Empresas comuns* – Joint Ventures

constitui requisito essencial para a atribuição dessa qualificação a qualquer agente económico a existência de uma pessoa jurídica. Por outro lado, apesar de não serem numerosas as definições gerais de empresa na jurisprudência mais representativa do TJCE, tem progressivamente emergido (não apenas com base em considerações, até certo ponto, difusas do TJCE, mas igualmente a partir da prática decisória da Comissão) uma noção lata, de acordo com a qual a empresa corresponderá, em princípio, a qualquer entidade que prossegue um objectivo económico determinado, através de uma organização (integrando elementos humanos, materiais e imateriais).[1288]

Esta relativa indefinição jurídica não impediu alguma doutrina de, com base nas orientações materiais seguidas em múltiplas decisões e em alguns acórdãos do TJCE, estabelecer uma distinção entre as empresas como *"sujeitos de direito"* (expressão utilizada, entre outros, por VAN DAMME[1289]) e como *"sujeitos de concorrência"*.[1290] As empresas como sujeitos de direito integram todos os entes capazes de adquirir direitos e assumir obrigações (independentemente da sua personalidade jurídica, pois alguns sistemas jurídicos não a exigem em todos os casos). Estes, contudo, podem encontrar-se em situação de dependência económica relativamente a outras empresas, o que suscita o problema da sua eventual responsabilização pelo cumprimento de obrigações previstas em normas de concorrência. A categoria das empresas como sujeitos de concorrência deverá integrar, apenas, os entes a que possam ser imputados certos comportamentos e actos visados pela *facti species* das normas de concorrência.

Esta distinção implica uma ponderação rigorosa da natureza da relação existente entre empresas que constituam sujeitos de direito e do nível e modalidade de controlo que possa verificar-se entre as mesmas. Essa complexa ponderação – largamente descurada ou menos elaborada do ponto de vista conceptual na prática decisória da Comissão e na jurisprudência do TJCE até à prolacção do Acórdão *"Philip Morris"* – permitirá determinar se as empresas envolvidas em certas operações integram a mesma unidade económica e, em caso afirmativo, até que ponto os

---

[1288] Cfr., nesse sentido, a decisão da Comissão, de 1969, *"Christiani Nielsen"*, JOCE n.º L 165 /12, 1969. Em termos mais desenvolvidos, que não se justifica aqui retomar, tenha-se presente os elementos do conceito jusconcorrencial de empresa criticamente enunciados *supra*, capítulo segundo da **Parte I**, esp. ponto **3.**.

[1289] Cfr. VAN DAMME, *La Politique de la Concurrence dans la CEE*, cit., p. 108.

[1290] Cfr., nesse sentido, BOS, STUYCK, WYTINCK, *Concentration Control in the European Economic Community*, cit., pp. 80-81.

acordos estabelecidos entre as mesmas traduzem imposições da empresa que controla o grupo sobre as empresas dominadas, no sentido de realizar uma distribuição normal de tarefas dentro do grupo.

A complexidade da questão em causa é, ainda, acentuada pelo facto de o direito comunitário de concorrência não exigir como elemento geral da noção de *"empresa"* (ou elemento intrínseco a esta noção) a independência económica dos *"sujeitos de direito"* considerados (aspecto justamente destacado por VAN DAMME).[1291] Essa independência económica apenas é exigível para delimitar os acordos empresariais efectivamente abrangidos pela proibição do n.º 1 do artigo 85.º TCE, isto é, os acordos envolvendo grupos diferentes de empresas ou os acordos intra-grupo que, pelo seu conteúdo e características, ultrapassam a divisão normal de tarefas dentro do grupo de empresas. Este último aspecto permite, de resto, apreender uma dimensão fundamental do problema. Assim, a mesma empresa, integrada em determinada unidade económica mais ampla, pode, consoante as circunstâncias económicas que se verifiquem em diversas situações, ser considerada – para efeitos de aplicação do artigo 85.º TCE – como mero sujeito de direito, ou como verdadeiro sujeito de concorrência, sem independência económica em sentido geral, mas dispondo de relativa autonomia concorrencial (este problema será, bem entendido, retomado a propósito da análise dos conceitos de *"controlo"*, *"empresa independente"* e *"entidade económica autónoma"* previstos no RCC, *maxime* no seu Artigo 3.º).

Assim, não basta apenas apurar uma situação geral de falta de independência económica de uma empresa, para sustentar a inaplicabilidade do artigo 85.º TCE relativamente aos acordos em que intervenha a mesma empresa e outras empresas do grupo em que esta se integre. A Comissão aflorou, em particular, essa questão na sua decisão *"Kodack"*, de 1970,[1292] ao distinguir, nas relações de dependência económica entre empresas, uma condição estrutural – a *"dependência exclusiva e completa"* do ente dominado – e uma condição de comportamento, correspondente ao *"exercício efectivo do poder de controlo"* pela empresa dominante.[1293] Lamen-

---

[1291] Cfr. VAN DAMME, *La Politique de la Concurrence dans la CEE*, cit., p. 110.

[1292] Decisão *"Kodack"*, de 30 de Junho de 1970, já cit..

[1293] Este tipo de questões e distinções em ordem a poder imputar determinados comportamentos a empresas como destinatárias da aplicação de normas de concorrência foram também equacionados, *supra*, no capítulo segundo da **Parte I**, já referido (esp. ponto **3.**).

700 *Empresas comuns* – Joint Ventures

tavelmente, as formulações utilizadas em casos posteriores, quer pela Comissão, quer pelo TJCE, nesta matéria, não permitiram uma clarificação decisiva da questão, que se poderia esperar depois da decisão *"Kodack"*, devido à sua falta de rigor e à infixidez terminológica observada (um dos defeitos recorrentes na prática decisória da Comissão e na jurisprudência do TJCE, que temos vindo repetidamente a destacar e que tem perturbado consideravelmente a necessária construção jurídica no domínio do Direito da concorrência).

Na verdade, a jurisprudência do TJCE, no período que decorre entre a decisão *"Kodack"* da Comissão e o Acórdão *"Philip Morris"*, não terá apreendido o conteúdo da noção relativa de independência económica, a qual pode conduzir à qualificação da posição da mesma empresa, em situações diversas, como *"sujeito de direito"*, ou como *"sujeito de concorrência"*. Esta imprecisão conceptual terá levado o TJCE a utilizar a noção de *"empresa"* para designar ora sujeitos de direito, ora sujeitos de concorrência, sem estabelecer as necessárias distinções, e contribuiu decisivamente para a ambiguidade das posições assumidas em relação ao âmbito material de aplicação do artigo 85.º TCE.

Na realidade, constituindo indiscutivelmente a empresa Philip Morris um *"sujeito de concorrência"*– nos termos que caracterizámos supra – importaria delimitar claramente os outros *"sujeitos de concorrência"* cuja participação na operação deveria ser apreciada, para efeitos de aplicação do artigo 85.º TCE (tudo indica, contudo, que o TJCE, apesar da utilização indiferenciada de vários conceitos nos parágrafos cruciais do seu Acórdão, terá pressuposto, na sua análise, que a Philip Morris e a Rembrandt seriam verdadeiros sujeitos de concorrência e a Rothmans International, na situação configurada, um mero sujeito de direito).

Outra noção a dilucidar no Acórdão *"Philip Morris"* é a de *"comportamento comercial"* das empresas, o qual pode ser objecto de controlo por outras empresas. Mais concretamente, o TJCE analisa no referido Acórdão a possibilidade de uma influência sobre esse comportamento desembocar, pela sua intensidade, na aquisição de um *"controlo jurídico ou de facto"* sobre outra empresa. Apesar do laconismo das formulações do TJCE nesta questão de primordial importância, pensamos que, face ao contexto da análise deste órgão jurisdicional e, designadamente, à situação material resultante dos compromissos apresentados pelas empresas envolvidas nesse caso, as noções de influência e de controlo sobre o *"comportamento comercial"* de outras empresas não coincidem com o conceito de *"controlo"* com base no qual veio a ser estruturada a definição de operação de concentração entre empresas no RCC (controlo, nos termos do Artigo 3.º, n.º 3, do RCC como *"influência determinante sobre a actividade de uma empresa"*).

Esse *"controlo"* visado no RCC é claramente dirigido à formação de uma *"entidade económica autónoma"*. Ora, não há elementos suficientes no Acórdão *"Philip Morris"* que permitam configurar a constituição de uma entidade desse tipo ou de um novo ente orgânico – no sentido preconizado no Acórdão *"Continental Can"*, cit. –, entre a Philip Morris e a Rothmans International. Salvo o devido respeito, divergimos, pois, neste ponto do entendimento de autores como MESTMÄCKER,[1294] os quais sustentaram que o *"controlo jurídico ou de facto"* analisado pelo TJCE deveria forçosamente corresponder ao exercício de uma influência determinante sobre o comportamento geral de outra empresa (ou, noutros termos, deverá coincidir com o resultado económico a partir do qual se pode proceder à definição de operação de concentração entre empresas). Pensamos que este entendimento encerra uma contradição insanável nos seus termos, pois no Acórdão *"Philip Morris"* o TJCE considerou o *"controlo jurídico ou de facto"* sobre a actividade de outra empresa como um *"instrumento para influenciar o comportamento comercial das empresas em causa"*.

Assim, constituindo a *"influência sobre o comportamento comercial"* das empresas uma realidade não equiparável às situações de *"influência determinante sobre a actividade"* destas e, acrescendo ainda a esta constatação a conclusão segundo a qual o *"controlo jurídico ou de facto"* enunciado no referido acórdão deve ser considerado um mero *"instrumento"* para a verificação do primeiro tipo de situações, podemos claramente inferir que esta última noção não coincide, de modo algum, com o conceito mais amplo de *"controlo"* empresarial utilizado como um dos processos jurídicos de definição de operação de concentração).[1295]

Deste modo, podemos constatar que as questões subjacentes à avaliação do *"controlo jurídico ou de facto"* no caso *"Philip Morris"* se reportam à verificação do grau de influência que esta empresa possa ter

---

[1294] Cfr. E.-J. MESTMÄCKER, "Fusionskontrolle im Gemeinsamen Markt zwischen Wettbewerbspolitik und Industriepolitik", cit., pp. 349 e ss..

[1295] Para uma análise geral dos processos jurídicos alternativos de definição de operação de concentração, cfr. o exposto *supra*, capítulo primeiro desta **Parte II** (esp. ponto 7.2.).

adquirido sobre o comportamento comercial da Rothmans International, como *"sujeito de direito"* – através da sua participação minoritária no capital desta última empresa e de obrigações acessórias que contribuem para criar um conjunto relevante de relações institucionais – pressupondo, desde logo, que tal influência não era equiparável a uma situação de controlo definitivo sobre a Rothmans International, que originasse a criação de uma nova entidade económica autónoma. A influência sobre esta última empresa corresponderá sempre a um *minus* relativamente ao controlo definitivo e o problema central equacionado não é o da formação de um novo ente económico, através de uma operação de concentração, mas o de ponderar a forma como aquela influência possa desembocar em processos de coordenação de comportamentos das empresas. Tratava-se, pois, de analisar problemas específicos de coordenação empresarial emergentes de participações que permitam exercer influência sobre o comportamento de outras empresas – os quais, como veremos na **Parte III** desta dissertação, podem suscitar questões de afectação da concorrência comparáveis às que se encontram associadas a certas empresas comuns – e não estava em causa a emergência de situações de controlo caracterizáveis como concentrações.

2.4.3.4. *O alcance da jurisprudência* "Philip Morris" *– síntese conclusiva*

Em súmula, entendemos que o TJCE não sustentou no Acórdão *"Philip Morris"* a aplicação do artigo 85.º TCE às operações de concentração entre empresas. O elemento novo existente nesta jurisprudência residiu apenas na aplicação daquele regime a uma operação de aquisição de participações sociais noutra empresa, mas a situação considerada não correspondia a qualquer aquisição de um controlo definitivo sobre a referida empresa (ou de influência determinante sobre a actividade da mesma).

Estava em causa, tão só, a aquisição de uma determinada medida de *"influência sobre o comportamento comercial"* de outra empresa, cujo exercício, em certas condições, poderia produzir uma coordenação indevida da actividade das empresas envolvidas. Foi a indefinição terminológica do TJCE que deu azo às maiores dúvidas sobre o alcance desta jurisprudência, pois este órgão jurisdicional não clarificou totalmente, como se impunha, os conceitos de *"empresa"* utilizados – e os sentidos

Parte II – Capítulo 2   703

possíveis em que os mesmos podem ser considerados – e as noções de *"controlo jurídico ou de facto"* sobre a actividade de empresas, de *"independência económica"*, ou de *"comportamento comercial das empresas"*.

Por outro lado, admitimos, acompanhando neste ponto as posições de D. G. GOYDER, C. JONES e E. GONZALEZ-DÍAZ,[1296] que esta flutuação terminológica negativa por parte do TJCE foi, de algum modo, *"explorada"* no contexto político da negociação da Proposta de Regulamento comunitário de controlo de operações de concentração entre empresas, visto que, devido ao impasse que perdurava desde a apresentação da primeira Proposta em 1973 a Comissão tinha vindo a considerar, desde 1985, através de várias declarações do Comissário SUTHERLAND, a possibilidade de rever a posição que sustentara no Memorando de 1 de Dezembro de 1965, passando a admitir a sujeição de certas categorias de concentrações ao regime do artigo 85.º TCE. A referência sucinta que, de seguida, fazemos ao processo de negociação da Proposta de Regulamento de controlo de concentrações permite-nos, de resto, avaliar o peso destas considerações extra-jurídicas no debate desencadeado pelo Acórdão *"Philip Morris"*.

Em todo o caso, o processo *"Philip Morris"*, independentemente de todos os equívocos que, por razões diversas, lhe estiveram subjacentes, pode, caso seja analisado numa perspectiva técnico-jurídica rigorosa, contribuir, de forma importante, para a definição dos limites de aplicação do artigo 85.º TCE relativamente a operações que, em função dos meios jurídicos em que assentam possam comparar-se às operações de concentração (e a determinadas modalidades de empresas comuns), conquanto não sejam assimiláveis às mesmas.

Assim, várias situações sujeitas à aplicação do artigo 85.º TCE podem, devido ao facto de envolverem a compra e venda, em modalidades diversas, de participações sociais apresentar algumas semelhanças, de um ponto de vista jurídico-formal – mas não no que respeita ao resultado económico a que conduzem – com as operações de concentração entre empresas.[1297] Algumas dessas situações, de resto, já foram objecto da nossa análise. Com efeito, as empresas comuns, com carácter de coopera-

---

[1296] Cfr., nesse sentido, D. G. GOYDER, *EC Competition Law*, esp. pp. 379 ss.. Cfr., ainda, C. JONES, G. DIAZ, *The EEC Merger Regulation*, cit., p. 86.

[1297] Cfr., destacando precisamente essa categoria de situações, C. JONES, G. DIAZ, *The EEC Merger Regulation*, cit., p. 80.

704 *Empresas comuns* – Joint Ventures

ção, sujeitas ao regime previsto no artigo 85.º TCE, poderiam ser criadas através da alienação de participações sociais (desde que estas, pela sua dimensão conduzissem ao controlo comum da empresa cujo capital é objecto de alienação).

2.5. O TRATAMENTO DE SITUAÇÕES DE INTEGRAÇÃO EMPRESA-RIAL NA SEQUÊNCIA DA JURISPRUDÊNCIA *"PHILIP MORRIS"*

Apesar das declarações produzidas pela Comissão na sequência da jurisprudência *"Philip Morris"* – as quais se revestem, em nosso entender, de um carácter predominantemente político no contexto da negociação da Proposta de Regulamento de controlo de concentrações que então se encontrava em curso – a análise jurídica da prática decisória ulterior deste órgão comunitário, incluindo a prática informal, que não culminou com a adopção de verdadeiras decisões, demonstra que não se verificou, em qualquer caso, a aplicação do artigo 85.º TCE a operações de concentração entre empresas.

Assim, embora a Comissão tenha, no período que decorreu entre o Acórdão *"Philip Morris"* e a aprovação do RCC, analisado várias operações de transmissão de acções – na perspectiva da sua eventual sujeição ao regime previsto no artigo 85.º TCE – nenhuma das mesmas correspondia a uma verdadeira operação de concentração entre empresas.

Na decisão *"Hudson Bay"*[1298] a Comissão analisou uma proposta de aquisição pela Danish Fur Sales A/S, de 35% do capital do seu maior concorrente no mercado comunitário. Considerando as condições em que deveria ocorrer esta transacção, este órgão comunitário decidiu que a mesma apenas permitiria à sociedade adquirente da referida participação minoritária exercer uma influência relevante sobre a actividade da empresa concorrente, mas não conferiria àquela a capacidade para determinar o comportamento desta empresa concorrente. A possibilidade de exercício de influência sobre a actividade da outra empresa e a potencial coordenação de comportamentos daí resultante levaram a Comissão a admitir a produção de efeitos restritivos da concorrência abrangidos pela proibição do n.º 1 do artigo 85.º TCE (de resto, a situação em causa apresentava várias semelhanças com o caso *"Philip Morris"*, visto pressupor

---

[1298] Decisão *"Hudson Bay"*, de 28 de Outubro de 1988, JOCE, n.º L 316/43, 1988.

Parte II – Capítulo 2

igualmente uma distinção entre a obtenção de influência sobre o comportamento comercial de empresas concorrentes e a aquisição do controlo definitivo sobre a actividade das mesmas).

Noutros casos, como o *"Irish Distillers"* e o *"Gec-Siemens//Plessey"*,[1299] a Comissão pronunciou-se sobre propostas de aquisição conjunta de outras empresas que dariam lugar, em certas condições, a empresas comuns actuando em mercados geográficos e do produto em que as empresas-mãe eram concorrentes actuais ou potenciais. Não estavam, pois, em causa operações de concentração, mas a possível criação de empresas comuns com carácter de cooperação, sujeitas ao regime do artigo 85.º TCE.

A actividade de controlo da Comissão de operações de aquisição de participações sociais em empresas concorrentes no período posterior ao Acórdão *"Philip Morris"* confirma, assim, plenamente o entendimento que defendemos em relação a esta controversa jurisprudência do TJCE. Na realidade, a Comissão não chegou a admitir, em caso algum, a aplicação do artigo 85.º TCE a verdadeiras operações de concentração entre empresas, apenas tendo sustentado a sujeição ao regime previsto na referida disposição de operações em que a aquisição de participações minoritárias produz riscos de coordenação entre as empresas, ligados à obtenção de uma influência relevante por parte da empresa adquirente sobre o comportamento comercial da outra empresa, mas insuficiente para lhe conferir o controlo da actividade da mesma empresa. As declarações de princípio relativas a uma possível aplicação do artigo 85.º TCE às operações de concentração (subscritas por representantes da Comissão) não tiveram, pois, qualquer tradução prática.

[1299] Caso *"Irish Distillers"*, analisado no *"Décimo Oitavo Relatório sobre a Política de Concorrência"*, ponto 80. e caso versado na decisão *"Gec-Siemens/Plessey"*, de 1990, já cit.

2.6. O PROCESSO CONDUCENTE À APROVAÇÃO DE UM REGIME COMUNITÁRIO DE CONTROLO DE CONCENTRAÇÕES

2.6.1. As propostas iniciais de adopção de um regime de controlo de concentrações e a sua interligação com o enquadramento das empresas comuns

A necessidade de adopção de um Regulamento comunitário relativo ao controlo directo de *operações de concentração* – o controlo do grau de concentração dos mercados nunca foi seriamente considerado – fora já equacionada desde a publicação do Memorando de 1 de Dezembro de 1965.

Na verdade, como destacou, justamente, MARTIJN VAN EMPEL,[1300] as posições definidas pela Comissão relativamente à aplicabilidade dos artigos 85.º e 86.º TCE em matéria de concentrações empresariais – inaplicabilidade da primeira disposição e aplicação muito limitada da segunda – implicavam a inexistência de qualquer controlo comunitário relativamente a múltiplas categorias de operações de concentração de empresas e deixavam claro que as bases de um verdadeiro sistema de controlo, com carácter geral, dessas operações teriam de resultar de um Regulamento a adoptar neste domínio.

O processo *"Continental Can"* veio confirmar as possibilidades de desenvolvimento de algumas formas de controlo de concentrações – com base no artigo 86.º TCE, mas, em contrapartida, demonstrou de forma exemplar, as limitações das mesmas.[1301] No plano material ficou patente

---

[1300] Martijn van Empel, "Merger Control in the EEC", in World Comp, 1990, p. 8.

[1301] Não se justifica, no contexto da nossa análise, proceder a uma apreciação desenvolvida desta jurisprudência *"Continental Can"*. De qualquer modo, pode adiantar-se que a posição assumida pelo TJCE neste Acórdão sobre a admissibilidade de controlo directo de concentrações com base no artigo 86.º TCE traduz uma solução compromissória, pressupondo uma adaptação de normas de concorrência a funções para as quais as mesmas não haviam sido originariamente concebidas. Assim, o TJCE apesar de anular a decisão da Comissão que se encontrava em causa, devido a insuficiente delimitação do mercado relevante em apreço *in casu*, confirmou a interpretação teleológica que a Comissão havia desenvolvido em relação ao artigo 86.º TCE. Nessa interpretação teleológica o TJCE utiliza, de algum modo, um argumento de maioria de razão, pois refere que sendo pacífico o controlo de todas as operações que possam *"falsear a concorrência"*, do artigo 3.º TCE decorreria necessariamente a obrigação de contrololar operações que

Parte II – Capítulo 2

que o controlo de operações de concentração apenas poderia ter lugar nos casos em que uma das empresas envolvidas detivesse já uma posição dominante (tal significava que as operações de concentrações que conduzissem à criação de posições dominantes não estavam sujeitas a esse controlo). No domínio processual, a impossibilidade de sujeitar as referidas operações a formas de controlo prévio prejudicava, seriamente, a eficácia de qualquer procedimento de apreciação das mesmas e, como salientou a Comissão, afectava os interesses de todas as partes interessadas nas concentrações.

Além disso, a possibilidade de adopção de *"medidas provisórias"*[1302] – que foram efectivamente utilizadas em múltiplos casos apreciados com base nos artigos 85.º e 86 TCE – não constituía, como refere D.G. GOYDER,[1303] uma solução alternativa à adopção de um Regulamento em matéria de concentrações, que conferisse à Comissão poderes processuais inquestionáveis nesta matéria.

Neste contexto, a Comissão apresentou em 1973 uma primeira *"Proposta de Regulamento Comunitário Relativo ao Controlo de Concentrações entre Empresas"*),[1304] cuja base normativa resultaria do artigo 87.º TCE – disposição que prevê a aprovação de Regulamentos conducentes à aplicação dos princípios previstos nos artigos 85.º e 86.º TCE – e do artigo 235.º TCE. A utilização desta última disposição para a aprovação de um Regulamento comunitário de controlo de concentrações foi considerada pela Comissão, visto que os artigos 85.º e 86.º TCE não cobririam todas as situações possíveis de concentração empresarial e teve profundas repercussões no processo de negociação da Proposta originariamente apresentada em 1973.

---

pudessem eliminar a concorrência. No entanto, o TJCE apenas admitiu a aplicação do artigo 86.º TCE às situações de reforço de posições dominantes já existentes. De resto, é sintomático que, na sequência do Acórdão *"Continental Can"*, a própria Comissão tenha sempre deixado subsistir uma margem de dúvida considerável sobre a extensão possível do controlo de concentrações fundado no artigo 86.º TCE.

[1302] Cfr. sobre as medidas provisórias no direito comunitário da concorrência, IVO VAN BAEL, J.-F. BELLIS, *Competition Law of the European Community*, cit., esp. pp. 753 ss..

[1303] Cfr. nesse sentido D. G. GOYDER, *EC Competition Law*, cit.., esp. pp. 380 ss..

[1304] Primeira Proposta de Regulamento CEE do Conselho relativa ao Controlo de Concentrações, submetida pela Comissão ao Conselho em 20 de Julho de 1973 – JOCE, 92/1, 1973.

Assim, diversamente do artigo 87.º TCE, no qual se prevê a aprovação de Regulamentos por maioria qualificada de votos no Conselho – pelo menos, depois de esgotado o período transitório referido na mesma disposição –, a previsão do artigo 235.º TCE requeria a unanimidade para a aprovação de normas de direito derivado naquele órgão comunitário. Esta exigência de unanimidade conferiu logicamente a cada Estado Membro poder de veto no Conselho relativamente à aprovação do Regulamento comunitário de controlo de concentrações e contribuiu decisivamente para o arrastamento temporal das negociações encetadas em 1973.

Na Proposta de Regulamento de 1973, referia-se, em Considerandos relativamente extensos, a necessidade de impedir graus excessivos de concentração empresarial nos mercados comunitários e previa-se um sistema de notificação prévia das operações de concentração de maior dimensão (cujo impacto nas estruturas de concorrência, bem entendido, seria mais significativo). O âmbito material de controlo *a priori* das concentrações era fixado de forma muito ambiciosa nesta Proposta, pois, nos termos da mesma, apenas estariam excluídas desse controlo as operações de concentração entre empresas cujo volume anual de negócios fosse inferior a 200 milhões de unidades de conta e cuja quota de mercado não excedesse em cada Estado Membro 25% do mercado relevante em causa. Este limiar, extremamente baixo, de sujeição ao controlo comunitário conduziria certamente à apreciação pela Comissão de um elevadíssimo número de operações de concentração e suscitou a oposição de vários Estados Membros.

Nos termos da Proposta de Regulamento de 1973 deveriam ser consideradas incompatíveis com o mercado comum todas as operações *"tendo por efeito directo ou indirecto uma concentração entre empresas ou grupos de empresas"* e por intermédio das quais as empresas envolvidas adquirissem ou reforçassem, no mercado comum ou numa parte substancial do mercado comum, o poder de criar entraves à concorrência efectiva (o conceito de posição dominante não era, assim, utilizado na fixação dos parâmetros materiais de compatibilidade das operações de concentração com o mercado comum).[1305] Deve salientar-se que esta proibição de princípio poderia ser declarada inaplicável relativamente a concentrações indispensáveis à realização de um objectivo prioritário no interesse geral da Comunidade.

[1305] Aspecto igualmente sublinhado por B. WALLE DE GHELCKE, "Le Règlement CEE sur le Contrôle des Concentrations", cit., p. 248.

Parte II – Capítulo 2 709

Por outro lado, a definição de operação de concentração nesta Proposta de 1973 tinha por base unicamente a aquisição do *"Controlo de empresas"*, não integrando as previsões relativas a esta matéria – artigo 2.º da Proposta, cit. – quaisquer referências específicas a *"fusões"* ou à criação de empresas comuns com carácter de concentração. No que respeita a este último aspecto admitimos, de acordo com MILANESI,[1306] que a inexistência de previsões relativas a empresas comuns se poderá explicar devido ao menor desenvolvimento que, à data da publicação da Proposta, se registava no domínio da caracterização jurídica desta figura. Na verdade, a formulação dos principais critérios de qualificação de empresas comuns – permitindo atribuir às mesmas um carácter de concentração ou de cooperação – veio a ter lugar em decisões ulteriores da Comissão.

A menor receptividade de alguns Estados Membros ao conteúdo desta Proposta conduziu, durante um largo período, à paralisação das negociações tendentes à aprovação do Regulamento comunitário de controlo de concentrações no âmbito do Conselho e, numa fase ulterior, a importantes alterações da mesma, cujo alcance importa apreender para uma melhor compreensão do texto finalmente aprovado em 1989 e atendendo às repercussões deste para o enquadramento sistemático das empresas comuns.

2.6.2. O processo negocial tendente à adopção de um regime de controlo de concentrações

A Proposta de Regulamento apresentada em 1973 mereceu um acolhimento muito diverso por parte dos Estados Membros. As questões mais controvertidas e relativamente às quais foram aventadas mais soluções alternativas nas sucessivas versões do Projecto de Regulamento respeitavam ao próprio conceito de operação de concentração entre empresas, ao âmbito material de aplicação do regime de controlo a instituir, aos critérios de aprovação das operações de concentração e ao papel reservado às legislações e autoridades nacionais.

A extrema diversidade do grau de concentração dos mercados nacionais de Estados Membros, bem como do estado de desenvolvimento dos ordenamentos nacionais de concorrência ditou, compreensivelmente, um

---

[1306] Cfr. ENZO MOAVERO MILANESI, "Il Nuovo Regolamento CEE Sur Controllo Delle Concentrazioni Tra Imprese", Riv Soc., 1990, pp. 1153 ss., esp. pp. 1162 ss..

conjunto de posições não coincidentes dos referidos Estados nesta matéria do controlo comunitário das operações de concentração, obstando à aprovação unânime da Proposta de 1973.

Na realidade, alguns Estados encontravam-se ainda, neste período, numa fase incipiente de processos complexos de reestruturação industrial, receando a interferência de um sistema comunitário de controlo de concentrações no desenvolvimento dos mesmos (sobretudo tratando-se de um sistema cujo âmbito de aplicação era muito amplo, como era o caso do sistema configurado em 1973). Além disso, a considerável margem de apreciação que a Proposta originária conferia à Comissão aumentava ainda mais os receios destes Estados que pretendiam evitar a aplicação de critérios muito exigentes – estritamente fundados numa perspectiva jurídica de concorrência – pois os mesmos poderiam colidir com os processos de reestruturação empresarial em curso.

No conjunto de questões controvertidas entre os Estados terá, porventura, assumido um maior peso em todas as fases de negociação da Proposta de Regulamento, o problema da repartição da competência de controlo de concentrações entre a Comissão e os órgãos nacionais dos Estados Membros. Além disso, uma vez adquirido o pressuposto de que o sistema comunitário deveria coexistir com sistemas nacionais de controlo de concentrações, colocou-se ainda o problema da admissibilidade ao nível da regulamentação comunitária de alguns imperativos de política industrial de Estados Membros.

No que respeita à organização do sistema comunitário de controlo de concentrações, os representantes de alguns Estados Membros preconizaram que a Comissão não deveria ter uma competência exclusiva de apreciação daquelas operações, sugerindo a reserva de certos poderes de controlo, ou poderes de intervenção, para o Conselho (sugestões que tiveram alguma repercussão no processo de negociação do projecto de Regulamento, pois uma das versões do mesmo, apresentada em 1982, contemplava uma espécie de recurso das decisões da Comissão para o Conselho, embora, deixasse, em última análise, a decisão final para a Comissão).

Estas divergências entre os Estados Membros conduziram a um relativo impasse na discussão da Proposta de Regulamento (de 1973), não se verificando quaisquer desenvolvimentos no período imediatamente posterior à apresentação da mesma. Para esta paralisação do processo de negociação do Projecto de Regulamento terá também contribuído o facto

Parte II – Capítulo 2 711

de o movimento europeu de concentrações, que conhecera um impulso significativo na década de sessenta do século passado, ter registado um abrandamento na década de setenta (certamente associado à crise económica que se verificou neste período).

No sentido de afastar este impasse, e procurando obter a formação de um consenso na matéria ao nível do Conselho, a Comissão apresentou, finalmente, em 1982, uma proposta de alterações ao Projecto originário.[1307] Como já referimos, essa Proposta de 1982 conferia poderes mais alargados ao Conselho, no quadro do sistema de controlo de concentrações a instituir. Todavia, apesar desta atribuição intencional de um papel reforçado ao Conselho, também essa Proposta de 1982 não teve acolhimento, o que levou a Comissão a apresentar, sucessivamente, novas versões em 1984 e em 1986.[1308]

As modificações introduzidas através das referidas propostas não permitiram, de qualquer modo, pôr termo ao impasse político verificado ao nível do Conselho. Contrariamente ao que se possa pensar, as alterações introduzidas no Projecto de Regulamento até 1986 não eram, de modo algum, despiciendas. Assim, o limiar previsto para a sujeição ao controlo comunitário foi significativamente aumentado (tendo sucessivamente passado de 200 milhões de ECU para 500 e, ulteriormente, para 750 milhões de ECU; as concentrações envolvendo empresas com um volume de negócios inferior a este limiar estariam isentas de controlo comunitário, a menos que as referidas empresas detivessem 50% da quota de mercado numa parte substancial do mercado comum). A essas modificações acrescia ainda uma definição mais precisa do critério de apreciação das operações de concentração, tendo-se especificado que o poder de criar entraves à concorrência efectiva seria apreciado ao nível da CEE e tomando em consideração a concorrência internacional (foram, em conformidade, introduzidas as noções de transnacionalidade e de operação de concentração de dimensão comunitária).

[1307] Proposta de alteração do Projecto de Regulamento de 1973, publicada no JOCE n.º C 36/3, de 12 de Fevereiro de 1982. Cf. sobre esta versão reformulada do Projecto de Regulamento e outras versões do mesmo, MILANESI, "Concorrenza e Concentrazioni Tra Imprese", Riv Soc., 1988, pp. 499 ss..

[1308] Proposta de 1984, publicada no JOCE n.º C 51, de 23 de Fevereiro de 1984. Proposta de 1986, publicada no JOCE n.º C 234, de 17 de Dezembro de 1986.

712 *Empresas comuns* – Joint Ventures

2.6.3. O novo impulso para a adopção do regime comunitário de controlo de concentrações na sequência da jurisprudência *"Philip Morris"*

A Comissão vinha, desde 1985, conjugando as suas iniciativas de apresentação de projectos reformulados de Regulamento comunitário de concentrações com declarações de intenção, de carácter geral,[1309] no sentido do recurso aos artigos 85.º e 86.º TCE, para desenvolver processos de controlo comunitário de operações de concentração, em caso de manutenção do impasse político relativo ao Projecto de Regulamento (abandonando a posição formalmente mantida pela Comissão desde o Memorando de 1 de Dezembro de 1965 relativamente à aplicação do artigo 85.º TCE).

Até ao momento em que o TJCE proferiu o Acórdão *"Phlip Morris"* – que atrás analisámos de forma desenvolvida – essas declarações não produziram efeitos relevantes. Todavia, na sequência do debate encetado com esta jurisprudência do TJCE, a Comissão reforçou a sua posição de princípio de retirar a Proposta de Regulamento, caso a mesma continuasse a não recolher o consenso dos Estados Membros ao nível do Conselho e provocou finalmente uma reacção positiva por parte destes. Na realidade, os Estados membros passaram a admitir como solução jurídica mais segura a aprovação de um Regulamento comunitário, em lugar de se sujeitarem a um controlo de âmbito e fundamento jurídico mais incertos resultante de um novo entendimento sobre o regime do artigo 85.º TCE.

Embora tenhamos já constatado que a jurisprudência *"Philip Morris"* se revestiu de grande ambiguidade jurídica, bem como de falta de rigor conceptual em alguns pontos essenciais, e apesar de considerarmos que do melhor entendimento dos critérios formulados pelo TJCE nesse caso não decorre qualquer princípio de aplicabilidade do artigo 85.º TCE às verdadeiras operações de concentração, o referido acórdão teve um impacto indesmentível no processo de negociação da Proposta de Regulamento Comunitário de Controlo de Concentrações. Em última análise, o que importa destacar, no plano da política legislativa, é o hábil aproveitamento feito pela Comissão das novas questões suscitadas naquele acórdão. Afigura-se-nos, contudo, excessiva a sugestão implicitamente

---

[1309] Cfr., a esse respeito, P. SUTHERLAND, "The New Proposals of the Commission on Concentration Control", in European Affairs, 1988, pp. 46 e ss.. Tenha-se ainda presente a Declaração do Comissário Sutherland, de 21 de Outubro de 1987, à Comissão Económica e Monetária do Parlamento Europeu – Comunicado à Imprensa – IP (87), 444.

Parte II – Capítulo 2   713

formulada por C. Jones e E. Gonzalez-Díaz,[1310] de acordo com a qual, o TJCE teria intencionalmente realizado uma análise jurídica algo ambígua, no sentido de propiciar um meio de pressão suplementar no processo de negociação do Projecto de Regulamento comunitário.

Na sequência das declarações da Comissão, directamente influenciadas pela jurisprudência *"Philip Morris"*, o Conselho, na sua sessão de 30 de Novembro de 1987, reafirmou a sua adesão ao princípio de introdução no ordenamento comunitário de concorrência de um sistema de controlo de concentrações. Podemos, pois, considerar que se iniciou, desde então, uma segunda e decisiva fase de negociação do Projecto de Regulamento que viria a culminar com a adopção do RCC em Dezembro de 1989.

Considerando a nova abertura manifestada pelo Conselho nesta matéria, a Comissão apresentou em Abril de 1988 um novo Projecto, reformulando globalmente as propostas anteriores. Entre outros, importa salientar como aspectos fundamentais da nova proposta a definição do âmbito de aplicação do Regulamento segundo o critério da dimensão comunitária, o princípio do controlo prévio das operações de concentração e da declaração de incompatibilidade daquelas que conduzam à criação ou ao reforço de uma posição dominante no mercado comum ou numa parte substancial deste. De qualquer modo, no que concerne à apreciação material das operações de concentração com o mercado comum, a Proposta de Abril de 1988 contemplava ainda uma presunção (ilídivel) de compatibilidade com o mercado comum, assente no critério da quota de mercado. Assim, seriam, em princípio, consideradas compatíveis com o mercado comum as operações envolvendo acções cuja quota de mercado fosse inferior a 20% do mercado relevante em causa.

Outra previsão essencial desta proposta era a que consistia em atribuir à Comissão o poder de autorização de operações de concentração, mesmo que estas originassem uma alteração significativa da estrutura de concorrência, em função da contribuição destas para a realização de objectivos fundamentais do Tratado, de acordo com critérios comparáveis aos previstos no n.º 3 do artigo 85.º TCE. Embora versões anteriores do Projecto de Regulamento já tivessem previsto a possibilidade de autorizar a realização de operações de concentração que, em princípio, deveriam ser declaradas incompatíveis, a Proposta de Abril de 1988 alargava consideravelmente esta faculdade (não era, contudo, utilizado o conceito jurídico de *"isenção"*).

[1310] Cfr., nesse sentido, C. Jones, E. G. Diaz, *The EEC Merger Regulation*, cit., p. 82.

Elemento novo na Proposta de 1988 foi, igualmente, a atribuição de competência exclusiva à Comissão para a apreciação de operações de concentração de dimensão comunitária (sistema preferido ao regime tradicional de competência concorrente dos órgãos nacionais e dos órgãos comunitários cujas esferas de actuação são compatibilizadas de acordo com os princípios formulados pelo TJCE nos Acórdãos. "*Walt Wilhelm*" e "*Parfums*").[1311]

O princípio fundamental subjacente a este novo sistema foi o do controlo único de operações de concentração, o qual permitiria evitar as indefinições jurídicas inevitavelmente decorrentes da sujeição das mesmas operações de concentração à apreciação de várias autoridades nacionais, bem como o risco de decisões contraditórias.

Todavia, os critérios quantitativos de atribuição de "*dimensão comunitária*" às operações de concentração foram considerados por vários Estados Membros demasiado baixos, pois dos mesmos resultaria a apreciação exclusiva pela Comissão de um número muito elevado de concentrações. Além disso, também não foi possível obter o consenso dos Estados relativamente aos parâmetros materiais de apreciação das operações de concentração.

A relevância e diversidade das objecções formuladas pelos Estados Membros levou a Comissão a apresentar ao Conselho em 30 de Novembro de 1988, uma versão revista da Proposta de Regulamento (que constituiu precisamente o último projecto a ser objecto de publicação).[1312] Esta foi discutida na sessão do Conselho de 21 de Dezembro de 1988, daí tendo resultado uma declaração segundo a qual teria sido finalmente obtido um acordo de princípio entre os Estados relativamente à adopção do Regulamento Comunitário de Controlo de Concentrações.[1313] A Proposta em causa introduziu uma distinção entre os critérios quantitativos de dimensão comunitária definidos com base no volume mundial de negócios das empresas envolvidas e os que resultam do volume de negócios comunitário de, pelo menos, duas das empresas envolvidas. No que respeita à apreciação das operações de concentração, os critérios jurídicos delinea-

---

[1311] Acórdão "*Walt Wilhelm*", de 13 de Fevereiro de 1969, proc. 14/68, Rec. 1 (1969) e Acórdão "*The Parfum Cases*", de 10 de Julho de 1980, Rec. 2237 (1980).

[1312] Proposta de 30 de Novembro de 1988, COM (88) 734 final, JOCE n.º C-22, de 28 de Janeiro de 1989, p. 14.

[1313] Cfr., nesse sentido, WILLIAM ELLAND, "The Merger Control Regulation (EEC) N.º4064/89", in ECLR., 1990, pp. 111 ss..

Parte II – Capítulo 2

dos neste texto deixam de incluir qualquer referência à criação ou reforço de posições dominantes.

Assim, nos termos do artigo 2.º da Proposta, cit., deveriam ser declaradas compatíveis com o mercado comum as concentrações que não criassem ou reforçassem uma posição de que decorressem entraves à manutenção ou desenvolvimento da concorrência efectiva no mercado comum ou numa parte substancial deste. Por outro lado, a presunção relativa de compatibilidade com o mercado comum assente no critério da detenção pelas empresas envolvidas em concentrações de quotas de mercado inferiores a 20% foi eliminada do corpo do Projecto de Regulamento, passando meramente a figurar entre os considerandos (relativamente a estas alterações importa destacar a infixidez conceptual e de critérios jurídicos, no domínio material de verificação da compatibilidade de concentrações com o mercado comum, que se regista nas várias versões do Projecto de Regulamento de Controlo de Concentrações).

As expectativas mais optimistas que se verificavam no termo de 1988 relativamente à adopção do Regulamento Comunitário de Controlo de Concentrações não vieram a confirmar-se e as negociações entre os Estados Membros no seio do Conselho arrastaram-se no decurso de 1989.

2.6.4. A conclusão do processo de aprovação do regime comunitário de controlo directo de operações de concentração

O aumento comprovado das operações de concentração empresarial despoletado pela aceleração do processo de unificação do mercado comunitário – então associada à adopção do Acto Único Europeu – não enquadrado por um sistema comunitário de controlo de carácter geral, abria caminho a distorções económicas inesperadas, que terão sido ponderadas na fase final das negociações conducentes à aprovação do regime comunitário de controlo de concentrações. Na realidade, o próprio desenvolvimento de um processo muito limitado de controlo de concentrações empresariais com base nos princípios delineados na jurisprudência "*Continental Can*" – fundados no artigo 86.º TCE –, levou a uma intervenção da Comissão relativamente a certas categorias de operações de concentração que não foi possível estender a outras operações de concentração de dimensão comparável ou superior (tal intervenção com frequência não se

716   *Empresas comuns* – Joint Ventures

traduziu na adopção de decisões formais, mas influenciou a modelação de algumas dessas operações).

Assim, como salientava T. WEYLAND,[1314] foram criadas condições que permitiam um injustificado tratamento desigual de operações de concentração cujos efeitos sobre a concorrência no mercado comum fossem equivalentes. J. COOK e C. KERSE[1315] salientaram, judiciosamente, que a ausência de um sistema geral de controlo directo de concentrações poderá ter induzido muitas empresas a realizar operações desse tipo, como alternativa intencional à conclusão de acordos anticoncorrenciais, ou de acordos de empresa comum de pendor claramente cooperativo, que seriam, em princípio, proibidos com base no n.º 1 do artigo 85.º TCE. Ora, pela nossa parte, pensamos que esta distorção pode ter revestido um carácter ainda mais complexo, pois o controlo limitado das operações de concentração com base no artigo 86.º TCE permitia às empresas, de algum modo, modelar intencionalmente essas operações de modo a evitar a sujeição a qualquer processo de controlo, contando, é certo, com uma relativa margem de incerteza, devido à possibilidade de adopção de novas interpretações dessa disposição por parte da Comissão.

Em súmula, o desenvolvimento do movimento de concentrações empresariais, no quadro das reestruturações empresariais directamente influenciadas pela realização do programa jurídico-económico do Acto Único Europeu, acentuou a necessidade de um sistema geral de controlo directo das operações de concentração e agravou consideravelmente as distorções resultantes da lacuna originária do ordenamento comunitário de concorrência nessa matéria e dos processos muito limitados de controlo das referidas operações com base no artigo 86 TCE (embora este segundo tipo de distorções não tenha sido, em regra, devidamente apreendido e comentado). Os resultados obtidos na última fase de negociação do Projecto de Regulamento comunitário de controlo de concentrações devem ser apreciados neste contexto jurídico-económico.

Como referimos, a Proposta de Regulamento apresentada pela Comissão em 30 de Novembro de 1988 foi objecto de uma apreciação

---

[1314] Cfr. T. WEYLAND, *New Directions in Mergers and Acquisitions*, in *Merger and Acquisitions: Meeting the Challenges in Europe and North America After 1992*, Kluwer, Deventer, Boston, 1991, pp.179 ss..

[1315] Cfr. J. COOK, C. KERSE, *EEC Merger Control*, cit., pp. 2 ss. Esse aspecto é salientado de modo ainda mais enfático na primeira edição dessa obra, *EEC Merger Control – Regulation 4064/89*, Sweet & Maxwell, London, 1991, esp. pp. 13 ss..

Parte II – Capítulo 2 717

favorável pelo Conselho, a qual, todavia, não se traduziu na aprovação do Regulamento em causa no primeiro semestre de 1989. Apesar da aceitação de princípio de um sistema comunitário de controlo directo de operações de concentração, subsistiram algumas divergências fundamentais relativamente aos critérios de atribuição de *"dimensão comunitária"* às referidas operações, bem como aos parâmetros materiais de apreciação das mesmas. Por outro lado, a definição da competência residual das autoridades nacionais em matéria de controlo de concentrações e a fixação dos prazos processuais de exame das operações de concentração pela Comissão suscitaram, ainda, alguns desacordos entre os Estados.

Foi sobre estas matérias – em particular sobre a fixação dos critérios quantitativos de atribuição de dimensão comunitária às operações de concentração – que incidiram as últimas negociações tendentes à definição de soluções de compromisso, que permitissem reunir o consenso dos Estados reunidos no Conselho. Nas múltiplas versões do Projecto que foram objecto de discussão no segundo semestre de 1989, os referidos critérios conheceram sucessivas alterações,[1316] tendo recebido a formulação que veio a prevalecer no texto final no Conselho de 3 de Outubro de 1989. A Comissão aceitou a fixação de critérios de atribuição de dimensão comunitária relativamente elevados, como condição final para a aprovação do Regulamento e mediante a contrapartida de introdução, no referido diploma, de uma previsão determinando a revisão dos mesmos no quarto ano subsequente à adopção do Regulamento mediante deliberação do Conselho, a adoptar por maioria qualificada.[1317] Na última fase de negociação do Projecto de Regulamento foi, ainda, eliminada a previsão que permitia à Comissão, em certas condições, a autorização de operações de concentração que fossem, em princípio, incompatíveis com o mercado comum.

O texto final aprovado em Dezembro de 1989 – Regulamento (CEE) n.º 4064/89[1318] resultou, pois, de complexos compromissos, o que se

---

[1316] Cfr., para uma referência pormenorizada à última fase da negociação no segundo semestre de 1989, sob a presidência francesa, B. VAN DE WALLE DE GHELCKE, "Le Règlement CEE sur le Contrôle des Concentrations", cit., pp. 251 ss..

[1317] Os critérios de dimensão comunitária viriam efectivamente a ser revistos nas reformas a que foi ulteriormente submetido o RCC. Não vamos, contudo, deter-nos nesta matéria, porquanto a mesma não integra o objecto central do nosso tema.

[1318] Este Regulamento (CEE) n.º 4064/89 já foi a espaços referido – *maxime* no capítulo segundo da **Parte I**, no quadro da nossa caracterização da categoria da empresa comum em sede de direito comunitário da concorrência. Faltava, contudo, uma referência de contexto geral e apresentação deste Regulamento, visto que não havíamos ainda abor-

718   *Empresas comuns* – Joint Ventures

reflectiu, como se aflorará a espaços na **Parte III,** a propósito da apreciação substantiva de empresas comuns qualificáveis como concentrações, num *carácter excessivamente vago de algumas das suas previsões* (embora corrigido, em termos parciais através da sua concretização jurídica no quadro da aplicação do RCC),[1319] na *indefinição de alguns aspectos essenciais do regime instituído* e na *dificuldade de conciliação técnico--jurídica de certas disposições.*

Nos Considerandos sexto a oitavo do RCC foi expressamente reconhecida a insuficiência do artigo 87.º TCE (disposição relativa à adopção dos Regulamentos e Directivas adequados para a aplicação dos princípios enunciados nos artigos 85.º e 86.º TCE) como base normativa deste diploma. Esse pressuposto fora, desde logo, assumido pela Comissão, desde a apresentação da primeira Proposta de Regulamento de 1973, o que levou à invocação, como fundamento normativo *"principal"* do novo regime, do artigo 235.º TCE.[1320]

Embora autores como J. BOURGEOIS e MESTMÄCKER,[1321] tenham admitido que, em relação às específicas categorias de operações de concentração abrangidas pelo regime do artigo 86.º TCE (ou do artigo 85.º TCE, caso se aceitasse a aplicabilidade desta disposição às referidas operações) se poderia considerar o artigo 87.º TCE como uma base normativa adequada para instituir um sistema de controlo prévio das referidas operações, pensamos que o alcance dessa disposição no domínio da concentração empresarial seria, em todo o caso, muito limitado. Em primeiro lugar, e salvo o devido respeito, consideramos duvidoso que o artigo 87.º TCE permitisse a instituição de um controlo preventivo das operações

---

dado, numa perspectiva sistemática, a eliminação da lacuna originária do direito comunitário da concorrência neste domínio do controlo directo de concentrações (no âmbito da análise, numa perspectiva histórica, do processo de consolidação ordenamento comunitário da concorrência, limitamo-nos a evidenciar tal lacuna originária deste ordenamento, *infra,* ponto **7.** do capítulo primeiro desta **Parte II** – remetendo, precisamente, o tratamento do processo de superação daquela lacunar originária para o presente capítulo).

[1319] Cfr., no mesmo sentido, destacando a influência negativa que esses compromissos tiveram na formulação técnico-jurídica do RCC, FRANK FINE, "EC Merger Control: An Analysis of the New Regulation", in ECLR, 1990, pp. 47 ss..

[1320] Cfr., por todos, sobre o Art.º 235.º, M. SCHWARTZ, "Le Pouvoir Normative de la Communauté Notamment en Vertu de l'Article 235", in RMC, 1976, pp.. 280 ss..

[1321] Cfr. as posições dos autores acima referidos cit. por P. BOS, J. STUYCK, P. WYTINCK, na sua obra, *Concentration Control in the European Economic Community,* cit., p 398.

de concentração (independentemente do âmbito material do mesmo). Todavia, o aspecto fundamental a determinar o recurso ao artigo 235.º TCE, terá sido certamente a inaplicabilidade dos artigos 85.º e 86.º TCE a múltiplas categorias de operações de concentração.

A dupla base normativa (artigos 87.º e 235.º TCE) do RCC afigura-se-nos essencialmente correcta, embora possa dar azo a algumas dúvidas a eleição do artigo 235.º como fundamento *"principal"* do RCC (de acordo com o previsto no Considerando oitavo deste RCC). O propósito subjacente à definição dessa base normativa foi incontestavelmente o de sujeitar ao controlo comunitário todas as categorias de operações de concentração, incluindo as que nunca poderiam ser subsumidas na previsão do artigo 86.º TCE (em nosso entender, e como já referimos, o artigo 85.º TCE não seria aplicável a operações de concentração). Por outro lado, como destacou justamente MILANESI,[1322] a utilização do artigo 235.º TCE traduz uma apreciação correcta dos objectivos da política comunitária de concorrência. Assim, tendo-se chegado a discutir se a lacuna do ordenamento comunitário de concorrência, na matéria das concentrações empresariais, não traduziria uma perspectiva material favorável dos autores do Tratado CE em relação a esse tipo de operações, a adopção do RCC, tendo como base *"principal"* o artigo 235.º TCE, afastou completamente esse entendimento (na verdade, caso estivesse subjacente ao Tratado CE uma apreciação mais favorável das operações de concentração, a adopção do RCC teria forçosamente de basear-se no artigo 236.º TCE).

Em todo o caso, já verificámos também que a inclusão nos escopos gerais da política comunitária de concorrência (que tinha, então, como princípio geral orientador a previsão do artigo 3.º, al. f), TCE) do propósito de controlar os efeitos anticoncorrenciais resultantes de certas concentrações, não consente uma interpretação teleológica dos artigos 85.º e 86.º TCE, de modo a sujeitar ao regime previsto nestas disposições a generalidade das operações de concentração. Assim, a utilização do artigo 235.º TCE como base normativa do RCC correspondeu a uma solução jurídica correcta.

Na realidade, no que respeita ao controlo directo das operações de concentração, encontra-se indubitavelmente em causa a prossecução de um objectivo comunitário – ligado ao conjunto de escopos fundamentais

---

[1322] Cfr., nesse sentido, E. MILANESI, "Il Nuovo Regolamento CEE Sur Controllo Delle Concentrazioni Tra Imprese", cit., pp. 1161 ss..

da política de concorrência – para a qual o Tratado CE não previu os poderes de acção necessários, pois as normas comunitárias de concorrência – artigo 85.º TCE e disposições seguintes – são construídas com base em categorias conceptuais e técnico-jurídicas que não permitem a sua utilização geral relativamente a largas categorias de operações de concentração.

3. O enquadramento sistemático das empresas comuns na vigência do Regulamento comunitário de controlo de concentrações.

3.1. A PRIMEIRA FASE DE VIGÊNCIA DO REGIME COMUNITÁRIO DE CONTROLO DE CONCENTRAÇÕES

3.1.1. Os problemas de distinção entre empresas comuns com carácter de concentração e de cooperação originados pelo regime de controlo de concentrações

Não cabe no objecto da presente dissertação uma análise geral do regime comunitário de controlo de concentrações aprovado em 1989, na sequência do processo que atrás caracterizamos. Propomo-nos, tão só, analisar esse regime na *perspectiva específica do enquadramento de determinadas categorias de empresas comuns*. É evidente que o estudo essencial que empreendemos na **Parte III** desta dissertação em relação à apreciação material das repercussões sobre a concorrência de empresas comuns qualificáveis como operações de concentração[1323] nos leva a uma caracterização, com alcance geral, do teste jurídico estabelecido no RCC para a apreciação de operações de concentração. Para além desse plano de análise substantiva – sobre o qual incidirá ulteriormente a nossa atenção –

[1323] Cfr sobre essa matéria o exposto, *infra*, na capítulo segundo da **Parte III**. Contudo, a análise aí desenvolvida reporta-se à avaliação jusconcorrencial de empresas comuns qualificáveis como concentrações, limitando-se a apreciação que de seguida desenvolvemos no presente capítulo aos critérios de qualificação de empresas comuns como operações de concentração, ou como situações de tipo meramente cooperativo.

Parte II – Capítulo 2

pretende-se, tão só, equacionar os processos de qualificação jurídica das empresas comuns e o consequente enquadramento sistemático das mesmas, aprofundando, em alguns aspectos, as considerações que já formulámos no nosso anterior ensaio geral de definição da categoria jurídica da empresa comum no direito comunitário da concorrência.[1324]

A experiência de aplicação do RCC demonstra que as empresas comuns representam iniludivelmente uma parcela fundamental da actividade de controlo da Comissão ao abrigo desse regime, tendo-se assistido, pelo menos em termos aparentes, a um progressivo reforço do seu peso no conjunto de situações de integração empresarial analisadas por aquele órgão comunitário. Face a essa evolução – patente desde os primeiros anos de vigência do RCC – autores como ANAND PATHAK têm admitido o desenvolvimento de uma preferência das empresas pela sujeição das suas operações ao RCC, atendendo aos curtos prazos de decisão previstos no mesmo, que as induziria, progressivamente, a estruturar tais operações como empresas comuns, passíveis de subsunção nas normas desse diploma.[1325]

[1324] Quanto a outros aspectos que não cabe aqui estudar *ex professo*, incluindo, *vg.*, uma caracterização aprofundada da definição de concentração, em geral, a caracterização dos critérios de delimitação do âmbito de aplicação do RCC à luz do conceito de dimensão comunitária e evolução dos limiares quantitativos estabelecidos para esse efeito, bem como para uma perspectiva geral do sistema procedimental de controlo de concentrações no quadro do RCC, cfr., C. J. COOK, C. S. KERSE, *EC Merger Control*, cit.; BARRY HAWK, HENRY HUSER, *European Community Merger Control: A Practitioner's Guide*, Kluwer Law International, The Hague, London, Boston, 1996; PIERRE BOS, JULES STUYCK, PETER WYTINCK, *Concentration Control in the European Community*, cit.; C. JONES, GONZALEZ-DIAZ, *The EEC Merger Regulation*, cit; DOMINIQUE BERLIN, *Controle Communautaire des Concentrations*, Editions Pedone, Paris, 1992. No que respeita, em especial a critérios de delimitação do âmbito de aplicação do RCC, face a outros normativos comunitários de concorrência e face aos ordenamentos nacionais, cfr. WILLIAM ELLAND, "The Merger Control Regulation and Its Effect on National Merger Controls and the Residual Application of Articles 85 and 86", in ECLR., 1991, pp. 19 ss. Importa destacar que os aspectos essenciais relativos ao enquadramento sistemático de empresas comuns resultante do RCC foram já aflorados *supra*, no capítulo segundo da **Parte I** (definição jusconcorrencial de empresas comuns), esp. pontos 5.5.1. e 5.5.2.. Limitamo-nos, pois, no presente capítulo, sem incorrer em desnecessárias repetições, a aprofundar ou densificar alguns dos aspectos já acima aflorados, *maxime* no que respeita às flutuações dos critérios de qualificação de empresas comuns e às distorções normativas geradas por esses problemas de qualificação jurídica.

[1325] Cfr. nesse sentido, BARRRY HAWK, *Joint Ventures Under EEC Law*, cit., pp. 557 e ss., esp. p.. 576, onde se lê, "(...) *the Comission continues its valiant but largely*

Importa, pois, equacionar criticamente os problemas suscitados pela qualificação jurídica das empresas comuns no domínio da aplicação do RCC, tendo em conta as disposições relevantes deste Regulamento e a sua concretização jurídica nas múltiplas decisões adoptadas pela Comissão tomando em consideração, essencialmente, três estádios nesse processo de aplicação do RCC. O primeiro, desde a aprovação do RCC até à adopção de um importante conjunto de comunicações interpretativas da Comissão, em 1994, o segundo até à aprovação da alteração ao RCC, em 1997 e o terceiro, correspondente ao período de vigência do RCC após essa alteração[1326]

Na sequência das análises jurídicas formuladas no período anterior à aprovação do RCC, este diploma comunitário acolheu – como já observámos na nossa caracterização geral da categoria jurídica da empresa comum – a distinção fundamental entre empresas comuns com carácter de concentração e com carácter de cooperação. Nos termos dos Considerandos vigésimo terceiro e vigésimo quarto e, fundamentalmente, do n.º 2 do artigo 3.º do RCC (na sua formulação originária), estas empresas comuns devem ser objecto de um complexo processo de qualificação jurídica que ditará a sua sujeição ao regime de controlo previsto no mesmo diploma, ou a sua exclusão do âmbito de aplicação deste.

De acordo com essa disposição originária do RCC – n.º 2 do artigo 3.º, *maxime* na sua segunda parte – apenas seria considerada como operação de concentração, a criação de uma empresa comum "*que desempenhe de forma duradoura todas as funções de uma entidade económica autónoma e que não implique uma coordenação do comportamento comercial, quer entre as empresas fundadoras, quer entre estas e a empresa comum*". A densificação jurídica destes critérios jurídico-económicos de qualificação das empresas comuns constituiu, seguramente, uma das questões técnico-jurídicas mais complexas suscitadas pela aplicação do RCC. Comentando estas dificuldades, autores norte-americanos como BARRY HAWK[1327] consideraram desajustada a distinção entre empresas comuns

---

sisyphean effort to make sense of the concentrative/cooperative joint venture distinction. The distinction is theoriteally flawed. (...)".

[1326] Embora em termos muito gerais esses três períodos possam ser referenciados a partir da análise desenvolvida *supra* – capítulo segundo da **Parte I** – a apreensão das flutuações hermenêuticas e de construção normativa que permitem identificar tais períodos apenas resulta da análise *ex professo* sobre esta matéria que de seguida desenvolvemos (*infra*, pontos 3.1, 3.2. e 3.3.).

[1327] Cfr., nesse sentido, BARRY HAWK, *Joint Ventures Under EEC Law*, cit., pp. 557 e ss., esp. p. 576.

Parte II – Capítulo 2

com carácter de concentração e com carácter de cooperação (a qual não era ainda delineada, como referimos, no Memorando da Comissão de 1 de Dezembro de 1965, tendo resultado da prática decisória ulterior da Comissão). Este autor preconizou que a autonomização e o tratamento diferenciado das duas categorias de empresas comuns resultava de uma sobreavaliação das diferenças económicas existentes entre elementos de comportamento e elementos de tipo estrutural. HAWK defendia que tal sobreavaliação seria, de algum modo, ilustrada pelos critérios que a Comissão utilizava na sua apreciação de múltiplas operações de concentração, como condição de aprovação das mesmas e que se encontravam, frequentemente, ligados ao comportamento ou a elementos de comportamento das empresas.

Assim, segundo o mesmo autor,[1328] o ordenamento comunitário da concorrência deveria contemplar um processo de apreciação global de todas as categorias de empresas comuns, no qual seriam relevantes, quer considerações ligadas ao comportamento das empresas, quer considerações relativas à estrutura dos mercados e das empresas (no limite, caso não se revelasse possível introduzir alterações legislativas de fundo nesse sentido, deveriam ser eliminadas ou atenuadas as diferenças mais marcantes do enquadramento adjectivo das empresas comuns no RCC e no regime do artigo 85.º TCE).

Ora, em sentido contrário, o RCC veio acolher expressamente a distinção entre as duas categorias de empresas comuns em causa, o que para BARRY HAWK representou um desenvolvimento negativo. Segundo este autor, tal distinção tem subjacente uma função procedimental ou sistemática, pois da mesma decorre a aplicação de sistemas de controlo diferentes nos planos substantivo e adjectivo. E na sua perspectiva, qualquer critério de distinção de categorias jurídicas que assuma essa função procedimental – ligada à determinação das normas aplicáveis – deverá permitir uma apreciação expedita de situações cujos resultados sejam, em regra, previsíveis. Todavia, a distinção entre categorias de empresas comuns consagrada no RCC viria, pelo contrário, suscitar questões de difícil resolução, emergentes de um excessivo conceptualismo jurídico.

Embora subscrevamos esta avaliação negativa quanto à função procedimental em causa, pensamos que a crítica de BARRY HAWK não é completamente procedente. Este autor defendeu o tratamento unitário das

---

[1328] Cfr. BARRY HAWK, *Joint Ventures Under EC Law*, cit., p. 576.

empresas comuns, nos moldes em que o mesmo vem sendo praticado nas análises das autoridades norte-americanas de concorrência. Estas, como já referimos, assentam numa apreciação económica rigorosa dessa figura, não contemplando a distinção de várias categorias de empresas comuns. De qualquer modo, pensamos que esta perspectiva de análise das empresas comuns é indissociável da utilização da *"regra de razão"* no sistema norte--americano.

Na verdade, se o ordenamento norte-americano não integra uma distinção técnico-jurídica de fundo entre categorias de empresas comuns – nos moldes que tivemos ensejo de caracterizar –[1329] resulta inegavelmente da *praxis* decisória nesse sistema e da jurisprudência em geral uma aplicação preferencial da *"regra de razão"*[1330] às empresas comuns em que avultem os elementos de concentração empresarial e uma maior probabilidade de associação de algumas empresas comuns com um peso significativo dos elementos de cooperação a uma norma *per se* de proibição, ligada à Secção 1 do *"Sherman Act"* (conquanto tal probabilidade não seja, em termos absolutos, muito elevada).[1331]

Deste modo, o tratamento unitário das empresas comuns – dispensando complexas qualificações jurídicas gerais desta figura – é compatibilizado com uma análise material que contempla, na devida proporção, as especificidades inerentes ao peso relativo dos elementos de cooperação e de concentração nessas empresas. Todavia, uma certa irredutibilidade do ordenamento comunitário da concorrência – pelo menos no seu estado

---

[1329] Cfr., a esse respeito, o exposto *supra*, capítulo segundo da **Parte I**, esp. ponto 4.1..

[1330] Sobre a denominada *"rule of reason"* no sistema norte-americano da concorrência e a sua possível relevância no sistema comunitário, cfr. o exposto, *supra*, capítulo primeiro desta **Parte II** (esp. ponto 4.4.). A admissibilidade de observância de critérios de *"rule of reason"* no ordenamento comunitário da concorrência será também especificamente versada no quadro de todo o estudo dos processos de avaliação substantiva de empresas comuns (esp. no capítulo terceiro da **Parte III**). Além disso, nos corolários que procuramos retirar do estudo das empresas comuns em matéria de mutações estruturais do ordenamento comunitário da concorrência abordamos também este problema da eventual aplicação da *"rule of reason"* no ordenamento comunitário da concorrência (*infra*, **Parte IV**, esp. 3.4.1. a 3.4.3.).

[1331] Cfr. para uma referência a posições que se aproximam da que, ora, preconizamos, O. AXSTER, J. FAULL, *Joint Ventures Under EEC Law – Panel Discussion*, in *Annual Proceedings of the Fordham Corporate Law Institute – EC and US Competition Law and Policy – 1991*, Editor BARRY HAWK, Fordham Corporate Law Institute, Transnational Juris Kluwer, 1992, pp. 611 e ss..

Parte II – Capítulo 2

actual de desenvolvimento – à utilização da "*regra de razão*", nos moldes em que esta foi configurada no sistema norte-americano,[1332] impede, de algum modo, uma completa transposição dos modelos sistemáticos e materiais de análise das empresas comuns, em função do peso relativo de elementos de concentração e de cooperação, sem o estabelecimento de algum grau de qualificação *a priori* dessas empresas comuns.[1333]

Deve, além disso, referir-se que também na doutrina comunitária, alguns autores, como ANAND PATHAK,[1334] contestaram, conquanto numa perspectiva diferente, a necessidade da distinção entre empresas comuns com carácter de concentração e de cooperação, nos moldes em que a mesma era originariamente delineada no RCC. PATHAK preconizou que essa distinção resultaria da inexistência de normas de controlo directo de concentrações empresariais e da pretensão da Comissão de sujeitar os processos de criação de empresas comuns a formas de controlo com base no artigo 85.º TCE. Consequentemente, tal qualificação jurídica ter-se-ia tornado desnecessária com a aprovação do RCC, que veio preencher aquela lacuna do ordenamento comunitário de concorrência.

De acordo com essa perspectiva, as empresas comuns deveriam ser globalmente apreciadas no quadro do RCC, sendo eliminada a categoria das empresas comuns com carácter de cooperação e evitando, assim, as múltiplas contradições em que a Comissão incorreu ao procurar estabelecer distinções entre categorias de empresas comuns. De qualquer modo, PATHAK reconheceu que se deveria manter a aplicação potencial do artigo

---

[1332] Como se refere *supra*, já tivemos ensejo de aflorar a controvérsia doutrinal em torno da possibilidade de alguma aproximação à "*regra de razão*" no ordenamento comunitário da concorrência, ou, mesmo, de uma transposição dessa "*regra de razão*" para este ordenamento, sem prejuízo de retornarmos a este problema na parte nuclear deste trabalho, sustentando uma posição que diverge dos termos tradicionais em que tem sido configurados os pólos opostos dessa controvérsia na doutrina comunitária.

[1333] Sobre a consolidação do ordenamento comunitário da concorrência e as perspectivas da sua evolução, contemplando a flexibilização de certos critérios de apreciação (num sentido que poderá conduzir, dentro de certos limites, e conforme referido na nota anterior, a algumas aproximações à "*regra de razão*" norte-americana), cfr. J. FAULL, *The Enforcement of Competition Policy in the European Community: A Mature System*, cit., pp. 139 e ss..

[1334] Como refere este A. no seu estudo, "The EC Commission's Approach to Joint Ventures: A Policy of Contradictions", in ECLR., 1992, pp.171 e ss., esp. p. 183.: "(...) *To eliminate the confusion in EEC joint ventures law the entire cooperative joint ventures category as presently understood by the Commission should be buried* (...)".

85.º TCE a situações que correspondessem, materialmente, a verdadeiras coligações empresariais e que, apenas do ponto de vista formal, se aproximassem da figura das empresas comuns, bem como a restrições de concorrência associadas às mesmas e que não apresentassem um carácter acessório (*"cartéis dissimulados"* e acordos restritivos *"sem carácter acessório"*).

Divergimos, contudo, deste entendimento, designadamente porque a solução proposta por PATHAK – que coincide, de algum modo, relativamente ao período posterior à aprovação do RCC, com o modelo preconizado por BARRY HAWK – não evitaria os complexos problemas de análise jurídica neste domínio, pois subsistiria a necessidade de identificar algumas categorias de empresas comuns que correspondessem a situações materiais de cooperação empresarial dissimuladas sob essa forma. (*"cartéis dissimulados"*)

Assim, os aspectos mais intrincados da qualificação jurídica das empresas comuns continuariam a estar presentes na análise desta figura e as indefinições neste domínio complexo seriam, porventura, agravadas com a introdução de uma categoria *sui generis* de coligações empresariais dissimuladas através da criação de empresas comuns.

3.1.2. Os termos essenciais do problema de qualificação das empresas comuns

O reconhecimento da necessidade de algum grau de distinção sistemática entre categorias de empresas comuns e a rejeição de certos aspectos das críticas de BARRY HAWK ao sistema comunitário não significam, contudo, uma adesão aos critérios de qualificação jurídica desenvolvidos pela Comissão, quer no período anterior à aprovação do RCC – fundamentalmente através do denominado teste das *"concentrações parciais"* que acima referimos –, quer na vigência do RCC.

Pelo contrário, pensamos que a Comissão, aquando da adopção do RCC, não conseguiu desenvolver critérios jurídico-económicos de qualificação, suficientemente rigorosos e consistentes, que permitissem comprimir, em termos aceitáveis, a margem de indefinição jurídica associada a estes processos de análise casuística. Neste domínio foram, de resto, sustentadas posições extremadas, fazendo alguns autores um balanço extremamente negativo da concretização jurídica dos critérios de distinção das

Parte II – Capítulo 2

empresas comuns com carácter de concentração ou de cooperação[1335] e considerando outros autores, como C. Jones e Gonzalez-Diaz,[1336] que os parâmetros básicos dessa distinção se encontrariam, no essencial, consolidados, importando, tão só, apreender os factores económicos primaciais subjacentes aos mesmos.

Pela nossa parte, cremos que autores como C. Jones e Gonzalez--Diaz revelavam um optimismo excessivo nesta matéria na primeira fase de vigência do RCC. Propomo-nos, assim, analisar criticamente – embora de modo sumário – a prática decisória da Comissão que se encontra relacionada de forma mais directa com a previsão do n.º 2 do artigo 3.º do RCC, procurando surpreender as orientações que esta definiu neste domínio e apurar, nesse plano, algumas flutuações dos processos de interpretação e construção jurídicas até à aprovação das alterações de 1997 ao RCC. Essa análise das decisões da Comissão será, porém, antecedida de uma breve referência à Comunicação relativa ao *"Tratamento das Empresas Comuns com Carácter de Cooperação à luz do Artigo 85.º do Tratado CEE"* de 1993,[1337] atendendo à relevância da mesma para uma apreciação das perspectivas teóricas gerais sobre o eventual tratamento unitário das empresas comuns no direito comunitário da concorrência e da pertinência da distinção das categorias de empresas comuns com carácter de cooperação e de concentração, que temos vindo a equacionar nesta secção.

[1335] Cfr., para uma crítica incisiva aos critérios de apreciação da Comissão neste domínio, A. Pathak, "The EC Commission's Approach to Joint Ventures: A Policy of Contradictions", cit., pp. 171 e ss.: "(...) *the inconsistent reasoning in Commission joint ventures decisions and press releases has made EEC law on joint ventures bewildering and unpredictable (...).*"

[1336] Cfr., nesse sentido, C. Jones, G. Diaz, *The EEC Merger Regulation*, cit., p. 78: "(...) *the concentration-cooperation distinction is difficult (...). However if an understanding is acquired of the underlying reasoning behind the test, its application becomes much clearer".*

[1337] *"Comunicação da Comissão relativa ao Tratamento das Empresas Comuns com Carácter de Cooperação à Luz do Art.º 85.º do Tratado CEE"*, de 1993, já cit. Para uma perspectiva geral sobre essa Comunicação interpretativa, cfr. Michel Charles, "Les Entreprises Communes à Caractère Cooperatif Face à l'Article 85 du Traité CEE – Communication de la Commission CEE du 16 février 1993, Sur les Entreprises Communes Cooperatifs", também já cit., pp. 327 ss..

3.1.3. A Comunicação interpretativa da Comissão relativa ao tratamento das empresas comuns com carácter de cooperação

A Comissão adoptou, depois de um intenso processo de consultas aos Estados Membros no final de 1992, uma Comunicação *"Relativa ao Tratamento das Empresas Comuns com Carácter de Cooperação à luz do Artigo 85.º do Tratado CEE"*, cit., – publicada já no decurso de 1993 –, que considerou como a *"contrapartida"* das suas Comunicações anteriores relativas às *"operações com carácter de concentração e de cooperação"* e às *"restrições acessórias às operações de concentração"* (Comunicações de 14 de Agosto de 1990 publicadas na perspectiva do início de vigência do RCC).[1338] Nessa Comunicação, a Comissão procurou enunciar os principais critérios jurídicos e económicos a utilizar pela Comissão na sua apreciação das empresas comuns com carácter de cooperação, pretendendo, de algum modo, atenuar as múltiplas críticas relativas ao enquadramento adjectivo desigual das duas categorias fundamentais de empresas comuns contempladas no ordenamento comunitário da concorrência e à maior indefinição jurídica a que se encontrariam sujeitas as empresas comuns cobertas pelo regime do artigo 85.º TCE. A definição dessas orientações encontrou-se, de resto, associada a outras iniciativas da Comissão, entre 1992 e 1993 – que adiante também referiremos – dirigidas a contrapor ao pólo de regulação de empresas comuns qualificáveis como concentrações, assente no regime do RCC, que havia então entrado em vigor recentemente, outra área de regulação referente às denominadas empresas comuns com carácter de cooperação, no âmbito da qual se pudesse assegurar às empresas padrões de apreciação até certo ponto comparáveis com os do RCC, no que respeita à celeridade dos procedimentos e à previsibilidade dos juízos de avaliação por parte da autoridade de concorrência.

[1338] De algum modo, através das referidas Comunicações interpretativas de 1990, a Comissão procurou estabelecer um conjunto de orientações estáveis em relação ao enquadramento da subcategoria de empresas comuns passíveis de qualficação como concentrações, na sequência da aprovação do RCC, funcionando a Comunicação de 1993, cit., como uma espécie de contraponto hermenêutico em relação às empresas comuns que se mantinham submetidas ao regime do artigo 85.º TCE. Como adiante observaremos, no entanto, uma parte significativa dos critérios originariamente delineados nas Comunicações de 1990 foi abandonada na *praxis* decisória ulterior da Comissão em sede de aplicação do RCC.

Não se justificando, no âmbito da presente dissertação, uma análise desenvolvida desta Comunicação – sem prejuízo de diversas referências à mesma a que adiante procederemos, na **Parte III**, no contexto da avaliação material dos efeitos das empresas comuns, visto que a mesma ainda mantém alguma relevância neste plano, mesmo após a adopção da Comunicação de 2001[1339] – importa, contudo, ter em conta alguns aspectos previstos nessa Comunicação e que podem influenciar o enquadramento adjectivo das empresas comuns.

Assim, no ponto 64 da Comunicação em causa considerava-se que relativamente às empresas comuns com carácter de cooperação que apresentem maior grau de integração – aquelas que *"preenchem todas as funções de uma empresa"* – se poderia admitir uma presunção de inexistência de efeitos significativos de *"exclusão de terceiros"* ou de *"riscos de criação de obstáculos à entrada no mercado"*, desde que, no seu conjunto, a quota de mercado detida pelas empresas em causa não ultrapassasse o máximo de 10% do mercado relevante. Nesses casos, a Comissão deveria, em princípio, considerar aceitável a criação de empresas comuns, apenas se justificando análises mais aprofundadas relativamente a casos que ultrapassassem o limite suprareferido. Este princípio de apreciação favorável ficaria, ainda, dependente da verificação de inexistência de qualquer *"dissimulação de acordos de preços, de quotas, de partilhas de mercados,"* ou da utilização das empresas comuns como *"instrumento de coordenação da política de investimento dos fundadores"*.

Comentando com algum optimismo, no seu *"Vigésimo Segundo Relatório sobre a Política de Concorrência"*,[1340] as repercussões positivas da sua própria Comunicação, a Comissão considerava que esta contribuiria para atenuar o desequilíbrio existente entre as empresas comuns com carácter de concentração e com carácter de cooperação, devido ao facto de as primeiras estarem sujeitas ao procedimento acelerado do controlo das concentrações, enquanto as segundas são objecto do procedimento referente à aplicação do artigo 85.° TCE.

Pensamos que esse optimismo, então manifestado pela Comissão, era excessivo devido ao limitado alcance da presunção em causa. Uma

---

[1339] Cfr., para uma apreciação sintética do conteúdo desta Comunicação, C. JONES, M. VAN DER WOUDE, A. PATHAK, "Competition Law Checklist 1992", in EL Rev, 1993, esp. pp. 30 ss.

[1340] Cfr. *"Vigésimo Segundo Relatório sobre a Política de Concorrência"*, relativo ao ano de 1992, ponto 298.

730   *Empresas comuns* – Joint Ventures

correcção mais significativa da disparidade do enquadramento adjectivo das empresas comuns, reconduzidas ao domínio da concentração ou da cooperação, teria resultado do projecto originário desta Comunicação (divulgado em Janeiro de 1992).[1341] Nesta primeira versão da Comunicação em causa, a Comissão assumia a adopção de prazos processuais de apreciação das empresas comuns com carácter de cooperação que permitiriam uma decisiva aproximação com o sistema de apreciação célere previsto no RCC (a Comissão assumia a conclusão dos processos de apreciação de empresas comuns com carácter de cooperação no prazo de cinco meses, desde que a aprovação das mesmas se limitasse à emissão de uma *"carta de conforto"*).[1342]

Contudo, na Comunicação de 1993, a Comissão terá, porventura, perdido uma oportunidade para aproximar de forma mais significativa os regimes adjectivos das empresas comuns com carácter de cooperação e de concentração.

A Comunicação, cit. procede a uma sistematização das categorias de efeitos restritivos da concorrência que podem resultar da criação de empresas comuns com carácter de cooperação. Assim, entre outros aspectos, refere a possível restrição da concorrência actual ou potencial entre as empresas fundadoras, remetendo a determinação de existência de *"concorrência potencial"* para os critérios enunciados no *"Décimo Terceiro Relatório sobre a Política de Concorrência"*.[1343]

Caso a empresa comum preenchesse todas as funções de uma empresa,[1344] importaria também – nos termos que então se sustentavam na Comunicação – considerar as possíveis violações do n.º 1 do artigo 85.º TCE, decorrentes de uma eventual restrição da concorrência entre essa empresa e uma das empresas fundadoras. Outra importante categoria de efeitos restritivos da concorrência respeitava à eventual limitação das possibilidades de entrada no mercado em causa ou da capacidade de manutenção de uma concorrência activa nesse mercado por parte de outras

---

[1341] Para uma referência e comentário ao conteúdo deste Projecto da Comissão divulgado em Janeiro de 1992, cfr. FRANK, FINE, "The Commission's Draft Guidelines for Joint Ventures: On the Road to Transparency?", in ECLR, 1992, pp. 51 e ss..

[1342] Cfr. FRANK FINE, "The Commission's Draft Guidelines for Joint Ventures: On the Road to Transparency?",, cit., p. 52.

[1343] *"Treziéme Rapport sur la Politique de Concurrence"*, Bruxelles, Luxembourg, 1984.

[1344] Correspondendo, então, às denominadas *"full function joint ventures"*.

Parte II – Capítulo 2 731

empresas (*maxime* nos casos em que as empresas fundadoras controlassem certas matérias essenciais para o desenvolvimento de actividade no sector em causa).

Finalmente, a Comunicação concedeu, ainda, particular atenção às denominadas "*redes de empresas comuns*". Tratava-se de restrições à concorrência que poderiam assumir especial intensidade e gravidade nos casos em que as empresas fundadoras criassem "*várias empresas comuns que operam no mesmo mercado do produto, mas em zonas distintas*". Como referia, então, a Comissão, "*às restrições da concorrência já decorrentes de cada empresa comum, acrescem neste caso as que surgem nas relações entre as empresas comuns*". Julgamos, contudo, que a maior intensidade dos efeitos restritivos da concorrência neste tipo de situações se verifica num domínio que a Comissão também referiu, embora colocando-o no mesmo plano dos restantes. Trata-se do enfraquecimento suplementar da concorrência entre as empresas fundadoras, mediante "*o reforço dos laços que as ligam*".

Além de enunciar as principais categorias de efeitos restritivos da concorrência decorrentes das empresas comuns com carácter de concentração, a Comunicação, já destacava que a aplicação da proibição geral do n.º 1 do artigo 85.º TCE dependia da verificação do carácter sensível ou apreciável desses efeitos. Tal verificação, como se sabe, obriga à análise do poder de mercado das empresas fundadoras, bem como da dimensão do âmbito de actividade da empresa comum por comparação com a esfera de actuação dessas empresas-mãe (aspectos que, como teremos ensejo de observar na **Parte III** desta dissertação se vieram a converter em parâmetros essenciais da avaliação substantiva das empresas comuns).

A Comunicação ressalvava, contudo, os casos em que a criação das empresas comuns representasse objectivamente "*a única possibilidade para as empresas fundadoras de penetrar no mercado ou de se manter no seu mercado actual, onde a sua presença reforça a concorrência ou impede o seu enfraquecimento*" (de acordo com o ponto 42 da Comunicação, no qual, contrariamente ao que se poderia esperar, não se enunciavam as condições típicas de mercado em que as empresas comuns podem representar a única via para o acesso ou permanência em certos mercados relevantes).

A aplicação do n.º 3 do artigo 85 TCE às empresas comuns com carácter de cooperação foi também objecto de análise na Comunicação. Particular importância assumiram, nesse plano, as considerações tecidas relativamente às isenções individuais que podem ser concedidas a essa categoria de empresas comuns. Assim, a Comissão destacava como aspectos determinantes para a verificação das duas primeiras condições de isenção previstas no n.º 3 do artigo 85 TCE a possibilidade de a criação de empresas comuns conferir a *"terceiros, em especial aos consumidores, vantagens objectivas reais, que compensem, no mínimo, os inconvenientes que apresentem em termos de concorrência"*. Tais circunstâncias, que permitem uma apreciação favorável das empresas comuns com carácter de cooperação, assumiriam maior relevância nos casos em que essas empresas contribuíssem para uma *"concorrência dinâmica"*, que *"reforce simultâneamente o mercado único e a competitividade do sector em causa"*. A utilização das empresas comuns como via para a abertura de novos mercados geográficos e para o alargamento do conjunto de produtos disponíveis (*maxime* nos casos em que o investimento na criação de novos produtos não fosse, na situação de mercado existente, concebível através da actuação isolada das empresas) seria, pois, em condições normais, objecto de uma apreciação favorável.

Em contrapartida, as empresas comuns orientadas para a redução da capacidade de produção conduziriam normalmente – segundo sustenta a Comissão nesta Comunicação – a efeitos anticoncorrenciais de aumento dos preços, apenas devendo ser objecto de aprovação nos casos em que, comprovadamente, fossem utilizadas para *"ultrapassar crises estruturais, pela retirada do mercado de capacidades de produção não rentáveis"*.

A Comissão precisava, ainda, outras orientações de carácter geral em relação às principais subcategorias de empresas comuns com carácter de cooperação, destacando, designadamente, que as empresas comuns que tivessem por objecto a investigação e o desenvolvimento seriam, em princípio, apreciadas favoravelmente, mesmo quando não preenchessem especificamente as condições do respectivo Regulamento de isenção por categoria (Regulamento CEE n.º 418/85, então em vigor).[1345] Como observaremos na nossa análise *ex professo* dos processos de avaliação substantiva das empresas comuns – empreendida na **Parte III** desta

---

[1345] Regulamento (CEE) n.º 418/85, então em vigor, que já tivemos ensejo de referir no contexto da nossa análise de afloramentos normativos de definições – directas ou indirectas – da categoria da empresa comum em sede de direito comunitário da concorrência (*supra*, capítulo segundo da **Parte I**, esp. pontos 5.3. e 5.4.). Nesse ponto, referimos, também, desde logo, os Regulamentos de isenção por categoria que sucederam a esse regime de 1985.

Parte II – Capítulo 2

dissertação – mesmo esse parâmetro não terá sido aplicado de forma consistente na *praxis* decisória da Comissão.[1346]

Deve sublinhar-se, ainda, que, em paralelo com a adopção desta Comunicação de carácter geral, a Comissão desenvolveu outras iniciativas relevantes para atenuar as disparidades no tratamento das categorias de empresas comuns com carácter de concentração e de cooperação e em ordem a flexibilizar, de algum modo, a avaliação de possíveis efeitos restritivos da concorrência associados a estas últimas.

Assim, em Dezembro de 1992, e como já referimos no quadro da nossa caracterização geral do conceito de empresa comum em direito comunitário de concorrência,[1347] a Comissão subscreveu um compromisso informal no sentido de assegurar um procedimento célere de apreciação em relação ao que denominou de empresas comuns com carácter de cooperação, mas de natureza estrutural. De acordo com o referido compromisso, a Comissão asseguraria uma primeira apreciação de qualquer empresa comum, dita de natureza estrutural, no quadro do artigo 85.º TCE, no prazo de dois meses contado desde a data de notificação da constituição de uma entidade desse tipo. Podendo compreender-se o propósito então assumido pela Comissão com vista a assegurar a empresas comuns com maior componente estrutural e que implicam maiores alterações das próprias empresas-mãe um tratamento relativamente célere, que limitasse a incerteza a que se encontram sujeitas as entidades intervenientes, e em moldes comparáveis – no plano processual – aos delineados no RCC, consideramos, todavia, essa figura criticável. Como já observámos,[1348] a mesma enfermava de um notório excesso de conceptualismo jurídico e não

---

[1346] Quanto a outros critérios de apreciação de outras subcategorias de empresas comuns contemplados na Comunicação teremos oportunidade de os abordar na nossa análise *ex professo* dos *tipos funcionais de empresas comuns submetidos ao regime do artigo 85.º TCE* (artigo 81.º CE) – *infra*, capítulo terceiro da **Parte III**.

[1347] Sobre esse tratamento de *empresas comuns com carácter de cooperação de natureza estrutural*, cfr. o exposto, *supra*, capítulo segundo da **Parte I**, esp. ponto 5.7..

[1348] Como já se analisou *supra*, esse ensaio de identificação de empresas comuns não qualificáveis como concentrações, mas que apresentassem, supostamente, uma maior componente estrutural, enfermava de um excessivo conceptualismo jurídico. Como já se observou – em termos aos quais retornaremos neste capítulo – essa ideia de identificar empresas comuns que não desempenhem todas as funções de uma entidade económica autónoma, mas que impliquem, não obstante, maiores alterações estruturais das empresas-mãe foi novamente equacionada no Livro Branco de 1999, não vindo, no entanto, a mesma a ter consequências no quadro da segunda reforma do RCC, em 2004.

resolvia, verdadeiramente, os problemas de indefinição e insegurança jurídicas criados com a distinção introduzida pelo RCC entre empresas comuns com carácter de concentração e de cooperação.

Noutro plano, no período em causa a Comissão aprovou, através do Regulamento 151/93[1349] alterações aos Regulamentos de isenção por categoria então em vigor referentes aos acordos de investigação e desenvolvimento e aos acordos de especialização – os quais eram aplicáveis a diversas subcategorias de empresas comuns com carácter de cooperação – no sentido de estender o benefício dessas isenções aos referidos tipos funcionais de cooperação que incluíssem alguns elementos no domínio da comercialização dos bens ou serviços contratuais.

3.1.4. A concretização jurídica dos critérios de qualificação das empresas comuns – aspectos gerais

Tendo equacionado, em geral, a pertinência da distinção entre empresas comuns com carácter de concentração e de cooperação delineada no RCC, importa analisar criticamente a concretização jurídica dos critérios de distinção enunciados nesse regime na prática decisória da Comissão, ao longo do que podemos já identificar como diversos estádios de aplicação do mesmo regime. Além de aprofundar esta distinção entre categorias fundamentais de empresas comuns, procuramos também apurar as principais diferenças entre a figura das empresas comuns com carácter de concentração e as restantes operações de concentração.

O elemento de distinção fundamental entre as empresas comuns com carácter de concentração e as outras formas de concentração empresarial, consiste na aquisição de controlo conjunto de empresas que se projecta para além do curto prazo. Como verificámos, a aquisição em comum do controlo de empresas pode conduzir a situações diversas em função, do destino ou afectação dado aos activos dessas empresas. A divisão dos activos entre as empresas adquirentes, caso seja realizada em prazo curto e não dê azo a uma gestão activa da empresa relativamente à qual tenha sido adquirida a posição de controlo conjunto, determina a verificação de

---

[1349] Regulamento (CEE) n.º 151/93 – que aprovou alterações aos Regulamentos de isenção por categoria então em vigor referentes aos acordos de investigação e desenvolvimento e aos acordos de especialização (também já cit.). Cfr. sobre esse Regulamento, e o seu alcance, BELLAMY, CHILD, *"European Community Law of Competition*, cit., p. 290.

Parte II – Capítulo 2   735

uma operação de concentração de empresas de carácter geral. Em sentido diverso, a manutenção por um período mais dilatado do controlo adquirido em comum sobre a actividade de uma terceira empresa determina a criação de uma empresa comum, a qual pode assumir, nos termos do n.º 2 do artigo 3.º do RCC (na sua formulação originária), carácter de concentração ou de cooperação.

Outra modalidade de operações que suscita o problema da distinção entre empresas comuns com carácter de concentração e outras formas de concentração empresarial é constituída pela conjugação das actividades de duas ou mais empresas, mediante a criação de uma nova sociedade de controlo (*"holding"*). Embora tais situações sejam normalmente associadas à figura das empresas comuns, podem verificar-se casos, como o analisado na decisão *"Fiat Geotech/Ford New Holland"* de 1991[1350] em que a sociedade *'holding'* venha a ser controlada apenas por uma das empresas que participam na operação, e que, consequentemente, correspondem a uma operação comum de concentração empresarial distinta da figura da empresa comum.

3.1.5. A Comunicação interpretativa da Comissão relativa às operações com carácter de concentração e de cooperação

A caracterização jurídica das empresas comuns com carácter de concentração é feita, como já se referiu *supra*,[1351] no n.º 2 do artigo 3.º do RCC. Assim, nos termos da redacção originária desta disposição, eram considerados requisitos cumulativos desta figura, a existência de uma empresa sujeita a controlo conjunto de duas ou mais empresas, a criação dessa empresa numa base duradoura, o desempenho pela empresa comum em causa de todas as funções de uma entidade económica autónoma e, finalmente, a comprovação de que essa empresa comum não conduziria a uma coordenação do comportamento concorrencial, quer entre as empresas fundadoras, quer entre qualquer uma destas e a empresa comum.

[1350] Decisão *"Fiat Geotech/Ford New Holland"*, de 8 de Fevereiro de 1991, proc n.º IV/M009.

[1351] Cfr sobre o disposto nesse artigo 3.º, n.º 2, do RCC/89 e a propósito da caracterização jurídica de empresas comuns com carácter de concentração, o exposto *supra*, capítulo segundo da **Parte I** (esp. ponto 5.5.1.). Como aí se expôs, essa disposição corresponde, na sequência da segunda reforma, de 2004, do RCC, ao n.º 4 do artigo 3.º do Regulamento.

Importa, pois, aprofundar a análise destes requisitos fundamentais de atribuição do carácter de concentração às empresa comuns – para além do que já fizemos no nosso prévio ensaio de definição da categoria da empresa comum no direito comunitário da concorrência – tendo em conta, essencialmente, a prática decisória da Comissão e as orientações delineadas na *"Comunicação da Comissão Relativa às Operações com Carácter de Concentração e de Cooperação"* de 1990, cit.

O primeiro requisito – existência de verdadeiras empresas comuns, mediante a sua sujeição a controlo conjunto por parte de terceiras empresas – foi já objecto da nossa análise.[1352] Convirá, tão só, sem incorrer em repetições desnecessárias, precisar algumas das noções em causa. Para efeitos de definição das empresas comuns com carácter de concentração, a Comissão enuncia na sua Comunicação, cit., de 1990, um conceito muito lato de *"empresa"*, que abarca qualquer *"conjunto organizado de recursos humanos e materiais, destinado a prosseguir, numa base duradoura, um objectivo económico definido".*[1353] A Comissão não explicitou, então, se o referido conceito de empresa incluía o estabelecimento de relações duradouras entre empresas desacompanhado de qualquer forma de controlo conjunto sobre a actividade de uma pessoa colectiva. Além disso, nas decisões adoptadas até à alteração de 1997 do RCC, a Comissão foi sempre confrontada com situações correspondentes a filiais pré-existentes, sujeitas a controlo conjunto das empresas-mãe, ou à criação *ex novo* de sociedades por duas ou mais empresas fundadoras.

Em todo o caso, se nos ativermos à prática decisória anterior à aprovação do RCC, podemos verificar que a Comissão já admitira, na decisão *"Gec-Weir Sodium Circulators"*[1354] que uma empresa comum com carácter de cooperação poderia resultar unicamente de relações contratuais, sem a criação de uma nova pessoa jurídica. Não sendo, contudo, inteiramente claro se esse precedente se aplicaria *qua tale* no domínio das empresas comuns com carácter de concentração, devido ao superior grau de integração empresarial que estas pressupõem, e não tendo essa questão

---

[1352] Cfr., a propósito do conceito de empresa comum e especialmente sobre a noção de controlo conjunto (*"joint control"*) da actividade de uma empresa, o exposto *supra,* **Parte I**, capítulo segundo (esp. pontos 2.3. e **6.**).

[1353] *"Comunicação da Comissão Relativa às Operações com Carácter de Concentração e de Cooperação"*, de 14 de Agosto de 1990, já cit., ponto 8.

[1354] Decisão *"Gec-Weir Sodium Circulators"*, de 23 de Novembro de 1977, já cit..

Parte II – Capítulo 2

sido clarificada na referida Comunicação, a mesma só viria a ser resolvida favoravelmente após a alteração de 1997 do RCC.[1355]

No que respeita, em especial, à definição das situações de controlo conjunto das empresas, o estudo que já efectuámos sobre esta noção permitiu-nos verificar que múltiplos índices podem ser utilizados para a aferição de tais situações, não se tendo a Comissão limitado, na sua análise de casos concretos, a considerar os factores que enunciara na Comunicação, cit, de 1990.

Numa apreciação geral prévia dos critérios de qualificação jurídica das empresas comuns com carácter de concentração, devemos acentuar que a previsão relevante do RCC (formulação originária do n.º 2 do artigo 3.º, do RCC) não divergiu *prima facie*, de modo significativo, dos parâmetros de apreciação desenvolvidos pela Comissão no período anterior à aprovação do RCC a propósito das denominadas *"concentrações parciais"*.[1356] Todavia, verifica-se uma importante flexibilização relativamente a um elemento que a Comissão considerava imprescindível para a existência de concentrações parciais. Assim, pudémos constatar, na nossa análise das decisões mais importantes adoptadas, neste domínio, até ao início de vigência do RCC, que a Comissão apenas admitia a ocorrência de verdadeiras concentrações parciais nos casos em que as empresas fundadoras de empresas comuns abandonassem a título permanente o sector de mercado em que actuassem essas empresas comuns.

Ora, no quadro da aplicação do RCC, a Comissão não exigiu, nem na sua Comunicação de 1990, cit., nem na sua prática decisória, a retirada total e permanente das empresas fundadoras do sector de mercado em que actua a empresa comum. Na realidade, em múltiplos casos, como os anali-

---

[1355] Na realidade, decorreu a decisão *"Alitalia/KLM"*, cit., adoptada pela Comissão já após a primeira reforma do RCC, a qualificação como operação de concentração de uma empresa comum suportada integralmente em relações contratuais que não envolviam a criação de qualquer novo enter personalizado.

[1356] Cfr., no mesmo sentido, P. Bos, J. Stuyck, P. Wytinck, *Concentration Control in the European Economic Community*, cit., pp. 167 e ss.. Como estes As aí referem, *"(...) the introduction of the Regulation as the point of departure for a new policy in this respect appears unlikely. The analysis of Article 3/2, second subparagraph of the new Regulation when taken together with the joint venture notice indicates that the Commission will be in a position to continue its existing policy in the future as a criteria set forth in Article 3/2 do not appreciably depart from former Commission criteria under Regulation n.º 17/62."*

738   *Empresas comuns* – Joint Ventures

sados nas decisões *"Thomson/Pilkington"*, de 1991[1357] ou *"Mondi/ /Frantschach"*, de 1992,[1358] a Comissão admitiu a criação de empresas comuns com carácter de concentração, mediante a aquisição de participações em empresas já existentes e que se encontravam sujeitas ao controlo de um única empresa-mãe, não acompanhada pela transferência de quaisquer activos da empresa adquirente para a empresa cujo controlo passa a ser exercido em comum, nem pelo abandono do sector de mercado em que esta actua por parte da primeira empresa.

Com efeito, na Comunicação de 1990, cit., admitiu-se explicitamente a criação deste tipo de empresas comuns em situações diversificadas, incluindo, designadamente, aquelas em que as empresas comuns adquirem actividades pré-existentes das empresas-mãe, as situações em que as empresas comuns empreendam novas actividades por conta das empresas--mãe, os casos em que as empresas comuns penetrem nos mercados das empresas-mãe, bem como aqueles em que as empresas comuns penetram em mercados situados a montante ou a jusante ou em mercados vizinhos, relativamente aos mercados das empresas-mãe. Além disso, a Comunicação contemplou, claramente, a possibilidade de, em algumas dessas situações, o carácter de concentração das empresas comuns não ser prejudicado pela permanência activa das empresas-mãe no mercado do produto ou de serviço da empresa comum, desde que os respectivos mercados geográficos fossem distintos e se apresentassem de tal forma afastados ou com estruturas tão diferentes que se pudesse *"excluir qualquer interacção concorrencial"* (essa visão flexível em relação à permanência das empresas--mãe no mercado da empresa comum acentuou-se ainda, como veremos, com a ulterior adopção de novas Comunicações interpretativas pela Comissão, em 1994)

3.1.6. As condições positivas para a qualificação de empresas comuns como concentrações na praxis decisória da Comissão

Numa perspectiva sistemática, a Comissão distinguiu, na sua Comunicação de 1990, cit., as condições positivas e negativas da existên-

---

[1357] Decisão *"Thomson/Pilkington"*, de 23 de Outubro de 1991, proc n.º IV/M086.
[1358] Decisão *"Mondi/Frantschach"*, de 12 de Maio de 1992, proc n.º IV/M210.

Parte II – Capítulo 2   739

cia de empresas comuns com carácter de concentração (incluindo nas últimas, a condição de inexistência de coordenação do comportamento concorrencial, que viria a ser eliminada com a alteração de 1997 do RCC).[1359]

No conjunto de condições positivas importa dilucidar, em termos mais desenvolvidos, o alcance da exigência relativa à *"criação da empresa comum numa base duradoura"*. De acordo com a Comunicação de 1990, cit., essa exigência corresponde à capacidade da empresa comum para desenvolver a sua actividade por um período de tempo ilimitado, *"ou, pelo menos, longo"* (sob pena de não se verificar qualquer alteração a longo prazo das estruturas das empresas-mãe). Esta definição de longo prazo foi, de resto, concretizada em diversas decisões, como a proferida, *v.g.*, no caso *"ABC/Générale des Eaux/Canal Plus/ W. H Smith TV"*, de 1991,[1360] na qual a Comissão admitiu que a previsão de uma duração, pelo período de cinquenta anos, da empresa comum prencheria o requisito relativo à existência numa base duradoura da mesma,[1361] tendo reconhecido também noutras decisões – *vg.* a decisão *"Eureko"*, de 1992,[1362] que a criação de empresas comuns por um período indefinido não poria em causa tal requisito.

A admissibilidade de criação de empresas comuns com carácter de concentração, nos casos em que a duração das mesmas é indefinida, relativiza, de algum modo, este requisito, pelo menos na sua dimensão formal (período de tempo formalmente acordado). Assim, pensamos que o aspecto determinante a reter, como indício de existência de uma concentração, diz respeito a uma aferição dos recursos humanos e materiais canalizados para a empresa comum, no sentido de verificar se os mesmos asseguram a existência e o funcionamento autónomo da empresa por um prazo relativamente longo (o aspecto formal relativo à fixação negocial de

---

[1359] Cfr. *"Comunicação da Comissão Relativa às Operações com Carácter de Concentração e de Cooperação"*, cit., pontos 16 e ss. e 20 e ss..

[1360] Decisão *"ABC/Générale des Eaux/Canal Plus/W.H. Smith TV"*, de 10 de Setembro de 1991, proc n.º IV/M110.

[1361] O primeiro Projecto de Comunicação, que veio a resultar na *"Comunicação da Comissão Relativa às Operações com Carácter de Concentração e de Cooperação"*, cit., previa como prazo indicativo, neste contexto de análise, um *período não inferior a vinte anos*. Todavia, a versão definitiva da referida Comunicação não incluiu nenhum prazo indicativo desse tipo. Cfr., nesse sentido, P. Bos, J. Stuyck, P. Wytinck, *Concentration Control in the European Economic Community*, cit., p.186.

[1362] Decisão *"Eureko"*, referente a uma empresa comum constituída por várias empresas de seguros, proc IV/M207.

740   *Empresas comuns* – Joint Ventures

uma duração da empresa comum é, em nosso entender, completamente consumido por este requisito material). Por outro lado, considerando que a Comissão, no quadro da aplicação do RCC, passou a não condicionar, em termos absolutos, a atribuição do carácter de concentração a empresas comuns ao abandono total e tendencialmente irreversível do sector de mercado ocupado pelas mesmas por parte das empresas-mãe, a importância desse elemento material positivo das empresas comuns foi reforçada.

Na verdade, nos casos em que uma das empresas-mãe permaneça no mercado da empresa comum, a Comissão deve verificar, com particular rigor, se ocorre uma transferência de activos, recursos financeiros ou meios essenciais de *"saber fazer técnico ou comercial"* para a empresa comum, que permita, em termos razoáveis, configurar uma existência autónoma duradoura desta.

O desempenho de *"todas as funções de uma entidade económica autónoma"* constitui, porventura, a condição positiva mais complexa das empresas comuns com carácter de concentração. Aprofundando os aspectos essenciais para a concretização dessa condição, que já aflorámos,[1363] importa referir que a Comissão identificou, na sua Comunicação de 1990, cit., duas formas essenciais de autonomia da empresa comum, nos planos decisório e funcional. No entanto, a concretização jurídica dessas modalidades de autonomia das empresas revelou-se muito deficiente na prática decisória da Comissão (em muitos casos, esta limitou-se a constatar a existência de autonomia das empresas comuns fazendo remissões para o elemento literal do RCC).[1364] Importa destacar em particular, como fizeram SIRAGUSA, SUBIOTTO[1365] e ANAND PATHAK,[1366] que o vector da autonomia decisória foi praticamente ignorado nas várias decisões da Comissão, pelo menos ao longo de um primeiro estádio de aplicação do RCC. A decisão *"Mitsubishi/UCAR"*, na qual esse aspecto foi referido constituiu, nesse período, seguramente uma excepção. De qualquer modo,

---

[1363] Os elementos que se encontram na base dessa *condição positiva* para a qualificação de empresas comuns como concentrações foram já aflorados *supra*, capítulo segundo, **Parte I** – esp. 5.5.1. e 5.5.2. – onde se remetia, precisamente, o tratamento mais desenvolvido de tal matéria para o presente ponto deste capítulo.

[1364] Cfr., nesse sentido, F. FINE, *Mergers and Joint Ventures in Europe*, cit., esp. pp. 157 ss..

[1365] Cfr. M. SIRAGUSA, M. SUBIOTTO, "The EEC Merger Control Regulation – The Commission's Evolving Case Law", in CMLR, 1991, pp. 877 ss. esp. pp. 888 e ss..

[1366] Cfr., destacando este aspecto, A. PATHAK, "The EEC Merger Control Regulation Enforcement During 1992", in EL Rev., 1993, pp. 132 ss., esp. pp. 140 e ss..

Parte II – Capítulo 2 741

como assinalou justamente C. Jones, em comentário a esta decisão,[1367] não foi praticamente adiantada qualquer fundamentação a esse respeito, limitando-se a Comissão a afirmar que a empresa comum em causa seria *"responsável pela sua política comercial".*

O conceito de autonomia decisória traduz, precisamente, a capacidade da empresa para exercer a sua própria política comercial, mediante a elaboração de planos e a execução independente de actos de gestão. A escassez de referências a esta modalidade de autonomia empresarial na prática decisória da Comissão – apesar da referência explícita à mesma contida na Comunicação de 14 de Agosto de 1990[1368] – resultou, em nosso entender, de uma insuficiente elaboração conceptual deste órgão comunitário no domínio em causa. Tal como se verificou noutras matérias, a Comissão não enunciou, com o rigor desejável, os índices jurídico-económicos utilizados nos seus juízos, em sede de controlo directo de operações de concentração. Neste caso, a Comissão não procedeu a uma distinção clara entre as noções de autonomia decisória e de controlo conjunto das empresas.

É certo que autores como Pathak atribuíram outro significado a essa falta de referências mais desenvolvidas à autonomia decisória das empresas comuns, preconizando a existência de uma contradição fundamental entre os conceitos de autonomia decisória da empresa comum e de controlo conjunto desta pelas empresas-mãe.[1369] Pela nossa parte não

---

[1367] Cfr. comentário de C. Jones à decisão *"Mitsubishi/UCAR"* (proc IV/M024), em *EC Merger Control Reporter*, Coordinators, Gerwin van Gerven, Stephen Kinsella, Kluwer Law International, The Hague, London, Boston, *1990 – and Supplements* (*loose Leaf) – December 2003*. Em regra, nos casos em que procedermos a citações de decisões em sede de aplicação do RCC, com base nesta Colectânea (*EC Merger Control Reporter*), referir-se-à, para além do número de proc. utilizado pela Comissão a específica numeração sequencial utilizada na mesma Colectânea. No que respeita a esta decisão *"Mitsubishi/ /UCAR"*, cfr. *decision B7.* e respectiva anotação (*"Case Note"*) de C. Jones.

[1368] Referência a essa modalidade de autonomia empresarial que é retomada na *"Comunicação relativa à distinção entre empresas comuns com carácter de concentração e empresas comuns com carácter de cooperação"*, de 1994, cit. e até, embora em moldes algo diversos, na *"Comunicação relativa ao conceito de empresas comuns que desempenham todas as funções de uma entidade económica autónoma"*, de 1998, cit.

[1369] Cfr., neste sentido, a posição de A. Pathak, no seu estudo "EEC Merger Control Regulation Enforcement During 1992", cit.. Como aí se refere, "(...) *the absence of any extended discussion on decisional autonomy in Commission decisions is not suprising since decisional autonomy is, generally speacking, at odds with the notion of joint control* (...)" (A. cit., *op. cit.*, p. 140).

742   *Empresas comuns* – Joint Ventures

subscrevemos esse juízo extremo, mas pensamos que a sobreposição dos referidos conceitos apenas poderá ser prevenida através de uma definição tão rigorosa quanto possível da noção de autonomia decisória, fixando um sentido técnico preciso de autonomia decisória no contexto da actuação de empresas comuns com carácter de concentração.

Na realidade, é inegável que a sujeição, por natureza, da empresa comum ao controlo conjunto das empresas-mãe implica a determinação pelas mesmas da composição da maioria dos órgãos sociais – órgãos de administração, órgãos de fiscalização, ou órgãos especiais de supervisão quando existam – e do sentido das deliberações relativas a aspectos estratégicos da actividade da empresa comum. Todavia, essa situação não invalida a determinação de uma capacidade da empresa comum para, através dos seus órgãos próprios, delinear e executar a sua política de gestão corrente (conformada nos seus aspectos gerais pelas decisões estratégicas adoptadas pelas empresas-mãe).[1370]

Com efeito, algumas decisões, como a adoptada no caso "*Drager/ /IBM/HMP*", de 1991,[1371] demonstram, de forma exemplar, que a extensão e as exigências do controlo conjunto das empresas comuns podem ser consideráveis, sem precludir completamente a autonomia decisória destas empresas (a qual se situa num plano diverso e se reporta primacialmente à criação de estruturas institucionais próprias das empresas comuns que suportem a actividade corrente de gestão).

Como se pode verificar, neste caso as exigências do controlo conjunto terão sido consideradas na sua máxima extensão sem pôr em causa a existência de uma empresa comum com carácter de concentração. Na verdade, apesar da latitude dos poderes conferidos às empresas fundadoras – abarcando, *vg.*, a aprovação de um plano operacional anual por essas empresas, que incluiria a definição dos volumes de produção – as decisões relativas à gestão corrente da empresa comum não ficavam dependentes da sistemática intervenção daquelas empresas, o que, implicitamente, per-

---

[1370] A diferença essencial a considerar no plano ora em causa diz respeito à capacidade da empresa comum para, através dos seus órgãos próprios, delinear e executar a sua política de gestão corrente mesmo que conformada nos seus aspectos gerais pelas decisões estratégicas adoptadas pelas empresas-mãe, por contraposição com enquadramentos de actuação de empresas comuns em que estas *pari passu* actuem como auxiliares da actividade global das empresas-mãe.

[1371] Cfr. decisão "*Drager/IBM/HMP*", de 28 de Junho de 1991, proc n.º IV/M101. Cfr. *Merger Control Reporter*, cit., *decision B 32.* e o respectivo "*Case Note*" de J. FAULL.

mitiria configurar a existência de autonomia decisória da empresa comum, embora no seu sentido mais limitado.

Não obstante considerarmos que a noção de autonomia decisória, desde que correctamente delimitada – o que nem sempre tem sucedido na prática decisória da Comissão – pode ser compatibilizada com a realidade do controlo conjunto exercido sobre a actividade da empresa comum pelas empresas fundadoras, pensamos que o elemento positivo primacial das empresas comuns é constituído pela autonomia funcional relativamente às empresas-mãe. A autonomia decisória que, no contexto das empresas comuns com carácter de concentração, tem um sentido muito restrito, apresentará um carácter completamente acessório em relação à autonomia funcional, bem como em relação ao conjunto de condições negativas de existência destas empresas. De resto, esse alcance muito limitado da noção de autonomia decisória – cuja apreensão exigia a formulação de juízos de avaliação enfermando de algum conceptualismo jurídico, que dificilmente se coadunava com a aplicação expedita de critérios de sujeição de empresas comuns ao regime do RCC – acabou por ser reconhecido em ulterior Comunicação interpretativa da Comissão que, como veremos, veio a eliminar este parâmetro de qualificação de empresas comuns.

Em termos gerais, a autonomia funcional da empresa comum consiste na capacidade desta para actuar como um fornecedor ou comprador independente no mercado, sem depender das empresas fundadoras para a manutenção e desenvolvimento da sua actividade comercial. Essa capacidade deverá assentar numa disponibilidade, plenamente assegurada, de meios materiais e humanos para a realização continuada do seu objecto. Como referia, sugestivamente, a Comissão, na sua Comunicação de 1990, cit., a dependência da empresa comum em relação a *"instalações que continuem economicamente integradas nas actividades das empresas-mãe"* conduz a um *"enfraquecimento do carácter autónomo"* dessa empresa[1372] (no limite, pode, mesmo, conduzir à diluição completa da autonomia funcional da empresa comum). Nestes termos, a autonomia funcional da empresa comum deverá ser objectivamente aferida mediante a verificação dos recursos financeiros de que esta dispõe a título permanente – e da capacidade de resposta que os mesmos proporcionam face às exigências de desenvolvimento de uma política comercial própria – bem

---

[1372] Cfr. *"Comunicação Relativa às Operações com Carácter de Concentração e de Cooperação"*, de 1990, cit., ponto 18.

744 *Empresas comuns* – Joint Ventures

como da titularidade, ou acesso, ao exercício de certos direitos de propriedade industrial, ou outros, que se revelem fundamentais para a realização
do seu objecto.

Entre outros casos, podemos destacar como uma situação paradigmática desta base objectiva típica da autonomia funcional de empresas
comuns, a que foi analisada pela Comissão na decisão "*Elf Atochem/Rohm
& Haas*", de 1992[1373]. Nesse caso, a empresa comum constituída pelas
partes recebeu licenças exclusivas e irrevogáveis – excepto se sobre-
viessem impedimentos prolongados à actuação da empresa – para o
exercício de todos os direitos de propriedade industrial necessários à
produção de determinadas espécies de vidro acrílico (o que correspondia
ao objecto principal atribuído à empresa comum), sendo as referidas
licenças atribuídas por um período correspondente ao da duração do
acordo. Por outro lado, a empresa comum recebeu ainda recursos suficientes para conduzir as suas próprias actividades de pesquisa e desenvolvimento bem como os meios humanos e materiais para a produção dos bens
em causa e a criação da sua própria rede de distribuição.

A todos estes factores de autonomia funcional acrescia, ainda, a
plena autonomia da empresa comum para seleccionar os seus fornecedores. É certo que o conjunto de elementos objectivos de que pode depender a autonomia funcional da empresa comum nem sempre será configurável com esta nitidez. Na verdade, podem seguramente registar-se
situações intermédias, caracterizadas pela existência de alguns nexos funcionais entre as empresas fundadoras e a empresa comum, cuja intensidade não ponha em causa o núcleo essencial de autonomia funcional
indissociável das empresas comuns com carácter de concentração. O problema fundamental residirá, então, na graduação dos nexos compatíveis
com a manutenção da autonomia da empresa comum, como se tem verificado em várias decisões da Comissão.

Assim, no caso analisado na decisão "*Lucas/Eaton*", de 1991,[1374] o
facto de a empresa comum obter uma fracção mínima dos seus fornecimentos de uma das empresas-mãe não pôs em causa a autonomia funcional da mesma. No mesmo sentido, a cedência de certas instalações a uma
empresa comum por parte de empresas-mãe não prejudica a autonomia da

---

[1373] Cfr. decisão "*Elf Atochem/Rohm & Haas*", de 28 de Julho de 1992, já cit. (in
Merger Control Reporter, cit., *decision B 102*).

[1374] Cfr. decisão "*Lucas/Eaton*", de 9 de Dezembro de 1991, proc n.º IV/M149 (in
Merger Control Reporter, cit., *decision B 57*).

Parte II – Capítulo 2

primeira, desde que esta detenha outros direitos sobre activos fundamentais para o desenvolvimento da sua actividade (*vg.*, equipamentos industriais essenciais ou de propriedade industrial).

Em contrapartida, importa destacar, no conjunto de casos em que a Comissão afastou a qualificação de empresas comuns como concentrações devido a uma razão específica de falta de autonomia funcional destas, a situação analisada na decisão "*Flachglas/Vegla*", de 1992[1375], que, de resto, ilustra, de forma paradigmática, algumas insuficiências de análise daquele órgão comunitário neste domínio. Nessa decisão a Comissão considerou como factores determinantes para a denegação da autonomia funcional da empresa comum, a impossibilidade de uma actuação desta a título de fornecedor independente – pois esta actuaria primacialmente através da subcontratação – e o facto de, com toda a probabilidade, essa empresa actuar numa função auxiliar da actividade das empresas-mãe e da indústria de vidro plano, em geral (o sector em causa nesta decisão). Esta última suposição resultava do facto de a empresa comum permitir estabelecer ligações, através de acordos de subcontratação, entre o conjunto de empresas presentes no mercado de recolha e processamento de desperdícios de vidro e assim contribuir para criar uma rede global neste domínio (o que teria a maior importância para a indústria do vidro plano e para as empresas-mãe, em particular, pois estas contavam-se entre os principais compradores de vidro plano reciclado). A Comissão destacou ainda que qualquer expansão ulterior da actividade da empresa comum, que lhe permitisse uma actuação própria no sector em causa fora do domínio estrito da subcontratação, ficaria seguramente dependente de novas contribuições financeiras das empresas-mãe.

Pensamos que os fundamentos enunciados pela Comissão, nesta decisão, para afastar a autonomia funcional da empresa comum não são inteiramente consistentes. O argumento de fundo, relativo ao desenvolvimento de uma actuação que assentava essencialmente na subcontratação, não se nos afigura decisivo, visto que, em múltiplos sectores, as empresas podem desenvolver estratégias comerciais próprias, através de actuações directas ou mediante o recurso à subcontratação (a qual poderá, de resto, revelar-se particularmente ajustada às condições de mercado prevalecentes).[1376]

[1375] Cfr. decisão "*Flachglas/Vegla*", de 13 de Abril de 1992, proc n.º IV/M168 (in *Merger Control Reporter*, cit., *decision B 82*).

[1376] Cfr. o comentário a esta decisão de E. GONZALEZ-DIAZ, no qual se defende uma posição similar – *Merger Control Reporter*, cit., *decision B 82*, "*Case Note*".

Por outro lado, a análise desenvolvida pela Comissão não parece ter-se concentrado na relação entre a empresa comum e as empresas-mãe, a qual constitui indiscutivelmente o aspecto fulcral para a determinação da autonomia funcional das empresas comuns. Assim, foi referida uma possível função auxiliar da empresa comum em causa relativamente à indústria do vidro plano em geral (a Comissão destacou, tão só, a forte posição de mercado das empresas-mãe no sector do fornecimento de vidros planos para automóveis, o que não constituiria, segundo pensamos, um factor determinante para considerar que qualquer empresa actuando no sector de recolha e processamento de desperdícios de vidro desenvolve uma função acessória em relação à primeira actividade comercial). As consequências que a Comissão terá retirado da articulação entre os sectores empresariais em que actuavam as empresas-mãe e a empresa comum não se nos afiguram correctas, pois a Comissão não demonstrou que a empresa comum estaria verdadeiramente dependente, para o desenvolvimento da sua actividade, das operações de compra e venda feitas com as empresas-mãe, nem que a forte ligação comercial entre essas empresas resultaria especificamente das relações societárias existentes. Por outro lado, o argumento relativo a uma pretensa necessidade de contribuições financeiras suplementares das empresas-mãe para qualquer expansão ulterior da actividade da empresa comum traduz um formalismo jurídico que não se coaduna com a relevância atribuída aos factores materiais noutras situações.

Em termos gerais, deve, assim, acentuar-se que o nexo estabelecido pela Comissão, nesta decisão, entre o grau de implantação da empresa comum no mercado e a intensidade da colaboração comercial com as empresas-mãe não deveria, em princípio, fundar juízos sobre a possível autonomia funcional da empresa comum. Esse tipo de nexos deveria relevar, primacialmente, para a verificação de condições negativas de qualificação das empresas comuns com carácter de concentração (num plano de apreciação da possível coordenação de comportamentos comerciais entre as empresas-mãe e a empresa comum). A Comissão não terá, assim, dilucidado da forma mais correcta as categorias de análise jurídica em causa, o que contribuiu certamente para alguma indefinição dos critérios de qualificação das empresas comuns, nos termos do n.º 2 do artigo 3.º do RCC/89.

Em contrapartida, a Comissão já terá analisado com maior rigor as ligações comerciais existentes entre a empresa comum e as empresas-mãe, na perspectiva da verificação da autonomia funcional da primeira, na sua decisão "*Mannesmann/Hoesch*", de 1992,[1377] mostrando-se atenta às condições concretas de funcionamento do mercado em causa. Nessa decisão, foi analisado o processo de criação de duas empresas comuns e a questão da sua autonomia funcional foi especialmente considerada, tendo em conta as estreitas ligações que as empresas-mãe, na qualidade de fornecedoras de aço, manteriam com as mesmas (as necessidades de aço das empresas comuns seriam quase integralmente asseguradas por fornecimentos das empresas-mãe e, por outro lado, as despesas com a aquisição de aço representavam a maior parte dos custos materiais de produção daquelas empresas comuns).

Apesar da aparente dependência das empresas comuns, em causa, do fornecimento de matérias primas essenciais por parte das empresas-mãe, bem como das intensas relações comerciais existentes a outros níveis entre as mesmas – que permitiam configurar importantes ligações verticais, a montante e a jusante, entre as empresas-mãe e as empresas comuns – a Comissão admitiu a existência de autonomia funcional destas empresas comuns.

Nessa apreciação, teve em conta a estrutura do sector da indústria do aço, no qual as situações de integração empresarial são normais e, de algum modo, exigidas pelas necessidades particulares desta área do mercado. Assim, as ligações comerciais intensas com as empresas comuns não constituíam um índice de dependência funcional em relação às empresas--mãe, correspondendo à prática industrial normal no sector. O facto de estas empresas comuns terem sido dotadas com meios financeiros e com activos importantes para o desenvolvimento da sua actividade foi, pois, considerado determinante para a verificação da sua autonomia funcional. Em súmula, a Comissão revelou, nesta decisão, uma significativa flexibilidade e analisou os índices de autonomia das empresas comuns à luz dos padrões de relações comerciais entre as empresas prevalecentes no sector em causa. Essa capacidade de análise de mercado e de detecção dos índices relevantes de autonomia funcional não foi, contudo, manifestada noutras decisões.

[1377] Cfr. decisão "*Mannesmann/Hoesch*", de 12 de Novembro de 1992, proc n.º IV/ /M 222 (in *Merger Control Reporter*, cit., *decision B 119*).

748   *Empresas comuns* – Joint Ventures

3.1.7. A condição negativa para a qualificação de empresas comuns como operações de concentração

3.1.7.1. *Aspectos gerais*

Além do conjunto de condições positivas da existência de empresas comuns com carácter de concentração, o n.º 2 do artigo 3.º, do RCC, na sua formulação originária estabelecia, ainda, como condição negativa fundamental desta categoria jurídica, a inexistência de uma coordenação do comportamento concorrencial entre as empresas fundadoras e entre estas e a empresa comum. Essa condição negativa correspondia, de resto, como tivemos ensejo de observar, ao núcleo fundamental do teste jurídico desenvolvido pela Comissão em relação às denominadas concentrações parciais, no período anterior à aprovação do RCC, sendo, então, formulado em termos mais exigentes, pois esse teste apenas seria satisfatoriamente ultrapassado, mediante o abandono pelas empresas-mãe do sector de mercado em que passasse a actuar a empresa comum.

Como já referimos, a Comissão flexibilizou esse teste no quadro da aplicação do RCC, tendo vindo a admitir que a permanência de empresas fundadoras no mercado do produto da empresa comum não prejudicava necessariamente o carácter de concentração desta última. Importa, pois, dilucidar o complexo conteúdo dessa condição negativa – ulteriormente abandonada com a reforma de 1997 do RCC – à luz das orientações definidas pela Comissão na sua *"Comunicação Relativa às Operações com Carácter de Concentração e de Cooperação"*, de 1990, e das numerosas decisões adoptadas por esta Instituição na primeira fase de vigência do RCC, no âmbito das quais este problema tenha sido trazido à colação. Tratando-se inegavelmente de uma questão para a qual a Comissão, no período anterior à aprovação do RCC, nunca logrou construir uma orientação consistente,[1378] as maiores insuficiências técnicas de análise deste

---

[1378] Sobre essa situação no período anterior à aprovação do RCC, A. Pappalardo, no seu estudo "Le Règlement CEE sur le Contrôle des Concentrations", cit., comenta lapidarmente que, "(...) *Il ne semble (...) que la Commission ait réussi à se doter d'instruments d'analyse suffisament précis pour effectuer une pareille distinction. Ni les Guidelines élaborées par ses services, mais jamais adoptées officiellement, ni les décisions, pourtant nombreuses, relatives à des cas d'espéce n'ont fourni de tels instruments.*" (A. cit., *op. cit.*, pp. 13 e ss.).

Parte II – Capítulo 2 749

órgão comunitário continuaram, porventura, a manifestar-se neste domínio no quadro do RCC[1379] (sendo, até, de algum modo, agravadas com a admissibilidade de existência de empresas comuns com carácter de concentração, nos casos em que qualquer uma das empresas-mãe permaneça no mercado de produto da empresa comum). A complexidade da análise em causa, da qual dependia a aplicação de critérios de qualificação jurídica, para efeitos procedimentais, os quais, atendendo à sua função, deveriam permitir resultados expeditos, criou, assim, mais uma área problemática de indefinição jurídica para as empresas envolvidas em processos de cooperação.

Acresce que, como se verá, a propensão hermenêutica manifestada pela Comissão para submeter, progressivamente, o maior número de empresas comuns à aplicação do RCC conduziu a diversas distorções na compreensão dessa condição relativa à eventual coordenação de comportamentos. De certo modo, esse tipo de distorções terá, mesmo, induzido alguma negativa subalternização de efeitos de coordenação, cuja relevância jusconcorrencial só terá passado a ser apreendida de forma mais rigorosa após a alteração de 1997 do RCC, quando os mesmos deixaram de corresponder a um condição negativa de qualificação de empresas comuns como operações de concentração.

Nos termos da referida Comunicação de 1990, cit., as empresas comuns não deveriam ser consideradas como concentrações se fosse razoavelmente previsível que, em resultado do acordo de criação da empresa comum ou em consequência da sua existência ou actividade, seria influenciado o comportamento concorrencial de uma empresa-mãe ou da empresa comum no mercado relevante.[1380]

Como referia justamente FRANK FINE,[1381] nem essa Comunicação, nem as decisões adoptadas pela Comissão, permitiam determinar se o apuramento de um objectivo anticoncorrencial – orientado para a coordenação

---

[1379] Cfr. para uma crítica virulenta às análises da Comissão respeitantes a esta condição negativa das empresas comuns com carácter de concentração, A. PATHAK, "EEC Merger Control Regulation Enforcement During 1992", cit., pp. 142 e ss.. Como aí refere este A.,"(...) *As applied by the Commission to date, the 'absense of coordination of competitive behaviour' requirement of the Merger Regulation has been the single most misconceived basis for disqualifying a joint venture as concentrative".*

[1380] Cfr. *"Comunicação da Comissão Relativa às Operações com Carácter de Concentração e de Cooperação"*, cit., de 1990, ponto 20 e ss..

[1381] Cfr. F. FINE, *Mergers and Joint Ventures in Europe*, cit., esp. pp. 159 ss..

empresarial – constituiria um elemento suficiente para qualificar a empresa comum como um processo de cooperação entre empresas (excluindo o carácter de concentração). Contudo, em nosso entender, o aspecto relevante a analisar – já nessa primeira fase de vigência do RCC – seria o dos possíveis efeitos de coordenação dos comportamentos concorrenciais inerentes à criação de empresas comuns, independentemente dos objectivos das empresas envolvidas em determinadas operações.

Esta análise, incidindo em especial sobre os prováveis efeitos de coordenação dos comportamentos concorrenciais associados à criação de empresas comuns – incluindo os efeitos indirectos, ou de alastramento, emergentes da colaboração das empresas-mãe ao nível da empresa comum – deve assumir contornos diversos em função das posições detidas, quer pelas empresas-mãe, quer pelas empresas comuns, nos vários mercados que possam estar em causa depois de concluída a operação de criação da empresa comum. Deste modo, a apreciação da possível coordenação de comportamentos comerciais depende, em primeiro lugar, do apuramento e confronto dessas posições de mercado detidas pelas empresas-mãe e pela empresa comum (o que obriga a uma identificação precisa dos mercados em que as empresas-mãe continuam a actuar como concorrentes independentes).

Importa, pois, na esteira das orientações delineadas pela Comissão e, sobretudo, procurando reconstituir, criticamente, os parâmetros delineados na sua prática decisória no período em causa – embora as mesmas tenham conhecido diversas flutuações – equacionar os índices de possível coordenação de comportamentos comerciais especificamente associados a cada situação típica de mercado emergente da criação de empresas comuns (estabelecendo as relações objectivamente existentes entre as posições de todas as empresas envolvidas nessas operações em diversos mercados).

Como situações típicas a considerar, para efeitos de análise dos índices de coordenação dos comportamentos, devem destacar-se aquelas em que ambas as empresas-mãe tenham abandonado a título permanente o mercado da empresa comum, as situações em que uma ou mais empresas-mãe permaneçam no mercado de produto da empresa comum e os casos em que as empresas-mãe actuem em mercados situados a montante ou a jusante do mercado da empresa comum (ou conexos com o mesmo). A especial densificação de critérios de apreciação associados a esses tipos de situações paradigmáticas, motivada pela necessidade de concretizar uma condição essencial de qualificação de empresas comuns com vista à sua

Parte II – Capítulo 2   751

possível sujeição ao RCC, acabou, ainda assim – não obstante as flutuações hermenêuticas da Comissão – por fornecer algumas indicações relevantes para a ponderação autónoma de efeitos de coordenação no quadro
do actual direito constituído, emergente da alteração de 1997 do RCC
(ponderação desses efeitos já não dirigida à qualificação das empresas
comuns, mas à sua avaliação no âmbito da aplicação do próprio RCC, *ex
vi* do n.º 4 do artigo 2.º, revisto, do RCC, nos termos que teremos ensejo
de analisar).[1382] Tal justifica, pois, uma especial atenção ao tratamento
desses parâmetros de análise na fase inicial de vigência do RCC.

3.1.7.2. *Índices de coordenação de comportamentos concorren-ciais de empresas-mãe de empresas comuns*

A Comissão admitira, no quadro da sua prática decisória anterior à
aprovação do RCC, que o facto de as empresas-mãe abandonarem o
mercado da empresa comum e não manterem actividade em mercados
situados a montante ou a jusante do mesmo mercado (ou em mercados
conexos) permitia afastar, em princípio, os riscos de coordenação de
comportamentos concorrenciais entre essas empresas. Como já referimos,
esse abandono do mercado por parte de qualquer uma das empresas-mãe,
nem sempre constituirá um elemento exigível para a verificação do carácter de concentração da empresa comum. Nos casos em que este aspecto
influa decisivamente na determinação do carácter de concentração das
empresas comuns, é necessário caracterizar os termos em que uma ou mais
empresas-mãe se retiram do mercado em que operam essas empresas
comuns.

[1382] Assim, como teremos ensejo de analisar, *infra*, capítulo segundo – esp. ponto
3. – da **Parte III**, os aspectos que foram, num determinado estádio, objecto de ponderação
e densificação jurídica no que respeita à verificação de elementos de coordenação entre as
empresas-mãe para efeitos de qualificação das empresas comuns, podem ser relevantes, a
uma nova luz, no quadro do actual direito constituído, emergente da alteração de 1997 do
RCC. Neste novo enquadramento, a ponderação de tais elementos de coordenação (indiciados por aspectos já anteriormente analisados, e referentes a situações paradigmáticas de
presença ou ausência das empresas-mãe em mercados que apresentem determinados nexos
com os mercados das empresas comuns que se encontrem em causa) já não é dirigida à
qualificação das empresas comuns, mas à sua avaliação no âmbito da aplicação do próprio
RCC, *ex vi* do n.º 4 do artigo 2.º, revisto, do RCC.

752   *Empresas comuns* – Joint Ventures

Essa caracterização permite, designadamente, apurar se as empresas-mãe em causa se retiram do mercado da empresa comum "*de forma permanente*".[1383] Ora, nos termos da Comunicação de 1990, cit., o carácter permanente desse abandono do mercado seria, no essencial, analisado em função da concorrência potencial eventualmente existente entre as empresas-mãe e a empresa comum.

Por outro lado, a Comissão admitia uma presunção de relação concorrencial entre as empresas, nos casos em que "*uma ou mais das empresas-mãe possam voltar a entrar no mercado em qualquer momento*", desde que tal constituísse uma opção realista e um procedimento razoável do ponto de vista comercial à luz de todas as circunstâncias objectivas.[1384] É evidente que a avaliação das possibilidades de retorno ao mercado por parte das empresas-mãe que se retiraram do mesmo aquando da criação de uma empresa comum (ou, na sequência de um "*curto período transitório*" posterior à constituição da mesma),[1385] depende primacialmente de uma análise rigorosa das barreiras à entrada no mercado em causa. Todavia, as lacunas que se verificaram na análise económica da Comissão, neste domínio, conduziram a uma negativa incerteza jurídica na determinação da concorrência potencial entre as empresas (e, consequentemente, na verificação do carácter de concentração ou de cooperação das empresas comuns).

Entre outros casos, nos quais a Comissão analisou o complexo problema da concorrência potencial entre as empresas-mãe e empresas comuns, podemos referir a situação considerada na decisão "*Drager/IBM/HMP*", cit., de 1991. A operação notificada à Comissão consistia na criação de uma empresa comum que teria por objecto o desenvolvimento de equipamento informático para utilizações hospitalares. As empresas fundadoras Drager e HMP, nos termos do acordo concluído, transfeririam para a

---

[1383] Cfr., nesse sentido, a "*Comunicação da Comissão Relativa às Operações com Carácter de Concentração e de Cooperação*", de 1990, cit., ponto 25 e ss..

[1384] Cfr. "*Comunicação da Comissão Relativa às Operações com Carácter de Concentração e de Cooperação*", de 1990, cit., ponto 25, cit., *in fine*.

[1385] Cfr., nesse sentido, "*Comunicação da Comissão Relativa às Operações com Carácter de Concentração e de Cooperação*", de 1990, cit., ponto 28. Neste ponto 28, especifica-se que não é necessário que a retirada das empresas seja simultânea à criação da empresa comum, sendo possível autorizar a permanência das empresas nesse mercado "*durante um curto período transitório (que não deverá exceder um ano depois da criação da empresa comum)*".

Parte II – Capítulo 2

empresa comum todos os seus activos relacionados com a área empresarial em causa.

A Comissão destacou o facto de todas as empresas-mãe terem, no passado, desenvolvido actividades no sector ocupado pela nova empresa comum, a que, entretanto, haviam posto termo. A possibilidade de um retorno ao mercado da empresa comum colocava-se, em particular, no caso da IBM (que se havia retirado do mercado em 1984) pois era imperioso reconhecer que esta empresa-mãe, face aos dados conhecidos, disporia, com toda a probabilidade, dos meios técnicos, de organização e financeiros, necessários para o desenvolvimento de sistemas informáticos próprios para utilização hospitalar. A situação analisada pela Comissão apresentava, pois, um elevado grau de complexidade, visto que a possibilidade de retorno ao mercado de uma das empresas-mãe não era objectivamente limitada por obstáculos técnicos ou financeiros. O juízo sobre tais possibilidades de retorno ao mercado deveria, assim, estar fundado unicamente em razões comerciais.

Ora, a Comissão veio a considerar que o retorno ao mercado da empresa comum não constituiria uma opção comercial razoável por parte da IBM, atendendo aos elevados custos e riscos que a mesma comportaria e à dimensão limitada do mercado alvo (pensamos que o factor determinante nesta análise da razoabilidade económica do retorno a um determinado sector do mercado seria o dos riscos associados a operações de investimento num mercado cuja dimensão era reduzida). Na decisão em causa salientou-se também o facto de a IBM, após se ter retirado do mercado em 1984, não ter desenvolvido qualquer iniciativa de retorno ao mesmo. Afigura-se-nos, contudo, que a Comissão concedeu uma relevância desproporcionada a esse aspecto, pois a IBM poderia mobilizar, em qualquer momento, a sua capacidade técnica e financeira para preparar o seu retorno ao mercado, desde que as condições do mercado o justificassem (o factor determinante a considerar respeita claramente às condições de mercado e à sua evolução previsível e não ao comportamento passado da empresa, durante um período limitado de sete anos).

Noutras situações, a Comissão fundamentou os seus juízos relativos à inexistência de coordenação de comportamentos concorrenciais em aspectos de ordem formal. Assim, na decisão *"Ingersoll-Rand/Dresser"*, de 1991,[1386] a Comissão destacou a integração no acordo em causa de uma

---

[1386] Cfr. decisão *"Ingersoll-Rand/Dresser"*, de 18 de Dezembro de 1991, proc n.º IV/M121 (in *Merger Control Reporter*, cit., *decision B 59*).

754   *Empresas comuns* – Joint Ventures

restrição acessória da concorrência sob a forma de uma cláusula de não concorrência, que vincularia as partes pelo período de duração da empresa comum (e no primeiro ano posterior à sua eventual extinção). A estipulação dessa cláusula de não concorrência constituiria, segundo a Comissão, um indício fundamental de inexistência de concorrência potencial entre as empresas-mãe.

Importa salientar que as análises de mercado efectuadas pela Comissão, neste caso, incidiram essencialmente sobre a possível existência de situações de concorrência actual entre as empresas-mãe, não tendo sido propriamente equacionados os factores materiais de que poderia depender a concorrência potencial entre as empresas-mãe (e entre estas e a a empresa comum).

Consideramos, pois, que a Comissão terá concedido uma relevância excessiva ao elemento formal, relativo à estipulação de uma cláusula de não concorrência, o qual poderia ser objecto de alteração consensual, desde que eventuais alterações das condições de mercado o justificassem. Este tipo de elementos formais (cláusulas de não concorrência) deverá, em nosso entender, ser ponderado para complementar as análises efectuadas em relação aos aspectos materiais que podem determinar as possibilidades objectivas de retorno das empresas-mãe ao mercado da empresa comum, reforçando eventualmente as conclusões extraídas dessas análises, mas não constituirá, em regra, um factor determinante para o apuramento da concorrência potencial entre as empresas.

Na decisão *"Thomson/Pilkington"*, cit., os factores que indiciavam a improbabilidade de um retorno ao mercado da empresa comum, por parte da empresa Pilkington, eram mais diversificados e suscitaram, consequentemente, menos dúvidas. Entre outros aspectos, a Comissão destacou, neste caso, a rápida evolução tecnológica no sector de mercado em causa, o que criaria inelutavelmente obstáculos técnicos importantes ao retorno das empresas-mãe a esse mercado. Por outro lado, as características dos produtos em causa não permitiam uma implantação rápida no mercado, sendo previsível que qualquer nova penetração nesse mercado ficaria dependente da realização de programas de investimento dispendiosos e cujo lançamento se prolongaria certamente por períodos relativamente dilatados.

Assim, os obstáculos à entrada no mercado não seriam meramente de índole comercial, incluindo, ainda, aspectos técnicos e problemas económicos de ordem geral, resultantes do facto de não ser exequível a concre-

Parte II – Capítulo 2

tização célere de processos de investimento neste domínio (a necessidade de um período relativamente dilatado para assegurar uma real penetração no mercado é, na realidade, um factor económico importante, que reduz as probabilidades de retorno de uma empresa-mãe ao mercado da empresa comum).

3.1.7.3. *Interacções entre mercados das empresas-mãe e das empresas comuns*

Nas situações em que as empresas-mãe não se retirem completamente do mercado da empresa comum, a Comissão procurou analisar a possibilidade de manutenção de relações de concorrência actual ou potencial entre estas empresas, ou entre as mesmas e a empresa comum (que conduzam a situações de coordenação dos comportamentos concorrenciais).

De acordo com a Comunicação de 1990, cit., da Comissão, a permanência das empresas-mãe no mercado do produto da empresa comum poderia não conduzir à coordenação dos comportamentos concorrenciais, desde que a *"interacção concorrencial"* entre os mercados geográficos dessas empresas não seja significativa (devido ao *"afastamento"* desses mercados geográficos ou às diferenças existentes entre a estrutura dos mesmos).

Essa análise da *"interacção concorrencial"* entre os mercados geográficos da empresa comum e das empresas-mãe – que não se retiraram do mercado do produto da empresa comum ou apenas o fizeram parcialmente – corresponde, em última análise, a um exame das relações de concorrência potencial entre as referidas empresas, que não podemos considerar substancialmente diverso dos testes juridico-económicos desenvolvidos no sentido de apurar o carácter permanente do abandono do mercado pelas empresas-mãe (naquelas situações em que se configura *prima facie* o abandono total do mercado da empresa comum por parte das empresas-mãe). Assim, a flexibilização introduzida nos critérios de qualificação das empresas comuns, depois da adopção do RCC, postula a análise dos processos de criação destas empresas segundo parâmetros materiais fundamentalmente idênticos, quer estejam em causa situações de aparente abandono total do mercado da empresa comum por parte das empresas-mãe, quer situações em que estas permanecem – pelo menos parcialmente – no mesmo mercado. A Comissão continuou, todavia, a estabelecer uma distinção fundamental entre essas duas categorias de situações, não tendo aparentemente apreendido que as mesmas suscitam uma análise material semelhante da concorrência potencial entre as empresas e, consequentemente, das diversas barreiras à entrada nos mercados da empresa comum.

Assim, na decisão "*Sanofi/Sterling Drugs*", de 1991,[1387] foi analisado o acordo celebrado entre duas empresas tendo por objecto a criação de uma empresa comum para a qual estas transferissem as suas actividades relativas a determinadas categorias de operações farmacêuticas (operações farmacêuticas relativas a produtos que não fossem objecto de prescrição, localizadas no mercado comunitário). Todavia, as operações realizadas pela Sterling Drug no mercado norte-americano foram excluídas do âmbito de actuação da empresa comum e não foram interrompidas após a criação desta. Neste contexto, a Comissão considerou como elemento decisivo para aferir a possível concorrência potencial entre a Sterling Drug e as outras empresas envolvidas na operação – e a potencial cooperação associada à mesma – o facto de aquela empresa ter cessado as suas actividades no mercado comunitário. Além disso, foi também admitido que a referida empresa não teria possibilidades reais de retorno a este mercado comunitário.

A improbabilidade do retorno da Sterling Drug ao mercado geográfico da empresa comum resultaria, como destacou CHRISTOPHER JONES,[1388] da transferência para a empresa comum de todos os activos relacionados com o sector em causa, que aquela empresa detinha no mercado comunitário, incluindo os direitos relativos ao registo de determinados produtos e a marcas. Em todo o caso, foi também possível constatar que a transmissão para a empresa comum de todos os direitos relativos a marcas e patentes no sector em causa (cujo âmbito respeitasse ao mercado comunitário) não impediria a Sterling Drug de efectuar exportações de produtos farmacêuticos para este mercado sob marcas diferentes. Deste modo, o facto de a Sterling Drug não dispor de direitos relativos a determinadas marcas de produtos farmacêuticos no mercado comunitário não constituiria uma verdadeira barreira à entrada desta empresa no mercado comunitário. O único obstáculo relevante a considerar seria, pois, de natu-

---

[1387] Cfr. decisão "*Sanofi/Sterling Drugs*", de 10 de Junho de 1991, proc n.º IV/M072 (in *Merger Control Reporter*, cit., *decision B 27*).

[1388] Cfr. o comentário de C. JONES a esta decisão, – *Merger Control Reporter*, cit., *decision B 27*, "*Case Note*".

Parte II – Capítulo 2 757

reza económica e diria respeito à possível fidelização dos consumidores comunitários a determinadas marcas. Ora, embora admitamos, em tese geral, a relevância deste tipo de obstáculos económicos ao retorno de empresas-mãe a determinados mercados, neste caso, tais obstáculos não foram, aparentemente, objecto de uma análise desenvolvida pela Comissão e o juízo produzido sobre a improbabilidade de qualquer situação de coordenação de comportamentos concorrenciais terá sido, assim, insuficientemente fundamentado.

Noutros casos, a Comissão analisou obstáculos ao retorno de uma empresa-mãe ao mercado geográfico da empresa comum, associados ao próprio grau de afastamento entre esse mercado e o mercado geográfico em que a referida empresa-mãe tenha continuado a actuar. Os obstáculos inerentes a esse grau de afastamento dos mercados são particularmente evidentes quando, pela natureza do produto em causa, respeitam a elevados custos de transporte, como se verificou, *vg.*, na decisão *"Steetley/ /Tarmac"* de 1992.[1389] As situações que, porventura, se revestiam de maior complexidade seriam aquelas em que as empresas-mãe permaneciam activas no mercado do produto da empresa comum, não conhecendo igualmente obstáculos muito importantes à entrada no mercado geográfico desta empresa. A Comissão analisou, de forma controversa, uma situação desse tipo, na sua decisão *"Apollinaris/Schweppes"*, de 1991.[1390] A operação notificada à Comissão consistia na criação de uma empresa comum que teria por objecto a produção, engarrafamento, distribuição e comercialização de águas minerais e refrigerantes, sob a marca *"Appolinaris"*, nos mercados alemão, austríaco e noutros mercados comunitários. A empresa comum comercializaria igualmente refrigerantes com a marca de uma das empresas fundadoras, nos mercados alemão e austríaco. A Comissão considerou que essa empresa comum tinha carácter de cooperação – sendo abrangida pela proibição do n.º 1 do artigo 85.º TCE[1391] – visto nenhuma das empresas-mãe se ter retirado do mercado do produto da referida empresa comum e atendendo ao facto de o abandono por parte de

---

[1389] Cfr. decisão *"Tarmac Steetley"*, de 12 de Fevereiro de 1992, proc n.º IV/M180 (in *Merger Control Reporter*, cit., *decision B 75.*).

[1390] Cfr. decisão *"Appolinaris/Schweppes"*, de 24 de Junho de 1991, proc n.º IV/M093 (in *Merger Control Reporter*, cit., *decision B 30.*).

[1391] A Comissão viria a anunciar, em 31 de Dezembro de 1991, que tinha aprovado a operação em causa como empresa comum com carácter de cooperação com base no artigo 85.º, n.º 3 TCE.

uma dessas empresas-mãe do mercado alemão não apresentar um carácter definitivo.

Deste modo, a Comissão não reconheceu, como aspecto determinante do carácter de concentração da operação, o facto de uma das empresas fundadoras ter transferido para a empresa comum todos os seus activos relacionados com a produção de refrigerantes situados na Alemanha e Áustria. Tendo tal empresa fundadora conservado a sua actividade, neste domínio, no mercado do Reino Unido, o retorno ao mercado alemão continuaria a constituir, para si, uma *"opção realista"*. Além disso, a outra empresa fundadora continuava activa no mercado do produto e geográfico da empresa comum.

Segundo alguns autores como JONHATHAN SCOTT,[1392] a Comissão ter-se-á limitado, neste caso, a aplicar uma presunção que havia fixado no ponto 33 da Comunicação de 1990, cit. (de acordo com essa passagem da Comunicação da Comissão, *"no caso de uma ou todas as empresas-mãe continuarem activas no mercado da empresa comum ou continuarem como seus concorrentes potenciais, deve presumir-se a existência de uma coordenação do comportamento concorrencial"*). A possibilidade de um retorno de uma das empresas-mãe ao mercado geográfico da empresa comum acarretaria, na perspectiva da Comissão, riscos incomportáveis de coordenação dos comportamentos concorrenciais das empresas-mãe entre si e entre cada uma destas e a empresa comum.

Noutras decisões foi, igualmente, suscitado o problema da permanência de empresas-mãe no mercado da empresa comum, a propósito de situações mais claras do que a configurada no caso *"Appolinaris/ /Schweppes"*, cit. Assim, na decisão *"Elf/Enterprise"* de 1991,[1393] foi analisada uma situação na qual ambas as empresas-mãe permaneciam no mercado da empresa comum (mercado do produto e mercado geográfico) – a exploração de petróleo e gás no Mar do Norte – o que constituía um indício mais importante do carácter de cooperação da empresa comum. Por outro lado, a Comissão considerou que o acordo concluído entre as empresas-mãe, no sentido de não concorrerem com a empresa comum para a obtenção de licenças futuras de exploração na área geográfica em

---

[1392] Cfr. o comentário de JONATHAN SCOTT à decisão *"Appolinaris/Schweppes"* – *Merger Control Reporter, decision B 30.*, *"Case Note"*.

[1393] Cfr. decisão *"Elf/Enterprise"*, de 24 de Julho de 1991, proc n.º IV/M088 (in Merger Control Reporter, cit., *decision B 38.*). Cfr., igualmente, o comentário a esta decisão de D. SCHROEDER – *decision B 38.* – *"Case Note"*.

Parte II – Capítulo 2 759

causa, devido ao seu objecto específico – que não abarcava outros domínios possíveis de concorrência além da atribuição de licenças futuras – constituía outro elemento comprovativo dos riscos de coordenação dos comportamentos concorrenciais das partes.

As exigências de abandono do mercado da empresa comum, por parte das empresas-mãe – como condição importante para a atribuição do carácter de concentração – foram, de certo modo, atenuadas nos casos de criação *ex novo* de empresas comuns, que traduzissem, fundamentalmente, uma expansão da actividade das empresas-mãe e não uma mera combinação ou integração de actividades existentes.[1394] Nesses casos, verificava-se, em princípio, uma maior compatibilização da presença das empresas-mãe no mercado do produto da empresa comum com os elementos de concentração empresarial, desde que a *"interacção concorrencial"* entre o mercado geográfico daquelas empresas e o da empresa comum não fosse particularmente intensa.

Tal interacção podia, de resto, ser afastada, nas situações em que se confirmasse a existência de barreiras importantes à entrada no mercado geográfico da empresa comum e, sobretudo, desde que se apurassem elementos relevantes de especificidade deste mercado, por contraposição com o funcionamento do mercado geográfico das empresas-mãe. Uma situação paradigmática, a este respeito, foi indiscutivelmente a analisada na decisão *"BNP/Dresdner Bank-Czechoslovakia"* de 1991.[1395] Neste caso, a Comissão analisou a criação *ex novo* de uma empresa comum na antiga Checoslováquia pelo Banque Nationale de Paris e pelo Dresdner Bank e considerou que as condições especiais a que as autoridades deste Estado sujeitavam o estabelecimento de instituições financeiras estrangeiras tornavam praticamente impossível a entrada das empresas-mãe em causa nesse mercado fora do quadro da empresa comum que haviam criado (o que afastava igualmente as possibilidades de coordenação do comportamento concorrencial entre as empresas em causa)

Um caso semelhante na sua estrutura, mas no qual as condições do mercado geográfico da empresa comum constituída *ex novo* não permitiam configurar barreiras decisivas à entrada das empresas-mãe no mesmo,

---

[1394] Cfr. também, tomando, igualmente, posição nesse sentido, F. FINE, *Mergers and Joint Ventures in Europe*, cit., esp. pp. 160 ss..

[1395] Cfr. decisão *"Dresdner Bank/BNP"*, de 4 de Fevereiro de 1991, proc n.º IV/M021 (in *Merger Control Reporter*, cit., *decision B 10.*).

nem a ausência de qualquer interacção relevante entre esse mercado e o mercado geográfico das empresas-mãe – que haviam permanecido activas no mercado do produto da empresa comum –, foi analisado pela Comissão na sua decisão "*BSN-Nestlé/Cokoladovny*" de 1992.[1396]

A operação notificada à Comissão consistia na criação de uma empresa comum na antiga Checoslováquia para a produção e distribuição de biscoitos tendo este órgão destacado a inexistência de barreiras importantes à entrada nesse mercado geográfico que impedissem a exportação de produtos para o mesmo por parte das empresas-mãe (em concorrência com os da empresa comum). Além disso, a Comissão admitiu que as empresas-mãe constituiriam concorrentes potenciais da empresa comum em relação às exportações desta para o mercado comunitário. Na realidade, embora à data da constituição da empresa comum o volume de exportações esperado da empresa comum para o mercado comunitário fosse muito baixo, devido às diferenças existentes entre os padrões técnicos e dos consumidores nesse mercado e no então mercado checoslovaco, seria previsível uma diminuição progressiva dessas barreiras – no essencial barreiras de tipo económico – e, consequentemente, o crescimento das vendas da empresa comum no mercado comunitário.

A diferença fundamental a reter, entre este caso e a situação analisada na decisão "*BNP/Dresdner Bank-Czechoslovakia*", acima referida, consistiu, pois, na previsão de uma considerável "*interacção*" entre os mercados geográficos da empresa comum e das empresas-mãe (que não foi possível configurar naquela primeira decisão). De qualquer modo, importa salientar em relação a este tipo de avaliações que a prática decisória da Comissão se mostrou sempre algo elíptica da Comissão, não explicitando os graus de interacção relevantes entre mercados geográficos das empresas-mãe e das empresas comuns com base em análises rigorosas dos mesmos mercados e das suas perspectivas de evolução.

Outros casos demonstraram, ainda, que a presunção relativa à existência de coordenação de comportamentos concorrenciais, nas situações em que uma ou todas as empresas-mãe permaneçam activas no mercado da empresa comum ou continuem a ser concorrentes potenciais desta – prevista no ponto 33 da Comunicação da Comissão de 1990, cit. – poderia efectivamente ser afastada, em determinadas circunstâncias. Assim, na decisão

---

[1396] Cfr. decisão "*BSN-Nestlé/Cokoladovny*", de 17 de Fevereiro de 1992, proc n.º IV/M90 (in *Merger Control Reporter*, cit., *decision B 77.*).

"TNT/GD Net", de 1991,[1397] a Comissão salientou a falta de incentivos financeiros nos mercados em causa para que a concorrência potencial que subsistia entre as empresas envolvidas e a empresa comum se traduzisse em situações relevantes de concorrência e em processos de coordenação dos comportamentos comerciais (o problema da concorrência potencial terá sido, contudo, objecto de análise algo insuficiente nesta decisão).

3.1.7.4. *A flexibilização da condição negativa de qualificação das empresas comuns através de critérios de* minimis *e do princípio da* "liderança industrial"

Outro elemento de flexibilidade, progressivamente introduzido na caracterização jurídica das empresas comuns como operações de concentração empresarial – além da cessação de imposição de um requisito absoluto de abandono permanente do mercado da empresa comum por parte das empresas-mãe exigido antes da adopção do RCC – consistiu na apreciação dos possíveis efeitos de coordenação de comportamentos associados à permanência de uma ou mais empresas-mãe no mercado da empresa comum, em função da relevância efectiva dessa presença das empresas-mãe no referido mercado. Em termos gerais, e no decurso da primeira fase de vigência do RCC, a Comissão veio gradualmente a admitir que a presença pouco significativa de empresas-mãe no mercado da empresa comum não constituiria, em princípio, elemento suficiente para determinar quaisquer processos relevantes de coordenação de comportamentos das empresas.

Assim, na decisão *"Avesta/British Steel"*, de 1992,[1398] a Comissão verificou que uma das empresas-mãe em causa manteria algumas actividades no mercado da empresa comum, visto que as mesmas integravam o objecto empresarial mais amplo de outras filiais dessa empresa. Todavia, essas actividades limitar-se-iam, rigorosamente, à comercialização de certas categorias de produtos de aço fabricados por outras empresas, que integrariam, em quantidades mínimas – não relevantes na perspectiva de um critério *de minimis* – encomendas mais vastas de clientes. Esta presença pouco

---

[1397] Cfr. decisão *"TNT/GD Net"*, de 2 de Dezembro de 1991, proc n.º IV/M102 (in *Merger Control Reporter*, cit., *decision B 56.*).

[1398] Cfr. decisão *"Avesta/British Steel/NCC"*, de 4 de Setembro de 1992, proc IV/M239 (in *Merger Control Reporter*, cit., *decision B 110.*).

significativa da empresa-mãe em certos domínios do mercado do produto da empresa comum não teria, pois, a dimensão minimamente relevante para propiciar qualquer coordenação de comportamentos concorrenciais.

A Comissão confirmou os termos deste critério *de minimis*[1399] e ampliou, mesmo, de forma considerável, o seu alcance na decisão *"Waste Management International plc/SAE"*, de 1992.[1400] Com efeito, nesse caso a Comissão reconheceu que a presença de uma das empresas-mãe, em mercados conexos com os da empresa comum, e a possibilidade, livremente acordada entre as partes, de efectuar aquisições de empresas com actividades na área de mercado da empresa comum, sem integrar as mesmas na estrutura de controlo desta última, não seriam factores determinantes para a verificação de qualquer probabilidade séria de coordenação de comportamentos concorrenciais, atendendo à dimensão efectiva dessas intervenções presentes ou futuras no referido mercado.

Deste modo, a aceitação da aplicação da excepção *de minimis*, relativamente a aquisições futuras de entes com actividade no mercado da empresa comum, efectuadas por qualquer uma das empresas-mãe, desde que os referidos entes tivessem uma presença muito reduzida nesse mercado, flexibilizou ainda mais os parâmetros de verificação do carácter de concentração das empresas comuns.

A orientação definida na *"Comunicação Relativa às Operações com Carácter de Concentração e de Cooperação"* de 1990, cit., segundo a qual a permanência das empresas-mãe no mercado da empresa comum – com um nível relevante – traduziria, em regra, uma situação de coordenação empresarial, passou, também, a conhecer outra excepção *importante com a formulação do denominado princípio da "liderança industrial".*

[1399] Cfr., para outro exemplo de aplicação deste critério *de minimis* em situações de manutenção por uma empresa-mãe de posições limitadas pré-existentes de reduzida expressão no mercado da empresa comum, as decisões *"ELF/BC/Cepsa"*, (proc n.º IV/M098), de 18.06.91, e *"Del Monte/Royal Foods/Anglo-American"* (proc IV/M277), de 9.12.92. Para uma enumeração mais extensa de outros exemplos significativos de aplicação desta regra *de minimis*, cf. J. VENIT, "Review of the 1993 Decisions under the Merger Regulation", in EL Rev., 1994, "Competition Law Checklist", pp. 133 e ss., e A. PATHAK, "EEC Merger Control Regulation Enforcement During 1992", cit., pp. 132 ss., esp. pp. 144 e ss. (e, em particular, nota 27).

[1400] Cfr. decisão *"Waste Management/S.A.E."*, de 21 de Dezembro de 1992, proc n.º IV/M283 (in *Merger Control Reporter*, cit., *decision B 123.*. Cfr., igualmente, o comentário de THALIA LINGOS a esta decisão – *Merger Control Reporter, decision B 123., "Case Note"*.

Parte II – Capítulo 2 763

De acordo com este princípio, aflorado pela primeira vez no domínio das empresas comuns na decisão *"Thomson/Pilkington"*, de 1991,[1401] não se verificaria uma probabilidade séria de coordenação dos comportamentos concorrenciais, nos casos em que apenas uma das empresas-mãe permanecesse activa no mercado da empresa comum e assumisse o que a Comissão denominou de *"liderança industrial"* da empresa comum.

Nessas situações, seriam supostamente afastados os riscos de coordenação de comportamentos com a empresa mãe que abandonasse o mercado da empresa comum, visto que esta deixaria de manter qualquer relação de concorrência com a empresa comum ou com a outra empresa fundadora. Em paralelo, o facto de a referida empresa comum se encontrar primacialmente sujeita à liderança da empresa-mãe que se mantivesse no seu mercado – integrando, em última análise, o *"grupo económico"*[1402] dessa empresa-mãe líder, conquanto não no sentido técnico jurídico normalmente atribuído a esse conceito no domínio de aplicação do RCC – criaria uma situação de relativa integração empresarial, que justificaria a atribuição do carácter de concentração à empresa comum.

Na *supra* referida decisão *"Thomson/Pilkington"* a Comissão salientou que uma das empresas-mãe (Thomson) deteria um grau superior de influência sobre a actividade da empresa comum, pois teria o direito de designar o director executivo dessa empresa. Assim, apesar de a outra empresa-mãe (Pilkington) ter um direito de veto relativamente a essas nomeações e de ser, ainda, prevista a criação de um comité conjunto de membros da administração, que se pronunciaria sobre determinados negócios da empresa comum – no qual as duas empresas-mãe teriam uma representação paritária – considerou-se, na decisão em causa que a Thomson determinaria, de algum modo, certos comportamentos comerciais fundamentais da empresa comum.

Nessa perspectiva, a Thomson teria assumido a *"liderança industrial"* da empresa comum, não sendo possível configurar quaisquer processos de coordenação de comportamentos concorrenciais entre empresas verdadeiramente independentes. A Comissão confirmou o seu entendimento do princípio da *"liderança industrial"*, como elemento que impediria, excepcionalmente, a atribuição do carácter de cooperação a

---

[1401] Cfr. o comentário de FRÉDÉRIC JENNY a esta decisão – *Merger Control Reporter*, cit., *decision B 51.*, *"Case Note"*.

[1402] Cfr., nesse sentido, J. VENIT, "Review of the 1993 Decisions under the Merger Regulation", cit., pp. 133 e ss..

764   *Empresas comuns* – Joint Ventures

situações de criação de empresas comuns caracterizadas pela manutenção de uma presença activa e relevante de uma das empresas-mãe no mercado da empresa comum, na decisão *"Ericsson/Kolbe"*, de 1992.[1403] Neste caso, também uma das empresas-mãe (Ericsson) permaneceu no mercado dos sistemas de transmissão digital em que actuava a empresa comum, mas a Comissão considerou que a existência formal de uma relação de concorrência entre a Ericsson e a empresa comum não constituía um factor determinante para a atribuição, a esta, do carácter de cooperação. Com efeito, a Ericsson teria assumido, segundo a Comissão, a responsabilidade industrial pela condução da actividade da empresa comum (a outra empresa comum constituiria essencialmente um parceiro financeiro na empresa comum e não um verdadeiro parceiro comercial), não sendo concebível que, entre si e essa empresa comum, se desenvolvessem processos de cooperação empresarial (os quais, por definição, ocorrem entre empresas verdadeiramente independentes).

Os primeiros comentários feitos às decisões supramencionadas – *maxime* à decisão *"Ericsson/Kolbe"*[1404] – admitiam que a aplicação do princípio da *"liderança industrial"* poderia, apenas, traduzir o propósito de flexibilizar o critério de abandono do mercado da empresa comum, por parte de todas as empresas fundadoras – como condição de atribuição do carácter de concentração àquela empresa – pelo que seria de esperar uma considerável evolução dos fundamentos técnicos utilizados pela Comissão. Lamentavelmente, a prática decisória posterior da Comissão veio confirmar a aplicação desse princípio da *"liderança industrial"*, em moldes absolutamente idênticos aos das duas primeiras decisões *supra* referidas, como sucedeu, *vg.* com as decisões adoptadas nos casos *"Air France/Sabena"*,[1405] *"British Airways/Tat"*[1406] ou *"Sextant/BGT-VDO"*.[1407]

[1403] Cfr. decisão *"Ericsson/Kolbe"*, de 22 de Janeiro de 1992, proc n.º IV/M133 (in *Merger Control Reporter*, cit., *decision B 72.*). Cfr., igualmente, o comentário de A. PATHAK a esta decisão – *Merger Control Reporter, decision B 72, "Case Note"*.

[1404] Cfr. O comentário de A. PATHAK à decisão em causa – *Merger Control Reporter*, cit., *decision B 72., "Case Note"*.

[1405] Cfr. decisão *"Air France/Sabena"*, de 5 de Outubro de 1992, proc n.º IV/M157 (in *Merger Control Reporter*, cit., *decision B 116.*).

[1406] Cfr. decisão *"British Airways/TAT"*, de 27 de Novembro de 1992, proc n.º IV/M259 (in *Merger Control Reporter*, cit., *decision B 121.*).

[1407] Cfr. decisão *"Sextant/BGT-VDO"*, de 21 de Dezembro de 1992, proc n.º IV/M290 (in *Merger Control Reporter*, cit., *decision B 125.*).

Pela nossa parte, consideramos que o princípio da *"liderança industrial"*, tal como delineado pela Comissão ao longo de um primeiro estádio de aplicação do RCC, apresentava um conteúdo contraditório com os elementos fundamentais da noção de empresa comum e agravava as indefinições existentes em matéria de qualificação jurídica das empresas comuns. Se, como sugeriu JAMES VENIT,[1408] a doutrina da *"liderança industrial"* correspondeu a uma tentativa de resposta por parte da Comissão às críticas que haviam sido formuladas em relação à Comunicação de 1990, cit. – bem como à crítica geral que foi dirigida à qualificação de empresas comuns como formas de cooperação empresarial fundada apenas na manutenção de uma das empresas-mãe no mercado dessas entidades – o resultado foi extremamente negativo e denunciou uma grave falta de rigor técnico-jurídico na definição de categorias e conceitos fundamentais, no domínio das empresas comuns.

Na realidade – como já sustentámos na nossa caracterização geral da categoria da empresa comum no ordenamento comunitário de concorrência – [1409] o conceito de *"liderança industrial"* preconizado pela Comissão não é compatível com a noção de controlo conjunto sobre a actividade da empresa comum que constitui a base da definição desta figura. Caso se admita que uma das empresas-mãe adquiriu uma influência determinante sobre categorias fundamentais de decisões da empresa comum não discernimos como se poderá sustentar que o controlo sobre a actividade da mesma empresa é partilhado por duas ou mais empresas-mãe.

Além disso, se a própria subsunção das situações em que se verificam *alterações da natureza do controlo* exercido sobre empresas – *vg.* mediante a transformação do controlo conjunto em controlo individual – no conceito de operação de concentração, chegou a ser objecto de alguma

---

[1408] Cfr. J. VENIT, "Review of the 1993 Decisions under the Merger Regulation", cit., pp. 133 e ss..

[1409] Sobre esta matéria e no quadro da nossa caracterização geral do conceito de empresa comum no direito comunitário da concorrência, cfr. o exposto, *supra*, capítulo segundo – esp. ponto 4.2. – da **Parte I**. Sem prejuízo dessa referência já feita, em sentido crítico, ao denominado critério da *"liderança industrial"* interessa-nos aqui aprender o mesmo no contexto específico da evolução dos parâmetros de qualificação das empresas comuns (de resto, no *supra* referido ponto 4.2. remetíamos um tratamento mais desenvolvido desta matéria para a análise global da evolução do enquadramento sistemático da realidade da empresa comum, constante do presente capítulo).

controvérsia doutrinal,[1410] pensamos que não existe qualquer base técnico-
-jurídica para distinguir, no quadro do *controlo conjunto* de empresas,
graus diversos de controlo sobre a actividade da empresa comum.

Consideramos que a distinção entre as situações de controlo conjunto
ou de controlo individual sobre a actividade de uma empresa é pertinente,
bem como a relevância concedida aos actos que impliquem a passagem de
uma para outra dessas situações jurídicas. Todavia, não podemos aceitar
que uma empresa comum, enquanto tal, esteja sujeita a categorias jurídicas
diversas de controlo que possam determinar ou afastar a sua caracterização
global como concentrações – o controlo mais intenso assumido pela
empresa que alegadamente tenha protagonizado a *"liderança industrial"*
dessa empresa comum e um segundo grau de controlo, de conteúdo mais
limitado, detido pela empresa-mãe que constitua, essencialmente, um
mero parceiro financeiro da empresa comum.

Na nossa análise da noção de controlo conjunto verificámos que deve
ser estabelecida uma distinção entre os poderes limitados especialmente
conferidos a accionistas ou titulares de participações sociais, para a salvaguarda financeira da sua aplicação de capital, em determinada empresa, e
os poderes mais amplos sobre a actividade das empresas que configuram
a noção de influência determinante sobre a actividade da empresa. Ora, ao
admitir que uma das empresas-mãe, numa empresa comum, assume a
"liderança industrial" – conceito sem um conteúdo técnico-jurídico preciso e cuja autonomização se nos afigura insustentável, face ao travejamento conceptual básico da figura da empresa comum – a Comissão não
se mostrou capaz de distinguir a situação jurídica que seria atribuída à
outra empresa-mãe, da posição do titular de participações sociais que
exerce, tão só, os direitos necessários à salvaguarda do seu *"investimento"*,
mas não partilha o controlo sobre a actividade da empresa.

[1410] Na realidade, autores como Siragusa e Subiotto chegaram a questionar que
a mera *alteração da natureza do controlo exercido sobre as empresas* constituisse uma
operação de concentração empresarial (cfr. As. cit., "The EEC Merger Control Regulation
– The Commission's Evolving Case Law", cit., pp. 877 ss.). No presente, esse problema
encontra-se, contudo, resolvido em sentido afirmativo.

Parte II – Capítulo 2

3.1.7.5. *Os riscos de coordenação de comportamentos nas situações em que as empresas-mãe permaneçam em mercados conexos com os da empresa comum*

A possibilidade de coordenação de comportamentos concorrenciais não se verifica, apenas, nas situações em que uma ou mais empresas-mãe mantenham actividade no mercado da empresa comum, mas também nos casos em que essas empresas permaneçam em mercados situados a montante, a jusante ou de algum modo conexos com o referido mercado.[1411] Esta terceira categoria típica de situações relativas a empresas comuns foi. pois, também objecto de análise pela Comissão em múltiplas decisões com vista a concretizar o que, na primeira fase de vigência do RCC, constituía uma condição negativa de qualificação de empresas comuns como operações de concentração

Na realidade, o facto de as empresas-mãe da empresa comum manterem relações de concorrência em mercados conexos com os desta última pode conduzir a um efeito de alastramento da colaboração desenvolvida no quadro da empresa comum a esses domínios, propiciando situações diversas de cooperação empresarial. Em certos casos, a exclusão de determinados sectores de actividade do âmbito de actuação da empresa comum pode conduzir, implicitamente, à divisão de mercados entre as empresas-mãe – sobretudo se estas desenvolverem a sua actividade fundamental em mercados distintos conexos com os da empresa comum – como se verificou na decisão *"Baxter/Nestlé/Salvia"*, de 1991.[1412] Nessa decisão, como destacou justamente BERNARD VAN DE GHELCKE,[1413] a divisão de mercados, associada à exclusão expressa de certas actividades do objecto da empresa comum, foi apreendida de forma mais clara porque uma das empresas que passou a estar sujeita ao controlo conjunto das empresas-mãe e cujos activos foram transmitidos à empresa comum que estas criaram – constituindo a principal base para o início de actividade desta – não conhecia, antes da realização desta operação, qualquer limitação do âmbito da sua actividade.

[1411] Cfr., nesse sentido, a *"Comunicação Relativa às Operações com Carácter de Concentração e de Cooperação"*, de 1990, cit., pontos 34 a 36.

[1412] Cfr. decisão *"Baxter/Nestlé/Salvia"*, de 6 de Fevereiro de 1991, proc n.º IV/M058 (in *Merger Control Reporter*, cit., *decision B 11.*).

[1413] Cfr. o comentário de B. VAN DE GHELCKE a esta decisão – *Merger Control Reporter*, cit., *decision B 11.*, "Case Note".

Além disso, mesmo que as empresas-mãe não mantenham entre si relações de concorrência em mercados conexos com os da empresa comum, a sua presença nos referidos mercados pode constituir um elemento importante a considerar na análise das possibilidades de retorno dessas empresas ao mercado da empresa comum – *maxime* se os produtos da empresa comum forem, em função das suas características técnicas ou das preferências dos consumidores, directamente concorrentes dos produtos das empresas-mãe.

3.2. O TRATAMENTO SISTEMÁTICO DAS EMPRESAS COMUNS EM ULTERIORES FASES DE VIGÊNCIA DO REGIME COMUNITÁRIO DE CONTROLO DE CONCENTRAÇÕES

3.2.1. Flutuações de critérios de qualificação das empresas comuns – perspectiva geral

As sucessivas flutuações que se foram verificando na *praxis* decisória da Comissão no que respeita à concretização das condições positiva e negativa de qualificação de empresas comuns como operações de concentração – a submeter ao regime do RCC – que tivemos ensejo de ilustrar e caracterizar criticamente na análise que antecede, traduziram um significativo desvio em relação aos parâmetros fixados na Comunicação de 1990, cit. Esse desvio foi especialmente importante – e, como tal, gerador de maiores indefinições jurídicas – quanto à aferição da condição negativa de qualificação das empresas comuns respeitante à inexistência de elementos de coordenação de comportamentos entre as empresas envolvidas em processos de constituição de empresas comuns. Na evolução da prática decisória ulterior à referida Comunicação de 1990 é perceptível um fio condutor, no sentido de flexibilizar, ou mitigar, progressivamente, a compreensão dos elementos essenciais que, segundo a mesma Comunicação, deveriam conduzir à ocorrência de fenómenos de coordenação de comportamentos (*maxime*, como pudemos observar na nossa análise dessa prática decisória, em função da presença de empresas-mãe nos mercados de empresas comuns ou em mercados de algum modo relacionados com estes).

Essa propensão hermenêutica tendente a relativizar as condições de verificação de elementos de coordenação foi certamente influenciada pelo propósito de reconduzir um número cada vez maior de empresas comuns ao regime do RCC (o qual oferecia um enquadramento de apreciação mais célere e conducente a um maior grau de segurança jurídica na avaliação das situações de cooperação ou integração empresariais que se encontrassem em causa). Como já se destacou, mais uma vez – após a aprovação do RCC e colmatada a lacuna originária do ordenamento comunitário em matéria de tratamento de concentrações empresariais – esse ordenamento continuou a enfermar, embora numa nova moldura sistemática, de uma verdadeira distorção de regulação em sede de apreciação de empresas comuns.

De qualquer modo, a Comissão procurou corrigir esses desvios hermenêuticos e condensar as principais evoluções dos parâmetros de qualificação de empresas comuns, através de uma nova Comunicação interpretativa, de alcance geral, adoptada no final de 1994. Referimo-nos à *"Comunicação relativa à distinção entre empresas comuns com carácter de concentração e empresas comuns com carácter de cooperação"*, que veio *"substituir"* a Comunicação originária de 1990.[1414]

3.2.2. A Comunicação interpretativa de 1994 relativa à distinção entre empresas comuns com carácter de concentração e de cooperação

3.2.2.1. *A alteração dos critérios hermenêuticos relativos à concretização da condição negativa de qualificação de empresas comuns como operações de concentração*

Esta Comunicação de 1994 alterou, no essencial, os parâmetros hermenêuticos relativos à denominada autonomia decisória das empresas comuns – como elemento de concretização das condições positivas de qualificação de empresas comuns – e ao critério negativo da inexistência

---

[1414] *"Comunicação relativa à distinção entre empresas comuns com carácter de concentração e empresas comuns com carácter de cooperação"*, de 1994, já cit..

de coordenação de comportamentos entre as empresas envolvidas na constituição de empresas comuns. Esta segunda alteração foi indiscutivelmente a mais importante, tendo em conta a escassez de referências ao teste da autonomia decisória nas anteriores análises da Comissão e, sobretudo, as graves indefinições que se verificaram na avaliação de elementos de coordenação de comportamentos empresariais.

No que respeita à referida condição negativa para a qualificação de empresas comuns como operações de concentração, respeitante à inexistência de coordenação de comportamentos, a Comunicação de 1994 veio, em coerência com algumas decisões anteriormente adoptadas pela Comissão, afastar a relevância dos elementos de coordenação de comportamentos entre cada uma das empresas-mãe e a empresa comum. De acordo com a nova orientação emergente da Comunicação de 1997, esses eventuais nexos de coordenação entre empresas-mãe e empresas comuns passaram a ser relevantes apenas na medida em que pudessem originar riscos de coordenação entre as próprias empresas-mãe.

Assim, considerou-se ser reduzida ou inexpressiva a probabilidade de coordenação de comportamentos nesse único plano relevante das relações entre as empresas-mãe nas situações em que essas empresas transfiram a totalidade das suas actividades em determinado sector para a empresa comum, bem como nos casos em que tais empresas não permaneçam activas no mercado da empresa comum, em que apenas uma dessas empresas mantenha actividade nesse mercado, ou em que ambas as empresas-mãe conservem apenas actividades de menor dimensão ou residuais no mercado da empresa comum.

Em contrapartida, admitiu-se, nessa Comunicação, a possibilidade de verificação de efeitos relevantes de coordenação de comportamentos entre as empresas-mãe, nos casos em que estas mantenham actividades, com expressão significativa no mercado do produto e geográfico da empresa comum, em que exista previamente à constituição da empresa comum uma rede de laços de cooperação entre as empresas-mãe no principal mercado que venha a ser atribuído à empresa comum, em que duas ou mais empresas-mãe desenvolvam actividade significativa em mercado conexo com o da empresa comum e que assuma uma importância económica significativa em comparação com aquele, ou ainda quando as empresas-mãe desenvolvam actividade em mercado situado a jusante do da empresa comum e esta constitua o seu principal fornecedor – sendo escasso o valor acrescentado ao nível das empresas-mãe – ou quando essas empresas-mãe se

Parte II – Capítulo 2

encontrem activas em mercado a montante do da empresa comum e esta corresponda ao seu principal cliente, quer em geral, quer num mercado geográfico específico. Finalmente, contemplou-se também na Comunicação a probabilidade de coordenação relevante de comportamentos, quando as empresas-mãe ou a empresa comum se especializem em segmentos específicos de um mercado do produto global, excepto quando esses segmentos fossem de importância marginal em relação às principais actividades das empresas-mãe ou da empresa comum, respectivamente.[1415]

No que respeita à ponderação de riscos de coordenação de comportamentos relativos a situações em que as empresas-mãe se encontrem presentes no mesmo mercado do produto, mas em mercados geográficos distintos, a Comunicação distinguiu vários casos paradigmáticos. Assim, quando, quer as empresas-mãe, quer a empresa comum que se encontre em causa, operarem em mercados geográficos distintos, a Comissão deverá tomar em consideração a interacção entre esses mercados, bem como *"evoluções previsíveis de criação de mercados mais vastos, especialmente à luz do processo de integração dos mercados na Comunidade"*. A probabilidade de emergência de fenómenos de coordenação foi tida como especialmente importante nos casos em que exista interacção entre os mercados das empresas-mãe e da empresa comum – ou em que essa interacção seja previsível a breve prazo – desde que as actividades da empresa comum assumam importância económica significativa quando comparadas com as das empresas-mãe nos seus mercados nacionais.

Em síntese, à luz dos critérios expostos na Comunicação de 1994, cit., foi admitida uma elevada probabilidade de coordenação de comportamentos em relação às situações em que duas ou mais empresas-mãe permaneçam activas no mercado da empresa comum. Apenas neste tipo de situações, passou a Comissão a considerar, em regra, as empresas comuns que desempenhassem todas as funções de uma entidade económica autónoma como entidades com carácter de cooperação, devido às questões de coordenação de comportamentos. A probabilidade de coordenação passou a ser considerada limitada – embora sujeita a avaliação casuística com base nas condições concretas de cada caso – nas situações em que duas ou

---

[1415] Cfr. Comunicação de 1994, cit., ponto 18. Cfr, em geral, para uma apresentação descritiva mais desenvolvida destes parâmetros, JAMES VENIT, *The Treatment of Joint Ventures Under the EC Merger Regulation – Almost Through the Ticket*, cit., pp. 465 ss. e BARRY HAWK, HENRY HUSER, *European Community Merger Control – A Practitioner's Guide*, cit..

772   *Empresas comuns* – Joint Ventures

mais empresas-mãe se encontrem presentes em mercados de algum modo relacionados com o mercado da empresa comum (mas não coincidentes no plano do produto ou geográfico com esse mercado) e, salvo circunstâncias excepcionais, o risco de coordenação passou a ser considerado inexpressivo nos casos em que uma das empresas-mãe continue presente no mercado da empresa comum.

Em relação à primeira dessas situações paradigmáticas a Comissão reforçou, ainda, a flexibilidade da sua avaliação de possíveis nexos de coordenação de comportamentos, ao admitir que, embora a presença como mero concorrente potencial de uma ou mais das empresas-mãe no mercado da empresa comum possa, em tese, relevar para o apuramento de tais relações de coordenação, na prática, e de acordo com uma análise economicamente realista, esse risco acabará por ser diminuto. Na verdade, como a Comissão assinalou na sua decisão *"Inchcape plc/Gestetner Holdings plc"*, de 1995,[1416] nesse tipo de casos será pouco provável que uma empresa-mãe que tenha transferido as suas actividades em determinado sector para uma empresa comum, ou que tenha realizado significativos investimentos nessa empresa comum venha a reentrar no mercado da mesma.

No que respeita ao segundo tipo paradigmático de situações, a *praxis* decisória ulterior da Comissão confirma plenamente a fraca intensidade dos riscos de coordenação associados ao mesmo, quer quando se encontre em causa a presença das empresas-mãe em mercados situados a montante do da empresa comum, quer a propósito dessa presença em mercados a jusante do da empresa comum. Quanto ao primeiro tipo de casos, ilustram *v.g.* essa orientação flexível as decisões *"Hoogovens/Klöchner & Co"*, ou *"Texaco/Norsk Hydro"* (ambas de 1995),[1417] nas quais a Comissão afastou a hipótese de riscos relevantes de coordenação em virtude de a empresa comum não representar o principal cliente de qualquer uma das empresas-mãe, bem como devido à reduzida dimensão das quotas dessas empresas nos mercados situados a montante do da empresa comum.

[1416] Cfr. decisão *"Inchcape plc/Gestetner Holdings plc"*, de 1 de Junho de 1995, proc n.º IV/M583 (in *Merger Control Reporter*, cit., *decision B 312.*).

[1417] Cfr. decisão *"Hoogovens/Klöchner & Co"*, de 11 de Abril de 1995, proc n.º IV/M578 (in *Merger Control Reporter*, cit., *decision B 301.*) e decisão *"Texaco/Norsk Hydro"*, de 9 de Janeiro de 1995, proc n.º IV/M511 (in *Merger Control Reporter*, cit., *decision B 272.*).

Parte II – Capítulo 2 773

Quanto ao terceiro tipo paradigmático de situações acima identificado, o virtual afastamento de riscos de coordenação de comportamentos preconizado neste plano na Comunicação de 1994, cit., corresponde a uma consequência directa e imediata da nova orientação aí preconizada – e que já referimos – no sentido de não conceder qualquer relevância jusconcorrencial a hipotéticas relações de cooperação entre cada uma das empresas-mãe e a empresa comum. Na verdade, essa relevância já fora significativamente atenuada na prática decisória anterior à Comunicação de 1994, através da aplicação do denominado critério da "*liderança industrial*" – apesar da incoerência técnico-jurídica de que o mesmo enfermava – e em alguns casos tais relações já haviam sido '*desconsideradas*' mesmo sem recurso a tal critério (como sucedeu *vg.* nas decisões "*AEGON/ /Sccottish Equitable*", ou "*Alcan/Inespal/Palco*").[1418]

3.2.2.2. *A alteração dos critérios hermenêuticos relativos à concretização da condição positiva de qualificação de empresas comuns como operações de concentração*

Em relação às condições positivas de qualificação de empresas comuns como operações de concentração, a Comunicação de 1994 alterou, como já referimos, o parâmetro referente à autonomia decisória das empresas comuns. No essencial, esse teste, denominado de autonomia decisória – que obrigava a duvidosos exercícios de algum conceptualismo jurídico – foi eliminado, passando a observar-se, unicamente, um teste orientado para a apreensão da autonomia funcional das empresas comuns (como entidades que desempenhem, com condições para o efeito e em determinado horizonte temporal, todas as funções de uma entidade económica autónoma). Tal avaliação da autonomia funcional foi configurada na Comunicação de 1994 fundamentalmente com base na definição do âmbito e tipo de actividades e recursos cometidos às empresas comuns, na duração destas entidades e no tipo e extensão de relações de carácter vertical entre as empresas-mãe e a empresa comum. Em particular, o tipo de recursos ou activos transferidos para as empresas comuns para a prossecução de determinado objecto empresarial passou a constituir um factor primacial na ponderação da autonomia funcional destas entidades.

[1418] Cfr. decisão "*AEGON/Sccottish Equitable*", de 25 de Junho de 1993 (proc n.º IV/M349) e decisão "*Alcan/Inespal/Palco*", de 14 de Abril de 1993 (proc n.º IV/M 322).

De qualquer modo, a *praxis* decisória da Comissão demonstrou – à semelhança do que se verificou em relação a outros elementos uma considerável flexibilidade quanto a esse aspecto. Assim, em decisões como *vg.* a adoptada no caso *"Cable&Wireless/Schlumberger"*,[1419] a Comissão reconheceu a existência de um grau de autonomia (funcional) característico de entidades que desempenham todas as funções de uma entidade económica *a se* apesar de as contribuições em activos transferidos para a empresa comum por parte das respectivas empresas fundadoras terem sido muito limitadas. Nesse caso, o activo essencial para o desenvolvimento da actividade cometida à empresa comum – uma rede interna de tecnologia de informação – foi mantido na titularidade de uma das empresas-mãe, sendo apenas disponibilizado para utilização pela empresa comum ao longo do período de duração dessa empresa comum. Além disso, a mesma empresa comum dependeria inicialmente de financiamentos correntes a atribuir pelas empresas fundadoras, bem como de pessoal técnico dessas empresas (sem prejuízo de se prever o futuro recrutamento de pessoal por parte da própria empresa comum em questão). Do mesmo modo, encontrando-se o factor – *supra* referido – correspondente às relações de carácter vertical entre as empresas-mãe e a empresa comum estreitamente associado à ponderação do elemento primacial ora considerado, referente ao tipo e amplitude de contribuições para a empresa comum, também nesse plano a Comunicação de 1994 introduziu novos aspectos de flexibilidade que facilitaram a qualificação de empresas comuns como operações de concentração.

Assim, a Comissão passou a admitir a manutenção de importantes feixes de relações verticais entre as empresas fundadoras e empresas comuns por estas controladas, seja quanto ao fornecimento de parcelas significativas de recursos necessários para a actividade dessas empresas comuns, seja quanto ao escoamento de fracções importantes da sua produção (entendida esta em sentido lato), desde que não fossem ultrapassados determinados limiares críticos extremos que indiciassem, de modo claro, um papel meramente acessório ou instrumental das empresas comuns. Além disso, foi também admitido um maior grau de dependência de empresas comuns em relação às empresas fundadoras durante o período inicial de lançamento dessas entidades (embora se ressalvasse que esse

---

[1419] Cfr. decisão *"Cable&Wireless/Schlumberger"*, de 22 de Dezembro de 1994, proc n.º IV/M.532.

Parte II – Capítulo 2   775

período de lançamento deveria ter uma duração relativamente curta, não excedendo, em regra, um limiar de três anos, sem prejuízo das condições específicas de cada mercado, como se observou, *vg.*, na decisão *"AG/Armour Pharmaceutical Co"*, de).[1420] Mesmo para além de uma óptica de curto prazo, a subsistência de níveis importantes de relações verticais, de duração indefinida, foi admitida, desde que estas não absorvessem a maior parte da actividade das empresas comuns, ou, no caso de realização de significativas transferências de recursos produtivos, desde que as empresas comuns incorporassem um valor acrescentado apreciável nesses activos antes de procederem à sua ulterior comercialização junto de outras entidades (critério de valor acrescentado por parte das empresas comuns observado, de modo paradigmático, *vg.*, na decisão *"Shell Chimie/ /Elf Atochem"* de 1994).[1421]

Em súmula, a Comunicação de 1994, cit., reforçou claramente os elementos favoráveis à qualificação de empresas comuns como operações de concentração, traduzindo, em alguns aspectos, quase uma inversão de alguns dos parâmetros essenciais estabelecidos na Comnunicação de 1990, cit., os quais, de resto, já haviam sido objecto de uma verdadeiro processo de *"desconstrução"* jurídica na prática decisória ulterior a 1990, nos termos que fomos caracterizando, e que nos permitem apreender quão negativo se mostrou o enquadramento sistémico e procedimental originário das empresas comuns, imediatamente após a adopção do RCC, e a gravidade das indefinições a que se encontrou sujeito o processo de apreciação dessas entidades nesse período.[1422] Na realidade, os problemas de

---

[1420] Cfr. decisão *"AG/Armour Pharmaceutical Co"*, de 3 de Abril de 1995, proc n.º IV/M.495.

[1421] Cfr. decisão *"Elf Atochem /Shell Chimie"*, de 1994, já cit..

[1422] Na realidade, considerando que uma parcela apreciável das empresas comuns constituídas em diversos sectores empresariais produzem eficiências ou podem, mesmo, em certas circunstâncias, representar um incentivo à concorrência, a indefinição em relação ao respectivo enquadramento sistemático, devido a critérios de qualificação pouco eficazes e, sobretudo, a potencialidade de sujeição de empresas comuns, com significativo impacto estrutural, ao procedimento de apreciação menos célere e mais incerto do artigo 85.º TCE (artigo 81.º CE), geraram distorções no tratamento jusconcorrencial das empresas comuns, as quais só paulatinamente têm vindo a ser corrigidas. *Em todo o caso, devemos assinalar que a relativa "inversão" dos parâmetros originários de qualificação de empresas comuns (a que acima aludimos) se traduziu primacialmente numa eliminação ou reordenação de parâmetros, pelo que a densificação jurídica de tais critérios originários – objecto de caracterização nos pontos anteriores – mantem relevância em sede de análise global das empresas comuns.*

qualificação jurídica de empresas comuns ao longo de uma primeira fase de vigência do RCC – em função da sua sujeição ou não ao regime desse Regulamento – que reintroduziram questões anteriormente discutidas a propósito da aplicação do teste relativo às denominadas *"concentrações parciais"*, não apresentam apenas relevância histórica (ou, numa perspectiva histórica, de compreensão e interpretação do direito actualmente vigente).

Tais problemas representam, ainda, uma ilustração essencial da negativa interferência de questões de qualificação jurídica na apreciação substantiva das empresas comuns, que tem caracterizado o ordenamento comunitário de concorrência em longos períodos da sua evolução (daí a importância que concedemos ao seu tratamento). Se tomarmos em consideração algumas análises de fundo na doutrina norte-americana, como a de DONALD TURNER,[1423] segundo as quais as regras e critérios jurídicos de concorrência, a formular pela jurisprudência, devem idealmente apresentar duas qualidades fundamentais – uma *"clara previsibilidade e racionalidade económica"*, sobretudo quando visam determinar os regimes substantivos aplicáveis – e, se aplicarmos, *mutatis mutandis*, estas considerações aos critérios delineados no direito comunitário da concorrência em sede de qualificação jurídica de empresas comuns, podemos verificar que os mesmos, em regra, têm estado longe de revestir tais qualidades.

3.3. A PRIMEIRA REFORMA DO REGULAMENTO COMUNITÁRIO DE CONTROLO DE CONCENTRAÇÕES

3.3.1. As repercussões da primeira reforma do Regulamento de controlo de concentrações no tratamento sistemático das empresas comuns

A significativa evolução dos processos hermenêuticos tendentes ao reforço do apuramento de elementos de concentração nas empresas

---

[1423] Cfr. D. F. TURNER, "The Virtues and Problems of Antitrust Law", in AB., 1990, pp. 287 e ss., esp. pp. 300 e ss. Como refere este A, "(...) *the function of courts is to formulate antitrust rules promotive of economic competitive goals. Ideal rules are those that are both clearly predictable in their application and economically rational.*"

Parte II – Capítulo 2 777

comuns foi confirmada e ampliada no plano legiferante através das alterações introduzidas no RCC com a aprovação do Regulamento (CE) n.º 1310/97. Tratando-se de um conjunto de alterações que vieram conformar o enquadramento *de iure condito* das empresas comuns que é objecto do nosso estudo, o teor das mesmas foi já abordado no quadro do nosso anterior ensaio de uma *definição geral da categoria jurídica da empresa comum em sede de direito comunitário de concorrência*, para o qual, no essencial, remetemos (no âmbito do qual tivemos também ensejo de analisar criticamente as Comunicações interpretativas adoptadas em 1998 pela comissão e que apresentam relevância para a caracterização de empresas comuns, sujeitas, ou não, ao novo regime, alterado, de controlo de concentrações).[1424]

Como então expusemos, as alterações essenciais introduzidas no domínio das empresas comuns por essa reforma do RCC corresponderam, por um lado, à sujeição do conjunto das empresas comuns que desempenhem todas as funções de uma entidade económica autónoma – de acordo com os testes de autonomia funcional acima densificados e que se encontravam já largamente consolidados aquando desta reforma –[1425] ao regime

---

[1424] Já tivemos ensejo de referir a primeira reforma, de 1997, do RCC e as suas especiais repercussões no tratamento das empresas comuns. Cfr., sobre essa matéria o exposto *supra*, no capítulo segundo da **Parte I** – pontos 5.5.1. e 5.5.2. (relativos à delimitação de subcategorias normativas de empresas comuns tendo como referência o regime do RCC) e pontos 5.7.1. a 5.7.4. (referentes ao conjunto de Comunicações interpretativas adoptadas pela Comissão na sequência dessa reforma de 1997, *maxime* a *"Comunicação relativa ao conceito de empresas comuns que desempenham todas as funções de uma entidade económica autónoma"* e a *"Comunicação relativa ao conceito de concentração de empresas"*). Como é natural, não cabe no escopo deste trabalho uma análise de outros aspectos da reforma introduzida pelo Regulamento (CE) n.º 1310/97, nem do processo que antecedeu a sua aprovação com a adopção de um Livro Verde, em 1996, cit., sobre o processo de revisão do regime de controlo de concentrações. A segunda reforma do RCC, de 2004, conquanto não tenha apresentado o mesmo tipo de impacto sobre o enquadramento sistemático das várias subcategorias de empresas comuns, é versada, quer na parte final deste capítulo *infra*, 3.3.2.), quer na **Parte III**, a propósito dos critérios materiais de avaliação das empresas comuns qualificáveis como concentrações.

[1425] Esses testes de *autonomia funcional*, que representam, após a reforma de 1997, a única condição de sujeição das empresas comuns ao RCC foram já analisados, nos seus aspectos fundamentais, *supra*, pontos 3.1.6. e ss. deste capítulo e também no capítulo segundo da **Parte I**, (esp. pontos 4.4.2. e 5.5.1.) pelo que não se justifica aprofundar mais essa matéria. Apesar de algumas indefinições que persistem em relação aos referidos testes de autonomia funcional, os mesmos estão já consideravelmente densificados, pelo que a

778 *Empresas comuns* – Joint Ventures

desse Regulamento e, por outro lado, à previsão de um procedimento de apreciação de eventuais efeitos de coordenação de comportamentos resultantes dessas empresas comuns – ora qualificadas como concentrações – incorporado no próprio regime do RCC, *ex vi* do novo n.º 4 do artigo 2.º do RCC (nos termos do qual essa coordenação será apreciada com base nos critérios dos n.ºs 1 e 3 do artigo 81.º CE).

Noutros termos, tal significa que, com base na nova redação do n.º 2 do artigo 3.º do RCC (disposição renumerada, sem qualquer alteração de conteúdo, na reforma de 2004, passando a corresponder ao n.º 4 do artigo 3.º do RCC), *a anterior condição negativa de qualificação das empresas comuns referente à ausência de coordenação de comportamentos entre as empresas-mãe* – no quadro da originária contraposição das categorias de *empresas comuns com carácter de concentração* e *com carácter de cooperação* – *foi eliminada.* Os elementos de coordenação deixaram, assim, de constituir um requisito da qualificação das empresas comuns – com finalidades procedimentais e num contexto sistémico em que se geraram consideráveis distorções analíticas – para passarem a ser ponderados apenas no plano substantivo, no quadro de um duplo teste material que veio a ser acolhido no RCC (o teste do domínio, originariamente previsto no RCC, e o teste da cooperação entre as empresas-mãe com base numa aplicação do artigo 81.º CE, *ex vi* do referido n.º 4 do artigo 2.º do RCC). Como veremos, a interacção desses dois testes no âmbito do regime do RCC suscita alguns problemas jurídicos, mas apresenta, nos moldes que equacionaremos criticamente, virtualidades (podendo influenciar positivamente a metodologia jurídico-económica de apreciação de aspectos de cooperação em sede de aplicação do referido artigo 81.º CE[1426]).

---

caracterização do conjunto de empresas comuns passíveis de subsunção no regime do RCC foi simplificada de modo muito apreciável.

[1426] Essa matéria será largamente desenvolvida num plano de análise substantiva nos capítulos segundo (ponto **3.**) e terceiro da **Parte III**. Como aí se observará, apesar de algum défice de problematização jurídica das questões de coordenação – apreciadas *ex vi*, em termos conjugados, do n.º 4 do artigo 2.º do RCC e do artigo 81.º CE – de que têm enfermado as decisões da Comissão, começa a desenhar-se uma progressiva interacção entre os dois testes substantivos em causa, a qual pode, sobretudo, influenciar a concretização jurídica do regime do artigo 81.º CE. Neste sentido parece pronunciar-se JAMES VENIT, embora o mesmo ressalve o facto de não ter dedicado um estudo *ex professo* à subcategoria de empresas comuns em causa. Como refere este A, "*as a result of these developments, it now appears that coordination within the meaning of article 2(4) will be defined from a serious economic perspective and, as a result, that the test under article*

Parte II – Capítulo 2   779

3.3.2. O novo regime aplicável às empresas comuns que desempenham todas as funções de uma entidade económica autónoma

Deste modo, considerando, em geral, as duas opções fundamentais possíveis com vista a corrigir a distorção de regulação inerente à originária contraposição entre as subcategorias de empresas comuns com carácter de concentração e de empresas comuns com carácter de cooperação e a submeter um mais extenso conjunto de empresas comuns ao regime do RCC, a reforma de 1997 enveredou pela opção com alcance mais limitado. Essas opções, tais como se poderiam configurar em tese geral – e como, em concreto, foram afloradas nas discussões associadas ao denominado Livro Verde de 1996, que precedeu a revisão de 1997 do RCC[1427] – corresponderiam à introdução de um tratamento normativo unitário de todas as empresas comuns – mediante a incorporação global do respectivo enquadramento no regime do RCC (mesmo que contemplando, aí, eventualmente, algumas normas específicas referentes a determinados aspectos particulares de avaliação de certas empresas comuns)[1428] – ou à inclusão

---

2(4), will, as does the test under article 2(1), turn on the existence of market power" (cfr. A. cit., *The Treatment of Joint Ventures Under the EC Merger Regulation – Almost Through the Ticket*, cit., p. 479).

[1427] Referimo-nos ao *"Livro Verde relativo à revisão do Regulamento das concentrações"*, de 31 de Janeiro de 1996, cit.. Não há espaço aqui para referir de modo desenvolvido o conteúdo desse Livro Verde em matéria de tratamento de empresas comuns. Cfr. sobre essa matéria, BARRY HAWK, HENRY HUSER, *European Community Merger Control: A Practitioner's Guide*, cit., p. 66. Como referem estes As., referindo-se às propostas do Livro Verde em matéria de enquadramento sistemático das empresas comuns, *"all of the proposals would require new legislation, the most ambitious of which would be amendment of article 3(2) of the Merger Regulation to reach (i) all the JVs stisfying the 'full function test' (even if they fail the 'risk of coordination' test), or (ii) all non-sham JVs (i.e., JVs involving integration of their parents economic resources, even if they fail the 'full function' and 'risk of coordination' tests"* (no âmbito da reforma de 1997, apenas a primeira hipótese veio a ser contemplada).

[1428] Essa opção, com vista a compatibilizar um tratamento sistemático unitário das empresas comuns com a ponderação da especificidade de que se revestem algumas dessas entidades é admitida por autores como BARRY HAWK e HENRY HUSER (cfr. As. cit., *European Community Merger Control: A Practitioner's Guide*, cit., pp. 65 ss). Em nosso entender, estaria em causa, *de iure condendo*, estender o regime do n.º 4 do artigo 2.º do RCC (introduzido em 1997) a novas subcategorias de empresas comuns, de modo a conjugar, em relação às mesmas, a aplicação de testes substantivos de índole estrutural estabelecidos no RCC com o teste do artigo 81.º CE.

no regime do RCC de todas as empresas comuns que cumprissem de modo satisfatório o teste da autonomia funcional, assegurando a prossecução de todas as funções de uma entidade económica autónoma, independentemente de poderem gerar ou não efeitos de coordenação de comportamentos. De acordo com a primeira opção, apenas se manteriam sujeitas ao regime do artigo 81.º CE aquelas entidades que, sendo formalmente configuradas como empresas comuns, representassem, na realidade, cartéis ou, mecanismos de cooperação dissimulados, dirigidos, no essencial, à fixação conjunta de preços ou à repartição de mercados e sem comportarem verdadeiros elementos de integração empresarial passíveis de acrescentar eficiências económicas às actividades dos participantes (qualificação que tem sido largamente desenvolvida no âmbito do direito norte-americano da concorrência e que afloraremos na nossa análise *ex professo* da avaliação de efeitos das empresas comuns sobre o processo de concorrência).[1429]

Como se referiu, prevaleceu nessa reforma de 1997 a opção mais moderada (sujeição ao RCC das empresas comuns que desempenhem todas as funções de uma entidade económica autónoma), a qual, em nosso entender, – e nos termos que já expusemos na nossa caracterização geral da categoria da empresa comum em sede de direito comunitário de concorrência –[1430] apesar de ter mitigado as distorções analíticas associadas à redacção originária do RCC, não eliminou todos os problemas inerentes à manutenção da distinção entre empresas comuns subsumíveis na categoria normativa de concentração empresarial e empresas comuns correspondentes a fenómenos de cooperação entre empresas (sujeitas, como tal, ao regime do artigo 81.º CE). É certo que essa alteração, apesar das suas limitações, diminuiu o grau de conceptualismo jurídico e as dificuldades que se encontravam associadas à qualificação das empresas comuns, no quadro da anterior redacção do n.º 2 do artigo 3.º do RCC. O processo analítico de qualificação de empresas comuns com vista à determinação da sua sujeição, ou não, ao regime do RCC tornou-se assim mais previsível e mais adequado à sua função normativa procedimental, que pressupõe a

---

[1429] Cfr. sobre essa matéria o exposto *infra*, capítulo terceiro da **Parte III**, sobretudo a propósito de subcategorias de empresas comuns de produção ou de comercialização, bem como de empresas comuns de tipo misto, que podem actuar como verdadeiros cartéis dissimulados.

[1430] Cfr. extensamente sobre esta nossa posição, o exposto *supra*, capítulo segundo da **Parte I**, esp. pontos 5.5.1. e 5.5.2..

Parte II – Capítulo 2

781

possibilidade de aplicação razoavelmente expedita dos critérios em que o mesmo assenta.

Tal melhoria qualitativa resultou da eliminação – nesse plano específico de qualificação das empresas comuns – da condição referente à inexistência de coordenação de comportamentos. Ora, a concretização dos elementos fundamentais da condição positiva de qualificação de empresas comuns como operação de concentração, assente na plena autonomia funcional dessas entidades – que passa a constituir a condição exclusiva para a sua subsunção nessa categoria prevista no RCC – foi progressivamente conhecendo uma significativa consolidação na *praxis* decisória anterior à alteração de 1997 do RCC e foi confirmada nas Comunicações interpretativas de 1998, *maxime* na *"Comunicação relativa ao conceito de empresas comuns que desempenham todas as funções de uma entidade económica autónoma"* (em termos que tivemos já ensejo de analisar).[1431] Apesar de tudo, a manutenção do tratamento não unitário das empresas comuns no direito comunitário da concorrência após a alteração de 1997 do RCC não permitiu, ainda, alcançar uma solução normativamente mais coerente que assegurasse a sujeição a idênticos critérios substantivos de apreciação de todas as transcções com características económicas coincidentes ou relativamente aproximadas.

Numa pespectiva *de iure condendo* e no quadro da segunda reforma do RCC – entretanto concretizada através da adopção do Regulamento (CE) n.º 139/2004, na sequência de um longo processo de preparação – poder-se-ia ter configurado uma aproximação suplementar a um regime quase unitário de tratamento de empresas comuns que resultasse da inclusão de novas subcategorias de empresas comuns no regime do RCC. Essa hipótese foi realmente equacionada no denominado Livro Branco, de 1999, onde se contemplou a possibilidade de incluir empresas comuns que não desempenhassem todas as funções de uma entidade económica autónoma, mas que originassem alterações estruturais significativas nas

---

[1431] Analisámos esses critérios de identificação de situações de empresas comuns que desempenhem todas as funções de uma entidade económica autónoma (*"full functionality test"*) neste capítulo ao caracterizar a prática decisória da Comissão anterior à reforma de 1997, bem como *supra* – em termos que já referenciámos – no capítulo segundo da **Parte I** (referente à definição jusconcorrencial da categoria da empresa comum), esp. no quadro da nossa apreciação das Comunicações interpretativas de 1998. Cfr., de qualquer modo, sobre essa matéria, C. J. Cook, C.S.Kerse, *EC Merger Control*, cit., esp. pp. 49-51.

782   *Empresas comuns* – Joint Ventures

empresas-mãe – *maxime* empresas comuns de produção – no perímetro de regulação do RCC. Essa alteração já não veio, contudo, a ser acolhida no *"Livro Verde relativo à revisão do Regulamento de controlo de concentrações"*, de 2001,[1432] o que terá influenciado, decisivamente, a solução final, constante do acima referido Regulamento (CE) n.º 139/2004, no sentido da manutenção do tratamento sistemático das empresas comuns resultante da reforma de 1997.[1433]

Pela nossa parte, e independentemente destes desenvolvimentos formais, admitimos que os passos decisivos de aproximação a um tratamento substantivo progressivamente unitário do conjunto das empresas comuns poderão resultar da gradual convergência nos processos analíticos de concretização dos testes de avaliação substantiva de empresas comuns – testes da compatibilidade com o mercado comum e de cooperação

---

[1432] Sobre essa hipótese contemplada no Livro Branco de 1999, cfr. o exposto *supra*, capítulo primeiro desta **Parte II** no ponto 5.3.3.. Quanto ao tratamento sistemático das várias subcategorias de empresas comuns, e considerando, designadamente, a possibilidade de submeter a *subcategoria das empresas comuns de produção* ao regime do RCC, cfr. o *"Livro Verde relativo à revisão do Regulamento do Conselho n.º 4066/89"*, de 2001, cit., esp. pontos 120 e ss. (onde já se suscitam reservas consideráveis em relação a tal hipótese previamente formulada no Livro Branco). Importa notar, de resto, que o Projecto de segunda alteração do RCC, apresentado pela Comissão em 2002 [Projecto de 11.12.2002 – COM (2002)] também já não contemplou qualquer alargamento das subcategorias de empresas comuns cobertas pelo regime do RCC, em coerência com a orientação sustentada no Livro Verde (como previamente referimos, múltiplos comentários produzidos sobre o *"Livro Verde"* – *vg.*, *inter alia*, o do *Bundeskartellamt* alemão (de 21 de Março de 2002) suscitaram dúvidas sobre a bondade da solução de inclusão das empresas comuns de produção no regime do RCC, designadamente por dificuldades de qualificação das mesmas. De qualquer modo, na sua síntese relativa ao conjunto de cometários recebidos sobre o Livro Verde – *"Green Paper on the Review of the Council Regulation (EEC) n.º 4064/89 – Summary of the replies Received"*, de 2003 – a Comissão referia ainda que *"(…) some respondents pointed out that partial function production JVs can bring about structural changes in an undertaking and often involve large investments. It was often stressed that there is a need for legal certainty and some respondents expressed concern that the abandonment of a notification system under Art. 81(3) in the modernization process might have a chilling effect on investments. It was therefore suggested that optional notification under the Merger Regulation should be alowed. An obligatory notification for all partial function production JVs was often regarded as unnecessary and burdensome, since those JVs often neither infringe Art 81 or 82 nor create or strengthen a dominant position"* (cfr. ponto 68 do documento cit.).

[1433] Na realidade, esta segunda alteração do RCC, deixa inalterado, no novo Regulamento (CE) n.º 139/2004, o regime substantivo do artigo 3.º na parte respeitante à delimitação das empresas comuns passíveis de qualificação como operações de concentração.

Parte II – Capítulo 2   783

cumulativamente contemplados no artigo 2.º do RCC (ns.º 2 e 4), após a primeira reforma deste Regulamento – nos moldes que teremos ensejo de analisar na terceira parte desta dissertação.[1434]

4. A apreciação das empresas comuns e a definição do mercado relevante

4.1. RAZÃO DE ORDEM

A aplicação do teste da compatibilidade com o mercado comum, e a concretização dos elementos materiais que o integram no âmbito da apreciação das empresas comuns submetidas ao regime do RCC, bem como a análise dos efeitos de outras categorias de empresas comuns, não sujeitas a esse regime, em determinados mercados afectados pelas relações de cooperação associadas às mesmas[1435] – em termos que relevem para a aplicação do artigo 81.º CE – pressupõem a prévia delimitação do mercado relevante do produto e do mercado relevante geográfico (em termos comparáveis ao processo de análise desenvolvido no quadro do artigo 82.º CE,

---

[1434] Sobre a possível convergência nos processos de concretização dos testes de avaliação substantiva de empresas comuns – teste relativo a entraves significativos à concorrência, *maxime* em função da criação ou reforço de posições de domínio e teste de cooperação, cumulativamente contemplados no artigo 2.º do RCC – em termos que, de algum modo, se aproximem, neste ponto, do direito norte-americano da concorrência, cfr. a análise desenvolvida nos capítulos segundo e terceiro da **Parte III**. Em relação a esse tipo de convergência nos processos de avaliação substantiva das empresas comuns, mesmo que baseados em distintas sedes normativas no quadro do ordenamento norte-americano, cfr. o exposto *supra*, capítulo segundo da **Parte I** (esp. ponto 4.1.).

[1435] Avaliação material no quadro do RCC, ou do artigo 81.º CE, que será objecto do nosso estudo *ex professo*, *infra*, capítulos segundo e terceiro da **Parte III**. De qualquer modo, justifica-se, neste ponto em que começámos a abordar o RCC, tomar em consideração o especial contributo da aplicação intensiva deste regime – especialmente (mas não apenas) no que respeita a empresas comuns qualificáveis como concentrações – para a densificação dos *critérios de delimitação de mercados relevantes*. Assim, ao procedermos ao estudo crítico dos processos de avaliação substantiva de empresas comuns na **Parte III**, tomamos como pressupostos os modelos analíticos de delimitação dos mercados afectados pela criação e funcionamento de empresas comuns, dilucidados na presente secção.

784 *Empresas comuns* – Joint Ventures

mas com algumas diferenças importantes, resultantes da especificidade do conceito de posição dominante previsto no RCC e de outros aspectos de índole estrutural progressivamente introduzidos na avaliação de empresas comuns em sede do acima referido artigo 81.º CE). Na realidade, o poder de mercado de empresas participantes, as posições dominantes, ou as áreas de actuação empresarial em que se venham a repercutir negativamente certos processos de cooperação não constituem situações jurídico-económicas que se possam aferir em abstracto, devendo ser concretizados no contexto de mercados definidos.

É certo que alguns autores norte-americanos têm contestado esta perspectiva material de apreciação do poder de mercado das empresas e – mais latamente – de percepção e avaliação de repercussões de processos de cooperação (acolhida, em termos gerais, nos principais ordenamentos de concorrência), admitindo a possibilidade de avaliar tal poder, ou tais repercussões jusconcorrenciais sem uma prévia definição precisa de mercados relevantes, geográficos e do produto. Assim, D. TURNER[1436] preconiza que o poder de mercado das empresas pode ser directamente aferido, mediante a verificação da obtenção, pelas mesmas de lucros supra-concorrenciais – superiores aos que se poderiam esperar, em condições normais de mercado – ao longo de um período apreciável.

Por outro lado, GLASSMAN e VERDEN preconizam que o poder de mercado das empresas poderá ser avaliado, com base na elasticidade da procura associada às variações dos preços próprios das empresas em causa[1437] (o objecto deste teste serão as oscilações na procura de bens das empresas em causa, associadas a alterações dos preços que as mesmas praticam). Mais recentemente, autores, como STEVEN SALOP formulam outro tipo de críticas à metodologia de delimitação de mercados relevantes como passo analítico prévio para a ponderação, em diversos planos, de eventuais efeitos restritivos da concorrência. Para este autor, a metodologia de análise em que assentam os processos de delimitação, em geral, de mercados relevantes é excessivamente complexa e sujeita a considerável imprevisibilidade. SALOP defende, assim, que tal delimitação do mercado não deve preceder logicamente a ponderação de potenciais riscos de afectação da concorrência, situados em mercados que se tenha pretendido identificar num primeiro estádio de análise. Sustenta, pelo contrário, que,

---

[1436] Cfr. D. TURNER, "The Virtues and Problems of Antitrust Law", cit., pp. 287 ss..

[1437] Cfr. GLASSMAN, "Market Definition as a Practical Matter", in ALJ., 1980, pp. 1155 e ss..

na medida em que se justifique tomar em consideração partes de mercado de empresas envolvidas em determinados processos de cooperação, ou noutras práticas, quaisquer definições de mercado a efectuar, em ordem à determinação das mesmas, deverão assentar, desde logo, na ponderação concreta dos riscos de afectação da concorrência que se encontrem em causa (o que poderia determinar, em última análise, definições de mercado variáveis conforme as modalidades de afectação da concorrência em questão).[1438]

Essas posições têm sido, contudo, refutadas pela maioria da doutrina norte-americana, avultando, entre as posições expendidas nesse sentido a de HOVENKAMP,[1439] que acompanhamos nos seus pressupostos fundamentais. Na realidade, a pretensão de testar o poder de mercado das empresas, ou de identificar e avaliar potenciais riscos de afectação da concorrência inerentes a certos processos de cooperação, através de determinados índices económicos dissociados de uma prévia delimitação do mercado relevante poderia introduzir todo o tipo de distorções analíticas.

Além disso, as autoridades federais de concorrência norte-americanas, bem como os tribunais têm sustentado, de forma continuada, a necessidade da delimitação prévia dos mercados relevantes para aferir o poder de mercado das empresas. A revisão das Orientações em matéria de concentrações, em 1992,[1440] corrobora precisamente esta perspectiva tradicional, tendo apenas introduzido algumas correcções no modelo econométrico utilizado para essas definições do mercado relevante e a mesma posição de fundo encontra-se também subjacente às Orientações relativas

---

[1438] Cfr. STEVEN SALOP, *Analysis of foreclosure in the EC Guidelines on vertical restraints*, in *Annual Proceedings of the Fordham Corporate Law Institute – International Antitrust Law & Policy – 2000*, Editor BARRY HAWK, Fordham Corporate Law Institute, Juris Publishing, Inc., 2001, pp. 177 ss, esp. 198 ss..

[1439] Cfr., nesse sentido, H. HOVENKAMP, *Federal Antitrust Policy – The Law of Competition and its Practice*, cit., pp. 82 ss..

[1440] Referimo-nos aqui às denominadas *"Horizontal Merger Guidelines – issued by the US Department of Justice and the Federal Trade Commission"*, de 2 de Abril de 1992, já cit., as quais foram objecto de revisão, em 8 de Abril de 1997, versando, fundamentalmente, a matéria relativa ao tratamento dos elementos de eficiência associados a concentrações. Sobre a metodologia de delimitação dos mercados relevantes como elemento fundamental do modelo analítico de apreciação jusconcorrencial de concentrações (*"mergers"*), cfr. MALCOLM COATE, "Economics, the Guidelines and the Evolution of Merger Policy", cit., pp. 997 ss..

786   *Empresas comuns* – Joint Ventures

a empresas comuns, de 2000.[1441] No âmbito do ordenamento comunitário de concorrência, a necessidade de proceder à delimitação do mercado relevante não foi objecto de contestação em sede de aplicação do artigo 82.º CE e tem sido consensualmente aceite em sede de controlo de concentrações e de apreciação de empresas comuns, em geral.

Ora, no quadro deste ordenamento, os processos de análise referentes à delimitação de mercados relevantes conheceram, precisamente, um impulso decisivo em sede de aplicação do RCC, quer no que respeita à avaliação de empresas comuns com carácter de concentração, quer em relação a outros tipos de operações de concentração. Diversas razões militaram nesse sentido, em especial, a crucial importância desses processos de análise como verdadeira e directa *"pré-condição"* para a apreciação do poder de mercado das entidades envolvidas nas mesmas, nos termos que foram, *vg.*, destacados pelo TJCE no Acórdão *"France v. Commission"*, de 1998,[1442] e pelo TPI no Acórdão *"Air France v. Commission"*, de 1994.[1443] Além disso, o carácter recorrente dessas análises resultante do elevadíssimo número de decisões formais incidindo sobre operações notificadas à Comissão contribuiu também para que neste plano se verificasse uma particular densificação dos critérios de apreciação conducentes à delimitação de mercados. Pela nossa parte, admitimos, mesmo, que tal densificação terá sido decisiva para a definição de uma metodologia estável de análise ensaiada pela Comissão na sua *"Comunicação referente à definição do mercado relevante para efeitos de direito comunitário da concorrência"*, de 1997.[1444]

A essa luz, justifica-se, pois – na sequência deste nosso afloramento de aspectos relativos ao enquadramento sistemático de empresas comuns no regime do RCC – analisar, de modo sumário, os elementos essenciais

---

[1441] Orientações de 2000 – *"Antitrust Guidelines for Collaborations Among Competitors"*, já cit.

[1442] Acórdão do TJCE *"France e. Société Commerciale des Potasses et de l'Azote et Entreprise Minière et Chimique v. Commission"* [*"Kali und Salz"*] de 1998, proc C-68/94 e C-30/95, Col. I-1375 (1998). Como se refere nessse Acórdão (ponto 143), *"a proper definition of the relevant market is a necessary precondition for any assessment of the effecty of a concentration"*.

[1443] Acórdão do TPI *"Air France v. Commission"*, de 1994, proc. T-2/93, Col. II-323 (1994). Cfr., neste Acórdão esp. o ponto 80.

[1444] Cfr. *"Comunicação referente à definição do mercado relevante para efeitos de direito comunitário da concorrência"*, de 1997, já cit..

dos processos analíticos de delimitação do mercado delineados no quadro de aplicação do referido regime. O contributo fundamental para a definição desses processos de análise verifica-se, na realidade, não apenas no plano da apreciação de empresas comuns com carácter de concentração, mas, em geral, em relação à avaliação de outros tipos de operações de concentração. Tomaremos, assim, esses aspectos ora brevemente expostos – e que não integram o núcleo essencial do nosso estudo – como pressupostos para efeitos da nossa análise, na especialidade, das metodologias de avaliação das repercussões de múltiplas categorias de empresas comuns sobre o processo de concorrência (que empreendemos na **Parte III** desta dissertação).

Nesta nossa análise, devemos ter presente que o grau de complexidade da delimitação do mercado relevante é, no quadro do controlo directo de operações de concentração – e também no âmbito da apreciação de empresas comuns não qualificáveis como operações de concentração – muito superior ao que se verifica em sede de aplicação do artigo 82.º CE. Na verdade, estando em causa, por definição, várias empresas que podem desenvolver actividades diferentes – embora interligadas – a delimitação do mercado relevante, nos referidos domínios, pressupõe a realização de uma análise preliminar no sentido de seleccionar, em termos globais, as categorias de produtos ou serviços das referidas empresas, em relação aos quais deva ser feita uma delimitação rigorosa do mercado, para efeitos de aplicação do teste da compatibilidade com o mercado comum. Todavia, a distinção desses dois planos de análise nem sempre tem sido clara nas decisões da Comissão,[1445] o que prejudica, por vezes de forma irremediável, o rigor e a previsibilidade dos seus juízos nesta matéria.

[1445] Cfr., nesse sentido, D. BERLIN, *Contrôle Communautaire des Concentrations*, cit., pp. 167 e ss..

4.2. A DEFINIÇÃO DO MERCADO RELEVANTE DO PRODUTO

4.2.1. Aspectos gerais

4.2.1.1. *Critérios básicos de delimitação do mercado – visão preliminar*

É consensualmente reconhecido na doutrina que a definição do mercado relevante, no qual se deverá aferir em concreto o poder de mercado das empresas, ou a produção de certos efeitos de afectação da concorrência, comporta como dimensões fundamentais a delimitação do mercado do produto – mediante a análise económica do mesmo, embora condicionada por parâmetros jurídicos – e a delimitação do mercado geográfico, que permite a localização do espaço em que se poderá exercer o poder económico das empresas.

No âmbito do ordenamento norte-americano da concorrência, a maioria da doutrina tem considerado que a primeira dimensão do processo de delimitação do mercado relevante – mercado relevante do produto – se reveste de uma complexidade superior.[1446] Todavia, como verificaremos, os condicionalismos ligados ao processo de realização e aprofundamento do mercado interno comunitário suscitam dificuldades particulares para a correcta delimitação do mercado geográfico relevante em sede de aplicação de normas comunitárias de concorrência.

Os produtos que integram um determinado mercado deverão forçosamente apresentar características que os diferenciam, em determinado grau e de acordo com uma perspectiva económica válida, de outras categorias. Essa identificação de categorias de produtos é, tradicionalmente, estabelecida com base no critério económico das possibilidades de substituição recíproca dos referidos produtos.[1447] Por seu turno, a utilização deste critério requer ponderações económicas equilibradas, pois se o mesmo não equivale à verificação da homogeneidade entre os produtos considerados,

---

[1446] Cfr., por todos, para uma perspectiva geral dos problemas de definição do mercado relevante no âmbito do controlo directo de operações de concentração, J. MORRIS, G. MOSTELLER, "Defining Markets for Merger Analysis", in AB, 1991, pp. 599 ss.; M. COATE, "Economics, the Guidelines and the Evolution of Merger Policy", cit., pp. 997 ss..

[1447] Cfr., para uma análise deste critério, T. FRAZER, *Monopoly, Competition and Law*, cit., pp. 14 e ss.

em contrapartida, as possibilidades de substituição dos produtos deverão ser apreciáveis.

Além disso, este critério pode ser aplicado segundo duas pespectivas materiais fundamentais, a saber, a perspectiva da procura e da oferta (especialmente ligado à primeira perspectiva, o teste da elasticidade cruzada da procura é normalmente autonomizado como critério operacional para a delimitação do mercado relevante do produto),[1448] mediante o estabelecimento de nexos entre as oscilações do preço de um produto e as variações da procura de outro bem.

4.2.1.2. *Diversificação dos critérios analíticos de delimitação do mercado*

Originariamente, e numa primeira fase de desenvolvimento do sistema comunitário de controlo de concentrações, as únicas referências expressas ao referido critério das possibilidades de substituição, contidas no denominado *"Formulário CO"* aprovado pela Comissão após a adopção do RCC,[1449] incidiam apenas na perspectiva da procura – possibilidades de substituição pelos consumidores em função das características do produto, do seu preço e da utilização pretendida – retomando, de algum modo, orientações delineadas em momento anterior pelo TJCE no Acórdão *"Hoffmann-La-Roche"*, cit.. Tal indiciava uma atenção insuficiente à perspectiva da oferta, o que correspondia, então, de resto, a uma lacuna

---

[1448] Cfr., igualmente, *"Vigésimo Segundo Relatório sobre a Política de Concorrência"*, cit., ponto 233, no qual a Comissão invoca expressamente o critério da *"substituibilidade"*.

[1449] Referimo-nos aqui ao *"Formulário CO relativo à notificação de uma operação de concentração, nos termos do Regulamento (CEE) n.º 4064/89 do Conselho"*, aprovado como Anexo do Regulamento (CEE) n.º 2367/90 da Comissão, de 25 de Julho de 1990 (JOCE n.º L 219/5, de 14 de Agosto de 1990), *"relativo às notificações, prazo e audições previstos no Regulamento (CEE) n.º 4064/89"*. Esse *"Formulário CO"* foi sucessivamente alterado, nos termos dos Anexos do Regulamento (CE) n.º 3384/94 (JOCE n.º L 377/1) e do Regulamento (CE) n.º 447/98 (JOCE n.º L 61/1, 1998). A Comissão refere, ainda, incidentalmente, no seu *"Vigésimo Relatório sobre a Política de Concorrência"*, cit. – ponto 234 – o critério das *possibilidades de substituição na perspectiva da oferta*. Todavia, a lacuna a que aludimos diz respeito a documentos gerais de enquadramento da política de controlo de concentrações.

frequente nas análises de mercado da Comissão, que tendiam a privilegiar, no quadro da aplicação do artigo 86.º TCE, a perspectiva da procura.

Confirmando, de alguma forma, essa potencial lacuna nos processos de análise do mercado do produto as decisões adoptadas pela Comissão ao longo dessa primeira fase de vigência do RCC raramente contemplavam a perspectiva da oferta na delimitação dos mercados relevantes. Contudo, a Comissão foi progressivamente acolhendo considerações económicas ligadas à perspectiva da oferta, constituindo, a esse respeito, um marco importante as análises efectuadas nas decisões *"Viag/Continental Can"* e *"Appolinaris/Schweppes"*.[1450]

Esse critério das possibilidades de substituição na perspectiva da oferta foi também utilizado – e de forma que podemos considerar exaustiva – na primeira decisão de incompatibilidade de uma concentração com o mercado comum proferida pela Comissão (decisão *"Aerospatiale- -Alenia/De Havilland"*, de 1991).[1451] Neste caso, a segmentação de três mercados do produto – aviões com determinada propulsão para ligações de curta duração, com lotações de 20 a 39 passageiros, 40 a 59 passageiros e mais de 60 passageiros – revelou-se importante para o juízo de incompatibilidade final. Tendo as partes envolvidas na operação de concentração contestado esta segmentação do mercado do produto, a Comissão procedeu à sua fundamentação não apenas com base nas possibilidades de substituição, na perspectiva da procura, mas invocando também a impossibilidade razoável de substituição dessas categorias de produto na perspectiva da oferta (nesse sentido, a Comissão procurou demonstrar, com base em diversos elementos, que seria necessário um periodo de três a quatro anos para os fabricantes de aviões com lotação para 30 passageiros obterem uma implantação efectiva no mercado dos aviões com lotação para 50 passageiros, introduzindo todas as transformações necessárias na sua capacidade produtiva instalada).[1452]

Além disso, a utilização do critério das possibilidades de substituição na perspectiva da procura também não foi completamente satisfatória na prática decisória inicial da Comissão. Na realidade, como preconiza HAWK

[1450] Cfr. decisão *"VIAG/Continental Can"*, de 6 de Junho de 1991, proc n.º IV/M081 (in *Merger Control Reporter*, cit., *decision B 26.*).

[1451] Cfr. decisão *"Aerospatiale-Alenia/De Havilland"*de 1991, proc n.º IV/M053.

[1452] Cfr., nesse sentido., o excelente comentário de ELEANOR FOX à decisão *"Aerospatiale-Alenia/ De Havilland"*, proc n.º IV/M053, in *Merger Control Reporter*, cit, *decision B 48.*, *"Case note"*.

na doutrina norte-americana,[1453] qualquer análise neste domínio pode, no limite, levar ao apuramento de uma cadeia de substituições (relacionando bens cuja potencialidade de substituição recíproca é pouco intensa mas não pode ser completamente excluída). A demarcação desta cadeia de substituições, na perspectiva dos consumidores, deve, pois, assentar em factores económicos precisos que permitam identificar um grau suficientemente intenso de substituição entre os produtos (a principal dificuldade subjacente à utilização deste teste reside precisamente, na identificação, em concreto, desse grau apreciável de substituição entre os produtos e não na determinação da possibilidade abstracta de substituir um bem por outro).

Ora, se é certo que as análises inicialmente realizadas pela Comissão, neste domínio, em sede de aplicação do RCC nem sempre permitiram uma identificação clara do grau de substituição exigível entre os produtos e dos factores económicos essenciais para essa verificação, importa reconhecer uma progressiva evolução qualitativa nesse plano – devido à multiplicidade de situações avaliadas pela Comissão – que veio a permitir a gradual definição de diversos índices económicos relevantes. De qualquer modo, a falta de princípios condutores subjacentes à utilização desses índices – ou a menor clareza dos mesmos – conduzia ainda com frequência, em múltiplos casos, à selecção menos criteriosa de factores isolados e à obtenção de resultados muito díspares e dificilmente previsíveis nas várias situações consideradas. Foi essa lacuna que a Comissão procurou suprir através da adopção, em 1997, da *supra* referida Comunicação referente à definição do mercado relevante, a qual, em simultâneo, veio sistematizar uma experiência analítica fortemente tributária da aplicação do RCC.

4.2.1.3. *A Comunicação interpretativa de 1997 relativa à definição de mercado relevante*

O pressuposto fundamental de que parte a metodologia delineada nessa Comunicação pode considerar-se relativamente tradicional. Trata-se de tomar em consideração as possibilidades de substituição, em termos funcionais, de certos conjuntos de bens e serviços, de acordo com uma

---

[1453] Cfr. B. HAWK, cit. por T. FRAZER, *Monopoly, Competition and the Law*, cit., p. 15.

792   *Empresas comuns* – Joint Ventures

lógica já desenvolvida na jurisprudência *"Hoffmann La Roche"*, acima referida, do TJCE. Com base nessa matriz, estabelece-se na Comunicação uma tríade de critérios essenciais para delimitar ou condicionar os limiares dessa substituição funcional, compreendendo, a saber, a substituição na perspectiva da procura, a substituição na perspectiva da oferta e a concorrência potencial.

Além disso, na senda da orientação prevalecente que resultou da *praxis* decisória em matéria de controlo de concentrações, e que também já referimos, considerou-se a substituição na perspectiva da procura, orientada para as preferências dos consumidores como o elemento primacial para a análise em questão.[1454] Essa prevalência é tal que se considera que os critérios referentes à substituição na perspectiva da oferta e à concorrência potencial, em regra, apenas deverão ser tomados em consideração num estádio subsequente de análise – após uma delimitação inicial de referência do mercado relevante com base no primeiro critério – salvo se for possível verificar uma pronta aptidão de fornecedores de determinados bens para transferir a sua produção para outro tipo de bens e para proceder à comercialização dos mesmos em prazo curto.[1455]

Pela nossa parte, e sem pôr em causa a função prevalecente do referido critério de substituição na perspectiva da procura, admitimos que a Comunicação de 1997 poderá ter subalternizado de forma excessiva os outros critérios analíticos, *maxime* o que se reporta à substituição na pers-

---

[1454] Sobre esse peso especial do critério analítico da *substituição na perspectiva da procura* na metodologia estabelecida na Comunicação interpretativa de 1997 em causa, cfr. SIMON BAKER, LAWRENCE WU, "Applying the Market Definition Guidelines of the European Commission", cit., pp. 273 ss., esp. pp. 275 ss.. Estes As. destacam ainda no que respeita à utilização como critério complementar do critério relativo à substituição na perspectiva da oferta ("*supply-side substitution*") uma diferença de grau entre os procedimentos analíticos delineados na referida Comunicação de 1997 e nas "*Horizontal Merger Guidelines*" do ordenamento norte-americano. Assim, nestas "*Guidelines*" o referido critério ("*supply-side substitution*") não é utilizado para definir o mercado relevante, mas identificar os participantes no mercado (de qualquer modo, tal utilização deste critério acaba, em última análise por conduzir à identificação do mesmo conjunto de condicionantes da concorrência).

[1455] Cfr. ponto. 20 da Comunicação interpretativa de 1997, cit.. Todavia, embora na Comunicação se estabeleçam esses parâmetros gerais para a relevância do critério de "*supply-side substitution*", persistiram diversas indefinições quanto à concretização dos mesmos (assim, *vg.*, no que respeita à caracterização de uma pronta aptidão dos fornecedores para transferir a sua produção para outros tipos de bens sem incorrer em significativos custos adicionais e riscos, não é linear a graduação de tais custos e riscos).

pectiva da oferta. Embora não ignoremos os consideráveis problemas de análise económica suscitados pela aplicação desse critério, pensamos que a sua utilização não deve assumir um papel meramente secundário ou residual – como seria sustentável à luz do teor literal da Comunicação – mas pode, em certas circunstâncias, contribuir de forma importante para a delimitação do mercado em interacção com o critério da substituição na perspectiva da procura (não estando, em conformidade, a sua função limitada a confirmar ou reforçar delimitações relativamente estreitas de certos mercados emergentes da utilização deste último critério).

O elemento de inovação introduzido pela Comunicação e através do qual se procura construir um parâmetro jurídico-económico de referência e sistematizador das análises neste domínio correspondeu à previsão do denominado *teste do monopolista hipotético* especificamente dirigido à concretização do critério essencial, acima referido, da substituição na perspectiva da procura. Este teste, claramente baseado no modelo de análise adoptado nas Orientações em matéria de concentrações de 1982 do direito norte-americano – e mantido com alguns ajustamentos nas revisões de 1992 e 1997 dessas Orientações – assenta na ponderação da rendibilidade, por parte de um hipotético monopolista quanto a determinado produto ou área geográfica, de aumentos de preços reduzidos, mas significativos, e de carácter não transitório.[1456] O mercado relevante do produto corresponde, de acordo com esse modelo, ao conjunto mais limitado de produtos em relação aos quais um hipotético monopolista pudesse, de modo lucrativo,

---

[1456] Referimo-nos, uma vez mais, às *"Horizontal Merger Guidelines"* do ordenamento da concorrência norte-americano, sublinhando aqui a fundamental mutação metodológica que, em matéria de delimitação do mercado relevante – bem como quanto a outros aspectos fundamentais – se verificou com as *"Guidelines"* adoptadas em 1982 (designadamente, através da adopção do teste do *monopolista hipotético*, também referido como *"SSNIP – Small but significant non-transitory increase in price"* – e, sem prejuízo das ulteriores revisões destas Orientações, já mencionadas, ocorridas em 1992 e em 1997). Para uma visão geral das profundas transformações na metodologia de análise jusconcorrencial de concentrações resultantes das *"Guidelines"* de 1982, cfr. o conjunto de estudos integrados em *"20 th Anniversary of the 1982 Merger Guidelines. The Contribution of the Merger Guidelines to the Evolution of Antitrust Doctrine"*, cit. Noutros ordenamentos nacionais da concorrência esse teste foi também acolhido em Orientações interpretativas relativas à apreciação de concentrações [como sucedeu, *vg.*, nas *"Merger Guidelines"* do direito australiano e do direito canadiano, embora, neste último caso, se tenha adoptado um critério complementar de *"realidade comercial"* (*"commercial reality"*) para conferir os resultados *"SSNIP Test"*; cfr. ponto 3.1. das *"Canadian Merger Guidelines"* de 1991].

efectuar aumentos de preços de 5% que perdurassem no futuro imediato previsível (pressupondo que as condições de venda de todos os outros produtos se mantivessem constantes – aspecto que poderá ser criticável visto que a determinação do poder de mercado das empresas intrinsecamente associada à delimitação de mercados relevantes deveria tomar em consideração as reacções dos competidores).

Esse teste dirigido à delimitação dos mercados foi inicialmente aflorado nas decisões da Comissão *"Tetra Park/Alfa Laval"*, de 1991 e *"Nestlé/Perrier"*, de 1992,[1457] e foi configurado, de forma expressa, na decisão *"Saint-Gobain/Wacker-Chemie/NOM"*, de 1996,[1458] que antecedeu de perto a Comunicação de 1997 e terá, porventura, exercido uma influência significativa sobre a mesma. Na decisão *"Nestlé Perrier"* foi considerado como elemento fundamental da delimitação do mercado a comparação da evolução dos preços das categorias de produtos em causa – águas minerais engarrafadas e outras bebidas não alcoólicas – ao longo de um período de referência (foram comparadas as evoluções dos respectivos preços ao longo de um período aproximado de cinco anos; considerou-se, pois, um período de tempo substancialmente mais longo do que aquele que é configurado – numa óptica prospectiva – no modelo de análise norte-americano). De qualquer modo, essa metodologia não se encontrava consolidada na prática decisória da Comissão, constituindo mesmo um procedimento de análise relativamente excepcional, pelo que a adopção da Comunicação de 1997 se revestiu de grande importância de modo a consagrar, de forma estável e minimamente previsível, um verdadeiro modelo analítico geral de delimitação do mercado assente em critérios económicos definidos.

O teste do monopolista hipotético é configurado na Comunicação de 1997 em termos essencialmente coincidentes com os que se encontram delineados nas Orientações em matéria de concentrações do direito norte-americano, embora com duas especificidades. Assim, considera-se que os aumentos de preços de produtos a ponderar em relação a uma hipotética empresa monopolista deverão ser de 5% a 10%, e não apenas de 5%. Além disso, estabelece-se que os aumentos de preços a considerar deverão ter carácter não transitório, traduzindo um acréscimo relativo permanente de

---

[1457] Cfr. decisão da Comissão *"Nestlé/Perrier"*, de 1992, (proc n.º IV/M190).

[1458] Cfr. decisão *"Saint-Gobain/Wacker-Chemie/NOM"*, de 4 de Dezembro de 1996 (proc n.º IV/M 774).

Parte II – Capítulo 2

tais preços, diversamente da previsão das Orientações do ordenamento norte-americano na qual se refere a verificação de aumentos de preços que perdurem no futuro imediato previsível (definição temporal que, de resto, se nos afigura preferível, em virtude da sua maior flexibilidade, à que é utilizada na Comunicação de 1997).

Deve ainda referir-se que nessa Comunicação se admite a obtenção de resultados distintos na aplicação dos critérios de delimitação de mercados conforme as questões substantivas de concorrência que se encontrem em causa. Contempla-se, em especial, a existência de diferenças nessa avaliação para efeitos de enquadramento de determinadas situações no regime dos artigos 81.º e 82.º CE, ou no regime do RCC (neste último caso, as possíveis particularidades dessa análise resultariam do facto de a avaliação de efeitos sobre a concorrência se reportar à formulação de juízos de prognose sobre prováveis comportamentos futuros ou sobre prováveis formas de funcionamento de certos mercados).

Sem prejuízo de reconhecermos algumas possíveis especificidades na concretização de critérios de delimitação do mercado em função dos potenciais problemas de afectação da concorrência que se encontrem em apreço – *maxime* em sede de aplicação do artigo 82.º CE – pensamos que as mesmas terão sido sobrevalorizadas nessa Comunicação. E, sobretudo no que respeita à apreciação de empresas comuns, quer sujeitas ao RCC, quer sujeitas ao regime do artigo 81.º CE, pensamos que, à luz do que já temos vindo a expor, os parâmetros de avaliação das mesmas deverão ser progressivamente convergentes, incluindo, como é natural, em matéria de delimitação dos mercados relevantes afectados pela criação e funcionamento dessas entidades.

Além disso, essa desejável progressão para um tratamento substantivo unitário das empresas comuns deverá também influenciar os processos de aplicação do artigo 81.º CE em relação às diversas situações de cooperação empresarial – incorporando nos mesmos, entre outros aspectos, elementos dinâmicos de análise. Consideramos, em súmula, menos feliz o relativo grau de diferenciação que parece ser contemplado na Comunicação quanto à concretização dos critérios de delimitação do mercado no quadro do RCC e da aplicação do artigo 81.º CE. Pensamos, pelo contrário, que esses critérios devem ser fundamentalmente convergentes e que – em especial no que respeita à apreciação de empresas comuns – o seu aprofundamento, nos moldes que ora expomos, se tem devido, de modo particular, à *praxis* decisória no domínio do RCC (face à

796   *Empresas comuns* – Joint Ventures

intensidade de que se tem revestido nesse plano a densificação jurídico--económica desses critérios).

4.2.1.4. *Insuficiências do processo analítico de delimitação do mercado relevante na aplicação das normas comunitárias de concorrência*

Apesar do progresso qualitativo que indiscutivelmente representou a adopção, com carácter geral, do teste do monopolista hipotético na Comunicação de 1997, importa referir que a metodologia de análise da Comissão neste domínio não tem ainda extraído todos os corolários que deveriam resultar do mesmo. Além disso, se, quer o TJCE, quer o TPI se têm mostrado crescentemente críticos de mútiplos aspectos da metodologia de análise da Comissão em sede de aplicação do artigo 81.º CE e do RCC, distanciando-se de algumas das tradicionais reservas jurisdicionais quanto ao exercício de controlo sobre a margem de apreciação económica subjacente à concretização de normas de concorrência,[1459] o seu crivo crítico tem, com frequência, sido menos exigente nesta matéria relativa à delimitação de mercados relevantes. De algum modo paradigmático dessa relativa abstenção jurisdicional neste domínio sensível foi, *vg.*, o Acórdão *"Kali und Salz"*,[1460] no qual o TJCE, apesar de alguns juízos críticos

---

[1459] Podemos considerar que o Acórdão do TJCE *"Delimitis"*, já cit., marcou uma viragem fundamental no posicionamento deste tribunal, no sentido de este ultrapassar a sua tradicional reserva em relação ao exercício de um controlo efectivo sobre a margem de apreciação económica da Comissão (*maxime* no que respeita à aplicação conjugada do disposto nos ns.º 1 e 3 do artigo 85.º TCE – artigo 81.º CE). Esse maior *"activismo"* jurisprudencial no que respeita à verificação dos critérios de apreciação económica da Comissão transparece também, claramente, das mais recentes decisões do TPI (culminando no fundamental Acórdão *"European Night Services"* já cit., ao qual dedicaremos considerável atenção na **Parte III** devido à sua importância para a análise das empresas comuns). Sobre esses desenvolvimentos jurisprudenciais, destacando alguns dos exemplos mais recentes de apreciações do TPI no sentido de apurar omissões ou inconsistências em processos de análise económica da Comissão, sobretudo no que respeita a decisões referentes a controlo de concentrações, cfr. FILIP RAGOLLE, "Schneider Electric v Commission: The CFI's Response to the Green Paper on Merger Review", cit., pp. 176 ss..

[1460] Acórdão do TJCE *"Kali und Salz"* [Acórdão *"France e. Société Commerciale des Potasses et de l'Azote et Entreprise Minière et Chimique v. Commission"* normalmente conhecido sob a designação *"Kali und Salz"*, proc. 68/94 e 30/95, Col. I-1375 (1998)], cujo teor será especialmente ponderado noutro contexto da nossa análise a propósito dos

Parte II – Capítulo 2 797

formulados sobre certos elementos da análise da Comissão, não suscitou objecções a uma delimitação do mercado relevante delineada pela Comissão com um muito discutível peso atribuído ao factor relativo às preferências dos consumidores (o TJCE não discutiu, designadamente, como poderia ter feito, se tal factor, tendente, nesse caso, a uma definição mais estreita do mercado, seria contrabalançado pela flexibilidade do lado da oferta, por parte de múltiplos fornecedores que mostrassem capacidade para se adaptar a essas preferências de consumidores).

Na realidade, uma análise da prática decisória da Comissão no quadro do RCC, bem como de decisões formais – menos numerosas – relativas a empresas comuns em sede de aplicação do artigo 81.º CE permite verificar uma surpreendente escassez de referências a aspectos relativos à aplicação do teste do monopolista hipotético, apesar da proeminência que lhe é atribuída na Comunicação de 1997. Tal resulta, entre outros factores, da dificuldade de obtenção de informações económicas sobre preços e volumes de vendas de diversos bens ao longo de determinados períodos que possam suportar adequadamente a aplicação do modelo económico subjacente ao referido teste.

De qualquer modo, embora essa dificuldade seja inegável no quadro do procedimento relativamente célere de apreciação de empresas comuns com carácter de concentração, ou de outras concentrações, a mesma não ocorre com idêntica intensidade no contexto da análise de empresas comuns submetidas ao artigo 81.º CE, nem deve ser tomada como inultrapassável no quadro da análise de operações submetidas a uma segunda fase de apreciação no âmbito do RCC. Pensamos, assim, que a Comissão não tem desenvolvido suficientemente os processos ou modelos econométricos de análise que lhe permitiriam uma aprensão e avaliação mais sistemática de informações sobre preços relevantes para a aplicação do teste do monopolista hipotético. E é, desde logo, esse défice de análise econométrica que se encontra na base das dificuldades experimentadas pela Comissão para obter e seleccionar informações sobre preços e séries possíveis de correlações de preços.[1461]

---

problemas relativos à avaliação jusconcorrencial de situações de domínio colectivo (*infra*, capítulo segundo da **Parte III**, esp. ponto 2.3.2.).

[1461] As denominadas análises de correlações de preços ("*price correlation analysis*") revelam-se, na realidade, de fundamental importância para a concretização do teste do monopolista hipotética no quadro da delimitação de mercados relevantes. Trata-se de analisar, através de processos estatísticos adequados, a forma como os preços de deter-

798 *Empresas comuns* – Joint Ventures

Com efeito, nos casos menos frequentes em que a Comissão procedeu a análises relativamente desenvolvidas de informações disponíveis sobre preços e a estudos de correlações de preços tem conseguido estabelecer delimitações de mercados relevantes com alguma consistência à luz dos parâmetros essenciais do teste do monopolista hipotético. Tal verificou-se, *vg.*, nas decisões *"Rexam/American National Can"*, e *"CVC//Lenzing"* (em particular, na segunda decisão, a Comissão aprofundou diversas dimensões relevantes de análise econométrica a considerar, designadamente, referentes à necessária ponderação de variações de preços em intervalos de tempo diferenciados, bem como à devida ponderação de factores exógenos que influenciem, de forma comum, séries de preços de diferentes produtos, tornando menos significativas as indicações a retirar de elevados valores encontrados para as correlações de preços em determinados períodos).[1462]

---

minados produtos evoluem ao longo de certos períodos de tempo, procurando apreender eventuais padrões semelhantes de variação em relação aos mesmos. Esta técnica de análise econométrica tem sido especialmente desenvolvida no quadro do ordenamento norte-americano, embora se possa detectar na *praxis* decisória mais recente da Comissão uma relativa inflexão no sentido do progressivo acolhimento desta técnica ou de técnicas econométricas comparáveis. Sobre esta matéria, cfr. KASERMAN, ZEISEL, "Market Definition: Implementing the Department of Justice Merger Guidelines", in AB, 1996, pp. 665 ss.. No plano comunitário, a decisão *"Nestlé/Perrier"*, no quadro do processo de controlo de concentrações constitui um dos primeiros exemplos claros de utilização eficaz e devidamente fundamentada desta técnica econométrica. Importa, além disso, ter presente que a técnica de análise de correlações de preços deve, normalmente, ser conjugada com testes sobre o carácter estacionário das rácios entre os preços de dois ou mais produtos (os denominados *"stationarity tests"*). Cfr. sobre esta segunda técnica econométrica, WILLS, "Market Definition: How Stationarity Tests Can Improve Accuracy", ECLR, 2002, pp. 4 ss.. Sobre os desenvolvimentos mais recentes no sentido do desenvolvimento de técnicas econométricas de análise na prática decisória da Comissão, ultrapassando lacunas e deficiências tradicionais neste plano, embora sem deixar de destacar as limitações ainda verificadas nessa abordagem,cfr., também, ALISTAIR LINDSAY, EMANUELA LECCHI, GEOFFREY WILLIAMS, "Econometrics Study into European Commission merger Decisions Since 2000", in ECLR, 2003, pp. 673 ss..

[1462] Cfr. as decisões *"Rexam/American National Can"* (proc n.º COMP/M1939; esp. pontos 11 a 13), e *"CVC/Lenzing"* (proc n.º COMP/M2187). Em particular nesta segunda decisão, a Comissão especificou um nível exigente de verificação de séries estatísticas de preços, mediante a ponderação de correlações de preços ao longo de múltiplos intervalos temporais. Além disso, esta decisão apresenta também a significativa particularidade de a Comissão especificar níveis quantitativos de correlações de preços que considerou, em anteriores análises, elevados – e, logo, relevantes para apreender a per-

Parte II – Capítulo 2

As limitações verificadas na utilização do teste do monopolista hipotético, que têm obstado a que se extraiam todas as vantagens inerentes à aplicação de modelos econométricos neste plano da delimitação de mercados – *maxime* no que respeita à previsibilidade dos processos de análise e à consistência dos mesmos – resultam também do carácter relativamente híbrido dos critérios delineados na referida Comunicação de 1997. Na verdade, apesar da introdução do referido teste – a concretizar com base em modelos econométricos – esta Comunicação continuou a prever parâmetros de substituição funcional assentes nas características dos produtos. Ora, esses parâmetros, não só conduzem com frequência a análises aleatórias como podem provocar todo o tipo de distorções na percepção do poder de mercado das empresas.

Pela nossa parte, embora não subscrevamos a tese de alguns autores, no sentido de que esse tipo de índices deveria ser completamente excluído da Comunicação interpretativa em matéria de definição de mercado,[1463] pensamos que o seu papel secundário ou residual terá de ser devidamente enfatizado. Em nosso entender, esses índices deverão ser considerados, fundamentalmente, para estabelecer um primeiro nível, aproximativo, de delimitação do mercado do produto, excluindo, à partida, do perímetro do mesmo os produtos com características muito diferentes e cuja utilização final não seja, sob qualquer perspectiva razoável, paralela (embora sujeitando sempre essa primeira apreciação ao crivo da aplicação decisiva de outros critérios). Na ausência dessa hierarquização de parâmetros de apreciação, verifica-se que a Comissão tem com frequência estabelecido

tença dos produtos em causa a um mesmo mercado – e níveis que considerou relativamente baixos (referindo vg., correlações de 0.80 como elevadas e correlações de 0.65 como relativamente baixas (cfr. pontos 74 e 110). Esses coeficientes quantificam a relação entre as variações de preços de dois ou mais produtos ao longo de determinados períodos de tempo.

[1463] Essa tese favorável à exclusão desse tipo de índices é sustentada por autores como PETER CAMESASCA e ROGER VAN DEN BERGH. Cfr., nesse sentido, o estudo destes As., "Achilles Uncovered: Revisiting the European Commission's 1997 Market Definition Notice", in AB, 2002, pp. 143 ss.. Como aí se refere, a propósito do teor da Comunicação interpretativa de 1997, "*the explicit adoption of the 'hypothetical monopolist' test should thus imply that the Commission intends to put more weight to the market delineation endeavor's economic analysis. The passage to the realms of economic foundations was not entirely completed, however, as the old-style definition based on product characteristics clearly remains a prominent feature in the notice's textual build-up. Such functionable interchangeability does not carry as its central aim the ultimate task of identifying market power (...)*" (*op. cit.*, p. 158).

800   *Empresas comuns* – Joint Ventures

definições de mercado com base em puros critérios de funcionalidade, assentes em comparações de características físicas ou técnicas dos bens, ou de outros atributos dos mesmos que os adquirentes considerem elementos importantes das aplicações funcionais pretendidas. Além disso, em muitos casos a verificação das características físicas e técnicas dos produtos, bem como da sua utilização final, tem assentado não apenas em aspectos objectivos, mas na ponderação das preferências manifestadas pelos consumidores. Apesar de a Comissão já ter reconhecido, a propósito de certas situações, que as preferências dos consumidores devem ser consideradas com alguma reserva, atendendo a que a fidelização de consumidores a determinados produtos comporta um elevado grau de subjectividade e não obedece necessariamente a aspectos de lógica económica, nem sempre se pode verificar, de modo claro, nas suas decisões, se esse elemento foi considerado autónomamente – com as naturais prevenções supramencionadas – ou se o mesmo influiu de forma indirecta na aferição das caracteristicas do produto e da sua utilização final.

Essa negativa indefinição foi, *vg.*, ilustrada, de forma paradigmática, na decisão "*Du Pont/ICI*", de 1992.[1464]Assim, num caso em que uma empresa pretendia transmitir a outra todas as suas actividades no sector industrial do 'nylon', a Comissão considerou os potenciais efeitos dessa transacção nos mercados dos têxteis, em geral, de aplicações industriais e de carpetes, tendo concluído que o impacto mais significativo da concentração ocorreria no mercado das fibras de 'nylon' para carpetes. Sendo necessário delimitar, com precisão, o mercado das fibras para carpetes, as empresas participantes na concentração alegaram que o mesmo deveria englobar vários tipos de fibras – incluindo, além do 'nylon', o polipropileno – vindo, contudo, a Comissão a decidir que o mercado do produto em causa incluiria, apenas, as fibras de 'nylon'.

O cerne da análise das possibilidades de substituição dos dois tipos de fibras consistiu na utilização final dos mesmos. Ora, a avaliação da Comissão sobre este ponto foi decisivamente influenciada pela consulta efectuada – *ex vi* do Artigo 11.º do RCC – aos fabricantes de carpetes, que manifestaram uma preferência pela utilização do nylon, para largas categorias de produtos finais, sem contemplarem seriamente outras alternativas. Em contrapartida as empresas participantes invocaram factores objec-

---

[1464] Cfr. decisão "*Du Pont/ICI*", de 30 de Setembro de 1992, proc n.º M/214 (in *Merger Control Reporter*, cit., *decision B 115.*).

Parte II – Capítulo 2 801

tivos, como as correlações de preços entre o 'nylon' e o propileno, que a Comissão preteriu, em função das preferências manifestadas pelos consumidores. Nesta situação duvidosa, em que não era clara a consideração das preferências dos consumidores, como elemento autónomo de apreciação ou como mero elemento indiciador da utilização final do produto, ter--se-ia justificado a realização de uma análise mais aprofundada em matéria de correlações de preços dos vários produtos em questão bem como em relação ao teste das possibilidades de substituição na perspectiva da oferta.

Importa também referir que noutros casos a Comissão tem ainda delineado como critério acessório para a delimitação do mercado do produto, o apuramento das condições de concorrência em determinados mercados em função da natureza da procura e das categorias específicas de consumidores presentes no mesmos, bem como da própria estrutura da oferta. Um caso paradigmático de aplicação do referido critério – cuja autonomização é questionável, devendo o mesmo, em nosso entender, ser meramente subsidiário em relação às análises de preços – foi o considerado na decisão "*Magneti-Marelli/CEAC*", de 1991.[1465] Nessa decisão, a Comissão aceitou a divisão do mercado de baterias de automóvel, conforme as mesmas constituissem um componente de origem dos veículos ou uma peça de substituição, tendo considerado nesse sentido, entre outros factores de apreciação, o grau de exigência superior dos consumidores no primeiro dos referidos mercados Todavia, pensamos que o factor decisivo para esta segmentação dos mercados continuaria a residir na determinação das práticas de preços relativas aos grupos de produtos em causa. Neste caso, importava verificar se as diferenças existentes entre os clientes potenciais de baterias de origem ou de substituição permitiam aos fornecedores do primeiro grupo de produtos fixar os respectivos preços, independentemente daqueles que fossem praticados relativamente ao segundo grupo de produtos.

4.2.1.5. *A necessidade de consolidação de uma metodologia de análise mais rigorosa em sede de delimitação do mercado do produto*

Em súmula, podemos considerar que não foi ainda consolidada uma metodologia analítica consistente de delimitação de mercados relevantes

---

[1465] Decisão "*Magneti Marelli/CEA*", de 18 de Maio de 1991, proc n.º IV/M043 (in *Merger Control Reporter*, cit., *decision B 23.*).

802   *Empresas comuns* – Joint Ventures

do produto após a adopção da Comunicação de 1997, o que é evidenciado de forma mais nítida em sede de controlo de concentrações – devido à frequência e intensidade com que essas análises são produzidas nesse domínio – mas é também patente no quadro da apreciação de empresas comuns não qualificáveis como concentrações em sede de aplicação do artigo 81.º CE. Admitimos, mesmo, que se justificaria uma revisão da referida Comunicação interpretativa, de modo a clarificar essa metodologia, consolidando a transição para novos modelos de análise. Alguns aspectos fundamentais deveriam constituir o objecto preferencial de tal clarificação. Desde logo, como já referimos, o peso atribuído ao *critério de substituição na perspectiva da oferta* deveria ser reforçado. Além disso, para a concretização deste critério justificar-se-ia aplicar, também, o teste referente à verificação de aumentos de preços reduzidos, mas significativos e de carácter não transitório (o que não é contemplado na Comunicação interpretativa de 1997).

Na realidade, embora pensemos que este teste se encontra primacialmente associado ao critério da susbtituição na perspectiva da procura, admitimos que o mesmo pode, ainda, com vantagem, ser aplicado no plano da oferta. Acresce que na Comunicação se estabelecem, em termos excessivamente indefinidos, as condições em que o *critério da substituição na perspectiva da oferta* pode conduzir a efeitos *"equivalentes"* aos inerentes à *substituição na perspectiva da procura* (e, como já referimos, pensamos que essa ambiguidade acaba por traduzir-se, na prática, numa indevida subalternização desse primeiro critério). Ao estabelecer como condições para essa suposta – e, em nosso entender, não efectiva – *"equivalência"*, a capacidade dos fornecedores para transferir a sua produção para os bens que se encontrem em causa e para os comercializar em prazo curto, *"sem incorrer em significativos custos adicionais ou riscos"*, em resposta a um reduzido mas permanente aumento de preços relativos, a Comissão introduziu uma margem de indefinição que prejudica a eficácia do critério em questão. Será sempre extremamente aleatória, com base nessa formulação, a ponderação da intensidade dos custos ou riscos experimentados pelos fornecedores.[1466]

[1466] Cfr. sobre os aspectos *supra* considerados o. ponto 20 da Comunicação de 1997, cit. Quanto à indefinição na ponderação dos aspectos em causa, que já aflorámos de passagem *supra*, cfr. SIMON BAKER, LAWRENCE WU, "Applying the Market Definition Guidelines of the European Commission", cit., esp. p. 277; cfr., igualmente, e no mesmo sentido, PETER CAMESASCA e ROGER VAN DEN BERGH. Cfr., nesse sentido, o estudo destes

Noutro plano, consideramos também menos correcta a opção de relegar, em princípio, o factor relativo à concorrência potencial para um estádio de análise ulterior à delimitação do mercado relevante, parecendo-se limitar a relevância de eventuais reacções de empresas concorrentes a uma perspectiva temporal de muito curto prazo (que não envolva ajustamentos significativos de activos, tangíveis ou intangíveis, existentes). Pensamos, pelo contrário, que se justificaria, para efeitos de definição de mercados, alguma ponderação de eventuais efeitos a curto prazo da pressão resultante da concorrência potencial – quando exista – os quais, em certas condições de mercado, podem influir na avaliação da rendibilidade de aumentos de preços por parte das empresas que operam num determinado sector.[1467]

Numa óptica mais geral, pensamos que se justificaria um outro passo de aproximação à metodologia utilizada em matéria de definição do mercado no ordenamento da concorrência norte-americano. Esse passo corresponderia a uma maior articulação entre os processos de definição do mercado relevante do produto e do mercado relevante geográfico. Embora não sustentemos uma transição imediata para a metodologia de definição simultânea desses dois planos – que é acolhida nas Orientações em matéria de concentrações do direito norte-americano – consideramos excessivamente rígida a metodologia comunitária de definição dos referidos planos em estádios de análise distintos e sucessivos. Tal prejudica a desejável interacção entre essas vertentes de análise e aumenta os riscos de defini-

---

As., "Achilles Uncovered: Revisiting the European Commission's 1997 Market Definition Notice", cit., p. 160.

[1467] Na realidade, as empresas que operam em determinado mercado incorporam nos seus processos decisórios relativos a aumentos de preços as prováveis reacções dos seus clientes, as quais podem envolver uma diminuição da procura na expectativa de uma resposta em prazo breve de outros produtores em face desses eventuais aumentos de preços. Tal prospectiva diminuição da procura, nas condições acima descritas, afectaria forçosamente a rendibilidade dos aumentos de preços, pelo que se justifica a ponderação do factor relativo à concorrência potencial já no estádio analítico de definição do mercado relevante. Pensamos, pois, ser questionável a opção seguida na Comunicação de 1997 em relação ao factor concorrência potencial, não nos parecendo igualmente convincente a posição sustentada por autores como KIRAN MEHTA que, acompanhando a posição da Comissão, sustentam a ponderação da concorrência potencial apenas para avaliar o poder de mercado das empresas, pressupondo uma prévia definição do mercado relevante (cfr. A. cit., *Market Definition – The Economics of Competition*, in *The EC Law of Competition*, Editors FAULL, NIKPAY, cit., p. 48.

ções de mercado excessivamente estreitas, visto que a ponderação global do potencial de substituição em termos de procura e de oferta, quer no plano dos produtos, quer no plano geográfico pode permitir a identificação de efeitos de substituição mais amplos.

O cruzamento imediato de comportamentos previsíveis de diferentes grupos de consumidores nesses dois planos, e de diversas séries de correlações de preços pode, na verdade, em termos globais permitir a identificação de nexos de substituição que passariam desapercebidos em análises autónomas dos referidos planos.[1468] Acresce que a agravar os problemas resultantes desse modelo analítico de tratamento em estádios distintos e sucessivos das questões referentes à delimitação do mercado do produto e do mercado geográfico se encontra ainda o facto de a Comunicação de 1997 contemplar critérios gerais de análise não coincidentes para esses dois planos, bem como elementos indiciários distintos para a concretização desses critérios, como observaremos, de seguida, na referência muito sumária que fazemos à delimitação do mercado relevante geográfico.

4.3. A DEFINIÇÃO DO MERCADO GEOGRÁFICO RELEVANTE

4.3.1. Aspectos gerais

No que respeita à delimitação do mercado relevante geográfico, a Comunicação de 1997 baseia-se ainda no parâmetro tradicional referente à definição de espaços em que certos produtos sejam comercializados e nos quais "*as condições de concorrência sejam suficientemente homogéneas*" (de acordo com a formulação delineada desde a jurisprudência "*Continental Can*", cit.). Na realidade, a apreciação da parte de mercado

---

[1468] Sobre as vantagens do cruzamento dos planos analíticos do produto e geográfico, de modo a evitar definições de mercado demasiado estreitas e as distorções de análise daí decorrentes, cfr., por todos, ROBERT WILLIG, "Merger Analysis, Industrial Theory, and Merger Guidelines", in Brookings Papers Economic Activity, Microeconomics, 1991, pp. 281 ss. Essa vantagem resulta sobretudo do facto de o potencial global de substituição na perspectiva da procura, abrangendo quer outros produtos, quer outras áreas geográficas ser mais vasto do que o potencial resultante da ponderação isolada de cada uma dessas duas dimensões.

das empresas envolvidas numa operação de concentração (ou, em sentido mais lato, do seu poder de mercado) obriga à determinação geral das concorrentes actuais ou potenciais das mesmas e do espaço geográfico em que estas se integram.

Tal como se verifica relativamente ao mercado relevante do produto, não foram enunciados no RCC quaisquer critérios utilizáveis na delimitação do mercado relevante geográfico, tendo sido apenas delineadas algumas orientações, nesta matéria, no *"Formulário CO"* (referente à organização de notificações) aprovado pela Comissão, as quais incidiam fundamentalmente nas características dos produtos em causa (em rigor, não eram, contudo, definidos de modo suficientemente preciso indicadores económicos fundamentais). Na Comunicação de 1997, a Comissão veio enunciar um conjunto de factores essenciais com vista a concretizar o critério director básico relativo à existência de *condições de concorrência suficientemente homogéneas*, compreendendo a identidade e as quotas de mercados dos fornecedores em diferentes áreas geográficas, a natureza das suas relações com os consumidores e as preferências destes, os canais de distribuição existentes para utilizadores finais, o padrão de fluxos de comércio entre determinadas áreas geográficas, e ainda certas características dos mercados como os preços e tendências detectáveis na procura.[1469]

4.3.2. A "homogeneidade" das condições de concorrência em determinadas áreas geográficas

Em termos gerais, considerando a enunciação desses critérios na referida Comunicação e a *praxis* decisória da Comissão, anterior ou ulterior à mesma Comunicação, pensamos que não têm sido definidas técnicas de análise que permitam testar com maior rigor e objectividade o verdadeiro significado material da existência de condições especiais de con-

---

[1469] Sobre esses factores de concretização do critério fundamental relativo à *existência de condições de concorrência suficientemente homogéneas*, salientando a necessidade da sua ponderação conjunta e a insuficiência da verificação de elevados níveis de correlações de preços entre determinadas áreas geográficas, para estabelecer a sua inclusão num único mercado geográfico, cfr., em especial, a análise desenvolvida na decisão da Comissão *"Mannesmann/Vallourec/Ilva"*, já cit, ou na decisão *"Danish Crown/Vestjyske Slagterier"*, de 2000 (proc n.º IV/M1313).

806   *Empresas comuns* – Joint Ventures

corrência em certas áreas ("*não homogéneas*" com as verificadas noutras áreas) – *maxime* apurando se as mesmas se devem à existência de barreiras efectivas importantes à entrada nos mercados que se encontrem em causa.

Além disso, verifica-se uma indefinição relativamente ao grau de diversidade das condições de concorrência entre espaços regionais e nacionais, que poderá justificar a sua segmentação como mercados geográficos distintos. Na realidade, considerando o actual estádio do processo de realização e consolidação do mercado interno será possível em múltiplas situações, detectar algumas diferenças mais ou menos significativas nas condições de concorrência existentes no território de cada Estado Membro.

Ora, nem todas essas diferenças serão suficientemente importantes – numa perspectiva material – para determinar a identificação de mercados geográficos relevantes correspondentes aos mercados nacionais dos Estados Membros. De resto, a análise económica do funcionamento dos mercados demonstra, mesmo numa perspectiva empírica, que graus reduzidos de penetração efectiva de empresas de Estados terceiros em mercados nacionais, mediante o estabelecimento de filiais ou a realização de exportações, podem, não obstante, traduzir uma suficiente pressão concorrencial sobre os produtores domésticos, desde que não existam barreiras significativas à entrada no mercado em causa

Importa reconhecer, é certo, que a progressiva consolidação do programa juridico-económico do mercado interno não elimina certas dificuldades particulares na delimitação dos mercados geográficos relacionadas com a correcta percepção da dinâmica de integração. Com efeito, a eliminação de entraves indirectos de diversos tipos à unidade de mercado não conduz de imediato à harmonização das condições de concorrência – traduzida designadamente na ausência de disparidades significativas entre os preços em cada área geográfica – nos diversos mercados nacionais, os quais, pelo menos em certos sectores empresariais, permaneceram claramente segmentados ao longo de períodos muito dilatados.[1470]

Deste modo, a Comissão deverá ter em conta, numa perspectiva de realismo económico, as diferenças que subsistem entre as condições de concorrência em diversos mercados nacionais, não antecipando "*adminis-*

[1470] Cfr. para uma perspectiva económica sobre este problema da manutenção de graus diversos de segmentação dos mercado nacionais depois de formalmente concluído o programa do mercado interno, D. RIDYARD, "An Economic Perspective on the EC Merger Regulation", in ECLR, 1990, pp. 247 e ss..

Parte II – Capítulo 2 807

trativamente" efeitos materiais de unificação dos mesmos que apenas se produzirão ao longo de períodos de tempo mais longos.[1471] Em contrapartida, deverá igualmente assegurar um difícil equilíbrio na ponderação dos aspectos estáticos e dinâmicos da análise de mercado. Essa ponderação deverá levar a Comissão a considerar as evoluções previsíveis – numa perspectiva de curto prazo – das condições de concorrência nos mercados nacionais. Contudo, essa conjugação de elementos estáticos e dinâmicos nem sempre tem produzido resultados claros nas decisões da Comissão.[1472]

4.3.3. As análises de preços no âmbito dos processos de delimitação de mercados relevantes

O factor correspondente aos preços praticados em diversas áreas geográficas e a análise comparativa de diferenças entre esses preços constitui um elemento de apreciação essencial e que é formalmente reconhecido como tal pela Comissão. Todavia, na prática, a Comissão não tem utilizado de forma sistemática e aprofundada este parâmetro de análise, concedendo-lhe menos importância do que no plano da delimitação do mercado do produto. Além disso, a Comissão tende ainda a considerar com alguma reserva os resultados da análise de correlações de preços. Concede-lhes fundamentalmente relevância pela negativa, admitindo que um fraco coeficiente de correlação de preços tende a indiciar a existência de mercados geográficos distintos. Em contrapartida, não reconhece que a situação inversa, traduzida num grau relativamente intenso de correlação de preços entre certas áreas, permita *a se* identificar um mercado geográfico autónomo, balizado por condições de concorrência suficientemente homogéneas, a menos que tal seja confirmado através de outros factores como a interpenetração de bens oriundos de diferentes áreas geográficas e a existência de estruturas de oferta e de procura semelhantes nessas áreas.[1473]

[1471] Cfr., destacando em termos peremptórios este aspecto, LEON BRITTAN, *European Competition Policy*, cit., pp. 21 e ss..

[1472] Entre outros casos, a decisão "*Alcatel/Telettra*", cit., de 1991, ilustra de forma exemplar essas dificuldades.

[1473] Cfr. nesse sentido, o "*Vigésimo Terceiro Relatório sobre Política de Concorrência*", ponto 291. Essa posição resulta também de vários precedentes relevantes na

808 *Empresas comuns* – Joint Ventures

Sem prejuízo da potencial relevância de tais factores complementares, entendemos que o parâmetro correspondente às reacções previsíveis – *maxime* de consumidores – a variações de preços deveria ser assumido como a base do modelo analítico para a delimitação do mercado relevante geográfico, seguindo um processo tanto quanto possível paralelo em relação ao observado em matéria de delimitação do mercado do produto. Acresce que, se numa perspectiva histórica se pode compreender, em tese geral, a opção hermenêutica por um tratamento analítico completamente autonomizado das questões de delimitação de mercados geográficos e de mercados do produto, devido à atenção específica que deveria ser concedida a aspectos fluidos da dinâmica de integração comunitária, pensamos que a transição para um novo patamar de consolidação desse processo de integração permitiria já uma superior interacção entre essas dimensões da delimitação de mercados relevantes (num quadro de relativa aproximação – embora não de total coincidência – com o modelo analítico de definição dos mercados adoptado no ordenamento norte-americano de concorrência).[1474]

A coordenada fundamental para orientar quer a delimitação do mercado do produto, quer a delimitação do mercado geográfico deveria corresponder à avaliação da possibilidade de as empresas cuja actuação se encontre em causa procederem a aumentos significativos e relativamente duradouros de preços, em virtude de os consumidores não disporem de alternativas de substituição, referentes a outros bens ou a outras áreas geográficas de fornecimento dos bens. Remeter para uma função secundária as análises de preços, e circunscrever a delimitação de mercado a factores relativos a outras condições de concorrência (*vg.*, identidade de empresas concorrentes e respectivas quotas de mercado, ou interpenetrações de fluxos de bens), essencialmente aferidas com base em situações passadas, pode conduzir à mera percepção lacunar de algumas consequências

---

praxis decisória da Comissão. Cfr., para além dos dois precedentes já referidos em notas antecedentes, a decisão *"Totalfina/Elf"* (proc n.º COMP/M1628), de 2001, ou a decisão *"BASF/Eurodial/Pantochim"* (proc n.º COMP/M2314), de 2002.

[1474] Sobre as condicionantes do peso específico da dimensão de integração no ordenamento comunitário de concorrência e sobre a transição para um novo estádio evolutivo desse ordenamento no quadro do qual essas condicionantes não apresentam o mesmo peso, cfr. os aspectos de avaliação jusconcorrencial substantiva das empresas comuns analisados na **Parte III**, bem como o balanço crítico global desenvolvido na **Parte IV**.

Parte II – Capítulo 2

aparentes (e estáticas) de diferenciações entre os mercados, mas à não detecção das dinâmicas que determinam a efectiva delimitação dos mercados.[1475]

4.3.4. Factores complementares de análise

No que respeita a factores complementares de análise, um dos mais importantes, corresponderá, certamente, às diferenças entre imposições regulamentares nacionais aplicáveis a certos sectores de actividade. Este factor foi, *v.g.*, expressamente considerado – e em termos correctos, segundo cremos – nas decisões *"AG/Amev"*, de 1990, ou *"Sanofi/Sterling Drug"*, de 1991.[1476]

Embora se possa considerar que os progressos da harmonização comunitária de regulamentações nacionais determinarão uma perda progressiva de relevância deste factor para a delimitação de mercados geográficos, não é possivel excluir, globalmente, a aplicação do mesmo no futuro.

Outro factor importante a considerar está relacionado com a estrutura da oferta. Na verdade, apesar da inexistência de entraves regulamentares poderá não ocorrer um grau apreciável de interpenetração entre mercados nacionais, devido à falta de redes transnacionais de distribuição e comercialização de determinados produtos (sendo necessário numa análise rigorosa, determinar os custos e o tempo exigíveis para a implantação efectiva dessas estruturas).

Não podemos ainda excluir, como factor complementar de delimitação do mercado geográfico relevante – embora discordemos do peso

---

[1475] Na análise conducente à delimitação do mercado relevante deve estar já presente uma significativa dimensão de ponderação do poder de mercado das empresas, a qual não pode ser tida, de forma relativamente estanque como uma questão a avaliar num estádio analítico posterior a tal definição do mercado. Ora, nessa ponderação do poder de mercado, as análises de preços, designadamente através da utilização de várias técnicas econométricas, constituem um elemento indispensável. É, nesse sentido, que consideramos fundamental enfatizar a importância decisiva dessas análises de preços, em detrimento de outros critérios de análise, maxime os respeitantes a características dos produtos. Sobre esta matéria, cfr. KIRAN DESAI, "The European Commission's Draft Notice on Market Definition: A Brief Guide to the Economics", in ECLR, 1997, pp. 473 ss..

[1476] Cfr. decisão *"AG/Amev"*, de 1990 (proc IV/M018, in *Merger Control Reporter*, cit., *decision B2.*) e *"Sanofi/Sterling Drug"*, de 1991, já cit.

excessivo que a Comissão lhe tem atribuído – o conjunto de preferências dos consumidores. A fidelização a determinadas marcas – sobretudo marcas nacionais, mais conhecidas pelos consumidores de determinados Estados – é um fenómeno natural, tendo em conta que a abertura dos mercados nacionais se verificou recentemente em certos sectores. Assim, apesar das potencialidades de substituição por outros bens oferecidos por empresas de outros Estados, em muitos casos a modificação efectiva das preferências dos consumidores será um processo paulatino, salvo se se verificarem diferenças de preços muito significativas.[1477]

Consideramos, contudo, que este teste relativo à preferência dos consumidores deverá ter uma função residual na análise económica conducente à delimitação do mercado relevante geográfico devendo ser conjugado com o critério primacial relativo a correlações de preços em várias áreas geográficas.

Importa, finalmente, destacar que subsistem outros aspectos económicos que contribuem para a segmentação de mercados geográficos mais estreitos e cuja influência perdurará, independentemente dos progressos registados na unificação material do mercado comunitário, *maxime*, os respeitantes aos custos de transporte de determinados produtos (este factor pode, inclusivamente, determinar a identificação de diversos mercados regionais distintos no interior do território dos Estados Membros, como se verificou na decisão *"Continental Can/Viag"*).[1478]

4.3.5. Flutuações nos critérios de delimitação de mercados geográficos

Em termos gerais, é possível verificar que, ao longo de uma primeira fase de aplicação do RCC – e, ao longo do mesmo período, no que respeita à aplicação do artigo 85.º TCE a empresas comuns não qualificáveis como concentrações – a Comissão tendeu a circunscrever, numa parte significativa das suas decisões o mercado geográfico relevante a um ou mais mercados nacionais.

Em contrapartida, na sua prática decisória mais recente tem, progressivamente, vindo a mostrar maior receptividade à definição de merca-

---

[1477] Cf. no mesmo sentido, C. JONES, E. GONZÁLEZ-DIAZ, *The EEC Merger Regulation*, cit., pp. 122 e ss..

[1478] Cfr. decisão *"Continental Can/Viag"*, já cit.

dos com dimensão comunitária. Embora seja lógico esperar um aprofundamento desta tendência para a definição de mercados geográficos mais latos, devido à possível consolidação material da unidade do mercado comunitário, esta análise é consideravelmente, dificultada pelo facto de em numerosos casos a Comissão não realizar análises de mercado desenvolvidas devido a apreciações liminares dos efeitos sobre a concorrência de determinadas concentrações (são numerosas as decisões em que a Comissão omite uma delimitação precisa do mercado geográfico relevante, por considerar que na definição mais estreita possível não seriam detectáveis entraves significativos à concorrência efectiva).[1479]

[1479] Essa propensão para omitir definições mais precisas do mercado geográfico relevante por considerar que, em qualquer cenário, não seriam configuráveis problemas apreciáveis de afectação da concorrência, verifica-se não apenas no quadro da prática decisória da Comissão referente ao RCC, mas também em decisões relativas a empresas comuns em sede de aplicação do artigo 85.º TCE (artigo 81.º CE) e corresponde a um aspecto negativo, visto não contribuir para a consolidação de padrões analíticos neste domínio fundamental (especialmente se tivermos em conta que, num período posterior à realização do mercado interno se imporia tal consolidação de novas perspectivas analíticas de delimitação dos mercados geográficos). Em particular, em certos sectores económicos que, tradicionalmente, se encontravam segmentados por limiares nacionais, seria importante apreender e estabilizar processos de análise que pudessem confirmar o gradual reconhecimento de mercados geográficos mais amplos no quadro da UE. O sector financeiro é um exemplo paradigmático disso, sendo possível considerar diversos mercados do produto, no seu âmbito, que tenderão a conhecer delimitações geográficas mais alargadas e não necessariamente confinadas a mercados nacionais. Sobre este caso paradigmático do sector financeiro no que respeita ao especial dinamismo e mobilidade dos critérios de delimitação de mercados geográficos, cfr. LAWRENCE RADECKI, "Competition in Shifting Product and Geographic Markets", in AB, 2000, pp. 571 ss.. Cfr., igualmente, sobre a mesma matéria, DEAN AMEL, TIMOTHY HANNAN, "Defining Banking Markets According to Principles Recommended in the Merger Guidelines", in AB, 200, pp. 615 ss.. Não obstante as especificidades do sistema financeiro norte-americano, por comparação com o sistema comunitário, a verificação nesses estudos de diversos elementos que contribuem para definições mais latas de mercados (do produto e geográficas) no sector financeiro é aplicável *mutatis mutandis* no plano comunitário. Como é evidente, delimitações do mercado com carácter relativamente elíptico, baseadas em pressupostos discutíveis sobre a irrelevância de vários cenários hipotéticos alternativos para as condições de concorrência não são de molde a permitir a gradual transformação de metodologias de análise que se impõe, maxime em sectores como o financeiro sujeitos a profundas mutações nas organizações e enquadramento dos respectivos mercados.

812 _Empresas comuns_ – Joint Ventures

4.4. CONSIDERAÇÕES FINAIS

Como tivemos ensejo de expor, apesar de algumas orientações doutrinais mais recentes – sobretudo no âmbito do direito da concorrência norte-americano – terem vindo questionar a relevância desta etapa de análise correspondente à delimitação do mercado relevante, admitindo outras formas ou processos para avaliar, directamente, o poder de mercado das empresas e considerando até, em formulações mais extremadas, que a análise de eventuais restrições da concorrência não deveria estar primacialmente orientada para o poder de mercado das empresas,[1480] pensamos que essa definição dos mercados corresponde, ainda, a um elemento fundamental para os processos de avaliação de empresas comuns (e, em geral, para a aplicação de normas comunitárias de concorrência).

Na realidade, o modelo global de apreciação de empresas comuns que procuramos delinear – nos termos expostos na **Parte III** da presente dissertação, versando a avaliação dos efeitos substantivos das empresas comuns – integra como parâmetro essencial a ponderação das quotas de mercado das empresas envolvidas, com base numa prévia delimitação de mercados relevantes, e pressupõe também, em geral, tal identificação dos mercados afectados pelos processos de cooperação que se encontrem em causa.[1481]

De qualquer modo, sem prejuízo dessa orientação fundamental que perfilhamos, reconhecemos que, em certas situações relativamente excepcionais, o binómio de análise quota de mercado-definição do mercado relevante pode ter funções limitadas, sendo necessário, então, encontrar instrumentos analíticos alternativos. Pensamos, sobretudo, em situações relacionadas com o funcionamento de mercados de produtos diferenciados. Essas situações têm sido destacadas por autores como RICHARD

[1480] No balanço crítico que fazemos de alguns corolários da análise das empresas comuns _(infra,_ **Parte IV**), referiremos essas formulações teóricas mais extremadas – algumas das quais originadas em algumas correntes da Escola de Chicago – segundo as quais a análise de eventuais restrições da concorrência não deveria estar primacialmente orientada para o poder de mercado das empresas.

[1481] Cfr. _infra,_ **Parte III**. Como já se referiu, nessa parte nuclear do nosso estudo, não analisaremos _ex professo_ estas questões de definição do mercado – as quais não integram o objecto fundamental da nossa investigação – remetendo para as considerações ora formuladas no presente capítulo.

Parte II – Capítulo 2   813

SCHMALENSEE,[1482] que consideram a existência de um conjunto apreciável de produtos diferenciados, relacionados com a actuação das empresas que se encontrem em causa, como um factor impeditivo da utilização do critério da quota de mercado para avaliar o poder de mercado dessas empresas. É certo que as particularidades do funcionamento de mercados de produtos diferenciados[1483] podem conduzir a situações em que a realização de concentrações, ou a constituição de empresas comuns originem um potencial apreciável de aumento de preços por parte das empresas envolvidas, mesmo que estas apenas disponham de quotas de mercado de reduzida expressão. Todavia, consideramos excessiva a posição de SCHMALENSEE sobre esta matéria e pensamos que esse tipo de limitações de análise só se verificará em situações muito excepcionais, caracterizadas por elementos muito pronunciados de diferenciação dos bens (e, pelo menos com essa especial intensidade dos caracteres de diferenciação dos bens, pouco comuns na maior parte das situações de mercado).

[1482] Cfr. RICHARD SCHMALENSEE, "Another Look at Market Power", in Harv L R, 95, 1982, pp. 1780 ss. Pela nossa parte, não consideramos que a metodologia baseada na *análise da quota de mercado-definição do mercado relevante* deva ser completamente postergada em relação a produtos diferenciados, mas aceitamos que, nesses casos, tais métodos carecem de ser complementados com outros processos de análise sob pena de se revelarem muito falíveis. Também admitimos que os casos correspondentes a reais produtos diferenciados não serão tão numerosos, nem, sobretudo, tão intensos quanto é sugerido por algumas correntes doutrinárias. De qualquer modo, em particular no ordenamento norte-americano têm sido desenvolvidos modelos de análise especificamente dirigidos à compreensão das condições de concorrência em mercados de produtos diferenciados, baseados em processos econométricos tendentes à detecção de tendências fundamentais em relação a preços e quantidades de produtos oferecidas em certos mercados. Sobre esses modelos analíticos, muito tributários de técnicas econométricas de análises de preços, cfr. CARL DAVIDSON, RAYMOND DENECKERE, "Horizontal Mergers and Collusive Behaviour", in International Journal of Industrial Organization, 1984, pp. 117 ss.. Em nosso entender, contudo, esses modelos analíticos não devem ser considerados como uma alternativa absoluta dos processos de análise tributários da ponderação do poder de mercado e das partes de mercado das empresas. Para uma avaliação deste tipo de problemas no plano comunitário, cfr. SIMON BAKER, ANDREA COSCELLI, "The Role of Market Shares in Differentiated Product Markets", in ECLR, 1999, pp. 412 ss..

[1483] Sobre o conceito de *produtos diferenciados*, ou *não homogéneos*, em função de múltiplos factores, como as próprias *características, a se, dos produtos* – resultantes de marcas, utilizações muito específicas para certos destinatários, *etc.* – ou os *modos de comercialização dos produtos* – *vg.*, canais específicos de distribuição, existência de nichos particulares de clientela – cfr. JAMES KEYTE, "Market Definition and Differentiated Products: The Need for a Workable Standard", in ALJ, 1995, pp. 701 ss..

Essa relativa excepcionalidade leva-nos a considerar que as mesmas limitações de análise não são suficientes para questionar, em termos globais, a relevância dos procedimentos de delimitação de mercados relevantes. Apenas reconhecemos que nesse tipo de casos, os processos analíticos de definição dos mercados devem ser conjugados com outros factores de análise, *maxime* com recurso a técnicas econométricas dirigidas à avaliação de elasticidade da procura em função das variações de preços (elasticidade própria ou elasticidade cruzada com outros bens), ou à ponderação de outros elementos de comercialização que indiciem a possibilidade de as empresas aumentarem preços sem tomarem em consideração as reacções dos competidores.

Tais técnicas econométricas de avaliação do poder de mercado, independentemente das quotas de mercado, e referentes aos efeitos negativos sobre o bem estar emergentes da redução de empresas concorrentes em mercados de produtos diferenciados, têm sido desenvolvidas, em especial, no quadro da apreciação de operações de concentração,[1484] mas são também aplicáveis, segundo cremos, para a apreciação da generalidade das empresas comuns.

Importa, de resto, salientar que diversos modelos econométricos desse tipo, assentes nas elasticidades da procura, tomam ainda por referência algumas delimitações gerais de mercados, apenas não sendo exigível para a respectiva concretização a realização de definições de mercado mais precisas (como aquelas que são necessárias para o cálculo e ponderação de quotas de mercado de empresas envolvidas em processos de constituição e funcionamento de empresas comuns).

Contudo, esta relativa *"desconsideração"* do critério da quota de mercado – e, concomitantemente, dos processos de delimitação de mer-

---

[1484] Sobre o desenvolvimento desses processos de análise, cfr. o estudo já cit. de CARL DAVIDSON, RAYMOND DENECKERE, "Horizontal Mergers and Collusive Behaviour". Já tivemos ensejo de referir que não partilhamos as visões doutrinárias mais extremadas que concebem esses processos de análise como uma verdadeira alternativa, em termos absolutos, a critérios de análise baseados em delimitações de mercados relevantes. Pensamos que o tipo de simulações econométricas que se podem fazer para cenários resultantes da criação de empresas comuns ou da realização de concentrações entre empresas que operem em sectores económicos com bens diferenciados não deve abstrair por completo de determinados limiares de delimitação de mercados, mesmo que conferindo um carácter flexível ou fluido a esses limiares. Cfr. sobre esta matéria, PHILIP CROOKE, LUKE M. FROEB, STEVEN TSCHANTZ, GREGORY WERDEN, "Effects of Assumed Demand Form on Simulated Postmerger Equilibria", in Rev Ind O., 1999, pp. 205 ss..

Parte II – Capítulo 2

cados relevantes, pressupostos pelo mesmo – e a sua conjugação ou tendencial substituição por determinadas técnicas econométricas de análise só deverão ocorrer, segundo cremos, em situações de especial intensidade do carácter não homogéneo dos produtos que se encontrem em causa. O papel alternativo dessas técnicas econométricas – dirigidas à apreensão de elasticidades de preços – tem sido progressivamente reconhecido na jurisprudência de tribunais norte-americanos, com destaque para o importante precedente no caso *"Eastamn Kodack"*,[1485] mas, pela nossa parte, não consideramos que as mesmas devam, enquanto tais, substituir os critérios analíticos referentes a quotas de mercado e à prévia definição de mercados relevantes. Reconhecemos, tão só, um papel complementar (ou corrector) a essas técnicas que não permitirá, em regra, dispensar o estádio analítico de delimitação de mercados relevantes.[1486] De resto, no âmbito do próprio ordenamento norte-americano a última revisão das Orientações em matéria de concentrações, de 1997, manteve um modelo geral de análise que assume como ponto de partida aspectos relacionados com partes de mercado – pressupondo a prévia delimitação de mercados relevantes – e contemplando, tão só, em paralelo, elementos correctores, ou de ajustamento, referentes a elementos analíticos de tipo diverso.

Noutra perspectiva, rejeitamos por completo as teses de autores como, *vg.*, RICHARD MARKOVITS que sustentam uma suposta impossibilidade intrínseca de realizar delimitações de mercados relevantes sem carác-

---

[1485] Cfr. este caso *"Eastamn Kodack"*, que constitui também, como adiante observaremos, um precedente de referência também quanto a outras dimensões de análise jusconcorrencial [*"United States v. Eastman Kodack Co., 853 F. Supp. 1454"* (W.D.N.Y. 1994)]. A função complementar que atribuímos a certas técnicas econométricas de análise de preços é exemplarmente ilustrada neste precedente. Assim, o tribunal, apesar de apurar quotas de mercado de 67% ou de 75% para a empresa que se encontrava em causa (de acordo com diferentes critérios de cálculo da quota de mercado), acabou por verificar, baseando-se numa análise econométrica dos preços (assente em séries de dados estatísticos sobre o comportamento de adquirentes de direitos de filmes – mercado aí em questão), a existência de uma elevada sensibilidade às variações de preços, que era de molde a excluir a detenção de poder de mercado significativo por parte da empresa visada.

[1486] Cfr., ainda, sobre o papel de quotas de mercado e de definições de mercado em mercados de *produtos diferenciados*, SIMON BAKER, ANDREA COSCELLI, "The Role of Market Shares in Differentiated Product Markets", in ECLR, 1999, pp., 412 ss. Sobre técnicas de análise alternativas, cfr. STEVEN BERRY, ARIEL PAKES, "Some Applications of Recent Advances in Empirical Industrial Organization. Merger Analysis", in Am Econ Rev., 1993, pp. 247 ss..

ter aleatório.[1487] Pelo contrário, entendemos que os processos analíticos de definição dos mercados suscitam dificuldades consideráveis, devendo ser progressivamente aprofundados com recurso – nos termos que expusemos – a mais técnicas econométricas e podendo, inegavelmente, conhecer algumas indefinições, mas não devem ser qualificados, de forma global, como processos de análise falaciosos.

Entre outros aspectos, MARKOVITS sustenta uma impossibilidade de estabelecer de modo não aleatório, com base em critérios e dados empíricos, os montantes mínimos de vendas que devem ser realizadas a determinados grupos de compradores em cada conjunto de produtos de substituição, em resposta à variação de factores como o preço, de modo a situar esses produtos numa certa delimitação de mercado. Essas objecções afiguram-se-nos algo especiosas e, em última análise, poderiam colocar em crise não apenas a delimitação de mercados, mas a própria utilização, em geral, de quaisquer processos econométricos para avaliar a produção de efeitos de múltiplas transacções ou comportamentos sobre processos de concorrência, visto que tais processos, forçosamente, só podem identificar tendências de relacionamento entre vários factores, sendo necessário escolher, de acordo com parâmetros de razoabilidade económica – conquanto falíveis – certos patamares quantitativos como elementos indicativos.

Além disso, não aceitamos também o argumento de MARKOVITS no sentido de que os processos de definição do mercado corresponderiam a uma distorção analítica, visto serem supostamente fundados em dados económicos que apresentariam *a se* maior potencial explicativo de efeitos sobre a concorrência do que as delimitações de mercado que permitiriam construir. Assim, verificar-se-ia uma dupla desvantagem analítica porque esses processos de delimitação de mercado, por um lado, aumentariam desnecessariamente o custo e a extensão das avaliações de repercussões de variadas situações sobre a concorrência e, por outro lado, dimuiriam o poder de análise e explicativo dos próprios elementos económicos em que se baseava a sua construção. Uma vez mais consideramos que, pelo contrário, o que está em causa é carrear, desde logo, para os processos de delimitação de mercados relevantes múltiplos parâmetros económicos significativos, para além do critério da substituição na perspectiva da procura (*vg.*, como já se observou, o critério relativo à concorrência poten-

---

[1487] Cfr. RICHARD MARKOVITS, "On the Inevitable Arbitrariness of Market Definitions", in AB, 2002, pp. 571 ss..

Parte II – Capítulo 2 817

cial), em vez de os remeter apenas – com risco de estabelecimento de definições de mercado demasiado estreitas – para o plano de análise de efeitos sobre a concorrência.

Finalmente, noutro plano, dificuldades analíticas de tipo diverso podem colocar-se para a delimitação de mercados relevantes afectados por certas transacções, *maxime* no que respeita à constituição e funcionamento de determinadas subcategorias de empresas comuns que não desempenham todas as funções de uma entidade económica autónoma. Como se observará especificamente na **Parte III** desta dissertação, a própria natureza dessas empresas comuns que não se encontram presentes em mercados de bens finais dificulta a delimitação dos mercados que possam considerar-se afectados pelas mesmas,[1488] a qual, na realidade, tomará por referência, em muitos casos, os mercados das empresas-mãe (configurando-se problemas ainda mais particulares no que respeita a empresas comuns de investigação e desenvolvimento).[1489]

[1488] O facto de essa subcategoria de empresas comuns desempenhar, tipicamente, funções auxiliares em relação às respectivas empresas fundadoras dificulta, em particular, a identificação dos mercados relevantes, pois podem estar em causa, quer os bens finais comercializados por essas empresas fundadoras, quer mercados de bens intermédios. Essas dificuldades são, ainda, agravadas, como já observámos, em determinados sectores económicos, como sucede, *vg.*, no sector financeiro, atrás referido.

[1489] Cfr. Comunicação de 2001, cit., ponto 43. No que respeita a mercados tipicamente afectados por empresas comuns de investigação e desenvolvimento, e como observaremos, a Comissão refere nesta Comunicação *mercados de produto existentes* e *mercados de inovação* – em termos que nos merecem algumas reservas (*maxime*, no que respeita a este último conceito; cfr., *infra*, capítulo terceiro – esp. pontos 2.3.1. a 2.3.4. – da **Parte III**).

PARTE III

A APRECIAÇÃO MATERIAL
DAS EMPRESAS COMUNS NO DIREITO
COMUNITÁRIO DA CONCORRÊNCIA

CAPÍTULO 1

CONTRIBUTO PARA UM MODELO GERAL DE ANÁLISE DAS EMPRESAS COMUNS NO DIREITO DA CONCORRÊNCIA

SUMÁRIO: **1. – A apreciação material das empresas comuns – perspectiva geral.** 1.1. – Aspectos introdutórios. 1.2. – Os testes jurídicos fundamentais para a avaliação das empresas comuns. 1.3. – A primeira vertente fundamental de análise de efeitos das empresas comuns. 1.4. – A segunda vertente fundamental de análise de efeitos das empresas comuns. 1.5. – O tratamento de situações de titularidade conjunta de empresas. 1.6. – Razão de ordem. **2. – Os principais elementos do modelo de análise de empresas comuns proposto.** 2.1. – Aspectos gerais. 2.2. – Primeiro estádio de análise das empresas comuns – as situações normalmente permitidas. 2.3. – Primeiro estádio de análise das empresas comuns – as situações normalmente proibidas. 2.4. – Estádios de análise das empresas comuns – as situações que podem ser proibidas à luz do n.º 1 do artigo 81.º CE. *2.4.1. – Aspectos introdutórios. 2.4.2. – O segundo estádio de análise das empresas comuns. 2.4.3. – O terceiro estádio de análise das empresas comuns. 2.4.3.1. – Os* elementos fundamentais do terceiro estádio de análise das empresas comuns. 2.4.3.2. – Principais tipos funcionais de empresas comuns e riscos de afectação da concorrência associados aos mesmos. 2.4.3.3. – A ponderação dos riscos de exclusão de empresas concorrentes. *2.4.4. – Estádios complementares de análise das empresas comuns – o critério analítico relativo aos tipos de relações entre mercados das empresas-mãe e das empresas comuns.* 2.4.4.1. – Os tipos de relações económicas entre as empresas comuns e as empresas-mãe. 2.4.4.2. – Tipos

de relações entre mercados de empresas comuns e de empresas-
-mãe e intensidade variável dos riscos de afectação da
concorrência. *2.4.5. – Outros elementos complementares de
análise.* 2.4.5.1. – Perspectiva geral. 2.4.5.2. – Factores complementares de análise de índole predominantemente estrutural.
2.4.5.3. – Elementos residuais de análise. *2.4.6. – Condições ou
obrigações impostas a empresas participantes em empresas
comuns.*

1. A apreciação material das empresas comuns – perspectiva geral

1.1. ASPECTOS INTRODUTÓRIOS

Uma vez delimitada a categoria jurídica da empresa comum no direito da concorrência, em geral, e no direito comunitário da concorrência – do qual nos ocupamos em especial – e tendo-se equacionado igualmente o enquadramento sistemático dessa categoria num plano *de iure condito* neste último ordenamento, importa proceder à análise geral dos efeitos materiais das empresas comuns sobre a concorrência.

Esta apreciação material das empresas comuns em sede de direito comunitário da concorrência constitui, iniludivelmente, a área central do estudo que empreendemos e reveste-se de decisiva importância para a compreensão global deste domínio da regulação de concorrência e da referida categoria da empresa comum que se encontra na sua base.

Como já pudemos salientar, a construção jurídica nesse domínio, e a definição de quadros dogmáticos minimamente estáveis de regulação dos efeitos emergentes das empresas comuns deparam com especiais dificuldades, resultantes, quer do problema prévio da própria indefinição do conceito de empresa comum, em direito da concorrência,[1490] quer da

---

[1490] Este problema fundamental da indefinição do conceito de empresa comum em sede de direito da concorrência foi extensamente tratado no capítulo segundo da **Parte I** desta dissertação, sendo, desde logo, enfatizado que o mesmo afecta toda a análise jusconcorrencial das empresas comuns, quer no ordenamento comunitário, de que nos ocupamos, quer no ordenamento norte-americano. Importa reafirmar, tomando em consideração essa análise antecedente, que o pressuposto dogmático do nosso estudo do tratamento das empresas comuns no direito comunitário da concorrência (e, reflexamente, por razões que já explicámos, nos ordenamentos da concorrência dos Estados Membros, incluindo, bem

824 *Empresas comuns* – Joint Ventures

ausência de um verdadeiro tratamento unitário das empresas comuns no plano do direito comunitário.[1491] Tratando-se de uma área nuclear de problematização jurídica no direito da concorrência, identificável pela especificidade de algumas das questões que suscita, assistimos, em contrapartida, no ordenamento comunitário da concorrência a uma pulverização dos processos de disciplina normativa da empresa comum que tem intersectado – por vezes de modo incerto – os blocos normativos relativos aos acordos e práticas concertadas entre empresas, por um lado, e às operações de concentração entre empresas, por outro.

Neste quadro de indefinição conceptual e de alguma dispersão sistemática o nosso propósito analítico consiste em delimitar, com a maior precisão possível, os *testes jurídicos essenciais* a que se deve submeter, de acordo com o direito comunitário da concorrência em vigor, a *avaliação de efeitos restritivos da concorrência* emergentes da *criação e funcionamento de empresas comuns.* Para além disso, importa identificar e concretizar critérios jurídico-económicos minimamente estáveis que se encontrem na base dos referidos testes.

Esta análise deve ser delineada numa perspectiva geral, abarcando quer as categorias de empresas comuns sujeitas à disciplina contida no RCC, quer aquelas que continuam submetidas unicamente ao regime previsto no artigo 81.º CE. Essa bifurcação entre duas subcategorias básicas de empresas comuns que ainda subsiste no ordenamento comunitário da concorrência – já largamente comentada – impõe, como é natural, diferenças no tratamento *ex professo* de algumas destas entidades, mas, em nosso entender, tal não deve obstar a uma análise jurídica crítica que tome por objecto, em geral, os vários tipos de efeitos restritivos da concorrência que podem resultar da figura da empresa comum nas suas diversas mode-

---

entendido, o ordenamento português) assenta num conceito razoavelmente restrito da categoria da empresa comum, o qual, como já tivemos ensejo de observar, não é partilhado por diversas correntes na doutrina.

[1491] Diversamente do que sucede em relação ao primeiro problema conceptual acima identificado, esta questão, relativa à ausência de um tratamento normativo unitário da figura da empresa comum no plano do direito comunitário da concorrência já corresponde a um problema específico deste ordenamento, pois, como pudemos verificar, não se verifica de todo – ou, pelo menos, no mesmo grau – no ordenamento da concorrência norte-americano. Esse enquadramento normativo e sistemático dual, ou até plural das empresas comuns no direito comunitário da concorrência foi analisado, na sua génese e evolução até à presente situação de direito constituído no capítulo segundo da **Parte I** e no capítulo segundo da **Parte II**.

Parte III – Capítulo 1

lações. Consideramos, pelo contrário, que a apreensão de coordenadas gerais na análise da figura jusconcorrencial da empresa comum cria condições para que se caminhe, progressivamente, no sentido de um tratamento unitário da mesma em sede de direito comunitário da concorrência.

Assim, tendo presente quer o regime decorrente do RCC, quer o regime previsto no artigo 81.º CE, podemos identificar dois testes jurídicos essenciais para a avaliação dos efeitos das empresas comuns, compreendendo, a saber, o *teste relativo à compatibilidade com o mercado comum* – versando em particular, embora não exclusivamente, a possível criação ou reforço de posições dominantes em determinados mercados – e o *teste referente à coordenação de comportamentos empresariais*.[1492]

Embora se tenha normalmente estabelecido uma relação de contraposição desses dois testes primaciais, em função do maior ou menor grau de integração empresarial que se encontre subjacente a cada empresa comum, entendemos que os mesmos não devem forçosamente excluir-se entre si. No actual estádio do direito constituído[1493] importa reconhecer, é

[1492] Sobre esta contraposição de *testes jurídicos substantivos* de avaliação jusconcorrencial das empresas comuns, cfr., em geral FRANK FINE, *Mergers and Joint Ventures in Europe*, cit. Como já observámos, e em termos que teremos ocasião de aprofundar através da análise desenvolvida nesta **Parte III**, o primeiro teste – recentemente reformulado no quadro da segunda reforma do RCC (de 2004) apresenta uma natureza essencialmente estrutural e o segundo, originariamente, encontrava-se mais distanciado de tal dimensão estrutural e orientado para a apreensão de condicionamentos à liberdade de actuação económica das empresas que seria *a se* objecto de desvalor jurídico. Em especial, o tratamento da categoria das empresas comuns nos enquadramentos resultantes destes dois testes tem determinado, em nosso entender, uma progressiva aproximação do teste da coordenação restritiva da concorrência a uma dimensão estrutural que toma em consideração as consequências da existência e exercício de efectivo poder de mercado por parte das empresas visadas. Teremos também ensejo de analisar a extensa discussão que se desenvolveu no plano comunitário em torno do alcance dos aspectos estruturais do teste substantivo previsto no RCC, sopesando a sua combinação com outros elementos menos tributários de visões estruturalistas algo estritas do processo da concorrência. Essa discussão conduziu a comparações entre esse teste – originariamente, relativo à *criação ou reforço de posições dominantes* – e o teste adoptado no sistema norte-americano em sede de controlo de concentrações, relativo à *diminuição substancial da concorrência* ("*substantial lessening of competition* – *SLC*"), numa perspectiva *de iure condendo*, tendente à possível substituição do teste adoptado no RCC de 1989. Sobre tal comparação dos referidos testes, cfr., desde já, VIJAY SELVAM, "The EC Merger Control Impasse. Is There a Solution to This Predicament'", in ECLR, 2004, pp. 52 ss.

[1493] Reportamo-nos aqui ao tratamento normativo dual da categoria da empresa comum no quadro do direito constituído, e tendo presente, fundamentalmente, nos moldes

826   *Empresas comuns* – Joint Ventures

certo, que algumas situações mais extremadas de constituição de empresas comuns determinam a aplicação exclusiva de um dos referidos testes, *maxime* quando se encontre em causa uma empresa comum qualificável como operação de concentração e desprovida de quaisquer elementos de coordenação de comportamentos entre as respectivas empresas-mãe, ou, inversamente, a propósito de uma empresa comum que não seja de todo qualificável como concentração à luz do RCC.

De qualquer modo, uma reflexão jurídica sistemática sobre a *praxis* contratual de criação de empresas comuns demonstra-nos que, em múltiplas situações, este tipo de entidades se encontram em zonas intermédias relativamente aos grandes blocos normativos de pura cooperação ou de pura concentração empresarial.[1494] Acresce que a gradual alteração qualitativa da metodologia de apreciação dos acordos de cooperação em sede de aplicação do artigo 81.º CE.[1495] e a introdução no quadro do processo de apreciação do RCC de aspectos referentes à coordenação de comportamentos empresariais têm criado condições para uma inter-penetração dos dois testes cuja verdadeira extensão ainda se encontra em larga medida por apreender.

Essa inter-penetração pode assumir várias formas, sendo algumas mais evidentes e outras só perceptíveis através de um juízo crítico de com-

---

que já caracterizámos, o enquadramento sistemático resultante da primeira reforma, de 1997, do RCC (visto que a segunda reforma do RCC, contrariamente às hipóteses que chegaram a ser aventadas no Livro Branco de 1999 e no Livro Verde de 2001 relativo à reforma do RCC, já cit., não introduziu alterações na delimitação das subcategorias de empresas comuns sujeitas ao regime do RCC e ao regime do artigo 81.º CE).

[1494] Importa anotar a este propósito que, mesmo após a primeira reforma do RCC, de 1997, que veio submeter uma nova subcategoria de empresas comuns ao regime do RCC (correspondente às empresas comuns que desempenham todas as funções de uma entidade económica autónoma e que originam efeitos de coordenação entre as empresas fundadoras) um importante conjunto de empresas comuns – porventura ainda, como já admitimos, a parcela mais significativa destas entidades – continua submetido ao regime do artigo 81.º CE.

[1495] Alteração qualitativa da metodologia de apreciação das situações de cooperação empresarial que já aflorámos a propósito da nossa caracterização de diferentes estádios de consolidação do ordenamento comunitário da concorrência e da qual procuraremos obter uma compreensão crítica global tomando em consideração o contributo da análise das empresas comuns para o seu desenvolvimento. Essa mutação, como observaremos, envolve aspectos de metodologia jurídica, mas, em paralelo, interage com um processo de transformação da própria matriz teleológica essencial das normas de concorrência aplicáveis às empresas.

Parte III – Capítulo 1

preensão sistemática dos modos de concretização jurídica dos referidos testes. As manifestações mais nítidas dessa confluência correspondem, naturalmente, aos casos de utilização cumulativa dos testes relativos à compatibilidade com o mercado comum e à coordenação de comportamentos, para efeitos de enquadramento de algumas empresas comuns.

Todavia, a própria concretização jurídica isolada de cada um dos referidos testes – que constituem verdadeiros modelos normativos parametrizados de avaliação dos efeitos das empresas comuns – permite, segundo cremos,[1496] verificar uma influência recíproca de critérios originariamente delineados no âmbito de cada um desses testes sobre critérios tipicamente associados ao outro teste. Também a esta luz, uma perspectiva de análise global dos efeitos das empresas comuns permite, no plano dogmático, afastar barreiras estanques, não justificadas, entre a avaliação de empresas comuns predominantemente cooperativas ou de empresas comuns em que predominem os elementos de concentração. Assim se pode criar um espaço de densificação jurídica dos efeitos mais recorrentes das empresas comuns que conjugue – num justo equilíbrio – elementos de tipo estrutural e elementos de análise do comportamento empresarial numa óptica de eficiência económica dirigida à diminuição dos denominados *"custos de transacção"*.[1497]

[1496] Procuraremos, de resto, apreender na nossa análise e densificação da *praxis* decisória e da jurisprudência relevantes, desenvolvidas, *infra*, capítulo segundo e capítulo terceiro desta **Parte III**, respectivamente, sobre a *subcategoria de empresas comuns qualificáveis como concentrações e submetidas ao regime do RCC* e sobre a *subcategoria de empresas comuns submetidas ao regime do artigo 81.º CE*, a influência recíproca dos modos de concretização jurídica do teste da compatibilidade com o mercado comum e do teste da coordenação restritiva da concorrência.

[1497] Trata-se, em súmula, de conjugar um plano de análise estrutural com um plano de análise de comportamentos empresariais dirigidos, nos termos admitidos pela denominada Escola de Chicago, à diminuição de custos de transacção e a reforços de eficiência. Tal conjugação contribuirá, quer para moderar tradicionais visões limitativas de acordos entre empresas que condicionem a respectiva liberdade de actuação económica, quer para a afirmação de parâmetros de salvaguarda de condições de concorrência efectiva compatíveis com determinados níveis desejáveis de eficiência em detrimento de preocupações, de tipo ordoliberal, de tutela da posição dos competidores (relativizando, assim, a importância *a se* da preservação de certos graus de *"desconcentração"* dos mercados que eram especialmente valorizados, de modo determinista, pelas orientações de tipo estruturalista). De qualquer modo, pensamos que a maior tolerância em relação a situações de condicionamento da liberdade de actuação económica das empresas, desde que associadas a certos padrões de eficiência – tipicamente preconizada pela Escola de Chicago – deve ser, tam-

828   *Empresas comuns* – Joint Ventures

De algum modo, neste plano de análise pode retirar-se alguma vantagem do relativo atraso com que os elementos de tipo estrutural foram incorporados no processo de concretização jurídica de normas comunitárias de concorrência, face ao que se verificou, designadamente, no ordenamento norte-americano. Podem, na realidade, evitar-se alguns excessos decorrentes de premissas demasiado rígidas utilizadas em modelos estruturalistas de análise – que prevaleceram no referido ordenamento norte-americano até ao início da década de setenta – e, do mesmo modo, evitar excessos de sinal contrário que tendem a subalternizar sistematicamente a dimensão estrutural de análise jusconcorrencial, traduzindo, por vezes, uma reacção algo superficial à anterior preponderância da denominada escola estruturalista.[1498]

1.2. OS TESTES JURÍDICOS FUNDAMENTAIS PARA A AVALIAÇÃO DAS EMPRESAS COMUNS

Como se observará, os dois testes jurídicos fundamentais com base nos quais se avaliam os efeitos das empresas comuns sobre a concorrência – o teste relativo à compatibilidade com o mercado comum e o teste relativo à coordenação de comportamentos – podem ainda conhecer algumas modelações particulares que serão objecto da nossa atenção. Assim, o primeiro teste pode ser utilizado para avaliar a criação de um entrave

---

bém, contida dentro de limites razoáveis. Sobre os vários conceitos de *"custos de transacção"* acima referidos, cfr., por todos, OLIVER WILLIAMSON, *Transaction Cost Economics: How it Works; Where is it Headed*, Working Paper n.º BPP – 67 (Oct.). Institute of Management, Innovation & Organization, Berkeley, University of Califórnia, 1997.

[1498] Sobre o peso dos modelos analíticos de tipo estruturalista no ordenamento norte-americano, a crítica sistemática a que os mesmos foram submetidas desde o final do decénio de sessenta do século passado e a emergência de novos equilíbrios, combinando dimensões estruturais e outros factores económicos relevantes para o funcionamento dos mercados, cfr., por todos, JAMES MEEHAN, ROBERT J. LARNER, *The Structural School, Its Critics, and Its Progeny: An Assessment*, cit., esp. pp. 181 ss. e pp.187 ss.. Pelo contrário, o ordenamento comunitário da concorrência conheceu durante a maior parte do seu processo evolutivo um notável défice de análise estrutural, que se encontra em nosso entender, historicamente ligado à lacuna originária deste ordenamento em matéria de controlo directo de concentrações (estudada no capítulo primeiro da **Parte II**, esp. ponto **7.**, e, no que respeita à sua algo tardia superação, no capítulo segundo da mesma **Parte II**, esp. pontos 2.6.1. a **3.**).

significativo à concorrência efectiva, *maxime* como resultado da criação ou reforço de uma posição dominante individual ou de uma posição dominante colectiva,[1499] e o segundo pode, tipicamente, incidir sobre três categorias de situações mais recorrentes, que correspondem à produção de efeitos na relação de concorrência existente entre as empresas-mãe de determinada empresa comum, à produção de efeitos na concorrência potencial entre essas empresas-mãe, ou, ainda, em efeitos de fecho do mercado a terceiros.[1500]

Tomando como ponto de partida estes dois testes, à luz do direito constituído, e analisando-os numa perspectiva global – sem prejuízo da sua análise especializada a propósito do estudo *ex professo* de diferentes categorias de empresas comuns – procuramos relativamente a cada um dos mesmos construir parâmetros de apreciação minimamente estáveis e generalizáveis. Essa construção jurídica incorpora o propósito dogmático mais ambicioso que se pode desenvolver em sede de análise de empresas comuns no direito da concorrência. Trata-se, por um lado, de reconhecer como inelutável uma dimensão casuística de análise neste domínio[1501] e

---

[1499] Referimo-nos aqui, em especial, à densificação jurídica do parâmetro de avaliação de empresas comuns qualificáveis como concentrações referente *à criação ou reforço de posições de domínio do mercado*, tendo presente a formulação originária das previsões estabelecidas nos n.os 2 e 3 do artigo 3.º do RCC, concretizada ao longo de mais de um decénio de vigência deste Regulamento. Como é sabido, no quadro da segunda reforma do RCC, esse parâmetro foi incorporado num teste substantivo de alcance mais amplo, referente à *criação de entraves significativos à concorrência efectiva*, visando, em nosso entender, tal alteração cobrir certos efeitos estruturais negativos para a concorrência, decorrente de determinadas concentrações no contexto de situações de mercado oligopolísticas. Sobre o alcance dessa reformulação do teste da compatibilidade com o mercado comum, no âmbito da segunda reforma do RCC, cfr. os aspectos equacionados *infra*, no capítulo segundo, esp. ponto 2.3.. O conceito de posição dominante colectiva, já sucintamente aflorado supra, será objecto de caracterização desenvolvida nesse ponto. De qualquer modo, cfr., desde já, sobre esse conceito, GUNNAR NIELS, "Collective Dominance: More Than Just Oligopolistic Interdependence", in ECLR, 2001, pp. 168 ss..

[1500] Referimo-nos aqui a três categorias de situações de verificação de efeitos restritivos da concorrência num plano de coordenação de comportamentos que traduzem uma sistematização por nós proposta das situações mais concorrentes em termos de funcionamento dos mercados. Como observaremos, outras sistematizações e até qualificações desses efeitos aferidos num plano de coordenação de comportamentos têm sido propostas.

[1501] Essa vertente casuística é, na realidade, típica do direito da concorrência e, em particular, da área correspondente à problematização jurídica das empresas comuns, a qual se revela menos permeável a análises informadas pelos denominados critérios *per se* de proibição, excepto no que respeite a determinadas parcelas dos sistemas de contrato que

830   *Empresas comuns* – Joint Ventures

de, por outro lado, superar esse casuísmo através da formulação de critérios de apreciação de alcance geral e de um encadeamento dos mesmos que permita criar modelos de análise flexíveis, mas dotados de alguma previsibilidade.

A construção desse tipo de parâmetros gerais de apreciação dos efeitos das empresas comuns obriga a um exercício complexo de compatibilização das necessárias análises jurídico-económicas de mercado – que não podem depender em excesso de meros elementos jurídico-formais presentes em quaisquer acordos de cooperação ou integração empresariais[1502] – com critérios pré-determinados de apreciação das realidades em causa.

Naturalmente, como se verificará através da análise *ex professo* do enquadramento de várias categorias de empresas comuns – de acordo com uma sequência que adiante se explicita – esses modelos de análise não devem revestir-se de rigidez excessiva, pois têm de ser ajustados às circunstância de cada situação concreta. Todavia, em nosso entender, essa maleabilidade pode coadunar-se com graus razoáveis de previsibilidade e de segurança jurídicas, que representam, desejavelmente, valores fundamentais na concretização jurídica das normas de concorrência aplicáveis às empresas comuns.[1503]

---

tais empresas comuns configurem e que incorporem cláusulas com conteúdo intrinsecamente restritivo da concorrência, *vg.* respeitantes a fixação directa de preços ou a partilhas de mercados (embora, em última análise, nestes últimos tipos de situações a forma de empresa comum possa corresponder à mera dissimulação de cartéis, devendo, então, ser "*desconsiderada*" em termos de avaliação jusconcorrencial).

[1502] Esse exercício de construção jurídica diverge claramente da perspectiva que prevaleceu até um passado recente no quadro da aplicação do artigo 81.º CE, a qual se mostrava muito tributária de uma lógica analítica jurídico-formal, dirigida à proibição *per se* de uma parte significativa das restrições à liberdade de actuação económica das empresas, independentemente das consequências efectivas de tais restrições associadas ao poder de mercado das empresas envolvidas nas mesmas. Já temos identificado essa perspectiva analítica em relação ao regime do artigo 81.º CE (anterior artigo 85.º TCE), designadamente na nossa caracterização de diversos estádios de consolidação do ordenamento comunitário da concorrência. De qualquer modo, para uma caracterização crítica dessa perspectiva tradicional – que ainda não se encontra erradicada – cfr., inter alia, IAN FORRESTER, C. NORALL, *The Laicization of Community Law – Self Help and the Rule of reason. How Competition Law Is and Could Be Applied*, cit., pp. 305 ss..

[1503] Como já tivemos ensejo de observar, maiores margens de imprevisibilidade e indefinição jurídicas na concretização de normas de concorrência, traduzem-se em custos de transacção acrescidos para as empresas e na consequência paradoxal de o corpo nor-

Na verdade, a rejeição de critérios de proibição *per se* ou de parâmetros eminentemente formais no domínio da apreciação jusconcorrencial das empresas comuns não deve desembocar numa situação inversa de desenvolvimento de juízos relativamente imprevisíveis ou, no limite, quase aleatórios, sobre os efeitos produzidos por estas entidades na concorrência efectiva. Tal tenderia a suceder se o intérprete pudesse eleger em cada caso concreto diferentes factores para avaliar os efeitos das empresas comuns, em função da realidade de mercado em causa. Em contrapartida, os parâmetros jurídico-económicos de alcance geral que procuramos identificar e consolidar, apesar de terem na sua base algumas premissas teóricas fundamentais, apresentam um conteúdo aberto[1504] e são progressivamente moldados através de uma interacção permanente com o plano da concretização das normas de concorrência aplicáveis a empresas comuns.

A nossa análise deste tipo de modelos de apreciação dos efeitos das empresas comuns estará, pois, necessariamente associada a um estudo em extensão desse nível de concretização jurídica emergente quer da *praxis* decisória da Comissão Europeia, quer da jurisprudência do TPI e do TJCE.[1505]

---

mativo teleologicamente dirigido à criação de condições de livre funcionamento dos mercados vir, em última análise, criar obstáculos e distorções para a actuação das empresas. Trazendo à colação determinados pressupostos – já previamente aflorados nesta dissertação – de algumas correntes filiáveis nos modelos de "*law and economics*" – certos limiares críticos de indefinição jurídica traduzem-se inelutavelmente em normativos não "*eficientes*" e indutores de distorções para a actuação das empresas. Cfr. sobre esse tipo de problemas, cfr. NICHOLAS MERCURO, STEVEN G. MEDEMA, *Economics and the Law*, cit., esp. pp. 59 ss..

[1504] Trata-se de parâmetros jurídicos gerais que visam fornecer um código organizado de compreensão normativa de certas realidades – e, nessa medida, com alguma previsibilidade – mas com conteúdo aberto, apenas concretizável através da efectiva observação e análise de realidades económicas determinadas, no sentido assinalado por KARL-HEINZ-LADEUR, no seu estudo, já cit., *The Theory of Autopoiesis as an Approach to a Better Understanding of Postmodern Law – From the Hierarchy of Norms to the Heterarchy of Changing Patterns of Legal Inter-relationships* (cfr., especialmente, neste estudo a passagem também já supra referenciada na qual se alude a sistemas jurídicos como a "*kind of self-creating network of relationships which designs itself on the basis of linkages which have already been operated successfully (…). The closure of the system does not mean isolation from external influences – on the contrary, the system is operationally closed which means that it is open to couplong, but only on the basis of its own operational and semantic possibilities*"; *op. cit.*, p. 13).

[1505] Ocasionalmente, poderá estar em causa, também, a jurisprudência de tribunais nacionais relativa a casos de aplicação de normativos comunitário de concorrência, a qual,

832   *Empresas comuns* – Joint Ventures

1.3. A PRIMEIRA VERTENTE FUNDAMENTAL DE ANÁLISE DE EFEITOS DAS EMPRESAS COMUNS

Não obstante termos adoptado, como se expôs, uma perspectiva de conjunto para a definição de *parâmetros gerais* de *apreciação dos efeitos sobre a concorrência mais recorrentes das empresas comuns*, a sua densificação jurídica é desenvolvida – à luz do direito constituído – com base em duas vertentes essenciais de análise sequencial, que correspondem aos dois testes jurídicos que já identificámos.

No que respeita ao primeiro teste – relativo à compatibilidade com o mercado comum – a nossa atenção incide, em especial, em duas áreas fundamentais, atendendo à sua importância para a compreensão dos critérios de apreciação relevantes.

Trata-se, por um lado, da área correspondente à aplicação do parâmetro analítico do domínio do mercado em relação a empresas comuns qualificáveis, de acordo com o RCC, como operações de concentração e desprovidas, enquanto tal, de elementos significativos de coordenação de comportamentos. Neste plano, o núcleo do nosso estudo recai sobre as empresas comuns, com carácter de concentração, que suscitem dúvidas mais significativas de compatibilidade com o mercado comum (de acordo com o teste substantivo estabelecido no artigo 2.° do RCC). Na verdade, se é possível identificar alguns factores que, em princípio, delimitam áreas de cooperação e integração empresarial não problemáticas – em termos de manutenção da concorrência efectiva[1506] – em contrapartida, outras áreas

---

contudo, como já se apontou, tem ainda escassa expressão (por razões que tivemos já ensejo de comentar e que não serão facilmente alteradas pelo novo enquadramento de "*modernização*" do sistema de aplicação das normas comunitárias de concorrência).

[1506] Trata-se de estabelecer *modelos gerais de análise* que, sem prejuízo da análise económica dos mercados, permitam, em regra, identificar tipos de situações de cooperação ou integração empresarial em princípio não problemáticas, o que corresponde à lógica de identificação de "*safe harbours*" no sistema norte-americano de aplicação de normativos de concorrência. Essa lógica jurídica encontra-se, de resto, subjacente à Comunicação da Comissão "*relativa a um procedimento simplificado de tratamento de certas operações de concentração nos termos do Regulamento (CEE) n.° 139/2004 do Conselho*" (JOCE n.° C 56/32, de 5.3.2005), nos termos da qual a Comissão, baseando-se "*na experiência adquirida com a aplicação (…)*" do Regulamento, identifica certas "*categorias de concentrações*" que, "*na ausência de circunstâncias especiais (…) são normalmente autorizadas sem suscitarem dúvidas de fundo*" (retomando, no essencial, os termos de anterior Comunicação interpretativa, de 2000) Sobre a lógica de identificação de "*safe-harbours*" em

Parte III – Capítulo 1

suscitam potenciais objecções nesse domínio, que apenas podem ser ultrapassadas através de análises mais desenvolvidas, balizadas através de determinados índices de referência. É nessas áreas que vamos concentrar a nossa análise crítica das empresas comuns com carácter de concentração que não geram efeitos apreciáveis de coordenação de comportamentos entre as empresas-mãe.

Por outro lado, a segunda área que elegemos como mais importante para a compreensão do teste essencialmente estrutural da compatibilidade com o mercado comum corresponde ao tratamento das empresas comuns qualificáveis como concentrações que possam, hipoteticamente, conduzir à criação ou reforço de posições dominantes colectivas,[1507] ou que, no contexto de situações de mercado de carácter oligopolístico, produzam outro tipo de efeitos negativos para a concorrência, suceptíveis de conduzir a um entrave significativo à concorrência efectiva,[1508] *maxime* efeitos

---

orientações interpretativas de carácter geral, que aumentem a previsibilidade jurídica dos juízos de avaliação jusconcorrencial, cfr., *inter alia*, Mark Leddy, "The 1992 US Horizontal Merger Guidelines and Some Comparisons with EC Enforcement Policy", in ECLR, 1993, pp. 15 ss..

[1507] Já referimos *supra* a especificidade do conceito de *posição dominante colectiva* desenvolvido no quadro da *praxis* decisória da Comissão. Como adiante observaremos, este conceito reporta-se, especialmente, ao tratamento de determinadas situações de mercado de tipo oligopolístico e ao modo como devem ser apreciadas certas operações de concentração realizadas nessas situações.

[1508] Como adiante se exporá – *infra*, capítulo segundo – não obstante a reformulação do teste da compatibilidade com o mercado comum ditada pela segunda reforma do RCC, de 2004, pensamos que a base primacial desse teste continua a ser o parâmetro correspondente à *criação ou reforço de posição dominante*, largamente densificado na *praxis* decisória, e até na jurisprudência, ao longo do primeiro decénio de vigência do RCC. Consequentemente, *justifica-se continuar a concentrar a problematização jurídica desse teste em torno da densificação do referido parâmetro do domínio do mercado.* A reordenação dos elementos do teste da compatibilidade com o mercado comum, que levou a erigir como critério director o *elemento* relativo à *emergência de entraves significativos à concorrência efectiva* – já integrado na formulação originária do teste da compatibilidade com o mercado comum, embora com frequência esquecido ou excessivamernte desvalorizado – tem, especificamente como alcance permitir uma clara cobertura de certas alterações de estruturas de mercado, em contextos oligopolísticos, cuja subsunção no conceito de posição dominante colectiva era controvertida. Cfr. sobre o especial alcance da reordenação dos elementos do teste da compatibilidade com o mercado comum para o enquadramento de situações de mercado de tipo oligopolístico, o ponto 2.3. do capítulo segundo desta **Parte III**.

unilaterais associados a determinadas alterações das estruturas de mercado.

Ainda no plano da utilização do teste relativo à compatibilidade com o mercado comum, mas considerando já a vertente da sua possível interacção com o teste relativo à coordenação de comportamentos das empresas, efectuamos uma análise *ex professo* – a que se concede larga atenção – da categoria das empresas comuns subsumíveis no conceito de concentração que apresentem, em paralelo, efeitos de coordenação dos comportamentos das empresas-mãe. Como é sabido, esta subcategoria de empresas comuns passou a estar globalmente submetida ao processo de apreciação regulado no RCC após a primeira reforma de que este regime foi objecto em 1997, mediante a aplicação cumulativa dos referidos testes substantivos referentes à compatibilidade com o mercado comum e à coordenação de comportamentos, nos termos conjugados do n.º 2 e do n.º 4 do artigo 2.º do RCC.

Consideramos que a experiência de conjugação desses dois testes pode assumir grande importância para uma efectiva interacção entre os planos de análise estrutural e de comportamentos empresariais em sede de direito comunitário da concorrência. Essa confluência não só pode abrir caminho para o aprofundamento – que reputamos desejável – do tratamento unitário da categoria das empresas comuns neste ordenamento, como também pode contribuir para o desenho de um novo equilíbrio entre os factores estruturais, diversos factores relacionados com a esfera do comportamento das empresas, ou novos factores intermédios, como elementos compósitos de uma avaliação global dos acordos entre empresas no plano do direito da concorrência. A este propósito justifica-se enfatizar, uma vez mais, que esse equilíbrio tem sido longamente procurado – mas ainda não obtido de modo satisfatório – no quadro do ordenamento da concorrência norte-americano, que se mostrou pioneiro na introdução de factores de ordem estrutural como componente essencial dos juízos de direito da concorrência.

Como se verificará, a falta de um conjunto extenso de precedentes em matéria de aplicação conjugada dos ns.º 2 e 4 do artigo 2.º do RCC dificulta ainda a formulação de orientações consistentes neste domínio, mas não deve impedir-nos de antecipar algumas hipóteses de reflexão crítica, bem como alguns modelos gerais de análise.

1.4. A SEGUNDA VERTENTE FUNDAMENTAL DE ANÁLISE DE EFEITOS DAS EMPRESAS COMUNS

Um segundo eixo primacial de análise corresponde ao estudo das empresas comuns que não desempenham todas as funções de uma entidade económica autónoma e que, consequentemente, se encontram apenas submetidas ao regime previsto no artigo 81.° CE.

É claramente nesta área que incide a nossa maior atenção,[1509] quer por admitirmos que na *praxis* contratual de cooperação entre empresas esta categoria de empresas comuns representa ainda a realidade prevalecente, quer por considerarmos ser esta a área de eleição[1510] para o desenvolvimento de raiz de uma nova metodologia de análise que conjugue – segundo ponderações variáveis – factores de tipo estrutural e outro tipo de factores predominantemente relacionados com o comportamento das empresas.

A análise a desenvolver neste domínio deve necessariamente tomar como ponto de partida uma determinada percepção sobre os principais

---

[1509] Essa especial atenção ao enquadramento das empresas comuns submetidas ao regime do artigo 81.° CE, pelas razões acima aduzidas, é conjugada com uma análise *ex professo* relativamente desenvolvida – embora sem a mesma extensão nem o mesmo papel central nesta dissertação – da subcategoria de empresas comuns que desempenham todas as funções de uma entidade económica autónoma, mas que geram efeitos de coordenação entre as empresas fundadoras (submetidas, desde a reforma de 1997, ao regime do RCC, mas num quadro em que se contempla a aplicação, *ex vi* do n.° 4 do artigo 2.° desse Regulamento, do regime do artigo 81.° CE aos elementos de coordenação que se encontrem em causa).

[1510] O peso dessa categoria de empresas comuns submetida ao regime do artigo 81.° CE só não será ainda mais significativo, devido à relativa distorção normativa que temos assinalado no presente sistema comunitário de tratamento dual das empresas comuns, visto que as empresas são, de algum modo, "induzidas" a criar uma aparência de empresa comum passível de qualificação como concentração de modo a poderem beneficiar da segurança jurídica assegurada através do procedimento de apreciação célere no quadro do RCC. Todavia, considerando as realidades económicas que influenciam os processos de cooperação e integração empresariais – que analisámos *supra*, ao procurar identificar as motivações e a causa da contratualização da cooperação empresarial e do desenvolvimento, em geral, de empresas comuns – as necessidades mais prementes que conduzem as empresas a utilizar este instrumento encontram-se com frequência associadas ao desempenho eficaz de certas funções auxiliares, com elevados custos e sujeitas a elevados ritmos de inovação e desactualização, em relação à actividade global das empresas fundadoras. Ora, esse tipo de necessidades é, em regra, prosseguido através de empresas comuns submetidas ao regime do artigo 81.° CE.

836   *Empresas comuns* – Joint Ventures

tipos de riscos de afectação da concorrência que decorrem dessas empresas comuns que só parcialmente desempenham as funções de uma entidade económica autónoma. Como melhor se explicitará no âmbito da análise na especialidade desta categoria de empresas comuns, consideramos que se podem identificar quatro tipos primaciais de riscos para a manutenção de um nível adequado de concorrência efectiva ou praticável.[1511]

O primeiro tipo de risco relevante encontra-se associado a um efeito directamente decorrente da empresa comum no sentido da restrição da concorrência actual ou potencial entre as partes no mercado em que se desenvolva a relação de cooperação entre as mesmas.[1512]

[1511] Trazemos aqui à colação o conceito de "*workable competition*" já aflorado *supra*, designadamente no capítulo primeiro da **Parte II** desta dissertação.

[1512] Na apreensão deste *tipo de riscos de afectação da concorrência* deve tomar-se em consideração o conjunto de características particulares das empresas comuns submetidas ao regime do artigo 81.º CE, as quais não desempenhando todas as funções de uma entidade económica autónoma, não dispõem, em regra, de acesso directo a mercados de bens finais – nos quais as empresas fundadoras se encontram presentes – ou, quando dispõem de tal acesso (*vg.*, no caso de empresas comuns de comercialização de bens e serviços) apenas o utilizam para desenvolver posições concorrenciais que, em rigor, pertencem às empresas fundadoras. Deste modo, importa configurar aqui uma espécie de *efeito de alastramento* – em sentido amplo – da actividade organizada de cooperação nos domínios funcionais limitados cobertas pela actuação deste tipo de empresas comuns para os mercados de bens finais em que as empresas fundadoras mantenham relações de concorrência efectiva ou potencial. Este tipo de efeitos sobre a concorrência entre as empresas fundadoras, embora não assuma directamente e *qua tale* uma natureza estrutural deve, em nosso entender, ser objecto de ponderações influenciadas por elementos estruturais (*maxime*, referentes ao poder de mercado das empresas fundadoras, indicado, entre outros factores, pelas quotas de mercado detidas por estas nos mercados de bens finais que se encontrem em causa). Sobre este tipo de efeitos que aqui qualificamos como *efeito de alastramento em sentido lato* da actuação da empresa comum para uma restrição da concorrência entre as empresas fundadoras nos mercados em cujo funcionamento se insere a criação da empresa comum, cfr. E. Gonzalez Diaz, Dan Kirk, Francisco Perez Flores, Cécile Verkleij, *Joint Ventures – Horizontal Agreements*, in *The EC Law of Competition*, Faull, Nikpay, Editors, cit., pp. 348 ss., esp. pp. 360 ss. Estes As. referem, nesse ponto da sua análise, efeitos de "*spillovers on the same market as a joint venture*" (o que deve ser tomado no sentido específico que acima referimos; a empresa comum que não desempenha todas as funções de uma entidade económica autónoma não dispõe directamente de uma posição própria em determinado mercado, pelo que esta referência a um mercado da empresa comum deve ser entendida como reportada ao mercado ou mercados de bens finais relativamente aos quais tais empresas comuns produzem contributos funcionais parciais). Este tipo de efeitos de restrição da concorrência actual ou potencial entre as partes

O segundo tipo de risco corresponde à produção do denominado efeito de alastramento dos elementos restritivos da concorrência[1513] para mercados situados a montante ou a jusante do mercado em que directamente incide o processo de cooperação empresarial, ou até para mercados de outro modo relacionados com o mesmo. Também neste plano pode estar em causa a afectação de relações de concorrência actual ou potencial.

A eventual produção de efeitos de virtual encerramento de certas áreas de mercado a empresas terceiras constitui, por si só, um terceiro tipo de risco de afectação da concorrência tipicamente associado a esta subcategoria de empresas comuns e, finalmente, noutro plano superior de complexidade dos sistemas contratuais de cooperação entre determinadas

---

no mercado em que se desenvolva a relação de cooperação entre as mesmas será objecto de análise desenvolvida no capítulo terceiro, esp. ponto 2.3.5.2. (a caracterização deste tipo de efeito restritivo da concorrência que aí é feita em relação ao tipo das empresas comuns de investigação e desenvolvimento é aplicável aos outros tipos funcionais de empresas comuns que são objecto de estudo *ex professo* nesse capítulo terceiro). Como aí também se destacará, este efeito de alastramento em sentido lato não deve ser confundido com efeitos restritivos de alastramento em sentido restrito, que se reportam a mercados conexos com mercados de uma ou mais empresas fundadoras (e que correspondem, em larga medida, ao segundo tipo de efeitos restritivos da concorrência que acima identificamos).

[1513] Esta ideia de *efeitos de alastramento* de elementos restritivos da concorrência para *mercados situados a montante* ou a *jusante* do *mercado em que directamente incide o processo de cooperação empresarial*, ou até para *mercados de outro modo relacionados com o mesmo* corresponde, no essencial, ao que qualificámos na nota anterior como efeitos de alastramento *stricto sensu*. O mercado em que incide directamente o processo de cooperação, que ora referimos, só com alguma simplificação – como observámos – pode ser designado como *o mercado da empresa comum que se encontre em causa*, atendendo ao facto de, nos termos já referidos, esta não ter acesso directo a mercados de bens finais. Sobre este tipo de efeito restritivo da concorrência (ou de risco de afectação da concorrência), decorrente da criação e funcionamento de empresas comuns submetidas ao regime do artigo 81.º CE, cfr., *inter alia*, NICHOLAS GREEN, AIDAN ROBERTSON, *Commercial Agreements and Competition Law*, cit., esp. pp. 742 ss.. Estes As. referem, a este propósito, o que denominam como "*spill over or group effects*", referindo duas espécies de efeitos neste plano, compreendendo, "*the possibility of spillover of cooperation either up or down stream of the permittted cooperation*" e "*the possibility of spillover into adjacent markets*". Este tipo de efeitos restritivos é contraposto pelos mesmos As. ao que denominam como "*restriction of actual or potential competition*" (categoria de efeitos restritivos que se aproxima da primeira categoria por nós acima identificada como relativa a efeitos de alastramento em sentido amplo), autonomizando, ainda, estes As duas outras categorias relevantes de efeitos restritivos, respeitantes a "*foreclosure effects on third parties*" e a "*network effects*" (*op. cit.*, pp. 743-745).

838   *Empresas comuns* – Joint Ventures

empresas, podemos ainda identificar um risco de produção de efeitos gerais de interligação, em vários mercados, de diversas empresas comuns que se apresentem de algum modo relacionadas entre si.[1514]

Em função destes diferentes tipos de riscos de afectação da concorrência, a construção de um modelo analítico de apreciação dos efeitos mais recorrentes desta categoria de empresas comuns deve assentar em múltiplos elementos e não pode incidir – com simplismo redutor – num único critério prevalecente de apreciação. De qualquer modo, sendo o nosso estudo claramente dirigido à construção de tal modelo analítico, de alcance geral, o mesmo é desenvolvido com base em sucessivas análises na especialidade de alguns tipos funcionais de empresas comuns com carácter de cooperação.

Na verdade, considerando que esta categoria de empresas comuns é autonomizada precisamente pelo facto de abarcar entidades que apenas desempenham algumas funções empresariais – limitadas – com exclusão de outras – justifica-se, como critério instrumental de estudo, analisar na especialidade aqueles que se possam considerar os principais tipos funcionais de empresas comuns submetidas ao regime previsto no artigo 81.º CE. Todavia, o objectivo desse estudo consiste em encontrar uma linha condutora comum na análise desse vários tipos – ou subcategorias – de empresas comuns.

Para a identificação dos vários tipos funcionais de empresas comuns que não desempenham todas as funções de uma entidade económica autó-

---

[1514] Sobre a terceira categoria de efeitos restritivos, referente à exclusão de terceiros, cfr. as referências feitas a *"foreclosure effects on third parties"* por NICHOLAS GREEN e AIDAN ROBERTSON, em *Commercial Agreements and Competition Law*, cit, p. 744. Cfr., ainda, sobre esse tipo de efeitos restritivos da concorrência na doutrina norte--americana, JOSEPH BRODLEY, "Joint Ventures and Antitrust Policy", cit., esp. pp. 1532 ss. BRODLEY refere a este propósito situações de *"market exclusion and access discrimination"*, a par de outras duas categorias de *"anticompetitive risks"* associados a empresas comuns e correspondentes a situações de *"collusion"* e *"loss of potential competition"*. No que respeita à quarta categoria de efeitos restritivos da concorrência que acima identificámos, encontram-se em causa formas de afectação da concorrência associadas a situações de constituição de séries de empresas comuns com diversas empresas fundadoras comuns ou com uma empresa fundadora comum, que ampliam a perturbação das condições de concorrência a diversos mercados (gerando, em particular, efeitos de partilha de certos mercados). Sobre as situações relativas a redes de empresas comuns que, tipicamente, originam estes efeitos restritivos (*"network effects"*), cfr., por todos, JOHN TEMPLE LANG, *International Joint Ventures Under Community Law*, cit., esp. pp. 409 ss..

noma acolhemos, no essencial, os dois critérios propostos na Comunicação da Comissão, de 2001, que fixa *"Orientações sobre a aplicação do artigo 81.º do Tratado CE aos acordos de cooperação horizontal"*,[1515] embora com algumas adaptações significativas.

Assim, reconhecendo que estas subcategorias de empresas comuns podem combinar diferentes fases ou elementos de cooperação – conjugando, nesses termos, diferentes funções empresariais – aceitamos, de acordo com a orientação sustentada pela Comissão nessa Comunicação, que a qualificação dos vários tipos funcionais de empresas comuns em causa deve assentar em dois critérios primaciais correspondentes, por um lado, ao ponto de partida da cooperação e, por outro, ao grau de integração das diferentes funções empresariais que são combinadas.

Divergimos, contudo, da análise da Comissão na parte em que esta, aparentemente, coloca numa posição de paralelismo os referidos critérios de qualificação. Pela nossa parte, entendemos que esses critérios devem ser graduados entre si e que, nesse contexto, deve ser atribuído – na ponderação global que se estabeleça em cada caso – um peso relativamente superior ao critério referente ao grau de integração das diferentes funções empresariais combinadas no quadro de determinada empresa comum. É certo que essa análise da Comissão se reporta, em geral, a acordos de cooperação entre empresas – que não assumem forçosamente a forma de empresas comuns – o que pode explicar a opção por uma ausência de graduação dos referidos critérios.

Ora, deve recordar-se que a categoria das empresas comuns se autonomiza em relação à generalidade dos meros acordos de cooperação em virtude de um grau superior de integração de funções empresariais diversas, o que justifica que o critério prevalecente para a qualificação do tipo funcional das mesmas deva assentar numa avaliação da intensidade dessa integração empresarial ao nível de cada uma das funções cobertas pelo processo de cooperação. Considerando a realidade complexa e o carácter dinâmico dos múltiplos processos de cooperação desenvolvidos através da

---

[1515] Retomando aqui uma referência específica feita na Introdução, referiremos doravante esta Comunicação interpretativa da Comissão, sob forma abreviada, como 'Comunicação de 2001'. Como já se referiu, embora esta Comunicação interpretativa, diversamente da Comunicação de 1993 sobre empresas comuns de tipo cooperativo, verse, em geral, os acordos de cooperação empresarial e não exclusivamente as empresas comuns, a mesma reveste-se, em nosso entender, de decisiva importância para a análise da subcategoria de empresas comuns submetidas ao regime do artigo 81.º CE.

criação de empresas comuns, podem facilmente configurar-se situações de lançamento de projectos de empresas comuns que incidam, numa primeira fase, em determinada função empresarial – *vg.* uma função de investigação e desenvolvimento – mas que venham a desembocar numa integração quase total da função de produção entre as respectivas empresas-mãe.[1516] Como é natural, deverá então ser o grau superior de integração dessa função de produção a determinar a qualificação da empresa comum.

Deste modo, pensamos que caso a actividade da empresa comum venha a incidir sobre mais do que uma função empresarial – embora não atingindo o limiar que permitiria a sua caracterização como empresa que desempenha todas as funções de uma entidade económica autónoma – o critério de qualificação baseado na comparação da intensidade da integração das diferentes funções subjacentes à empresa comum deverá sempre sobrepor-se ao critério referente ao ponto de partida da cooperação.

Admitimos, ainda, que estes dois critérios possam com vantagem ser combinados com um critério relativo à finalidade empresarial dominante que se encontre na base da criação de cada empresa comum. Este critério é especialmente valorizado na doutrina norte-americana por THOMAS PIRAINO, embora este autor lhe confira, em nosso entender, um peso excessivo, pois utiliza o mesmo não apenas para a qualificação de diferentes categorias de empresas comuns, mas ainda como elemento decisivo para a avaliação global dos efeitos destas, associando tipicamente determinadas finalidades empresariais a resultados de eficiência económica que podem *a se* justificar a criação das mesmas.[1517]

[1516] Esse exemplo é expressamente configurado na Comunicação de 2001. Cfr. ponto 12 da Comunicação. Todavia, múltiplos exemplos se podem configurar neste domínio. Pense-se, *vg.*, em situações de constituição de uma empresa comum de produção para introduzir uma categoria nova de produtos, que, mercê da dinâmica de cooperação criada e das dificuldades associadas ao lançamento no mercado desse novo produto evolua no sentido da criação de estruturas integradas para assegurar a comercialização do mesmo em determinados mercados.

[1517] Na realidade, este A., pondera tal critério da finalidade empresarial dominante mais como critério director de avaliação jusconcorrencial global das empresas comuns – erigindo-o em novo parâmetro diverso quer da "*rule of reason*", quer de regras de proibição *per se* no ordenamento norte-americano – do que como critério de qualificação das mesmas, o que consideramos excessivo. Pela nossa parte, mesmo num puro plano de qualificação de diferentes categorias de empresas comuns, esse critério da finalidade empresarial dominante deverá apenas constituir um critério complementar face aos dois parâmetros essenciais que enunciámos – o ponto de partida dos processos de cooperação

Parte III – Capítulo 1 841

Tomando em consideração os *critérios de qualificação* ora enunciados, bem como a importância relativa das diferentes funções empresariais que podem ser combinadas no quadro da categoria das empresas comuns com carácter de cooperação,[1518] seleccionamos para uma análise na especialidade, mais desenvolvida, quatro tipos funcionais de empresas comuns, compreendendo, a saber:

– empresas comuns de investigação e desenvolvimento;
– empresas comuns de produção;
– empresas comuns de comercialização de bens e serviços;
– empresas comuns de aquisição de bens ou serviços.[1519]

A observação atenta da *praxis* contratual de cooperação entre empresas leva-nos ainda a conceder alguma atenção às empresas comuns com carácter de cooperação que apresentem um conteúdo mais complexo em

---

e o grau de integração das diferentes funções empresariais que são combinadas. Cfr. T. Pirainno, "Beyond Per Se, Rule of reason or Merger Analysis. A New Antitrust Standard for Joint Ventures", cit., pp. 2 ss.

[1518] Para uma perspectiva geral sobre as múltiplas *funções empresariais parciais* que podem ser combinadas no quadro de empresas comuns com carácter de cooperação, cfr., inter alia, E. Gonzalez Diaz, Dan Kirk, Francisco Perez Flores, Cécile Verkleij, *Joint Ventures – Horizontal Agreements*, in *The EC Law of Competition*, Faull, Nikpay, Editors, cit., pp. 348 ss. Para uma perspectiva semelhante na doutrina norte-americana, cfr. Richard Pogue, "Antitrust Considerations in Forming a Joint Venture", in ALJ, 1985, pp. 925 ss.

[1519] Em relação a qualquer uma das subcategorias de empresas comuns seleccionadas para estudo *ex professo* estão em causa tipos funcionais de empresas comuns versados, quer na análise delineada na Comunicação de 2001, quer na Comunicação de 1993 relativa a empresas comuns de tipo cooperativo (que a primeira Comunicação interpretativa veio substituir). A caracterização específica de cada uma dessas quatro subcategorias será desenvolvida *infra*, capítulo terceiro (esp. pontos **2.** a **5.**). Importa, de qualquer modo, destacar que, em rigor, o estudo *ex professo* mais desenvolvido a que procedemos nesse capítulo se concentra nas três primeiras subcategorias de empresas comuns acima referidas – a saber, *empresas comuns de investigação e desenvolvimento, empresas comuns de produção e empresas comuns de comercialização de bens e serviços* – apenas se concedendo um tratamento sucinto (de natureza quase residual) à subcategoria das empresas comuns de aquisição de bens e serviços. Essa opção resulta do facto de considerarmos que esta última subcategoria se situa num patamar de importância consideravelmente diverso, quer no que respeita à frequência e importância económica da sua utilização na *praxis* de cooperação entre empresas, quer no que respeita à complexidade dos problemas de afectação de concorrência que tende a suscitar.

842   *Empresas comuns* – Joint Ventures

virtude da combinação de diferentes funções empresariais num quadro de relativo paralelismo entre as mesmas (não podendo identificar-se uma função empresarial prevalecente que determine uma qualificação segura dessas *empresas comum de tipo misto*).

Na ausência de categorias conceptuais estabilizadas ou consolidadas neste domínio da análise jusconcorrencial de vários tipos de empresas comuns, há quem identifique esse tipo de realidades mais complexas de cooperação empresarial – que não chegam contudo a transpor o limiar correspondente à empresa comum com carácter de concentração – como *"alianças estratégicas"* entre empresas.[1520] Essa qualificação afigura-se-nos, contudo, pouco rigorosa na perspectiva de análise jusconcorrencial em que nos situamos.[1521]

Como adiante se observará, de modo mais desenvolvido, preferimos simplesmente identificar essas realidades como empresas comuns de tipo complexo, as quais podem suscitar alguns problemas particulares em sede

---

[1520] Este conceito de *"alianças estratégicas"* entre empresas é expressamente utilizado na Comunicação de 2001 (cfr. ponto 12). A utilização de tal conceito tem sido mais recorrente – incluindo na terminologia contratual relativa a processos de cooperação – desde a adopção do RCC. As situações usualmente reconhecidas ou denominadas como *"alianças estratégicas"* correspondem a sistemas de acordos de cooperação que não chegam a envolver transferências de controlo empresarial – passíveis de subsunção no regime do RCC – e que implicam o estabelecimento de feixes diversos de relações entre as empresas. Tais situações tendem a verificar-se com maior frequência entre empresas concorrentes e no quadro de mercados recentemente liberalizados que caminhem de modo célere para uma integração supranacional ou mundial. Pela nossa parte, pensamos que a maior parte dessas situações podem ser reconduzidas ao conceito juridicamente mais rigoroso de empresa comum.

[1521] Na análise jurídica *parametricizada* de efeitos de empresas comuns sobre o processo de concorrência, as diversas qualificações de subcategorias de empresas comuns, e a própria densificação da categoria global da empresa comum devem ter uma função analítica precisa, contribuindo para a identificação de factores que confiram certa especificidade jusconcorrencial a algumas dessas entidades (*maxime* quanto aos tipos de riscos de afectação da concorrência associados às mesmas e quanto a critérios gerais de apreciação a tomar em consideração). Ora, a suposta categoria das *"alianças estratégicas"* não suporta, em nosso entender, qualquer função analítica precisa, correspondendo tal conceito a um *nomen* negocial, de base económica, e que não se reveste de particular conteúdo ou rigor jurídicos. Além disso, como observamos na nossa análise geral da categoria da empresa comum, esta apresenta suficiente flexibilidade – como *sistema de contrato* com os mais variados graus de complexidade – para enquadrar processos híbridos de cooperação e integração empresariais cobrindo múltiplas dimensões de relacionamento entre empresas.

de aplicação de normas de concorrência devido à possível conjugação de efeitos de natureza diversa ao nível de várias funções empresariais que as empresas-mãe tenham decidido integrar entre si. Deve sublinhar-se que a intensificação das modalidades de cooperação empresarial a que temos assistido no plano económico contribui para que as empresas façam assentar novos projectos de empresas comuns em sistemas contratuais progressivamente mais complexos, o que tem conduzido a uma proliferação dessas empresas comuns de tipo complexo e vem dificultando cada vez mais a avaliação dos efeitos das mesmas.

1.5. O TRATAMENTO DE SITUAÇÕES DE TITULARIDADE CONJUNTA DE EMPRESAS

Para além dos dois eixos essenciais de análise referentes aos efeitos de empresas comuns com carácter de concentração e – em especial – aos *efeitos de empresas comuns que não desempenham todas as funções de uma entidade económica autónoma*, o nosso estudo incide também, conquanto muito acessoriamente, sobre outra categoria de situações de cooperação empresarial que apresenta algumas importantes afinidades com o enquadramento da segunda categoria acima mencionada.

Na realidade, pode estar em causa a produção de efeitos sobre a concorrência efectiva comparáveis aos gerados pelas empresas comuns com carácter de cooperação a propósito de situações de titularidade conjunta de empresas que permitam o desenvolvimento de nexos de influência significativa entre empresas, mas que não cheguem a originar as relações jurídico-económicas de controlo conjunto de determinada empresa por duas ou mais empresas-mãe, características da categoria da empresa comum.

A aquisição de uma participação importante numa determinada empresa por parte de outra pode, em vários casos, conferir a esta última uma influência significativa na gestão da empresa participada e, nessa base, pode suscitar riscos de afectação da concorrência muito semelhantes àqueles que emergem da criação e funcionamento de empresas comuns com carácter de cooperação.

Acresce que esses riscos podem revestir-se de uma acuidade particular, devido ao facto de estas realidades terem sido tradicionalmente objecto de menor atenção por parte da autoridade comunitária de con-

844   *Empresas comuns* – Joint Ventures

corrência e de, em consequência, não terem igualmente dado azo a uma jurisprudência muito relevante do TJCE ou do TPI. Várias razões podem militar nesse sentido, incluindo, entre outras, o facto de esse tipo de aquisições de participações significativas noutras empresas não terem sido normalmente objecto de notificação prévia à Comissão *ex vi* do n.º 3 do artigo 81.º CE, bem como o facto de esta Instituição, experimentando sérias dificuldades em enquadrar, de modo eficiente, a generalidade das situações potencialmente relevantes para efeitos de aplicação deste artigo 81.º CE, ter, em regra, concentrado a sua actuação em domínios diversos deste.

Pensamos que a consolidação de um tratamento mais sistematizado das várias subcategorias relevantes de empresas comuns – que reputamos desejável e para a qual a nossa análise crítica pretende contribuir – e a possível introdução de um maior grau de descentralização no processo de aplicação do direito comunitário da concorrência, permitindo à Comissão concentrar a sua atenção em novas categorias de situações com sério potencial de afectação da concorrência, ainda menos escalpelizadas até ao presente,[1522] devem permitir, progressivamente, um enquadramento mais rigoroso das referidas situações de aquisição e detenção de participações significativas noutras empresas. Procuraremos, em qualquer caso, antecipar, muito sumariamente, as bases desse enquadramento jusconcorrencial das realidades de titularidade conjunta de empresas que quase configurem empresas comuns com carácter de cooperação.

A análise desta categoria particular de situações próximas da realidade correspondente à empresa comum com carácter de cooperação será, de resto, desenvolvida, em paralelo com alguma análise sectorial que também vamos empreender do tratamento das empresas comuns no sector financeiro (*maxime* em sede de apreciação de empresas comuns de comercialização, através das quais se desenvolvam processos de cooperação

---

[1522] Tivemos já ensejo de aflorar essa hipótese, que assumimos como provável, quer no quadro da nossa referência ao conjunto de transformações associadas ao denominado processo de "*modernização*" (*supra*, capítulo primeiro da **Parte II**, esp. ponto **5.**), quer no âmbito da nossa análise da fundamental jurisprudência "*Philip Morris*" do TJCE (*supra*, capítulo segundo da **Parte II**, esp. ponto 2.4.). Esse tipo de situações não era normalmente objecto de notificação no sistema do Regulamento n.º 17 e a Comissão manifestou escassa predisposição para proceder ao seu escrutínio *ex officio*. Admitimos, pois, que terão proliferado múltiplas situações com essas características potencialmente lesivas da concorrência.

intrinsecamente ligados ao funcionamento de actividades em rede).[1523] Com efeito, para além de alguns problemas específicos que devem ser suscitados a propósito da criação e funcionamento de empresas comuns nesse sector, as formas de titularidade conjunta de empresas que podem originar relações de influência significativa entre empresas verificam-se com alguma frequência no mesmo sector e justificam uma breve menção.[1524]

1.6. RAZÃO DE ORDEM

Em súmula, propomo-nos na **Parte III** desta dissertação proceder a uma apreciação sistemática dos efeitos mais recorrentes e significativos das empresas comuns sobre a denominada concorrência praticável. Nesse sentido, a nossa análise crítica desta matéria assentará numa perspectiva tanto quanto possível unitária no que respeita ao enquadramento das empresas comuns em sede de direito comunitário da concorrência, independentemente das distinções entre várias categorias de empresas comuns que resultam das normas de direito constituído.

Essa análise é desenvolvida em duas vertentes fundamentais que correspondem aos dois testes jurídicos primaciais utilizados na avaliação das empresas comuns – o teste referente à compatibilidade com o mercado comum e o teste relativo à coordenação de comportamentos. Em relação a cada um dos mesmos procuramos delinear modelos de análise flexíveis, mas minimamente estáveis, que permitam compatibilizar a realização de verdadeiras análises jurídico-económicas de mercado com alguma previsibilidade e segurança jurídicas em matéria de tratamento de empresas comuns.

[1523] Como já referimos na **Introdução**, diversos problemas específicos associados a empresas comuns no sector financeiro serão aflorados no quadro da nossa análise de empresas comuns de comercialização de bens e serviços. Nesse contexto, procedemos também à análise de estruturas de cooperação – *vg.*, orientadas para a gestão de sistemas de cartões de pagamento – que assumem características e produzem consequências aproximadas às de verdadeiras empresas comuns.

[1524] Sobre os problemas decorrentes de situações de titularidade de participações minoritárias em empresas concorrentes, associadas à participação nos órgãos sociais das mesmas, e a respeito da frequência com que as mesmas tendem a ocorrer no sector financeiro, cfr., ENZO MOAVERO-MILANESI, ALEXANDER WINTERSTEIN, "Minority Shareholdings, Interlocking Directorships and the EC Competition Rules – Recent Commission Practice", in Competition Policy Newsletter, 2002, N.º 1, February, pp. 15 ss..

846 *Empresas comuns* – Joint Ventures

Esse objectivo dogmático de construção de modelos de análise, assentes em alguns parâmetros jurídico-económicos pré-definidos – embora baseados na utilização de um método indutivo em relação a apreciações efectuadas num conjunto muito extenso de precedentes – é especialmente prosseguido no domínio de aplicação do teste relativo à coordenação de comportamentos concorrenciais. A nossa atenção incide, pois, de modo muito particular, sobre os efeitos emergentes das empresas comuns com carácter de cooperação – submetidas ao regime previsto no artigo 81.º CE. – incluindo-se, ainda, nesse núcleo mais desenvolvido da nossa análise, o tratamento da subcategoria de empresas comuns que conjuga elementos conducentes à sua qualificação como concentração e a produção de efeitos de coordenação dos comportamentos das respectivas empresas-mãe.

Nesta vertente dominante da nossa análise, embora a nossa apreciação da *praxis* decisória da Comissão Europeia e da jurisprudência do TJCE e do TPI seja desenvolvida através do estudo na especialidade daqueles que consideramos os tipos funcionais mais significativos de empresas comuns com carácter de cooperação,[1525] o escopo primacial que se prossegue é o de identificar e consolidar um conjunto devidamente encadeado de índices e parâmetros jurídicos-económicos de apreciação de factores relevantes que consubstancie, na sua globalidade, um verdadeiro modelo de análise dessa categoria de empresas comuns.

Importa, assim, enunciar *ab initio* – em termos muito genéricos – alguns dos principais elementos que devem integrar esses parâmetros de apreciação e procurar um nexo coerente de articulação lógica entre os mesmos. Esse modelo de análise deverá depois ser densificado e desenvolvido no quadro do estudo especializado, sucessivo, dos vários tipos funcionais de empresas comuns com carácter de cooperação a que atrás aludimos. Tal modelo começa por ser delineado, com grande generalidade, à luz de algumas coordenadas de análise e de conceitos já estabilizados em

---

[1525] Referimo-nos, pois, às empresas comuns de investigação e desenvolvimento, às empresas comuns de produção e às empresas de comercialização de bens e serviços. Podem, também, estar em causa empresas comuns de tipo misto que combinem diversas dessas funções sem que uma se possa assumir como predominante e sem chegar a transpor o limiar que caracteriza as empresas comuns que desempenham todas as funções de uma entidade económica autónoma. Além disso, como já se referiu, consideramos também, conquanto num patamar diferente de desenvolvimento, a subcategoria das empresas comuns de aquisição de bens e serviços.

Parte III – Capítulo 1 847

sede de tratamento de vários institutos jurídicos do direito comunitário da concorrência, bem como através do já referido processo indutivo de síntese dos múltiplos juízos produzidos em precedentes relevantes. Em contrapartida, a sua verdadeira explicitação resulta do crivo da apreciação na especialidade dos vários tipos funcionais de empresas comuns sobre os quais incide a nossa atenção.

2. Os principais elementos do modelo de análise de empresas comuns proposto

2.1. ASPECTOS GERAIS

No domínio das empresas comuns com carácter de cooperação consideramos passíveis de acolhimento alguns critérios típicos de apreciação propostos pela Comissão Europeia em matéria de avaliação dos efeitos da generalidade dos acordos de cooperação entre empresas, na Comunicação de 2001. Todavia, se esses elementos são inevitavelmente tomados em consideração no nosso estudo, atendendo ao seu propósito meritório de delinear um modelo de análise, de alcance geral, dos acordos de cooperação, pensamos que esse objectivo só de modo muito limitado foi alcançado.

Assim, como veremos, o conjunto de critérios de apreciação delineados pela Comissão afigura-se-nos incompleto e, sobretudo, excessivamente particularizado em função dos vários tipos funcionais de acordos de cooperação, não fornecendo por isso em alguns domínios verdadeiros parâmetros gerais de apreciação.

De qualquer modo, a opção metodológica formulada na referida Comunicação de 2001 no sentido de se procurar fixar um primeiro estádio de análise de acordos de cooperação entre empresas, através de um padrão tripartido de avaliação preliminar dos mesmos, afigura-se-nos essencialmente correcta e, como tal, aplicável à análise das empresas comuns com carácter de cooperação.

Pensamos, contudo, que o modelo de apreciação a delinear deve contemplar um segundo estádio de análise – de carácter geral – dos efeitos das empresas comuns antes de se passar imediatamente à ponderação dos

848 *Empresas comuns* – Joint Ventures

aspectos específicos de cada tipo funcional destas empresas como se sugere na citada Comunicação da Comissão.

2.2. PRIMEIRO ESTÁDIO DE ANÁLISE DAS EMPRESAS COMUNS – AS SITUAÇÕES NORMALMENTE PERMITIDAS

No que respeita ao primeiro estádio de análise, consideramos essencial proceder a uma avaliação preliminar das empresas comuns no sentido de as enquadrar potencialmente – à luz de determinados índices – em três categorias de situações valoradas de forma diversa pelo direito comunitário da concorrência. Trata-se de identificar tipos de situações quase sempre permitidas pelas normas de concorrência, tipos de situações quase sempre proibidas por essas normas e, finalmente, tipos de situações que exigem uma análise mais desenvolvida, sopesando potenciais elementos restritivos da concorrência inerentes às mesmas e aspectos positivos que as possam contrabalançar, designadamente ao nível da eficiência económica gerada pelas empresas comuns em causa.

O primeiro tipo de situações corresponde a áreas de cooperação empresarial caracterizadas pela ausência de riscos relevantes de afectação da concorrência ou por uma intensidade muito reduzida dos mesmos. Estão em causa verdadeiros espaços de cooperação empresarial tipicamente lícita, salvo em caso de ocorrência de factores excepcionais a avaliar em cada situação concreta.[1526]

Pela nossa parte, consideramos que estas áreas de cooperação em princípio permitidas pelo direito da concorrência – e, como tal, não sujeitas à proibição estabelecida no n.º 1 do artigo 81.º CE. – podem, normalmente, ser delimitadas através de três índices primaciais. O primeiro desses índices corresponde ao apuramento de situações de criação de

---

[1526] Essas áreas correspondem, pois, e como já observámos, ao que a doutrina norte-americana designa, normalmente, como *"safe harbours"*, cuja existência contribui para reduzir os *"custos de transacção"* das empresas e para aumentar a previsibilidade dos juízos de avaliação em sede de direito da concorrência. Essa técnica jurídica de delimitação de situações jurídico-económicas tipicamente não susceptíveis de afectar a concorrência – e, em princípio, permitidas – tem sido nesse ordenamento norte-americano utilizada não apenas nas *"Merger Guidelines"*, desde a sua formulação originária, mas também, de algum modo, nas recentes Orientações interpretativas, cobrindo a matéria das empresas comuns (*"Antitrust Guidelines for Collaborations Among Competitors"*, de 2000, cit.).

Parte III – Capítulo 1

empresas comuns entre empresas não concorrentes, nem em termos actuais, nem em termos potenciais. Está aqui em questão a aplicação de um critério de grande importância que se baseia na verificação das relações de mercado existentes entre as partes e que pode ser ainda trazido à colação – sob outras formas – noutros estádios dos juízos de avaliação de empresas comuns (nos casos em que essa avaliação exija análises mais desenvolvidas).[1527]

O segundo índice corresponde à verificação de situações de cooperação entre empresas concorrentes que não podem de modo independente realizar o projecto ou a actividade coberta por essa cooperação. Entendemos, contudo, que essa impossibilidade deve ser aferida em relação a projectos ou actividades que se mostrem decisivos para assegurar a presença de um concorrente suplementar em determinado mercado, ou, subsidiariamente, para o fornecimento de bens ou serviços relevantes, que de outro modo não seriam disponibilizados aos consumidores. Além disso, consideramos que este critério indicativo da inexistência de riscos relevantes de restrição da concorrência apenas poderá ser utilizado com base em factores de mercado conclusivos e que, como tal, dispensem um juízo mais complexo de ponderação de elementos de afectação da concorrência e de elementos de eficiência económica.

Estes dois índices são também considerados pela Comissão na análise desenvolvida na Comunicação de 2001,[1528] embora o segundo índice

---

[1527] De alguma forma, esse critério relativo à verificação das relações de mercado existentes entre as partes pode ser reconduzido a um dos critérios directores preconizados na doutrina norte-americana por JOSEPH BRODLEY e referente ao que este A. designa como *"the competitive or business relationship between the joint venture and its parents"* (cfr. A. cit., "Joint ventures and Antitrust Policy", cit., p. 1540). Todavia, essa perspectiva analítica pode ser materializada, como adiante observaremos, de diversos modos. Acresce, ainda, que no quadro do ordenamento comunitário da concorrência, a mesma deve tomar em consideração as particularidades do relacionamento económico de empresas comuns que não desempenham todas as funções de uma entidade económica autónoma com as respectivas empresas fundadoras. Para uma referência de fundo à perspectiva analítica preconizada por BRODLEY no âmbito da doutrina comunitária e no sentido de ponderar – de modo determinante – a natureza das relações económicas entre as empresas comuns e as suas empresas fundadoras, cfr., ainda, JOHN TEMPLE LANG, *International Joint Ventures Under Community Law*, cit., p. 395.

[1528] A este respeito, já tivemos ensejo de observar que a generalidade dos critérios analíticos delineados na Comunicação de 2001 em relação ao conjunto dos acordos de cooperação deverá ser especialmente observada quanto às empresas comuns submetidas ao regime do artigo 81.º CE. Essa Comunicação interpretativa só poderá considerar-se

em causa seja aí contemplado em termos que se nos afiguram excessivamente vagos e menos aptos a configurar um teste dirigido a delimitar uma zona de cooperação empresarial não sujeita a proibições estabelecidas pelo direito da concorrência. Na verdade, a Comissão não especifica os resultados económicos concretos que devem condicionar a aplicação desse critério – nos termos que atrás referimos – o que torna incerta a sua concretização.

Em contrapartida, na mesma Comunicação, a Comissão sustenta a aplicação de um terceiro índice que, pela nossa parte, não consideramos admissível. Esse índice corresponderia à identificação de situações de cooperação que incidam sobre actividades que não influenciam os parâmetros relevantes de concorrência. Devemos ressalvar que não rejeitamos, em absoluto, o critério de avaliação de efeitos inerentes à criação de empresas comuns que se encontra subjacente a essa análise da Comissão. Todavia, não consideramos praticável a sua utilização na função analítica que a Comissão aparentemente lhe atribuiu. Essa função – importa recordá-lo – consiste na delimitação – ao nível de um primeiro estádio de análise – de situações de cooperação em princípio permitidas à luz do n.º 1 do artigo 81.º CE., o que pressupõe a utilização de critérios de mais fácil apreensão e de concretização quase imediata a partir de determinados elementos objectivos referentes aos mercados que se encontrem em causa. Ora, tais pressupostos analíticos não se encontram reunidos nesse índice de avaliação de situações de cooperação empresarial que é proposto pela Comissão.

Pela nossa parte, consideramos que se justifica a utilização de um terceiro índice com um conteúdo diverso para a avaliação preliminar desse tipo de situações. Assim, admitimos que será possível em algumas situações confirmar de modo imediato a debilidade ou ausência de poder de mercado das empresas participantes em determinada empresa comum.[1529] Nos casos em que essa ausência de poder de mercado seja manifesta, designadamente em virtude de um carácter inexpressivo das quotas de mercado das empresas participantes na empresa comum não compensado por outros factores poderá, em princípio, pressupor-se que a

---

lacunar nesse plano, em nosso entender, por não contemplar ou desenvolver critérios de maior especificidade quanto às empresas comuns.

[1529] Referimo-nos aqui, em rigor, a situações que na prática correspondem à inexistência de poder de mercado com significado por parte das empresas que se encontrem em causa.

criação da empresa comum não gera riscos relevantes de afectação da concorrência, salvo em situações muito particulares ou se forem estipuladas obrigações de não concorrência – associadas à empresa comum – que possam ser cobertas por normas *per se* de proibição. De qualquer modo, neste último caso o que em rigor se encontraria em questão seriam os acordos entre empresas especificamente respeitantes a tais estipulações e não o próprio processo de constituição de empresa comum.

Deve salientar-se que na Comunicação de 2001 a Comissão traz à colação esse critério relacionado com o poder de mercado neste primeiro estádio de análise de efeitos decorrentes de empresas comuns, embora lhe confira um alcance e função diferentes daqueles que ora propomos. A Comissão considera que as situações de cooperação empresarial em princípio permitida, delimitadas com base nos três índices por si preconizados,[1530] podem, em última análise, vir a ser cobertas pela proibição prevista no n.º 1 do artigo 81.º CE quando as empresas participantes na empresa comum forem entidades com *"poder de mercado significativo"* (o qual não deve ser confundido com uma posição de domínio de certo mercado).[1531] Pela nossa parte, entendemos que o poder de mercado das

---

[1530] Reportamo-nos aos três índices *supra* referidos, com a ressalva de, pela nossa parte, discordarmos do terceiro índice proposto – identificação de situações de cooperação que incidam sobre actividades que não influenciam os parâmetros relevantes de concorrência – propondo, em alternativa, o índice correspondente à manifesta debilidade ou ausência de poder de mercado das empresas participantes em determinada empresa comum. Além disso, no que respeita ao segundo índice – verificação de situações de cooperação entre empresas concorrentes que não podem de modo independente realizar o projecto ou a actividade coberta por essa cooperação – considerámo-lo também formulado pela Comissão em termos excessivamente vagos, propondo uma formulação mais conclusiva do mesmo.

[1531] A conceptualização jurídico-económica no direito comunitário da concorrência do *poder de mercado significativo* das empresas deverá representar um *minus* em relação ao conceito, largamente densificado nesse ordenamento, de *posição dominante*. Na realidade, em sede de aplicação do artigo 81.º CE a ponderação do poder de mercado das empresas, relevante para aferição da intensidade de uma possível afectação da concorrência decorrente de situações de cooperação que as envolvam, deverá ser feita a um nível inferior ao limiar do qual resulta, em sede de aplicação do artigo 82.º CE e do regime do RCC, a verificação da existência de posições dominantes. Contudo, de uma forma que se nos afigura criticável, tem proliferado no direito económico comunitário e, designadamente, em áreas de regulação sectorial *ex ante* cuja concretização deve ser realizada em articulação com os normativos de concorrência, a utilização do referido conceito de *poder de mercado significativo* ou de qualificações jurídicas comparáveis, como sucedeu, *vg.*, com as Directivas em matéria de comunicações electrónicas e com a Comunicação inter-

852 *Empresas comuns* – Joint Ventures

partes não deve ser considerado unicamente como critério de exclusão da zona de cooperação empresarial permitida nos casos em que é particularmente intenso, mas pode também, no pólo oposto – quando é especialmente ténue – constituir um terceiro critério positivo de inclusão de empresas comuns nesse espaço de cooperação legítima.

De qualquer modo, será exigível, para o efeito, que a constatação da existência desse ténue poder de mercado das empresas participantes na empresa comum se imponha de forma clara nos vários cenários alternativos de definição do mercado relevante que se encontre em causa.[1532]

---

pretativa, relacionada com as mesmas, contendo *"Orientações da Comissão relativas à análise e avaliação de poder de mercado significativo no âmbito do quadro regulamentar comunitário para as redes e serviços de comunicações electrónicas"* (JOCE n.º C 165/6, de 11/7/2002). Além disso, a utilização desse conceito em estreita associação com o conceito jusconcorrencial de posição dominante, como se verifica nas Orientações *supra* referidas, não contribui em absoluto para a sua clarificação. De resto, a Comissão tem revelado uma preocupante propensão para utilizar conceitos paralelos aos de *posição dominante* para ponderar situações referentes a alguma intensidade de poder de mercado das empresas, como sucedeu, *vg.*, com o conceito de *"paramount market position"* (*posição de mercado de elevada importância*) – aparentemente de alcance mais amplo do que o de *posição dominante* – que era proposto no projecto inicial de Comunicação interpretativa da Comissão relativa à *"apreciação de concentrações de tipo horizontal"* (*"Commission Draft Notice on the appraisal of horizontal mergers under the Council Regulation on the control of concentrations between undertakings"* – Brussels, 11.12.2002) e, que, de modo positivo – em nosso entender – não veio a ser acolhido na formulação definitiva das *"Orientações para a apreciação das concentrações horizontais nos termos do Regulamento do Conselho relativo ao controlo de concentrações de empresas"*, cit., de 2004. Sobre esse conceito de *"paramount market position"*, o qual corresponderia a situações em que uma empresa resultante de concentração detivesse uma quota de mercado de grande dimensão e de uma considerável vantagem em termos de quota de mercado em relação aos rivais mais próximos, cfr. SIMON BISHOP, DEREK RIDYARD, "Prometheus Unbound: Increasing the Scope for Intervention in EC Merger Control", in ECLR, 203, pp. 257 ss.. Sobre estas questões, no contexto da apreciação substantiva de empresas comuns qualificáveis como concentrações, cfr., em geral, *infra*, capítulo segundo.

[1532] É evidente que a delimitação deste *"safe harbour"* através de critérios imediatamente operacionais e que não dependem de análises mais desenvolvidas exige, desde logo, uma elevada eficácia de processos intermédios de análise, como sucede, em especial, com os respeitantes à *delimitação de mercados relevantes* (cfr., sobre esta matéria o exposto *supra*, no capítulo segundo da **Parte II**, esp. ponto **4.**). Na realidade, só assim se pode apurar, *vg.*, se as empresas participantes numa empresa comum são ou não concorrentes. De qualquer modo, estão em causa exercício analíticos completamente diversos consoante se pretenda fixar uma delimitação do mercado como base para a avaliação desenvolvida do poder de mercado das empresas e das múltiplas condições do seu exer-

Parte III – Capítulo 1

Tendo presente a configuração que vimos sustentando para os três critérios de delimitação de uma zona de cooperação empresarial admissível, consideramos que os mesmos devem ainda ser contrabalançados com o critério negativo, já referido, da existência de um poder de mercado especialmente intenso dos entes que integram a empresa comum e – subscrevendo-se, neste ponto, a análise delineada na Comunicação de 2001 – com um segundo critério negativo, que corresponde à possibilidade de a cooperação empresarial em causa vedar o acesso de terceiros ao mercado.

2.3. PRIMEIRO ESTÁDIO DE ANÁLISE DAS EMPRESAS COMUNS – AS SITUAÇÕES NORMALMENTE PROIBIDAS

Como já referimos, ao nível de um primeiro estádio de análise dos efeitos emergentes de empresas comuns podem identificar-se categorias de situações quase sempre proibidas pelas normas de concorrência. Estarão em causa neste domínio acordos de criação de empresas comuns que tenham por objecto restringir a concorrência – aspecto que deve ser aferido com base em parâmetros de índole essencialmente objectiva. Não está propriamente em causa qualquer determinação rigorosa, no plano subjectivo, das intenções das partes em cada processo de constituição de empresas comuns. O que importa apurar é a real função ou finalidade do acordo subjacente à criação da empresa comum, de acordo com elementos objectivos, o que quase equivale a avaliar os efeitos previsíveis desse entendimento entre as empresas.

Na verdade, se for possível antecipar efeitos típicos de certos acordos – verdadeiramente padronizáveis a partir de certo conteúdo funcional dos acordos – então poderá também, nessa base, configurar-se uma função típica dos mesmos acordos no sentido de introduzir determinadas modalidades de restrições da concorrência. Em última análise, acaba por se revelar algo artificiosa neste contexto uma contraposição conceptual entre, por um lado, o objecto do acordo – na perspectiva do escopo das partes – e, por outro lado, os efeitos do mesmo acordo.[1533]

---

cício ou conforme se possa, numa análise sumária, identificar cenários alternativos de definição do mercado que permitam retirar, desde logo, ilações como a inexistência, em qualquer caso, de relações de concorrência entre as empresas participantes ou a inexistência de poder de mercado minimamente apreciável por parte dessas empresas.

[1533] Cfr., a este propósito, a Comunicação de 2001, ponto 24, *in fine*.

854   *Empresas comuns* – Joint Ventures

Estas situações normalmente proibidas pelo direito comunitário da concorrência verificam-se nos casos em que a criação e o funcionamento de empresas comuns conduzam a três formas paradigmáticas de afectação sensível da concorrência efectiva, compreendendo os acordos tendentes à fixação de preços, à limitação de produção e à repartição de mercados ou de clientela. Trata-se de formas de afectação da concorrência normalmente cobertas por um verdadeiro parâmetro de proibição *per se* à luz do n.º 1 do artigo 81.º CE. que, pelo seu conteúdo, coincidem de modo impressivo com as principais proibições *per se* impostas no direito da concorrência norte-americano.[1534] Com efeito, neste ordenamento a generalidade da doutrina, na esteira de jurisprudência constante dos tribunais superiores – em especial do Supremo Tribunal federal – tem considerado os acordos de carácter horizontal de fixação de preços, bem como os entendimentos entre empresas com vista à limitação da produção, como restrições da concorrência proibidas *per se*, embora autores como TERRY CALVANI tenham salientado decisões jurisprudenciais mais recentes que parecem suscitar algumas dúvidas sobre essa delimitação das formas de cooperação empresarial normalmente proibidas.[1535]

De alguma forma, o elemento que sobressai nesse tipo de casos de cooperação entre empresas é o acordo directamente orientado para a afectação dos principais pilares em que assenta qualquer processo de concorrência efectiva. Estes, em virtude da primordial importância de que se revestem para a manutenção dos níveis mínimos de concorrência efectiva, devem, em regra, ser salvaguardados de modo absoluto, independentemente de quaisquer considerações estruturais (devendo neste plano, e a título excepcional, afastar-se a relevância dos factores estruturais relacionados com o poder de mercado das empresas participantes).

[1534] Cfr., nesse sentido, as *"Antitrust Guidelines for Collaborations Among Competitors"*, de 2000, cit., ponto 1.2. (*"Agreements Challenged as Per Se Illegal"*). Como aí se refere, *"types of agreements that have been held per se illegal include agreements among competitors to fix prices or output, rig bids, or share or divide markets by allocating customers, suppliers, territories, or lines of commerce"*.

[1535] Cfr. TERRY CALVANI, "Some Thoughts on the Rule of Reason", in ECLR, 2001, pp. 201 ss. CALVANI refere, em particular, a este propósito dois importantes precedentes do Supremo Tribunal norte-americano, correspondentes aos casos *"BMI"* e *"NCAA"*. Como refere este A., *"Neither BMI nor NCAA fits the traditional paradigm. Both price fixing cases were assessed under the rule of reason. The practice in one was found reasonable and in the other condemned"* (*op. cit.*, p. 203).

Parte III – Capítulo 1

O sistema contratual mais complexo em que se traduz a criação de empresas comuns acaba, pois, nestas situações por representar uma componente acessória de um verdadeiro acordo central dirigido à manipulação de elementos vitais para a concorrência efectiva que, até certo ponto, é ocultado pela própria figura da empresa comum. É evidente que a avaliação de algumas dessas situações não dispensa um juízo suplementar de ponderação, que permita graduar, de acordo com o conteúdo funcional de certas empresas comuns, qual a componente que, em última análise, comanda o processo de cooperação empresarial – a componente de integração relacionada com a colocação em comum de algumas funções empresariais ou a componente de concertação de comportamentos orientada para a manipulação de elementos essenciais do processo de concorrência.

Assim, consideramos correcta a análise desenvolvida pela Comissão na Comunicação de 2001 no sentido de afastar, excepcionalmente, a aplicação de um critério *per se* de proibição em relação a determinados acordos restritivos da concorrência incluídos em acordos globais de constituição de empresas comuns de produção.[1536]

Na verdade, desde que se comprove que a vertente dominante da cooperação estabelecida entre duas ou mais empresas reside na integração de uma parcela da função produtiva, através da criação de uma empresa comum, pode, em tese, aceitar-se como situação inerente ao funcionamento de tal empresa comum de produção – *maxime* se esta estender a sua actuação à comercialização conjunta dos bens por si manufacturados – a inclusão nos acordos celebrados entre as empresas participantes de disposições respeitantes aos preços e à produção. Nesse caso, os aspectos restritivos da concorrência decorrentes desses entendimentos em matéria de preços e de produção devem ser objecto de uma apreciação global que incida sobre os efeitos da empresa comum no mercado, a fim de determinar a aplicação ou não da proibição prevista no n.º 1 do artigo 81.º CE.

Pela nossa parte, admitimos que esta ressalva de aspectos directamente restritivos da concorrência possa ter um conteúdo mais amplo do que aquele que é contemplado pela Comissão, abarcando também algumas situações referentes à criação e funcionamento de empresas comuns de

---

[1536] Tenha-se presente, a esse propósito a defesa permitida em relação a decisões conjuntas quanto a preços no contexto de empresas comuns de produção que incluam também alguma comercialização dos produtos manufacturados por essa entidade. Cfr. nota 18 na Comunicação de 2001, cit..

comercialização. Em contrapartida, pensamos que a Comissão não clarificou devidamente o juízo autónomo de ponderação que é necessário desenvolver neste tipo de situações. Quando se pressupõe que o conteúdo funcional de certas categorias de empresas comuns implica obrigatoriamente processos de decisão conjuntos em relação a elementos do comportamento comercial que são decisivos para a manutenção da concorrência efectiva não pode aceitar-se – como suposta consequência necessária dessa premissa – que as restrições da concorrência associadas a tais processos devam ser objecto de um juízo de avaliação que incida sobre os efeitos globais da empresa comum.

É necessário avaliar, através de uma adequada compreensão crítica do sistema de contrato em que se consubstancie a empresa comum em causa, se as referidas restrições da concorrência correspondem a uma componente acessória do processo de cooperação encetado entre as empresas participantes ou se as mesmas representam, em termos reais, a vertente dominante de tal processo.

2.4. ESTÁDIOS DE ANÁLISE DAS EMPRESAS COMUNS – AS SITUAÇÕES QUE PODEM SER PROIBIDAS À LUZ DO N.º 1 DO ARTIGO 81.º CE

2.4.1. Aspectos introdutórios

No quadro de um primeiro nível de análise preliminar das empresas comuns com carácter de cooperação identificámos uma terceira categoria de situações cuja sujeição à proibição estabelecida no n.º 1 do artigo 81.º CE. suscita dúvidas, exigindo uma análise mais desenvolvida. Trata-se de situações que não podem com segurança ser qualificadas como formas de cooperação em princípio permitidas ou proibidas à luz da referida disposição através da aplicação dos critérios de apreciação *supra* delineados.

Assim, o esforço metodológico no sentido de construir um modelo relativamente previsível de apreciação de categorias de empresas comuns, com carácter de cooperação, contemplando uma sequência de várias etapas padronizadas de análise, deve incidir, em especial, sobre este tipo de situações.

Parte III – Capítulo 1 857

Pela nossa parte, entendemos que a elaboração dogmática tendente à construção de um tal modelo de análise – conquanto inelutavelmente flexível e dependente de alguns elementos de apreciação casuística[1537] – pode desbravar uma via analítica nova em ordem a que múltiplos juízos de valoração de modalidades de cooperação entre empresas[1538] sejam desenvolvidos em sede de aplicação do n.º 1 do artigo 81.º CE., e não maioritariamente em sede de aplicação do n.º 3 do mesmo artigo.[1539] Daí resultará, segundo cremos, uma dupla vantagem traduzida, por um lado, na redução de um grau excessivo de intervenção das autoridades de concorrência na actividade empresarial e, por outro, num decisivo acréscimo de previsibilidade e de segurança jurídicas ao nível da concretização jurídica das normas de concorrência.

Esse modelo de análise apto a transferir a principal sede jurídica de legitimação de diversas categorias de empresas comuns da previsão do n.º 3 do artigo 81.º para o n.º 1 do referido artigo implica a utilização de parâmetros de apreciação que, em alguns aspectos, se aproximam da metodologia, já analisada, da denominada *"regra de razão"* (*"rule of reason"*) do ordenamento da concorrência norte-americano, mas que não devem ser linearmente assimilados à mesma.[1540] Na realidade, não só essa metodologia apresenta especificidades associadas ao funcionamento do sistema jurisdicional norte-americano, como nesse ordenamento a própria contraposição tradicional entre a análise baseada na *"regra de razão"* e a apre-

---

[1537] Existe, contudo, uma diferença fundamental, que importa acentuar, entre uma análise jurídica condicionada por factores casuísticos e uma análise totalmente determinada por esse tipo de factores (a qual se mostrará tendencialmente incerta com as consequentes repercussões em termos de aumento dos custos de transacção para as empresas).

[1538] A nossa análise incide, em especial, na cooperação entre empresas com recurso à modalidade da empresa comum, mas a conclusão que atrás se refere pode, na verdade, abrir caminho para outras formas de cooperação entre empresas.

[1539] Importa aqui recordar que, como já se aflorou, quer na **Introdução**, quer no capítulo segundo da **Parte II**, se verificou no passado recente uma propensão por parte da Comissão para considerar múltiplas empresas comuns sujeitas à proibição do n.º 1 do artigo 81.º CE para depois, e de modo recorrente, determinar a cobertura das mesmas por isenções *ex vi* do n.º 3 dessa disposição. A nova orientação que atrás sustentamos traduzir-se-á, pois, numa importante mutação no tratamento substantivo das empresas comuns.

[1540] Referimos já os aspectos essenciais em que assenta a metodologia de análise da *"rule of reason"* no direito norte-americano (*supra*, **Introdução** e, sobretudo, capítulo primeiro da **Parte II**, esp. 4.4.). Esses aspectos serão desenvolvidos no quadro da nossa análise *ex professo* das várias subcategorias de empresas comuns, a qual assenta num exercício comparativo sistemático com o ordenamento norte-americano.

858   *Empresas comuns* – Joint Ventures

ciação com base em critérios *per se* de proibição tem vindo a ser progressivamente posta em causa.[1541]

Deste modo, independentemente de qualquer preocupação com possíveis paralelismos em relação a alguns aspectos da metodologia de análise da "*regra de razão*", o modelo de apreciação a construir deve assentar na determinação do que podemos denominar de *efeito global, ou ponderado*, que certas categorias de empresas comuns produzem sobre a concorrência. Como atrás se refere, rejeitamos, mesmo, neste contexto a utilização *qua tale* da categoria conceptual da "*regra de razão*".[1542]

[1541] Na realidade, como adiante se observará de modo mais aprofundado, a "*rule of reason*" encontra-se estreitamente associada à específica estrutura normativa da disciplina jurídica de situações de cooperação empresarial no ordenamento norte-americano, que não é coincidente com a estrutura normativa do artigo 81.º CE. Além disso, quer em função de desenvolvimentos jurisprudenciais relativamente recentes, quer em função de novas orientações doutrinais no âmbito do ordenamento norte-americano da concorrência, a tradicional contraposição estrita entre critérios de análise baseados na "*rule of reason*" e critérios de proibição *per se* vem sendo crescentemente questionada. Cfr., nesse sentido, *inter alia*, TERRY CALVANI, "Some Thoughts on the Rule of Reason", cit., pp. 201 ss.; GEERT WILS, "'Rule of Reason': Une Regle Raisonnable en Droit Communautaire'", cit., pp. 19 ss.; CHARLES WELLER, "A 'new' rule of reason from Justice Brandeis''concentric circles and other changes in law", cit., pp. 881 ss.. Em particular, tem resultado desses desenvolvimentos a necessidade de ponderar *parâmetros intermédios*, correspondentes, *vg.*, à regra *per se* de análise intensificada ou de análise sumária ("*quick-look*"), ou à "*rule of reason*" de análise reduzida ou de análise sumária ("*quick look*"). A ideia fundamental subjacente a esses parâmetros intermédios corresponde a uma devida ponderação dos graus muito variáveis de complexidade de potenciais repercussões concorrenciais de múltiplas situações, que não são devidamente enquadrados na contraposição tradicional. No plano específico da análise jusconcorrencial de empresas comuns, o modelo analítico geral proposto por JOSEPH BRODLEY – já várias vezes referido – toma, precisamente, como ponto de partida a verificação do carácter redutor da apreciação resultante do binómio proibição *per se* – "*rule of reason*" e da excessiva indefinição jurídica resultante da remissão da generalidade das empresas comuns, com excepção daquelas que correspondam a cartéis dissimulados para uma avaliação baseada na "*rule of reason*". Assim, a propósito dos diversos factores inerentes à aplicação da "*rule of reason*" comenta com justeza BRODLEY que "*although these factors provide some narrowing of issues, the ultimate question remains of such broad scope and generality that little predictive guidance is possible. The ultimate legal result continues to turn on judicial characterization of a complex factual transaction, a situation that leads to uncertainty and costly proceedings*" (A. cit., "Joint Ventures and Antitrust Policy", cit., p.1536).

[1542] Há, mesmo, quem sustente que na Comunicação de 2001 da Comissão já se encontraria em causa a assunção de uma metodologia de análise materialmente assimilável à "*rule of reason*" do ordenamento norte-americano, apesar da ausência de referências

Parte III – Capítulo 1 859

Essa determinação, por seu turno, deve resultar de um feixe encadeado de juízos, consideravelmente influenciados por factores de índole estrutural, que, por um lado, avaliem e qualifiquem os elementos restritivos da concorrência inerentes a certas empresas comuns e, por outro, avaliem os elementos proconcorrenciais subjacentes a essas entidades, estabelecendo, a final, uma ponderação global desse conjunto de efeitos.

Como já se referiu, este processo analítico é equacionado, embora com consideráveis limitações e deficiências na Comunicação de 2001, da Comissão, e, porventura com maior eficácia, é também discutido nas *"Orientações referentes à Colaboração entre Concorrentes"* do ordenamento norte-americano (as quais se revestem, apesar de tudo, de carácter limitado, visto que incidem apenas sobre formas de cooperação entre empresas concorrentes com exclusão de outras categorias de empresas comuns).[1543]

Diversamente da formulação tradicional da *"regra de razão"* norte-americana, esta avaliação do *efeito global ponderado* de empresas comuns sobre a concorrência terá de assentar num conjunto relativamente padronizado de critérios de apreciação – passíveis de ajustamentos através de vários factores de ponderação influenciados pelas circunstâncias de cada situação de mercado em concreto – e deve conduzir a um encadeamento de juízos parcelares – configurando alguns desses mesmos juízos *quase--presunções* – apto a permitir um processo expedito e minimamente previsível de apreciação das empresas comuns.[1544]

---

explícitas à mesma. Não é essa, contudo, a nossa posição. A abertura à ponderação global de elementos restritivos da concorrência e de elementos favoráveis à concorrência ou indutores de eficiências que efectivamente se verifica, em certos termos, na Comunicação de 2001 – mesmo que insuficientemente densificada em alguns pontos – não tem que ser reconduzida, enquanto tal, à metodologia da *"rule of reason"*.

[1543] Referimo-nos aqui às *"Antitrust Guidelines for Collaborations Among Competitors"*, de 2000, cit. As autoridades federais norte-americanas da concorrência chegaram a contemplar um projecto mais ambicioso de adopção de Orientações que cobrissem todas as formas de cooperação – e não apenas a cooperação entre empresas concorrentes – mas abandonaram esse projecto, devido à sua excessiva complexidade, na sequência das análises preliminares resultantes do denominado *"Joint Venture Project"* desenvolvido em 1997 pela *"Federal Trade Commission"* (envolvendo um conjunto de audições de entidades especializadas e de diversos autores representativos da doutrina norte-americana sobre o enquadramento jusconcorrencial das empresas comuns e as condições possíveis de formulação de orientações gerais sobre a matéria – *"Hearings on the Joint Venture Project – Federal Trade Commission – 1997"*).

[1544] Reiteramos que este modelo analítico tendente à avaliação do que denominamos de *efeito global ponderado* de empresas comuns não deve ser reconduzido à

2.4.2. O segundo estádio de análise das empresas comuns

A apreciação de categorias de empresas comuns cujas repercussões sobre a concorrência efectiva suscitem dúvidas, após uma primeira análise preliminar das mesmas, deverá ser desenvolvida num segundo estádio de análise, de pendor estrutural, assente no critério da quota de mercado conjuntamente detida pelas empresas participantes.

O propósito essencial subjacente a este segundo estádio de análise dos efeitos das empresas comuns com carácter de cooperação, que preconizamos, será o de graduar o poder de mercado das empresas que constituem essa empresa comum. Nos casos em que seja apurada uma fraca intensidade de poder de mercado das empresas participantes, e em que o mesmo não seja significativamente reforçado através do processo de cooperação encetado entre as mesmas, pode, de algum modo, presumir-se – salvo circunstâncias específicas inerentes ao funcionamento do mercado que se encontre em causa – que a criação da empresa comum não restringe a concorrência.[1545]

Como é natural, essa avaliação exige já outros juízos acessórios, incluindo, em especial, juízos relativamente precisos sobre a definição do mercado relevante.[1546] Acresce que o critério relativo à quota de mercado

---

metodologia de análise da "*rule of reason*". No limite, a considerar-se qualquer paralelismo com os modelos de análise utilizados no direito norte-americano da concorrência – o qual terá sempre alguns limites naturais devido aos diferentes enunciados normativos dos dois ordenamentos – ele deverá ser estabelecido com os diversos *parâmetros intermédios* entre a "*rule of reason*" e os critérios de proibição *per se* progressivamente desenvolvidos no ordenamento norte-americano.

[1545] Pelo menos poderá admitir-se nas situações em questão que a criação de empresas comuns não restringe a concorrência de forma apreciável, o que corresponderá ao aspecto nuclear da avaliação jusconcorrencial, independentemente de eventuais restrições formais da concorrência que possam ser identificadas. Importa salientar que nesta categoria de empresas comuns cujas repercussões sobre a concorrência efectiva suscitem dúvidas, após uma primeira análise preliminar das mesmas – e que justificam, em conformidade, uma análise mais desenvolvida – não estarão, em princípio, em causa empresas comuns envolvendo aspectos nucleares de cooperação normalmente proibidos.

[1546] É certo que, como já observámos, também no primeiro estádio de análise atrás configurado pode haver necessidade de delinear cenários de delimitação de mercados relevantes. Todavia, esse tipo de avaliação, nesse estádio, pode limitar-se a juízos liminares, estabelecendo definições alternativas dos mercados e, logo, mais imprecisas e menos desenvolvidas (de modo a confirmar, *vg*., que em qualquer um desses cenários alternativos não exista poder de mercado por parte das empresas que se encontrem em causa).

das empresas participantes poderá com vantagem ser conjugado com o parâmetro relativo ao grau de concentração do mercado afectado pelo funcionamento da empresa comum.

A Comunicação de 2001, da Comissão, deu alguns passos importantes para uma correcta delimitação deste estádio de análise dos efeitos das empresas comuns e dos critérios de apreciação em que o mesmo deve assentar, trazendo expressamente à colação a utilização dos critérios da quota de mercado das empresas-mãe e do grau de concentração do mercado afectado.[1547] Assume igualmente o maior relevo o reconhecimento, nessa Comunicação, da conveniência de aplicar modelos econométricos com vista a determinar tal grau de concentração do mercado (trata-se, em concreto, da utilização do "*Indice Herfindhal Hirshman*" já longamente aplicado no ordenamento de concorrência norte-americano, *maxime* no domínio da apreciação de operações de concentração entre empresas).[1548] Esta aplicação de modelos econométricos de análise representa uma inovação muito positiva na metodologia de análise do direito comunitário da concorrência e deve, em nosso entender, ocorrer de modo sistemático, desde que seja devidamente enquadrada por critérios qualitativos de apreciação previsíveis e estabilizados.[1549]

[1547] Sobre estes aspectos cfr.,em especial, os pontos 28 e ss. da Comunicação de 2001.

[1548] A utilização deste "*Herfindhal Hirshman Índex*" (HHI) no quadro do ordenamento norte-americano da concorrência foi já referida (*maxime* no quadro da nossa referência ao controlo de concentrações no quadro do ordenamento norte-americano da concorrência). Esta técnica econométrica permite avaliar o grau de concentração dos mercados, correspondendo tal índice à soma dos quadrados das quotas de mercado individuais de todos os concorrentes. Como adiante se observará, também em sede de controlo de empresas comuns qualificáveis como concentrações, as recentes Orientações para a apreciação das concentrações horizontais, cit., culminando desenvolvimentos importantes da *praxis* decisória da Comissão que se traduziram num recurso explícito à utilização do HHI em diversos casos, vieram acolher a utilização desse processo de análise.

[1549] O desenvolvimento deste tipo de modelos econométricos de análise no ordenamento comunitário da concorrência tem de considerar-se tardio face ao que se verificou no ordenamento norte-americano da concorrência. Em contrapartida, tal descoberta "*tardia*" desses modelos deverá ser enquadrada por modelos qualitativos pré-ordenados de análise sob pena de se gerarem distorções analíticas de novo tipo neste ordenamento. Sobre a recente utilização acrescida de processos econométricos de análise, e destacando as lacunas que neste domínio ainda se verificam no quadro do sistema de aplicação de nor-

862 *Empresas comuns* – Joint Ventures

Em contrapartida, divergimos da orientação estabelecida neste domínio pela Comissão na parte em que esta pressupõe a absoluta impossibilidade de definição de um limiar de quota de mercado geral acima do qual se poderá presumir a existência de um poder de mercado suficiente para causar efeitos restritivos. Assim, para a Comissão este critério da quota de mercado das empresas participantes na empresa comum deve ser concretizado em moldes específicos no quadro de cada tipo funcional de empresa comum com carácter de cooperação. Tal equivale a admitir múltiplos limiares indicativos de quota de mercado a partir dos quais – e em relação a cada tipo funcional de empresa comum – se pode configurar a provável verificação de efeitos restritivos da concorrência.

Embora se possa compreender a preocupação da Comissão com as inevitáveis particularidades de cada tipo funcional de cooperação empresarial, pensamos que esta verdadeira pulverização de índices de quota de mercado é negativa devido a duas razões fundamentais. Em primeiro lugar, essa disparidade de critérios de apreciação dificulta a formação de parâmetros consistentes de avaliação da generalidade das empresas comuns.

Em segundo lugar, esse tipo de utilização do critério da quota de mercado não se mostra apto a enquadrar modalidades de empresas comuns com carácter de cooperação que assumem '*de facto*' uma considerável relevância na *praxis* empresarial – as empresas comuns de tipo misto, que não são passíveis de qualquer qualificação conclusiva em relação a cada um dos tipos funcionais de cooperação normalmente identificados. Ora, não pode em absoluto aceitar-se que este fundamental índice de análise, baseado na quota de mercado das empresas participantes numa empresa comum, seja inaplicável para efeitos de apreciação dessa subcategoria de empresas comuns com carácter de cooperação.

Considerando, pois, essa realidade primacial das empresas comuns de tipo misto, importa desenvolver um esforço analítico no sentido de delinear um limiar comum de quota de mercado, que constitua um índice de graduação do poder de mercado das partes aplicável à generalidade das empresas comuns. Não contestamos, é certo, a conveniência de proceder a múltiplos ajustamentos relativamente aos juízos indiciários que resultem

---

mas comunitárias de concorrência, conquanto considerando em especial o regime de controlo de concentrações, cfr. ALISTAIR LINDSAY, EMANUELA LECCHI, GEOFFREY WILLIAMS, "Econometrics Study into European Commission Merger Decisions Since 2000", cit., pp. 673 ss.

da aplicação de um tal índice comum, em função de elementos específicos que se reportem a cada tipo funcional de empresa comum, sempre que o mesmo possa ser aferido através de um modo seguro de qualificação. Todavia, pensamos que esses eventuais ajustamentos devem representar um estádio ulterior do processo de análise dos efeitos das empresas comuns.

Importa, de resto, sublinhar neste ponto um possível e desejável paralelismo com o enquadramento das restrições à concorrência de tipo vertical. Nesse domínio, o Regulamento de isenção por categoria da Comissão n.º 2790/99[1550] veio introduzir *ex novo* um critério de apreciação de acordos e práticas concertadas entre empresas, de tipo vertical, baseado na quota de mercado dessas empresas. Na sequência de um extenso processo de discussão das orientações e propostas que conduziram à adopção do referido Regulamento, o critério finalmente adoptado no mesmo assentou num índice uniforme de 30% de quota do mercado afectado pelos acordos ou práticas que se encontrem em causa.

A Comissão rejeitou, nesse processo legiferante, diversas propostas que contemplavam índices alternativos – baseados em quotas de mercado diferenciadas – em função de vários tipos de restrições da concorrência. Prevaleceu, assim, nesse processo de construção de um modelo de apreciação das restrições de tipo vertical – especialmente influenciado por elementos de análise económica e por factores estruturais – uma orientação no sentido de ser mais eficaz a utilização de um critério indicativo uniforme para graduar o poder de mercado das partes, evitando a complexidade e a indefinição suplementares que decorreriam da consagração de múltiplos índices reportados a várias quotas de mercado das entidades envolvidas em situações de concertação empresarial.

Como é natural, estando em causa a utilização de critérios meramente indiciadores da probabilidade de verificação de efeitos apreciáveis de restrição da concorrência, a análise complementar dos aspectos específicos relacionados com certas modalidades particulares de comportamento empresarial potencialmente lesivo da concorrência permite ajuizar, noutro patamar, a efectiva possibilidade de ocorrência desses efeitos restritivos da concorrência. Na verdade, importa sublinhar que o que se encontra em

---

[1550] Referimo-nos aqui ao Regulamento de isenção por categoria referente aos acordos de tipo vertical, já cit., que substituiu diversos Regulamentos de isenção por categoria anteriores que versavam diferentes tipos de acordos com incidência vertical.

causa na determinação deste índice de graduação do poder de mercado das empresas participantes numa empresa comum não é a formulação de um juízo conclusivo sobre as repercussões dessa entidade na concorrência efectiva, mas, tão só, delimitar um conjunto de situações que se revestem de menores riscos de afectação da concorrência e que, consequentemente, não carecem, em princípio, de uma análise complementar especialmente desenvolvida.

Nesta perspectiva de análise jurídica, justifica-se, em nosso entender, identificar um limiar comum de graduação do poder de mercado – assente num único critério quantitativo de quota de mercado – e, a partir do mesmo, desenvolver dois processos analíticos alternativos.

Quando a utilização do referido critério quantitativo único indiciar uma reduzida probabilidade de verificação de riscos relevantes de afectação da concorrência, em virtude de inexistência de poder de mercado significativo das partes, ou de uma reduzida intensidade do mesmo, a análise complementar da empresa comum pode ser relativamente simplificada e menos exigente. Encontra-se então construída uma ponderação de princípio favorável à empresa comum, quase equivalente a uma presunção de não afectação da concorrência, a qual apenas será afastada com base em elementos conclusivos de sentido contrário, emergentes de tal análise complementar.

É evidente que nos casos em que uma mera análise sumária complementar indicie, de forma clara, a verificação de aspectos que possam contrabalançar essa primeira ponderação favorável, tal apreciação de elementos suplementares deve ser aprofundada. Contudo, atendendo à relevância do factor referente à intensidade do poder de mercado das empresas participantes na empresa comum, pensamos que esse tipo de situações em que alguns aspectos específicos – referentes ao funcionamento do mercado afectado – possam contrariar um primeiro indício de avaliação favorável da empresa comum, resultante daquele factor, serão relativamente excepcionais.[1551]

Diversamente, quando a aplicação do critério quantitativo relativo à quota de mercado das partes não permitir afastar, desde logo, a probabilidade de verificação de riscos relevantes de afectação da concorrência –

[1551] Deste modo, estando em causa, segundo cremos, situações relativamente excepcionais, tal não prejudica o elemento de relativa previsibilidade que deve ser assegurado às empresas neste tipo de avaliações jusconcorrenciais, através de modelos gerais de análise pré-determinados, de modo a não aumentar desproporcionadamente os custos de transacção a que as mesmas se encontram sujeitas.

Parte III – Capítulo 1 865

e é apenas essa função negativa de delimitação que o referido critério assegura – haverá que passar a estádios ulteriores de análise mais desenvolvida dos efeitos da empresa comum. Nessas etapas complementares de análise o referido critério quantitativo será conjugado com outros parâmetros de apreciação – através de um encadeamento lógico que deve também, em si mesmo, configurar um modelo ordenado e estável de raciocínios – de modo a produzir um juízo global sobre os efeitos da empresa comum. Recorde-se que esse juízo global deve abarcar não só os possíveis elementos restritivos da concorrência, mas igualmente os elementos de eficiência económica que os possam contrabalançar, ainda em sede de aplicação do n.º 1 do artigo 81.º CE.

Importa também neste ponto ter presente o possível paralelismo com novas metodologias de apreciação das empresas comuns recentemente delineadas no ordenamento da concorrência norte-americano como reacção à tradicional dicotomia extremada de análise deste tipo de entidades, e dos processos de cooperação entre empresas, com base em regras *per se* de proibição ou na denominada *"regra de razão"*.[1552] Como se referiu, as autoridades de concorrência norte-americanas têm vindo a sustentar a possibilidade de adoptar uma perspectiva analítica intermédia, que assenta precisamente num modelo ordenado de apreciação faseada dos efeitos das empresas comuns. Essa perspectiva, sustentada, entre outros, por JOEL KLEIN[1553] pode, com efeito, apresentar similaridades relativamente ao modelo de análise global das empresas comuns – influenciado por elementos estruturais, mas permeável a outros aspectos, devidamente padronizados – que procuramos delinear no quadro do ordenamento comunitário da concorrência, sem o identificar com o critério da *"regra de razão"*, apesar de alguns inegáveis pontos de contacto com o mesmo.

Todavia, esse possível paralelismo tem limites claros e, pela nossa parte, divergimos de alguns pressupostos assumidos na referida pers-

---

[1552] Como já se aflorou, o desenvolvimento de novas metodologias de análise como reacção à tradicional dicotomia extremada de análise entre a *"rule of reason"* e as proibições *per se* não se verificou apenas no domínio da apreciação das empresas comuns. Contudo, admitimos ter sido nessa área que a construção de parâmetros intermédios ou alternativos de análise alcançou maior expressão.

[1553] Trata-se, na expressão deste A., da possibilidade de desenvolver um *"middle ground"* entre os critérios de proibição *per se* e os critérios de *"rule of reason"*. Cfr. A. cit., *A Stepwise Approach to Antitrust Review of Horizontal Agreements*, D. of Justice, Washington D. C., 1996.

pectiva intermédia preconizada por JOEL KLEIN. Assim, se subscrevemos, no essencial, a ideia de uma primeira etapa padrão de análise dos efeitos das empresas comuns, no sentido de equacionar até que ponto os tipos de restrições da concorrência potencialmente subjacentes às mesmas, e detectáveis numa avaliação preliminar, podem ser cobertos por proibições *per se*, não concordamos com a ideia de desenvolvimento imediato de uma segunda etapa de análise – caso não ocorra tal proibição *per se* – imediatamente dirigida ao apuramento de eventuais justificações da empresa comum por razões de eficiência, proconcorrenciais.[1554]

Na verdade, pensamos que o modelo de análise a desenvolver para enquadrar de forma sistematizada os efeitos das empresas comuns com carácter de cooperação deve, realmente, contemplar – como já se referiu – um primeiro estádio preliminar de apreciação, com vista a delimitar possíveis situações em princípio permitidas, ou, em regra proibidas pelo direito da concorrência. Quanto à categoria de situações de cooperação empresarial que, após essa fase inicial de avaliação, suscitem dúvidas relativamente a uma eventual sujeição à proibição estabelecida no n.º 1 do artigo 81.º CE, a análise ulterior a desenvolver deve contemplar uma primeira fase dirigida a graduar o poder de mercado das empresas participantes na empresa comum e que pode justificar uma presunção de inexistência de riscos relevantes de afectação da concorrência.

Porém, – e em sentido diverso do entendimento sustentado por JOEL KLEIN – já não consideramos que, a partir deste estádio de análise, a apreciação complementar das empresas comuns excluídas do âmbito de aplicação dessa presunção favorável, relativa à quota de mercado das empresas, deva ser imediatamente dirigida à verificação de possíveis eficiências que justifiquem o processo de cooperação empresarial. Pensamos que o critério relativo à quota de mercado das empresas participantes deverá ser conjugado com outros parâmetros de análise complementares, devidamente encadeados entre si, com vista a confirmar a probabilidade de verificação de efeitos restritivos da concorrência, embora essa avaliação possa ser *pari passu* associada a uma ponderação de eventuais efeitos de eficiência económica (no quadro de um juízo global a produzir ainda em sede de aplicação do n.º 1 do artigo 81.º CE).

[1554] Esse encadeamento analítico é defendido por JOEL KLEIN no referido estudo, *A Stepwise Approach to Antitrust review of Horizontal Agreements*, cit. Há, no entanto, outros tipos de encadeamentos de estádios de análise propostos na doutrina norte-americana.

2.4.3. O terceiro estádio de análise das empresas comuns

2.4.3.1. *Os elementos fundamentais do terceiro estádio de análise das empresas comuns*

No quadro da apreciação mais desenvolvida dos efeitos das empresas comuns cuja compatibilidade com o direito comunitário da concorrência suscite dúvidas – após uma avaliação preliminar das mesmas nos moldes que já enunciámos – pensamos que se deverá contemplar um terceiro estádio típico de análise.

Essa fase do processo de análise implica tomar em consideração os elementos de potencial afectação da concorrência especificamente inerentes a cada tipo funcional de empresa comum, nos casos em que tal qualificação se mostre possível.[1555]

Excepcionalmente, este domínio de análise poderá conduzir à revisão de avaliações iniciais – decorrentes da aplicação do critério geral, quantitativo, da quota de mercado das empresas participantes na empresa comum – que indiciassem a inexistência de riscos significativos de afectação da concorrência.

Assim, se, por um lado, sustentamos – em clara divergência com a orientação delineada pela Comissão – a conveniência de identificar, num segundo estádio de análise, um parâmetro comum de graduação do poder de mercado, com uma função essencialmente negativa de delimitação de situações não susceptíveis de gerar problemas de concorrência, em contrapartida reconhecemos que os juízos formulados com base no mesmo devem ser ajustados no estádio subsequente de análise, que tem já por objecto os aspectos particulares referentes a cada tipo funcional de empresa comum com carácter de cooperação. Esse ajustamento pode conduzir à detecção de riscos de afectação da concorrência especificamente relacionados com determinada modalidade de cooperação empresarial, em particular, e que não tivessem sido identificados ou graduados a um nível relevante na fase anterior de avaliação do poder de mercado das empresas participantes na empresa comum. Em última análise, o critério quanti-

---

[1555] Reportamo-nos aqui aos critérios de qualificação de tipos funcionais de empresas comuns submetidas ao regime do artigo 81.º CE que equacionámos *supra*, tomando em consideração os parâmetros propostos na Comunicação de 2001, da Comissão, mas divergindo dos mesmos em alguns aspectos essenciais.

868   *Empresas comuns* – Joint Ventures

tativo comum de avaliação do poder de mercado pode ter a sua função de delimitação de situações potencialmente não susceptíveis de gerar problemas de concorrência submetida a factores de correcção decorrentes da análise do tipo funcional de empresa comum ou da configuração, em concreto, do processo de cooperação empresarial que se encontre em causa no que respeita a empresas comuns de tipo complexo.[1556]

Em relação às situações que não tenham sido identificadas como potencialmente neutras, em termos de repercussões sobre a concorrência, este terceiro estádio de análise, incidindo de raiz sobre os aspectos basilares de cada tipo funcional de empresa comum, deverá permitir avançar na concretização de juízos de avaliação dos possíveis efeitos restritivos das empresas comuns que se encontrem em causa. Tal implica analisar as projecções específicas do poder de mercado associado a essas entidades no quadro da modalidade de cooperação desenvolvida através das empresas comuns. Impõe-se, igualmente, identificar os elementos do processo de concorrência – preços, quantidade ou qualidade de produção, ou outros – que são directa ou indirectamente afectados pelas relações de cooperação empresarial em questão.

É indiscutivelmente neste domínio que se concentra o núcleo substantivo da apreciação dos efeitos das empresas comuns com carácter de cooperação. É certo, também, que o mesmo deve ainda desdobrar-se num processo analítico complexo, compreendendo outros estádios sucessivos em função de diversos parâmetros relevantes que apresentam conexões variadas com os principais elementos do processo de concorrência e que de seguida se enunciam em termos sumários. Todavia, é a partir da matriz constituída por cada tipo funcional de empresa comum ou por cada modelação concreta do sistema de cooperação ao nível de várias funções empre-

---

[1556] No limite, esses *factores de correcção* resultantes de estádios mais avançados de análise no modelo que propomos podem até incidir numa revisão de avaliações preliminares resultantes de um primeiro estádio de analise em que se tivesse, *vg.*, identificado uma área ou modalidade de cooperação em princípio permitida. Pense-se, por exemplo, numa empresa comum constituída por empresas fundadoras não concorrentes – situada em princípio numa área de cooperação permitida – mas que, em virtude do tipo funcional de cooperação em causa e de certas condições particulares de funcionamento do mercado concretamente afectado conduzisse a restrições apreciáveis da concorrência. É certo que a probabilidade de verificação deste tipo de revisão da triagem analítica inicial entre situações em princípio proibidas, permitidas ou que exigem uma análise mais desenvolvida não será geralmente muito elevada em relação aos dois primeiros casos, visto que os mesmos legitimam precisamente uma análise muito sumária das situações relevantes.

Parte III – Capítulo 1 869

sariais – no caso de empresas comuns de tipo misto – que se desenvolve a parte fundamental do juízo global a estabelecer sobre cada empresa comum. Trata-se de um juízo que poderá desembocar numa confirmação da existência de efeitos significativos de restrição da concorrência não compensados pela produção de eficiências económicas.

O conteúdo efectivo do processo de cooperação subjacente a cada empresa comum – *vg.* incidindo sobre actividades de investigação e desenvolvimento ou de produção – condiciona naturalmente todo o conjunto de elementos estruturais de análise que assumem um papel fundamental no modelo analítico que concebemos. Desde logo, a identificação dos contornos materiais dessa cooperação empresarial vai interagir com o próprio processo de definição dos mercados relevantes no quadro da actuação de cada empresa comum, do qual depende, por seu turno, a verificação do poder de mercado das empresas participantes, bem como a compreensão de outros factores relacionados com a estrutura desses mercados.

Naturalmente, em relação a empresas comuns de tipo compósito que não possam ser reconduzidas a um único tipo funcional individualizado de cooperação, haverá que equacionar os diversos elementos funcionais de cooperação que tenham sido conjugados nessas entidades e – nessa base – apreciar o modo e intensidade com que os mesmos possam afectar os principais aspectos do processo de concorrência.

2.4.3.2. *Principais tipos funcionais de empresas comuns e riscos de afectação da concorrência associados aos mesmos*

No que respeita às situações que possam ser qualificadas por referência a um tipo funcional prevalecente de cooperação, a nossa atenção – como já se referiu – incide sobre aquelas que correspondam a empresas comuns de investigação e desenvolvimento, a empresas comuns de produção e a empresas comuns de comercialização de bens e serviços. Apenas de forma muito acessória e sumária fazemos, ainda, algumas referências às empresas comuns de aquisição de bens e serviços (as quais assumem claramente menor importância para uma compreensão global das repercussões sobre o processo da concorrência, resultantes da criação de empresas comuns não qualificáveis como concentrações).[1557]

[1557] Esta ressalva quanto à menor importância relativa que atribuímos às empresas comuns de aquisição de bens e serviços foi feita, desde logo, na parte introdutória desta

870   *Empresas comuns* – Joint Ventures

Esta selecção analítica de tipos funcionais de cooperação empresarial assenta não apenas na relevância dos mesmos na *praxis* das relações entre empresas e grupos empresariais, mas também no carácter paradigmático dos condicionamentos do processo de concorrência que emergem das referidas modalidades de cooperação.

No quadro da análise de cada tipo funcional de cooperação procuramos surpreender, independentemente das múltiplas variantes concretas de modelação contratual dessas relações de cooperação entre empresas, alguns elementos nucleares que se possam considerar recorrentes e, de algum modo, característicos de cada tipo. Esses elementos caracterizadores dos vários tipos analisados devem reportar-se quer aos escopos normalmente associados a cada modalidade de cooperação, quer aos meios de concretização dos mesmos, traduzidos em programas contratuais mais ou menos complexos.

Com base nessa densificação do conteúdo material definidor de cada tipo funcional de cooperação procede-se à detecção e avaliação das repercussões essenciais desses feixes de relações de cooperação empresarial sobre o travejamento em que assenta o funcionamento da concorrência efectiva nos mercados que se encontrem em causa. Podem essas repercussões concretizar-se na emergência de formas directas de coordenação do comportamento entre as partes, condicionando os preços ou o volume e qualidade de produção, bem como na verificação de efeitos de exclusão de terceiros, ou ainda noutros efeitos condicionadores da intervenção desses terceiros no mercado. Numa visão sistemática e indutiva podemos, mesmo, identificar, em regra, três categorias principais de riscos de afectação da concorrência subjacentes, sob diversas formas, ao conteúdo paradigmático – conquanto sempre variável – de determinadas modalidades funcionais de cooperação empresarial. Essas categorias compreendem os riscos de concertação em matéria de preços ou de níveis de produção de bens ou serviços, os riscos de concertação dirigida à restrição da concorrência no plano da qualidade dos produtos e os riscos de exclusão de concorrentes não justificada por razões de eficiência económica.[1558]

---

dissertação (cfr., *supra*, **Introdução**). Para uma justificação sintética desta nossa perspectiva sobre as empresas comuns de aquisição de bens e serviços, cfr., *infra*, nesta **Parte III**, capítulo terceiro.

[1558] De algum modo, estas três categorias de riscos de afectação da concorrência são contempladas – mesmo quando tal não se verifique sob esta forma expressa e sistematizada – nas orientações constantes da Comunicação de 2001.

De acordo com a perspectiva metodológica do direito da concorrência que subscrevemos, esta avaliação de categorias de repercussões de vários tipos funcionais de empresas comuns deve fazer-se, inelutavelmente, no contexto económico concreto de cada situação de criação e funcionamento de empresas comuns. Tal implica, obrigatoriamente, a formulação de determinados juízos sobre pressupostos económicos variáveis num contexto de algum casuísmo, mas não impede a constituição de padrões jurídico-económicos de análise, aptos a permitir algumas generalizações a partir de alguns indícios típicos.

Assim, retomando a visão sistemática acima delineada, deve apontar-se que, com frequência, a concretização jurídica das normas comunitárias de concorrência tem sido especialmente informada pelas duas primeiras categorias de riscos de afectação de concorrência, em detrimento daquela que se reporta à exclusão injustificada de concorrentes. Em última análise, deve reconhecer-se que essa menor atenção concedida aos riscos de exclusão de concorrentes não se tem verificado apenas no quadro do ordenamento comunitário da concorrência, mas tem-se feito sentir, igualmente, no plano do direito norte-americano da concorrência, o que explica *vg.* que na recente adopção nos EUA de Orientações de carácter geral sobre cooperação horizontal, abarcando, designadamente, as empresas comuns,[1559] se tenha, de modo explícito, excluído o tratamento desse tipo de problemas relacionados com a exclusão de concorrentes.

Pela nossa parte, consideramos que o progressivo aprofundamento de parâmetros jurídico-económicos de análise jusconcorrencial das empresas comuns deverá envolver uma atenção acrescida a esses riscos de exclusão de concorrentes que podem encontrar-se associados a múltiplos tipos funcionais de cooperação empresarial. Esse redobrado enfoque analítico nesta categoria de riscos de afectação da concorrência deverá permitir não só completar o quadro de efeitos económicos apreendidos pelas análises jurídicas de direito da concorrência, como também aumentar o grau de previsibilidade e segurança na avaliação desse tipo de efeitos.

[1559] Reportamo-nos aqui às *"Antitrust Guidelines for Collaborations Among Competitors"*, de 2000, cit. Cfr., em especial a nota 5 nessas *"Guidelines"*: *"These Guidelines take into account neither the possible effects of competitor collaborations in foreclosing or limiting competition by rivals not participating in a collaboration nor the possible anti-competitive effects of standard setting in the context of competitor collaborations. Nevertheless, these effects may be of concern to the Agencies and may prompt enforcement actions"*.

872   *Empresas comuns* – Joint Ventures

Importará, mesmo, corrigir alguns desequilíbrios que presentemente se fazem sentir no processo de aplicação das normas comunitárias de concorrência, através de maior moderação na detecção e sancionamento de situações de alegada concertação referente a preços, níveis de produção e qualidade dos produtos e, em contrapartida, reforçando o rigor do controlo das situações de possível exclusão de concorrentes.[1560]

Como verificaremos, a incidência previsível dessas categorias de riscos de afectação da concorrência pode variar de acordo com os elementos presentes em cada tipo funcional de cooperação empresarial. De qualquer modo, a efectiva materialização desses riscos através da verificação de determinadas consequências restritivas nos planos acima assinalados dependerá, ainda, do enquadramento dos elementos presentes em cada tipo funcional de cooperação empresarial por outros factores económicos complementares, juridicamente relevantes. Esse enquadramento complementar deve, em nosso entender, ser assegurado em estádios ulteriores de análise – que sucedam a uma primeira apreciação dos elementos do tipo funcional de cooperação que se encontre em causa –[1561] no âmbito dos quais se suscite a ponderação de outros critérios de avaliação de efeitos sobre a concorrência.

Ainda no plano de previsível associação de certos riscos de afectação de concorrência a determinados elementos dos tipos funcionais de empresas comuns, com carácter de cooperação, podemos aceitar como princípio geral orientador que a categoria de riscos referentes à concertação em matéria de preços e de níveis de produção assumirá maior importância proporcional em função do grau de proximidade das relações de coopera-

---

[1560] Assim, tem-se verificado na *praxis* decisória da Comissão uma excessiva predisposição para identificar problemas de concertação supostamente restritiva da concorrência – mesmo que sob forma tácita – *maxime* no que respeita aos processos de fixação de preços. Pela nossa parte, admitimos ser desejável – e a análise de algumas empresas comuns de comercialização de bens e serviços ilustra tal conveniência – um menor determinismo apriorista na aplicação do n.º 1 do artigo 81.º CE a elementos de cooperação que possam influir sobre os preços (até porque, em muitos casos envolvendo empresas comuns a aplicação nesse domínio da proibição geral estabelecida nessa disposição foi sistematicamente acompanhada pela concessão de isenções *ex vi* do n.º 3 do artigo 81.º CE).

[1561] Referimo-nos aqui, pois, a estádios de análise que, de modo encadeado e algo padronizado – no quadro do modelo analítico geral ora preconizado – se sucedam ao terceiro estádio de análise referente à específica ponderação do tipo funcional das empresas comuns. Esses estádios complementares de análise são de seguida enunciados e caracterizados de forma sucinta.

ção com o estádio da comercialização dos produtos ou serviços junto dos seus utilizadores finais.[1562]

Assim, esses aspectos deverão, naturalmente, ser objecto de especial atenção no quadro da avaliação dos efeitos do tipo funcional de cooperação correspondente ao que já identificámos como empresas comuns para a comercialização de bens e serviços. A particular acuidade dos problemas de coordenação restritiva da concorrência ao nível da fixação de preços é, de resto, evidente no que respeita a modalidades desse tipo de empresas comuns que envolvam directamente processos de venda conjunta de bens ou serviços, mas também se faz sentir – como veremos – noutras modalidades de comercialização conjunta que se limitem à partilha de canais de distribuição sem envolver, de forma imediata, a fixação em comum dos preços.

De qualquer modo, não se encontram apenas em causa situações que conduzam directamente a formas explícitas de coordenação respeitante a preços e a níveis de produção, mas também outros tipos de situações no contexto de relações de cooperação empresarial que criem indirectamente condições que favoreçam essas modalidades de coordenação, as quais podem, de resto, ocorrer de forma tácita.

Assim, quer algumas subcategorias de empresas comuns de comercialização de bens e serviços que não incluem quaisquer mecanismos tendentes à adopção de decisões conjuntas nos domínios de preços e de níveis de produção a transaccionar, quer outros tipos funcionais de empresas comuns que não abarcam, de modo imediato, funções de comercialização, podem criar condições no sentido de tornar altamente provável a concertação das empresas participantes nos domínios essenciais em questão.

Com efeito, apesar de se encontrarem relativamente mais afastadas do estádio da comercialização, as denominadas empresas comuns de produção e as empresas comuns de compra de bens e serviços[1563] podem

---

[1562] Reportamo-nos aqui à comercialização de bens e serviços no quadro do mercado que, em face das empresas comuns e das empresas fundadoras que se encontrem em causa, se possa considerar como o mercado de bens finais afectado pela criação dessas entidades.

[1563] Estamos, naturalmente, a tomar em consideração nesta análise apenas os principais tipos funcionais de empresas comuns que seleccionámos para análise *ex professo*, compreendendo as empresas comuns de investigação e desenvolvimento, de produção, de comercialização de bens e serviços e – embora já num plano secundário – as empresas

874   *Empresas comuns* – Joint Ventures

tipicamente propiciar a emergência dessas condições favoráveis à concertação.

Em tese geral, as empresas comuns de produção podem aproximar decisivamente as estruturas de custos de produção das empresas-mãe e assim criar uma base objectiva para a convergência de preços ao nível da comercialização dos bens e serviços procedentes da empresa comum. É evidente que, a partir da identificação em abstracto destes efeitos paradigmáticos indirectamente conducentes a concertação na fixação de preços, só a ulterior avaliação dos mesmos em face de várias condições económicas concretas[1564] permite aferir a sua efectiva relevância. Na verdade, no quadro deste tipo de empresas comuns de produção a aproximação dos custos de produção das empresas-mãe pode revestir-se de importância variável consoante o peso relativo dos mesmos nos custos totais dos bens ou serviços em causa.[1565]

Noutro plano, também as empresas comuns de compra de bens e serviços podem gerar, embora por meios diversos, um efeito comparável de aproximação das estruturas de custos das empresas-mãe, favorecendo a

---

comuns de aquisição de bens e serviços. Além disso importa tomar em consideração *empresas comuns de tipo misto* que, sem chegarem a transpor o limiar correspondente às entidades que desempenhem todas as funções de uma entidade económica autónoma (que implicaria a respectiva qualificação como concentrações), combinem várias dessas funções empresariais mais importantes.

[1564] Como já se acentuou, a avaliação jusconcorrencial em causa convoca um inevitável nível de análise casuística, envolvendo as condições concretas de cada mercado que seja afectado pela criação de determinada empresa comum. Contudo, tal não deve obstar a que se procure, em geral, identificar, tipificar e sistematizar os factores económicos que devem ser verificados e ponderados em concreto em cada situação. A dificuldade desse exercício de construção de *modelos analíticos gerais* consiste em combinar alguma previsibilidade resultante de tal pré-determinação de séries encadeadas de factores relevantes com a *alea* resultante da inelutável dimensão casuística de análise referente a cada situação concreta. Para um comentário dessas dificuldades, cfr. BLUMENTHAL, "Ambiguity and Discretion in the new Guidelines – Some Implications for Practitioners", cit., pp. 471 ss..

[1565] A ponderação desses elementos dependerá das condições concretas de funcionamento dos mercados de bens finais potencialmente afectados. Assim, em certos mercados, os custos de promoção – inseridos em estratégias de comercialização que as empresas fundadoras das empresas comuns continuem a desenvolver de forma completamente autónoma – podem, *vg.*, representar uma parcela decisiva para a formação dos preços, o que relativizaria a potencial influência de empresas comuns de produção para qualquer aproximação de preços entre as empresas fundadoras. Este tipo de ponderações será especialmente desenvolvido na análise *ex professo* dos principais tipos funcionais de empresas comuns no capítulo terceiro.

Parte III – Capítulo 1

convergência de preços a fixar relativamente a produtos finais. Esse efeito potencial de coordenação ao nível de preços será nesses casos, porventura, mais fácil de avaliar, visto que o mesmo dependerá de uma quantificação da importância relativa das fontes de aprovisionamento asseguradas através desse tipo de empresas comuns em relação ao conjunto total de elementos canalizados pelas empresas-mãe para o processo produtivo.

Do mesmo modo, a concertação que se reporte especificamente aos níveis de produção de bens e serviços tenderá a encontrar-se mais directamente associada, como acima se referiu, às categorias de empresas comuns que, pelo seu objecto, se aproximem do estádio de comercialização. A potencialidade de concertação restritiva da concorrência neste domínio – *maxime* sob a forma de entendimentos tendentes à partilha de mercados – será especialmente evidente no quadro do funcionamento de empresas comuns que assegurem, em sentido próprio, a comercialização conjunta de bens e serviços.

Todavia, essa associação entre processos de concertação tendentes à fixação conjunta de níveis de produção e o grau de ligação das empresas comuns que se encontrem em causa a estádios de comercialização de produtos ou serviços não deve ser entendida de forma linear. Na verdade, como se verificará na análise *ex professo* dos principais tipos funcionais de empresas comuns, essa categoria de riscos de concertação pode revestir-se da maior acuidade no que respeita a tipos de empresas comuns que não tenham qualquer intervenção no plano da comercialização. Tal sucede, *vg.*, em relação a determinadas empresas comuns de produção que podem, em especial, suscitar riscos de partilha de mercados (riscos que serão acrescidos caso tais empresas comuns se encontrem associadas a situações tendentes à definição de várias áreas de especialização empresarial, envolvendo as mesmas empresas bem como as respectivas empresas-mãe).[1566]

Deve, aliás, sublinhar-se que mesmo os tipos funcionais de empresas comuns aparentemente mais afastadas das áreas de comercialização podem, em última análise, gerar riscos significativos de concertação referente aos níveis de produção, como se verifica, *vg.*, em relação a certas modalidades de funcionamento de empresas comuns de investigação e

---

[1566] Na realidade, no quadro de várias subcategorias possíveis de empresas comuns de produção, algumas das mesmas podem estar predominantemente associadas a acordos de especialização comportando riscos importantes de repartição de mercados. Sobre essas realidades de especialização no quadro de acordos de produção, cfr. a Comunicação de 2001, pontos 78 ss..

876   *Empresas comuns* – Joint Ventures

desenvolvimento. Estas podem, em certas circunstâncias, condicionar de forma muito estreita o volume da produção das empresas-mãe e, assim, acabar por determinar estratégias paralelas das mesmas nesse domínio. Representam, de qualquer modo, um bom paradigma do enquadramento analítico que vimos sustentando. Em si mesmo, o conteúdo funcional mais recorrente das empresas comuns de investigação e desenvolvimento apresenta, em princípio, menores potencialidades de produção de riscos relevantes de concertação no plano dos níveis de produção, mas tal não permite excluir a verificação de efeitos de concertação restritivos da concorrência. A análise do específico programa de cooperação referente a investigação e desenvolvimento que se encontre em causa e, sobretudo, a avaliação global de outros factores económicos – juridicamente relevantes – que interfiram no desenvolvimento de tal programa serão determinantes para aferir, em concreto, a verificação ou não de tais efeitos de concertação. Tal pressupõe, como temos sucessivamente reiterado, uma inevitável componente de análise casuística de cada empresa comum, no seu contexto económico próprio, mas, em contrapartida, esse processo analítico não deve ser impeditivo de uma tentativa de compreensão sistematizada – e tanto quanto possível padronizada – dos factores económicos, de mercado, complementares, em relação aos critérios de avaliação associados ao tipo funcional de cooperação empresarial.

Já no que respeita à segunda categoria, acima identificada, dos riscos de concertação dirigida à restrição da concorrência no plano da qualidade dos produtos, o tipo funcional das empresas comuns de investigação e desenvolvimento pode suscitar, em regra, problemas potenciais mais significativos. Na verdade, em determinados sectores empresariais mais dinâmicos, caracterizados por especiais exigências de inovação continuada relativamente a certos produtos ou serviços, a diminuição da concorrência que incida sobre os níveis de inovação, em virtude do desenvolvimento de processos de cooperação materializados numa ou mais empresas comuns de investigação e desenvolvimento, pode conduzir de forma quase inelutável a entendimentos limitativos da diversidade dos produtos oferecidos e respectivas qualidades.[1567]

[1567] Teremos ensejo de abordar este tipo de aspectos, salientando a importância dos riscos de limitação dos processos de inovação em certos contextos de mercado, *infra,* capítulo terceiro, esp. ponto 2.3.2.2.. De qualquer modo, cfr., desde já, sobre essa matéria, a Comunicação de 2001, pontos 50 ss..

Parte III – Capítulo 1

Ainda no domínio destes riscos de concertação empresarial (ao nível da qualidade dos produtos), avultam, também, as empresas comuns de produção. Na realidade, compreende-se, claramente, que o desenvolvimento de processos comuns de produção de bens ou serviços tende – pelo menos num plano razoável de probabilidade – a reduzir a importância dos níveis de diferenciação das características e qualidades dos mesmos como elemento activo de concorrência entre as empresas. Naturalmente, a apreciação em concreto da forma como esses riscos de concertação – com maior probabilidade hipotética de verificação no domínio dessas empresas comuns – se materializem e das repercussões globais sobre a concorrência efectiva associadas aos mesmos dependerá da ponderação da importância relativa dos vários factores diferenciadores dos produtos como elementos do próprio processo de concorrência.

2.4.3.3. *A ponderação dos riscos de exclusão de empresas concorrentes*

Em relação à terceira categoria de riscos de afectação de concorrência acima identificada – riscos de exclusão de concorrentes não justificada por razões de eficiência económica – a sua verificação pode, em tese, ser considerada mais provável no domínio das empresas comuns de investigação e desenvolvimento, das empresas comuns de produção e ainda das empresas comuns de compra de bens e serviços.

Encontra-se em causa, contudo, uma categoria de riscos de afectação da concorrência cuja detecção e avaliação é consideravelmente mais complexa em comparação com o que sucede noutros domínios. Neste plano importa equacionar se determinadas modalidades de cooperação entre empresas lhes podem conferir específicas vantagens concorrenciais que, em paralelo, sejam indevidamente negadas a outras empresas concorrentes. Será também importante apreciar se a negação desse tipo de vantagens a outras empresas concorrentes é de molde a excluir a sua presença nos mercados em causa ou a limitar de forma significativa a sua capacidade de concorrer nos mesmos mercados.

A especial dificuldade dessa análise reside no facto de o próprio processo de concorrência ser, em geral, dirigido, por parte de cada empresa, à expansão da sua presença no mercado em detrimento da posição dos seus concorrentes. O elemento qualitativo diferenciador que poderá justificar a

878 *Empresas comuns* – Joint Ventures

intervenção pública, emergente da aplicação das normas de concorrência, consiste na existência de um nexo particular entre, por um lado, determinado tipo de efeitos a produzir sobre o processo de concorrência e, por outro lado, a forma através da qual se assegura a produção desses efeitos. Na realidade, através de diferentes modalidades de cooperação empresarial as empresas envolvidas alcançam, em conjunto, certas vantagens concorrenciais, cuja obtenção não seria exequível num quadro de actuações autónomas das mesmas empresas e cujo benefício é, de modo não justificado, recusado a outras empresas concorrentes, excluídas desse processo de cooperação empresarial e relegadas para uma posição de mercado limitada ou condicionada.

Haverá, pois, que avaliar, em simultâneo, se as empresas-mãe participantes em determinada empresa comum não teriam, em absoluto, a capacidade para obter certas vantagens comerciais através de actuações autónomas (embora porventura com custos diversos), se existem razões justificativas admissíveis para a exclusão da participação de outras empresas nessas vantagens (*vg.* em virtude de a extensão do processo de cooperação a essas empresas não se revestir de eficiência económica) e, por último, se tal exclusão altera qualitativamente e de modo importante as condições em que se desenvolve a concorrência efectiva no mercado em causa.

Este triplo exercício analítico assume, inelutavelmente, grande complexidade e suscita algumas questões sobre os limites de intervenção normativa, disciplinadora do mercado, do próprio ordenamento de concorrência,[1568] mas esse especial grau de dificuldade não pode justificar a menor

---

[1568] Este tipo de análises e ponderações convoca, em particular, o problema central do paradoxo subjacente à generalidade das intervenções normativas em sede de direito da concorrência. Na realidade, dentro de certos limites poderão reconduzir-se ao processo normal de concorrência actuações tendentes a excluir a participação de terceiras empresas nas vantagens económicas cuja obtenção tenha sido directamente promovida por um conjunto de empresas participantes numa empresa comum. Nessa perspectiva, uma intervenção excessiva em sede de aplicação de normas de concorrência pode, efectivamente, perturbar o próprio processo de concorrência que essas normas visam preservar. Sobre o paradoxo fundamental que acima trazemos novamente à colação e sobre as dificuldades que envolve o estabelecimento de equilíbrios essenciais em relação à intensidade das intervenções normativas em sede de direito da concorrência, cfr., uma vez mais, Robert Bork, *The Antitrust Paradox – A Policy at War With Itself*, cit. Independentemente da delicadeza dos equilíbrios pressupostos por esse tipo de análise, mesmo autores como Areeda e Turner reconhecem um negativo carácter restritivo da concorrência a actuações

atenção de que tem sido objecto a categoria dos riscos de exclusão de concorrentes, em comparação com outros tipos de riscos de afectação de concorrência.

Além disso, essas dificuldades podem ser, de algum modo, mitigadas caso se tenha presente, como princípio orientador neste domínio, que os parâmetros a utilizar para enquadrar o acesso da generalidade das empresas aos resultados emergentes de processos de cooperação – assumindo estes, por definição, natureza colectiva – devem ser mais exigentes do que aqueles que informam o acesso a conceder por uma única empresa dominante a determinados elementos essenciais do processo de concorrência (*vg.* o acesso a certas redes ou sistemas de distribuição).[1569] Avulta aí o elemento acima aflorado, respeitante à forma de obtenção de determinadas vantagens comerciais, a qual assenta numa actuação conjunta de certas empresas no quadro de uma ou mais empresas comuns.

Como atrás se referiu, a probabilidade de incidência destes riscos de exclusão de concorrentes é maior em relação a alguns tipos funcionais de empresas comuns, em particular. As empresas comuns de investigação e desenvolvimento constituem um dos tipos que podem suscitar esses riscos. Assim, no quadro do funcionamento dessas empresas comuns podem ocorrer situações de virtual encerramento de mercados a determinadas empresas no plano da exploração dos resultados emergentes dos projectos de investigação desenvolvidos em comum. Embora, essas situações não sejam muito comuns neste tipo de empresas comuns,[1570] as mesmas

---

conjuntas (*maxime*, via empresas comuns) conducentes à *exclusão de empresas rivais* quando das mesmas não resultem ganhos de eficiência (tal posição era já sustentada por esses autores na edição de 1978 da sua obra de referência – *Antitrust Law*, pp. 273 ss.).

[1569] Trata-se de domínio muito complexo, porque, como já atrás destacámos, implica delicada ponderação dos limites da intervenção normativa correctora do direito da concorrência, designadamente quando se encontra em causa qualquer condicionamento de actuações de empresas em relação a vantagens que estas obtiveram através da sua iniciativa e de meios próprios que tenham mobilizado para o efeito. Na doutrina norte-americana, e mesmo a propósito do acesso a activos essenciais para a participação em certo mercado – *"essential facilities"*, com as características que já referimos – autores como HOVENKAMP manifestam algumas reservas significativas à imposição de obrigações de acesso a tais activos, justificadas com a preocupação de evitar efeitos de exclusão de empresas concorrentes (cfr. A. cit., *Federal Antitrust Policy – The Law of Competition and Its Practice*, cit., esp. pp. 273 ss.).

[1570] Aspecto que se comprovará através da nossa análise *ex professo* desenvolvida *infra*, capítulo terceiro (esp. pontos 2.3.2.2. e 2.3.2.3.). Todavia, essa menor incidência potencial dos riscos de exclusão de concorrentes não pode levar a uma desconsideração

880   *Empresas comuns* – Joint Ventures

podem verificar-se, designadamente, nos casos em que as empresas comuns em questão congreguem os principais pólos de investigação existentes e as partes não contemplem a abertura a terceiros da exploração dos resultados da investigação.

No quadro da actuação de empresas comuns de produção é, porventura, mais significativa a probabilidade – em certas condições de mercado – de verificação de efeitos de exclusão de empresas concorrentes. Tal sucederá, em especial, em relação a situações de cooperação entre as empresas-mãe que se projectem num plano de relações verticais ou complementares (face ao estádio de actividade desenvolvida por essas empresas).[1571] Assim, os problemas de exclusão colocar-se-ão com particular acuidade relativamente a actividades de produção conjunta de um importante componente do produto final desenvolvido e comercializado pelas empresas-mãe.

As empresas comuns de compra de bens e serviços podem suscitar riscos de exclusão de empresas concorrentes muito semelhantes aos que decorrem das empresas comuns de produção e, em certas situações, geram efectivamente efeitos de exclusão mais intensos. Na verdade, o exercício em conjunto de um poder de compra significativo junto dos principais fornecedores de matérias-primas ou componentes essenciais em determinado mercado, através da actuação de uma empresa comum, pode vedar, em termos reais, o acesso de outras empresas concorrentes aos mesmos fornecedores. Noutras situações essa actuação pode contribuir para elevar os custos de aquisição dos referidos elementos suportados pelas empresas concorrentes a tal ponto que, em última análise, estas sejam, a prazo, excluídas do mercado, ou tenham a sua posição de mercado muito limitada.

De algum modo, pode mesmo gerar-se em múltiplas situações um *duplo efeito restritivo* conducente à exclusão ou severa limitação da posição de mercado das empresas concorrentes. Esse duplo efeito resultará, por um lado, da obtenção de decisivas vantagens concorrenciais por parte das empresas participantes em determinada empresa comum – materia-

---

dos mesmos em relação a este tipo funcional de empresas comuns. Como verificaremos, tais riscos podem avolumar-se em relação a mercados cujo funcionamento pressuponha processos permanentes de inovação por parte das empresas concorrentes presentes nos mesmos ou candidatas a entrar nesses mercados.

[1571] Essas situações relativas a feixes de relações verticais e complementares são expressamente afloradas na Comunicação de 2001 da Comissão; cfr., em especial, ponto 85 da Comunicação.

Parte III – Capítulo 1   881

lizadas na obtenção de melhores condições de aquisição junto dos principais fornecedores – e, por outro lado, de um eventual efeito de compensação dos referidos fornecedores junto das restantes empresas concorrentes – traduzido na compensação pelas condições mais desvantajosas praticadas por esses fornecedores nas relações com as referidas empresas participantes em empresa comum, através da imposição, em contrapartida, de condições comerciais mais exigentes junto das outras empresas concorrentes que necessitam igualmente dos seus fornecimentos.[1572]

2.4.4. Estádios complementares de análise das empresas comuns – o critério analítico relativo aos tipos de relações entre mercados das empresas-mãe e das empresas comuns

2.4.4.1. *Os tipos de relações económicas entre as empresas comuns e as empresas-mãe*

No quadro da metodologia de análise das empresas comuns com carácter de cooperação que procuramos delinear, envolvendo a utilização encadeada de diversos parâmetros de apreciação, consideramos que o critério associado à ponderação dos aspectos subjacentes a cada tipo funcional de empresa comum deve ser conjugado com um parâmetro complementar fundamental.

Esse parâmetro reporta-se à ponderação dos aspectos relevantes para a concorrência efectiva que possam resultar dos *tipos de relações entre os mercados das empresas-mãe e os mercados das empresas comuns* em questão. Numa visão mais lata, tal parâmetro pode ser entendido como uma forma específica de avaliação dos efeitos das empresas comuns sobre a concorrência de acordo com o *tipo de relações económicas existentes entre as mesmas e as respectivas empresas-mãe.*[1573]

[1572] Sobre este tipo de situações, com potenciais efeitos de exclusão de concorrentes, cfr. a Comunicação de 2001, ponto 129. Em relação a este duplo efeito restritivo da concorrência de carácter algo circular, que pode caracterizar-se pela conjugação de factores muito diversos, cfr. a análise desenvolvida *infra*, capítulo terceiro (ponto 5.2.1.).

[1573] Sobre essa visão mais lata referente a uma ponderação das relações económicas entre as partes, cfr., em especial JOHN TEMPLE LANG, *International Joint Ventures Under Community Law*, cit., esp. pp. 395 ss..

882 *Empresas comuns* – Joint Ventures

Este critério assente nas *relações entre os mercados das empresas--mãe e da empresa comum* tem sido objecto de grande atenção na doutrina de direito da concorrência, devendo referir-se, em particular, o papel que lhe é conferido no modelo analítico de apreciação dos efeitos das empresas comuns, delineado no quadro do ordenamento norte-americano da concorrência por JOSEPH BRODLEY.[1574]

Apesar de se verificarem algumas diferenças relevantes no tratamento das empresas comuns no quadro desse ordenamento e em sede de direito comunitário da concorrência,[1575] entendemos que o modelo de análise construído por BRODLEY pode, no essencial, ser tomado em consideração para a apreciação dos efeitos das empresas comuns sobre a concorrência no domínio deste último ordenamento. Conferimos, contudo, e como se verá, um papel algo diverso ao critério de apreciação que BRODLEY elegeu como eixo de toda a sua análise.

De acordo com este autor norte-americano, a análise das empresas comuns, norteada pelo critério relativo às relações entre os mercados das empresas-mãe e da empresa comum, deverá conduzir à distinção de cinco categorias essenciais de empresas comuns e, nessa base, permitirá identificar um paradigma de efeitos típicos sobre a concorrência que se podem, em tese, verificar no quadro de cada uma dessas categorias, sujeitando, naturalmente a avaliação dos mesmos a uma apreciação em concreto das condições de funcionamento dos mercados que se encontrem em causa.[1576] Noutros termos, pode afirmar-se que BRODELY associa tipicamente a cada categoria de empresa comum, autonomizada em função do referido critério director, graus variáveis de risco de afectação da con-

---

[1574] Cfr. JOSEPH BRODLEY, "Joint Ventures and Antitrust Policy", cit..

[1575] Já aflorámos esse problema ao referir que o parâmetro fundamental proposto por BRODLEY, referente às relações entre os mercados da empresa comum e das empresas fundadoras, tem necessariamente de ser objecto de adaptações várias para tomar em consideração as situações respeitantes à subcategoria autonomizada no direito comunitário da concorrência das empresas comuns que não desempenham todas as funções de uma entidade económica autónoma e que, frequentemente, não tem acesso directo a qualquer mercado de bens finais, limitando-se a manter relações – como elementos auxiliares – com as respectivas empresas fundadoras.

[1576] Limitamo-nos no quadro desta primeira enunciação de um *iter* analítico geral de avaliação substantiva de empresas comuns a referir – de passagem – alguns elementos centrais da metodologia de análise proposta por JOSEPH BRODLEY, sem prejuízo de referências mais desenvolvidas aos mesmos que serão feitas *pari passu* no âmbito da nossa análise *ex professo* dos principais tipos funcionais de empresas comuns.

Parte III – Capítulo 1 883

corrência. Esses graus variáveis de riscos deverão permitir situar – em relação a cada tipo – os limiares a partir dos quais podem ocorrer, em princípio, problemas de restrição indevida da concorrência que justifiquem uma análise mais desenvolvida e que, em certos casos, determinem uma intervenção pública correctora, mediante a aplicação das normas de concorrência.

Para BRODLEY deverão, assim, identificar-se cinco tipos analíticos de empresas comuns, compreendendo as empresas comuns de carácter horizontal, as empresas comuns que carreiam elementos para o processo de produção de bens ou serviços das empresas-mãe, as empresas comuns que escoam esses bens ou serviços das empresas-mãe, as empresas comuns que operam em mercados relacionados ou conexos com os das empresas-mãe – tipo que abarca ainda três subcategorias diversas – e, finalmente, as redes de empresas comuns relacionadas entre si.

O quarto tipo acima identificado compreende, segundo BRODLEY, três subcategorias de empresas comuns que podem suscitar maiores riscos de afectação da concorrência. Estas correspondem às empresas comuns com carácter parcialmente horizontal – empresas comuns que actuam no mercado de uma das empresas-mãe – às empresas comuns que actuam num mercado geográfico diverso do das empresas-mãe, mas coincidente com o mercado do produto das mesmas (empresas que asseguram a extensão do mercado geográfico) e, finalmente, às empresas comuns que actuam num mercado do produto estreitamente relacionado com o mercado das empresas-mãe (empresas de extensão do mercado do produto).[1577]

[1577] De acordo com a terminologia de BRODLEY que acima traduzimos ou adaptamos, os cinco tipos analíticos fundamentais de empresas comuns em causa correspondem às *"horizontal joint ventures"*, às *"output joint ventures"*, às *"input joint ventures"*, às *"joint ventures into related markets"*, e às *"interlocking joint ventures"* (cfr. A. cit., "Joint Ventures and Antitrust Policy", cit., esp. pp. 1552-1588 ss.). Em relação a cada um desses tipos de empresas comuns, BRODLEY procura identificar através de uma combinação pré--determinada de factores e elementos indiciários (*"presumptive criteria"*) o que denomina de *"threshold risk"* de afectação da concorrência, que justifica análises mais desenvolvidas conducentes, quer à definição de condições de modificação dos projectos de empresas comuns, quer, em certos casos, à proibição dos mesmos (*op. cit.*, esp. pp. 1540 ss.). As três subcategorias identificadas em relação ao quarto tipo analítico fundamental de empresas comuns correspondem ao que BRODLEY designa como *"partially horizontal joint ventures"*, *"market extension joint ventures"* e *"product extension joint ventures"*.

884 *Empresas comuns* – Joint Ventures

Pela nossa parte, acolhemos o parâmetro de apreciação de efeitos das empresas comuns baseado nas relações entre os mercados das empresas--mãe e o mercado da empresa comum como elemento integrado numa matriz de análise mais ampla e complexa do que a que foi delineada por BRODLEY, de acordo com a caracterização que temos vindo a delinear. Nesse contexto, consideramos que a utilização desse critério de apreciação – em articulação com os outros parâmetros já identificados – deve assentar numa *perspectiva sistemática específica sobre a tipologia de relações entre os mercados das empresas-mãe e das empresas comuns.*

Assim, entendemos que devem ser tomadas como categorias *a se*, globalmente consideradas – em virtude da configuração paradigmática dos feixes de relações entre empresas (e respectivos mercados) que lhes estão associados –, por um lado, as empresas comuns que carreiam elementos para o processo de produção de bens e serviços das empresas-mãe e, por outro lado, as empresas comuns que escoam bens e serviços das empresas-mãe.

Noutro plano, será relativamente às denominadas empresas comuns de produção que se deve aprofundar uma específica subdivisão norteada pela distinção de tipos diversos de relações entre os mercados das empresas envolvidas na criação e funcionamento dessas entidades. Tal subdivisão conduzirá a diferenciar as situações jurídico-económicas respeitantes a empresas comuns de produção conforme estas actuem no mesmo mercado das empresas-mãe (empresas comuns de produção de tipo horizontal), no mercado de uma das empresas-mãe, em mercado geográfico diverso do destas empresas, mas coincidente com o seu mercado do produto, ou, finalmente, num mercado do produto estreitamente relacionado com os dessas empresas-mãe.[1578]

[1578] Como se pode observar, esta subdivisão analítica que propomos especificamente em relação às *empresas comuns de produção*, no nosso modelo geral de apreciação de empresas comuns, corresponde, numa larga medida, com diversas adaptações, às três subcategorias que BRODELY autonomizou quanto ao tipo de *empresas comuns que operam em mercados relacionados ou conexos com os das empresas-mãe*, acrescidas de situações referentes a empresas comuns que operam no mesmo mercado das empresas fundadoras. Além disso, já tivemos ensejo de comentar que a ideia relativa à existência de um mercado das empresas comuns coincidente com o mercado das empresas fundadoras deve ser tomada num sentido particular quanto às empresas comuns que, em sede de direito comunitário da concorrência, constituem o principal objecto da nossa atenção – aquelas que não desempenham todas as funções de uma entidade económica autónoma (nesses casos o que está primacialmente em causa é uma actuação das empresas comuns total-

Parte III – Capítulo 1   885

Devemos igualmente ter presente que o critério de apreciação de efeitos de empresas comuns sobre a concorrência em função das relações entre os mercados das empresas envolvidas – que ora consideramos – se reporta, essencialmente, à análise de empresas comuns com carácter de cooperação, o que não impede alguma relevância do mesmo para a aplicação do teste do domínio do mercado no quadro da apreciação de empresas comuns que desempenham todas as funções de uma entidade económica autónoma.

De qualquer modo, tal como é presentemente regulada no direito comunitário da concorrência, esta última categoria configura, por si só, uma modalidade global de relacionamento típico entre os mercados das várias empresas envolvidas (empresas-mãe e empresa comum com carácter de concentração sujeita a avaliação segundo o teste referente a criação ou reforço de posição dominante estabelecido no RCC). O que pretendemos salientar é que no quadro dessa categoria global as relações entre o mercado da empresa comum com carácter de concentração e os mercados das empresas-mãe influenciam e condicionam a aplicação do teste essencial referente ao domínio de mercado.

2.4.4.2. *Tipos de relações entre mercados de empresas comuns e de empresas-mãe e intensidade variável dos riscos de afectação da concorrência*

No que respeita às empresas comuns com carácter de cooperação – que constituem o objecto fundamental da matriz geral de análise que procuramos construir – o parâmetro de apreciação em causa pode, efectivamente, influir no grau ou intensidade de verificação de riscos de afectação da concorrência. Todavia, em nosso entender, devem evitar-se juízos de associação linear de certas modalidades paradigmáticas de relações entre os mercados de empresas-mãe e de empresas comuns a situações com maior potencial de restrição da concorrência efectiva ou, em contrapartida, a situações relativamente favoráveis ao desenvolvimento da denominada concorrência praticável.

---

mente dirigida para a canalização de contribuições a favor da actuação das empresas fundadoras nos respectivos mercados de bens finais em que estas concorram entre si). Para uma concretização deste parâmetro de apreciação no quadro da avaliação de empresas comuns de produção, cfr, *infra*, capítulo terceiro, esp. ponto 3.3.5.3.1.).

886 *Empresas comuns* – Joint Ventures

Noutros termos, consideramos inaceitável uma pré-compreensão de efeitos típicos sobre a concorrência – mais ou menos restritivos desse processo da concorrência – exclusiva ou predominantemente baseada nesse critério de apreciação. O mesmo deve ser utilizado em interacção com os outros critérios que temos enunciado e, nesse contexto, deve, de algum modo, funcionar como um factor de ajustamento – em sentido diversos – de outras premissas anteriores da análise dos efeitos das empresas comuns. A sua utilização corresponde, em súmula, a um estádio complementar de análise dos efeitos das empresas comuns no quadro do modelo global de apreciação que pretendemos delinear.

Apenas admitimos um princípio geral – relativamente aberto e dependente na sua aplicação de um conjunto complexo de outros factores e do concreto contexto de análise de mercado que se encontre em causa – que associa uma maior probabilidade de verificação de riscos de afectação da concorrência ao grau de proximidade entre o mercado da empresa comum e o mercado que corresponda ao domínio da comercialização de determinados bens ou serviços por parte das empresas-mãe.[1579]

Mesmo assim, pensamos que esse princípio geral tem fundamentalmente cabimento no que respeita à subcategoria das empresas comuns de produção, quando analisada à luz do critério referente às relações entre os mercados das empresas participantes, nos termos que atrás se referiram.

No âmbito dessa específica apreciação – que nos levou a identificar quatro situações paradigmáticas possíveis em relação a estas empresas comuns de produção – consideramos admissível uma espécie de presunção no sentido de se verificarem riscos de afectação da concorrência mais intensos conforme o grau de proximidade entre o mercado da empresa comum e os mercados das empresas-mãe (correspondendo estes últimos aos mercados relevantes que se possam identificar no plano da comercialização de bens ou serviços finais por parte dessas empresas).

Além disso, quando se encontrem em causa empresas comuns, com carácter de cooperação, de tipo misto – combinando várias funções empresariais – consideramos, igualmente, a inclusão no projecto empresarial comum de funções empresariais mais próximas do estádio de comerciali-

---

[1579] Proximidade com o domínio específico da comercialização de bens e serviços finais, que pode ir até à coincidência. É o caso, designadamente, no conjunto de empresas comuns submetidas ao regime do artigo 81.º CE do tipo funcional das empresas comuns de comercialização de bens e serviços.

Parte III – Capítulo 1

zação, junto dos consumidores finais, como um factor que aumenta potencialmente os riscos de afectação da concorrência.[1580]

Em contrapartida, quanto a situações de cooperação que identificámos como verdadeiras categorias *a se*, em função dos feixes típicos de relações entre mercados que envolvem – *empresas comuns que carreiam elementos para o processo de produção das empresas-mãe* e *empresas comuns que escoam bens ou serviços das empresas-mãe* – consideramos excessivamente linear uma orientação que pretenda associar, por natureza, a esta última subcategoria riscos mais significativos de afectação da concorrência, em virtude da sua ligação ao estádio de comercialização de bens e serviços das empresas-mãe.[1581] Na realidade, se, por um lado, se poderá configurar, em tese, uma maior potencialidade de riscos de concertação no plano dos preços e dos níveis de produção, associada a essa última subcategoria, por outro, a primeira subcategoria acima enunciada comporta, em certas condições, riscos significativos de encerramento dos mercados. De algum modo, uma sobrevalorização dos riscos gerais de afectação da concorrência inerentes àquela última subcategoria tenderia a resultar de uma menor atenção concedida aos problemas inerentes aos

---

[1580] Assume-se aqui o pressuposto de que esse estádio de comercialização de bens ou serviços coincide com o mercado essencial em que actuam as empresas fundadoras, o que normalmente sucederá no quadro do direito comunitário da concorrência com a subcategoria das empresas comuns submetidas ao regime do artigo 81.º CE. Em princípio, só nas empresas comuns que desempenham todas as funções de uma entidade económica autónoma é que o plano específico de comercialização de bens e serviços finais por parte da empresa comum poderá ser totalmente distinto do das empresas fundadoras (devido às características de autonomia de tais empresas comuns em relação às empresas fundadoras). No que respeita às empresas submetidas ao regime do artigo 81.º CE, a introdução no respectivo projecto empresarial de funções de comercialização ou conexas com o estádio de comercialização faz-se, normalmente, numa perspectiva de acessoriedade em relação à actuação das empresas fundadoras e, logo, tal plano de comercialização deve corresponder ao próprio mercado de bens finais dessas empresas fundadoras.

[1581] Importa ter presente, contudo, que há quem faça essa associação de forma relativamente linear. Sobre essas orientações, cfr, *inter alia*, na doutrina norte-americana, THOMAS PIRAINNO ("Beyond Per Se, Rule of reason or merger Analysis: A New Antitrust Standard for Joint Ventures", cit.) e na doutrina comunitária, BELLAMY e CHILD (European Community Law of Competition, cit., esp. pp. 242 ss.). Como refere, de modo impressivo, o primeiro destes autores, *"marketing joint ventures raise the greatest anti-competitive risk of all because they limit competition in the critical áreas of pricing and output"* (*op. cit.*, p. 52). Além disso, a análise da Comissão na Comunicação de 1993 sobre empresas comuns de tipo cooperativo parecia também perfilhar essa orientação (cfr. Comunicação cit., ponto 60).

riscos de exclusão de concorrentes – posição que já tivemos ensejo de considerar criticável a vários títulos.

Deve ainda sublinhar-se que uma perspectiva analítica mais linear que, em princípio, associasse as empresas comuns com acesso directo ao mercado – em virtude de integrarem uma componente de actuação comercial junto do público consumidor – com uma elevada probabilidade de verificação de riscos de afectação da concorrência teria consequências inaceitáveis num plano geral de análise das empresas comuns.

Na verdade, essa perspectiva implicaria, por si só, uma pré-compreensão valorativa desfavorável em relação à categoria das empresas comuns com carácter de concentração, globalmente considerada, a qual, por natureza, envolve uma dimensão de comercialização junto do público consumidor.[1582] Tal levaria ainda a considerar em bloco um elevado potencial de restrição da concorrência como um carácter inerente ao conjunto destas empresas comuns que desempenham todas as funções de uma entidade económica autónoma, o que manifestamente não se afigura ajustado à configuração dessas entidades.

No que respeita a esta categoria de empresas comuns haverá, certamente, que sopesar as eficiências geradas por um maior grau e extensão de integração empresarial que se encontra subjacente às mesmas com os elementos restritivos da concorrência que se encontrem mais directamente associados às funções empresariais de comercialização de bens ou serviços.

Noutro plano, importa considerar que este parâmetro de análise referente à estrutura das relações entre os mercados das empresas-mãe e da empresa comum deve ser concretizado nos processos de apreciação dos efeitos de cada empresa comum não apenas numa perspectiva relativa-

---

[1582] Uma consequência desse tipo pareceria, *vg.* verificar-se no quadro da pré-compreensão interpretativa de PIRAINNO, atrás referida. Todavia, importa considerar que o direito norte-americano não conhece a distinção entre empresas comuns que desempenham todas as funções de uma entidade económica autónoma – qualificáveis como concentrações – e empresas que não cumprem esse requisito e que devem merecer um tratamento substantivo distinto daquele que é conferido às concentrações. De qualquer modo, como já referimos, alguma jurisprudência e doutrina norte-americanas sustentam uma abordagem predominantemente estrutural – e algo equiparável à utilizada para a avaliação de *"mergers"* – em relação a algumas empresas comuns (essa associação verificar-se-á, sobretudo, em relação a empresas comuns com maior grau de integração e que desempenhem todas as funções de uma entidade económica autónoma, mesmo que esse tipo de caracterização não seja expressamente assumido nesse ordenamento norte-americano).

Parte III – Capítulo 1

mente estática,[1583] mas também numa óptica dinâmica. Esta, deve permitir ponderar, em especial, diversos movimentos de entrada ou saída de determinados mercados, mais ou menos directamente relacionados com a própria constituição da empresa comum. Assim, caso, *vg.*, uma das empresas--mãe da empresa comum se retire do mercado em que a empresa comum vai actuar, num momento próximo ao da constituição dessa entidade comum, a superveniência de tal facto – que pode encontrar-se associado ou não à decisão de integrar a empresa comum – terá normalmente consequências ou razões justificativas que devem ser criticamente equacionadas no âmbito do processo de apreciação da empresa comum.[1584]

Além disso, numa perspectiva de análise mais lata, referente não apenas a uma tipologia de relações entre mercados das empresas-mãe e da empresa comum, mas ainda a uma tipologia de relações económicas entre as partes – a qual consideramos admissível, embora em estreito paralelo com a primeira e tomando-a como referência – fará também sentido autonomizar como parâmetro relevante o conjunto de nexos resultantes da concorrência potencial entre as partes envolvidas num projecto empresarial comum.

Nesse plano haverá que avaliar a possível afectação das relações de concorrência potencial entre as empresas-mãe, decorrente da criação e funcionamento da empresa comum, e estabelecer um juízo global no que

---

[1583] De qualquer modo, essa perspectiva analítica nunca seria totalmente estática no contexto da apreciação de processos de criação *ex novo* de empresas comuns (que envolvem uma inevitável componente de análise prospectiva).

[1584] Nesse sentido, e pronunciando-se sobre este ponto em termos que subscrevemos, cfr. JOHN TEMPLE LANG, *International Joint Ventures Under Community Law*, cit., pp. 396-397. Este autor salienta, justamente, a necessidade de distinguir as situações em que apenas se verifique uma proximidade temporal entre o abandono do mercado por parte de uma das empresas fundadoras e a decisão de participar numa empresa comum e aquelas em que uma das empresas fundadoras abandona o mercado em função da sua participação numa empresa comum (TEMPLE LANG refere como exemplos do primeiro tipo de situações os casos considerados na decisão *"SHV-Chevron"*, já cit., e, em relação ao segundo tipo de situações o caso versado na decisão *"Bertelsmann/Kirch/Premiere"* (IV/M993, de 1999). Pela nossa parte, consideramos que, caso o abandono do mercado por parte de uma empresa fundadora se verifique em simultâneo com a criação da empresa comum, se forma uma forte presunção no sentido da existência de uma ligação entre esses desenvolvimentos, no sentido atrás considerado (relativamente difícil de afastar por parte dessa empresa). Tal presunção, ainda que relativamente menos intensa pode ainda ser considerada caso a saída do mercado por parte da empresa fundadora em questão ocorra pouco tempo depois da criação da empresa comum ou em momento imediatamente anterior a esse facto.

890   *Empresas comuns* – Joint Ventures

respeita ao impacto dessa empresa comum sobre a concorrência, que tome em consideração tais efeitos específicos em termos de concorrência potencial.

Consideramos, em todo o caso, esse plano das relações económicas entre as partes como subsidiário do plano de análise correspondente à estrutura de relações entre os mercados das empresas envolvidas. Na verdade, a dimensão relativa à afectação da concorrência potencial entre as partes relevará de modo especial,[1585] quanto a situações em que as empresas-mãe operam em mercados relacionados com o da empresa comum (as quais correspondem, essencialmente, como já vimos, a empresas comuns de carácter parcialmente horizontal, a empresas comuns de extensão para mercado geográfico diverso do das empresas-mãe, mas com mercado do produto coincidente com o destas últimas, e a empresas comuns operando em mercado do produto estreitamente relacionado com o das empresas--mãe).

Noutros termos, pode afirmar-se que a questão da afectação da concorrência potencial se coloca, fundamentalmente, naquelas situações em que a criação de determinada empresa comum assegura a entrada em novos mercados, resultando as eventuais restrições da concorrência potencial do facto de se ponderar a possibilidade de as empresas-mãe entrarem autonomamente nesse novo mercado da empresa comum (embora, em rigor, a afectação da concorrência potencial também se possa verificar nos casos em que uma das empresas-mãe abandone o mercado da empresa-mãe, em virtude da sua criação, sendo provável, em contrapartida, que tivesse permanecido no mesmo mercado na ausência de tal empresa comum).[1586]

Como salienta justamente TEMPLE LANG,[1587] o problema da afectação da concorrência potencial entre as partes envolvidas no projecto

---

[1585] Entendemos que essa dimensão de afectação da concorrência potencial entre as empresas fundadoras releva de modo especial quanto a situações em que as empresas--mãe operem em mercados relacionados com o da empresa comum, mas, em rigor, tal relevância não se verificará exclusivamente nessas situações.

[1586] Cfr., nesse sentido, JOHN TEMPLE LANG, *International Joint Ventures Under Community Law*, cit., esp. pp. 400 ss..

[1587] Cfr. JOHN TEMPLE LANG, *International Joint Ventures Under Community Law*, cit., esp. p. 401. Assim, em relação ao risco de afectação da concorrência potencial entre as partes, refere taxativamente este autor que, "*this has never been the only reason for prohibiting a joint venture, however, and has in most cases been merely one of several arguments (sometimes the most important one) for saying that article 81(1) applies*". Pela

Parte III – Capítulo 1

empresarial comum não tem constituído um factor determinante *a se* para fundar juízos de proibição de empresas comuns em sede de aplicação do n.º 1 do artigo 81.º CE, o que se nos afigura compreensível e adequado aos efeitos que se encontram em causa nessas situações.

Na verdade, consideramos, em princípio, excessivo qualquer juízo desfavorável relativo a uma empresa comum que se baseie, exclusivamente, em questões de concorrência potencial, fazendo-as prevalecer – só por si – sobre os elementos de eficiência económica normalmente presentes em qualquer projecto empresarial comum. A dimensão da concorrência potencial deverá sempre corresponder a um elemento complementar numa matriz de apreciação compósita que abarque outros feixes de efeitos económicos emergentes da criação e funcionamento de empresas comuns.

De qualquer modo, mesmo afastando, em tese, a possibilidade de este factor relativo à concorrência potencial constituir o único elemento de suporte de juízos de proibição de empresas comuns, a própria atribuição de um peso significativo a tal factor no quadro da avaliação global dos efeitos decorrentes da criação de uma empresa comum deve ser rodeada de alguma prevenção. Na realidade, admitimos que, no quadro da aplicação de normas comunitárias de concorrência, se tem, com alguma frequência, sobrevalorizado os elementos de aferição da concorrência potencial, descurando os aspectos de análise económica dos mercados que possam, efectivamente, dar corpo a uma verificação consistente de determinados níveis de concorrência potencial (verificação que, em boa parte, deverá corresponder a juízos de prognose assentes numa análise de dados económicos concretos e não em meros critérios indiciários formais ou possibilidades especulativas).[1588]

___

nossa parte, assumimos sobre este ponto uma dupla perspectiva. Assim, pensamos que a ponderação das *questões de afectação da concorrência potencial* entre empresas fundadoras deve merecer uma atenção acrescida – sobretudo em mercados especialmente dinâmicos em que seriam de esperar iniciativas autónomas das partes, mesmo que não tivessem conjugado os seus esforços através de empresas comuns – mas apenas na medida em que se desenvolvam e consolidem critérios realistas de aferição desses nexos de concorrência potencial.

[1588] Essa perspectiva demasiado formalista que caracterizou em vários momentos a *praxis* decisória da Comissão em matéria de verificação de relações de *concorrência potencial* justifica a prevenção que fazemos no final da nota anterior. Em contrapartida, no direito norte-americano da concorrência tem prevalecido uma perspectiva economicamente mais realista desses nexos de concorrência potencial. Para uma referência à ponderação das questões relativas a concorrência potencial no contexto de análise de empresas

Considerando que tendemos a associar, em especial, uma maior relevância dos problemas de concorrência potencial às situações de criação de empresas comuns que, de algum modo, asseguram uma expansão das intervenções de mercado das empresas-mãe (*vg.*, expansão para mercados geográficos vizinhos ou para mercados de produto conexos com os mercados originários das próprias empresas-mãe),[1589] será fundamental, a propósito de tais situações, sopesar com grande rigor – e exigentes critérios de razoabilidade – por um lado, os elementos novos para o processo de concorrência emergentes da imediata entrada de uma empresa comum em certo mercado e, por outro lado, as condições previsíveis de hipotéticas entradas autónomas das empresas-mãe no mercado em questão.

Em súmula, o parâmetro complementar de análise referente às *relações entre os mercados das empresas-mãe e da empresa comum* permite situar no contexto de determinadas estruturas e linhas de força dinâmicas dos mercados os efeitos previsíveis da criação de empresas comuns, contribuindo, assim, para a formação de um juízo global sobre os efeitos destas entidades e permitindo – nessa perspectiva – ajustar certas pré-compreensões relativamente a tais efeitos que decorrem da aplicação de outros critérios paradigmáticos de análise.

---

comuns no direito norte-americano da concorrência, e salientando as especiais dificuldades dessa análise, também reconhecidas pela jurisprudência do Supremo Tribunal norte-americano desde o caso *"United States v. Penn-Olin Chemical Co."* [*"378 US. 158 (1964)"*], cfr., por todos, MICHAEL MC FALLS, "The Role and Assessment of Classical Market Power in Joint Venture Analysis", cit., pp. 667 ss.

[1589] Cfr. a este propósito o que expusemos *supra* sobre ilações a retirar de certas relações entre mercados das empresas comuns e das empresas fundadoras. Importa aqui destacar uma relativa pré-compreensão favorável a empresas comuns que, comprovadamente, introduzam as empresas fundadoras em novos mercados – sendo, a esse titulo, indutoras de concorrência, independentemente dos nexos de concorrência potencial que se poderiam desenvolver – no contexto da aplicação de normas norte-americanas de concorrência (quer por parte de autoridades federais, quer por parte de alguma jurisprudência). Cfr. sobre esses aspectos, em geral, GREGORY WERDEN, "Antitrust Analysis of Joint Ventures – An Overview", cit., esp. pp. 722 ss.. Pela nossa parte, entendemos, contudo, que só por si, esse efeito aparente imediato de criação de concorrência não pode ser valorizado em absoluto de modo a *"desconsiderar"* quaisquer formas de afectação da concorrência potencial, independentemente da intensidade e relevância dos nexos que sejam assim afectados.

2.4.5. Outros elementos complementares de análise

2.4.5.1. *Perspectiva geral*

Se admitirmos, à luz dos três estádios, ou níveis de análise, que procurámos enunciar,[1590] a possibilidade de realizar uma triagem analítica – numa base tripartida – das situações referentes à criação e funcionamento de empresas comuns, compreendendo as situações normalmente proibidas, as situações normalmente permitidas e as situações que suscitam dúvidas quanto à sua compatibilidade com o ordenamento da concorrência, este último domínio justifica uma utilização exaustiva de factores complementares de análise cujo conteúdo e alcance importa surpreender.

Assim, no quadro da análise de situações de criação e funcionamento de empresas comum que suscitam especiais preocupações quanto a possíveis restrições indevidas da concorrência – delimitadas, como já se referiu, com base num primeiro estádio preliminar de análise – as apreciações parcelares assentes, de modo encadeado, num critério da quota de mercado conjuntamente detida pelas empresas participantes, no tipo funcional de cooperação desenvolvido e nas relações entre os mercados das empresas envolvidas, devem concretizar-se num juízo global, cuja densificação jurídica final deve ainda abarcar um último conjunto paradigmático de factores complementares de análise.[1591]

Como já tivemos ensejo de acentuar, essa análise complexa de determinadas empresas comuns – envolvendo necessariamente uma compreensão económica dos mercados afectados – apresenta algum paralelismo com a metodologia analítica subjacente à utilização da denominada "*regra*

[1590] Como referimos, esses estádios de análise, no quadro do modelo geral que preconizamos compreendem, sucessivamente, uma análise preliminar de modo a identificar situações normalmente permitidas, normalmente proibidas ou que justificam análises mais desenvolvidas, um segundo estádio de análise orientado para as quotas de mercado das empresas envolvidas e um terceiro estádio de análise baseado na ponderação de elementos específicos de cada tipo funcional de empresas comuns e da sua configuração em cada caso concreto.

[1591] Esse juízo global final integrado por tais factores analíticos complementares pode, ainda, envolver, em função do último estádio de análise em causa, um ajustamento ou correcção de apreciações parcelares decorrentes dos três primeiros estádios de análise.

894   *Empresas comuns* – Joint Ventures

de razão".[1592] Todavia, o processo complexo de análise que preconiza-mos, com vista à apreciação dos efeitos das empresas comuns em questão, não deve ser reconduzido a uma espécie de formulação alternativa da referida "*regra de razão*". O paralelo relevante a considerar esgota-se na integração no juízo jurídico de compatibilização com o ordenamento de concorrência de um conjunto diversificado de factores e análises econó-micas – cujas características e extensão podem variar conforme os merca-dos afectados – mas, em contrapartida, deverá avultar uma diferença fundamental resultante do enquadramento sistemático de tais factores em parâmetros estáveis e de alcance geral, encadeados entre si através da construção conceptual de vários níveis padronizados de análise.

O objectivo dessa construção conceptual é, claramente, o de dotar a análise jusconcorrencial das empresas comuns de níveis mínimos de segu-rança jurídica, em contraste com a imprevisibilidade e incerteza que caracteriza a pura utilização da "*regra de razão*".[1593] Este processo analí-

---

[1592] Cfr. os aspectos expostos *supra*, 2.4.1. neste capítulo. Já aí salientávamos que a conjugação pré-ordenada de sucessivos parâmetros de análise que propomos se aproxi-maria mais dos estádios intermédios de análise progressivamente autonomizados no sis-tema norte-americano de aplicação de normas de concorrência.

[1593] O elevado grau de indefinição e a considerável aleatoriedade que têm estado associados à utilização alargada da "*regra de razão*" para a avaliação jusconcorrencial de empresas comuns têm sido justamente criticados na doutrina norte-americana que mais se tem debruçado sobre esta última categoria. Assim, as várias tentativas doutrinais de concepção de modelos gerais de análise de empresas comuns – de que o modelo delineado por JOSEPH BRODLEY constituiu porventura o primeiro ensaio com alcance global para a compreensão dos efeitos da generalidade das empresas comuns, ao qual se têm sucedido outras construções mais recentes – assumem, precisamente, como ponto de partida a necessidade de ultrapassar as inaceitáveis margens de indefinição jurídica que resultam da utilização de uma pura "*regra de razão*" em sede de avaliação de empresas comuns. Como expõe de forma lapidar BRODLEY, "*an open-ended rule of reason approach is (...) unsatis-factory. Applied to transactions of the complexity typically present in a joint venture, the unstructured rule of reason leads to unfocused, protracted litigation (...)*". Refere, ainda, que "*as an alternative to either per se rules or the rule of reason (...) antitrust analysis increasingly searches for intermediate rules that define the requirement of legal proof in terms of a limited set of relevant variables*" ("Joint Ventures and Antitrust Policy", cit., pp. 1523-1524). Esta percepção fundamental sobre as limitações da análise de estruturas especialmente complexas como as empresas comuns com base numa pura "*rule of reason*" manteve-se em estudos mais recentes na doutrina norte-americana sobre esta realidade das empresas comuns, os quais, com formulações diversas, têm vindo também a propor a defi-nição de um número limitado de variáveis analíticas que representam modos de avaliação intermédios entre a referida "*rule of reason*" e as proibições *per se*. Cfr., *inter alia*, sobre

tico que poderemos denominar de modelo de apreciação jurídico-económica global das empresas comuns, procura, pois, conciliar a introdução de certos níveis de análise económica e de mercado – nos quais avultam com peso significativo, mas não exclusivo, os elementos estruturais de análise – com a segurança e estabilidade jurídicas que resultam da utilização de modelos jurídicos conceptuais de alcance geral. Verifica-se, contudo, uma diferença essencial em relação aos critérios jurídico-formais que no passado recente influenciaram decisivamente a concretização da proibição estabelecida no n.º 1 do artigo 81.º CE. Essa diferença resulta do facto de os referidos modelos conceptuais de análise serem construídos com base num processo jurídico indutivo, a partir de múltiplas constatações de análise económica, e de os mesmos serem aplicados de modo flexível, que contempla o ajustamento sucessivo de diversos juízos indiciários através da ponderação de múltiplos factores económicos correctores.

É, em todo o caso, admissível utilizar uma sequência pré-ordenada de parâmetros jurídico-económicos indicativos e de quase presunções quanto à verificação de certos efeitos sobre a concorrência, desde que se garanta a possibilidade efectiva de ajustamento dos mesmos através de um crivo de factores económicos relevantes (utilizado em função do contexto económico e de mercado de cada empresa comum, mas tanto quanto possível, através de uma sequência relativamente previsível).

Este modelo de apreciação jurídico-económica global das empresas comuns é especialmente apto para identificar e avaliar, quer a esfera de efeitos restritivos da concorrência resultantes de algumas destas entidades, quer a esfera de efeitos positivos emergentes das mesmas – *maxime* no plano das eficiências económicas geradas pela dimensão de integração empresarial associada às empresas comuns, desde que certos incentivos a concorrer não sejam distorcidos ou condicionados, para além de determinado grau, pelas mesmas entidades (adiante se acentuarão diversos modos de estimular, ou preservar, esses incentivos a concorrer, de modo a compatibilizar certas empresas comuns com as exigências da concorrência efectiva e em alternativa a juízos estritos de proibição das mesmas).

---

essa perspectiva, Michael Mc Falls, "The Role and Assessment of Classical Market Power in Joint Venture Analysis", cit; Werden, "Antitrust Analysis of Joint Ventures – An Overview", cit.; Edward Correia, "Joint Ventures. Issues in Enforcement Policy", cit.; Timothy Muris, "The Federal Trade Commission and the Rule of Reason: In Defence of *Massachusetts Board*", cit..

É, de resto, este apuramento, em paralelo, de elementos restritivos da concorrência e de elementos geradores de eficiência – e a correspondente tensão crítica entre os mesmos – que permite, de algum modo, deslocar certos juízos de compatibilização de empresas comuns com o ordenamento da concorrência do plano da norma de isenção, prevista no n.º 3 do artigo 81.º CE, para o plano do n.º 1 do mesmo artigo 81.º CE, através de uma metodologia jurídica que comporta alguns paralelos com a *"regra de razão"*, mas que – por razões já evidenciadas – não se reconduz à mesma.[1594]

2.4.5.2. *Factores complementares de análise de índole predominantemente estrutural*

No contexto deste modelo de apreciação global das empresas comuns, assim caracterizado, importa, pois, dilucidar um último nível de factores complementares de análise, que deverá ainda interagir com os elementos que enquadrámos nos três estádios encadeados de apreciação de empresas comuns atrás delineados.

[1594] Esse paralelo não se justifica, em termos absolutos, devido a diferentes estruturas normativas dos ordenamentos da concorrência norte-americano e comunitário, nos termos que vimos, de modo reiterado, sustentando. Todavia, para além dessa razão de fundo, e mesmo considerando *qua tale* a configuração da *"rule of reason"* no ordenamento norte-americano, o único paralelo válido, em nosso entender, deverá ser estabelecido com as tentativas doutrinárias de estabelecer parâmetros analíticos intermédios em sede de análise de empresas comuns. Esses parâmetros representam, de algum modo, um *tertium genus* entre as perspectivas extremas da *"rule of reason"* e dos sistemas de proibição *per se*. A esta luz, consideramos muito negativo que as Comunicações interpretativas da Comissão associadas ao processo de *"modernização"* resultante do Regulamento (CE) n.º 1/2003 – *maxime* a Comunicação respeitante ao artigo 81.º, n.º 3, cit. (cfr. sobre a mesma a ressalva feita *supra*, na **Nota Prévia**) – pareçam ter optado por uma perspectiva restritiva em relação à latitude das ponderações jurídico-económicas com cabimento na previsão do n.º 1 do artigo 81.º CE. Essa perspectiva que remete, aparentemente, ponderações mais desenvolvidas para o regime do n.º 3 do artigo 81.º CE poderá ter sido indevidamente influenciada pela preocupação hermenêutica, que consideramos desajustada, de afastar um paralelo com a aplicação da *"rule of reason"* em sede de aplicação do n.º 1 do artigo 81.º CE. A agravar esse aspecto negativo está o facto de considerarmos que os problemas gerados por um excessivo intervencionismo fiscalizador associado a um recurso sistemático ao regime do n.º 3 do artigo 81.º CE não resultam apenas da anterior competência exclusiva atribuída à Comissão para aplicação do mesmo, nem do sistema ora revogado de notificações prévias obrigatórias.

Parte III – Capítulo 1 897

Esses factores complementares de análise integram, maioritariamente elementos de índole estrutural. Consideramos, de qualquer modo, que nesse universo residual de factores complementares de análise se pode identificar um primeiro nível mais estreitamente associado com essa dimensão estrutural e – como tal – mais directamente relacionado com o segundo estádio de análise que enunciámos no modelo global de análise que temos caracterizado (critério da quota de mercado conjuntamente detida pelas empresas participantes na empresa comum).[1595]

Esse primeiro nível integrará uma ponderação conjunta das posições detidas pelas empresas intervenientes no projecto empresarial comum nos mercados afectados pelo mesmo e do grau de concentração verificado nesses mercados. Estes factores de análise pressupõem, naturalmente, a prévia identificação da quota de mercado conjuntamente detida por essas empresas (apreciação desenvolvida no quadro do que acima denominámos de segundo estádio de apreciação das empresas comuns) e uma anterior delimitação dos mercados relevantes[1596] – a qual se afigura constituir um aspecto primacial para uma avaliação rigorosa das posições de mercado das empresas participantes na empresa comum. Importa, assim, conceder especial atenção aos problemas inerentes à definição dos mercados relevantes, tomando em devida consideração certas especificidades de análise em determinadas áreas sectoriais ou em mercados especialmente dinâmicos.[1597]

A ponderação conjunta em causa, conjugando, por um lado, a posição de cada uma das empresas participantes na empresa comum e a

---

[1595] Segundo estádio de análise enunciado e caracterizado *supra*, ponto 2.4.2. deste capítulo.

[1596] Não obstante a existência de posições na doutrina – *maxime*, norte-americana – que sustentam uma eliminação dos processos analíticos de delimitação dos mercados relevantes. Como já observámos, não subscrevemos tal orientação, nem sequer quanto a mercados de *bens diferenciados* (aceitando, tão só, que neste último caso as inferências que se retirem de possíveis cenários de delimitação dos mercados sejam conjugadas com outras perspectivas de análise).

[1597] É certo que, como tivemos ensejo de referir *supra,* capítulo segundo da **Parte II** (esp. ponto **4.**) foram dados passos muito significativos no sentido do desenvolvimento qualitativo dos métodos jurídico-económicos em que assentam os processos de análise conducentes à delimitação de mercados relevantes, sobretudo a partir da Comunicação adoptada sobre esta matéria pela Comissão, em 1997. Contudo, como aí também observámos, mantêm-se ainda algumas lacunas e falhas importantes na utilização de métodos econométricos para a definição de mercados relevantes.

898 *Empresas comuns* – Joint Ventures

posição resultante da cumulação das suas quotas de mercado, bem como, por outro lado, a posição das outras empresas intervenientes nos mercados afectados, avaliada com base no grau de concentração verificado nos mesmos mercados, pode com vantagem ser parcialmente concretizada através do recurso a métodos econométricos. Referimo-nos aqui, em especial, à avaliação do grau de concentração dos mercados, para a qual se justifica utilizar o denominado índice *"Herfindahl-Hirshman"* (*"IHH"*), já largamente aplicado no âmbito do ordenamento norte-americano de concorrência, no quadro do controlo de concentrações entre empresas.[1598]

Trata-se, como já observámos, de um modelo econométrico que é calculado com base na soma dos quadrados das quotas de mercado individuais de todos os concorrentes em determinado mercado. Esse modelo assenta ainda num conjunto de referências indiciárias fundamentais, considerando-se que determinados limiares de valor de concentração IHH representam graus de concentração elevados, moderados ou reduzidos (os valores de referência para esses efeitos são, respectivamente, os valores IHH superiores a 1800, compreendidos entre 1000 e 1800, e inferiores a 1000).[1599]

Em nosso entender, existem significativas vantagens neste tipo de objectivação do processo de avaliação do grau de concentração em determinados mercados e, a essa luz, consideramos muito positivo – conquanto tardio – o reconhecimento explícito, por parte da Comissão, da possibili-

---

[1598] Como já referimos, a Comunicação de 2001 veio acolher expressamente a utilização do IHH (cfr. ponto 29 da Comunicação). Acresce que tendo as novas orientações em matéria de avaliação de concentrações horizontais, de 2004 (já cit.) vindo, igualmente, a contemplar o recurso ao IHH, em sede de controlo de concentrações, importa tomar em consideração, mesmo que de modo indirecto, os parâmetros de referência fixados em relação à utilização do IHH também no quadro da ponderação do grau de concentração dos mercados potencialmente afectados por empresas comuns não qualificáveis como concentrações e sujeitas ao regime do artigo 81.º CE.

[1599] Tomando em consideração o exposto na nota anterior, justifica-se confrontar esses limiares indicativos com os limiares delineados na Comunicação interpretativa relativa a concentrações horizontais, de 2004, cit. (esp. os limiares referidos nos pontos 19 e ss. dessa Comunicação interpretativa, prevendo, designadamente, que um IHH inferior a 1000 não justifica normalmente preocupações de afectação da concorrência; sobre esses limiares da Comunicação, e de modo a não incorrer em repetições, remetemos o seu tratamento para a nossa análise de empresas comuns qualificáveis como concentrações, *infra*, capítulo seguinte).

Parte III – Capítulo 1

dade de utilização do referido modelo, na sua Comunicação de 2001.[1600] Não é fundamentada, segundo cremos, qualquer objecção à utilização desse modelo econométrico que alegue uma suposta linearidade de análise ou uma hipotética rigidez subjacentes ao mesmo, visto que a valoração jurídico-económica final a produzir sobre certas situações de cooperação empresarial deve, não só fazer intervir outros factores para avaliar o próprio grau de concentração do mercado, como – de modo óbvio – não se esgota nessa medida do grau de concentração. Deve, de qualquer modo, sublinhar-se que a adequação da aplicação do IHH depende, em absoluto, do rigor analítico observado no processo prévio de definição dos mercados relevantes. O recurso à aplicação do IHH representa, pois, em última análise, um elemento que reforça a necessidade de uma correcta e rigorosa delimitação dos mercados relevantes, pondo em causa avaliações mais superficiais ou indefinidas neste domínio que se observavam com alguma frequência na *praxis* de concretização das normas comunitárias de concorrência.

2.4.5.3. *Elementos residuais de análise*

O segundo nível de factores complementares de análise que podemos identificar abarca elementos ainda relacionados, de algum modo, com a posição de mercado das empresas participantes na empresa comum, mas que, no seu conjunto, não se encontram tão directamente associados a essa dimensão estrutural de análise.[1601]

[1600] Além disso, existem evidentes vantagens neste reconhecimento explícito da utilização do IHH e na concomitante fixação de limiares quantitativos de referência no quadro dessa utilização, através de Comunicações interpretativas da Comissão por razões de transparência e de previsibilidade dos juízos de avaliação jusconcorrencial. Na verdade, acompanhando neste ponto as posições sustentadas por diversos autores (cfr. vg., a posição de GERRIT SCHOHE, expressa em *Global Trade and US Competition Policy* (*"Discussion Panel"*) in *Annual Proceedings of the Fordham Corporate Law Institute, International Antitrust Law & Policy – 1999*, Editor BARRY HAWK, Juris Publishing, Inc, 2000, pp. 495 ss.) admitimos que a Comissão já vinha recorrendo ao IHH, para fundar alguns dos seus pressupostos de análise, sobretudo no plano da avaliação de concentrações, embora não reconhecendo de forma expressa, em regra, essa utilização (excepto num conjunto muito limitado de decisões mais recentes).

[1601] Importa, de resto, acentuar, uma vez mais, a propósito dessa dimensão estrutural de análise que a mesma, conquanto tenha vindo colmatar uma lacuna tradicional no

900   *Empresas comuns* – Joint Ventures

Pensamos que se podem incluir nesse nível de análise – que consubstanciará um último estádio residual no modelo de apreciação global dos efeitos das empresas comuns – elementos como a estabilidade das quotas de mercado das empresas participantes na empresa comum, ao longo do tempo, a existência de barreiras à entrada no mercado e – reflexamente – a probabilidade de outras entradas no mesmo mercado. A perspectiva dinâmica de análise subjacente a estes últimos factores deve, em nosso entender, assumir uma relevância cada vez maior, não podendo aceitar-se o escasso peso que os mesmos frequentemente assumiam nas análises desenvolvidas em sede de direito comunitário da concorrência.

De resto, as características do processo comunitário de integração económica conferem uma particular acuidade às perspectivas de entrada de novos concorrentes em certos mercados, que deixam progressivamente de se definir em linhas nacionais.[1602] Além disso, como já se referiu, em algumas áreas sectoriais o especial dinamismo dos mercados deve, mesmo, conduzir a processos especiais de apreciação do poder de mercado à luz das pressões concorrenciais associadas às possibilidades de entrada de novos concorrentes.[1603]

Nesse último nível de análise devem ainda ser incluídos *factores que trazem à colação diversos planos relevantes do processo de concorrência, numa perspectiva de análise mais complexa que não se esgota no plano das relações horizontais entre empresas concorrentes.* Assim, tem vindo,

---

direito comunitário em sede de aplicação do artigo 81.º CE não deve ser confundida com os modelos estruturais deterministas que foram justamente objecto de critica no ordenamento norte-americano. O que está em causa é a definição de um modelo misto de análise que incorpora elementos estruturais para graduar situações de cooperação empresarial (*maxime* quando estas se conjugam com elementos de integração empresarial como sucede tipicamente com as empresas comuns), mas numa conjugação de tipo complexo com outros parâmetros de natureza diversa.

[1602] Mesmo nos casos em que a definição de mercados geográficos ainda tem que se fazer numa base nacional, os avanços no processo de integração dos mercados podem determinar que, num plano de ponderação de relações de concorrência potencial, com vista à determinação do poder de mercado das empresas envolvidas na constituição e funcionamento de empresas comuns, seja forçoso já tomar em consideração as posições de empresas situadas noutros mercados nacionais.

[1603] A esse propósito, cfr., *inter alia*, DOMINIQUE PANTZ, "Les Politiques Communautaires d'Ajustement Structurel des Marchés: Concurrence, Competitivité et Contestabilité", in RMUE., 1999, pp. 103 ss.; CHRISTIAN AHLBORN, DAVID EVANS, JORGE PADILLA, Competition Policy in the New Economy: Is European Competition Law Up to the Challenge?", cit., pp. 156 ss.

Parte III – Capítulo 1 901

justamente, a conceder-se uma atenção crescente ao que se pode denominar de efeito de compensação do poder aquisitivo dos compradores,[1604] bem como – embora com menor peso, em nosso entender – ao efeito de compensação do poder económico dos fornecedores.[1605] Na realidade, mesmo o que na aparência possa constituir um elevado poder de mercado – aferido à luz da quota de mercado conjunta das empresas participantes numa empresa comum e do grau de concentração existente nos mercados em questão – pode, no quadro do funcionamento efectivo do mercado, não se traduzir numa posição de mercado de que as mesmas empresas se possam prevalecer para retirar vantagens indevidas, devido a uma particular estrutura das relações com os clientes finais das empresas envolvidas. A análise do mercado não fica ainda completa sem uma ponderação – cuja relevância depende do contexto concreto de mercado – da natureza dos produtos que se encontrem em causa (grau de homogeneidade ou diferenciação, bem como grau de maturidade dos produtos).[1606]

2.4.6. Condições ou obrigações impostas a empresas participantes em empresas comuns

Devemos, ainda, referir, como aspecto relevante para o desenvolvimento encadeado de estádios paradigmáticos de análise que procuramos delinear, a importância especial que podem assumir as condições ou obrigações que sejam impostas às empresas participantes em determinadas empresas comuns.

[1604] Apesar dessa atenção crescente ao efeito de compensação do poder aquisitivo dos compradores ("*countervailing buying power*") podemos considerar que tal factor é ainda insuficientemente ponderado no quadro do direito comunitário da concorrência. Sobre a importância desse factor na avaliação de possíveis efeitos restritivos da concorrência, cfr. JOACHIM LÜCKING, *Retailer Power in EC Competition Law*, in *Annual Proceedings of the Fordham Corporate Law Institute, International Antitrust Law & Policy – 2000*, Editor Barry Hawk, Juris Publishing Inc, 2001, pp. 467 ss. e PATRICK REY, *Retailer Buying Power and Competition Policy, ibidem*, pp. 487 ss.. Sobre a menor utilização deste factor de análise que ainda se verifica, cfr. ALISTAIR LINDSAY, EMANUELA LECCHI, GEOFFREY WILLIAMS, "Econometrics Study into European Commission Merger Decisions Since 2000", cit., pp. 673 ss.

[1605] Sobre esta matéria, cfr., em geral, OECD, *Roundtable on Buying Power*, Paris, 1998.

[1606] Sobre este último nível de factores complementares de análise, cfr. a Comunicação de 2001 da Comissão, esp. ponto 30.

902   *Empresas comuns* – Joint Ventures

Na realidade, como já temos acentuado, a avaliação global de eventuais repercussões negativas para o processo de concorrência efectiva, que possam resultar da criação e funcionamento de empresas comuns, assenta, não apenas na análise de elementos que se mostrem intrinsecamente restritivos da concorrência, mas, igualmente, na análise das condições de preservação – dentro de determinados níveis – dos incentivos a concorrer que tendem a manifestar-se no quadro do funcionamento normal dos mercados[1607] (e que podem contrabalançar os aspectos de cooperação empresarial mais directamente dirigidos à afectação da concorrência).

Ora, certas limitações ou condicionamentos dos referidos incentivos a concorrer, que sejam despoletados pela realização de projectos empresariais comuns, podem ser eficazmente prevenidos, ou contidos dentro de limites aceitáveis – em ordem à manutenção da denominada *"concorrência praticável"* – através de ajustamentos diversos na configuração ou modo de funcionamento das empresas comuns que se encontrem em causa. Nesses casos a estrutura essencial dos projectos empresariais comuns não se mostrará intrinsecamente restritiva da concorrência e a alteração de alguns elementos dos mesmos pode mostrar-se, em si mesma, decisiva para a preservação de certos incentivos a concorrer, envolvendo as empresas participantes ou empresas directa ou indirectamente relacionadas com estas (mesmo que não sujeitas ao seu controlo).

Assim, em muitas situações, poderão desenvolver-se, em paralelo, a avaliação dos níveis críticos de riscos de afectação da concorrência – os quais se mostram variáveis, em função dos factores típicos de análise que se identifiquem em cada um dos estádios de avaliação das empresas

---

[1607] Esses *incentivos a concorrer* podem ser diminuídos ou afectados – com intensidades muito diversas – por factores favoráveis à coordenação de comportamentos decorrentes de certas configurações de empresas comuns em determinados contextos de mercado. Em contrapartida, em diversos casos, certas alterações precisas de tal configuração das empresas comuns podem repor a níveis adequados os incentivos a concorrer em relação às empresas participantes nessas entidades. Sobre a decisiva importância dessa configuração concreta do programa de cooperação subjacente a empresas comuns e de factores denominados como *"governance structure"* de empresas comuns, admitindo que alguns ajustamentos mínimos dos mesmos podem ser fundamentais para a manutenção dos *incentivos a concorrer*, cfr. GREGORY WERDEN, "Antitrust Analysis of Joint Ventures – An Overview", cit., esp. pp. 725 ss. Deste modo, uma maior receptividade à ponderação deste tipo de ajustamentos a projectos de empresas comuns pode revelar-se essencial em sede de aplicação de normas comunitárias de concorrência para evitar o recurso sistemático ao regime do n.º 3 do artigo 81.º CE na avaliação de empresas comuns.

Parte III – Capítulo 1 903

comuns –[1608] e a ponderação de ajustamentos selectivos ao projecto empresarial comum que se mostrem adequados a contrabalançar tais riscos. É evidente que, no quadro do ordenamento comunitário da concorrência, a definição de condições especiais associadas a certas situações de cooperação empresarial tem sido, fundamentalmente, projectada no plano da concessão de isenções em sede de aplicação do n.º 3 do artigo 81.º CE e a partir de um juízo de base de proibição dessas situações de cooperação.

Todavia, pela nossa parte, admitimos, como alteração qualitativa da metodologia de análise neste domínio, que a ponderação de ajustamentos selectivos ao projecto empresarial comum se possa desenvolver ainda no plano da aplicação do n.º 1 do artigo 81.º CE, pelo menos até um certo grau de intensidade dos riscos de afectação da concorrência e até um certo nível de transformações do projecto originariamente concebido pelas partes (quando as transformações a considerar no projecto empresarial comum originário ultrapassarem um determinado patamar qualitativo, então, em princípio, será já a própria estrutura essencial do projecto que é questionada e já se deverá transitar para um plano de proibição de princípio da mesma e de ponderação de condições especiais de isenção).

Entre múltiplos ajustamentos na configuração e funcionamento de empresas comuns que, em tese, podem influir no juízo sobre a compatibilidade das mesmas com o disposto no n.º 1 do artigo 81.º CE[1609] justifica-se

---

[1608] Esses níveis críticos de riscos de afectação da concorrência também se mostrarão variáveis em função das subcategorias de empresas comuns que se encontrem em causa.

[1609] É evidente que, não obstante tenhamos vindo a destacar a importância de ajustamentos localizados em projectos de constituição de empresas comuns, por forma a evitar a sujeição das mesmas à proibição do n.º 1 do artigo 81.º CE, tais ajustamentos podem, também, *mutatis mutandis*, ser ponderados, noutro plano de análise, para avaliações baseados no regime do n.º 3 do artigo 81.º CE e com vista à verificação das *duas condições positivas* e das *duas condições negativas* de concessão de *isenções*, compreendendo a contribuição para a produção ou distribuição de bens ou para a promoção do progresso técnico e económico (i), a afectação aos consumidores de uma parte equitativa dos benefícios daí resultantes (ii), o carácter indispensável das restrições da concorrência para a realização dos objectivos (iii) e a não eliminação da concorrência em relação a uma parte substancial dos mercados em causa por força dos acordos que sejam concluídos entre determinadas empresas (iv). Em particular, a ponderação de ajustamentos específicos a projectos de empresas comuns pode contribuir para assegurar a não verificação desta última condição negativa. Todavia, como temos observado de modo reiterado, a lógica analítica que temos procurado desenvolver em relação à apreciação de empresas comuns

904   *Empresas comuns* – Joint Ventures

referir, *vg.*, a diminuição do período de duração da empresa comum, a introdução de modificações na estrutura de participações detidas pelas empresas-mãe e pela própria empresa comum em terceiras empresas concorrentes, a não utilização de pessoal comum ou de elementos que intervenham em vários órgãos sociais das empresas envolvidas,[1610] ou ainda a inclusão de uma terceira empresa, ou de mais empresas, num projecto empresarial comum originariamente pensado por apenas duas empresas-mãe.[1611]

Consideramos, pois, que, na *praxis* de apreciação das empresas comuns, a Comissão Europeia deveria assumir uma posição mais activa que pudesse, de raiz, suscitar a ponderação da introdução de soluções variantes na configuração das empresas comuns, embora admitamos que este nível de análise se reveste de algumas dificuldades no plano da aplicação do n.º 1 do artigo 81.º CE.[1612]

---

orienta-se para a identificação de ponderações que permitam verificar os limites da sua não sujeição à proibição do n.º 1 do artigo 81.º CE. Sobre as quatro condições de aplicação de isenções *ex vi* do n.º 3 do artigo 81.º CE – acima enunciadas – que não constituem claramente matéria privilegiada na nossa análise, cfr. a Comunicação interpretativa com orientações sobre a aplicação do n.º 3 do artigo 81.º CE, de 2004, já cit..

[1610] Pensamos aqui, naturalmente, nas situações mais recorrentes de empresas comuns participadas por empresas fundadoras de base societária.

[1611] Sobre o possível impacto deste tipo de soluções de abertura de projectos de empresas comuns a terceiras entidades cfr. JOSEPH BRODLEY, "Joint Ventures and Antitrust Policy", cit., esp. pp. 1544 ss.. Como salienta este autor, em termos que no essencial subscrevemos, a presença na empresa comum de uma terceira entidade além do núcleo originário de empresas fundadoras concorrentes pode desincentivar a utilização da empresa comum como instrumento para a coordenação dessas empresas, como se comprovou em precedentes relevantes no direito norte-americano [cfr. *"United States v. Imperial Chem. Indus., 100 F. Supp. 504, 579-86 (SDNY. 1951)"*]. Este tipo de soluções não tem sido utilizado no direito comunitário da concorrência e constituiria em nosso entender uma forma criativa de atenuar – com um mínimo de intervenção das autoridades da concorrência – os riscos de afectação da concorrência. Além disso, o novo enquadramento formal de compromissos subscritos pelas partes no regime do Regulamento (CE) n.º 1/2003 poderá reforçar as condições para a utilização desse tipo de abordagem de modo a obter a resolução de diversos casos numa base de não sujeição dos mesmos à proibição do n.º 1 do artigo 81.º CE e sem chegar a recorrer ao mecanismo da isenção do n.º 3 dessa disposição do Tratado. Sobre as novas possibilidades abertas neste domínio pelo Regulamento (CE) n.º 1/2003, tomando em consideração a experiência norte-americana, cfr. MARK FURSE,"The Decision to Commit. Some Pointers from the US", in ECLR, 2004, pp. 5 ss.

[1612] Todavia, como referimos na nota anterior, o novo enquadramento da figura dos compromissos no Regulamento (CE) n.º 1/2003 contribui para diminuir essas dificuldades de resolução dos casos num plano de aplicação do n.º 1 do artigo 81.º CE.

Além disso, no próprio plano de aplicação do n.º 3 do artigo 81.º, em sede de adopção de decisões de isenção, sujeitas a condições – e como adiante se exporá a propósito da análise na especialidade de várias categorias de empresas comuns – também a Comissão deveria actuar com maior latitude na definição de ajustamentos aos projectos empresariais comuns.

Nesse domínio, poderia, designadamente, proceder-se à fixação de limites temporais máximos de actuação de empresas comuns no quadro de decisões de concessão de isenções com duração limitada e sem hipótese de renovação. Podendo essa configuração da isenção ser controvertida, deveria, em qualquer caso, contemplar-se – se necessário clarificando essa alternativa numa perspectiva *de iure condendo* – a concessão de isenções por períodos limitados que não tivessem possibilidade de renovação.[1613]

[1613] Como destaca JOHN TEMPLE LANG, a Comissão, na sua *praxis* decisória, não tem procedido a limitações *ab initio* da duração de isenções, excluindo a possibilidade de renovações, nem tem equacionado seriamente essa hipótese de modo a testar o seu cabimento no regime jurídico da concessão de isenções. Cfr. A. cit., *International Joint Ventures Under Community Law*, cit., p. 448.

CAPÍTULO 2

APRECIAÇÃO NA ESPECIALIDADE DOS EFEITOS DAS EMPRESAS COMUNS – AS EMPRESAS COMUNS COM CARÁCTER DE CONCENTRAÇÃO

SUMÁRIO: 1. – Aspectos introdutórios. 2. – As empresas comuns com carácter de concentração e o teste substantivo relativo à compatibilidade com o mercado comum. 2.1. – Os elementos fundamentais do teste da compatibilidade com o mercado comum. *2.1.1. – A apreciação substantiva das empresas comuns com carácter de concentração – aspectos gerais. 2.1.2. – A reordenação dos elementos do teste da compatibilidade com o mercado comum e a compreensão sistemática das categorias de efeitos resultantes de concentrações. 2.1.3. – Os índices jurídico-económicos utilizáveis para a concretização dos elementos do teste da compatibilidade com o mercado comum.* 2.2. – A avaliação das situações de domínio do mercado. *2.2.1. – Graduação dos parâmetros fundamentais para a avaliação de situações de domínio do mercado. 2.2.2. – O parâmetro referente à quota de mercado das empresas participantes.* 2.2.2.1. – Possíveis limiares de referência na utilização do parâmetro relativo à quota de mercado. 2.2.2.2. – Relações de concorrência entre empresas participantes em concentrações e orientações gerais quanto à utilização do parâmetro da quota de mercado. 2.2.2.3. – A necessária flexibilidade na utilização do parâmetro relativo à quota de mercado. 2.2.2.4. – Outros elementos a ponderar na utilização do parâmetro relativo à quota de mercado. 2.2.2.5. – Elementos alternativos à ponderação da quota de mercado das empresas participantes em empresas comuns. *2.2.3. – O parâmetro analítico estrutural relativo ao grau de concentração dos mercado e a utilização de modelos económetricos. 2.2.4. – O parâmetro analítico relativo ao grau de abertura dos mercados. 2.2.5. – Segundo nível de parâmetros analíticos em matéria de avaliação de situações de domínio do mercado.* 2.2.5.1. – Parâmetros analíticos complementares num plano estrito de concorrência. 2.2.5.2. – A ponderação de diversos factores de interesse económico e social e os aspectos de eficiência económica. 2.3. – A apreciação de empresas comuns com carácter de concentração em situações de oligopólio – avaliação de posições dominantes colectivas (efeitos coordenados) e de outras situações (efeitos unilaterais). *2.3.1. – Perspectiva geral. 2.3.2. – O conceito de posição dominante colectiva.* 2.3.2.1. – A emergência do conceito de posição dominante colectiva em sede de controlo de concentrações. 2.3.2.2. – O aprofundamento do conceito de posição dominante colectiva em sede de apreciação de empresas comuns com carácter de concentração. 2.3.2.3. – Os elementos essenciais do domínio colectivo avaliados na jurisprudência *"Gencor/ /Lonrho"*. 2.3.2.4. – Insuficiência dos critérios analíticos delineados na jurisprudência *"Gencor/Lonrho"*. 2.3.2.4.1. – Perspectiva geral. 2.3.2.4.2. – Análise de empresas comuns com carácter de concentração e elementos para a construção de um modelo de avaliação de estruturas de mercado oligopolísticas geradoras de efeitos coordenados. 2.3.2.4.3. – Modelo de avaliação de estruturas de mercado oligopolísticas geradoras de efeitos coordenados e análise de determinadas características gerais do mercado. 2.3.2.4.4. – Modelo de avaliação de estruturas de mercado oligopolísticas e análise das características dos membros de oligopólios geradores de efeitos coordenados. 2.3.2.4.5. – Modelo de avaliação de estruturas de mercado oligopolísticas geradoras de efeitos coordenados e análise de empresas externas a circulos de interdependência oligopolística. *2.3.3. – Apreciação de empresas comuns com carácter de concentração e enquadramento de efeitos não coordenados resultantes de alterações estruturais de mercados oligopolísticos.* 2.3.3.1. – Perspectiva geral. 2.3.3.2. – Os problemas específicos de enquadramento de situações não subsumíveis no conceito de domínio colectivo. 2.3.3.3. – A jurisprudência *"Airtours"* e os seus principais corolários antes e depois da segunda reforma do RCC. **3. – A apreciação dos elementos de cooperação de empresas comuns qualificáveis como concentrações.** 3.1. – Perspectiva geral. 3.2. – Os aspectos fundamentais da análise de efeitos cooperativos subjacentes a empresas comuns qualificáveis como concentrações. *3.2.1. – A identificação de mercados afectados por processos de coordenação. 3.2.2 – Relações de causalidade entre a constituição de empresas comuns e a emergência de riscos de coordenação de comportamentos.* 3.2.2.1. – Perspectiva geral. 3.2.2.2. – Factores relevantes para o apuramentos de nexos de causalidade entre a constituição de empresas comuns e processos de coordenação de comportamentos. *3.2.3. – A ponderação do grau de probabilidade de verificação de efeitos apreciáveis de coordenação.* 3.2.3.1. – Perspectiva geral. 3.2.3.2. – Aspectos fundamentais para a análise do grau de probabilidade de verificação de efeitos apreciáveis de coordenação. 3.3. – A avaliação dos efeitos de coordenação na *praxis* decisória da Comissão. *3.3.1. – Perspectiva geral. 3.3.2. – A decisão "Telia/Telenor/ /Schibsted". 3.3.3. – A decisão "BT/AT&T". 3.3.4. – Referência sumária a outros precedentes significativos.*

1. Aspectos introdutórios

Procurámos no Capítulo anterior enunciar, em termos muito gerais, os contornos básicos de um *modelo analítico global das repercussões das empresas comuns sobre o processo de concorrência, em sede de direito comunitário da concorrência.*[1614] Como se referiu, pretende-se, através desse modelo, compatibilizar a necessidade de incorporar nos juízos de avaliação de empresas comuns elementos de análise económica – análise baseada em elementos casuísticos, referentes a cada situação de mercado, em particular – com a definição de parâmetros estáveis de análise, que assegurem alguma previsibilidade a esses juízos jusconcorrenciais. Delineadas essas coordenadas gerais do modelo global de análise dos efeitos das empresas comuns que sustentamos – o qual, de algum modo, assume características de uma metodologia intermédia entre os critérios da denominada regra *per se*, de proibição, e os critérios da *"regra de razão"*[1615] – importa concretizar o mesmo, através da análise, na especialidade, de várias categorias relevantes de empresas comuns.

[1614] Como temos vindo a referir, o processo de progressiva convergência material dos ordenamentos nacionais de concorrência dos Estados Membros com o ordenamento comunitário – claramente assumido, por razões que já comentámos, como ordenamento de referência – leva a que, no essencial, os modelos de análise de empresas comuns que equacionamos se repercutam de forma decisiva na disciplina dessa categoria nos vários ordenamentos nacionais, incluindo no ordenamento português da concorrência (ressalvando, tão só, alguns aspectos específicos dos parâmetros substantivos de avaliação de concentrações em que alguns Estados Membros adoptaram, como adiante observaremos, sistemas não totalmente coincidentes com o regime comunitário).

[1615] Essa metodologia, nos termos gerais em que a delineámos, no capítulo anterior, e como resultará ainda mais claramente da sua concretização no capítulo terceiro, no quadro do estudo *ex professo* dos principais tipos funcionais de empresas comuns, pode aproximar-se, em alguns aspectos, dos critérios da *"rule of reason"* – sobretudo porque envolve ponderações conjuntas de vários elementos indiciários de restrições da concorrên-

912   *Empresas comuns* – Joint Ventures

Para o efeito, e como já se referiu,[1616] propomo-nos concentrar, fundamentalmente, a nossa atenção nas diversas subcategorias de empresas comuns com carácter de cooperação – como domínio que continua, ainda, a abarcar a parcela mais significativa de toda a actividade de criação de empresas comuns e no qual se impõe consolidar as mais importantes mutações de metodologia jurídica de análise.[1617] De qualquer forma, consideramos que se deve desenvolver e aprofundar, progressivamente, um método global de análise das empresas comuns, em geral, pelo que o nosso estudo na especialidade inclui, também, a subcategoria das empresas comuns qualificáveis como concentrações, submetidas ao regime do RCC.

Este estudo na especialidade, que procura concretizar e ilustrar os estádios paradigmáticos de análise das empresas comuns incide, necessariamente, na *praxis* decisória da Comissão neste domínio, bem como na jurisprudência do TJCE e do TPI.,[1618] tomando especialmente em consideração o direito constituído desde a alteração introduzida em 1997 no

---

cia e de elementos favoráveis à concorrência – mas não deve ser assimilada a essa metodologia do direito norte-americano.

[1616] Cfr. a nossa justificação metodológica para o estudo privilegiado das empresas comuns não passíveis de qualificação como concentrações, submetidas ao regime do artigo 81.º CE – *supra*, capítulo primeiro (esp. pontos 1.3. e 1.4.).

[1617] Na realidade, será nesta vertente de análise que se encontram em causa as maiores transformações metodológicas, no sentido da incorporação de uma nova dimensão de análise estrutural orientada para a ponderação do poder de mercado das empresas e envolvendo também uma nova compreensão do contexto económico dos mercados afectados pelas situações de cooperação empresarial, em detrimento de visões formalistas e ordoliberais dos elementos de restrição da concorrência inerentes a certos acordos entre empresas (traduzindo globalmente uma relativa aproximação aos parâmetros materiais de apreciação de concentrações). Para além disso, e não obstante o número crescente de empresas comuns qualificáveis como concentrações que têm sido objecto de notificação no âmbito do RCC, pensamos que na *praxis* de cooperação empresarial a parcela mais significativa das empresas comuns criadas com diversas finalidades continuará a corresponder a entidades subsumíveis no regime do artigo 81.º CE (cfr. para uma estimativa desses aspectos os elementos expostos *supra*, no capítulo segundo da **Parte I**).

[1618] Sem prejuízo, naturalmente, de algumas referências pontuais à jurisprudência de alguns Estados Membros e à *praxis* decisória das respectivas autoridades nacionais de concorrência, na medida em que apliquem normas comunitárias de concorrência a empresas comuns.

RCC, e, conquanto de forma mais sumária, as perspectivas abertas com a segunda reforma do RCC, em 2004.[1619]

Assim, a nossa análise recai, em primeiro lugar nas empresas comuns com carácter de concentração que não geram coordenação de comportamentos entre as empresas-mãe e que, como tal, se encontram exclusivamente submetidas ao teste jurídico substantivo relativo à compatibilidade com o mercado comum (largamente baseado, mesmo após a segunda reforma do RCC, na aferição de situações de criação e reforço de posição dominante, entendida, sobretudo, no seu sentido mais tradicional, como posição dominante individual). Trata-se, nesse ponto, de uma análise relativamente sucinta, atendendo a que, por um lado, se verifica já, no decurso

---

[1619] Sem prejuízo de diversas referências à *praxis* decisória da Comissão em anteriores estádios do enquadramento sistemático das empresas comuns no regime do RCC – socorrendo-nos *pari passu* da análise dos mesmos a que procedemos *supra*, capítulo segundo da **Parte II** – justifica-se esta concentração da nossa atenção no enquadramento resultante da primeira reforma do RCC, atendendo às repercussões fundamentais que esta apresentou para o tratamento das empresas comuns, bem como ao facto de o mesmo enquadramento sistemático das empresas comuns ter conhecido uma estabilização desde então (não tendo, como já observámos, a delimitação de subcategorias de empresas comuns cobertas pelo regime do RCC e externas a esse regime sido alterada pela segunda reforma do RCC, de 2004, apesar de perspectivas iniciais nesse sentido no âmbito da preparação dessa reforma). Em contrapartida, a segunda reforma do RCC, resultante do Regulamento (CE) n.º 139/2004, cit., apenas justifica algumas referências de carácter mais sucinto. Desde logo, porque alguns elementos novos que introduz na avaliação substantiva de concentrações – compreendendo, naturalmente, as empresas comuns qualificáveis como concentrações – não foram ainda objecto de um fundamental processo de densificação jurídica que suporte um estudo crítico desenvolvido. No que respeita a tal estudo crítico dos elementos do teste substantivo aplicado na avaliação de concentrações continua, pois, a assumir decisiva importância o *adquirido* resultante da *praxis* decisória da Comissão no primeiro decénio de vigência do RCC (e, sobretudo, a partir da primeira reforma desse regime). Além disso, os ajustamentos introduzidos no teste substantivo em causa pela reforma de 2004 repercutem-se, fundamentalmente, numa área circunscrita, relativa a concentrações em situações de oligopólio, clarificando ou reforçando a possibillidade de nesses contextos limitar concentrações restritivas da concorrência, mesmo que não conduzam às denominadas posições dominantes colectivas. De qualquer modo, mesmo nesse ponto em que especificamente se podem fazer sentir os ajustamentos introduzidos no teste substantivo, pensamos que a extensão do controlo de concentrações restritivas da concorrência tem um alcance muito limitado e que foi frequentemente sobrevalorizado. Finalmente, pela sua novidade, a Comunicação interpretativa da Comissão relativa à apreciação de concentrações horizontais, também de 2004, (já cit.) apenas será objecto de referências sucintas, *maxime* quanto a aspectos que traduzam uma confirmação ou sistematização de orientações emergentes da *praxis* decisória e da jurisprudência.

914   *Empresas comuns* – Joint Ventures

de mais de uma década de vigência do RCC, alguma estabilização de parâmetros de análise referentes à avaliação de situações de *criação ou reforço de posição domi*nante[1620] e considerando, por outro lado – como já repetidamente se enfatizou – que é na vertente correspondente às empresas comuns com carácter de cooperação, ou envolvendo elementos de cooperação empresarial, que se prefigura o desenvolvimento de uma nova metodologia jurídica de análise, conjugando factores de tipo estrutural e outro tipo de factores essencialmente relacionados com o comportamento das empresas (sobre a qual deve recair prioritariamente a nossa atenção).

Acresce que, em paralelo com a relativa estabilização dos parâmetros de análise em que assenta o teste referente à criação ou reforço de posição dominante, se equaciona, criticamente, – nos moldes que, de seguida, se referem – a sua inclusão como componente primacial de um teste substantivo mais vasto, relativo à criação de *entraves significativos à concorrência efectiva* (no quadro da reformulação do *teste global da compatibilidade com o mercado comum* determinada pelo Regulamento (CE) n.º 139/2004, a qual, como se verá, veio, no essencial, reordenar elementos que já integravam a anterior formulação desse teste). Trata-se, contudo, de matéria que, nesse ponto específico, carece, ainda, de um fundamental crivo de densificação jurídica, que virá a resultar, apenas, da *praxis* decisória ulterior a esta segunda reforma do RCC (com os inerentes riscos de desactualização de qualquer análise mais desenvolvida neste domínio).

[1620] Essa relativa estabilização dos critérios analíticos de concretização do parâmetro referente à *criação ou reforço de posição dominante* – na vertente correspondente à *posição dominante individual* – é mais significativa desde a primeira reforma do RCC, em 1997, que coincide também – como já observámos – com a sistematização de critérios relativos a um elemento analítico fundamental para tal avaliação, correspondente à delimitação dos mercados relevantes (mediante a adopção, também em 1997, da Comunicação interpretativa da Comissão sobre definição de mercado relevante, já cit.). É ainda neste período que se desenvolve a utilização de processos econométricos de análise para a ponderação de factores relevantes na aferição de *posições dominantes individuais* (cfr., nesse sentido, ALISTAIR LINDSAY, EMANUELA LECCHI, GEOFFREY WILLIAMS, "Econometrics Study into European Commission Merger Decisions Since 2000", cit., pp. 673 ss.). De resto, no Livro Verde sobre a revisão do RCC, de 2001, a própria Comissão reconhecia explicitamente o recurso crescente a esses processos econométricos. Além disso, não obstante a reformulação do *teste da compatibilidade com o mercado comum* a que se procedeu com a reforma de 2004 do RCC – e nos termos que adiante melhor precisamos – o elemento referente à *criação ou reforço de posição dominante* (*maxime, posição dominante individual*) continua a ser, claramente, a componente primacial desse teste substantivo.

Justifica-se, assim, apreciar de forma autónoma – embora sempre de modo muito sumário – as *questões jurídicas que podem estar mais directamente subjacentes à segunda reforma do enquadramento normativo do RCC, as quais, como adiante observaremos, têm, fundamentalmente, incidência no tratamento de situações muito específicas de concentração empresarial em mercados com estruturas oligopolísticas* (envolvendo problemas relativos a *situações de domínio colectivo*, ou à produção dos denominados *efeitos unilaterais*, negativos para a concorrência, nesse tipo de mercados).

Como também já se referiu, a nossa análise, nesta primeira vertente, privilegia a *praxis* decisória relativa às empresas comuns com carácter de concentração, que tenham suscitado dúvidas mais significativas de compatibilidade com o mercado comum (e que tenham determinado, no quadro do RCC, uma análise, mais desenvolvida, *ex vi* da al. c) do n.º 1 do artigo 6.º e do artigo 8.º do RCC).[1621]

Em segundo lugar, e ainda no domínio das empresas comuns com carácter de concentração, procedemos à análise das empresas comuns criadas em situações de mercado de tipo oligopolístico, *maxime* daquelas que possam conduzir à criação ou reforço de posições dominantes colectivas. Trata-se, indiscutivelmente de matéria em relação à qual se desenvol-

---

[1621] As operações de concentração notificadas que justificam análises mais desenvolvidas, em função das dúvidas sérias de compatibilidade com o mercado comum que suscitem, correspondem, em cada ano, a um número limitado de casos (cfr., nesse sentido, os capítulos referentes ao controlo de concentrações constantes de diversos relatórios anuais sobre política da concorrência; vd, especialmente o tratamento dessa matéria desde o *"Vigésimo Oitavo Relatório sobre a Política da Concorrência"* até ao presente). Se considerarmos, especificamente as empresas comuns qualificáveis como concentrações que têm dado azo a esse tipo de análise, o número de operações em causa é ainda mais reduzido. Em contrapartida, esses casos assumem uma decisiva importância para a definição e consolidação de critérios de análise – *maxime* para a concretização do conceito relativo à *criação ou reforço de posições dominantes individuais*. Nesse plano, e deixando de lado as situações referentes a concentrações em mercados olipolísticos – que, pela sua especificidade justificam, como já observámos, um tratamento autónomo – podemos considerar que os critérios analíticos fundamentais se encontravam relativamente identificados e estabilizados, *vg*. no que respeita à ponderação de *quotas de mercado* e de *elementos sobre o grau de concentração dos mercados*, pelo que as recentes *"Orientações para a apreciação de concentrações horizontais"*, cit., terão vindo, fundamentalmente, sistematizar os parâmetros de análise fundamentais (tais como estes haviam sido progressivamente densificados na *praxis* decisória da Comissão, sobre a qual fazemos incidir em especial a nossa atenção).

916   *Empresas comuns* – Joint Ventures

veu, de modo gradual, uma interpretação extensiva dos critérios de apreciação previstos no RCC, e que interessa equacionar criticamente, quer quanto à sua justificação material, quer, sobretudo, quanto aos limites que a devem balizar.

Além disso, a intensa discussão que precedeu a segunda reforma do RCC desde a adopção do Livro Verde de 2001 sobre a possível substituição do teste jurídico originário do RCC, relativo à *criação ou reforço de posição dominante* pelo teste referente à *diminuição substancial da concorrência*, nos moldes em que este foi desenvolvido no ordenamento norte-americano, em matéria de controlo de concentrações,[1622] assumiu,

---

[1622] Sobre o referido teste substantivo fundamental adoptado no quadro do sistema norte-americano de controlo de concentrações, cfr. o exposto *supra*, capítulo primeiro da **Parte II** (esp. ponto 7.3.) em relação a esse sistema. Para uma compreensão global do denominado *"SLC test"* no ordenamento norte-americano da concorrência, cfr., em particular, a jurisprudência do Supremo Tribunal norte-americano no caso *"du Pont"* [*"353 US 586 (1957), at 589"*], bem como a concretização do mesmo teste no ponto 0.1 das *"Horizontal Merger Guidelines"*, de 1992 – revistas em 1997 – cit., nos termos da qual *"the unifying theme of the Guidelines is that mergers should not be permitted to create or enhance market power or to facilitate its exercise. Market power to a seller is the ability profitably to maintain prices above competitive levels for a significant period of time"*. Para uma caracterização do referido teste na doutrina norte-americana, cfr. WILLIAM BLUMENTHAL, "Symposium: Twenty Years of Hart-Scott-Rodino Merger Enforcement – Introductory Note", in ALJ, 1997, pp. 813 ss. e WILLIAM J. BAER, "Reflections on Twenty Years of merger Enforcement Under the Hart-Scott-Rodino Act", in ALJ, 1997, pp. 825 ss.. A possibilidade de substituição do teste relativo à *criação ou reforço de posição dominante* pelo teste referente à *diminuição substancial da concorrência* (*"substantial lessening of competition – SLC"*) foi expressamente contemplada no Livro Verde sobre a revisão do RCC, de 2001, cit. (esp. pontos 159 a 169). A Comissão identificou, então, em tese geral, quer razões de ordem processual para ponderar a adopção do *"SLC test"*, designadamente relacionadas com uma possível maior convergência com alguns dos principais ordenamentos da concorrência (*maxime*, o norte-americano), quer razões substantivas para essa opção. Neste último plano referia-se no Livro Verde, cit. (pontos 165--166) que *"it has been (…) suggested that the SLC test might be closer to the spirit of the economically based analysis undertaken in merger control and less (legally) rigid that the dominance test. As such, some consider it better adapted to an effective merger control, in particular in the context of growing industrial concentration"*. Referia-se, também, a hipotética possibilidade de o *"SLC test"* permitir cobrir situações relativas a efeitos unilaterais restritivos da concorrência emergentes de concentrações em mercados oligopolísticos que poderiam não ser satisfatoriamente enquadradas pelo teste do domínio, mesmo incluindo a sua vertente relativa ao domínio colectivo. De qualquer modo, a Comissão já então ressalvava que *"in conclusion, experience in applying the dominance test has not revealed major loopholes in the scope of the test. Nor has it frequently led to different results from*

Parte III – Capítulo 2   917

em especial, relevância nesse plano do enquadramento de situações de oligopólio.

Não tendo a segunda reforma do RCC acolhido essa solução mais extrema, a solução intermédia adoptada de reordenação dos elementos do teste da compatibilidade com o mercado comum, erigindo a criação de entraves significativos à concorrência efectiva em critério director fundamental do novo teste reformulado de compatibilidade, apresenta, no essencial, repercussões nesse plano relativo à avaliação de concentrações em situações de oligopólio. Em nosso entender, será nesse domínio que se podem configurar algumas eventuais diferenças – e, de qualquer modo com carácter muito limitado – nos resultados finais de aplicação do teste originário e do novo teste de compatibilidade com o mercado comum (o que, de resto, é implicitamente reconhecido no Considerando 25 do Regulamento (CE) n.º 139/2004, quando se refere que *"a noção de entrave significativo a uma concorrência efectiva (…) deverá ser interpretada como abrangendo, para além dos casos em que é aplicável o conceito de posição dominante, apenas os efeitos anti-concorrência de uma concentração resultantes do comportamento não concertado de empresas que não teriam uma posição dominante no mercado em questão"*). Justifica-se, pois, como acima já se referia, um tratamento autónomo dessas situações correspondentes ao controlo de concentrações em mercados oligopolísticos.

O carácter sumário dessa análise justifica-se, ainda, pelo facto de alguns dos principais desenvolvimentos respeitantes à formulação de interpretações extensivas conducentes ao enquadramento, num quadro progressivamente mais lato, de situações de *posição dominante colectiva*, ou de *outro tipo de situações relevantes no quadro de mercados oligopolísticos* – e que influenciaram decisivamente a segunda reforma do RCC – não se terem reportado a empresas comuns (qualificadas como concentrações), mas a operações de concentração de diversa configuração.[1623] De

---

SLC test approaches in other jurisdictions" (Livro Verde, cit., ponto 167). No que respeita à discussão desenvolvida desde o referido Livro Verde e no âmbito da preparação da segunda reforma do RCC, finalmente concretizada em 2004, cfr., por todos, Vijay Selvam, "The EC Merger Control Impasse: Is There a Solution to This Predicament", cit., esp. pp. 53 ss..

[1623] Tenha-se presente, designadamente, a este propósito, um dos casos mais significativos para aferir os limites do teste do domínio na avaliação de concentrações em mercados de tipo oligopolístico – caso *"Airtours"* [decisão de 1999, no proc IV/M1524 e,

918   *Empresas comuns* – Joint Ventures

qualquer modo, na medida em que este problema de construção jurídica do teste referente à apreciação de operações de concentração que não envolvem elementos de coordenação de comportamentos pode ser relevante para o enquadramento de algumas empresas comuns, o mesmo não deixa de ser por nós equacionado

Num domínio intermédio, analisamos criticamente *os processos de avaliação das empresas comuns subsumíveis no conceito de concentração que apresentam, em paralelo, efeitos de coordenação dos comportamentos das empresas-mãe*. Trata-se da subcategoria de empresas comuns que passou a estar submetida ao enquadramento do RCC após a revisão que este diploma conheceu em 1997 (em termos que não foram alterados pela segunda reforma do RCC, de 2004). Tal categoria, como já tivemos ensejo de destacar, pode assumir especial importância em virtude das múltiplas implicações jurídicas que deverão resultar da interacção do teste relativo à coordenação do comportamento das empresas – em sede de aplicação do n.º 1 do artigo 81.º CE – com o teste relativo à compatibilidade com o mercado comum (centrado no domínio de mercado).

A segunda vertente de análise – que constitui indiscutivelmente a área central do nosso estudo na especialidade dos efeitos das empresas comuns sobre o processo de concorrência – incide sobre as denominadas empresas comuns com carácter de cooperação. Como já explicitámos, tal estudo reporta-se, sucessivamente, a quatro tipos funcionais de empresas comuns, compreendendo as empresas comuns de investigação e desenvolvimento, as empresas comuns de produção, as empresas comuns para a comercialização de bens e serviços e – embora num plano de menor importância relativa – as empresas comuns para a aquisição de bens e serviços.

Nessa selecção tomámos em consideração não apenas a relevância dessas subcategorias de empresas comuns na *praxis* jurídico-económica de

---

sobretudo, o Acórdão do TPI *"Airtours plc v. Commission"*, de 2002, proc. T-342/99, Col. II – 2585 (2002)] – que versou uma concentração em sentido estrito (não correspondente a uma empresa comum subsumível no RCC). É certo que, em contrapartida, outros casos relevantes neste plano de análise versaram, efectivamente, empresas comuns qualificáveis como concentrações, como sucedeu com o fundamental caso *"Gencor"* [decisão de 1997, no proc IV/M.619, e Acórdão do TPI *"Gencor v. Commission"*, de 1999, proc T-102/96, Col. II-753 (1999)]. Todavia, só por si, tal não justifica um longo tratamento *ex professo* das questões específicas relativas ao conceito de posição dominante colectiva e de outras questões de afectação da concorrência em situações de oligopólio no quadro de um estudo que elege como objecto central as empresas comuns.

Parte III – Capítulo 2

cooperação entre empresas, mas ainda a especial importância e o carácter paradigmático das questões jusconcorrenciais suscitadas, em regra, por essas modalidades de empresas comuns.[1624] Como é natural, esta área central do nosso estudo terá como base fundamental a análise crítica da concretização jurídica das normas comunitárias de concorrência ao nível da prática decisória da Comissão e também no plano jurisprudencial (apesar de a jurisprudência do TJCE e do TPI não ser particularmente extensa neste domínio).[1625]

Sem prejuízo do estudo especializado dos referidos quatro tipos funcionais de empresas comuns, não deixamos ainda de analisar *pari passu* as empresas comuns com carácter de cooperação que apresentem conteúdo mais complexo, devido a combinações de funções empresariais que não permitam identificar uma função prevalecente, apta a suportar uma qualificação jurídica global da empresa comum.

Além das duas áreas de análise referente aos efeitos gerados sobre a concorrência pelas *empresas comuns com carácter de concentração* e pelas *empresas comuns que não desempenham todas as funções de uma entidade económica autónoma*, finalizamos o estudo na especialidade neste domínio com uma análise sucinta de uma outra categoria particular de situações de relacionamento entre empresas que apresenta algumas semelhanças com a segunda categoria acima referida (e eleita como objecto primacial da caracterização crítica que se pretende desenvolver).

[1624] Já tivemos ensejo de expor, numa perspectiva geral – *supra*, capítulo primeiro desta **Parte I** – as principais razões que justificam a especial relevância que atribuímos à análise jusconcorrencial dos tipos funcionais de empresas comuns em causa.

[1625] Como já observámos, há várias razões para essa relativa escassez de tratamento jurisprudencial das empresas comuns em sede de aplicação de normas comunitárias da concorrência. Desde logo, uma razão determinante dessa situação resulta do facto de apenas uma parcela limitada das empresas comuns potencialmente submetidas ao regime do artigo 81.º CE terem sido objecto de notificação à Comissão, no quadro do anterior sistema do Regulamento n.º 17 e de, em paralelo serem reduzidas as iniciativas de averiguação *ex officio* por parte da Comissão em relação a situações de constituição e funcionamento de empresas comuns. Além disso, a frequência com que essas situações – quando analisadas pela Comissão – foram objecto de decisões de isenção *ex vi* do n.º 3 do artigo 81.º CE, com base em ponderações sócio-económicas que os tribunais tendiam a considerar, pela sua natureza, dificilmente sindicáveis, terá constituído também um factor de retracção no que respeita à submissão dessas situações ao crivo da fiscalização jurisdicional. Contudo, quase todos estes factores vêm conhecendo mutações importantes que estão já a conduzir a uma relevância acrescida das intervenções jurisprudenciais no domínio em causa.

920 *Empresas comuns* – Joint Ventures

Trata-se, como já se aflorou, de *situações de titularidade conjunta de empresas, que não chegam a originar relações de controlo conjunto* – definidoras da própria categoria jurídica jusconcorrencial da empresa comum – mas que, pela sua natureza, podem conduzir ao desenvolvimento de relações de influência significativa entre duas ou mais empresas, cujas repercussões sobre a concorrência importa avaliar. Como se verá, nos casos mais recorrentes, esse tipo de situações resulta de aquisições de participações importantes numa determinada empresa por parte de outra entidade empresarial.

2. As empresas comuns com carácter de concentração e o teste substantivo relativo à compatibilidade com o mercado comum

2.1. OS ELEMENTOS FUNDAMENTAIS DO TESTE DA COMPATIBILIDADE COM O MERCADO COMUM

2.1.1. A apreciação substantiva das empresas comuns com carácter de concentração – aspectos gerais

As empresas comuns com carácter de concentração são apreciadas com base no teste jurídico-económico previsto no artigo 2.º do RCC.[1626] Esse teste apresenta uma natureza complexa, obrigando, em nosso enten-

---

[1626] A enunciação desse teste da compatibilidade com o mercado comum encontra-se, fundamentalmente, contida no n.º 3 do artigo 2.º do RCC. A esse, propósito justifica-se cotejar a formulação originária dessa disposição, com a formulação resultante do recente Regulamento (CE) n.º 139/2004, respectivamente com os seguintes conteúdos: "*devem ser declaradas incompatíveis com o mercado comum as operações de concentração que criem ou reforcem uma posição dominante de que resultem entraves significativos à concorrência efectiva no mercado comum ou numa parte substancial deste*" e "*devem ser declaradas incompatíveis com o mercado comum as concentrações que entravem significativamente uma concorrência efectiva no mercado comum ou numa parte substancial deste, em particular em resultado da criação ou do reforço de uma posição dominante*".

Parte III – Capítulo 2

der, à formulação de juízos causais sucessivos com uma extensão que nem sempre tem sido devidamente apreendida.

Importa, de qualquer modo, em primeiro lugar, ter presente o enquadramento geral do conjunto de previsões constantes do artigo 2.º do RCC. Este abarca o enunciado jurídico do *teste da compatibilidade de operações de concentração com o mercado comum* (essencialmente contido no n.º 3 do artigo 2.º), o *enunciado dos objectivos fundamentais subjacentes ao mesmo teste* (n.º 1, primeira parte da al. a) deste artigo 2.º) e a previsão dos *critérios jurídico-económicos de apreciação das concentrações – com base nos quais serão ponderados e concretizados os próprios elementos que integram o teste da compatibilidade com o mercado comum* (previsão que integra a segunda parte da al. a) e a al. b) do n.º 1 do artigo 2.º do RCC). Como veremos, a concatenação destes vários planos de regulação suscita diversos problemas de interpretação e construção jurídicas.

Os critérios de apreciação de compatibilidade com o mercado comum das empresas comuns com carácter de concentração – bem como da generalidade das concentrações –, que consubstanciam, no seu conjunto, o teste fundamental acima referido, assentam, por um lado, na verificação de entraves significativos à concorrência efectiva no mercado comum ou em parte substancial deste, e, por outro lado, na criação ou reforço de posição dominante em determinados mercados, previamente delimitados, na sequência da realização de operações de concentração.

Em termos essenciais, a concepção técnico-jurídica dos parâmetros de apreciação previstos no n.º 3 do artigo 2.º do RCC determina que o juízo complexo sobre a compatibilidade com o mercado comum de empresas comuns com carácter de concentração integre três elementos materiais. Constituirão, na realidade, elementos primaciais desse juízo – numa lógica sucessiva de encadeamento – a existência de entraves significativos à concorrência efectiva no mercado comum ou em parte substancial deste, a criação ou reforço de qualquer posição dominante em determinado mercado, e, finalmente, a verificação de um nexo de causalidade entre esses dois aspectos (o apuramento de entraves à concorrência efectiva nos termos acima indicados resultará, *"em particular"* da criação ou reforço de posições dominantes).

Esta formulação do teste da compatibilidade com o mercado comum adoptada com a segunda reforma do RCC, de 2004, assenta, fundamentalmente, em nosso entender, numa reordenação de três elementos materiais que já se encontravam presentes na concepção originária de tal teste do

922   *Empresas comuns* – Joint Ventures

RCC de 1989. Na realidade, a alteração primacial introduzida com esta reforma resulta da eleição como parâmetro director no teste em causa da ideia de verificação de entraves significativos à concorrência efectiva – *maxime* como resultado de criação ou reforço de posições dominantes – invertendo-se, assim, a ordenação valorativa do anterior teste, que tomava como referência a criação ou reforço de posição dominante, desde que esta originasse a emergência de entraves significativos à concorrência efectiva. É certo que alguma doutrina tendeu a *"desconsiderar"* esse segundo elemento – *"entrave à concorrência"* – fixando-se quase exclusivamente no elemento referente ao apuramento de efeitos de criação ou reforço de posições dominantes. Além disso, o terceiro elemento – nexo de causalidade entre os dois aspectos acima enunciados – não se encontrava, também, perfeitamente enunciado no teor literal do n.º 3 do artigo 2.º do RCC (na sua formulação anterior à reforma de 2004). Todavia, pensamos que já então deveria ser considerado como elemento implícito na avaliação da compatibilidade com o mercado comum de operações de concentração.[1627]

Na verdade, a relevância do elemento referente à emergência de entraves à concorrência efectiva, bem como do próprio nexo causal entre o mesmo e o elemento relativo à criação ou reforço de posições dominantes vinham sendo progressivamente assinaladas na prática decisória mais recente da Comissão, embora sem configurar ainda uma orientação interpretativa clara e estabilizada. Paralelamente, a importância desses elementos veio a ser, finalmente, corroborada pelo TJCE no seu Acórdão *"France v. Commission"* – decisão na qual o Tribunal considerou não se encontrarem verificados os elementos essenciais do teste regulado no

---

[1627] Esta nossa perspectiva hermenêutica aplicada à formulação do teste da compatibilidade com o mercado comum no n.º 3 do artigo 2.º do RCC anterior à segunda reforma do RCC, de 2004 não corresponde, no entanto, à orientação maioritária na doutrina. Além disso, importa reconhecer que, não obstante os progressos na *praxis* decisória da Comissão (aos quais aludimos de seguida), no sentido de realizar análises menos lineares dos efeitos restritivos da concorrência emergentes de operações de concentração – e, designadamente, menos centradas em avaliações lineares dos factores de verificação de situações de domínio – a Comissão nunca chegou a reconhecer, claramente, a natureza compósita do referido teste da compatibilidade. Assim, mesmo em casos em que as partes trouxeram explicitamente à colação tal natureza compósita, englobando o elemento relativo à verificação de *entraves significativos à concorrência efectiva*, como sucedeu, *vg.*, na decisão *"Exxon/Mobil"* [proc IV/M1383 (1999)], a Comissão não considerou essencial avaliar esse aspecto para fixar o sentido da sua decisão final (cfr. pontos 259 e 260 da decisão cit.).

artigo 2.º do RCC nos casos em que a deterioração da estrutura de concorrência de certo mercado viesse previsivelmente a ocorrer, ainda que a operação de concentração em causa não fosse concretizada. Noutros termos, tal correspondeu ao reconhecimento, por parte do Tribunal, da necessidade de estabelecer um verdadeiro nexo de causalidade entre um efeito final de deterioração da estrutura da concorrência – consubstanciado, na letra do artigo 2.º do RCC, no surgimento de *entraves à concorrência efectiva* – e a situação de criação ou reforço de posição dominante.[1628] Neste contexto, é a nossa orientação hermenêutica no sentido de afirmar a autonomia do elemento referente à verificação de *entraves à concorrência efectiva* já na formulação originária do teste da compatibilidade com o mercado comum – e numa perspectiva que consideramos ter sido subscrita pela jurisprudência *"France v. Commission"* – que nos leva, em contrapartida, a sustentar que a reformulação desse teste da compatibilidade com o mercado comum com a segunda reforma do RCC traduz uma *mera reordenação dos elementos já presentes nesse teste*. E, em súmula, é esse pressuposto que fundamenta o nosso entendimento

---

[1628] Cfr., a esse propósito, este fundamental Acórdão *"France e. Société Commerciale des Potasses et de l'Azote et Entreprise Minière et Chimique v. Commission"*, que se reportava a anterior decisão da Comissão em sede de controlo de concentrações no caso *"Kali und Salz"* [decisão no proc IV/M308 (1994)] – e, em especial, os pontos 115 e ss. desse Acórdão, conhecido como *"Kali und Salz"* [proc C-68/94 e C-30/95, Col. I-1375 (1998)]. Este explícito reconhecimento jurisprudencial da relevância *a se* do elemento do teste da compatibilidade com o mercado comum correspondente à verificação de um *entrave significativo à concorrência efectiva* assumiu decisiva importância, visto que orientações interpretativas que podemos considerar maioritárias tendiam a reconduzir toda a ponderação do mesmo teste à verificação de efeitos de criação ou reforço de posição dominante, desconsiderando o carácter compósito de que esse teste já se revestia na sua formulação originária. Cfr., por todos, sobre essa orientação interpretativa que, pela nossa parte, já considerávamos não fundamentada antes da segunda reforma do RCC, VALENTINE KORAH, *An Introductory Guide to EC Competition Law and Practice*, cit., esp. pp. 309 ss. Como aí referia de modo lapidar esta autora, *"if the concentration does create or strengthen a dominant position, the Commission should declare that it is incompatible with the common market and it may not proceed"*. Mesmo autores como, *vg.*, ALISTAIR LINDSAY, que procuraram levar mais longe a densificação dos vários factores económicos envolvidos na concretização do teste da compatibilidade com o mercado comum na sua formulação anterior à segunda reforma do RCC, manifestam dúvidas sobre a natureza e alcance desse teste, como *"single or bifurcated test"* (incluindo, neste último caso, uma *"meaningful second part of the substantive test"*, correspondente à verificação de *entraves à concorrência efectiva* (cfr. A. cit., *The EC Merger Regulation: Substantive Issues*, London, Sweet & Maxwell, 2003, esp. pp. 45 ss.).

924   *Empresas comuns* – Joint Ventures

global – que de seguida enunciamos em termos mais desenvolvidos – no sentido de que a ponderação do elemento relativo à criação ou reforço de posição dominante continua a ser, em regra, o aspecto determinante da concretização com o teste da compatibilidade com o mercado comum.

Acresce que o elemento do teste jurídico-económico em questão referente à produção de *entraves significativos à concorrência efectiva* pode, igualmente, ser utilizado como suporte especial de ponderação de *factores dinâmicos* referentes ao funcionamento do mercado (o que já sucederia, em nosso entender, com a sua inclusão, nos moldes que vimos sustentando, na formulação originária do teste da compatibilidade, tendo esse aspecto, por maioria de razão, sido reforçado com a recolocação sistemática do mesmo elemento como parâmetro director deste teste). Na verdade, mesmo a criação ou reforço, em dado momento, de uma posição dominante, através da realização de uma operação de concentração, pode não vir a produzir consequências excessivamente restritivas sobre o funcionamento da concorrência, caso outros factores dinâmicos venham, de modo previsível, contrabalançar aquele efeito inicial sobre a estrutura da concorrência Podem estar em causa factores dinâmicos tão diversos como o reforço, a curto ou médio prazo, da abertura do mercado (com alteração ou eliminação previsível de certas barreiras à entrada no mercado), ou a alteração de certos aspectos – no plano da regulação ou da organização dos próprios intervenientes no mercado (*vg.*, alteração dos métodos de contratação dos principais clientes de empresas participantes numa concentração, como sucedeu no caso que foi objecto da decisão "*Mannesmann/Hoesch*", de 1993, a qual respeitava a uma empresa comum com carácter de concentração).[1629]

Embora, em tese geral, se possa considerar que esse tipo de factores dinâmicos são susceptíveis de ponderação para efeitos de verificação da própria criação ou reforço de posição dominante – na medida em que afectem o carácter duradouro, ou mais ou menos estável da posição de domínio – pensamos que, em termos sistemáticos, a sua apreciação se deve fazer, preferencialmente, ao nível do acima referido segundo elemento do teste de compatibilidade com o mercado comum. Não tendo sido esse, em regra, o sentido geral da orientação da prática decisória da Comissão antes da segunda reforma do RCC, a recolocação sistemática do elemento referente a *entraves significativos à concorrência efectiva* como

---

[1629] Cfr. decisão "*Mannesmann/Hoesch*" – proc IV/M222 (1993).

parâmetro director desse teste abre caminho a uma ponderação mais lata e segura desses factores dinâmicos (que deixam de estar estritamente reconduzidos à avaliação das situações de domínio).

Deve, ainda, referir-se que, apesar de a subcategoria das empresas comuns com carácter de concentração e sem efeitos relevantes de coordenação não apresentar especificidades de fundo em relação ao conjunto das operações de concentração, globalmente consideradas, – pelo menos no que respeita aos parâmetros fundamentais de apreciação[1630] – admitimos que essa subcategoria possa, em certas situações, ser mais permeável à ponderação dos referidos *factores dinâmicos*, relacionados com a mutabilidade das estruturas de concorrência resultantes de concentrações.

Na verdade, apesar de a verificação de uma alteração minimamente duradoura da estrutura de concorrência constituir um critério essencial para a própria qualificação de empresas comuns como operações de concentração, subsiste sempre nesta figura a possibilidade de reconfiguração dos activos empresariais afectos à empresa comum a partir das posições que continuam a ser detidas pelas empresas-mãe. Ora, essa possibilidade, que é eliminada, ou não conhece a mesma extensão, nas concentrações em sentido estrito – as quais não envolvem a criação de uma empresa comum – pode constituir um elemento suplementar de abertura para a intervenção de factores dinâmicos que condicionem o funcionamento das estruturas de concorrência.[1631]

[1630] Aspecto que, de resto, justifica, como temos vindo a referir, a nossa opção por uma tratamento relativamente sucinto dessa subcategoria de empresas comuns, elegendo, em contrapartida, como objecto prioritário de estudo a subcategoria das empresas comuns submetidas ao regime do artigo 81.º CE.

[1631] Nesses *factores dinâmicos* sobressaem os respeitantes à existência de um elevado grau de abertura do mercado potencialmente afectado por uma operação de concentração (ou, correlativamente a uma reduzida expressão das barreiras à entrada nesse mercado). Esse factor, progressivamente reconhecido na *praxis* decisória da Comissão, veio a ser confirmado como aspecto importante na avaliação de concentrações na recentes *"Orientações para a apreciação das concentrações horizontais"*, cit., onde é configurado, num segundo plano de análise, como *"factor de compensação relevante"* de eventuais *efeitos restritivos da concorrência* (a par de outras duas categorias de factores de compensação correspondentes aos *ganhos de eficiência* e às *situações respeitantes a empresas insolventes*; cfr. pontos 11 e ss. das referidas Orientações. Ora, neste plano, e para além dos aspectos já acima referidos, as situações respeitantes a empresas comuns qualificáveis como concentrações, em que subsistem empresas fundadoras que controlam essas entidades, permite reforçar as probabilidades de entrada de novas empresas no mercado, pois

926   *Empresas comuns* – Joint Ventures

A importância do elemento do teste da compatibilidade referente à emergência de entraves significativos à concorrência efectiva deve também ser reavaliada no quadro de outro plano de análise. Trata-se do plano correspondente à ponderação de *eficiências económicas* resultantes de operações de concentração. Como é sabido – e nos termos que foram explicitamente reconhecidos pela Comissão desde o seu *"Livro Verde sobre a Revisão do Regulamento (CEE) n.° 4064/89"* – esta questão, relativa à apreciação de possíveis *eficiências económicas* resultantes de operações de concentração e às eventuais repercussões dessas eficiências para a avaliação do efeito global de tais operações empresariais, tem sido escassamente versada na *praxis* decisória do controlo comunitário de concentrações.[1632]

Além disso, mesmo nos casos em que a matéria foi, apesar de tudo, equacionada, era recorrente uma considerável margem de indefinição quanto ao enquadramento analítico e ao relevo deste tipo de aspectos. Esta metodologia de análise dos efeitos de operações de concentração –

---

essas empresas fundadoras podem, em determinado momento, decidir entrar por si no mercado que se encontre em causa.

[1632] Retornaremos com brevidade ao tratamento das eficiências a propósito da concretização do critério relativo ao progresso técnico e económico previsto no RCC e da sua distinção em relação a interesses públicos não passíveis de recondução a parâmetros concorrenciais, *infra*, ponto 2.2.5.2. deste capítulo. Sobre o relativo défice de análise em termos de ponderação de eficiências, cfr."*Livro Verde*", cit. de 2001, esp. ponto 170. Como aí se referia, "*some commentators (...) suggest that the dominance test does not allow for a proper consideration of efficiencies that may result from mergers. To date, however, the issue of efficiencies has only been raised in a limited number of decisions under the Merger Regulation, and the precise scope for taking such considerations into account may not have been fully developed*". A Comissão reconhecia, então, também, que o elemento respeitante ao domínio do mercado no quadro da formulação originária do teste da compatibilidade com o mercado comum poderia não consentir uma mais lata ponderação do factor de eficiência económica. Não é essa contudo a nossa perspectiva, pois, como temos vindo a referir, considerámos já antes da segunda reforma do RCC o elemento do domínio do mercado indissociavelmente entrelaçado com o elemento relativo à emergência de entraves significativos à concorrência efectiva. Sem prejuízo desta nossa posição, a colocação em posição cimeira deste último elemento, resultante da segunda reforma do RCC, vem inegavelmente facilitar o acolhimento de ponderações mais desenvolvidas de factores de eficiência económica, o que é, por seu turno, confirmado através das novas "*Orientações para a apreciação das concentrações horizontais*", cit. (nas quais se prevê expressamente a eficiência económica como um dos possíveis "*factores de compensação relevantes*" de efeitos restritivos da concorrência; cfr. pontos 11 e ss. e esp. 76 e ss. das Orientações).

Parte III – Capítulo 2

incluindo empresas comuns – pouco permeável à detecção de eficiências e ao apuramento do seu impacto global no contexto de mercado de cada operação contrasta, de modo evidente, com os processos utilizados em sede de controlo de concentrações no ordenamento da concorrência norte--americano. Nessa sede, as Orientações assumidas pelas autoridades federais de concorrência no domínio do controlo de concentrações de carácter horizontal incorporam, de raiz, um plano de análise correspondente à ponderação de específicas eficiências que resultem de operações de concentração.[1633]

Ora, encontrando-se, finalmente, em aberto um novo tipo de análise em sede do controlo comunitário de concentrações – dirigida à assimilação do factor *eficiência económica* emergente de certas concentrações nos processos de apreciação destas operações –[1634] consideramos que o segundo elemento do teste da compatibilidade referente à produção de *entraves significativos à concorrência efectiva* já proporcionava o domínio mais adequado em ordem a uma efectiva ponderação de tal factor antes da segunda reforma do RCC. E, observando o mesmo pressuposto hermenêutico que enunciámos em relação à ponderação de *factores dinâmicos*, a nova graduação qualitativa desse elemento no quadro do teste reformulado pelo Regulamento (CE) n.º 139/2004 não veio, senão, reforçar o espaço para essa ponderação dos factores de *eficiência económica*. É certo que este tipo de construção jurídica pressupõe, em si mesmo, uma complexa

---

[1633] Sobre o fundamental papel reconhecido à ponderação de elementos de *eficiência económica* no modelo de avaliação de concentrações delineado nas "*Merger Guidelines*" de 1992, cit, cfr., *inter alia*, WERDEN, "An Economic Perspective on the Analysis of Merger Efficiencies", in Antitrust, 1997, pp. 12 ss; BRODLEY, "Proof of Efficiencies in Mergers and Joint Ventures", cit., pp. 575 ss.; STOCKUM, "The Efficiencies Defence for Horizontal Mergers: What is the Government Standard", in ALJ, 1993, pp. 829 ss.. Para uma perspectiva comparativa da ponderação de eficiências no sistema norte-americano e no sistema comunitário de controlo de concentrações, sublinhando as lacunas verificadas neste plano no segundo destes sistemas. Cfr. NOEL, "Efficiency Considerations in the Assessment of Horizontal Mergers Under European and US Antitrust Law", in ECLR, 1997, pp. 458 ss.

[1634] Nova abordagem analítica que começava a emergir de algumas decisões da Comissão e que, como observámos, é explicitamente suscitada no Livro Verde de 2001, cit., assumindo-se aí, claramente, o paralelo com o enquadramento norte-americano nesta matéria, culminando – como também já referimos – na confirmação última da relevância dos elementos de eficiência como factor de compensação de eventuais efeitos restritivos da concorrência a que procede a Comunicação relativa a "*Orientações sobre a apreciação de concentrações horizontais*", cit., na senda da segunda reforma do RCC.

928   *Empresas comuns* – Joint Ventures

reavaliação dos pressupostos teleológicos de concretização das normas comunitárias de concorrência, no sentido da atribuição de um maior peso relativo à promoção da eficiência económica especialmente dirigida a beneficiar os níveis de satisfação obtidos pelos consumidores.[1635]

Pela nossa parte, sustentamos, claramente, essa reavaliação do programa teleológico do ordenamento comunitário da concorrência e pensamos, de resto, que essa verdadeira mutação estrutural deste ordenamento se encontra em curso, embora se trate de um processo gradual.[1636] De acordo com essa revisão do programa teleológico do ordenamento comunitário da concorrência, justifica-se, em última análise, – no quadro do teste de avaliação das operações de concentração consagrado no artigo 2.º, em vigor, do RCC – limitar o desvalor jurídico atribuído a concentrações que criem ou reforcem posições dominantes, em função dos efeitos de eficiência económica emergentes das mesmas, de modo a permitir, em certos casos, devidamente delimitados, um juízo final, global, de compatibilidade com o mercado comum. Nessa perspectiva, o domínio no qual se deve proceder especificamente à avaliação de eventuais elementos de eficiência corresponderá, em especial, à concretização do elemento do teste da compatibilidade relativo à verificação de *entraves à concorrência efectiva*.[1637]

[1635] Sobre uma ponderação mais intensa dos factores de *eficiência económica*, associando precisamente a mesma a uma reavaliação do programa teleológico do direito comunitário da concorrência, cfr., por todos, PETER D. CAMESASCA, *European Merger Control: Getting the Efficiencies Right*, Intersentia-Hart, 2000, esp. pp. 34 ss.

[1636] Tomando especialmente em consideração a experiência mais recente de análise quer da subcategoria de empresas comuns qualificáveis como concentrações, quer, sobretudo, da subcategoria de empresas comuns submetidas ao regime do artigo 81.º CE, teremos ensejo na parte conclusiva desta dissertação – **Parte IV** – de proceder a um balanço crítico dessa revisão do programa teleológico do ordenamento comunitário da concorrência. E, a este respeito, pode, mesmo considerar-se uma dupla dinâmica no quadro da qual, por um lado, tal mutação do programa teleológico do direito comunitário da concorrência influencia a análise das empresas comuns – sendo, nesse plano, a ponderação das eficiências uma área paradigmática dessa influência – e, por outro lado, o conjunto complexo de evoluções da metodologia de análise das empresas comuns influencia decisivamente essa verdadeira mutação *coperniciana* das coordenadas teleológicas do direito comunitário da concorrência.

[1637] A este propósito é sintomático que as concepções do sistema de avaliação substantiva de concentrações mais estritamente orientadas para uma ponderação tendencialmente exclusiva do elemento do domínio de mercado – no quadro do sistema anterior à segunda reforma do RCC – se mostrem também particularmente avessas a acolher a

Parte III – Capítulo 2

Como é natural, esse tipo de avaliações deve incorporar-se num processo global de análise no quadro do qual os diferentes elementos interagem de modo dinâmico entre si. Assim, *os termos em que seja caracterizado e graduado determinado efeito de criação ou reforço de uma posição dominante em certo mercado devem* – independentemente do nível e intensidade dos elementos de eficiência apurados no contexto da apreciação de uma operação de concentração – *influir, de forma decisiva, sobre o espaço a conceder a estes últimos elementos como factor apto a impedir que seja franqueado um determinado limiar de desvalor jurídico, materializado na verificação de um entrave à concorrência efectiva.*[1638]

ponderação de elementos de eficiência económica. Cfr., a este respeito, a Resposta do *"Bundeskartellamt"* ao pedido de apresentação de observações sobre o Livro Verde relativo à revisão do RCC, de 2001, cit (Documento do *"Bundeskartellamt"*, de 28 de Março de 2002). De acordo com esta autoridade de concorrência alemã, *"pursuant to the merger Regulation, a concentration is to be declared as incompatible with the common market if the new entity assumes a dominant market position. However, market dominance exists if the manoeuvring room of the new entity is no longer sufficiently controlled by competition. If such a situation exists, the objection that the merger specific efficiencies benefit consumers is no longer credible, for precisely then the mechanism which structurally assures in competition that the efficiencies realised through a merger will be passed on to consumers is missing".* Embora consideremos excessiva esta posição – por admitirmos que há espaço para alguma ponderação de eficiências no quadro da própria avaliação de posições dominantes enquadrada pela formulação originária do n.º 3 do artigo 2.º do RCC – a mesma acaba por enfatizar o aspecto que acima referíamos, evidenciando, indirectamente, a importância da reordenação valorativa dos elementos do teste da compatibilidade com o mercado comum e a clarificação de um espaço adequado para essa ponderação de eficiência ao nível da verificação de existência de entraves significativos à concorrência efectiva.

[1638] Simplificando, de algum modo, a ponderação global em causa, caso o grau de poder de mercado obtido por determinadas empresas com base numa empresa comum qualificável como concentração (ou através de outro tipo de operação de concentração) for especialmente intenso, conferindo uma importante capacidade de imposição de preços supraconcorrenciais, sem correlativas desvantagens para essas empresas, menor espaço se poderá conceder ao factor eficiência como elemento que afaste ou neutralize as consequência negativas gerais para a concorrência consubstanciadas num entrave significativo à concorrência efectiva. Esse tipo de ponderação global sopesando a intensidade relativa dos acréscimos de poder de mercado e dos potenciais ganhos de eficiência, no quadro da qual se admite que o primeiro tipo de efeitos pode limitar decisivamente o alcance dos segundos, veio a ser reconhecido – e correctamente em nosso entender – nas *"Orientações para a apreciação das concentrações horizontais"*, cit., esp. ponto 84. Como aí se refere, *"quanto maiores forem os efeitos negativos possíveis sobre a concorrência, maior será a necessidade de a Comissão se assegurar que os alegados ganhos de eficiência são*

930 *Empresas comuns* – Joint Ventures

Além disso, admitimos – à semelhança do que já observámos quanto à ponderação de factores dinâmicos – que este apuramento de *eficiências económicas* relevantes, ao nível do elemento referente à verificação de entraves à concorrência efectiva, possa também ser relativamente mais importante no plano da apreciação de *empresas comuns com carácter de concentração* do que em relação à generalidade das concentrações em sentido estrito. Milita nesse sentido o facto de esta categoria de empresas comuns – não obstante a autonomia em relação às empresas-mãe que, por definição, as caracteriza – poderem propiciar a verificação de processos de eficiência económica no quadro do seu próprio funcionamento e eventualmente extensíveis, em alguma medida, à própria actividade das suas empresas-mãe. Diversamente, no que respeita às concentrações em sentido estrito, o potencial efeito de eficiência inerente às mesmas deverá esgotar-se no domínio correspondente à actuação das mesmas, não apresentando a mesma aptidão de alastramento ao funcionamento de outras entidades empresariais.[1639]

---

substanciais e susceptíveis de serem realizados e repercutidos a um nível suficiente nos consumidores. É muito improvável que uma concentração que leve a uma posição de mercado próxima do monopólio, ou que conduza a um nível semelhante de poder de mercado, possa ser declarada compatível com o mercado comum com base no facto de os ganhos de eficiência serem suficientes para anular os seus efeitos anticoncorrenciais potenciais". Uma valoração aproximadamente com essas características, ainda que porventura imperfeitamente expressa, terá, *vg.*, determinado o sentido final da proibição de uma empresa comum com carácter de concentração na decisão *"MSG Media Service"* [proc IV/M469 (1994)]. Na realidade, apesar de aparentes benefícios emergentes dessa entidade constituída para apoio técnico, administrativo e empresarial a serviços de televisão digital por assinatura, que se traduziriam numa mais rápida introdução desse novo meio de difusão, a Comissão terá ponderado como factor decisivo os efeitos negativos de encerramento a terceiros desse futuro mercado, o que eliminaria as condições para a concretização dessas eficiências.

[1639] Apreciações comparáveis sobre o específico potencial superior de produção de eficiências associado às empresas comuns são partilhados por alguma doutrina norte-americana (apesar de o ordenamento norte-americano não contemplar uma subdivisão entre empresas comuns, qualificáveis ou não como concentrações). Cfr., nesse sentido, THOMAS PIRAINNO, o qual afirma comparando empresas comuns e concentrações em sentido estrito que, *"from an antitrust standpoint it is preferable to achieve efficiencies through joint ventures rather than by mergers. A merger may create efficiencies by removing a competitor from the relevant market. A joint venture, however, often adds a new competitor in the market"* (A. cit., "Beyond Per Se, Rule of Reason or Merger Analysis: A New Antitrust Standard for Joint Ventures", cit., p.8). Importa, no entanto, não confundir a ideia de produção de eficiências sem *eliminar* empresas do mercado e estendendo

Parte III – Capítulo 2   931

Importa acentuar que a ponderação desse tipo de eficiências – no quadro da concretização do teste de compatibilidade de operações de concentração com o mercado comum, que vimos preconizando – deverá fazer--se de modo algo restritivo. Na verdade, admitir a relevância deste aspecto na avaliação dos efeitos de concentrações não pode, de modo algum, traduzir-se na aceitação sistemática de quaisquer considerações de eficiência como forma de legitimação de situações de cooperação empresarial que afectem elementos significativos do processo de concorrência.

Em tese geral, podem configurar-se duas restrições fundamentais em relação à ponderação de eficiências no contexto da apreciação de operações de concentração (*maxime*, de empresas comuns com carácter de concentração de que mais directamente nos ocupamos). De acordo com uma dessas restrições, apenas os tipos de eficiências especificamente gerados por concentrações devem ser acolhidos no contexto em questão. Tal significa que apenas se justifica ponderar aqueles tipos de eficiências exclusivamente resultantes de concentrações e que não possam ser obtidos através de outras actuações empresariais.

A segunda restrição que, em geral, se pode formular em relação ao acolhimento deste factor de eficiência traduz-se na exigibilidade de uma transferência de benefícios emergentes do mesmo para a esfera dos consumidores, nos mercados que sejam afectados pela criação de determinada empresa comum com carácter de concentração.[1640]

---

potencialmente aspectos das mesmas às empresas fundadoras, no sentido que acima indicamos, com efeitos de coordenação de comportamentos entre essas empresas fundadoras que devem, em certas condições, ser em si mesmos objecto de desvalor.

[1640] Os dois requisitos acima referidos de ponderação de eficiências, em sede de apreciação de concentrações, vieram a ser reconhecidos – nas *"Orientações para a apreciação de concentrações horizontais"*, cit., esp. pontos 79 ss. (em termos que novamente teremos ensejo de equacionar *infra*, 2.2.5.2.). O segundo requisito relativo à transferência de benefícios para os consumidores afigura-se-nos especialmente importante. De resto, esse requisito de repercussão dos elementos de eficiência na esfera dos consumidores foi também acolhido no ordenamento norte-americano, quer nas *"Merger Guidelines"*, cit., de 1992 (alteradas em 1997, precisamente nesta matéria de eficiências), quer nas mais recentes *"Guidelines"* referentes ao tratamento de empresas comuns, de 2000, cit.. Uma questão discutível neste plano será a de apurar se as eficiências relevantes a *transferir* nalguma medida para os consumidores têm que se reportar aos mercados directamente afectados pelas operações de concentração ou se podem ser tomadas em consideração eficiências produzidas noutros mercados (designadamente, mercados conexos). As *"Orientações para a apreciação de concentrações horizontais"*, cit., parecem pressupor que tais efeitos devem verificar-se nos mercados afectados por certas consequências negativas para a

932   *Empresas comuns* – Joint Ventures

Pela nossa parte, e como adiante observaremos, consideramos, que a primeira restrição acima referida pode dar azo, em certas formulações, a entendimentos excessivamente restritivos da ponderação dos elementos de eficiência. Em contrapartida, reputamos essencial a segunda restrição, referente à exigibilidade da transferência para os consumidores de uma parcela relevante dos benefícios decorrentes das eficiências económicas associadas a certas empresas comuns, com carácter de concentração. Admitimos, assim, que não existem razões decisivas para rejeitar de forma absoluta as eficiências económicas que pudessem, em tese, ser geradas através de outros processos empresariais, até porque qualquer teste relativo a hipotéticas formas alternativas de criação de eficiências dificilmente seria suportado por padrões adequados de realismo económico. De qualquer modo, em certas situações poderá ainda considerar-se como factor limitativo – embora não de afastamento liminar da ponderação de eficiências – a clara existência de processos alternativos de criação do mesmo tipo de eficiências, desde que estes, manifestamente, não produzam efeitos restritivos da concorrência tão intensos como os que se encontrem associados a determinada empresa comum com carácter de concentração.[1641]

Pelo contrário, a segunda restrição acima referida afigura-se-nos essencial para delimitar o conjunto de factores de eficiência que, em concreto, possam ser tomados em consideração na formulação do juízo referente à compatibilidade com o mercado comum de empresas comuns

---

concorrência. Pela nossa parte, subscrevemos tal entendimento, no sentido de não se poder dispensar a produção de elementos de eficiência nos mercados afectados pela concentração – como elemento mínimo para a sua ponderação – mas admitimos que, a título complementar, se possa conceder alguma relevância a possíveis elementos de eficiência em mercados conexos.

[1641] Esta restrição no sentido de exigir a especificidade dos ganhos de eficiência em relação a determinadas concentrações, traduzida no facto de apenas serem relevantes para apreciação de concentrações as eficiências que sejam *"consequência directa da concentração notificada"* veio a ser recentemente consagrada nas *"Orientações para a apreciação de concentrações horizontais"*, cit. (cfr., esp. pontos 85 e ss.). Como observaremos *infra*, 2.2.5.2. desde capítulo, embora consideremos importante, à luz de critérios gerais de proporcionalidade, sopesar até que ponto determinadas eficiências não podem razoavelmente ser produzidas em grau comparável através de processos menos restritivos da concorrência, pensamos que a associação taxativa e rígida entre certas eficiências e operações de concentração como único meio hipotético de obtenção das mesmas – nos termos configurados nas *"Orientações"* – pode vir a revelar-se excessiva. Na verdade, a comprovação desse elemento de especificidade, nos moldes taxativos, em que o mesmo é configurado, mostrar-se-á em diversos casos de muito difícil exequibilidade para as empresas.

Parte III – Capítulo 2

subsumíveis no conceito de operação de concentração. Na realidade, esse carácter essencial da transmissão de efeitos de eficiência económica a favor dos consumidores, em determinados mercados – que poderá materializar-se sob diversas formas, *vg.* diminuição de preços, oferta de novos bens que, de outro modo, não estariam disponíveis – relaciona-se de modo directo com os próprios fundamentos teleológicos do parâmetro adoptado no RCC no sentido da não verificação de entraves à concorrência efectiva (relação que se vem tornando ainda mais intensa, à luz da mutação do programa teleológico do ordenamento comunitário da concorrência que se encontra em curso).[1642]

Finalmente, deve ainda ressalvar-se que a ponderação dos aspectos de eficiência económica que possam resultar da criação de *empresas comuns com carácter de concentração* assentará obrigatoriamente em análises económicas exigentes, a realizar caso a caso, em função do contexto económico, de mercado, de cada operação. Tal ponderação não poderá, em caso algum, segundo cremos, ser desenvolvida com base em meros critérios indiciários, ou em supostas presunções gerais de eficiência, que se pretenda associar a determinadas espécies de empresas comuns. Com efeito, os estudos de natureza micro-económica que têm sido realizados para avaliar, em diferentes situações de integração empresarial, mais recorrentes, a criação de efeitos de eficiência económica não suportam, em absoluto, esse tipo de presunções de carácter geral. Demonstram, pelo contrário, que tais efeitos apenas são efectivamente concretizados num conjunto muito limitado de situações de integração empresarial.[1643]

De qualquer forma, também não devem fazer-se extrapolações abusivas, de sentido inverso, a partir desses estudos micro-económicos, no sentido de denegar, em geral, a relevância do factor eficiência económica ao nível da concretização do segundo elemento do teste de avaliação de

---

[1642] Essa mutação traduz-se, precisamente, numa progressiva assimilação de objectivos de eficiência – nas várias dimensões que o conceito economicamente pode comportar e desde que as mesmas sejam de uma forma ou de outra relevantes para os consumidores – na concretização das normas de concorrência. Como observaremos no capítulo seguinte, a análise das empresas comuns – categoria que intersecta quer o regime do controlo de concentrações, quer o regime do artigo 81.º CE – é fundamental para perceber que essa mutação do programa teleológico do ordenamento comunitário da concorrência não se limita ao domínio de aplicação do RCC.

[1643] Sobre essas conclusões resultantes de estudos realizados numa perspectiva micro-económica, cfr., por todos, LARS-HENDRIK RÖLLER, JOHAN STENNEK, FRANK VERBOVEN, "Efficiency Gains from Mergers", in European Economy, n.º 5/2001, Brussels.

934   *Empresas comuns* – Joint Ventures

operações de concentração previsto no RCC (a produção ou não de entraves à concorrência efectiva).[1644] O que se encontra em causa é a necessidade de utilizar critérios selectivos de análise económica para graduar os elementos de eficiência económica que possam estar associados a cada operação de concentração.

2.1.2. A reordenação dos elementos do teste da compatibilidade com o mercado comum e a compreensão sistemática das categorias de efeitos resultantes de concentrações

Por força do nosso entendimento sobre a formulação originária do *teste da compatibilidade com o mercado comum*, divergente do que foi sustentado por uma parte considerável da doutrina, consideramos que a segunda reforma do RCC – uma vez ultrapassadas opções de *iure condendo* mais extremas, que contemplavam a adopção do teste relativo à diminuição substancial da concorrência efectiva, desenvolvido no ordenamento norte-americano – veio, tão só, determinar uma reordenação dos elementos do referido teste da compatibilidade (nos termos já descritos). Em paralelo com essa reforma do RCC, as *"Orientações para a apreciação de concentrações horizontais"*, adoptadas pela Comissão vieram *consolidar* e, de algum modo, *sistematizar* metodologias e parâmetros de análise de operações de concentração progressivamente desenvolvidos na *praxis* decisória da Comissão, embora assumindo, em termos gerais, determinadas qualificações jurídicas que nem sempre eram explicitadas *qua tale* nessa *praxis* (conquanto, em nosso entender, já se encontrassem implícitas nos desenvolvimentos mais recentes da mesma).

[1644] Na verdade, extrapolações de sentido inverso ao do estabelecimento de presunções gerais de obtenção de eficiências a partir de situações de integração empresarial, no sentido de elevar excessivamente o limiar de exigência em termos de demonstração dos elementos de eficiência podem ser também contraproducentes. Tais exigências podem, na prática, prejudicar decisivamente a viabilidade da invocação e ponderação de eficiências (no quadro de juízos de avaliação que assumem *natureza prospectiva*, pouco consentânea com quantificações ou demonstrações especialmente precisas e certas dos elementos de eficiência). A este respeito, admitimos, mesmo que o carácter excessivamente vago das *"Orientações para apreciação de concentrações horizontais"*, cit., ao exigir a *"possibilidade de verificação de ganhos de eficiência"* (cfr. pontos 86 e ss.) poderá, eventualmente, conduzir a uma indevida limitação do alcance dessa ponderação de eficiências.

De resto, nessas *"Orientações"* a Comissão procurou confirmar *ab initio* esse carácter essencialmente sistematizador da sua construção analítica, reconhecendo que o apuramento de situações de criação ou reforço de posições dominantes por uma única empresa constitui *"o motivo mais comum para concluir que de uma concentração resulta um entrave significativo à concorrência efectiva"*.[1645] Além disso, a Comissão reconhece aí, também, que, em *"contextos oligopolísticos"*, vinha já sendo desenvolvido o conceito de posição dominante colectiva, pelo que *"a maior parte dos casos de incompatibilidade"* de concentrações com o mercado comum deverá continuar *"a basear-se na existência de posições dominantes"*.

Deste modo, a área relativamente circunscrita em que se prefigura uma densificação jurídica com novos elementos qualitativos – na sequência da segunda reforma do RCC e da construção hermenêutica ensaiada nas *"Orientações"* – diz respeito a *situações de afectação da concorrência em mercados oligopolísticos que não possam ser reconduzidas ao conceito de posição dominante colectiva. A essa luz, encontra-se também plenamente justificada a opção metodológica assumida pela Comissão nas referidas "Orientações", e por nós partilhada na análise desenvolvida nas secções seguintes deste capítulo* (infra, ponto *2.1.3.* e esp. pontos *2.2.* e ss.), *no sentido de tomar especialmente em consideração os parâmetros analíticos delineados na praxis decisória e na jurisprudência anteriores (maxime no que respeita à densificação do conceito de posição dominante*[1646]).

No essencial, a sistematização de critérios de análise proposta nas *"Orientações"*, de 2004, aproxima-se da metodologia delineada nas *"Merger Guidelines"* do direito norte-americano, identificando *compo-*

[1645] Cfr., nesse sentido, *"Orientações para a apreciação de concentrações horizontais"*, de 2004, cit., esp. pontos 4 ss..

[1646] Propomos, assim, um especial enfoque na análise crítica da *praxis* decisória da Comissão referente à concretização do conceito de posição dominante – individual ou colectiva – e nos critérios analíticos evidenciados pela mesma, sem prejuízo de algumas referências, *pari passu*, à confirmação ou sistematização desses critérios ou elementos de análise nas *"Orientações"* de 2004, cit.. Alguns elementos novos, reforçando a latitude do teste da compatibilidade com o mercado comum na sequência da reforma de 2004 do RCC, serão em particular considerados no quadro do tratamento autónomo de eventuais efeitos restritivos de concentrações em mercados oligopolísticos não passíveis de enquadramento na categoria da posição dominante colectiva (*infra*, ponto 2.3.3.).

nentes pré-determinadas de análise que, normalmente, devem ser encadeadas entre si. Essas componentes correspondem sucessivamente:

- À *definição de mercados do produto e geográfico relevantes,* afectados por certas concentrações;[1647]
- À *ponderação de factores estruturais – maxime* referentes a quotas de mercado e a graus de concentração dos mercados em causa – dos quais pode resultar, desde logo, um primeiro indício no sentido da ausência de preocupações sérias de afectação da concorrência;[1648]
- À *ponderação preliminar do tipo de efeitos anticoncorrenciais que podem estar associados às operações de concentração* na presença de certos factores estruturais;
- À ponderação de um conjunto de *"factores de compensação relevantes"* que podem atenuar ou neutralizar aqueles efeitos negativos, compreendendo, a *existência de um poder de compensação dos compradores,* a *probabilidade de entrada de novas empresas* (grau de abertura dos mercados), *a probabilidade de verificação de ganhos de eficiência* e a possível *justificação em função da insolvência de uma das empresas envolvidas na concentração.*[1649]

[1647] Neste ponto, a metodologia de análise de operações de concentração é tributária dos modelos analíticos delineados na Comunicação interpretativa da Comissão relativa à definição de mercados relevantes de 1997, já cit. (cujos contornos essenciais já tivemos ensejo de caracterizar). De qualquer modo, as *"Orientações"* de 2004, vêm – correctamente, em nosso entender – salientar alguma interacção entre as ponderações conducentes à delimitação dos mercados e à avaliação dos efeitos de concentrações sobre a concorrência.

[1648] Desse primeiro nível de ponderação de *aspectos estruturais* (quotas de mercado e grau de concentração) podem, na realidade, resultar fortes indícios no sentido da ausência de questões de afectação da concorrência, embora as presunções, ou *"quase presunções"* daí resultantes possam ser contrariadas por outros critérios de análise que não devem ser em absoluto desconsiderados (como, de resto, se ressalva nas *"Orientações",* cit., cfr. esp. pontos 18 e 21). Essa metodologia aproxima-se da técnica de delimitação de *"safe harbours"* – situações em princípio não problemáticas – nas *"Merger Guidelines",* cit., do ordenamento norte-americano.

[1649] A segunda componente analítica (factores estruturais) é contemplada na Secção III das *"Orientações",* cit., a terceira componente (tipos de efeitos anticoncorrenciais) é versada na Secção IV, e os quatro factores de compensação acima identificados são sucessivamente abordados nas Secções V, VI, VII e VIII das *"Orientações".* Importa des-

No que respeita, especificamente, à ponderação de diversos *tipos de efeitos anticoncorrenciais*, decorrentes de concentrações, as *"Orientações"*, cit., num claro movimento de convergência com as *"Merger Guidelines"* do ordenamento norte-americano – a qual, em nosso entender, se encontrava já subjacente à *praxis* decisória mais recente – distinguem duas categorias fundamentais, correspondentes, a saber, a *efeitos não coordenados* e *efeitos coordenados*. A Comissão vem, assim, numa perspectiva sistemática, reconhecer coordenadas de apreciação que se aproximam de *modelos económicos* já estabilizados de análise de concentrações – largamente desenvolvidos no sistema norte-americano –[1650] e deslocar, de

tacar que nas mesmas *"Orientações"* se destaca que estes múltiplos e sucessivos componentes da análise das concentrações não têm de ser obrigatoriamente utilizados ou ponderados com a mesma intensidade em todos os casos (cfr. ponto 13, *in fine*) – prevenção que consideramos justificada. O que importa, segundo cremos, é enunciar um modelo prédeterminado de análise que assegure alguma previsibilidade, sem prejuízo da utilização concreta dos vários factores de análise que resulte dos aspectos casuísticos de cada situação de mercado. Sobre a considerável aproximação deste conjunto encadeado de componentes de análise sistematicamente delineado nas *"Orientações"* com o modelo analítico configurado nas *"Merger Guidelines"* do ordenamento norte-americano, cfr., inter alia, WILLIAM KOLASKY, RICHARD ELLIOTT, "The European Commission Notice on the Appraisal of Horizontal Mergers", in Antitrust, 2003, pp. 64 ss. De salientar, ainda, que a análise destes autores incide sobre o Projecto originário de *"Orientações para a apreciação de concentrações horizontais"* e que algumas disparidades que os mesmos ainda identificavam em relação à metodologia de análise norte-americana – *maxime* quanto aos tipos de efeitos anticoncorrenciais a apreender – foram eliminadas na versão final que veio a ser adoptada dessas *"Orientações"*.

[1650] Quanto a essas categorias de efeitos sobre a concorrência decorrentes de concentrações tradicionalmente reconhecidos na análise económica, cfr., em geral, Europe Economics, *Study on Assessment Criteria for Distinguishing Between Competitive and Dominant Oligopolies in Merger Control*, Final Report for the European Commission, May, 2001. É curioso, no entanto, assinalar que embora neste estudo se sustente que os efeitos unilaterais e os efeitos coordenados são, em cada operação de concentração, *"mutually inconsistent"* – numa perspectiva que se nos afigura correcta – se tenha afirmado nas *"Orientações"*, após enunciar esses dois tipos de efeitos, que *"ambas as situações podem ser relevantes ao apreciar uma operação específica"*. Para a caracterização dessas categorias de efeitos no quadro do ordenamento norte-americano onde, historicamente, a ponderação de efeitos coordenados foi objecto de maior atenção (apenas tendo a categoria dos efeitos unilaterais sido expressamente contemplada na versão de 1992 das *"Horizontal Merger Guidelines"*), cfr. VISCUSI, VERNON, HARRINGTON, *Economics of Regulation and Antitrust*, cit., pp. 195 ss.. De qualquer modo, após a adopção dessa versão de 1992 das *"Horizontal Merger Guidelines"* a ponderação de efeitos unilaterais em mercados olipolísticos conheceu um largo desenvolvimento no ordenamento norte-americano.

938   *Empresas comuns* – Joint Ventures

algum modo, o enfoque dos seus processos analíticos dos elementos estruturais dos mercados afectados para a *natureza dos efeitos sobre a concorrência* induzidos por operações de concentração.

A primeira categoria de efeitos (efeitos não coordenados) corresponderá, no essencial à *"eliminação de pressões concorrenciais importantes sobre uma ou mais empresas"* com a consequência directa e imediata de *"aumento do poder de mercado dessas empresas"* sem que para tal esteja em causa o recurso a comportamentos coordenados.[1651] Diversamente, em relação à segunda categoria de efeitos, o reforço do poder de mercado das empresas que se encontrem em causa, traduzido na capacidade de imposição de preços supraconcorrenciais, ou noutras formas de imposição de condições fundamentais do processo de concorrência, resulta de *"alterações da natureza da concorrência"* que criam condições para a coordenação de comportamentos entre determinadas empresas ou que tornam essa coordenação *"mais fácil, mais estável ou mais efectiva"*.

Na realidade, a progressiva emergência do conceito de posição dominante colectiva no quadro de mercados de tipo oligopolístico conduzira já a Comissão ao reconhecimento desta segunda categoria de *efeitos coordenados*, restritivos da concorrência, do qual resultava, implicitamente, uma contraposição com *efeitos não coordenados* no plano da avaliação de possíveis situações de domínio individual (mesmo que essa qualificação, de índole económica, não fosse sempre integrada de forma explícita nas valorações jurídicas). Assim, o domínio específico em que a não utilização sistemática dessa perspectiva analítica dos *efeitos sobre o processo de concorrência* teve maiores consequências e no qual, correlativamente, a sua ponderação tende a gerar repercussões em termos de maior latitude e eficácia do controlo de concentrações, corresponde à avaliação de concentrações em mercados oligopolísticos que, comprovadamente, não originem posições dominantes colectivas.

É nesse específico plano que a *reordenação dos elementos do teste da compatibilidade* – mediante a qual se assume como critério director a verificação de entraves significativos à concorrência efectiva –, conjugada com a *perspectiva sistemática de qualificação de efeitos sobre o processo da concorrência acima descrita*, pode contribuir para a identificação de

---

Cfr., a esse propósito, Roscoe Starek III, Stephen Stockum, "What Makes Mergers Anticompetitive? 'Unilateral Effects' Analysis Under the 1992 Merger Guidelines" in ALJ, 1995, pp. 801 ss.

[1651] Cfr., nesse sentido, as *"Orientações"*, cit., pontos 22 e ss.

repercussões negativas de certas concentrações em mercados oligopolísticos (resultantes de *efeitos unilaterais*, não conducentes a *posições dominantes colectivas* nesse tipo de mercados). Seria também nesse plano que se poderia, pois, admitir uma eventual lacuna do sistema de controlo de concentrações anterior à reforma de 2004[1652] (o que justifica o tratamento autónomo dessas situações, *infra*, 2.3.3. deste capítulo, como área que pode realmente conhecer mutações induzidas por essa segunda reforma do RCC e pelos desenvolvimentos complementares à mesma).

No quadro desta perspectiva sistemática de apreensão e avaliação de *duas categorias fundamentais de efeitos restritivos da concorrência* avulta, como já observámos, um mais directo enfoque analítico nas diversas formas de acréscimo significativo do *poder de mercado das empresas*, descrito nas *"Orientações"* como a *"capacidade de uma ou mais empresas aumentarem os preços de forma lucrativa, reduzirem a produção, a escolha ou a qualidade dos bens e serviços, diminuírem a inovação ou influenciarem de outra forma os parâmetros da concorrência"* (embora seja ainda perceptível nessas *"Orientações"* uma influência do pensamento jusconcorrencial norte-americano, no sentido de fazer depender essencialmente a verificação do *poder de mercado* e das suas consequências naturais de distorção da concorrência de uma *capacidade de imposição de preços supraconcorrenciais* – aspecto que em nosso entender deve ser, efectivamente, ponderado no mais elevado grau, mas não em termos exclusivos).[1653]

Nunca deixando de ter presente estes recentes desenvolvimentos da metodologia de análise de empresas comuns qualificáveis como concentrações, o nosso estudo subsequente incide, fundamentalmente, na avalia-

---

[1652] De qualquer modo, a real existência dessa lacuna, ou, sobretudo, a relevância efectiva da mesma seriam muito discutíveis. Para uma discussão crítica sobre essa eventual lacuna – *maxime* em sede de controlo de concentrações em mercados oligopolísticos, cfr. as várias posições doutrinais expendidas em House of Lords Select Committee on the European Union, *The Review of EC Merger Regulation*, Pt. 4, Substantive Issues, par. 133 ss.. Cfr. aí, em particular a posição sustentada por DEREK MORRIS (doc. cit., par. 148 ss.). Para uma posição que relativiza a existência de qualquer eventual lacuna neste plano, cfr. ULF BÖGE, EDITH MÜLLER, "From the Market Dominance Test to the SLC Test: Are There any Reasons for a Change", in ECLR, 2002, pp. 495 ss.,

[1653] Sobre este ponto cfr. as *"Orientações"*, cit., pontos 8 ss..Sobre o papel central das ponderações relativas ao poder de mercado no sistema norte-americano de controlo de concentrações, cfr., por todos, ARREDA, HOVENKAMP, SOLLOW, *Antitrust Law*, Aspen Law & Business, 1998, Vol IVA, par. 970 ss.

ção das situações de domínio – *maxime*, *domínio individual* – considerando, em especial, nesse plano e à luz dos processos de aplicação do RCC no último decénio, por um lado, os vários *factores estruturais* relevantes[1654] e, por outro lado, o factor correspondente ao *grau de abertura dos mercados*. Este, pela sua importância, deve ser directamente trazido à colação para a avaliação dos acréscimos de poder de mercado num plano analítico distinto do conjunto de *factores de compensação* de eventuais efeitos restritivos da concorrência, como a criação de eficiências ou o poder de compensação dos compradores (divergindo-se aqui pontualmente da sistematização proposta nas *"Orientações"* de 2004). Noutro plano, analisamos autonomamente o tratamento de concentrações em mercados oligopolísticos, considerando quer as situações respeitantes a *domínio colectivo*, quer as situações relativas à produção de eventuais *efeitos unilaterais restritivos da concorrência*, destacando aqui especificamente as possíveis consequências das recentes reformas do regime do RCC.

2.1.3. Os índices jurídico-económicos utilizáveis para a concretização dos elementos do teste da compatibilidade com o mercado comum

Os elementos essenciais do teste relativo à compatibilidade com o mercado comum de empresas comuns com carácter de concentração – delineado na previsão constante do n.º 3 do artigo 2.º do RCC – devem naturalmente ser articulados com os *índices jurídico-económicos* previstos nas alíneas a) e b) do n.º 1 do mesmo artigo 2.º e nos Considerandos do RCC (*maxime*, nos Considerandos 23 a 29 e 32, devendo tomar-se especialmente em consideração, antes da reforma de 2004, os Considerandos 13 a 16). Esses índices reforçam a complexidade do processo de avaliação dessas empresas comuns e, na visão crítica de alguns autores norte-americanos, como ELEANOR FOX ou BARRY HAWK, introduzem, até, alguma ambiguidade no mesmo. Considerámos, pois, criticável que esta segunda reforma do RCC não tenha conduzido a qualquer revisão dos mesmos, em ordem a assegurar uma fundamental coerência com os modelos de análise

---

[1654] Fazendo relevar aqui, em alguns pontos, a confirmação e sistematização da utilização do instrumento analítico referente ao grau de concentração dos mercados e aos processos econométricos de cálculo do denominado IHH resultante das *"Orientações para a apreciação das concentrações horizontais".*, cit.

Parte III – Capítulo 2

progressivamente desenvolvidos na praxis decisória e delineados nas *"Orientações para a apreciação das concentrações horizontais"*, cit. (orientações interpretativas cuja adopção, tendente a *"proporcionar um quadro económico sólido para a apreciação das concentrações"* é, de resto, expressamente prefigurada no Considerando 28 do Regulamento (CE) n.º 139/2004).[1655]

Assim, nos termos da alínea a) do n.º 1 do artigo 2.º, a Comissão *"deverá ter em conta, na sua apreciação, a necessidade de preservar e desenvolver uma concorrência efectiva no mercado comum, atendendo, nomeadamente, à estrutura de todos os mercados em causa e à concorrência real ou potencial de empresas situadas no interior ou no exterior da Comunidade"*. Estes índices relacionam-se, predominantemente, com a avaliação de situações de domínio do mercado e correspondem, em nosso entender, a critérios de apreciação de carácter geral que a Comissão deverá obrigatoriamente utilizar em todos os casos. Na alínea b) do n.º 1 do artigo 2.º foi previsto um conjunto de critérios de apreciação de carácter mais específico. De acordo com esta disposição, a Comissão deverá atender *"à posição que as empresas em causa ocupam no mercado e ao seu poder económico e financeiro, às possibilidades de escolha de fornecedores e utilizadores, ao seu acesso às fontes de abastecimento e aos mercados de escoamento, à existência de direito ou de facto de barreiras à entrada no mercado, à evolução da oferta e da procura dos produtos e serviços em questão, aos interesses dos consumidores intermédios e finais, bem como à evolução do progresso técnico e económico, desde que tal evolução seja vantajosa para os consumidores finais"*.

[1655] Deste modo, encontrando-se expressamente previsto nos Considerandos do novo Regulamento a adopção de orientações interpretativas de carácter geral, deveria ter sido assegurada uma coordenação dos índices jurídico-económicos enunciados nas als. a) e b) do n.º 2.º do artigo 1.º do RCC com a metodologia analítica exposta nessas orientações (noutros termos, esses índices normativamente consagrados na referida disposição deveriam representar uma base organizada e sistematizada de critérios analíticos a desenvolver em ulteriores orientações interpretativas; a ausência de qualquer revisão de tais índices representou, pois, uma oportunidade perdida, para clarificar uma base segura para as orientações interpretativas da Comissão). Sobre o carácter criticável e a natureza ambígua desses índices normativos do n.º 1 do artigo 2.º do RCC cfr. as posições defendidas por ELEANOR FOX, *Merger Control in the EEC – Towards a European Merger Jurisprudence*, cit., pp. 709 e ss. e por BARRY HAWK, "The EEC Merger Regulation: The First Step Toward One-Stop Merger Control", in ALJ 1990, pp. 195 ss., esp. pp, 212 e ss..

942 *Empresas comuns* – Joint Ventures

De algum modo, estes parâmetros jurídico-económicos de avaliação da compatibilidade com o mercado comum de empresas comuns com carácter de concentração correspondem – pelo menos parcialmente – a uma *"codificação"* de critérios de análise desenvolvidos pelo TJCE em sede de aplicação do artigo 82.º CE (artigo 86.º TCE).[1656] Todavia, o seu conteúdo literal denuncia, desde logo, o maior relevo dos aspectos de análise económica e, sobretudo, dos factores dinâmicos no plano do controlo comunitário de concentrações. Essa especificidade tem avultado de modo ainda mais significativo na concretização jurídica que aqueles parâmetros de apreciação vêm recebendo na *praxis* decisória da Comissão, a qual – sintomaticamente – não se tem mostrado muito tributária da jurisprudência existente em relação à aplicação do artigo 82.º CE.[1657]

Consideramos justificada esta diversa concretização do conceito jurídico de posição dominante em sede de controlo de concentrações, atendendo a dois aspectos fundamentais. O primeiro reporta-se à função que tal conceito de posição dominante assume no quadro do RCC e do artigo 82.º CE e ao próprio tipo de construção normativa que se encontra subjacente a cada um dos referidos regimes. Como já acentuámos, na caracterização geral do processo formativo do ordenamento comunitário da concorrência a que procedemos, o regime previsto no artigo 82.º CE integra elementos estruturais – referentes à existência de uma posição de mercado qualificável como dominante – mas encerra, no essencial, uma norma de comportamento que se reporta a determinados modos de conduta por parte das empresas que sejam comprovadamente detentoras desse tipo de posições de mercado.[1658] Trata-se, em última análise, de uma norma de concorrência de tipo misto que congrega elementos de tipo estrutural e elementos de comportamento, com prevalência destes últimos.

[1656] Cfr, nesse sentido, J. LUC DÉCHERY, "Le Règlement Communautaire Sur le Contrôle des Concentrations", in RTDE, 1990, pp. 318 e ss.

[1657] Cfr., nesse sentido, BARRY HAWK, HENRY HUSER, *European Community Merger Control. A Practitioner's Guide*, cit., esp. pp. 169 ss.

[1658] Sobre esse enquadramento geral do regime do artigo 82.º CE, cfr. os aspectos expostos *supra*, capítulo primeiro da **Parte II** (esp. ponto **6.**). Para além da função diferente da norma mista constante desse artigo 82.º CE e do regime predominantemente estrutural de controlo directo de operações de concentração, importa também ter em conta que – como referimos – a concretização jurídica desse regime do artigo 82.º tem enfermado de um considerável défice de análise económica, o que tem aprofundado, ainda mais, as diferenças entre o alcance do conceito de domínio nesse regime e no RCC.

No âmbito dessa norma a função do conceito de posição dominante consiste na delimitação de um pressuposto ou condição estrutural prévia de aplicação da mesma, sendo esta dirigida primacialmente ao comportamento das empresas visadas. Em contrapartida, no plano da aplicação do RCC relevam, em primeira linha, os elementos de tipo estrutural, visto que é a estrutura de determinado mercado que se encontra directamente em causa, bem como a análise dos efeitos provavelmente associados a alterações significativas da mesma. Tal justifica uma concretização jurídica do conceito de posição dominante, à luz de considerações dinâmicas e de aspectos mais desenvolvidos de análise económica, incorporando uma essencial dimensão estrutural, embora, à semelhança do que se verifica com a apreciação de empresas comuns com carácter de cooperação, o processo de apreciação não se deva reduzir apenas a essa dimensão.[1659] O próprio elemento de prognose necessariamente envolvido nos juízos de concretização do conceito de posição dominante em sede de aplicação do RCC suscita algumas diferenças fundamentais em relação ao processo de aplicação do artigo 82.º CE.

Na realidade, a apreciação da concentração repousa integralmente numa antecipação do funcionamento futuro de certas estruturas de mercado e, em sentido diverso, a apreciação de situações relevantes para efeitos de aplicação do artigo 82.º CE tem por base *ab initio* comportamentos passados de empresas (os quais frequentemente são avaliados como manifestações da condição estrutural pré-existente de domínio do mercado). É, pois, admissível que o conteúdo material da categoria jurídica de posição dominante não seja coincidente em relação, respectivamente, às situações em que esta represente apenas uma condição estrutural prévia que delimita a hipótese jurídica de uma norma de proibição, ou quanto às situações em que a mesma consubstancie o próprio programa normativo em que se materializa a estatuição das normas referentes ao controlo directo de operações de concentração.

[1659] Essa dimensão estrutural do processo de apreciação de empresas comuns com carácter de cooperação, combinada com outros elementos relativos às condições efectivas de funcionamento dos mercados foi já por nós destacada na caracterização do modelo geral de apreciação que preconizamos em relação a tais empresas comuns em sede de aplicação do artigo 81.º CE. Assim, se justifica uma progressiva convergência – pelo menos no quadro da avaliação de empresas comuns – entre os testes substantivos previstos no RCC e no artigo 81.º CE, contrastando com o que sucede em relação ao regime do artigo 82.º CE, apesar de este último integrar *conceitos-quadro* essenciais nominalmente coincidentes com os do RCC (*maxime*, o conceito de domínio).

944   *Empresas comuns* – Joint Ventures

Assim, devendo, pelas razões ora expostas, reconhecer-se uma inelutável margem de autonomia e de especificidade dos parâmetros de apreciação enunciados no n.º 1 do artigo 2.º do RCC, em relação aos critérios desenvolvidos no quadro da aplicação do artigo 82.º CE, a técnica jurídica utilizada nessa disposição do RCC – que não se limita a consolidar parâmetros já formados e estabilizados no quadro de outro instituto do direito comunitário da concorrência – afigura-se, de algum modo, criticável. Em nosso entender, a principal objecção que se pode formular quanto a essa disposição consiste na ausência de uma hierarquização ou de uma ordenação valorativa dos diversos critérios previstos no preceito em causa (a qual pode assumir contornos mais graves no que respeita à aplicação da alínea b) do n.º 1 do artigo 2.º do RCC). A isto acresce que a formulação utilizada nessa disposição não permite apreender, de forma explícita, se a enumeração de parâmetros jurídico-económicos é taxativa nem, sequer, se a Comissão se encontra vinculada – em cada caso – à observância de todos os critérios aí enumerados.

Pela nossa parte, e tendo presente a estrutura do n.º 1 do artigo 2.º do RCC, consideramos que a enumeração, algo avulsa, de critérios de apreciação constante da alínea b) desse n.º 1 não deve ser tida como exaustiva. Com efeito, nesse caso, perderia algum sentido a enumeração de um critério director de análise na alínea a), o qual, de resto, apesar da sua maior generalidade, apresenta explicitamente um carácter exemplificativo. De acordo com essa disposição, a Comissão deve ponderar como factores gerais de apreciação, *"nomeadamente"*, a *estrutura dos mercados em causa* e a *concorrência efectiva ou potencial de outras empresas*. De qualquer modo, a formulação global do que se deve tomar como um critério director geral nessa alínea a) do n.º 1 do artigo 2.º pode, em nosso entender, conduzir a alguns equívocos.

Assim, a alusão feita nessa disposição à *"necessidade de preservar e desenvolver uma concorrência efectiva no mercado comum"*, nem integra propriamente o teste substantivo de compatibilidade das concentrações com o mercado comum,[1660] diversamente do que se poderia inferir *prima facie* da sua colocação sistemática, nem corresponde, em rigor, a um parâmetro específico de apreciação. Tal referência geral corresponderá, afinal,

---

[1660] Aspecto justamente destacado por autores como, *vg.*, B. Langeheine. Cfr. A. cit., *Substantive Review Under the EEC Merger Regulation*, in *International Mergers and Joint Ventures – Annual Proceedings of the Fordham Corporate Law Institute – 1990*, Editor Barry Hawk, Transnational Juris Chancery, 1991, pp. 488 e ss..

Parte III – Capítulo 2 945

ao objectivo primacial subjacente ao teste previsto no n.º 3 do artigo 2.º e que, naturalmente, deverá informar todos os processos de análise de operações de concentração.

Em súmula, pensamos que na alínea b) do n.º 2 do artigo 2.º estará prevista uma tipologia meramente enunciativa de critérios jurídico-económicos de análise de empresas comuns com carácter de concentração, fixada com base nos princípios gerais enunciados no critério director da alínea a) desse n.º 2 (não se tratando aí, sequer, de uma tipologia delimitativa).[1661] Decorre, pois, deste nosso entendimento que outros factores de apreciação podem, justificadamente, ser considerados pela Comissão – e assim tem sucedido efectivamente na *praxis* decisória desta Instituição –[1662] desde que os mesmos se possam compatibilizar funcionalmente com o objectivo geral do controlo acima referido.

Do mesmo modo, a Comissão também não estará vinculada, no seu processo de apreciação de concentrações, à aplicação de todos esses critérios, podendo, de modo fundamentado – e à luz da alínea a) do n.º 1 do artigo 2.º – seleccionar aqueles que considerar relevantes em cada situação concreta (na verdade, desde a decisão proferida no caso *"Tetra Pak/Alfa Laval"*, em 1991, e na sua *praxis* decisória subsequente, a Comissão tem admitido expressamente que não utiliza – no contexto da apreciação de cada operação de concentração – todos os critérios de apreciação enunciados na alínea b) do n.º 1 do artigo 2.º).[1663]

Apesar de a técnica jurídica de enumeração, algo extensa, de parâmetros jurídico-económicos de apreciação, incluída numa norma de carácter imperativo, se mostrar criticável – como vimos anotando – podemos, de algum modo, compreender a sua utilização na redacção originária do n.º 1 do artigo 2.º do RCC.[1664] Tratava-se, então, de suscitar *ex novo* a aplicação desse tipo de critérios num quadro geral de aplicação das normas

---

[1661] Para uma perspectiva geral sobre os conceitos gerais da *tipicidade*, embora num contexto jurídico diferente, cfr. O. Ascensão, *A Tipicidade nos Direitos Reais*, já cit.

[1662] De resto, as *"Orientações para a apreciação das concentrações horizontais"*, cit., vieram confirmar isso mesmo, correspondendo a uma condensação e sistematização de critérios progressivamente desenvolvidos nessa *praxis* decisória da Comissão.

[1663] Decisão *"Tetra Pak/Alfa Laval"*, de 19 de Julho de 1991, processo n.º IV//M068, in *Merger Control Reporter*, cit., decisão n.º B 37.

[1664] A essa luz, não acompanhamos completamente a crítica então feita por autores como A. Pappalardo à técnica jurídica utilizada no n.º 1 do artigo 2.º do RCC, aquando da aprovação deste regime (cfr. A. cit., "Le Règlement CEE sur le Contrôle des Concentrations", cit., pp. 22 e ss.).

946   *Empresas comuns* – Joint Ventures

comunitárias de concorrência caracterizado por profundas lacunas de análise económica e por uma deficiente ponderação de factores dinâmicos que podem influir sobre o processo da concorrência.[1665] Todavia, a progressiva consolidação de uma nova metodologia de análise jurídico-económica no âmbito do controlo directo de concentrações deveria ter conduzido, como atrás se referiu, a uma redacção diversa do n.º 1 do artigo 2.º do RCC, de modo a que esta assumisse um conteúdo menos sincrético e que, no fundamental, se limitasse a enunciar o núcleo fundamental de princípios gerais orientadores da análise.[1666]

2.2. A AVALIAÇÃO DAS SITUAÇÕES DE DOMÍNIO DO MERCADO

2.2.1. Graduação dos parâmetros fundamentais para a avaliação de situações de domínio do mercado

Não obstante a deficiente técnica jurídica utilizada no n.º 1 do artigo 2.º do RCC, consideramos que, à luz dos objectivos essenciais do processo de avaliação de empresas comuns com carácter de concentração, bem como da experiência já adquirida na concretização jurídica daquele teste, em sede de aplicação do RCC – de algum modo condensada e sistematizada nas "*Orientações*" de 2004 – será possível estabelecer uma ordenação devidamente sistematizada dos principais parâmetros de apreciação que deverão conduzir àquela avaliação.

[1665] É, na realidade, necessário situar o processo de aprovação do regime comunitário de controlo de concentrações no contexto de um ordenamento comunitário que então enfermava de consideráveis défices de análise económica, nos termos que tivemos ensejo de caracterizar *supra*, capítulo primeiro da **Parte II**.

[1666] Essa função normativa não é assegurada pelo disposto no n.º 1 do artigo 2.º do RCC, na sua actual formulação, sendo para nós incompreensível, como já sublinhámos, a ausência de uma concatenação funcional entre o seu conteúdo e a projectada adopção de Orientações interpretativas (recentemente concretizada). De resto, as mesmas razões que conferem alguma "*justificação*" ao teor da referida disposição no contexto normativo da aprovação do RCC, tornam ainda mais dificilmente aceitável a não alteração da mesma no âmbito da segunda reforma do RCC quando esse contexto se apresenta completamente alterado.

Parte III – Capítulo 2 947

Assim, pensamos que se justifica identificar – num primeiro plano – dois parâmetros fundamentais de verificação de eventual emergência de situações de domínio individual do mercado,[1667] os quais correspondem *a duas dimensões de referência* do processo de avaliação de operações de concentração. O primeiro desses parâmetros corresponde à *parte de mercado relativa* que venha a ser detida pelas empresas participantes numa concentração (subsidiariamente, podemos autonomizar um subcritério estrutural correspondente à ponderação do *grau de concentração* existente no mercado após uma operação de concentração e da *variação ocorrida nesse grau de concentração* como consequência de tal operação). Trata-se, no primeiro caso, de determinar a parte de mercado conjunta que resulte da justaposição das anteriores quotas de mercado das referidas empresas e de a confrontar com as partes de mercado que sejam detidas pelas empresas concorrentes no mercado que se encontre em causa. Este *critério de natureza claramente estrutural* corresponde a uma dimensão essencial da avaliação das operações de concentração – *maxime*, caso compreenda a utilização complementar do subcritério estrutural relativo ao *grau de concentração dos mercados*. Trata-se da dimensão que conduz à verificação do impacto horizontal destas operações.[1668]

[1667] *Domínio individual* contraposto às situações de *domínio colectivo* em mercados oligopolísticos e associadas a efeitos coordenados, restritivos da concorrência que adiante analisaremos autonomamente.

[1668] Referimo-nos aqui ao plano das *relações horizontais* entendidas como relações entre empresas que se situam no mesmo estádio do processo produtivo em sentido lato e que, consequentemente, nos termos previstos nas "*Orientações*" de 2004, cit., "*são concorrentes efectivos ou potenciais no mesmo mercado relevante*" (cfr. ponto 5 das referidas "*Orientações*"). No que respeita à ponderação do *grau de concentração dos mercados*, apesar de configurarmos este elemento como um subcritério estrutural estreitamente associado à ponderação da *quota de mercado das empresas* – atendendo à decisiva dimensão estrutural comum que se encontra em causa nesse plano – a sua compreensão exige um tratamento autónomo, a que procedemos, *infra*, 2.2.3.. Esta configuração que ora preconizamos do *grau de concentração dos mercados e respectivas variações* como subcritério estrutural, especialmente associado ao critério da *quota de mercado*, justifica-se, em nosso entender, visto que, no quadro do direito comunitário da concorrência, a dimensão estrutural *stricto sensu* na avaliação de concentrações foi tradicionalmente apreendida com base na quota de mercado, sendo apenas recente o desenvolvimento de modelos de análise influenciados pelo direito norte-americano e dirigidos à apreensão do *grau de concentração* dos mercados. Autores como DAMIEN NEVEN, ROBIN NUTALL e PAUL SEABRIGHT salientam justamente que o facto de o sistema comunitário de controlo de concentrações, numa primeira fase da sua evolução, conceder

O segundo parâmetro essencial consiste na *ponderação do grau de abertura do mercado em questão* e da correlativa existência, ou não, de *barreiras de qualquer tipo à entrada de novos concorrentes no mercado*. Esse critério corresponde a uma fundamental componente dinâmica do processo de avaliação das operações de concentração (não devendo, em nosso entender, ser tomado em consideração apenas como *factor de compensação* de efeitos restritivos da concorrência apurados num primeiro estádio de análise, como se propõe nas *"Orientações"* de 2004) Numa perspectiva mais lata, tal critério envolve a análise de um conjunto de factores conducentes a manifestações diversas de flexibilidade do lado da oferta. Utilizando outra terminologia, poderemos também referir esse conjunto de factores dinâmicos como elementos de concorrência potencial que exercem uma pressão sobre as empresas com maior poder de mercado, impedindo que o mesmo se converta em situações qualificáveis como domínio desse mercado. De modo recorrente, a verificação dessa pressão disciplinadora emergente da concorrência potencial de outras empresas é feita pela negativa, através de identificação e delimitação de eventuais barreiras que obstem ao desenvolvimento de processos de flexibilidade do lado da oferta.

Em relação à utilização de qualquer um dos dois parâmetros acima enunciados, essencialmente dirigidos à avaliação de posições de domínio, impõe-se ponderar múltiplos elementos complementares que contribuem decisivamente para qualificar os diversos juízos indiciários que podem resultar dos mesmos (como procuraremos concretizar através de análise de algumas decisões seleccionadas, versando, sobretudo, empresas comuns com carácter de concentração[1669]).

---

um menor enfoque aos *problemas específicos resultantes de concentrações em mercados de tipo oligopolístico* – por comparação, *vg.*, com o que sucedia no sistema norte-americano – terá conduzido, também, a uma menor ponderação do *grau de concentração dos mercados* (factor que se mostra especialmente relevante na análise deste último tipo de mercados). Cfr. As. cit., *Merger in Daylight – The Economics and Policits of European Merger Control*, Centre for Economic Policy Research, 1993, p. 111. Essa relativa limitação tem vindo a ser corrigida na fase mais recente de evolução do sistema comunitário e, além disso, têm vindo a ser também desenvolvidos, no plano comunitário, os processos técnicos de determinação do *grau de concentração* dos mercados.

[1669] Não é, contudo, nosso propósito proceder a um estudo *ex professo* e em extensão da densa *praxis* decisória da Comissão em sede de aplicação do RCC, até porque, conforme já expusemos, o nosso estudo privilegia, claramente, a subcategoria das empresas comuns submetidas ao regime do artigo 81.º CE. Em contrapartida, justificando-se tomar

Parte III – Capítulo 2

Assim, limitando-nos apenas a enunciar aqueles que, em nosso entender, representam os principais factores complementares para a concretização jurídica de cada um dos referidos parâmetros,[1670] podemos identificar, no que respeita ao *critério da quota de mercado relativa* das empresas participantes na concentração, os seguintes elementos analíticos:

- A flutuação no tempo das quotas de mercado em causa;
- Determinados tipos de alterações, verificadas ou já claramente, prefiguráveis, na estrutura da procura;
- A irregularidade dos fluxos de procura, *maxime* se esta corresponder a uma tendência do mercado, como sucede *vg* em relação a bens de elevada durabilidade;
- A existência de elevados ritmos de evolução tecnológica – sobretudo em indústrias especialmente dinâmicas, em relação às quais o processo de concorrência pode assumir algumas especificidades;[1671]

---

especialmente em consideração situações que foram objecto de análises mais desenvolvidas em virtude de dúvidas sérias de compatibilidade com o mercado comum, não limitamos estritamente as nossas referências à *praxis* decisória da Comissão a casos correspondentes a empresas comuns qualificáveis como concentrações.

[1670] Factores analíticos evidenciados pelas múltiplas apreciações desenvolvidas pela Comissão no quadro da sua prática decisória em sede de aplicação do RCC e, quanto a alguns aspectos confirmados nas *"Orientações"* de 2004. Na realidade, é patente uma preocupação de construção jurídica sistematizadora nestas *"Orientações"* – diversamente do que se verifica noutras Comunicações interpretativas da Comissão – assente em precedentes expressamente trazidos à colação nas mesmas, mesmo que a utilização dessa técnica jurídica seja ainda imperfeita e se justificasse um mais completo e exaustivo enlace entre a enunciação de critérios analíticos e a identificação de decisões de referência que tenham contribuído para a definição e clarificação de tais critérios (na realidade, a articulação entre os vários critérios analíticos relevantes tende a ser insuficiente e aos mesmos tem faltado também uma dimensão concreta, originando, assim, um nível desajustado de insegurança jurídica).

[1671] Quer a flutuação no tempo das quotas de mercado, quer as particularidades resultantes de condições dos mercados que se caracterizem por um elevado dinamismo e com uma estrutura instável devido à inovação e ao crescimento são factores analíticos complementares expressamente considerados nas *"Orientações para a apreciação das concentrações horizontais"* (esp. pontos 15 e ss.). Sobretudo nos mercados especialmente dinâmicos em que o processo de concorrência não assenta basicamente em pequenas transferências de quotas de mercado entre determinadas empresas, mas numa integral substituição periódica de categorias de produtos com a introdução de novos elementos tecnológicos, a detenção num determinado momento de certas quotas de mercado importantes pode

950   *Empresas comuns* – Joint Ventures

– A pressão resultante da existência de produtos ou serviços com um moderado grau de substituibilidade em relação àqueles que integram o mercado em questão (não sendo tal grau de substituibilidade, ao nível da procura, suficiente para os integrar num mesmo mercado do produto em relação aos bens ou serviços que estejam em causa, mas sendo, de qualquer modo, suficientemente importante para exercer alguma pressão sobre as empresas presentes no mercado relevante do produto que tenha sido identificado).[1672]

No que respeita ao segundo parâmetro, referente ao *grau de abertura do mercado que se encontre em causa*, podemos identificar como principais elementos analíticos complementares a ponderar, além da discriminação de *múltiplos tipos de barreiras à entrada no mercado*, ou de obstáculos à expansão de posições anteriormente detidas no mercado que integram o próprio núcleo deste parâmetro:[1673]

– A capacidade produtiva instalada das empresas concorrentes de empresas participantes em operação de concentração, ou situadas em mercados conexos;

---

não corresponder em termos proporcionais à detenção de significativo poder de mercado. Sobre as condições particulares de concorrência nesses mercados, cfr., por todos, CHRISTIAN AHLBORN, DAVID EVANS, JORGE PADILLA, "Competition Policy in the New Economy: Is European Competition Law Up to the Challenge?", cit., pp. 156 ss.

[1672] Este tipo de ponderações analíticas encontram-se naturalmente interligadas com um estádio de análise prévio respeitante à delimitação de mercados relevantes, nos termos que já tivemos ensejo de caracterizar.

[1673] Para uma compreensão geral dos vários tipos de barreiras à entrada no mercado que podem estar em causa, cfr., por todos, BARRY HAWK, HENRY HUSER, *European Community Merger Control: A Practitioner's Guide*, cit., esp. pp. 208 ss. Entre as barreiras mais importantes para o tipo de análise em causa, podemos referir, *inter alia*, a necessidade de dispor de determinados direitos de propriedade intelectual ou industrial, a existência de regulações públicas que condicionem a presença no mercado (pense-se, por exemplo, na necessidade de aprovação por autoridades públicas de produtos farmacêuticos e dos respectivos princípios activos), bem como a necessidade de realização de investimentos de capital de grande dimensão e com custos não passíveis de recuperação próxima previsível – "*sunk costs*" (para um exemplo paradigmático deste último tipo de situações, cfr. o caso apreciado na decisão "*McCormick/CPC/Rabobank/Osterman*" – proc IV/M330, 1993).

- O horizonte temporal minimamente previsível no quadro do qual se possa materializar qualquer reacção de concorrentes potenciais a determinados comportamentos das empresas participantes em certa concentração.

2.2.2. O parâmetro referente à quota de mercado das empresas participantes

2.2.2.1. *Possíveis limiares de referência na utilização do parâmetro relativo à quota de mercado*

Retomando, ainda, o parâmetro relativo à quota de mercado conjuntamente detida no quadro de empresas comuns com carácter de concentração – que situámos num primeiro plano analítico de apreciação deste tipo de entidades – importa acentuar a especial importância deste critério estrutural para aferir eventuais situações de domínio do mercado e, assim, concretizar esse elemento primacial do teste complexo da compatibilidade de operações de concentração com o mercado comum. Este papel fundamental do critério em causa não deve, contudo, ser confundido, com uma análise jurídico-económica redutora de cunho unicamente estrutural. A utilização de tal critério representará, de algum modo, um ponto de partida, de referência, para a análise de situações de domínio, mas a sua necessária conjugação complexa, quer com elementos complementares associados ao mesmo, quer com outros parâmetros diversos, pode alterar por completo certos juízos indiciários iniciais que resultem da sua aplicação.

No quadro do nosso propósito dogmático de delinear uma metodologia comum, coerente, de apreciação em sede de direito da concorrência do conjunto das empresas comuns, devemos, igualmente, salientar o relativo paralelismo entre esta função analítica do referido critério da quota de mercado no âmbito da avaliação de empresas comuns com carácter de concentração, mediante aplicação do artigo 2.º do RCC, e o papel que conferimos ao mesmo critério no modelo global de análise que procuramos construir para a apreciação das empresas comuns com carácter de cooperação, em sede de aplicação do artigo 81.º CE. Recorde-se que, no quadro desse modelo, associamos tal critério a um segundo estádio essencial de análise que deverá incidir sobre aquelas empresas comuns, com carácter de cooperação, cujas repercussões sobre a concorrência suscitem dúvidas, após uma primeira fase de análise preliminar das mesmas.[1674] Assim, não obstante as diferenças que persistem *de iure condito* no enquadramento sistemático dessas duas subcategorias fundamentais de empresas comuns, afigura-se-nos possível – e desejável – ensaiar metodologias gerais de análise das mesmas que apresentam consideráveis paralelismos.[1675]

Considerando, pois, essa decisiva função analítica do critério da quota de mercado para avaliar situações de domínio, como elemento fundamental do teste complexo de apreciação de empresas comuns com carácter de concentração, dever-se-á procurar uma visão global tão sistematizada quanto possível dos juízos meramente indiciários que podem resultar da aplicação do mesmo critério.

Nesse sentido, assume particular significado o Considerando 32 do RCC (correspondente ao Considerando 15 na formulação anterior à reforma de 2004), nos termos do qual se estabelece o que podemos qualifi-

---

[1674] Tenha-se presente a esse propósito, no quadro do modelo geral de apreciação de empresas comuns não passíveis de qualificação como concentrações, que propusemos, os aspectos expostos *supra*, capítulo primeiro desta **Parte III** (esp. ponto 2.4.2.).

[1675] O paralelismo desejável entre as metodologias de análise da subcategoria de empresas comuns qualificáveis como concentrações e da subcategoria de empresas comuns submetidas ao regime do artigo 81.º CE deverá assentar num modelo de apreciação que traduza um equilíbrio de tipo novo entre elementos de índole *estrutural* (*maxime* quotas de mercados e graus de concentração) e outros elementos associados a factores comportamentais ou determinantes dos comportamentos das empresas. Esse *novo equilíbrio* traduz a incorporação de uma fundamental dimensão estrutural na avaliação de situações de cooperação empresarial, em sede do artigo 81.º CE, colmatando uma lacuna que aí se verificava e conduzindo a um enfoque especial no poder de mercado das empresas e na forma como o mesmo é exercido (embora, como se refere na Comunicação relativa a *"Orientações sobre a aplicação do n.º 3 do artigo 81.º CE"*, cit., pontos 25 e 26, as preocupações suscitadas pelo *poder de mercado* se verifiquem, mesmo quanto a situações que se situem aquém do *domínio* dos mercados). Paralelamente, no quadro da análise das concentrações, os factores estruturais não são mais considerados de modo determinista e tendencialmente exclusivo, sendo conjugados com outros factores e levando a que efeitos de *entrave significativo à concorrência efectiva* possam ser apurados também quanto a situações que não chegam a preencher os requisitos do *domínio do mercado*, à luz do *teste reformulado da compatibilidade com o mercado comum*, resultante da segunda reforma do RCC. É neste contexto que preconizamos uma convergência substantiva dos testes do artigo 81.º CE e do RCC, a qual nos parece ainda susceptível de aprofundamento.

car como *presunção relativa de compatibilidade com o mercado comum* em relação às concentrações em que a parte de mercado das empresas em causa *"não ultrapasse 25%, nem no mercado comum, nem numa parte substancial deste"*. Ora, o alcance jurídico desta presunção face ao conjunto de critérios qualitativos enunciados no artigo 2.º do RCC não é claro, sobretudo se tivermos em conta – embora de modo algo excepcional – o elemento histórico de interpretação. Na realidade, essa presunção de compatibilidade com o mercado comum integrava, numa das últimas versões do Projecto que se encontrou na base da aprovação do RCC, a parte dispositiva desse regime. Cabe, pois, encontrar uma justificação adequada para a sua inclusão nos Considerandos do RCC e a uma percepção do alcance dessa previsão com tal colocação sistemática.

Pela nossa parte, consideramos que a referida presunção integrada nos Considerandos do RCC constituirá uma regra indiciária *de minimis*, segundo a qual as concentrações que envolvam empresas com quotas de mercado não superiores a 25% do mercado não serão, em princípio, relevantes, numa perspectiva material, para o desenvolvimento de análise de controlo de concentrações.[1676] Essa presunção reporta-se, ainda, segundo cremos, ao elemento do teste de compatibilidade de operações de concentração com o mercado comum referente a situações de criação ou reforço de posição dominante.

Essa regra meramente indiciária determina, em súmula, a não existência de posição dominante nos casos em que as empresas participantes

---

[1676] Acompanhamos neste ponto MILANESI em relação a esta avaliação da função do referido Considerando do RCC (actual Considerando 32, correspondente ao Considerando 15 na formulação originária do RCC). Cfr. sobre essa análise, E. M. MILANESI, "Il Nuovo Regolamento CEE sur Controllo delle Concentrazioni tra Imprese", cit., pp. 1169 e ss. Em contrapartida, rejeitamos a posição deste autor, segundo a qual, o facto de a presunção em causa ser enunciada *"sem prejuizo dos artigos 85.º e 86.º"* (artigos 81.º e 82.º CE na referência actualmente feita no Considerando 32), poderia envolver um critério de demarcação suplementar entre o domínio de aplicação do RCC e daquelas duas disposições do Tratado CE (assim, e nesse pressuposto, às operações que envolvessem empresas cujas quotas de mercado fossem inferiores a 25% do mercado em causa seriam, em regra, aplicáveis as referidas disposições do Tratado e não o RCC). Na verdade, atendendo ao peso dos critérios qualitativos enunciados no articulado do RCC para a delimitação do âmbito de aplicação deste Regulamento, *maxime* no que respeita à definição das operações de concentração, e ao rigor dos processos formais de atribuição de *dimensão comunitária* às mesmas, essa conclusão de MILANESI não se nos afigura pertinente (não se justificará, neste contexto, a previsão de um critério suplementar – quantitativo – de demarcação dos domínios de aplicação dos artigos 81.º e 82.º CE e do RCC).

954   *Empresas comuns* – Joint Ventures

na concentração não ultrapassem em conjunto uma quota de 25% do mercado relevante, que tenha sido previamente delimitado, o que deverá constituir um parâmetro de referência inicial no quadro de qualquer análise dirigida a aferir a existência de tais posições dominantes através da aplicação do critério essencial da quota de mercado. O carácter unicamente indiciário deste critério quantitativo de referência deve ser sublinhado, tal como – de modo sintomático – o TJCE enfatizou no seu importante Acórdão "*Kali and Salz*".

Nesta decisão, o TJCE ressalvou o facto de o critério enunciado no então Considerando 15 não se encontrar concretizado na parte dispositiva do RCC como parâmetro vinculativo de apreciação e deixou claro que a detenção de quotas de mercado em limiares compreendidos entre 20% a 30% do mercado em questão, só por si, não afastaria a verificação de existência de posições de domínio, apesar do teor do mesmo Considerando (embora o TJCE equacionasse neste caso o problema em ordem a aferir posições de domínio colectivo).[1677] Ora, em nosso entender, se, por um lado, se nos afigura consensual o carácter relativo da presunção de inexistência de domínio constante do Considerando do RCC acima referido, por outro lado, importa não desvalorizar o papel da mesma, no sentido de introduzir essenciais elementos de previsibilidade na apreciação do elemento do teste de compatibilidade referente à criação de situações de posição dominante.

De algum modo, essa presunção pode assumir uma função jurídica semelhante aos parâmetros de apreciação estabelecidos em sede de aplicação do artigo 81.º CE através da "*Comunicação da Comissão referente aos acordos de pequena importância que não restringem sensivelmente a concorrência (de minimis)*", designadamente na sua mais recente formulação adoptada em Dezembro de 2001.[1678] Esta, como é sabido, veio quantificar parâmetros de referência para aferir a relevância jusconcorren-

---

[1677] Aspectos de domínio colectivo que, como adiante observaremos, suscitam outro tipo de ponderações de partes de mercado no quadro da análise de efeitos coordenados resultantes de operações de concentração. Tal não invalida que, no Acórdão em causa, o TJCE tenha deixado claro que, em sede de avaliação, em geral, de situações de domínio (compreendendo o domínio individual) o limiar de quota de mercado acima referido apenas consubstancia um elemento indiciário, que pode ser contraditado com base noutros elementos.

[1678] Reportamo-nos aqui à denominada Comunicação interpretativa *de minimis*, na sua última formulação, de 2001, já cit.

cial de situações de concertação empresarial, baseados unicamente na quota de mercado das empresas que se encontrem em causa e abandonando anteriores critérios indiciários, diversos desse parâmetro estrutural.[1679]

Em termos ainda mais rigorosos, contudo, – e retomando o essencial paralelismo com o modelo global de análise que procurámos delinear em relação à apreciação de *empresas comuns com carácter de cooperação*, no quadro da aplicação do artigo 81.º CE – pensamos que tal presunção relativa de inexistência de posição dominante, em sede de aplicação do RCC, desempenhará, sobretudo, uma função comparável com a do critério indiciário que nesse primeiro domínio propugnámos. Trata-se de um critério assente num limiar geral de quota de mercado, acima do qual se poderia presumir a existência de um poder de mercado, associado a certa empresa comum com carácter de cooperação, que fosse suficiente para causar efeitos restritivos da concorrência.[1680]

No plano da aplicação do RCC que ora consideramos – para efeitos de enquadramento da apreciação de empresas comuns com carácter de concentração – esta presunção relativa à quota de 25% do mercado relevante que se encontre em causa deve ser articulada com determinadas orientações administrativas da Comissão através das quais esta procura igualmente estabelecer critérios de algum modo complementares, que confiram alguma previsibilidade aos juízos sobre a emergência de posições dominantes. Assim, de acordo com a "*Comunicação da Comissão relativa ao procedimento simplificado no tratamento de certas concentrações*", de

---

[1679] Como já referimos, anteriores formulações dessa Comunicação *de minimis* previam outros critérios para além da quota de mercado, designadamente o critério relativo ao volume de negócios de empresas envolvidas em determinadas práticas ou transacções. Tais critérios foram abandonadas nesta última reformulação da Comunicação *de minimis*, verificando-se uma notável convergência em diversas Comunicações interpretativas da Comissão no que respeita ao peso específico atribuído ao factor correspondente à quota de mercado, quer para a avaliação de concentrações, quer para a avaliação de situações de cooperação em sede de aplicação do artigo 81.º CE (tenha-se presente a ponderação desse factor analítico na Comunicação *de minimis* ora referida, na Comunicação de 2001 e nas "*Orientações para a apreciação das concentrações horizontais*", de 2004).

[1680] Na realidade, tal como sucede com esse parâmetro no nosso modelo de apreciação de empresas comuns submetidas ao regime do artigo 81.º CE, o critério enunciado no Considerando ora em causa, *mais do que delimitar um conjunto de situações que não justificam preocupações de afectação da concorrência deve, preferencialmente, funcionar como limiar a partir do qual se justifica a realização de análises mais desenvolvidas.*

Julho de 2000, esta Instituição veio reconhecer que, salvo circunstâncias excepcionais, nos casos em que operações de concentração envolvam empresas ligadas por relações de tipo horizontal, ou por específicas relações de tipo vertical, as mesmas não suscitam, em princípio, problemas relevantes de afectação da concorrência quando as quotas de mercado conjuntas das empresas participantes não corresponderem a 15%, ou mais, do mercado – quanto às empresas que se relacionem no plano horizontal – ou a 25%, ou mais, do mercado em questão – quanto às empresas que se relacionem no plano vertical.[1681]

O facto de esses limiares de quota de mercado não coincidirem com a previsão do Considerando 32 do RCC (anterior Considerando 15) não deverá, em nosso entender, afectar o alcance da presunção constante desse Considerando, visto que tais limiares correspondem, apenas, a uma orientação administrativa da Comissão, com vista a delimitar processos que justifiquem análise mais sumária e a adopção de decisões de conteúdo especialmente abreviado (devendo ter-se presente, para além disso, que essa presunção não apresenta um carácter verdadeiramente vinculativo). De qualquer modo, importa destacar que, no quadro da segunda reforma da RCC, as *"Orientações"* de 2004, cit., vêm, não só confirmar em geral o critério de quota de mercado fixado no acima referido Considerando, como o fazem até em relação às *operações de concentração de tipo horizontal* que suscitam, em tese, os maiores riscos de afectação da concorrência.

A esta luz, justificar-se-ia, mesmo, para delimitar uma área de tratamento *"simplificado"* de operações de concentração, estabelecer um único limiar indicativo, correspondente a uma quota de mercado conjunta de 25%, sem estabelecer distinções, nesse ponto, entre o relacionamento das empresas em causa no plano horizontal ou no plano vertical (diversamente do que se verifica na Comunicação sobre *"procedimento simplificado"*). De resto, a fixação desse limiar poderia ser conjugada com uma

---

[1681] Comunicação *"relativa ao procedimento simplificado no tratamento de certas concentrações"*, já cit. Esta Comunicação interpretativa de 2000 foi, entretanto, substituída, na sequência da reforma do RCC em 2004, pela Comunicação da Comissão *"relativa a um procedimento simplificado de tratamento de certas operações de concentração nos termos do Regulamento (CEE) n.º 139/2004 do Conselho"* (JOCE n.º C 56/32, de 5.3.2005), a qual manteve os limiares de quota de mercado de 15% e 25% acima referenciados, bem como os outros critérios especificamente referidos na análise acima desenvolvida (cfr. ponto 5. da Comunicação de 2005).

Parte III – Capítulo 2

ressalva, de carácter geral, nos termos da qual se admitisse expressamente que concentrações envolvendo empresas participantes com quotas de mercado conjuntas inferiores a 25% seriam excluídas de tal procedimento, desde que se verificassem determinadas circunstâncias especiais (*vg.*, entre outros aspectos, elevado grau de concentração do mercado em causa no seu conjunto, fragilidade muito acentuada das outras empresas concorrentes ou titularidade, por parte das empresas participantes na concentração, de direitos industriais que reforçassem de modo particular a sua posição de mercado).

2.2.2.2. *Relações de concorrência entre empresas participantes em concentrações e orientações gerais quanto à utilização do parâmetro da quota de mercado*

Noutro plano, interessa ainda destacar outro critério de delimitação das operações de concentração passíveis de beneficiar do *procedimento simplificado* – diverso da quota de mercado das empresas participantes – de acordo com a Comunicação interpretativa acima referida. Trata-se do *critério da inexistência de relações de concorrência entre essas empresas participantes na concentração, em virtude de as mesmas não operarem em mercados do produto e geográficos idênticos, nem em mercados conexos entre si* (que se encontrassem ligados entre si por relações a montante ou a jusante). Em nosso entender, apesar da ausência de clarificação na Comunicação dos fundamentos que podem justificar o *tratamento simplificado* destas categorias de concentrações, o que está em causa, nesse plano, é ainda a utilização de um critério indiciário de ausência de poder de mercado conducente a qualquer situação de domínio, porquanto através das mesmas concentrações, não ocorre verdadeiramente um efeito de cumulação das quotas de mercado anteriormente detidas pelas empresas participantes nestas operações.

Além disso, acentuando, uma vez mais, os paralelismos possíveis – e desejáveis, dentro de certos limites, segundo a óptica que temos perfilhado – entre as metodologias de análise respeitantes às subcategorias de empresas comuns com carácter de cooperação e com carácter de concentração, devemos referir a relativa correspondência entre este parâmetro indiciador de inexistência de posição dominante e um dos principais critérios utilizáveis para identificar – ao nível de um estádio preliminar de análise – empresas comuns submetidas ao regime do artigo 81.º CE que, em princípio, não suscitam problemas relevantes de afectação da concorrência. Recorde-se que, no quadro do modelo geral de apreciação das empresas comuns com carácter de cooperação por nós delineado, o apuramento de situações de criação de empresas comuns entre empresas não concorrentes, nem em termos efectivos, nem em termos potenciais, corresponde a uma forma de – num estádio inicial do processo de apreciação destas entidades – delimitar situações em princípio permitidas pelo ordenamento da concorrência.[1682]

Retomando os aspectos relativos à ponderação da quota de mercado – a qual, nos termos ora equacionados, releva, fundamentalmente, em relação a concentrações de tipo horizontal – pensamos que, para além do elemento indiciário de inexistência de posição dominante associado ao limiar de 25% de parte de mercado conjuntamente detida por empresas participantes em operações de concentração, a experiência de concretização jurídica do regime comunitário de controlo de concentrações e a ponderação sistematizada de alguns parâmetros da teoria micro-económica[1683] permitem *identificar alguns efeitos paradigmáticos previsivelmente relacionados com determinados patamares quantitativos de quota de mercado.*

Assim, à luz dessa experiência e da própria *praxis* de aplicação do artigo 82.º CE – ressalvando as diferenças existentes entre os regimes em causa, que já comentámos – é possível observar que limiares de quota de mercado conjunta compreendidos entre 40% e 50% do mercado relevante que se encontre em causa constituem, em regra, um limite crítico, de referência, na análise do poder de mercado e de eventuais posições dominantes de entidades envolvidas na criação de empresas comuns com carácter de concentração. Na realidade, como a Comissão tem salientado desde o seu

---

[1682] Cfr., a esse propósito, o exposto *supra*, capítulo primeiro desta **Parte III**, ponto 2.2..

[1683] Sobre aspectos de teoria micro-económica implicitamente envolvidos na ponderação de quotas de mercado em sede de análise jusconcorrencial, e, em geral, sobre os elementos de análise económica envolvidos nesse tipo de apreciação, cfr. WERDEN, "Assigning Market Shares", in ALJ, 2002, pp. 70 ss. Um aspecto que importa ter presente nesse exercício de análise económica corresponde ao facto de as características particulares dos mercados afectados em cada situação deverem influir no modo como é ponderada a quota de mercado conjunta das empresas participantes em operações de concentração e, nalguns casos, no próprio modo de apurar essas quotas de mercado.

"*Décimo Relatório sobre a Política de Concorrência*",[1684] desenvolveu-se progressivamente uma orientação geral no sentido de considerar a existência de situações de domínio em relação aos casos em que quotas de mercado de valores compreendidos entre 40% a 45% do mercado relevante – ou de valores acima desse patamar – sejam atingidas.

Do mesmo modo, no quadro da aplicação do RCC, têm sido relativamente excepcionais os casos em que a Comissão apurou problemas significativos de domínio (individual) do mercado – susceptíveis de justificar decisões de proibição ou de aprovação sujeita a condições ou obrigações de tipo estrutural – em relação a situações em que a quota de mercado conjunta das empresas participantes numa concentração não exceda o limiar de 40% do mercado relevante.[1685]

A isto acresce que, desde a jurisprudência "*AKZO*",[1686] o TJCE, no âmbito da aplicação do artigo 82.º CE (artigo 86.º TCE), tem considerado que uma elevada quota de mercado estática – designadamente superior a 50 % do mercado relevante – constitui, por si só, salvo circunstâncias excepcionais, um elemento indicador de domínio do mercado. No entanto, devemos referir, de modo a mitigar essa orientação de princípio do TJCE, que, no plano específico do controlo directo de concentrações, se exige, inegavelmente, uma maior interacção entre a perspectiva estática referente às quotas de mercado existentes em relação a situações passadas e a perspectiva dinâmica associada à ponderação de outros factores, dirigidos à realização de um juízo prospectivo sobre a evolução de determinados mercados. Deste modo, no quadro da aplicação do RCC, admitimos – em paralelo à presunção relativa de inexistência de posição dominante, associada ao limiar de 25% de quota de mercado enunciada no Considerando 32 do RCC (anterior Considerando 15) – que serão relativamente pouco

---

[1684] Cfr. "*Décimo Relatório sobre a Política de Concorrência*", esp. ponto 150.

[1685] Sem prejuízo de alguns casos relativamente excepcionais que, de seguida, referiremos, será pouco frequente a verificação de situações de criação ou reforço de domínio individual nessas situações e ainda mais excepcional a realização de análises conducentes a proibição de concentrações nesses casos. Mesmo a imposição de compromissos em relação a concentrações envolvendo empresas com quotas de mercado conjuntas inferiores a esse limiar de 40% – como sucedeu, *vg.*, na decisão "*Ifint/EXOR*" (proc IV/M187) – não tem sido muito frequente (de resto, e sintomaticamente, os compromissos previstos nessa decisão não assumiram natureza estrutural, limitando-se a aspectos de comportamento das empresas).

[1686] Cfr. Acórdão "*Akzo Chemie BV v. Commission*", proc C-62/86, Col. I – 3359 (1991), esp. pontos 59-61 ss..

960   *Empresas comuns* – Joint Ventures

frequentes os casos de apuramento de situações de domínio individual em relação a concentrações que originem a formação de quotas de mercado conjuntas com valores que oscilem entre os 25% e os 40% do mercado relevante.[1687]

Embora não se trate já de situações que, em princípio, não suscitam dúvidas de compatibilidade com o mercado comum, por ausência previsível de posição dominante, – como sucede com a presunção acima referida – será necessário nesse tipo de casos, para verificar a emergência de situações de domínio, que o factor quota de mercado possa ser conjugado com outros factores que, globalmente, reforcem, de modo suplementar, o poder de mercado das entidades que se encontrem envolvidas em certa empresa comum com carácter de concentração.

Em sentido diverso, uma vez atingido ou ultrapassado o limiar crítico compreendido entre 40% a 50% do mercado relevante, o risco de criação de posição dominante torna-se mais significativo e as operações de con-

---

[1687] Como temos observado, a ponderação deste elemento estrutural deve fazer-se em moldes algo diferentes em relação à avaliação de possíveis efeitos coordenados associados a uma posição dominante colectiva no quadro de mercados oligopolísticos. As *"Orientações"*, de 2004, cit., confirmam tal aspecto, designadamente quando ressalvam que a presunção favorável relativa à quota de mercado de 25%, prevista no Considerando 32 do RCC, não se aplica aos casos que envolvam eventuais situações de criação ou reforço de domínio colectivo (cfr. *"Orientações"*, ponto 18, nota 24). No que respeita à avaliação de situações de eventual *domínio individual*, consideramos pouco claro o alcance da referência específica feita nessas *"Orientações"* a alguns casos em que se apurou um efeito de criação ou reforço de posição dominante a propósito de concentrações conducentes a quotas de mercado inferiores a 40% (referindo-se, como exemplo, a decisão *"Rewe/Meinl"*, proc IV/M1221; cfr. ponto 17, *in fine*, das *"Orientações"*; de resto, outros casos não referidos nas *"Orientações"* se podem, ainda, considerar, como, *vg.* os apreciados na decisão *"Carrefour/Promodes"* – proc COMP/M1684, envolvendo uma quota de mercado conjunta inferior a 30%, ou na decisão *"Hutchinson Whampoa/RMPM/ECT"* – proc IV/M1412 – envolvendo uma quota de mercado conjunta de 36%). Se é certo que, como se comprova através desses exemplos, mesmo concentrações originando quotas de mercado inferiores ao limiar de 40% de quota de mercado podem originar situações de domínio, o que importa, segundo cremos, é apurar graus de probabilidade quanto a tal avaliação com base em certas regularidades detectadas na análise das várias situações submetidas à Comissão. Ora, neste plano, mantemos a ideia acima exposta, no sentido de uma menor probabilidade de apuramento de situações de domínio individual quanto a concentrações originando quotas de mercado compreendidas entre 25% a 40%. E, a esta luz, a referência feita pela Comissão, acima considerada, revela-se equivoca (num quadro geral de falta de clareza quanto ao alcance do conjunto de referências feitas nessas *"Orientações"* a limiares relevantes de quotas de mercado).

Parte III – Capítulo 2

centração que originem esse tipo de quota de mercado conjunta suscitam, em princípio, maiores dúvidas de compatibilidade com o mercado comum, tornando imperiosa a realização de análises jurídico-económicas mais desenvolvidas que conjuguem o factor estrutural da quota de mercado com outros factores complementares, tomando em consideração o contexto concreto da situação que se encontre em apreço.

Todavia, deve ser totalmente rejeitada qualquer ideia de existência de uma presunção relativa de sentido oposto à prevista no Considerando 32, que supostamente permitisse inferir o domínio do mercado a partir do referido limiar crítico da quota de mercado conjunta compreendida entre os valores de 40% a 50% do mercado relevante. O que está unicamente em causa neste tipo de situações é a necessidade de uma análise mais desenvolvida das mesmas a partir daqueles limiares de quota de mercado. De resto, são já numerosos os casos em que a Comissão deu início a procedimentos de investigação correspondentes à segunda fase de apreciação de operações de concentração (determinada por dúvidas sérias sobre a compatibilidade com o mercado comum), visando concentrações que conduziam a formação de quotas de mercado superiores a 40%, para concluir, no termo dessas investigações, no sentido da inexistência de problemas de domínio do mercado que justificassem, sequer, a imposição de condições e obrigações, quer de carácter estrutural, quer referentes a comportamentos.[1688]

Para além de considerarmos manifestamente inaceitável qualquer hipotética presunção de sentido inverso à do considerando 32 do RCC – a partir do limiar de 40% de quota do mercado relevante – rejeitamos, também, a orientação preconizada por autores como CHRISTOPHER JONES e GONZALEZ DIAZ, os quais admitem que a maior parte dos casos em que seja apurada a existência de posições dominantes deveria corresponder a situações em que as quotas de mercado emergentes das concentrações

---

[1688] Cfr., nesse sentido, entre outros casos, a decisão *"Mercedes-Benz/Kässbohrer"*, proc IV/M477 (1995), in *Merger Control Reporter*, cit., *decision B277*, a decisão *"Siemens/Italtel"*, proc IV/M468 (1995), in *Merger Control Reporter*, cit., *decision B278* (incluindo o respectivo *"Case Note"*), ou a decisão *"Mannesmann/Hoesch"*, de 1992, já cit. Em contrapartida, é certo que nalguns casos recentes, a Comissão reconheceu a criação ou reforço de posições dominantes na sequência de *concentrações conducentes a quotas de mercado situadas entre 40% e 50%*, como se refere, justamente, nas *"Orientações"*, de 2004, cit. (cfr. *"Orientações"*, ponto 17, referindo-se aí, a esse propósito, a decisão *"Nestlé/Ralston Purina"*, proc COMP/M2337).

estejam compreendidas entre 40% e 69% do mercado em causa. Os mesmos autores sustentam, ainda, a possibilidade de configurar presunções de existência de posições dominantes individuais no que respeita a quotas de mercado superiores a 70% do mercado relevante que se encontre em questão.[1689] Como já se sublinhou, a ultrapassagem do referido limiar, de 40% do mercado, apenas justifica a realização de análises mais desenvolvidas em ordem a equacionar a superveniência de eventuais elementos de domínio do mercado.

Na realidade, considerando, em termos globais, a *praxis* decisória da Comissão em relação à generalidade das concentrações – e não apenas a respeitante às *empresas comuns com carácter de concentração* –[1690] é possível verificar que operações envolvendo quotas conjuntas de mercado superiores a 40% e até limiares muito elevados têm recebido tratamento diferenciado, não sendo possível configurar verdadeiras orientações gerais no sentido de associar determinados valores de referência a situações de criação ou reforço de posição dominante. Esta constatação é válida mesmo em relação a operações que ultrapassem o limiar de 70% de quota de mercado referido por CHRISTOPHER JONES e GONZALEZ DIAZ.

Assim, para considerar – entre outros – um caso especialmente paradigmático, na decisão *"Mercedes-Benz/Kassbohrer"*,[1691] que se reportava a uma concentração conducente a uma quota de mercado de 74%, a Comissão concluiu de forma categórica que a existência de elevadas quotas de mercado não justificava, por si só, qualquer verificação de existência de posição dominante.

Pela nossa parte, consideramos plenamente justificada esta matriz de análise que ressalta da *praxis* decisória da Comissão. Ressalvando, tão só, alguns elementos quantitativos que podem receber tratamento sistemático através de modelos econométricos – em termos que referiremos adiante e que não se reconduzem unicamente às quotas de mercado conjuntas

---

[1689] Sobre essa posição de C. JONES e de GONZALEZ DIAZ, da qual discordamos, cfr. As. cit., *The EEC Merger Regulation*, cit., pp. 502-503.

[1690] Ponderação da globalidade da *praxis* decisória da Comissão quanto à generalidade das operações de concentração que se justifica, nos termos acima considerados, visto que o critério analítico estrutural relativo à quota de mercado, como possível indicador de domínio individual, é elemento a acolher, em determinado grau, quer para a avaliação de domínio em concentrações (*stricto sensu*), quer para tal avaliação quanto a empresas comuns qualificáveis como concentrações.

[1691] Trata-se da decisão *"Mercedes-Benz/Kassbohrer"*, de 1995, já cit.

emergentes de operações de concentração,[1692] pensamos que não existem fundamentos para delinear verdadeiros juízos indiciários, ou presunções de domínio, em relação a determinados patamares quantitativos de quotas de mercado.

É certo que a formação de quotas de mercado muito superiores ao limiar de 70% reforça progressivamente as condições estruturais e as probabilidades de ocorrência de situações de criação ou reforço de posição dominante (sobretudo se essas quotas de mercado emergentes de concentrações forem muito superiores às detidas pelas principais empresas concorrentes que permaneçam no mercado). Todavia, a experiência demonstra que mesmo em casos relativamente extremos, envolvendo a formação de quotas de mercado conjuntas até 90% do mercado relevante, podem ocorrer condições especiais que, no seu conjunto, afastem a verificação de qualquer posição dominante (como constatou a Comissão na sua decisão *"Tetra Pak/AlfaLaval"*, já cit.). Esse tipo de situações não deverá ser, de qualquer modo, muito frequente. Os raros casos em que um tão significativo indicador de domínio como uma quota de mercado de 90% não venha a conduzir, em última análise, a uma verificação de criação ou reforço de posição dominante corresponderão necessariamente, em nosso entender, a situações em que esse parâmetro estrutural de avaliação do domínio do mercado seja contrabalançado pelos resultados da aplicação do segundo parâmetro fundamental que acima identificámos – o grau de abertura do mercado em questão (ou de outros factores relevantes que contribuam para a limitação do poder de mercado das empresas).

A propósito desta ponderação sistemática do conjunto de limiares críticos de quotas de mercado que vimos referindo, deve salientar-se que as recentes *"Orientações"*, de 2004, cit., visando as concentrações potencialmente mais problemáticas (concentrações horizontais), se mostram algo lacunares. Assim, limitam-se a referir precedentes relevantes e jurisprudência no sentido de que *"uma quota de mercado especialmente elevada – 50% ou mais"* pode constituir *a se "um elemento de prova da*

[1692] Tomamos aqui em consideração, fundamentalmente, outro elemento estrutural que deve ser ponderado de modo estreitamente articulado com a quota de mercado conjunta das empresas participantes em concentrações e que corresponde ao *grau de concentração dos mercados*, o qual, como de seguida observamos (ponto 2.2.3.) é passível de análise através de processos econométricos (originariamente desenvolvidos no ordenamento norte-americano e tardiamente acolhidos no ordenamento comunitário, como se confirmou através das *"Orientações para a apreciação das concentrações horizontais"*, cit.).

964 *Empresas comuns* – Joint Ventures

existência de posição dominante". E, para além dessa referência genérica, apenas contêm referências muito ambíguas a limiares inferiores de quota de mercado e uma menção formal à presunção estabelecida no Considerando 32 do RCC que nada acrescenta substantivamente à mesma.[1693]

2.2.2.3. *A necessária flexibilidade na utilização do parâmetro relativo à quota de mercado*

Em súmula, é apenas uma interacção especialmente intensa dos dois parâmetros que situámos num primeiro plano de importância em sede de avaliação de domínio do mercado que pode – em relação a situações extremas de formação de quotas de mercado muito elevadas – vir a justificar ponderações finais no sentido da não criação ou reforço de *posições dominantes*, entendidas sobretudo como *forma especial de poder sobre os preços*. Deve sublinhar-se, a este propósito, que, se é verdade que a noção geral de posição dominante em sede de aplicação do artigo 82.º CE, tal como tem sido concretizada na jurisprudência do TJCE, foi essencialmente associada a vários índices económicos de independência em relação a outros agentes económicos e não tanto à ideia de *poder sobre os preços* – prevalecente no ordenamento da concorrência norte-americano – a concretização jurídica do conceito de posição dominante no plano do controlo de concentrações ter-se-á aproximado, de forma considerável, desta última orientação.

Na verdade, de uma forma recorrente – e sintomaticamente desde a adopção da primeira decisão no quadro da aplicação do RCC (decisão *"Renault/Volvo"*) – a *praxis* decisória no domínio do RCC tem concedido especial ênfase na avaliação de eventuais posições de domínio do mercado

---

[1693] Sobre esses aspectos, cfr. esp. pontos 17 e 18 das *"Orientações"*, de 2004, cit. Além disso, a propósito da avaliação de efeitos não coordenados, estas *"Orientações"* limitam-se a salientar que as quotas de mercado constituem *"factores importantes"* no âmbito da apreciação do poder de mercado das empresas e que a probabilidade de *"aumento significativo de poder de mercado"* conducente a situações de domínio aumenta em função da dimensão das quotas de mercado conjuntas das partes (não introduzindo a este propósito clarificações decisivas que contribuíssem para alguma previsibilidade dos juízos de apreciação nesta matéria). Além disso, ao equacionar limiares críticos de quota de mercado, pensamos que teria sido importante, nestas *"Orientações"*, cit., o recurso mais desenvolvido às indicações resultantes de múltiplos precedentes que fossem explicitados de acordo com uma lógica sistemática de compreensão dos mesmos.

Parte III – Capítulo 2 965

à obtenção de uma influência significativa sobre a formação dos preços sem perda de quota de mercado.[1694] Essa particular ênfase tem, até certo ponto, aproximado o conceito de posição dominante relevante para efeitos de aplicação do RCC das formulações acolhidas no ordenamento norte--americano da concorrência para caracterizar a figura dos preços de monopólio que podem ser praticados pelas empresas que detêm elevado poder de mercado (trata-se, na formulação adoptada nas *"Orientações referentes a Concentrações"*, de 1992, de um poder de manutenção de preços superiores ao que se poderia esperar em condições normais de mercado).[1695]

Para uma visão mais completa das indicações que se podem colher através da utilização deste parâmetro da quota de mercado, importa, ainda tomar em consideração, de forma mais analítica, múltiplas situações de formação de quotas de mercado compreendidas entre os limiares de 40% e de 90% dos mercados que se encontrem em questão. Essa observação analítica demonstra que, como já temos vindo a referir, não é possível identificar patamares quantitativos que possam constituir referências indiciárias fidedignas para avaliações de eventuais posições dominantes. Assim, em diversas situações respeitantes a concentrações que conduziam à formação de quotas de mercado superiores ao limiar de 40% – acima referido – a Comissão adoptou decisões de aprovação das mesmas sem imposição de quaisquer condições ou obrigações, quer em relação a casos decididos no quadro da primeira fase de apreciação, quer no quadro de processos decididos em sede da segunda fase do processo de apreciação.[1696]

Em contrapartida, diversas operações de concentração conducentes à formação de quotas de mercado inferiores a 70% – conquanto superiores

---

[1694] Decisão *"Renault/Volvo"*, proc n.º IV/M004 (1990), in *Merger Control Reporter*, cit., *decision B1* (cfr. aí o respectivo *"Case Note"*). Essa especial ênfase no poder sobre os preços é confirmada, quanto às concentrações com maior potencial restritivo da concorrência (concentrações horizontais), pelas *"Orientações"*, de 2004, cit..

[1695] Reportamo-nos aqui às denominadas *"Horizontal Merger Guidelines"* de 1992, revistas em 1997 (quanto à ponderação de eficiências económicas), já várias vezes cit.

[1696] Se, por um lado, rejeitamos associar presunções de domínio a determinados limiares críticos de quotas de mercado mais elevadas superiores a 40% ou a 50%, em contrapartida, pensamos que teria sido útil ensaiar uma compreensão sistemática do tratamento de várias situações compreendidas nesses limiares de quota de mercado, pelo menos em relação às concentrações que, em tese geral, suscitem maiores questões de afectação da concorrência – as concentrações horizontais – o que, como atrás observámos, não sucedeu, pelo menos de modo satisfatório, com as recentes *"Orientações"* de 2004, cit..

966   *Empresas comuns* – Joint Ventures

a 40% do mercado relevante – justificaram objecções relacionadas com a emergência de situações de domínio, determinando a imposição de condições ou obrigações com vista à sua aprovação e, em alguns casos, como sucedeu com a empresa comum com carácter de concentração apreciada no processo *"RTL/Veronica/Endemol"*, desembocando, mesmo, em decisões de proibição.[1697] Deve, de resto, sublinhar-se que em relação aos casos de concentrações envolvendo quotas de mercado compreendidas entre 40% e 70% do mercado relevante, que foram alvo de objecções e cuja aprovação se verificou mediante a adopção de condições ou obrigações, a intensidade dos problemas de domínio de mercado detectados se tem mostrado muito variável, conduzindo quer à adopção de condições ou obrigações mais exigentes – de natureza estrutural, com destaque para as situações de desinvestimento de activos empresariais – quer à adopção de meras condições ou obrigações incidentes sobre comportamentos empresariais.[1698]

2.2.2.4. *Outros elementos a ponderar na utilização do parâmetro relativo à quota de mercado*

Essa variação no tratamento de operações de concentração envolvendo quotas de mercado apreciáveis ou, mesmo, muito elevadas demonstra que outros aspectos devem também ser considerados na utilização do

---

[1697] A empresa comum com carácter de concentração que foi objecto de proibição nesta decisão *"RTL/Verónica/Endemol"* conduzia à formação de quota de mercado – num dos mercados afectados – ligeiramente superior a 60% (e, logo, inferior ao limiar crítico de 70% identificado por alguma doutrina, nos termos que já referimos). Cfr. decisão cit., proc IV/M553 (1995), in *Merger Control Reporter*, cit., *decision B343* (cfr. aí, também, *"Opinion"*). A análise da Comissão, no sentido da incompatibilidade da operação em causa com o mercado comum – *maxime* devido a problemas de encerramento do mercado – foi, no essencial, confirmada, em sede de recurso, pelo TPI, no seu Acórdão *"Endemol Entertainment Holding BV v Commission"* [proc. T-221/95, Col. II-1299 (1999)].

[1698] Entre outros precedentes envolvendo compromissos de tipo estrutural, cfr., vg., a decisão *"Magneti Marelli/CEAc"*, de 1991, já cit., num caso que envolvia uma quota de mercado conjunta de aproximadamente 60%, a decisão *"Shell/Montecatini"* (proc IV/M269, 1994), num caso envolvendo uma quota de mercado situada entre os limiares de 50% a 75%, ou a decisão *"Proctor & Gamble/V.P. Schickedanz"* (proc IV/M430, 1994, in *Merger Control Reporter*, cit., *decision B219* e respectivo *"Case Note"*) envolvendo uma quota de mercado conjunta no principal mercado afectado situada entre os limiares de 60% a 65%.

parâmetro da quota de mercado, para além da mera ponderação do poder de mercado que, em tese geral, possa estar associado a determinados limiares de referência de partes de mercado conjuntas. Assim, deve normalmente ponderar-se nas análises assentes nesse critério, para lá do valor absoluto de certas quotas de mercado conjuntas emergentes de concentrações, a própria extensão do aumento de quota determinado pelas concentrações em questão. Na verdade, em certas condições, um aumento pouco expressivo de quota de mercado – *vg.* meros acréscimos de quota compreendidos entre 1% a 5% do mercado relevante – não conduz a uma verdadeira alteração das condições estruturais de funcionamento de certos mercados, mesmo que a parte de mercado assim reforçada seja originariamente elevada. Nesse sentido se pronunciou já a Comissão em diversos casos, como os que foram objecto das decisões *"Ericsson/Hewlett-Packard"*, *"Proctor&Gamble/Schikedanz"*, ou *"Pepsico/Kas"*, alguns dos quais respeitaram a quotas de mercado conjuntas cujo valor absoluto era consideravelmente elevado.[1699]

Diversamente de alguns autores, consideramos que não se poderá contemplar qualquer critério indiciário complementar no sentido de admitir uma elevada probabilidade de ausência de criação ou reforço de posição dominante em relação aos casos de acréscimo de quota de mercado compreendidos no limiar acima referido, de 1% a 5% do mercado em causa.[1700] Desde logo, esse índice quantitativo terá sempre um valor relativo em relação aos casos de quotas de mercado que atinjam valores absolutos muito elevados (*vg.*, mais de 70% do mercado relevante). Além disso, mesmo no que respeita a quotas conjuntas que não alcancem valores tão expressivos, a conjugação do parâmetro estrutural – de carácter horizontal – referente à quota de mercado com outros elementos de avaliação do poder de mercado das empresas intervenientes pode justificar a verificação da existência de situações de domínio em casos de aumento pouco significativo da quota de mercado das empresas participantes.

[1699] Cfr. decisão *"Ericsson/Hewlett-Packard"*, (proc IV/M292, 1993, in *Merger Control Reporter*, cit., *decision B133*), *"Proctor&Gamble/V.P. Schikedanz"*, já cit., ou *"Pepsico/Kas"* (proc IV/M289, 1993, in *Merger Control Reporter*, cit., *decision B124* e respectivo *"Case Note"*.

[1700] Divergimos, pois, de autores que admitem um critério indiciário complementar desse tipo, como sucede, vg., C. J. Cook e C. S. Kerse, na sua monografia, *EC Merger Control*, cit.. esp. pp. 155-156 ss..

968   *Empresas comuns* – Joint Ventures

Pensamos, designadamente, em elementos complementares de análise que – como adiante se destaca[1701] – têm vindo a assumir um peso crescente no processo de apreciação de empresas comuns com carácter de concentração e que compreendem, entre outros, eventuais aspectos incentivadores do fecho ou condicionamento do funcionamento dos mercados resultantes de relações num plano vertical (*vg.* respeitantes ao funcionamento de sistemas de distribuição ou ao poder de mercado associado à titularidade de carteiras de marcas relativas a produtos diversos, relacionados entre si) ou até de relações num plano de conglomerado empresarial.[1702]

2.2.2.5. *Elementos alternativos à ponderação da quota de mercado das empresas participantes em empresas comuns*

Apesar da inegável importância do parâmetro estrutural da quota de mercado emergente de operações de concentração para a avaliação das situações de eventual criação ou reforço de posição dominante, importa reconhecer que, em certos casos, a sua utilização não é exequível, ou não permite extrair indícios minimamente seguros na matéria em causa.

Assim, em algumas situações não é de todo possível considerar valores de quotas de mercado pré-existentes, como sucede, em especial com a criação de empresas comuns com carácter de concentração que visem introduzir novos produtos ou serviços. A emergência de novos

---

[1701] Esses elementos integram um segundo nível de parâmetros analíticos que de seguida enunciamos e caracterizamos criticamente (*infra*, 2.2.5.).

[1702] Na realidade, a Comissão vem revelando uma atenção crescente ao cruzamento de repercussões num plano vertical com aspectos relevantes num plano horizontal. Nesse contexto e, conquanto a nossa atenção se encontre essencialmente dirigida a empresas comuns qualificáveis como concentrações e assumindo carácter horizontal, justifica-se destacar a ponderação do denominado *efeito de carteira* ("*portfolio power*"), como manifestação específica de poder de mercado resultante da titularidade de determinadas carteiras de marcas que podem esgotar a maior parcela dos circuitos disponíveis de distribuição, mesmo que, na aparência, certas concentrações não reforcem de modo apreciável a quota de mercado conjunta das empresas envolvidas [sobre esse tipo de efeitos, cfr., *vg.*, a decisão "*Guiness/Grand Metropolitan*" (proc IV/M938, 1998), ou a decisão "*Coca-Cola Amalgamated Beverages*" (proc IV/M794). A propósito de um caso paradigmático de ponderação de efeitos de conglomerado cfr. a decisão "*General Electric/Honeywell*" (proc COMP/M2220). Para uma análise crítica deste último caso, cfr., *inter alia*, Pflanz, Caffarra, "The Economics of G.E./Honeywell", in ECLR, 2002, pp. 115 ss..

segmentos de mercado que se encontra particularmente associada a sectores mais dinâmicos da economia tem conduzido, com alguma frequência, à criação de empresas comuns que combinam recursos de empresas-mãe que operam noutras áreas de mercado, não forçosamente coincidentes entre si.[1703] Nesses casos não há, pois, qualquer base para considerar, numa perspectiva de relações horizontais, efeitos decorrentes da junção de quotas de mercado pré-existentes. Pensamos, de resto, que esse aspecto configura, precisamente, uma das especificidades subjacentes à apreciação da subcategoria das empresas comuns com carácter de concentração em relação à generalidade das concentrações. Em diversos casos, as condições em que se verifica a criação de empresas comuns que visem desenvolver novos produtos ou serviços não permite a utilização do parâmetro de análise referente à quota de mercado conjunta das empresas participantes.[1704]

Verificam-se, ainda, outras situações em que, sendo possível dispor de dados referentes a quotas de mercado conjuntas de empresas participantes em concentrações, os mesmos não se mostram verdadeiramente conclusivos para efeitos de análise do poder de mercado dessas empresas. Tal sucede, designadamente, em relação a sectores empresariais que se caracterizam por frequentes e acentuadas flutuações de partes de mercado. Essa instabilidade, por seu turno, pode dever-se a múltiplas razões, mas tenderá a encontrar-se associada, em especial, àquelas situações em que um conjunto limitado de operações empresariais assuma um peso decisivo para o funcionamento de certos mercados ao longo de determinados ciclos de tempo. Uma situação paradigmática desse tipo foi *vg.* identificada no caso apreciado pela Comissão na sua decisão *"ABB/Brel"*. Nesse caso, a concentração apreciada respeitava ao mercado de locomotivas e materiais

---

[1703] Esse tipo de situações tem ocorrido não apenas nos sectores mais frequentemente trazidos à colação de telecomunicações e de comunicações electrónicas em geral, mas também, *vg.*, em sectores como os da biotecnologia (cfr., a esse propósito, WALTER POWELL, "Inter-Organizational Collaboration in the Biotechnology Industry", cit., pp. 197 ss.).

[1704] Esta especificidade, frequentemente associada a empresas comuns com carácter de concentração, não resulta apenas de situações em que não há sobreposição de quotas de mercado das empresas participantes. Na realidade, concentrações em sentido estrito podem também dar azo a essas situações em casos nos quais ocorra, tão só, uma transferência de quotas de mercado. Em contrapartida, as empresas comuns qualificáveis como concentrações podem encontrar-se particularmente associadas a situações em que não ocorra sequer qualquer transferência de quotas de mercado e em que tais entidades sejam constituídas no quadro do desenvolvimento de um novo mercado.

970   *Empresas comuns* – Joint Ventures

circulantes nas redes ferroviárias, tendo-se constatado que as quotas de mercado de um conjunto limitado de empresas produtoras oscilavam consideravelmente em função dos resultados de adjudicações de um número também reduzido de contratos de elevado valor. Em contextos empresariais com essas características, a inexistência de padrões estáveis de distribuição de quotas de mercado entre as empresas presentes em certos sectores torna inelutável a utilização de parâmetros alternativos para a análise do que podemos denominar de dimensão estrutural do funcionamento dos mercados.

Ora, a definição de alternativas neste domínio mostra-se, em nosso entender, extremamente complexa. É certo que se pode sustentar, como a Comissão fez na decisão acima referida (*"ABB/Brel"*), a ponderação – em substituição do critério referente à quota de mercado – do que se possa designar como o *"grau de concorrência"* subjacente ao funcionamento, no presente e no futuro próximo, do mercado que se encontre em causa.[1705] Torna-se, de qualquer modo, difícil equacionar elementos indiciários quantitativos para caracterizar esse *"grau de concorrência"*. Pela nossa parte, consideramos, face a esta lacuna analítica em que a Comissão parece incorrer neste domínio, que tal caracterização deve ser procurada num conceito lato de poder económico e financeiro das empresas participantes, associado à sua capacidade instalada e à capacidade de intervenção em áreas de mercado conexas com a que se encontre em causa (globalmente, poderá qualificar-se esse parâmetro como a capacidade económica e de intervenção nos mercados das empresas).

Deve sublinhar-se que o critério do *poder económico e financeiro* das empresas foi incluído na enumeração de parâmetros relevantes para a aferição do domínio do mercado constante do n.º 1 do artigo 2.º do RCC devido a uma notória influência do sistema alemão de controlo de concentrações.[1706]

[1705] Cfr. decisão *"ABB/Brel"*(proc. IV/M221,1992), esp. o ponto 18 da decisão. Como aí se refere, *"of greater consequence than simple market shares, however, is the degree of competition likely to exist for future contracts, and there could not appear to be cause for concern given the competitive capability of the large European manufacturers (…)"*.

[1706] Na realidade, no âmbito desse sistema, o poder financeiro das empresas tem sido especialmente ponderado a par das quotas de mercado detidas pelas mesmas. Pela nossa parte, tomamos aqui em consideração esse critério preferencialmente como alternativa à utilização do critério da quota de mercado e nos casos em que este não se mostre exequível.

Parte III – Capítulo 2

Na realidade, a capacidade de mobilizar recursos produtivos em curto espaço de tempo por parte de determinadas empresas pode, em certas condições, consubstanciar uma forma significativa de exercício de poder de mercado, limitando a concorrência potencial e podendo mesmo afectar directamente a concorrência efectiva se as outras empresas presentes em certo mercado detiverem uma capacidade de alterar os seus níveis de produção notoriamente inferior em relação às empresas participantes numa operação de concentração. Ora, esse poder económico e financeiro e a capacidade de transferir recursos de mercados conexos com aquele que seja afectado pela concentração podem, no seu conjunto, configurar um parâmetro alternativo de avaliação de poder de mercado em relação às situações particulares acima consideradas de elevada instabilidade das quotas de mercado.[1707]

2.2.3. O parâmetro analítico estrutural relativo ao grau de concentração dos mercado e a utilização de modelos econométricos

Para além de não ser possível estabelecer presunções de domínio associadas a determinados limiares de quotas de mercado conjuntas,[1708] o sistema comunitário de controlo de concentrações também se mostrou, até data recente, lacunar na utilização de modelos econométricos, baseados em índices quantitativos e dirigidos à ponderação de factores estruturais complementares da quota de mercado – *maxime* do factor relativo ao *grau de concentração* dos mercados.[1709] Tal contrastou com a situação exis-

---

[1707] No entanto, importa reconhecer que a Comissão não tem feito uma utilização muito intensa desse critério na sua *praxis* decisória, limitando-se em diversos casos a referir esse aspecto sem lhe atribuir decisiva importância na avaliação do poder de mercado conducente à identificação de uma possível posição de domínio. De qualquer modo, cfr. a decisão *"Varta/Bosch"* [proc IV/M012 (1991), in *Merger Control Reporter*, cit., *decision B41* (cfr. aí também o respectivo *"Case Note"*)], na qual a Comissão parece atribuir maior importância relativa a esse factor.

[1708] Posição que perfilhamos, mas que, como acima se salienta, não é partilhada por alguma doutrina comunitária.

[1709] *Grau de concentração* que atrás identificámos (*supra*, ponto 2.2.1. deste capítulo) como *subcritério estrutural*, estreitamente associado à ponderação da quota de mercado conjunta das empresas envolvidas em determinadas concentrações. A relativa lacuna na ponderação do grau de concentração dos mercados, que vinha caracterizando o sistema

972   *Empresas comuns* – Joint Ventures

tente no sistema norte-americano de aplicação de normas da concorrência onde as autoridades federais desenvolveram, desde a revisão de 1982 das Orientações em matéria de concentrações,[1710] um *modelo econométrico* que lhes permite estabelecer – em função das quotas de mercado das empresas e do grau de concentração dos mercados – uma selecção preliminar das operações de concentração que podem afectar significativamente a concorrência efectiva. Esse exercício permite delimitar as operações que devem ser analisadas de modo mais desenvolvido, com base em critérios qualitativos, no sentido de determinar o seu eventual carácter anticoncorrencial.

Trata-se, em especial, do já mencionado Índice Herfindhal--Hirschman [("*Herfindhal-Hirschman Index*" (IHH)]. A utilização do IHH assenta no cálculo das quotas de mercado individuais de todas as empresas presentes em determinado mercado e na agregação ponderada dessas parcelas de mercado, sendo calculado mediante a adição dos quadrados dessas quotas de mercado individuais de todas as empresas presentes no mercado previamente medidas em termos percentuais (o grau de concentração assim calculado é expresso em valores numéricos, podendo oscilar entre um número aproximado do zero, em situações ideais de atomicidade de mercado, e 10 000 pontos, em situações de monopólio).[1711]

---

comunitário de controlo de concentrações, corresponde também, excepcionalmente, a um traço divergente em relação a determinados ordenamentos nacionais de concorrência de Estados Membros, em particular quanto ao ordenamento alemão. Na realidade são estabelecidas neste ordenamento várias presunções de existência de posições dominantes com base nas quotas de mercado resultantes das operações de concentração – incluindo, presunções de domínio oligopolista associadas a graus de concentração – sendo enunciadas pelas autoridades de controlo categorias positivas de condições de concorrência cuja verificação as empresas envolvidas nas concentrações deverão demonstrar para ilidir a presunção relativa à detenção de posições dominantes.

[1710] Sobre o marco que representaram as "*Horizontal Merger Guidelines*" de 1982 – substituindo as "*Guidelines*" originárias de 1968 – em termos de desenvolvimento de processos econométricos de análise, cfr., por todos, DONALD BAKER, WILLIAM BLUMENTHAL, "The 1982 Guidelines and Preexisting Law", in Cal L R., 1983, pp. 311 ss. e GREGORY WERDEN, *The 1982 Merger Guidelines and the Ascent of the Hypothetical Monopolist Paradigm*, US. Department of Justice, June, 2002.

[1711] Assim, para considerar o exemplo do cálculo exigido pela utilização do IHH constante das Orientações de 2004, cit. (ponto 16), num mercado que inclua cinco empresas com quotas de mercado (percentuais) de 40%, 20%, 15%, 15% e 10%, o IHH será de 2 550 – (40x2) + (20x2) + (15x2) + (15x2) + (10x2) = 2550. Sobre o cálculo do grau de concentração com base no IHH, no ordenamento de concorrência norte-americano,

Parte III – Capítulo 2

A ponderação quantitativa do IHH acentua particularmente a importância das quotas de mercado de maior dimensão e a assimetria na distribuição dessas partes de mercado.[1712] Como destacam justamente AREEDA e TURNER,[1713] será maior a probabilidade de verificação de entraves à concorrência num mercado dominado por uma ou duas empresas do que num mercado em que estejam presentes três ou mais empresas de idêntica dimensão.

Nos termos das Orientações em matéria de concentrações de 1992 (revistas em 1997), cit., as autoridades norte-americanas devem tomar em consideração, na sua análise dos efeitos sobre a concorrência de determinadas operações de concentração, quer o grau de concentração resultante dessas operações (expresso através dos valores do IHH), quer o aumento do grau de concentração registado em relação à anterior situação de mercado (variação do grau de concentração do mercado conhecida por "delta").

Tendo por base esses dois parâmetros fundamentais, de natureza estrutural, são identificadas nas referidas Orientações do direito norte--americano várias categorias de situações possíveis, desde aquelas em que o valor do IHH resultante de operações de concentração não ultrapassa 1 000 pontos – sendo improvável nesses casos a verificação de efeitos anticoncorrencais e não se configurando, então, a necessidade de uma análise desenvolvida dessas operações – a outras em que o IHH emergente das concentrações seja superior a 1 800 pontos. Neste último caso, as operações de concentração que produzam um *delta* (variação do grau de concentração) superior a 50 pontos podem suscitar efeitos anticoncorrenciais, considerando-se, em contrapartida, que, em relação às operações que originem um delta superior a 100 pontos, se deve presumir a criação de um poder de mercado susceptível de afectar sensivelmente a concorrência.[1714]

---

cfr. H. W. JONG, "Reliable Guidelines? A European Comment" in R Int Org., 1993, pp. 203 e ss.; J. ORDOVER, R. WILIG, "Economics and 1992 Merger Guidelines: a Brief Survey", *ibidem*, pp. 139 e ss.; D. SCHEFFMAN, "Ten Years of Merger Guidelines: A Retrospective, Critique and Prediction", *ibidem*, pp. 172 e ss..

[1712] Cf. destacando, igualmente, este aspecto, A. WINCKLER /M. HANSEN, "Collective Dominance Under the EC Merger Control Regulation", in CMLR, 1993, pp. 787 e ss., esp. pp. 794 e ss..

[1713] Cf. P. AREEDA, TURNER, *Antitrust Law: An Analysis of Antitrust Principles and their Application*, 1980, esp. pp. 910 ss..

[1714] As "*Horizontal Merger Guidelines*" de 1992 prevêm, ainda, uma categoria de situações intermédias, nas quais o IHH resultante das operações de concentração está com-

974   *Empresas comuns* – Joint Ventures

Esta presunção pode, naturalmente, ser ilidida pelas empresas envolvidas nas operações de concentração, mediante a apreciação de determinados critérios qualitativos relativos às condições de concorrência nos mercados em causa.

Os indícios de criação ou de potencial reforço do exercício de um poder de mercado incompatível com a manutenção da concorrência efectiva – incluindo as presunções relativas ao carácter anticoncorrencial de certas categorias de operações, resultantes da aplicação deste critério quantitativo dirigido à ponderação do grau de concentração dos mercados (o modelo econométrico do IHH) – não determinam, por si só, a rejeição de determinadas concentrações pelas autoridades norte-americanas. Esses elementos indiciários contribuem, tão só, para seleccionar, com um razoável grau de previsibilidade jurídica, categorias de operações que, devido aos riscos típicos que comportam para a concorrência efectiva, devem ser objecto de uma análise desenvolvida de acordo com diversos critérios qualitativos.

Assim, o objecto último do parâmetro substantivo a que são sujeitas as operações de concentração – o qual, em última análise, pressupõe a utilização de critérios qualitativos num estádio final de apreciação de cada situação – é o de verificar se essas operações criam ou reforçam o poder de mercado das empresas, ou facilitam o seu exercício,[1715] em termos que afectem o desenvolvimento de práticas de preços concorrenciais e conduzam, em termos globais, a uma *"diminuição global da concorrência"*, de acordo com o teste essencial estabelecido na Secção 7 do *"Clayton Act"*.[1716]

---

preendido entre 1000 a 1800 pontos. Cf. *"Merger Guidelines"*, cit., par. 1.51. Neste patamar quantitativo intermédio, as concentrações que originem um *delta* inferior a 100 não justificam, em regra, uma análise suplementar; em contrapartida, as concentrações que, nesse patamar, originem um *delta* superior a 100 suscitam potencialmente preocupações de afectação significativa da concorrência, cuja concretização dependerá das condições de funcionamento do mercado.

[1715] Cfr. as *"Horizontal Merger Guidelines"* de 1992, cit., par. 0.1..

[1716] Esse teste foi estabelecido na sequência das alterações introduzidas pelo *"Celler-Kefauver Act"*, de 1950, que tem justamente sido caracterizado como o marco que assinala o início do moderno enquadramento jurídico das concentrações no ordenamento norte-americano. Para uma caracterização dos processos de análise em causa, cfr. WILLIAM KOLASKY, ANDREW DICK, *The Merger Guidelines and the Integration of Efficiencies into Antitrust Review of Horizontal Mergers*, US. Department of Justice, 2002.

No plano comunitário, a relativa lacuna que atrás identificámos na utilização de processos econométricos para medir o *grau de concentração dos mercados* e a sua variação vem sendo gradualmente ultrapassada nas mais recentes evoluções da *praxis* decisória da Comissão, quer em sede de avaliação de posições dominantes individuais, quer de posições dominantes colectivas. No que respeita às concentrações com maior potencial restritivo da concorrência (concentrações horizontais) essa maior propensão para a utilização do que qualificámos como *subcritério estrutural do grau de concentração* – pressupondo a utilização de processos técnicos objectivos e eficazes de medida de tal grau de concentração – foi confirmada nas Orientações de 2004, cit.. Todavia, não subscrevemos os termos em que essa realidade analítica é afirmada nas mesmas Orientações. Em especial, a afirmação aí produzida no sentido de que a Comissão, *"para avaliar os níveis de concentração"* teria vindo a aplicar *"frequentemente o Índice Herfindahl-Hirschman"* afigura-se-nos excessiva e passível de induzir em erro as empresas que assim procurem apreender parâmetros de análise consistentes nesta específica área a partir da anterior *praxis* decisória da Comissão. Existem, efectivamente, alguns precedentes relevantes de utilização do IHH para avaliar e ponderar o grau de concentração de certos mercados e a sua variação, os quais, de resto, são mais significativos do que os dois casos enunciados nas Orientações.[1717] Assim, para além desses casos, outras decisões contemplaram tal utilização do IHH (como sucedeu, *vg.*, na decisão *"TotalFina/Elf"* ou na decisão *"Interbrew/Bass"*[1718]). Todavia, esses precedentes são relativamente recentes e estão longe de consubstanciar uma prática estabilizada e passível de fornecer indicações claras e seguras às empresas em termos de ponderação do grau de concentração com base no processo econométrico do IHH.

[1717] Cfr. as Orientações, de 2004, cit., esp. ponto 16. A Comissão refere aí expressamente dois exemplos de utilização do IHH, correspondendo, um dos casos, a uma empresa comum qualificável como concentração – apreciada na decisão *"Hutchinson/RCPM/ECT"* (proc COMP/JV 55, pontos 66-75) – e o outro à decisão *"FCC/Vivendi"* (proc IV/M1365, ponto 40).

[1718] Cfr. decisão *"TotalFina/Elf"* – proc COMP/M1628 – e decisão *"Interbrew/ /Bass"* – proc COMP/M2044. Nessas decisões, as medidas do grau de concentração e respectiva variação apurados através da utilização do IHH foram ponderados em termos que demonstravam uma clara influência das *"Horizontal Merger Guidelines"* do direito norte-americano, tomando-se em consideração limiares quantitativos aproximados daqueles que foram contemplados neste documento (nos termos e com os valores atrás enunciados).

É certo que a utilização do subcritério estrutural do grau de concentração dos mercados pode, ainda, assentar noutros métodos de avaliação, compreendendo o denominado *ratio de concentração* ou o *Índice Lerner* (*"Lerner Index"*). O primeiro destes métodos alternativos visa uma apreensão dos níveis de concentração com base na quota de mercado global de um conjunto limitado de empresas de maior dimensão (em particular, tem sido frequente a ponderação da quota de mercado das quatro maiores empresas presentes em determinado mercado[1719]). Tal método foi utilizado pela Comissão, em algumas decisões[1720], mas esse processo reveste-se de múltiplas insuficiências, não assegurando uma ponderação completa e eficaz – em termos de apreensão analítica de potenciais efeitos sobre a concorrência – do grau de concentração dos mercados.[1721] Finalmente, o denominado *Índice Lerner* assenta no rácio entre, por um lado, os preços praticados pelas empresas em questão com subtracção dos custos marginais e, por outro lado, esses mesmos preços.[1722] Este Índice é, contudo, escassamente utilizado em sede de controlo de concentrações devido à dificuldade na obtenção de informações económicas fiáveis sobre custos marginais. Tal dificuldade reduz drasticamente, em nosso entender, a utilidade analítica desse processo para avaliar os níveis de concentração passíveis de afectar a concorrência. Deste modo, uma ponderação verdadeiramente eficaz do grau de concentração dos mercados depende em

---

[1719] As *"Merger Guidelines"*, de 1968, do ordenamento norte-americano utilizavam um critério de *"concentration ratio"* baseado nesse índice quantitativo da quota de mercado das quatro maiores empresas (*"CR4"*). Noutros ordenamentos, esse mesmo índice (*"CR4"*) é também tomado em consideração (como sucede, *vg.*, nas *"Australian Merger Guidelines"*, de Junho de 1999).

[1720] Cfr., *vg.*, a esse propósito, as decisões *"Alcoa/Reynolds"* (proc COMP/M1693), ou *"UPM-Kymmene/Haindl"* (proc COMP/M2498).

[1721] Em particular, esse processo não conduz a uma ponderação da distribuição das quotas de mercado relativas das empresas incluídas no *rácio* e não integra informação sobre as empresas excluídas desse *rácio* (por exemplo, sendo utilizado um índice *"CR4"*, nos termos acima referidos, não são tomados em consideração os níveis de distribuição de quotas de mercado entre as outras empresas que não integram esse conjunto das quatro maiores empresas).

[1722] Cfr. sobre este *"Lerner Index"*, MARTIN, *Advanced Industrial Economics*, Blackwell, 2002, esp. pp. 199 ss.. Num mercado perfeitamente concorrencial o rácio em causa é igual a zero, visto que o preço seria fixado ao nível do custo marginal dos bens ou serviços. Este Índice permite, assim, estabelecer uma medida do grau de divergência do mercado em relação a um modelo de concorrência perfeita.

Parte III – Capítulo 2

larga medida da utilização do IHH, o qual – como acima salientámos, divergindo, de algum modo, das Orientações de 2004 – só num período relativamente recente veio a ser utilizado, de forma consistente, no plano comunitário e em termos que não se encontram ainda consolidados.

A esta luz, a referência explícita, nas Orientações de 2004, à ponderação do grau de concentração apreendido através da utilização do IHH e a definição de limiares quantitativos de referência no quadro deste índice, não completamente coincidentes com aqueles que se encontram delineados nas Orientações do direito norte-americano, assumem a maior importância. Assim, nessas Orientações de 2004, a Comissão identifica um primeiro limiar de referência, correspondente a um IHH posterior a operações de concentração de 1000, o qual permitirá delimitar situações que não justificam, em princípio, preocupações de afectação da concorrência e que poderão, consequentemente ser aprovadas sem análises desenvolvidas (esta delimitação de *situações normalmente permitidas em sede de controlo de concentrações* é, pois, estabelecida a um nível quantitativo coincidente com o que foi fixado nas Orientações do direito norte-americano[1723]).

Em contrapartida, no que respeita aos limiares quantitativos superiores, as Orientações de 2004 adoptam soluções não completamente convergentes com as do ordenamento norte-americano. Num segundo nível de análise, identificam situações que, não correspondendo já a concentrações normalmente permitidas, apresentam uma reduzida probabilidade de verificação de efeitos apreciáveis de afectação da concorrência. Tal sucederá quanto a dois tipos de situações, compreendendo, por um lado, aquelas em que resulte de concentrações um IHH situado entre 1000 e 2000 e envolvendo um *"delta"* inferior a 250 e, por lado, aquelas de que resulte um IHH superior a 2000 e com um *"delta"* inferior a 150.[1724] Além disso, em relação a esta última categoria de situações, a Comissão admite que as mesmas podem suscitar um grau mais elevado de preocupações de

---

[1723] Cfr. a este propósito o par. 1.51 das *"Horizontal Merger Guidelines"*, cit., e o ponto 19 das Orientações de 2004, cit..

[1724] Num primeiro Projecto de Orientações interpretativas neste domínio, a Comissão admitia a adopção de soluções não coincidentes em relação a mercados de produtos homogéneos ou de produtos diferenciados. Todavia, essa formulação não foi acolhida na versão final das Orientações.

978 *Empresas comuns* – Joint Ventures

afectação de concorrência, caso concorram nas mesmas determinadas *"circunstâncias especiais"*, incluindo, entre as mais importantes, a saber:

- a realização de uma concentração que envolva um concorrente potencial que entre no mercado ou *"um concorrente recente com uma quota de mercado reduzida"*;
- o envolvimento na concentração de empresas *"inovadoras"*, mesmo que tal facto não esteja reflectido nas quotas de mercado detidas aquando dessa operação;
- *"a existência de participações cruzadas significativas entre os participantes no mercado"*.[1725]

É evidente que as concentrações que envolvam os concorrentes que poderiam apresentar um posicionamento mais dinâmico no mercado – e com um maior potencial de expansão da respectiva quota de mercado – bem como aquelas que envolvam empresas que mostrem um especial dinamismo em matéria de inovação, sobretudo nos mercados marcados por um peso significativo dos processos de inovação, suscitam riscos de afectação da concorrência com uma intensidade superior àquela que poderia ser indiciada pelos níveis absolutos de IHH e pela variação dos mesmos, directamente originada por tais concentrações.

Acresce que, como já temos observado – e em termos que teremos ensejo de analisar autonomamente – a existência de redes de participações significativas cruzadas entre determinadas empresas (das quais não resulte a obtenção de controlo empresarial) pode suscitar *a se* problemas de afectação da concorrência e, por maioria de razão, quando tais situações respeitarem a empresas participantes numa operação de concentração, esses riscos para o processo de concorrência são significativamente agravados. Em nosso entender, de resto, este tipo de problemas tende com fre-

---

[1725] As outras *"circunstâncias especiais"* que – nos termos previstos no ponto 20 das Orientações – podem justificar preocupações acrescidas de concorrência em relação a concentrações que originem um IHH superior a 2000, com um *"delta"* inferior a 150 correspondem ao envolvimento, na operação de concentração, de empresas *"dissidentes"* (com um padrão de actuação anterior dissociado de qualquer forma de coordenação com os seus principais concorrentes), à existência de indícios de coordenação passada ou presente ou de práticas que a facilitem, ou, ainda, à detenção por parte de uma das empresas envolvidas na concentração de uma quota de mercado anterior a essa operação que seja igual ou superior a 50%.

quência a estar associado à constituição de *empresas comuns qualificáveis como concentrações*, *maxime* quando estas se integrem em verdadeiras *redes de empresas comuns* envolvendo algumas das empresas participantes nessas concentrações.[1726]

Quanto a este último tipo de situações, contempla-se nas Orientações a possibilidade de utilização do denominado *"IHH ajustado"*, delineado com base no modelo de análise proposto na doutrina norte-americana por BRESHNAHAN e SALOP.[1727] De acordo com este método econométrico, para além da soma dos quadrados das quotas de mercado individuais das empresas que se encontrem em causa – utilizada para o cálculo do IHH (nos termos que já analisámos) – o produto da soma dessas quotas de mercado será multiplicado por um factor correspondente ao nível das participações minoritárias que sejam detidas por empresas participantes em concentrações (assim, caso esteja em causa, *vg.*, uma ligação estrutural correspondente a uma participação minoritária de 10% no capital de outra empresa, o factor a considerar para a operação de multiplicação acima referida será de 0.10[1728]). A consequência desta ponderação quantitativa suplementar de ligações estruturais relevantes existentes entre certas empresas, apesar de não correspondentes a situações de controlo, será, naturalmente, o aumento dos níveis globais de concentração a apurar em resultado de operações de concentração e, em alguns casos, um possível acréscimo suplementar do poder de mercado susceptível de justificar maiores preocupações de afectação da concorrência.

[1726] Sobre a realidade que caracterizámos como *rede de empresas comuns*, cfr. o exposto *supra*, capítulo primeiro, ponto 2.4., desta **Parte III**. No que respeita ao tratamento autónomo, conquanto sucinto, dos problemas de concorrência associados à detenção de participações significativas – *maxime* de participações cruzadas – em virtude da influência que as mesmas permitem exercer sobre o comportamento das empresas, cfr. o exposto *infra*, ponto **6.** do capítulo terceiro desta **Parte III**.

[1727] Estes As. propõem a utilização de um *"modified HHI"* (*"MHHI"*), em ordem a fazer reflectir, de algum modo, na ponderação dos *níveis de concentração* em certos mercados determinadas ligações estruturais entre as empresas, que não chegam a conferir controlo sobre as empresas participadas, mas que permitem o exercício de formas de influência apreciável sobre o comportamento dessas empresas. Cfr., a esse propósito, a análise desenvolvida pelos mesmos no estudo "Quantifying the Competitive Effects of Production Joint Ventures", in J. Ind Org., 1986, pp. 155 ss..

[1728] Em última análise, neste modelo, o nível percentual de participações minoritárias é expresso sob forma decimal – participação de 10%, correspondendo a factor 0.10, no exemplo acima configurado – sendo depois utilizado na multiplicação do valor resultante da soma das quotas das empresas participantes numa determinada concentração.

980   *Empresas comuns* – Joint Ventures

Esta ponderação de ligações estruturais entre empresas que não conferem controlo empresarial pode ainda ser desenvolvida com base em meros processos qualitativos de análise, sem proceder a qualquer cálculo de repercussões quantitativas dessa realidade nos níveis de concentração dos mercados afectados. Assim, para além da análise de eventuais reforços do poder de mercado das empresas participantes numa concentração directamente associados ao crescimento da quota de mercado conjunta das mesmas, a avaliação global dessa operação pode assentar, complementarmente, numa ponderação qualitativa de efeitos de redução da concorrência entre essas empresas e as outras empresas concorrentes, em resultado de participações minoritárias detidas pelas primeiras nestas últimas.

Esse tipo de ponderação foi efectivamente desenvolvido pela Comissão em algumas decisões,[1729] mas, em nosso entender, conduz a resultados consideravelmente mais incertos do que a utilização do processo econométrico do "*IHH ajustado*". Ora, no que respeita a este processo, apesar de o mesmo ser referido nas Orientações de 2004, cit., a sua utilização foi verdadeiramente excepcional na *praxis* decisória da Comissão anterior à segunda reforma do RCC e não se encontram desenvolvidos parâmetros estabilizados sobre as condições da sua utilização. Pela nossa parte, entendemos que este tipo de problemas deverá apresentar uma crescente relevância em sede de avaliação jusconcorrencial de concentrações – *maxime* de *empresas comuns qualificáveis como concentrações* – o que justifica um próximo aprofundamento e densificação sistemáticas desse processo econométrico.[1730]

[1729] Tenha-se presente a este propósito, *vg.*, a decisão "*Shell/Montecatini*", já cit., na qual a Comissão tomou em consideração relações, traduzidas na constituição de empresas comuns, entre as empresas participantes na concentração e terceiras empresas concorrentes.

[1730] O caso mais significativo de utilização do "*IHH ajustado*" terá correspondido à decisão "*Exxon/Mobil*" [proc IV/M1383 (1999); cfr. esp. ponto 256], a qual, sintomaticamente, representa o único precedente trazido à colação pela Comissão nas Orientações de 2004, a este propósito. Em última análise, a ponderação de ligações estruturais que não conferem controlo no quadro da apreciação de operações de concentração pode ainda ser efectuada através de um terceiro processo alternativo correspondente a uma análise pormenorizada dos incentivos a concorrer por parte da entidade resultante da concentração. Este método ("*detailed incentives analysis*") não apresenta, contudo, uma relevância comparável à dos dois processos analíticos – de natureza quantitativa e qualitativa – que acima identificámos. Há, ainda, quem sustente uma exclusão de qualquer ponderação dos efeitos de participações minoritárias e participações cruzadas que não conferem controlo no quadro da apreciação de operações de concentração. Contudo, para além de divergirmos fron-

Considerando os dois limiares quantitativos de referência de IHH identificados nas Orientações de 2004, cit. – para além do limiar mínimo (IHH de 1000) que suporta uma presunção favorável às operações de concentração – e confrontando-os com a *praxis* norte-americana de controlo de concentrações, admitimos que os mesmos poderiam ter sido estabelecidos em termos mais flexíveis por parte da Comissão. Na realidade, recentes análises sistemáticas dos critérios de decisão utilizados pelas autoridades federais de concorrência norte-americanas[1731] demonstram que os casos encerrados sem o apuramento de efeitos restritivos da concorrência que justificassem decisões de proibição corresponderam, em média, a concentrações originando valores de IHH próximos de um limiar de 2500 e que a maior parte dos processos que suscitaram objecções, por afectação séria da concorrência, corresponderam a concentrações originando, em média, valores de IHH de 5000 ou superiores. Tendo presente essa experiência na vigência das Orientações de 1992 (revistas em 1997), no contexto norte--americano – que traduz uma acrescida flexibilidade de análise já posterior à adopção dessas Orientações – o estabelecimento de critérios quantitativos de IHH nas Orientações comunitárias de 2004 poderia, certamente, ter contemplado limiares mais flexíveis e economicamente mais realistas.

2.2.4. O parâmetro analítico relativo ao grau de abertura dos mercados

Em relação ao segundo parâmetro essencial que identificámos num primeiro plano da avaliação da emergência ou reforço de posições de domínio – o *grau de abertura dos mercados que se encontrem em causa* – [1732] impõem-se também algumas considerações suplementares.

---

talmente dessa posição, consideramos que tal perspectiva se encontra já completamente afastada pela *praxis* decisória da Comissão.

[1731] Cfr., designadamente, entre essas análises sistemáticas recentes, DAVID SCHEFFMAN, *20 Years of Merger Guidelines Enforcement at the FTC: An Economic Perspective*, Federal Trade Commisssion, 2002.

[1732] Recorda-se que esta nossa perspectiva analítica ao situar o *critério relativo ao grau de abertura dos mercados* num primeiro plano de avaliação das possibilidades de criação ou reforço de posições dominantes – a par do critério relativo à *quota de mercado* e do *subcritério estrutural que lhe associámos do grau de concentração dos mercados* – diverge da visão perfilhada pela Comissão nas Orientações de 2004, cit.. Como já se referiu, nessas Orientações, a Comissão apresenta a ponderação das condições de entrada

982   *Empresas comuns* – Joint Ventures

A utilização desse parâmetro na análise de empresas comuns com carácter de concentração, que deve verificar-se em estreita interacção com o parâmetro respeitante à quota de mercado conjunta das empresas participantes, assenta fundamentalmente numa cuidada ponderação jurídico-económica de eventuais *barreiras à entrada no mercado*. Esta, por seu turno, revela-se o elemento primacial para a concretização de um dos três factores analíticos de que depende, em geral, a entrada no mercado de empresas que possam assegurar uma concorrência potencial relevante em ordem a pressionar as empresas participantes em operações de concentração. Na realidade, as Orientações de 2004, cit, sistematizando processos de análise gradualmente desenvolvidos na *praxis* decisória da Comissão e, sobretudo, acolhendo a matriz analítica delineada neste domínio nas Orientações do direito norte-americano, identificam neste domínio uma tríade de factores analíticos,[1733] compreendendo a *probabilidade de entrada* no mercado de novas empresas, a *realização dessa entrada em tempo útil* e o carácter *suficiente* dessa entrada *"para evitar ou anular os eventuais efeitos anticoncorrenciais da concentração"*.[1734] O primeiro

---

nos mercados e do grau de abertura dos mesmos, num segundo nível de análise, como um *"factor de compensação relevante"* de eventuais efeitos anticoncorrenciais. A ponderação do grau de abertura dos mercados corresponde também a uma fundamental dimensão de análise no modelo configurado nas "Horizontal Merger Guidelines", cit., do direito norte-americano. Sobre a mesma, cfr. Cf. W. MUELLER, K. O'CONNOR, "The 1992 Horizontal Mergers Guidelines: A Brief Critique", in R Int Org., 1993, pp. 163 e ss..

[1733] Na realidade, essa tríade de requisitos essenciais, cuja concepção segue de perto os parâmetros de análise delineados nas *"Horizontal Merger Guidelines"*, de 1992 (revistas em 1997), cit., havia sido já enunciada no *"Vigésimo Quarto Relatório sobre a Política de Concorrência"* (esp. ponto 311).

[1734] Sobre esta tríade de factores analíticos, cfr. o ponto 68 das Orientações de 2004, cit.. Sobre a conceptualização desse conjunto de factores analíticos nas *"Horizontal Merger Guidelines"* de 1992, do direito norte-americano, cfr., por todos, JONATHAN BAKER, *Responding to Developments in Economics and the Courts: Entry in the Merger Guidelines*, in *20 th Anniversary of the 1982 Merger Guidelines: The Contribution of the Merger Guidelines to the Evolution of Antitrust Doctrine*, Antitrust *Division* – Department of Justice, June 2002. BAKER considera, contudo, que as *"Guidelines"* de 1992 não terão resolvido satisfatoriamente dois aspectos. O primeiro corresponde ao ónus da prova das condições de entrada e da demonstração da relevância dessas condições de entrada para afastar potenciais problemas de afectação da concorrência. Se o ónus da prova dessas condições de entrada parece caber, em última análise, às empresas que procuram justificar determinadas operações de concentração, em contrapartida seria discutível exigir às mesmas a demonstração, em toda a sua extensão, da relevância das questões relativas à abertura do mercado para a avaliação dos efeitos de concentrações sobre o processo de con-

Parte III – Capítulo 2   983

destes factores analíticos – relativo à *probabilidade de entrada* de novos concorrentes – assume, em nosso entender, um peso decisivo na ponderação da concorrência potencial e da abertura dos mercados, precedendo logicamente os outros dois factores, que apresentam uma natureza complementar. Nestes termos, a compreensão dos diferentes tipos de *barreiras à entrada no mercado* que atrás apresentamos como o elemento fundamental para a concretização desse factor da *probabilidade de entrada* no mercado corresponde, globalmente, ao núcleo da avaliação da concorrência potencial e da pressão que pode resultar para empresas participantes numa concentração da abertura dos mercados que se encontrem em causa. Importa, pois, desenvolver um quadro analítico sistematizado de compreensão dessas barreiras à entrada no mercado, as quais, como justamente se observa nas Orientações de 2004, cit., determinam *"os riscos e os custos de entrada"* e, consequentemente, a rendibilidade da mesma.[1735] Ora, pela nossa parte, consideramos que se justifica distinguir, em tese geral, dois tipos essenciais de barreiras à entrada no mercado:

– Obstáculos à entrada no mercado correspondentes ao que podemos denominar de vantagens absolutas detidas por empresas já presentes no mercado em questão;

corrência. Em nosso entender, esse problema será mitigado com a formulação que propomos para um modelo de análise em sede de direito comunitário, nos termos do qual a ponderação do grau de abertura dos mercados integra obrigatoriamente um primeiro nível de análise das operações de concentrações e não apenas um eventual factor de compensação de efeitos restritivos da concorrência apurados num primeiro estádio de análise. O segundo aspecto não satisfatoriamente resolvido, segundo BAKER, corresponde à avaliação da escala mínima de oportunidades de venda que se abrem para os potenciais participantes no mercado, tomando, para esse efeito, em devida consideração, as reacções previsíveis das empresas já instaladas no mercado.

[1735] Cfr., a este propósito, os pontos 69 e 70 das Orientações de 2004, cit. Como aí também indirectamente se assinala a *probabilidade de entrada* e o *grau* em que a mesma possa ser considerada dependem da previsão de uma *suficiente rendibilidade* por parte dos potenciais concorrentes. A conceptualização geral das denominadas barreiras à entrada no mercado, desenvolvida em sede de aplicação do direito comunitário da concorrência assenta, fundamentalmente, na análise delineada por BAIN, o qual enfatiza a capacidade das empresas já presentes no mercado de aumentarem os seus preços acima de custos médios mínimos de produção e distribuição sem induzir os potenciais interessados a entrar no mercado. Como perspectiva geral, esta afigura-se-nos correcta, embora apenas como ponto de partida de análises que devem captar toda a complexidade e diversidade deste fenómeno das barreiras à entrada no mercado (cfr. A. cit., *Industrial Organization*, John Wiley & Sons, 1970, esp. pp. 233 ss.).

984   *Empresas comuns* – Joint Ventures

– Obstáculos correspondentes a vantagens estratégicas directamente resultantes de uma presença já estabelecida ou consolidada no mercado.

Divergimos, assim, de autores que consideram outros tipos fundamentais de barreiras à entrada no mercado, como as resultantes de práticas dirigidas à exclusão de empresas concorrentes desenvolvidas pelas empresas presentes em determinados mercados.[1736] Na realidade, estas empresas, prevalecendo-se de posições de mercado que detenham, em determinado momento, podem desenvolver políticas comerciais de diversos tipos, quer assentes em práticas de preços – *maxime* preços predatórios –[1737] quer baseadas no estabelecimento de sistemas de distribuição pouco permeáveis à penetração de terceiras empresas concorrentes.

De qualquer modo, essas possíveis modalidades de práticas dirigidas à exclusão de concorrentes devem ser objecto de controlo e, sendo caso disso, de sancionamento por parte das autoridades de concorrência e – como tal – não se nos afigura que, em condições normais de aplicação de normas de concorrência respeitantes a comportamentos empresariais, as mesmas devam ser configuradas como barreiras à entrada no mercado com relevância autónoma. Em nosso entender, as categorias analíticas fundamentais de barreiras à entrada no mercado devem resultar primacialmente da modelação estrutural de certos mercados e não de processos de exclusão de concorrentes construídos com base em comportamentos.

O *primeiro tipo de barreiras atrás referido* verifica-se nos casos em que empresas presentes em determinado mercado tenham reunido – por diversas vias, jurídicas ou económicas – condições de actuação que, em absoluto, não se encontram disponíveis para outras empresas que poderiam constituir concorrentes potenciais no mercado em questão. Essas

---

[1736] Sobre esse hipotético terceiro tipo de barreiras à entrada no mercado, e com uma construção analítica da qual divergimos, cfr. C. J. Cook, C. S. Kerse, *EC Merger Control*, cit., pp. 159-160. Estes autores preconizam aí que *"the third type of entry barrier is exclusionary conduct by incumbents (…). Incumbents' distribution policies, whatever else may be their purpose, may foreclose competition from the market, or incumbents may refuse to supply some input or other resource to a less vertically integrated potential competitor"*.

[1737] Sobre o conceito de preços predatórios e o modo como os mesmos podem gerar um efeito de exclusão de concorrentes, cfr., por todos, Carles Esteva Mosso, Stephen Ryan, *Article 82 – Abuse of a Dominant Position*, in *The EC Law of Competition*, Edited by Jonathan Faull, Ali Nikpay, cit., pp. 117 ss., esp. pp. 170 ss..

Parte III – Capítulo 2   985

situações podem resultar, quer de imposições legais que condicionam a entrada de novas empresas no mercado, quer da titularidade de activos não reprodutíveis por terceiros ou que estes apenas consigam obter incorrendo em custos não razoáveis,[1738] na perspectiva da rendibilidade a esperar no médio prazo. A detenção de vantagens absolutas sobre empresas concorrentes pode ainda resultar da titularidade de direitos de propriedade industrial ou intelectual que sejam essenciais para desenvolver certas actividades empresariais.[1739] Existe, naturalmente, alguma diferença de grau neste tipo de situações entre vantagens detidas em exclusivo ou vantagens dificilmente reprodutíveis por terceiras empresas – como sucede com determinadas infra-estruturas de grande dimensão. Todavia, os efeitos materiais verificados nesses casos podem ser comparáveis, traduzindo-se numa rigidez da estrutura de mercado pré-existente e numa impossibilidade efectiva por parte de eventuais concorrentes potenciais de igualarem algumas das condições essenciais de actuação das empresas presentes no mercado em questão.

O *segundo tipo de barreiras atrás identificado* não configura uma impossibilidade quase absoluta por parte dos concorrentes potenciais de igualarem as condições de actuação das empresas já instaladas, mas assenta num elevado grau de dificuldade de superação por parte das mesmas das vantagens estratégicas detidas pelas empresas que inicialmente se tenham posicionado em determinado mercado. Na realidade, o modo de

---

[1738] Sobre o conjunto de factores acima enunciados cfr. as als. a) e b) do ponto 71 das Orientações de 2004, cit., embora estas não pareçam propriamente fornecer um critério orientador de uma compreensão sistematizada dos diferentes tipos de barreiras à entrada no mercado, procedendo a uma enumeração algo avulsa dessas barreiras. Sobre o conceito de *activos ou infra-estruturas essenciais* originariamente desenvolvido no quadro do ordenamento norte-americano da concorrência, cfr., por todos, JOHN TEMPLE LANG, *Defining Legitimate Competition: Companies' Duties to Supply Competitors and Access to Essential Facilities*, in *Annual Proceedings of the Fordham Corporate Law Institute – International Antitrust Law & Policy 1994*, Editor BARRY HAWK, Transnational Juris Publications, Inc – Kluwer Law International, 1995, pp. 245 ss. e JAMES VENIT, JOHN J. KALLAUGHER, *Essential Facilities: A Comparative Law Approach*, *ibidem*, pp. 315 ss.. Como já referimos, algumas posições importantes na doutrina norte-americana – *vg.* a de HOVENKAMP – traduzem uma perspectiva crítica da denominada "*essential facilites doctrine*" (cfr. A. cit., *Federal Antitrust Policy*, cit., esp. pp. 273 ss.

[1739] A situação analisada na decisão "*Shell/Montecatini*", de 1994, já cit., corresponde a um bom exemplo desse tipo de vantagens resultantes da titularidade de direitos de propriedade industrial ou intelectual (sendo, de resto, trazida à colação nesse plano nas Orientações de 2004, cit.).

986   *Empresas comuns* – Joint Ventures

funcionamento de certos mercados, ou o contexto específico em que os mesmos se tenham desenvolvido, podem conferir vantagens estratégicas de grande alcance às empresas que inicialmente tenham logrado consolidar uma posição significativa nesses sectores.

No que respeita ao primeiro plano acima referido – modo de funcionamento dos mercados – um entrave paradigmático encontra-se associado à necessidade de elevados investimentos iniciais para lançar determinado produto ou serviço, que pode verificar-se, em paralelo, com a existência de significativas economias de escala em relação às entidades que inicialmente tomaram posição no mercado. Com efeito, se for previsível para qualquer concorrente potencial a necessidade de incorrer em custos elevados, não recuperáveis em caso de falta de consolidação de uma posição relevante no mercado em questão no curto ou médio prazo, tal facto constituirá um elemento dissuasor de tentativas de entrada nesse mercado. Esse elemento dissuasor verificar-se-á, mesmo, em nosso entender, quando a recuperação dos elevados custos iniciais inerentes à entrada no mercado for incerta, independentemente da obtenção de uma posição relevante no mercado em causa.[1740]

Em relação ao segundo plano que atrás identificámos – vantagens estratégicas emergentes da forma como certos novos mercados se desenvolveram – o processo de integração comunitário tem originado situações paradigmáticas deste tipo de vantagens nos casos em que se determinou a liberalização de certos mercados fundamentais (*vg.*, mercados de telecomunicações e de energia).[1741] Nessas situações, a eliminação de anteriores

---

[1740] A análise económica desse tipo de custos não recuperáveis ou de recuperação incerta (*"sunk costs"*) mesmo que as empresas consigam adquirir uma determinada posição inicial no mercado em que pretendem penetrar *ex novo* é essencial para avaliar a eventual pressão que possa resultar do factor de concorrência potencial para as empresas participantes em determinada concentração. A verificação de previsíveis custos desse tipo, a um nível apreciável, torna, em última análise, os mercados que se encontrem em causa *"non-contestable"* (para utilizar a terminologia económica consagrada por BAUMOL; cfr. em particular, deste autor, "Contestable Markets: An Uprising in the Theory of Industrial Structure", in Am Econ Rev., 1982, 1). Sobre a ponderação deste tipo de custos como barreira à entrada no mercado, cfr. a análise desenvolvida na decisão *"Nestlé/Perrier"*, de 1992, cit (cfr. esp. ponto 33 desta decisão).

[1741] Sobre as vantagens específicas de que podem disfrutar as empresas que anteriormente foram titulares de direitos especiais ou exclusivos em mercados que entretanto foram objecto de processos comunitários de liberalização – como sucedeu, de forma paradigmática, nos mercados de telecomunicações e de energia – cfr. KEVIN COATES, LINSEY

Parte III – Capítulo 2

direitos especiais ou exclusivos detidos por empresas nacionais nos respectivos mercados domésticos conduziu normalmente a uma verdadeira transformação de *vantagens absolutas* detidas por essas empresas em *vantagens estratégicas* que continuam a exercer um intenso efeito dissuasor da entrada de terceiras empresas concorrentes.[1742]

Em geral, além dos óbices decorrentes das estruturas de custos particulares de certos mercados, as vantagens estratégicas detidas pelas empresas que inicialmente tenham consolidado a sua posição nos mesmos podem também resultar de dificuldades experimentadas por terceiras empresas na obtenção de canais eficazes de comercialização, *vg.* devido à necessidade de implantar sistemas próprios de distribuição para os quais pode não existir espaço próprio, ou devido a um elevado grau de diferenciação dos produtos associado a um efeito de fidelização a determinadas marcas que não possa ser facilmente igualado num horizonte temporal razoável.[1743]

Como é natural, este segundo tipo de barreiras à entrada no mercado exige, em especial, o desenvolvimento de complexas análises económicas de mercado que não só avaliem factores relativamente objectivos – *vg.* o peso do factor correspondente ao desenvolvimento de economias de escala no funcionamento de certos sectores – como ponderem, através de indícios relevantes, e, em última análise, mediante valorações prospectivas, os elementos de risco, ou indefinição, que possam sobrevir em determinadas

---

McCALLUM, *Special Sectors – Communications (Telecoms, Media and Internet)*, in *The EC Law of Competition*, cit., pp. 753 ss. e BRENDAN DEVLIN, CHRISTIAN LEVASSEUR, *Special Sectors – Energy, ibidem*, pp. 689 ss.

[1742] Na maior parte dos casos, os anteriores titulares de direitos especiais ou exclusivos – entre outros aspectos relevantes que não cabe aqui aprofundar – beneficiam de significativas *economias de escala*. Este tipo de economias, a serem detidas por uma única empresa ou um conjunto muito limitado de empresas em certos mercados, constituem um importante obstáculo à entrada de novos concorrentes, como assinalam justamente SCHERER e ROSS no seu estudo Industrial *Market Structure and Economic Performance*, cit., esp. pp. 111 ss.

[1743] A esse respeito cfr. os aspectos referidos na al. c) do ponto 71 das Orientações de 2004, cit.. Para além de dificuldades inerentes à implantação de sistemas próprios de distribuição, em relação a bens cuja comercialização não dependa desse tipo de estruturas, mas do acesso assegurado a grandes superfícies comerciais, a específica dificuldade de penetração no limitado espaço disponível nessas superfícies, face ao preenchimento do mesmo por empresas já presentes no mercado pode configurar, por si, um obstáculo importante à entrada no mercado, como se verificou na análise desenvolvida na decisão "*Kimberly-Clark/Scott*", de 1996 (proc IV/M623).

988   *Empresas comuns* – Joint Ventures

situações, afectando o interesse de concorrentes potenciais numa entrada nos mercados que se encontrem em causa. Na verdade, essas análises devem assentar numa base económica realista, devendo evitar-se caracterizações teóricas dos elementos de concorrência potencial que possam distorcer, de forma grave, a avaliação do poder de mercado emergente de certas concentrações. *A uma metodologia estática de avaliação do poder de mercado não deve suceder uma perspectiva oposta, que admita com latitude excessiva – não suportada em juízos económicos prospectivos que incorporem todos os factores relevantes referentes a cada situação concreta de mercado – uma teórica abertura dos mercados e uma capacidade de reacção dos mesmos a certos aumentos do grau de concentração.*[1744]

Importa ainda considerar o que já atrás identificámos como um factor analítico complementar – *no plano temporal* – em relação a este parâmetro do *grau de abertura dos mercados e da concorrência potencial.*[1745] Esse elemento corresponde, no essencial, à ponderação do horizonte temporal minimamente previsível no quadro do qual se possa materializar qualquer reacção de concorrentes potenciais (de modo a assegurar uma entrada de

---

[1744] Assim, no momento em que se verificam decisivos progressos qualitativos na metodologia de análise utilizada em sede de aplicação de normativos comunitários de concorrência, quer em sede de controlo de concentrações, quer – como observaremos no capítulo seguinte – no domínio das empresas comuns não qualificáveis como concentrações, mediante a introdução de uma nova dimensão de análise económica e uma perspectiva dinâmica das relações de mercado, importa não incorrer em excessos de sinal oposto. Em nosso entender, contrapor a anteriores visões estáticas do poder de mercado aparentemente resultante, num dado momento, de operações de concentração, uma visão excessivamente permissiva em termos de ónus de demonstração económica da capacidade de resposta dos mercados, mediante a sua abertura à concorrência potencial (*"contestability"*), pode conduzir a desequilíbrios de novo tipo. Uma perspectiva empírica de análise de diferentes mercados, em circunstâncias muito diversas, demonstra que tal capacidade de resposta (*"contestability"*) é, com alguma frequência, reduzida ou limitada, o que torna necessário uma cuidada justificação económica da mesma. Esta dimensão de análise económica pode, pois, converter-se na dimensão crítica da avaliação global dos efeitos de concentração em múltiplos casos (como sucedeu, *vg.*, no caso *"Airtours"*, no qual a dimensão fundamental que se encontrou na base das divergências nas avaliações globais da Comissão e do TPI foi a perspectiva mais favorável deste Tribunal quanto às condições de entrada de novos concorrentes no mercado que se encontrava em causa. Cfr. sobre esse processo, ALI NIKPAY, FRED HOUWEN, "Tour de Force or a Little Local Turbulence? A Heretical View on the Airtours Judgment", cit., esp. pp. 196 ss.

[1745] Reportamo-nos aqui ao segundo elemento da tríade de factores analíticos fundamentais para a concretização deste parâmetro relativo ao grau de abertura dos mercados que acima enunciámos.

novos concorrentes "*em tempo útil*"). Assim, caso não se prefigure uma entrada razoavelmente célere de novas empresas em determinado mercado, esta dimensão da concorrência potencial não será suficientemente intensa para contrabalançar elementos tendentes à criação ou reforço de posições dominantes que resultem da formação de elevadas quotas de mercado. O decurso de um período de tempo mais longo sem entrada de novas empresas concorrentes permitirá, não só, a exploração, no imediato, do poder de mercado significativo emergente da criação de elevadas quotas de mercado conjuntas associadas a certa concentração, como – através desse exercício de exploração – cria condições para a consolidação de tal poder de mercado, o qual pode, então, converter-se numa posição dominante.

Todavia, embora admitindo a necessidade dessa verificação de um horizonte temporal curto para a entrada de novos concorrentes, a Comissão vinha circunscrevendo a sua análise neste domínio a um plano qualitativo, não delineando qualquer critério indiciário, de natureza quantitativa, para concretizar tal requisito. Pela nossa parte, pensamos que essa perspectiva analítica exclusivamente qualitativa tende a originar excessivas indefinições, afectando, em termos globais, o grau relativo de previsibilidade de juízos de avaliação referentes à criação ou reforço de posição dominante.

Consideramos, assim, positiva a previsão nas Orientações de 2004, cit., de um critério indiciário semelhante ao previsto no sistema norte--americano nas Orientações em matéria de Concentrações de 1992. Estas Orientações prevêem um critério indiciário de verificação de entrada de novos concorrentes dentro de um período de dois anos após a verificação de situações de aumentos de preços para níveis não concorrenciais e revestindo carácter duradouro (período de dois anos que foi também acolhido nas referidas Orientações de 2004).[1746] É certo que, na *praxis* decisória comunitária em matéria de controlo de empresas comuns com carácter de concentração, se pode, já, observar uma ponderação recorrente de um horizonte temporal de dois a três anos para aferir a relevância efectiva dos

---

[1746] Cfr. a este propósito as "*Horizontal Merger Guidelines*" de 1992 (revistas em 1997) e a análise desenvolvida por JONATHAN BAKER, no estudo, já cit., *Responding to Developments in Economics and the Courts: Entry in the Merger Guidelines*, in *20 th Anniversary of the 1982 Merger Guidelines: The Contribution of the Merger Guidelines to the Evolution of Antitrust Doctrine*.

990   *Empresas comuns* – Joint Ventures

elementos de concorrência potencial.[1747] De qualquer modo, além de esse critério não deixar de conhecer flutuações em determinados casos, a definição de um verdadeiro *critério indiciário de carácter geral* confere, indiscutivelmente, maior previsibilidade aos juízos de avaliação de posições dominantes em sede de controlo comunitário de concentrações (e a sua utilização, de resto, não impede a ponderação de certas características específicas dos mercados ou dos participantes potenciais nesses mercados[1748]).

2.2.5. Segundo nível de parâmetros analíticos em matéria de avaliação de situações de domínio do mercado

2.2.5.1. *Parâmetros analíticos complementares num plano estrito de concorrência*

Temos salientado, como pressuposto da compreensão do elemento central teste da compatibilidade com o mercado comum relativo ao *domínio individual do mercado*, o peso especial – num primeiro plano de análise – dos dois parâmetros primaciais, correspondentes, por um lado, às quotas de mercado detidas pelas entidades envolvidas em empresas comuns com carácter de concentração (associando estreitamente ao mesmo a ponderação do grau de concentração dos mercados) e, por outro lado, ao grau de abertura dos mercados. Destacámos, também, que esses parâmetros devem ser tomados como duas dimensões de referência da avaliação de operações de concentração que se encontram, forçosamente, em interacção.

[1747] A propósito dessa ponderação de um horizonte temporal de dois a três anos para aferir a relevância efectiva dos elementos de concorrência potencial, cfr., vg. a análise desenvolvida na decisão *"Proctor & Gamble/V. P. Schickedanz"*, de 1994 (proc IV/M430; cfr esp. ponto 178 desta decisão).

[1748] Noutra formulação, tal equivale a reconhecer que a existência de um critério indiciário quantitativo de carácter geral não impede a ponderação de factores qualitativos relacionados com essas características específicas de mercados ou do perfil de certos concorrentes potenciais. Assim, por exemplo, em relação a mercados especialmente dinâmicos pode ser necessário tomar em consideração um horizonte temporal de entrada previsível de novos concorrentes inferior a dois anos.

De qualquer modo, como igualmente já se referiu, através de uma ordenação sistematizada de critérios de concretização dos elementos subjacentes à avaliação do *domínio individual do mercado*, podemos ainda identificar – num segundo plano de análise – outros critérios de apreciação relevantes. A sua densificação jurídico-económica deverá fazer-se preferencialmente – por forma a melhor explicitar a sua função e alcance analíticos – no quadro de um estudo crítico, desenvolvido, de precedentes seleccionados na *praxis* decisória da Comissão e na jurisprudência dos Tribunais comunitários, em sede de aplicação do RCC, que não tem cabimento na presente dissertação. Justifica-se, pois, neste ponto da nossa investigação, que privilegiemos a mera enunciação e caracterização geral desses parâmetros, situados num segundo plano essencial de análise, visto não caber na mesma investigação tal estudo, *ex professo*, de casos escolhidos de empresas comuns com carácter de concentração (sem prejuízo das referências que, *pari passu*, vimos fazendo a alguns precedentes mais significativos na *praxis* decisória da Comissão).[1749]

[1749] Como temos destacado, sem prejuízo do nosso propósito de problematização jurídica de um *modelo global de avaliação jusconcorrencial das empresas comuns*, cobrindo as diversas subcategorias em que estas se dividem, no âmbito do direito comunitário da concorrência, privilegiamos, claramente, o estudo da subcategoria das empresas comuns submetidas ao regime do artigo 81.º CE, bem como dos efeitos de cooperação de empresas comuns qualificáveis como concentrações (e submetidos, enquanto tais, ao mesmo regime deste artigo 81.º CE). Neste contexto, não tem cabimento nesta dissertação um estudo *ex professo* e em extensão da *praxis* decisória da Comissão em matéria de aplicação do RCC (bem como da jurisprudência que já tem vindo a incidir sobre a mesma). Tal não invalida, como acima se refere, uma ponderação crítica da análise desenvolvida em alguns precedentes de referência em sede de aplicação do RCC. No quadro desta sistemática ponderação de precedentes seleccionados, admitimos que se podem identificar diferentes estádios qualitativos na concretização dos elementos do teste da compatibilidade com o mercado comum e na avaliação substantiva das concentrações (para além da compreensão de *diferentes estádios no enquadramento sistemático das várias subcategorias de empresas comuns* que tivemos ensejo de analisar *supra*, no capítulo segundo da **Parte II**). Os primeiros estádios correspondem a fases de implantação e consolidação do sistema comunitário de controlo de concentrações e os estádios mais recentes – que de algum modo podemos situar, de forma aproximada, no período posterior à primeira reforma do RCC, de 1997 – correspondem a fases de diversificação e desenvolvimento de critérios de análise, baseados em modelos económicos grandemente influenciados pelo direito norte-americano, bem como de *relativa expansão do alcance do próprio sistema de controlo*, que veio originar alguma controvérsia no plano jurisdicional. Entre outros aspectos, o modo como foi questionada em jurisprudência de 2002 e 2003, do TPI, essa expansão do sistema de controlo influenciou um conjunto de clarificações do regime ditadas pela

992 *Empresas comuns* – Joint Ventures

Nesse conjunto de parâmetros, pensamos que os critérios de algum modo relacionados com as relações verticais, directa ou indirectamente afectadas por operações de concentração, podem desempenhar uma função analítica importante (a qual, de resto, tem vindo progressivamente a assumir um peso crescente na *praxis* decisória comunitária em matéria de concentrações, contrariamente ao que sucedera nos primeiros anos de vigência do RCC, quando a avaliação das operações quase ignorava esse tipo de factores verticais).

Entre esses múltiplos critérios, que se situam para além do nível tradicionalmente considerado na metodologia estrutural de análise de operações de concentração, justifica-se destacar *o poder de mercado dos clientes ou adquirentes de certos bens ou serviços*, o denominado *efeito acumulado de carteira* e outros *critérios de conteúdo misto*, mas fundamentalmente baseados na ponderação, directa ou indirecta, de relações verticais (esses critérios tendem a configurar *factores de compensação* de potenciais entraves para a concorrência, indiciados pelo primeiro nível de análise de operações de concentração, no quadro de processos de avaliação global das mesmas[1750]).

O critério referente ao *poder de mercado dos compradores ou clientes* constituiu, porventura, fora da área das relações horizontais, o elemento que, de uma forma mais recorrente, tem sido tomado em consideração na *praxis* decisória comunitária no domínio do RCC. Todavia, se esse elemento tem inegavelmente sido aflorado, de forma regular, em diversos casos, o mesmo não tem, por norma, assumido um papel decisivo nas ponderações conducentes a juízos finais sobre determinadas operações de concentração. A manifestação mais paradigmática que tem sido considerada desse poder de mercado dos compradores, como elemento com aptidão para contrabalançar o poder de mercado – tendente ao domínio – de

---

segunda reforma do RCC (como temos vindo a referir, entendemos predominantemente essa reforma como um processo de clarificação, mais do que de inovação). Sobre estas evoluções qualitativas – *maxime* no que respeita a *modelos e parâmetros utilizados num segundo nível de análise das operações de concentração* de que ora nos ocupamos – cfr. *The Review of the EC Merger Regulation*, 32 nd Report of the House of Lords Select Committee on the European Union, HL Paper 165, Session 2001-2002.

[1750] Referimo-nos aqui a *factores de compensação* no sentido contemplado nas Orientações de 2004, cit., esp. ponto 12 e pontos 64 e ss.. Esta construção analítica das referidas Orientações aproxima-se, nesse ponto, como já temos observado, do modelo de análise das "*Horizontal Merger Guidelines*" do direito norte-americano.

certas empresas fornecedoras, corresponde ao poder aquisitivo dos grupos retalhistas que detêm e exploram grandes superfícies comerciais.

Na realidade, em certas condições, o poder aquisitivo e negocial de certos grandes clientes – resultante quer da existência de um número limitado de clientes de grande dimensão em certos mercados, quer da importância decisiva dos circuitos de comercialização que alguns grupos retalhistas controlem – pode neutralizar um elevado poder de mercado de certas empresas (poder de mercado que tenderia a ser qualificado como posição dominante se aferido apenas sob o prisma das relações horizontais, mas cuja influência sobre os preços – factor decisivo para a emergência de verdadeiras situações de domínio – é significativamente limitada pela actuação de um conjunto de grandes clientes empresariais).[1751] Embora este critério de apreciação tenha sido especialmente associado ao poder de mercado exercido por grandes grupos retalhistas – domínio no qual a limitação do poder de mercado detido por certas empresas, *maxime* como poder exercido sobre os preços se observa de modo muito visível – pensamos que o mesmo pode também ser aplicado noutro tipo de situações, as quais deverão ser objecto de atenção crescente.

Em regra, consideramos que a susceptibilidade de aplicação desse critério depende de dois aspectos primaciais. Por um lado, a estrutura do mercado que se encontre em causa deve assentar – no plano da procura – num conjunto de clientes empresariais de certa dimensão e não num conjunto difuso de múltiplos clientes individuais. Por outro lado, deve verifi-

---

[1751] A ponderação deste poder aquisitivo e negocial de certos grandes clientes ("countervailing *buying power*") tem sido especialmente desenvolvida na *praxis* decisória mais recente da Comissão. Cfr., *inter alia*, a decisão *"The Coca-Cola Company/Carlsberg AS"* (proc IV/M833), ou a decisão *"Solvay/Montedison-Ausimont"* (proc COMP/M2690). Na primeira destas decisões, a Comissão equacionou, lapidarmente, os termos da ponderação do poder aquisitivo dos compradores, destacando a importância para a avaliação de eventuais situações de domínio de uma verificação da existência de *"countervailing buying power to neutralise the market power of the parties"* (cfr., especialmente, ponto 81 dessa decisão). Em alguns casos, o poder económico dos compradores exerce outros tipos de pressão concorrencial sobre empresas que detenham quotas de mercado importantes, como sucede, *vg.*, quando os clientes dessas empresas são entidades com capacidade para desenvolver ou expandir a produção própria de certos bens, em alternativa à respectiva aquisição junto dessas empresas fornecedoras. Cfr., sobre esse tipo de situações, a decisão *"Flextronics/Ericsson"* (proc COMP/M2358). As Orientações de 2004, cit, vieram confirmar esta evolução da *praxis* decisória, reconhecendo o *"poder de compensação dos compradores"* como um dos principais factores de compensação relevantes na avaliação de concentrações (cfr., esp. pontos 64 e ss. destas Orientações).

794 *Empresas comuns* – Joint Ventures

car-se um grau relativo de dependência especialmente intenso entre os dois ou mais estádios da cadeia de produção e comercialização que se encontrem relacionados entre si. À luz desta dupla perspectiva, pensamos que se podem detectar múltiplas situações de exercício de poder de aquisição das empresas compradoras conducentes à neutralização do poder de mercado supostamente emergente da criação de empresas comuns com carácter de concentração.[1752]

O critério correspondente ao *efeito acumulado de carteira* pode, em determinadas condições, conjugar *elementos de relações concorrenciais de tipo vertical* e *elementos de conglomerado* respeitantes a diversos mercados do produto que se encontrem relacionados entre si. Com efeito, o facto de certas empresas se encontrarem habilitadas a fornecer conjuntos diversificados de produtos e a detenção por parte das mesmas de importantes carteiras de variadas marcas pode reforçar, de modo especial, o seu poder de mercado, conferindo-lhes um poder sobre os preços e uma capacidade de condicionar a entrada de novas empresas concorrentes, que ultrapassem o nível de influência que se poderia, em princípio, associar à detenção de certas quotas conjuntas de mercado.[1753]

[1752] Como já se referiu, esse poder de compensação pode ser especialmente significativo em relação a mercados cujo funcionamento seja muito tributário da intervenção de grandes superfícies comerciais e nos quais, correlativamente, o poder de mercado das principais empresas fornecedoras seja contrabalançado, de modo eficaz, pelo poder económico dos grupos empresariais que actuem nesse domínio da grande distribuição. Sobre esse tipo de situações, cfr. MARGARET BLOOM, *Retailer Buyer Power*, in *International Antitrust Law & Policy – Annual Proceedings of the Fordham Corporate Law Institute – 2000*, Editor BARRY HAWK, Juris Publishing 2001, pp. 395 ss.. Sobre a mesma matéria cfr., ainda, PATRICK REY, *Retailer Buying Power and Competition Policy, ibidem*, pp. 487 ss.. As "*UK Office of Fair Trading Substantive Merger Guidelines*", de Maio de 2003, destacam, em particular, esse papel de *pressão concorrencial* que pode ser desempenhado por grandes superfícies comerciais, as quais, entre outras formas de condicionamento de grandes fornecedores, podem tornar menos favoráveis as condições de exposição dos produtos desses fornecedores ou, até, reduzir de forma apreciável o espaço atribuído aos mesmos (cfr. par. 4.27 destas "*Guidelines*"). De qualquer modo, as Orientações de 2004, cit, destacam com pertinência a necessidade de uma avaliação dinâmica do poder aquisitivo dos compradores. Não basta avaliar se esse poder existia em termos apreciáveis antes de determinada operação de concentrações. É necessário avaliar, através de indícios razoáveis, se tal "*poder permanecerá efectivo depois da concentração*".

[1753] Sobre a ponderação deste efeito acumulado de carteira ("*portfolio power*"), cfr, pela sua especial importância, os Acórdãos do TPI, de 3 de Abril de 2003, "*Royal Philips Electronics*" [proc T-119/02, Col II – 1433 (2003)] e "*Babyliss v. Commission*" [proc T-114/02, Col II – 1279 (2003)] Apesar de o TPI ter identificado deficiências em

Essa influência pode, em tese geral, exercer-se num plano horizontal, através do desenvolvimento de políticas comerciais que respondam a necessidades diversificadas dos consumidores e que não possam ser acompanhadas pelas empresas concorrentes, cujo campo de actuação se limite a uma esfera mais restrita de produtos. Tal influência pode, igualmente, manifestar-se num plano de relações verticais através de um condicionamento dos canais de comercialização, sobretudo nos casos em que as empresas em questão detenham uma conjugação de marcas cuja presença seja essencial nos circuitos de comercialização dos mercados que se encontrem em causa. Nesta última perspectiva, e considerando níveis superiores de complexidade na interacção de diversos factores complementares de avaliação de eventuais posições de domínio, o *efeito acumulado de carteira* pode, mesmo, vir a neutralizar, por seu turno, o poder aquisitivo de certos clientes, no sentido de conduzir, em última análise, ao apuramento de situações de domínio dos mercados. Na verdade, mesmo nos casos mais paradigmáticos de poder aquisitivo exercido por grandes grupos retalhistas, a detenção de um conjunto de marcas que não poderão deixar de estar representadas em certo tipo de superfícies comerciais pode neutralizar a pressão concorrencial que, em princípio, resultaria da necessidade de comercializar produtos através de tais retalhistas.[1754]

Numa perspectiva mais geral, a conjugação de efeitos variados de relações verticais pode influir na avaliação do poder de mercado emergente de certas operações de concentração. Os fenómenos de integração

---

parte da fundamentação da Comissão nos casos em apreço, este tribunal aceitou a existência de um efeito potencialmente restritivo da concorrência associado à detenção de um conjunto significativo de marcas com presença forte em vários mercados do produto relevantes. No que respeita a precedentes relevantes de ponderação desse "*portfolio power*", cfr., *inter alia*, a decisão "*Metso/Svedala*" (proc COMP/M2033), ou a decisão "*Bayer//Aventis Crop Science*" (proc COMP/M2547). A Comissão, contudo, não consolidou ainda, em nosso entender, um corpo analítico coerente que justifique, através de alguns critérios passíveis de generalização, o modo como a interacção entre as diferentes marcas detidas por empresas participantes numa concentração, por vezes cobrindo diversos mercados conexos, pode reforçar o poder de mercado dessas empresas, contribuindo para a emergência de situações de domínio.

[1754] Esse peculiar efeito de neutralização de um potencial poder aquisitivo de grandes empresas de distribuição pode, em especial, ocorrer, de forma paradigmática em produtos de grande consumo, cujas marcas se encontrem fortemente implantadas junto dos consumidores, como se verificou em algumas decisões da Comissão respeitantes a mercados de bebidas embaladas (cfr., *vg*., a decisão "*Coca-Cola/Amalgamated Beverages*", cit. ou a decisão "*Coca-Cola/Carlsberg*" – proc IV/M833, 1998).

vertical induzidos por certas concentrações podem apresentar repercussões muito diversificadas sobre o processo de concorrência, em função das características de cada sector económico que se encontre em causa. Consideramos que os principais riscos de afectação da concorrência inerentes a esses fenómenos – e eventualmente conducentes a situações de domínio – consistem na possibilidade de verificação de *efeitos de encerramento de certos mercados*, os quais podem ser induzidos, quer num plano de relações a montante, quer num plano de relações a jusante, por referência aos mesmos mercados.

Nesse primeiro plano, o efeito potencial de encerramento dos mercados pode resultar do facto de se vedar certa fonte de abastecimento essencial das empresas concorrentes e de as mesmas não disporem de alternativas razoáveis de abastecimento em condições razoáveis. No segundo plano, o risco de encerramento dos mercados pode emergir, *vg.*, de condicionamentos exercidos sobre sistemas de distribuição que não possam ser reproduzidos em condições razoáveis pelas empresas concorrentes.[1755]

A experiência resultante da *praxis* decisória comunitária no domínio do RCC poderia levar a admitir que este tipo de efeitos associados a certas conjugações de relações verticais funcionaria, essencialmente, como factor de intensificação de elementos restritivos da concorrência que resultariam, em primeira linha, de problemas de tipo horizontal relacionados com a detenção de elevadas quotas de mercado conjuntas. De qualquer modo, sendo certo que tal sucede em múltiplas situações, não podemos excluir que, mesmo quando o elemento horizontal relativo à quota de mercado não comporte, *a se*, riscos significativos de domínio do mercado, os elementos verticais possam vir a constituir um aspecto decisivo para a formação de juízos referentes à efectiva criação ou reforço de posições dominantes.

Para além dos parâmetros de apreciação especificamente associados à dimensão das *relações verticais que influem sobre o funcionamento de*

[1755] No primeiro plano atrás configurado, os riscos de afectação verificam-se tipicamente em situações em que uma empresa adquira, *vg*, o seu principal fornecedor de bens intermédios – essenciais para a produção dos seus bens finais. Nesses casos, será relevante apurar se as empresas concorrentes dessa empresa adquirente dispõem de alternativas para o fornecimento de tais bens intermédios. No segundo plano, acima considerado, o sector das bebidas embaladas para consumo em estabelecimentos de restauração e afins fornece, porventura, alguns exemplos paradigmáticos dos entraves à concorrência que se podem configurar em situações em que um fornecedor de bebidas adquira vários distribuidores cuja posição se mostre decisiva para cobrir determinadas áreas geográficas do mercado, não sendo economicamente razoável duplicar essa posição nas mesmas áreas geográficas.

certos mercados, outros critérios relevantes para a aferição de situações de domínio podem ainda ser considerados. Pensamos que esses critérios assumem uma natureza essencialmente complementar em relação aos parâmetros de primeiro plano e aos parâmetros – atrás referidos – associados à ponderação das relações verticais. Assim, concebemos com dificuldade que os mesmos possam constituir o fundamento decisivo para a formação de juízos de verificação da existência de posições dominantes, ou de sentido inverso. Tais critérios devem, fundamentalmente, reforçar ou, conforme os casos, mitigar juízos indiciários referentes à susceptibilidade de criação ou reforço de posição dominante.

Entre esses critérios complementares, podemos referir a *capacidade tecnológica* detida por certas empresas em mercados nos quais esse factor represente uma vantagem importante sobre as empresas concorrentes. Associado ou não a este critério, justifica-se, também, referir o factor respeitante ao *poder económico e financeiro* detido por certas empresas (já acima referimos, de resto, que em situações caracterizadas pela não exequibilidade de utilização do parâmetro respeitante à quota de mercado, esse factor pode assumir um papel importante).[1756]

Estes tipos de vantagens – quer resultantes do nível tecnológico a que operam certas empresas, quer do mero poder económico e financeiro das mesmas – pode, em certas situações, determinar um reforço apreciável do poder de mercado (em alguns casos, tal factor poderá fazer a diferença que se traduza numa graduação do poder de mercado detido por essas empresas como posição dominante). A utilização deste critério exige, contudo, cuidadas análises de mercado que permitam ir além da mera constatação de assimetrias na distribuição de capacidade tecnológica entre as empresas ou em relação à distribuição da capacidade financeira entre as mesmas para avaliar o impacto provável desses desequilíbrios e apurar as situações em que os mesmos podem representar um factor diferenciador quanto à capacidade de desenvolver políticas comerciais próprias.[1757]

[1756] Tivemos, precisamente, ensejo de referir a influência do direito da concorrência alemão na ponderação desse factor relativo ao *poder económico e financeiro das empresas* e de destacar o peso muito limitado que a Comissão tem conferido a tal factor, mesmo nos casos em que o cálculo de quotas de mercado das empresas participantes numa concentração se mostre dificilmente exequível. Cfr., a esse respeito, a análise desenvolvida na decisão *"Varta/Bosch"*, já cit..

[1757] Assim, uma operação de concentração envolvendo as empresas que sejam líderes tecnológicos em determinado mercado, mesmo que não detenham ainda, antes

998   *Empresas comuns* – Joint Ventures

Outro factor de análise complementar no quadro da avaliação de eventuais situações de domínio consiste na ponderação dos efeitos resultantes de características de homogeneidade ou heterogeneidade dos produtos transaccionados pelas empresas envolvidas em operações de concentração. Assim, quando os produtos em causa não apresentam elementos diferenciadores significativos em relação a outros bens – *vg.* resultantes da marca ou de outros elementos particulares de individualização – a maior facilidade de substituição de tais bens que daí resultará tenderá a traduzir-se na susceptibilidade de verificação de significativas flutuações de preços e, correlativamente, numa menor capacidade das empresas que actuem nesses mercados para influenciar a fixação de determinados níveis de preços, mesmo nos casos em que detenham quotas de mercado elevadas. Deve, mesmo, salientar-se, no quadro dos paralelismos de processos analíticos respeitantes às categorias de empresas comuns com carácter de concentração e com carácter de cooperação, que este factor de relativa homogeneidade dos produtos é também utilizado para análise das condições de exercício de poder de mercado relativamente a essa última categoria, sobretudo no que respeita às denominadas empresas comuns de produção.[1758]

Noutra perspectiva, como factor de segundo grau susceptível de influenciar a concretização de vários dos parâmetros já enunciados – incluindo os próprios parâmetros que situámos num primeiro plano de análise (quota de mercado e grau de abertura dos mercados) – podemos

---

dessa concentração, quotas de mercado maioritárias, pode contribuir para a formação de uma posição de domínio, sobretudo se os elementos de inovação forem importantes nesse mercado e os clientes finais não considerarem terceiras empresas como alternativas válidas em termos dessa inovação. Tal situação pode também reduzir a pressão para inovar sobre a entidade resultante da concentração. No entanto, como atrás assinalámos a ponderação deste factor deve assentar em rigorosas análises de mercado que, de algum modo, possam comprovar o impacto de certas vantagens tecnológicas sobre as condições de funcionamento do mercado. Essa exigência transparece, claramente, de recente jurisprudência do TPI, designadamente do Acórdão *"Tetra Laval BV v Commission"* [proc T-5/02, Col II – 4381 (2002)], no qual esse Tribunal considerou que a Comissão não tinha demonstrado que as vantagens tecnológicas resultantes de certos programas de pesquisa desenvolvidos pela entidade resultante da concentração a colocavam numa posição de mercado diferente em relação aos seus competidores.

[1758] Cfr. sobre esse tipo de empresas comuns de produção e quanto à relevância nesse plano do factor *homogeneidade dos produtos* a análise desenvolvida na Comunicação de 2001.

apontar *a evolução previsível das condições de mercado*.[1759] Na realidade, e como já temos observado, a formação de uma elevada quota de mercado, em resultado de uma empresa comum com carácter de concentração, pode não originar um poder de mercado significativo, qualificável como posição de domínio, caso os mercados em questão sejam especialmente dinâmicos (sobretudo em sectores que se caracterizem por elevados ritmos de inovação e pela combinação de novos processos tecnológicos que tendam a encurtar os ciclos de duração dos produtos ou serviços).[1760]

2.2.5.2. *A ponderação de diversos factores de interesse económico e social e os aspectos de eficiência económica*

Ao procurar uma visão global do conjunto dos factores complementares de apreciação que podem influir na verificação da criação ou reforço de posição dominante, justifica-se, ainda, ponderar a eventual relevância de *factores diversos de interesse público – económico ou social – que não se reconduzam a parâmetros jusconcorrenciais*. Essa ponderação obriga, uma vez mais, a tomar em consideração os objectivos centrais do próprio sistema comunitário de controlo de concentrações. Importa determinar se no quadro do RCC apenas relevam critérios jurídico-económicos estritos de concorrência – como se tem verificado, pelo menos na fase mais

---

[1759] Em termos gerais, a generalidade destes *factores complementares* que vimos enunciando e que se diferenciam do plano predominantemente estrutural referente à quota de mercado e ao grau de concentração, podem contribuir para a construção de *modelos analíticos de comportamento* que procurem identificar os aspectos estratégicos da concorrência em situações de mercado posteriores a certas concentrações (modelos propostos por vários economistas que simulem comportamentos estratégicos previsíveis das empresas, em função, *inter alia*, de vantagens detidas por estas ou de condições particulares de funcionamento dos mercados). Cfr. sobre esse tipo de *"behavioral models"* e de simulações, S. Borenstein, J. Bushnell, "An Empirical Analysis of the Potential for Market Power in California's Electricity Industry", in Industrial Economics, 1999, pp. 285 ss.

[1760] Sobre essa especificidade dos mercados com maior dinamismo, que pode relativizar a importância das quotas de mercado detidas em determinado momento por quaisquer entidades resultantes de concentrações, cfr., uma vez mais, a análise, que já trouxemos à colação, de Christian Ahlborn, David Evans e Jorge Padilla – "Competition Policy in the New Economy: Is European Competition Law Up to the Challenge?", cit., esp. pp. 158 ss. Cfr., ainda, sobre a mesma matéria, Robert Lind, Paul Muysert, "Innovation and Competition Policy: Challenges for the New Millenium", in ECLR., 2003, pp. 87 ss.

1000 *Empresas comuns* – Joint Ventures

recente de evolução do sistema de controlo de concentrações norte-americano[1761] – ou se estes podem ser conjugados com outros critérios económicos, ou socio-económicos de alcance mais geral. Podem estar em causa, designadamente, considerações de política industrial de tipo intervencionista – ou *"construtivista"* no sentido proposto por autores como MANFRED NEUMANN.[1762]

Essa possibilidade de avaliar eventuais situações de domínio com base em *critérios que não assumam uma estrita natureza jusconcorrencial* tem sido especialmente equacionada à luz dos aspectos enunciados nos Considerandos 4, 23 e 24 RCC[1763] e da referência à ponderação do *"progresso técnico e económico"* que integra a tipologia de parâmetros de apreciação constante do al. b) do n.º 1 do artigo 2.º do mesmo RCC. Todavia, pela nossa parte, não só consideramos, em geral, criticável a técnica jurídica utilizada de enunciação, algo sincrética, de parâmetros de apreciação na referida disposição do RCC – conforme acentuámos ao caracterizar os elementos do teste da compatibilidade com o mercado comum – como, em particular, consideramos duvidoso e ambíguo o alcance desse *critério relativo ao progresso técnico e económico*.

No limite, admitimos que a previsão desse critério se possa reconduzir a considerações de *eficiência económica*, cuja ponderação – no sentido em que a contemplamos –[1764] não dependeria, em todo o caso, de

---

[1761] Sobre essa prevalência de objectivos e critérios estritos de concorrência no sistema de controlo de concentrações norte-americano ao longo dos dois últimos decénios, cfr., por todos, WILLIAM KOLASKY, ANDREW DICK, *The Merger Guidelines and the Integration of Efficiencies into Antitrust Review of Horizontal Mergers*, cit..

[1762] Cf. sobre as perspectivas possíveis de política industrial, distinguindo o que denomina de *"constructivistic approach"* e de *"evolutionary approach"*, M. NEUMANN, "Industrial Policy and Competition Policy", in EE Rev., 1990, pp. 562 e ss.

[1763] Reportamo-nos aqui, naturalmente ao regime comunitário de controlo de concentrações (Rcc.) resultante da aprovação do Regulamento (CE) n.º 139/2004, cit.. Na formulação anterior à segunda reforma do RCC, de 2004, os Considerandos a tomar especialmente em consideração neste plano seriam os Considerandos 4 e 13 (este último, trazendo à colação a prossecução dos objectivos gerais previstos no artigo 2.º CE).

[1764] A relevância da produção de eficiências já foi por nós equacionada a propósito da reordenação de elementos do teste da compatibilidade com o mercado comum (*supra*, 2.1.1.), tendo-se aí referido que a mesma cria um espaço suplementar para a ponderação desses elementos. Pela nossa parte, como de seguida observaremos, consideramos que esta dimensão essencial de *eficiência económica* constitui um elemento intrínseco ao processo de avaliação jusconcorrencial de concentrações e não, unicamente, um específico *factor de compensação* de efeitos restritivos da concorrência (a configuração do teste da compati-

tal previsão literal e da sua inserção sistemática no texto do RCC. Mesmo nessa hipótese interpretativa, tais *considerações de eficiência* devem estar integradas no juízo global sobre a afectação dos níveis de concorrência efectiva e não podem constituir, em nosso entender, um critério paralelo que se entrecruze, enquanto tal, com a concretização de parâmetros jus-concorrenciais. De resto, este entendimento encontra-se largamente confirmado pela *praxis* decisória comunitária em sede de aplicação do RCC, e veio também a ser corroborado nas Orientações de 2004, cit., que configuram os *"ganhos de eficiência"* como um factor de compensação de potenciais efeitos restritivos da concorrência, associando-os, de modo expresso, à ponderação dos factores (atrás referidos) relativos ao *"progresso técnico e económico"*.[1765]

As considerações de *eficiência económica* são acolhidas nas referidas Orientações de 2004 – na sequência de alguma *praxis* decisória que já se orientava nesse sentido – com base na definição de três condições cumulativas. Assim, a relevância de quaisquer ganhos de eficiência depende do facto de os mesmos se traduzirem em benefícios para os consumidores (intermédios ou finais), de se encontrarem especificamente associados a concentrações e de serem passíveis de verificação objec-

---

bilidade em torno da ideia de *entrave significativo à concorrência efectiva*, resultante da segunda reforma do RCC, reforça, em nosso entender, o espaço para essa ponderação de eficiências).

[1765] Cfr. Orientações de 2004, cit., pontos 76 e ss. (esp. o próprio ponto 76 em relação a essa associação com o critério do *"progresso técnico e económico"*). Este reconhecimento nas Orientações de uma dimensão de *eficiência económica* a ser sopesada na avaliação global dos efeitos de concentrações sobre o processo de concorrência acompanha de perto os termos em que tal dimensão analítica foi contemplada nas *"Horizontal Merger Guidelines"*, de 1992 (revistas em 1997 precisamente nessa matéria relativa à ponderação de elementos de eficiência). Sobre o fundamental enquadramento de tal dimensão analítica no direito norte-americano cfr., por todos, WILLIAM KOLASKY, ANDREW DICK, *The Merger Guidelines and the Integration of Efficiencies into Antitrust Review of Horizontal Mergers*, cit.. Estes autores destacam justamente o facto de, não obstante a ponderação de ganhos de eficiência ser configurada nas *"Guidelines"*, cit., como uma possível *"defesa"* das partes envolvidas em operações de concentração, a mesma deverá corresponder a um plano de análise que intersecta toda a avaliação global de efeitos emergentes de operações de concentração. Sublinham também o facto algo inesperado de os principais mentores da inclusão de critérios de análise orientados para os ganhos de eficiência no modelo de avaliação de concentrações terem sido autores ligados à Escola de Harvard e não à Escola de Chicago.

1002   *Empresas comuns* – Joint Ventures

tiva.[1766] No que respeita à condição relativa à transmissão de benefícios para os consumidores, a Comissão salientou nas Orientações os ganhos de eficiência que permitam reduções nos custos variáveis ou marginais e assim incentivem reduções de preços e os benefícios resultantes de *"produtos ou serviços novos ou melhorados"*, destacando sintomaticamente, neste último plano, os ganhos resultantes de uma empresa comum criada para desenvolver um novo produto (na verdade, pensamos que esse tipo de benefícios estarão especialmente associados à criação de empresas comuns).

As limitações de que pode enfermar a ponderação de eficiências no quadro da avaliação global de operações de concentração resultam, fundamentalmente, segundo cremos, dos *modos de concretização* das condições acima enunciadas. Existe, efectivamente, o risco de que um grau muito exigente de demonstração dessas condições possa limitar de forma significativa o alcance de que a dimensão analítica de eficiência económica se deveria revestir na avaliação dos efeitos de concentrações. Além disso, a reserva de que a Comissão deu mostras, até a uma fase recente, quanto a esta ponderação de eficiências[1767] justifica que tais riscos de uma insu-

---

[1766] A definição dessas três condições foi consideravelmente influenciada pela Revisão de 1997 das *"Horizontal Merger Guidelines"* do direito norte-americano, segundo a qual as *"cognizable efficiencies"* terão de ser em simultâneo *"merger specific efficiencies"*, *"verified"* e não originadas por *"anticompetitive reductions in output or service"* (cfr. par. 4 das Revisões de 1997). Verifica-se também uma notável coincidência com os requisitos da ponderação de *eficiências* em sede de aplicação do artigo 81.º CE (*maxime*, em nosso entender, e como adiante observaremos, em relação a empresas comuns submetidas a esse regime; de resto, concentraremos, no essencial, o nosso estudo crítico da ponderação de *eficiências* no quadro da nossa análise de *empresas comuns não qualificáveis como concentrações* – *infra*, capítulo terceiro desta **Parte III** – pois pensamos que esse elemento analítico assumirá um maior peso relativo nessa sede jurídica). Essa coincidência é, aliás, indiciada pela referência à dimensão de eficiência económica constante das *"Orientações para a aplicação do n.º 3 do artigo 81.º CE"*, cit. (cfr. sobre estas Orientações a ressalva feita *supra*, na **Nota Prévia**).

[1767] Na verdade, no quadro da *OECD Roundtable – Competition Policy and Efficiency Claims in Horizontal Agreements*, de 1996, a posição da Comissão mostrava-se ainda totalmente adversa à ponderação de eficiências, referindo esta Instituição na sua intervenção que *"there is no real legal possibility of justifying an efficiency defence under the Merger Regulation"*. Acresce que os casos mais recentes, relativamente pouco numerosos, em que a Comissão veio acolher, mesmo que de forma implícita, elementos de eficiência – *maxime* traduzidos na ponderação de vantagens obtidas por consumidores – demonstram alguma resistência a uma ponderação mais ampla desses elementos, com-

Parte III – Capítulo 2 1003

ficiente utilização dessa fundamental dimensão de análise sejam seriamente tomados em consideração. Pensamos, pois, que esses riscos poderiam com vantagem ter sido atenuados através de uma formulação mais flexível das três condições de ponderação das eficiências. Entre outros aspectos, as exigências formuladas, *vg.*, quanto à condição da *"especificidade"*, no sentido de apenas serem relevantes os ganhos de eficiência que sejam *"consequência directa da concentração notificada"* e que não possam *"ser conseguidos a um nível semelhante através de alternativas menos anticoncorrenciais"* podem revelar-se excessivas. Ter-se-ia justificado, porventura, uma clarificação, no sentido de conceder relevância a eficiências induzidas por uma concentração, mesmo que estas pudessem ser obtidas por meios alternativos menos restritivos da concorrência, desde que, neste último caso, as eficiências se revestissem de menor intensidade.[1768]

Noutro plano, importa destacar que as Orientações interpretativas do direito norte-americano colocam um enfoque geral superior no *"potencial"* das operações de concentração para gerar eficiências, o que pode justificar uma ponderação mais ampla desse elemento – como dimensão subjacente a toda a avaliação de efeitos restritivos da concorrência – que não o circunscreva a um mero factor de compensação ou específico meio de defesa das empresas participantes numa concentração. Essa perspectiva analítica geral mais aberta aos elementos de eficiência não parece, contudo, ter sido assumida nas *"Orientações"* de 2004, cit.[1769]

Retomando especificamente a ponderação do critério relativo ao *progresso técnico e económico*, importa destacar um parâmetro interpretativo que pode clarificar a natureza do mesmo. Assim, a Comissão tem deixado claro em casos respeitantes a novos mercados nos sectores económicos mais dinâmicos – como os das novas tecnologias de informação – que os progressos associados ao possível lançamento e desenvolvimento de

---

parável à do ordenamento norte-americano (cfr., *vg.*, a esse respeito, a decisão *"Newscorp/ /Telepin"* – proc COMP/M2876; esp. pontos 221 e 235).

[1768] Cfr., a esse respeito, o ponto 85 das *"Orientações"* de 2004, cit.. Sobre esta condição cfr., ainda, o que observámos *supra* 2.1.1. no sentido de um entendimento consideravelmente mais flexível do que aquele que se encontra subjacente a essas *"Orientações"*.

[1769] Sobre essa perspectiva analítica mais favorável aos elementos de eficiência, que se faz sentir logo na parte introdutória das *"Horizontal Merger Guidelines"*, cit., do direito norte-americano, cfr. GREGORY WERDEN, "An Economic Perspective on the Analysis of Merger Efficiencies", in Antitrust, 1997, pp. 11 ss.

1004   *Empresas comuns* – Joint Ventures

novos produtos ou serviços disponibilizados aos consumidores, conquanto relevantes, não podem ser tomados em consideração, quando consubstanciarem obstáculos duradouros à concorrência.[1770] A ponderação desse tipo de elementos deve encontrar-se, em última análise, subordinada aos imperativos de manutenção de concorrência sem entraves.

Essa subordinação deve, aliás, traduzir-se no cumprimento de um objectivo paradigmático dos valores do ordenamento de concorrência, no sentido de garantir que quaisquer elementos de progresso técnico ou económico emergentes de empresas comuns com carácter de concentração sejam – ao menos potencialmente – extensíveis a outros operadores, não vindo a traduzir-se numa vantagem específica dessas entidades, que introduza um obstáculo à concorrência efectiva. Interessa aqui, de resto, recordar as considerações atrás delineadas sobre o critério de avaliação do poder de mercado respeitante à detenção de vantagens de diversos tipos por parte de empresas envolvidas em concentrações. Assim, algo contraditoriamente, em certas condições, os factores de progresso técnico e económico podem vir a representar não um parâmetro legitimador de certa estrutura de mercado, mas, pelo contrário, podem ser assimilados a um critério complementar conducente à verificação de um poder de mercado elevado e eventualmente qualificável como posição dominante.

Independentemente da ponderação do específico *critério relativo ao progresso técnico e económico* previsto no RCC,[1771] pensamos que não se justifica, em geral, – com base no programa teleológico subjacente ao RCC –[1772] tomar em consideração outros parâmetros que possam estar relacionados com *interesses públicos económicos ou sociais sem natureza jusconcorrencial*. Assim, divergimos frontalmente de autores como DOMINIQUE PANTZ que admitem uma formulação mista dos juízos jurí-

---

[1770] A combinação de várias tecnologias de informação detidas por várias empresas, no âmbito do desenvolvimento de novos mercados, pode, em certas condições, originar *ab initio* um efeito de virtual encerramento desses mercados à concorrência de terceiras empresas (*"gatekeeper effect"*), o qual, caso se mostre previsivelmente durável, não deve ser admitido (apesar do interesse de que se reveste para os consumidores o desenvolvimento de novos produtos ou serviços).

[1771] E independentemente da associação mais ou menos directa de tal critério com uma dimensão analítica referente aos ganhos de eficiência resultantes de concentrações.

[1772] Essa matriz teleológica decorre, no essencial, da caracterização a que procedemos *supra* – pontos 2.1.2 e 2.1.3. deste capítulo – dos elementos do teste da compatibilidade de operações de concentração com o mercado comum e dos índices jurídico-económicos previstos no artigo 2.º do RCC.

dicos de concorrência, combinando estritos parâmetros jusconcorrenciais e outros interesses públicos relacionados com a prossecução de outros escopos da UEM, designadamente, nos domínios da *"competitividade da indústria"* ou de uma ambígua *"solidariedade comunitária"*.[1773]

Em contrapartida, se *a nossa visão sobre os critérios de avaliação do poder de mercado em sede de aplicação de RCC* – e de apreciação de empresas comuns com carácter de concentração – *exclui por completo a ponderação de factores que não se revistam de natureza jusconcorrencial*, a mesma não significa uma exclusão absoluta desses outros critérios de interesse público nos processos de apreciação global, e em diversas sedes jurídicas, dessas entidades. O que pretendemos afastar é qualquer confusão metodológica entre o plano jurídico de análise de direito da concorrência e outros planos de direito económico que com este devam ser conjugados. Ora, tal só é possível através de uma clara autonomização do *teste estritamente jusconcorrencial relativo à compatibilidade de operações de concentração com o mercado comum* face a *outros processos paralelos de avaliação dessas operações, baseados noutros tipos de interesses públicos* (os quais, em certos casos excepcionais – devidamente delimitados – possam legitimar juízos globais finais sobre certas operações de concentração não coincidentes com a avaliação em sede de controlo de concentrações).

Todavia, em nosso entender, no domínio do controlo comunitário de operações de concentração delineado no RCC – e por força do que poderá ser considerado como um afloramento de certo modo atípico do princípio da *subsidiariedade* –[1774] o eventual cruzamento dos *juízos de avaliação*

[1773] É certo que esse tipo de cruzamentos explícitos entre considerações de política industrial e de política de concorrência, em matéria de controlo de concentrações, encontra cada vez menos defensores assumidos (o que não invalida que esses aspectos influenciem, indirectamente, a concretização jurídico-económica dos elementos do teste da compatibilidade com o mercado comum). De qualquer modo, esse tipo de orientações mais tributárias de hipotéticas exigências de política industrial são ainda defendidas em posições relativamente recentes de autores como, *vg.*, Dominique Pantz (cfr., a esse propósito, A. cit., "Les Politiques Communautaires d'Ajustement Structurel des Marches: Concurrence, Competitivité et Contestabilité", cit., pp. 103 ss.).

[1774] A confirmação desse eventual afloramento do princípio da *subsidiariedade* no sistema comunitário de controlo de concentrações, ainda que sob uma forma relativamente atípica, justificaria, por si só, um complexo estudo *ex professo*, que não cabe aqui desenvolver. Cfr., de qualquer modo, sobre esta matéria, Barry Hawk, Henry Huser, *European Community Merger Control – A Practitioner's Guide*, cit., esp. pp. 112 ss..

1006 *Empresas comuns* – Joint Ventures

jusconcorrencial de concentrações com *juízos assentes noutro tipo de interesses públicos* deverá ainda, no estádio actual do ordenamento comunitário, verificar-se por força de intervenção dos Estados Membros em sede de aplicação do artigo 21.º do RCC. Caberá aos Estados, nos termos desta disposição – *maxime* do seu n.º 4 – trazer à colação outro tipo de *"interesses legítimos"* cuja salvaguarda deva ser obtida através de *"medidas apropriadas"*, *ad hoc*, e que poderão justificar determinados desvios em relação aos juízos de avaliação de concentrações que tenham sido baseados em critérios estritamente jusconcorrenciais.[1775] De acordo com esta norma, poderão estar em causa interesses legítimos tipificados no RCC – correspondentes à protecção da segurança pública, da pluralidade dos meios de comunicação social e à aplicação de regras prudenciais – e *"interesses públicos"* atípicos, de conteúdo diverso, que devem ser comunicados à Comissão para efeitos de eventual reconhecimento da sua *"compatibilidade com os princípios gerais e demais normas do direito comunitário"*.[1776]

Sobre o princípio da *subsidiariedade* e alguns dos seus afloramentos em sede de direito comunitário da concorrência, cfr. REIN WESSLING, *The Modernisation of EC Antitrust Law*, cit., esp. pp. 66 ss.. Para uma problematização, em termos mais latos, da conjugação de competências de regulação na esfera comunitária e nas esferas nacionais dos vários Estados-Membros, suscitando questões conexas com a densificação do princípio da subsidiariedade, cfr. a análise desenvolvida no Livro Branco sobre Governo na União Europeia [*"European Governance. A White Paper, COM (2001) 428 final"*, de 25 de Julho de 2001 – JOCE n.º C 287/5, 2001], bem como a perspectiva crítica sobre esse documento delineada por CHRISTIAN JOERGES em "Guest Editorial: The Commission's White Paper on Governance in the EU – A Symptom of Crisis", in CMLR, 2002, pp. 441 ss..

[1775] Essa disposição corresponde ao n.º 3 do artigo 21.º do RCC na formulação anterior à segunda reforma deste regime, de 2004. Tal renumeração resulta da introdução de um novo n.º 1 no artigo 21.º no qual se estabelece, por um lado, a exclusiva sujeição das operações de concentração definidas no artigo 3.º do RCC a este mesmo regime e, por outro se ressalva, a aplicação do Regulamento (CE) n.º 1/2003 em relação às empresas comuns sem dimensão comunitária que tenham por objecto ou efeito a coordenação do comportamento concorrencial de empresas que se mantêm independentes.

[1776] Os interesses públicos atípicos em causa, passíveis de invocação, *ex vi* do referido n.º 4 do artigo 2.º do RCC, são muito diversificados, não cabendo aqui uma caracterização em extensão dos mesmos. Tenha-se presente, de qualquer modo, entre outros aspectos, e atendendo ao seu carácter mais recorrente, interesses relacionados com objectivos de política industrial ou de emprego, bem como interesses públicos relacionados com objectivos redistributivos, políticas regionais, ou determinados objectivos estratégicos de organização e funcionamento de certos sectores económicos (para além do sector financeiro e do sector da comunicação social já convocados na definição de interesses legítimos tipificados no RCC).

Parte III – Capítulo 2   1007

Pensamos, pois, que deste sistema de conjugação de uma exclusiva competência comunitária para avaliar concentrações de dimensão comunitária com a competência dos Estados para suscitar a sujeição cumulativa dessas operações a outros critérios de interesse público – desde que compatíveis em geral com o direito económico comunitário[1777] – resulta, indirectamente, uma clarificação do próprio modelo de aplicação do teste da compatibilidade com o mercado comum. Assim, esse teste, mesmo assumindo natureza complexa e incorporando diversos factores de eficiência passíveis de associação com a ideia de progresso técnico e económico, deve ser concretizado com base em estritos parâmetros jurídicos de concorrência. Em paralelo, e de uma forma transparente, existe a possibilidade de ponderação cumulativa de outro tipo de interesses públicos, que pode determinar a não autorização de uma operação de concentração compatível com o mercado comum à luz dos referidos critérios de concorrência. A sua aplicação, contudo, pressupõe um processo jurídico-económico de avaliação autónomo – desencadeado por iniciativa dos Estados membros – e que não deve, sob qualquer forma, ser confundido com os critérios de concretização do teste da compatibilidade com o mercado comum.

Trata-se, em súmula, de um modelo que – no sentido preconizado por autores como, *vg.*, DAVID LEWIS – não exclui a interferência de interesses públicos (sócio-económicos) diversos na avaliação de operações de concentração, podendo os mesmos determinar a não aprovação dessas operações, mas que, em contrapartida, exige uma clara separação entre o controlo jusconcorrencial das mesmas, baseado em estritos critérios de concorrência e uma eventual fase sucessiva de apreciação com base nos referidos interesses públicos.[1778]

[1777] Tal compatibilidade dos interesses públicos atípicos invocados com o direito económico comunitário reporta-se, fundamentalmente, à tutela das liberdades de circulação de factores de produção.

[1778] Cfr., a este propósito, DAVID LEWIS, *The Political Economy of Antitrust*, in *International Antitrust Law & Policy – Annual Proceedings of the Fordham Corporate Law Institute – 2001*, Editor BARRY HAWK, Juris Publishing 2002. Este autor equaciona criticamente diversos modelos alternativos de articulação ou conjugação de exigências, com frequência contraditórias entre si, procedentes, por um lado de estritas *"competition considerations"* e, por outro lado, de *"public interest or distributional concerns"*. Assim, distingue, em tese geral, três modelos possíveis neste domínio. O primeiro corresponderá à não autonomização, *qua tale*, de critérios de interesse público, mas em termos que levem a repercutir os mesmos no próprio processo jusconcorrencial de avaliação de concen-

1008   *Empresas comuns* – Joint Ventures

2.3. A APRECIAÇÃO DE EMPRESAS COMUNS COM CARÁCTER DE CONCENTRAÇÃO EM SITUAÇÕES DE OLIGOPÓLIO – AVALIAÇÃO DE POSIÇÕES DOMINANTES COLECTIVAS (EFEITOS COORDENADOS) E DE OUTRAS SITUAÇÕES (EFEITOS UNILATERAIS)

2.3.1. Perspectiva geral

Como já se referiu, importa, no quadro do estudo sumário das *empresas comuns com carácter de concentração* – e submetidas ao regime previsto no RCC – analisar determinadas situações em que essas entidades possam conduzir à criação ou reforço de *posições dominantes colectivas*. Esta matéria suscitou consideráveis problemas de hermenêutica jurídica, visto que o objecto do teste de compatibilidade das operações de concen-

---

trações, tornando-o permeável, em graus diversos, aos referidos critérios. O segundo modelo corresponde à separação dos critérios jurídicos de concorrência e dos critérios de interesse público, sendo os primeiros objecto de ponderação por parte de autoridades de concorrência e podendo os segundos fundamentar uma competência autónoma de oposição a concentrações por parte de outro ente público (com frequência, mediante atribuição dessa competência a um ente integrado na estrutura governamental). Finalmente, o terceiro modelo traduz-se na previsão explícita de diversos critérios de interesse público nos próprios normativos de concorrência – conquanto destrinçando, claramente, os mesmos de critérios jurídicos de concorrência – e na atribuição de competência para a sua ponderação às próprias autoridades de concorrência, embora no quadro de um processo analítico que contemple dois estádios – o primeiro reportado exclusivamente à aplicação dos critérios de concorrência e o segundo referente à avaliação com base nesses critérios de interesse público. Em nosso entender, o sistema comunitário, influenciado neste ponto por imperativos do princípio da *subsidiariedade*, corresponde a um *sistema misto*. Na parte em que contempla uma competência comunitária exclusiva de apreciação de operações de concentração, esta deverá ser baseada em estritos critérios jurídicos de concorrência – o que não invalida conformações materiais relativamente latas dos mesmos. Na parte em que consente uma intervenção dos Estados Membros, encontra-se em causa a ponderação de outro tipo de interesses públicos, embora a compatibilidade destes com o direito comunitário se encontre ainda sujeita a um último crivo de apreciação por parte da Comissão (pelo menos no que respeita ao que atrás denominámos como *interesses legítimos atípicos*; em relação às *três categorias de interesses públicos tipificados no próprio RCC*, pensamos que a competência da Comissão se deverá limitar ao *controlo de formas abusivas de invocação dos mesmos*, em termos que lhe permitam reencaminhar eventuais problemas detectados nessa sede para a apreciação do TJCE).

tração com o mercado comum não foi completamente delimitado – ao menos num plano literal – no conteúdo dispositivo do RCC.

Na realidade, a construção originária desse teste com base no conceito polissémico de posição dominante criou *ab initio* uma indefinição em relação às possibilidades de sujeição de situações de domínio oligopolista ao controlo comunitário de concentrações. Considerando, de resto, os problemas de interpretação do artigo 82.º CE (artigo 86.º TCE) no que respeita à aplicabilidade do mesmo às situações de domínio colectivo, a falta de tratamento expresso da questão no RCC seria sempre geradora desse tipo de indefinições e constituiu, pois, em nosso entender, uma solução criticável na formulação originária do artigo 2.º do RCC (mesmo, concedendo, numa perspectiva subjectivista de interpretação jurídica, e como admitiu o TJCE no Acórdão *"Kali und Salz"*, que no quadro da adopção do RCC, os Estados Membros tenham, de algum modo, aceite uma solução neutra nessa matéria, que ficasse aberta a diversas construções de hermenêutica jurídica).[1779]

A clarificação dessa questão jurídica fundamental respeitante ao alcance do sistema comunitário de controlo directo de concentrações revestiu-se, pois, de grande acuidade, pois não apenas a experiência de direito comparado demonstra, em tese, a importância do controlo das estruturas de mercado oligopolísticas, como a própria evolução, num plano fáctico, dos principais sectores empresariais na UE – tendente a um reforço considerável do grau de concentração –[1780] confere um peso acrescido ao desenvolvimento de tais sistemas de controlo.

Com efeito, a experiência de controlo de concentrações norte-americana demonstra que a afectação significativa da concorrência – a prevenir através de sistemas eficientes de controlo directo de operações de

---

[1779] Cfr. Acórdão *"Kali und Salz"*, já cit.. Ao sustentar essa ideia de uma solução neutra, hipoteticamente aceite pelos Estados aquando da adopção do RCC, o TJCE recusou argumentos que lhe foram apresentados, no sentido da aplicação do RCC a situações de domínio colectivo ser supostamente inconciliável com a presunção originariamente estabelecida no Considerando 25 do RCC (presunção de não existência de domínio com quotas de mercado inferiores a 25%).

[1780] Sobre o reforço do grau de concentração de alguns dos principais sectores económicos induzido pelo processo de integração económica comunitária, *maxime* a partir das etapas fundamentais da realização do mercado único e do UEM, cfr, inter alia, Paul Geroski, Anastassios Vlassopoulos, *Recent Patterns of European Merger Activity*, in *European Mergers and Merger Policy*, Edited by Matthew Bishop, John Kay, Oxforf University Press, 1993, pp. 318 ss.

1010   *Empresas comuns* – Joint Ventures

concentração – pode decorrer, quer de posições de domínio individual, quer de situações de oligopólio,[1781] pelo que uma eventual exclusão destas situações do teste da compatibilidade com o mercado comum, previsto no RCC, limitaria, de forma profunda, o alcance efectivo do processo comunitário de controlo de concentrações.

A potencial afectação da concorrência inerente ao desenvolvimento de estruturas de mercado oligopolísticas tem sido analisado na teoria económica à luz do conceito de *"interdependência oligopolista"*.[1782] A existência de uma elevada interdependência entre um conjunto restrito de empresas em mercados com elevado grau de concentração, e a percepção dessa situação de interdependência conduz, em certas condições, a práticas de preços supraconcorrenciais – mais elevados do que aqueles que resultariam de condições normais de concorrência –, independentemente de quaisquer acordos formais ou de processos de coligação empresarial expressa.

A teoria económica dos oligopólios identifica, normalmente, essas situações como casos de *coligação tácita*, envolvendo as empresas que integrem estruturas de mercado com elevado grau de concentração. Trata-se, como a Comissão veio a reconhecer nas *"Orientações"* de 2004, cit., de situações indutoras de alterações da natureza da concorrência, criando condições para a emergência *ex novo* de processos de coordenação de comportamentos entre certas empresas, ou tornando essa *"coordenação mais fácil, mais estável ou mais efectiva para as empresas que já coordenavam o seu comportamento"* antes da realização de determinada opera-

---

[1781] Cfr., nesse sentido, as afirmações de W. BAXTER em, *Substantive Review Under the Merger Regulation – Panel Discussion, International Mergers and Joint Ventures – Annual Proceedings of the Fordham Corporate Law Institute – 1990*, Editor BARRY HAWK, Transnational JurisPublications, 1991, pp. 561 ss. e esp. pp. 564 e ss. Como aí refere este A., *"our own experience in the United States is that a lessening of competition flows (…) much more frequently from a situation where a small number – three, four, five, six – firms are strongly interdependent, and very consciously interdependent among themselves (…)"*. Ressalve-se, apenas que as situações que aqui identificamos como correspondentes a *domínio individual* não têm, naturalmente, essa qualificação jurídica no ordenamento norte-americano da concorrência.

[1782] Cf. sobre este conceito de *"Interdependência Oligopolista"*, SCHERER, ROSS, *Industrial Market Structure and Economic Performance*, Boston, Houghton, Mifflin, 1990, esp. pp. 227 ss.. Cfr., ainda, sobre as condições essenciais em que assenta a *"Interdependência Oligopolista"* potencialmente geradoras de efeitos de coordenação de comportamentos entre as empresas, os pontos 39, 42 das *"Orientações"* de 2004.

ção de concentração (as concentrações que conduzam a esse tipo de alterações no contexto de mercados oligopolísticos geram, previsivelmente, *"efeitos coordenados"* de restrição da concorrência[1783]).

Assim, quanto mais reduzido for o número de empresas presentes em determinado mercado e mais elevadas as barreiras à entrada nesse mercado,[1784] maior será o efeito de ampliação do modo como os comportamentos de cada empresa se repercutem sobre a situação das outras empresas e tal reforçará a percepção de que qualquer tentativa de obtenção de vantagens concorrenciais – através da oferta de bens ou serviços em condições temporariamente mais favoráveis para os consumidores – será anulada por reacções das outras empresas. Essa situação pode determinar uma paralisação ou, no mínimo, uma drástica diminuição da intensidade do processo de concorrência, abstendo-se, tacitamente, as empresas de oferecer condições mais favoráveis que apenas poderiam redundar em diminuições dos seus resultados.[1785]

[1783] Cfr., a esse propósito, o ponto 22 das *"Orientações"* de 2004, cit.. Na realidade, o progressivo reconhecimento na *praxis* decisória da Comissão desse tipo de repercussões sobre o processo da concorrência, indissociavelmente associado a *estruturas de mercado oligopolísticas*, reforçadas por certas concentrações, conduziu a uma sistematização e requalificação da perspectiva de análise utilizada em sede de apreciação de concentrações, que se traduziu, por seu turno, na distinção entre, por um lado, *efeitos unilaterais* associados a potenciais situações de *domínio individual* e *efeitos coordenados* associados a essas estruturas oligopolísticas. Esta requalificação da perspectiva de análise, conquanto materialmente suportada na praxis decisória anterior da Comissão foi, como já observámos, fortemente influenciada pelas *"Horizontal Guidelines"* do direito norte-americano e encontra-se na base das "Orientações" de 2004. Cfr. os aspectos já expostos sobre esta dupla perspectiva de análise centrada em dois tipos fundamentais de efeitos de concentrações, *supra*, ponto 2.1. deste capítulo. Como também referimos, a influência do direito norte-americano foi neste ponto importante visto que, desde muito cedo, no âmbito do mesmo, vinha sendo concedida grande atenção aos efeitos coordenados emergentes de oligopólios reforçados por concentrações.

[1784] Outros factores contribuem também para esse tipo de efeitos globais de interdependência oligopolística, como, *vg.*, a semelhança e estabilidade das quotas de mercado detidas por um reduzido número de empresas, a semelhança das estruturas de custos dessas empresas, um elevado grau de homogeneidade dos produtos e de transparência dos preços, ausência de significativo poder de compensação dos compradores ou a existência de relações estáveis entre fornecedores e respectivos clientes nos mercados em questão. Sobre este tipo de factores, cfr. as análises desenvolvidas em *OECD, Roundtable on Oligopoly*, Committee on Competition Law and Policy, 1999 [Doc DAFFE/CLP (99) 25.].

[1785] Cfr. R. POSNER, "Oligopoly and the Antitrust Law", in Stanf L R., 1969, pp. 1562 ss..

1012 *Empresas comuns* – Joint Ventures

Em contrapartida, caso o grau de concentração em certos mercados de estrutura oligopolística não seja tão acentuado e as quotas de tais mercados não estejam igualmente distribuídas – para além do facto de as barreiras à entrada de novos concorrentes não serem muito elevadas – as empresas presentes em tais mercados podem, em certas condições, desenvolver uma concorrência particularmente intensa. A percepção da amplitude dos efeitos dos seus comportamentos sobre os outros concorrentes e a incerteza quanto à possibilidade de os mesmos anularem certas vantagens pontualmente obtidas estimula essas actuações concorrenciais, tornando improvável a emergência de situações de coligação tácita.

De qualquer modo, a teoria económica dos oligopólios tem ainda identificado problemas potenciais de afectação da concorrência mais vastos e com maior complexidade do que aqueles que se encontram associados a essas situações paradigmáticas de coligação tácita entre empresas.

Na verdade, além dos *efeitos de coordenação* (ou *"efeitos coordenados"*) que podem resultar da criação ou reforço de estruturas de mercado oligopolísticas – na modalidade de coligação tácita – essa teoria admite também a possível emergência de *efeitos unilaterais* (ou *"efeitos não coordenados"* na terminologia utilizada nas *"Orientações"* de 2004[1786]), decorrentes de tais alterações estruturais, e conducentes a significativas restrições da concorrência. Se, no que respeita aos efeitos de coordenação se encontra em causa um verdadeiro mecanismo auto-indutor da coordenação empresarial, em face de determinadas estruturas e condições de mercado – designadamente porque há que verificar se existem mecanismos de retaliação que permitam às empresas oligopolistas, predispostas à coordenação, actuar contra terceiras empresas que pudessem desviar-se dos comportamentos coordenados – em relação aos *efeitos unilaterais*, colocam-se *problemas directamente emergentes da eliminação da relação de concorrência entre as empresas participantes na concentração.*

Estes efeitos e as questões que lhes são inerentes podem não ser suficientes para permitir às referidas empresas ou ao ente resultante da concentração a aptidão para desenvolver comportamentos com independência em relação às outras empresas – a qual configuraria uma situação

---

[1786] Sobre essa terminologia jurídica adoptada nas *"Orientações"* de 2004, no quadro da nova sistematização e requalificação analíticas, acima mencionadas, dos efeitos de concentrações sobre o processo da concorrência – assente na contraposição entre *"efeitos coordenados"* e *"efeitos não coordenados"*, cfr. pontos 22 e ss. das referidas *"Orientações"*.

de *posição dominante individual* – mas podem *a se* alterar qualitativamente a estrutura de interdependência oligopolista existente em certo mercado, mesmo sem envolver no imediato efeitos de coordenação (*vg.*, entre outras situações, nos casos em que um concorrente mais activo no mercado seja absorvido por um membro de oligopólio com maior propensão para participar em certos equilibrios oligopolistas pré-existentes).

Ora, no quadro do sistema norte-americano de controlo de concentrações, a concretização jurídica do teste relativo à *diminuição substancial da concorrência* tem, desde há muito, vindo a incorporar a ponderação desse tipo de *efeitos unilaterais*, resultantes do reforço de estruturas de oligopólio, podendo os mesmos, em última análise, conduzir à formulação de objecções em relação a determinadas operações de concentração.[1787]

Em contrapartida, no plano do sistema comunitário de controlo de concentrações a própria subsunção no teste de compatibilidade de concentrações com o mercado comum previsto no RCC de situações qualificáveis, à luz da teoria económica dos oligopólios, como coligações tácitas – subsunção a considerar através da denominada *posição dominante colectiva* – suscitou dúvidas que só recentemente foram ultrapassadas. Além disso, o problema da eventual subsunção dos *efeitos unilaterais* associados a estruturas de oligopólios – criadas ou reforçadas através de operações de concentração – na referida categoria da *posição dominante colectiva* desencadeou uma profunda controvérsia jurídica e um complexo debate doutrinal em torno dos limites da construção hermenêutica referente ao *teste da compatilidade*, originariamente assente na categoria jurídica da posição dominante. Equacionou-se, em especial, a virtualidade da categoria da *posição dominante*, que consubstanciava o núcleo do teste da compatibilidade com o mercado comum na redacção inicial do artigo 2.º do RCC, para cobrir essas situações de potencial verificação de *efeitos unilaterais*, restritivos da concorrência, dissociados de qualquer situação de domínio individual e ligados à *alteração de certas dinâmicas de pressão concorrencial* em mercados de tipo oligopolístico.

Essa discussão em torno dos limites do teste de compatibilidade, baseado na categoria jurídica da posição dominante, para cobrir tais situações específicas em mercados oligopolísticos levou diversos autores a

---

[1787] Essa orientação foi, de resto, consolidada com a adopção das "*Horizontal Merger Guidelines*" de 1992, cit..

admitir a existência de uma lacuna fundamental nesse teste[1788] e influenciou decisivamente as análises que acompanharam a preparação da segunda reforma do RCC – na sequência do Livro Verde de 2001. Como já referimos, os defensores de uma visão mais restritiva sobre o alcance material do teste previsto no artigo 2.º do RCC – que tenderam a subalternizar em excesso o elemento referente à emergência de entraves significativos à concorrência efectiva, já integrado na formulação originária do referido teste – sustentaram a sua substituição pelo teste relativo à diminuição substancial da concorrência consagrado no direito norte-americano da concorrência.[1789]

A concretização da segunda reforma do RCC, através da adopção do Regulamento (CE) n.º 139/2004, terá, segundo cremos, encerrado a especulação relativa a uma eventual lacuna do teste de compatibilidade com o

[1788] Essa hipotética lacuna resultaria do facto de a configuração do teste de compatibilidade com o mercado comum previsto na redacção originária dos n.os 2 e 3 do artigo 2.º do RCC não cobrir, de forma efectiva, as situações em que operações de concentração originassem *efeitos unilaterais* restritivos da concorrência em mercados oligopolísticos. Para uma defesa dessa posição, cfr., por todos, a análise desenvolvida por MASSIMO MOTTA em "EC Merger Policy and the Airtours Case", in ECLR, 2000, pp. 199 ss.. Como aí sustentava este autor, antes da segunda reforma do RCC, "*there is (…) a large gap in EC merger control: all mergers which allow firms to unilaterally raise prices but do not create or reinforce dominant positions cannot be prohibited.*"

[1789] Cfr. o exposto *supra*, pontos **1.** e 2.1.1. deste capítulo, sobre a discussão referente a uma possível substituição do teste da compatibilidade previsto na formulação originária pelo denominado "*SLC test*" do direito norte-americano. Para uma perspectiva geral sobre as posições que advogaram essa reforma mais radical do teste substantivo, numa óptica *de iure condendo* e no quadro do processo de preparação da segunda reforma do RCC, cfr. o Documento da Comissão que sintetiza os comentários recebidos sobre o Livro Verde de 2001 – "*Green Paper on the Review of the Council Regulation (EEC) n.º 4064/89 (merger Review) – Summary of the Replies Received*", Brussels, 2002; cfr. especialmente o ponto 94 desse Documento onde se refere que "(…) *some respondents take the view that there are 'gaps', or at least potential ones, in the scope of the dominance test (…) Most of these respondents are of the view that the SLC test is an inherently more appropriate test for dealing with the myriad of different competition problem scenarios that mergers can give rise to. In particular, some respondents have expressed the view that it may not be possible to extend the concept of collective dominance to controlling unilateral effects*". Alguma doutrina pronunciou-se, contudo, de forma categórica contra essa ideia de substituição do teste da compatibilidade pelo denominado "*SLC test*", contestando também a suposta existência de uma lacuna no primeiro destes testes. Cfr., nesse sentido ULF BÖGE, EDITH MÜLLER, "From the Market Dominance Test to the SLC Test", cit., esp. p. 498. Como aí referem estes autores, "*the 'theory of a gap' which one test allegedly shows in comparison with the other should (…) be abandoned*".

Parte III – Capítulo 2 1015

mercado comum no domínio em causa, com base numa solução mais moderada, correspondente a uma mera reordenação dos elementos desse teste. Como já tivemos ensejo de referir, dessa reordenação, erigindo em critério director do teste o elemento relativo à criação de *entraves significativos à concorrência efectiva*, resulta a manutenção dos critérios progressivamente desenvolvidos em matéria de avaliação de situações de domínio[1790] e um específico *maius* jurídico, correspondente à plena cobertura de efeitos restritivos da concorrência de carácter não concertado, originados por concentrações, mas não dependentes de qualquer criação ou reforço de posições dominantes (*efeitos não coordenados*, especialmente associados a mercados oligopolísticos que, como se reconhece no Considerando 25 do Regulamento (CE) n.º 139/2004, não haviam sido expressamente subsumidos pelos tribunais comunitários na formulação originária do teste da compatibilidade com o mercado comum). Tendo presente estes aspectos resultantes da segunda reforma do RCC, propomo-nos analisar sucessivamente, no quadro de mercados oligopolísticos, as questões associadas a *posições dominantes colectivas* – assentes numa construção hermenêutica já anterior a esta última reforma do RCC – e à emergência de *efeitos unilaterais* cuja verificação nunca fora reconhecida *qua tale* nos processos de aplicação do artigo 2.º do RCC anteriores à reforma de 2004.[1791]

[1790] Manutenção desse *"acquis"* emergente da *praxis* decisória da Comissão e da jurisprudência do TJCE e do TPI cuja importância é confirmada nos Considerandos do Regulamento (CE) n.º 139/2004 e que se encontra assegurada, visto que a emergência de *entraves significativos à concorrência efectiva* continua a estar particularmente associada à criação ou reforço de posições dominantes (de resto, como se refere expressamente, no Considerando 26 do Regulamento (CE) n.º 139/2004, *"um entrave significativo à concorrência efectiva resulta geralmente da criação ou do reforço de uma posição dominante"*).

[1791] Como referíramos – *supra*, **1.** neste capítulo – procedemos, pois, a um tratamento autónomo dessas matérias devido ao seu elevado grau de especificidade. As questões relativas ao *domínio colectivo* são versadas no ponto 2.3.2. deste capítulo e os aspectos relativos a *efeitos unilaterais*, no contexto de mercados oligopolísticos, são versados, com carácter muito mais sucinto, no ponto 2.3.3. do mesmo capítulo. Importa ressalvar que, mesmo antes da requalificação da perspectiva analítica de efeitos de concentrações ensaiada nas *"Orientações"* de 2004, a Comissão já reconhecera explicitamente problemas de concorrência resultantes de *efeitos unilaterais* [cfr., *vg.* as decisões *"British Telecom/MCI II"* (proc IV/M856), *"Metso/Svedala"*, cit., ou *"Danish Crown/Vestjyske Slagterier"* (proc IV/M1313)]. O passo que não foi, então, claramente dado, contudo, correspondeu ao *reconhecimento desse tipo de efeitos no contexto de mercados oligopolísticos e em termos que não suscitassem a emergência de situações de domínio.*

1016   *Empresas comuns* – Joint Ventures

Não cabendo, manifestamente, nos nossos objectivos um estudo *ex professo* dos problemas suscitados pelo controlo de estruturas de oligopólio em sede de apreciação de concentrações – como já tivemos ensejo de salientar – limitamo-nos, em especial, a identificar e dilucidar algumas das questões mais sensíveis em ordem a uma adequada delimitação da categoria da *posição dominante colectiva*, sobretudo no que respeita, em particular, ao controlo de *empresas comuns com carácter de concentração*. Não deixamos, além disso, de tomar em consideração o facto de alguns dos principais desenvolvimentos interpretativos nesta área do *controlo de eventuais posições dominantes colectivas em situações de oligopólio* terem, precisamente, resultado da apreciação de *empresas comuns com carácter de concentração*.

O grande problema a equacionar neste campo reside no facto de, consabidamente, nem todas as estruturas de mercado de tipo oligopolista corresponderem a situações qualificáveis como domínio colectivo (ou, sequer, originarem outro tipo de problemas de afectação da concorrência). Pelo contrário, e como salientam justamente SCHERER e ROSS,[1792] esse tipo de estruturas de mercado pode conduzir a um conjunto muito variável de situações, em termos de processo de concorrência, desde situações que se aproximem do modelo de concorrência perfeita até situações de domínio do mercado caracterizadas pela capacidade, por parte de certas empresas, de impor aumentos de preços sem perdas significativas de vendas ou de receitas. A mera interdependência oligopolista não constitui um elemento suficiente para produzir um resultado final de afectação da concorrência efectiva.

Acresce ainda que, não só a teoria económica se confronta, em tese geral, com grandes dificuldades para delimitar, de modo eficaz, as situações em que as estruturas de mercado oligopolista suscitem potenciais restrições negativas da concorrência, como, por maioria de razão, a formação de *critérios jurídico-económicos* em sede de aplicação de normas de concorrência, em ordem a identificar tais situações problemáticas de oligopólio, passíveis de juízo desfavorável no quadro do controlo de concentrações se tem mostrado especialmente complexa, senão mesmo infrutífera. Ora, apesar desta dificuldade acrescida para o processo de construção jurídica em matéria de controlo de concentrações no que respeita a

---

[1792] Cfr., SCHERER, ROSS, *Industrial Market Structure and Economic Performance*, cit., esp. pp. 199 ss..

Parte III – Capítulo 2 1017

situações de oligopólio – devido à indefinição dos pressupostos de teoria económica que o deveriam informar – impõe-se, em nosso entender, delinear um conjunto de parâmetros de apreciação que permitam oferecer um mínimo de previsibilidade aos agentes económicos.

Essa construção progressiva de critérios estáveis e eficientes de análise deve ocorrer mesmo que se admita, por princípio, a necessidade de proceder a análises concretas de mercado mais desenvolvidas para verificação ou confirmação dos juízos indiciários eventualmente resultantes da aplicação dos referidos parâmetros de referência (análises mais desenvolvidas *vg.* do que aquelas que são normalmente produzidas no quadro da apreciação de empresas comuns com carácter de concentração que apenas suscitem potencialmente problemas de domínio individual).[1793]

Até ao presente esse desejável e fundamental processo de construção jurídica tem-se revelado ainda algo lacunar e deficiente no âmbito do ordenamento comunitário de concorrência. De qualquer modo, existem condições para se proceder a uma sistematização crítica dos resultados da análise desenvolvida através de um corpo já importante de decisões adoptadas no âmbito do controlo de operações de concentração (em matéria de *domínio colectivo*) e para ponderar a construção analítica ensaiada nesta matéria pelas *"Orientações"* de 2004 (*maxime*, quanto a *efeitos não coordenados*).[1794]

[1793] Como se recorda, o propósito dogmático essencial que tem informado o nosso estudo crítico das várias subcategorias de empresas comuns corresponde, precisamente, ao desenvolvimento de *modelos estáveis e minimamente previsíveis de análise*, de carácter geral, contemplando vários parâmetros e etapas encadeados (cfr., em geral o exposto *supra*, capítulo primeiro desta **Parte III**). O que ora admitimos neste ponto é que a insuficiente densificação de orientações na teoria económica sobre o tratamento de alguns aspectos do funcionamento de mercados oligopolísticos torna relativamente menos sólidos os critérios ou parâmetros jurídico-económicos gerais de análise neste plano e obrigará, em regra, a análises casuísticas mais desenvolvidas. Tal não impede, contudo, que se abdique, nessas análises, da progressiva construção de critérios indiciários de referência.

[1794] Esta situação justifica que o nosso estudo, no ponto seguinte, de situações de domínio colectivo assente essencialmente numa análise crítica de alguma *praxis* decisória e de precedentes jurisprudenciais, independentemente da segunda reforma do RCC e da adopção das *"Orientações"* de 2004, enquanto a reflexão sobre efeitos unilaterais em contextos oligopolísticos não pode tomar como base idênticas referências.

1018 *Empresas comuns* – Joint Ventures

2.3.2. O conceito de posição dominante colectiva

2.3.2.1. *A emergência do conceito de posição dominante colectiva em sede de controlo de concentrações*

A problematização jurídica em torno de um possível conceito de posição dominante colectiva teve o seu início ainda em sede de aplicação do artigo 86.º TCE e prolongou-se – com acrescida acuidade – no quadro da aplicação do RCC.[1795] Apesar de a previsão constante do referido artigo 86.º TCE (e, nos mesmos moldes, do artigo 82.º CE) se reportar à exploração abusiva de posição dominante de *"uma ou mais empresas"*, esse elemento literal não contribuiu *prima facie* para o desenvolvimento de uma jurisprudência do TJCE particularmente favorável ao reconhecimento do referido conceito de posição dominante.

Assim, – e em termos muito sumários – poder-se-á recordar que na primeira ocasião em que o TJCE se pronunciou, de forma expressa, sobre esta questão, no seu Acórdão *"Hoffmann-La-Roche"*, este órgão jurisdicional adoptou um conceito restritivo de posição dominante, limitando o mesmo às posições dominantes individuais e excluindo a relevância de paralelismos de comportamento empresarial em certas situações de oligopólio.[1796] O problema não voltou a ser claramente configurado até ao Acórdão proferido pelo TPI no denominado caso *"Italian Flat Glass"*, em

---

[1795] A segunda reforma do RCC, de 2004, não é decisiva para a construção hermenêutica do conceito de *posição dominante colectiva*, que assenta, como já observámos, num *"acquis"* resultante da *praxis* decisória anteriormente desenvolvida pela Comissão (de algum modo sistematizado nas *"Orientações"* de 2004). Neste plano, a principal repercussão da reforma do RCC terá sido indirecta. Assim, com a mesma desapareceu uma possível pressão no sentido de um contínuo entendimento extensivo do conceito de *domínio colectivo* em situações de oligopólio, visto que, na sequência da reformulação do teste da compatibilidade com o mercado comum, os casos de verificação de efeitos unilaterais restritivos da concorrência podem ser objecto de tratamento autónomo sem serem forçosamente reconduzidos à identificação de uma posição de domínio. Antes da reforma, diversos autores censuraram – em termos que consideramos também discutíveis – uma extensão da categoria do domínio colectivo para além de certos limiares críticos. MASSIMO MOTTA refere em termos críticos essa hipótese em relação ao caso *"Airtours"* (que adiante analisaremos) no estudo "EC Merger Policy and the Airtours Case", cit..

[1796] Acórdão *"Hoffmann-La-Roche"*, de 1979, já cit..

Parte III – Capítulo 2

1992,[1797] o qual veio a constituir um marco essencial nesta matéria, visto assinalar a primeira abertura ao conceito de posição dominante colectiva.

Essa decisão jurisprudencial reportou-se a uma decisão da Comissão na qual fora analisada uma situação de coligação entre empresas numa estrutura de mercado oligopolística que apresentava um elevado grau de concentração (não resultava contudo de modo completamente claro dessa decisão recorrida em que termos certos comportamentos abusivos resultariam de um verdadeiro acordo entre as empresas em causa ou de uma coordenação tácita desencadeada pela estrutura do mercado). No seu Acórdão, o TPI veio de modo inovador – em face da jurisprudência anterior do TJCE – reconhecer a possibilidade de existência de posições dominantes colectivas, mas não pareceu aceitar na sua plenitude a teoria da interdependência oligopolista na sua pura dimensão estrutural, pois considerou como elementos suplementares, integrantes dessa categoria da posição dominante colectiva, a existência de certas relações especiais entre as empresas (*maxime*, determinadas ligações económicas particularmente intensas). O TPI acolheu, pois, aparentemente, um teste de verificação de existência de posições dominantes colectivas algo restritivo, visto que o mesmo se encontraria estritamente condicionado por elementos de comportamento.[1798]

[1797] Acórdão "*Italian Flat Glass*", proc. T-68, T-77 e T-78/89, Col II – 1403 (1992). Sobre a discussão em torno do conceito de domínio colectivo na sequência desta jurisprudência e no quadro do artigo 82.º CE (artigo 86.º TCE), cfr. SCHODERMEIER, "Collective Dominant Position Revisited", in ECLR, 1990, pp. 28 e ss..

[1798] Essa especial ponderação de elementos de comportamento poderia ser explicada no contexto normativo a que se reporta essa decisão judicial. Podemos, na verdade, admitir que o carácter restritivo, neste ponto, do teste reconhecido pelo TPI se encontra ligado à natureza das normas previstas nos artigos 81.º e 82.º CE (artigos 85.º e 86.º TCE), que têm por objecto comportamentos das empresas (embora o artigo 86.º, como norma mista, integre ainda uma condição estrutural). Assim, estando primacialmente em causa comportamentos, as situações de coligação assentam, nos termos da primeira dessas disposições, em processos de cooperação ou, no mínimo em trocas de informação entre as empresas. Ora, a recondução de situações de coligação à previsão do artigo 82.º CE, mediante a verificação do carácter tácito das mesmas associado à estrutura oligopolista existente, equivaleria à obtenção de um efeito proibitivo directamente dirigido a comportamentos que se encontrava vedado nos termos do artigo 81.º CE. Nas situações em que apenas estejam em causa as estruturas do mercado (*maxime*, em sede de controle de concentrações), constituindo os comportamentos um elemento acessório, desaparece esse potencial obstáculo técnico-juridico ao reconhecimento pleno das posições de *interdependência oligopolista*.

1020 *Empresas comuns* – Joint Ventures

No plano da aplicação do RCC, e apesar da ausência de elementos literais consagrados no artigo 2.º do mesmo Regulamento que convocassem expressamente o problema da subsunção nessa disposição de situações de domínio colectivo, a Comissão veio, na sua decisão *"Nestlé//Perrier"*,[1799] sustentar essa possibilidade. Nesse sentido, esta Instituição considerou que, na ausência de uma exclusão explícita das situações de domínio oligopolista do âmbito de aplicação do n.º 3 do artigo 2.º do RCC, não pode, em contrapartida, admitir-se que este normativo comunitário permita a produção de entraves à concorrência efectiva, decorrentes dessas situações, pondo em causa a prossecução dos objectivos fundamentais subjacentes ao sistema de controlo de concentrações.

Todavia, se este caso *"Nestlé/Perrier"* representou, indiscutivelmente, uma viragem essencial na prática decisória comunitária, pondo termo a um primeiro período de vigência do RCC no qual a Comissão se limitava a aflorar de modo indirecto a questão central do eventual domínio colectivo, quando confrontada com situações de considerável reforço do grau de concentração de certos mercados,[1800] os critérios analíticos adoptados pela Comissão, nessa decisão, para aferir a existência de eventuais posições dominantes colectivas, foram, ainda, excessivamente vagos. No essencial, a Comissão baseou a sua verificação de existência de uma possível posição de domínio colectivo no facto de a concentração em causa originar um reforço importante da estrutura oligopolista do mercado e de a mesma criar condições para propiciar a formação de coligações entre empresas ou processos de coordenação de comportamentos empresariais. Em face do conjunto de empresas que, no cenário posterior à concentração, passariam a integrar a referida estrutura, de tipo oligopolista, que condicionaria o funcionamento do mercado, a Comissão considerou que a franja de empresas concorrentes, de menor dimensão, que permaneceriam no mercado, à margem desse pólo oligopolista, não asseguraria uma pressão suficientemente forte sobre o mesmo.

[1799] Decisão *"Nestlé/Perrier"*, de 1992, já cit..

[1800] Assim, em decisões anteriores (*vg.* nos casos *"Renault/Volvo"*, cit., e *"Varta//Bosch"*, cit.) a Comissão foi confrontada com situações em que as operações de concentração reforçavam consideravelmente estruturas oligopolistas de certos mercados, tendo conduzido a sua análise de acordo com uma perspectiva unívoca de aferição de posições dominantes individuais. Esse carácter lacunar das decisões foi particularmente claro no caso *"Varta/Bosch"*.

De qualquer forma, sem negar a importância desse tipo de avaliações sistemáticas do posicionamento no mercado de eventuais franjas remanescentes de empresas concorrentes, não integradas em pólos oligopolistas, importa sublinhar que na decisão *"Nestlé/Perrier"* não se procedeu a qualquer discriminação minimamente precisa dos factores jurídico-económicos ligados a estruturas de tipo oligopolista – bem como das conexões lógicas essenciais entre os mesmos – que originam situações previsíveis de cooperação empresarial e um consequente domínio colectivo do mercado.

De algum modo, as consequências dessa indefinição dos processos analíticos de avaliação de eventuais posições dominantes colectivas fizeram-se sentir após a adopção desta decisão *"Nestlé/Perrier"*, visto que a prática decisória da Comissão conheceu significativas oscilações no período subsequente à mesma, não se tendo verificado qualquer consolidação de uma orientação estável no que respeita ao tratamento dessa categoria jurídica. Assim, por diversas razões, múltiplos casos em que a Comissão foi, ulteriormente, confrontada com estruturas de mercado apresentando elevados graus de concentração e com franjas remanescentes de empresas concorrentes sem capacidade significativa de condicionar a actuação dos blocos oligopolistas emergentes de concentrações, acabaram, afinal, por não determinar novas decisões de reconhecimento de criação de situações de posição dominante colectiva.

O caso que, porventura, terá evidenciado, da forma mais paradigmática, essa aparente indefinição ou falta de consolidação de um conceito reconhecido de posição dominante colectiva terá sido o correspondente à decisão *"Mannesmann/Valourec/Ilva"*. Nesse caso, que envolvia a criação de uma quota de mercado da entidade resultante da concentração e de uma segunda empresa concorrente, de maior dimensão, de aproximadamente 70% do mercado em questão, e em que a franja de empresas concorrentes remanescentes, fora desse bloco oligopolista, compreendia apenas duas empresas – dispondo cada uma das mesmas de quotas de mercado de 10% – a Comissão, no termo de um complexo processo de apreciação, não veio a formular um juízo final de objecção à concentração com base na criação de uma posição dominante colectiva (nem aprofundou suficientemente os factores relevantes para a apreciação dessa matéria).[1801]

[1801] Decisão *"Mannesmann/Valourec/Ilva"*, de 1994, já cit. Esta decisão foi, de resto, objecto de múltiplas críticas na doutrina. Cfr., a esse propósito, *inter alia*, REIN WESSLING, *The Modernization of EC Antitrust Law*, cit., esp. pp. 47 ss..

1022 Empresas comuns – Joint Ventures

2.3.2.2. *O aprofundamento do conceito de posição dominante colectiva em sede de apreciação de empresas comuns com carácter de concentração*

Assim, a consolidação do conceito de posição dominante colectiva, em sede de aplicação do RCC, só veio a verificar-se através de duas decisões ulteriores da Comissão com a particularidade comum de versarem, ambas, situações correspondentes a *empresas comuns com carácter de concentração*. Referimo-nos às decisões "*Kali und Salz*" e "*Gencor/ /Lonrho*".[1802] À especial importância das mesmas acresce, ainda, o facto de tais decisões terem sido objecto de recurso jurisdicional, o que permitiu a formação de jurisprudência de referência do TJCE e do TPI sobre a matéria respeitante à categoria jurídica da posição dominante colectiva.

No primeiro caso, a decisão da Comissão incidiu sobre um projecto de criação de uma empresa comum envolvendo as áreas de negócios de sal mineral e outros materiais de uma empresa produtora da extinta República Democrática Alemã – "*Mittel-deutsche Kali A G*" – e de uma segunda empresa concorrente. Em relação ao mercado relevante identificado nesse processo, a Comissão verificou que a concentração notificada daria origem a uma situação de oligopólio, envolvendo a nova empresa comum, "*Kali und Salz*" e um outro produtor e distribuidor comunitário – a empresa francesa "*SCPA*", a qual corresponderia, por seu turno, a uma situação de domínio colectivo não compatível, enquanto tal, com o ordenamento comunitário de controlo de concentrações. A operação foi, de qualquer modo, autorizada com base na imposição de um conjunto de condições. Para esse juízo, referente à verificação de uma situação de *domínio colectivo* emergente da concentração notificada, contribuíram vários aspectos, incluindo, designadamente, para além da estrutura duopolista do mercado, as ligações estreitas mantidas no passado entre as empresas-mãe da empresa comum e a terceira empresa que viria a integrar a referida situação de duopólio (relações que incluíam a constituição de empresas comuns noutros mercados geográficos) e as características do mercado em questão, como mercado maduro, no qual a inovação tecnológica apresentava pouco peso e abarcando produtos com características essenciais de homogeneidade.

[1802] Cfr. Decisão "*Kali und Salz*" (proc IV/M308) e "*Gencor/Lonrho*" (proc IV/M619).

Parte III – Capítulo 2	1023

O Acórdão que o TJCE veio a proferir, em sede de recurso dessa decisão da Comissão, assumiu, de algum modo, um duplo significado, visto que, por um lado, reconheceu – divergindo da posição assumida pelo Advogado Geral nesse processo –[1803] que o sistema comunitário de controlo de concentrações pode abarcar posições dominantes colectivas em mercados que apresentem estruturas oligopolísticas, mas, em contrapartida, estabeleceu padrões analíticos consideravelmente exigentes para a identificação e avaliação desse tipo de situações. Assim, em relação ao caso concreto versado na decisão recorrida, o TJCE considerou que a Comissão não tinha adequadamente demonstrado, no quadro de uma análise concreta de mercado, que a empresa comum, envolvendo determinadas áreas de negócios de uma empresa produtora da extinta República Democrática Alemã, implicaria a criação ou reforço de uma posição dominante colectiva.

Entre outros aspectos, o TJCE não aceitou a alegação de ligações passadas com carácter estrutural entre uma das empresas-mãe da empresa comum e a terceira empresa que, supostamente, partilharia a posição dominante colectiva na sequência da concentração, nem retirou do tipo de relações descritas na decisão recorrida consequências idênticas às que haviam sido admitidas pela Comissão.

Na realidade, considerando, globalmente, os valores de quotas de mercado das empresas que, alegadamente, deteriam uma posição dominante colectiva – quota de mercado conjunta de 60%, correspondente a partes de mercado de 37% e de 23% de cada uma das referidas empresas –, a relativa fluidez dos laços entre as mesmas empresas, que a Comissão, contudo, caracterizara como revestindo natureza estrutural, e ainda as próprias características do mercado relevante que se encontrava em causa, no qual se verificava um declínio acentuado da procura, o TJCE admitiu que não se encontravam demonstradas as condições essenciais de

---

[1803] No processo em causa que originou o Acórdão *"Kali und Salz"* [proc C-68/94 e C-30/95, Col I – 1375 (1998)], o Advogado Geral sustentou que o RCC não conferia à Comissão competência para a proibição de situações de domínio colectivo. Entre outras razões nas quais baseou esse entendimento restritivo, referiu o facto de a presunção favorável a concentrações estabelecida no então Considerando 15 do RCC, de 25% do mercado afectado, seria demasiado baixa para aplicação a situações de domínio colectivo, bem como o facto de o Regulamento nada contemplar sobre direitos processuais de membros de oligopólios que não fossem empresas participantes em operações de concentração notificadas à Comissão.

que depende a existência de tal posição dominante colectiva. Em última análise, a Comissão não reunira os elementos suficientes, em termos de análise prospectiva do mercado, para evidenciar a existência de factores específicos que pudessem originar uma conexão entre as empresas em causa que as habilitasse ou induzisse ao desenvolvimento de políticas comerciais comuns, independentemente do posicionamento das outras empresas concorrentes, dos seus clientes e dos consumidores em geral.

De algum modo, a censura feita pelo TJCE aos processos de análise económica dos mercados afectados pela concentração desenvolvidos pela Comissão na sua decisão *"Kali und Salz"* – salientando as lacunas e insuficiências dessa análise – antecipava já a perspectiva fortemente crítica de reavaliação judicial de decisões em matéria de concentrações que se manifestou, em toda a sua plenitude, em diversas decisões adoptadas pelo TPI no decurso de 2002. Na realidade, e como adiante se salientará, o TPI, no que se pode considerar como um verdadeiro movimento jurisprudencial crítico da prática decisória da Comissão em sede de controlo de concentrações – em ruptura com a tradicional ressalva jurisdicional da margem de apreciação da Comissão em matéria de análise económica – adoptou no decurso de 2002 três Acórdãos de importância essencial, que anularam anteriores decisões da Comissão, iniciando-se, sintomaticamente, esta nova jurisprudência crítica com o Acórdão proferido no processo *"Airtours"*,[1804] no qual se encontravam em causa questões relacionadas com a identificação de uma *posição dominante colectiva*.

Deve notar-se que esta jurisprudência não só verifica, sistematicamente, a existência de lacunas de análise económica nas apreciações desenvolvidas pela Comissão no quadro do controlo de concentrações,

---

[1804] Movimento jurisprudencial que se inicia com este Acórdão *"Airtours"* do TPI [proc T-342/99, Col. II. 2585 (2002)] e se prolonga depois com o Acórdão *"Schneider Electric SA v Commission"* [proc. T-310/01, Col. II – 4071 (2002)] e com o Acórdão *"Tetra Laval BV v Commission"* [proc. T-5/02, Col. II – 4381 (2002)], devendo assinalar--se que a análise do TPI neste último Acórdão foi já – na sequência de recurso interposto pela Comissão – essencialmente confirmada pelo TJCE no seu Acórdão *"Commission v. Tetra Laval BV"*, de 15 de Fevereiro de 2005 (proc. C-12/03). Sobre o impacto geral desta jurisprudência do TPI, que denota uma visão profundamente crítica de défices de análise económica nas apreciações desenvolvidas pela Comissão em sede de aplicação do RCC, cfr. FILIP RAGOLLE, "Schneider Electric v Commission: The CFI's Response to the Green Paper on Merger Review", cit.. Retornaremos, de resto, a estas questões associadas a um novo posicionamento mais activo dos tribunais comunitários no sentido da revisão de avaliações económicas da Comissão, *infra*, na parte conclusiva desta dissertação (**Parte IV**).

Parte III – Capítulo 2   1025

como deixa, também, transparecer – designadamente no Acórdão "*Airtours*" – a necessidade de análises de mercado mais desenvolvidas para que se proceda a uma adequada verificação das condições complexas de que depende a aferição de eventuais posições dominantes colectivas.

Em súmula, resulta indirectamente dessa jurisprudência – e de modo justificado, em nosso entender – que a especial complexidade da avaliação das situações de mercado de tipo oligopolístico postula o desenvolvimento de processos particularmente exigentes e desenvolvidos de análise dos mercados. Tal não implica, segundo cremos, qualquer impossibilidade de formulação de critérios indiciários de análise para enquadramento desta matéria, os quais, pelo contrário, se nos afiguram de importância fundamental. O que está em causa é a inadmissibilidade de formulação de juízos em matéria de identificação de eventuais posições dominantes colectivas que se limitem a esse plano indiciário e que não equacionem, de modo desenvolvido, todos os factores relevantes para a compreensão do funcionamento dos mercados que se encontrem em causa.

2.3.2.3. *Os elementos essenciais do domínio colectivo avaliados na jurisprudência* "Gencor/Lonrho"

Atendendo às limitações que o TJCE encontrou na análise conducente à identificação de uma posição dominante colectiva na decisão "*Kali und Salz*", podemos considerar que a consolidação de um entendimento geral relativamente à admissibilidade de enquadramento de uma categoria jurídica de posição dominante colectiva no normativo do RCC se verifica, apenas, com a decisão adoptada pela Comissão no processo "*Gencor/Lonrho*" e, sobretudo, com o Acórdão proferido pelo TPI sobre a mesma decisão.

Esteve em causa novamente uma decisão respeitante a uma empresa comum com carácter de concentração, devendo, pois, assinalar-se a especial relevância que tem assumido esta categoria da empresa comum para a formação e consolidação de um entendimento relativo à subsunção do conceito de posição dominante colectiva no normativo do RCC.

Essa coincidência pode, em nosso entender, assumir algum significado, visto que – como já se analisou – a constituição de empresas comuns está, com frequência, associada a sistemas contratuais de cooperação

1026   *Empresas comuns* – Joint Ventures

empresarial razoavelmente complexos,[1805] que, em alguns casos, compreendem redes de várias entidades qualificáveis como empresas comuns. Ora, a criação desse tipo de redes de empresas comuns tende a potenciar um conjunto de relações permanentes entre empresas concorrentes – com relevância estrutural – as quais, por seu turno, constituem um factor importante para a emergência de situações de domínio colectivo, envolvendo tais empresas (desde que associado a outras condições relacionadas com a estrutura dos mercados e outros aspectos do seu funcionamento). Admitimos, pois, que a utilização da figura da empresa comum com carácter de concentração – *maxime* quando a mesma assuma um carácter especialmente complexo, comportando vários feixes de relações empresariais – pode, em certas condições, aumentar a probabilidade de ocorrência de situações de domínio colectivo.

A referida decisão *"Gencor/Lonrho"* incidiu sobre uma operação através da qual uma empresa sul-africana, a *"Gencor"* e uma empresa do Reino Unido, a *Lonrho"*, adquiririam o controlo conjunto de uma terceira empresa, a *"Implats"* (a qual, por seu turno, adquiriria o controlo exclusivo de duas outras empresas, a *"Eastplats"* e a *"Implats"* em cujo capital a *"Lonrho"* detinha, inicialmente, uma posição maioriária).[1806] No essencial, o que estava em causa através da criação da empresa comum era conjugar os interesses da *"Gencor"* e da *"Lonrho"* no sector dos minérios – designadamente nas áreas de platina e de ródio – o que teria como resultado final a redução do conjunto de três concorrentes mais significativos, nos referidos sectores produtivos, de três entidades – estabelecidas na África do Sul – para um grupo de duas únicas empresas, emergindo, pois, um verdadeiro duopólio da operação em questão.

Considerando, por um lado, as elevadas quotas de mercado conjuntas das duas principais empresas do sector após a realização da concentração – quotas que se estimava deverem estabilizar num valor global apro-

---

[1805] Sobre essa configuração das empresas comuns como *sistemas de contrato* que podem assumir elevados graus de complexidade, congregando vários feixes de relações de cooperação entre empresas, cfr. o exposto *supra*, no capítulo primeiro da **Parte I**.

[1806] Deve sublinhar-se que, no que respeita à *"Implats"*, uma parcela correspondente a 46,55 % do seu capital era inicialmente detida pela *"Gencor"*, pertencendo o resto ao público. A operação em causa traduziu-se, no fundo, na transformação da *"Implats"* numa empresa comum – sujeita a controlo conjunto – através da qual as partes passariam também a controlar duas outras empresas no sector dos minérios, *maxime* nas áreas de platina e platinóides (cfr. os pontos 1, 5 e 6 da decisão da Comissão).

Parte III – Capítulo 2   1027

ximado de 80% do mercado relevante – bem como a previsível perda de peso, a muito curto prazo, dos outros produtores mundiais com algum significado (empresas russas cuja capacidade de competir deveria conhecer uma drástica redução num horizonte temporal de dois anos),[1807] e tendo em conta, por outro lado, as características gerais do funcionamento do mercado em questão – analisadas com alguma profundidade na decisão – a Comissão sustentou que a constituição da empresa comum originaria a criação de uma posição dominante colectiva (posição duopolística em resultado da qual a concorrência efectiva seria significativamente afectada). E, nesses termos, declarou a operação incompatível com o mercado comum. No quadro do recurso de que essa decisão foi objecto, o TPI corroborou os principais elementos de análise desenvolvidos pela Comissão e confirmou a decisão final de proibição, consolidando, assim, a construção jurídica que enquadra o controlo de situações de oligopólio, através da figura da posição dominante colectiva no normativo do RCC.

Justifica-se, pois, conceder uma atenção especial ao processo de análise que permitiu sustentar esse entendimento, tomando-o como um verdadeiro caso de referência – quer nos seus aspectos mais positivos, relacionados com a extensão e profundidade da análise económica contida no mesmo, quer nas suas insuficiências – para a compreensão de *um modelo de apreciação de situações de domínio oligopolístico de mercados*.[1808]

[1807] Cfr. em especial o ponto 181 da decisão *"Gencor"*.

[1808] Na realidade, a especial importância dessa decisão *"Gencor"*, cit., que representa um marco essencial no reconhecimento da figura da *posição dominante colectiva* em sede de aplicação do RCC e envolvendo, além disso, uma empresa comum qualificável como concentração justifica, em termos algo excepcionais, uma análise particularmente desenvolvida da mesma. Tal análise, para além de identificar os elementos essenciais em que assentou esse reconhecimento da categoria do domínio colectivo, permite também, numa perspectiva crítica, detectar diversas insuficiências nos modelos de avaliação utilizados. Em súmula justifica-se reconstituir, quanto a esta decisão, um determinado contexto de análise de mercado que pode ser tomado como referência, quer no que o mesmo apresenta de positivo, quer em relação a aspectos que merecem um juízo crítico, em ordem a construir, por métodos indutivos, um modelo geral de análise nesta matéria. Idêntica metodologia seguiremos, de resto, em relação a certos tipos funcionais de empresas comuns submetidas ao regime do artigo 81.º CE, fixando-nos em alguns precedentes de referência para construir modelos gerais de avaliação jusconcorrencial. Sobre a especial importância deste processo *"Gencor"* e a compreensível atenção que o mesmo suscitou na doutrina cfr, *inter alia*, JOHN TEMPLE LANG, *Oligopolies and Joint Dominance in Community Antitrust Law*, in *International Antitrust Law & Policy – Annual Proceedings*

1028   *Empresas comuns* – Joint Ventures

Conforme já se referiu, o ponto de partida para a análise da Comissão e do TPI conducente à verificação da existência de uma posição dominante colectiva consistiu nas elevadas quotas de mercado das maiores empresas que, como entidades autónomas, permaneceriam nos mercados de minérios em questão, após a realização da concentração. Além disso, e ainda no que respeita a este plano estritamente estrutural de caracterização do mercado, foi também tomada em consideração a estabilidade das partes de mercado detidas pelos principais intervenientes nos sectores em causa.

Para além das partes de mercado das principais empresas e do grau de concentração verificado nos mercados em causa – embora, pelo menos sob qualquer forma expressa, este factor não tenha sido aferido através de qualquer modelo econométrico –[1809] a Comissão ponderou, sucessivamente, na sua decisão, diversos aspectos relacionados com as *"características do mercado"* do produto, e com a *"existência no passado de uma tendência para o domínio oligopolístico"* para concluir, finalmente, através de um enfoque especial nas estruturas de custos das empresas mais importantes e no desaparecimento da empresa concorrente que representava a *"terceira força significativa no mercado"*, que a concentração criaria efectivamente um duopólio e, enquanto tal, uma posição dominante colectiva.

Em relação às características do mercado em causa, foram equacionados múltiplos factores relevantes que, no seu conjunto, criavam condições favoráveis ao desenvolvimento de uma posição dominante oligopolística. Nesse sentido foram destacados, como aspectos essenciais, a transparência e homogeneidade do mercado. Estando em causa determinados minérios, como produtos de base, em cuja comercialização não

---

of the Fordham Corporate Law Institute – 2001, Editor BARRY HAWK, Juris Publishing, 2002; BAVASSO, "Gencor: A Judicial Review of the Commission's Policy and Practice", in W Comp, 1999, pp. 45 ss.; PORTER, "The Gencor Judgment: Collective Dominance, Remedies and Extraterritoriality Under the Merger Regulation", in EL Rev., 1999, pp. 638 ss.

[1809] Cfr. novamente o ponto 181 da decisão em causa, e ss.. Não foi, neste caso, explicitamente utilizado um modelo econométrico, como o IHH (já caracterizado). Embora determinados indícios resultantes de uma aplicação desse modelo possam ter sido apurados, influenciando a avaliação desenvolvida, não pode asseverar-se que essa ponderação tenha sido feita sem que a mesma tenha sido assumida expressamente na decisão. A este propósito, a confirmação nas *"Orientações"* de 2004 da relevância deste tipo de instrumentos de análise contribuirá, de modo positivo, não apenas para uma utilização mais recorrente dos mesmos, como para uma maior transparência e clareza na sua aplicação.

avultavam elementos distintivos como as marcas, ou outros factores de diferenciação, os parâmetros decisivos para o funcionamento do mercado são, em última análise, os preços e as quantidades oferecidas. Acresce, ainda, que a evolução de tais parâmetros essenciais seria facilmente acompanhada pelos principais intervenientes no mercado, sendo tal transparência devida a diversas razões, como a existência de bolsas oficiais de metais nos quais se assegura a comercialização dos mesmos ou a publicação regular de estatísticas sobre a produção.

Essa transparência de mercado era também reforçada pela existência de um número relativamente reduzido de clientes (que poderiam ser facilmente contactados pelos produtores) e pelas características do processo de contratação com os mesmos clientes, visto que os contratos celebrados com estes tendiam a reportar-se a prazos longos, num quadro em que a intenção de qualquer cliente de mudar de fornecedor seria de conhecimento fácil, por parte dos outros fornecedores, e os mesmos contratos tendiam a incluir cláusulas de proibição de revenda (limitando o número de vendedores no mercado e, assim, reforçando a transparência). Além disso, os projectos de investimento no sector revestiam-se, normalmente, de grande dimensão e seriam, em regra, conhecidos nos meios interessados. A Comissão apurou, igualmente, que o facto de o mercado ser essencialmente constituído por um pequeno grupo de empresas relativamente fechado criava condições para a formação de verdadeiras "*redes de informação oficiosas*". Em termos gerais, a transparência e homogeneidade do mercado, criando condições para o conhecimento recíproco das estratégias comerciais por parte dos principais produtores, facilitaria a "*adopção de comportamentos paralelos anticoncorrenciais*".

Outras características importantes do mercado enunciadas na análise constante da decisão respeitavam à menor elasticidade da procura em relação aos preços, no que respeitava aos minérios em questão, e à previsão de um crescimento moderado da procura, no referido mercado. Esses factores criariam condições para o aumento dos preços ou, pelo menos, para um reduzido grau de concorrência através dos preços, e reduziriam os incentivos à entrada de novos concorrentes.

Foi também destacada como característica do mercado, que contribuiria para o reforço do poder de mercado de um conjunto restrito de empresas de maior dimensão, a ausência de um poder significativo de compensação por parte dos compradores. Na verdade, apesar de se verificar um grau apreciável de concentração entre os compradores, a inexistên-

1030 *Empresas comuns* – Joint Ventures

cia de práticas de descontos ou a própria proibição de revendas indiciavam um diminuto poder de negociação por parte dos mesmos e, em qualquer caso, a sua incapacidade para condicionar, de forma expressiva, as estratégias comerciais dos principais produtores.

Finalmente, foram considerados como aspectos do funcionamento do mercado que contribuíam para uma situação final de domínio oligopolístico, a existência de obstáculos importantes à entrada no mercado e a ausência de novas entradas significativas nesse mercado e, noutro plano, a presença simultânea dos prováveis membros do oligopólio em vários mercados, bem como as relações estruturais entre os mesmos. Em relação a este último aspecto, deve notar-se que o mesmo, mais do que uma característica intrínseca do funcionamento, em geral, do mercado em questão, deve ser analiticamente tratado – nos termos que adiante explanaremos – como um carácter próprio do círculo interno de relações que compõem o provável oligopólio.

Já o primeiro aspecto acima enunciado constitui, em nosso entender, um elemento analítico primacial para a avaliação jusconcorrencial de qualquer situação de mercado como uma situação de domínio oligopolístico (correspondente à figura da posição dominante colectiva e, como tal, subsumível no teste jurídico-económico previsto no artigo 2.º do RCC). Na decisão em questão, os factores decisivos para a verificação da existência de importantes barreiras à entrada no mercado consistiram no controlo das reservas mundiais de minérios por um conjunto restrito de empresas e no carácter capital intensivo das actividades de extracção e refinação dos minérios em causa (conduzindo a necessidades significativas de disponibilidade de capital, parte do qual seria consumido por custos iniciais de investimento irrecuperáveis). Apesar do carácter aparentemente conclusivo desses indícios – que não mereceram, de resto, uma avaliação em sentido contrário, por parte do TPI – pensamos que a apreciação de eventuais barreiras à entrada no mercado deve, em geral, justificar uma análise dinâmica dos mercados mais desenvolvida do que a que se verificou neste caso *"Gencor/Lonrho"*. Essa análise dinâmica das perspectivas de concorrência potencial deve constituir um teste exigente, cuja concretização abarque todas as possibilidades que apresentem consistência económica, antes de se formular qualquer juízo final relativo à criação de uma posição dominante colectiva. Qualquer défice de análise prospectiva pode, assim, distorcer a avaliação final do mercado que venha a ser proferida em sede de aplicação do RCC, nos casos em que os mercados afecta-

Parte III – Capítulo 2

dos apresentem – no momento em que se realiza a operação – elevados graus de concentração.

De algum modo, embora tal não tenha constituído um factor crítico no caso *"Gencor/Lonrho"*, essa menor exigência relativa colocada na concretização do teste referente às perspectivas de concorrência potencial veio a revelar-se, em ulteriores decisões da Comissão também sujeitas ao escrutínio do TPI, uma deficiência analítica importante, que afectou os juízos de verificação de situações de domínio colectivo então produzidos.[1810]

Como se referiu, além de equacionar as *"características do mercado"* em questão, a Comissão ponderou, como plano autónomo da sua análise nesta decisão a *"existência no passado de uma tendência para o domínio oligopolístico"*. Nesse plano, identificaram-se vários aspectos relevantes como o grau reduzido de concorrência directa a nível de preços em contratos de longo prazo com os clientes e a própria constatação da manutenção de preços elevados. Atendendo ao funcionamento do mercado em questão – dependente do desfecho de negociações contratuais periódicas, que se projectam num horizonte de médio e longo prazo, entre um conjunto reduzido de fornecedores e de clientes – a Comissão observou que a concorrência a nível dos preços só poderia assumir a forma de descontos oferecidos quando os referidos fornecedores entram em concorrência entre si para obterem os grandes contratos. Face à ausência de descontos significativos nesse tipo de situações foi, assim, possível verificar que o grau de concorrência relativa aos preços era pouco intenso.

Além disso, foi também especificamente analisado o *"comportamento passado dos principais operadores no mercado"*, sendo identificada alguma propensão dos mesmos para eventuais projectos de cartelização da indústria em causa. Consideramos, contudo, e até certo ponto, criticável esta parte da análise desenvolvida no caso *"Gencor/Lonrho"*, visto que, em nosso entender, a avaliação de comportamentos passados das princi-

---

[1810] De algum modo, o menor desenvolvimento analítico dos aspectos relativos a barreiras à entrada no mercado e à concorrência potencial – que não mereceu neste caso objecções decisivas por parte do TPI – ter-se-á justificado, até certo ponto, nesta decisão *"Gencor"*, pois os factores relevantes, nesse plano, eram relativamente lineares. Todavia, essa menor atenção ao plano da concorrência potencial e ao desenvolvimento de uma ponderação económica dos elementos relevantes para a sua avaliação veio a revelar-se um aspecto crítico em ulteriores decisões da Comissão que versaram hipotéticas situações de domínio colectivo e que mereceram juízos desfavoráveis por parte do TPI, desde o importante Acórdão *"Airtours"*, cit..

1032 *Empresas comuns* – Joint Ventures

pais empresas e potenciais membros de um eventual oligopólio só deverá ser especialmente trazida à colação, caso se observem indícios de coligações ou, pelo menos, de tentativas de coordenação de comportamentos e não apenas uma vaga e suposta propensão para a cartelização.[1811]

Um último plano de análise desenvolvido na decisão é o que respeita à caracterização do posicionamento das empresas mais importantes no mercado em questão. Com efeito, a Comissão ponderou a relevância de alguns aspectos directamente associados à estrutura de funcionamento dessas empresas bem como aos processos de interacção comercial entre as mesmas antes da constituição da empresa comum e – na medida em que tal se mostrasse previsível – no quadro decorrente da ulterior intervenção no mercado desta última entidade. A avaliação de tais aspectos permitiu concluir que as duas maiores empresas que permaneceriam no mercado apresentariam estruturas de custos de funcionamento muito semelhantes, o que reduziria, fortemente, os incentivos para competirem entre si e, de modo reflexo, aumentaria a probabilidade de comportamentos paralelos anticoncorrenciais.

Além disso, a eliminação da presença autónoma de uma terceira empresa concorrente, que ainda poderia manter alguma concorrência limi-

---

[1811] Importa notar que se encontram em causa, na perspectiva de análise acima considerada, elementos relativos a *situações anteriores a operações de concentração* que, em nosso entender, devem sempre ser ponderados com alguma reserva, atendendo à natureza dos *juízos essencialmente prospectivos* que se encontram subjacentes à avaliação de operações de concentração. Ocorrendo uma transformação importante das estruturas de mercado, os próprios comportamentos passados das empresas não podem ser reavaliados à luz dos padrões de comportamento previsíveis no quadro da estrutura de mercado resultante de uma operação de concentração. De alguma forma, este tipo de prevenções que aqui sustentamos veio a ser, pelo menos parcialmente, acolhido pela Comissão nas "*Orientações*" de 2004, cit. Na verdade, ao referir como elemento relevante para a aferição da probabilidade de existência de efeitos coordenados o "*comportamento anterior das empresas*", a Comissão ressalva aí que a ponderação de tal elemento será importante desde que "*as características do mercado relevante não tenham sofrido alterações apreciáveis ou não sejam susceptíveis de registar alterações num futuro próximo*" (cfr. ponto 43 das "*Orientações*"). Ora, em nosso entender, na maior parte das situações envolvendo mercados com estruturas de tipo oligopolístico – ou passíveis de evoluir para oligopólio na sequência de operações de concentração – estas operações tendem, precisamente, a gerar alterações apreciáveis da estrutura do mercado, pelo que a ressalva formulada pela Comissão se nos afigura ainda insuficiente. Pela nossa, parte, pensamos que na generalidade dos casos, o comportamento anterior das empresas deve constituir um elemento indiciário ao qual se atribua um peso limitado e que carece sempre de conjugação com elementos analíticos de tipo diverso.

tada em relação aos preços e aos níveis de produção disponibilizados aos principais clientes, contribuiria também, previsivelmente, para um controlo mais estreito, por parte das duas maiores empresas, da taxa de expansão da capacidade de produção, o que seria suficiente para conduzir a uma *"redução do equilíbrio oferta-procura e, por conseguinte, a aumentos de preços"*.[1812] No essencial, a análise efectuada pela Comissão, neste plano relativo ao posicionamento no mercado das empresas mais importantes, foi corroborada pelo TPI. Assim, este órgão jurisdicional salientou, seguindo de perto a apreciação constante da decisão recorrida, que a similitude das quotas de mercado das empresas em causa, a parte das reservas mundiais de minérios de que dispunham e a respectiva estrutura de custos conduziriam a *"uma maior convergência de interesses"* entre essas duas empresas de maior dimensão, que permaneceriam no mercado, como concorrentes autónomos, após a realização da concentração (convergência que aumentaria os riscos de comportamentos paralelos anticoncorrenciais).

No que respeita à análise que incidiu sobre aspectos essenciais do funcionamento do mercado constante da decisão recorrida, deve sublinhar-se a posição flexível adoptada pelo TPI quanto à existência de ligações económicas entre as empresas que supostamente integrariam o pólo oligopolista em posição de domínio do mercado. Assim, o TPI rejeitou alegações no sentido de erigir a existência de ligações de tipo estrutural entre essas empresas – entendidas em sentido estrito – como um critério necessário para a determinação da existência de uma posição dominante colectiva, admitindo, em contrapartida, a relevância de meras relações de alguma interdependência entre membros de um potencial oligopólio. Ainda nesse plano de apreciação, referente às características do funcionamento do mercado em causa, importa também destacar o facto de o TPI ter empreendido uma análise de mercado relativamente desenvolvida, que o levou a confirmar os principais pressupostos assumidos pela Comissão, *maxime* em matéria de transparência (sobretudo transparência relativa a preços). Tal característica de transparência em matéria de preços revelava-se particularmente importante, como acentuou o TPI, em ordem a permitir aos membros do oligopólio *"detectar imediatamente"* eventuais opções divergentes de política comercial por parte de outros membros do mesmo e a *"tomar medidas de retaliação necessárias"* para impedir esse tipo de comportamentos.

[1812] Cfr., a esse respeito, o ponto 187 da decisão da Comissão.

1034 *Empresas comuns* – Joint Ventures

2.3.2.4. *Insuficiência dos critérios analíticos delineados na jurisprudência* "Gencor/Lonrho"

2.3.2.4.1. Perspectiva geral

Tendo, pois, presente os vários planos de análise, atrás enunciados, em que assentaram os juízos coincidentes formulados pela Comissão e pelo TPI nesse processo "*Gencor/Lonrho*", poder-se-ia admitir que a decisiva consagração do conceito de *posição dominante colectiva*, em sede de aplicação do artigo 2.º do RCC, associada à apreciação desta empresa comum com carácter de concentração, teve na sua base um adequado e exaustivo método analítico de delimitação de situações de domínio oligopolístico.

Ora, apesar da extensão dos elementos cobertos pelas impressivas análises de mercado desenvolvidas pela Comissão e pelo TPI, não é esse o nosso entendimento. Na realidade, sem prejuízo de considerarmos que tais análises identificaram, em geral, uma parte significativa dos parâmetros de apreciação que podem sustentar a eventual verificação da existência de posições de domínio colectivo e que devem ser tomados como referência nesta área de problematização jurídica, pensamos que se registaram lacunas importantes na concatenação lógica dos mesmos e, até, na própria conceptualização de tais critérios. *Essas lacunas obstaram, assim, a que se tivesse, verdadeiramente, assegurado a construção de um modelo geral de análise das situações de domínio oligopolístico, ou de situações de afectação da concorrência em condições de mercado oligopolísticas.*

Tomando em consideração, o conjunto de aspectos cobertos pelas análises da Comissão e do TPI no referido processo "*Gencor/Lonrho*", bem como a experiência de análise já colhida noutros casos em que a eventual criação de posições dominantes colectivas tem sido equacionada, pensamos que se poderá ensaiar a construção de um tal modelo de análise, de aplicação geral, conquanto revestida da necessária flexibilidade e condicionada pelos aspectos que resultem da avaliação casuística a desenvolver obrigatoriamente em relação a cada situação de mercado.[1813] Importa,

---

[1813] Devem também ponderar-se neste contexto alguns corolários de análise resultantes do direito comparado – sobretudo do ordenamento norte-americano, apesar das diferenças que separam o mesmo do ordenamento comunitário (de qualquer forma, mais do que diferenças substantivas, pensamos que estas correspondem essencialmente a diversos

de qualquer modo, destacar, à luz das nossas considerações introdutórias sobre a complexa categoria jusconcorrencial da *posição dominante colectiva*,[1814] que este modelo geral de análise – conquanto aplicável para a avaliação da generalidade das situações que suscitem potencialmente a utilização da referida categoria – tem como principal enfoque os denominados casos de *coligação tácita*, o que, em nosso entender, se justifica, entre outros aspectos, pelo facto de os mesmos abarcarem a maior parte das situações relevantes de oligopólio com efeitos restritivos da concorrência.[1815]

Tal não significa que esse modelo não seja utilizável para a apreciação de situações referentes à emergência dos denominados efeitos unilaterais associados a operações de concentração que reforcem as estruturas oligopolísticas de certos mercados. Pensamos, contudo, que esta extensão do modelo a esse tipo de efeitos unilaterais, decorrentes de concentrações,

---

processos de qualificação jurídica, porquanto, *vg.*, o ordenamento norte-americano não contempla a categoria jurídica da posição dominante). Além disso, como já acima observámos – *vg.*, a propósito das condições de ponderação dos comportamentos passados das empresas – a construção analítica ensaiada nas *"Orientações"* de 2004, cit., contribui, em alguns pontos, para ultrapassar as lacunas de análise que aqui apontamos, embora de forma não totalmente satisfatória.

[1814] Cfr., a este propósito o exposto *supra*, pontos **1.** e 2.1., deste capítulo, onde evidenciamos os dois tipos fundamentais de problemas de afectação da concorrência que podem configurar-se em situações de oligopólio.

[1815] Pela nossa parte, consideramos inquestionável que a maior parte dos problemas relevantes de afectação da concorrência suscitados por concentrações, em mercados de tipo oligopolístico, corresponderá à emergência de situações de domínio colectivo – pressuposto que parece também ser assumido, pelo menos implicitamente, nos Considerandos do Regulamento (CE) n.º 139/2004. Os problemas inerentes a *efeitos unilaterais* em situações de mercado que se aproximem do oligopólio verificar-se-ão num conjunto mais circunscrito de casos. Contudo, em relação a esses casos, a clara assumpção de uma *perspectiva dual de análise* – reportada a *efeitos unilaterais* e *efeitos coordenados* – obriga a acentuar alguns elementos de *adaptação* de um modelo geral de avaliação de concentrações em mercados oligopolísticos que tome como referência central as situações de domínio colectivo. Com esta ressalva, continuamos, no entanto, a descortinar vantagens nessa referência primordial às situações de domínio colectivo. Entre outros aspectos, essa metodologia de análise permitirá atenuar elementos de incerteza que autores como, *vg*, BISHOP e RIDYARD, vislumbram na autonomização *ex novo* de uma *"non collusive oligopoly risk category"* não densificada até ao presente na *praxis* decisória da Comissão (cfr. SIMON BISHOP, DEREK RIDYARD, "Prometheus Unbound. Increasing the Scope of Intervention in EC Merger Control", cit., esp. pp. 359 ss.).

1036 *Empresas comuns* – Joint Ventures

justifica algumas adaptações no modo como são ponderados determinados critérios que integram o mesmo modelo (não se trata, em última análise, de uma alteração essencial do próprio modelo, mas apenas de uma graduação interna algo diferenciada do peso atribuído a certos critérios de apreciação na concretização global do mesmo modelo, em cada situação de mercado concreta que se encontre em apreço).

2.3.2.4.2. Análise de empresas comuns com carácter de concentração e elementos para a construção de um modelo de avaliação de estruturas de mercado oligopolísticas geradoras de efeitos coordenados

No quadro de referência acima delineado, pensamos que o modelo de avaliação de estruturas de mercado de tipo oligopolístico a construir, deve, normalmente, assentar na identificação de quatro planos distintos de análise (embora necessariamente interligados entre si).

Assim, num primeiro plano, deverão ser tomadas em consideração as quotas de mercado das empresas envolvidas em determinada operação de concentração, bem como as partes de mercado das empresas de maior dimensão presentes em certo mercado. Em termos mais gerais, neste plano de análise estritamente estrutural, será importante equacionar o grau de concentração verificado em determinados mercados, em consequência de certas operações de concentração. Para esse efeito, é naturalmente positivo o expresso acolhimento da utilização do modelo econométrico ao IHH nas *"Orientações"* de 2004, nos termos que já tivemos ensejo de caracterizar.

Este critério relativo a quotas de mercado e ao grau de concentração do mercado deve funcionar como um *critério indiciário inicial*, que permita delimitar as situações relativamente às quais se justifica efectuar uma análise de mercado desenvolvida, em função dos riscos de emergência de posições de domínio colectivo associadas às mesmas. Embora, tal como sublinhámos, *mutatis mutandis*, a propósito da avaliação de eventuais posições dominantes individuais, se não deva considerar fundamentada qualquer pretensão de estabelecimento de presunções de poder de mercado estreitamente relacionadas com determinados valores de referência de partes de mercado detidas em conjunto por determinadas empresas, admitimos que algumas orientações relevantes para esse processo de análise do poder de mercado podem ser obtidas a partir desse tipo de valores.[1816]

Pensamos, mesmo, que essa função indiciária dos elementos estruturais relativos às quotas de mercado e ao grau de concentração nos mercados afectados pela criação de empresas comuns com carácter de concentração se encontra especialmente reforçada em matéria de avaliação de eventuais posições dominantes colectivas. Em primeiro lugar, atendendo ao carácter reconhecidamente complexo e plurifacetado do processo de análise deste tipo de situações de mercado,[1817] os referidos elementos estruturais devem constituir o necessário ponto de partida de uma tal apreciação, sem que, em paralelo, se verifique o propósito de extrair, desde logo, dos mesmos qualquer juízo indicativo preliminar sobre a existência de domínio colectivo do mercado. Cumprem, no entanto, uma função essencial de delimitação de categorias de situações potencialmente relevantes para a avaliação de eventuais problemas de domínio colectivo.

Em segundo lugar, tais elementos constituem uma pré-condição estrutural para a emergência desse tipo de questões em termos que não são comparáveis aos que se verificam em sede de apreciação de eventuais situações de domínio individual (visto que estas últimas situações podem ocorrer em condições estruturais mais variáveis; em contrapartida, os riscos de domínio colectivo só serão verdadeiramente relevantes uma vez ultrapassados limiares especialmente elevados do grau de concentração dos mercados).

[1816] Assim, à luz da experiência de análise de mercado adquirida quer no ordenamento norte-americano, quer no ordenamento comunitário da concorrência, podemos admitir, acompanhando neste ponto autores como CHRISTENSEN e RABASSA, que a emergência de efeitos coordenados será relativamente improvável quando o conjunto de empresas supostamente detentoras de uma posição de domínio colectivo apresente uma quota agregada de mercado inferior a 60% ou 70 % do mercado relevante (cfr. As. cit., "The Airtours Decision: Is There a New Commission Approach to Collective Dominance?", in ECLR, 2001, pp. 227 ss.). Sem prejuízo desse critério de referência global, e como de seguida observamos, critérios indiciários ainda mais específicos de situações potencialmente problemáticas poderão ser tomados em consideração – sempre de modo flexível – em função do número de membros de presumíveis oligopólios.

[1817] Como já temos observado, consideramos tipicamente os processos de análise de eventuais situações de domínio colectivo mais exigentes e complexos do que os relativos a situações de domínio individual. De resto, as especiais dificuldades de identificação de termos e aspectos de coordenação em mercados oligopolísticos foram desde sempre destacadas no quadro da análise económica destas matérias. Cfr., a este propósito, GEORGE STIGLER, "A Theory of Oligopoly", in JPE., 1964, 44.

1038 *Empresas comuns* – Joint Ventures

Deste modo, e com as ressalvas acima enunciadas, admitimos que se possam tomar em consideração como valores indicativos de referência, em ordem a identificar – de modo preliminar – situações que justifiquem uma avaliação de eventuais questões de domínio colectivo do mercado, os casos em que, na sequência da concretização de operações de concentração, duas empresas detenham partes de mercado conjuntas superiores a 50%, três empresas detenham mais de 65% do mercado ou, no limite, quatro empresas detenham mais de 75% do mercado que se encontre em causa.[1818]

Para além desse plano estrutural, pensamos que se devem identificar três outros planos essenciais de análise, sendo, em nosso entender, irrelevante a ordenação, entre si, dos dois primeiros, mas devendo, em contrapartida, o terceiro constituir a última etapa – e, consequentemente, o teste final – no processo de avaliação de eventuais situações de domínio colectivo. Os dois primeiros planos atrás considerados correspondem, por um lado, à *análise desenvolvida das características de que se revestem os membros de qualquer presumível oligopólio* que se encontre em apreço e, por outro lado, à *análise das características gerais ou das condições de funcionamento do mercado relevante* que se encontre em causa. Finalmente, o último plano considerado, que deve assegurar a conclusão dos processos de análise relativos a situações de domínio colectivo, corresponde, segundo cremos, à *análise das características essenciais da franja de empresas concorrentes que permaneça no mercado fora do círculo potencial de interdependência oligopolística.*

[1818] Neste quadro de referência, e como é natural, quanto mais elevado for o valor do IHH maior será a probabilidade de verificação de efeitos coordenados. Além disso, a *estabilidade* dessas *quotas de mercado* dos presumíveis membros de um oligopólio será também um factor importante para reforçar tal probabilidade. Todavia, os dados resultantes de um aumento do IHH não devem ser valorados *a se* como elemento decisivo para a verificação de situações de domínio colectivo. Na verdade, concentrações que conduzam a um aumento do IHH, mas que envolvam, paralelamente, uma *maior assimetria dos custos* das empresas presentes no mercado podem, em última análise, reduzir as probabilidades de coordenação tácita. Neste ponto é justo destacar que nas "*Orientações*" de 2004 a Comissão veio reconhecer a relevância desse aspecto, referindo ser mais fácil a coligação tácita se as empresas envolvidas forem "*relativamente simétricas, principalmente em termos de estruturas de custos, quotas de mercado* (…)" e destacando os ganhos de eficiência eventualmente emergentes de concentrações como elementos importantes para aferir as variações de simetria das diversas empresas presentes no mercado (cfr. "*Orientações*" de 2004, ponto 48). Cremos, de qualquer forma, que a Comissão poderia ter ido ainda mais longe nestas "*Orientações*", clarificando, especificamente, que o factor simetria de custos pode contrabalançar um elevado valor de IHH.

Parte III – Capítulo 2

2.3.2.4.3. Modelo de avaliação de estruturas de mercado oligopolísticas geradoras de efeitos coordenados e análise de determinadas características gerais do mercado

No que respeita ao plano correspondente à *análise das características gerais do mercado relevante* que se encontre em causa, importa ponderar, de modo exaustivo um conjunto de factores paradigmáticos que podem contribuir – sob formas ou com intensidades variáveis – para a formação de posições de domínio colectivo. Assim, como se pôde verificar através da análise do processo *"Gencor/Lonrho"*, certas características importantes do mercado, como a relativa *homogeneidade dos produtos* e a *existência de condições de transparência em matéria de formação de preços, de capacidade produtiva e de processos de investimento*, constituem condições especialmente favoráveis ao desenvolvimento de situações de interdependência oligopolista que podem evoluir para verdadeiras posições de domínio colectivo do mercado. O relevo dessas condições será acrescido quando as mesmas se conjuguem com situações de estabilidade dos preços (aferidas numa perspectiva de médio prazo).[1819]

Outras características do mercado assumem também importância para essa avaliação do poder de mercado, como as *tendências de evolução da procura* que seja possível observar. A estagnação da procura em determinado mercado – factor a avaliar, uma vez mais, numa óptica plurianual – traduzir-se-á, com toda a probabilidade, num processo de concorrência menos intenso e não criará incentivos à entrada de novos concorrentes no mercado em questão. Esse factor pode, ainda, ser agravado, caso se verifi-

---

[1819] A *transparência dos mercados* tem sido justamente valorada como índice importante de eventuais situações de domínio colectivo, mesmo quando esteja em causa um conjunto mais alargado de empresas, como sucedeu, *vg.*, na situação apreciada na decisão *"Exxon/Mobil"*, já cit. Assim, nessa decisão, a Comissão considerou que a transparência dos mercados em causa permitia o acompanhamento recíproco e a consciência da interdependência dos comportamentos concorrenciais das sete principais empresas presentes num dos mercados afectados (o que a levou a admitir que essas sete empresas detinham uma posição de domínio colectivo nesse mercado). Em contrapartida, as diversas características essenciais dos mercados que acima consideramos podem levar a que, mesmo em situações caracterizadas pela existência de elevadas quotas de mercado conjuntas ou elevados graus de concentração, não sejam, em última análise, apuradas situações de domínio conjunto [cfr., entre outros casos, a decisão *"Bertelsmann/CLT"* (proc IV/M779), na qual a Comissão considerou que um conjunto restrito de empresas detendo 88% do mercado não tinham o domínio colectivo do mesmo].

1040 *Empresas comuns* – Joint Ventures

que uma relativa inelasticidade da procura em função das variações de preços, visto que essa situação não estimula a concorrência através dos preços e cria, pelo contrário, condições favoráveis à imposição de aumentos de preços ou, pelo menos, à manutenção dos mesmos (não sendo provável, nesse contexto de mercado, que qualquer um dos principais fornecedores adopte estratégias comerciais divergentes, no sentido da diminuição dos preços). [1820]

O factor correspondente à eventual existência de elevadas *barreiras à entrada no mercado* que se encontre em causa terá forçosamente um peso essencial neste plano de análise. Trata-se, em súmula, de aferir, numa perspectiva dinâmica e prospectiva do processo de concorrência, se será minimamente prefigurável um condicionamento da evolução do mercado devido à pressão da concorrência potencial. Em nosso entender, a *praxis* decisória comunitária em matéria de controlo de concentrações – *maxime* nos casos referentes a potenciais situações de domínio colectivo – tem, com frequência, revelado uma insuficiente análise jurídico-económica deste factor relativo à concorrência potencial, em contraste com o que se vem verificando no quadro do ordenamento da concorrência norte-americano.[1821] Importa, com efeito, ter presente que essa análise deverá incidir sobre o horizonte temporal possível da entrada no mercado de potenciais

---

[1820] Em contrapartida, e ponderando ainda o mesmo tipo de características do mercado, nas situações em que seja previsível um crescimento razoavelmente célere da procura e a expansão dos mercados em causa é menos provável a emergência de efeitos coordenados, como a Comissão verificou, *vg.*, na decisão "*Lucent Technologies/Ascend Communications*" (proc IV/M1440). A Comissão veio também confirmar a relevância deste factor nas "*Orientações*" de 2004, embora em termos que, segundo cremos, deveriam ter sido objecto de maior clarificação. Na realidade, a Comissão considera aí (ponto 45 das "*Orientações*") que a probabilidade de coordenação de comportamentos é maior "*quando as condições da procura e da oferta são relativamente estáveis*" do que quando se registam "*constantes oscilações*". E, nesse tipo de ponderações uma ênfase superior deveria ter sido colocada não apenas na instabilidade, mas, de modo mais directo, no crescimento rápido da procura, como factor que atenua a probabilidade de efeitos coordenados.

[1821] Na realidade, o peso que temos assinalado nas "*Horizontal Merger Guidelines*" do direito norte-americano em relação ao factor da concorrência potencial e do escasso significado das barreiras à entrada no mercado faz-se sentir também no domínio da avaliação de efeitos coordenados no quadro de estruturas oligopolísticas do mercado. Sobre a importância de tal factor no sistema norte-americano, cfr. Malcolm Coate, James Langefeld, "Entry Under the Merger Guidelines 1982-1992", in AB, 1993, pp. 557 ss..

concorrentes, sobre o grau de probabilidade da mesma e sobre a importância relativa dos novos concorrentes, no sentido de apreender se a intervenção *ex novo* dessas empresas constitui um elemento suficiente para condicionar os equilíbrios de mercado pré-existentes, em especial no que respeita às práticas de preços desenvolvidas no mercado em causa.

Ora, a ponderação desses três aspectos primaciais obriga a uma concreta identificação do conjunto de actuações que qualquer empresa deva desenvolver para penetrar em determinado mercado e a uma avaliação das condições previsíveis de que tal empresa poderá dispor em relação a cada uma dessas actuações (abarcando, *vg.*, o planeamento e a preparação da entrada, através da obtenção de licenças, de diversos tipos, de direitos de propriedade industrial ou intelectual, de prévia instalação de infra-estruturas produtivas, com dimensões variáveis, ou de lançamentos de campanhas promocionais, bem como a gestão do próprio processo de penetração no mercado, através da instalação ou desenvolvimento de redes de comercialização). Noutros termos, tal significa reconhecer que, não obstante uma inevitável margem de livre apreciação subjacente à produção de juízos de tipo prospectivo neste domínio, a mesma deve assentar numa efectiva análise económica – conquanto sumária, em alguns casos – dos elementos que podem influir sobre a exequibilidade das várias actuações empresariais que tenham sido identificadas como etapas sucessivas de qualquer processo de entrada num mercado.[1822]

As lacunas e deficiências de análise que vimos apontando a uma parte significativa das apreciações desenvolvidas pela Comissão – as quais só num período mais recente têm merecido a atenção da jurisprudência comunitária –[1823] resultam, precisamente, quer da falta de indagação exaustiva das hipóteses de concorrência potencial que se possam configurar em relação a certos mercados, quer da frequente assunção, neste

---

[1822] A este propósito já tivemos também ensejo de referir que as *"Orientações"* de 2004, cit., representaram um avanço importante para a ponderação analítica deste factor correspondente às condições de entrada no mercado. Pudemos, igualmente, sublinhar que a característica denominada pela doutrina norte-americana como *"contestability"* dos mercados não é tão frequente como alguma teoria económica tem admitido e carece de uma efectiva demonstração económica (no mínimo, através da utilização coerente de vários critérios indiciários e de alguma análise económica concreta dos mercados afectados).

[1823] Reportamo-nos aqui ao crescente enfoque crítico neste tipo de insuficiências de análise que se pode considerar, de algum modo, iniciado com a jurisprudência *"Airtours"* e acentuado em ulteriores Acórdãos do TPI (já largamente referidos).

1042   *Empresas comuns* – Joint Ventures

plano, de pressupostos não devidamente testados através da avaliação de factores económicos concretos.[1824]

Finalmente, a ponderação das características do mercado afectado pela concentração, no quadro da avaliação de eventuais situações de domínio colectivo, não ficará concluída sem uma rigorosa análise de condições que possam determinar a existência de um apreciável *poder de compensação por parte dos principais compradores* no referido mercado.[1825] Na realidade, mesmo que um conjunto apreciável de factores potencialmente conducentes ao domínio colectivo de certo mercado se encontrem presentes, a possibilidade comprovada do exercício de um significativo poder negocial por parte dos clientes das empresas oligopolistas tenderá a compensar qualquer excessiva capacidade de influenciar a evolução dos preços de que estas aparentemente dispusessem. Todavia, essa análise do poder aquisitivo dos compradores, devendo constituir um passo necessário em todos os casos de avaliação de hipotéticas situações de domínio

---

[1824] Alguns progressos acima assinalados, aparentemente resultantes das *"Orientações"* de 2004, cit., não asseguram ainda que, em sede de concretização jurídica do teste de compatibilidade com o mercado comum e no contexto da avaliação de hipotéticas situações de domínio colectivo, as insuficiências de análise verificadas nesse plano, sejam efectivamente ultrapassadas de modo satisfatório.

[1825] A este propósito, tenha-se presente, *mutatis mutandis*, os aspectos que já enunciámos quanto à importância do factor relativo ao *poder de compensação dos compradores*, no contexto da nossa análise dos diversos factores analíticos relevantes para a avaliação de situações de domínio individual (e de verificação de efeitos não coordenados) – *supra*, ponto 2.2.2.4. e ss. deste capítulo. Importa, contudo, salientar, tal como já fizemos em relação à ponderação da concorrência potencial, que este factor do poder de compensação dos compradores poderá apresentar um maior peso no quadro da avaliação de situações de domínio colectivo, justificando, em contrapartida, análises mais desenvolvidas para a sua aferição. Cfr., a esse propósito, *inter alia*, a decisão *"BP Amoco/Arco"* (proc COMP/M 1532), na qual a Comissão salientou a importância de situações contratuais frequentes impostas aos produtores/fornecedores de petróleo no sentido de restringir a capacidade dos mesmos para limitar a produção; esse aspecto resultou, contudo, de uma investigação sobre as condições de funcionamento do mercado. Sobre esta matéria, cfr. também MARC IVALDI, BRUNO JULLIEN, PAUL SEABRIGHT, JEAN TIROLE, *The Economics of Tacit Collusion* (Final Report for DG Competition – European Commission), 2003. Como salientam estes autores, *"large buyers can successfully break collusion by concentrating their orders, in order to make firms' interaction less frequent and to increase the short--term gains from undercutting rivals; more generally, large buyers can design procurement schemes that reduce the scope for collusion"* (*op. cit.*, p. 53). A ponderação deste tipo de aspectos, é, naturalmente, indissociável de uma análise minimamente desenvolvida dos mercados que se encontrem em causa.

Parte III – Capítulo 2   1043

colectivo, terá, em contrapartida, que assentar em pressupostos económicos sólidos e devidamente testados. Não será suficiente apurar uma elevada dimensão e um apreciável grau de desenvolvimento ou sofisticação das estratégias comerciais dos compradores para que se possa validamente considerar, em termos globais, o seu poder aquisitivo como um factor de compensação do poder de mercado detido pelos membros de um potencial oligopólio. Será necessário proceder a uma avaliação concreta do modo como se estabelecem e desenvolvem, ao longo de determinados períodos de tempo, as relações comerciais entre as empresas fornecedores, os seus principais clientes e outros agentes ou consumidores que integrem ainda certas cadeiras de nexos de mercado de tipo vertical.[1826]

2.3.2.4.4. Modelo de avaliação de estruturas de mercado oligopolísticas e análise das características dos membros de oligopólios geradores de efeitos coordenados

Num terceiro plano respeitante à análise desenvolvida das *características de que se revestem os membros de qualquer presumível oligopólio* que se encontre em apreço, podemos, igualmente identificar múltiplos factores potenciadores do domínio colectivo. Assim, a *existência de estruturas de custos comparáveis* por parte de um conjunto limitado de empresas de maior dimensão que operem em determinado mercado favorece, desde que verificadas outras condições, os processos de coordenação tácita de comportamentos. Tal factor representa um importante incentivo para actuações paralelas das empresas que se encontrem em causa, porquanto as mesmas serão afectadas em termos comparáveis pelas principais evoluções do mercado. Quer as suas estratégias em matéria de produção, quer as suas estratégias de preços tenderão a produzir consequências semelhantes em relação às respectivas rentabilidades. Além disso, essa

---

[1826] Assim, mesmo que os compradores que se relacionem com os membros de um oligopólio detenham um poder de negociação apreciável, bem como poder económico e dimensão significativos, tais empresas compradoras podem não vir a condicionar, de forma muito intensa, estratégias de preços das empresas fornecedoras oligopolistas se conseguirem, *vg.*, repercutir com grande facilidade aumentos de preços nos seus clientes finais. A existência desse tipo de compradores com poder de mercado não dispensa, pois, uma análise das condições efectivas de funcionamento do mercado que se encontre em causa.

1044   *Empresas comuns* – Joint Ventures

situação introduz claros elementos de previsibilidade em relação ao comportamento dos principais concorrentes e, desse modo, afecta decisivamente uma das principais fontes de processos normais de concorrência que corresponde à incerteza em relação às actuações das outras empresas.

Consideramos, também, factores relevantes, neste plano, a eventual *existência de vantagens comparadas apreciáveis por parte dos potenciais membros de um oligopólio* – que poderão revestir formas diversas, como *vg.* o controlo de certa tecnologia ou de certos direitos industriais – bem como de graus elevados de utilização da capacidade produtiva, que se mostrem idênticos entre si em relação ao conjunto dessas empresas (a não existência de divergências apreciáveis nos níveis de utilização de capacidades produtivas afasta potencialmente quaisquer propensões para desenvolver estratégias comerciais autónomas orientadas para a variação da carteira de bens ou serviços oferecidos e aproveitando capacidades não previamente utilizadas).

Um aspecto que tem sido, justamente, considerado essencial para aferir situações de interdependência oligopolística, restritivas da concorrência, corresponde à verificação da *existência de laços estruturais ou contratuais entre as principais empresas presentes em determinado mercado.* Todavia, a ponderação desse aspecto nas análises referentes a situações de eventual domínio colectivo de certos mercados tem-se revelado incerta e, sobretudo, pensamos que a Comissão – só mais recentemente e apenas em parte *"corrigida"* pelo TPI – tem, com frequência, atribuído um peso excessivo a tal aspecto, e tem adoptado uma visão demasiado estrita do mesmo.

Assim, consideramos, em primeiro lugar, que este factor não é uma condição indispensável para verificar a existência de interdependência oligopolística geradora de domínio colectivo, mas, tão só, de acordo com o modelo geral de análise que vimos propugnando, um possível factor relevante a ponderar, no quadro de um raciocínio jurídico-económico que deve percorrer, de modo exaustivo e articulado, um conjunto complexo de múltiplos factores, logicamente encadeados entre si.[1827] De resto, o TPI

[1827] De acordo com o juízo crítico de JOHN TEMPLE LANG – que, no essencial, acompanhamos – os critérios analíticos da Comissão em matéria de avaliação de situações de domínio colectivo foram sendo desenvolvidos de modo avulso ao sabor das *"oportunidades"* geradas por alguns casos suscitados por determinadas notificações de operações de concentração (cfr. A. cit. *Oligopolies and Joint Dominance in Community Antitrust Law,* cit.). O propósito dogmático que vimos prosseguindo é, precisamente, o de ultrapassar esse

Parte III – Capítulo 2 1045

deixou clara a sua posição nesta matéria ao sublinhar no seu Acórdão *"Gencor/Lonrho"* que as denominadas *"ligações de tipo estrutural"* não constituem *"um critério necessário para a determinação da existência de uma posição dominante colectiva"* e ressalvando que, mesmo a sua anterior jurisprudência no processo *"Flat Glass"*, não teria sustentado um tal critério.[1828]

Em segundo lugar, o factor correspondente à existência de ligações económicas entre os membros de um potencial oligopólio, não deve ser entendido num sentido restritivo como abarcando, unicamente, relações de tipo estrutural entre as empresas em causa. Pensamos que múltiplas relações económicas entre estas empresas – desde que assumam algum significado material – podem relevar, para esse efeito, incluindo, *vg.*, participações sociais cruzadas (embora não correspondentes a situações de controlo conjunto) entre as mesmas, relações comerciais com algum peso em mercados conexos com os mercados mais directamente afectados pela concentração ou participação conjunta em uma ou mais empresas comuns com carácter de cooperação[1829] (já atrás se apontou, de resto, que a existência de sistemas contratuais, mais ou menos complexos, de empresas comuns – frequente na *praxis* de cooperação empresarial – potencia a emergência de situações de domínio colectivo e poderá explicar o facto de diversos casos relevantes de apuramento de situações de domínio colectivo terem correspondido à criação de *empresas comuns com carácter de concentração).*

---

sincretismo de análise através da construção de verdadeiros modelos gerais de análise. Os problemas em causa foram inegavelmente atenuados – mas não eliminados – pela construção analítica subjacente às *"Orientações"* de 2004. Assim, sendo certo que, de modo correcto, a Comissão referiu nessas *"Orientações"* a importância dos *"vínculos estruturais, como as participações cruzadas ou a participação em empresas comuns"* para aumentar os incentivos à coordenação de comportamentos (cfr. ponto 48 das *"Orientações"*), pensamos que deveria ter clarificado, em termos mais desenvolvidos, o modo como este factor pode pesar especificamente na análise de situações de oligopólio.

[1828] Cfr., nesse sentido, Acórdão *"Gencor"*, já cit., ponto 273.

[1829] A existência de ligações comerciais entre os presumíveis membros de um oligopólio foi especialmente ponderada no Acórdão *"Airtours"*, cit., tendo-se destacado, nessa decisão, o facto de as várias empresas em causa distribuírem produtos das outras empresas e de partilharem a utilização de certos activos. Estas ligações comerciais estáveis (*"commercial links"*) contribuiriam para aumentar a transparência do mercado e para reforçar a intensidade da comunhão de interesses entre as empresas oligopolistas.

Um outro factor importante neste plano referente às características do circulo de relações entre as empresas oligopolistas corresponde à *aptidão demonstrada por essas empresas para identificar, de modo célere, comportamentos de sentido divergente, em matéria de preços e dimensão da oferta, por parte de qualquer membro do oligopólio e à capacidade para desenvolver práticas de retaliação em relação a esse tipo de actuações*. De algum modo, essa capacidade encontra-se estreitamente associada a características de transparência do mercado e a uma inerente circulação da informação entre as principais empresas. A existência de mecanismos minimamente eficientes de retaliação constitui, na realidade, um factor importante para afastar os incentivos à concorrência que ainda pudessem perdurar numa estrutura de mercado oligopolística e, reflexamente, contribui para a coordenação tácita de comportamentos, pois cria nas empresas a percepção da inutilidade, ou mesmo do carácter contraproducente de estratégias comerciais autónomas dirigidas a conquistar vantagens sobre as empresas concorrentes.

Contudo, à semelhança do que se verifica em relação a outros elementos de análise, a Comissão não tem, em muitos casos, desenvolvido uma análise económica, suficientemente fundada numa compreensão concreta das condições dos mercados que se encontrem em causa, desse tipo de mecanismos de retaliação. Note-se que no processo de referência para a consagração no quadro do controlo comunitário de concentrações da *categoria da posição dominante colectiva* – o processo *"Gencor/ /Lonrho"* – a possibilidade de desenvolver processos eficazes de retaliação foi apenas considerada pelo TPI, no seu Acórdão, sem que a questão tenha merecido uma atenção específica na decisão da Comissão.[1830]

Com excessiva facilidade, a Comissão tende a fazer incidir prioritariamente a sua análise nas características gerais do mercado – *maxime* na

---

[1830] A Comissão parece ter reforçado ulteriormente o peso atribuído à ponderação jurídico-económica de *mecanismos de retaliação* contra empresas que se *desviem das condições de coordenação*, dedicando considerável atenção a esse factor nas suas "*Orientações*" de 2004, cit. (cfr. pontos 49 a 55 das "*Orientações*"). Todavia, face à relativa escassez de precedentes relevantes que pôde invocar nessas "*Orientações*" a propósito desta matéria, teria sido conveniente a adopção de uma sistematização de análise algo diversa nas "*Orientações*", construindo diversos exemplos a partir de situações hipotéticas [a Comissão invoca apenas três precedentes relevantes nesta matéria relativos às decisões "*Shell/DEA*" (proc COMP/M2389), "*BP/E.ON*" (proc COMP/M2533) e "*Danish Crown/ /Vestjyske Slagterier*" (proc IV/M1313)].

Parte III – Capítulo 2 1047

transparência – e na semelhança das estruturas de custos e de capacidades das empresas que integram o oligopólio, parecendo admitir, implicitamente, que tais aspectos têm subjacente a capacidade de retaliar contra comportamentos mais concorrenciais por parte de determinadas empresas. Apesar das múltiplas insuficiências e lacunas de análise económica de que ainda enfermou a decisão proferida pela Comissão no processo *"Airtours/ /First Choice"* – e que determinaram a anulação da mesma pelo Acórdão proferido pelo TPI em sede de recurso da mesma decisão –[1831] esta assinalou, paradoxalmente, uma progressão qualitativa nos processos de análise da Comissão, pois continha já uma apreciação concreta dos possíveis *mecanismos de retaliação* e dos elementos que os sustentariam, designadamente através de certos canais de comercialização que eram partilhados pelos membros do presumível oligopólio. Pensamos, ainda assim, que este tipo de apreciações na especialidade dos mecanismos de retaliação deve ser substancialmente aprofundado em relação ao nível de análise verificado no referido processo *"Airtours/First Choice"*, visto que se deve colocar, em nosso entender, uma ênfase especial, na capacidade de retaliar de forma selectiva, atingindo específicos patamares de preços ou determinados grupos de clientes, em especial.[1832]

É evidente que a análise concreta de mercado que será necessário desenvolver, com recurso a dados micro-económicos e outros elementos empíricos, em ordem a avaliar essa capacidade de retaliação selectiva, não se coaduna, facilmente, com as exigências processuais decorrentes do RCC (como é sabido, diversamente do que se verifica no ordenamento norte-americano de concorrência, a apreciação de concentrações no quadro do RCC obedece, mesmo em relação aos casos que suscitem especiais dúvidas, a prazos relativamente estritos, o que dificulta uma recolha tempestiva ou exaustiva de informação de mercado relevante).[1833]

[1831] Reportamo-nos aqui ao Acórdão *"Airtours"*, de Junho de 2002, já cit..

[1832] Embora a Comissão tenha, efectivamente, revelado, nas *"Orientações"* de 2004, uma maior atenção aos processos de funcionamento destes *mecanismos de retaliação* em relação a empresas que se desviem das condições de coordenação, especificando aí, de resto, como factor importante a existência de *incentivos a retaliar* por parte dos restantes membros do oligopólio, pensamos que não clarificou ainda, de forma suficiente, a essencial capacidade de retaliação selectiva a que acima aludimos.

[1833] Esta específica dificuldade é reconhecida por autores como, *vg.*, JOHN TEMPLE LANG (cfr. *Oligopolies and Joint Dominance in Community Antitrust Law*, cit.). De qualquer forma, pensamos que em relação aos procedimentos em que suscitem dúvidas sérias

1048 *Empresas comuns* – Joint Ventures

De qualquer modo, pensamos que essas condicionantes processuais não são, em última análise, impeditivas de um aprofundamento sistemático da análise económica – versando especificamente a referida capacidade selectiva de retaliação – desde que se realize um esforço de construção de um modelo geral de análise, como o que ora ensaiamos, o qual, sem prejuízo da sua desejável estabilização, deverá encontrar-se permanentemente aberto a revisões periódicas, em função da experiência adquirida. Acresce, ainda, que a própria realização sistemática desse tipo de análises – com uma concreta componente micro-económica – permitirá, em nosso entender, criar, para além da inelutável margem de casuísmo de que as mesmas se revestem, determinados critérios ou referências indiciárias, bem como uma capacidade de avaliação mais desenvolvida, assente nos ensinamentos progressivamente adquiridos em função da referida experiência, cada vez mais ampla e recorrente.

Em contrapartida, será importante não soçobrar numa eventual tentação inversa de sobrevalorizar a avaliação da capacidade potencial de retaliação em relação a comportamentos de certos membros de oligopólio. Assim, apesar de os juízos relevantes em matéria de controlo de empresas comuns com carácter de concentração, assumirem, inevitavelmente, um carácter prospectivo, a avaliação de eventuais posições dominantes colectivas deve assentar – como já temos sublinhado – numa análise económica exaustiva do conjunto de todos os factores relevantes, devidamente encadeados entre si, e não poderá assentar, de modo decisivo, na verificação isolada de uma potencialidade de retaliação selectiva por parte dos membros do oligopólio que não fosse acompanhada pela verificação da existência de outras condições prévias para coligações tácitas entre essas empresas oligopolistas (no quadro das quais, a capacidade de retaliação assuma, então, uma específica relevância).

---

de compatibilidade com o mercado comum e em que se proceda a análises mais desenvolvidas existem condições mínimas para uma investigação deste tipo de aspectos, nos termos que acima consideramos.

Parte III – Capítulo 2

2.3.2.4.5. Modelo de avaliação de estruturas de mercado oligopolísticas geradoras de efeitos coordenados e análise de empresas externas a círculos de interdependência oligopolística

Finalmente, um último plano de análise deve ter como objecto, a análise das características essenciais da franja de empresas concorrentes que permaneça no mercado fora do círculo potencial de *interdependência oligopolística*. Como já referimos, ao enunciar os contornos do modelo geral de análise que procuramos delinear, a análise de eventuais posições de domínio colectivo deve tomar como ponto de partida o plano estrutural correspondente à avaliação das quotas de mercado e do grau de concentração dos mercados afectados e deve, forçosamente ser concluída, uma vez percorridos os planos intermédios de análise atrás indicados[1834] – cujo escalonamento entre si não se nos afigura decisivo – com este teste final referente à franja remanescente de empresas concorrentes fora do círculo oligopolístico. A utilização recorrente deste percurso lógico de análise jurídico-económica permitirá, em nosso entender, introduzir, para além do inelutável casuísmo das apreciações de mercado a desenvolver segundo as circunstâncias particulares de cada caso, um essencial grau mínimo de previsibilidade na formulação dos juízos complexos de avaliação de situações de oligopólio.

Este teste final no processo de avaliação de eventuais situações de domínio colectivo depende de um primeiro pressuposto prévio, que consiste na verificação da existência de outros intervenientes no mercado, para além das empresas que integram o oligopólio, e de um segundo pressuposto correspondente à concreta identificação, por um lado, das empresas que fazem parte da margem remanescente de concorrentes e, por outro lado, das empresas que compõem o núcleo oligopolístico. No que respeita ao primeiro pressuposto, devemos referir que, embora seja possível configurar algumas situações de mercado em que os únicos intervenientes relevantes sejam as empresas oligopolistas, só em casos relativamente excepcionais não se identificarão outras empresas concorrentes de

---

[1834] Reportamo-nos aqui aos *planos intermédios de análise* correspondentes, por um lado, à análise das características de que se revestem os membros de qualquer presumível oligopólio que se encontre em apreço e, por outro lado, à análise das características gerais ou das condições de funcionamento do mercado relevante, sucessivamente tratados nos pontos antecedentes, 2.3.2.4.3. e 2.3.2.4.4..

1050   *Empresas comuns* – Joint Ventures

menor dimensão cujo papel deva ser avaliado.[1835] Quanto ao segundo pressuposto, a sua concretização pode, em certos casos, revestir-se de considerável complexidade, sobretudo quando o grau de concentração seja relativamente elevado, mas, até certo ponto, equilibrado (*vg.*, situações em que, além de duas ou mais empresas com quotas de mercado especialmente elevadas, outras empresas disponham de quotas de mercado apreciáveis num nível intermédio entre o das maiores empresas e o de um conjunto de concorrentes de menor dimensão).[1836]

[1835] Parece-nos evidente que, nesses casos, não sendo exequível a aplicação deste teste final – correspondente ao quarto plano de análise que acima identificámos – estará, em contrapartida, facilitada a demonstração de existência de domínio colectivo, caso os outros factores analíticos (*maxime*, factores de tipo estrutural resultantes da presença no mercado de um número muito limitado de empresas com partes de mercado apreciáveis) se mostrarem convergentes no sentido de indiciarem situações de interdependência oligopolística consciente. Importa, ainda, salientar que as reacções de empresas terceiras – fora do círculo potencial de *interdependência oligopolística* – podem resultar, como justamente se refere nas "*Orientações*" de 2004, de comportamentos de concorrentes potenciais (cfr. pontos 56 e 57 das "*Orientações*").

[1836] Trata-se aqui de apurar a que níveis de presença no mercado por parte de empresas terceiras podemos identificar o que autores como, *vg.*, Scherer e Ross qualificam como "*competitive fringe*" com aptidão para pôr em causa uma actuação coordenada de um núcleo oligopolista (cfr. As. cit., *Industrial Market Structure and Economic Performance*, cit.). Além disso, em mercados com graus de concentração elevados, mas com estruturas razoavelmente complexas, poderá não ser linear a distinção entre membros de um núcleo oligopolista e um ou mais "*fringe competitors*". Pensemos, por exemplo, numa situação em que três empresas detenham quotas de mercado compreendidas entre os limiares de 20% e 25%, e em que uma quarta empresa detenha uma quota de mercado de 15%, senda a parcela remanescente assegurada por outras empresas com dimensão muito reduzida. Poderia equacionar-se nesse caso se a quarta empresa corresponderia a um "*fringe competitor*", capaz de pressionar o núcleo oligopolista, ou integraria este último núcleo. Em última análise, embora uma relativa disparidade de quota de mercado possa indiciar a não integração num processo de interdependência oligopolista, tal aspecto nem sempre será decisivo. Impor-se-á neste tipo de situações ponderar outro tipo de factores, como as estruturas de custos das empresas que se encontrem em causa, ou factores dinâmicos como a evolução relativa das quotas de mercado dessas diversas empresas. Assim, tendo presente este último factor, a Comissão considerou na decisão "*UPM-Kymmene//Haindl*" (proc COMP/M2498) que uma empresa com quota de mercado apreciável e que crescera de forma significativa no decurso de um período anterior à concentração notificada, não deveria previsivelmente integrar um núcleo oligopolista, pois não teria incentivos prováveis para alterar a sua estratégia própria de crescimento, integrando-se num processo de coordenação tácita com as maiores empresas do mercado.

Admitimos, contudo, que numa parcela significativa de casos seja possível, sem dificuldades de maior, destrinçar o núcleo de empresas oligopolistas e a margem remanescente de empresas concorrentes de menor dimensão. Nesses casos importará, pois, após uma fase preliminar de análise relacionada com a concretização dos pressupostos acima indicados, examinar se a referida margem remanescente de empresas concorrentes pode ou não introduzir no mercado efectivos elementos de pressão concorrencial sobre os membros do oligopólio.

O aspecto primacial a considerar para esse efeito consiste na capacidade de que essas empresas disponham para reagir a eventuais variações da oferta de bens ou serviços provocadas pelas empresas oligopolistas. A ilustração mais evidente dessa capacidade consistirá na possibilidade de reagir a restrições ou condicionamentos da oferta por parte das empresas oligopolistas, através do aumento dos seus próprios níveis de oferta por parte da margem remanescente de empresas concorrentes. Importa, contudo, anotar que não se encontra em causa qualquer capacidade, em absoluto, para proceder a aumentos da oferta, mas uma aptidão – suficientemente demonstrada ou previsível – para os realizar com uma intensidade e uma celeridade que compensem, em termos globais, a afectação das condições de funcionamento do mercado resultante da restrição da oferta determinada pelas empresas oligopolistas. Ora, em nosso entender, a avaliação dessa capacidade implica equacionar, não apenas a capacidade produtiva instalada, ou passível de expansão a curto prazo, por parte da referida margem de empresas concorrentes, mas, também, a aptidão económica para, em condições de razoabilidade, a desenvolver – com os custos fixos inerentes – num cenário hipotético de sucessivas variações de sinal contrário dos níveis de oferta induzidas pelas empresas oligopolistas.

Caso não seja possível comprovar – ao menos, com um grau de probabilidade suficientemente elevado – essa aptidão de reacção tempestiva das empresas que integram a margem remanescente de concorrentes, e desde que a ponderação global dos elementos indiciários retirados dos anteriores planos de análise reflicta a existência de condições para o exercício restritivo da concorrência de um poder colectivo de mercado, o teste final que ora equacionamos permitirá confirmar a verificação da existência de uma situação de domínio colectivo. Em caso contrário, o funcionamento efectivo de elementos de pressão competitiva – com intensidade apreciável – determinados pela actuação dessa margem remanescente de

1052   *Empresas comuns* – Joint Ventures

empresas concorrentes permitirá afastar anteriores presunções ou juízos indiciários no sentido do domínio colectivo do mercado.

Importa reconhecer que o teste em questão tem sido, sistematicamente, utilizado na *praxis* decisória da Comissão, ora para confirmar juízos de verificação da existência de posições dominantes colectivas, ora para os afastar,[1837] mas, na maior parte dos casos, a sua concretização não tem sido apoiada através de uma análise suficientemente desenvolvida das situações de mercado em questão. Acresce, ainda, que a falta de inserção deste factor num modelo geral de análise – a utilizar recorrentemente, embora com flexibilidade – prejudica também o seu alcance. Para além dos casos, em que as conclusões a retirar deste parâmetro de análise se mostrem mais evidentes – como sucedeu *vg.* no processo *"Gencor/ /Lonrho"*, atrás considerado, no qual os produtores alternativos tinham uma importância claramente marginal[1838] – admitimos que a Comissão tenha com excessiva frequência subestimado – por insuficiência de análise – a importância da pressão concorrencial assegurada pela margem remanescente de empresas concorrentes (como poderá ter sucedido no processo *"Airtours/First Choice"*, no qual a Comissão concedeu grande importância a alegadas *barreiras ao crescimento dessas empresas*, devido à integração vertical entre as empresas oligopolistas).[1839]

[1837] Assim, na decisão *"Nestlé/Perrier"*, cit., a Comissão concluiu que a margem remanescente de empresas concorrentes não correspondia a um condicionamento suficientemente intenso da actuação dos membros de um oligopólio. Do mesmo modo, na decisão *"Dalmine/Mannesmann/Valourec"* (proc IV/M315), a Comissão considerou que, embora a margem remanescente de empresas concorrentes fosse integrada por duas empresas, individualmente detentoras de quotas de 10% do mercado, tal não assegurava uma pressão concorrencial suficiente sobre os membros do oligopólio. Na verdade, têm sido relativamente mais frequentes os casos em que a Comissão concluiu no sentido da incapacidade de quaisquer *"competitive fringe"* para *"travar"* coligações tácitas de empresas oligopolistas. Cfr., no entanto, como precedente em que a Comissão admitiu a conclusão inversa, a decisão *"UPM-Kymmene/Haindl"*, já cit.

[1838] Cfr. decisão *"Gencor/Lonrho"*, de 1997, já cit.. Acresce que, no caso apreciado nesta decisão, a concentração notificada respeitava à aquisição de uma empresa que desenvolvera uma concorrência mais intensa em relação à empresa adquirente no período que antecedia tal concentração (aquisição de um *"fringe player"*, que reduzia as probabilidades de manutenção de uma margem remanescente de empresas concorrentes com suficiente capacidade de intervenção no mercado para condicionar a nova estrutura oligopolística resultante da concentração).

[1839] Cfr., a este propósito, a apreciação crítica desenvolvida pelo TPI no Acórdão *"Airtours"*, já cit., esp. ponto 213. O TPI considerou que a Comissão não investigara sufi-

2.3.3. Apreciação de empresas comuns com carácter de concentração e enquadramento de efeitos não coordenados resultantes de alterações estruturais de mercados oligopolísticos

2.3.3.1. *Perspectiva geral*

Como temos vindo a referir, as situações respeitantes a operações de concentração que reforcem estruturas oligopolísticas restritivas da concorrência foram, progressivamente, enquadradas, em sede de aplicação das normas comunitárias de controlo de concentrações, na categoria da *posição dominante colectiva*, na modalidade de *coligações tácitas*, que pressupõem *efeitos de coordenação* entre as empresas envolvidas. Independentemente das questões referentes a lacunas ou insuficiências da análise económica da Comissão, só parcialmente corrigidas pela jurisprudência, esta categoria jurídica pode considerar-se adquirida ou consagrada no ordenamento comunitário da concorrência.[1840]

Neste contexto, e aprofundando a compreensão das repercussões de concentrações em mercados de tipo oligopolístico, importa equacionar se a referida categoria da posição dominante colectiva pode apreender situações não recondutíveis a processos de coordenação de comportamentos empresariais ou em que termos tais situações, quando não subsumíveis na categoria do domínio colectivo, podem ser enquadradas pelo teste da com-

---

cientemente a capacidade, por parte de terceiras empresas, de condicionarem a estrutura oligopolista. Como aí referiu, de forma incisiva, o TPI, "*it must be made clear here that the issue here is not whether a small tour operator can reach the size necessary for it to compete effectively with the integrated tour operators by challenging them for their places as market leaders. Rather, it is a question of whether, in the anti-competitive situation anticipated by the Commission, the hundreds of small operators already present on the market, taken as a whole, can respond effectively to a reduction in capacity put on to the market by the large tour operators to a level below estimated demand by increasing their capacity to take advantage of the opportunities inherent in a situation of overall undersupply and whether they can thereby counteract the creation of a collective dominant position*".

[1840] Nesse sentido, quer a reforma de 2004 do RCC – sobretudo no que respeita a revisão dos Considerandos do regime de controlo de concentrações – quer as "*Orientações*" de 2004, confirmam, em termos gerais, o enquadramento da categoria da *posição dominante colectiva*.

1054   *Empresas comuns* – Joint Ventures

patibilidade com o mercado comum, no sentido de determinar a proibição ou a formulação de reservas em relação a certas operações de concentração. Propomo-nos equacionar criticamente esse tipo de *efeitos não coordenados* (restritivos da concorrência) *decorrentes* – nos termos que já referimos – [1841] *de alterações estruturais do mercado que reforcem certos núcleos oligopolísticos*, tomando em consideração as condições de mercado analisadas em precedentes especialmente controvertidos, como o versado, *vg.*, no já acima referido processo "*Airtours/First Choice*", a construção jurídico-económica delineada no ordenamento norte-americano e as clarificações introduzidas no sistema comunitário de controlo de concentrações pela segunda reforma do RCC e pela adopção das "*Orientações*" de 2004.

Apesar da inexistência de precedentes claros na *praxis* decisória e na jurisprudência versando esse tipo de *efeitos não coordenados em mercados oligopolísticos*, o problema jurídico relativo à aptidão do teste da compatibilidade para suportar o controlo dos mesmos encontra-se, no presente, ultrapassado com a segunda reforma do RCC. Como já referimos, o alcance fundamental da reordenação dos elementos do teste da compatibilidade ditada por essa reforma de 2004 foi, precisamente, o de, através do conceito director fundamental de *entrave à concorrência efectiva* – não necessariamente dependente da verificação de uma situação de *domínio* – cobrir esse tipo de efeitos restritivos da concorrência em mercados oligopolísticos (aspecto expressamente confirmado pelo teor do já referido Considerando 25 do Regulamento (CE) n.º 139/2004).[1842]

Deste modo, qualquer questão relativa a uma hipotética lacuna do teste da compatibilidade, na sua formulação originária, para a disciplina dessas situações em sede de controlo de concentrações encontra-se defini-

---

[1841] Tenha-se presente a sistematização que delineámos para o nosso estudo de empresas comuns qualificáveis como concentrações, *supra*, pontos **1.** e 2.1.2., de acordo com a qual nos propusemos tratar autonomamente as questões relacionadas, por um lado, com o domínio individual e, por outro lado, com os problemas de afectação da concorrência em mercados oligopolistas, compreendendo neste último plano os aspectos referentes a domínio colectivo e – em termos mais sucintos – os aspectos relativos à produção de efeitos não coordenados.

[1842] Sobre esta específica intencionalidade subjacente à reforma de 2004 do RCC, cfr. os aspectos já expostos *supra*, nos pontos **1.** e 2.1.2. deste capítulo. As "*Orientações*" de 2004 vieram também confirmar, como igualmente referimos, a sujeição de efeitos não coordenados em mercados oligopolísticos ao teste da compatibilidade com o mercado comum.

Parte III – Capítulo 2 1055

tivamente superada (lacuna cuja existência era, de resto, questionável, em nosso entender, pelo que acima referimos, tão só, a introdução de *clarificações* no *teste da compatibilidade*, através da segunda reforma do RCC, e não de verdadeiras *mutações qualitativas do teste*). Esta evolução do direito constituído foi inegavelmente influenciada pelo direito norte-americano, não assegurando, por si só, um enquadramento jurídico estável e previsível dos denominados *efeitos não coordenados*, devido à falta de densificação jurídica da matéria. A esta luz, a experiência de aplicação dos normativos norte-americanos de concorrência continuará a representar uma referência fundamental que importa trazer à colação neste plano de análise.

Nos termos que já tivemos ensejo de caracterizar, o sistema norte--americano de controlo de concentrações assenta num teste substantivo diverso do teste comunitário orientado para a criação ou reforço de posição dominante – o teste relativo à *diminuição substancial da concorrência*. Ora, esse efeito a prevenir, de *diminuição substancial da concorrência*, pode resultar – nos termos explicitados nas Orientações sobre Concentrações de Carácter Horizontal, de 1992, – quer da *interacção coordenada* de comportamentos entre certas empresas, quer de *efeitos unilaterais* emergentes de concentrações (*vg.*, alterações unilaterais de comportamentos que se devam esperar na sequência de operações de concentração, no sentido do aumento dos preços ou da restrição da oferta).[1843]

Embora as questões relativas a efeitos unilaterais emergentes de operações de concentração não tenham, no passado, merecido atenção comparável à que foi concedida aos problemas de coordenação de comportamentos, assistiu-se, no decénio que precedeu a adopção das acima referidas Orientações sobre Concentrações de Carácter Horizontal (de 1992), a um considerável desenvolvimento da teoria económica incidindo

---

[1843] Cfr. a esse propósito as *"Horizontal Merger Guidelines"*, de 1992, cit., *section* 0.1. Sobre a distinção entre esses tipos de efeitos, cfr. ROSCOE STAREK, STEPHEN STOCKUM, "What Makes Mergers Anticompetitive? 'Unilateral Effects' Analysis Under the 1992 Merger Guidelines", cit.. Ao tomarmos aqui em consideração a experiência do ordenamento norte-americano neste domínio, importa destacar que, após a reforma de 2004, as diferenças de elemento literal no *"SLC test"* norte-americano e no teste da compatibilidade não são de molde, em nosso entender, a prejudicar uma comparação frutuosa dos processos hermenêuticos conducentes ao controlo de efeitos não coordenados nos dois ordenamentos.

1056 *Empresas comuns* – Joint Ventures

sobre esse tipo de efeitos.[1844] Essa importância atribuída à matéria pela teoria económica veio a reflectir-se na construção analítica delineada nas Orientações de 1992 que, como já se referiu, concede tratamento autónomo aos denominados *efeitos unilaterais* decorrentes de operações de concentração. Deve reconhecer-se, em qualquer caso, que, mesmo no quadro do ordenamento norte-americano, a construção jurídica referente a esses efeitos é ainda recente e tem sido desenvolvida de modo paulatino. Na realidade, após a adopção das Orientações de 1992, só em 1995 foi proferida uma primeira decisão judicial que utilizou a metodologia de apreciação de *efeitos unilaterais* delineada nesse modelo geral de análise das operações de concentração.[1845]

Nas Orientações de 1992 consideram-se dois tipos paradigmáticos de situações de mercado que podem determinar a emergência de efeitos unilaterais de concentrações. Assim, um primeiro tipo de situações corresponderá aos casos em que *as empresas em causa se distingam entre si primacialmente pela oferta de produtos diferenciados*. O segundo tipo de situações respeita aos casos em que *as empresas se distingam, essencialmente, em função das suas capacidades*.

Essa distinção é baseada nos desenvolvimentos da teoria de organização industrial (designadamente nos denominados modelo *"Bertrand"*, referente a *produtos diferenciados* e no modelo *"Cournot"* relativo a *produtos homogéneos*).[1846] No que respeita ao primeiro tipo de situações,

---

[1844] Na doutrina comunitária autores como, *vg.*, JOHN TEMPLE LANG admitem, mesmo, que, devido aos desenvolvimentos recentes da teoria económica e das técnicas econométricas e de tratamento de dados empíricos, se assiste a uma deslocação do enfoque analítico no sistema norte-americano de controlo de concentrações das situações relativas a *efeitos coordenados* para os *problemas relacionados com efeitos unilaterais em contextos oligopolísticos* (cfr. A. cit., *Oligopolies and Joint Dominance in Community Antitrust Law*, cit.).

[1845] Decisão no caso *"New York v. Kraft Gen. Foods Inc"*, 1995 Trade Cas. (CCH) 70,911 (SDNY, 1995).

[1846] Sobre esses modelos de comportamento concorrencial desenvolvidos na teoria da organização industrial, cfr., por todos, DREW FUDENBERG, JEAN TIROLE, *Noncooperative Game Theory for Industrial Organization: An Introduction and Overview*, in *Handbook of Industrial Organization*, RICHARD SCHMALENSEE, ROBERT WILLIG, Editors, 1989, pp. 268 ss.. No modelo *"Bertrand"*, relativo a *produtos diferenciados* a substituibilidade na perspectiva da procura entre os produtos diferenciados das empresas participantes numa concentração corresponde à base para criação de poder de mercado. No modelo *"Cournot"* relativo a *produtos homogéneos*, enfatiza-se a variação de escolhas dos consumidores em função dos preços, os quais, por seu turno, são determinados em função das quantidades

Parte III – Capítulo 2 1057

as Orientações identificam dois factores essenciais para a análise do poder de mercado, os quais correspondem ao *grau de proximidade entre os produtos das empresas participantes numa concentração* e à *capacidade das empresas rivais para substituirem a concorrência eliminada em virtude da concentração.* A análise económica utiliza dados de mercado referentes a preços, evoluções de vendas dos produtos, ou outras variáveis relevantes para estabelecer o que se designa por elasticidades cruzadas da procura (aferindo em que grau as vendas de um produto podem ser alteradas por variações no preço de outro produto) e assim determinar a proximidade relativa dos produtos que se encontrem em causa.

Simplificando os termos da análise, caso se apure uma intensa relação de proximidade entre os produtos das empresas participantes em determinada concentração que permita considerá-los, reciprocamente, como a primeira e segunda escolha dos consumidores para a satisfação de determinadas necessidades, a eliminação dessa possibilidade de escolha alternativa para os consumidores, que resultará de uma concentração entre as empresas fornecedoras dos mesmos bens, constitui um factor importante de acréscimo do poder de mercado.[1847]

---

totais produzidas e disponibilizadas ao mercado. Este modelo tende a valorar no mais alto grau – porventura de modo excessivo – as quotas de mercado resultantes de concentrações visto que as mesmas podem ser determinantes para a determinação das quantidades de bens oferecidos no mercado. Cfr. sobre este último modelo, MARC IVALDI, BRUNO JULLIEN, PATRICK REY, PAUL SEABRIGHT, JEAN TIROLE, *The Economics of Unilateral Effects* (Report for DG Competition, European Commission), 2003. Alguns dos pressupostos essenciais em que assentam estes dois modelos têm sido objecto de crítica, visto serem excessivamente redutores e não reproduzirem com suficiente realismo económico os diversos factores que influem na modelação dos comportamentos concorrenciais das empresas. Sobre essa perspectiva crítica, que consideramos parcialmente fundamentada, cfr., por todos, FRANKLIN FISHER, "Organizing Industrial Organization: Reflections on the Handbook of Industrial Organization", in Brookings Papers on Economic Activity, 1991, pp. 212 ss..

[1847] A propósito da ponderação deste tipo de factores no quadro do sistema norte--americano, cfr. a análise desenvolvida na decisão judicial já cit. *"New York v. Kraft Gen. Foods Inc"*, 1995 Trade Cas. (CCH) 70,911 (SDNY, 1995). O tribunal analisou aí especificamente se os produtos das empresas participantes em determinada concentração poderiam ser *"viewed as first and second choices to one another by a significant share of purchasers of either of the two products"*. Embora no caso em apreço, o tribunal tenha considerado não se encontrar demonstrado esse grau de substituibilidade entre os produtos em questão, reconheceu, em tese geral, a relevância de preocupações relativas a acréscimos de poder de mercado associados a esse aspecto.

1058   *Empresas comuns* – Joint Ventures

Assim, pode afirmar-se que a proximidade da relação de substituição do produto oferecido pelas empresas participantes na concentração e a maior probabilidade, daí resultante, de os consumidores de produtos de uma das empresas em causa considerarem o produto da outra empresa participante como a sua melhor escolha alternativa criam condições para que a eliminação dessa possibilidade de escolha, em virtude da concretização de uma operação de concentração, conduza a aumentos apreciáveis de preços. Este factor veio também, de algum modo, a ser acolhido nas *"Orientações"* de 2004, no plano comunitário, reconhecendo-se aí uma relação entre o grau de substituibilidade dos produtos das empresas participantes em concentrações e *"a probabilidade de que essas empresas aumentem os preços de forma significativa"*.[1848]

Todavia, considerando o segundo factor acima enunciado,[1849] caso as empresas concorrentes não envolvidas na concentração disponham de capacidade para compensar o espaço de concorrência eliminado ou afectado devido à referida eliminação de possibilidade de escolha alternativa – mediante o reposicionamento das suas linhas ou carteiras de produtos – as condições para o aumento unilateral de preços serão significativamente reduzidas. Uma vez mais, também este tipo de factores, por influência do direito norte-americano, foi contemplado, em termos aproximados, nas *"Orientações"* de 2004. Na verdade, refere-se aí a verificação de um incentivo aos aumentos de preços, caso as empresas concorrentes das partes numa concentração não mostrem capacidade para *"aumentar substancialmente a sua oferta"* em reacção a certos comportamentos destas últimas empresas.[1850]

[1848] Cfr., nesse sentido, ponto 28 das *"Orientações"* de 2004. Como também aí se refere, *"são maiores as probabilidades de limitação do incentivo das empresas na concentração para aumentarem os preços quando as empresas rivais produzem substitutos próximos dos produtos das empresas na concentração do que quando oferecem substitutos menos próximos"*. Como é natural, se uma dessas empresas rivais vier a participar numa concentração torna-se, em contrapartida, mais intenso o incentivo das empresas participantes na concentração para aumentarem os preços.

[1849] Reportamo-nos aqui, ainda, ao primeiro tipo de situações acima autonomizado, correspondente aos casos em que *as empresas em causa se distingam entre si primacialmente pela oferta de produtos diferenciados*.

[1850] Cfr. a este propósito, em especial, o ponto 32 das *"Orientações"* de 2004. Como se refere neste ponto, caso não existam indícios de que os concorrentes das partes na concentração têm capacidade para aumentar substancialmente a sua oferta em face de aumentos de preços, os participantes na concentração *"poderão ter um incentivo para*

Parte III – Capítulo 2   1059

Em relação ao segundo tipo de situações acima consideradas,[1851] equacionam-se nas Orientações interpretativas do direito norte-americano potenciais efeitos unilaterais decorrentes de concentrações em relação a mercados caracterizados por uma relativa indiferenciação dos produtos, avaliando-se esse tipo de efeitos em função da capacidade das empresas não participantes em determinada operação de concentração para reagir a aumentos de preços com o aumento da sua oferta.

Na realidade, nos casos em que se verifique uma relação estreita de substituibilidade entre os produtos comercializados no mercado mais directamente afectado por determinada concentração, e em que as empresas concorrentes dos entes participantes na concentração tenham a capacidade de expandir rapidamente a sua oferta, com custos razoáveis, será difícil para estes últimos desenvolver comportamentos restritivos da concorrência (*maxime*, através de aumentos unilaterais de preços, em detrimento de anteriores equilíbrios concorrenciais mais favoráveis aos consumidores).

Nas Orientações de 1992, preconiza-se sobre este ponto uma lógica de análise comparável à delineada para efeitos de avaliação de condições de entrada de novos concorrentes,[1852] considerando-se relevante uma capacidade para expansão da oferta num horizonte temporal indicativo, que pode estender-se até dois anos, desde que a mesma não implique custos significativos (e sem compensação pelo retorno que se mostre previsível).

---

reduzir a produção para um nível inferior aos níveis agregados antes da concentração, aumentando assim os preços no mercado".

[1851] Reportamo-nos aqui ao segundo tipo de situações acima considerado, correspondente aos casos em que *as empresas se distingam, essencialmente, em função das suas capacidades e não fundamentalmente pela oferta de produtos diferenciados*. Importa a este respeito salientar que as "*Orientações*" de 2004 não acolhem, numa perspectiva analítica sistemática, uma distinção entre tipos de situações, envolvendo, ou não produtos diferenciados. Tais "*Orientações*" limitam-se a aflorar algumas diferenças na perspectiva analítica a considerar nesses diferentes tipos de situações, ao referir (ponto 35) que "*embora seja mais provável que as limitações de capacidade sejam importantes quando os bens são relativamente homogéneos, poderão ser também relevantes quando as empresas oferecem produtos diferenciados*".

[1852] Cfr. a propósito desse plano de avaliação do carácter tempestivo de qualquer expansão da oferta, "*Horizontal Merger Guidelines*", de 1992, cit. e, sobre estas, JANUSZ ORDOVER, JONATHAN BAKER, "Entry Analysis Under the 1992 Horizontal Merger Guidelines", in ALJ., 1992, pp. 139 ss..

1060 *Empresas comuns* – Joint Ventures

Como é natural, uma operação de concentração que envolva, especificamente, uma parcela significativa das empresas que, num determinado mercado com grau de concentração apreciável, dispusessem de capacidade para expandir, em prazo razoável, a sua oferta, cria condições para que – independentemente de qualquer fenómeno de coordenação de comportamentos – as empresas remanescentes de maior dimensão vejam acrescida a sua aptidão para desenvolver estratégias próprias de aumento dos preços (ou de restrição da oferta, tendente a induzir o aumento dos preços), com a consequência global de diminuição substancial da concorrência, no sentido contemplado neste sistema norte-americano de controlo de concentrações.

Idêntica probabilidade veio também a ser admitida nas *"Orientações"* de 2004, ao conceder-se apreciável relevância – nos termos que já referimos – à capacidade demonstrada pelas empresas rivais para aumentarem a sua oferta. Além disso, estas *"Orientações"* enfatizam a especial relevância da eliminação – através de qualquer operação de concentração – de uma particular empresa que representasse uma *"força concorrencial importante"*, em virtude de uma elevada capacidade para aumentar a sua oferta, ou de um considerável dinamismo (*maxime*, traduzido numa expansão de quota de mercado após uma entrada relativamente recente no mercado ou num perfil de empresa inovadora que estimulasse previsivelmente certas dinâmicas concorrenciais no mercado).[1853]

De qualquer modo, dever-se-á anotar que este tipo de avaliações obriga a uma complexa análise, devidamente fundada em dados quantitativos e elementos previsionais de mercado, em ordem a aferir numa base economicamente realista a capacidade de aumentar a oferta num horizonte temporal limitado. Será, designadamente, relevante apurar a eventual existência de excessos de capacidade não utilizados, ou analisar o grau de facilidade com que se poderá realizar qualquer expansão da capacidade (sendo certo que a demonstração, numa perspectiva micro-económica do primeiro tipo de aspectos se poderá fazer, em regra, com maior facilidade).

[1853] Cfr. pontos 37 e 38 das *"Orientações"* de 2004. Embora não se tenha tratado de um caso com a formulação de reservas a uma operação de concentração, tomando especificamente em consideração *efeitos unilaterais* restritivos da concorrência, na decisão *"CVC/Lenzing"* (proc COMP/M2187), a Comissão ponderou o facto de a concentração notificada eliminar o único interveniente no mercado que vinha, de forma consistente, aumentando a sua capacidade nos anos imediatamente anteriores a tal concentração.

Parte III – Capítulo 2 1061

2.3.3.2. *Os problemas específicos de enquadramento de situações não subsumíveis no conceito de domínio colectivo*

Tendo presente os aspectos já expostos, importa apreender, de modo mais desenvolvido, em que termos os tipos de efeitos não coordenados de operações de concentração identificados e densificados no ordenamento norte-americano da concorrência podem ser avaliados em sede de controlo comunitário de concentrações. A análise que desenvolvemos neste ponto reveste-se, contudo, de carácter sucinto, em virtude do objecto temático que privilegiamos.[1854] Na realidade, constituindo as empresas comuns o objecto essencial do nosso estudo, admitimos que esta categoria – na modalidade correspondente às empresas comuns com carácter de concentração, sujeitas ao RCC, de que ora nos ocupamos – tenderá a suscitar com maior frequência, no quadro do funcionamento de mercados oligopolísticos, problemas respeitantes a coligações tácitas, sendo menos provável que a mesma se encontre associada à emergência de efeitos unilaterais conducentes à restrição da concorrência (ou, na terminologia do direito norte-americano, a uma diminuição substancial da concorrência). Esta nossa pressuposição assenta no facto de em múltiplas situações se verificar, de modo recorrente, – e no sentido que já se aflorou[1855] – a constituição de empresas comuns e de redes de empresas comuns como sistemas contratuais complexos, envolvendo cruzamentos de relações entre várias empresas concorrentes em determinados mercados, ou em mercados que tenham entre si algum nexo de proximidade. Ora, essa tessitura de relações empresariais, tipicamente associadas à categoria da empresa comum, propicia, de modo essencial, efeitos, em diversos graus, de coordenação empresarial (ou alterações dos modelos de equilíbrio concorrencial assentes em efeitos de coordenação).

Neste contexto, o nosso estudo *ex professo* da realidade jusconcorrencial da empresa comum justifica que, no quadro da análise do funcionamento de mercados oligopolísticos, a nossa atenção incida, sobre-

---

[1854] Prevenção que já fizéramos *supra*, pontos **1.** e 2.1.2. deste capítulo.

[1855] Tenha-se presente as considerações que desenvolvemos *supra*, neste capítulo, a propósito das situações analisadas nas decisões "*Gencor*" e "*Kali und Salz*", enfatizando o facto de, com alguma frequência, as empresas comuns – sobretudo quando apresentam estruturas contratuais mais complexas – induzirem múltiplos cruzamentos de relações estruturais entre empresas que facilitam a verificação de situações de coligação tácita e de domínio colectivo.

1062   *Empresas comuns* – Joint Ventures

tudo, nos problemas de *coligação tácita*, como modalidade de *domínio colectivo* desses mercados, em detrimento das questões referentes aos denominados efeitos unilaterais. Acessoriamente, importa, contudo, reconhecer que as questões referentes a efeitos não coordenados de concentrações nesse tipo de mercados justificam um tratamento desenvolvido, na especialidade, que não cabe no objecto desta dissertação.

No que respeita à compreensão e avaliação desse tipo de efeitos, devemos destacar, em primeiro lugar, o nosso entendimento no sentido de não tomarmos a categoria da *posição dominante colectiva*, como absolutamente refractária à ponderação de *efeitos unilaterais* resultantes de concentrações.[1856] Segundo cremos, algumas críticas doutrinais dirigidas a um alegado formalismo e conceptualismo jurídicos que resultariam da pretensão de enquadrar os *efeitos não coordenados* (*efeitos unilaterais*) de concentrações através da referida categoria da *posição dominante colectiva* acabam, afinal, por reflectir, também, questões semânticas e formais.[1857]

Na verdade, tem-se aventado que qualquer tentativa de enquadramento dos denominados efeitos unilaterais, em mercados oligopolísticos, na figura da posição dominante colectiva incorreria numa contradição essencial, porquanto a natureza desses efeitos – diversa das realidades de coligação tácita – não se poderia coadunar com os pressupostos do domínio colectivo. Ora, essa suposta contradição resultará, fundamentalmente, em nosso entender, de uma utilização formal, e algo acrítica, do conceito de *efeitos unilaterais*, tal como este foi, num primeiro momento, literal-

---

[1856] Reconhecemos, contudo, que divergimos aqui de várias posições doutrinais assumidas nesta matéria. A propósito de orientações doutrinais que excluem em absoluto qualquer ponderação de aspectos relativos a efeitos não coordenados no quadro de situações de domínio colectivo, cfr., por todos, MASSIMO MOTTA, "EC Merger Policy and the Airtours Case", cit., esp. pp. 202 ss.

[1857] Este problema não se reveste, de qualquer modo, da mesma acuidade depois da reforma de 2004 do RCC, pois a apreensão desse tipo de efeitos não coordenados já não convoca obrigatoriamente a categoria do domínio colectivo. Na realidade, neste novo contexto já não terá cabimento a crítica de alguns autores a certos entendimentos mais flexíveis da categoria da posição dominante colectiva como eventuais "*distorções*" motivadas pelo não reconhecimento da necessidade de substituição do originário teste da compatibilidade com o mercado comum pelo "*SLC test*" do direito norte-americano. Sobre esse tipo de críticas anteriores à segunda reforma do RCC, cfr., para além do estudo de MASSIMO MOTTA referido na nota anterior, VALENTINE KORAH, "Gencor v. Commission: Collective Dominance", in ECLR, 1999, pp. 337 ss.

mente recebido a partir do ordenamento norte-americano de concorrência.[1858]

Sucede, todavia, que, em última análise, esse conceito não se nos afigura como o mais adequado para enquadrar e caracterizar as questões relativas ao funcionamento de mercados oligopolísticos, visto que – *prima facie* – parece pressupor uma perspectiva prevalecente de posicionamento e actuação unilaterais das empresas. Tal poderá dar azo a uma compreensão falaciosa desse conceito, pois se é certo que este recobre efeitos sobre a concorrência, e o funcionamento dos mercados, totalmente distintos da *coordenação entre empresas*, em contrapartida, *abarca, ainda, situações de interdependência oligopolística entre empresas*, no quadro das quais se podem verificar – reunidas certas condições – posições de domínio colectivo.

Nesses casos, os efeitos restritivos da concorrência podem surgir não em virtude de coligações – mesmo tácitas – entre as empresas, mas porque, devido a uma operação de concentração, existem menos empresas a concorrer entre si, *o que afecta, globalmente, o feixe de situações de interdependência oligopolística que se encontre em causa em certos mercados*, mesmo que não se transponha o limiar do *domínio* desses mercados (*individual ou colectivo*).[1859]

Essa potencial relevância de certas modelações específicas de processos de interdependência oligopolística, afectando a intensidade da concorrência, embora não envolvendo directamente mecanismos de coordenação entre os membros de determinado oligopólio, leva a que não se deva excluir de forma absoluta a utilização, neste contexto – pelo menos em alguns casos – do conceito de posição dominante colectiva, o qual quali-

---

[1858] Sobre a perspectiva analítica relativa à produção de *efeitos unilaterais*, no quadro da metodologia denominada de "*competitive effects analysis*" adoptada nas "*Horizontal Merger Guidelines*" de 1992, cit., cfr. PAUL DENIS, "Advances of the 1992 Horizontal Merger Guidelines in the Analysis of Competitive Effects", in AB, 1993, pp. 473 ss.. No que respeita a uma perspectiva doutrinal comunitária sobre os termos de ponderação de efeitos unilaterais no quadro do ordenamento norte-americano, cfr. PEDER CHRISTENSEN, VALÉRIE RABASSA, "The Airtours Decision. Is There a New Commission Approach to Collective Dominance?", cit., esp. pp. 228 ss..

[1859] A existência de um menor número de empresas a concorrer entre si – na sequência de uma operação de concentração – num mercado que envolva um conjunto relativamente restrito de empresas com posições razoavelmente estáveis ao longo do tempo pode traduzir-se numa significativa alteração dos termos em que se definam as *interdependências estratégicas entre as empresas*.

1064   *Empresas comuns* – Joint Ventures

fica, precisamente, alguns tipos de situações de interdependência oligopolística.[1860]

Assim, se afastarmos o obstáculo meramente semântico associado ao
nomen – *efeitos unilaterais*, emergentes em mercados com estruturas
oligopolísticas – terá sido, igualmente, removida uma primeira objecção à
subsunção desse tipo de efeitos na categoria da posição dominante colectiva – objecção que resultaria de uma aparentemente impressiva e suposta
contradição entre a natureza colectiva dessa posição de domínio de mercado e a natureza e conteúdo dos efeitos em causa (o que não afasta, bem
entendido, outros problemas de hermenêutica jurídica que, de seguida e de
modo muito sucinto, se equacionam).

Pensamos, pois, acompanhando a sugestão terminológica de JOHN
VICKERS – não obstante divergirmos da posição de fundo sustentada por
este autor, no sentido de um carácter supostamente lacunar da formulação
originária do *teste da compatibilidade* no RCC – que será mais rigoroso
identificar *efeitos multilaterais*, sem carácter de coordenação, de operações de concentração nesse tipo de mercados, em vez de acolher literal-
mente o conceito de *efeitos unilaterais* utilizado no ordenamento norte-
-americano da concorrência.[1861]

[1860] Além disso, haverá certamente situações de concentração que se situam numa
fronteira algo difusa entre a produção de efeitos coordenados e não coordenados. A esta
luz, pensamos que não fará sentido considerar categoria do domínio colectivo completamente refractária ao segundo tipo de efeitos.

[1861] Cfr., a este propósito, JOHN VICKERS, *How to Reform the EC Merger Test*, IBA,
Brussels, November, 2002. Como refere de forma impressiva este autor, a propósito da
verificação de *"unilateral effects"* não passíveis de recondução a coligações tácitas em
situações de oligopólio, e no sentido contemplado no ordenamento norte-americano, *"the
jargon here is unfortunate inasmuch as 'unilateral effects' can well have multilateral,
market wide consequences – e.g. for the prices charged not just by the parties to the
merger, bt by other firms too"* (*op. cit.*, p. 2). Na verdade, no contexto de mercados
oligopolísticos, uma concentração que altere as *interdependências estratégicas entre as
empresas* (correspondentes a estratégias de maximização de preços tomando em consideração as reacções de empresas rivais) pode gerar um efeito de primeira ordem no sentido
de a nova entidade resultante da concentração aumentar os preços para um nível mais
elevado do que era praticado quando as empresas participantes actuavam separadamente.
Esta alteração de preços pode conduzir terceiras empresas concorrentes a uma reacção
perspectivando um novo *"optimal price"* em função dos preços da entidade resultante da
concentração e no quadro de um novo equilíbrio oligopolista. O resultado global deses
desenvolvimentos corresponderá à verificação de efeitos multilaterais restritivos da
concorrência, embora não assentes num processo de coordenação. O enfoque analítico

Parte III – Capítulo 2

No que respeita aos problemas substantivos em causa, e para além do problema terminológico relevante, acima configurado, pensamos que se impõe reconhecer – na esteira do pensamento jurídico desenvolvido no ordenamento norte-americano e ainda que com contornos conceptuais algo diversos – uma especial importância dos problemas associados a eventuais alterações dos equilíbrios, de tipo não cooperativo, em mercados oligopolísticos, em resultado de operações de concentração.

Tal significa que um sistema de controlo de concentrações que não mostre aptidão ou potencialidade para cobrir esse tipo de problemas será inelutavelmente lacunar e ineficiente. Na realidade, em múltiplas situações referentes a concentrações que afectem mercados com estruturas oligopolísticas será possível configurar alterações negativas dos equilíbrios concorrenciais pré-existentes mesmo que não se encontrem em causa elementos de coordenação de comportamentos sob a forma de coligação tácita. Uma situação paradigmática a esse respeito será, em nosso entender, aquela que decorra de uma concentração envolvendo duas empresas de menor dimensão, face a uma terceira empresa que detivesse, antes de tal operação, uma posição de domínio individual. Pensamos, designadamente, em casos semelhantes ao que foi apreciado no processo norte-americano *"H.J. Heinz Company – Beechnut "*, de 2000, no qual se apreciou uma concentração entre empresas que detinham no mercado relevante em questão quotas de 17% e 15%, face a uma terceira empresa – não participante na concentração – que detinha uma quota de mercado de 65%.[1862]

---

numa perspectiva de *efeitos multilaterais* – menos redutora do que a ideia de *efeitos unilaterais* – será, pois, colocado *não apenas no poder de mercado das empresas participantes na concentração*, mas num *novo equilíbrio global entre oligopolistas* que lhes consente uma nova margem de actuação em detrimento dos consumidores. Os *efeitos multilaterais* a que ora nos referimos, acolhendo a qualificação sugestiva e mais rigorosa de Vickers, deverão corresponder à figura dos efeitos *"não coordenados"* na terminologia das *"Orientações"* de 2004. Vickers sustenta, ainda – em termos que, como acima se refere, já não acompanhamos – uma absoluta inaptidão do anterior teste do domínio do mercado para abarcar os efeitos restritivos da concorrência não reconduzíveis a coligações tácitas no contexto de mercados oligopolísticos.

[1862] Cfr. em especial – United States District Court for the District of Columbia, *"Federal Trade Commission, Plaintiff, v. H. J. Heinz Company – Beechnut, e tal., Defendants "*, Civ. N.º 1:00CV01688 JR, *Memorandum in Support of the Plaintiff's Motion for Preliminary Injunction* – 14 July 2000. Este importante precedente é, normalmente, referido na doutrina norte-americana e comunitária como *"US Baby Foods"*.

1066   *Empresas comuns* – Joint Ventures

Independentemente de quaisquer aspectos de coordenação, foi especialmente ponderado nessa decisão o facto de a operação de concentração em causa determinar a eliminação da concorrência intensa entre as duas empresas que disputavam entre si a posição de segunda marca mais representativa – face à empresa líder de mercado – e que assim procuravam assegurar um espaço escasso nos canais de distribuição, caracterizados pelo peso das grandes superfícies comerciais. Esse processo de concorrência intenso para assegurar a posição decisiva de segundo maior fornecedor do produto em causa, por seu turno, acabava por condicionar a empresa líder de mercado, submetendo-a a alguma pressão concorrencial em relação a preços e ao grau de inovação dos produtos.[1863]

Assim, a supressão de tal processo de concorrência, em resultado da concentração entre a segunda e terceira maiores empresas do mercado, daria azo a *efeitos unilaterais* – na terminologia do direito norte-americano, ou *efeitos multilaterais*, na terminologia que preferimos em sede de direito comunitário – restritivos da concorrência e conducentes a uma alteração do anterior equilíbrio concorrencial de um mercado que já apresentava um elevado grau de concentração.[1864]

[1863] Uma situação com os contornos acima descritos corresponde, porventura, a um dos exemplos mais paradigmáticos de *alterações dos equilíbrios concorrenciais* ou de *interdependências oligopolísticas* e não se encontra devidamente reflectida nos factores essenciais de emergência de efeitos não coordenados enunciados nas "*Orientações*" de 2004. Nestas, a Comissão limitou-se a acentuar a importância de situações em que uma concentração elimine a força concorrencial significativa associada a determinada empresa (cfr. pontos 37 e 38 das "*Orientações*", já referidos), sem ponderar que tal eliminação de uma pressão concorrencial importante pode resultar não da aquisição de uma empresa especialmente dinâmica, mas da concentração entre duas empresas que, disputando activamente a segunda posição no mercado pressionassem, em paralelo, devido à dinâmica concorrencial que assim gerassem, a empresa com a posição liderante no mercado.

[1864] Como se refere no *Memorandum in Support of the Plaintiff's Motion for Preliminary Injunction* (14 July 2000), cit., (caso "*US Baby Foods*"), equacionando-se os problemas de funcionamento de mercado em causa: "*For over 60 years, Gerger Products Company ('Gerber'), Heinz and Beech-Nut have dominated the prepared baby food market in the US, with Gerber as the market leader found on almost all supermarket shelves, Beech-Nut and Heinz, effectively the only other firms in the market, compete head-to-head to be the second brand. This direct competition for shelf space has driven the market to a substantial degree, forcing Gerber as well to compete on price and innovation for sales to the consumer. Heinz's acquisition of Beech-Nut would eliminate the increasingly fierce competition between two of only three companies, substantially increasing*

Outras situações potencialmente relevantes para os efeitos que ora consideramos, e que já aflorámos, são aquelas que respeitem a operações de concentração realizadas num mercado de estrutura oligopolística, de algum modo estabilizada, e mediante as quais uma das empresas de maior dimensão nesse mercado adquira o controlo de uma empresa menor, desde que esta representasse um concorrente particularmente activo (*vg.*, uma empresa que, no período que antecedeu a concentração, se tivesse distinguido, em particular, pelo seu dinamismo e capacidade de introduzir novos elementos de concorrência com incidência, quer nos preços, quer na qualidade ou diversidade dos produtos).[1865] Igualmente relevante se nos afigura, por razões comparáveis, uma aquisição realizada nesse tipo de mercados por uma empresa de maior dimensão e que tivesse como objecto uma empresa de menor dimensão recém-entrada, *ex novo*, no mercado em questão e que aí tivesse vindo a exercer uma pressão concorrencial significativa sobre os membros de um oligopólio pré-existente.[1866]

Em rigor, pensamos que algumas operações de concentração, afectando mercados de estrutura oligopolística, suscitam potencialmente, quer eventuais problemas de *coligação tácita*, quer eventuais questões relativas a *efeitos multilaterais* (que se produzam, *independentemente dos aspectos*

---

market concentration in a market retailer consolidation has forced these companies to compete more and more aggressively against one another, bringing consumers better prices and innovation". Não deixa de ser curioso salientar que a maior parte dos autores que sustentam uma impossibilidade de apreender eficazmente a totalidade dos problemas potenciais de afectação da concorrência emergentes de concentrações em mercados oligopolistas, se estes forem exclusivamente enquadrados pelas questões de domínio colectivo, apenas invoca, de forma recorrente, este precedente.

[1865] Aspecto precisamente focado nos pontos 37 e 38 das "*Orientações*" de 2004 e também já considerado anteriormente quando referimos a experiência de análise consolidada nas "*Horizontal Merger Guidelines*" do ordenamento norte-americano.

[1866] Apesar da virtual inexistência de precedentes na *praxis* decisória orientados para uma expressa ponderação deste tipo de efeitos multilaterais, podemos tomar em consideração – atendendo às interligações que temos vindo a sublinhar entre o ordenamento comunitário da concorrência e os ordenamentos dos Estados Membros – precedentes relevantes neste último plano. Assim, no caso "*UK Lloyds/Abbey National*", referido no "*UK Competition Commission Report on Lloyds TSB Group plc and Abbey National Plc*" – July 2001, no quadro do ordenamento da concorrência do Reino Unido, foi, precisamente, apreciada uma situação na qual uma empresa adquiria uma empresa rival que tinha recentemente entrado no mercado, no contexto de uma estrutura oligopolista relativamente estável. Estas situações-tipo são também consideradas nos referidos pontos 37 e 38 das "*Orientações*" de 2004, porventura com insuficiente desenvolvimento.

de coordenação de comportamentos). Nesse tipo de casos, importará aferir – numa ponderação que pode revestir-se de grande complexidade – qual o enquadramento jusconcorrencial mais eficiente, em ordem a prevenir aqueles aspectos que possam distorcer de modo mais intenso o processo de concorrência no mercado que se encontre em causa.

Nos casos em que a referida ponderação demonstre que os aspectos mais directamente lesivos dos anteriores equilíbrios concorrenciais respeitam a *efeitos multilaterais* e não a *efeitos de coordenação tácita*, a não consideração dos primeiros na avaliação global da concentração traduzir-se-á, de forma indiscutível, numa grave distorção jurídica e num prejuízo para a prossecução dos objectivos gerais de um sistema eficiente de controlo de concentrações entre empresas.

2.3.3.3. *A jurisprudência "Airtours" e os seus principais corolários antes e depois da segunda reforma do RCC*

A acuidade deste problema normativo encontra-se, no presente, acrescida, em sede de controlo comunitário de concentrações, visto que a fixação de elevados padrões qualitativos de análise de mercado para demonstrar a relevância de potenciais *coligações tácitas* em mercados oligopolísticos – que tem justamente resultado da jurisprudência do TPI[1867] – tornará mais difícil o enquadramento de algumas situações através dessa figura, baseada em elementos de coordenação. Todavia, tal não deverá traduzir-se na aprovação incondicional de concentrações que possam, em contrapartida, produzir *efeitos multilaterais* ("*não coordenados*"), restritivos da concorrência. Se é certo que qualquer processo de análise condicionado por uma pré-compreensão orientada predominantemente para a avaliação exclusiva de aspectos de *coligação tácita*, em detrimento dos potenciais *efeitos multilaterais* ("*não coordenados*"), corresponderá sempre a uma distorção normativa, a mesma tornar-se-ia ainda mais grave caso a impossibilidade de demonstração dos elementos de *coligação tácita*, propiciasse uma sistemática aprovação de concentrações indutoras de efeitos negativos sobre a concorrência efectiva.

[1867] Como já referimos, a nova corrente jurisprudencial que veio crescentemente questionar as bases e suficiência da análise económica da Comissão em sede de controlo de concentrações foi, precisamente, iniciada com o caso "*Airtours*" relativo a problemas de domínio conjunto em mercados oligopolísticos.

Tem sido, precisamente, objecto de discussão a eventual verificação desse tipo de situações – de insuficiência ou ineficiência da disciplina comunitária das concentrações – em relação a alguns desenvolvimentos da *praxis* decisória comunitária, com destaque particular para a situação versada na decisão *"Airtours/First Choice"*.[1868] Na verdade, em relação a este caso – no qual uma concentração, envolvendo como participante uma empresa de menor dimensão, determina que a entidade daí resultante venha a constituir, conjuntamente com duas empresas pré-existentes um trio de empresas potencialmente dominantes – alguns autores têm sustentado que certos elementos relevantes da análise jusconcorrencial suscitada pelo mesmo se encontrariam, primacialmente, associados à emergência de efeitos *não coordenados* (e não propriamente a questões referentes a *coligações tácitas* entre as empresas em causa).[1869]

Segundo essas posições doutrinais, a Comissão teria, pelo menos de modo indirecto, aflorado problemas relacionados com este tipo de *efeitos multilaterais* – embora não assumindo em termos expressos esse enquadramento conceptual – ao procurar avaliar possíveis consequências negativas para a concorrência directamente resultantes da redução da oferta disponibilizada no mercado, em virtude da contracção do conjunto de intervenientes com maior peso no mercado (os quais passariam de quatro para três empresas).[1870] Ora, o TPI, ao rejeitar implicitamente no seu Acórdão *"Airtours/First Choice"*, de 2002, esse tipo de análise jusconcorrencial da Comissão, teria assumido uma posição contrária ao enquadramento de tais *efeitos multilaterais* de concentrações em mercados oligopolísticos.

Assim, depois dos dois marcos jurisprudenciais que foram os Acórdãos *"Kali und Salz"*, e *"Gencor/Lonrho"*, permitindo consagrar um entendimento favorável à categoria de *posição dominante colectiva* e à sua aplicação em relação a situações de coligação tácita entre membros de um

---

[1868] Reportamo-nos aqui à decisão *"Airtours"* da Comissão, de 1999, já várias vezes referida, e ao Acórdão *"Airtours"* do TPI, de 2002, também já referido.

[1869] Cfr., nesse sentido, a posição já previamente trazida à colação de MASSIMO MOTTA, no estudo "EC Merger Policy and the Airtours Case", cit.; cfr., igualmente, OXERA, "Collective Dominance from an Economic Perspective", in Competing Ideas, June 2002.

[1870] De acordo com algumas posições doutrinais que vimos referindo, a Comissão estaria nesse ponto a utilizar uma variante do denominado *Modelo Cournot* (cujos contornos gerais atrás referimos).

1070 *Empresas comuns* – Joint Ventures

oligopólio, o Acórdão *"Airtours/First Choice"* representaria uma segunda etapa na densificação jurídica dos mecanismos de controlo aplicáveis em mercados oligopolísticos. E, enquanto tal, revelaria os limites dessa categoria da posição dominante colectiva e a impossibilidade da sua utilização – e da utilização do teste do domínio do mercado originariamente previsto no RCC – em relação aos problemas decorrentes de *efeitos multilaterais* dissociados de elementos de coordenação empresarial.

O último corolário a retirar dessa leitura da jurisprudência *"Airtours"* corresponderia, pois, à necessidade, ou conveniência, de – numa perspectiva *de iure condendo* – substituir o referido *teste do domínio do mercado* pelo teste, já acima descrito, da *diminuição substancial da concorrência*.[1871]

Pela nossa parte, rejeitamos, completamente, esse entendimento. Consideramos que a matéria respeitante à emergência de *efeitos multilaterais*, restritivos da concorrência, não foi, sequer implicitamente, aflorada na decisão da Comissão, pelo que ao Acórdão do TPI não pode ser atribuído o alcance de consagrar uma orientação definida, no sentido da excluir a subsunção desse tipo de efeitos na categoria da posição dominante colectiva. Aproximamo-nos, em contrapartida, da posição sustentada por ELEANOR FOX,[1872] no sentido de esse problema de interpretação e construção jurídicas ter permanecido uma questão em aberto, mesmo depois do caso *"Airtours"*, em virtude de a Comissão não ter ainda enveredado, na sua *praxis* decisória, pela ponderação de eventuais *efeitos multilaterais* em certas situações de mercado.

Nesse caso, a Comissão limitou-se a relativizar o alcance de um dos factores normalmente ponderados para avaliar eventuais coligações tácitas – o factor correspondente à existência de mecanismos claros de retaliação dirigidos contra membros de oligopólios que adoptem estratégias autónomas – não podendo retirar-se daí que tenha procurado, mais ou menos remotamente, trazer à colação questões relacionadas com *efeitos multilaterais*. Na verdade, uma metodologia de análise realmente assente na verificação desse tipo de efeitos deveria concentrar-se numa específica *avaliação da relação concorrencial entre as duas empresas participantes*

[1871] Importa ter presente que essas análises doutrinais foram consideravelmente influenciadas pelos termos em que então decorria o processo de preparação da segunda reforma do RCC, na sequência da adopção do Livro de Verde de 2001.

[1872] Cfr. ELEANOR FOX, "Collective Dominance and the Message from Luxembourg", in Antitrust, Fall, 2002.

Parte III – Capítulo 2 1071

na concentração, no sentido de apurar se a eliminação dessa concorrência directa entre as duas empresas criaria condições para que a entidade resultante da concentração pudesse unilateralmente aumentar os seus preços. Tal avaliação obrigaria ainda a ponderar se, em virtude da *modificação dos equilíbrios concorrenciais pré-existentes*, as outras empresas de maior dimensão teriam também, mesmo na ausência de elementos de coordenação, uma *capacidade comparável para essas práticas unilaterais de aumento de preços*. De qualquer modo, independentemente desta nossa leitura crítica da jurisprudência *"Airtours"*, o espaço normativo para a ponderação de efeitos não coordenados foi, de forma clara, confirmado na reforma de 2004 do RCC. Falta, tão só, o decisivo crivo da concretização jurídica do teste da compatibilidade com o mercado comum em relação a esse tipo de efeitos para clarificar diferentes dimensões de análise das repercussões de concentrações em mercados oligopolísticos.[1873]

3. A apreciação dos elementos de cooperação de empresas comuns qualificáveis como concentrações

3.1. PERSPECTIVA GERAL

Como já referimos, a revisão do RCC, em 1997, determinou a emergência de uma área intermédia de tratamento das empresas comuns que desempenham todas as funções de uma entidade económica autónoma – e, como tal, subsumíveis no conceito de concentração na nova formulação do

---

[1873] Esse espaço de concretização do teste da compatibilidade com o mercado comum aplicado a *efeitos multilaterais* resultantes de concentrações em mercados oligopolísticos encontra-se totalmente por desbravar no plano comunitário. Na análise crítica antecedente procurámos, tão só, antecipar critérios analíticos de referência neste domínio, mas a experiência de concreta densificação jurídica desses critérios é, inegavelmente, decisiva, como sempre sucede em sede de direito da concorrência. De qualquer modo, não deixamos de pensar que tal espaço tem sido sobrestimado por alguma doutrina que advogou reformas mais profundas do RCC, no sentido da substituição do teste da compatibilidade pelo teste referente à diminuição substancial da concorrência do direito norte-americano.

1072   *Empresas comuns* – Joint Ventures

artigo 3.º do RCC – mas que apresentem, em paralelo, efeitos de coordenação dos comportamentos das empresas-mãe.[1874]

Essa subcategoria de empresas comuns passou a estar globalmente submetida ao sistema de apreciação estabelecido no RCC – na sequência de um verdadeiro processo de *interpretação evolutiva* da *distinção originária entre empresas comuns com carácter de concentração e empresas comuns com carácter de cooperação*, que tivemos ensejo de caracterizar –[1875] mediante um enquadramento específico que determina a *aplicação cumulativa dos testes substantivos relativos à compatibilidade com o mercado comum e à coordenação de comportamentos*, nos termos conjugados do n.º 2 e do n.º 4 do artigo 2.º do RCC. Esta última disposição determina a aplicação do regime previsto no artigo 81.º CE aos efeitos de coordenação que se encontrem associados a empresas comuns, embora no quadro do procedimento de apreciação *ex ante* delineado no RCC.

Deste modo, a avaliação da compatibilidade com o mercado comum dessa subcategoria de empresas comuns – qualificada como operação de concentração – no âmbito do sistema do RCC pode ser decisivamente influenciada, quer pelos aspectos respeitantes à aplicação do teste da compatibilidade, quer por elementos referentes a modalidades diversas de coordenação de comportamentos que se mostrem restritivas da concorrência, *ex vi* do n.º 1 do artigo 81.º CE, e não passíveis de juízos de isenção *ex vi* do n.º 3 do mesmo artigo 81.º CE.

Sublinhámos, já, que a interacção entre os dois referidos testes substantivos, que passou a ser pressuposta em relação às *empresas comuns que desempenham todas as funções de uma entidade económica autónoma* e *desencadeiam, em paralelo, efeitos de coordenação de comportamentos*

[1874] Cfr., a propósito da delimitação desta área de problematização jusconcorrencial das empresas comuns na sequência da primeira reforma do RCC, os aspectos já referidos *supra*, ponto **1.** do capítulo primeiro desta **Parte III** e ponto **1.** do presente capítulo.

[1875] Tivemos já ensejo de caracterizar esse processo de interpretação progressivamente mais restritiva, entre 1990 e 1997, dos parâmetros que podiam afastar a qualificação de empresas comuns como operações de concentração em função de elementos de coordenação de comportamentos emergentes da criação dessas entidades, no quadro da análise crítica desenvolvida *supra*, capítulo segundo da **Parte II** (esp. pontos 3.1. e 3.2.). O corolário lógico desse verdadeiro processo de *interpretação evolutiva*, que, em alguns aspectos mais extremos chegou a aproximar-se de uma distorção normativa do regime do RCC, foi dado na reforma de 1997, com a reformulação dos critérios de qualificação de empresas comuns como operações de concentração.

entre as respectivas empresas-mãe, pode – associada a outros aspectos da densificação jurídica da figura da empresa comum – originar profundas transformações qualitativas na compreensão e na concretização jurídicas das normas de concorrência aplicáveis às empresas (*maxime*, em sede de aplicação do artigo 81.º CE às situações de cooperação entre empresas). Tal interacção dos dois testes, simultaneamente aplicados ao mesmo tipo de entidades, pode, na realidade, contribuir para atenuar o maior formalismo jurídico que, com excessiva frequência, prevaleceu na aplicação do artigo 81.º CE e criar condições para o desenvolvimento de parâmetros de análise jusconcorrencial, de conteúdo complexo, dirigidos quer à concretização de normas de comportamento, quer de normas estruturais.[1876]

Importa referir, a propósito da interacção entre os dois testes, que o teste referente à compatibilidade com o mercado comum (centrado no domínio de mercado) deverá assumir um papel prevalecente na avaliação global de empresas comuns com carácter de concentração. Deste modo, nos casos em que a Comissão considere fundamentado um juízo de criação ou reforço de uma posição dominante, como resultado da criação de determinada empresa comum, deverá declarar a incompatibilidade dessa entidade com o mercado comum, sem necessidade de formular qualquer apreciação definitiva sobre eventuais aspectos de coordenação de comportamentos associados à mesma. Atendendo a que as decisões de oposição, em virtude da criação de posição dominante conducente ao surgimento de entraves à concorrência efectiva, têm assumido um carácter excepcional na *praxis* decisória da Comissão – nos termos que já tivemos oportunidade de analisar –[1877] os processos de avaliação desta subcate-

---

[1876] Tenha-se presente os aspectos já expostos *supra*, capítulo primeiro da **Parte I**, sobre as características de que se têm revestido em sede de direito comunitário da concorrência as categorias de *normas de comportamento* e de *normas estruturais*. Sobre o défice de análise estrutural neste ordenamento, motivado pela tardia introdução de normas de controlo directo de concentrações, cfr. a análise de LOUIS VOGEL – *Droit de la Concurrence et Concentration Économique – Étude Comparative*, cit., esp. pp. 60 ss..

[1877] Como temos destacado, a maioria das decisões proferidas pela Comissão em sede de aplicação do RCC correspondem a *decisões de não oposição* ou de *aprovação com obrigações ou condições de operações de concentração* (não obstante o aumento relativo do número de proibições nos finais do decénio de noventa). Sobre a importância dessas decisões de aprovação com obrigações ou condições como alternativa mais flexível à oposição a operações de concentração, cfr ALEXANDER KOPKE, "Study of Past Merger Remedies", cit., pp. 69 ss. Como aí se refere, em termos que permitem *prima facie* apreender a relevância desta opção alternativa para ultrapassar potenciais problemas de afectação da

1074 *Empresas comuns* – Joint Ventures

goria de empresas comum devem, normalmente, assentar numa análise cumulativa, ou sucessiva, dos elementos relativos à eventual criação de entraves significativos à concorrência efectiva e à possível coordenação de comportamentos.

Todavia, como veremos, a importância dos problemas teóricos de direito da concorrência que, em tese, seriam suscitados pelo tratamento desta subcategoria de empresas comuns não tem vindo a ser confirmada, em toda a sua extensão, na *praxis* decisória da Comissão. Tal sucede, designadamente, porque a maior parte dos casos relevantes de empresas comuns submetidas ao regime previsto no RCC e que apresentam efeitos de coordenação de comportamentos, não têm suscitado análises mais desenvolvidas, sendo relativamente raras as situações de abertura da segunda fase de apreciação, em virtude de *"dúvidas sérias"* quanto à compatibilidade das mesmas com o mercado comum.[1878]

Acresce que, em relação a diversas situações em que se têm colocado possíveis objecções a potenciais elementos de coordenação de comportamentos neste tipo de situações, a Comissão tem afastado eventuais juízos desfavoráveis quanto à proibição constante do n.º 1 do artigo 81.º CE, mediante a ponderação de compromissos, condições ou obrigações dos quais se faça depender a aprovação da operação de concentração, sem recorrer aos procedimentos de isenção previstos no n.º 3 do referido artigo 81.º CE.[1879] Essa relativa menor predisposição para o recurso ao meca-

---

concorrência, *"in the 12 years from 1991 to 2002, some 159 merger cases were cleared following comitments by the notifying parties to modify the transactions and thus remove the competition concerns identified by the Commission (so-called remedies)"*. A importância de que se reveste este tipo de soluções de adopção de compromissos (*"remedies"*) levou a Comissão a empreender um estudo global sistemático sobre a sua utilização desde o início de vigência do RCC, que deverá estar concluído no decurso de 2004, em moldes comparáveis ao sistemático empreendido pela *Federal Trade Commission* no âmbito do ordenamento norte-americano, em 1999 (FTC – *"Study of the Commission's Divestiture Process"* – 1999).

[1878] Cfr., a esse propósito o *"Vigésimo Oitavo Relatório sobre a Política de Concorrência"* (relativo ao ano de 1998) e os Relatórios referentes a anos ulteriores, através dos quais se pode confirmar o facto de serem relativamente pouco numerosos os casos de realização de análises mais desenvolvidas por dúvidas sérias sobre a compatibilidade com o mercado comum de concentrações notificadas especificamente fundadas em problemas de coordenação de comportamentos (*ex vi* do regime previsto no n.º 4 do artigo 2.º do RCC).

[1879] A esse propósito, tenha-se presente, *inter alia*, como caso especialmente relevante, a decisão *"BT/AT&T"* (proc. IV/JV15), a qual, de resto, será objecto de objecto de

Parte III – Capítulo 2 1075

nismo de isenção previsto nesta disposição pode, em si mesma, representar um desenvolvimento positivo, caso corresponda a uma orientação menos intervencionista, por parte da Comissão, dirigida à não aplicação do n.º 1 do artigo 81.º CE como estrita proibição *per se* de processos de concertação empresarial. De qualquer modo, a sua conjugação com metodologias de análise muito sumária dos aspectos de coordenação, no quadro da primeira fase do procedimento de apreciação de concentrações previsto no RCC – em virtude da excepcionalidade de que se tem revestido, como acima assinalamos, a formulação de *"dúvidas sérias"* quanto à compatibilidade de concentrações com o mercado comum – torna difícil a identificação de um verdadeiro *modelo geral de avaliação desses efeitos de coordenação* e a percepção de certas *consequências da sua articulação com o teste estrutural relativo à verificação de entraves significativos à concorrência efectiva.*

Verifica-se, pois, em nosso entender, e como procuraremos evidenciar, algum défice de análise jurídica dos efeitos de coordenação de comportamentos nos juízos globais de apreciação desta subcategoria de empresas comuns, existindo, manifestamente, espaço para um progressivo aprofundamento dos parâmetros de análise a utilizar neste domínio (para o qual poderá também contribuir a eventual formação futura de jurisprudência nesta matéria).[1880]

---

análise – *infra*, ponto 3.3.3. deste capítulo. Outros precedentes relevantes, envolvendo compromissos necessários das partes para enquadrar *problemas de coordenação de comportamentos*, compreendem também, *vg.*, as decisões *"Fujitsu/Siemens"* (proc. IV/JV22), e *"Canal+/CDPQ/BankAmerica"* (proc. IV/M1327).

[1880] Na realidade, também a ausência durante um período relativamente longo de jurisprudência relevante relativa à *concretização do teste do domínio individual* no quadro do RCC prejudicou a necessária densificação jurídica dos critérios em que a mesma deve assentar, o que não impediu – a prazo – a emergência de importantes precedentes jurisprudenciais neste plano. Do mesmo modo, admitimos que em relação à apreciação de aspectos de cooperação associados a empresas comuns qualificáveis como concentrações (*ex vi* do n.º 4 do artigo 2.º do RCC) se deverá esperar o desenvolvimento futuro de jurisprudência, conquanto o mesmo pressuponha um tratamento progressivamente mais exigente dessas questões na *praxis* decisória da Comissão. Além disso, seria igualmente importante a adopção de específicas orientações interpretativas da Comissão sobre a aplicação desse regime do n.º 4 do artigo 2.º do RCC (iniciativa cuja ponderação já tem sido referida pela Comissão). Um bom exemplo do possível desenvolvimento de jurisprudência relativa à avaliação de aspectos de cooperação empresarial em sede de apreciação de concentrações encontra-se no Acórdão do TPI, de 8 de Julho de 2003, *"Verband der freien Rohrwerke and others v Commission"* [proc. T-374/00, Col. II – 2275 (2003)].

Considerando que as principais questões associadas à concretização jurídica do teste da compatibilidade com o mercado comum – aplicado a empresas comuns com carácter de concentração – foram já analisadas, a nossa atenção sobre os processos de avaliação da subcategoria de empresas comuns ora em causa incide, especificamente, sobre os aspectos referentes à coordenação de comportamentos entre as empresas-mãe (de modo a não incorrer em desnecessárias repetições em matéria de apreciação de situações de posição dominante, individual ou colectiva). Tomamos, naturalmente, como pressupostas as conclusões fundamentais delineadas sobre as matérias do domínio de mercado e da emergência de entraves significativos à concorrência – em sede de aplicação do n.º 2 do artigo 2.º do RCC – e, além disso, procuraremos retirar, em alguns pontos, determinadas consequências da interacção entre os dois testes cumulativamente utilizados para aferir as consequências da criação deste tipo de empresas comuns para o processo de concorrência.

No que respeita aos aspectos de coordenação de comportamentos das empresas-mãe, a avaliar no quadro do artigo 81.º CE, propomo-nos, caracterizar, em traços gerais, a metodologia de análise utilizada, bem como identificar, de modo sistemático, os elementos que devem balizar essa análise. Trata-se, em súmula, de, tomando como referência um modelo geral de análise das empresas comuns que temos procurado construir, delinear estádios paradigmáticos do processo de análise que incide,[1881] especificamente, sobre esta vertente de coordenação a propósito da subcategoria de empresas comuns coberta pelo n.º 4 do artigo 2.º do RCC.

Além dessa caracterização geral dos principais elementos analíticos em que assenta a apreciação dos referidos aspectos de coordenação, propomo-nos, ainda, concluir o estudo sumário desta subcategoria de empresas comuns através de uma apreciação – na especialidade – de alguns casos concretos, seleccionados em função da sua especial relevância. Para o efeito, concentrar-nos-emos, em particular, nas situações, relativamente excepcionais, em que a Comissão desencadeou processos de análise mais desenvolvida, ou aprovou as operações em questão, mediante a aprovação de compromissos, condições ou obrigações, procurando, por um lado,

---

[1881] Tenha-se presente os aspectos expostos *supra*, no capítulo primeiro desta **Parte III** sobre a definição de modelos gerais de análise jusconcorrencial de empresas comuns assentes numa utilização pré-ordenada de parâmetros que permitam alguma conciliação entre necessidade de análise casuística dos mercados e alguma previsibilidade dos juízos de avaliação das diversas situações.

Parte III – Capítulo 2 1077

sublinhar alguns elementos mais recorrentes nessas análises e, por outro lado, visando identificar aspectos complementares de análise que poderiam, com vantagem, ser explorados por parte da Comissão.

3.2. OS ASPECTOS FUNDAMENTAIS DA ANÁLISE DE EFEITOS COOPERATIVOS SUBJACENTES A EMPRESAS COMUNS QUALIFICÁVEIS COMO CONCENTRAÇÕES

3.2.1. A identificação de mercados afectados por processos de coordenação

Consideramos que a análise específica dos aspectos de coordenação subjacentes à subcategoria de empresas comuns ora em apreço deve tomar como ponto de partida – tal como sucede com o tratamento da generalidade das empresas comuns com carácter de concentração submetidas ao RCC – a identificação do mercado relevante mais directamente afectado pela criação da nova entidade.[1882]

O primeiro estádio dessa análise dirigida aos elementos de coordenação empresarial consistirá, pois, na detecção e concomitante delimitação de mercados no âmbito dos quais a interacção efectiva, ou potencial, entre as empresas-mãe, ou entre estas e a própria empresa comum possa originar uma susceptibilidade de coordenação de comportamentos que deva *a se* constituir objecto de avaliação, nos termos resultantes do artigo 81.º CE e do n.º 4 do artigo 2.º do RCC. De algum modo, esses juízos de identificação e delimitação de mercados potencialmente sujeitos a processos de coordenação, restritivos da concorrência, são antecedidos por uma primeira avaliação, incidindo sobre o circulo de empresas intervenientes na constituição de determinada empresa comum, a qual, de modo injustificado, não é, em regra, expressamente aflorada na *praxis* decisória da Comissão, apesar de constituir, em nosso entender, o elemento primacial na base da utilização cumulativa do teste da coordenação.

[1882] Os processos analíticos conducentes à *delimitação de mercados relevantes* não são aqui abordados, nem foram, em geral, tratados no presente capítulo no quadro da análise crítica do teste da compatibilidade com o mercado comum aplicável às empresas comuns qualificáveis como concentrações. Essa matéria foi sumariamente aflorada no ponto **4.** do capítulo segundo da **Parte II**, para o qual se remete.

Na realidade, devido ao carácter sintético de que normalmente se revestem as decisões da Comissão nesta matéria, os aspectos referentes à correcta delimitação de mercados nos quais possam ocorrer processos de coordenação – para além da definição do mercado relevante da própria empresa comum, que se encontra na base da aplicação do teste do domínio do mercado – são aflorados de forma directa e imediata pela Comissão, como se os mesmos constituíssem um elemento intrínseco e automático da primeira parte da análise jusconcorrencial dos efeitos da concentração (aquela que, como é sabido, conduz à identificação do mercado relevante em que opera a empresa comum que se encontre em causa). Ora, esse tipo de automatismos não se encontram verdadeiramente presentes no modelo de análise desenvolvido para a apreciação destas empresas comuns com carácter de concentração.

A delimitação do mercado relevante em que actuará a empresa comum, como mercado directamente afectado pela concentração,[1883] corresponde, desde logo, a um exercício de grande complexidade e não se justificará, em todos os casos, agravar a complexidade deste estádio de análise, para proceder, de modo especulativo, à identificação de um número indeterminado de outros mercados relevantes, em função de riscos hipotéticos e abstractos de coordenação. Em nosso entender, o que justifica essa extensão dos processos de avaliação de mercados relevantes é uma verificação preliminar – a qual, como referimos, não é, por norma, aflorada de modo expresso nas decisões da Comissão – do peso relativo de áreas de actividade das empresas-mãe não transferidas para a empresa comum e do grau de intensidade de que se possam revestir quaisquer conexões entre as mesmas.

É necessário, em súmula, avaliar, de forma muito liminar se as empresas-mãe conservam actividades de importância apreciável fora do âmbito de actuação da empresa comum e, além disso, se é possível configurar relações mínimas de proximidade entre essas áreas de actuação. Em caso de verificação negativa desses dois aspectos – *vg.* situações em que as empresas-mãe apenas mantenham actividades de importância resi-

---

[1883] Referimo-nos, por comodidade de expressão, ao mercado relevante em que actue determinada empresa comum, mas, como é evidente, a mesma empresa comum pode actuar em diferentes mercados, os quais, sendo caso disso, devem, desde logo, ser tomados em consideração como *mercados directamente afectados pela constituição de tal entidade* e no quadro dos quais se deverá avaliar se é criado qualquer entrave à concorrência efectiva, *maxime* por força da criação ou reforço de qualquer posição dominante.

dual ou em mercados do produto e geográficos que se mostrem manifestamente díspares[1884] – não se justifica conjugar a delimitação do mercado relevante em que opera a empresa comum com análises desenvolvidas, visando a identificação e delimitação de outros mercados relevantes em que as empresas-mãe mantenham actividades.

Uma outra questão que importa dilucidar diz respeito ao âmbito dos problemas relevantes de coordenação subsumíveis na previsão constante do n.º 4 do artigo 2.º do RCC. Trata-se de apurar se esta disposição apenas abarca as *situações de coordenação entre empresas-mãe de determinada empresa comum*, ou se a mesma também será aplicável em relação a *elementos de coordenação entre a empresa comum e as respectivas empresas-mãe*. Autores como L. Ritter, W. D. Braun e F. Rawlinson[1885] sustentam que se justifica a aplicação da referida disposição do RCC em relação a restrições da concorrência emergentes de processos de coordenação entre a empresa comum e uma das respectivas empresas-mãe. Destacam, nesse sentido, o facto de eventuais situações de coordenação de comportamentos entre uma empresa-mãe a empresa comum não poderem ser consideradas como uma mera divisão de funções dentro de um grupo empresarial em termos que fundamentassem a sua sujeição à doutrina jusconcorrencial referente aos acordos intragrupo.[1886]

Na verdade, qualquer empresa comum qualificável como operação de concentração constituirá, por definição, uma entidade autónoma e o seu papel não pode ser assimilado ao de uma empresa subsidiária de uma das empresas-mãe. Noutros termos, tal implica reconhecer que entendimentos ou acordos envolvendo essas entidades – *vg.* uma empresa comum e uma das empresas-mãe – são, tecnicamente, concluídos entre empresas que continuam em certo sentido independentes (porquanto essa empresa-mãe apenas partilha o exercício do controlo conjunto sobre a empresa comum

---

[1884] Assim, em casos de verificação negativa desses dois aspectos, a consequente *ausência de qualquer sobreposição relevante entre as actividades das empresas-mãe participantes e da empresa comum por estas controlada* permite *ab initio* afastar qualquer necessidade de análise mais desenvolvida em sede de aplicação do n.º 4 do artigo 2.º do RCC, como se pode verificar, de forma paradigmática, na decisão *"Alitalia/KLM"*, já cit..

[1885] Cfr., nesse sentido, L. Ritter, W. D. Braun e F. Rawlinson, *EEC Competition Law – A Practitioner's Guide*, cit, p. 497.

[1886] Cfr. L. Ritter, W. D. Braun e F. Rawlinson, *EEC Competition Law – A Practitioner's Guide*, cit, p. 498. Sobre a referida doutrina jusconcorrencial referente aos *acordos intragrupo*, cfr. os aspectos já expostos no capítulo segundo da **Parte I** e no capítulo primeiro da **Parte II**.

e esta não integra o grupo de tal empresa-mãe). Embora, numa perspectiva formal, subscrevamos, nos seus aspectos essenciais, este entendimento de L. RITTER, W. D. BRAUN e F. RAWLINSON, pensamos que, em termos jurídico-económicos, serão relativamente raras e menos significativas as situações em que a coordenação de comportamentos entre uma empresa comum e uma das suas empresas-mãe assume relevância. De resto, no que respeita às situações muito frequentes de criação de empresas comuns com a finalidade de assegurar a entrada num novo mercado, excluímos, mesmo, em princípio, a autonomização de quaisquer hipotéticos processos de coordenação, restritivos da concorrência, que abarquem apenas a empresa comum e uma das empresas-mãe.

As únicas situações que, apesar de tudo, se nos afiguram potencialmente relevantes corresponderão aos casos de constituição de uma empresa comum para actuar num mercado em que as empresas-mãe já estavam presentes e que se encontre sujeita a obrigações de compra exclusiva de certos activos ou produtos a uma das empresas-mãe. Trata-se, aí, de casos em que o efeito útil da empresa comum pode consistir em privar terceiras empresas concorrentes de um canal de escoamento dos seus produtos, sobretudo no que respeita à área de actividade da segunda empresa-mãe que tenha sido transferida para a empresa comum (e que deixa, enquanto tal, de assegurar a realização de aquisições a terceiras empresas que vêem assim diminuídas as possibilidade de comercialização dos seus produtos).[1887]

A partir do juízo liminar – frequentemente omitido na fundamentação das decisões da Comissão, mas subjacente ao primeiro estádio da análise formulada nas mesmas – tendente à verificação de um grau mínimo de relevância das actividades das empresas-mãe não transferidas para a empresa comum e da existência de alguma ligação entre essas áreas de actuação, deverá proceder-se à correcta delimitação desses mercados no âmbito dos quais a possibilidade de coordenação terá que ser avaliada. Tal juízo implícito é, porventura, aflorado em algumas decisões da Comissão, como *vg.* na decisão *"Télévision par Satéllite (TPS)"*, quando se refere como a primeira das condições para a caracterização de eventuais riscos de coordenação a *"verosimilhança"* dos problemas de coordenação que

---

[1887] Como é evidente, referimos, por razões de simplificação dos problemas em causa, a transferência da área de actividade de uma segunda empresa-mãe para a empresa comum, mas em empresas comuns de carácter mais complexo tal pode reportar-se aos domínios de actividade de várias empresas participantes nesse processo de cooperação.

Parte III – Capítulo 2 1081

possam estar em causa. A identificação de tal condição, nesse termos, afigura-se-nos, contudo, pouco rigorosa, em termos jurídicos, e lacunar quanto aos elementos de análise de mercado que lhe estejam subjacentes.[1888]

Como justamente referiu a Comissão, numa das decisões em que desenvolveu uma análise mais aprofundada dos aspectos de coordenação *ex vi* do disposto no n.º 4 do artigo 2.º do RCC – a decisão *"BT/AT&T"*,[1889] que adiante comentaremos criticamente – o círculo de mercados que importará identificar e caracterizar, de modo algo desenvolvido, como mercados de potencial verificação de coordenação, circunscreve-se ao mercado da própria empresa comum, caso neste se mantenham activas pelo menos duas empresas-mãe, e aos mercados estreitamente relacionados com o mesmo no âmbito dos quais, no mínimo, duas empresas mãe continuem presentes depois da criação da empresa comum.

Encontrar-se-ão, pois, em causa mercados geográficos, ou do produto, próximos ou conexos, numa perspectiva horizontal, com o mercado previamente delimitado como o mercado relevante da empresa comum, bem como outros mercados que, numa perspectiva vertical, se encontrem relacionados com tal mercado relevante (mercados que, nessa perspectiva vertical, se encontrem directamente situados a montante ou a jusante do mercado da empresa comum).[1890] Em qualquer caso, pensamos que a delimitação desses mercados, no âmbito dos quais a possibilidade de ocorrência de coordenação deva ser objecto de investigação é, no essencial, tributária de uma delimitação inicial do mercado relevante da empresa comum e, como tal, mais directamente afectado pela criação da mesma.

Além disso, o círculo de mercados em relação aos quais se justifica investigar a hipotética verificação de processos de coordenação, envol-

---

[1888] Cfr. decisão *"Télévision par Satéllite (TPS)"*, de 2002 (proc COMP/JV57). Como se refere no ponto 26 da decisão, *"La caractérisation d'un tel risque de coordination suppose que soient réunies trois conditions, à savoir: i) que la coordination soit vraisemblable ii) qu'elle ait un lien de causalité avec l'opération iii) et qu'elle puisse produire un effet sensible"*. Todavia, nos três pontos seguintes a Comissão limita-se a afastar essa vaga condição de *"vraisemblance"* através de juízos sumaríssimos sobre o funcionamento dos mercados potencialmente afectados.

[1889] Cfr. decisão *"BT/AT&T"*, de 1999, já cit., esp. o ponto 167 da decisão.

[1890] Tenha-se presente, como exemplo de mercado de potencial verificação de coordenação *situado a montante do mercado da empresa comum*, a situação considerada na decisão *"Telia/Telenor/Schibsted"* (proc IV/JV1) e como exemplo de mercado afectado *situado a jusante do mercado da empresa comum* a situação apreciada na decisão *"Hitachi/NEC-DRAM"* (proc IV/JV44).

1082   *Empresas comuns* – Joint Ventures

vendo as empresas-mãe, não se esgota nos sectores em que estas já sejam concorrentes efectivos, mas pode abarcar, também, aqueles mercados em que as mesmas sejam, tão só, concorrentes potenciais. Pensamos, no entanto, que esse tipo de situações de concorrência potencial – tomadas em consideração, *vg.*, na decisão *"ENEL/France Telecom/Deutsche Telekom"* –[1891] devem ser avaliadas com a maior prudência. Na verdade, o risco de verificação de problemas relevantes de coordenação terá, em princípio, menor intensidade no que respeita aos mercados em que as empresas-mãe de determinada empresa comum sejam apenas concorrentes potenciais.

De algum modo, e em rigor, admitimos, mesmo, que esse tipo de questões hipotéticas de articulação entre as empresas-mãe no quadro do mercado em que estas sejam apenas concorrentes potenciais, não correspondem, propriamente, a processos de coordenação de comportamentos empresariais (os quais se encontram, como tais, fundamentalmente associados a relações de concorrência efectiva). Esses eventuais problemas de concorrência traduzir-se-ão, no essencial, segundo cremos, em possíveis alinhamentos de estratégias e posicionamentos de mercado que conduzam, *vg.*, à não materialização em relações de concorrência efectiva de posições iniciais das partes como concorrentes potenciais, ou ao retardamento do desenvolvimento dessas relações (em situações em que a emergência dessas relações de concorrência efectiva fosse previsível, no curto prazo, em caso de não constituição de uma empresa comum, introdutora de um possível pólo de articulação das estratégias globais das respectivas empresas-mãe).

Acresce, também, que a delimitação de situações de mercado no quadro das quais se justifique considerar uma relação de concorrência potencial entre as empresas-mãe deve assentar numa análise económica

---

[1891] Cfr. decisão *"ENEL/France Telecom/Deutsche Telekom"*, de 1998 (proc IV/JV2). Neste caso, face à constituição de uma empresa comum em Itália entre a Enel a France Telecom (FT) e a Deutsche Telekom (DT), a Comissão considerou a possibilidade de verificação de efeitos de coordenação entre estas duas últimas empresas nos mercados de serviço fixo de telefone na França e na Alemanha no âmbito dos quais essas duas empresas eram unicamente concorrentes potenciais. Da análise feita sobre esses aspectos resultou a conclusão de que a ausência da DT do mercado de serviço fixo de telefone francês e da FT do mercado de serviço fixo de telefone alemão resultava de opções comerciais definidas das mesmas empresas em nada relacionadas com o processo de constituição da empresa comum.

Parte III – Capítulo 2   1083

realista e exigente, observando a orientação gradualmente desenvolvida noutros domínios de análise pela Comissão – em parte sob impulso da jurisprudência dos Tribunais Comunitários – no sentido de fazer depender qualquer verificação da existência de concorrência potencial de factores económicos, devidamente comprovados, e que respeitem a vários elementos ou dimensões do processo de concorrência (essa orientação tem conduzido a um maior grau de exigência analítica para aferir nexos relevantes de concorrência potencial que devam ser ponderados na formulação de diversos juízos jusconcorrenciais[1892] e, se possível, deve ainda ser configurada com maior rigor, neste plano de identificação de situações de concorrência potencial entre empresas-mãe de certa empresa comum para efeitos de exame de hipotéticos elementos negativos de coordenação de comportamentos, em sede de aplicação do n.º 4 do artigo 2.º do RCC).

3.2.2 Relações de causalidade entre a constituição de empresas comuns e a emergência de riscos de coordenação de comportamentos

3.2.2.1. *Perspectiva geral*

Tomando como base a delimitação de um ou mais mercados no âmbito dos quais se verifiquem riscos relevantes de coordenação dos comportamentos das empresas-mãe – nos termos e de acordo com os critérios atrás enunciados – o segundo elemento analítico primacial em

---

[1892] Orientação consistente no sentido de um menor formalismo na aferição de hipotéticas relações de *concorrência potencial* que, por influência do TJCE e do TPI, se desenvolveu sobretudo durante o decénio de noventa, como já tivemos ensejo de aflorar no capítulo segundo da **Parte II** e em termos a que retornaremos na nossa análise *ex professo* de empresas comuns submetidas ao regime do artigo 81.º CE (*infra*, capítulo terceiro desta **Parte III**). De resto, e traduzindo um dos elementos fundamentais de interconexão entre as metodologias de análise utilizadas em sede de aplicação dos n.ºs 2 e 4 do artigo 2.º do RCC e do artigo 81.º CE – a que vimos aludindo – também neste segundo plano de análise a flexibilização do compreensão das relações de concorrência potencial tem correspondido a um dos elementos fundamentais subjacentes às profundas alterações qualitativas dos processos de análise das empresas comuns não qualificáveis como concentrações (como observaremos no estudo empreendido no capítulo seguinte).

1084 *Empresas comuns* – Joint Ventures

que assenta o teste cumulativamente aplicado no quadro da aplicação do n.º 4 do artigo 2.º do RCC diz respeito à aferição de um grau suficiente de causalidade entre a constituição da empresa comum que se encontre em causa e a emergência desse tipo de riscos.

Importa, assim, determinar se certos riscos hipotéticos de coordenação que tenham sido identificados no quadro de uma avaliação preliminar de algumas situações de mercado – conexas com o mercado da empresa comum – podem ser tomados como constituindo, realmente, parte do objecto ou dos efeitos da empresa comum que tenha sido constituída por determinadas empresas. Tal significa, noutros termos, que a verificação de riscos hipotéticos de coordenação de comportamentos em certos mercados entre empresas-mãe de uma empresa comum não será relevante para efeitos de aplicação do n.º 4 do artigo 2.º do RCC, em articulação com o artigo 81.º CE, nos casos em que esses riscos possam ser atribuídos a outros factores e não, especificamente, à criação da empresa comum. Deve sublinhar-se, desde já, que a Comissão tem aceite, de modo sistemático, na maior parte dos casos que apreciou, a impossibilidade de demonstrar a existência de situações em que as empresas comuns tenham, em parte, como *objecto* o desenvolvimento de processos de coordenação de comportamentos entre as empresas-mãe em relação às actividades que tenham sido mantidas fora da esfera de actuação dessas empresas comuns. Assim, em regra, a avaliação dos potenciais aspectos de coordenação, em sede de aplicação do n.º 4 do artigo 2.º do RCC, é dirigida à análise de possíveis *efeitos* de coordenação decorrentes da constituição de empresas comuns.[1893]

No que respeita a esses eventuais efeitos resultantes de criação de empresas comuns, tendentes à coordenação de comportamentos restritiva

---

[1893] Cfr., nesse sentido, *inter alia*, as análises desenvolvidas na decisão "*Alitalia/ /KLM*", cit., ou na decisão "*TXU Europe/EDF-London Investments*" (proc IV/JV36). Como se refere de forma paradigmática num trecho da análise desenvolvida nesta última decisão, "*there is no evidence that the JV has the object of coordinating the competitive behavior of the parent companies in the candidate markets for co-ordination. However, it might have an effect of that kind*" (cfr. ponto 45 da decisão). Esse tipo de análise sequencial tem sido recorrente na generalidade dos casos de potencial aplicação do n.º 4 do artigo 2.º do RCC a empresas comuns qualificáveis como concentrações, mediante a constatação inicial de ausência de elementos para demonstrar que a empresa comum tenha como *objecto* a coordenação dos comportamentos concorrenciais das empresas-mãe para passar a uma análise, geralmente mais desenvolvida, no sentido de apurar hipotéticos *efeitos* de coordenação.

Parte III – Capítulo 2 1085

da concorrência, importa acentuar um paralelismo essencial com os processos de apreciação de empresas comuns com carácter de cooperação. Esse paralelismo afigura-se-nos da maior importância, atendendo ao propósito dogmático que vimos enunciando de construção de um modelo comum e global de análise das empresas comuns (numa perspectiva hermenêutica que se situe para além dos limites formais, nem sempre consistentes, que, em sede de direito comunitário da concorrência, decorrem do enquadramento sistemático das empresas comuns através de várias subcategorias).

Assim, tomando como referência essencial o modelo geral de apreciação de empresas comuns com carácter de cooperação, tivemos ensejo de identificar um tipo primacial de risco para a manutenção de um nível adequado de concorrência efectiva que se encontra subjacente a essas entidades. Esse risco corresponde à produção de um efeito de alastramento dos elementos restritivos da concorrência do mercado da empresa comum para outros mercados situados a montante ou a jusante do mesmo, ou com este de outro modo relacionados.[1894] Ora, é precisamente, esse tipo de efeito de alastramento que se encontra em causa no quadro da aplicação do n.º 4 do artigo 2.º do RCC. Admite-se que o relacionamento entre as empresas-mãe em virtude do exercício de controlo conjunto sobre a gestão da empresa comum pode – ainda que de modo indirecto – constituir um suporte para a formação de entendimentos sobre o comportamento concorrencial dessas empresas noutras áreas de actuação que as mesmas tenham mantido fora da esfera de actuação da empresa comum e, mais concretamente, em mercados do produto ou geográficos conexos. Trata-se, então, de identificar efeitos automáticos de alastramento dos elementos de cooperação da área em que esta é directamente estabelecida entre as partes para outras áreas.

[1894] Cfr. a esse propósito o exposto *supra*, capítulo primeiro desta **Parte III**. Aí tivemos ensejo também de caracterizar dois tipos diversos de *efeitos de alastramento* ("*spill over effect*") motivados pela criação de empresas comuns, em termos que retomaremos de modo mais desenvolvido, *infra*, ponto 2.3.5.2.5. do capítulo terceiro desta mesma **Parte III** (aí caracterizaremos, em particular, o que denominamos como *efeitos de alastramento em sentido lato* especificamente inerentes às *empresas comuns que não desempenham todas as funções de uma entidade económica autónoma*, e como tal submetidas ao regime do artigo 81.º CE, os quais apresentam uma natureza algo diversa do tipo de efeitos de alastramento que ora consideramos no quadro da interpretação e aplicação do n.º 4 do artigo 2.º do RCC).

1086   *Empresas comuns* – Joint Ventures

Justifica-se, ainda, destacar, *a latere*, que não se esgotam no tipo de risco comum de afectação da concorrência acima considerado os desejáveis paralelismos dos processos de análise de várias subcategorias de empresas comuns – designadamente entre modelos de análise delineados de modo a tomar como referência as empresas comuns com carácter de cooperação e formas de análise que incidem sobre subcategorias de empresas comuns com carácter de concentração, sujeitas ao regime do RCC.

Na verdade, o primeiro tipo de risco relevante de afectação da concorrência que identificámos no quadro da avaliação das empresas comuns com carácter de cooperação encontra-se também subjacente, *mutatis mutandis*, ao processo de avaliação de empresas comuns com carácter de concentração. Referimo-nos aqui ao que já identificámos como o risco associado a um efeito directamente resultante da empresa comum, de restrição da concorrência efectiva ou potencial entre as partes no mercado em que estas se proponham desenvolver uma relação de cooperação por intermédio da constituição da empresa comum.[1895] No que respeita às empresas que desempenham todas as funções de uma entidade económica autónoma – sendo por isso qualificadas como concentrações – mas que podem desencadear efeitos paralelos de coordenação, esse risco encontra--se necessariamente subjacente à primeira parte do processo de apreciação dessas entidades, que se consubstancia, como é sabido, na aplicação do teste do domínio do mercado. Trata-se, no essencial, do mesmo risco de afectação da concorrência, embora revestindo diferentes intensidades – em relação a cada uma das acima referidas categorias essenciais de empresas comuns – e determinando a utilização de testes jusconcorrenciais diversos, que vão abarcar feixes de relações empresariais também diferenciados, ou apreendidos de modos distintos.[1896]

[1895] Sobre a identificação em geral destes tipos de riscos de afectação da concorrência, cfr. o exposto *supra*, capítulo primeiro desta **Parte III** (ponto **2.**, esp. ponto 2.4.3.2.).

[1896] É inegável que em sede de avaliação jusconcorrencial de *empresas comuns qualificáveis como concentrações* se encontram em causa, num primeiro plano, um teste substantivo e feixes de relações apreendidas numa diversa perspectiva analítica. De qualquer forma, tal não impede que a utilização, no quadro da avaliação global deste tipo de entidades, – *ex vi* do disposto no n.º 4 do artigo 2.º do RCC – do teste do artigo 81.º CE, em paralelo com a utilização do teste da compatibilidade com o mercado comum, possa contribuir para uma confluência no modo de tratamento do primeiro risco de afectação da concorrência que vimos considerando – aquele que se reporta à área de cooperação directa das empresas materializada na actividade da empresa comum.

Parte III – Capítulo 2 1087

3.2.2.2. *Factores relevantes para o apuramento de nexos de causalidade entre a constituição de empresas comuns e processos de coordenação de comportamentos*

Para a concretização do elemento da *causalidade*, em sede de aplicação do n.º 4 do artigo 2.º do RCC, a Comissão tem concedido especial atenção a um historial de relações de concorrência menos intensas entre as empresas-mãe no quadro de certos mercados conexos com o mercado da empresa comum (fê-lo, designadamente, entre outros casos, nas decisões *"ENEL/France Telecom/Deutsche Telekom"* ou *"Chronopost/Correos"*). A orientação que parece, assim, ser assumida nessa *praxis* decisória é a de que nas situações em que as empresas-mãe já não concorriam entre si de forma muito activa, a previsível manutenção desse posicionamento após a constituição da empresa comum não será, em princípio, causada por esse novo desenvolvimento.[1897]

Ora, este entendimento afigura-se-nos discutível, sobretudo se for assumido – como parece suceder em múltiplas decisões da Comissão – como uma espécie de presunção de ausência de nexo de causalidade entre a criação de uma empresa comum e processos de abrandamento ou restrição da concorrência entre as empresas-mãe em mercados em que estas se encontram presentes. No mínimo, pensamos que deverão ser avaliadas as possibilidades de evolução previsível de relações de mercado – à luz de factores económicos objectivos – procurando reconstituir a situação que tenderia a ocorrer caso as empresas em questão não tivessem procedido à criação de determinada empresa comum. Essa avaliação pode, em múltiplas situações, conduzir à conclusão de que, nas condições existentes em certos mercados, seria de esperar uma significativa intensificação da concorrência entre as empresas-mãe e que a criação da empresa comum vem,

---

[1897] Cfr. decisão *"Chronopost/Correos"* (proc IV/JV18), esp. ponto 38. Essa orientação é claramente assumida em certos trechos da decisão *"ENEL/France Telecom/ /Deutsche Telekom"*, *vg.*, quando a Comissão aí refere (pontos 37-39) que *"the lack of competition on [FT's and DT's] respective home markets in the past (…) appears to stem from a deliberate choice on the part of these companies. It is not possible to claim with the requisite degree of certainty that such lack of competition (if it were to continue in the future) would be the result of the creation of (the JV) Wind. Neither is there a causal link between the creation of Wind and any co-ordination of the competitive behaviour of FT and DT in so far as advanced international services are concerned. Any such so co-ordination would be the result of the creation of Atlas/GlobalOne which was approved by the Commission in 1996 (…)"*.

precisamente, anular ou atenuar, de forma decisiva, esses incentivos para concorrer.

A probabilidade de apuramento de situações de mercado com essas características é tanto maior, no contexto comunitário, se tivermos presente que em diversos sectores recentemente liberalizados – *vg.*, o das telecomunicações, para considerar um dos sectores onde se tem assistido com maior frequência à criação de empresas comuns[1898] – não existem relações passadas importantes de concorrência e estas devem ser ponderadas, essencialmente, numa óptica prospectiva. Justifica-se, pois, em nosso entender, uma construção analítica mais desenvolvida, por parte da Comissão, na determinação de possíveis nexos causais entre a constituição de empresas comuns e a emergência de efeitos de coordenação ou de incentivos para não concorrer entre as respectivas empresas-mãe em mercados de algum modo conexos com o mercado da empresa comum. Naturalmente, essa construção só será possível, através da realização de análises de mercado mais aprofundadas do que aquelas que tem carac-

---

[1898] Sobre a especial incidência da criação de empresas comuns no sector das telecomunicações e comunicações electrónicas em geral, cfr. J. MONLOUIS, "The Future of Telecommunications Operator Alliances", in Telecommunications Policy, 1998, pp. 635 ss. e R. HAWKINS, "The Rise of Consortia in the Information and Communication Technology Industries: Emerging Implications for Policy", in Telecommunications Policy, 1999, pp. 159 ss. Acresce que se verifica também uma especial incidência da criação de empresas comuns suscitando questões particulares de aplicação do n.º 4 do artigo 2.º do RCC no sector das telecomunicações. Cfr., nesse sentido, JONATHAN DENNESS, "Application of the New Article 2(4) of the Merger Regulation – A Review of the First Ten Cases", in Competition Policy Newsletter, Number 3, October, 1998, pp. 30 ss. Como aí refere este autor, *"the fact that most cases have occurred in the telecommunications or Internet sectors is not surprising. The telecommunications sector is subject to enormous regulatory and technological change, with the advent of the liberalised telecommunications markets (...) and the development of new Technologies which enable previous separate markets to converge (...). This rapidly changing environment is likely to lead to the need frequently to examine possible Article 2(4) effects on markets upstream, downstream or neighbouring to that of the joint venture."* (*op. cit.*, p. 32) Além desse sector, verificam-se no plano comunitário processos comparáveis de liberalização e abertura à concorrência, com a eliminação de anteriores direitos especiais ou exclusivos, em diversas outras áreas empresariais. Nesses contextos, consideramos pouco lógica e menos fundamentada a ideia de tomar em consideração a ausência de relações passadas de concorrência minimamente intensas para estabelecer *quase-presunções* sobre a não verificação de nexos de causalidade entre a criação de determinadas empresas comuns e a inexistência de graus apreciáveis de concorrência.

terizado a *praxis* decisória da Comissão, desde a autonomização desta subcategoria de empresas comuns.

É certo que a concretização do referido elemento de causalidade obriga a tomar em consideração outros incentivos para a coordenação de comportamentos que possam influenciar o funcionamento dos mercados que se encontrem em causa. A confirmação da relevância desses incentivos deve, normalmente, precludir uma relação de causalidade entre a constituição da empresa comum e qualquer cooperação restritiva da concorrência entre as empresas-mãe em causa. Todavia, não pode confundir--se a mera possibilidade de interferência de tais incentivos à coordenação no processo de concorrência com uma inelutável desqualificação dos factores indutores de cooperação associados à criação da empresa comum.

É necessário avaliar e sustentar, com base num nível mínimo de análise económica do mercado, um juízo no sentido de uma elevada probabilidade de interferência efectiva desses outros factores no processo de concorrência. Ora, a Comissão tende, precisamente, a confundir esses dois planos, nos casos frequentes em que tem considerado ser suficiente configurar e identificar outros possíveis incentivos à coordenação de comportamentos para excluir *ab initio* a relevância dos efeitos associados à constituição de uma empresa comum.

Haverá que equacionar a possibilidade de manutenção duradoura dos elementos que tenham ditado a menor intensidade da concorrência entre as empresas-mãe e verificar se a criação da empresa comum não pode representar, precisamente, um factor essencial para consolidar esses outros elementos indutores de coordenação que, de outro modo, tendessem a ser progressivamente afastados.

Assim justifica-se que nos detenhamos, de novo, na situação de mercado considerada pela Comissão na decisão *"ENEL/France Telecom/ /Deutsche Telekom"*, cit., na qual se assumiu como aspecto decisivo para afastar a relevância de efeitos de coordenação eventualmente associados à criação de uma empresa comum participada pela France Telecom e pela Deutsche Telekom o facto de a limitação da concorrência associada à inexistência de uma presença significativa de cada uma destas empresas no mercado nacional de origem de serviço fixo de telefone da outra resultar de uma política comercial deliberada que preexistia à constituição da referida empresa comum. Nesse contexto, cabe equacionar – independentemente das circunstâncias concretas em causa nesse processo – se a própria criação da empresa comum não veio contribuir para a continuação dessa política de abstenção recíproca, por parte de cada um dos referidos operadores de telecomunicações, de intervenção no mercado nacional do outro operador. Pode, também, equacionar-se se tal orientação comercial estratégica seria mantida no quadro da abertura e liberalização dos mercados nacionais de telecomunicações, caso não tivesse ocorrido a criação da empresa comum.

Em contrapartida, já consideramos admissível que a relação de causalidade entre uma empresa comum e quaisquer processos de coordenação seja excluída, em função da análise de outros tipos de ligações entre as empresas-mãe (*vg.*, acordos de cooperação ou entendimentos que não assumam, sequer, a natureza de empresa comum com carácter de cooperação em matérias específicas como o acesso a certos activos, ou outras).[1899]

Finalmente, consideramos, ainda, relevante para o estabelecimento dos nexos de causalidade em apreço o factor correspondente à dimensão relativa do mercado relevante em que operará a empresa comum e dos mercados conexos no âmbito dos quais se poderá apurar um efeito de alastramento das relações entre as empresas-mãe no sentido da coordenação dos respectivos comportamentos.

Não ignoramos que este factor, em regra, apenas tem sido tomado em consideração para a concretização de um terceiro elemento analítico do teste da coordenação, em sede de aplicação do n.º 4 do artigo 2.º do RCC

[1899] A propósito da análise de outros tipos de ligações entre as empresas-mãe como factor que pode excluir a identificação de um real nexo de causalidade entre a criação de uma empresa comum e efeitos de coordenação de comportamentos concorrenciais dessas empresas-mãe, tenha-se presente, *vg.*, a situação apreciada na decisão *"Telefónica/Portugal Telecom/Medi Telecom"* (proc IV/JV23). Neste caso, a Comissão considerou que a constituição de uma empresa comum actuar no mercado de telefonia móvel utilizando o "standard" MSG não aumentaria os incentivos já então existentes para a coordenação de actividades entre as partes noutros mercados de telecomunicações. Como aí referiu a Comissão, *"there is no reason to believe that the creation of this joint venture has as its object or effect the co-ordination of competitive behaviour of TICSA and PTI. These two parties have not competed strongly against each other to date, but this was already the case before the current operation was undertaken. A general co-operation agreement between the parties was notified to the Commission in 1997 and, after examining it, the Commission did not consider any further action necessary under Article 81(1). Therefore, if the parties have not been competing strongly until now, it is for reasons other than the current operation (…). There is therefore no causal link between the current operation and any lack of competition"*.

Parte III – Capítulo 2 1091

– o elemento referente à probabilidade de verificação de efeitos apreciáveis sobre a concorrência, que analisaremos de seguida. Todavia, pensamos que, quanto maior for a disparidade na dimensão desses mercados e menor o relevo global reflexamente assumido pela ligação mantida através da empresa comum na estratégia comercial das empresas-mãe, mais se justificarão, também, dúvidas sérias sobre a aptidão da empresa comum para constituir uma causa adequada de coordenação de comportamentos entre as empresas-mãe em mercados distintos daqueles em que opera a empresa comum.

3.2.3. A ponderação do grau de probabilidade de verificação de efeitos apreciáveis de coordenação

3.2.3.1. *Perspectiva geral*

O terceiro elemento analítico primacial em que assenta o teste referente à coordenação de comportamentos cumulativamente aplicado no quadro da aplicação do n.º 4 do artigo 2.º do RCC diz respeito ao *apuramento da probabilidade de efeitos de coordenação apreciáveis, em virtude da constituição de determinada empresa comum.* Esse elemento é, essencialmente, trazido à colação na parte final da disposição em causa do RCC, na qual se refere a *"possibilidade de as empresas envolvidas, apoiadas na coordenação directamente resultante da criação da empresa comum, eliminarem a concorrência em relação a uma parte significativa dos produtos e serviços em causa".*

Em nosso entender, a parte essencial da avaliação dos aspectos de coordenação subjacentes a empresas comuns, no quadro da aplicação do n.º 4 do artigo 2.º do RCC, diz respeito à concretização deste elemento analítico e à detecção do eventual carácter apreciável de efeitos de coordenação, restritivos da concorrência que possam estar em causa.

Na realidade, este elemento é de tal modo importante que, embora o mesmo deva ser logicamente precedido pela aferição dos outros elementos analíticos, já caracterizados, referentes à identificação de mercados relevantes nos quais a coordenação possa ocorrer e de um nexo de causalidade entre a criação da empresa comum e a verificação dos efeitos de coordenação, a avaliação da Comissão é, em certos casos, iniciada com essa gra-

1092   *Empresas comuns* – Joint Ventures

duação dos referidos efeitos de coordenação.[1900] Em algumas situações será possível estabelecer verdadeiros juízos de presunção de inexistência de efeitos apreciáveis de coordenação de comportamentos restritivos da concorrência, independentemente da verificação, com alguma extensão ou expressão variáveis, de tais processos de coordenação.

Pensamos que os factores decisivos para estabelecer esse tipo de presunções corresponderão, por um lado, à *existência de baixas quotas de mercado conjuntas das empresas-mãe nos mercados relevantes que se encontrem em causa* e, por outro lado, à *pequena expressão de que se possam revestir as áreas de sobreposição concorrencial das actividades desenvolvidas por parte de cada uma das empresas-mãe.* Em relação ao primeiro factor, admitimos que se deva acolher, neste domínio de análise, alguns dos principais pressupostos assumidos em sede de aplicação do artigo 81.° CE, fora do âmbito do RCC, quanto aos denominados acordos de importância menor.

Assim, caso as quotas de mercado conjuntas das empresas-mãe sejam inferiores a 10% dos mercados relevantes, no quadro da constituição de uma empresa comum que enquadre relações de tipo horizontal, ou inferiores a 15% dos mercados relevantes, no quadro de uma empresa comum que enquadre relações de tipo vertical, ou de conglomerado, consideramos que, de acordo com as orientações gerais estabelecidas pela Comissão na sua Comunicação *de minimis,*[1901] não existirão condições para a eliminação ou restrição da concorrência. Noutros termos, tal significa reconhecer que, em face do reduzido poder de mercado indiciado por quotas de mercado conjuntas de pequena dimensão, qualquer processo de coordenação, mesmo que possa hipoteticamente ocorrer, não tem aptidão para gerar efeitos apreciáveis de restrição da concorrência.

Poderá, em todo o caso, questionar-se o estabelecimento de um paralelismo limitado com os critérios delineados na Comunicação *de minimis* – como o que sustentamos nos termos atrás considerados – sem ponderar, em paralelo, certos factores previstos na mesma Comunicação e que

---

[1900] Como teremos ensejo de verificar a propósito de algumas decisões da Comissão que adiante são objecto de análise, no ponto 3.3. deste capítulo – esp. as decisões *"Skandia/Storebrand/Pohjola"* (proc IV/JV21) ou *"Fujitsu/Siemens"*, já cit. (cfr., em particular, sobre estas decisões o ponto 3.3.4. deste capítulo).

[1901] Referimo-nos aqui à *"Comunicação relativa aos acordos de pequena importância que não restringem sensivelmente a concorrência"*, de 22 de Dezembro de 2001, já cit..

Parte III – Capítulo 2

podem conduzir à desconsideração das presunções de inexistência de restrição sensível da concorrência. Referimo-nos, concretamente, ao facto de, nos termos dessa Comunicação, as referidas presunções, baseadas em certos limiares inferiores de quotas de mercado, não serem aplicáveis em relação a acordos que tenham por objecto modalidades especialmente graves de restrições da concorrência, a saber, acordos tendentes à fixação de preços de venda de produtos a terceiros, de limitação da produção ou das vendas, ou de repartição dos mercados ou de clientes.[1902]

Ora, essa ponderação de modalidades especialmente graves de restrições da concorrência, de modo a afastar a relevância das presunções fundadas em quotas de mercado, não deve, em princípio, verificar-se, nos mesmos termos, no quadro de apreciações desenvolvidas *ex vi* do n.º 4 do artigo 2.º do RCC, porquanto, neste plano, os eventuais processos de coordenação de comportamentos a considerar se projectam numa esfera prospectiva – como resultado indirecto possível da criação de uma empresa comum – e não constituem situações já observadas no mercado e que, como tal, pudessem ter revestido, de modo objectivamente comprovável, essas formas mais graves de restrição da concorrência.

Por essa razão, o paralelo a considerar com os critérios estabelecidos na Comunicação *de minimis* deve limitar-se, em nosso entender, às presunções assentes em determinadas quotas de mercado, não abarcando outros elementos. A consequência essencial deste entendimento traduz-se numa maior facilidade de aplicação das presunções de inexistência de fenómenos de afectação sensível da concorrência, em sede de aplicação do artigo 81.º CE associada à avaliação de empresas comuns com carácter de concentração.

Importa anotar que a ponderação das partes de mercado conjuntas das empresas-mãe assume uma importância central na concretização deste *terceiro elemento analítico* referente à aferição da probabilidade de ocorrência de *efeitos apreciáveis de coordenação, restritivos da concorrência*, que não se esgota na formulação deste tipo de presunções de ausência de processos significativos de coordenação, modeladas com base nos critérios *de minimis* delineados em sede de aplicação do artigo 81.º CE. Diversos limiares de referência de quotas de mercado das partes devem, segundo cremos, informar os juízos sobre o possível impacto concorren-

---

[1902] Reportamo-nos aqui, em especial, ao ponto 11.1. da referida Comunicação *de minimis*.

1094   *Empresas comuns* – Joint Ventures

cial de processos de coordenação de comportamentos entre as empresas-
-mãe. Nesse plano, consideramos, mesmo, que se pode verificar alguma
interacção entre o modo como tais limiares de quotas de mercado são ponderados para efeitos de concretização – nos moldes já analisados – do teste
da compatibilidade, centrado no domínio do mercado (*ex vi* dos n.ᵒˢ 2 e 3
do artigo 2.º do RCC) e do teste da coordenação de comportamentos (*ex vi*
do n.º 4 do artigo 2.º do RCC). [1903]

Consequentemente, e por força dessa interacção, admitimos que, à
semelhança do que se verifica no quadro da avaliação de eventuais posições de domínio individual do mercado – e nos termos que de seguida
equacionaremos – quotas de mercado conjuntas que se encontrem para
além do limiar de 10%, acima referido, possam, ainda assim, indiciar um
poder de mercado moderado e a improbabilidade de ocorrência de efeitos
apreciáveis de restrição da concorrência através da coordenação de comportamentos.

O papel específico que atribuímos a esses limiares *de minimis* de
quota de mercado, que tomam por referência a Comunicação da Comissão
sobre os acordos de pequena importância, cit., é o de suportar presunções
iniciais de inexistência de efeitos apreciáveis de coordenação que permitam encerrar, de modo liminar, essa análise da coordenação, sem aprofundar a avaliação dos outros dois elementos normalmente relevantes para tal
apreciação e referentes, como se sabe, à identificação e correcta delimitação de mercados relevantes que se encontrem em causa e à detecção de
um nexo de causalidade entre a constituição de uma empresa comum e
hipotéticos processos de coordenação induzidos pela mesma.

[1903] Tomamos aqui em consideração os *limiares críticos de quotas conjuntas de
mercado* que identificámos como critérios de referência para a avaliação de *situações de
domínio individual*, (*supra*, ponto 2.2.2.2. deste capítulo) os quais, no quadro do paralelismo que vimos sustentando entre os processos de análise referentes, por um lado, ao
parâmetro estrutural do domínio e, por outro lado ao parâmetro associado à coordenação
significativa de comportamentos concorrenciais, poderão ainda ser globalmente ponderados neste último plano de análise (visto estar em causa também um juízo essencialmente
prospectivo que combina aspectos estratégicos do comportamento concorrencial das
empresas e factores estruturais).

3.2.3.2. *Aspectos fundamentais para a análise do grau de probabilidade de verificação de efeitos apreciáveis de coordenação*

No que respeita às situações em que não se mostre justificado o estabelecimento desse tipo de presunções, a concretização do elemento analítico relativo ao apuramento da *probabilidade de verificação de efeitos de coordenação apreciáveis* deve, em princípio, ser precedida pela avaliação desses outros dois elementos essenciais, acima considerados,[1904] em que assenta o teste da coordenação de comportamentos. Para tal concretização jurídica deste terceiro elemento analítico, nos casos em que a mesma dependa de uma análise mais desenvolvida, consideramos que devem ser, sistematicamente, equacionados quatro tipos de aspectos.

Em *primeiro lugar*, devem ser objecto de avaliação *as quotas de mercado das empresas-mãe, bem como a extensão relativa das áreas de sobreposição de actividades comerciais dessas empresas*.

Num *segundo plano*, importa considerar a *dinâmica dos processos de concorrência existentes nos mercados que se encontrem em causa*, através de uma avaliação, com carácter complexo, de diversos factores – *vg.* características dos mercados, mais propensos à inovação ou de tipo mais maduro, grau de abertura à entrada de novos concorrentes, eventual poder de compensação dos compradores, ou outros – e numa óptica prospectiva, fortemente tributária da metodologia de análise desenvolvida em sede de aplicação do teste da compatibilidade com o mercado comum. Admitimos, assim, que neste específico plano de análise se verifique uma especial convergência entre os elementos de análise prospectiva – orientada para a detecção de formas previsíveis de exercício de poder de mercado significativo por parte de certas empresas – desenvolvida de raiz no quadro do controlo de concentrações e os processos de análise a considerar em sede de aplicação do artigo 81.° CE, progressivamente reformulados, em parte devido a essa convergência.

[1904] Referimo-nos, bem entendido, aos *dois primeiros elementos analíticos essenciais* para a aplicação do teste de coordenação, acima identificados, correspondentes à (i) *delimitação de mercados em que possam verificar-se processos de coordenação de comportamentos* das empresas-mãe, para além do próprio mercado da empresa comum (*supra*, 3.2.1.) e ao (ii) estabelecimento de *possíveis relações de causalidade entre uma empresa comum e quaisquer processos de coordenação dos comportamentos das empresas-mãe* (*supra*, 3.2.2.).

1096   *Empresas comuns* – Joint Ventures

Como *terceiro tipo de aspectos* a ponderar, podemos referir *as diversas relações actuais, ou passadas, mantidas entre as empresas-mãe*, compreendendo, *vg.*, relações comerciais de diversos tipos, de incidência horizontal ou vertical, ou relações de tipo indirecto, como a existência de fornecedores ou clientes comuns, e, até, participações anteriores dessas empresas-mãe noutras empresas comuns, ou em acordos de cooperação.

Finalmente, um *quarto aspecto* a tomar em consideração deverá respeitar à aferição da *importância relativa da empresa comum e da sua área de actuação face à dimensão das áreas de negócio mantidas pelas empresas-mãe*. Referimos, já, esse aspecto como acessoriamente relevante para a confirmação de nexos adequados de causalidade entre os processos de constituição de empresas comuns e a verificação de efeitos de coordenação de comportamentos entre as respectivas empresas-mãe (pelo menos, de acordo com a nossa apreciação e apesar de esse entendimento não ser normalmente acolhido na prática decisória conhecida nesta matéria). Contudo, reconhecemos que tal aspecto assume uma maior importância para a matéria que ora equacionamos de avaliação da intensidade de possíveis efeitos de coordenação restritivos da concorrência.

No que respeita ao *primeiro plano* acima referido, consideramos que se justifica tomar como referência o modelo geral de apreciação de empresas comuns, com carácter de cooperação, que procurámos delinear.[1905] De acordo com esse modelo, a apreciação de empresas comuns cujas repercussões sobre a concorrência suscitem dúvidas, após um estádio preliminar de análise, deve ser desenvolvida, em primeiro lugar, através da utilização de um *parâmetro de pendor estrutural*, assente na *quota de mercado conjuntamente detida pelas empresas participantes*.[1906] Ora, em ordem a apurar a probabilidade de verificação de efeitos apreciáveis de coordenação, nos termos que temos vindo a delinear e caracterizar, o cri-

---

[1905] Modelo geral de apreciação de empresas comuns com carácter de cooperação delineado no capítulo primeiro desta **Parte III** cuja utilização tende, assim, a expandir-se em relação a vários aspectos de empresas comuns qualificáveis como concentrações e sujeitas ao regime do RCC.

[1906] Tal corresponde ao segundo estádio de análise que identificámos no referido modelo geral de apreciação de empresas comuns com carácter de cooperação. No plano ora em análise, em sede de aplicação do n.º 4 do artigo 2.º do RCC, trata-se de aplicar esse critério da quota de mercado conjunta das empresas em relação a potenciais aspectos de coordenação de comportamentos das empresas-mãe que continuem a suscitar dúvidas após uma primeira análise liminar das situações (contemplando, designadamente, a possível aplicação das presunções que acima configuramos).

Parte III – Capítulo 2 1097

tério da quota de mercado conjunta das empresas-mãe deve desempenhar também um papel primacial.

Assim, consideramos que se devem tomar como referência certos limiares críticos de quota de mercado usualmente ponderados, quer para a concretização do teste de domínio individual do mercado, no quadro da apreciação de concentrações, quer como estádio típico de análise das empresas comuns com carácter de cooperação. Neste contexto, caso tenhamos presente os critérios indiciários – baseados em quotas de mercado – que elegemos como elementos orientadores da aplicação do teste do domínio individual do mercado, reconhecendo como patamar crítico aquele que corresponde a quotas compreendidas entre 40% a 50% do mercado relevante, pensamos que se impõe reconhecer o carácter não justificado da ponderação de critérios mais exigentes para a análise dos efeitos de coordenação. De resto, devemos recordar que, mesmo no plano da aplicação do teste do domínio do mercado, rejeitámos a ideia de qualquer presunção de posição dominante associada a esses limiares de quota de mercado (como então sustentámos, tais quotas apenas fundamentam a existência de dúvidas mais significativas sobre a compatibilidade de concentrações com o mercado comum e determinam a necessidade de análises desenvolvidas sobre essas situações).[1907]

Na verdade, desde que se admita a dificuldade em identificar situações de domínio de mercado – e como tal sancionáveis – até ao referido limiar compreendido entre os valores de 40% a 50% de quota de mercado, e sem prejuízo de o mesmo apenas constituir, como acima apontamos, um mero critério indiciário, necessariamente flexível, não se nos afigura razoável estabelecer um crivo de avaliação substancialmente mais exigente para os efeitos indirectos de coordenação resultantes de empresas comuns com carácter de concentração, do que para os efeitos principais, directamente decorrentes de tais empresas comuns, quando avaliadas em sede de aplicação do teste do domínio do mercado. Consideramos, pois, que não haverá, em regra, fundamento para apurar efeitos de coordenação apreciáveis nos casos em que as quotas de mercado conjuntas das empresas-mãe – nos mercados em que tais processos de coordenação possam estar em causa – sejam significativamente inferiores aos limiares acima referidos (embora tais limiares sejam superiores aos valores de referência

---

[1907] Cfr., em especial, a análise desenvolvida *supra*, no ponto 2.2.2. deste capítulo.

1098   *Empresas comuns* – Joint Ventures

que considerámos como suporte de presunções de inexistência de restrições da concorrência).[1908]

Em contrapartida, caso as quotas de mercado das empresas-mãe que se encontrem em causa ultrapassem limiares compreendidos entre 40% a 50% dos mercados relevantes envolvidos, pensamos que se justificam preocupações reforçadas quanto à existência de *efeitos apreciáveis de coordenação, restritivos da concorrência.* Divergimos, contudo, de autores como Ritter, Braun e Rawlinson,[1909] que consideram, em princípio, susceptíveis de originar problemas de concorrência, as situações de hipotética coordenação de comportamentos, envolvendo empresas-mãe que disponham de quotas situadas entre esses limiares, ou de partes de mercado superiores. Pela nossa parte, entendemos que esse tipo de elementos referentes a quotas de mercado constituem apenas um índice – conquanto importante – da existência de efeitos de coordenação apreciáveis, mas o mesmo deverá ser conjugado com os outros factores de apreciação que já identificámos.

Justificar-se-ia, em nosso entender, que a *praxis* decisória da Comissão se orientasse, progressivamente, para a concretização de parâmetros indicativos associados a certas dimensões de quota de mercado, em ordem a aferir o carácter apreciável dos efeitos de coordenação, mas, de um modo que se nos afigura criticável, a Comissão tem, com frequência, omitido análises mais desenvolvidas, ou concretas, desse aspecto, limitando-se a referir, em múltiplas decisões, a existência de quotas de mercado "*consideráveis*", ou, em contrapartida, de quotas pouco significativas.[1910] Esse

---

[1908] De qualquer modo, combinando os critérios indiciários de referência de quota de mercado que tomámos em consideração para a avaliação de hipotéticas situações de domínio individual e os critérios, também assentes em quotas de mercado, que delineámos no quadro do segundo estádio de apreciação de empresas comuns com carácter de cooperação, admitimos que quotas de mercado superiores a 30% e compreendidas num limiar entre 30% a 40% do mercado justificam, ainda, alguma atenção (sem prejuízo de uma relativa menor probabilidade de ocorrência de efeitos sensíveis de coordenação nesse patamar estrutural).

[1909] Cfr. L. Ritter, W. D. Braun e F. Rawlinson, *EEC Competition Law – A Practitioner's Guide*, cit, pp. 500-501.

[1910] É possível encontrar vários exemplos dessa excessiva generalidade das análise da Comissão, que não contribui para a formação e estabilização de parâmetros estruturais de análise no plano ora considerado, como sucede, *inter alia*, nas decisões "*BT/AT&T*", cit. (e adiante analisada), ou "*Bertelsmann/Planeta/BOL Spain*" (proc IV/JV24); nesta decisão a Comissão considerou, por um lado, as actividades desenvolvidas por uma das

Parte III – Capítulo 2 1099

tipo de análise suscita indefinições muito negativas neste plano de apreciação de efeitos de coordenação no quadro da aplicação do n.º 4 do artigo 2.º do RCC e parece já corresponder a um padrão geral de análise porventura menos exigente para efeitos de interpretação dessa disposição. Pelo contrário, deveria evitar-se neste plano o desenvolvimento de metodologias de análise assentes em meras avaliações qualitativas e não baseadas em dados de mercado objectivos e verificados – designadamente através de uma quantificação aproximada de quotas de mercado – mesmo que essas avaliações concretas se revestissem de carácter sumário.

No que respeita ao *segundo aspecto* que identificámos para a aferição do *carácter apreciável de efeitos de coordenação – a dinâmica dos processos de concorrência existente nos mercados em causa* – o mesmo representa, possivelmente, como já assinalámos, um dos pontos onde se verifica um maior contributo da metodologia de análise de operações de concentração para a interpretação e aplicação do artigo 81.º CE em relação a situações de cooperação empresarial. Numa formulação que consideramos sugestiva, a Comissão tem aflorado de modo recorrente este aspecto, referindo-se à aferição, em certas situações, de *estruturas de mercado não conducentes à coordenação restritiva da concorrência*. E, na verdade, essa avaliação da *dinâmica de concorrência* verificada em certos mercados ilustra, de forma paradigmática, um *novo padrão de análise jusconcorrencial*, que tem sido desenvolvido, em especial, no plano do controlo comunitário de concentrações, mas que tende a interpenetrar o espaço de aplicação das normas referentes à cooperação empresarial (*maxime*, do artigo 81.º CE).

Trata-se de um padrão que conjuga uma perspectiva estruturalista com factores qualitativos de apreciação do poder de mercado – outros factores, para além das quotas de mercado, que influenciam, num ou noutro sentido, esse poder – e com uma perspectiva dinâmica que capta os elementos prospectivos relevantes para graduar os possíveis efeitos sobre o processo de concorrência do exercício desse poder de mercado. Esse padrão de análise aplicado no plano da interpretação do artigo 81.º CE, não só envolve um pendor estruturalista que se encontrava largamente ausente na análise tradicional, de tipo eminentemente formal, desenvolvida nesse plano hermenêutico, como, em paralelo, – e no sentido que já temos acentuado – modera tais elementos estruturais, evitando alguns excessos de

---

empresas mãe no mercado potencialmente afectado como "*insignificant*" e, por outro lado, a posição da segunda empresa-mãe nesse mercado como "*far from dominant*" (cfr. esp. ponto 26 da decisão cit.).

1100 Empresas comuns – Joint Ventures

determinismo jurídico-económico da escola estruturalista norte-americana que caracterizaram algumas fases da evolução desse ordenamento da concorrência.[1911]

Nesse padrão compósito de análise avultam, com especial importância, os elementos de avaliação das condições de entrada no mercado e, reflexamente, as perspectivas de concorrência potencial. Na verdade, mesmo que as empresas-mãe, em certos mercados relevantes, possam apresentar quotas de mercado elevadas e o efeito de alastramento inerente à constituição de uma empresa comum noutro mercado apresente, em princípio, certo potencial para criar incentivos à cooperação em tais mercados, a possibilidade efectiva de entrada de novos concorrentes retira espaço útil para esses processos de coordenação e representará um factor dissuasor das mesmas. No limite, a pressão da concorrência potencial retira eficácia a processos de cordenação, mesmo que estes venham a ser realmente induzidos pela criação da empresa comum.[1912]

Para retomar a expressão feliz da Comissão, nesse tipo de situações, apesar da existência de quotas de mercado elevadas das empresas-mãe, ou até de um grau de concentração empresarial elevado, a estrutura de mercado não será, em última análise, conducente à coordenação restritiva da concorrência, porque as condições de abertura do mercado à entrada de novos concorrentes compensam a aptidão limitativa da concorrência que possa resultar dessa coordenação. Além disso, esse potencial limitativo da

---

[1911] Essa avaliação da *dinâmica de concorrência* mediante a identificação de *estruturas de mercado não conducentes à coordenação restritiva da concorrência* no quadro da aplicação do n.º 4 do artigo 2.º do RCC pode corresponder à área nuclear de interpenetração entre uma dimensão estrutural de análise e uma dimensão complexa de ponderação de factores de funcionamento dos mercados e determinação dos comportamentos estratégicos das empresas. Tal interpenetração corresponderá ao elemento fulcral do contributo desta área de problematização de empresas comuns para a emergência de novos modelos de análise mais equilibrados que superem quer os pressupostos excessivamente deterministas e lineares dos modelos estruturais (especialmente desenvolvidos, como já observámos, em anteriores estádios evolutivos do ordenamento da concorrência norte-americano), quer os défices de análise estrutural e de poder de mercado das empresas que marcou durante largos períodos a hermenêutica jurídica em sede de aplicação do artigo 81.º CE.

[1912] Entre outros exemplos da ponderação deste factor de *concorrência potencial*, como elemento que relativiza os riscos de processos de coordenação com efeitos sensíveis, no quadro de *um padrão compósito de análise* que vimos caracterizando, cfr. a avaliação jusconcorrencial desenvolvida pela Comissão na decisão *"Sony/Time Warner/CDnow"* (proc IV/JV25).

Parte III – Capítulo 2

concorrência inerente a processos de coordenação de comportamentos das empresas-mãe pode também ser eficazmente contido em virtude de *outros elementos que influenciam o funcionamento dos feixes de relações comerciais mais importantes desses mercados*, com destaque para o denominado *poder de compensação dos compradores* (cuja relevância já analisámos para efeitos de concretização do teste do domínio).[1913]

Outras características dos mercados conexos com o(s) da empresa comum, nos quais as empresas-mãe retenham actividades autónomas, podem também ser tomadas em consideração, designadamente, o carácter maduro, ou, ao invés, dinâmico de certos mercados. Na realidade, essas características podem influenciar, decisivamente, a natureza das relações de concorrência nesses mercados. Como é sabido, o peso dos factores estáticos – *vg.*, em particular, a dimensão das quotas de mercado pré-existentes – e a influência que os mesmos permitem exercer sobre as condições de mercado, serão significativamente acrescidos em mercados maduros, pelo que o espaço e a *"oportunidade"* para a cooperação empresarial aumentarão, de modo proporcional, nesse tipo de mercados.[1914]

O *terceiro aspecto* que acima identificámos em ordem à avaliação da probabilidade de verificação de *efeitos de coordenação apreciáveis*, corresponde ao *conjunto de relações comerciais, de diversos tipos, mantidas entre as empresas-mãe*. Trata-se de apurar se, na tessitura, mais ou menos complexa, de relações de carácter horizontal, ou vertical, mantidas pelas empresas-mãe em determinados mercados, será possível detectar elementos que justifiquem previsões de ocorrência de processos significativos de coordenação de comportamentos entre essas empresas-mãe com potencial restritivo da concorrência nesses mercados. De algum modo, embora como temos salientado a apreciação de efeitos de coordenação no quadro da aplicação do n.º 4 do artigo 2.º do RCC assente, no essencial,

---

[1913] Justifica-se, pois, tomar aqui em consideração quanto à relevância deste factor analítico do poder de compensação dos compradores, os aspectos que já enunciámos no quadro da nossa análise antecedente dos critérios de avaliação de criação ou reforço de situações de domínio do mercado (no quadro da concretização jurídica do teste da compatibilidade com o mercado comum). Como precedente ilustrativo da ponderação expressa desse factor em sede de aplicação do n.º 4 do artigo 2.º do RCC, no sentido de *desagravar* os riscos de coordenação de comportamentos de empresas-mãe inerentes à criação de uma empresa comum, cfr. a decisão "@ *Home Benelux*" (proc IV/JV11), esp. ponto 31.

[1914] Sobre o peso dos factores relativos à *maturidade dos mercados* potencialmente afectados por efeitos de coordenação de comportamentos entre as empresas-mãe, cfr. a análise desenvolvida pela Comissão na decisão "*Fujitsu/Siemens*", já cit..

em juízos prospectivos, e não propriamente na análise de práticas já verificadas no passado, envolvendo as empresas que se encontrem em causa, os padrões anteriores de comportamento dessas empresas, nos feixes de situações de mercado através das quais se relacionem entre si podem, em certos casos, ser relevantes.

Na verdade, face a situações em que as empresas-mãe tenham revelado, no passado, uma significativa propensão para cooperar em determinados mercados, os incentivos a cooperar inerentes ao denominado efeito de alastramento decorrente da constituição, por parte dessas entidades, de uma empresa comum, com carácter de concentração, podem representar um *maius* decisivo para a consolidação de tais nexos de cooperação, em moldes e com uma intensidade que se mostrem restritivos da concorrência. Nesse sentido, múltiplas relações comerciais mantidas no passado podem assumir relevância, incluindo relações que não tenham perdurado até ao momento da constituição de empresa comum que tenha despoletado o processo de análise *ex vi* do n.º 4 do artigo 2.º do RCC.[1915] Como já referimos, anteriores participações conjuntas dessas entidades em várias empresas comuns – sujeitas ou não ao RCC, em actividade ou já entretanto extintas – podem, em termos globais, criar condições para que um novo relacionamento, através de empresa comum, conheça um efeito de alastramento especialmente ampliado quanto a certos mercados conexos com os deste último ente. É evidente que essa ponderação de um historial de relacionamentos anteriores entre as empresas-mãe deve ser feita com equilíbrio e não deverá abarcar, em princípio, relações passadas ocorridas em sectores completamente distintos dos que se encontrem em avaliação no quadro da constituição de um nova empresa comum.[1916]

[1915] Assim, o conjunto de anteriores nexos mantidos entre empresas-mãe pode não funcionar apenas como factor que contribua para afastar uma relação de causalidade entre certos aspectos de cooperação e a criação de uma empresa comum – nos moldes que acima já tivemos ensejo de analisar – mas, inversamente, como elemento que reforça a propensão para a coordenação de comportamentos, de modo a que tal criação de uma empresa comum represente previsivelmente o factor suplementar decisivo para a emergência dessa coordenação de comportamentos concorrenciais. Importa, contudo, ter presente a este propósito as observações formuladas pela Comissão no seu *"Vigésimo Oitavo Relatório sobre a Política de Concorrência"* (esp. ponto 11), no sentido de que a prévia existência de nexos ou ligações entre as empresas-mãe não suporta *a se* juízos globais de avaliação em sede de aplicação do n.º 4 do artigo 81.º CE.

[1916] Pense-se, *vg.*, em empresas-mãe que correspondam a verdadeiros conglomerados empresariais e que constituam uma empresa comum numa das suas áreas de activi-

Por último, e procurando decompor, de modo sistemático, os principais aspectos que suportam cada elemento analítico dos juízos de apreciação conduzidos em sede de aplicação do n.º 4 do artigo 2.º do RCC, identificámos como outro factor relevante o *peso relativo da empresa comum e da sua esfera de actuação face à dimensão das áreas de negócio mantidas pelas empresas-mãe*. O critério de orientação normalmente acolhido neste plano, por parte da Comissão, é o de que quanto menor for esse peso, menos probabilidades se verificarão de ocorrência de efeitos apreciáveis de coordenação induzidos pela constituição da empresa comum. Tal critério director afigura-se-nos, essencialmente, correcto.

Assim, se as actividades desenvolvidas por intermédio da empresa comum representarem, proporcionalmente, uma parcela diminuta dos interesses prosseguidos pelas empresas-mãe, nas áreas de actuação que estas tenham conservado, o incentivo económico para a coordenação de comportamentos nestas últimas áreas será, em princípio, reduzido. E isto porque, nesses casos, tenderão a prevalecer os interesses autónomos das esferas próprias de actuação conservadas pelas empresas-mãe e não haverá condições para o desenvolvimento de uma espécie de *efeito centrípeto de comunidade de interesses, a partir do espaço de actuação da empresa comum*, no qual, em última análise, se consubstancia o efeito de alastramento da cooperação resultante da constituição de tal entidade comum.

Esta comparação de escalas de actuação da empresa comum e das respectivas empresas-mãe, nas áreas em que mantêm posições autónomas, tanto pode respeitar aos mercados do produto como aos mercados geográficos em que essas entidades se encontrem posicionadas. Assim, em termos ilustrativos, mesmo que a empresa comum e as empresas-mãe desenvolvam, *vg.*, as suas actividades num único mercado relevante do produto, caso a primeira entidade esteja presente num dado mercado geográfico que

---

dade, a qual possa, em tese geral, suscitar efeitos de coordenação de comportamentos dessas empresas em mercados conexos com o da empresa comum. Neste cenário – e salvo circunstâncias particulares – o facto de essas empresas-mãe terem, no passado, desenvolvido acordos de cooperação entre si em áreas empresariais completamente distintas quer do mercado da empresa comum, quer dos mercados conexos ou com algumas ligações com o mesmo, não deveria constituir um elemento especialmente relevante para apurar uma probabilidade de verificação de efeitos sensíveis de coordenação. Sobre a ponderação das dimensões de actividade de *conglomerados empresariais* no quadro da avaliação jusconcorrencial de concentrações, embora num sentido algo diverso do que acima consideramos, cfr. PFLANZ, CAFFARRA, "The Economics of GE/Honeywell", in ECLR, 2002, pp. 115 ss..

1104 *Empresas comuns* – Joint Ventures

gere um volume de negócios significativamente inferior ao obtido noutros mercados geográficos em que as empresas-mãe mantêm as suas actividades sob forma autónoma, tal desproporção será, em princípio, relevante e poderá eliminar qualquer potencial efeito indutor de cooperação alargada resultante da empresa comum.[1917]

3.3. A AVALIAÇÃO DOS EFEITOS DE COORDENAÇÃO NA *PRAXIS* DECISÓRIA DA COMISSÃO

3.3.1. Perspectiva geral

Tendo caracterizado os elementos analíticos essenciais em que assenta o teste referente à verificação de possíveis efeitos de coordenação, decorrentes da constituição de empresas comuns com carácter de concentração, propomo-nos, além disso, de modo muito sumário, equacionar criticamente a apreciação desenvolvida pela Comissão sobre esta matéria em algumas decisões. Como já referimos, apesar de o período de vigência do n.º 4 do artigo 2.º do RCC – que veio introduzir esse teste – ser ainda relativamente curto,[1918] é possível verificar que têm sido pouco frequentes os casos em que a Comissão determinou a realização de análises mais desenvolvidas, em função de dúvidas sérias sobre operações fundadas em hipotéticos problemas de coordenação, em sede de aplicação desta disposição. Poderá, mesmo, considerar-se um certo défice de concretização

---

[1917] Uma situação paradigmática quanto ao alcance a atribuir a esse tipo de desproporções entre a actividade da empresa comum e as actividades das empresas-mãe pode encontrar-se no caso apreciado na decisão *"Telia/Sonera/Lithuanian Telecom"* (proc IV/JV7). Como aí reconhecia a Comissão (esp. pontos 32 e 40 da decisão), *"Telia and Sonera taken together have a very important share on the fixed telephony markets in Sweden and Finland, respectively (substantially more than 60% on either market)"*, mas, em contrapartida, a dimensão do mercado de serviço fixo de telefone no mercado da Lituânia onde essas empresas constituíram uma empresa comum *"was so small compared to the Swedish and Finish markets that there was no likelihood that the joint venture's formation would lead to the co-ordination of competitive behavior"*.

[1918] Esse regime do n.º 4 do artigo 2.º do RCC, como temos vindo a referir, foi introduzido com a primeira reforma do RCC, em 1997 (tendo entrado em vigor já em 1998) e manteve-se inalterado após a segunda reforma, de 2004, do RCC.

Parte III – Capítulo 2 1105

jurídica dos parâmetros jurídico-económicos em que a mesma assenta, com manifesto prejuízo para uma construção jurídica que permitisse gerar novos e desejáveis pontos de convergência entre as metodologias de análise de operações de concentração e de situações de cooperação empresarial, sujeitas ao regime previsto no artigo 81.º CE.[1919]

De qualquer forma, procuramos analisar selectivamente alguns casos que possamos tomar, de algum modo, como paradigmáticos, seja pelas circunstâncias em que foram apreciados, seja pelo teor de certas análises que os mesmos suscitaram.

Assim, analisaremos, sucessivamente, a decisão *"Telia/Telenor/ /Schibsted"*,[1920] como primeiro caso em que a Comissão procedeu à aplicação do n.º 4 do artigo 2.º do RCC e que, como tal, fornece algumas indicações sobre a metodologia de análise que esta Instituição terá pretendido delinear *ab initio*, e a decisão *"BT/AT&T"*,[1921] que constitui, porventura, um dos casos em que a Comissão terá realizado uma análise mais desenvolvida das questões suscitadas pela aplicação do disposto no n.º 3 do artigo 2.º do RCC.

Finalmente, anotaremos, criticamente, certos aspectos mais significativos da análise efectuada em diversas decisões da Comissão e que, não obstante o seu carácter [sucinto], possam contribuir para ilustrar os critérios de apreciação utilizados por essa Instituição, incluindo, a saber, os casos versados nas decisões *"Fujitsu/Siemens"* e *"Skandia/Storebrand/ /Pohjola"*.[1922]

[1919] Diversos autores como L. RITTER, W. D. BRAUN e F. RAWLINSON (cfr. *EEC Competition Law – A Practitioner's Guide*, cit, pp, 499 ss.), ou RICHARD WISH (cfr. *Competition Law*, cit., pp. 781 ss.) têm, de resto, sublinhado esse relativo défice de análise em sede de aplicação do n.º 4 do artigo 2.º do RCC.

[1920] Decisão *"Telia/Telenor/Schibsted"*, de 27 de Maio de 1998, já cit. Como justamente assinala JONATHAN DENNESS – em termos que só em parte merecem a nossa concordância – a Comissão teve, nesta decisão, a preocupação de explicitar as bases de um modelo básico de análise dos efeitos de coordenação em sede de aplicação do n.º 4 do artigo 2.º do RCC, embora não tenha, na realidade, dado continuidade à mesma na *praxis* decisória ulterior, a qual se mostrou excessivamente genérica e desprovida de fundamentações desenvolvidas que permitissem a desejável consolidação de modelos de análise neste domínio (cfr. A. cit., "Application of the New Article 2(4) of the Merger Regulation – A Review of the First Ten Cases", cit., pp. 30 ss.).

[1921] Decisão *"BT/AT&T"*, de 30 de Março de 1999, já cit..

[1922] Decisões *"Fujitsu/Siemens"* e *"Skandia/Storebrand/Pohjola"*, respectivamente, de 30 de Setembro de 1999, e de 17 de Agosto de 1999, já cit..

1106   *Empresas comuns* – Joint Ventures

3.3.2. A decisão "Telia/Telenor/Schibsted"

A decisão *"Telia/Telenor/Schibsted"* representa, como atrás referimos, o primeiro caso em que a Comissão procedeu à aplicação do regime previsto no n.º 4 do artigo 2.º do RCC, podendo reconhecer-se, no conteúdo da mesma, alguma preocupação dessa Instituição com a caracterização dos principais elementos analíticos em que deva assentar a concretização jurídica desse preceito, apesar de, em nosso entender, tal preocupação analítica ter ficado aquém do que seria desejável.

Neste caso, a Comissão procedeu à apreciação de uma empresa comum, com carácter de concentração, criada pelas empresas Telia, Telenor e Schibsted, constituindo as duas primeiras os operadores de telecomunicações com as posições mais signifïcativas nos mercados sueco e norueguês e correspondendo a terceira a uma empresa norueguesa que desenvolvia a sua actividade nas áreas de multimedia, incluindo televisão e cinema, e de publicações em geral.

A empresa comum em questão foi constituída com um duplo objecto essencial, compreendendo, por um lado, o acesso de consumidores e empresas a certos serviços específicos prestados através da Internet – informação financeira, viagens, aquisições de bilhetes, ou aquisição de múltiplos bens de consumo – bem como a prestação de serviços de publicidade na Internet, e, por outro lado, o fornecimento de produções para *"sítios"* da Internet, incluindo a concepção dos mesmos ou de certos conteúdos a incluir em tais *"sítios"*. Para o efeito, as empresas-mãe transferiram para essa empresa comum todos os activos e actividades de algumas empresas subsidiárias por si controladas – individualmente ou em conjunto – com presença nas áreas de prestação de serviços relacionados com o funcionamento da Internet.[1923]

Na sua análise conducente à delimitação de mercados relevantes, a Comissão identificou como mercados autónomos a considerar, para efeitos de aplicação do teste de domínio do mercado, os mercados de publicidade

---

[1923] O aprofundamento das matérias analisadas nestas decisões seleccionadas justifica-se, em nosso entender, devido ao défice de problematização jurídica que temos vindo a identificar neste domínio de aplicação do n.º 4 do artigo 2.º do RCC. Importa, contudo, ressalvar, em relação a esta decisão *"Telia/Telenor/Schibsted"* – bem como a propósito das outras decisões que de seguida analisamos criticamente – que nos limitamos a abordar os aspectos especificamente relevantes para a interpretação e aplicação daquela disposição do RCC.

na Internet, de fornecimento de conteúdos pagos para a Internet e de produção de *"sítios"* da Internet, aflorando, desde logo, nesse estádio da sua análise, a relevância de possíveis mercados conexos, em que as empresas--mãe se encontrassem presentes, que devessem ser tomados em consideração para a avaliação de possíveis elementos de coordenação de comportamentos. Neste último plano, identificou um quarto mercado do produto – mercado de acesso à Internet para utilizadores finais – no qual a empresa comum não se encontrava presente, mas, tão só, duas das empresas-mãe, como uma área onde tal coordenação poderia ocorrer. Além disso, noutro estádio da análise desenvolvida na decisão, a Comissão veio a considerar o terceiro mercado do produto acima referido – mercado de produção de *"sítios"* da Internet – como área na qual eventuais efeitos de coordenação deveriam ser também avaliados.

Ressalta dessa análise que, no quadro da delimitação de mercados relevantes em que a empresa comum se encontre presente, realizada em primeira linha para aplicação do teste do domínio do mercado em relação a empresas comuns com carácter de concentração, a Comissão deve, desde logo, procurar identificar um círculo de mercados estreitamente conexos com esses mercados, nos quais se possa justificar uma indagação sobre eventuais elementos de coordenação de comportamentos. Essa imediata identificação complementar de mercados conexos com o da empresa comum, nos quais hipotéticas situações de coordenação de comportamentos devam ser avaliadas, depende de dois factores primaciais. Por um lado, depende, como se pode observar do teor da decisão em questão, de uma primeira percepção sobre as áreas em que as empresas-mãe possam conservar presenças autónomas relevantes e, noutra perspectiva, depende da apreensão de feixes de conexões relativamente estreitas entre diversos mercados, nos quais essas empresas se encontrem presentes, tomando como ponto de partida os mercados autonomizados em ordem à aplicação do teste do domínio.

Essa apreensão de mercados relacionados entre si, de modo mais ou menos intenso, por diversas conexões impor-se-á, em especial, em relação a áreas sectoriais dinâmicas, que se encontrem em processo de evolução continuada, através da emergência de novos segmentos de mercado que se entrecruzem entre si. Os mercados de telecomunicações, comunicações electrónicas, multimedia e de ligações à Internet constituem, iniludivelmente, sectores paradigmáticos dessa propensão para a combinação complexa de áreas de mercado diversas. A essa luz, não é, por certo, casual o facto de as questões de potencial coordenação de comportamentos, indirectamente decorrentes da constituição de empresas comuns, com carácter de concentração, associadas a efeitos de alastramento de processos de cooperação que se propaguem entre determinados mercados conexos, terem vindo a ser suscitadas com elevada frequência em relação a empresas comuns criadas nesse tipo de mercados.[1924]

Sem prejuízo de a questão relativa à delimitação de mercados potencialmente afectados por efeitos indirectos de coordenação ter sido aflorada na primeira parte da análise da Comissão – nesta sua decisão *"Telia//Telenor/Schibsted"* –, esta Instituição, inaugurando uma metodologia de apreciação que viria a utilizar de modo recorrente na sua *praxis* decisória ulterior, concentrou a sua avaliação dos efeitos sobre a concorrência, decorrentes da criação da empresa comum, na aplicação do teste do domínio do mercado. A ponderação dos eventuais aspectos de coordenação surge, claramente, na formulação dessa decisão, como um segundo estádio complementar de análise jusconcorrencial, que pressupõe a formação de um primeiro juízo de princípio em relação aos problemas de domínio do mercado na área em que actue a empresa comum. De algum modo, também se encontra pressuposto, nesta lógica sequencial de análise, que a parte primacial da apreciação jusconcorrencial corresponde à aplicação do teste do domínio do mercado. De resto, enquanto esse teste pode influenciar a avaliação de possíveis aspectos de coordenação em mercados conexos com o da empresa comum, já não será, em princípio, admissível que esta avaliação possa influir, de forma significativa, na formação dos juízos referentes ao domínio do mercado, em relação às áreas em que actue a empresa comum em apreço.

Assim, neste caso *"Telia/Telenor/Schibsted"*, uma vez estabelecido um juízo sobre a matéria do domínio do mercado – no sentido da inexistência de efeitos de criação ou reforço de qualquer posição dominante – a Comissão encetou uma análise de hipotéticas questões de coordenação de comportamentos, passando, com esse propósito, a circunscrever os mercados em que a empresa comum e pelo menos duas empresas-mãe estivessem presentes, ou aqueles em que, no mínimo duas empresas-mãe mantivessem actividade. Nesse contexto, apurou como mercados relevan-

---

[1924] Já tivemos ensejo de salientar não só a especial incidência da criação de empresas comuns nestes mercados de telecomunicações, Internet e comunicações electrónicas em geral, como, sobretudo, de destacar a particular relevância das questões de aplicação do n.º 4 do artigo 2.º do RCC, ora em questão, nesses mercados.

tes, para os efeitos dessa análise, – e como já atrás se referiu – os mercados de acesso à Internet para utilizadores finais e de produção de "*sítios*" da Internet e, em contrapartida, excluiu a pertinência de tal análise em relação aos mercados da publicidade na Internet e de fornecimento de produções para "*sítios*" da Internet, em virtude de apenas uma das empresas-mãe permanecer no primeiro desses mercados e de nenhuma das três empresas-mãe mãe ter mantido a sua presença no segundo dos referidos mercados (no qual actua a empresa comum).

No quadro da avaliação propriamente dita dos hipotéticos efeitos de coordenação, a Comissão adoptou, também, nesta decisão, uma metodologia de análise que veio a ser seguida, de forma reiterada, na sua *praxis* ulterior, ao admitir que, face à ausência de claros elementos indicadores de um *objecto* de coordenação de comportamentos, restritiva da concorrência, que estivesse subjacente à empresa comum, essa questão deveria ser liminarmente afastada.[1925] Estabeleceu-se, pois – e de modo justificado, em nosso entender – um padrão de demonstração da existência de quaisquer *objectos restritivos da concorrência, associados a empresas comuns*, consideravelmente exigente e que, como já referimos atrás, conduz, em regra, ao afastamento de quaisquer juízos conclusivos sobre esse tipo de objectos tendentes à limitação da concorrência. Deste modo, a partir desta decisão inicial de aplicação do n.º 4 do artigo 2.º do RCC, a análise jus-concorrencial tende a concentrar-se, de forma essencial, na verificação de eventuais *efeitos de coordenação* restritivos da concorrência, decorrentes da constituição de empresas comuns.

No quadro da apreciação de hipotéticos efeitos de coordenação, a Comissão equacionou os três elementos analíticos fundamentais do teste da coordenação – que já atrás caracterizámos –[1926] acabando por conferir um papel primacial, na sua avaliação, ao elemento referente à *verificação de efeitos apreciáveis de coordenação restritivos da concorrência*. Na realidade, em relação ao mercado de produção de "*sítios*" da Internet, a Comissão considerou que a existência de quotas de mercado pouco expressivas – quer por parte das empresas-mãe que mantinham actividade

---

[1925] Cfr., em especial, pontos 38 e 39 da decisão "*Telia/Telenor/Schibsted*".

[1926] Esses três elementos analíticos fundamentais correspondem, nos termos que tivemos ensejo de caracterizar, à detecção de mercados em que possam emergir efeitos de coordenação, à identificação de nexos de causalidade entre a criação de uma empresa comum qualificável como concentração e esses efeitos e ao apuramento de uma probabilidade de verificação de efeitos apreciáveis de coordenação.

1110   *Empresas comuns* – Joint Ventures

nesse sector (quotas conjuntas inferiores a 5% do mercado em questão), quer por parte da empresa comum com actuação no mesmo mercado (com quota igualmente inferior a 5%) – precludia *ab initio* qualquer hipótese de verificação de efeitos apreciáveis de coordenação, restritiva da concorrência, independentemente da ocorrência de qualquer processo de coordenação.

Admitiu, pois, em síntese, que, caso seja possível apurar, no contexto de certas situações de mercado, aspectos ou indícios categóricos, no sentido de excluir qualquer impacto significativo sobre a concorrência – designadamente em virtude da existência de quotas de mercado especialmente baixas por parte das empresas que se encontrem em causa – o elemento de causalidade referente à existência de um nexo entre a criação da empresa comum e o comportamento, eventualmente coordenado, das empresas-mãe perde, enquanto tal, significado.

No que respeita ao mercado de acesso à Internet para utilizadores finais, a presença de duas das empresas-mãe com partes de mercado de alguma dimensão não permitiu à Comissão estabelecer um juízo imediato e conclusivo – sob a forma de uma verdadeira presunção inicial, nos termos que já caracterizámos[1927] – de inexistência de efeitos de coordenação de tipo apreciável, como sucedera a propósito da situação verificada no primeiro mercado acima referido. Todavia, denotando que o acolhimento de aspectos estruturais no modelo de análise a utilizar no quadro da aplicação do n.º 4 do artigo 2.º do RCC não pode ser tomado como qualquer adopção de um parâmetro estruturalista rígido, essencialmente tributário das quotas de mercado das partes, a Comissão ponderou, em termos globais, o que já denominámos como a *dinâmica dos processos de concorrência*.[1928] Nesse sentido, tomou especialmente em consideração as características do mercado em causa, como mercado dinâmico com elevado potencial de crescimento e aberto à entrada de novos concorrentes (a Comissão valorizou de modo muito particular este aspecto referente a uma virtual inexistência de barreiras à entrada no mercado, que pôde

---

[1927] Reportamo-nos aqui às presunções de inexistência de efeitos de coordenação com carácter apreciável no quadro de situações em que as quotas de mercado conjuntas das empresas-mãe nos mercados potencialmente afectados não ultrapassem determinados limiares mínimos (nos termos caracterizados, *supra*, ponto 3.2.3.1.).

[1928] Nos termos que observámos em pontos antecedentes esta avaliação da dinâmica de concorrência subjacente a certos mercados implica, em regra, a ponderação de um conjunto de aspectos razoavelmente pré-determinados.

Parte III – Capítulo 2 1111

comprovar em virtude da facilidade de penetração no mesmo de um elevadíssimo número de pequenas e médias empresas).

Esse carácter dinâmico e aberto do mercado, conjugado com uma elevada sensibilidade às variações de preços por parte da generalidade do público consumidor interveniente no mesmo, levou a Comissão a conferir uma importância relativamente menor ao factor referente às quotas de mercado das empresas-mãe e a concluir – adoptando uma sugestiva formulação que tem vindo a utilizar em diversos casos ulteriores – que a estrutura do mercado em questão não seria conducente à coordenação de comportamentos concorrenciais por parte das empresas-mãe da empresa comum cuja constituição lhe fora notificada. Esta adopção de uma orientação prospectiva de análise, que procura captar as principais características do funcionamento de cada mercado e as dinâmicas evolutivas que se lhes encontram subjacentes, é, como já referimos, fortemente influenciada pela metodologia de avaliação do poder de mercado das empresas, no quadro da concretização jurídica do teste do domínio do mercado, e corresponde, nesse sentido, a uma desejável interacção entre os processos de análise desenvolvidos, por um lado, em sede de aplicação de normas referentes ao controlo directo de operações de concentração e, por outro lado, em matéria de aplicação do regime relativo à cooperação entre empresas.

De qualquer modo, se subscrevemos sem reservas essa orientação analítica, pensamos, em contrapartida, que a sua utilização se deve efectuar com alguma prudência. Não será seguro, em nosso entender, que a Comissão possa, numa parte significativa dos casos de avaliação de efeitos de coordenação sem possibilidade de estabelecimento de presunções referentes à inexistência de efeitos com carácter apreciável,[1929] formular juízos conclusivos imediatos sobre a intensidade de tais efeitos, dispensado-se de avaliar os outros elementos analíticos do teste da coordenação (*maxime* o que respeita ao estabelecimento de um nexo de casualidade entre a constituição de uma empresa comum e a possibilidade de verificação de processos de coordenação de comportamentos). Essa redução do juízo global sobre a emergência de formas de coordenação, restritivas da concorrência, a uma avaliação directa e imediata da possível intensidade desta coordenação deve, em regra, ser considerada apenas nos casos em que se possa aplicar, fundadamente, aquele tipo de presunções.

[1929] Presunções relativas à inexistência de efeitos com carácter apreciável baseadas, em termos já descritos, nas quotas de mercado conjuntas das empresas-mãe.

1112 *Empresas comuns* – Joint Ventures

Nesta decisão *"Telia/Telenor/Schibsted"*, e ainda a propósito desse mercado de acesso à Internet para utilizadores finais, a Comissão ponderou, também, como factor de avaliação da *probabilidade de verificação de efeitos apreciáveis de coordenação*, as dimensões relativas de tal mercado e dos mercados em que a empresa comum passaria a actuar.[1930] Assim, o facto de aquele mercado ser consideravelmente maior do que os mercados de publicidade na Internet, de fornecimento de conteúdos pagos para a Internet e de produção de *"sítios"* da Internet, gerando para as empresas--mãe presentes no mesmo rendimentos muito superiores ao que estas obteriam através da actuação da empresa comum nestes três últimos mercados, contribuía, segundo a análise da Comissão, para reduzir a probabilidade de verificação de efeitos de coordenação de comportamentos naquele primeiro mercado, tornando-a, de algum modo, irrelevante.

A ponderação deste factor para avaliar a relevância do risco de verificação de efeitos significativos de coordenação restritiva da concorrência – que tem sido feita pela Comissão desde esta sua primeira decisão de aplicação do n.º 4 do artigo 2.º do RCC – afigura-se-nos essencialmente correcta, desde que seja possível apurar, com base em dados objectivos, uma manifesta desproporção entre a dimensão, por um lado, dos mercados em que certas empresas-mãe mantenham actividades autónomas e, por outro lado, dos mercados em que as empresas-mãe em questão venham a desenvolver as suas actividades através da empresa comum. Justificar-se-á, contudo, segundo cremos, ponderar tal factor em conjugação com outros parâmetros de apreciação que confirmem, no seu conjunto, um juízo fundado sobre um diminuto grau de probabilidade de ocorrência de efeitos indirectos de coordenação desencadeados pela constituição de determinada empresa comum.

3.3.3. A decisão "BT/AT&T"

Na decisão *"BT/AT&T"* a Comissão analisou a criação de uma empresa comum que desempenhava todas as funções de uma entidade económica autónoma – e consequentemente sujeita ao regime previsto no

---

[1930] Tal factor corresponde à *quarta vertente principal* de apreciação que acima identificámos no que respeita à concretização do elemento analítico relativo ao grau de probabilidade de verificação de efeitos apreciáveis de coordenação de comportamentos.

RCC[1931] – integrada pelas empresas British Telecommunications (BT) e AT&T, as quais constituíam, então, respectivamente, os quinto e segundo maiores operadores mundiais de telecomunicações, em termos de volume de negócios. As duas principais áreas de negócio cometidas a essa empresa comum foram, por um lado, a prestação de serviços globais de telecomunicações a empresas multinacionais, com necessidades específicas neste domínio – com uma ênfase particular em certos segmentos de clientes empresariais de dimensão com exigências especialmente elevadas em termos de gestão de serviços de comunicações e de dados (*vg.* nas áreas de serviços financeiros, de tecnologias e serviços de informações ou no sector energético) – e, por outro lado, serviços internacionais de transmissão de comunicações.

De qualquer modo, o projecto empresarial a desenvolver através dessa nova entidade contemplava, no médio prazo, a concepção e lançamento de novos produtos integrados de comunicações (*vg.* cartões telefónicos de tipo especial, e cobertura global, cobrindo lotes de serviços de comunicações diversos, e tendo como destinatários os maiores clientes empresariais das empresas de telecomunicações e comunicações electrónicas). Essa área constituiria, mesmo, uma das cinco unidades de negócios que se previa afectar à empresa comum.[1932]

Além disso, no *acordo quadro* que estabeleceu as condições essenciais da constituição e funcionamento do projecto empresarial comum,[1933] foi estabelecida uma tessitura de relações razoavelmente complexa entre as empresas-mãe e a empresa comum, por força da qual, entre outros aspectos, a BT e a AT&T foram designadas como distribuidores exclusivos dos serviços prestados pela referida empresa comum, respectivamente, nos mercados do Reino Unido e dos EUA e, em paralelo, as mesmas empresas-mãe se comprometeram a celebrar com essa empresa comum

---

[1931] À semelhança do que fizemos em relação à decisão analisada no ponto antecedente, também não nos ocupamos aqui com os aspectos relevantes para a caracterização na situação concreta em apreço da empresa comum como uma entidade que desempenhava todas as funções de uma entidade económica autónoma.

[1932] Cfr. em especial, para a descrição destes aspectos, compreensivelmente simplificados na caracterização acima delineada, os pontos 6 e 7 da decisão *"BT/AT&T"*.

[1933] Tendo presente os aspectos expostos sobre a *configuração* do *sistema de contrato* de múltiplas empresas comuns – *supra*, capítulo primeiro da **Parte I** – podemos considerar que esse *"framework agreement"* referido na decisão corresponde a um *acordo--base*, conjugado com diversos *acordos-satélite*.

1114   *Empresas comuns* – Joint Ventures

contratos de compra exclusiva de serviços globais de telecomunicações.[1934] O desenho da operação incluía, ainda, o compromisso por parte das empresas-mãe de se retirarem dos mercados em que a empresa comum iria actuar, ressalvando, contudo, o acordo quadro algumas situações que deveriam merecer tratamento excepcional.

No âmbito da análise conducente à delimitação dos mercados relevantes afectados pela criação da empresa comum, a Comissão pôde, desde logo, verificar que as empresas-mãe manteriam importantes áreas de actividade em mercados conexos, sob diversas formas e em múltiplos planos, com os mercados da empresa comum.

Na realidade, em termos sintéticos poderia considerar-se que essa entidade visou responder ao objectivo de proporcionar uma oferta integrada, e de tipo global, de serviços de comunicações de dados e voz, especialmente moldada às necessidades dos maiores clientes empresariais, de carácter multinacional – objectivo que, por seu turno, já estivera na origem de outras alianças entre grandes empresas nacionais de telecomunicações, como a empresa comum "*Global One*", constituída pelas empresas France Telecom, Deutsche Telecom e Sprint, ou a empresa comum "*Unisource*", criada pelas empresas PTT Netherlands, Telia e Swisscom. O próprio acordo tendente à criação da empresa comum entre a BT e a AT&T fora antecedido de um entendimento entre a mesma BT e outra empresa norte-americana de telecomunicações, a MCI, que visava, então, a criação da empresa comum "*Concert*", com um projecto empresarial largamente coincidente ao que veio a ser desenvolvido na operação de 1999. Em contrapartida, fora das áreas directamente afectadas à prestação desse tipo de serviços globais a determinados clientes empresariais multinacionais, as empresas-mãe – BT e AT&T mantiveram as suas múltiplas actividades de telecomunicações e comunicações, em geral.

Assim, tomando em consideração esta tessitura de múltiplas relações complexas entre os mercados afectados à empresa comum e essas áreas em que as empresas-mãe mantiveram presenças autónomas, a Comissão admitiu a possibilidade de efeitos de alastramento de coordenação de comportamentos entre as empresas-mãe em três segmentos essenciais de mercado. Tais segmentos compreendiam (i) o mercado da prestação de

---

[1934] Nessa disciplina contratual foram apenas ressalvados certos períodos de transição, bem como – em relação a certos clientes – a faculdade de os serviços globais em causa continuarem a ser assegurados directamente pela BT e pela AT&T nos seus respectivos mercados domésticos (cfr. ponto 10 da decisão).

Parte III – Capítulo 2 1115

serviços de telecomunicações a clientes empresariais e individuais (residenciais), (ii) o mercado do acesso à Internet e, até, (iii) um conjunto de mercados em que a empresa comum passaria a estar presente, prestando diversos serviços distribuídos no mercado britânico pela BT e concorrendo, nessa qualidade, com outra empresa, a AT&T – Unisource Communication Services (AUCS), cujos serviços, por seu turno, eram distribuídos no Reino Unido pela AT&T (como distribuidora exclusiva).

Apesar de a delimitação dos mercados relevantes directa e principalmente afectados pela criação da empresa comum ter permitido, desde logo, aferir essa potencialidade de verificação de efeitos indirectos de coordenação num conjunto de mercados estreitamente conexos com os mercados dessa empresa comum e nos quais as empresas-mãe continuaram activas, a Comissão iniciou a sua avaliação jusconcorrencial das repercussões de tal criação da referida empresa comum, mediante a aplicação do teste do domínio no contexto desses mercados da empresa comum (à semelhança da metodologia de análise utilizada na decisão *"Telia/ /Telenor/Schibsted"*, já acima comentada e em múltiplas outras decisões que têm envolvido a aplicação do n.º 4 do artigo 2.º do RCC). Tendo concluído que a constituição da empresa comum não conduziria a qualquer criação ou reforço de uma posição dominante nos mercados em causa, não obstante as quotas de mercado conjuntas apreciáveis das partes nesses mercados – devido à efectiva pressão concorrencial já exercida em tais mercados por outros grupos empresariais concorrentes e à pressão da concorrência potencial – a Comissão encetou uma análise autónoma dos possíveis elementos de coordenação de comportamentos das empresas-mãe, em sede de aplicação do n.º 4 do artigo 2.º do RCC. As hipotéticas questões de coordenação de comportamentos suscitadas pela Comissão reportavam-se quer ao plano das relações horizontais, quer das relações verticais entre as empresas envolvidas.

Assim, no primeiro plano acima referido, os problemas de coordenação resultavam, essencialmente, por um lado, da presença da AT&T em mercados de telecomunicações, e mercados conexos, no Reino Unido, através da sua filial, a ACC UK, e, por outro lado, de uma participação de 22% detida indirectamente pela AT&T numa empresa britânica de televisão por cabo – a Telewest – a qual, para além de oferecer serviços de televisão por cabo, prestava, também, serviços de comunicação de dados e de acesso à Internet. Essa participação indirecta na Telewest, assegurada através da empresa TCI, resultava, por seu turno, da aquisição do controlo

1116 *Empresas comuns* – Joint Ventures

desta última empresa por parte da AT&T (além disso, no quadro da TCI, encontrava-se autonomizada uma unidade, correspondente ao Liberty Media Group, que assegurava o controlo da participação detida na acima referida Telewest).[1935]

No plano das relações verticais, as potenciais questões de coordenação que foram avaliadas pela Comissão reportavam-se à situação, já referida, de manutenção de uma relação de distribuição exclusiva entre a empresa AUCS e a AT&T (a segunda actuando com distribuidora da primeira para o mercado do Reino Unido, através de uma empresa filial, a AT&T Communications UK Ltd).[1936]

A extensão e importância dos problemas de coordenação detectados no quadro das relações horizontais entre as partes – e acima enunciados – conduziram a Comissão, pela primeira vez na sua *praxis* decisória, a iniciar um procedimento de análise mais desenvolvida por dúvidas sérias sobre a compatibilidade da operação com o mercado comum, exclusivamente com base em questões de coordenação e não obstante ter podido formular uma conclusão no sentido da inexistência de quaisquer efeitos de criação ou reforço de uma posição dominante nos mercados mais directamente afectados pela constituição da empresa comum. Já no decurso dessa segunda fase de análise, a Comissão veio a identificar os aspectos relevantes de possível coordenação num plano de relações verticais, que acima referimos.

Tendo as empresas envolvidas na criação da empresa comum em questão sido confrontadas com as objecções de princípio da Comissão, referentes a essas diversas questões potenciais de coordenação de comportamentos, estas submeteram à apreciação dessa Instituição compromissos, de variado teor, com vista a prevenir ou afastar os riscos de afectação da concorrência em causa.[1937] Tais compromissos foram, no essencial, aceites pela Comissão, a qual considerou, após ter consultado – no quadro da segunda fase do processo de apreciação[1938] – outras empresas presentes no

---

[1935] Cfr., em especial, os pontos 165 e 166 da decisão em causa.

[1936] Cfr. sobre este aspecto ponto 194 da decisão.

[1937] Uma vez mais este aspecto específico relativo à importância de compromissos assumidos pelas empresas participantes no quadro da avaliação de operações de concentração não é aqui especificamente analisado e foi já objecto de diversos comentários. Cfr. sobre o alcance de que se tem revestido, em geral, essa figura, HOLMES, TURNBULL, "Remedies in Merger Cases: Recent Developments", in ECLR, 2002, pp. 499 ss..

[1938] Este tipo de consultas a terceiras empresas, versando a possível relevância de compromissos apresentados pelas empresas participantes numa concentração notificada,

Parte III – Capítulo 2

mercado sobre a relevância dos mesmos, que estes permitiam, de modo eficaz, afastar os potenciais problemas de coordenação identificados, quer no plano de relações horizontais, quer no plano de relações verticais entre as empresas-mãe em questão.

De algum modo, esta decisão contribuiu para uma orientação de princípio da Comissão, no sentido de privilegiar o enquadramento de problemas significativos de coordenação de comportamentos, apreciados em sede de aplicação do n.º 4 do artigo 2.º do RCC, através da análise de compromissos, de teor variado, apresentados pelas partes, em detrimento da adopção de decisões de isenção *ex vi* do n.º 3 do artigo 81.º CE.[1939] Pensamos que essa flexibilidade se justifica, no quadro de processos de apreciação sujeitos ao regime do RCC, de modo a permitir uma intervenção eficaz e tempestiva sobre os principais elementos estruturais, ou com repercussões estruturais, que podem, numa óptica prospectiva, influenciar os comportamentos futuros das empresas. Contudo, pensamos que será necessário desenvolver um padrão de elevada exigência na ponderação desses compromissos – o qual não se encontra adquirido – que conduza, em regra, a acolher com reserva compromissos que visem predominantemente aspectos do comportamento das empresas.[1940]

Em termos sintéticos, os compromissos que foram aceites pela Comissão nesta decisão *"BT/AT&T"* envolveram, em relação aos aspectos que constituíam, porventura, a principal fonte de problemas potenciais de coordenação no plano das relações horizontais entre as empresas, claras

---

assume, em nosso entender, grande importância. Na verdade, tais consultas podem ser decisivas para que a Comissão não aceite de modo excessivamente permissivo compromissos que lhe sejam propostos pelas partes, no quadro da aplicação do n.º 4 do artigo 2.º do RCC, em vez de resolver os problemas fundamentais de coordenação que tenham sido detectados no quadro da aplicação do n.º 3 do artigo 81.º CE.

[1939] Essa orientação de princípio pode considerar-se confirmada pela evolução da *praxis* decisória ulterior a esta decisão *"BT/AT&T"*.

[1940] Na verdade, esses *compromissos* visando predominantemente aspectos do comportamento das empresas pressupõem, para serem eficazes, um controlo futuro da Comissão que se revela frequentemente de difícil exequibilidade e menos apto a detectar desvios ou evoluções menos visíveis de comportamentos das empresas visadas. Assim, como sublinhou justamente a Comissão, em recurso apresentado em Dezembro de 2002 no TJCE e referente ao Acórdão do TPI *"Tetra Laval BV Commission"*, cit., o objectivo destes processos de controlo não é proceder após a concretização de certas operações de concentração a uma supervisão *pari passu*, e com eficácia duvidosa, de determinados comportamentos das empresas, mas evitar, *ab initio*, que existam condições para o desenvolvimento de problemas de concorrência.

1118 *Empresas comuns* – Joint Ventures

medidas de natureza estrutural, mediante a alienação, por parte da AT&T, da sua posição accionista no capital da ACC UK. Acresce que esse compromisso de alienação contemplava, ainda, a observância de determinados requisitos em relação à futura entidade compradora da posição de controlo da ACC UK. Assim, a AT&T comprometeu-se, também, à obtenção de uma prévia confirmação de aceitação por parte da Comissão do carácter adequado do comprador escolhido para tal transacção, tendo presente que para a configuração de uma certa estrutura dos mercados em questão, compatível com a manutenção da concorrência efectiva, relevam não apenas as relações estruturais que se eliminam, mas também as novas relações que se constituem nos mesmos mercados.

No que respeita a outras potenciais questões de coordenação no plano horizontal, relacionadas com a participação indirecta detida pela AT&T na Telewest, os compromissos apresentados pelas partes, e acolhidos pela Comissão, visaram, fundamentalmente, criar um certo grau de separação estrutural entre essas duas empresas. Tais compromissos envolveram a criação de um enquadramento contratual em ordem a assegurar que os titulares de órgãos de administração do Liberty Media Group, designados pela AT&T, não recebessem informação respeitante à participação detida na Telewest, nem participassem em quaisquer processos deliberativos relativos à mesma participação (o tratamento de matérias respeitantes à posição detida pelo Liberty Media Group na Telewest foi delegado numa comissão executiva não integrada pelos administradores designados pela AT&T). Tendo presente, entre outros aspectos, a dimensão limitada da participação indirecta da AT&T na Telewest, a Comissão considerou esta relativa barreira estrutural – de base contratual – suficiente para afastar, de modo eficaz, os riscos de desenvolvimento de processos de coordenação entre a BT e a AT&T através da Telewest.

Pela nossa parte, admitimos que, em face das circunstâncias concretas da situação de mercado em apreço – participação indirecta da AT&T no capital da Telewest que não ultrapassava um limiar de 22% –, as medidas propostas, tendentes à criação de um grau aceitável de separação estrutural entre essas empresas, com base na definição contratual de um determinado modelo de governo das sociedades envolvidas, eram efectivamente aceitáveis com vista a prevenir hipotéticos problemas de coordenação. Contudo, pensamos que o propósito de estabelecer certos graus de separação estrutural entre empresas unicamente com base na adopção de modelos contratuais de governo societário nem sempre será eficaz e deve

Parte III – Capítulo 2 1119

ser considerado com alguma reserva em relação a certas situações de mercado (designadamente, em face de participações societárias de maior dimensão do que a participação indirecta da AT&T na Telewest, ou conjugadas com um maior grau de dispersão do capital remanescente das sociedades que se encontrem em causa). Em alguns casos, a mera abstenção formal de participação directa em processos decisórios referentes a certas participações empresariais pode não ser suficiente para evitar a circulação de informações e o exercício de certas formas de influência sobre a actividade das sociedades participadas.

Por último, quanto às hipotéticas questões de coordenação que haviam sido identificadas num plano de relações verticais entre as empresas envolvidas, foi apresentado um compromisso no sentido de pôr termo às relações contratuais de distribuição exclusiva mantidas entre a AUCS e a AT&T, o qual permitiu afastar quaisquer preocupações relevantes relativas à possível emergência de processos de coordenação entre a BT e a AT&T, a propósito da distribuição dos serviços da AUCS no Reino Unido. De resto, e como se compreende, a natureza não estrutural dessas questões de coordenação tornava, à partida, mais fácil a prevenção eficaz das mesmas através de medidas que incidiram unicamente sobre a vigência de acordos de comercialização previamente celebrados entre as partes.

3.3.4. **Referência sumária a outros precedentes significativos**

Outras decisões da Comissão, envolvendo a aplicação do n.º 4 do artigo 2.º do RCC, merecem, também, uma referência – conquanto muito sumária – em virtude de confirmarem a consolidação de alguns métodos de análise que temos procurado evidenciar.

Assim, na decisão *"Skandia/Storebrand/Pohjola"*,[1941] respeitante à constituição de uma empresa comum, com carácter de concentração, para a qual as empresas-mãe transferiram algumas das suas áreas de negócio de seguros não vida, a Comissão, na sua apreciação dos problemas de coordenação de comportamentos que identificou, concedeu um papel absolutamente decisivo à aferição do poder de mercado das empresas-mãe nos mercados em que tal coordenação poderia estar em causa. Na verdade, não só considerou esse aspecto como o critério primacial para concretizar o

---

[1941] Decisão *"Skandia/Storebrand/Pohjola"*, de 17 de Agosto de 1999, já cit..

1120   *Empresas comuns* – Joint Ventures

elemento analítico do teste da coordenação – referente ao carácter apreciá-vel e à intensidade dos possíveis efeitos de coordenação – como admitiu que a avaliação do mesmo poderia constituir o primeiro passo da análise dos eventuais efeitos de coordenação, tornando de algum modo dispensá-veis as outras dimensões da análise de tais efeitos, desde que fosse possí-vel determinar a existência de um poder de mercado pouco significativo por parte das empresas-mãe em questão.

Na expressão sugestiva utilizada nesta decisão, tratava-se de avaliar *ab initio* – caso existissem, como parecia suceder na situação em apreço, elementos indiciários conclusivos sobre o funcionamento do mercado – se as partes disponham de poder de mercado suficiente nos sectores potencial-mente afectados para tornar relevante, ou compensador, qualquer processo de coordenação de comportamentos entre as mesmas. Admitiu-se, assim, que a existência de um poder de mercado limitado por parte das empresas envolvidas, ou não daria, sequer, azo a qualquer processo de coordenação, visto que este não seria compensador para as empresas em questão, ou, mesmo que assim não sucedesse, e a criação da empresa comum pudesse efectivamente causar, de modo indirecto, o desenvolvimento de tal coorde-nação, esta não seria relevante numa perspectiva jusconcorrencial, pois não produziria apreciáveis efeitos restritivos da concorrência.

Na situação de mercado analisada nessa decisão, a Comissão pôde concluir que, apesar de as quotas de mercado conjuntas das empresas-mãe nos sectores potencialmente afectados apresentarem alguma expressão, a *pressão da concorrência potencial* e as *próprias estruturas dos mercados* – caracterizados pela existência de empresas concorrentes com dimensão comparável à das empresas em causa em todos os segmentos que foram objecto de apreciação – *determinavam que o poder de mercado das empre-sas-mãe em apreço seria, em qualquer caso, limitado.*

Afigurando-se-nos essencialmente correcta a análise de mercado desenvolvida nesta decisão, consideramos, contudo – nos termos que já temos vindo a referir – que se impõe alguma prudência na formulação de juízos conclusivos sobre o poder de mercado das partes, conducentes à exclusão de quaisquer efeitos apreciáveis de coordenação, restritivos da concorrência, em relação a situações que não justifiquem a aplicação de presunções baseadas em determinados limiares inferiores de quotas de mercado das empresas que se encontrem em causa.

Tal equivale a reconhecer que a apresente simplicidade e linearidade dos processos analíticos utilizados no caso "*Skandia/Storebrand/Pohjola*",

Parte III – Capítulo 2

pode, caso seja sistematicamente aplicada em relação a outras situações de mercado mais complexas, originar distorções e erros de apreciação quanto à verificação de efeitos de coordenação.

Na decisão *"Fujitsu/Siemens"*,[1942] a Comissão sistematizou de forma muito sugestiva alguns dos aspectos primaciais para a concretização dos elementos analíticos do teste da coordenação de comportamentos, em sede de aplicação do n.º 4 do artigo 2.º do RCC. Assim, de acordo com a formulação utilizada na mesma, a aferição de possíveis efeitos de coordenação, deverá depender, essencialmente, de três aspectos, compreendendo a *estrutura dos mercados potencialmente afectados pelos processos de coordenação*, as *quotas relativas de vendas realizadas pelas empresas em causa nesses mercados* – ou seja, as quotas de mercado das empresas em questão – e as *alterações estruturais provocadas pela criação de certa empresa comum em tais mercados*.

Em relação à situação concreta avaliada nessa decisão, a Comissão pôde verificar que num dos mercados potencialmente afectados pela criação da empresa comum,[1943] a significativa quota de mercado conjunta das empresas-mãe e, sobretudo, a configuração estrutural desse mercado, antes e depois da criação da empresa comum em causa, tornavam provável a emergência de efeitos de coordenação apreciáveis entre as referidas empresas. A Comissão destacou na sua análise, de modo particular, o facto de a posição de mercado conjunta da Fujitsu e da Siemens vir a ser, de algum modo, *"simétrica"* da quota de mercado detida pela outra maior empresa concorrente que permaneceria nesse mercado. Nesse contexto, a Comissão apenas veio a afastar as suas reservas iniciais à operação, em função de um conjunto de compromissos oferecidos pelas partes, *maxime* compromissos de alienação de áreas de negócios da Fujitsu nos principais mercados que se estimava serem possivelmente afectados pela criação da empresa comum.[1944]

[1942] Decisão *"Fujitsu/Siemens"*, de 30 de Setembro de 1999, já cit..

[1943] Cfr. sobre a identificação desse mercado e o modo como seria previsivelmente afectado, o ponto 62 da decisão em causa.

[1944] Sobre esses aspectos decisivos para afastar as reservas da Comissão cfr. os pontos 63 e ss. da decisão. Importa aqui salientar o paralelismo com a importância fundamental dos compromissos de alienação de activos por parte da AT&T na decisão *"BT/AT&T"* atrás analisada.

CAPÍTULO 3

APRECIAÇÃO NA ESPECIALIDADE DOS EFEITOS DAS EMPRESAS COMUNS – AS EMPRESAS COMUNS SUBMETIDAS AO REGIME DO ARTIGO 81.º CE

SUMÁRIO: **1. – Aspectos gerais.** 1.1. – Razão de ordem. 1.2. – A especial importância de determinados tipos funcionais de empresas comuns. 1.3. – Principais categorias de riscos de afectação da concorrência. 1.4. – A metodologia de análise de empresas comuns sem presença autónoma no mercado com base na autonomização de tipos funcionais de cooperação. **2 – As empresas comuns de investigação e desenvolvimento.** 2.1. – Aspectos introdutórios – o conceito de empresa comum de investigação e desenvolvimento. 2.2. – Objectivos tipicamente prosseguidos através de empresas comuns de investigação e desenvolvimento. *2.2.1. – A perspectiva da Comissão Europeia. 2.2.2. – Visão crítica e sistemática dos objectivos das empresas comuns de investigação e desenvolvimento.* 2.3. – Modelo de análise das empresas comuns de investigação e desenvolvimento. *2.3.1. – O primeiro estádio de análise das empresas comuns de investigação e desenvolvimento. 2.3.2. – Os principais riscos de afectação da concorrência decorrentes de empresas comuns de investigação e desenvolvimento.* 2.3.2.1. – Riscos de coordenação de comportamentos em mercados de produtos existentes. 2.3.2.2. – Riscos de limitação dos processos de inovação. 2.3.2.3. – Riscos de encerramento de mercados à concorrência. *2.3.3. – Primeiro estádio de análise das empresas comuns de investigação e desenvolvimento – as situações normalmente permitidas.* 2.3.3.1. – Empresas comuns de investigação e desenvolvimento constituídas por empresas não concorrentes. 2.3.3.2. – A impossibilidade de realização autónoma de projectos empresariais. 2.3.3.3. – Existência de poder de mercado pouco significativo das empresas fundadoras. *2.3.4. – Primeiro estádio de análise das empresas comuns de investigação e desenvolvimento – as situações normalmente proibidas.* 2.3.5. – *As empresas comuns de investigação e desenvolvimento que exigem uma análise mais aprofundada.* 2.3.5.1. – O segundo estádio de análise das empresas comuns de investigação e desenvolvimento. 2.3.5.1.1. – O critério relativo à quota de mercado – aspectos gerais. 2.3.5.1.2. – A definição de um limiar quantitativo geral de quota de mercado. 2.3.5.1.3. – Caracterização do índice quantitativo de quota de mercado seleccionado. 2.3.5.1.4.- A função do índice analítico proposto. 2.3.5.1.5. – Modo de determinação da quota de mercado em sede de apreciação de empresas comuns. 2.3.5.2. – O terceiro estádio de análise das empresas comuns de investigação e desenvolvimento. 2.3.5.2.1. – Os elementos fundamentais do terceiro estádio de análise de empresas comuns de investigação e desenvolvimento. 2.3.5.2.2. – Os programas de investigação e desenvolvimento dirigidos à melhoria de produtos existentes. 2.3.5.2.3. – Programas de investigação e desenvolvimento dirigidos à criação de nova procura. 2.3.5.2.4. – Os problemas de encerramento de mercados. 2.3.5.2.5. – Caracterização geral dos efeitos sobre a concorrência induzidos pelas empresas comuns de investigação e desenvolvimento e por outros tipos funcionais de empresas comuns. 2.3.5.2.6. – Ponderação de factores específicos inerentes à configuração dos programas de cooperação. 2.3.5.3. – Estádios complementares de análise das empresas comuns de investigação e desenvolvimento. 2.3.5.3.1. – O critério analítico relativo aos tipos de relações económicas entre empresas comuns e empresas-mãe. 2.3.5.3.2. – O grau de concentração dos mercados afectados pela criação de empresas comuns de investigação e desenvolvimento. 2.3.5.3.3. – O grau de abertura dos mercados afectados pela criação de empresas comuns de investigação e desenvolvimento. 2.3.5.4. – Análise crítica de algumas decisões da Comissão. 2.3.5.4.1 – A decisão "*KSB/Goulds/Lowara/ITT*". 2.3.5.4.2. – A decisão "*Elopak/ /Metal Box-Odin*". 2.3.5.4.3. – Referência sumária a outros precedentes significativos. **3 – As empresas comuns de produção.** 3.1. –Aspectos gerais. 3.1.1. – O conceito de empresa comum de produção. *3.1.2. – Caracterização geral das empresas comuns de produção.* 3.2. – Objectivos tipicamente prosseguidos através de empresas comuns de produção. *3.2.1. – A perspectiva da Comissão Europeia. 3.2.2. – Visão crítica e sistemática dos objectivos das empresas comuns de produção.* 3.2.2.1. – Objectivos internos das empresas participantes. 3.2.2.2. – Objectivos externos e de médio prazo das empresas participantes. 3.2.2.3. – Objectivos de transformação sectorial. 3.2.2.4. – Objectivos sectoriais em sentido estrito. 3.3. – Modelo de análise das empresas comuns de produção. *3.3.1. – O primeiro estádio de análise das empresas comuns de produção. 3.3.2. – Os principais riscos de afectação da concorrência decorrentes da criação de empresas comuns de produção.* 3.3.2.1. – Riscos de coordenação de comportamentos nos mercados de bens finais das empresas-mãe. 3.3.2.2. – Riscos de partilha de mercados entre as empresas-mãe. 3.3.2.3. – Riscos de exclusão de empresas concorrentes. *3.3.3. – Primeiro estádio de análise das empresas comuns de produção – as situações normalmente permitidas.* 3.3.3.1. – Empresas comuns de produção constituídas por empresas não concorrentes. 3.3.3.2. – A impossibilidade de realização autónoma de projectos empresariais. 3.3.3.3. – Existência de poder de mercado pouco significativo das empresas fundadoras. *3.3.4. – Primeiro estádio de análise das empresas comuns de produção – as situações normalmente proibidas. 3.3.5. – As empresas comuns de produção que exigem uma análise mais desenvolvida.* 3.3.5.1. – O segundo estádio de análise das empresas comuns de produção. 3.3.5.1.1. – Perspectiva geral. 3.3.5.1.2. – O critério relativo à quota de mercado das empresas participantes. 3.3.5.2. – O terceiro estádio de análise das empresas comuns de produção. 3.3.5.2.1. – Os elementos fundamentais do terceiro estádio de análise das empresas comuns de produção. 3.3.5.2.2. – Condições variáveis para a coordenação de comportamentos em matéria de preços, quantidade e qualidade da oferta. 3.3.5.2.3. – O conteúdo dos programas de produção conjunta e os riscos de partilha de mercados. 3.3.5.2.4. – Os problemas de encerramento de mercados. 3.3.5.3. – Estádios complementares de análise de empresas comuns de produção. 3.3.5.3.1. – O critério analítico relativo aos tipos de relações económicas entre empresas comuns e empresas-mãe. 3.3.5.3.2. – Parâmetros de análise complementares. 3.3.5.4. – Análise crítica de precedentes relativos a empresas comuns de produção. 3.3.5.4.1. – Perspectiva crítica geral. 3.3.5.4.2. – A decisão *"Ford/Volkswagen"* e o Acórdão *"Matra Hachette"*. 3.3.5.4.3. – A decisão *"Exxon/Shell"*. 3.3.5.4.4. – A decisão *"Asahi/Saint Gobain"*. **4 – As empresas comuns de comercialização de bens e serviços.** 4.1. –Aspectos gerais. *4.1.1. – O conceito de empresa comum de comercialização de bens e serviços. 4.1.2. – A distinção entre as empresas comuns de comercialização e diversas modalidades de acordos de comercialização conjunta. 4.1.3. – A distinção entre empresas comuns que asseguram a venda conjunta de bens e serviços e empresas comuns com funções de comercialização mais limitadas. 4.1.4. – Caracterização sistemática complementar de subcategorias de empresas comuns de comercialização. 4.1.5. – Corolários da diversidade organizativa e funcional das empresas comuns de comercialização.* 4.2. – Objectivos tipicamente prosseguidos através de empresas comuns de comercialização. *4.2.1. – A perspectiva da Comissão Europeia. 4.2.2. – Visão crítica e sistemática dos objectivos das empresas comuns de comercialização.* 4.2.2.1. – Objectivos de tipo interno. 4.2.2.2. – Objectivos de tipo externo. 4.2.2.3. – Objectivos sectoriais específicos. 4.3. – Modelo de análise das empresas comuns de comercialização. *4.3.1. – O primeiro estádio de análise das empresas comuns de comercialização. 4.3.2. – Os principais riscos de afectação da concorrência decorrentes da* *criação de empresas comuns de comercialização.* 4.3.2.1. – Riscos de concertação em matéria de preços e quantidade de bens oferecidos. 4.3.2.2. – Condições para a concertação em matéria de preços e quantidades de bens oferecidos. *4.3.3. – Empresas comuns de comercialização e modalidades de cooperação normalmente proibidas.* 4.3.4. *– Empresas comuns de comercialização e modalidades de cooperação normalmente permitidas. 4.3.5. – Especificidades dos parâmetros de análise de empresas comuns de comercialização.* 4.3.6. *– A rejeição de uma pré-compreensão hermenêutica negativa em relação a empresas comuns de comercialização.* 4.4. – As empresas comuns de comercialização que exigem uma análise mais desenvolvida. *4.4.1. – Razão de ordem. 4.4.2. – O critério analítico referente à quota de mercado das empresas participantes. 4.4.3. – O terceiro estádio de análise de empresas comuns de comercialização.* 4.4.3.1. – Os elementos fundamentais do terceiro estádio de análise das empresas comuns de comercialização. 4.4.3.2. – O carácter exclusivo dos programas de cooperação no domínio da comercialização. 4.4.3.3. – Características relevantes dos programas cooperação no domínio da comercialização. 4.4.3.4. – Poder de mercado das empresas participantes e condições de funcionamento dos mercados. 4.4.3.5. – Âmbitos diversificados de actuação de empresas comuns de comercialização constituídas por empresas-mãe concorrentes. 4.4.3.6. – Programas de cooperação no domínio da comercialização e funcionamento de sistemas de rede no sector financeiro. 4.4.3.6.1. – Situações paradigmáticas no sistema financeiro – o sector dos cartões de pagamento. 4.4.3.6.2. – Elementos intrínsecos de cooperação empresarial no funcionamento de sistemas de cartões de pagamento. 4.4.3.6.3. – Graus de cooperação compatíveis com a defesa da concorrência no funcionamento de estruturas empresariais encarregadas da gestão de sistemas de cartões de pagamento. 4.4.3.6.4. – Perspectiva geral sobre os limites da cooperação empresarial em matéria de actividades de comercialização no sector financeiro. *4.4.4. – Estádios com-*

plementares de análise das empresas comuns de comercialização. 4.4.5. – Análise crítica de precedentes relativos a empresas comuns de comercialização ou situações comparáveis. 4.4.5.1. – A decisão *"Astra".* 4.4.5.2. – A decisão *"ANSAC".* 4.4.5.3. – O Acórdão *"European Night Services".* 4.4.5.4. – Análise de precedentes relativos ao funcionamento de sistemas de cartões de pagamento. 4.4.5.4.1. – Análises da Comissão relativas ao funcionamento da rede Visa. 4.4.5.4.2. – Outros processos de análise da Comissão relativos a estruturas empresariais de cooperação no domínio dos cartões de pagamento. **5. – As empresas comuns de aquisição de bens e serviços.** 5.1. – Perspectiva geral. 5.2. – Modelo de análise das empresas comuns de aquisição de bens ou serviços. *5.2.1. – Riscos de afectação da concorrência associados às empresas comuns de aquisição de bens e serviços. 5.2.2. – As empresas comuns de aquisição de bens e serviços que exigem uma análise mais desenvolvida.* **6. – As participações empresariais que não conferem controlo conjunto.** 6.1. – Perspectiva geral. 6.2. – Critérios de análise dos efeitos sobre a concorrência decorrentes de participações empresariais que não conferem controlo sobre terceiras empresas. *6.2.1. – Identificação de situações com potencial restritivo da concorrência. 6.2.2. – Possíveis efeitos sobre a concorrência decorrentes de participações minoritárias em determinadas empresas.*

1. Aspectos gerais

1.1. RAZÃO DE ORDEM

Procurámos no capítulo primeiro desta **Parte III** enunciar, em termos muito gerais, os contornos básicos de um modelo analítico global das repercussões das empresas comuns sobre o processo de concorrência, em sede de direito comunitário da concorrência.[1945] Como já referimos, essa construção de um modelo analítico geral é informada pelo nosso propósito dogmático de unificar, tanto quanto possível, o tratamento jusconcorrencial, nesse plano,[1946] desta categoria das empresas comuns. Essa perspectiva dogmática, que perfilhamos, não pode, contudo, num plano *de iure condito*, justificar uma absoluta desconsideração da moldura siste-

---

[1945] Para essa enunciação das bases de um *modelo geral de apreciação jusconcorrencial das empresas comuns* em sede de direito comunitário, cfr. *supra*, o referido capítulo primeiro desta **Parte III**, esp. pontos 1.1., 1.2. e 2.1..

[1946] O nosso estudo é essencialmente dirigido ao plano *comunitário* de tratamento jusconcorrencial de empresas comuns. Todavia, considerando as perspectivas abertas pelo denominado programa de *"modernização"* do direito comunitário da concorrência, nos termos que tivemos ensejo de analisar *supra*, capítulo primeiro da **Parte II** (ponto **5.**) – quer no sentido do reforço dos processos de aplicação a nível nacional de normas comunitárias de concorrência, quer no sentido de um *previsível reforço de processos paralelos de aplicação de normas nacionais de concorrência* – temos presente que o referido tratamento dogmático dos problemas de direito da concorrência suscitados por empresas comuns será também, em regra, relevante para efeitos de interpretação e aplicação de normas nacionais. Na verdade, encontra-se indissociavelmente associado a essa modernização do sistema de aplicação do direito comunitário da concorrência um processo de *convergência material dos normativos nacionais com esse ordenamento* (realidade que se verifica, *vg.*, quanto ao ordenamento nacional de concorrência, quer no que respeita ao regime estabelecido na Lei n.º 18/2003, quer já no anterior regime do Decreto-Lei n.º 371/93, de 29 de Outubro).

1130   *Empresas comuns* – Joint Ventures

mática do tratamento das empresas comuns no quadro das regras comunitárias em vigor.[1947]

Assim, impõe-se proceder a uma densificação do modelo de análise das empresas comuns, à luz, quer do *teste relativo à compatibilidade com o mercado comum* – no que respeita às empresas comuns que desempenhem todas as funções de uma entidade económica autónoma, sujeitas ao RCC – quer do *teste da coordenação de comportamentos*, aplicável *ex vi* do artigo 81.º CE., sem prejuízo de procurar surpreender *elementos comuns aos referidos testes.* Tendo apreciado os processos de concretização do teste da compatibilidade com o mercado comum em relação às empresas comuns sujeitas ao regime previsto no RCC,[1948] procedemos no presente capítulo a uma análise *ex professo* do *tratamento das empresas comuns que permanecem inteiramente sujeitas ao regime constante do artigo 81.ºCE.*

Tivemos já ensejo de salientar a especial importância que atribuímos a este estudo, na especialidade, da *categoria de empresas comuns que não desempenham todas as funções de uma entidade económica autónoma,* concedendo-lhe um papel central na nossa investigação. Trata-se, na realidade, de uma possível área de eleição para o *desenvolvimento de uma nova metodologia de análise que conjugue, segundo ponderações mais ou menos complexas, factores de tipo estrutural e outro tipo de factores primacialmente relacionados com o comportamento das empresas.* Essa metodologia de análise deverá não só afastar perspectivas tradicionais associadas a critérios de proibição *per se* de quaisquer restrições da concorrência formalmente subsumíveis nas previsões do artigo 81.º CE, como, em paralelo – ao introduzir uma dimensão complexa de avaliação do poder de mercado dos intervenientes em supostos acordos restritivos da concorrência – deverá ser dissociada de qualquer orientação determinista que tenda a estabelecer nexos causais necessários entre certas estruturas de mercado e certos modelos de comportamento empresarial.[1949]

[1947] Assim, ao longo de toda esta **Parte III** tomamos em consideração o enquadramento normativo de direito constituído das subcategorias de empresas comuns – qualificáveis ou não como operações de concentração – com os contornos resultantes da primeira reforma, de 1997, do RCC, que foram mantidos na reforma de 2004.

[1948] Essa matéria foi, precisamente, objecto de tratamento no capítulo antecedente (capítulo segundo desta **Parte III**).

[1949] Tenha-se presente, a este propósito, os aspectos expostos nos pontos 1.1. e 1.2. do capítulo primeiro desta **Parte III** sobre a específica conjugação da análise de *elementos*

Além disso, destacámos, também, que o estudo da referida categoria de empresas comuns deve assentar numa identificação precisa de *quatro tipos de riscos fundamentais para a manutenção de um nível adequado de concorrência efectiva* que consideramos encontrarem-se, em tese geral, subjacentes a tal categoria de empresas comuns.[1950] Esses quatro tipos de riscos de afectação da concorrência compreendem riscos de restrição da concorrência entre as partes no mercado em que se proceda à criação de certa empresa comum, riscos de verificação de um efeito de alastramento de elementos restritivos da concorrência a mercados situados a montante ou a jusante do mercado de determinada empresa comum (ou, de algum modo, relacionados com o mesmo), riscos de encerramento de algumas áreas de mercado a empresas terceiras e, finalmente, riscos de produção de efeitos gerais de interligação de diversas empresas comuns que se apresentem relacionadas entre si.[1951]

---

estruturais e de *comportamento* que é propiciada pela avaliação jusconcorrencial desta subcategoria de empresas comuns submetidas ao regime do artigo 81.º CE. Além desta especial importância dogmática do estudo dessa subcategoria de empresas comuns, importa acentuar, uma vez mais, que – conforme já referimos *supra*, capítulo segundo da **Parte I** – a mesma (*"non full function joint ventures"*) deverá ainda corresponder à realidade prevalecente na *praxis* da cooperação entre empresas (embora tal utilização prevalecente da figura da empresa comum que não desempenha todas as funções de uma entidade económica autónoma nem sempre se manifeste com a mesma visibilidade da subcategoria das empresas comuns qualificáveis como concentrações, devido ao facto de não ser sistematicamente objecto de notificação a autoridades da concorrência para avaliação *ex ante*).

[1950] Tal identificação, em tese geral, e por razões de sistematização, dessas quatro categorias de *riscos fundamentais para a manutenção da concorrência efectiva* – a que procedemos *supra*, pontos **1.** e 2.4.3.2. do capítulo primeiro desta **Parte III** – não obsta naturalmente a que situações concretas de criação de empresas comuns conduzam a múltiplas combinações, e em graus muito variáveis, dessas categorias de riscos ou à verificação, em particular, de outros tipos de problemas de afectação da concorrência.

[1951] É certo que, atendendo às características particulares da categoria de *empresas comuns que não desempenham todas as funções de uma entidade económica autónoma* – sujeita ao regime do artigo 81.º CE –, mesmo o que acima configuramos como um risco de *restrição da concorrência entre as empresas fundadoras no mercado em que se proceda à criação da empresa comum* deve ser entendido num sentido muito específico. Esse sentido corresponde, em última análise à apreensão de uma modalidade de *efeito de alastramento (restritivo da concorrência)*, emergente da criação destas empresas comuns, visto que as mesmas, por definição, não mantêm uma presença autónoma própria em qualquer mercado. O que estará sempre em causa será, assim, uma ligação estreita e directa dessas empresas comuns a determinados mercados nos quais as empresas fundadoras se encontram presentes (num contexto em que consequências da cooperação limitada a certas

1132 *Empresas comuns* – Joint Ventures

No universo das empresas comuns que apenas desempenham algumas funções empresariais – limitadas – com exclusão de outras, sustentámos que as diferentes subcategorias de empresas comuns identificáveis pelo *tipo de específicas funções empresariais* que lhes sejam cometidas conduzem a *algumas concretizações paradigmáticas daqueles quatro tipos de riscos de afectação da concorrência, em função do modo como interfiram em determinados elementos essenciais do processo de concorrência.*[1952]

Propusemo-nos, assim, analisar de modo mais desenvolvido determinadas concretizações desses riscos, no quadro de um *estudo na especialidade de algumas subcategorias funcionais mais importantes de empresas comuns,* sem prejuízo da unidade fundamental do modelo de apreciação que procurámos delinear. De resto, a própria análise na especialidade dessas subcategorias funcionais de empresas comuns visa, precisamente, – como já se sublinhou – identificar e consolidar uma *matriz analítica comum referente à aplicação do teste da coordenação no domínio das empresas comuns sujeitas ao regime previsto no artigo 81.º CE.*

Como também já referimos, para a delimitação e identificação destes *tipos funcionais de empresas comuns,* tomámos em consideração os critérios interpretativos propostos pela Comissão, na sua Comunicação referente a *"Orientações sobre a aplicação do artigo 81.º do Tratado CE aos acordos de cooperação horizontal",* embora divergindo desta instituição em relação ao *modo de aplicação desses critérios.* Na realidade, com vista à qualificação jurídica em causa das empresas comuns, atribuímos um papel essencial ao critério correspondente ao *grau de integração das diferentes funções empresariais que são combinadas no quadro de um nova entidade* e apenas acolhemos, como elemento secundário para aquela

---

funções empresariais *se estendem – alastram* – ao comportamento comercial global das empresas fundadoras nestes mercados). Teremos ensejo de caracterizar adiante esta configuração de um possível risco de afectação da concorrência como *efeito de alastramento em sentido lato,* que contrapomos a um *efeito de alastramento stricto sensu* (o qual ocorrerá, *vg.,* quando estiverem em causa repercussões restritivas da concorrência em *mercados conexos* dos principais mercados em que estejam presentes as empresas fundadoras). Cfr. o exposto, *infra,* ponto 2.3.5.2.5. deste capítulo, para uma caracterização desenvolvida desses aspectos.

[1952] Como se referiu, numa perspectiva geral, no capítulo primeiro desta **Parte III**, diferentes configurações de tipos funcionais de empresas comuns conduzem, por seu turno, a diversas formas mais ou menos típicas de interferência em elementos do processo da concorrência, como, *vg.,* preços, qualidade dos produtos, ou outros.

Parte III – Capítulo 3   1133

qualificação, o critério correspondente ao *ponto de partida do processo de cooperação empresarial que se encontre em questão*.[1953]

É, em súmula, a avaliação da intensidade de que se revista a integração empresarial ao nível de cada uma das funções parcelares cobertas pelo processo de cooperação, combinada com uma ponderação da finalidade empresarial dominante subjacente a cada empresa comum, que deve determinar a identificação de um determinado tipo funcional de empresa comum, sem prejuízo de, em algumas situações, a conjugação de várias funções poder apresentar um grau de complexidade tal que impeça essa qualificação jurídica. Poderemos, então, nesses casos, considerar a existência de empresas comuns de tipo misto, ou complexo, cuja avaliação deve envolver uma análise de várias funções empresariais combinadas entre si.

Seleccionámos, para análise na especialidade, três tipos funcionais de empresas comuns, compreendendo as empresas comuns de investigação e desenvolvimento, as empresas comuns de produção, e as empresas comuns para a comercialização de bens ou serviços (procedendo-se, ainda, noutro plano, a uma análise, com carácter muito sucinto, das empresas comuns para a aquisição de bens ou serviços). A delimitação desse objecto de estudo foi determinada por uma ponderação da *praxis* contratual de cooperação entre as empresas – tomando em consideração as situações mais recorrentes de cooperação limitada a certas funções empresariais – e por uma graduação, a que procedemos, da importância relativa das funções que podem ser prosseguidas, ou conjugadas, no quadro desta categoria de empresas comuns submetida ao regime do artigo 81.º CE.

Além disso, tomámos, igualmente, em conta os tipos funcionais de cooperação empresarial autonomizados na Comunicação da Comissão referente aos *"acordos de cooperação horizontal"*, cit.,[1954] apesar de a mesma não se circunscrever, apenas, a situações referentes à constituição e funcionamento de empresas comuns (essa Comunicação, como é sabido, cobre, também, outros tipos de acordos de cooperação, nas matérias de ambiente e normalização, que não considerámos especialmente relevantes

---

[1953] Cfr., especificamente, sobre esta nossa perspectiva de análise não inteiramente coincidente com a construção analítica proposta pela Comissão na Comunicação de 2001, *supra*, ponto **1.** do capítulo primeiro da **Parte III**.

[1954] Cfr., em especial, sobre a autonomização dos tipos funcionais de cooperação em causa na Comunicação de 2001, os pontos 10, 39 e ss., 78 ss., 115 ss. e 139 ss. dessa Comunicação interpretativa.

na perspectiva de identificação de objectos paradigmáticos de empresas comuns).

1.2. A ESPECIAL IMPORTÂNCIA DE DETERMINADOS TIPOS FUNCIONAIS DE EMPRESAS COMUNS

Deve anotar-se que a nossa graduação da importância das funções empresariais, consideradas de modo individualizado, se reporta não apenas ao contributo específico de tais funções para o desenvolvimento de estratégias empresariais autónomas e globais – numa lógica geral de organização da actividade empresarial – mas, também, a uma certa avaliação preliminar das potenciais repercussões de nexos de cooperação estabelecidos quanto a tais funções, em termos de afectação de elementos essenciais do processo da concorrência.

Assim, no primeiro plano acima considerado, entendemos que as funções empresariais acima autonomizadas – sem prejuízo de conjugações várias entre as mesmas que tendem, frequentemente, a ocorrer em múltiplas empresas comuns submetidas ao regime do artigo 81.º CE – correspondem, em termos globais, aos aspectos mais importantes de qualquer política de cooperação empresarial.

Na realidade, se, na esteira de autores como RITTER, BRAUN e RAWLINSON, procurarmos uma visão integrada dos processos de cooperação empresarial materializados através de empresas comuns sem presença autónoma no mercado, e identificarmos, por um lado, *empresas comuns de carácter interno* – sem acesso directo ao mercado – e, por outro lado, *empresas relacionadas com o mercado*, embora numa posição de dependência em relação às respectivas empresas-mãe,[1955] acabaremos, em última análise, por equacionar, em termos essenciais, as quatro funções empresariais que discriminámos *ab initio*.

As funções de investigação e desenvolvimento e de produção, surgem delimitadas como objectos paradigmáticos de empresas comuns não directamente relacionadas com o mercado e que fornecem elementos

---

[1955] Cfr. sobre essa matéria, RITTER, BRAUN, RAWLINSON, *EEC Competition Law – A Practitioner's Guide*, cit., esp. pp. 533 ss.. Como aí referem esses As., "*the partial function [joint ventures] may be internal, without access to the market, such as R&D or production joint ventures, or market related, such as joint distribution or joint purchasing companies*".

para o processo *"produtivo"* – entendido em sentido lato – das empresas-
-mãe. As funções de compra de bens ou serviços e de comercialização de
bens ou serviços surgem como objectos recorrentes de empresas comuns
com acesso directo ao mercado, embora numa perspectiva acessória em
relação à posição das empresas-mãe, seja para assegurar o abastecimento
destas em elementos essenciais ao seu funcionamento, no âmbito de mercados situados a montante das mesmas, seja para permitir a distribuição
dos produtos ou serviços finais gerados por essas empresas-mãe no termo
das cadeias produtivas em que estas se situem.

Como é natural, se aprofundarmos a perspectiva analítica utilizada
para avaliar estes fenómenos de cooperação empresarial, poderemos
decompor as referidas quatro funções empresariais noutras submodali-
dades relevantes das mesmas, quer do ponto de vista da percepção do seu
objecto económico, quer no que respeita aos sistemas de relações contratuais que podem ser desenvolvidos para a organização de processos de
cooperação referentes a determinadas funções. Nesse sentido, podemos,
vg., observar que as empresas comuns de produção são susceptíveis de se
identificar com fenómenos de especialização empresarial – aproximando-se da figura dos denominados acordos de especialização, ou mesmo de
subcontratação – ou com acordos de produção, visando a entrada das
empresas-mãe em novos mercados.[1956] As empresas comuns de comercialização de bens ou serviços podem assegurar a organização de diversos
sistemas de distribuição comercial, com objectos consideravelmente
distintos.[1957] Existe, em súmula, uma multiplicidade de aspectos compreendidos dentro de cada função empresarial, que podem justificar,
enquanto tais, processos limitados de cooperação através da constituição
de empresas comuns.

Todavia, numa perspectiva de análise sistemática, que permita suportar construções hermenêuticas de carácter geral – no quadro da com-

---

[1956] Sobre essa contraposição entre elementos de *acordos de produção*, *acordos de
especialização* e *acordos de subcontratação*, que não esgotam, de qualquer modo, as
múltiplas configurações possíveis de cooperação no domínio da produção, cfr. a Comunicação de 2001, esp. ponto 79.

[1957] Teremos ensejo de verificar, *infra*, ponto **4.** (esp. 4.1.1. a 4.1.5.) deste capítulo,
no quadro do nosso estudo na especialidade da subcategoria das empresas comuns de
comercialização de bens ou serviços, que a actuação deste tipo de entidades como suporte
de processos de comercialização dos bens e serviços das empresas-mãe pode assumir uma
considerável diversidade organizativa e funcional, podendo envolver ou não, conforme os
casos, a venda conjunta de tais bens ou serviços.

1136   *Empresas comuns* – Joint Ventures

preensão destas várias subcategorias de empresas comuns em sede de direito da concorrência – importa, para além da diversidade formal das situações concretas de cooperação empresarial, apreender as dimensões funcionais básicas que se encontram subjacentes a essas situações. Nessa perspectiva, as quatro funções empresariais supra identificadas correspondem, em nosso entender, à matriz primacial da generalidade daqueles processos de cooperação que não chegam a gerar entidades autónomas sob a forma de empresas comuns qualificáveis como operações de concentração.

Considerando as funções empresariais que não implicam acesso directo ao mercado por parte de empresas comuns especificamente constituídas para as prosseguir, a análise micro-económica das empresas e os desenvolvimentos verificados na teoria de organização empresarial ao longo das últimas duas décadas,[1958] permitem, claramente, configurar as funções de investigação e desenvolvimento e de produção – em sentido lato – como os pólos essenciais de cooperação nesse plano de actuação das empresas. A prevalência dessas duas funções acentuou-se, progressivamente, em nosso entender, com a transição gradual, que vem ocorrendo, para uma nova lógica de organização das empresas, em contraste com anteriores sistemas de produção em massa, assentes em princípios de integração vertical e numa considerável especialização de tarefas no âmbito da mesma estrutura empresarial.[1959]

Na verdade, num universo empresarial caracterizado pela importância cada vez maior dos processos de inovação e pelo encurtamento dos ciclos de vida dos produtos, a vertente de investigação e desenvolvimento e a aptidão para a renovação ou substituição dos produtos ganharam um peso acrescido na programação da actividade das empresas. Em paralelo

---

[1958] Referimo-nos aqui à teoria da organização empresarial ou à teoria da organização industrial que analisa as formas alternativas de organização de processos produtivos e de comercialização. Cfr. sobre essa perspectiva téorica e sobre as mutações experimentadas pela mesma nos dois últimos decénios, destacando a emergência, nesse período, de modelos organizacionais e funcionais mais flexíveis, WALTER POWELL, "Inter-Organizational Collaboration in the Biotechnology Industry", cit., esp. pp. 197-198.

[1959] Essa transição gradual para uma nova lógica global de organização das empresas e até de crescimento empresarial foi largamente analisada na **Parte I** desta dissertação, sobretudo na **Introdução** e no capítulo primeiro, para os quais remetemos. Sobre este tipo de mutações, e para além das referências já feitas nas análises acima referidas, cfr., ainda, JOHN HAGEDOORN, "Strategic Technology Partnering During the 1980s: Trends, Networks, and Corporate Patterns in Non-Core Technologies", in Res. P., 1995, pp. 207 ss..

com este alargamento do conjunto de sectores económicos que se podem considerar tributários de processos intensivos de investigação e desenvolvimento, ou de investigação directamente aplicada na produção, tem ocorrido o que – acompanhando a caracterização sugestiva de RICHARD NELSON – podemos referir como uma constante diversificação das fontes institucionais de inovação, com relevância para a organização dos processos produtivos (entendidos num sentido lato que compreende, quer a concepção e fabrico de certos produtos, quer a concepção e preparação de programas de prestação de serviços).[1960]

Essa diversificação das fontes de inovação – abarcando entidades não empresariais, pequenas empresas em certos nichos de actividade e outros entes – e a inerente pulverização e distribuição da capacidade de produzir inovações tecnológicas, ou transformações essenciais dos ciclos produtivos, num contexto em que, cada empresa, individualmente considerada, mesmo os conglomerados empresariais ou as empresas de maior dimensão, deixa, em regra, de ter capacidade interna para acompanhar tais processos, tem conduzido a novas formas de organização da actividade das empresas.

Esses factores têm, na realidade, actuado como um poderoso incentivo à formação de redes de cooperação empresarial – *maxime* através de empresas comuns – incidindo sobre as funções de investigação e desenvolvimento e de produção. Estas funções, autonomamente consideradas, ou, com frequência, combinadas entre si, em modelações muito diversificadas de estruturas de cooperação, constituem, pois, objectos paradigmáticos de empresas comuns sem acesso directo ao mercado e que não desempenham todas as funções de uma entidade económica autónoma.

No que respeita à cooperação incidindo sobre funções empresariais que envolvem acesso directo ao mercado, o contexto acima descrito de transformação global dos processos de organização empresarial tem conduzido, também, ao reforço da importância das funções de comercialização e de aquisição de bens e serviços como objectos paradigmáticos de empresas comuns. Num ambiente económico de marcada internacionalização das relações empresariais e de aceleração dos ciclos de inovação, impõe-se o desenvolvimento de capacidades de penetração simultânea em

---

[1960] A este propósito e identificando, na realidade, em termos muito sugestivos, um fenómeno de *"increasing diversity of institutional sources of innovation"* cfr. RICHARD NELSON, "US Technological Leadership: Where Did it Come From and Where Did it Go?", in Res P., 1990, pp. 119 ss.

1138   *Empresas comuns* – Joint Ventures

diversos mercados e de adaptação contínua a transformações das condições de funcionamento de mercados situados a montante e a jusante da posição ocupada por determinadas empresas.

Ora, o desenvolvimento desse tipo de capacidades, mantendo, em paralelo uma considerável flexibilidade – *vg.* no que respeita a estruturas de custos fixos e outros factores – é certamente facilitado por formas de cooperação empresarial relativamente estáveis, *maxime* na modalidade de empresas comuns, que abarquem, quer a obtenção de contributos essenciais para o processo produtivo, quer a organização de canais de distribuição dos produtos ou serviços das empresas-mãe envolvidas. Como alternativa ao desenvolvimento de processos onerosos e pouco flexíveis de integração vertical dentro de uma mesma organização empresarial – expandindo, por um lado, os meios dirigidos à captação de matérias primas e outros recursos e, por outro, as estruturas organizativas orientadas para a implantação de canais de comercialização dos bens ou serviços fornecidos ao mercado por certas empresas – a formação de estruturas permanentes de cooperação empresarial pode surgir como meio estratégico óptimo de prosseguir essas funções de aquisição e distribuição.[1961]

A constituição de empresas comuns com vista à comercialização ou aquisição de bens ou serviços surge, pois, como processo de organização empresarial intermédio entre a expansão de estruturas de alcance vertical no seio de uma única empresa e a precariedade ou multiplicação de riscos inerentes ao relacionamento com mercados situados a montante e a jusante da posição de mercado através de feixes de relações contratuais individualizadas e precárias. Este tipo de cooperação, incidindo sobre específicas funções empresariais que envolvem acesso directo a diversos mercados por parte de empresas comuns criadas *ex novo* entre as partes, constitui, também, tipicamente, um meio de ultrapassar barreiras à entrada no mercado ou à manutenção continuada de posições significativas em certos mercados.

De qualquer modo, e independentemente da visão perfilhada sobre a relevância desses espaços de cooperação empresarial, afigura-se-nos claro que, em matéria de constituição e funcionamento de empresas comuns sem o desempenho de todas as funções de uma entidade económica autó-

---

[1961] A este propósito, cfr. FAROK CONTRACTOR, PETER LORANGE, *Why Should Firms Cooperate? The Strategy and Economics Basis for Cooperative Joint Ventures*, in *Cooperative Strategies in international Business*, cit., esp. pp. 8-9.

Parte III – Capítulo 3   1139

noma, mas que, em contrapartida, prosseguem funções limitadas que lhes conferem acesso directo aos mercados, avultam as referidas funções de comercialização e aquisição de bens ou serviços (e, em particular, as primeiras). Trata-se de empresas comuns que asseguram, de modo paradigmático, necessidades funcionais sintetizadas por JOSEPH BRODLEY como correspondendo à *contribuição de factores para o processo produtivo (lato sensu)* e à *distribuição ou escoamento dos resultados desse processo produtivo.*[1962]

1.3. PRINCIPAIS CATEGORIAS DE RISCOS DE AFECTAÇÃO DA CONCORRÊNCIA

Como acima se referiu, a nossa individualização das quatro funções empresariais em questão, em ordem a identificar os quatro tipos funcionais de empresas comuns que analisaremos *ex professo* (conquanto essa análise seja muito sumária em relação às empresas comuns de aquisição de bens e serviços[1963]), assenta, igualmente, numa determinada percepção das potenciais repercussões dos nexos de cooperação estabelecidos quanto a tais funções, em termos de afectação de elementos essenciais do processo da concorrência.

Na realidade, consideramos – e tivemos ensejo já de referir, em termos gerais – que essas matrizes funcionais de cooperação são aquelas que, de modo mais sistemático e recorrente tendem a afectar, de forma significativa, conforme as condições concretas de mercado que se encontrem em causa, os principais elementos de que depende a manutenção de processos de concorrência efectiva ou praticável, compreendendo, em especial, ele-

---

[1962] JOSEPH BRODLEY refere a este propósito, de forma lapidar, o contributo essencial nos processos de cooperação empresarial das realidades que denomina como "*input joint ventures*" e "*output joint ventures*" (cfr. A. cit., "Joint Ventures and Antitrust Policy", cit., esp. pp. 1555 e ss. e pp. 1560 ss.). Todavia, BRODLEY inclui nessas categorias realidades mais diversificadas do que as correspondentes às empresas comuns de comercialização de bens e serviços e às empresas comuns de aquisição de bens e serviços, que nos propomos tratar.

[1963] A propósito deste tratamento mais sumário reservado às empresas comuns de aquisição de bens e serviços e da consequente opção de privilegiar o tratamento *ex professo* das empresas comuns de investigação e desenvolvimento, das empresas comuns de produção e das empresas comuns de comercialização, cfr. as razões expostas *supra*, capítulo primeiro desta **Parte III** (esp. pontos 1.3. a 1.6.).

mentos como os preços, a quantidade, ou a qualidade de produção, entre outros.

Identificámos, mesmo, três categorias principais de riscos de afectação da concorrência tipicamente subjacentes às principais espécies funcionais de cooperação, abarcando os *riscos de concertação em matéria de preços ou de níveis de produção de bens ou serviços*, os *riscos de concertação restritiva da concorrência no plano da qualidade dos produtos* e os *riscos de exclusão de concorrentes não justificada por razões de eficiência económica*.

Tal não significa, naturalmente, que outros objectivos funcionais particulares prosseguidos através da criação de empresas comuns sejam irrelevantes para a manutenção de diversos elementos basilares dos quais depende o processo de concorrência em qualquer mercado. O que se pretende significar é, tão só, que, numa perspectiva de sistematização de informação empírica adquirida sobre o funcionamento de empresas comuns, orientada por parâmetros de análise económica,[1964] os quatro tipos funcionais de empresas comuns que autonomizámos – incidindo sobre a investigação e desenvolvimento, a produção, e a venda ou aquisição de bens e serviços – são aqueles que mais directa ou intensamente podem afectar elementos primaciais para a salvaguarda do que se tem denominado de *concorrência praticável*.[1965]

[1964] Os parâmetros de análise económica desenvolvidos para apreender repercussões negativas da cooperação empresarial sobre o processo da concorrência convergem no sentido da confirmação de que os tipos funcionais de empresas comuns acima identificados se contam entre aqueles que de modo mais directo e intenso interferem no funcionamento dos *elementos essenciais* desse *processo da concorrência*. Sobre esse tipo de parâmetros no domínio dos acordos de cooperação e das empresas comuns – *maxime* de carácter horizontal – cfr. ROGER VAN DEN BERGH, PETER D. CAMESASCA, *European Competition Law and Economics – A Comparative Perspective*, Intersentia – Hart, 2001, esp. pp. 170 ss.. Sobre a mesma matéria, cfr., ainda, W. E. KOVACIC, "The Identification and Proof of Horizontal Agreements under the Antitrust Laws", in AB., 1993, pp. 38 ss.

[1965] Para uma análise mais desenvolvida das ligações existentes entre esses específicos tipos funcionais de empresas comuns que não desempenham todas as funções de uma entidade económica autónoma e certos modos relativamente típicos ou previsíveis de afectação da concorrência praticável, cfr. os aspectos expostos *supra*, capítulo primeiro desta **Parte III**, esp. ponto 2.4.3.2..

Parte III – Capítulo 3

1.4. A METODOLOGIA DE ANÁLISE DE EMPRESAS COMUNS SEM PRESENÇA AUTÓNOMA NO MERCADO COM BASE NA AUTONOMIZAÇÃO DE TIPOS FUNCIONAIS DE COOPERAÇÃO

Importa reconhecer que a metodologia de apreciação *ex professo* de empresas comuns que não desempenham todas as funções de uma entidade económica autónoma, que nos propomos desenvolver, – seguindo, apesar de algumas divergências analíticas, a orientação acolhida na Comunicação de 2001, da Comissão, – não se encontra isenta de críticas ou reparos doutrinais. Na realidade, há quem formule objecções essenciais a esse propósito analítico de identificação de vertentes principais de processos de cooperação empresarial e de construção de parâmetros de apreciação especialmente dirigidos a determinados tipos funcionais de cooperação assim autonomizados. De acordo com essa perspectiva crítica, tal processo de análise jusconcorrencial, segmentado por tipos funcionais de empresas comuns, acabaria por corresponder a uma nova forma de conceptualismo jurídico, de duvidosa eficácia para uma correcta percepção e valoração dos efeitos provocados por essas entidades no funcionamento dos mercados.

Essa visão crítica verifica-se, em particular, em alguns sectores da doutrina norte-americana que, de modo crescente, tem feito incidir a sua atenção sobre a *praxis* de apreciação das empresas em sede de direito comunitário da concorrência. De resto, devemos ter presente que as *"Orientações em matéria de colaboração entre empresas concorrentes"*, adoptadas em 2000, nos EUA, pela Comissão Federal do Comércio e pelo Departamento de Justiça[1966] não adoptam uma metodologia de análise assente no tratamento autónomo de determinados tipos funcionais mais importantes de empresas comuns (diversamente do que sucede na Comunicação de 2001 da Comissão).

Nessas Orientações procura-se delinear um *modelo de análise comum para a generalidade dos fenómenos de cooperação entre empresas concorrentes*. Tal não obsta, em qualquer caso, a que, nas mesmas Orientações, a enunciação, em geral, de dimensões específicas da actividade empresarial sobre as quais incidem, normalmente, os processos de cooperação abarque, de modo recorrente, as actividades de investigação e desenvolvimento, produção, comercialização, distribuição, e venda e aquisição

---

[1966] Reportamo-nos aqui às *"Antitrust Guidelines for Collaboration among Competitors"*, de Abril de 2000, já cit..

de bens ou serviços, privilegiando-se, pois, áreas paradigmáticas de cooperação empresarial que correspondem aos quatro tipos funcionais de empresas comuns que tivemos ensejo de autonomizar e de eleger como objecto prioritário de estudo.[1967]

Algumas críticas delineadas em relação à metodologia de apreciação de empresas comuns baseada na identificação de tipos funcionais diversos dirigem-se, ainda, à dificuldade, ou mesmo à frequente impossibilidade, de proceder a qualificações jurídicas funcionais de empresas comuns, *vg.*, nos casos em que estas, apesar de não constituírem entidades autónomas, combinam várias funções.[1968]

Pela nossa parte, não consideramos essas críticas inteiramente procedentes. Em primeiro lugar, a utilização de processos de qualificação funcional das empresas comuns mais simples e objectivos do que os delineados pela Comissão na sua Comunicação de 2001 – nos moldes que sustentámos – permite evitar alguns escolhos nessa identificação de tipos funcionais de empresas comuns. Na realidade, ao fazer depender essa qualificação, de modo prevalecente, da verificação, em concreto, do grau de integração das diferentes funções que são combinadas – relegando outros aspectos para papel secundário – será, normalmente, possível, através da análise das estruturas de cooperação criadas pelas empresas-mãe, apreender se determinada função empresarial é a única prosseguida, ou se avulta, em particular, face a outras funções de menor alcance cometidas a certa empresa comum. Em segundo lugar, a existência de verdadeiras empresas comuns de tipo complexo – com conteúdo funcional múltiplo – não invalida *a se* qualquer método analítico assente na ponderação dos tipos funcionais de empresas comuns.

[1967] Cfr., nesse sentido, desde logo, o ponto 1.1. das *"Antitrust Guidelines for Collaboration among Competitors"*, cit. Como aí se refere, *"a competitor collaboration comprises a set of one or more agreements, other than merger agreements, between or among competitors to engage in economic activity resulting therefrom (...). Competitor collaborations involve one or more business activities, such as research and development (R&D), production, marketing, distribution, sales or purchasing"*.

[1968] No quadro desse tipo de críticas às metodologias de análise que tomam como referência tipos funcionais de empresas comuns, a análise da *"American Bar Association"* (*ABA*) relativa ao Projecto de Comunicação sobre os acordos de carácter horizontal (que viria a originar a Comunicação de 2001) é, de algum modo representativa das orientações perfilhadas por uma parte significativa da doutrina norte-americana. Cfr. *"Comments of the Section of Antitrust Law of the American Bar Association on the European Commission's Draft Rules on Horizontal Cooperation Agreements"*, de 2000.

O que importa, em nosso entender, é que essa ponderação se encontre integrada num modelo global de apreciação jusconcorrencial das empresas comuns sujeitas ao regime previsto no artigo 81.º CE. Naturalmente, nos casos de constituição de empresas comuns em que não seja justificável identificar uma função empresarial prevalecente, a prosseguir pela nova entidade, serão aplicados outros parâmetros de apreciação, no quadro desse modelo de avaliação, o que não exclui, sequer, que se possam, ainda, tomar em consideração certos elementos analíticos relacionados com a natureza dos acordos de cooperação em causa, resultante da combinação de várias funções empresariais.

Divergimos, assim, da orientação acolhida na Comunicação de 2001 da Comissão, nos termos da qual o modelo analítico delineado na mesma não seria aplicável aos acordos de cooperação mais complexos, que combinem diferentes funções empresariais. Nesta Comunicação apenas se admite a possível aplicação a certos domínios de cooperação conjugados numa empresa comum de carácter complexo, e que sejam autonomizados para esse efeito, daquelas parcelas das orientações – versadas em secções distintas na Comunicação – que se reportem, especificamente, a tais dimensões funcionais justapostas nessas empresas comuns ou acordos de cooperação de tipo misto.[1969] Esse exercício analítico enfermaria, contudo, em nosso entender, de considerável formalismo e dificilmente produzirá resultados úteis para a avaliação dos efeitos decorrentes da constituição de empresas comuns.

Em súmula o que se nos afigura, em última análise, criticável, não é a opção metodológica de apreciar, num plano jusconcorrencial, os efeitos decorrentes de empresas comuns, com base na autonomização de um conjunto de tipos funcionais essenciais, mas a perspectiva de excluir de qualquer modelo sistemático de análise aquelas empresas comuns que não possam reconduzir-se a uma qualificação funcional precisa. Além disso,

---

[1969] Sobre essa posição assumida pela Comissão na Comunicação de 2001 e da qual discordamos, cfr. o ponto 12 desta Comunicação. De acordo com o entendimento aí sustentado pela Comissão, *"os acordos mais complexos (...) que combinam de diversas formas um certo número de domínios e de instrumentos de cooperação diferentes, não são abrangidos pelas presentes orientações. A apreciação de cada domínio de cooperação no âmbito de uma aliança pode realizar-se com referência à secção correspondente das presentes orientações. Os acordos complexos devem contudo ser analisados no seu conjunto. Dada a diversidade dos domínios que podem ser combinados no âmbito de uma aliança, é impossível dar indicações gerais para a apreciação global desses acordos"*.

formulamos uma segunda crítica à metodologia delineada pela Comissão (e normalmente utilizada em sede de aplicação de normas comunitárias de concorrência). Essa crítica reporta-se às consequências excessivas que se retiram do modelo de análise de empresas comuns assente na apreciação autónoma dos diferentes tipos funcionais de empresas comuns que não constituam entidades económicas autónomas.

Como já tivemos ensejo de expor, o *modelo global de apreciação de empresas comuns* que, numa perspectiva dogmática, procuramos construir,[1970] contempla um encadeamento de diversos parâmetros de análise – tanto quanto possível aplicáveis à generalidade das empresas comuns – integrando-se em tal modelo um estádio, ou parâmetro, de análise que se relacione, especificamente, com a concretização de elementos de certos tipos funcionais de empresas comuns. Noutros termos, tal significa que, *aparte a ponderação dos elementos analíticos do modelo que estão directamente relacionados com o conteúdo de cada tipo funcional de empresas comuns, os outros parâmetros de apreciação, compreendidos neste modelo global de apreciação, devem ser, essencialmente, idênticos para a generalidade das empresas comuns.*

Em particular, rejeitamos uma rígida compartimentação dos principais critérios de apreciação – *maxime* o critério da quota de mercado, dirigido à avaliação do *poder de mercado* dos intervenientes em certos processos de constituição de empresas comuns – assente na separação dos diversos tipos funcionais. Sobrevém, de algum modo, uma distorção analítica quando se assume o propósito de identificar diferentes limiares de quotas de mercado, estabelecidos relativamente a cada tipo funcional de empresa comum, para delimitar – num primeiro nível, presuntivo, de análise – as situações de constituição de empresas comuns que podem suscitar problemas de afectação da concorrência.

Assim, independentemente de limiares de quota de mercado, fixados *de iure condito* nos dois Regulamentos de Isenção por Categoria mais directamente relacionados com a apreciação de empresas comuns – o Regulamento relativo aos acordos de investigação e desenvolvimento e o

---

[1970] Modelo que apresenta vários pontos de contacto com a construção analítica ensaiada pela Comissão na Comunicação de 2001 – embora com algumas divergências em relação à mesma – e que, como é natural, toma em consideração a experiência resultante da *praxis* decisória da Comissão, conquanto numa perspectiva evolutiva dos próprios parâmetros que a devam informar.

Parte III – Capítulo 3

Regulamento referente aos acordos de especialização[1971] – pensamos que se deve procurar construir, progressivamente, um parâmetro comum para a ponderação deste factor da quota de mercado.[1972] Os critérios quantitativos estabelecidos neste domínio, nos referidos Regulamentos de Isenção por Categoria, cumprem uma determinada função, no contexto específico da aplicação desses normativos, que delimitam zonas de segurança jurídica aceites *ex vi* do n.º 3 do artigo 81.º CE em relação a situações de potencial infracção ao estatuído no n.º 1 do artigo 81.º CE. Contudo, tal não deverá impedir que, em sede de interpretação e aplicação desta última disposição – ultrapassando um entendimento formalista da mesma como uma norma de proibição *per se* – se procure delinear, no quadro de um modelo global de apreciação das empresas comuns, um critério essencialmente unitário de ponderação do factor quota de mercado.

Pensamos que esse será o caminho mais indicado para evitar a aplicação de um rígido espartilho analítico na apreciação jusconcorrencial das empresas comuns. Evita-se, assim, uma provável e séria distorção normativa – a que a orientação da fundo acolhida na Comunicação de 2001 da Comissão não parece encontrar-se imune – que decorreria da necessidade de conferir contornos especiais a todos os factores relevantes de apreciação no quadro da análise de cada tipo funcional de empresas comuns.

Deste modo, acolhemos nesta matéria uma perspectiva intermédia, divergindo, quer das orientações daqueles que rejeitam qualquer validade analítica aos processos de apreciação jusconcorrencial de empresas comuns baseados na identificação dos tipos funcionais mais importantes dessas entidades, quer da orientação que faz depender a utilização de um modelo global de apreciação destas entidades de análises segmentadas, de modo estrito, por tipos funcionais de empresas comuns (segmentação que leva a construir, de raiz, parâmetros específicos para cada um desses tipos funcionais, designadamente, no que respeita à avaliação do poder de mercado através da quota de mercado detida pelas empresas participantes em certas empresas comuns).[1973]

[1971] Reportamo-nos ao Regulamento (CE) n.º 2659/2000 e ao Regulamento (CE) n.º 2658/2000, já cit., aprovados pela Comissão em estreita articulação com as orientações constantes da Comunicação de 2001, que vimos tomando em consideração.

[1972] Orientação que já tivemos ensejo de sustentar, numa perspectiva genérica, *supra*, capítulo primeiro desta **Parte III**, esp. ponto 2.4.2..

[1973] Em súmula, trata-se de uma perspectiva intermédia, diversa quer das posições defendidas por alguma doutrina norte-americana, já acima referida, muito refractária a

1146   *Empresas comuns* – Joint Ventures

Pela nossa parte, reconhecemos a importância de um processo analítico dos efeitos emergentes da criação de empresas comuns que seja dirigido à apreciação *ex professo* de cada um dos principais tipos funcionais de empresas comuns – ao qual procedemos, de seguida, através do estudo das quatro subcategorias de empresas comuns que já identificámos.

Em contrapartida, essa análise *ex professo* de cada um dos *quatro tipos funcionais, principais, de empresas comuns* é delineada com base num *modelo global de análise* que procurámos construir. Este modelo integra, entre outros aspectos, duas vertentes analíticas primaciais, correspondentes à *avaliação do poder de mercado das partes envolvidas na constituição de empresas comuns* – tal como este é indiciado pela quota de mercado conjunta dessas empresas – e *a natureza ou conteúdo das estruturas de cooperação estabelecidas por essas partes*, [1974] compreendendo elementos que podem traduzir-se, conjuntamente, na prossecução de certo tipo funcional de cooperação. Ora, em relação à primeira destas vertentes, procuramos construir um *parâmetro de apreciação geral*, aplicável às várias subcategorias de empresas comuns.

Assim, no quadro da análise da subcategoria das empresas comuns de investigação e desenvolvimento – através do qual iniciamos o estudo na especialidade das empresas comuns que não correspondem a entidades económicas autónomas – assumimos, desde já, o propósito dogmático de estabelecer um único critério indiciário de quota de mercado, que constitua uma forma de avaliação do poder de mercado aplicável à generalidade dos diversos tipos funcionais de empresas comuns,[1975] antecipando, de algum modo, a esse respeito, uma análise relevante para a compreensão dos efeitos jusconcorrenciais dessas outras subcategorias de empresas comuns.

---

específicas ponderações jusconcorrenciais de diferentes tipos de empresas comuns, quer da orientação de fundo subjacente à Comunicação de 2001.

[1974] No quadro dos vários estádios de análise pré-determinados e encadeados entre si, que propomos no nosso modelo global de avaliação jusconcorrencial de empresas comuns, as duas vertentes acima identificadas correspondem a *duas dimensões primaciais dos processos de apreciação de empresas comuns*.

[1975] Trata-se, bem entendido, de estabelecer e, sobretudo, de justificar *um único critério indiciário de quota de mercado a tomar em consideração na avaliação dos diversos tipos de empresas comuns*. Deste modo, nesse ponto a análise crítica que inicialmente desenvolvemos em relação às empresas comuns de investigação e desenvolvimento encerra já as bases de uma matriz geral de apreciação jusconcorrencial das empresas comuns, o que justifica também um estudo mais alongado das diversas questões relevantes.

Parte III – Capítulo 3 1147

2. As empresas comuns de investigação e desenvolvimento

2.1. ASPECTOS INTRODUTÓRIOS – O CONCEITO DE EMPRESA COMUM DE INVESTIGAÇÃO E DESENVOLVIMENTO

As *empresas comuns de investigação e desenvolvimento* constituem estruturas empresariais de cooperação – incorporando aquele grau mínimo de integração empresarial que representa, nos termos já analisados, o factor distintivo essencial face aos *meros acordos de cooperação*[1976] – através das quais as respectivas empresas fundadoras partilham, por razões diversas, o exercício de funções de investigação e desenvolvimento que se mostram subsidiárias em relação à prossecução das suas actividades comerciais nucleares.

Essas funções empresariais são, com frequência, confundidas ou tomadas como um conjunto indistinto, mas devem ser apreendidas autonomamente, quer quanto ao seu conteúdo, quer quanto às suas repercussões normais sobre a actividade global das empresas-mãe. A essa luz, não deixamos, pois, de considerar algo criticável a definição de *"investigação e desenvolvimento"* constante do n.º 4 do artigo 2.º do Regulamento de isenção por categoria (CE) n.º 2659/2000.[1977] Nos termos dessa disposição, delimita-se o conceito de *"investigação e desenvolvimento"* como *"a aquisição de saber-fazer, no que respeita a produtos ou processos e a realização de análises teóricas, estudos sistemáticos ou experiências, incluindo a produção experimental, os ensaios técnicos de produtos ou processos, a criação dos equipamentos necessários e a obtenção de direitos de propriedade intelectual inerentes"*, confundindo-se, precisamente, as componentes de investigação e desenvolvimento cuja apreensão autó-

---

[1976] Cfr., a esse propósito sobre os elementos distintivos da categoria da empresa comum em sede de direito comunitário da concorrência face a múltiplos acordos de cooperação entre empresas, os aspectos expostos *supra*, capítulo segundo da **Parte II**. Como aí se referiu, de modo desenvolvido, o *maius* jurídico-económico distintivo da empresa comum corresponde, essencialmente à existência de uma estrutura organizacional própria, envolvendo um mínimo de integração de certos meios ou activos.

[1977] Tratando-se de Regulamento de isenção por categoria relativamente recente e que beneficia de uma experiência já relativamente longa de aplicação de anteriores Regulamentos de isenção por categoria seria exigível um maior rigor na definição ou caracterização do conceito de *"investigação e desenvolvimento"*.

1148   *Empresas comuns* – Joint Ventures

noma julgamos conveniente. De resto, como adiante se constatará, retiram-se no referido Regulamento consequências materiais importantes dessa distinção analítica, visto que se admite no mesmo que os acordos entre empresas limitados à realização de investigações em conjunto e que não se prolonguem até ao *"estádio da aplicação industrial exclusiva"* não são, em geral, abrangidos pela proibição estatuída no n.º1 do artigo 81.º CE.

Assim, as actividades de investigação devem ser entendidas como operações dirigidas à produção de nova informação, que se mostre relevante para o desenvolvimento de certos processos tecnológicos ou para a conformação técnica dos produtos ou serviços fornecidos por determinadas empresas.[1978]

As actividades de desenvolvimento são, em regra, já prosseguidas noutro plano e concretizam-se através da aplicação da nova informação – gerada pelas actividades de investigação – no fabrico e concepção de específicos produtos ou serviços. No que respeita a potenciais repercussões dessas actividades prosseguidas em comum por duas ou mais empresas, tem-se considerado, em regra, que as estritas actividades de investigação tendem a gerar *"externalidades"* tecnológicas positivas e acréscimos de inovação, passíveis de virem a ser partilhados, num grau superior ao que normalmente resultará das actividades de desenvolvimento.[1979]

[1978] Para a caracterização dessas actividades de investigação entendidas fundamentalmente como operações dirigidas à produção de nova informação, sobretudo em indústrias com uma elevada componente tecnológica, cfr., por todos, JOHN TEMPLE LANG, *European Community Antitrust Law: Innovation Markets and High Technology Industries*, in *International Antitrust Law & Policy – Annual Proceedings of the Fordham Corporate Law Institute – 1996*, BARRY HAWK, Editor, Juris Publishing Inc, 1997, pp. 519 ss.

[1979] Sobre as diferentes *"externalidades"* tecnológicas e os modos diferenciados de concretização e difusão geral de benefícios tecnológicos (*"technological spillovers"*) nas actividades de investigação e de desenvolvimento, que podem reflectir-se nos incentivos para a realização dessas actividades cfr., por todos, P. A. GEROSKI, "Antitrust Policy Towards Co-Operative R&D Joint Ventures", in OREP., 1993, pp. 58 ss. Em termos gerais, este autor toma em consideração a relevância desses factores para a maior ou menor expressão de tais actividades, em termos que podem justificar a criação de empresas comuns de investigação e desenvolvimento como meio essencial de conservar incentivos às mesmas actividades, Como refere GEROSKI, *"co-operative R&D ventures are a way of internalizing these spillovers (eliminating the ability of rival firms to free ride on each other's R&D), and can, therefore, be expected to increase total R&D activity"*. (*op. cit.*, p. 60). No que respeita ao cotejo entre as actividades de investigação, por um lado, e as actividades de desenvolvimento, por outro, acrescenta este autor que, *"technological spilovers are likely to be large relative to negative pecuniary externalities arising from output*

Parte III – Capítulo 3 1149

Como temos vindo a sublinhar, a evolução recente da generalidade dos sectores empresariais tem determinado um peso crescente dos processos dinâmicos de inovação e tem imposto às empresas, não apenas custos acrescidos para gerar o caudal e diversidade de informação necessários, como especiais dificuldades para captar as múltiplas fontes produtoras dessa informação técnica relevante. Compreende-se, pois, neste contexto, a proliferação de acordos de cooperação tendo por objecto as actividades de investigação e desenvolvimento. Percebe-se, igualmente, a necessidade crescente de esses acordos assentarem em estruturas minimamente estáveis – *maxime* em estruturas qualificáveis como empresas comuns – no quadro das quais as empresas envolvidas partilham recursos e activos de natureza e origem diversas.

Além disso, a complexidade e intensidade das exigências com as quais as empresas são confrontadas neste plano da investigação e desenvolvimento têm, também, conduzido à formação de empresas comuns com estruturas funcionais cada vez mais complexas. As empresas tendem, pois, a conjugar não apenas actividades de investigação pura, assente na partilha de experiências de pesquisa, de informações e de um conjunto limitado de recursos, mas vêm, com frequência cada vez maior, alargando os seus programas de cooperação a actividades de desenvolvimento de novos produtos ou serviços – *vg.* construção de protótipos de certos produtos finais, a introduzir em certos mercados – e a actividades de exploração conjunta dessa pesquisa aplicada, mediante o desenvolvimento de processos de produção conjunta de bens finais para introdução directa no mercado, ou através do licenciamento de direitos industriais referentes a determinados processos de fabrico.[1980]

---

markets in the case of research activities and relatively small in the case of development activities, suggesting that co-operative R. ventures are more likely to increase innovation than co-operative D ventures are". As *"externalidades"* pecuniárias negativas resultam do facto de, em lugar de a cooperação em matéria de investigação ou desenvolvimento ser dirigida primacialmente à partilha de custos fixos não recuperáveis (*"sunk costs"*), ou à partilha de activos de outro modo indisponíveis, a mesma ser orientada no sentido de assegurar que as empresas envolvidas consigam *inovar* antes dos seus competidores (*maxime* se o mercado apenas *recompensar* quem assumir a prioridade na inovação) ou no sentido de impedir que as empresas concorrentes produzam novos tipos de bens que substituam globalmente aqueles que sejam comercializados em determinado momento.

[1980] Vários exemplos relevantes ilustrativos dessas situações de investigação pura, investigação aplicada, ou de investigação aplicada associada a produção conjunta podem ser encontrados na *praxis* decisória da Comissão em sede de aplicação do artigo 81.º CE

No quadro dessa proliferação de situações de cooperação empresarial orientadas para actividades de investigação e desenvolvimento, e atendendo à multiplicidade de micro-funções empresariais que podem ser combinadas através da constituição e funcionamento de certas empresas comuns, torna-se progressivamente mais difícil proceder, com alguma segurança, a qualificações funcionais de algumas destas entidades. Essa especial dificuldade da qualificação funcional destas empresas comuns faz avultar, de modo particular, a necessidade, já por nós referida, de adoptar um único critério director essencial para tal análise – o critério respeitante ao *grau de intensidade verificado na integração de diferentes funções empresariais* (o qual pode, com vantagem, ser combinado com a detecção de uma finalidade empresarial dominante, associada à função que se encontre mais integrada).[1981]

Deste modo, face a situações de cooperação de tipo complexo, envolvendo a prossecução de diversas funções, só se justificará qualificar determinada entidade como empresa comum de investigação e desenvolvimento, retirando daí certas consequências analíticas, nos casos em que a integração verificada no plano de puras actividades de investigação e desenvolvimento – através da partilha de activos e recursos e da implan-

---

(artigo 85.º TCE). Tenha-se presente, *vg.*, para além de outros casos que adiante analisaremos, as situações cobertas pela decisão *"Carbon Gas Technologie"* (JOCE n.º L 376/17, 1983) – empresa comum criada para desenvolver um novo processo de gaseificação a partir do carvão – ou pela decisão *"Alupower-Chloride"* (JOCE n.º C 152/3, 1990) – empresa comum para desenvolver um novo tipo de bateria, mas envolvendo já, também, alguma exploração dessa nova tecnologia mediante alguns aspectos referentes à produção conjunta do novo bem.

[1981] Critério da *finalidade empresarial dominante* subjacente a determinadas empresas comuns que, como observamos, é especialmente tomado em consideração por alguma doutrina norte-americana, em termos que se nos afiguram algo excessivos. Cfr., a esse propósito, a análise já citada de THOMAS PIRAINNO, no estudo "Beyond Per Se, Rule of Reason or Merger Analysis: A New Antitrust Standard for Joint Ventures", cit.. Acentuando também a relevância da finalidade predominante prosseguida através de certas empresas comuns, para identificar diferentes categorias de entidades com repercussões diferenciadas sobre o processo da concorrência, cfr. *Competition Policy in the Global Economy – Modalities for Cooperation*, Edited by LEONARD WAVERMAN, WILLIAM COMANOR, AKIRA GOTO (Introduction, Editors), cit., pp. 1 ss.; esp. p. 11. Como referem estes autores, *"the (...) problem is the impact that these various arrangements have on welfare. In order to identify the social benefits and costs, one has to distinguish sharply not only between the different forms of collaboration but also between the different goals that are aimed at"*.

Parte III – Capítulo 3 1151

tação de certa organização funcional – claramente sobreleve a conjugação de recursos verificada, *vg.*, no domínio da produção conjunta de certos bens resultantes das referidas actividades de pesquisa.

2.2. OBJECTIVOS TIPICAMENTE PROSSEGUIDOS ATRAVÉS DE EMPRESAS COMUNS DE INVESTIGAÇÃO E DESENVOLVI-MENTO

2.2.1. A perspectiva da Comissão Europeia

Para uma compreensão sistemática de finalidades paradigmáticas das empresas comuns de investigação e desenvolvimento justifica-se tomar em consideração diversas sínteses já produzidas pela Comissão em múltiplos contextos de análise. Assim, no seu *"Décimo Quinto Relatório sobre a Política de Concorrência"*,[1982] esta instituição enunciou, em termos que se mantêm válidos – carecendo, tão só, de complemento e de densificação mais aprofundada –[1983] como objectivos essenciais subjacentes à constituição deste tipo de entidades, que se traduzem em vantagens económicas justificativas das mesmas, entre outros, os seguintes:

– A obtenção de economias de escala no domínio dos investimentos em investigação e desenvolvimento;
– A constituição de orçamentos de maior dimensão, em termos absolutos, para o desenvolvimento de projectos de investigação e a diminuição, em termos relativos, dos encargos inerentes a esses projectos, através da repartição dos custos, e dos consequentes benefícios, por um conjunto de diversas empresas;
– A criação de condições para a realização de projectos de investigação – pura e aplicada ao desenvolvimento industrial de certos produtos – numa base transfronteiriça, contribuindo para o reforço

---

[1982] Cfr. *"Décimo Quinto Relatório sobre a Política de Concorrência"*, esp. ponto 282.
[1983] Caracterização complementar a que procuramos proceder de seguida, embora noutro plano analítico.

1152 *Empresas comuns* – Joint Ventures

da produtividade das despesas de investigação e para a programação de resultados de investigação que não se encontrem condicionados pelos limiares de mercados nacionais, tradicionais;
– A criação de condições para o desenvolvimento de projectos de internacionalização de grupos empresariais, abarcando mercados situados fora da UE, mediante o adequado suporte tecnológico dos mesmos, em particular em sectores particularmente dinâmicos ou tributários de alta tecnologia.

Noutra perspectiva, a Comissão tem também salientado como finalidade importante das empresas comuns de investigação e desenvolvimento o reforço da capacidade concorrencial de pequenas e médias empresas, permitindo-lhes aceder a mercados caracterizados por elevados ritmos de inovação e por necessidades intensas de investimento em tecnologia, que noutras circunstâncias lhes estariam vedados. Além disso, esta subcategoria de empresas comuns pode, ainda, ser considerada como um veículo privilegiado para o ajustamento continuado das empresas a alterações estruturais verificadas em certos mercados, representando, a esse título, um ponto de intersecção virtuosa entre objectivos razoáveis de política industrial e parâmetros normalmente aceites de manutenção da denominada *concorrência praticável.*[1984]

Mais recentemente, na Comunicação de 2001 a Comissão destacou, justamente, como vantagem económica normalmente resultante da referida subcategoria de empresas comuns o facto de, em regra, a cooperação empresarial em matéria de investigação e desenvolvimento tender a aumentar, em termos globais, as actividades nesse domínio.[1985]

Na mesma Comunicação são também referidos como objectivos paradigmáticos destas empresas comuns – aos quais se encontram, em princípio, associados efeitos económicos positivos – o impulso para o que aí se denomina de *"concorrência na inovação".*[1986] A Comissão pretende,

---

[1984] Cfr., a esse propósito, a posição de MANFRED CASPARI, *Joint Ventures – The Intersection of Antitrust and Industrial Policy in the EEC,* in *Antitrust and Trade Policy in the United States and the European Community – Annual Proceedings of the Fordham Corporate Law Institute – 1985,* BARRY HAWK, Editor, Matthew Bender, 1986, pp. 449 ss., esp. pp. 452 ss..

[1985] Cfr. Comunicação de 2001, cit., ponto 40. Como aí se refere, *"regra geral, a cooperação em matérias de I&D tende a aumentar as actividades de I&D no seu conjunto".*

[1986] Cfr. Comunicação de 2001, cit., esp. pontos 50 ss..

Parte III – Capítulo 3 1153

através desse conceito, tomar em consideração situações em que a cooperação empresarial se encontra dirigida à introdução de novos produtos ou tecnologias no mercado, em termos que permitam não a substituição de produtos ou tecnologias existentes, mas a *"criação de uma procura totalmente nova".* Apesar de opormos algumas reservas a esse conceito delineado pela Comissão de *"concorrência na inovação"* – nos termos que adiante se exporão – pensamos que a ideia de fundo subjacente ao mesmo retrata com exactidão algumas finalidades típicas de certas empresas comuns de investigação e desenvolvimento, no sentido de criarem as condições para a introdução de novos produtos ou serviços, gerando novos fluxos de procura e assim reforçando, em princípio, o processo de concorrência (a ponto de, segundo alguma doutrina americana, tais empresas comuns deverem por norma ser consideradas compatíveis com o ordenamento de concorrência em virtude dessa sua repercussão geral de criação de eficiências).[1987]

2.2.2. Visão crítica e sistemática dos objectivos das empresas comuns de investigação e desenvolvimento

A identificação e sistematização de objectivos e finalidades paradigmáticas das empresas comuns de investigação e desenvolvimento a que a Comissão tem procedido, em sede de aplicação de normas comunitárias de concorrência afigura-se-nos essencialmente correcta, embora passível de algum aprofundamento crítico numa perspectiva jurídico-económica.

Uma das finalidade essenciais prosseguidas através desta subcategoria de empresas comuns, – à qual, em nosso entender, importa conceder especial atenção – diz respeito à *compensação de elementos que tendem a desincentivar as actividades de investigação, limitando, desse modo, a capacidade concorrencial das empresas e, em termos globais, restringindo os benefícios sociais e económicos, normalmente emergentes de tais actividades.*

[1987] Cfr., nesse sentido, THOMAS PIRAINNO, "Beyond Per Se, Rule of Reason or Merger Analysis: A New Antitrust Standard for Joint Ventures", cit.., esp. pp. 43 ss.. Como refere taxativamente este autor, *"under the standard proposed (…), courts should almost always uphold joint ventures for the research and development of new products because they create significant efficiencies while causing minimal anticompetitive effects. In fact, in many cases a court should deem these ventures legal on their face".*

1154   *Empresas comuns* – Joint Ventures

Os elementos que tendem a inibir as actividades empresariais de investigação resultam de uma conjugação negativa entre, por um lado, o carácter de risco dessas actividades – o investimento na investigação gera um retorno consideravelmente incerto e, com frequência, não proporcional aos custos fixos subjacentes ao mesmo – e, por outro lado, a dificuldade de apropriação dos benefícios gerados pelas mesmas actividades.

Na realidade, no que respeita a este segundo factor, importa ter presente que em muitas situações os resultados da actividade de investigação não são integralmente conservados pelas empresas que lhes deram origem, caso, por qualquer razão, não se mostre exequível o seu enquadramento através da emissão de patentes ou da atribuição de outros direitos de propriedade industrial ou intelectual.[1988] Podem, assim, ocorrer *"externalidades"* no quadro da realização de actividades de investigação, que venham a beneficiar empresas concorrentes das empresas promotoras dessas actividades, as quais, em última análise, acabam por reduzir os incentivos à inovação.[1989]

As empresas comuns de investigação e desenvolvimento podem compensar esses factores de contenção dos incentivos à inovação, reduzindo os custos inerentes ao desenvolvimento de actividades de investigação e atenuando o risco de produção de efeitos de alastramento dos benefícios tecnológicos emergentes de tais actividades a empresas concorrentes que não partilharam os referidos custos.

Sobrevêm, todavia, consideráveis problemas analíticos para avaliar este tipo de efeitos positivos, potencialmente decorrentes de empresas comuns de investigação e desenvolvimento, visto que são pouco frequentes as situações em que se pode, de modo directo, apreciar resultados de puras actividades de investigação. Na realidade, as situações mais frequentes na *praxis* de cooperação empresarial através da constituição de

---

[1988] Cfr. a este propósito NELSON, WINTER, "The Schumpeterian Tradeoff Revisited", in Am Econ Rev., 1982, pp. 114 ss. (estes autores desenvolveram um modelo de simulação indiciando que as empresas que asseguram certas inovações tendem a incorrer em perdas relativas a favor de imitadores).

[1989] Cfr., a esse propósito, *Competition Policy in the Global Economy – Modalities for Cooperation*, Edited by LEONARD WAVERMAN, WILLIAM COMANOR, AKIRA GOTO (Introduction, Editors), cit., p. 11. Como referem estes autores, *"intuitively, R&D arrangements have (...) beneficial effects. First, they allow firms to overcome the will known free rider problem associated with R&D when patent protection is imperfect"*. Já aflorámos também atrás este problema, trazendo à colação a análise de P. A. GEROSKI, no estudo "Antitrust Policy Towards Co-Operative R&D Joint Ventures", cit..

empresas comuns tendem a conjugar as actividades de investigação e de desenvolvimento, bem como a incluir componentes de cooperação já relacionadas com a produção de determinados bens.[1990] Essa conjugação de diversas vertentes de cooperação, verificada em empresas comuns que apresentem como componente principal as actividades de investigação e desenvolvimento, conduz à produção de efeitos económicos – relevantes numa perspectiva jusconcorrencial – em múltiplos mercados de produtos finais, o que dificulta uma avaliação individualizada dos objectivos relacionados com a superação dos factores que inibem a inovação, através da investigação empresarial.

Deste modo, e acompanhando a análise económica de autores como P. A. GEROSKI,[1991] as empresas comuns tendem a gerar diversos tipos de *"externalidades"* – com consequências de sinal diverso em certos mercados de produtos finais – para além do enquadramento dos efeitos de alastramento de benefícios tecnológicos, no sentido económico positivo acima assinalado.

No conjunto de *"externalidades"* positivas, correspondentes a um efeito económico virtuoso, e, enquanto tal, a uma categoria paradigmática de objectivos desta subcategoria de empresas comuns, justifica-se, também, identificar o que podemos denominar de *"externalidades"* pecuniárias positivas. Estas materializam-se através da partilha de custos fixos e, numa certa proporção, não recuperáveis, inerentes aos investimentos iniciais em determinados projectos de investigação, bem como numa conexa partilha de riscos, especialmente importante em projectos que se caracterizem por uma particular incerteza dos resultados.[1992] A verificação desse tipo de *"externalidades"* pecuniárias positivas, no quadro da constituição de empresas comuns, contribui, em termos globais, para aumentar os incentivos às actividades de investigação e desenvolvimento. Por seu turno, esse estímulo geral a tais actividades, pode conduzir ao que já se

---

[1990] Tal constatação é válida quer no que respeita à *praxis* decisória relativa à aplicação de normas de concorrência a empresas comuns de investigação e desenvolvimento no ordenamento comunitário, quer no que respeita ao ordenamento norte-americano.

[1991] Cfr. P. A. GEROSKI, "Antitrust Policy Towards Co-Operative R&D Joint Ventures", esp. pp. 59 ss.. Sobre a mesma matéria, cfr., ainda, P. DASGUPTA, "The Welfare Economics of Knowledge Production", in Oxford Review of Economic Policy, 1988, pp. 1 ss.

[1992] A contraposição entre *"externalidades pecuniárias positivas"* e *"negativas"* já foi atrás aflorada, tendo-se presente o contributo da análise de P. A. GEROSKI, no estudo "Antitrust Policy Towards Co-Operative R&D Joint Ventures", esp. pp. 60 ss.

1156   *Empresas comuns* – Joint Ventures

tem qualificado como um *efeito multiplicador do progresso industrial*.[1993] Além disso, as referidas *"externalidades"* pecuniárias, relacionadas com a partilha de custos, bem como – deve acrescentar-se – com a partilha de activos complementares das diferentes empresas participantes numa empresa comum, podem, ainda, conduzir a maiores níveis de eficiência na concretização dos benefícios das actividades de investigação e desenvolvimento, através da exploração de recursos complementares. Na realidade, as actividades conjuntas de investigação e desenvolvimento correspondem, porventura, àquelas que oferecem maiores oportunidades para a realização de sinergias criativas entre activos e aptidões diversas das empresas participantes em projectos de cooperação que incluam essas áreas.[1994]

Importa sublinhar que a maior parte dos estudos económicos sobre empresas comuns de investigação e desenvolvimento sublinham ser, em regra, mais provável a verificação de *"externalidades"* positivas – de ordem tecnológica ou pecuniária, nos sentidos acima considerados – em relação às vertentes de cooperação empresarial que incidam sobre actividades básicas de investigação, diminuindo, em proporção, tais efeitos económicos positivos no que respeita aos domínios de cooperação que se estendam já ao desenvolvimento e, até, à produção de bens (como já se aflorou a propósito da distinção entre actividades de investigação e de desenvolvimento).[1995] Nesse domínio das actividades básicas de investigação, a subcategoria de empresas comuns em apreço tem, mesmo, permitido contrabalançar fases de declínio da investigação dirigida ao desenvolvimento de novas tecnologias – como a que parece ter ocorrido na generalidade dos sectores industriais desde finais da década de sessenta

---

[1993] Cfr. a esse propósito KITCH, "The Nature and Function of the Patent System", in Journal of Law & Economics, 1977, pp. 265 ss., esp. p. 271.Como afirma este autor, *"each innovation generates shifts in the matrix of technological possibilities and (...) may have a significance that dwarfs the original invention"*.

[1994] Particularidade favorável às actividades conjuntas de investigação e desenvolvimento que é justamente assinalada por ALAN S. GUTTERMAN, *Innovation and Competition Policy – A Comparative Study of the Regulation of Patent Licensing and Collaborative Research & Development in the United States and the European Community*, Kluwer Law International, 1997, esp. pp. 106 ss.

[1995] Cfr. a referência que, de passagem, fizemos a essa questão *supra*, ponto 2.1. deste capítulo. Sobre a matéria, cfr. a análise que já então trouxemos à colação de P. A. GEROSKI, no estudo "Antitrust Policy Towards Co-Operative R&D Joint Ventures", cit., esp. p. 60.

Parte III – Capítulo 3   1157

até à década de oitenta – ou contrariar tendências mais conjunturais para a redução de tais actividades em períodos de crise económica.[1996]

Assim, acompanhando análises desenvolvidas na doutrina norte--americana – *vg.* por autores como THOMAS PIRAINO –[1997] podemos, de algum modo, considerar as empresas comuns de investigação e desenvolvimento que tenham como vertente prevalecente o domínio da investigação, ou que, pelo menos não estendam a sua esfera de actuação à produção conjunta de certos bens, como verdadeiros meios de "*cooperação pré-concorrencial*". Trata-se de cooperação tipicamente dirigida à criação de condições para o aumento ou renovação qualitativa da produção e não orientada para a limitação dessa produção, em termos que interfiram, de modo significativo, com o processo de concorrência e com os principais elementos em que este assenta. É nesse sentido que se pode qualificar tal cooperação como pré-concorrencial, na medida em que não condicione, em termos restritivos, o funcionamento de mercados de produtos finais que possam estar relacionados com as actividades de investigação em causa.

É certo que esse efeito paradigmático de contribuição para o aumento ou renovação qualitativa da produção – sem a emergência de elementos restritivos da produção – não se encontra assegurado de modo automático, ou inevitável, em todas as empresas comuns de investigação e desenvolvimento que tenham a investigação como vertente dominante, independentemente da configuração dessas entidades. Esse efeito pode, de algum modo, ser posto em causa nos casos em que o sistema contratual em que assente a constituição de determinada empresa comum, para além de proporcionar uma base estável de cooperação para o desenvolvimento de múltiplos projectos conjuntos de investigação e desenvolvimento, precluda quaisquer actividades independentes de investigação e desenvolvimento por parte

---

[1996] Sobre esse "*declínio*" das actividades básicas de investigação nos decénios de sessenta e setenta do século passado, que não terá sido completamente contrabalançado em anos mais recentes, cfr. MANSFIELD, "Basic Research and Productivity Increase in Manufacturing", in Am Econ Rev., 1980, pp. 863 ss.. Este autor analisou, através de processos de amostragem, a generalidade das indústrias mais importantes, concluindo que entre 1967 e 1977 – e contrariamente a entendimentos muito difundidos sobre a matéria – ocorreu uma diminuição da parcela de despesas de investigação e desenvolvimento canalizadas para actividades básicas de investigação.

[1997] Cfr. A. cit., cuja análise já trouxemos à colação, "Beyond Per Se, Rule of Reason or Merger Analysis: A New Antitrust Standard for Joint Ventures", cit., esp. pp. 44 ss.

1158 *Empresas comuns* – Joint Ventures

das empresas-mãe. Com efeito, esse tipo de compromissos ultrapassa o que podemos considerar como um nível *"pré-concorrencial"* subjacente a compromissos de desenvolvimento em comum de diversos projectos de investigação – *maxime* de investigação básica – e introduz uma verdadeira obrigação de não concorrência entre as empresas-mãe quanto a quaisquer processos de inovação, a qual pode, já, influenciar, em sentido restritivo o funcionamento dos mercados de produtos finais em que essas empresas se encontrem presentes. Essa potencial influência restritiva tende a intensificar-se em função da posição concreta detida pelas empresas em questão no circuito produtivo.

Assim, se em determinada área produtiva a manutenção de níveis apreciáveis de actividades de investigação e desenvolvimento depender do posicionamento de tais empresas, um compromisso de abstenção de actividades independentes de investigação, que seja subscrito pelas mesmas no âmbito da criação de uma empresa comum, traduzir-se-á, previsivelmente, na eliminação de quaisquer elementos de concorrência no domínio da investigação empresarial. Ora, nesse tipo de situações, encontrar-se-ão tipicamente limitados, ou afectados, os efeitos económicos positivos em regra associados às empresas comuns de investigação e desenvolvimento que se concentram, de modo prevalecente, nos domínios de investigação básica.[1998]

Além disso, mesmo que determinadas empresas comuns de investigação e desenvolvimento não afastem todas as actividades independentes de investigação, por parte das respectivas empresas-mãe, e não sejam directamente conducentes à eliminação total da concorrência ao nível dos processos de inovação, os efeitos típicos – a que acima aludimos – de contribuição para o aumento ou renovação qualitativa da produção podem, ainda assim, mostrar-se pouco significativos ou superados por outros elementos de pendor restritivo. Embora de modo excepcional, o conteúdo concreto de alguns acordos de constituição de empresas comuns pode conduzir a esse tipo de resultados. Assim, na jurisprudência norte-americana, respeitante à aplicação de normas de concorrência, foram já formuladas diversas aprecia-

---

[1998] Essa perspectiva analítica que admite questionar, pelas razões acima indicadas, empresas comuns de investigação e desenvolvimento, mesmo que estas actuem apenas em domínios de investigação básica tem sido, desde há muito assumida, no contexto da aplicação de normas norte-americanas de concorrência, como se pode confirmar pelo Documento da *Antitrust Division* – *"Antitrust Guide Concerning Research Joint Ventures"*, 1980 (cfr. esp. pontos 11 e 12 desse Documento de 1980).

Parte III – Capítulo 3   1159

ções desfavoráveis em relação a empresas comuns de investigação e desenvolvimento cuja configuração tendia, não ao aumento da produção, ou a facilitar a introdução de novos produtos, mas a condicionar ou, até, a diferir a introdução desses novos produtos ou tecnologias.[1999]

Esse tipo de situações pode ocorrer com especial frequência em relação a empresas comuns que congreguem empresas concorrentes com posições apreciáveis nos mercados que se encontrem em causa e cujas actividades de investigação e desenvolvimento – sobretudo em caso de alinhamento das mesmas – sejam de molde a condicionar, de modo decisivo, a introdução de determinados produtos nesses mercados.

Em contrapartida, noutras situações, a constituição de empresas comuns de investigação e desenvolvimento pode representar o único meio para determinadas empresas assegurarem a capacidade de entrar em mercados caracterizados por um elevado peso de factores tecnológicos, o que tende a fazer sobrelevar um efeito económico geral, benéfico, – subjacente a essas empresas comuns – correspondente à entrada de novos competidores em certos mercados de produtos finais. Mesmo em alguns casos em que as empresas participantes em empresas comuns poderiam, em tese geral, entrar através dos seus próprios meios em determinados mercados, a cooperação que mantenham nos domínios da investigação e desenvolvimento pode, ainda assim, representar um factor decisivo para a sua intervenção numa escala mais eficiente nesses mercados, ou para antecipar essa entrada no mercado, permitindo dispensar longos ou incertos períodos de preparação.[2000]

[1999] Cfr., designadamente, nesse sentido o caso *"Berkeley Photo Inc v. Eastman Kodack Co., 603 F.2d 263 (2d circ. 1979), cert. denied, 444 US 1093 (1980)"*. Neste processo, o tribunal pronunciou-se desfavoravelmente em relação a uma *"joint venture"* no quadro da qual a Kodack acordara com dois potenciais concorrentes (Sylvania Electric Products, Inc e General Electric) retardar o desenvolvimento de certos components de equipamento fotográfico até a Kodack começar a comercializar uma câmara fotográfica compatível. Uma orientação muito semelhante é seguida noutro precedente importante – *"United States v. Automobile Manufacturers Ass'n, 1969 Trade Cas. (CCH) (CD Cal. 1969)"*. Neste caso, o tribunal proibiu quatro fabricantes de automóveis e a respectiva associação comercial de acordarem entre si o diferimento do desenvolvimento de dispositivos de controlo da poluição para automóveis.

[2000] Cfr. Nesse sentido, *inter alia*, ALAN S. GUTTERMAN, *Innovation and Competition Policy – A Comparative Study of the Regulation of Patent Licensing and Collaborative Research & Development in the United States and the European Community*, pp. 107 ss..

1160   *Empresas comuns* – Joint Ventures

Justifica-se também considerar como objectivo da constituição desta subcategoria de empresas comuns, a obtenção do que se pode denominar de eficiências de transacção na prossecução de projectos de cooperação em matéria de investigação e desenvolvimento. Assim, economistas como COASE e WILLIAMSON delinearam esse conceito de eficiência com vista a caracterizar vantagens relativas emergentes de certas formas de transacção ou de organização de actividades empresariais, por comparação com formas alternativas.[2001] Ora, em diversas situações a constituição de empresas comuns pode gerar significativas eficiências de transacção face à utilização de modalidades alternativas de cooperação empresarial, tendentes a fomentar a inovação tecnológica.

Tais eficiências podem, designadamente, compreender a mais fácil resolução de problemas de avaliação da contribuição de cada participante em projectos comuns de investigação, a redução de incertezas de gestão desses projectos – mediante o funcionamento de estruturas organizacionais que permitem ensaiar fórmulas de partilha institucional da respectiva gestão – ou o próprio reforço da eficiência dos processos de transferência e partilha de tecnologias.[2002]

Em termos globais, e para completar a nossa visão sistemática de objectivos paradigmáticos das empresas comuns de investigação e desenvolvimento, será curial caracterizar estas entidades como veículos para a prossecução de processos de *"inovação"*, no sentido delineado por autores como JORDE e TEECE,[2003] ou seja processos empresariais orientados para a busca, descoberta, desenvolvimento, melhoramento, adopção e comercialização de novos processos, novos produtos, novas estruturas de organização e novos procedimentos. Considerando que os estádios primaciais desses processos de inovação incluem, em regra, a conceptualização dos produtos, a avaliação de aspectos de exequibilidade técnica, o desenvolvimento de produtos, a avaliação do posicionamento comercial de produtos, envolvendo aspectos preparatórios da organização da produção, a pro-

---

[2001] Cfr. nesse sentido COASE, "The Nature of the Firm", in Economica, 1937, pp. 386 ss. e WILLIAMSON, *Markets and Hierarchies, Analysis and Antitrust Implications: A Study in the Economics of Internal Organization*, 1975.

[2002] Cfr. sobre esta matéria ALAN S. GUTTERMAN, *Innovation and Competition Policy – A Comparative Study of the Regulation of Patent Licensing and Collaborative Research & Development in the United States and the European Community*, pp. 109 ss..

[2003] Cfr. JORDI, TEECE, *Innovation and Cooperation: Implications for Competition and Antitrust*, in *Collaboration among Competitors*, 1990, pp. 887 ss.

Parte III – Capítulo 3

dução em massa dos bens em causa e o suporte à introdução dos bens no mercado, os primeiros quatro estádios encontram-se, em regra, compreendidos em projectos de investigação e desenvolvimento. Estes podem, com vantagem, ser realizados através de empresas comuns caso se mostre importante para a concretização dos referidos estádios combinar recursos ou aptidões diferenciadas de determinadas empresas.

2.3. MODELO DE ANÁLISE DAS EMPRESAS COMUNS DE INVESTIGAÇÃO E DESENVOLVIMENTO

2.3.1. O primeiro estádio de análise das empresas comuns de investigação e desenvolvimento

Delimitada, em termos gerais, a subcategoria correspondente à empresa comum de investigação e desenvolvimento e apreendidos os objectivos que, em regra, podem ser prosseguidos através deste tipo de entidades, propomo-nos, como concretização do *modelo global de análise* que delineámos, caracterizar os parâmetros essenciais que devem orientar um primeiro estádio de apreciação desta subcategorias de empresas comuns, de modo a identificar *tipos de situações quase sempre permitidas pelas normas de concorrência, tipos de situações normalmente proibidas* e, finalmente, *tipos de situações cujas repercussões sobre a concorrência suscitam dúvidas e que exigem uma análise mais desenvolvida* (em relação às quais incidirá de modo especial a nossa atenção). Esse estádio preliminar de apreciação obriga também, como é natural, a uma *identificação dos principais riscos de afectação da concorrência que podem estar subjacentes à constituição e funcionamento da referida subcategoria de empresas comuns e a uma análise crítica de formas paradigmáticas de materialização desses riscos.*

No que respeita à delimitação do primeiro tipo de situações – como verdadeiros espaços de cooperação empresarial tipicamente lícita – tomamos em consideração os três índices primaciais de análise que delineámos no quadro do nosso modelo global de análise e para o qual iremos sucessivamente remeter a propósito da avaliação de aspectos concretos desta e de outras subcategorias de empresas comuns. Recordemos, em primeiro lugar, que esses índices correspondem, em síntese, à constituição de empresas comuns entre empresas não concorrentes, nem em termos efectivos, nem em termos potenciais, de empresas comuns entre empresas concorrentes que não poderiam de modo independente realizar os projectos cobertos pela cooperação mantida entre si, ou, ainda, de empresas comuns entre empresas cujo poder de mercado seja especialmente débil.[2004]

Como tivemos ensejo de referir, rejeitamos um outro índice analítico para a identificação de situações normalmente permitidas, proposto na Comunicação de 2001 e que consistiria no apuramento de situações de cooperação que incidam sobre actividades que não influenciam os parâmetros relevantes de concorrência. Consideramos, na realidade, não ser praticável a utilização desse critério com a função analítica que a Comissão pretendeu atribuir-lhe, sem prejuízo de admitirmos que as diferentes actividades sobre as quais podem incidir os projectos de cooperação tendem a afectar de modo muito variável os principais elementos de que depende o processo de concorrência.

Assim, como se exporá, consideramos que a cooperação empresarial desenvolvida através de empresas comuns incidindo sobre actividades de investigação e desenvolvimento integrará, em regra, um maior conjunto de situações permitidas, à luz do disposto no artigo 81.º, n.º 1, CE, mas, em contrapartida, não pode excluir-se – mesmo em relação a esta modalidade de cooperação – a produção de efeitos restritivos da concorrência, com carácter apreciável. Como conclui LAWRENCE SULLIVAN no quadro do ordenamento norte-americano –[2005] em termos que se nos afiguram aplicáveis em sede de aplicação de normas comunitárias de concorrência – o facto de uma parte significativa das empresas comuns de investigação e desenvolvimento não gerar repercussões significativas, de pendor restritivo, sobre o processo de concorrência não significa que se possa estabelecer uma regra *per se* de legalidade em relação a esta subcategoria de empresas comuns.

[2004] Sobre estes critérios de delimitação de espaços de cooperação empresarial tipicamente lícita, cfr. o exposto *supra*, capítulo primeiro desta **Parte III**, esp. ponto 2.2..

[2005] Cfr. LAWRENCE SULLIVAN, *Antitrust*, cit., p. 303. Como aí refere este autor, *"given that the public may be harmed by joint research in some instances, a rule of per se legality for such activity would be inappropriate. If joint research programs are challenged under section 1 [Sherman Act], courts must evaluate harms and benefits under the rule of reason, taking account of the implications of industry structure"*.

Seria, pois, incorrecto, numa perspectiva jurídico-económica de aplicação de normas de concorrência, sustentar que a generalidade das actividades de investigação e desenvolvimento não afectam, intrinsecamente, os parâmetros relevantes da concorrência. Pela nossa parte, não consideramos, sequer, rigorosa qualquer pretensão de circunscrever determinadas áreas de actividade de investigação e desenvolvimento, em particular, que, *a se*, não apresentem qualquer potencial de restrição da concorrência. Se é certo que, como acima reconhecemos, a cooperação empresarial limitada às puras actividades de investigação, sem tradução em estádios de desenvolvimento já mais directamente relacionados com o processo técnico produtivo – no quadro da distinção clara que estabelecemos entre as vertentes de investigação e desenvolvimento – apresenta, em regra, um menor potencial de restrição da concorrência, não pensamos que se possa estabelecer, nessa base, uma verdadeira regra *per se* de legalidade da constituição e funcionamento de empresas comuns que se limitassem a essas actividades de investigação.

Na realidade, se chegámos a admitir que uma parte apreciável das empresas comuns que tenham como vertente prevalecente as actividades de investigação podem constituir verdadeiros meios de "*cooperação pré-concorrencial*"[2006] considerámos, em contrapartida, excessivo estabelecer, com alcance geral, uma presunção de inexistência de efeitos restritivos neste tipo de situações, apenas baseada no tipo de actividade em que incide o projecto de cooperação empresarial.

Discordamos, assim, de algum modo, da perspectiva analítica sustentada pela Comissão na Comunicação de 2001, segundo a qual as situações de cooperação empresarial limitadas a "*acordos puros*" de investigação e desenvolvimento – sem extensão para quaisquer áreas de exploração em comum dos resultados – raramente seriam abrangidas pela proibição do n.º 1 do artigo 81.º CE, parecendo, pois, situar-se, em globo num espaço de cooperação normalmente permitida. Deve, de resto, notar-se que este juízo presuntivo favorável da Comissão não se encontra, sequer, limitado às modalidades de cooperação que se encontrem circuns-

---

[2006] Esta ideia de cooperação "*pré-concorrencial*" que acolhemos, com adaptações, a partir de análises da doutrina norte-americana (*maxime* de Thomas Pirainno) não corresponde, em rigor, a uma perspectiva de irrelevância absoluta de certas situações para o processo de concorrência, mas, tão só, a uma perspectiva que traduz um grau relativamente pouco intenso de ligação a tal processo da concorrência.

1164 *Empresas comuns* – Joint Ventures

critas ao domínio puro das actividades de investigação, o que não se nos afigura aceitável.

Tivemos já ensejo de salientar que, mesmo no quadro de empresas comuns exclusivamente concentradas em puras actividades de investigação, os efeitos restritivos da concorrência podem ser suscitados por elementos particulares dos processos de cooperação que, concretamente, se encontrem em causa, como os compromissos que excluam o desenvolvimento de quaisquer actividades independentes de investigação por parte das empresas-mãe ou o desenvolvimento de projectos comuns de investigação por parte de empresas que detenham um poder de mercado especialmente elevado, em condições que lhes permitam condicionar em absoluto o momento e forma de introdução de novas tecnologias.

Aparentemente, a Comissão terá ainda pretendido ressalvar esse tipo de situações, ao admitir, na Comunicação de 2001, que, mesmo os acordos puros de investigação e desenvolvimento poderiam *"colocar um problema de concorrência"* – situando-se, assim, fora de um espaço de situações de cooperação empresarial normalmente permitida – *"se a concorrência efectiva no domínio da inovação for significativamente reduzida"*.[2007] Ora, em nosso entender, essa ressalva – a ser considerada – deveria restringir-se às modalidades de cooperação circunscritas a actividades puras de investigação, com exclusão da vertente de desenvolvimento. Acresce que a terminologia jurídica delineada pela Comissão, neste ponto da sua análise, ao autonomizar uma suposta categoria de *"concorrência na inovação"*, não deixa de nos merecer algumas reservas.

Na verdade, a Comissão parece contrapor a avaliação de efeitos decorrentes de empresas comuns de investigação e desenvolvimento, por um lado, em *"mercados existentes"* – correspondentes a mercados de produtos susceptíveis de serem melhorados através dos projectos de investigação e desenvolvimento, ou a tecnologias relacionadas com a transformação e desenvolvimento de certos produtos – e, por outro lado, num plano de *"concorrência em matéria de inovação"*, o qual surge quase configurado como um *mercado de inovação* (contraposto aos mercados existentes).[2008] Consideramos pouco rigorosa, numa perspectiva de análise jusconcorrencial, esta autonomização de um plano de concorrência na inovação, configurado como processo de concorrência diverso daqueles

---

[2007] Cfr. Comunicação de 2001, cit., ponto 58.
[2008] Cfr., nesse sentido, os pontos 44 a 50 da Comunicação de 2001.

que se desenvolvem no âmbito de determinados mercados existentes (mercados do produto já existentes).

A inovação, compreendendo os projectos empresariais que lhe estejam subjacentes, deve, pelo contrário, ser configurada como um elemento entre outros – designadamente, o preço ou a qualidade dos produtos – do processo de concorrência, quer desenvolvido no quadro de certos mercados do produto, quer em sectores especialmente dinâmicos (*vg.*, tecnologias de informação e multimedia), no quadro da introdução de categorias de produtos totalmente novas, que vêm ocupar o espaço de mercado de produtos anteriormente existentes.[2009] Deste modo, na avaliação de empresas comuns de investigação e desenvolvimento, importa ponderar os efeitos das mesmas nos processos de inovação – compreendidos como um elemento no processo de concorrência, globalmente considerado, e dependente, numa interacção dinâmica e complexa, de outros elementos paradigmáticos – e não apreciar esses efeitos num domínio supostamente autónomo de concorrência na inovação.

Reconduzida a esta perspectiva analítica a ideia expendida na Comunicação de 2001 – no sentido de reconhecer como potencialmente geradoras de problemas de afectação da concorrência algumas modalidades de empresas comuns de investigação e desenvolvimento, mesmo que não compreendam quaisquer actividades conjuntas de produção, em virtude dos seus efeitos negativos sobre a inovação, como elemento do processo global de concorrência, – tal pressuposto analítico já se nos afigura aceitável (o mesmo corresponde à nossa ideia de reconhecer efeitos negativos em projectos de cooperação que condicionem o ritmo da inovação, ou que excluam a possibilidade de obtenção autónoma de vantagens concorrenciais através da introdução de novas tecnologias).

Importa, neste ponto, ressalvar que a nossa posição divergente da que é expendida na Comunicação de 2001 – recusando a ideia de que certos

---

[2009] Sobre esta ideia de concorrência para introduzir categorias de produtos completamente novas que substituem anteriores produtos existentes no quadro de sectores especialmente dinâmicos, cfr. CHRISTIAN AHLBORN, DAVID EVANS, JORGE PADILLA, "Competition Policy in the New Economy: Is European Competition Law Up to the Challenge?", cit.. Como estes autores sustentam, nesses sectores o processo da concorrência pode assumir contornos específicos devido à periódica renovação de ciclos de produtos. Consideram, assim, que *"in some new economy industries, competition often consists of a series of races. In the first race, firms invest heavily to develop a product that creates a new category (...). Winners get huge market shares. In subsequent races, firms invest heavily to displace the leader by leapfrogging the leader's technology"*.

núcleos de actividades conjuntas de investigação e desenvolvimento não afectem, intrinsecamente, os parâmetros relevantes da concorrência – é compatível com uma perspectiva metodológica geral em relação às empresas comuns de investigação e desenvolvimento que reconduza uma parcela significativa desta subcategoria de entidades a zonas de cooperação normalmente permitidas e não cobertas, enquanto tais, pela proibição estatuída no n.º 1 do artigo 81.º CE. (perspectiva que acolhemos). Trata-se, contudo, de obter resultados materiais de apreciação desta subcategoria de empresas comuns que, apesar de, com frequência, serem igualmente favoráveis em relação a um conjunto de situações abrangidas pela referida presunção de inexistência de efeitos restritivos sustentada na Comunicação de 2001, são formulados com base em índices analíticos diversos (suportados em pressupostos jurídico-económicos mais rigorosos e oferecendo um grau superior de segurança jurídica no quadro do modelo global de apreciação de empresas comuns que vimos delineando).

2.3.2. Os principais riscos de afectação da concorrência decorrentes de empresas comuns de investigação e desenvolvimento

2.3.2.1. *Riscos de coordenação de comportamentos em mercados de produtos existentes*

Como atrás se referiu, uma adequada percepção e concretização dos índices de análise que permitem delimitar, em termos sistemáticos – num primeiro estádio de análise – as modalidades de empresas comuns de investigação e desenvolvimento normalmente não cobertas pela proibição estabelecida no n.º 1 do artigo 81.º CE obriga a identificar, mesmo que num nível preliminar de apreciação, os principais riscos de afectação da concorrência que podem estar subjacentes a esta subcategoria de empresas comuns.

Assim, sem prejuízo da apreciação mais desenvolvida dos potenciais problemas de concorrência a que adiante procedemos, no quadro da análise das empresas comuns de investigação e desenvolvimento cuja compatibilidade com o ordenamento da concorrência suscita dúvidas, podemos,

Parte III – Capítulo 3 1167

desde já, enunciar alguns dos principais efeitos restritivos da concorrência eventualmente associados a esta subcategoria de empresas comuns.

Um dos riscos de afectação da concorrência mais sérios que podem estar subjacentes a determinadas empresas comuns de investigação e desenvolvimento respeitam a situações em que estas entidades – pelo seu objecto e em função das condições concretas de mercado em que desenvolvam a sua actividade – conduzam a coordenação de comportamentos entre as empresas-mãe, em mercados de produtos já existentes, incidindo, designadamente, sobre elementos primaciais do processo de concorrência como o preço, a quantidade ou a qualidade dos produtos oferecidos por essas empresas nos mercados que se encontrem em causa.

A probabilidade de este tipo de entidades constituir uma causa de coordenação de comportamentos entre as respectivas empresas-mãe, com a extensão acima referida, é especialmente reforçada naquelas situações em que os projectos de cooperação se encontrem ligados de modo directo ao estádio de desenvolvimento dos produtos e ao próprio processo produtivo. Pensamos, designadamente, em projectos conjuntos de investigação e desenvolvimento especificamente orientados para – de acordo com a formulação utilizada na Comunicação de 2001 – *"melhorar ou apurar produtos existentes"*.[2010]

Nesse tipo de situações, conjugam-se algumas condições para que as empresas-mãe acabem por utilizar os resultados dos projectos conjuntos para alinhar entre si decisões respeitantes a padrões de qualidade dos produtos em questão, ou, até, para coordenar entre si decisões em relação à dimensão da oferta desses produtos que vá ser disponibilizada ao mercado. O risco de produção desses efeitos de coordenação de comportamentos aumenta na directa proporção da importância relativa que assumam os resultados concretos do esforço comum de investigação e desenvolvimento para a produção dos bens finais que se encontrem em causa. Em termos mais rigorosos, importa, mesmo, salientar que esse risco só se torna apreciável – e relevante como factor de apreciação jusconcorrencial – a partir de um certo limiar mínimo de contribuição dos referidos resultados da investigação e desenvolvimento para a produção de certos bens finais.

Tal risco de verificação de efeitos de coordenação será, ainda, potencialmente mais elevado nos casos em que os resultados de processos conjuntos de investigação e desenvolvimento representem uma parcela

---

[2010] Cfr. Comunicação de 2001, ponto 53.

significativa do custo de produção de determinados bens finais comercializados em mercados nos quais as empresas-mãe concorram entre si. Neste tipo de situações, a probabilidade de coordenação de comportamentos entre essas empresas estende-se, de modo directo, ao próprio preço dos bens em questão, o que pode, em certas condições, limitar de modo sério a concorrência nos mercados de produtos finais.

Como é natural, a avaliação desses riscos de afectação da concorrência não pode ser feita em abstracto, mas apenas através de processos de reconstituição dos mecanismos de formação dos preços por parte das empresas-mãe e partindo do pressuposto – passível de verificação em termos objectivos – referente a um elevado contributo relativo dos elementos gerados por projectos de investigação e desenvolvimento para o custo global de certos produtos.

A ponderação das repercussões no processo de concorrência de uma propensão para coordenar comportamentos gerada pela participação numa empresa comum de investigação e desenvolvimento terá que ser desenvolvida com base em factores complementares, avultando entre os mesmos a posição detida pelas empresas-mãe nos mercados de bens finais que se encontrem em causa. Será, essencialmente, a conjugação, por um lado, de uma propensão para coordenar comportamentos no que respeita a elementos primaciais do processo de concorrência – induzida pelo objecto e modo de funcionamento de certas empresas comuns de investigação e desenvolvimento – e, por outro lado, de um elevado poder de mercado detido pelas empresas-mãe, em determinados mercados de produtos finais, que pode gerar efeitos apreciáveis de restrição da concorrência.[2011]

[2011] Além disso, a decisiva ponderação desse *poder de mercado* das empresas fundadoras nos mercados de bens finais que se encontrem em causa assenta, como já pudemos observar no contexto do nosso estudo prévio das *empresas comuns qualificáveis como concentrações* (*supra*, capítulo segundo desta **Parte III**), em análises económicas cada vez mais complexas que não se esgotam em *factores estruturais*, como, *vg.*, as quotas de mercado das empresas (*maxime*, quando estejam em causa mercados de *produtos diferenciados*). Cfr. sobre esse tipo de análises – sem prejuízo de retornarmos a esta matéria – especialmente sobre aquelas que avaliam, com recurso a elementos econométricos, efeitos de preços sobre crescimentos marginais de vendas em mercados de bens diferenciados, J. A. HAUSMAN, G. K. LEONARD, "Economic Analysis of Differentiated Products Mergers Using Real World Data", in George Mason Law Review, 1997, pp. 321 ss..

Parte III – Capítulo 3

2.3.2.2. *Riscos de limitação dos processos de inovação*

Outro risco de afectação da concorrência potencialmente subjacente a esta subcategoria de empresas comuns é o que respeita à limitação dos processos de inovação, em termos que conduzam a uma coordenação de estratégias comerciais das empresas em matéria de qualidade e até da quantidade da oferta de bens finais que disponibilizam ao mercado. Admitimos que este problema se coloque com especial acuidade em relação aos projectos conjuntos de investigação e desenvolvimento orientados para – segundo a formulação utilizada na Comunicação de 2001 – *"lançar um novo produto que irá substituir produtos existentes"*, ou, ainda, para *"alterar profundamente um produto existente"*.[2012]

A avaliação deste tipo de riscos requer o desenvolvimento de análises particularmente complexas, em particular devido à acentuada componente prospectiva que devem incorporar. Trata-se de avaliar, em função de uma observação dos diferentes pólos de investigação e desenvolvimento que previsivelmente conduzirão a prazo à transformação ou substituição de categorias de produtos em certos mercados, se uma determinada empresas comum de investigação e desenvolvimento, actuando nesse plano, pode comprometer, a prazo, os níveis de diferenciação dos produtos oferecidos pelas principais empresas concorrentes.

Um pressuposto essencial para o desenvolvimento desta metodologia de análise – como também se refere na Comunicação de 2001 –[2013] é o de que o processo de inovação seja estruturado de tal forma que seja possível determinar muito cedo pólos de investigação e desenvolvimento, centrados num novo produto, ou numa nova tecnologia. Estarão, pois, em causa mercados cujo funcionamento assenta na introdução periódica, regular, de novas categorias de produtos, referindo-se na Comunicação de 2001, a título de exemplo, os mercados farmacêuticos, e aos quais se poderão acrescentar, como casos paradigmáticos, diversos mercados de tecnologias de informação.[2014]

[2012] Cfr. Comunicação de 2001, ponto 45.

[2013] Cfr. Comunicação de 2001, ponto 51.

[2014] Mercados de tecnologias de informação justamente destacados como mercados especialmente marcados pela inovação e pela substituição periódica de produtos por CHRISTIAN AHLBORN, DAVID EVANS, JORGE PADILLA, no já citado estudo "Competition Policy in the New Economy: Is European Competition Law Up to the Challenge?".

1170   *Empresas comuns* – Joint Ventures

Nesses mercados, a redução dos pólos autónomos de inovação e a provável limitação da intensidade dos processos de inovação daí resultante acaba por influir negativamente sobre o funcionamento das estruturas de concorrência, em termos que impedem a introdução regular, em quantidades apreciáveis de novas categorias de produtos suficientemente diferenciadas entre si. Já referimos a nossa discordância em relação ao conceito, expendido na Comunicação de 2001, de *"concorrência na inovação"*, mas, deixando de lado essa objecção conceptual, – fundada nas razões que explicitámos – importa reconhecer que, em certos mercados, especialmente dinâmicos, nos quais o processo de concorrência se desenvolve, numa parte significativa, através da introdução periódica de novas categorias de produtos, mais ou menos directamente relacionados com necessidades satisfeitas por produtos anteriormente existentes, a redução, para além de certos limiares, dos pólos autónomos de inovação pode comprometer as condições de manutenção da concorrência efectiva. Na verdade, nos mercados em questão, essas condições dependem, em particular, da capacidade por parte das empresas de concorrerem entre si, através da regular disponibilização ao público consumidor de produtos suficientemente diferenciados, embora orientados para a satisfação dos mesmos tipos de necessidades. Essa capacidade será, naturalmente, limitada em caso de redução apreciável dos pólos de investigação e desenvolvimento e dos centros de inovação associados aos mesmos.

2.3.2.3. *Riscos de encerramento de mercados à concorrência*

Um terceiro risco primacial de afectação da concorrência pode ser associado à constituição de empresas comuns de investigação e desenvolvimento. Trata-se do risco de encerramento de certos mercados, ou, noutros termos, de exclusão de empresas concorrentes em relação a determinados mercados. A ponderação deste tipo de riscos pressupõe que as empresas participantes numa empresa comum detenham poder de mercado significativo e que o projecto desenvolvido em comum se encontre estreitamente relacionado com a partilha de uma tecnologia fundamental para a presença no mercado em questão ou com a utilização conjunta de direitos de propriedade intelectual ou industrial.

Como já observámos, no quadro da aplicação das normas comunitárias, este risco de exclusão de concorrentes tem sido, em regra, objecto de

Parte III – Capítulo 3

menor atenção.[2015] Na realidade, a concentração da análise jusconcorrencial na detecção de aspectos de coordenação de comportamentos directamente dirigidos a elementos fundamentais do processo de concorrência conduz, com frequência, a uma relativa subavaliação de efeitos indirectos da cooperação empresarial que se traduzam na criação de barreiras à entrada no mercado, ou até à permanência no mercado. Apesar de termos, justamente, salientado que este menor enfoque nos problemas de exclusão de empresas concorrentes se verifica, também, no plano do direito norte--americano da concorrência, forçoso é reconhecer que, nesse ordenamento, esta matéria tem vindo a receber um tratamento mais desenvolvido. Assim, a orientação interpretativa referente aos denominados *activos ou infra-estruturas essenciais*, originariamente delineada no mesmo ordenamento em relação a activos ou infra-estruturas físicas,[2016] foi, de modo gradual, adaptada por forma a abarcar outras modalidades de activos estratégicos, *maxime* direitos de propriedade intelectual ou industrial, resultantes de projectos de investigação e desenvolvimento.[2017]

[2015] Esse aspecto é aflorado *supra*, capítulo primeiro desta **Parte III** – esp. ponto 2.4.3.3. – na parte em que se refere o estádio de análise de empresas comuns relacionado com o concreto conteúdo funcional de cada subcategoria de empresa comum.

[2016] Cfr. sobre essa matéria ALAN S. GUTTERMAN, *Innovation and Competition Policy – A Comparative Study of the Regulation of Patent Licensing and Collaborative Research & Development in the United States and the European Community*, esp. pp.339--341. Como refere este autor, "*in situations where participation in a joint venture will confer a 'significant competitive advantage' and the venture itself hold a substantial position in the market, it may well be necessary for the courts to mandate that competitors must be allowed to participate in the joint venture or otherwise obtain the advantages or membership on reasonable and non-discriminatory terms. This rule sometimes referred as the 'bottleneck' or 'essential facility' rule, originated with joint ventures that controlled an essential physical facility, such as a railway terminal, the concept has been much more broadly applied to cover other strategic assets, such as patents and other forms of intellectual property*". Interessa, de qualquer modo, recordar que, como já referimos, a ideia de infra-estruturas essenciais é objecto de algumas críticas importantes na doutrina norte--americana, como a formulada por HOVENKAMP (cfr. A. cit., *Federal Antitrust Policy*, cit., esp. pp. 273 ss.).

[2017] Vários exemplos relativos a situações desse tipo nas quais se suscitam *riscos de exclusão de empresas concorrentes*, mesmo tratando-se de *casos de fronteira não necessariamente passíveis de recondução ao enquadramento dos denominados activos ou infra-estruturas essenciais*, têm sido considerados na *praxis* decisória das autoridades da concorrência e na jurisprudência no quadro do ordenamento norte-americano. Tenha-se presente, *inter alia*, o precedente "*Silver v. New York Stock Exchange, 373 US. 341 (1963)*", no qual o tribunal considerou que a recusa da *New York State Exchange* (*NYSE*)

1172   *Empresas comuns* – Joint Ventures

A avaliação deste tipo de riscos de exclusão de concorrentes no contexto do funcionamento de empresas comuns de investigação e desenvolvimento requer uma análise particularmente complexa, por forma a ponderar, a vários níveis, a relevância dos resultados gerados por projectos comuns de investigação e desenvolvimento. Trata-se de avaliar, *inter alia*, a forma como alguns desses resultados – traduzidos, *vg*, em informação sobre tecnologias ou processos de *"saber fazer"* – se mostrem essenciais para obter ou manter acesso, em condições razoáveis e de eficiência económica, a determinados mercados de produtos finais. Importa, também, avaliar o modo como a exploração desses resultados interage com o poder de mercado detido pelas empresas-mãe, a capacidade de concorrentes (efectivos ou potenciais) para obterem resultados comparáveis através de projectos próprios de investigação e desenvolvimento e o grau ou alcance das restrições estabelecidas em matéria de exploração de resultados no quadro de empresas comuns de investigação e desenvolvimento.

2.3.3. Primeiro estádio de análise das empresas comuns de investigação e desenvolvimento – as situações normalmente permitidas

2.3.3.1. *Empresas comuns de investigação e desenvolvimento constituídas por empresas não concorrentes*

Tendo procurado identificar os principais riscos de afectação da concorrência que, em tese e de modo mais recorrente, podem estar subja-

---

de conceder a dois entes não membros da mesma (dois *"over-the-counter securities brokers"*) acesso à sua rede de comunicações violava o direito da concorrência, visto privar tais entes de acesso a um *"valuable business service which they needed in order to compete effectively as broker-dealers in the over-the-counter securities market"*. Cfr., também, como precedente relevante, e que demonstra que este tipo de preocupações se fizeram sentir, desde muito cedo, na aplicação de normas norte-americanas de concorrência, o caso *"Gamco Inc. v. Providence Fruit & Produce Bldg., 194 F.2d 484 (1 st Cir.) cert. Denied, 344 US. 817 (1952)"*. Na maior parte das situações apreciadas o que tem estado em causa não é propriamente o livre acesso em geral a empresas comuns ou a organizações com características comparáveis, mas o acesso em condições razoáveis e não discriminatórias a esses entes, quando tal se mostre fundamental em ordem a uma presença continuada no mercado.

Parte III – Capítulo 3 1173

centes à constituição e funcionamento de empresas comuns de investigação e desenvolvimento, importa – prosseguindo a nossa concretização do modelo global de apreciação que preconizámos em relação a esta subcategoria de empresas comuns – delimitar, em termos indicativos, os tipos de situações normalmente permitidas neste plano de cooperação empresarial.[2018]

Nessa delimitação, observamos três índices primaciais de análise – já acima trazidos à colação, por remissão para o nosso estudo de um modelo global de apreciação das empresas comuns sujeitas ao regime constante do artigo 81.º CE – dos quais o primeiro corresponderá à ponderação de situações referentes à constituição de empresas comuns entre empresas não concorrentes, nem em termos efectivos, nem em termos potenciais.[2019]

Embora a participação de empresas não concorrentes em determinada empresa comum constitua, em geral, um índice de não afectação da concorrência no sentido previsto no n.º 1 do artigo 81.º CE, pensamos que tal índice se reveste de uma máxima intensidade no que respeita à subcategoria das empresas comuns de investigação e desenvolvimento. Como referimos, todos os índices de permissão *per se* de modalidades de cooperação empresarial podem, em certas condições, vir a ser contrariados por outros critérios complementares de apreciação que revelem elementos restritivos da concorrência inicialmente não previsíveis. Ora, admitimos, como especificidade desta subcategoria das empresas comuns de investigação e desenvolvimento – e em função dos riscos de afectação da concorrência potencialmente associados à mesma, acima configurados – que o grau de probabilidade de verificação de aspectos complementares que afastem a presunção de compatibilidade com o regime constante do n.º 1 do artigo 81.º CE é mínimo em relação a este tipo de entidades, quando estas sejam constituídas por empresas não concorrentes.

[2018] Sobre a caracterização geral deste *tipo de situações normalmente permitidas* – correspondentes ao que no direito norte-americano se denomina como *"safe harbours"* – a identificar através de um primeiro estádio de análise, de acordo com o modelo geral de avaliação jusconcorrencial de empresas comuns que preconizamos, cfr. os aspectos expostos *supra*, capítulo primeiro desta **Parte III**, ponto 2.2..

[2019] Trata-se do índice de não sujeição à proibição geral do n.º 1 do artigo 81.º CE quanto a empresas comuns de investigação e desenvolvimento, previsto – como já observámos – na Comunicação de 2001, mas também na Comunicação interpretativa antecedente, relativa a empresas comuns com carácter de cooperação, de 1993, cit. (cfr. pontos 17 e 18 desta última Comunicação).

Atendendo aos possíveis objectos de empresas comuns de investigação e desenvolvimento, a constatação da inexistência de uma relação de concorrência efectiva ou potencial entre as empresas-mãe – decisiva para afastar, em principio quaisquer questões de sujeição à proibição prevista no n.º 1 do artigo 81.º CE – deve ser feita em relação, quer às posições de mercado dessas empresas em relação a determinados produtos existentes, quer em relação às posições que as mesmas empresas detenham no mercado de outros produtos que possam ser substituídos, a prazo, pelas categorias de bens a desenvolver com base no projecto de cooperação que se encontre em causa.

Pela nossa parte, entendemos que a particular intensidade da presunção de inexistência de efeitos restritivos da concorrência, passíveis de proibição, que se verifica em relação às empresas comuns de investigação e desenvolvimento integradas por empresas que não mantêm entre si qualquer relação de concorrência efectiva ou potencial justifica que o juízo presuntivo favorável a essas entidades só em condições verdadeiramente excepcionais possa ser afastado, naqueles casos em que a cooperação empresarial em questão possa originar, de modo claro e directo, a impossibilidade de acesso de terceiros ao mercado.

De qualquer modo, pensamos que esse risco de encerramento do mercado e de exclusão de terceiros dificilmente poderá ser configurado nesse tipo de situações. A Comunicação de 2001, contudo, contempla, em termos expressos, essa possibilidade em relação a empresas comuns de investigação e desenvolvimento que impliquem a *"exploração exclusiva dos resultados"*, se forem concluídas por empresas *"das quais uma detém um poder de mercado significativo em tecnologias-chave"*.[2020] Consideramos que apenas circunstâncias muito particulares podem dar origem a efeitos apreciáveis de encerramento do mercado no contexto do funcionamento de empresas comuns de investigação e desenvolvimento constituídas por empresas não concorrentes. Será necessário que se verifiquem condições específicas, *vg.* a existência de um contributo particularmente significativo de uma segunda empresa participante numa empresa comum para reforçar o poder referente a tecnologias-chave por parte de outra empresa participante, conquanto as mesmas não sejam empresas concorrentes entre si.

[2020] Cfr. a esse respeito a nota 30 da Comunicação de 2001.

Parte III – Capítulo 3 1175

Ao enunciarmos os elementos essenciais do nosso modelo global de apreciação de empresas comuns, referimos que os três critérios gerais de delimitação de zonas de cooperação empresarial admissíveis, que propomos em relação às várias subcategorias de empresas comuns, poderiam ser contrabalançados por critérios negativos correspondentes à existência de um poder de mercado especialmente intenso por parte dos entes que integram a empresa comum e à possibilidade de a cooperação empresarial dar origem à exclusão de terceiros.[2021] Todavia, a menor intensidade que apresentam, em geral, os riscos de afectação da concorrência potencialmente associados às empresas comuns de investigação e desenvolvimento leva-nos a admitir um menor peso desses critérios negativos. Assim, nos casos em que estas entidades sejam constituídas por empresas não concorrentes, mesmo a existência de quotas de mercados especialmente elevadas dessas empresas-mãe não deverá, em princípio, funcionar como critério negativo que afaste o juízo presuntivo favorável à não aplicação de qualquer proibição *ex vi* do n.º 1 do artigo 81.º CE. O único critério negativo a contemplar será, pois, como se referiu, o correspondente – em condições muito excepcionais – à emergência de riscos de exclusão de empresas terceiras.

É a mesma lógica substantiva de apreciação dos efeitos normalmente limitados de restrição da concorrência inerentes a empresas comuns de investigação e desenvolvimento e de valorização de efeitos positivos de eficiência económica resultantes das mesmas que, em nosso entender, se encontra subjacente à ponderação formulada no Considerando 20 do Regulamento (CE) n.º 2659/2000. Nos termos desse Considerando, os acordos entre empresas *"que não sejam fabricantes concorrentes de produtos susceptíveis de serem melhorados ou substituídos em resultado da investigação e desenvolvimento"* devem beneficiar da isenção por categoria estabelecida através do referido Regulamento, *"independentemente da quota de mercado"* das empresas envolvidas.

Subsiste, todavia, nessa ponderação uma diferença essencial em relação ao critério analítico que preconizamos nesta matéria. Tal diferença consiste no facto de desconsiderarmos em absoluto as quotas de mercado das empresas participantes, mesmo que estas sejam particularmente elevadas – diversamente do que deverá suceder em relação a outras subcate-

---

[2021] A esse respeito, cfr., uma vez mais, o ponto 2.2. do capítulo primeiro desta **Parte III**.

1176   *Empresas comuns* – Joint Ventures

gorias de empresas comuns – no contexto de empresas comuns de investigação e desenvolvimento constituídas por empresas não concorrentes, como parâmetro tendente à não sujeição dessas entidades à proibição estabelecida no n.º 1 do artigo 81.º CE. (o que representa, claramente, um *maius* em relação à ponderação desses factores como mero parâmetro para a aplicação de uma isenção por categoria, nos termos contemplados no acima referido Considerando 20 do Regulamento (CE) n.º 2659/2000).

No quadro do ordenamento da concorrência norte-americano, a subcategoria das empresas comuns de investigação e desenvolvimento tem, também, em regra, suscitado menores objecções referentes a eventuais restrições da concorrência – *vg.*, desde logo por comparação com o que sucede em relação a empresas comuns de produção – o que explica o número relativamente escasso de precedentes jurisprudenciais e de decisões, quer do Departamento de Justiça, quer da Comissão Federal do Comércio referentes a esse tipo de entidades. Além disso, a adopção, em 1984, do NCRA reforçou essa orientação geral favorável às empresas comuns de investigação e desenvolvimento.[2022]

[2022] Sobre a adopção deste NCRA e do enquadramento que lhe sucedeu – NCRPA – no quadro do ordenamento norte-americano da concorrência, cfr. Veronica Dougherty, "Antitrust Advantages to Joint Ventures Under the National Cooperative Research and Production Act", cit., pp. 1007 ss.. Independentemente das repercussões desse regime favoráveis às empresas comuns de investigação e desenvolvimento, a análise de precedentes judiciais relevantes e da *praxis* decisória das autoridades federais de concorrência demonstra a orientação geral favorável a essa subcategoria de empresas comuns a que acima fazemos referência. Assim, no conjunto relativamente mais escasso de precedentes judiciais relativos a empresas comuns de investigação e desenvolvimento cfr. o caso "*Addamax Corp. v. Open Software Found Inc., 152 F.3d 48 (1st Cir. 1998)*", no qual o tribunal determinou a aplicação da "*rule of reason*" em relação a uma empresa comum entre fabricantes de computadores com vista ao desenvolvimento de um novo sistema operativo. Diversas posições assumidas pelo *Department of Justice* podem, igualmente, ser tomadas em consideração como, *inter alia*, a "*US Dep't of Justice, Business Review Letter to the American Heart Ass'n, 1998, DOJBRL LEXIS 7 (Mar. 20, 1998)*", na qual se reconhece que "*legitimate research joint ventures are not usually on balance anticompetitive, particularly in the case of joint ventures to perform basic, non-appropriable research*"; a "*US Dep't of Justice, Business Review Letter to the Petroleum E&P Research Coop., 1997 DOJBRL LEXIS 7 (Apr. 23, 1997)*" na qual se reconheceu a falta de fundamento para questionar a formação de uma empresa comum de investigação e desenvolvimento referente à exploração e produção de petróleo porque essa entidade não teria aptidão para restringir o "*price, output or research competition*" entre os seus participantes; ou, ainda, a "*US Dep't of Justice, Business Review Letter to Computer Aided Mfg. Int'l, Inc., 1985 DOJBRL LEXIS 15 (June 25, 1985)*" na qual se admitia em termos

Entre outros aspectos, esse diploma estabelecia, de modo explícito, a aplicação da *"regra de razão"* às empresas comuns que apresentassem como objecto actividades puras de investigação. Excluía, pois, em relação às mesmas a aplicação de qualquer regra *per se* de proibição e visava, em geral, reforçar a segurança jurídica das empresas que encetassem projectos comuns desse tipo, tendo em conta os benefícios de eficiência económica presumivelmente resultantes dos mesmos. Acresce, ainda, que as alterações introduzidas neste enquadramento relativo às empresas comuns de investigação, através da adopção do NCRPA, em 1993, reforçaram e consolidaram essa espécie de presunção favorável às mesmas[2023] (a qual assentava na sujeição de qualquer juízo de proibição dessas entidades a uma especial exigência de demonstração de superveniência de apreciáveis efeitos restritivos da concorrência que, em determinado mercado, prevalecessem sobre efeitos de eficiência económica e estímulo da concorrência normalmente associados a essas entidades).[2024]

A nova delimitação de empresas comuns acolhida no NCRPA permitiu estender o regime mais favorável de aplicação plena da *"regra de razão"* e o afastamento de quaisquer proibições *per se* a actividades conjuntas de desenvolvimento de novos produtos – com base em resultados de investigação – e até a situações de produção conjunta de bens, incluindo, designadamente, actividades baseadas em patentes ou direitos industriais exclusivos detidos ou exercidos em comum, e que tivessem resultado de anteriores operações de pesquisa e investigação. Essa extensão do regime jusconcorrencial favorável do NCRPA à vertente das actividades de produção, permitindo abarcar, não apenas empresas comuns de investigação e desenvolvimento, em sentido próprio – cujo objecto ultrapassasse o mero estádio da investigação pura – mas, também, em última análise,

---

muito latos que *"joint research and development ventures generally are procompetitive, and are condemned by the antitrust laws when they have a net negative effect on competition. Generally R&D joint ventures rarely will raise competitive concerns"*.

[2023] Especificamente sobre as repercussões do NCRPA, em 1993, em ordem a um tratamento mais favorável de empresas comuns de investigação e desenvolvimento cfr. os aspectos já expostos *supra*, capítulo segundo da **Parte I** (esp. pontos 5.6.1. e 5.6.2.).

[2024] Em rigor, o NCRPA proibiu aos tribunais a adopção de decisões condenatórias de empresas comuns de investigação e desenvolvimento, salvo se fosse possível cumprir requisitos muito exigentes de demonstração de efeitos restritivos da concorrência que sobrelevassem, globalmente, os benefícios proconcorrenciais reconhecidos a essa subcategoria de empresas comuns. Resultava dessa especial exigência a presunção favorável a que acima nos referimos.

1178   *Empresas comuns* – Joint Ventures

diversas modalidades de empresas comuns de tipo misto – agregando investigação e desenvolvimento e produção – não se revelou, é certo, totalmente pacífica na doutrina norte-americana.

Assim, autores como JOSEPH BRODLEY consideraram duvidosos os fundamentos jurídico-económicos da prossecução *de iure condito* de uma política de concorrência favorável a actividades conjuntas de produção e, até, a alguns cruzamentos das mesmas com fórmulas de cooperação no domínio da comercialização de certos bens e serviços.[2025] Embora BRODLEY tenha reconhecido, por um lado, que o desenvolvimento consequente de processos conjuntos de inovação, no quadro de empresas comuns de investigação e desenvolvimento, requer – em certas situações – com vista a maximizar os benefícios e elementos de eficiência económica que podem resultar dos mesmos, a partilha de experiências referentes ao retorno gerado pelos mesmos em certos processos produtivos e, até, de informações sobre reacções do público consumidor a novas categorias de produtos, não deixou, por outro lado, de objectar à sujeição automática de actividades conjuntas de produção ao mesmo tipo de presunções favoráveis originariamente estabelecidas para actividades puras de investigação.

Essa visão crítica de BRODLEY não deixa, em nosso entender, de se revestir de alguma pertinência, porquanto tal maximização dos benefícios dos processos de inovação poderá, com frequência resultar de experiências adquiridas pelas empresas-mãe nas suas respectivas esferas separadas de produção e comercialização de bens, sem necessidade *a priori* de alargamento do objecto de empresas comuns de investigação e desenvolvimento a certas vertentes de produção e comercialização de bens. Noutros termos, haverá que distinguir, analiticamente, diversas situações de cooperação, em função das características intrínsecas dos processos de inovação prosseguidos pelas partes e dos nexos existentes entre os mesmos e mercados a jusante de comercialização de determinados bens e serviços. Em certos casos, pode verificar-se um *continuum* entre os estádios de investigação pura e de desenvolvimento e produção, que postula, de algum modo, em ordem à maximização dos potenciais benefícios dos processos de inovação prosseguidos pelas partes, a constituição de empresas comuns de tipo misto combinando as vertentes de investigação e desenvolvimento e de produção. Noutros casos, os benefícios dos pro-

---

[2025] Cfr. nesse sentido JOSEPH BRODLEY, *Antitrust Law and Innovation Cooperation*, in *Collaboration among Competitors*, 1990, pp. 938 ss..

cessos de inovação prosseguidos através de empresas comuns de investigação e desenvolvimento podem ser eficazmente concretizados pelas partes sem necessidade de estender a cooperação aos domínios da produção e comercialização de bens e serviços.

De qualquer modo, independentemente deste tipo de reservas doutrinais, o enquadramento do NCRA e, em momento ulterior, do NCRPA criou, de forma clara, uma significativa abertura à ponderação de efeitos pro-concorrenciais subjacentes à subcategoria das empresas comuns de investigação e desenvolvimento. É, assim, provável que essa pré-compreensão favorável a este tipo de entidades, não apenas determinada por uma aplicação directa e estrita do NCRPA – o qual, na realidade, só raramente tem sido trazido expressamente à colação –[2026] mas, em termos globais, reforçada por esse regime, tenha contribuído de modo decisivo, para o escasso número (a que acima aludimos) de precedentes jurisprudenciais e de decisões, quer do Departamento de Justiça, quer da Comissão Federal do Comércio referentes à subcategoria das empresas comuns de investigação e desenvolvimento.

No que respeita, especificamente, ao tratamento de empresas comuns de investigação e desenvolvimento constituídas por empresas não concorrentes, também no âmbito do ordenamento da concorrência norte-americano – e à semelhança do que ocorre, como se referiu, em sede de aplicação de normas comunitárias de concorrência – essas entidades tendem a ser consideradas, em princípio, como formas permitidas de cooperação.

Em regra, os riscos apreciáveis de afectação da concorrência são, na *praxis* de concretização de normas daquele ordenamento, associados – para além da pré-compreensão geral favorável à subcategoria de empresas comuns de investigação e desenvolvimento, globalmente considerada – a entidades deste tipo, integradas por empresas-mãe que concorram entre si em mercados a jusante, nas vertentes de produção e comercialização de

---

[2026] A escassa aplicação do NCRPA, bem como do NCRA que o antecedeu, na jurisprudência dos tribunais norte-americanos constitui um aspecto largamente reconhecido na doutrina norte-americana, referido, *inter alia*, por Veronica Dougherty no já citado estudo "Antitrust Advantages to Joint Ventures Under the National Cooperative Research and Production Act", cit., p. 1009. Como aí refere esta autora, *"a search revealed no cases applying either the NCRPA or its predecessor, the NCRA. Only a handful of cases even mentioned the Act. See 'California v. ARC American Corp., 490 US. 93, 101 n. 5 (1989)' (citing NCRA as indirect support (...))"*.

1180   *Empresas comuns* – Joint Ventures

produtos finais relacionados com os processos de investigação e desenvolvimento em questão.

Importa, ainda assim, ter presente que, mesmo em situações de intensa participação de empresas-mãe concorrentes em empresas comuns de investigação e desenvolvimento, estas podem, ainda, ser objecto de tratamento relativamente favorável. Assim, as autoridades de concorrência norte-americanas têm já chegado, em certos casos, a conceder um tratamento razoavelmente permissivo a empresas comuns de investigação e desenvolvimento que abarcavam a generalidade das empresas presentes em determinado sector de actividade, desde que os resultados gerados pelas mesmas pudessem vir a ser partilhados por outras entidades.[2027]

Para além deste último aspecto, referente ao acesso de terceiras entidades aos resultados dos processos conjuntos de investigação e desenvolvimento, as principais preocupações em torno desse tipo de situações tendem a incidir, nesse ordenamento, nos casos em que a criação de empresas comuns se verifique, à partida, num contexto de ausência ou pouca expressão da concorrência respeitante aos processos de inovação, ou nos casos em que, para além das empresas-mãe, não se prefigurem, em determinado sector de actividade, outras empresas – já presentes nesse sector ou potencialmente interessadas na entrada em tal sector – que afectem recursos a processos de inovação. Nesse tipo de situações em que uma empresa comum de investigação e desenvolvimento congregue todas as entidades imediata ou potencialmente interessadas na utilização dos factores de inovação gerados pela mesma – integrando, pois, como empresas-mãe, não apenas a generalidade das empresas concorrentes em determinado mercado de produtos finais relacionados com os processos de investigação e desenvolvimento em causa, mas também os concorrentes potenciais que poderiam, em prazo razoável, vir a entrar nesse mercado, avolumam-se os riscos de afectação da concorrência.

Além disso, as autoridades norte-americanas de concorrência têm, também, propendido para alargar uma certa pré-compreensão relativamente favorável às empresas comuns de investigação e desenvolvimento – mesmo quando estas integrem empresas-mãe concorrentes – desde que estas tenham sido delineadas de modo a incorporar determinadas salvaguardas estruturais que possam prevenir, em termos adequados, a partilha

---

[2027] Cfr. nesse sentido FUGATE, "The Department of Justice's Antitrust Guide for International Operations", in Virginia Journal of International Law, 1977, pp. 645 ss..

Parte III – Capítulo 3

de informações comerciais sensíveis e, assim, evitar qualquer incentivo a formas de coordenação de comportamentos restritivas da concorrência.[2028] Este tipo de orientação favorável às empresas comuns de investigação e desenvolvimento, contemplando tais salvaguardas tende, ainda, a ser reforçada pelas mesmas autoridades, caso esses mecanismos sejam conjugados com sistemas que permitam o acesso de terceiros aos resultados obtidos pelas empresas comuns – nos termos já acima referidos – ou, até, com princípios de abertura da entidade comum a todos os potenciais interessados numa participação no projecto de investigação e desenvolvimento que se encontre em causa.

Em súmula, pode detectar-se uma notável confluência entre os ordenamentos de concorrência comunitário e norte-americano, no sentido de excluir, em regra, a emergência de problemas de afectação da concorrência em relação a empresas comuns de investigação e desenvolvimento constituídas por empresas não concorrentes. Como já se referiu, em nosso entender, o único critério negativo que poderá afastar esta verdadeira presunção favorável às empresas comuns constituídas nessas condições corresponderá à eventual verificação de efeitos de encerramento do mercado desencadeados por essas entidades. Como também assinalámos, consideramos que a verificação desse tipo de efeitos se revestirá de carácter absolutamente excepcional. Em contrapartida, já admitimos que este espaço previsível de cooperação normalmente permitida, em matéria de investigação e desenvolvimento, pode vir a ser limitado, em função de caracterizações mais amplas das situações de concorrência potencial.

Na realidade, caso se utilize um conceito muito amplo de concorrência potencial, serão relativamente pouco frequentes as situações em que as empresas-mãe, mesmo que não sejam efectivamente concorrentes entre si, beneficiem de alguma segurança jurídica na constituição de empresas

---

[2028] Sobre esse tipo de análise favorável de empresas comuns de investigação e desenvolvimento, desde que existam mecanismos específicos – *maxime* de tipo estrutural – para a salvaguarda de possíveis processos de circulação de informações, cfr. apreciações desenvolvidas pelo *Department of Justice* através de várias *"Business Review Letters"*, designadamente, a *"US Dep't of Justice Business Review Letter to Truckload Carriers Ass'n, 2001, DOJBRL LEXIS 1 (Mar. 27, 2001)"*, ou a *"US Dep't of Justice Business Review Letter to the Pump Research and Dev. Comm., 1985 DOJBRL LEXIS 14 (1985)"*, na qual se considerava que as salvaguardas estruturais relativas à troca de informações comerciais sensíveis nos projectos de empresas comuns que se encontravam em causa preveniam de forma eficaz a utilização dessas empresas comuns como veículo para a coordenação de comportamento anticoncorrencial entre as partes.

1182   *Empresas comuns* – Joint Ventures

comuns de investigação e desenvolvimento, pois, com um elevado grau de probabilidade, será trazida à colação uma relação de concorrência potencial entre as mesmas (a qual preclude a presunção favorável de que beneficiaria uma empresa comum de investigação e desenvolvimento que, comprovadamente, integrasse empresas-mãe não concorrentes).

É, possivelmente, neste plano específico que tendem a ocorrer algumas diferenças mais significativas no tratamento desta subcategoria de empresas comuns nos ordenamentos comunitário e norte-americano da concorrência. Na realidade, em sede de aplicação de normas comunitárias de concorrência tem sido, normalmente, acolhidos critérios mais latos para a caracterização de eventuais relações de concorrência potencial, em comparação com o que se tem verificado no direito norte-americano (o que pode explicar, pois, uma maior intensidade da presunção favorável às empresas comuns de investigação e desenvolvimento neste último ordenamento). É certo que, de acordo com a orientação preconizada pela Comissão na Comunicação de 2001, "*a questão da concorrência potencial deve ser examinada fazendo prova de realismo*". Todavia, uma perspectiva comparável de flexibilidade na avaliação das situações de concorrência potencial havia sido, já, subscrita pela Comissão, na sua anterior "*Comunicação relativa ao tratamento das empresas comuns com carácter de cooperação*", de 1993,[2029] sem que a mesma se tenha traduzido em critérios consistentes de análise na *praxis* decisória comunitária.

Assim, embora nesta última Comunicação se reconheçam como *factores essenciais* para o apuramento de relações de *concorrência potencial*, entre outros, a *detenção da tecnologia, ou "saber fazer" necessários para produzir determinado bem*, ou a *possibilidade de obter essas capacidades em determinado horizonte temporal*, a *existência de razões comerciais para desenvolver determinada capacidade produtiva a partir de linhas de produtos já existentes*, ou a *inexistência de riscos técnicos ou financeiros significativos associados ao desenvolvimento de certo produto e à entrada num dado mercado*, a análise jurídico-económica necessária com vista à concretização e ponderação dos mesmos tem-se revelado, com frequência, deficiente, ou, mesmo, desequilibrada.[2030]

[2029] Cfr. "*Comunicação relativa ao tratamento das empresas comuns com carácter de cooperação*", de 1993, já cit., esp. ponto 20.

[2030] A ponderação de factores do tipo atrás considerado no quadro da aferição de eventuais relações de concorrência potencial, sopesando, designadamente a extensão e qualidade de anteriores esforços de investigação e desenvolvimento por parte de certas

Parte III – Capítulo 3 1183

A insuficiente ponderação de factores económicos concretos que justifiquem, objectivamente, juízos prospectivos referentes à probabilidade da entrada de determinadas empresas em certos mercados, num horizonte temporal relativamente curto, de modo a permitir o exercício potencial de alguma forma de pressão concorrencial sobre as empresas já presentes no mercado que se encontre em causa, conduziu, amiúde, à detecção de supostas relações de concorrência potencial não suportadas numa base de realismo económico.

Nesse plano, a análise jurídico-económica desenvolvida em sede de aplicação de normas norte-americanas de concorrência tem, em regra, sido suportada num maior realismo económico, evitando, desse modo, caracterizações excessivas de situações de mercado como casos de concorrência potencial. No quadro do ordenamento comunitário, admitimos que uma mais rigorosa densificação económica dos factores relevantes para a verificação da existência de nexos de concorrência potencial, no plano da apreciação de empresas comuns sujeitas ao regime previsto no artigo 81.º CE, possa resultar da progressiva transposição de parâmetros analíticos de avaliação desse tipo de nexos desenvolvidos em sede de aplicação de normas respeitantes ao controlo de concentrações.[2031] A verificar-se essa

---

empresas foi, na realidade, feita em diversas decisões da Comissão, mas de modo nem sempre consistente ou indiciador de uma linha coerente de orientação. Entre outros casos, cfr., *vg.*, as decisões *"Vacuum Interrupters (N.º1)"* [JOCE n.º L 48/32 (1977)], ou *"Sopelem/Vickers"* [JOCE n.º L 70/47 (1978)].

[2031] Transposição de critérios de análise de concorrência potencial desenvolvidos em sede de controlo de concentrações e assentes em ponderações construídas com base num maior realismo económico para o plano da avaliação de situações de concorrência potencial no domínio da apreciação de empresas comuns submetidas ao regime do artigo 81.º CE. Tenha-se presente, de resto, que os elementos de avaliação da concorrência potencial, informados por uma lógica de aferição de *barreiras à entrada* em determinado mercado, foram, como observámos, sistematizados nas *"Orientações"* de 2004 referentes a concentrações horizontais, em termos que permitem uma referência porventura mais clara e mais sólida para a avaliação jusconcorrencial de empresas comuns no quadro do artigo 81.º CE. Curiosamente, a influência da densificação e sistematização de critérios de avaliação da *concorrência potencial* em sede de controlo de concentrações quanto a outros planos normativos referentes a cooperação de empresas, e que pressuponham a ponderação do poder de mercado das mesmas, tem sido também reconhecida no âmbito do ordenamento norte-americano da concorrência (apesar de os critérios de avaliação dos factores de concorrência potencial nunca terem assumido um carácter tão formal e dissociado da realidade económica nesse ordenamento como os critérios tomados em consideração para esse efeito em sede de aplicação do artigo 81.º CE – artigo 85.º TCE – no âmbito do orde-

Empresas comuns – Joint Ventures

desejável evolução para uma avaliação mais rigorosa das relações de concorrência potencial, pensamos que um número progressivamente maior de empresas comuns de investigação e desenvolvimento – constituídas entre empresas não concorrentes, nem num plano efectivo, nem num plano potencial – será incluído numa zona de cooperação normalmente permitida, e não sujeita *ab initio* à proibição estatuída no n.º 1 do artigo 81.º CE.

2.3.3.2. *A impossibilidade de realização autónoma de projectos empresariais*

Prosseguindo a nossa análise dos três critérios primaciais de delimitação de categorias de situações normalmente permitidas de constituição e funcionamento de empresas comuns de investigação e desenvolvimento, importa tomar em consideração o critério respeitante à criação de empresas comuns por parte de empresas concorrentes que não poderiam de modo independente realizar os projectos cobertos pela cooperação mantida entre si. Ora, atendendo às finalidades paradigmáticas das empresas comuns de investigação e desenvolvimento, que tivemos ensejo de analisar, pensamos que, com frequência, os processos de inovação comportam exigências técnicas e de financiamento dificilmente suportadas, em termos individuais, pelas empresas, mesmo por aquelas que apresentem maior dimensão ou capacidade financeira.

Deste modo, admitimos que este critério de delimitação de espaços de cooperação empresarial normalmente não sujeitos ao n.º 1 do artigo 81.º CE tenderá a conhecer uma aplicação mais intensiva no que respeita à subcategoria de empresas comuns de investigação e desenvolvimento. Em conformidade, uma maior parcela de entidades deste tipo deverão ser consideradas como formas permitidas de cooperação – em comparação com o que sucede em relação a outras subcategorias de empresas comuns – em virtude dessa *especial aptidão para viabilizar processos técnicos de inovação que, de outro modo não seriam exequíveis (maxime em mercados caracterizados por exigências cada vez maiores e sujeitos a ritmos*

---

namento comunitário). Nesse sentido, cfr., *vg.*, JONATHAN BAKER, *Responding to Developments in Economics and Courts: Entry in the Merger Guidelines*, cit., esp. p. 7. Como aí se refere, *"another indication of success of the entry framework [barriers to entry] established in 1992 is its spread to doctrinal areas beyond mergers (…)"*.

mais céleres de inovação, ou em sectores em que a inovação se encontra cada vez mais dependente do acesso a fontes diversificadas de informação, de origem diversa).[2032]

Em contrapartida, pensamos que a Comissão confunde, indevidamente, planos de análise diversos ao procurar identificar na Comunicação de 2001 modalidades normalmente permitidas de cooperação empresarial no domínio da investigação e desenvolvimento. Na realidade, ao apreciar o critério respeitante à constituição de empresas comuns de investigação e desenvolvimento entre empresas não concorrentes, a Comissão traz à colação, nessa Comunicação, situações em que *"as partes não estão em condições de efectuar independentemente os trabalhos de I&D necessários"* e, no contexto das quais, – supostamente por essa razão – *"não é susceptível de ser restringida qualquer concorrência"*.[2033]

Aparentemente, a ponderação desse tipo de situações, de acordo com essa formulação, respeitaria à avaliação de nexos de concorrência potencial e – nesses termos – à aplicação do primeiro índice de delimitação de modalidades de cooperação normalmente permitidas (relações de cooperação entre empresas não concorrentes). Todavia, pensamos que essa categoria de situações genericamente descrita pela Comissão – na formulação acima transcrita – corresponde, na realidade, a um segundo índice, distinto, de delimitação de modalidades de cooperação normalmente permitidas.

Trata-se, precisamente, do índice acima referido, referente à constituição de empresas comuns por parte de empresas fundadoras que não poderiam de modo independente realizar os projectos de investigação e desenvolvimento que são objecto da sua cooperação empresarial. Caso, as

---

[2032] Sobre esta especial ponderação favorável da aptidão para viabilizar processos de inovação de outro modo não exequíveis subjacente a diversas empresas comuns de investigação e desenvolvimento, cfr. RICHARD RAPP, "The Misapplication of the Innovation Market Approach to Merger Analysis", in ALJ, 1995, pp. 20 ss.. De qualquer modo pela nossa parte, não subscrevemos algumas perspectivas teóricas mais extremadas neste plano, no sentido de que a especial natureza dos processos de inovação em algumas indústrias de elevada componente tecnológica pressuporia, por natureza, um enquadramento jusconcorrencial mais flexível. Autores como, *vg.*, THOMAS JORDE e DAVID TEECE subscrevem essa orientação que, no limite, implica critérios especiais de aplicação de normas de concorrência nesse tipo de sectores económicos (cfr. As. cit., "Innovation and Cooperation", in JEP., 1990, pp. 75 ss.; e "Innovation, Cooperation and Antitrust", in High Technology Law Journal, 1989, pp. 4 ss.).

[2033] Cfr. ponto 56 da Comunicação de 2001.

1186   *Empresas comuns* – Joint Ventures

partes não se encontrem em condições de efectuar independentemente determinados projectos de investigação e desenvolvimento, tal não exclui, em nosso entender – e diversamente do que parece sustentar a Comissão na Comunicação de 2001 – que essas empresas possam ser concorrentes em mercados directamente afectados pela cooperação mantida entre si. Só assim não sucederia se se adoptasse, por definição, uma noção extremamente restrita dos mercados relevantes para a avaliação de efeitos decorrentes de empresas comuns de investigação e desenvolvimento, *vg.*, limitando-os estritamente a mercados de tecnologias sobre as quais, de modo directo, incidissem esses projectos de cooperação.

Nesse pressuposto, mesmo que determinadas empresas concorressem entre si no mercado de certos produtos finais, e desde que não se encontrassem previamente presentes num específico segmento de desenvolvimento de certas tecnologias que representassem uma componente importante dos bens finais por si produzidos e comercializados, essas empresas seriam tidas como empresas não concorrentes no contexto da criação de uma empresa comum cujo objecto visasse, especificamente, as referidas tecnologias.

Ora, tal perspectiva de avaliação das empresas comuns de investigação e desenvolvimento não se nos afigura correcta. A subscrever-se a mesma, uma parte muito significativa das empresas comuns de investigação e desenvolvimento deveria ser considerada como integrando empresas não concorrentes, beneficiando, desde logo, da inerente presunção favorável. De resto, é a própria Comissão que, noutro trecho da Comunicação de 2001, rejeita uma tal perspectiva excessivamente restritiva dos mercados relevantes para a ponderação dos efeitos decorrentes desta subcategoria de empresas comuns. Assim, como se sustenta na referida Comunicação, se a investigação e desenvolvimento "(...) *disser respeito a uma importante componente de um produto final, o mercado relevante para a apreciação não será apenas o mercado dessa componente, mas igualmente o mercado do produto final existente*".[2034]

Em síntese, pensamos que a Comissão confundiu, de algum modo, dois índices de delimitação de modalidades de cooperação normalmente permitidas. Acresce que, contrariamente ao que parece sustentar a Comissão, as situações paradigmáticas de aplicação do segundo índice corresponderão, em regra, a projectos de cooperação desenvolvidos entre

---

[2034] Cfr. ponto 46 da Comunicação de 2001.

Parte III – Capítulo 3   1187

empresas concorrentes que, em termos razoáveis, não teriam condições para os realizar de modo independente.

De qualquer forma, consideramos que a concretização deste segundo índice de delimitação de modalidades de cooperação normalmente permitidas deve assentar em factores económicos claros e conclusivos, sob pena de o próprio critério em causa perder o seu valor ou relevância analíticos (no quadro do modelo de apreciação de empresas comuns que vimos expondo). Deverão, pois, estar em causa situações em que se identifiquem factores económicos diversos que tornem manifesta a improbabilidade de realização independente de certos projectos de investigação e de desenvolvimento, designadamente, em virtude de escalas de custos envolvidos nos mesmos, da desproporção entre esses custos e as perspectivas de retorno gerado por tais projectos, ou ainda da necessidade de combinar, em termos inovadores, recursos ou tecnologias distintas autonomamente detidos por duas ou mais empresas fundadoras.[2035]

Além disso, em mercados especialmente dinâmicos e complexos, caracterizados pela diversificação de fontes de informação,[2036] tal impossibilidade manifesta, por parte de empresas concorrentes, de realizarem, separadamente, certos projectos de investigação e desenvolvimento pode resultar da necessidade de agregar, em empresas comuns, terceiras entidades que não se encontram presentes nos mercados de bens finais produzidos com as tecnologias que se encontrem em questão, mas que detenham formas específicas de *"saber fazer"*.

[2035] Tenha-se presente, *vg.*, como situação paradigmática de tal impossibilidade por parte de certas empresas de desenvolverem autonomamente determinados projectos de investigação e desenvolvimento o caso apreciado em *"US Dep't of Justice Business Review Letter to the American Heart Ass'n, 1998 DOJBRL LEXIS 7 (Mar. 20, 1998)"* no qual o *Department of Justice* confirmou a sua intenção de não questionar alterações a uma empresa comum de investigação e desenvolvimento entre produtores farmacêuticos, a qual se mostrava essencial para a prossecução de actividades de investigação em domínios muito específicos na área cardiovascular. Em contrapartida, no plano comunitário a Comissão tem com frequência revelado, no passado recente, uma propensão exageradamente restritiva para enquadrar esse tipo de situações na aplicação do n.º 3 do artigo 81.º CE (admitindo, pela nossa parte, como adiante se observará, que diversas situações com esses contornos deveriam, desde logo, ser consideradas não cobertas pela regra geral de proibição do n.º 1 do artigo 81.º CE).

[2036] Mercados especialmente dinâmicos, caracterizados por uma considerável diversidade das fontes de informação com contornos que tivemos ensejo de caracterizar, em termos gerais, no início da nossa apresentação da subcategoria da empresa comum de investigação e desenvolvimento e das suas finalidades essenciais.

1188   *Empresas comuns* – Joint Ventures

Esse tipo de situações é trazido à colação na Comunicação de 2001 apenas como ilustração de formas de cooperação entre entidades não concorrentes, incluindo, também, casos de *"subcontratação de actividades de investigação e desenvolvimento antes realizadas internamente (...)"* em certas empresas. Referem-se, especificamente, na Comunicação de 2001, os casos de cooperação com envolvimento de *"empresas especializadas, institutos de investigação ou organismos académicos que não participam na exploração dos resultados decorrentes desses trabalhos"*.[2037] Ora, tais situações podem originar, não apenas empresas comuns entre entidades não concorrentes – em que, como se assinala, justamente, na Comunicação, o *"carácter complementar dos participantes da cooperação (...)"* leva à não aplicação do n.º 1 do artigo 81.º CE – mas, também, empresas comuns, de tipo mais complexo, congregando empresas concorrentes em mercados de certos bens finais e terceiras entidades (institutos de investigação ou universitários) que disponham de informações ou recursos essenciais para o projecto de investigação e não acessíveis, de outro modo, às primeiras empresas.[2038] Nestes últimos casos, também não se justificaria, em princípio, a aplicação do referido n.º 1 do artigo 81.º CE, em virtude da aplicação do segundo critério analítico que temos vindo a considerar (formas de cooperação entre empresas concorrentes que não poderiam realizar de modo independente determinado projecto de investigação e desenvolvimento).

Devemos sublinhar que também a utilização deste segundo índice de delimitação de modalidades de empresas comuns de investigação e desenvolvimento normalmente permitidas pode, em condições excepcionais, ser afastada em função de um critério negativo correspondente à verificação de efeitos que concorram para a impossibilidade de acesso de terceiros ao mercado que se encontre em questão. Já, à semelhança do que observámos em relação ao primeiro índice de formas de cooperação permitidas, acima considerado, admitimos que o outro critério negativo normalmente considerado para contrabalançar tais índices – a existência de um poder de

---

[2037] Cfr. ponto 57 da Comunicação de 2001.

[2038] Sobre a relevância específica do factor informação em certos mercados e a diversificação das fontes que a podem produzir, impondo, consequentemente, novos processos de organização empresarial, cfr., *inter alia*, MICHAEL PORTER, "Michael Porter on Competition", in AB, 1999, pp. 841 ss. e WALTER W. POWELL, *Neither Market Nor Hierarchy: Network Forms of Organization*, in *Research in Organizational Behavior*, LL. CUMMINGS, B. SHAW, Editors, Vol. 12, JAI Press: Greenwich CT, 1990, pp. 295 ss..

Parte III – Capítulo 3

mercado especialmente intenso por parte dos entes que integram a empresa comum – não será, em regra, aplicável em relação ao tipo de situações de que ora nos ocupamos.

Na realidade, com relativa frequência, a detenção de poder de mercado muito elevado por parte de potenciais empresas fundadoras de uma empresa comum de investigação e desenvolvimento terá associada a capacidade autónoma dessas empresas para desenvolver projectos nessas áreas tendentes à inovação empresarial, o que preclude, *ab initio*, a aplicação do índice analítico em causa. Nas situações – menos frequentes – em que, por razões muito específicas, a detenção desse elevado poder de mercado não confira às empresas envolvidas a capacidade para o desenvolvimento autónomo de projectos de investigação e desenvolvimento, então, tal poder de mercado não deverá constituir, por si, um factor relevante para desconsiderar a aplicação do segundo índice de modalidades de cooperação permitidas.[2039]

Deste modo, também a esta luz, poderemos afirmar que a subcategoria das empresas comuns de investigação e desenvolvimento tende, por princípio, a reunir condições de apreciação jusconcorrencial favorável – no sentido da não sujeição à proibição estabelecida no n.º 1 do artigo 81.º CE – em virtude de uma maior susceptibilidade de aplicação intensa de dois dos critérios nucleares de delimitação de situações de cooperação permitidas,[2040] e de uma menor exposição dos mesmos a critérios negativos que os possam contrabalançar.

2.3.3.3. *Existência de poder de mercado pouco significativo das empresas fundadoras*

Como acima se refere, o terceiro índice analítico que consideramos no nosso modelo de apreciação de empresas comuns para delimitar formas

---

[2039] Cfr. a este propósito a análise desenvolvida *supra* – capítulo primeiro desta **Parte III**, ponto 2.2. – sobre os critérios negativos que contrabalançam o primeiro índice de delimitação de situações em princípio permitidas ("*safe harbours*").

[2040] Referimo-nos aqui, bem entendido, aos critérios indiciários correspondentes à *cooperação entre empresas não concorrentes* e à *cooperação entre empresas concorrentes que não poderiam desenvolver de modo autónomo determinados projectos*, que vimos analisando criticamente em relação às empresas comuns de investigação e desenvolvimento.

de cooperação tipicamente lícitas corresponde à existência de um poder de mercado especialmente débil por parte das empresas fundadoras de uma empresa comum. Entendemos, ainda, que em relação à generalidade das empresas comuns – e não apenas no que respeita àquelas que tenham por objecto projectos de investigação e desenvolvimento – esse índice deve ser, fundamentalmente, concretizado através das quotas de mercado detidas pelas empresas participantes nos mercados afectados pela cooperação que se encontre em causa. Para esse feito, justifica-se, segundo cremos, uma articulação lógica com os parâmetros delineados na Comunicação da Comissão relativa aos acordos de importância menor (Comunicação *de minimis*, de 2001).[2041] Na realidade, deveria existir, em termos globais, uma maior coordenação sistemática entre as orientações e parâmetros analíticos delineados nessa Comunicação *de minimis* e na Comunicação de 2001.[2042]

Pela nossa parte, sustentamos que os critérios previstos na nova Comunicação *de minimis* para delimitar os acordos que não tendem a produzir restrições sensíveis da concorrência, e que, como é sabido, passaram a assentar, exclusivamente, em limiares quantificados de quotas de mercado, devem constituir uma referência primacial para a concretização do nosso terceiro índice de análise, em matéria de empresas comuns, referente à existência de um poder de mercado pouco significativo.

Assim, tomando em consideração os dois critérios essenciais estabelecidos nessa Comunicação *de minimis*, respeitantes à existência de quotas de mercado agregadas das partes em certo acordo não superiores a 10%, ou a 15%, em qualquer dos mercados relevantes afectados pelo mesmo acordo – conforme se trate de acordos concluídos, respectivamente, entre empresas concorrentes (em termos efectivos ou potenciais) ou entre empresas não concorrentes –[2043] pensamos que se pode eleger um

---

[2041] Reportamo-nos aqui à *"Comunicação da Comissão relativa aos acordos de pequena importância que não restringem sensivelmente a concorrência nos termos do n.º 1 do artigo 81.º do Tratado"*, de Dezembro de 2001, já cit..

[2042] Temos naturalmente presente o facto de a adopção de denominada Comunicação *de minimis* ser posterior à adopção da Comunicação contendo orientações sobre os acordos de cooperação horizontal – que temos denominado, abreviadamente, como Comunicação de 2001. De qualquer modo, a proximidade temporal entre essas duas Comunicações interpretativas e, sobretudo, o teor da Comunicação *de minimis* anterior, então em processo de revisão, teriam permitido, em nosso entender, uma fundamental articulação entre as mesmas, fazendo convergir os seus critérios materiais de referência.

[2043] Cfr. ponto 7 da Comunicação *de minimis* de 2001, cit.

parâmetro único de referência para a concretização do terceiro índice de apreciação de empresas comuns normalmente permitidas. Apesar de este terceiro índice visar, fundamentalmente, as situações respeitantes à constituição de empresas comuns que congreguem empresas fundadoras concorrentes – visto que os casos relativos a empresas comuns constituídas por empresas não concorrentes se encontrarão, em regra, cobertos pelo primeiro índice, acima considerado – não subscrevemos, neste plano da análise das empresas comuns, a adopção do limiar mais exigente de 10% de quota de mercado, contemplado na Comunicação *de minimis* em relação às situações de cooperação entre entidades concorrentes.

Preconizamos, em contrapartida, a adopção de um único parâmetro de referência correspondente a um limiar compreendido entre 10% e 15% de quota de mercado agregada das empresas fundadoras nos mercados afectados pela constituição de certa empresa comum.[2044] Na verdade, atendendo aos elementos de eficiência económica normalmente associados à vertente de integração que se encontra presente nas empresas comuns – mesmo quando se trate de subcategorias como as que ora analisamos, não passíveis de qualificação como operações de concentração – consideramos que se justifica estabelecer um limiar de quota de mercado mais flexível do que aquele que é contemplado, em geral, para os meros acordos de cooperação, com vista à delimitação de situações que, em princípio, devem ser permitidas à luz do n.º 1 do artigo 81.º CE.[2045]

[2044] Devemos salientar, uma vez mais, a importância, no novo enquadramento resultante do processo de descentralização na aplicação do direito comunitário da concorrência, dos ónus assumidos pelas partes quanto à análise das próprias situações de cooperação empresarial que as envolvam, visto que as mesmas não se encontram já sujeitas a procedimentos de notificação prévia. Neste contexto, a avaliação que as empresas façam, desde logo, dos *mercados relevantes que se encontrem em causa* e, num segundo plano da *possível recondução dos seus acordos a áreas de cooperação em princípio permitida* (*"safe harbours"*) assume um papel determinante. Sobre os aspectos envolvidos na definição de mercados relevantes que ora não desenvolvemos, cfr. os elementos expostos *supra*, capítulo segundo da **Parte II** (ponto **4.**). Sobre o novo *"ambiente"* jurídico em que as empresas passarão a actuar com o termo do sistema de notificação obrigatória *ex ante*, em termos que poderão desejavelmente conduzir a alguma *"deterrence"* de formas de cooperação potencialmente restritivas da concorrência, o que pressupõe, em contrapartida, exigências acrescidas de *"knowledge and predictability of substantive rule"*, cfr. WOUTER WILS, *The Optimal Enforcement of EC Antitrust Law – Essays in Law and Economics*, Kluwer Law International, 2002, esp. pp. 113 ss. e pp. 116 ss..

[2045] Sobre os elementos indutores de alguma margem de ponderação jusconcorrencial favorável, associados ao elemento de integração empresarial presente na figura da

1192   *Empresas comuns* – Joint Ventures

Importa clarificar que este limiar de referência de quota de mercado que procuramos estabelecer em ordem à concretização do terceiro índice analítico em apreço, no quadro do nosso modelo global de apreciação das empresas comuns, não deve ser confundido com os limiares de quota de mercado previstos como condições de aplicação de isenções por categoria referentes a acordos de investigação e desenvolvimento e a acordos de especialização, e abarcando empresas comuns que actuem nesses domínios funcionais (condições previstas, designadamente, no Regulamento (CE) n.º 2659/2000 e no Regulamento (CE) n.º 2658/2000, relativos a esses tipos funcionais de acordos entre empresas).[2046] Essas condições reportam-se à aplicação de isenções por categoria *ex vi* do n.º 3 do artigo 81.º CE e, diversamente, o limiar de referência de quota de mercado agregada de empresas fundadoras de empresas comuns que ora ponderamos visa identificar situações de cooperação empresarial que, em princípio, não se encontrem, de todo, sujeitas à proibição estatuída no n.º 1 do artigo 81.º CE.

É certo que se verifica com frequência uma preocupação analítica, em sede de aplicação de normas comunitárias de concorrência, no sentido de identificar como zonas paradigmáticas de segurança jurídica, em termos de cooperação empresarial, aquelas situações que se encontrem cobertas pelas condições de aplicação de Regulamentos comunitários de isenção por categoria *ex vi* do n.º 3 do artigo 81.º CE. Todavia, essa metodologia de análise decorre, ainda, em nosso entender, de uma visão estrita, tradicional, da norma de proibição do n.º 1 do artigo 81.º CE. É porque se admite uma proibição muito lata ao nível desta disposição que se procura assegurar alguma segurança jurídica em relação a certas modalidades de empresas comuns, através de uma apreciação das mesmas predominantemente orientada para estabelecer a sua subsunção em determinada isenção por categoria, subalternizando-se o facto de tal subsunção pressupor, desde logo, que tais empresas comuns gerariam restrições da concorrência cobertas pela proibição estatuída no n.º 1 do artigo 81.º CE.

---

empresa comum e que a autonomiza precisamente em relação aos meros acordos de cooperação empresarial, cfr., em geral, os aspectos expostos *supra*, capítulo segundo da **Parte I** sobre os principais elementos definidores dessa figura em sede de aplicação de normas de concorrência.

[2046] Regulamentos de isenção por categoria de 2000, já cit.. Como já temos referido, o Regulamento referente a acordos de especialização assume considerável importância para a avaliação de empresas comuns de produção, a cuja análise se procede de seguida.

A gradual correcção que deve verificar-se nos processos hermenêuticos de concretização jurídica do regime constante do artigo 81.º CE, deve atenuar, ou mesmo afastar um aparente carácter *per se* da norma de proibição do n.º 1 dessa disposição.

Noutro plano, o limiar de quota de mercado ora considerado também não deve ser confundido com o critério de avaliação do poder de mercado das empresas, mediante a ponderação de partes de mercado detidas pelas mesmas, que delineámos como segundo estádio de análise no nosso modelo global de apreciação de empresas comuns, em relação às situações que, pelas suas características, exigem uma análise mais desenvolvida. Esse critério analítico, que adiante equacionamos, visa, em conjugação com outros parâmetros de análise, avaliar, em termos globais, as repercussões sobre o processo de concorrência de empresas comuns cuja conformação e inserção no mercado não permitam a sua imediata caracterização – mediante um único estádio preliminar de apreciação – como modalidades permitidas de cooperação, à luz do artigo 81.º CE.

Finalmente, importa considerar, nesta articulação com os parâmetros estabelecidos na Comunicação *de minimis*, a ressalva que na mesma foi formulada em relação a efeitos especiais de restrição da concorrência resultantes da existência de redes paralelas de acordos de cooperação entre empresas, provocando consequências semelhantes no mercado. Situações desse tipo podem ocorrer, também, no domínio da constituição e funcionamento de empresas comuns, nos casos em que se assista à criação de *redes paralelas de empresas comuns* – produzindo um *potencial efeito de exclusão cumulativo* – *integradas por diferentes empresas ou, mesmo, caracterizadas pela participação de certas empresas fundadoras em diversas dessas entidades.*[2047]

De acordo com a Comunicação *de minimis*, as especiais repercussões dessas situações de cooperação empresarial justificam a aplicação de um critério analítico mais estrito e exigente, baseado numa quota de mercado agregada das empresas participantes de 5% dos mercados afectados pela cooperação, independentemente de se encontrarem em causa acordos entre empresas concorrentes ou entre entidades não concorrentes. Pela nossa

---

[2047] Cfr. o ponto 8 da Comunicação *de minimis*, cit. na parte em que se refere a possibilidade de a "*concorrência ser restringida (…) pelo efeito cumulativo de acordos de venda de bens ou de serviços concluídos por diferentes fornecedores ou distribuidores (efeito de exclusão cumulativo provocado por redes paralelas de acordos que produzem efeitos semelhantes no mercado) (…)*".

1194   *Empresas comuns* – Joint Ventures

parte, entendemos que, em matéria de apreciação de efeitos emergentes da constituição de empresas comuns, tais situações complexas, de existência de *redes mais ou menos sobrepostas de empresas comuns*, devem ser objecto de uma avaliação autónoma. Esta necessidade de avaliação autónoma exclui, segundo esse nosso entendimento, a possibilidade de caracterizar empresas comuns que se encontrem nessas condições como modalidades de cooperação em princípio não sujeitas à proibição estabelecida no n.º 1 do artigo 81.º CE com base em quaisquer critérios analíticos baseados em limiares de quotas de mercado das empresas envolvidas.[2048]

Acresce, ainda, que a aplicação de qualquer um dos três índices analíticos sucessivamente tratados neste nosso estudo – dirigidos à identificação liminar de *situações que, em princípio, não se encontrem cobertas pela proibição prevista no referido n.º 1 do artigo 81.º CE* – será, de modo inelutável posta em causa, caso os respectivos pressupostos concorram com outras condições ou aspectos susceptíveis de gerar restrições da concorrência especialmente graves.[2049] Na realidade, a avaliação jus-

---

[2048] A Comunicação *de minimis* propõe no seu ponto 8 a ponderação de específicas quotas de mercado para aferir eventuais efeitos de exclusão cumulativos decorrentes de redes paralelas de acordos entre as mesmas empresas. Pela nossa parte, e no que respeita especialmente às empresas comuns de investigação, criadas num contexto de redes de várias empresas comuns envolvendo os mesmos participantes, pensamos que não se justifica tomar em consideração específicas quotas de mercado das empresas envolvidas. Como atrás referimos, a consequência a retirar de tal situação deverá ser a sujeição dessas empresas comuns a processos de análise mais desenvolvidos e a sua não inclusão em áreas de cooperação normalmente permitidas (*"safe harbours"*). Sobre a realidade específica das redes de empresas comuns, cfr. o estudo já cit. de JOHN TEMPLE LANG, *International Joint Ventures Under Community Law*, pp. 381 ss., esp. pp. 409 ss., onde se refere a realidade das *"multiple joint ventures"* ou de *"networks of joint ventures"*.

[2049] Pensamos aqui, designadamente, em *sistemas de contrato* mais complexos desenvolvidos para o estabelecimento de certas empresas comuns e no âmbito dos quais, para além de um núcleo funcional essencial – *vg.* orientado para actividades de investigação e desenvolvimento – se prevejam feixes complementares de obrigações relacionados com o controlo de certas partes da produção ou de factores decisivos para a fixação dos preços em relação a certas transacções associadas à actividade das empresas-mãe, configurando o que se possa denominar como restrições acessórias da concorrência com alcance especialmente amplo. Sobre esta figura das *restrições acessórias da concorrência* (*"ancillary restraints"*) no quadro da constituição de empresas comuns, a qual não é objecto de estudo *ex professo* nesta dissertação, e comentando várias decisões onde essa matéria foi aflorada, cfr. VALENTINE KORAH, "Collaborative Joint Ventures for Research and Development Where Markets are Concentrated: The Competition Rules of the Common Market and the Invalidity of Contracts", in Ford Int L J., 1992, pp. 248 ss..

Parte III – Capítulo 3

concorrencial de empresas comuns é crescentemente baseada na ponderação do poder de mercado das empresas envolvidas e nas consequências económicas do exercício desse poder ou das variações do mesmo, mas com a particularidade de tal poder ser apreendido através de análises economicamente mais complexas (e que não se restringem aos aspectos ou elementos indiciários apreendidos através das quotas de mercado conjuntas das empresas envolvidas).[2050]

2.3.4. Primeiro estádio de análise das empresas comuns de investigação e desenvolvimento – as situações normalmente proibidas

No quadro do modelo global de apreciação de empresas comuns que delineámos, o primeiro estádio de análise destas entidades é também

---

[2050] Esse eixo director da avaliação jusconcorrencial das empresas comuns submetidas ao regime do artigo 81.º CE, assente na ponderação do poder de mercado das empresas envolvidas e nas consequências económicas do exercício desse poder ou das variações do mesmo, vem exercendo uma influência significativa noutros domínios de análise do fenómeno da cooperação entre empresas. A importância central da *avaliação crítica do poder de mercado* – como elemento adquirido em todos os sucessivos estádios de análise de empresas comuns no modelo geral que preconizamos – vem, assim, sendo progressivamente incorporada em todos os processos de análise em sede de interpretação e aplicação do artigo 81.º CE e, mais latamente, vem também sendo incorporada na própria matriz teleológica do direito comunitário da concorrência (em termos que teremos ensejo de apreciar numa perspectiva sistemática e conclusiva, que assume um conjunto fundamental de corolários decorrentes da análise das empresas comuns, na **Parte IV** desta dissertação). Além disso, a apreensão e avaliação do poder de mercado através de outros parâmetros complementares para além das quotas de mercado das empresas envolvidas – que a análise das empresas comuns submetidas ao regime do artigo 81.º CE tem estimulado devido à sua *conjugação de dimensões estruturais e de comportamento* – permite superar as limitações do que autores como Camesasca e Van den Bergh designaram justamente como "*indirect structuralist approach*". Essa *perspectiva estruturalista indirecta* assenta no reconhecimento da importância da aferição do poder de mercado das empresas, mas numa orientação excessivamente tributária da ponderação do *estrito elemento estrutural* que corresponde às *quotas de mercado das empresas* (cfr. As. cit., "Achilles Uncovered: Revisiting the European Commission's 1997 Market Definition Notice", cit., p. 147). No conjunto mais complexo de elementos analíticos utilizados para a avaliação do poder de mercado das empresas e das suas consequências contam-se, *vg.*, modelos empíricos de apreciação de *condições de entrada nos mercados*, bem como factores que influam no comportamento estratégico previsível do comportamento das empresas de acordo com pressupostos desenvolvidos pela denominada *teoria dos jogos* ("*game theory*").

1196   *Empresas comuns* – Joint Ventures

orientado para a detecção, sendo caso disso, de modalidades de cooperação empresarial quase sempre proibidas *ex vi* do artigo 81.º CE.[2051] Trata-se, como já referimos, de identificar situações de cooperação que, pelo seu específico conteúdo funcional, produzam restrições da concorrência normalmente cobertas por verdadeiros parâmetros de proibição *per se*, à luz do n.º 1 do artigo 81.º CE, e não susceptíveis de justificação com base nas previsões do n.º 3 do mesmo artigo 81.º (restrições da concorrência associadas, de modo mais ou menos automático, a certas modalidades de cooperação que coincidem, no essencial, como também já observámos, com as principais proibições *per se* impostas no direito da concorrência norte-americano).[2052]

Essas situações de cooperação empresarial normalmente proibidas pelo direito comunitário da concorrência verificam-se – como assinalámos na nossa análise geral – nos casos em que a constituição de empresas comuns conduza a três formas paradigmáticas de afectação da concorrência, compreendendo, a saber, os acordos tendentes à fixação de preços, à limitação da produção e à repartição de mercados ou de clientela. De resto, e numa perspectiva sistemática que consideramos coerente, verifica-se uma notável coincidência na identificação dessas três modalidades de acordos sujeitos a proibição *per se* na Comunicação de 2001 e na Comunicação *de minimis*.[2053]

Ora, em tese geral, consideramos que não existe qualquer especificidade neste plano de análise em relação à apreciação de empresas comuns de investigação e desenvolvimento. Noutros termos, tal equivale a reconhecer que, caso no contexto da criação e funcionamento desta subcategoria de empresas comuns, sobrevenham, de modo directo ou indirecto, compromissos conducentes a qualquer uma das três restrições paradigmáticas acima identificadas, essas empresas comuns devem, em regra,

---

[2051] Sobre este específico plano de análise, no quadro do modelo geral de apreciação de empresas comuns que preconizamos, cfr. os aspectos expostos *supra*, no ponto 2.3. do capítulo primeiro desta **Parte III** para os quais remetemos.

[2052] Também sobre esse paralelismo com a lógica normativa das proibições *per se*, e de modo a evitar desnecessárias repetições, remetemos para os aspectos expostos no referido ponto 2.3. do capítulo primeiro desta **Parte III**.

[2053] Aspecto que importa destacar, sobretudo porque, como tivemos ensejo de observar numa perspectiva crítica, essa desejável coerência sistemática entre as duas Comunicações interpretativas da Comissão – bem como entre outras Orientações interpretativas de carácter geral – nem sempre se tem verificado, com graves prejuízos para a construção de padrões hermenêuticos consistentes e estáveis.

considerar-se proibidas *ex vi* do artigo 81.º CE. Contudo, o que diferencia, de modo claro, o tratamento da referida subcategoria de empresas comuns em relação a outros tipos de empresas comuns consiste no facto de os conteúdos funcionais que, de forma recorrente, se encontram associados à mesma dificilmente poderem gerar essas três restrições da concorrência objecto de proibições *per se*. Deste modo, entendemos que – diversamente do que sucede com outras subcategorias de empresas comuns – serão verdadeiramente excepcionais os casos de recondução de empresas comuns de investigação e desenvolvimento a modalidades de cooperação sujeitas a proibições *per se*.

Como, justamente, se sustenta na Comunicação de 2001, esse tipo de situações tenderá, apenas, a ocorrer "*se o verdadeiro objectivo de um acordo não for investigação e desenvolvimento, mas a criação de um cartel disfarçado(...)*".[2054] Assim, no que respeita a empresas comuns formalmente delineadas como entidades visando projectos de investigação e desenvolvimento, mas orientadas na realidade concreta do seu funcionamento para a coordenação do comportamento das empresas-mãe quanto a aspectos fundamentais do processo de concorrência – *vg*., preços, quantidade e qualidade de produção – será, em última análise, a presença de um elemento de simulação, que pode determinar a sujeição das mesmas a formas *per se* de proibição.

De qualquer modo, a probabilidade de introdução de tais elementos de simulação será maior em relação a empresas comuns de tipo complexo, combinando actividades de investigação e desenvolvimento e certas formas de exploração conjunta dos resultados gerados por essa investigação (no quadro das quais os projectos de investigação e desenvolvimento correspondessem, supostamente, à vertente dominante da actividade conjunta). Concebemos com alguma dificuldade a utilização de empresas comuns que tenham como objecto puras actividades de investigação e desenvolvimento para a coordenação de comportamentos das empresas--mãe em relação a aspectos primaciais da sua política comercial no mercado de bens finais em que as mesmas operem. Admitimos, tão só, que essas situações possam ocorrer, de modo absolutamente excepcional, no quadro de empresas comuns que congreguem empresas concorrentes com elevado poder de mercado, e cujas estruturas permanentes só de forma aparente suportem um programa contratual de investigação e desenvolvi-

---

[2054] Cfr. ponto 59 da Comunicação de 2001.

Empresas comuns – Joint Ventures

mento e, em concreto, constituam o suporte de processos intensivos de troca de informações abarcando matérias sensíveis para o posicionamento dessas empresas nos mercados de bens finais em que actuam.[2055]

A enumeração no novo Regulamento de isenção por categoria referente a acordos de investigação e desenvolvimento – o qual é, naturalmente, aplicável em relação a empresas comuns com esse objecto – de restrições anticoncorrenciais especialmente graves, e cuja verificação preclude o benefício dessa isenção, constitui, em nosso entender, uma referência importante para a delimitação de modalidades de empresas comuns de investigação e desenvolvimento que devam considerar-se normalmente proibidas (ou cobertas por verdadeiros parâmetros *per se* de proibição). Como é sabido, este Regulamento alterou a metodologia de aplicação da isenção por categoria relativa à referida área de cooperação empresarial, em relação ao anterior Regulamento n.º 418/85,[2056] deixando de enunciar cláusulas normalmente permitidas, em sede de isenção, e limitando-se, no essencial, a estabelecer critérios gerais de aplicação de isenção baseados numa perspectiva económica que, como é referido no Considerando 7 do mesmo Regulamento, pretende avaliar o impacto dos acordos nos mercados relevantes. Essa avaliação é, por um lado, estabelecida com base na determinação do poder de mercado das partes envolvidas e, por outro lado, na especificação de cláusulas ou restrições que não podem figurar nesses acordos, independentemente da quota de mercado das empresas em causa, em virtude do seu especial impacto negativo sobre o processo de concorrência.

[2055] Adaptando um dos exemplos de situações de referência apresentados nos pontos 75 e ss. da Comunicação de 2001 podemos configurar um desses casos relativamente excepcionais em que empresas comuns envolvendo puras actividades de investigação e desenvolvimento geram previsíveis efeitos de coordenação de comportamentos restritiva da concorrência ao nível da política comercial das empresas-mãe e nos mercados de bens finais em que estas operem. Pense.-se, *vg.*, numa empresa comum constituída por duas empresas farmacêuticas, com elevado poder de mercado, com vista a introduzir constantes melhorias e renovações em substâncias farmacêuticas das quais as empresas-mãe tivessem obtido patentes e que se encontrassem na base dos principais produtos farmacêuticos comercializados por essas empresas.

[2056] Sobre algumas das principais mutações substantivas subjacentes à transição do regime do Regulamento n.º 418/85 para o novo regime do Regulamento (CE) n.º 2659/ /2000 cfr., por todos, BELLAMY, CHILD, *European Community Law of Competition*, cit., pp. 321 ss..

Parte III – Capítulo 3   1199

Tal especificação é feita no artigo 5.º do Regulamento(CE) n.º 2569//2000, disposição na qual se enumeram diversas cláusulas ou elementos que *"directa ou indirectamente, isoladamente ou em combinação com outros factores que sejam controlados pelas partes, tenham por objecto (...)"* determinadas restrições da concorrência aí previstas. Duas observações se impõem em ordem a uma adequada ponderação dessas previsões, dirigida ao propósito analítico de identificar situações paradigmáticas de constituição de empresas comuns de investigação e desenvolvimento normalmente proibidas. Em primeiro lugar, como já tivemos ocasião de salientar, não atribuímos um significado particular à ideia de que as restrições em causa devam ter, estritamente, como objecto certos programas restritivos da concorrência. Consideramos, mesmo, algo artificiosa uma contraposição conceptual entre o objecto de certos acordos – na perspectiva do escopo das partes – e os efeitos dos mesmos acordos.[2057] O que importa, como já preconizámos, é identificar determinadas funções típicas de alguns acordos no sentido de introduzir algumas modalidades particularmente graves de restrições da concorrência.

Em segundo lugar, não consideramos que todos os elementos enumerados nas diversas alíneas do n.º 1 do artigo 5.º do Regulamento devam ser valorados do mesmo modo na perspectiva da identificação de modalidades de cooperação normalmente sujeitas a parâmetros *per se* de proibição. A função subjacente à sua previsão nessa disposição consiste, especificamente, em afastar o benefício da isenção por categoria, independentemente do nível de poder de mercado indiciado por certos limiares de quota agregada de mercado das empresas envolvidas. Ora, o afastamento de condições de aplicação de uma isenção, *ex vi* do n.º 3 do artigo 81.º CE, não desencadeia, automaticamente, a sujeição à proibição resultante do n.º 1 desse artigo 81.º. Em contrapartida, as situações que procuramos identificar reportam-se a casos de sujeição quase necessária a essa proibição, sem possibilidade alguma de aplicação de qualquer isenção. Não obstante, um determinado núcleo de situações expressamente previstas no Regulamento como não passíveis de isenção pode, certamente, indiciar, tais formas de cooperação necessariamente proibidas.

[2057] Tivemos já ensejo de destacar que essa ideia de contraposição entre o objecto e os efeitos de certos acordos ou modalidades de cooperação se mostra algo artificiosa, justificando essa nossa perspectiva crítica sobre a matéria. Cfr. o exposto *supra* no capítulo primeiro (ponto **2.**) desta **Parte III**.

1200   *Empresas comuns* – Joint Ventures

Considerando a experiência de análise resultante da *praxis* decisória e da jurisprudência comunitárias, bem como os parâmetros estabelecidos, quer na Comunicação de 2001, quer na Comunicação *de minimis*, entendemos que esse núcleo de situações corresponde, no essencial, aos aspectos previstos nas alíneas c) a g) do n.º 1 do artigo 5.º do Regulamento de isenção por categoria.

Assim, devemos, em princípio, englobar no perímetro de situações normalmente sujeitas a proibição *per se* os acordos que, de forma indissociável, integrem o sistema contratual de empresas comuns de investigação e desenvolvimento e que, enquanto tais, conduzam à *"limitação da produção ou vendas"*, à *"fixação de preços aquando da venda de produtos contratuais a terceiros"*, à *"restrição dos clientes que as empresas participantes podem fornecer"*, decorrido certo período após a data da primeira comercialização dos produtos contratuais, à *"proibição de efectuar vendas passivas de produtos contratuais em territórios reservados às outras partes"*, ou à *"proibição de comercializar os produtos contratuais ou de praticar uma política de vendas activas desses produtos nos territórios reservados a outras partes"*.[2058]

Importa sublinhar alguma coincidência entre esses tipos de situações e aquelas que, no quadro do ordenamento norte-americano da concorrência, são especialmente enumeradas no NCRPA como modalidades de cooperação não passíveis de beneficiar do regime favorável desse diploma. Na realidade, essas exclusões respeitam, designadamente, a situações de troca de informações entre empresas concorrentes, referentes a custos, vendas, margens de lucro, bem como a políticas comerciais ou de distribuição relativas a quaisquer produtos, processos ou serviços, e que, numa perspectiva de razoabilidade, não se mostrem exigíveis para o desenvolvimento do projecto de investigação e desenvolvimento que constitua o objecto de certa empresa comum. Tais exclusões abarcam, ainda, compromissos tendentes a restringir ou coordenar a produção ou a comer-

---

[2058] Consideramos que o conjunto de situações acima enunciadas devem, em princípio, integrar os domínios de cooperação normalmente sujeita a proibição, porquanto outras circunstâncias e, designadamente, a associação dessas situações a programas mais amplos de cooperação com outras implicações globais pode conduzir a repercussões menos desfavoráveis para o processo da concorrência. De resto, o próprio n.º 2 do artigo 5.º do Regulamento (CE) n.º 2659/2000 contempla uma expressa ressalva no sentido de atenuar o desvalor jurídico quanto a certas situações integradas em programas de cooperação mais amplos.

Parte III – Capítulo 3 1201

cialização de bens e serviços diversos dos activos ou direitos directamente emergentes do projecto de investigação e desenvolvimento subjacente à empresa comum (como patentes ou outros direitos de propriedade intelectual ou industrial), bem como acordos que influam na comercialização ou disponibilização de bens ou activos que não tenham sido desenvolvidos com base no projecto de cooperação em questão.[2059]

Verifica-se, pois, uma significativa confluência entre o núcleo dos referidos tipos de situações, excluídas do tratamento mais favorável do NCRPA, e as três modalidades paradigmáticas – conquanto passíveis de concretização através de múltiplas variantes – de restrições da concorrência emergentes de empresas comuns de investigação e desenvolvimento, que podem determinar, em sede de aplicação de normas comunitárias de concorrência, a sujeição, com carácter excepcional, de algumas dessas entidades a parâmetros *per se* de proibição.

Além disso, a formulação expressamente utilizada no NCRPA para delinear as referidas exclusões enfatiza, de algum modo, – em termos que se nos afiguram não apenas correctos mas sugestivos – que essas situações não admissíveis, no âmbito de empresas comuns de investigação e desenvolvimento, correspondem a verdadeiros desvios ou extensões dos programas contratuais fundamentais, tipicamente subjacentes às mesmas e que, em rigor, não seriam necessários à prossecução das missões básicas de investigação e desenvolvimento que as partes se propõem realizar em comum.

2.3.5. As empresas comuns de investigação e desenvolvimento que exigem uma análise mais aprofundada

2.3.5.1. *O segundo estádio de análise das empresas comuns de investigação e desenvolvimento*

2.3.5.1.1. O critério relativo à quota de mercado – aspectos gerais

De acordo com o nosso modelo global de apreciação de empresas comuns sujeitas ao regime previsto no artigo 81.º CE, procurámos con-

---

[2059] Cfr., a este propósito, o NCRPA – *15 U.S.C. § 4302 (b)*.

1202   *Empresas comuns* – Joint Ventures

cretizar um primeiro estádio paradigmático de análise, referente, em particular, à subcategoria das empresas comuns de investigação e desenvolvimento. Esse estádio preliminar de análise visou identificar – como fizemos
– tipos de situações de cooperação quase sempre permitidas, ou quase
sempre proibidas pelas normas de concorrência. Em relação a um terceiro
tipo de situações – aquelas que não se coadunem com a produção de um
juízo imediato, de sentido favorável ou desfavorável – impõe-se a realização de uma análise mais desenvolvida, com vista a aferir a sua compatibilidade com o regime do artigo 81.º CE.

Como expusemos, tal análise global incorpora aspectos que se
podem aproximar da metodologia da denominada *"regra de razão"* do
ordenamento norte-americano – mas que não são passíveis de uma qualquer associação linear à mesma – com vista à determinação do que qualificámos como efeito global, ou ponderado de certas empresas comuns sobre
a concorrência. Essa análise deverá incluir, além da referida avaliação
preliminar dos efeitos previsíveis da constituição de empresas comuns,
três estádios típicos de análise com os contornos gerais que já procurámos
enunciar.[2060]

No que respeita, especificamente, à subcategoria das empresas
comuns de investigação e desenvolvimento – de que ora nos ocupamos –
importa sublinhar, em primeiro lugar, que apenas uma pequena parcela das
mesmas deverá justificar processos de análise mais desenvolvidos e
complexos,[2061] diversamente do que sucede com outros tipos funcionais
de empresas comuns. Na realidade, tivemos ensejo de observar que será
frequente, em relação às múltiplas modalidades de empresas comuns de
investigação e desenvolvimento, a verificação, numa mera fase preliminar
de análise, da inexistência de efeitos apreciáveis de restrição da concorrência. Não obstante esta ressalva geral, propomo-nos densificar os restantes
estádios essenciais de análise que, em regra, devam ser observados quanto
ao conjunto potencialmente mais restrito de empresas comuns de inves-

---

[2060] Para uma exposição geral desses três estádios típicos de análise, para além de
um plano analítico preliminar, cfr. *supra*, capítulo primeiro, esp. pontos 2.1. e 2.4..

[2061] Como de seguida observaremos – *infra*, ponto 3. deste capítulo – em relação à
subcategoria das empresas comuns de produção já uma parcela comparativamente maior
dessas entidades justificará análises mais desenvolvidas em função de potenciais problemas de afectação da concorrência.

Parte III – Capítulo 3

tigação e desenvolvimento cuja compatibilidade com as normas de concorrência suscite dúvidas.[2062]

O segundo estádio de análise que delineámos no nosso modelo global de apreciação das empresas comuns corresponde a uma *avaliação, de pendor estrutural, do poder de mercado das empresas envolvidas em processos de constituição e desenvolvimento deste tipo de entidades*, a qual deverá, por seu turno, ser baseada num *critério relativo à quota de mercado conjuntamente detida pelas empresas participantes nesses processos*.

Como já expusemos, e diversamente da metodologia adoptada pela Comissão na Comunicação de 2001, preconizamos a definição de um limiar comum de quota de mercado, que constitua, enquanto tal, um índice de graduação de poder de mercado aplicável à generalidade das empresas comuns.[2063] Assim, o esforço analítico que desenvolvemos neste ponto visa construir um parâmetro de apreciação válido não apenas para a subcategoria das empresas comuns de investigação e desenvolvimento, mas também para as outras subcategorias que iremos, sucessivamente, analisar (pelo que, no quadro dessa análise dos diversos tipos funcionais de empresas comuns de que nos vamos ocupar *ex professo*, remeteremos o tratamento deste critério referente à quota de mercado para o estudo que ora se desenvolve).

Não ignoramos que este critério referente à quota de mercado pode, por um lado, revestir-se de alguma falibilidade como instrumento de avaliação do poder de mercado das empresas e que, por outro lado, a sua concretização jurídica pode suscitar dúvidas, ou indefinições importantes, *maxime* no que respeita à necessária definição dos mercados relevantes

---

[2062] Deste modo, sem prejuízo da ressalva acima feita quanto ao facto de uma menor parcela de empresas comuns de investigação e desenvolvimento justificar análises mais desenvolvidas de eventuais problemas de afectação da concorrência, no que respeita às situações que justificam tais análises, e que convocam, assim, os vários estádios de apreciação que delineamos no modelo analítico por nós preconizado, o estudo que desenvolvemos neste ponto e nos pontos seguintes pode ser tomado, quanto a diversos aspectos, como *uma espécie de densificação jurídica geral desse modelo analítico em relação a todo o universo das empresas comuns submetidas ao regime do artigo 81.º CE* (daí, uma maior extensão da presente secção dedicada à subcategoria das empresas comuns de investigação e desenvolvimento, mas com implicações para a compreensão dos outros principais tipos funcionais de empresas comuns não qualificáveis como concentrações).

[2063] As razões para essa opção metodológica foram expostas no ponto 2.4.2. do capítulo primeiro desta **Parte III**, para o qual remetemos.

que se encontrem em causa.[2064] Em contrapartida, pensamos que tal critério apresenta como mérito a sua própria simplicidade, consubstanciada num valor analítico indiciário retirado de limiares quantitativos objectivos.

O que importa, em nosso entender, para salvaguardar uma utilização equilibrada do mesmo será a sua conjugação com outros parâmetros de apreciação – nos termos que vimos enunciando – no quadro do um processo analítico global e pré-ordenado, que permita oferecer alguma previsibilidade aos agentes económicos. Além disso, quaisquer inconvenientes relacionados com uma suposta menor operacionalidade deste critério analítico, que pudesse resultar, em especial, das dificuldades dos processos de definição de mercados relevantes, encontram-se, segundo cremos, atenuados, devido aos significativos progressos da análise jurídico-económica tendente a tal delimitação dos mercados.[2065] Na verdade, apesar da inelu-

---

[2064] No que respeita a uma relativa *falibilidade* do critério analítico da *quota de mercado*, e como já referimos, a mesma pode revestir-se de aspectos especialmente críticos em relação ao funcionamento de mercados de produtos ou serviços *diferenciados*. Além disso, o inegável poder económico e capacidade de intervenção sobre o mercado que resulta em princípio da detenção de elevadas quotas de mercado podem ser eficazmente contrabalançados por outras vantagens detidas por terceiras empresas (concorrentes efectivos ou potenciais) e relacionadas com factores não puramente estruturais. Daí a vantagem do modelo global de análise que propomos no qual o critério estrutural da quota de mercado é necessariamente combinado com outros parâmetros de avaliação jusconcorrencial de diferente natureza. Quanto aos mercados de bens *diferenciados*, e como adiante observaremos a propósito de outros estádios de análise das empresas comuns, critérios complementares ou alternativos à quota de mercado podem com vantagem ser utilizados, como *vg.*, as *estimativas relativas à procura estrutural* e suas variações ("*structural demand estimation*"), analisando, através de novas técnicas econométricas, previsíveis tendências de resposta dos consumidores a variações de preços de produtos que apresentem proximidade entre si nas escolhas desses consumidores (cfr., em geral, sobre essas metodologias de análise assentes em processos econométricos especialmente desenvolvidos no contexto do ordenamento norte-americano da concorrência, SIMON BAKER, ANDREA COSCELLI, "The Role of Market Shares in Differentiated Product Markets", cit., pp. 412 ss.). De qualquer modo, o que é metodologicamente incorrecto, em nosso entender, é não apenas uma estrita perspectiva estrutural de análise, como orientações extremas de sentido oposto que pretendam pôr em causa, de forma absoluta, o inegável valor analítico do critério da quota de mercado, que fornece indicações objectivas e facilmente apreensíveis.

[2065] Sobre os progressos na metodologia jurídico-económica utilizada para a delimitação de mercados relevantes, quer no quadro do direito norte-americano da concorrência, quer, mais tardiamente, no plano do direito comunitário da concorrência, cfr. os aspectos expostos *supra*, capítulo segundo da **Parte II**, esp. pontos 4.2.1.4. e 4.2.1.5. Como aí sustentámos, apesar da necessidade de consolidar esses progressos metodoló-

Parte III – Capítulo 3   1205

tável complexidade de que se reveste essa análise, a mesma assenta já num *corpus* desenvolvido de orientações que permite aumentar a segurança jurídica das empresas confrontadas com a necessidade de assumir determinados pressupostos nesse domínio. De resto, a prática de análise recorrente e assente em critérios estabilizados – passíveis de utilização em processos decisórios sujeitos a prazos limitados – de formas de delimitação de mercados relevantes, em sede de controlo de concentrações sujeitas ao RCC, incluindo empresas comuns qualificáveis como concentrações, tem contribuído, decisivamente, para consolidar orientações gerais a seguir neste plano, para efeitos de aplicação do artigo 81.º CE.[2066]

A nossa opção metodológica pela definição de um único limiar geral de quota de mercado que possa ser ponderado na apreciação de quaisquer tipos funcionais de empresas comuns – incluindo, naturalmente, empresas comuns de tipo misto – comporta, é certo, alguns problemas de compatibilização com os padrões hermenêuticos gerais delineados pela Comissão e, sobretudo, com soluções adoptadas *de iure condito* em sede de Regulamentos de isenção por categoria (*maxime*, naqueles que se mostram mais directamente relevantes para a apreciação de empresas comuns, como são, indubitavelmente, os Regulamentos referentes aos acordos de investigação e desenvolvimento e aos acordos de especialização). Contudo, não se nos afigura impossível o propósito hermenêutico de coadunar a referida opção com estas últimas orientações e soluções.

Assim, importa ter presente que o limiar geral de quota de mercado que procuramos erigir em critério de apreciação de empresas comuns, con-

---

gicos a crescente utilização e, sobretudo, a sistematização em modelos pré-definidos e passíveis de oferecer alguma previsibilidade, de processos econométricos vem tornando mais fundamentados os juízos de delimitação de mercados relevantes (a um ponto em que já não se nos afigura sustentável qualquer orientação que questione as metodologias de avaliação do poder de mercado em função de critérios indiciários de quota de mercado, devido a uma suposta menor fiabilidade geral, ou *alea* excessiva, dos juízos de delimitação do mercado que suportam os cálculos de quotas de mercado).

[2066] Tivemos, precisamente, ensejo no acima referido ponto **4.** do capítulo segundo da **Parte II** desta dissertação de salientar o contributo fundamental dos processos de análise de concentrações para os progressos na utilização sistemática de técnicas econométricas com vista à delimitação de mercados relevantes. É certo que em sede de apreciação de empresas comuns submetidas ao regime do artigo 81.º CE, e no contexto resultante da eliminação do anterior sistema de notificação prévia obrigatória aumentam os riscos para as empresas resultantes de erradas avaliações de mercados relevantes, a tomar em consideração.

1206 *Empresas comuns* – Joint Ventures

substanciando um segundo estádio de análise destas entidades, constitui um elemento entre outros – conquanto assuma considerável importância no quadro do modelo que delineámos – no processo de avaliação dos efeitos das referidas entidades em ordem a aquilatar a eventual aplicação da regra de proibição constante do n.º 1 do artigo 81.º CE. A não ultrapassagem desse limiar de quota de mercado permitirá formar um juízo indiciário favorável a determinada empresa comum, o qual pode, contudo, ser afastado com base noutros factores emergentes de uma análise complementar de tal entidade, que não deverá ser dispensada. Desde que não tenha sido possível apurar, de modo conclusivo, a inexistência de quaisquer efeitos restritivos da concorrência, no quadro da fase preliminar de avaliação de empresas comuns que acima caracterizámos, impõe-se percorrer um percurso complexo de análise que não se esgota, então, na ponderação da quota de mercado das empresas envolvidas na empresa comum em questão, mesmo que este critério indicie uma menor probabilidade de verificação de repercussões negativas para a concorrência.

Ora, essa precisa função analítica desempenhada pelo critério da quota de mercado da empresa comum e respectivas empresas fundadoras, em sede de possível aplicação da proibição estatuída no n.º 1 do artigo 81.º CE, não deve, enquanto tal, ser confundida com a utilização de parâmetros igualmente assentes em quotas de mercado para efeitos de aplicação de isenções por categoria de que possam beneficiar certas empresas comuns. Existe, naturalmente, uma ligação importante entre o limiar de quota de mercado que ponderamos no âmbito do nosso modelo global de apreciação das empresas comuns e os limiares estabelecidos nos Regulamentos de isenção por categoria relevantes. Todavia, em sede de aplicação destes últimos regimes, os parâmetros referentes a quotas de mercado são utilizados num contexto em que se pressupõe a possível verificação de um juízo de desvalor, *ex vi* do n.º 1 do artigo 81.º CE, que será especialmente contrabalançado por uma dispensa de aplicação de tal proibição, com base nas razões justificativas previstas no n.º 3 do artigo 81.º CE. A esta luz não consideramos contraditório com o conjunto de soluções acolhidas *de iure condito*, em Regulamentos de isenção por categoria, delinear um limiar único de quota de mercado – como factor de apreciação relevante para apurar a eventual sujeição, ou não, de determinadas situações ao regime do n.º 1 do artigo 81.º CE – que, no que respeita a diversos tipos funcionais de empresas comuns, não seja coincidente com os limiares estabelecidos em Regulamentos de isenção por categoria aplicáveis às mesmas.

Parte III – Capítulo 3 1207

2.3.5.1.2. **A definição de um limiar quantitativo geral de quota de mercado**

No que respeita à definição propriamente dita deste limiar geral de quota de mercado, pensamos que importa tomar em consideração, quer os parâmetros já estabilizados na *praxis* decisória comunitária e na jurisprudência do TJCE e do TPI referentes à caracterização das situações de domínio, quer, numa perspectiva sistemática, os limiares de quota de mercado erigidos em critérios gerais de avaliação jusconcorrencial na Comunicação *de minimis* e no Regulamento de isenção por categoria referente a acordos de carácter vertical.[2067] Justifica-se, igualmente, ponderar a experiência resultante do direito comparado, *maxime*, do direito da concorrência norte-americano, no quadro dos paralelos constantes que temos vindo a estabelecer com esse ordenamento.

Assim, estando em causa a utilização de um critério, facilmente apreensível, de identificação de situações de detenção de um grau apreciável de poder de mercado – passível de justificar uma especial atenção aos efeitos decorrentes da constituição de determinadas empresas comuns – entendemos que o mesmo deve encontrar-se associado a um limiar de quota de mercado inferior aos limiares de referência normalmente considerados para apurar a existência de situações de domínio. Nestes termos, pensamos que esse critério geral de quota de mercado deve ser estabelecido a um nível consideravelmente inferior ao do limiar crítico de 40 % do mercado, o qual, como é sabido, constitui uma referência primacial para efeitos de avaliação de eventuais situações de *domínio do mercado*.[2068]

[2067] Sobre a nova perspectiva de ponderação de quotas de mercado no Regulamento de isenção por categoria referente a acordos de carácter vertical, de 1999 – já cit. – cfr., por todos, RICHARD WISH, "Regulation 2790/99: The Commission's New Style Block Exemption for Vertical Agreements", cit., pp. 887 ss..

[2068] A este propósito, cfr. a nossa análise de situações de domínio no quadro do teste da compatibilidade com o mercado comum em sede de apreciação de empresas comuns qualificáveis como concentrações no quadro do regime do RCC – *supra*, capítulo segundo desta **Parte III** (esp. ponto 2.2.2., no qual se pondera a utilização do *critério da quota de mercado das empresas participantes* em concentrações como *parâmetro de avaliação de eventuais posições de domínio*). Importa anotar que apesar da importância de um *limiar crítico de domínio* de algum modo associado a quotas de 40% do mercado, ou superiores – e originado em sede de aplicação do artigo 82.º CE – o mesmo não pode ser assumido como unívoco e a apreciação de posições de domínio, mesmo no que respeita

1208   *Empresas comuns* – Joint Ventures

Noutro plano, tal critério, a utilizar num segundo estádio de análise de empresas comuns cuja compatibilidade com o regime de concorrência suscite dúvidas, deve, forçosamente, assentar num limiar de quota de mercado superior àquele que tomámos em consideração como *terceiro tipo de índice de situações de cooperação normalmente permitidas, em sede de aplicação do n.º 1 do artigo 81 .º CE*. Recorda-se que, numa associação sistémica a que procedemos com os parâmetros de quota de mercado estabelecidos na Comunicação *de minimis*, embora com algumas adaptações à realidade da empresa comum, concretizámos o referido índice através de um único parâmetro de referência correspondente a um limiar compreendido entre 10% e 15% de quota de mercado agregada das empresas fundadoras de qualquer empresa comum.[2069]

No novo enquadramento comunitário dos acordos de carácter vertical – compreendendo o já referido Regulamento de isenção por categoria, mas também as *"Orientações Relativas às Restrições Verticais"* adoptadas em 2000[2070] – foi acolhido, na sequência de uma longa discussão de opções alternativas – um critério geral de quota de mercado correspondente a 30%.[2071] Esse critério constituiu um aspecto primacial

---

especificamente à ponderação do critério da quota de mercado, assume um natureza muito mais complexa (sendo necessário tomar em consideração outros limiares de referência progressivamente evidenciados, como observámos, na *praxis* decisória referente à aplicação do RCC). De qualquer modo, a própria ideia de avaliação ou *"medição"* de situações de domínio com base em critérios assentes em quotas de mercado não se encontra totalmente consolidada, contrariamente ao que se poderia supor. Cfr., sobre essas questões João Pearce de Azevedo, Mike Walker, "Market Dominance: Measurement Problems and Mistakes", in ECLR, 2003, pp. 640 ss..

[2069] Importa clarificar que nessa configuração de um terceiro tipo de índice de situações de cooperação (envolvendo empresas comuns) normalmente permitidas, assente na quota de mercado das empresas envolvidas, tomámos como referência sistémica na Comunicação *de minimis* – sem prejuízo da adaptação dos respectivos critérios, a que procedemos – o *limiar de quota de mercado referente à cooperação entre empresas concorrentes*. Fizemo-lo, designadamente, porque as situações de constituição de *empresas comuns entre empresas não concorrentes* já estão, *a se*, cobertas por outro índice que permite, em geral – sem prejuízo de critérios negativos, em sentido diverso, que também analisámos – a sua recondução às áreas de cooperação normalmente permitidas.

[2070] *"Orientações Relativas às Restrições Verticais"*, de Outubro de 2000, já cit..

[2071] Como explicitam os Considerandos 8 e 9 do Regulamento presume-se que, caso a quota de mercado do fornecedor ou do comprador nas relações verticais em causa seja inferior a 30% dos mercados afectados, se verifique uma melhoria na produção ou distribuição da qual os consumidores retirarão uma parte relevante dos benefícios, a menos

da profundíssima reformulação da metodologia de apreciação das restrições à concorrência de carácter vertical, caracterizada pelo abandono de regulações de pendor formal de determinadas estipulações contratuais e por uma *nova delimitação das questões relevantes de afectação da concorrência, em função do poder de mercado das empresas que se encontrem em causa.*[2072]

Ora, sendo consensualmente aceite na *praxis* de aplicação de normas comunitárias de concorrência e na doutrina comunitária que os referidos acordos de carácter vertical suscitam, em regra, menores preocupações, em termos de salvaguarda do processo de concorrência, do que os acordos concluídos num plano prevalecente de relações de tipo horizontal, daí resultam consequências importantes para a construção jurídica que ora nos ocupa. Tal pressuposto, referente a uma diferente intensidade dos juízos de desvalor associados a restrições de carácter horizontal ou vertical, vem sendo formalmente assumido, pelo menos, desde a revisão, em 1997, da Comunicação *de minimis*, nos termos da qual se adoptaram critérios de quota de mercado diferenciados em relação a cada um desses tipos de restrições.

Da assunção desse pressuposto resulta como corolário lógico inevitável que o critério geral de quota de mercado a estabelecer no quadro da apreciação das empresas comuns deverá ser, também, baseado num

que específicas disposições ou situações particularmente restritivas da concorrência (contempladas no artigo 4.º do Regulamento) estejam em causa. Importa anotar, contudo, que, em primeira linha, o parâmetro de referência para a concessão da isenção, *ex vi* do n.º 1 do artigo 3.º do Regulamento, é a *quota de mercado do fornecedor* (a quota de mercado do comprador só é contemplada, *ex vi* do n.º 2 do artigo 3.º do Regulamento, em relação às situações em que tenham sido estabelecidas obrigações de fornecimento exclusivo, tal como definidas na alínea c) do n.º 1 do Regulamento).

[2072] Sobre o significativo alcance, na perspectiva que acima enunciamos, da reforma global do enquadramento jusconcorrencial das restrições da concorrência de carácter vertical, cuja importância para a evolução globalmente considerada do direito comunitário da concorrência já temos também enfatizado, cfr., *inter alia*, Richard Wish, "Regulation 2790/99: The Commission's New Style Block Exemption for Vertical Agreements", cit., pp. 887 ss.; Subiotto, Amato, "Preliminary Analysis of the Commission's Reform Concerning Vertical Restraints", in W Comp, 2000, pp. 5 ss.; Steven Salop, *Analysis of Foreclosure in the EC Guidelines on Vertical Restraints*, cit., pp. 177 ss.; Alexander Schaub, *Vertical Restraints: Key Points and Issues Under the New EC Block Exemption Regulation*, in *International Antitrust Law & Policy – Annual Proceedings of the Fordham Corporate Law Institute – 2000*, Editor Barry Hawk, Juris Publishing Inc, 2001, pp. 201 ss..

limiar quantitativo inferior ao limiar de 30%, contemplado em matéria de restrições da concorrência de carácter vertical e, nesses termos, mais exigente do que este último. Importa sublinhar, neste ponto, que, em regra, as empresas comuns constituídas por entidades não concorrentes se devem considerar quase sempre permitidas, à luz do artigo 81.º CE, pelo que, de modo predominante, as situações que podem justificar análises mais desenvolvidas – nos termos que ora equacionamos – se reportam a empresas comuns envolvendo empresas concorrentes, ou situações de algum modo afins destas últimas.

Justifica-se, ainda, destacar o facto de, neste plano dos acordos de carácter vertical, a adopção de um parâmetro analítico especificamente dirigido à avaliação do poder de mercado se ter baseado num único limiar de referência de quota de mercado das empresas envolvidas em situações de cooperação. Esse aspecto é particularmente significativo, à luz de um elemento histórico de interpretação, visto que, no âmbito da preparação da reforma do enquadramento comunitário das restrições da concorrência de carácter vertical, concretizada entre 1999 e 2000, se chegou a ponderar a definição de dois limiares de quota de mercado como forma de graduar o poder de mercado de empresas.

Como é sabido, na sequência da adopção do denominado *"Livro Verde sobre as restrições Verticais"*,[2073] a Comissão equacionou a possibilidade de basear a sua nova metodologia de análise jurídico-económica – dirigida à triagem de restrições sensíveis da concorrência em função do poder de mercado das empresas envolvidas em situações de cooperação – num duplo limiar, correspondente a 40% e a 20% dos mercados que se encontrassem em causa.

Na verdade, atendendo ao carácter potencialmente menos gravoso para o processo de concorrência efectiva dos acordos de tipo vertical, a Comissão contemplava, assim, um limiar de quota de mercado que, de algum modo, quase limitava as restrições da concorrência relevantes,

---

[2073] *"Livro Verde sobre as restrições Verticais"*, COM (96) 721 Final. Sobre a reflexão de natureza económica associada à preparação da reforma do enquadramento das restrições verticais na sequência do referido "Livro Verde", cfr. PEEPKORN, "The Economics of Verticals", EC Competition Policy Newsletter, June, 1998. Sobre a mesma reforma, cfr. JULIE NAZERALI, DAVID COWAN, "Reforming EU Distribution Rules – Has the Commission Found Vertical Reality?", in ECLR, 1999, pp. 159 ss.; JEREMY LEVER, SILKE NEUBAUER, "Vertical Restraints, Their Motivation and Justification", in ECLR, 2000, pp. 7 ss..

Parte III – Capítulo 3 1211

nesse plano, àquelas que fossem estabelecidas por empresas com posições de domínio (ou posições próximas desse domínio), o que limitava, em última análise, o próprio alcance do regime previsto no artigo 81.º CE.[2074] Em contrapartida, a Comissão contemplava um segundo limiar de 20% de quota de mercado, o qual deveria ser aplicado em relação à generalidade das situações que justificassem, em virtude de determinados factores complementares, algumas preocupações de afectação da concorrência – *maxime*, devido à adopção de quaisquer formas de exclusividade, como fornecimento exclusivo, atribuição de clientes exclusivos, ou obrigações de não concorrência. Apesar disso, não deixava de se contemplar a aplicação do limiar de mercado mais permissivo, de 40%, em relação a algumas modalidades de acordos com exclusividade, *vg.*, acordos de distribuição exclusiva e de compra exclusiva, que se considerava não prejudicarem directamente ou de forma séria a concorrência intramarcas).[2075]

É sintomático que nesta matéria relativa aos acordos de carácter vertical tenha prevalecido nas opções finais de política legislativa e de definição de orientações de carácter geral a vantagem associada à maior *"clareza e simplicidade"* de um critério analítico assente num único limiar de quota de mercado, em detrimento de uma suposta *"graduação economicamente justificada no tratamento de restrições verticais"*, que reflectisse diferenças nos efeitos emergentes de várias modalidades de acordos, associada a um duplo limiar de quota de mercado.[2076] Considerando-se excessivamente permissivo o limiar de 40% de quota de mercado – porventura pelas razões acima referidas de relativa subalternização do regime constante do artigo 81.º CE em relação às regras constantes do artigo 82.º CE – veio a ser adoptada uma solução compromissória de fixa-

---

[2074] Essa limitação do alcance do artigo 81.º CE em matéria de restrições verticais caso fosse configurado um limiar de quota de mercado tão elevado foi justamente salientado por autores como, *vg.*, RICHARD WISH (cfr. A. cit., "Regulation 2790/99: The Commission's New Style Block Exemption for Vertical Agreements", cit., esp. p. 908).

[2075] Cfr. nesse sentido o ponto 3 (Secção V) da *"Comunicação da Comissão relativa à aplicação das regras comunitárias de concorrência às restrições verticais – Seguimento do Livro Verde sobre as restrições verticais"*.

[2076] Essas referências à maior *"clareza e simplicidade"* de um critério analítico assente num único limiar de quota de mercado, em detrimento de uma suposta *"graduação economicamente justificada no tratamento de restrições verticais"* são feitas na *Comunicação da Comissão relativa à aplicação das regras comunitárias de concorrência às restrições verticais – Seguimento do Livro Verde sobre as restrições verticais"* – Secção V, ponto 2..

ção de um único limiar de quota de mercado, num nível intermédio correspondente a 30% dos mercados que se encontrem em causa.

Ora, admitimos que a mesma lógica jurídica de simplificação, que reforça o valor analítico de parâmetros de apreciação passíveis de oferecer às empresas alguma previsibilidade, deveria, de algum modo, ter sido considerada no plano da avaliação de acordos de carácter horizontal, incluindo, em particular, empresas comuns envolvendo entidades concorrentes. Ao invés verificou-se, nesse plano, uma pulverização de critérios baseados em diferentes limiares de quotas de mercado – limiares de 25% e de 20%, contemplados nos Regulamentos de isenção por categoria referentes, respectivamente, a acordos de investigação e desenvolvimento e a acordos de especialização (compreendendo a cooperação no domínio da produção) e um limiar de 15%, contemplado, conquanto com uma função algo diversa, na Comunicação de 2001, em relação aos acordos de comercialização e de aquisição de bens e serviços.[2077]

É evidente que o critério analítico baseado num limiar único de quota de mercado, que procuramos construir – como segundo estádio do nosso modelo global de apreciação de empresas comuns – desempenha uma função diversa, pelas razões que já explicitámos, da que é atribuída aos limiares de quota de mercado previstos em Regulamentos de isenção por categoria. Contudo, apesar dessa clara possibilidade de compatibilização do critério único, que procuramos definir, com as soluções adoptadas *de iure condito* nesses Regulamentos, quanto a parâmetros de aplicação dos mesmos baseados em quotas de mercado, consideramos criticável esta opção comunitária por um quadro de referências tão díspares nesta matéria sensível da avaliação do poder de mercado das empresas.

Retomando a nossa perspectiva sistémica de análise crítica comparada com o ordenamento da concorrência norte-americano, importa

---

[2077] Em todas essas categorias de acordos estão em causa também empresas comuns que correspondam aos tipos funcionais de cooperação acima enunciados e que se encontram abrangidas por Regulamentos de isenção por categoria – no caso das empresas comuns de investigação e desenvolvimento e das empresas comuns de produção – ou cobertas pelas orientações interpretativas estabelecidas na Comunicação de 2001, como sucede com as empresas comuns de aquisição de bens e serviços ou com as empresas comuns de comercialização de bens e serviços. No que respeita aos limiares de quota de mercado considerados em relação a esse conjunto de subcategorias de empresas comuns, cfr., respectivamente, o artigo 4.º do Regulamento (CE) n.º 2659/2000, cit (quota de 25%), o artigo 4.º do Regulamento (CE) n.º 2658/2000, cit. (quota de 20%) e os pontos 130 e 149 (quota de 15%) da Comunicação de 2001.

Parte III – Capítulo 3

salientar que nas Orientações adoptadas pelo Departamento de Justiça e pela Comissão Federal do Comércio em relação a empresas comuns constituídas por empresas concorrentes[2078] é contemplado um critério de avaliação do poder de mercado assente num único limiar de quota de mercado (e não em múltiplos limiares conforme o tipo funcional de empresa comum que se encontre em causa). Assim, de acordo com as referidas Orientações, e na ausência de condições ou circunstâncias excepcionais, as autoridades norte-americanas de concorrência não suscitarão, em princípio, objecções a empresas comuns integradas por empresas fundadoras concorrentes, caso a quota de mercado agregada destas últimas e da própria empresa comum não ultrapasse 20% em cada mercado relevante que seja afectado pela criação de tal entidade.[2079]

Deve notar-se que esse limiar de quota de mercado visa delimitar modalidades de cooperação empresarial que serão normalmente permitidas e que, como tal, não carecem – salvo em caso de verificação de factores complementares muito particulares – de análises mais desenvolvidas, conjugando diversos parâmetros jurídico-económicos relativamente complexos. Tal critério assegura, pois, verdadeiras zonas de segurança jurídica às empresas que se proponham encetar processos de cooperação através da constituição de empresas comuns, em termos comparáveis à segurança que é proporcionada pela aplicação de isenções por categoria no ordenamento comunitário (com a diferença essencial de, neste ordenamento norte-americano, não se suscitar, em rigor, um processo complexo de intervencionismo público, assente numa solução algo conceptualista de conjugação de uma proibição lata com um juízo posterior de dispensa de aplicação de tal proibição, diversamente do que se verifica no ordenamento comunitário, no quadro da utilização da técnica das isenções por categoria).

[2078] Referimo-nos às *"Antitrust Guidelines for Collaborations Among Competitors"*, April 2000, já cit.

[2079] Cfr. ponto 4.2. das *"Antitrust Guidelines for Collaborations Among Competitors"*, cit.: *"Absent extraordinary circumstances, the Agencies do not challenge a competitor collaboration when the market shares of the collaboration and its participants collectively account for no more than twenty percent of each relevant market in which competition may be affected"*.

1214   *Empresas comuns* – Joint Ventures

2.3.5.1.3. Caracterização do índice quantitativo de quota de mercado seleccionado

Pela nossa parte, considerando estas múltiplas referências em matéria de ponderação de quotas de mercado, para efeitos de avaliação do poder de mercado, colhidas, quer numa perspectiva sistemática de aplicação de normas comunitárias de concorrência quanto a acordos de tipo vertical, ou de tipo horizontal, quer numa perspectiva comparada, que pondera, em especial, as soluções acolhidas no ordenamento norte-americano, admitimos que se possa contemplar a utilização de um limiar único de quota de mercado correspondente a 25% de qualquer um dos mercados relevantes afectados pela constituição de determinada empresa comum, independentemente do tipo funcional da mesma.

Trata-se de um limiar inferior – e, logo, menos permissivo – do que o limiar de 30% do mercado estabelecido, em geral, em relação aos acordos de carácter vertical, não se justificando, em contrapartida, segundo cremos, exigir em matéria de apreciação de situações de cooperação entre empresas concorrentes – à qual se reconduz a generalidade das empresas comuns cuja compatibilidade com o ordenamento da concorrência suscita dúvidas após uma fase preliminar de avaliação – um critério de quota de mercado excessivamente exigente por comparação com aquele limiar referente às relações verticais entre empresas.

Este limiar que propomos – como parâmetro essencial a utilizar num segundo estádio paradigmático de análise de qualquer tipo funcional de empresa comum, no quadro do modelo global de apreciação, já exposto – é ligeiramente mais permissivo do que o limiar de 20% dos mercados afectados pela cooperação previsto nas Orientações referentes a empresas comuns adoptadas no ordenamento norte-americano. Essa diferença justifica-se, em nosso entender, em virtude do diverso enquadramento metodológico da ponderação do critério referente à quota de mercado, no âmbito do modelo de apreciação de empresas comuns que propomos.

Com efeito, neste último plano, esse critério é utilizado como um dos parâmetros de avaliação de empresas comuns em relação às quais se considere ser necessário realizar uma análise desenvolvida e de tipo mais ou menos complexo. Sendo certo que nas situações em que o referido limiar de quota de mercado – correspondente a 25% dos mercados afectados pela cooperação, nos termos que ora propomos – não seja ultrapassado, se constitui uma primeira presunção relativamente favorável à empresa comum que se encontre em causa, a mesma pode ser afastada em virtude da ponderação ulterior de outros factores complementares de análise (a qual deverá necessariamente ser efectuada, mesmo que possa vir a ser simplificada, em certos graus, variáveis, se a presunção favorável resultante do critério da quota de mercado se mostrar especialmente intensa).

Diversamente, no quadro das referidas Orientações do ordenamento norte-americano, a presunção favorável a determinada empresa comum, resultante da aplicação do critério da quota de mercado (dessas empresa comum e das empresas fundadoras), não deverá, em regra, ser afastada – salvo em caso de verificação de circunstâncias excepcionais – pois o pressuposto hermenêutico que se lhe encontra subjacente é o de que a mesma permite dispensar quaisquer processos de análise mais pormenorizados da empresa comum em apreço. A esta luz, justifica-se, plenamente, que o limiar de quota de mercado contemplado nessas Orientações (20%) seja ligeiramente mais exigente do que aquele que propomos (25%) como elemento primacial de referência no quadro do segundo estádio de avaliação das empresas comuns inserido no nosso modelo global de apreciação destas entidades.

Deve ainda referir-se que as *supra* referidas Orientações do ordenamento norte-americano contemplam uma outra presunção favorável especificamente concebida em relação às empresas comuns de investigação e desenvolvimento – além da que se reporta à quota de mercado das empresas envolvidas – com vista a delimitar modalidades de acordos em princípio permitidos, sem necessidade de quaisquer análises mais desenvolvidas. Tal presunção aplica-se nas situações em que, para além do projecto desenvolvido pela empresa comum que se encontre em causa, se verifique, comprovadamente, a existência de três ou mais pólos autónomos de investigação e desenvolvimento, que possuam os activos especializados, bem como as capacidades e os incentivos adequados para a prossecução de actividades que se possam considerar comparáveis ou substituíveis em relação às realizadas no âmbito desse projecto da empresa comum.

De acordo com o modelo de apreciação que temos vindo a delinear para a análise de empresas comuns em sede de direito comunitário da concorrência, esse critério previsto nas Orientações do Departamento de Justiça não é utilizado – pelo menos a título principal – em ordem à delimitação de modalidades de cooperação normalmente permitidas. De

1216   *Empresas comuns* – Joint Ventures

qualquer modo, admitimos que tal critério possa ser relevante para essa análise em dois planos distintos. Em primeiro lugar, no que respeita à aplicação do primeiro índice de situações normalmente permitidas – aquele que se reporta à constituição de empresas comuns entre entidades não concorrentes – justifica-se, em nosso entender, utilizar o referido critério, de modo a concretizar o eventual parâmetro negativo que possa contrabalançar, excepcionalmente, tal índice de compatibilidade com o ordenamento de concorrência.

Como já se expôs, considerámos que no âmbito da apreciação de empresas comuns de investigação e desenvolvimento tal índice favorável (cooperação entre entidades não concorrentes) só poderia ser excepcionalmente contrabalançado com base num critério negativo, correspondente à susceptibilidade de a criação dessas empresas comuns originar a impossibilidade de acesso de terceiros ao mercado (ou riscos de exclusão dos mesmos). Ora, admitimos que a existência de três – ou mesmo de dois – pólos autónomos de investigação e desenvolvimento, envolvendo outras entidades não participantes em determinada empresa comum, e realizando projectos comparáveis aos que se encontrem subjacentes a tal empresa comum, afasta, por natureza, esse risco de exclusão de terceiras empresas.[2080]

Em segundo lugar, considerando as situações de constituição de empresas comuns de investigação e desenvolvimento que exijam uma análise mais desenvolvida, o segundo estádio de análise por nós configurado – referente à ponderação do poder de mercado, com base em valores de quota de mercado das empresas participantes – pode, com vantagem, incorporar, como eventual elemento complementar, o referido critério.

Assim, as consequências de apuramento de quotas de mercado que ultrapassem os limiares de referência que vimos sugerindo (limiar de 25%)[2081] podem considerar-se atenuadas, caso se comprove a existência

---

[2080] Assim, a conjugação do índice base acima considerado – relativo à criação de empresas comuns de investigação e desenvolvimento por parte de empresas não concorrentes – e do critério complementar referente à existência de três ou até dois pólos autónomos comparáveis de investigação e desenvolvimento – tal como contemplado nas *"Antitrust Guidelines for Collaborations Among Competitors"* – torna praticamente certa e inquestionável a inclusão das empresas comuns de investigação e desenvolvimento que se encontrem em causa numa área de cooperação normalmente permitida (*"safe harbour"*).

[2081] Limiar único de referência quanto a quota de mercado que – importa reiterá-lo – assume no modelo analítico global que propomos uma função diversa daquela que é atribuída ao critério da quota de mercado nos Regulamentos de isenção por categoria.

Parte III – Capítulo 3　　　　　　　　　　1217

de outros três pólos autónomos de investigação e desenvolvimento, nos termos acima expostos. Essa atenuação dos riscos potenciais de afectação da concorrência inerentes à detenção de quotas de mercado mais expressivas justifica-se, segundo cremos, porquanto a garantia de existência de centros alternativos de investigação e desenvolvimento contribui para limitar o poder de mercado que seria possivelmente reforçado, ou exercido, através da constituição e funcionamento de certa empresa comum com actividade numa determinada área de investigação e desenvolvimento.[2082]

[2082] Recorrendo novamente a uma adaptação de casos de referência configurados como *"Exemplos"* na Comunicação de 2001 (neste caso, adaptação do *"Exemplo 1"* referido no ponto 75 da Comunicação de 2001), pense-se, *vg.*, numa situação em que duas grandes empresas do mercado europeu do fabrico de componentes electrónicas existentes detenham, cada uma, quotas de 40% do mercado e num contexto em que as mesmas tenham realizado importantes investimentos nas actividades de investigação e desenvolvimento necessárias à criação das referidas componentes electrónicas. Nesse caso, a criação de uma empresa comum entre essas duas empresas para a realização em conjunto das respectivas actividades de investigação, fornecendo protótipos de tais componentes electrónicos para revenda exclusiva às mesmas empresas-mãe que depois assegurem a produção em massa dos componentes e a sua comercialização separada, poderia, atendendo às elevadas quotas de mercado dessas empresas (quota conjunta de 80%) e ao facto de a tecnologia em questão ser decisiva para o acesso e presença no mercado, suscitar questões de afectação sensível da concorrência. Em contrapartida, caso neste contexto de mercado fosse possível demonstrar que, apesar da pequena dimensão das quotas de mercado das outras empresas presentes no mercado, subsistiam, não obstante, pelo menos três pólos autónomos de investigação e desenvolvimento capazes de fornecer protótipos comparáveis das componentes electrónicas em questão, tal atenuaria ou poderia mesmo afastar as objecções à criação da empresa comum acima referida. A avaliação das condições de subsistência desses pólos autónomos comparáveis de investigação teria de assentar numa análise objectiva e realista do mercado, tomando em consideração a disponibilidade de suporte financeiro, eventuais direitos de propriedade intelectual necessários, activos e pessoal especializado ou outros elementos relevantes. No entanto, a efectiva disponibilidade desses elementos poderia ser assegurada por entidades externas ao próprio mercado (*vg.*, determinando que as terceiras empresas, apesar das suas pequenas quotas de mercado, podiam, efectivamente, desenvolver processos relevantes de investigação em associação com entidades externas, como universidades ou centros independentes de pesquisa, que dispusessem da necessária informação e recursos tecnológicos).

1218 · *Empresas comuns* – Joint Ventures

2.3.5.1.4. **A função do índice analítico proposto**

Em súmula, o limiar comum de quota de mercado que propomos como parâmetro a observar – limiar de 25% de quota de mercado – difere, por um lado, e num sentido de menor permissividade, do critério adoptado no ordenamento comunitário em relação aos acordos de tipo vertical, e, por outro lado, pretende encontrar, de modo equilibrado, um denominador comum entre os diversos critérios contemplados no mesmo ordenamento, quer em sede de direito constituído, quer em sede de orientações de carácter geral da Comissão, para a apreciação dos tipos funcionais mais recorrentes de cooperação empresarial num plano horizontal.[2083]

Pode, inegavelmente, suscitar algumas interrogações a coincidência entre este parâmetro único de análise, referente à quota de mercado, que propomos na nossa construção jurídica de um modelo global de apreciação das empresas comuns e o critério previsto como base para a aplicação de isenção por categoria em relação a acordos de investigação e desenvolvimento no já referido Regulamento (CE) n.º 2659/2000. Na realidade, se a existência de uma quota de mercado de 25% das entidades envolvidas em determinada empresa comum de investigação e desenvolvimento assegura, em princípio, e desde logo, *ex vi* do artigo 4.º desse Regulamento, a conformidade dessa empresa comum com o ordenamento comunitário da concorrência, caberá aqui, em tese, questionar a justificação da aplicação de um limiar de quota de mercado idêntico – e não mais favorável ou permissivo – como parâmetro de referência para a apreciação desse tipo de empresas comuns, quanto às situações em que não esteja em causa determinar, de modo imediato, tal compatibilidade com as normas de concorrência.

Essa eventual objecção não é, em nosso entender, fundada e a sua própria formulação, sendo caso disso, tem origem no facto de, em relação a alguns tipos de empresas comuns – *maxime*, as que respeitam a actividades de investigação e desenvolvimento – a *praxis* decisória comunitária se orientar, frequentemente, para uma análise baseada, de modo prevale-

---

[2083] Já tivemos ensejo de justificar as razões pelas quais concebemos a determinação de um *parâmetro comum de referência de quota de mercado das empresas*, neste segundo estádio de apreciação das empresas comuns, como *critério primacialmente orientado para as formas de cooperação horizontal* (desde logo, porque as empresas comuns entre empresas não concorrentes podem em princípio, num primeiro estádio de apreciação, ser reconduzidas a uma área de cooperação normalmente permitida – "*safe harbour*").

Parte III – Capítulo 3 1219

cente, na aplicação do n.º 3 do artigo 81.º CE, e que subalterniza a própria avaliação relativa a uma qualquer originária sujeição à proibição decorrente do n.º 1 do artigo 81.º CE. No que respeita às empresas comuns de investigação e desenvolvimento pode, na realidade, ser observada uma tendência excessiva – conquanto atenuada num período mais recente – para formas de apreciação imediatamente orientadas para a aplicação do Regulamento de isenção por categoria, sem ponderar, de forma adequada, as situações correspondentes à não sujeição dessas entidades à proibição geral decorrente do referido n.º 1 do artigo 81.º CE[2084] (como situações normalmente permitidas, à luz dessa disposição, as quais, como temos vindo a verificar podem ocorrer com relativa frequência em relação a esta categoria de empresas comuns).

É certo que a própria moldura jurídica do direito constituído apresenta, quanto a alguns pontos, deficiências, ou previsões menos rigorosas, que podem contribuir para essa distorção interpretativa. Assim, a disposição constante do n.º 1 do artigo 4.º do Regulamento (CE) n.º 2659/2000, estabelece regras relativas à duração da isenção em relação a acordos entre empresas não concorrentes, os quais dificilmente se coadunam com a

---

[2084] Essa tendência excessiva para recondução imediata de situações de cooperação empresarial a isenções por categoria, que é particularmente grave em nosso entender quanto a empresas comuns de investigação e desenvolvimento, vem, na verdade, sendo atenuada nas evoluções mais recentes da *praxis* decisória da Comissão e da jurisprudência, sobretudo do TPI [cfr., *vg.*, o importante Acórdão do TPI "*Métropole Télévision (M6)*" – proc T-112/99, Col. II – 2459 (2001), ao qual adiante retornaremos; cfr. esp. pontos 76 e 77 nos quais se refere a existência de uma "*corrente jurisprudencial mais ampla segundo a qual não há que considerar, de modo completamente abstracto e indistinto, que todo e qualquer acordo que restrinja a liberdade de acção das partes ou de uma delas caia necessariamente no âmbito da proibição fixada no artigo 85.º, n.º 1 (…)*", bem como a necessidade de "*ter em conta o quadro concreto em que produz os seus efeitos, nomeadamente o contexto económico e jurídico em que operam as empresas em causa, a natureza dos produtos e/ou serviços visados por esse acordo e as condições reais de funcionamento e da estrutura do mercado*". Essa lógica permitirá "*sem deixar de respeitar a estrutura normativa do artigo 85.º.º do Tratado e, em especial, o efeito útil do seu n.º 3, evitar que a proibição prevista no n.º 1 desta disposição se estenda de maneira completamente abstracta e indistinta a todos os acordos que tenham por fim restringir a liberdade de acção das partes ou de uma delas*"]. Como adiante observaremos, (*infra*, a propósito do tratamento de outros tipos funcionais de empresas comuns e, sobretudo, na parte conclusiva desta dissertação – **Parte IV**) essa nova lógica hermenêutica de interacção entre o n.º 1 e o n.º 3 do artigo 81.º CE carece ainda de uma consolidação e a mesma tem sido prejudicada pela querela teórica relativa à possibilidade de sujeição do artigo 81.º CE a uma lógica tributária da "*rule of reason*" do direito norte-americano.

orientação delineada na Comunicação de 2001, segundo a qual os acordos de investigação e desenvolvimento – incluindo empresas comuns com esse objecto – entre empresas não concorrentes correspondem, em regra, a situações permitidas à luz do n.º 1 do artigo 81.º CE.

Verifica-se aqui, em nosso entender, uma contradição entre a técnica normativa adoptada no Regulamento de isenção por categoria e alguns pressupostos de construção jurídica que o deveriam ter informado. Não é coerente a definição por parte da Comissão – no quadro de uma Comunicação interpretativa – de um amplo espaço de cooperação empresarial em regra permitida, no domínio da investigação e desenvolvimento entre empresas não concorrentes, e a paralela reintrodução, através de um Regulamento adoptado por essa instituição, em simultâneo com a referida Comunicação, desse espaço potencial de cooperação no âmbito de incidência do regime de proibição do n.º 1 do artigo 81.º CE, que carece, enquanto tal, de possível ou eventual justificação em sede de aplicação do n.º 3 do artigo 81.º CE.

De alguma forma, é também esse lapso de construção jurídica que incentiva uma criticável propensão interpretativa para a apreciação imediata de empresas comuns de investigação e desenvolvimento no quadro do Regulamento (CE) n.º2659/2000, descurando-se, em contrapartida, os aspectos que poderiam evitar *ab initio* esse tipo de intervenção.

Deste modo, importa tomar em consideração um amplo espaço de cooperação empresarial para a constituição de empresas comuns de investigação e desenvolvimento não sujeito à proibição geral do n.º 1 do artigo 81.º CE. Neste contexto, pensamos que o facto de se encontrar estabelecido *de iure condito* o limiar de quota de mercado de 25%, como condição de aplicação da isenção por categoria no domínio da investigação e desenvolvimento não afasta, em termos absolutos, a relevância de idêntico limiar quantitativo, que propomos como base de um critério de avaliação de poder de mercado, e para efeitos de ponderação de uma qualquer sujeição à proibição decorrente do n.º 1 do artigo 81.º CE.

Na realidade, e como é sabido, mesmo nas situações em que tal limiar de 25% de quota de mercado não seja ultrapassado, quer a ausência de outras condições de aplicação da isenção por categoria – previstas no artigo 3.º do Regulamento (CE) n.º 2659/2000 –, quer a verificação de restrições da concorrência que potencialmente se revistam de maior gravidade – nos termos enunciados no artigo 5.º do mesmo Regulamento – fazem precludir a possibilidade de benefício dessa isenção.

Ora, nesse tipo de situações, em que se encontra, desde logo, afastada qualquer perspectiva de aplicação da isenção por categoria, o critério relativo à quota de mercado de 25% será autonomamente relevante, no quadro do que temos caracterizado como um segundo estádio de análise das empresas comuns, apreciadas à luz do artigo 81.º CE, no sentido de avaliar a sujeição ou não destas entidades à proibição estabelecida *ex vi* do n.º 1 dessa disposição, ou mesmo, hipoteticamente, no sentido de determinar o eventual cabimento de aplicação de uma isenção individual *ex vi* do n.º 3 da mesma disposição.

Esse espaço de ponderação autónoma do critério relativo ao limiar de 25% de quota de mercado – em termos não sobrepostos com idêntico critério quantitativo estabelecido no Regulamento (CE) n.º2659/2000 – e como elemento que pode influir num juízo de não sujeição de determinada empresa comum de investigação e desenvolvimento à proibição estatuída no n.º 1 do artigo 81.º CE, deverá coincidir, em especial, com as *situações em que se encontre em falta qualquer uma das outras condições suplementares de aplicação da isenção por categoria* (nos termos resultantes do artigo 3.º do referido Regulamento). Na verdade, será improvável o desenvolvimento de ponderações conducentes à não aplicação do n.º 1 do artigo 81.º CE nos casos que se encontrem associados a qualquer uma das restrições da concorrência mais graves enunciadas no artigo 5.º do Regulamento.[2085]

Pensamos, pois, sobretudo, nas situações em relação às quais – independentemente da quota de mercado que se encontre em causa – não seja assegurado a todos os participantes numa determinada empresa comum o acesso aos resultados da investigação e desenvolvimento, para fins de nova investigação ou para a exploração dos mesmos, ou, ainda, em situa-

---

[2085] Tomamos aqui em consideração restrições da concorrência especialmente graves (*"hardcore restrictions"* na designação normalmente utilizada no direito norte-americano da concorrência) enunciadas no artigo 5.º do Regulamento. Importa ainda ter presente que, nos termos do artigo 7.º do Regulamento, o benefício da isenção por categoria pode ser retirado pela Comissão caso verifique que determinada empresa comum (ou, mais latamente, nos termos do Regulamento, qualquer acordo) produza efeitos incompatíveis com o n.º 3 do artigo 81.º CE, o que, de acordo com a tipologia enunciativa de situações desse artigo 7.º, pode suceder em face de casos que suscitem riscos de exclusão de concorrentes ou em que as partes sem razão objectivamente justificada não explorem em conjunto os resultados das actividades de investigação e desenvolvimento o que pode indiciar que os seus acordos visam apenas condicionar ou até limitar os processos de inovação nos mercados que se encontrem em causa.

1222   *Empresas comuns* – Joint Ventures

ções correspondentes a empresas comuns entre empresas concorrentes, limitadas a actividades de investigação e desenvolvimento, e no âmbito das quais não seja permitido a cada uma das partes desenvolver de forma independente outras áreas de investigação ou a área coberta pelo programa conjunto após o termo da mesmo.[2086]

Além disso, a aparente sobreposição entre o referido limiar de 25% de quota de mercado estabelecido *de iure condito* como base de aplicação da isenção por categoria no Regulamento (CE) n.º 2659/2000 e o limiar idêntico que propomos como parâmetro geral de avaliação do poder de mercado, no quadro de uma ponderação geral referente a eventual aplicação do regime previsto no artigo 81.º CE é também mitigada por outro factor. Trata-se da verdadeira margem de tolerância contemplada *ex vi* do artigo 6.º desse Regulamento, nos termos da qual se admite que o referido limiar possa flutuar, temporariamente, até 30% de quota de mercado. Assim, admite-se, designadamente, que a isenção por categoria continue a ser aplicável nas situações em que uma quota de mercado inicial de 25% venha a ser ultrapassada pelo conjunto de empresas em causa, sem exceder o limiar superior de 30%, e por um período de dois anos após essa ultrapassagem.[2087] Este elemento de flexibilidade na aplicação da isenção por

---

[2086] Trata-se de situações paradigmáticas de não verificação de condições de aplicação da isenção por categoria – para além da condição respeitante à quota de mercado nos termos em que esta é estabelecida no artigo 3.º do Regulamento. Outras restrições da concorrência especialmente graves podem também conduzir à não aplicação da isenção por categoria, compreendendo, *inter alia*, e de acordo com a tipologia enunciativa do referido artigo 5.º, as respeitantes à limitação da produção ou vendas, à fixação de preços aquando da venda de produtos contratuais a terceiros, à restrição dos clientes que as empresas participantes podem fornecer decorrido um período de sete anos desde a primeira comercialização dos produtos contratuais, à proibição de efectuar vendas passivas de produtos contratuais em territórios reservados às outras partes (estas últimas situações, de resto, respeitam a empresas comuns que assumam já alguma componente mista e não exclusivamente limitadas a feixes de obrigações relacionados com puras actividades de investigação e desenvolvimento; de resto, se a componente mista for mais acentuada, a lógica global de possível justificação económica e jusconcorrencial do programa conjunto de actividade deve ser reajustada, o que determinará, eventualmente, a não aplicação automática das disposições de exclusão da isenção por categoria, nos termos da ressalva estabelecida no n.º 2 do artigo 5.º, que toma precisamente em consideração situações em que o programa de cooperação cubra actividades de "*produção conjunta*" ou "*distribuição conjunta*" de "*produtos contratuais*").

[2087] O n.º 3 do artigo 6.º do Regulamento vai ainda mais longe e admite a ultrapassagem excepcional do limiar de 30% por um ano, nos casos em que a quota de mercado

Parte III – Capítulo 3   1223

categoria já era, de resto, contemplado no anterior Regulamento referente aos acordos de investigação e desenvolvimento – Regulamento(CEE) n.º 418/85 –[2088], mas, sintomaticamente, foi reforçado no novo regime, visto que a margem de tolerância em questão passou de 2% para 5%.

Importa, ainda, salientar a este propósito que no Regulamento n.º 2658/2000 – o qual institui e regula uma isenção por categoria referente a acordos de especialização –[2089] aplicável às empresas comuns de produção[2090] se estabelece, como já se referiu, um limiar de 20% de quota de mercado, como condição essencial de aplicação da isenção e é, também, contemplada uma margem de tolerância de 5%, em termos comparáveis aos que se encontram previstos no acima referido Regulamento referente aos acordos de investigação e desenvolvimento.[2091] Assim, embora o *critério comum de quota de mercado (25% do mercado relevante em questão) que propomos para a apreciação de todas as empresas comuns*

inicial das empresas envolvidas aquando da constituição de uma empresa comum não excedesse 25% (essa ultrapassagem excepcional do limiar de 30% apenas é consentida no ano civil subsequente ao ano em que o referido nível de 30% tenha sido *"pela primeira vez ultrapassado"*).

[2088] Regulamento (CEE) n.º 418/85, cit., alterado pelo Regulamento n.º 2236/97, também cit., e cuja vigência fora prorrogada até 31 de Dezembro de 2000. Sobre esse anterior Regulamento de isenção por categoria relativo aos acordos de investigação e desenvolvimento, cfr. VALENTINE KORAH, *EEC Competition Rules: Regulation 418/85*, ESC Publishing, 1986.

[2089] Regulamento de isenção por categoria aplicável aos acordos de especialização – compreendendo acordos de produção e, nessa categoria, naturalmente, as empresas comuns de produção – que substituiu o Regulamento n.º 417/85, cit., cuja vigência fora prorrogada pelo Regulamento n.º 2236/97, cit..

[2090] Empresas comuns de produção que vamos tratar, em geral, no ponto **3.**, seguinte, deste capítulo, mas que analisamos, desde já, nos aspectos especificamente referentes ao *critério da quota de mercado* – cuja utilização corresponde ao segundo estádio de apreciação que delineámos no nosso modelo analítico geral – e em função da nossa ideia de ponderação de um critério comum de quota de mercado quanto a todas as subcategorias de empresas comuns sujeitas ao regime do artigo 81.º CE. Assim, alguns aspectos relevantes complementares sobre o Regulamento de isenção por categoria aplicável aos acordos de especialização na parte em que o mesmo contribua para a definição do enquadramento das empresas comuns de produção serão ainda versados no referido ponto **3.**.

[2091] Cfr. nesse sentido o regime previsto no n.º 2 do artigo 6.º do Regulamento de isenção por categoria referente aos acordos de especialização. Contempla-se aí a manutenção da isenção por categoria nos dois anos subsequentes àquele em que se exceda um limiar inicial de quota de mercado de 20%, desde que não se exceda um limiar superior de 25%.

não qualificáveis como concentrações – incluindo da subcategoria relativa a actividades conjuntas de produção – não seja à partida coincidente com o critério base de quota de mercado estabelecido no Regulamento de isenção por categoria aplicável a este tipo de empresas comuns de produção, verificamos que, caso concorram certas condições suplementares, tal limiar de quota de mercado pode, ainda, representar uma referência primacial para assegurar, de modo imediato, o benefício de uma isenção por categoria.[2092]

No que respeita às restantes duas subcategorias de empresas comuns, de comercialização de bens e serviços e de aquisição de bens e serviços[2093] o limiar de referência de quota de mercado contemplado pela Comissão na Comunicação de 2001 – limiar de 15% dos mercados relevantes em questão, nos termos que já referimos – já não corresponde a um critério orientado para a aplicação de uma isenção *ex vi* do n.º 3 do artigo 81.º CE, mas a um parâmetro de apreciação do poder de mercado das empresas envolvidas na constituição e funcionamento desse tipo de entidades. De qualquer modo, nesta Comunicação, a Comissão, incorrendo num risco metodológico de sistemática sobreposição dos planos correspondentes à densificação jurídica dos regimes previstos nos n.ºs 1 e 3 do artigo 81.º CE, não deixa de considerar, expressamente, que com esse nível de quota de mercado será ainda *"provável que as condições previstas no n.º 3 do artigo 81.º"* sejam satisfeitas.[2094] Consideramos, nesse ponto, criticável a apreciação da Comissão. Na realidade, tal apreciação é tributária de uma orientação geral que, não apenas confunde os acima referidos

---

[2092] Assim, embora em condições diferentes, quer no regime de isenção por categoria referente às actividades de investigação, quer no correspondente regime aplicável aos acordos de especialização (compreendendo a produção conjunta), podem verificar-se determinadas áreas de confluência de limiares de quota de mercado utilizados com funções analíticas diversas – o limiar de referência a ponderar no segundo estádio de apreciação no quadro do modelo global de avaliação de empresas comuns e o limiar de quota de mercado concretizado para efeitos de aplicação de isenções por categoria.

[2093] Reportamo-nos aqui, naturalmente, ao conjunto das quatro principais subcategorias de empresas comuns sujeitas ao regime do artigo 81 CE que elegemos como objecto de estudo (ainda que conferindo um tratamento, num plano distinto mais sumário, ao tipo funcional das empresas comuns de aquisição de bens e serviços) pelas razões que já tivemos ensejo de expor no capítulo primeiro desta **Parte III**.

[2094] A este propósito cfr. o ponto 130 da Comunicação de 2001, relativo aos acordos de aquisição de bens e serviços e o ponto 149 da mesma Comunicação em relação aos acordos de comercialização de bens e serviços.

Parte III – Capítulo 3

planos de análise, como contribui – nesse quadro geral de indistinção entre *juízos de proibição* e *possíveis juízos de justificação* (em sede de aplicação de *isenções*) – para a já mencionada pulverização de critérios de referência de quota de mercado tomados em consideração em relação aos vários tipos funcionais de empresas comuns.[2095]

Pela nossa parte, entendemos, pois, justificar-se a ponderação de um critério único de quota de mercado – correspondente ao referido limiar de 25% do mercado relevante que se encontre em causa – como elemento essencialmente flexível de avaliação do poder de mercado das empresas e utilizado numa necessária articulação com outros parâmetros complementares de análise, no quadro de apreciações mais desenvolvidas de certas situações de cooperação através da criação de empresas comuns. Esse flexível critério de referência pode apresentar, de modo mais ou menos directo, conforme as situações em apreço,[2096] alguns pontos de contacto com limiares de quota de mercado que – num plano *de iure condito* – tenham sido estabelecidos como critérios de aplicação de isenções por categoria, em Regulamentos aplicáveis a certos tipos funcionais de empresas comuns. Todavia, sem prejuízo de considerarmos criticável – numa perspectiva *de iure condendo* – essa multiplicidade de critérios de quota de mercado enunciados em Regulamentos de isenção por categoria,[2097] não

---

[2095] Os diversos critérios de quota de mercado previstos na Comunicação de 2001 são considerados, de forma geral geral, em relação a tipos funcionais de *acordos de cooperação*, mas, tal como temos vindo a expor, são aplicáveis quanto aos correspondentes tipos funcionais de *empresas comuns*.

[2096] Esses pontos de contacto do critério único de referência de quota de mercado como elemento geral de avaliação do poder de mercado das empresas, configurando um segundo estádio de análise de empresas comuns, com critérios da quota de mercado como limiares de concessão de isenções, assumem um carácter mais ou menos directo conforme tal coincidência se verifique com os próprios critérios base de isenção previstos nos Regulamentos de isenção por categoria ou com extensões desses critérios delineadas como margens de flexibilidade – *maxime* os acréscimos suplementares de 5% de quota de mercado contemplados em diversos Regulamentos, nos termos acima referidos.

[2097] A nossa perspectiva é especialmente crítica a esse respeito, porquanto sendo os Regulamentos de isenção por categoria em causa de aprovação ainda recente, tal teria permitido – até porque esses Regulamentos foram concebidos em simultâneo com a definição de orientações gerais em matéria de restrições horizontais – a adopção de critérios comuns de análise em sede de ponderação de quota de mercado, mesmo que necessariamente complementados com outros factores não coincidentes em relação aos vários tipos funcionais de cooperação (à semelhança do que se verificou quanto às restrições verticais da concorrência e, de acordo com uma perspectiva analítica assente num critério único de

1226   *Empresas comuns* – Joint Ventures

entendemos que tal enquadramento normativo prejudique, de forma decisiva, a orientação metodológica que propomos, ou que se mostre, sequer, contraditória com a mesma.

Na verdade, o limiar de quota de mercado que propomos como critério de referência no quadro do nosso modelo de apreciação de empresas comuns cumpre uma função analítica diversa da que se encontra subjacente aos critérios fixados como condição – necessariamente cumulável com outras condições complementares – de aplicação dos regimes de isenção por categoria nos quais se podem subsumir empresas comuns de investigação e desenvolvimento, ou de produção. Tal limiar pode apresentar, como observámos, pontos de convergência com parâmetros de aplicação dos referidos regimes de isenção por categoria – constituindo, a esse título, um verdadeiro elemento de referência primacial com aptidão geral para delimitar zonas de cooperação empresarial potencialmente menos susceptíveis de merecer reservas jusconcorrenciais –[2098] mas deve ser, em qualquer caso, ponderado autonomamente, de acordo com uma lógica jurídica própria, em sede de aplicação do n.º 1 do artigo 81.º CE.

Em contrapartida, no que respeita aos tipos funcionais de empresas comuns objecto do nosso estudo *ex professo* e que não são passíveis de subsunção em qualquer regime de isenção por categoria – as empresas comuns de compra, ou de comercialização de bens e serviços – o referido limiar único de quota de mercado (25%) que propomos diverge, de modo mais acentuado, dos critérios de quota de mercado propostos pela

---

quota de mercado que foi também, como já se observou, adoptada nas recentes "*Antitrust Guidelines for Collaborations among Competitors*" do direito norte-americano).

[2098] Na verdade, como tivemos ensejo de observar em relação às empresas comuns de investigação e desenvolvimento e de produção, verifica-se uma apreciável confluência do limiar único de referência que propomos em sede de aplicação do n.º 1 do artigo 81.º CE com os critérios tomados em consideração nos respectivos regimes de isenção por categoria (limiar básico de 25% quanto às situações de investigação e desenvolvimento e de 20%, mas com margens de flexibilidade, nos termos acima analisados, em torno do limiar de 25%, quanto aos acordos de produção). Tal relativa convergência com o critério único de quota de mercado (25%) por nós proposto indicia, desde logo, pelo menos quanto a estas duas categorias funcionais, que o mesmo corresponde a um limiar verdadeiramente crítico – embora no quadro das isenções por categoria seja aplicado com uma lógica própria e associado a outras condições específicas (devendo, de resto, resistir-se à tentação, que temos criticado, de avaliar imediatamente as situações à luz de isenções baseadas no n.º 3 do artigo 81.º CE, sem aferir, na sua plenitude, a relevância de tais situações em sede de aplicação do n.º 1 do artigo 81.º CE).

Parte III – Capítulo 3 1227

Comissão para a apreciação dessas entidades (limiar de 15% de quota de mercado, contemplado, nos termos já referidos na Comunicação de 2001).

Não obstante constituir o nosso critério único um parâmetro de apreciação aparentemente muito mais permissivo do que aquele que subjaz a esses critérios propostos pela Comissão, em relação a estes dois tipos funcionais de empresas comuns, importa ter presente que o mesmo deve – no quadro do nosso modelo – interagir com outros parâmetros analíticos que o podem corrigir ou ajustar de forma significativa. Assim, mesmo que se admita que esses tipos de empresas comuns possam apresentar, em certas condições, um potencial restritivo da concorrência qualitativamente superior,[2099] os outros parâmetros relevantes de análise, já enunciados, em geral,[2100] permitirão corrigir – no sentido de aferir eventuais aspectos de afectação da concorrência – um primeiro juízo mais favorável, que resulte da ponderação isolada deste critério da quota de mercado. No limite, poderemos admitir, em tese, que um eventual maior potencial restritivo da concorrência associado a essas subcategorias de empresas comuns justifique, em especial, e quanto a certas situações, a ponderação de um critério mais exigente de quota de mercado (limiar relativamente inferior a 25% de quota de mercado) para efeitos de isenções individuais, em sede de aplicação do n.º 3 do artigo 81.º CE.

Na realidade, em face de hipotéticas situações de cooperação, envolvendo empresas com quotas de mercado inferiores ao limiar único de 25%, mas que venham a ser subsumidas na proibição do n.º 1 do artigo 81.º CE,

---

[2099] A afirmação geral de um hipotético potencial restritivo da concorrência mais significativo em relação às subcategorias de *empresas comuns de aquisição e de comercialização de bens e serviços* é, certamente, discutível (como teremos ensejo de observar *pari passu*, no quadro da nossa análise sucessiva dos vários tipos funcionais de empresas comuns). De qualquer modo, a orientação geral subjacente à "*Comunicação relativa ao tratamento das empresas comuns com carácter de cooperação*", de 1993, cit., era ainda tributária dessa concepção (cfr. pontos 37 a 41 da Comunicação cit.). Já no direito norte--americano, como previamente observámos, algumas concepções doutrinais enfatizam, em especial, os riscos de afectação da concorrência associados a empresas comuns que apresentem uma componente importante de comercialização (cfr., *vg.*, nesse sentido, a posição já referida de Thomas Pirainno, "Beyond Per Se, Rule of Reason or Merger Analysis: A New Antitrust Standard for Joint Ventures", cit., pp. 1 ss..

[2100] Sobre esses outros parâmetros, cfr. a enunciação geral de critérios organizados em torno dos vários estádios de apreciação de empresas comuns no modelo global analítico destas entidades, a que procedemos supra, no capítulo primeiro da **Parte III** (esp. pontos 2.1. a 2.4.5.).

1228 *Empresas comuns* – Joint Ventures

em função de um desvalor especificamente indiciado por outros parâmetros complementares de análise – contrabalançando os elementos indiciários favoráveis resultantes dessa detenção de quota inferior ao limiar de 25% – a ponderação final referente à eventual aplicação de uma isenção individual, *ex vi* do n.º 3 do artigo 81.º CE, pode justificar um nível de exigência superior em relação ao valor da quota de mercado que se encontre em questão.

Tal nível de exigência pode implicar que se faça depender a aplicação da isenção, para além de outros factores relevantes, da existência de uma quota de mercado consideravelmente inferior ao referido limiar de 25%. De qualquer modo, deve acentuar-se que não é, manifestamente, nesse sentido que na Comunicação de 2001 se contempla o limiar – mais rigoroso – de 15% de quota de mercado em relação às empresas comuns de compra e de comercialização de bens e serviços. Como já se referiu, apesar de a Comissão confundir os dois planos de análise, esse limiar não se encontra, especificamente, associado na Comunicação à aplicação de isenções, mas, pelo contrário, é-lhe conferido um alcance geral para efeitos de avaliação desses tipos de empresas comuns.

2.3.5.1.5. Modo de determinação da quota de mercado em sede de apreciação de empresas comuns

Um aspecto fundamental a considerar para efeitos de aplicação deste critério de avaliação do poder de mercado, mediante a ponderação de um determinado limiar de referência de quota de mercado diz respeito ao modo de cálculo da quota de mercado das partes. Os Regulamentos de isenção por categoria referentes aos acordos de investigação e desenvolvimento e aos acordos de especialização (compreendendo os acordos de produção que mais directamente nos interessam) estabelecem alguns parâmetros relevantes para a concretização desse processo de cálculo de quotas de mercado, que consideramos aplicáveis para a ponderação do referido critério no quadro da apreciação da generalidade dos diversos tipos funcionais de empresas comuns.

Assim, e confirmando o que pode assumir-se como uma orientação geral em sede de aplicação de normas comunitárias de concorrência – acolhida também, em regra, no plano do controlo de operações de concentração sujeitas ao RCC – estes Regulamentos estabelecem como elemento

Parte III – Capítulo 3 1229

primacial para esse cálculo de quotas de mercado o conjunto de dados referentes aos valores de vendas no mercado realizadas pelas empresas em questão.[2101] Apenas, subsidiariamente, e caso esse tipo de informação comercial não se encontre disponível, se contempla a utilização de outras informações de mercado fidedignas, compreendendo, em especial, os volumes de vendas realizados pelas empresas em questão. Sem prejuízo de, conforme acima exposto, considerarmos esta metodologia aplicável à generalidade das situações de cooperação empresarial, admitimos, de qualquer modo, que fora do quadro estrito de aplicação dos referidos Regulamentos de isenção por categoria, se poderá contemplar uma utilização complementar dos dois métodos essenciais de cálculo de quota de mercado (embora com prevalência do método relativo aos valores de vendas).

Em paralelo, quer nos dois Regulamentos de isenção por categoria em questão, quer nas orientações delineadas na Comunicação de 2001 apenas se contempla, expressamente, a ponderação da quota de mercado agregada das empresas participantes em empresas comuns.[2102] De modo diverso, nas Orientações do ordenamento norte-americano pondera-se, em termos taxativos, a quota de mercado acumulada das empresas participantes e da própria empresa comum.[2103]

Pela nossa parte, consideramos mais rigorosa esta metodologia utilizada nas Orientações do Departamento de Justiça e da Comissão

---

[2101] Cfr. nesse sentido os regimes previstos no artigo 6.º de cada um dos Regulamentos de isenção por categoria em questão. No que respeita ao paralelo acima referido com a metodologia utilizada em sede de controlo de concentrações no quadro do RCC, cfr. Hawk, Huser, *European Community Merger Control – A Practitioner's Guide*, cit., esp. pp. 78 ss.. Estes autores referem aí, justamente, uma utilização privilegiada no plano do controlo de concentrações, e para o cálculo das quotas de mercado, de parâmetros assentes nos valores de vendas das empresas, a par de uma utilização essencialmente subsidiária e circunscrita a certos mercados de critérios de cálculo de quotas de mercado assentes em volumes ou quantidades de vendas realizadas pelas empresas.

[2102] Os Regulamentos e a Comunicação reportam-se a quotas das empresas participantes em diversos tipos de acordos de cooperação – artigo 4.º do Regulamento (CE) n.º 2659/2000 e do Regulamento (CE) n.º 2658/2000 e pontos 137 e 149 da Comunicação de 2001. Como é natural, tomamos aqui em consideração, especificamente, os acordos materializados na constituição de empresas comuns sujeitas ao regime previsto no artigo 81.º CE.

[2103] Cfr. nesse sentido o ponto 4.2. e a nota 54 das *"Antitrust Guidelines for Collaborations among Competitors"*, cit.: *"For purposes of the safety zone, the Agencies consider the combined market shares of the participants and the collaboration"*.

Federal do Comércio no quadro do ordenamento norte-americano. Com efeito, entendemos que a quota de mercado agregada a ponderar, em ordem a avaliar o poder de mercado das empresas envolvidas na constituição e funcionamento de certa empresa comum deve incluir as quotas de mercado detidas pelas empresas-mãe, mas também, cumulativamente, as quotas de mercado que resultem da actuação conjunta no âmbito da empresa comum integrada por essas empresas. É certo que as subcategorias de empresas comuns em questão correspondem a empresas comuns que não desempenham todas as funções de uma entidade económica autónoma, pelo que poderá ser questionável a imputação directa às mesmas de certas quotas de mercado. E, nessa perspectiva, encontrar-se-á justificada a omissão de referências expressas a quotas de mercado detidas pelas próprias empresas comuns nos Regulamentos de isenção por categoria acima considerados e na Comunicação de 2001. De qualquer modo, e apesar disso, pensamos que seria juridicamente mais rigoroso trazer à colação, de modo expresso, nesses elementos, a parte de mercado que resulte, especificamente, da actividade conjunta realizada pelas empresas--mãe através da empresa comum que tenham constituído.

Acresce que, para efeitos de ponderação deste critério, é necessário, também, identificar os mercados relevantes no quadro dos quais se deve calcular a quota de mercado conjunta das empresas participantes em certa empresa comum, compreendendo, nos termos acima delineados, a parte de mercado que seja imputável à própria actividade de tal empresa comum. Tal identificação deverá, em súmula, incidir sobre os mercados que devam considerar-se afectados pelo processo de cooperação que se encontre em causa.[2104] Essa determinação dos mercados afectados pela cooperação pode mostrar-se, em especial, mais controvertida a propósito das empresas comuns de investigação e desenvolvimento e das empresas comuns de compra de bens e serviços. No que respeita às primeiras, os mercados afectados a tomar em consideração deverão, em regra, corresponder aos

---

[2104] Considerando os aspectos já expostos sobre as *possíveis categorias de efeitos* sobre o *processo de concorrência* decorrentes da criação de empresas que não desempenham todas as funções de uma entidade económica autónoma (submetidas, como tal, ao regime do artigo 81.º CE), e designadamente os aspectos relativos aos denominados *efeitos de alastramento em sentido lato* – caracterizados *infra*, ponto 2.3.5.2.5. deste capítulo, em termos mais desenvolvidos – os mercados primacialmente afectados, no quadro dos quais se deve estabelecer um cálculo de quotas de mercado, deverão corresponder aos mercados de bens ou serviços finais comercializados pelas empresas-mãe.

mercados dos produtos susceptíveis de serem melhorados ou substituídos em virtude dos processos de investigação e desenvolvimento desenvolvidos em conjunto no quadro dessas empresas [tal como resulta, justamente, do artigo 4.º do Regulamento (CE) n.º 2659/2000].

Em relação à segunda subcategoria de empresas comuns acima referida, podem, normalmente, ser considerados mercados afectados pelo processo de cooperação os denominados mercados de compras e os mercados de venda. De acordo com a caracterização delineada na Comunicação de 2001 – que, neste ponto, subscrevemos[2105] – os mercados de compras correspondem aos mercados mais directamente afectados pela cooperação desenvolvida através de empresas comuns de aquisição de bens e serviços, e que respeitam, precisamente, aos produtos e serviços cuja aquisição determinou a constituição de tais empresas comuns. Os mercados de vendas correspondem aos mercados a jusante nos quais as empresas participantes nessas empresas comuns operam como fornecedores de bens e serviços a utilizadores finais.

Importa reconhecer que o especial relevo atribuído a este critério da quota de mercado – como segundo estádio essencial do processo de análise dos efeitos de empresas comuns, no modelo que delineámos – comporta um ónus importante para as empresas envolvidas na constituição e funcionamento de várias categorias de empresas comuns. Na verdade, a assunção de certos pressupostos mais ou menos favoráveis em relação à probabilidade de verificação de efeitos restritivos da concorrência, passíveis de objecção em sede de aplicação do artigo 81.º CE dependerá da correcção das análises que tenham sido desenvolvidas por essas empresas para determinar a sua quota conjunta de mercado e, acessoriamente, para delimitar os mercados relevantes que se encontrem em causa.

Acresce, ainda, que esse ónus se encontra especialmente reforçado pelo processo de descentralização da aplicação do direito comunitário da concorrência e de substituição do sistema de notificação prévia por um sistema de excepções directamente aplicáveis, encetado com a adopção do Regulamento (CE) n.º1/2003.[2106] Todavia, não consideramos que este

---

[2105] Cfr. a esse propósito os pontos 119 e 137 da Comunicação de 2001.

[2106] Esse ónus mais intenso que decorre para as empresas da substituição do sistema de notificação prévia por um sistema de excepções directamente aplicáveis, na sequência da adopção do Regulamento 1/2003 já tem sido por nós aflorado. Sobre esse novo enquadramento normativo associado ao denominado processo de modernização do

ónus analítico deva, forçosamente, ser associado a situações de incerteza ou imprevisibilidade jurídicas e a um qualquer suposto agravamento dos custos de transacção para as empresas envolvidas na constituição de empresas comuns.[2107] O que se encontra em causa é, por um lado, uma maior responsabilização das empresas pelas avaliações prévias que estabeleçam sobre a sua posição de mercado e, por outro lado, a formação de verdadeiros parâmetros analíticos estáveis para a definição de mercados relevantes e para o concomitante cálculo de quotas de mercado, resultantes de orientações periodicamente revistas por parte da Comissão, de uma prática decisória coerente por parte da mesma e da jurisprudência do TPI de do TJCE.[2108]

Devemos, por último, assinalar que a presente análise referente ao critério da quota de mercado é, nos termos que fomos expondo, aplicável ao conjunto dos quatro tipos funcionais de empresas comuns que elegemos como objecto de estudo – e não apenas às empresas comuns de investigação e desenvolvimento – pelo que, na nossa apreciação sucessiva dos outros tipos de empresas comuns, se remeterá, sistematicamente, para esta secção no que respeita aos aspectos relacionados com a ponderação da quota de mercado.[2109]

---

sistema de aplicação de normas comunitárias de concorrência, cfr. o exposto *supra*, capítulo primeiro da **Parte II** (esp. ponto **5.**).

[2107] Diversamente do que parecem sustentar alguns autores, como, *vg.*, ROGER VAN DEN BERGH (cfr. a análise deste autor em "Modern Industrial Organization and European Competition Law", in ECLR., 1996, pp. 81 ss.).

[2108] Sobre os aspectos referentes à delimitação de mercados relevantes e as principais questões subjacentes a tais processos de análise, cfr. *supra*, capítulo segundo da **Parte II** (ponto **4.**).

[2109] Sem prejuízo, como é natural, da análise de algumas particularidades no contexto do estudo crítico de cada um dos tipos funcionais de empresas comuns. Contudo, em regra, na análise das empresas comuns de produção (ponto **3.**), das empresas comuns de comercialização de bens e serviços (ponto **4.**) e das empresas comuns de aquisição de bens e serviços (ponto **5.**), remeteremos sucessivamente para a presente secção as questões relativas à ponderação da quota de mercado das empresas, em função do critério único que aqui preconizamos.

Parte III – Capítulo 3 1233

2.3.5.2. *O terceiro estádio de análise das empresas comuns de investigação e desenvolvimento*

2.3.5.2.1. Os elementos fundamentais do terceiro estádio de análise de empresas comuns de investigação e desenvolvimento

No quadro do que qualificámos como terceiro estádio de apreciação de empresas comuns, de acordo com o modelo analítico global que vimos delineando,[2110] importa tomar em consideração os elementos de potencial afectação da concorrência especificamente inerentes à subcategoria das empresas comuns de investigação e desenvolvimento.

Como temos sublinhado, este estádio de análise pode assegurar uma dupla função. Na realidade, pode actuar, por um lado, como eventual factor de correcção de juízos de princípio favoráveis a certas empresas comuns, em virtude da existência de quotas de mercado que não ultrapassem os limiares de referência que já identificámos, em geral, e, por outro lado – em relação a situações que justificassem potenciais preocupações, devido à ponderação desse critério da quota de mercado – deverá permitir a concretização de juízos de avaliação de possíveis efeitos restritivos da concorrência.

Neste plano, encontra-se, naturalmente, em causa a realização de uma análise indutiva, ponderando as principais categorias de riscos de afectação da concorrência que, em tese geral, se podem considerar subjacentes ao tipo funcional destas empresas comuns de investigação e desenvolvimento e equacionando as diversas formas de materialização, ou não, desses riscos – com modelações e intensidades variáveis – em função dos conteúdos dos programas de cooperação mais recorrentes prosseguidos através destas empresas comuns. Essa análise, de base indutiva, é, inelutavelmente, dificultada devido à necessidade de avaliar cada situação de cooperação em diferentes contextos concretos de mercado, embora tal dimensão casuística de avaliação dos mercados que se encontrem em causa não deva, em nosso entender, invalidar a utilização de parâmetros analíticos gerais – conquanto flexíveis – em ordem à detecção de efeitos restritivos da concorrência.

[2110] Sobre os contornos, em geral, desse terceiro estádio de apreciação no quadro do modelo analítico global que delineámos, cfr. os aspectos expostos *supra*, capítulo primeiro desta **Parte III** (ponto 2.4.3.).

1234   *Empresas comuns* – Joint Ventures

Importa, de resto, sublinhar que já acima procurámos enunciar, em geral, as principais categorias de riscos de afectação da concorrência subjacentes à constituição e funcionamento de empresas comuns de investigação e desenvolvimento, as quais deverão constituir a base da densificação jurídico-económica a que ora procedemos[2111] Assim, referimos riscos de afectação da concorrência correspondentes à *verificação de coordenação de comportamentos entre empresas-mãe, em mercados de produtos já existentes*, incidindo *vg.* sobre elementos do processo da concorrência como *os preços, quantidade, ou qualidade dos produtos oferecidos por essas empresas*, ou *riscos correspondentes à limitação dos processos de inovação* em termos que conduzam à *coordenação das estratégias comerciais das empresas em matéria de qualidade e até de quantidade da oferta de bens finais*. Identificámos, ainda, uma *terceira categoria de riscos referentes ao encerramento de certos mercados a empresas concorrentes* (incluindo, naturalmente, concorrentes potenciais).

Acresce que, na nossa enunciação geral do modelo global de análise das empresas comuns submetidas ao regime previsto no artigo 81.º CE,[2112] tivemos, também, ensejo de destacar que mesmo as meras empresas comuns de investigação e desenvolvimento que não apresentem programas compósitos de cooperação – e excluindo, portanto, o alargamento dessa cooperação aos domínios da produção e comercialização – podem gerar riscos apreciáveis de concertação relativa aos níveis de produção das empresas participantes. Sublinhámos, todavia, que, atendendo aos conteúdos funcionais mais recorrentes dessa subcategoria de empresas comuns,[2113] a probabilidade de afectação negativa da concorrência, como

---

[2111] No que respeita à enunciação, em geral, das principais categorias de riscos de afectação da concorrência subjacentes à subcategoria das empresas comuns de investigação e desenvolvimento, cfr. os aspectos expostos *supra*, ponto 2.3.2. deste capítulo. Já nesse ponto remetíamos a compreensão dos diferentes modos de concretização de tais riscos para o estádio próprio no processo de análise mais desenvolvida destas empresas comuns e que corresponde ao terceiro estádio de apreciação no modelo analítico que construímos e do qual ora nos ocupamos.

[2112] Cfr. a enunciação dos riscos de afectação de concorrência a que procedemos no quadro da apresentação geral do modelo de apreciação de empresas comuns submetidas ao regime do artigo 81.º CE, *supra*, capítulo primeiro, esp. pontos 1.4 e 2.4.3.2..

[2113] Também destacámos nessa perspectiva geral de análise desenvolvida no referido ponto 2.4.3.2. do capítulo primeiro desta **Parte III** que, além de potencial restritivo da concorrência intrinsecamente associado a certos elementos do tipo funcional de investigação e desenvolvimento, haverá que cruzar essa apreciação com outros factores econó-

Parte III – Capítulo 3

resultado da criação dessas entidades, será, em princípio, superior no que respeita a fenómenos de concertação dirigida à restrição da concorrência no plano da qualidade dos produtos (*maxime* em sectores empresariais mais dinâmicos e caracterizados por especiais exigências de inovação). Além disso, apesar da particular complexidade da análise dirigida a apurar eventuais efeitos de exclusão de empresas terceiras – e de virtual encerramento de certos mercados – destacámos que, em certas condições, as empresas comuns de investigação e desenvolvimento podem contribuir, de forma significativa, para a verificação desse tipo de efeitos restritivos da concorrência.

2.3.5.2.2. Os programas de investigação e desenvolvimento dirigidos à melhoria de produtos existentes

Procurando uma sistematização coerente destas diferentes categorias de riscos de afectação da concorrência, em função da especificidade de que se revestem os programas de cooperação em matéria de investigação e desenvolvimento, poderá ensaiar-se uma caracterização dos mesmos em conformidade com o âmbito de actuação de empresas comuns neste domínio.[2114]

Assim, justifica-se considerar num primeiro plano correspondente à realização conjunta de programas de investigação e desenvolvimento dirigidos à melhoria de produtos existentes, a potencial verificação de efeitos de coordenação de comportamentos, dirigidos a elementos essenciais do processo de concorrência como a fixação de preços e a adopção de decisões ou estratégias em relação à quantidade ou qualidade dos produtos disponibilizados ao mercado. Esses potenciais efeitos de coordenação deverão, sendo caso disso, materializar-se nos mercados de produtos a jusante, em que actuam as empresas-mãe, e nos quais se irão directamente repercutir as melhorias ou aperfeiçoamentos dos bens finais que possam ser geradas pelas empresas comuns em questão. Pela nossa parte, entendemos que a susceptibilidade de essas empresas comuns con-

---

micos que interfiram no desenvolvimento do programa funcional de cooperação em causa e no quadro de determinados mercados concretos.

[2114] Caracterização que, como é natural, deverá ter presente as *áreas de actuação possíveis* destas empresas comuns, nos termos que já tivemos ensejo de caracterizar (*supra*, esp. ponto 2.2. deste capítulo).

1236   *Empresas comuns* – Joint Ventures

duzirem à coordenação de comportamentos em matéria de preços será, por norma – e salvo circunstâncias algo excepcionais – comparativamente menor em relação à probabilidade de as mesmas induzirem efeitos de coordenação relativos à quantidade e, sobretudo, à qualidade dos produtos finais oferecidos no mercado.[2115]

Além disso, tal potencial restritivo da concorrência – incidindo, em especial nos dois últimos elementos referidos – deverá ser graduado em função de diversos factores, compreendendo, designadamente, a *posição das empresas-mãe no mercado de bens finais que se encontre em causa*, a *existência e importância relativa de outros pólos autónomos de investigação e desenvolvimento*, com objectivos comparáveis ao programa realizado através da empresa comum, e – como factor porventura mais importante – o *contributo do programa de investigação e desenvolvimento para a conformação dos bens finais em questão*. Na realidade, quanto maior for a dimensão do contributo que os resultados do programa conjunto de investigação e desenvolvimento representam na produção do bem final – *vg.* incorporando uma parte significativa dos respectivos custos de produção, ou constituindo um factor do qual dependa em absoluto a capacidade para produzir acima de certos níveis quantitativos ou para oferecer no mercado certos parâmetros de qualidade muito específicos – mais significativa será a aptidão da empresa comum, que assegure a realização de tal programa conjunto, para originar fenómenos apreciáveis de coordenação de comportamentos das empresas-mãe.

É evidente que o potencial restritivo da concorrência ínsito em determinados conteúdos funcionais de programas de investigação e desenvolvimento e os diferentes factores que o condicionam interagem entre si, de uma forma complexa, que impõe a adopção de uma perspectiva de análise global.

[2115] Referimo-nos aqui a *produtos finais* num sentido muito lato que compreende bens e serviços (cfr. sobre esse conceito numa perspectiva económica geral, CARLTON, PERLOFF, *Modern Industrial Organization*, cit., esp. pp. 50 ss. e pp. 283 ss. e JOHN C. PANZAR, *Determinants of Firm and Industry Structure*, in *Handbook of Industrial Organization*, RICHARD SCHMALENSEE, ROBERT WILLIG, Editors, Amsterdam, North Holland, 1989). Paralelamente, o mercado que aqui referimos corresponde primacialmente ao mercado, a jusante, de bens finais em que actuem as empresas-mãe (sem prejuízo de efeitos de alastramento em sentido restrito que se venham a verificar em mercados conexos com determinados mercados principais das empresas-mãe e nos quais estas também se encontrem presentes).

Deste modo, diferentes combinações dos três factores primaciais que graduam essa aptidão de afectação da concorrência, nos termos acima descritos, podem conduzir a avaliações variáveis das repercussões de empresas comuns de investigação e desenvolvimento no processo de concorrência. Podemos, pois, em tese, configurar situações em que a quota de mercado conjunta das empresas participantes numa empresa comum de investigação e desenvolvimento apenas ultrapasse de modo pouco significativo o limiar de referência de 25% no mercado a jusante de bens finais que se encontre em causa – o que indiciaria um menor potencial de afectação da concorrência – mas que, em contrapartida, se caracterizem por um peso especialmente elevado dos resultados dessa empresa comum para a produção dos bens finais e pela ausência, ou pouca expressão, de pólos autónomos, alternativos, de investigação e desenvolvimento. Tal combinação de factores acabará, em última análise e em certas condições, por conduzir à formação de um juízo final de verificação de efeitos apreciáveis de restrição da concorrência.[2116]

[2116] Recorrendo uma vez mais à adaptação de exemplos de referência configurados pela Comissão na Comunicação de 2001 – técnica que, de resto, poderia, com vantagem, ter sido consideravelmente mais desenvolvida pela Comissão nessa Comunicação – podemos fixar-nos numa adaptação do *"Exemplo 3"* enunciado no ponto 77 da Comunicação de 2001 para ilustrar a particular combinação de factores conducentes à formação de um juízo final de verificação de efeitos apreciáveis de restrição da concorrência (nos moldes acima descritos). Pense-se, assim, numa situação em que duas empresas que fabriquem componentes para veículos automóveis acordem na criação de uma empresa comum para reunir os seus esforços em matéria de investigação e desenvolvimento, de modo a melhorar a produção e os resultados de algumas componentes existentes, mas continuando a fabricar tais componentes separadamente. Suponha-se ainda que essas empresas detenham quotas de 15%, cada uma, no mercado europeu de fabricantes das referidas componentes. Tome-se além disso em consideração um contexto em que as actividades de investigação e desenvolvimento realizadas através da empresa comum representem uma parcela muito significativa dos custos totais de fabrico das componentes para veículos automóveis comercializadas pelas empresas-mãe e no qual, devido à detenção de certas licenças de tecnologia essenciais no domínio em causa por parte das mesmas empresas, não seja realista esperar a médio prazo o desenvolvimento de programas de investigação com expressão e alcance comparáveis por parte de terceiras empresas. Numa situação com estas características, apesar de as empresas-mãe envolvidas na constituição de uma determinada empresa comum de investigação e desenvolvimento não disporem de quotas de mercado conjuntas especialmente elevadas (quotas conjuntas pouco superiores ao limiar de referência de 25% do mercado) os factores correspondentes ao elevado peso económico dos resultados dos programas comuns de investigação e desenvolvimento nos custos dos bens finais das empresas-mãe, bem como a inexistência de um número apreciável de pólos

Em sentido inverso, poderão em certas circunstâncias as empresas participantes numa empresa comum de investigação e desenvolvimento deter um poder de mercado considerável – *vg.* indiciado por uma quota de mercado conjunta significativamente superior ao limiar de referência de 25% do mercado – e, não obstante esse aspecto, o escasso contributo da empresa comum em questão para a produção de bens finais por essas empresas, bem como a existência comprovada de diversos pólos autónomos alternativos de investigação virem a constituir factores determinantes de um juízo favorável a essa empresa comum, em virtude de uma inaptidão da mesma para originar efeitos apreciáveis de restrição da concorrência.[2117]

Na verdade, e como temos repetidamente sublinhado, os diferentes elementos analíticos apurados nos múltiplos estádios de apreciação que integram o modelo de análise global que propomos devem ser conjugados entre si. Em termos mais concretos, as situações hipotéticas que acima consideramos, em relação a empresas comuns de investigação e desenvolvimento, ilustram a afirmação que produzimos, no sentido de juízos de princípio relativamente favoráveis a determinadas empresas comuns, em função da aplicação do critério relativo à quota de mercado conjunta das empresas participantes, poderem vir a ser corrigidos através da ponderação de outros elementos analíticos (no quadro de outros estádios de apreciação dessas empresas comuns).

O factor específico, acima considerado, como proporcionalmente mais importante neste plano de análise de eventuais efeitos decorrentes de

---

comparáveis de investigação determinariam a verificação de riscos significativos de afectação da concorrência.

[2117] Alterando, de algum modo, alguns dados do exemplo de referência acima construído, podemos pensar numa situação hipotética em que as empresas descritas na nota anterior detivessem quotas de mercado de 20%, cada uma, mas na qual, em contrapartida, os resultados gerados pela empresa comum de investigação constituída pelas mesmas empresas representassem uma parcela limitada dos custos totais associados aos bens finais comercializados por essas empresas e fosse possível comprovar a existência de dois ou mais pólos de investigação com características e eficácia comparáveis. Numa situação com essas características, e apesar do maior poder de mercado indiciado pela quota de mercado conjunta situada no limiar crítico de 40%, seria de admitir que tal factor fosse contrabalançado pelos factores referentes à importância económica relativa dos resultados do programa de investigação conjunta e à existência de um número relevante de pólos rivais de investigação e desenvolvimento (em termos que permitissem, globalmente, afastar qualquer probabilidade de verificação de riscos sérios de afectação da concorrência).

Parte III – Capítulo 3 1239

empresas comuns de investigação e desenvolvimento cujo programa de cooperação seja dirigido à melhoria de bens finais já existentes – factor correspondente ao contributo relativo desse programa para a produção de bens finais – pode, em certos casos mais extremos, conduzir a repercussões menos previsíveis no processo de concorrência.

Assim, atribuímos-lhe decisiva importância para avaliar a possibilidade – que consideramos excepcional – de empresas comuns deste tipo originarem formas de coordenação de comportamentos referentes à fixação de preços nos mercados a jusante das empresas-mãe. Como modalidades de cooperação mais distantes dos estádios de comercialização de bens finais junto dos respectivos públicos consumidores, as empresas comuns de investigação e desenvolvimento apresentam, na realidade, uma reduzida aptidão para originar processos de coordenação que incidam sobre os preços praticados pelas empresas participantes, mesmo que estas últimas detenham um considerável poder de mercado. Todavia, esse pressuposto poderá, em especial, ser afastado naquelas situações – algo particulares – em que os resultados da investigação e desenvolvimento realizada em comum correspondam a uma parcela largamente maioritária dos custos totais de produção dos bens finais em causa.

Nesses casos, mesmo que as empresas comuns não contemplem a existência de mecanismos ou instrumentos que facilitem a troca de informações comerciais sobre matérias que extravasem o projecto conjunto de investigação e desenvolvimento, ou de elementos de organização que estimulem, indirectamente, a concertação de processos de decisão noutras áreas, o mero conhecimento recíproco de uma parcela essencial dos custos de produção globais dos bens finais comercializados pelas empresas participantes – aquela que resulta dos encargos do próprio programa conjunto de investigação e desenvolvimento – pode, desde que verificadas certas condições de mercado, fornecer um incentivo primacial para a concertação em matéria de fixação de preços. Esse incentivo será reforçado, em nosso entender, se as empresas-mãe em causa detiverem quotas de mercado significativas e se as mesmas realizarem toda a sua actividade de investigação e desenvolvimento através da empresa comum.

Em contrapartida, a probabilidade de verificação de efeitos de coordenação que incluam a fixação de preços poderá diminuir caso, – apesar de os resultados dos programas de investigação e desenvolvimento representarem uma parcela decisiva dos custos totais de produção dos bens finais – o mercado a jusante em que os mesmos são transaccionados se

1240 *Empresas comuns* – Joint Ventures

caracterizar por margens de comercialização muito variáveis, ou por uma relevância significativa de outros tipos de custos (*vg.*, custos de promoção ou publicidade, que possam conhecer apreciáveis oscilações, em função das estratégias comerciais definidas pelas empresas).[2118]

2.3.5.2.3. **Programas de investigação e desenvolvimento dirigidos à criação de nova procura**

Prosseguindo o nosso propósito de sistematização coerente das diferentes categorias de riscos de afectação da concorrência, em função da especificidade dos programas de cooperação em matéria de investigação e desenvolvimento, podemos identificar efeitos de coordenação de comportamentos especialmente associados a um segundo plano de realização desses programas.

Trata-se do plano correspondente a situações em que as empresas comuns visam o lançamento de novos produtos que irão substituir produtos existentes (ou situações intermédias em que se prossigam objectivos de desenvolvimento de novas tecnologias, ou de processos de inovação, que alterem profundamente produtos existentes ou que, não substituindo propriamente produtos existentes, criem uma procura totalmente nova).[2119] Nesse plano, a constituição e funcionamento de empresas comuns de investigação e desenvolvimento pode originar efeitos de coordenação que afectem, em particular, os elementos do processo de concorrência relativos à quantidade e à qualidade dos bens finais comercializados em certos mercados. Na verdade, essas modalidades de cooperação que podem

---

[2118] Pense-se, por exemplo, no funcionamento de mercados de *bens diferenciados* no âmbito dos quais uma parcela significativa dos custos das empresas presentes nos mesmos correspondam a custos de promoção da imagem dos respectivos bens junto dos consumidores finais, de modo a procurar associar determinadas características diferenciadoras a esses bens. Nesse contexto, mesmo que os resultados de programas conjuntos de investigação e desenvolvimento realizados através de determinada empresa comum representassem uma parcela apreciável dos custos totais de produção das respectivas empresas-mãe, tal não conduziria forçosamente a um incentivo essencial à coordenação em matéria de fixação de preços por parte dessas empresas-mãe.

[2119] Sobre essas realidades, cfr. os pontos 45, 47 e 50 da Comunicação de 2001. Cfr., igualmente, os aspectos expostos *supra* – pontos 2.2.1. e 2.2.2. deste capítulo – sobre os processos de constituição de empresas comuns de investigação e desenvolvimento e os objectivos essenciais subjacentes aos mesmos.

reduzir os processos de inovação tendem, em certas condições, a afectar negativamente, a prazo, os níveis de diferenciação entre os produtos – com repercussões sobre a intensidade da concorrência baseada nos padrões de qualidade dos produtos – e podem mesmo afectar as quantidades de certos bens finais que no futuro venham a ser comercializados em determinados mercados.

Como a Comissão pressupõe, justamente, na Comunicação de 2001,[2120] neste tipo de situações de cooperação empresarial *"os efeitos sobre os preços e a produção nos mercados existentes são relativamente improváveis"*. Segundo cremos, essa probabilidade só virá a verificar-se, de modo significativo, em relação a empresas comuns de investigação e desenvolvimento que combinem programas dirigidos, por um lado, à melhoria de produtos existentes e, por outro lado, à introdução futura de novos produtos ou à criação de novos mercados, mediante o fomento de novas correntes ou necessidades de procura. Nessas situações, os eventuais efeitos que sejam originados neste último plano podem interagir com repercussões que se produzam no primeiro plano acima referido. Esse aspecto, que torna inegavelmente mais complexa a análise a desenvolver neste domínio, deve ser ponderado de forma sistemática, visto que a experiência demonstra que uma parte significativa das empresas comuns de investigação e desenvolvimento conjuga, efectivamente, os dois planos, o que as torna susceptíveis de produzir repercussões, com intensidades variáveis, quer em mercados existentes, quer em mercados total ou parcialmente novos, resultantes de processos de inovação.[2121]

No que respeita ao segundo plano em questão, a análise juscon-correncial em ordem a apurar eventuais efeitos restritivos da concorrência suscita particulares dificuldades, visto que obriga a delicados juízos de prognose sobre a quantidade e variedade de futuros produtos – resultantes de transformações profundas de produtos existentes ou introduzidos *ex novo* – e sobre os ritmos e evoluções previsíveis dos processos de inova-

---

[2120] Cfr. ponto 65. da Comunicação de 2001.

[2121] A Comissão conclui em sentido idêntico ao acima exposto em relação à generalidade dos acordos de cooperação de investigação e desenvolvimento. Cfr. nesse sentido ponto 66 da Comunicação de 2001. Como aí se refere, *"a maior parte dos acordos de I&D situam-se mais ou menos a meio caminho entre as duas situações extremas acima referidas. Podem, por conseguinte, produzir efeitos na inovação e ter repercussões nos mercados existentes. Consequentemente, pode ser relevante analisar o mercado existente e o efeito na inovação (...)"*.

ção. Acresce que essa análise deve, também, assentar numa complexa ponderação de aspectos susceptíveis de restringir a concorrência e de eventuais efeitos positivos sobre a concorrência associados aos processos de cooperação que visem introduzir produtos totalmente novos.

A introdução de novas tecnologias, o reforço da diversidade de produtos, ou a criação de novos atributos nesses bens, que representem formas mais eficazes de satisfazer múltiplos interesses dos consumidores, correspondem, frequentemente, a repercussões positivas emergentes de projectos cooperativos tendentes ao fomento da inovação empresarial sob as mais variadas formas (repercussões positivas que se podem fazer sentir directamente na esfera dos consumidores ou que podem materializar-se, a curto e médio prazo, num grau mais intenso de concorrência, através do aumento das possibilidades de escolha oferecidas a esses consumidores)[2122] A este propósito, admitimos que a utilização recorrente da denominada *"regra de razão"* no quadro da apreciação de empresas comuns de investigação e desenvolvimento, no ordenamento da concorrência norte--americano tende a permitir mais facilmente essa complexa ponderação de eventuais efeitos restritivos da concorrência e de aspectos positivos para o processo da concorrência, em ordem a apurar um grau de risco global de afectação da concorrência suficientemente importante para justificar a intervenção reguladora das autoridades de concorrência.

Esse tipo de orientações permite, em regra, desenvolver processos de construção jurídico-económica informados por parâmetros substantivos – dirigidos à aferição dos efeitos globais, ponderados, das empresas comuns – e reconduzindo eventuais elementos parcelares de restrição formal da concorrência a um papel acessório que não fundamenta juízos de afectação

---

[2122] A ponderação deste tipo de aspectos em sede de apreciação de empresas comuns traz necessariamente à colação as bases teleológicas do direito da concorrência e de concretização dos normativos deste ordenamento. Assim, tais ponderações assumirão diferentes conteúdos conforme prevaleça uma *perspectiva ordoliberal* de manutenção ou salvaguarda de certo grau de concorrência, tutelando a posição das empresas presentes em certos mercados ou que pretendem entrar nesses mercados já existentes ou a desenvolver ou – em sentido diverso – uma perspectiva que privilegie a salvaguarda das possibilidades de escolha dos consumidores, a qual pode manifestar-se sob diversas formas. A análise das empresas comuns, designadamente de empresas comuns de investigação e desenvolvimento com o seu contributo para os processos de inovação e para a diversificação de bens e serviços tem influenciado o progressivo desenvolvimento em sede de direito comunitário da concorrência da segunda perspectiva teleológica acima referida (em termos dos quais procuraremos retirar corolários globais na **Parte IV** – esp. pontos 2.1.3.3. e 2.2.).

Parte III – Capítulo 3   1243

da concorrência e as correspondentes consequências (de intervenção de autoridades públicas, mesmo que esta se limite à verificação de alegadas infrações gerais a normas de concorrência e a ulteriores justificações das mesmas). A prática decisória e os precedentes jurisprudenciais no ordenamento norte-americano – sintomaticamente pouco expressivos, como já salientámos, no domínio das empresas comuns de investigação e desenvolvimento – parecem confirmá-lo. Um caso especialmente paradigmático, a esse respeito, terá sido, em nosso entender, a decisão judicial de 1998, respeitante ao processo *"Addamax Corp. v. Open Software Foundation, Inc."*[2123]

Nessa decisão sustentou-se que uma empresa comum dirigida à introdução de um novo produto no domínio do *"software"* apresentava um importante potencial para a realização de um contributo produtivo para a economia e em benefício dos consumidores, pelo que, a essa luz, determinados elementos que limitassem a liberdade de acção das empresas participantes – *vg.* através de mecanismos decisórios conjuntos referentes aos preços a que a empresa comum procederia à aquisição de elementos de que carecia para a sua actividade – e que funcionassem como aspectos estritamente acessórios para o esforço produtivo geral dessa entidade, deveriam ser considerados como aspectos secundários que não poderiam justificar um juízo desfavorável de afectação da concorrência. Ora, em sentido contrário, a apreciação de empresas comuns de investigação e desenvolvimento no plano comunitário tem sido com frequência caracterizada por uma excessiva prevalência concedida aos elementos formais que possam ser identificados como formas de limitação da liberdade de actuação das empresas participantes em detrimento de juízos globais que incorporem, desde logo e de forma integrada, as repercussões económicas positivas emergentes dessas entidades (embora, aparentemente, a prática decisória e a jurisprudência mais recentes possam vir a corrigir tal orientação exageradamente restritiva e intervencionista).[2124]

[2123] Cfr. decisão *"Addamax Corp. v. Open Software Foundation, Inc."* [152 F.3d 48 (1st Cir. 1998)].

[2124] Sobre alguns aspectos da *praxis* decisória da Comissão no passado e da prevalência na mesma de aspectos ou elementos formais de avaliação jusconcorrencial cfr., em geral, o capítulo segundo da **Parte II**. Assim, essa perspectiva formalista conduziu no passado, com relativa frequência, a situações de sujeição de empresas comuns de investigação e desenvolvimento à proibição geral prevista no n.º 1 do artigo 81.º CE (artigo 85.º TCE) normalmente acompanhadas pela concessão de isenções *ex vi* do n.º 3 da mesma

1244 *Empresas comuns* – Joint Ventures

Pela nossa parte, sustentamos que, no quadro do modelo global de apreciação que temos vindo a delinear,[2125] se deverá procurar identificar o que denominámos de *efeito global, ou ponderado*, de certas empresas comuns sobre a concorrência (incorporando alguns aspectos comparáveis à metodologia inerente à *"regra de razão"*, mas sem corresponder a um paralelo linear à mesma, atendendo às diferenças relevantes entre os ordenamentos de concorrência norte-americano que não podem ser afastadas através de meros processos de construção hermenêutica[2126]). Esse tipo de análise deverá permitir uma mais aprofundada ponderação conjunta de eventuais efeitos restritivos da concorrência e de efeitos económicos posi-

---

disposição (num quadro de grande intervencionismo da Comissão). Sobre essa perspectiva e as limitações analíticas que a mesma encerrava, cfr. VALENTINE KORAH, *R&D and EEC Competition Rules: Regulation 418/85*, cit. Para uma perspectiva divergente relativa à avaliação jusconcorrencial de empresas comuns de investigação e desenvolvimento no ordenamento norte-americano, cfr. GROSSMAN, SHAPIRO, "Research Joint Ventures: An Antitrust Analysis", in JL & Econ., 1986, pp. 2 ss.

[2125] Modelo que, como temos observado, incorpora elementos da metodologia proposta na Comunicação de 2001, mas divergindo desta em pontos significativos e contendo também formulações que se projectam muito para além da mesma noutros pontos significativos.

[2126] Tenha-se presente o conjunto de considerações que já expusemos sobre as limitações de uma transposição *qua tale* da denominada *"rule of reason"* para o plano do direito comunitário da concorrência, *supra*, capítulo primeiro da **Parte II**, ponto 4.4. e ponto 2.3.5.1.1. do presente capítulo. Na nossa perspectiva, quer no quadro da análise de empresas comuns de investigação e desenvolvimento, as quais suscitam, por vezes de modo especialmente evidente, a *ponderação conjunta de elementos restritivos da concorrência e de eficiências criadas num plano geral de inovação*, quer no quadro da análise de outras subcategorias de empresas comuns (objecto de estudo nos pontos seguintes) há condições para *uma construção hermenêutica mais flexível em torno da regra de proibição estabelecida no n.º 1 do artigo 81.º CE*. Todavia, entendemos também que a densificação desse espaço de ponderação jurídico-económica mais complexa de elementos restritivos e favoráveis à concorrência, em sede de aplicação do n.º 1 do artigo 81.º CE, tem sido prejudicada por uma controvérsia largamente desajustada em relação à possibilidade de aplicação da *"regra de razão"* nesse domínio. Procurando testar os limites e virtualidades desse novo tipo de construção hermenêutica mais flexível (em sede de aplicação dessa disposição) no âmbito da nossa análise crítica dos principais tipos funcionais de empresas comuns, propomo-nos, a final, numa base sistematizada, retirar corolários dessa avaliação global na **Parte IV** desta dissertação (esp. pontos 3.4.1. a 3.4.3., onde caracterizamos um possível e desejável contributo da análise das empresas comuns para uma nova compreensão sistemática da interacção entre o regime estabelecido no n.º 1 e no n.º 3 do artigo 81.º CE, comentando criticamente as diferentes perspectivas doutrinais sobre a matéria).

tivos – favoráveis ao processo de concorrência – que, em termos globais, prevaleçam sobre os primeiros, sobretudo no domínio que ora consideramos, relativo às empresas comuns de investigação e desenvolvimento dirigidas à introdução de novos produtos (ou ao estímulo a processos de inovação empresarial).

De algum modo paradigmática – num sentido oposto ao da decisão judicial norte-americana acima citada – da orientação restritiva frequentemente seguida no plano comunitário, e de alguns aspectos que poderão ser flexibilizados no âmbito de uma nova metodologia, pode considerar-se a decisão da Comissão no caso *"BP/MW Kellog"*.[2127] Nesse caso, as duas empresas em questão procederam à constituição de uma empresa comum com vista ao desenvolvimento de certos tipos de infra-estruturas industriais, conjugando, por um lado, a experiência de uma das participantes no planeamento e concepção de infra-estruturas de certa dimensão com as características pretendidas e, por outro lado, os conhecimentos detidos pela outra empresa-mãe em relação a catalizadores a utilizar nos processos produtivos que as partes pretendiam projectar em conjunto.

Do acordo referente à constituição dessa empresa comum resultava que cada uma das empresas-mãe continuaria a ser titular das diversas formas de *"saber fazer"* cuja utilização fosse facultada à empresa comum, e que a cada uma dessas empresas seria concedido, de forma irrevogável, o direito não exclusivo à utilização e à atribuição de sub-licenças de utilização no plano mundial de quaisquer patentes emergentes da actividade da empresa comum. Contemplava-se, ainda, que, caso o processo industrial principal visado com a constituição da empresa comum viesse a ser desenvolvido com sucesso, caberia a uma das empresas-mãe o direito à exploração do mesmo, procedendo ao respectivo licenciamento a operadores interessados e transferindo para a outra empresa-mãe uma parte dos proventos resultantes dessas licenças. Além disso, o acordo em causa incluía, ainda, múltiplas restrições acessórias, impostas a ambas as partes, com vista à prossecução eficaz do objecto essencial da empresa comum. Entre outros aspectos, justifica-se destacar a imposição a uma das empresas participantes de obrigações de *non facere*, no sentido de não facultar informação a terceiros sobre os catalizadores a utilizar no novo processo industrial a desenvolver e de não fornecer tais catalizadores a terceiros sem o consentimento da outra empresa participante. Em relação à outra

---

[2127] Cfr. decisão *"BP/MW Kellog"*, de 1986, já cit.

empresa-mãe, cujo contributo para a empresa comum correspondia, essencialmente, ao conhecimento especializado de planeamento e concepção de certo tipo de infra-estruturas industriais, eram impostas obrigações no sentido de não desenvolver outros projectos empresariais relacionados com os bens finais cuja concepção e produção constituía, precisamente, o objecto da empresa comum.[2128]

De acordo com a análise da Comissão, a constituição desta empresa comum seria coberta pela proibição geral estabelecida no n.º 1 do artigo 85.º TCE (actual n.º 1 do artigo 81.º CE), atendendo ao facto de a liberdade de decisão comercial de cada uma das empresas-mãe ser materialmente restringida, em função do conjunto de obrigações subjacente a essa entidade (*vg.*, e em especial, as obrigações que visavam impedir o desenvolvimento e comercialização junto de terceiros de processos industriais comparáveis aos que seriam desenvolvidos através da empresa comum, ou que impediam uma das partes de comercializar um dos activos essenciais – catalizadores de certo tipo – utilizado no projecto da empresa comum). Em contrapartida, a Comissão veio a conceder uma isenção, *ex vi* do n.º 3 do artigo 85.º TCE (actual n.º 3 do artigo 81.º CE) a esta empresa comum, justificada pelo reconhecimento de que a mesma permitia um progresso técnico considerável na área coberta pelo projecto de cooperação em questão, o qual se traduziria, previsivelmente, em benefícios substanciais para os consumidores, sob a forma de eficiências resultantes da poupança de energia nos processos industriais em causa e de reduções de preços dos

---

[2128] As restrições acessórias à concorrência inerentes aos acordos referentes à constituição e funcionamento dessa empresa comum não se esgotavam nos aspectos acima destacados, mas compreendiam ainda, *inter alia*, o compromisso de não desenvolver quaisquer projectos de investigação relativos ao desenvolvimento de catalizadores que constituíam o objecto da empresa comum, quer sob forma independente, quer em associação com terceiras entidades. Já tivemos ensejo de referir, de modo sucinto e em termos gerais, as características essenciais de que se reveste essa figura das *restrições acessórias à concorrência* ("*ancillary restraints*") e a dimensão de flexibilização da análise jusconcorrencial que a mesma encerra. Importa, ainda, destacar ou reforçar a ideia de que tal flexibilização associada à conceptualização da figura das restrições acessórias à concorrência foi especialmente impulsionada pela análise de concentrações e de empresas comuns. Cfr. nesse sentido DONALD HOLLEY, *Ancillary Restrictions in Mergers and Joint Ventures*, in *International Mergers and Joint Ventures – Annual Proceedings of the Fordham Corporate Law Institute – 1990*, Editor BARRY HAWK, Transnational Juris Publications Inc, 1991, pp. 423 ss. Para uma perspectiva sobre a análise desse tipo de restrições associadas à avaliação de empresas comuns no contexto do direito norte-americano, cfr. M. SALEM KATSCH, "Collateral Restraints in Joint Ventures", in ALJ, 1985, pp. 1003 ss.

Parte III – Capítulo 3   1247

bens finais principais resultantes desses processos. Além disso, atendendo às condições de mercado existentes na situação em apreço, a Comissão considerou improvável que as empresas-mãe tivessem concorrido entre si para o desenvolvimento do novo tipo de processos industriais em causa, visto que o mesmo apenas se tornou exequível através da conjugação dos seus próprios recursos diferenciados.

Neste contexto, admitimos que a Comissão possa ter, então, sobre-valorizado uma perspectiva formalista relativa a efectivas limitações da liberdade de acção das partes – e que determinou a sujeição da empresa comum ao regime previsto no n.º 1 do artigo 85.º TCE – sem ter ponde-rado adequadamente, e numa visão integrada, os efeitos globais positivos para o processo da concorrência que não poderiam ser produzidos através de uma actuação isolada das partes. Tal ponderação poderia justificar, desde logo, uma apreciação favorável da empresa comum, em sede de aplicação do n.º 1 artigo 85.º TCE (actual n.º 1 do artigo 81.º CE), sem obrigar a uma especial intervenção pública no quadro de uma decisão de isenção. É certo que a Comissão parece assumir uma orientação mais flexível na Comunicação de 2001, ao reconhecer que a *"cooperação em matéria de investigação e desenvolvimento para a criação de um produto totalmente novo tem, em geral, efeitos positivos sobre a concorrência"*, admitindo ainda que esse princípio *"não se altera significativamente se a cooperação se estender à exploração em comum dos resultados, mesmo à sua comercialização em comum"*.[2129] Importa, contudo, que essa visão aparentemente mais flexível possa vir, de modo estável, a informar a *praxis* decisória da Comissão, de modo a permitir apreciações menos for-malistas do que as subscritas na decisão *"BP/MW Kellog"*, cit., o que não se encontra assegurado nesse plano, nem confirmado na jurisprudência comunitária.

Como também se reconhece na referida Comunicação de 2001, nesse tipo de situações relativas à constituição de empresas comuns que visam a criação de produtos novos, eventuais problemas inerentes à exploração em comum dos resultados só tenderão a assumir verdadeira relevância se essa exploração puder introduzir obstáculos significativos ao acesso de outras empresas à tecnologia chave desenvolvida pela empresa comum. Mesmo assim, esses problemas podem ser atenuados ou afastados se o sistema contratual subjacente à empresa comum contemplar a concessão de licen-

---

[2129] Cfr. Comunicação de 2001, ponto 65, *in fine*.

ças a terceiros em relação a novas tecnologias desenvolvidas, ou – no quadro de um parâmetro frequentemente tomado em consideração na *praxis* decisória do ordenamento norte-americano, como sublinha JOSEPH BRODLEY,[2130] – se o projecto da empresa comum se mostrar, por princípio, aberto à participação de novas entidades (ou até se for imediatamente aberto à inclusão de novas entidades).

É certo que os factores específicos que, em regra, graduam – nos termos acima descritos – os riscos de afectação da concorrência subjacentes a empresas comuns que actuem no plano ora em questão de introdução de novos produtos podem reforçar, em especial, e para além do nível limitado de preocupações normalmente associado a essas situações, o potencial restritivo da concorrência emergente dessas empresas comuns. Tal sucede, designadamente, se a empresa comum – como sucede com frequência – combinar actuações com reflexos em mercados a jusante de produtos já existentes e actividades relacionadas com puros processos de futura inovação empresarial.

Nesse tipo de situações, a conjugação de uma forte posição das empresas-mãe num mercado já existente e de um contributo decisivo da empresa comum para o lançamento próximo de novos bens finais estreitamente relacionados com o referido mercado pode conduzir, globalmente, a restrições significativas da concorrência, mesmo que se encontrem em causa empresas comuns vocacionadas para actividades puras de investigação. Essas repercussões negativas serão especialmente intensas caso a empresa comum integre empresas participantes, que, na ausência da nova entidade, iriam, previsivelmente, lançar um novo produto de forma inde-

---

[2130] Cfr. a análise desenvolvida na doutrina norte-americana por JOSEPH BRODLEY sobre a possibilidade de introduzir ajustamentos em projectos de constituição de empresas comuns de modo a evitar, *ab initio*, potenciais questões de afectação da concorrência, mediante o reforço dos incentivos à concorrência que decorrem de exigências de abertura de certas empresas comuns à participação de terceiras entidades (A. cit., "Joint Ventures and Antitrust Policy", cit., esp. pp. 1544 ss.). BRODLEY desenvolve aí a sua ideia de recurso ao que denomina de *"incentive-modifying remedies"*, por forma a assegurar a compatibilização com o direito da concorrência de determinadas empresas comuns geradoras de eficiência. Como refere este autor, *"these remedies are intended not to prevent particular corporate acts, but to alter the internal dynamics of joint ventures through changes in organizational structure"*. Ora, entre esses *"remedies"* incluir-se-ia a introdução de *"outside ownership interests"*. Como refere BRODLEY, *"creation of an additional equity ownership interest in the joint venture could discourage the use of the joint enterprise as an instrument of parent collusion (…)"*.

Parte III – Capítulo 3   1249

pendente,[2131] ou se a empresa comum associar uma empresa com poder de
mercado significativo num mercado já existente e um concorrente potencial que tenderia a aparecer no mercado com um novo produto susceptível
de afectar a posição da primeira empresa. Esta última situação hipotética
é expressamente considerada na Comunicação de 2001, como ilustrativa
de um risco significativo de afectação da concorrência,[2132] mas, em nosso
entender, é aí configurada de forma redutora pela Comissão, pois, mesmo
nessas condições, haveria que equacionar outros factores relevantes como
a subsistência de outros pólos autónomos de investigação e desenvolvimento que assegurassem uma suficiente pressão concorrencial sobre a
empresa presente em determinado mercado já existente.

   Na ausência destes últimos aspectos potencialmente favoráveis, e em
situações de mercado de tipo oligopolístico que possam ser reproduzidas
no quadro do lançamento de novos produtos, ou de bens profundamente
transformados – em virtude de processos diversos de inovação empresarial
– a constituição de empresas comuns de investigação e desenvolvimento
que visem a introdução de elementos de inovação essenciais para conquistar qualquer vantagem concorrencial que possa, enquanto tal, afectar, os
equilíbrios oligopolísticos existentes pode conduzir a efeitos restritivos da
concorrência particularmente negativos, mesmo que essas entidades
tenham como objecto actividades puras de investigação.

   De algum modo, uma situação desse tipo foi objecto de apreciação
na decisão da Comissão *"Henkel/Colgate"*[2133,] na qual se encontrava em

---

[2131] Essa situação é considerada, *vg.*, no ponto 65, *in fine*, da Comunicação de
2001. Além disso, encontramos casos paradigmáticos de ponderação de situações com
essas características ou com características comparáveis, como sucedeu, *vg.*, na decisão
"Konsortium ECR 900", de 1990, já cit.. Nessa decisão, a Comissão tomou em consideração o facto de nenhuma das empresas-mãe em causa poder razoavelmente realizar, de
forma autónoma, determinado projecto de investigação. Não obstante esse e outros precedentes não foi verdadeiramente consolidada uma *praxis* decisória da Comissão de aferição
dessa capacidade de realização autónoma de projectos de investigação e desenvolvimento
com base em análises economicamente realistas do mercado. Além disso, em nosso entender, não dever estar apenas em causa esse tipo de capacidade absoluta de desenvolvimento
autónomo de determinados projectos e de lançamento de certos produtos, mas a capacidade para o fazer em níveis comparáveis de eficiência.

[2132] Cfr. Comunicação de 2001, ponto 66, *in fine*.

[2133] Cfr. decisão *"Henkel/Colgate"*, já cit., a qual, apesar de remontar a 1972, continua a constituir um caso de referência, mesmo que reavaliada de acordo com novas perspectivas de análise.

1250   *Empresas comuns* – Joint Ventures

causa a constituição de uma empresa comum por parte de duas empresas que integravam um conjunto de quatro empresas mais importantes no mercado comunitário de detergentes, a qual tinha como objecto actividades puras de investigação visando a obtenção de certas vantagens técnicas específicas (cuja divulgação através da publicidade corresponderia à principal forma de obter vantagens concorrenciais em relação a terceiras empresas concorrentes).

A Comissão concluiu que essa empresa comum se encontraria sujeita à proibição geral prevista no n.º 1 do artigo 81.º CE, em virtude do forte poder de mercado das empresas-mãe num mercado já existente de estrutura oligopolística e cujas perspectivas de evolução se encontravam, precisamente, associadas a projectos de investigação e inovação como o corporizado através da referida empresa comum. Além disso, o facto de as empresas-mãe já terem efectuado importantes investimentos na área de investigação coberta pela empresa comum e de se obrigarem a transmitir a esta entidade todos os conhecimentos e "*saber fazer*" de que fossem titulares, ou de que viessem a dispor no futuro nessa mesma área, tornava improvável que as partes viessem a adquirir, por si, vantagens concorrenciais que modificassem o equilíbrio oligopolístico existente (sendo a actividade de investigação e desenvolvimento em questão decisiva, como se referiu, para a obtenção desse tipo de vantagens).[2134]

[2134] Considerando as ponderações desenvolvidas pela Comissão nesta decisão "*Henkel/Colgate*" em sede de aplicação do n.º 3 do então artigo 85.º TCE (actual artigo 81.º CE), que conduziram à concessão de uma isenção individual, justifica-se suscitar algumas dúvidas sobre o eventual cabimento das mesmas em sede de aplicação do n.º 1 daquela disposição do tratado. Na realidade, se a Comissão considerou como factores decisivos para afastar o desvalor jusconcorrencial da empresa comum o facto de a mesma contribuir para o progresso técnico e económico conduzindo a produtos melhorados em benefício dos consumidores, cabe formular uma interrogação sobre a capacidade de as empresas-mãe individualmente consideradas, para obterem resultados finais com níveis comparáveis de eficácia (para mais, tendo presente que a Comissão concluiu paralelamente que os acordos associados à empresa comum não conduziram a partilhas de mercado entre as empresas-mãe, nem introduziam elementos restritivos da concorrência ao nível do processo produtivo das partes). Além disso, caberia também equacionar, com base nas condições objectivas do mercado, a capacidade das empresas concorrentes para desenvolverem, em resposta, projectos rivais comparáveis ao da empresa comum, numa perspectiva tributária da denominada *teoria dos jogos* ("*game theory*", de acordo com a qual se procura ultrapassar a perspectiva de *equilíbrio estático* associada a vários modelos económicos de análise do funcionamento de mercados oligopolísticos, como os modelos *Cournot* ou *Bertrand*, procurando apreender em termos dinâmicos o jogo repetido de

Parte III – Capítulo 3

2.3.5.2.4. Os problemas de encerramento de mercados

No que respeita aos riscos de exclusão de terceiras empresas e do consequente fecho do mercado, admitimos que a sua verificação como efeito decorrente de empresas comuns de investigação e desenvolvimento possa ocorrer, quer em relação a entidades deste tipo que actuem num plano correspondente à melhoria de produtos existentes, quer em relação a entidades que visem a introdução de novos produtos no mercado.

Esses riscos de fecho do mercado podem resultar de múltiplos aspectos relevantes na conformação jurídico-económica das empresas comuns e de diversas condições de mercado relevantes, mas, em regra, tenderão a estar associados a situações de elevado poder de mercado das empresas-mãe e a uma especial importância dos processos tecnológicos ou de inovação desenvolvidos através das empresas em questão para o funcionamento de certos mercados existentes, ou de novos mercados conexos

---

interacção estratégica entre as empresas, envolvendo reacções encadeadas das mesmas aos posicionamentos assumidos em cada momento pelos seus principais concorrentes). Num caso com as características da situação analisada na decisão *"Henkel/Colgate"* – embora este tipo de reavaliação *ex post* se mostre problemática atendendo à distância em relação ao momento em que se poderiam aferir as reais condições e dinâmicas de funcionamento do mercado em questão – a perspectiva da *"game theory"* poderia ter sido com vantagem utilizada, tal como sucede noutras situações envolvendo empresas comuns (nas quais tipicamente se justifica, em nosso entender, conjugar uma determinada valorização dos elementos de eficiência intrinsecamente associados às mesmas com a avaliação das capacidades de resposta de empresas concorrentes para gerar idênticas eficiências através de outras empresas comuns ou de outras opções estratégicas objectivamente configuráveis). Para a enunciação de modelos de análise tributários da *"game theory"*, cfr., por todos, MARTIN, *Advanced Industrial Economics*, Blackwell, 2002, esp. pp. 70 ss.. Para a exposição numa perspectiva geral dos principais pressupostos que se encontram na base dos modelos de *"game theory"*, cfr. SHAUN HARGREAVES HEAP, YANIS VAROUFAKIS, *Game Theory – A Critical Text*, Routledge, London and New York, 2004. Como referem estes autores, *"a theory of games promises to apply to almost any social interaction where individuals have some understanding of how the outcome for one is affected not only by his or her own actions but also by the actions of the others"* (*op. cit.*, p. 3). Cfr., ainda, para uma caracterização geral da *"game theory"*, FERNANDO ARAÚJO, *Introdução à Economia*, Vol. I, cit., esp. pp. 655 ss. e MANUEL CARLOS LOPES PORTO, *Economia – Um Texto Introdutório*, cit., esp. pp. 655 ss.. Teremos ensejo de retomar *pari passu* aspectos relevantes de possível desenvolvimento da aplicação da *"game theory"* no quadro da avaliação jusconcorrencial das diversas subcategorias empresas comuns, retirando daí corolários globais em termos de mutações essenciais da metodologia jurídico-económica de análise do direito comunitário da concorrência (*infra*, **Parte IV**, esp. pontos 3.2. e 3.3.).

1252   *Empresas comuns* – Joint Ventures

com os mesmos que sejam previsivelmente criados a curto ou médio prazo. Nos sectores especialmente dinâmicos e caracterizados por um elevado peso de factores de inovação tecnológica, o desenvolvimento de novos mercados, resultantes da conjugação de diversos processos, – *vg.*, para considerar apenas algumas das situações mais paradigmáticas, mercados que combinem em novos moldes actividades de telecomunicações e tecnologias de informação e de utilização da *internet* – pode ser condicionado pela combinação de recursos tecnológicos das empresas dominantes em sectores pré-existentes e por uma consequente reprodução das situações de poder de mercado que caracterizavam esses sectores, com exclusão de novos intervenientes.[2135]

Entre outros aspectos, a emergência de riscos mais intensos de fecho do mercado pode encontrar-se associada a situações em que os participantes em determinada empresa comum de investigação e desenvolvimento tenham estipulado – sob formas e com alcances variáveis – restrições quanto às condições de utilização dos resultados gerados pela empresa comum. Todavia, à semelhança do que observámos quanto a outros domínios, entendemos que a mera verificação formal desse tipo de restrições, ou até de proibições de acesso aos resultados de programas desenvolvidos através de empresas comuns, não deverá ser considerada, em regra, um elemento suficiente para a produção de efeitos apreciáveis de exclusão de terceiros.

Admitimos, mesmo, que se deva ponderar a utilização de requisitos especialmente exigentes para avaliar a superveniência desse tipo de efeitos, conjugando os três factores primaciais que identificámos em sede de apreciação de empresas comuns que actuem no plano de introdução de novos produtos finais, a saber, a *posição das empresas-mãe em mercados existentes afectados pela cooperação* (ou relacionados com novos mercados que possam vir a desenvolver-se), a *existência de outros pólos autóno-*

[2135] Sobre esse tipo de *efeitos de virtual encerramento de mercados* a partir de posições de elevado poder de mercado de certas empresas nos seus sectores tradicionais de actuação ("*gatekeeper effects*"), algo paradoxalmente desenvolvidos em mercados especialmente dinâmicos e continuamente geradores de novos mercados conexos, cfr. a análise desenvolvida por responsáveis da Comissão sobre várias decisões relevantes desta Instituição e de autoridades nacionais de Estados Membros no domínio da utilização da Internet e da sua conjugação com diversos tipos de comunicações electrónicas – HANS PETER NEHL, KAY PARPLIES, "Internet Joint Ventures and the Quest for Exclusive Content – The T-Online Cases", in Competition Policy Newsletter, Number 2 – June 2002, pp. 57 ss..

mos de investigação nos domínios que se encontrem em causa, e a *importância do contributo relativo da empresa comum para a produção de certos bens finais ou para o lançamento de novos produtos*.

De qualquer modo, situações em que as empresas participantes tenham proibido o licenciamento da utilização, por terceiros, de resultados de programas de investigação e desenvolvimento, realizados através de empresas comuns, ou a divulgação dos processos de *"saber fazer"* junto de terceiras entidades – como sucedeu, *vg.*, sob formas diversas, com as empresas comuns que foram objecto das decisões *"KSB/Goulds/Lowara/ /ITT"*, ou *"Mitchell Cotts/Sofiltra"*[2136] – apresentam um potencial significativo para a produção de efeitos de exclusão de terceiros (desde que reunidas outras condições complementares).

Outras situações que podem apresentar um potencial comparável para a produção desse tipo de efeitos, à luz da experiência adquirida quanto a formulações contratuais mais recorrentes adoptadas em acordos constitutivos de empresas comuns, são aquelas em que a possibilidade de licenciar a exploração de resultados obtidos nos projectos conduzidos por essas empresas comuns dependa do consentimento de todas as empresas participantes, ou da realização de consultas junto das mesmas. Esse potencial restritivo pode, ainda, ser agravado, caso o acesso de terceiros aos resultados da investigação desenvolvida por uma empresa comum seja restringido não apenas durante o período de funcionamento dessa entidade, mas, também, ao longo de determinado período posterior ao termo previsto para a vigência do projecto comum.[2137]

Na verdade, se o condicionamento do acesso de terceiros aos resultados obtidos *pari passu* por determinada empresa comum pode, em certas circunstâncias, ser justificado pela preocupação de não afectar as opera-

---

[2136] Cfr. decisões *"KSB/Goulds/Lowara/ITT"* (JOCE n.º L 19/25, 1991) e *"Mitchell Cotts/Sofiltra"*, cit. – a cujo conteúdo adiante retornaremos por outras razões.

[2137] Em geral, quanto a outros precedentes em que o risco de exclusão de concorrentes se encontrava associado a limitações ou condicionamentos diversos das possibilidades de licenciamento a terceiros de resultados dos programas de investigação e desenvolvimento – *vg.*, quando essa possibilidade dependa do consentimento de todas as empresas participantes numa empresa comum ou da realização de consultas junto das mesmas cfr. a decisão *"VW-MAN"* (JOCE n.º L 376/11, 1983) ou a decisão *"Siemens/ /Fanuc"* (JOCE n.º L 376/29, 1985). No que respeita a uma situação em que o acesso de terceiros aos resultados da investigação foi restringido ao longo de determinado período posterior ao termo previsto para a vigência de uma empresa comum, cfr. a decisão *"BBC Brown Boveri"*, de 1988, já cit..

ções desenvolvidas por essa entidade – *v.g.*, nos termos delineados pelas partes intervenientes na empresa comum que foi objecto da decisão da Comissão *"Siemens/Fanuc"*[2138] – a manutenção desse condicionamento após a conclusão do projecto comum tende a provocar efeitos restritivos mais difíceis de fundamentar. Apesar de se poderem configurar preocupações razoáveis de protecção dos investimentos efectuados num projecto comum de investigação e desenvolvimento, que perdurem, uma vez concluído tal projecto, será inegavelmente mais complicado encontrar uma ponderação equilibrada de interesses de acordo com a qual esses aspectos sobrelevem, globalmente, as consequências negativas associadas ao elemento restritivo da concorrência associado a quaisquer condicionamentos do acesso de terceiros a resultados da empresa comum.

Do mesmo modo, podem também suscitar eventuais questões as estipulações em acordos constitutivos de empresas comuns segundo as quais as partes tenham proibido, ou condicionado, o licenciamento de resultados dessas empresas para utilização, por terceiros, em domínios de actividade diversos daqueles em que operam tais empresas comuns. Não subscrevemos, contudo, a ideia – já sustentada em algumas decisões da Comissão – segundo a qual a adopção de condicionamentos desse tipo representa *a se* uma infracção à regra geral de proibição do n.º 1 do artigo 81.º CE. Admitimos, tão só, que essas estipulações constituem um indício da existência de elementos tendentes ao encerramento dos mercados, devendo os mesmos ser sistematicamente objecto de avaliação complementar à luz dos três factores primaciais que acima referimos (poder de mercado das empresas-mãe nos mercados directamente afectados pela cooperação, existência de pólos alternativos de investigação e contributo relativo dos processos de investigação que se encontrem em causa para a produção e introdução no mercado de determinados bens finais[2139]). Em

---

[2138] Cfr. a decisão *"Siemens/Fanuc"* cit. na nota anterior (no caso apreciado nesta decisão as partes haviam estabelecido a realização de procedimentos de consultas entre si antes da conclusão de quaisquer acordos de licenciamento dos resultados da cooperação a terceiras entidades de modo a não prejudicar o funcionamento do próprio processo de cooperação entre as mesmas).

[2139] A propósito de situações em que a Comissão apreciou acordos entre empresas envolvendo proibições ou condicionamentos do licenciamento de resultados de empresas para utilização por terceiros *em domínios de actividade diversos daqueles em que operavam tais empresas comuns*, tendendo a reconduzir automaticamente as mesmas à proibição geral estabelecida no n.º 1 do artigo 81.º CE, cfr. a decisão *"Emi Electronics/ /Jungheinrich"* (Common Market Law Reports, 398/1, 1978)). Além disso, a Comissão

Parte III – Capítulo 3

contrapartida, os vários tipos de condicionamentos à utilização de resultados de empresas comuns acima considerados não devem ser confundidos com limitações a essa utilização impostas às partes em função dos seus contributos para essas empresas e em termos proporcionais aos mesmos. Essa avaliação pode, contudo, revelar-se, na prática, complexa, visto que já ocorrerá uma indevida componente restritiva quando as limitações impostas a uma parte não se mostrem proporcionais à dimensão e importância do seu contributo para o projecto da empresa comum.[2140]

2.3.5.2.5. Caracterização geral dos efeitos sobre a concorrência induzidos pelas empresas comuns de investigação e desenvolvimento e por outros tipos funcionais de empresas comuns

Em qualquer um dos planos relevantes de análise que temos vindo a considerar – *efeitos quanto a mercados existentes*, *efeitos na quantidade e qualidade de produtos oferecidos em mercados a desenvolver*, ou *efeitos de exclusão de terceiros* – não se nos afigura que os efeitos sobre a concorrência, emergentes de empresas comuns de investigação e desenvolvimento sejam, predominantemente, e *qua tale* de tipo estrutural. De resto, essa consideração é válida em relação à generalidade dos tipos funcionais de empresas comuns cujo estudo *ex professo* empreendemos.

---

tem também admitido que empresas comuns de investigação e desenvolvimento envolvendo acordos de compra ou fornecimento exclusivo entre as empresas-mãe ou entre estas e a sua empresa comum podem gerar também efeitos de encerramento dos mercados [cfr., vg., a decisão *"ACEC/Berliet"* (JOCE n.º L 201/7, 1968) ou o caso *"VFA/Sauer"* referido no *"Décimo Quinto Relatório sobre a Política da Concorrência"*, ponto 78]. Pela nossa parte, contudo, entendemos que, os efeitos de encerramento de mercados tenderão, em princípio, a ser pouco significativos nessas situações de mercado relacionadas com questões de acesso a fornecimentos no contexto do funcionamento de empresas comuns de investigação e desenvolvimento.

[2140] Cfr nesse sentido par. II (3) da *"Comunicação sobre acordos de cooperação"*, de 1968, cit., que continua, neste ponto, a ter alguma relevância. Como aí se afirmava, *"(...) it is of the essence of joint research that the results should be exploited by the participating enterprises in proportion to their participation. If the participation of certain enterprises is confined to a specific sector of the joint research project or to the provision of only limited financial assistance, there is no restraint of competition – in so far as there has been no joint research at all – if the results of research are made available to these enterprises only in relation with the degree of their participation"*.

O *efeito estrutural*, entendido em sentido próprio, como o resultado da aplicação de um *teste de domínio de mercado* ou de um *teste conexo* tenderá a ser pouco significativo – pelo menos de uma forma directa – na análise das *empresas comuns que não desempenham todas as funções de uma entidade económica autónoma* [2141] (sujeitas ao regime previsto no artigo 81.º CE[2142]). A influência dos *elementos estruturais* subjacentes à análise de empresas comuns submetidas ao regime do RCC no plano da apreciação da primeira categoria de empresas comuns, atrás referida, consistirá, segundo cremos, não na transposição *qua tale* do referido teste do domínio do mercado, ou de testes comparáveis, mas na *incorporação qualitativa de tais elementos no processo de densificação jurídico-económica dos efeitos das empresas comuns submetidas ao artigo 81.º CE na concorrência actual e potencial entre as empresas participantes*. Essa *estruturalização* – não linear, mas ponderada com outros elementos – *do processo de avaliação deste tipo de efeitos* significa que, aparte um conjunto limitado de restrições com especial gravidade, apenas devam ser tomados em consideração os *efeitos realmente apreciáveis, em função do poder de mercado das partes, ou de outras características do mercado* (*vg.*, entre outros aspectos, como adiante se verá, o *grau de concentração do mercado*).

[2141] Importa anotar, de qualquer modo, que autores como, *vg.*, BELLAMY e CHILD parecem contemplar, em termos gerais, uma categoria de possíveis *efeitos essencialmente estruturais* de restrição da concorrência decorrentes da constituição e funcionamento de empresas comuns. Cfr. As. cit., *European Community Law of Competition*, cit., pp. 296 ss. Na realidade, referem aí esses autores que "*it must be established whether the JV itself will have a dominant position on a particular market and whether either the JV itself or any specific provisions in the agreements: – are likely to restrict or distort competition between the parents themselves or between the JV and one or more of its parents; – have a restrictive effect on third parties*". Todavia, nesse ponto da sua análise esses autores parecem referir em termos gerais o conjunto das empresas comuns sem discriminar entre aquelas que desempenham todas as funções de uma entidade económica autónoma e são subsumíveis no conceito de concentração e aquelas que apenas parcialmente desempenham tais funções (sendo de assinalar que, em nosso entender, a apreensão de um *efeito estrutural directo* pressupõe uma posição directa e autónoma num mercado de bens finais de qualquer empresa comum, o que apenas sucede com as empresas comuns qualificáveis como concentrações).

[2142] Neste plano importa ter presente os aspectos gerais já expostos quanto aos tipos de efeitos que em tese geral podem resultar de empresas comuns submetidas ao regime do artigo 81.º CE, *supra*, capítulo primeiro (esp. pontos 1.4. e 2.4.3.) e no presente capítulo (pontos 1.2. e 1.3.) – ambos da **Parte III**.

Em conformidade com essa orientação, deve rejeitar-se o pressuposto – frequentemente assumido nalguma *praxis* decisória passada da Comissão – no sentido de que a constituição de uma empresa comum por parte de empresas concorrentes e com potencial para induzir coordenações de comportamentos destas empresas-mãe implicaria *a se* a produção de efeitos restritivos da concorrência não admissíveis em face do estatuído no n.º 1 do artigo 81.º CE. Esse pressuposto não é automaticamente válido, pois há que graduar, ainda, os possíveis efeitos de restrição da concorrência em causa, em função do poder de mercado das partes e da estrutura dos mercados afectados (meros elementos formalmente restritivos da concorrência, mas que não condicionem, efectivamente, de modo apreciável, o funcionamento dos mercados em questão, não devem ser entendidos, em termos substantivos, como modalidades relevantes de afectação da concorrência passíveis de subsunção na previsão do n.º 1 do artigo 81.º CE).

Quanto aos efeitos na concorrência efectiva ou potencial entre as empresas participantes na empresa comum, estes podem ser apreendidos como um *efeito de alastramento, em sentido lato*, correspondendo à verificação de *repercussões desencadeadas num plano de cooperação limitada a certas funções empresariais e que se estendem ao comportamento concorrencial, globalmente considerado, das empresas-mãe nos mercados de bens finais em que actuem* e no âmbito dos quais se projectem ou executem as funções particulares visadas pela cooperação empreendida através da empresa comum (este *efeito de alastramento, em sentido lato*, característico das empresas comuns que não desempenham todas as funções de uma entidade económica autónoma deve ser devidamente diferenciado de um *efeito de alastramento stricto sensu*, como *efeito de coordenação de comportamentos das empresas-mãe em mercados conexos* com os mercados de bens finais nos quais se projecte em primeira linha a cooperação desenvolvida através das empresas comuns[2143]).

[2143] Sobre este tipo de *efeitos de alastramento stricto sensu*, restritivos da concorrência, cfr. a caracterização desenvolvida por E. Gonzalez Diaz, Dan Kirk, Francisco Perez Flores, Cécile Verkleij, *Horizontal Agreements – Joint Ventures*, in *The EC Law of Competition*, Edited by Jonathan Faull, Ali Nikpay, cit., pp. 361 ss.. Como aí referem esses autores a propósito desses *efeitos de alastramento em sentido restrito*, "*the second question to answer is whether the JV may provide a means for coordination of the parties behaviour on an adjacent product or geographic market. Typically these markets will be upstream or downstream of the cooperation*". Em contrapartida, como acima já referimos, os *efeitos de alastramento em sentido amplo* devem incluir todos os efeitos económicos no comportamento das empresas-mãe, *maxime no mercado da*

1258   *Empresas comuns* – Joint Ventures

Ora, consideramos, precisamente, que os efeitos típicos emergentes de empresas comuns de investigação e desenvolvimento correspondem, no essencial, a efeitos na concorrência actual ou potencial entre as empresas--mãe, entendidos como *efeitos de alastramento no sentido lato* acima configurado, os quais se caracterizam, no âmbito do funcionamento desta subcategoria de empresas comuns, por um particular reforço dessa componente extensiva (ou de alastramento). Na verdade, esse potencial restritivo da concorrência materializa-se, sistematicamente, nas empresas comuns de investigação e desenvolvimento através de um mecanismo paradigmático de alastramento (num grau superior ao que se verifica noutras subcategorias de empresas que não desempenham todas as funções de uma entidade económica autónoma). Esse mecanismo implica sempre *uma extensão, ou alastramento, a mercados a jusante, existentes ou a criar, onde as empresas-mãe comercializem bens finais, de efeitos que nascem a montante, numa esfera pré-produtiva* (só assim não sucederá nas situações em que as empresas comuns apresentem natureza compósita, conjugando *vg.* elementos de investigação e desenvolvimento e outros objectivos, designadamente de produção conjunta de bens finais, ou de aquisição de elementos essenciais para o processo produtivo[2144]).

---

empresa comum (o qual, em relação às empresas comuns que não desempenham todas as funções de uma entidade económica autónoma, tem forçosamente de ser entendido como o mercado de bens finais das empresas-mãe para o qual contribuem de modo acessório, ou de forma auxiliar, as particulares funções empresariais parcelares prosseguidas através dessas subcategorias de empresas comuns). Como referem os autores acima citados, "*if the parents are present on the same market as the JV* [nos termos que acima indicamos, as empresas comuns que desempenham funções auxiliares, parcelares, encontram-se por definição no mercado das empresas-mãe porque projectam a sua actuação nos mercados de bens finais dessas empresas] *the first question to address is whether the JV will lead to a co-ordination of the behaviour of the parents' interests on that market. The likelihood of co-ordination will depend other than on the structural characteristics of the relevant market upon the economic importance of the JV to the parents*" (As. cit., *op. cit.*, p. 360). Importa, de qualquer modo, reconhecer que este *efeito estrutural em sentido lato* das empresas comuns submetidas ao regime do artigo 81.º CE comporta indirectamente um elemento estrutural, na medida em que tal efeito deve ser graduado tomando em consideração o poder de mercado das empresas envolvidas. Sobre a distinção destas duas categorias de efeitos decorrentes da criação de empresas comuns que não desempenham todas as funções de uma entidade económica autónoma cfr. os aspectos expostos *supra*, capítulo primeiro desta **Parte III** (esp. pontos 1.4., 2.3. e 2.4.).

[2144] De qualquer modo, estarão em causa, mesmo nessas situações, *efeitos de alastramento em sentido lato* – no sentido acima configurado – mas no quadro dos quais a

Parte III – Capítulo 3 1259

Importa sublinhar que o escrutínio – no plano que ora consideramos – de efeitos na concorrência actual ou potencial entre as empresas-mãe não deve, em nosso entender, estender-se a hipotéticos efeitos nas relações entre cada uma dessas empresas e a própria empresa comum.[2145] Esse entendimento, de resto, vem sendo expressamente perfilhado pela Comissão, pelo menos desde a adopção, em 1993, da Comunicação relativa ao *"tratamento das empresas comuns com carácter de cooperação"* (a qual apesar de globalmente substituída pela Comunicação de 2001, mantém ainda relevância para a construção jurídica neste domínio[2146]). Na realidade, concluía aí, peremptoriamente, a Comissão que *"as relações entre as empresas comuns e os fundadores só devem ser objecto de uma análise separada quando a empresa comum exerce todas as funções de uma empresa na plena acepção do termo"*.[2147]

---

componente extensiva já não apresenta equivalente intensidade. É um alastramento a partir de um conjunto de mais funções empresariais conjugadas e já directamente orientadas para o comportamento concorrencial global das empresas-mãe em determinados mercados de bens finais.

[2145] Cfr., de qualquer modo, para uma perspectiva evolutiva da compreensão jusconcorrencial dos feixes de relações entre as empresas fundadoras ou entre estas e as empresas comuns a partir do momento em que foi introduzida *de iure condito* no direito comunitário da concorrência uma dicotomia normativa entre, por um lado, subcategorias de empresas comuns qualificáveis como concentrações e submetidas ao regime do RCC e, por outro lado, empresas comuns submetidas ao regime do artigo 81.º CE, o exposto *supra*, capítulo segundo da **Parte II** (esp. ponto **3.**).

[2146] Cfr. Comunicação relativa ao *"tratamento das empresas comuns com carácter de cooperação"*, de 1993, já cit.. Como temos vindo a sustentar, o facto de essa Comunicação, diversamente do que sucede com a Comunicação de 2001, versar exclusivamente a realidade jusconcorrencial da empresa comum, leva a que a mesma possa ainda ser tomada em consideração, pelo menos quanto às partes que não se encontrem em contradição com essa última Comunicação.

[2147] Cfr. Comunicação relativa ao *"tratamento das empresas comuns com carácter de cooperação"*, de 1993, pontos 17 e 21. Considerando a primeira reforma do RCC, de 1997, posterior a essa Comunicação interpretativa da Comissão, podem ser relevantes, no limite e como de seguida observamos – as *relações entre empresas comuns e empresas fundadoras* no que respeita a *empresas comuns qualificáveis como concentrações* e, em particular, quanto aos *efeitos de coordenação* potencialmente associados a tais entidades e subsumíveis – desde a reforma de 1997, e em termos que se mantiveram na reforma de 2004 – no regime dos n.os 4 e 5 do RCC. Sobre a apreciação desse tipo de efeitos de coordenação *ex vi* dessas disposições do RCC e sobre os feixes de relações entre empresas que podem encontrar-se em causa nesse plano cfr. o exposto *supra*, capítulo segundo desta **Parte III**, esp. ponto **3.**.

1260 *Empresas comuns* – Joint Ventures

Esse entendimento justifica-se, plenamente, pela própria *ratio* que caracteriza, em termos fundamentais, o *efeito de alastramento – em sentido lato* – que constitui uma das principais repercussões potenciais no processo de concorrência emergentes da constituição de empresas comuns que não desempenham todas as funções de uma entidade económica autónoma. Assim, esse efeito materializa-se tipicamente numa extensão variável das relações mantidas num plano de prossecução de funções empresariais limitadas, através da empresa comum, para o plano dos comportamentos concorrenciais globais das empresas-mãe, o que exclui, por natureza, qualquer relevância jusconcorrencial *a se* das relações existentes entre cada uma destas empresas e a empresa comum (desde logo, porque esta última, não tendo presença autónoma no mercado constitui, tão só, um elemento auxiliar que contribui para as actividades globais das respectivas empresas fundadoras).

Além disso, consideramos que se justifica ir mais longe na *"desconsideração"* das relações entre as empresas fundadoras e as empresas comuns do que a Comissão admitia na referida Comunicação de 1993 (quanto às empresas comuns submetidas ao regime do artigo 81.º CE). Como é sabido, a subcategoria das *empresas comuns que desempenham todas as funções de uma entidade económica autónoma* encontra-se, no presente – diversamente do que sucedia aquando da adopção da referida Comunicação – submetida ao regime do RCC, mesmo que se encontrem em causa potenciais efeitos de cooperação entre as empresas fundadoras. Neste contexto, a avaliação desse tipo de empresas comuns deverá, tipicamente, envolver a análise de *efeitos estruturais (em sentido estrito)* subjacentes às mesmas (como operações de concentração) e de *aspectos de cooperação* – desde que estes se mostrem prováveis, devido a múltiplos factores relevantes – *entre as empresas fundadoras*, nos termos previstos no n.º 4 do artigo 2.º do RCC.[2148] Na verdade, embora esta disposição

---

[2148] Esse reajustamento do enquadramento normativo sistemático das empresas comuns veio definitivamente circunscrever o universo das empresas comuns submetidas ao regime do artigo 81.º CE *àquelas que não desempenham todas as funções de uma entidade económica autónoma* (*"partial function joint ventures"*), o que, por seu turno, dada a natureza dessas entidades, contribuiu para clarificar que, quanto às mesmas, apenas relevam, em termos de avaliação jusconcorrencial, as relações existentes entre as empresas fundadoras. Sobre o regime das *empresas comuns que desempenham todas as funções de uma entidade económica autónoma* e que geram, paralelamente, efeitos de coordenação, cfr., uma vez mais, a análise desenvolvida *supra*, capítulo segundo desta **Parte III**, ponto **3.**. A segunda reforma do RCC, como acima se refere, não introduziu alterações substan-

Parte III – Capítulo 3 1261

possa contemplar, em última análise, elementos de potencial cooperação entre cada uma das empresas fundadoras e a empresa comum que se encontre em causa, tivemos já ensejo de destacar que as questões mais significativas que este tipo de entidades tende a suscitar correspondem a aspectos de eventual cooperação entre as próprias empresas fundadoras. Assim, numa perspectiva geral de análise jurídico-económica, este tipo de empresas comuns, caracterizadas por uma prevalência do elemento de integração empresarial – e por uma presença autónoma e directa no mercado – deverá, por essas razões, produzir repercussões primaciais em dois planos distintos, com um reduzidíssimo espaço para um plano intermédio, que corresponderia, supostamente à esfera de relações de cooperação entre cada uma das empresas participantes e a empresa comum.

Trata-se, por um lado, do plano correspondente à *realidade de concentração empresarial, no qual sobreleva a avaliação directa do poder de mercado da nova entidade sujeita a controlo conjunto*, e, por outro lado, do plano referente a *possíveis coordenações de comportamentos das empresas fundadoras, nas suas áreas próprias de actividade e por influência do relacionamento mantido através da empresa comum*. A opção, por parte de qualquer uma das empresas fundadoras, pela criação de uma empresa comum que assegure uma presença directa e autónoma em determinado mercado só muito dificilmente pode coadunar-se – e sempre de modo muito residual – com uma estratégia comercial relevante de coordenação de comportamentos entre cada uma dessas empresas fundadoras e a empresa comum (de algum modo, a prevalência do elemento de integração, determinando a constituição de uma empresa comum que desempenhe todas as funções de uma entidade económica autónoma, tende a consumir, em larga medida, os aspectos potencialmente relevantes de coordenação de comportamentos entre cada uma dessas empresas fundadoras e a empresa comum).[2149]

---

tivas nesse regime limitando-se a repartir sistematicamente a disciplina jurídica originariamente introduzida em 1997, *ex vi* do novo n.º 4 do artigo 2.º do RCC, por dois números – 4 e 5 – do mesmo artigo 2.º desse Regulamento.

[2149] Sobre essa perspectiva das relações empresariais relevantes para a avaliação jusconcorrencial das empresas comuns que desempenhem todas as funções de uma entidade económica autónoma e que originem efeitos de coordenação subsumíveis no regime previsto nos n.os 4 e 5 do artigo 2.º do RCC, cfr. a posição por nós sustentada, de forma mais desenvolvida, *supra*, capítulo segundo – ponto 3.2.1 – desta **Parte III**.

1262 *Empresas comuns* – Joint Ventures

Em súmula, e retomando a análise das *empresas comuns de investigação e desenvolvimento* como subcategoria submetida ao regime do artigo 81.º CE, nos planos fundamentais em que identificámos possíveis repercussões da constituição e funcionamento destas entidades – planos correspondentes à *produção de efeitos em mercados existentes* e de *efeitos na quantidade e qualidade de produtos oferecidos em mercados a desenvolver* – encontram-se sistematicamente em causa *elementos de cooperação* referentes às *relações entre as empresas fundadoras* (e não incidindo, em princípio, nas relações entre essas empresas fundadoras e a própria empresa comum).

Numa outra perspectiva, para além desses tipos de efeitos podemos – nos termos já acima referidos – identificar *possíveis efeitos de exclusão de terceiros ou de encerramento dos mercados*. Essa categoria de repercussões no processo de concorrência – que deve ser configurada em termos autónomos – reporta-se, em nosso entender, quer à esfera de relações entre as empresas fundadoras, quer à esfera de relações dessas empresas com terceiros. Tal dupla perspectiva sobre *categorias de efeitos sobre a concorrência* é, de resto, corroborada na *"Comunicação da Comissão com orientações relativas à aplicação do n.º 3 do artigo 81.º do Tratado"*, de 2004, na qual se distingue entre, por um lado, *restrições da concorrência entre as partes no acordo* e, por outro lado, *restrições da concorrência entre qualquer uma das partes e terceiros, designadamente por exclusão de concorrentes* e se associa – correctamente – as mesmas a problemas de acumulação excessiva e exercício indevido de poder de mercado das empresas (embora sem tirar todas as consequências necessárias dessa interpenetração de um elemento estrutural com certas modalidades de cooperação quanto à latitude das ponderações jurídico-económicas que cabem na concretização do n.º 1 do artigo 81.º CE).[2150]

[2150] A este propósito cfr. o ponto 26 da *"Comunicação da Comissão com orientações relativas à aplicação do n.º 3 do artigo 81.º do Tratado"*, de 2004, já cit.. Em contrapartida, a caracterização, nessa Comunicação, dos diversos tipos mais recorrentes de possíveis efeitos restritivos em cada um dos planos em questão – *restrições de concorrência entre partes no acordo* e *efeitos de exclusão de terceiros* – já se nos afigura algo insuficiente (sobretudo no que respeita à diferenciação de várias formas de restrição da concorrência entre as partes). Além disso, a correcta aproximação – nem sempre devidamente clarificada em termos conceptuais – a uma *metodologia de análise mista* com recepção de elementos estruturais, e implicando a ponderação do poder de mercado das empresas, não encontra depois, em nosso entender e em termos que adiante retomaremos, a

Parte III – Capítulo 3   1263

A título subsidiário, a análise de potenciais *efeitos de exclusão de terceiros emergentes da constituição de empresas comuns* pode envolver, em especial, a ponderação de certas relações entre cada uma das empresas fundadoras e a empresa comum. Todavia, *não se tratará, então, de avaliar essas relações para aferir hipotéticas restrições da concorrência entre as empresas fundadoras e a empresa comum* – as quais não relevam autonomamente, e enquanto tal, na perspectiva de análise jusconcorrencial que temos delineado – *mas de apreciar o contributo das mesmas relações para a eventual afectação das relações anteriormente mantidas pelas empresas fundadoras com terceiras empresas* (*vg.*, empresas fornecedoras a que as empresas fundadoras deixam de recorrer a partir do momento em que atribuem certas funções empresariais acessórias a determinada empresa comum, ou outras situações[2151]).

Procuraremos, ainda, proceder a uma densificação suplementar dos específicos riscos de afectação da concorrência inerentes a elementos do tipo funcional das empresas comuns de investigação e desenvolvimento – que ora vimos configurando em termos gerais – na análise a que se procederá de alguns casos ou processos de referência em sede de aplicação de normas comunitárias de concorrência a esta subcategoria de empresas comuns.[2152]

2.3.5.2.6. Ponderação de factores específicos inerentes à configuração dos programas de cooperação

Em termos globais, consideramos que a análise dos vários elementos de potencial afectação da concorrência especificamente inerentes a esta subcategoria de empresas comuns de investigação e desenvolvimento – nos termos acima enunciados – poderá, com vantagem, e numa perspectiva sistemática, ser informada por um conjunto de seis factores primaciais

---

devida tradução na Comunicação, através de uma maior margem de ponderação de elementos diversos em sede de aplicação do n.º 1 do artigo 81.º CE (sobre a referida Comunicação de 2004, cfr., no entanto, a ressalva geral feita *supra*, na **Nota Prévia**).

[2151] Cfr. a esse propósito os pontos 23 a 25 da Comunicação relativa ao "*tratamento das empresas comuns com carácter de cooperação*", de 1993, cit..

[2152] Essa densificação selectiva de riscos de afectação da concorrência especialmente associados a elementos do tipo funcional das empresas comuns de investigação e desenvolvimento será feita através da análise crítica de alguns precedentes de referência a que se procede, *infra*, ponto 2.3.5.4. deste capítulo.

identificados nas Orientações do Departamento de Justiça.[2153] Na realidade, ao apreender a configuração concreta do sistema contratual de cooperação de cada empresa comum passível de ser reconduzida ao tipo funcional de investigação e desenvolvimento, justifica-se que os vários elementos relevantes sejam, em regra, confrontados com esses seis factores, embora os mesmos apresentem, em nosso entender, desigual relevância para a avaliação jusconcorrencial a realizar (a relevância de cada um desses factores poderá variar conforme o tipo funcional de empresa comum que se encontre em causa e alguns desses factores deverão ser adaptados, pois foram delineados nas referidas Orientações de acordo com uma perspectiva de análise que compreende a categoria das empresas comuns que desempenham todas as funções de uma entidade económica autónoma, a qual, como se sabe, no quadro do ordenamento comunitário se encontra sujeita ao regime do RCC).

Os seis factores primaciais em questão compreendem (i) a *existência, ou não, de actuação exclusiva através da empresa comum nas áreas funcionais cobertas pelo projecto de cooperação*, (ii) a *importância relativa dos activos transferidos pelos participantes para a empresa comum*, (iii) a *dimensão do interesse financeiro dos participantes envolvidos na empresa comum*, (iv) o *modo de organização e de governo da empresa comum*, (v) a *probabilidade de partilha de informação sensível entre os participantes* e (vi) a *duração da empresa comum*.

O primeiro factor corresponde a um aspecto sistematicamente ponderado na *praxis* decisória da Comissão. Trata-se de apurar se *de iure* (em função dos compromissos contratuais adoptados), ou de facto (face às circunstâncias concretas subjacentes ao funcionamento da empresa comum) as empresas participantes continuam ou não a manter uma esfera de actividades próprias independentes nos domínios da investigação e desenvolvimento. Como é natural, o risco de afectação de concorrência é potencialmente reforçado em caso de concentração de toda a actividade de investigação e desenvolvimento na empresa comum. Em contrapartida, como observámos, essa situação não deve desencadear, *a se*, no quadro da apreciação de um efeito global ponderado da criação de empresas comuns, um juízo desfavorável no sentido da verificação de restrições inadmissíveis da concorrência.

[2153] Reportamo-nos aqui às *"Antitrust Guidelines for Collaborations among Competitors"*, de 2000, cit., e, designadamente, ao ponto 3.34 dessas *"Guidelines"* – *"Factors relevant to the ability and incentive of the participants and the collaboration to compete"*.

Parte III – Capítulo 3   1265

O segundo factor acima considerado não deverá, em nosso entender, assumir particular relevância em relação às empresas comuns de investigação e desenvolvimento. O que se encontra subjacente a esse factor é uma avaliação da capacidade autónoma de concorrência em determinado mercado, que tenha sido conservada ou não por cada empresa participante, na sequência da transmissão de diversos activos especializados – não susceptíveis de substituição a curto prazo – para a empresa comum. Ora, em relação a empresas comuns de investigação e desenvolvimento que não compreendam quaisquer esferas de actividade conjunta no domínio da produção este factor será largamente tributário do primeiro factor que enunciámos. A análise da importância relativa dos activos transferidos para a empresa comum constituirá, de algum modo, parte integrante do processo de avaliação da subsistência de áreas de investigação autónomas de cada empresa participante (*maxime*, nos casos em que não existindo compromissos expressos de exclusividade de actuação através da empresa comum, interesse apreciar a permanência de condições concretas para actuações autónomas das empresas participantes).

O terceiro factor, correspondente à dimensão do interesse financeiro dos participantes subjacente ao seu envolvimento na empresa comum deverá também assumir, segundo cremos, um papel relativamente secundário no contexto da análise de empresas comuns de investigação e desenvolvimento. Em geral, é certo que quanto maior for o nível desse interesse financeiro dos participantes no funcionamento de uma empresa comum, mais significativa será a probabilidade de verificação de efeitos restritivos da concorrência resultantes do envolvimento nessa entidade. Tal probabilidade aumenta ainda, em tese geral, se a importância do referido interesse financeiro na empresa comum superar os níveis de investimento das empresas fundadoras nas suas respectivas áreas de actividade que se mantenham autónomas em mercados afectados pela cooperação empresarial em questão. Contudo, a prossecução das funções de investigação e desenvolvimento tende a ser acessória em relação às áreas principais de actividade das empresas fundadoras, pelo que dificilmente este factor representará um elemento decisivo para a detecção de repercussões negativas da empresa comum no processo de concorrência.[2154]

[2154] Acresce, ainda, que nas *"Antitrust Guidelines for Collaborations among Competitors"*, esse factor é considerado também na perspectiva das relações de concorrência entre a empresa comum e empresas participantes, as quais, como já atrás observámos, não deverão relevar em sede de direito comunitário da concorrência, para a avaliação dos efei-

1266   *Empresas comuns* – Joint Ventures

Em contrapartida, o modo de organização e de governo das empresas comuns de investigação e desenvolvimento pode assumir grande importância na avaliação dos riscos de afectação da concorrência inerentes a este tipo funcional de cooperação e à configuração concreta de cada empresa comum que se encontre em causa. Assim, se a organização criada com a empresa comum contemplar processos decisórios conjuntos das empresas fundadoras sobre diversas matérias sensíveis para o processo de concorrência os riscos de afectação da concorrência tendem a aumentar (essas matérias podem compreender, *vg.*, os níveis globais de investimento desses fundadores em programas de investigação, o âmbito desses programas – mesmo que parte dos mesmos não seja directamente prosseguida pela empresa comum –, ou a definição comum de orientações respeitantes à aplicação dos resultados de tais programas na produção de certos bens finais).

Além disso, caso as empresas fundadoras, no âmbito de acordos-quadro concluídos para a constituição e funcionamento de empresas comuns de investigação e desenvolvimento regulem *ab initio* a extensão do seu contributo, em cada momento, para tais empresas comuns, o potencial de afectação da concorrência associado a essa cooperação será, em princípio, menor.[2155]

Do mesmo modo, o quinto factor acima identificado pode assumir uma importância primacial na análise do específico efeito de alastramento

---

tos resultantes de empresas comuns submetidas ao regime do artigo 81.º CE (empresas comuns que não desempenham todas as funções de uma entidade económica autónoma).

[2155] Na realidade, caso a extensão dos contributos de cada empresa fundadora para uma empresa comum de investigação e desenvolvimento não esteja *ab initio* relativamente regulada no acordo-quadro ou em diversos acordos-satélite concluídos para a constituição e funcionamento dessa empresa comum, a necessidade de adoptar decisões conjuntas *pari passu* sobre essas contribuições, previsivelmente influenciadas pela evolução das actividades principais das empresas fundadoras tende a gerar uma mais intensa ligação da própria empresa comum a essas actividades e a favorecer uma articulação global de comportamentos concorrenciais entre as mesmas empresas. Em particular se esse tipo de situações ocorrer quanto a empresas comuns que operem em mercados com estruturas relativamente concentradas, a ligação mais directa e intensa entre empresas comuns de investigação e desenvolvimento e as actividades principais das empresas fundadoras traduzida num maior conhecimento recíproco das decisões estratégicas que estas adoptem em cada momento favorece, numa perspectiva tributária dos ensinamentos da *teoria dos jogos* ("*game theory*"), a coordenação global de comportamentos concorrenciais porque as partes se encontram em condições de antecipar cada um dos principais movimentos estratégicos da outra empresa concorrente.

Parte III – Capítulo 3   1267

de restrição da concorrência entre as empresas fundadoras[2156] eventualmente desencadeado pela constituição de empresas comuns de investigação e desenvolvimento. Esse factor, correspondente à partilha de informação sensível entre as empresas fundadoras, encontra-se estreitamente associado ao modo de organização e governo das empresas comuns (factor de análise anteriormente referido).

Na verdade, a composição e modo de funcionamento da estrutura de governo de empresas comuns de investigação e desenvolvimento podem influir, decisivamente, na circulação de informação comercial sensível entre as empresas fundadoras, incluindo informação referente a elementos associados à prossecução de outras funções empresariais não estritamente compreendidas na função de investigação e desenvolvimento prosseguidas por essas empresas comuns. Nas Orientações do Departamento de Justiça norte-americano destaca-se, justamente, que essa possibilidade de partilha de informação pode ser contrabalançada de modo eficaz através da adopção de específicos mecanismos de salvaguarda dirigidos a prevenir ou minimizar a circulação de informação relevante. Esses mecanismos podem assumir formas muito variadas, incluindo a não afectação de pessoal das empresas fundadoras – envolvido em funções de produção ou comercialização – à estrutura criada para o funcionamento de uma empresa comum de investigação e desenvolvimento, a fixação de regras estritas sobre circulação de informação, interditando qualquer transmissão de elementos sobre determinadas áreas de actividade, ou, ainda, fazendo intervir nas estruturas de governo da empresa comum terceiras entidades – independentes das empresas fundadoras – e que possam coordenar as formas de circulação da informação no âmbito da empresa comum.[2157]

[2156] Reportamo-nos ao que temos denominado como *efeito de alastramento lato sensu* nas empresas comuns de investigação e desenvolvimento (nos termos gerais caracterizados *supra*, ponto 2.3.5.2.5. deste capítulo).

[2157] Na verdade, a composição e modo de funcionamento da estrutura de governo de empresas comuns de investigação e desenvolvimento podem, como acima se indica de forma exemplificativa, ser intencionalmente delineados com vista a criar barreiras à circulação de toda a informação entre as partes que não seja absolutamente essencial para a realização dos programas de investigação e desenvolvimento enquadrados por determinada empresa comum. Admitimos, mesmo, que o escopo, por definição mais limitado, desta subcategoria de empresas comuns reforce a viabilidade e eficácia do estabelecimento dessas barreiras à circulação de informação. Em paralelo, e como já observámos, a abertura da empresa comum a terceiras empresas fundadoras pode também criar condições para limitar a circulação de informação comercial sensível.

1268   *Empresas comuns* – Joint Ventures

Neste último plano, importa reconhecer que, após fases de maior formalismo na apreciação de empresas comuns, a *praxis* decisória da Comissão vem evoluindo – num sentido coincidente ao que se pode observar no ordenamento norte-americano – para uma maior abertura, progressiva, à ponderação favorável de múltiplos mecanismos de salvaguarda, concebidos de raiz para limitar os riscos de circulação de informação cuja partilha pelas empresas fundadoras possa afectar elementos essenciais do processo de concorrência (o que não impede que esta orientação mais flexível careça, ainda, de uma verdadeira consolidação no ordenamento comunitário).

Finalmente, a duração prevista para o funcionamento de empresas comuns de investigação e desenvolvimento representa, também, um factor relevante na detecção de potenciais efeitos restritivos da concorrência. Assim, em tese geral, quanto maior for a duração prevista para um projecto comum de investigação e desenvolvimento, maior será o risco de afectação da concorrência inerente a esse projecto.[2158]

2.3.5.3. *Estádios complementares de análise das empresas comuns de investigação e desenvolvimento*

2.3.5.3.1. O critério analítico relativo aos tipos de relações económicas entre empresas comuns e empresas-mãe

No quadro do modelo geral de apreciação de empresas comuns submetidas ao regime do artigo 81.º CE que delineámos, importa considerar como parâmetro complementar do critério referente à ponderação dos elementos específicos de cada tipo funcional o *conjunto de aspectos inerentes aos tipos de relações entre os mercados das empresas-mãe e das empresas comuns que se encontrem em causa* (ou, num sentido mais lato,

---

[2158] Importa ter presente a este propósito que no Regulamento comunitário de isenção por categoria referente aos acordos de investigação e desenvolvimento a duração dos acordos é um factor a considerar – *vg.* no que respeita a eventuais dimensões de exploração conjunta de resultados de projectos de investigação e desenvolvimento, as quais serão admissíveis por um período de sete anos após a introdução no mercado de produtos contratuais (cfr. ns.º 1 e 2 do artigo 4.º do Regulamento (CE) n.º 2659/2000).

aspectos relativos à *tipologia de relações económicas entre todas essas partes*[2159]).

Por último, identificámos, ainda – num último estádio de apreciação das empresas comuns – um conjunto de factores complementares e residuais de análise, que devem interagir com os múltiplos parâmetros integrantes dos outros estádios de apreciação, no quadro do modelo analítico geral em questão. Nesse plano, autonomizámos um primeiro nível de factores de pendor mais directamente estrutural e um outro nível compreendendo factores menos tributários de uma pura dimensão estrutural de análise jusconcorrencial.

Interessa, pois, concretizar esses últimos estádios de apreciação no quadro específico da análise das empresas comuns de investigação e desenvolvimento.

No que respeita à ponderação do conjunto de relações entre os mercados que se encontrem em causa, e de acordo com a tipologia de análise que também já enunciámos, as empresas comuns de investigação e desenvolvimento integram o que denominámos de categoria de empresas comuns que carreiam elementos para o processo de produção de bens e serviços das empresas-mãe. Essa ponderação deve permitir apreender os contornos e a orientação particulares do efeito de alastramento *lato sensu* que, numa forma especialmente intensa, caracteriza as empresas comuns de investigação e desenvolvimento (nos termos já acima caracterizados). Preconizámos, também, – embora como princípio geral aberto e dependente na sua aplicação do concreto contexto de análise do mercado que se encontre em causa – uma maior probabilidade de verificação de riscos significativos de afectação da concorrência em função do grau de proximidade entre a área de mercado em que actue a empresa comum e o mercado correspondente aos domínios principais de comercialização de bens e serviços finais por parte das empresas-mãe.[2160]

Assim, pode admitir-se, em tese geral, que quanto mais directa e próxima for a ligação entre a prossecução de determinadas funções de investigação e desenvolvimento por parte de empresas comuns e a comercialização de bens finais nos mercados a jusante em que actuem as respectivas empresas fundadoras, maior será o potencial restritivo da concorrência

---

[2159] Sobre esse parâmetro no quadro do nosso modelo geral de apreciação de empresas comuns, cfr o exposto *supra*, capítulo primeiro desta **Parte III** (ponto 2.4.4.).

[2160] Cfr. A esse propósito o já referido ponto 2.4.4. do capítulo primeiro desta **Parte III**.

dessas empresas comuns (naturalmente, esse potencial terá que ser confirmado, ou não, através de outros parâmetros de análise).

Importa salientar que esse tipo de relações de proximidade não depende, estritamente, da conjugação de actividades de investigação e de desenvolvimento por parte de empresas comuns, nem da importância relativa que possa assumir esta última vertente. Na realidade, podemos conceber que empresas comuns que tenham como objecto puras actividades de investigação venham a apresentar, em última análise, um nexo mais intenso com a actividade de comercialização de bens finais pelas empresas fundadoras nos mercados a jusante em que estas se encontrem presentes (tal dependerá das *características próprias desses mercados de bens finais*). Essa situação verificava-se, de algum modo, no caso apreciado na decisão *"Henkel/Colgate"* (acima referida[2161]), visto que a empresa comum em questão, apesar de prosseguir actividades puras de investigação, visava, através das mesmas, obter vantagens técnicas específicas cuja divulgação junto dos consumidores constituiria, para as empresas fundadoras, um meio decisivo de obter vantagens concorrenciais, diferenciando o seu produto em relação ao das outras empresas concorrentes no mercado em que as mesmas actuavam.

2.3.5.3.2. **Critérios complementares de análise**

Quanto ao último conjunto de factores complementares e residuais de análise, devemos destacar a importância para a apreciação de empresas comuns de investigação e desenvolvimento – num primeiro nível referente a elementos mais directamente relacionados com a dimensão estrutural de análise – do *grau de concentração existente nos mercados afectados pelas empresas comuns em questão* e, num segundo nível, de factores relacionados com a *estabilidade relativa das quotas de mercado das empresas fundadoras e com a existência e o peso de eventuais barreiras à entrada nos mercados que se encontrem em causa.*

Em relação ao factor correspondente ao grau de concentração existente nos mercados afectados por empresas comuns de investigação e

---

[2161] Cfr. decisão *"Henkel/Colgate"*, de 1972, já cit.. No entanto, como já acima observamos, admitimos que a Comissão não tenha nessa decisão explorado todos os ângulos de análise possíveis em sede de interpretação e aplicação do n.º 1 do então artigo 85.º TCE.

Parte III – Capítulo 3 1271

desenvolvimento, o mesmo deve ser ponderado em estreita articulação com o critério relativo à quota de mercado conjunta das empresas fundadoras e com uma avaliação das quotas de mercado das principais empresas concorrentes que não integrem o projecto conjunto de investigação que se encontre em causa.

Como já referimos, a utilização do critério relativo ao grau de concentração existente nos mercados afectados pode, com vantagem basear--se num modelo econométrico com aptidão para aumentar a previsibilidade associada a este tipo de análise – o modelo correspondente ao denominado índice "*Herfindahl-Hirshman*"(IHH) desenvolvido no ordenamento norte-americano de concorrência e recentemente acolhido no ordenamento comunitário.[2162] Assim, a existência de um grau de concen-

---

[2162] Para uma referência geral à recepção expressa do IHH no direito comunitário da concorrência cfr. o exposto *supra*, capítulo primeiro (ponto 2.4.5.) desta **Parte III**. A Comunicação de 2001 veio no seu ponto 29 a introduzir uma fundamental referência expressa à utilização do modelo IHH com vista a ponderar o grau de concentração dos mercados no quadro de análises de processos de cooperação em sede aplicação do artigo 81.º CE. Todavia, como referimos de modo mais desenvolvido no capítulo segundo desta **Parte III** – esp. ponto 2.2.3. – a introdução deste processo econométrico no sistema comunitário de aplicação de normas de concorrência verificou-se primacialmente no plano do controlo de concentrações e mediante uma importante influência dos parâmetros estabelecidos nas "*Horizontal Merger Guidelines*", de 1992, do direito norte-americano. Tivemos ensejo de destacar nesse plano algumas decisões mais recentes proferidas em sede de controlo de concentrações – conquanto não traduzindo uma prática consolidada – nas quais expressa ou implicitamente pressupostos analíticos assentes na utilização do IHH foram tomados em consideração. Nessa sede vincámos também que tal metodologia de análise foi confirmada e sistematizada nas "*Orientações*" de 2004 sobre concentrações horizontais. A convergência na utilização do IHH nos planos de avaliação de concentrações e de aplicação do artigo 81.º CE – *maxime* em relação a empresas comuns, que suscitam problemas particulares referentes à *conjugação do poder de mercado das empresas participantes* – é, de algum modo, paradigmática da *mutação metodológica* que vimos defendendo no sentido da *construção de modelos de análise de tipo misto, incorporando de forma equilibrada, uma dimensão estrutural, aplicáveis aos fenómenos de cooperação empresarial*. Importa destacar, ainda, que nesta perspectiva de desenvolvimento de técnicas de ponderação do grau de concentração dos mercados, pode, à semelhança do que observámos quanto ao controlo de concentrações, contemplar-se a utilização de técnicas alternativas, como o *rácio de concentração* ou o *Índice Lerner*, embora as mesmas não se revistam da eficácia analítica do IHH (a Comunicação de 2001 refere ainda de passagem, no já citado ponto 29, a utilização do referido critério da *rácio de concentração*; no que respeita ao *Índice Lerner* são aqui aplicáveis também as considerações por nós expostas no ponto 2.2.3. do capítulo segundo, cit., quanto à dificuldade de obter informações económicas fiáveis que possam sustentar a sua utilização, o que determina a sua menor relevância).

tração elevado em determinado mercado – resultante, designadamente, de um IHH superior a 1800 – pode aumentar os riscos de afectação da concorrência associados a certa empresa comum, *maxime* se a quota de mercado conjunta das empresas fundadoras for igualmente elevada (*vg.*, quota sensivelmente superior ao limiar de referência de 25%, sobretudo se ultrapassar de forma apreciável o valor de 40% do mercado relevante que se encontre em causa).

A ponderação conjunta da quota de mercado das empresas participantes e do grau de concentração existente no mercado pode, em nosso entender, assumir especial importância para a apreciação das empresas comuns de investigação e desenvolvimento. Como já acentuámos, uma parcela significativa dessas empresas comuns tende a ser considerada compatível com o regime previsto no artigo 81.º CE, mesmo que as empresas participantes apresentem quotas de mercado relativamente elevadas. A existência suplementar de um grau muito elevado de concentração nos mercados afectados por estas empresas comuns pode, pois, em certas circunstâncias, representar o factor decisivo para a identificação de riscos de afectação de concorrência que impliquem um juízo de desvalor em sede de aplicação do n.º 1 do artigo 81.º CE.

Pensamos, de resto, que existem razões intrínsecas ao funcionamento das empresas comuns de investigação e desenvolvimento e ao respectivo modo típico de intervenção no mercado que podem explicar a importância deste factor complementar de análise, relativo ao grau de concentração do mercado, para a apreciação global das repercussões emergentes das mesmas empresas.

Na verdade, um dos aspectos essenciais para confirmar a relevância de riscos de afectação da concorrência associados a este tipo de empresas comuns consiste – como já referimos – na inexistência de pólos autónomos alternativos de investigação. Ora, entendemos que a avaliação desse aspecto deve incidir, preferencialmente, sobre pólos de investigação efectivamente existentes no mercado que se encontre em causa, mas pode também compreender uma análise relativa à *capacidade de desenvolvimento desse tipo de pólos autónomos de investigação* (desde que a mesma assente em factores objectivos e seja dirigida a apreender capacidades de desenvolvimento desses projectos que possam concretizar-se em prazo razoavelmente curto).

Para esta segunda dimensão de análise, a ponderação do grau de concentração existente no mercado pode assumir decisiva importância. Na realidade, *se o mercado apresentar um grau consideravelmente elevado de concentração tal poderá, em certas condições, determinar uma redução das possibilidades de criação de um número suficientemente importante de pólos alternativos de investigação*, o que tende a diminuir, ainda mais, as hipóteses de as empresas concorrentes de menor dimensão virem a reforçar a sua posição através da obtenção de novas vantagens concorrenciais.

De qualquer modo, uma avaliação definitiva das repercussões inerentes a estruturas de mercado mais concentradas dependerá, sempre, em última análise, não apenas desse grau de concentração – considerado *a se* – mas da efectiva configuração desses mercados. Assim, como é sabido, os mercados com elevado grau de concentração e de estrutura oligopolística podem, em certas condições, caracterizar-se pela manutenção de níveis intensos de concorrência.[2163] Nesse tipo de situações, a permanência no mercado de duas ou três empresas de grande dimensão e que não integrem um projecto comum de investigação desenvolvido por alguns dos seus maiores concorrentes nesse mercado pode significar que as mesmas terão aptidão para desenvolver, por seu turno, pólos autónomos de investigação.[2164] Trata-se de casos paradigmáticos em que se justifica uma especial atenção à conjugação dos elementos referentes ao grau de concentração, apurados através do IHH, com o denominado *rácio de concentração* da empresa líder que resume as quotas de mercado individuais dos principais concorrentes.[2165]

[2163] Sobre as condições variáveis de desenvolvimento de processos de concorrência com intensidade muito diversa em mercados com estruturas oligopolísticas cfr. a análise desenvolvida *supra,* capítulo segundo, ponto 2.3., desta **Parte III**.

[2164] Procurando concretizar esse tipo de situações pense-se, *vg.*, num caso em que duas grandes empresas no mercado europeu de produtos químicos com certas características e destinados a certas utilizações específicas constituam uma empresa comum de investigação e desenvolvimento para a melhoria de certos componentes essenciais desses produtos. Num contexto em que essas empresas fundadoras detenham quotas individuais de 20% do mercado e em que cada uma das outras três empresas mais importantes detenha também quotas individuais de 20% deste mercado (sendo as posições de terceiros meramente residuais) poderá admitir-se que nesse mercado relativamente concentrado existem condições de poder económico para que as empresas não participantes na empresa comum tenham a capacidade de desenvolver pólos autónomos de investigação e desenvolvimento (desde que tal não dependa de direitos industriais ou de propriedade intelectual exclusivamente detidos pelas duas empresas fundadoras da empresa comum).

[2165] Tivemos já ensejo de remeter o tratamento das abordagens analíticas assentes nessa técnica da *rácio de concentração* para as considerações gerais expostas no ponto 2.2.3. do capítulo segundo desta **Parte III**. De qualquer modo, cfr. sobre essa técnica de

1274 *Empresas comuns* – Joint Ventures

É certo que a utilização desta metodologia que combine o apuramento da quota de mercado conjunta das empresas participantes, do grau de concentração existente nos mercados em causa e do rácio de concentração da empresa líder pode conhecer alguns escolhos devido às especiais dificuldades de que, em algumas situações referentes à constituição de empresas comuns de investigação e desenvolvimento, se revista o próprio cálculo das quotas de mercado individuais de todas as empresas envolvidas. Na verdade, como já destacámos, esse tipo de empresas comuns pode projectar as suas actividades, quer numa esfera de melhoramento de produtos existentes, quer numa esfera de substituição ou total transformação desses produtos existentes. Essa distinção entre mercados ou áreas de mercado potencialmente afectadas pela actuação de empresas comuns de investigação e desenvolvimento deve repercutir-se, necessariamente, no cálculo das quotas de mercado.

Esta avaliação será, naturalmente, mais linear se a empresa comum em questão visar apenas melhorar determinados produtos existentes. Nesses casos, o mercado directamente afectado pelo projecto comum corresponderá ao mercado desses produtos existentes directamente em causa na actividade da empresa comum, o qual pode compreender ainda outros produtos que mantenham com os primeiros uma relação comprovada de substituibilidade, de acordo com critérios estabilizados de delimitação do mercado acolhidos no ordenamento comunitário.[2166] Assim delimitado o mercado, no quadro de uma análise que, naturalmente e como acima se refere, não se limita a identificar os produtos existentes directamente visados pela cooperação, as quotas de mercado podem ser calculadas com base nos valores de vendas desses produtos, ou, em certas circunstâncias, a partir dos valores das quantidades produzidas desses mesmos produtos.[2167]

---

análise, SCHERER, ROSS, *Industrial Market Structure and Economic Performance*, cit., esp. pp. 423 ss. Como aí se refere, uma das principais modalidades de aplicação desta técnica – "*CR4*" (medindo a quota total detida pelas maiores quatro empresas do mercado) – só apresenta resultados indiciadores de relevância do grau de concentração para o poder de mercado das empresas e a formação dos preços com valores acima de 50%.

[2166] Como já temos vindo a referir, remetemos globalmente o tratamento das questões de delimitação de mercados relevantes, como passo prévio da análise jusconcorrencial, para as considerações expostas no ponto **4.** do capítulo segundo da **Parte II**.

[2167] Cfr. a esse respeito o ponto 53 da Comunicação de 2001. Nesse ponto apenas se refere o cálculo de quotas de mercado com base nos valores de vendas das empresas, mas, como já expusemos, esse cálculo pode também basear-se nas quantidades de bens produzidas pelas várias empresas que se encontrem em causa.

Parte III – Capítulo 3 1275

A avaliação em causa reveste-se de maior complexidade nas situações em que determinada empresa comum de investigação e desenvolvimento vise substituir produtos existentes. De qualquer modo, atendendo a que os novos produtos que podem resultar do projecto de cooperação irão, previsivelmente, substituir um conjunto identificável de produtos já existentes, justifica-se considerar estes últimos como configurando o mercado directamente afectado pela cooperação e – em conformidade – como a base de cálculo de quotas de mercado relevantes para a avaliação jusconcorrencial global da empresa comum.

Diversamente do que a Comissão parece contemplar na Comunicação de 2001, admitimos que neste tipo de situações se possam considerar níveis superiores de complexidade para o cálculo das quotas de mercado. Assim, corroborando a ideia de que se deverá tomar como ponto de partida para esse cálculo de quotas de mercado o conjunto de produtos existentes já comercializados pelas empresas fundadoras – os quais serão substituídos pelos novos produtos eventualmente desenvolvidos com base no projecto comum de cooperação – pensamos que se poderá, em certas circunstâncias, incluir nesse perímetro de produtos, que delimita o mercado relevante afectado pela cooperação, outros produtos já existentes comercializados por outras empresas, que, em função das características projectadas para os novos bens, possam, também, de modo previsível, vir a ser substituídos pelos mesmos. Noutros termos, o desenvolvimento e introdução de novos bens finais pode projectar-se – desde que as características essenciais dos mesmos sejam *ab initio* passíveis de antecipação – num conjunto mais vasto de relações de substituibilidade, que incluam, não apenas produtos existentes já comercializados pelas próprias empresas fundadoras, mas também outros produtos existentes comercializados por outras empresas[2168]

[2168] O nível superior de complexidade que admitimos para a determinação ou avaliação de partes de mercado nas situações em que determinada empresa comum de investigação e desenvolvimento seja criada com o propósito de *substituir produtos existentes* resulta, pois, essencialmente do seguinte entendimento: Consideramos que o círculo de relações de substituibilidade, nestes casos, deverá ser alargado a outros bens que também possam ser previsivelmente substituídos pelos novos bens, mesmo que tais bens não estivessem originariamente numa relação de substituibilidade com os bens existentes produzidos pelas empresas fundadoras e que estas pretendiam substituir. De resto, o n.º 2 do artigo 4.º do Regulamento de isenção por categoria relativo a acordos de investigação e desenvolvimento refere tão só 25% do mercado relevante no que respeita aos produtos susceptíveis de serem melhorados ou substituídos pelos produtos contratuais com uma latitude que parecer permitir a nossa interpretação.

1276   *Empresas comuns* – Joint Ventures

A complexidade das análises em questão poderá assumir o seu máximo grau se a empresa comum de investigação e desenvolvimento, a constituir, visar o lançamento futuro de produto que venha a criar uma procura totalmente nova.[2169] Como é evidente, nesses casos não é possível proceder a um cálculo de quotas de mercado das empresas participantes tomando como referência produtos já existentes, previsivelmente melhorados ou substituídos pelos bens que venham a resultar do processo de cooperação. Essa cooperação produzirá, então, repercussões nos processos de inovação, os quais, por seu turno, condicionam a forma como se irão desenvolver futuros mercados de bens finais.

Nesse contexto, o factor quota de mercado deverá, em princípio, e de modo excepcional, ser "*desconsiderado*", por inexequibilidade da sua directa ponderação, e a análise jusconcorrencial, baseada nos restantes parâmetros de análise que temos vindo a enunciar, deverá incidir sobre aquelas repercussões nos processos de inovação e sobre os condicionamentos assim introduzidos no funcionamento de novos mercados, que podem desembocar no virtual encerramento desses mercados a terceiras empresas.

É essa a lógica interpretativa que se encontra subjacente ao Regulamento (CE) n.º 2659/2000 – em conformidade, designadamente, com o disposto nos n.ºs 1 e 3 do respectivo artigo 4.º – e que é também acolhida, em geral, pela Comissão na Comunicação de 2001.[2170] De acordo com as referidas disposições do Regulamento, esse tipo de empresas comuns podem, em certas condições, e independentemente da quota de mercado – não passível de cálculo, pelas razões indicadas – ser isentos de qualquer proibição por um período de sete anos, a contar da data de comercialização no mercado dos novos produtos finais resultantes do projecto de investigação e desenvolvimento.

Mais uma vez, admitimos, contudo, a possibilidade de apreciações de sentido diverso que não chegam a ser expressamente contempladas pela Comissão na sua Comunicação de 2001. Na verdade, entendemos que, mesmo que determinada empresa comum vise desenvolver um produto que crie uma procura totalmente nova, poderá ser relevante uma ponderação – ao menos indirecta – de quotas de mercado referentes a produtos

---

[2169] Essa situação é contemplada expressamente no ponto 54 da Comunicação 2001.

[2170] Cfr. a este propósito o já citado ponto 54 da Comunicação de 2001.

Parte III – Capítulo 3

já existentes. Tal poderá, designadamente, justificar-se quanto a produtos existentes que, não se encontrando cobertos por uma rigorosa relação de substituibilidade (em sentido estrito) face aos novos bens finais a introduzir no mercado, possam, de qualquer modo, pela proximidade que apresentem em relação a estes últimos bens, vir a ser afectados pela criação do novo mercado. Além disso, tais *relações de proximidade* – embora *não de substituibilidade* – podem implicar, verificadas certas circunstâncias, que a cooperação para o desenvolvimento de novos bens finais envolva necessariamente a partilha de informação comercial sensível sobre bens já existentes, criando-se, assim, condições para que o respectivo mercado seja imediatamente afectado pela empresa comum.

Tomando em consideração a experiência adquirida quanto à *praxis* empresarial neste domínio de cooperação em matérias de investigação e desenvolvimento, admitimos que *uma parcela significativa das empresas comuns tenderá a combinar* – em formulações de complexidade muito variável – *os vários planos acima identificados (melhoria e substituição de produtos existentes e criação de procura totalmente nova)*. Nesse pressuposto, justifica-se, em nosso entender, uma plena utilização dos diversos parâmetros de análise baseados no cálculo de quotas de mercado, e deverá tomar-se como ponto de partida, para esse efeito, uma delimitação de mercados relevantes em torno dos produtos existentes, susceptíveis de melhoria ou de substituição.

2.3.5.3.3. O grau de concentração dos mercados afectados pela criação de empresas comuns de investigação e desenvolvimento

O grau de concentração dos mercados e o seu possível reforço pela constituição de empresas comuns de investigação e desenvolvimento tem sido, justamente, ponderado com alguma frequência na *praxis* decisória da Comissão. Assim, na já citada decisão *"Henkel/Colgate"*[2171] a Comissão considerou as específicas consequências da restrição da concorrência inerentes à cooperação em matéria de inovação, desenvolvida através de uma empresa comum constituída pelos produtores que detinham a segunda e a quarta quotas de mercado de maior dimensão num mercado de detergentes, de dimensão comunitária e já altamente concentrado. Tomou espe-

---

[2171] Decisão *"Henkel/Colgate"*, de 1972, já cit..

cialmente em consideração, nessa análise, o facto de a manutenção da concorrência efectiva nesse mercado de estrutura oligopolística depender, em larga medida, de esforços intensos de investigação e desenvolvimento, para obter vantagens concorrenciais marginais sobre as empresas concorrentes. Por essa razão, a cooperação nesse domínio, *maxime* se eliminar todas as actividades independentes de investigação das empresas fundadoras de uma empresa comum – o que a Comissão considerou provável na situação em apreço – pode gerar um efeito restritivo da concorrência proporcionalmente muito mais elevado do que o espaço preenchido pela área funcional em que actue a empresa comum no conjunto da actividade global das empresas fundadoras.

Neste caso, a Comissão considerou justificada uma preocupação referente a potenciais restrições da concorrência, mas não admitiu em definitivo que pudesse estar em causa um risco de afectação da concorrência, o que determinou uma decisão final de sujeição da empresa comum à proibição geral prevista no n.º 1 do artigo 81.º CE, embora com o benefício de aplicação de uma isenção individual *ex vi* do n.º 3 do mesmo artigo. Essa isenção caracterizou-se, contudo, por uma duração relativamente curta – de cinco anos – e pela imposição de condições específicas, versando, designadamente, a obrigação de informar a Comissão sobre ulteriores actos de aquisição de participações noutras empresas ou sobre laços complementares que viessem a ser estabelecidos entre os dois grupos empresariais em questão.

Interessa, pois, anotar, a propósito dessas condições que a Comissão considerou admissíveis as repercussões sobre a concorrência previsíveis no quadro do funcionamento de um mercado que apresentava determinado grau elevado de concentração, mas *reservou-se a faculdade de controlar o reforço futuro desse grau de concentração do mercado, admitindo, implicitamente que o mesmo poderia interferir sobre o modo como a cooperação em matéria de investigação e desenvolvimento condiciona o funcionamento de tal mercado* (pressuposto que consideramos justificado e que deve ser tomado em consideração em certas situações de mercado).

De resto, a Comissão veio a considerar explicitamente este factor relativo ao grau de concentração do mercado na sua avaliação ulterior de um pedido das partes, no sentido da prorrogação da isenção individual, para além do período de cinco anos originariamente contemplado (embora com diferentes condições contratuais). Apesar de as partes terem vindo a pôr termo ao seu projecto de cooperação, a Comissão contemplava, nesse

Parte III – Capítulo 3

1279

caso, a adopção de uma decisão desfavorável à prorrogação da isenção em causa, em função do elevado grau de concentração do mercado afectado pela actuação da empresa comum e pelo facto de, nesse contexto de mercado, os potenciais elementos de distorção da concorrência serem, ainda, reforçados pelo requisito contratual, no sentido de o licenciamento dos resultados da investigação a favor de terceiros se encontrar dependente do consentimento prévio das empresas fundadoras.[2172]

Esse factor correspondente ao grau de concentração do mercado parece, igualmente, ter sido objecto de especial ponderação na decisão *"Continental/Michelin"*,[2173] na qual a Comissão analisou um acordo referente ao desenvolvimento e ulterior exploração de um novo sistema que melhoraria os produtos oferecidos pelas empresas participantes. A Comissão considerou que o referido acordo se encontraria sujeito à proibição estabelecida no n.º 1 do artigo 81.º CE, embora fosse passível de beneficiar de uma isenção *ex vi* do n.º 3 do mesmo artigo. Todavia, recusou a posição das partes, no sentido de necessitarem da concessão de uma isenção por um período mínimo de cinco anos e apenas concedeu tal isenção pelo período de dois anos, atendendo à forte posição de mercado das empresas participantes e à estrutura oligopolística do mercado afectado pelo processo de cooperação em causa.[2174]

De qualquer modo, o grau de concentração do mercado que deva considerar-se afectado pela constituição de empresas comuns não tem sido objecto de ponderação em termos unívocos pela Comissão. Assim, ilustrando a nossa anterior análise, no sentido de que as estruturas oligopolísticas ou caracterizadas por um apreciável grau de concentração podem, em certas condições, caracterizar-se pela manutenção de níveis intensos de concorrência, justifica-se referir a apreciação formulada na decisão *"Beecham/Parke, Davis"*.[2175]

[2172] Cfr. a este propósito *"Oitvavo Relatório sobre Política de Concorrência"*, esp. pontos 89 a 91. Cfr., em particular, o ponto 90 no qual se refere que *"the relevant market in washing powders and detergents is, after all, very much an oligopolistic market surrounded by high barriers to entry; if the two parties had to agree before a licence could be issued to a third party it would make it unseasonably difficult for third parties to penetrate it"*.

[2173] Decisão *"Continental/Michelin"* (JOCE n.º L 305/33, 1988).

[2174] Cfr. decisão *"Continental/Michelin"*, esp. ponto 29. Em última análise a Comissão sopesou, na duração da isenção, o elevado poder de mercado detido pelas partes.

[2175] Cfr. Decisão*"Beecham/Parke, Davis"* (JOCE n.º L 70/11, 1979), esp. pontos 46 e ss..

1280 *Empresas comuns* – Joint Ventures

Nessa decisão, a Comissão considerou improvável que um programa comum de investigação e desenvolvimento acordado entre empresas farmacêuticas de grande dimensão eliminasse a concorrência efectiva, embora o mesmo se fosse repercutir num mercado concentrado em que os resultados desse tipo de programas de investigação se mostram decisivos para obter quaisquer vantagens concorrenciais. Para essa apreciação favorável contribuiu, de modo decisivo, o facto de a particular estrutura de mercado altamente concentrada que se encontrava em causa se caracterizar – não obstante o inegável poder de mercado das empresas participantes naquele projecto conjunto – pela presença de outras empresas farmacêuticas de grande dimensão com extensos programas próprios de investigação e desenvolvimento e com importantes capacidades produtivas. Deste modo, o tipo de estrutura de mercado altamente concentrada em questão coadunava-se com a manutenção de significativos pólos alternativos de investigação e desenvolvimento.

2.3.5.3.4. **O grau de abertura dos mercados afectados pela criação de empresas comuns de investigação e desenvolvimento**

No que respeita ao segundo nível de factores que acima enunciámos, no âmbito de um último conjunto de parâmetros residuais e complementares de apreciação,[2176] importa salientar a especial importância, no plano da apreciação de empresas comuns de investigação e desenvolvimento, do factor correspondente à ponderação da existência e do peso de eventuais barreiras à entrada nos mercados que se encontrem em causa.

Na realidade, conforme visem, nos termos já expostos, o desenvolvimento de novos produtos que criem uma procura totalmente nova, ou a melhoria dos produtos existentes, as empresas comuns de investigação e desenvolvimento podem, em certas condições, vir a proporcionar o advento de novos mercados virtualmente fechados a terceiras empresas concorrentes ou representar, em si mesmos, um obstáculo à entrada de outras empresas em mercados já existentes, *maxime* se a presença nesses mercados requerer um investimento prévio significativo nesse tipo de actividades de investigação.

[2176] Para essa enunciação de um conjunto de parâmetros residuais e complementares de apreciação, cfr. o exposto *supra*, pontos 2.3.5.3.1. e 2.3.5.3.2. deste capítulo.

De qualquer modo, na utilização desse factor de análise deve ponderar-se, com a maior latitude, todo o conjunto de repercussões, de sentido diverso, que podem encontrar-se associadas ao mesmo. Como justamente se destaca nas Orientações do Departamento de Justiça norte-americano, o facto, de em certo tipo de empresas comuns, a cooperação entre os participantes se limitar a determinadas funções empresariais, mantendo-se aqueles numa relação activa de concorrência quanto à prossecução de outras funções empresariais, pode, em certas circunstâncias, tornar mais complexa a ponderação dos aspectos referentes às condições de entrada nos mercados que se encontrem em causa do que sucede, *vg.*, no plano da apreciação de operações de concentração.[2177]

Na verdade, a constituição desse tipo de empresas comuns pode interferir, enquanto tal, nas condições de entrada de novas empresas em certos mercados. Além disso, a forma como essas entidades podem condicionar o grau de abertura dos mercados à entrada de novos concorrentes é muito variável. No que respeita, especificamente, às empresas comuns de investigação e desenvolvimento, estas *podem contribuir para aumentar, ou reforçar os obstáculos à entrada em determinado mercado*, ou noutras circunstâncias, *podem constituir um elemento indutor da entrada de novas empresas no mercado*.

O primeiro efeito foi já inicialmente aflorado e pode representar um elemento suplementar para – em necessária conjugação com outros aspectos – conduzir à formação de um juízo de verificação de consequências restritivas da concorrência não admissíveis. Esse primeiro efeito tende a

---

[2177] Cfr. nesse sentido o ponto 3.35 das "*Antitrust Guidelines for Collaborations among Competitors*", cit. Como aí se refere, não obstante reconhecer-se que os critérios de "*timeliness, likelihood and sufficiency of committed entry*" estabelecidos nas "*Horizontal Merger Guidelines*" devem ser aplicados também neste plano (à semelhança do que deve verificar-se com os critérios de avaliação do grau de abertura dos mercados densificados no contexto do controlo de concentrações e sistematizados nas "*Orientações*" de 2004 sobre concentrações horizontais), a tal avaliação no domínio das empresas comuns é reconhecida maior complexidade: "(...) *unlike mergers, competitor collaborations often restrict only certain business activities, while preserving competition among the participants in other respects, and they may be designed to terminate after a limited duration. Consequently, the extent to which an agreement creates and enables identification of opportunities that would induce entry and the conditions under which ease of entry may deter or counteract anticompetitive harms may be more complex and less direct than for mergers and will vary somewhat according to the nature of the relevant agreement*".

1282   *Empresas comuns* – Joint Ventures

ocorrer, tipicamente, em mercados caracterizados por uma especial importância dos investimentos em novas tecnologias e pela existência de elevados custos associados aos mesmos, *maxime* se o projecto de cooperação que se encontre em causa diminuir, de forma sensível, as capacidades disponíveis ou passíveis de serem afectadas a curto prazo a projectos de investigação com relevância comparável.

O segundo tipo de efeitos ocorre, também, com alguma frequência, no contexto da criação de empresas comuns de investigação e desenvolvimento. Em mercados que não ofereçam a potenciais concorrentes perspectivas razoáveis de retorno, em determinado prazo, proporcionais aos custos de investimentos iniciais em certas tecnologias e actividades de investigação e desenvolvimento objectivamente necessários para a penetração nos mesmos, a cooperação empresarial – cobrindo essas actividades e permitindo uma repartição dos custos e dos recursos a obter – pode representar um aspecto decisivo para que tais empresas ponderem, efectivamente, a entrada nos mercados em questão.[2178]

Noutra perspectiva, as condições de entrada em certo mercado podem constituir não um aspecto directamente afectado pela constituição do tipo de empresas – como acima considerámos – mas, tão só, um factor autónomo pré-existente com aptidão para limitar as potenciais repercussões de elementos restritivos da concorrência inerentes a determinadas empresas comuns de investigação e desenvolvimento. Na realidade, mesmo que diversos parâmetros relevantes de apreciação de empresas comuns – *maxime* parâmetros compreendidos no que denominámos de

---

[2178] Já referimos algumas posições na doutrina norte-americana segundo as quais empresas comuns que correspondam a uma base fundamental para permitir a certas empresas a entrada inicial em mercados altamente dependentes de factores e recursos tecnológicos *deveriam ser liminarmente aprovadas sem qualquer ponderação global dessas vantagens com eventuais efeitos limitativos da concorrência* (cfr., *vg.* a posição de Thomas Pirainno, no já cit. estudo "Beyond Per Se, Rule of Reason, or Merger Analysis: A New Antitrust Standard for Joint Ventures", esp. p. 43). Não subscrevemos, pela nossa parte, posições tão extremas, mas admitimos que a existência de condições objectivas para demonstrar, com um razoável grau de certeza, que determinada empresa comum de investigação e desenvolvimento representa o único meio possível para as respectivas empresas fundadoras penetrarem *ex novo* em certo mercado, origina uma importante presunção favorável no plano da avaliação jusconcorrencial dessa entidade. Uma situação com esse tipo de características foi, *vg.*, apreciada num precedente de referência – a decisão *"Elopak/Metal Box-Odin"*, já cit., – que adiante (*infra*, ponto 2.3.5.4.2. deste capítulo) analisamos criticamente.

Parte III – Capítulo 3   1283

segundo e terceiro estádios de análise de empresas comuns, de acordo com o modelo global que vimos expondo – indiciem possíveis efeitos restritivos da concorrência ao nível dos preços, ou da quantidade e qualidade de produtos oferecidos em determinados mercados existentes, os mesmos não deverão, em princípio, ser considerados significativos, caso se verifique um elevado grau de abertura dos mercados em questão (não afectado, enquanto tal, pelo próprio processo de constituição de certa empresa comum).

Todavia, essa avaliação das condições de abertura dos mercados e da relevância da concorrência potencial deve ser efectuada em concreto relativamente a cada situação e não pode, em nosso entender, ser objecto de presunções. Assim, se, por um lado concordamos com o peso que é atribuído a esse parâmetro de análise das Orientações do Departamento de Justiça norte-americano – reconhecendo, do mesmo passo, que o mesmo nem sempre tem sido devidamente ponderado na *praxis* decisória da Comissão – consideramos algo excessivo o pressuposto acolhido nas referidas Orientações, segundo o qual, no contexto de acordos de investigação e desenvolvimento, os potenciais ganhos associados a processos de inovação conduzem, com frequência, a uma elevada probabilidade de entrada de novas empresas concorrentes, apta a contrabalançar certas formas de afectação da concorrência decorrentes desse tipo de cooperação empresarial.[2179]

Tal probabilidade terá que ser concretamente avaliada em cada situação de mercado e depende, entre outros aspectos, da verificação de uma efectiva disponibilidade de capacidades técnicas para projectos de investigação e desenvolvimento, que os potenciais interessados possam mobilizar mediante a realização de investimentos compatíveis com as expectativas de retorno decorrentes dos referidos projectos de investigação.

Além disso, também eventuais repercussões negativas no que se pode denominar de *mercados de tecnologias existentes* – referentes a processos tecnológicos que resultem de projectos de investigação e desenvolvimento e que sejam objecto de comercialização através da trans-

---

[2179] Sobre essa análise, cfr. ponto 3.35 das "*Antitrust Guidelines for Collaborations among Competitors*", cit., no qual se refere que "*in the context of research and development collaborations, widespread availability of R&D capabilities and the large gains that may accrue to successful inovators often suggest a high likelihood that entry will deter or counteract anticompetitive reductions of R&D efforts*".

1284 *Empresas comuns* – Joint Ventures

missão de direitos de propriedade intelectual ou industrial – podem ser limitadas devido à pressão da concorrência potencial (desde que esta última seja devidamente comprovada).[2180]

O aspecto relevante a considerar na avaliação deste tipo de situações não será, pois, forçosamente, se existem terceiras empresas que, em concreto, procedam ao licenciamento, em dado momento, de certo tipo de tecnologias de que disponham, mas se tais capacidades tecnológicas são detidas por terceiras entidades que possam vir, previsivelmente, a comercializá-las, caso as empresas participantes numa determinada empresa comum de investigação e desenvolvimento pretendessem tirar partido da sua posição para aumentar, acima de certos níveis, os preços praticados na comercialização de direitos de propriedade intelectual que se encontrem em causa.

No entanto, mais uma vez sublinhámos que essa ponderação da concorrência potencial deve assentar numa análise concreta de condições de mercado existentes. Na verdade, da existência de terceiras empresas detentoras de certa tecnologia essencial não pode inferir-se, desde logo, que as mesmas representem concorrentes potenciais no mercado dessas tecnologias. Importará, *vg.*, apurar se, em função das condições de funcionamento de certos mercados de bens finais a jusante – e considerando o historial passado desses mercados – não será, pelo contrário, previsível que essas empresas afectem exclusivamente a utilização dessas tecnologias ao seu próprio processo produtivo.

Por último, devemos salientar que a ponderação da possibilidade de entrada de novas empresas no mercado depende da verificação geral das condições de entrada no mercado que se encontre em causa, no sentido de aferir o grau de probabilidade de penetração de novas empresas, a relevância concorrencial dessas novas entradas e o horizonte temporal em que previsivelmente as mesmas se possam concretizar (a entrada de novos concorrentes terá de se concretizar num período de tempo suficientemente

---

[2180] Cfr Comunicação de 2001, pontos 47 a 49. A reflexão crítica sobre os denominados mercados de tecnologias existentes ou mercados de inovação tem sido especialmente desenvolvida no contexto do direito da concorrência e da análise económica norte-americanos, Cfr. a esse respeito, RICHARD RAPP, "The Misapplication of the Innovation Market Approach to Merger Analysis", cit., pp. 19 ss. e RICHARD GILBERT, STEVEN SUNSHINE, "Incorporating Dynamic Efficiency Concerns in Merger Analysis: The Use of Innovation Markets", in ALJ, 1995, pp. 569 ss..

curto, para que possa representar um condicionamento eficaz do poder de mercado das empresas participantes em determinada empresa comum).

A análise desse tipo de condições é fortemente tributária do conjunto de parâmetros desenvolvidos em sede de apreciação de operações de concentração no quadro do RCC.[2181] Compreensivelmente, o factor temporal acima referido assume uma importância fundamental para avaliar a relevância da concorrência potencial. Nesse plano, pode com alguma segurança considerar-se que da *praxis* decisória da Comissão em sede de controlo de concentrações resultou, em termos consistentes, um critério temporal comparável à presunção estabelecida em sede de direito da concorrência norte-americano – nas Orientações do Departamento de Justiça – segundo a qual a perspectiva de entrada de novos concorrentes deve ser passível de concretização num horizonte de dois anos. De qualquer modo as *"Orientações"* de 2004 referentes à avaliação de concentrações horizontais vieram precisamente confirmar a adopção desse critério indiciário de dois anos para a entrada de novos concorrentes.[2182]

[2181] Tal como acima já referimos, do mesmo modo que as *"Antitrust Guidelines for Collaborations among Competitors"*, de 2000, remetem a ponderação de critérios relativos ao *grau de abertura dos mercados* e à existência de *barreiras à entrada nos mercados* para as *"Horizontal Merger Guidelines"*, de 1992, também no plano do direito comunitário se justifica com vantagem – *mutatis mutandis* – tal remissão da área de análise em geral das empresas comuns para os critérios recentemente densificados e sistematizados nas novas *"Orientações"* de 2004 sobre concentrações horizontais (sobre o tratamento de barreiras à entrada no mercado em sede de apreciação de concentrações e à luz das referidas *"Orientações"* de 2004, cfr. os aspectos expostos *supra*, capítulo segundo – ponto 2.2.4. – desta **Parte III**).

[2182] Já no ponto 2.2.4. do capítulo segundo, referido na nota anterior, aludimos a esse importante desenvolvimento resultante das *"Orientações"* de 2004, referindo também aspectos da *praxis* decisória em matéria de controlo de concentrações – *vg.* a decisão *"Procter & Gamble/V. P. Schickedanz"*, cit. – que pareciam convergir, embora em termos mais indefinidos, para a ponderação de um horizonte temporal indicativo de dois a três anos. Importa referir que o importante desenvolvimento, em anos recentes, de *modelos empíricos de análise das condições de entrada de novos concorrentes* tem conferido, progressivamente, maior consistência à aferição deste tipo de horizontes temporais de entrada provável de empresas no mercado.

1286   *Empresas comuns* – Joint Ventures

2.3.5.4. *Análise crítica de algumas decisões da Comissão*

2.3.5.4.1. A decisão "KSB/Goulds/Lowara/ITT"

Tendo-se analisado a aplicação do modelo geral de apreciação de empresas comuns, que propomos, em relação à subcategoria de empresas comuns de investigação e desenvolvimento, justifica-se, ainda – sem prejuízo das múltiplas referências que fomos fazendo, *pari passu*, à prática decisória da Comissão – tomar especialmente em consideração alguns casos de referência, que podem assumir particular importância para uma compreensão crítica do tratamento dessa subcategoria de empresas comuns em sede de direito comunitário da concorrência.

A situação apreciada pela Comissão na sua decisão "*KSB/Goulds/ /Lowara/ITT*"[2183] constitui, indubitavelmente, um desses casos essenciais, embora na mesma se conjuguem aspectos referentes à apreciação de empresas comuns e de acordos de mera cooperação empresarial.[2184]

Nessa decisão foi analisada a constituição de uma empresa comum por parte de diversas empresas fabricantes de bombas de água com vista ao desenvolvimento de um novo componente a introduzir em bombas de água, com capacidade de suportar elevadas pressões internas com revestimentos finos, adequados às necessidades de produção em série. Esse entendimento foi posteriormente complementado com um conjunto de acordos de cooperação, visando encontrar soluções para os diversos problemas técnicos com os quais as empresas fundadoras originárias (KSB e Lowara) haviam sido confrontadas e relacionados com o desenvolvimento dos referidos componentes.[2185] Daí resultou um programa conjunto de investigação e desenvolvimento – dirigido à concepção desses componentes – que contemplava, contudo, numa larga medida, a prossecução

---

[2183] Decisão "*KSB/Goulds/Lowara/ITT*" (JOCE n.º L 19/25, 1991);

[2184] Na realidade, o facto de o processo em questão envolver também acordos de cooperação não obsta a que a análise feita no caso seja paradigmática da avaliação de problemas de afectação da concorrência associados a empresas comuns de investigação e desenvolvimento.

[2185] Cfr. ponto 9 da decisão cit.. Assim, o originário acordo de criação de empresa comum visado nessa decisão foi substituído por dois acordos – "*Joint Research, Development Agreement*" e "*Production Agreement*" – mas em condições essencialmente semelhantes ao funcionamento de uma empresa comum.

individualizada de várias tarefas por parte de cada empresa participante. Estas coordenariam entre si a divisão de trabalhos relativos ao projecto através de reuniões conjuntas, as quais, apesar de não suportadas numa verdadeira estrutura formal permanente, pela sua regularidade e natureza se assemelhavam a um comité *ad hoc*, típico de empresas comuns.

O modelo de cooperação delineado previa, ainda, que os direitos de propriedade intelectual resultantes do programa em causa seriam detidos pela empresa participante que tivesse sido directamente responsável pelos processos de *"saber fazer"* ou de concepção originários dos mesmos, sem prejuízo da faculdade atribuída às outras empresas participantes de, uma vez findo ou denunciado o acordo, obterem licenças não exclusivas e não remuneradas de utilização desses direitos.

Na análise pela Comissão deste programa conjunto de investigação e desenvolvimento[2186] assumiu especial importância a caracterização das relações existentes entre as empresas participantes em diversos mercados. Considerando os vários mercados relevantes mais ou menos directamente afectados pelo projecto de cooperação, afigurou-se consensual a caracterização das partes como concorrentes efectivos no mercado das bombas de água convencionais. Tratava-se do mercado, já existente, de um produto que, em alguns segmentos específicos, poderia ser melhorado pelo novo produto que se visava desenvolver através do projecto de investigação e desenvolvimento. Todavia, as principais repercussões deste processo far-se-iam sentir num plano de inovação, correspondente ao lançamento do novo produto – componente com propriedades específicas, a introduzir nas bombas.

Neste plano, a comissão considerou as empresas participantes no projecto como concorrentes potenciais, embora, em nosso entender, não tenha fundamentado suficientemente essa sua avaliação através de uma análise económica de mercado, mesmo de carácter sumário. Ora, essa lacuna pode ter assumido consequências significativas, visto que o pressuposto referente à existência de relações de concorrência potencial entre as empresas participantes foi decisivo para o juízo da Comissão de verificação de restrições da concorrência, emergentes do processo de cooperação, subsumíveis na proibição estabelecida no n.º 1 do artigo 81.º CE.

[2186] O programa de cooperação empresarial em causa contemplava também uma componente de produção, mas, globalmente, avultavam os aspectos referentes à investigação e desenvolvimento, o que permite a sua assimilação a este tipo funcional.

1288   *Empresas comuns* – Joint Ventures

Assim, apesar de reconhecer que apenas uma das empresas participantes (Lowara) dispunha da tecnologia de base necessária para o desenvolvimento do novo produto, a Comissão considerou que as outras partes não estariam impossibilitadas de prosseguir por si projectos visando a concepção desse produto, pois tinham capacidade financeira para obter os recursos tecnológicos de outras empresas que não a Lowara. A Comissão parece presumir que a existência de capacidade financeira pode, *a se*, suprir quaisquer limitações tecnológicas com que as empresas se encontrem confrontadas, desde que a tecnologia de base que se encontre em causa seja detida por mais do que uma empresa terceira. Esse juízo de probabilidade é, contudo, falível e carece de ser minimamente suportado por uma análise que, por um lado, compare os recursos tecnológicos efectivamente detidos por terceiras empresas, e que, por outro lado, avalie – numa base realista – os incentivos que essas empresas podem ter, ou não, para ceder tais recursos. Pensamos que a Comissão se limitou a enunciar – em termos excessivamente formais – essa mera probabilidade de captação de recursos tecnológicos[2187], apurando desse modo um suposto nexo de concorrência potencial entre as partes.

Essa hipotética relação de concorrência potencial entre as partes constituiu, por seu turno, um elemento primacial para a análise da Comissão, segundo a qual – numa perspectiva que se nos afigura igualmente muito formal – as empresas participantes, ao terem privilegiado a cooperação no domínio da investigação e desenvolvimento do novo produto, *"em detrimento de um comportamento concorrencial independente"*, incorriam numa *"restrição da respectiva liberdade de acção"*. Tal restrição não seria, enquanto tal, compatível com o regime previsto no n.º 1 do artigo 81.º CE.

Além disso, a Comissão fundamentou também o seu juízo referente à infracção desse regime com base na provável verificação de efeitos de encerramento do mercado a terceiros. Na verdade, o programa de cooperação em causa, assumindo um carácter compósito – sem prejuízo da ver-

---

[2187] Cfr. o ponto 16 da decisão, cit., que é impressivo a esse respeito, quando refere que *"é, no mínimo, verosímil que cada um dos grupos participantes pudesse conseguir essa tecnologia de base, através de licenças concedidas por outras empresas que não a Lowara. (…) Também não pode ser excluída a existência de uma concorrência potencial entre as empresas participantes com base no argumento de que nenhuma delas teria só por si decidido lançar-se num processo de desenvolvimento, já que não poderia conseguir sozinha o número de peças necessário a uma produção em série rentável (…)"*.

tente essencial de investigação e desenvolvimento – contemplava ainda aspectos referentes à produção do novo bem que se visava desenvolver. Esses aspectos determinavam que, não obstante os direitos de protecção das invenções fossem da titularidade da empresa participante responsável pela sua concepção, a mesma não poderia dispor da sua invenção livremente. Durante o período de vigência dos acordos, o fabrico de unidades do novo produto a desenvolver seria atribuído em exclusividade a uma das empresas participantes, a qual asseguraria a disponibilização do mesmo aos outros participantes. Acresce que não se contemplava a produção desse bem para terceiros, nem o acesso destes ao "*saber fazer*" técnico resultante do projecto de investigação, o que levou a Comissão a identificar efeitos de encerramento do mercado.

Contudo, esta ponderação de prováveis efeitos de exclusão de terceiros – configurados como restrição não admissível da concorrência – não se coaduna de forma completamente clara com a avaliação das questões referentes à concorrência potencial. Assim, e como acima referimos, a Comissão fundou o seu juízo sobre a existência de nexos de concorrência potencial entre as partes numa suposta disponibilidade de recursos tecnológicos de base para quaisquer empresas interessadas na investigação e desenvolvimento do novo produto. A verificar-se, realmente, essa disponibilidade, as terceiras empresas interessadas nesse desenvolvimento teriam – desde que possuíssem a necessária capacidade financeira – os meios de partida para o fazer e não seria o programa de cooperação em causa que lhes vedava o acesso a processos de inovação tendentes ao lançamento do novo produto.

Mais uma vez, a propósito da avaliação de outro possível tipo de efeitos restritivos da concorrência – num plano de inovação orientado para o lançamento de novos produtos e associado ao eventual melhoramento de produtos existentes – a Comissão parece ter valorizado de modo excessivo os parâmetros formais, ao enfatizar os compromissos contratuais referentes ao não licenciamento de "*saber fazer*" a terceiros e, em contrapartida, terá descurado, a análise de elementos substantivos, referentes à existência de recursos tecnológicos que assegurassem alguma abertura para a eventual realização de programas de investigação e desenvolvimento alternativos.

Em rigor, acabou por ser a mesma lacuna de análise económica do funcionamento do mercado que veio a influenciar decisivamente os juízos relativos aos dois tipos de hipotéticos efeitos restritivos da concorrência

1290 *Empresas comuns* – Joint Ventures

que a Comissão admitiu, a saber, *a restrição da liberdade de acção de empresas que seriam, entre si, potenciais concorrentes* e *o encerramento do mercado a terceiras empresas*. Deste modo, consideramos que a Comissão não esgotou todas as possibilidades de avaliação do programa conjunto de investigação e desenvolvimento em sede de aplicação do n.º 1 do artigo 81.º CE (artigo 85.º TCE) e *"precipitou"*, assim, uma intervenção *ex vi* do n.º 3 da mesma disposição.[2188]

Não se justificando no caso em apreço a aplicação do Regulamento de isenção por categoria então em vigor (Regulamento n.º 418/85, referente a acordos de investigação e desenvolvimento), visto que num dos mercados relevantes afectados pela criação do programa de cooperação as partes dispunham no seu conjunto de mais do que 20% de quota de mercado, a Comissão acabou por conceder uma isenção individual. Essa decisão de isenção por um período de seis anos baseou-se, fundamentalmente, no contributo do projecto de investigação e desenvolvimento em causa para a melhoria da produção e para a promoção do progresso técnico, em termos que se repercutiriam favoravelmente nos consumidores (essa previsível transferência de vantagens para os consumidores resultaria quer do facto de os mesmos passarem a dispor de um tipo melhorado de bombas de água, quer do facto de o acesso a esse produto se verificar a preços comparáveis aos praticados em relação a bombas de água convencionais). Além disso, a Comissão considerou que a necessidade de desenvolvimento de um projecto comum se justificaria com vista a recuperar os custos de investigação e desenvolvimento, mantendo, em paralelo, preços concorrenciais com os das bombas convencionais, o que

---

[2188] Estava naturalmente em causa aquando da adopção desta decisão, em 1990, o artigo 85.º TCE (actual artigo 81.º CE). Em nosso entender, o excessivo *intervencionismo* público, em sede de aplicação do n.º 3 do artigo 81.º CE que é propiciado por insuficientes análises de mercado que suportem ponderações globais de avaliação dos acordos em sede de aplicação do n.º 1 do artigo 81.º CE, não se mostra menos negativo devido ao processo de *"descentralização"* formalmente encetado com o Regulamento (CE) n.º 1/2003. Pelo contrário, os problemas decorrentes de uma excessiva utilização do referido regime do n.º 3 do artigo 81.º CE podem ainda agravar-se devido ao risco de construções hermenêuticas divergentes por parte das autoridades nacionais ao procederem à concretização das condições de aplicação desse regime de isenção. Esse risco, em nosso entender, não é suficientemente prevenido pela Comunicação da Comissão com *"Orientações relativas à aplicação do n.º 3 do artigo 81.º do Tratado"*, de 2004, e a própria Comunicação revelou, em nosso entender, uma visão excessivamente restritiva das ponderações que têm cabimento no n.º 1 do artigo 81.º CE.

apenas seria exequível – por razões de rendibilidade – através do desenvolvimento de um número mínimo de unidades do novo produto.[2189]

A Comissão avaliou, ainda, a situação criada com o projecto de cooperação em ordem a estabelecer se a mesma conferiria às partes em causa qualquer possibilidade de eliminação da concorrência. Essa hipótese, que impediria a aplicação de uma isenção *ex vi* do n.º 3 do artigo 81.º (artigo 85.º TCE), foi afastada devido à pressão da concorrência das bombas convencionais e à incerteza que rodeava a futura comercialização dos novos tipos melhorados de bombas. De qualquer modo, atendendo a esse conjunto de pressupostos em que assentou a decisão de concessão de isenção, a Comissão determinou a apresentação de relatórios periódicos pelas partes, visando, no essencial, aferir os progressos técnicos efectivamente obtidos com a cooperação e a penetração no mercado dos novos tipos de bombas de água que viessem a ser desenvolvidos (através de informações relativas aos volumes de negócios registados com a comercialização de bombas tradicionais melhoradas com a incorporação de novos componentes). Ora, o que se nos afigura questionável nesta decisão da Comissão corresponde, precisamente, a esse tipo de "*intervencionismo*" e às exigências de escrutínio especial de situação que resultaram do juízo inicial respeitante à suposta violação da proibição geral estabelecida no n.º 1 do artigo 81.º CE (artigo 85.º TCE). Como acima sustentámos, outro tipo de análise dos mercados afectados pela cooperação – de pendor menos formalista – poderia, eventualmente, ter conduzido a uma conclusão no sentido da não infracção a essa proibição geral.[2190]

[2189] Cfr. pontos 20 e 27 e ss da decisão cit.. Cfr., ainda, em especial, a conclusão formulada no ponto 29, segundo a qual, "*parece evidente que a KSB e a Lowara tenham chegado à conclusão de que os investimentos prováveis em investigação e desenvolvimento só seriam amortizados com a venda de um número mínimo de unidades elevado* (...)*".

[2190] Na realidade, casos com estas características no ordenamento norte-americano seriam, porventura, objecto de apreciação favorável, razoavelmente expedita (através de utilização de critérios de "*rule of reason*"). Sobre o desenvolvimento desse tipo de análises em relação a empresas comuns de investigação e desenvolvimento com certas características no contexto do ordenamento norte-americano cfr., *vg.*, ALAN GUTTERMAN, *Innovation and Competition Policy: A Comparative Study of the Regulation of Patent Licensing and Collaborative Research & Development in the United States and the European Community*, cit., esp. pp. 364 ss..

1292   *Empresas comuns* – Joint Ventures

2.3.5.4.2. A decisão *"Elopak/Metal Box-Odin"*

A decisão *"Elopak/Metal Box-Odin"* assinala, em contrapartida, uma aparente flexibilização da análise da Comissão, que permitiu formular um juízo de não sujeição da empresa comum que aí se encontrava em causa à proibição geral no n.º 1 do artigo 81.º CE (artigo 85.º TCE), sem necessidade de recurso ao n.º 3 dessa disposição.[2191] Todavia, essa maior abertura a factores de análise económica realista – que conduziram, designadamente, a uma decisiva verificação de inexistência de qualquer nexo de concorrência potencial entre as empresas participantes na empresa comum – não foi acolhida, de modo consistente, na *praxis* decisória ulterior da Comissão e não pode considerar-se uma orientação analítica consolidada desta Instituição.

A empresa comum apreciada nesta decisão envolveu um Grupo norueguês (Elopak), que desenvolvia actividades de fabrico e venda de embalagens de cartão para as indústrias alimentar e de lacticínios, e um Grupo de origem britânica (Metal Box), cuja actividade consistia, fundamentalmente, no enchimento asséptico de líquidos de longa vida. A empresa comum (Odin Developments Ltd.) constituída por esses dois grupos visava, em especial, realizar a investigação e desenvolvimento de um novo recipiente com base de cartão e uma tampa separada, metálica, a encher por processos assépticos com alimentos transformados por UHT. Segundo as condições acordadas para o funcionamento da empresa comum, os direitos de propriedade intelectual detidos pelas empresas fundadoras e que fossem relevantes no domínio do acordo, seriam objecto de licença de exploração a favor da referida empresa comum, ficando a mesma igualmente detentora de toda e qualquer propriedade intelectual que resultasse dos trabalhos de investigação e desenvolvimento.[2192]

Estipulava-se ainda que as empresas participantes conservariam a liberdade de efectuar investigação e desenvolvimento, quer de modo independente, quer com terceiras empresas no domínio dos sistemas de

---

[2191] Decisão *"Elopak/Metal Box-Odin"*, de 1990, já cit..

[2192] A esse respeito cfr. pontos 7 e ss. da decisão cit.. Além disso, as partes poderiam obter licenças não exclusivas (sem faculdade de licenciar a terceiros) para explorar melhoramentos obtidos no domínio em questão pela empresa comum Odin Developments Ltd., desde que essa exploração ocorresse fora do domínio coberto pelo acordo ou caso a empresa comum decidisse não proceder à exploração dessa tecnologia em qualquer Estado em especial.

Parte III – Capítulo 3 1293

acondicionamento para alimentos de longa vida, desde que não utilizassem elementos de "*saber fazer*" da outra parte, cedidos para exploração por parte da empresa comum, nem quaisquer melhoramentos introduzidos pela própria empresa comum, salvo em casos especificados nos acordos. Além disso, estabeleceu-se que, no momento de dissolução, venda ou liquidação da empresa comum, e por um período de cinco anos, nenhuma das empresas fundadoras poderia partilhar o "*saber fazer*" da outra parte ou gerado pela empresa comum com qualquer empresa concorrente.[2193]

Como acima já se aflorou, o aspecto primacial para a apreciação favorável – em sede de aplicação do n.º 1 do artigo 81.º CE (artigo 85.º TCE) – de que a empresa comum em causa foi objecto nesta decisão residiu na avaliação de eventuais nexos de concorrência potencial entre as empresas fundadoras. Assim, a Comissão, afastando-se da perspectiva mais formal subjacente a outras decisões, concluiu que essas empresas fundadoras não seriam concorrentes potenciais em relação aos produtos a desenvolver pela empresa comum.

Para o efeito, tomou especialmente em consideração o facto de nenhuma das referidas empresas dispor, por si, da tecnologia, ou do "*saber fazer*" necessários para o enchimento asséptico de recipientes com base de cartão. Cada uma dessas empresas dispunha, de forma apenas parcial, de alguns elementos relevantes para o desenvolvimento do novo produto, mas, em termos objectivos, nenhuma das mesmas "*poderia no curto prazo entrar no mercado individualmente*" – introduzindo o novo produto em questão – "*dado que essa entrada requeria um conhecimento da tecnologia da outra parte que não poderia ser desenvolvido sem um investimento significativo e prolongado*".[2194] De um modo que se nos afigura correcto, mas em sentido contrário à metodologia de análise seguida em múltiplas decisões, a Comissão não presume qualquer capacidade, em abstracto, para o desenvolvimento individual das tecnologias necessárias, com base na situação financeira das empresas envolvidas e numa possibilidade teórica – e não testada – de obtenção dos recursos necessários junto de terceiras empresas. Considera, inversamente, aspectos concretos relacionados com a experiência e recursos disponíveis, em termos efectivos, para as empresas fundadoras, aquando da constituição da empresa comum, bem como a intensidade dos riscos técnicos e comerciais ligados ao desenvolvi-

---

[2193] Cfr. ponto 12 da decisão cit..
[2194] Cfr. ponto 25 da decisão cit..

mento do novo produto, os quais *"eliminam, na prática, qualquer possibilidade de cada parceiro empreender, por si só, a investigação e o desenvolvimento em causa"*.

A alteração qualitativa na metodologia de análise, subjacente a esta importante decisão *"Elopak/Metal Box-Odin"*, consiste em passar de meras enunciações de hipóteses abstractas de penetração das empresas fundadoras de empresas comuns em certos mercados – suportadas em raciocínios probabilísticos essencialmente formais – para a formulação de juízos de probabilidade que são tributários de alguma análise jurídico--económica, apoiada em elementos concretos pré-existentes.[2195] Esse tipo de alterações de metodologia – a ser consolidado e desenvolvido – permitiria, em nosso entender, tornar menos frequente, na *praxis* decisória da Comissão, a identificação de relações de concorrência potencial entre empresas fundadoras de empresas comuns, o que, por seu turno, asseguraria uma apreciação favorável de uma parcela mais significativa dessas entidades à luz do estatuído no n.º 1 do artigo 81.º CE.[2196]

Na referida decisão *"Elopak/Metal Box-Odin"*, a Comissão considerou, também, que fora do âmbito de actuação da empresa comum as

---

[2195] Na realidade, *raciocínios probabilísticos* assentes em elementos meramente formais – de que são paradigmáticas, *vg.*, as referências na decisão *"KSB/Goulds/Lowara/ /ITT"*, atrás considerada, à *"verosimilhança"* de nexos conducentes a previsíveis relações de concorrência potencial – são por definição contraditórios, visto que tais raciocínios devem assentar em elementos concretos. Sobre a necessidade de análise económica realista de factores que permitem ponderar relações de concorrência potencial e a aptidão das empresas para empreender certas iniciativas estratégicas em determinados mercados, cfr. BESANKO, DRANOVE, SHANLEY, *Economics of Strategy*, John Wiley & Sons Inc., 2000. Essa abordagem tem sido prioritariamente desenvolvida no contexto do ordenamento norte-americano através de modelos empíricos de análise de condições de entrada no mercado, como *vg.* aqueles que assentam na *"minimum viable scale"*, a qual implica avaliar, em termos concretos, custos fixos de entrada em mercados que são, numa larga medida, custos não passíveis de retorno – *"sunk costs"* (incluindo-se tipicamente nos mesmos, pelo menos em certos mercados com uma importante componente tecnológica, custos com programas de investigação e desenvolvimento).

[2196] Tal permitiria também à Comissão, libertando-se da necessidade de analisar mais desenvolvidamente certas empresas comuns, concentrar-se em múltiplas situações substantivamente mais críticas de empresas comuns – *maxime* através de denúncias ou queixas de concorrentes e de um acompanhamento mais activo dos mercados – as quais no presente passam largamente desapercebidas, não sendo notificadas (como é natural, o termo do sistema de notificação prévia com a entrada em vigor do Regulamento (CE) n.º 1/2003 deverá, no plano procedimental, contribuir para essa evolução).

Parte III – Capítulo 3 1295

empresas concorrentes não seriam concorrentes efectivos ou potenciais, o que deveria afastar a produção de quaisquer efeitos de alastramento, restritivos da concorrência.

Finalmente, a Comissão não deixou de avaliar eventuais efeitos de encerramento do mercado que pudessem decorrer da criação da empresa comum, tendo em conta que o *"saber fazer"* resultante da actuação desta entidade não seria, em princípio, partilhado com outras empresas. Essa avaliação permitiu verificar que múltiplas empresas presentes em mercados conexos com os das empresas fundadoras disponham de recursos tecnológicos diversificados – superiores, até, aos individualmente detidos por cada uma dessas empresas fundadoras – o que tornaria improvável qualquer efeito de encerramento do mercado. Deste modo, considerando quer a inexistência de efeitos restritivos da concorrência – num plano de inovação conducente à introdução de novos produtos –, em virtude de as empresas fundadoras não se relacionarem entre si, sob forma alguma, como concorrentes potenciais, quer a inexistência de efeitos de encerramento do mercado, a Comissão pôde concluir que a empresa comum em causa não infringia o n.º 1 do artigo 81.º CE (artigo 85.º TCE).

2.3.5.4.3. **Referência sumária a outros precedentes significativos**

Duas notas muito sumárias se justificam, ainda, em relação à decisão *"Continental/Michelin"* e à decisão *"Pasteur Mérieux – Merckl"*.[2197] Qualquer uma destas decisões versou a criação de empresas comuns em mercados de estrutura oligopolística e incorporando importantes elementos de investigação e desenvolvimento (em particular, no caso *"Continental/Michelin"*; a entidade aí apreciada pode, na realidade, ser qualificada como uma empresa comum de investigação e desenvolvimento. Já a entidade apreciada no caso *"Pasteur Mérieux-Merckl"* corresponde a uma empresa comum de tipo mais complexo, conjugando múltiplas funções, mas na qual a função de investigação e desenvolvimento assume considerável importância).

Na decisão *"Continental/Michelin"* foi apreciada a constituição de uma empresa comum entre dois dos maiores fabricantes de pneus no

---

[2197] Cfr. decisão *"Continental/Michelin"*, de 1988, já cit., e decisão *"Pasteur Mérieux – Merckl"* (JOCE n.º L 309/1, 1994).

1296   *Empresas comuns* – Joint Ventures

mercado comunitário, visando o desenvolvimento de um novo tipo de pneu de segurança (o qual poderia ser utilizado em largas distâncias, mesmo em caso de furo[2198]). O desenvolvimento desse novo tipo de produto, além de suscitar problemas técnicos de difícil resolução, implicaria – em ordem à sua efectiva introdução no mercado – alterações em determinados parâmetros de construção da indústria automóvel. Embora cada uma das empresas em causa tivesse desenvolvido programas autónomos de pesquisa com vista a encontrar as melhores soluções tecnológicas e uma dessas empresas estivesse mais adiantada na concepção do novo produto, as partes concluíram que seria vantajoso partilhar os resultados das suas investigações prévias e, a partir dessa base, desenvolver um projecto de investigação conjunta.

Na realidade, a complexidade dos problemas técnicos que se encontravam em causa *"punha em dúvida"* que uma das partes os pudesse resolver isoladamente, pelo menos num horizonte temporal razoável. Em contrapartida, as partes procuraram limitar a sua cooperação aos domínios directamente ligados ao desenvolvimento do novo produto com características específicas. Além da cooperação estreitamente relacionada com a investigação e desenvolvimento necessários ao lançamento do novo produto, as partes deveriam ainda cooperar entre si nos estádios iniciais de comercialização desse produto, sem prejuízo de o mesmo ser introduzido no mercado por cada uma dessas empresas sob a sua própria marca, num quadro de concorrência entre as mesmas (além de o novo tipo de produto ser comercializado por cada uma das empresas fundadoras sob a sua marca própria, os produtos que estas assim introduziriam no mercado deveriam também apresentar algumas diferenças relevantes entre si, apesar de se basearem num sistema idêntico resultante do projecto de investigação e desenvolvimento realizado em comum). Acresce que os direitos de propriedade intelectual associados ao desenvolvimento do novo tipo de produto seriam detidos pela empresa comum. Essa atribuição exclusiva de direitos à empresa comum retiraria às partes a liberdade de concederem individualmente licenças a terceiros sobre os referidos direitos.

A Comissão considerou que a empresa comum em causa e o sistema de cooperação em que a mesma se integraria configuravam restrições à

[2198] Cfr. decisão *"Continental/Michelin"* cit., esp. pontos 4 e ss.. O programa de cooperação projectado basear-se-ia inicialmente num projecto de desenvolvimento de um novo sistema de roda/pneumático de uma das empresas fundadoras (Continental).

Parte III – Capítulo 3 1297

concorrência, subsumíveis no n.º 1 do artigo 81.º CE (artigo 85.º TCE).[2199] Identificou, em particular, três tipos essenciais de restrições à concorrência.

Em primeiro lugar, as partes teriam renunciado ao desenvolvimento independente de um novo produto. Na verdade, embora não existissem estipulações contratuais expressas que impedissem as partes de prosseguirem iniciativas independentes relacionadas com a introdução desse novo produto, o sistema de cooperação que criaram iria, previsivelmente eliminar quaisquer incentivos a tais actividades independentes. Na prática, as empresas participantes iriam concentrar os seus esforços – no âmbito do projecto conjunto – com vista a desenvolver o novo produto e, de modo reflexo, iriam desistir dos seus próprios desenvolvimentos, o *"que implicaria uma restrição à sua liberdade de acção"*.[2200]

Em segundo lugar, a Comissão salientou que a utilização em comum de quaisquer direitos de propriedade intelectual referentes ao *"saber fazer"* originado no quadro do projecto conjunto de desenvolvimento do novo produto, mediante a atribuição exclusiva desses direitos à empresa comum constituída pelas partes, retiraria a estas *"a liberdade de concederem individualmente licenças a terceiros"*. Embora nos termos dos acordos concluídos entre as partes, a empresa comum pudesse, a pedido de uma das empresas fundadoras e após consulta da outra, conceder a terceiros fabricantes licenças referentes a direitos associados ao novo produto, a Comissão concluiu que *"o modo de funcionamento da empresa comum"* implicaria que a concessão de licenças a terceiros ocorreria, na prática, *"de comum acordo entre as partes"*. Deste modo, e em termos globais, a utilização conjunta de patentes e "saber fazer" por intermédio da empresa comum constituiria, também, uma restrição à concorrência.

Finalmente, a Comissão tomou em consideração as restrições à liberdade de acção das partes no que respeita à fase inicial de comercialização do novo produto. Assim, estas haviam-se comprometido à prestação de informações recíprocas seis meses antes da introdução do novo produto no

---

[2199] Na realidade tais restrições da concorrência foram então subsumidas, de acordo com a análise da Comissão, no n.º 1 do artigo 85.º TCE que se encontrava em vigor. Sobre a identificação e caracterização dessas restrições da concorrência, cfr. esp. pontos 13 a 17 da decisão cit..

[2200] Cfr. decisão cit., ponto 13, *in fine*.

1298   *Empresas comuns* – Joint Ventures

mercado, bem como a adoptar um comportamento comum em matéria de apresentação desse produto a autoridades públicas e para efeitos da sua apresentação técnica aos construtores de automóveis.

Não obstante ter identificado estas restrições à concorrência, que considerou cobertas pela proibição estabelecida no n.º 1 do artigo 81.º CE (artigo 85.º TCE), a Comissão veio a conceder uma isenção individual *ex vi* do n.º 3 da mesma disposição, permitindo, assim, a constituição da empresa comum e o funcionamento dos acordos de cooperação conexos com a mesma.[2201] Para esse efeito, a Comissão atribuiu especial importância ao facto de o âmbito do processo de cooperação ser relativamente restrito – limitado a um plano pré-industrial de desenvolvimento do novo produto – mantendo-se ainda um espaço apreciável para a diferenciação dos produtos oferecidos pelas empresas participantes que permitira que estas concorressem activamente entre si na comercialização desses novos produtos.

A Comissão apreciou também positivamente a intenção declarada pelas empresas participantes de licenciar elementos das novas tecnologias a desenvolver no quadro do projecto conjunto a quaisquer concorrentes interessados. Em termos gerais, a Comissão considerou ainda demonstrado que o projecto de cooperação contribuiria para a melhoria da produção e para a promoção do progresso técnico. Tal decorria das características inovadores e de interesse para os consumidores do novo produto (o qual aumentaria significativamente as condições de segurança dos utilizadores) e, noutro plano, a necessidade de cooperação para criar condições de introdução no mercado desse produto – apesar da *"posição forte"* que as empresas participantes detinham no mercado – resultava do facto de esse produto exigir alterações na própria construção dos veículos que os fabricantes não teriam predisposição para aceitar se o novo tipo de pneus fosse oferecido por uma única empresa.

Com base nestes fundamentos, e adoptando uma formulação relativamente original, a Comissão veio a conceder três isenções individuais

---

[2201] Não era manifestamente possível neste caso a aplicação de Regulamento de isenção por categoria referente aos acordos de investigação e desenvolvimento então vigente, visto que as empresas participantes detinham conjuntamente uma quota de mercado muito superior ao limiar para a concessão de tal isenção de 20% previsto nesse Regulamento (cfr. ponto 21 da decisão).

específicas, com durações diversas, em relação a cada uma das categorias de restrições à concorrência que identificara.[2202]

Não sendo verdadeiramente questionável, em nosso entender, a fundamentação adoptada para a concessão dessas isenções individuais, pensamos, de qualquer modo, que a Comissão não terá desenvolvido de forma suficiente a sua análise relativa à alegada sujeição dos acordos em causa à proibição estabelecida no n.º 1 do artigo 81.º CE (artigo 85.º TCE). Na realidade, as restrições à liberdade de actuação das partes que foram identificadas não devem, segundo cremos, ser imediatamente configuradas *a se*, e numa perspectiva formal, como restrições à concorrência relevantes para efeitos de aplicação da referida disposição. Acresce que tais limitações à liberdade de actuação das partes se verificavam no quadro da introdução de um novo produto, de manifesto interesse para os consumidores, a qual seria dificilmente exequível – senão mesmo impossível – na ausência da cooperação mantida entre as partes.

Um dos factores primaciais para justificar qualquer análise que permitisse qualificar essa limitação da capacidade de actuação autónoma das partes como restrições sensíveis à concorrência deveria residir na ponderação do elevado poder de mercado das partes, atendendo às suas quotas de mercado e ao elevado grau de concentração verificado no mercado. Sucede, porém, que a apreciação da Comissão se mostrou particularmente lacunar quanto a esse tipo de aspectos, o que correspondeu a uma deficiência de análise. É certo que a Comissão não deixou de identificar quotas conjuntas das partes nos vários mercados relevantes afectados pela cooperação em geral sensivelmente superiores a 20% e refere que a cooperação permitiria às duas empresas em causa *"assegurar um avanço temporário que os outros fabricantes (...) não conseguirão alcançar"*, mesmo que recebessem, como previsto, licenças sobre patentes e *"saber fazer"* resultantes da cooperação.[2203] Todavia, não apreciou especificamente e de modo economicamente fundamentado as possíveis repercussões das

---

[2202] Essas três isenções individuais compreenderam uma isenção com a duração de dez anos para a condução de um programa de investigação e desenvolvimento, uma isenção de dois anos para o desenvolvimento comercial conjunto do novo produto e uma isenção de vinte anos para as actividades da empresa comum (versando, designadamente, o licenciamento e exploração dos direitos de propriedade intelectual detidos conjuntamente pelas partes).

[2203] Cfr. decisão *"Continental/Michelin"* cit., pontos 19 e 20.

1300   *Empresas comuns* – Joint Ventures

limitações à liberdade de actuação das partes em função do seu poder de mercado e da estrutura concentrada dos mercados em que estas actuam.

Na decisão *"Pasteur Mérieux – Merckl"*, como já referimos, encontrava-se em causa a constituição de uma empresa comum de tipo complexo que conjugaria diferentes funções empresariais, com vista à organização das actividades das partes no domínio das vacinas humanas e de outras actividades conexas.[2204] De qualquer modo, não obstante esse carácter complexo da empresa comum, as funções de investigação e desenvolvimento prosseguidas através da mesma assumiam considerável importância e justifica-se conceder alguma atenção à forma como foram avaliadas certas repercussões sobre o processo de concorrência decorrentes do exercício conjunto de tais funções.

Assim, no que respeita às actividades de investigação e desenvolvimento, a Comissão destacou que embora as partes mantivessem a sua autonomia quanto a decisões relacionadas com essas matérias, especialmente em relação às fases iniciais de trabalhos clínicos e à investigação fundamental de base, que se *"situavam muito longe do mercado"*, a existência de um *"comité de desenvolvimento"* da empresa comum, no âmbito do qual essas actividades de investigação e desenvolvimento das empresas fundadoras passariam a ser discutidas, poderia conduzir à coordenação da investigação de base entre as mesmas (além disso, a Comissão tomou em consideração, para aferir essa probabilidade, o facto de esse tipo de coordenação já se verificar no quadro de outra empresa comum constituída pelas partes nos EUA).[2205]

Nesse contexto, a Comissão, tomando em consideração a *"importante posição das partes no mercado das vacinas (presença a nível mundial e orçamento para investigação e desenvolvimento)"*, admitiu que tal coordenação seria *"susceptível de provocar um efeito substancial sobre a investigação e desenvolvimento relativa aos produtos em fase inicial de*

[2204] Cfr. decisão *"Pasteur Mérieux – Merckl"*, cit., esp. pontos 36 ss.. As funções a prosseguir através dessa empresa comum de tipo complexo incluíam, designadamente, a criação e o desenvolvimento de novas vacinas polivalentes de que poderiam resultar benefícios consideráveis para a saúde pública, a distribuição de produtos existentes e novos em países em que não se encontravam ainda comercializadas ou em que não viriam a sê-lo caso a empresa comum não fosse constituída, e ainda a futura investigação no domínio de novas vacinas orientada para específicas necessidades europeias e de novas tecnologias comexas.

[2205] Cfr. decisão *"Pasteur Mérieux – Merckl"*, cit, pontos 64 e ss..

desenvolvimento" no mercado comunitário. Comparativamente com a análise desenvolvida na decisão *"Continental/Michelin"* – acima referida e que também se reportava a um mercado de estrutura oligopolística – esta apreciação de possíveis efeitos apreciáveis de restrição à concorrência, resultantes de limitações da liberdade de actuação no domínio da investigação e desenvolvimento, integra já uma ponderação específica mais fundada do poder de mercado das partes e da estrutura dos mercados afectados. Ainda no plano da investigação e desenvolvimento a Comissão tomou também em consideração a probabilidade de verificação de um *"intercâmbio de informações contínuo e amplo"* que poderia, igualmente, induzir restrições à concorrência (*maxime*, no que respeita à quantidade e qualidade dos produtos oferecidos no mercado pelas empresas em causa, as quais seriam largamente tributárias da investigação de base).[2206]

Em termos gerais, a Comissão considerou que a empresa comum em causa produziria restrições da concorrência quanto aos produtos em fase incial de desenvolvimento no âmbito de processos de investigação e desenvolvimento, salientando ainda efeitos negativos sobre terceiros, visto que contribuiria também para limitar o acesso de empresas concorrentes à tecnologia relacionada com certas vacinas (*maxime*, em relação a determinadas combinações mais directamente abrangidas pelo processo de cooperação). A cooperação continuada entre as partes nestas matérias de investigação de base produziria com toda a probabilidade efeitos negativos sobre a concorrência potencial entre as partes em relação a vários grupos de vacinas a introduzir no mercado. Essa afectação da concorrência potencial entre as partes – devidamente fundamentada em nexos de concorrência identificados, nesta decisão, através de uma análise concreta de mercado (ausente noutras decisões da Comissão) – assumiria consequências particularmente significativas para o processo de concorrência em geral, atendendo à importante posição das partes nos diversos mercados relevantes de vacinas que se encontravam em causa.

[2206] Cfr. ponto 68 da decisão *"Pasteur Mérieux – Merckl"*, cit..

3. As empresas comuns de produção

3.1. ASPECTOS GERAIS

3.1.1. O conceito de empresa comum de produção

As empresas comuns de produção correspondem a *estruturas empresariais de cooperação orientadas para a integração ou para a criação de recursos, ou infra-estruturas produtivas e que visam com frequência – mas não necessariamente – o fabrico de um novo tipo de produto ou o melhoramento de certas categorias de bens.*[2207] Além disso, e como já ressalvámos em relação à generalidade das empresas comuns sujeitas ao regime previsto no artigo 81.º CE, é necessário que esta subcategoria de entidades apresente um *grau mínimo de integração empresarial* que permita a sua autonomização face aos *meros acordos de cooperação*, também submetidos a esse regime.[2208]

Importa, a este respeito, ter presente que no domínio da prossecução de *funções empresariais de produção em sentido estrito*[2209] os acordos de

---

[2207] Para várias caracterizações desta subcategoria das empresas comuns de produção – numa perspectiva de direito da concorrência, quer referente ao ordenamento comunitário, quer ao ordenamento norte-americano – cfr., *inter alia*, ALAN GUTTERMAN, *Innovation and Competition Policy – A Comparative Study of the regulation of Patent Licensing and Collaborative Research & Development in the United States and the European Union*, cit., esp. pp 148 ss. e pp. 327 ss.; FRANK FINE, "EEC Antitrust Aspects of Production Joint Ventures, in The International Lawyer, 1992, pp. 89 ss., e *Mergers and Joint Ventures in Europe – The Law and Policy of the EEC*, cit., esp. pp. 384 ss.; NICHOLAS GREEN, AIDAN ROBERTSON, *Commercial Agreements and Competition Law*, cit., esp. pp. 794 ss.; JOSEPH BRODLEY, "Antitrust Law and Innovation Cooperation", in JEP., 1990, pp. 97 ss.; CARL SHAPIRO, ROBERT WILLIG, "On the Antitrust Treatment of Production Joint Ventures, in JEP., 1990, pp. 113 ss.; MOWERY, Editor, *International Collaborative Joint Ventures in US Manufacturing*, Ballinger Publishing Company, Cambridge, 1988.

[2208] Tenha-se presente a esse propósito os aspectos já expostos supra, ponto 2.1. deste capítulo terceiro no contexto da análise da subcategoria das empresas comuns de investigação e desenvolvimento e, mais latamente, o conjunto de aspectos expostos quanto à caracterização em geral da categoria da empresa comum em sede de direito comunitário da concorrência, *supra*, capítulo segundo da **Parte I** (esp. pontos 2.2. e 6.2.).

[2209] Para uma noção de produção em sentido estrito cfr., por todos, JEAN TIROLE, *The Theory of Industrial Organization*, the MIT Press, London, 1988, e P. MARITI, R. M.

cooperação empresarial podem assumir múltiplas formas, muitas das quais não se coadunam tipicamente com a constituição de empresas comuns. Assim, tomando em consideração a sistematização estabelecida pela Comissão na Comunicação de 2001, e também consagrada *de iure condito* no Regulamento de isenção por categoria referente aos acordos de especialização, de 2000,[2210] podemos, justamente, distinguir os denominados *acordos de especialização unilateral*, de *especialização recíproca* e de *produção conjunta*.

No âmbito dos primeiros, uma das empresas envolvida no processo de cooperação compromete-se a cessar o fabrico de determinados produtos ou a reduzir o fabrico dos mesmos e a adquirir tais produtos a outra empresa concorrente, a qual, por seu turno, se obriga a fabricar e fornecer esses produtos. No quadro da segunda categoria de acordos acima identificada duas ou mais empresas estipulam entre si, numa base de reciprocidade, a cessação ou redução do fabrico de diferentes produtos e aceitam, no âmbito dessa cooperação, fornecer, mutuamente, os tipos de produtos em que concentraram a sua actividade. Constitui, pois, um elemento paradigmático desses acordos de especialização *a existência de obrigações cruzadas de fornecimento e de compra*, as quais, de resto, constituem um pressuposto da aplicação do Regulamento de isenção por categoria. Essas obrigações podem, naturalmente, originar repercussões em variados planos sobre o processo de concorrência, *maxime*, em diversos mercados de bens intermédios, necessários ao fabrico dos bens finais comercializados pelas empresas participantes nestes acordos de cooperação.

Em contrapartida, essas obrigações não podem ser especialmente valorizadas, enquanto tais, e abstraindo do conjunto do que podemos qualificar como verdadeiras obrigações de *non facere* assumidas, por definição, pelas empresas concorrentes que se encontrem envolvidas nestes processos de cooperação. Na realidade, sem estas últimas obrigações, que pressupõem uma relação prévia de concorrência entre tais empresas, os nexos de cooperação que se encontrem em causa reconduzir-se-ão apenas a meros acordos de subcontratação, revestindo-se, nesse caso, da natureza de acordos verticais (encontrando-se, como tal, sujeitos ao enqua-

---

SMILEY, "Cooperative Agreements and the Organization of the Industry", in J. Ind. Ec., 1983, pp. 31 ss..

[2210] Regulamento (CE) n.º 2658/2000, relativo à aplicação do n.º 3 do artigo 81.º do Tratado a certas categorias de acordos de especialização, já cit..

1304   *Empresas comuns* – Joint Ventures

dramento comunitário dos acordos de tipo vertical),[2211] com duas excepções justamente referidas na Comunicação de 2001 e referentes aos acordos de subcontratação entre concorrentes e aos acordos de subcontratação entre não concorrentes que envolvam a transferência de saber-fazer para o subcontratante.

Por último, os acordos de produção conjunta correspondem, segundo a definição genérica formulada na alínea c) do n.º 1 do artigo 1.º do Regulamento de isenção por categoria acima considerado, a acordos *"no âmbito dos quais duas ou mais partes concordam em fabricar determinados produtos em conjunto"*.

Este tipo de acordos pode também assumir modalidades diversas, compreendendo, designadamente, o fabrico de certos produtos pelas várias empresas envolvidas na cooperação, mediante a distribuição de tarefas comuns e de tarefas específicas entre essas empresas e a respectiva prossecução directa das mesmas por tais empresas, ou, em alternativa, a atribuição do processo de fabrico a uma empresa comum, participada pelas empresas em causa.[2212] Nesta última situação, e para considerarmos apenas as variantes mais recorrentes, o fabrico do produto em questão pode ser atribuído em exclusividade à empresa comum, constituída para o efeito, ou ser ainda assegurado, em paralelo, pelas próprias empresas-mãe.

Deve, de resto, sublinhar-se que, desde a adopção no ordenamento comunitário do primeiro Regulamento de isenção por categoria em matéria de especialização, em 1972,[2213] se tem verificado um progressivo alargamento de situações de cooperação empresarial potencialmente cobertas

---

[2211] Sujeição ao enquadramento comunitário de acordos de tipo vertical – resultante do Regulamento de isenção por categoria n.º 2790/99, já referido, e das *"Orientações"* relativas às restrições verticais, de 2000 (igualmente já referidas) – com duas excepções justamente identificadas no ponto 80 da Comunicação de 2001 (nos termos acima descritos).

[2212] Referimo-nos aqui primacialmente ao *fabrico de produtos, em sentido lato* (incluindo bens finais e bens intermédios), mas será também possível considerar, para os efeitos em causa, certas situações respeitantes a empresas fornecedoras como prestadoras de serviços, *maxime* se os mesmos estiverem estreitamente associados ou incorporarem determinados bens produzidos pelas partes que sejam objectos de cooperação. De resto, o Regulamento (CE) n.º 2658/2000, cit., relativo a acordos de especialização e que assume, nos termos já por nós destacados, apreciável relevância para a apreciação de empresas comuns de produção, compreende situações relativas quer a fornecimentos de bens, quer a fornecimento de serviços.

[2213] Reportamo-nos aqui ao Regulamento n.º 2779/72, JOCE n.º L 292/23, 1972.

Parte III – Capítulo 3

por essa isenção. Em última análise, essa evolução normativa determinou uma mais ampla cobertura de situações que envolvam a constituição de empresas comuns de produção. Na realidade, foi apenas com o Regulamento n.º 417/85[2214] que a isenção por categoria em questão passou a incluir os acordos mediante os quais se obrigassem à produção conjunta de certos bens, excluindo o fabrico autónomo desses bens e, por último, com o novo Regulamento (CE) n.º 2658/2000, esses acordos de produção conjunta foram integrados no perímetro da isenção, independentemente de os mesmos serem ou não conjugados com processos autónomos de produção.

3.1.2. Caracterização geral das empresas comuns de produção

Embora em certas situações os processos de produção conjunta possam ser desenvolvidos – nos termos *supra* referidos – através da divisão de tarefas entre as próprias empresas participantes no sistema de cooperação, a *praxis* empresarial conhecida neste domínio demonstra que, com relativa frequência, a complexidade e os níveis de organização subjacentes ao projecto produtivo em causa, ou o específico grau de dificuldade subjacente à introdução de novos tipos de produtos, ou à entrada *ex novo* em certos mercados, exigem ou tornam aconselhável a prossecução desse projecto através da constituição de uma empresa comum. Essa necessidade tem vindo a intensificar-se – como já tivemos ensejo de sublinhar – com a transição gradual, que vem ocorrendo, para uma *nova lógica de organização das empresas*, caracterizada pelo abandono de anteriores sistemas de produção em massa assentes em princípios de integração vertical e em consideráveis acumulações da tarefas dentro das mesmas estruturas empresariais.[2215] Neste contexto, mesmo quando os grupos empresariais

---

[2214] Reportamo-nos aqui ao regime de isenção por categoria previsto no Regulamento n.º 417/85, já cit. – alterado ulteriormente pelo Regulamento (CE) 2236/97, também já cit. – que antecedeu directamente o novo regime estabelecido pelo Regulamento (CE) n.º 2658/2000. Sobre as características do referido regime de 1985, cfr., FRANK FINE, *Mergers and Joint Ventures*, cit., esp. pp. 485 ss..

[2215] Sobre as consequências e características dessa nova lógica global de organização das empresas cfr., em geral, os aspectos expostos *supra* pontos 1.2. e 2.1. do presente capítulo. Essa transformação dos modelos de organização empresarial é também abordada e comentada nos capítulos primeiro e segundo da **Parte I**, quando procurámos identificar

1306   *Empresas comuns* – Joint Ventures

privilegiam estratégias de comercialização autónomas ou não enveredam por políticas de concentração empresarial, as entidades que já qualificámos como *empresas comuns de carácter interno* – devido ao facto de não terem acesso directo ao mercado – assumem um papel crescentemente importante. Nessa categoria de *empresas comuns de carácter interno*, as empresas comuns de produção assumem considerável relevo, não apenas – como se poderia supor *prima facie* – para pequenas e médias empresas poderem entrar em certos mercados, mas, igualmente, como elemento essencial da estratégia global de grupos empresariais de grande dimensão.

Esta necessidade ou conveniência de desenvolvimento de processos de produção conjunta, cujos níveis de exigência e complexidade requerem estruturas de organização próprias – através do veículo paradigmático que são as empresas comuns – não sendo compatíveis com meros sistemas contratuais de cooperação, assentes num grau mínimo de coordenação institucional, verifica-se, em especial, nos sectores empresariais mais dominados pelos processos de inovação e pelo encurtamento dos ciclos de vida dos produtos. Acresce que esses caracteres de dinamismo vêm assumindo um peso significativo no funcionamento de um conjunto cada vez mais alargado de sectores, no quadro do que, acompanhando RICHARD NELSON, já descrevemos como uma progressiva diversificação das fontes institucionais de inovação e conhecimento com relevo directo para a organização dos processos produtivos.[2216] Assim, mesmo em sectores empresariais tradicionais, caracterizados por elevados níveis e custos de formação bruta de capital fixo, e pelo concomitante domínio do mercado por grupos empresariais de grande dimensão, como o sector automóvel, ou o sector energético (*maxime*, o sector petrolífero), tem-se assistido à proliferação de empresas comuns de produção, as quais, não raramente, envolvem alguns dos maiores produtores nesses sectores.[2217]

---

as razões essenciais que justificam a especial importância actual dos processos de cooperação entre empresas, *maxime* através da constituição de empresas comuns.

[2216] Tenha-se presente a este propósito a análise de RICHARD NELSON no estudo "US Technological Leadership: Where did it Come From and Where did it Go", cit., pp. 119 ss., que já trouxemos à colação no início do presente capítulo.

[2217] Sobre a importância de que se vem revestindo a criação de empresas comuns no sector petrolífero cfr. *The Impact of Joint Ventures on Competition – The Case of Petrochemical Industry in the EEC*, já cit. e M. ADELMAN, *The World Petroleum Market*, cit., esp. pp. 83 ss.. Para idêntica análise a propósito do sector automóvel cfr. MARK HOGAN, "The General Motors – Toyota Joint Venture: A General Motors Perspective", in AB., 1999, pp. 821 ss..

Parte III – Capítulo 3 1307

Além disso, a opção frequente pela organização de processos de produção conjunta através da constituição de empresas comuns, em detrimento de meras fórmulas de cooperação assentes em divisões de tarefas entre diversas empresas, resulta, não apenas de condicionantes operacionais – das quais dependa a exequibilidade, em concreto, de certos projectos produtivos – mas também, e progressivamente, de orientações estratégicas das empresas, favoráveis ao redimensionamento e à flexibilização das suas próprias estruturas empresariais.[2218] Esse modo de privilegiar opções estratégicas que envolvem uma procura activa de associações minimamente duradouras e estruturadas através de empresas comuns pode, de resto, no plano da *praxis* e da teoria da organização industrial, vir a estar relacionada com recentes discussões doutrinais – sobretudo no contexto do ordenamento norte-americano – em torno de possíveis evoluções dos modelos de análise jurídico-económica do direito da concorrência, desde os modelos orientados para a eficiência económica estática em direcção a modelos económicos dinâmicos orientados para o crescimento da produtividade.[2219]

As empresas comuns de produção podem, naturalmente, assumir múltiplas formas jurídicas, embora com frequência a necessidade de as dotar, numa base de permanência, de activos significativos – designadamente instalações fabris ou outras – leve à adopção da figura da sociedade comercial sujeita a controlo conjunto pelas empresas participantes para a

---

[2218] A esse propósito cfr. *The Impact of Joint Ventures on Competition – The Case of Petrochemical Industry in the EEC*, cit., p. 19, onde se refere a existência de "(...) *a new approach of industrial decisions in which joint ventures are entered into as one of the firms' key corporate strategy decisions, to cope with the competitive challenges of rapid technological change, increased interdependencies and global competition* (...)".

[2219] Sobre essa discussão doutrinal, nos termos e considerando os parâmetros acima referidos, cfr., *vg.*, Michael Porter, "Competition and Antitrust Toward a Productivity-Based Approach to Evaluating Mergers and Joint Ventures" in AB., 2001, pp. 919 ss.. Este autor enuncia aí o propósito de "*contribute thinking on how the intellectual foundations of antitrust might be updated, based on a large body of theoretical and empirical research on company strategy, competition, and economic development. The aim is to outline a new direction for antitrust that can be incorporated into governmental policy and legal practice and pursued in litigation and legislation* (...). *This new thinking sets forth productivity growth as the basic goal of antitrust policy and employs tools like industry structure analysis and locational analysis to evaluate potential impacts on competition*".; sobre a mesma perspectiva, cfr., ainda, Charles Weller, "Harmonizing Antitrust Worldwide by Evolving to Michael Porter's Dynamic Productivity Growth Analysis", in AB, 2001, pp. 879 ss..

1308   *Empresas comuns* – Joint Ventures

sua constituição. Ainda no que respeita à modelação jurídica dos sistemas contratuais de cooperação nos quais assenta, em regra, o funcionamento desta subcategoria de empresa comum, importa salientar que, em muitas situações, os acordos de base referentes à criação da entidade comum, à realização das contribuições originárias pelas empresas-mãe e aos modos de exercício do controlo conjunto por essas empresas são complementados com um conjunto, mais ou menos complexo, conforme os casos, de acordos conexos. Tais acordos podem reportar-se, entre outros aspectos, a transferências de tecnologias e de *"saber fazer"* a favor da empresa comum, a processos de cooperação interligados em domínios de investigação e desenvolvimento, de importância essencial para o fabrico do produto em questão, aos modos de afectação da produção realizada no âmbito da empresa comum, ou mesmo à prossecução de funções limitadas de comercialização dos bens em causa. Já o desenvolvimento pleno de funções de comercialização, em complemento às funções de produção conjunta tenderá a aproximar as entidades que se encontrem nessa situação do estatuto das empresas comuns que desempenham todas as funções de uma entidade económica autónoma, as quais, como é sabido, se encontram globalmente submetidas ao regime do RCC.

Ã, pois, relativamente frequente a existência de empresas comuns de tipo misto, ou complexo, no âmbito das quais as funções de produção se encontrem associadas a outras funções empresariais relevantes. Nesses casos, a eventual qualificação jurídico-económica de tais entidades como empresas comuns de produção depende, essencialmente, como já analisámos,[2220] da aplicação de um critério relativo à verificação do grau de integração das diferentes funções que são combinadas na empresa comum (como também referimos, não acolhemos outros critérios cumulativos de qualificação propostos pela Comissão na Comunicação de 2001).

Deste modo, uma empresa comum de tipo complexo, que prossiga diversas funções, incluindo a produção conjunta de determinados bens poderá ser qualificada como empresa comum de produção caso o grau de integração verificado no plano correspondente a essa última função seja qualitativamente muito superior ao verificado quanto a outras funções

---

[2220] Sobre os critérios a observar para qualificar globalmente empresas comuns, reconduzindo-as a determinados tipos funcionais cfr. os aspectos expostos *supra*, capítulo primeiro, esp. ponto 1.4., desta **Parte III**. Como aí se observou, acompanhámos, mas só até certo ponto, os critérios propostos pela Comissão na Comunicação de 2001 para tal exercício de qualificação jurídica.

Parte III – Capítulo 3   1309

(*vg.*, nos casos em que o projecto de produção conjunta tenha determinado a transferência de infra-estruturas produtivas organizadas para uma nova entidade autónoma e dotada de órgãos próprios, resultando a prossecução de outras funções não propriamente da colocação em comum de activos empresariais directamente relacionados com as mesmas, mas de meros programas obrigacionais de cumprimento de prestações acessórias). Sem prejuízo da eficácia deste critério analítico em ordem a identificar verdadeiras empresas comuns de produção, importa reconhecer serem frequentes – como verificaremos na análise da *praxis* decisória da Comissão – os casos de combinação complexa das funções de investigação e desenvolvimento e de produção.

3.2. OBJECTIVOS TIPICAMENTE PROSSEGUIDOS ATRAVÉS DE EMPRESAS COMUNS DE PRODUÇÃO

3.2.1. A perspectiva da Comissão Europeia

Os escopos essenciais que, de forma recorrente, se encontram subjacentes à constituição de entidades que possam ser qualificadas como empresas comuns de produção e que, como tal, devem informar a aplicação de normas comunitárias de concorrência, têm sido frequentemente enunciados pela Comissão. Apesar de essas análises recortarem com alguma precisão os objectivos essenciais desses processos de cooperação, admitimos que se justifica alguma revisão crítica da compreensão global dos mesmos, à luz da própria evolução dos *modelos de organização industrial*.[2221] Na realidade, pode detectar-se uma gradual mutação nas motivações que determinam a constituição desse tipo de empresas comuns, no quadro da qual objectivos estratégicos de médio e longo prazo tendem a sobrelevar objectivos de mais curto prazo relacionados com a

---

[2221] Sobre o necessário enlace e interacção entre a densificação jurídica das normas de concorrência – *maxime* no que respeita a normas aplicáveis a processos de cooperação empresarial – e as análises da teoria de *organização industrial* ou, na terminologia frequentemente preferida no pensamento económico europeu, na teoria da *economia industrial* cfr., por todos, SCHERER, ROSS, *Industrial Market Structure and Economic Performance*, cit., esp. pp. 4 ss..

1310   *Empresas comuns* – Joint Ventures

dimensão das empresas ou com determinadas necessidades internas das mesmas. [2222]

No seu *"Décimo Quinto Relatório sobre a Política de Concorrência"*, e em Relatórios subsequentes,[2223] a Comissão enunciou como objectivos essenciais subjacentes à criação de empresas comuns de produção, entre outros, os seguintes:

- Integração do mercado interno através de processos de cooperação;
- Criação de condições para realização de investimentos que envolvam maiores graus de risco;
- Promoção da inovação e de transferências de tecnologia;
- Desenvolvimento de novos mercados;
- Reforço da posição competitiva de pequenas e médias empresas;
- Eliminação de excessos de capacidade estruturais em certos sectores.

A Comissão tendia, ainda, a referir objectivos relativos à melhoria da competitividade da indústria comunitária, numa visão excessivamente tributária de considerações de política industrial – e, por essa razão, quase abandonada no presente – a qual, além disso, não reflecte, num plano de análise micro-económica, as motivações concretas que conduzem as empresas à constituição deste tipo de empresas comuns.

[2222] Sobre essa mutação para objectivos estratégicos de longo prazo que tendem a sobrepor-se a objectivos de curto prazo cfr., *The Impact of Joint Ventures on Competition – The Case of Petrochemical Industry in the EEC*, cit., p. 19 e BENNETT HARRINSO, *Lean and Mean: The Changing Landscape of Corporate Power in an Age of Flexibility*, Basik Books, New York, 1994. Sobre a mesma perspectiva no contexto específico da reestruturação de indústrias europeias, no qual não apenas concentrações, mas, sobretudo, vários movimentos de criação de empresas comuns tendem a surgir como alternativas a processos de reestruturação mais drásticos e assentes em reorganizações internas dos grupos empresariais, cfr. ROY SMITH, INGO WALTER, *Economic Restructuring in Europe and the Market for Corporate Control*, in *European Industrial Restructuring in the 1990s*, cit., pp. 77 ss. e PAUL GEROSKI, *Entry, Exit and Structural Adjustment in European Industry*, *ibidem*, pp. 139 ss..

[2223] Esse Relatório da Comissão é também directamente relevante, em termos que já tivemos ensejo de observar quanto a objectivos das empresas comuns de investigação e desenvolvimento. No que respeita, especificamente, às empresas comuns de produção cfr., em especial, ponto 26 do referido Relatório.

Parte III – Capítulo 3 1311

Mais recentemente, no Regulamento de isenção por categoria referente aos acordos de especialização, de 2000, são também explicitamente aflorados, embora de forma muito genérica, objectivos essenciais que tendem a encontrar-se associados a acordos de produção conjunta, incluindo empresas comuns com esse objecto (bem como a outras formas de cooperação neste domínio da produção). Assim, são referidos no Considerando 8 desse Regulamento como objectivos relevantes a *"melhoria da produção ou distribuição dos produtos"*, mediante a *"concentração"* das actividades das empresas *"no fabrico de certos produtos"*, de modo a *"funcionar de maneira mais eficaz e oferecer esses produtos a preços mais favoráveis"*.

Essas caracterizações dos objectivos subjacentes a empresas comuns de produção cobrem, na realidade, aspectos relevantes para o desenvolvimento desta modalidade de cooperação, mas, em nosso entender, omitem alguns elementos relevantes e não sistematizam adequadamente os programas teleológicos que determinam a actuação das empresas neste domínio.

3.2.2. Visão crítica e sistemática dos objectivos das empresas comuns de produção

3.2.2.1. *Objectivos internos das empresas participantes*

Pela nossa parte, consideramos que os objectivos tipicamente prosseguidos através da criação de empresas comuns de produção – ou de empresas comuns em que a função produtiva, em sentido estrito seja prevalecente – podem, numa perspectiva sistemática, ser agrupados em diferentes categorias. Essa sistematização crítica pode ser construída com base nos numerosos estudos empíricos que tem tomado como objecto estes processos de cooperação empresarial (*maxime* na doutrina económica norte-americana que se mostrou, de algum modo pioneira, no estabelecimento de conexões entre análises de organização industrial e aspectos referentes à aplicação de normas de concorrência[2224]). Pode, também, ser

---

[2224] Sobre esse tipo de conexões analíticas, cfr. DAVID TEECE, "Profiting from Technological Innovation: Implications for Integration, Collaboration, Licensing and

1312   *Empresas comuns* – Joint Ventures

construída com base na própria *praxis* de aplicação de normas de concorrência, visto que esta acaba por recair sobre as situações mais paradigmáticas de cooperação no domínio da produção.

Assim, pensamos que se justifica identificar categorias de *objectivos internos das empresas participantes nesses processos de cooperação*, de *objectivos externos e de médio prazo*, de *objectivos de transformação sectorial*, designadamente relacionados com a evolução de indústrias maduras, e, finalmente, de *objectivos estritamente sectoriais*.

No que respeita à primeira categoria de objectivos, a mesma corresponde a uma perspectiva predominantemente estática dos processos de cooperação em matéria de produção, a qual tenderia a corresponder à motivação primacial das empresas nos primeiros estádios de desenvolvimento destes fenómenos de cooperação.[2225] Referimo-nos, em concreto, a objectivos essencialmente orientados para a maximização imediata dos resultados das empresas-mãe – ou, numa visão reflexa, para a diminuição de custos – através de economias de escala, de racionalização de meios produtivos, de partilha de riscos e, mesmo, de obtenção de capital (sobretudo na perspectiva de pequenas e médias empresas). Além disso, estes objectivos de tipo interno, relacionados com uma perspectiva financeira mais estrita do funcionamento das empresas-mãe – e com uma visão também algo estrita de eficiência económica – encontram-se ainda subjacentes ao desenvolvimento de projectos específicos que, sem prejuízo de alguma estabilidade tenham claramente prefigurada uma duração limitada. É certo que, neste plano, pode estar em causa não apenas, em termos meramente estáticos, a racionalização de meios existentes, mas também a expansão da capacidade produtiva, mediante uma equilibrada divisão de riscos aquando da criação de novas infra-estruturas produtivas de elevados custos.

Public Policy, in Res. P., 1986, pp. 785 ss.; A. JACQUEMIN, *The New Industrial Organization: Market Forces and Strategic Behaviour*, cit.; K.R., HARRIGAN, *Strategies for Joint Ventures*, Lexington Books, Lexington, 1985, e "Joint Ventures and Competitive Strategy", in Strategic Management Journal, 1988, vol. 19.

[2225] Pensamos aqui em especial no desenvolvimento de processos de cooperação empresarial no período posterior à segunda guerra mundial, nos decénios de cinquenta e sessenta do século passado. Sobre esses desenvolvimentos da cooperação empresarial no período e no contexto económico em questão, cfr., por todos, WOLFGANG FRIEDMANN, G. KALMANOFF, *Joint International Business Ventures*, New York, Columbia University Press, 1961. Nesta categoria de objectivos podem inserir-se o segundo e quinto tipo de objectivos enunciados pela Comissão, no seu "*Décimo Quinto Relatório sobre a Política da Concorrência*" e acima identificados – *supra* 3.2.1. deste capítulo.

3.2.2.2. *Objectivos externos e de médio prazo das empresas participantes*

A segunda categoria de objectivos, que tem vindo a assumir uma importância crescente em períodos mais recentes, encontra-se relacionada com a alteração das condições de funcionamento de uma parte significativa dos sectores económicos, nos moldes que já temos vindo a caracterizar e que tem feito avultar o peso dos elementos de inovação, de diversificação de fontes de informação e de aumento dos graus e modos de interdependência entre as empresas.[2226]

Neste contexto, a constituição de empresas comuns de produção tende a encontrar-se associada a opções estratégicas de médio prazo, não apenas ditadas por uma lógica financeira interna das empresas participantes, mas por razões relacionadas com a evolução dos sectores em que essas empresas actuam e que imponham às mesmas reacções céleres de inovação e de diversificação dos produtos. Referimos, por essa razão, a emergência do que denominamos de objectivos externos destes processos de cooperação, porquanto os mesmos traduzem uma interacção dinâmica com as condições externas que se verifiquem *pari passu* nos sectores em que as empresas-mãe desenvolvam as suas actividades. Podem, justamente, ser incluídos nesta categoria os objectivos, já acima mencionados, de promoção da inovação e de transferências de tecnologia, ou de desenvolvimento de novos mercados.

Este último objectivo, de resto, pode, analiticamente desdobrar-se noutros escopos relevantes, como o da eliminação de barreiras à entrada em determinados mercados, resultantes, *vg.*, da complexidade dos problemas técnicos associados ao fabrico de novos produtos ou da necessidade de ultrapassar a inércia de outros agentes económicos com poder de mercado e a sua resistência à introdução de novos bens intermédios na cadeia

---

[2226] Referimos já várias vezes esses aspectos na **Parte I** desta dissertação – sobretudo no capítulo primeiro – mas também na parte inicial do presente capítulo (esp. pontos 1.2., 2.1. e 2.2.) Cfr., ainda, de qualquer modo, sobre estas transformações das condições de exercício da actividade empresarial em diversos domínios, DAVID TEECE, "Profiting from Technological Innovation: Implications for Integration, Collaboration, Licensing and Public Policy", cit., e RICHARD GILBERT, STEVEN SUNSHINE, "Incorporating Dynamic Efficiency Concerns in Merger Analysis: The Use of Innovation Markets", cit., esp. pp. 569-593.

produtiva.[2227] O mesmo objectivo, quando se concretize na introdução de um novo produto no mercado, em condições que dificilmente seriam realizáveis num quadro de actuação isolada das empresas-mãe tende, também, a reforçar a eficiência económica – entendida em sentido lato – do funcionamento de certos mercados.

Além disso, num contexto de rápida transformação da generalidade dos sectores económicos impondo às empresas – mesmo às de maior dimensão – um contínuo esforço de adaptação, a constituição de empresas comuns de produção pode constituir uma resposta flexível e estrategicamente orientada para áreas específicas de actuação de certas empresas, sem envolver transformações estruturais de maior peso que estariam associadas à opção de realização de operações de concentração, nem outro tipo de reconversões internas que afectassem várias unidades funcionais das empresas em questão. No limite, a constituição de uma empresa comum de produção orientada para o fabrico de determinado bem e combinando experiências produtivas diferenciadas das empresas participantes, pode ser concretizada através de formas muito ligeiras de mobilização de recursos – *vg.*, obtenção de licenças diversas, arrendamento ou "*leasing*" de infra-estruturas – sem envolver desnecessárias e dispendiosas reafectações de activos próprios dessas empresas participantes.

Acresce que, sendo cada vez maior o peso na actividade das empresas de activos intangíveis, relacionados com a disponibilidade de informação especializada e com processos mais ou menos atípicos de "*saber fazer*" – mesmo que estes não cheguem a justificar a concretização de direitos industriais – esse tipo de activos são, precisamente, aqueles que se mostram mais refractários a quaisquer processos de transmissão, sobretudo considerando os instrumentos tradicionais de comércio jurídico. Na verdade, estando em causa verdadeiros elementos atípicos, ou difusos de "*saber fazer*" os mesmos não podem ser objecto de actos de licenciamento referentes a direitos industriais, e, noutra perspectiva, múltiplos estudos empíricos vêm demonstrando que, no quadro de realização de operações de concentração, esse tipo de elementos – porque estritamente associados

---

[2227] Tenha-se presente, *vg.*, a esse propósito, a situação analisada na decisão "*Continental/Michelin*", já cit., na qual se encontravam em causa acordos que combinavam funções de investigação e desenvolvimento e uma componente de produção, com vista a introduzir novo pneu de alta segurança, o que só seria possível congregando vários fabricantes que pudessem fazer inflectir a escolhas dos fabricantes de automóveis.

Parte III – Capítulo 3 1315

a uma certa estrutura empresarial que, enquanto tal, desaparece – tendem a dissipar-se, ou, pelo menos, a conhecer alterações significativas que afectam a sua eficácia.[2228]

Ora, a constituição de empresas comuns de produção constitui, precisamente, um veículo privilegiado para o intercâmbio selectivo desse tipo, muito específico, de activos empresariais, permitindo a combinação flexível de activos diferenciados das várias empresas participantes. Tal pode, designadamente, verificar-se num contexto em que cada empresa desenvolva competências muito especializadas em determinados domínios – passíveis de utilização, com adaptações mínimas, em diversas áreas de negócio – e se disponha a partilhar as mesmas, numa base duradoura e de continuidade, através de empresas comuns de produção que permitam certas combinações dessas competências especialmente relevantes para determinados nichos de actividade. Acresce que esses tipos variados de combinações permitem, de acordo com novos padrões de eficiência económica – identificados por autores como D.J. TEACE –[2229] o desenvolvimento, no quadro de um mesmo sector, de linhas diversificadas de produtos que, se, por um lado, se mostram decisivas, no presente, para obtenção de vantagens competitivas marginais, por outro lado, se traduzem em benefícios para os consumidores que vêem significativamente aumentadas as suas possibilidades de escolha.

Esta perspectiva dinâmica dos processos de cooperação pressupõe algum reforço da autonomia das empresas comuns envolvidas, como condição da sua própria eficácia e aumenta inegavelmente o grau de complexidade subjacente aos mesmos. Em contrapartida, esta visão dinâmica dos processos de criação de eficiência económica, num quadro de contínua e exigente mutação empresarial pode – como procuraremos destacar –

[2228] Sobre essa espécie de efeito de *"dissipação"* de elementos de *"saber-fazer"* estreitamente associados a certas estruturas empresariais, no contexto de operações de concentração, e para uma análise do mesmo numa perspectiva empírica, cfr., *inter alia*, PAUL HEALEY, KRISHNA PALEPU, RICHARD RUBACK, "Does Corporate Peformance Improve After Mergers?", in J Fin Ec., 1992, pp. 135 ss. Cfr., igualmente, ANUP AGRAWAL, JEFFREY JAFFE, GERSGON MANDELKER, "The Post-Merger Performance of Acquiring Firms: A Re-examination of an Anomaly", in J Fin., 1992, pp. 1605 ss..

[2229] Cfr. D. J. TEACE sobre o papel de empresas comuns – *maxime* empresas comuns de produção – no desenvolvimento do que este autor denomina de *"multi-product industries"* com novos padrões de eficiência – A. cit., "Towards an Economic Theory of Multiproduct Firm", in Journal of Economic Behaviour and Organization, 1982, 3.

1316   *Empresas comuns* – Joint Ventures

justificar processos de cooperação entre empresas com elevado poder de mercado (traduzido em importantes quotas de mercado) nos respectivos sectores de actividade, os quais, numa perspectiva mais tradicional de direito da concorrência, tenderiam a ser objecto de apreciações desfavoráveis, conducentes a juízos de proibição ou, pelo menos, à imposição de condições estritas.[2230]

3.2.2.3. *Objectivos de transformação sectorial*

Em relação à terceira categoria de objectivos acima enunciada – objectivos de transformação sectorial, designadamente relacionados com a evolução de indústrias maduras – encontra-se, uma vez mais em causa, a formação de novos tipos de eficiência económica com base na combinação de recursos diferenciados. A particularidade que justifica a autonomização deste tipo de objectivos reside no facto de essa busca de eficiência económica ser orientada em função de necessidades específicas que se verificam em certos sectores industriais, *maxime* em indústrias maduras. Referimo-nos aqui, em concreto, à racionalização ou adaptação de indústrias maduras a novas situações de mercado, mediante combinações, mais ou menos originais conforme os casos, de activos ou recursos de *"saber fazer"*, gerados por novas indústrias, com as infra-estruturas e activos consolidados de indústrias que já conheceram um mais longo ciclo de vida.

No quadro das evoluções económicas da última década podemos, com alguma segurança, identificar vários casos paradigmáticos desses

---

[2230] Um caso paradigmático a esse respeito – ao qual adiante retornaremos – correspondeu, porventura, à empresa comum de produção entre a GM e a Toyota, autorizada pelas autoridades federais norte-americanas da concorrência, embora com condições e limitações, em 1983 e reapreciada em 1993. Sobre esse caso, cfr. "The General Motors – Toyota Joint Venture: A General Motors Perspective", cit., pp. 821 ss.. Em geral sobre as razões que determinam a criação de eficiências com benefícios para os consumidores, mesmo quanto a empresas comuns constituídas por empresas fundadoras com apreciável poder de mercado, cfr. YVES DOZ, *The Role of partnerships and Alliances in the European Industrial Restructuring*, in *European Industrial Restructuring in the 1990s*, cit., p. 303. Como aí sustenta este autor, "(…) *the more each partner company focuses on a few core businesses, the grater the likelihood that a partnership will provide better longer-term access to critical skills than an acquisition. The current refocusing of corporate portfolios into core businesses is likely not only to ultimately reduce the number of acquisition candidates, but also to increase the advantage of partnerships over acquisitions*".

processos de racionalização de indústrias tradicionais através da constituição de empresas comuns de produção (ou de empresas comuns de tipo mais complexo, mas no âmbito das quais as funções de produção conjunta assumam um papel significativo). Um dos casos mais evidentes correspondeu à necessidade, recentemente experimentada pela indústria farmacêutica, de responder à emergência da biotecnologia, como um novo recurso primacial para avanços no seu sector de actividade, mediante a criação de múltiplas empresas comuns de produção em associação com empresas – em regra de muito menor dimensão – especializadas nesse domínio da biotecnologia.[2231]

De resto, a aceleração dos ciclos de evolução dos produtos e das diferentes indústrias leva a que, mesmo quanto a sectores que, na aparência, não correspondem a indústrias maduras, se tenha vindo a verificar a necessidade de responder a transformações qualitativas importantes com adaptações assentes na criação de empresas comuns de produção em associação com terceiras empresas que actuem em novos pólos industriais. Tal ocorreu, designadamente, no sector das tecnologias de informação no qual a transição do fornecimento de recursos de base na área informática para a prestação de serviços diversificados e de novos instrumentos de suporte tem conduzido à constituição de múltiplas empresas comuns entre as empresas já consolidadas no sector – e tradicionalmente refractárias a este tipo de colaborações – e novas empresas mais recentes, que operam em vários nichos de mercado nesse sector de tecnologias de informação.[2232] Embora com características algo diferenciadas, também é possível detectar, em certos casos, uma reacção do sector financeiro a fenómenos de crescente desintermediação através da constituição de empresas

---

[2231] Trata-se de um verdadeiro caso de referência. Cfr., a esse propósito, o estudo já citado de WALTER POWELL, "Inter-Organizational Collaboration in the Biotechnology Industry", cit., pp. 197 ss, esp. pp. 200 ss. e pp. 209 ss..

[2232] Sobre esse tipo de situações no sector económico em causa, cfr. YVES DOZ, *The Role of partnerships and Alliances in the European Industrial Restructuring*, in *European Industrial Restructuring in the 1990s*, cit., p. 301. Como aí refere este autor, "(…) *the shift in value added in the information technology industry from hardware to services and 'value-adding' solutions triggered many partnerships between traditional computer suppliers and software houses, specialized value-added resellers and value-added service providers, all of which contribute specific complementary skills. Even companies that traditionally shunned partnerships, such as IBM and DEC, are now heavily involved in these relationships*".

comuns, vocacionadas para constituir novas redes ou sistemas de comercialização de produtos financeiros directamente associados à aquisição de bens de consumo, em associação com grandes grupos empresariais de venda a retalho.[2233]

3.2.2.4. *Objectivos sectoriais em sentido estrito*

Identificámos, ainda, uma quarta categoria – de algum modo residual – correspondente a objectivos sectoriais em sentido estrito. Trata-se da constituição de empresas comuns de produção que se encontram directamente relacionadas com as condições específicas de funcionamento de certos sectores económicos (e que não se encontram associadas a propósitos de reconversão ou adaptação desses sectores). Na realidade, os projectos de cooperação no domínio da produção podem constituir uma necessidade ou conveniência, experimentada em determinados sectores em função, *vg.*, da necessidade de partilhar recursos naturais limitados, ou de realizar periodicamente investimentos de base que impliquem custos muito elevados (a constituição de múltiplas empresas comuns de produção no sector petrolífero corresponde a uma concretização paradigmática desse tipo de objectivos).[2234]

[2233] Sobre esses processos de crescente *desintermediação* ou de *adopção de novas formas de intermediação financeira*, cfr., por todos, CHRISTIAN DE BOISSIEU, "La Banalisation de l'Intermédiation Financière", in Problèmes Économiques, 1988, pp. 12 ss.. Como reacções do sistema financeiro a estes fenómenos através da criação de empresas comuns com entes não financeiros, pense-se, *vg.*, em diversas situações recentes de cooperação empresarial visando a criação e utilização de sistemas de pagamentos electrónicos, incluindo facilidades de crédito, dirigidos a clientes de grupos de comercialização a retalho.

[2234] Sobre a constituição de empresas comuns de produção no sector petrolífero, cfr. *The Impact of Joint Ventures on Competition – The Case of Petrochemical Industry in the EEC*, já cit..

Parte III – Capítulo 3

3.3. MODELO DE ANÁLISE DAS EMPRESAS COMUNS DE PRODUÇÃO

3.3.1. O primeiro estádio de análise das empresas comuns de produção

De acordo com a sequência que já observámos em relação à subcategoria das empresas comuns de investigação e desenvolvimento, propomonos, em relação às empresas comuns de produção, – cujo objecto e finalidades mais recorrentes foram já equacionados – enunciar e caracterizar os parâmetros essenciais de análise que devem enquadrar um primeiro estádio de apreciação deste tipo de entidades. Trata-se, em súmula, de concretizar em relação a este tipo funcional de empresas comuns o modelo geral de apreciação que delineámos. Como temos exposto, essa concretização implica a identificação de situações quase sempre permitidas pelas normas de concorrência, de tipos de situações normalmente proibidas, e de tipos de situações cujas repercussões sobre a concorrência suscitam dúvidas e que, como tal, exigem uma análise mais desenvolvida. Além disso, como também já observámos, o próprio desenvolvimento de um primeiro estádio de apreciação das empresas comuns, em ordem a identificar situações que tendem a ser avaliadas de modo favorável requer uma identificação preliminar das principais categorias de riscos de afectação da concorrência que, de modo paradigmático, podem encontrar-se associadas à constituição e funcionamento deste tipo de entidades.

Embora os três parâmetros essenciais de apreciação que permitem delimitar situações de cooperação normalmente permitidas sejam – de acordo com o modelo de apreciação que expusemos – de aplicação geral em relação aos diversos tipos funcionais de empresas comuns,[2235] admi-

---

[2235] Cfr *supra*, ponto 2.3.1. deste capítulo terceiro, em que enunciamos esses três parâmetros (já identificados também, de modo geral, no capítulo primeiro desta **Parte III**), e onde reafirmamos a nossa discordância quanto a um terceiro critério, diverso, proposto pela Comissão na sua Comunicação de 2001, relativo à verificação de situações que não afectariam os parâmetros de concorrência (discordância que manifestámos mesmo em relação à subcategoria de empresas comuns de investigação e desenvolvimento, a propósito das quais tal ideia de não afectação de parâmetros de concorrência poderia, hipoteticamente, e à partida, afigurar-se mais defensável). Recorde-se que os *três parâmetros de delimitação de situações normalmente permitidas* – constituição de empresas comuns entre entes não concorrentes, entre empresas que não poderiam de modo independente

1320 *Empresas comuns* – Joint Ventures

timos, também, que a sua concretização pode conduzir a algumas diferenças qualitativas no enquadramento desses tipos de empresas comuns. Assim, referimos a propósito do primeiro tipo funcional que analisámos – empresas comuns de investigação e desenvolvimento – a possibilidade de o mesmo integrar, em regra, um maior conjunto de situações permitidas à luz do n.º 1 do artigo 81.º CE. Em contrapartida, no que respeita à subcategoria das empresas comuns de produção, consideramos que as potencialidades de restrição de concorrência que, em tese, lhe estão associadas serão qualitativamente superiores.

De qualquer modo, em termos correspondentes com o que sustentámos no quadro da apreciação das empresas comuns de investigação e desenvolvimento, rejeitamos, igualmente, um outro índice analítico proposto pela Comissão na Comunicação de 2001 para delimitação de situações normalmente permitidas. Trata-se do índice referente à detecção de situações de cooperação que supostamente incidam sobre actividades não passíveis de influenciar os parâmetros relevantes de concorrência. Na realidade, mesmo em relação a situações de constituição de empresas comuns de produção dirigidas ao fabrico e introdução no mercado de um produto totalmente novo, e que tendem a ser apreciadas favoravelmente no ordenamento norte-americano da concorrência,[2236] porquanto contribuem para alargar o processo de concorrência a novos domínios e para aumentar as escolhas dos consumidores, excluímos em absoluto qualquer pressuposto analítico prévio, no sentido de que essas entidades não teriam aptidão para afectar os parâmetros relevantes de concorrência. Em última análise, mesmo nessas situações – que podem indiscutivelmente beneficiar de alguma pré-compreensão favorável – o critério decisivo para que se possa formular um juízo de princípio referente à inexistência de efeitos apreciáveis de restrição da concorrência não corresponderá a qualquer ideia de inaptidão da actividade de cooperação para influenciar os parâmetros de concorrência, mas ao pressuposto de que as empresas participantes não teriam capacidade para desenvolver e produzir individualmente o

---

realizar os projectos cobertos pela cooperação ou empresas comuns envolvendo empresas com poder de mercado especialmente débil – devem ser contrabalançados com *dois critérios negativos*, correspondentes à possibilidade de a cooperação empresarial originar a exclusão de terceiros do mercado ou à existência de um poder de mercado especialmente intenso por parte das empresas fundadoras de uma empresa comum.

[2236] Cfr., nesse sentido, THOMAS PIRAINNO, "Beyond Per Se, Rule of Reason or Merger Analysis: A New Antitrust Standard for Joint Ventures", cit., pp. 48 ss..

Parte III – Capítulo 3 1321

novo tipo de bem que se encontre em causa (o qual corresponde, precisamente, a um dos três critérios gerais de identificação de situações normalmente permitidas que delineámos e que deve ser verificado através de índices conclusivos).

3.3.2. Os principais riscos de afectação da concorrência decorrentes da criação de empresas comuns de produção

3.3.2.1. *Riscos de coordenação de comportamentos nos mercados de bens finais das empresas-mãe*

Em nosso entender, os principais riscos de afectação da concorrência que podem, em certas condições, estar subjacentes à constituição de empresas comuns de produção tendem, a verificar-se nos mercados de produtos finais comercializados pelas empresas-mãe (embora as relações entre os mercados – do produto e geográfico – em que operam essas empresas-mãe e o sector produtivo em que a empresa comum desenvolve a sua actividade possam assumir várias configurações que, como veremos,[2237] se repercutem de modo diferenciado no processo de concorrência). Além disso, como destaca a Comissão na sua Comunicação de 2001,[2238] caso a posição conjunta das partes seja muito forte em mercados situados a montante ou conexos com o mercado directamente em causa no processo de cooperação, devem também ser analisados eventuais efeitos restritivos da concorrência nesses mercados.

Nesse plano, importa avaliar, em cada situação concreta. uma primeira categoria de riscos de restrição da concorrência, correspondente à probabilidade de as empresas comuns de produção estimularem a coordenação de comportamentos das empresas-mãe nos seus respectivos mercados de bens finais. Essa coordenação pode repercutir-se, essencialmente,

---

[2237] Sobre a ponderação das *relações entre os mercados – do produto e geográfico – em que operam as empresas-mãe e o sector produtivo em que a empresa comum desenvolva a sua actividade*, como parâmetro fundamental da avaliação jusconcorrencial de empresas comuns, *maxime* de empresas comuns de produção, cfr. a perspectiva geral delineada *supra*, capítulo primeiro desta **Parte III** (esp. ponto 2.4.4.).
[2238] Cfr. Comunicação de 2001, ponto 95.

em três dimensões do processo de concorrência, compreendendo os níveis de preços praticados pelas empresas-mãe junto do público consumidor, a quantidade dos bens oferecidos por essas empresas e, ainda, os diversos padrões de qualidade dos referidos bens, que podem traduzir níveis diferenciados de inovação.

Considerando, em primeiro lugar, as potenciais repercussões em matéria de preços de bens finais, cuja interferência negativa no processo de concorrência se mostra, em princípio, mais linear, devemos salientar que a sua importância tende a variar em função do peso relativo que a produção de bens, por parte de certa empresa comum, assume para a produção total das empresas-mãe. Na realidade, se o conjunto dos bens fabricados por uma empresa comum representar uma parcela significativa da produção global das empresas-mãe, a existência de custos de produção idênticos suportados por estas, no âmbito do funcionamento dessa empresa comum, favorece, de forma especialmente intensa, o alinhamento dos preços a praticar por essas empresas, como a Comissão pôde, justamente, observar nas suas decisões *"Olivetti/Canon"* e *"Exxon/Shell"*.[2239] Mesmo que a empresa comum tenha exclusivamente como objecto a prossecução de funções de produção, entendidas em sentido estrito, e não inclua quaisquer compromissos referentes aos sistemas de comercialização das empresas-mãe – desenvolvidos de modo autónomo – o facto de estas empresas partilharem custos de produção absolutamente idênticos em relação à maior parte da sua produção cria condições para a prática de preços aproximados por parte das referidas empresas.

Da mesma forma, o peso variável da produção gerada pela empresa comum nos produtos finais das empresas-mãe tende a influenciar decisivamente as opções de comercialização destas últimas, no que respeita à quantidade e qualidade dos produtos finais que disponibilizam para o mercado. Caso a produção de determinada empresa comum, apesar de representar, em termos quantitativos, uma parcela apreciável dos custos de produção das empresas-mãe, corresponda, tão só, a um bem intermédio que deva ainda ser combinado com diversos outros bens e processos complementares de fabrico, existe ainda espaço para que as empresas-mãe possam diferenciar a qualidade dos seus produtos, mantendo entre si

---

[2239] Cfr. decisão *"Olivetti/Canon"* (JOCE n.º L 52/51, 1988) e decisão *"Exxon/ /Shell"*, de 1994, cit, a cujo conteúdo retornaremos no quadro deste nosso estudo das empresas comuns de produção.

Parte III – Capítulo 3 1323

alguma incerteza sobre os seus resultados, quanto a este importante factor de concorrência. Nesse pressuposto, os riscos de afectação da concorrência emergentes do funcionamento da empresa comum podem, em última análise, vir a revelar-se limitados, pelo menos no que respeita às relações de concorrência desenvolvidas no plano da qualidade dos produtos.

Num plano quantitativo, quer a produção originada na empresa comum corresponda a um bem intermédio de importância limitada para os produtos finais, quer corresponda já a bens finais, destinados a ulterior comercialização pelas empresas-mãe, os potenciais efeitos de alinhamento de políticas comerciais destas últimas empresas, no que respeita à quantidade de bens que estas, em cada momento, disponibilizam para o mercado, tenderão a ser reduzidos se as empresas-mãe dispuserem de outras fontes de aprovisionamento. A avaliação deste tipo de correlações de efeitos potenciais deve, em qualquer caso, assentar numa análise concreta – ainda que sumária, conforme as circunstâncias – das situações, não podendo ser feita com base numa perspectiva estática das relações quantitativas existentes entre a empresa comum e as respectivas empresas-mãe.

Assim, para ilustrarmos as variáveis que devem ser sopesadas em cada caso concreto, o facto de, em determinado momento, os bens fabricados por uma empresa comum corresponderem à quase totalidade da produção comercializada pelas respectivas empresas-mãe, não significa, necessariamente, que esteja eliminada qualquer incerteza em relação aos volumes de produção que essas empresas vão colocar no mercado (e que, correlativamente, esteja precludida uma relação de concorrência entre as partes no plano das quantidades de bens finais que estas oferecem no mercado). Na verdade, desde que essas empresas-mãe mantenham uma capacidade produtiva própria instalada que, de forma imediata, possam reactivar, sem incorrer em custos desproporcionados, em ordem a aumentar, querendo, os seus volumes de oferta no mercado, mantém-se a incerteza quanto a este factor de concorrência (e os potenciais efeitos restritivos da concorrência associados à empresa comum num plano de quantidade de bens finais disponibilizados para o mercado devem ser avaliados com alguma reserva).[2240]

[2240] Este tipo de situações pode realmente ocorrer e, porventura, com maior frequência do que, *prima facie*, se suporia. O sistema de funcionamento da empresa comum pode estar organizado de modo a que seja vantajoso para as partes, em certos momentos, concentrar a totalidade da sua produção na empresa comum, mas conservando a capacidade para, com as suas próprias infra-estruturas, e até beneficiando da experiência adqui-

1324 *Empresas comuns* – Joint Ventures

Um outro aspecto que pode influir sobre as dimensões da relação de concorrência entre as partes, referentes aos preços e qualidade dos bens finais comercializados por estas, corresponde – como salientou a Comissão na sua Comunicação de 2001[2241] – ao eventual carácter heterogéneo desses bens finais. Na verdade, se a imagem dos produtos for apresentada sob perspectivas relativamente diferenciadas aos consumidores – conferindo, assim, graus apreciáveis de heterogeneidade a esses produtos – pode ser conservada uma margem remanescente de concorrência entre as partes, independentemente do facto de, em termos quantitativos, a produção da empresa comum representar uma parcela maioritária da produção total das empresas-mãe.[2242] Noutros termos, tal equivale a reconhecer que a partilha de uma parcela importante de custos totais de produção por parte das empresas-mãe – no âmbito das respectivas participações numa empresa comum – não deve ser apreciada, de forma linear, como um factor inelutável de articulação dos comportamentos comerciais dessas empresas-mãe. Esse elemento, inegavelmente propício à coordenação de comportamentos, pode ser contrabalançado com a existência de custos apreciáveis, diferenciados, de comercialização dos produtos e com a incorporação nos bens finais em questão de outras propriedades relevantes para os consumidores, mesmo que esta seja alcançada com a introdução de alterações mínimas nos bens fornecidos pela empresa comum às respectivas empresas-mãe.

---

rida *pari passu* no âmbito da empresa comum, reatar a qualquer momento a sua produção própria, com vista a, em função da evolução das condições do mercado, desenvolver estratégias comerciais de aumento da oferta. A esta luz, o teste mais exigente para aferir, em certos contextos de mercado, a susceptibilidade de afectação da concorrência por parte de determinadas empresas comuns, não corresponderá tanto à verificação de que, num dado momento, a quase totalidade dos bens comercializados pelas empresas fundadoras são fabricados pela empresa comum, mas, sobretudo, à verificação de que a criação da empresa comum possa ter conduzido a reduções da capacidade produtiva própria instalada por parte dessas empresas fundadoras, ou dos seus investimentos nesse domínio (apreciação que, de algum modo, foi privilegiada, *vg*, na decisão *"Bayer/ BP Chemicals"* – JOCE n.º L 150/35, 1988).

[2241] Cfr. Comunicação de 2001, ponto 88, *in fine*.

[2242] Cfr. sobre o conceito de *bens homogéneos* e *heterogéneos* e a sua relevância em diversos planos para a aplicação das normas de concorrência, cfr. J. HAUSMAN, G. LEONARD, J. ZONAL, "Competitive Analysis with Differentiated Products", in Annales d'Economique et de Statistique, 1994, pp. 159 ss. e C. SHAPIRO, "Mergers with Differentiated Products", in Antitrust, 1996, pp. 23 ss..

Parte III – Capítulo 3 1325

É certo que, se a Comissão salienta, na Comunicação de 2001, a relevância deste factor, a sua *praxis* decisória nem sempre parece ter sido completamente coerente com essa orientação, como sucedeu, entre outros casos, na decisão *"Electrolux/AEG"*.[2243] Nesta decisão, a Comissão terá, de facto, atribuído um peso muito limitado ao grau de diferenciação dos produtos finais comercializados pelas empresas envolvidas no processo de cooperação, sobrevalorizando, desse modo, os potenciais efeitos restritivos da concorrência associados aos acordos concluídos entre as partes no domínio da produção. Pela nossa parte, pensamos que esse factor deve ser sistematicamente ponderado em todas as situações referentes a empresas comuns de produção, mediante uma cuidada avaliação do grau de importância de que se revista a margem remanescente de diferenciação entre os produtos nos estádios que precedem, de forma imediata, a sua comercialização.

3.3.2.2. *Riscos de partilha de mercados entre as empresas-mãe*

Uma segunda categoria de riscos de afectação da concorrência a tomar em consideração no quadro da análise de empresas comuns de produção diz respeito a eventuais situações de partilha de mercados entre as empresas-mãe. Embora a Comissão, na Comunicação de 2001, tenha associado estreitamente este tipo de repercussões aos acordos de especialização recíproca,[2244] pensamos que as mesmas podem, também, verificar-se – porventura de forma menos linear – no âmbito do funcionamento de empresas comuns de produção, *maxime* se as empresas participantes detiverem elevadas quotas de mercado nos sectores em que desenvolvam a sua actividade.

Admitimos, em primeiro lugar, que certas formas de organização do funcionamento de empresas comuns de produção – *vg.* determinando a revisão periódica pelas partes dos níveis de produção daquelas entidades – possam, em certas condições, ser dirigidas a uma repartição dos mercados entre as mesmas. Na realidade, se as empresas-mãe detiverem, como acima referimos, quotas de mercado muito importantes nos mercados mais directamente afectados pela cooperação, a variação, programada pelas mesmas, do fluxo de produção da empresa comum pode produzir um

---

[2243] Cfr. decisão *"Electrolux/AEG"* (JOCE n.º,C 269/4, 1993).
[2244] Cfr. Comunicação de 2001, ponto 101.

1326   *Empresas comuns* – Joint Ventures

efeito final de repartição dos mercados (designadamente se for possível demonstrar um nexo próximo entre as variações periódicas dos níveis de produção da empresa comum e as oscilações das posições de mercado das empresas participantes).

Além disso, esse tipo de efeitos restritivos da concorrência pode também resultar de estipulações acessórias no quadro do funcionamento de determinadas empresas comuns de produção e que, mesmo não determinando verdadeiras formas de comercialização conjunta dos bens – o que tenderia a induzir uma qualificação dessas empresas comuns como operações de concentração – imponham alguns condicionamentos às políticas comerciais das empresas-mãe (*maxime*, impondo restrições em relação a vendas a determinados clientes). Em tese geral, consideramos difícil uma justificação desse tipo de compromissos como restrições acessórias da concorrência indispensáveis ao funcionamento de empresas comuns de produção, pelo que, caso os mesmos possam realmente incentivar fenómenos de repartição do mercado entre as partes, não devem ser admitidos. O funcionamento de algumas empresas comuns de produção pode determinar formas ainda mais subtis ou indirectas de repartição de mercados entre as partes, pelo que, com base em determinados índices analíticos, só uma avaliação concreta das situações de mercado que se encontrem em causa permite apurar todas as consequências relevantes deste processo de cooperação.

Um dos principais índices de análise a tomar em consideração, para avaliar a eventual necessidade de uma apreciação mais exaustiva do funcionamento de empresas comuns de produção, corresponde ao apuramento de situações em que a totalidade ou a parte mais significativa de determinadas categorias de bens finais comercializados pelas empresas-mãe seja fornecida a estas últimas por uma empresa comum de produção. Nesse tipo de situações o funcionamento da empresa comum pode, na realidade, originar formas muito indirectas de repartição dos mercados. Pense-se, *vg.*, nesse contexto, em acordos de fornecimento de bens finais entre a empresa comum e as empresas-mãe, nos termos dos quais cada uma destas obtenha daquela entidade bens com certas especificações complementares especialmente dirigidas às preferências diferenciadas dos consumidores em dois mercados geográficos distintos. Esse sistema de funcionamento da empresa comum de produção pode encontrar-se, assim, associado a uma verdadeira repartição desses mercados geográficos distintos entre as empresas-mãe.

3.3.2.3. *Riscos de exclusão de empresas concorrentes*

Por último, uma terceira categoria de riscos tipicamente associada às empresas comuns de produção corresponde à eventual exclusão de terceiras empresas concorrentes. Esse risco de encerramento do mercado a terceiros encontra-se estreitamente ligado ao poder de mercado das empresas participantes na empresa comum (poder de mercado conjunto ou, pelo menos, elevado poder de mercado de uma dessas empresas-mãe). Assim, nas situações em que as empresas-mãe detenham já, comprovadamente, uma posição significativa no mercado final onde são comercializados os bens produzidos pela empresa comum, eventuais reduções de custos com carácter apreciável, que sejam proporcionadas pelo funcionamento desta última entidade, podem conferir àquelas empresas uma vantagem competitiva primacial, que terceiras empresas concorrentes não tenham, em termos realistas, capacidade para acompanhar.

A correlativa desvantagem que daí resultará para essas empresas concorrentes pode, em certas condições, mostrar-se decisiva para impedir a sua manutenção no mercado que se encontre em causa.[2245] Como verificaremos, na avaliação em concreto destes riscos de encerramento do mercado deve ser atribuída especial importância à quota de mercado conjunta detida pelas empresas participantes na empresa comum, mas esse factor deve ser complementado com uma análise rigorosa da estrutura do mercado, *maxime* dirigida ao apuramento do grau de concentração existente no mesmo (se possível, recorrendo a modelos econométricos – designadamente com base na utilização do denominado IHH – que permitam alguma maior objectividade nessa análise[2246]).

Sem prejuízo da efectiva relevância deste tipo de riscos de encerramento do mercado e da sua inegável conexão com a intensidade do poder de mercado das partes, pensamos, contudo, que se deve evitar a aplicação de modelos lineares de análise estrutural do mercado. Assim, mesmo em presença dos dois factores potencialmente geradores de efeitos de exclu-

---

[2245] Sobre a verificação de efeitos de exclusão, na perspectiva acima referida, cfr. os pontos 99 e 110 (*"exemplo 3"*) da Comunicação de 2001.

[2246] Referimo-nos aqui, bem entendido, ao Indice Herfindhal Hirshman (IHH). Sobre a utilização do mesmo, quer no contexto da apreciação de empresas comuns sujeitas ao regime do artigo 81.º CE, quer no quadro da apreciação de empresas comuns qualificáveis como concentrações e submetidas ao regime do RCC, cfr., *supra*, respectivamente, ponto 2.3.5.3.2. deste capítulo terceiro e ponto 2.2.3. do capítulo segundo desta **Parte III**.

1328 Empresas comuns – Joint Ventures

são de terceiros – elevado poder de mercado das empresas-mãe, associado a um importante grau de concentração do mercado e obtenção por parte dessas empresas de significativas reduções de custos devido à actividade da empresa comum – pensamos não ser justificada qualquer proibição *per se* da constituição de empresas comuns de produção nessas condições, com fundamento numa qualquer presunção de encerramento do mercado.

A obtenção de certas eficiências económicas através do funcionamento de empresas comuns de produção pode revelar-se importante para os consumidores e seria, em nosso entender, incorrecto afastar, de modo automático, qualquer possibilidade de criação desse tipo de vantagens através da constituição de empresas comuns de produção participadas por empresas que detenham forte poder de mercado.

Pensamos, pois, que será necessário, para confirmar qualquer juízo desfavorável a essas empresas comuns, baseado num provável efeito de encerramento do mercado, apurar se as terceiras empresas presentes no mercado ou empresas potencialmente interessadas em entrar nesse mercado não terão, em termos razoáveis, possibilidades alternativas de obter eficiências comparáveis às que são retiradas pelas empresas-mãe da sua participação numa empresa comum de produção. No limite, esse espaço alternativo para a obtenção de eficiências comparáveis – sob a forma de reduções de custos de fabrico dos produtos – pode resultar do desenvolvimento de processos de cooperação alternativos por parte das terceiras empresas presentes no mercado (é evidente que este tipo de análise deve, em contrapartida, ser suficientemente rigoroso de modo a poder apreender outros tipos de riscos eventualmente associados a essas situações como a emergência de efeitos globais de restrição da concorrência devido à actuação de redes paralelas de empresas comuns de produção).[2247]

[2247] Neste domínio correspondente à aferição, numa base económica realista, das possibilidades alternativas, abertas a empresas concorrentes das empresas fundadoras de determinada empresa comum de produção, para obter eficiências ou utilidades comparáveis nos seus processos produtivos às que resultem de tal empresa comum, pensamos que se verifica um sistemático défice de análise por parte da Comissão. Tal pode conduzir à verificação indevida de hipotéticos *efeitos de exclusão* de concorrentes supostamente associados a certas empresas comuns de produção, através de um teste demasiado permissivo que se limite, algo formalmente, a apurar que as terceiras empresas, em virtude, da criação de uma empresa comum de produção, têm potencialmente menos oportunidades no mercado, como terá sucedido, vg., na decisão *"ACEC/Berliet"* – JOCE n.º L 201/17, 1968. Mesmo em decisões relativamente mais recentes, esse carácter excessivamente permissivo do teste da exclusão, resultante da não investigação de capacidades produtivas

Parte III – Capítulo 3 1329

Noutra perspectiva, os potenciais efeitos de exclusão de terceiras empresas podem ocorrer não nos mercados de bens finais para cujo fabrico certas empresas comuns de produção contribuam, mas em mercados de bens intermédios nos quais as empresas-mãe intervenham, normalmente, como compradores.

Assim, a constituição de uma empresa comum com vista a obter através da mesma um determinado contributo fundamental para o fabrico de certos bens finais pode conduzir as empresas-mãe envolvidas nesse processo de cooperação a cessar as suas aquisições de bens intermédios a terceiras empresas, criando dessa forma um efeito final de encerramento do mercado desses bens intermédios. Esse potencial efeito restritivo da concorrência – desde que lhe seja previsivelmente atribuída uma considerável intensidade – pode, *a se*, sujeitar a empresa comum que se encontre em causa à proibição estabelecida no n.º 1 do artigo 81.º CE, mesmo que não se verifiquem efeitos restritivos da concorrência comparáveis nos mercados de bens finais relacionados com o funcionamento dessa empresa comum.

De resto, uma análise desse tipo foi, precisamente, desenvolvida pela Comissão, entre outros casos, na decisão *"Philips/Osram"*.[2248] Todavia, consideramos que a ponderação desse tipo de efeitos restritivos, em ordem a uma eventual aplicação da norma de proibição do n.º 1 do artigo 81.º CE, deve ser rodeada de algumas reservas, sobretudo se, de forma comprovada, determinadas empresas comuns de produção gerarem importantes

---

ou tecnológicas comparáveis que as terceiras empresas concorrentes possam desenvolver através de processos alternativos, tem ainda influenciado, num sentido excessivamente restritivo, várias decisões, como se terá verificado, *vg*, com a decisão *"Eirpage"* – JOCE n.º L 306/22, 1991. É, pois, criticável, em nosso entender, que a Comissão não tenha aproveitado a Comunicação de 2001 para clarificar a sua posição quanto à formulação e aplicação de um *teste de exclusão referente a empresas comuns de produção*, baseado em pressupostos económicos realistas e oferecendo às empresas alguma previsibilidade quanto às apreciações dessa matéria.

[2248] Cfr. decisão *"Philips/Osram"* (JOCE n.º L 378/37, 1994). Nesta decisão, a Comissão considerou não existir um efeito sensível de restrição da concorrência no mercado de produtos finais das empresas-mãe que se encontrava em causa (designadamente porque o bem intermédio fornecido pela empresa comum às empresas-mãe, para incorporação no processo de fabrico dos bens finais que estas comercializavam, apenas correspondia a 2% a 3% do custo total desses bens). Em contrapartida, a Comissão tomou em consideração, nessa decisão, problemas de afectação da concorrência resultantes de os bens intermédios fabricados pela empresa comum não se encontrarem disponíveis para as terceiras empresas concorrentes das empresas-mãe no respectivo mercado de bens finais.

1330   *Empresas comuns* – Joint Ventures

eficiências económicas passíveis de repercussão favorável nos consumidores de bens finais. Importará, designadamente, avaliar de forma exaustiva as alternativas à disposição dos fornecedores de bens intermédios afectados pela constituição da empresa comum de produção.

Paralelamente, será também importante cotejar as desvantagens que a constituição da empresa comum gera para esses fornecedores com as vantagens potencialmente obtidas pelos consumidores de bens finais. É certo que, em tese geral, se poderá objectar que esse tipo de ponderação cabe, tipicamente, numa eventual aplicação do n.º 3 do artigo 81.º CE, para efeitos de concessão de qualquer isenção a um processo de cooperação que, em princípio, se encontrasse proibido. Não subscrevemos, contudo, esse entendimento que pode originar intervenções administrativas desnecessárias da autoridade de concorrência. Pensamos, pelo contrário, que em diversos casos tal avaliação cabe ainda no domínio da aplicação do n.º 1 do artigo 81.º CE.

3.3.3. Primeiro estádio de análise das empresas comuns de produção – as situações normalmente permitidas

3.3.3.1. *Empresas comuns de produção constituídas por empresas não concorrentes*

Tendo procurado caracterizar os principais riscos de afectação da concorrência que podem encontrar-se associados à constituição de empresas comuns de produção, importa também delimitar os tipos de situações normalmente permitidas neste domínio de cooperação empresarial. Nessa concretização do nosso modelo geral de apreciação de empresas comuns limitar-nos-emos a equacionar, de modo mais sumário, alguns aspectos específicos de aplicação dos critérios de análise previamente identificados para delimitar esse tipo de situações no plano do funcionamento das empresas comuns de produção, tendo em conta que tais critérios já foram por nós, quer enunciados em geral[2249], quer de

---

[2249] Cfr. a esse propósito os aspectos expostos *supra*, ponto 2.2. do capítulo primeiro desta **Parte III**.

Parte III – Capítulo 3 1331

algum modo densificados no quadro da análise inicial da subcategoria das empresas comuns de investigação e desenvolvimento.[2250]

Assim, o primeiro critério que temos referido para identificar situações de cooperação normalmente permitidas – referente à *constituição de empresas comuns não concorrentes, nem em termos efectivos, nem em termos potenciais* – aplica-se, de forma plena em relação à subcategoria das empresas comuns de produção.[2251] Pode equacionar-se, tomando em consideração a forma como as empresas comuns de produção venham a afectar diversos mercados, em que medida esta espécie de presunção favorável depende da absoluta inexistência de qualquer relação de concorrência entre as partes. Na realidade, sendo certo que a aplicação deste critério requer a inexistência de uma relação de concorrência no mercado directamente afectado pela cooperação – *maxime* o mercado de bens finais comercializados pelas empresas-mãe com base nos fornecimentos da empresa comum – poderá discutir-se se a existência de relações de concorrência entre essas empresas em mercados conexos ou próximos daquele mercado principal impede um juízo de princípio favorável à empresa comum (em sede de aplicação do n.º 1 do artigo 81.º CE).

A Comissão, na sua Comunicação de 2001, parece admitir esta última hipótese, embora não equacione o problema em termos muito precisos.[2252] Pela nossa parte, consideramos que se poderá sustentar um entendimento mais flexível, atendendo, por um lado, ao tipo de repercussões normalmente resultantes da criação de empresas comuns de produção e, por outro lado, às importantes eficiências económicas que podem estar associadas a essas entidades (*maxime*, nos casos em que os objectivos primaciais subjacentes às mesmas correspondam ao que denominámos de *objectivos externos e de médio prazo*[2253]). Deste modo, pensamos que se justifica ponderar com alguma abertura a relevância a conceder a eventuais relações de concorrência entre as partes em certos

---

[2250] Quanto à densificação dos critérios de delimitação de tipos de situações normalmente permitidas no contexto da apreciação de empresas comuns de produção – a qual, ressalvando as especificidades próprias de cada subcategoria de empresas comuns, envolveu desde logo, e como então destacámos, uma análise geral, passível de aplicações noutros domínios – cfr. *supra*, ponto 2.3.3. deste capítulo terceiro.

[2251] Cfr. nesse sentido Comunicação de 2001, pontos 83 e ss..

[2252] Cfr. Comunicação de 2001, ponto 83, no qual a análise da Comissão se nos afigura demasiado linear e esquemática.

[2253] Cfr. *supra*, ponto 3.2.2.2. deste capítulo, a segunda categoria de objectivos das empresas comuns de produção que identificámos e caracterizámos.

mercados conexos com o principal mercado relevante afectado pela cooperação (sobretudo se estiverem em causa meras relações de concorrência potencial).

Nessa ponderação deverá também tomar-se em consideração o poder de mercado detido pelas empresas-mãe nos referidos mercados conexos. Em última análise, se esse poder de mercado for relativamente moderado, ou mesmo pouco significativo, admitimos que se possa *"desconsiderar"* o conjunto de relações de concorrência existentes nos mercados conexos em questão. Nesse pressuposto, poder-se-á avaliar a situação decorrente da constituição da empresa comum essencialmente com base nas relações existentes entre as partes no mercado de bens finais, fornecidos pela empresa comum e mais directamente afectado pela cooperação empresarial. Caso não exista, então, qualquer relação de concorrência efectiva e potencial entre as partes nesse mercado, admitimos, pois, que tal factor pode ser, por si só, decisivo para formular um juízo de princípio de não sujeição da empresa comum de produção à proibição estabelecida no n.º 1 do artigo 81.º CE.

Em contrapartida, se reconhecemos que este primeiro índice de não sujeição ao regime de proibição acima referido – referente à participação de empresas não concorrentes na empresa comum – se aplica plenamente no domínio da cooperação em matéria de produção, pensamos que a presunção favorável resultante do mesmo não se reveste aqui da mesma intensidade que apresenta no plano das empresas comuns de investigação e desenvolvimento. Na realidade, destacámos, no âmbito do nosso estudo dessa subcategoria de empresas comuns, que este índice favorável apresentaria uma intensidade máxima em relação a essa modalidade de cooperação. E retirámos daí o corolário de que o juízo indiciário favorável a empresas comuns de investigação e desenvolvimento, e assente no referido critério da inexistência de relações de concorrência entre as empresas participantes, só em condições absolutamente excepcionais poderia ser afastado.[2254]

[2254] Cfr., uma vez mais, *supra*, ponto 2.3.3. deste capítulo. Como aí destacámos, apesar de os modelos de análise de empresas comuns desenvolvidos no quadro do ordenamento norte-americano da concorrência apresentarem características algo diversas e de, em particular, não assentarem em matrizes de análises específicas em função dos diversos tipos funcionais de empresas comuns, parece claro que os critérios indiciários conducentes a apreciações favoráveis destas entidades alcançam também nesse ordenamento a sua máxima extensão quanto ao tipo das empresas comuns de investigação e desenvolvimento.

Parte III – Capítulo 3 1333

Essas condições verificar-se-iam, apenas, nos casos em que a coope-ração empresarial pudesse originar, de forma clara e directa, o encerramento do mercado a terceiras empresas. Já a detenção de quotas de mercado especialmente elevadas por parte das empresas participantes não funcionaria neste plano como critério complementar de apreciação passível de contrariar a presunção favorável resultante da inexistência de relações de concorrência entre essas empresas. Não sustentamos, contudo, entendimento idêntico em relação à subcategoria das empresas comuns de produção. No que respeita às mesmas, pensamos que a menor intensidade da presunção favorável em questão leva a que esta possa ser afastada por qualquer um dos dois critérios negativos complementares que identificámos, em tese geral, no nosso modelo de apreciação de empresas comuns (emergência de efeitos de encerramento do mercado a terceiras empresas, ou detenção de quotas de mercado especialmente importantes por parte das empresas-mãe).

3.3.3.2. *A impossibilidade de realização autónoma de projectos empresariais*

O segundo critério que temos proposto para delimitar situações em princípio não sujeitas à proibição do n.º 1 do artigo 81.º CE assume igual-mente grande importância no domínio das empresas comuns de produção. Como referimos, esse critério reporta-se à *constituição de empresas comuns por parte de empresas concorrentes que não poderiam de modo independente realizar os projectos cobertos pela cooperação mantida entre si.*[2255] Ora, na nossa caracterização dos objectivos mais recorrentes das empresas comuns de produção tivemos ensejo de referir situações em que estas entidades se mostram necessárias para entrar num novo mer-cado, ou para lançar um novo produto ou serviço.

Nesse tipo de situações, os resultados favoráveis ao desenvolvimento do processo de concorrência, mediante a entrada de novos concorrentes em certos mercados, ou a oferta de novas categorias de produtos aos con-sumidores,[2256] tendem a suplantar os elementos formalmente restritivos da

---

[2255] Para um paralelo com a aplicação deste específico critério em sede de aprecia-ção de empresas comuns de investigação e desenvolvimento, cfr. *supra*, ponto 2.3.3.2. do presente capítulo.

[2256] Este aspecto tende, de resto, a assumir progressivamente maior importância à luz da evolução do próprio *programa teleológico do direito comunitário da concorrência*

1334   *Empresas comuns* – Joint Ventures

concorrência subjacentes à constituição da empresa comum e que se traduzem numa limitação recíproca da liberdade de acção por parte das empresas-mãe.

Todavia, temos também sustentado que a aplicação deste critério favorável à constituição de empresas comuns, mesmo que integradas por empresas concorrentes, depende da verificação de condições concretas, objectivas, que permitam prever, com razoável grau de segurança, que o processo de cooperação encetado por essas empresas é necessário para alcançar o resultado final de entrada de novos concorrentes em certos mercados ou de lançamento de novos produtos (sobretudo em mercados

---

(desde que se verifiquem *indicadores objectivos* no sentido de ser pouco provável, em termos económicos, a introdução de um novo produto sem o projecto de cooperação). Na verdade, os *objectivos de atribuição de vantagens ou benefícios económicos aos consumidores* tendem, progressivamente a suplantar objectivos formais de *manutenção de relações estritamente independentes entre as empresas no mercado e de preservação das próprias estruturas do mercado com menor grau de concentração ou sem relações de cooperação*. Nessa evolução tem sido notória a influência do direito da concorrência norte-americano, embora mesmo este ordenamento tenha conhecido evoluções nem sempre convergentes. Para além do reconhecimento mais nítido da decisiva importância da aferição das *consequências de certas situações de mercado para os consumidores* em sede de aplicação de normas estruturais (controlo de concentrações), a crescente interpenetração entre os testes estruturais e os testes referentes à cooperação empresarial em sede de aplicação do artigo 81.º CE – para a qual a análise das empresas comuns tem con-tribuído de modo significativo – tem conduzido também neste último domínio à atribuição de importância fundamental às consequências dos comportamentos empresariais em termos de bem estar dos consumidores (e às excessivas concentrações de poder de mercado aptas a afectar esse bem estar dos consumidores). Curiosamente, estes aspectos relativos à ponderação privilegiada dos *vários tipos de eficiências na afectação de recursos* e da *sua repercussão favorável nos consumidores* vieram recentemente a ser reconhecidos de forma expressa pela Comissão na sua Comunicação com *"Orientações relativas à aplicação do n.º 3 do artigo 81.º do Tratado"*, de 2004, cit., para efeitos de aplicação do n.º 1 dessa disposição do Tratado. Todavia, em contrapartida, a mesma Comunicação não retira todas as consequências dessa perspectiva hermenêutica e teleológica ao remeter aparentemente todas as *ponderações jurídico-económicas* que possam conjugar elementos restritivos da concorrência com *vantagens para os consumidores*, inerentes a maior *eficiência* na afectação dos recursos, para o domínio da aplicação do n.º 3 do artigo 81.º CE, restringindo indevidamente, em nosso entender, a latitude das ponderações com cabimento no n.º 1 desse artigo 81.º (cfr., esp., pontos 11 e 12 da Comunicação cit.). Sobre a evolução no direito da concorrência norte-americano de uma perspectiva favorável à ponderação favorável de elementos de *eficiência* passíveis de repercussão directa nos consumidores, cfr., *inter alia*, NEIL AVERITT, ROBERT LANDE, "Consumer Sovereignty: A Unified Theory of Antitrust and Consumer Protection Law", in ALJ., 1997, pp. 713 ss..

Parte III – Capítulo 3 1335

caracterizados por um elevado peso dos factores de inovação tecnológica, que exijam a combinação de recursos diferenciados de *"saber fazer"*, ou de múltiplos conhecimentos especializados[2257]). Noutros termos, entendemos ser necessário apurar factores relativamente conclusivos que justifiquem, em termos de opções previsíveis de razoabilidade económica, a ideia de que as empresas-mãe em questão não teriam condições para, de forma autónoma, entrarem em determinado mercado ou lançarem um novo produto.

A Comissão veio reconhecer, de modo expresso, na sua Comunicação de 2001, a relevância deste critério, com vista a identificar situações de cooperação no domínio da produção normalmente permitidas, embora de forma que não se afigura muito coerente com a sua *praxis* decisória anterior.[2258] Na verdade, em anteriores decisões a Comissão tendera a valorizar especialmente os condicionamentos formais da liberdade de actuação de empresas concorrentes, no quadro de empresas comuns de produção, para efeitos de aplicação do n.º 1 do artigo 81.º CE, relegando com frequência a ponderação do referido critério para uma eventual justificação de acordos qualificados como restritivos da concorrência em sede de aplicação do n.º 3 daquela disposição. Importa, pois, assegurar que se possa vir a desenvolver, de forma estável, uma nova *praxis* decisória coerente com a nova orientação que a Comissão quer assumir na Comunicação de 2001 (e que se nos afigura essencialmente correcta).

De qualquer modo, não deixa de ser curioso que a Comissão, ao mesmo tempo que flexibiliza o seu entendimento nesta matéria – admitindo, em princípio, a não sujeição de empresas comuns de produção à proibição geral do n.º 1 do artigo 81.º CE caso se verifique uma justificação económica referente à entrada em novos mercados ou ao lançamento

---

[2257] Sobre a ponderação desse tipo de elementos favoráveis em mercados que apresentem as características acima referidas (*maxime*, eficiências geradas por empresas comuns de produção em mercados com elevado peso de factores de inovação ou tecnológicos), cfr., sucessivamente, numa perspectiva de direito comunitário da concorrência e do ordenamento norte-americano da concorrência, JOHN TEMPLE LANG, *European Community Antitrust Law. Innovation Markets and High Technology Industries*, cit., pp. 519 ss. e JOSEPH KATTAN, "Antitrust Analysis of Technology Joint Ventures: Allocative Efficiency and the Rewards of Innovation", in ALJ., 1993, pp. 937 ss.

[2258] Cfr Comunicação de 2001, ponto 87, *in fine*. É certo, contudo, que, como acima se refere, uma parte significativa da anterior *praxis* decisória da Comissão parecia orientar-se no sentido de tomar em consideração o critério em causa em sede de aplicação do n.º 3 do artigo 81.º CE e não do n.º 1 desta disposição.

de novos produtos[2259] – tenha, em contrapartida, descurado a análise concreta dos pressupostos em que deve assentar a aplicação desse critério da justificação económica.

À semelhança do que observámos em relação ao primeiro critério de análise, numa perspectiva de comparação do tratamento jusconcorrencial das categorias de empresas comuns de investigação e desenvolvimento e de produção, também quanto a este segundo critério consideramos justificada uma concretização diferenciada do mesmo para efeitos de avaliação dessas suas categorias de entidades. Assim, sustentámos que a presunção favorável resultante deste segundo critério analítico não deveria, em princípio ser afastada devido à detenção de poder de mercado significativo por parte das empresas-mãe. Todavia, já consideramos justificada a aplicação desse critério negativo complementar, referente ao poder de mercado das partes em relação às empresas comuns de produção.

Acresce que, nas situações em que se verifique um elevado poder de mercado por parte das empresas-mãe, não só pode resultar prejudicada, em função desse aspecto, a presunção favorável associada ao segundo critério analítico ora em apreço, como, desde logo, será mais difícil fundamentar a própria aplicação desse critério. Na verdade, quanto mais elevado for o poder de mercado das empresas-mãe, mais exigente deverá ser a demonstração de qualquer hipotética incapacidade das mesmas para, de forma autónoma, entrar autonomamente em determinados mercados ou lançar novos produtos nos mercados em que já se encontrem presentes (tal demonstração, contudo, não é absolutamente impossível, mesmo em casos de constituição de empresas comuns de produção que integrem algumas das maiores empresas presentes em determinado mercado[2260]).

Importa salientar, no quadro da sistemática análise comparada a que vimos procedendo, que a relevância deste segundo critério analítico tem sido largamente reconhecido em sede de aplicação de normas de concorrência do ordenamento norte-americano. Deve mesmo acrescentar-se que, muito antes de a Comissão ter vindo reconhecer, na Comunicação de 2001, – embora em termos não inteiramente felizes – que esse critério

---

[2259] A posição assumida na Comunicação de 2001 reporta-se, em princípio, à generalidade dos acordos de cooperação, mas justifica-se que a tomemos especialmente em consideração em relação à categoria das empresas comuns.

[2260] A Comissão e os tribunais comunitários têm aceite a possibilidade de tal demonstração. Cfr, *vg.*, a esse propósito, a decisão *"Ford/Volkswagen"* (JOCE n.º L 20/14, 1993) à qual adiante retornaremos.

Parte III – Capítulo 3 1337

poderia determinar a não sujeição de empresas comuns de produção ao regime de proibição estabelecido no n.º 1 do artigo 81.º CE, já as autoridades de concorrência e os tribunais norte-americanos vinham sustentando que tal critério podia justificar juízos liminares favoráveis a esse tipo de empresas comuns.[2261] A referência expressa a esse critério, como justificação jurídico-económica válida para a constituição de empresas comuns de produção, nas Orientações de 2000,[2262] correspondeu, apenas, à confirmação de uma orientação interpretativa previamente existente

Alguma doutrina norte-americana tem, de resto, estabelecido alguns paralelismos neste domínio com a apreciação de empresas comuns de investigação e desenvolvimento que se mostrem necessárias para o lançamento de novos produtos. E, na realidade, em certos mercados, especialmente caracterizados pelo peso dos factores tecnológicos e sujeitos a rápidas mutações, a cooperação desenvolvida através de empresas comuns de produção pode mostrar-se tão imprescindível para a introdução de novos produtos ou para a própria entrada no mercado como a que se encontra associada às empresas comuns de investigação e desenvolvimento.[2263]

Em contrapartida, os autores norte-americanos têm, também, equacionado com alguma exigência o problema de verificação da inexistência de condições, em termos de razoabilidade económica, para actuações individuais das empresas, tendentes à entrada em certo mercado ou ao lançamento de determinados produtos. Essa análise e a possível construção de alguns testes, passíveis de aplicação sumária, com vista à verificação dessas condições são, em nosso entender, essenciais para uma aplicação eficaz do critério de apreciação em causa. Na sua ausência, esse critério pode adquirir um carácter eminentemente formal que o esvazia de

---

[2261] Cfr., nesse sentido, Thomas Pirainno, "Beyond Per Se, Rule of Reason or Merger Analysis: A New Antitrust Standard for Joint Ventures", cit., pp. 48 ss..

[2262] Reportamo-nos aqui às "*Antitrust Guidelines for Collaborations among Competitors*", de 2000, cit., Orientações EUA – ponto 3.31(a). Como aí se refere, "*participants may combine complementary technologies, know-how or other assets to enable the collaboration to produce a good more efficiently or to produce a good that no one participant alone could produce*".

[2263] Cfr., a este propósito, sobre as particularidades desses mercados especialmente tributários de diversos recursos tecnológicos e quanto ao papel das empresas comuns – *maxime* empresas comuns de produção – nos mesmos, Joseph Kattan, "Antitrust Analysis of Technology Joint Ventures: Allocative Efficiency and the Rewards of Innovation", cit., pp. 937 ss..

conteúdo. A esse título, consideramos menos feliz a opção seguida pela Comissão, na Comunicação de 2001, de se limitar a enunciar esse critério, sem especificar condições da sua aplicação. É certo que a mesma opção foi também seguida nas Orientações de 2000, no âmbito do ordenamento norte-americano. Todavia, como já referimos, essa referência corresponde apenas à confirmação de um parâmetro interpretativo já consideravelmente densificado em anterior jurisprudência e na prática decisória das autoridades de concorrência. Ora, pelo contrário, a anterior *praxis* decisória da Comissão não seguia, pelo menos de forma estável e coerente essa interpretação, pelo que se teria justificado uma análise mais desenvolvida das condições e do nível de exigência a tomar em consideração para aplicação do referido critério.

Pela nossa parte, reiteramos a nossa posição, no sentido de que o mesmo só pode ser aplicado mediante a verificação de factores económicos conclusivos – numa análise sumária e indicativa – da impossibilidade, ou extrema dificuldade de obter um resultado favorável, seja de entrada de um novo concorrente no mercado, seja de lançamento de novos produtos, através da actuação individual das empresas que se encontrem em causa.

Deve salientar-se, por último, a propósito do tratamento das empresas comuns de produção no ordenamento da concorrência norte-americano, que nos termos que são reconhecidos nas Orientações relativas a empresas comuns, de 2000, e que resultam, quer da jurisprudência, quer da prática decisória das autoridades federais de concorrência, estas entidades tendem a ser objecto de apreciação favorável, mediante a aplicação da denominada *"regra de razão"* (caso estejam em causa verdadeiras empresas comuns de produção, que não constituam formas dissimuladas de prosseguir outro tipo de entendimentos restritivos da concorrência).[2264] Desde que a criação deste tipo de entidades se traduza, previsivelmente, num aumento da produção ou da capacidade produtiva, e não apenas numa mera racionalização de capacidade já instalada pelas partes, será grande a

---

[2264] Acresce que a aplicação dessa *"regra de razão"* no presente decorre também da extensão do NCRPA ao domínio das empresas comuns de produção, pelo menos em relação a alguns tipos de empresas comuns de produção. Esse aspecto é, de resto, expressamente reconhecido nas *"Antitrust Guidelines for Collaborations among Competitors"*, de 2000, cit., esp. ponto 3.31(a), note (37), onde se refere que *"The NCRPA accords rule of reason treatment to certain production collaborations. However, the statute permits per se challenges, in appropriate circumstances, to a variety of activities (…)"*.

Parte III – Capítulo 3 1339

probabilidade de uma apreciação liminar favorável das mesmas.[2265] Diversamente, no plano comunitário, embora não tenha sido frequente, como adiante observaremos, a oposição da Comissão a empresas comuns de produção, as mesmas têm sido, em diversos casos, consideradas como modalidades restritivas da concorrência, *ex vi* do n.º 1 do artigo 81.º CE, necessitando de decisões de isenção, por vezes acompanhadas de condições, sem se ponderar, no devido grau, o contributo positivo que estas podem dar para o processo da concorrência (*maxime*, em função da ponderação deste segundo critério de apreciação que vimos caracterizando).

3.3.3.3. *Existência de poder de mercado pouco significativo das empresas fundadoras*

Por último, um terceiro critério pode também ser utilizado para identificar empresas comuns de produção normalmente permitidas. Referimo-nos ao critério correspondente à existência de um poder de mercado especialmente débil, ou pouco significativo, por parte das empresas fundadoras de uma empresa comum. A este propósito são, no essencial válidas as considerações que fizemos em relação à subcategoria das empresas comuns de investigação e desenvolvimento, para as quais remetemos.[2266] Nos moldes que tivemos já ensejo de expor, este parâmetro de apreciação deverá tomar como referência, com algumas adaptações, os critérios delineados na denominada Comunicação *de minimis*. Assim, também as empresas comuns de produção, constituídas por empresas fundadoras cuja quota de mercado agregada nos mercados afectados por esse processo de

---

[2265] Entre outros precedentes que traduzem uma orientação global no sentido acima indicado, cfr. "*US Dep't of Justice, Business Review Letter to United Techs. Corp., BRL. 83-21 (Oct. 27, 1983)*", na qual foi declarada a inexistência de objecções em relação a uma empresa comum de produção que permitiria a introdução no mercado de um tipo inovador de produtos, porquanto seria improvável que qualquer empresa participante tivesse a capacidade de incorrer isoladamente nos custos e riscos inerentes ao desenvolvimento desse produto.

[2266] Na verdade, este terceiro critério de delimitação de situações normalmente permitidas foi por nós suficientemente densificado no contexto da análise da primeira subcategoria de empresas comuns que foi objecto da nossa atenção – empresas comuns de investigação e desenvolvimento, *supra*, ponto 2.3.3.3. deste capítulo – não existindo, propriamente especificidades neste plano quanto às empresas comuns de produção, que justifiquem um tratamento autónomo desenvolvido.

1340   *Empresas comuns* – Joint Ventures

cooperação se situe num limiar compreendido entre 10% e 15% devem, em princípio, ser permitidas à luz do n.º 1 do artigo 81.º CE (salvo se, excepcionalmente, e em virtude de outros factores muito específicos, for possível identificar riscos particularmente sérios de afectação da concorrência que devam ser objecto de uma análise mais desenvolvida).

Além disso, a utilização deste critério relativo à quota do mercado, que, no plano analítico por nós proposto – como já se explicou – não pode ser confundida com a utilização dos critérios de quotas de mercado nos Regulamentos de isenção por categoria vigentes,[2267] deve ser excluída em situações complexas de existência de redes mais ou menos sobrepostas de várias empresas comuns de produção (ou de outro tipo, e envolvendo as mesmas partes).[2268]

3.3.4. **Primeiro estádio de análise das empresas comuns de produção – as situações normalmente proibidas**

No quadro da concretização do nosso modelo de apreciação à subcategoria das empresas comuns de produção, importa caracterizar os parâmetros essenciais que permitam identificar, sendo caso disso, modalidades de cooperação quase sempre proibidas, *ex vi* do artigo 81.º CE.

Como observámos a propósito das empresas comuns de investigação e desenvolvimento, tais situações de cooperação, normalmente proibidas, verificam-se nos casos em que a constituição de empresas comuns conduza a três formas especialmente negativas de afectação da concorrência,

---

[2267] Sobre essa diferenciação de planos analíticos cfr. o exposto *supra*, ponto 2.3.5.1. deste capítulo.

[2268] Teremos ensejo, no quadro da análise desenvolvida ao longo do presente capítulo, de aflorar alguns efeitos específicos resultantes da existência de *redes de empresas comuns* (*maxime*, em mercados que conheçam processos acelerados de tranformação com combinação de diferentes tecnologias ou recursos produtivos, como se tem verificado no sector das comunicações electrónicas e áreas conexas). Além disso, nesse tipo de sectores têm-se desenvolvido, também, redes, com diversas configurações, cujo interesse e valor para os respectivos utilizadores aumenta em função do número de utilizadores ligados às mesmas. Nessas situações, a *avaliação de poder de mercado* pode revestir-se de algumas especificidades – nem sempre devidamente apreendidas em sede de aplicação de normas comunitárias de concorrência – para além das quotas de mercado detidas pelas principais empresas em determinado momento. Cfr. sobre essas questões, C. SHAPIRO, H. R. VARIAN, *Information Rules – A Strategic Guide to the Network Economy*, Harvard Business School Press, 1998.

Parte III – Capítulo 3   1341

compreendendo os acordos tendentes à fixação de preços, à limitação da produção e à repartição de mercados ou de clientela. Todavia, se, como admitimos,[2269] a emergência desse tipo de situações tende a ser menos frequente, ou até excepcional, no contexto do funcionamento de empresas comuns de investigação e desenvolvimento, atendendo ao conteúdo funcional destas entidades, o mesmo não se verifica, já, em relação às empresas comuns de produção. Atendendo ao seu objecto típico, estas podem, em algumas situações, desencadear essas formas de restrição da concorrência, visadas por proibições *per se* no direito da concorrência. De modo ainda mais grave, os conteúdos funcionais mais recorrentes dessas empresas comuns de produção podem transformá-las em veículos para, de forma dissimulada, desenvolver esses tipos de práticas restritivas da concorrência. No âmbito do ordenamento norte-americano, tem sido, de resto, concedida, na prática, especial atenção a esse tipo de situações, de modo a evitar que a orientação interpretativa favorável às empresas comuns de produção aí geralmente acolhida, não seja subvertida pelas partes, mediante a utilização intencional desta figura para prosseguir, de facto, outros objectivos especialmente lesivos da concorrência (dissimulados em programas gerais de cooperação e matéria de produção e pretensamente justificados com as eficiências económicas que, em regra, se encontram ligadas aos mesmos).[2270]

De qualquer modo, é necessário distinguir, por um lado, a emergência de formas particularmente sérias de restrição da concorrência em

---

[2269] Cfr. sobre esse aspecto o exposto *supra*, ponto 2.3.4. deste capítulo.

[2270] Sobre esse tipo de análise no ordenamento norte-americano, no sentido de procurar a detecção de verdadeiros cartéis dissimulados sob a forma de empresas comuns, cfr., *inter alia*, THOMAS PIRAINNO, "Beyond Per Se, Rule of Reason or Merger Analysis: A New Antitrust Standard for Joint Ventures", cit., esp. p. 11. Como refere este autor, "*the joint venture may provide a mechanism to cloak conspiracies to fix prices, allocate territories, or engage in other anti-competitive activity in such other markets*". No mesmo sentido, cfr. ainda JOSEPH BRODLEY, "Joint Ventures and Antitrust Policy", cit., esp. pp. 1525 ss.. No quadro do ordenamento comunitário tenha-se presente, *vg.*, o caso sintomático da decisão "*Solvay/Sisecam*" (JOCE n.º C 272/14, 1999) respeitante a uma empresa comum de produção contemplando um mecanismo de fixação de preços de transferência da empresa comum para as empresas-mãe por referência aos preços de venda de bens dessas empresas a terceiros. Essa disciplina jurídica da empresa comum tendia, assim, a convertê-la num instrumento para a articulação de políticas de preços das empresas fundadoras (o que determinou a alteração do referido mecanismo de fixação de preços, de modo a assegurar a necessária independência nas políticas de preços da empresa comum e das empresas fundadoras).

matéria de preços, de limitação de produção ou de vendas, e de repartição de mercados ou clientelas que possam estar associadas à constituição de empresas comuns de produção e que incidam sobre a generalidade das actividades das empresas-mãe e, por outro lado, a existência de entendimentos acessórios que versem essas matérias, mas que respeitem apenas ao funcionamento interno dessas empresas comuns.

Na realidade, atendendo ao objecto típico destas entidades, justifica--se que as partes, no âmbito do funcionamento das mesmas, concluam entendimentos referentes à fixação da produção directamente assegurada por essas empresas comuns, ou à fixação dos preços de venda dos produtos fabricados através destas empresas, nos casos em que as mesmas procedam também à distribuição dos produtos transformados (desde que essa fixação de preços decorra, em termos económicos, da prossecução das funções integradas no quadro da empresa comum e não integre outras componentes, destinadas a prosseguir outros objectivos que extravasem a organização e o funcionamento económico da empresa comum).

É certo que, como justamente salienta a Comissão, na Comunicação de 2001, a eventual acumulação de funções de produção e de distribuição comercial tenderá a conduzir a uma qualificação das entidades que se encontrem em causa como operações de concentração sujeitas ao regime do RCC.[2271] Apesar disso, admitimos, ainda, a hipótese relevante de existência de entendimentos entre as partes com vista à fixação dos preços a praticar pela empresa comum, na venda da sua produção às próprias empresas-mãe. Além disso, podem ocorrer situações intermédias, em que, *vg.*, as empresas comuns forneçam a quase totalidade da sua produção às empresas-mãe e apenas comercializem junto de terceiros uma pequeníssima fracção, meramente residual, dessa produção. Nesses casos, dificilmente tal componente residual de comercialização de produtos junto de terceiros seria razão bastante para qualificar as empresas comuns como entidades económicas autónomas e, correlativamente, como operações de concentração (essas empresas não deixariam, no essencial, de desempenhar funções acessórias em relação às actividades das empresas-mãe que absorvessem a quase totalidade da sua produção). Ora, nesse tipo de

---

[2271] Cfr. Comunicação de 2001, nota 41, ponto 90. A Comunicação cobre, em geral, os acordos de cooperação e, portanto, como temos observado, abrange igualmente, em regra, as empresas comuns sujeitas ao artigo 81.º CE. De resto, em relação à hipótese de existência de entendimentos com vista à fixação de preços, a Comissão reporta-se, especificamente, nessa Comunicação à categoria das empresas comuns.

Parte III – Capítulo 3 1343

situações, o funcionamento das empresas comuns pode também conduzir à fixação de preços de venda a terceiros dos produtos fabricados por essas entidades.

A possibilidade de os acordos referentes a empresas comuns de produção incluírem entendimentos em matéria de fixação de preços ou quantidades de bens produzidos, que incidam sobre a produção destas entidades, sem que os mesmos sejam confundidos com modalidades de restrições graves da concorrência, objecto de proibição *per se*, à luz do n.º 1 do artigo 81.º CE, é expressamente contemplada na Comunicação de 2001.[2272] Além disso, o Regulamento de isenção por categoria, relativo aos acordos de especialização admite, também, esse tipo de situações, ressalvando que as mesmas não se encontram cobertas pela proibição *per se* que preclude, automaticamente, qualquer possibilidade de concessão de isenção.[2273]

Sem prejuízo de considerarmos justificada, nos termos expostos, a conclusão de entendimentos sobre as matérias em causa no âmbito do funcionamento de empresas comuns de produção, pensamos que, em algumas situações, os mesmos deverão ser objecto de uma análise mais desenvolvida. Na realidade, sendo compreensível e aceitável a lógica de introdução de mecanismos de concertação referentes a variáveis sensíveis para o processo de concorrência (preços e quantidades produzidas), que se encontrem directa e estritamente relacionados com o próprio funcionamento das empresas comuns de produção, importa verificar se, em função das condições concretas existentes, não sobrevêm, de forma mais ou menos indirecta, elementos de comunicabilidade desses aspectos de concertação à esfera de actividade das empresas-mãe.

Curiosamente, nas Orientações relativas ao tratamento de empresas comuns, de 2000, no âmbito do ordenamento norte-americano, que, em geral, asseguram um tratamento mais flexível da generalidade das empresas comuns do que aquele que se verifica no quadro do ordenamento comunitário – e, em particular, um tratamento especialmente favorável das empresas comuns de produção – não deixou de se tomar em consideração, de forma restritiva e cautelosa, a possibilidade de produção dos efeitos que atrás configuramos. Assim, essas Orientações configuram a possibilidade de serem fixados preços de venda da produção da empresa comum às res-

---

[2272] Cfr. Comunicação de 2001, ponto 90.
[2273] Cfr. o n.º 2 do artigo 5.º do Regulamento (CE) n.º 2658/2000, cit.

1344   *Empresas comuns* – Joint Ventures

pectivas empresas-mãe em níveis supraconcorrenciais, aumentando, desse modo, os custos marginais destas empresas e incorporando aí, desde logo, uma margem mínima de resultados, que será depois, reflexamente, imposta aos consumidores, gerando também um efeito de alinhamento dos preços por parte das empresas-mãe, mesmo que estas mantenham, na aparência, intocada a sua relação de concorrência no plano de comercialização dos produtos.

Além disso, contempla-se também nas referidas Orientações a possibilidade de os entendimentos adoptados no âmbito do funcionamento da empresa comum de produção conduzirem a uma limitação artificial dos níveis de produção, que pode induzir fenómenos de concertação entre as empresas-mãe, mediante uma limitação da oferta de bens que estas assegurem em determinado momento nos mercados que se encontrem em causa.[2274] Em termos comparativos, afigura-se-nos, pois, lacunar o tratamento dado a esta matéria na Comunicação de 2001, da Comissão, a qual se limita a ressalvar, numa perspectiva excessivamente formal, a possibilidade de adopção dos entendimentos acima referidos, no âmbito do funcionamento de empresas comuns de produção, sem identificar as condições de verificação de efeitos indirectos, que devem ser *a se* avaliadas.

3.3.5. As empresas comuns de produção que exigem uma análise mais desenvolvida

3.3.5.1. *O segundo estádio de análise das empresas comuns de produção*

3.3.5.1.1. Perspectiva geral

Como temos vindo a referir, de acordo com o modelo de apreciação de empresas comuns que delineámos, um primeiro estádio de análise permite identificar tipos de situações de cooperação quase sempre permitidas, ou quase sempre proibidas. Um terceiro tipo de situações – aquelas

---

[2274] Cfr. *"Antitrust Guidelines for Collaborations among Competitors"*, 2000, cit., ponto 3.31 (a), e, especialmente, *"note"* 38.

Parte III – Capítulo 3

que não se coadunem com a produção imediata de um juízo favorável, ou desfavorável – deverá ser objecto de análises mais desenvolvidas que ponderem, de modo sistematizado, um conjunto diversificado de factores, em vários estádios sucessivos de apreciação, que já tivemos ensejo de caracterizar em termos gerais.

Importa, pois, em relação à subcategoria das empresas comuns de produção, concretizar esses estádios de apreciação, equacionando os aspectos mais recorrentes na avaliação de situações cujas repercussões no processo de concorrência possam suscitar dúvidas significativas. É certo que, à luz do que já expusemos, designadamente em relação aos objectivos típicos dessas empresas comuns e aos riscos de afectação da concorrência normalmente associados às mesmas, admitimos que uma parte apreciável de tais empresas comuns possa não suscitar objecções sérias. Todavia, reconhecemos também que, num sentido algo diverso do que observámos relativamente às empresas comuns de investigação e desenvolvimento, um número proporcionalmente maior de empresas comuns de produção suscita potenciais dúvidas quanto à sua compatibilidade com o ordenamento da concorrência.[2275]

3.3.5.1.2. **O critério relativo à quota de mercado das empresas participantes**

O segundo estádio de análise que delineámos no nosso modelo de apreciação corresponde a uma avaliação do poder de mercado das empresas fundadoras de determinada empresa comum, a qual é, essencialmente, baseada num critério relativo à quota de mercado conjunta dessas empresas. Acresce que, divergindo, neste ponto, da orientação preconizada pela Comissão, sustentamos, para efeitos dessa análise, a definição

---

[2275] A propósito dessa diferenciação quanto às empresas comuns de investigação e desenvolvimento cfr. os aspectos expostos *supra*, pontos 3.3.1. e 3.3.2. deste capítulo. No quadro do ordenamento norte-americano algumas posições doutrinais sustentam uma orientação largamente favorável às empresas comuns de produção – desde que estas conduzam a um aumento global da capacidade produtiva – em termos comparáveis com o que se verifica quanto às empresas comuns de investigação e desenvolvimento e com pressupostos que não subscrevemos (cfr. sobre essas posições especialmente favoráveis às empresas comuns de produção, de THOMAS PIRAINNO, "Beyond Per Se, Rule of Reason or Merger Analysis: A New Antitrust Standard for Joint Ventures", cit., esp. p. 50).

1346   *Empresas comuns* – Joint Ventures

de um *limiar comum de quota de mercado que constitua um índice de graduação do poder de mercado aplicável à generalidade das empresas comuns*.[2276] Assim, também em relação às empresas comuns de produção deve ser tomado em consideração o limiar único de quota de mercado que propusemos como critério geral de apreciação, correspondente a 25% de qualquer um dos mercados relevantes afectados pela constituição de empresas comuns.[2277] Nestes termos, as empresas comuns de produção constituídas por empresas fundadoras cuja quota de mercado conjunta ultrapasse esse limiar de 25% em qualquer um dos mercados directamente afectados pelo processo de cooperação, suscitam potencialmente riscos de afectação séria da concorrência, que terão, contudo, de ser confirmados com base noutros factores complementares e na própria avaliação da natureza dos elementos restritivos da concorrência que possam estar em causa. Noutra perspectiva, a detenção de quotas de mercado inferiores a esse limiar de referência de 25% não permite suportar qualquer presunção de inexistência de repercussões negativas para o processo de concorrência.

Essa situação de não ultrapassagem da quota de 25% permitirá, apenas, formar um primeiro juízo indiciário favorável a determinada empresa comum de produção, o qual, contudo, como já expusemos, poderá ser afastado com base noutros factores necessariamente ponderados em estádios complementares de análise dessa empresa comum que não podem ser dispensados. Esse primeiro juízo favorável baseia-se no pressuposto de que a inexistência de poder de mercado significativo por parte das empresas fundadoras da empresa comum, não cria, em princípio, um incentivo para que as mesmas coordenem os seus comportamentos –

[2276] As razões que determinam essa nossa opção metodológica foram já expostas *supra*, ponto 1.4. e 2.3.5.1.1. deste capítulo, no qual apresentámos uma análise mais desenvolvida que corresponde a uma verdadeira caracterização geral dos modos de utilização do critério estrutural da quota de mercado em relação à generalidade das subcategorias de empresas comuns. De resto, como então destacámos, essa nossa posição de princípio, no sentido da aplicação de um critério único de quota de mercado para a avaliação jusconcorrencial de empresas comuns é – *mutatis mutandis* – sustentada nas "*Antitrust Guidelines for Collaborations among Competitors*", do direito norte-americano (cfr., especialmente, o ponto 4.2. dessas "*Guidelines*").

[2277] Sobre o conjunto de razões diversas que, independentemente da nossa posição de princípio relativa à utilização de um critério único de quota de mercado, nos levaram a propor esse específico critério geral correspondente a 25% dos mercados afectados pela criação de empresas comuns, cfr. os aspectos expostos *supra*, ponto 2.3.5.1.2. e 2.3.5.1.3. deste capítulo.

Parte III – Capítulo 3 1347

visto que não conseguiriam, por si, influenciar as condições de funcionamento do mercado –, nem permite que qualquer coordenação que, apesar de tudo, pudesse sobrevir, produza repercussões apreciáveis nesse mercado.

Recorde-se que, em relação àquelas empresas comuns que, no quadro de uma primeira fase de análise, não tenham desde logo, justificado uma avaliação favorável como modalidade de cooperação em princípio permitidas, será sempre necessário desenvolver um processo complexo de análise. A ponderação da quota de mercado constitui, apenas, o segundo estádio desse processo complexo e os indícios eventualmente favoráveis que possam resultar da mesma – em virtude da não ultrapassagem do limiar de 25% – podem ser confirmados, ou contrariados à luz dos critérios de análise a utilizar nos estádios subsequentes de análise (incluindo outros critérios estruturais como o grau de concentração existente nos mercados relevantes, bem como critérios de outra natureza).

Além disso, este critério da quota de mercado de 25% dos mercados afectados pelo processo de cooperação cumpre, nos termos que já tivemos ensejo de caracterizar, uma função analítica no quadro do modelo de apreciação que delineámos, completamente diferente da que se encontra subjacente aos limiares de quota de mercado estabelecidos nos diversos Regulamentos de isenção por categoria relevantes para a apreciação de vários tipos de empresas comuns.

Deste modo, o facto de o Regulamento de isenção por categoria referente aos acordos de especialização estabelecer, como condição de aplicação da isenção, a não ultrapassagem pelas empresas envolvidas no processo de cooperação de um limiar de 20% – inferior ao limiar comum, de 25%, que propomos para a análise dos vários tipos de empresas comuns – não encerra qualquer contradição.[2278] O mesmo Regulamento de isenção por categoria estabelece também como elemento fundamental, para o cálculo das quotas de mercado relevantes, o conjunto de dados referentes aos valores de vendas realizadas pelas empresas que se encontrem em causa. Todavia, admitimos, tal como já se expôs numa perspectiva geral, a possível utilização complementar, para o efeito, de outras informações de mercado disponíveis, designadamente respeitantes aos volumes de vendas realizadas pelas empresas em questão.

[2278] Cfr. *supra*, pontos 2.3.5.1.2. e 2.3.5.1.3. deste capítulo onde esse aspecto é directamente equacionado.

1348   *Empresas comuns* – Joint Ventures

Finalmente, importa referir que os mercados relevantes, no quadro dos quais se deve calcular a quota de mercado das empresas envolvidas na criação e funcionamento de uma empresa comum de produção, corresponderão àqueles que devam considerar-se directamente afectados pelo processo de cooperação (tipicamente, tal sucederá quanto aos mercados de bens finais produzidos pela empresa comum e fornecidos às empresas-mãe para que estas procedam à sua comercialização ou de produtos finais comercializados por essas empresas e que tenham sido fabricados com base nos bens intermédios fornecidos pela empresa comum). Não obstante, admitimos, acompanhando a posição sustentada pela Comissão na Comunicação de 2001,[2279] que possa também ser ponderada a posição das partes noutros mercados conexos com esses mercados directamente afectados, desde que essas posições sejam especialmente significativas. Todavia, nessa eventual ponderação de outras posições de mercado não deverão ser tomados em consideração limiares precisos de quota de mercado.

3.3.5.2. *O terceiro estádio de análise das empresas comuns de produção*

3.3.5.2.1. Os elementos fundamentais do terceiro estádio de análise das empresas comuns de produção

Prosseguindo a análise, na especialidade, de eventuais repercussões das empresas comuns de produção no processo de concorrência, propomo--nos, no quadro do que denominámos de terceiro estádio de apreciação, segundo o nosso modelo de avaliação, equacionar os elementos de afectação da concorrência especificamente inerentes a este tipo de empresas comuns.

No que respeita às situações que, pela natureza dos processos de cooperação envolvidos e, sobretudo, devido à quota apreciável de mercado das empresas envolvidas – de acordo com o critério indicativo acima enunciado – suscitem preocupações sérias de compatibilidade com o ordenamento de concorrência, este plano de apreciação, que ora consideramos,

---

[2279] Cfr. Comunicação de 2001, cit., ponto 95.

Parte III – Capítulo 3   1349

deverá permitir avaliar se os potenciais riscos de afectação em causa se materializam ou não em função dos conteúdos concretos dos programas de cooperação, prosseguidos através de empresas comuns de produção.

Como referimos previamente, no quadro da nossa análise de empresas comuns de investigação e desenvolvimento – que cobriu, também, múltiplos aspectos de alcance geral para a concretização do nosso modelo de apreciação destas entidades – trata-se aqui de realizar uma análise indutiva, ponderando as principais categorias de riscos de afectação da concorrência subjacentes, em tese, à subcategoria das empresas comuns de produção e avaliando a sua eventual caracterização em face do programa de cooperação em causa e do contexto de mercado em que o mesmo se desenvolva. Acresce que esta análise pode, numa perspectiva inversa, actuar como factor de correcção de juízos de princípio iniciais favoráveis a certas empresas comuns de produção, em virtude da não ultrapassagem do limiar de referência de 25% de quota de mercado. Na realidade, alguns modos particulares de concretização de elementos desse tipo funcional de empresas comuns e a forma como estes interajam com determinados contextos de mercado podem, em certas circunstâncias especiais, vir a revelar problemas de afectação da concorrência não imediatamente previsíveis com base na avaliação do poder de mercado das empresas participantes.

Os principais riscos de afectação da concorrência, que tivemos ensejo de identificar em relação às empresas comuns de produção, compreendem riscos de coordenação das empresas-mãe nos seus respectivos mercados de bens finais, e repercutindo-se nos níveis de preços, bem como na quantidade e padrões de qualidade desses produtos, riscos de partilha de mercados entre as empresas-mãe e riscos de encerramento do mercado a terceiras empresas. É com base nessa matriz que procuraremos densificar os impactos previsíveis no processo da concorrência dos conteúdos funcionais mais recorrentes de empresas comuns de produção (não obstante as variações muito significativas que as modelações concretas dos programas de cooperação podem conhecer).

Nessa densificação, tomaremos, sistematicamente, em consideração, com algumas adaptações, os seis factores de análise enunciados nas Orientações relativas a empresas comuns do direito norte-americano (de 2000), em relação às situações de cooperação que justifiquem um maior grau de preocupação. Trata-se, como se recorda, de ponderar *em que medida as empresas comuns envolvem ou não exclusividade na sua esfera funcional* (avaliando a *importância relativa das áreas das empresas participantes*

1350   *Empresas comuns* – Joint Ventures

que se mantêm independentes), *a medida em que essas empresas conservam o controlo independente de activos necessários para concorrer entre si, a dimensão dos interesses financeiros envolvidos nas empresas comuns, o modo de organização da empresa comum*,[2280] *a probabilidade de partilha de informações comercialmente sensíveis,* e a *duração da empresa comum.*

3.3.5.2.2. Condições variáveis para a coordenação de comportamentos em matéria de preços, quantidade e qualidade da oferta

Considerando, em primeiro lugar, a categoria de riscos de afectação da concorrência referentes a possíveis formas de coordenação entre as empresas-mãe em matéria de preços e de quantidade e padrões de qualidade desses produtos, importa destacar que – diversamente do que observámos em relação às empresas comuns de investigação e desenvolvimento – as empresas comuns de produção apresentam, em tese, um potencial restritivo da concorrência que pode repercutir-se, igualmente, sobre qualquer um desses elementos, ou sobre o conjunto dos mesmos (admitimos, em contrapartida, que as empresas comuns de investigação e desenvolvimento apresentariam um potencial restritivo da concorrência desigualmente distribuído e incidindo, de forma mais intensa, nos aspectos referentes à qualidade dos produtos).

A forma como esse potencial restritivo, associado a empresas comuns de produção, possa realmente materializar-se e os graus relativos de intensidade do mesmo em relação a esses vários elementos dependem do apuramento de factores complementares relacionados com as particularidades dos programas de cooperação gizados pelas partes e com o sistema de relações efectivas que se estabeleça entre o funcionamento da empresa comum e os mercados afectados por esta.

Assim, no que respeita a eventuais alinhamentos de preços nos mercados de bens finais comercializados pelas empresas-mãe, o potencial restritivo da concorrência inerente a certas empresas comuns de produção

---

[2280] Este quarto factor é por nós de algum modo adaptado em relação ao que é enunciado nas "*Antitrust Guidelines for Collaborations among Competitors*", de 2000, cit., designadamente no seu ponto 3.34 (d) que se reporta à "*manner in which a collaboration is organized and governed in assessing the extent to which participants and their collaborations have the ability and incentive to compete independently*".

Parte III – Capítulo 3 1351

deve ser, fundamentalmente, graduado com base em três factores, que, de seguida, enunciamos.

Como primeiro factor essencial, e num estrito plano de produção, importa avaliar se – no que representaria uma hipótese extrema possível – a totalidade do processo de fabrico dos bens comercializados de modo independente pelas empresas-mãe é confiada a uma empresa comum. Não se verificando essa situação de exclusividade, importa apurar se o programa de produção conjunta confiado à empresa comum representa uma parcela mais ou menos importante da produção global das empresas-mãe, bem como se, reflexamente, representa ou não uma parcela mais ou menos relevante da totalidade dos seus custos de produção. Como é natural, caso a totalidade da função produtiva esteja confiada a uma empresa comum, mantendo apenas as partes autonomia no domínio da comercialização de bens finais, ou, ainda, se uma parcela significativa da produção total das empresas-mãe for assegurada através de uma empresa comum, aumentarão as probabilidades de alinhamento dos preços desses bens finais entre as empresas-mãe.

Na verdade, sendo idênticos ou muito aproximados os custos totais de produção dos bens suportados pelas empresas-mãe existe, desde logo, uma base objectiva para essa coordenação dos preços, a menos que os custos especificamente associados à comercialização dos bens sejam muito variáveis e possam assumir uma dimensão significativa. Nessas situações, as empresas envolvidas no processo de cooperação conhecem, reciprocamente, e em toda a sua extensão, as margens de comercialização de que podem dispor, com base nos custos de produção em que incorrem. Tal incentiva, de modo quase inelutável, se os custos de comercialização não forem apreciáveis, práticas de preços coincidentes, visto que o grau de imprevisibilidade em relação à latitude das opções de política comercial de cada uma dessas empresas concorrentes se encontra consideravelmente atenuado, senão mesmo eliminado.

Em matéria de cooperação no domínio da produção, as referidas situações mais extremas de transmissão integral da função de produção – ou de partes significativas da mesma – para empresas comuns ocorrem, de facto, com uma frequência maior do que se poderia supor,[2281] e podem,

---

[2281] Tal tende a suceder com frequência maior do que *prima facie* se suporia, até porque, em muitas situações, as empresas-mãe se encontram presentes em vários mercados relevantes de produtos finais e podem optar, em relação a um desses produtos por concentrar a totalidade da sua produção numa empresa comum, mantendo na sua esfera as funções produtivas referentes a outros bens.

1352 *Empresas comuns* – Joint Ventures

ainda, assumir formas algo indirectas. Assim, em algumas situações já analisadas pela Comissão – *vg*. nos casos apreciados nas decisões *"Rockweel/Iveco"*, ou *"United Reprocessors"*-[2282] independentemente da parcela de funções produtivas transferida para programas de produção conjunta, as partes estabeleceram restrições quanto à realização de novos investimentos fora desses programas, o que contribuía para uma progressiva partilha de custos comuns de produção. É evidente que estes potenciais efeitos restritivos de alinhamento de preços entre as empresas--mãe podem ser relativizados se a empresa comum tiver constituído, comprovadamente, um meio necessário à entrada *ex novo* dessas empresas em determinado mercado (como vimos, este aspecto, em certas condições, tende a permitir um juízo imediatamente favorável à constituição de empresas comuns).

Em termos inversos, caso os programas de produção conjunta se revistam de grande especificidade e se limitem a um domínio muito particular e circunscrito dos processos produtivos das empresas participantes – representando uma fracção reduzida dos respectivos custos totais de produção – os riscos de alinhamento de preços por parte dessas empresas tornam-se despiciendos.

Como segundo factor analítico essencial, nos termos acima considerados, e fora de um plano estrito de produção, o risco de coordenação em matéria de preços associado ao funcionamento de uma empresa comum de produção pode ser graduado por outro tipo de elementos, relacionados com a natureza dos bens finais em questão e com a dimensão dos custos de comercialização dos mesmos.

Como já observámos, a natureza heterogénea de certos bens pode determinar a existência de custos de comercialização significativos e muito díspares, cobrindo quer diversos formatos de apresentação sob forma padronizada desses bens, quer custos de promoção ou relacionados com o funcionamento de sistemas de distribuição. Nesse tipo de situações, mesmo que se verifique uma significativa proximidade dos custos totais de produção suportados pelas empresas-mãe, em virtude do funcionamento

---

[2282] Cfr. decisão *Rockweel/Iveco"* (JOCE n.º L 224/19, 1983) e decisão *"United Reprocessors"* (JOCE n.º L 51/7, 1976). Como a Comissão então reconheceu a adopção de regras relativas ao funcionamento de uma empresa comum e às condições de participação das empresas fundadoras no sentido de estas se absterem da realização de investimentos fora do programa de produção conjunta corresponde a uma *"restriction of the independent competitive potential of the parties"*.

Parte III – Capítulo 3   1353

de certa empresa comum, os riscos de coordenação entre aquelas empresas em matéria de preços encontram-se consideravelmente atenuados (a existência de formas diversas de apresentação do produto final, com especificações diferenciadas e possíveis custos de comercialização distintos, foi referida, *vg.*, na decisão *"Ford/Volkswagen"*,[2283] embora num contexto em que a Comissão identificou restrições da concorrência relevantes em sede de aplicação do n.º 1 do artigo 81.º CE e apenas aprovou a empresa comum de produção em causa, através da concessão de uma isenção).

Além disso, como também já se salientou,[2284] a natureza heterogénea dos produtos que sejam objecto dos programas de cooperação conjunta e a necessidade de apresentar os mesmos aos consumidores com imagens diferenciadas (*vg.* mediante certas especificações diversas introduzidas de forma autónoma por cada empresa-mãe nos produtos fornecidos pela empresa comum) pode também contribuir para assegurar a manutenção da concorrência entre as partes em matéria de padrões de qualidade dos produtos (mesmo que a parcela mais significativa da produção que estas comercializam provenha da actividade da empresa comum).

Em súmula, desde que as diferenças de custos de comercialização apresentem uma margem suficientemente importante para manter um grau apreciável de incerteza por parte de cada uma das empresas participantes em relação às opções de política de preços finais da contraparte pode, em última análise, considerar-se afastado o risco de alinhamento de preços.

Por último, e continuando a tomar em consideração a especial relevância no domínio em apreço de um conjunto de três factores analíticos primaciais, nos termos acima referidos, os riscos de coordenação em matéria de preços por parte das empresas-mãe podem, também, ser avaliados em função de um terceiro factor, relativo à probabilidade de partilha de informações sensíveis no quadro do funcionamento corrente de uma empresa comum de produção.

[2283] Cfr. decisão *"Ford/Volkswagen"*, cit., à qual adiante retornaremos, de forma desenvolvida. Em contrapartida, já apontámos – *supra*, ponto 3.3.2.1. deste capítulo – que, em casos como, *vg.*, o analisado na decisão *"Electrolux/AEG"*, cit. a Comissão terá subestimado o relevo dos elementos de diferenciação dos produtos no âmbito da sua comercialização (bem como as próprias diferenças em termos de custos de comercialização).

[2284] Cfr., uma vez mais, o ponto 3.3.2.1. onde analisamos os riscos de coordenação de comportamentos das empresas-mãe tipicamente associados às empresas comuns de produção. Essa primeira perspectiva geral de diversas categorias de riscos de afectação da concorrência é neste ponto – e nos seguintes – concretizada em função de conteúdos mais recorrentes de programas de cooperação no domínio da produção.

1354   *Empresas comuns* – Joint Ventures

Embora essa ligação não seja assumida nas Orientações relativas a empresas comuns do ordenamento norte-americano (de 2000), pensamos que esse factor referente à eventual partilha de informações entre empresas concorrentes se encontra estreitamente associado a outro factor enunciado nas mesmas Orientações e que corresponde ao modo de organização do funcionamento de empresas comuns e ao processo decisório adoptado no âmbito das mesmas. Na realidade, as empresas comuns de produção podem estar organizadas por forma a funcionar, na máxima extensão possível, de modo independente das empresas-mãe, através de mecanismos e compromissos que limitem os pontos de contacto com as mesmas, quer a nível de quadros técnicos superiores e de elementos dos respectivos órgãos de gestão, quer no que respeita a fluxos de informação relacionados com quaisquer ligações entre a actividade da empresa comum e as actividades dessas empresas-mãe.

Em contrapartida, noutras situações, os programas de produção conjunta prosseguidos por empresas comuns de produção pressupõem o conhecimento de certas condições essenciais de exercício de actividade por parte das empresas fundadoras. Assim, a troca de listas de clientes ou de informações sobre preços praticados pelas empresas participantes, no quadro desses programas de produção, como sucedia na situação apreciada na decisão da Comissão *"BP Kemi/DDSF"*[2285], ou a divulgação de informações sobre outros acordos de fornecimento concluídos por essas empresas, como sucedia no caso versado na decisão *"Carlsberg"*[2286], correspondem a formas de partilha de informação que tendem a revelar-se problemáticas em sede de aplicação do n.º 1 do artigo 81.º CE. Além de outras questões que as mesmas potencialmente suscitam, constituem, por si só, factores que criam condições objectivas para o desenvolvimento de práticas de coordenação de preços por parte das empresas-mãe.

É certo que alguns mecanismos de partilha de informação podem ser formalmente configurados como aspectos acessórios para o funcionamento dos programas de produção conjunta – *vg.*, como referências para a fixação de metas periódicas para a actividade da empresa comum (pense-se, entre outras situações, na fixação de objectivos de fornecimento de determinadas quantidades de bens, e com certas condições, às empresas-mãe, em função das variações de solicitações de determinados clientes

---

[2285] Cfr. decisão *"BP Kemi/DDSF"*(JOCE n.º L 286/32, 1979).
[2286] Cfr. decisão *"Carlsberg"* (JOCE n.º L 207/26, 1984).

finais destas empresas que sejam tomadas como referência e comunicadas para esse efeito à empresa comum). Todavia, considerando as suas repercussões no plano de eventuais coordenações de comportamentos comerciais das empresas-mãe, essas formas de organização da actividade das empresas comuns de produção deverão ser evitadas.

De uma forma geral, os diversos factores que fomos enunciando como possíveis elementos de incentivo ao alinhamento dos preços praticados pelas empresas-mãe – *maxime* em função da semelhança dos custos totais de produção suportados por essas empresas – podem também contribuir para a coordenação dos comportamentos das mesmas empresas no que respeita a quantidades e padrões de qualidades dos bens finais oferecidos em determinados mercados.

Tal como sucede em matéria de preços, o facto de as empresas participantes dependerem, em larga medida, do programa de produção conjunta desenvolvida no âmbito de uma empresa comum para obterem a maior parte dos bens finais que oferecem em determinado mercado, acentua os riscos de coordenação dos comportamentos comerciais daquelas empresas em relação a esses dois elementos essenciais do processo de concorrência que são a quantidade e a qualidade dos produtos oferecidos.

Acresce que, no que respeita, especificamente, à concorrência que incida sobre os padrões de qualidade dos produtos, a probabilidade de restrição indevida da mesma varia na proporção inversa da proximidade da área de actividade da empresa comum de produção em relação aos mercados de bens finais em que actuam as empresas-mãe. Assim, se essa relação for menos directa ou próxima, e a empresa comum se limitar a fornecer bens intermédios, que as empresas-mãe deverão integrar no seu próprio processo produtivo, em conjugação com múltiplos elementos complementares obtidos a partir de outras fontes, com vista ao fabrico de bens finais que comercializam em certos mercados, será, claramente, menor a probabilidade de verificação de qualquer restrição da concorrência no plano da qualidade dos produtos.

No que respeita à quantidade dos produtos oferecidos pelas empresas-mãe em certos mercados, ressalvámos já que a circunstância de, em determinado momento, tais empresas obterem de uma empresa comum a maior parte dos bens finais que comercializam, de modo autónomo, não significa, de forma linear, que se encontre precludida qualquer possibilidade de adopção por parte das empresas-mãe de políticas comerciais diferenciadas, nesse plano, das quantidades de bens que disponibilizam para o mercado. Como já se referiu, não se devem fazer apreciações formais e estáticas das situações que ocorram, em determinados momentos, quanto aos fluxos de fornecimentos de bens existentes, por um lado, entre uma empresa comum de produção e as suas empresas-mãe e, por outro lado, entre estas empresas e os seus clientes finais. Estas, poderão adoptar políticas comerciais divergentes, variando as quantidades de bens que oferecem no mercado, desde que disponham de outras fontes de aprovisionamento de bens, designadamente resultantes de capacidade própria instalada e que possa ser facilmente reactivada.

Todavia, para que se mantenham estas condições favoráveis ao desenvolvimento da concorrência entre as empresas, no plano da quantidade dos bens oferecidos no mercado, é também forçoso avaliar outros aspectos, em particular um dos factores enunciados nas Orientações relativas a empresas comuns do direito norte-americano. Referimo-nos ao segundo factor de apreciação identificado nessas Orientações e correspondente à manutenção de controlo independente por parte de cada uma das empresa-mãe de activos especializados necessários para a produção de determinados bens cobertos pelo programa de produção conjunta. Na verdade, se essas empresas tiverem transferido a parte mais significativa desses seus activos para a empresa comum, como forma de realização da sua contribuição para a constituição da mesma, e o grau de especialização, bem como o custo desses activos obstar a uma célere substituição dos mesmos, então essas empresas não terão, razoavelmente, a capacidade para aumentarem, por si, os seus níveis de produção. Nessas condições, ter-se-á reforçado, consideravelmente, a probabilidade de ocorrência de situações de coordenação entre as empresas-mãe, no que respeita às quantidades de bens oferecidas no mercado.

Outro aspecto que importa equacionar corresponde ao sistema global de compromissos contratuais em que assente o funcionamento da empresa comum da produção, *maxime* no que respeita a obrigações de aquisição assumidas pelas empresas-mãe em relação àquela entidade. Assim, compromissos respeitantes à aquisição de quantidades mínimas (periodicamente revistas) de certos bens à empresa comum, como os que foram apreciados na decisão da Comissão *"Olivetti/Canon"*[2287,] bem como compromissos no sentido de adquirir a totalidade das respectivas necessidades quanto a certos bens junto da empresa comum, como sucedia, *vg.*,

---

[2287] Cfr. Decisão *"Olivetti/Canon"*, de 1988, já cit..

Parte III – Capítulo 3 1357

no caso que foi objecto da decisão *"Vacuum Interrupters II"*,[2288] tendem também a afectar a capacidade das empresas para manter estratégias comerciais autónomas relativamente a esse elemento importante do processo de concorrência que ora consideramos (elemento relativo à variação dos níveis quantitativos da oferta de bens finais nos mercados em que actuam as empresas-mãe).

3.3.5.2.3. O conteúdo dos programas de produção conjunta e os riscos de partilha de mercados

No que respeita à segunda categoria global de riscos de afectação da concorrência que associámos, em tese, à constituição de empresas comuns de produção, referimos que o conteúdo concreto dos programas de produção conjunta que se encontrem em causa, bem como os sistemas de regras de funcionamento dessas empresas, em determinados contextos de mercado, podem determinar formas, mais ou menos indirectas (conforme os casos) de repartição de clientes ou de mercados entre as empresas-mãe.[2289] Essas situações podem revestir características muito diversas, sendo difícil apreendê-las e caracterizá-las em termos gerais. De qualquer modo, considerando a experiência já adquirida através da *praxis* decisória neste domínio – quer no sistema comunitário, quer no sistema norte--americano que vimos tomando *pari passu* como referência comparativa – podemos aflorar, de modo ilustrativo, alguns aspectos paradigmáticos destas modalidades de cooperação, que se revelam, por princípio, mais susceptíveis de gerar problemas de afectação da concorrência.

Assim, alguns acordos relativos à constituição e funcionamento de empresas comuns integram compromissos das empresas-mãe, no sentido de se absterem do fabrico de certas categorias de produtos, ou mesmo de não concorrerem com produtos cobertos pelo programa de produção conjunta, como sucedia, designadamente, no caso versado na decisão da Comissão *"GEC – Weir Sodium Circulators"*[2290] (compromissos frequentemente justificados com razões de eficiência e com vista a assegurar uma base estável de actividade às próprias empresas comuns).

[2288] Cfr. decisão *"Vacuum Interrupters II"* (JOCE n.º L 383/1, 1980).

[2289] Sobre esse modo de concretização de riscos de partilha de mercados inerentes a empresas comuns de produção cfr. o exposto *supra*, ponto 3.3.2.2. deste capítulo.

[2290] Cfr. decisão da Comissão *"GEC – Weir Sodium Circulators"*, de 1977, cit..

1358 *Empresas comuns* – Joint Ventures

Estipulações desse tipo, que podem ser combinadas com disposições referentes ao sistema de produção da empresa comum, no sentido de esta fornecer a cada uma das empresas-mãe as mesmas categorias de bens, mas com especificicações algo diferenciadas, traduzem, em certas situações verdadeiros entendimentos tendentes à especialização recíproca, integrados, de forma mais ou menos indirecta, nos modelos de organização de algumas empresas comuns de produção. Estes podem estar concebidos de modo a fornecer, especificamente, a cada empresa-mãe determinadas linhas de produtos dirigidas, em função das suas características, a certos núcleos de clientela ou a certos mercados geográficos, sendo o efeito último desses entendimentos a repartição desses clientes ou mercados geográficos entre as empresas-mãe (apesar de, na aparência, apenas se encontrarem em causa entendimentos versando a organização da produção e não aspectos de comercialização, os mesmos podem prefigurar esferas de comercialização diferenciadas por parte das empresas-mãe e a inerente repartição de mercados entre as mesmas). Nesse contexto, disposições contratuais referentes a limitações de novos investimentos das empresas--mãe – eventualmente justificadas com a aparente necessidade de não criar sobreposições com os programas de produção conjunta no âmbito da empresa comum – podem também constituir um incentivo para a repartição de mercados entre aquelas empresas.

Como é natural, a análise tendente à detecção deste tipo de eventuais efeitos de repartição de mercados ou clientela, nas situações acima configuradas, reveste-se de natureza complexa. Tipicamente, deverá assentar num cruzamento de informações económicas respeitantes, por um lado, aos fornecimentos feitos pela empresa comum às suas empresas-mãe, e, por outro lado, às características essenciais de certos públicos consumidores ou de mercados que possam constituir o alvo das estratégias comerciais destas últimas empresas (devendo referir-se que, em regra, a análise jurídico-económica da Comissão se tem revelado lacunar neste especial plano de complexidade, que obriga à compreensão funcional de *sistemas contratuais de funcionamento de empresas comuns no contexto de particulares relações concretas de mercado*[2291]).

[2291] Trata-se, neste plano, de um caso típico de necessidade de abordagem de situações jurídicas relevantes para a aplicação de normas de concorrência de acordo com a perspectiva que atrás denominámos e caracterizámos como "*law in context*". Essa abordagem metodológica obriga ao desenvolvimento de análises jurídico-económicas que não se limitem a uma esfera de restrições da liberdade de actuação das empresas apreendidas

Parte III – Capítulo 3 1359

Outros elementos dos acordos referentes a empresas comuns de produção podem, ainda, contribuir para a produção de efeitos de partilha de mercados. Pensamos, designadamente, noutro dos factores de análise enunciados nas Orientações relativas a empresas comuns do direito norte-americano, e que corresponde à ponderação da probabilidade de verificação de trocas de informação comercialmente relevante entre as partes.[2292] A avaliação dessa probabilidade pode assentar, quer em elementos jurídicos do sistema contratual da empresa comum – *vg.* previsões no sentido de divulgação de informação sobre clientes ou sobre condições de venda das empresas comuns como referência para fixação de metas a alcançar pela empresa comum – quer em elementos factuais dos feixes de relações desencadeados pelo funcionamento da empresa comum (*vg.*, entre múltiplos aspectos, a participação de gestores das empresas-mãe em órgaõs ou em reuniões da empresa comum).

Além de outras repercussões sobre elementos do processo da concorrência que já abordámos, esse tipo de circulação de informação pode induzir situações de partilha de mercado. Na verdade, o conhecimento recíproco de elementos primaciais da estratégia comercial ou empresarial da contraparte cria condições para que as empresas – afastando zonas de incerteza que, em condições normais de mercado, são inibidoras de comportamentos dirigidos à obtenção de vantagens supraconcorrenciais (imediatas) – se articulem entre si, no sentido de repartirem clientes ou mercados, de acordo com a lógica que lhes permita retirar para si o maior

---

segundo perspectivas formais. Em situações paradigmáticas, como as acima descritas, encontra-se até em causa uma lógica inversa, que impõe maior flexibilidade na apreensão de elementos formais de aparente restrição da concorrência, no sentido de captar, através de uma *compreensão funcional da interligação entre o contexto de mercado e a actuação de certos compromissos contratuais*, elementos restritivos que poderiam, *prima facie*, passar desapercebidos. Esse tipo de compreensão funcional, requerendo uma adequada ponderação de concretos contextos de mercado tem vindo a ser desenvolvido através da progressiva utilização de modelos empíricos de análise económica dos mercados, incluindo a ponderação de evoluções verificadas em contextos de mercado comparáveis com os apreciados em determinada situação concreta ou novos processos de tratamento sistematizado de informação diversificada sobre as condições de funcionamento dos mercados. Sobre o desenvolvimento desses processos de análise aptos a permitir o tipo de compreensões funcionais que acima configuramos, cfr., *inter alia*, ROGER VAN DEN BERGH, PETER D. CAMESASCA, *European Competition Law and Economics – A Comparative Perspective*, cit., esp. pp. 170 ss..

[2292] Cfr. "*Antitrust Guidelines for Collaborations among Competitors*", de 2000, cit., ponto 3.34 (e).

1360 *Empresas comuns* – Joint Ventures

benefício económico. Importa ter presente que a acuidade das potenciais questões suscitadas pela circulação de informações entre as partes, na perspectiva da emergência de riscos de partilha de mercados, varia de acordo com o poder de mercado das partes. Quanto maior for o poder de mercado destas, mais significativos serão, nos contextos acima descritos, os riscos de partilha de clientes e de mercados. Além disso, nas situações em que se encontre em causa a apreciação *ex post* de empresas comuns que se encontrem já em funcionamento, será relevante observar em que medida se poderá associar a existência de processos de circulação de informação entre as partes e quaisquer efeitos de '*deslocação*' – identificável ao longo de certo período de tempo após a constituição da empresa comum – dos fluxos de venda das empresas-mãe, no sentido de os mesmos se concentrarem, especificamente, em determinados clientes ou mercados.

Noutras situações, apesar de as empresas-mãe conservarem, no essencial, actividades de comercialização autónomas, não se estendendo a cooperação do domínio da produção à área da distribuição, os acordos concluídos entre as partes podem incluir disposições avulsas sobre alguns elementos da distribuição comercial dos bens – objecto do programa de produção conjunta – a empreender separadamente por essas empresas--mãe. Essas disposições podem, de resto, ser formalmente configuradas como aspectos acessórios, determinados por razões intrínsecas ao próprio processo de produção desenvolvido no âmbito da empresa comum, mas tendem, de forma quase inelutável, a gerar efeitos globais de repartição dos mercados. Assim, a afectação entre as partes de algumas áreas de comercialização, mesmo que limitada – nos termos que se verificavam *vg.* na situação analisada na decisão da Comissão "*Feldmühle/Stora*"[2293] – tende a prejudicar o desenvolvimento de verdadeiras estratégias globais autónomas de comercialização por parte das empresas-mãe e cria condições para a concertação entre as partes, no sentido da repartição de mercados.

Em contrapartida, afigura-se-nos algo excessiva a apreciação feita pela Comissão na decisão "*Olivetti/Canon*",[2294] de acordo com a qual uma disposição prevendo obrigações de diligência das partes com vista ao escoamento dos bens produzidos pela empresa comum que haviam constituído seria *a se* restritiva da concorrência (segundo a Comissão, esses

---

[2293] Cfr. decisão "*Feldmühle/Stora*", relatada no "*Décimo Segundo Relatório sobre a Política de Concorrência*", pontos 73 e 74.

[2294] Cfr decisão "*Olivetti/Canon*", de 1988, cit..

Parte III – Capítulo 3 1361

compromissos reduziriam o grau de independência dessas partes na condução das suas políticas comerciais, bem como a probabilidade de estas concorrerem entre si com produtos não fabricados pela empresa comum). Na verdade, em certas condições de mercado muito particulares, disposições desse tipo podem suscitar algumas questões, mas pensamos que dificilmente as mesmas, por si, suportarão comportamentos dirigidos à partilha de mercados ou de clientela.

3.3.5.2.4. Os problemas de encerramento de mercados

Em relação aos riscos de encerramento do mercado a terceiros que podem decorrer da constituição e funcionamento de empresas comuns de produção, distinguimos já, essencialmente, duas perspectivas de acordo com as quais os mesmos podem ser equacionados.

Uma primeira perspectiva corresponde à ponderação da vantagem concorrencial que as empresas-mãe obtenham através das reduções de custos, proporcionadas pela empresa comum, e de uma correlativa incapacidade, por parte de terceiras empresas concorrentes, de a acompanhar. A consequente consolidação de uma desvantagem de fundo com que as empresas concorrentes fiquem eventualmente confrontadas pode, em certas condições, ditar o afastamento das mesmas dos mercados que se encontrem em causa. Numa segunda perspectiva, podem configurar-se eventuais efeitos de encerramento de mercados de bens intermédios que sejam directa ou indirectamente afectados pelo funcionamento de empresas comuns de produção.

Como tivemos ensejo de observar, a eventual produção do primeiro tipo de efeitos de encerramento de mercado depende, primacialmente, do poder de mercado já detido pelas empresas fundadoras da empresa comum, bem como da estrutura dos mercados que se encontrem em causa. Na realidade, caso essas empresas já detenham um poder de mercado significativo e, comparativamente, muito superior ao das terceiras empresas concorrentes, a nova vantagem, consubstanciada numa apreciável redução de custos que obtenham através da constituição de uma empresa comum de produção, pode representar um *maius* decisivo para assegurar o domínio do mercado e o virtual encerramento do mesmo às outras empresas.

Além da ponderação do poder de mercado detido pelas partes, a avaliação da eventual ocorrência desse tipo de efeitos negativos para a

1362 *Empresas comuns* – Joint Ventures

concorrência deve assentar, também, numa verificação do peso que a redução de custos assegurada através da empresa comum represente nas estruturas de custos directamente afectadas pelas empresas-mãe às áreas de actividade relacionadas com o objecto da empresa comum. Se, em termos relativos, esse peso das poupanças geradas pela empresa comum for muito significativo, aumenta, naturalmente, a probabilidade de ocorrência de efeitos de encerramento do mercado. Em última análise, contudo – como procurámos sublinhar –[2295] uma avaliação definitiva relativamente à ocorrência deste tipo de efeitos restritivos da concorrência deve depender, ainda, da ponderação da existência de alternativas, por parte das empresas concorrentes, para reforçarem, por seu turno, a eficácia dos seus processos produtivos.

Os dois factores *supra* referidos constituem os parâmetros essenciais para aferir a probabilidade de verificação de efeitos de encerramento de mercado, configurados na perspectiva da redução de custos das empresas--mãe, independentemente das soluções variáveis que sejam adoptadas para enquadrar o funcionamento das empresas comuns. Admitimos, tão só, como factor complementar, relevante, e já directamente relacionado com o teor dos compromissos assumidos pelas empresas-mãe no âmbito de empresas comuns, os possíveis entendimentos das partes no sentido de não procederem ao licenciamento a terceiras entidades da utilização de direitos de propriedade intelectual ou industrial emergentes do programa de produção conjunta, excepto por mútuo consentimento das mesmas (situações desse tipo, apreciadas *vg.* na decisão da Comissão *"VW-MAN"*,[2296] tendem a consolidar as vantagens obtidas pelas empresas-mãe e a afectar uma dinâmica de reacção competitiva por parte de terceiras empresas).

Em contrapartida, a avaliação da probabilidade de verificação do segundo tipo de efeitos de exclusão – que se projectem em mercados de bens intermédios afectados pela actividade da empresa comum – depende, em larga medida, das características dos feixes de obrigações que enquadrem a organização e o funcionamento de certas empresas comuns de produção.

Considerando algumas das situações mais recorrentes, podemos identificar potenciais questões de encerramento de mercados, resultantes quer da actividade das empresas-mãe como compradoras de bens a empre-

---

[2295] Cfr. a este propósito os aspectos expostos supra, ponto 3.3.2.3. deste capítulo onde abordámos, numa perspectiva geral, os riscos de exclusão de concorrentes potencialmente associados a empresas comuns de produção.

[2296] Cfr. decisão da Comissão *"VW-MAN"*, de 1983, já cit.

Parte III – Capítulo 3

sas comuns, quer da sua actividade como fornecedores de bens ou activos a estas últimas empresas. No primeiro plano acima referido, as questões em apreço podem, designadamente, resultar de compromissos assumidos pela empresa comum de fornecer, com carácter de exclusividade, as respectivas empresas fundadoras (como sucedia no caso *"Allied-Lyons/ /Carlsberg"*[2297]), de compromissos destas empresas no sentido de satisfazerem integralmente as suas necessidades de aquisição de certos bens através de fornecimentos da empresa comum ou, ainda, de obrigações assumidas pelas mesmas empresas no sentido de adquirirem quantidades mínimas dos bens em causa à empresa comum.[2298]

No segundo plano acima identificado, importa ter presente eventuais situações problemáticas que resultem, *vg.*, de compromissos assumidos pelas empresas-mãe de fornecerem, com carácter de exclusividade, a determinada empresa comum por si controlada matérias primas ou outros elementos essenciais para o processo produtivo (como sucedia na situação versada na decisão da Comissão *"Enichem/ICI"*[2299]), ou de obrigações assumidas, por seu turno, pela empresa comum, no sentido de adquirir, em exclusivo ou preferencialmente, certos componentes necessários para a produção às suas empresas-mãe (como sucedia no caso apreciado na decisão da Comissão *"Iveco/Ford"*[2300]).

[2297] Cfr. caso *"Allied-Lyons/Carlsberg"* – empresa comum combinando os interesses na área de produção de cerveja dessas duas empresas – referido em *"Commission Press Release IP (92) 632"*, de 28 de Julho de 1992.

[2298] Como situação paradigmática do estabelecimento de compromissos das empresas-mãe no sentido de satisfazerem integralmente as suas necessidades de aquisição de certos bens através de fornecimentos da empresa comum, cfr. o caso analisado na decisão *"Vacuum Interrupters II"*, já cit., e como situação ilustrativa da adopção de compromissos de aquisição de quantidades mínimas dos bens contratuais à empresa comum, cfr. o caso apreciado na decisão *"Olivetti/Canon"*, já cit..

[2299] Cfr. decisão da Comissão *"Enichem/ICI"*, de 1988, já cit..

[2300] Cfr. decisão da Comissão *"Iveco/Ford"* (JOCE n.º L 230/39, 1988). Neste caso a Comissão ponderou como possível restrição da concorrência a obrigação da empresa comum de tipo societário em causa de satisfação das suas necessidades de componentes através de fornecimentos das empresas fundadoras (*"to the detriment of other suppliers"* – ponto 28 da decisão); admitiu, contudo, que poderia não se materializar nessa situação um efeito de encerramento do mercado a terceiros fornecedores desde que um compromisso da empresa comum de conceder preferência a fornecimentos das empresas fundadoras apenas se tornasse efectivo em situações em que estas empresas oferecessem componentes em condições concorrenciais e não menos favoráveis que os oferecidos por terceiras empresas.

1364   *Empresas comuns* – Joint Ventures

Sem prejuízo da relevância deste tipo de situações para a ponderação de eventuais efeitos de encerramento do mercado – *maxime* nos casos em que as empresas-mãe, em virtude do seu poder económico, sejam importantes compradores, ou fornecedores, em certos mercados de bens intermédios – pensamos que a *praxis* decisória da Comissão neste domínio não permitiu, ainda, criar parâmetros estáveis de análise, criando, assim, alguma insegurança para as empresas que enveredem por processos de cooperação no domínio da produção (sobretudo se as mesmas forem detentoras de um apreciável poder de mercado). Em especial, afigura-se-nos que, com excessiva frequência, as análises da Comissão têm enfermado de alguma falta de realismo económico e de uma excessiva propensão formal para identificar efeitos de encerramento dos mercados.

Como já procurámos salientar,[2301] não deverá ser suficiente para a identificação desse tipo de efeitos verificar que a constituição de certa empresa comum reduz a margem de actuação de terceiras empresas como fornecedoras ou compradoras de bens intermédios. Será necessário apurar se, numa perspectiva de razoabilidade económica, e atendendo às condições prevalecentes nos mercados que se encontrem em causa, essas empresas dispõem ainda de alternativas comerciais relevantes. Ora, pelo menos em alguns casos, a Comissão tem acolhido uma orientação formalista, de sentido inverso (na decisão *"ACEC/Berliet"*[2302] chegou, mesmo, a admitir que uma empresa comum constituída para o desenvolvimento de certo tipo de componentes eléctricos poderia eliminar indevidamente a oportunidade de outros fornecedores oferecerem esse bem intermédio, sem tomar em consideração que na situação de mercado que se encontrava em causa não existiam terceiros fornecedores com capacidade para produzir esses bens).[2303]

[2301] Cfr. a esse propósito o exposto *supra*, pontos 3.3.2.2. e 3.3.2.3. deste capítulo.

[2302] Cfr. decisão *"ACEC/Berliet"*, de 1968, já cit.

[2303] Importa ainda, a fechar esta secção relativa a *modos de concretização* de *possíveis efeitos restritivos da concorrência associados a empresas comuns de produção*, ter presente a caracterização geral desses efeitos que delineámos *supra*, 2.3.5.2.5., a propósito da subcategoria das empresas comuns de investigação e desenvolvimento, mas – como desde logo especificámos – em termos que são, no essencial, válidos quanto às outras subcategorias de empresas comuns submetidas ao regime do artigo 81.º CE. Assim, pudemos salientar que os efeitos essenciais sobre o processo da concorrência a tomar em consideração no quadro da constituição desses tipos de empresas comuns não correspondem, em regra, a efeitos estruturais ou, pelo menos, a efeitos que sejam apreendidos de modo directo com essa configuração, nos termos em que tal se verifica a propósito de operações

3.3.5.3. *Estádios complementares de análise de empresas comuns de produção*

3.3.5.3.1. O critério analítico relativo aos tipos de relações económicas entre empresas comuns e empresas-mãe

A aplicação do critério referente à ponderação de elementos específicos de cada tipo funcional de empresa comum pode ser complementada, de acordo com o modelo geral de apreciação destas entidades que propomos, com a utilização de um parâmetro de análise relativo às *tipologias de relações entre os mercados das empresas-mãe e das empresas comuns*. Numa perspectiva mais lata, trata-se de equacionar criticamente aspectos relativos às *tipologias de relações económicas entre essas partes*.

Como já referimos, esse parâmetro extensamente utilizado na doutrina norte-americana por JOSEPH BRODLEY como verdadeiro eixo director da metodologia de análise jusconcorrencial de empresas comuns que este autor propõe pode ser, de algum modo, transposto com adaptações para o enquadramento da apreciação de empresas comuns em sede de aplicação de normas comunitárias de concorrência.[2304] Considerámos que

---

de concentração. Os efeitos ora em causa, desencadeados por empresas sujeitas ao regime do artigo 81.º CE, correspondem primacialmente ao que denominámos como *efeitos de alastramento, em sentido lato*, entendidos como a verificação de repercussões desencadeadas num plano de *cooperação limitada a certas funções empresariais* e que se *estendem ao comportamento concorrencial, globalmente considerado, das empresas-mãe nos mercados de bens finais em que actuem* e no âmbito dos quais se projectem ou executem as funções particulares visadas pela cooperação empreendida através da empresa comum. Este *efeito de alastramento, em sentido lato*, característico das empresas comuns que não desempenham todas as funções de uma entidade económica autónoma comporta, normalmente, uma *componente estrutural indirecta*, na medida em que essas repercussões são graduadas em função do poder de mercado das empresas envolvidas. Além disso, nos termos que já observámos, deve ser devidamente diferenciado de um *efeito de alastramento stricto sensu*, entendido como *efeito de coordenação de comportamentos das empresas-mãe em mercados conexos* com os mercados de bens finais nos quais se projecte em primeira linha a cooperação desenvolvida através das empresas comuns.

[2304] Cfr. sobre este parâmetro de análise no quadro do modelo global de apreciação jusconcorrencial de empresas comuns que propomos, o exposto *supra*, ponto 2.4.4. do capítulo primeiro desta **Parte III**. Como desde logo aí referimos, trata-se de um critério influenciado pelo modelo de análise delineado na doutrina norte-americana por JOSEPH

1366   *Empresas comuns* – Joint Ventures

tal parâmetro deveria conduzir à autonomização de três categorias de empresas comuns passíveis de originar repercussões específicas sobre o processo de concorrência, à luz dos feixes típicos de relações económicas entre as partes que lhes estão associados. Essas três categorias compreendem, num primeiro plano, as *empresas comuns que carreiam elementos para o processo de produção de bens e serviços das empresas-mãe*,[2305] e as *empresas comuns que escoam bens e serviços das empresas-mãe* e, num segundo plano específico, as *empresas comuns de produção*. Em relação a esta última categoria, admitimos, então, a possibilidade de aprofundar uma subdivisão analítica baseada na distinção de tipos diversos de relações entre os mercados das empresas envolvidas na criação e funcionamento das empresas comuns de produção.

Importa, pois, concretizar as bases dessa subdivisão analítica e apreender, sumariamente, o possível contributo da mesma para a avaliação de repercussões típicas das empresas comuns de produção sobre o processo de concorrência. Devemos, de qualquer modo, clarificar previamente que, no contexto da apreciação dessas empresas comuns de produção, este critério, baseado em tipos distintos de relações entre os mercados das empresas envolvidas no processo de cooperação e os próprios mercados aos quais as empresas comuns que se encontrem em causa estejam ligadas – apesar de corresponderem a entidades que não desempenham todas as funções de uma entidade económica autónoma[2306] – deve, no

---

BRODLEY (cfr. "Joint Ventures and Antitrust Policy", cit., pp. 1524 ss.), embora com diversas adaptações, designadamente resultantes da distinção conceptual fundamental existente no direito comunitário entre empresas comuns que desempenham todas as funções de uma entidade económica autónoma e empresas comuns que não asseguram essa plenitude de funções empresariais (a qual não tem paralelo no direito norte-americano da concorrência). No quadro da doutrina comunitária, e como também observámos, alguns autores enunciam um critério analítico de algum modo comparável, mas numa perspectiva mais lata que identificam como correspondendo à ponderação dos tipos de relações económicas entre as partes (cfr., a esse respeito, a análise já cit., de JOHN TEMPLE LANG, *International Joint Ventures Under Community Law*, cit., pp. 381 ss.).

[2305] Sobre o enquadramento das empresas comuns de investigação e desenvolvimento nessa categoria à luz do parâmetro de análise ora considerado, cfr. o exposto *supra*, ponto 2.3.5.3. deste capítulo.

[2306] Essa característica determina que estas empresas comuns não assegurem propriamente, enquanto tais, uma presença própria autónoma em certos mercados. A isto acresce que esta subcategoria de empresas comuns não assegura sequer, independentemente desse aspecto de autonomia, acesso directo ao mercado na vertente de comercialização dos bens que se encontrem em causa (trata-se de *empresas comuns de tipo interno,*

Parte III – Capítulo 3

essencial, ser concretizado de acordo com uma perspectiva temporal específica. Trata-se, assim, de considerar numa perspectiva *ex ante* as relações existentes entre os mercados das empresas-mãe e os mercados em relação aos quais o funcionamento da empresa comum se encontrará mais directamente associado. Tal implica que se equacionem esses feixes de relações, tomando como ponto de referência, nessa análise, as posições de mercado detidas pelas empresas-mãe, no período imediatamente anterior à constituição de determinada empresa comum de produção.

Procuramos, pois, de seguida, enunciar as subcategorias de tipos de relações económicas entre as partes, no âmbito da constituição e funcionamento de empresas comuns de produção que apresentem relevância analítica para a percepção e avaliação de eventuais repercussões sobre o processo de concorrência. Propomo-nos abordar, sucessivamente, essas diversas subcategorias por ordem decrescente de gravidade dos efeitos restritivos da concorrência potencialmente associados às mesmas (é evidente, contudo, que esse potencial restritivo da concorrência em tese associado a cada tipo de situações pode não se confirmar, ou pode conhecer modelações de conteúdo muito diversificado, visto que o parâmetro analítico ora em causa é apenas indicativo e constitui um elemento complementar de apreciação que deve interagir, de modo complexo, com outros critérios de análise que temos vindo a enunciar e caracterizar).

Uma primeira subcategoria de situações que podemos identificar corresponde às empresas comuns de produção que actuem no mesmo mercado das empresas-mãe (que podemos também qualificar como empresas comuns de produção de tipo puramente horizontal). Trata-se, em súmula, de processos de cooperação envolvendo a constituição de empresas comuns cujo objecto compreenda a produção de bens finais que sejam já comercializados pelas empresas-mãe e que estejam localizadas no âmbito do próprio mercado geográfico dessas empresas. Tipicamente, esta subcategoria envolverá um maior risco de afectação da concorrência, embora a efectiva concretização e graduação desse risco se encontre em absoluto dependente de outros factores de apreciação (designadamente, com a importância que lhe temos vindo a reconhecer como elemento de

---

no sentido que já tivemos ensejo de caracterizar). Deste modo, impunha-se uma considerável adaptação em relação aos critérios delineados por JOSEPH BRODLEY, que não se encontram condicionados pela subdivisão conceptual – *"full function"* e *"partial function joint ventures"* – do direito comunitário (*maxime*, estando em causa o segundo domínio conceptual acima identificado).

1368 Empresas comuns – Joint Ventures

triagem de situações mais ou menos problemáticas, do factor correspondente ao poder de mercado das partes tal como indiciado pelas suas quotas de mercado).[2307]

Outra subcategoria relevante de situações corresponde aos casos de constituição de empresas comuns no mercado do produto das empresas-mãe, mas num mercado geográfico distinto daquele em que essas empresas operavam. Noutros termos, tal corresponde à criação de empresas comuns de produção orientadas para a entrada das respectivas empresas-mãe num novo mercado geográfico. Neste tipo de situações, duas ou mais empresas que concorram activamente entre si num determinado mercado do produto e numa determinada área – que constitua um mercado geográfico distinto – propõem-se criar uma empresa comum de produção, de modo a estender a sua actividade a um outro mercado geográfico, no qual não mantinham previamente qualquer presença, embora assegurem, em termos autónomos, nesse novo mercado geográfico, a comercialização dos bens produzidos por essa empresa comum.

O potencial restritivo da concorrência teoricamente associado a estas situações é claramente menor do que aquele que se encontra subjacente à primeira subcategoria *supra* identificada, mas pode, ainda, ser considerável, *maxime* se as empresas em causa detiverem um significativo poder de mercado nos sectores em que se encontravam originariamente presentes.[2308] Na realidade, nesse tipo de situações as empresas poderiam dispor

---

[2307] A propósito desse grau superior de risco de afectação da concorrência inerente a empresas comuns que tenham por objecto a produção de bens finais que sejam já comercializados pelas empresas-mãe – mantendo estas, previamente, relações de concorrência entre si – e que estejam localizadas no âmbito do próprio mercado geográfico dessas empresas, sobretudo se as empresas envolvidas detiverem consideráveis quotas de mercado, tenha-se presente, *vg.*, o caso *"Olivetti/Canon"*, já cit., envolvendo empresas que detinham quotas de mercado conjuntas superiores a 30% em relação a alguns segmentos de mercado (em que a Comissão, apesar de tudo, concedeu uma isenção válida por um período de doze anos), ou o caso *"Bayer/Gist"*, que envolvia, igualmente duas empresas concorrentes detentoras de apreciáveis quotas de mercado (JOCE n.º L 30/13, 1976). Importa clarificar que, quando referimos aqui este tipo de *empresas comuns cujo objecto corresponda à produção de bens finais já comercializados pelas empresas-mãe e que estejam localizadas no âmbito do próprio mercado geográfico dessas empresas*, tomamos em consideração empresas comuns de produção que visem apoiar a actuação das empresas fundadoras naqueles mercados geográficos em que estas já se encontrem presentes, mantendo entre si relações de concorrência.

[2308] É, na verdade, sintomático que se verifiquem diversas apreciações desfavoráveis da Comissão, mesmo quando *as empresas-mãe utilizam a empresa comum para*

Parte III – Capítulo 3 1369

da capacidade necessária para expandirem a sua actividade, de modo independente, a um novo mercado geográfico (como já referimos atrás, a avaliação dessa eventual capacidade das empresas-mãe, a efectuar com base numa análise económica realista, constituirá um elemento primacial para apreciar, em termos globais, os efeitos sobre a concorrência eventualmente emergentes da constituição de empresas comuns de produção nesse contexto de entrada num novo mercado).

Caso se mostre razoável admitir – num juízo de prognose fundado em factores económicos concretos – que as empresas em questão teriam condições para entrar autonomamente no mercado geográfico que se encontre em causa, deverá prevalecer na avaliação da situação um efeito restritivo da concorrência, – projectado no médio prazo – que se sobrepõe a quaisquer vantagens para a concorrência resultantes, numa óptica de curto prazo, da entrada de novos concorrentes num determinado mercado geográfico. Além disso, essas situações podem, mesmo, conduzir ao cruzamento de diversos efeitos negativos para a concorrência traduzidos, por um lado, numa afectação da concorrência potencial entre as partes num certo mercado geográfico – correspondente aos efeitos a médio prazo acima configurados – e, por outro lado, num eventual efeito de alastramento da cooperação mantida através da empresa comum aos mercados geográficos em que as empresas-mãe já se encontrassem presentes.

Deste modo, compreensivelmente, múltiplas situações do tipo atrás descrito têm sido, com alguma frequência, alvo de objecções por parte da Comissão. Sem prejuízo de, em tese, considerarmos essa orientação algo restritiva justificada, pensamos, todavia, que a Comissão nem sempre tem suportado numa análise económica realista a sua avaliação da capacidade das empresas envolvidas nos processos de cooperação para entrar, de forma independente, em novos mercados geográficos, sobretudo quando se encontram em causa grupos empresariais com maior poder econó-

---

entrar num novo mercado geográfico. Entre múltiplas situações deste último tipo, podemos considerar, *inter alia,* o caso *"Irish Distillers Group"* (tentativa de tomada de controlo de uma empresa já existente, e que correspondia ao único produtor irlandês de Whiskey, por parte de três dos maiores produtores comunitários de bebidas espirituosas que assumiriam o controlo conjunto dessa empresa; caso referido no *"Décimo Oitavo Relatório sobre a Política da Concorrência"*, ponto 80), o caso *"Industrial Gases"* (constituição de empresas comuns para operarem nos mercados da França, Alemanha e Benelux, envolvendo alguns dos maiores produtores de gases industriais; caso referido no *"Décimo Nono Relatório sobre a Política da Concorrência"*, ponto 62), ou o caso *"BSN/St. Gobain"* (referido no *"Décimo Quinto Relatório sobre a Política da Concorrência"*, ponto 34).

1370   *Empresas comuns* – Joint Ventures

mico.[2309] Em termos comparativos, admitimos que, no âmbito do ordenamento da concorrência norte-americano, quer a *praxis* decisória das autoridades federais de concorrência, quer a jurisprudência têm evoluído no sentido de uma análise mais flexível deste tipo de aspectos, mesmo quando se encontram em causa grupos empresariais de grande dimensão. E, na realidade, consideramos que a existência de poder económico não deve sustentar quaisquer presunções relativamente à capacidade das empresas para entrar em novos mercados geográficos, sem que, pelo menos, se analisem as condições económicas concretas das quais dependa essa entrada.[2310]

Uma terceira subcategoria de situações inclui os casos relativos à constituição de empresas comuns de produção em mercados do produto

---

[2309] Essa orientação restritiva da Comissão verifica-se não só em relação a casos de constituição de raiz de empresas comuns como em relação a situações de aquisição *ex post* de controlo conjunto de empresas já existentes, com vista a que estas funcionem como verdadeiras empresas comuns. Cfr., a esse respeito, o caso *"Irish Distillers Group"*, versado no *"Décimo Oitavo Relatório sobre a Política de Concorrência"* e referido na nota anterior. Pela nossa parte, não rejeitamos que, nas situações em que seja provável a existência de condições para a entrada independente de duas ou mais empresas em determinado mercado geográfico, a sua associação numa empresa comum para realizar tal entrada tenda a restringir a concorrência. O que pretendemos enfatizar é que essa aptidão para a entrada independente em novos mercados geográficos deve ser objecto de análises económicas realistas e não pode ser presumida, sem qualquer análise de suporte, mesmo quando se encontrem em causa empresas com alguma dimensão.

[2310] Tenha-se presente, como exemplo dessa maior flexibilidade de análise em sede de aplicação de normas de concorrência norte-americanas – a qual traduz um justo reconhecimento de um elevado padrão de exigência que se deve formular para a aceitação de juízos indiciários sobre uma elevada probabilidade de aptidão de entrada independente de certas empresas em determinados mercados geográficos (como alternativa em relação à entrada através de uma empresa comum) – o precedente correspondente ao caso *"United States v. Penn-Olin Chem Co., 246 F. Supp. 917 (D. Del 1965)"*. Tal não impede que essa probabilidade de entrada independente seja ponderada em alguns casos, como factor decisivo para apurar limitações da concorrência inerentes a empresas comuns que tenham constituído instrumentos de entrada *ex novo* em certos mercados, mas com base em análises economicamente realistas dessas probabilidades (cfr. *vg.*, a esse respeito, o precedente correspondente ao caso *"Yamahaa Motor Co. V. FTC, 657 F.2d 971 (8 th Cir. 1981)"*. Além disso, não basta trazer à colação a possibilidade de uma entrada independente das empresas fundadoras de certa empresa comum em determinado mercado, mas um horizonte temporal relativamente curto para tal entrada (cfr. a esse respeito, ainda no ordenamento norte-americano, o precedente correspondente ao caso *"United States v. FCC (Satellite Business Systems) 652 F.2d 72 100 (DC Cir. 1980)"*.

estreitamente relacionados com os mercados das empresas-mãe. Nesse tipo de situações, as empresas comuns não asseguram a produção de bens finais que sejam ulteriormente comercializados *qua tale* pelas empresas-mãe nos mercados em que estas se encontrem presentes. Limitam-se a fornecer às empresas-mãe bens intermédios, que estas incorporarão no seu próprio processo produtivo de bens finais no quadro dos mercados em que já actuam.

Neste contexto, quanto maior for a proximidade dos bens intermédios fornecidos pela empresa comum em relação aos finais que constituam o objecto central da actividade das empresas-mãe, mais significativo será, em tese geral, o potencial restritivo da concorrência associado a estas empresas comuns. Mais uma vez, a concretização dos efeitos negativos para a concorrência que possam resultar da constituição destas empresas comuns de produção depende da ponderação de outros factores, com destaque para o poder de mercado das empresas-mãe nos mercados de bens finais que estas comercializem e para a estrutura da concorrência existente nos próprios mercados de bens intermédios que se encontrem em causa (nos quais as empresas-mãe intervenham como compradores).[2311]

Por último, podemos identificar uma quarta subcategoria de situações que, em tese, apresentarão um menor potencial restritivo da concorrência. Referimo-nos às situações correspondentes a empresas comuns que actuem no mercado de uma das empresas-mãe (e que podemos denominar como *empresas comuns de tipo parcialmente horizontal*[2312]). Pensamos, concretamente, nos casos de constituição de empresas comuns

---

[2311] Tenha-se presente como precedente relevante em que a Comissão terá tomado em consideração, para identificar restrições da concorrência subsumíveis na proibição do n.º 1 do artigo 81.º CE (então artigo 85.º TCE), a importância de certos bens intermédios, produzidos por determinada empresa comum de produção, para os bens finais das empresas fundadoras, que estas ofereciam, mantendo relações de concorrência entre si (apesar de uma das empresas fundadoras não ter desenvolvido previamente à constituição da empresa comum capacidade para a produção dos bens intermédios em causa), o caso *"NUAB/Vallourec"* (JOCE n.º C 113/4, 1986; *Common Market Law Report*, 1986, 194, 2).

[2312] Esta qualificação é também inspirada na *tipologia de relações entre mercados das empresas envolvidas na constituição e funcionamento de empresas comuns* proposta por JOSEPH BRODLEY, embora com múltiplas adaptações, visto que o modelo global de análise por nós proposto não é coincidente com a mesma e parte de alguns pressupostos diferentes, relacionados com a distinção entre *"full function"* e *"partial function joint ventures"*. Cfr. a esse propósito, JOSEPH BRODLEY, "Joint Ventures and Antitrust Policy", cit., esp. pp. 1573 ss..

1372 *Empresas comuns* – Joint Ventures

de produção para desenvolver actividade no mercado do produto e geográfico de uma das empresas fundadoras, ou ainda para permitir a essa empresa entrar *ex novo* no mercado do produto que se encontre em causa, encontrando-se a outra empresa fundadora também presente nesse mercado do produto, mas mantendo-se num mercado geográfico distinto. Neste contexto, a empresa comum fornecerá bens finais para comercialização por apenas uma das empresas fundadoras – aquela que se encontre presente no mercado geográfico em que esteja localizada, precisamente, tal empresa comum.

Em relação a este tipo de situações poderá questionar-se a motivação das empresas fundadoras que, embora actuando no mercado do produto final objecto do programa de produção conjunta, permaneçam em mercados geográficos distintos e não adquiram, para as suas próprias actividades de comercialização desse bem, qualquer parcela da produção assegurada pela empresa comum. Consideramos, no entanto, que podem existir motivações diversas para a participação, nessas condições, em empresas comuns de produção – o que, de resto, é confirmado pela *praxis* conhecida de relações de cooperação entre empresas neste domínio. Entre outros aspectos, podem mostrar-se relevantes para as empresas-mãe que permaneçam em mercados geográficos distintos e não absorvam qualquer parcela da produção da empresa comum, os seguintes:

- A perspectiva dos resultados económicos a gerar através dessa empresa comum;
- A eventual produção de sinergias com o seu próprio processo produtivo – que pode incluir o acesso a informação sobre novos métodos ou processos de produção, ou sobre determinados modelos de organização;
- A aquisição de uma experiência relevante que possa vir a criar condições no futuro para uma entrada no mercado geográfico que se encontre em causa.

Embora em termos gerais, este tipo de situações pareça originar, em regra, riscos relativamente menores de afectação da concorrência do que as subcategorias anteriormente consideradas, as mesmas podem, de qualquer modo, em certas condições, desencadear riscos importantes de afectação de concorrência potencial (pode questionar-se, designadamente, em que medida a constituição de empresas comuns no contexto acima

Parte III – Capítulo 3 1373

descrito não retarda a entrada nos mercados geográficos mais directamente afectados pelas mesmas das empresas-mãe que se conservam nos seus mercados geográficos de origem[2313]). Além disso, caso se verifique a presença simultânea das empresas-mãe em qualquer outro mercado geográfico não abastecido pela empresa comum, o funcionamento desta pode, ainda assim, induzir efeitos restritivos de alastramento a esse terceiro mercado.[2314]

Admitimos, ainda, a possibilidade de algumas variantes neste tipo de situações referentes, *vg.*, a casos em que a constituição de uma empresa comum de produção corresponda à entrada de duas (ou mais) empresas fundadoras num novo mercado do produto[2315] – embora apenas uma das

---

[2313] Podemos, de alguma forma, considerar – acompanhando neste ponto as posições de alguma doutrina (*vg.*, nos termos que FRANK FINE parece sustentar em *Mergers and Joint Ventures in Europe*, cit., esp. pp. 458 ss.) – que se revestiria de carácter relativamente excepcional uma proibição de empresa comum de produção no enquadramento comunitário que fosse exclusivamente fundada em aspectos de restrição de concorrência potencial, nos termos atrás configurados. Contudo, tal hipótese não deve ser excluída em termos gerais, no contexto de determinadas situações em que tais repercussões negativas para a concorrência potencial se mostrem mais gravosas.

[2314] Podem ocorrer ainda outras variantes, como terá, designadamente, sucedido no caso "*Yamaha Motor Co. V. FTC*", já cit., no quadro do ordenamento norte-americano. Assim, neste precedente – relativo à constituição de uma empresa comum de produção – o facto de uma das empresas-mãe, optando por se manter fora do mercado norte-americano no plano da comercialização do produto final, ter entregue à empresa comum a totalidade de infra-estruturas produtivas que já detinha nesse mercado, tornou ainda mais remota a entrada ou uma presença efectiva ou significativa deste potencial concorrente nesse mercado (circunstância que pesou de forma especial na avaliação jusconcorrencial da empresa comum, atendendo a que a referida empresa era um dos candidatos mais prováveis a uma entrada *ex novo* no mercado norte-americano e com mais condições objectivas para a realizar e considerando, além disso, a estrutura oligopolística do mercado que se encontrava em causa, no âmbito da qual os efeitos decorrentes da diminuição da pressão da concorrência potencial tenderiam a ser, por essa razão, ampliados). Esse caso ilustra, pois, de forma paradigmática não apenas a importância da ponderação dos tipos de relações entre os mercados das empresas envolvidas na constituição e funcionamento de empresas comuns, mas também da sua articulação com outros factores de análise, *maxime* de índole estrutural referentes às características dos mercados que se encontrem em causa.

[2315] Incluimos aqui estas situações de *extensão do mercado do produto* como subvariante da quarta categoria de situações relevantes que temos vindo a considerar em sede da utilização do critério relativo às relações entre os mercados das empresas envolvidas nos processos de cooperação (quarta categoria correspondente, como atrás expusemos, a situações referentes *a empresas comuns que actuem no mercado de uma das empresas-mãe*). Essa subvariante corresponde, de algum modo, à quarta categoria de situações rele-

1374   *Empresas comuns* – Joint Ventures

mesmas proceda à comercialização do bem final em questão em determinado mercado geográfico – ou a casos, de natureza ainda mais complexa, em que a criação de uma empresa comum traduza a entrada de uma das empresas fundadoras num novo mercado do produto e de outra dessas empresas num novo mercado geográfico.

O primeiro conjunto de situações, correspondente à entrada das empresas-mãe em novos mercados do produto, frequentemente através de empresas comuns que combinam funções de investigação e desenvolvimento e de produção – como sucedia, de algum modo, em diversas situações apreciadas nas decisões *"Vacuum Interrupters II"*, ou *"GEC – Weir Sodium Circulators"*, já referidas,[2316] – deverá, em princípio ser objecto da apreciação mais favorável, incluindo, designadamente, em sede de aplicação do n.º 1 do artigo 81.º CE, e mesmo que se encontrem em causa empresas que se pudessem considerar concorrentes potenciais. Na realidade, a suposição de possível desenvolvimento futuro de relações activas de concorrência, subjacente aos juízos relativos à qualificação de duas ou mais empresas como concorrentes potenciais, encontra-se sujeita a uma *alea*, que, em alguns casos pode ser considerável. Em contrapartida, a experiência demonstra que, em muitos casos de constituição de empresas comuns de produção tendentes à entrada das empresas fundadoras em determinado mercado do produto, estas tendem, após um certo período inicial de cooperação, a entrar plenamente no mercado em questão e de modo autónomo.

Do mesmo modo, verificam-se também com frequência condições para a apreciação favorável do segundo conjunto de situações acima considerado, independentemente da existência prévia de relações de concorrência potencial entre as partes (referimo-nos aqui à entrada de uma das empresas fundadoras num novo mercado do produto e de outra dessas empresas num novo mercado geográfico). Apesar disso, caso as relações

---

vantes identificada por JOSEPH BRODLEY, que este autor denominou como *"joint ventures into related markets"*, identificando nesse plano duas subcategorias relativas às *"partially horizontal joint ventures"* e às *"market and product extensions joint ventures"*. Cfr. A. cit., "Joint Ventures and Antitrust Policy", cit., esp. pp. 1573 ss.. Como temos vindo a destacar, embora tomemos em consideração a sistematização analítica proposta por BRODLEY, introduzimos diversos ajustamentos na mesma atendendo às particularidades do enquadramento das empresas comuns no ordenamento comunitário da concorrência em confronto com o seu enquadramento no ordenamento norte-americano.

[2316] Cfr. decisões *"Vacuum Interrupters II"*, ou *"GEC – Weir Sodium Circulators"*, respectivamente de 1980 e de 1977, já cit..

Parte III – Capítulo 3

de concorrência potencial em questão se revistam de especial intensidade, e atendendo a que apenas se verifica a entrada de uma nova empresa no mercado do produto que se encontre em causa, admitimos que as probabilidades de sujeição deste tipo de situações à proibição do n.º 1 do artigo 81.º CE são maiores do que na categoria de casos anteriormente considerados (sem prejuízo, naturalmente, da possibilidade de concessão de isenções *ex vi* do n.º 3 do artigo 81.º CE). Além disso, sucede também com frequência que a constituição de empresas comuns que sejam duplamente instrumentais para a entrada de cada uma das empresas fundadoras num novo mercado do produto e num novo mercado geográfico, implique a conjugação, em graus variáveis de funções de produção e comercialização. Deste modo, algumas dessas entidades tenderão a aproximar-se de uma qualificação como entidades que desempenham todas as funções de uma entidade económica autónoma, tornando-se subsumíveis no conceito de operação de concentração e ficando, consequentemente, sujeitas ao regime do RCC.

3.3.5.3.2. Parâmetros de análise complementares

Temos vindo a autonomizar, num último estádio de apreciação, um conjunto de factores complementares e residuais de análise que podem ainda ser conjugados com os parâmetros essenciais de análise que temos enunciado. Não há, propriamente, especificidades de maior na aplicação de tais parâmetros complementares em sede de apreciação de empresas comuns de produção, quer no que respeita aos parâmetros de pendor mais directamente estrutural (*maxime*, grau de concentração do mercado afectado pela criação da empresa comum), quer em relação aos factores menos tributários de uma lógica estrutural *stricto sensu* (designadamente, factores relacionados com uma perspectiva dinâmica de ponderação de barreiras à entrada no mercado e, reflexamente, com a avaliação da possibilidade de entrada de novos concorrentes no mercado).[2317]

[2317] Podemos, assim, remeter essencialmente o tratamento geral desta matéria para o ponto 2.4.5. do capítulo primeiro desta **Parte III** e para o ponto 2.3.5.3. deste capítulo, no âmbito do qual os aspectos em causa são equacionados quanto às empresas comuns de investigação e desenvolvimento em termos aplicáveis, *mutatis mutandis*, às restantes subcategorias de empresas comuns submetidas ao regime do artigo 81.º CE.

1376 *Empresas comuns* – Joint Ventures

Tal como observámos em relação às empresas comuns de investigação e desenvolvimento, consideramos que, no domínio ora em apreço de cooperação em matéria de produção, se reveste de grande importância a ponderação conjunta da quota de mercado agregada das empresas-mãe e do grau de concentração existente nos mercados afectados pela constituição de empresas comuns (embora reconheçamos que, comparativamente, essa análise integrada possa assumir relevo ainda maior quanto ao primeiro tipo de empresas comuns).

De resto, na Comunicação de 2001, a Comissão alude, expressamente, a esta perspectiva de análise a propósito do tratamento de acordos de produção.[2318] Fá-lo no sentido de ressalvar a possibilidade de verificação de efeitos limitados sobre o processo da concorrência, mesmo que o limiar de referência de quota de mercado – indiciador de poder de mercado apreciável das partes – seja ligeiramente ultrapassado, desde que, em contrapartida, o grau de concentração do mercado em questão se mantenha moderado (*"IHH inferior a 1800"*, conforme se refere na Comunicação de 2001, trazendo-se correctamente à colação um instrumento econométrico passível de utilização de acordo com critérios objectivos[2319]). Pela nossa parte, divergimos apenas ligeiramente dessa apreciação da Comissão – nos termos que já indicámos – em relação ao índice de poder de mercado que tomámos em consideração. Assim, tendo presente o limiar único de quota de mercado que preconizámos, admitimos a possibilidade de ultrapassagem ligeira da quota de mercado agregada de referência, de 25%, desde que o grau de concentração se mantenha relativamente moderado (no limiar do IHH acima indicado).

No que respeita aos factores complementares de análise ligados à avaliação da possibilidade de entrada de novos concorrentes no mercado, os mesmos foram já, de algum modo aflorados *pari passu*, no contexto da nossa densificação dos restantes estádios de apreciação deste tipo de empresas comuns (sobretudo a propósito da avaliação de eventuais *efeitos*

[2318] Cfr. a esse propósito a Comunicação de 2001, ponto 96.

[2319] A propósito deste instrumento econométrico do IHH, cfr., em especial, os aspectos expostos quanto às condições da sua utilização em sede de avaliação de empresas comuns qualificáveis como concentrações, *supra*, ponto 2.2.3. do capítulo segundo desta **Parte III** e o paralelo que estabelecemos entre essa aplicação no domínio do RCC e no quadro da apreciação de empresas comuns de investigação e desenvolvimento, *supra*, ponto 2.3.5.3. deste capítulo (paralelo que é relevante para a generalidade das subcategorias de empresas comuns submetidas ao regime do artigo 81.º CE).

de encerramento do mercado, induzidos pela constituição de empresas comuns de produção). Para além de poderem condicionar o grau de abertura a novos concorrentes existentes em mercados intermédios no âmbito dos quais, previamente ao desenvolvimento da cooperação, as empresas--mãe actuassem como fornecedores ou, sobretudo, como compradores, as empresas comuns de produção podem, também reforçar, consideravelmente, os obstáculos à entrada de novos concorrentes no mercado de bens finais comercializados pelas referidas empresas-mãe. Tal sucederá, designadamente, se o nível médio dos custos de produção constituir um factor sensível para a posição competitiva das empresas nesse mercado e as empresas-mãe obtiverem, através da empresa comum, uma redução apreciável desses custos, que não possa, realisticamente, ser contrabalançada por outras empresas.[2320]

3.3.5.4. *Análise crítica de precedentes relativos a empresas comuns de produção*

3.3.5.4.1. Perspectiva crítica geral

Tendo procurado concretizar os principais aspectos que, na especialidade, devem estar presentes na análise de empresas comuns de produção no quadro do modelo global de apreciação que propomos,[2321] será pertinente conceder alguma atenção a determinados casos de referência que nesta matéria, de algum modo, sobressaiam na *praxis* decisória da

---

[2320] Sobre a ponderação das possibilidades de entrada de novos concorrentes no contexto da verificação de eventuais *efeitos de encerramento do mercado*, induzidos pela constituição de empresas comuns de produção, cfr. *supra*, ponto 3.3.2.3. no presente capítulo.

[2321] Modelo geral delineado no capítulo primeiro desta **Parte III** e já densificado na primeira parte deste capítulo a propósito da subcategoria das empresas comuns de investigação e desenvolvimento. Como é natural, a partir dessa primeira densificação, a presente análise das empresas comuns de produção e, sucessivamente, a análise das outras principais subcategorias de empresas comuns que elegemos como objecto de estudo, assentam em considerações cada vez mais sumárias, versando predominantemente certas particularidades mais importantes da apreciação de cada tipo funcional de empresa comum.

Comissão e na jurisprudência comunitária. Consideraremos apenas um pequeno conjunto de decisões que sejam ilustrativas de orientações hermenêuticas seguidas neste domínio, até porque fomos fazendo *pari passu* referência a múltiplos precedentes relevantes ao longo do nosso estudo dos diversos estádios de análise jusconcorrencial da subcategoria das empresas comuns de produção.

Em geral, à luz da *praxis* decisória conhecida, pode admitir-se como muito provável o tratamento, por parte da Comissão, como situações cobertas pelo regime de proibição resultante do n.º 1 do artigo 81.º CE de empresas comuns de produção que envolvam empresas consideradas concorrentes efectivas ou potenciais nos mercados de bens finais produzidos por essas empresas comuns. De qualquer modo, a Comissão tem, na maior parte dos casos, viabilizado os processos de cooperação neste domínio da produção através da concessão de isenções (com frequência, no passado recente e antes da aprovação do Regulamento (CE) n.º 2658/2000 que alargou significativamente o âmbito de cobertura da isenção por categoria em matéria de acordos de especialização, mediante a concessão de isenções individuais, *ex vi* do n.º 3 do artigo 81.º CE[2322]). Tal explica, de resto, a escassez de precedentes jurisprudenciais relevantes neste domínio.

Pela nossa parte, consideramos que o critério de sujeição de empresas comuns de produção à regra geral de proibição resultante do n.º 1 do artigo 81.º CE tem sido, porventura, demasiado exigente e formalista em diversas situações. Mesmo que, ainda recentemente, o TPI tenha suscitado dúvidas – *vg.* no Acórdão *"Métropole Télévision (M6)"*, de 2001,[2323] –

[2322] Como se recorda, o novo Regulamento (CE) n.º 2658/2000, cit. deixou de limitar a aplicação da isenção por categoria em questão às situações em que os bens cobertos pelos programas de cooperação apenas fossem objecto de produção conjunta, o que alargou de forma significativa o âmbito de cobertura dessa isenção por categoria (tal resultou da eliminação da referência prevista na alínea b) do artigo 1.º a cooperação no sentido de desenvolver a produção de certos bens *"apenas conjuntamente"*). Deste modo, qualquer empresa comum de produção, mesmo que as respectivas empresas-mãe conservem infra-estruturas próprias de produção independentes, podem beneficiar da isenção por categoria, o que multiplica as possibilidades de cooperação selectiva no domínio da produção, especificamente dirigidas à obtenção de certos tipos de *eficiência económica* (*maxime*, nas dimensões de *eficiência produtiva* ou até de *eficiência dinâmica*).

[2323] Cfr. Acórdão do TPI *"Métropole Télévision (M6)"*, de 2001, já cit., esp. pontos 72 e ss.. De resto, esta jurisprudência veio também a ser trazida à colação na Comunicação da Comissão de 2004 com *"Orientações relativas à aplicação do n.º 3 do artigo 81.º do Tratado"*, cit, no sentido de afirmar uma leitura hermenêutica – que consideramos excessi-

relativamente ao espaço de ponderação integrada de elementos pro-concorrenciais e anti-concorrenciais que caiba no programa normativo dessa disposição e, sobretudo, na estrutura normativa de contraposição dos ns.º 1 e 3 do artigo 81.º CE, pensamos que a Comissão não tem feito uma leitura suficientemente ampla e flexível da referida norma de proibição do n.º 1 desta norma do Tratado CE. Não tem, designadamente, aprofundado as múltiplas graduações de ponderação jurídico-económica que podem, ainda, ser reconduzidas à aplicação do referido n.º 1 do artigo 81.º CE, no quadro de processos hermenêuticos em que os elementos de cooperação empresarial sejam avaliados na sua interacção com o contexto de mercado em que se inserem (e que deve ser apreendido, através de uma dimensão de análise económica do mercado, mesmo que sumária, para a produção de um juízo final, global). Em contrapartida, pensamos que a Comissão tem, de modo algo contraditório, combinado essa pré-compreensão hermenêutica restritiva – em sede de aplicação da referida norma de proibição – com uma apreciação menos rigorosa dos parâmetros de concessão de isenções em sede de aplicação do n.º 3 do artigo 81.º CE.

Em especial, pensamos que não tem existido uma prática consistente de enunciação das ponderações teleológicas que devam prevalecer neste último plano, sobretudo se tivermos em consideração que as mesmas

---

vamente restritiva – e que parece remeter, na sua quase, totalidade, a ponderação integrada de elementos pro-concorrenciais (entre os quais será forçoso destacar a verificação de *eficiências*) e de elementos restritivos da concorrência para o regime do n.º 3 do artigo 81.º CE (cfr. esp., a este propósito, ponto 11, já cit., e pontos 48 ss. da referida Comunicação). Ora, quando tomamos em consideração categorias jusconcorrenciais de cooperação cujo principal elemento distintivo é, precisamente, a organização estável do processo de cooperação, intrinsecamente dirigido à produção de diversos *tipos de eficiências*, como sucede com as empresas comuns, pensamos que se justifica reconhecer algum espaço para ponderações jurídico-económicas mais latas, que incorporem certos aspectos de *eficiência*, no quadro do n.º 1 do artigo 81.º CE. Reiteramos que esse espaço mais lato de concretização desse regime do n.º 1 do artigo 81.º CE, não deve ser confundido com uma recepção *qua tale* da "*regra de razão*" do ordenamento norte-americano, traduzindo numa lógica conceptual específica do direito comunitário da concorrência – que temos vindo a preconizar – a avaliação de um efeito global, ponderado, no âmbito da acima referida disposição. Sobre esta nossa perspectiva cfr., *supra*, os aspectos expostos, em geral, no capítulo primeiro desta **Parte III** e na parte inicial do presente capítulo, e *infra*, os corolários que, em termos sistemáticos, extraímos na **Parte IV** desta dissertação (esp. pontos 2.2.2., 2.2.3. e 3.4.). Sobre alguns equívocos teóricos frequentemente associados à inovação da "*regra de razão*" em sede de direito comunitário da concorrência, cfr. TERRY CALVANI, "Some Thoughts on the Rule of Reason", cit., pp. 201 ss..

1380   *Empresas comuns* – Joint Ventures

devem fundar-se exclusivamente em objectivos estritos de direito da concorrência (sem prejuízo da pluralidade de valores que podem coexistir na
formulação desses objectivos[2324]). Tal tem conduzido, em geral, a um
excessivo intervencionismo administrativo da Comissão, em sede de aplicação do referido n.º 3 do artigo 81.º CE e a alguma margem de indefinição, ou imprevisibilidade, no que respeita à ponderação de valores, ou
critérios relevantes, que possam justificar a concessão de isenções e, desse
modo, compensar efeitos restritivos da concorrência identificados em
diversas situações.

3.3.5.4.2. A decisão *"Ford/Volkswagen"* e o Acórdão *"Matra Hachette"*

A decisão da Comissão no denominado caso *"Ford/Volkswagen"*, de
1992, e o ulterior Acórdão *"Matra Hachette v. Commission"*, de 1994,
referente à mesma decisão, correspondem, indubitavelmente, a um dos
precedentes mais significativos na matéria ora em apreço.[2325] Nessa decisão, a Comissão apreciou a constituição de uma empresa comum de produção entre dois dos maiores fabricantes mundiais de automóveis. Essa
empresa comum assumiu a forma de uma sociedade na qual as empresas-
mãe detinham participações idênticas, a qual tinha como objecto o

---

[2324] Esses objectivos revestem-se de grande complexidade, cobrindo várias dimensões socio-económicas (*vg.*, tutela da posição e interesses de consumidores, salvaguarda
das oportunidades de actuação de outros competidores e correcção – *"fairness"* – quanto
aos mesmos, entre vários outros aspectos), embora a sua apreensão tenha variado ao longo
do tempo, e perfilhemos, de resto, uma perspectiva evolutiva do programa teleológico do
direito comunitário da concorrência. Cfr. para uma perspectiva histórica dessa matriz de
objectivos os aspectos expostos supra, capítulo primeiro da **Parte II** (esp. pontos 2.3. e
3.4.) e a perspectiva evolutiva exposta na parte conclusiva desta dissertação (**Parte IV**,
esp. ponto **2.**). Para uma perspectiva geral sobre a complexidade dos objectivos em causa
em sede de aplicação do n.º 3 do artigo 81.º CE e, sobretudo, da sua articulação com o
n.º 1 da mesma disposição, cfr. DORIS HILDEBRAND, *The Role of Economic Analysis in the
EC Competition Rules*, cit., esp. pp. 197 ss. e pp. 253 ss..

[2325] Cfr decisão *"Ford/Volkswagen"*, de 1992, cit. e o ulterior Acórdão do TPI
"Matra Hachette v. Commission" [proc T-17/93, Col. II – 595 (1994)]. Importa ressalvar,
a propósito destas decisões e de outros precedentes de seguida analisados, que, embora
uma parte significativa dos mesmos tenham, à data em que foram adoptados, versado a
aplicação do artigo 85.º TCE, referiremos, uniformemente, ao longo do texto, por razões
de uniformidade e até de inteligibilidade da exposição, a disposição do Tratado em causa
na sua actual numeração – artigo 81.º CE.

desenvolvimento e fabrico de um novo tipo de veículo monovolume "*de fins múltiplos*", que visava um segmento relativamente específico de consumidores. O programa de desenvolvimento e produção conjuntas desse tipo de veículo assentava no pressuposto da existência de um ciclo de vida desse produto de dez anos, pelo que as partes projectaram, em conformidade, uma empresa comum com idêntica duração. No quadro do referido programa conjunto, uma das empresas-mãe assumiria a liderança na componente de concepção e desenvolvimento do produto e a outra empresa--mãe assumiria um papel principal nas componentes de engenharia industrial da nova fábrica a implantar com vista à realização do projecto e de produção, em sentido estrito.

De acordo com o projecto em questão, a empresa comum deveria fornecer às empresas fundadoras versões diferenciadas – *maxime* quanto a opções de acabamento, "*design*" ou certas especificações técnicas de motores – do mesmo tipo de veículo, as quais seriam comercializadas, de modo autónomo, por essas empresas sob as suas próprias marcas distintas. Por seu turno, essas empresas fundadoras deveriam fornecer à empresa comum para o desenvolvimento do programa de produção conjunta motores e transmissões, sendo todas as outras componentes do veículo adquiridas a fornecedores externos locais. Ainda no que respeita ao plano essencial de relacionamento entre as empresas-mãe e a empresa comum, as primeiras adquiririam à segunda as respectivas versões do veículo monovolume, em princípio, ao mesmo preço. Esse preço deveria, concretamente, corresponder ao custo de produção do veículo, aumentada – por razões fiscais – de uma pequena margem de lucro. Acresce, contudo, que cada uma das empresas fundadoras deveria ainda suportar os custos suplementares das opções destinadas a individualizar a sua versão do veículo (o que implicaria, em última análise, alguma diferença de preços entre as duas versões). Além disso, de acordo com o projecto apresentado à Comissão as duas empresas-mãe deveriam, em princípio, fazer as suas encomendas à empresa comum, independentemente uma da outra. Apenas em caso de insuficiência das capacidades de produção da empresa comum para fazer face à procura de cada uma das empresas participantes é que a capacidade de produção disponível seria dividida entre essas empresas, na proporção das quantidades encomendados por cada uma das mesmas.

A Comissão considerou que esta empresa comum de produção e o sistema de acordos subjacente à mesma se encontrariam cobertos pela proibição estatuída no n.º 1 do artigo 81.º CE. Para essa avaliação contri-

1382   *Empresas comuns* – Joint Ventures

buiu, primacialmente, a verificação de que, embora nenhuma das duas empresas fundadoras tivesse até à data produzido o tipo de veículo em questão, e o mesmo integrasse um verdadeiro mercado diferenciado, as referidas empresas teriam capacidade para desenvolver autonomamente esse novo produto, apesar dos custos e dificuldades associados ao seu lançamento. Ora, atendendo a que o desenvolvimento de novos veículos corresponde a um elemento essencial da concorrência entre fabricantes de automóveis – mesmo quando esses veículos, pelas suas características específicas dirigidas a um particular segmento de consumidores configurem um mercado diferenciado – a decisão das partes de cooperarem entre si, através de uma empresa comum, com vista ao lançamento do veículo em causa envolveria, necessariamente, enquanto tal, uma séria restrição da concorrência entre as partes.

Além disso, foram também ponderados no juízo global de subsunção na regra de proibição do n.º 1 do artigo 81.º CE os prováveis efeitos de alastramento a mercados conexos ou adjacentes, em função da circulação de informação técnica relevante no âmbito da empresa comum (efeitos negativos para a concorrência que se projectariam nos mercados correspondentes a outros tipos de veículos, como carrinhas ligeiras e outras). Em súmula, a empresa comum em causa, pelo menos, restringiria a concorrência potencial entre as empresas fundadoras no mercado correspondente ao novo tipo de veículo e criaria, também, condições para – através de um efeito de alastramento – restringir a concorrência efectiva entre as mesmas empresas nos mercados correspondentes a outros tipos de veículos. Apesar desta avaliação global da situação decorrente da constituição da empresa comum, a Comissão não deixou de reconhecer a existência de significativas dificuldades para entrar no mercado em questão, atendendo ao nível elevado dos custos de desenvolvimento e de produção do novo veículo e ao facto de as economias de escala minimamente eficientes para a produção do veículo em causa envolverem volumes de produção que excediam a dimensão que o mercado então apresentava.

Não obstante ter, assim, identificado sérios elementos restritivos da concorrência – quer num plano de concorrência efectiva, quer de concorrência potencial – a Comissão veio a considerar justificada a adopção de uma decisão de isenção individual, *ex vi* do n.º 3 do artigo 81.º CE, por um período de treze anos. Em síntese, a Comissão admitiu a verificação de um conjunto de cinco categorias de efeitos positivos – subsumíveis nas condições estabelecidas na disposição do Tratado CE acima referida – e

Parte III – Capítulo 3   1383

que compensariam, em termos globais, os elementos negativos de afectação da concorrência resultantes da constituição da empresa comum. Em primeiro lugar, a empresa comum permitiria a entrada no mercado de duas novas versões de veículos de uso múltiplo, alterando positivamente um contexto em que esse mercado era dominado por uma empresa detentora de uma quota superior a 50% do mesmo (no mercado comunitário). Além disso, devido à combinação dos recursos e capacidades tecnológicas das partes, os dois novos produtos que seriam lançados no mercado apresentariam características comparativamente superiores, nos planos técnico e ambiental, às dos produtos então disponíveis nesse mercado.

Como segundo elemento favorável, a Comissão salientou que a criação da empresa comum se traduziria na construção de uma nova unidade industrial eficiente que incorporaria os últimos desenvolvimentos de modernização do sector. Pela nossa parte, não deixamos de considerar criticável a utilização *a se* deste argumento referente à criação de uma unidade fabril modernizada. Só por si, esse aspecto não deve compensar restrições sérias da concorrência, até porque, em tese, outros projectos de cooperação entre concorrentes, desde que fossem admitidos poderiam também criar unidades industriais modernizadas. A verdadeira questão, em nosso entender, seria, tão só, avaliar se a cooperação restritiva da concorrência era realmente indispensável para obter esse resultado final favorável de implantação de uma nova instalação fabril modernizada.

Um terceiro aspecto ponderado pela Comissão correspondeu ao conjunto de efeitos económicos positivos e de criação de empresas resultantes da realização do maior projecto de investimento estrangeiro em Portugal (Estado escolhido para a localização da nova fábrica, no quadro de um projecto que determinou, também, a concessão de auxílios de Estado, cuja análise não se mostra, contudo, directamente relevante para a apreciação crítica a que procedemos dos aspectos referentes à aplicação do artigo 81.º CE[2326]). A Comissão considerou, assim, que o projecto referente à constituição da empresa comum contribuía para a realização de um dos objectivos do Tratado CE de redução das disparidades económicas

---

[2326] Os aspectos referentes à concessão de auxílios de Estado constituíram também um aspecto controvertido na decisão, que aqui não equacionamos, mas que foram apreciados no Acórdão cit. do TPI. Cfr., de qualquer modo, sobre esses aspectos, CHRISTOF SWAAK, "Case T-17/93, Matra Hachette SA v. Commission of the European Communities. Judgement of the Court of First Instance (Second Chamber) of 15 July 1994", in CMLR, 1995, pp. 1271 ss..

1384 *Empresas comuns* – Joint Ventures

regionais, embora ressalvasse – de uma forma algo ambígua no que respeita à efectiva relevância desse suposto argumento favorável à empresa comum – que tal factor não poderia justificar a concessão de uma isenção se as condições estabelecidas no n.º 3 do artigo 81.º CE não se encontrassem preenchidas.

Finalmente, a Comissão tomou ainda em consideração dois aspectos suplementares para a sua decisão de isenção. Por um lado, admitiu a presumível existência de benefícios para os consumidores, em resultado da concorrência acrescida que se verificaria no mercado de veículos de uso múltiplo. Esse efeito resultaria, quer do facto de as empresas fundadoras pretenderem concorrer entre si no plano da distribuição, ao comercializar autonomamente as suas próprias versões do novo tipo de veículo, quer da emergência de uma estrutura de mercado mais equilibrada na sequência da constituição da empresa comum (face a uma situação anterior em que um fabricante dispunha, como se referiu, de uma quota superior a 50% no mercado comunitário do produto em causa). Por outro lado, a Comissão admitiu ser improvável que qualquer uma das empresas-mãe em causa – apesar dos seus importantes recursos técnicos e financeiros – penetrasse no mercado em questão sem incorrer em perdas, tendo em conta as expectativas existentes quanto ao retorno dos investimentos necessários no contexto das informações disponíveis sobre as vendas e partes de mercado previsionais.

De qualquer modo, com vista a assegurar que – numa ponderação global – esses efeitos positivos suplantariam os importantes elementos restritivos da concorrência resultantes da empresa comum, mediante uma possível contenção destes últimos, a Comissão associou à sua decisão de isenção um conjunto de condições.

Em termos sistemáticos, podemos identificar cinco planos relevantes em que foram impostas tais condições. Num plano de prevenção de eventuais efeitos de alastramento – restritivos da concorrência – foram impostos diversos mecanismos de salvaguarda referentes às condições de circulação de informação sensível entre as partes. A preocupação de assegurar suficientes graus de diferenciação dos produtos – que se revelariam essenciais para que a existência formal de processos de comercialização autónomos por parte das empresas fundadoras se traduzisse, substancialmente, em relações de efectiva concorrência – levou a que uma dessas empresas fosse impedida de utilizar motores da outra empresa numa parcela superior a 25% dos seus veículos ao longo de períodos trienais. Ainda

Parte III – Capítulo 3 1385

numa perspectiva substantiva, orientada para a prevenção ou limitação de riscos de partilha do mercado foi exigido às partes que assegurassem a disponibilidade das suas respectivas versões do veículo em todo o mercado comunitário. É certo, todavia, que, como se apontou na nossa anterior caracterização de riscos de afectação da concorrência inerentes a empresas comuns de produção, a programação de especificações dos lotes de produto a fornecer a cada empresa fundadora pode tomar em consideração as características de diferentes mercados alvo e conduzir assim, de facto, a verdadeiros efeitos finais de repartição do mercado. Não nos parece, pois, segura a eficácia desta condição imposta pela Comissão.

Num plano instrumental e procedimental, a Comissão impôs condições tendentes à adopção de procedimentos que pudessem assegurar uma efectiva separação de activos empresariais, caso a isenção não fosse renovada, e determinou a observância de um conjunto de obrigações de informação periódica que permitissem o acompanhamento da evolução da concorrência no mercado em causa, ao longo do período em que a empresa comum se mantivesse em funcionamento.

Independentemente de algumas dúvidas quanto à real eficácia de certos elementos destas condições – acima enunciadas – estas, no seu conjunto, apresentam uma *ratio* coerente, face aos riscos de afectação da concorrência que se encontravam em causa. Não é essa, contudo, a maior objecção que nos pode merecer a análise da Comissão nesta decisão – essencialmente corroborada pelo TPI, embora numa perspectiva de não identificação de "*erros manifestos de apreciação*" por parte da Comissão.[2327] O que se nos afigura passível de alguma crítica é a construção analítica da Comissão para justificar uma prevalência global de *efeitos positivos* – cobertos pelas condições enunciadas no n.º 3 do artigo 81.º CE[2328] – sobre os importantes *elementos restritivos da concorrência* justa-

---

[2327] Cfr. sobre essa perspectiva, o Acórdão do TPI "*Matra Hachette v. Commission*", cit., esp. pontos 137 e 140 ss. e 157. Refere, em especial, o TPI neste último ponto: "(…) *o Tribunal considera que a argumentação baseada no erro manifesto cometido pela Comissão na sua apreciação dos factos à luz de cada uma das quatro condições enunciadas no artigo 85.º, n.º 3 do Tratado, deve ser rejeitada*".

[2328] Essas *quatro condições cumulativas* das quais depende a aplicação de isenções *ex vi* do n.º 3 do artigo 81.º CE foram já por nós enunciadas e sucintamente caracterizadas (cfr., *vg.*, capítulo primeiro desta **Parte III**; cfr., também, *supra*, capítulo primeiro da **Parte II**). Tais condições compreendem, pois, a saber, (i) a contribuição para a melhoria da produção ou distribuição dos produtos ou para promover o progresso técnico e económico, (ii) a reserva aos consumidores de uma parte equitativa do lucro resultante, (iii) o

1386   *Empresas comuns* – Joint Ventures

mente identificados em sede de aplicação do n.º 1 do artigo 81.º CE. Em particular, consideramos menos consistente a análise da Comissão dirigida a sustentar a *indispensabilidade* dos prejuízos para a concorrência que resultariam da empresa comum com vista a atingir certos objectivos de realização de progresso técnico e económico.

Nesta mesma perspectiva, afigura-se-nos também lacunar a apreciação pela Comissão do eventual carácter indispensável da empresa comum para a penetração *ex novo* das empresas fundadoras no mercado que se encontrava em causa.[2329] Em nosso entender, não pode ser confundida

---

carácter indispensável das restrições da concorrência para a consecução desses objectivos e (iv) a impossibilidade de os processos de cooperação em causa conferirem às partes a capacidade para eliminar a concorrência em relação a uma parte substancial dos produtos em questão. E, como temos vindo a destacar, a interpretação estrita da proibição do n.º 1 do artigo 81.º CE tem, na anterior *praxis* decisória da Comissão relativa a empresas comuns, contrastado com uma visão excessivamente permissiva ou, no mínimo pouco sistematizada, dessas quatro condições, em sede de aplicação do n.º 3 do artigo 81.º CE, com as inerentes consequências em termos de distorção na concretização jurídica dos normativos de concorrência e de imprevisibilidade para as empresas confrontadas com a sua aplicação (problemas que, em nosso entender, e embora *o núcleo do nosso estudo crítico não seja dirigido à compreensão do n.º 3 do referido artigo 81.º CE*, se terão mantido ainda, em larga medida, com a Comunicação de 2004, definindo *"Orientações relativas à aplicação do n.º 3 do artigo 81.º do Tratado"*, cit.; cfr. a referida Comunicação, esp. pontos 34 e ss.). Sobre as inconsistências analíticas na densificação das quatro condições de aplicação do n.º 3 do artigo 81.º CE, cfr., *inter alia*, VALENTINE KORAH, "Critical Comments on the Commission's Recent Decisions Exempting Joint Ventures to Exploit Research that Needs Further Development", in EL Rev., 1987, pp. 18 ss. e M. WAELBROECK, *Antitrust Analysis Under Article 85(1) and (3)*, in *European/American Antitrust and Trade Law – Annual Proceedings of the Fordham Corporate Law Institute – 1985*, Editor BARRY HAWK, Matthew Bender, 1986, Ch. 28. Em especial no que respeita à primeira condição, versando a *contribuição para a melhoria da produção ou distribuição dos produtos ou para promover o progresso técnico e económico*, factores muito díspares têm sido considerados pela Comissão no quadro da apreciação de empresas comuns (compreendendo, *vg.*, a necessidade de satisfazer determinados requisitos dos clientes, a contribuição para parâmetros de segurança ou a prevenção de excessos de capacidade; cfr. sobre a diversidade em causa neste domínio, TEMPLE LANG, *European Community Antitrust Law and Joint Ventures Involving Transfer of Technology*, cit., esp. pp. 224 ss.).

[2329] Cfr., em especial sobre esta matéria, pontos 29 a 33 da decisão da Comissão e pontos 136 e ss. do Acórdão do TPI. Assim, entre outros aspectos, a Comissão admitiu que a empresa comum seria necessária para a penetração das empresas fundadoras no mercado em causa, apesar de reconhecer que outros compradores colocados em situações não comparáveis tinham podido penetrar individualmente no mercado. Pela nossa parte, pensamos

uma mera *conveniência ou vantagem empresarial de facilitar as condições de entrada em certo mercado* com *situações inultrapassáveis de
dificuldade de entrada que tornem improvável, em termos de razoabilidade, decisões de entrada autónoma em certos mercados.* A Comissão não
terá aprofundado completamente essa necessária distinção. Ora, se admitimos, em tese, no quadro do parâmetro atrás enunciado referente a tipologias de relações económicas entre as partes, a possibilidade de apreciação
favorável de empresas comuns associadas à entrada *ex novo* das empresas
fundadoras em determinado mercado do produto, esse pressuposto só será
válido em relação aos casos em que, comprovadamente, as empresas
comuns se revelem decisivas para que essas empresas fundadoras
ultrapassem obstáculos essenciais à sua entrada nesse mercado.

3.3.5.4.3. A decisão *"Exxon/Shell"*

Outro precedente importante nesta matéria de apreciação de empresas comuns de produção corresponde à decisão da Comissão *"Exxon/
/Shell"*, de 1994.[2330] Nesta decisão, a Comissão apreciou uma empresa
comum de produção constituída por duas filiais francesas de duas grandes
empresas multinacionais do sector petroquímico. O objectivo dessa
empresa comum consistia, essencialmente, no fabrico de um produto
químico, termoplástico específico (Polietileno linear de baixa densidade)
que se destinava a diversas aplicações industriais. O mercado correspondente ao produto fornecido pela empresa comum apresentava características oligopolísticas, caracterizando-se ainda por uma considerável
transparência de preços. No quadro dos acordos referentes a essa empresa
comum, os produtos fabricados pela empresa comum deveriam ser comercializados de modo autónomo pelas duas empresas fundadoras, conjuntamente com produtos análogos ou similares de fabrico próprio. Para o
desenvolvimento do programa de produção conjunta, as matérias primas
seriam fornecidas essencialmente pelas empresas fundadoras.

---

que a Comissão não investigou suficientemente situações comparáveis – devendo ter-se
presente a relevância de modelos empíricos de análise jusconcorrencial assentes na
ponderação de múltiplas situações empresariais comparáveis – nem analisou, em termos
adequados, a efectiva capacidade e interesse das empresas fundadoras para penetrar no
mercado, mesmo que incorressem em perdas ao longo de um período inicial. Por seu turno,
o TPI não censurou essas lacunas de análise da Comissão.

[2330] Cfr. decisão da Comissão *"Exxon/Shell"*, de 1994, já cit..

1388 *Empresas comuns* – Joint Ventures

Um aspecto significativo desse programa de produção conjunta, destacado pela Comissão, traduzia-se no facto de uma parcela apreciável da produção do bem em causa pelas empresas fundadoras passar a ser assegurada pela empresa comum (embora essas empresas mantivessem capacidades produtivas próprias autónomas). O sistema contratual relativamente complexo em que assentava o funcionamento do programa de produção conjunta determinava a repartição do tempo disponível para produção pelas instalações fabris afectas à empresa comum de modo proporcional aos interesses das partes nessa empresa (na qual estas detinham participações idênticas). De qualquer modo, nos acordos concluídos entre as partes estabelecia-se que, em caso de não utilização total dos direitos de produção por cada uma das partes num determinado período de tempo, se discutiria entre as mesmas uma possível redistribuição dos direitos de produção para esse período.

Considerando o teor dos acordos em questão, mas também a natureza e condições de funcionamento do mercado afectado pela empresa comum, a Comissão considerou que a constituição da mesma incorria na proibição estatuída no n.º 1 do artigo 81.º CE. Deve assinalar-se, em especial, o facto de nesta avaliação, a Comissão não se ter baseado unicamente nos elementos formalmente restritivos da concorrência – resultantes de as partes terem abdicado de manter a sua independência de actuação em relação a uma parcela significativa da sua capacidade produtiva – mas também em aspectos substantivos de análise do mercado.

Em particular, foi ponderada pela Comissão a natureza homogénea do produto em questão, que excluía possibilidades significativas de diferenciação do mesmo perante os consumidores, bem como diferenças apreciáveis nos preços praticados e fazia, consequentemente, recair a base para o desenvolvimento da concorrência nos níveis de produção (designadamente, nas estratégias de investimento e de produção). Deste modo, um processo de cooperação incidindo, precisamente, nesses elementos fundamentais tendia, de modo inelutável, a produzir repercussões negativas para a concorrência.[2331] Além disso, a Comissão verificou que os fluxos de

---

[2331] Cfr. ponto 62 ss. da decisão *"Exxon/Shell"*, cit.. Esta decisão distingue-se, em termos positivos, de outros precedentes relevantes na praxis decisória da Comissão, pelo facto de esta Instituição ter aqui procedido a uma análise mais desenvolvida dos *incentivos à coordenação de comportamentos restritiva da concorrência* entre as empresas fundadoras, com destaque para a ponderação do *grau de importância económica relativa da empresa comum para a actividade dessas empresas* (em sentido diverso de uma pré-

Parte III – Capítulo 3 1389

informação entre as empresas fundadoras originados pelas condições de funcionamento da empresa comum permitiria às mesmas o planeamento global das suas produções em função das opções que cada uma destas fosse assumindo em cada momento. De qualquer modo, atendendo, entre outros aspectos, ao limitado poder de mercado das partes e aos benefícios gerados pela cooperação – e passíveis de transmissão aos consumidores – em matéria de redução de custos de produção, ou de melhoria das características técnicas do produto, a Comissão considerou justificada a concessão de uma isenção individual em sede de aplicação do n.º 3 do artigo 81.º CE.[2332]

3.3.5.4.4. A decisão *"Asahi/Saint Gobain"*

Outra decisão importante, que justifica uma sumária anotação foi adoptada pela Comissão no caso *"Asahi/Saint Gobain"*, embora a mesma tenha incidido sobre uma empresa comum de tipo misto, que combinava funções de investigação e desenvolvimento e de produção.[2333] Nesse caso, a Comissão apreciou um conjunto de acordos de criação de uma empresa comum e de licença e assistência técnica. A empresa comum foi constituída por um grupo empresarial com actividades nos domínios do vidro

---

compreensão estrita, manifestada noutros casos, e tendente a uma aplicação quase automática da proibição do n.º 1 do artigo 81.º CE quanto a empresas comuns de produção entre empresas concorrentes com apreciáveis quotas de mercado conjuntas).

[2332] Cfr. pontos 66 e ss. da decisão *"Exxon/Shell"*, cit..Na ponderação de factores relevantes para a concessão de uma isenção – *ex vi* do n.º 3 do artigo 81.º CE – já entendemos que a análise da Comissão deveria ter sido mais completa – *maxime* quanto ao apuramento da condição relativa às vantagens para os consumidores. Afigura-se-nos, em particular, que a ideia exposta no ponto 70 da decisão, no sentido de que a *"criação da empresa comum e os acordos conexos não incluem qualquer elemento que impeça os consumidores de partilharem o benefício resultante do baixo custo (...)"* do produto fabricado por essa entidade, deveria ter sido submetida a qualquer teste objectivo. Em contrapartida, a análise desenvolvida sobre *restrições indispensáveis ao progresso técnico e económico* associado às condições de fabrico de um produto petroquímico, viabilizando a primeira unidade na CE para a sua produção com utilização de uma nova tecnologia é paradigmática dos ganhos de *eficiência produtiva* e de *eficiência dinâmica*, intrinsecamente ligados às empresas comuns de produção. A dúvida que mantemos diz respeito à possibilidade de não concentrar exclusivamente em sede do regime do n.º 3 do artigo 81.º CE a ponderação de todos esses elementos de eficiência.

[2333] Cfr. decisão *"Asahi/Saint-Gobain"* (JOCE n.º L 354/87, 1994).

1390 *Empresas comuns* – Joint Ventures

plano e materiais cerâmicos industriais e por um segundo grupo, fornecedor de produtos relacionados com o vidro, bem como de produtos químicos e cerâmicos.

A empresa comum em questão permitiria a investigação e desenvolvimento de um novo tipo de produtos, denominados produtos bicamada (caracterizados por uma construção em vidro e plástico), que teriam aplicações especiais na indústria automóvel para vidros de segurança com vantagens sobre o vidro normal temperado ou laminado. Deste modo, os principais clientes para o novo produto seriam os fabricantes de veículos automóveis. O projecto de cooperação em causa integrava duas fases distintas. A primeira corresponderia a um programa conjunto de investigação e desenvolvimento no domínio da tecnologia dos produtos bicamada e à construção de uma fábrica-piloto com o intuito de prosseguir o desenvolvimento dessa tecnologia. A segunda fase envolveria a instalação de uma segunda fábrica da empresa comum, com vista à exploração industrial comum dos resultados da primeira fase (mediante a produção nessa fábrica de produtos baseados na nova tecnologia e já destinados a comercialização no mercado comunitário). No âmbito desse projecto de cooperação, as empresas fundadoras licenciariam à empresa comum, numa base de exclusividade, toda a tecnologia de que dispunham nas matérias relacionadas com o novo produto. Por seu turno, a empresa comum ficaria proprietária e poderia licenciar em exclusivo todos os direitos relacionados com a tecnologia em causa e desenvolvidos no âmbito do programa de investigação em causa.

Nos termos dos acordos concluídos entre as partes, estas comprometiam-se a não construir outras fábricas próprias, destinadas ao fabrico do novo produto, antes da construção das duas fábricas-piloto da empresa comum e a não expandirem a sua capacidade neste domínio sem o consentimento prévio recíproco.

Considerando a natureza e conteúdo do programa de cooperação realizado através da empresa comum de tipo complexo em causa, bem como as condições existentes no mercado mais directamente afectado pela constituição dessa empresa comum – mercado de vidro de segurança para veículos automóveis – a Comissão considerou que os acordos em apreço implicariam a violação da norma de proibição do n.º 1 do artigo 81.ºCE. Para esse efeito, a Comissão ponderou o facto de as empresas fundadoras serem os dois principais concorrentes nesse mercado relevante – com importantes partes de mercado – e deterem recursos financeiros, tecnológicos e de investigação que lhes teriam permitido desenvolver autonomamente as suas versões

Parte III – Capítulo 3   1391

próprias do novo produto. O projecto de cooperação traduziu-se, assim, numa importante restrição da sua liberdade de actuação.

Na realidade, embora os acordos contemplassem a manutenção de actividades próprias de investigação por parte das duas empresas, o sistema associado ao funcionamento da empresa comum levaria necessariamente a que cada parceiro fosse informado dos progressos alcançados pelo outro e conduziria à tomada de decisões em conjunto em matéria de investigação e desenvolvimento. Além disso, como atrás se salientou, através dos acordos as empresas fundadoras coordenariam entre si eventuais expansões das suas capacidades produtivas próprias. Em súmula, através do sistema de compromissos directamente associado à empresa comum, cada uma das partes teria renunciado a toda e qualquer possibilidade de iniciativa individual, bem como a quaisquer aquisições de vantagens concorrenciais sobre o outro parceiro, ao longo de um período de tempo considerável. Tal eliminaria, em grande medida, o factor de incerteza sobre a actuação das outras partes – essencial à manutenção da concorrência – mesmo que as empresas-mãe continuassem a comercializar o produto autonomamente.

Não obstante ter considerado o projecto de cooperação em causa coberto pelo regime de proibição do n.º 1 do artigo 81.º CE,[2334] a Comissão considerou estarem reunidas as condições para a concessão de uma isenção individual *ex vi* do n.º 3 do artigo 81.º CE (isenção individual, porquanto as significativas quotas de mercado detidas pelas partes impediam a aplicação dos Regulamentos de isenção por categoria relevantes, então vigentes). Para o efeito, considerou decisivas as vantagens proporcionadas pela empresa comum para a melhoria do processo de produção dos bens em causa e para a promoção do progresso técnico, repercutindo-se essas vantagens na indústria automóvel – sector onde actuavam os principais consumidores do novo produto.

No que respeita à avaliação da indispensabilidade da cooperação para a produção desses benefícios económicos, a Comissão desenvolveu, neste caso, um juízo mais consistente do que noutras situações submetidas à sua apreciação. Assim, sublinhou que, apesar de as empresas fundadoras terem obtido níveis comparáveis de tecnologia, no domínio em questão, os seus conhecimentos e recursos eram largamente complementares. Além disso, destacou o facto de a viabilidade comercial do novo produto ser

---

[2334] Cfr. esp. pontos 16 a 22 da decisão *"Asahi/Saint-Gobain"*, cit..

1392   *Empresas comuns* – Joint Ventures

muito duvidosa – sendo aqui de notar, por contraposição, que no caso *"Ford/Volkswagen"*, atrás analisado, estava em causa um tipo de produto já testado no mercado – pelo que apesar do poder de mercado detido pelas partes, os riscos inerentes ao desenvolvimento do novo produto, com toda a probabilidade, impediriam o lançamento do mesmo, nos moldes eficientes e céleres que se prefiguravam com a criação da empresa comum. Em síntese, não sendo absolutamente impossível que esse novo produto – de grande interesse para a segurança da indústria automóvel e para os próprios clientes finais dessa indústria – viesse, no futuro, a ser introduzido no mercado comunitário, seria razoável prever, na ausência do processo de cooperação em apreço, a necessidade de um período consideravelmente mais prolongado para o lançamento de tal produto.

De qualquer modo, apesar das significativas vantagens económicas identificadas pela Comissão no projecto de cooperação, esta considerou que o período previsto para a sua duração – de trinta anos – seria excessivo, sobretudo em relação a empresas com poder de mercado elevado, como sucedia com as empresas fundadoras, na situação em causa. Assim, a Comissão impôs um período máximo de duração do programa de cooperação de cinco anos, contados desde a data de início de funcionamento da segunda fábrica piloto prevista nos acordos concluídos entre as partes (para a fixação desse período, a Comissão tomou em consideração o prazo de concessão de isenções previsto no Regulamento n.º 418/85, então vigente, apesar de o mesmo não ser aplicável por força das quotas de mercado detidas pelas partes[2335]). Pela nossa parte, entendemos que este tipo de limitações de duração de empresas comuns constitui, em muitos casos, uma forma eficaz de contenção de efeitos restritivos da concorrência, que pode, com vantagem, ser ponderada, em alguns casos, para impedir a sujeição à proibição do n.º 1 do artigo 81.º CE (do mesmo modo, a ponderação criativa de outras variantes, como a introdução de terceiras empresas participantes em determinadas empresas comuns, pode, em certas circunstâncias, como se tem verificado no âmbito do ordenamento da concorrência norte-americano,[2336] ser um elemento suficiente para permitir a apreciação favorável dessas empresas comuns).

[2335] BELLAMY e CHILD referem justamente esse aspecto relativo à aplicação do prazo de concessão de isenções previsto no Regulamento n.º 418/85, cit., então vigente. Cfr. As. cit., *European Community Law of Competition*, cit., p 346.

[2336] Cfr sobre a ponderação deste tipo de soluções na doutrina norte-americana, JOSEPH BRODLEY, "Joint Ventures and Antitrust Policy", cit..

Parte III – Capítulo 3 1393

4. As empresas comuns de comercialização de bens e serviços

4.1. ASPECTOS GERAIS

4.1.1. O conceito de empresa comum de comercialização de bens e serviços

As empresas comuns de comercialização de bens e serviços correspondem, como os outros tipos funcionais de empresas comuns que temos analisado *ex professo*, a estruturas empresariais de cooperação orientadas para a integração de recursos – ou para a criação, sob forma integrada, de recursos – visando, predominantemente, a prossecução de funções ligadas à comercialização de bens ou serviços junto dos respectivos consumidores.[2337]

Em relação a outros tipos funcionais de cooperação, os acordos tendentes à *comercialização conjunta de bens ou serviços*[2338] apresentam, de algum modo, uma especificidade relativa à extrema variedade de formas e

---

[2337] Cfr para uma compreensão das *funções diversas* que podem estar envolvidas numa *actividade de comercialização*, VALENTINE KORAH, *Exclusive Distribution and the EEC Competition Rules*, cit., pp. 3 ss..

[2338] Verifica-se neste domínio uma notória flutuação terminológica. Reportando-nos à doutrina anglo-saxónica, que tem concedido um tratamento mais desenvolvido às diversas modalidades de cooperação empresarial neste plano, podemos recensear a utilização de conceitos como, *vg.*, os de *"joint selling arrangements"* (e *"selling joint ventures"*), *"joint distribution arrangements"* (e *"distibution joint ventures"*), *"commercialization arrrangements"* (e *"commercialization joint ventures"*), *"output joint ventures"*, ou outros. O conceito mais lato será, em nosso entender, o de *comercialização*, o qual, de resto, tende a conhecer uma densificação jurídica predominante em sede de direito da concorrência. Assim, ao longo da nossa análise, e por razões de sistematização e uniformização terminológica, quando referirmos a qualificação mais lata de empresas comuns ou de acordos nesta vertente funcional, utilizaremos, em regra, a denominação abreviada de *empresas comuns de comercialização*, ou de *acordos de comercialização conjunta*. Sobre os diversos conceitos atrás enunciados e o seu âmbito material, cfr., *inter alia*, RITTER, BRAUN, RAWLINSON, *EEC Competition Law – A Practitioner's Guide*, cit., esp. pp. 542 ss., FRANK FINE, *Mergers and Joint Ventures in Europe*, cit., esp. pp. 320 ss. e JOSEPH BRODLEY, "Joint Ventures and Antitrust policy", cit., esp. pp. 1555 ss. (este último referindo, em particular, o conceito relativamente menos utilizado de *"output joint ventures"*).

1394   *Empresas comuns* – Joint Ventures

de combinação de funções no domínio global das actividades de comercialização que podem originar. Na realidade, embora a prossecução de funções de investigação e desenvolvimento e de produção possa também originar múltiplas fórmulas diferenciadas de cooperação entre empresas, em regra, a concretização dessas funções, em sentido estrito, realiza-se de forma comparativamente mais uniforme. Tal significa que a totalidade, ou parcelas mais ou menos significativas – conforme os casos – das operações que integram os núcleos das actividades de investigação e desenvolvimento ou de produção são, em si mesmas, objecto de formas de cooperação (as quais podem variar quanto ao tipo e grau de elementos de integração que comportem e podem, ainda, conhecer variantes significativas quanto aos modelos de organização institucional que adoptem). No que respeita à cooperação no domínio da comercialização, as próprias funções empresariais de comercialização são passíveis de desdobramentos muito diversos e que apresentam, enquanto tais, repercussões potenciais sobre o processo de concorrência também diferenciadas.

Assim, a *prossecução das funções de comercialização*, globalmente consideradas, pode incluir funções de tipo mais restrito relativas à *promoção ou divulgação de bens e serviços*, bem como à *distribuição desses bens e serviços, sem venda a clientes finais*, ou, numa perspectiva mais ampla, pode estender-se a verdadeiras *actividades de venda conjunta desses bens ou serviços*, as quais, por seu turno, *podem, ainda, envolver ou não a fixação, em conjunto, dos respectivos preços*.[2339]

Acresce que, além de, analiticamente, diversas micro-funções dentro da actividade de comercialização poderem ser objecto de cooperação entre empresas, igualmente empenhadas na colocação dos seus bens e serviços no mercado, essa actividade de comercialização origina também, em regra, sistemas contratuais mais ou menos complexos entre empresas que se situam em estádios diversos do processo produtivo. Como é sabido,

---

[2339] Sobre estes possíveis desdobramentos funcionais das actividades globalmente qualificáveis como de comercialização de bens ou serviços, os quais se revestem de diferente latitude, cfr. esp. a Comunicação de 2001, pontos 139 e 140. Como aí se refere sobre os acordos de comercialização, *"estes acordos podem ter um âmbito muito diferente, em função dos elementos da comercialização sobre os quais incide a cooperação. Num dos extremos encontramos a venda em comum, o que implica uma definição conjunta de todos os aspectos comerciais associados à venda do produto, incluindo o preço. No outro extremo podemos encontrar acordos mais limitados que incidem apenas num determinado aspecto da comercialização, tal como a distribuição, o serviço pós-venda ou a publicidade"*.

Parte III – Capítulo 3 1395

atendendo à complexidade dos actuais circuitos de comercialização nos diversos mercados geográficos relevantes que podem encontrar-se em causa, as empresas fornecedoras de bens ou serviços recorrem, com frequência, a sistemas, de complexidade variável, de distribuição, congregando múltiplas entidades cuja actividade se limitará à distribuição desses bens em determinados patamares dos circuitos de comercialização, ou em certas áreas geográficas. No contexto acima referido, de extrema complexidade e de célere mutação dos circuitos de comercialização, o recurso a esses tipos de sistemas de comercialização – ultrapassando a esfera de organização interna da empresa fornecedora e envolvendo terceiras empresas – revela-se a forma mais eficiente, numa óptica de relação custo-resultado,[2340] de assegurar a colocação dos produtos finais junto do seu público consumidor.

Esses tipos variados de sistemas de distribuição reportam-se, contudo, a uma esfera de relações verticais que congrega entidades situadas em diferentes estádios da produção ou do comércio de bens e serviços e

---

[2340] Sobre esses tipos de *sistemas de comercialização*, que apresentam vantagens na relação custo-resultado, cfr. OLIVER E. WILLIAMSON, *Markets and Hierarchies. Analysis and Antitrust Implications*, NY, Free Press, New York, 1975. Os economistas tendem a qualificar a distribuição – conceito que é algo mais restrito do que a noção-quadro de comercialização, que privilegiamos – como um serviço adquirido pelo produtor. No plano do direito da concorrência os acordos entre empresas com incidência nas funções de distribuição ou, mais latamente, de comercialização, são predominantemente abordados na perspectiva das relações verticais (no sentido que já tivemos ensejo de caracterizar). Nesses casos, quando as entidades envolvidas nas funções de distribuição ou comercialização não são concorrentes do produtor que pretende comercializar os seus produtos, as margens obtidas pelos distribuidores correspondem a um custo adicional suportado por esse produtor. Já tivemos ensejo de referir a discussão teórica, fortemente tributária da influência da Escola de Chicago, em torno da *extensão de eficiências intrinsecamente ligadas a restrições à concorrência de tipo vertical*, em termos que poderiam justificar uma parte considerável dessas restrições (cfr., de qualquer modo, a esse propósito, MICHEL WAELBROEK, "Vertical Agreements: Is the Commission Right not to Follow the Current US Policy?", in Swiss Review of International Competition Law, 1985, pp. 45 ss.; F. M. SCHERER, "The Economics of Vertical Restrictions", in ALJ, 1983, pp. 687 ss.; WILLIAM COMANOR, "Vertical Price Fixing and market Restrictions and the new Antitrust Policy", in Harv L R., 1985, pp. 990 ss.. Contudo, a nossa preocupação essencial relaciona-se com uma vertente menos explorada na doutrina e relativa à cooperação entre concorrentes no domínio das funções de comercialização, *maxime* através de empresas comuns (só muito acessoriamente abordaremos algumas questões referentes ao plano das relações verticais).

1396   *Empresas comuns* – Joint Ventures

não serão, em especial, objecto da nossa atenção.[2341] Ora, o nosso objecto de estudo, nos termos já expostos, incide sobre processos de cooperação que integram uma vertente de integração empresarial suficientemente importante em ordem a autonomizar tipos diversos de realidades qualificáveis como empresas comuns (as quais pressupõem a integração de activos empresariais das partes, sendo tais contribuições dirigidas à prossecução de certas funções empresariais em que estas se encontram comumente interessadas). Deste modo, o nosso estudo na especialidade – conquanto sumário –[2342] da avaliação de efeitos sobre a concorrência, emergentes de empresas comuns de comercialização, limitar-se-á às situações de cooperação que apresentem um componente predominantemente horizontal. Trata-se de analisar situações em que diversas empresas fornecedoras, igualmente interessadas em colocar no mercado os seus bens ou serviços, se dispõem a constituir entre si estruturas organizadas, minimamente integradas – para as quais realizem contribuições com diversos activos – com vista a prosseguir uma ou mais funções relacionadas com a comercialização desses bens ou serviços.

[2341] Ressalva que já fizemos na parte final da nota anterior e que se justifica pela perspectiva geral privilegiada, de análise crítica de empresas comuns que suscitam, em tese, maiores problemas de afectação da concorrência, num plano de relações horizontais. Cfr., de qualquer modo, para uma visão de formas diversas de interligação entre problemas horizontais e verticais nestes domínios de comercialização, e até noutros domínios, JUAN BRIONES ALONSO, *Vertical Aspects of Mergers, Joint Ventures and Strategic Alliances*, cit., pp. 129 ss., BERNARD AMORY, *Vertical Aspects of Mergers, Joint Ventures and Strategic Alliances*, in *International Antitrust Law & Policy – Annual Proceedings of the Fordham Corporate Law Institute – 1997*, Editor BARRY HAWK, Juris Publishing, Inc., 1998, pp. 147 ss., MICHEL REYNOLDS, *Mergers and Joint Ventures: The Vertical Dimension*, cit., pp. 153 ss.. Para uma perspectiva do mesmo tipo de questões na doutrina norte-americana, cfr. ROBERT PITOFSKY, *Vertical Restraints and Vertical Aspects of Mergers – A US Perspective*, *ibidem*, pp. 111 ss..

[2342] Na realidade, como temos repetidamente exposto, trata-se de concretizar o nosso modelo geral de apreciação quanto a vários tipos funcionais de empresas comuns. Esse modelo foi já exposto em linhas gerais – *supra*, capítulo primeiro desta **Parte III** – e suficientemente densificado quanto aos tipos funcionais de empresas comuns de investigação e desenvolvimento (*supra*, ponto **2.** deste capítulo) e de empresas comuns de produção (*supra*, ponto **3.** deste capítulo), pelo que se trata agora, apenas, de equacionar elementos muito específicos da apreciação jusconcorrencial do tipo funcional das empresas comuns de comercialização, sem incorrer em desnecessárias repetições quanto aos aspectos já abordados.

4.1.2. A distinção entre as empresas comuns de comercialização e diversas modalidades de acordos de comercialização conjunta

Para além da necessária distinção – acima considerada – em relação às situações de cooperação, no domínio da comercialização, que obedeçam a uma lógica de tipo predominantemente vertical, impõe-se, também, outra clarificação analítica complementar, respeitando já a um plano de relacionamento entre empresas fornecedoras, movidas por idênticos propósitos de comercialização dos seus bens e serviços (o que situa a eventual cooperação desenvolvida entre as mesmas numa óptica de tipo primacialmente horizontal, em sentido lato, mesmo quando os produtos ou serviços cobertos por essa cooperação não sejam, em rigor, concorrentes, mas apenas situados em mercados conexos ou com alguma proximidade).[2343]

Trata-se de distinguir entre situações correspondentes a meros acordos de comercialização conjunta, concluídos entre empresas concorrentes ou situadas em mercados conexos, e situações respeitantes a verdadeiras empresas comuns de comercialização. A primeira categoria de situações é recorrente na *praxis* de cooperação empresarial e, só por si, assume uma grande variedade de formas, o que, por vezes, leva a doutrina, ou mesmo as autoridades de concorrência a reconduzir indistintamente todas as situações relevantes de cooperação neste domínio da comercialização a essa categoria, associando, de resto, à mesma uma pré-compreensão nega-

---

[2343] Várias situações relevantes de comercialização conjunta de produtos situados em mercados conexos ou com proximidade entre si ("*complementary marketing*") podem ser configuradas na *praxis* das relações de cooperação no domínio da comercialização. Tenha-se presente, *vg.*, a situação que foi objecto da decisão "*Wild & Leitz*" (JOCE n.º L 61/27, 1972) no quadro da qual dois fabricantes de microscópios acordaram entre si, e numa base de reciprocidade, a comercialização de microscópios sofisticados especificamente concebidos para determinados utilizadores finais em áreas de investigação, ensino ou industriais, produzidos por cada uma das empresas em causa. Os microscópios mais comuns, em relação aos quais essas empresas mantinham relações directas de concorrência eram, contudo, excluídos, desses compromissos recíprocos de comercialização, o que foi determinante para a apreciação da Comissão, no sentido de não sujeitar o acordo à proibição do n.º 1 do então artigo 85.º TCE. Pela nossa parte, admitimos que uma parte apreciável dos acordos e, sobretudo, empresas comuns de comercialização conjunta de produtos com alguma proximidade entre si embora não rigorosamente situados no mesmo mercado, podem merecer apreciações favoráveis em sede de aplicação do n.º 1 do artigo 81.º CE, mas, em qualquer caso, eventuais efeitos restritivos de alastramento, em sentido restrito, devem ser avaliados, o que não sucedeu na decisão da Comissão atrás referida.

tiva em termos de direito da concorrência. Essa valoração negativa, de princípio, em relação a uma esfera mais ou menos indistinta de acordos de comercialização conjunta resulta do facto de estes acordos, ou envolverem directamente a coordenação de preços entre empresas participantes, ou criarem, com grande probabilidade, condições indirectas muito intensas para essa coordenação de preços. Encontra-se, assim, em causa a afectação imediata de um elemento central do processo de concorrência, pelo que esses casos encerrariam formas de restrição da liberdade de actuação das empresas que, por natureza, corresponderiam ao mais sério desvalor jurídico em sede de direito da concorrência e deveriam ser, em princípio, objecto de proibições *per se*.

É sintomático que a Comissão, nas suas primeiras definições e caracterizações de acordos de comercialização conjunta, incorra nesse sincretismo conceptual e refira este tipo funcional de cooperação, de modo indistinto, sem autonomizar uma subcategoria específica de empresas comuns neste domínio e tendendo, mesmo, a reconduzir estas formas de cooperação a clássicos cartéis de preços (necessariamente cobertos por proibições *per se*, sem espaço para ponderação de condições económicas concretas em que tais acordos sejam concluídos).[2344] Assim, logo no seu *"Primeiro Relatório sobre a Política de Concorrência"*, a Comissão ensaia uma caracterização de acordos de comercialização conjunta, sem subdistinguir quaisquer possíveis situações relevantes de constituição de empresas comuns tendo por objecto a comercialização conjunta de bens e serviços.[2345] De acordo com essa caracterização, os acordos de comercialização conjunta corresponderiam a entendimentos entre fornecedores de certos bens ou serviços no sentido de concederem a agentes comuns o direito de comercializarem tais bens ou serviços em todos os mercados, ou em alguns mercados, especificamente considerados. Ainda segundo a mesma caracterização da Comissão, através desse tipo de acordos as

---

[2344] Sobre os cartéis de preços como uma das formas mais intrínsecamente anti-concorrenciais de cooperação empresarial, e as recentes evoluções no enquadramento jusconcorrencial dessa figura, cfr. João Pearce Azevedo, "Crime and Punishment in the Fight Against Cartels: The Gathering Storm", in ECLR, 2003, pp. 400 ss.; Massimo Motta, Michele Polo, "Leniency Programs and Cartel Prossecution", in International Journal of Industrial Organization, 2003, pp. 347 ss.; Scherer, Ross, *Industrial Market Structure and Economic Performance*, cit., esp. pp. 317 ss.; Joel Davidow, "Cartels, Competition Laws and the Regulation of International Trade", in Journal of International Law and Politics, 1983, pp. 351 ss..

[2345] Cfr. *"Primeiro Relatório sobre a Política de Concorrência"*, ponto 11 e ss..

empresas fornecedoras *"afectariam entre si em proporções pré-determi-nadas, as quantidades de produtos a vender"* e ofereceriam esses bens no mercado através do seu sistema conjunto de agência *"a preços e condições de venda uniformes"*. Esse sistema de comercialização teria, em certos casos, natureza exclusiva – comprometendo-se, então, as partes a efectuar toda a sua actividade de comercialização de determinados bens através do mesmo – o que implicaria, em última análise, que as partes *"não teriam nem o incentivo, nem a capacidade para desenvolver individualmente actividades de venda dos seus produtos, a preços livremente determinados (...)"* no mercado, de acordo com as quantidades oferecidas e os destinatá-rios dessa oferta. Nesse contexto, os consumidores ficariam privados de uma verdadeira escolha entre diferentes fontes de abastecimento e não teriam quaisquer meios para estimular qualquer concorrência entre os preços dos diferentes fornecedores.[2346]

É certo que em ulteriores Relatórios sobre a Política de Concorrência e no quadro da sua *praxis* decisória subsequente, a Comissão veio a identificar, de forma menos redutora, diversas modalidades de acordos de comercialização conjunta – com maior ou menor amplitude. Em parti-cular, a atenção da Comissão incidiu sobre associações de produtores com funções de comercialização dos seus produtos e sobre uma distinção básica em relação ao funcionamento das mesmas. Essa distinção repor-tava-se às funções de comercialização estritamente relacionadas com a compra e venda de produtos. Em alguns casos, essas associações de produ-tores assumiam na plenitude as funções de comercialização dos bens fornecidos pelos seus membros, pelo menos em relação a certos mercados geográficos, assegurando a venda desses bens e conduzindo, consequente-mente, à fixação, sob forma coordenada, de preços, condições gerais de venda e quantidades de bens oferecidos nos vários mercados. Noutros casos, as associações de produtores desenvolviam actividades mais limita-das no domínio da comercialização.

De acordo com a caracterização a que acima procedemos, nesses casos tais associações prosseguiam apenas determinadas micro-funções na vertente funcional de comercialização de bens e serviços, que não cobriam a venda dos produtos a clientes finais. Essas actividades mais limitadas podiam incluir, designadamente, a publicidade ou, mais latamente, a

---

[2346] Reportamo-nos ainda aqui ao ponto 11 do *"Primeiro Relatório Relatório sobre a Política de Concorrência"*.

divulgação dos produtos dos membros, remetendo para estes a realização de vendas junto dos consumidores finais.

De resto, os primeiros casos concretos considerados pela Comissão nos estádios iniciais da sua *praxis* decisória neste domínio reportaram-se, em regra, efectivamente, a situações de comercialização conjunta envolvendo esse tipo de associações de produtores, e não comportando verdadeiros elementos de integração empresarial especificamente dirigidos à função de comercialização globalmente considerada. Assim, nas denominadas decisões *"Cobelaz"* e na decisão *"SEIFA"*, respectivamente de 1968 e 1969,[2347] analisou situações respeitantes à actuação de cooperativas nacionais de produtores que asseguravam a comercialização da totalidade das produções dos seus membros nos mercados domésticos que se encontravam em causa, mas que não envolviam, em rigor, a criação de infra-estruturas ou de uma organização integrada, com base em contribuições dos sócios, dirigida ao desenvolvimento de funções de distribuição e venda.

Tratava-se, simplesmente, de sistemas de acordos tendentes à fixação dos preços e de outras condições de venda, visto que as cooperativas em questão, sem introduzirem nenhum *maius* de actividade empresarial integrada, intervinham nos processos de venda, coordenando, sistematicamente, essas condições. Curiosamente, devido a uma interpretação restrita do requisito da afectação do comércio entre Estados membros, a Comissão, embora tivesse verificado a existência nesses casos de acordos de cooperação restritivos da concorrência no sentido previsto no n.º 1 do artigo 81.º (artigo 85.º TCE, à data da adopção das decisões em causa) não pôde, então, sujeitar essas situações à proibição estatuída nessa disposição, visto que as mesmas se reportavam a sistemas de comercialização conjunta circunscritos a mercados nacionais (apenas na sequência do Acórdão do TJCE *"Vereeniging van Cementhandelaren"*, de 1972, foi desenvolvida uma interpretação extensiva desse requisito da afectação do comércio entre Estados que passou a permitir doravante a sujeição desse tipo de situações àquela norma de proibição[2348]).

[2347] Cfr. as denominadas decisões *"Cobelaz"*: *"Cobelaz (n.º1)"* (JOCE n.º L 276/13, 1968), *"Cobelaz (n.º 2)"* (JOCE n.º L 276/19, 1968). Cfr., ainda, a decisão *"SEIFA"* (JOCE n.º L 173/8, 1969).

[2348] Cfr. Acórdão do TJCE *"Vereeniging van Cementhandelaren"*, proc 8/72, Rec 977 (1973). Como referiu o TJCE no ponto 29 desse Acórdão, *"an agreeement which extends to the whole of the territory of a Member State has, by its very nature, the effect*

Parte III – Capítulo 3

De qualquer modo, embora a análise da Comissão tenha evoluído no sentido de identificar modalidades diversas de acordos de comercialização conjunta, cobrindo um número maior ou menor de micro-funções no domínio global da comercialização, durante um período de tempo considerável continuou a não autonomizar, em termos substantivos, as situações qualificáveis como empresas comuns de comercialização. Assim, na *"Comunicação Relativa ao Tratamento das Empresas Comuns com Carácter de Cooperação"*, de 1993, a Comissão autonomiza, em termos formais, a categoria que denomina de *"empresa comum de venda"*, mas num plano substantivo, caracteriza-a, de forma linear, como uma modalidade de cooperação em matéria de comercialização, tendente à fixação concertada de preços.[2349]

De acordo com a análise aí formulada, essas denominadas empresas comuns de venda *"fazem parte de cartéis horizontais clássicos, (...) tendo, em geral, por objecto a harmonização da oferta de produtores concorrentes"*.[2350] As mesmas não só eliminariam a concorrência através dos preços entre os fundadores, como limitariam *"as quantidades fornecidas por estes no âmbito de um sistema de partilha de encomendas"* e, consequentemente, a Comissão tenderia, em princípio, a *"apreciar de forma negativa a empresa comum de venda"*.[2351] Ainda de acordo com a mesma lógica redutora sobre o enquadramento funcional e de integração das empresas comuns de comercialização, a Comissão reconhecia, então, que apenas seria de adoptar uma posição positiva em sede de aplicação do n.º 3 do artigo 81.º (artigo 85.º TCE) nos casos em que a distribuição em comum dos produtos contratuais fizesse parte *"de um projecto de cooperação global"* que merecesse um tratamento favorável à luz dessa disposição.

---

of consolidating a national partitioning, thus hindering the economic interpenetration to which the treaty is directed and ensuring a protection for the national production".

[2349] Reportamo-nos ao conceito utilizado na versão oficial em língua portuguesa da Comunicação (*"Comunicação da Comissão Relativa ao Tratamento das Empresas Comuns com Carácter de Cooperação à Luz do Artigo 85.º do Tratado CEE"*,cit.). Esse conceito de *"empresa comum de venda"* utilizado no ponto 38, e noutras partes da Comunicação corresponde *v.g.* na versão inglesa da mesma Comunicação ao conceito de *"Sales JV"*.

[2350] Cfr. Comunicação cit., ponto 60.

[2351] Cfr. ainda o mesmo ponto 60 da Comunicação cit.

Noutros termos, a Comissão sustentava, então, que as formas de cooperação que qualificava como "*empresas comuns de venda*", em princípio, apenas seriam passíveis de um juízo favorável de isenção *ex vi* do n.º 3 do artigo 81.º (artigo 85.º TCE) – salvo casos muito excepcionais – quando estivessem associadas a cooperação nos domínios de investigação e desenvolvimento e de produção, que se quisesse estender ao estádio da distribuição. Ora, como é sabido, após a reforma do RCC, em 1997, essas empresas comuns, que congreguem funções nos domínios de investigação e desenvolvimento, de produção e – complementarmente – de comercialização serão, em princípio, qualificadas como operações de concentração e submetidas ao regime do RCC. Deste modo, a manter-se a lógica restritiva de apreciação sustentada pela Comissão na referida Comunicação de 1993, no conjunto de empresas comuns que continuam submetidas ao regime do artigo 81.º CE após a reforma de 1997 do RCC, a subcategoria das empresas comuns de comercialização – autonomamente considerada – dificilmente poderia incluir entidades passíveis de juízos favoráveis em sede de aplicação do n.º 3 do artigo 81.º CE.

Pensamos que essa caracterização das empresas comuns de comercialização é redutora e contrasta, de resto, como veremos, com as análises mais flexíveis e economicamente mais realistas desenvolvidas no quadro do ordenamento da concorrência norte-americano. É certo que, já depois da referida Comunicação de 1993 sobre o Tratamento das Empresas Comuns com Carácter de Cooperação, a orientação da Comissão, neste domínio, tem evoluído no sentido de uma maior flexibilidade na aplicação daquela disposição do Tratado CE (vindo, de resto, a Comunicação de 2001 corroborar essa gradual alteração dos critérios de apreciação da Comissão). Todavia, a Comissão não clarificou, ainda, de modo suficientemente conclusivo o enquadramento conceptual específico das empresas comuns de comercialização face ao conjunto indistinto dos acordos de comercialização conjunta. E, como veremos, dessa relativa imprecisão conceptual podem resultar algumas consequências para a análise substantiva dos efeitos sobre a concorrência que se encontram associados a essa subcategoria de empresas comuns.

Parte III – Capítulo 3

4.1.3. A distinção entre empresas comuns que asseguram a venda conjunta de bens e serviços e empresas comuns com funções de comercialização mais limitadas

Em nosso entender, e como já atrás referimos, importa – ultrapassando algum sincretismo conceptual em que a Comissão tem incorrido –[2352] distinguir a subcategoria das *empresas comuns de comercialização* do vasto conjunto de *meros acordos de cooperação, na modalidade de comercialização conjunta de bens e serviços*. À luz da nossa análise anterior da própria categoria da empresa comum em sede de direito da concorrência,[2353] e aplicando os pressupostos gerais da caracterização conceptual dessa figura no domínio funcional da cooperação em matéria de comercialização, os elementos distintivos essenciais da figura da empresa comum de comercialização assentam na efectiva existência de uma integração de recursos e activos das empresas-mãe, potencialmente geradora de algum tipo de eficiência económica, que constitua um suporte organizado, dotado de alguns meios próprios, e apto a prosseguir determinadas actividades – com extensão variável – de comercialização de bens finais das empresas participantes.

A criação de uma estrutura organizada, que combina activos diversos transmitidos pelas empresas fundadoras, e que acrescenta novos elementos qualitativos, em termos funcionais e de organização, à prossecução de actividades de comercialização conjunta de bens dessas empresas deve ser objecto de avaliação autónoma. Esse particular modo de organização de actividades de comercialização não pode ser, sistematicamente, assimilado a situações de mera concertação directa de actividades de comercialização, que continuem a ser desenvolvidas *a se* pelas próprias empresas participantes ou a situações de concertação indirecta dessas actividades, quando as mesmas sejam formalmente intermediadas por uma entidade partici-

---

[2352] Não há propriamente uma jurisprudência constante do TJCE, ou do TPI neste domínio específico de caracterização das *empresas comuns de comercialização* que se possa trazer à colação, atendendo ao facto de raramente o tipo de situações de cooperação em causa ter sido submetido à apreciação desses tribunais. Cfr. para um comentário a diversas razões que explicam este défice de apreciação jurisdicional, JOHN TEMPLE LANG, *International Joint Ventures Under Community Law*, cit..

[2353] Cfr. *supra*, capítulo segundo da **Parte I** (esp. pontos 2.3. e **6.**), no qual identificamos os principais elementos que permitem distinguir a categoria jusconcorrencial da empresa comum dos meros acordos de cooperação entre empresas.

pada por essas empresas, mas que não acrescente qualquer *maius*, em termos de integração empresarial, à organização dessas actividades, limitando-se a ser uma instância formal de exercício em comum de poder de mercado (dirigido, naturalmente, à obtenção de lucros supraconcorrenciais dos participantes).

De qualquer modo, independentemente da crítica de fundo que dirigimos à Comissão, neste domínio, importa reconhecer que esta, em tomadas de posição mais recentes, veio já reconhecer elementos de especificidade na análise de modalidades de cooperação no domínio da comercialização, quando estas resultem de certas componentes de *integração de actividades económicas geradoras de eficiências*. Esse reconhecimento verifica-se já, de algum modo, na análise que é desenvolvida na Comunicação de 2001 quanto a eventuais vantagens económicas relevantes em sede de aplicação do n.º 3 do artigo 81.º CE a acordos de comercialização, mas afigura-se-nos ainda lacunar e insuficiente com vista à clarificação conceptual que é necessária nesta matéria (esse carácter lacunar da análise da Comissão avulta, em especial, se compararmos estas suas posições com as orientações normalmente assumidas pelas autoridades norte-americanas de concorrência).[2354]

A esta delimitação conceptual, de carácter geral, da subcategoria das empresas comuns de comercialização importa acrescentar uma perspec-

---

[2354] No que respeita ao desenvolvimento de orientações no direito norte-americano tendentes a erigir elementos de *integração empresarial* geradores de *eficiências* em *parâmetros decisivos para a configuração das empresas comuns* cfr., *inter alia*, o precedente "*Compact v. Metropolitan Gov't, 594 F. Supp. 1567, 1574 (M.D. Tenn. 1984)*", no qual se destaca entre as características distintivas da empresa comum, "(…) *its capability in terms of new productive capacity, new techonology, a new product or entry into a new market*". Cfr., ainda, a propósito de situações de cooperação no domínio da comercialização o precedente "*NCCA v. Board of Regents of the Univ. of Okla., 468 US 85, 113 (1984)*", no qual se afirma que determinado "*joint selling arrangement*" pode "*make possible a new product by reaping otherwise unattainable efficiencies*". Quanto a evoluções, embora ainda muito insuficientes, da posição da Comissão neste domínio, cfr. ponto 152 da Comunicação de 2001, onde se refere que, "(…) *os alegados ganhos de eficiência não devem ser economias resultantes unicamente da eliminação de custos inerentes à concorrência, mas devem resultar da integração de actividades económicas. Assim, uma redução dos custos de transporte resultante unicamente de uma repartição dos clientes, mas sem integração do sistema logístico, não pode ser considerada um ganho de eficiência que justifique a isenção de um acordo*". A Comissão deveria, no entanto, ter associado explicitamente esse *maius* resultante de uma "*integração de actividades económicas*" à figura da empresa comum, caracterizando as dimensões que devem suportar tal componente de integração.

Parte III – Capítulo 3   1405

tiva sistemática que permita enquadrar, de forma tão exaustiva quanto possível, as diferentes modalidades de organização conjunta de actividades de comercialização que podem ser reconduzidas a essa subcategoria.

Assim, considerando a experiência conhecida da *praxis* empresarial neste domínio e as situações que têm sido objecto de apreciação pelas autoridades de concorrência e pelos tribunais no âmbito dos ordenamentos da concorrência comunitário e norte-americano,[2355] admitimos que se podem distinguir alguns subtipos relevantes no conjunto das empresas comuns de comercialização. Acresce que, como já expusemos, esse esforço de sistematização e distinção analíticas não deverá corresponder a um exercício meramente formal e é relevante para a apreciação substantiva do potencial restritivo da concorrência associado a estas entidades.

Num primeiro plano, pensamos que se impõe uma distinção primacial entre as *empresas comuns de comercialização que asseguram a venda conjunta dos bens e serviços das empresas participantes* e as *empresas comuns que apenas asseguram funções limitadas no domínio da comercialização, não chegando a realizar a venda conjunta dos bens e serviços contratuais das empresas participantes*. Essa distinção é, na realidade, fundamental, visto que da ultrapassagem do limiar de cooperação correspondente à realização de vendas conjuntas de bens e serviços depende, numa larga medida, o tipo de elementos do processo de concorrência que são potencialmente afectados pela cooperação e a extensão previsível dessa interferência nas relações de concorrência entre as partes (bem como entre estas e terceiras entidades).[2356]

De qualquer modo, no *primeiro subtipo essencial* que identificamos – empresas comuns de comercialização que envolvam a venda conjunta de

---

[2355] Consideramos útil, como já repetidamente se observou, trazer à colação na análise dos vários tipos de empresas comuns, a experiência do ordenamento norte-americano. Na caracterização das empresas comuns de comercialização e dos vários subtipos que as mesmas podem assumir segue-se, naturalmente, essa opção metodológica.

[2356] Além disso, são também as empresas comuns de comercialização envolvendo a venda conjunta de bens ou serviços das empresas participantes que mais facilmente podem ser, em termos formais, utilizadas, para dissimular verdadeiros cartéis entre empresas concorrentes. Numa perspectiva jurídica mais ampla, que ultrapassa a esfera do direito da concorrência, cfr., por todos, sobre os *vários elementos e dimensões jurídico-económicas* que podem integrar a *política ou actividade de comercialização das empresas* – para além dos actos jurídicos estritos em que se consubstancie a venda de produtos, GERARDO SANTINI, *Il Commercio – Saggio di Economia del Diritto*, Bologna, Il Muligno, 1979, pp. 73 ss..

1406 *Empresas comuns* – Joint Ventures

bens e serviços – podemos, ainda, autonomizar, por um lado, as *empresas comuns cujo funcionamento implica a fixação dos preços dos bens contratuais objecto de comercialização* e, por outro lado, as *empresas comuns que não determinem essa fixação, em conjunto, dos preços*.

No que respeita ao *segundo subtipo básico de empresas comuns* – aquelas que asseguram funções limitadas no domínio da comercialização, não chegando a cobrir a venda conjunta de bens e serviços – pensamos que se podem destacar, atendendo à importância de que se revestem, categorias de *empresas comuns que assegurem a mera distribuição conjunta de bens e serviços das empresas-mãe* (sem a formalização de operações de venda dos mesmos), ou as *empresas comuns que visem a promoção conjunta desses bens* (embora, em tese geral, esse tipo de cooperação limitado a micro-funções, com carácter acessório, no domínio da comercialização possa ter modelações muito diversificadas[2357]).

Admitimos, pois, que o conjunto destas diversas modalidades de *empresas comuns de comercialização*, ora identificadas, além de corresponder às formas mais recorrentes de cooperação no âmbito dessa função empresarial, inclui também – como adiante se observará – aquelas que envolvem os tipos de riscos de afectação da concorrência mais paradigmáticos neste plano de cooperação entre empresas.

[2357] Entre várias modelações possíveis que podem assumir empresas comuns com funções limitadas no domínio da comercialização, não chegando a cobrir a venda conjunta de bens e serviços, podemos considerar como situação paradigmática a verificada no caso *"Alliance de Constructeurs Français de Machines-Outils"* (JOCE n.º L 201/1, 1968), referente a uma entidade (*"alliance"*) criada por um conjunto de pequenos fabricantes de maquinaria franceses, como veículo para a realização de exportações dos produtos dos membros. Todavia, o papel atribuído a essa entidade era essencialmente limitado a actividades promocionais, continuando os membros a celebrar os seus próprios acordos de compra e venda, nos quais determinavam autonomamente os seus preços e demais condições. É possível configurar também outras modalidades de empresas comuns que, não transpondo também o limiar essencial da venda conjunta, desenvolvam funções mais amplas do que as correspondentes a actividades promocionais, *vg.*, assegurando meios logísticos para a distribuição em certas áreas geográficas dos produtos das empresas participantes, conservando estas últimas a faculdade exclusiva de concluir acordos de compra e venda com consumidores finais.

Parte III – Capítulo 3 1407

4.1.4. Caracterização sistemática complementar de subcategorias de empresas comuns de comercialização

Além disso, julgamos que se justifica identificar *ab initio*, em qualquer caracterização geral e sistemática de subcategorias de empresas comuns de comercialização, como a que ora ensaiamos – e que reputamos essencial para uma compreensão global das questões relevantes que se podem suscitar neste complexo domínio de cooperação empresarial – uma distinção de outro tipo. Trata-se de considerar em grupos autónomos, devido à especificidade dos problemas de afectação da concorrência que podem ocasionar e às diferentes lógicas empresariais que lhes estão subjacentes, as *empresas comuns de comercialização que asseguram, na sua área de actuação, a totalidade das actividades relevantes das empresas participantes* e as *empresas comuns que não assumem esse carácter de exclusividade* (empresas comuns às quais as empresas-mãe tenham cometido a prossecução de, apenas, uma parte das suas actividades no domínio da comercialização de bens e serviços[2358]).

É certo que, em sede de aplicação de normas comunitárias de concorrência, tem sido com alguma frequência sustentada a ideia de uma suposta menor relevância desta última distinção sistemática. Na realidade, como a Comissão sustentou na decisão *"Floral"*,[2359] mesmo em relação a certas empresas comuns de comercialização que não imponham às empresas participantes qualquer obrigação de realização em exclusivo das suas vendas no quadro da sua actividade de venda conjunta, pode verificar-se uma tendência dessas empresas para alinhar os seus preços com aqueles que sejam praticados no âmbito das empresas comuns de que fazem parte.

[2358] Importa salientar que, mesmo quando estão em causa empresas comuns que desenvolvam *funções limitadas no domínio da comercialização*, a distinção sistemática complementar acima exposta pode ser relevante. Pense-se, *v.g.*, em empresas comuns de promoção de certas categoria de bens e serviços das empresas-mãe e às quais estas tenham confiado a totalidade das suas actividades relevantes de promoção. No quadro dessa distinção sistemática, a segunda subcategoria identificada – *empresas comuns que não assumem carácter de exclusividade* (às quais as empresas-mãe tenham cometido a prossecução de, apenas, uma parte das suas actividades no domínio da comercialização de bens e serviços) – tende a ser utilizada com mais frequência em situações caracterizadas pela utilização dessas entidades com vista à penetração das empresas-mãe em determinados mercados geográficos.

[2359] Cfr. decisão *"Floral"* (JOCE n.º L 39/51, 1980).

Pela nossa parte, reconhecemos, naturalmente, essa possibilidade de as actividades independentes de comercialização mantidas pelas empresas-mãe serem influenciadas pelos mecanismos de formação de preços no âmbito das empresas comuns de comercialização de que aquelas façam parte, mesmo que estas empresas comuns não cubram, com carácter exclusivo, a totalidade das actividades de comercialização dos seus fundadores. Todavia, afigura-se-nos manifestamente excessivo partir dessa constatação para qualquer afirmação de uma suposta irrelevância da distinção entre situações de comercialização, através de empresas comuns que envolvam ou não exclusividade.

Pelo contrário, não só consideramos importante essa distinção, como pensamos ser relevante o seu aprofundamento, procurando identificar situações variáveis neste plano, em função da dimensão relativa das áreas de comercialização prosseguidas de modo independente pelas empresas-mãe e das áreas cometidas a uma ou mais empresas comuns em que estas participem. Assim, em tese geral, caso a actividade de comercialização desenvolvida por intermédio de uma empresa comum represente apenas uma pequena parcela do volume global de vendas das empresas-mãe envolvidas na mesma, será certamente menor a probabilidade de a fixação concertada de preços no âmbito da empresa comum influenciar decisivamente, e de modo quase automático, as políticas de fixação de preços dessas empresas.[2360]

Finalmente, em complemento ao conjunto de principais tipos de empresas comuns de comercialização que acima procurámos identificar e sistematizar, admitimos que se justifica, ainda, neste domínio, tomar em consideração, *subespécies de empresas comuns, ou modalidades de cooperação assimiláveis a empresas comuns,* (*vg*, entidades não passíveis

---

[2360] A importância do carácter não exclusivo de actividades de comercialização prosseguidas através de empresas comuns tem sido especialmente enfatizada no quadro do ordenamento norte-americano da concorrência. Cfr., entre outros precedentes nesse sentido, que contribuíram para destacar o maior potencial restritivo da concorrência de *empresas comuns de comercialização com carácter de exclusividade* – sobretudo se as empresas comuns ou entidades similares não gerarem comprovadamente elevadas eficiências – *"Virgínia Excelsior Mills, Inc. v. FTC, 256 F.2d 538 (4th Cir. 1958)"*, ou *"United States v. American Smelting & Ref. Co., 182 F. Supp. 834 (S.D.N.Y. 1960)"*. De qualquer modo, como adiante observaremos, no plano comunitário, a Comissão vem progressivamente concedendo maior relevo a eficiências relacionadas com diminuição de custos, desde que esse aspecto favorável não seja conjugado com um carácter de exclusividade das actividades de empresas de comercialização.

Parte III – Capítulo 3 1409

de qualificação, em termos estritos, como empresas comuns, mas que assumam características idênticas e suscitem problemas semelhantes) *em relação a situações particulares de participação em mercados cujo funcionamento assente em organizações em rede.*

Pensamos, designadamente, em situações correspondentes a sistemas de comercialização em rede associados a sistemas de pagamentos electrónicos (*maxime*, envolvendo o sector financeiro e o que podemos qualificar como a indústria de cartões de crédito e de cartões de débito), ou em situações relativas a mercados electrónicos organizados, quer mercados que envolvam apenas empresas, quer mercados que relacionem empresas e consumidores.[2361]

Na verdade, acompanhando autores como DAVID EVANS, ou RICHARD SCHMALENSEE, consideramos que a realidade económica recente de desenvolvimento tecnológico de modos de organização de mercados assentes num papel crescente dos sistemas electrónicos, impõe uma análise específica desses *modelos de comercialização em rede,*[2362] que, numa perspectiva de direito da concorrência, podem suscitar problemas particulares, devido à *combinação de elementos de cooperação e de concorrência* que, por natureza, tais formas de organização de mercados envolvem. Procuraremos, assim, em alguns pontos da nossa análise sumária das empresas comuns de comercialização, trazer à colação essas categorias específicas de situações, sempre que se verifiquem pontos relevantes de contacto com determinados elementos da apreciação destas empresas comuns. Além disso, na nossa análise final de alguns casos de referência, que se possam considerar paradigmáticos da apreciação desta subcategoria de empresas comuns de comercialização, concederemos alguma atenção a essas *situações específicas de organização de modos de comercialização em rede*

[2361] Trata-se do que, em terminologia comercial corrente, progressivamente incorporada nas análises jusconcorrenciais, se designa como mercados organizados "*Business to Business*" – "*B2B*" e "Business to Consummer" – "*B2C*". Sobre o funcionamento deste tipo de mercados e as questões de concorrência suscitadas no âmbito dos mesmos, cfr. JOACHIM LÜCKING, "B2B E-Marketplaces and EC Competition Law – Where Do We Stand?", in Competition Newsletter, N.º 3, October, 2001, pp. 14 ss.. Cfr., igualmente, sobre esta matéria, CENTO VELJANOVSKI, "EC Antitrust in the New Economy: Is the European Commission's View of the Network Economy Right?", in ECLR, 2001, pp. 115 ss..

[2362] Cfr. As. cit., "Economic Aspects of Payment Card Systems and Antitrust Policy Toward Joint Ventures", in ALJ., 1995, pp. 861 e ss; cfr., também, DENNIS W. CARLTON, ALAN S. FRANKEL, "The Antitrust Economics of Credit Card Networks", in ALJ, 1995, pp. 643 ss..

1410 *Empresas comuns* – Joint Ventures

(*maxime*, envolvendo entidades do sector financeiro, através da constituição de empresas comuns, ou de fórmulas de cooperação com características comparáveis[2363]).

4.1.5. Corolários da diversidade organizativa e funcional das empresas comuns de comercialização

Importa, ainda, sublinhar, como nota preliminar, na sequência da caracterização geral e sistemática de subtipos de empresas comuns de comercialização ora empreendida, que estas entidades apresentam, em regra, uma outra especificidade. Se, por um lado, como tivemos ensejo de assinalar, as próprias funções empresariais de comercialização, enquanto objecto de processos de cooperação, são passíveis de desdobramentos muito diversos e podem, consequentemente, originar modalidades muito variadas de empresas comuns, em que essa componente referente às actividades de comercialização seja prevalecente, em contrapartida, como também já se aflorou, a avaliação dessas empresas comuns tende a ser mais linear.

Na realidade, em relação à generalidade dessas empresas comuns – sobretudo se estas envolverem actividades de venda conjunta com fixação concertada dos preços, ou influenciando, previsivelmente, essa fixação – verifica-se uma forte probabilidade de avaliação desfavorável das repercussões das mesmas sobre o processo de concorrência (essa probabilidade é, como se observará, mais intensa em sede de aplicação de normas comunitárias de concorrência do que no quadro do ordenamento norte-americano de concorrência). De certo modo, essa pré-compreensão negativa

---

[2363] Embora o tratamento jusconcorrencial dessas situações no sector financeiro e, designadamente, no sector dos cartões de pagamento tenha conhecido, sobretudo, um maior desenvolvimento no contexto do ordenamento da concorrência norte-americano. Cfr. sobre esses desenvolvimentos, DENNIS W. CARLTON, ALAN S. FRANKEL, "The Antitrust Economics of Credit Card Networks", cit. na nota anterior. Curiosamente, essa matéria tem também conhecido desenvolvimentos muito relevantes em alguns ordenamentos nacionais de concorrência de Estados Membros, *vg*. no Reino Unido. Cfr., especialmente, neste último ordenamento um precedente essencial correspondente à decisão do DGFT ("*Director-General of Fair Trading*"), de 2001, no caso "*LINK*" ("*LINK Interchange network limited, case CP/0642/00/S*", 16 Outubro 2001) – caso envolvendo as condições de funcionamento de uma rede de ATMS ("*automated teller machines*").

Parte III – Capítulo 3 1411

algo uniforme – em termos de desvalor jurídico-económico na perspectiva do direito comunitário da concorrência – quanto às empresas comuns de comercialização contrasta com a diversidade e complexidade de combinações de micro-funções no domínio da comercialização de bens e serviços que podem estar associadas a essas entidades. Assim, como se procurará destacar ao longo da análise que se segue, pensamos que esta diversidade organizativa e funcional das empresas comuns de comercialização pode, em múltiplas situações, justificar uma apreciação menos linear e uniforme dos efeitos globais sobre o processo de concorrência que as mesmas ocasionam.

4.2. OBJECTIVOS TIPICAMENTE PROSSEGUIDOS ATRAVÉS DE EMPRESAS COMUNS DE COMERCIALIZAÇÃO

4.2.1. A perspectiva da Comissão Europeia

A caracterização sistemática dos objectivos essenciais que podem, em regra, encontrar-se subjacentes à constituição de empresas comuns de comercialização – tomando em consideração a diversidade de situações de cooperação que estas podem originar – tem sido objecto de menor desenvolvimento pela Comissão, pelo menos em termos comparativos com análises produzidas em relação a outros tipos funcionais de empresas comuns. A existência de uma pré-compreensão hermenêutica desfavorável em relação a esta subcategoria de empresas comuns, que tem, de algum modo prevalecido, nas análises da Comissão pode, até certo ponto, explicar essa situação.

Na verdade, uma vez que a Comissão, apesar de alguma flexibilização recente das suas posições, tende a assimilar as empresas comuns de comercialização a acordos de cooperação tendentes à fixação concertada dos preços – como sucedia ainda, nos termos atrás referidos na Comunicação de 1993, referente ao tratamento de empresas comuns com carácter de cooperação – tal determina também que tenha sido concedida uma especial atenção em relação a escopos negativos de afectação da concorrência (semelhante aos escopos, que encerram *a se* um desvalor fundamental para o ordenamento da concorrência, dos cartéis clássicos de preços[2364]). Ora, os objectivos primaciais mais recorrentes associados a empresas comuns de comercialização que importa identificar e densificar correspondem, pelo contrário, a vantagens económicas emergentes de específicas formas de eficiência associadas a certas formas de integração empresarial no quadro dessas entidades.

Não obstante esse carácter lacunar das análises dos programas teleológicos potencialmente associados a empresas comuns de comercialização, em sede de aplicação de normas comunitárias de concorrência,[2365] alguns aspectos indirectamente aflorados em apreciações formuladas pela Comissão para efeitos de eventual concessão de isenções (*ex vi* do n.º 3 do artigo 81.º CE) e, sobretudo, a nossa própria avaliação – numa perspectiva jurídico-económica – da *praxis* empresarial de cooperação neste área funcional permitem-nos ensaiar uma compreensão geral e sistemática dos escopos em regra associados a essas empresas comuns.

4.2.2. Visão crítica e sistemática dos objectivos das empresas comuns de comercialização

4.2.2.1. *Objectivos de tipo interno*

Assim, pensamos que se justifica identificar uma categoria de *objectivos empresariais de tipo interno* – os quais, com alguma facilidade,

---

[2364] Esse paralelo directo é feito, expressamente, como acima já observámos na "*Comunicação Relativa ao Tratamento das Empresas Comuns com Carácter de Cooperação à Luz do Artigo 85.º do tratado CEE*", de 1993, cit., esp. no ponto 60. Como aí se afirmava, "*as empresas comuns de venda fazem parte de cartéis horizontais clássicos. Têm, em geral, por objecto e por efeito a harmonização da oferta de produtores concorrentes. Não somente eliminam a concorrência através dos preços entre os fundadores, como limitam as quantidades fornecidas por estes no âmbito de um sistema de partilha de encomendas*".

[2365] Carácter lacunar na *praxis* decisória e de definição de orientações gerais da Comissão e, por arrastamento, na jurisprudência do TJCE e do TPI, que, curiosamente, se verifica também numa parte significativa das análises doutrinais. É sintomático, de resto, que algumas monografias de referência não tratem especificamente a matéria correspondente a objectivos deste tipo de empresas comuns (empresas comuns de comercialização), como sucede, *vg.*, com a obra fundamental de BELLAMY e CHILD – *European Community Law of Competition*, cit..

Parte III – Capítulo 3 1413

podem resvalar para escopos anti-concorrenciais – e uma categoria de *objectivos externos*, projectados para a construção de vantagens económicas no processo de ligação ao mercado, com base em diversas formas de integração das actividades económicas das empresas participantes.

Num plano específico, admitimos, ainda, que se possam autonomizar *objectivos sectoriais*, especificamente associados às necessidades particulares de relacionamento com os consumidores ou clientes finais, que se verificam em certos tipos de mercados, seja devido ao que podemos denominar de *"falhas de mercado"*, relacionadas com características particulares dos mesmos, seja devido aos modelos particulares de organização que, de raiz, em função dos meios utilizados nesses mercados tenham originado certos tipos de relações de rede padronizadas entre as entidades que aí desenvolvem actividades (pensamos, essencialmente, neste último caso, nas especificidades associadas a certos mercados que, por natureza, funcionam em rede, como sucede nos casos atrás apontados da indústria de cartões de crédito e de débito, ou nos mercados organizados, com base em sistemas electrónicos, entre empresas, ou relacionando empresas e consumidores).

No que respeita à primeira categoria *supra* considerada – objectivos empresariais de tipo interno – a sua relevância para efeitos de eventual ponderação favorável da criação de empresas comuns de comercialização à luz das normas de concorrência tenderá a ser muito limitada. Estes objectivos relacionam-se, fundamentalmente, com a racionalização das condições de venda dos produtos – *maxime* quanto a bens homogéneos que não carecem da construção, no plano comercial, de uma imagem diferenciada – de modo a fazê-los chegar mais facilmente aos consumidores e com a maior compressão de custo possível.

Referimo-nos aqui a objectivos de tipo interno, porquanto os mesmos se projectam normalmente em medidas internas tendentes a – na expressão sugestiva de autores como LESTER TELSER[2366] – reduzir o custo dos serviços de distribuição adquiridos pelos fornecedores (seja porque se reduzem custos internos em relação a actividades de distribuição que uma empresa fornecedora assumisse directamente e que passe a partilhar com outros fornecedores, no quadro de acordos de comercialização conjunta,

---

[2366] Cfr., a este propósito, LESTER TELSER, "Why Should Manufacturers Want Fair Trade?", in JL & Econ., 1960, pp. 86 ss.. Cfr., ainda, do mesmo A., e numa reanálise do tema originariamente versado no estudo acima referido, "Why Should Manufacturers Want Fair Trade II?", in JL & Econ., 1990, pp. 409 ss..

1414   *Empresas comuns* – Joint Ventures

seja porque, através de tal partilha de actividades de distribuição, se elimi-nam custos referentes a relações verticais anteriormente mantidas com distribuidores externos que possam ser dispensados).

Em todo o caso, esses escopos de racionalização das condições e processos de venda não deverão projectar-se em medidas activas, numa esfera externa aos grupos empresariais fornecedores, no sentido da criação de infra-estruturas vocacionadas para a distribuição e venda de produtos. Daí, importa reiterá-lo, a nossa qualificação geral dos objectivos em causa como objectivos de tipo interno. Dever-se-á, igualmente acentuar, que esses objectivos se encontram no limiar dos programas teleológicos admissíveis neste plano da comercialização, porquanto, com alguma faci-lidade, em algumas circunstâncias, podem confundir-se com meros propó-sitos de redução de custos inerentes à concorrência nessa vertente da comercialização.[2367]

4.2.2.2. *Objectivos de tipo externo*

Quanto à segunda categoria de objectivos acima identificada – objec-tivos externos, projectados para a construção de vantagens económicas no processo de ligação ao mercado, com base em diversas formas de integra-ção empresarial – esta pode desdobrar-se em diversos planos relevantes. Pela sua natureza, e em contraposição com a anterior categoria, este tipo de escopos, indissoluvelmente ligados a medidas externas de integração empresarial, promovidas por grupos empresariais fornecedores, tendem a ser objecto de valorações positivas – embora com intensidades muito variáveis – que podem, em tese, contrabalançar a afectação de elementos importantes do processo de concorrência resultantes da criação de empre-sas comuns de comercialização.

No quadro desta segunda categoria de objectivos, assume natural relevância o que podemos denominar de plano financeiro em sentido estrito. Referimo-nos, nesse plano, a objectivos estritos de redução dos custos de comercialização, quer no que respeita a estruturas de venda pro-priamente ditas, quer em relação a estruturas que permitam a articulação com distribuidores externos, quer ainda em relação aos encargos asso-

---

[2367] Repete-se que esta associação é feita na Comunicação de 2001 no ponto 152, já cit..

Parte III – Capítulo 3 1415

ciados com a prossecução de funções de divulgação e promoção dos produtos. Esta óptica de redução de custos não pode ser confundida com o conjunto de objectivos anteriormente referido, porquanto no plano que ora consideramos, a mesma não se confunde com uma mera perspectiva negativa de eliminação de encargos, mas implica um posicionamento activo de investimento em estruturas integradas, ligadas de vários modos a funções de comercialização de bens, e que deverão – no médio prazo – vir a revelar-se financeiramente compensadoras.

Num segundo plano, podemos considerar a existência de objectivos tendentes à obtenção de vantagens de tipo organizativo e funcional. Nesse plano, justifica-se, ainda, em nosso entender, distinguir actividades de comercialização conjunta em relação a bens já existentes no mercado, ou em relação a novos tipos de produtos que se pretenda lançar no mercado.

Em relação ao primeiro tipo de situações, será pertinente identificar – naturalmente de forma não exaustiva – actuações tendentes a atingir os consumidores de forma mais directa e, porventura, com uma estratégia de comunicação mais activa, actuações movidas pelo propósito de contrabalançar o especial poder aquisitivo de certas estruturas intermediárias de comercialização dos produtos,[2368] objectivos de penetração em certos mercados que, em virtude de diversas circunstâncias, dificilmente se encontrariam ao alcance de certas empresas fornecedoras e, finalmente, actuações tendentes a combinar de forma mais eficaz recursos e experiências diferenciadas em estruturas novas de informação e comunicação com os consumidores.

Deve salientar-se que a relevância destes diversos objectivos depende, essencialmente, das condições particulares de funcionamento de cada tipo de mercado que se encontre em causa. Assim, em relação a produtos de consumo de massa, destinados a satisfazer necessidades básicas dos consumidores individuais,[2369] as realidades de mercado pre-

---

[2368] Para uma compreensão das necessidades, que podem ocorrer, de contrabalançar o poder aquisitivo de de grandes superfícies comerciais, bem como das condicionantes inerentes a tal poder aquisitivo, cfr. JOACHIM LÜCKING, *Retailer Buyer Power in EC Competition Law*, cit., pp. 467 ss. e PATRICK REY, *Retailer Buying Power and Competition Policy*, cit., pp. 487 ss..

[2369] Trata-se de mercados que integram os bens correntemente designados na terminologia económica por *"commodities"*, correspondentes a bens relativamente homogéneos. Sobre o conceito de bens homogéneos e algumas especificidades do enquadramento dos mesmos para efeitos de aplicação de normativos da concorrência, cfr., em geral, AREEDA, HOVENKAMP, SOLOW, *Antitrust Law*, cit..

valecentes em diversas economias industrializadas tendem a fazer depender o escoamento de tais bens junto dos consumidores das possibilidades de colocação em grandes superfícies comerciais, com elevado poder aquisitivo, as quais podem condicionar, mesmo, a actuação de empresas fornecedoras de grande dimensão.[2370] Nesse contexto, a criação de empresas comuns de comercialização, congregando diversas empresas fornecedoras – incluindo empresas com maior dimensão – pode representar uma forma eficaz de limitar ou compensar manifestações particularmente intensas de poder aquisitivo que, em si mesmas, podem distorcer a concorrência entre fornecedores (a ponderação deste tipo de objectivos ligados à produção desses efeitos de compensação deve, no entanto, ser feita com especial cuidado, visto que a perspectiva teleológica prevalecente que, em nosso entender, deve informar a aplicação, nesse plano, das normas de concorrência, será a da tutela dos interesses dos consumidores finais dos bens em causa e não, propriamente, a da tutela dos interesses de permanência no mercado das várias empresas fornecedoras[2371]).

No que respeita, especificamente, aos objectivos acima referidos de assegurar a penetração em certos mercados, os mesmos podem assumir relevância quer numa perspectiva relacionada com a dimensão e poder económico das empresas fornecedoras que se encontrem em causa, quer numa perspectiva relacionada com as situações particulares decorrentes da existência de barreiras à entrada em certos mercados geográficos. Quanto a este último plano, a própria experiência de integração do mercado comunitário demonstra o peso das dificuldades de entrada em determinados mercados nacionais, em virtude de problemas de acesso a circuitos eficazes de comercialização (problemas com os quais os próprios

---

[2370] De certa forma, essas novas estruturas de mercado suscitam novas perspectivas quanto a questões tradicionais do direito da concorrência de acesso ao mercado e de exercício de poder de mercado, que já aflorámos, *vg.*, no contexto do nosso estudo das variações de poder de mercado resultantes de operações de concentração (*supra*, capítulo segundo desta **Parte III**), mas para cujo tratamento desenvolvido não existe aqui espaço. Sobre essas perspectivas, cfr., de qualquer modo, R. STEINER, "How Manufacturers Deal with he Price-Cutting Retailer: When Are Vertical Restraints Efficient?", in ALJ, 1997, pp. 407 ss..

[2371] No entanto, as duas perspectivas podem encontrar-se ligadas, caso as distorções provocadas pelo exercício do poder aquisitivo de grandes superfícies em relação às condições de actuação das empresas fornecedoras acabem, em última análise e no médio prazo por afectar negativamente os interesses dos consumidores finais desses bens.

Parte III – Capítulo 3 1417

grupos empresariais de maior dimensão são frequentemente confrontados[2372]).

Quanto ao primeiro plano, importa reconhecer que um dos poucos domínios em que a Comissão tem manifestado alguma abertura à criação de empresas comuns, ou de acordos de comercialização – quer em sede de aplicação do n.º 1 do artigo 81.º CE, quer, sobretudo, em sede de aplicação do n.º 3 desta disposição – corresponde, precisamente, às situações em que tais actividades de comercialização conjunta favorecem o acesso ao mercado de pequenas e médias empresas produtoras, confrontadas com o poder de mercado de grupos empresariais de maior dimensão e com *"falhas de mercado"* relacionadas com a ausência de poder económico.[2373] De resto, essa perspectiva teleológica favorável a acordos de comercialização conjunta veio a ser, também, indirectamente reconhecida na Comunicação de 2001.[2374]

Retomando a distinção acima proposta no domínio do que denominamos de vantagens de tipo organizativo e funcional, importa considerar autonomamente as situações respeitantes ao lançamento de novos tipos de produtos no mercado. Em relação a essas situações, pensamos que se justifica identificar, por um lado, objectivos de criação de canais para comercialização que viabilizem a própria introdução no mercado de novos tipos de bens e, por outro lado, embora numa óptica idêntica, objectivos especificamente associados a certo tipo de clientes industriais, de criação de níveis mínimos de aceitação por parte destes últimos, para que se

---

[2372] Podem, na realidade, verificar-se efeitos de exclusão por incapacidade, por parte de certas empresas – incluindo empresas com grande dimensão – de cobrir com circuitos de comercialização adequados certas áreas geográficas (*maxime*, quando as possibilidades de reprodução ou proliferação de circuitos locais de comercialização sejam limitadas ou impliquem custos dificilmente passíveis de retorno num horizonte temporal razoável). Estes problemas, que implicam o reconhecimento da importância dos circuitos locais de comercialização ou do acesso a centros de comercialização, têm sido objecto de especial atenção e análise no plano comunitário em sede de controlo de concentrações. Cfr. como casos paradigmáticos, nos quais esses problemas foram equacionados, a decisão *"Guinness/Grand Metropolitan"*, cit., ou a decisão *"Airtours/First Choice"*, cit..

[2373] Cfr. sobre este conceito de *"falhas de mercado"*(*"market failures"*) nesse tipo de situações, tal como analisado em alguns precedentes relevantes, nos quais a comercialização conjunta foi considerada uma opção justificável em ordem a permitir o acesso ao mercado de diversos pequenos e médios produtores, o Acórdão *"Florimex and VGB v. Commission"* [proc. T-70 & 71/92, Col. II- 693 (1997)] e o Acórdão *"VBA v. VGB and Florimex"* [proc C-266/97P, Col. I – 2135 (2000)].

[2374] Cfr. Comunicação de 2001, pontos 155 a 157.

1418   *Empresas comuns* – Joint Ventures

formem correntes de procura que assegurem as condições necessárias ao lançamento *ex novo* de certos bens (em relação a este último tipo de situações a cooperação no domínio da comercialização pode aparecer como o corolário de outras modalidades funcionais de cooperação nos domínios da investigação e desenvolvimento ou da produção e tendentes à introdução no mercado de novos tipos de produtos. Recorde-se, de resto, a esse propósito, a situação considerada na decisão *"Continental/Michelin"*, a que já aludimos[2375]).

Ainda no contexto das vantagens de tipo organizativo e funcional, podemos, de modo residual, enunciar objectivos de actividades de comercialização conjunta, relacionados com o *desenvolvimento de projectos específicos, de duração limitada ou com contornos excepcionais* e que apresentam uma componente de comercialização de bens ou serviços.[2376]

4.2.2.3. *Objectivos sectoriais específicos*

Importa, por último, equacionar a categoria, que autonomizámos, relativa aos denominados objectivos sectoriais, estreitamente associados às necessidades particulares de relacionamento com os consumidores ou clientes finais, que se verificam em certos tipos de mercados.

Para além das situações especiais, a que já aludimos de funcionamento de certos mercados organizados em rede, pensamos que este tipo de objectivos relevam, fundamentalmente, no contexto da comercialização de direitos de propriedade intelectual (*maxime*, no que respeita à comercialização de direitos relativos a registos musicais ou cinematográficos, ou ainda quanto a direitos de transmissão de eventos desportivos).

Na realidade, o funcionamento de diversos mercados cuja dinâmica económica assente, primacialmente, na cedência de direitos de propriedade intelectual tende a encontrar-se condicionado por alguns factores particulares que podem conduzir os agentes económicos intervenientes nos mesmos – designadamente titulares desse tipo de direitos de propriedade intelectual – a constituir empresas comuns de comercialização ou a

---

[2375] Decisão *"Continental/Michelin"*, de 1988, já cit..

[2376] Cfr. a propósito desse tipo de situações envolvendo entidades que apresentem alguma componente de actividade de comercialização conjunta, à decisão *"Eurotunnel"* (JOCE n.º L 311/36, 1988) e o caso *"Eurotunnel II"* referido no *"Décimo Nono Relatório sobre a Política de Concorrência"*, ponto 57.

Parte III – Capítulo 3

celebrar acordos de comercialização conjunta de bens ou serviços. Entre esses factores de condicionamento, motivadores de actividades de comercialização conjunta, podemos referir, entre outros, a recente concentração do poder aquisitivo dos referidos tipos de direitos, ou os riscos especiais de verificação do que os economistas denominam de "*falhas de mercado*" nos mercados baseados na utilização, sob formas diversas, de direitos de propriedade intelectual, caso não sejam introduzidos mecanismos centrais de coordenação de vendas que confiram determinados padrões de organização a tais mercados.[2377]

4.3. MODELO DE ANÁLISE DAS EMPRESAS COMUNS DE COMERCIALIZAÇÃO

4.3.1. O primeiro estádio de análise das empresas comuns de comercialização

De acordo com o percurso analítico já seguido em relação aos outros tipos funcionais de empresas comuns, propomo-nos – conquanto de modo consideravelmente mais sintético –[2378] concretizar alguns elementos fun-

---

[2377] Esses riscos especiais de verificação de "*falhas de mercado*" nos mercados baseados na utilização, sob formas diversas, de direitos de propriedade intelectual – em termos que justificam a adopção de diversos sistemas de comercialização conjunta – verificam-se com frequência em relação à comercialização de direitos de filmes ou de registos musicais ou de transmissão de eventos desportivos. Para uma problematização das questões que se suscitam nesse tipo de situações e nesses sectores, potencialmente associadas a "*falhas de mercado*" cfr. Ewelina D. Sage, "Séries of Film-Licensing Agreements and the Application of Article 81 EC", in ECLR, 2003, pp. 475 ss. e Sebastian Graf von Wallwitz, "Sports Between Politics and Competition Law – The Central marketing of Television Rights to Sports Events in Light og German and European Competition Law", in Enterprise Law Review, 1998, pp. 216 ss..

[2378] Este tratamento consideravelmente mais sintético da subcategoria das empresas comuns de comercialização justifica-se por várias razões. Desde logo, porque um conjunto nuclear de elementos de análise que tem utilização comparável, em relação a várias subcategorias de empresas comuns submetidas ao regime do artigo 81.º CE, de acordo com o nosso modelo global de apreciação, já se encontram suficientemente densificados no capítulo primeiro e sobretudo nos pontos do presente capítulo em que analisámos sucessivamente as empresas comuns de investigação e desenvolvimento e as empresas

1420   *Empresas comuns* – Joint Ventures

damentais do nosso modelo global de apreciação destas entidades em relação ao tipo das empresas comuns de comercialização de bens e serviços. De acordo com esse modelo, procuramos, assim, em primeiro lugar, delimitar um estádio inicial de apreciação que permita identificar situações de cooperação normalmente permitidas neste domínio, o que pressupõe, por seu turno, a prévia análise das principais categorias de riscos de afectação da concorrência que podem, em regra, encontrar-se associados a esse tipo de empresas comuns.

Em termos gerais, podemos considerar que as empresas comuns de comercialização tendem a suscitar alguns dos maiores riscos de afectação da concorrência que se encontram, em tese, associados a processos de cooperação empresarial. Além disso, como já acima se referiu, o seu potencial restritivo da concorrência será especialmente reforçado nas situações relativas a empresas comuns de comercialização que envolvam a venda conjunta de bens ou serviços, comportando, nesse processo, a fixação concertada dos preços (bem como em situações de venda conjunta que, pela sua natureza e pelas condições concretas que lhes estejam subjacentes influenciem, decisivamente, a fixação dos preços pelas empresas-mãe, mesmo que estas, formalmente, retenham o poder decisório nessa matéria).

De modo esquemático, e sem prejuízo de tomarmos em consideração que a incidência dos riscos de afectação de concorrência pode variar consideravelmente em função da modalidade particular de comercialização conjunta que se encontre em causa, as repercussões negativas da generalidade das empresas comuns de comercialização tendem a incidir sobre dois elementos primaciais do processo de concorrência, compreendendo, a saber, a fixação dos preços, e os níveis quantitativos da oferta de certos bens.

Podemos, de resto, identificar, em termos sistemáticos, dois planos essenciais para a aferição dessas repercussões negativas sobre a concorrência: Um primeiro plano corresponde, na realidade, ao desenvolvimento de processos de concertação em matéria de preços e de quantidade

---

comuns de produção. Além disso, esse tratamento mais sucinto justifica-se também com o facto de, em termos já aflorados, num certo plano, embora descontando alguns exageros e distorções de análise da Comissão que procuraremos sublinhar, a análise das empresas comuns de comercialização se revestir de características mais lineares quanto à especial intensidade e incidência dos elementos de afectação da concorrência que lhe estão associados.

Parte III – Capítulo 3 1421

de bens oferecidos no mercado em cada momento. De modo estreitamente associado a essas formas de concertação podem encontrar-se, em graus variáveis, processos tendentes à partilha de mercados. Num segundo plano, podemos identificar eventuais efeitos restritivos de encerramento dos mercados, ou exclusão de terceiros concorrentes (embora admitamos que a importância relativa desses riscos de exclusão seja eventualmente superior noutros tipos funcionais de cooperação, cuja concretização pode privar, logo em estádios iniciais do processo produtivo, algumas empresas do suporte mínimo para actuarem em determinados mercados[2379]). Esses potenciais efeitos de exclusão no contexto do funcionamento de empresas comuns de comercialização tendem, como já se referiu, a estar associados a situações que se revistam de alguma especificidade, *maxime* situações em que as empresas participantes detenham um poder de mercado muito significativo, ou casos relacionados com os contornos particulares de actuação empresarial nos mercados organizados em rede.[2380]

Em contrapartida, consideramos que as empresas comuns de comercialização praticamente não induzem outra categoria paradigmática de riscos de afectação da concorrência que se encontrará, em especial, associada a outros tipos funcionais de cooperação. Referimo-nos, em concreto, aos aspectos de coordenação dirigida à restrição da concorrência no plano da qualidade dos produtos disponibilizados aos mercados, o qual corresponde, inegavelmente, a uma variável importante do processo de concorrência. Esses tipos de riscos tendem a resultar de formas de cooperação mais directamente ligadas à prossecução de funções produtivas, ou funções conexas, como sucede em relação às situações já analisadas de empresas comuns de investigação e desenvolvimento, de empresas comuns de produção, ou empresas de tipo misto que conjuguem em graus variáveis essas funções.

[2379] Cfr, especificamente sobre este ponto, as considerações desenvolvidas, numa perspectiva analítica geral, *supra*, capítulo primeiro desta **Parte III** (esp. pontos 2.4.3.2. e 2.4.3.3.).

[2380] Cfr. sobre esse tipo de efeitos de exclusão em mercados organizados em rede, cfr., por todos, DENNIS W. CARLTON, ALAN S. FRANKEL, "The Antitrust Economics of Credit Card Networks", cit..

4.3.2. Os principais riscos de afectação da concorrência decorrentes da criação de empresas comuns de comercialização

4.3.2.1. *Riscos de concertação em matéria de preços e quantidade de bens oferecidos*

Assim, como já tivemos ensejo de destacar, a categoria essencial de riscos referentes à concertação em matéria de preços e quantidades de bens oferecidos assume maior importância proporcional em função do grau de proximidade das relações de cooperação com o estádio de comercialização de bens ou serviços junto dos seus consumidores finais.[2381] Consequentemente, as empresas comuns de comercialização, envolvendo elementos de cooperação que podem cobrir, de forma mais ou menos extensa – conforme os casos – o referido estádio de comercialização junto dos consumidores, apresentam, por natureza, o maior potencial restritivo da concorrência nesse domínio. Acresce, ainda, no sentido de agravar o potencial carácter lesivo da concorrência destas entidades, que as duas variáveis em causa (preço e quantidade dos bens ou serviços oferecidos) – mais directa ou intensamente afectadas por este tipo de empresas comuns – correspondem, precisamente, quer na perspectiva do direito comunitário da concorrência, quer na perspectiva do direito norte-americano, aos elementos nucleares do processo de concorrência, que justificam, por definição, uma tutela mais intensa por parte destes corpos de normas.[2382]

[2381] Para uma perspectiva geral sobre essa configuração dos riscos de afectação da concorrência, cfr., novamente, os aspectos expostos *supra*, capítulo primeiro desta **Parte III** (esp. pontos 2.4.3.2. e 2.4.3.3).

[2382] Sobre a importância primacial desses dois elementos – *preços e quantidades* de bens oferecidos – para o *processo da concorrência* e a consequente ponderação dos mesmos como dimensão decisiva na concretização de normativos da concorrência, cfr., *inter alia*, SCHERER, ROSS, *Industrial Market Structure and Economic Performance*, cit., pp. 15 ss. Noutra perspectiva, destacando a conjugação de modelos predominantemente estáticos e modelos dinâmicos de análise de condições de concorrência, cfr. SIMON BISHOP, MIKE WALKER, *The Economics of EC Competition Law*, cit., esp. pp. 36 ss. Estes autores salientam justamente a necessidade de tomar em consideração uma dimensão *dinâmica* essencialmente relacionada com processos de *inovação*, cuja importância, de resto, temos vindo a sublinhar de forma continuada na nossa análise (evidenciando, sobretudo no quadro das empresas comuns de investigação e desenvolvimento e até das empresas comuns de produção, o peso da concorrência no desenvolvimento desses processos de inovação).

Parte III – Capítulo 3

A especial gravidade desse principal risco de afectação da concorrência inerente às empresas comuns de comercialização, resultante do facto de este interferir com o próprio núcleo definidor do processo de concorrência, contribui também para suscitar delicados problemas de análise sob vários ângulos. Em primeiro lugar, estando em causa uma típica interferência com os elementos basilares do processo da concorrência – e cuja supressão representará, em princípio, a própria negação da concorrência – a emergência destes efeitos restritivos associados a empresas comuns de comercialização suscita, desde logo, um problema essencial de qualificação jurídica. Trata-se de um problema relativo à susceptibilidade de diferenciar, por um lado, situações qualificáveis como meros cartéis de preços ou acordos horizontais essencialmente dirigidos a tal fixação concertada de preços e, por outro lado, situações que, embora apresentando essa problemática componente de coordenação de preços, comportem qualquer *maius* em termos de integração empresarial, geradora de alguma eficiência económica, que as torne passíveis de outro tipo de qualificação jurídico-económica (não sujeita, como tal, a uma proibição *per se* em sede de aplicação de normas de concorrência).

Na verdade, as diversas modalidades de empresas comuns de comercialização – sobretudo aquelas que envolvam a venda conjunta de bens e serviços – encontram-se, por natureza, numa zona de fronteira entre as formas de cooperação intrinsecamente restritivas da concorrência que são os cartéis de preços (ou situações assimiláveis aos mesmos) e outros processos de cooperação que integram, apesar de tudo, elementos complementares com aptidão para permitir, sob qualquer forma, ou em qualquer grau, a manutenção, por parte das empresas participantes, de incentivos à concorrência entre si. A distinção analítica de situações que se encontrem nesta quase sempre imprecisa zona de fronteira que separa situações passíveis de proibição *per se* de outras situações que podem justificar uma ponderação integrada de efeitos anti e pro-concorrenciais reveste-se de extrema complexidade.

Como referem os mesmos autores, "*static models focus on prices and quantities and in particular tend to focus on price competition between firms. This may be inappropriate in a dynamic environment. In many dynamic environments firms compete not on prices but on innovation*". De qualquer modo, sem prejuízo dessa relevância de uma dimensão dinâmica de análise os factores correspondentes ao *preço e quantidades oferecidas* continuam, em nosso entender, a traduzir o núcleo essencial para a caracterização de fenómenos de detenção de poder de mercado.

1424   *Empresas comuns* – Joint Ventures

Todavia, estas dificuldades de análise não podem justificar, como temos vindo a sublinhar, uma posição redutora que tenda a reconduzir, de modo mais ou menos indistinto, todas as situações de cooperação neste domínio a acordos horizontais de fixação de preços, lesivos da concorrência. Além disso, como também já tivemos ensejo de referir – no contexto da nossa caracterização das modalidades mais relevantes de empresas comuns de comercialização – essas inegáveis dificuldades de análise jurídico- -económica podem ser atenuadas através da ponderação de um parâmetro de apreciação essencial, ao qual a Comissão nem sempre tem atribuído a devida importância (pelo menos de forma expressa ou sistemática). Referimo-nos à ponderação do eventual carácter exclusivo que assumam os processos de cooperação em matéria de comercialização. Na verdade, parece certo que nas situações em que as empresas comuns de comercialização não cubram a totalidade das actividades de comercialização de bens e serviços das empresas participantes – não assumindo, pois, a cooperação neste domínio um carácter de exclusividade – subsiste um maior espaço para os incentivos à concorrência entre as referidas empresas.

A percepção da importância deste elemento para uma avaliação preliminar das empresas comuns de comercialização, sobretudo com vista a determinar se as mesmas se encontram potencialmente fora da área de incidência de proibições *per se*, encontra-se há muito adquirida no âmbito do ordenamento norte-americano da concorrência. Assim, em diversos precedentes que constituem uma referência nesta área de análise – como sucede, *vg.*, com a decisão proferida no caso "*Broadcast Music, Inc v. CBS*"[2383] – o Supremo Tribunal de Justiça norte-americano tem salientado a extrema relevância da atribuição de funções de comercialização com carácter de exclusividade a empresas comuns para a avaliação dos efeitos deste tipo de empresas comuns, tendendo, mesmo, a considerar esse aspecto como uma possível linha divisória entre casos passíveis de uma análise baseada na denominada "*regra de razão*" e casos quase auto- maticamente proibidos pelo direito da concorrência.

Em sentido diverso – como adiante observaremos no contexto da nosso estudo das empresas comuns de comercialização que justificam uma análise mais desenvolvida –[2384] só muito gradualmente vem sendo reco-

---

[2383] Cfr. a decisão proferida no caso "*Broadcast Music, Inc v. CBS, 441 US. I, 24 (1979)*".

[2384] Cfr. *infra*, ponto 4.4. do presente capítulo.

nhecida, em sede de aplicação de normas comunitárias de concorrência, a decisiva importância desse parâmetro de análise e não se encontra ainda verdadeiramente consolidada uma orientação hermenêutica que o erija em elemento decisivo para a triagem de empresas comuns de comercialização que não devam ser assimiladas a meros acordos horizontais de fixação de preços.

Ainda a propósito das questões prévias de análise especialmente suscitadas pela gravidade dos riscos de afectação de concorrência inerentes a empresas comuns de comercialização a que acima aludimos, importa destacar que o pressuposto, frequentemente assumido, de uma hipotética eliminação tendencial dos incentivos para concorrer no plano das relações entre empresas participantes nessas entidades não deve ser configurado de uma forma linear. Na realidade, quanto às situações em que as empresas participantes mantêm actividades autónomas de comercialização de produtos ou serviços cobertos pela actuação de uma empresa comum, estas conservam importantes incentivos económicos para concorrer entre si, visto que os lucros obtidos na sua esfera de actuação independente revertem integralmente para as empresas participantes que pratiquem *a se* esses actos de comercialização, enquanto os resultados obtidos no quadro da empresa comum têm de ser partilhados pelo conjunto das partes envolvidas.

Como é evidente, a intensidade dos incentivos económicos para concorrer, assim mantidos, dependerá da dimensão relativa das áreas de comercialização autónoma conservadas pelas empresas-mãe. Se estas representarem uma parcela apreciável ou relevante dos interesses financeiros de cada uma das empresas-mãe que se encontram em causa, o incentivo para concorrer será, logicamente, maior e – a menos que existam compromissos contratuais de sentido diverso – tal incentivo pode até, a prazo, desequilibrar o balanço de repartição de actividades entre a empresa comum e as áreas de actuação independentes (assim, se não se encontrar contratualmente delimitada uma esfera mínima de actuação de uma empresa comum de comercialização, importa, em função das condições concretas de mercado, tomar em consideração essa perspectiva dinâmica das relações entre as empresas-mãe e as empresas comuns que se encontrem em causa[2385]).

[2385] JOSEPH BRODLEY – no estudo "Joint Ventures and Antitrust Policy", cit. – e outros autores americanos (cfr., *inter alia*, MICHAEL MC FALLS, "The Role and Assessment of Classical Market Power in Joint Venture Analysis", cit., esp. pp. 674-677, referindo a possibilidade de manutenção do que denomina como "*insider competition*" *entre as*

1426   *Empresas comuns* – Joint Ventures

Pela nossa parte, consideramos que o peso económico intrínseco do incentivo para concorrer que acima configuramos deve ser ponderado, mesmo nas situações em que exista *de facto* uma exclusividade assegurada por determinada empresa comum na comercialização de certas categorias de bens ou serviços das empresas participantes, ou uma situação próxima da exclusividade. Ora, no plano comunitário esses casos tendem a ser assimilados, em termos de repercussões negativas sobre a concorrência, às situações em que o exclusivo na comercialização se encontra contratualmente assegurado a empresas-mãe, o que se nos afigura excessivo. Pelo contrário, nesse tipo de casos, as condições do mercado – *vg.*, a pressão da concorrência efectiva remanescente ou da concorrência potencial[2386] –

---

empresas participantes numa empresa comum) parecem admitir esta possível *perspectiva dinâmica*, no sentido acima indicado. Todavia, é necessário contrabalançá-la, de forma económicamente realista, com os factores de "*atracção*" ao processo de concertação, resultantes da progressiva eliminação de factores de incerteza em função do contacto continuado entre empresas concorrentes numa empresa comum, da própria estrutura ou configuração da empresa comum e do tipo de relações entre as empresas-mãe que a mesma possa, em conformidade, gerar. Cfr., salientando, justamente, alguns destes últimos aspectos, e sustentando a necessidade de, em função dos mesmos, diferenciar modelos variantes de análise, entre os critérios *per se* e de *rule of reason*, GREGORY WERDEN, "Antitrust Analysis of Joint Ventures", cit., esp. pp. 724 ss..

[2386] Assim, num mercado caracterizado por alterações frequentes de técnicas de comercialização de produtos, a pressão da concorrência efectiva remanescente pode estimular os incentivos para concorrer de algumas empresas participantes, conduzindo-as a reatar actividades autónomas de comercialização, desde que contratualmente tal não lhes esteja vedado. Parece-nos, pois, incorrecta uma metodologia de análise – como a que tem sido privilegiada pela Comissão em divesos casos – que tenda a assimilar situações meramente fácticas de exclusividade das actividades de comercialização através de determinada empresa comum com situações de exclusividade contratualmente assegurada a empresas comuns de comercialização. Além disso, numa perspectiva economicamente realista de concorrência potencial, a probabilidade de entrada de novas entidades no mercado, que pratiquem previsivelmente condições inovadoras de comercialização – recriando alguns factores de incerteza nesse mercado – pode tornar compensador para um dos participantes da empresa comum o desenvolvimento de algumas actividades autónomas de comercialização. Na realidade, se considerarmos de acordo com a análise de MICHAEL MC FALLS (no estudo "The Role and Assessment of Classical Market Power in Joint Venture Analysis", cit.) – que consideramos correcta neste ponto – um conjunto de *cinco factores essenciais* para a manutenção do que o mesmo autor denomina como "*insider competition*" (entre as empresas participantes), os aspectos que atrás trazemos à colação quanto a empresas comuns que apenas *de facto* assegurem o exclusivo de actividades de comercialização afiguram-se relevantes. Esses factores essenciais compreendem, segundo o referido autor, "*(1) the ability of the partners to conduct independent business*

Parte III – Capítulo 3   1427

podem conduzir algumas das empresas participantes a reatar actividades autónomas de comercialização, funcionando, então, o intrínseco incentivo para concorrer que acima configurámos.

4.3.2.2. *Condições para a concertação em matéria de preços e quantidades de bens oferecidos*

Retomando a nossa enunciação geral das categorias de riscos de afectação da concorrência inerentes às empresas comuns de comerciali-zação e detendo-nos, de algum modo, nas questões – que inegavelmente assumem primordial importância – referentes à concertação em matéria de preços e de quantidade de bens oferecidos no mercado importa apreender, de forma um pouco mais desenvolvida, as condições em que pode assentar essa concertação, mesmo nos casos em que não decorra expressamente de mecanismos contratuais dessas empresas comuns a regulação de procedi-mentos tendentes à fixação centralizada dos preços, ou à atribuição de quotas de bens a comercializar a cada empresa participante.

Tomando em consideração, com algumas adaptações, a sistematiza-ção de aspectos relevantes formulada nas Orientações relativas a empresas comuns do direito norte-americano, cujas premissas se nos afiguram aplicáveis em sede de direito comunitário da concorrência,[2387] podemos identificar três elementos primaciais em que pode assentar a concertação em matéria de preços e de quantidade de bens oferecidos.

Em primeiro lugar, as empresas comuns, através da limitação – com uma extensão formal variável – do processo decisório independente refe-rente a diversos aspectos das políticas de comercialização de bens e serviços contribuem para criar ou aumentar o poder de mercado das empresas fundadoras, ou, pelo menos, facilitam o exercício desse poder de

---

operations outside the joint venture, (2) the effect of ownership and control of the joint venture on the incentive to compete; (3) the duration of the collaboration; (4) the potential for the collaborators to exercise market power by eliminanting insider competition; and (5) the exchange of information between the parents through the joint venture" (A. cit., *op. cit.*, p. 677). Ora, as situações que atrás configurámos podem traduzir, em especial, a manutenção, quer do primeiro destes factores – caso não esteja contratualmente vedado aos participantes retomar actividades autónomas de comercialização – quer do quarto desses factores, caso exista uma perspectiva realista de concorrência potencial.

[2387] Cfr. *"Antitrust Guidelines for Collaborations Among Competitors"*, de 2000, cit., ponto 3.31 (a), na parte referente a *"marketing collaborations"*.

1428   *Empresas comuns* – Joint Ventures

mercado. Apesar do peso intrínseco do *incentivo para concorrer*, que procurámos já caracterizar, e cuja manutenção admitimos no quadro do funcionamento de múltiplas empresas comuns de comercialização – sobretudo nas situações em que as funções de comercialização não sejam cometidas numa base de exclusividade às empresas comuns – o mesmo pode diluir-se se se tornar previsível para as empresas envolvidas a possibilidade de obter maiores vantagens através da concentração de poder de mercado em que participam no quadro da empresa comum do que através de actuações independentes (apesar de os ganhos obtidos neste último plano não terem de ser divididos com quaisquer parceiros).[2388]

Em segundo lugar, o próprio requisito necessário para a existência de verdadeiras empresas comuns de comercialização – que não constituam modalidades dissimuladas de cartéis de preços – correspondente à *existên-*

[2388] Esse tipo de percepção sobre as condições de exercício conjunto de poder de mercado corresponde de algum modo ao quarto factor identificado na doutrina norte-americana por MICHAEL MCFALLS, correspondente ao "potential to exercise market power". Como refere este autor, *"the potential for exercising collective market power through the joint venture also will have an impact on the likelihood of insider competition. For example, assume that five competing purchasers form a collective buying arrangement that permits members to continue purchasing outside the venture. If the venture is able to use market power to secure lower prices, it is less likely that the members will continue independent purchases in the relevant market"* (cfr. A. cit., "The Role and Assessment of Classical Market Power in Joint Venture Analysis", cit., p. 682). Na nossa caracterização do que preferimos denominar como *percepção das vantagens de exercício conjunto de poder de mercado com efeito inibidor sobre os incentivos para concorrer*, divergimos apenas de MICHAEL MCFALLS em relação a um aspecto. Pela nossa parte, pensamos que tal percepção apresenta uma dupla dimensão: Não se trata apenas de apreender possíveis vantagens do exercício conjunto de poder de mercado, mas também de os sopesar, globalmente, com as vantagens inerentes à obtenção de ganhos resultantes de actuações independentes e que não têm que ser divididos com quaisquer parceiros. Sobre a decisiva importância do *poder de mercado* e do seu exercício na avaliação jusconcorrencial das empresas comuns e por arrastamento de outras formas de cooperação empresarial, cfr. MARY AZCUENAGA, "Market Power as a Screen in Evaluating Horizontal Restraints", in ALJ, 1992, pp. 935 ss. Neste estudo, de resto, salienta-se, correctamente, que o poder de mercado não pode ser concebido de modo redutor como a capacidade para aumentar os preços, até porque em dado momento as empresas detentoras de poder de mercado podem já ter induzido um aumento excessivo do mesmo (factor que, no pensamento económico norte-americano é conhecido como *"Cellophane Fallacy"*, tomando em consideração um precedente do Supremo Tribunal). Além disso, como já observámos, a visão clássica do poder de mercado das empresas deve ser combinada com uma perspectiva dinâmica de análise.

cia de um qualquer processo de integração empresarial, com base em contributos diversos das empresas-mãe, e eventualmente gerador de eficiência económica, pode representar, em contrapartida, um aspecto que favoreça a coordenação quanto às variáveis essenciais das estratégias de comercialização de bens e serviços. Assim, a transferência para o controlo da empresa comum de activos necessários à prossecução de actividades de comercialização – *vg.* activos que integrem redes de distribuição ou sejam necessários para o seu funcionamento – pode, em certas condições, privar, de facto, as empresas participantes dos meios necessários a qualquer processo de decisão autónomo sobre variáveis da política de comercialização de bens ou serviços.[2389]

Por último, a dimensão dos interesses financeiros envolvidos na participação numa empresa comum de comercialização pode enfraquecer consideravelmente, – e, em certas situações extremas, pode, mesmo, eliminar – o incentivo para concorrer através da manutenção de algumas decisões autónomas em matéria de comercialização.[2390]

4.3.3. Empresas comuns de comercialização e modalidades de cooperação normalmente proibidas

A potencialidade de coordenação relativa às duas variáveis primaciais do processo de concorrência que são os preços e as quantidades de bens oferecidos em determinados mercados, que atingirá, de resto, a máxima intensidade em relação às empresas comuns de comercialização cujo objecto cubra a venda conjunta de bens e serviços – nos termos acima delineados – leva a que uma parcela significativa deste tipo de empresas comuns fique sujeita à proibição estatuída no n.º 1 do artigo 81.º CE. Caracterizando essa realidade no quadro do modelo geral de apreciação que delineámos, e reportando-nos ao primeiro estádio de avaliação preli-

---

[2389] Pense-se, *vg.*, na constituição de uma empresa comum de comercialização para a qual as empresas participantes tenham transferido as situações contratuais relativas a relações com distribuidores em várias áreas geográficas.

[2390] Quanto a este critério da dimensão dos interesses financeiros, cfr., designadamente, *"Antitrust Guidelines for Collaborations Among Competitors"*, de 2000, cit., ponto 3 (31) (a). Na parte deste ponto que se reporta a *"marketing collaborations"* refere-se a possível influência deste factor traduzida em *"combining financial interests in ways that undermine incentives to compete independently"*.

minar destas entidades, de acordo com esse modelo, tal significa que um conjunto apreciável de modalidades de cooperação neste domínio deverão ser consideradas como situações normalmente proibidas, em sede de aplicação do referido n.º 1 do artigo 81.º CE, e só um conjunto muito restrito de situações poderão ser consideradas como situações normalmente permitidas, que beneficiem de uma presunção favorável para efeitos de aplicação da mesma disposição.

Esta especificidade da apreciação jusconcorrencial das empresas comuns de comercialização, face à análise dos outros tipos funcionais de empresas comuns submetidas ao regime do artigo 81.º CE, resulta, pois, fundamentalmente, do facto de um conjunto apreciável de situações, pela particular natureza dos elementos funcionais de cooperação envolvidos, e independentemente de factores estruturais como o poder de mercado das partes, integrar o que podemos denominar de zonas de cooperação normalmente proibidas (*maxime*, devido aos elementos intrinsecamente lesivos da concorrência, e que dificilmente podem ser compensados por aspectos de eficiência económica, correspondentes à fixação de preços e de quantidades de bens oferecidos no mercado). A principal dificuldade que subjaz à apreciação de empresas comuns de comercialização será, assim, a de apreender – através de uma análise de mercado mais aprofundada do que aquelas que são frequentemente desenvolvidas pela Comissão quanto a este tipo de entidades e incidindo sobre variáveis relevantes – elementos que permitam afastar uma espécie de efeito de atracção da qualificação como proibição *per se* e justificar a realização de análises mais desenvolvidas (no quadro das quais se ponderem, conjuntamente, os elementos restritivos da concorrência e os elementos favoráveis de eficiência económica que os possam contrabalançar).

Reiterando alguns aspectos já atrás aflorados, importa destacar, uma vez mais,[2391] que esse pressuposto de análise, no sentido de não reconduzir quase automaticamente a generalidade das empresas comuns de comercialização a uma área de cooperação empresarial normalmente proibida se encontra já, de algum modo adquirido, no âmbito do ordenamento norte-americano da concorrência. Assim, quer por parte das autoridades federais de concorrência, quer por parte dos tribunais superiores no

---

[2391] Cfr. as diversas referências feitas *supra*, pontos 4.1. e 4.2. deste capítulo ao tratamento mais flexível de que são objecto as empresas comuns de comercialização no quadro do ordenamento norte-americano da concorrência, numa contraposição que ora retomamos.

Parte III – Capítulo 3

sistema norte-americano encontra-se generalizado o reconhecimento de que múltiplas empresas comuns de comercialização justificam a realização de análises baseadas na *"regra de razão"*. Diversas tomadas de posição muito recentes do Departamento de Justiça norte-americano e decisões dos tribunais superiores confirmam, de forma clara, essa orientação hermenêutica, sobretudo em relação a *empresas comuns de comercialização que não assumam funções numa base de exclusividade.*[2392]

Em contrapartida, e apesar de as empresas comuns de comercialização não serem, em geral, avaliadas de modo tão favorável como as empresas comuns de investigação e desenvolvimento, ou as empresas comuns de produção, visto que, designadamente, não beneficiam de um tratamento que lhes garanta a aplicação da *"regra de razão"* nos moldes previstos no NCRPA,[2393] a aplicação de uma norma *per se* de proibição é, normalmente, apenas reservada a situações em que as empresas se revistam de uma tríplice caracterização desfavorável. Como se verificou, de forma paradigmática na ainda recente decisão *"United States v. American Radio Sys Corp"*,[2394] será, em regra, necessário que as empresas comuns de comercialização sejam constituídas *numa base de exclusividade, entre empresas concorrentes* e que *não apresentem uma específica componente*

[2392] No que respeita a precedentes no ordenamento norte-americano que traduzam esse reconhecimento de que múltiplas empresas comuns de comercialização justificam a realização de análises baseadas na *"regra de razão"* cfr., *inter alia*, *"California Dental Ass'n v. FTC, 526 US. 756, 757 (1999)"*, *"NCAA v. Board of Regents, 468 U.S. 85, 113 (1984)"*, *"Association of Indep. Television Stations v. College Football Ass'n, 637 F. Supp. 1289 (W.D. Okla. 1986)"*. Mais recentemente, e quanto a intervenções das autoridades federais da concorrência, cfr. *"US. Dep't of justice, Business Review Letter to Olympus Am. Inc. and C.R.Bard Inc., 2000 DOJBRL LEXIS 26 (Sept. 28, 2000)"* – aplicando a *"rule of reason"* a uma empresa comum de comercialização, atendendo ao facto de esta gerar eficiências proconcorrenciais que as empresas participantes não teriam condições para gerar independentemente – ou *"US. Dep't of justice, Business Review Letter to the Heritage Alliance, 1998 DOJBRL LEXIS 14 (Sept. 15, 1998)"* – contemplando igualmente a aplicação da *"rule of reason"* a outra empresa comum de comercialização.

[2393] Sobre o regime do NCRPA e o seu alcance no ordenamento norte-americano de concorrência cfr.. os aspectos expostos *supra*, capítulo segundo da **Parte I** (ponto 5.6.2.) e ponto 2.3. deste capítulo. Cfr., ainda, em geral, sobre esse regime ALAN GUTTERMAN, *Innovation and Competition Policy: A Comparative Study of the Regulation of Patent Licensing and Collaborative Research & Development in the United States and the European Community*, cit., esp. pp. 390 ss..

[2394] Cfr. Decisão *"United States v. American Radio Sys Corp.*, 1997-1 Trade cas. (CCH) 71,147 (D.D.C. 1997)".

de integração inter-partes, geradoras de *eficiências*, para que as mesmas possam ser objecto de um juízo liminar de proibição *per se*.

Retomando o nosso paralelo com o ordenamento comunitário da concorrência, e sem prejuízo da nossa posição de rejeição de qualquer transposição *qua tale* da *"regra de razão"* para este corpo normativo,[2395] consideramos que a experiência comparada do direito norte-americano da concorrência é válida no sentido de evitar uma sistemática qualificação das empresas comuns de comercialização como modalidades de cooperação normalmente sujeitas a proibições *per se* e de, consequentemente, reconduzir uma maior parcela dessas entidades a um espaço de cooperação que justifica a realização de análises mais desenvolvidas (mesmo que as empresas comuns integrem alguns elementos tendentes à fixação concertada de preços).[2396]

[2395] Cfr. sobre esta nossa posição de fundo o exposto *supra*, capítulo primeiro da **Parte II** (esp. ponto 4.4.), bem como o trecho inicial do presente capítulo. Além disso, tendo presente os corolários retirados da análise crítica das várias categorias de empresas comuns, retornaremos a esta questão essencial, numa perspectiva conclusiva, na **Parte IV** (esp. ponto 3.4.2.2.).

[2396] De qualquer modo, importa reconhecer que, mesmo os desenvolvimentos jurisprudenciais comunitários referentes a empresas comuns que se caracterizaram por mais flexibilidade no tratamento jurisprudencial destas entidades – de que é expoente destacado o Acórdão do TPI *"European Night Services"*, já cit., (a cuja análise procederemos adiante – ponto 4.4.5.3, para o qual remetemos) parecem ainda aceitar que os elementos de empresas comuns de comercialização envolvendo *fixação de preços* deveriam estar sujeitos a critérios de proibição *per se* (cfr. ponto 136, *in fine*, do Acórdão, no qual se refere que "(...) *a apreciação de um acordo ao abrigo do artigo 85.º, n.º 1, do Tratado deve ter em conta o quadro concreto em que esse acordo produz os seus efeitos e, designadamente, o contexto económico e jurídico em que as empresas em causa operam, a natureza dos serviços visados por esse acordo, bem como as condições reais do funcionamento e da estrutura do mercado em causa (...), salvo se se tratar de um acordo com restrições manifestas à concorrência, como a fixação dos preços, a repartição do mercado ou o controlo das vendas (...)"*. Contudo, pela nossa parte, admitimos que se justifica reforçar ainda o grau de flexibilidade no tratamento das empresas comuns, para além do que é explicitamente contemplado neste Acórdão, apreciando no quadro da determinação do *efeito global ponderado* das mesmas – no sentido que vimos preconizando – situações em que o desvalor normalmente associado à fixação de preços possa ser corrigido ou contrabalançado por outros factores proconcorrenciais.

Parte III – Capítulo 3 1433

4.3.4. Empresas comuns de comercialização e modalidades de cooperação normalmente permitidas

Se é certo que a presença de elementos de fixação concertada de preços e de quantidades de bens oferecidos em algumas modalidades de empresas comuns de comercialização – *maxime* naquelas que envolvem a venda conjunta de bens e serviços[2397] com preços directa ou indirectamente determinados no âmbito do programa de cooperação – cria um factor importante de ligação às formas típicas de cooperação normalmente proibidas e reduz, assim, pela negativa, um potencial espaço de identificação de situações de cooperação que possam beneficiar de uma presunção favorável como situações normalmente permitidas, consideramos, apesar disso, aplicáveis, neste domínio, os três critérios gerais de delimitação deste último tipo de situações que delineámos no nosso modelo de análise. A especificidade a considerar em relação às empresas comuns de comercialização, para além do factor negativo acima indicado – o qual recorde-se funciona também para aplicação dos próprios critérios *de minimis* em relação à generalidade das situações de cooperação empresarial[2398] – consistirá numa aplicação particularmente restritiva desses três critérios.

De qualquer modo, em relação ao primeiro critério de identificação de situações de cooperação normalmente permitidas – a existência de situações de cooperação envolvendo empresas não concorrentes – admitimos que, salvo circunstâncias muito particulares, será, de algum modo, segura a sua aplicação no domínio das empresas comuns de comercialização. Na verdade, até em termos funcionais, esse tipo de situações não torna normalmente interessante para as partes a instituição de mecanismos de fixação centralizada dos preços. Todavia, mesmo que circunstâncias especiais do mercado ou certas conveniências funcionais do relacionamento da empresa comum com os consumidores justifiquem – em situações menos frequentes – algumas formas de fixação centralizada dos preços no quadro de empresas comuns de comercialização constituídas por empresas não concorrentes, pensamos que não será de excluir o reconhe-

---

[2397] Empresas comuns com venda conjunta de bens e serviços que constituem, segundo cremos, uma parte muito significativa do conjunto das empresas comuns de comercialização.

[2398] Cfr. Comunicação *de minimis*, de 2001, cit., e esp. os três critérios de identificação de restrições mais graves da concorrência (*"hardcore restrictions"*) previstos no ponto 11, os quais determinam a não aplicação das presunções favoráveis *de minimis*.

Empresas comuns – Joint Ventures

cimento de tais processos de cooperação como processos em princípio permitidos.[2399]

Apesar da sua orientação de princípio pouco favorável às empresas comuns e aos acordos de comercialização, a própria Comissão parece perfilhar este entendimento, pois mesmo antes da adopção da Comunicação de 2001, em alguns precedentes relevantes como, *vg.*, o respeitante à decisão *"Wild & Leitz"*,[2400] reconheceu que acordos de cooperação em matéria de comercialização conjunta respeitantes a produtos complementares, mas não concorrentes, não gerariam, previsivelmente, efeitos apreciáveis sobre a concorrência e estariam, consequentemente, fora do âmbito da proibição estabelecida no n.º 1 do artigo 81.º CE (então n.º 1 do artigo 85.º TCE). Curiosamente, e numa ilustração da falta de consistência de que a espaços a sua *praxis* decisória se tem revestido, ao formular essa apreciação favorável em relação a um acordo de comercialização respeitante a produtos não concorrentes, a Comissão não explorou, sequer, hipotéticos problemas que, em tese, nesse caso se poderiam suscitar em virtude de se encontrarem em causa produtos de algum modo complementares (essa situação poderia suscitar, designàdamente, efeitos restritivos de alastramento, resultantes da proximidade dos mercados que se encontravam em questão).

O princípio que acima sustentamos de uma aplicação particularmente restritiva dos parâmetros de identificação de situações de cooperação normalmente permitidas é válido, sobretudo, para os segundo e terceiro critérios em causa, a saber, o desenvolvimento de processos de cooperação entre empresas concorrentes que não poderiam de modo independente realizar a actividade coberta pela cooperação e a detenção de poder de mercado especialmente ténue por parte das empresas participantes.

No que respeita ao segundo critério, relativo à absoluta necessidade do processo de cooperação com vista ao desenvolvimento de certas

---

[2399] Nesse tipo de situações, que, de resto, não serão muito frequentes na *praxis* da cooperação entre empresas, os mecanismos de fixação central de preços teriam um alcance essencialmente formal, a menos que circunstâncias específicas, justificassem uma preocupação relativa à circulação de informação sensível sobre os processos de definição de políticas comerciais de preços, com previsíveis repercussões sobre mercados conexos (*efeitos de alastramento em sentido restricto*, de acordo com a caracterização que atrás delineámos) em que as empresas participantes já mantivessem entre si relações de concorrência.

[2400] Cfr. decisão *"Wild & Leitz"*, de 1972, já cit..

Parte III – Capítulo 3

actividades de comercialização por parte das empresas participantes, a *praxis* decisória da Comissão tem-se revelado extremamente refractária à sua ponderação no sentido de identificar situações, em princípio, não cobertas pela proibição estatuída no n.º 1 do artigo 81.º CE. A posição geralmente sustentada nesta matéria pela Comissão – *vg.* nas decisões *"BSN/St. Gobain"*, *"Floral"*, ou *"Hudson's Bay I"*[2401] – é a de que, em regra, as empresas não experimentam uma necessidade essencial de integrar as funções de comercialização.

Essa orientação afigura-se-nos essencialmente correcta. Admitimos, mesmo, que no domínio das empresas comuns de comercialização este segundo critério se encontra fundamentalmente consumido pelo terceiro critério, relativo ao poder de mercado das empresas participantes (tal como indiciado pelas respectivas quotas de mercado). Significa isto, em nosso entender, que, normalmente, apenas nos casos que envolvam empresas de pequena dimensão com poder de mercado especialmente débil se poderá sustentar que o desenvolvimento de processos de comercialização conjunta constitui, em termos realistas, a única alternativa para uma presença dessas empresas na vertente da comercialização dos seus bens e serviços.

Aparte essas situações específicas, envolvendo pequenas e médias empresas, pensamos que só em condições verdadeiramente excepcionais se poderá sustentar, quanto a empresas que detenham posições com algum significado em certos mercados (ou que detenham, em geral, algum poder económico), que as mesmas não terão acesso a quaisquer canais próprios de comercialização dos seus produtos e serviços – em termos economicamente interessantes – sem enveredarem pela constituição de empresas comuns de comercialização para esse efeito (como situações excepcionais desse tipo, admitimos, em tese geral, alguns casos em que a comercialização de certos tipos de produtos esteja totalmente dependente da intermediação realizada pelas grandes superfícies comerciais[2402]). Mesmo nesses casos, admitimos que tais factores excepcionais possam, preferencialmente ser ponderados em sede de aplicação do n.º 3 do artigo 81.º CE

[2401] Cfr. a decisão *"BSN/St. Gobain"* (*"Common Market Law Report"* 1977-2, 687), a decisão *"Floral"*, já cit., e a decisão *"Hudson's Bay I"* (JOCE n.º L 316/43, 1988).

[2402] Trata-se das situações muito específicas em que as empresas fornecedoras de certo tipo de produtos sejam confrontadas com um poder aquisitivo particularmente significativo de algumas entidades, designadamente grandes superfícies comerciais, nos termos que já tivemos ensejo de caracterizar.

1436   *Empresas comuns* – Joint Ventures

(sobretudo se as empresas comuns de comercialização que se encontrarem em causa influenciarem procedimentos concertados de fixação de preços).

Em relação ao terceiro critério, referente ao poder de mercado das empresas participantes, pensamos, à luz do que acima se expôs, que o mesmo deve ter uma aplicação particularmente estrita e exigente (*maxime*, em comparação com o que sucede em relação a outros tipos funcionais de empresas comuns[2403]). Assim, sustentámos, em geral, que este parâmetro de apreciação, aplicado a empresas comuns, deverá tomar como referência, com algumas adaptações, os critérios enunciados na denominada Comunicação *de minimis*. Tal traduzir-se-á, consequentemente, na ponderação favorável de empresas comuns constituídas por empresas fundadoras concorrentes cuja quota de mercado agregada se situe num limiar compreendido entre 10% e 15%, embora admitamos que, em relação às empresas comuns de comercialização, se tomem especialmente em consideração as situações mais próximas do limiar inferior de quotas de mercado em questão (10% do mercado relevante que se encontre em causa).

Na *praxis* decisória da Comissão pode, de facto, reconhecer-se alguma abertura para analisar favoravelmente, como situações normalmente não sujeitas à proibição do n.º 1 do artigo 81.º CE, os casos correspondentes a empresas comuns de comercialização criadas por pequenas ou médias empresas, sobretudo se essas modalidades de cooperação representarem um meio essencial para a entrada de tais empresas num novo mercado geográfico (como sucedia, *vg.*, no caso apreciado na decisão "*Machine Tools*"[2404]). Apesar de alguma flexibilização mais recente da orientação da Comissão neste domínio, no sentido de aceitar uma ponderação favorável *a se* de situações de poder de mercado ou poder económico especialmente débeis por parte das empresas participantes, independentemente dos propósitos de entrada em novos mercados,[2405] pensamos que se encontra ainda largamente por consolidar, de forma

---

[2403] Em especial, numa perspectiva comparativa com o que sucede em termos de ponderação de poder de mercado quanto às subcategorias das empresas comuns de investigação e desenvolvimento e de produção (cfr. os aspectos expostos *supra*, pontos 2.3.3.3. e 3.3.3.3. deste capítulo).

[2404] Cfr. decisão "*Machine Tools*" (JOCE n.º L 201/1, 1968).

[2405] Flexibilização que transparece da Comunicação de 2001 (cfr. pontos 155 a 157), bem como de diversas decisões que deram origem a jurisprudência quer do TPI, quer do TJCE. Tenha-se presente, vg., a esse respeito, as decisões que estiveram na origem do Acórdão do TPI "*Florimex and VGB v. Commission*", já cit., e do Acórdão "*VBA v. VGB and Florimex*", também já cit. (cfr., igualmente os próprios Acórdãos em causa).

Parte III – Capítulo 3

sistemática, tal abertura a uma ponderação autónoma do poder de mercado das partes (a consolidação dessa orientação, que se justifica plenamente, em nosso entender, seria importante no sentido de oferecer maior segurança jurídica às empresas de menor dimensão potencialmente interessadas em desenvolver processos de cooperação neste domínio e, assim, reduzir os *"custos de transacção"* intrinsecamente associados a algum grau de incerteza quanto ao tratamento jusconcorrencial das situações de cooperação empresarial).

No quadro desta aplicação relativamente estrita de critérios positivos que possam delimitar situações de cooperação normalmente permitidas, no domínio das empresas comuns de comercialização, consideramos, em contrapartida, e *a fortiori*, que se justifica uma utilização intensa dos dois critérios negativos que afastam, em qualquer caso, presunções de apreciação favorável deste tipo de entidades. Referimo-nos, bem entendido, aos critérios referentes à existência de pode de mercado particularmente intenso por parte das empresas-mãe e à possível emergência de efeitos de encerramento do mercado a terceiras empresas.[2406]

4.3.5. Especificidades dos parâmetros de análise de empresas comuns de comercialização

Em súmula, para efeitos de delimitação preliminar de situações normalmente permitidas, normalmente proibidas, ou que requeiram uma análise mais desenvolvida, justifica-se em relação às empresas comuns de comercialização associar, desde logo e de forma estreita, a tal avaliação a ponderação do critério analítico referente às *relações entre os mercados das empresas-mãe e das empresas comuns* (ou, mais latamente, um critério referente à *tipologia das relações económicas entre as partes*[2407]). Na

---

[2406] Recorde-se que, em sentido diverso, admitíramos uma aplicação mais mitigada desses critérios em relação às empresas comuns de investigação e desenvolvimento e até – embora noutro grau – em relação às empresas comuns de produção. Cfr., a esse propósito, o exposto *supra*, pontos 2.3.3. e 3.3.3. deste capítulo.

[2407] Como se recorda, trata-se de critério analítico que acolhemos, inspirado, com múltiplas adaptações, no parâmetro de análise preconizado na doutrina norte-americana por JOSEPH BRODLEY (cfr. A. cit., "Joint Ventures and Antitrust Policy", cit.) e cuja utilização foi por nós especialmente considerada, por razões já descritas – *supra*, capítulo primeiro, ponto 2.4.4., da **Parte III** e ponto 3.3.5.3.1. deste capítulo – em relação às empresas comuns de produção.

1438 *Empresas comuns* – Joint Ventures

realidade, de acordo com as tipologias paradigmáticas de relações económicas entre as partes que preconizamos, a subcategoria de empresas comuns que escoam bens e serviços das empresas-mãe – na qual se incluem, naturalmente, as empresas comuns de comercialização – corresponde a um tipo *a se* de relacionamento económico entre as partes, com repercussões próprias sobre o processo da concorrência.

Como se recorda, em relação a estes diferentes tipos paradigmáticos de relacionamento económico, sustentamos um princípio geral, de acordo com o qual a probabilidade de verificação de riscos sérios de afectação da concorrência aumenta em função do grau de proximidade entre a específica área de actuação das empresas comuns e o mercado que corresponda ao domínio de comercialização de bens e serviços finais por parte das empresas-mãe.

Ora, essa proximidade é a máxima possível em relação às empresas comuns de comercialização, pelo menos em relação àquelas que envolvam a venda conjunta de bens ou serviços. Consequentemente, tal contribui, de forma decisiva, para que, como atrás observamos, apenas um conjunto muito restrito de empresas comuns de comercialização possa ser objecto de juízos preliminares favoráveis que as identifiquem com situações de cooperação normalmente permitidas.

Em contrapartida, rejeitamos a possibilidade de o mesmo critério analítico, referente ao tipo de relações económicas entre as partes, justificar uma associação linear destas empresas de comercialização a situações normalmente proibidas.[2408]

4.3.6. A rejeição de uma pré-compreensão hermenêutica negativa em relação a empresas comuns de comercialização

Ainda numa nota conclusiva sobre a triagem de situações normalmente permitidas, normalmente proibidas, ou que justifiquem uma análise

---

[2408] Cfr., sobre esta nossa posição, a análise desenvolvida *supra* quanto a essa questão, capítulo primeiro, pontos 2.4.3.2. e 2.4.4. da **Parte III** e, também, pontos 4.1. e 4.2. deste capítulo – ao longo dos quais temos insistido na rejeição de formas de avaliação negativa liminar de empresas comuns de comercialização. Tivemos, de resto, ensejo de sublinhar que, mesmo em alguns precedentes comunitários mais recentes, caracterizados por mais flexibilidade de análise, tende a perdurar uma pré-compreensão estrita, no sentido de associar empresas comuns de comercialização que envolvam alguma componente de venda conjunta com fixação de preços a situações proibidas (da qual discordamos).

Parte III – Capítulo 3

mais desenvolvida, importa destacar a necessidade de desenvolver e consolidar, no plano do direito comunitário da concorrência, uma metodologia de análise que afaste qualquer pré-compreensão negativa das empresas comuns de comercialização. Essa pré-compreensão hermenêutica tende a concretizar-se, como observámos, em orientações tendentes a considerar a maior parte das situações relevantes de cooperação neste domínio como necessariamente cobertas pela proibição estatuída no n.º 1 do artigo 81.º CE, ou até – como parecia ser, pelo menos até uma fase ainda recente, a posição prevalecente da Comissão–[2409] muito dificilmente justificáveis em sede de aplicação do n.º 3 do artigo 81.º CE.

Pela nossa parte, consideramos tais orientações necessariamente redutoras e passíveis de originar consideráveis distorções no enquadramento jusconcorrencial das práticas de cooperação empresarial.

Assim, considerando que a apreciação das repercussões de empresas comuns sobre o processo de concorrência deve assentar, pelo menos, em duas dimensões primaciais, correspondentes, por um lado, à natureza e conteúdo típico dos acordos de cooperação e, por outro lado, ao poder de mercado das partes envolvidas, uma eventual pré-compreensão hermenêutica negativa em relação à generalidade das empresas comuns – designadamente em relação àquelas que sejam constituídas por empresas concorrentes e que envolvam, de modo directo ou indirecto, a fixação concertada de preços – introduziria uma distorção de fundo na análise desta subcategoria de empresas comuns.

Essa distorção traduzir-se-ia na potencial condenação *per se* dessas empresas comuns, apenas em função da primeira dimensão de análise – referente à natureza dos acordos – sem uma real concretização da segunda dimensão, relativa à avaliação do poder de mercado das partes e da forma como este interage com a estrutura e condições do mercado principal-

---

[2409] Na realidade, até um período recente, a Comissão pareceu acolher uma orientação de fundo muito restritiva em relação às empresas comuns de comercialização, envolvendo a venda conjunta de bens ou serviços, que se mostrou mesmo refractária à aceitação de justificações das mesmas em sede de aplicação do n.º 3 do artigo 81.º CE. Essa orientação contrasta, *vg.*, com as tendências reveladas pela *praxis* decisória da Comissão quanto às empresas comuns de produção, as quais, embora frequentemente declaradas sujeitas à proibição do n.º 1 do artigo 81.º CE – em termos excessivamente rígidos, como já observámos – foram, num conjunto apreciável de precedentes, objecto de isenções. Como casos paradigmáticos dessa orientação de fundo muito restritiva quanto às empresas comuns de comercialização, cfr., *inter alia*, o caso *"Feldmühle/Stora"* (referido no *"Décimo Segundo Relatório sobre a Política da Concorrência"*, ponto 73) e a decisão *"Hudson's Bay I"*, cit..

1440 *Empresas comuns* – Joint Ventures

mente afectado pela cooperação. Salvo situações muito particulares, envolvendo restrições da concorrência especialmente graves e intoleráveis, também as empresas comuns de comercialização devem ser submetidas a uma análise desenvolvida, com base nos vários parâmetros que enunciámos no nosso modelo de apreciação global deste tipo de entidades.

4.4. AS EMPRESAS COMUNS DE COMERCIALIZAÇÃO QUE EXIGEM UMA ANÁLISE MAIS DESENVOLVIDA

4.4.1. Razão de ordem

Como já tivemos ensejo de expor, quer em termos gerais, quer no contexto da análise na especialidade dos tipos funcionais correspondentes às empresas comuns de investigação e desenvolvimento e às empresas comuns de produção, as situações de cooperação empresarial que não sejam passíveis de uma avaliação imediata, favorável ou desfavorável, devem ser objecto de análises mais desenvolvidas no quadro das quais se tome em consideração, de modo sistematizado, um conjunto diversificado de factores em vários estádios sucessivos de apreciação. Idêntico procedimento de análise deve ser, pois, observado em relação às empresas comuns de comercialização cuja compatibilidade com o ordenamento comunitário da concorrência possa suscitar dúvidas, o que, à luz do que antecede, sucederá, previsivelmente, em relação a uma parte significativa dessas entidades.

4.4.2. O critério analítico referente à quota de mercado das empresas participantes

No que respeita ao que temos caracterizado como um segundo estádio de apreciação das empresas comuns, pensamos que a avaliação das empresas comuns de comercialização, apesar do potencial restritivo da concorrência relativamente intenso que lhes está subjacente, não apresenta especificidades de maior em relação aos outros tipos funcionais de empresas comuns. Assim, diversamente do que é proposto pela Comissão, consi-

Parte III – Capítulo 3

deramos que também em relação às empresas comuns de comercialização deve ser ponderado, a título indicativo, o limiar único de quota de mercado correspondente a 25% de qualquer um dos mercados relevantes afectados pela criação deste tipo de entidades.[2410]

Admitimos, tão só, uma particularidade na análise das empresas comuns de comercialização. Esta consiste no facto de, não obstante tomarmos em consideração o referido limiar único de 25% de quota de mercado, como indicador essencial de existência de poder de mercado que justifique, em regra, alguma preocupação quanto a repercussões negativas apreciáveis sobre a concorrência, reconhecermos que as empresas comuns de comercialização envolvendo entidades com quotas agregadas de mercado compreendidas entre os limiares de 10% e 25% devem merecer, ainda assim, alguma atenção.[2411]

Significa isto que, em nosso entender, as empresas comuns de comercialização envolvendo empresas participantes com quotas de mercado agregadas compreendidas entre esses limiares de referência justificam, comparativamente, uma preocupação algo mais intensa do que aquela que merecem, em regra, nesse contexto, as empresas comuns de investigação e desenvolvimento ou as empresas comuns de produção. Consequentemente, nesse tipo de situações e em presença de tais quotas de mercado, uma maior atenção deve ser prestada, em termos proporcionais, ao potencial restritivo da concorrência intrinsecamente associado aos elementos essenciais que conformem o tipo e o programa funcionais de cooperação que se encontrem concretamente em causa, no quadro do que temos denominado de terceiro estádio de apreciação das empresas comuns (de acordo com o nosso modelo global de apreciação).

[2410] Importa destacar novamente que, na Comunicação de 2001, a Comissão propôs como critério indicativo para a ponderação do poder de mercado de entidades envolvidas neste tipo de cooperação um limiar correspondente a 15% dos mercados afectados. Pela nossa parte, tivemos já ensejo de rebater essa análise da Comissão e de propor – em sentido diverso – um limiar único de quota de mercado, *supra*, ponto 2.3.5.1. deste capítulo para o qual especialmente remetemos neste ponto.

[2411] Em articulação com a específica ponderação acima configurada, devemos recordar que, na nossa análise antecedente (*supra*, ponto 4.3.4. deste capítulo), considerámos o *limiar de 10-15% de quota de mercado* como critério de *delimitação de processos de cooperação normalmente permitidos* (*"safe harbour"*, na terminologia normalmente utilizada no contexto do ordenamento norte-americano da concorrência) neste domínio funcional, tomando em consideração com maior incidência o intervalo inferior de tal limiar.

1442 Empresas comuns – Joint Ventures

4.4.3. O terceiro estádio de análise de empresas comuns de comercialização

4.4.3.1. *Os elementos fundamentais do terceiro estádio de análise das empresas comuns de comercialização*

No quadro do que temos denominado de terceiro estádio de apreciação das empresas comuns, segundo o nosso modelo global de análise das mesmas, importa avaliar os eventuais elementos de afectação da concorrência especificamente resultantes das empresas comuns de comercialização. Mais concretamente, encontra-se em causa avaliar em que termos, ou de que forma, determinados riscos de afectação da concorrência que, em tese, se encontram subjacentes a esta subcategoria de empresas comuns,[2412] se podem ou não materializar, atendendo à particular conformação dos programas funcionais de cooperação que sejam desenvolvidos entre as partes.

Esse processo de análise envolve, também, como temos referido, uma avaliação crítica, da interacção entre tais programas funcionais de cooperação e os contextos de mercado em que os mesmos se insiram. Essa avaliação, pela sua natureza, terá inelutavelmente uma base casuística – ligada a uma análise concreta dos mercados que se encontrem em questão em cada situação de cooperação – mas as naturais margens de indefinição inerentes à mesma deverão ser mitigadas através da utilização de uma metodologia de análise indutiva, assente em algumas coordenadas gerais de referência progressivamente desenvolvidas, por um lado, a partir de alguns princípios essenciais e, por outro lado, a partir da experiência acumulada na análise de precedentes relevantes. É essa a vantagem primacial da tentativa dogmática que empreendemos de construir um *modelo geral de apreciação das empresas comuns*, que combine as *necessidades de análise casuística de mercado* com *alguns níveis de previsibilidade e segurança jurídicas*.[2413]

[2412] Riscos de afectação da concorrência que, numa perspectiva geral, já tivemos ensejo de identificar e analisar, quanto a esta subcategoria de empresas comuns – *supra*, ponto 4.3.2. deste capítulo.

[2413] Não terá sido provavelmente uma coincidência o facto de, no contexto do ordenamento norte-americano da concorrência, que mais cedo se caracterizou pelo desenvolvimento de análises económicas casuísticas e por menor formalismo jurídico na con-

Parte III – Capítulo 3 1443

No que respeita à subcategoria das empresas comuns de comercialização, e à luz da nossa análise antecedente, este terceiro estádio de apreciação assume, pois, uma importância particular, devido ao potencial de restrição da concorrência especialmente intenso que se encontra associado às mesmas. Assim, não obstante a máxima atenção que, em relação a específicas repercussões restritivas inerentes a certos elementos do funcionamento destas empresas comuns, deva verificar-se – à semelhança do que sucede com os outros tipos funcionais de empresas comuns – quanto às empresas comuns de comercialização que envolvam empresas participantes com quotas de mercado agregadas superiores ao limiar crítico de referência de 25% dos mercados afectados, admitimos, conforme já exposto, que empresas comuns de comercialização envolvendo empresas participantes com quotas de mercado inferiores a tal limiar devem, ainda assim, ser objecto de algum escrutínio.

Noutros termos, tal significa reconhecer que alguma preocupação com o exame das diversas repercussões previsíveis de elementos específicos do funcionamento destas empresas comuns deve, apesar de tudo existir, em relação a empresas comuns de comercialização cujas empresas fundadoras detenham quotas de mercado agregadas com valores compreendidos entre os limiares de 10% e 25% dos mercados afectados por esses processos de cooperação (como também já referíramos). Acresce que este nível de análise assume também uma especial importância devido

cretização dos normativos da concorrência, se terem verificado as primeiras tentativas doutrinais de construção de modelos globais de análise das empresas comuns, de algum modo orientados pelos propósitos dogmáticos atrás referidos. Pensamos, designadamente, no modelo analítico global proposto por JOSEPH BRODLEY ("Joint Ventures and Antitrust Policy", cit.,), ou nas análises de autores como, vg., ROBERT PITOFSKY, já no decénio de oitenta do século passado (cfr. A. cit., "A Framework for Antitrust Analysis of Joint Ventures", cit., pp. 893 ss.). Este autor destaca justamente o grau de indefinição associado à avaliação jusconcorrencial de empresas comuns como uma das insuficiências a ultrapassar através da construção jurídica neste domínio. Como refere, *"business complaints about the inadequacy of antitrust policy seem particularly valid here [joint venture analysis], not so much because the enforcement agencies or the courts have made erroneous enforcement decisions, but because uncertainties in enforcement policy have almost certainly blocked, delayed or raised the cost of legitimate undertakings"*. (*op. cit.*, p. 893). Neste contexto, a apreciação jusconcorrencial das empresas comuns surge como área paradigmática no direito da concorrência para o desenvolvimento de tentativas dogmáticas originais de encontrar modelos globais de análise aptos a combinar necessidades de análise casuística, com raciocínios jurídico-económicos típicos que permitam alguma previsibilidade aos agentes económicos e reduzam os seus custos de transacção ligados a factores de incerteza.

1444   *Empresas comuns* – Joint Ventures

à *multiplicidade dos desdobramentos funcionais que se podem observar em programas de cooperação, visando a prossecução de uma ou mais vertentes da actividade de comercialização de bens e serviços.*

Neste plano, afigura-se-nos útil, numa perspectiva sistemática, trazer à colação os seis factores analíticos enunciados nas Orientações relativas a empresas comuns do direito norte-americano,[2414] e que já tivemos ensejo de caracterizar no quadro da apreciação de outros tipos de empresas comuns. De qualquer modo, face à nossa percepção crítica dos riscos típicos de afectação da concorrência subjacentes a algumas das principais modalidades de cooperação no domínio da comercialização, pensamos que se justifica conceder um papel especialmente relevante a alguns desses factores de análise.

Assim, em nosso entender, com vista à apreciação dos efeitos sobre o processo de concorrência emergentes de empresas comuns de comercialização será pertinente atribuir uma especial importância aos factores correspondentes ao carácter exclusivo ou não dos programas de cooperação no domínio da comercialização, à natureza e extensão dos interesses financeiros das empresas participantes nos projectos desenvolvidos através de empresas comuns, ao modo de organização funcional das empresas comuns e, finalmente, à duração prevista para estas entidades.[2415]

4.4.3.2. *O carácter exclusivo dos programas de cooperação no domínio da comercialização*

No que respeita ao primeiro dos referidos factores de análise, tivemos já ensejo de sublinhar a importância verdadeiramente central que lhe atribuímos para a apreciação das empresas comuns de comercialização. Na realidade, salientámos a relevância desse factor para evitar avaliações redutoras e liminares de empresas comuns de comercialização como

---

[2414] Referimo-nos aos seis factores analíticos enunciados no ponto 3.34 das *"Antitrust Guidelines for Collaborations among Competitors"*, de 2000, cit. e já anteriormente referidos na nossa análise.

[2415] Trata-se, pois, de relevar, em especial, os *primeiro, terceiro, quarto* e *sexto* factores de análise, considerando a ordem pela qual os mesmos são enunciados, respectivamente, nos pontos 3.34.(a) (*"exclusivity"*), 3.34. (c) (*"financial interests in the collaboration or in other participants"*), 3.34. (d) (*"control of the collaboration's competitively significant decision making"*) e 3.34. (f) (*"duration of the collaboration"*) das *"Antitrust Guidelines for Collaborations among Competitors"*, de 2000, cit..

Parte III – Capítulo 3

formas de cooperação cobertas por proibições *per se*, sobretudo nos casos em que essas entidades influenciem, de modo mais ou menos directo, processos de coordenação dos preços praticados pelas empresas participantes. Todavia, esse factor de análise constitui também um elemento primacial para a graduação dos efeitos globais, ponderados, de empresas comuns sobre a concorrência nos casos que não tenham sido considerados cobertos por proibições *per se* (à luz do disposto no n.º 1 do artigo 81.º CE).

Ora, consideramos que esta importância do factor de análise referente ao carácter exclusivo, ou meramente parcial, dos programas conjuntos de comercialização – sobretudo nos casos em que estes envolvam a venda conjunta de bens ou serviços – não tem sido devidamente reconhecida em sede de interpretação e aplicação de normas comunitárias de concorrência. Na verdade, como se verificou em precedentes relevantes – designadamente na decisão *"Floral"* já citada –[2416] a Comissão pareceu relativizar a importância dos aspectos relativos à inexistência de quaisquer obrigações expressas por parte das empresas participantes no sentido da venda exclusiva de bens através da empresa comum que haviam constituído. Assim, nessa decisão *"Floral"*, que incidiu sobre uma empresa comum constituída por três produtores franceses de fertilizantes para a distribuição e venda conjunta dos seus produtos no mercado alemão, a Comissão considerou que as partes, apesar de manterem actividades autónomas de comercialização desses produtos, tenderiam, de forma quase inevitável, a coordenar os seus preços com aqueles que fossem praticados no âmbito da empresa comum.

Pela nossa parte, discordamos em absoluto desse tipo de análises e pensamos que, não só a inexistência de qualquer carácter de exclusividade nas actividades de comercialização desenvolvidas através de empresas comuns deve ser ponderada, como o escrutínio deste tipo de matérias deve ser sistematicamente aprofundado, com vista a apreender, em toda a sua extensão, as múltiplas situações variáveis que possam ocorrer. Deste modo, nos casos em que se confirme a manutenção de actividades autónomas de comercialização dos bens ou serviços contratuais em questão por parte das empresas participantes, será também importante avaliar o peso

---

[2416] Cfr. decisão *"Floral"*, já cit., a propósito de posições da Comissão que parecem sugerir uma menor relevância da distinção das empresas comuns de comercialização conforme as mesmas assegurem, ou não, em exclusivo determinadas actividades de comercialização dos bens oferecidos pelas empresas fundadoras.

1446 *Empresas comuns* – Joint Ventures

relativo de tais actividades em face da actuação prosseguida através de uma empresa comum.

Como é natural, quanto menor for a parte dos resultados globais das empresas participantes assegurada através de actividades de comercialização, no quadro de uma empresa comum, mais reduzida será, também, a probabilidade de indução de fenómenos de concertação de preços a partir das opções de política comercial assumidas por essa empresa comum. De resto, se pensarmos, em tese geral, em situações hipotéticas de constituição de empresas comuns de comercialização entre empresas fornecedoras que detenham posições significativas no seu mercado doméstico, sendo o seu programa de cooperação apenas dirigido a actividades de comercialização para outro mercado nacional, não nos custa admitir a possibilidade de manutenção – nesse tipo de circunstâncias – de um importante incentivo à concorrência entre as referidas empresas em relação às actividades autónomas que as mesmas mantenham no seu mercado doméstico (sem prejuízo de este tipo de avaliações só poderem ser concluídas com base no conhecimento das restantes condições concretas de funcionamento dos mercados que se encontrem em causa[2417]).

É certo que a Comissão, embora de forma não consistente – e, sobretudo, sem assumir uma orientação geral que seja previsível para as empresas interessadas – acabou, em última análise, por reconhecer, em determinadas decisões, a importância da não estipulação de compromissos de exclusividade em relação às actividades de venda conjunta desenvolvidas através de empresas comuns. Assim, em alguns precedentes significativos – *vg.* o respeitante à decisão *"UIP"* –[2418] a Comissão ponderou a concessão de isenções, *ex vi* do n.º 3 do artigo 81.º CE (artigo 85.º TCE),em função de economias de custos resultantes de sistemas de distribuição conjunta, mas, de modo sintomático, fez depender a sua aprovação

---

[2417] Situações comparáveis podem também verificar-se, caso se verifique a constituição de empresas comuns de comercialização com vista a permitir a entrada das empresas fundadoras em determinadas áreas geográficas de determinado mercado nacional, conservando essas empresas a sua autonomia no plano da comercialização noutras áreas do mercado nacional em questão (em certas condições, poderão nestes casos manter-se incentivos apreciáveis à concorrência nas áreas em que as empresas fundadoras mantenham a sua autonomia comercial). Pense-se também, *vg.*, noutras situações em que empresas comuns de comercialização estejam vocacionadas para atingir clientes específicos, de mais difícil acesso, mantendo as empresas fundadoras plena autonomia nas relações comerciais mantidas com a generalidade dos clientes.

[2418] Cfr. decisão *"UIP"* (JOCE n.º L 226/25, 1989).

Parte III – Capítulo 3   1447

dessas situações da eliminação de quaisquer obrigações, a assumir pelas empresas participantes, no sentido de desenvolver em exclusivo as suas actividades de comercialização através da empresa comum. O objectivo prosseguido pela Comissão nesse tipo de situações foi, claramente, o de salvaguardar uma esfera de actividade de distribuição e venda independente das empresas participantes, o que significa que este factor se pode revelar decisivo na avaliação global da intensidade das restrições da concorrência determinadas pela criação de empresas comuns.

Importava, em conformidade, erigir, de modo expresso esse factor em critério analítico essencial para a avaliação do efectivo potencial restritivo da concorrência associado a cada empresa comum de comercialização.

4.4.3.3. *Características relevantes dos programas de cooperação no domínio da comercialização*

Um outro elemento dos programas funcionais de comercialização conjunta desenvolvidos através de empresas comuns que deve merecer sistemática atenção é, em nosso entender, o que se reporta à distinção entre vendas conjuntas com mecanismos de fixação central de preços e vendas conjuntas que se coadunem, apesar de tudo, com a manutenção de processos decisórios próprios das empresas participantes em relação aos preços dos seus bens e serviços. Na realidade, poder-se-ia pensar, em tese, que o desenvolvimento de programas de cooperação no domínio da comercialização e na modalidade particular de venda de bens e serviços se encontraria intrinsecamente ligado a procedimentos centralizados de decisão em matéria de preços desses bens e serviços. A realidade conhecida da cooperação empresarial, neste domínio, demonstra o contrário. Assim, em diversos precedentes relevantes – *vg.* o respeitante ao caso "*Ecomet*", que envolveu a criação de um nova entidade por vários institutos metereológicos nacionais para a venda conjunta dos seus dados–[2419] tem sido possível identificar situações em que as empresas participantes optaram por conservar um poder decisório próprio para a fixação dos preços dos seus bens, apesar de procederem à venda conjunta dos mesmos no âmbito de empresas comuns.

[2419] Cf. sobre este caso "*Ecomet*", resolvido através da emissão de uma "*carta de conforto*", "*Vigésimo Nono Relatório sobre a Política de Concorrência*".

1448   *Empresas comuns* – Joint Ventures

É, pois, possível compatibilizar do ponto de vista funcional a transferência de responsabilidades operacionais de condução de actividades de venda conjunta para empresas comuns com processos decisórios paralelos das empresas-mãe em relação aos preços dos respectivos bens ou serviços. Vários modelos contratuais de organização serão, certamente, possíveis para esse efeito, embora possa considerar-se que, nesse tipo de casos, a estrutura associada a empresas comuns encarregadas da venda conjunta de bens e serviços tenderá a assumir um papel de elemento de ligação com determinadas categorias de clientes e de circulação dos bens e serviços que se encontrem em causa, através de mecanismos de afectação de ordens de compra recebidas no mercado.

É evidente que a configuração funcional destes últimos mecanismos, mesmo que se encontre autonomizada em relação a processos paralelos de fixação de preços conduzidos pelas empresas-mãe pode, ainda assim, conduzir a importantes restrições da concorrência resultantes da coordenação de volumes de bens e serviços vendidos por cada empresa participante (sobretudo se tais mecanismos incluírem critérios pré-determinados de afectação dos volumes de produção a serem comercializados entre as várias empresas participantes). Esse risco de coordenação de quantidades vendidas e de potencial partilha de mercados poderá, de qualquer modo, ser atenuado, se a estrutura de comercialização da empresa comum assumir um papel essencialmente passivo de recepção de ordens de compra dos consumidores em determinados mercados.[2420]

Além desses aspectos de organização funcional de feixes de operações de venda junto dos consumidores, outros elementos podem também influenciar o eventual potencial de restrição da concorrência no plano da quantidade dos bens oferecidos no mercado por cada empresa participante. Um desses elementos corresponderá à natureza homogénea, ou heterogénea, dos bens que sejam objecto de processos de comercialização conjunta. Na realidade, um eventual papel passivo da empresa comum na

---

[2420] Essa atenuação dos riscos de coordenação de quantidades vendidas e de potencial partilha de mercados pode, designadamente, resultar da redução do volume de circulação de informação sensível que tende a ocorrer nos casos em que a empresa comum de comercialização assuma um papel essencialmente passivo de recepção de ordens de compra dos consumidores em determinados mercados. Para além disso, é evidente que será também importante em certos casos que não envolvem a fixação directa dos preços por parte das empresas comuns apurar em que medida as condições de funcionamento das mesmas não podem influenciar decisivamente tal fixação de preços.

Parte III – Capítulo 3

recepção de ordens de compra dos consumidores, já dirigidas a bens das várias empresas participantes, ajusta-se, sobretudo, às situações em que tais bens a comercializar tenham uma natureza predominantemente heterogénea, que leve os consumidores a manifestar intenções de aquisição diferenciadas quanto aos diferentes bens fornecidos pelas diversas empresas participantes que se encontrem em causa.

O outro elemento a que atribuímos alguma relevância corresponde à eventual justaposição ou não das actividades de venda conjunta com outras actividades de divulgação e promoção dos bens a comercializar. Se a cooperação desenvolvida através de empresas comuns se estender também a esse plano de promoção dos produtos, será mais difícil, mesmo num contexto formal de fixação autónoma dos preços pelas empresas participantes, evitar fenómenos negativos de coordenação, porque os consumidores, privados de informação ou de comunicação que lhes permita qualquer percepção distintiva dos bens fornecidos pelas várias empresas participantes deixarão de assumir um papel de iniciativa na solicitação de tipos de bens (em contrapartida, a empresa comum de comercialização tenderá a assumir tal posição de iniciativa na afectação dos vários bens a ordens gerais de aquisição dos consumidores).

Deste modo, até em empresas comuns que assumam funções nucleares e verdadeiramente definidoras da actividade de comercialização – como sucede com as situações de venda conjunta – a maior ou menor extensão dos programas de cooperação quanto a outras micro-funcões no domínio da comercialização, tidas normalmente como acessórias – como se verifica, de modo paradigmático com as actividades de promoção – pode acabar por se revelar decisiva para avaliar, em termos globais, o potencial restritivo da concorrência de tais empresas comuns. De resto, este relevo dos elementos de cooperação no plano da promoção e divulgação dos produtos ou serviços para graduar a intensidade das restrições da concorrência que podem resultar da cooperação mantida quanto a elementos aparentemente mais importantes das actividades de comercialização é justamente destacado nas Orientações relativas a empresas comuns do direito norte-americano.[2421]

[2421] Cfr. *"Antitrust Guidelines for Collaborations among Competitors"*, de 2000, cit., ponto 3.31 (a) – esp. matéria aí referida sob a epígrafe *"Marketing Collaborations"*. Como aí se refere, *"for example, joint promotion might reduce or eliminate comparative advertising, thus harming competition by restricting information to consumers on price and other competitively significant variables"*.

1450 *Empresas comuns* – Joint Ventures

Noutra perspectiva, embora tomando ainda em consideração os diversos modelos contratuais alternativos de organização de actividades de empresas comuns que assumam funções de venda conjunta de bens e serviços das empresas participantes sem fixar os respectivos preços, há aspectos complementares que podem, justificadamente, ser ponderados na avaliação do potencial restritivo da concorrência associado a essas empresas comuns.

Pensamos, em especial, na adopção de diversos mecanismos contratuais de funcionamento que podem – não obstante a prossecução das referidas actividades de venda conjunta por parte de empresas comuns – limitar ou condicionar a circulação de informações relativas a preços entre a estrutura dessas empresas comuns e as estruturas das empresas participantes (esses mecanismos podem envolver, *vg.*, a completa separação entre os quadros e elementos de gestão, afectos a essas diferentes estruturas, e a adopção de mecanismos de cruzamento de ordens de compra e de decisões periódicas referentes a preços, dentro de certas balizas, que assegurem alguma reserva de informação em relação às empresas participantes).[2422] Mais uma vez, afigura-se-nos importante a ideia de não associar automaticamente a certas dimensões funcionais da cooperação desenvolvida através de empresas comuns de comercialização supostas formas insanáveis de restrição da concorrência, sem analisar determinados elementos de organização dos programas de cooperação que possam atenuar os potenciais elementos restritivos, mantendo, em contrapartida, os possíveis benefícios económicos emergentes de algumas dessas empresas comuns.

[2422] Sobre a possível definição de configurações contratuais do funcionamento de empresas comuns especificamente dirigidas a limitar a circulação de informação entre as empresas e a separar diferentes planos funcionais de actuação, de modo a *reduzir os incentivos à coordenação de comportamentos entre empresas fundadoras*, e propondo uma posição activa, conquanto flexível, das autoridades de concorrência nesse domínio, como alternativa a decisões de proibição ou a outras formas de maior intervenção administrativa, cfr., por todos, Joseph Brodley, "Joint Ventures and Antitrust Policy", cit., esp. pp. 1544 ss.. Este autor, cuja análise – na perspectiva acima exposta – já trouxemos à colação, a propósito da limitação de outros riscos de afectação da concorrência enuncia essas soluções como possíveis "*incentive-modifying remedies*". Numa perspectiva de confluência de metodologias de análise de empresas comuns, independentemente de estas serem qualificáveis ou não como concentrações, podemos recordar a utilização de soluções *ad hoc*, do tipo ora considerado, no quadro da decisão "*BT/AT&T*", cit. – já analisada – proferida ao abrigo do RCC, mas envolvendo a apreciação de efeitos de coordenação *ex vi* do n.º 4 do artigo 2.º do RCC (*supra*, capítulo segundo, ponto 3.3.3., desta **Parte III**).

4.4.3.4. *Poder de mercado das empresas participantes e condições de funcionamento dos mercados*

Uma outra dimensão importante para a concretização dos riscos de afectação da concorrência especificamente relacionados com os elementos do tipo funcional das empresas comuns de comercialização corresponde à análise das formas de interacção entre o poder de mercado (ou poder económico geral) das partes e as condições de funcionamento dos vários mercados relacionados com os processos de cooperação que se encontrem em causa (nesta dimensão analítica justapõem-se já, de alguma forma, esses elementos estruturais com o critério de apreciação que temos autonomizado, referente a tipologias de relações entre os mercados das partes).

Assim, considerando os factores acima referidos, e sobretudo determinados contextos de mercado, será possível apreciar, quanto a certas situações, em que medida é que algumas empresas comuns de comercialização – não obstante integrarem aspectos em si mesmos restritivos da concorrência – podem mostrar-se necessárias à entrada das empresas participantes em novos mercados ou, até, essenciais para a permanência dessas empresas nos mercados em que já se encontrassem presentes. Como já tivemos ensejo de referir,[2423] a Comissão tem já concedido tratamento relativamente favorável – mesmo em sede de aplicação do n.º 1 do artigo 81.º CE – a empresas comuns de comercialização constituídas por pequenas e médias empresas com vista à entrada em novos mercados geográficos, desde que, em função da análise do seu poder de mercado e das condições de entrada nesses novos mercados, seja possível prever, num quadro de razoabilidade económica, que essas empresas não teriam capacidade autónoma para essa expansão da sua actividade.

Acresce que a Comissão também não tem excluído completamente a possibilidade de aprovação – *maxime* em sede de concessão de isenções com base no n.º 3 do artigo 81.º CE – de empresas comuns de comercialização no quadro de situações em que não se possa demonstrar a incapacidade por parte das empresas participantes de entrar autonomamente em novos mercados geográficos, mas em que seja possível verificar que as empresas comuns aceleram esse processo de entrada e tornam mais eficazes as condições em que as empresas participantes penetram nesses novos

---

[2423] Cfr *supra*, ponto 4.3.4., deste capítulo, onde referimos, a esse propósito, o caso *"Machine Tools"*, cit..

1452   *Empresas comuns* – Joint Ventures

mercados (sobretudo se forem confrontadas com a presença em tais mercados de empresas com posições significativas que assentem, pelo menos em parte, na solidez das suas redes locais de comercialização). A decisão *"Röchling/Possehl"*, adoptada no quadro da CECA é, *vg.*, ilustrativa dessa abertura da Comissão,[2424] embora se deva salientar, em contrapartida, e pela negativa, que não são muito abundantes os exemplos claros dessa flexibilidade analítica da Comissão em relação a empresas comuns de comercialização que envolvam a venda conjunta de produtos e possam directa ou indirectamente influenciar a fixação concertada de preços.

A este propósito, e retomando uma contraposição que já aflorámos sobre esta matéria,[2425] devemos salientar que, no quadro do ordenamento norte-americano de concorrência, tem, em regra, existido maior flexibilidade para a apreciação, em termos favoráveis, de empresas comuns de comercialização que se mostrem especialmente importantes – quer como verdadeira condição *sine qua non*, quer como elemento catalizador – para a entrada das empresas participantes em novos mercados do produto ou novos mercados geográficos. Essa orientação transparece com alguma clareza não só na jurisprudência dos tribunais superiores – com precedentes de referência como o relativo ao processo *"NCAA"*[2426] – como na *praxis* decisória das autoridades federais de concorrência (*vg.*, para considerar apenas casos recentes, os relativos aos procedimentos *"Olympus Am. Inc."*, ou *"Armored Transp. Alliance"*[2427]).

[2424] Cfr. decisão *"Röchling/Possehl"* (JOCE n.º L 39/57, 1986), adoptada no quadro da CECA quanto a disposições correspondentes no Tratado CECA aos artigos 85.º e 86.º TCE (actuais artigos 81.º e 82.º CE) – artigos 65.º e 66.º – Tratado CECA.

[2425] Cfr. *supra* os aspectos aflorados nos pontos 4.1., 4.2., 4.3.1. e 4.3.2. deste capítulo.

[2426] Cfr. o precedente *"NCAA, 468 U.S. at 101"*, já cit., na parte em que reconhece que o grau de restrições à concorrência horizontal envolvido na cooperação empresarial em questão era necessário à comercialização do produto em termos que não estariam ao alcance das empresas participantes individualmente consideradas. Cfr., igualmente, o precedente, *"Broadcast Music, 441 US. at 23"*, já cit. na parte em que se reconhece que *"joint ventures and other cooperative arrangements are also not usually unlawful, at least not as price-fixing schemes, where the agreement on price is necessary to market the product at all"*.

[2427] Cfr. *"US. Dep't of Justice, Business Review Letter do Olympus Am. Inc. and C.R. Bard Inc., 2000 DOJBRL 26 (8 Sept. 28, 2000)"* e *"US. Dep't of Justice, Business Review Letter do Armored Transp. Alliance, 1998 DOJBRL LEXIS 5 (Mar. 12, 1998)"*.

Todavia, o que importa destacar, em particular, é que essa flexibilidade se estende a situações em que a criação de empresas comuns reforça a eficácia – no plano específico relativo à comercialização de bens ou serviços – da presença de certas empresas em determinados mercados, embora podendo eliminar a concorrência previamente existente entre as empresas participantes nos mercados em questão. Assim, tomando em consideração quer o poder de mercado das empresas participantes, quer a estrutura dos mercados nos quais seja desenvolvida a actividade de determinada empresa comum de comercialização tem-se admitido, em diversas situações,[2428] que a criação de certas eficiências – *vg.* ao nível da distribuição ou promoção – que permitam a algumas empresas de menor dimensão concorrer em termos mais efectivos com outros grupos empresariais, mesmo com a desvantagem inerente à eliminação da concorrência entre essas empresas participantes, pode revelar-se, em termos globais, compensadora.

No limite, mesmo as modalidades de cooperação mais intrinsecamente restritivas da concorrência – envolvendo empresas comuns que assegurem a venda conjunta de bens e serviços com fixação concertada de preços – podem permitir a concorrentes com menor poder de mercado aumentar, de forma significativa, a eficácia económica da sua actuação e, assim, aumentar, em termos globais, a sua pressão concorrencial sobre as empresas com maior poder de mercado que se encontrem presentes no sector em causa. Deste modo, não só o poder de mercado das empresas participantes, como a estrutura de mercado existente e as possíveis interacções de elementos de eficiência económica gerados por empresas comuns de comercialização com o funcionamento de tal estrutura de mercado podem conduzir a avaliações favoráveis deste tipo de empresas comuns que apresentassem *prima facie* um elevado potencial restritivo da concorrência.[2429]

[2428] Traduzindo uma orientação no sentido atrás indicado, cfr., para além dos precedentes já referidos "*NCAA, 468 U.S. at 103*", e "*Broadcast Music, 441 US. at 18-23*", os casos "SFC ILC, 36 F.3d at 963" (designadamente no ponto que se refere "*in the case of a joint venture, present here in the VISA USA association, competitive incentives between independent firms are intentionally restrained and their functions and operations integrate to achieve efficiencies and increase output*") e "*Association of Indep. Television Stations, 637 F. Supp. at 1296*" (*maxime*, na parte em que se refere que "*[exclusive licences in the television industry] hold (...) the potential to increase the number of available programs*").

[2429] De resto, esse tipo de casos tem suscitado na doutrina norte-americana alguns paralelos com certas formas de avaliação jusconcorrencial de concentrações. Estão em

Para além de uma avaliação de repercussões globais da criação de empresas comuns de comercialização, ponderando em conjunto os elementos restritivos da concorrência inerentes a estas e as vantagens económicas decorrentes das mesmas e traduzidas, quer na entrada *ex novo* em determinados mercados (mercados do produto ou geográficos), quer na criação de dinâmicas mais intensas do processo de concorrência em virtude de maior equilíbrio no funcionamento de certas estruturas de mercado, importará ainda, em certas circunstâncias, avaliar a justificação económica da própria extensão material dos processos de cooperação. Na realidade, mesmo que seja possível identificar eficiências significativas proporcionadas pela criação de certas empresas comuns de comercialização poderá questionar-se, em certas situações, se foi encontrado o devido equilíbrio entre a dimensão restritiva da concorrência – emergente da cooperação que incida sobre várias funções no domínio da comercialização – e o conjunto de vantagens obtidas através desses processos de cooperação.

Caso essa análise permita verificar que tais vantagens se poderiam obter através de empresas comuns de comercialização com um âmbito material de actuação mais limitado, justificar-se-á, em algumas situações, a produção de juízos desfavoráveis a essas empresas comuns, ou a imposição de determinadas condições para a constituição das mesmas. Este segundo nível de ponderação deve sobretudo incidir, em nosso entender, sobre as micro-funções no domínio da comercialização mais intrinsecamente restritivas da concorrência. Ora, considerando que a fixação centralizada ou coordenada de preços no âmbito de uma empresa comum de comercialização que assegure a venda conjunta de bens ou serviços

---

causa, designadamente, nesses paralelos, concentrações ("*mergers*") de concorrentes de menor dimensão que façam bloco face a maiores concorrentes. Nessas situações, desde que as concentrações não gerem poder de mercado oligopolístico (correspondente ao que no enquadramento jurídico comunitário se qualificará como domínio colectivo), o efeito global decorrente de tais operações pode ser positivo. Também isso poderá suceder em relação a empresas comuns que envolvam a componente de comercialização de produtos ou serviços, caso não se verifiquem distorções de funcionamento oligopolístico do mercado, com a vantagem suplementar de tais situações de constituição de empresas comuns não corresponderem à eliminação definitiva da concorrência entre as partes, como sucede tipicamente numa concentração em sentido estrito. Cfr. a este propósito, THOMAS PIRAINNO, "Beyond Per Se, Rule of Reason or Merger Analysis: A New Antitrust Standard for Joint Ventures", cit., pp. 1 ss.; CARL SHAPIRO, ROBERT D. WILLIG, "On the Antitrust Treatment of Production Joint Ventures", cit., pp. 113 ss..

Parte III – Capítulo 3   1455

corresponderá, em princípio, ao elemento mais negativo para a salvaguarda da concorrência efectiva será, assim, pertinente questionar – *vg.* numa situação em que determinada empresa comum se mostre essencial para a entrada das empresas participantes em certo mercado – se para o funcionamento eficaz de tal processo de cooperação seria, realmente, necessário que o mesmo cobrisse essa dimensão de fixação dos preços.

Em algumas situações, diversos factores, como a perspectiva dos consumidores sobre o relacionamento com as entidades que asseguram a comercialização de bens e serviços, ou o modo particular de funcionamento de certos mercados, podem tornar necessário à actuação eficaz de empresas comuns de comercialização a fixação dos preços no quadro destas entidades. Caso assim não suceda – o que só pode apurar-se através de análises económicas dos mercados – a inclusão no programa de cooperação conduzido por essas empresas comuns de mecanismos de fixação de preços pode revelar-se excessiva (e determinar, se os mesmos não forem eliminados, a produção de um juízo global desfavorável quanto a essas empresas comuns).[2430]

Tendo presente a complexidade e diversidade funcionais que caracterizam, precisamente, as empresas comuns de comercialização – e que começámos por enfatizar ao introduzir a nossa caracterização na especialidade desta subcategoria de empresas comuns –[2431] a perspectiva de análise acima explanada pode ser prosseguida a vários níveis. Para além de se equacionar se, com base nas condições de mercado existentes, um programa eficaz de cooperação no domínio da comercialização teria de cobrir as matérias referentes à fixação de preços, poderá também questionar-se em que medida os objectivos inerentes a essa cooperação não poderiam ser

---

[2430] Na realidade, já tivemos ensejo de observar a propósito de precedentes de referência no direito norte-americano, como, *vg.*, o caso *"Broadcast Music, 441 US. at 23"*, que, em determinados contextos de mercado, pode ser absolutamente necessário à actuação eficaz de empresas comuns de comercialização a fixação dos preços no quadro destas entidades (cfr. a passagem já cit. desta decisão onde se sustenta que: " (...) *the agreement on price is necessary to market the product at all"*). Ora, em sede de direito comunitário da concorrência, tem sido pouco frequente o desenvolvimento de análises especificamente dirigidas a *"testar"* essa *"necessidade"* de mecanismos de fixação conjunta de preços para o funcionamento global de certas empresas comuns de comercialização e para a materialização dos elementos proconcorrenciais que as mesmas podem gerar em certas condições.

[2431] Cfr. sobre a matéria, designadamente, o exposto *supra*, pontos 4.1.2. a 4.1.5. deste capítulo.

eficazmente prosseguidos através da mera distribuição conjunta, sem envolver a venda conjunta de bens e serviços. Nestes termos, os elementos dos processos de cooperação em matéria de comercialização mais intrinsecamente restritivos da concorrência podem, de modo sucessivo ser objecto de escrutínio com vista a apurar se determinada empresa comum de comercialização representa um *compromisso aceitável entre os aspectos lesivos da concorrência e as componentes de eficiência económica.*[2432]

Outra dimensão relevante de análise no plano que ora consideramos de interacções positivas entre o poder de mercado das empresas participantes e o possível reequilíbrio de certas estruturas de mercado corresponde ao que podemos denominar de dimensão temporal. Assim, o balanço concorrencial positivo inerente a certas empresas comuns, associado à entrada *ex novo* em certos mercados ou ao aumento da pressão concorrencial sobre empresas terceiras que detenham elevado poder de mercado, pode ser assegurado ou reforçado, através da previsão de perío-

---

[2432] Sobre este exercício analítico complexo, no sentido de determinar, em vários níveis, até que ponto *certas dimensões e estruturas de cooperação mais intrinsecamente restritivas de concorrência* – fixação de preços, realização de vendas conjuntas, e sucessivamente, por ordem descrescente de gravidade, outras dimensões da *comercialização conjunta* (*vg.*, distribuição conjunta sem envolver venda conjunta, promoção conjunta, etc.) são efectivamente necessárias à obtenção de *eficiências* que compensem tais desvantagens para a concorrência, cfr. ALAN FRANKEL, DENNIS W. CARLTON, "The Antitrust Economics of Credit Card Networks", cit., pp. 643 ss., esp. p. 644: *"In many cases, however, it is difficult to determine whether particular structures, rules and actions of a joint venture are essential to the existence or efficiency of the joint venture, or whether their impact is anticompetitive instead. Indeed, some joint venture activities may have both kinds of consequences"*. No entanto, a importância particular de que se reveste a avaliação jusconcorrencial das empresas comuns para a construção jurídica em geral no direito da concorrência corresponde, em nosso entender, a essa modelação de paradigmas de análise complexa em que o desvalor jurídico é desde logo apurado através do cruzamento de elementos potencialmente restritivos da concorrência e de elementos proconcorrenciais – *maxime* resultantes da verificação de vários tipos relevantes de eficiência – em substituição de construções jurídicas predominantemente formais em que se apurem isoladamente dimensões restritivas da concorrência, não sujeitas a testes substantivos relativos às condições reais de funcionamento do mercado, e se equacionem, sucessivamente, possíveis justificações para tais *"restrições"* da concorrência. De forma negativa, a recente Comunicação da Comissão com *"Orientações relativas à aplicação do n.º 3 do artigo 81.º do Tratado"*, cit., continua excessivamente tributária dessa lógica normativa. O aprofundamento de certas dimensões da análise das empresas comuns em sede de direito comunitário da concorrência deverá contribuir, segundo cremos, para a correcção da mesma.

dos mais limitados de duração dessas empresas comuns. Este factor temporal é, justamente, enunciado nas Orientações relativas a empresas comuns do direito norte-americano como um dos seis factores analíticos fundamentais que devem complementar a ponderação do poder de mercado das empresas participantes e, pela nossa parte, atribuimos-lhe a maior importância.[2433]

A perspectiva próxima da cessação de vigência dos sistemas de acordos que enquadrem o funcionamento de determinadas empresas comuns, necessariamente assumida pelas partes na sua actuação, pode revelar-se fundamental para que estas conservem – numa intensidade razoável – o incentivo a concorrer, sobretudo se os processos de cooperação que se encontrarem em causa não assumirem carácter exclusivo. Em estreita ligação com este factor, consideramos também da maior importância outro aspecto enunciado nas referidas Orientações,[2434] e que corresponde à dimensão relativa dos interesses financeiros envolvidos, por parte de cada empresa participante, em empresas comuns de comercialização que tenham constituído. Como é natural, uma duração mais limitada de certa empresa comum, traduzir-se-á também na contenção, numa óptica de médio prazo, do volume de interesse financeiro que cada empresa fundadora tenderá a associar a essa empresa comum.[2435]

[2433] Cfr. *"Antitrust Guidelines for Collaborations among Competitors"*, de 2000, cit., ponto 3.34 (f). Como aí se refere, *"in general, the shorter the duration [of the collaboration], the more likely participants are to compete against each other and their collaboration"*.

[2434] Cfr. *"Antitrust Guidelines for Collaborations among Competitors"*, de 2000, cit., ponto 3.34 (c).

[2435] Pela nossa parte, importa ainda acrescentar ao conjunto que destacámos atrás (*supra*, ponto 4.4.3.2.), de quatro factores analíticos – entre os seis factores enunciados no ponto 3.34 das *"Antitrust Guidelines for Collaborations among Competitors"* – o factor correspondente ao *modo de organização e funcionamento das empresas comuns*. Na verdade, esse factor encontra-se subjacente a vários dos parâmetros de análise que acima vimos considerando, *maxime* ao escrutínio, na óptica acima exposta, da necessidade de extensão a certas áreas da cooperação mantida através de empresas comuns de comercialização (sobretudo, no que respeita á inclusão ou não de mecanismos de fixação conjunta de preços).

4.4.3.5. *Âmbitos diversificados de actuação de empresas comuns de comercialização constituídas por empresas-mãe concorrentes*

No que respeita à conformação variável dos programas de cooperação desenvolvidos através de empresas comuns de comercialização, interessa aprofundar outro aspecto relevante para a avaliação das repercussões destas entidades sobre o processo de concorrência. Referimo-nos à possibilidade de *criação de empresas deste tipo entre empresas concorrentes (concorrentes efectivos ou potenciais)*,[2436] *mas tendo como objecto em concreto, ou a comercialização de produtos complementares fornecidos por essas empresas (produtos integrando mercados com alguma relação de proximidade, mas não o mesmo mercado do produto), ou a comercialização, unicamente, dos produtos de uma das empresas-mãe.*

O primeiro tipo de situações poderá, em regra, considerar-se não coberto pela proibição do n.º 1 do artigo 81.º CE – como a Comissão parece admitir –[2437] a menos que, em função das condições concretas de funcionamento dos mercados em questão, ou do elevado poder de mercado das partes, se possa configurar a verificação de efeitos restritivos de alastramento[2438] nos mercados conexos ou próximos que se encontrem em causa.[2439]

[2436] Já atrás referimos – *supra*, pontos 4.1. e 4.2. deste capítulo – que a nossa perspectiva de análise de problemas de concorrência associados a processos de comercialização conjunta através de empresas comuns incide, exclusivamente, sobre actuações de empresas concorrentes ou que, numa perspectiva horizontal, se situem numa situação aproximada.

[2437] Como precedentes relativos a situações que apresentam algumas das características acima referidas, embora relativos não só a decisões favoráveis em sede de aplicação do n.º 1 do artigo 81.º CE, mas também a decisões de isenção *ex vi* do n.º 3 da mesma disposição, cfr., *inter alia*, a decisão "*Carbon Gas Technologie*" (JOCE n.º L 376/17, 1983), ou a decisão "*BBC Brown Boveri*", já cit., de 1988.

[2438] Efeitos de *alastramento em sentido restrito* – diferente de *efeitos de alastramento em sentido amplo* – nos moldes que tivemos ensejo de caracterizar *supra*, ponto 2.3.5.2.5. deste capítulo, para o qual remetemos.

[2439] Tenha-se presente, a esse respeito, a situação considerada na decisão "*Wild & Leitz*", já cit., na qual curiosamente, a Comissão, de forma lacunar, não terá ponderado de forma adequada possíveis efeitos de alastramento, no sentido atrás considerado (nessa situação as empresas participantes eram concorrentes no mercado geográfico em relação ao qual haviam concluído entendimentos de comercialização conjunta, versando os mes-

Parte III – Capítulo 3

O segundo tipo de situações atrás referido poderá *prima facie* afigurar-se como uma modalidade de cooperação menos provável na *praxis* de colaboração entre empresas, mas a experiência demonstra a efectiva constituição, em múltiplos casos, de empresas comuns nessas condições. Tais casos encontram-se com frequência associados à entrada de novas empresas em determinados mercados e podem, nesses contextos, e em certas condições, corresponder a restrições sérias da concorrência potencial entre as partes. Pensamos, designadamente – *maxime* no contexto comunitário – na entrada de empresas em novos mercados geográficos, concluindo para o efeito acordos de constituição de empresas comuns com outras empresas já presentes nesses mercados e que se limitem à distribuição dos produtos das primeiras empresas.

Na verdade, mesmo que tais empresas tivessem capacidade para entrar, de modo autónomo, nesse novo mercado geográfico, as empresas comuns de comercialização assim constituídas poderiam representar, por um lado, uma forma de reduzir a incerteza e os custos associados a tal entrada e, por outro lado, um modo eficaz, para as empresas já instaladas, de enquadrar e condicionar *ab initio* a actuação de um novo concorrente, limitando e contendo, em termos previsíveis, a pressão concorrencial que resultaria da entrada – já previsível num horizonte de curto e médio prazo – desse novo concorrente no mercado geográfico em questão.[2440]

---

mos sobre produtos conexos dos produtos quanto aos quais essas empresas mantinham relações directas de concorrência).

[2440] Quanto a situações com essas características ou aproximadas, cfr. os precedentes relativos às decisões *"Langenscheidt/Hachette"* (JOCE n.º L 39/25, 1981), ou *"Amersham Buchler"* (JOCE n.º L 314/34, 1982), nos quais a Comissão reconheceu problermas de afectação da concorrência em sede de aplicação do então n.º 1 do artigo 85.º TCE, embora admitindo a concessão de isenções *ex vi* do n.º 3 da mesma disposição (nesses casos, a Comissão não terá, porventura, ponderado de modo suficiente, o poder de mercado limitado das empresas envolvidas e a existência de condições de concorrência razoavelmente intensa para apurar o cabimento de enquadramento favorável das situações no n.º 1 do artigo 85.º TCE).

1460   *Empresas comuns* – Joint Ventures

4.4.3.6. *Programas de cooperação no domínio da comercialização e funcionamento de sistemas de rede no sector financeiro*

4.4.3.6.1. Situações paradigmáticas no sistema financeiro – o sector dos cartões de pagamento

Na ponderação do modo como a conformação específica dos elementos essenciais que estruturam certos programas funcionais de cooperação no domínio da comercialização tende a repercutir-se sobre a concorrência, uma atenção especial deve ser concedida às particularidades que, por definição, se encontram inerentes a certo tipo de *actividades que funcionam em sistemas de rede e que pressupõem uma determinada medida de cooperação*.[2441]

Como já tivemos ensejo de referir,[2442] algumas situações referentes ao funcionamento do sistema financeiro[2443] ilustram, em termos que se podem considerar paradigmáticos, esse tipo de especificidades. Acresce,

---

[2441] Sobre a especificidade dos problemas de concorrência – *maxime* no que respeita à vertente das actividades de comercialização – inerentes a esses tipos de actividades integradas no que alguma doutrina norte-americana tende a qualificar como "*network industries*", cfr. WILLIAM BAUMOL, JANUSZ ORDOVER, *Antitrust. Source of Dynamic and Static Inefficiencies?*, in *Antitrust, Innovation and Competitiveness*, THOMAS JORDE, DAVID TEECE, Editors, 1992, pp. 82 ss.. Cfr., igualmente, para uma pespectiva teórica geral sobre os denominados efeitos de rede ("*network effects*"), os estudos incluídos em "Symposium on network Externalities", in JEP., 1994, pp. 8 ss..

[2442] Cfr., a esse propósito a parte inicial desta secção referente a empresas comuns de comercialização – pontos 4.1. e 4.2. deste capítulo – onde salientámos, desde logo, certas especificidades de funcionamento em rede do sector financeiro. Cfr., igualmente, as referências feitas a tais particularidades do funcionamento do sector financeiro e suas repercussões em sede de enquadramento jusconcorrencial, *supra*, na **Introdução** e no capítulo primeiro desta **Parte III** (pontos **1.** e 2.4.3.2.).

[2443] Referimo-nos aqui ao *sistema financeiro no seu sentido mais lato*, compreendendo diversos subsectores, designadamente, os referentes à actividade bancária, seguradora e de fundos de pensões, ao funcionamento de mercados de valores organizados e, em geral, a todos os processos de intermediação financeira sujeitos a regulação e supervisão especiais. Sobre esse conceito mais lato de sistema financeiro, cfr., *inter alia*, COLIN MAYER, DAMIEN NEVEN, *European Financial Regulation. A Framework for Policy Analysis*, in *European Financial Integration*, Edited by ALBERTO GIOVANNINI, COLIN MAYER, CEPR, Cambridge University Press, 1991, pp. 112 ss.. Numa pespectiva predominantemente económica, cfr. *Financial Markets and Institutions*, FREDERICK MISHKIN, STANLEY EAKINS, Addison-Wesley, 1998. esp. pp. 8 ss.

Parte III – Capítulo 3

ainda, que no contexto desse funcionamento global do sistema financeiro, os denominados sistemas de cartões de pagamento,[2444] cujo desenvolvimento recente se encontra estreitamente associado à proliferação da utilização de meios electrónicos de pagamento para a realização de operações financeiras,[2445] correspondem a casos únicos, que suscitam questões específicas em sede de aplicação de normas de concorrência, *maxime* no domínio de que ora precisamente nos ocupamos, relativo à cooperação em matéria de comercialização de bens e serviços (através de empresas comuns ou de processos muito similares a este tipo de entidades).

Essa especificidade reporta-se às exigências particulares de funcionamento em rede dos referidos sistemas de cartões de pagamento, as quais pressupõem determinados graus de cooperação entre as empresas que integram as redes em causa. Sem prejuízo dessa *exigência intrínseca de cooperação*, os grandes problemas a equacionar neste plano relacionam-se com a identificação dos devidos *equilíbrios entre tais elementos de cooperação e os requisitos mínimos de manutenção de concorrência efectiva no âmbito do funcionamento de sistemas de pagamentos.*

Essa problematização jurídico-económica, com a maior relevância para o tratamento de empresas comuns de comercialização, tem, desde há algum tempo, conhecido grande expressão na doutrina norte-americana da concorrência, que não encontra ainda paralelo no plano do direito comunitário da concorrência.[2446] De resto, no quadro do ordenamento norte-

---

[2444] Sobre o conceito de sistemas de cartões de pagamento, e sobre sistemas de pagamentos, em geral, cfr. BERNARD SHULL, LAWRENCE WHITE, "A Symposium on the Changes in Banking, with implications for Antitrust. Introduction", in AB, 2000, pp. 553 ss., esp. pp. 573 ss.; LAWRENCE RADECKI, "Bank's Payments-Driven Revenue", in Economic Policy Review, 1999, pp. 53 ss.; DONALD BAKER, "Shared ATM Networks – The Antitrust Dimension", in AB, 1996, pp. 399 ss.; MARIA CHIARA MALAGUTI, *The Payments System in the European Union – Law and Practice, Sweet & Maxwell*, 1997.

[2445] Sobre a importância de comunicações electrónicas na transformação deste tipo de transacções, incluindo as suas repercussões na redefinição de fronteiras dos vários subsectores do sistema financeiro, cfr., *inter alia*, STEPHEN ROADES, "Competition and Bank Mergers: Directions for Analysis from Available Evidence", in AB, 1996, pp. 339 ss.; BRIAN SMITH, MARK RYAN, "The Changing Nature of Antitrust Enforcement in Banking's New Era", in AB, 1996, pp. 481 ss..

[2446] O aumento do número de casos referentes ao funcionamento de sistemas de cartões de pagamento, bem como a perspectiva de novas questões a suscitar neste domínio por diversas entidades económicas – *maxime*, entre outras, organizações representativas de retalhistas – justificaria, em nosso entender, que esta lacuna na problematização jurídico-económica deste tipo de questões fosse rapidamente preenchida. Apesar de tudo, e numa

-americano essa discussão doutrinal foi especialmente induzida por alguns litígios judiciais que constituíram uma referência neste domínio, de entre os quais podemos salientar os denominados casos *"NaBanco"* e *"MountainWest"*.[2447] Nesses litígios foram suscitadas questões relacionadas com a cobrança de comissões interbancárias multilaterais por bancos emissores de cartões de pagamento integrados na rede Visa (*"Visa International Service Association"*) – sociedade integrada por um elevadíssimo número de membros que são instituições financeiras estabelecidas em diversos mercados, que explora a rede do sistema de cartões com a mesma denominação – bem como questões referentes à fixação de regras de acesso a este tipo de organizações, que exploram redes de sistemas de cartões, e a eventuais efeitos de encerramento do mercado a terceiras empresas.

Como tivemos ensejo de referir na nossa caracterização inicial de diversas modalidades de empresas comuns de comercialização, algumas entidades que, em rigor, nem sempre são passíveis de qualificação como empresas comuns, podem suscitar problemas comparáveis,[2448] embora com algumas especificidades relacionadas com o funcionamento de mercados assentes em organizações em rede. As entidades que no âmbito do sistema financeiro gerem redes de sistemas de pagamento – como, entre outras, a sociedade Visa, envolvida nos litígios judiciais acima referidos no âmbito do ordenamento norte-americano – correspondem, porventura, aos casos mais paradigmáticos nesse tipo de situações. A caracterização de algumas dessas entidades colectivas como empresas comuns, em sede de direito da concorrência, pode em vários casos mostrar-se problemática, *maxime* em virtude do elevado número de empresas associadas que as integram e que dificilmente se coaduna com a definição de uma estrutura de *controlo conjunto, em sentido próprio*, a qual caracteriza as empresas

---

perspectiva predominantemente informada pela aplicação de normas comunitárias de concorrência, cfr., inter alia, JEAN TIROLE, JEAN PAUL ROCHET, Competition among Competitors: The Economics of Credit Card Networks, CEPR Discussion Paper, 1999.

[2447] Cfr. esses precedentes fundamentais neste domínio – *"National Bancard Corp. (NaBanco) v. VISA USA., Inc (596 F. Supp. 1231 (S.D. Fla. 1984), aff'd, 779 F.2d 592 (11 th Cir.), cert denied, 478 U.S. 923 (1986)"* e *"SCFC ILC, Inc., d/b/a MountainWest Financial v. VISA USA., Inc. [819 F. Supp. 956 (D. Utah 1993) aff'd in part and ver'd in part, N.º 93-4105, 1994 US. App. LEXIS 26849 (10 th Cir. Sept. 23, 1994)]"*.

[2448] Sobre esse paralelismo ou até, em certos casos, identificação de questões jusconcorrenciais, cfr. *supra*, ponto 4.1., esp. 4.1.4., deste capítulo.

Parte III – Capítulo 3   1463

comuns.[2449] (o que não impede que na doutrina norte-americana de concorrência diversos autores qualifiquem genericamente tais entidades como empresas comuns[2450])

Todavia, o funcionamento dessas estruturas suscita, com frequência, questões de direito da concorrência semelhantes às que se encontram associadas a empresas comuns em sentido estrito e as mesmas comportam também determinadas dimensões de integração empresarial que sustentam esse paralelo (assim em múltiplas entidades colectivas que gerem sistemas de cartões de pagamento há elementos de integração relevantes associados ao desenvolvimento de uma imagem comum junto dos consumidores de serviços financeiros, bem como à criação de algumas infra-estruturas que assumem algumas funções de coordenação no âmbito de tais sistemas). Em particular, consideramos que algumas dessas entidades colectivas – quer se trate de entidades passíveis de qualificação em sentido próprio como empresas comuns, quer de entidades que se encontrem numa posição jurídica comparável – ilustram, de modo muito característico, alguns tipos de potenciais efeitos de encerramento do mercado que podem, em tese, encontrar-se associados a empresas comuns de comercialização. Na realidade, se é certo que atribuímos a esse tipo de riscos uma importância relativamente menor, em termos gerais, no quadro das empresas comuns de comercialização – e por comparação com o que pudemos observar em relação a outras subcategorias funcionais de empresas comuns –[2451] ressal-

---

[2449] Cfr. o exposto *supra*, no capítulo segundo da **Parte I** sobre definição de empresa comum em direito da concorrência. Aí tivemos ensejo de salientar o carácter essencial de uma estrutura de verdadeiro controlo conjunto – com co-titulares definidos desse controlo – para delimitar a categoria jusconcorrencial da empresa comum, em moldes que são dificilmente compatibilizáveis com estruturas de massa de milhares de associados titulares do capital das entidades colectivas que acima consideramos.

[2450] Cfr., *vg.*, nesse sentido, DENNIS CARLTON, ALAN FRANKEL, "The Antitrust Economics of Credit Card Networks", cit., pp. 643 ss.. Já outros autores na doutrina norte-americana, como DAVID EVANS e RICHARD SCHMALENSEE, adoptam posições mais moderadas, reconhecendo que utilizam uma qualificação dessas entidades como empresas comuns em sentido lato, e admitindo que algumas delas não são, em rigor, empresas comuns (cfr. As. cit., "Economic Aspects of Payment Card Systems and Antitrust Policy Toward Joint Ventures", cit., esp. p. 862, onde referem que *"strictly speaking, Visa and Mastercard are not joint ventures. As an economic matter, however, these associations raise the same sorts of antitrust issues as do joint ventures (...). We will use the term 'joint ventures' to include all entitites that share this property"*.

[2451] Cfr. o exposto sobre esse ponto *supra*, pontos 4.3.1. e 4.3.2. do presente capítulo.

1464 *Empresas comuns* – Joint Ventures

vámos, desde logo, que o mesmo poderia encontrar-se particularmente associado a situações específicas de cooperação em matéria de comercialização, relacionadas com mercados organizados em rede – as quais correspondem, em grande medida, às entidades colectivas de que ora nos ocupamos.

4.4.3.6.2. Elementos intrínsecos de cooperação empresarial no funcionamento de sistemas de cartões de pagamento

Tipicamente, desenvolveram-se no âmbito dos sectores financeiros de mercados desenvolvidos, como o norte-americano e o comunitário, sistemas de cartões de pagamento com características essenciais semelhantes aos que se encontravam em causa nos precedentes judiciais "*Nabanco*" e "*MountainWest*" acima referidos.

Tais sistemas assentam na constituição de entidades colectivas participadas por um elevadíssimo número de instituições financeiras associadas (*maxime* entidades bancárias), as quais asseguram um serviço de rede – que corresponde, primacialmente, a actividades de comercialização – traduzido na garantia dada a titulares de cartões de pagamento, emitidos por qualquer uma das instituições associadas, de que esses cartões serão aceites para a realização de pagamentos por parte de um conjunto significativo de empresas comerciais. Estas, através dos acordos que concluam com tais sistemas, obtêm a garantia de receber junto dos membros financeiros do mesmo sistema os pagamentos referentes a quaisquer despesas feitas através da utilização dos referidos cartões.

Estes sistemas organizados em rede requerem uma complexa interação de várias categorias de agentes económicos, compreendendo, a saber, as entidades emitentes de cartões, os titulares de cartões, empresas comerciais que aceitam cartões para pagamento de bens ou serviços por si fornecidos, entidades adquirentes que asseguram a realização de pagamentos às empresas comerciais e o próprio sistema, enquanto tal, que assegura algumas funções de coordenação.[2452] Entre essas funções gerais de coorde-

---

[2452] Algumas análises sugerem o envolvimento, em regra, de quatro categorias de participantes nestes sistemas de cartões de pagamento, considerando as formulações mais recorrentes dos mesmos. Cfr., a esse respeito, DON CRUICKSHANK, *Competition in UK Banking – A Report the Chancellor of the Exchequer*, UK, 2000. Como aí se refere, quanto a alguns dos sistemas de cartões de pagamento mais significativos, "*Visa, Switch and*

Parte III – Capítulo 3

nação que afectam o posicionamento das outras quatro categorias de entidades que "*integram*" o sistema incluem-se a promoção da imagem – ou da própria marca – do sistema, através de publicidade e outros meios.

A organização deste tipo de estruturas confere-lhe características particulares, atendendo ao conjunto de interligações existente entre os vários agentes que operam no mesmo. Assim, podemos considerar a existência de uma procura conjunta de serviços de comercialização, enquadrados pelos sistemas em questão, por parte das empresas comerciais que aderem aos mesmos e por parte dos titulares de cartões emitidos no âmbito dos mesmos sistemas. Além disso, em articulação com esta procura conjunta verifica-se um efeito dinâmico e recíproco de expansão dos dois níveis em que se decompõe essa procura, em função das expansões que ocorram na rede. Deste modo, por força desse efeito, o valor dos referidos serviços de comercialização aumentará na perspectiva dos titulares de cartões em função do crescimento de empresas comerciais aderentes ao sistema e, na perspectiva destas últimas, tal valor aumentará, em termos recíprocos, em função do crescimento do número de titulares de cartões (trata-se aqui do funcionamento do que podemos designar, acolhendo a terminologia utilizada por autores como MICHAEL KATZ e CARL SHAPIRO,[2453] por *efeito dinâmico de rede*).

Mastercard all operate four party payment schemes. Any card transaction made through one of these schemes involver four main participants. These are: – The customer, who makes a payment using the card; the card issuer, who supplies the card to the customer and operates the account from which payment is made; the retailer (or 'merchant') who exchanges goods or services for the customer's card details and consent to make the payment; the merchant acquirer, who recruits retailers to the scheme, reimbuses the retailer and obtains funds from the card issuer (…)" (A. cit., op. cit., pp. 251-252). Há, no entanto, outras formulações variantes para estes sistemas com um número variável de partes interdependentes. A distinção porventura mais relevante é aquela que é estabelecida entre sistemas "*fechados*", constituídos basicamente por uma única entidade que emite cartões e processa transacções para os comerciantes (*vg.*, American Express) e sistemas que correspondem a *associações de instituições financeiras – maxime*, bancos – de participação mais ou menos aberta, como sucede, *vg.*, com a Visa, a Mastercard ou com redes regionais de ATMs nos EUA (sendo estes últimos sistemas, nos quais as associações não visam directamente o lucro, mas apenas as instituições financeiras que as integram, aqueles que suscitam as questões jusconcorrenciais mais relevantes). Cfr. Sobre estes aspectos, HOWARD CHANG, DAVID EVANS, "The Competitive Effects of the Collective Setting of Intercharge Fees by Payment Card Systems", in AB, 2000, pp. 641 ss., esp pp. 645-647.

[2453] Cfr. MICHAEL KATZ e CARL SHAPIRO, Systems Competition and Network Effects, 8, in JEP., Spring 1994, pp. 93 ss.

1466   *Empresas comuns* – Joint Ventures

A existência do tipo de procura conjunta, composta por níveis interdependentes entre si, que acima caracterizámos, bem como de significativos efeitos de rede origina complexos problemas de coordenação que se tem procurado enquadrar através de determinadas regras e procedimentos de colaboração no âmbito dos vários sistemas de cartões de pagamento. Referimo-nos a regras e procedimentos que, com algumas variantes, são comuns aos vários sistemas concorrentes, como, *v.g.*, a obrigação, imposta às empresas comerciais participantes, de aceitação de todos os cartões emitidos no âmbito de cada sistema, a coordenação das posições e actuações das empresas comerciais e dos titulares dos cartões, que envolve também, no âmbito de sistemas descentralizados, a ponderação das posições de bancos emissores e de bancos adquirentes – através da fixação concertada de comissões multilaterais –[2454,] ou a fixação de regras de acesso ao sistema por parte de instituições financeiras.[2455]

Neste contexto, apesar de estes sistemas funcionarem num quadro de relações de concorrência – e sendo como tal considerados, designadamente pelas autoridades de concorrência norte-americanas e comunitária – essas relações combinam-se, num plano de equilíbrio que importa determinar, com o conjunto de elementos de cooperação que caracterizam intrinsecamente o funcionamento de tais sistemas. Essas relações de concorrência desenvolvem-se, mesmo, a dois níveis. Poderemos, na realidade, identificar um primeiro plano de concorrência entre sistemas – entre cartões de marcas distintas, enquadrados por diferentes entidades colectivas

---

[2454] Como referem HOWARD CHANG, DAVID EVANS, essas comissões ou outros encargos determinam a medida em a entidade emissora do cartão e a entidade adquirente partilham nos custos conjuntos e nos benefícios conjuntos resultantes de decisões de detentores de cartões de proceder à sua utilização junto de um comerciante que aceite o cartão. Cfr., A. cit., *op. cit.*, p. 653. Cfr. ainda a caracterização dessas comissões multilaterais feita na decisão da Comissão "*Visa Internacional*" (proc. COMP/29.373, JOCE n.º L 293/24, 2001), ponto 2, nota 4. Como aí se refere, "*a comissão bancária multilateral é uma comissão por transacção de pagamento paga, de acordo com as normas da Visa, entre os dois bancos que intervêm no sistema de cartões de pagamento da Visa. Actualmente é o banco do comerciante que efectua o pagamento ao banco do titular do cartão*".

[2455] Esta enumeração de regras e procedimentos de colaboração no âmbito de sistemas de cartões de pagamento não é naturalmente exaustiva. Para mais desenvolvimentos e caracterizações mais específicas sobre a matéria cfr., por todos, WILLIAM BAXTER, "Bank Interchange of Transactional Paper: Legal and Economic Perspectives", in JL & Econ., 1983, pp. 541ss.; HOWARD CHANG, DAVID EVANS, "The Competitive Effects of the Collective Setting of Intercharge Fees by Payment Card Systems", cit., pp. 641 ss..

Parte III – Capítulo 3 1467

(entidades equiparáveis, ou muito semelhantes a empresas comuns de comercialização, conforme os casos) – e um segundo plano, de concorrência intra-sistemas (relações de concorrência que se desenvolvem no âmbito de cada sistema de cartões de pagamento, *maxime* entre as várias instituições financeiras envolvidas, quer na qualidade de entidades emitentes de cartões, quer na qualidade de entidades adquirentes que se relacionam com as empresas comerciais).[2456]

Nestas estruturas complexas de concorrência, torna-se, pois, extremamente complexo assinalar os limites que devam ser impostos aos elementos de cooperação presentes nos sistemas de cartões de pagamento. De algum modo, e tal como sucede com a generalidade das empresas comuns de comercialização – embora ressalvando a inevitável especificidade do funcionamento destas organizações em rede – só devem ser aceites aqueles elementos de cooperação que se mostrem mais restritivos da concorrência em função da comprovada necessidade dos mesmos para o funcionamento equilibrado dos sistemas e na ausência de elementos de coordenação alternativos menos restritivos da concorrência.[2457]

[2456] Estas entidades adquirentes são também bancos que celebram acordos com os operadores comerciais para a aceitação do cartão de pagamento que se encontre em causa e que – pelo menos num conjunto significativo de sistemas de cartões de pagamento – pagam a um banco emitente (que emite os cartões para os consumidores) uma comissão interbancária de reembolso em relação a cada operação realizada com cartão. Num plano interno de funcionamento de cada sistema, e como adiante observaremos, a existência de acordos com vista à fixação a nível central dessa comissão interbancária – então aplicável à generalidade das transacções intra-sistema como comissão bancária multilateral – suscita questões de afectação da concorrência, cuja justificação deve ser avaliada tomando em consideração as características gerais da rede associada a determinado cartão de pagamento.

[2457] Tenha-se presente a esse respeito uma dimensão fundamental da análise das empresas comuns de comercialização, em geral, que atrás dilucidámos, no sentido de rejeitar na configuração e funcionamento destas entidades os elementos, ou vertentes, potencialmente mais restritivos da concorrência – fixação de preços, mecanismos de venda conjunta, e assim sucessivamente, por ordem decrescente de gravidade – se os mesmos não forem indispensáveis à obtenção das eficiências que se procura obter através das mesmas entidades. É esse escrutínio sucessivo que deverá permitir apurar – nos termos que atrás preconizámos – um *compromisso aceitável entre os aspectos lesivos da concorrência e as componentes de eficiência económica* (cfr. o exposto *supra*, ponto 4.4.3.4. deste capítulo).

4.4.3.6.3. Graus de cooperação compatíveis com a defesa da concorrência no funcionamento de estruturas empresariais encarregadas da gestão de sistemas de cartões de pagamento

Os dois precedentes judiciais essenciais no sistema norte-americano, acima referidos, bem como evoluções subsequentes da jurisprudência influenciaram o desenvolvimento de orientações doutrinais na matéria de sentido divergente, as quais têm debatido, precisamente, os níveis críticos em que devem ser fixados os limites a estabelecer quanto à presença de elementos de cooperação, em ordem à salvaguarda da concorrência efectiva nos planos relevantes em que esta se verifica (nos moldes já sumariamente referidos).

Simplificando de algum modo os termos da questão, podemos, basicamente, identificar duas orientações de fundo divergentes. Uma dessas orientações tende a considerar excessivos certos mecanismos de cooperação recorrentes em diversas entidades colectivas (ou verdadeiras empresas comuns) que gerem sistemas de cartões de pagamento, designadamente os que respeitam às decisões colectivas de fixação de comissões interbancárias multilaterais, e à determinação dos critérios de selecção de membros destes sistemas. De acordo com essa orientação crítica quanto a este tipo de elementos de cooperação, os mesmos podem conduzir a formas indevidas de exercício de um verdadeiro poder de mercado colectivo por parte das entidades que gerem e coordenam tais sistemas. Autores como DENNIS CARLTON e ALAN FRANKEL têm sido expoentes desta perspectiva crítica, que censura, em concreto, o sentido final das decisões de tribunais superiores nos dois processos acima identificados[2458] (as quais vieram a considerar justificados mecanismos de cooperação do tipo que atrás identificamos).

Em contrapartida, outra orientação fundamental na doutrina norte--americana, tomando igualmente como ponto de partida os precedentes judiciais já referidos, mostra-se mais favorável à presença, em certas condições, de alguns elementos de cooperação nos sistemas de cartões de pagamento em questão.

Autores como DAVID EVANS, RICHARD SCHMALENSEE, ou HOWARD CHANG,[2459] consideram economicamente justificáveis em função das

---

[2458] Cfr. DENNIS CARLTON e ALAN FRANKEL, "The Antitrust Economics of Credit Card Networks", cit., pp. 643 ss..

[2459] Cfr. DAVID EVANS, RICHARD SCHMALENSEE, "Economic Aspects of Payment Card Systems and Antitrust Policy Toward Joint Ventures", cit., e DAVID EVANS, HOWARD

Parte III – Capítulo 3 1469

características destes sistemas, quer a fixação de comissões interbancárias multilaterais por verdadeiras associações de empresas concorrentes – correspondentes às sociedades que gerem e coordenam alguns desses sistemas – quer a adopção colectiva de regras com vista à selecção de membros participantes no sistema. Estes autores baseiam a sua posição favorável a esse tipo de elementos de cooperação numa rejeição da ideia de qualquer exercício de poder de mercado colectivo por parte das empresas comuns ou das entidades colectivas que gerem diversos sistemas de cartões de pagamento. Destacam, sobretudo, que não se deverá pressupor esse hipotético poder de mercado colectivo por parte das referidas entidades gestoras com base nas quotas de mercado agregadas dos membros destes sistemas (num suposto quadro em que tais entidades teriam capacidade para aumentar os preços através das próprias restrições à entrada de outros membros no sistema).[2460]

Assim, estes autores manifestam a sua concordância com a posição assumida pela instância judicial de recurso no processo "*MountainWest*", de acordo com a qual não se deveriam presumir quaisquer consequências restritivas da concorrência, em função da não aceitação de novos membros no sistema e associadas a um suposto poder de mercado colectivo, justificando-se, pelo contrário, a aplicação de um teste económico realista. Esse teste deveria permitir apurar se a exclusão de determinado membro criaria condições para que a entidade colectiva em questão aumentasse os preços ou diminuísse a oferta de serviços. Em concreto, no processo acima identificado a entidade (Dean Witer) que contestou a posição da Visa, no sentido de recusar a sua participação no sistema de cartões de pagamento com a mesma denominação, não terá conseguido demonstrar que a sua exclusão da rede Visa produziria repercussões substantivas que fossem suficientes para induzir alterações dos preços dos cartões de crédito (e que se traduzissem num reforço indevido do poder de mercado dos membros do sistema Visa).[2461]

CHANG, em estudo mais recente, "The Competitive Effects of Collective Setting of Interchange Fees by Payment Card Systems", in the AB., 2000, pp. 641 ss..

[2460] Cfr. DAVID EVANS, RICHARD SCHMALENSEE, "Economic Aspects of Payment Card Systems and Antitrust Policy Toward Joint Ventures", cit., DAVID EVANS, HOWARD CHANG, em estudo mais recente, "The Competitive Effects of Collective Setting of Interchange Fees by Payment Card Systems", citin the AB., 2000, pp. 641 ss..e *Competition in UK banking – a report to the Chanceller of the Exchequer*, DON CRUICKSHANK, cit..

[2461] Essa demonstração seria sempre complexa no contexto de mercado em causa, atendendo à existência de um elevado número de membros no sistema com razoável

1470   *Empresas comuns* – Joint Ventures

No plano do direito comunitário, só mais recentemente a *praxis* decisória tem vindo a incidir sobre questões de cooperação empresarial associadas ao funcionamento de sistemas de cartões de pagamento (o que pode dever-se, entre outras razões, ao facto de a dimensão judicial, na concretização do direito comunitário da concorrência, não ter a mesma expressão que apresenta no âmbito do sistema norte-americano – caracterizado por iniciativas de litigância privada, em sede judicial, que, com frequência têm conduzido à clarificação de importantes questões jurídicas de concorrência).[2462]

De qualquer modo, algumas situações respeitantes ao funcionamento de cartões de pagamento têm sido trazidas à apreciação da Comissão, com destaque para a análise, em 1996, das denúncias apresentadas pela American Express (Amex) e pela Dean Witter, Discover (DWD) relativamente a alguns aspectos do funcionamento da rede Visa.[2463] Desde então, diversas outras situações, envolvendo este tipo de sistemas, têm sido trazidas à colação – *maxime* através de denúncias apresentadas à Comissão – o que tem contribuído para o desenvolvimento de algumas bases de orientações gerais desta autoridade de concorrência neste domínio. Teremos ensejo, no quadro da nossa breve análise final de decisões e precedentes significativos respeitantes ao tratamento de empresas comuns de comercialização (ou situações estreitamente comparáveis) de fazer uma referência crítica sucinta a alguns casos apreciados pela Comissão neste domínio.[2464]

---

margem de actuação na fixação de preços e na quantidade de transacções efectuadas e, para além disso, neste caso a Dean Witter não terá conseguido produzir elementos empíricos sobre situações anteriores comparáveis de entrada de outros membros no sistema com um peso económico aproximado ao da própria Dean Witter e que tivessem produzido determinadas consequências sobre os preços. Cfr. sobre esses aspectos, DAVID EVANS, RICHARD SCHMALENSEE, "Economic Aspects of Payment Card Systems and Antitrust Policy Toward Joint Ventures", cit., esp. pp. 872-873.

[2462] Sendo certo que esse aspecto poderá conhecer alterações – embora forçosamente paulatinas, em nosso entender – no contexto do processo de *"modernização"* e *"descentralização"* da aplicação do direito comunitário da concorrência, nos moldes que tivemos ensejo de referir, *supra*, capítulo primeiro, **Parte II**, ponto **5.**. De resto, as situações referentes a funcionamento de sistemas de cartões de pagamento, que vimos equacionando a propósito do ordenamento norte-americano, estiveram todas associadas a iniciativas de litigância privada em sede judicial.

[2463] Cfr. sobre estes casos apreciados pela Comissão, *"Vigésimo Sexto Relatório sobre Política de Concorrência"*, esp. ponto 140.

[2464] Cfr. a este propósito, infra, ponto 4.4.5., deste capítulo, esp. 4.4.5.4., no qual analisamos alguns precedentes relevantes no domínio acima considerado.

Sem prejuízo do desenvolvimento gradual dessa *praxis* decisória, que, no essencial, não passou ainda por um crivo de apreciação jurisdicional,[2465] é ainda muito lacunar o tratamento, na *doutrina comunitária*,[2466] destas *situações particulares de conformação funcional de programas de cooperação – desenvolvidos através de empresas comuns ou de entidades colectivas com características comparáveis – dirigidos à comercialização de determinados serviços financeiros*. Esses casos não conduziram, ainda, designadamente, a uma discussão jurídico-económica comparável à que se produziu no quadro do sistema norte-americano – à qual atrás aludimos de modo sucinto – e que incida, quer sobre as particularidades do desenvolvimento de mecanismos *sui generis* de cooperação no quadro de actividades do sector financeiro, desenvolvidas com base em organizações em rede, quer sobre a avaliação do poder de mercado que possa ou não ser exercido por organismos colectivos que congreguem um número muito elevado de instituições financeiras (como sucede com as redes Visa ou outras).[2467]

[2465] Situação que deve previsivelmente alterar-se na sequência de recursos jurisdicionais intentados por organizações europeias de retalhistas contra decisões da Comissão referentes às regras dos sistemas de cartões de pagamento Visa (de 2001), bem como de outras possíveis reacções em relação a apreciações da Comissão sobre estas matérias. É ainda longínqua, contudo, a perspectiva de uma verdadeira densificação jurisprudencial destas questões comparável à que existe no quadro do ordenamento norte-americano (e que acima trouxemos à colação).

[2466] Pela nossa parte, pensamos que se justifica já referir, em geral, a existência de uma *doutrina jurídica comunitária*. Para além desse plano, tem sido já referida, a propósito de várias matérias cobertas pelo direito comunitário, a progressiva construção de uma verdadeira *dogmática comunitária*. Cfr. sobre essa perspectiva, FAUSTO DE QUADROS, *A Nova Dimensão do Direito Administrativo – O Direito Administrativo Português na Perspectiva Comunitária*, Almedina, Coimbra, 1999, p. 12. Para uma perspectiva algo diversa, mas que vinca também a necessidade de *elaborações doutrinárias projectadas para a dimensão comunitária*, CHRISTIAN JOERGES, *The Science of Private Law and the Nation State*, in *The Europeanisation of Law*, Edited by FRANCIS SNYDER, cit., 47 ss., esp. pp. 76 ss..

[2467] Essa análise do *poder de mercado* associado ou não a este tipo de organismos colectivos, bem como do poder de mercado em regra associado ao funcionamento de certo tipo de empresas comuns é, na realidade, essencial, verificando-se aqui uma lacuna séria na produção doutrinal comunitária. Sobre esse tipo de análises no contexto do ordenamento norte-americano, associadas normalmente a reflexões sobre os denominados efeitos de rede cfr., *inter alia* – para além dos estudos essenciais já referidos de DENNIS CARLTON, ALAN FRANKEL ("The Antitrust Economics of Credit Card Networks", cit.) e de DAVID EVANS, RICHARD SCHMALENSEE ("Economic Aspects of Payment Card Systems and Anti-

1472 *Empresas comuns* – Joint Ventures

4.4.3.6.4. Perspectiva geral sobre os limites da cooperação empresarial em matéria de actividades de comercialização no sector financeiro

Importa, de resto, reconhecer que essa lacuna doutrinal se verifica não apenas no que respeita ao tratamento, no plano do direito comunitário da concorrência, dos sistemas de cartões de pagamento – o qual, em nosso entender, deveria encontrar-se associado à análise das empresas comuns de comercialização – mas também, em geral, quanto à análise de *possíveis especificidades na aplicação de normas de concorrência a instituições financeiras*.[2468]

Na realidade, como é sabido, após evoluções suscitadas pelas crises financeiras experimentadas no período da grande depressão, que conduziram, quer nos EUA, quer na Europa ocidental a uma profunda intervenção regulamentar de tipo administrativo – consideravelmente refractária à aplicação de princípios de concorrência no domínio financeiro – e a uma clara segmentação, no plano geográfico e material (respeitante aos tipos de produtos e serviços financeiros) das actividades dos vários subsectores do sistema financeiro, o último quartel do século XX foi caracterizado por uma drástica transformação do funcionamento deste sistema.[2469] Essa transformação envolveu o progressivo desenvolvimento de *conglome-*

---

trust Policy Toward Joint Ventures", cit.) – MICHAEL KATZ, CARL SHAPIRO, "Systems Competition and Network Effects", in JEP., 1994, pp. 93 ss., HOWARD CHANG *et al*, "Some Economic Principles for Guiding Antitrust Policy Towards Joint Ventures", in Col Bus L Rev., 1998, pp. 223 ss., NICHOLAS ECONOMIDES, STEVEN SALOP, "Competition and Integration among Complements and Network Market Structure", in J. Ind. Ec., 1992, pp. 105 ss..

[2468] Sobre esta problemática cfr., em todo o caso, LUC GYSELEN, *EC Antitrust Law in the Area of Financial Services – Capita Selecta for the Cautious Shaping of a Policy*, cit., pp. 329 ss. e HENRI PIFFAUT, CHARLES WILLIAMS, *Financial Services*, in *The EC Law of Competition*, Edited by JONATHAN FAULL, ALI NIKPAY, CIT., pp. 635 ss..

[2469] Sobre essas consideráveis transformações das condições de funcionamento do sector financeiro – com repercussões sobre a intensidade da aplicação dos princípios da concorrência ao mesmo sector – cfr., inter alia, GÜNTER FRANKE, "Transformation of Banks and Bank Services", in JITE, 1998, pp. 109 ss., BRIAN SMITH, MARK RYAN, "The Changing Nature of Antitrust Enforcement in Banking's New Era", cit., pp. 481 ss., LAWRENCE WHITE, "Banking, Mergers and Antitrust: Historical Perspectives and the Research Tasks Ahead", cit., pp. 323 ss.. Ainda sobre esse processo de transformação cfr., na doutrina nacional, JOSÉ MANUEL GONÇALVES SANTOS QUELHAS, *Sobre a Evolução Recente do Sistema Financeiro*, Coimbra, 1996.

rados financeiros, aptos a prosseguir múltiplas actividades financeiras que se intersectam entre si, uma profunda liberalização do sector – marcada não só pela eliminação de limitações ao exercício de segmentos de actividade em função de parâmetros rígidos de especialização, mas também pelo afrouxamento de mecanismos de controlo prudencial de tipo administrativo – e, finalmente, o progressivo acolhimento *de iure* e *de facto* da aplicação de normas e princípios de concorrência em todos os domínios do sector financeiro.[2470] Como se sabe, mesmo no plano da política monetária foram, gradualmente, introduzidos elementos de mercado – permeáveis, em certa medida à aplicação de normativos da concorrência – para "*regular*" os níveis de liquidez do sistema.[2471]

No quadro do ordenamento comunitário da concorrência, constitui, designadamente, orientação consolidada, desde os Acórdãos do TJCE "*Züchner*" e "*Verband der Sacheversicherer*" – versando, respectivamente, os sectores bancário e segurador –[2472] o princípio da plena aplicação dos artigos 81.º e 82.º CE (artigos 85.º e 86.º TCE à data do desenvolvimento dessa jurisprudência na década de oitenta do século passado). Nessa decisiva jurisprudência, o TJCE teve ensejo de rejeitar argumentos relativos a um suposto carácter "*destrutivo*" da concorrência – propiciador

---

[2470] Sobre esse complexo processo cfr., uma vez mais, GÜNTER FRANKE, "Transformation of Banks and Bank Services", cit.. Como refere este A., "*transformation of banks has gained much pace. The last two decades have witnessed a flood of innovations in financial instruments forcing banks to develop and learn new financial technologies (...). Liberalization of markets has forced the universal banks into the new financial instruments in order to compete with foreign banks. The rapid progress in information technology has also intensified competition among banks (...).*" (*op. cit.*, pp. 131-132). Cfr. ainda M. O. BETTZÜGE, T. HENS, *An Evolutionary Approach to Financial Innovation*, Discussion Paper, University of Bonn, 1997; R. SMITH, I. WALTER, *Global Banking*, Oxford University Press, Oxford, 1997.

[2471] Sobre esta progressiva introdução de *mecanismos de mercado* permeáveis à aplicação de normativos da concorrência no domínio da *política monetária* e suas possíveis repercussões, cfr., inter alia, I. ANGELONI, A. KASHYAP, B. MOJON, D. TERLIZESSE, *Monetary Transmission in the Euro Area: Where do We Stand?*, ECB Working Paper, n.º 114, 2002; B. MOJON, *Financial Structure and the Interest Channel of the ECB Monetary Police*, ECB Working Paper, n.º 40, 2000.

[2472] Cfr. Acórdão "*Züchner*" [proc 172/80, Rec. 2021 (1981)] e Acórdão "*Verband der Sacheversicherer*" [proc 45/86, Col. 405 (1987)]. Não vamos aqui abordar *ex professo* esta matéria, o que constituiria um largo desvio em relação ao nosso tema central. De qualquer modo, cfr. sobre essas questões HENRI PIFFAUT, CHARLES WILLIAMS, *Financial Services*, in *The EC Law of Competition*, cit., pp. 636 ss..

1474   *Empresas comuns* – Joint Ventures

de riscos de insolvência – para o funcionamento desses subsectores do sistema financeiro, bem como relativos à suposta necessidade de um enquadramento especial neste domínio devido à componente sistémica da actividade financeira (que assentaria em bases de cooperação entre os agentes do sistema financeiro). A este reconhecimento jurisprudencial da sujeição global do sector ao ordenamento comunitário da concorrência seguiu-se – nos últimos vinte anos – uma gradual intervenção efectiva da autoridade de concorrência (Comissão) no domínio financeiro (embora essa intervenção nem sempre tenha revestido um desejável carácter sistemático, nem tenha gerado, ainda, em nosso entender, verdadeiros parâmetros hermenêuticos gerais, que permitam alguma previsibilidade nas apreciações da Comissão).[2473]

Todavia, e em contrapartida, a análise teórica que se encontra largamente por fazer em sede de aplicação de direito comunitário da concorrência – e num quadro de interacção com áreas do direito económico comunitário relativas ao enquadramento da actividade financeira –[2474] é a dos próprios limites da aplicação dos institutos jurídicos e princípios de direito da concorrência ao funcionamento do sector financeiro.

O reconhecimento de princípio da sujeição deste sistema ao ordenamento da concorrência não pode afastar a percepção crítica de deter-

---

[2473] Cfr., também neste sentido crítico, J. BIKKER, H. GROENEVELD, "Competition and Concentration in the EU Banking Industry", in Kredit-und-Kapital, 2000, pp. 62 ss; FERNANDO POMBO, EU *Antitrust Law in the Area of Financial Services*, in International Antitrust Law & Policy – Annual Proceedings of the Fordham Corporate Law Institute – 1996, Editor BARRY HAWK, Juris Publishing, 1997, pp. 395 ss.. Este autor coloca justamente a tónica na falta de consolidação de parâmetros gerais relativamente estáveis neste domínio. Como refere, "*since that judgment* ["*Züchner*", já referido], *the European Commission has developed a doctrine on the assessment of banking agreements under competition law considerations which has given way to certain controversial discussions*" (*op. cit.*, p. 395).

[2474] Sobre essa fundamental interacção das normas de direito comunitário da concorrência e de direito económico comunitário relativas ao sistema financeiro, cfr., inter alia, MARIA CHIARA MALAGUTI, *A New Approach to Interbanking Co-operation – The Application of EC Competition Rules to the Payments Market*, CEPS Research Report n.º 18, (1996) e MATIN TOMASI, *La Concurrence sur les Marchés Financiers – Aspects Juridiques*, cit.. Cfr. igualmente o estudo *La Tutela della Concorrenza nel Settore del Credito* – Bank of Italy, September 1992 – no qual se preconiza expressamente que a concretização jurídica de princípio da concorrência no sector bancário deve ser informada por pressupostos económicos específicos, diversos dos que são considerados em relação à generalidade dos mercados.

minados elementos de cooperação intrinsecamente ligados a certas categorias de actividades no sector financeiro. Nos vários subsectores do sistema financeiro, as instituições intervenientes desenvolvem, inelutavelmente entre si – devido às características das suas actividades – processos de interacção que pressupõem componentes variáveis de cooperação empresarial. O caso correspondente ao funcionamento dos sistemas de cartões de pagamento – que ora destacamos no nosso estudo, no quadro da apreciação de empresas comuns de comercialização – é, porventura, um dos mais paradigmáticos a esse respeito, mas as complexas questões de compatibilização de elementos de cooperação com as bases essenciais do processo de concorrência que esses sistemas suscitam são recorrentes noutros domínios da actividade financeira (pense-se, *vg*., e de forma evidentemente não exaustiva, na necessidade suscitada por certas operações financeiras de actuação através de acordos de sindicação bancária, ou no desenvolvimento de mercados organizados entre empresas, baseados em comunicações electrónicas e assentando em mecanismos de cooperação entre grupos financeiros e grupos empresariais noutros sectores, *vg*., nos sectores de telecomunicações, ou da energia).[2475]

[2475] Sobre o primeiro tipo de situações, e a sua *envolvente* jurídica e económica cfr. YOUMNA ZEIN, *Les Pools Bancaires – Aspects Juridiques*, Economica, Paris, 1998. Sobre o desenvolvimento de mercados organizados entre empresas, baseados em comunicações electrónicas, e a nova experiência já adquirida na avaliação jusconcorrencial dessas situações, cfr. ELODIE CLERC, "Commission Clears the Creation of Three B2B Marketplaces: 'Covisint', 'Eutilia' and 'Endorsia'", in Competition Policy Newsletter, February 2002, pp. 53 ss. Como refere este autor, "*B2B marketplaces are Internet-based electronic fora designed to allow business-to-business communications and transactions. Participants can include suppliers, distributors, providers of business services, infrastructure providers and their customers*". Cfr., ainda, sobre esta matéria, FEMI ALESE, "B2B Exchanges and EC Competition Law: 2B or not 2B?", in ECLR., 2001, pp. 325 ss.. Têm-se verificado também múltiplas situações de envolvimento de instituições financeiras – em diversas posições – no funcionamento deste tipo de mercados organizados, atendendo à sua experiência e vocação para actividades de intermediação (nesses casos as empresas comuns tendem a constituir veículos ideais para a organização dessas formas de associação de instituições financeiras com outras entidades, no quadro de verdadeiras redes organizadas, cuja eficiência aumenta em função do acréscimo do número de membros). Além disso, a cooperação empresarial de instituições financeiras com entidades de outros sectores – *vg*. no sector das comunicações electrónicas – tem correspondido a uma resposta ao desenvolvido de novos mercados mediante o lançamento de novos serviços, combinando diversos tipos de "*saber fazer*" (entre múltiplos casos recentes no contexto comunitário, pense-se, *vg*., na aliança estabelecida, em 2000, entre o Banco Bilbao Vizcaya

1476   *Empresas comuns* – Joint Ventures

Ora, a problematização jurídico-económica dos elementos de cooperação que possam ser justificáveis no quadro do funcionamento de diversas actividades nos vários subsectores do sistema financeiro – com destaque para a cooperação no domínio de actividades de comercialização – e da forma como tais elementos se conjuguem com o necessário controlo do exercício de certas formas de exercício de poder de mercado de instituições que actuam no sector financeiro, é ainda profundamente lacunar, quer num plano doutrinário, quer nos planos de actuação da autoridade de concorrência e jurisprudencial (diversamente do que se tem verificado no quadro do ordenamento norte-americano). A progressiva análise crítica de aspectos referentes ao funcionamento de sistemas de cartões de pagamento (a que ainda aludiremos no contexto da nossa apreciação de alguns precedentes significativos referentes a empresas comuns de comercialização ou situações comparáveis) – entre outras matérias – deverá permitir uma fundamental e necessária transição para um novo estádio de reflexão jurídica neste domínio.[2476]

4.4.4. Estádios complementares de análise das empresas comuns de comercialização

A análise em extensão que desenvolvemos sobre a apreciação de potenciais repercussões no processo da concorrência especificamente relacionadas com a particular conformação funcional de cada programa de cooperação nas diversas empresas comuns de comercialização acabou por trazer à colação *pari passu* elementos analíticos complementares – baseados no nosso modelo global de apreciação das empresas comuns – que interagem com os parâmetros essenciais de apreciação que fomos enunciando. No conjunto desses factores complementares de análise – relativamente aos quais podemos remeter, no essencial e sem especificidades de maior, para a caracterização feita no quadro da nossa apresentação do

---

Argentaria e a Telefónica, em Espanha, com vista ao desenvolvimento de serviços de bancários *"online"* e serviços de comércio electrónico).

[2476] Cfr. sobre essas situações que consideramos no âmbito da nossa análise de precedentes significativos referentes a empresas comuns de comercialização ou situações comparáveis, *infra* ponto 4.4.5. – esp. pontos 4.4.5.4.1. e 4.4.5.4.2. – deste capítulo. Outros problemas essenciais gerados pelas transformações do sector financeiro – *maxime*, no que respeita à matéria fundamental das definições de mercado – foram já brevemente aflorados *supra*, capítulo segundo, **Parte II** (esp. ponto **4.**).

modelo global de apreciação proposto e no contexto da apreciação de outros tipos funcionais de empresas comuns[2477] – justifica-se destacar, por um lado, a ponderação do grau de concentração dos mercados afectados e, por outro lado, o grau de abertura desses mercados à entrada de potenciais concorrentes.

Como possível particularidade em relação à relevância destes factores complementares de análise, no quadro da apreciação de empresas comuns de comercialização, justificar-se-á considerar um papel especialmente importante do factor correspondente à ponderação do grau de concentração dos mercados. Na realidade, um elevado grau de concentração dos mercados potencialmente afectados pode, em conjugação com a existência de significativas quotas de mercado agregadas das empresas participantes, reforçar as repercussões negativas deste tipo de empresas comuns sobre o processo de concorrência – *maxime* quando se encontrem em causa os elementos de cooperação mais intrinsecamente lesivos da concorrência, como a fixação coordenada de preços e a venda conjunta de bens ou serviços.

A conjugação desses elementos com tais factores estruturais – quota de mercado elevada das empresas participantes e elevado grau de concentração do mercado – pode, em certas condições, tornar virtualmente impossível, em termos de balanço global, qualquer justificação de consequências restritivas da concorrência com base em elementos de eficiência económica gerados pelas empresas comuns. Noutro plano, a ponderação do grau de concentração dos mercados é especialmente importante para avaliar situações específicas – a que atrás aludimos – em que as empresas comuns, apesar de eliminarem a concorrência entre as empresas participantes, possam alterar favoravelmente a estrutura da concorrência, aumentando a pressão concorrencial sobre as empresas de maior dimensão que actuassem nos mercados em questão (nesse contexto, a avaliação do grau de concentração do mercado constituirá um elmento decisivo para essa possível análise favorável de certas empresas comuns de comercialização; será necessário assegurar, designadamente, que o reforço da posição das empresas concorrentes com menor poder de mercado não se faz na base da eventual criação de qualquer forma de poder de mercado colectivo).

[2477] Cfr. no que respeita à ponderação do conjunto desses *factores complementares de análise*, o exposto em geral *supra*, capítulo primeiro, ponto 2.4.5., da **Parte III** e capítulo terceiro, pontos 2.3.5.3.2. e 3.3.5.3.2., também desta **Parte III**.

1478   *Empresas comuns* – Joint Ventures

4.4.5. Análise crítica de precedentes relativos a empresas comuns de comercialização ou situações comparáveis

4.4.5.1. *A decisão "Astra"*

No quadro da nossa apreciação na especialidade dos principais problemas de concorrência suscitados pelas empresas comuns de comercialização tivemos já ensejo de referir e comentar diversos precedentes significativos neste domínio. Sem prejuízo dessa análise, justifica-se, tal como temos feito em relação a outras subcategorias de empresas comuns, anotar – de forma necessariamente sucinta – um conjunto muito limitado de algumas decisões que podem ilustrar as orientações seguidas nesta matéria.[2478]

A decisão da Comissão *"Astra"*, de 1992,[2479] constitui, claramente, um desses casos de referência. Nesta decisão, a Comissão apreciou a constituição de uma empresa comum, de tipo misto, mas com uma componente fundamental de comercialização, entre o Grupo Bristish Telecom (BT), que actuava fundamentalmente no domínio das telecomunicações, e a SES, sociedade luxemburguesa que tinha como objectivo a exploração de satélites para serviços de comunicações (designadamente, para oferta de serviços internacionais de televisão). Considerando que os clientes potenciais de sinais recebidos e amplificados através de um novo satélite (*"Astra IA"*) da SES, mediante os denominados *"respondedores"*, seriam canais televisivos de língua inglesa, esta empresa decidiu constituir uma empresa comum com a BT, à qual seria, precisamente, atribuída a maioria desses *"respondedores"* (para a transmissão de sinais). O objectivo dessa empresa comum corresponderia à oferta aos operadores de programas de televisão, com origem no Reino Unido, de um serviço global de transmissão via satélite e ao estímulo da denominada recepção doméstica directa de sinais televisivos transmitidos via satélite. De acordo com a programação da comercialização a efectuar no quadro dessa empresa comum,

---

[2478] O carácter sucinto dessa anotação justifica-se pela intenção de identificar e circunscrever alguns problemas fundamentais específicos da avaliação jusconcorrencial das empresas comuns de comercialização, sem incorrer em repetições quanto a aspectos já anteriormente versados a propósito de outros tipos funcionais de cooperação empresarial.

[2479] Cfr. decisão da Comissão 93/50/CEE – *"Astra"*, de 23 de Dezembro de 1992 (IV/32.745), JOCE n.º L 020/23, 1993.

cada uma das partes concentrar-se-ia, predominantemente em determinados segmentos de comercialização (a BT actuaria, essencialmente, na comercialização das capacidades – encontrando clientes televisivos para o serviço oferecido – e SES na área de comercialização a retalho, referente aos equipamentos de recepção dos utilizadores finais).

A Comissão considerou que esta empresa comum e o sistema de acordos que a enquadravam[2480] se encontrariam sujeitos à proibição estabelecida no n.º 1 do artigo 81.º CE (então n.º 1 do artigo 85.º TCE), visto que determinariam uma restrição da concorrência nos mercados de fornecimento de capacidade de respondedor de satélite para distribuição de canais de televisão e de serviços de ligação ascendente a satélites (em especial, no primeiro dos referidos mercados, no qual as empresas participantes eram concorrentes e detinham importantes posições).

Essa relação de concorrência directamente afectada pelos acordos foi essencial para o juízo desfavorável da Comissão, tendo esta rejeitado a argumentação das partes, no sentido de que as mesmas não seriam empresas concorrentes (concretamente, a Comissão subalternizou o facto alegado pelas partes de que a BT não era proprietária de qualquer capacidade do segmento espacial oferecido aos clientes televisivos, visto que, através de diversos acordos de exploração de satélites, esta empresa seria, então, a organização de telecomunicações europeia que mais serviços de distribuição de televisão por satélite assegurava). Na sua avaliação negativa dos acordos, a Comissão salientou, em especial, o facto de que, por um lado, através dos mesmos, a SES não ter entrado no segmento de mercado referente a canais com origem no Reino Unido, de modo independente, mas em cooperação com um concorrente directo, e de, por outro lado, diversas disposições dos acordos em causa determinarem, potencialmente, a harmonização das condições de utilização da capacidade de respondendor no novo satélite, explorado através da empresa comum, e em todos os outros satélites em que a BT explorava capacidades de transmissão.

Na realidade, embora em relação a alguns serviços associados ao satélite Astra, a SES desenvolvesse, directamente, algumas actividades de comercialização, esta empresa deveria consultar a outra empresa participante ao proceder à fixação de preços nessas áreas de actuação. Acresce que, em relação à outra empresa participante (BT), esta não só se comprometia a não oferecer condições mais favoráveis do que as do satélite Astra

---

[2480] Cfr. decisão *"Astra"*, cit., pontos 11 e ss..

1480 *Empresas comuns* – Joint Ventures

em relação a todos os satélites em que já explorasse capacidades, mas também em relação à capacidade de satélite futura de que viesse a dispor.[2481] Mecanismos idênticos de coordenação de condições de utilização eram acordados, também, em relação aos denominados serviços de ligações ascendentes prestados pelas partes a utilizadores finais, com base noutras capacidades de satélite de que dispusessem.[2482]

Neste contexto, a Comissão, numa clara ilustração da sua orientação restritiva em relação a empresas comuns de comercialização, considerou, ainda, não se encontrarem verificadas as condições para a concessão de qualquer isenção *ex vi* do n.º 3 do artigo 81.º (então n.º 3 do artigo 85.º TCE). Em particular, a Comissão rejeitou a argumentação expendida pelas partes no sentido de que as eventuais restrições da concorrência resultantes dos acordos seriam compensadas pelos benefícios gerados pelos mesmos *"em termos de progresso económico na prestação dos serviços de televisão por satélite e da melhoria subsequente na distribuição"*. Assim, embora reconhecesse que o satélite Astra corresponderia ao primeiro satélite privado a operar na prestação de serviços de televisão internacional, a Comissão considerou que tal benefício resultava da existência do novo satélite, enquanto tal, e não, propriamente, do sistema de acordos concluídos entre a BT e a SES (sugerindo, de algum modo, que a exploração económica desse satélite não se encontraria dependente desse tipo de nexos de cooperação empresarial). Em concreto, a Comissão admitiu que a SES se encontrava em condições de suportar por si só os custos inerentes à entrada no mercado especialmente dirigido a canais de televisão com origem no Reino Unido.

[2481] Cfr. decisão *"Astra"*, cit., pontos 16 e ss.. A Comissão avaliou de forma especialmente negativa os alinhamentos resultantes dos aspectos acima mencionados – que, por seu turno, resultavam de específicas estipulações previstas em cláusulas do acordo principal de empresa comum. De acordo com a análise da Comissão (ponto 16, cit.), *"a gravidade deste alinhamento é tanto maior se se considerar que (…) a BT também era por si mesma um potencial concorrente directo da SES; dada a posição da BT em termos financeiros, bem como o seu saber-fazer técnico e comercial no sector dos satélites, a BT não teria quaisquer dificuldades em entrar de forma independente no mercado da exploração de satélites; o facto de não o ter querido fazer até ao presente, que a BT alega indicar que não era um potencial concorrente no mercado, traduz uma apreciação de natureza puramente subjectiva e não pode constituir fundamento para determinar o grau potencial de concorrência"*.

[2482] Cfr. decisão *"Astra"*, cit., pontos 17 ss..

Parte III – Capítulo 3 1481

Deste modo, embora ponderando aspectos referentes a relações económicas entre as partes – em termos correspondentes aos que tivemos ensejo de caracterizar criticamente no quadro da nossa apreciação da metodologia de análise das empresas comuns de comercialização – a Comissão rejeitou eventuais elementos favoráveis de apreciação relacionados com a utilização da empresa comum para a entrada de um novo concorrente no mercado. Nessa perspectiva, o aspecto central para o juízo final desfavorável – mesmo em sede de aplicação do n.º 3 do artigo 81.º CE – consistiu na avaliação feita pela Comissão, no sentido de a empresa comum não ser indispensável para a SES entrar no mercado mais directamente relacionado com os canais televisivos com origem no Reino Unido. Embora consideremos essa análise pertinente, em termos gerais, pensamos, todavia, que a Comissão deveria ter aprofundado mais a sua apreciação das reais alternativas à disposição dessa empresa fundadora para entrar no mercado em questão.[2483]

4.4.5.2. *A decisão "ANSAC"*

Outra decisão ilustrativa da orientação particularmente restritiva da Comissão em relação a empresas comuns de comercialização (ou de acordos comparáveis com uma forte componente de comercialização) foi a adoptada, em 1990, no denominado caso *"ANSAC"*.[2484] Nesta decisão, a Comissão apreciou um acordo entre empresas norte-americanas produtoras de carbonato de sódio, com vista à comercialização no mercado comunitário desse produto. As empresas participantes assegurariam uma parcela importante da sua comercialização de carbonato de sódio no mercado comunitário através da referida associação (*"American Natural Soda Ash Corporation – ANSAC"*), mantendo, apenas, as suas actividades próprias de comercialização em relação a certos clientes que correspondessem a

---

[2483] Na realidade, o juízo negativo da Comissão foi a tal ponto vincado e estrito que esta relativizou os aspectos relativos à cessação do acordo de criação de empresa comum determinada pelas partes na pendência da apreciação dessa Instituição, tomando em consideração o facto de hipoteticamente os efeitos associados a tal empresa comum perdurarem, devido à manutenção dos contratos que haviam sido celebrados através dessa empresa comum; cfr. ponto 33 da decisão.

[2484] Cfr. decisão 91/301/CEE – *"ANSAC"*, de 19 de Dezembro de 1990, (IV/33.016), JOCE n.º L 152/54, 1991.

1482   *Empresas comuns* – Joint Ventures

empresas participadas ou dominadas (no segundo caso, estariam, de resto, meramente em causa fornecimentos intra-grupo).[2485]

No quadro desses acordos, cada uma das empresas participantes deveria fornecer uma quota mínima das necessidades de exportação estimadas para o mercado comunitário, tendo a associação autonomia de gestão para decidir quais os fornecimentos a assegurar nesse mercado, bem como o preço dos mesmos. Apesar de os acordos incidirem sobre os elementos mais directamente restritivos da concorrência – pois integravam a venda conjunta de bens com fixação em comum dos preços – as empresas envolvidas sustentaram que os mesmos não poderiam ser reconduzidos a qualquer cartel de preços, correspondendo, pelo contrário, a um organismo colectivo de comercialização com um objectivo favorável à concorrência, porquanto assumia como escopo essencial a entrada *ex novo* das suas empresas associadas no mercado comunitário (cerca de vinte e seis membros interessados em penetrar no mercado comunitário).[2486]

A Comissão considerou que esses acordos infringiriam a proibição estabelecida no n.º 1 do artigo 81.º CE (então n.º 1 do artigo 85.º TCE), visto que, segundo a sua apreciação, teriam como objecto e efeito prováveis a restrição da concorrência no mercado comum em relação a preços e quantidades do produto em causa. Para essa apreciação desfavorável contribuíram, em especial, o facto de a comercialização dos bens em causa no mercado comunitário se realizar numa base quase equivalente à exclusividade através da organização comum (visto que só os fornecimentos a empresas associadas dos participantes se encontravam excluídos do sistema de venda conjunta para este mercado), o poder económico das empresas participantes e ainda o facto de essas empresas já terem actividades autónomas significativas de comercialização no mercado comunitário (o que demonstraria que essas empresas tinham, afinal, capacidade para manter uma presença independente neste mercado comunitário).

Utilizando uma metodologia de apreciação algo semelhante à que viria a ser também desenvolvida na decisão *"Astra"*, a Comissão parece ter considerado como aspecto decisivo para o seu juízo final desfavorável a este sistema de acordos a suposta desnecessidade dos mesmos – e dos seus inegáveis elementos restritivos da concorrência, incidindo sobre a venda

---

[2485] Como já se referiu, esse tipo de *relações intra-grupo* não constitui, em regra, um acordo entre empresas relevante para efeitos de aplicação de normas de concorrência. Cfr. em geral sobre esse ponto, o exposto *supra*, capítulo segundo da **Parte I**.

[2486] Cfr. sobre esses aspectos, pontos 14 e ss. da decisão *"ANSAC"*, cit..

Parte III – Capítulo 3 1483

conjunta e a fixação coordenada de preços e quantidades – para a entrada de um novo concorrente, significativo, no mercado comunitário. Contudo, sem rejeitar necessariamente tal avaliação, nem as consequências que são retiradas da mesma, entendemos, uma vez mais, que a Comissão não terá, na fundamentação desta decisão, aprofundado, de modo suficiente, o pressuposto de que as empresas participantes tinham capacidade para entrar autonomamente no mercado comunitário.

Acresce que a Comissão terá incorrido noutra lacuna de análise ao rejeitar, de forma aparentemente liminar, o argumento avançado pelas empresas participantes no sentido de que o organismo colectivo que haviam criado disporia de *"estrutura e organização autónomas"*, não constituindo, em consequência, um mero agente de coordenação das actividades dos seus membros. A Comissão, movida pela sua sistemática pré-compreensão negativa em relação a este tipo de situações de venda conjunta (com fixação coordenada de preços) – a que temos aludido – precipita-se a considerar o organismo colectivo em questão, por força dos elementos sobre os quais actua (preços e quantidades de produtos comercializados pelas partes no mercado comunitário), apenas como *"um meio para eliminar a concorrência entre os seus membros"*.[2487]

Embora reconheçamos que, na aparência, os elementos de mera coordenação tenderiam, neste caso, a prevalecer sobre verdadeiros elementos de integração, a Comissão deveria ter averiguado se a estrutura criada com o organismo colectivo em questão incorporava ou não qualquer dimensão relevante de integração empresarial, geradora de eficiências económicas que pudessem ser ponderadas a par dos inegáveis e intensos elementos restritivos da concorrência emergentes dos acordos (essa *dimensão de integração* poderia, assim, aproximar o organismo em causa da figura de uma empresa comum, geradora de algumas vantagens económicas, apesar da estrutura algo difusa de controlo da mesma – difícil de caracterizar como controlo conjunto, em sentido estrito – em lugar da caracterização linear, adoptada pela Comissão, das decisões dos órgãos próprios daquela entidade colectiva como meras decisões de uma associação de empresas, na acepção prevista no n.º 1 do artigo 81.º TCE).[2488]

[2487] Cfr. a esse propósito, pontos 20 e ss. da decisão *"ANSAC"*, cit..

[2488] Na realidade, admitimos que possa existir uma *zona intermédia* entre as meras associações de empresas e as empresas comuns, coberta por *organismos colectivos* integrados por diversas empresas com alguma dimensão efectiva de integração empresarial (envolvendo activos canalizados pelos participantes para essas entidades), mesmo que não

1484 *Empresas comuns* – Joint Ventures

A serem eventualmente relevantes, esse tipo de aspectos poderiam ter sido ponderados – mesmo que não necessariamente aceites – em sede de aplicação do n.º 3 do artigo 81.º CE, em lugar dos meros aspectos formais avaliados pela Comissão, neste plano, em relação à melhoria da produção e da promoção do progresso técnico (que a conduziram a rejeitar qualquer possibilidade de concessão de uma isenção individual).[2489]

4.4.5.3. *O Acórdão "European Night Services"*

Uma outra situação de cooperação empresarial que justifica uma referência corresponde ao denominado caso *"European Night Services"*, o qual originou uma decisão da Comissão, em 1994, e, em sede de recurso dessa decisão, um importante Acórdão do Tribunal de Primeira Instância, em 1998 (cuja especial importância se deve não apenas ao teor da argumentação explanada pelo TPI, no que respeita à interpretação e aplicação do n.º 1 do artigo 81.º CE, como também à própria escassez de jurisprudência comunitária que verse *ex professo* as questões de direito da concorrência suscitadas pela constituição de empresas comuns).[2490]

Importa salientar, previamente, que a situação em causa, referente à constituição de uma empresa comum entre diversas empresas de transporte ferroviário, notificada à Comissão em 1993, e objecto de decisão por parte desta Instituição em 1994, seria, à luz do direito vigente – após as alterações introduzidas em 1997 no RCC – qualificada como empresa comum desempenhando todas as funções de uma entidade económica autónoma, e, nessa qualidade, seria subsumível no conceito de operação de concentração, ficando sujeita ao regime previsto no RCC e não – pelo menos a título principal – ao regime do artigo 81.º CE, que foi aplicado na

---

preencham os requisitos necessários ao apuramento de controlo conjunto. Nesses casos, que devem, contudo, ser avaliados de acordo com uma perspectiva restritiva, tais entidades podem, em certas condições, justificar um tratamento substantivo aproximado ao das empresas comuns mediante a ponderação de determinadas eficiências geradas pelas mesmas entidades.

[2489] Cfr. decisão *"ANSAC"*, cit., pontos 23 ss..

[2490] Reportamo-nos ao Acórdão do TPI *"European Night Services"*, já cit., e à decisão *"Night Services"* (94/663/CEE, JOCE n.º L 259/20, 1994).

referida decisão[2491] (a aplicação do artigo 81.º CE ficaria, então, circunscrita, acessoriamente, *ex vi* do disposto no n.º 4 do artigo 2.º do RCC, aos elementos de coordenação que fossem induzidos nas relações entre as empresas participantes).[2492] De qualquer modo, a importância dos aspectos analisados na decisão da Comissão – e sobretudo no Acórdão do TPI – bem como o facto de na empresa comum em causa avultar, claramente, a componente correspondente aos serviços de comercialização justifica que se retirem algumas ilações deste precedente para a apreciação de empresas comuns de comercialização, em sede de aplicação do regime previsto no n.º 1 do artigo 81.º CE.[2493]

No quadro dos acordos que foram objecto da decisão da Comissão atrás identificada, as quatro empresas públicas de transporte ferroviário do Reino Unido, França, Holanda e Alemanha constituiram uma empresa comum, visando a prestação e comercialização de serviços nocturnos de transporte ferroviário de passageiros entre o Reino Unido e o continente, através do túnel do canal da mancha e em quatro trajectos específicos. A decisão da Comissão, que distinguiu dois mercados relevantes afectados pela criação da empresa comum – mercado do transporte de pessoas em viagens de negócios e mercado de transporte de pessoas em viagens de recreio –[2494] qualificando, à luz das normas então vigentes, a entidade em questão como uma *"empresa comum com carácter de cooperação"*, considerou que a mesma e o sistema de acordos a esta associados ficariam sujeitos à proibição prevista no n.º 1 do artigo 81.º CE (então n.º 1 do artigo 85.º TCE).

[2491] Cfr sobre esses aspectos referentes à qualificação jurídica em sede de direito da concorrência de empresas comuns, *supra*, capítulo segundo da **Parte I**, esp. ponto 4.2. e capítulo segundo da **Parte II**, esp. ponto 3.3..

[2492] Cfr. sobre o enquadramento desses aspectos após a primeira reforma de 1997 do RCC, o exposto *supra*, capítulo segundo, ponto **3.**, desta **Parte III**.

[2493] Compreensivelmente, atendendo à sua extrema importância, nos termos atrás referidos, o Acórdão *"European Night Services"* do TPI tem suscitado diversos comentários doutrinais. Cfr., *inter alia*, sobre a matéria, BELLAMY, CHILD *European Community Law of Competition*, cit., esp. pp. 86 ss.; JOHN TEMPLE LANG, *International Joint Ventures under Community Law*, cit., esp. pp. 412 ss.; ENRIQUE GONZALEZ DIAZ, DAN KIRK, FRANCISCO PEREZ FLORES, CÉCILE VERKLEIJ, *Horizontal Agreements*, in *The EC Law of Competition*, Edited by JONATHAN FAULL, ALI NIKPAY, cit., esp. pp. 361 ss..

[2494] Para uma compreensão das razões que determinaram essa diferenciação dos mercados, cfr. pontos 19 ss do Acórdão *"European Night Services"*, cit..

1486 *Empresas comuns* – Joint Ventures

Para esse juízo desfavorável contribuiu a avaliação feita pela Comissão no sentido de que os referidos acordos anulariam ou restringiriam, consideravelmente, as possibilidades de concorrência entre as empresas fundadoras que haviam sido abertas pelas Directivas comunitárias relativas à liberalização de determinados aspectos do transporte ferroviário. Algumas dessas empresas fundadoras teriam possibilidades alternativas – supostamente menos restritivas da concorrência – para explorar serviços de transporte internacionais nos trajectos em questão, cobrindo a travessia do canal da mancha.[2495]

Além disso, a Comissão sustentou também que, tendo em conta a capacidade económica das empresas fundadoras, a constituição da empresa comum em causa poderia dificultar o acesso ao mercado de terceiros operadores de transporte susceptíveis de entrar em concorrência com essa empresa comum. Considerou, mesmo, que os outros operadores interessados no tráfego nocturno nas rotas em causa se encontrariam numa situação concorrencial desfavorável para programar alternativas que envolvessem algum tipo de acesso à aquisição de serviços ferroviários indispensáveis, assegurados, seja pela empresa comum, seja por algumas das empresas fundadoras.

Por último, a Comissão defendeu, ainda, em apoio do seu juízo de sujeição da referida empresa comum à proibição estabelecida no n.º 1 do artigo 81.º CE, que as restrições à concorrência que havia configurado como inerentes a essa entidade, seriam reforçadas ou agravadas pelo facto de a referida empresa comum se inserir numa rede de empresas comuns entre as empresas fundadoras.

De qualquer modo, apesar desse juízo desfavorável, a Comissão decidiu conceder uma isenção individual aos acordos em questão, *ex vi* do n.º 1 do artigo 81.º CE (n.º 1 do artigo 85.º TCE), admitindo que os mesmos favoreceriam o progresso económico, assegurando, designadamente, a concorrência entre diversos meios de transporte, num quadro em que os utentes beneficiariam, de forma directa, desses novos serviços. Admitiu,

---

[2495] A análise destes aspectos na decisão da Comissão de 1994 em causa (*"Night Services"*) deve ser tomada em consideração em articulação com a análise formulada noutras decisões da Comissão referentes ao túnel do canal da mancha, designadamente, a decisão *"Eurotunnel III"* (JOCE n.º L 354/66, 1994) – a qual, contudo, viria a ser objecto de apreciação desfavorável, por parte do TPI, que considerou o juízo da Comissão baseado numa errada apreciação dos factos [cfr. Acórdão *"SNCF and British Railways v. Commission"*, proc. T-79 & 80/95, Col. II. – 1491 (1996)].

Parte III – Capítulo 3

igualmente, que, para a obtenção desse tipo de vantagens, as restrições à concorrência que havia identificado se mostravam indispensáveis, tendo em conta que se encontravam em causa serviços totalmente novos, que implicavam riscos financeiros que as empresas dificilmente poderiam suportar numa base individual. Todavia, a fim de assegurar que a concorrência não seria eliminada nos mercados afectados, a Comissão impôs uma condição às empresas participantes no sentido de prestarem a qualquer entidade que desejasse explorar serviços de transporte nocturno de passageiros, utilizando o canal da mancha, os serviços ferroviários que se haviam comprometido a prestar à sua própria empresa comum (e em condições técnicas e financeiras semelhantes às asseguradas a esta empresa comum). Com base nessa condição, a Comissão decidiu conceder uma isenção por um período de oito anos.

Esta decisão veio, contudo, em sede de recurso, a ser anulada pelo TPI com base numa *análise que identifica e censura, de modo verdadeiramente paradigmático, o excessivo alcance que, de modo recorrente, tem sido concedido pela Comissão à proibição estabelecida no n.º 1 do artigo 81.º CE.* Pela nossa parte, entendemos que o que é, em especial, visado pela apreciação crítica do TPI é, precisamente, aquela pré-compreensão negativa da Comissão em sede de apreciação de empresas comuns que apresentem uma significativa componente funcional de comercialização de bens ou serviços, a que temos vindo a aludir, em moldes igualmente críticos[2496] (pré-compreensão hermenêutica que conduz com frequência a uma aplicação formal e relativamente linear do n.º 1 do artigo 81.º CE).

Assim, o TPI considerou, justamente, que a análise de mercado realizada pela Comissão se havia revelado insuficiente e desprovida de uma base económica realista. Essa lacuna analítica, certeiramente detectada pelo TPI, deriva, em nosso entender, do erro metodológico da Comissão no sentido de identificar, de modo quase automático, certo tipo de programas funcionais de cooperação – *maxime* aqueles que envolvam a venda conjunta de bens e serviços, incluindo a fixação concertada dos preços – como modalidades de restrições da concorrência, sujeitas a proibições *per se*, sem aprofundar – num quadro de interacção com as condições concretas de funcionamento dos mercados que se encontrem em causa – um

---

[2496] Cfr., em especial, as observações críticas que formulámos, *supra*, pontos 4.2. e 4.3. do presente capítulo.

1488   *Empresas comuns* – Joint Ventures

balanço global dos elementos restritivos da concorrência em conjunto com eficiências económicas que só se mostrem possíveis devido aos componentes de integração empresarial subjacentes a certas empresas comuns.

Entre outros aspectos, esse carácter lacunar da análise de mercado realizada pela Comissão resultava de uma sobreavaliação das partes de mercado detidas pelas empresas participantes, e de uma idêntica sobreavaliação das possibilidades reais de oferta de hipotéticos serviços concorrentes através do túnel do canal da mancha. O TPI trouxe à colação a jurisprudência resultante dos Acórdãos *"Delimitis"* e *"Oude Luttikuis"*, do TJCE,[2497] para, reforçando de algum modo os corolários retirados da mesma, enfatizar a necessidade de as análises da Comissão terem em conta *"o quadro concreto (...)"* em que os acordos produzem os seus efeitos, e *"designadamente, o contexto económico e jurídico em que as empresas em causa operam, a natureza dos serviços visados por esses acordos, bem como as condições reais do funcionamento e da estrutura(...)"* dos mercados que se encontrem em causa.[2498]

Além de apontar a ausência de elementos económicos concretos que suportassem a ideia de viabilidade de operações alternativas de transporte nocturno por parte das empresas participantes, noutro enquadramento que não o da empresa comum, ou ainda por parte de terceiros operadores, o TPI destacou ainda o facto de nenhum terceiro interessado se ter manifestado durante o procedimento apresentado observações enquanto con-

---

[2497] Acórdão *"Delimitis (Stergios) v. Henninger Bräu"*, proc. C-234/89, Col. I-935 (1991) [*"Delimitis"*] e o Acórdão *"Oude Luttikuis"*, proc. C-399/93, Col. I – 4515 (1995).

[2498] Cfr. ponto 136 do Acórdão *"European Night Services"*, cit.. De qualquer modo, e como já tivemos ensejo de acentuar em anterior referência a este Acórdão – e, designadamente, a este ponto 136 – pela nossa parte admitimos ir ainda mais longe do que o TPI no que respeita a esta *exigência de avaliação global das situações de cooperação no respectivo contexto jurídico e económico*. Na verdade, o TPI ressalva nesse ponto 136 do Acórdão a possibilidade de se dispensar análises que envolvam ponderações mais complexas quando estejam em causa *"restrições manifestas à concorrência, como a fixação dos preços (...)"*. Ora, como referimos a propósito da nossa caracterização de riscos de afectação da concorrência associados a empresas comuns de comercialização de bens e serviços, este tipo de entidades pode envolver a *fixação conjunta de preços* e, apesar disso, não justificar proibições *per se* em sede de aplicação do n.º 1 do artigo 81.º CE, sem que que se proceda a análises integradas de factores proconcorrenciais específicos (gerados pelo processo de integração empresarial ínsito nessas empresas comuns), que possam contrabalançar elementos restritivos da concorrência (análises mais desenvolvidas tendentes a apurar o que temos denominado como *efeito global ponderado* de determinadas empresas comuns sobre o processo de concorrência).

Parte III – Capítulo 3   1489

corrente potencial eventualmente afectado pelos acordos em questão. Noutro plano, o TPI desvalorizou as considerações produzidas pela Comissão quanto a supostos efeitos negativos resultantes de *redes de empresas comuns* entre empresas fundadoras, sublinhando que esse tipo de efeitos apenas será de ponderar, em especial, quanto a várias empresas comuns participadas pelas mesmas empresas fundadoras para produtos complementares, ou produtos comercializados por todas essas empresas fundadoras. Todavia, no caso em apreço, a Comissão não conseguiu demonstrar quais as outras empresas comuns criadas igualmente pelas empresas fundadoras e que se encontrariam, também, especializadas na comercialização de serviços de transporte de passageiros (ou seja, na comercialização do mesmo tipo de serviços que a empresa comum visada na decisão *"European Night Services"*).[2499]

[2499] Cfr. pontos 155 ss. do Acórdão *"European Night Services"*, cit.. A questão aflorada nesse ponto do Acórdão reveste-se da maior acuidade, nos termos que já temos vindo a referir, pois nos casos que os fenómenos de cooperação empresarial assumem maior complexidade, podem configurar-se efeitos restritivos da concorrência estreitamente associados a *redes de empresas comuns* (*"network effects"*). Esse tipo particular de efeitos foi, de resto, expressamente equacionado pela Comissão na Comunicação de 1993 sobre empresas comuns com carácter de cooperação (pontos 27 a 31 dessa Comunicação, já cit.). Além disso, o caso porventura mais paradigmático da ponderação desses efeitos correspondeu à decisão *"Optical Fibers"*, de 1986, já cit., na qual a Comissão analisou um conjunto de acordos de empresas comuns entre a empresa Corning – empresa americana produtora de cabo de fibra óptica – e um conjunto de produtos europeus de cabo (empresas comuns que visavam a produção de cabo de fibra óptica para diversos mercados europeus). Apesar de nem a Corning, nem os seus parceiros europeus serem entre si concorrentes efectivos ou potenciais, a Comissão tomou em consideração as relações de concorrência entre as várias empresas comuns e os problemas associados à presença e influência da Corning nessas várias entidades. De modo a mitigar o efeito de rede, limitativo da concorrência, a Comissão colocou como condição de isenção dos acordos – entre outros aspectos – a redução da influência da Corning em cada uma das empresas comuns. Em termos comparáveis, na situação avaliada no Acórdão *"European Night Services"*, a Comissão também suscitou objecções relacionadas com o envolvimento das empresas participantes noutras empresas comuns visando o transporte de passageiros e mercadorias no túnel da Mancha. Todavia, não só não lograra identificar com precisão quais as outras empresas comuns participadas pelos mesmos fundadores da empresa comum objecto de apreciação (ENS) como – independentemente dos esclarecimentos que veio prestar no processo judicial – as terceiras empresas comuns efectivamente trazidas à colação não operavam no mercado da ENS, mas apenas em mercados conexos, pelo que o TPI considerou as objecções da Comissão referentes a um hipotético efeito de rede desprovidas de fundamentação adequada. Tal avaliação assim censurada pelo TPI é, de algum modo,

1490   *Empresas comuns* – Joint Ventures

Sem prejuízo de considerar infundado o juízo de violação da proibição estabelecida no n.º 1 do artigo 81.º CE, o TPI pronunciou-se, ainda, sobre a condição imposta pela Comissão para a concessão da isenção, considerando que o pressuposto subjacente à mesma e relativo ao suposto carácter essencial do tipo de serviços prestados pelas empresas participantes à empresa comum não se encontraria devidamente demonstrado, em termos económicos.[2500] Não seria crível, designadamente, segundo a apreciação formulada pelo TPI, que os elementos fornecidos por essas empresas participantes, à luz das posições de mercado que estas detinham, e dos próprios tipos de elementos em questão (*v.g.*, material circulante, entre diversos outros elementos) pudessem assumir a natureza essencial preconizada na decisão da Comissão. Deste modo, também essa exigência imposta às partes no sentido de fornecerem serviços a empresas concorrentes, interessadas em prestar o mesmo tipo de serviço de transporte nocturno que a empresa comum, e em condições equivalentes às asseguradas a esta empresa comum, foi considerada excessiva pelo TPI. Finalmente, o TPI não deixou de sustentar que o período de oito anos – estabelecido para a duração da isenção – seria insuficiente e não permitiria um adequado retorno dos investimentos realizados pelas empresas participantes.[2501]

---

paradigmática de distorções em que incorrem com alguma frequência as análises da Comissão dirigidas ao apuramento de efeitos de rede ou efeitos restritivos da concorrência associados a redes de empresas comuns. Em nosso entender, não deve existir uma pré-compreensão formal que tenda a atribuir um desvalor às situações de presença de algumas empresas fundadoras em diversas empresas comuns. É necessário analisar em concreto as relações existentes entre os mercados em que actuem tais empresas comuns, bem como as articulações entre possíveis efeitos restritivos da concorrência produzidos nesses mercados e efeitos proconcorrenciais, de eficiência produzidos em alguns – ou todos – desses mercados.

[2500] Cfr. pontos 205 ss. do Acórdão *"European Night Services"*, cit..
[2501] Cfr. pontos 229 e ss. Acórdão do *"European Night Services"*, cit..

Parte III – Capítulo 3

4.4.5.4. *Análise de precedentes relativos ao funcionamento de sistemas de cartões de pagamento*

4.4.5.4.1. Análises da Comissão relativas ao funcionamento da rede Visa

Referimos atrás alguns precedentes significativos em que a apreciação da Comissão incidiu sobre situações respeitantes ao funcionamento de sistemas de cartões de pagamento, embora ressalvando que essa *praxis* decisória comunitária não alcançou, ainda, a expressão que tem a análise destas matérias no âmbito do ordenamento da concorrência norte-americano. Importa, assim, devido à especificidade das questões suscitadas por este tipo de processos de cooperação – com largo peso da componente de comercialização – referir, de modo sucinto, alguns casos que foram objecto de apreciação pela Comissão neste domínio.

Em termos gerais, pode considerar-se que a Comissão tem manifestado alguma abertura para a incorporação de *elementos intrínsecos de cooperação* no funcionamento deste tipo de sistemas e até noutros tipos de operações financeiras nos vários subsectores do sistema financeiro que envolvam, em algumas dimensões, processos de comercialização conjunta de serviços.[2502] Como também já referimos, o que tem faltado à análise da Comissão é uma verdadeira componente sistémica, que permita algum grau de previsibilidade em relação aos limites que esses processos de cooperação devam conhecer e uma teorização dessa articulação entre elementos de cooperação e de concorrência no domínio financeiro (que permita desenvolver parâmetros de apreciação com alcance geral nesta matéria).[2503]

No que respeita aos denominados sistemas de cartões de pagamento, as primeiras análises de fundo terão sido desenvolvidas pela Comissão, em 1996, na sequência de denúncias apresentadas quanto a determinados

---

[2502] No que respeita a precedentes que confirmam tal abertura da Comissão quanto ao funcionamento desse tipo de sistemas ou para as referidas operações no sector financeiro, cfr., *inter alia*, "*Nuovo CEGAM*" (JOCE n.º L 99/29, 1984), "*Dutch Transport Insurers*" ("*Sexto Relatório sobre a Política de Concorrência*", ponto 120), ou o caso que originou a decisão judicial "*Van Ameyde v. UCI*" [proc 90/76, Rec. 1091 (1977)].

[2503] Cfr. sobre esta matéria o exposto *supra*, pontos 4.4.3.6.1. a 4.4.3.6.4. deste capítulo.

1492   *Empresas comuns* – Joint Ventures

aspectos do funcionamento no mercado comunitário da rede Visa. Embora essas análises não tenham dado origem a decisões formais, visto que algumas regras do sistema Visa foram, entretanto, alteradas em função de previsíveis objecções da Comissão, admitimos ser possível colher algumas indicações importantes das apreciações formuladas nesse caso.[2504]

Os principais aspectos visados nessa apreciação da Comissão – suscitados por denúncias de entidades concorrentes – respeitavam a uma regra proposta para a rede Visa no mercado comunitário, decalcada sobre regra idêntica adoptada no quadro da rede Visa no mercado norte-americano, nos termos da qual os bancos membros da rede seriam proibidos de emitir cartões Discover, American Express, ou *"qualquer outro cartão considerado concorrente"* (admitindo-se, em contrapartida, a emissão de outros cartões não considerados concorrentes dos cartões emitidos no âmbito da rede Visa). De acordo com a análise feita pela Comissão, essa regra ficaria sujeita à proibição estabelecida no n.º 1 do artigo 81.º CE (então artigo 85.º TCE), visto que originaria uma restrição da concorrência entre os sistemas de cartões de pagamento. Tratava-se, pois, aqui de uma afectação sensível do primeiro plano relevante de concorrência que atrás identificamos no quadro do funcionamento deste tipo de sistemas (concorrência entre cartões de pagamento de marcas distintas, enquadrados por diferentes entidades colectivas, qualificáveis como empresas comuns ou com algumas características comparáveis).

Esta apreciação divergiu, como se pode verificar, das análises feitas por tribunais norte-americanos sobre matérias correspondentes e que originaram – como já referimos – um importante debate teórico na doutrina norte-americana de concorrência.[2505] De qualquer modo, em nosso entender, as condições concretas do mercado também não seriam semelhantes nos casos apreciados no âmbito daquele ordenamento e nas situações que foram analisadas pela Comissão. A diferença fundamental – entre outros aspectos – consistia, segundo cremos, na posição de mercado significativamente mais reforçada da rede Visa, no mercado comunitário. Na realidade, a maioria dos principais bancos comunitários integrava a

---

[2504] Cfr. *"Vigésimo Sexto Relatório sobre a Política de Concorrência"*, ponto 140.

[2505] Cfr. sobre este ponto e sobre as discussões teóricas verificadas no âmbito do ordenamento norte-americano da concorrência, supra, pontos 4.4.3.6.2. a 4.4.3.6.4. deste capítulo (vd. aí as referências bibliográficas essenciais a propósito das referidas discussões teóricas).

Parte III – Capítulo 3

rede Visa, o que não sucedia com os intervenientes no mercado bancário norte-americano.[2506]

Deste modo, no contexto concreto do mercado comunitário, a imposição aos bancos membros do sistema Visa de uma proibição de emissão de cartões considerados concorrentes tenderia a impedir o desenvolvimento de sistemas concorrentes (visto que a maioria dos bancos comunitários, enquanto membros da rede Visa, ficariam sujeitos a essa regra e, previsivelmente, não pretenderiam correr o risco de qualquer exclusão da mesma rede, já implantada no mercado, para se transferirem para novas redes que pretendessem entrar *ex novo* no mercado comunitário com os riscos e incertezas inerentes). Significa isto que, com toda a probabilidade, a metodologia de análise preconizada por alguns tribunais norte-americanos, no sentido de avaliar este tipo de situações não pelo teor, em si, das regras referentes à emissão de cartões de outros sistemas, mas pelos *efeitos concretos, previsíveis, dessas normas no mercado* – conquanto aparentemente diversa da seguida nas apreciações da Comissão, poderia conduzir a avaliações finais semelhantes (assim, a ponderação dos efeitos das referidas regras no mercado seria dirigida a apurar, entre outros aspectos, em que medida essa capacidade de afastar a entrada de novos bancos no sistema, com produtos mais diversificados, conferiria ao organismo colectivo coordenador da rede um maior controlo dos preços de cartões de pagamento).[2507]

Pela nossa parte, subscrevemos, no essencial a ideia sustentada pela Comissão de um efeito restritivo da concorrência, emergente da referida regra da rede Visa, traduzido num potencial encerramento do mercado

---

[2506] Sobre este ponto e a propósito das análises do poder de mercado da rede Visa no mercado norte-americano cfr. DAVID EVANS e RICHARD SCHMALENSEE, "Economic Aspects of Payment Card Systems and Antitrust Policy Toward Joint Ventures", cit., esp. pp. 865 ss..

[2507] Sobre essa abordagem seguida por alguma jurisprudência norte-americana que já atrás trouxemos à colação, cfr. a fundamental passagem da decisão judicial citada por DAVID EVANS e RICHARD SCHMALENSEE (em "Economic Aspects of Payment Card Systems and Antitrust Policy Toward Joint Ventures", cit., p. 867), nos termos da qual, "*it is not the rule-making per se that should be the focus of the market power analysis, but the effect of those rules – whether they increase price, decrease output or otherwise capitalize on barriers to entry that potential rivals cannot overcome (…)*". De qualquer modo, apesar de admitirmos que esta metodologia de análise tenderia a conduzir aos mesmos resultados de avaliação que a Comissão apurou, esta Instituição não tem explicitado nestes termos a sua *ratio decidendi*.

1494   *Empresas comuns* – Joint Ventures

comunitário de sistemas de cartões de pagamento a terceiras organizações que gerissem sistemas directamente concorrentes do sistema Visa (em contrapartida, consideramos comparativamente menos importante a eventual restrição da concorrência que, segundo a Comissão, poderia resultar da mesma regra no plano da concorrência entre bancos, devido à redução do leque de produtos que poderiam oferecer aos seus clientes).

4.4.5.4.2. Outros processos de análise da Comissão relativos a estruturas empresariais de cooperação no domínio dos cartões de pagamento

Mais recentemente, a Comissão voltou a analisar outras regras do sistema Visa, tendo proferido em 2001 a sua decisão *"Visa Internacional"*,[2508] na qual reconheceu que um conjunto essencial de regulações do sistema Visa não seria abrangido pela proibição estabelecida no n.º 1 do artigo 81.º CE. Esta decisão resultou de uma notificação da própria Visa Internacional e de elementos suscitados em denúncias de terceiros apresentadas já no decurso da apreciação da mesma notificação (e que determinaram, de resto, a reabertura do procedimento em causa). Entre as regras favoravelmente apreciadas pela Comissão conta-se uma denominada regra de não discriminação, que proibe os operadores comerciais aderentes ao sistema de imporem encargos suplementares aos titulares de cartões Visa que realizem os pagamentos correspondentes a bens ou serviços adquiridos com o seu cartão, e interdita a esses operadores a concessão de descontos aos consumidores que paguem noutra modalidade (*maxime*, em numerário).[2509]

Embora a Comissão tenha reconhecido que essa regra restringiria "*a liberdade dos operadores comerciais*", visto que os impediria de imputar (sobre)taxas pela utilização dos cartões, o que, por seu turno, poderia ter efeitos restritivos sobre a concorrência, entendeu, em contrapartida, que esses efeitos negativos não seriam significativos. Curiosamente, a Comissão baseou essa avaliação em dados empíricos obtidos em Estados comu-

---

[2508] Cfr. decisão *"Visa Internacional"*, de 9 de Agosto de 2001, (processo COMP/ /29.373), JOCE n.º L 293/24, 2001.

[2509] Curiosamente, algumas autoridades da concorrência nacionais haviam determinado a eliminação desta regra. Cfr. nesse sentido ponto 11. da decisão *"Visa Internacional"*, cit..

Parte III – Capítulo 3

nitários em que a referida regra havia sido eliminada, que demonstravam que, mesmo nessas condições, só uma parcela muito diminuta dos operadores comerciais faziam uso dessa possibilidade e imputavam encargos aos titulares dos cartões.

Além disso, os mesmos estudos empíricos demonstraram também que a eliminação da referida regra em alguns Estados não parecia ter afectado, de forma substancial, a concorrência em matéria de preços entre os operadores nesses mercados, nem havia reforçado a transparência em matéria de preços para os consumidores. Importa, neste ponto, destacar, em termos positivos, o recurso, por parte da Comissão, a inquéritos de mercado que permitiram coligir e sistematizar dados empíricos essenciais sobre as repercussões efectivas da regra em questão, tirando partido da experiência de situações diferenciadas em vários Estados (metodologia de análise estreitamente assente em dados de mercado que, como se pôde comprovar, pelos juízos críticos do TPI no Acórdão *"European Night Services"*, cit., a Comissão não tem, em regra, observado).

Entre outras regras do sistema Visa analisadas nesta decisão, justifica-se, ainda, destacar aquela que prevê a impossibilidade de os membros desse sistema celebrarem contratos com operadores comerciais sem antes terem emitido um número razoável de cartões. A Comissão admitiu que tal regra *"restringia a liberdade comercial dos bancos que participavam no sistema"*,[2510] mas concedeu – em termos que subscrevemos – que a mesma, ao estimular a emissão de cartões, promoveria o desenvolvimento do sistema Visa e torná-lo-ia mais atraente para os operadores comerciais. Em nosso entender, as condicionantes económicas do funcionamento em rede deste tipo de sistemas – com as implicações que já tivemos ensejo de caracterizar – justifica este tipo de elementos de limitação da concorrência (desde que estes, atentendo ao nível de exigência com que são formulados não criem, por si, entraves significativos à entrada dos bancos neste mercado). Noutro plano, o mesmo tipo de considerações referentes às exigências de funcionamento eficiente em rede justificam, em nosso entender, outra regra do sistema Visa – também aprovada, no essencial, pela Comissão, apesar dos elementos restritivos da concorrência que a mesma comporta – e que se reporta à obrigação por parte dos operadores comerciais ou de bancos contratantes de aceitar todos os cartões válidos com a marca Visa.

[2510] Cfr. decisão *"Visa Internacional"*, cit., pontos 65 e ss..

1496   *Empresas comuns* – Joint Ventures

Em súmula, apesar de esta decisão ter sido objecto de recurso, subscrevemos, nos seus aspectos essenciais, a avaliação favorável da Comissão em relação às regras do sistema de cartões de pagamento em questão.[2511]

Noutro plano, a Comissão procedeu também à análise das comissões bancárias multilaterais fixadas no âmbito do funcionamento do sistema Visa, tendo adoptado, em Julho de 2002, uma decisão sobre a matéria através da qual concedeu uma isenção, válida até 31 de Dezembro de 2007,[2512] tomando em consideração diversos compromissos subscritos pela Visa Internacional. Esses compromissos traduziram-se em várias alterações nas regras de fixação destas comissões inicialmente propostas, no sentido de mitigar as distorções da concorrência inerentes à fixação dessas comissões – mas necessárias ao funcionamento global do sistema –[2513] e de assegurar alguma transparência para todos os intervenientes quanto aos encargos associados ao funcionamento desse sistema. Tais alterações incluiram, designadamente, a progressiva redução dos níveis quantitativos das comissões praticadas em relação aos diferentes tipos de cartões, a introdução de certos limites nessas comissões relacionados com os níveis de custos efectivos de específicos serviços prestados aos intervenientes nas transacções e a concessão de autorização aos bancos membros do sistema para transmitirem aos operadores comerciais informações sobre as comissões em causa.[2514]

Sem prejuízo de um défice de análise sistemática por parte da Comissão sobre este tipo de matérias, entendemos que este conjunto de apreciações recentes desta Instituição tem contribuído para estabelecer as bases de um balanço equilibrado entre *requisitos de cooperação inerentes ao funcionamento destes sistema*s e os *limites que os mesmos não podem*

[2511] Reportamo-nos no juízo acima produzido a aspectos substantivos da avaliação da Comissão, sem prejuízo de eventuais questões formais que sejam consideradas em sede de recurso jurisdicional.

[2512] Cfr. nova decisão *"Visa Internacional"*, de 24 de Julho de 2002 (processo COMP/29.373), JOCE n.º L 318/17, 2002 (esp. pontos 56 ss.).

[2513] Sobre a necessidade destas comissões para o funcionamento do sistema cfr., por todos, DON CRUICKSHANK, *Competition in UK Banking*, cit., esp. pp. 263 ss.. Para um maior desenvolvimento teórico das questões associadas a esse elemento do funcionamento do sistema, cfr. JEAN TIROLE, JEAN PAUL ROCHET, *Competition among Competitors: The Economics of Credit Card Networks*, CEPR Discussion Paper, 1999. Cfr., ainda, decisão *"Visa Internacional"*, de 2002, cit., pontos 74 ss..

[2514] A situação avaliada na decisão acima considerada reportava-se a pagamentos transfronteiriços.

Parte III – Capítulo 3 1497

ultrapassar, de modo a compatibilizar essas exigências com a salvaguarda da concorrência efectiva. Nesse conjunto de equilíbrios, a máxima preocupação deve incidir, em nosso entender, sobre a prevenção de *efeitos de encerramento do mercado a terceiras entidades, que possam resultar da conformação de certas regras sobre o acesso de novos membros a estes sistemas* (devendo em qualquer caso, a análise de previsíveis repercussões negativas dessas regras ser feita com base nas condições concretas de mercado existentes).[2515]

5. As empresas comuns de aquisição de bens e serviços

5.1. PERSPECTIVA GERAL

Como já referimos, o tipo funcional das empresas comuns de aquisição de bens e serviços assume, de forma clara, menor relevância do que as três subcategorias principais de empresas comuns submetidas ao regime do artigo 81.º CE acima analisadas,[2516] pelo que nos limitamos, em complemento a essa análise, a tecer algumas considerações, com carácter

---

[2515] Como tivemos ensejo de destacar atrás, admitimos que algumas aparentes diferenças de avaliação de situações relacionadas com o funcionamento de sistemas de cartões de pagamento no quadro do ordenamento norte-americano da concorrência e no âmbito do ordenamento comunitário da concorrência, terão resultado, predominantemente, das diferentes condições de mercado existentes.

[2516] Importa, naturalmente, ressalvar que, no quadro desta análise crítica de empresas comuns não qualificáveis como operações de concentração, e submetidas, em conformidade, ao regime do artigo 81.º CE, assume inegável importância a compreensão de potenciais efeitos sobre a concorrência inerentes a *empresas comuns de tipo misto*, que combinem diversas funções empresariais, sem que se possa proceder a uma qualificação das mesmas baseada na identificação de um tipo funcional prevalecente (e não chegando essas entidades a desempenhar todas as funções de uma entidade económica autónoma). Aspectos fundamentais para a compreensão dessas entidades foram ressaltando do nosso estudo dos principais tipos funcionais de empresas comum, no âmbito do qual temos salientado algumas conjugações mais recorrentes na *praxis* de cooperação empresarial de diversas funções empresariais (*v.g.*, entre outras situações, conjugação em certas empresas comuns de funções de investigação e desenvolvimento e de produção; cfr. a propósito desses aspectos a análise desenvolvida nesta **Parte III** no capítulos terceiro – pontos 2. e 3. – e no capítulo primeiro – pontos 1. e 2.4.3.2.).

1498   *Empresas comuns* – Joint Ventures

extremamente sumário, sobre alguns aspectos específicos desse tipo de entidades. Neste contexto, tomamos, naturalmente como adquirido o modelo global de análise de empresas comuns que enunciámos, bem como as dimensões fundamentais de concretização do mesmo, já evidenciadas no estudo anterior das empresas comuns de investigação e desenvolvimento, de produção e de comercialização. Assim, em relação às empresas comuns de aquisição de bens e serviços procuramos, tão só, destacar os escopos tipicamente subjacentes a estas entidades, as manifestações mais recorrentes de riscos de afectação da concorrência inerentes às mesmas, e elementos variáveis especificamente inerentes a este tipo funcional e que influam na avaliação das respectivas repercussões sobre o processo de concorrência (mediante ponderações que integram o que temos qualificado como um terceiro estádio de análise das empresas comuns no âmbito do modelo analítico geral acima referido).[2517]

De acordo com a caracterização delineada pela Comissão na sua anterior *"Comunicação relativa ao tratamento das empresas comuns com carácter de cooperação à luz do artigo 85.º do Tratado CEE"*, de 1993, as empresas comuns de aquisição de bens e serviços correspondem a uma modalidade de empresa comum cuja actuação visa *"racionalizar as encomendas e optimizar a utilização dos meios de transporte e de armazenamento"* das empresas participantes.[2518] Em termos gerais, estas entidades podem ser utilizadas pelas empresas participantes como veículo para a aquisição de matérias-primas e diversos activos a incorporar no seu processo produtivo, ou para a aquisição de produtos acabados com vista à sua revenda. De qualquer modo, considerando os processos mais recorrentes de organização da actividade das empresas, a primeira vertente, acima considerada, tenderá a assumir maior importância.

Tal como sucede com outras modalidades de cooperação empresarial, a actividade de realização de aquisições de bens e serviços em comum, pode ser desenvolvida não apenas com base em empresas comuns, mas através de outro tipo de entes que congreguem um grande

---

[2517] Cfr., para uma enunciação desses estádios de análise integrados num modelo global de apreciação das empresas comuns, o exposto – *infra* – no capítulo primeiro desta **Parte III**.

[2518] Cfr. ponto 61 da *"Comunicação relativa ao tratamento das empresas comuns com carácter de cooperação à luz do artigo 85.º do Tratado CEE"*, cit. Como já se referiu, a Comunicação de 2001 veio substituir integralmente a primeira Comunicação, o que não impede que diversos aspectos enunciados na mesma mantenham a sua relevância.

Parte III – Capítulo 3

número de empresas – e no quadro das quais não se verifiquem situações de controlo conjunto – ou, ainda, através de acordos de cooperação mais flexíveis e ligeiros.[2519] De resto, atendendo à frequência com que essas actividades envolvem grupos de pequenas e médias empresas, que assim procuram compensar a sua falta de poder aquisitivo, são muito recorrentes as situações em que tais actividades são prosseguidas através daqueles processos de cooperação alternativos, sem envolver a criação de estruturas organizadas e com alguma permanência que caracterizam a figura da empresa comum (nos termos em que esta é configurada no direito comunitário da concorrência[2520]). Pensamos, assim, que, em sentido diverso do que se verifica noutras áreas funcionais de cooperação empresarial, o recurso à figura da empresa comum para o desenvolvimento de actividades concertadas de aquisição de bens e serviços apenas ocorre num conjunto relativamente limitado de casos, pois aquelas podem ser eficazmente desenvolvidas com um mínimo de planeamento e sem suportes estruturais mais desenvolvidos. Daí resulta também a importância comparativamente menor que atribuímos, no nosso estudo, às empresas comuns de aquisição de bens e serviços.[2521]

Na realidade, e nos termos que foram objecto da nossa análise antecedente, a importância de obtenção de informações especializadas com diversas proveniências nas modernas organizações empresariais, explica

---

[2519] Cfr. sobre essas modalidades alternativas de organização de actividades de compra em comum de bens ou serviços, a Comunicação de 2001, no seu ponto 115. A segunda hipótese que acima contemplamos, relativa à actuação de verdadeiras centrais de compras que congreguem um grande número de empresas, sem envolver, enquanto tais, situações de controlo conjunto, pode, de qualquer forma, suscitar potenciais problemas de afectação da concorrência muito similares aos que são originados por empresas comuns.

[2520] Cfr., sobre os atributos da empresa comum, nos termos em que esta tem vindo a ser configurada no direito comunitário da concorrência e, também, noutros ordenamentos de concorrência, o exposto *supra*, **Parte I**, capítulo segundo.

[2521] Sobre a possibilidade de desenvolvimento eficaz de processos de cooperação empresarial limitados a aquisição de bens e serviços, sem recorrer à figura da empresa comum, cfr. *inter alia*, SULLIVAN, *Antitrust*, cit., esp. pp. 292 ss. (referindo aí a realidade que qualifica como "*joint agencies for buying*", aquém do limiar de integração que caracteriza as "*joint ventures*"). De resto, na doutrina comunitária, diversos autores que também analisam *ex professo* vários tipos funcionais de empresas comuns, no universo de entidades que se encontram submetidas ao regime do artigo 81.º CE, não autonomizam, sequer, o estudo de uma subcategoria de empresas comuns de aquisição de bens e serviços. Cfr., nesse sentido, entre outros autores, BELLAMY, CHILD *European Community Law of Competition*, cit..

uma especial relevância das empresas comuns de investigação e desenvolvimento, como instrumento paradigmático para essa circulação de informação (suscitando estas empresas comuns, como observamos, potenciais problemas de afectação da concorrência muito específicos). Do mesmo modo, a cooperação no domínio da produção exige, em regra, a criação de infra-estruturas comuns para esse efeito, e encontra-se, pois, frequentemente associada à criação de empresas comuns com especial impacto estrutural, que assumem, enquanto tais, particular relevância para a compreensão dos fenómenos de cooperação empresarial.[2522] Por último, o tratamento das empresas comuns de comercialização assume a maior relevância, atendendo à grande acuidade das questões de afectação da concorrência que, em regra, se encontram associadas às mesmas e ao facto de o desenvolvimento de redes de comercialização de bens ou serviços exigir, com frequência, a criação de estruturas estáveis para o efeito através de empresas comuns.[2523] Nenhum desses factores se verifica a propósito das empresas comuns de aquisição de bens e serviços, o que reforça o papel e a importância meramente residuais que atribuímos às mesmas.

De resto, pensamos que a dimensão dos efeitos restritivos da concorrência que, em tese geral, podem ser originados pela criação de empresas comuns de aquisição de bens e serviços foi, em certos estádios recentes de evolução do ordenamento comunitário da concorrência, sobrevalorizada pela Comissão. Assim, numa orientação marcadamente divergente das análises prevalecentes na jurisprudência e na *praxis* decisória das autoridades federais de concorrência no ordenamento norte-americano, a Comissão admitia, na *"Comunicação relativa ao tratamento das empresas comuns com carácter de cooperação à luz do artigo 85.º do Tratado CEE"* (de 1993), que, *"em geral os inconvenientes das empresas comuns de compra em relação à concorrência são superiores às vantagens que podem trazer"*. Com base nesse pressuposto, a Comissão parecia admitir que a generalidade destas empresas comuns se encontraria sujeita

---

[2522] De resto, como tivemos ensejo de observar – *supra* **Parte II**, capítulo primeiro (ponto 5.3.3.) – esse especial impacto estrutural que caracteriza a subcategoria das empresas comuns de produção levou a que já se tivesse ponderado, no Livro Branco, de 1999, a sua sujeição ao regime do RCC (hipótese que não foi, concretizada na segunda reforma do RCC entretanto aprovada).

[2523] Sobre essa particular acuidade das questões de concorrência associadas a estas empresas comuns de comercialização, cfr. o exposto *supra* nesta **Parte III**, no capítulo primeiro (esp. ponto 2.4.3.2.) e no capítulo terceiro (esp. ponto 4.3.2.).

Parte III – Capítulo 3 1501

à proibição estabelecida no n.º 1 do artigo 81.º CE e que apenas *"rara-mente"* se deveria contemplar a concessão de isenções *ex vi* do no 3 do artigo 81.º CE.[2524] Essa visão estrita foi sendo, progressivamente, abandonada e não transparece já – como adiante se observa – da recente Comunicação de 2001. Tal visão contrastava com a orientação dominante já então desenvolvida no ordenamento norte-americano da concorrência no sentido de submeter, em regra, essa subcategoria de empresas comuns ao tratamento mais benevolente resultante da *"regra de razão"* (o qual apenas seria afastado em situações particulares caracterizadas pela existência de poder de mercado muito elevado das empresas participantes ou pelo acesso exclusivo a elementos essenciais para a concorrência efectiva através da empresa comum).[2525]

Procurando sistematizar o conjunto de escopos mais recorrentes subjacentes à criação destas entidades, podemos, em nosso entender, identificar duas categorias principais de situações conducentes à criação deste tipo de entidades:

– Em determinados casos, as empresas comuns de aquisição de bens e serviços representam um instrumento decisivo para a obtenção de economias de escala por parte das empresas participantes, quer para a aquisição, quer para o armazenamento e gestão de activos

---

[2524] Cfr. *"Comunicação relativa ao tratamento das empresas comuns com carácter de cooperação à luz do artigo 85.º do Tratado CEE"*, cit., ponto 61. Nesta Comunicação, apesar de se tomar em consideração como situações especialmente problemáticas aquelas em que a reunião da procura das empresas participantes pode atribuir aos mesmos *"uma posição de força em relação aos fornecedores"*, não se autonomiza, sequer, pelo menos de forma clara, como situações a avaliar com maior reserva aquelas em que as empresas participantes detenham um poder de mercado elevado.

[2525] Cfr., sobre essa orientação dominante no sentido da aplicação da *"rule of reason"* a este tipo de entidades, diversos precedentes judiciais fundamentais, com destaque, entre outros, para o caso *"Northwest Wholesale Stationers, Inc. v. Pacific Stationery & Printing Co."*, de 1985 [472 US. 284 (1985)] (caso de referência no qual, para além do reconhecimento da respectiva avaliação à *"rule of reason"*, se admitiu a verificação de importantes eficiências sob a forma de economias de escala na aquisição e armazenamento de fornecimentos essenciais), o caso *"White & White, Inc. v. American Hosp. Supply Corp., 723 F2d. 495 (6 th Cir. 1983)"* ou o caso *"Addamx Corp v. Open Software Found., Inc., 888 F. Supp. 274, 280-83 (D. Mass. 1995)"*. No mesmo sentido, cfr., ainda, a análise desenvolvida nas *"Antitrust guidelines for collaborations among competitors"*, de 2000, cit., esp. no ponto 3.31 (a). Como aí se refere, *"(...) many such agreements do not raise antitrust concerns and indeed may be procompetitive (...)"*.

1502   *Empresas comuns* – Joint Ventures

adquiridos, necessários para o processo produtivo dessas empresas;[2526]

– noutros casos, essas empresas comuns são utilizadas para a obtenção de activos que, de outra forma, seriam inacessíveis para as empresas participantes,[2527] quer porque, em virtude de razões diversas, a sua aquisição se mostre, em geral, difícil, quer porque essas empresas participantes, apresentando uma pequena ou média dimensão não tenham capacidade económica ou negocial para adquirir os activos em causa em quantidades suficientes para o seu processo produtivo ou em condições razoáveis.

Assim, em termos gerais, as empresas comuns de aquisição de bens e serviços correspondem, tipicamente, a uma forma de conjugar o poder aquisitivo de várias empresas participantes, de modo a obter maiores quantidades de determinado activos de que essas empresas carecem para a prossecução do seu objecto, ou por forma a dispor de condições negociais mais favoráveis – *maxime* no que respeita a preços – as quais podem repercutir-se favoravelmente nos consumidores (nos mercados em que tais empresas participantes procedam à comercialização dos seus bens finais). Em certas situações particulares podem, mesmo, representar o instrumento ideal para contrabalançar o poder de mercado elevado de um determinado conjunto restrito de empresas fornecedoras, que actuem a montante do mercado em que se encontram presentes as empresas participantes, desde que não conduzam a uma situação inversa de concentração da maior parte da capacidade aquisitiva, num sentido que limite excessivamente a capacidade de actuação daquelas empresas fornecedoras.

Partilhamos, pois, a pré-compreensão relativamente favorável das finalidades subjacentes a esta categoria de empresas comuns sustentada

---

[2526] Cfr, sobre esse tipo de finalidades prosseguidas através de empresas comuns de aquisição de bens e serviços, as *"Antitrust guidelines for collaborations among competitors"*, de 2000, cit.), ponto 3. 31(a).

[2527] Esse tipo de situações de difícil acesso a determinados activos pode verificar-se mesmo quando as empresas compradoras, que necessitem dos mesmos para o seu processo produtivo (entendido em sentido lato), sejam empresas de maior dimensão no respectivo sector de actividade. Pense-se, por exemplo, em activos de custos elevados utilizáveis em processos produtivos em diferentes sectores industriais e que, em condições normais, sejam preferencialmente fornecidos a empresas que actuem num desses sectores industriais.

Parte III – Capítulo 3

por alguma doutrina norte-americana (divergindo, neste ponto, da perspectiva restritiva que a Comissão preconizava na sua Comunicação *"Comunicação relativa ao tratamento das empresas comuns com carácter de cooperação à luz do artigo 85.º do Tratado CEE"*, cit.[2528]). Num conjunto recorrente de situações, essas empresas comuns podem, mesmo, ser contrapostas a outras modalidades de cooperação empresarial em virtude de a sua actuação se orientar não no sentido de aumentar os preços de comercialização de bens finais, mas com vista a diminuir os custos de elementos essenciais para o processo produtivo em que incorrem, individualmente, as empresas participantes (o que cria condições mais favoráveis para estas empresas, as quais, em regra, podem beneficiar os consumidores desses bens finais). Como é evidente, a pertinência das justificações económicas associadas à conjugação do poder aquisitivo das empresas participantes dependerá, em última análise, das situações concretas que se verificarem nos mercados de fornecimento de certos bens adquiridos por essas empresas e nos mercados de bens finais em que actuem as mesmas empresas, bem como dos feixes de relações que se estabelecerem entre esses mercados. Neste contexto, os sistemas de acordos que se encontrem na base da actuação de empresas comuns de aquisição de bens e serviços podem relevar, quer num plano de relações horizontais, quer num plano de relações verticais entre as empresas.[2529] A apreciação dos efeitos induzidos por estas empresas deverá, em regra, iniciar-se com a análise das relações horizontais e, subsidiariamente, se não forem identificados problemas relevantes nesse plano, poderá incidir na esfera de relações verticais (a nossa atenção incide, contudo, no essencial, sobre os problemas, de tipo horizontal, que potencialmente se possam verificar nas relações entre as empresas participantes). Tendo presente a distinção ora exposta, importa tomar em consideração na análise deste tipo de empresas

---

[2528] Como já referimos, essa perspectiva restritiva da Comissão, na Comunicação de 1993, cit., apesar de aparentemente atenuada, não se encontra reformulada em termos claros, até porque não têm sido muito numerosas as decisões versando este tipo de situações de cooperação empresarial. No que respeita à pré- compreensão relativamente favorável dos objectivos em regra subjacentes a estas empresas comuns de aquisição de bens e serviços, sustentada em alguns sectores da doutrina norte-americana, cfr., por todos, JOSEPH BRODLEY, "Joint Ventures and Antitrust Policy", cit., pp. 1569 ss..

[2529] Essa distinção entre os planos de relações horizontais e verticais que podem ser afectadas pela criação de empresas comuns de aquisição de bens ou serviços é claramente assumida pela Comissão na sua Comunicação de 2001 em termos que merecem a nossa concordância. Cfr., nesse sentido a Comunicação cit., pontos 117 e ss.

1504   *Empresas comuns* – Joint Ventures

comuns pelo menos dois mercados distintos que serão directamente afectados por essa cooperação. Referimo-nos, por um lado, aos mercados de aquisições relevantes e, por outro lado, aos mercados de comercialização de bens finais relevantes (correspondentes aos *"mercados a jusante em que as partes no acordo de compra em comum operam enquanto vendedores"*[2530]).

5.2. MODELO DE ANÁLISE DAS EMPRESAS COMUNS DE AQUISIÇÃO DE BENS OU SERVIÇOS

5.2.1. Riscos de afectação da concorrência associados às empresas comuns de aquisição de bens e serviços

Tendo presente as três categorias principais de riscos de afectação da concorrência que temos vindo a identificar em relação às empresas comuns que não desempenham todas as funções de uma entidade económica autónoma,[2531] consideramos potencialmente mais relevantes dois desses riscos. Esses riscos, como é sabido, correspondem à possibilidade de produção de efeitos nas relações de concorrência efectiva ou potencial entre as empresas participantes em determinada empresa comum (no quadro do que denominámos de efeito de alastramento em sentido lato,

---

[2530] Cfr., nesse sentido, Comunicação de 2001, cit., pontos 119 ss..

[2531] Cfr. o exposto sobre esta matéria – *supra* no capítulo primeiro desta **Parte III** – onde destacámos também que esses potenciais problemas de afectação da concorrência se projectam essencialmente na esfera das relações entre as empresas participantes, ou das relações entre essas empresas e terceiras empresas que actuem no mesmo mercado em que sejam transaccionados os bens finais cuja produção ou comercialização seja, de alguma forma, apoiada pela cooperação mantida através de empresas comuns (como então sublinhámos, e nos termos que referimos também no ponto 2.3.5.2.5. do presente capítulo, excluímos na nossa análise qualquer relevância autónoma de elementos de afectação da concorrência no *plano das relações entre cada empresa comum e as empresas-mãe que assegurem o respectivo controlo*, apenas admitindo uma relevância extremamente residual dessa esfera de relações, em sede de aplicação do artigo 81.º CE, quanto às empresas comuns que desempenhem todas as funções de uma entidade económica autónoma – qualificáveis como concentrações – e que gerem, paralelamente efeitos de coordenação de comportamentos).

Parte III – Capítulo 3   1505

traduzido em repercussões negativas para a concorrência desencadeadas num plano de cooperação limitada a certas funções empresariais, mas que se estendem ao comportamento concorrencial, globalmente considerado, das empresas-mãe[2532]). As duas categorias principais de riscos de afectação da concorrência inerentes às empresas comuns de aquisição de bens e serviços compreendem, em nosso entender, os riscos de coordenação em matéria de preços ou de níveis quantitativos de produção de bens e os riscos de exclusão de concorrentes. Em contrapartida, consideramos de importância muito secundária, nesta área de cooperação empresarial, os riscos de concertação em matéria de qualidade dos bens finais disponibilizados no mercado.

A possibilidade de verificação de riscos de coordenação em matéria de preços e de níveis quantitativos de produção de bens resulta, fundamentalmente, de situações de progressiva convergência das estruturas de custos das empresas-mãe originadas pela sua participação numa empresa comum de aquisição de bens ou serviços. Na realidade, se os bens intermédios adquiridos através deste tipo de empresas comuns representarem uma parcela apreciável do conjunto de custos totais em que as empresas-mãe incorrem para comercializarem os seus bens finais, essas empresas comuns contribuem, previsivelmente, para uma significativa aproximação dessas estruturas de custos, o que, por seu turno, cria condições objectivas para a convergência dos preços praticados pelas empresas-mãe. Do mesmo modo, caso os activos adquiridos através de uma empresa comum sejam, devido ao seu papel no processo produtivo, determinantes do nível quantitativo de produção de bens finais, também neste plano se verificam condi-

---

[2532] Como já temos referido, a análise mais desenvolvida da concretização do nosso modelo geral de apreciação de empresas comuns, realizada a propósito das empresas comuns de investigação e desenvolvimento – *supra* capítulo terceiro (2.3.5.2.5.) desta **Parte III** – incorpora aspectos aplicáveis à generalidade dos tipos funcionais de empresas comuns submetidas ao regime do artigo 81.º CE. No conjunto desses aspectos de índole geral, conta-se a caracterização dos *potenciais efeitos de restrição da concorrência associados a essas empresas* reguladas com base no artigo 81.º CE. Assim, considerámos que esses efeitos correspondem, primacialmente, a efeitos restritivos de alastramento – em sentido lato – materializados na esfera das relações de concorrência efectiva ou potencial entre as empresas-mãe de empresas comuns e, subsidiariamente, nas relações entre essas empresas e empresas terceiras (apenas de forma secundária relevam, pois, quanto a estas empresas comuns efeitos estruturais em sentido estrito). Cfr. também a esse propósito as referências bibliográficas constantes do referido ponto 2.3.5.2.5. do capítulo terceiro da **Parte III**.

ções para um alinhamento de comportamentos das empresas-mãe.[2533] Na realidade, como se admite na Comunicação de 2001, se as empresas participantes agruparem uma grande parte dos seus custos globais através de aquisições realizadas por intermédio de uma empresa comum o efeito negativo sobre a concorrência resultante da mesma poderá ser muito semelhante ao de uma empresa comum de produção (pela nossa parte, entendemos que esse paralelo será reforçado caso, nos termos que atrás se referem, a empresa comum permitir canalizar para o processo produtivo elementos fundamentais para a sua conformação final).[2534]

A verificação de efeitos de exclusão de empresas concorrentes induzidos por empresas comuns de aquisição de bens ou serviços pode assumir várias formas e, como também já admitimos, pode, igualmente ocorrer em termos muito semelhantes aos que se encontram associados a empresas comuns de produção (com a particularidade de, em certos casos, poder gerar consequências ainda mais graves do que aquelas que resultam destas últimas entidades).[2535]

Em primeiro lugar, caso as empresas participantes numa empresa comum de aquisição de bens e serviços obtenham por essa via um poder de compra significativo em mercados a montante nos quais se abasteçam de activos fundamentais para o seu processo produtivo, podem conseguir uma diminuição apreciável dos preços desses activos. Em certas condições, essa vantagem económica assume uma dimensão quantitativa que não pode ser compensada com outros elementos relevantes para o processo de concorrência por parte das empresas concorrentes, impedindo,

---

[2533] Como é evidente, estamos a considerar este tipo de problemas fundamentalmente na perspectiva de relações de tipo horizontal entre as empresas participantes na empresa-mãe. Em contrapartida, se uma empresa comum de aquisição de bens e serviços congregar diferentes categorias de compradores, que operem em diferentes mercados de bens finais, esses potenciais efeitos restritivos, referentes a alinhamentos de preços e quantidades de bens oferecidos, serão algo diluídos, mesmo que algumas das empresas participantes na empresa comum concorram entre si (cfr. sobre a importância da distinção destes tipos de situações, NICHOLAS GREEN, AIDAN ROBERTSON, *Commercial agreements and competition law*, cit., pp 768 ss.).

[2534] Cfr. Comunicação de 2001, cit., ponto 128, *in fine*. Como temos referido, não obstante esta Comunicação verse, em geral, os acordos de cooperação empresarial, a análise desenvolvida na mesma reveste-se de importância fundamental para a apreciação das empresas comuns.

[2535] Cfr. nesse sentido, a perspectiva geral que traçámos quanto a estes vários riscos de afectação da concorrência – *supra* capítulo primeiro desta **Parte III** (ponto 3.1.3., *in fine*).

virtualmente, a sua manutenção no mercado. Além disso, em determinados casos a actuação da empresa comum pode privar a empresa concorrente de acesso a fornecedores eficientes.

Noutro plano, a actuação de empresas comuns de aquisição de bens e serviços pode desencadear um verdadeiro efeito circular de exclusão das empresas concorrentes das empresas-mãe. Esse efeito resulta, por um lado, da vantagem económica obtida por estas empresas-mãe através da obtenção de melhores condições junto dos fornecedores e, por outro lado, de uma eventual reacção destes fornecedores que se traduza na imposição de preços mais elevados aos concorrentes das empresas-mãe com menor poder aquisitivo. Quando tal suceda, os fornecedores procuram, assim, recuperar as margens de comercialização de que tiveram que prescindir no relacionamento comercial com determinada empresa comum de aquisição de bens e serviços. Em contrapartida, as empresas concorrentes das empresas-mãe, que detenham comparativamente menor poder de mercado, são confrontadas com uma dupla desvantagem, pois não conseguem fazer face ao poder aquisitivo das primeiras junto dos fornecedores e são pressionadas pela reacção dos fornecedores com vista a compensar os resultados menos favoráveis que estes obtêm no relacionamento com certa empresa comum.

A probabilidade de verificação deste efeito em cadeia, duplamente penalizador da posição concorrencial de terceiras empresas que se encontrem em relação de concorrência com as empresas-mãe, depende de um conjunto de condições estruturais, relativas quer ao mercado de aquisições, quer ao mercado de comercialização de bens finais no qual todas essas empresas actuem.[2536]

É necessário que coexista um poder de mercado importante das empresas-mãe no respectivo mercado de bens finais e no mercado de aquisição de bens intermédios com um relativo poder de mercado dos fornecedores, que confira a estes últimos a capacidade para compensar a negociação de condições menos vantajosas com aquelas empresas no plano das relações comerciais que mantenham com terceiras empresas. Esses

---

[2536] Este efeito *sui generis* duplamente penalizador das empresas concorrentes de empresas participantes numa empresa comum de aquisição de bens e serviços é também identificado na Comunicação de 2001 (Cfr. Comunicação cit., ponto 129). Todavia, em nosso entender, a Comissão não retira todas as consequências da caracterização desses efeitos restritivos da concorrência, *maxime* no que respeita à particular importância dos factores estruturais que contribuem para a sua ocorrência.

1508   *Empresas comuns* – Joint Ventures

diferentes níveis de poder de mercado, referentes quer ao mercado de aquisições de bens intermédios, quer ao mercado de bens finais comercializados pelas empresas-mãe serão, naturalmente, influenciados pelas quotas de mercado das diversas empresas intervenientes, bem como pelos graus de concentração existentes. Assim, podemos considerar que os factores estruturais se revestem de especial importância na análise das empresas comuns de aquisição de bens e serviços, bem como as relações de interdependência que se estabeleçam entre as estruturas do mercado de aquisição de bens intermédios e de comercialização de bens finais das empresas-mãe.[2537]

Considerando, de acordo com o modelo analítico que temos utilizado, a possível identificação de situações de cooperação normalmente permitidas ou normalmente proibidas, com base num primeiro estádio preliminar de análise afigura-se-nos de destacar, nesse plano, uma particularidade em relação a esta subcategoria das empresas comuns de aquisição de bens e serviços. Esta respeita à delimitação de situações normalmente proibidas, as quais deverão ter um carácter excepcional. Na verdade, subscrevemos neste ponto a análise da Comissão, na Comunicação de 2001, segundo a qual *"os acordos de compra só são por natureza abrangidos pelo n.º 1 do artigo 81.º quando a cooperação não incide verdadeiramente nas compras em comum, mas é utilizada como um instrumento para um acordo dissimulado"*.[2538] Esta posição corresponde a uma significativa evolução da Comissão em relação à visão restritiva que perfilhava na sua anterior Comunicação interpretativa, de 1993, mas, como acima referimos, não corresponde, ainda, uma verdadeira clarificação da sua orientação, no sentido de reconduzir uma menor parcela de empresas comuns de aquisição de bens e serviços à norma de proibição estabelecida no n.º 1 do artigo 81.º CE (essa clarificação não depende apenas do reconhecimento de um menor âmbito de aplicação de critérios de proibição *per se*, como se verifica na Comunicação de 2001, mas

---

[2537] Não obstante esses factores estruturais representem uma componente fundamental da análise dos diversos tipos funcionais de empresas comuns submetidas ao regime do artigo 81.º CE, no quadro do modelo global de avaliação jusconcorrencial que propusemos (nos termos expostos *supra* no capítulo primeiro desta **Parte III**), pensamos que o peso absolutamente determinante dos mesmos para aferir a probabilidade de verificação de efeitos restritivos da concorrência constitui um traço distintivo da análise das empresas comuns de aquisição de bens e serviços.

[2538] Cfr. Comunicação de 2001, cit., ponto 124.

Parte III – Capítulo 3   1509

implica, em geral, a adopção de critérios mais flexíveis de aplicação da norma de proibição do n.º 1 do artigo 81.ºCE).

Em súmula, as empresas comuns de aquisição de bens e serviços não se encontrarão, em princípio, pela sua natureza, sujeitas a critérios de proibição *per se*. A aplicação desses critérios só terá cabimento em relação a verdadeiras situações de simulação, no quadro das quais a figura da empresa comum constitua apenas um instrumento formal – uma fórmula de qualificação jurídica – utilizada para desenvolver, de facto, acordos intrinsecamente restritivos da concorrência, orientados para a fixação de preços, a limitação da produção ou a repartição dos mercados. No âmbito do direito norte-americano da concorrência, a consolidação, desde há muito, de uma visão geral favorável a este tipo de empresas comuns – diversa da que tendia a prevalecer no direito comunitário – permitiu, em contrapartida, o aprofundamento de critérios de distinção entre, por um lado, genuínas situação de criação de empresas comuns de aquisição de bens e serviços, sujeitas à *"regra de razão"*, e, por outro lado, situações aparentes de constituição desse tipo de entidades, que correspondiam a puros acordos entre compradores com vista à fixação concertada dos preços e quantidades dos abastecimentos de bens intermédios de que necessitassem. Este último tipo de situações, frequentemente denominadas no direito norte-americano como *"cartéis de compradores"*, dissimulados através do recurso meramente formal à figura da empresa comum, encontra-se, em regra, sujeito a critérios de proibição *per se*.[2539] No direito comunitário da concorrência, onde a flexibilização da aplicação destes critérios a empresas comuns de aquisição de bens e serviços é mais recente, esse tipo de distinções deverá ainda ser aprofundado.

Em última análise, o necessário estabelecimento destas distinções implica uma caracterização do grau de integração alcançado por qualquer figura formalmente apresentada pelas empresas participantes como empresa comum, de modo a aferir a sua recondução ou não, a essa qualificação jurídica. Caso o grau de integração seja muito limitado não existirá, em rigor, uma verdadeira empresa comum, geradora de algumas

---

[2539] Essa orientação encontra-se assumida pelas autoridades federais de concorrência e parece consolidada na jurisprudência. Nesse sentido, cfr., entre outros precedentes, o caso *"Vogel v. American Soc'y of Appraisers"* (*"744 F. 2d 598, 601 – 7 th Circ. 1984"*), em particular o *dictum* segundo o qual "(…) *buyer cartels, the object of which is to enforce the prices that suppliers charge the members of the cartel below the competitive level, are illegal per se"*.

1510   *Empresas comuns* – Joint Ventures

eficiências, e os entendimentos entre as partes corresponderão a puros acordos de compra que, em certas condições, poderão ser intrinsecamente restritivos da concorrência.[2540] Todavia, o tradicional défice de análise tendente à qualificação jurídica das empresas comuns, em função do grau de integração empresarial, que se verifica no direito comunitário da concorrência, pode dificultar o estabelecimento das distinções acima consideradas.[2541]

5.2.2. As empresas comuns de aquisição de bens e serviços que exigem uma análise mais desenvolvida

No quadro do modelo global de apreciação de empresas comuns que temos vindo a delinear, as entidades que, na sequência de uma análise preliminar, não possam, desde logo, ser consideradas como situações em princípio permitidas, ou, inversamente, como situações proibidas devem ser objecto de um processo de análise mais desenvolvido que congrega diversos parâmetros encadeados entre si. Neste ponto, a nossa atenção concentra-se apenas no que temos denominado de terceiro estádio de apreciação das empresas comuns, o qual incide sobre os possíveis elementos de afectação da concorrência especificamente associados a cada tipo funcional de cooperação. Em relação ao segundo estádio de apreciação, referente à aplicação do critério analítico da quota de mercado das empresas participantes, pensamos que as empresas comuns de aquisição de bens e serviços deverão ter um tratamento essencialmente coincidente com o dos outros tipos funcionais de empresas comuns.

Como se recorda, o nosso entendimento sobre esta matéria diverge do que é perfilhado pela Comissão, na Comunicação de 2001, pois susten-

---

[2540] Cfr. sobre essa metodologia de análise com vista à distinção entre meros acordos de compra (*"naked buyers'cartels"*) e verdadeiras empresas comuns de aquisição de bens e serviços (*"buying joint ventures"*), Thomas Pirainno, "Beyond per se, rule of reason or merger analysis: a new antitrust standard for joint ventures", cit., p. 46: *"Cooperative buying arrangements which are not sufficiently integrated should not qualify for joint venture analysis at all. For example, the courts have appropriately applied a per se analysis to unintegrated buying groups whose purpose was to establish a uniform price for their partners' products"*.

[2541] Cfr. sobre algumas lacunas que identificámos nos processos de qualificação jurídica de empresas comuns em sede de direito comunitário da concorrência, o exposto *supra*, no capítulo segundo da **Parte I**.

tamos a ponderação, a título indicativo, de um único limiar de quota de mercado, correspondente a 25% de qualquer um dos mercados relevantes afectados pela criação de empresas comuns, independentemente do tipo funcional de empresa comum que se encontre em causa.[2542] Deste modo, também em relação às empresas comuns de aquisição de bens e serviços entendemos que a não ultrapassagem de uma quota de mercado cumulada de 25% dos mercados relevantes permitirá formar um primeiro juízo indiciário favorável a essas entidades em sede de aplicação do n.º 1 do artigo 81.º CE (trata-se de estabelecer um juízo global de ponderação em princípio favorável e tendente à não aplicação da proibição estabelecida nessa disposição). Nos termos que temos, igualmente, vindo a sustentar, essa ponderação favorável a determinada empresa comum pode ser afastada com base noutros factores resultantes de uma análise complementar dessa entidade.

Em sentido diverso, a Comissão sustenta, na Comunicação de 2001, a ponderação de uma quota de mercado conjunta das empresas participantes correspondente a 15% dos mercados afectados que se encontrem em causa.[2543] Assim, admite que a criação de empresas comuns de aquisição de bens e serviços envolvendo empresas participantes com uma quota de mercado cumulada superior ao referido limiar de 15% dos mercados relevantes implica o exercício de *"um certo grau de poder de mercado"*, que torna essa entidade susceptível de ser *"abrangida pelo n.º 1 do artigo 81.º"* (embora daí não resulte forçosamente a efectiva sujeição a uma proibição mas, tão só, a necessidade de *"uma apreciação mais aprofundada do impacto"* dessa entidade no mercado). Ora, a aplicação do nosso critério analítico único, correspondente ao limiar de 25% dos mercados relevantes, e menos estrito do que é proposto pela Comissão, não se nos afigura excessivamente permissiva, quer porque o mesmo não pretende fundar uma base para a concessão de isenções, quer porque a necessária utilização complementar de outros parâmetros analíticos permitirá ajustar a ponderação inicial estabelecida sobre as empresas comuns (a Comissão, por seu turno, parece confundir, repetidamente, os planos de ponderação do critério da quota de mercado, pois considera, em relação às empresas comuns de aquisição de bens e serviços, que a existência de uma

---

[2542] Cfr. sobre esta matéria o exposto no capítulo primeiro (ponto 2.4.2.) e no capítulo terceiro (ponto 2.3.5.1.) desta **Parte III**.

[2543] Cfr. Comunicação de 2001, cit., pontos 130 e ss.

quota de mercado inferior a 15% torna provável que as condições previstas no n.º 3 do artigo 81.º CE sejam reunidas[2544]).

A única particularidade que admitimos em relação à ponderação deste critério analítico da quota de mercado no domínio da apreciação de empresas comuns de aquisição de bens e serviços diz respeito ao tipo de mercados afectados que importa tomar em consideração. Assim, o limiar relevante de quota de mercado deverá ser aferido em relação ao mercado de aquisição de bens intermédios e em relação ao mercado de comercialização de bens finais das empresas participantes. Além disso, como referimos, este critério estrutural da quota de mercado, combinado com outros elementos de índole estrutural – designadamente o grau de concentração dos mercados que se encontrem em causa – assume, em nosso entender, uma especial importância para a avaliação dos efeitos destas empresas comuns no processo de concorrência (comparativamente com o que sucede em relação a outros tipos funcionais de empresas comuns). A conjugação de determinadas condições estruturais relativas ao mercado de aquisições e de comercialização de bens finais reforça, de forma particular, o potencial restritivo dessas empresas comuns. Esse potencial terá, em tese, a sua máxima expressão caso se conjugue uma elevada quota de mercado das empresas-mãe no mercado de comercialização dos seus bens finais, um elevado poder aquisitivo dessas empresas no mercado de aquisição de bens intermédios, devido à significativa parcela de aquisições que seja realizada por essas empresas, e, ainda, um certo grau de poder de mercado das empresas fornecedoras que operem nesse mercado de bens intermédios (que lhes permita impor determinadas condições comerciais às terceiras empresas concorrentes das empresas-mãe).

No que respeita à concreta configuração do programa funcional de cooperação subjacente a cada empresa comum de aquisição de bens e

---

[2544] Como já referimos, no quadro do modelo de apreciação de empresas comuns que propomos, o critério analítico baseado num limiar único de quota de mercado (25% dos mercados relevantes) desempenha uma função diversa da que é atribuída aos limiares de quota de mercado previstos em Regulamentos de isenção por categoria. A Comissão confunde dois planos ao trazer à colação, em relação às empresas comuns de aquisição de bens e serviços, um critério de quota de mercado conjunta de 15%, quer para as ponderações relativas à susceptibilidade de sujeição à proibição estabelecida no n.º 1 do artigo 81.º CE, quer para fundamentar a aplicação de isenções *ex vi* do no 3 do mesmo artigo. Sobre a necessidade de distinguir esses dois planos quando se utiliza o critério analítico relativo à quota de mercado das empresas participantes cfr. o exposto *supra* no capítulo terceiro desta **Parte III** (pontos 2.3.5.1.3. e 2.3.5.1.4.).

Parte III – Capítulo 3   1513

serviços, esta pode reforçar ou mitigar o potencial restritivo da concorrência destas entidades. Neste plano, que deverá ser tomado em consideração no terceiro estádio de apreciação deste tipo de empresas comuns importa sobretudo tomar em consideração duas variáveis principais. A primeira corresponde ao carácter exclusivo ou não da actividade conjunta de aquisição de determinados bens intermédios prosseguida através de determinada empresa comum (em caso de exclusividade, as empresas participantes comprometem-se a adquirir a totalidade dos bens intermédios de que necessitem através da empresa comum, renunciando a desenvolver quaisquer actividades independentes de aquisição desses bens).

A segunda variável diz respeito ao peso relativo e à proximidade da actividade conjunta de aquisição de bens intermédios em relação às actividades principais de produção e comercialização de bens finais por parte das empresas participantes (em termos reflexos, encontrar-se-á também em causa a proporção que essas actividades de aquisição representem nas estruturas totais de custos das empresas participantes).

Em termos gerais, a conjugação do carácter não exclusivo de uma empresa comum de aquisição de bens e serviços com uma expressão relativamente reduzida ou limitada da actividade desenvolvida por essa entidade na estrutura de custos das respectivas empresas participantes atenuará significativamente os riscos de afectação da concorrência.[2545] Pelo contrário, a renúncia pelas empresas participantes a uma actividade independente de aquisição dos bens intermédios que se encontrem em causa contribui, particularmente, para reforçar o potencial restritivo da concorrência deste tipo de empresas comuns, embora a Comissão tenha, num passado ainda recente, sobrevalorizado esse aspecto negativo.[2546] Pela

---

[2545] Essa perspectiva favorável de ponderação destas duas variáveis transparece claramente de diversas decisões da Comissão, incluindo casos respeitantes a acordos de cooperação tendentes ao desenvolvimento de actividades conjuntas de aquisição que não chegam a originar a constituição de empresas comuns. Cfr., nesse sentido, a decisão *"INTERGROUP"*, de 1975 (JOCE L 212/23, 1975).

[2546] A importância atribuída a esse aspecto encontra-se exemplarmente evidenciada na decisão *"National Sulphuric Acid Association"*, de 1980 (JOCE L 260/24, 1980). Neste caso, as empresas participantes comprometiam-se a adquirir pelo menos 25% das suas necessidades totais de aquisição de determinada matéria prima – essencial para a sua actividade principal de produção de ácido sulfúrico – através do mecanismo de aquisição conjunta estabelecido entre as mesmas. Pela nossa parte, não rejeitamos a importância deste factor, mas recusamos, tão só, que o mesmo possa conduzir quase automaticamente

1514   *Empresas comuns* – Joint Ventures

nossa parte, consideramos que essas situações de exclusividade, conquanto potencialmente problemáticas, devem sempre ser ponderadas em conjunto com o poder económico das empresas participantes nos mercados de aquisições e de comercialização de bens finais. Em princípio, salvo situações muito particulares, ou em caso de utilização de uma empresa comum para dissimular *"cartéis de compradores"* – no sentido considerado no direito norte-americano – apenas a conjugação desses dois factores, relativos à detenção de elevado poder de mercado e ao carácter exclusivo da actuação de empresas comuns, conduzirá à verificação de efeitos apreciáveis de restrição da concorrência.

Contudo, esta visão flexível não se encontra, ainda, adquirida ou, sequer, consolidada na *praxis* decisória da Comissão. Assim, entre outros precedentes relevantes, é sintomática de uma orientação demasiado estrita da Comissão nesta matéria a posição adoptada por esta Instituição no caso *"Orphe"*, de 1990.[2547] Encontrava-se aí em causa a constituição de um Agrupamento Europeu de Interesse Económico envolvendo empresas de diferentes Estados Membros que se dedicavam ao comércio grossista de produtos farmacêuticos. Além de outras funções, esse Agrupamento visava o desenvolvimento de actividades conjuntas de aquisição de bens por conta e no interesse dos membros. Ora, apesar de as entidades participantes serem empresas de média dimensão e aparentemente não detentoras de um elevado poder de mercado, e de esses participantes conservarem a faculdade de proceder de modo independente a aquisições, a Comissão considerou, na *"carta de conforto"* que emitiu sobre esta situação que a mesma implicava uma violação do n.º 1 do então artigo 85.º TCE, conquanto passível de isenção *ex vi* do n.º 3 dessa disposição. É certo que os acordos de cooperação concluídos entre as entidades em questão contemplavam, ainda, outras matérias, das quais poderiam resultar diversas restrições acessórias à concorrência,[2548] mas, tendo os mesmos como compo-

---

à sujeição à proibição estabelecida no n.º 1 do artigo 81.º CE (ainda que tal não excluísse o recurso à concessão de isenções *ex vi* do n.º 3 do artigo 81.º CE).

[2547] Referimo-nos a uma *"carta de conforto"* emitida pela Comissão e referente a um Agrupamento Europeu de Interesse Económico constituído por um conjunto de empresas grossistas de produtos farmacêuticos de média dimensão (*Press Release IP(90) 1991, 6 Dec. 1990*).

[2548] Referimo-nos a entendimentos relativos a embalagem dos produtos distribuídos pelas empresas participantes, à constituição de uma base de dados e de outros aspectos. Para uma definição e caracterização da categoria já versada de *restrições acessórias à*

nente fundamental a actividade conjunta de aquisição de bens, pensamos que se teria justificado neste caso um juízo de ponderação global de não sujeição à proibição estabelecida no n.º 1 do artigo 85.º TCE (actual artigo 81.º CE). O carácter não exclusivo dos acordos de compra e a inexistência de um elevado poder de mercado das empresas participantes deveriam, em nosso entender, constituir factores determinantes para essa avaliação favorável, sem necessidade de recurso aos critérios de isenção previstos no n.º 3 do artigo 85.º TCE.

Em contrapartida, o TJCE tem já assumido uma visão consideravelmente menos estrita sobre esta matéria, chegando ao ponto de admitir a compatibilidade com a regra do n.º 1 do artigo 81.º CE de entidades constituídas para o desenvolvimento de actividades conjuntas de aquisição de matérias primas envolvendo compromissos de exclusividade (no sentido de as empresas participantes não desenvolverem actividades de aquisição em concorrência directa com a entidade comum). Na realidade, no Acórdão *"Göttrup-Klim v. Dans Landbrugs Grovvare selskat AmbA"*, de 1994,[2549] o TJCE apreciou, favoravelmente, uma situação desse tipo, considerando que um compromisso de não concorrência das entidades participantes em relação às actividades de aquisição da entidade comum em questão não determinaria a sujeição desse processo de cooperação empresarial à proibição do n.º 1 do artigo 85.º TCE (artigo 81.º CE), desde que o referido compromisso se limitasse ao estritamente necessário de forma a assegurar a eficiência da actividade conjunta e a manutenção de algum poder contratual da entidade comum junto das empresas fornecedoras.

Além disso, independentemente desses elementos de exclusividade, o TJCE desenvolveu uma ponderação global dos efeitos dos acordos de aquisição, à luz da situação de mercado concreta em questão. Nesse sentido, tomou em consideração o facto de as entidades participantes nesses acordos deterem, comparativamente, um poder de mercado menor do que o de terceiras empresas concorrentes e também inferior ao dos fornece-

---

concorrência, cfr., para além de outros estudos anteriormente referidos, DONALD HOLLEY, *Ancillary Restrictions in Mergers and Joint Ventures*, in *International Mergers and Joint Ventures – Annual Proceedings of the Fordham Corporate Law Institute – 1990*, Editor BARRY HAWK, Transnational Juris Publications, 1991, pp. 423 ss..

[2549] Cfr. Acórdão *"Göttrup-Klim v. Dans Landbrugs Grovvare selskat AmbA"*, do TJCE, proc. C-250/92, Col. I-5641 (1994). Cfr., igualmente, neste proc., a Opinião do Advogado-Geral TESAURO, esp. par. 24.

dores (nos mercados de aquisição de matérias primas). Assim, à luz de critérios flexíveis de *"concorrência praticável"*, os referidos acordos não deveriam produzir efeitos restritivos apreciáveis que suscitassem a aplicação do n.º 1 do artigo 81.º CE, afastando o TJCE qualquer possível conotação como proibição *per se* de compromissos de exclusividade associados a esses acordos.[2550] Pela nossa parte, entendemos que este tipo de apreciação flexível, que limita o relevo conferido a compromissos de exclusividade e preconiza a sua ponderação em conjunto com outros elementos como o poder de mercado das partes e a própria importância relativa das actividades de aquisição conjunta em relação às actividades principais das empresas participantes deveria ser aprofundada e consolidada (pondo-se termo a um recurso excessivo por parte da Comissão à concessão de isenções *ex vi* do n.º 3 do artigo 81.º CE).

Na análise da específica configuração do programa de cooperação subjacente a este tipo funcional de empresas comuns de aquisição de bens e serviços e do modo como a mesma influencia as repercussões dessas entidades sobre o processo de concorrência, admitimos que alguns aspectos da experiência adquirida no quadro do ordenamento norte-americano poderiam ser tomados em consideração no plano comunitário. Pensamos, em particular, na ponderação de determinadas salvaguardas quanto ao modo de funcionamento das empresas comuns com vista a limitar a circulação de informação comercial sensível.

Assim, a existência de estruturas orgânicas da empresa comum completamente independentes das empresas participantes e sem integrar pessoal ou outros elementos auxiliares que tenham vínculos com estas empresas,[2551] bem como a estrita observância de compromissos de confidencialidade nas comunicações entre a empresa comum e cada uma das empresas participantes[2552] podem constituir elementos fundamentais, em

---

[2550] Sobre o conceito de *"concorrência praticável"* (*"workable competition"*), no direito comunitário da concorrência, cfr. o exposto *supra* no capítulo primeiro da **Parte II**. Neste processo *"Göttrup-Klim"* a ideia de uma ponderação das repercussões dos acordos de compra com base em parâmetros de *"concorrência praticável"* foi expressamente trazida à colação pelo Advogado Geral Tesauro.

[2551] Cfr. sobre o tratamento no direito norte-americano deste tipo de salvaguardas relativas à organização funcional de empresas comuns de aquisição de bens e serviços, ou de acordos de cooperação com efeitos comparáveis às mesmas, *"US Dep't of Justice, Business Review Letter to Textile Energy Ass'n, 1998 DOBJBRL 13"* (Sept. 14, 1998).

[2552] Cfr. sobre a adopção de compromissos deste tipo no quadro do direito da concorrência norte-americano, de modo a prevenir riscos relacionados com a circulação de

Parte III – Capítulo 3 1517

certas circunstâncias, para atenuar os riscos de afectação da concorrência. Pensamos que, a exemplo do que sucede no ordenamento norte-americano, a apreciação destas empresas comuns em sede de direito comunitário da concorrência deveria contemplar a ponderação de soluções variáveis de organização funcional destas entidades, mediante utilização de mecanismos que possam prevenir, especificamente, determinados riscos de afectação da concorrência. Essa ponderação poderia viabilizar a apreciação favorável de diversas entidades, criadoras de alguma eficiência económica, em sede de aplicação do n.º 1 do artigo 81.º CE, recorrendo, designadamente, a diversas salvaguardas estabelecidas em decisões que aprovem compromissos assumidos pelas empresas participantes (nos termos ora previstos no artigo 9.º do novo Regulamento (CE) n.º 1/2003).

6. As participações empresariais que não conferem controlo conjunto

6.1. PERSPECTIVA GERAL

No quadro da nossa análise de diversos estádios de tratamento da figura da empresa comum, ou de situações de cooperação empresarial comparáveis à mesma, em sede de direito comunitário da concorrência, referimos já a possível relevância de problemas de coordenação empresarial emergentes de participações em determinadas empresas, que permitam exercer alguma influência sobre o comportamento dessas entidades.[2553] Trata-se de situações de aquisição ou detenção por parte de uma empresa de participações numa terceira empresa sem ultrapassar o limiar que implica aquisição de controlo, quer de natureza individual, quer conjunto, mas que podem, não obstante, influenciar as relações concorrenciais

---

informação sensível, *"US Dep't of Justice, Business Review Letter to Armored Transp. Alliance, 1998 DOJBRL LEXIS 13"* (Mar. 12, 1998).

[2553] Cfr., em particular, as referências feitas a esse tipo de situações no capítulo segundo da **Parte II** (sobretudo as referências feitas nesse capítulo – ponto 2.4. – à jurisprudência *"Philip Morris"*). Referimos, também, o propósito de formular algumas considerações sintéticas sobre esta matéria *supra* no capítulo primeiro desta **Parte III** (ponto 1.5.).

1518   *Empresas comuns* – Joint Ventures

entre as empresas que se encontrem em causa. Esse tipo de participações, devido à ausência de qualquer modalidade de controlo empresarial – no sentido em que este conceito tem sido concretizado no direito comunitário da concorrência –[2554] não origina operações de concentração, nem a criação de empresas comuns. De qualquer forma, as suas potenciais repercussões sobre o relacionamento entre as empresas envolvidas podem, em certas circunstâncias, suscitar questões de afectação da concorrência comparáveis às que se encontram associadas a certas empresas comuns.

Justifica-se, pois, tecer algumas considerações, conquanto extremamente sumárias, sobre essas situações. Esta preocupação com a análise de tais situações é, em nosso entender, especialmente pertinente, visto que a elevadíssima frequência com que as mesmas ocorrem no actual universo de relações empresariais em diversos sectores económicos[2555] e as potenciais repercussões daí resultantes para o processo de concorrência[2556] não têm sido objecto de correspondente atenção em sede de aplicação de normas comunitárias da concorrência, o que configura uma lacuna grave

---

[2554] O conceito de *controlo empresarial* em sede de direito comunitário da concorrência foi já objecto da nossa análise e não se justifica retomar aqui essa problematização. Cfr. sobre esse conceito fundamental de controlo empresarial o exposto *supra* no capítulo segundo da **Parte I** e no capítulo segundo da **Parte II** (esp. pontos 3.1. a 3.3.). Cfr., ainda, sobre essa matéria a *"Comunicação da Comissão relativa ao conceito de concentração de empresas"*, de 1998, cit., esp. pontos 8 ss..

[2555] Num universo de relações empresariais caracterizado por um conjunto cada vez mais complexo de interdependências, mesmo quando estas não assumem formas mais tradicionais de concentração empresarial, proliferam não só os processos de cooperação empresarial mais flexíveis, concretizados através de empresas comuns – nos termos que já tivemos ensejo de destacar (cfr., *supra* **Introdução**), mas também múltiplas relações cruzadas de participações empresariais. Sobre a relevância dessas situações nas modernas economias industrializadas, ilustrando os desenvolvimentos concretos mais recentes neste domínio, cfr., DAVID GILO, "The Anticompetitive Effect of Passive Investment", in Mich L R., 2000, pp. 2 ss..

[2556] O desenvolvimento ainda recente no direito comunitário da concorrência de modelos de análise económica do funcionamento dos mercados para concretizar parâmetros jurídicos da avaliação de diversas situações vem permitindo apreender com maior profundidade esse tipo de repercussões, mais ou menos complexas, conforme as circunstâncias, destes casos de aquisição de participações em terceiras empresas que não implicam transferências de controlo empresarial. Cfr., em geral, sobre as novas perspectivas abertas neste domínio pelos progressos da análise de base económica de certos feixes de relações entre as empresas, ROBIN A. STRUIJLAART, "Minority share acquisitions below the control threshold of the EC Merger Control Regulation: An economic and legal analysis", in W Comp., 2002, pp. 173 ss.

Parte III – Capítulo 3

deste ordenamento. De certo modo, esta insuficiente atenção concedida a essas situações de participação em terceiras empresas poderá ter resultado de alguma confusão entre as mesmas e as situações relativas a operações de concentração entre empresas num estádio de evolução do direito comunitário da concorrência anterior à adopção do RCC. Nesse contexto, a apreciação de uma situação referente à aquisição de participação numa terceira empresa sem obtenção de controlo, feita pelo TJCE no seu Acórdão *"Philip Morris"* – que corresponde ao único precedente jurisprudencial versando, especificamente, este tipo de questões – poderá ter contribuído para essas indefinições.

Assim, na nossa anterior análise deste fundamental Acórdão expusemos, por um lado, o nosso entendimento no sentido de que o TJCE não teria sustentado no mesmo a aplicação do então artigo 85.º TCE às operações de concentração entre empresas e destacámos, por outro lado, a indefinição terminológica do conteúdo dessa decisão.[2557] Essa indefinição encontra-se, segundo cremos, na origem da intensa controvérsia doutrinal sobre o alcance desta jurisprudência,[2558] embora tenhamos também admitido que as flutuações terminológicas do TJCE foram, até certo, ponto *"exploradas"* pela Comissão no contexto das negociações da Proposta de regulamento comunitário de controlo de concentrações, que se arrastavam desde 1973, com vista à efectiva adopção desse Regulamento. Não sendo o teor do Acórdão completamente claro, a Comissão chegou a equacionar,

---

[2557] Cfr., quanto a essa análise, o exposto no capítulo segundo da **Parte II** (esp. 2.4.1. e ss.). Não se justifica aqui retomar a descrição da situação de facto analisada nesse Acórdão *"Philip Morris"*, nem os contornos da análise feita pelo TJCE, pelo que se remete na íntegra para o estudo realizado nesse ponto da dissertação. Aí se comenta, de forma desenvolvida, os aspectos que terão representado imprecisões conceptuais em relação a categorias essenciais para a interpretação e aplicação do então artigo 85.º TCE, incluindo, designadamente, as categorias de *"empresa"*, *"controlo jurídico ou de facto"* sobre a actividade de empresas, *"independência económica"*, ou de *"comportamento comercial das empresas"*.

[2558] No capítulo segundo da **Parte II**, para o qual já remetemos, fazemos uma extensa referência aos termos dessa controvérsia doutrinal, opondo autores que sustentavam a tese de que a jurisprudência *"Philip Morris"* traduziria uma aceitação da aplicação do regime do artigo 85.º TCE para o controlo directo de certas operações de concentração entre empresas a outros sectores da doutrina comunitária que negavam esse alcance a tal jurisprudência (para além de múltiplas posições intermédias que foram então sustentadas). Cfr., em especial, sobre essa matéria e com uma concreta identificação de autores que tomaram posição sobre essas questões, o ponto 2.4.3.1. do acima referido capítulo segundo.

1520   *Empresas comuns* – Joint Ventures

à luz do mesmo, a possibilidade de rever a posição sustentada no seu Memorando de 1 de Dezembro de 1965, passando a admitir a sujeição de certas categorias de concentrações ao regime do artigo 85.º TCE. Apesar de a ulterior aprovação do RCC, em circunstâncias que já caracterizámos,[2559] ter vindo a afastar a especial acuidade de que se revestia essa questão relativa a uma eventual sujeição de operações de concentração ao referido regime do artigo 85.º TCE, a confusão assim criada entre estas operações e as situações de aquisição de participações sem obtenção de controlo empresarial perdurou para além desse desenvolvimento do direito comunitário da concorrência.

Além disso, ao longo dos primeiros estádios de vigência do RCC, os problemas criados com a dualidade de tratamento de empresas comuns, conforme as mesmas fossem qualificáveis ou não como operações de concentração, e as questões procedimentais relativas à definição de critérios de distinção entre essas duas subcategorias básicas de empresas comuns[2560] continuaram a remeter para segundo plano uma qualquer autonomização de problemas de afectação da concorrência decorrentes de situações de aquisição de participações sem obtenção de controlo (não subsumíveis na figura da concentração, nem na de empresa comum). Acresce, ainda, que a importância atribuída pela Comissão à organização de um processo comunitário eficiente de controlo de concentrações, após a adopção do RCC, e o peso administrativo dos procedimentos de notificação prévia, no quadro da aplicação do artigo 81.º CE, contribuíram, de forma decisiva, para o *"esquecimento"* a que foi votada a matéria das participações empresariais dissociadas da obtenção de controlo.[2561]

[2559] Cfr., sobre a matéria, o ponto 2.6. do capítulo segundo da **Parte II** desta dissertação, no qual se destaca o peso de considerações associadas ao processo político conducente à aprovação do RCC na discussão em torno do alcance da jurisprudência *"Philip Morris"*.

[2560] Analisámos longamente o peso desproporcionado das *questões procedimentais relativas à distinção entre empresas comuns com carácter de concentração e com carácter de cooperação* no período de vigência do RCC que antecede a primeira reforma deste regime (alteração de 1997 do RCC). Cfr., sobre essa matéria, e sobre as distorções de análise jusconcorrencial associadas a essa distinção, o exposto *supra* nos pontos 3.1. e 3.2. do capítulo segundo da **Parte II**. Os problemas relacionados com o tratamento dual da categoria da empresa comum em sede de direito comunitário da concorrência foram, também, aflorados no capítulo segundo da **Parte I**.

[2561] No quadro do ordenamento norte-americano da concorrência maior atenção vem sendo, desde há algum tempo, dedicada a esse tipo de problemas, apesar da posição

Esta relativa *"lacuna"* do sistema de aplicação de normas comunitárias de concorrência, certamente menos visível do que foi, no passado, a lacuna do mesmo ordenamento em matéria de controlo directo de operações de concentração, não deverá perdurar. Várias razões concorrem, em nosso entender, para o desenvolvimento de um novo tratamento analítico da referida matéria, ao qual atribuímos a maior importância.

Em primeiro lugar, a proliferação dessas situações de aquisição de participações sem obtenção de controlo em diversos sectores empresariais e a consequente relevância das mesmas para o funcionamento concreto de tais sectores conduzirá a um previsível reforço do seu efeito restritivo da concorrência e deverá originar reacções por parte de empresas terceiras afectadas. Poderá, assim, verificar-se neste domínio um efeito virtuoso de tipo circular, pois a apresentação de queixas por parte de empresas afectadas tenderá a reforçar e sistematizar o escrutínio da Comissão sobre estas situações e, uma vez adquirida essa maior atenção da Comissão a

---

assumida por autores tão influentes como PHILIP AREEDA e DONALD TURNER na sua clássica monografia, *Antitrust Law* (1980). Aí, estes As. sustentavam o entendimento básico de que *"noncontrolling acquisition has no intrinsic threat to competition at all"* (*op. cit.*, par. 1203 d, p. 322). Todavia, esse entendimento vem sendo contrariado em diversos estudos na doutrina norte-americana, sobretudo no período posterior à adopção das Orientações revistas em matéria de controlo de concentrações, de 1982. Cfr., por todos, quanto ao desenvolvimento dessa percepção sobre o potencial de afectação da concorrência inerente à aquisição de participações que não conferem à sociedade adquirente o controlo da empresa participada, DANIEL O'BRIEN, STEVEN SALOP, "Competitive effects of partial ownership: financial interest and corporate control", in ALJ, 2000, pp. 559 ss.. De resto, a importância atribuída às questões de afectação da concorrência que podem estar associadas a esse tipo de participações levou, até, alguns autores a propor ajustamentos à formulação tradicional do Índice Herfindahl-Hirschman (*"Herfindahl-Hirschman Índex – HHI"*), de modo a ponderar as variáveis referentes a situações de detenção de participações empresariais em terceiras empresas sem obtenção de controlo empresarial. Referimo-nos, concretamente, ao denominado *"modified HHI"* proposto por TIMOTHY F. BRESNAHAM e STEVEN SALOP (cfr. As. cit., "Quantifying the competitive effects of production joint ventures" in International Journal of Industrial Organization, 1986, pp. 155 ss.). Além disso, as *"Horizontal Merger Guidelines"* de 1992 (revistas em 1997), cit., contêm uma breve referência a questões associadas à detenção de participações no capital de empresas, embora pareçam fazê-lo em relação a participações cruzadas de empresas participantes em empresas comuns (cfr. *"Guidelines"*, cit., no ponto 3.34 (c): *"the Agencies also assess direct equity investments between or among the participants. Such investments may reduce the incentives of the participants to compete with each other"*).

1522   *Empresas comuns* – Joint Ventures

estes fenómenos, a predisposição das empresas afectadas para reagir através da apresentação de queixas será também maior.

Tal proliferação de situações de aquisição de participações minoritárias ocorre, em especial, como tem sido destacado no quadro do direito norte-americano, nos sectores empresariais mais dinâmicos, designadamente os de telecomunicações, comunicações electrónicas, em geral, ou outras indústrias de alta tecnologia.[2562] A prática de aquisição e detenção desse tipo de participações em empresas concorrentes é também muito comum no sector financeiro (*maxime* nos subsectores bancário e segurador). Consideramos, de resto, sintomático da importância dessas situações o facto de, em diversas decisões recentes sobre operações de concentração no sector financeiro, como as decisões "*Allianz/Dresdner*" ou "*Nordbanken/Postgirot*",[2563] a apreciação da Comissão ter incidido não apenas sobre os aspectos centrais de aquisição de controlo empresarial em que se consubstanciavam essas concentrações, mas também sobre repercussões decorrentes de redes de participações minoritárias detidas pelas empresas participantes nas concentrações em terceiras empresas.

Entendemos, mesmo, que, no plano comunitário, à tradicional importância desse tipo de participações cruzadas entre instituições financeiras, característica da generalidade dos sistemas financeiros mais desenvolvidos,[2564] se somam, ainda, outros factores específicos que contribuem

---

[2562] DANIEL O'BRIEN, STEVEN SALOP referem esse facto no contexto do direito norte-americano da concorrência, destacando, *v.g.*, entre outros casos, a decisão da Comissão Federal do Comércio relativa ao caso "*Time Warner/Turner*" ("*Time Warner Inc., 61 Fed Reg. 5, 0301 – Sept. 25, 1996*"). Cfr., nesse sentido, As. cit., "Competitive effects of partial ownership: financial interest and corporate control", cit., pp. 560 ss.

[2563] Cfr. decisões "*Allianz/Dresdner*" e "*Nordbanken/Postgirot*", respectivamente, de 19 de Julho de 2001 (proc. M.2431) e de 8 de Novembro de 2001 (proc. M.2567). Sintomaticamente, foi a própria Comissão a salientar a importância desse tipo de análise relativa a participações minoritárias nessas decisões referentes a concentrações no sector financeiro na Competition Policy Newsletter, 2002, February (cfr., nessa Newsletter, o trabalho de ENZO MOAVERO MILANESI e ALEXANDER WINTERSTEIN, "Minority shareholdings, interlocking directorships and the EC competition rules – recent Commission practive" (Newsletter, cit,. pp. 15 ss.).

[2564] Cfr., sobre a frequência com que ocorrem essas situações de participações minoritárias cruzadas entre instituições financeiras nos sectores mais desenvolvidos, o estudo *Competition in UK banking – a report to the Chanceller of the Exchequer*, DON CRUICKSHANK, cit.. Para uma perspectiva mais geral das transformações globais dos sistemas financeiros comunitários, no contexto das quais têm proliferado as referidas situações de aquisição de participações minoritárias, cfr. *The transformation of the european finan-*

Parte III – Capítulo 3

para um particular peso dessas situações na carteira de participações das diversas instituições. Tais factores relacionam-se com o desenvolvimento de um complexo processo de integração nos diversos subsectores do sistema financeiro, tendente à formação de conglomerados de dimensão comunitária, ou de grupos com algum peso em determinadas áreas da EU, que ultrapassem os limiares dos mercados nacionais. Esse processo vem envolvendo algumas operações de concentração entre instituições financeiras, que conheceram, efectivamente, um acréscimo associado à realização da união monetária.[2565] Contudo, devido às dificuldades que esse tipo de transacções suscitam no sector financeiro, quer por razões prudenciais, quer por especificidades dos mercados domésticos – designadamente nos segmentos de actividades de retalho –, tal processo de integração pode envolver, como etapas intermédias, a aquisição de participações minoritárias em instituições de outros Estados.

Em contrapartida, a consolidação dos mercados domésticos, que corresponde, também, a uma reacção a estes movimentos de fundo nos sistemas financeiros estaduais comunitários, apresenta naturais limites, ditados pela aplicação de normas de concorrência e de normas prudenciais nacionais, pelo que, com alguma frequência as instituições financeiras, não podendo levar mais longe certos processos de concentração, optam por manter entre si diversas participações cruzadas noutras entidades nacionais.[2566]

Noutro plano, e em segundo lugar, a ultrapassagem desta *"lacuna"* do sistema comunitário de aplicação de normas de concorrência em matéria de aquisição de participações minoritárias, não sujeitas ao controlo de

---

cial system, Editors, VITOR GASPAR, PHILIPP HARTMAN, OLAF SLEIJPEN, European Central Bank, 2003.

[2565] Sobre esse acréscimo do movimento de concentrações transfronteiriças associado à introdução do Euro e à concretização das últimas etapas da união monetária cfr. *Banking Integration in the Euro Area*, European Central Bank, Occasional Paper Series, n.º 6, December 2002, INES CABRAL, FRANCK DIERICK, JUKKA VESALA.

[2566] Sobre estes movimentos de aquisição e detenção de participações em instituições financeiras de outros Estados na UE e em instituições financeiras domésticas, ditados por razões diversas, mas relacionados com um mesmo movimento de tendencial integração dos sectores financeiros na UE, o qual apresenta extensão e contornos ainda incertos, cfr., *inter alia*, *Banking Integration in the Euro Area*, European Central Bank, Occasional Paper Series, n.º 6, December 2002, cit. e *Bank Mergers, Competition and Liquidity*, European Central Bank, Occasional Paper Series, n.º 292, November 2003, ELENA CARLETTI, PHILIPP HARTMANN, GIANCARLO SPAGNOLO.

1524   *Empresas comuns* – Joint Ventures

concentrações, poderá também, em princípio, resultar do processo de "*descentralização*" encetado com a adopção do Regulamento (CE) n.º 1/2003. Na realidade, e como já tivemos ensejo de destacar, um dos principais fundamentos para essa opção, com os inegáveis riscos que a mesma comporta, corresponde à criação de condições para que a Comissão se possa concentrar no tratamento das situações mais graves de potencial infracção aos normativos comunitários de concorrência, bem como na análise e clarificação de questões que, até ao presente, não tenham sido objecto de adequada ou suficiente densificação jurídica.[2567] Ora, em nosso entender, o tratamento das situações referentes a aquisição de participações minoritárias, que não tem merecido uma atenção sistemática por parte da Comissão, apesar do potencial restritivo da concorrência que algumas das mesmas encerram, corresponde, claramente, a uma dessas questões fundamentais.

É certo que as potenciais questões de afectação da concorrência associadas a esse tipo de situações não têm sido completamente ignoradas pela Comissão, desde o fundamental caso "*Philip Morris*" (o qual originou o precedente jurisprudencial que já comentámos).[2568] Em diversos casos, a Comissão procurou, mesmo, equacionar esses problemas através da adopção de compromissos por parte das empresas envolvidas em certas transacções.[2569] Fê-lo, contudo, no contexto da análise de notificações de

---

[2567] Cfr. sobre estes aspectos relacionados com o denominado processo de "*modernização*" do direito comunitário da concorrência o exposto *supra* no capítulo primeiro da **Parte II** (ponto **5.**). Como então sublinhámos, identificámos nos aspectos referentes à descentralização dos processos de aplicação das normas comunitárias de concorrência riscos importantes que a Comissão poderá ter subavaliado. De qualquer forma, a única justificação válida para incorrer nesses riscos de insegurança jurídica – mesmo que estes assumam carácter transitório – será a criação de condições para uma aplicação mais exigente dos normativos comunitários por parte da Comissão, a qual se deverá estender não apenas às situações mais óbvias, e referidas com maior frequência, de controlo de cartéis com elevado potencial restritivo da concorrência, mas, também, à análise dos efeitos restritivos da concorrência inerentes a determinadas situações de aquisição de participações minoritárias.

[2568] Adiante referiremos algumas situações analisadas pela Comissão neste domínio. De qualquer forma, como já referimos, o único precedente jurisprudencial na matéria continua limitado ao Acórdão "*Philip Morris*", cit.

[2569] Referimo-nos quer a compromissos de natureza estrutural, quer a compromissos relacionados com comportamentos, *maxime* no que respeita a regras e procedimentos de circulação da informação entre empresas que detenham participações cruzadas, nos termos que adiante se referirão.

Parte III – Capítulo 3 1525

projectos de criação de empresas comuns no quadro do artigo 81.º CE e, sobretudo, de notificações de operações de concentração, no âmbito do RCC, ponderando, acessoriamente, esses aspectos como questões laterais em processos de análise mais vastos. Os novos desenvolvimentos que entendemos possíveis e desejáveis nesta matéria, pelo contrário, respeitam à averiguação e apreciação autónomas de potenciais efeitos restritivos da concorrência associados a este tipo de situações de aquisição de participações minoritárias (a empreender oficiosamente pela Comissão, ou na sequência de queixas apresentadas por entidades afectadas).[2570] Tais desenvolvimentos podem, logicamente, beneficiar da experiência de análise adquirida no contexto de procedimentos de notificação *ex vi* do artigo 81.º CE e do RCC, mas, devem ser objecto de tratamento analítico mais sistematizado e desenvolvido. Esse tratamento deverá, em larga medida, ser tributário dos parâmetros de análise desenvolvidos em relação a empresas comuns submetidas ao regime do artigo 81.º CE.[2571]

[2570] Referimo-nos aqui a desenvolvimentos em sede de interpretação e aplicação do artigo 81.º CE, devendo mencionar-se, contudo, que a Comissão ponderou no Livro Verde referente à revisão do Regulamento comunitário de controlo de concentrações, de 2001, cit., a possibilidade, sugerida por alguns autores, de estender este sistema de controlo de concentrações à aquisição de participações minoritárias independentemente da obtenção de controlo, à semelhança do que sucede em algumas jurisdições (cfr. Livro Verde, cit., ponto 108). A Comissão considerou desproporcionado submeter todas as aquisições de participações minoritárias ao sistema de controlo *ex ante* do RCC e – correctamente, em nosso entender – tal opção, referida no Livro Verde, não foi consagrada na segunda reforma do RCC. Em contrapartida, não subscrevemos a visão positiva exposta pela Comissão no mesmo Livro Verde quando afirma que só um número muito limitado de transacções passíveis de suscitar problemas de concorrência é que não seria objecto de tratamento adequado através da aplicação dos artigos 81.º e 82.º CE (cfr. Livro Verde, cit., ponto 109). Pela nossa parte, consideramos que o programa normativo consubstanciado nessas disposições tem, na realidade, aptidão para cobrir os problemas de concorrência tipicamente gerados por essas situações. No entanto, não tem existido uma verdadeira concretização jurídica de tais disposições nesse sentido e, a esse título, pensamos verificar-se nesta matéria uma *"lacuna"* no sistema comunitário de aplicação das normas de concorrência.

[2571] É essa ideia que sustentamos, no sentido de as participações minoritárias em terceiras empresas – *maxime* as participações cruzadas entre duas ou mais empresas – poderem gerar efeitos restritivos da concorrência muito semelhantes aos de diversas modalidades de empresas comuns submetidas ao regime do artigo 81.º CE, e também sindicáveis à luz desse regime, que determina esta nossa referência muito sucinta a tal matéria. O tratamento dessa matéria exige, contudo, uma análise *ex professo* dessas questões, que nos afastaria do objecto central da nossa investigação, pelo que nos limitamos a identificar

1526   *Empresas comuns* – Joint Ventures

6.2. CRITÉRIOS DE ANÁLISE DOS EFEITOS SOBRE A CONCORRÊNCIA DECORRENTES DE PARTICIPAÇÕES EMPRESARIAIS QUE NÃO CONFEREM CONTROLO SOBRE TERCEIRAS EMPRESAS

6.2.1. Identificação de situações com potencial restritivo da concorrência

Os problemas fundamentais de concorrência que consideramos potencialmente associados às situações de aquisição de participações minoritárias em terceiras empresas, sem obtenção de controlo das mesmas, dizem respeito, no essencial, ao desenvolvimento de processos de coordenação de comportamentos entre as empresas envolvidas nessas situações – subsumíveis na proibição prevista no artigo 81.º CE – em particular nos casos em que tais relações se estabeleçam entre empresas concorrentes. Podemos, de alguma forma, considerar que, nessas situações existem condições para a verificação de efeitos de alastramento em sentido lato que se repercutem nos comportamentos concorrenciais das empresas que se encontrem ligadas entre si por tais relações de participação (efeitos de alastramento, restritivos da concorrência, com contornos semelhantes àqueles que caracterizamos em relação às empresas comuns não qualificáveis como operações de concentração[2572]).[2573]

---

e caracterizar, de forma quase esquemática, algumas das questões mais relevantes que, em tese, se podem suscitar neste domínio e que justificariam uma atenção acrescida por parte da Comissão e, sob o impulso desta Instituição, por parte de outras autoridades nacionais encarregadas da aplicação de normas comunitárias de concorrência.

[2572] Cfr. a caracterização geral desse tipo de efeitos restritivos da concorrência a que procedemos *supra*, capítulo 3 desta **Parte III** (ponto 2.3.5.2.5.), e que temos retomado no quadro da análise dos vários tipos funcionais de empresas comuns que elegemos como objecto de estudo mais desenvolvido.

[2573] Essas situações de aquisição de participações minoritárias, quando respeitantes a empresas adquirentes com elevado poder de mercado, podem também, em tese, suscitar problemas de abuso de posição dominante, sindicáveis em sede de aplicação do artigo 82.º CE. Tratar-se-á, contudo, de situações muito específicas e que não são especialmente relevantes quanto ao paralelo que nos propomos evidenciar entre a análise de algumas modalidades de empresas comuns e estes casos de aquisição de participações minoritárias passíveis de gerar coordenação de comportamentos concorrenciais. Este paralelo reporta-se, naturalmente, à aplicação do artigo 81.º CE – matéria a que se limita, pois, esta nossa curta incursão no domínio das participações empresariais minoritárias (tendo como base o pressuposto de que certas questões de coordenação de comportamentos concorrenciais não

Parte III – Capítulo 3

Tendo presente a potencial relevância dessas situações em sede de aplicação do artigo 81.º CE, será pertinente, em nosso entender, identificar algumas modalidades paradigmáticas de participações minoritárias, ou participações comuns que não envolvam a obtenção de controlo. Assim, admitimos que se justifica distinguir, pelo menos, quatro tipo de situações, compreendendo, a saber:[2574]

- Situações em que participações conjuntas com certa expressão em determinada entidade resultem de acordo entre as empresas que assumem a titularidade das mesmas participações;
- Situações em que tais participações resultem de acordos estabelecidos entre as referidas empresas, titulares das participações, ou entre diversas empresas controladas pelas mesmas;
- Participações comuns resultantes de acordo entre uma empresa adquirente e a própria empresa objecto de aquisição parcial (sem que a aquisição envolva a transmissão do controlo sobre essa empresa);
- Participações comuns numa determinada empresa, detidas por duas outras empresas e que não tenham resultado de acordo entre as mesmas, nem de acordo entre qualquer uma dessas empresas e a empresa objecto de aquisição.

No que respeita aos três primeiros tipos de situações, pensamos que tem cabimento, em tese geral, a aplicação do artigo 81.º CE, dependendo a verificação de possíveis efeitos restritivos da concorrência, sancionáveis à luz dessa disposição, de diversos factores relativos ao funcionamento concreto dos mercados que se encontrem em causa e à configuração das

---

resultam apenas de situações de controlo conjunto, por definição associadas a empresas comuns, mas podem ser, simplesmente, originadas por participações comuns não envolvendo tal controlo conjunto). De qualquer forma, sobre eventuais questões de aplicação do artigo 82.º CE relacionadas com esse tipo de participações, cfr., em geral, ROBIN STRUIJLAART, "Minority Share Acquisitions Below the Control Threshold of the EC Merger Control Regulation: An Economic and Legal Analysis", cit., pp. 173 ss..

[2574] Temos presente nesta análise a caracterização de situações mais paradigmáticas estabelecida por JOHN TEMPLE LANG (cfr. A. cit., *International joint ventures under community law*, cit., esp. o ponto V. – *Joint ownership and joint dominance* –, pp. 423 ss). Todavia, não acompanhamos totalmente a sistematização proposta por TEMPLE LANG e divergimos de alguns aspectos da sua análise no que respeita às consequências típicas de algumas dessas situações em sede de aplicação do artigo 81.º CE.

empresas envolvidas, em moldes muito semelhantes aos que delineámos no quadro do nosso estudo de diferentes tipos funcionais de empresas comuns não qualificáveis como concentrações. Neste domínio das participações minoritárias, contudo, um factor particular pode assumir especial importância na ponderação da susceptibilidade de verificação de efeitos restritivos da concorrência e da sua previsível intensidade. Trata-se da existência de representação das empresas titulares de participações nos órgãos sociais das empresas participadas, ou, em termos ainda mais problemáticos, da associação de participações cruzadas a representações recíprocas nos órgãos das entidades que se encontrem em causa.[2575]

Em relação ao quarto tipo de situações, a possibilidade de sujeição das mesmas ao regime do artigo 81.º CE tem suscitado maior controvérsia. Assim, autores como JOHN TEMPLE LANG entendem que a ausência de um elemento de acordo entre as empresas envolvidas põe em causa a aplicação do artigo 81.º a tais situações (apenas admitindo, em determinadas circunstâncias, a sujeição dessas situações ao regime do artigo 82.º CE).[2576]

Pela nossa parte, não subscrevemos esse entendimento. Embora consideremos que esse tipo de situações corresponde, em princípio, a aquisições lícitas de participações, atendendo à inexistência de qualquer originário acordo entre as empresas envolvidas – relevante em termos de aplicação do artigo 81.º CE – pensamos que a detenção continuada de tais participações pode, em certas condições, vir a originar efeitos restritivos da concorrência subsumíveis na proibição estabelecida no referido artigo 81.º CE. Tais situações de aquisição de participações significativas em determinadas empresas, sem envolver qualquer acordo entre o adquirente a empresa participada ou outros titulares de participações na mesma, são mais frequentes do que se poderia supor. Estas podem resultar, designada-

---

[2575] Embora tenhamos em consideração a categoria jurídica da *empresa* com os contornos latos que a mesma assume em direito comunitário da concorrência justifica-se conceder especial atenção às empresas que assumem forma societária. Importa notar que a *representação* acima considerada pode assumir contornos jurídicos muito diversificados. Cfr. a esse propósito, e referindo diversas situações ilustrativas de tal diversidade, ENZO MOAVERO MILANESI e ALEXANDER WINTERSTEIN, "Minority shareholdings, interlocking directorships and the EC competition rules – recent Commission practive", cit,. pp. 15 ss..

[2576] Cfr., nesse sentido, A. cit., *International joint ventures under community law*, cit, p. 424: "*If joint ownership of one company by two others comes about without any agreement between any two of them, Article 81 does not apply (…)*".

Parte III – Capítulo 3 1529

mente, de aquisições de participações no mercado de capitais ou de aquisição de controlo de uma outra empresa que, por seu turno, seja detentora de uma participação minoritária na empresa participada que se encontre em causa.[2577]

Alguns autores estabelecem, ainda, algumas qualificações jurídicas suplementares quanto ao conjunto de situações de aquisição de participações minoritárias que envolvem acordo entre as empresas envolvidas. Na realidade autores como MEADOWCROFT e THOMPSON e, mais recentemente, MOAVERO MILANESI e A. WINTERSTEIN,[2578] admitem que, em alguns casos, as participações minoritárias em determinadas empresas são adquiridas como alternativa a acordos restritivos da concorrência com tais empresas participadas (noutros termos, tais acordos de aquisição, nas condições em que ocorrem, assumiriam efeitos equivalentes aos de acordos de cooperação, restritivos da concorrência, concluídos com a empresa participada – *"nichtangriffdenken"*, na qualificação de MILANESI e WINTERSTEIN).[2579] Pela nossa parte, encaramos com alguma reserva esta qualificação jurídica complementar. Caso existam elementos de acordos de cooperação empresarial entre as partes, estes, de algum modo, prevalecem nos juízos de apreciação dessas situações e os aspectos relativos a participações minoritárias eventualmente existentes constituem elementos acessórios nesse processo de cooperação empresarial, apreendido como um todo. Rejeitamos, pois, neste domínio, uma lógica de análise comparável à que nos levou a identificar sob a forma de determinadas modalidades de empresas comuns verdadeiros cartéis dissimulados, essencialmente

---

[2577] Estas situações mais evidentes de participações comuns não resultantes de acordos entre as empresas envolvidas são referidas por JOHN TEMPLE LANG, o qual, como já apontámos, retira consequências das mesmas, no plano jusconcorrencial, diversas daquelas que sustentamos (cfr. A. cit., *International joint ventures under community law*, cit, p. 424).

[2578] Cfr. S. MEADOWCROFT, D. THOMPSON, *Minority share acquisition: the impact upon competition*, Office for official publications of the European Communities, Luxembourg, 1986. Cfr., também, MOAVERO MILANESI, A. WINTERSTEIN, *Minderheitsbeteiligungen und personelle Verflechtungen zwischen Wettberwerben –Zur Anwendung von Artikel 81 und 82 EG-Vertrag*, in *Handbuch der Europäischen Finanzdienstleistungsindustrie*, ROLFES, FISHER, Fritz Knapp Verlag, Frankfurt, 2001.

[2579] Cfr., nesse sentido As. cit., *Minderheitsbeteiligungen und personelle Verflechtungen zwischen Wettberwerben –Zur Anwendung von Artikel 81 und 82 EG-Vertrag*, cit.

1530   *Empresas comuns* – Joint Ventures

orientados para a fixação concertada de preços pelas empresas participantes.[2580]

Na realidade, nestes últimos casos existe *ab initio* um específico processo de cooperação, expressamente assumido entre as empresas participantes, que pode ser, de facto, utilizado para prosseguir outras finalidades não explicitadas e seriamente restritivas da concorrência. Ora, numa parte significativa das situações de aquisição de participações minoritárias em terceiras empresas, mesmo nos casos que envolvem acordo entre as empresas envolvidas, não é assumido entre as partes qualquer processo de cooperação, que se desenvolva para além dos actos de aquisição. Tal cooperação pode, em concreto, ser induzida pela detenção dessas participações, mas, nesse caso, pensamos que a análise destas situações deve ser conduzida de modo a apreender certos efeitos negativos de coordenação de comportamentos entre as empresas envolvidas e não deve ser orientada para a qualificação das mesmas situações como opções alternativas à conclusão de acordos de cooperação entre as partes ("*nichtangriffdenken*").

A mera identificação de efeitos de coordenação de comportamentos, induzidos pela detenção de certas participações empresariais, será suficiente para conduzir a um escrutínio, em sede de aplicação do artigo 81.º CE, e quaisquer outras qualificações jurídicas complementares complicam, desnecessariamente, o processo de análise destas situações. Deste modo, também não subscrevemos a perspectiva analítica de autores como D. REITMAN, que admitem identificar situações em que as empresas procedam a determinadas aquisições de participações minoritárias com o propósito exclusivo de reforçar o seu poder de mercado.[2581] Esse efeito de reforço do poder de mercado das empresas envolvidas pode, de facto, verificar-se, mediante estímulos à coordenação empresarial, e caso interfira, para além de certo grau, no processo de concorrência em determinados mercados deve ser sancionado. Todavia, a justificação para o controlo destas situações por parte das autoridades de concorrência radica, em

---

[2580] Sobre essas situações de utilização da forma de empresa comum para desenvolver, de facto, verdadeiros cartéis, tendentes à fixação concertada de preços, cfr. o exposto *supra*, pontos 4.1.2. e ss. deste capítulo. Também em relação às empresas comuns de aquisição de bens e serviços, acima analisadas de forma muito sumária, admitimos a hipótese da sua utilização para a formação de verdadeiros cartéis de compradores (cfr. *supra*, ponto 5.2.1. deste capítulo).

[2581] Sobre essa perspectiva de análise, cfr. D. REITMAN, "Partial ownership arrangements and the potential for collusion", in J. Ind. Ec., 1994, pp. 313 ss..

Parte III – Capítulo 3 1531

nosso entender, na identificação desse tipo de efeitos previsíveis e não, propriamente, num desvalor associado a um projecto de reforço de poder de mercado imputado às empresas titulares de participações conjuntas.

6.2.2. Possíveis efeitos sobre a concorrência decorrentes de participações minoritárias em determinadas empresas

Em termos gerais, consideramos que os riscos de afectação da concorrência associados a estas situações de aquisição e detenção de participações minoritárias correspondem, numa larga medida, a duas das categorias de riscos potenciais que identificámos em relação às empresas comuns submetidas ao regime do artigo 81.º CE. Referimo-nos aos riscos de concertação em matéria de preços ou de níveis de produção de bens ou serviços e a riscos de concertação, restritiva da concorrência, no plano da qualidade dos produtos.

Na realidade, tais situações, sobretudo quando se encontrem em causa participações empresariais com alguma dimensão, conduzem à emergência de interesses concretos nos resultados das empresas participadas, os quais, por seu turno, podem induzir ou influenciar quer actuações concertadas, quer entendimentos tácitos de *"não agressão"* comercial, entre as empresas envolvidas, com vista à maximização dos resultados conjuntos dessas empresas. Além disso, esse incentivo à concertação de comportamentos comerciais ou a entendimentos de *"não agressão"* pode ser especialmente reforçado nas situações correspondentes a *participações cruzadas entre empresas concorrentes acompanhadas de representação recíproca nos órgãos de administração dessas empresas.* Tal resulta das condições que assim são, objectivamente, criadas para a circulação de informação comercial sensível entre essas empresas e para uma consequente redução dos níveis de incerteza sobre o comportamento das empresas concorrentes (essa relativa incerteza sobre o comportamento comercial de terceiras empresas, importa recordá-lo, constitui a base de todo o processo de concorrência[2582]). A probabilidade de verificação de situações

---

[2582] Cfr., sobre a importância decisiva deste factor de *incerteza* para o desenvolvimento de processos de concorrência efectiva, o exposto *supra* no capítulo primeiro da **Parte II** (esp. pontos 2.1. a 2.3.). O modo como se possa materializar ou não essa *incerteza*, ou, em contrapartida, os jogos ou perspectivas de antecipação de comportamentos estratégicos das empresas concorrentes, encontra-se – como temos vindo a destacar ao

1532 *Empresas comuns* – Joint Ventures

de concertação tenderá, também, a ser mais intensa nos casos em que determinada empresa detenha participações minoritárias em mais do que uma empresa concorrente, visto que tal reforça o horizonte de interesses empresariais convergentes e cria condições acrescidas para uma diminuição apreciável da concorrência entre as diversas empresas envolvidas.

Embora os critérios e modelos de análise económica que podem informar a avaliação jusconcorrencial dos efeitos restritivos da concorrência decorrentes da aquisição e detenção de participações minoritárias sejam ainda muito lacunares,[2583] é possível sustentar que a conjugação de participações empresariais cruzadas, com um elevado grau de concentração empresarial nos mercados potencialmente afectados[2584] e com a existência de significativas barreiras à entrada nesses mercados cria condições óptimas para a coordenação de comportamentos entre as empresas (ou até para a "*cartelização*" de comportamentos).[2585]

Na realidade, esse conjunto de factores contribui, de forma significativa, para diminuir os incentivos a divergir, em proveito próprio, das

---

longo desta **Parte III** – no centro dos novos modelos analíticos propostos pela denominada "*game theory*" (superadora, em certa medida, dos anteriores embates teóricos entre orientações estruturalistas e as críticas da escola de Chicago a tais orientações).

[2583] Essas lacunas de análise económica serão, de qualquer modo superiores, no quadro do ordenamento comunitário da concorrência em relação àquelas que também se verificam no contexto norte-americano. Sobre estes défices de análise económica, apesar de tudo atenuados por desenvolvimentos da teoria económica nos dois últimos decénios, cfr. ROBIN A. STRUIJLAART, "Minority share acquisitions below the control threshold of the EC Merger Control Regulation: An economic and legal analysis", cit., esp. pp. 183 ss. Sobre os novos desenvolvimentos de teoria económica neste domínio cfr. K. MORASCH, "Strategic alliances as stackelberg cartels – concept and equilibrium, alliance structure", in International Journal of Industrial Organization, 2000, pp. 257 ss. Alguma recente proliferação de modelos económicos de análise relativos a esta matéria, em contrapartida, afiguram-se-nos excessivamente teóricos e pouco aptos a sustentar uma avaliação jurídica relativamente previsível.

[2584] Já no Acórdão "*Philip Morris*", cit., o TJCE salientava que o escrutínio das autoridades de concorrência quanto a situações de aquisição de participações minoritárias deveria ser especialmente exigente quando estivessem em causa mercados com um elevado grau de concentração ou de estrutura oligopolística.

[2585] Além disso, essas situações de participações cruzadas em mercados que se caracterizem por um elevado grau de concentração e envolvendo empresas com significativo poder de mercado podem, também, contribuir para a criação de posições de domínio colectivo. Sobre a avaliação de posições de domínio colectivo cfr. o exposto *supra* capítulo 2 desta **Parte III**.

orientações comerciais convergentes no quadro de cartéis ou em situações de cooperação empresarial comparáveis aos mesmos.[2586] Ora, tal redução dos incentivos para divergir em relação a orientações convergentes reforça a viabilidade e eficácia restritiva da concorrência desses processos de coordenação de comportamentos empresariais. Em contrapartida, será admissível conceber como situações em princípio permitidas e não conducentes à produção de efeitos apreciáveis de restrição da concorrência aquelas em que as participações minoritárias sejam detidas em mercados com reduzido grau de concentração empresarial, envolvendo empresas com quotas de mercado limitadas e não traduzidas em modalidades diversas de representação nos órgãos de gestão das empresas participadas.

Outros factores relevantes para a ponderação de possíveis efeitos restritivos da concorrência decorrentes deste tipo de participações minoritárias são aqueles que respeitam à natureza e extensão dos direitos associados a essas participações. Assim, mesmo não conferindo o controlo das empresas participadas, essas participações podem, em certas circunstâncias, atribuir aos seus titulares um poder efectivo de oposição em relação a certas decisões mais importantes ou uma influência que, em termos proporcionais, ultrapassa a dimensão quantitativa de tais participações (factores tão diversos como o grau de dispersão do capital remanescente da empresa participada, ou a existência de certos direitos, contratualmente garantidos, *vg.* em acordos parassociais, no caso de empresas de tipo societário, podem ser tomados em consideração neste contexto). Acresce que a associação entre estas participações minoritárias e quaisquer acordos de cooperação entre as empresas envolvidas, mesmo que revestindo um alcance muito limitado ou um carácter muito genérico, pode, igualmente, contribuir para tornar mais intensos os incentivos no sentido da abstenção de comportamentos concorrenciais, que possam afectar a posição de qualquer uma dessas empresas ligadas entre si através desse tipo de nexos.

Esses incentivos podem funcionar num duplo sentido nas relações entre participante e participado. Na verdade, não apenas a empresa titular de participações com alguma dimensão numa terceira empresa pode ser induzida a coordenar comportamentos com esta última, de modo a salva-

---

[2586] Para uma caracterização destes mecanismos, que os autores anglo-saxónicos qualificam como *"incentive to cheat on cartel agreements"*, cfr., por todos, JOSEPH BRODLEY, "Joint Ventures and Antitrust Policy", cit., esp. pp. 1544 ss.

1534   *Empresas comuns* – Joint Ventures

guardar o valor de seu investimento – sobretudo se ambas as empresas detiverem apreciável poder de mercado – como essa empresa participada pode ser induzida a evitar comportamentos comerciais mais acutilantes em relação ao participante, por forma a evitar reacções deste último, que afectassem significativamente a sua actividade (*vg.* reacções no sentido de aumentar o grau de interferência na actividade da empresa participada ou, inversamente, no sentido de alienar a participação, criando condições de instabilidade para a actividade da empresa participada).

De resto, em mercados caracterizados por um significativo grau de concentração empresarial e por uma elevada interdependência recíproca das empresas intervenientes nos mesmos, a aquisição de participações minoritárias, mesmo que estas, em termos aparentes, se revistam de natureza completamente passiva, pode, por si só, configurar um movimento tendente ao reforço dessa interdependência (com aptidão para influenciar, num duplo sentido os comportamentos da empresa participante e da participada).[2587] Em última análise, contudo, todos os factores relevantes de apreciação que vimos enunciando – e que deveriam ser gradualmente sistematizados na *praxis* de controlo da Comissão – têm de ser adequadamente ponderados no contexto concreto da situação de mercado que se encontre em causa. Admitimos, mesmo, que a avaliação destas situações se encontra sujeita a um maior grau de imprevisibilidade do que a análise das repercussões de empresas comuns sobre o processo de concorrência.

Como já referimos, e à semelhança do que sustentámos no plano da apreciação de empresas comuns, algumas das potenciais questões de afectação da concorrência inerentes a estes tipos de situações de aquisição de participações minoritárias podem ser satisfatoriamente resolvidas através de compromissos assumidos pelas empresas envolvidas.[2588] Entre

---

[2587] Cfr. sobre esse tipo de influências induzidas por participações com natureza aparentemente passiva, e enunciando vários exemplos relevantes, DAVID GILO, "The anti-competitive effect of passive investment", cit., pp. 2 ss..

[2588] Recorde-se que, em relação às empresas comuns consideramos, precisamente, que a Comissão deveria mostrar mais criatividade e flexibilidade para ponderar *compromissos* passíveis de evitar problemas de concorrência em sede de aplicação do n.º 1 do artigo 81.º CE e sem necessidade de incorrer numa intervenção acrescida através da concessão de isenções (em linha com o que sucede na *praxis* de apreciação de empresas comuns por parte de autoridades federais de concorrência no ordenamento norte-americano). Acresce que o novo Regulamento (CE) n.º 1/2003 veio, nos termos que já destacámos, reforçar o suporte normativo para a adopção de decisões de aceitação de compromissos.

Parte III – Capítulo 3   1535

outros compromissos aflorados em decisões adoptadas no quadro de processos de notificação *ex vi* do artigo 81.º CE, ou no âmbito do RCC,[2589] podemos considerar compromissos no sentido de não realizar aquisições de participações suplementares, de não procurar obter representação nos órgãos de administração das empresas participadas ou, até, de prevenir a circulação de informação comercial sensível mediante a limitação da esfera de intervenção e das informações acessíveis a administradores não executivos.[2590] Em alguns casos, caracterizados por uma particular sensibilidade da circulação de certas informações comerciais – *maxime* no sector financeiro – tais compromissos podem envolver a cessação de situações de representação nos órgãos de administração de terceiras empresas concorrentes.[2591]

[2589] Referimo-nos aqui, bem entendido, a decisões adoptadas em sede de processos de notificação no quadro do artigo 81.º CE (na vigência do Regulamento n.º 17), ou no quadro do RCC, a propósito de situações em que, acessoriamente, os problemas decorrentes de participações detidas por empresas intervenientes em acordos de cooperação ou por empresas participantes em concentrações tenham sido trazidos à colação.

[2590] Cfr., sobre este último tipo de situações, os compromissos aceites na decisão da Comissão "*Olivetti/Digital*", de 1994 (IV/43.410; JOCE L 309/24, 1994). Uma das empresas em causa encontrava-se representada no Conselho de Administração da outra, mas num contexto em que os poderes executivos fundamentais para a gestão dessa empresa se encontravam delegados no Presidente do Conselho. Esta decisão é especialmente importante em virtude de ter sido adoptada já no quadro da vigência do RCC, admitindo, claramente, a Comissão uma interpretação da jurisprudência "*Philip Morris*" no sentido da aplicação do então artigo 85.º TCE a situações de aquisição de participações que não envolvessem a ultrapassagem dos limiares relativos a transferências de controlo, relevantes para efeitos de aplicação do RCC. Igualmente importante é, também, o precedente correspondente à decisão "*Warner-Lambert/Gillette*", embora neste caso os problemas de afectação da concorrência analisados pela Comissão tenham incidido, predominantemente, na aplicação do então artigo 86.º TCE (cfr. decisão "*Warner-Lambert/Gillette*", JOCE L 116/21, 1993).

[2591] Cfr., a esse respeito, como casos paradigmáticos – sintomaticamente respeitantes ao sector financeiro – as decisões da Comissão "*Generali/INA*", de 2000, e "*Nordbanken/Postgirot*", de 2001 (incidindo, respectivamente, sobre processos de concentração COMP/M. 1712 e M.2567).

PARTE IV

A APRECIAÇÃO DE EMPRESAS COMUNS E AS MUTAÇÕES DO ORDENAMENTO DE CONCORRÊNCIA

PARTE IV

A APRECIAÇÃO DE EMPRESAS COMUNS E AS MUTAÇÕES DO ORDENAMENTO DE CONCORRÊNCIA

SUMÁRIO: **1. – Razão de ordem.** 1.1. – Parâmetros de análise de empresas comuns e mutações qualitativas fundamentais do ordenamento comunitário da concorrência. 1.2. – Renovação de fundamentos normativos e de processos metodológicos do ordenamento comunitário da concorrência. 1.3. – Os três vértices fundamentais da transição para um novo estádio de consolidação do ordenamento comunitário da concorrência. *1.3.1. – Perspectiva geral. 1.3.2. – Alteração das prioridades teleológicas e renovação da metodologia como dimensões da mutação do ordenamento comunitário da concorrência associadas com a análise de empresas comuns.* **2. – A reorientação das prioridades teleológicas do ordenamento comunitário de concorrência.** 2.1. – Perspectiva geral. *2.1.1. – Análise de empresas comuns e definição de coordenadas teleológicas do direito da concorrência. 2.1.2. – O processo complexo de construção das prioridades teleológicas subjacentes às proposições normativas centrais do direito da concorrência. 2.1.3. – As controvérsias entre visões monistas e pluralistas do programa teleológico do direito da concorrência.* 2.1.3.1. – A evolução de teses monistas no ordenamento norte-americano da concorrência e de teses pluralistas no ordenamento comunitário da concorrência. 2.1.3.2. – A ponderação de objectivos diversos no ordenamento norte-americano da concorrência e a reavaliação dos paradigmas monistas do direito da concorrência. 2.1.3.3. – A densificação da matriz plural do programa teleológico do direito comunitário da concorrência – contributo da análise das empresas comuns para a revisão de perspectivas tradicionais relativas à prevalência de concepções funcionalistas, ligadas a objectivos de integração, e de concepções ordo-liberais. 2.2. – A definição de um novo modelo teleológico do direito comunitário da concorrência. *2.2.1. – Dimensão evolutiva do programa teleológico do ordenamento comunitário da concorrência – a análise das empresas comuns e a reavaliação da componente de eficiência económica nas proposições normativas centrais deste ordenamento. 2.2.2. – A matriz teleológica renovada do ordenamento comunitário da concorrência – peso acrescido das considerações de eficiência económica e as três dimensões fundamentais do conceito de eficiência económica. 2.2.3. – A interacção entre a dimensão fundamental de eficiência económica e um conjunto de três objectivos mais significativos no programa teleológico do ordenamento comunitário da concorrência. 2.2.4. – A dimensão de eficiência económica na matriz teleológica renovada do ordenamento comunitário da concorrência e a necessidade conexa de novos modelos globais de análise que assegurem alguma segurança jurídica. 2.2.5. – A análise das empresas comuns e o peso acrescido da dimensão de eficiência económica na definição dos juízos normativos do ordenamento comunitário da concorrência – A consequente interacção das evoluções da teoria económica de concorrência com a concepção dos pressupostos teleológicos desse ordenamento.* 2.2.5.1. – Perspectiva geral. 2.2.5.2. – Teoria económica de concorrência – a análise de empresas comuns como área paradigmática de confronto entre as orientações da Escola de Harvard e da Escola de Chicago. 2.2.5.3. – Teoria económica de concorrência – a possível emergência de uma síntese crítica superadora do confronto entre as orientações da Escola de Harvard e da Escola de Chicago com influência sobre a reordenação das prioridades teleológicas do ordenamento comunitário da concorrência. 2.2.5.4. – A teoria económica de concorrência e a necessidade de equilíbrios na formulação de novos modelos teóricos com repercussões nos processos de análise de empresas comuns.

2.2.5.6. – Súmula final – a teoria económica de concorrência e o contributo da análise de empresas comuns para um novo equilíbrio na definição do modelo teleológico do direito da concorrência incorporando a ponderação do poder de mercado das empresas e das múltiplas dimensões da eficiência económica. 2.3. – A possível dimensão constitucional do modelo teleológico do ordenamento comunitário de concorrência. *2.3.1. – A "constitucionalização" da matriz teleológica fundamental do ordenamento comunitário da concorrência. 2.3.2. – Problematização jurídica da categoria da empresa comum e progressiva afirmação dos princípios de economia de mercado aberto e de livre concorrência como dimensão da constituição económica comunitária e com autonomia em relação aos objectivos de integração económica. 2.3.3. – O processo de "constitucionalização" de valorações centrais do ordenamento comunitário da concorrência.* 2.3.3.1. – A progressiva afirmação autónoma de imperativos de salvaguarda da concorrência como processo paralelo à reordenação das prioridades teleológicas do ordenamento comunitário da concorrência. 2.3.3.2. – As doutrinas constitucionalista clássica e *"neo-constitucionalista"* e os elementos fundamentais do processo de constitucionalização de opções normativas fundamentais do ordenamento comunitário da concorrência. 2.3.3.3. – A delimitação de um conceito material de constituição económica comunitária incorporando proposições centrais do ordenamento da concorrência – a desejável estabilidade dessa dimensão num quadro de novos desenvolvimentos constitucionais em sentido formal. **3. – A renovação da metodologia de análise do direito comunitário da concorrência.** 3.1. – Perspectiva geral. *3.1.1. – Razão de ordem. 3.1.2. – Primeira área de problematização – apreciação dasempresas comuns e definição de um novo modelo de análise no direito comunitário da concorrência incorporando elementos de análise económica e elementos de tipo estrutural. 3.1.3. – Segunda área de problematização – a apreciação das empresas comuns e a definição de modelos gerais de análise que assegurem* *determinado grau de previsibilidade aos processos de aplicação de normas comunitárias de concorrência. 3.1.4. – Terceira área de problematização – a apreciação das empresas comuns e o desenvolvimento de critérios de análise mais flexíveis na densificação jurídica da proibição estabelecida no n.º 1 do artigo 81.º CE. 3.1.5. – Razão de ordem – corolários das análises desenvolvidas em matéria de caracterização geral da metodologia jurídica do ordenamento comunitário da concorrência. 3.2.* – A definição de um novo modelo de análise no direito comunitário da concorrência. *3.2.1.* – *A experiência de apreciação de empresas comuns e o desenvolvimento de um novo modelo de análise combinando elementos de tipo estrutural e elementos relativos ao comportamento das empresas.* 3.2.1.1. – A progressiva adopção de um modelo de análise estrutural limitado ou misto. 3.2.1.2. – O papel fundamental na nova metodologia de análise da ponderação do poder de mercado das empresas com base em elementos estruturais "*corrigidos*" ou complementados com elementos de comportamento empresarial. 3.2.1.3. – Modelo geral de apreciação de empresas comuns proposto e desenvolvimento da metodologia de análise envolvendo um novo tipo de equilíbrio entre elementos estruturais e elementos do comportamento das empresas. *3.2.2* – *Nova metodologia de análise induzida pela apreciação de empresas comuns – a incorporação nos juízos normativos de uma fundamental dimensão de análise económica e os problemas conexos de densificação jurídica de modelos e conceitos económicos. 3.2.3.* – *Renovação metodológica do ordenamento comunitário da concorrência – o papel central atribuído à ponderação do poder de mercado das empresas.* 3.2.3.1 – Os três níveis essenciais de ponderação do poder de mercado das empresas no modelo de análise proposto. 3.2.3.2. – A experiência de análise de empresas comuns e a ponderação sistemática dos diferentes tipos de poder de mercado na avaliação de situações de cooperação empresarial. 3.2.3.3. – Contributo da análise de empresas comuns para a definição de critérios alternativos de identificação do poder de mercado das empresas. 3.3. – A definição de parâmetros gerais de análise no direito comunitário da concorrência. *3.3.1. – A necessidade de construção de modelos globais de análise em direito da concorrência como corolário da introdução de uma maior dimensão de análise económica na concretização das suas normas. 3.3.2. – A construção de modelos globais de análise em direito da concorrência e o problema da conciliação das exigências de racionalidade económica e de previsibilidade jurídica. 3.3.3. – A experiência de análise de empresas comuns e a densificação do tipo e natureza dos parâmetros em que assentem os modelos globais de análise de categorias jurídicas de direito da concorrência.* 3.3.3.1. – A construção de modelos de análise com base em presunções ou noutro tipo de parâmetros indicativos. 3.3.3.2. – Contributo da análise de empresas comuns para a definição de equilíbrios na formulação de diferentes parâmetros que integrem modelos globais de análise. *3.3.4. – O modelo de apreciação de empresas comuns proposto como compromisso entre diferentes tipos de parâmetros gerais de análise – a superação de críticas tradicionais às orientações estruturalistas.* 3.4. – A definição de uma nova lógica normativa na interpretação sistemática dos n.os 1 e 3 do artigo 81.º CE. *3.4.1. – Perspectiva geral. 3.4.2. – Contributo da análise das empresas comuns para a flexibilização dos parâmetros da proibição estabelecida no n.º 1 do artigo 81.º CE em matéria de cooperação empresarial.* 3.4.2.1. – A identificação de um efeito global ponderado de empresas comuns sobre o processo de concorrência e a superação das visões dicotómicas tradicionais sobre a estrutura normativa do artigo 81.º CE. 3.4.2.2. – Corolários da análise das empresas comuns – a latitude das ponderações jurídico-económicas estabelecidas com base nos n.os 1 e 3 do artigo 81.º CE e a superação da controvérsia sobre a aplicação da "*regra de razão*" no direito comunitário da concorrência. *3.4.3. – Renovação da compreensão hermenêutica do artigo 81.º CE e densificação de categorias de juízos de isenção passíveis de adopção com base no n.º 3 desta disposição.* 3.5. – Caracteres gerais da metodologia jurídica do direito comunitário da concorrência. **4. – A transformação do modelo institucional de organização do sistema comunitário de concorrência.**

1. Razão de ordem

1.1. PARÂMETROS DE ANÁLISE DE EMPRESAS COMUNS E MUTAÇÕES QUALITATIVAS FUNDAMENTAIS DO ORDENAMENTO COMUNITÁRIO DA CONCORRÊNCIA

Na sequência do estudo a que procedemos da categoria da empresa comum, e de figuras similares ou comparáveis, no quadro do ordenamento comunitário de concorrência, propomo-nos, nesta parte conclusiva da dissertação, analisar criticamente algumas das principais mutações verificadas nesse ordenamento, ou que se mostrem previsíveis ou desejáveis à luz da experiência adquirida no tratamento daquela categoria jurídica.

Embora esta nossa análise seja fundamentalmente dirigida à compreensão dogmática das normas comunitárias de concorrência – bem como, a título subsidiário, de normas nacionais de concorrência de diversos Estados membros da UE –[2592] não deixamos de tomar em considera-

---

[2592] Como já temos referido – cfr. *infra*, capítulo primeiro da **Parte II** (esp. Ponto **5.**) – verificou-se no quadro da UE um verdadeiro processo de convergência das legislações nacionais de concorrência, induzido pelos desenvolvimentos ocorridos no plano do ordenamento comunitário de concorrência (referido sugestivamente, na terminologia anglo-saxónica, como um processo de "*soft harmonization*"); sobre essa realidade, cfr., por todos, NICHOLAS GREEN e AIDAN ROBERTSON, *Commercial Agreements and Competition Law – Practice and Procedure in the UK and the EC*, cit. e MARGARET BLOOM, *A UK Perspective of the Europeanisation of National Competition Law*, in J. RIVAS, M. HORSPOOL (Eds.), *Modernisation and Decentralisation of EC Competition Law*, Kluwer Law International, 2000, pp. 69 ss.. Esse processo, de resto, encontra-se consideravelmente reforçado na sequência do Livro Branco, de 1999, e das subsequentes iniciativas de "*modernização*" adoptadas no plano comunitário (cfr. sobre os desenvolvimentos mais recentes, desse denominado processo de "*modernização*" do direito comunitário da concorrência, o conjunto de Orientações interpretativas de carácter geral adoptadas pela

1546   *Empresas comuns* – Joint Ventures

ção os possíveis paralelos com evoluções verificadas no âmbito do ordenamento norte-americano de concorrência (mantendo a opção metodológica de sistemática análise comparada desses dois ordenamentos que se encontra subjacente a todo o nosso estudo).[2593] Na verdade, nessa perspectiva de análise – e em relação a outros aspectos relevantes – é possível identificar diversas evoluções convergentes dos referidos ordenamentos comunitário e norte-americano, justamente destacadas por alguma doutrina.[2594] De

---

Comissão em Abril de 2004 e identificadas no *supra* mencionado ponto **5.**, esp. 5.4., do capítulo primeiro da **Parte II**). Ilustram, de forma paradigmática, esse processo de convergência a disposição adoptada na "*section 60*" do "*Competition Act*" do Reino Unido, de 1998, estabelecendo um princípio de interpretação conforme ao direito comunitário, ou os artigos 5.º e 60.º da Lei n.º 18/2003, de 11 de Junho – novo regime nacional de concorrência – que contemplam, respectivamente, a aplicação de Regulamentos de isenção por categoria comunitários a situações inteiramente disciplinadas pelo direito da concorrência nacional e a revisão global do regime nacional de concorrência em função de alterações que venham a ocorrer futuramente no direito comunitário de concorrência (sobre a convergência emergente do regime do Reino Unido, de 1998, cfr. por todos, *The Europeanisation of UK Competition Law*, edited by NICHOLAS GREEN e AIDAN ROBERTSON, Hart, 1999). Podemos, pois, em síntese, admitir que a análise conclusiva ora produzida, sobre *mutações estruturais do ordenamento comunitário de concorrência*, é – nos seus aspectos essenciais – transponível para a generalidade dos ordenamentos nacionais de concorrência, incluindo, como é natural, o regime nacional, globalmente reformado com a aprovação do DL n.º 10/2003, de 18 de Janeiro, e da acima referida Lei n.º 18/2003, com natural ressalva dos aspectos específicos referentes ao travejamento institucional do primeiro ordenamento e aos elementos de interacção entre esses vários ordenamentos. (cfr. sobre as novas formas de ligação entre o ordenamento comunitário e os ordenamentos nacionais, emergentes do denominado processo de "*modernização*", JAMES BERGERON, "Antitrust Federalism in the European Union After the Modernization Initiative", cit.. Este autor, estabelecendo um paralelo com a experiência jurídica norte--americana, refere a possível evolução das relações entre os referidos ordenamentos e as autoridades públicas encarregadas da sua aplicação "*in a direction of cooperative regulatory federalism*" – *op. cit.*, p. 513).

[2593] Essa opção foi, desde logo, enunciada na **Introdução** e o *tratamento comparado dos dois ordenamentos* foi sistematicamente feito a propósito da definição dos contornos essenciais dos mesmos e dos respectivos períodos históricos de formação (*supra*, capítulo primeiro da **Parte II**,), a respeito da definição da categoria da empresa comum (*supra*, capítulo segundo da **Parte I**,), e, naturalmente, no que respeita à análise substantiva dos efeitos da constituição de empresas comuns sobre o processo de concorrência (*supra*, ao longo da **Parte III**, que encerra o núcleo principal da nossa investigação).

[2594] Trata-se de aspecto que adiante merecerá outros comentários mais desenvolvidos. O mesmo foi já por nós referido *supra* – capítulo primeiro da **Parte II** – embora sem uma análise *ex professo* das questões essenciais em causa. De qualquer modo,

Parte IV 1547

qualquer modo, a própria percepção crítica rigorosa dessas possíveis convergências – que assumem, precisamente, grande importância no plano da apreciação de empresas comuns e em áreas influenciadas pelo mesmo – deve ser acompanhada, em nosso entender, pela identificação de algumas especificidades que continuarão, de forma previsível, a caracterizar esses dois ordenamentos.[2595]

Tivemos já ensejo de aflorar, desde as considerações introdutórias da presente dissertação, a existência de uma importante ligação entre a densificação de parâmetros de apreciação das empresas comuns, em sede de direito comunitário da concorrência, e a verificação de mutações qualitativas primaciais deste ordenamento.[2596] Além disso, na nossa caracterização geral do período de formação do direito comunitário da concorrência e dos sucessivos estádios de evolução e consolidação do mesmo, identificámos um estádio mais recente de transição – encetado em meados da última década do século passado –[2597] cujos contornos fundamentais se

---

sobre esse ponto cfr., por todos, FEDERICO GHEZZI, "Verso un Diritto Antitrust Comune? Il Processo di Convergenza delle Discipline Statunitense e Comunitária in Materia di Intese", in Riv Soc. 2002, pp. 499 ss..

[2595] Importa não substituir, de modo algo simplista, a uma visão algo formalista do ordenamento comunitário de concorrência, que caracterizou uma parte significativa do período de formação e consolidação do mesmo – sumariamente descrito *supra*, no capítulo primeiro da **Parte II** – e que acentuava elementos de originalidade do mesmo – uma perspectiva também redutora de identificação com o travejamento jurídico essencial do ordenamento norte-americano. Além disso, como salienta justamente FEDERICO GHEZZI – no estudo "Verso un Diritto Antitrust Comune? Il Processo di Convergenza delle Discipline Statunitense e Comunitária in Materia di Intese" atrás cit. – um importante grau de convergência substantiva entre os dois ordenamentos não deve ser confundido com qualquer visão unitária dos enunciados normativos desses ordenamentos. Como refere este autor, *"occorre, innanzitutto, intendersi sul concetto di 'convergenza'. (…) 'convergenza' non significa tanto disponere di sistemi di norme sostanziali identici sotto il profilo testuale. Significa, invece, che ad essere simili, o a convergere, siano gli objectivi perseguiti, i meccanismi procedurali e gli standard di valutazione, le risorse, gli strumenti e le priorità di intervento, la determinazione nell'enforcement, nonché il grado di effettiva deterrenza del sistema delle sanzioni che punisce le violazioni delle disposizioni contenute nella legge"* (*op. cit.*, p. 507).

[2596] Cfr *supra*, **Introdução**, onde esses aspectos são desde logo suscitados.

[2597] Cfr. *supra* sobre essa matéria, as considerações iniciais formuladas na abertura do capítulo primeiro da **Parte II**, a referência a quatro estádios essenciais de evolução do ordenamento comunitário de concorrência e a este último e decisivo estádio de transição (esp.pontos 3.4.2.1. a 3.4.2.5.).

encontram, de algum modo, prefigurados, mas que, não obstante, ainda estão largamente em aberto. Ora, para esta fase de transição qualitativa do ordenamento comunitário de concorrência, envolvendo quer aspectos relativos à matriz teleológica essencial do mesmo – que configuram uma dimensão própria do que, em termos materiais, se pode já considerar como a constituição económica comunitária –[2598] quer aspectos referentes à metodologia jurídica deste ordenamento (*maxime* em matéria de concretização de normas aplicáveis a empresas), a análise jurídico-económica das empresas comuns e o conjunto dos seus corolários fundamentais representou um elemento indutor da maior importância.

Completado o estudo crítico – essencialmente orientado para aspectos substantivos – dessa categoria, é possível, assim, ensaiar uma perspectiva conjunta, integrada, do processo de construção jurídica deste ordenamento comunitário de concorrência, *reavaliando os elementos que enunciámos como bases da formação do mesmo no quadro da nossa análise, eminentemente descritiva, das fases iniciais do seu desenvolvimento.*[2599]

[2598] Essa ligação entre a redefinição de uma matriz teleológica fundamental do ordenamento comunitário de concorrência e uma dimensão relevante do que possamos já conceber em termos materiais como um travejamento básico da *constituição económica comunitária*, que aflorámos *supra* – **Introdução** e no capítulo primeiro da **Parte II** (esp. ponto **3.**) – será aprofundada, conquanto de modo sumário, nesta análise conclusiva final (*infra*, ponto 2.3.). Deve, contudo, salientar-se, desde já, que nos interessa aqui uma compreensão exclusivamente material do que se possa qualificar como o conjunto de bases de uma *constituição económica comunitária*, independentemente de novos desenvolvimentos no plano formal, resultantes da Convenção Europeia de 2002-2003 e que se venham a traduzir na adopção *de iure condito* de uma "*Constituição Europeia*" (sobre esta matéria, cfr., de qualquer modo, a ressalva feita *supra*, na **Nota Prévia**). Essa compreensão material é possível à luz do "*adquirido*" comunitário em matéria de direito económico e, de resto, previsivelmente, esse travejamento material modelará, no plano jurídico que ora nos ocupa, quaisquer regimes que venham a ser adoptados com uma nova dimensão formal de constitucionalização, sendo a essa luz mínimo, numa perspectiva de análise doutrinal, o risco de desactualização no tratamento dos aspectos ora versados (cfr. sobre as dimensões materiais de *constitucionalização* de aspectos do direito económico comunitário, *maxime* do direito da concorrência, o exposto *infra*, ponto 2.3. e, em particular, ponto 2.3.3. desta **Parte IV** e o extenso conjunto de referências doutrinais sobre a matéria que aí trazemos à colação).

[2599] De acordo com o plano que já expuséramos na abertura do capítulo primeiro da **Parte II**, e reavaliando algumas das bases fundamentais desse ordenamento que aflorámos numa perspectiva dirigida à compreensão do processo de formação originária e consolidação do mesmo. Tratou-se aí de apreender as condicionantes essenciais do

Parte IV

1.2. RENOVAÇÃO DE FUNDAMENTOS NORMATIVOS E DE PROCESSOS METODOLÓGICOS DO ORDENAMENTO COMUNITÁRIO DA CONCORRÊNCIA

Trata-se de apreender, numa perspectiva dogmática específica de direito da concorrência – cuja autonomização e consolidação têm tardado, mesmo no plano comunitário, como acentua, de forma certeira, ULRICH IMMENGA –[2600] a renovação de algumas das suas coordenadas essenciais na esfera dos seus fundamentos normativos (de ordem teleológica) e dos seus processos metodológicos, como *disciplina jurídica própria do funcionamento do mercado*, no sentido também considerado por IMMENGA,[2601] e que, por essa razão, exige uma modelação original das proposições normativas em que assenta (através de uma complexa conjugação de juízos de valor normativos com dimensões da realidade económica – "*realdaten*" – num processo que, como já referimos,[2602] em termos genéricos, é comum a toda a construção jurídica, de acordo com os ensinamentos gerais da denominada teoria estruturante do direito, mas que alcança o seu paroxismo no domínio do direito da concorrência).

Nesse processo de compreensão dogmática importa, na verdade, ter presente algumas componentes particulares deste sistema jurídico de concorrência que, em relação a alguns aspectos, apresentam certos pontos de contacto com a concepção do funcionamento de sistemas jurídicos for-

---

período formativo do direito comunitário da concorrência, o que se mostra essencial para qualquer construção dogmática sobre o mesmo e justificou o tratamento desenvolvido que concedemos à matéria, ainda que numa perspectiva essencialmente descritiva ou histórica. A reflexão que desenvolvemos nesta parte conclusiva visa, por seu turno, à luz de diversos corolários retirados do estudo *ex professo* da categoria da empresa comum, apreender não só o sentido primacial das mutações verificadas nesse ordenamento, como também surpreender novas mutações previsíveis ou desejáveis, ainda a ocorrer.

[2600] Cfr. ULRICH IMMENGA, *Marktrecht*, 1999, e, do mesmo A., *Zivilrechtsdogmatik und Kartellrecht*, in IMMENGA, U. (Hrsg.), *Rechtswissenschaft und Rechtsentwicklung*, 1980.

[2601] Cfr. A. cit., *Marktrecht*, cit.; cfr., ainda, neste plano, embora numa perspectiva dogmática mais ampla, NORBERT REICH, *Markt und Recht*, Hermann Luchterhand Verlag, 1977.

[2602] Cfr., *supra*, **Introdução** (esp. ponto **2. – Metodologia**) as considerações aí formuladas sobre as particularidades dos processos de *formação ou densificação de proposições normativas em sede de direito da concorrência* (matéria sobre a qual enunciaremos ainda alguns corolários no final desta **Parte IV**).

mulada pelo teoria autopoiética.[2603] Pensamos, em especial, na ideia de padrões de ligações valorativas em rede, originados com base na experiência referente a uma multiplicidade de situações de funcionamento de mercados, bem como na ideia de uma indissociabilidade das valorações e proposições jurídicas, em relação aos próprios processos de aplicação das regras que compõem esse corpo normativo.[2604] Admitimos, de resto, que, nesse plano, o direito comunitário de concorrência – e, pela sua influência, a generalidade dos direitos nacionais de concorrência de diversos Estados Membros da UE – acabam por combinar elementos dos sistemas jurídicos continentais e dos sistemas anglo-saxónicos, numa construção jurídica relativamente original quanto aos seus pressupostos metodológicos fundamentais.[2605]

Como elementos do primeiro tipo de sistemas, esse ordenamento incorpora a existência de normas de carácter geral e um aparelho público de aplicação das mesmas orientado por modelos do que podemos denominar, seguindo autores como SCHWARZE, ou HANS PETER NEHL, de direito

---

[2603] Cfr. para uma primeira aproximação aos elementos essenciais da teoria autopoiética do direito, KARL-HEINZ LADEUR, *The Theory of Autopoiesis as an Approach to a Better Understanding of Postmodern Law*, cit.. Para uma visão mais desenvolvida cfr. G. TEUBNER, *O Direito como Sistema Autopoiético*, cit. e, do mesmo A., *Verrechtlichung – Begriffe, Merkmale, Grenzen, Auswege*, in F. KÜBLER (ed.), *Verrechtlichung von Wirtschaft, Arbeit und sozialer Solidarität*, Baden-Baden, Nomos, 1984, pp. 289 ss..

[2604] Cfr. sobre a importância desse tipo de elementos na teoria autopoiética de sistemas jurídicos, KARL-HEINZ LADEUR, *The Theory of Autopoiesis as an Approach to a Better Understanding of Postmodern Law*, cit., esp. pp. 13 ss., *maxime* na parte em que este autor refere o sistema jurídico como "*a kind of self-creating network of relationships which designs itself on the basis of linkages which have already been operated successfully (…). The system is operationally closed, which means that it is open to coupling, but only on the basis of its own operational and semantic possibilities*". Estes pressupostos devem, contudo, em nosso entender, ser mitigados, sob pena de alguma conformação da teoria autopoiética como uma nova forma de positivismo jurídico. Essa atenuação ou ajustamento deverá verificar-se – sobretudo no domínio do direito da concorrência – com base na ideia de *recepção de elementos da realidade económica, os quais são, de algum modo, normativamente recriados*. Cfr. também N. LUHMANN, *The Self-Reproduction of Law and Its Limits*, in G. TEUBNER (ed.), *Dilemmas of Law in the Welfare State*, Berlin, New York, 1985, pp. 111 ss..

[2605] Cfr., em geral sobre os denominados *sistemas jurídicos continentais* (incluindo as denominadas famílias romanística e germânica) *e anglo-saxónicos*, K. ZWEIGERT, H. KÖTZ, *An Introduction to Comparative Law*, cit., esp. pp. 63 ss. e pp. 76 ss..

Parte IV 1551

administrativo europeu[2606] e, como aspecto típico dos sistemas anglo-saxónicos, o mesmo ordenamento integra uma importante dimensão de análise jurídica casuística. Nestes termos, pode conjugar num equilíbrio de tipo novo – embora difícil de estabelecer, enquanto tal – alguns dos aspectos mais positivos desses dois sistemas, compreendendo, por um lado, a perspectiva metodológica da análise casuística, determinada por certas percepções variáveis de realidades económicas concretas, e, por outro lado, a definição de conexões sistemáticas entre as várias análises casuísticas (e ordenadoras das mesmas através de modelos de juridicidade, fundados em parâmetros orientadores, e que permitam introduzir alguma previsibilidade ou segurança jurídica para as entidades – fundamentalmente empresas – sujeitas à aplicação de normativos de concorrência).

Trata-se, pois, de um ordenamento que comporta uma fundamental dimensão *"processual"* – no sentido contemplado por HABERMAS –[2607] com base na qual as próprias proposições normativas centrais se materializam através de sucessivos processos de aplicação das normas e que, em paralelo, deve produzir conexões sistemáticas que permitam organizar, segundo determinados modelos de análise com alcance geral, as diversas situações de mercado sujeitas a apreciação. Nessa perspectiva, as orientações de *análise económica do direito* – no sentido delineado por autores como R. COOTER –[2608] podem também constituir uma referência fundamental para a construção desses modelos de análise do direito da concorrência, com vista ao estabelecimento de padrões de avaliação jurídica

---

[2606] Cfr SCHWARZE, *Europäisches Verwaltungsrecht*, 1988, e HANS PETER NEHL, *Principles of Administrative Procedure in EC Law*, Hart, 1999.

[2607] Cfr. J. HABERMAS, *Faktizität und Geltung*, Frankfurt/M, 1992, esp. pp. 127 ss. e pp. 496 ss.

[2608] Cfr. R. COOTER, *Law and Economics*, New York, 1996 e AVERY WIENER KATZ, *Foundations of the Economic Approach to Law*, New York Oxford, 1998. A este respeito, importa ter presente que existem pelo menos duas orientações essenciais distintas de *análise económica do direito* (*"law and economics"*). De acordo com uma dessas orientações – que já tem sido denominada de *modelo da cooperação* – na ausência de condicionamentos legais, os agentes económicos racionais tendem, no seu próprio interesse, a explorar todas as oportunidades no sentido de interagir entre si com vista à obtenção de benefícios mútuos. De acordo com a outra orientação fundamental – também conhecida como *modelo das falhas de mercado* – só em circunstâncias ideais se verifica tal interacção socialmente benéfica, existindo um espaço decisivo para a intervenção de comandos e instituições jurídicos dirigidos à promoção de intercâmbios eficientes, no interesse geral.

1552   *Empresas comuns* – Joint Ventures

das situações em função de diferentes alternativas baseadas em soluções de racionalidade económica. Essa *análise económica do direito* orientada por *critérios directores essenciais de eficiência económica* deverá contribuir para a construção do conjunto de *conexões sistemáticas* que atrás referimos e que podem conferir coerência aos juízos normativos fundamentais em que assenta esse ordenamento.[2609]

1.3. OS TRÊS VÉRTICES FUNDAMENTAIS DA TRANSIÇÃO PARA UM NOVO ESTÁDIO DE CONSOLIDAÇÃO DO ORDENAMENTO COMUNITÁRIO DA CONCORRÊNCIA

1.3.1. Perspectiva geral

Assim, considerando o processo de renovação de algumas das coordenadas essenciais do ordenamento comunitário de concorrência a que vimos aludindo, e de acordo com o que temos exposto ao longo do nosso estudo, pensamos que a particular experiência de análise intensiva de empresas comuns, no quadro da aplicação do RCC – quanto às empresas comuns qualificáveis como operações de concentração – bem como a avaliação de empresas comuns não passíveis dessa qualificação, à luz dos elementos analíticos distintivos das mesmas (relacionados com um qualquer *maius* de eficiência decorrente de contribuições das mesmas para o processo produtivo, entendido em sentido lato)[2610] tem contribuído, de forma decisiva, para a percepção de limitações ou distorções do ordenamento comunitário de concorrência, em especial no domínio da regulação dos fenómenos de cooperação entre empresas.

Essa influência dos processos intensivos de análise de empresas comuns coincidiu com a interferência de outros factores, como a evolução

---

[2609] Referimo-nos aqui a *conexões sistemáticas* no sentido proposto na análise de KARL-HEINZ LADEUR que acima trouxemos à colação (cfr. A. cit., *The Theory of Autopoiesis as an Approach to a Better Understanding of Postmodern Law*, cit., esp. pp. 13 ss.).

[2610] Sobre esses elementos analíticos que permitem a distinção da categoria da *empresa comum* face à generalidade dos fenómenos de cooperação empresarial em direito da concorrência – *maxime* no direito comunitário da concorrência – cfr. o exposto *supra*, capítulo segundo da **Parte I**, esp. ponto **6.**.

Parte IV 1553

do próprio movimento comunitário de integração, ou a emergência de bloqueamentos no funcionamento de sistema de competências centralizadas na Comissão, em que tem assentado primacialmente a aplicação de normas comunitárias de concorrência, para induzir transformações importantes deste ordenamento, cujo sentido geral procuramos apreender. Não obstante esta conjugação de factores, concentramos, como é natural, a nossa atenção nos elementos de mutação do ordenamento comunitário de concorrência mais directamente relacionados com a análise das empresas comuns.

Referimos já que a transição para um novo estádio de consolidação do ordenamento comunitário de concorrência, iniciada em meados da década transacta, comporta, em nosso entender, três vértices primaciais que nos propomos equacionar criticamente nesta síntese conclusiva final.[2611] Estes, correspondem, em termos sintéticos, à alteração das prioridades teleológicas do ordenamento comunitário da concorrência, à renovação da compreensão dogmática das categorias jurídicas de cooperação empresarial e da própria metodologia jurídica de análise, em geral, deste ordenamento e à transformação do modelo institucional de organização do sistema comunitário de concorrência, num sentido de descentralização que reforça a intervenção das autoridades nacionais de concorrência, bem como dos tribunais nos vários Estados Membros.

1.3.2. Alteração das prioridades teleológicas e renovação da metodologia como dimensões da mutação do ordenamento comunitário da concorrência associadas com a análise de empresas comuns

Sem prejuízo da inegável importância do último vector acima referido, desencadeado pelas denominadas iniciativas de *"modernização"* do direito comunitário da concorrência – associadas à apresentação do Livro Branco, de 1999 – esta nossa análise conclusiva final incide, essencialmente sobre as duas primeiras dimensões acima identificadas, devido

---

[2611] Sobre este *mais recente estádio de evolução do direito comunitário da concorrência* e sobre os outros três estádios anteriores que identificámos, cfr. *supra*, capítulo primeiro da **Parte II**, esp. pontos 3.4.2.1. a 3.4.2.5.; cfr. também **Introdução** (esp. ponto **1.**, XIV) sobre as três dimensões fundamentais do processo de mutação deste ordenamento.

à sua mais directa interconexão com alguns dos corolários fundamentais da avaliação sistemática de empresas comuns. Esse terceiro vector apenas será objecto de tratamento residual neste nosso estudo e em função da própria importância que atribuímos às dimensões institucional e *"processual"* (no sentido acima assinalado) para a densificação jurídica das normas comunitárias de concorrência.

Além disso, no que respeita a cada um dos dois principais vectores de análise sobre os quais incide a nossa atenção, procuramos aflorar com alguma autonomia – embora de forma muito sintética – matérias estreitamente conexas com os mesmos, de alcance mais geral. Assim, em articulação com a nossa *problematização do modelo teleológico do ordenamento comunitário de concorrência* (primeiro vector de análise *supra* identificado), ensaiamos uma brevíssima reflexão sobre o possível desenvolvimento de uma dimensão material constitucional, neste plano comunitário, na qual se inscrevam algumas das valorações fundamentais subjacentes à tutela jurídica assegurada pelas normas de concorrência. Por seu turno, a *reflexão crítica sobre as questões de metodologia de análise dos fenómenos de cooperação empresarial, particularmente influenciadas pela praxis de apreciação das empresas comuns,* (segundo vector de análise *supra* identificado) conduz-nos a uma sumária reavaliação de alguns dos problemas metodológicos particulares suscitados pela interpretação e aplicação das normas de concorrência.

2. A reorientação das prioridades teleológicas do ordenamento comunitário de concorrência

2.1. PERSPECTIVA GERAL

2.1.1. Análise de empresas comuns e definição de coordenadas teleológicas do direito da concorrência

Na nossa análise inicial dos fundamentos essenciais do ordenamento comunitário de concorrência e do período de formação e consolidação do mesmo, ensaiámos já uma caracterização geral do programa teleológico

Parte IV 1555

subjacente ao mesmo, bem como uma reflexão teórica (embora razoavelmente genérica) sobre os possíveis escopos de políticas de concorrência.[2612] Procurámos, então, delinear uma primeira contraposição histórica dos modelos teleológicos desse ordenamento e do ordenamento norte-americano da concorrência, tomando como referência geral uma ideia de pluralismo de objectivos no plano comunitário e uma relativa aproximação a um modelo monista no caso norte-americano. Ora, considerando os específicos elementos resultantes do nosso estudo crítico das valorações jurídico-económicas desenvolvidas em sede de apreciação material de empresas comuns, propomo-nos, nesta síntese conclusiva final, reavaliar, em termos globais, e numa perspectiva evolutiva – sem repetir a teorização geral de objectivos exposta na parte inicial desta dissertação e que damos como pressuposta – o programa teleológico do direito comunitário da concorrência.

Na realidade, devido às suas características compósitas – que temos identificado e caracterizado criticamente ao longo do nosso estudo – as empresas comuns suscitam com frequência problematizações jurídicas complexas, que convocam a ponderação conjunta, por um lado, de potenciais elementos restritivos da concorrência e, por outro, de possíveis elementos favoráveis ao processo de concorrência. Nessa medida, e em função da extensão dessas ponderações, a avaliação das empresas comuns tende a exigir o apuramento dos limites do cabimento desse tipo de elementos diferenciados no programa teleológico do direito comunitário de concorrência, bem como a definição de verdadeiras prioridades nesse mesmo programa.

Como pudemos verificar no estudo *ex professo* que empreendemos dos processos de análise de diversas subcategorias de empresas comuns submetidas ao regime do artigo 81.º CE, a avaliação das mesmas suscita, de forma particularmente intensa, a definição de questões hermenêuticas em relação à extensão das ponderações globais que cabem no regime estabelecido no n.º 1 do artigo 81.º CE, e ao tipo de justificações económicas pró-concorrenciais que se devam subsumir nessa disposição, ou no n.º 3 do mesmo artigo 81.º CE (pela amplitude das ponderações valorativas que desencadeiam, e nos moldes que analisámos na **Parte III** desta dissertação, as empresas comuns tendem, pois, a suscitar, no mais alto grau, a problematização jurídica em torno da articulação entre esses regi-

---

[2612] Cfr. *supra*, capítulo primeiro da **Parte II**, esp. pontos 2.2. a 3.4..

1556 *Empresas comuns* – Joint Ventures

mes dos n.ᵒˢ 1 e 3 do artigo 81.º CE – matéria que também equacionaremos, nesta síntese conclusiva, no quadro do segundo vector acima identifcado, correspondente à metodologia jurídica de avaliação das questões de cooperação empresarial).[2613]

Verificámos, igualmente que a categoria de empresas comuns qualificáveis como operações de concentração se encontra submetida a um regime substantivo estabelecido no RCC que integra um teste fundamentalmente baseado em puros parâmetros de concorrência, relacionados com considerações referentes ao poder de mercado das empresas – *maxime ex vi* dos n.ᵒˢ 2 e 3 do artigo 2.º do RCC, embora o mesmo teste deva ser articulado com factores de outra ordem, enunciados no n.º. 1 do referido artigo 2.º do RCC, cuja natureza e alcance materiais não são inequívocos (*vg.*, entre outros a *"evolução do progresso técnico e económico"*).[2614]

Assim, também em relação a esta subcategoria de empresas comuns a concretização dos testes substantivos que enquadram a avaliação dos respectivos efeitos sobre o processo de concorrência e, sobretudo, o carácter recorrente e intensivo das análises efectuadas no quadro do RCC têm suscitado, com particular acuidade, a definição – e, porventura, a reavaliação, numa perspectiva de interpretação evolutiva –[2615] das principais coordenadas teleológicas do ordenamento comunitário de concorrência. De resto, a própria intensidade da *praxis* decisória referente à aplicação do regime do RCC a empresas comuns, envolvendo obrigatoriamente a con-

---

[2613] Encontra-se em causa, designadamente, nesse plano a questão de eventual aplicação de um parâmetro comparável à *"regra de razão"* do direito norte-americano no âmbito do n.º 1 do artigo 81.º CE, ou de outras soluções intermédias que permitam alguma margem de ponderação valorativa no quadro desse regime e que se afastem de critérios *per se* de proibição que pareceram prevalecer em fases anteriores de evolução do direito comunitário de concorrência. Como acima se refere, retomaremos essa problematização, *infra*, ponto 3.4. desta parte conclusiva.

[2614] Cfr., sobre esta matéria, o exposto *supra* sobre o teste substantivo de avaliação de empresas comuns qualificáveis como operações de concentração, no quadro do RCC, capítulo segundo da **Parte III**, esp. ponto 2.2.5.2..Tivemos aí ensejo de analisar criticamente a menor clareza de critérios como o *supra* mencionado, embora destacando que, enquanto o mesmo pode suportar a ideia de ponderação de elementos de eficiência económica, não deve ser utilizado para a ponderação de interesses públicos dissociados de estritos parâmetros de concorrência.

[2615] Sobre o conceito de interpretação evolutiva cfr, OLIVEIRA ASCENSÃO, *O Direito – Introdução e Teoria Geral*, cit., esp. pp. 389 ss.. Cfr., também, BETTI, *Interpretazione della Legge e sua Efficienza Evolutiva*, Padova, 1959.

cretização de testes que convocam, de modo directo, o conceito de poder de mercado para a formação dos juízos jurídicos, tem contribuído, só por si, para colmatar um tradicional défice na exposição dos fundamentos de juízos de aplicação de normas comunitárias de concorrência, com a inelutável componente teleológica que os mesmos devem comportar por força da estrutura dessas normas, que de seguida comentaremos (défice expositivo justamente detectado e criticado por autores como VALENTINE KORAH, quer no que respeita à prática decisória da Comissão, quer – em termos que têm sido objecto de menor atenção – em relação à jurisprudência do TJCE e do TPI, comparada *vg.* com a jurisprudência de outros tribunais superiores noutras jurisdições).[2616]

Acresce que o tipo de análises mais recorrentes em sede de aplicação do regime do RCC a determinadas empresas comuns envolve parâmetros materiais primacialmente dirigidos ao conceito-quadro de poder de mercado e das consequências do seu exercício. Este conceito tem estado associado, em regra, ao núcleo das concepções monistas do direito da concorrência (*vg.* no ordenamento norte-americano, após a emergência das teses da denominada escola de Chicago). Tal contribui indiscutivelmente para o progressivo estabelecimento de prioridades teleológicas do direito comunitário de concorrência, corrigindo algumas indefinições resultantes da originária pluralidade de objectivos que caracterizou esse ordenamento e introduzindo essas mesmas prioridades – associadas à ideia de poder de mercado – no domínio mais lato da regulação, em geral, dos fenómenos de cooperação entre empresas (com repercussões manifestas, por um lado, na análise das subcategorias de empresas comuns submetidas ao regime do artigo 81.º CE, e, por outro lado, na análise da generalidade das situações avaliadas no quadro do mesmo regime).

[2616] Cfr. nesse sentido VALENTINE KORAH, *Future Competition Law: Community Courts and Commission Not Consistently Analytical in Competition and Intellectual Property Matters*, in *European Competition Law Annual 1997, the Objectives of Competition Policy*, Editors, CLAUS-DIETER EHLERMANN e LARAINE L. LAUDATI, cit.. KORAH efectua uma comparação em relação à jurisprudência do Supremo Tribunal norte-americano e em relação ao Tribunal Constitucional alemão, que se mostra desfavorável para o TJCE no que respeita ao grau de suficiência da explicitação do que esta autora denomina como *"reasons for policy"*. E, na verdade, este défice de *fundamentação* – a qual deveria ter conexões claras com o programa teleológico subjacente às normas comunitárias de concorrência, quando a aplicação destas se encontre em causa – verifica-se e tende até a agravar-se em alguns domínios, apesar do peso de critérios de interpretação teleológica normalmente reconhecidos ao TJCE e ao TPI.

Essa definição tem resultado, também, de uma inevitável ponderação de critérios estritos de concorrência – ligados à noção de poder de mercado – com outros factores sócio-económicos (acolhidos de forma não inteiramente clara, como se observou, no n.º 1 do artigo 2.º do RCC). Tal sucede num quadro geral em que se pode já admitir a existência de um princípio adquirido de global prevalência desses critérios de concorrência, sem prejuízo da sua articulação noutras sedes jurídicas – *vg.* envolvendo a aplicação de outras normas de regulação sectorial – com outro tipo de interesses públicos relevantes e merecedores de alguma tutela jurídica.[2617] Acresce, ainda, que em relação a essa matéria nuclear referente ao poder de mercado das empresas, a avaliação de empresas comuns no quadro do RCC tem obrigado à sistemática ponderação conjunta dos vários elementos económicos relacionados com as múltiplas noções possíveis de bem estar e de eficiência, bem como dos possíveis efeitos contraditórios subjacentes aos mesmos. Significa isto que, mesmo no quadro de um núcleo de preocupações mais estritas de concorrência – convenientemente diferenciadas de modo mais transparente de outros tipos de interesses sócio-económicos – se tem, de forma progressiva, delineado um balanço entre imperativos teleológicos a salvaguardar.[2618] Esse balanço valorativo e as correspon-

---

[2617] Sobre as condições de ponderação de outros *interesses públicos* – sempre fora do enquadramento jusconcorrencial de avaliação de empresas comuns qualificáveis como concentrações, embora em articulação com este – cfr. os aspectos expostos *supra*, capítulo segundo da **Parte III** (esp. ponto 2.2.5.2.).

[2618] O estabelecimento desse *balanço entre imperativos teleológicos a salvaguardar*, determinando, por seu turno, uma *ponderação selectiva de elementos de informação económica e factores relevantes à luz dos mesmos imperativos*, tem sido gradualmente conseguido em sede da avaliação de empresas comuns no quadro do RCC – à luz do poder de mercado das empresas envolvidas – apesar de algumas oscilações da *praxis* decisória da Comissão neste domínio e deverá progressivamente influenciar os juízos de concretização jurídica relativos a empresas comuns em sede de aplicação do artigo 81.º CE. Na doutrina norte-americana, autores como, *vg.*, AREEDA, HOVENKAMP e SOLLOW salientam justamente a necessidade de uma clara definição de prioridades teleológicas e de uma consequente *selecção e enfoque adequados num conjunto limitado de factores relevantes*, sob pena de indefinições e de alguma *aleatoriedade* na aplicação de regras referentes a concentrações (estes autores criticam assim o que denominam como uma "*all-encompassing appraisal*" que pretenda concretizar os normativos de concorrência com base numa ponderação muito alargada de factores revelados por pesquisas de mercado e informações económicas e equacionados segundo diversos modelos económicos. Cfr. As. cit., *Antitrust Law*, cit., Vol. IV, par. 905c e ss.).

Parte IV

dentes clarificações teleológicas contrastam com as indefinições e ambiguidades de valoração que, como se referiu, caracterizaram, em muitos
pontos, a aplicação do artigo 81.º CE à generalidade das situações de
cooperação empresarial.[2619]

Em virtude deste conjunto de razões, o aprofundamento dos processos analíticos de exame das empresas comuns, quer em relação às
subcategorias submetidas ao regime do artigo 81.º CE, quer em relação às
subcategorias submetidas ao RCC, tem contribuído para a progressiva
reavaliação do programa teleológico do direito comunitário que temos
vindo a referir.

2.1.2. O processo complexo de construção das prioridades teleológicas subjacentes às proposições normativas centrais do direito da concorrência

Como já tivemos ensejo de referir, a definição de objectivos essenciais das regras de concorrência não se tem mostrado consensual, mesmo
no ordenamento que indiscutivelmente alcançou um maior grau de consolidação e densificação jurídico-económica das suas opções fundamentais (o ordenamento norte-americano). Uma tal indefinição, que seria
sempre negativa em qualquer área do direito, mostra-se especialmente
problemática devido à particular estrutura normativa do direito da concorrência. Na verdade, autores como WERNHARD MÖSCHEL salientam justamente – numa observação que entendemos aplicável quer ao ordenamento comunitário, quer ao ordenamento norte-americano – o facto de o
programa normativo fundamental do direito da concorrência ser cons-

---

[2619] Para uma visão crítica sobre essas indefinições valorativas no domínio da aplicação do artigo 81.º CE e até – pelo menos em certos períodos – sobre a excessiva permeabilidade dos processos de concretização desse normativo a diversos elementos de interesse
público dificilmente recondutíveis a parâmetros de concorrência, cfr. REIN WESSLING, *The
Modernisation of EC Antitrust Law*, cit., esp. pp. 39-40. Este autor refere, de modo sugestivo, o desenvolvimento, por parte da Comissão, de uma "*sectorial approach, characterised by increased use of the discretion for positive measures on the basis of the application of Article 81(3) EC, was not limited to sectors which suffered from economic crisis.
(…). By way of its innovative applications of the competence to declare the competition
rules inapplicable to certain agreements, the Commission conducted 'positive' economic
policy on the basis of community antitrust law*".

truído com base em conceitos ou categorias jurídicas que se revestem de um razoável grau de generalidade e indeterminação.[2620]

Essa estrutura normativa resulta de uma essencial inadequação do objecto coberto pelas regulações de concorrência – os mercados e os feixes diversificados de relações que se estabelecem no quadro dos mesmos (no sentido *supra* referido, proposto por IMMENGA) – à formulação de proposições jurídicas de conteúdo pormenorizado ou extenso. Atendendo à irredutibilidade dos processos económicos multímodos, desenvolvidos no quadro do funcionamento dos mercados, a qualquer sistema de qualificações jurídicas mais rígido ou mais desenvolvido, bem como ao extremo dinamismo que caracteriza esses processos, a estrutura de regras de direito de concorrência deve, por natureza, assentar em conceitos razoavelmente genéricos ou indeterminados e num sistema de conexões que se revista de considerável flexibilidade.

Em contrapartida, face a estes padrões flexíveis de *"normatividade"*, a clarificação dos pontos fundamentais do programa teleológico dos ordenamentos de concorrência assume uma decisiva importância para a concretização das respectivas normas e os princípios orientadores básicos que informem esse programa deverão incluir como uma das suas componentes uma verdadeira função normogenética.[2621]

Se este aspecto torna especialmente problemática a indefinição relativa às prioridades teleológicas do ordenamento comunitário de concorrência – a que atrás aludimos – o mesmo permite também, de algum modo, compreender a intensidade das controvérsias doutrinais, espelhadas, de resto, na jurisprudência e na *praxis* decisória sobre essa matéria. É que, de uma forma que não encontra paralelo noutras áreas do direito, no plano do ordenamento da concorrência, a clarificação das opções teleológicas subjacentes ao mesmo não corresponde predominantemente a um problema teórico, mas corresponde a um elemento decisivo para a concretização *pari passu* das proposições normativas centrais desse ordenamento.

Tal impõe um processo de construção jurídica que, a partir de um conjunto muito limitado de conceitos-quadro enunciados nas normas

---

[2620] Cfr. WERNHARD MÖSCHEL, "The Goals of Antitrust Revisited", cit., pp. 7 ss..

[2621] Cfr. para uma caracterização deste tipo de *funções normogenéticas* de certos *princípios jurídicos gerais*, cfr. CANARIS, *Pensamento Sistemático e Conceito de Sistema na Ciência do Direito*, cit., esp. pp. 76 ss. e J. ESSER, *Grunsatz und Norm in der richterlichen Fortbildung des Privatrechts*, 2. Aufl., Tübingen, 1964, esp. pp. 51 ss..

Parte IV 1561

gerais de concorrência, permita delinear um programa teleológico coerente. Foi nesse sentido que atrás referimos possíveis conexões dessa construção jurídica inerente aos ordenamentos de concorrência com a teoria autopoiética e com algumas visões da análise económica do direito, visto encontrar-se em causa, nesta sede jurídica, um processo dinâmico de formulação de padrões valorativos, originados com base em experiências referentes a uma multiplicidade de situações de funcionamento de mercados, os quais, por seu turno, vão sucessivamente informando o tratamento de novas situações submetidas ao direito da concorrência.

A base formal desse processo de construção jurídica é, pois, no ordenamento comunitário de concorrência – bem como no direito norte--americano – muito limitada, não integrando as normas gerais de concorrência destes ordenamentos, como já atrás referimos, qualquer enunciação expressa de objectivos que devam, orientar os diversos juízos jurídicos relevantes. Curiosamente, nos casos absolutamente excepcionais de ordenamentos de concorrência mais desenvolvidos, ou consolidados, que integram previsões expressas de objectivos gerais, como sucede *vg.* com o direito canadiano da concorrência,[2622] a concretização jurídica das normas de concorrência, quer na prática decisória das autoridades públicas administrativas, quer na jurisprudência, tem conduzido a uma reavaliação das prioridades teleológicas desses ordenamentos em sentido mais restritivo. Assim, no direito canadiano da concorrência são enunciados quatro objectivos primaciais, de alcance geral, compreendendo a eficiência e capacidade de adaptação da economia nacional, a protecção das pequenas e médias empresas, a competitividade internacional e a salvaguarda de preços concorrenciais e da capacidade de escolha dos consumidores. Ora, não obstante esta consagração formal de alguns objectivos de carácter muito lato, que vão além da salvaguarda da eficiência económica, ou mesmo de fundamentos com alcance estritamente económico, a concretização das normas desse ordenamento tem evoluído no sentido de uma progressiva concentração na promoção de vários tipos de eficiência e do bem estar dos consumidores.

Essa realidade confirma, de algum modo, que, mesmo nos casos relativamente excepcionais em que certos ordenamentos consagram *de*

[2622] Cfr. sobre estas soluções normativas no direito da concorrência canadiano, CALVIN S. GODMAN, *The Objectives of Competition Law and Their Implementation – A Canadian View*, in *European Competition Law Annual 1997, the Objectives of Competition Policy*, Editors, CLAUS-DIETER EHLERMANN e LARAINE L. LAUDATI, cit..

iure condito, e em termos expressos, objectivos a prosseguir através das normas de concorrência acaba por ser, em última análise, o processo dinâmico de concretização jurídica dessas normas que vem ditar a conformação material dos programas teleológicos desses ordenamentos. Outra consequência deste *tipo particular de construção jurídica que caracteriza os ordenamentos de concorrência* corresponde a uma *quase inelutável componente evolutiva dos programas teleológicos que subjazem aos mesmos*, mediante processos em que a *juridicização de certos conceitos ou parâmetros-quadro, definidores desses programas, interage com a realidade económica dos mercados e com modelos diversos* – em sede de teoria e análise económicas, sujeitas a permanente evolução – *de compreensão dessa realidade*.[2623]

Em contrapartida, essas características dos processos de construção jurídica próprios dos ordenamentos de concorrência – e, como tal, presentes, no direito comunitário de concorrência de que nos ocupamos – não devem originar quaisquer pré-compreensões dos mesmos que, na senda de algumas teses da escola de Chicago e das reacções críticas que estas desencadearam em relação a anteriores visões mais jurídico-formais dessas regras,[2624] coloquem em causa o travejamento essencial de normatividade sobre o qual são formuladas e descodificadas tais normas. Retomando um pressuposto metodológico que já aflorámos como elemento subjacente a toda a nossa investigação,[2625] e tendo presente as análises,

---

[2623] É, fundamentalmente, por essas razões, que admitimos uma *aproximação* neste domínio normativo a alguns parâmetros directores essenciais da *teoria autopoiética*, mas "*corrigindo-os*" com uma atenuação do carácter sistémico aparentemente fechado – pelo menos em algumas formulações teóricas – das estruturas normativas e respectiva concretização. Pela nossa parte, consideramos necessário enfatizar a importância da *recepção permanente de elementos e factores económicos no corpo normativo do direito da concorrência*, os quais devem, contudo, ser *recriados* e desenvolvidos com base num *conjunto organizado de conexões* que tomam necessariamente como ponto de partida um conjunto limitado de imperativos teleológicos, configurando as proposições normativas centrais desta área do direito.

[2624] Cfr. sobre essas teses de escola de Chicago o exposto *supra*, capítulo primeiro da **Parte II** (esp. ponto 3.4.) desta dissertação. Essa matéria é também retomada *infra*, pontos 2.2.5.2. a 2.2.5.6., desta **Parte IV**.

[2625] Cfr. o exposto *supra*, na **Introdução** – esp. ponto **2.** (**Metodologia)** para o qual remetemos – na qual trouxemos, desde logo, à colação estas posições de DIETER SCHMIDTCHEN.

também já referidas, de autores como DIETER SCHMIDTCHEN,[2626] consideramos que a análise económica e os dados de realidades de mercado conformados pela mesma não têm aptidão para determinar, enquanto tais, a formulação de juízos normativos em que assenta a construção jurídica do direito da concorrência (como sucede com qualquer área do direito). Esse tipo de juízos e a construção de parâmetros e de um discurso de normatividade exigem a produção de valorações, num plano que é, em si mesmo, irredutível à análise económica.

Subscrevemos, pois, neste ponto a posição de SCHMIDTCHEN, segundo a qual as meta-regras do discurso económico excluem, por definição, a produção de juízos de valor que possam desembocar em qualquer nível de normatividade. Tal não impede, bem entendido, que os pressupostos e a concretização dos juízos normativos centrais do ordenamento da concorrência sejam fundamentalmente informados por análises económicas de diversos tipos, o que, por seu turno, determina, como acima referimos, uma inelutável componente evolutiva ou dinâmica do programa teleológico deste ordenamento. O que importa apreender é que essa análise e modelação económicas não poderiam desenvolver-se sem a pré--determinação de princípios directores gerais que configuram o programa teleológico do direito da concorrência e que têm como ponto de partida valorações que, em si mesmas, são estranhas à teoria económica. Deste modo, qualquer orientação que procure reconduzir essencialmente o direito da concorrência à definição e funcionamento de vários modelos económicos é redutora – e algumas evoluções de posições sustentadas no âmbito da escola de Chicago, como adiante observaremos, incorrem, efectivamente, nesse risco – visto que não capta o plano específico de normatividade que se encontra na base do direito da concorrência.

[2626] Cfr. DIETER SCHMIDTCHEN, "The Goals of Antitrust Revisited", cit., pp. 31 ss..

1564   *Empresas comuns* – Joint Ventures

2.1.3. As controvérsias entre visões monistas e pluralistas do programa teleológico do direito da concorrência

2.1.3.1. *A evolução de teses monistas no ordenamento norte--americano da concorrência e de teses pluralistas no ordenamento comunitário da concorrência*

No quadro das intensas controvérsias doutrinais em matéria de definição de objectivos dos ordenamentos de concorrência, a que vimos aludindo é possível, de qualquer modo, reconhecer uma diferença de fundo entre os ordenamentos comunitário e norte-americano (embora a mesma, como adiante se explicitará, não deva ser entendida de forma demasiado rígida ou linear). Assim, sem prejuízo de algum recente movimento de possível convergência entre os mesmos, cujo efectivo alcance se encontra ainda em aberto, têm prevalecido nas análises do ordenamento comunitário de concorrência, como já se apontou,[2627] as visões pluralistas, caracterizadas, no mínimo, pela coexistência de objectivos de integração económica – que representam um elemento de especificidade desse ordenamento – e de objectivos de promoção da concorrência, relacionados com noções de eficiência económica e com outras considerações estritamente económicas. Em sentido diverso, no ordenamento norte-americano a especial influência da escola de Chicago, na década de setenta do século passado, conduziu a alguma prevalência das teses monistas, baseadas numa visão estrita da prossecução de objectivos de eficiência económica.

Todavia, como também já se apontou,[2628] mesmo neste ordenamento da concorrência mais consolidado, ao fim de mais de um século de exis-

---

[2627] Cfr. *supra*, **Introdução** e capítulo primeiro da **Parte II** (essencialmente, nos pontos já citados). Para uma referência impressiva a essa contraposição entre orientações monistas e pluralistas, cfr. WERNHARD MÖSCHEL, "The Goals of Antitrust Revisited", cit., pp. 7 ss..

[2628] Cfr. o exposto *supra*, capítulo primeiro da **Parte II** (nos pontos referidos nas notas anteriores), com a ressalva de que as referências aí feitas ao programa teleológico do direito da concorrência norte-americano – e para as quais ora remetemos – são feitas essencialmente numa óptica de contraposição com os imperativos teleológicos que caracterizaram os períodos formativos do direito comunitário da concorrência. Uma perspectiva crítica de conjunto sobre os desenvolvimentos desses programas teleológicos, tomando em consideração os corolários resultantes da análise de empresas comuns – é, em contrapartida, ensaiada nesta **Parte IV**.

Parte IV 1565

tência, que é o ordenamento norte-americano, não foi possível alcançar quaisquer consensos doutrinais, no plano da aplicação do direito pelas autoridades públicas federais, ou ao nível da jurisprudência dos tribunais superiores, quanto aos objectivos essenciais das normas de concorrência. H. HOVENKAMP recorda justamente[2629] que o peso alcançado pelas teses monistas na sequência dos trabalhos de autores como BORK, ou AREEDA e TURNER,[2630] sucedeu a estádios de evolução do direito norte-americano da concorrência nos quais se reconhecera a necessidade de prossecução de múltiplos objectivos além da promoção da eficiência económica, incluindo, designadamente, propósitos de protecção de pequenas empresas em relação à actuação mais agressiva e eficiente dos maiores grupos económicos. Paradigmática dessa latitude reconhecida aos objectivos do direito da concorrência foi, *vg.*, na década de sessenta do século passado, a jurisprudência do Supremo Tribunal no caso *"Brown Shoe"*.[2631]

Essa maior latitude reconhecida ao programa teleológico do direito da concorrência norte-americano enfermou, então, de várias indefinições e de uma deficiente clarificação de prioridades entre os múltiplos valores merecedores de tutela, com prejuízo para a segurança jurídica e previsibilidade dos juízos dirigidos às empresas neste domínio. Outra consequência normalmente apontada desse corpo plural e sincrético de objectivos foi um excesso de intervencionismo público em sede de aplicação de normas de concorrência, o qual começou, justamente, a ser denunciado a propósito da avaliação de situações respeitantes a empresas comuns e a concentrações, devido à sistemática desconsideração de factores de eficiência económica associados às mesmas. Assim, independentemente do contributo fundamental das específicas evoluções da teoria económica que conduziram à crítica dessa visão lata dos escopos do ordenamento da concorrência, pensamos que a análise das operações de concentração e, sobretudo, das empresas comuns, ao sublinhar e evidenciar a especial importância dos elementos de eficiência económica inerentes às mesmas,

---

[2629] Cfr. HERBERT HOVENKAMP, *United States Antitrust Law: Implementation of its Varied Goals*, in *European Competition Law Annual 1997, the Objectives of Competition Policy*, Editors, CLAUS-DIETER EHLERMANN e LARAINE L. LAUDATI, cit..

[2630] Cfr. ROBERT BORK, *The Antitrust Paradox: A Policy at War with Itself*, cit.; P. AREEDA, D. TURNER, *Antitrust Law – An Analysis of Antitrust Principles and Their Application*, 1978.

[2631] Cfr. o essencial precedente judicial em causa – *"Brown Shoe Co. v. United States, 370 US. 294, 344 (1962)"*.

1566   *Empresas comuns* – Joint Ventures

foi também decisiva para a reavaliação qualitativa desses objectivos (como se pode verificar, quer num plano legiferante, com a adopção do denominado NCRA, quer no plano da jurisprudência).[2632] Não obstante as diferenças existentes entre as linhas de evolução dos dois ordenamentos, pensamos que também no direito comunitário da concorrência a progressiva atenção a aspectos de eficiência económica, relacionados com as condições de exercício de poder de mercado, desenvolvida em sede de análise de empresas comuns – *maxime* a partir do momento em que essa análise passou a fazer-se de forma intensiva no quadro da aplicação do RCC (em relação às subcategorias de empresas comuns qualificáveis como concentrações)- teve uma importância fundamental para a progressiva reavaliação dos objectivos deste ordenamento.

2.1.3.2. *A ponderação de objectivos diversos no ordenamento norte-americano da concorrência e a reavaliação dos paradigmas monistas do direito da concorrência*

De qualquer modo, mesmo no quadro do ordenamento norte-americano posterior ao desenvolvimento das críticas da escola de Chicago, o especial peso atribuído à salvaguarda da eficiência económica – nos vários sentidos em que esta pode ser entendida em sede de teoria económica e que se repercutem na definição dos juízos normativos sobre a mesma – não invalidou a manutenção de outros escopos, sustentados por alguns sectores da doutrina, e que não deixam de merecer, a espaços, algum acolhimento na aplicação das normas de concorrência.

Referimo-nos a considerações de lealdade e de preservação das condições de exercício da liberdade empresarial, que já aflorámos a propósito da tutela concedida à posição de pequenas e médias empresas confron-

---

[2632] Para uma ilustração desta especial importância dos processos de análise de empresas comuns para a reavaliação qualitativa de objectivos fundamentais de direito da concorrência, no sentido acima indicado, cfr., *inter alia*, THOMAS PIRAINNO, "Beyond Per Se, Rule of Reason or Merger Analysis: A New Antitrust Standard for Joint Ventures", cit., pp. 1 ss.; no que respeita a precedentes judiciais no sistema norte-americano que evidenciam a ligação entre a análise de empresas comuns e a reavaliação de objectivos predominantemente associados a parâmetros de eficiência económica, cfr., *vg.*, "*Metro Industries v. Sammi Corp, 82 F.3d 839 (9 th Cir. 1996)*", "*National Bancard Corp (Nabanco) v. Visa, USA, 779 F.2d 592 (11 th Cir.), cert. Denied, 479 US. 923 (1986)*"; ou "*Polk Brothers v. Forest City Enterprises, 776 F2d 185 (7 th Cir. 1985)*".

Parte IV 1567

tadas com a actuação de grupos de maior dimensão que condicionem a sua liberdade de acção, bem como a outros escopos de carácter não estritamente económico de tipo redistributivo, ou dirigidos à criação ou manutenção de um contexto sócio-económico de igualdade de oportunidades para a generalidade dos agentes empresariais. Ilustrativas deste último tipo de finalidades sócio-económicas (entendidas em sentido lato) são algumas concepções da denominada doutrina dos activos ou infra-estruturas essenciais,[2633] bem como determinadas aplicações – já posteriores à influência das concepções da escola de Chicago – do *"Robinson-Patman Act"*, sobretudo em relação a hipotéticas práticas de preços discriminatórios em detrimento das posições de empresas de menor dimensão.[2634]

Outras manifestações de escopos de tipo redistributivo, ou dirigidos à salvaguarda – num sentido muito lato – de condições de equidade no relacionamento entre agentes económicos são, com toda a probabilidade, os critérios de aplicação de proibições *per se* em relação a práticas de preços mínimos e máximos de revenda, que, em última análise, tutelam primacialmente a posição e os interesses de pequenos distribuidores que pretendam explorar certos nichos de mercado sem aceitarem um maior grau de exigência na prestação de certos serviços complementares da distribuição comercial aos consumidores finais de bens ou serviços.[2635]

Noutro plano, e considerando ainda um conjunto de objectivos de tipo sócio-económico mais lato, o direito norte-americano, apesar de traçar

---

[2633] Cfr. sobre esta doutrina dos *activos ou infra-estruturas essenciais* o exposto *supra*, capítulo primeiro da **Parte II** (esp. ponto **6.**). Importa salientar que que há diferentes modelações mais ou menos equilibradas desta doutrina e, consequentemente, como salienta HOVENKAMP, a mesma tem sido objecto de concretizações muito variáveis na jurisprudência norteamericana (cfr. A. cit., *United States Antitrust Law: Implementation of its Varied Goals*, cit.).

[2634] Cfr. Sobre o *"Robinson-Patman Act"* no direito norte-americano o exposto *supra*, capítulo primeiro da **Parte I**, esp. ponto 7.3. Sobre esta matéria cfr., ainda, SULLIVAN, *Antitrust*, esp. pp. 677 ss..

[2635] Sobre a aplicação do *"Sherman Act"* a este tipo de práticas (*"minimum and maximum resale price maintenance"*, como são correntemente denominadas na terminologia anglo-saxónica), cfr., uma vez mais, SULLIVAN, *Antitrust*, cit., esp. pp. 377 ss.. No que respeita a desenvolvimentos jurisprudenciais mais relevantes neste domínio no âmbito do sistema norte-americano tenha-se presente, *inter alia*, os casos *"Albrecht v. Herald Co., 390 US. 145 (1968)"*, *"Atlantic Richfield Co. V. USA Petroleum Co., 495 US. 328 (1990)"*, ou *"Khan v. State Oil Co., 93 F. 3d 1358 (7th Cir. 1996)"* (estes últimos traduzindo já alguma flexibilização na avaliação deste tipo de práticas em relação ao caso *"Albrecht"*).

1568 *Empresas comuns* – Joint Ventures

uma aparentemente clara linha de demarcação entre a tutela concedida pelas normas de concorrência e a defesa dos consumidores assegurada através de específica regulação sectorial (*vg.*, no que respeita a matérias como a informação dos consumidores ou a lealdade das transacções), não deixa de considerar a maximização do bem estar dos consumidores como uma referência teleológica essencial na aplicação de normas de concorrência (embora nem sempre sejam perceptíveis, num sentido técnico mais preciso, as implicações dessa dimensão subjacente à concretização das normas de concorrência). Essa dimensão referente à salvaguarda do bem estar dos consumidores projecta-se, em regra, na tutela de interesses referentes à não redução dos níveis quantitativos ou qualitativos de bens e serviços disponíveis no mercado, e aos níveis de preços dos mesmos bens ou serviços.[2636]

Outro tipo de considerações não estritamente económicas, relacionadas com a protecção do ambiente, da segurança, ou da saúde só muito marginalmente interferem na definição de finalidades a prosseguir através da aplicação das normas de concorrência. De algum modo, esses factores só indirectamente serão ponderados, desde que possam ser reconduzidos, de acordo com a lógica económica prevalecente no ordenamento norte--americano de promoção da eficiência económica e de bem estar dos consumidores, a formas de actuação empresarial que reduzam, em geral, os padrões de qualidade dos produtos ou serviços disponibilizados aos consumidores.

Num plano completamente diverso, e que tem sido, em regra, objecto de menor atenção, o direito da concorrência norte-americano contempla ainda alguns escopos *sui generis* de tutela das exportações, permeáveis em

---

[2636] Cfr. sobre estes aspectos, HOVENKAMP, *United States Antitrust Law: Implementation of its Varied Goals*, cit.. Como aí refere este autor, "(…) *United States antitrust policy adheres fairly rigidly to the distinction that the reduction in consummer's surplus that concerns antitrust is that which results strictly from reduced market output and higher prices* (…)". A ideia de uma tutela jusconcorrencial do "*consummer welfare*" confunde-se, pois, um pouco com a promoção de eficiência. Sobre esta matéria e ainda numa perspectiva jurídica referente ao ordenamento norte-americano, cfr. NEIL AVERITT, ROBERT LANDE, "Consummer Sovereignity: A Unified Theory of Antitrust and Consumer Protection Law", cit., pp. 713 ss.. Importa notar a este propósito que, no plano comunitário, e como já destacámos, a Comissão veio reconhecer expressamente a relevância do bem-estar dos consumidores – associado a uma perspectiva de eficiência -, conquanto em termos não inteiramente claros, nas recentes "*Orientações sobre a aplicação do n.º 3 do artigo 81.º do Tratado*", cit..

Parte IV
1569

nosso entender – pelo menos em algumas áreas delimitadas – a considerações de política industrial e que são dificilmente harmonizáveis, apesar desse seu carácter circunscrito, com a perspectiva económica prevalecente nesse ordenamento de promoção da eficiência. Se é certo que esses objectivos não apresentam o peso que o objectivo específico de integração económica tem no direito comunitário da concorrência – como elemento paralelo e potencialmente sobreposto a considerações de eficiência económica – importa reconhecer que os mesmos representam um claro desvio em relação ao núcleo essencial de escopos estritamente económicos do ordenamento norte-americano de concorrência. Esse tipo de objectivos materializa-se através da concessão de imunidades quanto à aplicação de normas de concorrência em situações particulares de constituição de empresas comuns, ou mesmo outras formas de cooperação especificamente dirigidas a actividades de exportação.[2637]

2.1.3.3. *A densificação da matriz plural do programa teleológico do direito comunitário da concorrência – contributo da análise das empresas comuns para a revisão de perspectivas tradicionais relativas à prevalência de concepções funcionalistas, ligadas a objectivos de integração, e de concepções ordo-liberais*

Como já se apontou, o ordenamento comunitário da concorrência foi originariamente caracterizado pela prevalência das visões pluralistas em relação ao programa teleológico que lhe estava subjacente. Na realidade, tem sido justamente sublinhado que o peso do objectivo específico da integração económica – articulado com outros objectivos de pendor mais ou menos económico – não tem paralelo na construção jurídica de qualquer outro ordenamento de concorrência desenvolvido ou consolidado e traduz uma característica absolutamente original do ordenamento comunitário. Autores como IAN FORRESTER referem, de forma sugestiva – e numa perspectiva histórica – a existência de uma preocupação *"quase obsessiva"* com esse objectivo de integração na concretização das normas comunitárias de concorrência e atribuem ao mesmo um papel predomi-

---

[2637] Sobre este tipo de finalidades cfr., em geral, HOVENKAMP, *United States Antitrust Law: Implementation of its Varied Goals*, cit..

1570   *Empresas comuns* – Joint Ventures

nante ao longo de vários estádios de evolução deste ordenamento.[2638] Sem prejuízo da decisiva componente evolutiva que temos identificado nos programas teleológicos de ordenamentos da concorrência – pelas razões que já expusemos – e de considerarmos que esse tipo de preocupações de integração económica tem vindo, progressivamente, a desempenhar um papel menos significativo na interpretação e aplicação de normas de concorrência, reconhecemos, em termos que também já tivemos ensejo de expor,[2639] a sua importância na formação deste ordenamento.

Admitimos também que, historicamente, e numa perspectiva de direito comparado, o ordenamento comunitário de concorrência acolheu um dos conjuntos mais plurais de objectivos que são conhecidos em ordenamentos de referência e que essa latitude não favoreceu o estabelecimento de prioridades teleológicas. Pelo contrário, essa exacerbada visão pluralista dos objectivos a prosseguir através das normas comunitárias de concorrência terá contribuído para um excessivo intervencionismo público, que foi ilustrado, de forma paradigmática, no domínio da apreciação de empresas comuns antes da aprovação do RCC. Como observámos, prevaleceu, então, uma interpretação muito lata da proibição estabelecida no n.º 1 do artigo 85.º TCE, que determinou a sujeição da generalidade das empresas comuns – mesmo daquelas que implicavam menores riscos potenciais de afectação da concorrência como sucedia com empresas comuns de investigação e desenvolvimento – a essa proibição.[2640] Em contrapartida, uma parcela significativa dessas empresas

---

[2638] Cfr. IAN FORRESTER, *The Current Goals of EC Competition Policy*, in *European Competition Law Annual 1997, the Objectives of Competition Policy*, Editors, CLAUS-DIETER EHLERMANN e LARAINE L. LAUDATI, cit..

[2639] Cfr. Sobre este peso do objectivo de integração e as suas repercussões na interpretação de normas comunitárias de concorrência, bem como sobre as críticas dirigidas a essa condicionante teológica, o exposto *supra*, capítulo primeiro da **Parte II** (esp. ponto 3.2. e 3.3.); entre as análises críticas já aí referidas, cfr. a de KORAH, HORSPOOL no estudo "Competition", cit., esp. pp. 337 ss. (de resto, embora a crítica dessas autoras incida sobretudo sobre distorções hermenêuticas verficadas no domínio das denominadas restrições verticais, também o domínio das restrições horizontais foi afectado pelas condicionantes acima referidas).

[2640] Tenha-se presente um importante conjunto de precedentes analisados na **Parte III** desta dissertação, relativos à apreciação de empresas comuns – *maxime*, de empresas comuns de investigação e desenvolvimento – em que terá prevalecido uma interpretação excessivamente ampla da proibição do n.º 1 do artigo 81.º CE (ou artigo 85.º TCE), sem que se tenham desenvolvido suficientes ponderações globais de elementos

comuns foi sistematicamente objecto de juízos de isenção (*ex vi* do então n.º 3 do artigo 85.º TCE) com base numa extrema pluralidade de objectivos difíceis de reconduzir a uma linha consistente de considerações de base estritamente económica e de concorrência.

A pluralidade telelológica subjacente às interpretações então prevalecentes do direito comunitário da concorrência conduziu, assim, a uma excessiva margem de intervenção e de indefinição por parte da Comissão, só muito imperfeitamente controlada pelo TJCE, afectando, de forma grave, a formulação de prioridades que estruturassem, na base de alguma previsibilidade, a construção jurídica neste domínio. De qualquer forma, os próprios excessos de intervencionismo em relação a múltiplas empresas comuns, geradoras de eficiências económicas, contribuíram, paulatinamente, para o desenvolvimento de uma discussão relativa à necessidade de estabelecer prioridades teleológicas na aplicação das normas de concorrência (sobretudo a partir da adopção do RCC e da influência que a *praxis* decisória nesse domínio – *maxime* a respeitante a empresas comuns – vai exercer sobre a própria regulação dos fenómenos de cooperação empresarial, com o reforço da perspectiva económica de análise e dos elementos estruturais do processo de concorrência).

Em termos sintéticos, e considerando de forma global a extensão e pluralidade acima apontadas do originário programa teleológico do direito comunitário da concorrência, podemos referir como vertentes essenciais desse programa, não apenas aquela que corresponde ao objectivo de integração económica – já referido – mas também outras dimensões que não podem reconduzir-se ao núcleo das visões monistas do direito da concorrência (orientadas, como sucede com as correntes mais recentes no quadro do ordenamento norte-americano, para puros escopos de eficiência económica).[2641] Pensamos, fundamentalmente, numa dimensão ordo-

---

proconcorrenciais e restritivos da concorrência em sede de aplicação dessa disposição. Cfr., entre outros casos paradigmáticos identificados na nossa análise, a decisão "*Henkel/ /Colgate*", cit., ou a decisão "*KSB/Goulds/Lowara/ITT*", cit..

[2641] Esta referência às visões monistas que tendem a prevalecer no ordenamento norte-americano da concorrência não prejudica, bem entendido, o reconhecimento de alguma tensão entre objectivos diversos nesse ordenamento, no quadro de uma discussão doutrinal que continua em aberto. Na breve sinopse que antecede relativa a escopos subjacentes ao direito da concorrência norte-americano procurámos, precisamente, ilustrar essa complexidade teleológica, no sentido de evitar perspectivas simplistas ou redutoras desse ordenamento.

1572   *Empresas comuns* – Joint Ventures

-liberal – profundamente influenciada por correntes doutrinais germâni-cas[2642] – segundo a qual a liberdade de acção individual no plano econó-mico constitui *a se* um valor fundamental a salvaguardar pelas normas de concorrência. Estas deveriam assegurar o funcionamento continuado do processo de concorrência como um espaço de actuação no qual os agentes de mercado intervenham sem decisivos constrangimentos, ou limitações resultantes, quer do exercício do poder público (sob várias formas), quer de poderes económicos privados nas diversas modalidades que estes assumam.

De acordo com estas concepções ordo-liberais (filiadas num conceito de referência de *"ordungspolitik"*), a tutela da liberdade económica corres-ponderá ao elemento regulador primacial do funcionamento dos mercados – como regulação indirecta, no sentido exposto por BÖHM – e, nesse pressuposto, a garantia de valores de eficiência económica constituirá, de algum modo, uma consequência dessa liberdade fundamental. A inter-venção estadual, através da regulação de concorrência não visaria qual-quer espécie de direcção dos *"processos"* da actividade económica, mas unicamente salvaguardar as *"formas"* no quadro das quais esses *"pro-cessos"* poderiam desenvolver-se eficazmente. Ora, no quadro dessa distinção fundamental para as orientações ordo-liberais a salvaguarda das formas ou condições essenciais para o desenvolvimento da actividade eco-nómica resultaria fundamentalmente da garantia da liberdade económica.

Essa concepção do escopo basilar do direito comunitário da con-corrência como tutela, sob várias formas, da liberdade económica dos intervenientes nos processos de mercado apresenta pontos de contacto importantes com outra concepção que terá também influenciado a matriz pluralista originária do ordenamento comunitário de concorrência (no sentido que vimos enunciando). Trata-se de uma orientação que valoriza os objectivos de enquadramento e controlo do poder económico, devendo

---

[2642] Cfr. sobre essas correntes, influenciando uma visão ordo-liberal, WERNHARD MÖSCHEL, *Competition Policy from an Ordo Point of View*, in *German Neo-Liberals and the Social Market Economy*, PEACOCK, WILLGERODT, Editors, Macmillan, 1989, pp. 146 ss. e, do mesmo A., "The Goals of Antitrust Revisited", cit., pp. 7 ss. Cfr. ainda, DAVID GERBER, *Law and Competition in Twentieth Century Europe*, cit., esp. pp. 250 ss.. Como aí salienta este autor, *"the keystone of the ordoliberal program was a new type of law called 'competition law'. While all law relating to the economy should represent Ordnungspolitik, the ordoliberals assigned competition law the direct responsibility for creating and protecting the conditions of competition"*.

a regulação de concorrência impedir as empresas de utilizarem o seu poder económico em ordem a afectarem as estruturas concorrenciais do mercado ou mesmo, numa visão mais lata, diversas estruturas sócio-económicas em que assente um certo modelo de constituição económica e de organização da sociedade. Este tipo de preocupações encontra-se, em nosso entender, muito próximo da salvaguarda da liberdade económica dos intervenientes no mercado (dirigida à preservação das oportunidades de decisão desses actores do mercado).[2643]

Estas dimensões ora consideradas do programa teleológico plural do direito comunitário da concorrência – pelo menos na sua matriz originária, visto que equacionaremos de seguida uma componente evolutiva de requalificação dos objectivos deste ordenamento –[2644] têm sido claramente afloradas no quadro dos processos de avaliação de empresas comuns (que constituem o objecto principal do estudo desenvolvido ao longo da presente dissertação). Na realidade, pudemos verificar que em múltiplos casos de constituição de empresas comuns analisados pela Comissão a subsunção das mesmas na proibição estabelecida *ex vi* do n.º 1 do artigo 81.º CE resultou da verificação de que as mesmas limitariam a liberdade de actuação económica – em vários planos – das empresas participantes.[2645] Esse tipo de análises, que nos mereceu uma apreciação muito

---

[2643] Cfr. para uma apresentação sintética dessas duas concepções, embora não vincando uma extrema proximidade entre as mesmas no sentido que acima preconizamos, DAVID GERBER, "Modernising European Competition Law: A Developmental Perspective", in ECLR., 2001, pp. 122 ss, esp. pp. 124 ss.. Do mesmo A., e para uma exposição mais desenvolvida desses aspectos cfr. *Law and Competition in Twentieth Century – Protecting Prometheus*, cit., esp. pp. 239 ss.. Cfr. ainda sobre esse tipo de orientações o exposto *supra*, capítulo primeiro, **Parte II** – pontos 2.1, 2.2. e 3. – onde procurámos caracterizar numa perspectiva essencialmente histórica (e considerando alguns modelos teóricos essenciais) a matriz teleológica originária do direito comunitário da concorrência, confrontando agora a mesma com um balanço global diverso, integrando uma essencial componente evolutiva, que incorpora, por seu turno alguns corolários essenciais resultantes da experiência de análise de empresas comuns. Ainda no que respeita às orientações aí expostas, nessa **Parte II** da dissertação, cfr. VAN DAMMME, *La Politique de la Concurrence dans la CEE*, cit., esp. pp. 37 ss..

[2644] Cfr. na secção seguinte desta **Parte IV** – 2.2. – a exposição da nossa perspectiva sobre a nova matriz teleológica do ordenamento comunitário de concorrência.

[2645] Para uma ilustração de precedentes em que *restrições da concorrência* – subsumíveis na proibição do n.º 1 do artigo 81.º CE (ou do artigo 85.º TCE) – foram imediatamente apuradas em virtude da *verificação de quaisquer formas de limitação da liberdade de acção económica das partes*, cfr., entre os múltiplos casos analisados no capítulo

1574 *Empresas comuns* – Joint Ventures

crítica,[2646] é, de forma clara, tributário da *supra* referida dimensão plura-lista que originariamente caracterizou o ordenamento comunitário de con-corrência (encontrando-se, em nosso entender e como expusemos, indissociavelmente ligadas as concepções relativas à tutela da liberdade económica dos agentes de mercado e à limitação das formas de exercício de poder económico).

De qualquer modo, foi também em sede de análise de empresas comuns, na qual este tipo de questões se colocou com particular acuidade – pondo em confronto os efeitos de uma aplicação muito lata da proibição do n.º 1 do artigo 81.º CE com as inegáveis vantagens económicas resul-tantes de muitas empresas comuns – que foram emergindo critérios de avaliação susceptíveis de colocar em crise alguns dos pressupostos teleo-lógicos acima enunciados. Essa reflexão crítica induzida pela experiência de análise de empresas comuns contribuiu largamente, em nosso entender – e como já transparece *pari passu* do estudo crítico que fomos empreen-dendo ao longo da presente dissertação – para uma progressiva reformu-lação das prioridades teleológicas assumidas na interpretação e aplicação de normas comunitárias de concorrência, em termos que procuraremos de seguida sistematizar.

Na realidade, foi também em sede de apreciação de empresas comuns que – em diversos precedentes de referência –[2647] se começou a relativizar os aspectos referentes a *eventuais limitações da liberdade de actuação económica das empresas* em função do que temos denominado de *efeitos globais, ponderados*, positivos para os níveis de concorrência efectiva em certos mercados, apreendidos através de ganhos de eficiência

---

terceiro da **Parte III** desta dissertação, as decisões da Comissão "*KSB/Goulds/Lowara/ /ITT*", cit., "*Continental/Michelin*", cit., "*BP/ MW Kellog*", cit., "*Olivetti/Canon*", cit., "*Rockweel/Iveco*", cit., ou "*United Reprocessors*", cit..

[2646] Cfr. *supra*, para diversas apreciações críticas dessa metodologia de aplicação de uma suposta proibição lata do n.º 1 do artigo 81.º CE, pontos 2.3.5.2.3., 2.3.5.4., ou 4.3.2. a 4.3.4. do capítulo terceiro da **Parte III** desta dissertação.

[2647] Cfr., entre outros precedentes (referenciados na **Parte III** desta dissertação), que se vêm revelando fundamentais para a mutação na perspectiva teleológica de apli-cação de normas de concorrência a situações de cooperação ou integração empresariais das quais decorram limitações ou condicionamentos da liberdade de actuação das empresas, contrabalançadas com outros elementos proconcorrenciais, as decisões da Comissão "*Elopak/Metal Box-Odin*", cit., "*Exxon/Shell*", cit., ou "*Röchling/Possehl*", cit.. Essa aber-tura a ponderações globais de elementos restritivos da concorrência e proconcorrenciais ainda não se encontra, todavia, consolidada.

económica, com repercussões gerais favoráveis para os consumidores. De resto, consideramos que se encontram em questão processos hermenêuticos e de construção jurídica ainda em aberto e pensamos que se deverá verificar um aprofundamento desse tipo de orientações de análise em sede de apreciação de empresas comuns, quer no quadro de aplicação do artigo 81.º CE, quer em relação a empresas comuns qualificáveis como concentrações e submetidas ao regime do RCC. Além da prática decisória da Comissão, os desenvolvimentos jurisprudenciais mais recentes – *vg.* no Acórdão *"European Night Services"* (já comentado *supra*), ou no Acórdão *"Métropole Télévision (M6)"* (ambos do TPI) –[2648] demonstram que as questões hermenêuticas suscitadas pela apreciação de empresas comuns tendem, de modo recorrente, a impor uma ponderação entre os aspectos diferenciados atrás enunciados (em termos que contribuem significativamente para a clarificação teleológica do ordenamento comunitário de concorrência que ora equacionamos).

Diversos defensores de uma visão pluralista do programa teleológico do direito comunitário da concorrência, compreendendo dimensões tendentes à integração económica, à eficiência económica e à salvaguarda da liberdade de actuação económica das empresas (de acordo com concepções ordo-liberais) sustentam que a mesma – *maxime* no que respeita a esta última dimensão – é a que se adequa mais estreitamente à estrutura do artigo 81.º CE. De acordo com essa tese, a proibição lata estabelecida no n.º 1 dessa disposição corresponderia a uma tutela da concorrência entendida no sentido ordo-liberal, impondo a proibição de situações que conduzissem a restrições indevidas da liberdade de actuação económica das partes ou à limitação da participação em certos mercados de outros inter-

---

[2648] As repercussões do Acórdão *"European Night Services"*, de 1998, cit., foram já equacionadas *supra*, ponto 4.4.5.3. do capítulo terceiro da **Parte III** (para o qual remetemos). No que respeita ao Acórdão mais recente – *"Métropole Télévision (M6)"* do TJCE, de 18 de Setembro de 2001, cit. – têm surgido interpretações doutrinais conflituantes sobre o alcance do mesmo. Cfr, *vg.*, evidenciando essas apreciações doutrinais divergentes, Giorgio Monti, "Article 81 and Public Policy" in CMLR., 2002, pp. 1057 ss. e Okeoghene Odudu, "A New Economic Approach to Article 81(1)?", in EL Rev., 2002, pp. 100 ss.. O que importa destacar, desde logo, e sem prejuízo de outras considerações que adiante se desenvolvem, é o facto de se encontrar em causa nesse processo – tal como sucedia no caso *"European Night Services"* – a apreciação de uma *empresa comum* e de esta matéria tipicamente suscitar questões relativas à *flexibilização dos juízos de desvalor associados a diversas formas de limitação da liberdade de actuação económica das empresas.*

1576   *Empresas comuns* – Joint Ventures

venientes. Por seu turno e de acordo com a mesma lógica, as condições de concessão de isenções *ex vi* do n.º 3 do artigo 81.º CE traduziriam uma abertura à ponderação de eficiências económicas, mediante a observância de duas condições primaciais – a transmissão dos elementos de eficiência aos consumidores e a não eliminação da concorrência numa parte substancial dos mercados em causa (essas duas condições reflectiriam ainda preocupações ordo-liberais, dirigidas, respectivamente, à prevenção da acumulação de poder económico pelas partes intervenientes em processos de cooperação e à salvaguarda da liberdade económica dos outros participantes no mercado, observando, em geral, um critério de justiça distributiva).[2649]

Ora, como já pudemos verificar no nosso estudo da categoria das empresas comuns, e nos termos que adiante referiremos a propósito da articulação entre os n.ᵒˢ 1 e 3 do artigo 81.º CE, é perfeitamente sustentável, até um certo grau, o desenvolvimento de diversas ponderações, em sede de aplicação do n.º 1 dessa disposição, que tragam à colação aspectos de eficiência económica. Essa possibilidade hermenêutica não corrobora, pois, a ideia – atrás referida – de que a estrutura normativa do artigo 81.º CE apenas se ajustaria a uma concepção ordo-liberal do direito comunitário da concorrência.

Outros autores trazem, ainda, à colação elementos históricos e preconizam que as concepções ordo-liberais teriam influenciado predominantemente a redacção das disposições relevantes de concorrência no Tratado de Roma (designadamente, do então artigo 85.º TCE). Sem prejuízo de acompanharmos a posição de DAVID GERBER, quando este autor sustenta, na sua análise fundamental do contexto teórico subjacente à criação do ordenamento comunitário de concorrência,[2650] que a redacção do artigo 85.º TCE foi influenciada pelas concepções ordo-liberais, não consideramos esse aspecto decisivo. Na verdade, como temos destacado, o que caracteriza, em particular, os ordenamentos de concorrência e os respectivos programas teleológicos é a sua relativa abertura – largamente confirmada no plano do direito comunitário de concorrência pelo carácter

---

[2649] Cfr., para uma defesa dessa tese, GIORGIO MONTI, "Article 81 EC and Public Policy", cit., pp. 1057 ss, esp. pp. 1061 ss.. Este autor afirma, mesmo, taxativamente que *"recent case law supports the ordoliberal interpretation [of Article 81]"* (*op. cit.*, p. 1061) – posição da qual discordamos.

[2650] Cfr. DAVID GERBER, *Law and Competition in Twentieth Century – Protecting Prometheus*, cit., esp. pp. 334 ss..

genérico das previsões constantes dos artigos 85.º e 86.º TCE – e o facto de as suas opções fundamentais apenas terem o respectivo conteúdo material desenvolvido através dos próprios processos de concretização jurídica das suas normas. Deste modo, independentemente das influências teóricas originárias sobre a estrutura do artigo 85.º TCE, e embora admitamos a existência, nesse plano, de um contributo importante das orientações ordo-liberais, o que se revelou decisivo para a configuração de um modelo teleológico global do direito comunitário de concorrência foi o gradual desenvolvimento de parâmetros hermenêuticos, bem como as mutações que os mesmos foram sofrendo.

Neste contexto, aceitamos que se verifica uma frequente tensão entre diferentes dimensões do programa teleológico do direito comunitário da concorrência, devido ao seu conteúdo plural, mas não aceitamos, em geral, diversamente do que alguma doutrina parece admitir, que tal ponderação se estabeleça com base numa posição de prevalência do objectivo – de inspiração ordo-liberal – referente à tutela da liberdade de actuação económica dos intervenientes no mercado (numa suposta articulação com dois outros objectivos primaciais, correspondentes à promoção da integração económica e à salvaguarda da eficiência económica). Pelo contrário – e como de seguida expomos – pensamos que se verifica progressivamente uma clarificação de sentido diverso nesse modelo teleológico, a qual, desejavelmente, ainda poderá ser aprofundada.

Para além dos problemas teóricos suscitados pelo acolhimento que historicamente mereceram as acima referidas considerações relativas à salvaguarda da liberdade de actuação económica, a clarificação da componente pluralista do programa teleológico do direito comunitário de concorrência tem sido também dificultada pelas indefinições existentes em relação ao alcance a conferir às quatro condições previstas no n.º 3 do artigo 81.º CE.[2651] Além disso, nem a *praxis* decisória da Comissão, nem

---

[2651] Tenha-se presente que estão em causa, nos termos que já tivemos ensejo de caracterizar, *duas condições positivas* e *duas condições negativas* correspondentes, respectivamente, à contribuição da cooperação para melhorar a produção ou distribuição dos produtos ou para promover o progresso técnico ou económico, à reserva aos consumidores de uma parte equitativa dos lucros resultantes, ao carácter indispensável das restrições para a prossecução dos objectivos e ao facto de a cooperação não conferir às empresas envolvidas a possibilidade de eliminar a concorrência em relação a uma parte substancial dos produtos em causa. Cfr. a propósito dessas condições positivas e negativas – assim caracterizadas – a Comunicação da Comissão com *"Orientações relativas à aplicação do n.º 3 do artigo 81.º do Tratado"*, cit., de 2004, ponto 34 e pontos 40 e ss..

1578   *Empresas comuns* – Joint Ventures

as análises de conteúdo geral sobre esta matéria, constantes de sucessivos Relatórios anuais sobre a Política de Concorrência, e tomando em consideração, além da referida disposição, a sua articulação com os artigos 2.º e 3.º, g) CE, contribuíram da forma mais rigorosa, ao longo de diversos estádios de evolução do ordenamento comunitário de concorrência, para essa desejável clarificação.

Assim, para além da ênfase nos objectivos de integração económica que marcam, sobretudo, os dois primeiros estádios de evolução deste ordenamento – identificados na nossa análise – outros objectivos que sugerem intersecções com múltiplas políticas ou interesses públicos prosseguidos no plano comunitário são, de forma intermitente aflorados.

Considerando o tipo de interesses mais recorrentemente trazidos à colação nas decisões e nos relatórios anuais da Comissão, podemos, *vg.*, identificar os seguintes objectivos:

– Objectivos referentes à protecção dos consumidores (enunciados *qua tale* no "*Vigésimo Quarto Relatório sobre a Política de Concorrência*", embora em diversas decisões os mesmos tenham sido ponderados de forma pouco clara ou até distorcida para justificar a aplicação de isenções *ex vi* do n.º 3 do artigo 81.º CE;[2652]

– Objectivos referentes à protecção das pequenas e médias empresas (embora estes possam ser delineados, em certas condições, como uma emanação do princípio ordo-liberal da salvaguarda da liberdade de actuação económica);[2653]

[2652] Como terá sucedido *v.g.* na decisão "*Yves St. Laurent*" (JOCE n.º L 12/24, 1992) na qual se contemplou a concessão de uma isenção a um sistema de distribuição, atendendo a que o mesmo, supostamente, seria "*intended merely to safeguard, in the public's mind, the aura of prestige and exclusivity inherent in the products in question, thus preventing any association with lower-quality goods*". A Comissão referiu ainda como razões que militaram para a verificação das condições do .º 3 do então artigo 85.º TCE, "*the manufacturers' capacity to create and mantain an original and prestigious brand image is thus a key factor in competition. It follows that a luxury cosmetics brand must be distributed on an exclusive basis. Experience shows that generalized distribution of a luxury cosmetic product can affect the consummer's perception of it and in the long term reduce demand for it*".

[2653] Sobre esse tipo de objectivos, cfr., *inter alia*, TIM FRAZER, *Monopoly, Competition and the Law*, cit., esp. pp. 3 ss.. Cfr. ainda a caracterização desses objectivos numa perspectiva histórica referente à matriz teleológica originária do direito comunitário da concorrência, *supra*, capítulo primeiro, **Parte II**, ponto 3.4.1. Esses objectivos influen-

Parte IV 1579

- Objectivos respeitantes à competitividade de sectores industriais considerados vitais para a evolução da economia (*maxime* em sectores envolvendo tecnologias mais avançadas), ou que sejam objecto de profundas reestruturações);[2654]

Podemos, até, conquanto de forma menos evidente, identificar objectivos relacionados com a protecção do ambiente, da saúde ou da segurança (no que respeita ao ambiente, deve salientar-se que o Tratado de Amsterdão inseriu um novo artigo 6.º CE – correspondente ao antigo artigo 3.º C), segundo o qual as exigências de protecção ambiental devem ser incorporadas na prossecução de todas as políticas comunitárias previstas no artigo 3.º CE, o qual, como se sabe inclui também a política de concorrência).[2655] No limite, e de acordo com a prática decisória da Comissão e com

---

ciaram diversas decisões da Comissão em matéria de empresas comuns, que tivemos ensejo de analisar na **Parte III** desta dissertação, conduzindo com alguma frequência a sobrevalorizações de possíveis elementos de desvalor jurídico em sede de aplicação do n.º 3 do artigo 81.º CE. De resto, mesmo quando tais objectivos não foram explicitamente assumidos os mesmos terão em certos casos influenciado indirectamente determinadas ponderações em detrimento de considerações de eficiência que devem constituir uma dimensão fundamental da apreciação das empresas comuns atendendo às características distintivas desta categoria jurídica em sede de direito da concorrência.

[2654] Não obstante diversas posições formais assumidas pela Comissão, no sentido de afirmar as vantagens de uma plena autonomia da política da concorrência em relação ao que podemos denominar como política industrial – *vg*., na sua Comunicação "*Política Industrial um Ambiente Aberto e Concorrencial*" [COM (90) 556] – tivemos ensejo de destacar, no quadro da nossa análise dos processos de avaliação de diversos tipos funcionais de empresas comuns, (*supra*, **Parte III**) – a influência de considerações referentes ao desenvolvimento ou competitividade globais de certos sectores empresariais em análises favoráveis a determinadas situações (com o inconveniente de conjugarem de forma pouco coerente avaliações formalmente muito restritivas em sede de aplicação do n.º 1 do artigo 81.º CE, com ponderações razoavelmente permissivas e pouco transparentes em sede de aplicação do n.º 3 da mesma disposição).

[2655] Pode considerar-se neste plano um problema constitucional com o sistemático acolhimento de novos imperativos relacionados com diversas políticas sucessivamente consagradas *ex novo* no tratado CE, por força dos Tratados de Amsterdão e de Nice (ou, no futuro, pelo novo Tratado Constitucional), em termos que devem ser compatibilizados com as políticas gerais do artigo 3.º CE. Sobre esse tipo de problemas de *constituição económica comunitária* cfr. *infra*. 2.3. No mínimo, e como sustenta WESSLING, essa sucessiva introdução de novas políticas comunitárias, ou reconhecidas no plano comunitário, gera progressivos problemas de falta de clarificação das relações entre essas políticas e as regras de concorrência (cfr. A. cit., *The Modernization of EC Antitrust Law*, cit., p. 111).

1580   *Empresas comuns* – Joint Ventures

a jurisprudência do TJCE, a aplicação de normas de concorrência a certas transacções pode, ainda, ser condicionada em função de objectivos de política social prosseguidos através das mesmas.[2656]

Não se justificando aprofundar aqui esta enumeração de diversos objectivos,[2657] importa, em súmula, destacar que uma tão extrema pluralidade teleológica, compreendendo escopos dificilmente compatibilizáveis, não graduados entre si e frequentemente enunciados de forma não sistemática – *maxime* nos casos em que são aflorados em sede de aplicação do n.º 3 do artigo 81.º CE, com grave prejuízo para os valores de previsibilidade e de segurança jurídicas – não tem favorecido a definição de parâmetros claros de aplicação das normas comunitárias de concorrência. Assume, pois, em nosso entender, a maior importância o processo de clarificação e reordenação do modelo teleológico deste ordenamento que consideramos encontrar-se em curso sob impulso da experiência de análise adquirida no domínio das empresas comuns – que intersecta, como temos observado, o domínio do controlo de operações de concentração – bem como em resultado do próprio aprofundamento do processo de integração.

Procuraremos, pois, tendo presente o nosso anterior estudo *ex professo* das empresas comuns enunciar, de forma esquemática, os contornos de um novo modelo teleológico em formação – e desejavelmente passível de consolidação – no direito comunitário de concorrência, os quais serão num estádio seguinte de análise objecto de densificação e caracterização complementares.

[2656] Como ilustração desse tipo de acolhimento de *objectivos de política social* na jurisprudência do TJCE referente à aplicação de normas de concorrência cfr., *inter alia*, o Acórdão *"Maatschappij Drijvende Bokken v. Stichting Pensioenfonds voor de Vervoeren havenbedrijven"* [proc. C-219/97, Col. I – 6121 (1999)] ou o Acórdão *"Albany International BV"* de 1999, já cit..

[2657] O tratamento dessa matéria exigiria um estudo *ex professo*. Cfr., de qualquer modo, sobre esses objectivos diversificados – *maxime* escopos relevantes numa perspectiva de *política industrial* – *The Modernization of EC Antitrust Law*, cit., esp. pp. 80 ss..

Parte IV 1581

2.2. A DEFINIÇÃO DE UM NOVO MODELO TELEOLÓGICO DO DIREITO COMUNITÁRIO DA CONCORRÊNCIA

2.2.1. Dimensão evolutiva do programa teleológico do ordenamento comunitário da concorrência – a análise das empresas comuns e a reavaliação da componente de eficiência económica nas proposições normativas centrais deste ordenamento

Como acima apontámos, o pluralismo originário do modelo teleológico do direito comunitário da concorrência contrasta com as orientações predominantemente monistas que têm vindo a caracterizar o ordenamento norte-americano de concorrência, sobretudo após este ter incorporado uma decisiva influência teórica da escola de Chicago nas décadas de setenta e oitenta do século passado. Todavia, ao salientarmos uma decisiva componente evolutiva dos modelos teleológicos destes ordenamentos, procurámos também acentuar que essa prevalência global, no ordenamento norte-americano, de parâmetros orientados para a eficiência económica – *maxime* eficiência de produção e de afectação, no sentido que adiante caracterizaremos – é relativamente recente. Tivemos, na verdade, ensejo de identificar outras dimensões teleológicas que, de modo intermitente, têm sido afloradas nesse ordenamento e que no seu actual estádio de consolidação não se encontram ainda totalmente abandonadas.

Assim, pensamos que a contraposição nítida sustentada por alguma doutrina entre os denominados modelos monista e pluralista,[2658] que caracterizariam, respectivamente, os ordenamentos norte-americano e comunitário de concorrência é demasiado linear e redutora. Essa contraposição fundamental não toma devidamente em consideração o facto de se ter produzido uma mutação fundamental na definição de objectivos do direito norte-americano de concorrência a partir de matrizes originárias de pendor mais pluralista. A mesma contraposição tende também a subestimar o facto de o modelo teleológico do direito comunitário não ser estático e se encontrar, pelo contrário, em profunda mutação qualitativa (que não deve ser confundida, de modo simplista, com qual-

---

[2658] Contraposição relativamente linear que é sustentada por alguma doutrina quanto aos modelos dos dois ordenamentos. Cfr., *vg.*, a esse respeito, R. B. BOUTERSE, *Competition and Integration – What Goals Count?*, cit..

1582   *Empresas comuns* – Joint Ventures

quer ideia de repetição, com duas décadas de intervalo, da evolução registada no direito norte-americano, nem deve assentar em qualquer pré--compreensão tendente a uma absoluta convergência de objectivos desses dois ordenamentos).

Essa profunda mutação relaciona-se com dois aspectos essenciais que, de forma muito esquemática, podemos considerar de ordem extrín-seca e intrínseca à estrutura normativa deste ordenamento. O primeiro aspecto, que procede de uma dinâmica extrínseca ao próprio ordenamento comunitário de concorrência, embora relacionada com o mesmo, corres-ponde ao aprofundamento do processo de integração económica, o qual, em si mesmo, diminui a premência dos imperativos relativos à unidade dos mercados na interpretação e aplicação das normas de concorrência.[2659] O segundo aspecto – que mais directamente nos interessa nesta síntese con-clusiva final – tem por base uma crescente percepção da falta de consis-tência na prossecução conjunta de objectivos tendentes, por um lado, à eficiência económica e, por outro lado, à prossecução de finalidades sócio--económicas de tipo mais lato. Na verdade, assumindo o pressuposto de que a produção de eficiências económicas constitui uma condição prévia fundamental para que outro tipo de vantagens sócio-económicas possa materializar-se, estas últimas terão forçosamente de ser reconsideradas, caso os ensinamentos da teoria económica conduzam à demonstração que as mesmas são inconciliáveis com aquelas eficiências.

Ora, neste plano consideramos que a análise das empresas comuns, quer em sede de aplicação do artigo 81.º CE, quer em sede de aplicação do RCC, ao aflorar de modo recorrente o elemento distintivo essencial destas

---

[2659] Cfr. sobre esse aspecto, REIN WESSLING, *The Modernization of EC Antitrust Law*, cit, esp. pp. 41 ss. e pp. 96 ss. e DAVID GERBER, *Law and Competition in Twentieth Century – Protecting Prometheus*, cit., esp. pp 382 ss.. Este A. salienta justamente que a diminuição da premência dos imperativos relativos à integração em sede de aplicação de normas comunitárias de concorrência conduziu gradualmente a uma maior atenção aos problemas associados a acordos horizontais (domínio em que se situam, como temos sustentado, as principais questões referentes à apreciação de empresas comuns; de resto, admitimos que essa nova reorientação para os problemas de cooperação horizontal corres-ponde a um processo que ainda deve ser aprofundado em relação a determinadas catego-rias de empresas comuns e a certas situações conexas, como as respeitantes à detenção de participações significativas em terceiras empresas sem transpor os limiares do controlo conjunto – afloradas *supra*, capítulo terceiro, **Parte III**, ponto **6.**). Cfr. ainda, do mesmo autor, "The Transformation of European Community Competition Law", in Harv. Int'l L. J., 1994, pp. 137 ss..

Parte IV

entidades – que corresponde à introdução de qualquer *maius* de eficiência no processo produtivo – tem imposto a formulação de juízos globais,[2660] incorporando como elemento específico, fundamental, a ponderação directa dessas eficiências em conjunto com certos condicionamentos da liberdade de actuação económica das empresas participantes necessários à produção de efeitos económicos positivos.

Noutros termos, tal significa que esse tipo de análises, obrigatoriamente dirigidas à avaliação de elementos de eficiência económica – em regra não ponderados com a mesma intensidade noutro tipo de situações – suscita, de forma quase inelutável, a apreciação da compatibilidade, (ou mesmo de eventuais nexos de dependência) de certas limitações à liberdade de actuação económica das partes, susceptíveis de reserva à luz de considerações sócio-económicas de tipo mais lato, com determinados efeitos materiais de reforço de eficiência económica nas várias modalidades que a mesma possa revestir (apreciação a efectuar de acordo com critérios económicos passíveis de recondução ao padrão normativo de eficiência subjacente às normas de concorrência).

Acresce que os contornos deste tipo de juízos de ponderação global – típicos da avaliação jusconcorrencial das empresas comuns – que colocam em tensão, por um lado, elementos distintivos de eficiência económica e, por outro lado, pontuais elementos condicionadores da concorrência têm contribuído, também, para conduzir o TPI e o TJCE a análises que cubram essas diferentes dimensões (e que equacionem a compatibilização de diversos objectivos sócio-económicos com critérios de eficiência económica).

2.2.2. A matriz teleológica renovada do ordenamento comunitário da concorrência – peso acrescido das considerações de eficiência económica e as três dimensões fundamentais do conceito de eficiência económica

Deste modo, essa sistemática ponderação de aspectos diferenciados orientada para a prevalência de efeitos de eficiência económica tem, em

---

[2660] Juízos que temos caracterizado – *maxime* partindo de diversas análises paradigmáticas desenvolvidas em relação a empresas comuns, nos termos que tivemos ensejo de equacionar ao longo da **Parte III** – como dirigidos ao *apuramento de efeitos globais, ponderados*, de processos de cooperação empresarial.

1584   *Empresas comuns* – Joint Ventures

nosso entender, influenciado uma progressiva adaptação dos modos de combinação de diferentes objectivos relevantes na perspectiva do direito comunitário de concorrência. Essa adaptação carece, ainda, de ser consolidada em função de próximas evoluções da *praxis* decisória da Comissão e da jurisprudência do TJCE e do TPI (*maxime* no que respeita à articulação entre os n.ºs 1 e 3 do artigo 81.º CE). De qualquer modo, tomando por base os elementos adquiridos na análise de empresas comuns e a nossa própria avaliação, numa perspectiva teórica, quanto ao entendimento mais adequado dos fundamentos teleológicos do direito comunitário da concorrência, pensamos que se justifica configurar uma matriz reformulada do mesmo.

Essa nova matriz teleológica resultante de um verdadeiro processo de interpretação evolutiva das coordenadas normativas essenciais deste ordenamento tem como fundamento primacial um conjunto de considerações económicas relacionadas com a promoção da eficiência e um concomitante enquadramento do exercício de poder de mercado pelas empresas. A essa luz, o direito comunitário da concorrência deve ser concebido como uma construção normativa primacialmente orientada no sentido de impedir que o poder de mercado seja explorado em termos que impliquem o desperdício, quer a curto, quer a longo prazo, de recursos escassos. Tal perspectiva temporal sobre as condições de utilização e rentabilização (em sentido lato) de recursos é importante e pode, de resto, explicar algumas diferenças nas metodologias de avaliação de situações de cooperação ou integração empresariais nos ordenamentos da concorrência norte-americano e comunitário. De algum modo, no primeiro ordenamento tende-se a privilegiar uma visão a mais curto prazo dos efeitos de certas transacções, materializados em determinados níveis imediatos de preços e de quantidades e qualidades de bens ou serviços disponibilizados aos consumidores. No ordenamento comunitário verificar-se-á, porventura, uma maior abertura – mesmo que num plano implícito – à ponderação de efeitos a mais longo prazo de certas alterações de índole estrutural em determinados mercados.[2661]

[2661] Sobre estas possíveis diferenças na *ponderação de alterações estruturais do mercado*, cfr. as análises divergentes – no quadro dos ordenamentos norte-americano e comunitário – das repercussões da concentração "*BoeingMacDonnelDouglas*". Sobre a matéria *vd.* em particular, WILLIAM KOVACIC, "Transatlantic Turbulence: The BoeingMac DonnelDouglas Merger and International Competition Policy", in ALJ, 2001, pp. 805 ss. Como já aflorámos no quadro da nossa análise de empresas comuns qualificáveis como

Parte IV   1585

Esta ideia de promoção da eficiência económica deve ser concebida com base nas três componentes fundamentais da mesma, identificadas pela teoria económica. Assim, podem identificar-se como dimensões relevantes da *eficiência económica*, as denominadas *eficiência produtiva*, *eficiência de afectação* e *eficiência dinâmica* (esta última, particularmente associada aos ritmos ou graus de progresso tecnológico).[2662] Tal distinção analítica encontra-se na base de uma das maiores dificuldades experimentadas na ponderação jurídico-económica dos efeitos de eficiência e que resulta do facto de essas três dimensões nem sempre serem inteiramente consistentes entre si.[2663]

Em termos muito sintéticos, a primeira dimensão atrás referida, de eficiência produtiva assenta na ideia de maximização da produção (entendida em sentido lato), a partir da melhor combinação de recursos diversos (e eliminando o que, na terminologia económica, se designa normalmente como *"ineficiência-x"*[2664]). A segunda dimensão – referente à eficiência de afectação – traduz uma desejável correspondência básica entre os preços de bens e serviços e os respectivos custos, em ordem a que as empresas respondam às solicitações dos consumidores, praticando preços compatíveis com as expectativas destes em relação a determinados níveis de quantidade e qualidade dos bens ou serviços. Como é evidente, a deten-

---

concentrações – *supra*, capítulo segundo da **Parte III** – a perspectiva analítica estrutural prevalecente no quadro do ordenamento comunitário da concorrência parece orientar-se para a salvaguarda *a se* de certas estruturas de mercado com mais actores, sem a demonstração de efeitos imediatos sobre preços praticados nos mercados afectados, mas tal pode corresponder ao resultado de juízos de probabilidade sobre consequências a prazo de alterações estruturais.

[2662] Para uma análise dessas *três dimensões* da *eficiência económica*, cfr., *inter alia*, ROGER VAN DEN BERGH, PETER D. CAMESASCA, *European Competition Law and Economics – A Comparative Perspective*, cit., esp. pp. 5 ss.; SIMON BISHOP, MIKE WALKER, *The Economics of EC Competition Law*, cit.. Cfr., ainda, para uma caracterização destes diferentes tipos de eficiências, KOLASKY, DICK, *The Merger Guidelines and the Integration of Efficiencies into Antitrust Review of Horizontal Mergers*, cit., e AREEDA, HOVENKAMP, SOLLOW, *Antitrust Law*, cit., Vol. IIA, par. 402b..

[2663] Esta constatação recolhe um largo consenso na teoria económica. Cfr., por todos, a esse propósito, AREEDA, HOVENKAMP, SOLLOW, *Antitrust Law*, cit., Vol. IIA, par. 402b..

[2664] Sobre essa eliminação da *"ineficiência-x"* e a sua relevância em sede de interpretação e aplicação de normativos de concorrência, cfr. o exposto *supra*, capítulo primeiro da **Parte II** (esp. pontos **2.** e **3.**). Para uma análise crítica do conceito de *"ineficiência-x"*, cfr. MARTIN, *Advanced Industrial Economics*, cit., esp. pp. 392 ss..

ção de certos graus elevados de poder de mercado pode gerar ineficiências de afectação, materializadas na prática continuada de preços supracon-correnciais – com níveis significativamente superiores aos custos – ou na limitação da oferta de bens ou serviços disponibilizados ao mercado.

Finalmente, a denominada eficiência dinâmica encontra-se essencialmente associada ao desenvolvimento e introdução de novos produtos ou de significativas transformações qualitativas dos processos produtivos de bens já existentes (correspondendo, nesses termos a uma componente cada vez mais importante dos níveis globais de eficiência económica, atendendo ao peso crescente, salientado por autores como DAVID EVANS ou RICHARD SCHMALENSEE,[2665] dos sectores económicos dinâmicos, de alta tecnologia, no quadro dos quais o processo de concorrência se desenvolve em larga medida através de sucessivas substituições de diferentes gerações de produtos).

Na teoria económica, verificam-se discussões consideráveis em torno das possíveis articulações dessa eficiência dinâmica com as outras duas dimensões de eficiência, de índole fundamentalmente estática. Na verdade, alguns economistas sustentam que determinadas limitações da eficiência produtiva e, sobretudo da eficiência de afectação – consentindo-se transitoriamente na prática de preços superiores aos custos marginais dos produtos – podem, em certas condições, ser justificadas com vista ao desenvolvimento de novos produtos que, a prazo, beneficiarão a generalidade dos consumidores. Sobre esse ponto, pensamos que, mais uma

---

[2665] Cfr. sobre essa especificidade da ponderação de *eficiências dinâmicas* em certos sectores económicos caracterizados por um peso decisivo de factores tecnológicos, a análise desenvolvida por DAVID EVANS e RICHARD SCHMALENSEE no seu estudo *Some Economic Aspects of Antitrust Analysis in Dynamically Competitive Industries*, cit.. Curiosamente, a Comissão veio aflorar de forma explícita a ponderação de eficiências nas "*Orientações relativas à aplicação do n.º 3 do artigo 81.º do Tratado*", de 2004, cit., enquadrando-as na primeira condição decorrente dessa disposição (cfr. pontos 51 a 73), mas não contemplando a sua relevância em sede de avaliações globais com base no n.º 1 do artigo 81.º CE. Além disso, apesar de distinguir "*ganhos de eficiência em termos de custos*" e "*ganhos de eficiência de natureza qualitativa*" – *maxime* em termos de melhoramento de produtos ou introdução de produtos novos – não identifica neste último plano, de forma consequente, uma dimensão de eficiência dinâmica, nem a reconduz preferencialmente à realidade das empresas comuns (apesar de reconhecer, em termos excessivamente genéricos que "*regra geral, os ganhos de eficiência decorrem de uma integração das actividades económicas que passa pela combinação dos activos das empresas*"; ponto 60 das "*Orientações*").

Parte IV 1587

vez, importa reconduzir os dados da análise económica aos juízos normativos que informam o sistema de concorrência e que impõem não só uma ponderação equilibrada das várias dimensões da eficiência como, dentro de certos limites, a sua articulação com finalidades mais latas de índole distributiva e relacionadas com a salvaguarda do bem estar geral dos consumidores. Essas exigências de equilíbrio na ponderação das várias dimensões em causa impõem, em nosso entender, que os aspectos referentes a *eficiência dinâmica*, no quadro das condições particulares verificadas em certos mercados possam ser especialmente tomados em consideração, mas não ultrapassando um grau que interfira de forma excessiva na *eficiência de afectação*.[2666]

[2666] DAVID EVANS e RICHARD SCHMALENSEE (no estudo acima cit., *Some Economic Aspects of Antitrust Analysis in Dynamically Competitive Industries*, esp. pp. 40 ss.) oferecem vários exemplos de situações referentes a indústrias da denominada *nova economia – maxime* a indústria de *"software"* para computadores pessoais e sectores conexos – em que a combinação de características de bens e serviços anteriormente disponibilizados aos consumidores sob forma individualizada, permite criar produtos inovadores, mais aptos a satisfazer determinadas necessidades dos consumidores ou que podem, mesmo, criar novas funcionalidades para os consumidores, apesar de, num primeiro momento, porem em causa a posição das empresas que operavam em anteriores mercados separados do produto ou permitirem às empresas inovadoras obter benefícios económicos imediatos significativos com aparente prejuízo para a eficiência de afectação. Os referidos autores trazem, vg., à colação, a este propósito, e no contexto norte-americano, a análise judicial no caso *"Foremost Pro Color, Inc v. Eastman kodack Co., 703 F.2d 534 (9th Cir. 1983), cert. Denied, 465 U.S. 1039 (1984)"*, nos termos da qual se rejeitou uma alegação de afectação da concorrência devido à conjugação de produtos ou serviços, tendo presente os benefícios resultantes do desenvolvimento de produtos inovadores (o tribunal concluiu, designadamente, que *"(...) any other conclusion would unjustifiably deter the development and introduction of those new Technologies so essential to the continued progress of the economy"*). A ponderação global dessas diferentes dimensões da eficiência económica encontra-se especialmente subjacente à avaliação de algumas empresas comuns de investigação e desenvolvimento que tivemos ensejo de estudar (esp. *supra*, ponto 2.3.5.2.3. do capítulo terceiro da **Parte III**). A grande dificuldade deste tipo de análises – por vezes subestimada nalguma doutrina norte-americana – reside na necessidade de encontrar um ponto de equilíbrio entre o reconhecimento da relevância da eficiência dinâmica e uma salvaguarda mínima da eficiência de afectação (deverão ser configurados alguns limites razoáveis para os benefícios económicos – conquanto em si mesmo admissíveis – de empresas que ofereçam produtos inovadores, pondo em causa anteriores mercados do produto).

2.2.3. A interacção entre a dimensão fundamental de eficiência económica e um conjunto de três objectivos mais significativos no programa teleológico do ordenamento comunitário da concorrência

De qualquer forma, se consideramos que a experiência de análise de empresas comuns (combinada com a que resulta da avaliação de operações de concentração em geral), com o seu enfoque no poder de mercado das empresas participantes tem conduzido a uma relativa prevalência das considerações de eficiência económica, nos termos atrás expostos, pensamos que tal não anula a matriz pluralista do ordenamento comunitário da concorrência (equacionamos, pois, uma possível requalificação dessa matriz pluralista, com uma nova definição de prioridades, e não uma anulação da mesma).

Assim, pensamos que essa *nova matriz teleológica do direito comunitário de concorrência* se caracteriza por uma *interacção complexa entre a referida dimensão de eficiência económica* – que deve assumir uma posição de alguma prevalência –[2667] e um *conjunto de outros objectivos cujo acolhimento, em cada situação, se encontra condicionado por critérios de salvaguarda equilibrada dessa primeira dimensão*. Pela nossa parte, tomando em consideração a densificação das normas comunitárias de concorrência – e sopesando aí, em particular, os aspectos referentes à análise de empresas comuns – e os elementos que encontram algum suporte mínimo na letra dessas normas (*maxime* na letra do n.º 3 do artigo 81.º CE), admitimos que *esse conjunto de outros objectivos a articular com o escopo fundamental de promoção de eficiência integra, essencialmente, três finalidades*.

Estas corresponderão à *prossecução da integração económica*, à *tutela do bem estar dos consumidores* (no quadro de uma *mais directa e profunda interacção com a dimensão relativa à eficiência económica*) e à *limitação de certas concentrações excessivas de poder económico que*

[2667] Esse reconhecimento de uma posição de prevalência do objectivo de promoção da eficiência económica não é naturalmente consensual e suscita numerosas objecções na doutrina. Cfr. para uma exposição de posições divergentes, embora baseadas em diversas perspectivas sobre interesses públicos, mais ou menos latos subjacentes aos normativos de concorrência, cfr. GIORGIO MONTI, "Article 81 and Public Policy", cit., pp. 1057 ss. e R. B. BOUTERSE, *Competition and Integration – What Goals Count?*, cit..

possam eliminar qualquer espaço de intervenção das entidades de menor dimensão. Todavia, pensamos que cada um desses três objectivos se caracteriza por dinâmicas de evolução distintas. Em síntese, as mesmas podem ser expostas nos seguintes termos: o primeiro objectivo, relativo à integração económica, mantém a sua relevância *a se*, mas tende a revestir-se de menor intensidade, em função da consolidação do próprio processo de realização da unidade dos mercados comunitários (não devendo, a essa luz, sobrepor-se, como sucedeu no passado, em relação a aspectos elementares de eficiência económica[2668]); o terceiro objectivo acima referido, que corresponde a um afloramento de concepções ordo-liberais tendentes à tutela da liberdade de actuação económica, tende a assumir um papel crescentemente residual; o segundo objectivo, referente à tutela do bem estar dos consumidores, e que corresponde, de resto, àquele que apresenta uma expressão mais significativa na letra do n.º 3 do artigo 81.º CE, tende a assumir um papel significativo, embora no quadro de uma estreita relação de dependência face à dimensão essencial da tutela de eficiência económica.[2669]

[2668] Para uma abundante ilustração desse tipo de sobreposição, cfr. a análise feita por WESSLING, no estudo *The Modernization of EC Antitrust Law*, cit, (esp. pp. 32 ss. e pp. 80 ss.), destacando precedentes jurisprudenciais que incorrem nessa distorção, sobretudo em períodos correspondentes ao que, pela nossa parte, identificámos como os dois primeiros estádios do processo de desenvolvimento e consolidação do ordenamento comunitário da concorrência (cfr., a esse propósito, *supra*, capítulo primeiro da **Parte II** – esp. ponto **3**. no qual caracterizámos, numa perspectiva descritiva a matriz teleológica originária do ordenamento comunitário da concorrência, embora aludindo já à sua dimensão evolutiva). Para a exposição de uma visão crítica sobre a sobreposição em causa, cfr. VALENTINE KORAH, "EEC Competition Policy – Legal Form or Economic Efficiency", in Current Legal Problems, 1986, pp. 85 ss. Como refere de modo impressivo esta autora, a ênfase colocada na protecção de importações paralelas traduziu de forma paradigmática o conjunto de distorções geradas pelo peso determinante do objectivo da integração, em detrimento de considerações de eficiência e de uma real compreensão substantiva sobre diferentes formas de concorrência.

[2669] Sobre esse conceito-quadro de *bem estar dos consumidores*, no contexto jurídico em causa, cfr. ROGER VAN DEN BERGH, PETER D. CAMESASCA, *European Competition Law and Economics – A Comparative Perspective*, cit., esp. pp. 6 ss., e, para uma perspectiva do mesmo conceito e da sua ligação aos objectivos centrais do direito da concorrência, cfr. JOSEPH BRODLEY, "The Economic Goals of Antitrust: Efficiency, Consumer Welfare, and Technological Progress", in NYUL Rev., 1987, pp. 1020 ss.. Importa ter presente que o referido conceito (*"consumer welfare"*) comporta, em regra, de acordo com a teoria económica da concorrência, *três dimensões* correspondentes, a saber, (i) ao denominado *valor obtido pelo dispêndio efectuado* (*"value for money"* – que se reporta à obten-

1590   *Empresas comuns* – Joint Ventures

Esta perspectiva que ora sinteticamente delineamos da reordenação geral das prioridades teleológicas do direito comunitário da concorrência deve ser considerada com duas importantes ressalvas. A primeira corresponde a um aspecto que já temos destacado, mas que deve aqui ser especialmente enfatizado. Encontra-se em causa uma visão dos objectivos deste ordenamento que resulta de um processo de interpretação evolutiva que consideramos sustentável neste domínio, e até compatibilizável com a ideia – que adiante afloramos (*infra*, **2.3.**) – de uma dimensão constitucional que suporte o mesmo ordenamento (mas que se encontra também sujeita a mutações).

A segunda ressalva reporta-se à inegável existência de problemas de insegurança e indefinição jurídicas, resultantes da prevalência concedida a propósitos normativos de conteúdo tão marcadamente económico. Na realidade, uma das críticas que, de modo recorrente, é dirigida às teses favoráveis à prevalência de considerações de eficiência económica repor-

---

ção de produtos a mais baixo preço ou de produtos de qualidade superior sem alteração do preço) – (ii) à *capacidade de escolha dos consumidores* (aumento de bem estar se puderem escolher entre um conjunto mais alargado de produtos) e (*iii*) à *inovação* (em regra, sobrevêm benefícios para os consumidores do desenvolvimento de novos produtos). De qualquer modo, a orientação que acima preconizamos, no sentido de uma estreita relação de dependência dessa ideia de bem estar dos consumidores face à dimensão essencial da tutela de eficiência económica, como matriz teleológica geral do direito da concorrência – evidenciada por ponderações de raiz desses elementos de eficiência na avaliação global de efeitos de empresas comuns (nos termos analisados ao longo da **Parte III** desta dissertação) – leva-nos a considerar que a ponderação de aspectos relativos a interesses dos consumidores exige equilíbrios muito delicados. Assim, pensamos que esses equilíbrios exigem a ponderação de interesses dos consumidores numa perspectiva predominantemente económica, de modo a não sobrevalorizar, de modo excessivo, vertentes muito específicas desses interesses, como, *vg.*, a segurança, a saúde, direitos de informação, ou outros, os quais devem ser essencialmente salvaguardados noutras sedes jurídicas (e, essa visão lata de interesses dos consumidores tem, na realidade, aflorado várias decisões da Comissão, *maxime* em sede de concessão de isenções, como terá sucedido na decisão "*Asahi/St. Gobain*", cit. – especificamente analisada, *supra*, no capítulo terceiro, ponto 3.3.5.4.4., da **Parte III**, na qual a Comissão ponderou, *inter alia*, a introdução de uma nova tecnologia que reforçaria a segurança dos produtos). Curiosamente, a Comunicação com "*Orientações relativas à aplicação do n.º 3 do artigo 81.º do Tratado*", de 2004, cit., parece ter vindo reconhecer uma ligação estreita entre o "*reforço do bem estar dos consumidores*" e a "*eficiente afectação de recursos*" (cfr., *vg.*, ponto 13 da Comunicação), mas não qualifica essa conexão nem retira todas as consequências da mesma (designadamente ao remeter aparentemente toda a ponderação de elementos de eficiência para o n.º 3 do artigo 81.º CE).

ta-se aos elementos de indefinição que supostamente assim seriam introduzidos na formulação das opções normativas do ordenamento de concorrência.

Como é sabido, a teoria económica não oferece visões uniformes, ou sequer estabilizadas, das várias dimensões relevantes de eficiência económica, ou do modo óptimo de intersecção das mesmas, pelo que a modelação de objectivos normativos do direito da concorrência com base em conceitos-quadro, que dependem de modelos económicos variáveis e sujeitos a uma apreciável controvérsia teórica, introduz inegáveis problemas de incerteza ou insegurança jurídicas.[2670] Essa margem de indefinição associada à ponderação de considerações económicas, que carecem de avaliação à luz de diversos modelos heurísticos de análise económica alternativos é inegável, mas não constitui um obstáculo inultrapassável ao tipo de construção jurídico-económica que ora equacionamos.

Essas questões de indefinição jurídica podem ser mitigadas através de diversas vias. Em primeiro lugar, como sugerem, entre outros autores, PETER CAMESASCA e VAN DEN BERGH,[2671] a moderna teoria económica tem desenvolvido um conjunto apreciável de instrumentos analíticos em ordem a avaliar e sistematizar uma multiplicidade de elementos empíricos disponíveis sobre os mercados que se encontrem em causa. Em particular, o desenvolvimento de várias técnicas econométricas permite introduzir elementos de sistematização nas avaliações económicas e, sobretudo, reforçar os elementos de previsibilidade na sua formulação. Como já pudemos observar, o ordenamento norte-americano da concorrência foi

---

[2670] Não se justifica nesta síntese conclusiva final, que procura extrair alguns corolários essenciais da experiência e metodologia de análise de empresas comuns em sede de direito comunitário de concorrência, nem à luz dos pressupostos metodológicos que assumimos no início desta investigação (cfr. *supra* as considerações desde logo expendidas na **Introdução)**, uma análise de *diferentes modelos de análise económica* utilizados para *dilucidar as várias dimensões de eficiência económica*. Cfr. de qualquer modo, sobre esses modelos, O. E. WILLIAMSON, "Allocative Efficiency and the limits of Antitrust", in Am Econ Rev., 1969, pp. 105 ss.. e S. MARTIN, *Industrial Economics: Economic Analysis and Public Policy*, New York, Macmillan Press, 1994, pp. 58 ss.. De qualquer modo, importa ter presente que a dimensão de eficiência em regra ponderada, de forma mais intensa, em sede de concretização de normas de concorrência corresponde à eficiência de afectação – "*allocative efficiency*" (cfr. nesse sentido, HOVENKAMP, *Federal Antitrust Policy*, cit., esp. pp. 71 ss.).

[2671] Cfr. PETER CAMESASCA e VAN DEN BERGH, *European Competition Law and Economics – A Comparative Perspective*, cit., esp. pp. 7 ss..

1592   *Empresas comuns* – Joint Ventures

pioneiro na recepção e utilização desse tipo de técnicas econométricas, mas as mesmas vêm, também, sendo introduzidas – conquanto de modo muito gradual – no direito comunitário da concorrência.

Tivemos, na verdade, ensejo de acentuar que, no conjunto de orientações estabelecidas na Comunicação de 2001, e que se revestem de decisiva importância para a apreciação de empresas comuns submetidas ao regime do artigo 81.º CE, se acolheu expressamente a utilização de instrumentos como o índice IHH. A mesma tendência é também observável em sede de apreciação de operações de concentração (quer respeitantes a empresas comuns, quer respeitantes a concentrações de diferente natureza).[2672] Além disso, também noutros domínios fundamentais para a análise de empresas comuns – designadamente na matéria correspondente à delimitação de mercados relevantes – as orientações de carácter geral estabelecidas na Comunicação de 1997 incorporaram modelos de análise económica (apesar de diversas imperfeições ou lacunas na conjugação dos mesmos com instrumentos econométricos passíveis de utilização expedita, que identificámos na nossa análise anterior).[2673]

[2672] Cfr., a nossa análise sobre a apreciação de empresas comuns no quadro do artigo 81.º CE, tomando em consideração a Comunicação de 2001, e contemplando a utilização desse tipo de instrumentos, *supra*, capítulo terceiro, esp. pontos 2.3.5.3.3. e 3.3.5.3.2. da **Parte III** (importa reconhecer, contudo, que embora a Comissão tenha reconhecido explicitamente na Comunicação de 2001 a relevância da utilização do índice IHH, na generalidade das decisões referentes a empresas comuns submetidas ao regime do artigo 81.º CE que tivemos ensejo de analisar nesse capítulo, o IHH não foi expressamente utilizado, mesmo quando essas decisões envolveram a ponderação do grau de concentração dos mercados). A propósito da utilização explícita do mesmo tipo de técnicas em sede de controlo de concentrações tenha-se presente o conjunto de precedentes referidos *supra*, capítulo segundo – esp. ponto 2.2.3. – da **Parte III** e as referências que aí também fazemos à Comunicação de 2004 sobre *"concentrações horizontais"*, cit..

[2673] Cfr., para uma análise crítica, conquanto sumária, de alguns aspectos referentes a essa Comunicação de 1997, versando a definição dos mercados relevantes, o exposto *supra*, capítulo segundo da **Parte II**, esp. ponto **4.**.

2.2.4. A dimensão de eficiência económica na matriz teleológica renovada do ordenamento comunitário da concorrência e a necessidade conexa de novos modelos globais de análise que assegurem alguma segurança jurídica

Discordamos, contudo, de PETER CAMESASCA e VAN DEN BERGH em relação à importância decisiva que estes autores parecem atribuir aos progressos no desenvolvimento e utilização desse tipo de técnicas econométricas. Na realidade, essa sua avaliação concentra-se num aspecto acessório do problema que ora equacionamos. O aspecto decisivo, em nosso entender, corresponde à possibilidade de conceber modelos jurídico-económicos de análise, assentes em parâmetros gerais – delineados como *"quase-presunções"* e assentes em vários conceitos económicos de referência – permitindo identificar, com alguma previsibilidade, para além de um núcleo de situações mais evidentes de afectação da concorrência, cobertas pelo que temos denominado de proibições *per se*, tipos de situações normalmente permitidas, bem como diversos patamares de risco de afectação da concorrência que justifiquem a realização de graus mais ou menos desenvolvidos, conforme os casos, de análises casuísticas de múltiplos factores económicos concretos relevantes nos mercados que se encontrem em causa.

A utilização de instrumentos econométricos representa, tão só, um elemento acessório – conquanto importante, ao suportar determinados parâmetros jurídico-económicos de análise – para a concepção e funcionamento deste tipo de modelos globais de apreciação. Mas é apenas através desses modelos que se pode procurar uma conjugação equilibrada da incerteza resultante dos elementos de análise económica casuística, necessariamente introduzidos na concretização de juízos normativos orientados por padrões de eficiência económica, com um grau aceitável de previsibilidade em relação ao sentido final desses juízos. Também nesse ponto a análise das empresas comuns, devido ao conjunto paradigmático de questões que tende a suscitar – fortemente tributárias de apreciações orientadas para a percepção de efeitos de eficiência económica – tem contribuído, de forma decisiva, para a construção desse tipo de modelos analíticos.

Na verdade, o núcleo do nosso estudo crítico da figura da empresa comum em sede de aplicação de normas comunitárias de concorrência envolveu, precisamente, e como temos exposto de forma reiterada, o

1594   *Empresas comuns* – Joint Ventures

propósito dogmático de construir um modelo global de apreciação da mesma, assente nos pressupostos atrás enunciados.[2674] Esse propósito tomou, naturalmente, como referência os próprios esforços de sistematização jurídico-económica empreendidos pela Comissão – *maxime*, em relação às empresas comuns submetidas ao regime do artigo 81.º CE – através da Comunicação de 2001 (o qual foi continuado através da adopção de orientações de carácter geral para a análise substantiva de empresas comuns qualificáveis como concentrações, numa perspectiva de avaliação do poder de mercado das empresas intervenientes).[2675] Tomou-se, igualmente, em consideração o contributo fundamental das construções jurídicas ensaiadas no plano ora em causa no quadro do ordenamento norte-americano de concorrência, embora o modelo de apreciação de empresas comuns que propomos, e que utilizámos no quadro do nosso estudo de várias subcategorias de empresas comuns, assente numa combinação, que pretendemos mais equilibrada, entre a utilização de *elementos ou critérios qualitativos de análise* e de *processos econométricos* (divergindo, pois, dos modelos delineados no ordenamento norte-americano quanto ao grau de dependência da utilização desses instrumentos econométricos).

Referimo-nos, bem entendido, quer à definição pelas autoridades federais de concorrência de orientações de carácter geral em matéria de apreciação de operações de concentração (desde 1968) e, mais recentemente, (em 2001) à adopção de orientações referentes à apreciação de empresas comuns,[2676] quer aos esforços doutrinais de construção deste

---

[2674] Cfr. a esse propósito, a exposição geral desse modelo feita *supra*, no capítulo primeiro da **Parte III** e a sucessiva ilustração de processos de concretização do mesmo quanto às diversas subcategorias mais relevantes de empresas comuns feita nos capítulos segundo e terceiro dessa **Parte III**, respectivamente, quanto às empresas comuns qualificáveis como concentrações e quanto às empresas comuns submetidas ao regime do artigo 81.º CE.

[2675] Reportamo-nos, naturalmente, à Comunicação relativa a "*Orientações para a apreciação de concentrações horizontais*", de 2004, cit., cujos aspectos essenciais tivemos ensejo de analisar no capítulo segundo da **Parte III**.

[2676] Embora a perspectiva analítica que informou as sucessivas orientações relativas à apreciação de concentrações tenha sido muito diferente (*maxime* no que respeita à transição das orientações de 1968 para as orientações de 1982). Cfr., para uma perspectiva geral desse esforço de sistematização analítica, CHARLES JAMES, "Overview of the 1992 Horizontal Merger Guidelines", in ALJ., 1993, pp. 447 ss. e WILLIAM KOLASKY, ANDREW DICK, *The Merger Guidelines and the Integration of Efficiencies into Antitrusr Review of Horizontal Mergers*, cit..

Parte IV 1595

tipo de modelos globais de análise, com natural destaque para a análise de referência produzida por Joseph Brodley em matéria de apreciação de empresas comuns (sem prejuízo de outras construções propostas por autores mais directamente ligados à definição de políticas por parte das autoridades federais de concorrência, como sucede, *v.g.*, com o modelo de análise de empresas comuns proposto por Joel Klein).[2677]

De resto, o desenvolvimento desse tipo de modelos gerais de apreciação jurídico-económica das repercussões de determinadas situações sobre o processo de concorrência insere-se num movimento global de renovação da metodologia jurídica de análise do direito comunitário da concorrência, e corresponde a uma das vertentes acima identificadas de mutação deste ordenamento, que nos propomos também tratar nesta síntese conclusiva final,[2678] atendendo à influência que a análise das empresas comuns tem exercido sobre a mesma.

Em síntese, num quadro teleológico em que prevaleçam as considerações de eficiência económica aumentam naturalmente as margens de indefinição a que ficam sujeitos os juízos normativos de aplicação de normas de concorrência. Todavia, como acima se observa, é possível, através de uma perspectiva de análise integrada,[2679] assente na construção de modelos analíticos globais, e integrando parâmetros gerais informados por ponderações económicas – mas sempre reconduzidas a essa malha normativa de análise – reduzir a imprevisibilidade com a qual sejam confrontadas as empresas em sede de aplicação de normas comunitárias de concorrência.

As dificuldades especiais de análise que são inegavelmente suscitadas por uma perspectiva teleológica prevalecente baseada em considerações de eficiência económica, nos termos que temos vindo a configurar,

---

[2677] Cfr., *supra*, sobre os modelos gerais de análise de empresas comuns propostos por Joseph Brodley (cfr. A. cit., "Joint Ventures and Antitrust Policy", cit.) e por Joel Klein (cfr. A. cit., *A Stepwise Approach to Antitrust review of Horizontal Agreements*, cit.).

[2678] Cfr., *infra*, pontos 3.3.1. a 3.3.3. desta **Parte IV**.

[2679] Está em causa uma conjugação dos ensinamentos de teoria da organização industrial ou de economia industrial com os critérios normativos fundamentais do direito da concorrência. Para uma perspectiva geral sobre os elementos a obter a partir dessa teoria económica e as formas de os carrear para juízos normativos de direito da concorrência, cfr., por todos, Martin, *Advanced Industrial Economics*, cit. e Luís, M. B., Cabral, *Introduction to Industrial Organization*, The MIT Press, Cambridge, Massachusetts, 2000.

são ilustradas de forma paradigmática no quadro da apreciação de empresas comuns. Na verdade, um maior peso relativo atribuído a outros objectivos do ordenamento da concorrência – designadamente ao objectivo específico deste ordenamento referente à integração económica – pode justificar a formulação de proibições *per se*, as quais, por natureza, não suscitam especiais dificuldades de análise, nem situações de imprevisibilidade. É, de algum modo, o que se continuará a passar no plano deste ordenamento com acordos visando a protecção territorial absoluta de certos mercados, ou impondo, num quadro de relações verticais, mecanismos de fixação de preços mínimos, e que deverão continuar a ser especialmente visados em função do relevo ainda atribuído a esse objectivo de integração (apesar de menos intenso do que noutros estádios de evolução do direito comunitário de concorrência). Em contrapartida, outras modalidades de cooperação empresarial, envolvendo, em geral, a fixação conjunta de preços, tradicionalmente reconduzidas também a proibições *per se*, podem, à luz dos novos critérios teleológicos orientados para preocupações de eficiência económica, ser objecto de avaliações diversas, como pudémos observar, em particular, no nosso estudo das empresas comuns de comercialização de bens ou serviços.[2680]

2.2.5. A análise das empresas comuns e o peso acrescido da dimensão de eficiência económica na definição dos juízos normativos do ordenamento comunitário da concorrência – A consequente interacção das evoluções da teoria económica de concorrência com a concepção dos pressupostos teleológicos desse ordenamento

2.2.5.1. *Perspectiva geral*

Como adiante observaremos, ao caracterizar a segunda vertente fundamental de mutação do ordenamento comunitário de concorrência que

---

[2680] Sobre esta matéria cfr. o exposto *supra*, ponto **4.** do capítulo terceiro da **Parte III**, no qual salientámos a necessidade de flexibilizar a avaliação jusconcorrencial de acordos de fixação de preços quando os mesmos se integrem no funcionamento de certas empresas comuns de comercialização.

considéramos estreitamente relacionada com a experiência de análise de empresas comuns (ou com situações de relacionamento empresarial de algum modo comparáveis com as mesmas), o peso acrescido dos objectivos de eficiência económica na interpretação e aplicação de normas de concorrência conduz, também, a uma importância acrescida do que podemos denominar de teoria económica de concorrência na formulação dos juízos normativos deste ordenamento.

Alguns dos aspectos mais relevantes dessa interpenetração da teoria económica de concorrência com os processos de concretização de normas comunitárias de concorrência serão, pois, adiante aflorados no contexto da nossa análise sintética das transformações de metodologia de análise em direito de concorrência. Sem antecipar esses elementos de análise económica, incorporados nesta metodologia jurídica renovada do direito comunitário da concorrência, importa, contudo, equacionar, de forma necessariamente breve, o modo como certas flutuações da teoria económica de concorrência influenciam a compreensão dos objectivos do direito da concorrência e o modo ideal como certos pressupostos dessa teoria económica devem ser apreendidos para a formulação dos juízos normativos centrais deste ordenamento.

Afigura-se-nos também evidente que essa reflexão crítica sobre a interacção dinâmica de flutuações da teoria económica de concorrência na concepção e concretização dos pressupostos teleológicos das normas de concorrência é um dado relativamente novo no quadro do ordenamento comunitário. Na verdade, o peso qualitativamente superior que assumiam tradicionalmente neste ordenamento os objectivos mais rígidos de integração económica e de salvaguarda da liberdade de actuação económica (de inspiração ordo-liberal) tornavam-no também menos permeável às oscilações da teoria económica de concorrência. Assim, tal reflexão crítica assumiu a maior acuidade para o ordenamento norte-americano de concorrência que conheceu decisivas reformulações qualitativas com a sucessiva prevalência das teses económicas da escola de Harvard, da escola de Chicago e, finalmente, com a produção de novas sínteses teóricas incorporando elementos desta última, mas num quadro de reexame crítico de muitos dos seus pressupostos.[2681]

[2681] Cfr., para uma descrição sintética dessas *evoluções da teoria económica de concorrência* que desencadearam, concomitantemente, *ciclos distintos de evolução do ordenamento norte-americano de concorrência*, JOHN VICKERS, "Competition Economics and Policy", in ECLR., 2003, pp. 95 ss.. Para uma análise mais desenvolvida desses ciclos

1598   *Empresas comuns* – Joint Ventures

Pelas razões já expostas, esse decisivo embate teórico entre as teses predominantes na escola de Harvard – que influenciaram decisivamente o direito norte-americano da concorrência na década de sessenta do século passado – e na escola de Chicago – que induziram transformações essenciais na aplicação das regras desse ordenamento nas décadas de setenta e de oitenta – não foi, no essencial, apreendido no ordenamento comunitário de concorrência. Em contrapartida, pensamos que o mesmo, tendo estado subtraído à influência dessa discussão de teoria económica, vem, no quadro da presente reordenação do seu modelo teleológico, incorporar elementos da síntese crítica posterior ao advento das teses da escola de Chicago, a qual, em nosso entender, se mostra mais equilibrada em ordem à integração de ponderações económicas nos juízos normativos do direito da concorrência, bem como mais compatível com a formulação de modelos globais de análise jurídico-económica (no sentido que atrás preconizámos como via metodológica ideal para conjugar as exigências de uma dimensão casuística de análise económica com a sistematização de parâmetros normativos que ofereçam graus mínimos de previsibilidade para os juízos jurídicos em direito da concorrência).

2.2.5.2. *Teoria económica de concorrência – a análise de empresas comuns como área paradigmática de confronto entre as orientações da Escola de Harvard e da Escola de Chicago*

Como já se observou, o processo normativo de concepção e concretização de objectivos de eficiência económica para o direito da concorrência no quadro de alguns dos principais pressupostos económicos da escola de Harvard enfermava de alguma rigidez e de um excessivo determinismo metodológico. O paradigma essencial orientador das funções atribuídas ao direito da concorrência correspondente à manutenção da denominada *"concorrência praticável"* – conceito de referência desenvolvido pela escola de Harvard, em contraposição aos modelos de con-

---

de evolução cfr., *inter alia*, Michael Malina, "Antitrust Law in the Nineties", in ALJ, 1995, pp. 853 ss.; Lawrence Sullivan, "Post-Chicago Economics: Economists, Lawyers, Judges and Enforcement Officials in a Less Determinate Theoretical World", in ALJ, 1995, pp. 669 ss.; Joseph Brodley, "Post-Chicago Economics and Workable Legal Policy", in ALJ, 1995, pp. 683 ss.; Terry Calvany, Michael Sibarium, "Antitrust Today: Maturity or Decline", cit., pp. 123 ss..

Parte IV

corrência perfeita, desde os estudos de referência de J. M Clark na década de quarenta do século passado —[2682] foi decisivamente conformado à luz de um parâmetro estrutural. Esse parâmetro assentava numa pré-compreensão económica de acordo com a qual a estrutura dos mercados determinaria, no essencial, a conduta e o desempenho das empresas.[2683] Essa orientação conduziu a uma sistemática e excessiva intervenção das autoridades de concorrência em relação à generalidade das situações em que o grau de concentração dos mercados fosse relativamente elevado (o que, por seu turno, desembocou numa política excessivamente restritiva em relação a empresas comuns envolvendo empresas com quotas de mercado significativas, com a consequente desconsideração dos elementos de eficiência económica potencialmente inerentes às mesmas, verificando-se também idêntica distorção no domínio do controlo de concentrações).

Em ruptura com esses pressupostos teóricos da escola de Harvard, a teoria económica desenvolvida pela escola de Chicago conduziu a uma aplicação drasticamente mais limitada do sistema de proibições estabelecido no ordenamento norte-americano de concorrência. Os novos pressupostos assumidos pela escola de Chicago foram essencialmente desenvolvidos a partir da denominada teoria dos preços (de inspiração neo-clássica, embora com novos corolários teóricos). De acordo com esse modelo teórico, o comportamento económico racional das empresas é, na sua essência, dirigido à maximização dos seus lucros. Nesses termos, e na

---

[2682] Este conceito de "*concorrência praticável*" ("*workable competition*") foi já aflorado *supra*, capítulo primeiro, **Parte II**, esp. ponto 2.2., na nossa caracterização inicial das bases da formação do direito comunitário de concorrência. Sobre esse conceito, e aceitando a relevância do mesmo como base conceptual da concretização jurídica de normas de direito comunitário da concorrência – tal como este tem sido aflorado desde o Acórdão "*Metro I*", cit. – cfr. Richard Wish, *Competition Law*, cit., esp. p. 13. Para uma visão crítica desse conceito, sobretudo, devido ao carácter vago que o mesmo pode comportar, cfr., *inter alia*, cfr. W. Kerber, *Die Europäische Fusionskontrollpraxis und die Wettbewerbskonzeption der EG*, Bayreuth, PCO, 1994, esp. pp. 185 ss.. Cfr., ainda, o estudo de referência fundamental de J. M. Clark, "Toward a Concept of Workable Competition", in Am Econ Rev., 1940, pp. 241 ss.

[2683] Tivemos já ensejo, *maxime* no quadro da nossa análise antecedente da avaliação de empresas comuns qualificáveis como concentrações – *supra*, capítulo segundo da **Parte III** – de referir e caracterizar sumariamente esse parâmetro ("*structure-conduct-performance paradigm*", tal como é correntemente designado no quadro do ordenamento norte-americano). Sobre esse parâmetro cfr., por todos, James Meehan, Robert Larner, "The Structural School, Its Critics and Its Progeny: An Assessment", cit., pp. 179 ss..

1600 *Empresas comuns* – Joint Ventures

ausência de qualquer demonstração conclusiva em sentido diverso, os comportamentos empresariais orientados para a maximização de lucros devem ser considerados comportamentos concorrenciais e, nesse contexto, o funcionamento dos mercados, em princípio, determinará *a se* as correcções necessárias a quaisquer eventuais *"imperfeições"* no processo de concorrência.[2684]

Para além dessa pressuposição da legalidade dos comportamentos empresariais dirigidos à maximização de lucros, as teses fundamentais da escola de Chicago, tal como enunciadas por DIRECTOR, BORK e POSNER,[2685] suportam a ideia de que a avaliação do carácter concorrencial de determinadas condutas, ou de transacções em certas situações de mercado, não deve ser baseada em qualquer modelo económico abstracto (designadamente no modelo estruturalista que associava a emergência de problemas de afectação da concorrência ao grau de concentração dos mercados; pelo contrário, eventuais conexões favoráveis entre a estrutura dos mercados e o desempenho das empresas não são analisadas como potenciais perdas de bem estar em resultado da acumulação de poder de mercado, mas como indícios de maior eficiência económica).

De acordo com essas orientações, tal avaliação deveria ser exclusivamente suportada na aferição da eficiência económica dos comportamentos empresariais que se encontrassem em causa (embora os autores da escola de Chicago, em regra, apenas tomem em consideração as dimensões estáticas da eficiência económica que acima identificámos, correspondentes à eficiência produtiva e à eficiência de afectação, sem ponderar a terceira dimensão correspondente ao que denominámos de eficiência dinâmica). Em paralelo com essa concentração exclusiva nas finalidades de eficiência

---

[2684] Como já vimos, entronca também nesse pressuposto uma das orientações fundamentais no quadro da *análise económica do direito*. Cfr. sobre essa matéria, NICHOLAS MERCURO, STEVEN MEDEMA, *Economics and the Law – From Posner to Post-Modernism*, cit., esp. pp. 4 ss. e pp. 51 ss..

[2685] O ensino de DIRECTOR foi, essencialmente oral; cfr., de qualquer modo, sobre o mesmo, R. POSNER, "The Chicago School of Antitrust Analysis", in U Pa L Rev., 1979, pp. 925 ss.; sobre outros contributos fundamentais para a Escola de Chicago, desenvolvendo ideias essenciais de DIRECTOR, cfr., *inter alia*, W. S. BOWMAN, "Tying Arrangements and the Leverage Problem", in YLJ., 1957, pp. 67 ss.; L. G. TELSER, "Why Should Manufacturers Want Fair Trade", in JL & Econ., 1960, pp. 86 ss. Para um repositório geral e razoavelmente completo de alguns dos principais pressupostos teóricos da Escola de Chicago, tal como estes têm vindo a ser desenvolvidos ao longo dos últimos decénios, cfr., por todos, R. BORK, *The Antitrust Paradox: A Policy at War with Itself*, cit..

Parte IV   1601

económica – que, porventura, terá representado a prazo a contribuição original mais importante da escola de Chicago – os referidos autores criticam as análises empíricas das estruturas dos mercados da escola de Harvard em virtude de um suposto défice teórico das mesmas (resultantes de uma falta de apreensão dos elementos de racionalidade do comportamento das empresas, dirigidos, precisamente, à eficiência económica).[2686]

Ora, em nosso entender, a área do ordenamento da concorrência na qual se verificaram as divergências mais extremas entre as orientações sustentadas pelas escolas de Harvard e de Chicago foi, precisamente, a área correspondente ao enquadramento das empresas comuns (e também, de algum modo, a área relativa ao controlo de concentrações). Nesse plano, avultava, em particular, a perspectiva da escola de Harvard segundo a qual se verificavam correlações negativas entre o grau de concentração dos mercados e as margens existentes entre custos e preços de bens e serviços. De acordo com essa lógica, elevados graus de concentração e elevadas quotas de mercado das empresas participantes em empresas comuns tenderiam a conduzir a excessivas concentrações de poder de mercado, que propiciariam o desenvolvimento de comportamentos com efectivo potencial de restrição da concorrência, bem como as práticas duradouras de preços supra-concorrenciais.

Essa lógica de análise estruturalista foi directamente contestada pelos autores da escola de Chicago e, como é natural, atendendo aos pressupostos teóricos básicos da mesma, o domínio da apreciação das empresas comuns constituiu um terreno de eleição para essa contestação. Atendendo à potencial aptidão para a criação de eficiências, que representa *a se* um elemento analítico distintivo da própria categoria da empresa comum em direito de concorrência, os autores da escola de Chicago encontraram neste plano – bem como, embora porventura noutro grau, no plano relativo ao controlo de concentrações – um domínio ideal para colocar em confronto as questões referentes à detenção de poder de mercado, associadas a factores estruturais, e os aspectos relativos à produção de efeitos globais de eficiência económica (concluindo que a relevância concedida a esses factores estruturais provocava uma indevida desconsideração dos aspectos de eficiência económica).[2687] Esses autores vão,

---

[2686] Cfr. sobre essas críticas às lacunas de teorização imputadas à escola de Harvard, R. POSNER, "The Chicago School of Antitrust Analysis", cit., pp. 925 ss.

[2687] Cfr. para uma análise dos processos de apreciação de empresas comuns como área de eleição para o confronto directo dos pressupostos teóricos das escolas de Harvard

1602   *Empresas comuns* – Joint Ventures

assim, *"desconstruir"* o *nexo* entre *estrutura* dos mercados e *comporta-mento* ou *desempenho* empresariais laboriosamente delineado pela escola de Harvard e assumido como esteio de múltiplas intervenções das autoridades federais norte-americanas de concorrência, limitativas da constituição de empresas comuns ou de operações de concentração entre empresas (largamente sufragado, também, por anterior jurisprudência dos tribunais superiores norte-americanos).

Importa neste ponto destacar, uma vez mais, que esta forma de questionar opções normativas do ordenamento de concorrência em função dos modelos económicos adoptados para conformar as opções normativas não se fez sentir no direito comunitário da concorrência, visto que, neste, a própria componente estruturalista de análise jurídico-económica só muito tardiamente veio a ser introduzida de forma efectiva com a aprovação, em 1989, de um regime de controlo directo de operações de concentração e a análise de empresas comuns no quadro do artigo 85.º TCE antes da adopção do RCC enfermava, pelo contrário, como pudemos verificar,[2688] de um défice de ponderação de elementos estruturais (sendo caracterizada por uma óptica predominantemente jurídico-formal influenciada pelas concepções ordo-liberais de tutela da liberdade de actuação económica e pela insuficiente consideração de objectivos de eficiência económica).

Deste modo, e como adiante se observará de forma mais desenvolvida a propósito das mutações da metodologia jurídica do direito comunitário da concorrência, quando a dimensão estrutural de análise jurídico-económica veio a ser, efectivamente, introduzida neste ordenamento, tal sucede num contexto de evolução da teoria económica da concorrência caracterizado já pela produção de sínteses críticas que incorporam elementos das críticas formuladas pela escola de Chicago, mas que procuram

---

e de Chicago, H. DEMSETZ, *Two Systems of Belief About Monopoly*, in *Industrial Concentration: The New Learning*, H. J. GOLDSCHMID, H. M. MANN, J. F. WESTON, Editors, 1974; JANUSZ ORDOVER, ROBERT WILLIG, "Antitrust for High Technology Industries: Assessing Research Joint Ventures and Mergers", in JL & Econ., 1985, pp. 311 ss.; GREGORY WERDEN, "Antitrust Analysis of Joint Ventures – An Overview", cit., pp. 701 ss..

[2688] A necessidade de compreensão desse aspecto fundamental, acima exposto – e que traduz uma diferença essencial em relação às grandes querelas teóricas que mais influenciaram a evolução do direito da concorrência norte-americano – determinou, de resto uma extensa análise de diferentes estádios de tratamento jurídico sistemático das empresas comuns e dos fenómenos de concentração, a que procedemos *supra*, ao longo do capítulo segundo da **Parte II**.

Parte IV 1603

estabelecer um novo equilíbrio entre factores estruturais e factores de eficiência económica ligados ao comportamento das empresas ou a outras condições dos mercados.

2.2.5.3. *Teoria económica de concorrência – a possível emergência de uma síntese crítica superadora do confronto entre as orientações da Escola de Harvard e da Escola de Chicago com influência sobre a reordenação das prioridades teleológicas do ordenamento comunitário da concorrência*

A escola de Chicago, para além de vincar o peso decisivo das considerações de eficiência económica na aplicação de normas de concorrência e de, em função disso, considerar justificadas certas concentrações de poder de mercado, bem como estruturas de mercado concentradas, caso as mesmas resultassem, precisamente, de maiores níveis de eficiência (ou contribuíssem para suportar esses níveis de eficiência), veio também associar essa análise específica da eficiência económica às condições concretas, diferenciadas, de cada mercado (que poderiam determinar, intrinsecamente, padrões diferentes de eficiência). Noutros termos, pode, assim, afirmar-se que a escola de Chicago, além de reconhecer que a correlação entre certas estruturas concentradas dos mercados e desempenhos favoráveis das empresas não traduzia, necessariamente, uma perda de bem estar ocasionada por elevados níveis de poder de mercado, mas o resultado – em si mesmo admissível – de maiores níveis de eficiência, estabeleceu, ainda, uma segunda premissa teórica.

De acordo com essa premissa, e nos termos sustentados por autores como H. DEMSETZ,[2689] as condições necessárias à produção de eficiências económicas podem variar de forma considerável em função das características de cada mercado. Em alguns mercados, a dimensão das empresas é uma condição importante para a obtenção de certos níveis de eficiência económica e, noutros mercados, níveis comparáveis de eficiência não se encontram dependentes da detenção de elevadas quotas de mercado. Além disso, e noutra perspectiva complementar, autores como R. POSNER susten-

---

[2689] Cfr. nesse sentido H. DEMSETZ, "Industry Structure, Market Rivalry and Public Policy", in JL & Econ.,1973, pp. 16 ss e, do mesmo A., *Two Systems of Belief about Monopoly*, in *Industrial Concentration: The New Learning*, cit., pp. 164 ss..

1604   *Empresas comuns* – Joint Ventures

tam, ainda, que a verificação de situações duradouras de concentração do mercado ou de detenção de significativas quotas de mercado, por parte de determinadas empresas, não traduzem necessariamente a existência de poder de mercado apreciável das empresas que se encontrem em causa.[2690] De acordo com essa lógica, tais factores estruturais – *maxime* a quota de mercado das empresas – não seriam aptos para indiciar a existência de poder de mercado nem poderiam, pela negativa, (*vg.*, em caso de detenção de reduzidas quotas de mercado) sustentar presunções de inexistência de efeitos restritivos da concorrência.

Tendo as orientações teóricas da escola de Chicago conhecido a sua máxima influência, quer na modelação dos objectivos do direito da concorrência norte-americano, quer na concretização jurídica das suas regras na década de oitenta do século passado,[2691] a discussão doutrinal no quadro da teoria económica da concorrência orientou-se ulteriormente no sentido de uma síntese crítica que procura estabelecer novos equilíbrios de análise. Assim, essa síntese vem, por um lado, moderar os anteriores excessos dos modelos estruturalistas da escola de Harvard e, por outro lado, rejeita, também, alguns pressupostos mais redutores ou lineares da escola de Chicago – influenciados pela teoria neo-clássica de preços – quanto à capacidade dos mercados para determinar a formação de níveis de preços justificáveis em face dos graus de eficiência assegurados por certas empresas e dos correlativos níveis de bem-estar que lhes estariam associados.

A atribuição de um papel primacial aos objectivos de eficiência económica no conjunto de escopos prosseguidos através das normas de concorrência e a orientação teleológica correspondente, no sentido de fazer prevalecer, em sede de aplicação dessas normas, ponderações jurídico-económicas em que os efeitos globais de eficiência sobrelevem certos elementos aparentemente restritivos do processo de concorrência – *maxime* no quadro da avaliação de empresas comuns – correspondeu,

---

[2690] Cfr. R. POSNER, "The Chicago School of Antitrust Analysis", cit., pp. 925 ss..

[2691] Sobre essa influência da Escola de Chicago no direito norte-americano da concorrência no período em causa, cfr., por todos, HOVENKAMP, "Antitrust Policy After Chicago", in Mich L Rev., 1985, pp. 213 ss.. Cfr. ainda sobre a mesma perspectiva, e destacando já a emergência de correntes críticas que vão contrabalançar tal influência, ROBERT LANDE, "Beyond Chicago: Will Activist Antitrust Rise Again?", in AB, 1994, pp. 39 ss. e JONATHAN BAKER, "Recent Developments that Challenge Chicago School Views", in ALJ., 1989, pp. 645 ss..

Parte IV

contudo, a um contributo duradouro da escola de Chicago, acolhido em novas sínteses críticas e que, como tal, vem influenciando, já, a reordenação das prioridades teleológicas do direito comunitário da concorrência. De algum modo, este ordenamento, devido aos seus anteriores défices de análise económica, não conheceu o embate das grandes querelas doutrinais das escolas de Harvard e de Chicago – com os contornos acima sumariamente descritos – mas vem, no presente, beneficiar das novas sínteses delineadas na teoria económica da concorrência e que incorporam elementos dessas duas correntes doutrinais.

Essas novas sínteses delineadas na teoria económica da concorrência envolvem, em nosso entender, o reconhecimento da relevância de múltiplos factores estruturais – passíveis de verificação através de processos econométricos e no quadro de análises empíricas – embora sem o determinismo preconizado pelas orientações da escola de Harvard, anteriores à crítica da escola de Chicago, e observando uma perspectiva analítica mais flexível, que aceita a existência de vários graus possíveis de interdependência entre as dimensões de estrutura dos mercados e do comportamento e desempenho das empresas.[2692]

2.2.5.4. *A teoria económica de concorrência e a necessidade de equilíbrios na formulação de novos modelos teóricos com repercussões nos processos de análise de empresas comuns*

Essa componente mista da análise jurídico-económica, bem como a flexibilidade que se traduz na interpenetração recíproca de elementos estruturais e referentes a comportamentos de empresas abriu, também, caminho a novas perspectivas teóricas de avaliação do processo de concorrência à luz de referências teleológicas essenciais do direito da concorrência, delineadas com base em critérios de eficiência económica.

[2692] Cfr. sobre os aspectos fundamentais dessas sínteses teóricas, JOSEPH KATTAN, "Market Power in the Presence of an Installed Base", in ALJ., 1993, pp. 62 ss; CARL SHAPIRO, "Aftermarkets and Consumer Welfare: Making Sense of Kodack", in ALJ, 1995, pp. 483 ss.; MICHAEL RIORDAN, STEVEN SALOP, "Evaluating Vertical Mergers: A Post--Chicago Approach", in ALJ, 1995, pp. 513 ss.; LAWRENCE SULLIVAN, "Post-Chicago Economics: Economists, Lawyers, Judges and Enforcement Officials in a Less Determinate Theoretical World", in ALJ, 1995, pp. 669 ss..

1606 Empresas comuns – Joint Ventures

Nesse conjunto de novos modelos teóricos, de desenvolvimento recente, e cujo conteúdo, de algum modo, resulta já da síntese a que acima aludimos, importa destacar o modelo dos *mercados com capacidade de resposta*, a denominada *teoria dos jogos* e a teoria da *análise dos custos de transacção*.[2693]

Tomando em consideração as novas orientações resultantes da tentativa de conjugação e revisão de pressupostos analíticos da escola de Harvard e da escola de Chicago, no sentido de enfatizar uma interacção estratégica entre o comportamento das empresas, a estrutura dos mercados e o desempenho das empresas, assume uma particular importância o segundo modelo teórico acima identificado (a *teoria dos jogos*). Sendo o mesmo modelo novamente aflorado adiante, no contexto da nossa análise das mutações da metodologia jurídica do direito comunitário da concorrência, apenas se justifica aqui uma brevíssima identificação dos seus contornos básicos, na perspectiva específica, que ora desenvolvemos, de compreensão das ligações entre um renovado programa teleológico desse ordenamento, assente em objectivos essencialmente económicos, e os modelos de análise económica que permitam a concretização dos juízos normativos centrais do mesmo ordenamento (evitando excessivas margens de insegurança e indefinição jurídicas que, segundo alguns críticos, se encontrariam associados a esse tipo de programas teleológicos de inspiração económica, tal como referimos *supra*, em **2.2.3.**).

[2693] Sobre o modelo teórico dos *mercados com capacidade de resposta* (*"contestable markets"*), cfr. as referências já feitas *supra*, capítulo primeiro, **Parte II**, esp. pontos 2.2. a 3.4.2.. Sobre a *teoria dos jogos* (*"game theory"*) cfr. DREW FUDENBERG e JEAN TIROLE, "Understanding Rent Dissipation: On the Use of Game Theory in Industrial Organization", in Am Econ Rev., 1987, pp. 176 ss.; GEORGE SHEPHERD, JOANNA SHEPHERD, WILLIAM SHEPHERD, "Antitrust and Market Dominance", in AB, pp. 835 ss., esp. pp. 850 ss.. Sobre a *teoria dos custos de transacção* (*"transaction cost analysis"*), desenvolvida mais recentemente como modelo de análise, enquadrado na denominada *nova economia institucional* (*"new institutional economics"*) e configurada, sobretudo, como um complemento aos juízos analíticos fundados na teoria dos preços, cfr. O. E. WILLIAMSON, *Transaction Cost Economics*, in *Handbook of Industrial Organization I*, R. SCHMALENSEE, R. D. WILLIG, Editors, 1989, pp. 135 ss. Como é natural, não há espaço, nem se justifica, de acordo com a perspectiva de análise seguida nesta síntese conclusiva final, um estudo *ex professo* destes três modelos teóricos (limitando-nos a evidenciar a sua relevância e afloramentos dos mesoas – *maxime* da *"game theory"* – em sede de avaliação jusconcorencial de empresas comuns).

Como sustentam Drew Fudenberg e Jean Tirole,[2694] a *teoria dos jogos* corresponde a uma forma de conceber modelos de análise de situações de mercado, no quadro das quais as decisões óptimas de cada interveniente dependem das suas percepções ou expectativas em relação às opções dos seus concorrentes. Como já aflorámos também noutro ponto do nosso estudo, trata-se de aferir, em função de diversas condições, variáveis, de mercado e, designadamente, face à informação mais ou menos completa de que as empresas possam dispor sobre as actuações dos outros intervenientes no mercado, a manutenção de elementos de incerteza, ou os termos potenciais de avaliações de probabilidades sobre os comportamentos das várias empresas, dos quais depende a intensidade do jogo concorrencial entre as mesmas[2695]. Como adiante observaremos,[2696] os termos desta compreensão económica da interacção estratégica entre os vários intervenientes no mercado – essencial para verificar se os mesmos se encontram sob pressão concorrencial para produzir eficiências globais geradoras de acréscimos de bem-estar (*maxime* em sede de apreciação de empresas comuns ou de concentrações) – dificultam a identificação de parâmetros de análise eficazes e compatíveis com os níveis desejáveis de previsibilidade jurídica na interpretação e aplicação de normas de con-

---

[2694] Cfr. Drew Fudenberg e Jean Tirole, *Noncooperative Game Theory for Industrial Organisation: An Introduction and Overview*, in *Handbook of Industrial Organisation*, Richard Schmalensee e Robert D. Willig, Editors, 1989, esp. pp. 259 ss.

[2695] Cfr. Para uma referência a este tipo de aspectos, o exposto *supra*, capítulo primeiro, **Parte II**, esp. pontos 2.1. a 2.3.). Como referem, de forma sugestiva, George Shepherd, Joanna Shepherd, William Shepherd (no estudo "*Antitrust and Market Dominance*", acima cit.), a *teoria dos jogos* assenta na ponderação de comportamentos estratégicos das empresas, determinados por séries complexas de interacções e tomando como pressuposto essencial a conjugação dinâmica de elementos estruturais e de comportamento, o que pode explicar, de resto, a importância de que os seus modelos teóricos se podem revestir para a análise de empresas comuns como categorias paradigmáticas de combinação das dimensões estruturais e de comportamento – conforme ilustrado no estudo de diversas subcategorias de empresas comuns empreendido no capítulo terceiro da **Parte III**. Assim, como referem esses autores, (*op. cit.*, p. 850) "*whereas the traditional approach considered several economic phenomena to be exogenous to market structure, conduct and performance, the 'new industria organization' considers most of the important factors to be endogenous. In other words, there is no one-way chain of causation; the factors in the structure-conduct performance paradigm are all simultaneously determined and affect one another. Structure and conduct may have an effect on performance, but performance, in turn, influences structure and conduct*".

[2696] Cfr. a esse propósito, *infra*, pontos 3.2.1.3. e 3.2.2. a 3.2.3..

1608   *Empresas comuns* – Joint Ventures

corrência. E, desse modo, põem à prova a capacidade metodológica para construir modelos normativos de sistematização e compreensão jurídica de dados de análise económica.

De resto, esse tipo de dificuldades de construção de modelos jurídicos eficazes de apreciação – superáveis, em nosso entender, desde que se contenha em certos limites razoáveis a recepção de modelos económicos abstractos de análise das realidades de mercado – encontra-se na base de uma das principais críticas dirigidas às orientações da escola de Chicago (e cujo conteúdo subscrevemos no essencial). Essa crítica dirige-se à utilização excessiva de modelos de análise económica abstracta (de tipo dedutivo) insuficientemente combinada com a avaliação de elementos empíricos sobre o funcionamento de certos mercados (os autores da escola de Chicago tenderam, na realidade, a admitir que os propósitos e efeitos de comportamentos empresariais, nos mais variados contextos de mercado, poderiam ser determinados com base em deduções fundadas num conjunto limitado de premissas genéricas da teoria neo-clássica de preços).[2697]

A esse excesso na utilização de modelos de análise económica abstracta, por parte da escola de Chicago, acresceu, em nosso entender, uma indevida desconsideração sistemática de parâmetros de referência estruturais, dirigidos a apreender o poder de mercado das empresas e as condições da sua utilização em cada situação de mercado. Ora, esses parâmetros, concretizáveis através de dados empíricos sobre os mercados, mostram-se essenciais para construir modelos jurídico-económicos de análise eficazes, que possam reconduzir a uma lógica própria de formulação de juízos normativos – e de acordo com cânones mínimos de juridicidade – múltiplos feixes de ponderações de base económica e relacionadas com uma matriz teleológica de inspiração económica do direito da concorrência. A este propósito, os autores da escola de Chicago revelam uma visão demasiado limitada do alcance do poder de mercado das empresas e das suas repercussões centrais – em sede de análise jurídico-económica subjacente à aplicação de normas de concorrência – para uma utilização eficiente de recursos que se coadune com a maximização do bem estar geral. Assumem, igualmente, uma visão axiomática – não sujeita ao crivo de análises empíricas – excessivamente optimista sobre as limitações e

---

[2697] Cfr., para uma ampla referência à *revisão crítica das orientações da Escola de Chicago*, "Symposium on Post-Chicago Economics", in ALJ., 1995, pp. 445 ss., e vd., aí, em particular, como referência introdutória, M. SEAN ROYALL, Editor's Note, pp. 445-454.

Parte IV 1609

condicionamentos que, de modo quase automático, a disciplina do funcionamento dos mercados imporia a esse poder de algumas empresas.

Essa visão foi, progressivamente, sujeita a avaliação crítica no quadro do ordenamento norte-americano de concorrência, devendo destacar-se, como verdadeiro marco jurisprudencial a esse respeito a decisão do Supremo Tribunal norte-americano no caso *"Eastman Kodack"* (na qual se questionou, sob várias perspectivas, a eficácia dessa suposta disciplina *"automática"* dos mercados).[2698] Mais uma vez, devemos salientar que este tipo de discussão crítica só de forma muito incipiente foi desenvolvido no quadro do direito comunitário de concorrência, mas a concepção – nos moldes que preconizámos ao longo do presente estudo – de *modelos globais de apreciação jurídico-económica de empresas comuns*, ajustados a uma nova matriz teleológica deste ordenamento essencialmente inspirada em considerações de eficiência económica, beneficia dos principais corolários de tal discussão teórica.[2699]

2.2.5.5. *A superação de limitações da Escola de Chicago na ponderação de eficiências económicas e a análise de empresas comuns como área paradigmática para convocar as diversas dimensões do conceito-quadro de eficiência económica*

Outra limitação revelada pelo modelo teleológico do direito da concorrência delineado pela escola de Chicago – com repercussões sobre a metodologia de análise utilizada na interpretação das respectivas normas

---

[2698] Cfr. a decisão do Supremo Tribunal norte-americano no caso conhecido como *"Eastman Kodack"* – *Eastman Kodack Co. V. Image Technical Services Inc. – 112 S ct. 2072 (1992)"*. Sobre a discussão teórica gerada em torno deste precedente fundamental, cfr., *inter alia*, WARREN GRIMES, "Antitrust Tie-In Analysis After Kodack: Understanding the Role of Market Imperfections", in ALJ., 1994, pp. 263 ss..

[2699] Não só a construção de *modelos globais de apreciação jurídico-económica de empresas comuns* – que preconizamos – beneficia dos corolários das discussões teóricas conducentes a sínteses críticas *"post-Chicago"* (no sentido acima considerado), como, nos termos que resultam da análise substantiva desenvolvida ao longo da **Parte III**, e que vimos destacando de modo sistemático nesta parte conclusiva, o seu *carácter híbrido* contribui especialmente para *construções dogmáticas que conjuguem elementos estruturais e de comportamento* (ordenados em modelos analíticos que não prescindem de análises empíricas de informação económica, rejeitando, pois, visões aprioristicas ou deterministas, e privilegiando a interacção de diversos critérios indiciários que podem, reciprocamente, corrigir-se).

1610   *Empresas comuns* – Joint Ventures

– reporta-se, em nosso entender, ao enfoque excessivo dado a uma ideia de eficiência estritamente associada à preservação, no imediato, de níveis de preços concorrenciais. Essa óptica não toma suficientemente em consideração os potenciais efeitos negativos para a concorrência resultantes de estratégias empresariais tendentes ao aumento dos custos de empresas concorrentes em mercados intermédios (*vg.*, aumentos de custos de produção, em geral, em determinados mercados). Ora, em particular, a análise de empresas comuns que não desempenham todas as funções de uma entidade económica autónoma demonstra que estas podem ser utilizadas para aumentar, em termos relativos, os custos das empresas concorrentes através da prossecução conjunta de certas finalidades empresariais no quadro de determinadas condições concretas de mercado (designadamente através dos principais tipos funcionais de empresas comuns submetidas ao regime do artigo 81.º CE que analisámos *ex professo*).[2700]

Esse tipo de situações, mesmo que não conduzam a aumentos de preços imediatos (ou a curto prazo) nos mercados de bens finais que sejam aparentemente afectados pelas actividades de empresas comuns – o que representaria o único desvalor relevante na perspectiva da escola de Chicago – podem, contudo, conduzir a perdas de eficiência produtiva, bem como a perdas significativas do que denominámos de eficiência dinâmica, relacionada com os processos de inovação (curiosamente, as orientações sustentadas pela escola de Chicago com a sua ênfase na promoção da eficiência económica concentram-se quase exclusivamente nas dimensões estáticas dessa eficiência, que já tivemos ensejo de caracterizar, e, com alguma frequência, desconsideram a eficiência dinâmica).[2701]

[2700] Cfr. a análise desenvolvida *supra*, capítulo terceiro da **Parte III** – esp. pontos **2.**, **3.**, **4.** e **5.** – sobre os diversos tipos funcionais mais relevantes de empresas comuns, a qual nos permitiu identificar múltiplas configurações de cooperação empresarial conducentes ao aumento, em termos relativos, dos custos das empresas concorrentes e a potenciais efeitos concomitantes de encerramento dos mercados (como tivemos ensejo de observar, mesmo as empresas comuns de investigação e desenvolvimento podem conduzir a efeitos desse tipo).

[2701] Para essa visão crítica sobre algumas análises e pressupostos da Escola de Chicago, cfr. JOSEPH BRODLEY, "Post-Chicago Economics and Workable Legal Policy", cit., pp. 683 ss., esp. p. 687. Como aí refere este autor, "*allocative efficiency increases social wealth only at the margin (by the welfare triangle), while productive efficiencies increase social wealth over the whole range of output, and innovation efficiencies not only achieve productive efficiencies within the market, but create beneficial spillover into other markets and industries*".

Parte IV 1611

A propósito desse tipo de situações, deve salientar-se, acompanhando as observações de autores como JOSEPH BRODLEY,[2702] que a apreciação das empresas comuns, pelas características de que estas figuras se revestem, permite, em regra, uma flexibilidade de análise particularmente apta a testar a interacção de várias repercussões da sua criação nas múltiplas dimensões de eficiência económica que possam estar em causa (não limitando esse teste jurídico-económico, de forma redutora, a repercussões imediatas sobre preços em mercados de bens finais).

Na verdade, uma das principais dificuldades na ponderação de eficiências, que resulta da sua invocação *ex ante* em contextos onde a produção de juízos prospectivos tendentes à demonstração das mesmas se mostre pouco exequível, pode ser eficazmente atenuada no quadro da apreciação de empresas comuns. Tal pode resultar do menor grau de transformação estrutural envolvido por diversas subcategorias de empresas comuns e de a consequente *"reversibilidade"* das mesmas – que as distingue, como entidades mais flexíveis, da generalidade das concentrações em sentido estrito – se mostrar, em múltiplas situações compatível com a verificação *ex post* dos elementos de eficiência que tenham sido ponderados na avaliação inicial de tais entidades. Esta possibilidade de desenvolvimento de fórmulas criativas de apreciação de empresas comuns – com alguma componente variável de condicionalidade –, não apenas permite uma maior abertura à ponderação favorável de diversos elementos de eficiência, como cria condições para sopesar, de forma integrada, as componentes estática e dinâmica dessa eficiência.[2703]

2.2.5.6. *Súmula final – a teoria económica de concorrência e o contributo da análise de empresas comuns para um novo equilíbrio na definição do modelo teleológico do direito da concorrência incorporando a ponderação do poder de mercado das empresas e das múltiplas dimensões da eficiência económica*

Em súmula, entendemos que a superação dos limites do modelo teleológico do direito da concorrência proposto pela escola de Chicago,

---

[2702] Cfr. nesse sentido, uma vez mais, a análise de JOSEPH BRODLEY em "Post-Chicago Economics and Workable Legal Policy", cit., p. 690.

[2703] Cfr. sobre esse aspecto ROBERT PITOFSKY, "Proposals for Revised United States Merger Enforcement in a Global Economy", in Geo L J., 1992, pp. 195 ss..

1612 · *Empresas comuns* – Joint Ventures

incorporando, em contrapartida, o contributo primacial que, nesse plano teleológico, pode resultar das suas orientações – o qual corresponde a um novo enfoque na promoção da eficiência económica, também assumido em sede de direito comunitário da concorrência – deverá resultar da utilização de parâmetros eficientes de análise, que recuperem determinados elementos estruturais (mesmo que tal se traduza numa relativa simplificação de alguns pressupostos de análise económica). Esses parâmetros devem tomar como referência aspectos relativos ao poder de mercado das empresas – passíveis, pelo menos em parte, de análises empíricas tendentes à qualificação de alguns elementos indiciários – e devem ser orientados de modo a permitir apreender as consequências de certas transacções nos vários planos relevantes de eficiência (eficiência produtiva, de afectação e dinâmica). Como se procurou demonstrar ao longo do presente estudo, a análise das empresas comuns, por força do carácter híbrido desta figura e da consequente flexibilidade de que se reveste, apresenta virtualidades particulares para conduzir a esse tipo de resultados, em termos de definição de coordenadas teleológicas do direito comunitário da concorrência e de definição de processos metodológicos ajustados à concretização das mesmas.

2.3. A POSSÍVEL DIMENSÃO CONSTITUCIONAL DO MODELO TELEOLÓGICO DO ORDENAMENTO COMUNITÁRIO DE CONCORRÊNCIA

2.3.1. A *constitucionalização* da matriz teleológica fundamental do ordenamento comunitário da concorrência

Tendo presente os aspectos aflorados na primeira vertente de análise desta síntese conclusiva final, referentes à reordenação do modelo teleológico do direito comunitário da concorrência, em parte influenciada pela análise das empresas comuns (e de figuras comparáveis às mesmas no quadro desse ordenamento), propomo-nos, ainda, equacionar – em conexão com essa matéria, mas de forma extremamente sumária – o possível desenvolvimento de uma dimensão constitucional, em sentido material, na qual se inscreva o núcleo essencial de valorações subjacentes a esse modelo.

Parte IV
1613

Não se justificando aqui uma problematização desenvolvida das questões essenciais relativas à *base substantiva de uma verdadeira constituição económica da UE*, resultante dos textos dos tratados e do *corpus* já longamente densificado e progressivamente sistematizado de princípios jurídicos e conceitos-quadro delineados pelo TJCE e pelo TPI – matéria que exige um estudo *ex professo* não compatível com o objecto da presente dissertação –[2704] o nosso propósito dogmático é, tão só, o de apurar se a matriz teleológica do ordenamento comunitário de concorrência, com as coordenadas essenciais que procurámos caracterizar acima, se encontra, de alguma forma *"constitucionalizada"*. A esse propósito e antecedendo a justificação breve que se segue, podemos, desde já, referir que subscrevemos a perspectiva acolhida por uma parte significativa da doutrina alemã (relativa ao direito da concorrência), segundo a qual *as valorações que*

[2704] Cfr. sobre esta matéria e na já extensa doutrina desenvolvida sobre a mesma, JULIO BAQUERO CRUZ, *Between Competition and Free Movement – The Economic Constitutional Law of the European Community*, cit.; J. H. WEILER, *The Constitution of Europe*, Cambridge University Press, Cambridge, 1999; F. SNYDER, *General Course on Constitutional Law of the European Union*, in *Collected Courses of the Academy of European Law*, 1998, VI, Book I; J. GERKRATH, *L'Émergence d'un Droit Constitutionnel pour l'Europe*, Éditions de l'Université de Bruxelles, Brussels, 1997; para a discussão destas questões à luz do conceito de *constituição económica ("Wirtschaftsverfassung")* – com origem no pensamento ordoliberal germânico – cfr. D. GERBER, "Constitutionalizing the Economy: German Neo-liberalism, Competition Law and the 'New' Europe", in Am J Comp L., 1994, pp. 25 ss.; W. SAUTER, "The Economic Constitution of the European Union", in Columbia Journal of European Law, 1998, pp. 27 ss.; J.-V. LOUIS, *Le Modèle Constitutionnel Européen: De la Communauté à l'Union*, in *Le Nouveau Modèle Européen*, P. MAGNETTE, E. REMACLE, Eds., Vol. 1, Éditions de l'Université de Bruxelles, Brussels, 2000. Subscrevemos, no essencial, a ideia sustentada por este A. no sentido de que o processo material de *"constitucionalização"* englobou fundamentalmente dimensões da Comunidade Europeia e ainda não os outros *"pilares"* que, desde o Tratado de Maastricht, integram a União Europeia. Em relação a estes últimos, a possível conclusão do Tratado Constitucional emergente do processo desencadeado com os trabalhos da denominada Convenção Europeia de 2002-2003 será decisiva para assegurar tal dimensão constitucional. Cfr., ainda, sobre esse ponto e sobre futuros desenvolvimentos, J. KOKOTT, A. RÜTH, "The European Convention and Its Draft Treaty Establishing a Constitution for Europe: Appropriate Answers to the Laeken Questions", in CMLR., 2003, pp. 1315 ss. e JACQUES ZILLER, *La Nouvelle Constitution Européenne*, La Découverte, Paris, 2003. Em contrapartida, pensamos que tal adopção de um Tratado Constitucional europeu não deverá pôr em causa o *"acquis"* constitucional – material – relativo à CE, designadamente na parte económica. Sobre estas matérias cfr., ainda, o estudo já clássico de GIUSEPPE MANCINI, "The Making of a Constitution for Europe", in CMLR., 1989, pp. 595 ss..

1614 *Empresas comuns* – Joint Ventures

informam as opções normativas centrais do direito comunitário da concorrência são adoptadas num plano material constitucional.[2705]

Sem prejuízo dessa nossa conclusão, reconhecemos, acompanhando a posição expendida por autores como DAVID GERBER,[2706] que, originariamente, as normas de concorrência contidas no Tratado de Roma não criaram um verdadeiro sistema jurídico de concorrência. Esse sistema, incluindo o que podemos qualificar como o seu suporte constitucional material, foi progressivamente construído através da densificação das suas normas essenciais em articulação com os objectivos mediatos e imediatos da Comunidade, estabelecidos nos artigos 2.º e 3.º TCE. E, para essa densificação avultou, em especial, a gradual definição de princípios orientadores pelo TJCE e, mais recentemente, pelo TPI (nos termos que tivemos ensejo de analisar, com algum desenvolvimento, através do nosso estudo do processo de formação do ordenamento comunitário da concorrência).[2707]

Como pudemos já salientar nesse estudo antecedente, a dinâmica de consolidação de um verdadeiro sistema jurídico comunitário de concorrência, incluindo uma vertente de *"constitucionalização"* da sua matriz teleológica essencial, revestiu-se de duas características particulares. A primeira reporta-se à *base transnacional desse ordenamento da concorrência*, a qual levou a que, como sublinha certeiramente BARRY HAWK,[2708] a *integração económica tendente a um mercado único e a eliminação de práticas restritivas que interferissem com tal integração* se convertessem no primeiro princípio jurídico fundador do mesmo ordenamento.

A segunda característica – a qual, diversamente da primeira, ocorre já na generalidade dos ordenamentos de concorrência mais importantes,

---

[2705] Cfr. como expoente autorizado dessas orientações da doutrina germânica, SCHMIDTCHEN, o qual sustenta que, "(...) *the decision about antitrust is made at the constitutional stage of a society where an elementary legal order is being laid down*" (A. cit., "The Goals of Antitrust Revisited", cit., p. 34).

[2706] Cfr. DAVID GERBER, *Law and Competition in Twentieth Century – Protecting Prometheus*, cit., esp. pp. 385 ss.

[2707] Cfr., em geral, o estudo a que precedemos sobre esse *processo de formação do ordenamento comunitário de concorrência – supra*, capítulo primeiro, **Parte II**. Essa descrição do modelo fundacional deste ordenamento, aí empreendida, revela-se fundamental para compreender o alcance de um novo modelo.

[2708] Cfr. BARRY HAWK, "Antitrust in the EEC – The First Decade", in Ford. L Rev., 1972, pp. 229 ss..

Parte IV 1615

mas revestindo uma especial intensidade no quadro do direito comunitário – corresponde a uma tensão criativa entre, por um lado, a *estabilidade e a consolidação da matriz normativa essencial do ordenamento* e, por outro lado, a *evolução do seu programa normativo*.[2709] Esta evolução ocorre em função das transformações da realidade económica dos mercados que esse ordenamento conforma, bem como das mutações na teoria económica, que assegura uma verdadeira intermediação entre esse tipo de dados da realidade (*"realdaten"*, no sentido que já referimos) e o seu tratamento nos juízos normativos do mesmo ordenamento. A especificidade que esta última componente evolutiva apresenta no ordenamento comunitário da concorrência resulta do facto de os desenvolvimentos do processo de integração económica interferirem nessa tensão, inerente ao sistema, entre elementos de estabilidade e de mutação, no sentido de acelerar as transformações do sistema e a progressiva emergência de alguns imperativos mais intensos (determinando uma gradual contraposição entre um modelo fundacional do ordenamento da concorrência e um novo modelo, caracterizado pela menor premência dos imperativos de integração económica).

2.3.2. **Problematização jurídica da categoria da empresa comum e progressiva afirmação dos princípios de economia de mercado aberto e de livre concorrência como dimensão da constituição económica comunitária e com autonomia em relação aos objectivos de integração económica**

Procurámos, assim, sublinhar no nosso estudo – e no quadro de uma área de problematização jurídica como a que se reporta às empresas comuns – que, em face da diminuição da intensidade do objectivo de integração económica, resultante do sucesso do próprio processo de integração, a reordenação das prioridades teleológicas do ordenamento da concorrência se fez em favor de considerações de tipo complexo de eficiência económica, especialmente relacionadas com o princípio estruturante *"de uma economia de mercado aberto e de livre concorrência"* consagrado no artigo 4.º CE e que configura, em nosso entender, uma

---

2709 Cfr., para uma perspectiva de análise algo semelhante, DAVID GERBER, *Law and Competition in Twentieth Century – Protecting Prometheus*, cit., o qual, contudo, não sublinha esta particular *componente evolutiva* como um traço comum à generalidade dos ordenamentos da concorrência mais importantes.

dimensão essencial da constituição económica (material) comunitária.[2710] (a *supra* referida área de problematização das empresas comuns ilustra, de forma paradigmática, o relevo e acuidade dessas considerações de eficiência económica na concretização das normas de concorrência)

Na realidade, pensamos que as considerações económicas de livre concorrência vinham já – em função da menor intensidade relativa dos imperativos de integração económica (resultante dos progressos da realização do programa do mercado interno após a adopção do AUE) – sendo, gradualmente, enfatizadas na concretização das normas de concorrência, *maxime* na jurisprudência do TJCE. De qualquer forma, o artigo 4.º CE (originariamente introduzido, sob outra numeração, pelo Tratado de Mastricht) veio confirmar a sua elevação a imperativo constitucional e esteio essencial da constituição económica comunitária.

De forma algo surpreendente, não temos visto muito destacada na doutrina a especial importância desta referência no artigo 4.º CE ao princípio de *"economia de mercado aberto e de livre concorrência"* para a *"constitucionalização"* da matriz teleológica do direito comunitário da concorrência – informada por considerações de eficiência económica e significativamente libertada de uma dependência estrita do primeiro princípio motor e estruturante deste ordenamento, relativo à integração económica.

No conjunto de raras vozes que sublinham esse papel do artigo 4.º CE para a *"constitucionalização"* de uma matriz teleológica autónoma do ordenamento comunitário de concorrência, caracterizada pelo predomínio de valorações económicas, avulta a posição sustentada por LEO FLYNN.[2711]

[2710] A importância deste artigo 4.º CE – de acordo com a numeração adoptada no Tratado de Amsterdão, cujo texto se manteve inalterado com o Tratado de Nice, e que corresponde ao artigo 3.º-A, introduzido *ex novo* pelo Tratado de Maastricht – não tem sido ainda devidamente sublinhada no que respeita ao ordenamento comunitário da concorrência, embora consideremos excessiva a qualificação sustentada por autores como FRÉDÉRIC ANTON que consideram a referência em causa à *economia de mercado aberta e de livre concorrência* como uma emanação da *"inspiração neo-liberal"* que se encontraria globalmente subjacente ao Tratado de Maastricht e teria sido transportada para o novo Tratado CE subsequente a essas alterações (cfr. a anotação do A. Cit. ao referido artigo 4.º CE constante de *Commentaire Article par Article des Traités EU et CE*, Direction, PHILIPPE LÉGER, Dalloz Paris 2000, pp. 169 ss.).

[2711] Cfr. LEO FLYNN, *Competition Policy and Public Services in EC Law after the Maastricht and Amsterdam Treaties*, in *Legal Issues of the Amsterdam Treaty*, Edited by, DAVID O'KEEFE, PATRICK TWOMEY, Hart Publishing, 1999, esp. pp. 186 ss..

Parte IV 1617

Segundo este autor, a referida disposição veio, efectivamente, elevar uma política comunitária – delineada em articulação com outras políticas comuns e funcionalmente subordinada a um verdadeiro princípio constitucional director de integração económica – ao nível de um imperativo constitucional.

Discordamos, contudo, dessa posição de LEO FLYNN num ponto fundamental que já acima aflorámos. Pela nossa parte, consideramos que o artigo 4.º CE *"apenas"* veio confirmar como imperativo com natureza materialmente constitucional o referido programa teleológico autónomo do direito comunitário da concorrência, consolidando um complexo processo de densificação jurídica das normas desse ordenamento, que já apontava nesse sentido. Numa perspectiva diversa, discordamos igualmente de alguns autores que, apesar de reconhecerem a relevância das referências literais feitas no artigo 4.º CE aos conceitos quadro de *"livre concorrência"* e de *"economia de mercado aberto"*, admitem que essa opção normativa terá ficado prejudicada com a previsão, no Tratado de Maastricht (e em ulteriores Tratados), de novas políticas e competências comunitárias, as quais pressupõem novas formas de intervencionismo público, dificilmente harmonizáveis com uma prevalência dada aos elementos de mercado e de livre concorrência.

Assim, autores como MANFRED STREIT e WERNER MUSSLER sustentam que tais previsões de novas políticas comunitárias, em geral enunciadas no artigo 3.º CE – numa suposta posição de paridade com as políticas e opções normativas tendentes a uma economia de mercado aberto e à livre concorrência – teriam, no mínimo, introduzido uma fundamental *"ambiguidade"* no programa teleológico subjacente à constituição económica comunitária.[2712]

Salvo o devido respeito, essa análise não se nos afigura consistente. Em primeiro lugar, porque ao salientar uma maior pluralidade de políticas de intervenção e regulação económicas resultantes de novos domínios contemplados no artigo 3.º CE, parece subalternizar, de forma incompreensível, o alcance dos princípios orientadores especificamente consagrados no artigo 4.º CE. Além disso, e reforçando esta interpretação sistemática dos artigos 3.º e 4.º CE, que aqui preconizamos, importa sublinhar,

---

[2712] Cfr. MANFRED STREIT e WERNER MUSSLER, *The Economic Constitution of the European Community – From Rome to Maastricht*, in *European Law in Context: Constitutional Dimensions of European Economic Integration*, Editor, FRANCIS SNYDER, IUE, 1994.

1618   *Empresas comuns* – Joint Ventures

subscrevendo neste ponto a análise de MARTIN SEIDEL,[2713] que as novas políticas previstas no plano comunitário – *vg.* políticas no domínio cultural, social, industrial ou de protecção dos consumidores – se revestem, em última análise, de um alcance relativamente limitado em termos de desenvolvimento da constituição económica comunitária (no essencial, a intervenção comunitária nessas políticas é algo restrita e a competência para a prossecução das mesmas é substancialmente retida pelos Estados).

Em segundo lugar, as dúvidas suscitadas por STREIT e MUSSLER também não serão procedentes porque, à luz do que acima referimos, o próprio artigo 4.º CE deve ser apreciado no contexto de uma densificação jurídica de preocupações de salvaguarda de concorrência – configuradas como imperativos *a se*, mesmo quando articulados, dentro de certos limites, com outros objectivos comunitários – que vinha já sendo desenvolvida num plano de concretização das normas comunitárias (*maxime*, como temos sublinhado, na jurisprudência do TJCE). A essa luz consideramos também excessivamente dubitativa a análise – já acima trazida à colação – de DAVID GERBER, a qual assinala o carácter inelutável de uma redefinição global do programa teleológico, ou da "*missão*" do direito comunitário da concorrência,[2714] face à redução do peso atribuído ao objectivo director originário da integração económica,[2715] mas admite uma preocupante margem de incerteza nessa reordenação das prioridades do ordenamento comunitário.

Embora GERBER pareça pressupor que tal reordenação teleológica se deve produzir mediante uma concentração em objectivos estritamente económicos, de reforço da concorrência (que têm subjacente, em nosso entender, uma ideia lata de eficiência económica), refere, em contrapartida, os riscos inerentes à coincidência temporal entre a mesma reordenação e a introdução no travejamento do direito económico comunitário

---

[2713] Cfr. MARTIN SEIDEL, *Constitutional Aspects of the Economic and Monetary Union*, in *European Law in Context: Constitutional Dimensions of European Economic Integration*, Editor, FRANCIS SNYDER, cit..

[2714] Cfr. DAVID GERBER, *Law and Competition in Twentieth Century – Protecting Prometheus*, cit., p. 388.

[2715] Importa reiterar que, como já se referiu, essa diminuição relativa da intensidade do objectivo relacionado com a integração económica não deve ser confundida com uma eliminação desse objectivo, ou com uma qualquer evolução do direito comunitário da concorrência para uma matriz estritamente monista, que não se encontra em causa. Esse elemento de especificidade mantém-se neste ordenamento, mas com um peso consideravelmente menor e num quadro de reordenação de prioridades do mesmo ordenamento.

de outros tipos de objectivos associados a diversas políticas comunitárias.

Como já referimos, entendemos que esses riscos, que poderiam provocar uma *"deriva"* teleológica do ordenamento comunitário da concorrência, têm sido sobrevalorizados. De qualquer modo, e sem prejuízo de entendermos que vem já ocorrendo uma densificação jurídica de normas e princípios desse ordenamento no sentido da reordenação de prioridades teleológicas que temos sustentado, reconhecemos que esse processo carece ainda de consolidação. Nessa perspectiva, afiguram-se-nos completamente pertinentes as observações de GERBER sobre a necessidade de, em sede de concretização jurídica de normas de concorrência – quer por parte da Comissão, quer por parte do TJCE e do TPI – ser desenvolvido e aprofundado um *"discurso"* normativo que relacione, de forma explícita, os juízos jurídicos formulados com a estrutura reformulada de objectivos que os informe.[2716]

Esse *"discurso"* normativo renovado tem sido, a espaços, aflorado em iniciativas legiferantes no plano comunitário e na formulação de orientações de carácter geral (através de Comunicações da Comissão), como sucedeu, *vg.*, no domínio da reforma do enquadramento das restrições à concorrência de tipo vertical e também, como temos sustentado, em largas áreas da problematização jurídica das empresas comuns, seja em relação às empresas comuns qualificáveis como concentrações, seja quanto às empresas comuns sujeitas ao regime do artigo 81.º CE (*maxime* através

---

[2716] Cfr. DAVID GERBER, *Law and Competition in Twentieth Century – Protecting Prometheus*, cit., p. 389. Como aí refere este A., *"this process of redefining the system's goals will also demand that a language be developed to relate specific decisions to the redefined goal structure. This will give new contours to some competition law issues and focus attention on other issues that have thus far played little or no role in competition law thinking. It is likely to require, for example, that the courts define more carefully the concept of competition that they employ. The ECJ generally was able to skirt this issue in the past, because its primary concern was to reduce barriers to the flow of goods across national borders"*. Deve notar-se que o desenvolvimento desse tipo de discurso se coaduna, em tese geral, com a metodologia de interpretação teleológica que tem caracterizado a jurisprudência do TJCE. De qualquer forma, e como algumas vozes, na doutrina, já por nós referidas têm justamente apontado, o TJCE apresenta com alguma frequência lacunas na explicitação das razões essenciais que determinam a fundamentação das suas decisões, o que deveria ser corrigido. Cfr. a análise – que previamente trouxemos à colação neste mesmo sentido – de VALENTINE KORAH, em *Future Competition Law – Community Courts and Commission Not Consistently Analytical in Competition and Intellectual Property Matters*, cit..

1620 *Empresas comuns* – Joint Ventures

dos novos Regulamentos de isenção por categoria que analisámos, da Comunicação de 2001, e dos critérios de apreciação delineados em algumas decisões de referência).[2717] Tal não impede, bem entendido, que consideremos desejável o aprofundamento e clarificação de tal *"discurso"* normativo, mediante uma mais directa e explícita associação, na aplicação das normas comunitárias de concorrência, entre os critérios de apreciação utilizados e os objectivos prosseguidos nessa concretização das normas. Só assim se poderá assegurar uma verdadeira consolidação da transição de um modelo fundacional do ordenamento comunitário da concorrência para um novo modelo, que configura uma das dimensões da constituição económica comunitária e que deverá permitir, a prazo, oferecer alguma previsibilidade aos agentes económicos.

2.3.3. O processo de *constitucionalização* de valorações centrais do ordenamento comunitário da concorrência

2.3.3.1. *A progressiva afirmação autónoma de imperativos de salvaguarda da concorrência como processo paralelo à reordenação das prioridades teleológicas do ordenamento comunitário da concorrência*

Ainda no que respeita à densificação jurídica de preocupações de salvaguarda de concorrência – configuradas como imperativos *a se* – a que temos aludido, a mesma tem estado presente de forma importante na problematização jurídica das empresas comuns, como procurámos evidenciar *pari passu* no nosso estudo das várias subcategorias destas entidades,[2718]

[2717] Tenha-se presente, nesse sentido, o nosso estudo de processos de avaliação jusconcorrencial de empresas comuns empreendido nos capítulos segundo e terceiro da **Parte III**.

[2718] Tenha-se presente, uma vez mais, a análise desenvolvida sobre várias *subcategorias de empresas comuns*, *supra*, capítulos segundo e terceiro da **Parte III** (e, neste capítulo, sobretudo, os pontos **2.**, **3.** e **4.**). A salvaguarda da concorrência efectiva como imperativo *a se* foi, como observámos, progressivamente consolidada na *praxis* decisória referente a empresas comuns qualificáveis como concentrações, a ponto de, como observámos, o teste de compatibilidade com o mercado comum ter sido reformulado na última revisão do RCC, no sentido de erigir a verificação de *entraves à concorrência efectiva* como a base primordial do mesmo. No que respeita às subcategorias de empresas comuns

Parte IV

mas também noutros desenvolvimentos jurisprudenciais relativos a outros institutos, ou a matérias com alcance mais geral no ordenamento comunitário da concorrência. Sem qualquer preocupação de cobrir exaustivamente esses desenvolvimentos mais relevantes, podemos, *vg.*, referir a esse propósito o Acórdão do TJCE no caso *"Association des Centres Distributeurs Edouard Lecrerc"*,[2719] no qual já se acentuava que o objectivo tendente à preservação da concorrência efectiva, consagrado nas disposições introdutórias do Tratado CE, constituía, autonomamente, um dos princípios fundamentais do mercado comum. De resto, recuando ainda mais no processo de desenvolvimento do ordenamento comunitário da concorrência, justifica-se também, desde logo, referir o Acórdão *"Metro I"* do TJCE,[2720] que se pode considerar como uma primeira afirmação clara da prossecução de objectivos de manutenção da concorrência – de acordo com parâmetros referentes à denominada *"concorrência praticável"* – num plano autónomo que ultrapassa as estritas considerações de salvaguarda da integração económica (embora nessa decisão o TJCE ainda tomasse em consideração a prossecução, em sede de direito da concorrência, de um conjunto diversificado de objectivos de política económica, em termos que vêm sendo ulteriormente corrigidos face à reordenação das prioridades do ordenamento da concorrência acima caracterizada).

2.3.3.2. *As doutrinas constitucionalista clássica e "neo-constitucionalista" e os elementos fundamentais do processo de constitucionalização de opções normativas fundamentais do ordenamento comunitário da concorrência*

Noutra perspectiva, e com vista a justificar especificamente o pressuposto que atrás assumimos (*supra*, **2.3.1.**) no sentido de que as valorações subjacentes às opções normativas centrais do direito comunitário da concorrência são adoptadas num plano material constitucional, importa referir, de modo muito breve, alguns elementos essenciais do que podemos

---

submetidas ao regime do artigo 81.º CE, diversos precedentes analisados ilustram esse enfoque teleológico. Cfr., *inter alia*, os prcedentes relativos ao Acórdão *"European Night Services"*, cit., ou à decisão *"Optical Fibers"*, cit..

[2719] Acórdão de 1985 do TJCE – proc. C 229/83, Rec. 1 (1985).

[2720] Acórdão do TJCE de 1977, já cit..

1622   *Empresas comuns* – Joint Ventures

denominar de processo de "*constitucionalização*" de certas dimensões dos Tratados (*maxime* do Tratado CE) e a inclusão no mesmo daquelas valorações do ordenamento da concorrência.[2721]

Como é sabido, o desenvolvimento, em geral, do ordenamento comunitário tem conduzido ao que diversos autores têm, justamente, qualificado como um processo de "*constitucionalização*" dos Tratados (em especial, como acima se refere, do Tratado CE), o qual assentou, no essencial, na jurisprudência do TJCE, marcada, desde muito cedo, pela preocupação de assegurar a especificidade do referido ordenamento, como um novo corpo normativo supranacional numa posição de prevalência em relação aos diversos ordenamentos nacionais dos Estados Membros (e, por essa razão, não comparável com o plano de regulação das várias organizações internacionais em geral).[2722] Na realidade, essa jurisprudência do TJCE consagrou dois princípios fundamentais para a consolidação do ordenamento comunitário, correspondentes ao princípio do efeito útil das normas comunitárias (relacionado com o princípio do efeito directo, em ordem a assegurar a actuação eficaz da CE) e ao princípio do primado dessas normas sobre os ordenamentos nacionais, o qual acabou por evoluir para uma afirmação de competência exclusiva da CE em algumas áreas específicas de regulação (nas quais a eficácia da intervenção comunitária

---

[2721] Como já se referiu, esta matéria exige um estudo *ex professo* que não cabe, naturalmente, no objecto desta dissertação. A abordagem que fazemos deste tipo de questões referentes a elementos do que se possa considerar uma *constituição económica comunitária* visa, tão só, identificar o suporte normativo último do programa teleológico do ordenamento comunitário da concorrência, à luz das reformulações que este tem conhecido. Socorremo-nos, pois, neste ponto, da discussão doutrinal que tem sido desenvolvida sobre essas matérias, sem ter um propósito crítico de introduzir novos dados na mesma, o que não impede que, nas referências muito sumárias que fazemos a algumas posições, ou contributos doutrinais neste domínio, delineemos algumas formulações conceptuais alternativas (que não podemos, contudo, aprofundar). Sobre esta matéria, e a óptica em que aqui a abordamos, cfr., entre outras análises de fundo, cfr., *inter alia*, JULIO BAQUERO CRUZ, *Between Competition and Free Movement – The Economic Constitutional Law of the European Community*, cit.; J. H. WEILER, *The Constitution of Europe*, cit.; MIGUEL POIARES MADURO, *We. The court – The European Court of Justice & the European Economic Constitution*, Hart Publishing, 1998, esp. pp. 7 ss..

[2722] Cfr. para uma perspectiva geral histórica desse processo, em função do desenvolvimento das bases essenciais do ordenamento comunitário, cfr., por todos, KOEN LENAERTS, PIET VAN NUFFEL, Editor, ROBERT BRAY, *Constitutional Law of the European Union*, London, Sweet & Maxwell, 1999.

Parte IV 1623

exigisse um grau ainda mais elevado de homogeneidade na regulação jurídica).[2723]

Como já se referiu, não cabe aqui caracterizar mais longamente esses desenvolvimentos. O que importa, em especial, para a nossa perspectiva de análise é destacar que as duas vertentes ora identificadas de um processo primordial de *"constitucionalização"* do ordenamento comunitário foram *ab initio* afirmadas em relação às áreas desse ordenamento que integravam os normativos de concorrência (*maxime* através da jurisprudência *"De Geus v. Bosch"* e *"Walt Wilhelm"*).[2724] Em síntese, esses princípios *"constitucionais"* foram afirmados em relação às áreas normativas essenciais para a realização do processo de integração económica e os núcleos fundamentais da regulação de concorrência beneficiaram da aplicação dos mesmos por força da sua originária ligação funcional a esse processo.

Tal não impediu que essa *"constitucionalização"* (no sentido muito lato que aqui consideramos), assim assegurada, se mantivesse após a relativa autonomização do programa teleológico do direito comunitário da concorrência em relação ao enquadramento normativo do processo de integração (compreendendo os regimes de direito económico relativos às liberdades essenciais de circulação no mercado comum). Como já observámos, o artigo 4.º CE – a aplicar em articulação com as normas de concorrência do Tratado CE – confirma, precisamente, esse estatuto *"constitucional"* do ordenamento da concorrência (ou, pelo menos, dos juízos normativos fundamentais que o mesmo encerra). Curiosamente, deve até sublinhar-se que, em paralelo a essa progressiva afirmação do corpo normativo fundamental de direito da concorrência, nas outras matérias relacionadas com a integração económica, os aspectos referentes ao desenvolvimento de dimensões de integração positiva conheceram limitações ou condicionamentos significativos, devido às dificuldades experimentadas na articulação das competências comunitárias e estaduais (dificuldades que não se colocavam nos mesmos termos em sede de direito da concorrência, pois, em regra, a afirmação da competência comunitária

---

[2723] Sobre esse tipo de evoluções no sentido de salvaguardar um determinado grau de homogeneidade da disciplina jurídica no plano comunitário, cfr. *"Opinion delivered pursuant to the second subparagraph of Article 228(1) of the Treaty"* [Rec. 1355 (1975)] e Acórdão *"Commission v. United Kingdom"* [proc 801/79, Rec. 1045 (1981)].

[2724] Referimo-nos aos Acórdãos do TJCE *"De Geus v. Bosch"* [proc 13/61, Rec. 4 (1962)] e *"Walt Wilhelm"*, de 1969, já cit..

1624   *Empresas comuns* – Joint Ventures

não suscitava uma necessidade de transferências de competências dos Estados Membros, devido ao menor desenvolvimento de que então se revestiam os ordenamentos nacionais de concorrência).[2725]

Além disso, a realização e aprofundamento do programa do mercado interno levou a que fossem questionados alguns aspectos dessa orientação "*constitucionalista*" clássica no ordenamento comunitário e, sobretudo, os limites desse possível processo de "*constitucionalização*". Essa complexa reapreciação transparece de alguma jurisprudência do TJCE relativamente mais favorável à salvaguarda das competências estaduais (a qual tem como marco indiscutível a chamada jurisprudência "*Keck*")[2726] e originou o desenvolvimento de doutrinas "*neo-constitucionalistas*" de que são expoentes autores como G. Majone, M. Jachtenfuchs, ou K.-H. Ladeur[2727] Essas doutrinas salientam, em geral, as limitações dos anteriores pressupostos da visão constitucionalista clássica, orientada para imperativos de um processo jurídico-económico de integração que gradualmente se iria sobrepor aos ordenamentos dos Estados Membros, mas divergem consideravelmente entre si no que respeita aos vários níveis de interacção entre diversos corpos normativos do ordenamento comunitário e dos ordenamentos nacionais (divergências que são agravadas pela crescente complexidade funcional e institucional, resultante da edificação da União Europeia, com os seus pilares diferenciados, e da progressiva integração de novas esferas de políticas económicas no enquadramento comunitário).

[2725] Cfr. nesse sentido, *inter alia*, D. G. Goyder, *EC Competition Law*, cit. e Stephen Wilks, Lee McGowan, *Competition Policy in the European Union: Creating a Federal Agency?*, in *Comparative Competition Policy*, Bruce Doern, Stephen Wilks, Editors, cit., pp. 225 ss..

[2726] Cfr. Acórdão "*Bernard Keck and Daniel Mithouard*" [proc. C-267 & 268/91, Col. I- 6097 (1993)]. Sobre essa jurisprudência, cfr., por todos, N. Reich, "The 'November Revolution' of the European Court of justice: Keck, Meng, and Audi Revisited", in CMLR., 1994, pp. 459 ss..

[2727] Cfr. G. Majone, *Regulating Europe*, London, Routledge, 1997; M. Jachtenfuchs, "Theoretical Perspectives on European Governance", in ELJ., 1995, pp. 115 ss. e K.-H. Ladeur, "Towards a Theory of Supranationality – The Viability of the Network Concept", in ELJ., 1997, pp. 33 ss..

Parte IV 1625

2.3.3.3. *A delimitação de um conceito material de constituição económica comunitária incorporando proposições centrais do ordenamento da concorrência – a desejável estabilidade dessa dimensão num quadro de novos desenvolvimentos constitucionais em sentido formal*

A especial complexidade desse processo de construção jurídica, resultante da transição para novos estádios de integração e da sucessiva aprovação dos Tratados de Maastrich, de Amsterdão e de Nice, e ainda imperfeitamente sistematizada pelas referidas doutrinas "*neo-constitucionalistas*", pode explicar, entre outros factores, o impulso político e institucional para a adopção *ex novo* de uma Constituição Europeia construída, numa parte significativa, sobre os corpos normativos já existentes.[2728] Não existindo aqui espaço para equacionar criticamente desenvolvimentos relativos à adopção de uma Constituição Europeia, em sentido formal, importa, sobretudo, destacar o *suporte constitucional – material – dos fundamentos teleológicos e elementos essenciais do programa normativo do ordenamento comunitário da concorrência*, o qual, de resto, deve configurar um "*adquirido*" a incorporar, sem rupturas, num novo ordenamento constitucional formal da UE (não sendo, de resto, previsível, que este movimento de integração do enquadramento da CE num novo corpo constitucional, formal, introduza qualquer alteração nos regimes substantivos de direito da concorrência, nem sendo desejável, em nosso entender, que se proceda a ajustamentos dos princípios de referência que o informam – *maxime* do princípio já várias vezes referido, consagrado no artigo 4.º CE).[2729]

[2728] Cfr. sobre essa matéria, J. KOKOTT, A. RÜTH, "The European Convention and Its Draft Treaty Establishing a Constitution for Europe: Appropriate Answers to the Laeken Questions", cit., pp. 1315 ss.. Cfr., igualmente, sobre a matéria, ANA MARIA GUERRA MARTINS, *O Projecto de Constituição Europeia – Contribuição para o Debate sobre o Futuro da União*, Almedina, Coimbra, 2004, esp. pp. 44-45.

[2729] Tendo presente o conteúdo do Projecto de Tratado Constitucional apresentado pela Convenção Europeia de 2002-2003, bem como do Projecto discutido no Conseho Europeu já em 2004, as normas dos artigos 81.º CE e ss. não serão de todo alteradas, o que mantém todos os pressupostos da nossa investigação. Pode também nesse contexto ser mínima a alteração aos objectivos fundamentais e princípios fixados nos artigos 2.º a 4.º CE – aspecto que consideramos desejável de modo a, numa perspectiva material, não provocar desnecessárias rupturas em dimensões que podemos cosiderar já adquiridas nas bases previamente existentes de uma constituição económica comunitária, no sentido que

1626 *Empresas comuns* – Joint Ventures

Neste contexto particular de evolução do processo de "*constitucio-nalização*" do ordenamento comunitário e da doutrina "*constitucionalista*" no mesmo domínio, justifica-se destacar que, diversamente do que sucede com outras matérias correspondentes a diversas políticas comunitárias, ou mesmo às liberdades fundamentais de circulação, os imperativos essenciais resultantes do ordenamento comunitário da concorrência não parecem ser questionados, apesar da autonomização do seu programa teleológico e normativo em relação à matriz jurídica da integração económica. Pelo contrário, no quadro do processo de "*descentralização*" na aplicação desse ordenamento, recentemente encetado, as coordenadas essenciais do mesmo parecem exercer um poder conformador reforçado sobre os ordenamentos nacionais (o que acentua a sua natureza paramétrica e o aproxima materialmente de um verdadeiro poder de conformação constitucional).[2730]

A este propósito, e de modo a confirmar essa caracterização do programa normativo fundamental do ordenamento comunitário da concorrência, importa, de forma muito sumária, procurar uma identificação dos elementos dos quais dependa a verificação de um poder de conformação constitucional por parte de certos blocos normativos. Consideramos sobre esta matéria pertinente a análise de autores como BAQUERO CRUZ que, em relação a algumas áreas de regulação do ordenamento comunitário, ensaiam a delimitação de um "*conceito operacional*", ou material, de constituição,[2731] procurando ultrapassar – mediante uma sistematização

---

atrás consideramos. Cfr., de qualquer modo, sobre os próximos desenvolvimentos formais no plano constitucional, JEAN-VICTOR LOUIS, "Le Projet de Constitution – Continuité ou Rupture", in CDE., 2003, pp. 215 ss..

[2730] Sobre um poder conformador que o ordenamento comunitário de concorrência parece exercer no quadro do processo de "*descentralização*" encetado com o Livro Branco de 1999, parcialmente concretizado com o Regulamento (CE) n.º 1/2003, e que tem como novos desenvolvimentos o conjunto de Comunicações interpretativas adoptadas pela Comissão em Abril de 2004 (já cit.), cfr. KOEN LENAERTS, *Modernisation of the Application and Enforcement of European Competition Law – An Introductory Overview*, cit., pp. 11 ss. e ULRICH IMMENGA, *Coherence: A Sacrifice of Decentralization?*, cit. Acresce que o projecto de desenvolvimento de uma rede de autoridades nacionais para aplicação do direito comunitário da concorrência pressupõe ou induz, sob muitos aspectos, uma convergência que tem como modelo de referência o ordenamento comunitário. Cfr. Sobre esses desenvolvimentos, o exposto *supra*, capítulo primeiro da **Parte II** (ponto **5.**).

[2731] Cfr. JULIO BAQUERO CRUZ, *Between Competition and Free Movement – The Economic Constitutional Law of the European Community*, Hart Publishing, 2002, esp. 10 ss..

Parte IV 1627

conceptual, estribada na tradição constitucional ocidental (incorporando os modelos da Europa ocidental e norte-americano) – uma polissemia do conceito de constituição em relação às realidades situadas fora do quadro normativo de uma constituição em sentido formal (polissemia de que se faz eco J. WEILER e que torna difícil fixar um conceito material com funções analíticas relevantes).

Tendo presente o conceito proposto por BAQUERO CRUZ, não na sua integralidade, mas quanto aos aspectos que reputamos mais importantes, admitimos que a atribuição de uma *natureza materialmente constitucional* a certos normativos depende **(i)** do *reconhecimento da especial autoridade dessas normas* – incluindo como parâmetros de outras normas – (e com base num consenso essencial dos destinatários das mesmas), **(ii)** da *existência de órgãos específicos com responsabilidades de aplicação dessas normas*, e **(iii)** da *existência de específicos mecanismos judiciais de salvaguarda desse corpo normativo, que assegurem o seu primado sobre as outras normas*. Esta última garantia não deve ser confundida com uma absoluta impossibilidade de *"revisão"* jurisdicional de certos parâmetros normativos, o que não é suficientemente clarificado na análise acima referida de BAQUERO CRUZ.

Ora, considerando os caracteres fundamentais dos princípios de referência do ordenamento comunitário da concorrência pensamos que os mesmos reúnem, de forma suficiente, os requisitos acima delineados, em ordem a assumirem uma natureza material, constitucional. Estes, incorporam, assim, uma das matrizes da *"constituição"* económica comunitária, conjuntamente com outros blocos normativos de regras e princípios (referentes a matérias diversas), os quais não se apresentam, contudo, completamente articulados entre si num verdadeiro sistema constitucional. Essa articulação representa o próximo passo do processo de construção jurídica da UE, mas a mesma não deverá, em benefício da estabilidade jurídica e das expectativas dos agentes económicos, afectar a matriz já *"adquirida"* do programa normativo do ordenamento da concorrência (conduzindo, tão só, à sua recepção, ou incorporação *qua tale* numa nova constituição em sentido formal).

Numa perspectiva mais lata – e para além das questões específicas inerentes ao processo de possível *constitucionalização dos Tratados* em que assenta o ordenamento comunitário – cfr., por todos, sobre o conceito de *constituição em sentido material*, JORGE MIRANDA, *Manual de Direito Constitucional*, Tomo II, Coimbra Editora, 2003, esp. pp. 10 ss. e pp. 27 ss..

1628 *Empresas comuns* – Joint Ventures

3. A renovação da metodologia de análise do direito comunitário da concorrência

3.1. PERSPECTIVA GERAL

3.1.1. Razão de ordem

A segunda vertente fundamental da mutação do ordenamento comunitário da concorrência, em curso desde meados da década transacta, que nos propomos equacionar nesta síntese conclusiva final, corresponde à renovação da compreensão das categorias de cooperação empresarial e da própria metodologia jurídica da análise, em geral, desse ordenamento, tendo presente a forma como o estudo e análise das empresas comuns terão contribuído para a mesma. Neste domínio desenvolvemos, de forma muito sumária, três áreas essenciais de problematização jurídica que encerram, em nosso entender, os elementos mais importantes dessas transformações metodológicas e que melhor espelham o *supra* referido contributo dos processos de apreciação jurídico-económicas das empresas comuns.

3.1.2. Primeira área de problematização – apreciação das empresas comuns e definição de um novo modelo de análise no direito comunitário da concorrência incorporando elementos de análise económica e elementos de tipo estrutural

A primeira área que nos propomos abordar reporta-se à definição de um novo modelo de análise em sede de aplicação de normas comunitárias da concorrência, tendo como atributos primaciais, por um lado, a incorporação de elementos de análise económica e, por outro lado, a sistemática ponderação de elementos de tipo estrutural, mesmo fora do campo específico do controlo directo de operações de concentração de empresas. Na realidade, e como pudemos acentuar ao longo do presente estudo, o ordenamento comunitário da concorrência, por diversas razões, apresentou historicamente um significativo défice de análise no que respeita à

Parte IV 1629

ponderação desse tipo de elementos referentes às estruturas dos mercados (*maxime*, em matéria de apreciação dos processos de cooperação entre empresas que eram predominantemente dirigidos à identificação de quaisquer limitações à liberdade de actuação económica das empresas, bem como à correlativa verificação da existência de quaisquer entraves a transacções transfronteiriças, independentemente do contexto estrutural dos mercados que se encontrassem em causa).

Como também já destacámos, a propósito do modelo teleológico do ordenamento comunitário da concorrência, este perfil metodológico levou a que o mesmo – num claro contraste com o que sucedeu em relação ao ordenamento norte-americano da concorrência – não tivesse sido especialmente permeável à acesa controvérsia teórica entre a escola de Harvard, representando uma orientação de fundo estruturalista, e a escola de Chicago, que rejeitou esse determinismo estruturalista e propôs novas justificações para certas estruturas dos mercados e para múltiplos comportamentos concorrenciais das empresas.[2732] Assim, quando, de forma muita tardia em relação ao ordenamento norte-americano, o plano estrutural de análise é introduzido como componente essencial dos juízos de avaliação jurídico-económica de situações de cooperação ou integração empresariais no direito comunitário da concorrência, essa nova perspectiva metodológica vem já beneficiar – como se referiu[2733] – das *sínteses teóricas críticas* que reavaliam quer os pressupostos da escola de Harvard, quer os pressupostos da escola de Chicago.

Nesse contexto, a renovação da metodologia de análise do ordenamento comunitário da concorrência, para além de incorporar uma necessária perspectiva estrutural, envolve uma ponderação mais equilibrada desses elementos estruturais e dos diversos factores ligados ao comportamento das empresas (num quadro analítico em que se admite uma interacção dinâmica entre as estruturas dos mercados e os comportamentos das empresas e que toma como referência fundamental a avaliação do poder de mercado destas últimas, bem como das condições do seu exercício). Ora, as questões suscitadas em sede de apreciação das repercussões da criação e funcionamento de empresas comuns para o processo de concorrência tendem, precisamente, a convocar um conjunto complexo de factores estruturais e de comportamento empresarial, o que justifica o

---

[2732] Cfr. Sobre essa matéria o exposto *supra*, pontos 2.2.5.2. e ss. desta **Parte IV**.
[2733] Cfr. a esse propósito *supra*, pontos 2.2.5.3. e 2.2.5.4. desta **Parte IV**.

1630   *Empresas comuns* – Joint Ventures

particular contributo desse estudo para o desenvolvimento da nova metodologia de análise em questão.

Tal sucede, designadamente, por força do carácter híbrido e *sui generis* da categoria das empresas comuns no quadro do ordenamento da concorrência (porventura único, entre outras categorias jurídicas analisadas pelo direito da concorrência). Esse carácter híbrido, que em várias partes da presente dissertação pudemos dilucidar com algum desenvolvimento,[2734] traduz-se na combinação – em graus variáveis – de elementos de cooperação e integração empresariais, tornando a análise das empresas comuns numa *área de eleição para o desenvolvimento de modelos jurídico-económicos de apreciação* que tenham como pressuposto a *interacção dos aspectos estruturais e de comportamento para a definição dos posicionamentos concorrenciais das empresas.*

3.1.3. Segunda área de problematização – a apreciação das empresas comuns e a definição de modelos gerais de análise que assegurem determinado grau de previsibilidade aos processos de aplicação de normas comunitárias de concorrência

A segunda área de problematização a abordar corresponde à possível definição de modelos gerais de análise, referentes a vários institutos ou categorias no direito da concorrência, que permitam encontrar um equilíbrio entre os inelutáveis elementos de casuísmo introduzidos nos processos hermenêuticos de aplicação de normas de concorrência por força da ponderação de aspectos económicos e das condições concretas de cada mercado que se encontre em causa e a necessidade de alguma previsibilidade nos juízos de aplicação dessas normas.

Na realidade, a contrapartida da introdução de uma decisiva componente de análise económica na metodologia de apreciação de situações de

---

[2734] A compreensão desse carácter híbrido e complexo da categoria jusconcorrencial da empresa comum perpassa todo o estudo empreendido ao longo desta dissertação, desde a *definição e caracterização da própria figura em sede de direito da concorrência* – expostas *supra*, capítulo segundo da **Parte I**, no qual pudemos destacar as especiais dificuldades na fixação dessa categoria jurídica, precisamente associadas a tal carácter complexo – até à análise *substantiva dos efeitos de várias subcategorias de empresas comuns sobre o processo de concorrência*, desenvolvida ao longo de toda a **Parte III**.

mercado, em sede de aplicação de normas de concorrência, envolve, tipicamente, alguma imprevisibilidade na formulação dos juízos jurídicos finais, bem como problemas diversos na formação de raciocínios sistemáticos que se encontram, em regra, subjacentes e esses juízos. Essa imprevisibilidade e os correspondentes problemas de insegurança jurídica devem ser contidos através da definição de modelos globais de análise, integrando métodos presuntivos (ou quase-presuntivos), bem como parâmetros gerais de apreciação que justifiquem, a vários níveis, juízos de princípio, mais ou menos favoráveis às diversas situações que sejam submetidas ao crivo das normas de concorrência. Como destacámos, sob várias formas, ao longo desta dissertação, a área do ordenamento da concorrência relativa ao enquadramento das empresas comuns, com a sua combinação única de factores estruturais e de comportamento, justifica, em termos que consideramos paradigmáticos, o desenvolvimento desse tipo de modelos gerais de apreciação, que deverão, em nosso entender, constituir uma componente fundamental da metodologia de análise do direito da concorrência.

De resto, sublinhámos, devidamente, não ser coincidência o facto de, no ordenamento norte-americano da concorrência, a expansão dos elementos de análise económica ter andado a par do desenvolvimento desse tipo de modelos gerais de apreciação, quer em sede de controlo de concentrações, quer em sede de análise de empresas comuns (apesar de o esforço de sistematização conducente à criação desses modelos, por parte das autoridades federais de concorrência, ter sido iniciado no domínio do controlo de concentrações, alguns dos modelos analíticos mais elaborados foram, desde há muito, delineados pela doutrina norte-americana no plano da apreciação das empresas comuns).[2735] No quadro do ordenamento comunitário da concorrência onde a incorporação de elementos de análise económica foi mais tardia e tem revestido características algo diversas das que se verificam no ordenamento norte-americano, a construção deste tipo de modelos gerais de análise é também um desenvolvimento relativamente recente. E, como procurámos, precisamente, enfatizar ao longo de todo a

---

[2735] Referimo-nos aqui, em particular, ao modelo proposto por JOSEPH BRODLEY, num estudo de referência publicado em 1982 ("Joint Ventures and Antitrust Policy", cit.), várias vezes trazido à colação, devido à sua especial importância, ao longo da presente dissertação; de resto, já o tínhamos também referido nesta **Parte IV**, *supra*, 2.2.4., onde destacámos, também, um outro modelo de elaboração doutrinal, mas na perspectiva concreta das preocupações das autoridades federais de concorrência – modelo proposto por JOEL KLEIN, no estudo *A Stepwise Approach to Antitrust Review of Horizontal Agreements*, cit..

1632   *Empresas comuns* – Joint Ventures

presente dissertação, mas sobretudo na sua parte nuclear relativa à análise substantiva das empresas comuns, o nosso esforço de sistematização da compreensão da categoria da empresa comum, em sede de direito comunitário da concorrência, assentou na construção de um modelo coerente de apreciação jurídico-económica da mesma.

Em nosso entender, essa construção analítica pode constituir uma referência para outras áreas de regulação deste ordenamento, com repercussões globais que procurámos evidenciar nesta síntese conclusiva final. Deve notar-se, além disso, que, não obstante essa construção tome, inegavelmente, em consideração modelos de análise delineados no quadro do ordenamento norte-americano da concorrência, a mesma pode traduzir-se, em nosso entender, numa diversa combinação de factores de análise (*maxime*, concedendo maior peso relativo a critérios qualitativos de análise, sem prejuízo da utilização de critérios e técnicas econométricos comparáveis aos que foram desenvolvidos no âmbito do ordenamento norte-americano).

3.1.4. Terceira área de problematização – a apreciação das empresas comuns e o desenvolvimento de critérios de análise mais flexíveis na densificação jurídica da proibição estabelecida no n.º 1 do artigo 81.º CE

Por último, a terceira área de problematização que nos propomos cobrir neste ponto da nossa síntese conclusiva final relativo às transformações metodológicas do direito comunitário da concorrência, induzidas pela apreciação das empresas comuns, compreende o possível desenvolvimento de critérios mais flexíveis de análise das restrições da concorrência associadas a situações de cooperação entre empresas (*maxime*, em sede de aplicação do n.º 1 do artigo 81.º CE, em articulação com o n.º 3 da mesma disposição).

Como destacámos ao longo do nosso estudo dos aspectos mais directamente relacionados com a apreciação substantiva das empresas comuns,[2736] a possível construção de padrões hermenêuticos mais flexíveis em relação ao alcance da proibição estabelecida no n.º 1 do referido

---

[2736] Cfr. sobre esse ponto o exposto no quadro da nossa análise substantiva das principais subcategorias de empresas comuns, a propósito das quais fomos equacionando o que denominamos como efeito global ponderado de empresas comuns ou de outras situações de cooperação empresarial – *supra*, **Parte III**, esp. capítulo terceiro.

Parte IV 1633

artigo 81.º CE não deve ser apenas reconduzida, de forma linear, ao problema – recorrente na doutrina comunitária, desde a análise comparativa desenvolvida por RENE JOLIET[2737] – da eventual aplicação da *"regra de razão"* no quadro da concretização daquele preceito. Pela nossa parte, admitimos – como fomos expondo no contexto da nossa análise de várias subcategorias mais relevantes de empresas comuns – que se justifica delinear esse padrão de soluções mais flexíveis, afastando uma leitura estrita do referido preceito como uma espécie de proibição *per se*, através de ponderações jurídicas de tipo intermédio não assimiláveis, em si mesmas, à formulação da *"regra de razão"* do ordenamento norte-americano (o que assenta no pressuposto de que esta *"regra de razão"*, numa perspectiva técnico-jurídica, se encontra indissociavelmente associada a uma específica estrutura normativa da regra de proibição estabelecida no *"Sherman Act"*, diversa da estrutura do regime delineado no artigo 81.º CE). A apreciação das empresas comuns, convocando por natureza ponderações de tipo complexo entre potenciais elementos restritivos da concorrência e possíveis aspectos pró-concorrenciais constitui, precisamente, um domínio de eleição para testar a margem hermenêutica de inclusão dessas avaliações no regime estabelecido no n.º 1 do artigo 81.º CE (permitindo extrair corolários para a aplicação desse preceito noutros domínios relevantes de cooperação empresarial).

Consideramos, de resto, que o facto de esse problema hermenêutico fundamental ter com frequência resvalado para uma discussão jurídica formal, centrada na aplicação *qua tale*, ou com adaptações, da *"regra de razão"* do ordenamento norte-americano contribuiu para uma contraposição, excessivamente rígida e esquemática, de posições extremadas sobre esta matéria e para alguma ambiguidade que tem rodeado a leitura crítica de determinadas decisões da Comissão, bem como de desenvolvimentos jurisprudenciais sobre tal problema.

Deste modo, a possível definição, no quadro da análise das empresas comuns, de uma lógica normativa intermédia na interpretação sistemática dos n.ºs 1 e 3 do artigo 81.º CE – predominantemente informada por critérios substantivos e menos tributária de questões de qualificação jurídica (inerentes à discussão em torno do cabimento da *"regra de razão"* neste

---

[2737] Cfr. o clássico estudo pioneiro de RENÉ JOLIET, *The Rule of Reason in Antitrust Law, American, German and Common Market Law in Comparative Perspective*, Le Haye, 1967.

1634   *Empresas comuns* – Joint Ventures

regime) – mostra-se decisiva para legitimar um necessário grau de flexibilidade na compreensão normativa da regra geral de proibição em causa.[2738] Essa clarificação assume, correlativamente, a maior importância para delimitar o tipo de parâmetros que podem informar os juízos jurídicos a formular *ex vi* do n.º 3 do artigo 81.º CE, questão que, por seu turno, assume extrema acuidade no contexto do processo denominado de *"modernização"* do direito comunitário de concorrência, visto que o mesmo envolve a atribuição a instâncias nacionais (autoridades de concorrência e tribunais nacionais) de competência para aplicação da referida disposição.[2739] Além disso, esta densificação de critérios mais equilibrados de interpretação e aplicação dos n.os 1 e 3 do artigo 81.º CE deve ser compreendida à luz das evoluções do programa teleológico do direito comunitário da concorrência (que já tivemos ensejo de comentar).[2740]

3.1.5. Razão de ordem – corolários das análises desenvolvidas em matéria de caracterização geral da metodologia jurídica do ordenamento comunitário da concorrência

Em paralelo com as três áreas de problematização jurídica acima enunciadas, e retomando algumas considerações formuladas no início desta **Parte IV**, propomo-nos, ainda, de forma extremamente sucinta, extrair alguns corolários finais dessas análises num plano de caracterização geral da metodologia jurídica do ordenamento comunitário da concorrência.[2741]

[2738] Esta referência que fazemos ao carácter necessário de algum grau de flexibilidade na concretização jurídica da proibição geral estabelecida no n.º 1 do artigo 81.º CE envolve, naturalmente, uma nossa posição de fundo sobre o alcance deste regime, a qual, como é natural, se apresenta também como tributária da nossa visão sobre a matriz teleológica essencial do direito comunitário da concorrência.

[2739] Independentemente de quaisquer entendimentos formulados pela Comissão no contexto desse processo de *"modernização"* – como decorre, entre outros elementos, da adopção de orientações interpretativas de alcance geral sobre o n.º 3 do artigo 81.º CE (cfr. Comunicação de Abril de 2004, já cit) – esta questão permanecerá quase inelutavelmente objecto de controvérsia jurídica, devendo a consolidação futura de um entendimento sobre a matéria resultar da jurisprudência do TPI e do TJCE.

[2740] Comentário e balanço crítico global, que empreendemos *supra*, ponto 2.2. desta parte conclusiva (**Parte IV**) da dissertação.

[2741] Cfr., para uma enunciação muito sucinta de tais corolários referentes à metodologia jurídica do ordenamento comunitário da concorrência, *infra*, ponto **4.** desta **Parte IV**.

Parte IV

3.2. A DEFINIÇÃO DE UM NOVO MODELO DE ANÁLISE NO DIREITO COMUNITÁRIO DA CONCORRÊNCIA

3.2.1. A experiência de apreciação de empresas comuns e o desenvolvimento de um novo modelo de análise combinando elementos de tipo estrutural e elementos relativos ao comportamento das empresas

3.2.1.1. A progressiva adopção de um modelo de análise estrutural limitado ou misto

Referimos já que a experiência de apreciação das empresas comuns em sede de direito comunitário da concorrência[2742] impulsionou o desenvolvimento de uma nova metodologia de análise caracterizada, quer pela incorporação de elementos de análise económica, quer pela sistemática ponderação de elementos de tipo estrutural, embora numa perspectiva de interacção dinâmica entre os mesmos e os elementos referentes ao comportamentos das empresas. Além disso, a matriz sistemática que orienta esses renovados processos de análise – incluindo nos domínios de avaliação de fenómenos de cooperação empresarial, em geral – tem como referência fundamental a avaliação do poder de mercado das empresas, bem como das condições do seu exercício, em ordem a identificar aquelas que possam conduzir a ineficiências económicas (correspondentes a formas diversas de desvalor jurídico não consentido pelas normas de concorrência). O desenvolvimento de um equilíbrio metodológico, de tipo novo, na ponderação dos elementos estruturais e de comportamento, num contexto sistémico de avaliação do poder de mercado das empresas corresponde, na realidade, a uma transformação significativa dos critérios de análise do direito da concorrência e justifica, por si só, um relevo muito particular nesta nossa síntese conclusiva final.

[2742] Importa a este propósito não esquecer que, nos termos e pelas razões que já expusemos, no direito comunitário da concorrência a análise das empresas comuns se entrecruza inelutavelmente com a análise das operações de concentrações (cfr. *supra*, capítulo segundo da **Parte II**; a boa compreensão desse aspecto essencial determinou, de resto, a análise em extensão aí desenvolvida sobre os diversos estádios no tratamento sistemático de operações de concentração e de diversas categorias de empresas comuns).

1636 *Empresas comuns* – Joint Ventures

Como já comentámos, o desenvolvimento relativamente tardio, no direito comunitário da concorrência, de processos de controlo directo de operações de concentração de empresas e uma histórica subvalorização dos elementos de integração empresarial na caracterização e avaliação das empresas comuns – distorção analítica largamente relacionada, como também explicámos,[2743] com essa lacuna originária de regulação das concentrações – originaram um tradicional défice de análise estrutural neste ordenamento (também estreitamente relacionado com um fundamental défice de análise económica no mesmo ordenamento).[2744] Assim, esta ausência, ao longo da generalidade dos estádios de evolução do direito comunitário da concorrência, de uma real contraposição entre elementos estruturais e elementos intrinsecamente anticoncorrenciais de comportamento empresarial leva a que, no quadro do estudo desse ordenamento, não exista, por vezes, uma correcta percepção do alcance de que se reveste o *supra* referido equilíbrio metodológico na ponderação conjunta desses tipos de elementos e das dificuldades de análise subjacentes ao mesmo (percepção que, em contrapartida, assume grande acuidade na generalidade da doutrina norte-americana).

Justifica-se, pois, de alguma forma, caracterizar criticamente o alcance dessa metodologia de análise tomando como ponto de partida a perspectiva dessa doutrina norte-americana. No quadro dessa doutrina, a importância e o grau de transformação qualitativa operada pela referida metodologia de análise são exemplarmente evidenciados na análise de autores como GEORGE HAY.[2745] Este autor salienta, de forma impres-

---

[2743] Cfr. *supra*, capítulo segundo (esp. pontos 2.2. a 2.5.) da **Parte II**, os comentários desenvolvidos aí formulados sobre as distorções analíticas especialmente induzidas pela lacuna originária do direito comunitário da concorrência em matéria de controlo directo de operações de concentração de empresas, as quais não foram completamente eliminadas com a adopção do RCC (*maxime*, se considerarmos a versão originária desse regime).

[2744] Défice de análise estrutural só superado nos dois estádios mais recentes de evolução do ordenamento da concorrência que identificámos *supra*, capítulo primeiro da **Parte II**, pontos 3.4.2.4. a 3.4.2.5., correspondentes, respectivamente, ao período compreendido entre a adopção do AUE. e meados da década de noventa e a fase evolutiva que, previsivelmente, se terá iniciado desde então.

[2745] Cfr. do A. cit., em especial, *The Interaction of Market Structure and Conduct*, in *The Economics of Market Dominance*, edited by DONALD HAY, JOHN VICKERS, Basil, Blackwell, 1987, pp. 105 ss.. Do mesmo A. cfr. "Market Power in Antitrust" in ALJ., 1992, pp. 806 ss..

siva,[2746] que, em fases anteriores de evolução do ordenamento norte-americano da concorrência, não só a ponderação da natureza de certos comportamentos – *vg.*, entre outros, práticas de fixação conjunta de preços – determinava um juízo de desvalor independentemente de factores estruturais ou do poder de mercado das empresas envolvidas, como, em contrapartida, no domínio da apreciação de concentrações com carácter horizontal, esses factores estruturais constituíam praticamente o único parâmetro relevante de análise (a propósito de comportamentos empresariais avaliados sem ponderação de factores estruturais, HAY refere também, justamente, o acolhimento passado dessas metodologias no ordenamento comunitário da concorrência).

Ora, o que se encontra em causa com a nova metodologia de análise que vimos referindo é, precisamente, o desenvolvimento de uma perspectiva que se situa na intersecção das duas orientações extremas acima referidas. E, no caso do direito comunitário da concorrência, encontra-se em questão o desenvolvimento *ex novo* dessa metodologia, sem passar por etapas intermédias comparáveis às que se sucederam no âmbito do direito da concorrência norte-americano (com um contributo fundamental, nesse sentido, dos processos de análise de empresas comuns, em geral, e, com uma influência algo particular, da análise da subcategoria de empresas comuns qualificáveis como concentrações, mas gerando efeitos de coordenação de comportamentos).[2747]

Na realidade, GEORGE HAY e outros autores sublinham, de forma esquemática, três fases distintas de evolução metodológica no ordenamento da concorrência norte-americano, envolvendo, de forma sucessiva,

---

[2746] A análise de GEORGE HAY, no seu estudo cit. – *The Interaction of Market Structure and Conduct* – reporta-se, em primeira linha, a *práticas unilaterais de empresas*, mas sob múltiplos aspectos – e de forma que o próprio A. não exclui – é aplicável também a modalidades várias, mais ou menos elaboradas, de cooperação empresarial.

[2747] Subcategoria de empresas comuns que desempenham todas as funções de uma entidade económica autónoma, mas que geram efeitos de coordenação de comportamentos das empresas-mãe que se encontram, desde a alteração de 1997 ao RCC – e em termos que não foram alterados pela segunda reforma, de 2004, do RCC – duplamente submetidas a um teste estrutural – no quadro do RCC – e a um teste referente a eventuais efeitos restritivos da concorrência emergentes da coordenação de comportamentos, no quadro do artigo 81.º CE. Cfr. a nossa anterior análise dessa subcategoria de empresas comuns, enfatizando o facto de esse duplo teste contribuir para o desenvolvimento de uma nova metodologia de análise que pode ter aplicações mais vastas em sede de apreciação dos fenómenos de cooperação empresarial, em geral – supra, capítulo segundo, ponto **3.**, da **Parte III**.

1638   *Empresas comuns* – Joint Ventures

avaliações intrinsecamente negativas de certas formas de conduta, avaliações orientadas para a verificação de efeitos de curto prazo de ineficiência de comportamentos de empresas com poder de mercado e, num terceiro momento, um certo retorno a avaliações que tomam em consideração os factores estruturais, embora em conjugação com outros parâmetros[2748] (em paralelo, no domínio específico do controlo de concentrações, e também, de algum modo, em relação à apreciação de algumas empresas comuns, sucederam-se, como já observámos, um paradigma determinista, de acordo com o qual a estrutura dos mercados determina o comportamento das empresas, um modelo de apreciação que desvaloriza sistematicamente esses elementos estruturais e o desenvolvimento de modelos de apreciação que recuperam tais elementos estruturais, mas combinando-os com outros instrumentos económicos de análise de natureza diversa).

3.2.1.2. *O papel fundamental na nova metodologia de análise da ponderação do poder de mercado das empresas com base em elementos estruturais "corrigidos" ou complementados com elementos de comportamento empresarial*

Esta nova síntese metodológica, que surge no quadro do ordenamento norte-americano como o corolário de uma longa e complexa evolução dos processos de análise económica, desde há muito incorporados nas ponderações jurídicas de concorrência, e que irrompe no ordenamento comunitário da concorrência como uma transição metodológica mais abrupta, envolve, em termos globais, a adopção de um modelo estrutural de análise limitado, ou misto.[2749] O mesmo implica o reconhecimento de um peso importante aos parâmetros estruturais, para qualificar os comportamentos das empresas – *maxime* no quadro de modelos padronizados de apreciação que envolvem, como observámos a propósito das empresas comuns, vários estádios típicos de análise encadeados entre si[2750] mas não

---

[2748] Cfr. GEORGE HAY, *The Interaction of Market Structure and Conduct*, in the *Economics of Market Dominance*, cit., esp. pp. 109 ss.

[2749] Tomámos aqui em consideração, adaptando-a, a expressão utilizada por GEORGE HAY no seu estudo já cit. HAY refere, sugestivamente, a emergência de uma *"limited version of the structural screen (…)"*.

[2750] Modelos de apreciação cujo desenvolvimento como corolário da análise de empresas comuns comentaremos, numa perspectiva geral – *infra*, pontos 3.3.1. a 3.3.4. nesta **Parte IV**.

Parte IV 1639

prescinde da análise desses próprios comportamentos, e de factores inerentes aos mesmos, para formar os juízos jurídicos relevantes de direito da concorrência. É que, no quadro de uma também renovada compreensão da avaliação do poder de mercado – como componente fundamental da concretização dos juízos normativos de direito da concorrência – a determinação da existência de poder de mercado não é feita exclusivamente através de elementos estruturais (*maxime*, quotas de mercado das empresas que se encontrem em causa), mas também através do historial de comportamentos das empresas, bem como de diversos factores intrinsecamente ligados a esses comportamentos e às variações dos mesmos numa óptica prospectiva.

Na realidade, em alguns casos será necessário ponderar, independentemente de quaisquer alterações estruturais, ou de alterações de comportamentos concorrenciais induzidas pelas mesmas, se determinadas empresas, em função dos seus comportamentos anteriores, *vg.* atendendo à estrutura dos seus preços, já revelavam apreciável poder de mercado, mesmo que este não fosse, em especial, indiciado por elementos estruturais pré-existentes (os quais serão menos reveladores, a esse propósito, designadamente em mercados de produtos diferenciados).[2751] Além disso, essa interpenetração entre elementos estruturais e de comportamento, à luz das mais recentes evoluções da análise económica, tende a estar já subjacente à própria concretização do parâmetro estrutural, tradicional, referente à quota de mercado das empresas, a qual depende da prévia delimitação de mercados relevantes mediante processos de análise que envolvem também aspectos diversos do comportamento das empresas (como tivemos ensejo de aflorar na nossa referência sumária aos critérios de definição dos mercados, sublinhando, no contexto do ordenamento comunitário da concorrência, a especial influência que a apreciação das empresas comuns teve para o desenvolvimento qualitativo dos mesmos).[2752]

[2751] Cfr. sobre as condicionantes especiais da ponderação de *factores estruturais* em *mercados de bens diferenciados*, bem como sobre este último conceito, SIMON BAKER e ANDREA COSCELLI, "The Role of Market Shares in Differentiated Product Markets", cit., pp. 412 ss.; Cfr., igualmente, ROGER VAN DEN BERGH, PETER D. CAMESASCA, *European Competition Law and Economics – A Comparative Perspective*, cit., pp. 123-124.

[2752] Cfr. a nossa caracterização dos processos de delimitação de mercados relevantes feita *supra*, capítulo segundo – ponto **4.** – da **Parte II**. Tivemos aí também ensejo de destacar as conexões existentes entre o exercício analítico intermédio de definição do

1640   *Empresas comuns* – Joint Ventures

Em súmula, na nova metodologia de análise de direito da concorrência que ora procuramos caracterizar, a avaliação do poder de mercado das empresas, baseada em elementos estruturais *"corrigidos"*, ou complementados com elementos de comportamento empresarial, para além de se encontrar subjacente a todo o processo de formação de juízos normativos, constitui um indicador fundamental para justificar ou não a realização de indagações, mais ou menos exaustivas, sobre certos riscos de afectação da concorrência.

Na verdade, o desenvolvimento dessa metodologia, como já referimos, contribuiu para atenuar a rigidez da norma de proibição estabelecida no n.º 1 do artigo 81.º CE, restringindo o conjunto de situações de cooperação empresarial tradicionalmente cobertas por critérios *per se* de proibição, nos termos e com as consequências que enunciaremos *infra*, **3.4.** (onde aludiremos a uma desejável reformulação da interpretação sistemática dos n.os 1 e 3 do referido artigo 81.º CE). E, em paralelo, sendo importante determinar nesse novo contexto de análise – melhor apoiado em justificações económicas mas por natureza mais incerto – referências que o possam orientar, em função de uma determinada percepção dos riscos de afectação da concorrência que se encontrem em causa em cada situação, as indicações colhidas em relação ao poder de mercado das empresas tendem a assegurar essa orientação (no direito norte-americano a preocupação de evitar a recorrente aplicação integral da *"regra de razão"*, com a sua inevitável complexidade, levou à concepção de patamares intermédios de análise, situados entre aquele critério e a regra de proibição *per se*, largamente tributários da avaliação do poder de mercado das empresas; no ordenamento comunitário, a mesma preocupação fez-se igualmente sentir, embora materializada em formulações analíticas diversas).[2753]

---

mercado relevante e os factores analíticos em que a mesma se baseia e a própria avaliação directa de repercussões de certas situações sobre o processo de concorrência parcialmente baseada em tais factores.

[2753] Sobre essa formulação de múltiplos critérios intermédios entre a *"regra de razão"* e a regra de proibição *per se* no direito norte-americano da concorrência, cfr., *inter alia*, GEERT WILLIS, "Rule of Reason: Une Régle Raisonnable en Droit Communautaire", cit., pp. 19 ss.. No que respeita à concepção de critérios intermédios neste domínio, especificamente influenciada pela avaliação de empresas comuns, cfr., *inter alia*, JOSEPH BRODLEY, "Joint Ventures and Antitrust Policy", cit., esp. pp. 1534-1552 e GREGORY WERDEN, "Antitrust Analysis of Joint Ventures: An Overview", cit..

Parte IV 1641

Uma avaliação liminar relativa à existência de considerável poder de mercado das empresas envolvidas em determinada transacção justificará uma análise mais desenvolvida de diversas categorias de parâmetros relevantes. A inexistência de poder de mercado apreciável pode, em si mesma – salvo outras circunstâncias excepcionais – justificar que não se passe a estádios subsequentes de análise de certas situações, não esgotando, assim, a ponderação dos vários critérios de análise que poderiam ser utilizados (visto que o menor poder de mercado não será compatível com a verificação de efectivos incentivos a coordenações de comportamentos restritivas da concorrência). Ora, o modelo de apreciação de empresas comuns que propusemos, tal como outros modelos delineados neste domínio – *vg.*, o modelo ensaiado nas Orientações do Departamento de Justiça norte-americano, ou até os critérios de análise formulados na Comunicação de 2001 (embora não circunscritos apenas à análise das empresas comuns) – assenta, precisamente, nesse tipo de triagem sistemática de situações que justificam maior ou menor grau de preocupação, tomando como referência essencial, o poder de mercado das empresas que se encontrem em causa.

3.2.1.3. *Modelo geral de apreciação de empresas comuns proposto e desenvolvimento da metodologia de análise envolvendo um novo tipo de equilíbrio entre elementos estruturais e elementos do comportamento das empresas*

Esta nova metodologia, correspondente à adopção do que acima caracterizámos como um *modelo estrutural de análise limitado ou misto* encontra-se, claramente, na base do *modelo de apreciação geral que propusemos em relação às empresas comuns, no quadro do direito comunitário da concorrência.*[2754] Em particular, no que respeita à questão central de interacção entre elementos estruturais e elementos ligados ao

---

[2754] Cfr. a apresentação e justificação desse modelo que delineámos para a apreciação das várias subcategorias de empresas comuns *supra* no capítulo primeiro da **Parte III** e os modos de concretização desse modelo em relação à subcategoria de empresas comuns qualificáveis como concentrações e à subcategoria de empresas comuns submetidas ao regime do artigo 81.º CE, respectivamente, no capítulo segundo e terceiro dessa **Parte III**.

1642   *Empresas comuns* – Joint Ventures

comportamento das empresas (e à natureza dos acordos concluídos entre as mesmas e traduzidos em certos comportamentos), esse modelo de apreciação de empresas comuns comporta um estádio de análise referente aos potenciais elementos de afectação da concorrência associados a cada tipo funcional de empresa comum, bem como à configuração concreta do programa contratual de cooperação que se encontre subjacente a esse tipo, o qual convoca, especificamente, a ponderação de diversos feixes de condutas das empresas que se encontrem em causa.

Referimo-nos, no quadro de tal modelo de apreciação, ao que denominámos de terceiro estádio de análise, a empreender em relação às situações cujo potencial restritivo da concorrência – aferido de acordo com a lógica analítica atrás enunciada e orientada para o poder de mercado – justifique uma análise mais desenvolvida, cobrindo a generalidade dos parâmetros relevantes (envolvendo uma combinação de critérios de análise que, com algumas adaptações, pode ser também tomada em consideração para a avaliação jusconcorrencial da generalidade das situações de cooperação empresarial, contribuindo, assim, para evitar visões mais redutoras de aplicação de critérios de proibição *per se* em sede de aplicação do n.º 1 do artigo 81.º CE).

Além disso, no nosso estudo *ex professo* relativo à concretização desse terceiro estádio de análise em relação aos vários tipos funcionais de empresas comuns considerámos vantajoso confrontar os elementos concretos do programa de cooperação de cada empresa comum com seis factores enunciados nas Orientações relativas a empresas comuns do direito norte-americano e versando vários aspectos relativos à organização das actividades de empresas comuns e das respectivas empresas-mãe, passíveis de influenciar os seus comportamentos (embora, em nosso entender, e divergindo, nesse ponto, das referidas Orientações, o peso relativo de cada um desses seis factores de análise varie conforme o tipo funcional de empresa comum que se encontre em causa).[2755] Ora, esses seis factores de análise, integrados num modelo global de apreciação de empresas comuns, ilustram, de forma paradigmática, a interacção entre elementos de natureza diversa na avaliação destas entidades (elementos de base estrutural e referentes a comportamentos), bem como o desenvolvimento de instrumentos jurídico-económicos de análise influenciados por

---

[2755] Cfr., designadamente, o exposto *supra*, capítulo terceiro – esp. ponto – 2.3.5.2.6. da **Parte III**, sobre esses seis factores analíticos essenciais.

novos modelos económicos – já aflorados nesta **Parte IV**, *supra* **2.2.5.4.** – que têm como pressuposto esse tipo de "*sínteses*".

Pensamos, em especial, nos modelos delineados no quadro da denominada teoria dos jogos, através dos quais se procura avaliar situações de mercado – *maxime*, aquelas que se aproximem de estruturas de tipo oligopolístico – em função de decisões óptimas de cada empresa que dependam das suas percepções ou expectativas em relação às opções dos seus concorrentes (o que depende de várias condições passíveis de influenciar a manutenção de elementos de incerteza sobre os comportamentos das várias empresas). Como já referimos, esse tipo de avaliações – assente na compreensão económica da interacção estratégica entre os vários intervenientes no mercado – tende a suscitar problemas de indefinição jurídica, pois não é facilmente concretizável através de parâmetros de análise eficazes e de utilização expedita. Nesse contexto, os seis factores de análise acima referidos correspondem, em larga medida, a formas possíveis de ultrapassar, ou atenuar essas dificuldades, permitindo concretizar aquelas avaliações com base em testes cuja aplicação se mostre razoavelmente previsível.

3.2.2. Nova metodologia de análise induzida pela apreciação de empresas comuns – a incorporação nos juízos normativos de uma fundamental dimensão de análise económica e os problemas conexos de densificação jurídica de modelos e conceitos económicos

Temos salientado a existência de um contributo importante da análise das empresas comuns para o processo de renovação da metodologia jurídica do direito comunitário da concorrência, o qual se tem caracterizado pela progressiva incorporação de elementos de análise económica na formulação dos juízos jurídicos relevantes. A compreensão dessa nova dimensão metodológica deve resultar de uma adequada percepção das categorias de critérios fundamentais utilizados na interpretação e aplicação de normas da concorrência – critérios de índole estrutural, ou critérios directa ou indirectamente, relacionados com os comportamentos das empresas, nos termos que acima passámos em revista – bem como da verificação do papel primacial conferido à avaliação e ponderação do poder de mercado das empresas, e do estudo sistemático de modelos, mais ou menos complexos, de concatenação desses factores em processos orga-

1644   *Empresas comuns* – Joint Ventures

nizados de análise jurídica (aspecto que será versado sumariamente *infra* – **3.3.**). Sem prejuízo de esta nova dimensão de análise económica corresponder, em si mesma, a uma ideia geral que resulta da compreensão do somatório de múltiplos aspectos ora enunciados (os quais são, por seu turno, objecto da referências específicas nesta síntese conclusiva final), justificam-se, de qualquer modo, algumas anotações muito sumárias sobre o significado e alcance globais dessa dimensão analítica.

Na realidade, esta nova dimensão de análise económica no direito comunitário da concorrência – como em qualquer ordenamento da concorrência – pode ser entendida a vários níveis, que importa apreender enquanto tais. Pela nossa parte, admitimos que um primeiro nível a considerar diz respeito à própria formulação dos padrões de "*normatividade*" no quadro desse ordenamento da concorrência e à luz de uma determinada compreensão dos seus objectivos fundamentais. Neste nível, e atendendo à especificidade do objecto desse ordenamento – como *disciplina do funcionamento do mercado*, no sentido delineado por IMMENGA e que já previamente trouxemos à colação,[2756] os padrões normativos têm de ser construídos de raiz com base em conceitos económicos e com vista à produção de resultados que sejam minimamente coerentes com lógicas económicas de eficiência empresarial, dirigida ao acréscimo de bem estar (sem prejuízo de tais resultados serem objecto de valorações normativas autónomas; a existência de um núcleo irredutível de autonomia de juízos de valor e desvalor jurídicos – que sustentámos – não invalida que os mesmos sejam informados por elementos de lógica económica).

A compreensão, a esta luz, do processo de formação dos juízos normativos centrais do direito da concorrência, suportados numa lógica de análise económica da realidade dos mercados – conquanto conformada por uma lógica normativa que assegura a recepção dessa informação económica e prevalece, enquanto tal, sobre a mesma – é indispensável para a construção de uma hermenêutica equilibrada em sede de direito da concorrência. Trata-se de entender os elementos económicos não apenas como aspectos introduzidos *ex post* para auxiliar o intérprete, de forma acessória a concretizar parte das hipóteses jurídicas das normas de concorrência, mas como elementos que, num processo de "*juridicização*", são incorporados *ab initio* na formulação das valorações jurídicas.[2757]

[2756] Cfr. *supra*, ponto 1.2. desta **Parte IV**.

[2757] A avaliação jusconcorrencial de empresas comuns – nos termos e de acordo com a matriz delineada nos capítulos segundo e terceiro da **Parte III** – é verdadeiramente

Um segundo nível a considerar para a dimensão de análise económica em causa corresponde à concretização das normas de concorrência, através da regulação de situações concretas, e com base em certas informações – de natureza económica – sobre o funcionamento de determinados mercados que se encontrem em causa.[2758] Neste nível, admitimos, ainda, que se possam, com vantagem, distinguir dois planos relevantes. Um desses planos traduzir-se-á na associação de parâmetros jurídicos gerais de apreciação – desejavelmente encadeados entre si – a diversos modelos de análise económica. O outro plano corresponde à clarificação de conceitos económicos essenciais, já tecnicamente consolidados, e que sejam recebidos no ordenamento da concorrência com um sentido e alcance muito próximos desse seu sentido económico de base (*vg.* conceitos como os de *"custos de oportunidade"*, *"custos não recuperáveis"*, *"subsidiação cruzada"*, entre muitos outros).

O primeiro plano acima considerado é, claramente, o domínio em que a utilização de coordenadas analíticas de natureza económica pode suscitar maiores dificuldades em sede de aplicação de normas comunitárias de concorrência. O que se encontra em causa é a densificação e utilização de modelos económicos de análise de certas realidades que assentam numa combinação sucessiva de técnicas indutivas e dedutivas (esses modelos, tipicamente, identificam factos relevantes da realidade económica, extraem dos mesmos por critérios indutivos determinados critérios gerais e abstractos e, com base nesses elementos, procedem dedutivamente a certas avaliações).[2759]

---

paradigmática desse processo normativo, ao evidenciar a necessidade de estabelecer ponderações, informadas por padrões de análise económica, entre efeitos restritivos e favoráveis à concorrência (que prevalecem sobre leituras hermenêuticas de certos elementos formais como intrinsecamente restritivos da concorrência). Sobre o desenvolvimento dessa dimensão de análise económica no direito comunitário da concorrência, cfr., *inter alia*, DORIS HILDEBRAND, *The Role of Economic Analysis in the EC Competition Rules*, cit., esp. pp. 413 ss..

[2758] Utilizando uma formulação que não subscrevemos de forma integral, MAUREEN BRUNT estabelece uma distinção comparável à que ora formulamos entre diferentes níveis de ponderação da dimensão de análise económica no direito da concorrência (cfr. A. cit., *Antitrust in the Courts: The Role of Economics and of Economists*, in *International Antitrust Law & Policy – Annual Proceedings of the Fordham Corporate Law Institute – 1998*, BARRY HAWK, Editor, Juris Publishing, 1999, pp. 357 ss.).

[2759] Cfr. sobre a conformação e utilização de modelos económicos, no sentido que ora consideramos, MAUREEN BRUNT, *Antitrust in the Courts: The Role of Economics and*

1646 *Empresas comuns* – Joint Ventures

A grande questão metodológica que se coloca a propósito da utilização deste tipo de modelos económicos na concretização das normas de concorrência reporta-se à possibilidade de desenvolvimento de múltiplos modelos divergentes e à inerente dificuldade de os conciliar com parâmetros jurídicos de aplicação razoavelmente previsível. Essas dificuldades avolumam-se quando se verifica, como sucede no quadro do ordenamento comunitário da concorrência, uma transição relativamente abrupta de metodologias de análise muito tributárias de uma lógica jurídico-formal para processos de análise que passam a incorporar uma apreciável dimensão económica. A este respeito, alguns autores que têm estudado *ex professo* o desenvolvimento dessa dimensão económica nos processos analíticos do ordenamento comunitário da concorrência, como DORIS HILDEBRAND, salientam algumas limitações da teoria económica para fornecer modelos de análise eficazes com vista à interpretação e aplicação das normas desse ordenamento e não sujeitos a uma excessiva margem de indefinição.[2760]

Pela nossa parte, divergimos numa medida considerável dessas posições. Reconhecemos as dificuldades suscitadas pela utilização de modelos económicos em sede de aplicação de normas comunitárias de concorrência e a necessidade de prudência no acolhimento dos mesmos, mas admitimos que se encontra aberta a via para o aprofundamento dessa dimensão de análise económica. O que se impõe, em nosso entender, é uma dupla reserva metodológica na recepção desse tipo de modelos económicos. Em primeiro lugar, será desejável limitar essa utilização de modelos económicos àqueles que tenham já alcançado alguma consolidação em sede de teoria económica e que tenham sido submetidos ao crivo da análise empírica, baseada em dados concretos de mercado e a propósito de múltiplas situações (como já atrás sublinhámos – *supra* **2.2.5.4.** desta **Parte IV** – a metodologia de análise da escola de Chicago revelou-se com frequência muito lacunar em relação a essa utilização de dados empíricos). Em segundo lugar, deverão ser privilegiados os modelos económicos, ou aspectos relacionados com os mesmos, que possam mais facilmente ser transpostos para séries organizadas de parâmetros ou testes passíveis de

---

of Economists, cit., p. 362. Cfr. também FREDERICK ROWE, "The Decline of Antitrust and the Delusions of Models" in Geo L J., 1984, pp. 1511 ss..

[2760] Cfr. A. cit., The Role of Economic Analysis in the EC Competition Rules, cit., esp. pp 136 ss..

Parte IV

utilização expedita (mesmo que dependente de instrumentos econométricos) integrados em modelos jurídicos de apreciação de situações de mercado (como sucede, *vg.* com os seis factores analíticos que atrás referimos a propósito do terceiro estádio de análise de empresas comuns no quadro do modelo global de apreciação que propusemos e que podem, em certa medida, levar à concretização de alguns pressupostos da denominada teoria dos jogos).

Estas dificuldades explicam, de resto, que o processo de introdução dessa dimensão de análise económica no direito comunitário da concorrência não esteja ainda consolidado e, sobretudo, que a fundamentação de decisões da Comissão (e até do TJCE e do TPI) seja, com frequência, lacunar em relação aos elementos de análise económica que tenham sido ponderados com vista à formulação de determinados juízos finais.[2761] Na verdade, se é inquestionável a transição deste ordenamento para uma nova metodologia de análise sob impulso da apreciação das empresas comuns (e de operações de concentração, em geral) – a qual tem como marco fundamental a adopção, em 1997, da Comunicação com orientações sobre a delimitação de mercados relevantes –[2762] a mesma carece, ainda, de aprofundamento e de um verdadeiro tratamento sistemático. Entre outros factores, o menor peso da litigância privada no processo de aplicação de normas comunitárias de concorrência – em claro contraste com a relevância que essa vertente assume no ordenamento norte-americano – pode, também, contribuir para uma menor consistência na utilização sistemática dessa dimensão de análise económica no primeiro ordenamento.[2763]

[2761] Cfr., nesse sentido, KIRAN DESAI, "Limitations on the Use of Economic Analysis in EC Competition Law Proceedings – Part 1", in ECLR, 2002, pp. 524 ss..

[2762] Comunicação de 1997, cujo teor aflorámos *supra*, capítulo segundo da **Parte II**, ponto **4.**, salientando os progressos de metodologia económica em matéria de definição dos mercados. Tivemos, então, ensejo de salientar a importância do desenvolvimento de critérios de definição de mercado em sede de apreciação de empresas comuns e de concentrações para a formulação dessas orientações.

[2763] Sobre o menor peso da litigância privada no processo de aplicação de normas comunitárias de concorrência cfr., por todos, CLIFFORD JONES, *Private Enforcement of EC Antitrust Law in the EU, UK and USA*, cit. Em contrapartida, para uma caracterização do peso da análise económica nesse plano de litigância privada no ordenamento da concorrência norte-americano cfr. STEVEN SALOP, L. J. WHITE, "Economic Analysis of Private Antitrust Litigation", in Geo L. J., 1986, pp. 1001 ss..

1648   *Empresas comuns* – Joint Ventures

De qualquer modo, importa assinalar no plano jurisprudencial – e, em especial, por parte do TPI –[2764] uma possível inversão de anteriores orientações, no sentido de a reapreciação judicial das decisões da Comissão não interferir na margem de apreciação económica desta Instituição (a qual, a confirmar-se, assumirá a maior importância). Assim, o TPI, para além de avaliar aspectos em relação aos quais a Comissão pudesse ter excedido a sua *margem de livre apreciação de certas situações de mercado* – o que correspondia, em regra, ao limite que a jurisprudência comunitária tradicional se auto-impunha em sede de revisão das decisões daquela Instituição –[2765] tem vindo, crescentemente, a pronunciar-se sobre *lacunas no desenvolvimento de análises económicas que se mostrassem essenciais para a concretização de certos pressupostos dos juízos normativos*, bem como a *rever, de forma directa, ponderações económicas contidas em decisões da Comissão* cuja base de sustentação técnica seja considerada insuficiente.

Ora, como tivemos ensejo de salientar, a jurisprudência em matéria de empresas comuns – conquanto escassa, por razões que também já comentámos – tem-se mostrado decisiva para essa mutação tendente à afirmação de um tipo novo de revisões jurisdicionais que avaliam a suficiência dos elementos de análise económica em decisões da Comissão respeitantes à aplicação de normas de concorrência. Na realidade, justifica-se destacar nesse plano o Acórdão *"European Night Services"* do TPI, que analisámos no quadro do nosso estudo das empresas comuns de comercialização.[2766]

[2764] É, de alguma forma compreensível esse maior papel do TPI no plano que ora consideramos, atendendo às funções desta instituição judicial em matéria de *reavaliação da matéria de facto* constante de decisões da Comissão (referentes à aplicação de normas de concorrência), bem como de *verificação da suficiência da fundamentação* das decisões da Comissão *e das avaliações económicas desenvolvidas para a concretização de normas de concorrência*. Para uma perspectiva geral sobre estas áreas de escrutínio jurisdicional cometidas ao TPI e sobre a forma como este Tribunal as desenvolveu, cfr., *inter alia*, NEVILLE BROWN, "The First Five Years of the Court of First Instance and Appeals to the Court of Justice: Assessment and Statistics", in CMLR., 1995, pp. 743 ss..

[2765] Sobre esse tipo de limites de análise que o TJCE e o TPI tradicionalmente se auto-impunham cfr., *inter alia*, REIN WESSLING, *The Modernisation of EC Antitrust Law*, cit., esp. pp. 28 ss..

[2766] Cfr. essa nossa análise do Acórdão *"European Nights Services"*, bem como das razões pelas quais associamos a mesma ao estudo do tipo funcional das empresas comuns de comercialização, *supra*, capítulo terceiro da **Parte III**, ponto 4.4.5.3.. Como então salientámos, nesse Acórdão, o TPI não deixa de trazer à colação jurisprudência anterior do TJCE.

Nesse Acórdão, como sublinhámos, o TPI detectou insuficiências graves em matéria de análise económica realista das condições de mercado que se encontravam em causa a propósito da constituição e funcionamento de uma empresa comum (*maxime*, em virtude de a Comissão não ter procedido a uma ponderação global adequada de aspectos potencialmente restritivos da concorrência inerentes à venda conjunta de bens ou serviços com vantagens económicas resultantes da integração empresarial, e que constituíssem condição de viabilidade de certas operações empresariais, não tendo igualmente analisado de forma suficiente outras condições de funcionamento do mercado). E, precisamente, os aspectos lacunares em matéria de análise económica dos mercados detectados pelo TPI nesse caso são, em nosso entender, paradigmáticos da complexidade das ponderações económicas de aspectos pró-concorrenciais e restritivos da concorrência em regra associados à avaliação das empresas comuns (o que ilustra, por seu turno, que as condicionantes de avaliação das empresas comuns tendem a pôr em evidência a componente de análise económica em sede de aplicação de normas de concorrência).

Em nosso entender, esse posicionamento do TPI, afirmado *ex novo* nesta jurisprudência referente à apreciação de empresas comuns, abriu caminho à afirmação geral de uma perspectiva crítica, por parte deste Tribunal, quanto às lacunas de análise económica nas decisões da Comissão (a qual viria a ser confirmada, ou consolidada, com a importante jurisprudência firmada pelo mesmo Tribunal em 2002, nos seus vários Acórdãos relativos a decisões da Comissão que versavam a matéria do controlo de concentrações, designadamente nos Acórdãos *"Airtours"*, *"Schneider Electric"* e *"Tetra Laval BV"*).[2767]

[2767] Cfr. Acórdãos *"Airtours"*, cit., *"Schneider Electric"* (Acórdão de 22 de Outubro de 2002, proc T-310/01, Col. II – 4071 (2002)] e *"Tetra Laval BV"* [Acórdão de 25 de Outubro de 2002, proc T-5/02, Col. II – 4381 (2002)]. Cfr. a anotação de ROBERT O'DONAGHUE e CHRISTOP FEDDERSEN ao Acórdão *"Airtours"* na secção *"Case Law"* da CMLR., 2002, pp. 1171 ss.. Nessa anotação, estes autores salientam, justamente, que o TPI não se limitou a detectar lacunas de análise económica, mas admitiu rever avaliações económicas formuladas pela Comissão. Tal perspectiva geral do TPI sobre a *sindicabilidade judicial das avaliações económicas da Comissão* foi, no essencial, confirmada pelo TJCE no seu importantíssimo Acórdão *"Commission v. Tetra Laval BV"*, de 15 de Fevereiro de 2005, já cit. (neste Acórdão, o TJCE confirma juízos prévios do TPI no sentido de exigir à Comissão determinados padrões mínimos de demonstração de efeitos adversos sobre o processo de concorrência, mesmo quando estejam em causa situações que requeiram análises económicas de tipo prospectivo, mediante o apuramento

1650   *Empresas comuns* – Joint Ventures

3.2.3. Renovação metodológica do ordenamento comunitário da concorrência – o papel central atribuído à ponderação do poder de mercado das empresas

3.2.3.1 *Os três níveis essenciais de ponderação do poder de mercado das empresas no modelo de análise proposto*

Nesta nossa síntese conclusiva final, temos referido o contributo da apreciação das empresas comuns para a transformação metodológica do direito comunitário da concorrência, enfatizando como um dos eixos essenciais da mesma o papel central conferido à avaliação do poder de mercado das empresas e das condições do seu exercício. Justifica-se, pois, enunciar alguns corolários complementares, em relação a esse fenómeno de concentração, a vários níveis, dos juízos normativos de direito da concorrência, nesta ideia de poder de mercado.

Em primeiro lugar, a parte principal do nosso estudo, que versou a construção de um possível modelo geral de apreciação das empresas comuns no ordenamento comunitário da concorrência – tomando como referências modelos analíticos comparáveis delineados no ordenamento norte-americano e tentativas recentes de sistematização de análise por parte da Comissão – envolveu um exercício analítico desenvolvido em torno da referida ideia de poder de mercado e das suas consequências (na base de coordenadas analíticas que, com algumas adaptações, podem também ser tomadas em consideração em sede de apreciação de outros fenómenos de cooperação empresarial).

Propomo-nos no ponto seguinte (*infra*, **3.3.**) equacionar os diversos problemas específicos suscitados pela construção destes modelos analíticos jurídico-económicos, de alcance geral, no direito comunitário da concorrência. De qualquer modo, sem antecipar, desde já, essas questões, e limitando-nos por ora a considerar os aspectos directamente relacionados com a ponderação do poder de mercado, importa destacar um fio lógico

---

de várias cadeias de causalidade e a determinação daquelas que se mostrem mais fundamentadas). Sobre estes problemas de sindicabilidade judicial de avaliações jurídico--económicas e de fixação de padrões de demonstração de efeitos restritivos da concorrência ("*standard of proof*") – matéria decisiva que, incompreensivelmente, tem merecido escassa atenção da doutrina – cfr., por todos, DAVID BAILEY, "Standard of Proof in EC Merger Proceeedings: A Common Law Perspective", in CMLR., 2003, pp. 845 ss..

Parte IV   1651

condutor do modelo de apreciação de empresas comuns que propusemos: Esse fio condutor corresponde, precisamente, a um conjunto de vários níveis de avaliação do poder de mercado das empresas-mãe e das novas entidades que estas tenham constituído.

Assim, nesse modelo, podemos considerar, pelo menos, três níveis distintos de ponderação do poder de mercado das empresas (no que respeita, em especial, à apreciação das subcategorias de empresas comuns sujeitas ao regime do artigo 81.º CE; em relação à categoria de empresas passíveis de qualificação como concentrações, a aplicação do teste da compatibilidade com o mercado comum estabelecido no RCC torna ainda mais evidente que o cerne da avaliação das repercussões dessas transacções sobre o processo de concorrência se reporta ao poder de mercado das empresas que se encontrem em causa).[2768] Num primeiro nível, e de acordo com uma lógica de análise mais ou menos expansiva em função da percepção dos riscos potenciais de afectação da concorrência – subjacente a esse modelo – a existência de poder de mercado especialmente débil por parte das empresas envolvidas (indiciado por quotas de mercado detidas pelas mesmas) é tomada em consideração, entre outros factores, para delimitar modalidades de cooperação empresarial normalmente permitidas e que, salvo circunstâncias ou condições excepcionais, não devem merecer objecções de direito da concorrência (sem necessidade de ir além de um estádio liminar de análise para confirmar esta compatibilidade com as normas de concorrência).

Num segundo nível, a existência de poder de mercado relativamente limitado por parte das empresas participantes – de novo indiciado pelas quotas de mercado dessas empresas – embora não dispense a ponderação de outros parâmetros complementares de análise, justifica, em princípio, uma avaliação mais sumária das empresas comuns que se encontrem em causa (sem prejuízo de alguns desses outros factores poderem contrariar os primeiros indícios de ausência de incentivos para a restrição da concorrência resultantes do hipotético carácter moderado do poder de mercado das empresas associado a certas quotas de mercado).[2769]

[2768] Cfr. sobre as implicações desse teste da compatibilidade com o mercado comum – largamente orientado para a avaliação de situações de domínio do mercado – aplicável *ex vi* do RCC às empresas comuns qualificáveis como concentrações o exposto *supra*, capítulo segundo da **Parte III**.

[2769] Essa suposição relativa à existência de poder de mercado moderado por parte das empresas participantes na empresa comum, não dispensando uma ponderação global

1652 *Empresas comuns* – Joint Ventures

Finalmente, determinados juízos de princípio sobre o poder de mercado das empresas envolvidas no processo de constituição de certas empresas comuns, associados a diversos limiares de quota de mercado podem justificar a aplicação de isenções *ex vi* do n.º 3 do artigo 81.º CE.[2770] Pode, é certo, questionar-se se as ponderações jurídico-económicas em torno do poder de mercado, acima delineadas, não são demasiado tributárias do critério indiciário da quota de mercado das empresas. Essa objecção não é, contudo, procedente, em nosso entender, pelo menos em relação ao modelo de apreciação que propomos, porquanto no quadro do mesmo os indícios resultantes das quotas de mercado apurados podem sempre ser *"corrigidos"* através da aplicação de outros critérios de análise complementares (para além do facto de a relevância analítica a conceder ao critério da quota de mercado poder conhecer algumas variações conforme o tipo de potencial efeito restritivo da concorrência cuja avaliação se encontre em causa).[2771]

---

do conjunto de critérios analíticos relevantes, legitima em princípio, uma avaliação relativamente mais sumária dessa entidade, em termos comparáveis ao que no ordenamento norte-americano da concorrência se tem denominado de *"quick-look test"* no conjunto de testes intermédios entre os critérios de proibição *per se* e os critérios da *"regra de razão"* considerada na sua plenitude (cfr. sobre esse *"quick-look test"*, no ordenamento norte-americano da concorrência, GREGORY WERDEN, "Antitrust Analysis of Joint Ventures: An Overview", cit, pp. 701 ss.).

[2770] Deve notar-se que, como assinalámos *supra*, capítulo terceiro da **Parte III** – esp. pontos 2.3.5.4., 3.3.5.4. ou 4.4.5., nos quais se referem diversos precedentes relevantes, objecto da nossa avaliação crítica – a Comissão tende a confundir sistematicamente os planos de aplicação dos n.os 1 e 3 do artigo 81.º CE, o que não contribui, em nosso entender, para a ponderação mais equilibrada do poder de mercado das empresas (mantendo, como observámos, uma perspectiva demasiado rígida e estrita do âmbito da proibição estabelecida no n.º 1 do artigo 81.º CE nas suas recentes *"Orientações relativas à aplicação do n.º 3 do artigo 81.º do Tratado"*, cit.). Noutra perspectiva, importa, também, salientar que, no quadro da análise de empresas comuns, propusemos critérios indicativos de quota de mercado – em ordem a avaliar o poder de mercado das empresas – mais flexíveis do que em sede de apreciação geral de fenómenos de cooperação empresarial, tomando em consideração, para esse efeito, os aspectos de eficiência empresarial normalmente associados, sob várias formas, às empresas comuns.

[2771] Subscrevemos neste ponto a posição de ROGER VAN DEN BERGH, PETER D. CAMESASCA, no estudo monográfico *European Competition Law and Economics – A Comparative Perspective*, cit., esp. pp. 77 ss..

3.2.3.2. *A experiência de análise de empresas comuns e a ponderação sistemática dos diferentes tipos de poder de mercado na avaliação de situações de cooperação empresarial*

Noutra perspectiva, o especial enfoque da análise jusconcorrencial das empresas comuns no poder de mercado das empresas envolvidas tem, também, contribuído para uma densificação mais aprofundada, no direito comunitário da concorrência, dos sentidos fundamentais que esse conceito pode assumir.

Em particular, essa análise tem permitido aprofundar a distinção entre dois tipos de poder de mercado que nem sempre têm merecido idêntica atenção em sede de aplicação de normas de concorrência. Referimo-nos ao que podemos denominar, por um lado, como *poder de mercado originário* (o sentido tradicional em que é normalmente considerado no quadro do direito da concorrência) e, por outro lado, como *poder de mercado tendente à exclusão de outras empresas*.[2772] Como é sabido, o primeiro tipo de poder de mercado corresponde à capacidade de uma empresa, por si ou em articulação com outras empresas concorrentes (*maxime*, através de coordenação tácita com essas empresas, com o alcance que tivemos ensejo de analisar no nosso estudo de algumas subcategorias de empresas comuns passíveis de qualificação como concentrações[2773]) praticar preços significativamente superiores ao que se possa considerar como um nível concorrencial[2774] e ao longo de um período de

---

[2772] Para uma justificação de base económica desta contraposição de dois tipos de poder de mercado, relevantes na perspectiva da aplicação das normas de concorrência, cfr. Michael McFalls, "The Role and Assessment of Classical Market Power in Joint Venture Analysis", cit., p. 652 ss. e George Hay, "Market Power in Antitrust", cit., pp. 807 ss..

[2773] Cfr. sobre esse tipo de questões o exposto *supra*, capítulo segundo – ponto – da **Parte III**, no qual, de resto, tivemos ensejo de destacar que um conjunto significativo de situações de domínio colectivo, envolvendo aspectos de coordenação tácita de comportamentos correspondem a empresas comuns qualificáveis como concentrações.

[2774] Cfr. sobre esta ideia de práticas de preços acima do nível concorrencial – *maxime* sobre este último conceito de referência – Areeda, Hovenkamp, Sollow, *Antitrust Law*, cit., Vol. IIA, par. 501. Tal noção é, fundamentalmente usada no plano do direito da concorrência, podendo configurar-se outra noção mais lata de poder de mercado – normalmente utilizada em sede de análise económica – como a capacidade de qualquer fornecedor de praticar preços acima do custo marginal dos produtos. Essa contraposição entre as duas noções, de resto, é exposta no ponto 25 das recentes *"Orientações relativas à aplicação do n.º 3 do artigo 81.º do Tratado"*, cit.

1654   *Empresas comuns* – Joint Ventures

tempo apreciável. Subscrevemos neste ponto, e nos seus aspectos essenciais, a apreciação de AREEDA, HOVENKAMP e SOLOW, segundo a qual, apesar de, em sede de teoria económica, existirem *graus variáveis de poder de mercado*, o conceito relevante – como poder de mercado originário – para efeitos de aplicação de normas de concorrência é o que se reporta a essa capacidade de sustentar determinados níveis de preços sem sofrer com isso erosão significativa através de novas entradas no mercado ou da expansão das posições dos competidores que já se encontrassem presentes no mercado.[2775]

O segundo tipo de poder de mercado, acima enunciado, corresponde, fundamentalmente, à capacidade por parte de uma empresa de excluir outros competidores do mercado relevante que se encontre em causa ou, no mínimo, de os remeter para uma posição marginal nesse mercado (o que, em última análise, permite à empresa que se encontre nessa posição, mediante tal enfraquecimento de anteriores condicionamentos concorrenciais associados à actuação dos competidores, reduzir o valor global, intrínseco, das prestações asseguradas aos consumidores em contrapartida de certos níveis de preços suportados por estes, bem como reduzir potencialmente a variedade dos produtos e serviços ou o grau de inovação, ao longo de um período de tempo considerável).[2776]

[2775] Cfr. AREEDA, HOVENKAMP, SOLOW, *Antitrust Law*, cit, Vol. IIA, par. 501.

[2776] Vários modelos económicos de análise ensaiam uma ponderação dos níveis de quantidade, qualidade e valor intrínseco global de produtos e serviços em face do que se poderia esperar num nível concorrencial perfeito ou aproximado – tomado como referência. Na realidade, como reconhecem ROGER VAN DEN BERGH, PETER D. CAMESASCA, no estudo monográfico *European Competition Law and Economics – A Comparative Perspective*, cit., "*definitions of market power, which may be found in the literature on industrial organization, are clearly influenced by the characteristics of the model of perfect competition*" (*op. cit.*, p. 75). No que respeita, a modelos passíveis de utilização para avaliar o poder de mercado das empresas, quer em relação ao segundo tipo acima considerado, quer em relação ao primeiro tipo, cfr. MICHAEL MCFALLS, "The Role and Assessment of Classical Market Power in Joint Venture Analysis", cit., esp. pp. 658 ss.. Este autor refere vários modelos que fomos *pari passu* tomando em consideração no nosso estudo dos efeitos das empresas comuns sobre o processo de concorrência empreendido a longo da **Parte III**, compreendendo, a saber, os cálculos de quotas de mercado, o IHH, o Índice Lerner (bem como, embora já noutro plano, as ponderações de discriminações de preços, ou reconstruções contabilísticas de medidas variáveis de margens de lucro das empresas; para uma perspectiva clássica sobre este último processo analítico, cfr., por todos, JOE S. BAIN, "The Profit Rate as a Measure of Monopoly Power", in Quarterly Journal of Economics, 1941, pp. 271 ss..

Parte IV 1655

Em qualquer um dos dois sentidos fundamentais acima enunciados, a existência de poder de mercado gera riscos para o funcionamento do processo de concorrência, podendo levar a que o mesmo não assegure os maiores níveis de eficiência na afectação dos recursos, o que, de uma forma mais visível tende a reflectir-se negativamente na *eficiência na afectação dos recursos* (como sublinhado por algumas correntes económicas), mas, em nosso entender, tende a repercutir-se também – mesmo que de forma menos directa ou visível – na *eficiência produtiva* e na denominada *eficiência dinâmica*[2777] (com consequências gerais negativas para o nível de bem estar dos consumidores e para o nível de bem estar geral). Ora, se no plano do controlo directo (e de índole estrutural) de concentrações empresariais, incluindo empresas comuns qualificáveis como concentrações, a avaliação jusconcorrencial sempre tem sido especialmente dirigida a formas de emergência de poder de mercado excessivo e às ineficiências económicas associadas às mesmas – seja sob a qualificação jurídica de domínio do mercado, no quadro do direito comunitário da concorrência, seja na perspectiva analítica do teste da diminuição substancial da concorrência no direito norte-americano da concorrência –[2778] no plano da análise de modalidades de cooperação empresarial, em geral, esse tipo de ponderação não era, em regra, devidamente apreendido como tal (pelo menos no direito comunitário da concorrência e em sede de aplicação do artigo 81.º CE).

Nesse contexto, o desenvolvimento dos processos de análise de empresas comuns submetidas ao referido regime do artigo 81.º CE – entrecruzando-se com a análise de subcategorias de empresas comuns qualificáveis

---

[2777] Sobre estas várias dimensões de eficiência – numa perspectiva geral – cfr. *supra*, ponto 2.2.2. desta **Parte IV**. Tivemos ensejo ao longo da nossa análise substantiva de *vários tipos funcionais de empresas comuns* (na **Parte III**) de evidenciar aspectos relevantes para avaliações jusconcorrenciais globais das mesmas e que correspondem a manifestações de *eficiência dinâmica* (*vg.*, em empresas comuns de investigação e desenvolvimento) ou de *eficiência produtiva* (*vg.*, em empresas comuns de produção), o que contribui para que sustentemos uma visão crítica sobre o excessivo enfoque – na realidade, quase-exclusivo – de algumas correntes da Escola de Chicago sobre a *eficiência de afectação* ("*allocative efficiency*").

[2778] Devendo assinalar-se, como se referiu *supra*, capítulo segundo da **Parte III**, que a reformulação do teste da compatibilidade com o mercado comum, resultante da segunda reforma do RCC, pode ser entendida como uma solução intermédia entre o teste originário do domínio no RCC/89 e o denominado "*SLC test*" no ordenamento norte-americano.

1656 Empresas comuns – Joint Ventures

como concentrações – teve, em nosso entender, um peso fundamental para uma nova incorporação sistemática de ponderações relativas ao poder de mercado na análise de situações de cooperação empresarial.

Como acentuámos no quadro do nosso estudo *ex professo* dos efeitos sobre a concorrência resultantes da criação de empresas comuns sujeitas ao regime do artigo 81.º CE, esses efeitos na concorrência efectiva ou potencial entre as empresas-mãe não correspondem a efeitos estruturais em sentido próprio, ou estrito, como o resultado da aplicação de um teste de compatibilidade com o mercado – idêntico ao teste aplicado no quadro do RCC (não se verificando, como sustentámos nesse estudo,[2779] uma transposição *qua tale* desse teste, largamente orientado para o domínio de mercado, do plano do RCC para o plano da aplicação do artigo 81.º CE). O que sucede é que os processos de análise desse tipo de efeitos, potencialmente induzidos pela criação de empresas comuns nas relações de concorrência efectiva ou potencial entre as respectivas empresas-mãe, são *pari passu* condicionados por aspectos relativos ao presumível poder de mercado das empresas que se encontrem em causa (em detrimento de considerações, que tendiam a prevalecer em sede de aplicação do artigo 81.º CE, relativas a limitações importantes da liberdade de actuação económica das empresas envolvidas).

Além disso, os referidos processos de análise de empresas comuns contribuíram, também, de forma importante, para uma maior e mais sistemática ponderação do segundo tipo de poder de mercado que acima enunciámos – o poder de mercado tendente à exclusão de outras empresas. Na realidade, e como tivemos ensejo de destacar, mesmo as subcategorias de empresas comuns que apresentam, em tese geral, um menor potencial restritivo da concorrência, como as empresas comuns de investigação e desenvolvimento,[2780] têm sido, normalmente, objecto de avaliação com vista a identificar a possível criação de capacidade de exclusão de empresas concorrentes ou de introdução de outros condicionamentos essenciais de actuação dos mesmos que distorçam o funcionamento dos mercados. Esta atenção conferida ao poder de mercado tendente à exclusão de outras empresas no contexto da análise das empresas comuns assume a maior importância, não só pela clarificação conceptual dos pressupostos em que

---

[2779] Cfr. a nossa análise sobre essa matéria delineada *supra*, capítulo terceiro, ponto 2.3.5.2.5. da **Parte III**.

[2780] Cfr. o exposto sobre esta matéria supra, capítulo terceiro, ponto 2.3.5.2.4. da **Parte III**.

Parte IV 1657

assenta esse tipo de poder de mercado, como pela própria afirmação da relevância do mesmo no quadro da aplicação de normas de concorrência.

Na verdade, o tratamento desse tipo de poder de mercado tem sido, do ponto de vista técnico, relativamente lacunar no direito comunitário da concorrência,[2781] mas a essa limitação acresce, ainda, o facto de a própria relevância de tal poder de mercado também ter sido doutrinalmente questionada. Essa controvérsia, de resto, verifica-se mesmo em ordenamentos da concorrência, como o norte-americano, com uma experiência de análise mais consolidada do poder de mercado como aspecto central da interpretação e aplicação das respectivas normas.

Assim, na doutrina norte-americana, MICHAEL MCFALLS refere diversas orientações segundo as quais a avaliação jusconcorrencial de situações de mercado deveria basear-se exclusivamente na ponderação do poder de mercado originário (poder de mercado em sentido tradicional ou clássico).[2782] Essas orientações têm sido contestadas – justamente, em nosso entender – por autores como HOVENKAMP, que salientam a insuficiência do conceito de poder de mercado originário (no sentido supra considerado) para enquadrar o potencial restritivo da concorrência inerente a certas actividades que afectem as eficiências dinâmicas obtidas através de processos de inovação[2783] (esse tipo de poder de mercado apenas enquadraria adequadamente as situações de redução da eficiência de afectação, em detrimento das outras categorias de eficiência económica, o que implicaria incorrer numa limitação de análise de que têm enfermado, *vg.*, as teorias da Escola de Chicago).[2784] De resto, e como acima já se recordou, a nossa análise das empresas comuns de investigação e desenvolvimento no quadro do direito comunitário da concorrência confirma, precisamente, esse tipo de possibilidades de afectação dos processos de inovação (*maxime* se forem estabelecidas limitações em relação aos direitos de utili-

---

[2781] Como salientámos na nossa enunciação geral de categorias de riscos de afectação da concorrência feita no Capítulo em que delineámos o modelo global de apreciação de empresas comuns que propomos (*supra*, capítulo primeiro – pontos 2.4.3.2. e 2.4.3.3. – da **Parte III**).

[2782] Cfr. MICHAEL MCFALLS, "The Role and Assessment of Classical Market Power in Joint Venture Analysis", cit., p. 652.

[2783] Cfr. HERBERT HOVENKAMP, "Exclusive Joint Ventures and Antitrust Policy", in Col Bus L Rev., 1995, 1.

[2784] Insuficiência de análise da escola de Chicago no que respeita às diversas categorias de *eficiência económica* que já comentámos, *supra* ponto 2.2.2., nesta **Parte IV**.

1658   *Empresas comuns* – Joint Ventures

zação de vários elementos de *"saber fazer"* que resultem da actuação dessas empresas comuns).

Tipicamente, essa categoria de poder de mercado tendente à exclusão de outras empresas – cuja importância tem sido confirmada e evidenciada em sede de apreciação de empresas comuns – manifesta-se através da capacidade adquirida por certas empresas de aumentar os custos dos concorrentes ou, mesmo, de reduzir a oferta de bens e serviços dessas empresas concorrentes.[2785]

3.2.3.3. *Contributo da análise de empresas comuns para a definição de critérios alternativos de identificação do poder de mercado das empresas*

Numa outra dimensão relevante de análise, a apreciação das empresas comuns tem também contribuído para clarificar os critérios de identificação de poder de mercado significativo por parte das empresas, demonstrando que, não obstante a importância, nesse plano, dos critérios estruturais, subsistem outros elementos alternativos para tal avaliação do poder de mercado. Em especial, a apreciação das empresas comuns tem evidenciado que os parâmetros relevantes de avaliação do poder de mercado podem variar conforme os tipos de comportamentos potencialmente lesivos da concorrência que se encontrem em causa e em função das categorias de eventuais efeitos restritivos da concorrência associados aos mesmos.

Assim, não obstante os critérios estruturais – *maxime* a quota de mercado das empresas participantes – sejam, em regra, relevantes para aferir o poder de mercado das empresas, em certas situações de mercado, com destaque para aquelas que envolvam potenciais efeitos restritivos de exclusão de concorrentes (acima equacionados) pode justificar-se a utilização preferencial de critérios alternativos. Essa especificidade tem

---

[2785] Esta conclusão resulta da identificação de múltiplas formas de aquisição desse tipo de capacidade a que procedemos no nosso estudo dos principais tipos funcionais de empresas comuns na **Parte III**. Assim, como observamos, mesmo empresas comuns de investigação e desenvolvimento podem redundar nesses resultados, caso privem empresas concorrentes de certos recursos tecnológicos, essenciais para a presença e determinado mercado. Do mesmo modo, economias de escala e eficiências obtidas através de empresas comuns de produção podem, *vg.*, permitir às entidades envolvidas a oferta de produtos com uma latitude de especificações que as empresas concorrentes não se encontrem em condições de acompanhar a custos suportáveis para as mesmas.

Parte IV 1659

sido verificada, em especial, no contexto de análise de empresas comuns de comercialização, ou de acordos de comercialização comparáveis às mesmas (sobretudo no que respeita a empresas comuns ou entidades afins que operam no sector financeiro, nos mercados de cartões de pagamento, as quais foram objecto de especial atenção no nosso estudo antecedente das empresas comuns de comercialização, *maxime* a propósito dos *efeitos de rede* que podem gerar).[2786]

Tal problematização de critérios alternativos de identificação de poder de mercado das empresas envolvidas na constituição de certas empresas comuns tem sido mais aprofundada, é certo, no quadro do direito da concorrência norte-americano, mas em termos que não são completamente ignorados no direito comunitário (e que podem ser transpostos, como tal, para a avaliação de situações de mercado submetidas a este último ordenamento). Nesse domínio, avultam, designadamente, as análises de autores como DAVID EVANS e RICHARD SCHMALENSEE – que já trouxemos à colação, precisamente, no nosso estudo das empresas comuns de comercialização –[2787] incidindo sobre eventuais efeitos de exclusão resultantes de certas regras e comportamentos de empresas comuns e sistemas de cooperação afins com actuação no mercado de cartões de pagamento. Esses autores evidenciaram – em termos que, no essencial, subscrevemos – que, no contexto da actividade desse tipo de entidades, o poder de mercado das mesmas não deveria ser estabelecido com base na quota de mercado agregada do conjunto das empresas participantes, mas, preferencialmente, pela dimensão dos volumes de negócios nesse mercado de cartões de pagamento que não se encontravam cobertos pela actuação das empresas comuns ou entidades afins em causa. Pela nossa parte, consideramos esse raciocínio essencialmente correcto e pensamos que o mesmo deverá ser adoptado, em geral, quanto a situações em que a magnitude de potenciais efeitos de exclusão se decida, fundamentalmente, com base na maior, ou menor, extensão dos domínios de actividade não cobertos pelos membros de certas empresas comuns (sobretudo no que respeita a empresas comuns que actuem em mercados caracterizados pelo denominado *efeito de rede*).

[2786] Sobre algumas particularidades da análise dessas empresas comuns ou de modalidades de cooperação afins das mesmas cfr. o exposto *supra*, capítulo terceiro – ponto **4.** e aí, esp., pontos 4.4.3.6.1. a 4.4.3.6.3.- da **Parte III**.

[2787] Cfr. As. cit., "Economic Aspects of Payment Card Systems and Antitrust Policy Toward Joint Ventures", cit., esp. pp. 867 ss..

1660   *Empresas comuns* – Joint Ventures

3.3. A DEFINIÇÃO DE PARÂMETROS GERAIS DE ANÁLISE NO DIREITO COMUNITÁRIO DA CONCORRÊNCIA

3.3.1. A necessidade de construção de modelos globais de análise em direito da concorrência como corolário da introdução de uma maior dimensão de análise económica na concretização das suas normas

Ao enunciarmos um conjunto de vertentes fundamentais de transformação da metodologia jurídica do ordenamento comunitário da concorrência, directa ou indirectamente induzidas pela apreciação das empresas comuns, referimos como segunda área de problematização neste plano a possível definição de modelos gerais de análise que permitam encontrar um difícil equilíbrio entre, por um lado, os elementos de casuísmo – introduzidos na interpretação de normas de concorrência por força da ponderação de aspectos económicos – e, por outro lado, a necessidade de alguma previsibilidade nos juízos de aplicação dessas normas.

Na realidade, entendemos que a construção desse tipo de modelos globais de análise, integrando métodos presuntivos (ou quase-presuntivos), bem como parâmetros gerais de apreciação que justifiquem a formulação de diversas categorias de juízos de princípio, mais ou menos favoráveis às situações de mercado que se encontrem em causa constitui, no presente, um dos desafios metodológicos essenciais com que o ordenamento comunitário da concorrência é confrontado (à semelhança do que sucede também com o ordenamento norte-americano da concorrência que temos, de forma recorrente, tomado em consideração numa perspectiva de direito comparado). Podemos situar essa questão metodológica primacial na confluência de um duplo movimento, que, com alguns caracteres formais distintos e com intensidades também diversas, tem caracterizado os dois ordenamentos da concorrência acima referidos. Esse duplo movimento – justamente sublinhado na doutrina norte-americana por autores como JOSEPH KATTAN[2788] – corresponde à introdução de uma maior dimensão de análise económica na interpretação das normas de concorrência, com uma correlativa redução drástica do campo de aplicação de normas ou critérios *per se* de proibição e, em contrapartida, ao desenvolvimento de

---

[2788] Cfr. JOSEPH KATTAN, "From Indiana Dentists to California Dental: Presumptions and Competitive Effects in Antitrust Law", in ALJ., 2001, pp. 735 ss, esp. pp. 739 ss..

Parte IV

estruturas ou processos analíticos que limitam a extensão das avaliações económicas de potenciais efeitos sobre a concorrência associados a certas transacções (procurando reconduzi-las a fórmulas mais ou menos paramétricas de apreciação).

Esse aparente *"paradoxo"*, destacado por JOSEPH KATTAN é patente na jurisprudência dos tribunais superiores norte-americanos (*maxime* do Supremo Tribunal, com decisões de referência nesse domínio, como as proferidas nos casos *"FTC v Indiana Federation of Dentists"*, ou *"California Dental Association v FTC"*)[2789] e resulta também, embora de forma menos nítida, da prática decisória da Comissão e da jurisprudência do TPI e do TJCE (devendo destacar-se, *vg.*, no plano da apreciação das empresas comuns, a decisão *"Elopak/Metal Box-Odin"* da Comissão e o Acórdão *"European Night Services"* que tivemos ensejo de analisar[2790]). Este carácter porventura menos nítido da segunda dimensão do duplo movimento que ora consideramos resulta, em nosso entender, como já temos referido, do facto de o desenvolvimento da análise económica em sede de aplicação de normas comunitárias de concorrência ter sido algo tardio em relação ao que se verificou no ordenamento norte-americano. Tal não impede, de qualquer modo, que a nova experiência da superior margem de indefinição associada a essas análises económicas e às ponderações de um conjunto mais diversificado de factores tenha já influenciado preocupações analíticas de sistematização de categorias diferenciadas de situações que devam merecer, por princípio, tratamentos distintos – *maxime* através da delimitação, em sede de aplicação do artigo 81.º CE, de situações de cooperação normalmente permitidas, normalmente proibidas e de situações que justificam análises mais desenvolvidas.[2791]

[2789] Cfr. as decisões *"FTC v Indiana Federation of Dentists"* e *"California Dental Association v FTC"* do Supremo Tribunal norte-americano [respectivamente, *"476 U.S. 447 (1986)"* e *"119 S. Ct. 1604 (1999)"*].

[2790] Decisão *"Elopak/Metal Box-Odin"*, de 1990, cit., que foi especificamente analisada no contexto do nosso estudo de empresas comuns de investigação e desenvolvimento (*supra*, capítulo terceiro, ponto 2.3.5.4.2., da **Parte III**) e o Acórdão *"European Night Services"*, cit. analisado no âmbito do nosso estudo de empresas comuns de comercialização (*supra, ibidem*, ponto 4.4.5.3.).

[2791] Como já expusemos (*supra*, **Parte III**, esp. capítulo primeiro), essa delimitação, numa base tripartida, de categorias de situações que justificam tratamentos jusconcorrenciais diferenciados foi decisivamente influenciada pela jurisprudência e veio a ser acolhida pela Comissão – embora com várias formulações que considerámos criticáveis (cfr. *supra* mencionado capítulo primeiro da **Parte III**) – na Comunicação de 2001.

3.3.2. A construção de modelos globais de análise em direito da concorrência e o problema da conciliação das exigências de racionalidade económica e de previsibilidade jurídica

O *"paradoxo"* em questão é, como acima se refere, apenas aparente, nos termos que tivemos ensejo de verificar através do estudo que desenvolvemos ao longo da presente dissertação. Na realidade, a mutação metodológica relacionada com a introdução de uma dimensão significativa de análise económica nos juízos de concretização de normas de concorrência, e com o carácter multifacetado da mesma – ao envolver uma conjugação de elementos estruturais e de elementos relativos ao comportamento das empresas – suscita, em si mesma, um delicado problema de conciliação de critérios jurídicos que se mostrem, por um lado *"economicamente racionais"* (à luz de um conjunto de objectivos fundamentais do ordenamento da concorrência) e, por outro lado, *"claramente previsíveis"* (de acordo com a contraposição lapidar enunciada na doutrina norte-americana por DONALD TURNER).[2792]

Este problema de conciliação é aparentemente resolvido de forma satisfatória quando se encontrem em causa situações de mercado em relação às quais a análise económica que suporta os juízos normativos do direito da concorrência justifique, de forma inequívoca, em função de evidentes desvantagens para o processo de concorrência associadas a tais situações, a formulação de critérios *per se* de proibição.

Contudo, e pelo contrário, a acuidade desse problema tem vindo continuamente a aumentar, visto que o aprofundamento qualitativo dos processos de análise económica incorporados na concretização de normas de concorrência conduziu a uma evolução no sentido – já referido – de diminuição das situações potencialmente cobertas por critérios *per se* de proibição, em resultado de ponderações mais complexas de aspectos tradicionalmente vistos, de forma uniforme, como restritivos da concorrência em combinação com eficiências económicas de diversos tipos e aspectos pró-concorrenciais. Embora essa diminuição da aplicação de critérios *per se* de proibição se tenha inegavelmente revestido de maior intensidade no quadro do ordenamento norte-americano, a mesma – ainda que tardiamente, em termos comparativos – tem vindo a ocorrer também no domínio

---

[2792] Cfr. DONALD TURNER, "The Virtues and Problems of Antitrust Law", in AB., 1990, pp. 297 ss, esp. 300 ss..

Parte IV 1663

do ordenamento comunitário, constituindo, precisamente, a apreciação das empresas comuns um campo de eleição para essa reformulação dos critérios jurídico-económicos de aplicação das normas de concorrência. Na verdade, tivemos ensejo de observar no nosso estudo da subcategoria de empresas comuns de comercialização – em sede de aplicação do artigo 81.º CE –[2793] que até os aspectos relativos à fixação conjunta de preços – tidos, em regra, como os mais intrinsecamente anticoncorrenciais – podem, em certas condições, ser objecto de justificações económicas coerentes que permitam afastar, no quadro de ponderações globais, juízos finais de desvalor.

Ora, esta menor incidência dos critérios *per se* de proibição em sede de aplicação de normas de concorrência, que agudiza, enquanto tal, os problemas de conciliação de exigências de racionalidade económica e de previsibilidade jurídica – nos moldes acima configurados – não conheceu ainda uma resposta metodológica completamente satisfatória (embora no quadro do ordenamento norte-americano da concorrência se tenham dado, porventura, passos mais significativos nesse sentido). A ausência dessa resposta cria riscos significativos de sentido oposto aos anteriores défices de análise económica em sede de interpretação e aplicação de normas de concorrência. Esses riscos relacionam-se com a excessiva dependência para a formulação de juízos normativos de diversos modelos económicos conflituantes, com a existência de múltiplas lacunas da teoria económica para caracterizar novas modalidades de cooperação empresarial que se encontram em desenvolvimento contínuo e, sobretudo, com a própria complexidade – e a inerente imprevisibilidade – de ponderação conjunta de múltiplos factores e de efeitos a curto ou longo prazo associados aos mesmos.

Na doutrina norte-americana, FREDERICK ROWE, dando conta desse tipo de dependência na concretização de juízos de direito da concorrência

---

[2793] Sobre aspectos referentes a práticas de *fixação conjunta de preços* no quadro de empresas comuns de comercialização e em condições que podem justificar o afastamento de qualquer hipotético desvalor jurídico *per se*, tradicionalmente acolhido quanto a esse objecto de cooperação, cfr. o exposto *supra*, capítulo terceiro, pontos 4.3.2.1 e ss. e 4.4., da **Parte III**. Como aí tivemos ensejo de destacar, impõe-se uma distinção entre situações de constituição de empresas comuns de comercialização envolvendo fixação conjunta de preços, conforme as mesmas permitam ou não a *conservação de certos incentivos económicos à concorrência* (não se justificando uma posição de princípio de associação linear das mesmas a formas de proibição *per se*).

1664 *Empresas comuns* – Joint Ventures

em relação a puros critérios económicos, muito variáveis, referiu, sugestivamente, a existência de um *"pacto faustiano"* entre a política de concorrência e os modelos económicos.[2794] Assim, no direito norte-americano diversos autores têm criticado essas relações entre critérios jurídicos de aplicação de normas de concorrência e modelos económicos diversos, sublinhando que as mesmas ora têm conduzido a pressupostos económicos demasiado rígidos na avaliação jusconcorrencial – como sucedeu, *vg.* com a avaliação de concentrações no quadro das Orientações sobre este tipo de operações, delineadas em 1968 pelo Departamento de Justiça norte--americano – ora têm suscitado excessivas indefinições nessas avaliações (as alterações de 1984 e de 1992 das referidas Orientações em matéria de concentrações teriam aumentado a flexibilidade da análise, mas em detrimento da previsibilidade jurídica).[2795] No quadro do direito comunitário, caracterizado pela *"recepção"* muito mais tardia de modelos económicos de análise tenderão a prevalecer, no presente, os riscos de indefinição na interpretação e aplicação das normas de concorrência.

Em relação a qualquer um destes dois ordenamentos da concorrência, e ressalvando algumas especificidades de cada um dos mesmos, a única solução possível para dilucidar o problema metodológico em questão e para conciliar – no quadro de alguns equilíbrios – exigências potencialmente contraditórias de racionalidade económica e de previsibilidade jurídica corresponde ao desenvolvimento de modelos globais de análise de institutos ou categorias jurídicas de direito da concorrência, baseados em presunções, *"quase-presunções"*, ou parâmetros gerais de apreciação encadeados entre si em estruturas lógicas pré-definidos, conquanto flexíveis (em função do contexto económico de mercado que se encontre concretamente em causa).

[2794] Cfr. FREDERICK ROWE, "The Decline of Antitrust and the Delusions of Models: The Faustian Pact of Law and Economics", cit., pp. 1511 ss..

[2795] Cfr., nesse sentido, WILLIAM BLUMENTHAL, "Ambiguity and Discretion in the New Guidelines: Some Implications for Practitioners", in ALJ., 1993, pp. 471 ss.. Para um balanço sobre a última revisão das Orientações em matéria de concentrações, de 1992, cfr. W. MUELLER, K. O'CONNOR, "The 1992 Horizontal Merger Guidelines: A Brief Critique", cit..

Parte IV   1665

3.3.3. A experiência de análise de empresas comuns e a densificação do tipo e natureza dos parâmetros em que assentem os modelos globais de análise de categorias jurídicas de direito da concorrência

3.3.3.1. *A construção de modelos de análise com base em presunções ou noutro tipo de parâmetros indicativos*

Essa solução foi, de algum modo, sustentada na doutrina norte--americana por autores como, *vg*., PHILLIP AREEDA que propuseram como forma de aprofundar a análise substantiva de questões económicas subjacentes à aplicação de normas de concorrência – assegurando em paralelo alguma clareza e previsibilidade a esse exercício – a formulação de presunções devidamente encadeadas entre si em modelos lógicos coerentes.[2796] Para AREEDA a selecção de determinados critérios (*vg*., quotas de mercado, ou outros) para fundar certas presunções, bem como o encadeamento lógico das mesmas deveria depender da natureza dos comportamentos ou transacções empresariais que se encontrassem em causa. Além disso, outro pressuposto desses modelos de apreciação corresponderia a uma repartição equilibrada dos ónus de demonstração dos vários factores relevantes em que assentassem as presunções entre as empresas cuja actuação fosse visada pela aplicação das normas de concorrência e as autoridades públicas, ou outras entidades que pretendessem desencadear a aplicação dessas regras.

Pela nossa parte, entendemos que estas soluções propostas por AREEDA se mostram adequadas para enquadrar o problema metodológico acima colocado e pensamos que as estruturas analíticas subjacentes às mesmas têm, efectivamente, estado na base da generalidade dos processos de construção jurídica de modelos globais de apreciação de diversas categorias jurídicas relevantes em direito da concorrência (*vg*., restrições da concorrência de tipo vertical, concentrações e, como é natural, empresas comuns). Apenas divergimos das referidas soluções em relação a um aspecto específico. Assim, admitimos que este tipo de modelos de aprecia-

---

[2796] Cfr. para uma exposição dessas teses, PHILLIP AREEDA, *Antitrust Law*, Little Brown & Company, 1986, Chapter 15; cfr., igualmente, do mesmo A. e de LOUIS KAPLOW, *Antitrust Analysis*, Aspen Law & Business, 1997, esp. Chapter 2.

ção, em direito da concorrência, não tenha que ser forçosamente baseado em presunções, podendo combinar as mesmas com parâmetros gerais de análise – sem essa natureza – pré-determinados e encadeados entre si de acordo com uma determinada lógica interna (como sucede com o modelo global de apreciação das empresas comuns em sede de direito comunitário da concorrência que propusemos).

A construção jurídica de modelos globais de apreciação de diversas categorias ou institutos jurídicos nos ordenamentos da concorrência comunitário e norte-americano – informada por uma lógica analítica semelhante à que atrás expomos – tem sido, precisamente, caracterizada por alguma oscilação entre a utilização de presunções, com contornos mais estritos ou lineares, e a utilização de parâmetros de análise de tipo qualitativo e de conteúdo mais aberto. Como atrás se referiu, a formulação de orientações de carácter geral no domínio da avaliação de operações de concentração no quadro do direito norte-americano da concorrência tem sido, de algum modo, paradigmática dessas oscilações, embora as alterações mais recentes, de 1992, tendam para um maior equilíbrio entre as duas perspectivas de análise.[2797] De resto, quer no quadro do ordenamento norte-americano, quer no do ordenamento comunitário da concorrência, para além da questão metodológica de base relacionada com a opção de construir este tipo de modelos globais de apreciação – como referência fundamental para a formulação de juízos jurídicos de aplicação das respectivas normas – subsiste, no presente, um problema metodológico complementar que se encontra no cerne da discussão sobre os processos de análise jurídica nesses ordenamentos.

Esse problema respeita à definição de possíveis equilíbrios entre a utilização de presunções – frequentemente de tipo estrutural, mesmo que estas não se reduzam a critérios relativos a quotas de mercado – e outros tipos de parâmetros gerais de análise, mais abertos, sem perder por completo as vantagens de estabilidade e relativa previsibilidade jurídicas em regra inerentes às referidas presunções. Nesse contexto, e denotando tal preocupação, na doutrina norte-americana autores como PAUL RICE e SLADE CUTTER consideram que se verifica com alguma frequência uma

---

[2797] Sobre o alcance da revisão de 1992 das denominadas *"Horizontal Merger Guidelines"*, cfr. WILLIAM KOLASKY, ANDREW DICK, *The Merger Guidelines and the Integration of Efficiencies into Antitrusr Review of Horizontal Mergers*, cit. e JONATHAN BAKER, *Responding to Developments in Economics and the Courts: Entry in the Merger Guidelines*, também já cit..

Parte IV 1667

utilização pouco rigorosa – e, como tal, excessiva – do conceito de presunção.[2798] Esses autores sustentam, além disso, ser preferível construir os modelos globais de apreciação – indutores de alguma previsibilidade nos juízos jurídicos de direito da concorrência – maioritariamente com base em parâmetros gerais de análise, de tipo indicativo, (incorporando *"inferências lógicas"* assentes em determinados factores, que podem ser contraditadas por outros critérios de análise) em detrimento de verdadeiras presunções que tendem a impor apreciações mais taxativas de certas situações. Pela nossa parte, essa lógica afigura-se-nos claramente preferível à formulação de presunções mais rígidas (como foram *vg.*, no direito norte-americano as *"presunções"* relativas ao grau de concentração de certos mercados e às quotas de mercado em sede de controlo de concentrações).

3.3.3.2. *Contributo da análise de empresas comuns para a definição de equilíbrios na formulação de diferentes parâmetros que integrem modelos globais de análise*

Ora, face a esta nova preocupação de equilíbrio na formulação de diferentes parâmetros pré-ordenados que integrem modelos globais de apreciação de certas categorias jurídicas em direito da concorrência, mais uma vez a figura da empresa comum, com a sua combinação única de factores estruturais e de comportamento – cuja natureza específica temos repetidamente enfatizado – tem contribuído, de forma particular, para a concretização desses padrões de análise.

Assim, no direito norte-americano não só os modelos gerais de análise de empresas comuns concebidos pela doutrina – com destaque para o modelo delineado por JOSEPH BRODLEY[2799] — como o modelo recentemente construído pelas autoridades federais de concorrência para a análise

---

[2798] Cfr. PAUL RICE e SLADE CUTTER, "Problems with Presumptions: A Case Study of the Structural Presunction of Anticompetitiveness", in AB, 2000, pp. 557 ss..

[2799] Modelo de análise fundador concebido por JOSEPH BRODLEY (cfr., deste A., "Joint Ventures and Antitrust Policy", cit.), que temos vindo a tomar em consideração na nossa análise substantiva das empresas comuns, desenvolvida *supra*, ao longo da **Parte III**, embora com múltiplas divergências e com o acolhimento de perspectivas diversas, resultantes, entre outros aspectos, do diferente enquadramento sistemático das empresas comuns no ordenamento norte-americano da concorrência e no ordenamento comunitário.

1668   *Empresas comuns* – Joint Ventures

de empresas comuns (constante das Orientações aprovadas em 2000)[2800] têm sido caracterizados por uma articulação mais equilibrada de presunções ou parâmetros de apreciação estritos e passíveis de alguma quantificação (normalmente de índole estrutural) com outros parâmetros de natureza diversa e que se coadunam com maiores margens de avaliação qualitativa. De qualquer modo, ao procurar estabelecer modelos de apreciação que se situem para além da tradicional contraposição do direito norte-americano entre os critérios *per se* de proibição e a aplicação da *"regra de razão"*, no sentido de contemplar situações de tipo intermédio (no âmbito de várias formulações possíveis de uma *"regra de razão simplificada"*),[2801] que possam justificar diferentes graus de desenvolvimento de análise, sem chegar aos procedimentos de análise mais exaustiva que caracterizam a referida *"regra de razão"*, essas Orientações de 2000 enfermam ainda de falta de clareza que pode suscitar indefinições na análise jusconcorrencial.

Na realidade, essas Orientações admitem a possibilidade de algumas situações – cuja repercussão negativa para a concorrência se mostre *"evidente com base na natureza dos acordos"* – serem submetidas a análises de tipo mais sumário, mesmo que tais situações não justifiquem a aplicação de proibições *per se*, excepto se as empresas visadas apresentarem elementos indiciadores da produção de eficiências económicas. Todavia, não são explicitados critérios de utilização expedita para delimitar esses tipos de situações com significativo potencial restritivo da concorrência. Esses problemas são agravados pelo facto de as referidas Orientações admitirem, ainda, a possibilidade de algumas situações particulares serem passíveis de análises mais sumárias tendentes à proibição sem ponderação do poder de mercado das empresas envolvidas.[2802] Nestes termos, apesar

---

[2800] Reportamo-nos às *"Antitrust guidelines for collaborations among competitors"*, de 2000, cit., repetidamente tomadas em consideração no quadro da nossa análise substantiva das empresas comuns (*supra*, **Parte III**).

[2801] Referimo-nos aos vários conceitos possíveis da denominada *"truncated rule of reason"*. Sobre essa matéria, cfr. JOSEPH KATTAN, "From Indiana Dentists to California Dental: Presumptions and Competitive Effects in Antitrust Law", cit., esp. 740 ss..

[2802] Cfr. para uma perspectiva crítica sobre o tratamento dessas situações JOSEPH KATTAN, "From Indiana Dentists to California Dental: Presumptions and Competitive Effects in Antitrust Law", cit., esp. p. 751. Este autor censura aí, de forma impressiva, o facto de as Orientações de 2000, referentes a empresas comuns, não integrarem verdadeiros parâmetros analíticos eficazes e de utilização expedita para delimitar situações problemáticas em termos de afectação da concorrência sem a necessidade de efectuar análises

Parte IV 1669

de a problematização jurídica das empresas comuns comportar inegáveis contributos, em sede de direito norte-americano da concorrência, para o desenvolvimento de modelos globais de apreciação, com combinações mais equilibradas de presunções e sequências pré-ordenadas de parâmetros gerais de apreciação, estes modelos integram, ainda lacunas e excessivas áreas de indefinição.

No quadro do direito comunitário da concorrência, como pudemos observar, as orientações delineadas na Comunicação de 2001 ensaiam, igualmente, a construção de um modelo geral de apreciação de situações de cooperação empresarial, que entendemos passível dos mais profícuos desenvolvimentos em sede de apreciação de empresas comuns (dando sequência, de resto, às anteriores Orientações gerais, de 1993, especificamente dirigidas às empresas comuns).[2803] No nosso estudo tomámos em consideração esse modelo de apreciação, mas divergimos do mesmo em diversos aspectos significativos, propondo, no plano doutrinal, um modelo global alternativo para a apreciação das empresas comuns (caracterizado, em geral, na parte nuclear do nosso estudo e aí também concretizado, numa perspectiva de especialidade, a propósito das subcategorias mais importantes de empresas comuns).[2804]

Uma das nossas principais críticas em relação às soluções propostas pela Comissão corresponde à excessiva segmentação de critérios básicos de análise – *maxime* o critério estrutural relativo à quota de mercado agregada das empresas envolvidas na criação de determinada empresa comum – em função dos vários tipos funcionais de empresas comuns que se encontrem em causa. Pela nossa parte, ao atribuirmos uma considerável importância a esse parâmetro estrutural de análise relativo à quota de mercado das empresas, como um dos primeiros elementos indiciários do potencial restritivo da concorrência associado a certas entidades (uma *"quase-presunção"*) – embora sujeito a *"correcções"* através da sua conjugação, numa sequência lógica encadeada, com outros critérios complementares de análise pré-definidos – entendemos, em paralelo, que o

---

mais desenvolvidas. Refere, a esse propósito, *"the lack of a clear standard that triggers 'quick look' analysis"*.

[2803] Como já observámos, as orientações contidas na Comunicação de 2001 vieram substituir globalmente as orientações contidas na Comunicação de 1993, referente a empresas comuns com carácter de cooperação, embora estas últimas mantenham, em nosso entender, alguma relevância analítica.

[2804] Referimo-nos, bem entendido, à **Parte III** do nosso estudo.

1670   *Empresas comuns* – Joint Ventures

mesmo deverá ser estabelecido em termos idênticos para a generalidade das empresas comuns submetidas ao regime do artigo 81.º CE.[2805]

Noutro plano, e prosseguindo este movimento metodológico tendente à construção de *modelos globais de apreciação* que conciliem *exigências de racionalidade económica* (*tributárias de análises concretas do contexto dos mercados*) e de *alguma previsibilidade jurídica*, verificou--se também, no quadro geral da segunda reforma do regime comunitário de controlo de concentrações, a adopção de Orientações delineadas pela Comissão em matéria de avaliação de concentrações com carácter horizontal, as quais, embora revistam um alcance mais geral, terão, previsivelmente, repercussões sobre a apreciação de empresas comuns qualificáveis como concentrações.[2806] Contudo, pensamos que as mesmas não asseguram, ainda, satisfatoriamente, os necessários equilíbrios na conciliação das duas exigências acima referidas. Na verdade, apesar de acolherem parâmetros estruturais de apreciação (combinados com a utilização de modelos econométricos como o Índice Herfindahl-Hirshman), a estrutura analítica complementar que apresentam, comportando múltiplos factores para avaliação do poder de mercado e diversos critérios de ponderação que podem contrabalançar elementos indiciários de restrições apreciáveis da concorrência (*maxime* no que respeita ao tratamento de eficiências criadas com certas operações) poderá ser excessivamente complexa e prejudicar, assim, a dimensão de previsibilidade que se pretenderia salvaguardar.[2807]

[2805] Cfr. a análise desenvolvida *supra*, capítulo primeiro, ponto 2.4.2. e capítulo terceiro, pontos 2.3.5.1., da **Parte III**, onde expomos as razões desta nossa divergência com o modelo de apreciação proposto pela Comissão.

[2806] Referimo-nos à Comunicação da Comissão relativa à "*apreciação das concentrações horizontais*", de 2004, cit. que surge como o corolário da segunda reforma do Rcc. Emergente do Regulamento (CE) n.º 139/2004, cit., da qual tivemos ensejo de caracterizar – *supra*, capítulo segundo da **Parte III** – alguns dos aspectos mais relevantes, destacando pontos de conexão entre a avaliação de empresas comuns qualificáveis como concentrações, com base no teste estrutural da compatibilidade com o mercado comum, previsto no RCC e a avaliação de empresas comuns *ex vi* do artigo 81.º CE.

[2807] Como enfatizámos, no quadro da análise desenvolvida ao longo do capítulo segundo da **Parte III**, para a qual remetemos, o balanço global da adopção dessas orientações relativas a concentrações horizontais é inegavelmente positivo, mas tal não impede que alguns aspectos das mesmas se mostrem ainda criticáveis ou passíveis de desejáveis aperfeiçoamentos, como sucede com a insuficiente ponderação e sistematização de precedentes relevantes – *maxime*, entre outros aspectos, no que respeita às condições de aplicação do critério analítico da quota de mercado, identificando verdadeiros limiares de refe-

Parte IV 1671

Assim, deve sublinhar-se que, estando assumida, quer no direito norte-americano da concorrência, quer no ordenamento comunitário que mais directamente nos interessa, a opção metodológica pela construção de modelos globais de apreciação assentes em parâmetros gerais (ou *"quase-presunções"*) pré-definidos e ordenados entre si, para a qual a experiência de apreciação de empresas comuns tem contribuído de forma significativa, faltam ainda passos importantes para a consolidação dessa opção. O modelo que propusemos para a apreciação, em geral, de empresas comuns procura, pois, representar um passo nessa direcção.

3.3.4. O modelo de apreciação de empresas comuns proposto como compromisso entre diferentes tipos de parâmetros gerais de análise – a superação de críticas tradicionais às orientações estruturalistas

Em súmula, importa também destacar que esse modelo de apreciação de empresas comuns que propusemos representa um compromisso em relação a metodologias tradicionais (de pendor excessivamente estruturalista) e orientações mais recentes, críticas dos critérios estruturalistas de avaliação do poder de mercado das empresas e que propõem uma verdadeira ruptura metodológica, prescindindo de análises conducentes à delimitação dos mercados relevantes e da concomitante ponderação de quotas de mercado das empresas.[2808] Pela nossa parte, e de acordo com o modelo que propomos (relativo às empresas comuns, mas que pode ter corolários em sede de apreciação, em geral, dos fenómenos de cooperação empresarial), os parâmetros analíticos gerais relativos à quota de mercado das empresas – dependentes, enquanto tais, de processos de delimitação dos mercados relevantes – continuam a assumir uma importância fundamental, embora no quadro de novos pressupostos. Esses pressupostos dizem

---

rência que suportassem *"quase-presunções"* – ou no tratamento da dimensão analítica correspondente a *eficiências* associadas a empresas comuns com carácter de concentração.

[2808] Trata-se, no essencial, e como observámos, de orientações procedentes de diversas correntes na doutrina norte-americana, mas que potencialmente influenciam a discussão científica em relação às metodologias de análise em sede de direito comunitário da concorrência. Sobre essas orientações, propondo rupturas metodológicas, do tipo acima considerado, cfr., *inter alia*, RICHARD MARKOVITS, "On the Inevitable Arbitrariness of Market Definitions", in AB, 2002, pp. 571 ss..

1672 *Empresas comuns* – Joint Ventures

respeito, como expusemos, à incorporação de modelos económicos mais desenvolvidos nas análises tendentes à delimitação de mercados relevantes e à interacção do critério, meramente indicativo, da quota de mercado, com outras categorias de critérios analíticos, de natureza diversa, encadeados entre si, e que podem, em globo, inferir os primeiros juízos indiciários resultantes da aplicação daquele primeiro critério.

No quadro desse modelo, alguma margem de previsibilidade jurídica e de relativa segurança para as empresas – embora não entendida de forma rígida, sob a forma de presunções difíceis de ultrapassar – resulta, iniludivelmente, da delimitação de modalidades de cooperação em princípio permitidas, ou com reduzido potencial restritivo da concorrência, com base na ponderação de quotas de mercado das empresas envolvidas na constituição de certas empresas comuns. Discordamos, assim, por completo de posições doutrinais – sustentadas por autores como, *vg.*, MICHAEL MCFALLS[2809] – que, de algum modo, rejeitam esse tipo de utilização de critérios analíticos assentes em quotas de mercado das empresas. O que importa, em nosso entender, é reformar os próprios processos de cálculo das quotas de mercado, assegurar uma interacção dinâmica desse critério estrutural com outros parâmetros de análise e graduar essa mesma interacção em função das características dos mercados que se encontrem em causa (como já se acentuou, no contexto de mercados de produtos diferenciados o peso relativo do critério relativo à quota de mercado terá forçosamente de ser menor).[2810]

[2809] Cfr. MICHAEL MCFALLS, "The Role and Assessment of Classical Market Power in Joint Venture Analysis", cit., esp. pp. 661 ss. e pp. 698 ss..

[2810] Cfr., uma vez mais, a análise já citada de SIMON BAKER e ANDREA COSCELLI, no seu estudo, "The Role of Market Shares in Differentiated Product Markets", cit., esp. pp. 413 ss.. Como aí referem estes As., "*in markets characterised by a high degree of product differentiation a pure market share analysis may not be a particularly useful indicator of the strength of the threat to competition (...) and in some cases it may be positively misleading*". Todavia, e em contrapartida, importa também reconhecer – como fazem estes autores – que no contexto de mercados de bens diferenciados o próprio grau de diferenciação dos produtos torna relativamente menos relevantes os riscos de coordenação de comportamentos – a ponderar, *vg.*, quanto às relações entre empresas fundadoras de empresas comuns – avultando, sobretudo, problemas relacionados com comportamentos unilaterais abusivos. Para uma perspectiva de identificação de várias *categorias de situações* com *diferentes potenciais restritivos da concorrência*, até certo ponto comparável – sem prejuízo de certas diferenças apreciáveis – com a perspectiva subjacente ao nosso *modelo geral de apreciação de empresas comuns*, cfr EDWARD CORREIA, "Joint Ventures: Issues in Enforcement Policy", cit., esp. pp. 740 ss.. Como aí

3.4. A DEFINIÇÃO DE UMA NOVA LÓGICA NORMATIVA NA INTERPRETAÇÃO SISTEMÁTICA DOS N.OS 1 E 3 DO ARTIGO 81.º CE

3.4.1. Perspectiva geral

No âmbito do conjunto de mutações da metodologia de análise do direito comunitário da concorrência, de algum modo induzidas pela experiência de apreciação de empresas comuns, identificámos como terceira área relevante de problematização jurídica o possível – e desejável – desenvolvimento de uma nova lógica normativa na interpretação sistemática dos n.os 1 e 3 do artigo 81.º CE (tomando fundamentalmente em consideração, para esse efeito, a apreciação das subcategorias de empresas comuns sujeitas ao regime deste artigo 81.º CE, sem prejuízo da progressiva interpenetração de padrões hermenêuticos dessa área de regulação das empresas comuns com aqueles que resultam da regulação das subcategorias de empresas comuns sujeitas ao regime do RCC).

Essa nova lógica interpretativa traduzir-se-á num progressivo afastamento de leituras estritas do regime previsto no n.º 1 do artigo 81.º CE como uma espécie de proibição *per se*, admitindo, no quadro do mesmo, ponderações jurídicas de tipo intermédio – abarcando elementos potencialmente restritivos da concorrência e outros previsivelmente favoráveis à mesma – ainda que não assimiláveis, em si mesmas, à formulação da *"regra de razão"* do ordenamento norte-americano.

Na verdade, ao longo do nosso estudo da categoria das empresas comuns, e já na abertura desta síntese conclusiva final, tivemos ensejo de destacar que a apreciação das empresas comuns, convocando por natureza ponderações complexas entre esses tipos diferenciados de elementos, constitui um domínio ideal para testar os limites da margem hermenêutica

---

refere este autor, *"one way of analyzing the application of the per se rule and the rule of reason is to identify distinct categories of cases which at various times have been analyzed by the agencies and the courts"*. Para esse efeito, o mesmo autor identifica cinco categorias de casos que qualifica como *"I – traditional, 'blatant' per se violations"*, *"II – agreements substantially equivalent to traditional per se violations"*, *"III – other restraints with no procompetitive justifications"*, *"IV – significant restraints with plausible, though not substantial procompetitive justifications"* e *"V – significant restraints with more substantial justifications"* (*op. cit.*, pp. 740-742).

1674 *Empresas comuns* – Joint Ventures

de inclusão de tais avaliações no regime estabelecido no n.º 1 do artigo 81.º CE (o que permitirá também extrair corolários para a aplicação desse preceito noutros domínios de cooperação empresarial).

O problema da distinção entre situações de mercado passíveis de recondução a critérios *per se* de proibição e situações que justificam outro tipo de análise jusconcorrencial é, até certo ponto, comum aos ordenamentos da concorrência norte-americano e comunitário (embora a colocação do problema tenha assentado, à partida, em pressupostos normativos diferentes). Tradicionalmente, no quadro do primeiro ordenamento, a delimitação entre critérios de análise informados por uma lógica *per se* de proibição e critérios analíticos orientados pela denominada *"regra de razão"* tem sido considerada como a grande questão de fundo e a linha orientadora desse sistema normativo.[2811] No âmbito do ordenamento comunitário da concorrência a interpretação estrita da regra de proibição estabelecida no n.º 1 do artigo 81.º CE, em termos que a reconduzam a verdadeiros critérios *per se* de proibição – que foi prevalecendo até ao mais recente estádio de desenvolvimento deste ordenamento –[2812] ou a alternativa aplicação de uma *"regra de razão"*, em sede de aplicação dessa disposição, com uma lógica jurídica comparável à que se verifica no ordenamento norte-americano, tem constituído uma das questões mais controvertidas em matéria de enquadramento dos fenómenos de cooperação empresarial (incluindo uma parcela significativa das empresas comuns).

Em particular, neste ordenamento a análise crítica sobre o carácter mais ou menos estrito da proibição estabelecida no n.º 1 do artigo 81.º CE tem estado estreitamente associada à discussão em torno da possível aplicação da *"regra de razão"*, no quadro dessa norma, suscitada pela tese que, nesse sentido, foi delineada por RENÉ JOLIET (num fundamental estudo comparativo com o ordenamento norte-americano, de 1967, e que,

---

[2811] Cfr., nesse sentido, a formulação lapidar do Juiz POSNER na decisão proferida, em 1982, no processo *"Marrese v. American Academy of Orthopaedic Surgeons"* (*'Seventh Circuit – 692 F.ed at 1093.'*), segundo a qual "(...) *the great watershed of the [antitrust]law is the distinction between per se illegality and illegality under the Rule of Reason"*.

[2812] Reportamo-nos aqui ao conjunto de quatro estádios essenciais de consolidação e desenvolvimento do ordenamento comunitário da concorrência que identificámos na nossa análise do processo de formação do mesmo ordenamento, *supra*, capítulo primeiro da **Parte II**, pontos 3.4.2.1. a 3.4.2.5..

Parte IV 1675

à época, parecia ter recebido algum suporte no Acórdão do TJCE "*Société Téchnique Minière*", de 1966).[2813] Essa tese relativa à aplicabilidade da "*regra de razão*" em sede de interpretação do n.º 1 do artigo 81.º CE originou uma apreciável controvérsia doutrinal – recolhendo alguns apoios significativos na doutrina comunitária –[2814] mas foi, em termos gerais, rejeitada pela Comissão (embora a *praxis* decisória desta instituição em relação a esse regime tenha conhecido uma significativa evolução, no sentido de uma maior flexibilidade na concretização dos critérios de proibição, para a qual contribuiu, como temos assinalado, a apreciação das empresas comuns).

No plano jurisprudencial, e até uma fase recente, não pareceu estar formada uma orientação prevalecente e constante sobre a matéria. Assim, de forma sucessiva o TJCE pareceu afastar a perspectiva de aplicação da "*regra de razão*" no seu Acórdão "*Consten&Grundig*"[2815] para, em contrapartida, vir a acolher uma apreciável margem de ponderação conjunta de elementos restritivos da concorrência e favoráveis à mesma (que se traduziam em incentivos à difusão de um novo produto num determinado mercado relevante), no quadro de uma interpretação razoavelmente flexível do n.º 1 do artigo 81.º CE no seu Acórdão "*Nungesser v. Commission*".[2816] Contudo, neste último Acórdão, a fundamentação e a caracterização dessa interpretação flexível da referida disposição foram demasiado sintéticas para que se pudessem extrair corolários seguros em termos de acolhimento ou não de critérios idênticos ou comparáveis aos da "*regra de razão*".

[2813] Referimo-nos aqui ao clássico estudo de referência de RENÉ JOLIET, *The Rule of Reason in Antitrust Law, American, German and Common Market Law in Comparative Perspective*, cit.. A jurisprudência referida corresponde ao Acórdão do TJCE "*Société Téchnique Minière*" [proc 56/65, Rec. 35 (1966)].

[2814] No que respeita a posições favoráveis à aplicabilidade da "*regra de razão*" em sede de interpretação do n.º 1 do artigo 81.º CE, cfr., *inter alia*, I. FORRESTER, C. NORALL, "The Laicization of Community Law: Self-Help and the Rule of Reason: How Competition Law is and Could be Applied", cit., pp. 11 ss.; E. STEINDORF, "Article 85 and the Rule of Reason", in CMLR, 1984, pp. 621 ss.. Quanto a posições adversas a tal extensão da "*regra de razão*" ao direito comunitário da concorrência, cfr., *inter alia*, R. WISH, B. SUFFRIN, "Article 85 and the Rule of Reason", in YEL., 1987, pp. 1 ss.; G. WILLS, "Rule of Reason: Une Règle Raisonable en Droit Communautaire", cit., pp. 19 ss.; PIETRO MANZINI, "The European Rule of Reason: Crossing the Sea of Doubt", cit., pp. 392 ss..

[2815] Cfr. Acórdão "*Consten&Grundig*" do TJCE, de 1966, já cit..

[2816] Cfr. Acórdão "*Nungesser v. Commission*" do TJCE, de 1982, já cit..

1676 *Empresas comuns* – Joint Ventures

Não cabe, naturalmente, nesta síntese conclusiva final qualquer excurso desenvolvido pela complexa jurisprudência nesta matéria, nem pelos termos da controvérsia doutrinal em causa, o que exigiria, por si só, um estudo *ex professo* dessas questões. O que importa é, tomando em consideração decisões mais recentes envolvendo a apreciação de empresas comuns em sede do regime do artigo 81.º CE (adiante referidas),[2817] bem como o nosso próprio estudo crítico desta figura no ordenamento comunitário da concorrência, avaliar, globalmente, a forma como a compreensão da mesma pode ter contribuído para influenciar uma interpretação mais flexível do n.º 1 do artigo 81.º CE (que incorpore aspectos acrescidos de análise económica dos mercados e ponderações orientadas por parâmetros diversos de eficiência económica, determinando uma nova articulação sistemática entre essa disposição e o n.º 3 do mesmo artigo 81.º CE).

Ora, nessa perspectiva, para além de corolários gerais que podemos extrair da apreciação das empresas comuns – com as características que fomos equacionando – algumas decisões de referência, relativas a estas entidades induzem, efectivamente, em nosso entender, a mutação hermenêutica acima configurada. Acresce que tal mutação hermenêutica deve ser avaliada autonomamente e não deve estar dependente de qualquer reconhecimento da aplicabilidade da *"regra de razão"* a propósito do regime do artigo 81.º CE. Na realidade, pensamos que a problematização jurídica referente à amplitude das valorações que podem ser enquadradas no n.º 1 dessa disposição e aos termos da sua articulação sistemática com o n.º 3 da mesma disposição tem sido indevidamente confundida com as questões de qualificação jurídica relativas a uma eventual *"recepção"* da *"regra de razão"* no ordenamento comunitário da concorrência. Tal significa que, de acordo com a perspectiva hermenêutica que fomos expondo ao longo do presente estudo, o desejável reconhecimento de uma maior margem de ponderação integrada de elementos potencialmente restritivos da concorrência e favoráveis à mesma no quadro do n.º 1 do artigo 81.º CE não se traduz, forçosamente, numa aplicação da *"regra de razão"*. Pelo contrário, pensamos que a experiência de análise das empresas comuns contribui, não apenas para essa maior flexibilidade na interpretação da referida disposição, como tem aberto caminho a uma concepção jurídica

---

[2817] Referimo-nos, quer a decisões judiciais, quer a decisões da Comissão, embora as primeiras tenham, normalmente, sido decisivas para a flexibilização de critérios de apreciação no quadro do artigo 81.º CE.

Parte IV 1677

intermédia que justifica tal aplicação menos estrita da regra de proibição com base em critérios originais do ordenamento comunitário da concorrência e que não se reconduzem, enquanto tais, à *"regra de razão".*

3.4.2. Contributo da análise das empresas comuns para a flexibilização dos parâmetros da proibição estabelecida no n.º 1 do artigo 81.º CE em matéria de cooperação empresarial

3.4.2.1. *A identificação de um efeito global ponderado de empresas comuns sobre o processo de concorrência e a superação das visões dicotómicas tradicionais sobre a estrutura normativa do artigo 81.º CE*

Como verificámos, a análise das empresas comuns orientada para a sua característica distintiva referente à sua dimensão de integração empresarial geradora de eficiências conduz com frequência a ponderações que permitem afastar critérios de proibição *per se*, normalmente tomados em consideração quanto a certas modalidades de cooperação.

Assim, tivemos ensejo de expor que mesmo a presença de elementos de fixação concertada de preços e de quantidades de bens no quadro de certas empresas comuns – *maxime* empresas comuns de comercialização – pode, em certas condições, ser justificada com base em vantagens económicas que globalmente sobrelevem a componente restritiva da concorrência inerentes aos mesmos.[2818] Essa evolução hermenêutica é ainda mais nítida no quadro do ordenamento norte-americano, embora nesse contexto o reconhecimento geral dos instrumentos analíticos da *"regra de razão"* tenha, à partida, criado condições mais favoráveis para essas interpretações flexíveis.

Nesse ordenamento o que esteve em causa não foi, pois, a introdução *ex novo* de critérios de interpretação menos rígidos dos fenómenos de cooperação empresarial, mas o alargamento dos procedimentos de análise

---

[2818] Cfr., a esse propósito, em especial, a nossa análise das empresas comuns de comercialização, *supra*, capítulo terceiro, ponto 4.3.3., da **Parte III**.

1678   *Empresas comuns* – Joint Ventures

da *"regra de razão"* a modalidades de cooperação, envolvendo fixação conjunta de preços entre empresas concorrentes, que normalmente não eram sujeitas, pela sua natureza, a tal metodologia de análise. Duas decisões do Supremo Tribunal norte-americano – nos processos *"Broadcast Music Inc. v. CBS"* e *"NCAA v. Board of Regents of the university of Oklahoma"*[2819] – marcaram, em particular, essa ruptura com a tradicional contraposição rígida dos critérios *per se* de proibição e dos critérios da *"regra de razão"*, permitindo uma utilização mais alargada destes últimos critérios, largamente confirmada em sede de apreciação de empresas comuns de comercialização, envolvendo a fixação conjunta de preços.[2820] Essa ruptura abriu também caminho à concepção de categorias de análise intermédias de efeitos restritivos da concorrência mais fluidas do que as tradicionais categorias de proibição *per se* e da *"regra de razão"*, as quais, como se pode verificar pela recente jurisprudência do Supremo Tribunal no caso *"California Dental"* (já citado),[2821] não se encontram ainda consolidadas nem, sequer, estabilizadas.

No plano comunitário, a análise das empresas comuns, evidenciando a importância de elementos criadores de eficiência que interagem com elementos limitativos da liberdade de actuação das empresas participantes (potencialmente restritivos da concorrência) apresentou uma especial aptidão para afastar quaisquer pré-compreensões negativas de certas modalidades de cooperação empresarial, restringindo o campo de aplicação de proibições *per se* no quadro do n.º 1 do artigo 81.º CE (o que cria condições para análises mais desenvolvidas e economicamente realistas dos diversos factores que ditam certas repercussões globais para o pro-

---

[2819] Cfr. As decisões do Supremo Tribunal norte-americano nos processos *"Broadcast Music Inc. v. CBS"* e *"NCAA v. Board of Regents of the university of Oklahoma"* (respectivamente, *"441 US.1(1979)"* e *"468 US.85 (1984)"*.

[2820] Tivemos ensejo de referir diversos precedentes no ordenamento norte-americano, envolvendo empresas comuns de comercialização com fixação conjunta de preços, em relação aos quais não têm sido aplicados critérios *per se* de proibição (cfr., *supra*, capítulo terceiro, da **Parte III**, pontos 4.3.1. ss..

[2821] Cfr. a decisão do Supremo Tribunal norte-americano *"California Dental"*, cit., já trazida à colação – *supra*, ponto 3.3.1. nesta **Parte IV** – a propósito da introdução de uma maior dimensão de análise económica na interpretação das normas de concorrência e do desenvolvimento, em contrapartida, de estruturas ou processos analíticos que limitam a extensão das avaliações económicas de potenciais efeitos sobre a concorrência associados a certas transacções.

Parte IV 1679

cesso de concorrência).[2822] Deste modo, quer em algumas decisões da Comissão que destacámos – como *vg.* a decisão *"Elopak/Metal Box--Odin"*[2823] – quer em decisões do TPI, como a proferida no caso *"European Night Services"*,[2824] foram sendo dados passos no sentido dessa essencial flexibilização da interpretação da norma de proibição prevista no n.º 1 do artigo 81.º CE.

A esse propósito, referimos, no âmbito do nosso estudo das várias subcategorias de empresas comuns não passíveis de qualificação como concentrações, a necessidade de identificar o que denominámos de efeito global, ponderado, destas entidades sobre o processo de concorrência. A apreensão desse tipo de efeitos deverá traduzir-se na ponderação conjunta de potenciais efeitos restritivos da concorrência e de efeitos favoráveis à concorrência que, em termos globais, prevaleçam sobre os primeiros, o que implica a realização de algumas análises mais desenvolvidas em sede de aplicação do n.º 1 do artigo 81.º CE e um afastamento em relação a critérios *per se* de proibição que tendiam a prevalecer na prática decisória da Comissão.[2825] Ora, ao concebermos e qualificarmos esse tipos de efei-

---

[2822] Interpretação mais flexível do n.º 1 do artigo 81.º CE que, para além de uma abertura geral à *ponderação conjunta de elementos proconcorrenciais e anticoncorrenciais*, se reflecte também numa maior abertura na avaliação das denominadas restrições acessórias da concorrência. Cfr., nesse sentido, JAMES VENIT, *Economic Analysis: Quick Looks and Article 85: A Way Forward*, cit. Como aí refere este A., *"the Commission's practice in dealing with structural cases has also forced it to begin to move away from its older view that all restrictions on freedom must be dealt with under Article 85 (...) it has at least begun to take steps in the right direction by taking a flexible and pragmatic approach to restrictive provisions that are reasonably related, and thus ancillary, to transactions that do not raise any structural concerns"*. Esses casos estruturais, referidos por VENIT, corespondem, essencialmente, a empresas comuns com importantes dimensões estruturais. Como já referimos, de qualquer modo, uma compreensão adequada dessas denominadas restrições acessórias exigiria uma análise *ex professo* que não cabe nos objectivos da presente dissertação. Cfr., ainda, no sentido de uma apreciação semelhante à de JAMES VENIT, MICHEL WAELBROEK, *Do Not Give All Hope! Ye Who Enter*, ibidem.

[2823] Cfr. a nossa análise precedente da decisão *"Elopak/Metal Box-Odin"* – *supra*, capítulo terceiro, ponto 2.3.5.4.2. da **Parte III** – no quadro da nossa análise das empresas comuns de investigação e desenvolvimento.

[2824] Cfr. a nossa análise precedente do Acórdão *"European Night Services"* do TPI – *supra*, capítulo terceiro, ponto 4.4.5.3. da **Parte III** – no quadro da nossa análise das empresas comuns de comercialização.

[2825] Cfr., a propósito de caracterizações desse tipo de *efeitos globais, ponderados*, de empresas comuns sobre o processo de concorrência, o exposto *supra*, capítulo terceiro da **Parte III**, esp. pontos 2.3.5., 3.3.5. e 4.4..

1680   *Empresas comuns* – Joint Ventures

tos globais, ponderados, emergentes da criação de empresas comuns admitimos, precisamente, que a compreensão dos mesmos, apesar de incorporar alguns aspectos comparáveis à metodologia inerente à *"regra de razão"*, não corresponde a um paralelo linear à mesma, devido a diferenças existentes entre certas estruturas normativas do ordenamento norte-americano e do direito comunitário da concorrência que não podem ser ultrapassadas através de meros processos de construção hermenêutica.

Na verdade, entendemos que a *"regra de razão"* se encontra indissociavelmente ligada à estrutura normativa particular do ordenamento norte-americano da concorrência que estabelece, em geral, um regime de proibição de formas de cooperação empresarial restritivas da concorrência sem nenhuma excepção legal comparável ao regime das isenções previsto no n.º 3 do artigo 81.º CE. Face a esse enquadramento normativo, a aplicação de tal regime geral de proibição envolve directamente o conjunto de todas as ponderações possíveis de elementos de potencial afectação da concorrência e de elementos favoráveis à concorrência, bem como de eventuais aspectos de interesse público não correspondentes a estritos parâmetros de concorrência (embora a aceitação dos mesmos seja cada vez menor no ordenamento norte-americano; note-se, desde já, que este último tipo de aspectos nunca teria cabimento numa única ponderação global, em sede de direito comunitário da concorrência, visto que os mesmos seriam exclusivamente subsumíveis no n.º 3 do artigo 81.º CE).[2826]

Em termos diversos, a estrutura normativa dos n.os 1 e 3 do artigo 81.º CE permite que a ponderação de diversos factores, passíveis de compensar elementos restritivos da concorrência que sejam *prima facie* apurados quanto a certas situações de mercado, seja feita em sede de eventual aplicação do regime de isenção – possibilidade que é absolutamente estranha à lógica jurídica subjacente à *"regra de razão"* do ordenamento norte-americano.

Em contrapartida, essa efectiva possibilidade não obsta, em nosso entender, a que uma parte das ponderações globais tendentes a apurar um nível relevante de repercussões negativas para a concorrência – que justifiquem, pela sua intensidade, franquear o limiar da proibição de certas transacções – seja feita no quadro da aplicação do n.º 1 do artigo 81.º CE.

[2826] Cfr *supra*, capítulo primeiro da **Parte II**, esp. pontos 4.2. a 4.4. e capítulo terceiro da **Parte III** – *inter alia*, pontos 2.3.5.1.1.2.3.5.2.3. – onde expomos esta ligação essencial entre a *estrutura da regra de proibição* do *Sherman Act* e o desenvolvimento da *"rule of reason"*.

Parte IV 1681

É esse plano analítico, com cabimento no regime previsto nessa disposição, que procuramos identificar e caracterizar através da avaliação do que denominámos de *efeitos globais, ponderados*, da criação de empresas comuns (e que, *mutatis mutandis*, podem também ser equacionados em relação a outras modalidades de cooperação empresarial).

De algum modo, admitimos que a discussão em torno de uma possível flexibilização dos parâmetros de proibição estabelecidos no n.º 1 do artigo 81.º CE tem enfermado de uma distorção analítica de base. Essa distorção traduzir-se-á na formulação de hipóteses alternativas, extremas, para o estabelecimento de ponderações globais de efeitos sobre a concorrência. De acordo com uma dessas hipóteses – para a qual a Comissão parece propender já em sede de definição de orientações interpretativas no quadro do denominado processo de *"modernização"* do direito comunitário da concorrência –[2827] esse tipo de ponderações apenas teriam cabimento em sede de aplicação do n.º 3 do artigo 81.º CE (sob pena de esta norma se tornar *"supérflua"*, o que não se poderia coadunar com os princípios gerais de interpretação jurídica).

Segundo a hipótese hermenêutica altenativa, que parece corresponder ao sentido geral das teses delineadas pelos defensores da aplicação da *"regra de razão"* no direito comunitário da concorrência, essas ponderações – informadas por critérios jurídicos de concorrência – deveriam ser concretizadas no quadro do n.º 1 do artigo 81.º CE. Ora, o que propomos é a ultrapassagem dessa estrita visão dicotómica, admitindo uma dupla ponderação jurídico-económica, de natureza diversa, *ex vi* dos n.os 1 e 3 do artigo 81.º CE. Essa dupla ponderação é, até, especialmente justificada pelo facto de existir mais do que uma dimensão de eficiência económica a

---

[2827] Cfr. as posições delineadas pela Comissão na Comunicação com *"Orientações relativas à aplicação do n.º 3 do artigo 81.º do Tratado"*, cit, esp. pontos 11 e ss. – no qual se refere taxativamente que a *"análise do equilíbrio entre efeitos concorrenciais e anticoncorrenciais é efectuada exclusivamente no quadro definido pelo n.º 3 do artigo 81.º"* (retirando-se, em nosso entender, extrapolações excessivas a partir de alguma jurisprudência, como, *vg.*, a resultante do Acórdão *"Métropole Télévision (M6)"*, cit.). Cfr., ainda, na mesma Comunicação, pontos 32 ss. Importa destacar, a este propósito, que, já no Livro Branco de 1999, cit., a Comissão parecia sufragar a ideia de que um maior grau de poderação de diversos factores em sede de aplicação do n.º 1 do artigo 81.º CE contribuiria para tornar supérflua a previsão do n.º 3 da mesma disposição (cfr. esp. pontos 56. e 57. do Livro Branco e sobre os mesmos cfr. REIN WESSLING, "The Commission White Paper on Modernisation of EC Antitrust Law: Unspoken Consequences and Incomplete Treatment of Alternative Options", cit., pp. 420 ss.).

1682   *Empresas comuns* – Joint Ventures

tomar em consideração – de acordo com a caracterização que ensaiámos na nossa análise antecedente da matriz teleológica do direito comunitário da concorrência –[2828] como se pode verificar, de forma muito particular, no quadro da apreciação das empresas comuns.

3.4.2.2. *Corolários da análise das empresas comuns – a latitude das ponderações jurídico-económicas estabelecidas com base nos n.ᵒˢ 1 e 3 do artigo 81.º CE e a superação da controvérsia sobre a aplicação da 'regra de razão' no direito comunitário da concorrência*

Pensamos, de resto, que a concepção acima exposta – e especialmente suscitada pela análise das empresas comuns – é a que melhor se adequa aos mais recentes desenvolvimentos jurisprudenciais referentes à margem de apreciação de efeitos restritivos da concorrência em sede de aplicação do n.º 1 do artigo 81.º CE, após o marco primacial que representou o Acórdão *"European Night Services"* do TPI (versando, como se sabe, questões relativas a empresas comuns). Essa jurisprudência tem, de resto, sido objecto de interpretações conflituantes que são ainda tributárias de lógicas favoráveis ou desfavoráveis à aplicação da *"regra de razão"* no direito comunitário da concorrência, incorrendo, assim, na possível distorção analítica que acima configurámos.

Na sequência da jurisprudência *"European Night Services"*, o recente Acórdão *"Métropole Télévision (M6)"*, de 2001,[2829] também do TPI, e tendo igualmente por objecto uma empresa comum (com vista ao desenvolvimento e emissão via satélite de programas televisivos)[2830]

[2828] Cfr. para uma referência sumária às diferentes dimensões de eficiência económica com cabimento no programa teleológico do ordenamento comunitário da concorrência, os aspectos já expostos *supra*, ponto 2.2.5. nesta **Parte IV**.

[2829] Cfr. Acórdão *"Métropole Télévision (M6)"*, do TPI, de 18 de Setembro de 2001, cit.. Sobre este Acórdão cfr., *inter alia*, GIORGIO MONTI, "Article 81 and Public Policy" cit., pp. 1057 ss.; OKEOGHENE ODUDU, "A New Economic Approach to Article 81(1)?", cit., pp. 100 ss.; PIETRO MANZINI, "The European Rule of Reason: Crossing the Sea of Doubt", cit., pp. 392 ss.; JOSÉ RIVAS, FAY STROUD, "Developments in EC Competition Law in 2001: An Overview", in CMLR, 2002, pp. 1101 ss., esp. p. 1119.

[2830] Não se justifica nesta síntese conclusiva final analisar detidamente a situação de mercado respeitante à constituição e funcionamento de uma empresa comum (*"Télévision par Satellite – TPS"*) que foi objecto de apreciação no Acórdão em causa. De qual-

Parte IV 1683

equacionou, de forma expressa, o problema da eventual aplicação da "*regra de razão*" e da latitude da margem de apreciação jurídico-económica no quadro do n.º 1 do artigo 81.º CE. Segundo alguns autores, neste Acórdão o TPI teria clarificado, em definitivo, uma orientação jurisprudencial no sentido da não aplicabilidade da "*regra de razão*" nesse plano.[2831] Tal orientação seria, bem assim, favorável à exclusiva recondução de quaisquer balanços ou ponderações globais de elementos proconcorrenciais e anticoncorrenciais ao regime do n.º 3 do artigo 81.º CE. Contudo, independentemente de alguns elementos literais dessa decisão judicial,[2832] não consideramos que sejam essas as conclusões fundamentais a retirar da análise formulada pelo TPI.

Em primeiro lugar, entendemos que o que esta jurisprudência veio clarificar foi a não aceitação da tese segundo a qual a ponderação global de elementos relevantes para aferir as repercussões sobre o processo de concorrência se deveria efectuar exclusivamente no quadro do n.º 1 do artigo 81.º CE. Ora, essa tese corresponde, precisamente, a uma das duas hipóteses hermenêuticas extremadas de articulação dos n.ºs 1 e 3 do artigo 81.º CE no quadro da dicotomia que atrás enunciamos e da qual divergimos. O TPI rejeita, assim, qualquer possibilidade de aplicação da "*regra de razão*" que se traduzisse na adopção desse tipo de ponderações e nessa sede jurídica. Daí não decorre, todavia, em nosso entender, a adopção da hipótese hermenêutica oposta no âmbito daquela dicotomia. Não pode, na

---

quer modo, justifica-se referir que a empresa comum visada na originária decisão da Comissão – objecto de recurso de anulação para o TPI – seria, com toda a probabilidade, qualificada como empresa comum com desempenho de todas as funções de uma entidade económica autónoma, e, logo, como operação de concentração, caso tivesse sido notificada após o início de vigência das alterações de 1997 ao RCC (cfr. sobre esses aspectos factuais relativos às características da empresa comum e contexto do seu funcionamento, pontos 1 a 18 do Acórdão do TPI cit.). Encontrava-se em causa, através da constituição dessa empresa comum, a criação de condições para que um novo operador tivesse acesso a um mercado até aí dominado por um único operador.

[2831] Cfr. nesse sentido, por todos, MANZINI, "The European Rule of Reason – Crossing the Sea of Doubt", cit., esp. pp. 396 ss.. A Comissão parece também perfilhar a orientação segundo a qual este Acórdão teria consagrado um entendimento tendente a reconduzir todas as ponderações jurídico-económicas globais ao regime do n.º 3 do artigo 81.º CE. Cfr., nesse sentido, o já mencionado ponto 11 da Comunicação com "*Orientações relativas à aplicação do n.º 3 do artigo 81.º do Tratado*", cit..

[2832] Referimo-nos aqui, sobretudo, a algumas passagens do Acórdão constantes do ponto 72 e ss..

verdade, retirar-se da afirmação peremptória por parte do TPI no sentido da rejeição da "*regra de razão*" – com o sentido preciso ora descrito – que este Tribunal rejeita também, em absoluto, a possibilidade de qualquer grau de ponderação jurídico-económica em sede de aplicação do n.º 1 do artigo 81.º CE. Pelo contrário, o TPI corrobora a orientação delineada em anteriores precedentes no sentido de "*uma interpretação mais flexível da proibição (...)*" fixada no n.º 1 do artigo 81.º CE, destacando, justamente, nessa anterior jurisprudência a sua própria análise de uma outra situação relativa a uma empresa comum no Acórdão "*European Night Services*".[2833]

O TPI denota, tão só, como acima se refere, a preocupação de clarificar que essa jurisprudência anterior "*não pode ser interpretada como consagrando a existência de uma 'regra de razão' em direito comunitário da concorrência*". Aparte tal clarificação, o Tribunal confirma a orientação de fundo subjacente à mesma no sentido da necessidade de analisar as situações concretas em que os fenómenos de cooperação empresarial se produzem, tomando em consideração "*o contexto económico em que operam as empresas*".[2834] Noutros termos, este reconhecimento da necessidade de realização de análises jurídico-económicas em sede de aplicação do n.º 1 do artigo 81.º CE – afastando qualquer possibilidade de concretização da proibição prevista nessa disposição "*de modo (...) abstracto e indistinto*" e abarcando "*qualquer acordo que restrinja a liberdade de acção das partes*" – só pode significar que uma parte das ponderações jurídico-económicas globais tendentes à aferição de efeitos substantivos sobre a concorrência deve, num certo grau, ser realizada no quadro da aplicação do n.º 1 do artigo 81.º CE. Ora, tal corresponde, precisamente, à ideia que sustentámos a propósito da apreciação das empresas comuns no sentido da avaliação do que qualificámos como efeitos globais, ponderados, da sua constituição em sede de aplicação da referida disposição.

Assim, a concepção intermédia que desenvolvemos, de acordo com a qual sustentámos uma dupla ponderação jurídico-económica, de natureza diversa, no quadro dos n.ºs 1 e 3 do artigo 81.º CE será, em súmula, a que melhor se ajusta a estes novos desenvolvimentos jurisprudenciais. Se aprofundarmos, em termos mais precisos, a análise efectuada pelo TPI

[2833] Cfr. Acórdão "*Métropole Télévision (M6)*", cit., ponto 75.
[2834] Cfr. Acórdão "*Métropole Télévision (M6)*", cit., ponto 76.

Parte IV

no Acórdão *"Métropole Télévision (M6)"*, justifica-se sustentar que a dimensão de eficiência económica mais directamente convocada pelos juízos de desvalor do direito de concorrência – a *eficiência de afectação* –pode ser objecto de ponderação no quadro do n.º 1 do artigo 81.º CE. Em contrapartida, os aspectos relativos à dimensão de eficiência dinâmica – designadamente, relacionados com elementos de inovação –[2835] e que se reconduzem ainda a critérios jurídicos de concorrência devem, no essencial, ser objecto de ponderação no quadro do n.º 3 do artigo 81.º CE (correspondendo, de algum modo, a aspectos ínsitos na condição prevista nessa disposição relativa ao progresso técnico e económico).

No que respeita ao que denominamos como a dimensão de eficiência produtiva, pensamos que aspectos da mesma que se mostrem mais intensos e mais intrinsecamente interligados com a eficiência de afectação devem ainda ser ponderados no plano da aplicação do referido n.º 1 do artigo 81.º CE. Os outros aspectos referentes à eficiência produtiva deverão já ser ponderados *ex vi* do n.º 3 deste artigo 81.º CE (discordamos, assim, de algumas posições doutrinais que, apesar de aceitarem, de acordo com a posição que também sustentamos, uma dupla sede jurídica para as ponderações jurídico-económicas em causa, balizam de forma rígida e estrita a avaliação da eficiência de afectação no n.º 1 do artigo 81.º CE e a avaliação da eficiência produtiva no n.º 3 desta mesma disposição).[2836]

Não obstante esta nossa interpretação dos desenvolvimentos jurisprudenciais mais recentes em sede de apreciação de empresas comuns, e a nossa divergência em relação às posições que – denotando um entendimento superficial da análise do TPI – parecem limitar o alcance do Acórdão *"Métropole Télévision (M6)"* à rejeição da *"regra de razão"* no âmbito do ordenamento comunitário da concorrência, pensamos que seria importante uma demarcação e qualificação jurídicas mais precisas, por parte do Tribunal, em relação aos níveis de ponderação jurídico-econó-

---

[2835] Cfr. sobre essa dimensão do conceito-quadro de *eficiência económica* que se encontra no cerne do programa teleológico do direito da concorrência, a nossa análise antecedente sobre os objectivos deste ordenamento – *supra* pontos 2.2.1. a 2.2.5., nesta **Parte IV** – onde destacámos, precisamente, que tal dimensão de eficiência dinâmica deve incorporar as ponderações jurídico-económicas estabelecidas no mesmo ordenamento, em sede de aplicação de normas de concorrência, apesar de ter sido incorrectamente subalternizada por algumas orientações da Escola de Chicago.

[2836] Cfr., por todos, sobre essse tipo de interpretações, O. ODUDU, "A New Economic Approach to Article 81(1)?", cit., pp. 100 ss..

1686 *Empresas comuns* – Joint Ventures

mica compatíveis com cada uma das duas sedes normativas em questão (correspondentes aos regimes previstos nos n.os 1 e 3 do artigo 81.º CE). A este propósito, os problemas analíticos tipicamente subjacentes à apreciação das empresas comuns podem, ainda, vir a contribuir para essa desejável clarificação, tal como influenciaram já a adopção de padrões mais flexíveis de concretização da norma de proibição do n.º 1 do artigo 81.º CE (em virtude do seu especial enfoque analítico na ponderação de vários tipos de eficiência económica intrinsecamente ligados à própria categoria da empresa comum).

À luz da perspectiva de análise acima delineada, não consideramos que desenvolvimentos jurisprudenciais ulteriores ao Acórdão *"Métropole Télévision (M6)"* e respeitando já ao TJCE – em especial, os respeitantes ao Acórdão *"Wouters"*, de 2002 –[2837] traduzam uma verdadeira inversão do entendimento relativo à articulação sistemática entre os n.os 1 e 3 do artigo 81.º CE. Nesta decisão, que, diversamente dos precedentes *supra* referidos, não incide sobre a criação de empresas comuns, o TJCE parece admitir que vantagens económicas proconcorrenciais podem ser ponderadas no quadro do n.º 1 do artigo 81.º CE. Acresce que a análise desenvolvida pelo TJCE nesta decisão compreende vários estádios de apreciação encadeados, no quadro dos quais, de forma sucessiva, se ponderam factores ilustrativos de aparentes restrições da concorrência e factores que indiciem determinadas vantagens económicas proconcorrenciais, de uma

---

[2837] Cfr. Acórdão *"Wouters e tal. v. Algemene Raad van de Nederlandse Orde van Advocaten"*, de 19 de Fevereiro de 2002, proc. C-309/99, Col. I – 1577 (2002). No âmbito do mesmo processo cfr., ainda, o importante parecer do Advogado Geral LÉGER, apresentado em 10 de Julho de 2001. Sobre este fundamental Acórdão do TJCE, cfr. o comentário de ADRIAN VOSSESTEIN, em *"Case Law"* – CMLR, 2002, pp. 841 ss.. É certo, contudo, que outros desenvolvimentos ulteriores à jurisprudência *"Métropole Télévision (M6)"*, acima cit., *v.g.*, os resultantes do Acórdão do TPI *"Van den Bergh Foods v. Commission"* [proc. T-65/98, Col. II- 4653 (2003)], parecem retomar a ideia de uma ponderação exclusiva de aspectos proconcorrenciais em sede de aplicação do n.º 3 do artigo 81.º CE (supostamente justificada pela necessidade de salvaguardar o efeito útil dessa disposição). Não é esse, contudo, o sentido subjacente ao precedente essencial ora considerado (*"Wouters"*), *com a particularidade significativa em relação ao mesmo de se encontrar em causa uma decisão do TJCE*. Admitimos, pela nossa parte, que a análise do TPI no Acórdão *"Van den Bergh Foods v. Commission"* traduzirá uma leitura hermenêutica excessivamente linear da estrutura normativa do artigo 81.º CE (influenciada pela controvérsia formal sobre os termos de uma possível recepção no ordenamento comunitário da *"rule of reason"*).

Parte IV

forma que apresenta vários pontos de contacto com o modelo analítico global que propusemos para a apreciação das empresas comuns (apesar de a situação de mercado em causa neste Acórdão não respeitar a empresas comuns). Embora esta decisão judicial tenha acompanhado diversos aspectos sustentados no parecer do Advogado Geral Léger no mesmo processo, este último foi mais longe em termos de qualificação jurídica, admitindo expressamente que o TJCE já teria feito *"aplicações limitadas da 'regra de razão'"* em anteriores decisões.[2838]

Aparentemente, este Acórdão *"Wouters"* teria reintroduzido a questão da aplicabilidade da *"regra de razão"* no direito comunitário da concorrência e em sede de interpretação do n.º 1 do artigo 81.º CE, numa suposta contradição com a orientação suportada no Acórdão *"Métropole Télévision (M6)"* e indiciando o que, nesse pressuposto, corresponderia a uma preocupante flutuação jurisprudencial. Não é esse, todavia, o nosso entendimento. Pela nossa parte, consideramos que no Acórdão *"Wouters"* não se assume de forma peremptória, e numa perspectiva de qualificação jurídica, a aplicação *qua tale* da *"regra de razão"* e, no plano substantivo, a defesa da ideia de um importante nível de ponderação jurídico-económica no quadro do n.º 1 do artigo 81.º CE é consentânea com a leitura crítica que fizemos dos principais corolários a retirar do Acórdão *"Métropole Télévision (M6)"*.

[2838] Cfr. o parecer do Advogado Geral LÉGER neste processo *"Wouters"*, cit., pontos 102 e ss. Como aí refere LEGER, (ponto 103) *"(…) the Court has made limited application of the 'rule of reason' in some judgments. Confronted with certain classes of agreement, decision or concerted practice, it has drawn up a competition balance-sheet and, where the balance is positive, has held that the clauses necessary to perform the agreement fell outside the prohibition laid down by Article 85(1) of the Treaty"*. Refere como ilustrações desse tipo de ponderações, as apreciações desenvolvidas, *vg.*, no Acórdão *"Nungesser"*, cit., no Acórdão *"Remia"* [proc. 42/84, Rec. 2545 (1985)] ou no Acórdão *"Göttrup-Klim v. Dans Landbrugs Grovvare selskat AmbA"*, de 1994, já cit.. Tomando em consideração essas apreciações que reconhece como aplicações – conquanto limitadas – da *"regra de razão"* – LÉGER conclui que (ponto 104), *"it follows from those judgments that, irrespective of any terminological dispute, the 'rule of reason' in Community competition law is strictly confined to a purely competitive balance-sheet of the effects of the agreement. Where, taken as a whole, the agreement is capable of encouraging competition on the market, the clauses essential to its performance may escape the prohibition laid down in Article 85(1) of the Treaty. The only 'legitimate' goal which may be pursued in accordance with that provision is therefore exclusively competitive in nature"*.

1688   *Empresas comuns* – Joint Ventures

Assim, pensamos que a jurisprudência *"Wouters"* terá vindo confirmar a necessidade de avaliar, através de análises jurídico-económicas complexas, que comportam vários estádios de apreciação encadeados entre si, o que temos denominado de *efeitos globais, ponderados*, de certas transacções (no quadro de uma concepção desenvolvida à luz dos procedimentos de apreciação de empresas comuns, mas cujos corolários temos considerado aplicáveis, em certas condições, a outras modalidades de cooperação empresarial, como as que foram avaliadas no Acórdão *"Wouters"*). De acordo com essa nossa concepção, entendemos que as questões de qualificação jurídica referentes à possibilidade de aplicação da *"regra de razão"* no direito comunitário da concorrência deveriam ser definitivamente abandonadas e que, em conformidade, ulteriores análises jurisprudenciais se poderiam, com vantagem, concentrar na clarificação dos diferentes graus ou níveis de ponderação jurídico-económica a efectuar no quadro do n.º1 ou do n.º 3 do artigo 81.º CE.

3.4.3. Renovação da compreensão hermenêutica do artigo 81.º CE e densificação de categorias de juízos de isenção passíveis de adopção com base no n.º 3 desta disposição

Esta orientação que vimos sustentando no que respeita à margem de apreciação no quadro do n.º 1 do artigo 81.º CE e à articulação sistemática desta norma com a que é prevista no n.º 3 da mesma disposição do Tratado CE – e que consideramos compatível com o sentido fundamental da jurisprudência do TPI e do TJCE desde o Acórdão *"European Night Services"* –[2839] suscita uma outra questão essencial. Trata-se de equacionar que tipos ou categorias de juízos de isenção podem ser formulados *ex vi* do n.º 3 do artigo 81.º CE.

[2839] Já referimos que a Comissão (cfr. Comunicação com *"Orientações relativas à aplicação do n.º 3 do artigo 81.º do Tratado"*, ponto 11, cit.) parece manter uma posição relativamente estrita, no sentido de reconduzir a ponderação global de, por um lado, elementos restritivos da concorrência e, por outro lado, elementos favoráveis à mesma, exclusivamente ao regime previsto no n.º 3 do artigo 81.º CE, procedendo a uma leitura – que não consideramos aceitável, pelas razões atrás expostas, do Acórdão *"Métropole Télévision (M6)"*. Neste contexto, seria inegavelmente importante que ulteriores clarificações da jurisprudência do TPI e do TJCE – *maxime* em decisões que versassem empresas comuns, atendendo às questões jusconcorrenciais em regra associadas às mesmas – pudessem induzir alterações nessas orientações interpretativas gerais da Comissão.

Pela nossa parte, e considerando os pressupostos hermenêuticos que acima expusemos, entendemos que há duas categorias distintas de juízos de isenção que, em tese geral, se podem reconduzir ao regime deste n.º 3 do artigo 81.º CE.

Uma primeira categoria corresponde a juízos de isenção estabelecidos com base numa ponderação global de elementos restritivos da concorrência e de vantagens económicas específicas que os possam contrabalançar (juízos de isenção mediante os quais, em última análise, se reconheça que, reunidas certas condições, não prevalece um efeito global, final, restritivo da concorrência). De acordo com o que acima sustentámos, admitimos que a ponderação de aspectos relativos à eficiência dinâmica e de alguns aspectos de eficiência produtiva cabe nesta categoria de juízos de isenção. Uma segunda categoria corresponde a juízos de isenção primacialmente baseados em critérios que não assumem um carácter concorrencial em sentido estrito e que se reportam à prossecução de outros tipos de interesses públicos relevantes.

Todavia, pensamos que esta segunda categoria de isenções deverá ser sujeita a um crivo muito exigente de interpretação restritiva, observando, em termos gerais, uma dupla exigência. Assim, e em primeiro lugar, apenas deverão ser tomados em consideração interesses públicos conciliáveis com o núcleo dos objectivos económicos fundamentais do ordenamento da concorrência.[2840] Em segundo lugar, tais interesses, embora transponham, enquanto tais, o limiar que conduz a um *efeito global de limitação da concorrência*, não poderão afectar negativamente o processo de concorrência para além de certo grau (não poderá ser, designadamente, ultrapassado aquele grau de limitação da concorrência que determinaria um *efeito equivalente a uma eliminação da concorrência no mercado que se encontre em causa*).[2841]

[2840] Cfr. sobre esses objectivos do direito comunitário da concorrência o exposto *supra*, pontos 2.2.2. a 2.2.5. nesta **Parte IV**.

[2841] A propósito destas *diferentes categorias de juízos de isenção* com cabimento no n.º 3 do artigo 81.º CE, cfr. a análise de WESSLING, no seu estudo *The Modernisation of EC Antitrust Law*, cit., esp. pp. 106 ss., da qual divergimos em alguns aspectos (*maxime*, conforme decorre do acima exposto, no que respeita à efectiva possibilidade – por nós sustentada – de sujeitar a segunda categoria de isenções a um exigente crivo de verificação, ainda baseado numa ideia fundamental de não eliminação da concorrência, e que deverá ir além do controlo de erros manifestos de apreciação por parte da Comissão; de resto, a evolução recente de alguma jurisprudência comunitária vem demonstrando a exe-

1690 *Empresas comuns* – Joint Ventures

3.5. CARACTERES GERAIS DA METODOLOGIA JURÍDICA DO DIREITO COMUNITÁRIO DA CONCORRÊNCIA

Como corolário geral do estudo desenvolvido, e para além das três áreas de problematização jurídica que identificámos e acima desenvolvemos no domínio correspondente à *segunda vertente da mutação em curso no ordenamento comunitário da concorrência*[2842] – renovação da metodologia de análise, *maxime* quanto às categorias de cooperação empresarial – importa ainda enunciar alguns *aspectos referentes à caracterização geral da metodologia jurídica desse ordenamento.*[2843]

Esses aspectos foram, é certo, assumidos *ab initio* na definição dos parâmetros que informariam a investigação desenvolvida nesta dissertação,[2844] devendo salientar-se que os mesmos foram amplamente confirmados pelo teor dessa investigação. Assim, ressalta da mesma que os caracteres fundamentais do direito da concorrência, como disciplina jurídica do funcionamento do mercado, impõem um peso acrescido, no seu processo de construção normativa, de conceitos e informações económicas – elementos da *realidade extra-jurídica* ou *dados de facto* ("*Realdaten*") – os quais devem ser combinados com as coordenadas linguísticas dos textos normativos ("*Sprachdaten*"), em termos que, numa larga medida, podem ser compreendidos e sistematizados de acordo com os ensinamentos da teoria estruturante do direito ("*Strukturierende Rechtslehre*").[2845] O estudo que empreendemos, evidenciando a *progressiva incorporação* nos juízos de direito comunitário da concorrência de *elementos concretos de análise económica*, largamente informada pela *avaliação do poder de mercado das empresas*, faz avultar o carácter decisivo dessa combinação

---

quibilidade deste último tipo de escrutínio). Sobre a mesma matéria, cfr. C. D. EHLERMANN, "The Modernization of EC Antitrust Policy: A Legal and Cultural Revolution", cit., pp. 537 ss., esp. pp. 548 ss..

[2842] Áreas de problematização jurídica identificadas nos pontos 3.1.2. a 3.1.4. e desenvolvidas nos pontos 3.2., 3.3. e 3.4. desta **Parte IV**.

[2843] Assumindo neste ponto o pressuposto de que, por razões já largamente expostas, essas características metodológicas se deverão *comunicar*, em larga medida, aos ordenamentos nacionais da concorrência dos Estados Membros da UE.

[2844] Cfr., a esse respeito, as premissas de ordem metodológica expostas no ponto **2.** da **Introdução**.

[2845] *Teoria estruturante do direito* desenvolvida por FRIEDRICH MÜLLER, nos termos genericamente expostos – pelo menos no que respeita ao seu *pilar metodológico* – no ponto **2.** da **Introdução** (cfr. as referências bibliográficas aí feitas).

Parte IV 1691

e reforça a configuração da norma jurídica de concorrência como um *modelo de ordem factualmente condicionado* (*"sachbestimmtes Ordnungsmodell"*), determinado e preenchido pela realidade concreta que o mesmo ordena.

A dificuldade especial que se coloca neste domínio, uma vez reconhecida essa particularidade no sentido de os dados ou elementos da realidade económica se manifestarem, porventura com maior intensidade do que noutras áreas do direito, resulta da própria intensidade crescente dessa irrupção da *análise especializada, informada pela ciência económica ou por apreciações empíricas de dados económicos*, na definição dos juízos normativos do direito da concorrência. Pudemos, precisamente, verificar, a propósito da avaliação jusconcorrencial das diferentes subcategorias de empresas comuns, a proliferação de modelos económicos de análise e o crescente recurso, em articulação com os mesmos, a múltiplas técnicas econométricas.

Esses desenvolvimentos, embora genericamente positivos, comportam riscos metodológicos importantes, caso não sejam orientados, de modo equilibrado, por uma adequada percepção do programa normativo do direito da concorrência. Os critérios económicos de análise, conquanto importantes, não formam as estruturas de valor que dão corpo e conferem sentido aos juízos normativos centrais do direito da concorrência. E *esses juízos normativos*, conquanto por natureza genéricos nesta área do direito e assentes num conjunto relativamente limitado de princípios jurídicos com uma função normogenética, *não podem ser diluídos na dimensão de análise económica*. Importa, pois, destacar uma fundamental vertente normativa do que podemos denominar como *doutrina económica constitucional* (*"constitutional economics"*), [2846] e que se encontra na base da formação desses juízos normativos centrais do ordenamento da concorrência (daí a importância especial que atribuímos ao programa teleológico desse ordenamento). São esses juízos e os princípios que os informam que asseguram coerência ao ordenamento da concorrência e elementos mínimos de previsibilidade na sua aplicação para além da sucessão de *para-*

[2846] *Doutrina económica constitucional* (*"constitutional economics"*), num sentido aproximado ao preconizado por DIETER SCHMIDTCHEN – e, de algum modo, por J. BUCHANAN (cfr. "The Domain of Constitutional Economics", in *Constitutional Political Economy*, 1989, pp. 1 ss.) – como domínio no qual são formuladas as proposições de valor essenciais que informam o programa normativo do direito da concorrência (cfr. SCHMIDTCHEN, "The Goals of Antitrust Revisited", cit., p. 34).

1692   *Empresas comuns* – Joint Ventures

digmas económicos dominantes em cada momento.[2847] Trata-se de uma *normatividade factualmente condicionada*, que ordena a realidade económica de mercado e simultaneamente é condicionada e estruturada por essa realidade, mas que contém um núcleo programático irredutível a meras análises económicas. É também nesse sentido que admitimos uma aproximação limitada a alguns parâmetros da *teoria autopoiética*, embora afastando qualquer carácter sistémico aparentemente fechado das estruturas normativas, subjacente a algumas formulações dessa teoria. Pensamos, essencialmente, na recepção permanente de elementos e factores económicos, *recriados* e *desenvolvidos* com base num conjunto organizado de *conexões jurídicas*. Nessa construção normativa do direito da concorrência, como disciplina jurídica do mercado, nem os dados da realidade económica do mercado existem para além da estrutura normativa, diversamente do que parece supor alguma doutrina,[2848] nem – igualmente, ao contrário do que sustentam outros autores[2849] – essa configuração do mercado se identifica *qua tale* com o estatuto jurídico que o disciplina. O *programa da norma* e o *domínio material da norma* – que exige uma leitura económica – confluem numa síntese estrutural de normatividade jurídica. A metodologia jurídica do direito da concorrência deve tirar todas as consequências dessa síntese complexa.

4. A transformação do modelo institucional de organização do sistema comunitário de concorrência

A nossa análise dos principais vértices da transição para um novo estádio de consolidação do direito comunitário da concorrência levou-nos a identificar uma dimensão essencial correspondente à profunda transformação do modelo institucional de organização do sistema comunitário

---

[2847] A expressão é de DIETER SCHMIDTCHEN. Cfr. A. cit., "The Goals of Antitrust Revisited", cit., p. 36.

[2848] Cfr. a este propósito GUIDO ROSSI, "Diritto e Mercato", in Riv Soc., 1998, pp. 1443 ss.. Refere este A. a propósito da disciplina jurídica do mercado que, "*dobbiamo (...) cercare fuori delle norme positive la sua definizione e la sua realtà*" (*op. cit.*, p. 1448).

[2849] Cfr. sobre essa orientação NATALINO IRTI, *L'Ordine Giuridico del Mercato*, Bari, 1998. Segundo este autor, o mercado corresponde a um *locus artificialis* e não a um *locus naturalis* e identifica-se unicamente com o seu *estatuto jurídico*.

Parte IV

da concorrência, num sentido de *"descentralização"*.[2850] Tivemos igualmente ensejo de expor que essa dimensão, conquanto inegavelmente importante, apenas justificaria um tratamento residual nesta dissertação – e, sobretudo, nesta sua parte conclusiva final – visto termos privilegiado a análise das outras duas dimensões do *processo de mutação estrutural do ordenamento comunitário da concorrência* que apresentam maiores conexões com os corolários do nosso estudo da categoria da empresa comum (sucessivamente tratadas nos pontos **2.** e **3.** desta **Parte IV**).

Os contornos essenciais, no plano formal, dessa alteração do modelo institucional de aplicação do direito comunitário da concorrência, encetada com o Livro Branco de 1999 e largamente concretizada através do Regulamento (CE) n.º 1/2003, foram, de qualquer modo, analisados, em termos sucintos, nesta dissertação – para os quais ora remetemos[2851] – apesar do carácter fluido que esses desenvolvimentos ainda apresentam e de múltiplas indefinições que persistem sobre os modos de interacção entre a Comissão e as autoridades de concorrência e os tribunais nacionais. A importância fundamental que atribuímos ao que qualificámos como uma verdadeira *dimensão processual* do ordenamento comunitário da concorrência[2852] leva-nos a admitir que as transformações em causa produzirão profundas repercussões nesse ordenamento, o qual apresenta também como elemento distintivo uma essencial *componente evolutiva*.

No que respeita especificamente, ao tratamento das empresas comuns e de situações cuja avaliação jusconcorrencial apresente algumas afinidades com o mesmo – como sucede, *vg.*, com as participações empresariais que não conferem controlo conjunto – um dos propósitos anunciados da reforma institucional, no sentido de permitir à autoridade comu-

---

[2850] Tenha-se presente, desde logo, as referências feitas na **Introdução** a essa nossa perspectiva geral sobre as grandes mutações estruturais do ordenamento comunitário da concorrência e cfr., ainda, a razão de ordem exposta para esta nossa síntese conclusiva final, *supra*, ponto 1.3. – esp. ponto 1.3.1. – desta **Parte IV**.

[2851] A esse propósito cfr. esp. o capítulo primeiro – ponto **5.** da **Parte II** desta dissertação – tendo, pela nossa parte o tratamento desta matéria sido associado à análise geral do processo formativo de um dos blocos normativos fundamentais do direito comunitário da concorrência, correspondente ao regime do artigo 81.º CE (artigo 85.º TCE), visto que as principais repercussões das transformações em causa devem ser esperadas nessa sede jurídica.

[2852] Cfr. sobre o alcance dessa qualificação, que fomos buscar a HABERMAS, embora adaptando-a ao contexto do ordenamento comunitário da concorrência, a caracterização exposta *supra*, ponto 1.2. desta **Parte IV**.

1694   *Empresas comuns* – Joint Ventures

nitária da concorrência uma maior concentração nas situações mais graves de infracção ou naquelas em que se imponha a clarificação *ex novo* de parâmetros de análise, poderá, desejavelmente, conduzir a uma atenção redobrada da Comissão às questões referentes àquela categoria ou a categorias comparáveis.[2853] Tal teria o mérito de permitir a clarificação de diversos problemas que aflorámos no domínio da avaliação jusconcorrencial de empresas comuns, mediante a consolidação de parâmetros analíticos já entrevistos – em termos que fomos equacionando – mas ainda não estabilizados, nem plenamente desenvolvidos. Esse desejável enfoque da Comissão no tratamento destas questões poderá também criar condições para uma nova e efectiva problematização sistemática das situações referentes a participações empresariais que não conferem controlo conjunto, as quais, apesar das suas potenciais repercussões negativas sobre a concorrência, não têm sido, em regra, objecto de escrutínio.

Em termos mais latos, o denominado processo de *"modernização"*, com a sua essencial dimensão de descentralização, pode suscitar complexos problemas no que respeita à salvaguarda da aplicação uniforme do direito comunitário da concorrência, apesar dos mecanismos previstos no Regulamento (CE) n.º 1/2003 e da construção de orientações interpretativas de carácter geral por parte da Comissão.[2854] Em contrapartida, a atribuição aos tribunais nacionais da competência para a aplicação do artigo 81.º CE na sua totalidade, embora estimule uma área de potencial desenvolvimento de uma nova área de concretização jurídica dos normativos comunitários da concorrência – que até ao presente tinha pouca expressão – não prefigura ainda a assunção pelos sistemas jurisdicionais nacionais de um papel especialmente dinâmico na construção ou densificação desses normativos. O pilar jurisprudencial continuará, em nosso entender, muito tributário do papel das autoridades nacionais da concorrência, não sendo razoável antecipar um significativo aumento dos casos em que problemas de potencial violação do ordenamento comunitário da concorrência sejam directamente submetidos aos tribunais nacionais, em litígios envolvendo entidades privadas (o que aproximaria, neste ponto, o sistema comunitário do sistema norte-americano de aplicação de normas de concorrência).

[2853] A esse respeito, cfr. o exposto *supra*, capítulo primeiro – ponto 5.3.4. – da **Parte II** desta dissertação.

[2854] Cfr. a esse propósito as observações formuladas *supra*, capítulo primeiro – pontos 5.4.3.1. e 5.4.3.2. – da **Parte II**.

Noutro plano, os contornos do processo de *"descentralização"* da aplicação dos normativos comunitários de concorrência, apesar de aparentemente informados por uma lógica jurídica associada ao princípio da subsidiariedade, reforçam, de algum modo, uma dimensão de federalismo cooperativo, a qual pressupõe – mesmo que implicitamente – um maior poder conformador do ordenamento comunitário sobre os ordenamentos nacionais da concorrência. Encontram-se, contudo, ainda por definir os delicados equilíbrios que possam resultar, neste plano, da interacção entre a autoridade comunitária e as autoridades nacionais de concorrência.

SUMULA FINAL

Considerando o estudo desenvolvido ao longo desta dissertação e todo o conjunto de corolários já retirados na parte conclusiva da mesma (**Parte IV**), podemos ainda reter, numa derradeira *súmula*, algumas das principais coordenadas da construção teórica desenvolvida.

A realidade correspondente à *empresa comum* – e ao *nomen juris* largamente utilizado de *"joint venture"* – tem vindo a assumir um papel essencial, senão predominante, na modelação jurídica de *relações de cooperação entre empresas*, substituindo outros paradigmas de organização jurídica para o desenvolvimento e interacção de actividades económicas.

No plano do direito comunitário da concorrência – e considerando ainda os ordenamentos nacionais da concorrência dos Estados-Membros por este directamente influenciados – como disciplina jurídica fundamental dos *processos de funcionamento dos mercados*, apreendidos, sobretudo, com base nas *actividades das empresas*, a categoria da *empresa comum* ocupa um lugar central e indutor de profundas mutações desse ordenamento.

Essa especial importância e a intensidade da densificação jurídica da *categoria* da *empresa comum* no direito da concorrência justificam que alguns elementos da mesma devam ser tomados em consideração para a compreensão, numa perspectiva jurídica geral de direito privado – especialmente informada pelo direito comercial –, dos feixes de relações jurídicas de cooperação e integração empresariais em que o referido *nomen juris* de *"joint venture"* é utilizado.

Não obstante a diversidade dos contextos jurídicos em que se verifica a utilização desse *nomen juris* – *maxime* no domínio dos denominados *contratos de empresa* – existem condições para ensaiar uma construção dogmática de um conceito jurídico de referência de *empresa comum*.

1698   *Empresas comuns* – Joint Ventures

Este, no âmbito de uma compreensão jurídica geral dos processos de cooperação inter-empresarial, encontra-se fundamentalmente associado a um tipo contratual do comércio jurídico (extra-legal) que pode ser individualizado através da necessária superação de diferentes critérios e orientações desenvolvidos em vários sistemas jurídicos (especialmente nos sistemas articulados entre si pela participação na construção do ordenamento comunitário).

Esse tipo – que corresponderá, globalmente, a uma *esfera de processos de cooperação empresarial com uma componente estrutural* e, como tal, contraposta a uma *esfera de processos de cooperação meramente obrigacional* – apresenta, como elemento definidor essencial, a criação de uma estrutura organizacional, que deverá coordenar ou realizar actividades empresariais conjuntas, assumindo, para o efeito, diversas molduras jurídico-formais que podem incorporar ou não elementos de vários tipos contratuais legais.

Em sede de direito comunitário da concorrência – e, em geral, no direito da concorrência – a categoria da *empresa comum* assume contornos híbridos que resultam, sobretudo, do facto de esta intersectar as *dimensões normativas essenciais*, nesta área do direito, da *cooperação* e da *concentração* empresariais.

Daí resulta uma extrema complexidade para a construção dogmático--crítica dessa categoria jurídica. Em contrapartida, a singularidade dogmática da categoria da *empresa comum* no direito da concorrência confere--lhe uma especial aptidão para estimular o desenvolvimento de metodologias de análise que combinem – num novo e difícil equilíbrio – elementos *estruturais* e elementos relativos ao *comportamento* das empresas.

A fixação do conteúdo essencial da categoria da *empresa comum* – que permite a sua individualização – é especialmente dificultada no direito comunitário da concorrência, em virtude da dualidade de tratamento normativo da mesma, decorrente da adopção, em 1989, do primeiro Regulamento Comunitário relativo ao controlo directo de operações de concentração.

Na realidade, para além das dificuldades de que se reveste, em geral, uma delimitação conceptual rigorosa desta categoria da *empresa comum*, o seu tratamento na dupla sede jurídica dos *acordos de cooperação entre empresas* (*ex vi* do artigo 81.º CE) e das *operações de concentração entre empresas* (*ex vi* do RCC) originou complexos problemas de qualificação e conduziu a flutuações hermenêuticas, nem sempre imunes a uma considerável dimensão de formalismo jurídico, que podem ter contribuído para aumentar os *custos de transacção* das empresas neste domínio.

Esses aspectos negativos foram progressivamente contrabalançados pela relativa estabilização dos critérios de qualificação jurídica das duas principais subcategorias de *empresas comuns* e, sobretudo, pela *aproximação dos parâmetros substantivos de avaliação jusconcorrencial utilizáveis em sede de aplicação do regime do artigo 81.º CE e do RCC* (para a qual os sucessivos ensaios de *reconstrução dogmática* da categoria da *empresa comum* terão contribuído decisivamente).

A categoria complexa da *empresa comum* assenta nos conceitos de *empresa* – com o conteúdo lato que este assume no direito da concorrência – e de *controlo conjunto* – com os contornos predominantemente substantivos, e menos jurídico formais, que este conceito apresenta em sede de direito da concorrência.

De qualquer modo, a realidade da *empresa comum* não pode ser enunciada como uma mera sobreposição desses conceitos. Essa realidade assenta, ainda, no específico *maius* jurídico-económico que resulta da existência de uma *actividade empresarial conjunta* geradora de *eficiências* – suportada numa *estrutura organizada* orientada por critérios de economicidade de gestão – envolvendo duas ou mais empresas, que mantêm a sua individualidade própria, e incluindo, em muitos casos, o exercício de funções empresariais auxiliares, dependentes das actividades principais dessas empresas fundadoras.

A indefinição dos contornos da categoria da *empresa comum*, a necessidade de conjugação de elementos analíticos estruturais e referentes ao comportamento das empresas para avaliação das suas repercussões sobre o processo de concorrência e a necessidade paralela de incorporação, nesse exercício, de uma considerável dimensão de análise económica justificam o propósito dogmático de construção de *modelos gerais parametrizados de avaliação dos efeitos deste tipo de entidades*.

O *modelo analítico global* proposto nesta dissertação, embora reconhecendo as especificidades de certas subcategorias de empresas comuns, pressupõe uma *convergência essencial dos testes substantivos a que estas devam ser sujeitas* em sede de direito comunitário da concorrência e assenta numa complexa *compatibilização* de necessárias *análises jurídico-económicas de mercado* – com a inevitável dimensão casuística que estas

1700   *Empresas comuns* – Joint Ventures

comportam – com *critérios pré-determinados e pré-ordenados de aprecia-ção das realidades em causa.*

Os *factores* determinantes da análise das *empresas comuns* em sede de direito comunitário da concorrência – sobretudo quando sujeitos à reor-denação dogmática proposta nesta dissertação – e os *corolários* resultantes da *experiência da sua utilização* – aqui extensivamente estudada – influenciaram, de modo significativo [*vd.* (**i**) e (**ii**)] ou acompanharam [*vd.* (**iii**)] uma profunda *mutação estrutural do ordenamento comunitário da concorrência* que não se encontra ainda concluída. Essa mutação com-preende, no essencial: (**i**) uma *alteração das prioridades teleológicas deste ordenamento*, (**ii**) uma *renovação da compreensão dogmática das categorias jurídicas de cooperação empresarial*, bem como, mais lata-mente, *da própria metodologia jurídica de análise, em geral, do mesmo ordenamento* e (**iii**) uma *transformação do modelo institucional de organi-zação do sistema comunitário de concorrência* (não directamente versada nesta Súmula visto serem as duas primeiras dimensões, (**i**) e (**ii**), aquelas que se encontram mais directa e intensamente associadas à problemati-zação jurídica das empresas comuns).

Assim, na primeira vertente (**i**), as *empresas comuns*, devido às suas características compósitas, identificadas e caracterizadas criticamente nesta dissertação, tendem a suscitar problematizações jurídicas complexas que convocam a ponderação conjunta de elementos restritivos da con-corrência e de elementos favoráveis ao processo de concorrência (*maxime*, elementos vários de *eficiência*). Em função da extensão dessas ponde-rações, a avaliação das *empresas comuns* tende a exigir o apuramento dos limites do cabimento desse tipo de elementos diferenciados no programa teleológico do direito comunitário da concorrência, bem como a definição de verdadeiras prioridades nesse programa.

A *renovação da matriz teleológica do direito comunitário da con-corrência* – que vem, assim, emergindo e naturalmente carecendo de clari-ficações e de consolidação – caracteriza-se por uma interacção complexa entre uma *dimensão essencial de eficiência económica* – que deve assumir alguma prevalência – e um conjunto de outros objectivos cujo acolhimento se encontra sempre condicionado por critérios de salvaguarda equilibrada dessa primeira dimensão.

Esse conjunto de outros objectivos a articular com o *escopo funda-mental de promoção da eficiência* integra, essencialmente, três finalida-des, compreendendo, a *prossecução da integração económica*, a *tutela do bem estar dos consumidores* (embora através de uma mais directa e profunda interacção com a dimensão de eficiência económica) e a *limitação de certas concentrações excessivas de poder económico*, que possam eliminar qualquer espaço de intervenção de entidades de menor dimensão.

Na segunda vertente **(ii)**, a problematização das empresas comuns contribui para a definição de um *novo modelo de análise em sede de aplicação de normas comunitárias de concorrência*, tendo como atributos essenciais a *incorporação* de *elementos de análise económica* e a *ponderação de elementos de tipo estrutural* (embora *matizada com a consideração de aspectos referentes aos comportamentos das empresas e associados à sua interacção*).

Esse contributo da problematização das *empresas comuns* para uma *renovação metodológica* do *direito comunitário da concorrência* – e dos ordenamentos da concorrência estaduais por este mais directamente influenciados – não se esgota na construção de modelos gerais de análise especificamente dirigidos à avaliação destas entidades, nem na flexibilização dos critérios de densificação jurídica dos regimes do n.º 1 e do n.º 3 do artigo 81.º CE em termos que superam as tradicionais discussões teóricas sobre o possível acolhimento, no plano comunitário, da denominada *"rule of reason"* do direito norte-americano.

Tal contributo metodológico projecta-se, ainda, na possível definição de modelos gerais de análise relativos a vários institutos ou categorias no direito da concorrência, que permitam encontrar um *equilíbrio* entre, por um lado, os inevitáveis *elementos de casuísmo* introduzidos nos processos hermenêuticos de aplicação de normas de concorrência em virtude da *ponderação de aspectos económicos e de condições concretas dos mercados* e, por outro lado, a *necessidade de previsibilidade nos juízos jurídicos de aplicação dessas normas*.

Nesse sentido, verificando-se uma evolução tendente a acentuar a específica configuração dos normativos comunitários de concorrência como um modelo de ordem factualmente condicionado (*"sachbestimmtes Ordnungsmodell"*) – determinado e preenchido pela realidade concreta que o mesmo ordena – esse contributo analítico pode revelar-se decisivo para prevenir um dos principais *riscos metodológicos* associados a tal evolução: trata-se do risco de uma excessiva diluição dos juízos normativos na dimensão de análise económica e na proliferação de modelos económicos que esta potencialmente comporta.

1702   *Empresas comuns* – Joint Ventures

Ensaiando uma síntese final, necessariamente não exaustiva, da construção teórica empreendida: a forma como delineámos um modelo global de análise das *empresas comuns*, em termos e com pressupostos que podem constituir uma referência para outras áreas de disciplina normativa do direito comunitário da concorrência – e com os corolários que dele extraímos – corresponde, desejavelmente, a uma *resposta a esse fundamental problema metodológico.*

ÍNDICE DE JURISPRUDÊNCIA
E DECISÕES DA COMISSÃO

1. Jurisprudência do TJCE

Acórdão "*De Geus v. Bosch*", proc. 13/61, Rec. 4 (1962);
Acórdão "*Mannesman v. High Authority*", proc 19/61, Rec. 357 (1962);
Acórdão "*Société Téchnique Minière*", proc. 56/65, Rec. 35 (1966);
Acórdão "*Consten Grundig*"; proc. 58 e 58/64 ; Rec 299 (1966);
Acórdão "*Italy v. Council and Commission*", proc. 32/65, Rec. 389 (1966);
Acórdão "*Walt Wilhelm*", proc. 14/68, Rec. 1 (1969);
Acórdão "*Volk v Vervaecke*", proc. 5/69, Rec. 295 (1969);
Acórdão "*ACF Chemiefarma v. Commission*", proc. 41/69, Rec. 661 (1970);
Acórdão "*Béguelin*", proc. 22/71, Rec. 949 (1971);
Acórdão "*Europemballage and Continental Can v. Commission*", proc. 6/72, Rec. 215
   (1973);
Acórdão "*Vereeniging van Cementhandelaren*", proc. 8/72, Rec. 977 (1973);
Acórdão "*BRT v. SABAM*", proc. 127/73, Rec. 51 (1974);
Acórdão "*Commercial Solvens*", proc. 6 e 7/73, Rec. 223 (1974);
Acórdão "*Sacchi*", proc. 155/73, Rec. 409 (1974);
Acórdão "*Centrafarm*", proc. 15 e 16/74, Rec. 1147 (1974);
Acórdão "*Suiker Unie*", proc. 40/73, Rec. 1663 (1975);
Acórdão "*Van Ameyde v. UCI*", proc. 90/76, Rec. 1091 (1977);
Acórdão "*Metro I*", proc. 26/76, Rec. 1875 (1977);
Acórdão "*United Brands*", proc. 27/76, Rec. 207 (1978);
Acórdão "*Hoffmann La Roche*", proc. 85/76, Rec. 461 (1979);
Acórdão "*BMW Belgium v. Commission*", proc. 32 e 36-82/78, Rec. 2435 (1979);
Acórdão "*The Parfum Cases*", proc. 253/78, 3/79, Rec. 2327 (1980);
Acórdão "*Commission v. United Kingdom*", proc. 801/79, Rec. 1045 (1981);
Acórdão "*Züchner*", proc. 172/80, Rec. 2021 (1981);

1704   *Empresas comuns* – Joint Ventures

Acórdão *"Schul"* do TJCE, proc. 15/81, Rec. 1409 (1982);

Acórdão *"Nungesser v. Commission"*, proc. 258/78, Rec. 2015 (1982);

Acórdão *"Musique Diffusion Française v. Commission"*, proc. 100/80, Rec. 1825 (1983) ;

Acórdão *"Demo Studio Schmidt v. Commission"*, proc. 210/81, Rec. 3045 (1983);

Acórdão *"Michelin"*, cfr. proc. 322/81, Rec. 3461, (1983);

Acórdão *"Hydrotherm v. Andreoli"*, proc. 170/83, Rec. 2999 (1984);

Acórdão *"Association des Centres Distributeurs Edouard Lecrerc"*, proc. C 229/83, Rec. 1 (1985);

Acórdão *"Henri Cullet"*, proc. 231/83, Rec. 305 (1985);

Acórdão *"Remia"*, proc. 42/84, Rec. 2545 (1985);

Acórdão *"Telemarketing"*, proc. 311/84, Rec. 3261 (1985);

Acórdão *"Pronuptia de Paris GmbH v. Pronuptia de Paris Irmgard Schillgallis"*, proc. 161/84, Col. 353 (1986) [*"Pronuptia"*];

Acórdão *"Verband der Sacheversicherer"*, proc. 45/86, Col. 405 (1987);

Acórdão *"BAT and Reynolds v. Commission"*, proc. 142/84, 156/84, Col 4487 (1987) [*"Philip Morris"*];

Acórdão *"Wood Pulp A. Alström OY"*, proc. C-89, 104,114, 116, 117 & 125-129/85, Col. 5193 (1988);

Acórdão *"Alsatel Novasam"*, proc. 247/86, Col. 5987 (1988);

Acórdão *"Ahmed Saed"*, proc. 66/86, Col. 803 (1989);

Acórdão *"Delimitis (Stergios) v. Henninger Bräu"*, proc. C-234/89, Col. I-935 (1991) [*"Delimitis"*]

Acórdão *"Akzo Chemie BV v. Commission"*, proc. C-62/86, Col. I – 3359 (1991);

Acórdão *"Höfner and Elser v. Macroton GmbH"*, proc. C-41/90, Col. I -1979 (1991);

Acórdão *"Poucet"*, proc. C-159 e C-1660/91, Col. I-637 (1993);

Acórdão *"Wood Pulp A. Alström OY II"*, proc. C-89, 104,114, 116, 117 & 125-129/85, Col. I – 1307 (1993);

Acórdão *"Bernard Keck and Daniel Mithouard"*, proc. C-267 & 268/91, Col. I- 6097 (1993);

Acórdão *"Eurocontrol"*, proc. C 364/92, Col., I 43 (1994);

Acórdão *"Göttrup-Klim v. Dans Landbrugs Grovvare selskat AmbA"*, proc. C-250/92, Col. I-5641 (1994);

Acórdão *"Oude Luttikuis"*, proc. C-399/93, Col. I – 4515 (1995);

Acórdão *"Viho v. Commission"*, proc. C-73/95P, Col. I-5457 (1996);

Acórdão *"Diego Cali v. SEPG"*, proc. C 343/95, Col. I – 1547 (1997);

Acórdão *"France e. Société Commerciale des Potasses et de l'Azote et Entreprise Minière et Chimique v. Commission"*, proc. 68/94 e 30/95, Col. I-1375 (1998) [*"Kali und Salz"*];

Acórdão *"Albany International BV v. Stichting, Bedrijfs-pensioenfonds Textielindustrie and others"*, proc. C-67/96, Col. I-5751 (1999);

Índice de jurisprudência e decisões da comissão

1705

Acórdão "*Maatschappij Drijvende Bokken v. Stichting Pensioenfonds voor de Vervoeren Havenbedrijven*", proc. C-219/97, Col. I – 6121 (1999);

Acórdão "*VBA v. VGB and Florimex*", proc C-266/97P, Col. I – 2135 (2000);

Acórdão "*Masterfoods*", proc. C-344/98, Col. I-11369 (2000);

Acórdão "*Wouters e tal. v. Algemene Raad van de Nederlandse Orde van Advocaten*", proc. C-309/99, Col. I – 1577 (2002);

Acórdão "*Aalborg Portland*", proc. C-204/00, Col. I – 123 (2004);

Acórdão "*Commission v. Tetra Laval BV*", de 15 de Fevereiro de 2005, proc. C-12/03 [*ainda não publicado*]

2. Jurisprudência do TPI

Acórdão "*Tetra Pak v. Commission*", proc. T-51/89, Rec.II- 309 (1990);

Acórdão "*Società Italiana Vetro Spa*", proc. T-86, 77 & 78/89, Col. II- 1403 (1992) ["*Italian Flat Glass*"];

Acórdão "*Automec v. European Commission*", proc. T 24/90, Col. II – 2223 (1992);

Acórdão "*Air France v. Commission*", proc. T-2/93, Col. II-323 (1994) ;

Acórdão "*Matra Hachette*", proc. T-17/93, Col. II – 595 (1994);

Acórdão "*Comité Central d'Entreprise de la SA Vittel v. Commission*", proc. T-12/93, Col. II – 1247 (1995);

Acórdão "*SNCF and British Railways v. Commission*", proc. T-79 & 80/95, Col. II. – 1491 (1996);

Acórdão "*Florimex and VGB v. Commission*", proc. T-70 & 71/92, Col. II- 693 (1997);

Acórdão "*European Night Services*", proc. T-314/94, T-375/94, T-384/97 e T-388/94, Col. II- 3141 (1998);

Acórdão "*Gencor v. Commission*", proc. T-102/96, Col. II-753 (1999);

Acórdão "*Endemol Entertainment Holding BV v Commission*", proc. T-221/95, Col. II-1299 (1999);

Acórdão "*Cimenteries CBR and others v. Commission*", proc. ap. T-25/95, Col., II- 49 (2000);

Acórdão "*Métropole Television (M6) a.o. v. Commission*", proc. T-112/99, Col. II – 2459 (2001);

Acórdão "*Airtours plc v. Commission*", proc. T-342/99, Col. II – 2585 (2002);

Acórdão "*Schneider Electric SA v Commission*", proc. T-310/01, Col. II – 4071 (2002);

Acórdão "*Tetra Laval BV v Commission*", proc. T-5/02, Col. II – 4381 (2002);

Acórdão "*Fenin*", proc. T – 319/99, Col. II – 357 (2003);

Acórdão "*Babyliss v. Commission*", proc. T-114/02, Col. II – 1279 (2003);

Acórdão "*Royal Philips Electronics*", proc. T-119/02, Col. II – 1433 (2003);

1706   *Empresas comuns* – Joint Ventures

Acórdão *"Verband der freien Rohrwerke and others v Commission"*, proc. T-374/00, Col. II – 2275 (2003);
Acórdão *"Van den Bergh Foods v. Commission"*, proc. T-65/98, Col. II- 4653 (2003);
Acórdão *"JCB Service v. Commission"*, de 13 de Janeiro de 2004, proc. T-67/01 [*ainda não publicado*]

3. Decisões da Comissão

Decisão *"Consten and Grundig"* (JOCE n.º 161/2545, 1964);
Decisão *"Machine Tools"* (JOCE n.º L 201/1, 1968);
Decisão *"ACEC/Berliet"* (JOCE n.º L 201/7, 1968);
Decisão *"Cobelaz (n.º1)"* (JOCE n.º L 276/13, 1968);
Decisão *"Cobelaz (n.º2)"* (JOCE n.º L 276/19, 1968);
Decisão *"Christiani Nielsen"* (JOCE n.º L 165 /12, 1969);
Decisão *"SEIFA"* (JOCE n.º L 173/8, 1969);
Decisão *"Kodack"* (JOCE n.º L 147, 1970);
Decisão *"Continental Can"* (JOCE n.º L 7/25,1972);
Decisão *"Wild & Leitz"* (JOCE n.º L 61/27, 1972);
Decisão *"SHV/Shevron"* (JO n.º L 38/14, 1975);
Decisão *"INTERGROUP"* (JOCE L 212/23, 1975);
Decisão *"United Reprocessors"* (JOCE n.º L 51/7, 1976);
Decisão *"Reuter/BASF"* (JOCE n.º L 254/40, 1976);
Decisão *"Vacuum Interrupters (n.º1)"*, JOCE n.º L 48/32, 1977);
Decisão *"De Laval-Stork"* (JOCE n.º L 215/11, 1977);
Decisão *"Gec Weir Sodium Circulators"* (JOCE n.º L 327/26, 1977);
Decisão *"Sopelem/Vickers"* (JOCE n.º L 70/47, 1978);
Decisão *"Wano-Schwarzpulver"* (JOCE n.º L 322, 1978);
Decisão *"Beecham/Parke, Davis"* (JOCE n.º L70/11, 1979);
Decisão *"BP Kemi/DDSF"*(JOCE n.º L 286/32, 1979);
Decisão *"Floral"* (JOCE n.º L 39/51, 1980);
Decisão *"National Sulphuric Acid Association"* (JOCE L 260/24, 1980);
Decisão *"Vacuum Interrupters II"* (JOCE n.º L 383/1, 1980);
Decisão *"Langenscheidt/Hachette"* (JOCE n.º L 39/25, 1981);
Decisão *"Amersham Buchler"* (JOCE n.º L 314/34, 1982);
Decisão *"British Telecommunications"* (JOCE L 360/36, 1982);
Decisão *Rockweel/Iveco"* (JOCE n.º L 224/19, 1983);
Decisão *"VW-MAN"* (JOCE n.º L 376/11, 1983);
Decisão *"Carbon Gas Technologie"* (JOCE n.º L 376/17, 1983);
Decisão *"Nuovo CEGAM"* (JOCE n.º L 99/29, 1984);
Decisão *"Polistil/Arbois"* (JOCE n.º C 136/9, 1984);

Decisão "*Carlsberg*" (JOCE n.º L 207/26, 1984);
Decisão "*Siemens/Fanuc*" (JOCE n.º L 376/29, 1985);
Decisão "*Röchling/Possehl*" (JOCE n.º L 39/57, 1986);
Decisão "*Polypropylene*" (JOCE n.º L 230/1, 1986);
Decisão "*Optical Fibers*" (JOCE n.º L 236/30, 1986)
Decisão "*BP/Kellogg*" (JOCE n.º L 369/6, 1986);
Decisão "*Mitchell Cotts/Sofiltra*" (JOCE n.º L 41/31, 1987);
Decisão "*Enichem/ICI*" (JOCE n.º L 50/18, 1988);
Decisão "*Olivetti/Canon*" (JOCE n.º L 52/51, 1988);
Decisão "*Bayer/ BP Chemicals*" (JOCE n.º L 150/35, 1988);
Decisão "*Iveco/Ford*" (JOCE n.º L 230/39, 1988);
Decisão "*Tetra Pak*" (JO n.º L 272/27, 1988);
Decisão "*BBC/Brown Boveri*" (JOCE n.º L 301/86, 1988);
Decisão "*Continental/Michelin*" (JOCE n.º L 305/33, 1988).
Decisão "*Eurotunnel*" (JOCE n.º L 311/36, 1988);
Decisão "*Hudson Bay*" (JOCE, n.º L 316/43, 1988);
Decisão "*UIP*" (JOCE n.º L 226/25, 1989);
Decisão "*Alupower-Chloride*" (JOCE n.º C 152/3, 1990)
Decisão "*Konsortium ECR 900*" (JOCE n.º L 228/3, 1990);
Decisão "*GEC-Siemens/Plessey*" (JOCE n.º C 239/2, 1990);
Decisão "*KSB/Goulds/Lowara/ITT*" (JOCE n.º L 19/25, 1991);
Decisão "*ANSAC*" (JOCE n.º L 152/54, 1991);
Decisão "*Elopak/Metal Box-Odin*" (JOCE n.º L 209/15, 1991);
Decisão "*Pilkington/Thomson*" (JOCE n.º C 279/19, 1991);
Decisão "*Eirpage*" (JOCE n.º L 306/22, 1991);
Decisão "*Yves St. Laurent*" (JOCE n.º L 12/24, 1992);
Decisão "*Ford/Volkswagen*" (JOCE n.º L 20/14, 1993);
Decisão "*Astra*" (JOCE n.º L 20/23, 1993);
Decisão "*Warner-Lambert/Gillette*" (JOCE n.º L 116/21, 1993);
Decisão "*Electrolux/AEG*" (JOCE n.º C 269/4, 1993);
Decisão "*Exxon/Shell*" (JOCE n.º L 144/20, 1994);
Decisão "*BT/MCI*" (JOCE n.º L 223/36, 1994);
Decisão "*Night Services*" (JOCE n.º L 259/20, 1994);
Decisão "*Pasteur Mérieux – Merckl*" (JOCE n.º L 309/1, 1994);
Decisão "*Olivetti/Digital*" (JOCE n.º L 309/24, 1994);
Decisão "*Eurotunnel III*" (JOCE n.º L 354/66, 1994);
Decisão "*Asahi/Saint Gobain*" (JOCE n.º L 354/87, 1994);
Decisão "*Philips/Osram*" (JOCE n.º L 378/37, 1994);
Decisão "*Solvay/Sisecam*" (JOCE n.º C 272/14, 1999);
Decisão "*Visa Internacional*" (JOCE n.º L 293/24, 2001);
Decisão "*Visa Internacional II*" (JOCE n.º L 318/17, 2002);

1708 Empresas comuns – Joint Ventures

4. Decisões proferidas no âmbito da aplicação do RCC

Decisão "*Renault/Volvo*", IV/M004 (1990);
Decisão "*Mitsubishi/UCAR*", IV/M024 (1990);
Decisão "*Fiat Geotech/Ford New Holland*", IV/M009 (1991);
Decisão "*Varta/Bosch*", IV/M012 (1991);
Decisão "*Dresdner Bank/BNP*", IV/M021 (1991);
Decisão "*Magneti Marelli/CEA*", IV/M043 (1991);
Decisão "*Aerospatiale-Alenia/De Havilland*", IV/M053 (1991);
Decisão "*Baxter/Nestlé/Salvia*", IV/M058 (1991);
Decisão "*Tetra Pak/Alfa Laval*", IV/M068 (1991);
Decisão "*Sanofi/Sterling Drugs*", IV/M072 (1991);
Decisão "*VIAG/Continental Can*", IV/M081 (1991);
Decisão "*Thomson/Pilkington*", IV/M086 (1991);
Decisão "*Elf/Enterprise*", IV/M088 (1991);
Decisão "*Appolinaris/Schweppes*", IV/M093 (1991);
Decisão "*ELF/BC/Cepsa*", IV/M098 (1991);
Decisão "*Drager/IBM/HMP*", IV/M101 (1991);
Decisão "*TNT/GD Net*", IV/M102 (1991);
Decisão "*ABC/Générale des Eaux/Canal Plus/W.H. Smith TV*", IV/M110 (1991);
Decisão "*Ingersoll-Rand/Dresser*", IV/M121 (1991);
Decisão "*Lucas/Eaton*", IV/M149 (1991);
Decisão "*Ericsson/Kolbe*", IV/M133 (1992);
Decisão "*Air France/Sabena*", IV/M157 (1992);
Decisão "*Elf Atochem/Rohm & Haas*", IV/ M160 (1992);
Decisão "*Flachglas/Vegla*", IV/M168 (1992);
Decisão "*Tarmac Steetley*", IV/M180 (1992);
Decisão "*Ifint/EXOR*", IV/M187) (1992);
Decisão "*Nestlé/Perrier*", IV/M190 (1992);
Decisão "*Eureko*", IV/M207 (1992);
Decisão "*Mondi/Frantschach*", IV/M210 (1992);
Decisão "*Du Pont/ICI*", M/214 (1992) ;
Decisão "*ABB/Brel*", IV/M221 (1992);
Decisão "*Mannesmann/Hoesch*", IV/ M 222 (1992);
Decisão "*Avesta/British Steel/NCC*", IV/M239 (1992);
Decisão "*British Airways/TAT*", IV/M 259 (1992);
Decisão "*Del Monte/Royal Foods/Anglo-American*", IV/M277 (1992);
Decisão "*Waste Management/S.A.E.*", IV/M283 (1992);
Decisão "*Sextant/BGT-VDO*", IV/M290 (1992);
Decisão "*Mannesmann/Hoesch*", IV/M222 (1993);
Decisão "*Pepsico/Kas*", IV/M289 (1993);

Decisão "*Ericsson/Hewlett-Packard*", IV/M292 (1993);
Decisão "*Alcan/Inespal/Palco*", IV/M 322 (1993);
Decisão "*AEGON/Sccottish Equitable*", IV/M349 (1993);
Decisão "*Shell/Montecatini*", IV/M269 (1994);
Decisão "*Mannesman/Valourec/Ilva*", IV/M.315 (1994);
Decisão "*Proctor & Gamble/V.P. Schickedanz*", IV/M430 (1994);
Decisão "*MSG Media Service*", IV/M469 (1994);
Decisão "*Elf Attochem/ Shell Chimie*", IV/M 475 (1994);
Decisão "*Cable&Wireless/Schlumberger*", IV/M.532 (1994);
Decisão "*Siemens/Italtel*", IV/M468 (1995);
Decisão "*Mercedes-Benz/Kässbohrer*", IV/M477 (1995);
Decisão "*AG/Armour Pharmaceutical Co*", IV/M.495 (1995);
Decisão "*Texaco/Norsk Hydro*", IV/M511 (1995);
Decisão "*RTL/Verónica/Endemol*", IV/M553 (1995);
Decisão "*Hoogovens/Klöchner & Co*", IV/M578 (1995);
Decisão "*Inchcape plc/Gestetner Holdings plc*", IV/M583 (1995);
Decisão "*Gencor*", IV/M.619 (1996);
Decisão "*Kimberly-Clark/Scott*", IV/M623 (1996);
Decisão "*Saint-Gobain/Wacker-Chemie/NOM*", IV/M 774 (1996);
Decisão "*Bertelsmann/CLT*", IV/M779 (1996);
Decisão "*Coca-Cola Amalgamated Beverages*", IV/M794 (1997);
Decisão "*The Coca-Cola Company/Carlsberg AS*", IV/M833 (1997);
Decisão "*British Telecom/MCI II*", IV/M856 (1997);
Decisão "*Guiness/Grand Metropolitan*", IV/M938 (1998);
Decisão "*NC/Canal +/CDPQ/Bank America*", IV/M. 1327 (1998);
Decisão "*Telia/Telenor/Schibsted*", IV/JV1 (1998);
Decisão "*ENEL/France Telecom/Deutsche Telekom*", IV/JV2 (1998);
Decisão "*Telia/Sonera/Lithuanian Telecom*", IV/JV7 (1998);
Decisão "*@ Home Benelux*", IV/JV11 (1998);
Decisão "*BT/AT&T*", IV/JV15 (1998);
Decisão "*Bertelsmann/Kirch/Premiere*", IV/M993 (1999);
Decisão "*Rewe/Meinl*", IV/M1221 (1999);
Decisão "*Danish Crown/Vestjyske Slagterier*", IV/M1313 (1999);
Decisão "*FCC/Vivendi*", IV/M1365 (1999);
Decisão "*Exxon/Mobil*", IV/M1383 (1999);
Decisão "*Hutchinson Whampoa/RMPM/ECT*", IV/M1412 (1999);
Decisão "*Airtours*", IV/M1524 (1999);
Decisão "*BP Amoco/Arco*", COMP/M 1532 (1999);
Decisão "*Chronopost/Correos*", IV/JV18 (1999);
Decisão "*Alitalia/KLM*", IV/JV.19 (1999);
Decisão "*Fujitsu/Siemens*", IV/JV22 (1999);

1710   *Empresas comuns* – Joint Ventures

Decisão *"Telefónica/Portugal Telecom/Medi Telecom"*, IV/JV23 (1999);
Decisão *"Bertelsmann/Planeta/BOL Spain"*, IV/JV24 (1999);
Decisão *"Sony/Time Warner/CDnow"*, IV/JV25 (1999);
Decisão *"Danish Crown/Vestjyske Slagterier"*, IV/M1313 (2000);
Decisão *"TotalFina/Elf"*, COMP/M1628 (2000);
Decisão *"Carrefour/Promodes"*, COMP/M1684 (2000);
Decisão *"Alcoa/Reynolds"*, COMP/M1693 (2000);
Decisão *"Generali/INA"*, COMP/M.1712 (2000);
Decisão *"Rexam/American National Can"*, COMP/M1939 (2000);
Decisão *"Interbrew/Bass"*, COMP/M2044 (2000);
Decisão *"TXU Europe/EDF-London Investments"*, IV/JV36 (2000);
Decisão *"Hitachi/NEC-DRAM"*, IV/JV44 (2000);
Decisão *"Totalfina/Elf"*, COMP/M1628 (2001);
Decisão *"Metso/Svedala"*, COMP/M2033 (2001);
Decisão *"CVC/Lenzing"*, COMP/M2187 (2001);
Decisão *"General Electric/Honeywell"*, COMP/M2220 (2001);
Decisão *"Nestlé/Ralston Purina"*, COMP/M2337 (2001);
Decisão *"Flextronics/Ericsson"*, COMP/M2358 (2001);
Decisão *"Shell/DEA"*, COMP/M2389 (2001);
Decisão *"Allianz/Dresdner"*, M.2431 (2001);
Decisão *"UPM-Kymmene/Haindl"*, COMP/M2498 (2001);
Decisão *"BP/E.ON"*, COMP/M2533 (2001);
Decisão *"Nordbanken/Postgirot"*, M2567 (2001);
Decisão *"Hutchinson/RCPM/ECT"*, COMP/JV55 (2001);
Decisão *"BASF/Eurodial/Pantochim"*, COMP/M2314 (2002);
Decisão *"Bayer/Aventis Crop Science"*, COMP/M2547 (2002);
Decisão *"Solvay/Montedison-Ausimont"*, COMP/M2690 (2002);
Decisão *"Télévision par Satéllite (TPS)"*, COMP/JV57 (2002);
Decisão *"Newscorp/Telepin"*, COMP/M2876 (2003);

5. Jurisprudência de tribunais norte-americanos

"South-Eastern Underwriters Association", de 1944 [*"South-Eastern Underwriters Association"*, 322 U.S. 533 (1944)];
"American Cristal Sugar", 152 F Supp, 387, 395 (1957);
"Sunkist Growers", 370 US.19, 29 (1962);
"Brown Shoe v. US", 370 US 294 (1962);
"Filadelphia national Bank", US v. 374 US 321 (1963);
"Denver and Rio Grande Western RR v. United States", 387 US, 485, 501, (1967);
"Broadcast Music Inc. v. CBS", 441 US. 1, 24 (1979);

Índice de jurisprudência e decisões da comissão

"*NCAA v. Board of Regents of the university of Oklahoma*", 468 US.85 (1984);

"*Copperweld*", 104 S. Ct. 2731 (1984);

"*FTC v Indiana Federation of Dentists*", 476 U.S. 447 (1986);

"*Eastman Kodack*" – "*Eastman Kodack Co. V. Image Technical Services Inc.*" – 112 S ct. 2072 (1992);

"*New York v. Kraft Gen. Foods Inc*", 1995 Trade Cas. (CCH) 70,911 (SDNY, 1995);

"*United States v. American Radio Sys Corp.*, 1997-1 Trade cas. (CCH) 71,147 (D.D.C. 1997)*";

"*Addamax Corp. v. Open Software Foundation, Inc.*" [152 F.3d 48 (1st Cir. 1998)];

"*California Dental Association v FTC*", 119 S. Ct. 1604 (1999);

"*Marrese v. American Academy of Orthopaedic Surgeons*" ('*Seventh Circuit – 692 F.ed at 1093.*').

BIBLIOGRAFIA

AA.VV., *Banking Supervision in the European Community – Institutional Aspects*. Éditions de l'Université de Bruxelles, 1995.

AA.VV., *Comparative Corporate Governance – The State of the Art and Emerging Research*. Oxford University Press, 1998.

AA.VV., *Corporate Law – The European Dimension*. Butterworths, 1991.

AA.VV., *EC Merger Control Reporter*, Coordinators, GERWIN VAN GERVEN, STEPHEN KINSELLA, Kluwer Law International, The Hague, London, Boston, *1990 – and Supplements (loose Leaf), December 2003*.

AAVV., *Joint Ventures in the United States*. London *et al.*, 1988.

AA.VV., *Le Droit de L'Entreprise das ses Relations Externes à la Fin du XXe Siècle – Mélanges en l'honneur de Claude CHAMPAUD*. Dalloz, Paris, 1997.

AA.VV., *Towards a European Civil Code*. Kluwer Law International, 1998.

ABBOTT, Alden F., "Foreign Competition and Relevant Market Definition Under the Department of Justice's Merger Guidelines". In: AB (1985), pp. 299 ss.

ABBOTT, Alden F., "Joint Production Ventures: The Case for Antitrust Reform". In: ALJ (1989), pp. 715 ss.

ABERG, Per, *Skandia Insurance Acquisition of Western Fire Insurance Company*. In: *Mergers and Acquisitions: Meeting the Challenges in Europe and North America After 1992*. Dennis Campbell, David A. Garbus (eds.). Kluwer Law and Taxation Publishers, 1991, Deventer, Boston, pp. 161 ss.

ABRAVANEL, Roger/ERNST, David, "M&A vs Alliances: Strategic Choices for European National Champions". In, M&A EUROPE Vol. 4 July/August (1992), pp. 39 ss.

ABREU, Jorge M. Coutinho, *Da Empresarialidade – As Empresas no Direito*, Almedina, Coimbra, 1996.

ADAMS, Jean W./HEIMFORTH, Keith, "The Effect of Conglomerate Mergers on the Changes in Industry Concentrations". In: AB (1986), pp. 133 ss.

ADAMS, Michael – "Cross Holdings in Germany". In: JITE (1999), pp.88 ss.

ADAMS, Walter/BROCK, James W., "The Sherman Act and the Economic Power Problem". In: AB (1990), pp. 25 ss.

1714   *Empresas comuns* – Joint Ventures

ADDANKI, Sumanth, "The DOJ's Draft Intellectual Property Guidelines: An Economist's First Look". In: ECLR (1995), pp. 220 ss.

AGRAWAL, Anup/JAFFE, Jeffrey/MANDELKER, Gersgon, "The Post-Merger Performance of Acquiring Firms: A Re-examination of an Anomaly". In: J Fin. (1992), pp. 1605 ss.

AHLBORN, Christian/EVANS, David S./PADILLA, Atilano Jorge, "Competition Policy in the New Economy: Is European Competition Law up to the Challenge?" In: ECLR (2001), pp. 156 ss.

AKYÜREK-KIEVITS, Henriëtte, *Changes in EC Policy on Joint Ventures.* In: *Current and Future Perspectives on EC Competition Law*, Lawrence Gormley (ed.). Kluwer Law International, 1997, pp. 31 ss.

ALBAEK, Svend/MOLLGAARD, H. Peter/OVERGAARD, Per Baltzer, "Law-Assisted Collusion? The Transparency Principle in the Danish Competition Act". In: ECLR (1996), pp. 339 ss.

ALESE, Femi, "B2B Exchanges and EC Competition Law: 2B or not 2B?" In: ECLR (2001), pp. 325 ss.

ALEXANDER, Willy, "Le Contrôle des Concentrations entre Entreprises – Une Affaire Communautaire". In: CDE (1990), pp. 529 ss.

ALLEN, David, *European Union, The Single European Act and the 1992 Programme.* In: *The Single European Market and Beyond*, Dennis Swann (ed.), Routledge, 1992.

ALMEIDA, Carlos Ferreira de, *Texto e Enunciado na Teoria do Negócio Jurídico.* Vol. I, Almedina, Coimbra, 1992.

ALMEIDA, Carlos Ferreira de, *Contratos – Conceito, Fontes, Formação.* Vol. I, Almedina, Coimbra, 2000.

ALMEIDA, José C. Moitinho de, *A Autonomia dos Direitos Nacionais sobre a Concorrência Relativamente ao Direito Comunitário.* In: *Concorrência em Portugal nos anos 80.* Lisboa, 1985.

ALONSO, Juan Briones, "Economic Assessment of Oligopolies under the Community Merger Control Regulation". In: ECLR (1993), pp. 118 ss.

ALONSO, Juan Briones, "Market Definition in the Community's Merger Control Policy". In: ECLR (1994), pp. 194 ss.

ALVES, José Manuel Caseiro, *Lições de Direito Comunitário da Concorrência.* Coimbra Editora, 1989.

AMEL, Dean/HANNAN, Timothy, "Defining Banking Markets According to Principles Recommended in the Merger Guidelines". In: AB (2000), pp. 615 ss.

AMIEL-COSME, Laurence, "Les Réseaux de Distribution". Paris, 1995.

AMORY, Bernard, *Vertical Aspects of Mergers, Joint Ventures and Strategic Alliances.* In: *International Antitrust Law & Policy – Annual Proceedings of the Fordham Corporate Law Institute*, 1997, Barry Hawk (ed.), Juris Publishing, Inc. 1998, pp. 147 ss.

Bibliografia

ANDERMAN, *EC Competition Law and Intellectual Property Rights: The Regulation of Innovation,* Clarendon Press, Oxford, 1998.

ANDERSON, Lloyd C., *"United States v. Microsoft,* Antitrust Consent Decrees and the Need for a Proper Scope of Judicial Review". In: ALJ (1996), pp. 1 ss.

ANDRADE, Manuel de, *Teoria Geral da Relação Jurídica.* Vol. II, Coimbra, 1987.

ANGELONI, I./KASHYAP, A./MOJON, B./TERLIZESSE, D., *Monetary Transmission in the Euro Area: Where do We Stand?* ECB Working Paper, n. 114 (2002).

ANTUNES, J. Engrácia, *Os Direitos dos Sócios da Sociedade-Mãe na Formação e Direcção dos Grupos Societários.* Universidade Católica Portuguesa, Porto, 1994.

ANTUNES, J. Engrácia, *Direito das Sociedades Comerciais – Perspectivas do seu Ensino.* Almedina, Coimbra, 2000.

ANTUNES, J. Engrácia, *Participações Qualificadas e Domínio Conjunto.* Universidade Católica Portuguesa. Porto, 2000.

ANTUNES, J. Engrácia, *A Supervisão Consolidada dos Grupos Financeiros.* Universidade Católica Portuguesa, Porto, 2000.

ANTUNES, J. Engrácia, *Os Grupos de Sociedades – Estrutura e Organização Jurídica da Empresa Plurissocietária.* Almedina, Coimbra, 2002.

ANTUNES, Luís Miguel Pais, Direito da Concorrência – *Os Poderes de Investigação da Comissão e a Protecção dos Direitos Fundamentais.* Almedina, Coimbra, 1995.

ANTUNES, Luís Miguel Pais, "A Aplicação das Regras de Concorrência ao Sector Bancário e Financeiro". In: Boletim de Concorrência e Preços, 3ª Série, n.º 24, 4º Trimestre de (1995), pp. 3 ss.

ARAÚJO, Fernando, *A Retórica da Economia. Os Desafios de McCloskey.* In: *Estudos em Homenagem ao Professor Doutor Pedro Soares Martinez,* II. Almedina, Coimbra, 2000.

ARAÚJO, Fernando, *Introdução à Economia,* Vols. I e II, Almedina, Coimbra, 2004.

AREEDA, Phillip, "Intraentreprise Conspiracy in Decline". In: Harv. L. Rev. (1983), pp. 451 ss.

AREEDA, Phillip, *Antitrust Law.* Little Brown & Company, 1986.

AREEDA, Phillip, "The State of Antitrust: Conspiracy". In: ALJ (1992), pp. 93 ss.

AREEDA/TURNER, *Antitrust Law: An Analysis of Antitrust Principles and Their Application.* 1980, pp.910 ss.

AREEDA, Phillip/KAPLOW, Louis, *Antitrust Analysis.* Aspen Law & Business, 1997.

AREEDA/HOVENKAMP/SOLLOW, *Antitrust Law.* Aspen Law & Business. 1998.

ARMSTRONG, Julian, "Compliance Programmes". In: ECLR, (1995), pp. 147 ss.

ARQUIT, Kevin J., "Perspectives on the 1992 U.S. Government Horizontal Merger Guidelines". In: ALJ (1992), pp. 121 ss.

ART, Jean-Yves, "Developments in EC Competition Law in 1998: An Overview". In: CMLR (1999), pp. 971 ss.

ART, Jean-Yves/LIEDEKERKE, Dirk van, "Developments in EC Competition Law in 1996 – An Overview". In: CMLR (1997), pp. 895 ss.

1716   *Empresas comuns* – Joint Ventures

ASCENSÃO, José de Oliveira, *A Tipicidade dos Direitos Reais*. Lisboa, 1968.

ASCENSÃO, José de Oliveira, "Estabelecimento Comercial e Estabelecimento Individual de Responsabilidade Limitada". In: ROA (1987), pp. 13 ss.

ASCENSÃO, José de Oliveira, "Integração Empresarial e Centros Comerciais". In: BMJ, n. 407, 1991.

ASCENSÃO, José de Oliveira, *Direito Comercial*. Vol. I. *Institutos Gerais*, Lisboa, 1998/99.

ASCENSÃO, José de Oliveira, *Direito Civil – Teoria Geral*. Vol. I. Coimbra, Editora, 2000.

ASCENSÃO, José de Oliveira, *Direito Civil – Teoria Geral*. Vol. III. Coimbra, Editora, 2002.

ASCENSÃO, José de Oliveira, *O Direito – Introdução e Teoria Geral*. Almedina, Coimbra, 2003.

ASCENSÃO, Oliveira J./CORDEIRO, Menezes A., "Cessão de Exploração de Estabelecimento Comercial, Arrendamento e Nulidade Formal". In: ROA (1987), pp. 858 ss.

ASSONIME, "La Nuova Disciplina dei Consorzi – Lege 10 magio 1976". In: Riv Soc. (1976), pp. 729 ss.

ASTOLFI, *Il Contratto de Joint Venture. La Disciplina Giuridica dei Ragruppamenti Temporanei di Imprese*. Milano, 1981.

ATWOOD, James R., "Antitrust, Joint Ventures, and Electric Utility Restructuring: RTGs and Poolcos". In: ALJ (1996), pp. 323 ss.

AVERITT, Neil/LANDE, Robert H., "Consumer Sovereignty: A Unified Theory of Antitrust and Consumer Protection Law". In: ALJ (1997), pp. 713, ss.

AXINN, Stephen M., "Developments in Mergers and Acquisitions. In: ALJ (1989), pp. 403 ss.

AXSTER, Oliver, *Joint Ventures and Antitrust With Particular Emphasis on the Development of German Antitrust Theory and Practice*. In: *EC and U.S. Competition Law and Policy – Annual Proceedings of the Corporate Law Institute – 1991*. Barry Hawk (ed.), Transnational Juris Kluver, 1992, pp. 599 ss.

AXSTER, O./FAULL, J., *Joint Ventures Under EEC Law – Panel Discussion*. In: *EC and US Competition Law and Policy – Annual Proceedings of the Fordham Corporate Law Institute – 1991*. Barry Hawk (ed.). Transnational Juris Kluwer, 1992, pp. 611 ss.

AZCUENAGA, Mary, "Market Power as a Screen in Evaluating Horizontal Restraints". In: ALJ (1992), pp. 935 ss.

AZEVEDO, João Pearce, "Crime and Punishment in the Fight Against Carteless: The Gathering Storm". In: ECLR (2003), pp. 400 ss.

AZEVEDO, João Pearce/WALKER, Mike, "Market Dominance: Measurement Problems and Mistakes". In: ECLR (2003), pp. 640 ss.

BACKMAN, J., "Joint Ventures and Antitrust Laws". In: NYULR. (1965), pp. 651 ss.

BAER, William J., "Reflections on Twenty Years of Merger Enforcement Under the Hart-Scott-Rodino Act". In: ALJ (1997), pp. 825 ss.

BAILEY, David, "Standard of Proof in EC Merger Proceedings: A Common Law Perspective". In: CMLR (2003), pp. 845 ss.

BAIN, Joe S., "The Profit Rate as a Measure of Monopoly Power". In: Quarterly Journal of Economics (1941), pp. 271 ss.

BAKER, Donald I., "Appointing an Antitrust Thinker to the Supreme Court". In: Editorial (1995), ECLR, pp. 135 ss.

BAKER, Donald I., "Shared ATM Networks – The Antitrust Dimension". In: AB (1996), pp. 399 ss.

BAKER, Donald/BLUMENTHAL, William, "The 1982 Guidelines and Preexisting Law". In: Cal L R. (1983), pp. 311 ss.

BAKER, Jonathan B., "Recent Developments in Economics That Challenge Chicago School Views". In: ALJ (1989), pp. 645 ss.

BAKER, Jonathan B., "Identifying Horizontal Price Fixing in the Electronic Marketplace". In: ALJ (1996), pp. 41 ss.

BAKER, Jonathan B., "Vertical Restraints with Horizontal Consequences: Competitive Effects of 'Most-Favored-Customer' Clauses". In: ALJ (1996), pp. 517 ss.

BAKER, Jonathan B., "The Problem with *Baker Hughes* and *Syufy*: On the Role of Entry in Merger Analysis". In: ALJ (1997), pp. 353 ss.

BAKER, Jonathan B., *Responding to Developments in Economics and the Courts: Entry in the Merger Guidelines.* In: *20 th Aniversary of the 1982 Merger Guidelines: The Contribution of the Merger Guidelines to the Evolution of Antitrust Doctrine.* Antitrust Division – Department of Justice, June 2002.

BAKER, Jonathan B./BRESNAHAN, Thimothy F., "Empirical Methods of Identifying and Measuring Market Power". In: ALJ (1992), pp. 3 ss.

BAKER, Simon/WU, Lawrence, "Applying the Market Definition Guidelines of the European Commission". In: ECLR (1998), pp. 273 ss.

BAKER, Simon/COSCELLI, Andrea, "The Role of Market Shares in Differentiated Product Markets". In: ECLR (1999), pp. 42 ss.

BALDI, Roberto, *I Contrati di Agencia. La Concessione di Vendita. Il Franchising.* Milano, 1997.

BALLASSA, Bella, *The Theory of Economic Integration.* George Allen & Unwin, 1962.

BALMER, Thomas A., "One Step Forward, Two Steps Back: Economic Analysis and Political Considerations in Antitrust Law Revision". In: AB (1986), pp. 981 ss.

BANGEMANN, Martin, "Pour Une Politique Industrielle Européenne". In: RMCUE (1992), pp. 367 ss.

BANKS, Karen, *Mergers and Partial Mergers Under EEC Law.* In: *Annual Proceedings of the Fordham Corporate Law Institute – North American and*

1718   *Empresas comuns* – Joint Ventures

Common Market and Antitrust and Trade Laws – 1987. Barry Hawk (ed.). Matthew Bender, 1988, pp. 404 ss.

BAPTISTA, Luiz O./DURAND-BARTHEZ, Pascal, *Les Associations d'Entreprises (Joint Ventures) dans le Commerce International.* Librairie Générale de Droit et de Jurisprudence, 1991.

BARENTS, René, "The Internal Market Unlimited: Some Observations on the Legal Basis of Community Legislation." In: CMLR (1993), pp. 85 ss.

BARRO, Robert J./GRILLI, Vittorio, *European Macroeconomics.* Macmillan, London, 1994.

BARROS, Pedro Pitta/CABRAL, Luís, "Merger Policy in Open Economies". In: EE Rev (1994), pp. 1041 ss.

BASEDOW, J./JUNG, *Strategische Allianzen*, München, 1993.

BASTUCK, Burkhard/SCONFELD, Ulrich Von/SCHÜTTE, Michael, *Joint Ventures in Germany.* In: *Joint Ventures in Europe.* Julian Ellison, Edward Kling (ed.). Butterworths, 1997, pp. 109 ss.

BAUMOL, W.J., "Contestable Markets: An Uprising in the Theory of Industrial Structure." In: Am Econ Rev. (1982), pp. 72 ss.

BAUMOL, William/ORDOVER, Janusz, *Antitrust Source of Dynamic and Static Inefficiencies?* In: *Antitrust, Innovation and Competitiveness.* Thomas Jorde, David Teece (eds.), 1992.

BAUMOL, William/WILLIG, R., *Contestability: Developments Since the Book.* In: *Strategic Behaviour and International Competition.* D.J.Morris (ed.), Claredon Press Oxford, 1986.

BAVASSO, "Gencor: A Judicial Review of the Commission's Policy and Practice." In: W Comp. (1999), pp.45 ss.

BAXTER, William F., "Bank Interchange of Transactional Paper: Legal and Economic Perpesctives". In: JL & Econ. (1983), pp. 541 ss.

BAXTER, William F., "Panel Discussion – The Direction of Antitrust in the Decade Ahead: Some Predictions". In ALJ, 1988, pp. 89 ss.

BAXTER, William F., Substantive *Review Under the Merger Regulation – Panel Discussion.* In: *International Mergers and Joint Ventures – Annual Proceedings of the Fordham Corporate Law Institute – 1990.* Transnational JurisPublications, Barry Hawk (ed.), 1991, pp. 561 ss.

BEAMISH, P. W., *Multinational Joint Ventures in Developing Countries.* Routledge. London and New York, 1988.

BEAUJOUR, Jean-Claude, "The Concept of Free Competition in European and Japanese Laws: A Comparative Perspective in Financial Services." In: European Financial Services Law (1998), pp. 22 ss.

BECHTHOLD, Rainer, "Die Grundszge Der Neuen EWG – Fusionskontrolle." In: Recht Der Internationalem Wirtschaft (1990), pp. 253 ss.

BEGG, P., *Corporate Acquisitions and Mergers.* Vol.I e Vol. II. Kluver, 1991.

BEGUIN, *Les Entreprises Conjointes Internationales dans les Pays en Voie de Développement.* Genève, 1972.

BELL, George Joseph, *Principles of the Law of Scotland.* Edinburgh. The Clark Law Bookseller, 1839.

BELLAMY, Christopher, *Mergers Outside the Scope of the New Merger Regulation – Implications of the Philip Morris Judgment.* In: *Annual Proceedings of the Fordham Corporate Law Institute – European/American Antitrust and Trade Law – 1988.* Barry Hawk (ed.). Matthew Bender, 1989, pp. 22-1 ss.

BELLAMY, Christopher W./CHILD, Graham D., *European Community Law of Competition.* London, Sweet & Maxwell, 2001.

BENACCHIO, Giannantonio, *Diritto Privato della Comunità Europea – Fonti, Modelli, Regole.* Cedam, Padova, 2001.

BENGOETXEA, Joxerramnon, *The Legal Reasoning of the European Court of Justice.* Clarendon Press, Oxford, 1993.

BENZIG, Cynthia, "Mergers – What the 'Grimm' Data Tell Us". In: Rev Ind O. (1993) pp 747 ss.

BERGH, Roger Van den/CAMESASCA, *European Competition Law and Economics – A Comparative Perspective.* Intersentia, Hart, 2001.

BERGMAN, "The Corporate Joint Adventure under Antitrust Laws". In: NYULR (1962), pp. 712 ss.

BERGMANN, Helmut, "Settlements in EC Merger Control Proceedings – A Summary of EC Enforcement Practice and a Comparison with the United States." In: ALJ (1993), pp. 47 ss.

BERGQVIST, Christian, "The Concept of an Autonomous Economic Entity". In: ECLR (2003), pp. 498 ss.

BERLE, Adolf/MEANS, Gardiner C., *The Modern Corporation & Private Property.* Transaction Publishers, 1997.

BERLIN, Dominique, "Les Taxes sur Le Chiffre D'affaires et Le Droit Communautaire". In: Revue de Droit Fiscal (1988), pp. 861 ss.

BERLIN, Dominique, "L'Application Par Les Autorités Nationales Du Droit Communautaire de la Concurrence". In: RTDE (1991), ns. 1 a 3.

BERLIN, Dominique, *Controle Communautaire des Concentrations.* Editions Pedone. Paris, 1992.

BERLIN, Dominique, "Concentrations (1er janvier 1997 – 31 décembre 1997)". In: RTDE (1998) pp. 365 ss.

BERLIN, Dominique, "Concentrations (1er janvier 1998 – 31 décembre 1998)". In: RTDE, (2000), pp. 139 ss.

BERNINI, Giorgio, *Jurisdictional Issues: EEC Merger Regulation, Member State Laws and Articles 85-86.* In: *International Mergers and Joint Ventures – Annual Proceedings of the Fordham Corporate Law Institute, 1990.* Barry Hawk (ed.). Transnational Juris Chancery, 1991, pp. 611 ss.

1720 *Empresas comuns* – Joint Ventures

BERNINI, Giorgio, *Un Secolo di Filosofia Antitrust. Il Modelo Statunitense, la Disciplina Comunitaria e la Normativa Italiana*. Bologna, Cooperativa Libraria Universitaria Editrice, 1991.

BERNINI, Giorgio, *Administrative/Prosecutorial Discretion of Antitrust Authorities*. In: *International Antitrust Law and Policy – Annual Proceedings of the Fordham Corporate Law Institute – 1999*. Barry Hawk (ed.). Juris Publishing Inc., 2000, pp. 573 ss.

BERRY, Steven/PAKES, Ariel, "Some Apllications of Recent Advances in Empirical Industrial Organization Merger Analysis". In: Am Econ Rev. (1993), pp. 247 ss.

BERTINI, Silvano/SASSATELLI, Marco, *Le Concentrazioni in Europa e in Italia e la Realizzazione del Mercato Único*. In: *Concorrenza e Controllo delle Concentrazioni in Europa*. Il Mulino, Bologna, 1993, pp. 51 ss.

BETTI, Emílio, *Interpretazione della Legge e sua Efficienza Evolutiva*, Padova, 1959.

BETTI, Emílio, *Teoria Geral do Negocio Jurídico*. Coimbra, 1969.

BETTZÜGE, M. O./HENS, T., *An Evolutionary Approach to Financial Innovation*. Discussion Paper, University of Bonn, 1997.

BHANDARI, J./SYKES, Alvin, *Economic Dimensions in International Law*. Cambridge University Press, 1997.

BIANCHI, Patrizio/GUALTIERI, Giuseppina, "Mergers and Acquisitions in Italy and the Debate on Competition Policy". In: AB (1989), pp. 601 ss.

BIANCHI, Patrizio/GUALTIERI, Giuseppina, *Economia di Mercato ed Istituzioni Pubbliche per il Funzionamento del Mercato nella Nuova Fase di Integrazione Europea – un Analisi di Economia Politica*. In: *Concorrenza e Controllo delle Concentrazioni in Europa*. Il Mulino, Bologna, 1993, pp. 23 ss.

BIENAYMÉ, Alain, *Principes de Concurrence*. Economica, Paris, 1998.

BIKKER, J./GROENEVELD, H., "Competition and Concentration in the EU Banking Industry". In Kredit-und-Kapital (2000), pp. 62 ss.

BISHOP, Bill/BISHOP Simon, "Reforming Competition Policy: Bundeskartellamt – Model or Muddle?" In: ECLR (1996) Editorial, pp. 207 ss.

BISHOP, Bill/BISHOP Simon, "When Two is Enough – Competition in Bidding Markets". In: ECLR (1996), Editorial, pp. 3 ss.

BISHOP, Simon/WALKER, Mike, *The Economics of EC Competition Law: Concepts, Application and Measurement*. London, Sweet & Maxwell, 2002.

BISHOP, Simon/RIDYARD, Dereck, "Prometheus Unbound: Increasing The Scope for Intervention in EC Merger Control." In: ECLR (2003), pp. 257 ss.

BLACK, Oliver, "Concerted Practices, Joint Action and Reliance". In: ECLR (2003), pp. 219 ss.

BLACK, Oliver, "Collusion and Co-ordination in EC Merger Control". In: ECLR (2003), pp. 407 ss.

BLACK, Oliver, "What is an Agreement". In: ECLR (2003), pp. 504 ss.

BLAIR, Roger D./ESQUIBEL, Amanda K., "Maximum Resale Price Restraints in Franchising", in ALJ (1996), pp. 157 ss.

BLAISE, J. B., "Droit de Concurrence: Exemption par Catégorie des Accords d'Exclusivité". In: RTDE (1985), pp. 654 ss.

BLAISE, J. B., "Application des Règles de Concurrence du Traité aux Opérations de Concentrations." In: RTDE (1989), pp. 471 ss.

BLOOM, Margaret, A *UK Perspective of the Europeanisation of National Competition Law*. In: *Modernisation and Decentralisation of EC Competition Law*. J. Rivas, M. Horspool (eds.). Kluwer Law international, 2000, pp. 69 ss.

BLOOM, Margaret, *Retailer Buyer Power*. In: *International Antitrust Law Policy – Annual Proceedings of the Fordham Corporate Law Institute – 2000*. Barry Hawk (ed.). Juris Publishing, 2001, pp. 395 ss.

BLUM, Françoise/LOGUE, Anne, *State Monopolies Under EC Law*. Wiley, 1998.

BLUMANN, Claude, "Régime des Aides D'Etat: Jurisprudence Récente de la Cour de Justice (1989-1992)". In: RMCUE (1992), pp. 721 ss.

BLUMBERG, P., *The Law of Corporate Groups*. Boston *et alii*, 1983-1989.

BLUMENTHAL, William, "Ambiguity and Discretion in the New Guidelines Some Implications for Practitioners". In ALJ (1993), pp. 471 ss.

BLUMENTHAL, William, "Symposium: Twenty Years of Hart-Scott-Rodino Merger Enforcement". In: ALJ (1997), pp. 813 ss.

BOCCHINI, *Associazioni Temporanee di Impresa*. Intervento al Convegno Nuove Topologie Contrattuali. Roma, 1990.

BÖGE, Ulf/MÜLLER, Edith, "From the Market Dominance Test to the SLC Test: Are There Any Reasons for a Change". In: ECLR (2002), pp. 495 ss.

BOISSIEU, Christian de, "La Banalisation de l'Intermédiation Financière", In: Problèmes Économiques (1988), pp. 12 ss.

BOLZE, Christian, *Le Marché Commun Face Aux Traités (Étude Comparative sur les Groupes de Sociétés et le Droit de la Concurrence dans la CEE)*. Nancy, 1981.

BOLZE, Christian, "Le Règlement (CEE) 4064/89 du Conseil Relatif Au Contrôle Des Opérations de Concentrations". In: Revue des Sociétés (1990), pp. 207 ss.

BOLZER, Jean-Marc, "The New EEC Merger Control Policy After the Adoption of Regulation 4064/89". In: W Comp. (1990), pp. 31 ss.

BONVICINI, *Le "joint venture": Tecnica Giuridica e Prassi Societaria*. Milano, 1977.

BORENSTEIN, S./BUSHNELL, J., "An Empirical Analysis of the Potential for Market Power in Califormia's Electricity Industry". In: Industrial Economics (1999) pp. 285 ss.

BORGIA, Rossella Cavallo, *Il Contrato di Engineering*. Cedam. Padova, 1992.

BORK, Robert, "The Rule of Reason and the Per Se Concept: Price Fixing and Market Division". In: YLJ (1974), pp. 775 ss.

BORK, Robert, *The Antitrust Paradox – A Policy at War with Itself*. The Free Press, New York, Oxford, Singapore, Sidney, 1993.

1722   *Empresas comuns* – Joint Ventures

Bos, Pierre-Vincent, "Towards a Clear Distribution of Competence Between EC and National Competition Authorities". In: ECLR, 1995, pp. 410 ss.

Bos, Pierre-Vincent/Stuyck, Jules/Wytinck, Peter, *Concentration Control in the European Economic Community*. Graham & Trotman, 1992.

Boulton, A. H., *Business Consortia*. Sweet & Maxwell, 1961.

Bouquerel, F., *Cinquante Ans d'Économie Contemporaine – Histoire et Derives*. Paris, 1991.

Bourgeois, Jacques, "EEC Control over International Mergers". In: YEL (1990), pp. 115 ss.

Bourgeois, Jacques/Drijber, B.J., "Le Règlement CEE Relatif au Contrôle des Concentrations – Un Premier Commentaire". In: Revue des Affaires Européennes (1990), pp. 15 ss.

Bourgeois, Jacques/Langeheine, Bernd, *Jurisdictional Issues: EEC Merger Regulation Member State Laws and Articles 85-86*. In: *International Mergers and Joint Ventures – Annual Proceedings of the Fordham Corporate Law Institute – 1990*. Barry Hawk (ed.). Transnational Juris Chancery, 1991, pp. 583 ss.

Bourgeois, Jacques/Humpe, Christophe, "The Commission's Draft New Regulation 17". In: ECLR (2002), pp. 43 ss.

Bouterse, R.B, *Competition and Integration. What Goals Count?* Kluwer, Deventer, Boston, 1994.

Bowen, Fox, The *Law of Private Companies*. London, 1991.

Boyer, Kenneth D., "Mergers That Harm Competition". In: Rev Ind O. (1992), pp. 191 ss.

Boyer, Robert/Hollingsworth, Rogers, *The Variety of Institutional Arrangements and their Complementarity in Modern Economies*. In: *Contemporary Capitalism – The Embeddedness of Institutions*. Rogers Hollingsworth, Robert Boyer (eds.), pp. 49 ss.

Boyle, S. E., "The Joint Subsidiary: An Economic Appraisal". In: AB (1960), pp. 303 ss.

Brancato, Carolyn Kay, *Institutional Investors and Corporate Governance*. Irwin, 1997.

Brault, Dominique, *Droit de la Concurrence Comparé*. Economica, Paris, 1995.

Brault, Dominique, *Droit et Politique de la Concurrence*. Economica, Paris, 1997.

Braun, Fernand, "Concentration Control and Competition Law". In: European Affairs (1988), pp. 54 ss.

Brent, Richard, "The Certain Pursuit of Oligopoly: A Reply". In: ECLR (1996), pp. 163 ss.

Bright, Christopher, "The European Merger Control Regulation: Do Member States Still Have an Independent Role in Merger Control? (Part I)". In: ECLR (1991), pp. 139 ss.

BRIGHT, Christopher, *Deregulation of EC Competition Policy Rethinking Article 85 (1)*. In: *Annual Proceedings of the Fordham Corporate Law Institute –*

International Antitrust Law & Policy – 1994. Barry Hawk (ed.). Transnational Juris Publications Inc. Kluwer Law International, 1995, pp. 505 ss.

BRILL, Jean-Pierre, "Filiales Communes et Article 85 CEE: Étude des Décisions Récents de la Commission des Communautés Européennes". In: RTDCDE (1992), pp. 87 ss.

BRITO, Helena, *O Contrato de Concessão Comercial*. Almedina, Coimbra, 1990.

BRITTAN, Leon, "The Law and Policy of Merger Control in the EEC". In: EL Rev. (1990), pp. 351 ss.

BRITTAN, Leon, *European Competition Policy – Keeping the Playing-Field Level*. Centre of European Policy Studies (CEPS), 1992.

BROBERG, Morten, *The European Commission's Jurisdiction to Scrutinise Mergers*. Kluwer, 1998.

BRODEN, T. F./SCANLAN, A. L., "The Legal Status of Joint Venture Corporations". In: Vanderbilt Law Review, (1958), pp. 673 ss.

BRODLEY, Joseph F., "Joint Venture and Antitrust Policy". In: Harv L. Rev. (1982), pp. 1523 ss.

BRODLEY, Joseph F., "The Economic Goals of Antitrust: Efficiency, Consumer Welfare, and Technological Progress". In: NYULR (1987) pp. 1020 ss.

BRODLEY, Joseph F., *Antitrust Law and Innovation Cooperation*. In: *Collaboration Among Competitors*, 1990, pp. 938 ss.

BRODLEY, Joseph F., "Post-Chicago Economics and Workable Legal Policy". In: ALJ (1995), pp. 683 ss.

BRODLEY, Joseph F., "Proof of Efficiencies in Mergers and Joint Ventures". In: ALJ (1996), pp. 575 ss.

BRONCKERS, C.E.J., "Private Enforcement of 1992 – Do Trade and Industry Stand A Chance Against The Member States?" In: CMLR (1989), pp. 513 ss.

BRONSTEEN, Peter, "A Review of the Revised Merger Guidelines". In: AB. (1984), pp. 613 ss.

BROOKS, Robin, *Financing Acquisition – The European Communities Regulatory Climate*. In: *Mergers and Acquisitions: Meeting the Challenges in Europe and North America After 1992*. Kluwer Law and Taxation Publishers, Deventer, Boston, 1991, pp. 21 ss.

BROWN, Adrian, "Distinguishing Between Concentrative and Co-operative Joint Ventures: Is it Getting any Easier?" In: ECLR (1996) pp. 240 ss.

BROWN, Neville, "The First Five Years of the Court of First Instance and Appeals to the Court of Justice: Assessment and Statistics". In: CMLR (1995), pp. 743 ss.

BROZOLO, Luca Radicati di/GUSTAFSSON, Magnus, "Full-Function Joint Ventures under the Merger Regulation: The Need for Clarification". In: ECLR (2003), pp. 574 ss.

BRUNT, Maureen, *Antitrust in the Courts: The Role of Economics and of Economists*. In: *Annual Proceedings of the Fordham Corporate Law Institute – International*

1724 *Empresas comuns* – Joint Ventures

Antitrust Law & Policy – 1998. Barry Hawk (ed.). Juris Publishing Inc., 1999, pp. 357 ss.

BUCKLEY, Peter/CASSON, Mark, *A Theory of Cooperation in International Business*. In: *Cooperative Strategies in International Business*. Farok Contractor, Peter Lorange (eds.). Lexington Books, 1988, pp. 31 ss.

BUONOCORE, Vicenzo (*a cura di*), *Istituzioni di Diritto Commerciale*. G. Giapichelli Editore, Torino, 2000.

BURKE, T./GEN-BASH/HAINES, *Competition in Theory and Practice*. London, 1988.

BURNSIDE, Alec/MACKENZIE, Judy, "Joint Venture Analysis: The Latest Chapter". In: ECLR, (1995), pp.138 ss.

BURTON, John, *Competition Over Competition Analysis. A Guide to Some Contemporary Economics Disputes*. In: *The Frontiers of Competition Law*. Julian Lonbay (ed.) Wiley Chancery, London, 1994, pp. 1 ss.

BUXBAUM, Jennings, *Corporations, Cases and Materials*. St.Paul, Minnesota, 1979.

BYTTE BIER, K./VERROKEN, A., *Structuring International Cooperation Between Enterprises*. Graham & Trotman, 1995.

CABRAL, Inês/DIERICK, Franck/VESALA, Jukka, *Banking Integration in the Euro Area*. European Central Bank, Occasional Paper Series, n.° 6, December 2002.

CABRAL, Luís M. B., *Introduction to Industrial Organization*. The MIT Press, Cambridge, Massachusetts, 2000.

CALHEIROS, José Maria, "Sobre o Conceito de Mercado Interno na Perspectiva do Acto Único Europeu". In: Doc Dir Comp. (1989), pp. 371 ss.

CALKOEN, Willen/FEENSTRA, J., "Acquisition of Shares in Other Companies and EEC Competition Policy – The Philip Morris Decision". In: The International Business Lawyer (1988), pp. 167 ss.

CALVANI, Terry, "Some Thoughts on the Rule of Reason". In: ECLR (2001), pp. 201 ss.

CALVANI, Terry, "Devolution and Convergence in Competition Enforcement". In: ECLR (2003), pp. 415 ss.

CALVANI, Terry/SIBARIUM, Michael L., "Antitrust Today: Maturity or Decline". In: AB (1990), pp. 123 ss.

CAMERON, D. J./CLIK M. A., *Market Share and Market Power in Merger and Monopolization Cases*. In: *Economic Inputs, Legal Outputs – The Role of Economists in Modern Antitrust*. Fred S. McChesney (ed.), John Wiley & Sons, 1998, pp. 121, ss.

CAMESASCA, Peter, *European Merger Control: Getting the Efficiencies Right*. Intersentia-Hart, 2000.

CAMESASCA, Peter/BERGH, Roger Van Den, "Achilles Uncovered: Revisiting The European Commission's 1997 Market Definition Notice". In: AB (2002), pp. 143 ss.

CAMPBELL, A., *EC Competition Law: A Practitioner's Textbook*. Amsterdam, 1980.

CAMPOBASSO, G.F., *Diritto Commerciale*, Vol I. Utet, Torino, 1996.

Campos, J. Mota de, *Direito Comunitário. O Ordenamento Económico.* Vol.III. Fundação Calouste Gulbenkian. Lisboa, 1997.

Canaris, C. W., *Pensamento Sistemático e Conceito do Sistema na Ciência do Direito.* Fundação Calouste Gulbenkian. Lisboa, 1989.

Cann, A., *Consideration of the Proposed Takeover Directive in the Light of United Kingdom Experience of Takeover Regulation.* In: *Conference on Mergers & Acquisitions – Leiden Institute, 1990.* Kluwer Law and Taxation Publisher. Deventer, Boston, 1991, pp. 41 ss.

Cappelletti, Mauro/Seccombe, Monica/Weiler, J.H., *Integration through Law – Europe and the American Federal Experience.* Vol. 1, books 1, 2; Vol. 4. Walter de Gruyter. Berlin, New York, 1986.

Carleti, Elena/Hartmann, Philipp/Spagnolo, Giancarlo, *Bank Mergers, Competition and Liquidity.* European Central Bank. Occasional Paper Series, n.º 292, November 2003.

Carlton, Dennis W./Perloff, Jeffrey, *Modern Industrial Organization.* Harper Collins College Publishers, New York, 1994.

Carlton, Dennis W./Frankel, Alan S., "The Antitrust Economics of Credit Card Networks". In: ALJ (1995), pp. 643 ss.

Carreau, Dominique/Gaillard, Emmanuel/Lee, William, *Le Marché Unique Européen.* Pedone. Paris, 1989.

Carvalho, Orlando de, *Critério e Estrutura do Estabelecimento Comercial – O Problema da Empresa como Objecto de Negócios.* Vol. I. Atlântida. Coimbra, 1967.

Carvalho, Orlando de, *Empresa e Lógica Empresarial.* In: *Estudos em Homenagem ao Prof. Doutor Ferrer Correia,* Vol. III. (separata do Boletim da Faculdade de Direito de Coimbra).

Caspari, Manfred, *Joint Ventures – The Intersection of Antitrust and Industrial Policy in the EEC.* In: *Antitrust and Trade Policy in the United States and the European Community – Annual Proceedings of the Fordham Corporate Law Institute – 1985.* Barry Hawk (ed.). Mathew Bender, 1986, pp. 449 ss.

Caves, Richard E., *Multinational Enterprise and Economic Analysis.* Cambridge University Press, 1999.

Celli, Riccardo/Grenfell, Michael, *Merger Control in the United Kingdom and European Union.* Kluwer, 1997.

Champaud, C., *Le Pouvoir de Concentration de la Société par Actions.* Sirey, Paris, 1962.

Champaud, Claude/Paillusseau, *L'Entreprise et le Droit Commercial.* Armand Colin, Paris, 1970.

Chang, Howard/Evans, David, "The Competitive Effects of the Collective Setting of Intercharge Fees by Payment Card Systems". In: AB (2000), pp. 641 ss.

Chang, Howard, "Some Economic Principles for Guiding Antitrust Policy Towards Joint Ventures". In: Col Bus L Rev. (1998), pp. 223 ss.

1726   *Empresas comuns* – Joint Ventures

CHARLES, Michel, "Les Entreprises Communes à Caractère Coopératif face à l'Article 85 du Traité CEE – Communication de la Commission CEE du 16 février 1993, sur les Entreprises Communes Coopératives". In: CDE (1994), pp. 327 ss.

CHAVEZ, John Anthony, "Joint Ventures in the European Union and the U.S.". In: AB (1999), pp. 959 ss.

CHAVRIER, Henri/HONORAT Edmond/MONGIN, Bernard, "Chronique Générale de Jurisprudence Communautaire – Le Droit Matériel: Janvier 1995 – Décembre 1996 ". In: RMCUE (1998), pp. 116 ss.

CHAVRIER, Henri/COULON, Emmanuel/LORIOT Guillaume/TRUCHOT Laurent, "Chronique Générale de Jurisprudence Communautaire – Le Droit Matériel: Janvier 1997 – Décembre 1998". In: RMCUE (2000), pp. 179 ss.

CHAVRIER, Henri/COULON, Emmanuel/LORIOT, Guillaume/TRUCHOT, Laurent, "Chronique Générale de Jurisprudence Communautaire – Le Droit Matériel: Janvier 1997 – Décembre 1998". In: RMCUE (2000), pp. 257 ss.

CHENG, Chia-Jui/LIU, Lawrence S./WANG, Chih-Kang (eds.), *International Harmonization of Competition Laws*. Martinus Nijhoff Publishers. Dordrecht/Boston//London, 1995.

CHRISTENSEN, Ralph, "Das Problem des Richtrrects aus der Sicht der Strukturierenden Rechtslehre". In: Archif für Rechts – und Sozialphilosophie, 1987, pp. 75 ss.

CHRISTOPHONAU, Thiophrasis, "Le Champ d'Application Territorial du Droit Communautaire de la Concurrence – L'Arrêt Pates de Bois". In: Revue des Affaires Européens, 1990, pp. 5 ss.

CHRISTOU, Richard, *Drafting Commercial Agreements*, Longman Group UK Ltd. 1993

CLARK J.M., *Competition as a Dynamic Process*. Washington DC. Brookings Institution, 1961.

CLARK, J.M., "Toward a Concept of Workable Competition". In: Am Econ Rev. (1940), pp. 241 ss.

CLERC, Elodie/CLARK, John, "Commission Clears the Creation of Three B2B E-Marketplaces: Covisint, Eutilia and Endorsia". In: Competition Policy Newsletter, n. 1, February, (2002), pp. 53 ss.

COASE, Ronald, "The Problem of Social Cost". In: JL & Econ (1960).

COATE, Malcom B., "Economics, The Guidelines and the Evolution of Merger Policy". In: AB (1992), pp. 997 ss..

COATE, Malcom/LANGEFELD, James, "Entry Under the Merger Guidelines 1982--1992". In: AB, 1993, pp. 557 ss.

COCKBORNE, Jean-Eric de, *New EEC Block Exemption Regulation on Franchising*. In: *European/American Antitrust and Trade* Law – Annual Proceedings of the Fordham Corporate Law Institute – 1988. Barry Hawk (ed.). Mattew Bender, 1989, pp. 13-1 ss.

Bibliografia

COFFEE JR., J.C., "The Future as History: The Prospects for Global Convergence in Corporate Governance and its Implications". In: Northwestern University Law Review (1999), pp. 641 ss.

COMANOR, William, "Vertical Price Fixing and Market Restrictions and the New Antitrust Policy". In: Harv L. Rev. (1985), pp. 990 ss.

CONSTANTINE, Lloyd, "An Antitrust Enforcer Confronts the New Economics". In: ALJ (1989), pp. 661 ss.

CONSTANTINE, Lloyd, "The Mission and Agenda for State Antitrust Enforcement". In: AB (1991), pp. 835 ss.

CONSTANTINE, Lloyd, "Introduction to The Cutting Edge of Antitrust: Market Power". In: ALJ, (1992), pp. 799 ss.

CONTRACTOR, Farok/LORANGE, Peter, *Why Should Firms Cooperate? The Strategy and Economic Basis for Cooperative Joint Ventures*. In: *Cooperative Strategies in International Business*. Contractor F., Lorange P. (eds.), Lexington Books, 1988, pp. 3 ss.

COOK, John/PERSE, Chris, *EEC Merger Control*. Sweet & Maxwell, London, 2000.

COOL, Karel/NEVEN, Damien J./WALTER, Ingo (eds.), *European Industrial Restructuring in the 1990s*. Macmillan, 1994.

COOTER, R., *Law and Economics*. New York, 1996.

CORAPI, D., *Joint Venture (aspetti societari)*. In: *Digesto delle Discipline Privatistiche*. Torino, 1992, pp. 74 ss.

CORDEIRO, António Menezes, *Direito das Obrigações*, 1°, Lisboa, AAFDL, 1980.

CORDEIRO, António Menezes, *Direito da Economia*. Lisboa, 1986.

CORDEIRO, António Menezes, "Da Tomada de Sociedades (Takeover): Efectivação, Valoração e Técnicas de Defesa". In: ROA (1994), pp. 761 ss.

CORDEIRO, António Menezes, "Empréstimos 'Cristal': Natureza e Regime". In: O Direito (1995), III/IV, pp. 492 ss.

CORDEIRO, António Menezes, *Tratado de Direito Civil Português*. I, tomo 1. Almedina, Coimbra, 2000.

CORDEIRO, António Menezes, *Manual de Direito Comercial*. Vols. I e II. Almedina, Coimbra, 2001.

CORREIA, Edward, "Joint Ventures: Issues in Enforcement Policy". In: ALJ (1998), pp. 737 ss.

CORREIA, Ferrer, "Sobre a Projectada Reforma de Legislação Comercial Portuguesa". In: ROA (1984), pp. 5 ss.

CORREIA, Ferrer, *Lições de Direito Comercial*, Vol. I, Edições Lex. Lisboa, 1994.

CORREIA, Ferrer, *Lições de Direito Comercial, Sociedades Comerciais – Doutrina Geral*. Vol. II. Coimbra, 1965-1968.

CORREIA, Ferrer, *Reivindicação do Estabelecimento Comercial como Unidade Jurídica*. In: *Estudos Jurídicos, II*. Atlântida, Coimbra (1969), pp. 255 ss.

1728 *Empresas comuns* – Joint Ventures

CORREIA, Ferrer/RAMOS, Rui Moura, *Um Caso de Competência Internacional dos Tribunais Portugueses.* Lisboa, 1991.

COSTANZA, Maria, *Il Contratto Atípico.* Giuffré. Milano, 1981.

COURATIER, Josyane, "Fusions et Acquisitions dans les Industries en Crise: Un Étude Comparé de la Législation sur la Libre Concurrence aux Etats Unis et dans la CEE". In: RMC (1988), pp. 396 ss.

CRAHAY, Paul – *Les Contrats Internationaux d'Agence et de Concession de Vente.* Paris, 1991.

CRAMPTON, Paul S., "Canada's New Merger Enforcement Guidelines: A 'Nuts and Bolts' Review". In: AB (1991), pp. 883 ss.

CROOKE, Philip/FROEB, Luke M./TSCHANTZ, Steven/WERDEN, Gregory, "Effects of Assumed Demand Form on Simulated Postmerger Equilibria". In: Rev Ind O. (1999), pp. 205 ss.

CRUZ, Julio Baquero, *Between Competition and Free Movement – The Economic Constitutional Law of the European Community.* Hart Publishing, 2002.

CRUICKSHANK, Don, *Competition in UK Banking – A Report the Chancellor of the Exchequer.* UK, 2000.

CUNHA, Paulo de Pitta e, "A Integração Económica na Europa Ocidental". In: Ciência e Técnica Fiscal, 1963/65, n.ºs 56-7.

CUNHA, Paulo de Pitta e, *Expansão e Estabilidade. Os Dilemas da Política Macro--Económica.* Lisboa, 1972.

CUNHA, Paulo de Pitta e, *Reflexões Sobre a União Europeia.* In: *Integração Europeia – Estudos de Economia, Politica e Direito Comunitários.* INCM (1993), pp. 397 ss.

CUNHA, Paulo de Pitta e, *Tax harmonisation.* In: *O Euro e o Mundo*, Pitta e Cunha, Lopes Porto (Coord.). Almedina, Coimbra, 2002, pp. 383 ss.

CUNHA, Paulo de Pitta e, *A Integração Europeia no Dobrar do Século.* Almedina, Coimbra, 2003.

CUNHA, Paulo de Pitta e, *A Constituição Europeia – Um Olhar Crítico sobre o Projecto.* Almedina, Coimbra, 2004.

CZINKOTA, Michael/RONKAINEN, Ilkka/MOFFETT, Michael/MOYNIHAN, Eugene, *Global Business.* The Dryden Press, 1998.

DABIN, Léon, "Les Structures de Coopération et les Contraintes Nées du Droit des Societés". In: Droit et Pratique du Commerce International (1984), pp. 477 ss.

DAHDOUH, Thomas/MONGOVEN, James, "The Shape of Things to Come: Innovation Market Annalysis in Merger Cases". In: ALJ (1996), pp. 405 ss.

DAINO, Giuseppe, "Tecniche di Soluzione del 'Deadlock': La Disciplina Contrattuale del Disacordo tra Soci nelle Joint Ventures Paritaire". In: D Comm Int. (1988), pp. 151 ss.

DATILLO, Giovanni, "Tipicità e Realtà nel Diritto dei Contrati". In: Riv Dir Civ. (1991), pp. 772 ss.

DAVENPORT, Michael, *The Economic Impact of the EEC*, In: *The European Economy, Growth and Crisis.* A. Boltho (ed.), Oxford University Press, 1982.

DAVIDOW, J., "Competition Policy, Merger Control and the European Community's 1992 Program" in Columbia Journal for Transnational Law, 1991, pp 11.

DAVIDOW, J., "Special Antitrust Issues Raised by International Joint Ventures". In: ALJ (1985), pp. 1031 ss.

DAVIDOW, J., "Cartels, Competition Laws and the Regulation of International Trade". In: Journal of International Law and Politics (1983). pp. 351 ss.

DAVIS, Ronald W., "Antitrust, The Trade Deficit and U.S. International Competitiveness: A Time for Rethinking". In: New York U. International Law and Politics (1986), pp. 1235 ss.

DAVIDSON, Carl/DENECKERE, Raymond, "Horizontal Mergers and Collusive Behaviour". In: International Journal of Industrial Organization (1984), pp. 117 ss.

DE ROUX/VOILLEMOT, *Le Droit de la Concurrence de la CEE.* Paris, 1982.

DEAKIN, Simon/MICHIE, Jonathan (eds.), *Contracts, Co-Operation, and Competition – Studies in Economics, Management, and Law.* Oxford University Press, 1997.

DECHERY, J. L., "Le Règlement Communautaire sur le Contrôle des Concentrations". In: RTDE (1990), pp. 307 ss.

DECOCQ, A., *Droit Communautaire des Affaires – Le Droit de la Concurrence.* Les Cours de Droit, Paris, 1990.

DEFALQUE, M., "Filiales Communes et Droit de la Concurrence". In: CDE (1978), pp. 59 ss.

DEHOUSSE, F./DEMARET, P., "Marché Unique – Significations Multiples". In: Journal des Tribunaux (1992), pp. 137 ss.

DEHOUSSE, Renaud, *Some Thoughts on the Juridification of the European Political Process.* In: *The Europeanisation of Law – The Legal Effects of European Integration.* Francis Snyder (ed.) Hart Publishing, 2000, pp. 15 ss.

DEMSETZ, H., "Industry Structure, Market Rivalry and Public Policy". In: JL & Econ. (1973), pp. 16 ss.

DEMSETZ, H., *Two Systems of Belief About Monopoly.* In: *Industrial Concentration – The New Learning.* Little Brown, Boston, 1974.

DENNESS, Jonathan, "Application of the New Article 2(4) of the Merger Regulation – A Review of the First Ten Cases". In: Competition Policy Newsletter, n. 3, October, (1998), pp. 30 ss.

DENIS, Paul, "Market Power in Antitrust Merger Analysis: Refining The Collusion Hypothesis". In: ALJ (1992), pp. 829 ss.

DENIS, Paul, "Advances of the 1992 Horizontal Merger Guidelines in the Analysis of Competitive Effects". In: AB (1993), pp. 473 ss.

DERINGER, A., *The Competition Law of the European Economic Community – A Commentary on the EEC Rules of Competition.* CCH Editions, 1968.

DERINGER, A., *Les Incidences des Règles de Concurrence et de l'Article 222 sur les Possibilités de Nouvelles Nationalisations ou Socialisations de Secteurs Economiques*. In: Semaine de Bruges, 1968. *L'Entreprise Publique et la Concurrence*. Bruges, 1969, pp. 387 ss.

DERINGER, A., "Reform der durchfürungsverordnung zu den Art. 81 und 82 des EG-Vertrages". In: EuR (2001), pp. 306 ss.

DERMINE, Jean, *Banking in Europe: Past, Present and Future*. In: *The Transformation of the European Financial System*. Vitor Gaspar/Philipp Hartmann/Olaf Sleijpen (eds.). European Central Bank, 2003.

DESAI, Kiran, "The European Commission's Draft Notice on Market Definition: A Brief Guide to the Economics". In: ECLR (1997), pp. 473 ss.

DESAI, Kiran, "Limitations on the Use of Economic Analysis in EC Competition Law Proceedings – Part 1". In: ECLR (2002), pp. 524 ss.

DEVUYST, Youri, "The United States and Europe 1992". In: Journal of World Competition, 1989, pp. 29 ss.

DIAZ, Gonzalez/KIRK, Dan/FLORES, Francisco Perez/VERKLEIJ, Cécile, *Joint Ventures – Horizontal Agreements*. In: *The EC Law of Competition*. Faull, Nikpay (eds), Oxford University Press, 1999, pp. 348 ss.

DI NANNI, "Collegamento Negoziale e Funzione Complessa". In: Riv D Comm (1977), pp. 297 ss.

DOERN, Bruce/WILKS, Stephen (eds.), *Comparative Competition Policy*. Clarendon Press Oxford, 1996.

DOHERTY, Barry, "Community Exemptions in National Law". In: ECLR (1994), pp. 315 ss

DOUGHERTY, Veronica M., "Antitrust Advantages to Joint Ventures under the National Cooperative Research and Production Act". In: AB (1999), pp. 1007 ss.

DOWNES, T.A./MACDOUGALL, David S., "Significantly Impeding Effective Competition: Substantive Appraisal under the Merger Regulation. In: E L Rev. (1994), pp. 286 ss.

DRAHOS, Michaela, *Convergence of Competition Laws and Policies in the European Community*. Kluver Law International, 2001.

DROSTE, *Mergers & Acquisitions in Germany*. CCH – Europe, 1995.

DRUCKER, Peter, "Peter Drucker on The New Business Realities". In: AB (1999), pp. 795 ss.

DRUCKER, Peter, *Managing in a Time of Great Change*. 1995.

DOWNES, T. A./MACDOUGALL, David S., "Significantly Impeding Effective Competition: Substantive Appraisal under the Merger Regulation". In: EL Rev. (1994), pp. 286 ss.

DUARTE, David, *Procedimentalização, Participação e Fundamentação: Para uma Concretização do Princípio da Imparcialidade Administrativa como Parâmetro Decisório*. Almedina, Coimbra, 1996.

DUARTE, Maria Luísa, *Direito da União Europeia e das Comunidades Europeias*, Vol. I, tomo 1. Lex, Lisboa, 2001.

DUARTE, Rui Pinto, *Tipicidade e Atipicidade dos Contratos*. Almedina, Coimbra, 2000.

DUBISSON, Michel, Les *Accords de Coopération dans le Commerce International*. Lamy, Paris, 1989.

DUBISSON, Michel – "Les Caractères Juridiques du Contrat de Coopération en Matière Industrielle et Commerciale". In: Droit et Pratique du Commerce International (1984), pp. 297 ss.

DUMÉNIL, Gérard/GLICK, Mark/LÉVY, Dominique, "The History of Competition Policy as Economic History". In: AB (1997), pp. 373 ss.

DUMEZ, Hervy/JEUNEMAITRE, Alain, *La Concurrence en Europe – De Nouvelles Règles du Jeu pour les Entreprises*. Seuil, Paris, 1991.

DUNNING, John H., *Multinational Enterprises and the Global Economy*. Addison-Wesley Publishing Company, 1993.

DUPRÉ, Bruno, *EEC Merger Control and the Oligopoly: Legal and Economic Analysis in the Light of the American Experience*. European University Institute. Florence, 1993.

DURAND, P., *L'Évolution de la Notion de Concurrence dans l'Economie Moderne*. Paris, 1959.

EASTERBROOK, Frank H., "Workable Antitrust Policy". In: Mich L R (1986), pp. 1696 ss.

EASTERBROOK, Frank H., "Monopolization: Past, Present, Future." In: ALJ (1992), pp. 99 ss.

EASTERBROOK, Frank H./FISCHEL, Daniel, *The Economic Structure of Corporate Law*. Harvard University Press, 1996.

EBNETER, Martin, *Der Franchise-Vertrag*. Zürich, 1997.

ECONOMIDES, Nicholas/SALOP, Steven, "Competition and Integration Among Complements and Network Market Structure". In: J Ind Ec. (1992), pp. 105 ss.

EHLERMANN, C. D., "The Internal Market Following the Single European Act". In: CMLR (1987), pp. 361 ss.

EHLERMANN, C. D., "The Contribution of EC Competition Policy to the Single Market". In: CMLR (1992), pp. 257 ss.

EHLERMANN, C. D., "Deux Ans d'Application du Contrôle de Concentrations: Bilan et Perspectives". In: RMC (1993), pp. 242 ss.

EHLERMANN, C. D., "Politique Actuelle de la Commission en Matière de Concurrence". In: RMCUE (1993), pp. 699 ss.

EHLERMANN, C. D., "Reflections on a European Cartel Office". In: CMLR (1995), pp. 471 ss.

EHLERMANN, C.D., "Harmonization versus Competition Between Rules". In: European Review (1995), pp. 333 ss.

1732 *Empresas comuns* – Joint Ventures

EHLERMANN, C. D., "Implementation of EC Competition Law by National Anti-Trust Authorities". In: ECLR (1996), pp. 88 ss.

EHLERMANN, C. D., "The Modernization of EC Antitrust Policy: A Legal and Cultural Revolution". In: CMLR (2000), pp. 537 ss.

EHLERMANN, Claus Dieter/DRIJBER, Berend Jan, "Legal Protection of Enterprises: Administrative Procedure, in Particular Access to Files and Confidentiality". In: ECLR (1996), pp. 375 ss.

EISENACH, Jeffrey; LENARD, Thomas (eds.), *Competition, Innovation and the Microsoft Monopoly: Antitrust in the Digital Marketplace.* Kluwer, 1999

ELLAND, William, "The Merger Control Regulation (EEC) n. 4064/89". In: ECLR (1990), pp. 111 ss.

ELLAND, William, "The Merger Control Regulation and its Effect on National Merger Controls and the Residual Application of Articles 85 and 86". In: ECLR (1991), pp. 19 ss.

ELZINGA, Kenneth G., "New Developments on the Cartel Front". In: AB (1984), pp. 3 ss.

ELZINGA, Kenneth G./MILLS, David E., "Testing for Predation: Is Recoupment Feasible?". In: AB (1989), pp. 869 ss.

EMERSON, Jean/AUJEAN, Michel/CATINAT, Michel/GOYBET Phillippe/JACQUEMIN, Alexis, *1992 – La Nouvelle Économie Européenne – Une Évaluation par la Commisssion de la CE des Effects Economiques de l'Achèvement du Marché Intérieur.* De Boeck. Editions Universitaires, Bruxelles, 1989.

ENDICOTT, Timothy A., *Vagueness in Law.* Oxford University Press, 2000.

ENNECERUS, Ludwig, *Derecho de Obligaciones.* Vol. 2 (Tradução da 35ª edição do original alemão). Barcelona, Bosch, 1935.

ESSER, J., *Grunsatz und Norm in der richterlichen Fortbildung des Privatrechts, 2. Aufl.* Tübingen, 1964.

ESSER, Joseph/SCHMIDT, Eike, *Schuldrecht, I.* Allgemeiner Teil 6 Aufl. Müller, Heidelberg, 1984.

EVANS, David S./SCHMALENSEE, Richard, "Economic Aspects of Payment Card Systems and Antitrust Policy toward Joint Ventures". In: ALJ (1995), pp. 861 ss.

EVANS, David/CHANG, Howard, "The Competitive Effects of Collective Setting of Interchange Fees by Payment Card Systems". In: AB (2000), pp. 641 ss.

EVERLING, Ulrich, "Reflections on the Structure of the European Union". In: CMLR (1992), pp. 1053 ss.

FABOZZI, Frank (ed.), *Trends in Commercial Mortgage– Backed Securities.* Frank J. Fabozzi Associates, New Hope, Pennsylvania, 1998.

FABOZZI, Frank (ed.), *Handbook of Structured Financial Products.* Frank J. Fabozzi Associates, New Hope, Pennsylvania, 1998.

FARENGA, Luigi, *I Contratti Parasociali.* Milano, 1987.

FAULL, Jonathan, "Joint Ventures Under the EEC Competition Rules". In: ECLR (1984), pp. 358 ss.

FAULL, Jonathan, *The Merger Control Regulation*. In: *Conference on Mergers & Acquisitions – Leiden Institute of Anglo-American Law*. University of Leiden, 1990. Kluwer Law and Taxation Publisher. Deventer, Boston, p. 73 ss.

FAULL, Jonathan, *The Enforcement of Competition Policy in the European Community: A Mature System*. In: *EC and U.S. Competition Law and Policy – Annual Proceedings of the Fordham Corporate Law Institute – 1991*. Barry Hawk (ed.). Transnational Juris Kluwer, 1992, p. 139 ss.

FAZIOLI, Roberto, *Intervento Pubblico e Politica della Concorrenza Comunitaria. Alcune Osservazioni Teoriche*. In: *Concorrenza e Controllo delle Concentrazioni in Europa*. Il Mulino, Bologna, 1993, pp. 389 ss.

FEINBERG, Robert M., "Antitrust Policy and International Trade Liberalization". In: W Comp. (1991), pp. 13 ss.

FERRANDIER, Robert/KOEN, Vincent, *Marchés de Capitaux et Techniques Financières*. Economica, Paris 1988.

FERRANDO, Gilda, "Recenti Orientamenti in Tema di Collegamento Negoziale". In: NGCC (1997), II, pp. 233 ss.

FERRANDO, Gilda, "I Contratti Collegati: Principi della Tradizione e Tendenze Innovative". In: CI (2000) I, pp. 127 ss.

FERRARINI, Guido (ed.), *European Securities Markets*. Kluwer, 1998.

FERRARINI, Guido, *I Gruppi nella Regolazione Finanziaria*. In: *I Gruppi di Società, II*. AA.VV. Giuffrè, Milano, 1996.

FERRARINI, Guido, "The European Regulation of Stock Exchanges: New Perspectives". In: CMLR (1999), pp. 569 ss.

FERREIRA, Eduardo Paz, *Lições de Direito da Economia*. Lisboa, AAFDL, 2001.

FERREIRA, Eduardo Paz, *União Económica e Monetária – Um Guia de Estudo*. Quid Juris, Lisboa, 1999.

FERREIRA, Eduardo Paz, *Valores e Interesses – Desenvolvimento Económico e Política Comunitária de Cooperação*. Almedina, Coimbra, 2004

FERRI, G. B., "Consorzi e Società Consortili: Ancora una Modificazione Occulta del Codice Civile". In: Riv D Comm. (1976), pp. 102 ss.

FERRI, G. B., *Causa e Tipo nella Teoria del Negozio Giuridico*. Milan, Giuffré, 1966.

FERRI, Giovanni/ANGELICI, Carlo, *Manuale di Diritto Commerciale*. 1993.

FERRY, J., *How do We Get There From Here? Future Competition Policy of the EEC*. In: *Annual Proceedings of the Fordham Corporate Law Institute – 1983*. Barry Hawk (ed.). Mathew Bender, 1984, pp. 643 ss.

FIKENTSCHER, Wofgang, *Schuldrecht*, 9. Aufl., Berlin, New York, 1997.

FINE, Frank, "EC Merger Control: An Analysis of the New Regulation". In: ECLR (1990), pp.47 ss.

FINE, Frank, "The Appraisal Criteria of the EC Merger Control Regulation". In: ECLR (1991), pp. 148 ss.

FINE, Frank, "The Commission's Draft Guidelines for Joint Ventures: On the Road to Transparency". In: ECLR (1992), pp. 51 ss.

FINE, Frank, "EEC Antitrust Aspects of Production Joint Ventures". In: The International Lawyer (1992), pp. 89 ss.

FINE, Frank, "The Substantive Test of the EEC Merger Control Regulation – The First Two Years". In: ALJ (1993), pp. 699 ss.

FINE, Frank, *Mergers and Joint Ventures in Europe – The Law and Policy of the EEC*. Graham & Trotman/Martinus Nijhof. London, Dordrecht, Boston, 1994.

FIRST, Harry/FOX, Eleanor M./PITOFSKY, Robert (eds.), *Revitalizing Antitrust in its Second Century – Essays on Legal, Economic and Political Policy*. Quorum Books, New York, Connecticut, London, 1991.

FISHER, Franklin, "Organizing Industrial Organization: Reflections on the Handbook of Industrial Organization". In: Brookings Papers on Economic Activity (1991). pp. 212 ss.

FISHWICK, Francis, "Definition of Monopoly Power in the Antitrust Policies of the United Kingdom and the European Community". In: AB (1989), pp. 451 ss.

FITZSIMMONS, Anthony, *Insurance Competition Law*. Graham & Trotman, 1994.

FLYNN, Leo, *Competition Policy and Public Services in EC Law after the Maastricht and Amesterdam Treaties*. In: *Legal Issues of the Amesterdam Treaty*. David O'Keefe, Patrick Twomey (eds.). Hart Publishing, 1999, pp.186 ss.

FOCSANEAU, L., "Groupes de Societés et Concurrence". In: RMC (1975), pp. 397 ss.

FORRESTER, Ian, *The Current Goals of EC Competition Policy*. In: *Robert Schuman Centre Annual on European Competition Law 1997*. C. D. EHLERMANN, L. LAUDATI (eds.), Oxford, Hart, 1998.

FORRESTER, Ian, *Modernisation of EC Competition Law*. In: *International Antitrust Law and Policy – Annual Proceedings of the Fordham Corporate Law Institute – 1999*. Barry Hawk (ed.). Juris Publishing Inc., 2000, pp. 181 ss.

FORRESTER, Ian/NORALL, Christopher, *The Laicization of Community Law – Self Help and the Rule of Reason: How Competition Law is and Could be Applied*. In: *Annual Proceedings of the Fordham Corporate Law Institute – 1983*. Barry Hawk (ed.). Mathew Bender, pp. 305 ss.

FORRESTER, Ian/NORALL, Christopher, "Competition Law". In: YEL (1990), pp. 407 ss.

FORRESTER, Ian/MACLENNAN, Jacquelyn F., "EC Competition Law 1999-2000". In: YEL (2001), pp. 365 ss.

FORTMAN, de Gaay, *Theory of Competition Policy*. 1967.

FOSTER, "The National Cooperative Research Act of 1984 as a Shield from the Antitrust Laws". In: JL & Comm. (1985), pp. 347 ss.

FOX, Eleanor M., "The Modernization of Antitrust: A New Equilibrium". In: Corn LR (1981), pp. 1140 ss.

FOX, Eleanor M., Federalism, *Standards, and Common Market Merger Control*. In: *European/American Antitrust and Trade Law – Annual Proceedings of the*

Fordham Corporate Law Institute – 1988. Barry Hawk (ed.). Mattew Bender, 1989, p.23-1 ss.

Fox, Eleanor M., *Merger Control in the EEC – Towards a European Merger Jurisprudence.* In: *EC and U.S. Competition Law and Policy – Annual Proceedings of the Fordham* Corporate Law Institute – 1991. Barry Hawk (ed.). Transnational Juris Kluwer, 1992, p. 709 ss.

Fox, Eleanor M., "Antitrust, Competitiveness and the World Arena: Efficiencies and Failing Firms in Perspective". In: ALJ (1996), pp. 725 ss.

Fox, Eleanor, *Modernization: Efficiency, Dynamic Efficiency and the Diffusion of Competition Law.* In: *European Competition Law Annual 2000: The Modernization of EC Antitrust Policy.* Claus Dieter Ehlermann, L. Atanasiu (eds.). Hart Publishing, Oxford and Portland, Oregon, 2001.

Fox, Eleanor M., "Collective Dominance and the Message from Luxembourg". In: Antitrust (Fall 2002), pp. 57 ss.

Franco, A. L. Sousa, *Concorrência.* In: Enciclopédia Luso-Brasileira de Cultura, Vol. V, Editorial Verbo, Lisboa, 1967.

Franco, A. L. Sousa, *Políticas Financeiras e Formação do Capital. Estudo Metodológico.* Lisboa, 1972.

Franco, A. L. Sousa, *Noções de Direito da Economia (Vol. I).* Edição AAFDL. Lisboa 1982-1983.

Franco, A. L. Sousa, "Mercado Único (Opinião – Questão II)". In: Legislação – Cadernos de Ciência e de Legislação do INA – Abril/Dezembro 1992 (4/5), pp. 213 ss.

Franco, A. L. Sousa, *Facing Europe and the EMU: Reform or Die.* In: *O Euro e o Mundo,* Pitta e Cunha, Lopes Porto (coord.). Almedina, Coimbra, 2002, pp. 383 ss.

Franco, A. L. Sousa/Martins, Guilherme d'Oliveira, *A Constituição Económica Portuguesa – Ensaio Interpretativo.* Almedina, Coimbra, 1993.

Franke, Gunter, "Transformation of Banks and Bank Services". In: JITE (1998), pp.109 ss.

Frazer, Tim, Monopoly, *Competition and the Law.* Harvester Wheatsheaf. 2nd Edition, London, New York, 1992.

Frazer, Tim/Hornsby, Stephen, *The Competition Act 1998 – A Practical Guide.* Jordans, 1999.

Freeman, P./Whish, R. (org.), *Encyclopedia of Competition Law.* London, Butterworths, 1991.

Friedmann, W./Kalmannof, G., *Joint International Business Ventures.* New York, Columbia University Press, 1961.

Froeb, Luke, "Evaluating Mergers in Durable Goods Industries". In: AB (1989), pp. 99 ss.

Froud, J./Boden, Rebecca/Ogus, Anthony/Stubbs, Peter, *Controlling the Regulators.* MacMillan Press Ltd., 1998.

1736   *Empresas comuns* – Joint Ventures

FUDENBERG, Drew/TIROLE, Jean, "Understanding Rent Dissipation: On the Use of Game Theory in Industrial Organization". In Am Econ Rev. (1987), pp. 176 ss.

FUDENBERG, Drew/TIROLE, Jean, *Noncooperative Game Theory for Industrial Organization: An Introduction and Overview.* In: *Handbook of Industrial Organization.* Richard Schmalensee, Robert Willig (eds.), 1989, pp. 268 ss.

FUGATE, "The Department of Justice's Antitrust Guide for International Operations". In: Virginia Journal of International Law (1977), pp. 465 ss.

FULLER, Baden, "Article 86 EEC: Economic Analysis of the Existence of a Dominant Position." In: EL Rev. (1979), pp. 423 ss.

FULLER, Baden, "Economic Issues Relating to Property Rights in Trade Marks, Export Bans, Differencial Pricing, Restrictions on Resale and Repackaging". In: EL Rev. (1981), pp. 162 ss.

FURCHTGOTT-ROTH/HAROLD, W., "Comments on Merger Policy in a Declining Defense Industry". In: AB (1991), pp. 593 ss.

FURSE, Mark, "The Role of Competition Policy: A Survey". In: ECLR (1996), pp. 250 ss.

FURSE, Mark, "The Decision to Comit: Some Pointers from the US". In: ECLR (2004), pp.5 ss.

FURUBOTN, Eirik/RICHTER, Rudolf, *Institutions and Economic Theory.* The University of Michigan Press, 1997.

FURUBOTN, Eirik/RICHTER, Rudolf, "The New Institutional Economics – New Views on Antitrust". Editorial Preface – Symposium June 1990. In: JITE (1991), pp. 1 ss.

GALGANO, Francesco, *Storia del Diritto Commerciale.* Il Mulino, Bologna, 1976.

GALGANO, Francesco, "La Giurisprudenza nella Società Post-Industriale". In: CI (1989), pp. 357 ss

GALGANO, Francesco, *Diritto Commerciale,* 2, Bologna, 1996/97.

GALGANO, Francesco, *Diritto Commerciale – L'imprenditore.* Zanichelli, Bologna, 2000/2001.

GARBUS, David A., *International Antitrust Policies and Other Regulatory Changes in the United States.* In: *Mergers and Acquisitions: Meeting the Challenges in Europe and North America after 1992.* Kluwer Law and Taxation Publishers. Denventer, Boston, 1991, pp. 57 ss.

GAUGHAN, Patrick, *Mergers and Acquisitions and Corporate Restructurings.* Wiley, 1997.

GELLHORN, Ernest/KOVACIC, William, *Antitrust Law and Economics.* West Group, 1994.

GELLHORN, Ernest/MILLER, W. Todd, "Competitor Collaboration Guidelines – A Recommendation". In: AB (1997), pp. 851 ss.

GERARD, Damien, "Merger Control Policy: How to Give Meaningful Consideration to Efficiency Claims". In: CMLR (2003), pp. 1367 ss.

GERBER, D. J., "Constitutionalizing the Economy: German Neo-Liberalism, Competition Law and the New Europe". In: Am J Comp L (1994), pp.25 ss.

GERBER, D. J., *Law and Competition in Twentieth Century Europe – Protection Prometheus*. Clarendon Press Oxford, 1998.

GERBER, D. J. "Modernising European Competition Law: A Developmental Perspective". In: ECLR (2001), pp.122 ss.

GERKRATH, J., *L'Émergence d'un Droit Constitutionnel pour l'Europe*. Éditions de l'Université de Bruxelles, Brussels, 1997.

GERNHUBER, Joachim, *Bürgerliches Recht*, München, 1983.

GERNHUBER, Joachim, *Das Schuldverhältnis*. Tübingen, JCB Mohr (Paul Siebeck), 1989.

GEROSKI, P. A. *Competition and Innovation*. Report of the EC Commission. Brussels, 1987.

GEROSKI, P. A., "Antitrust Policy Towards Co-Operative R&D Joint Ventures". In: Oxford Review of Economic Policy (1993), pp. 58 ss.

GEROSKI, Paul/VLASSOPOULOS, Anastassios, *Recent Patterns of European Merger Activity*. In: *European Mergers and Merger Policy*. Mathew Bishop, John Kay (eds.). Oxford University Press, 1993, pp. 318 ss.

GHELCKE, P. Van de Walle de, "Les Articles 85 et 86 du Traité de Rome à Travers les Arrêts de la Cour de Justice et les Décisions de la Commission". In: CDE (1984), pp. 54 ss.

GHEMAWAT, Pankaj, "The Dubious Logic of Global Megamegers", in Harv B R (2000), pp.64 ss.

GHEZZI, Federico, "Verso un Diritto Antitrust Comune? Il Processo di Convergenza delle Discipline Statunitense e Comunitaria in Materia di Intese". In: Riv. Soc. (2002), pp. 499 ss.

GIFFORD, Daniel/RASKIND, Leo, *Federal Antitrust Law – Cases and Materials*. Andersen Publishing, 1998.

GILBERT, Richard/SUNSHINE, Steven, "Incorporating Dynamic Efficiency Concerns in Merger Analysis: The Use of Innovation Markets". In: ALJ (1995), pp. 569 ss.

GILLIANS, Hans, "Modernisation: From Policy to Practise." In: EL Rev. (2003), pp 451 ss.

GILO, David, "The Anticompetitive Effect of Passive Investment". In: Mich L R (2000), pp. 2 ss.

GINSBURGH, Douglas H., "The Reagan Administration Legislative Initiative in Antitrust". In: AB (1986), pp. 851 ss.

GIORDANI, Maria Grazia/GULATIERI, Giuseppina, *Controllo delle Concertrazioni nei Principali Paesi Europei-Aspetti Normativi e Funzionamento delle Istituzioni*. In: *Concorrenza e Controllo delle Concentrazioni in Europa*. Il Mulino, Bologna, 1993, pp. 149 ss.

GLAIS, M./LAURENT, P., *Traité d'Economie et de Droit de la Concurrence*. Paris, 1983.

GLASL, Daniel, "Essential Facilities Doctrine in EC Anti-Trust Law: A Contribution to the Current Debate". In: ECLR (1994), pp. 306 ss.

1738 *Empresas comuns* – Joint Ventures

GLASSMAN, "Market Definition as a Practical Matter". In: ALJ, 1980, pp. 1155 ss.

GLYNN JR., Edward F., "International Joint Ventures: An Enforcement Perspective". In: ALJ (1989), pp. 703 ss.

GLYNN JR., Edward F., "An American Enforcer Looks at the EEC Merger Proposal." In: ALJ (1990), pp. 237 ss.

GLYNN JR., Edward F., *International Agreements to Allocate Jurisdiction Over Mergers*. In: *International Mergers and Joint Ventures – Annual Proceedings of the Fordham Corporate Law Institute – 1990*. Barry Hawk (ed.). Transnational Juris Chancery, 1991, p. 35 ss.

GOLDMAN, Calvin S., *A Commentary on Certain Aspects of Canadian Merger Law in a North American Context*. In: *International Mergers and Joint Ventures – Annual Proceedings of the Fordham Corporate Law Institute – 1990*. Barry Hawk (ed.). Transnational Juris Chancery, 1991, p. 313.

GOLDMAN/LYON-CAEN, *Droit Commercial Européen*. Paris, Dalloz, 1983.

GORMLEY, L., *Prohibiting Restrictions on Trade Within the EEC*. Amesterdam, New York, Oxford, 1985.

GOWER, L.C.B., *Principles of Modern Company Law*. Sweet & Maxwell, 1992.

GOWLAND, David/PATERSON, Anne, *Microeconomic Analysis*. Harvester, Wheatsheaf, New York, London, 1993.

GOYDER, D. G., *U.K. Merger Law Policy in the Wake of the EEC Regulation – A British View*. In: *European/American Antitrust and Trade Law. Corporate Law Institute – 1988*. Barry Hawk (ed.). Matthew Bender, 1989, pp. 26--1 ss.

GOYDER, D. G., *EC Competition Law*. Oxford University Press, 1998.

GOYDER, Joanna, *EC Distribution Law*. John Wiley & Sons, 1996.

GRANTHAM, Ross/RICKETT, Charles, *Corporate Personality in the 20 th Century*. Hart Publishing, Oxford, 1998.

GRAYSTON, John (ed.), *European Economics and Law*. Palladium Law Publishing, Ltd, 1999.

GREAVES, Rosa, *EC Competition Law: Banking and Insurance Services*. Chancery Law Publishing, 1992.

GREAVES, Rosa, *EC Block Exemption Regulations*. Chancery Law Publishing, 1994.

GREEN, Nicholas/ROBERTSON, Aidan, *Commercial Agreements and Competition Law Principles and Procedure in the UK and EC*. Kluwer Law International. London, The Hague, Boston, 1997.

GREER, F. Douglas, "Acquiring in Order to Avoid Acquisition". In: AB (1986), pp. 155 ss.

GRIFFIN, Joseph P., "The Impact of the U.S. Justice Department's 1984 Merger Guidelines on Transnational Mergers". In: Swiss Review of International Competition Law (1985), pp. 7 ss.

Bibliografia 1739

GRILL, Gerhard, "Competition – Articles 85 and 86 of the EC Treaty – Standard Bank Conditions for Current-Account Credit Facilities and for the Provision of General Guarentees." In: Jurisprudence Case Law, pp. 365 ss.

GRIMES, Warren, "Antitrust Tie-In Analysis after Kodack: Understanding the Role of Market Imperfections". In: ALJ (1994), pp. 263 ss.

GRIMES, Warren, "Brand Marketing, Intrabrand Competition and the Multibrand Retailer: The Antitrust Law of Vertical Restraints". In: ALJ (1995), pp. 83 ss.

GRIMES, Warren, "When Do Franchisors Have Market Power? Antitrust Remedies for Franchisor Opportunism". In: ALJ (1996), pp. 105 ss.

GROS, Daniel/THYGESEN, Niels, *European Monetary Integration – From the European Monetary System to European Monetary Union.* Logman, London. St. Martin's Press, New York, 1992.

GROSSMAN, SHAPIRO, "Research Joint Ventures: An Antitrust Analysis". In JL & Econ. (1986), pp. 2 ss.

GYSELEN, Luc, "Le Réglement du Conseil des Communautées Européennes Relatif au Contrôle des Operations de Concentration entre Entreprises". In: RTDCDE (1992), pp. 45 ss.

GYSELEN, Luc, *EU Antitrust Law in the Area of Financial Services – Capita Selecta for the Cautions Shaping of a Policy.* In: *Annual Proceedings of the Fordham Corporate Law Institute – International Antitrust Law & Policy – 1996.* Barry Hawk (ed.), Fordham Corporate Law Institute, 1997. Juris Publishing, Inc., pp. 329 ss.

GUALTIERI, Giuseppina (ed.), *The Impact of Joint Ventures on Competition. The Case of the Petrochemical Industry in the EEC.* Final Report. Comission of the European Communities. Brussels-Luxembourg, 1991.

GUDIN, C. E., "La Pratique Decisionelle de la Taske Force Concentration (un an d'application du réglement sur le controle des concentrations d'entreprises)". In: Revue des Affaires Européens (1992), pp. 33 ss.

GUDIN, C. E./GRELON, B, "Le Droit Européen des Concentrations et les Entreprises Comunes". In: Revue des Affaires Européennes (1991), pp. 85 ss.

GUNTHER, Jacques-Philippe, "Politique Communautaire de Concurrence et Audio--Visuel: État des Lieux". In: RTDE (1998), pp. 1 ss.

GUTTERMAN, Alan, *Innovation and Competition Policy – A Comparative Study of the Regulation of Patent Licensing and Collaborative Research & Development in the United States and the European Community.* Kluwer Law International, 1997.

HABERMAS, J., *Theorie des Kommunikativen Handelns.* Frankfurt, 1981.

HABERMAS, J., *Faktizität und Geltung.* Frankfurt/M, 1992.

HADDEN, Tom, *Company Law and Capitalism.* 3, Weindenfeld. London, 1977.

HAGE, Jaap C., *Reasoning with Rules – An Essay on Legal Reasoning and its Underlying Logic.* Kluver Academic Publishers, 1997.

1740 *Empresas comuns* – Joint Ventures

HAGE, Jerald/ALTER, Catherine, *A Typology of Interorganizational Relationships and Networks*. In: *Contemporary Capitalism – The Embeddedness of Institutions*. J. R. Hollingsworth, Robert Boyer (eds.), Cambridge University Press, 1997, pp. 94 ss.

HAGEDOORN, John, "Understanding the Rationale for Strategic Technology Partnering: Interorganizational Modes of Cooperation and Sectoral Differences". In: Strategic Management Journal, 1993, pp. 371 ss.

HAGEDOORN, John, *Strategic Technology Partnering During the 1980s. Trends Networks and Corporate Partners in Non-Core Technologies*. In: Res P, 1995, pp. 207 ss.

HALE, G. E., "Joint Ventures: Collaborative Subsidiaries and the Antitrust Laws". In: Virg L R (1956), pp. 927 ss.

HALVERSON, James T., "Harmonization and Coordination of International Merger Procedures". In: ALJ (1992), pp. 531 ss.

HAM, Allard D., "International Cooperation in the Antitrust Field and in Particular the Agreement Between the United States of America and the Commission of the European Communities". In: CMLR (1993), pp. 571 ss.

HAMMER, Peter, "Antitrust Beyond Competition: Market Failures, Total Welfare and the Challenge of Intramarket Second-Best Tradeoffs". In: Mich L R (2000), pp. 849 ss.

HANCHER, Leigh/SIERRA, José Luis Buendia, "Cross-Subsidization and EC Law". In: CMLR (1998) pp. 901 ss.

HANDLER, Milton, *Antitrust in Transition*. Vols. 1, 2, 3. Transnational Juris Publications, 1991; Supplement, 1997.

HANSMANN, H./KRAAKMAN, R., *The End of History to Corporate Law*. Yale Law School, Law and Economics Working Paper n.º 13, January 2000.

HARBISON, John/PEKAR, Peter, *Cross Border Alliances in the Age of Collaboration*. Booz-Allen & Halmiton, 1994.

HARRIGAN, K. Rudie, *Strategic Alliances and Partner Assymetries*. In: *Cooperative Strategies in International Business*. Farok Contractor, Peter Lorange (eds.), Lexington Books, 1998, pp.205 ss.

HARRIGAN, K. Rudie, *Strategies for Joint Ventures*. Lexington Books, Lexington, 1985.

HARRIGAN, K. Rudie, "Joint Ventures and Competitive Strategy". In: Strategic Management Journal, 1988, vol. 19.

HARRIS, Barry C./VELJANOVSKI, Cento, "Critical Loss Analysis: Its Growing Use in Competition Law". In: ECLR (2003), pp. 213 ss.

HARRIS, Robert G./SULLIVAN, Lawrence A. "Horizontal Merger Policy: Promoting Competition and American Competitiveness". In: AB (1986) pp. 871 ss.

HARRINSO, Bennett, *Lean and Mean: The Changing Landscape of Corporate Power in an Age of Flexibility*. Basik Books, New York, 1994.

HART, H. L. A., *The Concept of Law*. Clarendon Law Series, 1994.

HAUSMAN, J. A./LEONARD, G./ZONAL, J. "Competitive Analysis with Differentiated Products". In: Annales d'Economie et de Statistique (1994), pp. 159 ss.

HAUSMAN, J. A./LEONARD, G. K./VELLTURO, C. A., "Market Definition Under Price Discrimination". In: ALJ (1996), pp. 367 ss.

HAUSMAN, J. A./LEONARD, G. K., "Economic Analysis of Differentiated Products Mergers Using Real World Data". In: George Mason Law Review (1997), pp. 321 ss.

HAWK, Barry, "Antitrust in the EEC – The First Decade". In: Ford L Rev. (1972), pp. 229 ss.

HAWK, Barry, *United States, Common Market and International Antitrust: A Comparative Guide*. 2nd Edition, 1987.

HAWK, Barry, "La Révolution Antitrust Americaine – Une Leçon pour la CEE?". In: RTDE (1989), pp. 27 ss.

HAWK, Barry, "Airline Deregulation after Ten Years: The Need for Vigorous Antitrust Enforcement and Intergovernmental Agreements". In: AB (1989), pp. 267 ss.

HAWK, Barry, "The EEC Merger Regulation: The First Step toward One-Stop Merger Control". In: ALJ (1990), pp. 195 ss.

HAWK, Barry, "European Economic Community Merger Regulation". In: ALJ (1990), pp. 457 ss.

HAWK, Barry, *Joint Ventures Under EC Law*. In: EC *and U.S.Competition Law and Policy – Annual Proceedings of the Fordham Corporate Law Institute – 1991*. Barry Hawk (ed.). Transnational Juris Kluwer, 1992, pp. 557 ss.

HAWK, Barry, "System Failure: Vertical Restraints and EC Competition Law". In: CMLR (1995), pp. 973 ss.

HAWK, Barry, *The Development of Articles 81 and 82: Legal Certainty*. In: *European Competition Law Annual 2000: The Modernization of EC Antitrust Policy*. Claus Dieter Ehlermann, L. Atanasiu (eds.). Hart Publishing, Oxford and Portland, Oregon, 2001.

HAWK, Barry/HUSER, Henry, *'Controlling' the Shiftting Sands: Minority Shareholdings under the EEC Competition Law*. In: *Annual Proceedings of the Fordham Corporate Law Institute – Antitrust in a Global Economy – 1993*. Barry Hawk (ed.). Transnational Juris Publications Inc. Kluwer Law International, 1994, pp. 373 ss.

HAWK, Barry/HUSER, Henry (eds.), *Antitrust in a Global Economy*. Deventer, 1994.

HAWK, Barry/HUSER, Henry, *European Community Merger Control: A Practitioner's Guide*. Kluwer Law, 1996.

HAWKES, Leonard, "The EC Merger Control Regulation: Not an Industrial Policy Instrument: The de Havilland Decision. In: ECLR (1992), pp. 34 ss.

HAWKINS, R., "The Rise of Consortia in the Information and Communication Technology Industries: Emerging Implications for Policy". In: Telecommunications Policy (1999), pp.159 ss.

1742   *Empresas comuns* – Joint Ventures

HAY, George A., *The Interaction of Market Structure and Conduct*. In: *The Economics of Market Dominants*. Donald Hay, John Vickers (eds.), Basil, Blackwell, 1987, pp. 105 ss.

HAY, George A., "Market Power in Antitrust". In: ALJ (1992), pp. 807 ss.

HAY, George A., "Innovations in Antitrust Enforcement". In: ALJ (1995), pp. 7 ss.

HAY, George A./HILKE, John C./NELSON, Philip B., *Geographic Market Definition in an International Context*. In: *International Mergers and Joint Ventures – Annual Proceedings of the Fordham Corporate Law Institute – 1990*. Barry Hawk (ed.). Transnational Juris Chancery, 1991, pp. 51 ss.

HAYMANN, Michel, "Joint Ventures and Mergers as a Test-Mark for European Competition Law Between EEC and EFTA: Switzerland as an Example". In: W Comp. (1990), pp. 5 ss.

HEALEY, Paul/PALEPU, Krishna/RUBACK, Richard, "Does Corporate Performance Improve After Mergers?" In: J Fin Ec (1992), pp. 135 ss.

HEAP, Shaun Hargreaves/VAROUFAKIS, Yanis, *Game Theory – A Critical Text*. Routledge, London and New York, 2004.

HEIDENHAIN, Martin, *Control of Concentrations without Community Dimension According to Article 22 (2) to (5) Council Regulation 4064/89*. In: *International Mergers and Joint Ventures – Annual Proceedings of the Fordham Corporate Law Institute – 1990*. Barry Hawk (ed.). Transnational Juris Chancery, 1991, pp. 413 ss.

HEIDENHAIN, Martin, *et al.*, *German Antitrust Law*. Frankfurt, Fritz Knapp Verlag, 1999.

HENN, H. G./ALEXANDER, J.R., *Laws of Corporation*. St. Paul, Minnesota, 1987.

HENRIQUES, Miguel Gorjão, *Da Restrição da Concorrência na CE: A Franquia de Distribuição e o n.º 1 do Artigo 85º*. Almedina, Coimbra, 1998.

HERGERT, Michael/MORRIS, Deigan, *Trends in International Collaborative Agreements*. In: *Cooperative Strategies in International Business*. Farok Contractor, Peter Lorange (eds.), Lexington Books, 1988, pp. 99 ss.

HERZFELD, Edgar/WILSON, Adam, *Joint Ventures*. Jordans, 1996.

HEWITT, Ian, *Joint Ventures*. FT Law & Tax. Sweet & Maxwell, London, 1997.

HILDEBRAND, Doris, *The Role of Economic Analysis in the EC Competition Rules*. Kluwer Law Ltd, 1998.

HIRSCH, Martin, *Member State Merger Law and Policy in the Wake of the EEC Regulation – A German View*. In: *European/American Antitrust and Trade Law Corporate Law Institute – Annual Proceedings of the Fordham Corporate Law Institute – 1988*. Barry Hawk (ed.). Mathew Bender, 1989, pp. 27-1 ss.

HIRTE, Heribert/PFEIFER, Udo, "L'Evoluzione del Diritto delle Imprese e delle Società in Germania negli anni 1996 e 1997". In: Riv Soc., (2002), pp. 667 ss.

HIRTE, Heribert/PFEIFER, Udo, "L'Evoluzione del Diritto delle Imprese e delle Società in Germania negli anni 1998 e 1999". In: Riv Soc., (2003), pp. 587 ss.

HLADIK, Karen J., *R&D and International Joint Ventures*. In: *Cooperative Strategies in International Business*. Farok Contractor, Peter Lorange (eds.), Lexington, 1988, pp. 187 ss.

HOERNER, Robert J., "Innovation Markets: New Wine in Old Bottles?". In: ALJ (1995), pp. 49 ss.

HOGAN, Mark, "The General Motors – Toyota Joint Venture: A General Motors Perspective". In: AB (1999), pp. 821 ss.

HOLLINGSWORTH, J. Rogers/BOYER, Robert (eds.), *Contemporary Capitalism – The Embeddedness of Institutions*. Cambridge University Press, 1997.

HOLLEY, Donald L., *Ancillary Restrictions in Mergers and Joint Ventures*. In: *International Mergers and Joint Ventures – Annual Proceedings of the Fordham Corporate Law Institute, 1990*. Barry Hawk (ed.). Transnational Juris Chancery, 1991, pp. 423 ss.

HOLMES, Turnbull, "Remedies in Merger Cases: Recent Developments". In: ECLR (2002), pp. 499 ss.

HOPT, K. J., "Le Droit des Groupes de Societès – Experiences Allemandes/Perspectives Européennes". In: Revue des Societès (1987), pp. 371 ss.

HOPT, K. J., *Legal Issues and Questions of Policy in the Comparative Regulation of Groups*. In: *I Gruppi di società – Atti del Convegno Internazionali di Studi. Venezia, novembre 1995*. Giuffrè, Milano, 1996, Vol. I, pp. 45 ss.

HORNSBY, S., "National and Community Control of Concentrations in a Single Market: Should Member States be Allowed to Impose Stricter Standards?" In: ELR (1988), pp. 295 ss.

HORSPOOL, Margot/KORAH, Valentine, "Competition". In: AB (1992), pp. 337 ss.

HOST, P., "Domination du Marché ou Théorie du Partenaire Obligatoire." In: RMC (1989), pp. 135 ss.

HOVENKAMP, Herbert, "Antitrust Policy After Chicago". In: Mich L R (1985), pp. 213 ss.

HOVENKAMP, Herbert, "Chicago and its Alternatives". In: Duke Law Journal (1986), pp. 1014 ss.

HOVENKAMP, Herbert, *Federal Antitrust Policy – The Law of Competition and its Practice*. West Publishing, 1994.

HOVENKAMP, Herbert, "Exclusive Joint Ventures and Antitrust Policy". In: Col Bus L Rev. (1995), 1.

HUNT, Alan, *Explorations in Law and Society*. Routledge, 1993.

HUSER, Henry, "Substantive Enforcement Standards in Horizontal Mergers under the EC Merger Regulation". In Antitrust (Fall 2002), pp. 44 ss.

HUTCHINGS, Michael B., "The Need for Reform of UK Competition Policy". In: ECLR (1995), Editorial, pp. 211 ss.

HOWE, Martin, "UK Merger Control: How Does the System Reach Decisions? A Note on the Role of the Office of Fair Trading". In: ECLR (1990), pp. 3 ss.

1744   *Empresas comuns* – Joint Ventures

IDOT, Laurence, *Le Contrôle des Pratiques Restrictives dans les Échanges Internationales*. Paris, 1981.

IMMENGA, Ulrich, *Marktrecht*, 1999.

IMMENGA, Ulrich, *Coherence: A Sacrifice of Decentralization?* In: *European Competition Law Annual 2000: The Modernization of EC Antitrust Policy*. Claus Dieter Ehlermann, L. Atanasiu (eds.). Hart Publishing, Oxford and Portland, Oregon, 2001.

IMMENGA, U./MESTMÄCKER, E. J., *GWB Kommentar*, 1981.

IMMENGA, U./MESTMÄCKER, E. J., *EG-Wettbewerbsrecht*, Vols. I, II. Munich, C. H. Beck, 1997.

IRTI, Natalino, *Teoria Generale del Diritto e Problema del Mercato*. In: AA.VV., *Diritto ed Economia – Problemi e Orientamenti Teorici*. Cedam, 1999, pp. 261 ss.

IVALDI, Marc/JULLIEN, Bruno/REY, Patrick/SEABRIGHT, Paul/TIROLE, Jean, *The Economics of Unilateral Effects (Report for DG Competition, European Commission)*, 2003.

IVALDI, Marc/JULLIEN, Bruno/SEABRIGHT, Paul/TIROLE, Jean, *The Economics of Tacit Collusion (Final Report for DG Competition – European Commission)*, 2003.

JACHTENFUCHS, M., "Theoretical Perspectives on European Governance". In: ELJ (1995), pp. 115 ss.

JACKSON, Thomas Penfield, "Merger Analysis in the 90s: The Guidelines and Beyond– Judicial Perspective". In: ALJ (1992), pp. 165 ss.

JACOMET, Thierry/BUISSON, Bernard, *Joint Ventures in France*. In: *Joint Ventures in Europe*. Julian Ellison, Edward Kling (eds.), Butterworths, 1997, pp. 59 ss.

JACQUEMIN, Alexis, *Compétition Européenne et Coopération entre Entreprises em Matière de Recherche-Développement*. Commission des Communautés Européennes, 1986.

JACQUEMIN, Alexis, "Horizontal Concentration and European Merger Policy". In: EE Rev. (1990), pp. 539 ss.

JACQUEMIN, Alexis, "Stratégies d'Entreprise et Politique de la Concurrence dans le Marché Unique Européen". In: Rev E Ind. (1991), pp. 7 ss.

JACQUEMIN, Alexis/WRIGHT, David, "Corporate Strategies and European Challenges Post-1992". In: JCMS (1993), pp. 525 ss.

JAEGER, W. H. E. – "Joint Ventures: Origin, Nature and Development". In: American University Law Review (1960), pp. 1 ss.

JAEGER, W. H. E. – "Partnership or Joint Venture". In: Notre Dame Lawyer (1962), pp. 138 ss.

JAFFE, Helene D., "Multi-State Compact Procedure and Pre-Merger Review". In: ALJ (1989), pp. 223 ss.

JAFFE, Helene D., "Developments in Merger Law and Enforcement in 1990-91". In: ALJ (1992), pp. 667 ss.

JAKOBSEN, Peter Stig/BROBERG, Morten, "The Concept of Agreement in Article 81 EC: On the Manufacturer's Right to Prevent Parallel Trade Within the European Community". In: ECLR (2002), pp. 127 ss.

JALLES, Isabel, "Aspects de la Concentration des Societés en Europe". In: Revista de Direito e Economia da Universidade de Coimbra (1975), pp. 197 ss.

JALLES, Isabel, *A Lei da Concorrência: Análise e Perspectivas de Aplicação.* In: *Concorrência em Portugal nos Anos 80.* Lisboa, 1985.

JAMBRENGHI, M. T. Caputi/PULLEN, Mike, "The Use of Articles 30 and 52 to Attack Barriers to Market Access: An Overview of the ECJ's Case Law". In: ECLR (1996), pp. 388 ss.

JAMBRENGHI, M. T. Caputi/PULLEN, Mike, "The European Court of Justice Rules that State Licensing of Tobacco Retail Outlets is Compatible with EC Law". In: ECLR (1996), pp. 351 ss.

JAMES, Charles A., "Overview of the 1992 Horizontal Merger Guidelines". In: ALJ (1993), pp. 447 ss.

JEBSEN, Per/STEVENS, Robert, "Assumptions, Goals and Dominant Undertakings: The Regulation of Competition Under Article 86 of the European Union". In: ALJ (1996), pp. 443 ss.

JENKINSON, Tim/MAYER, Colin, "The Assessment: Corporate Governance and Corporate Control". In: OREP (1993), pp. 1 ss.

JENNY, Frederic, *Merger Control in France.* In: *International Mergers and Joint Ventures – Annual Proceedings of the Fordham Corporate Law Institute – 1990.* Barry Hawk (ed.). Transnational Juris Chancery, 1991, pp. 113 ss.

JOERGES, Christian, "Guest Editorial: The Commission's White Paper on Governance in the EU – A Symptom of Crisis". In: CMLR (2002), pp. 441 ss.

JOLIET, R., *The Rule of Reason in Antitrust Law, American, German, and Common Market Law in Comparative Perspective.* 1967.

JOLIET, R., "Monopolisation et Abus de Position Dominante – Essai Comparative sur l'Article 2 du Sherman Act et l'Article 86 du Traité CEE". In: RTDE (1969), pp. 681 ss.

JOLIET, R., Monopolisation et Abus de Position Dominante: Une Étude Comparée des Attitudes Americaines et Européenne a l'Egard du Pouvoir Economique. Faculté de Droit de Liège. Martinus Nighoff, La Haye, 1970.

JOLIET, R., *National Anti-Competitive Legislation and Community Law.* In: *European/American Antitrust and Trade Law – Annual Proceedings of the Fordham Corporate Law Institute, 1988.* Barry Hawk (ed.). Mathew Bender,1989, pp. 16-1 ss.

JONES, Christopher, *The Scope of Application of the Merger Regulation.* In: *International Mergers and Joint Ventures – Annual Proceedings of the Fordham Corporate Law Institute – 1990.* Barry Hawk (ed.). Transnational Juris Chancery, 1991, pp. 385 ss.

Jones, Christopher/Diaz, Enrique Gonzalez, *The EEC Merger Regulation*. Sweet & Maxwell. Colin Overbury (ed.), London, 1992.

Jones, Christopher/Woude, Mark Van Der/Pathak, Anand S., "Competition Law Checklist 1992". In: EL Rev. (1993), cc. 1 ss.

Jones, Clifford, *Private Enforcement of Antitrust Law*. Oxford University Press, 1999.

Jones, Tim, "Regulation 17: The Impact of the Current Application of Articles 81 and 82 by National Competition Authorities on the European Commission's Proposal for Reform". In: ECLR (2001), pp. 405 ss.

Jong, H. W., "(USA Merger Guidelines) Reliable Guidelines? A European Comment". In: Rev Ind O. (1993), pp. 203 ss.

Jordi/Teece, *Innovation and Cooperation: Implications for Competition and Antitrust*. In: *Collaboration Among Competitors*, 1990, pp. 887 ss.

Joyce, Thomas, *Shareholders Agreements: A US Perspective*, in *Sindicati di Voto e Sindicati di Bloco*. Org., Franco Bonelli/Pier Giusto Jaeger, Milano, 1993, pp. 353 ss.

Kaiser, M. J., *Le Secteur Publique et l'Economie de Marché*. In: *L'Entreprise Publique et la Concurrence*. Semaine de Bruges, 1968 – Bruges, 1969, pp. 277 ss.

Kaplan, S.A./Katz, David, *Hostile Corporate Takeovers– Target Company Perspective*. In: *Conference on Mergers & Acquisitions*. Leiden Institut of Anglo-American Law. University of Leiden, 1990. Kluwer Law Taxation Publishers. Deventer, Boston, pp. 25 ss.

Kaplow, Louis, *Antitrust Analysis*. Aspen Law & Business, 1997.

Kapteyn/Themaat, Verloren Van, *Introduction to the Law of European Communities*. Kluwer Law and Taxation Publishers, 1990.

Kartte, Wolfgang, *Checklist for Merger Control Procedures*. In: *International Mergers and Joint Ventures – Annual Proceedings of the Fordham Corporate Law Institute – 1990*. Fordham University School of Law. Barry Hawk (ed.). Transnational Juris Chancery, 1991, pp. 161 ss.

Kaserman/Zeisel, "Market Definition: Implementing the Department of Justice Merger Guidelines". In: AB (1996), pp.665 ss.

Katsch, M. Salem, "Collateral Restraints in Joint Ventures". In: ALJ (1985), pp. 1003 ss.

Kattan, Joseph, "Antitrust Analysis of Technology Joint Ventures: Allocative Efficiency and the Rewards of Innovation". In: ALJ (1993), pp. 937 ss.

Kattan, Joseph, "Market Power in the Presence of an Installed Base". In: ALJ (1993), pp.62 ss.

Kattan, Joseph, "From Indiana Dentists to California Dental: Presumptions and Competitive Effects in Antitrust Law". In ALJ (2001), pp. 735 ss.

Katz, Avery, *Foundations of the Economic Approach to Law*. Oxford University Press, New York, 1998.

KATZ, Michael/SHAPIRO, Carl, "Systems Competition and Network Effects". In: JEP (1994), pp. 93 ss.

KAUFMANN, Arthur, *Analogie und 'Natur der Sache'*. 2 Aufl. Decker und Umbolt. Heidelberg, 1982.

KAY, J. A., "Vertical Restraints in European Competition Policy". In: EE Rev. (1990), pp. 551 ss.

KAYSEN, M. M./TURNER, D. F., *Antitrust Policy. An Economic and Legal Analysis*. Harvard University Press, Cambridge, 1959.

KENNEDY, Peter, *A Guide to Econometrics*. Blackwell Publishers, 1998.

KEPPENNE, J.P., "Le Contrôle des Concentrations entre Entreprises – Quelle Filiation entre l'Article 66 du Traité de la Communauté Européenne du Charbon et du Acier et le Nouveau Règlement de la Communauté Economique Européenne?" In: CDE (1991), pp. 42 ss.

KERBER, W., *Die Europäische Fusionskontrollpraxis und die Wettbewerbskonzeption der EG*. Bayreuth, PCO, 1994.

KERRES, Cristoph, *Mergers and Acquisitions Activity in the European Communities*. In: *Mergers and Acquisitions: Meeting the Challenges in Europe and North America After 1992*. Kluwer Law and Taxation Publishers, 1991. Deventer, Boston, pp. 7 ss.

KESTER, Carl W., "Industrial Groups as Systems of Contractual Governance". In: OREP (1993), pp. 24 ss.

KEYTE, James A., "Market Definition and Differentiated Products: The Need for a Workable Standard". In: ALJ (1995), pp. 697 ss.

KILLING, Peter, *Understanding Alliances: The Role and Task of Organizational Complexity*. In: *Cooperative Strategies in International Business*. Farok Contractor, Peter Lorange (eds.), Lexington, 1988, pp. 55 ss.

KINSELA, *EU Technology Licensing*. Palladian Law Publishing, 1998.

KIRKBRIDE, James/XIONG, Tao, "The European Control of Joint Ventures: A Historic Opportunity or a Mere Continuation Existing Practice?" In: E L Rev. (1998) pp. 37 ss.

KITCH, "The Nature and Function of the Patent System". In: JL & Econ. (1977), pp. 265 ss.

KITCH, Edmund W., "The Antitrust Economics of Joint Ventures". In: ALJ (1985), pp. 957 ss.

KLEEMANN, Dietrich, *First Year of Enforcement Under the EEC Merger Regulation: A Commission View*. In: *EC and U.S. Competition Law and Policy – Annual Proceedings of the Fordham Corporate Law Institute – 1991*. Barry Hawk (ed.). Transnational Juris Kluwer, 1992, pp. 623 ss.

KLEIN, Joel, *A Stepwise Approach to Antitrust Review of Horizontal Agreements*. Department of Justice, Washington D. C., 1996.

KLUIVER, De, *Disparities and Similarities in European and American Company Law. What About Living Apart Together?* In: *Current Issues of Cross Border Esta-*

1748   *Empresas comuns* – Joint Ventures

blishment of Companies in the European Union. Wouters, Schneider (eds.). Antwerp, Maklu, 1995, pp. 287 ss.

KOGUT, Bruce, *A Study of the Life Cycle of Joint Ventures*. In: *Cooperative Strategies in International Business*. Farok Contractor, Peter Lorange (eds.), Lexington, 1988, pp. 169 ss.

KOKOTT, J./RÜTH, A., "The European Convention and its Draft Treaty Establishing a Constitution for Europe: Appropriate Answers to the Laeken Questions". In: CMLR (2003), pp. 1315 ss.

KOLASKY, William/DICK, Andrew, *The Merger Guidelines and the Integration of Efficiencies into Antitrust Review of Horizontal Mergers*. US Department of Justice, 2002.

KOLASKY, William/ELLIOTT, Richard, "The European Commission Notice on the Appraisal of Horizontal Mergers". In: Antitrust (2003), pp. 64 ss.

KOLASKY JR., William, "Recent Developments Affecting Transnational Joint Ventures". In: ALJ (1989), pp. 685 ss.

KON, Stephen, *The Commission's White Paper on Modernisation: The Need for Procedural Harmonisation*. In: *International Antitrust Law and Policy – Annual Proceedings of the Fordham Corporate Law Institute – 1999*. Barry Hawk (ed.). Juris Publishing, 2000, pp. 240 ss.

KOPKE, Alexander, "Study of Past Merger Remedies". In: Competition Policy Newsletter, n. 2, Summer, (2003), pp. 69 ss

KOPPENSTEINER, Han-Georg, *Joint Ventures Under European Communities Competition Law*. In: *Mergers and Acquisitions: Meeting the Challenges in Europe and North America After 1992*. Kluwer Law and Taxation Publishers, 1991. Deventer, Boston, pp. 15 ss.

KORAH, Valentine, "The Concept of a Dominant Position Within The Meaning of Article 86". In: CMLR (1980), pp. 395 ss.

KORAH, Valentine, "Group Exemptions for Exclusive Distribution and Purchasing in the EEC". In: CMLR (1984), pp. 153 ss.

KORAH, Valentine, *EEC Competition Rules: Regulation 418/85*. ESC Publishing, 1986.

KORAH, Valentine, "EEC Competition Policy– Legal Form or Economic Efficiency". In: Current Legal Problems (1986), pp. 85 ss.

KORAH, Valentine, "Critical Comments on the Commission's Recent Decisions Exempting Joint Ventures to Exploit Research that Needs Further Development". In: EL Rev. (1987), pp.18 ss.

KORAH, Valentine, "Developments over the Last Year in EEC Competition Law". In: ECLR (1991), pp. 256 ss.

KORAH, Valentine, "Collaborative Joint Ventures for Research and Devellopment Where Markets are Concentrated: The Competition Rules of the Commun Market and the Invalidity of Contracts". In: Ford Int L J (1992), pp. 248 ss.

KORAH, Valentine, "Restrictions on Conduct and Enforceability: Automec V Commission II". In: ECLR (1994), pp. 175 ss.

KORAH, Valentine, *Technology Transfer Agreements and EC Competition Rules*. Clarendon Press, Oxford, 1996.

KORAH, Valentine, *Future Competition Law: Community Courts and Commission not Consistently Analytical in Competition and Intellectual Property Matters*. In: *European Competition Law Annual 1997. The Objectives of Competition Policy*. Claus-Dieter Ehlermann, Laraine L. Laudati (eds.). Hart Publishing Oxford, 1998.

KORAH, Valentine, "Gencor v. Commission: Collective Dominance". In: ECLR (1999), pp. 337 ss.

KORAH, Valentine, *An Introductory Guide to EC Competition Law and Practice*. Hart, Oxford, Portland Oregon, 2000.

KORAH, Valentine/Lasok, P., "Philip Morris and its Aftermath Merger Control". In: CMLR (1988) pp. 333 ss.

KORAH, Valentine/ROTHNIE, Warwick A., *Exclusive Distribution in the EEC Competition Rules*. Sweet & Maxwell, London, 1992.

KORAH, Valentine (General ed.), *Competition Law of the European Community*. Lexis Nexis, 2000.

KÖTZ, Hein/FLESSNER, Axel, *European Contract Law*. Vol. 1. Clarendon Press, Oxford, 1997.

KOVACIC, William E., "Merger Policy in a Declining Defense Industry". In: AB (1991), pp. 543 ss.

KOVACIC, William E., "The Influence of the Economics on Antitrust Law". In: Economic Enquiry (1992), pp. 294 ss.

KOVACIC, William E., "The Identification and Proof of Horizontal Agreements under the Antitrust Laws". In: AB (1993), pp. 38 ss.

KOVACIC, William E., "Transatlantic Turbulence: The Boeing/MacDonnel Douglas Merger and International Competition Policy". In: ALJ (2001), pp. 805 ss.

KOVALEFF, Theodore P. (ed.) *The Antitrust Impulse. An Economic, Historical & Legal Analysis*. Vol. I, M E Sharpe Inc, 1994.

KOVAR, Robert, "The EEC Merger Control Regulation". In: YEL (1990), pp. 71 ss.

KOVAR, Robert, "L'Incidence du Droit Communautaire de la Concurrence sur le Droit des Societés – Presentation". In: RTDCDE (1992), pp. 3 ss.

KWAST, Myron/STARR-MCCLUER/WOLKEN, John D., "Market Definition and the Analysis of Antitrust in Banking". In: AB (1997), pp. 973 ss.

KWOKA, John E./WARREN-BOULTON, Frederick R., "Efficiencies, Failing Firms and Alternatives to Merger: A Policy Synthesis". In: AB (1986), pp. 931 ss.

LADEUR, Karl-Heinz, "Towards a Theory of Supranationality – The Viability of the Network Concept". In: ELJ (1997), pp.33 ss.

1750   *Empresas comuns* – Joint Ventures

LADEUR, Karl-Heinz, *The Theory of Autopoiesis as an Approach to a Better Understanding of Postmodern Law – From The Hierarchy of Norms to the Heterarchy of Changing Patterns of Legal Inter-relationships.* EUI Working Paper Law n.°. 99/3, 1999. Badia Fiesolana, San Domenico.

LAMANDINI, M., *Il 'Controllo'. Nozioni e 'Tipo' nella Legislazione Economica.* Milano, 1995.

LANDE, Robert H., "Chicago's False Foundation: Wealth Transfers (Not Just Efficiency) Should Guide Antitrust". In: ALJ (1989), pp. 631 ss.

LANDE, Robert, "Beyond Chicago: Will Activist Antitrust Rise Again?" In: AB (1994), pp. 39 ss.

LANDES, W./POSNER, R., "Market Power in Antitrust Cases". In: Harv L Rev. (1981), pp. 937 ss.

LANDO, Ole, "Guest Editorial: European Contract Law after The Year 2000". In: CMLR (1998), pp. 821 ss

LANE, Robert, "New Community Competences under the Maastricht Treaty". In: CMLR (1993), pp. 939 ss.

LANG, John Temple, "Monopolization and the Definition of Abuse of a Dominant Position". In: CMLR (1979), pp. 345 ss.

LANG, John Temple, "Community Constitutional Law: Article 5 EEC Treaty". In: CMLR (1990), pp. 645 ss.

LANG, John Temple, "The Powers of the Commission to Order Interim Measures on Competition Cases". In: CMLR (1991), pp. 49 ss.

LANG, John Temple, *Air Transports in the EEC – Community Antitrust Law Aspects.* In: *EC and U.S. Competition Law and Policy – Annual Proceedings of the Fordham Corporate Law Institute – 1991.* Barry Hawk (ed.). Transnational Juris Kluwer, 1992, pp. 287 ss.

LANG, John Temple, *Defining Legitimate Competition: Companies' Duties to Supply Competitors and Acess to Essential Facilities.* In: *International Antitrust Law and Policy – Annual Proceedings of the Fordham Corporate Law Institute – 1994.* Barry Hawk (ed.). Transnational Juris Publications, Inc., 1995, pp. 245 ss.

LANG, John Temple, *European Community Antitrust Law: Innovation Markets and High Technology Industries.* In: *International Antitrust Law and Policy – Annual Proceedings of the Fordham Corporate Law Institute – 1996.* Barry Hawk (ed.). Juris Publishing Inc., 1997, pp. 519 ss.

LANG, John Temple, *International Joint Ventures under Community Law.* In: *International Antitrust Law and Policy – Annual Proceedings of the Fordham Corporate Law Institute – 1999.* Barry Hawk (ed.). Juris Publishing Inc., 2000, pp. 381 ss.

LANG, John Temple, *Oligopolies and Joint Dominance in Community Antitrust Law.* In: *International Antitrust Law & Policy. Annual Proceedings of the Fordham Corporate Law Institute – 2001.* Barry Hawk (ed.), Juris Publishing, 2002, pp. 274 ss.

LANG, John Temple, "Comitment Decisions under Regulation 1/2003: Legal Aspects of a New kind of Competition Decision". In: ECLR (2003), pp. 347 ss.

LANGE, G. F. D./SANDAGE, J.B., "The Wood Pulp Decision and Its Implications for The Scope of the EC Competition Law". In: CMLR (1989), pp. 137 ss.

LANGEFELD-WIRTH, *Les Joint Ventures Internationales. Pratiques et Techniques Contractuelles des Coentreprises Internationales.* Paris, 1992.

LANGEHEINE, Bernd, *Substantive Review under the EEC Merger Regulation.* In: *International Mergers and Joint Ventures – Annual Proceedings of the Fordham Corporate Law Institute – 1990.* Barry Hawk (ed.). Transnational Juris Chancery, 1991, pp. 481 ss.

LANSING, Paul/ROSARIA, Alex, "An Analysis of the United Nations Proposed Code of Conduct for Transnational Corporations". In: W Comp (1991), pp. 35 ss.

LARENZ, Karl, *Metodologia da Ciência do Direito.* Fundação Calouste Gulbenkian. Lisboa, 1989.

LASOK, D./BRIDGE, J.W., *Law and Institutions of the European Union.* Butterworths, London, Dublin, Edinburgh, 1994.

LASOK, Paul, "Assessing the Economic Consequences of Restrictive Agreements: A Comment on the Delimits Case". In: ECLR (1991), pp. 194 ss.

LAURENCIE, J. P., *Merger Control in France: Last Developments.* In: *EC and U.S. Competition Law and Policy Corporate Law Institute, 1991.* Fordham University School of Law. Barry Hawk (ed.). Transnational Juris Kluwer, 1992, pp. 487 ss.

LECOURT, Benoît, *L'Influence du Droit Communautaire sur la Constitution de Groupements.* Librairie Générale de Droit et Jurisprudence, 2000.

LEDDY, Mark, "The 1992 US Horizontal Merger Guidelines and some Comparisons with EC Enforcement Policy". In: ECLR (1993), pp. 15 ss.

LEIBENSTEIN, H., "Allocative Efficiency versus X-Efficiency". In: Am Econ Rev. (1966), pp. 392 ss.

LEITÃO, Luís Manuel Telles de Menezes, *Direito das Obrigações.* Vol. I, Almedina, Coimbra, 2003.

LENAERTS, Koen, *Le Juge et la Constitution aux États Unis de l'Amérique et dans l'Ordre Juridique Européen.* Brussels, 1988.

LENAERTS, Koen, *Modernisation of the Application and Enforcement of European Competition Law– An Introductory Overview.* In: *Modernisation of European Competition Law.* Jules Stuyck, Hans Gilliams (eds.). Intersentia, Antwerp, Oxford, New York, 2002, pp. 11 ss.

LENAERTS, Koen/NUFFEL, Piet Van, *Constitutional Law of the European Union.* Robert Bray (ed.). London, Sweet & Maxwell, 1999.

LENAERTS, Koen/DESOMER, Marlies, "New Models of Constitution-Making in Europe: The Quest for Legitimacy". In: CMLR (2002), pp. 1217 ss.

1752   *Empresas comuns* – Joint Ventures

LESGUILLONS, H., "Droit de la Concurrence et Acquisition d'Entreprises – Le Filtre du Droit Européen de la Concurrence". In: Revue de Droit des Affaires Internationales (1989), ns. 4/5.

LEVER, Jeremy, *Substantive Review under Merger Regulations: A Private Perspective*. In: *International Mergers and Joint Ventures Corporate Law Institute – Annual Proceedings of the Fordham Corporate Law Institute – 1990*. Barry Hawk (ed.). Transnational Juris Chancery, 1991, pp. 503 ss.

LEVER, Jeremy/NEUBAUER, Silke, "Vertical Restraints, their Motivation and Justification". In: ECLR (2000), pp. 7 ss.

LEWIS, David, *The Political Economy of Antitrust*. In: *International Antitrust Law and Policy – Annual Proceedings of the Fordham Corporate Law Institute – 2001*. Barry Hawk (ed.). Juris Publishing, 2002.

LIANOS, Ioannis, "'La confusion des infractions' – de l'article 81 § 1: quelques interrogations sur l'utilité de la notion d'infraction unique". In: RTDE (2000), pp. 239 ss.

LIEBERKNECHT, Otfried, "United States Companies in Foreign Joint Ventures". In: ALJ (1985), pp. 1051 ss.

LIND, Robert/MUYSERT, Paul, "Innovation and Competition Policy: Challenges for the New Millenium". In: ECLR (2003), pp. 87 ss.

LINDA, R., "L'Antitrust Européen et les Concurrences de la Dernière Génération. In: Chroniques de l'Actualité de la SEIDES, Novembre 1989, pp. 390 ss.

LINDSAY, Alistair/LECCHI, Emanuela/WILLIAMS, Geoffrey, "Econometrics Study into European Commission Merger Decisions Since 2000". In: ECLR (2003), pp. 673 ss.

LINSEN, G. J., "The SHV-Chevron Case". In: CMLR (1976), pp. 105 ss.

LIPNER, S., "Horizontal Mergers – General Dynamics and its Progeny: Requiem for a Presumption". In: South Texas Law Review (1986), pp. 381 ss.

LIPSKY, Jr., Abbot B., *What is Free Market? Competition Law in Market Economies*. In: *EC and U.S. Competition Law and Policy – Annual Proceedings of the Fordham Corporate Law Institute – 1991*. Barry Hawk (ed.). Transnational Juris Kluwer, 1992, pp. 61 ss.

LIPWORTH, Sidney (Sir), *Merger Control in the United Kingdom*. In: *International Mergers and Joint Ventures Corporate Law Institute – Annual Proceedings of the Fordham Corporate Law Institute – 1990*. Barry Hawk (ed.). Transnational Juris Chancery, 1991, pp. 205 ss.

LIVERMORE, Shaw, *Early American Land Companies: Their Influence on Corporate Development*. New York, The Commonwealth Fund, 1939.

LOFARO, Andrea/RIDYARD, Derek, "Beyond Bork: New Economic Theories of Exclusion in Merger Cases". In: ECLR (2002), pp. pp. 151 ss.

LOUIS, J. V., *Le Modèle Constitutionnel Européen: De la Communauté à l'Union*. In: *Le Nouveau Modèle Européen*. P. Magnette, E. Remacle (eds.), Vol.1, Éditions de l'Université de Bruxelles, Brussels, 2000.

Louis, Jean-Victor, "Le Project de Constitution – Continuité ou Rupture". In: CDE (2003), pp. 215 ss.

London, C., "Fusions et Acquisitions en Droit Communautaire". In: Semaine Juridique, Ed. E (1988), pp. 716 ss.

Lone, Francis de, "The Joint Venture Versus Other Alternatives". In: ALJ (1985), pp. 915 ss.

Lower, M., "Towards an Emerging Law of Joint Ventures". In: J Bus L (1994), pp. 507 ss.

Lowry, John/Watson, Loraine, *Company Law*. Butterworths, 2001.

Lucking, Joachim, *Retailer Power in EC Competition Law*. In: *International Antitrust Law and Policy – Annual Proceedings of the Fordham Corporate Law Institute – 2000*. Barry Hawk (ed.). Juris Publishing, Inc., 2001, pp. 467 ss.

Lucking, Joachim, "B2B E-Marketplaces and EC Competition Law – Where Do We Stand?" In: Competition Policy Newsletter, n. 3, October, (2001), pp. 14 ss.

Lucking, Joachim/Woods, Donncadh, "Horizontal Cooperation Agreements: New Rules in Force". In: Competition Policy Newsletter, n. 1, February, (2001), pp. 8 ss.

Luhmann, N., *The Self-Reproduction of Law and Its Limits*. In: *Dilemmas of Law in the Welfare State*. G. Teubner (ed.), Berlin, New York, 1985, pp. 111 ss.

Lutter, Marcus, "Guest Editorial: First Steps for a European Law on Corporate Groups". In: CMLR (1999), pp. 1 ss.

Lyon-Caen, A., *Le Contrôle de la Croissance des Entreprises par les Autorités Publiques*. Paris, 1975.

Lyon-Caen, A., *Droit Européen de la Concurrence et Groupes de Sociétés*. In: *L'Entreprise Multinationale Face au Droit*. Publié sous la direction de B. Goldman et P. Franceskakis. Paris, Librairies Techniques, 1977.

MacCulloch, Angus D./Rodger, Barry J., "Wielding the Blunt Sword: Interim Relief for Breaches of EC Competition Law Before the UK Courts". In: ECLR (1996), pp. 393 ss.

MacIver, Angus K., *The First Year of Enforcement Under the EEC Merger Regulation– A View From The Trenches*. In: *EC and U.S. Competition Law and Policy – Annual Proceedings of the Fordham Corporate Law Institute – 1991*. Barry Hawk (ed.). Transnational Juris Kluwer, 1992, pp. 751 ss.

Mackay, Ronald E., *The European Economic Interest Grouping*. In: *Corporate Law – The European Dimension*. AA.VV.. Butterworths, 1991, pp. 55 ss.

Maduro, Miguel Poiares, *We. The Court – The European Court of Justice & the European Economic Constitution*. Hart Publishing, 1998.

Maggio, Giugno, "Rapporto Britannico Sulla Disciplina Communitaria della Concorrenza". In: Riv Soc. (1994), pp. 699 ss.

Maitland-Walker, Julian, "The Unacceptable Face of Politics in Competition Cases". In: ECLR (1991), pp. 3 ss.

Maitland-Walker, Julian, "Buyer Power". In: ECLR (2000), pp. 170 ss.

1754   *Empresas comuns* – Joint Ventures

MAJONE, G., *Regulating Europe*. Routledge, London, 1997.

MALAGUTI, Maria Chiara,*The Payments Systems in the European Union – Law and Practice*. Sweet & Maxwell, London, 1997.

MALAGUTI, Maria Chiara, *A New Approach to Interbanking Co-operation – The Application of EC Competition Rules to the Payments Market*. In: CEPS Research Report n.° 18, 1996).

MALINA, Michael, "Some Thoughts on the Source of Antitrust Law in the Nineties". In: ALJ (1995), pp. 853 ss.

MANCINI, Giuseppe, "The Making of a Constitution for Europe". In: CMLR (1989), pp. 595 ss.

MANO, Miguel de la, For the Customer's Sake: *The Competitive Effects of Efficiencies in European Merger Control*. Enterprise Papers, n.° 11, 2000. Enterprise Directorate-General European Commission.

MANSFIELD, "Basic Research and Produtivity Increase in Manufacturig". In: Am Econ Rev. (1980), pp. 863 ss.

MANZINI, Pietro, "The European Rule of Reason – Crossing the Sea of Doubt". In: ECLR (2002), pp. 396 ss.

MARCHAL, André, "Nécessité Economique des Concentrations et Fusions". In: RMC (1968), pp. 105 ss.

MARENCO, Giuliano, "Public Sector and the Community Law". In: CMLR (1983), pp. 335 ss.

MARENCO, Giuliano, *Legal Monopolies in the Case-Law of the Court of Justice of the European Communities*. In: *EC and U.S. Competition Law and Policy – Annual Proceedings of the Fordham Corporate Law Institute – 1991*. Barry Hawk (ed.) Transnational Juris Kluwer, 1992, pp. 197 ss.

MARITI, P./SMILEY, R. M., "Cooperative Agreements and the Organization of the Industry". In: J Ind Ec. (1983), pp. 31 ss.

MARKERT, Kurt E., "German Antitrust Law and the Internationalization of Markets". In: W Comp. (1990), pp. 23 ss.

MARKERT, Kurt E., *Merger Control in Germany: Substantive Aspects*. In: *International Mergers and Joint Ventures – Annual Proceedings of the Fordham Corporate Law Institute – 1990*. Barry Hawk (ed.). Transnational Juris Chancery, 1991, pp. 149 ss.

MARKESINIS, Basil S., "La Notion de Consideration dans la Common Law: vieux problèmes; nouvelles theories". In: Rev int dr comp. (1983), pp. 735 ss.

MARKOVITS, Richard, "On the Inevitable Arbitrariness of Market Definitions". In: AB (2002), pp. 571 ss.

MARQUES, Maria Manuel Leitão, *Um Curso de Direito da Concorrência*. Coimbra Editora, 2002.

MARTIN, S., *Industrial Economics: Economic Analysis and Public Policy*. Macmillan Press, New York, 1994.

MARTIN, S., *Advanced Industrial Economics*. Blackwell, 2002.

MARTINEZ, Soares, *Economia Política*. Almedina, Coimbra, 1998.

MARTINS, Ana Maria Guerra, *O Projecto de Constituição Europeia – Contribuição para o Debate sobre o Futuro da União*. Almedina, Coimbra, 2004.

MARTINS, M. Belmira/BICHO, M. João/BANGY, Azeem Remtula, *Direito da Concorrência em Portugal*. Lisboa, 1986.

MATTERA, A., *Le Marché Unique Européen – Ses Règles, Son Fonctionnement*. E.J.A. Jupiter, Paris, 1990.

MATTOUT, Jean-Pierre," De L'Influence des Concentrations Bancaires sur Le Droit Bancaire Lui-Même". In: Tribune, pp, 305 ss.

MAYER, Colin/NEVEN, Damien, *European Financial Regulation. A Framework for Policy Analysis*. In: *European Financial Integration*. Alberto Giovannini, Colin Mayer (eds.), CEPR, Cambridge University Press, 1991, pp. 112 ss.

MAZZONI, Alberto, "L'Autorità Garante e il Metodo del Diritto (Brevi Riflessioni a Margine della Relazione Annuale dell'Autorità Garante Presentata il 30 aprile 1998)". In: Riv Soc. (1998), pp. 1432 ss.

MAZZUCATO, Mariana, *Firm, Size, Innovation and Market Structure – The Evolution of Industry Concentration and Instability*. Edward Elgar, 2000.

MCDAVID, Janet L., "The 1992 Horizontal Merger Guidelines: a Practitioner's View of Key Issues in Defending a Merger". In: ALJ (1993), pp. 459 ss.

MCFALLS, Michael S., "The Role and Assessment of Classical Market Power in Joint Venture Analysis". In: ALJ (1998), pp. 651 ss.

MCGRATH, J. Paul, *Merger Policy Today*. Remarks before the "National Association of Manufacturers Committee on Corporate Finance, Management and Competition. Washington D.C., March 8 1984.

MCCAHERY, Joseph/BRATTON, William W./PICCIOTTO, Sol/SCOTT, Colin (Editors), *International Regulatory Competition and Coordination – Perspectives on Economic Regulation in Europe and the United States*. Clarendon Press Oxford, 1996.

MCGUCKIN, Robert H., "Merger Enforcement: Out of the Courtroom after 75 years". In: AB (1990), pp.677 ss.

MCGUCKIN, Robert H./NGUYEN, Sang V./ANDREWS, Stephen H., "The Relationships Among Acquiring and Acquired Firms Product Lines". In: J L & Econ., Vol. XXXIV (1991), pp. 477 ss.

MCQUADE, L.C., "Conspiracy, Multicorporate Enterprises and Section I of the Sherman Act". In: Virg L R (1955), pp. 183 ss.

MEADE, James, *The Theory of Customs Union*. Amesterdam, 1955.

MEADOWCROFT/THOMPSON, D., *Minority Share Acquisition: the impact upon competition. Office for official publications of the European Communities*. Luxembourg, 1986.

MECHELLAN, Anthony/JAMBRUN, Philippe, "Fusions, Entreprises Communes et Autres Acquisitions dans le Marché Commum". In: RMC (1992), pp. 231 ss.

1756   *Empresas comuns* – Joint Ventures

MEEHAN, James W./LARNER, Robert J., *The Structural School, its Critics and its Progeny: An Assessment.* In: *Economics & Antitrust Policy.* Quórum Books, 1989, pp. 179 ss.

MEGRET/VIGNES/WAELBROECK, *Le Droit de la Communauté Economique Européenne: Concurrence.* (Vol. IV), Bruxelles, 1972.

MEHTA, Kiran, *Market Definition – The Economics of Competition.* In: *The EC Law Competition.* Faull, Nikpay (eds.), Oxford University Press, 1999, pp. 43 ss.

MEISSNER, Werner/MARKL, Rainer, *International R&D Cooperations.* In: *Competition Policy in the Global Economy – Modalities for Cooperation.* Leonard Waverman, William S. Comanor, Akira Goto (eds.), Routledge. London and New York, 1997, pp. 224 ss.

MELLO, Xavier A. de, *French Merger Law and Policy in the Wake of EEC Regulation – A French View.* In: Annual Proceedings of the Fordham Corporate Law Institute – *European/American Antitrust and Trade Law – 1988.* Barry Hawk (ed.). Matthew Bender, 1989, pp.29-1 ss.

MENDES, Armindo Ribeiro/VELOSO, José António, "Consórcios Internacionais". In: Scientia Ivridica (1982), pp. 138 ss.

MENDES, Mário Marques, *Antitrust in a World of Interrelated Economies – The Interplay Between Antitrust and Trade Policies in the US and EEC.* Études Européennes, U.L. Bruxelles, 1991.

MERCADAL, M. B./JANIN, M. P., *Les Contrats de Coopération Inter-Entreprises.* Éditions Juridiques Lefevre, 1974.

MERCADAL, M. B./JANIN, M. P., *Droit des Affaires.* Levallois, Éditions Francis Lefebvre, 1999.

MERCURO, Nicholas/MEDEMA, Steven G., *Economics and the Law – From Posner to Post-Modernism.* Princeton University Press, Princeton, NewJersey, 1997.

MESSINEO, Francesco, *Contratto Plurilaterale e Contratto Associativo.* Enciclopedia del Diritto, Vol. X, 1962, pp. 165 ss.

MESTMÄCKER, Ernst-Joachim, "Fusionskomtrolle im Gemeinsamen Markt Zwischen Wettbewerbspolitik Und Industriepolitik". In: EuR (1988), pp. 349 ss.

MESTMÄCKER, Ernst-Joachim, *Merger Control in the Common Market: Between Competition Policy and Industrialk Policy.* In: Annual Proceedings of the Fordham Corporate Law Institute – European/*American Antitrust and Trade Law – 1988.* Barry Hawk (ed.). Matthew Bender, 1989, pp.20-1 ss.

MESTMÄCKER, Ernst-Joachim, *The Modernization of EC Antitrust Policy: Constitutional Challenge or Administrative Convenience?* In: *European Competition Law Annual 2000: The Modernization of EC Antitrust Policy.* Claus Dieter Ehlermann, L. Atanasiu (eds.). Hart Publishing, Oxford and Portland, Oregon, 2001.

MESTMÄCKER/BLAISE/DONALDSON, *Gemeinschaftsunternehmen (Joint Venture/Filiale Commune) im Konzern und Kartellrecht.* Metzer, Frankfurt a M., 1979.

Milanesi, Enzo Moavero, "Concorrenza e Concentrazioni Tra Imprese". In: Riv Soc. (1988), pp. 499 ss.

MICHEL, Dominique, *L'Entreprise Commune: Un Instrument de Coopération 'Sensible' en Matiére de Concurrence*. In: *La Coopération entre Entreprises*. Bruylant/Kluwer, Bruxelles/Antwerpen, pp. 186 ss.

MILANESI, Enzo Moavero, "Concorrenza e Concentrazioni Tra Imprese". In: Riv Soc. (1988), pp. 499 ss.

MILANESI, Enzo Moavero, "Il Nuovo Regolamento CEE Sur Controllo Delle Concentrazioni Tra Imprese". In: Riv Soc. (1990), pp. 1153 ss.

MILANESI, Enzo Moavero, *Antitrust e Concentrazioni Fra Imprese nel Diritto Comunitário*. Giuffré, Milano, 1992.

MILANESI, Enzo Moavero, *Normativa ed Organizzazzione Comunitaria per il Controlo delle Concentrazione tra Imprese*. In: *Concorrenza e Controllo delle Concentrazioni in Europa*. Il Mulino, Bologna, 1993, pp. 95 ss.

MILANESI, Enzo Moavero/WINTERSTEIN, Alexander, *Minderheitsbeteiligungen und personelle Verflechtungen zwischen Wettberwerben– Zur Anwendung von Artikel 81 und 82 EG-Vertrag*. In: *Handbuch der Europäischen Finanzdienstleistungsindustrie*. Rolfes, Fisher, Fritz Knapp Verlag, Frankfurt, 2001.

MILANESI, Enzo Moavero/WINTERSTEIN, Alexander, "Minority Shareholdings, Interlocking Directorships and the EC Competition Rules – Recent Commission Practise". In: Competition Policy Newsletter, n. 1, February, (2002), pp. 15 ss.

MILLER, G. W., "Joint Venture: Problem Child of Partnership". In: Cal L R (1950), pp. 860 ss.

MILLER, Merton, *Financial Innovations and Market Volatility*. Blackwell, 1995.

MILLER, Richard A., "Notes on the 1984 Merger Guidelines: Clarification of the Policy or Repeal of the Celler-Kefauver Act?" In: AB (1984), pp. 653 ss.

MILLSTEIN, Ira M./BIRREL, George A./KESSLER, Jeffrey L., "An Overdue Antitrust Reform". In: AB (1986), pp. 955 ss.

MIRANDA, Jorge, *Manual de Direito Constitucional*, Tomo II. Coimbra, Editora, 2003.

MISHKIN, Frederic/EAKINS, Stanley, *Financial Markets and Institutions*. Addison Wesley, 1998.

MODRALL, James R., "Ancillary Restrictions in the Commission's Decisions under the Merger Regulation: Non Competition Clauses". In: ECLR (1995), pp. 40 ss.

MOJON, B., *Financial Struture and the Interest Channel of the ECB Monetary Policy*. In: ECB Working Paper, n. 40, 2000.

MONIZ, Carlos Botelho, "Direito Económico da CEE". In: Revista de Assuntos Europeus (1982/1983).

MONIZ, Carlos Botelho, *Estratégia das Empresas Face à Aplicação do Direito Nacional da Concorrência – Aspectos Processuais*. In: *Concorrência em Portugal nos anos 80*. Assuntos Europeus, Lisboa, 1985.

MONLOUIS, J., "The Future of Telecommunications Operator Alliances". In: Telecommunications Policy (1998), pp 635 ss.

1758   *Empresas comuns* – Joint Ventures

MONTEIRO, António Pinto, *Contratos de Distribuição Comercial*. Almedina, Coimbra, 2002.

MONTI, Giorgio, "Article 81 and Public Policy". In: CMLR (2002), pp. 1057 ss.

MORAIS, Luís Domingos Silva, *Os Auxílios Públicos e o Mercado Comum – Novas Perspectivas*. Almedina, Coimbra, 1993.

MORAIS, Luís Domingos Silva, *O Artigo 90 do Tratado CEE – As Empresas Públicas e o Direito da Concorrência na união Europeia*. In: *Em Torno da Revisão do Tratado da União Europeia*. Almedina, Coimbra, 1997, pp. 57 ss.

MORRIS, John R./MOSTELLER, Gale R., "Defining Markets for Mergers Analysis". In: AB (1991), pp. 599 ss.

MORVAN, Y., *La Concentration de l'Industrie en France*. A Colin, Paris, 1972.

MÖSCHEL, Wernhard, *Competition Policy from an Ordo Point of View*. In: *German Neo-Liberals and the Social Market Economy*. Alan Peacock, Hans Willgerodt (eds.). Macmillan, 1989, pp. 146 ss.

MÖSCHEL, Wernhard, "Merger Control in Broadcasting in Germany". In: W Comp. (1991), pp. 69 ss.

MÖSCHEL/Wernhard, "The Goals of Antitrust Revisited". In: JITE, 1991, pp. 7 ss.

MOSSA, Lorenzo, "I Problemi Fondamentali del Diritto Commerciale". In: Riv D Comm. (1926), pp. 233 ss.

MOSSO, Carles Esteva/RYAN, Stephen, *Article 82– Abuse of a Dominant Position*. In: *The EC Law Competition*. Jonathan Faull, Ali Nikpay (eds.), Oxford University Press, 1999, pp. 117 ss.

MOTTA, Massimo, "EC Merger Policy and the Airtours Case". In: ECLR (2000), pp. 199 ss.

MOTTA, Massimo/POLO, Michele, "Leniency Programs and Cartel Prossecution". In: International Journal of Industrial Organization (2003), pp. 347 ss.

MOWERY (ed.), *International Collaborative Joint Ventures in US Manufacturing*. Ballinger Publishing Company, Cambridge, 1988.

MUELLER, Dennis C., "U.S. Merger Policy and the 1992 Merger Guidelines". In: Rev Ind O. (1993), pp. 151 ss.

MUELLER, Dennis (ed.), *Perspectives on Public Choice – A Handbook*. Cambridge University Press, 1997.

MUELLER, Willard F., "Comments on Harry First's Structural Antitrust Rules and International Competition: The Case of Distressed Industries". In: NYULR (1987).

MUELLER, Willard F./O'CONNOR, Kevin J., "The 1992 Horizontal Merger Guidelines: A Brief Critique". In: R Int Org. (1993), pp. 163 ss.

MÜLLER, Friedrich, *Discours de la Méthode Juridique*. Presses Universitaire de France, Paris, 1996.

MÜLLER, Friedrich, *Strukturierende Rechtslehre*. Duncker & Humblot, Berlin, 1994.

MULLER, Christian/GUGENBERGER, *Principes d'Organisation de la Coopération d'Entreprises en Droit Allemand*. In: *Droit et Pratique du Commerce International*, Tome 3, pp. 475 ss.

MURRAY, John, *New Concepts in Corporate Law*. In: *Corporate Law– The European Dimension*. Butterworths, London, Dublin, Edimburgh, Munich, 1991.

NAZERALI, Julie/COWAN, David, "The Commission's Draft Communication on Distribution Agreements – Market Shares are Predictably Back on Table". In: ECLR (1998), pp. 409 ss.

NAZERALI, Julie/COWAN, David, "Reforming EU Distribution Rules– Has the Commission Found Vertical Reality?" In: ECLR (1999), pp. 159 ss.

NEHL, Hanns Peter, *Principles of Administrative Procedure in EC Law*. Hart Publishing, Oxford, 1999.

NEHL, Hanns Peter/PARPLIES, Kay, "Internet Joint Ventures and the Quest for Exclusive Content – The T-Online Cases". In: Competition Policy Newsletter, n. 2, June, (2002), pp. 57 ss.

NELSON/WINTER, "The Schumpeterian Tradeoff Revisited". In: Am Econ Rev. (1982), pp. 114 ss.

NELSON, Richard, "US Technological Leadership: Where Did it Come From and Where Did it Go?". In: Res P (1990), pp. 119 ss.

NEUMANN, Manfred, "Industrial Policy and Competition Policy". In: EE Rev. (1990), pp. 562 ss.

NEVEN, Damien J., "EEC Integration towards 1992– Some Distributional Aspects (Gains and Losses from 1992)". In: Economic Policy (April 1990), pp. 14 ss.

NEVEN, Damien/NUTTALL, Robin/SEABRIGHT, Paul, *Merger in Daylight*. CEPR, 1993.

NEVES, Castanheira, *Metodologia Jurídica – Problemas Fundamentais*. Coimbra Editora, 1993.

NIELS, Gunnar, "Collective Dominance: More Than Just Oligopolistic Interdependence". In: ECLR (2001), pp. 168 ss.

NIKPAY, Ali/HOUWEN Fred, "Tour de Force or a Little Turbulence? A Heretical View on the Airtours Judgement". In: ECLR (2003), pp. 193 ss.

NOBLE, R., "No Fault Monopolization: Requiem or Rebirth for Alcoa". In: New England Law Review (1982), pp. 777 ss.

NOEL, "Efficiency Considerations in the Assessment of Horizontal Mergers Under European and US Antitrust Law". In: ECLR (1997), pp. 458 ss.

NOVA, Giorgio de, *Il Tipo Contrattuale*. Cedam, Padova, 1974.

NUGENT, Neil, "The Deepening and Widening of the European Community: Recent Evolution, Maastricht and Beyond". In: JCMS (1992), pp. 311 ss.

NYE, William, "Can a Joint Venture Lessen Competition More than a Merger". In: Economic Letters (1992), pp. 487.

O'BRIEN, Daniel/SALOP, Steven, "Competitive Effects of Partial Ownership: Financial Interest and Corporate Control". In: ALJ (2000), pp. 559 ss.

1760 *Empresas comuns* – Joint Ventures

O'Donaghue, Robert/Feddersen, Christop, "Case Law (Airtours)". In: CMLR (2002), pp. 1171 ss.

ODUDU, Okeoghene, "A New Economic Approach to Article 81 (1)?". In: EL Rev. (2002), pp. 100 ss.

Ogawa, Hideki, "Strengthening Japan's Anti-Monopoly Regulations". In: W Comp. (March 1991), pp. 67 ss.

O'Keefe, David, *Legal Issues of the Amesterdam Treaty*. Hart, 1999.

Olavo, Fernando, *Direito Comercial*. Vol. I. lisboa, 1974.

Ommeslaghe, P. Van, "Le Réglement sur le Contrôle des Operations de Concentrations entre Entreprises et les Offres Publiques d'Acquisition (OPA)". In: CDE (1991), pp. 259 ss.

Oppo, Giorgio, "Realtà Giuridica Globale dell'Impresa nell'Ordinamento Italiano". In: Riv Dir Civ. (1976), pp. 591 ss.

Oppo, Giorgio, "Le Convenzioni Parassociali tra Diritto delle Obligazioni e Diritto delle Societá". In: Riv Dir Civ. (1987), pp. 517 ss.

Ordover, Janusz A./Baker, Jonathan B., "Entry Analysis Under 1992 Horizontal Merger Guidelines". In: ALJ (1992), pp. 139 ss.

Ordover, Janusz A./Sykes, Alan, *The Antitrust Guidelines for International Operations: An Economic Critique*. In: Annual Proceedings of the Fordham Corporate Law Institute – *European/American Antitrust and Trade Law – 1988*. Fordham University School of Law. Barry Hawk (ed.). Matthew Bender, 1989, p. 4-1 ss.

Ordover, Janusz A./Willig, Robert D., "Antitrust for High Technology Industries: Assessing Research Joint Ventures and Mergers". In: JL & Econ. (1985), pp. 311 ss.

Ordover, Janusz A./Willig, Robert D., "Economics and the 1992 Merger Guidelines: A Brief Survey". In: Rev Ind O. (1993), pp. 139.

Overbury, Colin, "First Experiences of European Merger Control (Competition Law Checklist, 1990)". In: EL Rev., London, 1991.

Overbury, Colin/Ritter, "An Attempt to a Pratical Approach to Joint Ventures under EEC Rules of Competition". In: CMLR (1977), pp. 601 ss.

Overbury, Colin/Jones, Christopher, *EEC Merger Regulation Procedure: A Pratical View*. In: *International Mergers and Joint Ventures – Annual Proceedings of the Fordham Corporate Law Institute – 1990*. Barry Hawk (ed.). Transnational Juris Chancery, 1991, p. 353 ss.

Owen, Bruce M., "The Evolution of Clayton Section 7 Enforcement and the Beginnings of U.S. Industrial Policy". In: AB (1986), pp. 409 ss.

Owen, Deborah K./Parisi, John J., *International Mergers and Joint Ventures: a Federal Trade Commisssion Perspective*. In: *International Mergers and Joint Ventures – Annual Proceedings of the Fordham Corporate Law Institute – 1990*. Barry Hawk (ed.). Transnational Juris Chancery, 1991, pp. 1 ss.

OXERA, "Collective Dominance from an Economic Perspective". In: Competing Ideas (June 2002).

PAGE, A. C., "Member States, Public Undertakings and Article 90". In: EL Rev. (1986), pp. 19 ss.

PAIS, Sofia Oliveira, *O Controlo das Concentrações de Empresas no Direito Comunitário da Concorrência.* Almedina, Coimbra, 1996.

PANTZ, Dominique, "Les Politiques Communautaires d'Ajustement Structurel des Marchés: Concurrence, Competitivité et Contestabilité". In: RMUE (1999), pp. 103 ss.

PANZAR, John C., *Determinants of Firm and Industry Structure.* In: *Handbook of Industrial Organization.* Richard Schmalensee, Robert Willig (eds.). Amsterdam, North Holland, 1989.

PAOLUCCI, Luigi, *Problemi Attualli della Disciplina dei Consorzi.* In: *Trattato di Diritto Privato.* Org. Rescigno, Vol. XXII, Turim, 1991.

PAPPALARDO, Janis K., "The Role of Consumer Research in Evaluating Deception: An Economist's Perspective". In: ALJ (1997), pp. 793 ss.

PAPPALARDO, Aurelio, *Régime de l'Article 90 du Traité CEE.* Semaine de Bruges, 1968. In: *L'Entreprise Publique de la Concurrence.* Bruges, 1969, pp. 75 ss.

PAPPALARDO, Aurelio, "Le Réglement CEE sur le Contrôle des Concentrations". In: Rev. Int'l Dr Econ (1990), pp. 3 ss.

PARDOLESI, Roberto, *I Contrati di Distribuzione.* Napoli, 1979.

PATHAK, Anand S., "EEC Concentration Control: The Foreseeable Uncertainties". In: ECLR (1990), pp. 119 ss.

PATHAK, Anand S., "The EC Commission's Approach to Joint Ventures: A Policy of Contradictions". In: ECLR (1992), pp. 171 ss.

PATHAK, Anand S., "EEC Merger Control Regulation Enforcement During 1992". In: EL Rev. (1993), pp. 132 ss.

PATRICIO, J. Simões, *Direito da Concorrência (Aspectos Gerais).* Publicações Gradiva, Lisboa 1982.

PAUTLER, Paul A. "A Review of the Economic Basis for Broad-Based Horizontal Merger Policy". In: AB (1983), pp. 571 ss.

PEEPERKORN, "The Economics of Verticals". In: *EC Competition Policy Newsletter*, n. 2, June, (1998), pp. 10 ss.

PELKAMNS, J., *Market Integration in the European Community.* Nijhof, 1984.

PEREIRA, Amorim, "O Contrato de 'Joint Venture'". In: ROA (1988), pp. 845 ss.

PERLOFF, J./CARLTON, Dennis, *Modern Industrial Organization.* Harper Collins, 1994.

PERNICE, Ingolf, "Multilevel Constitutionalism and the Treaty of Amsterdam: European Constitution-Making Revisited". In: CMLR, 1999, pp. 703 ss.

PERNICE, Ingolf, "Multilevel Constitutionalism in the European Union". In: E L Rev. (2002), pp. 511 ss.

1762   *Empresas comuns* – Joint Ventures

PERUZZETTO, Sylvaine Poillot, "Premier Bilan sur la Pratique Decisionnelle de la Commission dans l'Application du Réglement Relatif au Controle des Concentrations". In: RTDCDE, (1992), pp. 49 ss.

PESCATORE, Pierre, *Les Objectifs de la Communauté Européenne comme Principes d'Intérpretation dans la Jurisprudence de la Cour de Justice*. In: *Miscellanea W.J. Ganshof van der Meersch*, t. III. Bruylant, Brussels, 1972, pp. 325 ss.

PESCOD, M., *Takeovers and Litigations – Measuring the Risks*. In: *Conference on Mergers & Acquisitions*. Leiden Institute of Anglo-American Law University of Leiden, 1990. Kluwer Law and Taxation Publisher. Deventer, Boston, pp. 53 ss.

PETERS, B. Guy, *United States Competition Policy Institutions: Structural Constraints and Opportunities*. In: *Comparative Competition Policy*. Bruce Doerm, Stephen Wilks (eds.), Clarendon Press Oxford, 1996, pp. 40 ss.

PETERSMANN, Ernst-Ulrich, "Proposals for a New Constitution for the European Union: Building-Blocks for a Constitutional Theory and Constitutional Law of the EU". In: CMLR (1995), pp. 1123 ss.

PFEFFER, J./NOWAK, "Patterns of Joint Venture Activity: Implications for Antitrust Policy". In: AB (1976) pp. 315 ss.

PFLANZ/CAFFARRA, "The Economics of G.E./Honeywell". In: ECLR (2002) pp. 115 ss.

PFUNDER, Malcom R., "Developments in Merger Law and Enforcement 1989-90". In: ALJ (1991), pp. 319 ss.

PICOT, Gerhardt, *Mergers and Acquisitions in Germany*. Juris Publishing, 1999.

PINHEIRO, Luís de Lima, *Contrato de Empreendimento Comum (Joint Venture) em Direito Internacional Privado*. Almedina, Coimbra, 2003.

PINTO, Arthur/BRANSON, Douglas, *Understanding Corporate Law*. Mathew Binder, 1998.

PINTO, Carlos Alberto da Mota, *Cessão da Posição Contratual*. Almedina, Coimbra, 1982.

PIRAINNO, Thomas A., "Beyond Per Se, Rule of Reason or Merger Analysis: A New Antitrust Standard for Joint Ventures". In: Minn L R (1991), pp. 1 ss.

PIROCHE, A., "Les Mesures Provisoires de la Commission des Communautés Européennes dans le Domaine de la Concurrence". In: RTDE (1989), pp. 439 ss.

PITARAKIS, Jean-Yves/TRIDIMAS, George, "Joint Dynamics of Legal and Economic Integration in the European Union". In: European Journal of Law and Economics (2003), pp. 357 ss.

PITOFSKY, Robert, "Joint Ventures under the Antitrust Laws: Some Reflections on the Signification of Penn-Olin". In: Harv L Rev. (1969), pp. 1007 ss.

PITOFSKY, Robert, "A Framework for Antitrust Analysis of Joint Ventures". In: ALJ (1985), pp. 893 ss.

PITOFSKY, Robert, "Proposals for Revised United States Merger Enforcement in a Global Economy". In: Geo LJ (1992), pp. 195 ss.

PITOFSKY, Robert, "Merger Analysis in the '90s: Guidelines and Beyond– Overview". In: ALJ (1992), pp. 147 ss.

PITOFSKY, Robert/WILLIS, E.I., "Antitrust Consequences of Using Corporate Subsidiaires". In: NYULR (1968), pp. 20 ss.

POGUE, Richard, "Antitrust Considerations in Forming a Joint Venture". In: ALJ (1985), pp. 925 ss.

POPPER, Karl, *The Logic of Scientific Discovery*. London, 1977.

POMBO, Fernando, *EU Antitrust Law in the Area of Financial Services*. In: *International Antitrust Law & Policy* – Annual Proceedings of the Fordham Corporate Law Institute – 1996. Barry Hawk (ed.). Juris Publishing, 1997, pp. 395 ss.

PORTER, Michael, *Competitive Strategy*. The MacMillan Press, Ltd., 1980.

PORTER, Michael, *Competition in Global Industries*. Harvard Business School, 1986.

PORTER, Michael, *The Competitive Advantage of Nations*. The MacMillan Press, Ltd., 1990.

PORTER, Michael, "The Gencor Judgment: Collective Dominance, Remedies and Extraterritoriality under the Merger Regulation". In: EL Rev. (1999), pp. 638 ss.

PORTER, Michael, *On Competition*. 1998.

PORTER, Michael, "Michael Porter on Competition". In: AB (1999), pp. 841 ss.

PORTER, Michael, "Competition and Antitrust Toward a Produtivity-Based Approach to Evaluating Mergers and Joint Ventures". In: AB (2001), pp. 919 ss.

PORTO, Manuel Carlos Lopes, *Teoria de Integração e Políticas Comunitárias*. Almedina, Coimbra, 2001.

PORTO, Manuel Carlos Lopes, *Economia – Um Texto Introdutório*. Almedina, Coimbra, 2002.

PORTO, Manuel Carlos Lopes,*The Evolution of the Raport de Forces at World Level*. In: *O Euro e o Mundo*, Pitta e Cunha, Lopes Porto (Coord.). Almedina, Coimbra, 2002, pp. 281 ss.

PORTWOOD, Thimoty, *Mergers under EEC Competition Law*. The Athlon Press, 1994.

POSNER, Richard, "Oligopoly and Antitrust Laws". In: Stanf L R (1969), pp. 1562 ss.

POSNER, Richard, "The Chicago School of Antitrust Analysis". In: U Pa L Rev. (1979), pp.925 ss.

POSNER, Richard, *Economic Analysis of Law*. Aspen Law & Business, 1998.

POSNER, Richard, "Antitrust in the New Economy". In: ALJ (2001), pp. 925 ss.

POSNER, Richard, *Antitrust – An Economic Perspective*. The University of Chicago Press, Chicago, London, 2001.

POWELL, Walter, "Inter-Organizational Collaboration in the Biotechnology Industry". In: JITE, (1996), pp. 197 ss.

POWELL, Walter, *Neither Market for Hierarchy: Network Forms of Organization*. In: *Research in Organizational Behavior*. L. Cummings, B. Shaw (eds.), Vol. 12, JAI Press. Greenwich CT, 1990, pp. 295 ss.

1764   *Empresas comuns* – Joint Ventures

PRIME, Terence/GALE, Surch/SLANLAN, Gary, *The Law and Practice of Joint Ventures*. Butterworths, 1997.

PROCTOR, Charles, *The Euro and the Financial Markets*. Jordans, 1999.

PROPERSI, *Le Joint Ventures*. Buffetti, 1989.

QUACK, Karlheinz, *Merger Control in Germany: A Comment*. In: *Annual Proceedings of the Fordham Corporate Institute – International Mergers and Joint Ventures – 1990*. Barry Hawk (ed.). Transnational Juris Chancery, 1991, pp. 199 ss.

QUADROS, Fausto de, *Direito das Comunidades Europeias – Sumários Desenvolvidos*. AAFDL, Lisboa, 1983.

QUADROS, Fausto de, *Direito das Comunidades Europeias e Direito Internacional Público – Contributo para o Estudo da Natureza Jurídica do Direito Comunitário*. Almedina, Coimbra, 1991.

QUADROS, Fausto de, *O Princípio da Subsidiariedade no Direito Comunitário Após o Tratado da União Europeia*. Almedina, Coimbra, 1995.

QUADROS, Fausto de, *A Nova Dimensão do Direito Administrativo – O Direito Administrativo Português na Perspectiva Comunitária*. Almedina, Coimbra, 1999.

QUELHAS, José Manuel G. Santos, *Sobre a Evolução Recente do Sistema Financeiro*. Coimbra, 1996.

RADECKI, Lawrence, "Competition in Shifting Product and Geographic Markets". In: AB (2000), pp. 571 ss.

RADECKI, Lawrence, "Bank's Payments-Driven Revenue". In: Economic Policy Review (1999), pp. 53 ss.

RAEPENBUSCH, Van, "Les Taxes d'Effet Equivalent à des Droits de Douane". In: RMC (1983), pp. 492 ss.

RAGOLLE, Filip, "Schneider Electric v. Commission: The CFI's Response to the Green Paper on Merger Review". In: ECLR (2003), pp. 176 ss.

RAISER, Ludwig, *Vertragsfunktion und Vertragsfreiheit*. In: *Festschift zum hundertjähringen Bestehen des deutschen Juristentages*. I Karlsruhe, 1960, pp. 109 ss.

RAISER, Thomas, *Die Zukunft des Unternehmensrechts*. FS Robert Fischer, de Gruyter, Berlin, New York, 1979, pp. 561 ss.

RAISER, Thomas, *The Theory of Entreprise Law*. EUI Working Papers 85/197, Florence, 1985.

RAISER, Thomas "The Theory of Entreprise Law in the Federal Republic of Germany" In: Am J Comp L (1988), pp. 111 ss.

RAMOS, Rui Moura, *Direito Interrnacional Privado e Constituição – Introdução a uma Análise das suas Relações*. Coimbra Editora, 1994.

RAMOS, Rui Moura, *Das Comunidades à União Europeia. Estudos de Direito Comunitário*. Coimbra Editora, Coimbra, 1999.

RAPP, Richard, The Misapplication of the Innovation Market Approach to Merger Analysis". In: ALJ (1995), pp. 20 ss.

Bibliografia 1765

RAWLINS, David, *Anticipating Successor Liability Problems*. In: *Mergers and Acquisitions: Meeting the Challenges in Europe and North America after 1992*. Kluwer and Taxation Publishers, Deventer, Boston, 1991, pp. 145 ss.

REICH, Norbert, "Competition between Legal Orders: A New Paradigm of EC Law". In: CMLR (1992), pp. 861 ss.

REICH, Norbert, *Markt und Recht*. Hermann Luchterhand Verlag, 1977.

REIFFEN, David/VITA, Michael, "Comment: Is There New Thinking on Vertical Mergers". In: ALJ (1995), pp. 917 ss.

REIMANN, Mathias, *Droit positif et culture juridique – l'americanisation du droit européen par reception*. In: *l'Americanisation du Droit*. Archives de Philosophie du Droit, Tome 45, Dalloz, 2001, pp 61 ss.

REINERT, Peter, "Industrial Supply Contracts under EC Competition Law". In: ECLR (1996), pp. 6 ss.

REITMAN, D., "Partial Ownership Arrangements and the Potential for Collusion". In: J Ind Ec. (1994), pp. 313 ss.

RESCIGNO, Pietro, "Arbitrato e Autonomia Contrattuale". In: Rivista dell' Arbitrato (1991) pp.13 ss.

RESCIO, Giuseppe Alberto, "La Distinzione del Sociale dal Parasociale (Sulle C.D. Clausole Statutarie Parasociali". In: Riv Soc (1991), pp. 596 ss.

RESCIO, Giuseppe Alberto, "La Società Europea tra Diritto Comunitario e Diritto Nazionale". In: Riv Soc. (2003), pp. 965 ss.

REUSCHLEIN, Gregory, *The Law of Agency and Partnership*. St. Paul, Minnesota, 1990.

REY, Patrick, *Retailer Buying Power and Competition Policy*. In: *Annual Proceedings of the Fordham Corporate Law Institute – 2000*. Berry Hawk (ed.). Juris Publishing 2001, pp. 487 ss.

REYMOND, Claude, "Reflexions sur la Nature Juridique du Contrat de Joint Venture". In: Journal des Tribunaux (1975), pp. 479 ss.

REYMOND, Claude, *Le Contrat de Joint Venture*. In: *Innominatverträge Festgabe für W.R.Schluep*. Schulhess, 1988, pp. 383 ss.

REYNOLDS, Michael J., *The First Year of Enforcement under the EEC Merger Regulation– A Private Law*. In: *EC and U.S. Competition Law and Policy – Annual Proceedings of the Fordham Corporate Law Institute – 1991*. Barry Hawk (ed.). Transnational Juris Kluwer, 1992, pp. 649 ss.

RHOADES, Stephen A./BURKE, Jim, "Economic and Political Foundations of Section 7 Enforcement in the 1980's". In: AB (1990), pp. 373 ss.

RIBEIRO, José António Pinto/DUARTE, Rui Pinto, *Dos Agrupamentos Complementares de Empresas*. Ciência e Técnica Fiscal, Lisboa, 1980.

RIBEIRO, J. Sousa, *O Problema do Contrato. As Cláusulas Contratuais Gerais e o Princípio da Liberdade Contratual*. Coimbra, 1999.

RICE, Paul/CUTTER, Slade, "Problems with Presumptions: A Case Study of the Structural Presumption of Anticompetitiveness". In: AB (2000), pp. 557 ss.

1766   *Empresas comuns* – Joint Ventures

RIDYARD, Derek, "An Economic Perspective on the EC Merger Regulation". In: ECLR (1990), pp. 247 ss.

RIDYARD, Derek, "Joint Dominance and the Oligopoly Blind Spot under the EC Merger Regulation". In: ECLR (1992), pp. 161 ss.

RILEY, Alan J., "Nailing the Jellyfish: The Illegality of the EC/US Government Competition Agreement". In: ECLR (1992), pp. 101 ss.

RILEY, Alan J., "More Radicalism, Please: The Notice on Cooperation Between National Courts and the Commission in Applying Articles 85 and 86 of the EEC Treaty". In: ECLR (1993), pp. 91 ss.

RILEY, Alan J., "EC Antitrust Modernization: The Commission Does Very Nicely – Thank You – Part One: Regulation I and the Notification Burden". In: ECLR (2003), pp. 604 ss.

RILEY, Alan J., "EC Antitrust Modernization: The Commission Does Very Nicely – Thank You – Part Two: Between the Idea and the Reality. Decentralisation under Regulation I". In: ECLR (2003), pp. 657 ss.

RING, Gerhard, *Das neue Handelsrecht*, 1999.

RIORDAN, Michael/SALOP, Steven, "Evaluating Vertical Mergers: a Post-Chicago Approach". In: ALJ (1995), pp. 513 ss.

RIPERT, G./ROBLOT, R./GERMAIN, M./VOGEL, L., *Traité de Droit Commercial*, LGDJ, Paris, 1998.

RISHIKESH, Deepa, "Extraterritoriality Versus Sovereignity in International Antitrust Jurisdiction. In: W Comp. (1991), pp. 33 ss.

RITTER, Lennart/OVERBURY, C., "An Attempt at a Practical Approach to Joint Ventures under the EEC Rules on Competition". In: CMLR (1977), pp. 601 ss.

RITTER, Lennart/BRAUN, David/RAWLISON, Francis, *EEC Competition Law – A Practitioner's Guide*. Kluwer, 1999.

RIVAS, José/STROUD, Fay, "Developpments in EC Competition Law 2001: An Overview". In: CMLR (2002), pp. 1101 ss.

ROADES, Stephen, "Competition and Banks Mergers: Directions for Analysis from Available Evidence". In: AB (1996), pp. 339 ss.

ROBERTSON, Aidan, "The Reform of UK Competition Law – Again?" In: ECLR (1996), pp. 210 ss.

ROBINSON, Joan, *Economis of Imperfect Competition*. London, 1933.

ROBSON, P., *The Economics of International Integration*. Allen & Unwin, London, 1987.

ROCCA, Gianfranco/GAUER, Céline/DALHEIMER, Dorothe/KJOLBYE, Lars/SMIJTER, Eddy de, "Regulation 1/2003: A Modernised Application of EC Competition Rules. In: Competition Policy Newsletter, n. 1, Spring, (2003), pp. 3 ss

ROCHFELD, Judith, *Cause et Type de Contrat*. Librairie Générale de Droit et Jurisprudence, Paris, 1999.

RODGER, Barry J., "A Response to Brent – Complex Monopoly: Oligopoly the Public Interest and the Pursuit of Certainty". In: ECLR (1996), pp. 344 ss.

RODINO, JR., Peter W., "The Future of Antitrust: Ideology vs. Legislative Intent". In: AB (1990), pp. 575 ss.

ROGOWSKY, Robert A., "The Economic Effectiveness of Section 7 Relief". In: AB (1986), pp. 187 ss.

RÖLLER, Lars-Hendrik/STENNEK, Johan/VERBOVEN, Frank, "Efficiency Gains from Mergers". In: European Economy, n. 5 (2001), Brussels.

ROMANI, Franco, "Appunti Per Una Legislazione Liberale A Tutela Della Concurrenza". In: Riv Soc. (1988), pp. 487 ss.

ROOT, Franklin, *Some Taxinomies of International Cooperative Arrangements*. In: *Cooperative Strategies in International Business*. Farok Contractor, Peter Lorange (eds.), Lexington, 1988, pp. 69 ss.

ROPPO, Vincenzo, "I Contratti della Distribuzione Integrata. Appunti". In. Economia e Diritto del Terziario, n.° 1/1994.

ROSA, Giovanni di, *L'Associazione Temporanea di Imprese – Il Contrato di joint venture*. Giuffrè Editore, Milano, 1998.

ROSE, Stephen, "Tackling Cartels: The Green Paper Proposal for Implementing the Government's Policy on Restrictive Trade Practices". In: ECLR (1996), pp. 384 ss.

ROSEN, Norman E., "EC Competition Law: Commentary". In: ALJ (1991), pp. 515 ss.

ROSENTHAL, Douglas E., *The Potential for Jurisdictional Conflicts in Multistate International Merger Transactions*. In: *Annual Proceedings of the Fordham Corporate Law Institute – International Mergers and Joint Ventures – 1990*. Barry Hawk (ed.). Transnational Juris Chancery, 1991, p. 87 ss.

ROSS, Thomas, *Interdependence Effects in Merger Analysis under the Competition Act*. In: *Canadian Bar Association Annual Fall Conference on Competition Law – 1999*. Glenn Leslie (ed.), Juris Publishing, 2000, pp. 271 ss.

ROSSI, G., *Control of Concentrations: The Wake of the EEC Regulation and the Debate in Italy*. In: *Annual Proceedings of the Fordham Corporate Law Institute – European/American Antitrust and Trade Law – 1988*. Barry Hawk (ed.). Matthew Bender, 1989, p. 28-1 ss.

ROSSI, Guido, "Diritto e Mercado". In: Riv Soc. (1998), pp. 1443 ss.

ROWE, Frederick, "The Decline of Antitrust and the Delusions of Models". In: Geo L J (1984), pp. 1511 ss.

ROWLEY, William J., *International Mergers Antitrust Notification Requirements*. In: *Annual Proceedings of the Fordham Corporate Law Institute – International Mergers and Joint Ventures – 1990*. Barry Hawk (ed.). Transnational Juris Chancery, 1991, pp. 221 ss.

ROWLEY, William/BEKER, Donald, *International Mergers – The Antitrust Procedure*. Kluwer Academic Publishers, London, 1996.

RUBINFELD, Daniel, "Antitrust Enforcement in Dynamic Network Industries". In: AB (1998), pp. 859 ss.

RUIZ, Nuno, *Implicações Sectoriais da Aplicação da Lei da Concorrência*. In: *Concorrência em Portugal nos Anos 80*. Assuntos Europeus, Lisboa, 1985.

RUIZ, Nuno, "A Harmonização de Legislação na Comunidade Económica Europeia". In: Revista de Assuntos Europeus, Vol. IV, n.1 (1985).

RUIZ, Nuno, "Relações entre o Direito Nacional e o Direito Comunitário da Concorrência". In: Doc Dir Comp. (1989), pp. 315 ss.

RULE, Charles F./MEYER, David L., "Toward a Merger Policy that Maximizes Consumer Welfare: Enforcement by Careful Analysis, Not by Numbers". In: AB (1990), pp. 251 ss.

RULE, Charles F., *U.S. Justice Department Antitrust Enforcement Guidelines for International Operations*. In: *Annual Proceedings of the Fordham Corporate Law Institute – European/American Antitrust and Trade Law – 1988*. Barry Hawk (ed.). Matthew Bender, 1989, pp.1 ss.

SABATO, Franco di, *Manuale delle Società*. Turim, 1990.

SACCO, Rodolfo/NOVA, Giorgio de, *Il Contrato* (Tomo Segundo). UTET, Turim, 1996.

SAFARIAN, Edward, *Trends in the Forms of International Business Organizations*. In: *Competition Policy in the Global Economy – Modalities for Cooperation*. Routledge, London, New York, 1997.

SAGE, Ewelina D., "Series of Film-Licensing Agreements and the Application of Article 81 EC". In: ECLR (2003), pp. 475 ss.

SALOP, Steven, *Analysis of Foreclosure in the EC Guidelines on Vertical Restraints*. In: *Annual Proceedings of the Fordham Corporate Law Institute – International Antitrust Law Policy – 2000*. Barry Hawk (ed.). Juris Publishing, Inc. 2001, pp. 177 ss.

SALOP, Steven/WHITE, L. J., "Economic Analysis of Private Antitrust Litigation". In: Geo L J (1986), pp. 1001 ss.

SALOP, Steven C./SIMONS, Joseph J., "A Practical Guide to Merger Analysis". In: AB (1984), pp. 663 ss.

SAMUELSON, Paul/NORDHAUS, William D., *Economics*. New York, McGraw-Hill, 2001.

SANTANA, Carlos A. Caboz, *O Abuso da Posição Dominante no Direito da Concorrência*. Edições Cosmos/Livraria Arco-Iris, Colecção Scire Leges, Lisboa, 1993.

SANTINI, Gerardo, *Il Comercio – Saggio di Economia del Diritto*. Il Muligno, Bologna, 1979.

SANTONI, Giuseppe, *Patti Parasociali*. Napoli, 1985.

SANTOS, Jorge Costa, *Bem Estar Social e Decisão Financeira*. Almedina, Coimbra, 1993.

SARRE, David, *Mercantile Law*. Stevens & Sons, London 1991.

SAUTER, W., *Competition Law and Industrial Policy in the EU*. Clarendon Press, Oxford, 1997.

SAUTER, W., "The Economic Constitution of the European Union". In: Columbia Journal of European Law (1998), pp. 27 ss.

SCHAPIRA, J./LE TALLEC, G./BLAISE, J.B., *Droit Européen des Affaires*. PUF (Presses Universitaires de France), Paris, 1992.

SCHAUB, Alexander, *Vertical Restraints: Key Points and Issues Under the New EC Block Exemption Regulation*. In: *International Antitrust Law & Policy. Annual Proceedings of the Fordham Corporate Law Institute – 2000*. Barry Hawk (ed.). Juris Publishing Inc., 2001, pp. 201 ss.

SCHDERMEIER, Collective Dominance Revisited: An Analysis of the EC Commission's New Concepts of Oligopoly". In: ECLR (1990,) pp. 28 ss.

SCHEFFMAN, David T., "Ten Years of Merger Guidelines: A Retrospective, Critique and Prediction". In: Rev Ind O (1993), pp. 173 ss.

SCHEFFMAN, David T., *Antitrust, Economics and Reality*. In: *The Economics of the Antitrust Process*. Malcom Coate, Andrew Kleit (eds.). Kluwer, 1996, pp. 239 ss

SCHEFFMAN, D.T./SPILLER, P.T., *Econometric Market Delineation*. In: *Economic Inputs, Legal Outputs – The Role of Economists in Modern Antitrust*. Fred S. McChesney (ed.). John Wiley & Sons, 1998, pp. 93 ss.

SCHEFFMAN, David T., *20 Years of Merger Guidelines Enforcement at the FTC: an Economic Perspective*. Federal Trade Commission, 2002.

SCHER, Irving, "The Major Antitrust Issues in the Decade Ahead". In: ALJ (1989), pp. 181 ss.

SCHERER, F. M., "The Economics of Vertical Restrictions". In: ALJ (1983), pp. 687 ss

SCHERER, F. M., *European Community Merger Policy: Why? Why Not?* In: *Annual Proceedings of the Fordham Corporate Law Institute – European/American Antitrust and Trade Law – 1988*. Barry Hawk (ed.). Matthew Bender, 1989, p. 24-1 ss.

SCHERER, F.M./ROSS, David, *Industrial Market Structure and Economic Performance*. Houghton Rifflin Company, 1990.

SCHIZZEROTTO, G., *Il Collegamento Negoziale*. Napoli, 1983.

SCHLIESSER, Waldfried, *International Insurance Networks in Europe*. In: *From Alliance Practices to Alliance Capitalism*. Sabine Urban (ed.). Wiesbaden, Gabler, Verlag, 1998, pp. 167 ss.

SCHMALENSEE, Richard, "Entry Deterrence in the Ready-to-Eat Breakfast Cereal Industry". In: The Bell Journal of Economics, 1978, pp. 305 ss

SCHMALENSEE, Richard, "Another Look at Market Power". In: Harv L Rev. (1982), pp. 1780 ss.

SCHMALENSEE, Richard, "Regulation and Antitrust in the Bush Administration". In: ALJ (1989), pp. 475 ss.

1770 *Empresas comuns* – Joint Ventures

SCHMIDT, Brian/RYAN, Mark, "The Changing Nature of Antitrust Enforcement in Banking's New Era". In: AB (1996), pp. 481 ss.

SCHMIDT, Karsten, *Gesellschaftsrecht*. Köln, 2002.

SCHMIDT, Karsten, *Handelsrecht, 5. Aufl.* Heymann, Köln, Berlin, Bonn, Munchen, 1999.

SCHMIDTCHEN, Dieter, "The Goals of Antitrust Revisited– Comment". In: JITE (1991), pp. 31 ss.

SCHMITTHOFF, *How the English Discovered the Private Company*. In: *Quo Vadis Ius Societarum, Liber Amicorum Piet Sanders*. Deventer, 1972, pp. 183 ss.

SCHMITTHOFF/WOOLDRIDGE, F. (eds.), *Groups of Companies*. London, 1991.

SCHMITTMANN, Michael/VONNEMANN, Wolfgang, "Mergers and Acquisitions in Europe 1993: The New EC Merger Control Regulation and its Effects on National Merger Control in Germany". In: AB (1992), pp. 1025 ss.

SCHNEIDER/LENNÉ, Ellen, "Corporate Control in Germany". In: OREP (1993), pp. 11 ss.

SCHODERMEIR, "Collective Dominant Position Revisited". In: ECLR (1990), pp. 28 e ss.

SCHOHE, Gerrit, *Global Trade and US Competition Policy ("Discussion Panel")*. In: *Annual Proceedings of the Fordham Corporate Institute – International Antitrust Law & Policy – 1999*. Barry Hawk (ed.). Juris Publishing, Inc., 2000, pp. 495 ss.

SCHRAMME, A., "Rapport Entre Les Mesures D'Effect Equivalent Des Restrictions Quantitives (art.30') et les Aides Nationales (art. 92')". In: RTDE (1985), pp. 487 ss.

SCHRÖTER, H., *Antitrust Analysis Under Article 85(1) and (3)*. In: *European/American Antitrust and Trade Law – Annual Proceedings of the Fordham Corporate Law Institute – 1987*. Barry Hawk (ed.). Transnational Juris Publications, 1988, pp. 645 ss.

SCHRÖTER, H., *Vertical Restrictions Under Article 85 EC: Towards a Moderate Reform of the Current Competition Policy*. In: *Current and Future Perspectives on EC Competition Law*, Lawrence Gormley (Ed.). Kluwer Law International, 1997, pp. 15 ss.

SCHWARTZ, Dieter, *New EEC Regulation on Mergers, Partial Mergers and Joint Ventures*. In: *European/American Antitrust and Trade Law Corporate Law Institute, 1988*. Fordham University School of Law. Barry Hawk (ed.). Matthew Bender, 1989, p.21-1

SCHWARTZ, Louis/FLYNN, John/FIRST, Harry, *Free Enterprise and Economic Organization – Antitrust*. Mineola, New York, the Foundation Press, 1983.

SCHWARTZ, M., "Le Pouvoir Normative de la Communauté Notamment en Vertu de l'Article 235". In: RMC (1976), pp. 280 ss.

SCHWARZE, M., *Europäisches Verwaltungsrecht*, 1988.

SEABRIGHT, P, "Détournement des Objectifs de la Réglementation, Subsidiarité et Politique Européenne en Matière de Concentrations". In: Economie Européenne (1994), n.º 57, pp. 87 ss.

SERENS, Manuel Couceiro Nogueira, *Direito da Concorrência e Acordos de Compra Exclusiva (Práticas Nacionais e Práticas Comunitárias)*. Coimbra Editora, 1993.

SEIDEL, Martin, *Constitutional Aspects of the Economic and Monetary Union*. In: *European Law in Context: Constitutional Dimensions of European Economic Integration*. Francis Snyder (ed.), IUE, 1994.

SEIDEL, Martin, *The Constitutional Framework of the Economic and Monetary Union as an Economic Union*. In: *O Euro e o Mundo*, Pitta e Cunha, Lopes Porto (Coord.). Almedina, Coimbra, 2002, pp. 121 ss.

SELVAM, Vijay, "The EC Merger Control Impasse – Is There a Solution to This Predicament". In: ECLR (2004), pp. 52 ss.

SENDIM, Paulo M., *Artigo 230, Código Comercial e Teoria Jurídica da Empresa Mercantil (Um Primeiro Apontamento)*. Coimbra, 1989.

SHAFFER, Angela, *North American Free Trade and European Communities Alliances*. In: *Mergers and Acquisitions: Meeting the Challenges in Europe and North America after 1992*. Kluwer and Taxation Publishers, 1991. Deventer, Boston, pp. 83 ss.

SHAPIRO, Carl, "On the Antitrust Treatment of Production Joint Ventures". In: JEP (1990), pp. 113 ss.

SHAPIRO, Carl, "Aftermarkets and Consumer Welfare: Making Sense of Kodack". In: ALJ (1995), pp. 483 ss.

SHAPIRO, Carl, "Mergers with Differentiated Products". In: Antitrust (1996), pp. 23 ss.

SHAPIRO, Carl/WILLIG, Robert, "On The Antitrust Treatment of Production Joint Ventures". In: JEP (1990), pp. 113 ss.

SHAPIRO, C./VARIAN, H. R., *Information Rules – A Strategic Guide to the Network Economy*. Harvard Business School Press, 1998.

SHEPHERD, George/SHEPHERD, Joanna/SHEPHERD, William, "Antitrust and Market Dominance". In: AB (2001), pp. 835 ss.

SHOCKWEILER, F., "Les Conséquences de l'Expiration du Délai Imparti pour l'Établissement du Marché Intérieur". In RMC (1991), pp. 882 ss.

SHULL, Bernard, "Provisional Markets, Relevant Markets and Banking Markets: The Justice Department's Merger Guidelines in Wise County, Virginia". In: AB (1989), pp. 411 ss.

SHULL, Bernard, "The Origins of Antitrust in Banking: an Historical Perspective". In: AB (1996), pp. 255 ss.

SHULL, Bernard/WHITE, Lawrence, "A Symposium of the Changes in Banking, with Implications for Antitrust. Introduction". In: AB (2000), pp. 553 ss.

SIBREE, William, "EEC Merger Control and Joint Ventures". In: EL Rev (1992), pp. 91 ss.

SILBERMAN, Alan H., *The EEC Franchising Regulation: A Potential Laboratory for Examining EEC Competition Policy*. In: *Annual Proceedings of the Fordham Corporate Law Institute – European/American Antitrust and Trade Law – 1988*. Barry Hawk (ed.). Matthew Bender, 1989, pp.14 ss.

SILBERMAN, Alan H., "The Myths of Franchise 'Market Power'". In: ALJ (1996), pp. 181 ss.

SILVA, João Calvão da, *Associação em Participação*. In: *Estudos de Direito Comercial (Pareceres)*. Almedina, Coimbra, 1996, pp. 179 ss.

SILVA, Miguel Moura e, "Controlo de Concentrações na Comunidade Europeia". In: Direito e Justiça, Vol. VIII, tomo 1, 1994, pp. 133 ss.

SILVA, Miguel Moura e, *Inovação, Transferência de Tecnologia e Concorrência – Estudo Comparativo do Direito da Concorrência dos Estados Unidos e da União Europeia*. Almedina, Coimbra, 2003.

SIRAGUSA, Mario, *A Critical Review of the White Paper on the Reform of the EC Competition Law Enforcement Rules*. In: *International Antitrust Law and Policy – Annual Proceedings of the Fordham Corporate Law Institute – 1999*. Barry Hawk (ed.). Juris Publishing Inc., 2000, pp. 273 ss.

SIRAGUSA, Mario, *The modernization of EC Competition Law: Risks of inconsistency and Forum Shopping*. In: *European Competition Law Annual 2000: The Modernization of EC Antitrust Policy*. Claus Dieter Ehlermann, L. Atanasiu (eds.). Hart Publishing, Oxford and Portland, Oregon, 2001.

SIRAGUSA, Mario/SUBIOTTO, M., "The EEC Merger Control Regulation – The Commission's Evolving Case Law". In: CMLR (1991), pp. 877 ss.

SIRAGUSA, Mario/SUBIOTTO, M., "Le Contrôle des Operations de Concentrations entre Entreprises au Niveau Européen: Une Première Analyse Pratique". In: RTDE (1992), pp. 51 ss.

SLOT, Piet Jan, "Case C-18/93, Corsica Ferries Italia SRL v. Corpo dei Piloti di Genoa, (Full Court) Judgment of 17 May 1994, ECR I-1783". In: CMLR (1995), pp. 1287 ss.

SLOT, Piet Jan, *Public Enterprises Under EEC Law: The Lame Ducks of the Nineties?* In: *EC and U.S. Competition Law and Policy – Annual Proceedings of the Fordham Corporate Law Institute – 1991*. Barry Hawk (ed.). Transnational Juris Kluwer, 1992, pp. 255 ss.

SLOT, Piet Jan/MCDONNELL, Alison (eds.), *Procedure and Enforcement in EC and US Competition Law*. London, Sweet & Maxwell, 1993.

SMIT, Hugo J., *Disputes Within Corporations: Developments in the Netherlands*. In: *Mergers and Acquisitions: Meeting the Challenges in Europe and North America after 1992*. Kluwer Law and Taxation Publishers. Deventer, Boston, 1991, pp. 37 ss.

SMITH, R./WALTER I., *Global Banking*. Oxford University Press, Oxford, 1997.

SNELDERS, Robert, "Developments in EC Merger Control in 1995". In: EL Rev. (1996), "Competition Law Survey – 1996", CC 66 ss.

SNYDER, Francis, *New Directions in European Community Law*. Weidenfeld Nicholson, London, 1990.

SNYDER, Francis, *General Course on Constitutional Law of the European Union*. In: *Collected Courses of the Academy of European Law*, VI, Book I, 1998.

SOAMES, Trevor, "The 'Community Dimension' in the EEC Merger Regulation: The Calculation of the Turnover Criteria". In: ECLR (1990), pp. 213 ss.

SOAMES, Trevor, "Merger Policy: As Clear As Mud?" In: ECLR (1991), pp. 53 ss.

SPETTMANN, *Promotion de l'Intégration Grâce à la Coopération et à la Concentration Internationales dans la Politique de Concurrence*. In: *Droit des Ententes en Europe, Lois Antitrust Américaines*. Berlin, 1971.

SRAFFA, P., "The Laws of Return under Competitive Conditions". In: The Economic Journal, Dec. 1926.

STAREK III, Roscoe B./STOCKUM, Stephen, "What Makes Mergers Anticompetitive?: 'Unilateral Effects' Analysis Under the 1992 Merger Guidelines". In: ALJ (1995), pp. 801 ss.

STARK, Charles S., *International Mergers and Joint Ventures: A View From the Justice Department*. In: *International Mergers and Joint Ventures – Annual Proceedings of the Fordham Corporate Law Institute – 1990*. Barry Hawk (ed.). Transnational Juris Chancery, 1991, pp. 21 ss.

STEDMAN, Graham/JONES, Janet, *Shareholder's Agreements*. Sweet & Maxwell, 1998.

STEDMAN, Graham, *Takeovers*. Longman, 1993.

STEIGER, Janet D., *Effectively Enforcing Competition Laws: Some Aspects of the U.S. Experience*. In: *EC and U.S. Competition Law and Policy – Annual Proceedings of the Fordham Corporate Law Institute – 1991*. Barry Hawk (ed.). Transnational Juris Kluwer, 1992, pp. 1 ss.

STEINBERG, Marc, *Understanding Securities Law*. Matthew Binder, 1996.

STEINDORF, E., "Article 85 and the Rule of Reason". In: CMLR (1984), pp. 621 ss.

STEINER, Robert L., "How Manufacturers Deal with the Price-Cutting Retailer: When Are Vertical Restraints Efficient?" In: ALJ (1997), pp. 407 ss.

STIGLER, George, "A Theory of Oligopoly" In: JEP (1964), pp. 44 ss.

STIGLITZ, Joseph E., *Economics of the Public Sector*. New York, W. W. Norton, 1999.

STOCKMANN, Kurt, *Trends and Developments in European Antitrust Laws*. In: *EC and U.S. Competition Law and Policy – Annual Proceedings of the Fordham Corporate Law Institute – 1991*. Barry Hawk (ed.). Transnational Juris Kluwer, 1992, pp. 441 ss.

STOCKUM, Stephen, "The Efficencies Defense for Horizontal Mergers: What is the Goverment Standard?" In: ALJ (1993) pp. 829 ss.

STREIT, Manfred/MUSSLER, Werner,*The Economic Constitution of the European Community – From Rome to Maastrich*. In: *European Law in Context: Constitutional Dimensions of European Economic Integration*. Francis Snyder (ed.), IUE, 1994.

STRUIJLAART, Robin A., "Minority Share Acquisitions Below the Control Threshold of the EC Merger Control Regulation: An Economic and Legal Analysis". In: W Comp. (2002), pp.173 ss.

SUBIOTTO/AMATO, "Preliminary Analysis of the Commission's Reform Concerning Vertical Restraints". In: W Comp. (2000), pp. 5 ss.

SULLIVAN, Lawrence, *Handbook of the Law of Antitrust*. West Publishing Co., 1977.

SULLIVAN, Lawrence, "Post-Chicago Economics: Economists, Lawyers, Judges and Enforcement Officials in a Less Determinate Theoretical World". In: ALJ (1995), pp. 669 ss.

SULLIVAN, Thomas/HARRISON, Jeffrey, *Understanding Antitrust and its Economic Implications*. Matthew Bender, 1997.

SUTHERLAND, Peter, "The New Proposals of the Commission on Concentration Control". In: European Affairs (1988), pp. 46 ss.

SWAAK, Christof R. A., "Case T-17/93, Matra Hachette SA v. Commission of the European Communitties, Judgement of the Court of First Instance (Second Chamber) of 15 July 1994". In: CMLR (1995), pp. 1271 ss.

SWANN, Dennis, *The Single Market and Beyond – An Overview*. Dennis Swann (ed.) Routledge, London, 1992.

SWANN, Dennis, *The Economics of the Common Market*. Penguin, London, 1992.

SWIFT, John/ANDERSON, Rupert, *The Evaluation of Concentrations Under Regulation 4064/89: The Nature of the Beast*. In: *Annual Proceedings of the Fordham Corporate Law Institute* – International *Mergers and Joint Ventures – 1990*. Barry Hawk (ed.). Transnational Juris Chancery, 1991, pp. 519 ss.

SWIFT, John/ANDERSON, Rupert, *Developments in United Kingdom Competition Law and in Its Relationsip with EC Law*. In: *EC and U.S. Competition Law and Policy – Annual Proceedings of the Fordham Corporate Law Institute – 1991*. Barry Hawk (ed.). Transnational Juris Kluwer, 1992, pp. 505 ss.

SWIFT, John/ANDERSON, Rupert, "European Merger Control The First Twelve Months" In: ALJ (1992), pp. 981 ss.

SWIFT, John/ANDERSON, Rupert, "Mergers". In: EL Rev. (1992), pp. 113 ss.

TEECE, David, "Profiting from Technological Innovation: Implications for Integration, Collaboration, Licensing and Public Policy". In: Res. P (1986), pp. 785 ss.

TELLES, Inocêncio Galvão, *Manual dos Contratos em Geral*. Coimbra Editora, 2002.

TELLES, Inocêncio Galvão, "Aspectos Comuns aos Vários Contratos". In: RFDUL (1950), pp. 250 ss.

TELSER, Lester, "Why Should Manufactures Want Fair Trade?" In: JL & Econ. (1960), pp. 86 ss.

TEUBNER, Gunther, Entreprise Corporatism: New Industrial Policy and the 'essence' of the Legal Person". In: Am J Comp L (1988), pp. 130 ss.

Teubner, Gunther, *Verrechtlichung – Begriffe, Merkmale, Grenzen, Auswege.* In: F. Kübler (ed.). *Verrechtlichung von Wirtschaft, Arbeit und sozialer Solidarität.* Nomos, Baden-Baden, 1984, pp. 289 ss.

Teubner, Gunther, *O Direito como Sistema Autopoiético.* Fundação Caloust Gulbenkian, Lisboa, 1993.

Teweles, Richard/Bradley, Edward/Teweles, Ted, *The Stock Market.* John Wiley. 1992.

Thomas, Jean Paul, *Les Politiques Economiques au Vingtième Siècle.* Armand Colin. Paris, 1990.

Tinbergen, *International Economic Integration.* Amesterdam, 1965.

Tirole, Jean, *The Theory of Industrial Organization.* The MIT Press, London, 1988.

Tirole, Jean/Rochet, Jean Paul, *Competition Among Competitors: The Economics of Credit Card Networks.* CEPR Discussion Paper, 1999.

Tomasi, Martin, *La Concurrence sur les Marchés Financiers – Aspects Juridiques.* Librairie Générale de Droit et Jurisprudence, 2002.

Torre-Schaub, Marthe, *Essai sur la Construction Juridique de la Catégorie de Marché.* Librairie Générale de Droit et de Jurisprudence, 2002.

Treacy, Pat, "What Price Compliance? The Most Recent Decision of the Restrictive Practices Court in the Ready Mix Concrete Case". In: ECLR (1996), pp. 347 ss.

Trebilcock, Michael/Howse, Robert, *The Regulation of International Trade.* Routledge, London, New York, 1999.

Tricker, Robert, *International Corporate Governance.* Prentice Hall, 1994.

Trigo, Maria da Graça, *Os Acordos Parassociais sobre o Exercício do Direito de Voto.* Universidade Católica Editora, 1998.

Tuller, Lawrence, *The McGraw-Hill Handbook of Global Trade and Investment Financing.* New York, 1992.

Turnbull, Sarah, "Barriers to Entry, Article 86 EC and the Abuse of a Dominant Position: An Economic Critique of European Community Competition Law". In: ECLR (1996), pp. 96 ss.

Turner, D. F., "The Virtues and Problems of Antitrust Law" In: AB (1990), pp. 287 ss.

Ulrich, Hanns, "Harmonisation within the European Union". In: ECLR (1996) pp. 178 ss.

Ulrich, Hanns (org.), *Comparative Competition Law: Approaching an International System of Antitrust Law.* Baden-Baden, Nomos Verlagsgesellshaft, 1998.

Urban, Sabine, *From Alliance Practices to Alliance Capitalism. On the Way to a New Paradigm?* In: *From Alliance Practices to Alliance Capitalism.* Sabine Urban (ed.). Wiesbaden, Gabler, Verlag, 1998, pp. 15 ss.

Urban/Vendemini, *Alliances Stratégiques Coopératives Européennes.* Bruxelles, 1994.

Uria, Rodrigo, *Derecho Mercantil.* Marcial Pons, Madrid, 1996.

1776   *Empresas comuns* – Joint Ventures

Van Bael, Ivo, "Heretical Reflections on The Basis Dogma of EEC Antitrust: Single Market Integration". In: Swiss Review of International Competition Law (1980), pp. 39 ss.

Van Bael, Ivo/Bellis, J. François, *Competition Law of the European Community*. CCH Europe, 1994.

Van Damme, *La Politique de la Concurrence dans la CEE*. Éditions UGA, Kortrijk, Bruxelles, Namur, 1980.

Van den Bergh, Roger, "Modern Industrial Organization and European Competition Law". In: ECLR (1996), pp. 81 ss.

Van den Bergh, Roger/Camesasca, Peter, *European Competition Law and Economics – A Comparative Perspective*. Intersentia – Hart, 2001.

Van der Esch, Bastiaan, *EC Rules on Undistorted Competition and U.S. Antitrust Laws: The Limits of Comparability*. In: *European/American Antitrust and Trade Law – Annual Proceedings of the Fordham Corporate Law Institute – 1988*. Barry Hawk (ed.). Mattew Bender, 1989, pp. 18-1 ss.

Van der Esch, Bastiaan, *The Principles of Interpretation Applied by the Court of Justice of the European Communities and their Relevance for the Scope of the EEC Competition Rules*. In: *EC and U.S. Competition Law and Policy – Annual Proceedings of the Fordham Corporate Law Institute, 1991*. Barry Hawk (ed.). Transnational Juris Kluwer, 1992, pp. 223 ss.

Van Gerven, Gerwin/Varona, Edurne Navarro, "The Wood Pulp Case and the Future of Concerted Practices". In: CMLR (1994), pp. 575 ss.

Van Themaat, Verloren, "Some Preliminary Observations on the Intergovernmental Conferences. The Relations between the Concepts of a Common Market a Monetary Union, an Economic Union a Political Union and Sovereignty". In: CMLR, 1991, pp. 291 ss.

Van Themaat, Verloren, "Les Défis de Maastricht – Une Nouvelle Étape Importante, Mais Vers Quels Horizons?". In: RMC (1992), pp. 203 ss.

Vanzetti, Adriano, "Trent'Anni di Studi sull'Azienda". In: Riv D Comm. (1958), pp. 109 ss.

Varela, João de Matos Antunes, *Das Obrigações em Geral*, Vol. I, Almedina, Coimbra 2003.

Vasconcelos, Paulo Alves de Sousa de, *O Contrato de Consórcio no Âmbito dos Contratos de Cooperação entre Empresas*. Coimbra Editora, 1999.

Vasconcelos, Pedro Pais de, *Contratos Atípicos*. Almedina, Coimbra, 2000.

Veljanovski, Cento, "EC Antitrust in the New Economy: Is the European Commission's View of the Network Economy Right?". In: ECLR (2001), pp. 115 ss.

Vella, Francesco, *Intermediazione Finanziaria e Gruppi di Imprese: I Conglomerati Finanziari*. In: *I Gruppi di Società, III*. AA. VV., Giuffrè, Milano, 1996, pp. 2305 ss.

Bibliografia 1777

VENDEMINI, Urban, *Alliances Stratégiques Coopératives Européennes*. Bruxeles, 1994.

VENIT, James, "Oedipus Rex. Recent Developments in the Structural Approach to Joint Ventures under EEC Competition Law". In: W Comp. (1991), pp. 14 ss.

VENIT, James, "Economic Analysis, Quick Looks and Article 85: A Way Forward?" In: *Robert Schuman Centre Annual on European Competition Law 1997*. C. D. Ehlermann, L. Laudati (eds.).

VENIT, James, *The Treatment of Joint Ventures under the EC Merger Regulation – Almost through the Ticket*. In: *International Antitrust Law & Policy – Annual Proceedings of the Fordham Corporate Law Institute – 1999*. Barry Hawk (ed.). Juris Publishing, 2000, pp 465 ss.

VENIT, James, "Brave New World: The Modernization and Decentralization of Enforcement under Articles 81 and 82 of the EC Treaty". In: CMLR (2003), pp. 545 ss.

VENIT, James/KALLAUGHER, John J., *Essential Facilities: A Comparative Law Approach*. In: *Annual Proceedings of the Fordham Corporate Law Institute – International Antitrust Law & Policy – 1994*. Barry Hawk (ed.). Transnational Juris Publications Inc., 1995, pp. 315 ss.

VENTURA, Raúl, "Associação em Participação (Anteprojecto)". In: BMJ, n. 189 (1969), pp. 123 ss.

VENTURA, Raúl, "Grupos de Sociedades". In: ROA (1981), pp. 23 ss. e 305 ss.

VENTURA, Raúl, "Primeira Notas sobre o Contrato de Consórcio". In: ROA (1981), pp. 609 ss.

VENTURA, Raúl, *Acordos de Voto. Algumas Questões Depois do Código das Sociedades Comerciais*. In: *Estudos Vários sobre Sociedades Anónimas – Comentário ao Código das Sociedades Comerciais*. Almedina, Coimbra, 1992, pp. 9 ss.

VERSTRYNGE, Jean-François, *The Obligations of Member States as Regards Competition in the EEC Treaty*. In: *Annual Proceedings of the Fordham Corporate Law Institute – European/American Antitrust and Trade Law – 1988*. Barry Hawk (ed.). Matthew Bender, 1989, pp. 17 ss.

VESTERDORF, Bo, "The Court of First Instance of the European Communities after Two Full Years in Operation". In: CMLR (1992), pp. 897 ss.

VESTERDORF, Bo, "Complaints Concerning Infrigements of Competion Law Within the Context of European Community Law". In: CMLR (1994), pp. 77 ss.

VICKERS, John, *How to Reform the EC Merger Test*. IBA, Brussels, 2002.

VICKERS, John, "Competition Economics and Policy". In: ECLR (2003), pp. 95 ss.

VIGONE, Luisa, *Contratti Atipici – Nuovi Strumenti Commerciali e Finanziari*. Cosa & Come, 1993.

VILAÇA, José Luís da Cruz, "A Modernização da Aplicação das Regras Comunitárias de Concorrência Segundo a Comissão Europeia – Uma Reforma Fundamental". In: Boletim da Faculdade de Direito de Coimbra, Volume Comemorativo, Coimbra 2003, pp. 717 ss.

1778   *Empresas comuns* – Joint Ventures

VINER, J., *The Customs Union Issue*. London, 1950.

VIPIANA, Piera Maria, *L'Autolimite della Pubblica Administrazione*. Milano, 1990.

VISCUSI, W./VERNON, John/HARRINGTON, Jr., Joseph. *Economics of Regulation and Antitrust*. The Mit Press, 1998.

VIVIEN, Concépcion Fernández, "Why Parallel Imports of Pharmaceutical Products Should be Forbidden". In: ECLR (1996), pp. 219 ss.

VOGEL, L., *Droit de la Concurrence et Concentration Económique – Étude Comparative*. Economica, Paris, 1988.

VOGEL, L., *Merger Control in France: Comments*. In: *Annual Proceedings of the Fordham Corporate Law Institute – International Mergers and Joint Ventures – 1990*. Barry Hawk (ed.). Transnational Juris Chancery, 1991, pp. 141 ss.

VOGEL, L., "Competition Law and Buying Power: The Case for a New Approach in Europe". In: ECLR (1998), pp. 4 ss.

VOGEL, L., "Chronique de Droit de la Concurrence". In: RMCUE (1998), pp. 403 ss.

VON BOGDANDY, Armin, "The Legal Case for Unity: The European Union as a Single Organization with a Single Legal System". In: CMLR, 1999, pp. 887 ss.

VON WALLWITZ, Sebastain Graf, "Sports Between Politics and Competition Law – The Central Marketing of Television Rights to Sports Events in Light of German and European Competition Law". In: Enterprise Law Review (1998), pp. 216 ss.

VOSSESTEIN, Adrian, "Case Law (Wouters)". In: CMLR, 2002, pp. 841 ss.

XAVIER, Alberto, "Subsídios Para Uma Lei de Defesa da Concorrência". In: Cadernos de Ciência e Técnica Fiscal (n.95). Centro de Estudos Fiscais da D.G.C.I., Ministério das Finanças, Lisboa, 1970.

XAVIER, Vasco da Gama Lobo, *Direito Comercial (Sumários)*, Coimbra, 1977-1978.

WAELBROECK, Michel, "Vertical Agreements: Is the Commission Right not to Follow the Current US Policy?" In: Swiss Review of International Competition Law (1985), pp. 45 ss.

WAELBROECK, Michel, *The Pronuptia Judgment – a Critical Appraisal*. In: *Annual Proceedings of the Fordham Corporate Law Institute – 1986*. Barry Hawk (ed.). Fordham Corporate Law Institute. Mathew Bender, 1987.

WAELBROECK, Michel, *Antitrust Analysis Under Article 85 (1) and (3)*. In: *Annual Proceedings of the Fordham Corporate Law institute – 1987*. Barry Hawk (ed.), Mathew Bender, 1988, pp. 693 ss.

WAELBROECK, Michel/FRIGNANI, A., *European Competition Law*. Transnational Publishers Inc, 1999.

WEILER, J. H., "The Transformation of Europe". In: YLJ (1991), pp. 2403 ss.

WEILER, J. H., *The Constitution of Europe*. Cambridge University Press, Cambridge, 1999.

WEISSBURG, A., "Reviewing the Law on Joint Ventures with an Eye Towards the Future" In: Southern California Law Review (1990), pp. 487 ss.

WELLER, Charles, "Harmonizing Antitrust Worldwide by Evolving to Michael Porter's Dynamic Productivity Growth Analysis". In: AB (2001), pp. 879 ss.

WELLER, Charles, "A New Rule of Reason from Justice Brandeis's Concentric Circles and other Changes in Law. In: AB (1991), pp. 881 ss.

WERDEN, Gregory, *The 1982 Merger Guidelines and the Ascent of the Hypothetical Monopolist Paradigm*. US Department of Justice, June 2002.

WERDEN, Gregory, "An Economic Perspective on the Analysis of Merger Efficiencies". In: Antitrust (1997), pp. 11 ss.

WERDEN, Gregory, "Antitrust Analysis of Joint Ventures. An Overview". In: ALJ (1998), pp. 701 ss.

WERDEN, Gregory J./FROEB Luke M., "The Effects of Mergers in Differentiated Products Industries: Logit Demand and Merger Policy". In: JLE Org. (1994), pp. 407 ss.

WESSLING, Rein, "The Commission White Paper on Modernisation of EC Antitrus Law: Unspoken Consequences and Incomplete Treatment of Alternative Options". In: ECLR (1999), pp. 420 ss.

WESSLING, Rein, *The Modernisation of EC Antitrust Law*. Hart Publishing, Oxford – Portland Oregon, 2000.

WESTON, Fred/CHUNG, Kwang/SIU, Juan, *Takeovers and Restructuring and Corporate Governance*. Prentice Hall, 1997.

WEYLAND, Thomas H., *New Directions in Mergers and Acquitions*. In: *Mergers and Acquisitions: Meeting the Challenges in Europe and North America after 1992*. Kluwer Law and Taxation Publishers 1991, Deventer, Boston, p.177

WHALLEY, Judy, "Merger Analysis in the 90s: The Guidelines and Beyond – A Former Enforcer's Perspective". In: ALJ (1992), pp. 171 ss.

WHITE, Lawrence J., "Banking, Mergers, and Antitrust: historical perspectives and the research tasks ahead". In: AB (1996), pp. 323 ss.

WHISH, Richard, "The Enforcement of EC Competition Law in the Domestic Courts of Member States". In: European Business Law Review (1994), pp. 3 ss

WHISH, Richard, *Competition Law*. Butterworths, 2001.

WHISH, Richard, "Regulation 2790/99: The Commission's New Style Block Exemption for Vertical Agreements". In: CMLR (2000), pp. 887 ss.

WHISH, R./SUFFRIN, B., "Article 85 and the Rule of Reason". In: YEL (1987), pp. 1 ss.

WHISH, Richard/SUFFRIN, Brenda, "Oligopolistic Markets and EC Competition Law". In: YEL (1992), pp. 59 ss.

WHISH, Richard/WOOD, Diane, *Merger Cases in the Real World – A Study of Merger Control Procedures*. OECD, Paris, 1994.

WIEDEMANN, Herbert, *Gesellschaftsrecht, I,* Grundlagen, Munique, 1980.

WIEDEMANN, G., *Gemeinschaftsunternehmen im Deutschen Konzernrecht*. Heidelberg, 1981.

WIELAND, Karl, *Handlesrecht I*. Duncker & Humblot, Munchen, 1921.

1780   *Empresas comuns* – Joint Ventures

WILKS, Stephen/McCGOWAN, Lee, "Disarming the Commission: The Debate over a European Cartel Office". In: JCMS (1995), pp. 260 ss.

WILS, Gert, "'Rule of Reason' – Une Règle Raisonnable en Droit Communautaire?". In: CDE (1990), pp. 19 ss.

WILS, Wouter, *The Modernisation of the Enforcement of Articles 81 and 82: A Legal and Economic Analysis of the Commission's Proposal for a New Council Regulation Replacing Regulation n. 17.* In: *Annual Proceedings of the Fordham Corporate Law Institute – International Antitrust Law & Policy – 2000.* Barry Hawk (ed.). Juris Publishing, 2001.

WILS, Wouter, "Market Definition: How Stationarity Tests Can Improve Accuracy". In: (ECLR), 2002, pp. 4 ss.

WILS, Wouter, *The Optimal Enforcement of EC Antitrust Law, Essays in Law and Economics.* Kluwer, 2003.

WILLIAMSON, Oliver E. "Allocative Efficiency and the Limits of Antitrust". In: Am Econ Rev. (1969), pp. 105 ss.

WILLIAMSON, Oliver E., *Markets and Hierarchies. Analysis and Antitrust Implications.* NY Free Press, New York, 1975.

WILLIAMSON, Oliver E., *Transaction Cost Economics.* In: *Handbook of Industrial Organization I,* R. Schmalensee, R.D. Willig (eds.), 1989.

WILLIAMSON, Oliver, *Transaction Cost Economics: How it Works; Where is it Headed.* Working Paper n. BPP – 67 (Oct.). Institute of Management, Innovation & Organization. Berkeley, University of California, 1997.

WILLIG, Robert, *Merger Analysis, Industrial Theory and Merger Guidelines.* In: *Brookings Papers Economic Activity.* Microeconomis, 1991.

WILLKIE II Wendel L./ABBOTT, Alden F., *Antitrust, Competitiveness, and National Economic Policy in the Emerging World Economy: A Commerce Department Perspective.* In: *EC and U.S. Competition Law and Policy – Annual Proceedings of the Fordham Corporate Law Institute – 1991.* Barry Hawk (ed.). Transnational Juris Kluwer, 1992, pp. 45 ss.

WILLISTON, Samuel, *A Treatise on the Law of Contracts.* Vol. II, Jaeger (ed.), New York, 1959.

WINCKLER, Antoine/GERONDEAU, Sophie, "Étude Critique du Réglement CEE sur le Contrôle des Concentrations d'Entreprises". In: RMC (1990), pp. 541 ss.

WINCKLER, Antoine/HANSEN, Marc, "Collective Dominance Under the EC Merger Control Regulation". In: CMLR (1993), pp. 787 ss.

WINCKLER, Antoine/BRUNET, François (dir.), *La Pratique Communautaire du Contrôle des Concentrations – Analyse Juridique, Économique et Comparative Europe, États-Unis, Japon.* De Boeck & Larcier. Paris, Bruxelles, 1998.

WINTER, Graham D., *Project Finance.* London, Sweet & Maxwell, 1998.

WINTERSCHEID, Joseph F., "Foreign Competition and U.S. Merger Analysis". In: ALJ (1996), pp. 241 ss.

Wolf, Dieter, *Legitimate Objectives and Goals of Competition Policy*. In: *Robert Schuman Centre Annual on European Competition Law*, 1997 C.D. Ehlermann, L.Laudati (eds.), Oxford, Hart, 1998.

Wolf, R., *A Guide to International Joint Ventures with Sample Clauses*. London, 1995.

Wood, Diane P., *International Competition Policy in a Diverse World: Can One Size Fit All?* In: *EC and U.S. Competition Law and Policy – Annual Proceedings of the Fordham Corporate Law Institute – 1991*. Barry Hawk (ed.). Transnational Juris Kluwer, 1992, p. 71 ss.

Wood, Philip, *Project Finance, Subordinated Debt and State Loans*, London, Sweet & Maxwell, 1995.

Wodcock, Stephen, *European Mergers: National or Community Controls?* Royal Institute of International Affairs, 1989 – Discussion Papers – n. 15.

Wouters, Jan, "European Company Law: Quo Vadis?", in CMLR, 2000, pp. 257 ss.

Wrede, Kenneth R., *Mergers and Acquisitions: The Finnish Perspective*. In: *Mergers and Acquisitions: Meeting the Challenges in Europe and North America After 1992*. Kluwer Law and Taxation Publishers, 1991 – Deventer, Boston, p. 155

Wyatt, D./Dashwood, A., *The Substantive Law of the EEC*, London, 1980.

Yamawaki/Weiss/Sleuwaergen, *Industry Competition and the Formation of the European Community Market*, Working Paper. Science Center Berlin, August, 1986.

Yao, Dennis A./Dardouh, Thomas N., "Information Problems in Merger Decision Making and their Impact on Development of an Efficiencies Defense". In: ALJ (1993), pp 23 ss.

Young, G. R./Bradfords, *Joint Ventures: Planning and Action*. Financial Executives Research Foundation, New York, 1977.

Zein, Youmma, *Les Pools Bancaires – Aspects Juridiques*. Economica, Paris, 1998.

Zijlstra, "Politique Economique et Problèmes de la Concurrence dans la CEE et dans les Pays Membres de la CEE". In: Serie Concurrence, n. 2, Bruxelles, 1966.

Zonnekeyn, Geert A., "The Treatment of Joint Ventures under the Amended EC Merger Regulation". In: ECLR (1998), pp. 414 ss.

Zwicker, Dieter G., "Trade Associations in Germany and the United States of America – Antitrust Restrictions on the Ability of Trade Associations to Regulate Themselves". In: AB (1984), pp. 775 ss.

Zweigert, K./Kötz, *An Introduction to Comparative Law*. Clarendon Press, Oxford, 1994.

ÍNDICE GERAL

NOTA PRÉVIA 13

MODO DE CITAR E OUTRAS CONVENÇÕES 17

LISTA DAS PRINCIPAIS ABREVIATURAS UTILIZADAS 21

PLANO GERAL 25

INTRODUÇÃO 27

1. **Delimitação do objecto da investigação** 29

    I – Questões prévias sobre a figura da empresa comum ("*joint venture*") no contexto da cooperação entre empresas 29

    II – A delimitação da categoria da empresa comum no direito da concorrência e noutras áreas do direito 37

    III – O tratamento das empresas comuns em sede de direito comunitário da concorrência 39

    IV – O tratamento das empresas comuns e as mutações do ordenamento comunitário da concorrência 44

    V – Elementos de mutação do ordenamento comunitário da concorrência 54

    VI – Apreciação das empresas comuns e definição de novas metodologias de análise no direito comunitário da concorrência 58

    VII – O tratamento das empresas comuns em vários estádios de evolução do direito comunitário da concorrência 62

    VIII – A dualidade do tratamento das empresas comuns no direito comunitário da concorrência 67

    IX – Parâmetros de análise das empresas comuns submetidas ao regime do artigo 81º CE 74

1784 *Empresas comuns* – Joint Ventures

X – O tratamento de diferentes categorias de empresas comuns.................... 81

XI – Definição de prioridades no estudo das diversas categorias de empresas comuns.. 86

XII – Definição de um modelo geral de apreciação das empresas comuns....... 90

XIII – Aspectos específicos das empresas comuns no sector financeiro............ 95

XIV – Análise de empresas comuns e transição do ordenamento comunitário da concorrência para um novo estádio de construção jurídica..................... 100

2. Metodologia.. 118

I – Aspectos gerais de ordem metodológica... 118

II – Lógica normativa e análise económica... 123

III – Definição de programas normativos através de processos de concretização jurídica das normas 127

IV – Definição de princípios orientadores com função normogenética........... 129

V – Questões de terminologia.. 134

3. Sistematização... 134

I – Razão de ordem... 134

II – A primeira parte do estudo... 135

III – A segunda parte do estudo 136

IV – A terceira parte do estudo 136

V – A quarta parte do estudo 139

PARTE I

O ENQUADRAMENTO JURÍDICO DAS EMPRESAS COMUNS
(*"JOINT VENTURES"*)

CAPITULO 1

A REGULAÇÃO JURÍDICA DA COOPERAÇÃO DE EMPRESAS
E A AUTONOMIA DO CONCEITO DE EMPRESA COMUM
(*"JOINT VENTURE"*)

1. A cooperação entre empresas e a identificação de um conceito jurídico de empresa... 145

2. As finalidades dos processos de cooperação entre empresas e a modelação jurídica das relações de cooperação.. 163

2.1. Aspectos gerais.. 163

Índice geral

2.2. Caracterização preliminar da figura da empresa comum (*"joint venture"*) como modalidade de cooperação 171

2.3. Finalidades mais recorrentes dos processos de cooperação empresarial..... 180

3. **Modelos jurídicos de estruturação de relações de cooperação entre empresas e de criação de empresas comuns** 194

3.1. Aspectos gerais.. 194

3.2. A fixação do *nomen juris* de empresa comum (*"joint venture"*) em vários ordenamentos.. 201

4. **A empresa comum (*joint venture*) como possível tipo do comércio jurídico** 213

4.1. Classificações jurídicas de relações contratuais qualificáveis como empresas comuns (*"joint ventures"*) 213

4.1.1. *Aspectos gerais* 213

4.1.2. *Empresas comuns ("joint ventures") de base societária ou de tipo meramente contratual* 217

4.1.3. *Empresas comuns ("joint ventures") e âmbitos variáveis de cooperação entre empresas* 225

4.1.4. *Empresa comum ("joint venture") e consórcio* 229

4.2. A empresa comum (*"joint venture"*) e os tipos do comércio jurídico......... 231

4.2.1. *Aspectos gerais* 231

4.2.2. *Relações contratuais de cooperação entre empresas e causa do contrato* 234

4.2.3. *Relações contratuais de cooperação entre empresas e finalidade do contrato* 236

4.2.4. *Práticas negociais de utilização do nomen juris de empresa comum ("joint venture")* 241

4.2.5. *Possível autonomização do tipo contratual de empresa comum ("joint venture") em função do plano estrutural do contrato* 242

4.2.5.1. *Aspectos gerais*.. 242

4.2.5.2. Plano estrutural do contrato de empresa comum (*"joint venture"*) 251

4.2.5.3. O núcleo de regulação do contrato de empresa comum (*"joint venture"*).. 254

4.2.5.4. Núcleo de regulação da empresa comum e compromissos contratuais complementares 263

4.2.5.5. Empresa comum e compromissos contratuais complementares.. 264

4.2.6. *A autonomização do contrato de empresa comum ("joint venture") como um tipo geral do comércio jurídico* 269

4.2.6.1. Aspectos gerais.. 269

1786   *Empresas comuns* – Joint Ventures

4.2.6.2. A contraposição entre os contratos de fim comum e os contratos comutativos no domínio dos contratos dirigidos à colaboração entre empresas 273

4.2.6.3. A empresa comum (*"joint venture"*) no plano dos contratos de fim comum e qualificações complementares no âmbito dos contratos de colaboração entre empresas 282

4.2.7. *A empresa comum ("joint venture") como manifestação de consenso contratual e outras formas de entendimento entre empresas.* 289

4.2.7.1. Relações de cooperação empresarial sem suporte contratual 289

4.2.7.2. Elementos distintivos da construção jurídico-económica da empresa comum (*"joint venture"*) 291

4.2.7.3. A conceptualização da categoria geral de empresa comum (*"joint venture"*) e do tipo contratual societário 299

4.3. Colocação sistemática da categoria da empresa comum (*"joint venture"*) no quadro das relações de cooperação empresarial – súmula final 303

4.3.1. *Perspectiva sistemática geral* 303

4.3.2. *A categoria dos processos de cooperação meramente obrigacional.* 305

4.3.3. *A cooperação através da criação de empresas comuns ("joint ventures") – elementos definidores e graus variáveis de complexidade na construção desta categoria* 308

CAPÍTULO 2
AS EMPRESAS COMUNS NO DIREITO DA CONCORRÊNCIA

1. **Razão de ordem** 315

2. **A indefinição do conceito de empresa comum (*"joint venture"*) nos ordenamentos da concorrência comunitário e norte-americano** 317

2.1. Razões para a indefinição do conceito de empresa comum (*"joint venture"* no direito da concorrência) 317

2.2. Definições possíveis da categoria da empresa comum (*"joint venture"*) em direito da concorrência 321

2.3. Elementos distintivos da categoria da empresa comum (*"joint venture"*) no direito da concorrência – uma visão preliminar 327

3. **A categoria da empresa comum (*"joint venture"*) e o conceito de empresa no direito comunitário da concorrência** 331

4. **O tratamento dualista das empresas comuns (*"joint ventures"*) no direito comunitário da concorrência** 342

Índice geral 1787

4.1. Perspectiva sistemática de caracterização das empresas comuns (*"joint ventures"*) nos ordenamentos da concorrência norte-americano e comunitário 342

4.2. As duas categorias fundamentais de empresas comuns (*"joint ventures"*) no direito comunitário da concorrência 350

5. **Elementos para uma definição normativa da categoria da empresa comum (*"joint venture"*) no direito comunitário da concorrência** 358

5.1. Razão de ordem 358

5.2. Referências iniciais ao conceito de empresa comum (*"joint venture"*) em orientações interpretativas e em Relatórios sobre a política da concorrência 360

5.3. O conceito de empresa comum (*"joint venture"*) aflorado em Regulamentos comunitários de isenção por categoria 364

5.4. Outros afloramentos do conceito de empresa comum (*"joint venture"*) em Regulamentos comunitários 372

5.5. A definição de empresa comum (*"joint venture"*) no Regulamento comunitário de controlo de concentrações 375

    5.5.1. *A adopção do Regulamento comunitário de controlo de concentrações e a primeira definição normativa da categoria da empresa comum no direito comunitário da concorrência* 375

    5.5.2. *A primeira reforma do Regulamento comunitário de controlo de concentrações e as suas repercussões na definição da categoria da empresa comum* 380

5.6. A definição normativa do conceito de empresa comum (*"joint venture"*) noutros ordenamentos da concorrência 385

    5.6.1. *Aspectos gerais* 385

    5.6.2. *A definição normativa do conceito de empresa comum (*"joint venture"*) no direito da concorrência norte-americano* 387

    5.6.3. *A definição do conceito de empresa comum (*"joint venture"*) em orientações interpretativas de carácter geral adoptadas no direito norte-americano da concorrência* 399

5.7. A definição do conceito de empresa comum (*"joint venture"*) em orientações interpretativas de carácter geral adoptadas no direito comunitário da concorrência 404

    5.7.1. *Perspectiva geral – a Comunicação relativa ao conceito de empresas comuns que desempenham todas as funções de uma entidade económica autónoma* 404

    5.7.2. *A Comunicação da Comissão relativa ao conceito de concentração de empresas* 413

    5.7.3. *Outras Comunicações interpretativas relevantes no domínio do controlo de concentrações* 421

1788   *Empresas comuns* – Joint Ventures

5.7.4. *O conceito de empresa comum em Comunicações interpretativas que ensaiam uma nova metodologia de apreciação nos domínios da concentração e da cooperação empresariais* 425

    5.7.4.1. A Comunicação sobre compromissos relativos a operações de concentração 425

    5.7.4.2. A Comunicação relativa à aplicação do artigo 81º CE aos acordos de cooperação horizontal 427

6. Definição de empresa comum (*"joint venture"*) no direito comunitário da concorrência – súmula final 432

6.1. Razão de ordem 432

6.2. A *ratio* de autonomização da categoria da empresa comum (*"joint venture"*) em direito da concorrência como realidade intermédia entre a cooperação e a concentração empresariais 433

6.3. Definição de empresa comum proposta 437

    6.3.1. *Os elementos fundamentais do conceito de empresa comum proposto* 437

    6.3.2. *A concretização dos elementos da definição da empresa comum*.... 441

    6.3.3. *O elemento temporal na definição de empresa comum em direito da concorrência* 444

6.4. Súmula final 447

PARTE II

AS EMPRESAS COMUNS NO DIREITO COMUNITÁRIO DA CONCORRÊNCIA – PERSPECTIVA HISTÓRICA GERAL

CAPÍTULO 1

AS EMPRESAS COMUNS E O PROCESSO DE CONSTRUÇÃO E CONSOLIDAÇÃO DO DIREITO COMUNITÁRIO DA CONCORRÊNCIA

1. Razão de ordem 457

2. Aspectos preliminares – noção de concorrência e políticas de concorrência .. 460

2.1. Noções de concorrência relevantes para a formação do direito comunitário da concorrência 460

2.2. O modelo da concorrência praticável (*workable competition*) 466

2.3. Fundamentos e objectivos das políticas de concorrência 467

Índice geral 1789

3. **As regras de concorrência originárias na Comunidade Económica Europeia e os seus objectivos fundamentais** 469
    3.1. A política de concorrência da Comunidade Económica Europeia e a ordem económica do Tratado de Roma 469
    3.2. O direito comunitário da concorrência e os objectivos de integração económica do Tratado de Roma 474
        3.2.1. *A ligação do princípio da concorrência com os objectivos de integração económica* 474
        3.2.2. *Outros objectivos do direito comunitário da concorrência* 475
    3.3. O mercado comum e o aprofundamento da integração económica 478
        3.3.1. *Aspectos gerais* 478
        3.3.2. *Estádios de integração económica comunitária e ordenamento da concorrência* 481
        3.3.3. *O papel do direito da concorrência no aprofundamento da integração comunitária e dos seus benefícios económicos* 487
            3.3.3.1. Nexos entre o direito da concorrência e a integração económica comunitária 487
            3.3.3.2. A contribuição do direito da concorrência para a maximização dos benefícios económicos da integração 494
    3.4. O programa teleológico do direito comunitário da concorrência face ao direito da concorrência norte-americano 499
        3.4.1. *Perspectiva histórica geral sobre a matriz teleológica essencial do direito comunitário da concorrência* 499
        3.4.2. *Evolução das prioridades teleológicas do direito comunitário da concorrência e estádios de consolidação deste ordenamento* 510
            3.4.2.1. Aspectos gerais 510
            3.4.2.2. O primeiro estádio de desenvolvimento do direito comunitário da concorrência 512
            3.4.2.3. O segundo estádio de consolidação do direito comunitário da concorrência 515
            3.4.2.4. O terceiro estádio de consolidação do direito comunitário da concorrência 518
            3.4.2.5. A mutação estrutural recente do ordenamento comunitário da concorrência 522

4. **O controlo dos acordos e práticas concertadas entre empresas** 524
    4.1. Aspectos introdutórios 524
    4.2. O artigo 85° TCE e a sua aplicação 525
    4.3. Os Regulamentos de isenção por categoria e as principais orientações da Comissão na aplicação do artigo 85° TCE 536
    4.4. A medida de intervenção da Comissão – *regra de razão* e restrições acessórias da concorrência 541

Empresas comuns – Joint Ventures

4.5. O artigo 85° TCE e a regra *de minimis* – a relevância do grau de concentração empresarial na apreciação dos efeitos sobre a concorrência 546

5. **O Livro Branco e o processo de *"modernização"* conducente à adopção do Regulamento (CE) n.º 1/2003** 551

   5.1. A modernização das regras de aplicação dos artigos 85° e 86° TCE – aspectos introdutórios 551

   5.2. Os objectivos fundamentais do Livro Branco relativo à modernização do sistema de aplicação das normas de concorrência 552

   5.3. As propostas de reforma do Livro Branco 556

      5.3.1. *Possíveis alternativas ao projecto de reforma do Livro Branco* 556

      5.3.2. *A compatibilidade da reforma projectada no Livro Branco com as normas do Tratado CE* 557

      5.3.3. *O livro Branco e o tratamento das empresas comuns* 559

      5.3.4. *O Livro Branco e a lógica normativa de descentralização da aplicação das normas de concorrência* 562

   5.4. O Regulamento (CE) n.º 1/2003 565

      5.4.1. *O Regulamento (CE) n.º 1/2003 e a transição para um regime de excepção legal directamente aplicável* 565

      5.4.2. *A aplicação de normas comunitárias de concorrência pelas autoridades nacionais* 568

      5.4.3. *Os problemas relativos à garantia da aplicação uniforme do direito comunitário da concorrência* 571

         5.4.3.1. Aspectos gerais 571

         5.4.3.2. A salvaguarda da aplicação coerente do direito comunitário da concorrência num contexto de intervenção acrescida dos tribunais nacionais 576

         5.4.3.3. Outros processos de tutela da segurança jurídica no novo sistema de aplicação de normas comunitárias de concorrência 585

6. **O controlo dos abusos de posição dominante** 587

   6.1. Aspectos gerais 587

   6.2. A utilização abusiva do poder de mercado 589

   6.3. Posição dominante e definição do mercado relevante no âmbito da aplicação do artigo 86° TCE 593

   6.4. O artigo 86° TCE e as formas de abuso de posição dominante 598

   6.5. O artigo 86° TCE (artigo 82° CE) como norma mista – norma de comportamento integrando condições estruturais 601

7. **A lacuna originária do direito comunitário da concorrência – o controlo directo das operações de concentração entre empresas** 605

7.1. Aspectos gerais..	605
7.2. O problema teórico da autonomização de um controlo directo das operações de concentração no direito da concorrência....................................	607
7.3. O desenvolvimento de sistemas de controlo directo de concentrações no ordenamento norte-americano.....................................	614
7.4. A perspectiva jurídico-económica relativa às operações de concentração na CEE e na CECA..	624
8. Súmula final..	629

CAPÍTULO 2

O ENQUADRAMENTO DAS EMPRESAS COMUNS E DE FIGURAS PRÓXIMAS EM VÁRIOS ESTÁDIOS DO DIREITO COMUNITÁRIO DA CONCORRÊNCIA

1. **Razão de ordem**...	635
2. **Interligação entre cooperação e concentração empresariais e o tratamento das empresas comuns no período anterior à aprovação do Regulamento comunitário de controlo de concentrações**.......................................	642
2.1. Articulações fundamentais entre os problemas de concentração empresarial e a realidade das empresas comuns....................................	642
2.2. Abordagens iniciais da temática da concentração empresarial no direito comunitário da concorrência e repercussões no tratamento das empresas comuns...	645
2.2.1. *O Memorando de 1965 sobre a concentração no mercado comum*	645
2.2.2. *Interpretação do Memorando de 1965 sobre concentração empresarial*...	647
2.2.3. *A discussão relativa à possível adopção da doutrina do duplo parâmetro no direito comunitário da concorrência*......................	652
2.2.4. *A relação entre o Memorando de 1965 e a doutrina do duplo parâmetro – posição adoptada*..	656
2.2.5. *Consequências da posição adoptada pela Comissão no Memorando de 1965*.......................................	659
2.2.6. *A compreensão das empresas comuns como entidades na fronteira entre a cooperação e a concentração empresariais*......................	662
2.3. As empresas comuns e os critérios de distinção entre a cooperação e a concentração de empresas até à aprovação do Regulamento comunitário de controlo de concentrações..	663
2.3.1. *A subvalorização dos elementos de concentração em sede de apreciação de empresas comuns com base no artigo 85º TCE*..............	663

1792 Empresas comuns – Joint Ventures

2.3.2. *A praxis decisória da Comissão até à aprovação do Regulamento de controlo de concentrações – aspectos gerais* 667

2.3.3. *O tratamento das empresas comuns e as denominadas concentrações parciais* 669

2.3.4. *Praxis decisória da Comissão em matéria de qualificação de empresas comuns* 670

2.3.5. *A decisão da Comissão "SHV/Chevron"* 674

2.3.6. *A importância da decisão da Comissão "De Laval/Stork"* 676

2.3.7. *Concretização dos critérios de qualificação de empresas comuns formulados na decisão "De Laval Stork"* 681

2.3.8. *Algumas evoluções da praxis decisória da Comissão* 685

2.4. O Acórdão *"Philip Morris"* e o processo de aprovação do regime comunitário de controlo de concentrações 687

2.4.1. *A importância da discussão desencadeada pela jurisprudência "Philip Morris"* 687

2.4.2. *A análise desenvolvida pelo TJCE no Acórdão "Philip Morris"* 688

2.4.3. *Interpretações divergentes da jurisprudência "Philip Morris"* 691

2.4.3.1. As teses relativas ao reconhecimento da aplicação do artigo 85º TCE para o controlo directo de operações de concentração 691

2.4.3.2. As teses que sustentam um entendimento mais restritivo da jurisprudência *"Philip Morris"* 694

2.4.3.3. O alcance da jurisprudência *"Philip Morris"* – posição adoptada 696

2.4.3.4. O alcance da jurisprudência *"Philip Morris"* – síntese conclusiva 702

2.5. O tratamento de situações de integração empresarial na sequência da jurisprudência *"Philip Morris"* 704

2.6. O processo conducente à aprovação de um regime comunitário de Controlo de Concentrações 706

2.6.1. *As propostas iniciais de adopção de um regime de controlo de concentrações e a sua interligação com o enquadramento das empresas comuns* 706

2.6.2. *O processo negocial tendente à adopção de um regime de controlo de concentrações* 709

2.6.3. *O novo impulso para a adopção do regime comunitário de controlo de concentrações na sequência da jurisprudência "Philip Morris"* 712

2.6.4. *A conclusão do processo de aprovação do regime comunitário de controlo directo de operações de concentração* 715

3. **O enquadramento sistemático das empresas comuns na vigência do Regulamento comunitário de controlo de concentrações** 720

Índice geral   1793

3.1. A primeira fase de vigência do regime comunitário de controlo de concentrações 720

    3.1.1. *Os problemas de distinção entre empresas comuns com carácter de concentração e de cooperação originados pelo regime de controlo de concentrações* 720

    3.1.2. *Os termos essenciais do problema de qualificação das empresas comuns* 726

    3.1.3. *A Comunicação interpretativa da Comissão relativa ao tratamento das empresas comuns com carácter de cooperação* 728

    3.1.4. *A concretização jurídica dos critérios de qualificação das empresas comuns – aspectos gerais* 734

    3.1.5. *A Comunicação interpretativa da Comissão relativa às operações com carácter de concentração e de cooperação* 735

    3.1.6. *As condições positivas para a qualificação de empresas comuns como concentrações na praxis decisória da Comissão* 738

    3.1.7. *A condição negativa para a qualificação de empresas comuns como operações de concentração* 748

        3.1.7.1. Aspectos gerais 748

        3.1.7.2. Índices de coordenação de comportamentos concorrenciais de empresas-mãe de empresas comuns 751

        3.1.7.3. Interacções entre mercados das empresas-mãe e das empresas comuns 755

        3.1.7.4. A flexibilização da condição negativa de qualificação das empresas comuns através de critérios *de minimis* e do princípio da *"liderança industrial"* 761

        3.1.7.5. Os riscos de coordenação de comportamentos nas situações em que as empresas-mãe permaneçam em mercados conexos com os da empresa comum 767

3.2. O tratamento sistemático das empresas comuns em ulteriores fases de vigência do regime comunitário de controlo de concentrações 768

    3.2.1. *Flutuações de critérios de qualificação das empresas comuns – perspectiva geral* 768

    3.2.2. *A Comunicação interpretativa de 1994 relativa à distinção entre empresas comuns com carácter de concentração e de cooperação* 769

        3.2.2.1. A alteração dos critérios hermenêuticos relativos à concretização da condição negativa de qualificação de empresas comuns como operações de concentração 769

        3.2.2.2. A alteração dos critérios hermenêuticos relativos à concretização da condição positiva de qualificação de empresas comuns como operações de concentração 773

3.3. A primeira reforma do Regulamento comunitário de controlo de concentrações 776

1794 *Empresas comuns* – Joint Ventures

3.3.1. *As repercussões da primeira reforma do Regulamento de controlo de concentrações no tratamento sistemático das empresas comuns*   776

3.3.2. *O novo regime aplicável às empresas comuns que desempenham todas as funções de uma entidade económica autónoma*   779

4. **A apreciação das empresas comuns e a definição do mercado relevante**   783
  4.1. Razão de ordem   783
  4.2. A Definição do Mercado Relevante do Produto   788
   4.2.1. *Aspectos gerais*   788
    4.2.1.1. Critérios básicos de delimitação do mercado – visão preliminar   788
    4.2.1.2. Diversificação dos critérios analíticos de delimitação do mercado   789
    4.2.1.3. A Comunicação interpretativa de 1997 relativa à definição de mercado relevante   791
    4.2.1.4. Insuficiências do processo analítico de delimitação do mercado relevante na aplicação das normas comunitárias de concorrência   796
    4.2.1.5. A necessidade de consolidação de uma metodologia de análise mais rigorosa em sede de delimitação do mercado do produto   801
  4.3. A Definição do mercado geográfico relevante   804
   4.3.1. *Aspectos gerais*   804
   4.3.2. *A "homogeneidade" das condições de concorrência em determinadas áreas geográficas*   805
   4.3.3. *As análises de preços no âmbito dos processos de delimitação de mercados relevantes*   807
   4.3.4. *Factores complementares de análise*   809
   4.3.5. *Flutuações nos critérios de delimitação de mercados geográficos* .   810
  4.4. Considerações finais   812

Parte III
A APRECIAÇÃO MATERIAL DAS EMPRESAS COMUNS
NO DIREITO COMUNITÁRIO DA CONCORRÊNCIA

Capítulo 1
CONTRIBUTO PARA UM MODELO GERAL DE ANÁLISE
DAS EMPRESAS COMUNS NO DIREITO DA CONCORRÊNCIA

1. **A apreciação material das empresas comuns – perspectiva geral**   823

1.1. Aspectos introdutórios	823
1.2. Os testes jurídicos fundamentais para a avaliação das empresas comuns...	828
1.3. A primeira vertente fundamental de análise de efeitos das empresas comuns	832
1.4. A segunda vertente fundamental de análise de efeitos das empresas comuns	835
1.5. O tratamento de situações de titularidade conjunta de empresas	843
1.6. Razão de ordem	845

2. Os principais elementos do modelo de análise de empresas comuns proposto ... **847**

2.1. Aspectos gerais	847
2.2. Primeiro estádio de análise das empresas comuns – as situações normalmente permitidas	848
2.3. Primeiro estádio de análise das empresas comuns – as situações normalmente proibidas	853
2.4. Estádios de análise das empresas comuns – as situações que podem ser proibidas à luz do n.º 1 do artigo 81º CE	856
2.4.1. *Aspectos introdutórios*	856
2.4.2. *O segundo estádio de análise das empresas comuns*	860
2.4.3. *O terceiro estádio de análise das empresas comuns*	867
2.4.3.1. Os elementos fundamentais do terceiro estádio de análise das empresas comuns	867
2.4.3.2. Principais tipos funcionais de empresas comuns e riscos de afectação da concorrência associados aos mesmos	869
2.4.3.3. A ponderação dos riscos de exclusão de empresas concorrentes	877
2.4.4. *Estádios complementares de análise das empresas comuns – o critério analítico relativo aos tipos de relações entre mercados das empresas-mãe e das empresas comuns*	881
2.4.4.1. Os tipos de relações económicas entre as empresas comuns e as empresas-mãe	881
2.4.4.2. Tipos de relações entre mercados de empresas comuns e de empresas-mãe e intensidade variável dos riscos de afectação da concorrência	885
2.4.5. *Outros elementos complementares de análise*	893
2.4.5.1. Perspectiva geral	893
2.4.5.2. Factores complementares de análise de índole predominantemente estrutural	896
2.4.5.3. Elementos residuais de análise	899
2.4.6. *Condições ou obrigações impostas a empresas participantes em empresas comuns*	901

1796   *Empresas comuns* – Joint Ventures

CAPÍTULO 2
APRECIAÇÃO NA ESPECIALIDADE DOS EFEITOS
DAS EMPRESAS COMUNS – AS EMPRESAS COMUNS
COM CARÁCTER DE CONCENTRAÇÃO

1. **Aspectos introdutórios**... 911

2. **As empresas comuns com carácter de concentração e o teste substantivo relativo à compatibilidade com o mercado comum**..................................... 920

    2.1. Os elementos fundamentais do teste da compatibilidade com o mercado comum 920

        2.1.1. *A apreciação substantiva das empresas comuns com carácter de concentração – aspectos gerais*..................................... 920

        2.1.2. *A reordenação dos elementos do teste da compatibilidade com o mercado comum e a compreensão sistemática das categorias de efeitos resultantes de concentrações*..................................... 934

        2.1.3. *Os índices jurídico-económicos utilizáveis para a concretização dos elementos do teste da compatibilidade com o mercado comum* 940

    2.2. A avaliação das situações de domínio do mercado........................... 946

        2.2.1. *Graduação dos parâmetros fundamentais para a avaliação de situações de domínio do mercado*..................................... 946

        2.2.2. *O parâmetro referente à quota de mercado das empresas participantes* 951

            2.2.2.1. Possíveis limiares de referência na utilização do parâmetro relativo à quota de mercado 951

            2.2.2.2. Relações de concorrência entre empresas participantes em concentrações e orientações gerais quanto à utilização do parâmetro da quota de mercado..................... 957

            2.2.2.3. A necessária flexibilidade na utilização do parâmetro relativo à quota de mercado..................... 964

            2.2.2.4. Outros elementos a ponderar na utilização do parâmetro relativo à quota de mercado..................... 966

            2.2.2.5. Elementos alternativos à ponderação da quota de mercado das empresas participantes em empresas comuns 968

        2.2.3. *O parâmetro analítico estrutural relativo ao grau de concentração dos mercado e a utilização de modelos econométricos*..................... 971

        2.2.4. *O parâmetro analítico relativo ao grau de abertura dos mercados* 981

        2.2.5. *Segundo nível de parâmetros analíticos em matéria de avaliação de situações de domínio do mercado*..................... 990

            2.2.5.1. Parâmetros analíticos complementares num plano estrito de concorrência..................... 990

Índice geral 1797

2.2.5.2. A ponderação de diversos factores de interesse económico
e social e os aspectos de eficiência económica 999

2.3. A apreciação de empresas comuns com carácter de concentração em situações de oligopólio – avaliação de posições dominantes colectivas (efeitos
coordenados) e de outras situações (efeitos unilaterais) 1008

2.3.1. *Perspectiva geral* 1008

2.3.2. *O conceito de posição dominante colectiva* 1018

2.3.2.1. A emergência do conceito de posição dominante colectiva
em sede de controlo de concentrações 1018

2.3.2.2. O aprofundamento do conceito de posição dominante
colectiva em sede de apreciação de empresas comuns com
carácter de concentração 1022

2.3.2.3. Os elementos essenciais do domínio colectivo avaliados
na jurisprudência *"Gencor/Lonrho"* 1025

2.3.2.4. Insuficiência dos critérios analíticos delineados na
jurisprudência *"Gencor/Lonrho"* 1034

2.3.2.4.1. Perspectiva geral 1034

2.3.2.4.2. Análise de empresas comuns com carácter de
concentração e elementos para a construção de
um modelo de avaliação de estruturas de mercado oligopolísticas geradoras de efeitos coordenados 1036

2.3.2.4.3. Modelo de avaliação de estruturas de mercado
oligopolísticas geradoras de efeitos coordenados e análise de determinadas características
gerais do mercado 1039

2.3.2.4.4. Modelo de avaliação de estruturas de mercado
oligopolísticas e análise das características dos
membros de oligopólios geradores de efeitos
coordenados 1043

2.3.2.4.5. Modelo de avaliação de estruturas de mercado
oligopolísticas geradoras de efeitos coordenados e análise de empresas externas a círculos de
interdependência oligopolística 1049

2.3.3. *Apreciação de empresas comuns com carácter de concentração e
enquadramento de efeitos não coordenados resultantes de altera-
ções estruturais de mercados oligopolísticos* 1053

2.3.3.1. Perspectiva geral 1053

2.3.3.2. Os problemas específicos de enquadramento de situações
não subsumíveis no conceito de domínio colectivo 1061

2.3.3.3. A jurisprudência *"Airtours"* e os seus principais corolários
antes e depois da segunda reforma do RCC 1068

1798   *Empresas comuns* – Joint Ventures

3. **A apreciação dos elementos de cooperação de empresas comuns qualificáveis como concentrações** 1071
    3.1. Perspectiva geral 1071
    3.2. Os aspectos fundamentais da análise de efeitos cooperativos subjacentes a empresas comuns qualificáveis como concentrações 1077
       3.2.1. *A identificação de mercados afectados por processos de coordenação* 1077
       3.2.2. *Relações de causalidade entre a constituição de empresas comuns e a emergência de riscos de coordenação de comportamentos* 1083
          3.2.2.1. Perspectiva geral 1083
          3.2.2.2. Factores relevantes para o apuramentos de nexos de causalidade entre a constituição de empresas comuns e processos de coordenação de comportamentos 1087
       3.2.3. *A ponderação do grau de probabilidade de verificação de efeitos apreciáveis de coordenação* 1091
          3.2.3.1. Perspectiva geral 1091
          3.2.3.2. Aspectos fundamentais para a análise do grau de probabilidade de verificação de efeitos apreciáveis de coordenação 1095
    3.3. A avaliação dos efeitos de coordenação na *praxis* decisória da Comissão . 1104
       3.3.1. *Perspectiva geral* 1104
       3.3.2. *A decisão "Telia/Telenor/Schibsted"* 1106
       3.3.3. *A decisão "BT/AT&T"* 1112
       3.3.4. *Referência sumária a outros precedentes significativos* 1119

CAPÍTULO 3
APRECIAÇÃO NA ESPECIALIDADE DOS EFEITOS DAS EMPRESAS COMUNS – AS EMPRESAS COMUNS SUBMETIDAS AO REGIME DO ARTIGO 81° CE

1. **Aspectos gerais** 1129
    1.1. Razão de ordem 1129
    1.2. A especial importância de determinados tipos funcionais de empresas comuns 1134
    1.3. Principais categorias de riscos de afectação da concorrência 1139
    1.4. A metodologia de análise de empresas comuns sem presença autónoma no mercado com base na autonomização de tipos funcionais de cooperação .. 1141

2. **As empresas comuns de investigação e desenvolvimento** 1147
    2.1. Aspectos introdutórios – o conceito de empresa comum de investigação e desenvolvimento 1147

Índice geral 1799

2.2. Objectivos tipicamente prosseguidos através de empresas comuns de investigação e desenvolvimento 1151

    2.2.1. *A perspectiva da Comissão Europeia* 1151

    2.2.2. *Visão crítica e sistemática dos objectivos das empresas comuns de investigação e desenvolvimento* 1153

2.3. Modelo de análise das empresas comuns de investigação e desenvolvimento 1161

    2.3.1. *O primeiro estádio de análise das empresas comuns de investigação e desenvolvimento* 1161

    2.3.2. *Os principais riscos de afectação da concorrência decorrentes de empresas comuns de investigação e desenvolvimento* 1166

        2.3.2.1. Riscos de coordenação de comportamentos em mercados de produtos existentes 1166

        2.3.2.2. Riscos de limitação dos processos de inovação 1169

        2.3.2.3. Riscos de encerramento de mercados à concorrência 1170

    2.3.3. *Primeiro estádio de análise das empresas comuns de investigação e desenvolvimento – as situações normalmente permitidas* 1172

        2.3.3.1. Empresas comuns de investigação e desenvolvimento constituídas por empresas não concorrentes 1172

        2.3.3.2. A impossibilidade de realização autónoma de projectos empresariais 1184

        2.3.3.3. Existência de poder de mercado pouco significativo das empresas fundadoras 1189

    2.3.4. *Primeiro estádio de análise das empresas comuns de investigação e desenvolvimento – as situações normalmente proibidas* 1195

    2.3.5. *As empresas comuns de investigação e desenvolvimento que exigem uma análise mais aprofundada* 1201

        2.3.5.1. O segundo estádio de análise das empresas comuns de investigação e desenvolvimento 1201

            2.3.5.1.1. O critério relativo à quota de mercado – aspectos gerais 1201

            2.3.5.1.2. A definição de um limiar quantitativo geral de quota de mercado 1207

            2.3.5.1.3. Caracterização do índice quantitativo de quota de mercado seleccionado 1214

            2.3.5.1.4. A função do índice analítico proposto 1218

            2.3.5.1.5. Modo de determinação da quota de mercado em sede de apreciação de empresas comuns 1228

        2.3.5.2. O terceiro estádio de análise das empresas comuns de investigação e desenvolvimento 1233

            2.3.5.2.1. Os elementos fundamentais do terceiro estádio de análise de empresas comuns de investigação e desenvolvimento 1233

1800 *Empresas comuns* – Joint Ventures

2.3.5.2.2. Os programas de investigação e desenvolvimento dirigidos à melhoria de produtos existentes......... 1235

2.3.5.2.3. Programas de investigação e desenvolvimento dirigidos à criação de nova procura................... 1240

2.3.5.2.4. Os problemas de encerramento de mercados 1251

2.3.5.2.5. Caracterização geral dos efeitos sobre a concorrência induzidos pelas empresas comuns de investigação e desenvolvimento e por outros tipos funcionais de empresas comuns............... 1255

2.3.5.2.6. Ponderação de factores específicos inerentes à configuração dos programas de cooperação...... 1263

2.3.5.3. Estádios complementares de análise das empresas comuns de investigação e desenvolvimento..................................... 1268

2.3.5.3.1. O critério analítico relativo aos tipos de relações económicas entre empresas comuns e empresas-mãe... 1268

2.3.5.3.2. Critérios complementares de análise................. 1270

2.3.5.3.3. O grau de concentração dos mercados afectados pela criação de empresas comuns de investigação e desenvolvimento..................................... 1277

2.3.5.3.4. O grau de abertura dos mercados afectados pela criação de empresas comuns de investigação e desenvolvimento..................................... 1280

2.3.5.4. Análise crítica de algumas decisões da Comissão............ 1286

2.3.5.4.1. A decisão *"KSB/Goulds/Lowara/ITT"*.............. 1286

2.3.5.4.2. A decisão *"Elopak/Metal Box-Odin"* 1292

2.3.5.4.3. Referência sumária a outros precedentes significativos... 1295

3. **As empresas comuns de produção** 1302

3.1. Aspectos gerais.. 1302

3.1.1. O conceito de empresa comum de produção................................. 1302

3.1.2. *Caracterização geral das empresas comuns de produção*............. 1305

3.2. Objectivos tipicamente prosseguidos através de empresas comuns de produção.. 1309

3.2.1. *A perspectiva da Comissão Europeia*... 1309

3.2.2. *Visão crítica e sistemática dos objectivos das empresas comuns de produção* 1311

3.2.2.1. Objectivos internos das empresas participantes................. 1311

3.2.2.2. Objectivos externos e de médio prazo das empresas participantes 1313

3.2.2.3. Objectivos de transformação sectorial 1316

Índice geral 1801

3.2.2.4. Objectivos sectoriais em sentido estrito 1318
3.3. Modelo de análise das empresas comuns de produção 1319
    3.3.1. *O primeiro estádio de análise das empresas comuns de produção.* 1319
    3.3.2. *Os principais riscos de afectação da concorrência decorrentes da criação de empresas comuns de produção* 1321
        3.3.2.1. Riscos de coordenação de comportamentos nos mercados de bens finais das empresas-mãe 1321
        3.3.2.2. Riscos de partilha de mercados entre as empresas-mãe 1325
        3.3.2.3. Riscos de exclusão de empresas concorrentes 1327
    3.3.3. *Primeiro estádio de análise das empresas comuns de produção – as situações normalmente permitidas* 1330
        3.3.3.1. Empresas comuns de produção constituídas por empresas não concorrentes 1330
        3.3.3.2. A impossibilidade de realização autónoma de projectos empresariais 1333
        3.3.3.3. Existência de poder de mercado pouco significativo das empresas fundadoras 1339
    3.3.4. *Primeiro estádio de análise das empresas comuns de produção – as situações normalmente proibidas* 1340
    3.3.5. *As empresas comuns de produção que exigem uma análise mais desenvolvida* 1344
        3.3.5.1. O segundo estádio de análise das empresas comuns de produção 1344
        3.3.5.1.1. Perspectiva geral 1344
        3.3.5.1.2. O critério relativo à quota de mercado das empresas participantes 1345
        3.3.5.2. O terceiro estádio de análise das empresas comuns de produção 1348
        3.3.5.2.1. Os elementos fundamentais do terceiro estádio de análise das empresas comuns de produção... 1348
        3.3.5.2.2. Condições variáveis para a coordenação de comportamentos em matéria de preços, quantidade e qualidade da oferta 1350
        3.3.5.2.3. O conteúdo dos programas de produção conjunta e os riscos de partilha de mercados 1357
        3.3.5.2.4. Os problemas de encerramento de mercados 1361
        3.3.5.3. Estádios complementares de análise de empresas comuns de produção 1365
        3.3.5.3.1. O critério analítico relativo aos tipos de relações económicas entre empresas comuns e empresas-mãe 1365
        3.3.5.3.2. Parâmetros de análise complementares 1375

1802   *Empresas comuns* – Joint Ventures

3.3.5.4. Análise crítica de precedentes relativos a empresas comuns de produção 1377

    3.3.5.4.1. Perspectiva crítica geral 1377

    3.3.5.4.2. A decisão *"Ford/Volkswagen"* e o Acórdão *"Matra Hachette"* 1380

    3.3.5.4.3. A decisão *"Exxon/Shell"* 1387

    3.3.5.4.4. A decisão *"Asahi/Saint Gobain"* 1389

4. As empresas comuns de comercialização de bens e serviços 1393

4.1. Aspectos gerais 1393

    4.1.1. *O conceito de empresa comum de comercialização de bens e serviços* 1393

    4.1.2. *A distinção entre as empresas comuns de comercialização e diversas modalidades de acordos de comercialização conjunta* 1397

    4.1.3. *A distinção entre empresas comuns que asseguram a venda conjunta de bens e serviços e empresas comuns com funções de comercialização mais limitadas* 1403

    4.1.4. *Caracterização sistemática complementar de subcategorias de empresas comuns de comercialização* 1407

    4.1.5. *Corolários da diversidade organizativa e funcional das empresas comuns de comercialização* 1410

4.2. Objectivos tipicamente prosseguidos através de empresas comuns de comercialização 1411

    4.2.1. *A perspectiva da Comissão Europeia* 1411

    4.2.2. *Visão crítica e sistemática dos objectivos das empresas comuns de comercialização* 1412

        4.2.2.1. Objectivos de tipo interno 1412

        4.2.2.2. Objectivos de tipo externo 1414

        4.2.2.3. Objectivos sectoriais específicos 1418

4.3. Modelo de análise das empresas comuns de comercialização 1419

    4.3.1. *O primeiro estádio de análise das empresas comuns de comercialização* 1419

    4.3.2. *Os principais riscos de afectação da concorrência decorrentes da criação de empresas comuns de comercialização* 1422

        4.3.2.1. Riscos de concertação em matéria de preços e quantidade de bens oferecidos 1422

        4.3.2.2. Condições para a concertação em matéria de preços e quantidades de bens oferecidos 1427

    4.3.3. *Empresas comuns de comercialização e modalidades de cooperação normalmente proibidas* 1429

    4.3.4. *Empresas comuns de comercialização e modalidades de cooperação normalmente permitidas* 1433

Índice geral

4.3.5. *Especificidades dos parâmetros de análise de empresas comuns de comercialização* 1437

4.3.6. *A rejeição de uma pré-compreensão hermenêutica negativa em relação a empresas comuns de comercialização* 1438

4.4. As empresas comuns de comercialização que exigem uma análise mais desenvolvida 1440

4.4.1. *Razão de ordem* 1440

4.4.2. *O critério analítico referente à quota de mercado das empresas participantes* 1440

4.4.3. *O terceiro estádio de análise de empresas comuns de comercialização* 1442

4.4.3.1. Os elementos fundamentais do terceiro estádio de análise das empresas comuns de comercialização 1442

4.4.3.2. O carácter exclusivo dos programas de cooperação no domínio da comercialização 1444

4.4.3.3. Característica relevantes dos programas de cooperação no domínio da comercialização 1447

4.4.3.4. Poder de mercado das empresas participantes e condições de funcionamento dos mercados 1451

4.4.3.5. Âmbitos diversificados de actuação de empresas comuns de comercialização constituídas por empresas-mãe concorrentes 1458

4.4.3.6. Programas de cooperação no domínio da comercialização e funcionamento de sistemas de rede no sector financeiro ... 1460

4.4.3.6.1. Situações paradigmáticas no sistema financeiro – o sector dos cartões de pagamento 1460

4.4.3.6.2. Elementos intrínsecos de cooperação empresarial no funcionamento de sistemas de cartões de pagamento 1464

4.4.3.6.3. Graus de cooperação compatíveis com a defesa da concorrência no funcionamento de estruturas empresariais encarregadas da gestão de sistemas de cartões de pagamento 1468

4.4.3.6.4. Perspectiva geral sobre os limites da cooperação empresarial em matéria de actividades de comercialização no sector financeiro 1472

4.4.4. *Estádios complementares de análise das empresas comuns de comercialização* 1476

4.4.5. *Análise crítica de precedentes relativos a empresas comuns de comercialização ou situações comparáveis* 1478

4.4.5.1. A decisão "*Astra*" 1478

4.4.5.2. A decisão "*ANSAC*" 1481

1804
Empresas comuns – Joint Ventures

4.4.5.3. O Acórdão *"European Night Services"* 1484
4.4.5.4. Análise de precedentes relativos ao funcionamento de sistemas de cartões de pagamento 1491
    4.4.5.4.1. Análises da Comissão relativas ao funcionamento da rede Visa 1491
    4.4.5.4.2. Outros processos de análise da Comissão relativos a estruturas empresariais de cooperação no domínio dos cartões de pagamento 1494

5. **As empresas comuns de aquisição de bens e serviços** 1497
  5.1. Perspectiva geral 1497
  5.2. Modelo de análise das empresas comuns de aquisição de bens ou serviços 1504
    5.2.1. *Riscos de afectação da concorrência associados às empresas comuns de aquisição de bens e serviços* 1504
    5.2.2. *As empresas comuns de aquisição de bens e serviços que exigem uma análise mais desenvolvida* 1510

6. **As participações empresariais que não conferem controlo conjunto** 1517
  6.1. Perspectiva geral 1517
  6.2. Critérios de análise dos efeitos sobre a concorrência decorrentes de participações empresariais que não conferem controlo sobre terceiras empresas . 1526
    6.2.1. *Identificação de situações com potencial restritivo da concorrência* 1526
    6.2.2. *Possíveis efeitos sobre a concorrência decorrentes de participações minoritárias em determinadas empresas* 1531

PARTE IV
A APRECIAÇÃO DE EMPRESAS COMUNS E AS MUTAÇÕES DO ORDENAMENTO DE CONCORRÊNCIA

1. **Razão de ordem** 1545
  1.1. Parâmetros de análise de empresas comuns e mutações qualitativas fundamentais do ordenamento comunitário da concorrência 1545
  1.2. Renovação de fundamentos normativos e de processos metodológicos do ordenamento comunitário da concorrência 1549
  1.3. Os três vértices fundamentais da transição para um novo estádio de consolidação do ordenamento comunitário da concorrência 1552
    1.3.1. *Perspectiva geral* 1552

Índice geral

1.3.2. *Alteração das prioridades teleológicas e renovação da metodologia como dimensões da mutação do ordenamento comunitário da concorrência associadas com a análise de empresas comuns*.. 1553

2. A reorientação das prioridades teleológicas do ordenamento comunitário de concorrência 1554
2.1. Perspectiva geral.. 1554
    2.1.1. *Análise de empresas comuns e definição de coordenadas teleológicas do direito da concorrência*.. 1554
    2.1.2. *O processo complexo de construção das prioridades teleológicas subjacentes às proposições normativas centrais do direito da concorrência* 1559
    2.1.3. *As controvérsias entre visões monistas e pluralistas do programa teleológico do direito da concorrência*.................................... 1564
        2.1.3.1. A evolução de teses monistas no ordenamento norte-americano da concorrência e de teses pluralistas no ordenamento comunitário da concorrência 1564
        2.1.3.2. A ponderação de objectivos diversos no ordenamento norte-americano da concorrência e a reavaliação dos paradigmas monistas do direito da concorrência 1566
        2.1.3.3. A densificação da matriz plural do programa teleológico do direito comunitário da concorrência – contributo da análise das empresas comuns para a revisão de perspectivas tradicionais relativas à prevalência de concepções funcionalistas, ligadas a objectivos de integração, e de concepções ordo-liberais 1569
2.2. A definição de um novo modelo teleológico do direito comunitário da concorrência.. 1581
    2.2.1. *Dimensão evolutiva do programa teleológico do ordenamento comunitário da concorrência – a análise das empresas comuns e a reavaliação da componente de eficiência económica nas proposições normativas centrais deste ordenamento* 1581
    2.2.2. *A matriz teleológica renovada do ordenamento comunitário da concorrência – peso acrescido das considerações de eficiência económica e as três dimensões fundamentais do conceito de eficiência económica*.. 1583
    2.2.3. *A interacção entre a dimensão fundamental de eficiência económica e um conjunto de três objectivos mais significativos no programa teleológico do ordenamento comunitário da concorrência*.. 1588

1806 Empresas comuns – Joint Ventures

2.2.4. *A dimensão de eficiência económica na matriz teleológica reno-vada do ordenamento comunitário da concorrência e a necessi-dade conexa de novos modelos globais de análise que assegurem alguma segurança jurídica* 1593

2.2.5. *A análise das empresas comuns e o peso acrescido da dimensão de eficiência económica na definição dos juízos normativos do orde-namento comunitário da concorrência – A consequente interacção das evoluções da teoria económica de concorrência com a concepção dos pressupostos teleológicos desse ordenamento* 1596

    2.2.5.1. Perspectiva geral 1596

    2.2.5.2. Teoria económica de concorrência – a análise de empresas comuns como área paradigmática de confronto entre as orientações da Escola de Harvard e da Escola de Chicago 1598

    2.2.5.3. Teoria económica de concorrência – a possível emergên-cia de uma síntese crítica superadora do confronto entre as orientações da Escola de Harvard e da Escola de Chicago com influência sobre a reordenação das prioridades teleo-lógicas do ordenamento comunitário da concorrência 1603

    2.2.5.4. A teoria económica de concorrência e a necessidade de equilíbrios na formulação de novos modelos teóricos com repercussões nos processos de análise de empresas comuns 1605

    2.2.5.5. A superação de limitações da Escola de Chicago na ponde-ração de eficiências económicas e a análise de empresas comuns como área paradigmática para convocar as diversas dimensões do conceito-quadro de eficiência económica 1609

    2.2.5.6. Súmula final – a teoria económica de concorrência e o contributo da análise de empresas comuns para um novo equilíbrio na definição do modelo teleológico do direito da concorrência incorporando a ponderação do poder de mercado das empresas e das múltiplas dimensões da eficiência económica 1611

2.3. A possível dimensão constitucional do modelo teleológico do ordena-mento comunitário de concorrência 1612

2.3.1. *A "constitucionalização" da matriz teleológica fundamental do ordenamento comunitário da concorrência* 1612

2.3.2. *Problematização jurídica da categoria da empresa comum e pro-gressiva afirmação dos princípios de economia de mercado aberto e de livre concorrência como dimensão da constituição económica comunitária e com autonomia em relação aos objectivos de inte-gração económica* 1615

2.3.3. *O processo de "constitucionalização" de valorações centrais do ordenamento comunitário da concorrência* 1620

Índice geral 1807

2.3.3.1. A progressiva afirmação autónoma de imperativos de salvaguarda da concorrência como processo paralelo à reordenação das prioridades teleológicas do ordenamento comunitário da concorrência 1620

2.3.3.2. As doutrinas constitucionalista clássica e *"neo-constitucionalista"* e os elementos fundamentais do processo de constitucionalização de opções normativas fundamentais do ordenamento comunitário da concorrência............. 1621

2.3.3.3. A delimitação de um conceito material de constituição económica comunitária incorporando proposições centrais do ordenamento da concorrência – a desejável estabilidade dessa dimensão num quadro de novos desenvolvimentos constitucionais em sentido formal 1625

3. **A renovação da metodologia de análise do direito comunitário da concorrência** 1628

3.1. Perspectiva geral.. 1628

3.1.1. *Razão de ordem*.. 1628

3.1.2. *Primeira área de problematização – apreciação das empresas comuns e definição de um novo modelo de análise no direito comunitário da concorrência incorporando elementos de análise económica e elementos de tipo estrutural*..................................... 1628

3.1.3. *Segunda área de problematização – a apreciação das empresas comuns e a definição de modelos gerais de análise que assegurem determinado grau de previsibilidade aos processos de aplicação de normas comunitárias de concorrência*..................................... 1630

3.1.4. *Terceira área de problematização – a apreciação das empresas comuns e o desenvolvimento de critérios de análise mais flexíveis na densificação jurídica da proibição estabelecida no n.º 1 do artigo 81º CE* 1632

3.1.5. *Razão de ordem – corolários das análises desenvolvidas em matéria de caracterização geral da metodologia jurídica do ordenamento comunitário da concorrência*..................................... 1634

3.2. A definição de um novo modelo de análise no direito comunitário da concorrência.. 1635

3.2.1. *A experiência de apreciação de empresas comuns e o desenvolvimento de um novo modelo de análise combinando elementos de tipo estrutural e elementos relativos ao comportamento das empresas*.. 1635

3.2.1.1. A progressiva adopção de um modelo de análise estrutural limitado ou misto... 1635

1808   *Empresas comuns* – Joint Ventures

3.2.1.2. O papel fundamental na nova metodologia de análise da ponderação do poder de mercado das empresas com base em elementos estruturais *"corrigidos"* ou complementados com elementos de comportamento empresarial   1638

3.2.1.3. Modelo geral de apreciação de empresas comuns proposto e desenvolvimento da metodologia de análise envolvendo um novo tipo de equilíbrio entre elementos estruturais e elementos do comportamento das empresas   1641

3.2.2. *Nova metodologia de análise induzida pela apreciação de empresas comuns – a incorporação nos juízos normativos de uma fundamental dimensão de análise económica e os problemas conexos de densificação jurídica de modelos e conceitos económicos*   1643

3.2.3. *Renovação metodológica do ordenamento comunitário da concorrência – o papel central atribuído à ponderação do poder de mercado das empresas*   1650

3.2.3.1. Os três níveis essenciais de ponderação do poder de mercado das empresas no modelo de análise proposto   1650

3.2.3.2. A experiência de análise de empresas comuns e a ponderação sistemática dos diferentes tipos de poder de mercado na avaliação de situações de cooperação empresarial   1653

3.2.3.3. Contributo da análise de empresas comuns para a definição de critérios alternativos de identificação do poder de mercado das empresas   1658

3.3. A definição de parâmetros gerais de análise no direito comunitário da concorrência...   1660

3.3.1. *A necessidade de construção de modelos globais de análise em direito da concorrência como corolário da introdução de uma maior dimensão de análise económica na concretização das suas normas...*   1660

3.3.2. *A construção de modelos globais de análise em direito da concorrência e o problema da conciliação das exigências de racionalidade económica e de previsibilidade jurídica.........................*   1662

3.3.3. *A experiência de análise de empresas comuns e a densificação do tipo e natureza dos parâmetros em que assentem os modelos globais de análise de categorias jurídicas de direito da concorrência*   1665

3.3.3.1. A construção de modelos de análise com base em presunções ou noutro tipo de parâmetros indicativos   1665

3.3.3.2. Contributo da análise de empresas comuns para a definição de equilíbrios na formulação de diferentes parâmetros que integrem modelos globais de análise............................   1667

3.3.4. *O modelo de apreciação de empresas comuns proposto como compromisso entre diferentes tipos de parâmetros gerais de análise – a superação de críticas tradicionais às orientações estruturalistas*   1671

Índice geral 1809

3.4. A definição de uma nova lógica normativa na interpretação sistemática dos n.os 1 e 3 do artigo 81º CE 1673

3.4.1. *Perspectiva geral* 1673

3.4.2. *Contributo da análise das empresas comuns para a flexibilização dos parâmetros da proibição estabelecida no n.º 1 do artigo 81º CE em matéria de cooperação empresarial* 1677

    3.4.2.1. A identificação de um efeito global ponderado de empresas comuns sobre o processo de concorrência e a superação das visões dicotómicas tradicionais sobre a estrutura normativa do artigo 81º CE 1677

    3.4.2.2. Corolários da análise das empresas comuns – a latitude das ponderações jurídico-económicas estabelecidas com base nos n.os 1 e 3 do artigo 81º CE e a superação da controvérsia sobre a aplicação da '*regra de razão*' no direito comunitário da concorrência 1682

3.4.3. *Renovação da compreensão hermenêutica do artigo 81º CE e densificação de categorias de juízos de isenção passíveis de adopção com base no n.º 3 desta disposição* 1688

3.5. Caracteres gerais da metodologia jurídica do direito comunitário da concorrência 1690

4. A transformação do modelo institucional de organização do sistema comunitário de concorrência 1692

SÚMULA FINAL 1697

ÍNDICE DE JURISPRUDÊNCIA E DECISÕES DA COMISSÃO 1703

BIBLIOGRAFIA 1713